随着互联网特别是移动互联网发展，社会治理模式正在从单向管理转向双向互动，从线下转向线上线下融合，从单纯的政府监管向更加注重社会协同治理转变。我们要深刻认识互联网在国家管理和社会治理中的作用……要强化互联网思维，利用互联网扁平化、交互式、快捷性优势，推进政府决策科学化、社会治理精准化、公共服务高效化，用信息化手段更好感知社会态势、畅通沟通渠道、辅助决策施政。

——2016 年 10 月 9 日，习近平总书记在中共中央政治局就实施网络强国战略进行第三十六次集体学习会议上的讲话

资料来源：《中共中央政治局就实施网络强国战略进行第三十六次集体学习》，中国政府网，2016 年 10 月 9 日，http://www.gov.cn/xinwen/2016-10/09/content_5116444.htm。

主编　侯锷

CHINA GOVERNMENT
NEW MEDIA
(MICROBLOG)

中国政务新媒体（微博）
年鉴·（2009—2018）

第 2 卷

YEARBOOK (2009-2018)

本卷主编　侯锷

社会科学文献出版社
SOCIAL SCIENCES ACADEMIC PRESS (CHINA)

中国政务新媒体（微博）年鉴·（2009—2018）
编 委 会

陈文峰　中国警察网影视中心主任

陈新建　河南省永城市科学技术协会副主席

陈　杨　湖北省黄石市法律援助中心新媒体负责人

陈永博　广东省肇庆市公安局副调研员

池德生　中共山西省委宣传部网络宣传处副处长

崔保国　清华大学教授、清华大学文化创意发展研究院副院长

崔　跃　中共宁夏回族自治区委网信办网络信息管理处处长

戴建华　中国传媒大学经济与管理学院信息管理与决策研究所所长

董全喜　中共安徽省马鞍山市委宣传部"@马鞍山发布"官方微博负责人

冯建平　中央电视台新闻中心制片人

付士山　陕西省新媒体联合会副会长，新浪陕西总经理

耿子威　辽宁省沈阳市环境保护科技情报宣传教育中心主任助理

顾富林　浙江省嘉善县经济和信息化局原党组书记

关　清　中国警察网董事长、总经理

郭　鹏　陕西省电子政务办公室副主任

郭全中　中共中央党校（国家行政学院）文史教研部高级经济师

侯　锷　中国传媒大学媒介与公共事务研究院高级研究员、公共关系与战略传
　　　　播研究所副所长、政务新媒体实验室主任

侯建民　中国地震台网中心数据服务部副主任

侯文昌　最高人民检察院检察日报社正义网总裁助理、传媒研究院院长

黄楚新　中国社会科学院新媒体研究中心副主任兼秘书长、教授

黄双润　中国社会科学院新闻与传播研究所综合办公室主任兼党办主任、人事
　　　　处长

黄伟清　中共南京市委网信办互联网宣传信息中心主任

黄子华　中共德州市委宣传部副部长，中共德州市委、市政府原新闻发言人

姜　飞　北京外国语大学教授、博士生导师，国际新闻与传播学院院长

金中一　浙江省海宁市原司法局局长

靖　鸣　南京师范大学教授、博士生导师

凯　雷　香港文汇报北京分社执行总编辑

寇佳婵　中国传媒大学媒介与公共事务研究院秘书长、公共关系与战略传播研
　　　　究所常务副所长

匡文波　中国人民大学教授、博士生导师，全国新闻自考委员会秘书长

李传江　山东省潍坊市人民政府新闻办公室主任

李德刚　中共北京市大兴区委网信办主任、区委宣传部副部长

李　刚　沈阳城市学院副院长兼新闻与传播学院院长

李　平　河南省郑州市城市管理局党委书记、中共郑州市委原宣传部副部长

李　飒　云南省昆明市互联网新闻中心副主任、昆明市网络文化协会会长

李峥嵘　微博政务运营总经理

廖　霞　中共四川省成都市武侯区委宣传部副调研员、原网信办副主任

刘桂明	中国法学会《民主与法制》周刊总编辑、高级编辑
刘海舒	中共北京市通州区委宣传部网管中心负责人，新闻传播学博士后
刘海中	广东警官学院公共管理系副教授
刘 杰	中国行政管理学会县级行政研究会副会长兼秘书长
刘 力	中共江西省南昌市委宣传部副部长、市政协常委
刘鹏飞	人民在线副总编辑、智库中心主任，人民网舆情数据中心主任分析师
刘松超	广东省深圳市公安局交警支队"@深圳交警"官方微博负责人
刘伟海	广东省肇庆市旅游局新媒体负责人
刘小明	宁夏回族自治区银川市人民政府办公厅网站工程师
刘徐州	中国政法大学光明新闻传播学院副院长、政法宣传与舆情研究中心主任
刘学刚	人民公安报内参室主任
刘志飞	河南省新乡市中级人民法院执行局综合处处长
鲁婧晗	最高人民法院人民法院新闻传媒总社新媒体部编辑
鲁心茵	中国传媒大学媒介与公共事务研究院院长助理、企业传播研究所常务副所长
陆亚明	深圳职业技术学院特聘教授、前深圳之窗网总经理
马 江	宁夏日报报业集团宁夏新闻网副总编辑
马 烨	中央广播电视总台央广中国之声新媒体部主任编辑
孟小红	山东省环境保护宣传教育中心副主任
穆占劳	中共中央党校（国家行政学院）教授、国际战略研究院国际政治研究室副主任
那世钢	浙江省网络界人士联谊会副会长、高级编辑
牛兴全	甘肃省司法厅副厅长
邱永浩	成都青年全媒体中心主任、"@成都共青团"官方微博负责人
单学刚	人民网舆情数据中心副主任
沈国麟	复旦大学新闻学院教授、复旦发展研究院网络理政研究中心副主任
沈伟红	铁道警察学院公安传播与新闻发布研究中心主任，中国人民大学危机管理研究中心研究员
沈 阳	清华大学新闻学院教授、博士生导师
史安斌	教育部青年长江学者特聘教授，清华大学教授、博士生导师，新闻与传播学院副院长，清华－伊斯雷尔·爱泼斯坦对外传播研究中心执行主任
宋丽君	河南省济源市互联网舆情信息中心主任
宋晓阳	中国传媒大学播音主持艺术学院副教授、央视社会与法频道新闻评论员
宋 煜	中国社会科学院社会学研究所科研助理
孙华昌	新疆维吾尔自治区党委政法委宣传教育指导处（网络舆情工作处）副处长
孙祥飞	华东政法大学副教授、新媒体数据研究院院长
孙 逊	天津市公安局交通管理局新媒体工作室负责人

孙忠良	吉首大学马克思主义学院教授
覃辉君	新疆维吾尔自治区人民检察院新媒体负责人
唐晓勇	中国警察网副总编辑
逮　飞	河南省郑州市城市管理局官方微博办公室主任
田　宇	沈阳工业大学新闻传播系主任、副教授
汪宝玉	新浪安徽副总编辑、政府事业部负责人
王　兵	最高人民法院人民法院新闻传媒总社新媒体部副主任、法学博士
王海峰	河南省洛阳市公安局政治部副主任
王　菁	最高人民法院人民法院新闻传媒总社新媒体部编辑
王凯华	中共陕西省委政法委宣传教育处处长
王　琳	海口日报党委副书记、副社长
王刘纪	中共宁夏回族自治区固原市委宣传部副调研员
王　敏	微博国际部副总经理、微博商学院院长
王　铭	中共陕西省委普法办副主任
王秋菊	河北大学新闻传播学院教授、硕士生导师
王　祥	微博党委书记
王新涛	工信部国家工信安全中心计算机世界传媒集团副总裁
王　颖	京东集团副总裁、中国铁路总公司宣传部原副部长
王于京	浙江省公安厅政治部政务新媒体负责人
吴德祖	共青团中央宣传部传播处处长
武润林	中共山西省太原市委宣传部网络处处长
夏　鹏	广东省广州市公安局指挥中心新媒体负责人
徐剑箫	四川省成都市大数据和电子政务管理办公室成都服务运营中心运营总监，"@成都服务"官方微博负责人
徐丽华	微博政务运营总监
杨　刚	检察日报正义网舆情事业部主任
杨乾坤	中国维和警察首席新闻官、发言人
杨新河	新华社高级记者
余秀才	中南财经政法大学新闻与文化传播学院副教授
禹亚钢	湖南省公安厅政治部"@湖南公安"官方微博负责人
袁　明	湖北省人民检察院刑事执行检察处副处长、三级高级检察官
曾润喜	重庆大学舆情信息研究所副所长、新闻学院新媒体与传媒管理教研室主任
詹海宝	西北政法大学社会政策与社会舆情评价协同创新研究中心研究员
张爱凤	广州大学新闻与传播学院教授
张爱军	西北政法大学新闻传播学院教授
张德忠	"@中国反邪教"官方微博负责人
张　戈	广东消防救援总队宣传处专业技术一级指挥员
张　玲	中共北京市委党校（北京行政学院）公共管理教研部教授

张荣刚　中国传媒大学亚洲传媒研究中心特约研究员

张　锐　辽宁省大连市公安局治安管理支队"@大连户口身份证"官方微博负责人

张守增　最高人民法院人民法院新闻传媒总社党委委员、副总编辑

张云生　国家铁路局机关服务中心部门主任

章晓英　北京外国语大学国际新闻与传播学院教授

赵安金　云南省人民检察院原新闻处处长

赵　峰　北京市公安局办公室新闻中心副主任，北京市公安局"@平安北京"官方微博负责人

赵　刚　最高人民法院人民法院新闻传媒总社新媒体部主任

赵　杰　中国浦东干部学院城市治理与危机管理研究中心副主任

郑东鸿　沈阳城市学院绿岛舆情研究所所长

周　鹏　中共宁夏回族自治区银川市委督查室督查问政主管、"@问政银川"官方微博负责人

朱　琳　华东理工大学社会与公共管理学院副教授，上海感知城市数据科学研究院副院长

主　　　编　侯锷

主 编 助 理　蔡幼林（内容）　马　迪（数据）

编 纂 团 队　（按姓氏拼音排序）

陈新建　郭　涛　侯　锷　李向鑫　鲁婧晗　马富凯　王　兵
王　菁　王刘纪　徐剑箫　徐丽华　张　锐　张云生　赵　刚

编 辑 团 队　（按姓氏拼音排序）

程丽霞　单远举　郭锡超　郭　欣　胡安义　贾敬超
李蓉蓉　汪延平　肖世伟　徐　花　徐琳琳　杨鑫磊

政务微博：互联网治理"以用促管"的样本

新传播技术和新媒体的研究，成为近年来同时受到学界、业界和政界关注的"显学"。例如，人民网舆情分析师曾经以 bilibili 网站帖文为素材，写出《弹幕与网络语言研究报告》。百年出版重镇商务印书馆主动提出，把我们的报告收入年度汉语研究应用文集，让我感觉意外，也深切地感受到互联网在当代社会生活中已经登堂入室，为国家的发展输送了新鲜血液和旺盛的动能。

微博研究就是这样一个令人感奋的研究领域。人民网舆情监测室（后来的人民网舆情数据中心）和正义网连续发表年度政务微博或政法微博研究报告，从一个侧面对党和政府的互联网应用场景进行了深入的追踪研究，总结了各地各行业政务微博助力社会治理的伟大实践。

微博自 2009 年 8 月上线，很快取代了 BBS 论坛，成为中国网民首选的社交媒介。群众上微博，民意随之表达于微博，党政机关单位也"相中"了这个新生的网络平台，政府微博应运而生。政务微博走过的这 9 年，就是党和政府借助互联网新技术，拉近与人民群众的距离，推动政务公开和宣传创新，改良社会治理的过程。其中，2011 年是政务微博发展的重要节点。

互联网"倒逼"改革

在微博问世前，互联网已经聚集了不小的舆论能量。

1999 年 5 月 8 日，中国驻南联盟使馆被炸，人民网第二天开通"强烈抗议北约暴行 BBS 论坛"，后更名为"强国论坛"。这是中文网络论坛的发端。从 2007 年陕西省镇坪县华南虎照事件，到 2009 年河南省灵宝市"跨省抓捕"网友事件、云南省看守所"躲猫猫"致嫌犯死亡事件、湖北省巴东县邓玉娇案等，网络舆情热点不断出现。这种出现，根源于网络技术不断开放并满足了人民群众的话语表达权利。

微博的出现，让网络舆论如虎添翼，更具即时性、动员性和战斗力，人气远超 BBS 论坛，开辟了一个类似高谈阔论的希腊城邦广场那样的网络"舆论广场"。每个微博网友都有"摄像头"，可以即时播报突发事件现场信息；每个微博网友都有"麦克风"，所有人都能对社会的公共事务发表看法，进行咄咄逼人的"围观"。微博舆论的压力，在 2011 年 7 月 23 日甬温线动车事故发生后达到峰值。众多网友一夜无眠，在微博上焦急地等待和分享着来自事故现场发出的消息。很多人言辞激烈，批评铁路运营管理和事故处置不当。当时，有一首悲伤的诗在网上流传，第二天就被译成英文出现在西方报纸上："中国，请停下你飞奔的脚步……不要让列车脱轨，不要让桥梁坍塌，不要让道路成为陷阱，不要让房屋成为废墟。慢点走，让每一个生命都有自由和尊严，每一个人都不被'时代'抛下，每一个人都顺利平安地抵达终点。"

在甬温线动车事故第二天晚上，我在南京禄口机场候机，为《中国青年报》写下了舆情观察文章《到了用网络倒逼改革的时候了》。我注意到，以微博为主力平台的互联网新媒体在时效性、更新速度、社会动员能力等方面都超过了传统媒体。需要"唤醒"有关政府部门和主流媒体，及时回应网民关切，与公众情感共振。我更注意到，浙江当地领导干部沉着地在微博平台发声，通报政府组织救援的最新情况，这些宝贵的官方声音，成为舆论场上的压舱石。其中，就有时任中共浙江省委常委、组织部部长的蔡奇。事故发生后，他连发36条微博，直到当天深夜2时18分。几个月后，人民网与腾讯网在杭州召开政务微博峰会，蔡奇同志应邀出席，在发言中提出对互联网"管用并举，以用促管"，主张对基于互联网的新意见载体扶正抑偏、趋利避害，把互联网这个"最大变数"变成可管、可控、可用的常数。

历史关头的明智选择

甬温线动车事故触动了体制内的敏感神经。在突发事件和敏感议题上，网民群起"吐槽"。当时有个段子："看一天新浪微博，需要看一个星期《新闻联播》来疗伤。"这一现象引起忧虑，互联网会不会动摇我们党的群众基础？政府在"大众麦克风时代"如何进行公共治理？有些人甚至冒出了"取缔微博"的想法。在这个重大关口，国家互联网信息办公室做出了正确抉择。

国家网信办在加强对微博平台管理的同时，2011年10月13日，在北京召开了"积极运用微博客服务社会经验交流会"，时任中宣部副部长、中央外宣办、国家网信办主任的王晨在会议上讲话强调，要深入贯彻落实中央关于互联网建设发展和管理的一系列指示精神，坚持"积极利用、科学发展、依法管理、确保安全"的方针，充分发挥微博客服务社会的积极作用，切实加强建设和管理，共同维护健康有序的网络传播秩序，为党和国家工作大局服务，为广大人民群众服务。会议尝试对微博这样的新生事物做出一分为二的分析，加以引导，鼓励党政部门和专家学者善用微博进行政务公开和舆论互动，普及科学理性，与早些时候微博平台的某些偏激言论抢占话语权。会议上，政务微博的先行者，四川省成都市政府新闻办官方微博"@成都发布"、广州市公安局官方微博"@广州公安"介绍了运营经验。

这是一个重要的历史时刻。微博这样的新媒介、新技术，极大地拓展了人们的社会交往范围，但也可能导致社会心理不安和社会失序，是因噎废食、一棍子打死，还是因势利导、扬长避短？这个座谈会向各级党政机关也向网络平台发出了积极的信号。微博只是一种技术工具，谁都可以利用，面对越来越强的微博舆论压力，政府只能迎难而上，熟悉它，进而驾驭它。回应老百姓的"网络问政"，就是政府的"网络理政"。发展政务微博是党和政府在网络时代努力提高新闻舆论传播力、引导力、影响力、公信力的大胆尝试。因此，2011年可以看作"政务微博元年"。同时，政务微博的发展，也赋予和增强了微博平台自身的合法性。座谈会后，各大微博平台方积极动员各级党政机关和领导干部开设政务微博账号，打造"红色大V"矩阵，与民间大V（学者、企业家、演艺界人士等）账号和媒体账号形成鼎立之势。

历史关头的明智选择，源于党中央对历史潮流的深刻洞察。

2008年6月20日，时任中共中央总书记的胡锦涛在人民日报社考察时指出，"互联网已成为思想文化信息的集散地和社会舆论的放大器"，要高度重视互联网的建设、运用、管理，努力构建"舆论引导新格局"。根据这一精神，新闻宣传战线提出了善待、善用、善管互联网的意见。2013年10月，国务院办公厅《关于进一步加强政府信息公开回应社会关切提升政府公信力的意见》出台，文中7处提到政务微博。文件要求积极探索利用政务微博、微信等新媒体，及时发布各类权威政务信息，尤其是涉及公众重大关切的公共事件和政策法规方面的信息，并充分利用新媒体的互动功能，以及时、便捷的方式与公众进行互动交流。国办文件表明，政务微博正式纳入政府工作机制，逐步成为党和政府治国理政的新平台。

央媒建言"打通两个舆论场"

政务微博是党政机关和领导干部主动前进到商业驱动、民间流行的网络平台，传播政府决策和主流价值观，打通政府和民间"两个舆论场"。

"两个舆论场"是新华社前总编辑南振中的提法。他注意到，在当下中国，客观存在两个舆论场：一个是党报、国家电视台、国家通讯社等"主流媒体舆论场"，忠实地宣传党和政府的方针政策；另一个是依托于口口相传特别是互联网的"民间舆论场"，人们议论时事，针砭社会，品评政府的公共管理。2011年5月26日，《人民日报》发表"评论部文章"《倾听那些"沉没的声音"》。文章直言，"发出声音，是主张利益的基础。有利益的表达才有相对的利益均衡，有相对的利益均衡才有长久的社会稳定。事实表明，诸多矛盾冲突事件背后，往往是利益表达机制的缺失。从这个角度看，维权就是维稳，维权才能维稳。尽可能多地倾听社会各方面的声音，兑现社会公众的表达权，对于维稳大有好处"。

2011年7月，人民网发表了以"善待网民和网络舆论"为主题的系列"人民网评"，开篇就是《打通"两个舆论场"》。在诸多社会热点问题上，网络舆论搅动社会人心，而官方媒体屡屡"失语"。"自为"的民间舆论场，时现乱象，网上谣言满天飞，哀伤太多，戾气太重；"自律"的官方舆论场，对群众焦虑的问题关注不够，正面宣传流于"自说自话"，甚至"自娱自乐"。这篇"人民网评"的结论是：打通两个舆论场，呼唤民众的理性表达和有序参与，但政府显然负有更大的责任。认真反映和倾听民意，疏通和激活体制机制，让社会紧绷的神经放松下来，为人心活血化瘀，是减少社会舆论对抗的关键。各级政府和领导干部对网上网下的社情民意，需要更敏感、更体贴，更有人情味，遇事也更有担当。

以标准制定和规范政务新媒体发展

从2011年起至2017年年底，人民网舆情监测室已经连续7年发布政务微博榜单，成为全国各地新闻办、网信办考核政务新媒体工作绩效的重要参考。正义网的政法微博榜单，对各地公检法司机关也产生了积极且良好的影响和推动。这些研究报告和榜单，是对党政部门畅通民意表达努力的评测和鼓励，也是对有关部门创新政务公开、政策解读和舆论引导的传播实践的经验总结和理念提升。

这些报告和榜单的导向作用不可小觑。政务微博作为一个信息公开的新产品、政民互动的新渠道，微博"小编"们在认真摸索，过程之艰辛，我们感同身受。人民网舆情监测室希望通过对政务微博的专业研究，提供可以借鉴的产品规格、运营规范和价值支撑。例如，基于发博数、阅读数、转发评论和点赞数据、视频播放量、私信数据等数十项客观数据，以"传播力、服务力、互动力、认同度"为评价指标，对全国政务微博运营水平进行评价考量，重在考察党政机关利用新媒体平台回应公众关切、为民排忧解难办实事的能力。

对于政务微博运营过程中出现的一些偏差，2017年人民网对政务微博榜单的指标体系进行了及时修订。我们发现，如果单看一条微博的转发数、评论数，容易滋长政务新媒体"蹭热点"的投机偏好。尤其是一些娱乐性热点过于八卦，有的甚至背离主流价值观。有些政务微博账号甚至去"围观"低俗女星，这样的画面实在有点违和。因此，对于政务微博传播绩效的考评标准，不能鼓励政务微博不计舆论后果去"蹭热点"，而要鼓励政务微博回归政务、服务公众的初心。网络热点易逝，而政务新媒体的职能是恒定的，包括政务公开、新闻发布、政策解读、服务应答等。我们认为，政务微博账号可以偶尔卖个"萌"，以拉近政民之间的距离，但更多的场合需要展示行政者、管理者、执法者的职业性和权威性，如主动回复网民的"@"或私信交流沟通，帮助老百姓答疑释惑并解决实际的诉求问题。几年实践下来，各级党政机关对我们倡导的评估标准较为认可，人民网政务新媒体指数榜单也成为很多单位新媒体年终考核与评估的重要依据。

纵观党的新闻宣传史可知，我们党对新的文化载体高度敏感，善于抓住机遇，通过宣传创新来动员广大人民群众。20世纪30年代，电影刚刚在中国小成气候，上海电影界形势复杂，党内不少同志主张不要去蹚这潭浑水。瞿秋白沉思良久，决定派夏衍等文化人进军影坛。《风云儿女》《马路天使》等优秀电影一扫武侠神怪、鸳鸯蝴蝶之窠臼，在千万观众中激起强烈共鸣。党的思想和主张在声光电中熠熠生辉，点亮了民族心灵的灯塔。我认为，政务微博是自电影之后，我们党又一次抓住了文化传播新技术的风口，趁势而起，在新兴网络文化信息平台上做大做强主流舆论。这里需要的是"阵地不能丢"的忧患意识、"兴利除弊"的媒介素养、"能力升级"的创新精神。

回望这些年政务微博的发展历程，是党的群众路线在互联网上的发扬光大，成功地构建了"舆论引导新格局"。互联网主管部门、各级党政机关、党报和中央重点新闻网站，以及各大网络平台形成合力，协力浇灌扶持出政务微博这个互联网舆论场的绚丽花朵。侯锷教授主编这部《中国政务新媒体（微博）年鉴》，号准了当下中国社会转型的脉搏，如何运用信息化手段推进政务公开、党务公开，推进网上宣传理念、内容、形式、方法、手段等创新，构建网上网下同心圆，更好凝聚社会共识，政务微博成为国家治理现代化的切片。

祝华新

人民网舆论与公共政策研究中心主任

高级记者，国家网信办舆情中心特约研究员

本卷编纂说明

　　本卷主要收录了自被称为"政务微博元年"的 2011 年至 2018 年上半年的政务微博发展报告。报告主要来源于两大分支：一是由人民日报社新媒体中心、人民网舆情监测室（现已更名为人民网舆情数据中心）与新浪微博每年合作撰写并发布的年度报告；二是由最高人民检察院检察日报正义网传媒研究院撰写、制作和发布的，自 2011 年至 2017 年年底的每年度政法（以公安、检察院、法院、司法行政为主体）微博发展报告。以上两家研究机构亦系国内保持专题专注对政务微博发展态势进行追踪，并保持 7 年连贯性研究、周期性公开发布的权威机构。

目　录

第二篇　论著题录

· 第 2 卷 ·

第三篇　发展报告

·2011 年政务微博发展报告·

·2012 年政务微博发展报告·

·2013 年政务微博发展报告·

·2014 年政务微博发展报告·

·2015 年政务微博发展报告·

·2016 年政务微博发展报告·

·2017 年政务微博发展报告·

· 第 3 卷 ·

第四篇　传播纪实

第五篇　重大活动

· ‖ 2013 年度 ‖ ·

· ‖ 2017 年度 ‖ ·

· 第 4 卷 ·

第六篇　微博与司法

第一章　微博涉诉司法裁判文书（2009—2018）

· ‖ 2016 年度 ‖ ·

· ‖ 2017 年度 ‖ ·

·‖2018 年度‖·

第二章　微博涉诉司法案例评论（2009—2018）

第七篇　微博涉诉案件审理相关法律及司法解释

第三篇
发展报告

人民网舆情监测室·2011 年新浪政务微博报告[*]

一 政务微博排行榜

人民网舆情监测室对新浪微博提供的 18132 个（截至 2011 年 10 月 31 日认证的）党政机构和公务人员微博数据，特别是排名前 200 位的机构微博和前 200 位的官员微博进行分析计算，得出党政机构微博和公务人员微博排行榜。

排行榜综合考察的一级指标如下。

（1）微博数：一年内所发微博总数（数据统计时限为 2010 年 11 月 1 日至 2011 年 10 月 31 日，以下数据如无特别说明皆同）。

（2）微博频率：日均所发微博数。

（3）微博原创率：原创性微博占所发所有微博的比例。

（4）微博被转发量：所发微博被转发总量。

（5）微博被转发率：平均每条微博被转发量。

（6）微博被评论量：所发微博被评论总量。

（7）微博被评论率：平均每条微博被评论量。

（8）微博评论数：对其他微博进行评论的总数。

（9）粉丝数：相关微博粉丝总数。

（10）粉丝活跃率：活跃粉丝占所有粉丝的比例。

（11）粉丝的粉丝数：其每一位粉丝的粉丝数之和。

（12）粉丝认证率：获得新浪微博认证的粉丝在所有粉丝中所占的比例。

（13）关注数：相关微博收听其他微博总数。

（14）媒体关注度：媒体对该微博进行的报道或评论文章总量。

排行榜综合考察的二级指标如下。

（1）微博政务指数：表征微博内容政务含量的高或低。

（2）微博情感指数：表征微博表达的情感积极或消极，内容正面或负面。

（3）评论倾向指数：表征网友对微博进行评论内容的正面或负面。

（4）媒体倾向指数：表征相关媒体文章对微博进行评论内容的正面或负面。

其中，一级指标为客观指标，直接通过数据统计得出；二级指标为主观指标，通过舆情分析师对相关微博进行科学抽样和内容分析后，还原为可统计量最终得出。

党政机构和公务人员微博排行主要依据四个指标：微博活跃度、微博传播力、微博引导力、微博亲和力。

---

[*] 人民网舆情监测室 2011 年 12 月 12 日发布。

微博活跃度表征相关党政机构和公务人员通过微博参与官民互动的活跃程度，活跃度越高表示该微博进行的官民互动越频繁。统计微博活跃度时所涉及的参数包括：微博数、微博频率、微博原创率、微博评论数、关注数、微博政务指数。

微博传播力表征党政机构和公务人员微博发布信息的传播能力，传播力越高表示该微博所发布的信息在微博中传播的范围越广、速度越快、影响越大。统计微博传播力时所涉及的参数包括：粉丝数、粉丝活跃率、粉丝的粉丝数、粉丝认证率、微博被转发率、媒体关注度。

微博引导力表征党政机构和公务人员微博发布信息的舆论引导能力，引导力越高表示该微博所发布的信息在网民中的关注度越高、认同度越高。统计微博引导力时所涉及的参数包括：微博被转发量、微博被转发率、微博被评论量、微博被评论率、粉丝数、粉丝活跃率、粉丝的粉丝数、粉丝认证率、媒体关注度、微博政务指数、微博情感指数、评论倾向指数、媒体倾向指数。

人民网舆情监测室对新浪微博中最具影响力和代表性的200个党政机构微博和200个公务人员微博的一级指标进行统计分析后，各得到100位活跃度较高、影响力较大的知名微博，并对其进行二级指标统计。汇总两次统计结果，得到微博活跃度、微博传播力、微博引导力三项指标，对其进行权重叠加最终分别得到综合排名前十的党政机构微博和公务人员微博。表1和表2列出了十大政务机构微博与十大公务人员微博的基本信息。

表1　十大政务机构微博

单位：个，条

排名	昵称	认证信息	微博数	粉丝数	活跃度	传播力	引导力	总分
1	平安北京	北京市公安局官方微博	6120	1941777	94.88	96.96	83.43	94.44
2	中国国际救援队	中国国际救援队官方微博	3340	1256710	91.69	96.06	88.04	94.37
3	外交小灵通	外交部公共外交办公室官方微博	2240	851023	90.39	93.35	81.80	91.78
4	上海地铁 shmetro	上海申通地铁集团运营管理部官方微博	14046	1122323	91.35	92.69	80.79	91.51
5	成都发布	四川省成都市人民政府新闻办公室	3862	1925559	89.11	93.75	79.27	91.18
6	广州公安	广东省广州市公安局官方微博	4617	1015201	91.97	92.08	77.95	90.81
7	打四黑除四害	公安部"打四黑除四害"专项行动办公室	526	334153	83.42	90.16	85.93	89.93
8	深圳公安	广东省深圳市公安局官方微博	3714	772624	91.73	90.46	76.18	89.77
9	南京发布	江苏省南京市委宣传部新闻发布官方微博	4638	471891	92.53	88.30	76.83	89.19
10	中国旅游	国家旅游局官方微博	3003	706087	89.02	90.14	74.52	88.76

表2　十大公务人员微博

排名	昵称	认证信息	微博数	粉丝数	活跃度	传播力	引导力	总分
1	伍皓红河微语	云南红河州州委常委、宣传部部长伍皓	6954	1267304	91.23	93.32	82.60	92.09
2	朱永新	全国人大常委会委员、民进中央副主席、中国教育学会副会长	2647	1152270	85.65	94.56	80.97	91.15
3	陈士渠	公安部打拐办主任陈士渠	1977	972357	80.36	94.08	85.44	90.79

续表

排名	昵称	认证信息	微博数	粉丝数	活跃度	传播力	引导力	总分
4	段郎说事	江西省九江市公安局民警段兴焱	5694	110174	86.72	90.71	85.36	90.70
5	孙云晓	中国青少年研究中心副主任、研究员孙云晓	8592	1383696	84.61	93.13	81.81	90.54
6	鞍钢郭明义	全国优秀共产党员、五一劳动奖章获得者、感动中国人物、"雷锋传人"郭明义	3331	3767326	81.81	95.96	78.66	90.48
7	叶青	全国人大代表、湖北省统计局副局长叶青	5031	126403	91.41	87.94	81.25	89.71
8	中一在线	浙江省海宁市司法局局长金中一	8389	731061	89.89	90.48	77.61	89.69
9	陈明德	全国政协常委、民建中央原副主席陈明德	1100	1190647	78.91	94.18	80.89	89.63
10	巴松狼王	北京市环保局副局长杜少中	767	88507	79.01	89.20	86.42	88.77

二　政务微博人文地图

（一）政务微博地域分布

人民网舆情监测室分别对新浪微博中 9778 个党政机构和 8354 个公务人员的微博进行分析，得出各个省级区划内所有党政机构和公务人员微博的分布情况；再分别对新浪微博中 200 个最具影响力和代表性的党政机构和公务人员微博账户进行统计，得出各个省级区划内这些最具影响力的党政机构和公务人员微博的分布情况。具体如图 1～图 5 所示。

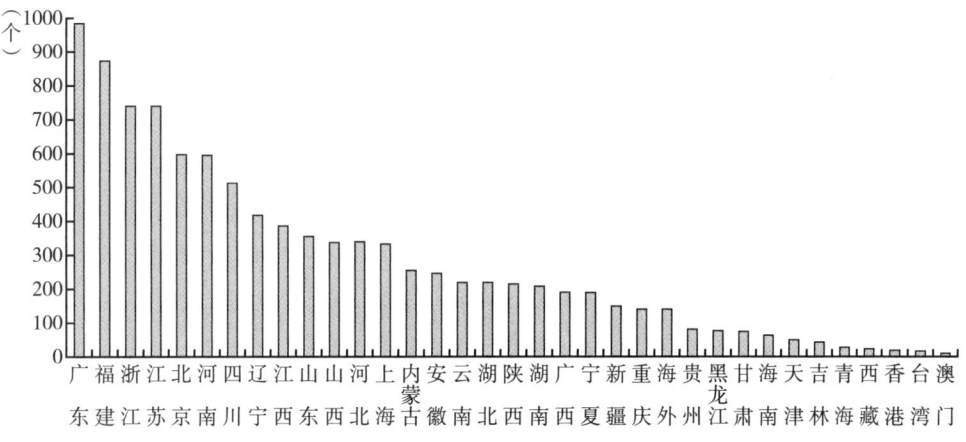

图1　党政机构微博地区分布

截至 2010 年 10 月底，政务微博总数为 552 个，其中机构微博有 312 个，政务人员微博有 240 个。截至 2011 年 10 月底，政务微博总数已迅猛增长到 18132 个，其中机构微博有 9778 个，公务人员微博有 8354 个，是一年前的近 33 倍。

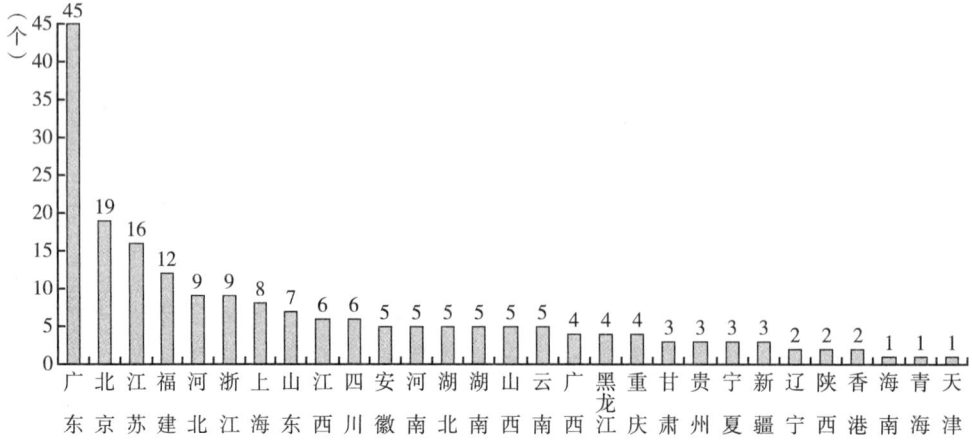

图2 党政机构"Top 200"微博地区分布

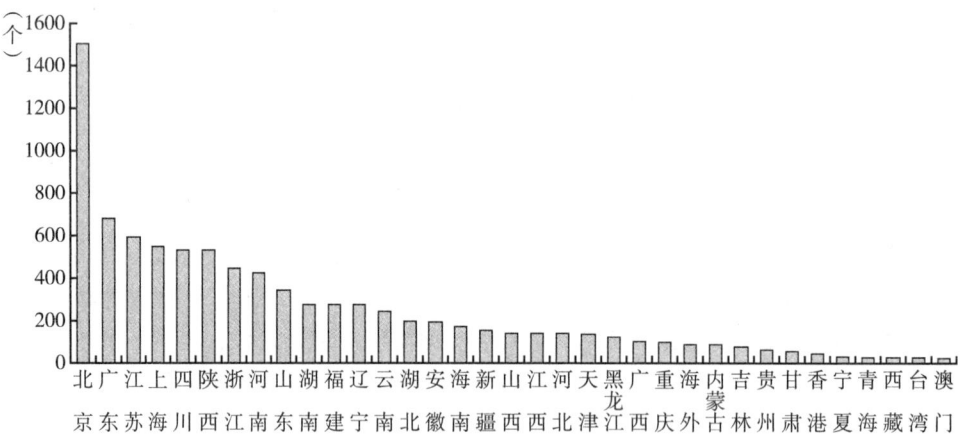

图3 公务人员微博地区分布

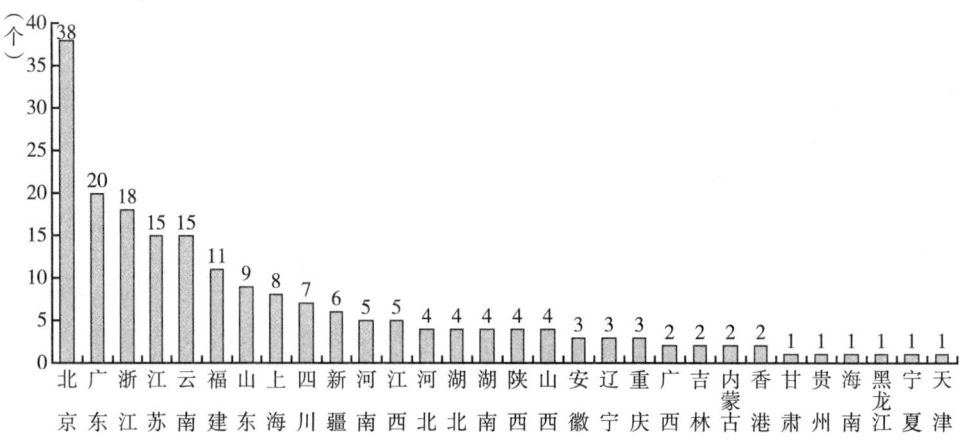

图4 公务人员"Top 200"微博地区分布

从地域分布情况来看，截至2010年10月底，政务微博覆盖了除海南、澳门、台湾外的31个省级行政区，北京、广东、江苏、山西、山东、浙江、福建、河北等地发展情况较好。

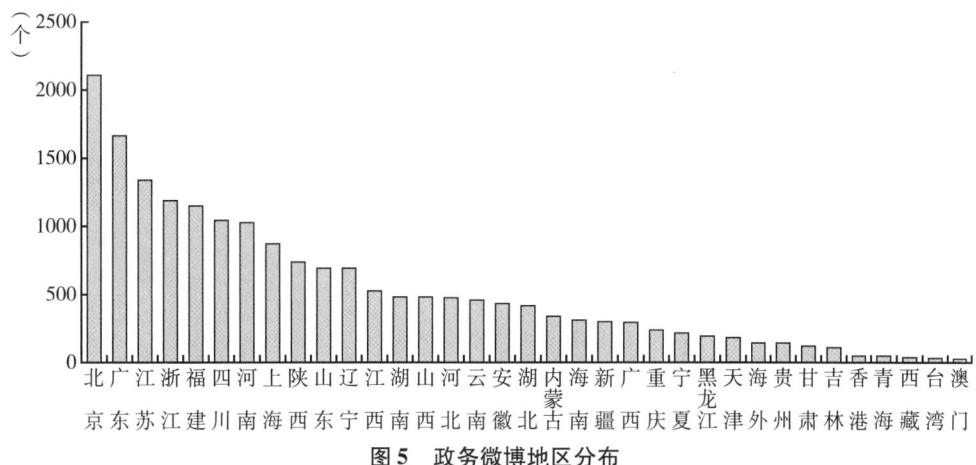

图5　政务微博地区分布

截至2011年10月底，政务微博已全面覆盖全国34个省级行政区，华东、华南、华北等区域政务微博开通情况好于中西部地区，各地微博问政开通情况排名与所在区域经济、政治等发展情况排序大体一致。北京、广东、江苏、浙江、福建等经济较发达的省份政务微博开通情况在全国居前列。北京居首位，这与其全国政治、经济、文化中心的身份有密切关系。据统计，一年之内微博数量增长最快的是北京、广东、江苏、浙江、福建、四川，涨幅均超过1000。

（二）政务微博部门分布

人民网舆情监测室分别对新浪微博中9778个党政机构和8354个公务人员的微博进行分析，得出所有党政机构和公务人员微博部门分布情况（"政府"包括办公厅、新闻办等直属机构；其他部分还包括党委和专门委员会、直属事业单位等）；再分别对新浪微博中200个最具影响力和代表性的党政机构和公务人员微博账户进行统计，得出这些最具影响力的党政机构和公务人员微博部门分布情况。具体如图6~图9所示。

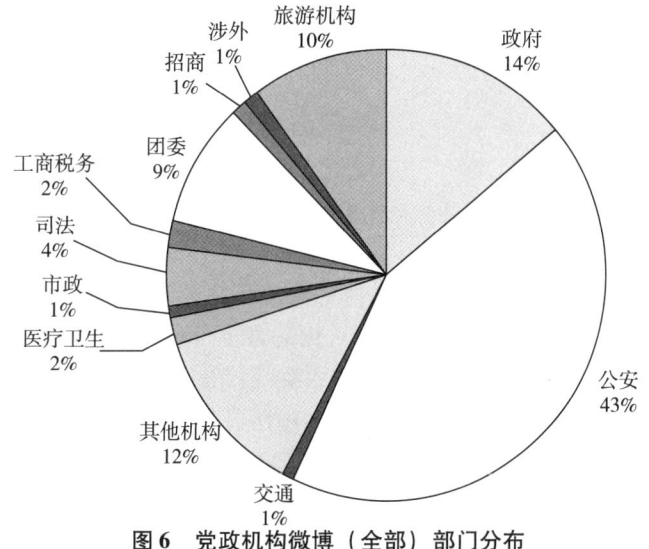

图6　党政机构微博（全部）部门分布

（注：其他机构中包括气象、文化、体育、教育、环保等部门。）

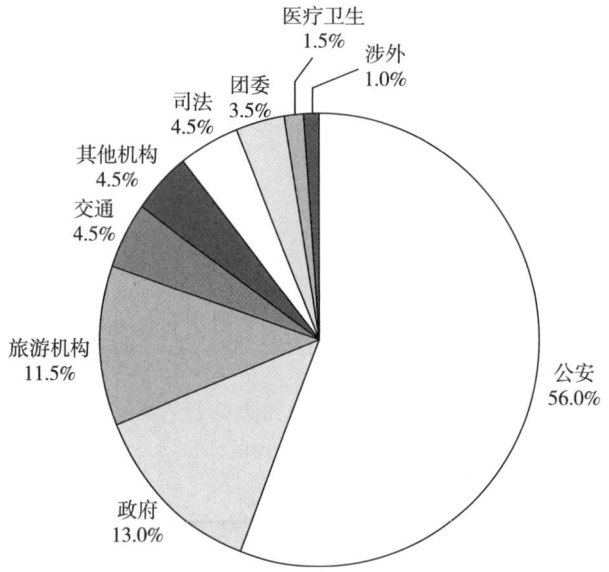

图7 TOP200 党政机构微博部门分布

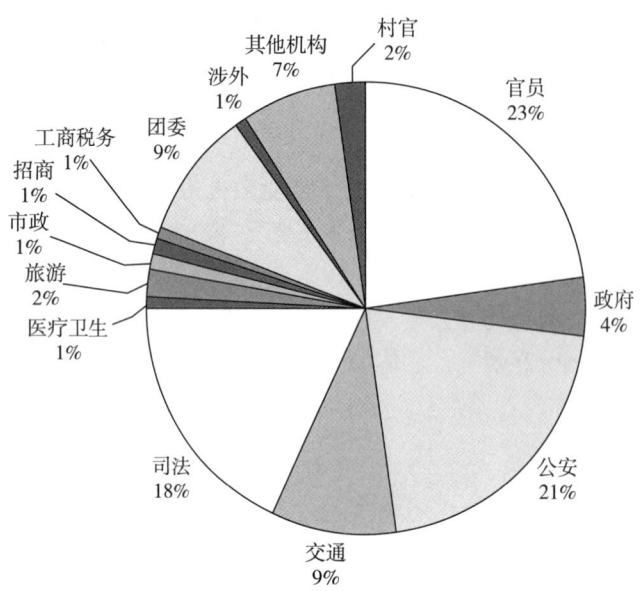

图8 公务人员微博（全部）部门分布

从部门分布情况来看，2010年政务微博主要分布在公安、旅游、宣传、司法部门。截至2011年11月底，政务微博已扩展到政府机构的各个行业，如市政、招商、文教、体育、质检等。但公安、旅游、宣传、交通、司法、团委等政府职能部门优势依然明显，这些部门接触微博较早，微博信息发布及时，服务性、实用性、互动性都比较强。其中，公安系统微博发展最快、数量最多。一年来公安机构增长近4000个，公安个人增长1700多个，占政务微博总数的1/3。公安部门借助微博发布信息、提供服务，获取线索、调查取证，发布案件进展，提高办案效率，已成信息公开的便捷平台和网络协助办案的重要工具。除公安外，宣传、旅游、团委、司法是一年来数量增长较多的行业。

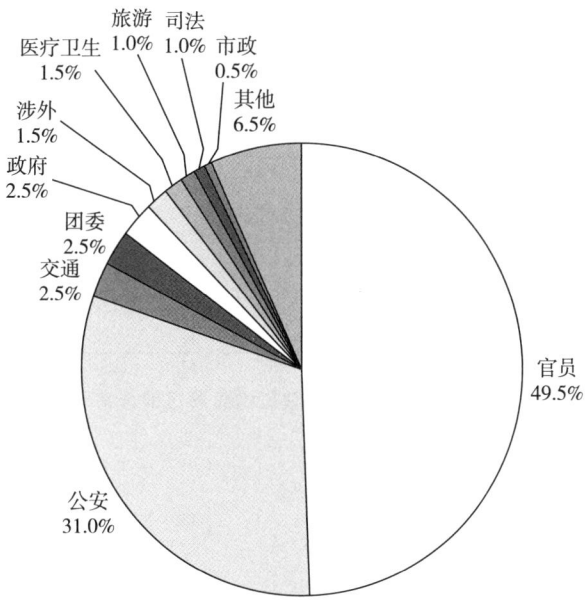

图9　TOP200 公务人员微博部门分布

(三) 政务微博行政级别分布

人民网舆情监测室分别对新浪微博中 9778 个党政机构和 8354 个公务人员微博进行分析，得出所有党政机构和公务人员微博行政级别分布情况；再分别对新浪微博中 200 个最具影响力和代表性的党政机构和公务人员微博账户进行统计，得出这些最具影响力的党政机构和公务人员微博行政级别分布情况。具体如图 10 ~ 图 13 所示。

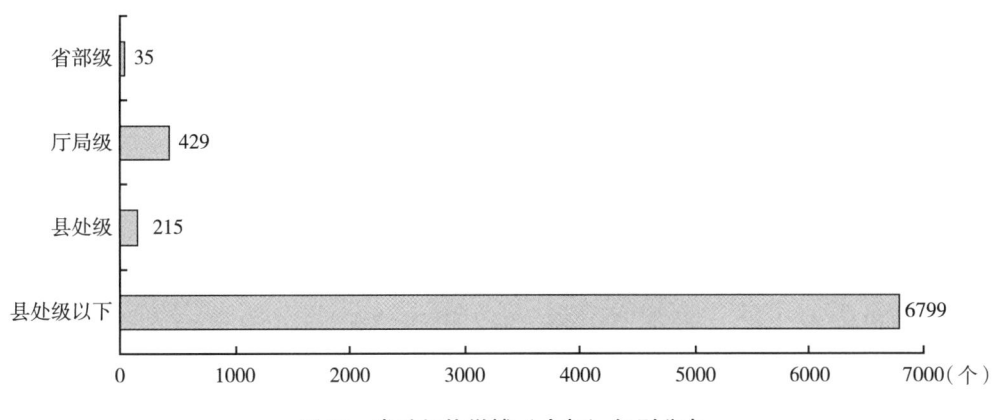

图10　党政机构微博 (全部) 级别分布

从行政级别分布来看，政务微博基本上呈"金字塔"状，县处级以下 (不含县处级) 政务微博规模最大。从数据可以看出，微博在基层政府机构和官员中发展情况较好，这和基层政府机构和官员基数较大有关，基层政府利用微博开展问政、扩大宣传、提升服务的意识和积极性有所提高。

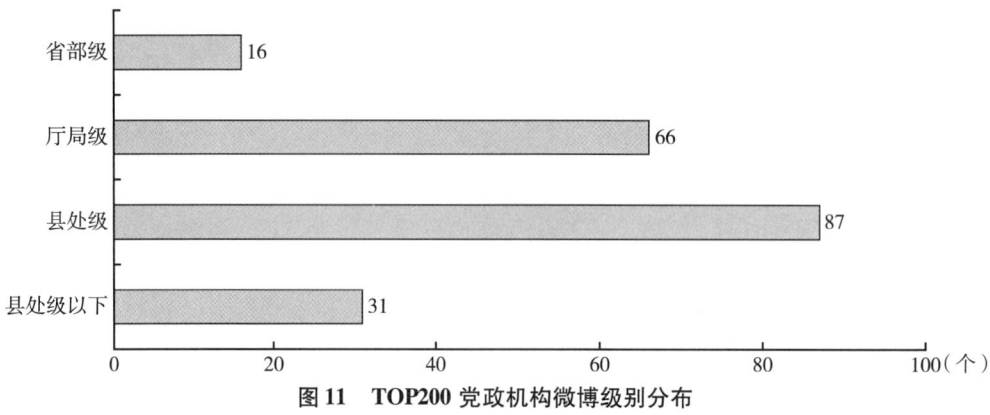

图 11 TOP200 党政机构微博级别分布

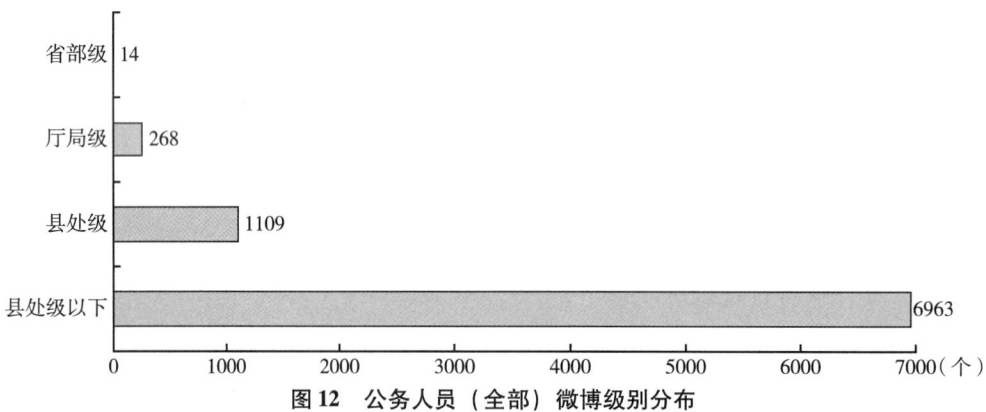

图 12 公务人员（全部）微博级别分布

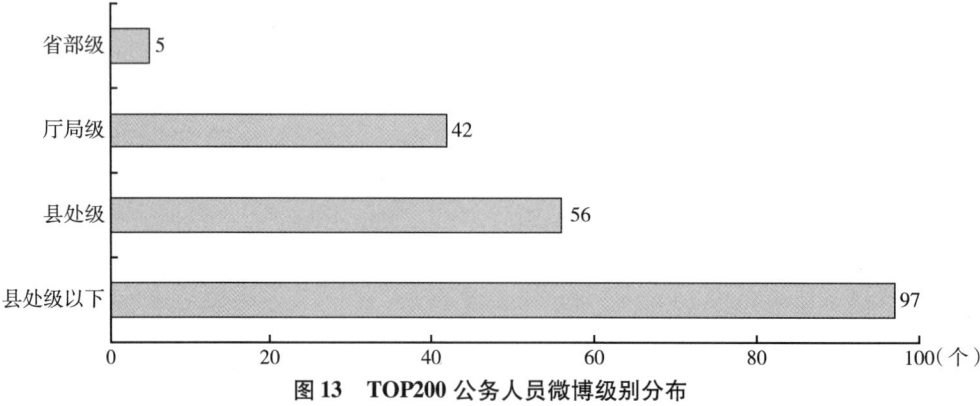

图 13 TOP200 公务人员微博级别分布

（四）政务微博活跃度分布

人民网舆情监测室分别对新浪微博中 200 个最具影响力和代表性的党政机构和公务人员微博账户进行统计，通过计算每一微博数量范围内的党政机构和公务人员微博账户数目，得出党政机构和公务人员微博所发的微博数量分布情况，其中横轴为微博数量区间，纵轴为各区间分布的官员数目。从"微博"数量的分布情况，可以看出党政机构和公务人员微博活跃度情况。具体如图 14、图 15 所示。

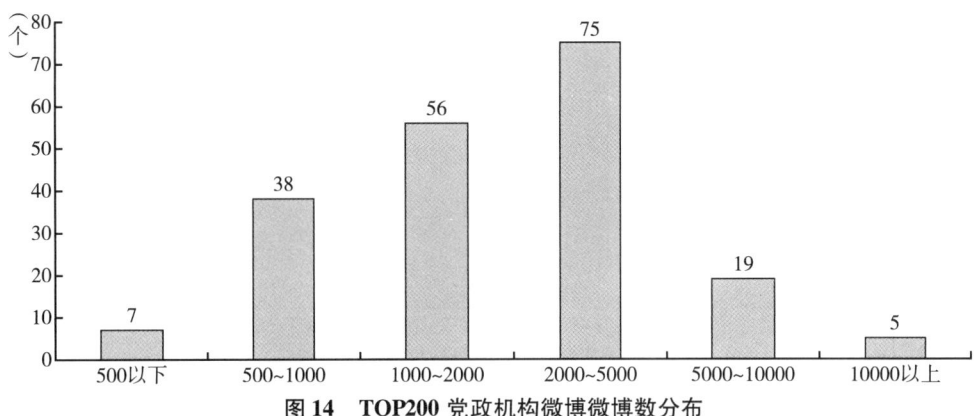

图14 TOP200 党政机构微博微博数分布

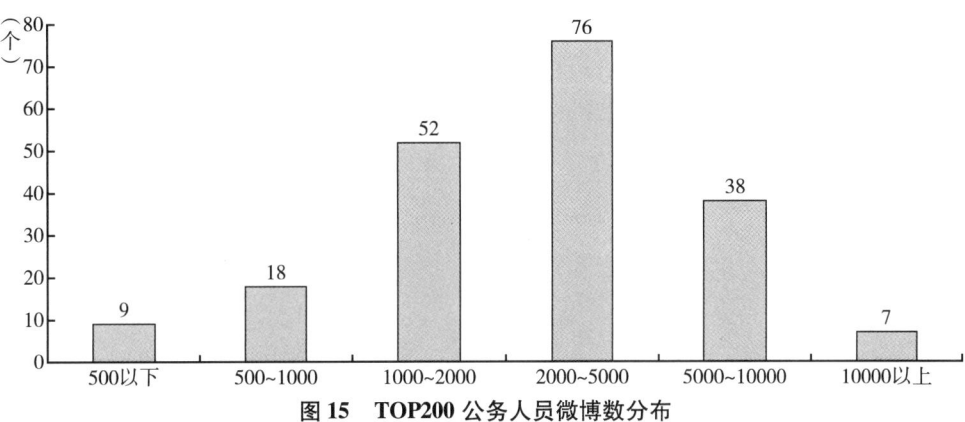

图15 TOP200 公务人员微博数分布

（五）政务微博粉丝数量分布

人民网舆情监测室分别对新浪微博中200个最具影响力和代表性的党政机构和公务人员微博账户进行统计，通过计算每一粉丝数量范围内的党政机构和公务人员微博账户数目，得出党政机构和公务人员微博粉丝数量分布情况，其中，横轴为粉丝数量区间，纵轴为各区间分布的官员数目。从分布情况可以看出决定党政机构和公务人员微博影响力的受众覆盖情况。具体如图16、图17所示。

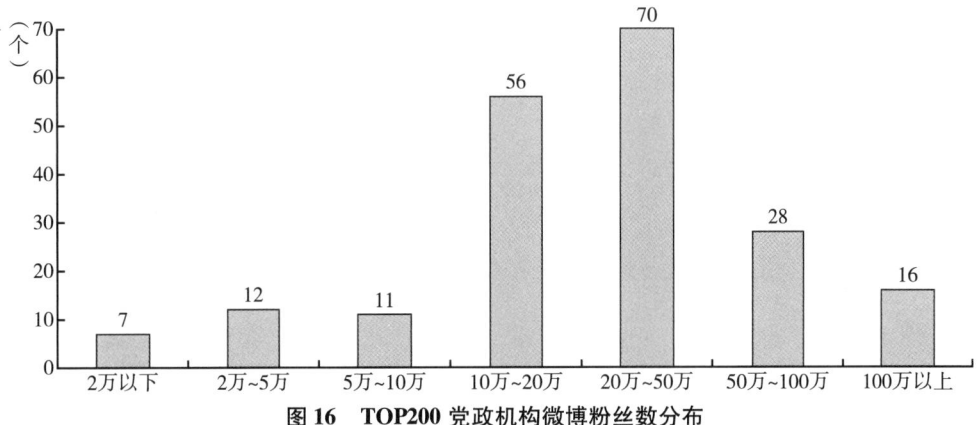

图16 TOP200 党政机构微博粉丝数分布

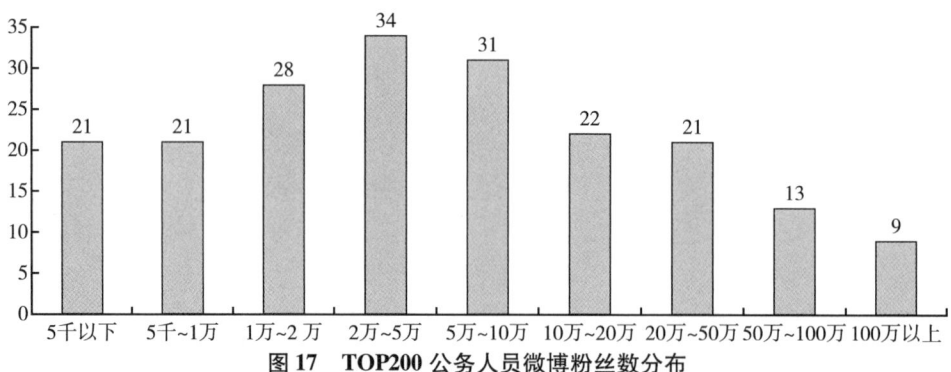

图 17 TOP200 公务人员微博粉丝数分布

（六）政务微博开设时间分布

人民网舆情监测室分别对新浪微博中 200 个最具影响力和最具代表性的党政机构和公务人员微博账户进行统计，得出党政机构和公务人员微博开设时间分布情况，其中横轴为开设微博时间区间，纵轴为各区间分布的机构或官员数目。具体如图 18、图 19 所示。

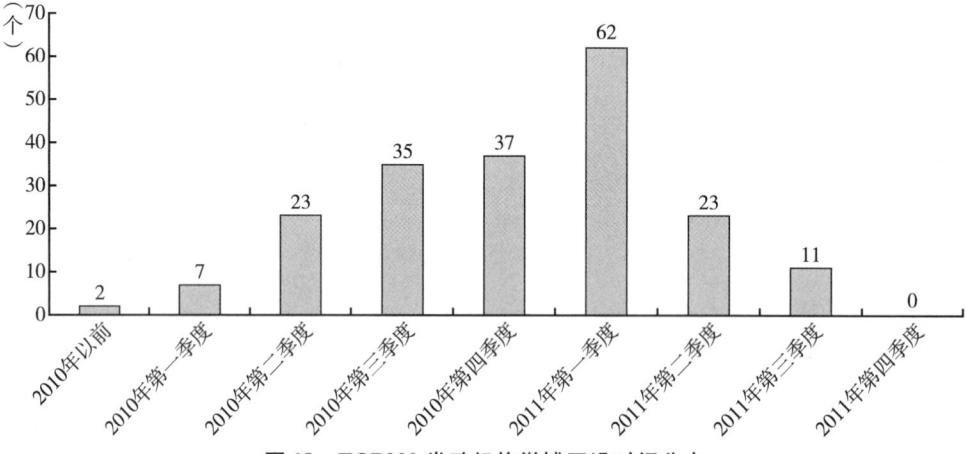

图 18 TOP200 党政机构微博开设时间分布

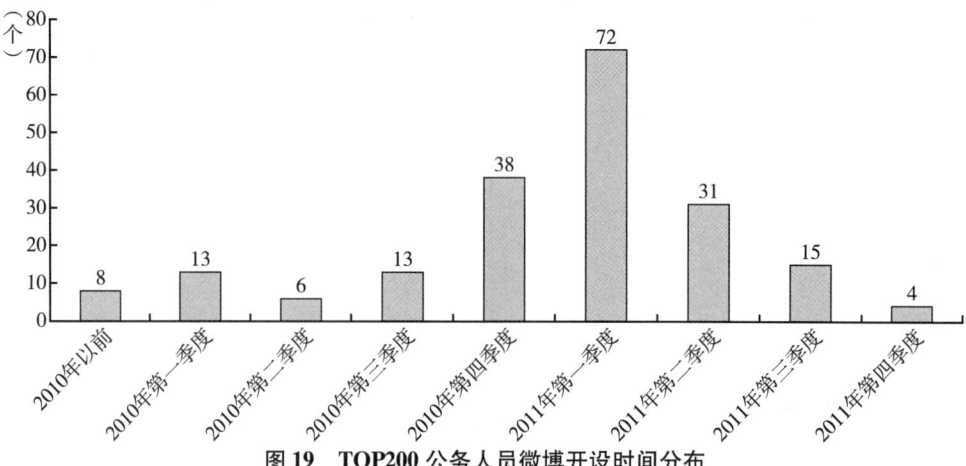

图 19 TOP200 公务人员微博开设时间分布

三　政务微博互动案例分析

（一）政务机构微博案例分析

1. 外交小灵通

（1）微博介绍

"@外交小灵通"是外交部试运行的微博平台。2011年4月13日，"@外交小灵通"正式开博发声，凭借对外交外事新闻的及时播报以及对各国文化风俗图文并茂的介绍，"@外交小灵通"开博未及一月，粉丝数量已攀升至18万人。"@外交小灵通"是我国第一个由部委开通的微博。在其简介中，"@外交小灵通"称"愿做您和外交之间的桥梁纽带"。截至2011年10月31日，"@外交小灵通"新浪微博共有粉丝851023名，累计发布微博数2240条，日均6.14条。

"亲，你大学本科毕业不？办公软件使用熟练不？英语交流顺溜不？驾照有没有？……"8月初，"@外交小灵通"发布的这条轻松幽默的"淘宝体"招聘信息在网络上热传。短短三小时，该微博被转发了4800余次。"@外交小灵通"已成为一个新的公共外交平台。

亲切、人性化是"@外交小灵通"微博内容的一个特点，其中不乏幽默语句，比如在介绍毛里求斯时引用了马克·吐温的名句"上帝先创造了毛里求斯，后创造了天堂"。"@外交小灵通"利用新媒体与外交的捆绑，使公众对外交不再感到遥远和生疏。有网友评论说道，"@外交小灵通挺有意思的，'伤不起'这样的网络流行语都写进去了，觉得挺逗的，感觉像交往了一个生活中的朋友，听他跟你说点新鲜事儿，比单纯的新闻更有吸引力吧"。中国新闻网则报道称，"@外交小灵通"把公共外交做到了指尖。

（2）微博分析

①粉丝分析（见表3）

表3　"@外交小灵通"新浪微博粉丝相关数据（截至2011年10月31日）

单位：个，%

昵称	粉丝数	粉丝的粉丝数	粉丝认证数	粉丝认证率	粉丝关注数	粉丝活跃程度
@外交小灵通	851023	201561264	3623	0.43	102931239	152852

②发博分析（见图20）

截至2011年10月31日，"@外交小灵通"累计发布微博数2240条，日均6.14条。从发博时间分布来看，其大部分微博发布的时间集中于上午8时至10时，下午2时至5时，属于典型的于工作时段发布微博消息的政务微博。

③微博内容分析

a. 原创微博内容分析（见图21）

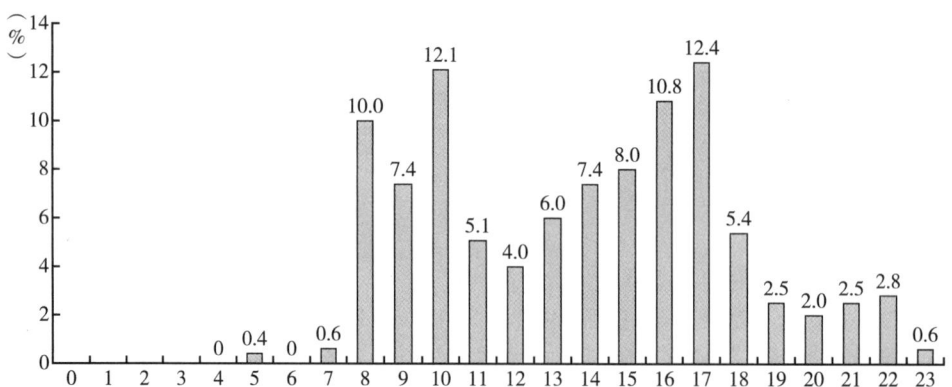

图20　"@外交小灵通"发博时间段分布

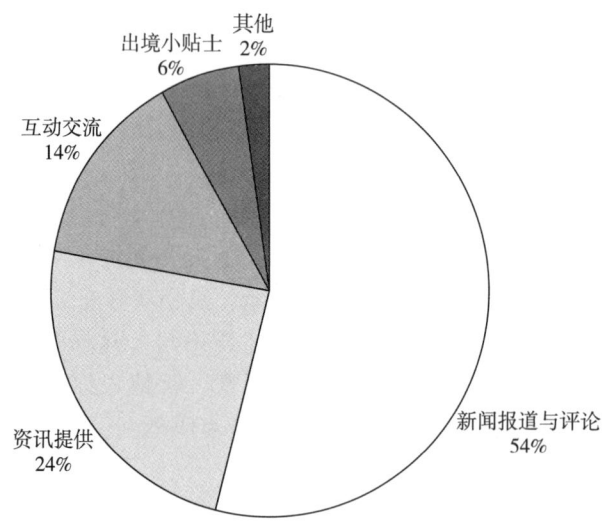

图21　"@外交小灵通"原创微博内容分析（样本量：100 条）

在"@外交小灵通"原创微博中，"新闻报道与评论"占其微博总数一半以上。此外，与粉丝的互动交流、资讯的提供以及出境小贴士也是其原创微博的重要组成部分。在新闻报道与评论方面，"@外交小灵通"设置了"记者会微报""外交动态"等，为网友提供了国家领导人的外交活动；在资讯提供方面，则有"外交掠影""外交小知识""外交史上的今天"等，为网友提供权威的外交常识、史料；在互动交流方面，"@外交小灵通"会回答一些涉及外交方面的网友提问，它也经常跟网友道声"早安""晚安"；"@外交小灵通"还有"出境提醒"的栏目，用以告诉网友出境去某个国家可能要注意的问题。

b. 转发微博内容分析（见图22）

在"@外交小灵通"转发的微博中，互动交流、资讯提供占有较大比重。"@外交小灵通"的微博不仅有抽奖活动，还有招聘信息，其微博互动性较强。"@外交小灵通"在答

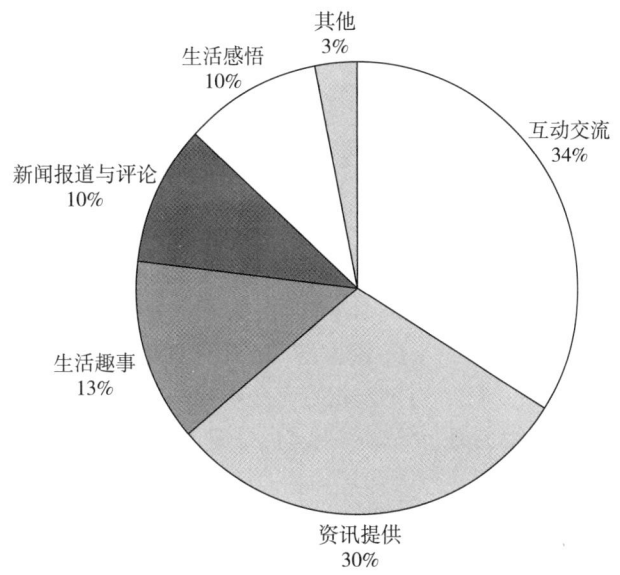

图22 "@外交小灵通"转发微博中本行业与外行业微博比例分布（样本量：100条）

复、转发网友提问的过程中也普及了许多外交知识。在资讯提供方面，"@外交小灵通"经常转发各国外事机构的活动介绍，包括艺术论坛、电视节目、音乐演出等。"@外交小灵通"转发的微博中新闻报道类较少，生活趣事、感悟类话题较多，如在微博中转发推荐经典歌曲，体现出其生动的一面。

（3）网友认可度分析（见表4、表5）

表4 "@外交小灵通"微博传播相关数据（截至2011年10月31日）

单位：条

昵称	微博数	总转发数	总评论数	平均转发数	平均评论数
@外交小灵通	2240	120385	70378	53.74	31.42

表5 媒体认可度分析

日期	媒体	标题	倾向性
2011年4月19日	新京报	外交部开微博"@外交小灵通"系首个部委开通的微博；开通6天引2万多网友关注	正面
2011年4月20日	重庆商报	外交部新浪开微博公共外交走向透明	正面
2011年4月23日	中国新闻社	微博已成网络问政利器"不会说话"会遭"板砖"	中性
2011年5月22日	亚洲周刊	国际公共外交最新效应	中性
2011年6月15日	南方日报	驻华使馆打微博牌 "微外交"时代来临	中性
2011年6月27日	人民日报	外交开启"微时代"	中性

续表

日期	媒体	标题	倾向性
2011年7月19日	文汇报	新媒体："把公共外交做到指尖"	正面
2011年8月2日	海峡都市报	外交部微博发"淘宝体"招聘信息是亲民还是轻浮？	中性
2011年8月3日	北京日报	外交部淘宝体招聘启事引热议	中性
2011年9月9日	新华每日电讯	"微博公文"见亲切,转文风更需转作风	中性

2011年8月1日"@外交小灵通"采用当时网络流行的"淘宝体"发布招聘信息,引发网友热议。"亲民"还是"轻浮"的争论也出现在媒体评论中。一方面,许多网友大赞这种招聘语"好有创意";另一方面,有网友指责其该严肃的时候不严肃。但作为首个由部委开通的微博,涉及"@外交小灵通"的媒体报道仍是偏正面的。《人民日报》也以"@外交小灵通"为例,称"外交开启了'微时代'"。

2. 中国国际救援队

（1）微博介绍

中国国家地震灾害紧急救援队,对外称中国国际救援队,于2001年4月27日成立,主要任务是对地震灾害或其他突发性事件造成建（构）筑物倒塌而被压埋的人员实施紧急搜索与营救。

中国国际救援队于2010年2月27日注册新浪微博,4月14日成为新浪微博认证用户。4月14日,青海玉树发生7.1级地震,救援队通过认证微博发布与地震相关的及时新闻,对救援活动进行了微博直播,使得公众能尽早获得有关玉树地震的权威信息。

现今,其粉丝数量已过125万,累计发博数量3000余条。中国国际救援队发出的第一条微博信息与"智利大地震"有关,"中国国际救援队等待国务院命令"。而综观救援队的微博内容,"救援队新闻""地震救援直播""地震救援常识""地震监测"等占多数。而在微博上,救援队也时常与网友进行互动,回答网友提出的各类问题,如同行动态、科普知识等。2011年3月11日,日本本州东海岸附近海域发生9级地震,救援队不仅直播了队员在日本的救援活动,还介绍了日本防震避震经验、地震逃生自救方法等。日本地震造成福岛核泄漏,引发核泄漏危机,对此,救援队也通过微博发布了核辐射的科学信息,希望公众"加强对辐射防护知识学习掌握",避免恐慌。在抢盐风波中,其也努力传递辟谣信息,称服碘盐无助预防辐射。

（2）微博分析

①粉丝分析（见表6）

表6 "@中国国际救援队"新浪微博粉丝相关数据（截至2011年10月31日）

单位：个，%

昵称	粉丝数	粉丝的粉丝数	粉丝认证数	粉丝认证率	粉丝关注数	粉丝活跃程度
@中国国际救援队	1256710	251983785	4616	0.37	145365567	142713

②发博分析（见图23）

截至2011年10月31日,"@中国国际救援队"共发布微博3340条,日均9.15条。从

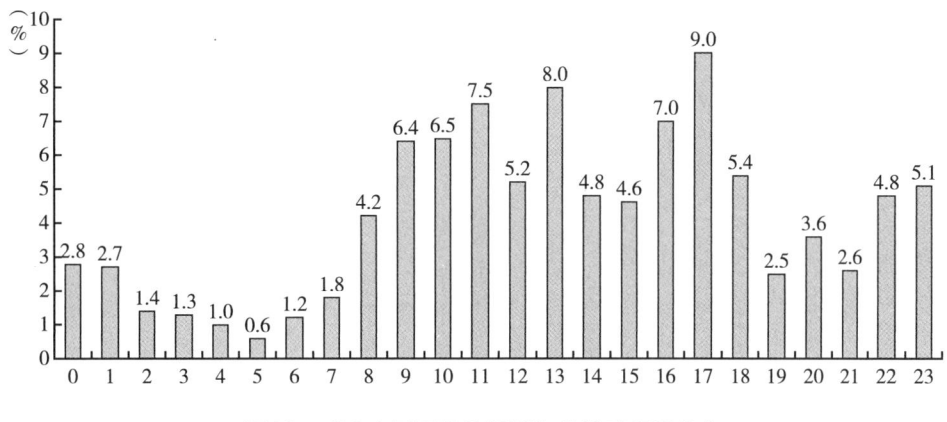

图 23　"@中国国际救援队"发博时间段分布

"@中国国际救援队"的发博时间可以看出，不少微博于凌晨一两点发出，而救援队经常参与到突发地震的救援活动中，对救援活动进行微博直播，通常会在一个固定的时间段发出大量微博。如 2010 年青海玉树地震时，救援队 4 月 14 日上午 8 时 46 分发布第一条微博，而后在救援的黄金 72 小时内，连续发布上百条微博，常常每隔 10 多分钟就更新一次，高峰时每隔 1 分钟更新一次。

　　③微博内容分析

　　原创微博内容分析（见图 24）

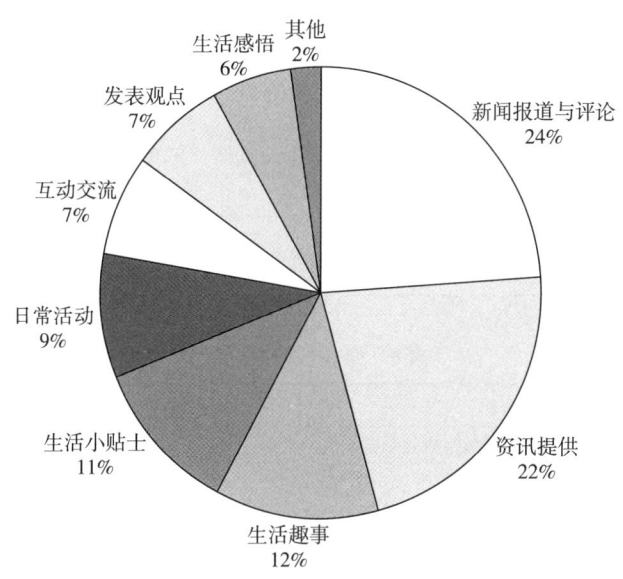

图 24　"@中国国际救援队"原创内容分析（样本量：100 条）

　　"@中国国际救援队"的原创微博内容较为多元，其中，新闻报道与评论、资讯提供所占比例较大。新闻报道主要与突发的地震相关；偏向政务的"资讯提供"类微博主要涉及公益、求助及地震科普；偏向"生活"类的趣事、贴士类微博则包括救援队队员的生活、救援犬的介绍、地震应急、地震避险常识等。

b. 转发微博内容分析（见图25）

"@中国国际救援队"转发的微博中分享了较多生活趣事与趣味视频。此外，新闻报道与评论、资讯提供依旧是救援队微博的重要组成部分，"中国地震科普网""新疆地震局""头条新闻"等都是其转发内容的主要来源。

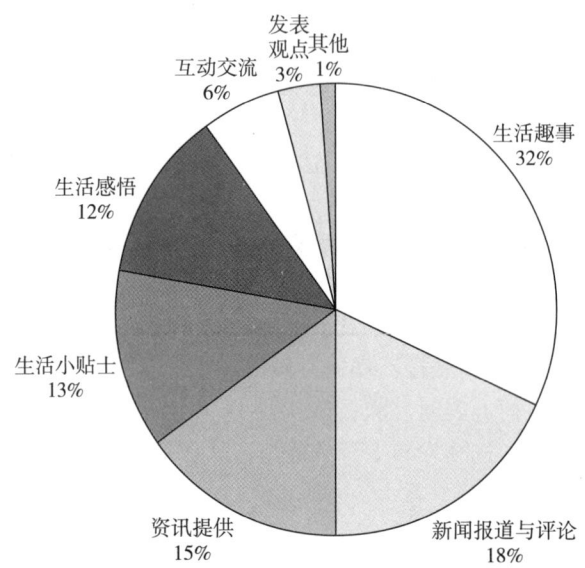

图25　"@中国国际救援队"转发微博内容分析（样本量：100条）

（3）网友认可度分析（见表7、表8）

表7　"@中国国际救援队"微博传播相关数据（截至2011年10月31日）

单位：条

昵称	微博数	总转发数	总评论数	平均转发数	平均评论数
@中国国际救援队	3340	619401	190897	185.45	57.15

表8　媒体认可度分析

日期	媒体	标题	倾向性
2010年4月16日	新快报	微博成救助新平台	中性
2010年4月17日	浙江日报	玉树：冲刺黄金72小时	正面
2010年4月20日	中国新闻社	劫后玉树悲恸中坚强前行见证中国"微"力量壮大	正面
2010年4月27日	解放军报	及时报道灾情、凝聚网民爱心、开展网上祈福……网络为抗震救灾再立新功	正面
2010年8月18日	北京商报	救援机构进驻新浪微博报灾情	中性
2011年3月15日	北京青年报	在日华人通过中国救援队报平安	中性
2011年3月19日	新京报	关注日本地震从微博看中日公共外交	正面
2011年3月20日	南方日报	中国救援队微博报平安一名队员今天灾区迎生日,网友齐送上祝福	中性
2011年3月24日	半岛晨报	地震跨国救援"见证微博的力量"	正面
2011年3月28日	21世纪经济报道	中国救援队密切关注缅甸地震	中性

媒体对"@中国国际救援队"微博的关注度较高，尤其是在青海玉树地震以及日本大地震时期。媒体的相关报道对"@中国国际救援队"微博给予了积极正面的评价，不少媒体评论以"@中国国际救援队"微博为案例分析了微博对抗震救灾、公共外交所起到的促进作用。

3. 成都发布

（1）微博介绍

"@成都发布"是成都市人民政府新闻办公室开设的微博，旨在"及时给朋友们提供有关成都的各类信息"。2010年6月30日，"@成都发布"成为新浪微博认证用户，截至2011年10月31日，其共有粉丝1925559名，累计发布微博数3862条，日均发博数10.58条。

"@成都发布"将其微博内容进行了细致分类，主要分为新闻资讯和生活资讯两大块。在"新闻资讯"类，"@成都发布"设置"成都要闻""投资成都""住在成都""锦江评论""国内热点"等栏目介绍成都的住房、交通、教育、医疗等综合民生类内容，并放眼看国内外的重点动态信息。在"生活服务"信息类，"@成都发布"设置"成都求职"栏目，发布成都大型招聘、公务员招聘等招聘求职信息；设置"成都美食香天下"，推广以成都美食为主的服务类信息；设置"成都气象"栏目，关注特殊与关键天气预报及预警提示信息；设置"醉美成都"栏目，发布展现成都现代人文美的图片和视频类信息；设置"博闻广记"栏目，发布生活类信息；设置"心灵鸡汤"栏目，发布一些经典哲理、名言、警句和生活感悟。

成都市政府把"@成都发布"作为一个新兴媒体对待，不仅组建了专业化的工作团队，具体负责日常的选题策划、信息编辑和与粉丝互动，还制定了评价考核办法。2011年1月7日，"@成都发布"在第六届中国公共服务评价国际研讨会上获评"倾听民意锐意创新奖"，这也是目前为止获得此类奖项的唯一一个政府官方微博。"@成都发布"利用微博创新沟通方式也受到媒体的广泛报道，央视《新闻联播》称，"权威性和贴近性，以及坦诚面对百姓的姿态，使'@成都发布'赢得了越来越多市民的认可和支持"。《成都日报》也称赞"@成都发布"很时尚。

（2）微博分析

①粉丝分析（见表9）

表9 "@成都发布"新浪微博粉丝相关数据（截至2011年10月31日）

单位：个，%

昵称	粉丝数	粉丝的粉丝数	粉丝认证数	粉丝认证率	粉丝关注数	粉丝活跃程度
@成都发布	1925559	166997672	3276	0.17	178039157	157161

②发博分析（见图26）

由成都市人民政府新闻办公室管理的"@成都发布"，其发博时间集中在工作时间段，即上午8时至11时及下午2时至6时。截至2011年10月31日，其累计发布微博数3862条，日均发博数10.58条。

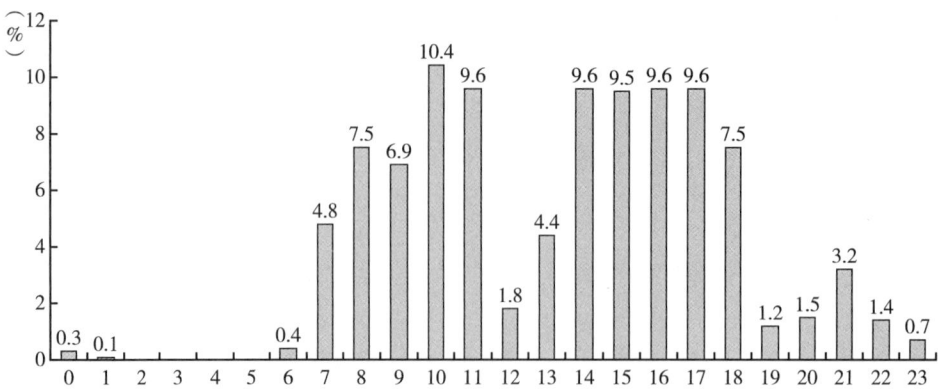

图26 "@成都发布"发博时间段分布

③微博内容分析（见图27）

a. 原创微博内容分析

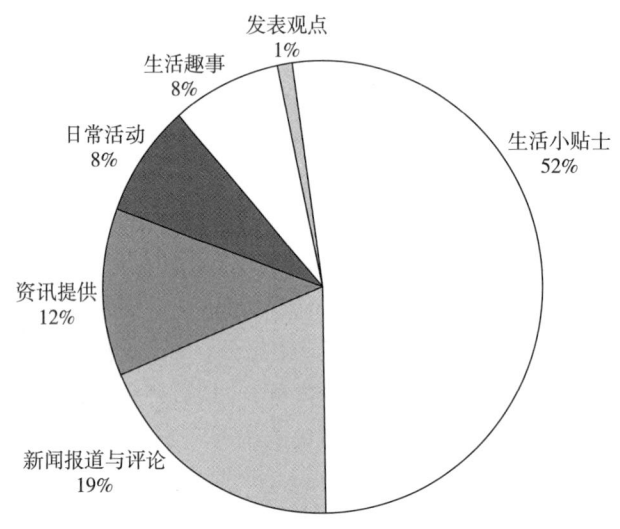

图27 "@成都发布"原创微博内容分析（样本量：100 条）

"@成都发布"的原创微博中，生活小贴士占了半数以上，即生活类资讯较多，如"住在成都""成都美食""文化成都""成都气象"等。"@成都发布"发布的许多涉及市民衣食住行的微博也颇受网友喜爱。而"成都新闻""国内新闻"这类新闻报道也占较大比重。资讯提供方面则有较多涉及政务方面的信息，如"成都招聘""投资成都"等。

b. 转发微博内容分析（见图28）

"@成都发布"所发微博超过八成是原创，其转发的微博最多的属于新闻报道与评论类，其中，成都晚报、华西都市报、成都日报、成都商报等是其转发内容的主要来源；其次是其他城市政务微博资讯，如转发"@上海发布"的微博信息。

（3）网友认可度分析（见表10、表11）

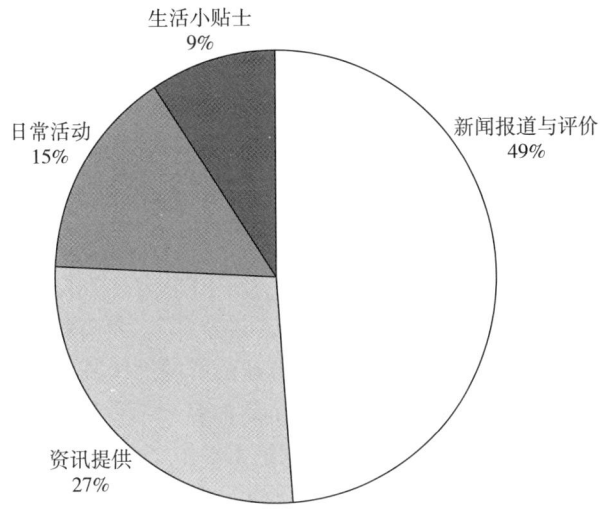

图 28 "@成都发布"转发微博内容分析（样本量：100 条）

表 10 "@成都发布"微博传播相关数据（截至 2011 年 10 月 31 日）

单位：条

昵称	微博数	总转发数	总评论数	平均转发数	平均评论数
@成都发布	3862	179194	62713	46.40	16.24

表 11 媒体认可度分析

日期	媒体	标题	倾向性
2010 年 7 月 22 日	成都商报	市政府微博首次直播新闻发布	中性
2010 年 12 月 20 日	中国新闻社	5 万粉丝关注成都市政府织出内地最火官方微博	正面
2010 年 12 月 27 日	法制日报	交流互动政府微博才能赢得人气	中性
2011 年 1 月 12 日	成都日报	"@成都发布"微博获评倾听民意锐意创新奖	正面
2011 年 2 月 21 日	四川日报	微博：倾听成都的"第三种声音"	正面
2011 年 3 月 6 日	扬子晚报	功夫熊猫"打群架"爆红网友赞"好萌"	正面
2011 年 5 月 26 日	华西都市报	六成网友信任政府微博"@成都发布"最火	中性
2011 年 7 月 22 日	中国新闻社	"@成都发布"微博粉丝破百万倡议共建"责任微博"	中性
2011 年 10 月 20 日	成都日报	"@成都发布"很潮很时尚	正面
2011 年 10 月 28 日	南方都市报	政务微博你关注了吗？网民反映，如果用轻松的语言发布多一些民生信息,就会吸引大家关注	中性

　　"@成都发布"的微博趣味性强，充满了许多生活类资讯，许多网友可以通过"@成都发布"了解成都美食、气象等。2011 年 3 月 3 日，成都市政府官方微博"@成都发布"公布了一段大熊猫宝宝的视频。不到两天，这个标题为"熊猫宝宝打群架"的视频在网上爆红，被网友们疯狂转发，媒体也对此进行了大量报道，成为一个全国的热点话

题。"@成都发布"能够巧妙地设置议题吸引网友，其微博管理的经验也获得了许多媒体的正面报道。

（二）官员微博案例分析

1. 伍皓红河微语

（1）微博介绍

云南省红河州州委常委、宣传部部长伍皓的认证信息为"云南红河州州常委、宣传部部长"，而他的个性签名为"唯美红河，你我他，共分享"，具有很强的宣传意味，个人色彩并不浓厚。2009年底，伍皓成为国内首位实名开微博的厅级高官。2011年4月初，伍皓通过微博发布其在杭州参加洽谈会期间Ipad失窃的内容，不少网友质疑其炒作，但伍皓回应电脑里除了工作资料没有别的内容，他本人也绝无炒作之意。

截止到2011年11月24日，"@伍皓红河微语"共有微博8754条，关注微博1739个。在综合排名中，伍皓的微博影响力排在全国政务微博的首位，每天平均发微博19.05条，几乎每天都在更新，共发微博6954条。伍皓幽默风趣的语言中将宣传红河的目标贯穿其中，并且通过和网友的积极互动，促进自身工作的展开，例如向网友征集歌词意见等，形成了较好的官民互动。从云南发生"躲猫猫"事件后，时任云南省委宣传部副部长的他组织了"网民调查委员会"，由此成名。

（2）受众（粉丝）分析（见图29、表12）

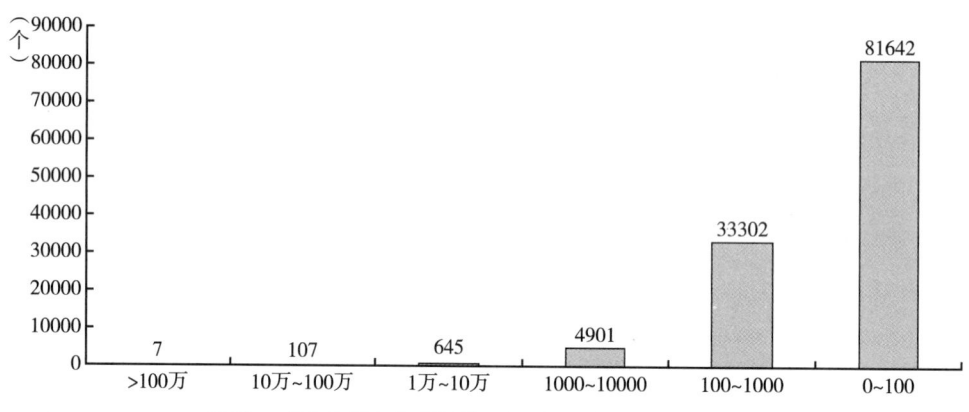

图29　"@伍皓红河微语"活跃粉丝的粉丝数分布情况

注：横纵坐标均为粉丝数量（以下同类型图表均是）

表12　"@伍皓红河微语"微博粉丝相关数据

单位：个，%

昵称	粉丝数	粉丝的粉丝数	活跃粉丝数	认证粉丝数	活跃粉丝率	认证粉丝率
@伍皓红河微语	1267304	229054474	120604	4325	6.81	0.34

截至2011年11月24日，"@伍皓红河微语"的粉丝数达到1267304个，而粉丝的关注数达到229054474个，活跃粉丝数是120604个，活跃粉丝率达到6.81%，认证粉丝数为

4325 个，认证粉丝率为 0.34%，位列所有入选官员微博影响力第一。其中，活跃粉丝数的统计标准为：最近一周有发博行为的粉丝。

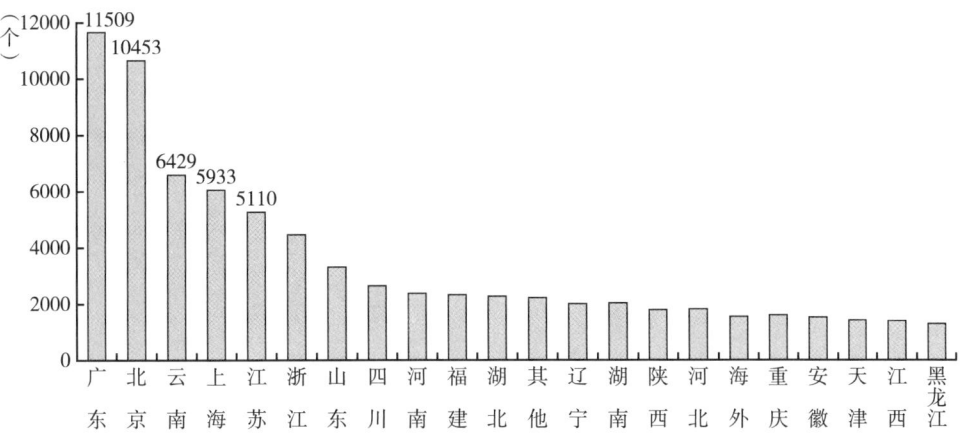

图 30 "@伍皓红河微语"微博活跃粉丝省份分布情况

注：横坐标为省份 纵坐标为粉丝数量（以下同类型图表均是）

从图 30 可以看出，伍皓现任云南红河州州常委与宣传部部长，但其粉丝分布最多的地区是广东，其次是北京，云南本地只排到了第三，这其实说明了伍皓作为红河州的宣传部部长很好地起到了外宣的作用。广东是一个经济和思想都相对开放的地方，而北京则是政治中心，作为一线城市，广东和北京的地位不可小觑。但是，云南本地网友对伍皓的关注度略低，这也是需要反思的地方，是否伍皓在当地的声望并没有在外那么高？或者当地的经济以及信息的不发达导致网民的数量本来就少，但实际上这些网民占所有公众的比例还很大？

（3）形式（发博）分析（见图 31、图 32、图 33）

从图 31 可以发现，"@伍皓红河微语"在能够发布微博的 24 小时里，最喜欢在 9 点发布微博。

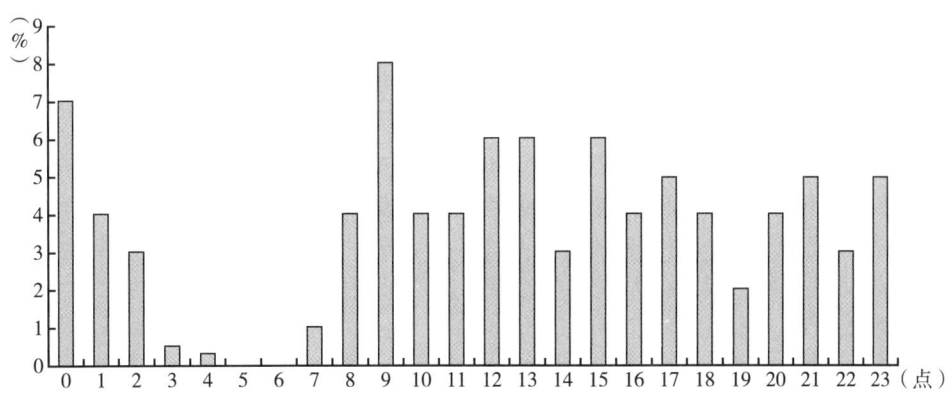

图 31 "@伍皓红河微语"发微博小时分布

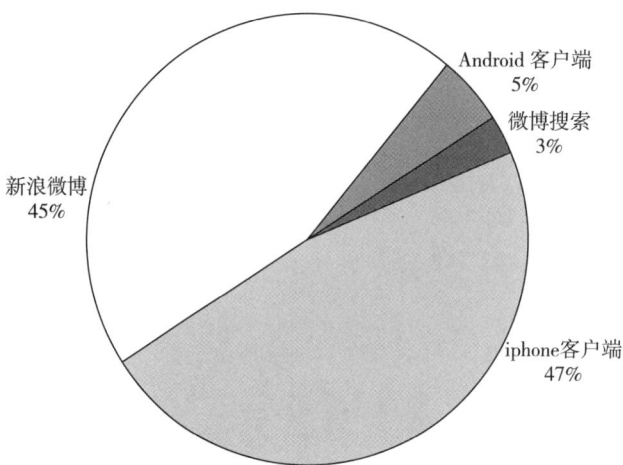

图32 "@伍皓红河微语"发微博客户端分布

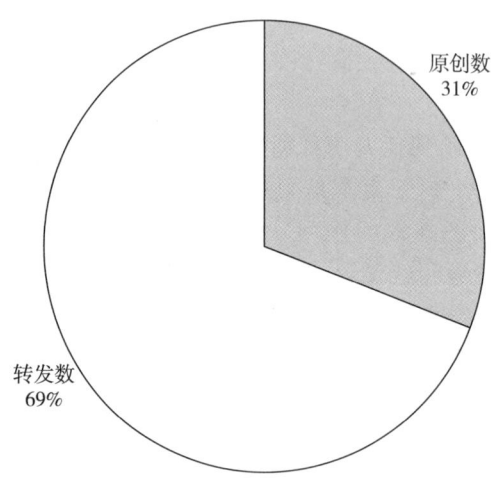

图33 "@伍皓红河微语"微博原创、转发比例分布

从图32可见，伍皓微博的发布渠道中，比例最大的就是iphone客户端，这也说明了他对新媒体的利用能力较强。从图33可知，"@伍皓红河微语"的微博中，转发量明显大于原创量，但是，即便是转发，其也会配有相关点评或者添加更多信息后发布。从图34可知，"@伍皓红河微语"的微博中含有视频和音频的微博占到了5成还多，带图片的微博有近3成，仅有纯文本不到2成，特别是视频和音频大多为转发微博，然后添加评论进行发布，纯文本则基本都为原创微博。本来是一些并不具有极强传播效果的含有视频音频的微博，经过"@伍皓红河微语"的转发后，人气也会急剧飙升，引来围观与进一步的转发。

（4）内容分析（见图35~图39）

在对所有微博进行内容分析时，我们设计出如下分析维度：本地（行业）新闻、外地（行业）新闻、国际新闻、日常活动、互动交流、资讯提供、生活感悟、发表观点、生活趣事、生活小贴士以及其他，并基于以上的分析维度体系进行系统的抽样评价。各个维度具体内容如下。具体内容占比如图35所示。

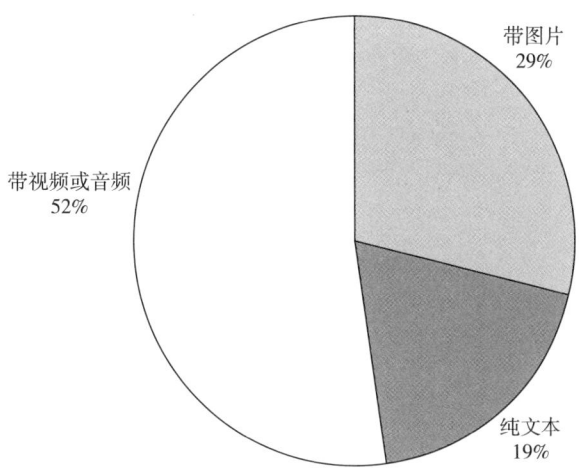

图 34 "@伍皓红河微语"微博纯文本、带视频或音频、带图片比例分布
（通过 2011 年 11 月 20 日至 11 月 27 日抽样数据得出）

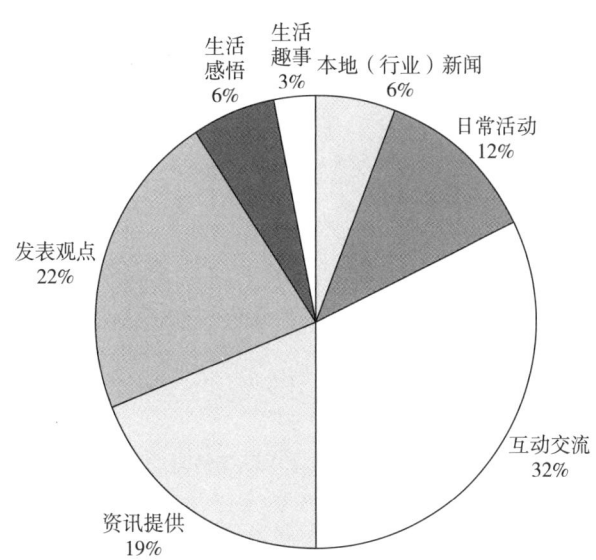

图 35 "@伍皓红河微语"微博内容分析（抽样 100 条）

本地（行业）新闻：官员机构所在地或所在行业内的新闻报道

外地（行业）新闻：官员机构所在地或所在行业外的新闻报道，但不涉及国际新闻

国际新闻：国际新闻报道

日常活动：出访、参观、交流等日常公务活动

互动交流：与网友之间的对话交流

资讯提供：为网友提供具有一定政务含量或与相关官员、机构职务相关联的资讯

发表观点：对与某一政务或职务相关的话题发表观点

生活感悟：对某一生活话题发表观点

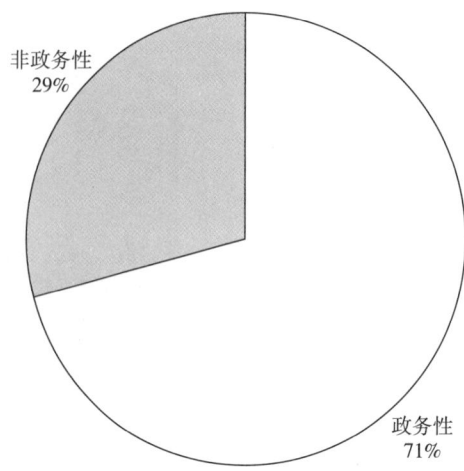

图36 "@伍皓红河微语"微博中政务性微博与非政务性微博比例（抽样100条）

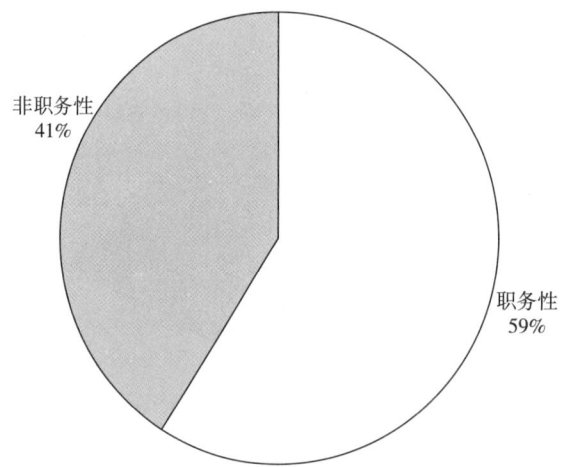

图37 "@伍皓红河微语"微博中职务性与非职务性微博比例

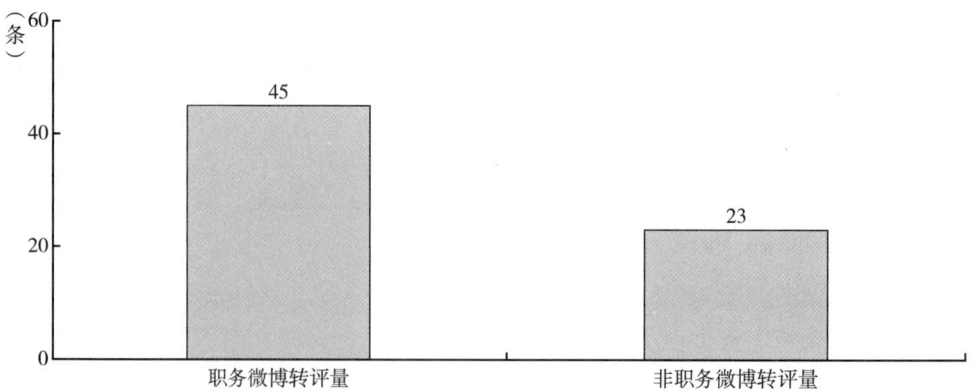

图38 "@伍皓红河微语"微博中职务与非职务性微博转评量比例

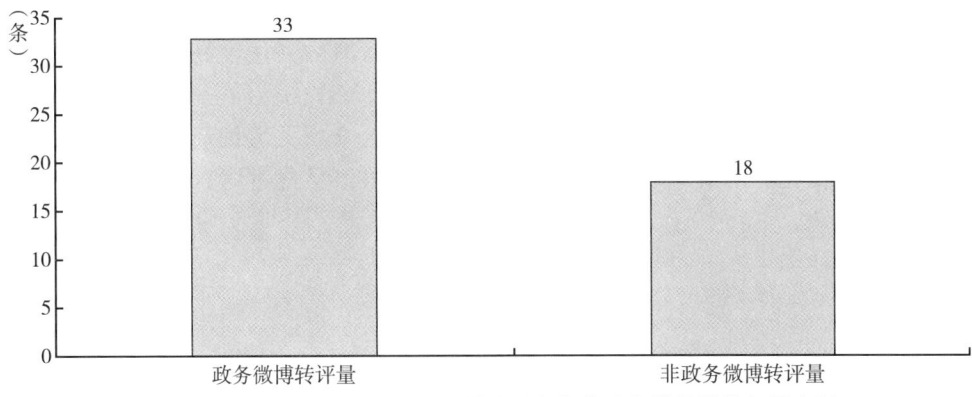

图39　"@伍皓红河微语"微博中政务与非政务性微博转评量比例

生活趣事：幽默笑话等生活趣事

生活小贴士：为网友提供的生活类资讯

其他：不属于以上各类的微博

本报告中的其余微博内容分析图，其分析方法如无特别说明皆同此。

根据抽样"@伍皓红河微语"的微博100条分析后，我们可以发现，其微博内容以和粉丝互动交流为主，占到了32%，但在互动的中间又同时反映出伍皓对一些事件的看法，或者是政府相关部门的一些态度，同时，俏皮和潮流的网络流行语穿插其中，马上拉近了官员与公众之间的距离，更便于民意的疏导和政府政策的实施。排在第二位的是发表观点，占到了22%，这样的事件也往往和云南红河州本地相关，起到了很好的沟通民意作用。资讯提供占19%，部分提供的是媒体对红河地区的报道，部分为媒体对伍皓本人的专访，还有一部分为伍皓为红河地区的某些活动做的宣传、发布的相关信息。日常活动占12%，这些信息的发布，使得公众对政务工作和伍皓本人的工作内容有了较多的了解，更利于工作的展开以及获得公众的支持。本地（行业）新闻、生活感悟以及生活趣事所占比例并不大，分别为6%、6%和3%，为数并不多的生活上的趣事和部分较为私人化的信息的流出，因为是适当的，所以给人一种亲切而极富人情味的形象感。

所谓的政务性微博是指该微博涉及国计民生、政府管理、行政事务等政务相关内容；非政务性微博是指该微博内容只涉及生活娱乐等与政务无关的话题。所谓的职务性微博是指该微博内容与博主职务相关，博主通过这些微博能与网友进行职务性沟通；非职务性微博是指该微博内容与博主职务无关，博主通过这些微博与网友进行私下的非职务性沟通。本报告中出现的政务性和非政务性区分、职务性和非职务性区分，如无特别说明均同此意。

在伍皓的微博中，近8成微博内容与政务相关，近6成微博内容与职务相关。对于云南红河州州委常委、宣传部部长伍皓而言，所有涉及对外宣传甚至是个人接受媒体采访的微博都属于职务性微博。伍皓所发的非政务性和非职务性的微博话题主要包括与网友交流观点、发表个人生活和工作体会以及讲述生活趣事。所谓的平均转评量是指平均每条微博的转发数和评论数之和，从平均转评量可以看出网友们的关注程度，转评量高则说明网友的关注程度更高。从伍皓所发政务微博和非政务微博平均转评量的差别可以看出，网友对伍皓政务性微博的关注度要比非政务性微博的关注度高很多，对职务性微博的关注度也高于非职务性微博。这一方面是由于伍皓工作的性质——红河州州委常委、宣传部部长，一般来说，他所对外发布的消息也正是公众所关心的问题；另一方面，伍皓的语言比较平民化、网络化，能够轻易将工作内容的信息通过语言表达方式的改变达到较好的传播效果。

（5）效果分析

①网友倾向性分析（见表13、表14）

表13 "@伍皓红河微语"微博转发相关数据

单位：条

昵称	微博数	被转发数	被评论数	平均转发数	平均评论数
@伍皓红河微语	6954	169911	239298	24.43	34.41

表14 "@伍皓红河微语"所发热点微博网友认可度

单位：条，个

微博内容	日期	转发	评论
学习会。我说,六中全会提出了六大文化体系建设:建设社会主义核心价值体系、构建公共文化服务体系、发展现代传播体系、建设优秀传统文化传承体系、构建现代文化产业体系、健全现代文化市场体系。比如,现代传播体系,不改变过时的传播理念,没有新媒体的发展,没有公众的参与传播,怎能形成体系	2011年10月21日	315	105
【午夜温馨奉献好歌伴您入眠】中央电视台播出的《我要去红河》。中国人民解放军二炮文工团独唱演员、红河文化服务志愿者董冬演唱。云南红河州建立首都文艺工作者艺术实践基地,董冬第一个作出郑重承诺,义务为边疆群众无偿演唱。http://t.cn/aeuMuL 图:《云南红河,每天听到绿色的呼吸!》	2011年10月1日	215	61
有网友@我,说网友@舟山群岛的新星昨因车祸离世。不胜哀痛!他与我从未谋面,但在网上坚定地支持我。他生前最后一条微博就是要我保重,"不要太拼命",谁知他竟没能很好保重生命。记得他在微博多次热情邀请我去舟山,后悔没能在他生时前往。惊闻噩耗,我停下手头工作,为他默哀三分钟。一路走好	2011年8月15日	135	77
庆祝建党90周年蒙自广场文化活动周。我出席观看今天演出。蒙自市万人空巷,只能容纳几千人的南湖广场严重超员,不得不增派大量警察保护群众安全,怕有群众不小心掉湖里。我想的是,红歌既然群众这么喜闻乐见,平时也该多组织些演出。群众的文化生活还是太贫乏了啊。无非政府花点钱,但群众乐,值	2011年6月26日	165	71
【趣事】夜航回昆,空姐居然叫出我的名字,说:才在报上看见您呐。拿过来一瞧,原来是我助人为乐又被登报了。说来有趣,今年乘了6趟飞机,每次都在机上配发的报纸和读物中突然就看见我自己,还搞得空姐和其他乘客一边读报纸一边盯着我看,怪不自在的	2011年6月12日	176	91

续表

微博内容	日期	转发	评论
刚收到千城网络数据挖掘软件提供的数据,截至16日零时,新歌《我要去红河》全网点击量11150576次,一周就突破千万,创历年新歌发布记录。而据报道,今年另一支号称"神曲"的《志忑》点击量仅10万次(附截图)。我深知,是我腾讯、新浪等微博560多万粉丝合推的结果。谢谢你们	2011年5月16日	184	76
芬兰驻华大使岚涛及夫人岚贝丽访问云南红河州。我和州委常委、副州长倪晓京会见。大使认为他为芬兰人找到了一个难得的生态休闲度假胜地。这是他任驻华大使一个重要成就。瞧,我们的官员想得最多的可能是投资,而人家的大使是在全世界为国民寻找最好的人居环境。不过,能选中红河,还是小骄傲一下	2011年4月22日	136	103

②媒体倾向性分析(见表15)

表15 媒体对"@伍皓红河微语"微博的重要报道和评论

日期	媒体	标题	转载量	倾向性
2011年1月8日	人民网	伍皓:宣传干部应该勇于去微博世界里做意见领袖	3	正面
2011年1月25日	红网	伍皓:官员微博试水的另类解读	18	正面
2011年3月28日	齐鲁晚报	伍皓转"正"	5	正面
2011年5月11日	红网	云南红河宣传部部长伍皓作词推歌《我要去红河》	4	中立
2011年7月8日	第一财经日报	首份中国政务微博排行榜出炉伍皓列官员类第一位	2	正面
2011年7月14日	中国青年报	官员微博能否承受身份之重与网民互动成重要课题	28	中立
2011年11月25日	宁波晚报	"六百多万双眼睛在盯着我"——微博达人伍皓访谈	2	正面

2. "@中一在线"

(1)微博介绍

"@中一在线"的加V认证信息是"海宁市司法局局长金中一(正义网全国政法官员微博问政热度排行榜No.01)",此微博的开设者是浙江省海宁市司法局局长、市委政法委委员金中一。他的个性标签为:"标语书法家、车窗摄影家、低级政治家、无股资本家、搭车旅行家、茅庐建筑师、乡村规划师、贫农园艺师、无照旧律师、社会评论员、法治营销商、破旧网民"。截止到2011年11月24日,"@中一在线"关注了1150个微博,拥有731061个粉丝。综合影响力排名位列政务微博第二。而且,"@中一在线"利用自己的影响力推动过不少事件的发展,例如,帮助寻找真正的救人英雄、反对城市"创文""创卫"等。

(2)受众(粉丝)分析(见图40、图41、表16)

"@中一在线"的微博主为海宁市司法局局长金中一,由于地区上的接近性,再加上他

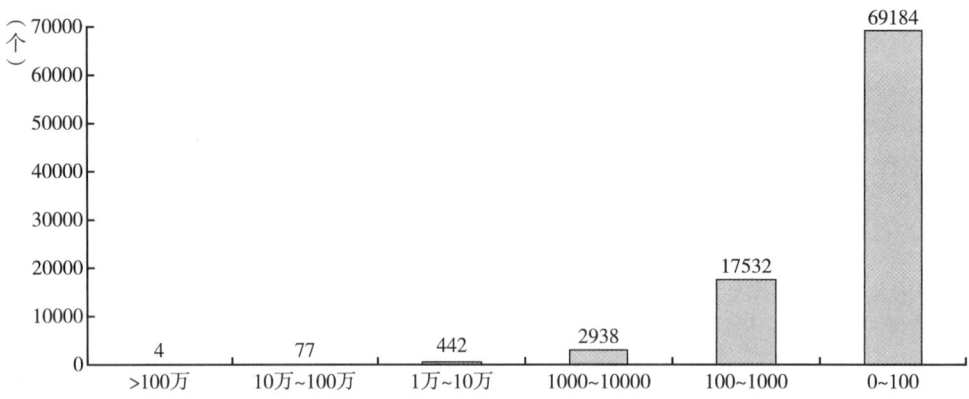

图40　"@中一在线"活跃粉丝的粉丝分布情况

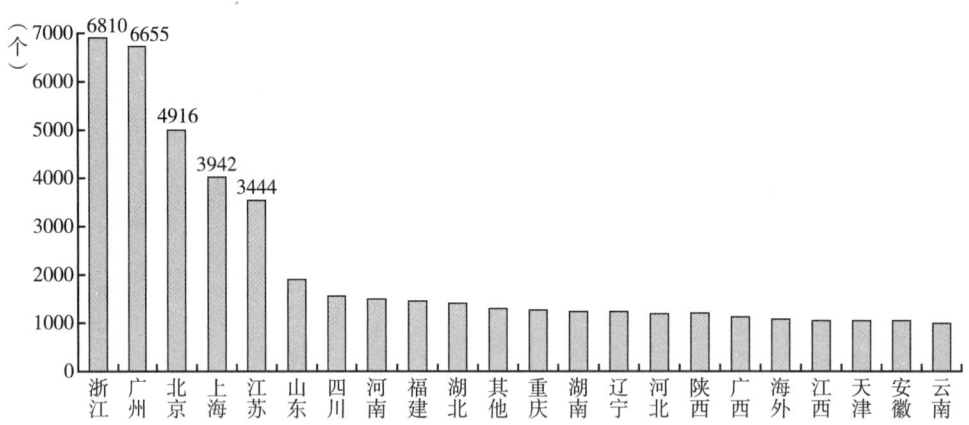

图41　"@中一在线"活跃粉丝省份分布

本人在当地的知名度较高，所以他的粉丝分布地区最多的为浙江，接下来是广东、北京和上海三地。

表16　"@中一在线"微博粉丝相关数据

单位：个，%

昵称	粉丝数	粉丝的粉丝数	活跃粉丝数	认证粉丝数	活跃粉丝率	认证粉丝率
@中一在线	731061	157422993	90177	2296	7.5	0.31

　　截止到2011年11月24日，"@中一在线"的粉丝数高达731061个，他的二级人脉——粉丝的粉丝数更是达到157422993个，规模庞大。他的粉丝中，认证粉丝率为0.31%，活跃粉丝率为7.5%。在政务微博中的影响力综合排名中位列第二名。通过图表对比，可以看出，"@中一在线"的发博时间段多集中在晚间8点和10点，均为工作外时间。

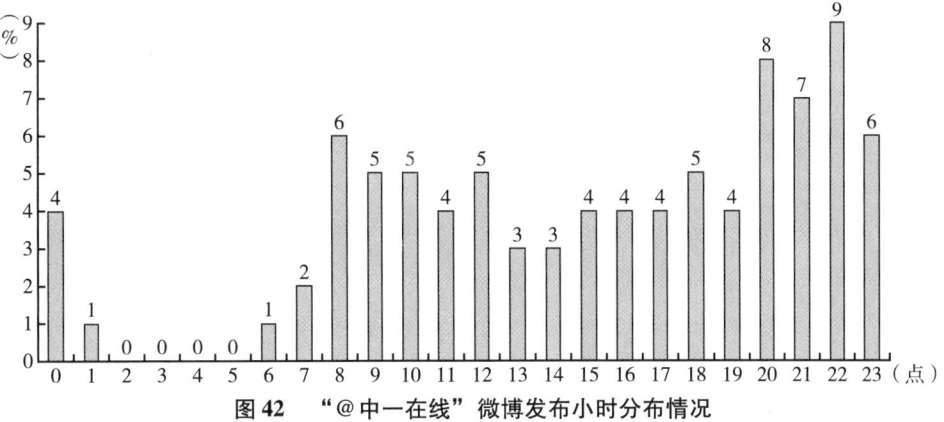

图42 "@中一在线"微博发布小时分布情况

（3）形式（发博）分析（见图43、图44、图45）

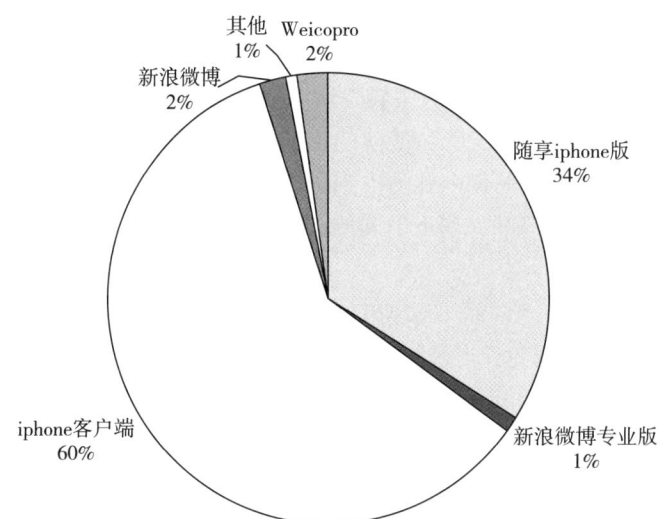

图43 "@中一在线"发微博客户端分布

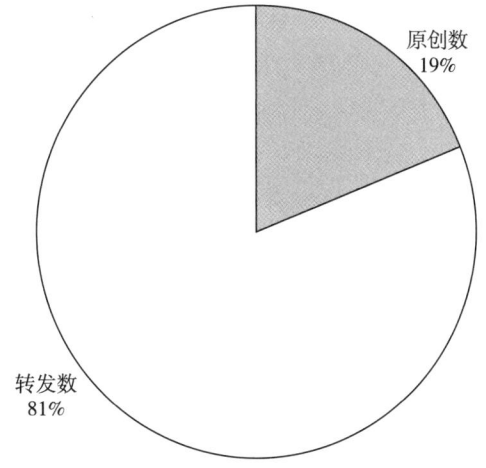

图44 "@中一在线"微博原创、转发比例分布

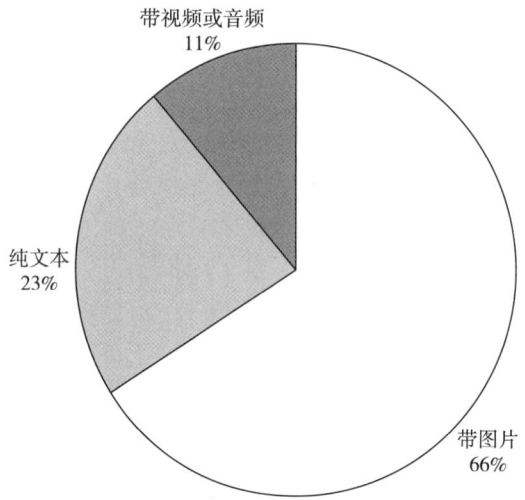

图 45　"@中一在线"微博纯文本、带视频或音频、带图片比例分布

"@中一在线"的微博中，转发微博量要远远大于原创微博量，但是，在他的微博里，直接转发而无任何评论的微博很少，大多转发均有信息的添加或者观点的表述。原创微博一般是观点性质的内容。"@中一在线"微博的形式，带图片的占据了66%，视频或音频最少，只有11%，纯文本大多为原创内容的占到了23%。在发布渠道方面，几乎所有都是通过随享iphone版和iphone客户端，剩下的其他方式只占到6%。

（4）内容分析

从图46可以看出，"@中一在线"的微博中，所占比例最大的内容为发表观点（32%），但这个观点多为转载后对所转信息的评论，当然也包括一部分原创观点；外地（行业）新闻排在了第二位（15%），这说明博主关注的内容并不局限于本地或者某个行业，对公众事件都有关注。但是，相比其他政务微博的开设者而言，"@中一在线"的粉丝互动较少，只有9%，还有待提高。其他内容中，生活感悟占9%，生活趣事占14%，资讯提供占6%，日常活动占6%，本地（行业）新闻占9%。

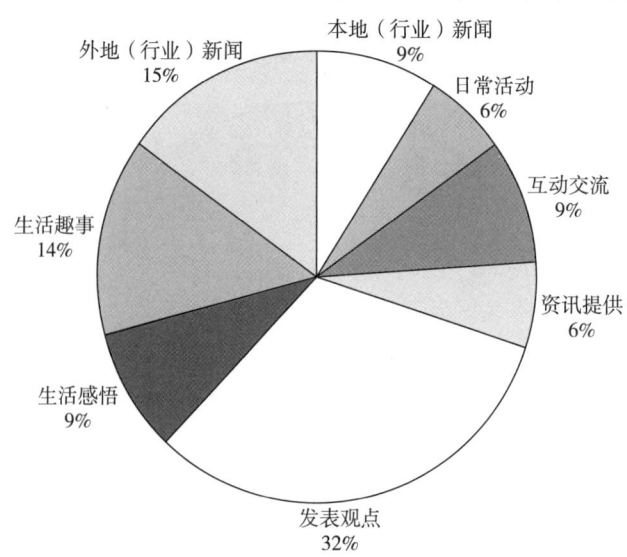

图 46　"@中一在线"微博内容分析（抽样100条）

从图 47、图 48、图 49、图 50 中，我们可以分析出，"@中一在线"的政务性微博要多于非政务性微博，而且粉丝的关注度上也是如此；相反，职务性微博要少于非职务性微博，关注度也是如此。这其实和开博者的职位有关系，因为"@中一在线"的开设者金中一行政职务属于县处级，在所有开设政务微博的官员中职位并不高。粉丝的关注其实是源于博主对很多公关事件的法律解读和评价，与其职位关系不大。

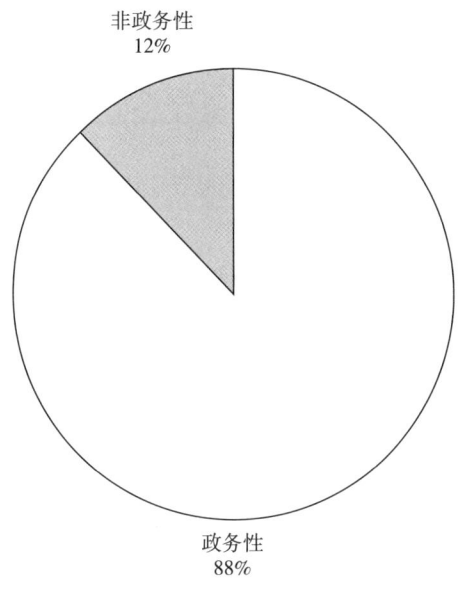

图 47　"@中一在线"微博中政务性微博与非政务性微博比例（抽样 100 条）

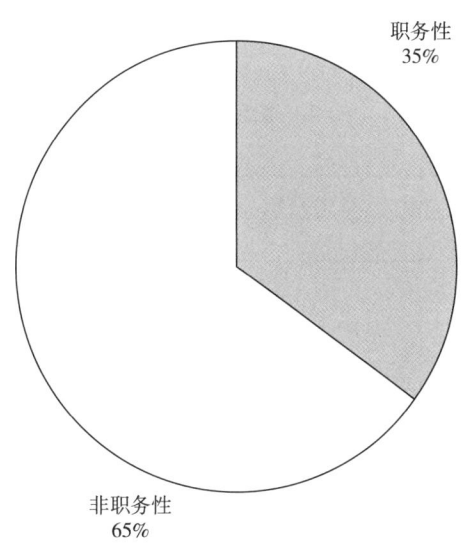

图 48　"@中一在线"微博中职务性与非职务性微博比例

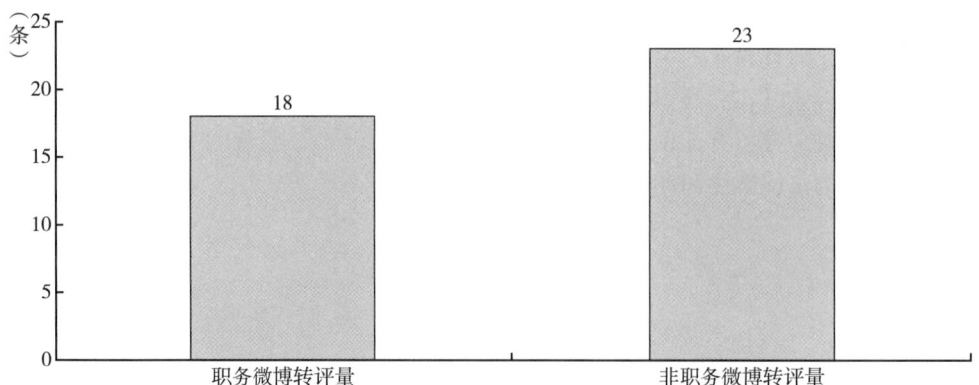

图49　"@中一在线"微博中职务与非职务性微博转评量比例

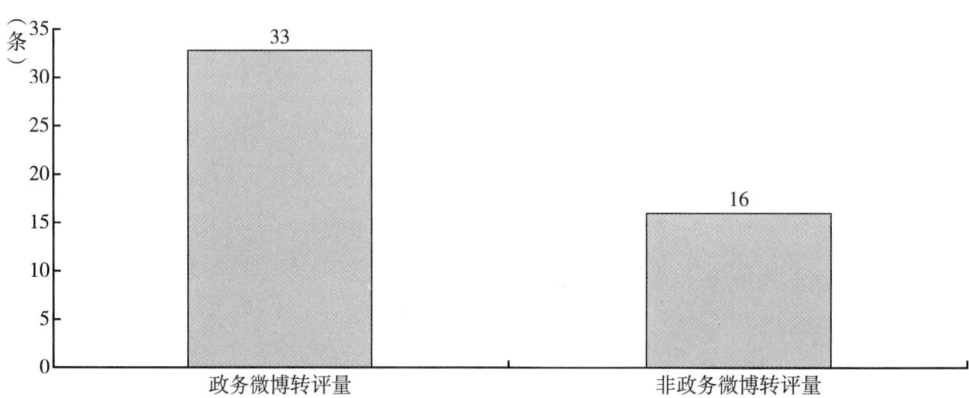

图50　"@中一在线"微博中政务与非政务性微博转评量比例

（5）效果分析

①网友倾向性分析（见表17、表18）

表17　"@中一在线"微博转发相关数据

单位：条

昵称	微博数	被转发数	被评论数	平均转发数	平均评论数
@中一在线	8389	68137	71417	8.12	8.51

表18　"@中一在线"所发热点微博网友认可度

单位：条

微博内容	日期	转发	评论
新华社快讯:26日湖州织里发生一起业主和征管人员因征税引发的聚集打砸事件,现有28人被拘留或治安处罚	2011年10月27日	294	100
温家宝昨主持召开国务院常务会议,部署制订社会信用体系建设规划。提出加强政务诚信建设。政府及其部门在社会诚信和信用体系建设中要起示范带头作用,坚持依法行政,推进政务公开,提高决策透明度,自觉接受社会监督,不断提升公信力。//晒一晒哪个党政部门布置或组织、编制假台账最多	2011年10月20日	113	73

续表

微博内容	日期	转发	评论
亚洲政府年度大奖颁奖晚会上浙江省海宁市司法局的"微博公文"项目荣获"政府转型大奖"。	2011年10月14日	123	77
宇宙杰出华商华人联合总会筹建方案（机密），注册地拟香港；注册资金1港元；主席，本人；执行主席，老婆；秘书长，女儿。其他职位一律公开选拔，第一主席1000万元、共同主席500万元、副主席200万元、主席团人员100万元、常务理事50万元、理事30万元、创始终身会员20万元、会员10万元。博友九五折，其他一律不打折	2011年8月21日	226	83
发生在什么地方？//@皮衣之都://@电台王晶：母爱的伟大！百姓的悲哀！试问：如果躺在那里的是你，而你的母亲全裸申冤……大家速度转发吧！并人肉这个JC局长！//@白善宝：伟大的母亲，可怜的国家	2011年10月17日	156	40
中国首例杀死强拆者获公正判决案例让参与强拆的人要有个警觉，为了领导的几句表扬和拿个拆迁工作先进个人，不小心把命也丢了。而且杀你的人只要缓刑，人家杀杀狗也要被前村后乡骂几天。此判罚为中国首例，极具震撼性。法律保护了公民的私权！现代法治文明之第一宗旨，就是制约强悍公权	2011年8月13日	460	156
全国性的创建文明城市、卫生城市运动应当叫停了！不是很文明的人在用不文明的手段创建#文明城市#，留给后人耻笑吧！让我们共同来呼吁撤销全国创卫办等机构，停止各类城市创建活动，刚转的宁波创建文明城市，万里学院发给学生短信的微博都删除了。难道此短信是造谣？//我也会随时主动或被动删除	2011年8月7日	649	175

②媒体倾向性分析（见表19）

表19　媒体对"@中一在线"微博的重要报道和评论

单位：条

日期	媒体	标题	转载量	倾向性
2011年3月22日	浙江日报	海宁司法干部"粉丝"数万——局长是个"微博控"	5	正面
2011年3月23日	羊城晚报	浙江省司法厅长作出批示：鼓励司法干部开微博	12	正面
2011年4月7日	浙江在线	一条微博引发的真相探寻　谁是真正的救人英雄	2	中性
2011年8月8日	东方早报	宁波高校被曝群发短信应对抽查　微博被删除	13	中性
2011年9月9日	浙江在线	温州最帅男医生蹿红海外　微博局长传授常红秘诀	20	正面

3. "@章剑华博客"

（1）微博介绍

名为"@章剑华博客"的微博系江苏省委宣传部副部长、江苏省文化厅厅长章剑华开通，自开通到2011年11月24日，共有粉丝517560个，发表微博452条。但是，他只关注了23个微博，这其实也从某些角度说明，他的微博利用很大程度是信息发布居多，而通过微博进行信息获取的较少。从微博内容来看，"@章剑华博客"的几乎所有微博都比较严肃，很少有调侃和娱乐的成分在里面，而其一些有关人生和生活的感悟也不少，但其中并无太多官僚气息特别浓的话出现。

（2）受众（粉丝）分析（见图51、图52）

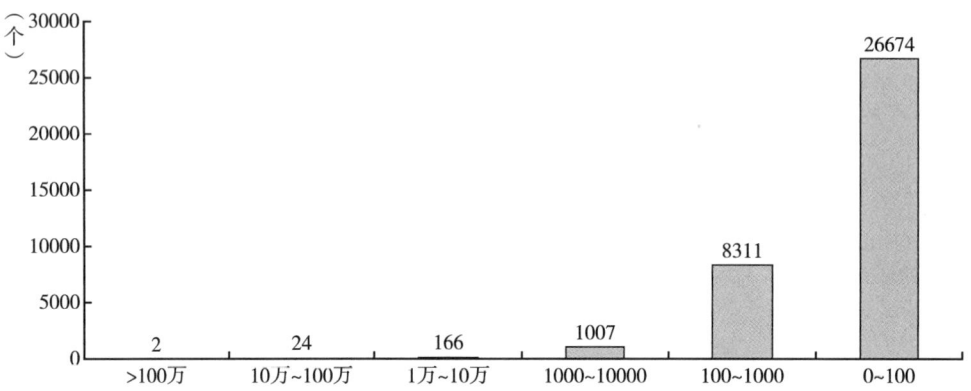

图51 "@章剑华博客"微博活跃粉丝的粉丝分布情况

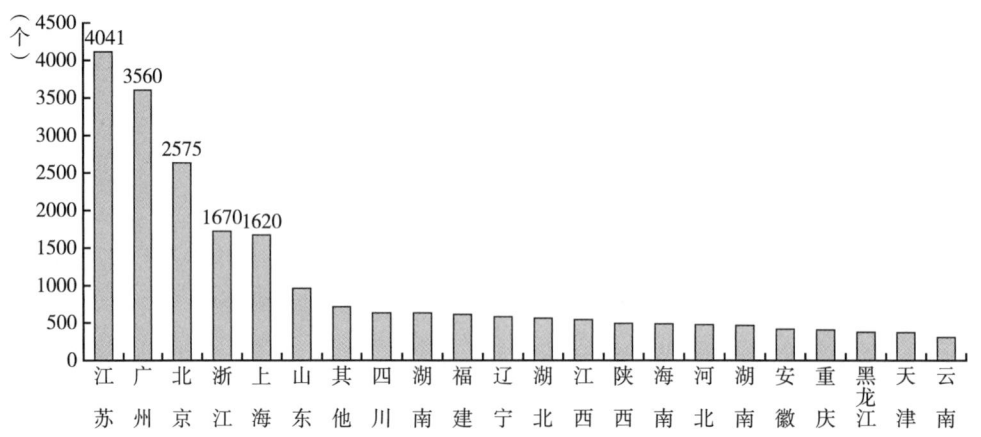

图52 "@章剑华博客"微博活跃粉丝省份分布情况

表20 "@章剑华博客"的微博粉丝相关数据

单位：个，%

昵称	粉丝数	粉丝的粉丝数	活跃粉丝数	认证粉丝数	活跃粉丝率	认证粉丝率
@章剑华博客	517560	62144869	36184	1180	6.59	0.23

截止到2011年11月24日，"@章剑华博客"的粉丝数高达517560个，规模庞大，他的粉丝中，认证粉丝率为0.23%，活跃粉丝率为6.59%。在政务微博中的影响力综合排名中位列第5。并且，同样是因为地区上的接近性，"@章剑华博客"微博的粉丝以江苏省最多，其次为一线城市北上广。

（3）形式（发博）分析（见图53、图54、图55、图56）

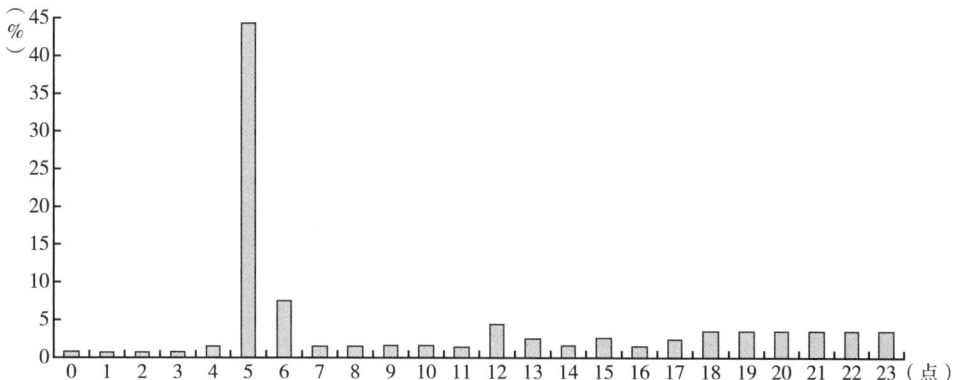

图53　"@章剑华博客"发布微博时间分布

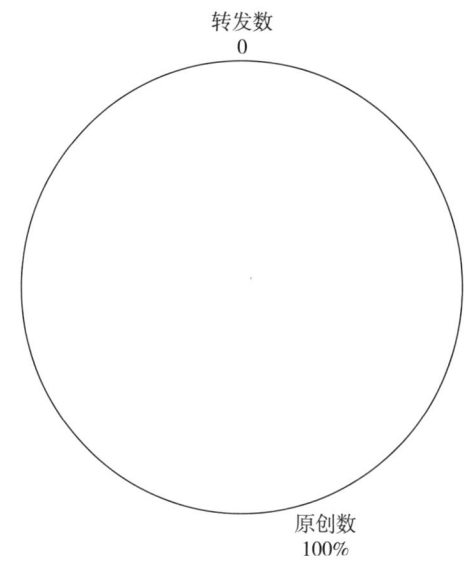

图54　"@章剑华博客"微博原创、转发比例分布

　　"@章剑华博客"的微博共有452条，但其中只有一条为转发微博，最后经过数据分析，得出，原创数是100%，转发数经过省略后成为0%。由此可以看出，"坚持原创"是"@章剑华博客"微博的最大特点之一。而且发布微博的时间段绝大部分都集中在早晨5点和晚上8点这两个时间点。

　　"@章剑华博客"微博里带图片的微博仅占2%，没有带视频或者音频的微博，纯文本的占据了绝大多数，高达98%，整个页面呈现比较朴素的状态。一方面，这说明了微博主的严肃态度；另一方面，也可能会导致受众不愿意阅读烦琐的文字，造成传播范围的局限。此外，"@章剑华博客"微博的发布多通过短信的形式，利用网页发布较少，这也说明了他的微博可能是在时间比较紧张或者是闲暇时候发布的，没有太多的专供上

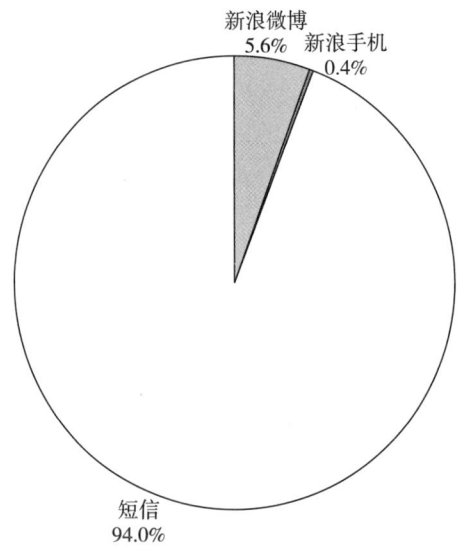

图55　"@章剑华博客"微博发布客户端来源

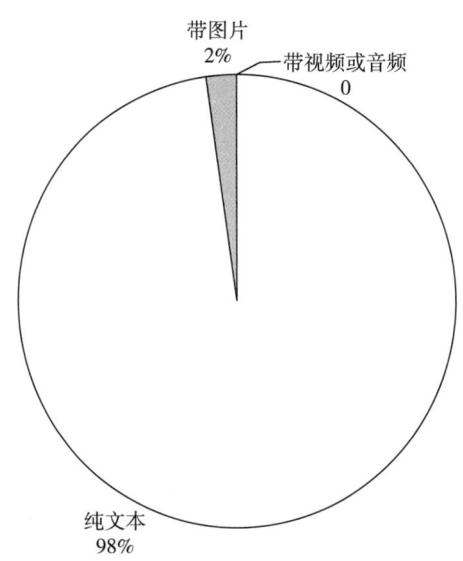

图56　"@章剑华博客"微博纯文本、带视频或音频、带图片比例分布

网发微博的时间。

（4）内容分析（见图57、图58、图59、图60、图61）

通过对"@章剑华博客"微博内容分析，发现其内容的信息量较少，大多为生活感悟，占到29%，其次是发表观点，为24%，接下来的日常活动占据14%，其余的互动交流（9%）、生活趣事（7%）、本地（行业）新闻（5%）、外地（行业）新闻（5%）、资讯提供（5%）以及其他内容（2%）均在10%以下。而且，他的生活感悟和发表观点，给人的

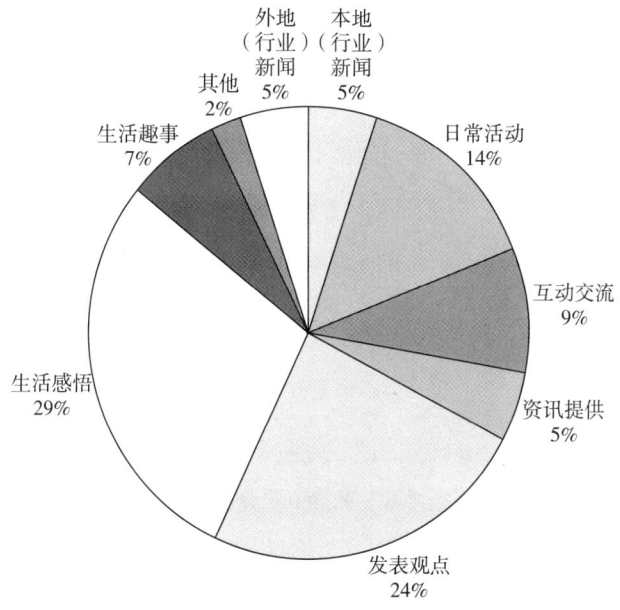

图 57 "@章剑华博客"微博内容分析（抽样 100 条）

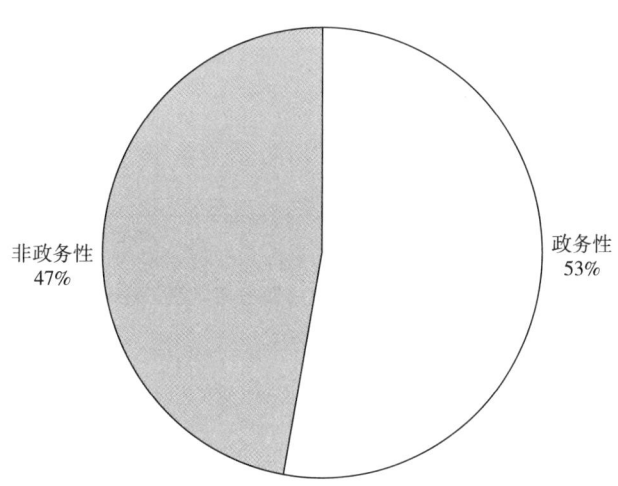

图 58 "@章剑华博客"微博中政务性微博与非政务性微博比例（抽样 100 条）

感觉是站在一个领导者的角度，有些甚至是长者的角度，但并不影响其诚恳的态度，从转发量和评论可以看出，他的言论还是很受粉丝关注的。

从发表数量上来看，政务性微博和非政务性微博、职务性微博和非职务性微博的数量比例相差并不大，但是，从转评量来看，非政务性微博的传播率要远远大于政务性微博，非职务性微博的传播率要大于职务性微博。这也是"@章剑华博客"微博与其他政务性微博主的较大区别。

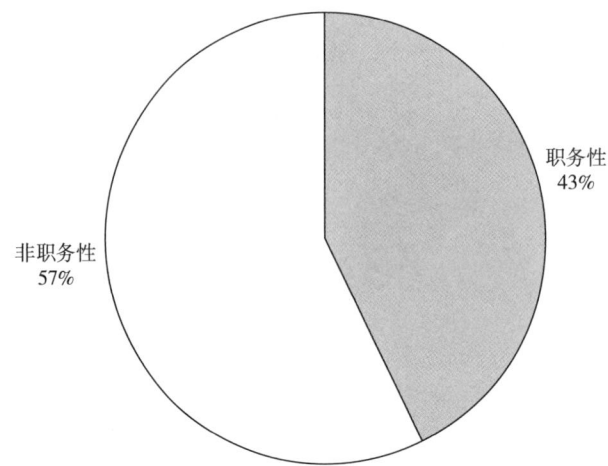

图59 "@章剑华博客"微博中职务性与非职务性微博比例

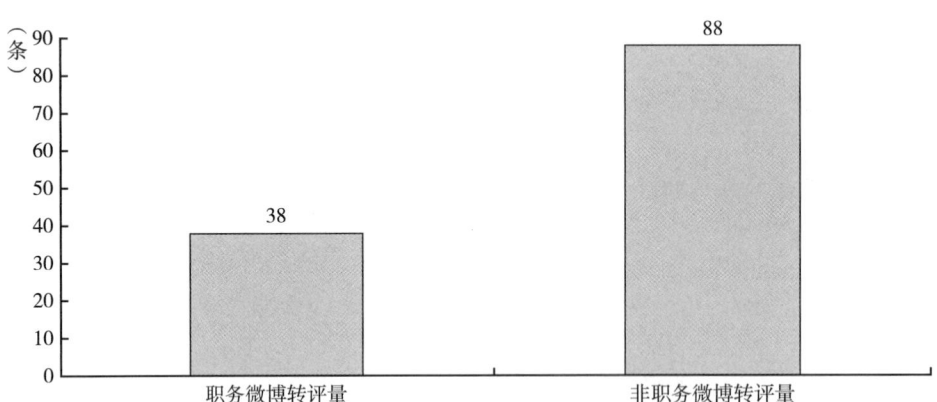

图60 "@章剑华博客"微博中职务与非职务性微博转评量

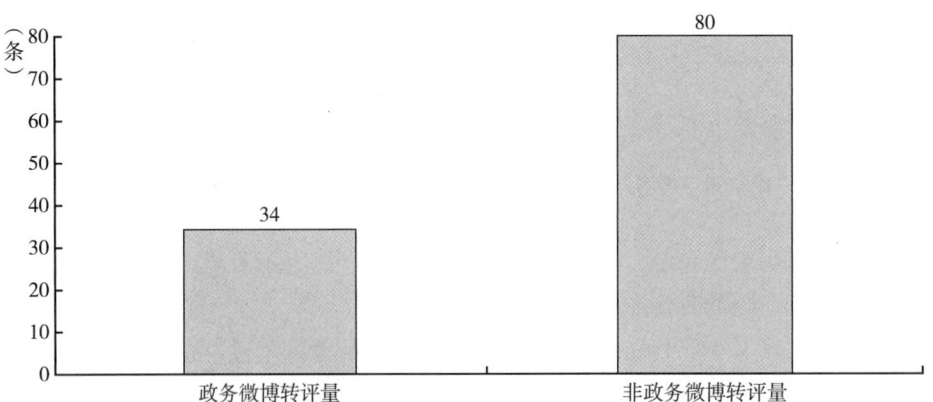

图61 "@章剑华博客"微博中政务与非政务性微博转评量

（5）效果分析

①网友倾向性分析（见表21、表22）

表21　"@章剑华博客"微博转发相关数据

单位：条

昵称	微博数	被转发数	被评论数	平均转发数	平均评论数
@章剑华博客	452	9061	9233	20.05	20.43

表22　"@章剑华博客"所发热点微博网友认可度

单位：条，个

微博内容	日期	转发	评论
我与许多人一样,也曾有过挫折与磨难。现在回头来看,这并非坏事。有则寓言说:台阶上的青石向佛像:"同是石头,为什么你受膜拜我被踩?"佛像回答说:"你成为台阶只挨了四刀,我成为佛像却受了千百刀。人们拜的是我的苦难和修行。"可见,所有的苦难和挫折,都是对自己的修炼,也是自己生活的资本	2011年10月11日	126	48
中国首艘航母会如何命名?有人猜想为:毛泽东号、郑成功号等。我赞同用"毛泽东号"。不知博友们有何高见	2011年7月28日	108	159
有文章称:当你打开书本时,眼前只有一页一页的内容,这时你的思维是线性的、深度的,进而是创造性的。而你打开电脑时,各种信息从四面八方涌来,不断打断你的思维,影响你的注意力和思维能力。我有同感。读书和上网各有所长,各有所短,不能偏废。尤其不能以上网替代读书	2011年3月8日	82	32
有人提出了幸福生活的十点忠告:1吃最基本的;2让身体保湿;3按时吃饭;4晒太阳;5冬季保暖;6拥抱睡梦之神;7散步;8耐力练习;9与人为善;10学会感恩。这些都是"零成本幸福生活",并不一定要高消费,多花钱	2011年4月3日	65	26
女儿想干一番事业,问我应当如何去做。我告诉她,不要想着做大事,而应当从小事做起,把小事当大事做。大事是由小事组成的。只有每个人都把每件小事做好,才能成就大事。大事是大家做的。一个人做不成什么大事	2011年6月26日	69	57
我们小时候在学校都有书法课,而现在没有了。据闻,中国书协正在推动书法进课堂。我举双手赞成! 这并不是本人喜欢书法的缘故,而是因为书法是中华文化的精华之精华,它对于中华文化的传承与弘扬实在太重要了	2011年6月12日	55	45

②媒体倾向性分析（见表23）

表23　媒体对"@章剑华博客"微博的重要报道和评论

单位：条

日期	媒体	标题	转载量	倾向性
2011年1月21日	新华网	越来越多的中国党政官员乐于开微博"晒"个性	33	正面
2011年4月9日	现代快报	章剑华:我会尽量避免官话套话	38	正面
2011年4月14日	南方日报	成"微博控"不存在领导审核层次把关	27	中性
2011年8月26日	现代快报	十大官员微博　江苏章剑华排第十	22	正面
2011年8月29日	深圳特区报	微博时代为政做官如何走"网路"	8	中性

4. 陈士渠

（1）微博介绍

公安部打拐办主任"@陈士渠"微博认证信息是："陈士渠，中共党员，一级警督，法学博士，公安部打击拐卖妇女儿童犯罪办公室主任。第四届中央国家机关青联委员、第一届中央国家机关青年五四奖章标兵、全国维护妇女儿童权益先进个人。"他所主导的"湄公河次区域反拐进程"得到联合国高官的高度赞誉，被誉为全世界"区域合作反拐的典范"。截止到2011年11月24日，陈士渠共有972357个粉丝，关注1707个微博，共发布微博1977条。

在标签贴着"反拐""公安微博""摄影""打拐"的"@陈士渠"微博里，最多的就是一张张儿童的脸庞和一幅幅如画的照片。在2011年的10月25日，公安部打拐专项行动1号案——贵州"4·09"系列打拐专案正式告破，15名从贵州遵义被拐骗到河南、陕西、河北的儿童，重回父母怀抱。这起案件最初引起公安部关注，缘于失踪被拐儿童的家长在公安部打拐办主任陈士渠微博上的留言。陈士渠表示，通过微博平台，公安部打拐办已将获得的1500余条拐卖犯罪线索发往各地警方核查。而在这其中，又有不少线索是留在陈士渠的个人微博里的。

（2）受众（粉丝）分析（见图62、图63）

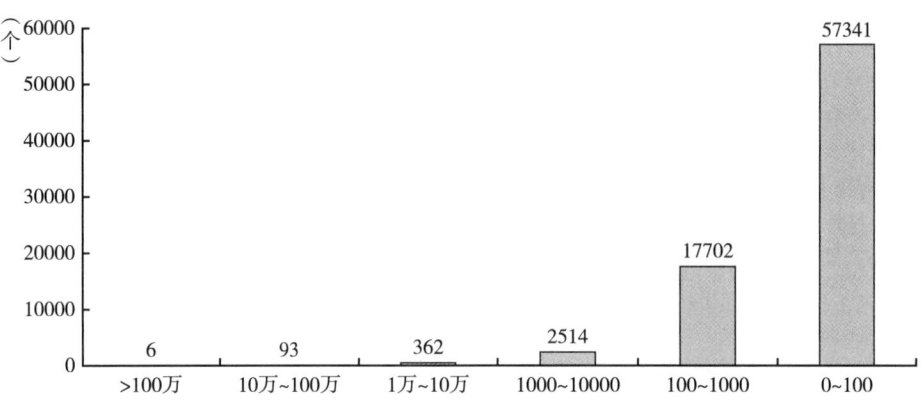

图62 "@陈士渠"微博活跃粉丝的粉丝分布情况

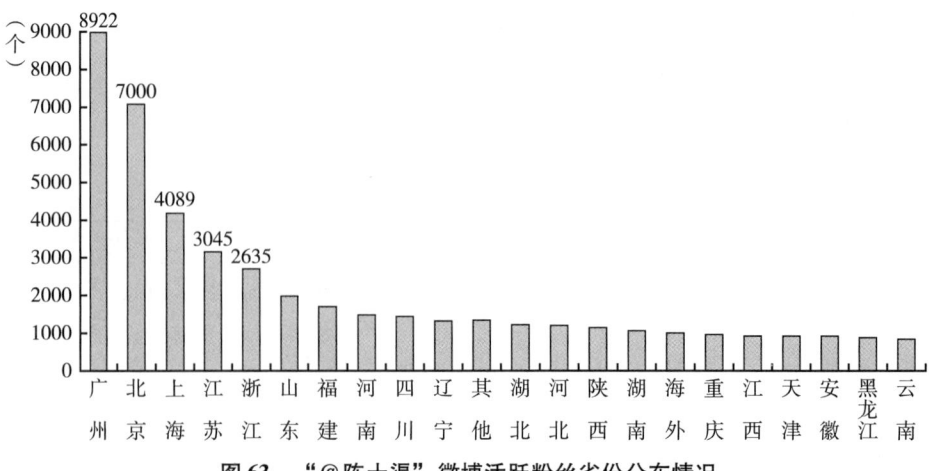

图63 "@陈士渠"微博活跃粉丝省份分布情况

表24　"@陈士渠"微博粉丝相关数据

单位：个，%

昵称	粉丝数	粉丝的粉丝总数	活跃粉丝数	认证粉丝数	活跃粉丝率	认证粉丝率
@陈士渠	972357	173493245	78018	3151	7.06	0.32

"@陈士渠"微博粉丝不仅数量庞大，而且活跃粉丝率和认证粉丝率两项指标在"政务微博影响力"排名中遥遥领先，这也说明了他的粉丝本身具有较强的传播影响力，传播质量较高。因为陈士渠所担任的职位具有全国影响力，所以他的粉丝与其他政务微博的开设者不同，并无明显的地方上的接近性，他的微博粉丝主要集中在北上广一线城市以及江浙沿海一带，这其实与经济的发展和信息化程度有很大关系。

（3）形式（发博）分析（见图64、图65、图66、图67）

陈士渠微博中，转发微博占到60%，原创微博占到40%，转发微博大部分为搜寻被拐儿童、电视节目对打拐行动的报道以及一些和公安有关的事件，而且转发也多附带额外信息或者个人观点。微博中带有图片的占50%，大多数为被拐儿童照片、通缉犯照片以及陈士渠个人的照片；带有视频或者音频的占8%，多为转播中央电视台《今日说法》的节目；纯文本的占42%，内容多比较严肃，具有一定的权威性。陈士渠微博发布的时间多集中在晚间10点到0点，其多利用手机进行微博发布。

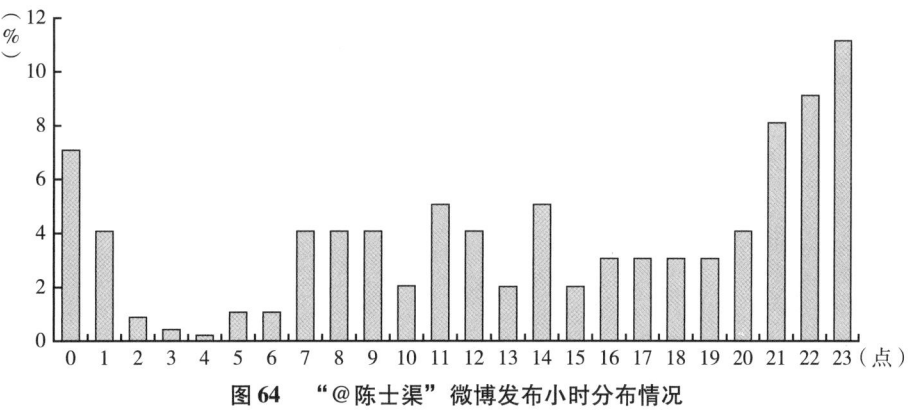

图64　"@陈士渠"微博发布小时分布情况

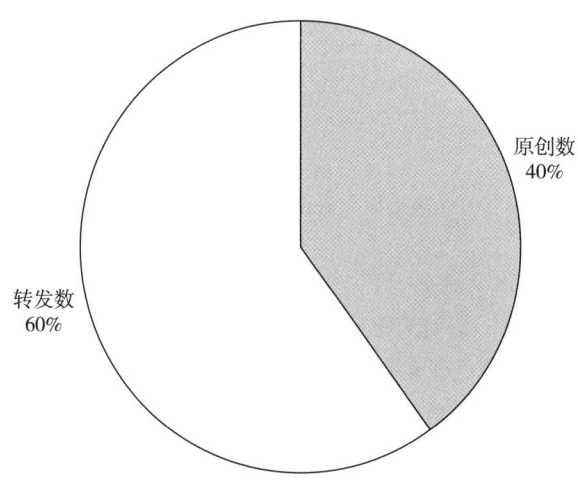

图65　"@陈士渠"微博原创、转发比例分布

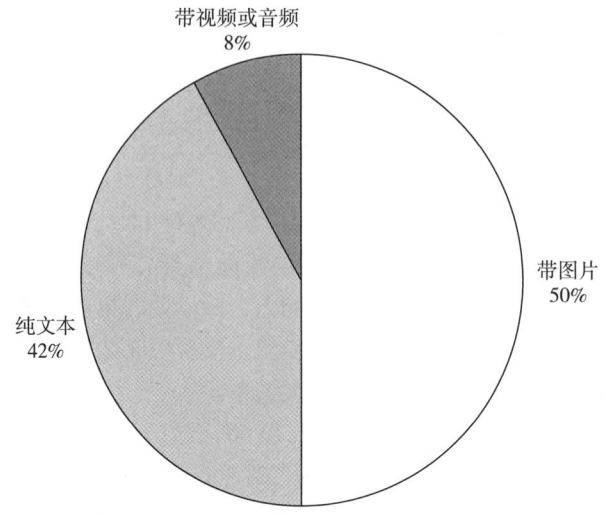

图66 "@陈士渠"微博纯文本、带视频或音频、带图片比例分布

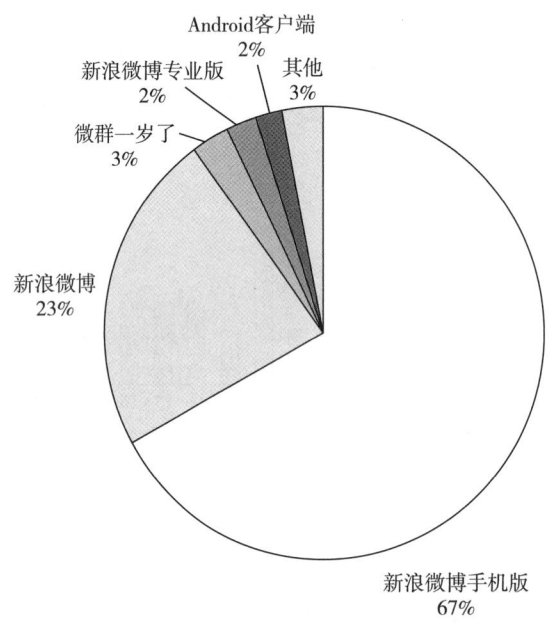

图67 "@陈士渠"微博发布客户端来源分布情况

（4）内容分析（见图68、图69、图70、图71、图72）

在"@陈士渠"微博中，互动交流所占的比重为33%，成为最主要的部分，而交流的内容基本都为陈士渠回应网友一些具体打拐事件的进展情况；发表观点占到19%，主要是从法理的角度讨论一些案件，当然，最主要的还是关于拐卖案件；本地（行业）新闻占到15%，包括"严打战果""打拐战报"等栏目；资讯提供也为15%，主要帮助转发一些被拐人员信息。

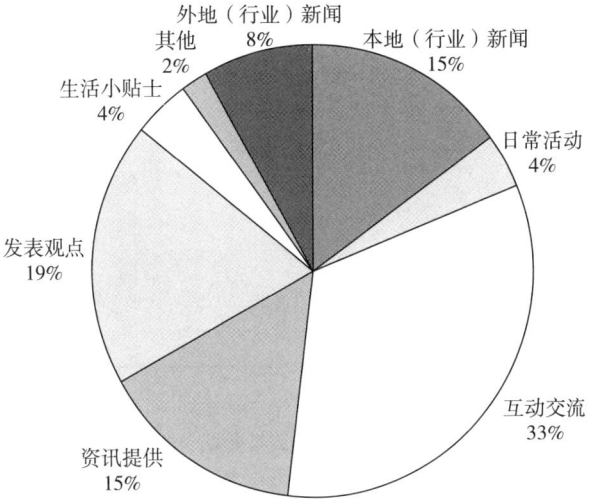

图 68　"@陈士渠"微博内容分析（抽样 100 条）

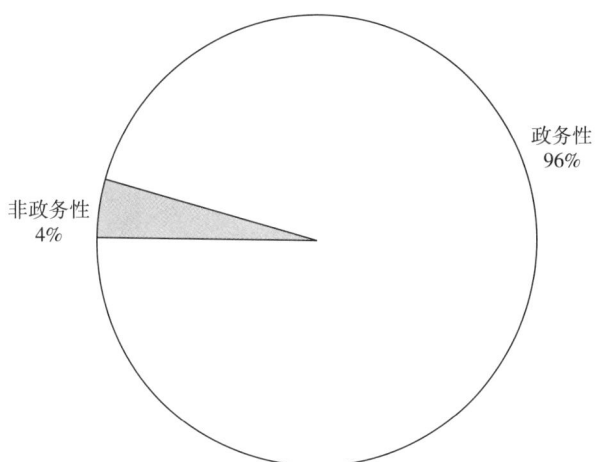

图 69　"@陈士渠"微博中政务性微博与非政务性微博比例（抽样 100 条）

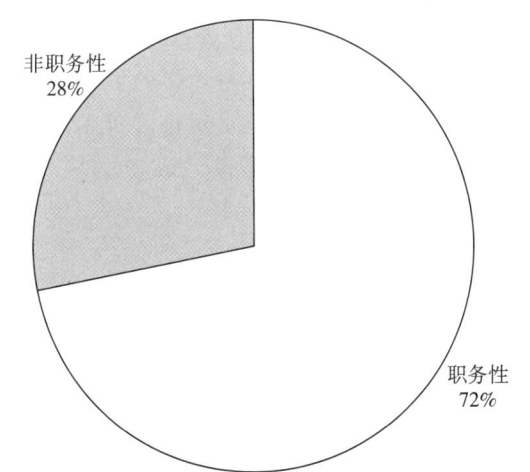

图 70　"@陈士渠"微博中职务性与非职务性微博比例

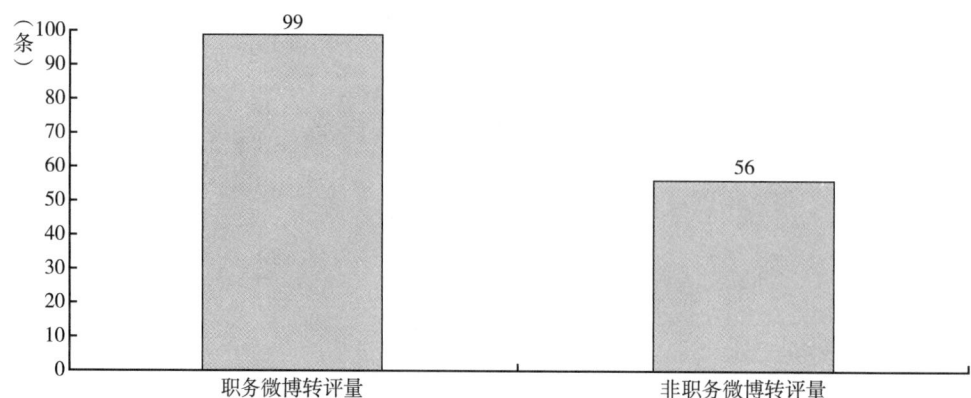

图71　"@陈士渠"微博中职务与非职务性微博转评量比例

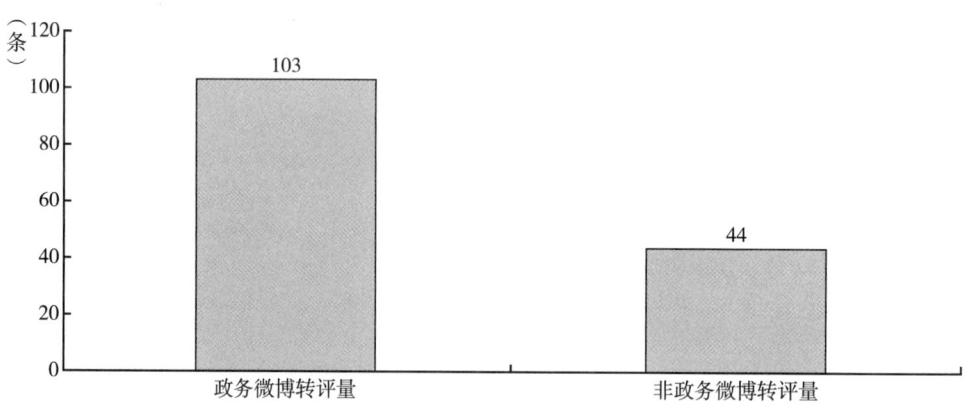

图72　"@陈士渠"微博中政务与非政务性微博转评量

　　如果要从陈士渠所发微博的政务性和职务性来考量的话，政务性微博和职务性微博数量要远远多于非政务性和非职务性微博，这与陈士渠职务的性质有很大关系，作为公安部打拐办主任，不同于宣传性质的职务工作涉及的面较广，而是工作内容较为单一，如果要利用微博这个平台促进工作的开展，就必须和自己的本职工作联系，自然就会和打拐等严肃话题相关联。

　　事实也证明，政务微博和职务性微博的转评量均多于非政务微博和非职务性微博，表明网友之所以关注博主。很大一部分原因是听到官员对自己所在领域发表的一些意见和态度，而对他们所发表的纯粹娱乐性的内容并不感兴趣。

　　（5）效果分析

　　①网友倾向性分析（见表25、表26）

表25　"@陈士渠"微博转发相关数据

单位：条

昵称	微博数	被转发数	被评论数	平均转发数	平均评论数
@陈士渠	1977	124239	58105	62.84	29.39

表 26 "@陈士渠"所发热点微博网友认可度

单位：条

微博内容	日期	转发	评论
第五次全国妇女儿童工作会议11月27日在北京召开，温家宝总理在讲话中要求，要切实保障妇女儿童合法权益，继续严厉打击拐卖妇女儿童、胁迫儿童乞讨等违法犯罪行为。公安部打拐办被评为全国实施妇女儿童发展纲要先进集体，温总理亲手向我颁发了奖匾	2011年11月27日	311	274
坐看云起处，闲对落花时。心静随云动，遐思飘万里	2011年10月23日	376	102
2009年4月全国"打拐"专项行动以来，公安部门分三批发布对30名重大拐卖犯罪在逃人员的A级通缉令，各地公安机关多策并举，强化抓捕工作，群众纷纷提供线索，目前抓获29名。只有第二批A级通缉令通缉的吴正莲仍然在逃，如有线索请拨打110报警	2011年2月8日	29338	5684
2011年8月14日21时许，广州市公安机关接报该市花都区2名6岁女孩、1名4岁女孩玩耍时失踪。按照公安部一长三包制要求，花都区公安分局立即成立由区委常委、公安局长任组长的专案组，迅速启动快速查找机制，并立案侦查。15日23时许，抓获犯罪嫌疑人谷某(男，41岁)，解救3名被拐女童。案件正在侦办中	2011年8月19日	336	139
拐卖犯罪危害严重、成因复杂，打拐反拐任务繁重艰巨。欢迎大家为打拐反拐工作献计献策，请在此留下您的真知灼见。公安部打拐办会逐条认真研究您的意见和建议，并在工作中参考。同时，欢迎大家提供拐卖犯罪线索，公安部打拐办会逐一核查	2011年8月6日	178	118
刚接福建省公安厅打拐办报告，2006年11月10日，1993年出生的双胞胎姐妹孙丽、孙敏(13岁)在福建石狮某工厂，被犯罪嫌疑人吴金石、张河山(均为福建云霄人，已被公安列为B级通缉令逃犯)拐骗走。昨日(7月30日)，福建警方专案组在广东汕头抓获吴金石、张河山，成功解救被拐骗的孙丽、孙敏	2011年7月31日	466	189
最高人民法院刑一庭副庭长薛淑兰:最高人民法院、最高人民检察院、公安部和司法部《关于依法惩治拐卖妇女儿童犯罪的意见》强调，对拐卖首要分子，情节严重的主犯、累犯，偷盗婴幼儿、强抢儿童情节严重的，将妇女、儿童卖往境外情节严重的，要依法从重处罚;情节特别严重的，依法判处死刑	2011年5月22日	243	108

②媒体倾向性分析（见表27）

表 27 媒体对"@陈士渠"微博的重要报道和评论

单位：条

日期	媒体	标题	转载量	倾向性
2011年2月10日	新快报	陈士渠通过微博发布打拐"指令"传授经验	9	正面
2011年5月23日	广州日报	2名男子强行抱走4岁男孩 警方微博直播破案进程	95	正面
2011年6月21日	中国网	公安部打拐办主任认同微博作用:不是一个人在战斗	50	正面
2011年10月19日	《焦点访谈》	央视《焦点访谈》:小微博服务大社会	4	正面
2011年10月20日	央视网	政务微博引发关注 官方鼓励用以服务社会	7	正面
2011年10月28日	新京报	陈士渠:"微博打拐"查1500条线索	3	正面

5. 孙云晓

（1）微博介绍

中国青少年研究中心副主任、研究员孙云晓开设的微博共有粉丝1385167个，截止到2011年11月30日，共发布微博8602条，关注332个微博。在他所发布的微博中，转发和评论量较多的是他对当前教育的一些看法，另外，他还开设了一个专门谈教育的栏目，网友的支持度很高。

（2）受众（粉丝）分析（见图73、图74、表28）

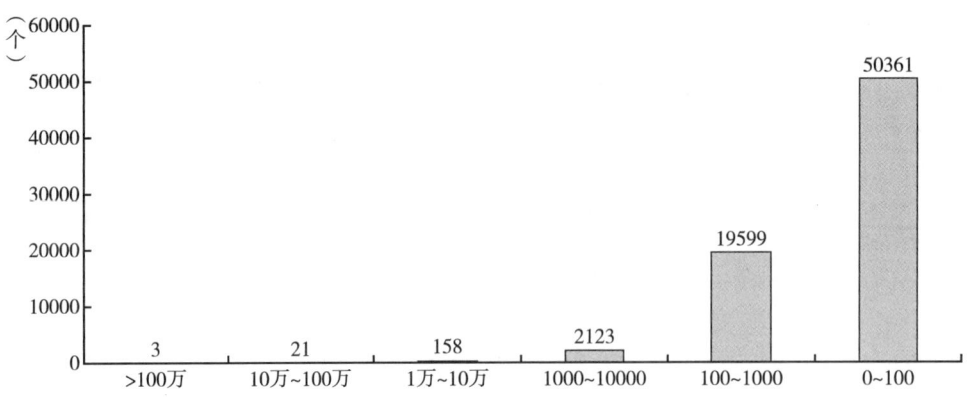

图73　"@孙云晓"微博活跃粉丝的粉丝分布情况

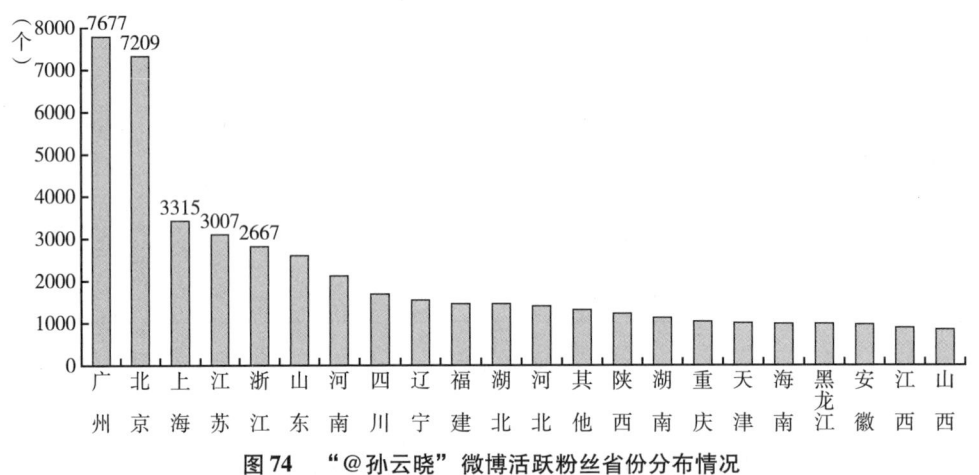

图74　"@孙云晓"微博活跃粉丝省份分布情况

表28　"@孙云晓"的微博粉丝相关数据

单位：个，%

昵称	粉丝数	活跃粉丝数	认证粉丝数	活跃粉丝率	认证粉丝率
@孙云晓	1385167	72265	3069	6.0	0.22

孙云晓的微博粉丝的粉丝量主要集中在0~100这个分段，虽然粉丝的传播力不强，但是，孙云晓的微博依然受到了大量的转发和评论，这说明了他的粉丝多为草根网友，而且具有一定的忠

实度，他们都对教育给予关注。"@孙云晓"微博的粉丝依然集中分布于北上广三个城市。

（3）形式（发博）分析（见图 75、图 76、图 77、图 78）

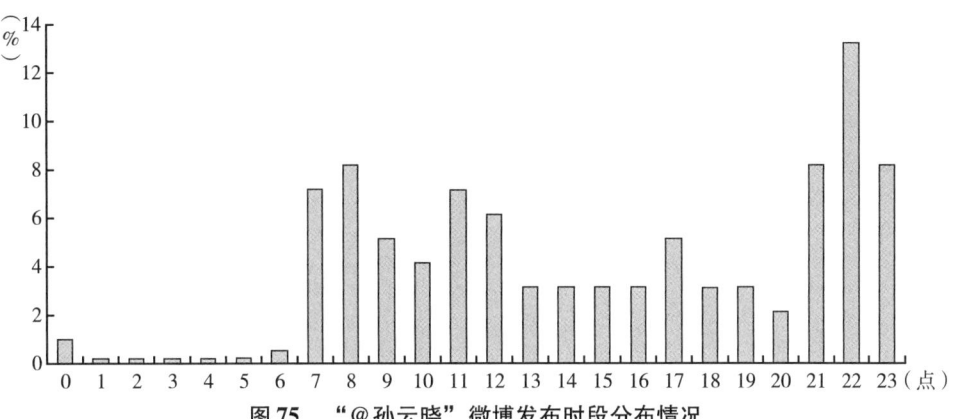

图 75 "@孙云晓"微博发布时段分布情况

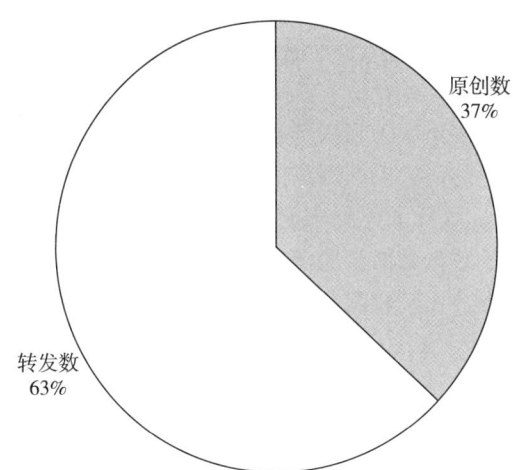

图 76 "@孙云晓"微博原创、转发比例分布

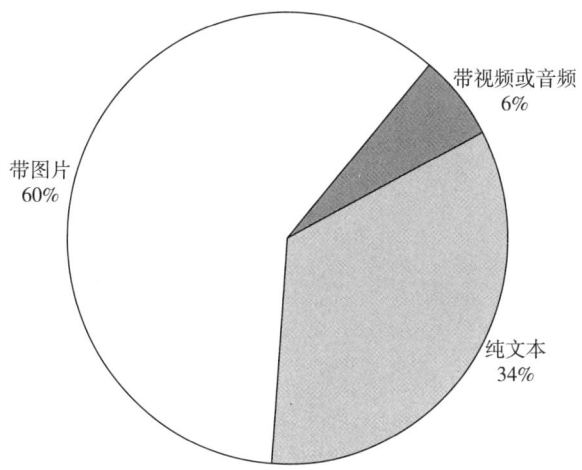

图 77 "@孙云晓"微博纯文本、带视频或音频、带图片比例分布

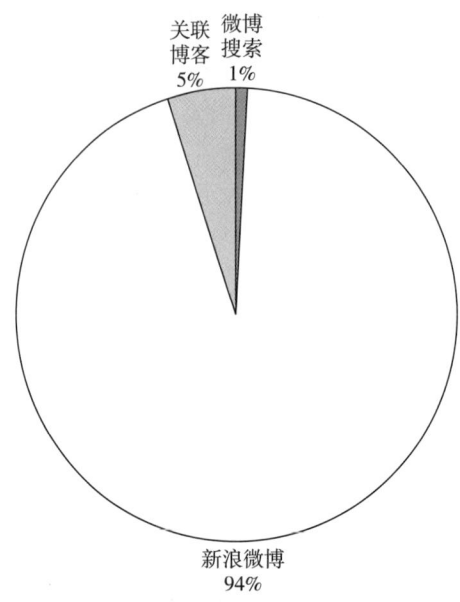

图78　"@孙云晓"微博发布客户端来源分布情况

孙云晓的微博发布时间多集中于晚间的9点到11点，而且多利用新浪微博的网页进行发布，说明这个时间段属于他每天上网浏览信息和发布信息的时间。孙云晓的微博中，转发量占到63%，原创有37%，这样的原创比例其实并不小，而且他的转发也多配有自己的观点，这也是很多粉丝较多的政务微博主通常使用的一种发表意见的方法，事实证明确实很有效果。加之，孙云晓利用图片比例较高，所以更能博得较多的关注。

（4）内容分析（见图79、图80、图81、图82、图83）

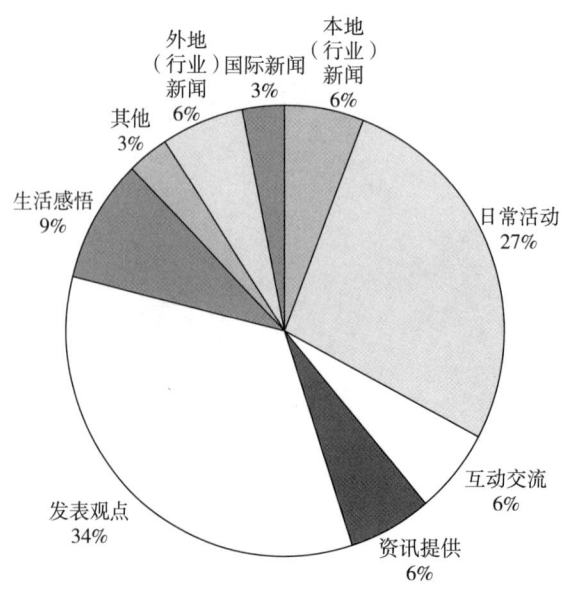

图79　"@孙云晓"微博内容分析（抽样100条）

"@孙云晓"微博内容中，发表观点类排在第一位，占34%，多为对教育的观点；排在第二位的是日常活动类，占27%，包括他在文学方面的一些活动和接受每天采访等内容；排在第三位的是生活感悟，占9%，剩余部分所占比例都比较小。

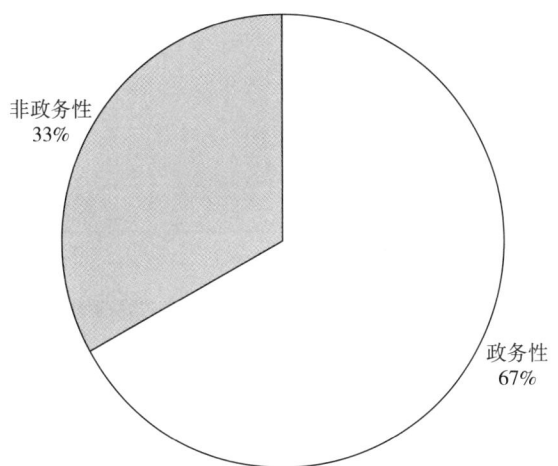

图80 "@孙云晓"微博中政务性微博与非政务性微博比例（抽样100条）

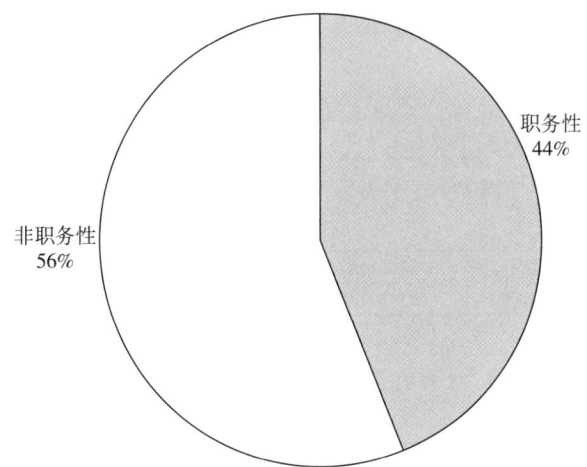

图81 "@孙云晓"微博中职务性与非职务性微博比例

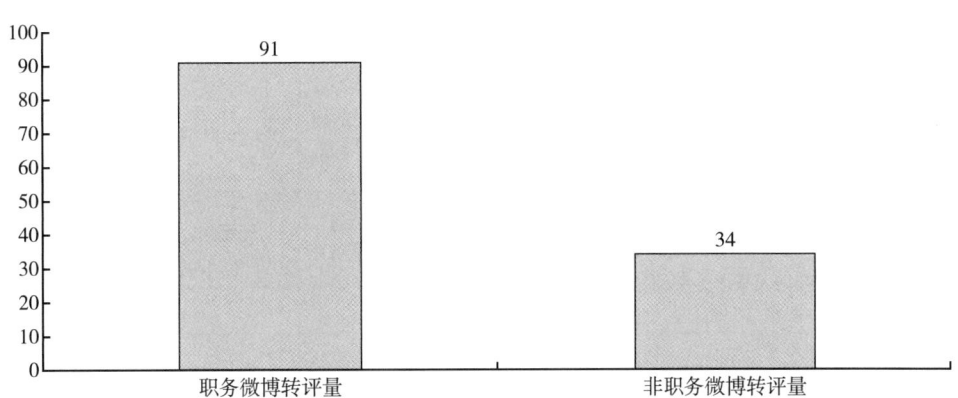

图82 "@孙云晓"微博中职务与非职务性微博转评量比例

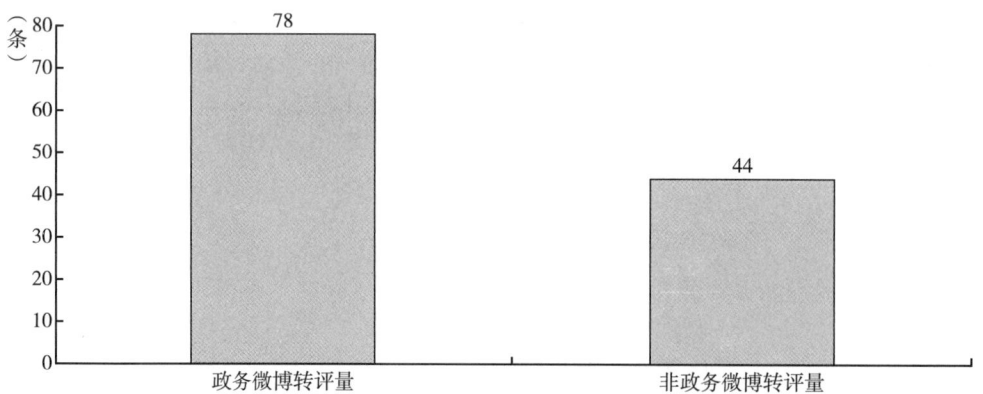

图 83　"@孙云晓"微博中政务与非政务性微博转评量比例

在孙云晓的微博里，政务性微博要多于非政务性微博，但职务性微博要少于非职务性微博，这说明，孙云晓经常关注的话题很多都是和社会公众密切相关，但这些问题不一定和孙云晓个人的职务相关。从转评量来看，职务性微博的转评量多于非职务性微博，而非政务性微博的转评量又多于政务性微博，这说明，网友对孙云晓的关注是因为他的职位，希望能够听到他对自己所在领域的看法，而除了教育这个领域之外，网友对孙云晓的关注就不那么强烈了。

（5）效果分析

①网友倾向性分析（见表 29、表 30、表 31）

表 29　"@孙云晓"微博转发相关数据

单位：条

昵称	微博数	被转发数	被评论数	平均转发数	平均评论数
@孙云晓	8592	357427	125443	41.6	14.6

表 30　"@孙云晓"所发热点微博网友认可度

单位：条

微博内容	日期	转发	评论
女作家铁凝再次当选中国作家协会主席，这是今天下午中国作家协会八届一次全委会选举的结果。中国作家协会第八次全国代表大会今天选举产生的委员会中，有80后女作家张悦然、网络作家当年明月和唐家三少等。照片为铁凝在投票	2011年11月24日	120	36
孙云晓教育感悟545：有远见的父母与教师会教给孩子生存的本领。与科普作家金涛聊天，发现他教给儿子的绝招值得推广，那就是出外探险或者旅行的时候，不返回目的地决不能把水喝光，宁肯回来把剩下的水倒掉也不能提前喝光。我问他为什么，他说在北大学地质时老师教的，保存水就是保存希望	2011年11月23日	139	32
孙云晓教育感悟520：为了健康成长，中小学生每天运动一小时是必不可少的。但是，党中央和国务院号召多次也难以实现，因为有以升学考试为中心的强大惯性与之对抗。我呼吁国家采取强制性的干预措施，要求全国中小学每天必须开设两节体育课，违者严格追究责任。这是保护民族未来的关键性措施之一	2011年10月31日	469	189
如果具有可比性，中国小学生以0~15惨败给俄罗斯小学生值得深入分析。高而不壮更不强的中国孩子在世界上有竞争力吗？这是我1993年发表《夏令营中的较量》中提出的问题	2011年10月25日	111	46

微博内容	日期	转发	评论
孙云晓教育感悟500:儿童特别需要直接经验。北大某教授带儿子在海滨的沙滩上玩,忽然发现一个德国小孩抓了一把沙子要往嘴里放,他急忙提醒还在埋头看书的孩子妈妈去制止。不料,那位德国妈妈一脸茫然地说,孩子愿意吃就吃吧,觉得不好吃就不吃了。教授愕然后顿悟:孩子是在体验中长大的	2011 年 9 月 16 日	258	71

②媒体倾向性分析（见表31）

表31　媒体对"@孙云晓"微博的重要报道和评论

日期	媒体	标题	转载量	倾向性
2011 年 8 月 21 日	大洋网 – 广州日报	专家鼓励微博教育称网络时代父母要敢做菜鸟	38	正面

（三）突发事件微博官民互动

1. 四川会理县 PS 事件

2011 年 6 月 26 日,天涯社区一则名为《太假了,我县的宣传图片》的爆料帖,爆出会理县人民政府公共信息网上一条题为"会理县高标准建设通乡路"的新闻中,配图为人为 PS 将领导放到了公路上面。旋即"悬浮照"被网友在微博中传播开来,并引发全民"PS 大赛",四川会理县这个知名度并不高的小县城顿时成为全国公众关注的焦点。

（1）影响力分析（见表32、表33）

表32　"@四川省会理县政府官方微博"数据

微博	开通日期	关注数（个）	粉丝量（个）	微博数（条）	日均发博数（条）	平均评论数（个）	平均转发量（条）
四川省会理县政府	2011 年 6 月 27 日	942	12868	113	0.7	3.9	3.2

表33　"@四川省会理县政府官方微博"关注度最高的五条微博

单位：条

发布时间	内容	转发量	评论数	网友认可度
6 月 27 日 18:40	分享图片,此处为被 PS 的、领导考察现场的原图,欢迎网友们批评指正,感谢网友们的关注和批评,今后我们会在工作中以此为鉴,更为谨慎努力地工作	17532	8226	3.18
6 月 27 日 18:27	分享图片:会理县政府"领导照片事件"当事人道歉声明	2025	1762	3.84
6 月 27 日 18:24	由于我县工作人员的失误,在政府网站上发表了一张 PS 过的照片,他对于新闻真实性的理解有误,使得我县在网络上受到了更多的关注。在此,会理县政府对于广大网友的关注表示理解,并希望对此事道歉,并澄清	487	519	3.62
6 月 29 日 13:50	分享图片:会理置县于西汉武帝元鼎六年,因"川原并会,政平颂理"而得名,现有文物点 301 处,有省级文物保护单位 4 处,州、县级文物保护单位 41 处,于 1992 年被四川省人民政府公布为首批省级历史文化名城。现分享一组图片(未 PS),欢迎各位网友到会理旅游观光	393	319	4.25

续表

发布时间	内容	转发量	评论数	网友认可度
6月29日17:47	6月28日晚,中国·会理"昆鹏杯"WBC世界拳击理事会洲际拳王金腰带争霸赛隆重举行。这次赛事是WBC第一次在中国县级城市举办的大型国际拳击赛事,是中国迄今为止举办规模最大、参赛国家最多的一场国际职业拳击赛事	42	62	4.02
平均网友认可度				3.782

（2）微博关注度走势（见图84）

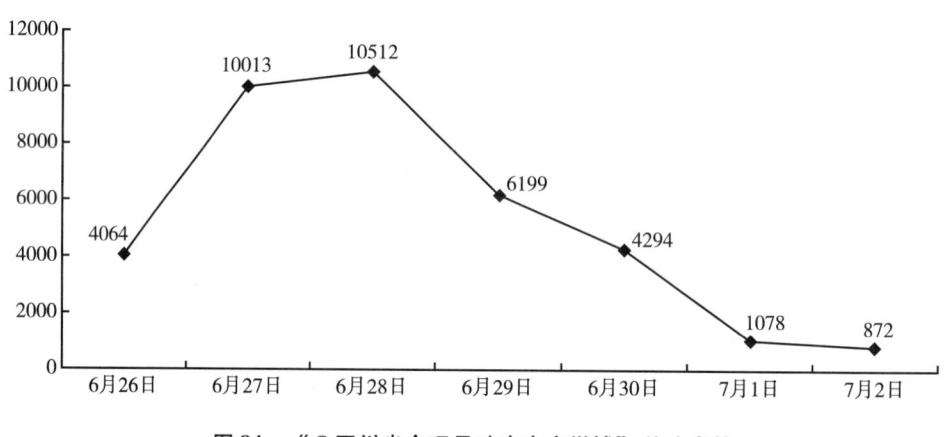

图84　"@四川省会理县政府官方微博"关注走势

2011年6月26日,天涯社区帖文《太假了,我县的宣传图片》引起了网友的广泛关注,帖文中称,会理县人民政府公共信息网上一条题为"会理县高标准建设通乡路"的新闻中,配图使用PS技术将三位领导放到了公路上面。该帖文被网友通过微博转载,四川会理县PS事件走入公众视野。随着事件的传播,网友掀起了一场"PS大赛",以三位县长为模板的图片一时间成了网友竞相传播的对象。

6月27日,此图片在微博中成为热图,会理县政府也就此进行了回应,当日下午即开微博连发三条博文致歉。而照片发布者亦作出声明,向社会各界表示歉意,并保证"在今后工作中绝不再发生类似情况"。

6月28日,此事件依旧在微博客与社区中传播,其中,多数网民以"PS大赛"的形式进行参与,使其一度高居新浪微博热点话题的榜首。针对网络中掀起的全民"PS大赛",孙正东开通微博,主动道歉。在承认错误之后,用极其亲民并且幽默的话语呼吁广大网友在关注PS事件之后,也要关注会理县的旅游,推广了城市的品牌。随着会理县政府放下身段,诚恳认错,舆论也迅速平抑。

（3）互动内容分析（见图85）

四川会理PS事件主要系当地政府的工作人员工作作风浮夸、滥用PS技术导致。在全民"围观"中,网友一边讨论着会理县政府工作人员PS技术水平的低劣,一边以会理县三位领导为模板开展"PS"大赛,网友对会理县政府及领导的嘲讽、恶搞言论较多。

而自6月26日天涯出现帖文以来,当天晚上会理官方网站的此条新闻即被删除,反应

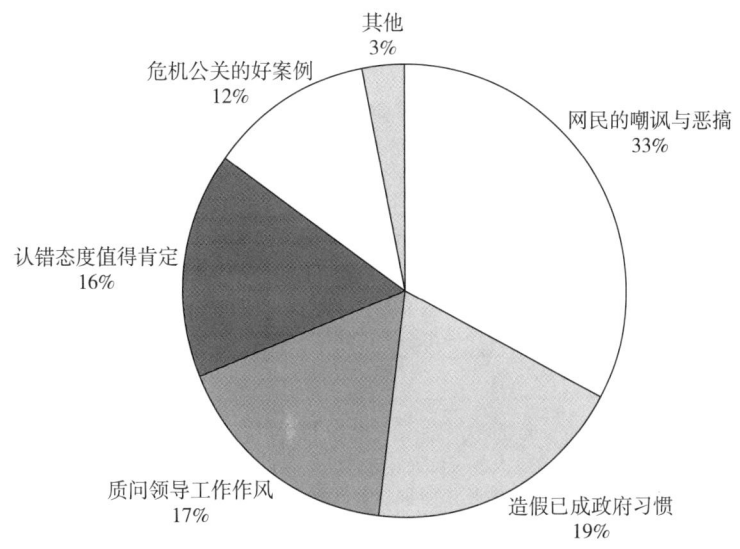

图 85 四川会理 PS 事件中网友对政务微博的评价

还算迅速。6 月 27 日晚六时，会理县政府开通新浪官方微博连续发布三条道歉博文。在舆情开始缓和时，会理县政府发布图文帖介绍会理风景，并欢迎网友到会理观光，"现分享一组图片（PS），欢迎各位网友到会理旅游观光"。从网友的转发评论中，许多网友认为"PS事件"反映的不只是会理县政府存在的问题，"造假已成为政府习惯"，也有很多网友认可会理县政府的认错态度，认为会理县的危机公关做得不错，如网友"邵明波"就对比会理县与中国红十字会的态度，说道，"你们的危机公关，比红十字会做得强多了"。

（4）互动效果分析

2011 年 6 月 27 日晚六时，会理县政府官方微博更新了三条微博，在当地政府有关部门、当事人进行道歉之后，还原了会理县领导考察现场的图片。紧接着，天涯杂谈出现了署名为"会理政府网"的网帖《会理政府网公开致歉信》。这些做法向公众立体地、全面地还原了事实真相，有效地打消了媒体和民众心中的疑虑，获得了公众的理解。针对网络中掀起的全民"PS 大赛"，会理县政府开通微博，主动道歉。在承认错误之后，用极其亲民并且幽默的话语呼吁广大网友在关注 PS 事件之后，也要关注会理县的旅游，成功推广了城市的品牌。

（5）热门微博及意见领袖言论摘录（见表 34）

表 34 热门微博及意见领袖言论摘录

单位：条

姓名	微博内容	转发量	评论量
南方都市报	"会理三领导无痕考察全世界"。四川凉山自治州会理县政府网站上一张合成痕迹明显的领导考察照，引得广大网友 PS。在灵感的强力激发下，网络上瞬间百花齐放，但围绕的核心问题只有一个:三位领导究竟是在哪考察呢	9227	1717
许文广(央视一套节目部主任)	"网友喜极而泣,会理县会如何处理被 P?"一起由 PS 引发的会理县三领导"幽浮"事件,让这个县瞬间名满天下	5292	1112

续表

姓名	微博内容	转发量	评论量
新浪四川	去#会理县#看神奇公路和磁悬浮领导，要不要?! 仅830元/人！会理古城、西昌泸山、邛海休闲四日游，含：往返火车票＋住宿＋2早4正餐＋门票＋保险等费用！你还可以亲自去寻找那条可以漂浮的神奇公路……第一团7月8日晚就出发	1273	379
申音（NTA创新传播机构创始人）	会理比红十字会懂事在哪里？1. 幽默感的起点是自嘲，堂堂县衙能接受戏弄，还能顺势自我推销，顶；2. 微博上出的问题，要在微博上解决，党报也救不了你；3. 你认为网民是暴民，他们就真的是暴民，当他们是朋友，他们就是朋友	1493	430
搜狗输入法	"每日新词"——悬浮视察照—网友爆料，称四川省会理县政府网站将明显PS的图放置在首页显著位置。这张拙劣的PS相片中，县领导"飘浮"在一条公路的上空，图片说明称这几位领导在"检查新建成的通乡公路"。会理政府网已经公开道歉，但是仍然不免被众网友PS，马屁拍到马腿上的滑稽行为被狠狠地恶搞了一把	103	25
游识猷（科学松鼠会网站主编）	"会理领导照PS事件"危机处理：①当事人出来详细解释前因并诚恳致歉；②提交支持自己解释的证据；③化危机为转机，利用注意力展开自我宣传期间对公众的嘲讽没有任何反弹	89	20
肖锋（新周刊总主笔）	会理终于天下知了，真是个好地方，祝三位县领导营销成功	69	59
詹国枢（人民日报高级记者）	既然大家对会理如此关心，如此厚爱，那就欢迎大家到会理来看看吧。政府微博写道："会理置县于西汉武帝元鼎六年，现有文物点301处，于1992年被四川省人民政府公布为首批省级历史文化名城。现分享一组图片（未PS），欢迎各位网友到会理旅游观光。"顺势而为，坏事变好事矣	46	22

（6）综合评价

四川会理PS事件，从一开始的网友声讨，到"PS风潮"再到现今的网民称赞，仅仅经过了不到四天的时间。会理县政府诚恳认错的态度也反映出，政府遇到公信力危机并不是末日，冷静应对，及时发布权威信息和作出合理解释，开诚布公地承认错误会得到网民的理解。只有承认错误、直面问题才可能化解危机，甚至变危机为机遇，重新赢得公众和社会的理解和信任。

从深层次分析，这次事件得以圆满解决的核心原因在于政府管理部门能"从善如流"，尊重互联网民意，在社会管理中打通了舆论场，构建了官民对话平台。通过网民的舆论监督，会理县也应该提升自我约束、自我监督的能力。

从舆情应对角度来看，会理县的处理得体。但是，基层当前宣传部门工作人员的业务能力和职业操守仍存在较多问题，比较突出的是不熟悉新的传播技术、不尊重新闻的真实性客观性的规律。随着新的传播技术、手段的不断革新，特别是PS之风的盛行，图片造假、图文张冠李戴的现象可能会层出不穷，并可能演变成为新的舆情。地方各级宣传部门应该予以重视，不断提高自身的业务能力和鉴别力，与时俱进。

2. 上海地铁追尾事故

2011 年 9 月 27 日 14 时 37 分，上海地铁 10 号线两列列车发生追尾事故，造成 295 人到医院就诊检查。上海地铁官方微博"@上海地铁 shmetro"在事发当日 15 时 17 分在微博上通告事故情况，随后直播救援情况，并用"今天是上海地铁有史以来最黯淡的一天"表示歉意。

（1）影响力分析（见表35、表36）

表 35　"@上海地铁 shmetro"的微博数据

单位：个，条

微博	认证时间	粉丝数	微博数	平均评论数	平均转发量
@上海地铁 shmetro	2010 年 7 月 12 日	1122323	14046	14.10	44.20

表 36　"@上海地铁 shmetro"的微博

单位：个，条

发布时间	内容	转发量	评论数	网友认可度
9 月 27 日 20:18	【再次致歉】今天是上海地铁有史以来最黯淡的一天，无论最终原因和责任怎样，我们对给市民乘客造成的伤害和损失尤感愧疚，一定全力抢救伤员，尽快恢复运营；接受和配合有关部门对事故的调查和追责；坚决整改，举一反三，再多致歉比起实际损害也显苍白，但还要深深道歉	23455	9396	3.48
9 月 27 日 15:33	【运营突发初步调查－1】今日 14:10 分,10 号线新天地站设备故障,交通大学至南京东路上下行采用电话闭塞方式,列车限速运行。其间 14:51 分列车豫园至老西门下行区段两列车不慎发生追尾。14 点 51 分,虹桥路站至天潼路站 9 站路段实施临时封站措施,其余两端采取小交路方式保持运营	15406	3327	3.64
9 月 27 日 19:11	【运营恢复信息】目前上海地铁 10 号线全线恢复正常运行,所有换乘车站恢复换乘功能	5788	1763	3.21
9 月 27 日 15:17	【突发运营信息最新】上海地铁 10 号线设备故障导致该故障区段(豫园站至老西门站下行区段)2 列列车碰擦。伊犁路站至四川北路站区段列车中断运营。豫园站已经采取封站措施	5336	1356	2.72
9 月 27 日 16:03	15:50,经抢险队努力,所有伤员已经全部送医院,并得到及时救护,故障列车已经开始实施拖离作业。目前,虹桥路站至天潼路站 9 站路段实施临时封站措施,其余两端采取小交路方式保持运营,公交配套应急预案也已经启动,预计运营恢复还需要一定时间,请出行乘客避开上述运营区段	4292	1232	3.85
平均认可度				3.38

（2）上海地铁事故微博关注度（见图86、图87）

从上海地铁事故微博关注度走势可以看出，事故发生当天，微博讨论量极高，事件初发之后立即进入舆情高涨期。而随后的一周，舆论迅速平抑，这很大程度上是由于事故处理及时，信息得到公开。而上海地铁利用新媒体对突发事件进行直播的方式也赢得了许多公众的

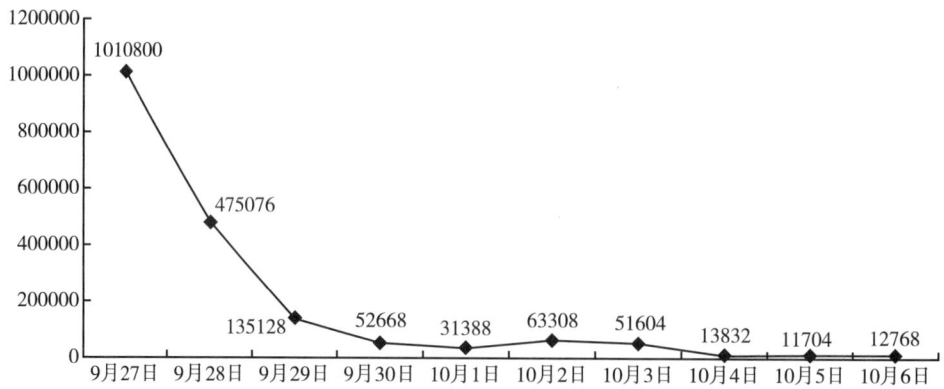

图86　上海地铁事故微博关注度

褒奖。

2011 年 9 月 27 日 14 时 37 分，上海地铁 10 号线两列列车发生追尾事故，造成 295 人到医院就诊检查。27 日 14 时 45 分，现场乘客"@安默然 lucky"微博发出第一条消息，反映车停，怀疑发生追尾事故。14 时 49 分，车厢乘客"@季法师"发出现场乘客受伤图片，一名受伤女子躺在地铁车门边，10 小时内转发近 6 万。15 时 17 分，上海地铁官方微博"@上海地铁 shmetro"首次证实"上海地铁 10 号线设备故障导致该故障区段（豫园站至老西门站下行区段）两列列车碰撞"，并随后直播救援情况。19 时 11 分，上海地铁官方微博宣布"目前上海地铁 10 号线全线恢复正常运行"。事故发生后 5 小时，微博上相关讨论量已突破200 万条。救治定点医院"长征医院"在当晚 18 时 58 分开通微博，向公众介绍救援情况。20 时 18 分，上海地铁官方微博用"今天是上海地铁有史以来最黯淡的一天"表示歉意。

事故发生后，"碰撞说"曾引起网友的广泛质疑，其认为有关方面要"大事化小"，一些媒体报道中使用的"轻度追尾"也引发了网友的一片质疑。近年来交通工具事故频发，尤其是"7·23"动车追尾事故给公众带来的惨痛记忆尚未远去，此次上海地铁追尾让上海地铁方面甚至上海政府成为众矢之的。上海地铁运用新媒体进行信息公开和舆论应对，让许多网友对此次上海地铁的表现颇为满意，称"感到了一种人性化的新鲜感"，尤其是其多次的感谢和致歉。

截至 2011 年 9 月 28 日 18 时 30 分，"@上海地铁 shmetro"共发布有关地铁事故的信息63 条。有舆论称，"杜绝了谣言的产生，满足了信息饥渴网友的需求"。而在事故当晚，有关各方也联合举行了新闻发布会，披露事故、伤亡等信息。

上海地铁官方微博负责人在接受媒体采访时称，此次地铁追尾事故中，一共有七八人参与到官方微博的信息发布中，并派出多位微博通讯员赶赴多个停运车站，实地了解公交短驳配套预案实施情况，并通过微博迅速反映运营情况。其强调"网络时代，瞒不住什么东西，没有必要遮遮掩掩"。

（3）互动内容分析

在地铁追尾事故发生后，"@上海地铁 shmetro"官方微博发出一条充满歉意的博文："今天是上海地铁有史以来最黯淡的一天，无论最终原因和责任怎样，我们对给市民乘客造成的伤害和损失尤感愧疚……"但随后微博经过两次删除后恢复。这一举动

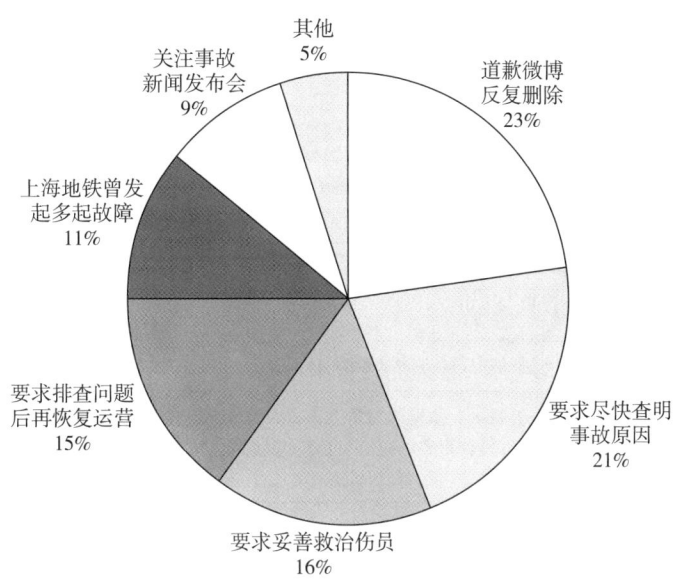

图87　上海地铁事故网友对政务微博的评价

引来许多网友批评，不少网友认为其道歉缺乏诚意，如网友"@bluedanny"就说："及时道歉，本来是挺好的事，删来删去，真是不明白！"但也有网友认为上海地铁主动道歉的态度比铁道部强多了。由于人们对"7·23"动车事故仍记忆犹新，此次上海地铁事故又给公众带来一种"不安全感"，许多网友微博发声希望尽快成立事故调查组，及时公布事故真相。而在事故中，上海市政府妥善组织救援收获一定好评。事故发生后，俞正声和韩正等多名市领导，迅速赶往现场。俞正声发出指示，要尽全力做好对事故伤员的救治。而不少网友则希望对现场地铁问题进行排查，不要急于"尽快恢复运营"。

（4）意见领袖言论摘录（见表37）

表37　意见领袖言论摘录

单位：条

姓名	微博内容	转发量	评论数
李承鹏	上海地铁追尾见诸多年轻人挽扶老年人，有道德，官方禁报该地铁与动车用同一信号系统，没道德。结论：中国民德没滑坡，中国官德在滑坡	20812	5871
作业本	从上海地铁追尾道歉来看，上海这座城市已经开始解放了。而从央视嘴里的轻度追尾来看，北京这座城市还处于"慈禧"时代	4620	1590
胡锡进	在国外惊闻上海地铁10号线发生追尾事故致200多人受伤，非常震惊。在温州事故之后发生几乎同样的事，太不应该。我不希望此时此刻有说风凉话试图用这件事证明什么的人。这起事故是灾难。我愿意相信上海会以最严厉的态度追究它。上海别让中国人失望，也别让世界失望，把你的繁荣做得扎实些	1472	402
任志强	未查清事故原因又急于恢复通车？是想再出事故吗	978	504

续表

姓名	微博内容	转发量	评论数
染香	央视"发明了"上海地铁轻度追尾，这个对追尾程度的表达应该算准确。但中国的网民伤不起，其不喜欢轻度追尾这个词，却偏偏纠缠于这个词，也许网民们会更喜欢染香的发明：上海地铁重度追尾。当然了，这样势必也应修改一下事实：上海地铁重度追尾，死亡270人，受伤千余人。……这下网民们该满意了吧	647	413
加藤嘉一	上海地铁10号线发生了追尾事故，造成271人受伤，但愿受伤者能早日康复。近年来深有感触，不管是大城市、中等城市还是农村，中国社会明显进入了"出事"的时代。政府人民都要做好心理准备，调整应对机制，这是快速转型的风险，改革开放的代价，但坚信，只要方向是对的，体制是开放的，一切都会好起来	600	507
薛蛮子	今天上海地铁事故又一次展示了微博的力量。人民可以在第一时间报警呼救发现真相。我没有看到谣言，只有真实的担心，良好的祝愿与恰如其分地问责。微博不微	588	252

（5）互动效果分析

在上海地铁事故中，普通网友微博成为突发事件的"报道者"和"记录者"，很多微博信息成为媒体报道的来源。普通网友为事故报道提供了更为详尽的细节，如网友"@季法师"发布的事故现场的图片，网友"@Kyle-呆呆"从司机口中得知地铁相撞。事故发生后，新浪微博立即设置了"上海地铁十号线追尾"的微话题，里面不仅包含了网友现场记录、博友热议，还有上海地铁官方的回应。信息的及时公开，有力制止了谣言的产生和传播。不少网友还主动发布地铁通行状态的实时信息，如发布第一条信息反映车停的网友"@安默然lucky"在通车后发博说："现在十号线已经全线恢复通车了，我刚刚又坐了一下，一切正常！"

在上海地铁官方微博与民众互动中，受到网友较多指责的是"碰擦"说及删除道歉帖。虽然有网友认为道歉体现出了诚意，但更多人认为应尽快地解决排除问题，公开事故调查。

（6）综合评价

此次事故中，虽然上海地铁在道歉过程中，道歉词几易其词，经历了"道歉信息发布、删除、再发布、再删除、再发布"的过程，引发了部分网友的质疑，这也凸显了一些组织机构在新媒体运用上的不够娴熟；但是，瑕不掩瑜，上海地铁利用新媒体及时进行信息公开依然成为舆论应对的亮点。同时，官方公开的信息与网友爆料基本符合，从而赢得了网友的信任，没有给谣言生存的空间。舆论普遍对上海地铁方面事故应对态度给予赞誉，认为上海地铁方面第一时间迅速致歉的态度值得嘉许，为事故的调查、解决赢得了舆论空间。

3. 甘肃正宁县校车事故

2011年11月16日9时许，甘肃庆阳市正宁县榆林子小博士幼儿园一辆核载9人、实载64人的校车与重型自卸货车正面相撞，造成21人死亡，其中幼儿19人，另有43人受伤。事故原因是运送幼儿的小客车严重超员，在大雾天气下逆向超速行驶。这起事故暴露出一些地区存在车辆违法严重超载、非法擅自改装车辆以及有关部门在校车安全管理方面责任不落实、措施不到位、监管有漏洞等突出问题。本次事故处理中当地政府响应及时，甘肃卫生厅、教育和公安部门微博的使用是当地舆情应对的亮点。

（1）影响力分析（见表38、表39）

表38　甘肃省政务微博数据一览

单位：条，个

微博	开通日期	粉丝量	微博数	平均评论数	平均转发量
甘肃政府新闻办	2011年1月21日	391201	354	2.8	7.6
微博甘肃	2011年6月28日	287315	852	13.1	78.4
甘肃刘维忠	2011年5月27日	286260	3685	5.1	11.8
甘肃省卫生厅	2011年8月22日	176723	559	0.8	3.4
庆阳市卫生局	2011年11月16日	3813	26	1.2	3

表39　各政务微博中网友关注度较高的微博

单位：条

微博名称	发布时间	内容	转发量	评论数	认可度
甘肃刘维忠	11-18 22:31	庆阳市委、市政府决定停止2012年公车更新计划，将预算资金全部用于购置标准化校车 http://t.cn/SLycSz	1404	437	3.72
甘肃政府新闻办	11-17 16:34	11.16特大交通事故调查初步原因如下。1. 校车驾驶人安全意识淡薄，严重违规超载，左道超速逆行。2. 幼儿园私自改装车辆，逃避监管，车辆限定9座现改装为无座。3. 幼儿园董事长李军刚安全责任意识不强，没有尽到第一责任人的责任（该民办幼儿园共有学生737名，28名教职工，安排4辆校车接送）。4. 因大雾天气影响，货车和校车司机遇到紧急情况处置不力。5. 教育、交警部门监管不力	154	272	3.24
甘肃省卫生厅	11-16 16:13	重要舆情:16日上午，庆阳市正宁县榆林子镇发生重大交通事故，一辆运煤货车与幼儿园校车迎面相撞，已造成19人死亡，其中幼儿17人，另有13名幼儿重伤，32名幼儿轻伤。受伤幼儿已分别被送往庆阳市人民医院和正宁县人民医院救治。省卫生厅已组织急救专家，由一名厅领导带队从兰州出发前往庆阳指导救治	71	29	3.54
庆阳市卫生局	11-17 00:16	时间就是生命——"11.16"重大交通事故当日医疗救治工作纪实 http://t.cn/S20q2Y	39	11	2.5
微博甘肃	11-17 09:12	【甘肃公安厅:全省开展为期15天校车集中整治】就正宁县"11·16"特大交通事故，省公安厅当晚召开紧急视频会议，要求在全省范围内部署开展为期15天的校车交通安全集中检查整治，切实落实预防重特大道路交通事故特别是校车安全隐患整改措施。加强校园周边交通秩序整治	33	20	2.75
平均认可度					3.15

（2）微博关注度走势（见图88）

从微博网友关注走势来看，网友对甘肃正宁校车事故的关注有两个峰值，首先是11月17日，即事故发生后第二天，网友的微博讨论数量达30余万条；然后是11月25日，"中国

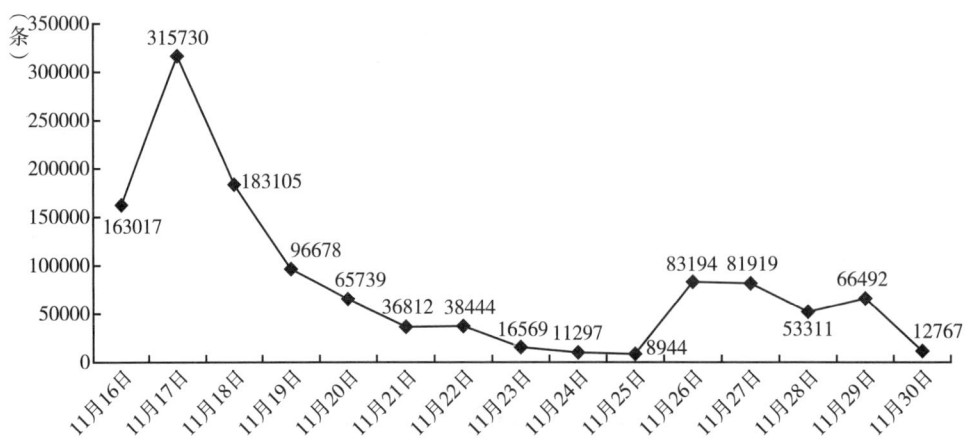

图88　校车事故微博关注度

无偿援助马其顿校车项目"受到网友热议。

（3）互动内容分析（见图89）

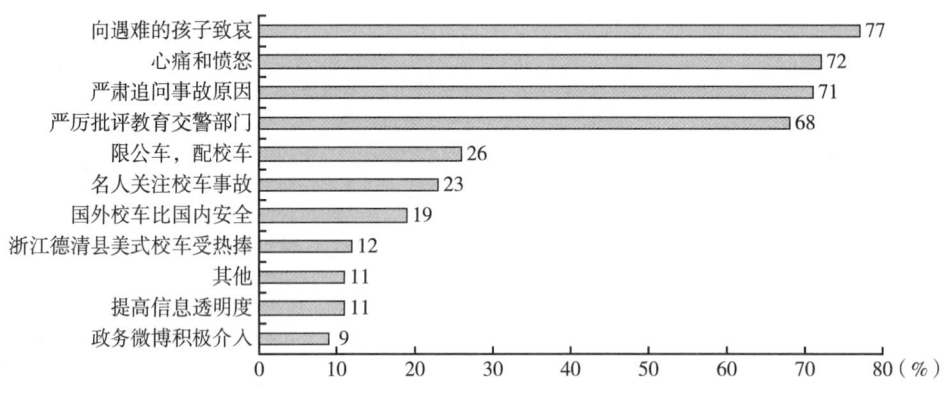

图89　甘肃正宁校车事故网友言论倾向

（4）互动效果分析

甘肃庆阳校车事故发生当天16时13分，甘肃省卫生厅公布关于事故的第一条微博："16日上午，庆阳市正宁县榆林子镇发生重大交通事故，一辆运煤货车与幼儿园校车迎面相撞，已造成19人死亡，其中幼儿17人，另有13名幼儿重伤，32名幼儿轻伤。受伤幼儿已分别被送往庆阳市人民医院和正宁县人民医院救治。省卫生厅已组织急救专家，由一名厅领导带队从兰州出发前往庆阳指导救治。"

18日11时50分的一条微博：祝"11.16"交通事故中受伤的孩子们早日康复！截至18日14时33分，甘肃省卫生厅通过微博已经发表了51条与校车事故有关博文，利用微博平台及时向广大网友传递校车事故中伤亡儿童的有关信息。

而甘肃省卫生厅厅长刘维忠亦发布微博，称"庆阳市委、市政府决定停止2012年公车更新计划，将预算资金全部用于购置标准化校车"。刘维忠在微博上与网友进行了有效的互动，网友薛蛮子即转发评论道："薛蛮子：这个决定应该推广到全国！我们应该迅速有效地落实孩子们的人身安全，停止公车更新，购置标准化校车！庆阳市委知错就改，老汉支持一个！大家疯狂扩散！""不要公车要校车"成为多数网友的呼声。在微博上，网友不仅比较着国内校车与国外校车的区别、公务员用车与校车的区别，还指出了国内值得推广的"校车经验"，如"德清县美式校车"、"广东顺德最牛校车"和"重庆防火防撞新校车"等。

（5）意见领袖言论摘录（见表40）

表40　意见领袖言论摘录

单位：条

姓名	微博内容	转发量	评论量
欧阳国忠	【在我们心中:这个比神8、神9还要给力】:2011年5月4日,中国,浙江,德清县,县政府投入2000多万元,购置了79辆美式校车投入运营。学生每人每次乘车支付1元钱,贫困学生免费,并在行驶中给予各种最高优先权,县政府每年提供200多万元的财政补贴,被称为"黄色特权车"	14105	2663
李承鹏	"中国赠马其顿校车"有几种说法,但无论如何它证明着,现阶段,中国式对外馈赠极可能会导致广大民愤,且该品牌市场美誉度也将有不同程度的降低,因为民众并未享受,"宁给外敌不予家奴"的做法太让人伤心。但,有一种中国国产品牌馈赠出去,必将举国欢庆:贪官。正所谓,给我三千贪官,一夜颠覆美利坚	7779	3254
郑渊洁	当马其顿政府获悉中国政府将向其提供援助时,马其顿政府要的援助品是校车。向这样的政府致敬	1991	787
吴稼祥	看一个政权和国家的未来,有一个直观的视界:政府机关和学校,哪个建筑更好;官车和校车,哪种车辆更坚固更畅通无阻	1912	362
窦含章	中国向马其顿援助校车的新闻在微博上引发狂骂,许多人认为中国孩子还没坐上安全校车就向外国捐校车是穷嘚瑟。俺认为这种观点偏了。对外援助校车和解决国内校车安全两件事都该做,不矛盾,不能因为一件没做好就否定另一件的合理性。中国要维护国家利益,不能等到变成发达国家再向外援助,那样就晚了	1425	678
杨澜	早该规范校车了。麻烦设计的安全系数高一些。在美国,驾照笔试和路试中都有遇到校车时主动礼让的内容。建议管理部门也参照一下,加强广大驾车者对校车安全的意识	1309	591
慕容雪村	在中国,永远是孩子给大大小小的官员让路。领导专车横着开,警车横着开,军车横着开,武警车横着开,有背景的车横着开,最后是辆车就敢横着开,这制度不改,把校车造成坦克也未必能解决问题	1263	358
石述思	一个不爱孩子的国家是没有希望的:由于动车事故,搞残了小依依;由于18个人的冷漠,搞死了小悦悦;由于校车安全,夺取了17个幼儿的生命;由于教育投入不足,千千万万孩子没有午饭吃;由于身边缺失亲情,5800万留守儿童成为被伤害的主体;呼吁形成一个真正关爱孩子的制度体系——以良知和正义的名义	1086	492
雷颐	前驻法大使赵某说坐头等舱代表国家形象。我想,学生坐什么样的校车才代表国家形象	1079	314
染香	甘肃超载校车出事,政府及全民都应反思:为什么中国人的人身安全会被漠视?……事实上,漠视他人及自己的人身安全,深植于我们的文化中,深植于我们每一个人的内心。当人们总是心存侥幸地闯红灯,超载,超速,随意变线,酒后驾驶……当一次次侥幸得以成为一种固定思维后,意外和灾难终于不期而至……	1046	461

（6）综合评价

甘肃幼儿园校车事故发生以后，引起全国舆论的热烈关注。经监测，这样的事件近年来有很多。教育部等部门也曾三令五申，严格处理，校车超载问题和恶性事故仍不断发生。18日数据显示，全国各地也开始排查校车安全隐患。据监测，媒体和网友除表达了心痛、愤怒和同情等复杂矛盾的心情之外，有大量深层思考，涉及加强孩子安全的体制和机制建设，呼吁关注孩子，关注国家和民族的未来。有公车和校车的比较，也有国内外的比较，如美国校车和浙江德清县的做法等。此次甘肃省政府部门能够利用新媒体及时发布信息是舆情应对的一个亮点。

四　政务微博发展阶段与模式

2009年微博兴起，微博用户呈现狂飙式增长，每年增长超过1亿。2010年被称为"微博元年"。2011年11月21日，第十一届中国网络媒体论坛在武汉召开。据悉，目前我国已有300万多家网站，网民数量已达到5亿，用户规模世界第一。目前，微博客等社交网络呈蓬勃发展势头，我国微博客用户已经超过3亿，注册账号达到7亿，每天发博量约2亿条。

截止到2011年11月初，通过新浪微博认证的各领域政府机构及官员微博已经达到19104家，其中政府机构微博10271家，个人官员微博8833个。在地域上已经全面覆盖全国34个省、自治区、直辖市及特别行政区。

最近，众多省市的政府新闻办频频触网，通过开设新媒体迎接"微博时代"。5月19日，重庆市政府新闻办在新浪微博上露面，至今粉丝超过60万。11月17日，"北京微博发布厅"在新浪网上线运行；11月25日，天津市政府新闻办在主流门户上开设微博账户；据不完全统计，最早开设而且可能粉丝数量最多的省市级政府新闻办的官方微博来自四川，它在去年底就在新浪上开设微博，目前粉丝将近百万。11月28日上午，上海市人民政府新闻办公室实名认证的政务微博"@上海发布"在新浪网、腾讯网、东方网、新民网同时上线。四大直辖市已全部开通政务微博。

目前，新浪微博已有17家政府机构、9名官员的粉丝数超过100万。公安微博一枝独秀，涵盖所有警种和业务领域。以"平安北京"为例，其开通一年收获粉丝200多万，网友评论18万多条。

（一）政务微博发展模式

1. 公安微博多元模式

据统计，使用微博较多的职能部门主要集中在公安、交通、旅游、司法、党政机关、宣传等部门。这些部门的微博信息发布及时，服务性、实用性、互动性都比较强。其中，公安微博的数量最多。公安部门借助微博发布信息、提供服务，获取线索、调查取证，发布案件进展，提高办案效率，已成信息公开的便捷平台和网络协助办案的重要工具。

据人民网舆情监测室统计，截止到11月27日，新浪微博中公安微博达6562个，占政务微博（包括官员个人和机构微博）总数19104个的34.35%。公安微博是目前微博中官民互动的典型，通过信息发布、网友互动，特别是对重大网络事件的积极参与，公安微博取得了丰硕的成果，在网民群体中树立了口碑。

近两年来，公安微博也呈现多元化的模式。目前全国公安微博已经形成了四种较为成熟的模式见表41、图90。以地市级公安政务微博为主并整合为微博群的"广东模式"；以省级公安政务微博建设为主的"北京模式"；以基层派出所和公安民警个人工作微博为主的"厦门模式"和以突发事件应对中发挥重大作用的"济南模式"。

表41 公安微博的多元化模式

名称	微博（条）	粉丝（万）	特色	活跃粉丝率（%）
平安北京	5962	202	以省级公安政务微博建设为主	9.0
平安肇庆	15715	109	以地市级公安政务微博为主并整合	5.4
济南公安	4649	124	以突发事件应对中发挥重大作用为主	4.4
厦门警方在线	2170	88	以基层派出所和公安民警个人工作微博为主	6.2

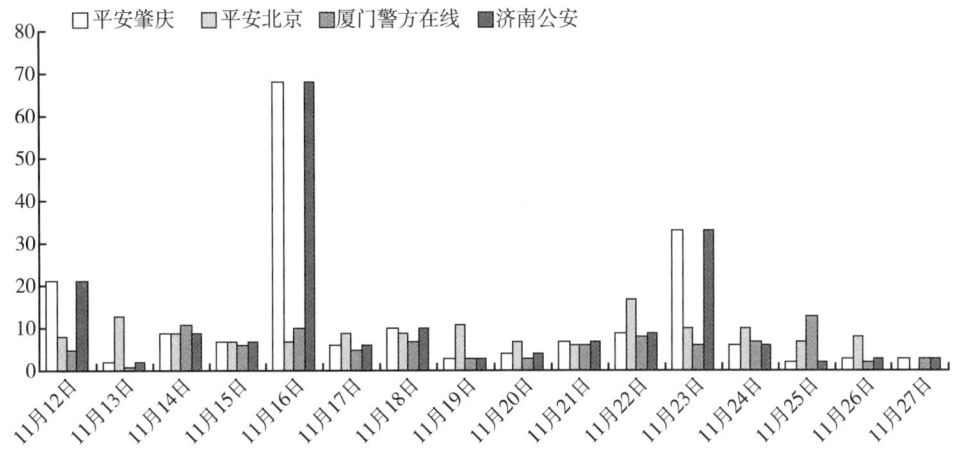

图90 政府微博日发布量对比分析

（1）广东模式（见图91、表42）

2010年2月25日，"@平安肇庆"诞生。在一年半的时间里，广东21个地级市的公安机关先后开通了官方微博。"集群化"是广东公安微博的显著特色，即以地级市公安微博为枢纽聚集起各区县公安局、街道派出所的官方微博，形成"公安微博群"。截止到11月27日，包括广州公安、珠海公安等在内的广东公安微博共计243个，粉丝数超过3000万。各公安微博之间相互转帖、相互评论已经形成一种趋势。譬如"@平安高要"发布一条"加强交通道路巡查"的微博，不到1分钟，"@平安肇庆"即转发并回应："顺便说点什么吧，严查整治各类交通违法行为，尽量减少马路杀手。支持！"

可以看出，广东省公安厅微博的粉丝数量巨大，但活跃程度并不高。这可能是由于关注广东省公安厅微博的网友多为本地的"草根"民众，地方公安机构的微博可能难以像明星、官员那样拥有高质量的听众，但是丝毫不影响其通过微博服务本地民众的质量和效果。对于这种集团化布局的"广东模式"，网友纷纷给出了肯定。网友们评价说，这样一下子便可以把我所在区域的微博"一眼打尽"，他们仿佛就排在那里随时待命，有问题随时打开市局微博就可以。但也有网友认为，这样的集约布局只是方便了市民查询，真正形成一种联动效应还需要磨合。

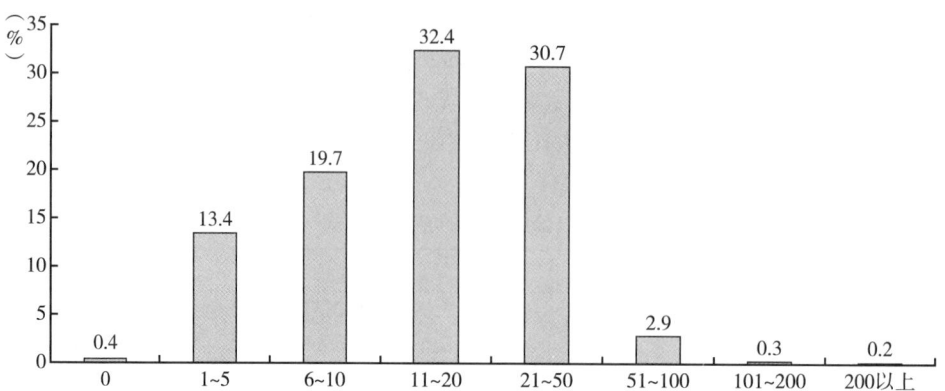

图91　广东省公安厅微博粉丝的粉丝数

表42　媒体对广东省公安厅微博的重要报道和评论

单位：条

日期	媒体	标题	转载量	倾向性
2011年11月29日	人民网	公安微博叫好更要叫座	1	正面
2011年11月14日	凤凰网	广州交警官方微博发表不当评论广东公安厅道歉	27	中性
2011年10月9日	南方报业网	广东公安微博群"很给力"引发的政务革命	1	正面
2011年9月30日	南方日报	广东公安微博互动话题贫瘠"活粉"少	14	负面
2011的5月13日	南方都市报	广东公安微博将引入第三方考核体系	1	中性
2011年3月31日	南方日报	广东省公安厅微博"火爆"高居榜首	1	正面
2011年2月21日	广州日报	警察"织围脖"元年记	1	正面
2011年1月3日	广州日报	"厅哥"凡客体是新年一缕阳光	16	正面

　　媒体对广东省公安厅微博的关注较高，大部分媒体文章均给予积极的评价。如人民网的文章《应让微博更充分倾听民众的声音》指出："应让微博更加充分倾听民众的声音。在充分倾听民众声音的做法上，广东公安机关不但开通了微博，而且还将制订公安微博管理方案，将禁止警方微博关闭评论，并要求限时回复网友，这些有力的举措，将会更加充分地畅通民意渠道，让服务型机关的形象更深入民心。但《南方周末》也指出，通过"微博风云API"对21个地级市公安微博的"活粉率"（活跃粉丝标准：微博粉丝数大于30，微博数大于30，一周内有互动）进行了测量，发现各公安微博活粉率都在4%～8%，其中"活粉率"最高的是"@珠海公安"，达到了9.1%。"活粉率"体现了微博主人与其粉丝互动的程度，而广东省的公安微博"活粉率"普遍集中在4%上下，显示出与网友粉丝互动的不足。对于广东省公安微博的这些发展与创新，大部分专家都持肯定的态度。粉丝数和关注度都只是前提，微博的评价指标，最终体现在行政绩效、群众满意度如何。

　　点评：创新并不是它唯一优势，放下身段与民沟通才是基石。

　　创新指数：★★★★★

　　（2）北京模式（见图92）

　　2010年8月1日，北京市公安局官方微博"@平安北京"在新浪网正式开通。截至2011年11月27日，"@平安北京"粉丝数超过200万，发表微博5947条。"@平安北京"微博中，警务资讯和防范提示占到总数的60.4%。"@平安北京"微博的主要内容就是防范提示，这部分以介绍作案手段、方式，教百姓如何防骗，怎样防盗，避免安全隐患为主打。除了及时预防和打击信息的发布，"@平安北京"每周都有固定节目：交通安全出行提示和每周治安播报。对于广大博友的评论和留言，"@平安北京"都能及时回复。特别对博友反映的问题，能马上转给相应的分局和派出所，让微博成了百姓反映治安问题的又一窗口。公安机关推出的各项便民措施都能在微博上及时看到，很受博友追捧。"市民办理出入境业务，将享受新的便民措施"在微博一经发布，叫好声一片，另外，优秀民警事迹在微博中得到展示。

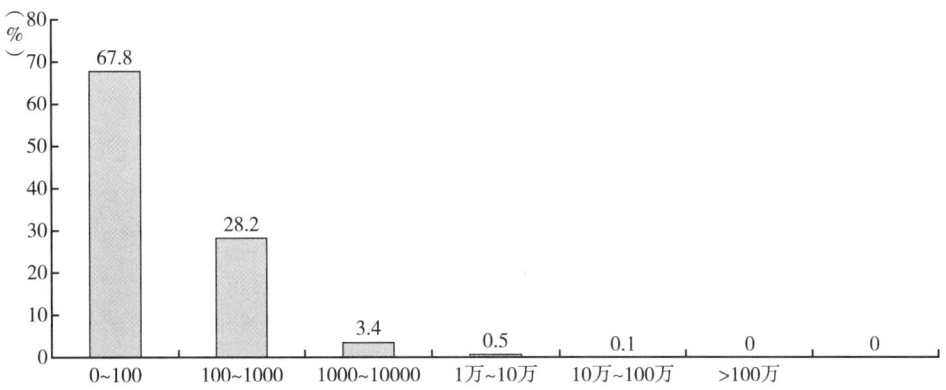

图92　"@平安北京"粉丝的粉丝数

根据图92数据可以看出，"平安北京"的粉丝数量大，粉丝质量稍优于广东公安厅微博。"@平安北京"微博的成功，反映了广大群众参与社会管理的高度热情，也反映了北京公安部门对群众声音的高度重视。但《中国青年报》在《政府微博，民主参与比服务更重要》一文中指出，"@平安北京"与其他政府微博设置的版块大同小异，创新点不够。尽管目前的政务微博十分火热，但其着力点仍然是政府"以我为主"地利用自己的优势地位发布信息，为公众服务，而不是与网民互动。希望政府微博今后能够多参与公共事务，通过微博促进政府部门决策的科学化、民主化，最大限度地减少决策失误。

点评：立足百姓服务，成为民众的贴心"交通台"。

创新指数：★★★

（3）厦门模式（见图93、表43）

截至11月27日，厦门警方官方微博"@厦门警方在线"，已拥有粉丝876092人。公开资料显示，获得公安部赞许的"厦门模式""以基层派出所和公安民警个人工作为主"。从早期微博兴起开始，便拥有三千粉丝的"派出所值班那点事"，到如今粉丝数突破十万的"@交警大刘"，厦门的基层派出所和基层公安民警，书写了一段段"微博传奇"。2010年11月14日，厦门发生了一起特大幼女凶杀案，厦门警方通过微博征集破案线索，获取了100多条有价值的线索，顺利侦破案件，开了微博在线破案的先河。厦门公安微博主要定位在信息发布与互动。

但由于诸多网民希望将一些信息"直达"市公安局领导，且其中不少涉及个人隐私、案情等，其发布的帖子并不宜在网上公开。于是官方微博强化了"私信"功能。

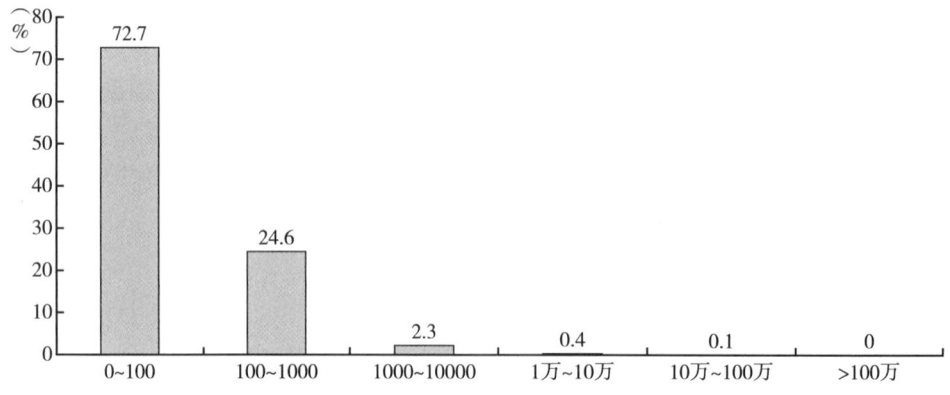

图 93　"@厦门警方在线"粉丝的粉丝数

表 43　媒体对"@厦门警方在线"微博的重要报道

日期	媒体	标题	转载量	倾向性
2011 年 10 月 24 日	大众网	公安微博网络追凶亟待规范	1	中性
2011 年 9 月 29 日	和讯网	公安微博真的很给力	9	正面
2011 年 8 月 22 日	凤凰网	沈阳教授评论"微博时代的微力量"	1	正面
2010 年 12 月 3 日	人民网	微博追凶意在警务公开	2	中性
2010 年 11 月 11 日	东南快报	厦门警方也在"微博快跑"	3	负面

　　媒体对"@厦门警方在线"微博的关注较高，大部分媒体文章均给予正面的评价。但媒体也就此提出，公安微博追凶现象作为一个新生事物，在肯定其积极效用的同时，也要正视其带来的消极影响。网友也就此提出了一个疑问：如果犯罪嫌疑人弄错了怎么办？以前网上通缉主要是公安机关内网通缉，信息的获取者主要是公安人员，现在直接上互联网，一旦出错，负面影响难以消除。公安机关通过公安微博悬赏追凶，不仅存在可能侵犯公民名誉权和隐私权的问题，也存在一定的道德风险和法律风险。在信息化的背景下，微博追凶的出现是合理的。网络追凶可以被看作走群众路线的一种非传统方式，而如何消除微博追凶过程中的法律风险，使其合法地发挥积极效用，是个亟待解决的问题。但政府微博模式的创新依旧值得鼓励。

　　点评：警民互动热烈展开。

　　创新指数：★★★★

　　（4）济南模式

　　济南市公安局顺应互联网发展趋势，自去年 8 月开通"@济南公安"微博以来，通过微博小舞台，打造为民解困、为民办实事的警民和谐大舞台。其因通过公安微博营救轻生女子苏小沫儿的积极举动，受到社会广泛关注。济南公安在此次事件中反应迅速，报道及时，对政府如何借助微博这一社会化媒体实现社会冲突事件的信息公开透明，具有很大借鉴价值，也体现了济南公安微博在突发事件应对中发挥的重要作用。截至目前，"@济南公安"已累计发布各类信息 5600 余条，回复、解答疑难问题 1.3 万余条。

　　《人民公安报》评价说：近年来，济南市公安机关积极探索"开门评警"新途径，将传统的群众"单向评警"转变为公安机关与网民交流互动的"双向评警",在交流互动中,有助于及时化解群众误解,赢得群众理解,使评警结果更科学,更具有指导意义。

不少媒体和网友认为济南公安以开放的形式主动与民众沟通,不仅为社会及公众了解、理解警察提供了平台,而且会更好地展示警察的真实形象,塑造良好的社会公众形象。这样的形式,不怕拍砖,不怕露丑,更阳光。既减少了误解,又有利于民众直接反映民情、民意,会是双赢的结果。

点评:济南公安"以微博应对微博是最好的信息公开方法"。

创新指数:★★★★

2. 政府微博发布厅

众多省市的政府新闻办频频触网,通过开设新媒体迎接"微博时代"。2010 年 6 月23 日,"@ 成都发布"正式开通。2011 年 4 月 11 日,"@ 南京发布"紧随其后。2011 年 5月 19 日,重庆市政府新闻办也在新浪微博上露面,至今粉丝超过 60 万。11 月 17 日,"北京微博发布厅"也在新浪网上线运行;11 月 25 日,天津市政府新闻办也在主流门户上开设微博账户;据不完全统计,最早开设而且可能是粉丝数量最多的省市级政府新闻办的官方微博来自四川,它在去年底就在新浪上开设微博,目前粉丝将近 100 万。11 月 28 日上午,上海市人民政府新闻办公室实名认证的政务微博"@ 上海发布"在新浪网、腾讯网、东方网、新民网同时上线。四大直辖市已全部开通政务微博。具体如表 44 所示。

表 44　四大直辖市开通的政务微博

时间	昵称	微博(条)	粉丝(万)	关注(个)
2010 年 6 月 23 日	成都发布	3895	213	425
2011 年 4 月 11 日	南京发布	5042	63	1428
2011 年 5 月 19 日	重庆市政府新闻办	708	64	67
2011 年 11 月 17 日	北京微博发布厅	76	16	39
2011 年 11 月 25 日	天津市政府新闻办发布	84	3.6	3
2011 年 11 月 28 日	上海发布	258	40	209

(1) 北京微博发布厅

全国各省份开通的首个省级政务微博发布群——"北京微博发布厅",2011 年 11 月 17日在新浪网上线。"北京 weibo 发布厅"由北京市政府新闻办主导微博内容,同时联合北京市发改委、北京市公安局、北京市环保局、北京市政府新闻办等百个北京市政府微博账号发布新闻内容和发起活动。作为政府机构形象展示的全新平台,"北京 weibo 发布厅"可以更近距离地与民众沟通,更及时、全面地发布最新政令新闻,成为深入贯彻传播执行"人文、科技、绿色"北京的网络前沿阵地。虽然政府机构开微博已不算新鲜事,但由数十个政务微博组成微博发布群,在全国还是首例。

点评:"北京微博发布厅"将城市重要职能部门聚合一起,不仅打破了传统政务服务的模式、格局,同时成为网络政务办公服务的先锋,代表着未来"微博问政"的新趋势。

创新指数:★★★★★

（2）成都发布（见表45、图94）

在新浪微博的政府人气榜上，"@成都发布"排名第三。有内容、有趣味的微博总是受粉丝追捧的。2011年4月，"成都的春天嫁给了夏天"在微博上流传，"@成都发布"总编辑任远航介绍，"就是要用这种比较潮的，有些时尚的语言传播信息，它的效果才能最大化，才能让更多网友接受，并转发评论，同时也可以吸引更多的粉丝"。而粉丝们对这条微博的一致评价是：原来天气预报也能这么美。表45是"@成都发布"十大热帖。

表45　"@成都发布"十大热帖

单位：条

微博主要内容	转发	评论
成都绘新图,微博传家话——成都灾后重建三周年发布会主信息	4140	789
熊猫宝宝打"群架"视频	1861	500
云南盈江地震后举行的首场婚礼	783	166
遇见成都接龙主信息	722	163
世界宜居城市成都排第一	689	216
成都美食:老妈蹄花	473	139
成都美食:明婷饭店	449	136
建党90周年主信息	344	144
成都图片网"醉美成都":华西钟楼倒影图片	331	194
咆哮体:成都春天嫁给夏天主信息	286	56

从表45中不难看出，成都市民关注的话题首先地震灾后重建，其次是成都的生态环境，成都美食也是广大市民关注的话题之一。

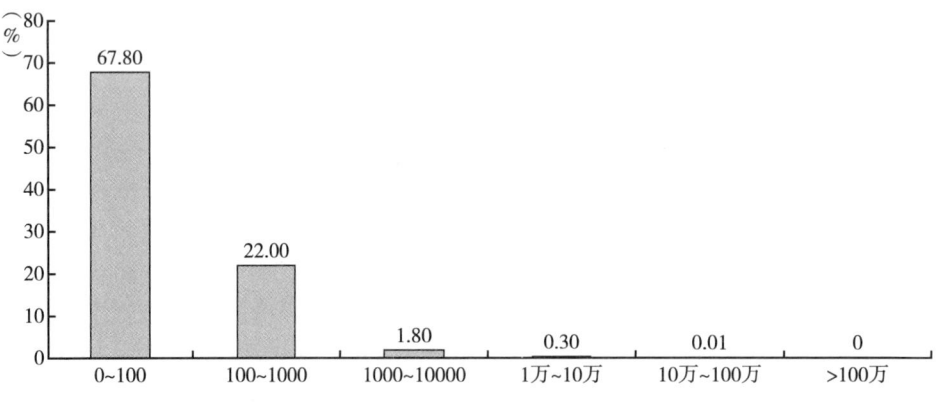

图94　"@成都发布"粉丝的粉丝数分布

点评："@成都发布"与广东省公安厅微博的粉丝质量和分布情况类似，作为地方性微博，其听众主要集中于当地，其信息受众也主要为当地的"草根"民众。

创新指数：★★★

（3）南京发布

继"@成都发布"模式成功后，南京市委宣传部秉着向"@成都发布"学习的态度，在今年 4 月 11 日开通"@南京发布"。"新闻发布"就定位为"@南京发布"的基本职能。截至 11 月 27 日 16 时,南京发布共发出微博 4597 条,粉丝数达到 522044 个。

但凡南京有重大的活动、召开新闻发布会或者发生突发事件,"@南京发布"工作人员大都会第一时间赶到现场进行微博直播。"@南京发布""微直播"渐成品牌。

创新指数:★★★

(4)上海发布

"@上海发布"微博平台,于 11 月 28 日上午 8 时 40 分上线。这是上海市人民政府新闻办公室实名认证的政务微博。

"@上海发布"首期推出早安上海、上海新闻、午间时光、灯下夜读等栏目,将组织微访谈、微活动、微调查,链接"中国上海"门户网站和上海市人民政府新闻办公室官方网站,努力为公众提供即时的信息服务。"@上海发布"新浪微博平台上,最先引发热议的是菜价等民生话题。为此,"@上海发布"发布的第二条微博中称,"@上海发布"将在每周一上午公布抽查情况,包括市民最常采购的 13 种蔬菜。由此可见,"@上海发布"将社会关心的政务信息与实用资讯以微博方式予以发布,无疑让政府微博体现出亲民感,有利于行政形象的提升,因而值得肯定。

荆楚网作者周义兴提出建议,"@上海发布"及其负责部门,在发布上海菜价信息工作上,日后还可以在公布批发菜价与适当提高抽查菜场的覆盖面上做点文章。对此建议,不知"@上海发布"以为如何。

创新指数:★★★★

(5)重庆市政府新闻办

重庆市政府新闻办微博自 2011 年 5 月开通以来,一直受到不少关注。在此微博中,既播报重庆的最新动向,提供最及时的信息;也传箴言,给人心灵鸡汤,故而受到很多人欢迎。此前微博开展的"幸福山城 微美重庆"专栏发布的幸福山城 20011"五个重庆"摄影大赛的照片,更是让人眼前一亮。

点评:2011 年 5 月开博,是四大直辖市中开设微博最早的。

创新指数:★★★★

(6)天津市政府新闻办发布

2011 年 11 月 25 日,天津市政府新闻办发布入驻新浪微博,首次与网友亲密接触。目前天津市开通新浪微博的政府机构和官员达 162 个,其官方微博"@天津市政府新闻办发布"充分展示了城市自身优势,塑造"倍儿精神"的城市风貌,成为天津市城市发展新名片。

点评:用新媒体打造地区新形象。

创新指数:★★★★

3. "@问政银川"模式(见表 46、图 95)

表 46 "@问政银川"模式

单位:条,万

昵称	微博	粉丝
@问政银川	2911	13

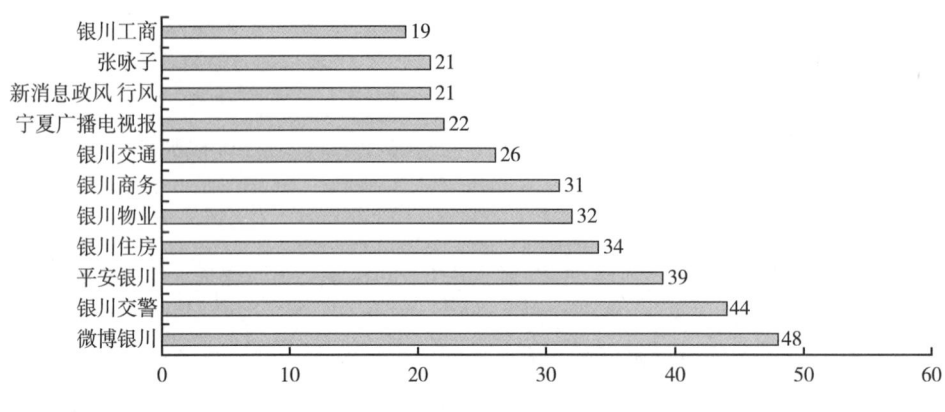

图95 "@问政银川"发布微博经常提到的人的分析

中共银川市委办公厅、市政府办公厅的官方微博"@问政银川"于2010年12月22日开通，主要任务是公布最新重大信息、政务要闻，公开意见征集、民意调查，微博直播新闻发布会，利用微博开展政民互动，积极快速地解答网友提问，协调处理网友遇到的困难。截止到11月28日，"@问政银川"粉丝超过12万、发布微博超2898条、收到评论近万条、发出评论2500余条、被"@"的微博超过2万条。

"@问政银川"将自我定位为"银川党务政务网络平台的工作专用微博，主要功能是督促督办、受理市民的一般性事务性投诉、重要事项"。它的创新之处在于明确了微博作为新型问政手段的角色定位，"请@西夏微博 作为本周的重点工作办理此事，结果转报给我们！""请@银川卫生 微博给专业答复，要快哦。"可以看到，"@问政银川"通过转办给对口部门的方式，既提高了其微博的办事效率，有效分解了积压压力，而对于网民来讲，也缩短了线下申请提交流程的时间。它创立了一种地方政府微博群带动的新模式。

点评：银川市致力于搭建一个网络互动平台，帮助个人"问事于政府"、政府"问计于公众"。找准了政府与百姓之间微博互动的"命脉"，为政府微博问政探索出了一个可复制的有效模式。

创新指数：★★★★

4. 突发舆情应对模式

相对于一些积极主动开设的政府微博，还有一些是为突发事件舆情应对而专门设立的微博，在舆情应对期间，发布有关事件的最新信息，及时表态，给公众一个交代。待舆情平息后又按照常规模式运营。如"@四川会理县政府微博""@上海地铁shmetro"。

（1）@四川会理县政府微博（见表47、图96）

表47 @四川会理县政府微博

昵称	微博(条)	粉丝(万)
四川会理县政府	2911	1.3

2011年6月26日晚，有网友在某社区发帖，称在四川会理县政府网站上发现一件"令人吐血"的事：县领导视察通乡公路的新闻中，所配图片疑为电脑软件合成，三位领导被

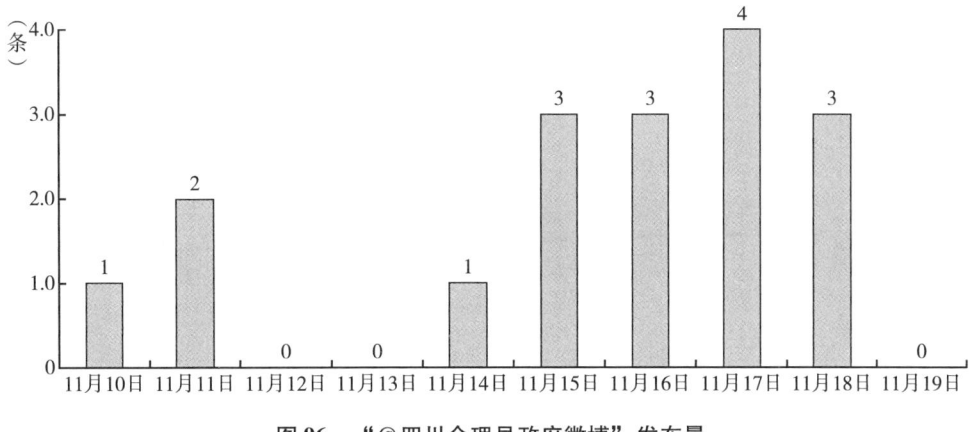

图96　"@四川会理县政府微博"发布量

PS "站"在公路上。事件曝光后，引发了网友对会理县的领导进行"PS"的恶搞。6月27日下午，会理县政府承认合成新闻照，并专门开通官方微博道歉。会理县开设微博应对危机的做法赢得了舆论的认可。舆论认为四川省会理县政府的态度值得称道——应对信任危机的根本之法，就是迅速拿出事实来说话。会理县网络舆情掌控很及时，微博回复途径也对路。

（2）上海地铁 shmetro（见表48、图97）

表48　@上海地铁 shmetro

单位：条，万

昵称	微博	粉丝
@上海地铁 shmetro	14815	116

2011年9月27日，上海地铁10号线两列列车发生追尾事故。上海地铁通过其官方微博"@上海地铁 shmetro"滚动播报了此次追尾事件，并通过微博向公众进行了多次感谢和多次致歉，但又两次删除，引发网友质疑。近日，地铁微博负责人表示，删除微博只是因为在斟酌文字，没有什么复杂的故事。

从历史和行业情况看，上海地铁官方微博可以算国内办得最好的地铁微博。事故发生后，"@上海地铁 shmetro"连发了多条具有较大影响力的事实性微博，对于信息饥渴的网友而言，在一定程度上满足了民众的知情权，在微博上的信息公开发挥了集群效应。

对于"@上海地铁 shmetro"多次发出的致歉消息，这其实是一条敬重国民权利，体现悲悯情怀，敢于担当的好博文，非常及时。可惜中间删除掉了。事故发生后，"碰擦说"曾引起网友的广泛质疑，认为有关方面要"大事化小"，一些媒体报道中使用的"轻度追尾"也引发了网友的一片质疑。

不过，当天晚上上海地铁微博再次发出致歉声明，这表明在面子和理性的较量中，尊重乘客、敬畏公民的理念占据了上风。总体而言，"@上海地铁 shmetro"比较成功，同时也为政府官方微博提供了借鉴。

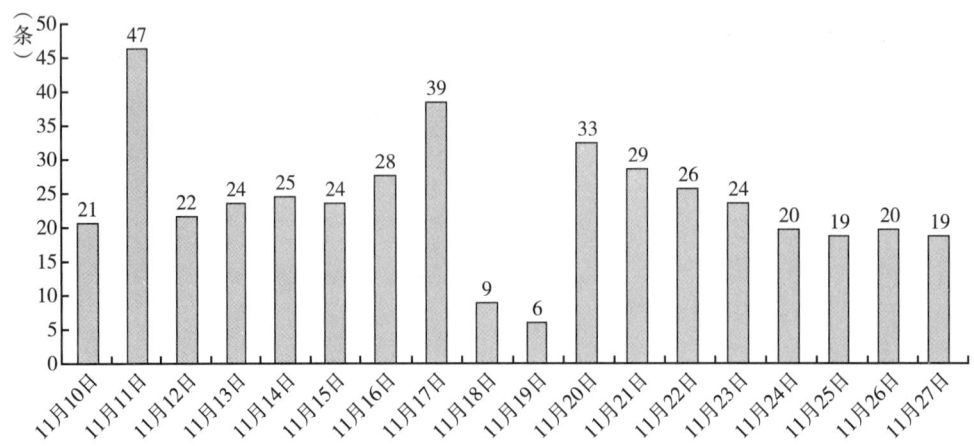

图97　上海地铁 shmetro 20 日发布量

5. 官员微博带动模式

互联网的普及和信息技术的演进，使领导干部、党政机关与网民互动的门槛越来越低。"官员开博"蔚然成风，其中不乏拥有大量粉丝的"明星官员"。新浪微博"@巴松狼王"的开设者杜少中则是其中之一。从北京市环保局副局长杜少中的微博里可以看到，他的原创微博占总微博的比例较大，而且这些原创微博大都是和环境有关的话题。与此同时，其还和一些意见领袖进行互动，比如，在北京环境质量一度受到关注的时候，杜少中就意见领袖薛蛮子的质疑作出解答，但从杜少中回应微博的转发和评论量来看，近期以来有上升的趋势。除此之外，地产大佬潘石屹就因空气质量问题跟北京市环保局新闻发言人杜少中进行了热烈讨论，还吸引了媒体和网民的注意。

根据抽取"@巴松狼王"所发所有微博中的 100 条进行分析，我们得到图98。占最大比例的是发表观点，占到了 41%，这类微博大部分是对环境特别是北京环境问题的一些看法表述，但大部分微博的转发量并不理想，只有几条微博的转发量过百，也主要是由于一些舆论事件的推动，比如美国大使馆发布北京的 PM 值。排在第二位的是与网友的互动交流，占到了 30%，当然，交流的内容依然是网友对空气质量以及相关指数的一些质疑。

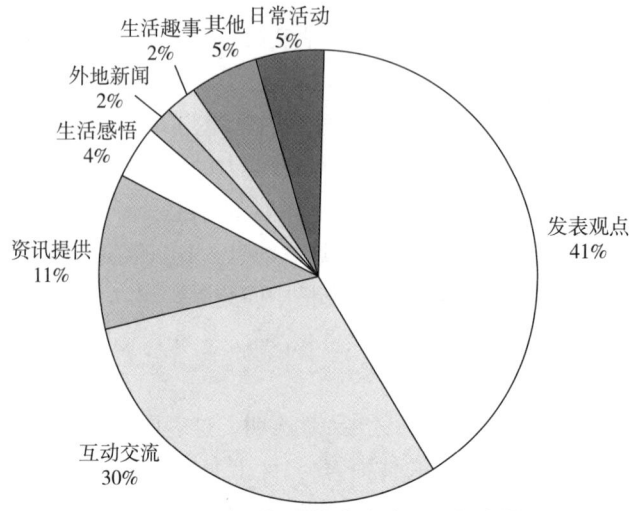

图98　"@巴松狼王"微博内容分析（样本量：100）

表 49 中的转载量指网络媒体对该报道的转载数量，倾向性指报道中是否流露出明显的正面，或负面的主观倾向。本报告中其余的媒体报道列表中的指标解释均同此。从表 49 看出，媒体（特别是具有全国性影响力的大媒体）对杜少中的微博十分关注，他们在报道中一方面侧重于对杜少中作为官员进行微博问政的事实性陈述，另一方面侧重于一些热点事件中杜少中如何利用微博实现官民互动。对于官员微博，媒体指出官员微博的言行关注较多，官员微博内容也渗透着党和政府的执政理念、政策走向。网民也容易把官员微博言论与公职身份联系在一起。从大量明星官员微博案例来看，示范效应明显，和传统媒体时代相比，官员和其他网友能够在新媒体平台上积极真诚地交流观点、探讨共同关心的话题，这本身也是时代的一个进步。

表 49　媒体对"@巴松狼王"微博的重要报道和评论

单位：条

日期	媒体	标题	转载	倾向
2011 年 11 月 28 日	新京报	"巴松狼王"：用"回复"形成"讨论"	6	正面
2011 年 11 月 22 日	人民日报	"北京微博发布厅"拒绝"三分钟热情"	23	中性
2011 年 11 月 19 日	看天下	北京环保局、美国大使馆"空"战	2	中性
2011 年 11 月 19 日	新商报	公布一个数据，有多难？	2	中性
2011 年 11 月 11 日	新京报	潘石屹环保局学习没唱"对台戏"	8	正面
2011 年 11 月 3 日	人民网	北京市环保局新闻发言人称环境监测科普"太弱太迟"	14	中性

6. "微博公文"模式

2011 年 4 月 2 日，浙江省海宁市政府信息公开网发布《关于启用微博公文的通知》，在全市司法系统内推行微博公文。随即，海宁市司法局官方微博"@海宁司法"发出 01 号微博公文，开全国政府机关微博发公文之先河。

对于微博公文，不少人的最直接感受就是提高了办事效率。下属的司法所中国皮革城感叹：大大节约了办公成本，不用来回跑地开会，不需要刷刷地印文件浪费纸张。而网友"向快乐出发"也表示，凡是可以提高工作效率的事，可以尝试；凡是可以节支开流的事，可以尝试。微博公文这一新形式得到了媒体舆论极大的认可。网友认为，微博公文让冗长的公文发在 140 字的微博里，刮来了清新的文风：语言简洁、篇幅简短、成文便捷。

西安日报在《期待微博公文引发"微博政务"时代》一文中评论认为：由于"微博顶多只能写 140 个字"，这将倒逼政府官员在发布"微博公文"和召开"微博会议"时"少写官话，少说套话"。如此一来，"文山"会越来越低，"会海"会越来越小，政府机关将会越来越"精兵简政"。"一花独放不是春"，我们期待着嘉兴海宁市司法局全国首创的这种"微博公文"能够在不远的将来引发一个全国范围的"微博政务"新时代。但同时，中国普法网也提出微博公文面对着内容是否合法、格式是否规范、制定主体法定性、制法程序性等一系列法律问题。还有评论认为，微博问政"问"的对象毕竟有限，不能因为追赶时髦而忽视更大的草根群体。有专家认为："微博公文是政务公开的一种补充形式。要实现政府透明运作、保障公民信息知情权和监督权，根本的还是要依靠《政府信息公开条例》与保密法两只眼睛的有利盯梢，让某些部门无法以涉密为由推诿应当公开的事项。"

（二）政务微博趋向成熟

2011年，对于异军突起、方兴未艾的微博新媒体，我国政界、学界、媒体和互联网业界等就微博话题和相关网络舆情，开展了大范围的热烈讨论与反复论证，对于微博强大的社交工具、信息平台和互动媒体属性有了更深刻的把握，达成了更加广泛的共识。10月中旬，新成立近5个月的国家互联网信息办公室举行"积极运用微博客服务社会经验交流会"，鼓励党政机关和领导干部更加开放自信地用好微博。

截至2011年11月中旬，人民网舆情监测室通过对新浪微博影响力前200位政务微博数据抽样分析发现，在2010年"微博元年"之后，我国政务机构和官员微博开始高速攀升，增长率保持在200%以上。微博规模与阵容更加庞大，公安微博以外的职能部门政务微博增速加快，政务微博结构和地区分布更趋于合理。在社交型自媒体中建立了大量具有公信力的"公媒体"，提升了政府形象和执政能力，扩大了舆论话语权。同时，这也有利于促进官民顺畅沟通。

在2011年微博社会舆论议程设置功能进一步提升的背景下，政务微博趋向成熟化的特征逐渐显现。经过对2011年大量政务微博互动案例分析可以发现，我国政务微博趋于成熟化主要表现在群众观念、媒体素养、积极心态、时效性、透明度、理性、建设性、组织保障、制度建设、管理规范、舆情应对、执政能力和危机管理思维等方面。具体如表50所示。

表50 2011年度政务微博趋向成熟的特征

序号	显著特征	主要案例	备注说明
1	建置规范化	北京微博发布厅、上海发布、平安北京、广州公安	★名称职能易识别，运营团队、人员、办公硬件、机构建设完备
2	平台集聚化	问政银川、上海发布 成都发布、伍皓 朱永新、陈士渠、叶青	★多微博平台互通，微博群统一管理、授权和配置，充分发挥新媒体科技优势
3	资源共享化	中国国际救援队 110老民警郭韶翔	★政务信息资源中心，资讯、图文声像多样，新媒介和官网链接，一站式服务
4	管理制度化	南京发布、成都发布	★信息发布和回复时效限制，责任明确，建立行政绩效考核、奖惩等管理办法
5	互动常态化	平安南粤、伍皓、朱永新 陈明德、孙云晓、郭明义	★信息发布沟通纳入日常工作，及时发现解决潜在问题，提升执政能力和水平
6	信息透明化	南京发布、上海地铁shmetro 四川会理县政府	★及时发布权威实用信息，信息透明，及时辟谣，突发事件处置和舆论引导
7	关注精细化	平安肇庆、传说中的女网警	★政府部门之间互动，与网络意见领袖互动，与网民有效互动，汲取民智

续表

序号	显著特征	主要案例	备注说明
8	文风平等化	外交小灵通、公安网络发言人四川会理县政府、中一在线	★诚恳,亲和力,语气平和,不空洞,无"官腔""焊语"非理性口角纷争
9	服务实体化	平安北京、陈士渠章建华博客、庹祖海	★服务窗口,办事指南与群众工作,无形式主义,有解决现实问题的实际能力
10	监督立体化	问政银川、济南公安刘维忠、张洪峰	★坦诚对待党政部门体制内监督,媒体、网民和社会化监督,网络舆情高效应对

五　政务微博发展问题和对策

（一）政务微博常见问题

通过对2011年度热点微博舆情案例的分析见表51,我们发现,政务微博开设与运用中的问题分布在微博运营的各个流程环节中。其中,思想观念、开博认证、运营维护、语言文风、机制建设方面反映出的问题最多。

表51　政务微博常见问题类型及表现

思想观念	开博认证	运营维护	语言文风	机制建设
思想落后	命名混乱	互动不足	官话套话	制度缺失
知识陈旧	标识模糊	迟报欺瞒	雷语悍语	党政忽视
服务性差	认证错误	平台隔离	口角谩骂	推卸责任
技术落后	假冒纠察	资源分散	油腔滑调	协调不畅
麻木傲慢	层次单一	营销疲软	偏听偏信	赏罚不明
官僚作风	定位模糊	敷衍推脱	形式单调	人才匮乏
忽视群众	过度炒作	单方删帖	内容单薄	口径不一
沽名钓誉	功能不全	拉黑网民	碎片误解	各自为政
三分热度	人气低落	关闭私评	政务度低	投入不足
掩耳盗铃	身份紊乱	应急失误	速报原因	屡蹈覆辙
敌视舆情	盲目跟风	打击报复	过度承诺	培训滞后

其一,思想落后和知识陈旧依然是需要改进的地方。不想学、不愿学、新媒体素养和使用能力不足、对互联网技术和新业态发展重视程度不够等,都是消极的表现。在群众工作上的服务意识差,面对群众和网民合法利益诉求麻木和傲慢是官僚作风的表现。网络舆论兴起以后,不能总是陷于被动应对。据监测,近期有媒体批评一些政务微博成了"僵尸微博",一些为了应对突发事件开通的微博,事件过后几个月不见更新。还有的开通前几天很热闹,三分钟热度,事后陷入沉寂,被舆论指为"作秀"。一些部门和地方把舆情当作敌情,即使遭遇重大突发网络舆情,无论如何不制作网页或开通微博,期待风平浪静之后的秩序恢复,却极易损害政府公信力,造成"刻板印象"的后遗症。

其二，微博命名、认证和定位存在混乱模糊的现象。很多政务微博名称随意性大，不严谨，不利于宣传推广和网络互动。政务微博标识体系并未统一，政务微博认证也需要规范程序和统一合理规划。另外，一些机关微博层次结构单一，遇到突发事件常常"以一当百"，信息发布或"辟谣"也没有效果，没有为事件调查和党政响应预留出必要的缓冲地带。很多政务微博分不清部门工作人员职务、私人身份与机构职能等的区别，身份紊乱，定位模糊，容易给外界造成错误的判断。政务微博也常常陷入盲目跟风和过度炒作的陷阱，而应勤勉低调。

其三，运营维护方面，粗糙简单的作风容易激化矛盾。一些地方或行业政务微博平台和资源分散，不善于营销推广和整合资源，导致影响力下降。在打通"两个舆论场"和促进官民沟通方面，沿用传统的宣传思维，互动性不足。对网民诉求敷衍，对于负面言论采取封堵、拉黑，甚至威胁恐吓的手段，严重挫伤公信力。有的政务微博干脆直接关闭评论和私信功能，陷入形式主义。一旦发生突发事件，信息发布不及时很容易造成信息真空，导致流言滋生。

其四，言辞不当，常常"祸从口出"。语言文风问题是政务微博最常见，也是最严重的问题。语言是思想观念和态度立场的反映，也是群众工作路线的具体体现。从政务微博的信息发布，可以看出相关机构和工作人员的政治觉悟、职业素质与综合能力。2011年度有很多政务微博"雷语""悍语"和"官话套话"的新闻，常常引起消极反馈。碎片化的信息，也要严谨，防止引起误解。微博最宝贵的价值在于积极引导网上问题网下解决，因此，政务微博一方面应该体悟群众疾苦与要求，防止变"亲和力"为"油腔滑调"，另一方面也要实事求是，防止偏听偏信、妄下结论和过度承诺。

其五，制度和组织保障缺失，不利于微博"公媒体"的长远发展。在政务微博逐渐走向成熟化的今天，必须加强政府新媒体信息发布与公共关系的体制机制建设。决策者重视程度不够、部门利益冲突推卸责任、部门联动机制不畅通、投入不足、人才匮乏、运行制度不规范、绩效考核和赏罚不明等，都是政务微博发挥积极作用的障碍。很多地方在突发舆情应对上老问题仍时有发生，不仅因为经验教训总结不充分，思想教育与培训不及时，还在于有关方面短时间内难以从根本上疏通体制机制，这也将是一个逐渐改善的过程。

（二）政务微博对策建议

2011年有迹象表明，越来越多中央和地方政务机构越来越注意到政务微博发展方面需要"建章立制"，另一个显著的变化是"网上问题需要网下解决"，提升政务新媒体解决实际问题的能力，逐渐受到党政机关和社会各界的认可。针对政务微博发展的现状，政务微博使用中，必须坚持"有所为有所不为"：一方面是不要做什么，一方面是要做什么。政务微博的运营，应首先要避免政务微博常见的各种问题和失误，其次，就要进一步积极有所作为。

人民网舆情监测室2011年3月底曾发布"党政机构和官员微博使用的七点建议"，内容较为具体，其中包括坦诚面对网民的质疑和批评、慎重处理网民对现实问题的诉求、积极面对网络举报、提升与网民沟通的技巧、在突发事件中用好微博、处理好个人和公职身份间的关系、及时删除色情、暴力和广告帖文等。从年度政务微博发展和舆情走势来看，这些建议依然适用。面对新形势、新问题，还要注意以下几点。

第一，要明确政务微博的定位，建立健全相关制度。提高重视，加大投入，培养人才，把政务微博运营与法律、政策和制度相结合，努力疏通体制机制，从根本上保障政务微博的健康发展。

第二，制定使用指南，借鉴国外经验，建立快速处理与反馈机制。如英国政府早在2009 年就发布了《政府部门 Twitter 使用指南》，注重发布内容的多样化、人性化、频率、时效性、可信度等，供各级政府部门参考。办法并不具有强制性，但仍然具有很强的指导价值。

第三，组建多层次的政务微博梯队和组合，明确划分职责范围，构建政务公共关系微博群，并建立突发事件专门微博账户，加强突发公共事件信息传播交流；"点线面"结合，形成科学的体系与突发舆情应对的缓冲带，高效联动，进行集群化统一协调管理。

第四，强化认证机制，统一政府微博标识。与微博平台运营方合作，规范政务微博认证。联合第三方研究机构和权威媒体进行定期的效果评估和新闻发布，注重信息传播效果。

第五，提倡"经营微博"的理念，建立"微博推广"的专职团队，纳入绩效考核。纳入绩效考核评估，加强本微博粉丝群体研究，加强政务微博推广，吸引更多本地核心目标受众、媒体微博和网络意见领袖，增强舆论影响力和微博传播效果。

第六，加强系统培训，提升广大党员干部和公务人员的新媒体技巧和媒介素养。倡导公务人员积极关注社交网络，即时通信和移动互联网的发展，提高学习意识和能力，以更加开放、自信和积极的心态迎接未来。

出品

人民网舆情监测室

主笔

刘鹏飞　主任分析师

课题组主要成员

蒋丽佳　舆情分析师

陈　宁　舆情分析师

周亚琼　见习分析师

数据支持

新浪微博

2011 年 12 月 10 日

正义网·2011 年政法微博影响力报告

报告综述

2011 年 4 月 11 日，正义网络传媒研究院发布 2011 年第一季度研究成果——《政法类微博影响力报告》，对包括公安、检察、法院和司法行政部门在内的各级政法机关以及政法官员利用微博这一新兴媒体工具，有效汲取网络民意、及时反馈民生诉求、实时获取案源线索、灵活应对网舆热点、积极宣传法治理念的现状及存在的问题进行了客观梳理，以最大限度地激发网民群体参与法治建设的热情和活力，促进政法工作利用微博实现与民众之间的理性、有序沟通互动，提升执法与司法的公信力。

《政法类微博影响力报告》由"政法机关微博问政推荐榜"、"政法机关微博问政热度排行榜"和"政法官员微博问政热度排行榜"三个榜单组成。其中，"政法机关微博问政热度排行榜"和"政法官员微博问政热度排行榜"两个榜单是以正义网舆情监测系统提供的政法机关、官员实名认证的近 2000 个微博地址为信息采集源，对筛选排序后入围的每个微博的粉丝数、转发数、评论数等各项客观基础数据加权统计后得出。此外，基于鼓励地方政法机关积极参与微博问政的考虑，我们又推出了"政法机关微博问政推荐榜"。该榜单是在以上客观统计数据的基础上，由正义网络传媒研究院从公检法司四类政法机关的官方微博中综合甄选、评定得出。

地方政法机关微博问政的典型样本在入围"政法机关微博问政推荐榜"的 10 个地方样本中，共有公安、检察、法院官方微博各 3 个，司法行政部门微博 1 个。表 1 为政法机关微博问政推荐榜。

表 1　政法机关微博问政推荐榜

单位：分

排名	微博名称	所属部门	微博网站	热度总分
1	平安北京	北京市公安局	新浪网	95.47
2	平安肇庆	广东省肇庆市公安局	新浪网	93.02
3	济南公安	山东省济南市公安局	腾讯网	82.93
4	恩施州中级人民法院	恩施州中级人民法院	新浪网	70.84
5	湖北省人民检察院	湖北省人民检察院	腾讯网	70.07
6	海宁司法	浙江省海宁市司法局	新浪网	69.53
7	牡丹区法院	山东省菏泽市牡丹区人民法院	新浪网	68.59
8	深圳宝安区人民检察院	广东省深圳市宝安区人民检察院	新浪网	67.61
9	公正莱阳	山东省莱阳市人民法院	新浪网	67.60
10	宜兴市人民检察院	江苏省宜兴市人民检察院	新浪网	59.17

　　该榜单显示，公安机关的微博影响力明显领先于其他政法机关。北京市公安局官方微博"@平安北京"、广东省肇庆市公安局官方微博"@平安肇庆"、山东省济南市公安局官方腾讯微博"@济南公安"依次名列榜单前三。从及时回复"网民反映问题通报单"、微博营救自杀网友、实时发布警情预警信息到全方位力推警务公开，地方公安机关务实高效的微博问政推动了网络时代的警务革命，拉近了警民距离，得到业内专家和广大网民的一致好评。

　　摒弃传统的单向宣传思维、使用网络语言增强微博亲和力、通过微博直播庭审的方式推动司法公开，地方法院的微博问政影响力尽管不如公安机关，但在榜单中仍然位居前列。亲民负责的湖北省恩施州中级人民法院官方微博排名第四，山东省菏泽市牡丹区法院作为全国最早开通官方微博的法院名列第七，通过微博庭审聚拢人气的山东省莱阳市法院位居第九。检察机关微博在这份推荐榜单中处于中下梯次，湖北省检察院作为全国首家开通官方微博的省级检察院位居第五，广东省深圳市宝安区检察院作为全国首家开通官方微博的检察院排名第八，利用微博向公众普及司法知识、提供司法帮助的江苏省宜兴市检察院排名第十。作为处于公安与法院中转环节的法律监督机关，地方检察院在微博问政方面的尝试中规中矩，如何将官方微博打造成应对涉检舆情、推动检务公开和传播法治理念的理想平台，还有很多工作需要展开。

　　据正义网络传媒研究院的研究结果显示，政法舆情的部门热度排名依次为公安、法院、检察院，而从这三个最受网络舆论关注的政法机关的微博排名可以看出，其微博问政的意识和力度与网络舆情的关注热度成正比。从某种程度上可以说，负面网络舆情的"倒逼效应"成为促使政法机关微博问政的关键动力之一。此外，个别司法行政机关在利用微博平台方面的开创性举措可圈可点，对提升司法微博公信力同样具有标杆效应。在推荐榜单中，浙江省海宁市司法局的官方微博名列第六。该局近期推出的微博公文创举在全国行政机关中首开先河，被专家誉为"2.0时代的电子政务"。

政法机关微博问政任重道远

　　"政法机关微博问政热度排行榜"对公、检、法、司四个系统的30家单位使用微博问政的情况进行了统计排行。在该榜单中，公安类微博有19个，约占总榜单的63%，且强势包揽前15名的位置。由此可以看出，在政法机关微博问政的进程中，公安机关无疑走在了最前列；而检察类和法院类微博发展水平相当，且都排在榜单的中间偏后位置，分别有5个和4个名额；司法类微博在总榜单中有2个名额，发展相对滞后。表2为政法机关微博问政热度排行榜。

表2　政法机关微博问政热度排行榜

单位：分

排名	微博名称	所属部门	微博网站	热度总分
1	平安北京	北京市公安局	新浪网	95.47
2	平安肇庆	广东省肇庆市公安局	新浪网	93.02
3	泉州公安	福建省泉州市公安局	新浪网	83.19
4	济南公安	山东省济南市公安局	腾讯网	82.93
5	公安网络发言人	河北省公安厅	新浪网	81.54
6	安徽公安在线	安徽省公安厅	新浪网	79.04
7	三明公安	福建省三明市公安局	腾讯网	78.46

续表

排名	微博名称	所属部门	微博网站	热度总分
8	大连公安	辽宁省大连市公安局	腾讯网	78.39
9	福州市公安局	福建省福州市公安局	新浪网	77.13
10	海淀公安分局	北京市海淀区公安分局	新浪网	76.66
11	厦门警方在线	福建省厦门大学公安局	腾讯网	76.63
12	山西公安	山西省公安厅宣传处	新浪网	75.03
13	珠海公安	广东省珠海市公安局	腾讯网	74.10
14	南通公安	江苏省南通市公安局	腾讯网	73.69
15	泰安公安	山东省泰安市公安局	腾讯网	72.87
16	恩施州中级人民法院	湖北省恩施州中级人民法院	腾讯网	72.87
17	济南公安经济犯罪侦查支队	山东省济南市公安经济犯罪侦查支队	腾讯网	70.16
18	湖北省人民检察院	湖北省人民检察院	腾讯网	70.07
19	海宁司法	浙江省海宁市司法局	新浪网	69.53
20	牡丹区法院	山东省菏泽市牡丹区人民法院	新浪网	68.59
21	深圳宝安区人民检察院	广东深圳宝安区人民检察院	新浪网	67.61
22	公正莱阳	山东省莱阳市人民法院	腾讯网	67.60
23	天桥公安	山东省济南市天桥区公安局	腾讯网	66.78
24	扬州公安	江苏省扬州市公安局	腾讯网	65.61
25	沙县公安	福建省三明市沙县公安局	腾讯网	61.57
26	宜兴市人民检察院	江苏省宜兴市人民检察院	新浪网	59.17
27	深圳宝安区人民法院	广东省深圳市宝安区人民法院	新浪网	55.75
28	固原市司法局	宁夏回族自治区固原市司法局	新浪网	53.97
29	未成年人检察在线	福建省厦门市思明区人民检察院未成年人检察室	新浪网	53.62
30	深圳南山区人民检察院	广东深圳南山区人民检察院	新浪网	52.06

入围榜单的30家政法单位从地域分布来看，主要集中在东南沿海地区。其中，福建和山东并列第一，均有6个名额；广东位列第二，有5个名额；江苏以3个名额排在第三位；北京和湖北则以2个名额并列第四。其他入围省份包括河北、安徽、辽宁、山西、浙江和宁夏。总体来看，榜单中30家政法单位分居12个省份，约占全国32个省级行政区（不含港澳特别行政区）的38%。从30家单位的行政区划级别来看，市（州）级有16个，区（县）级有8个，省级有4个。可见，市级和区级等中基层政法机关相对活跃，而省级则相对保守一些。

陈雪峰：走在前列的公安微博应实现规范化管理

对于走在政法机关前列的公安微博问政的现状，《人民公安报》编委陈雪峰认为，公安微博在不断摸索中积累了许多成功经验，但也有一些公安微博还存在一定的不足，比如尚未找准自己的定位、缺乏交流互动、语言僵化缺少吸引力、维护更新不及时等。要解决这些问题，就要从了解群众需求入手，结合自身实际，找到公安微博和群众需求的最佳结合点，实现公安微博的规范化管理。

赵志刚：检察机关开设微博时需注意五个问题

与公安微博相比，检察和法院微博起步较晚，发展相对滞后。对此，正义网执行总裁赵志刚分析认为，"这或许与司法机关相对保守的品格有关"。在对检察微博问政现象进行点评时，赵志刚还对检察机关官方微博的功能进行了总结，分别是：传递价值、建立情感、检务公开和舆情控制。此外，他还提醒检察机关开设微博时需要注意以下几个问题：公开与隐私的问题，机构形象与个人性格的问题，常态沟通与危机管理的问题，本土化问题以及领导重视和管理规范化问题。

赵翔：不能把开微博当作赶潮流走秀

"开微博容易维持难，不能把开微博当作赶潮流走秀"，《人民法院报》副总编赵翔指出，全国法院系统微博总体感觉还处在试水期，内容不够丰富，形式不够多样，发展很不平衡。赵翔建议，法院开微博不仅要及时发布信息，热心答疑解惑，还要主动精心策划，真正与网友共织"围脖"。"更重要的是，法院通过微博与网友互动，可以多一条接受社会监督的途径，通过倾听网友的评论和意见建议，更多地了解社会对法院工作的印象和评价，了解法院还存在哪些问题和不足，从而有针对性地改进和提高法院工作。"

王琳：除了使用新媒体袁政法机关更加需要转变理念

正义网络传媒研究院执行院长王琳认为，政法机关微博的出现使得政法机关放下了高高在上的身段，成为与网民一样的"用户"。粉丝数量的多少，完全脱离了旧有机构媒体的摊派与强制，因此，开办政法机关微博就意味着压力和冒险。虽然就目前来看，政法机关微博问政方兴未艾，但王琳仍提出了微博问政的一个隐忧：当政法机关日渐习惯以微博来发布信息、了解民意，政法官员还能否从虚拟世界回归到真实的社会存在。他认为，互联网发展至今，已然不是简单的沟通交流手段。网民在多次政法网络舆情事件的荡涤中，已经渐渐成长为一股维护公平正义、主动参政议政的推动社会前进的力量。政法机关在此种趋势之下对民意的倾听，更加需要除了使用新媒体这种工具更新之外的理念转变。

微博成为政法官员为民分忧的重要平台

从冰冷的法条、严肃的司法到亲民的互动，部分政法官员在个人实名微博上勇做表率、直面公众，以积极、真诚、平等的姿态，诙谐、恳切的网络语言正面诠释了"以人为本、执政为民"的法治含义。正义网络传媒研究院发布的"政法官员微博问政热度排行榜"，对网络空间里以法治视野为民排忧解难、以人格魅力化解突发舆情、以人性光辉重构政法形象的政法官员微博进行了统计评选，共推选出 30 个优秀微博样本。入选的官员中，有统揽政法工作的政法委官员，有地方法院、检察院的主要负责官员，还有深入一线的基层警官、检察官。表 3 为政法官员微博问政热度排行榜。

表3　政法官员微博问政热度排行榜

单位：分

排名	微博名称	部门/职务	微博网站	热度总分
1	中一在线	浙江省海宁市司法局局长	新浪网	97.54
2	陈士渠	公安部打拐办主任	新浪网	84.64
3	昆明警方姚志宏	云南省昆明市公安局新闻办主任	新浪网	81.66
4	检察官阿明	湖北省人民检察院	腾讯网	80.21
5	警察胡斐	西藏自治区那曲班固县公安局刑警	新浪网	81.66
6	110 老民警郭韶翔	福建省龙岩市公安局局长	新浪网	79.95
7	警察路虎	四川省成都市金牛区公安分局刑警	新浪网	78.87

续表

排名	微博名称	部门/职务	微博网站	热度总分
8	检察官朽木	广西防城港市人民检察院副检察长	腾讯网	77.96
9	刘贵德警官	云南玉溪易门县公安局政工监督室副主任	新浪网	75.07
10	孙警官说事	山东济南公安局市中分局办公室副主任科员	腾讯网	75.07
11	牛兴全	甘肃省白银市中级人民法院院长	新浪网	72.74
12	曹呈宏	浙江省人民检察院民事行政检察处副处长	正义网	72.37
13	微博绿豆公主	重庆市人民检察院第五分院检察官	新浪网	71.29
14	斐宇孬孬	河南省郑州市高新区人民检察院检察官	新浪网	69.92
15	霍琳	河北省邯郸市大名县人民检察院检察官	腾讯网	67.14
16	林警官在线	浙江省台州市警察培训学校教员	新浪网	67.12
17	赫冷松	天津市蓟县人民检察院检察官	新浪网	60.91
18	杨涛	江西省赣州市人民检察院检察官	腾讯网	60.89
19	杭州盛峰	浙江省杭州市中级人民法院助理审判员	新浪网	60.37
20	红军兄弟	广西百色政法委政治部主任	新浪网	58.20

该榜单显示，名列第一的是力推"微博公文"的浙江省海门市司法局局长金中一的新浪微博"@中一在线"。自2009年10月16日发表第一条微博至2011年4月10日10时，"@中一在线"共吸引了107619名粉丝，发布微博4538条。在此前接受媒体采访时，金中一曾表示，作为整个司法行政系统下水玩微博的第一人，他乐于接受新鲜事物，同时也很认可微博这一打破级别、官民、阶层界限的平等、公开、透明的对话平台。在推动全市司法行政系统搭建实名微博架构的基础上，海门市司法局近日又推出"微博公文"创举，旨在有效推动政府部门工作作风和文风的改进。

对新兴媒体的尝鲜心理业已吸引大批政法公职人员开通个人实名认证的微博。然而，政法官员开通个人微博只是第一步，能主动发布网民喜闻乐见的内容，有为转型社会传播法治价值的意识，在提升个人微博名望的同时，与提升所在系统公共形象相结合，深入探讨政府、官员微博发布规则，有力推动政府自身建设，才是官员微博保持长久亲民魅力的关键所在。

政法机关微博推选理由
北京市公安局
微博名称：@平安北京
入选理由：务实高效应对网络民意　开诚布公提升公安形象

2010年8月1日，北京市公安局正式开通官方微博。微博值班民警会将网民的所有正负面评论整理成微博日志上报给局领导，局领导阅后会选出代表性意见在每天晨会上告知市局各单位一把手；制作"网民反映问题通报单"向局属各单位派发，包括通报时间、通报单位、答复时限等12项内容，还附有一张"答复网友内容"，"@平安北京"据此向网友作出答复。按照市局公关办规定，所有网友反映的问题，都要做到"件件有回复"。除了在方舟子遇袭案、网友"@苏小沫儿"微博直播自杀等社会舆情热点事件中及时公开案情外，"@平安北京"还先后通过网友见面会、网民答谢会、举办微博LOGO征集活动、发布"警察街舞迎新春"视频等方式全面提升新媒体时代警务形象的塑造和传播能力。

广东省肇庆市公安局

微博名称：@平安肇庆

入选理由：引领公安微博问政风潮　推动互联网时代警务革命

广东省肇庆市公安局于 2010 年 2 月 25 日和 10 月 8 日，先后在新浪和腾讯开通官方微博。微博的开通，增强了肇庆市公安局领导第一时间公布案件的意识。肇庆市公安局各警种从警容风纪到规范化执法，从面对群众服务到日常办公，都有了接受群众监督的自觉行为。通过微博了解警方动态，也成为肇庆百姓的一种习惯。2010 年 11 月 6 日，《中国日报》美国版刊文《"平安肇庆"引起了一场中国警务革命》，让"@平安肇庆"首次在国外亮相，一跃成为全球政府微博的佼佼者。上海、北京等省内外公安机关、香港、澳门警方都纷纷派人专门到肇庆市公安局考察微博。

福建省泉州市公安局

微博名称：@泉州公安

入选理由：网络直播开门评警　微博集群倾听民声

"@泉州公安"官方微博于 2010 年 11 月 15 日正式在新浪网开通。2011 年 1 月 20 日、2 月 18 日、3 月 23 日，该局先后三次结合"大走访"开门评警活动，将开门评警搬进微博直播间，主动接受网民评议，为百姓生活排忧解难。该局在每次访谈结束后，对于网民反映的问题都实行专人负责，认真办理，做到事事有回音、件件有落实。此外，该局还将其官方博客（微博）与基层民警个人微博进行整合，形成"福建省泉州市公安微博群"，实现由点到面的全方位覆盖，每日向社会及时发布大量警务活动、案件报道、防范提示等微博信息。

山东省济南市公安局

微博名称：@济南公安

入选理由：微博营救一举成名　跨区域 QQ 群构建和谐警民关系

2010 年 8 月 12 日，济南市公安局正式在新浪网和腾讯网开通官方微博。2010 年 8 月 28 日，济南市公安局通过其公安微博营救轻生女子"@苏小沫儿"的积极举动，赢得国内舆论一片赞誉。目前，济南市公安局正在努力倡导公安微博"跨区域合作"工作，建立了"腾讯公安微博交流 QQ 群"，同时启动多个跨区域合作项目，得到了公安部的重视。今年春节前后，公安部先后召集全国公安微博两次直播"平安春运""查处酒驾"活动，获得网民的普遍好评。3 月 1 日，"@济南公安"首试"微博发布会"，据悉这在全国政府机关尚属首次。

河北省公安厅

微博名称：@公安网络发言人

入选理由：密切关注突发舆情　及时发布实用信息

2010 年 9 月 1 日，河北省公安厅在新浪网开通官方微博，成为继 2005 年开通"公安一博"官方博客之后又一推动警察公共关系建设的新举措。2010 年 11 月 22 日夜，柬埔寨发生严重踩踏事件。次日 11 时 12 分，河北省公安厅官方微博第一时间发布踩踏事件中的防范措施和自救方法——"防踩踏秘籍"，教网友如何在踩踏事件中通过护住脑颈和胸腔腹腔等来保护自己，受到网友的追捧。

安徽省公安厅

微博名称：@安徽公安在线

入选理由：澄清谣言维护稳定组织访谈加强互动

2011 年 3 月 15 日，有关"日本核辐射导致海水受到污染，海盐从此变核盐"以及"碘盐可以预防核辐射"之类的传言开始在网络上出现，随即部分地区发生居民恐慌性的购盐风潮。安徽省公安厅及时通过其官方微博发布澄清信息，以正视听。近日，该微博又针对有人以安徽公安厅名义利用手机短信传播所谓"铁观音迷魂"抢劫的虚假消息予以及时辟谣。3月31日，安徽省公安厅组织微博访谈互动，教网民识破各类电信诈骗和网络诈骗手法，避免损失。在访谈中，"@安徽公安在线"耐心解答问题的态度、亲民的专业辅导和诙谐的网络语言得到网民的认可。

福建省三明市公安局

微博名称：@三明公安

入选理由：民心警务视频微播　媒体联动服务民生

2010年1月6日，福建省三明市公安局在三明市电视台开播《民心警务》栏目，宣传治安防范知识，解读治安管理政策法规，并通过一些案例对当前治安热点进行深入浅出、通俗易懂的分析，提高广大群众的自防能力。同时，通过《民心警务》节目适时发布最新的治安业务信息，公开办证制度，及时发布防范重点信息，为广大群众提供服务。该栏目自播出之日起，相关视频就在该公安局的新浪和腾讯微博上实时转发，在网上和线下均取得不错的传播效果。

辽宁省大连市公安局

微博名称：@大连公安

入选理由：快速直播突发事件　及时受理寻物报案

"@大连公安"从开通起就注重对突发事件的快速直播和解读。在该市去年发生的"9·15"抢劫杀人案中，"@大连公安"第一时间公布案情进展，并引导市民提供线索。一些受害网友通过微博咨询"大连公安"最终报案，"@大连公安"也因此被称为"网络110"。如有网友丢了东西，通过公安微博报案后，甚至当天就能将丢在出租车里的财物找回来。大连警方表示，开微博的宗旨是服务，方式是时时互动。正是由于这种互动利民的宗旨，"@大连公安"的粉丝已超过8万。网友"@寂寞小志"表示："网上的警察显得更亲切，感觉就像是在和大哥哥说话。"

福建省福州市公安局

微博名称：@福州市公安局

入选理由：图文直播抓捕行动　积极推动信息公开

2011年3月21日晚9时许，"@福州市公安局"在新浪微博发布消息称："今晚本博将联合新浪福建随警作战，对鼓楼刑侦大队一场重大抓捕行动进行现场微直播。"这一消息立即引起广大网友的围观。随后，"@福州市公安局"发布40多条微博全程介绍了警方抓捕盗窃车内物品团伙以及打击非法六合彩销售摊点的行动，直播一直持续到次日早上6时20分才结束。网友转发评论千余条。福州市公安局此举将公安打击犯罪活动的画面直接展示在群众面前，同时通过宣传，激发群众踊跃加入打击犯罪、维护社会治安的层面上来，受到网友的赞誉。

北京市海淀区公安分局

微博名称：@海淀公安分局

入选理由："开门评警"微博互动　"事事有回音"群众满意

2011年1月15日上午，北京市公安局海淀分局举办"创新群众工作，争做爱民模范"

大走访开门评警活动启动仪式。海淀分局在网上依托海淀公安微博、网上警务工作站等建立网上"开门评警"互动平台，承诺做到"事事有回音"，并组织开展网民恳谈、网上测评等一系列警民互动活动，开展与群众的沟通交流，获得了众多群众的理解与支持。

福建省厦门市公安局

微博名称：@厦门警方在线

入选理由：微博悬赏破命案 网友直呼"很给力"

2010年11月23日晚，一条"悬赏寻尸全城通缉"的消息首次出现在"@厦门警方在线"的微博里。消息后面，配发了重要的三条线索：遇害女童的脸部照片以及衣裤和编织袋照片。这条微博发布后很快被上万名网友转发，各类评论几千条，网友们在谴责暴行之余也给警方提供了很多线索。警方随后利用热心网友们提供的100余条有价值的线索顺利侦破案件，于6天后成功抓获犯罪嫌疑人。对于"@厦门警方在线"利用微博破案的做法，网友表示"很给力"。

山西省公安厅宣传处

微博名称：@山西公安

入选理由：听民声察民意 推动和谐警民关系建设

2010年8月10日，山西省公安厅宣传处开通微博。其所发布的微博内容丰富、生动全面，面对面、点对点地倾听群众呼声，了解社情民意。对网友提出的各种建议、举报等都能认真对待，网友满意度不断提高。

江苏省南通市公安局

微博名称：@南通公安

入选理由：在线答疑110常识 警民情谊不断升温

2011年1月10日下午3时至5时，"@南通公安"首次尝试"110常识警方微博在线答疑"，3名资深接警员通过"@南通公安"微博平台，与15万粉丝公开进行网上实时交流互动。短短2个小时内，网民就"110出警时限""公安110受理范围""110电话拨打技巧"等问题提出各类咨询和建议140余条。这一平台的开通让网民加深了对公安110以及公安工作的了解，同时也提升了公安110接出警的效率，受到广泛好评。

山东省泰安市公安局

微博名称：@泰安公安

入选理由：微博祭奠英雄警察 万余网友齐悼念

2011年1月6日，在山东泰安"1·04"持枪杀人案现场——文化路和龙潭路交叉路口，泰安市公安局和大批群众沉痛悼念牺牲的夏波、齐洪海、李良3位英雄。"@泰安公安"第一时间在微博上进行了报道，引发上万名网友在其官方微博上发帖悼念牺牲的民警。

广东省珠海市公安局

微博名称：@珠海公安

入选理由：微访谈现场答网友问 被赞"好亲民"

2011年3月30日下午3时，珠海110报警服务台做客新浪网《微访谈·公安微博大走访》，该市公安局党委委员、指挥中心主任于长利与网友们一起围绕"给力110，一起保安宁"进行了在线交流。"@珠海公安"在微博访谈现场呼吁市民在确有紧急报警、紧急求助时再拨打报警台，以保证珠海110能更好地为真正处于危难中的人提供帮助。众网友称赞

"@珠海公安"此举"好亲民"，同时也希望今后能有更多这样的交流机会。

湖北省恩施州中级人民法院

微博名称：@恩施州中级人民法院

入选理由：摒弃传统宣传思维　真诚对待每一位网友

为保障公众对司法机关的知情权、参与权、表达权和监督权，增进公众对法院工作的了解和支持，2010年1月18日，恩施州中院在全国法院系统首家注册了微博。"@恩施州中级人民法院"摒弃传统宣传思维，使用网络语言发声，真诚对待每一位网友，理性回复每一种声音，不回避、不推诿，受到众多网友的一致好评。

湖北省人民检察院

微博名称：@湖北省人民检察院

入选理由：首家省级检察院发微　助力阳光检务宣传

2011年2月11日，湖北省人民检察院开通微博，并通过网站实名认证。这是全国第一个省级检察院开通的微博。其微博一开通就受到广大网民热捧，被称"很潮、很及时，很给力"。截至2月18日，"@湖北省人民检察院"的微博被转发、评论1500余次，有粉丝74000余人。湖北省检察院积极利用微博等新兴传播载体拓宽阳光检务宣传渠道，搭建与广大网民的互动平台，紧紧依靠人民群众，努力开创开放、透明、信息化条件下的检察工作新局面，受到网民的一致赞赏。

浙江省海宁市司法局

微博名称：@海宁司法

入选理由：微博"集团军"助力司法行政　"微博公文"开全国先河

2010年下半年起，海宁市司法局下属的14个司法所、1个法律援助中心、1个公证处和1个网站相继建起实名微博，将这一媒介用于司法行政工作，开展普法宣传。2011年4月2日，海宁市政府信息公开网上发布《关于启用微博公文的通知》称，从4月1日起，该市司法系统启用微博公文，并规定了微博公文的格式，具体要求如下：一文一条；只能由官方微博发布；个人微博可转发；机密公文一律不得在微博公文中发布。为保证微博公文的正常启用，海宁司法局要求局机关各科室、各司法所、市公证处、各律师事务所和法律服务所全部开通新浪认证官方微博，工作人员也要开通个人微博，以随时接收微博公文。这项旨在推动政府部门工作作风和文风改进的举措首开全国先河，被业内专家誉为"2.0时代的电子政务"。

山东省济南市公安局经济犯罪侦查支队

微博名称：@济南公安经济犯罪侦查支队

入选理由："微博大走访"反应热烈　微博成网友报案平台

2010年11月17日，济南市公安局经侦支队通过新浪网和腾讯网的"@济南公安"微博进行"微博大走访"，金融、涉税、商贸、情报等相关民警在网上解答了网友的提问。网友对如何识别防范假币、如何防范克隆信用卡等问题反应热烈，积极发帖与民警在线交流。在网上发帖提问过程中，不少网友将微博当成了报警平台，"我在济南因为信用卡被骗6万元，我想求助警方"；"一帮人自称是江西远通化工有限公司的，专门骗客户款，希望大家不要像我一样受骗，我要报案"……针对这样的网友提问，民警一一进行了解答，并建议这些网友到公安局或者拨打经侦支队电话报警。这项活动得到了网友的广泛称赞，收到良好的传播效果。

山东省菏泽市牡丹区人民法院

微博名称：@牡丹区法院

入选理由：引领山东法院微博新风　亲民形象获网友肯定

山东省菏泽市牡丹区人民法院是全国最早在新浪网开通官方微博的法院，也是山东省第一家开通新浪微博并通过认证的法院。2009年9月27日，牡丹区人民法院在新浪网正式开通法院官方微博，一些网友对该院开通微博表示惊喜和赞赏。如网友"@深圳律师许鹏飞"称："法院开通微博了！意外惊喜！"网友"@何将"称："法院开微博，勇于尝试，值得肯定，希望越来越多的机关能越来越开放和亲民！"该院发布的关注新生代农民工犯罪和关注法官核心价值观两大主题的微博曾引发网友热议。

山东省莱阳市人民法院

微博名称：@公正莱阳

入选理由：庭审微博促进司法公开　不到一年粉丝过万

山东省莱阳市人民法院于2010年8月11日开通微博"@公正莱阳"，让一向神秘的法院工作逐渐被广大网友了解。不到一年时间，"@公正莱阳"的粉丝已达到2.3万。2011年3月19日下午，莱阳法院首次通过"@公正莱阳"新浪微博对一起买卖合同纠纷案的庭审进行了全程网络直播，将历时1小时20分钟的整个庭审过程通过微博面向社会公开。通过微博庭审直播，让群众坐在家中就能旁听庭审内容，为司法公开开辟了新途径。这是该省法院系统的首次尝试，受到网友的广泛好评。在微博直播庭审过程中，网友纷纷留言，"微博直播庭审的方式太好啦，我正在用手机登录微博看呢"；"此次直播既是司法公正公开的有效形式，也是一次很好的普法宣传教育，希望继续开展"。

广东省深圳市宝安区人民检察院

微博名称：@深圳宝安区人民检察院

入选理由：拓宽阳光检务宣传渠道　应对及时填补信息空窗期

2010年3月1日，深圳市宝安区检察院注册开通了全国首个检察院微博，同时也是深圳市国家机关的第一个微博，由此带来一股深圳机关单位的"微博效应"，引发不少单位纷纷效仿。宝安区检察院借助微博推进阳光检务工作，增强检察工作的透明度和公众的参与度，微博已成为展示该院检察工作的新窗口。该院的检察微博还发挥了网络舆情引导功能，在主动接受舆论监督的同时，通过微博及时发布真实信息，引导公众用客观和理性的眼光看待问题，避免因信息传播和案件处理节奏不同步造成的信息"空窗期"，在第一时间把握好舆情管理的主动权，实现对舆情的有效引导，避免虚假信息和流言的散布，达到舆情应对和宣传检察工作、传播法治思想在功能和效果上的统一。

山东省济南市天桥区公安局

微博名称：@天桥公安

入选理由：微博营救成亮点　贴近百姓获称赞

2011年1月7日中午，济南市公安局天桥区分局接到报案，称一名女子在天桥辖区某酒店酒后留下遗书后不知去向。警方随即动用微博等渠道对该女子进行全力搜救。8小时后，该女子在另一家宾馆内被找到，并且安然无恙。天桥警方通过在腾讯网、新浪网、人民网和大众网开通的官方微博及时发布消息，第一时间公布事件进展，并最终营救轻生女子的事迹成为公安微博中的一个亮点。3月24日下午，天桥公安分局治安大队做客微博，与网友共同交流文明养犬的事宜，同时也请网友积极举报天桥辖区范围内的非法养犬问题。其贴近百姓生活的内容引发网友积极参与。

江苏省扬州市公安局

微博名称：@扬州公安

入选理由：微博播报预警信息　服务大众拉近警民关系

扬州市公安局的微博成为市民第一时间获悉最新警务动态的一个主要平台。"有困难，找警察"，市民的第一反应是拨打110。自从"@扬州公安"微博开通后，市民又多了一个新渠道。2010年10月初，一名粉丝在"@扬州公安"的微博上留言称，她刚刚在家里接到电话，对方自称是电信的员工，称她家里电话欠费，给了她一个银行账号让赶紧付钱，结果她就稀里糊涂汇了过去，事后一想，发现自己被骗了。看到该留言后，扬州警方立即向全市发出预警，从而有效降低了此类案件的发生。

福建省三明市沙县公安局

微博名称：@沙县公安

入选理由：警情通报信息平台　QQ群联动服务群众

为了方便群众咨询，广泛征求群众的意见、建议，提高群众安全防范意识，促进警民沟通交流，沙县公安局面向社会开通了新浪微博和QQ服务群。微博内容包括定期发布警情通报、常见盗窃作案手段、作案时间和时机；常见诈骗手段、方法、诈骗对象种类；机动车、摩托车安全防范措施；等等。此外，还开通了两个QQ群，一个是"沙县公安公众服务群"，群号为111928621，通过此QQ群发布警务动态、预警信息，开展网上预约、报警求助，接受群众举报、咨询，解答、反馈群众意见等；另一个是"沙县公安民警之家"，群号为34246290，用于民警和民警家属进行沟通交流，增进感情。

江苏省宜兴市人民检察院

微博名称：@宜兴市人民检察院

入选理由："网络为民"解读政策法规　"全警用网"接受群众监督

宜兴市人民检察院自2月份开通微博以来，本着"网络为民"的理念，发布了多条检察动态信息，并从理论和实践相结合的角度，为群众解释现行相关法律法规、司法解释以及政策条例，鼓励和引导其有效正确地行使监督的权利、维护自身合法权益；微博还以"全警用网"的真诚态度，搭建起了检民互动的平台，一体化推出网上法律校长、网上律师约见、网上申诉受理、网上法律咨询等28项网上办事服务项目，积极回应网民评论，自觉接受群众的监督，努力争取群众的支持。

广东省深圳市宝安区人民法院

微博名称：@深圳宝安人民法院

入选理由：开广东法院微博之先河　打造公开公正的司法环境

深圳宝安区人民法院是广东省及深圳市第一家开通微博的法院。作为广东省首个法院微博，深圳宝安区法院微博通过链接外网"便民措施"，积极为在诉讼程序等法律问题方面有困惑的网民提供帮助，并及时发布微博通报本院案件的审判进展及审判意见。3月3日，宝安区法院通过微博发布消息称，欢迎网友登陆外网查阅生效裁判文书，向网友介绍了裁判文书上网制度，并链接了查询网址。其裁判文书上网的工作得到了网友的支持和关注，不少网友留言称，希望继续打造公开公正的司法环境。

福建省厦门市思明区人民检察院未成年人检察室

微博名称：@未成年人检察在线

入选理由：**首家未成年人检察工作微博　将"青少年维权岗"搬上网**

2010年12月份，曾被授予全国优秀"青少年维权岗"称号的厦门市思明区检察院未成年人检察室在新浪网开通了面向全国青少年的"@未成年人检察在线"微博。思明区检察院成为福建省第一家开通微博的检察院，也是全国第一家利用微博开展未成年人检察工作的检察院。该微博围绕"青少年与法"这个主题，实时发布青少年自我保护常识、法制讲稿、带法回家、青少年法制新闻与热点、维权动态、以案释法，检察官通过办案对所承办案件的深入剖析，达到对青少年学生进行警示教育的目的。

广东省深圳南山区人民检察院

微博名称：@深圳南山区人民检察院

入选理由：**检务工作宣传到位　安全提示温暖民心**

深圳市南山区检察院的微博犹如检察院内的小小通讯社一样，及时发布院内办案进程、会务活动、专业讲座等动态信息，对各项检务工作进行积极的宣传，还通过与各大网络媒体报道进行链接，为网民搭建起了一条条了解政法时事报道、热点新闻的渠道。此外，微博中各种"谨防虚假信息"的温馨提示，以朴实的语言传递着检察院对群众的热切关怀，展现了检察系统以民为本的执法理念。

广东省东莞市第一人民法院

微博名称：@东莞市第一人民法院

入选理由：**微博直播工作现场　最繁忙基层法院扬正气**

2011年3月16日，广东省东莞市第一人民法院的官方微博正式开通，在微博的顶端，一条"中国最繁忙的基层法院"的签名巧妙道出了该院的工作风貌。该微博从开通到4月1日，短短半个月的时间内，已发布信息97条，即平均每日"发微"近6条，拥有粉丝2523人，微博转发率达78%，而有网民评论的信息占全部微博的90%。其中，"2010十大案例回顾""活动剪影""直播现场"等系列微博，让网民切身感受到了法院对各项工作的积极态度，不少网民纷纷对法官的敬业表示肯定。繁忙法院的繁忙微博，树立了该院在群众心中的良好形象。

河南省濮阳市范县人民法院

微博名称：@范县人民法院官方微博

入选理由：**网言网语增强法官亲和力　微博小组助工作高效展开**

河南省范县人民法院是河南省第一个开通微博的基层法院，也是第一个进驻新浪微博名人堂河南机关单位页面并获推荐的法院。其官方微博以积极拓展司法公开新途径为目的，用简洁的语句发布信息，实时通过网言网语对外"广播"发生在范县法院的"新鲜事"，增强了法院法官工作的亲和力。此外，该微博还注重通过及时普及最新的法律法规来占领普法宣传的阵地，切实提升了司法的公信力和影响力，进一步树立了司法权威。未来，范县法院微博还将努力打造自己的微博平台、开通微博小组，并号召全体干警开博加入，以便更加高效便捷地开展各项工作。

重庆市丰都县人民检察院预防科

微博名称：@丰都人民检察院预防科

入选理由：**设专题进行警示教育　织围脖征集贪腐线索**

作为全国第一个预防职务犯罪的官方微博，"@丰都人民检察院预防科"微博在开通

10多天后，就吸引了1000多名粉丝关注。该微博通过设置"警示案例"专题，利用该院实践中的真实案例来进行警示教育，提醒广大党员干部引起为戒。鉴于预防职务犯罪需要广泛宣传和社会各界的关注，丰都检察院预防科特别发布微博来征集举报贪腐线索，同时还就"应该发布何种信息"的问题向网民征集意见。对于网民的反馈和建言，其亦能积极予以致谢回应。此类微博信息及回复中渗透出的谦虚态度，获得了网民的一致支持和好评。

政法类微博影响力报告2.0版
前 言

微博客自2009年进入中国以来，短短两年时间，用户数量出现"爆炸性"增长。中国互联网络信息中心最新统计数据显示，截至2011年6月底，我国微博用户数量已达1.95亿，半年增幅高达208.9%，在网民中的使用率达到40.2%。其中，手机网民使用微博的比例从2010年末的15.5%上升至34%。另腾讯数据显示，截至2011年9月30日，腾讯微博平台上的注册用户数超过3.1亿，日活跃用户数已超过5000万人。

在公平正义呼声高涨的社会矛盾凸显期，传播迅速、意见多元、影响广泛、社会动员能力强大的微博平台，一方面为承担着捍卫司法公正和维稳重任的地方政法机关观察社情民意、推动网络问政、创新社会管理提供了绝佳平台，另一方面也给囿于传统治理思维的部分官员和司法执法的公信力带来了严峻的挑战。

面对这些情况，党中央高度重视网络问政工作。2011年2月19日，胡锦涛总书记在省部级主要领导干部社会管理及创新专题研讨班上提出，要"进一步加强和完善信息网络管理，提高对虚拟社会的管理水平，健全网上舆论引导机制"。十七届六中全会决议指出，"提高舆论引导的及时性、权威性和公信力、影响力，发挥宣传党的主张、弘扬社会正气、通达社情民意、引导社会热点、疏导公众情绪"，"从群众关注点入手，科学解疑释惑，有效凝聚共识"。中央政法委第21次会议也指出，"要完善政法舆论引导机制，进一步提高政法舆论引导水平，为做好政法工作、维护社会稳定创造良好舆论环境"。

推动更多党政机关和领导干部的微博问政工作、将执政为民的理念延伸至新媒体平台，业已成为近期备受社会关注的焦点。10月13日，中宣部副部长、中央外宣办、国家互联网信息办主任王晨在积极运用微博客服务社会经验交流会上表示，希望党政机关、领导干部以更加开放自信的态度开设微博客、用好微博客；通过微博客问政于民、问需于民、问计于民，妥善回应网上热点，努力引导好社会舆论，切实维护群众合法权益。

在中央的重视和推动下，政法机关和官员逐渐成为微博问政的主力军。早在2009年9月27日，山东省菏泽市牡丹区人民法院就开通官方微博，迈出了政法机关利用新媒体亲民互动的第一步。此后，越来越多的公安、检察、法院、司法行政部门和官员加入微博问政的行列。截至2011年10月30日，腾讯微博平台已有7100多个政法机关、官员通过实名认证，占所有政府和官员微博总数的42.8%；这些微博共发布广播132万余条，占所有政府和官员微博总数的37.0%。这些政法机关和官员在微博上或力行信息公开，或利用微博线索执法办案，或通过新媒体手段提升政法机关的网络公共形象，或与草根网民、社会精英在这一新媒体平台上激烈论争、平等对话、公开交流，全方位地铺陈出Web3.0时代官民互动、凝聚共识的全新网络政治图景。

　　然而，在这种积极的态势下，部分政法机关、官员依然存在对微博客等新媒体工具传播特点有认知缺陷和传统的舆论引导意识陈旧等诸多问题，以至于或因未开通微博而在舆情初发期失语被动，已开通微博的或因循单向宣传思维而导致微博无人问津，或因缺乏规范管理体制而荒废，或因微博言行失当受到舆论质疑，或因对微博舆情判断失误而陷入二次公信危机。如何充分利用 Web3.0 时代的各种新兴传播工具，全面展示政法机关、官员的正面形象，实现官民网上良性互动，构建统筹协调、责任明确、功能互补、覆盖广泛、富有效率的微博舆论引导格局，已成为各级政法机关创新社会管理、提升虚拟社会治理能力的当务之急。

　　作为最高人民检察院主管、检察日报社主办的法治资讯门户网站，正义网历来重视政法微博问政研究工作。2011 年 4 月，正义网络传媒研究院曾推出《政法类微博影响力报告》1.0 版，对具有标杆效应和推广价值的部分政法机关、官员的实名微博进行了盘点，极大地鼓舞了政法机关方兴未艾的微博问政热情。面对 2009 年以来政法微博蓬勃发展的趋势，正义网络传媒研究院此次组织了 30 多位舆情分析师和来自政法学界、传播学界等多个领域的专家，以腾讯微博为主要数据来源，客观反映政法类微博的网络生态，重点推介政法机关在微博运营和管理等方面的先进经验，遴选政法官员在微博上的典型做法，为各级政法机关决策者、管理者提供更多可资借鉴的参考案例和实践样本。

第一部分　政法类微博现状分析

（一）政法类微博部门分布

　　据正义网络传媒研究院统计，截至 2011 年 10 月 30 日，公安、检察、法院、司法行政四个政法机关和官员在腾讯平台开通官方微博的总数为 7101 个，共发布广播（微博）条数为 1321366 条，拥有听众数（即粉丝数，未排重）共计 215217508 个。其中，政法机关微博共计 3230 个，共发布广播 812565 条，拥有听众（未排重）180199311 个；官员个人微博共计 3871 个，共发布广播 508801 条，拥有听众（未排重）35018197 个（见表 4）。

表 4　政法类微博部门分布数据

单位：个，条

机关单位	微博个数		广播数		听众数	
	机关	官员	机关	官员	机关	官员
公安	2883	3726	763892	450243	168209958	31378543
检察	29	24	26242	7335	6527442	1115041
法院	279	48	6014	30861	2819994	2357685
司法行政	39	73	16417	20362	2641917	166928
合计	3230	3871	812565	508801	180199311	35018197
总计	7101		1321366		215217508	

数据来源：腾讯微博。

从微博个数和发布广播的数量来看，公安类微博最多，共计 6609 个微博，发布广播 1214135 条；法院类微博排名第二，共计 327 个微博，发布广播 36875 条；司法行政类微博排名第三，共计 112 个微博，发布广播 36779 条；检察类微博排名第四，共计 53 个微博，发布广播 33577 条。

从微博听众数量来看，公安类微博听众数最多，共计 199588501 个；检察类微博排名第二，共计 7642483 个；法院微博排名第三，共计 5177679 个；司法行政类微博排名第四，共计 2808845 个。

此外，以上述数据为基础，正义网络传媒研究院还计算出四个政法机关的微博平均活跃程度和传播范围。从微博平均活跃程度来看，检察类微博位列第一，每个微博平均发布广播约 634 条；司法行政类微博位列第二，每个微博平均发布广播约 328 条；公安类微博位列第三，每个微博平均发布广播约 184 条；法院类微博位列第四，每个微博平均发布广播约 113 条。

从微博平均传播范围来看，检察类微博排名第一，平均每个微博拥有听众约 144198 个；公安类微博排名第二，平均每个微博拥有听众约 30200 个；司法行政类微博排名第三，平均每个微博拥有听众约 25079 个；法院类微博排名第四，平均每个微博拥有听众约 15834 个。

综上所述，在腾讯微博平台上，公安类的微博个数、发布广播总数和拥有的听众数相比其他三个政法机关均具有明显的规模优势；而在平均活跃程度和传播范围方面，检察类的表现相比其他三个政法机关显得更加突出。

（二）政法类微博地域分布

正义网络传媒研究院根据腾讯微博提供的数据，对政法类微博数量的地域分布做了统计。结果显示，在所有开通政法类微博的省份中，排名前十的分别为：黑龙江（3192 个）、江苏（636 个）、河南（441 个）、山东（284 个）、河北（268 个）、湖北（260 个）、云南（224 个）、福建（216 个）、广西（206 个）、四川（186 个）（见表 5）。除西藏自治区外，其他 30 个省份的政法机关或官员均已在腾讯开通官方微博。

表 5　政法类微博数量地域分布

单位：个

省(区、市)	公安		检察		法院		司法行政		总计
	机关	官员	机关	官员	机关	官员	机关	官员	
北　京	9	18	2	4	1	3	0	1	38
天　津	3	5	11	0	0	0	0	10	
上　海	22	33	0	0	0	0	0	0	55
重　庆	13	9	1	0	1	0	1	0	25
黑龙江	84	3107	0	1	0	0	0	0	3192
吉　林	30	3	0	0	0	0	0	0	33
辽　宁	170	10	0	1	0	2	0	0	183
内蒙古	59	32	0	0	0	0	0	0	91
新　疆	44	21	0	0	1	1	1	0	68
西　藏	0	0	0	0	0	0	0	0	0

续表

省（区、市）	公安		检察		法院		司法行政		总计
	机关	官员	机关	官员	机关	官员	机关	官员	
广　西	199	4	1	2	0	0	0	0	206
宁　夏	4	2	0	0	0	0	1	0	7
甘　肃	37	6	0	0	1	2	3	0	49
海　南	6	3	0	0	0	0	0	0	9
云　南	162	57	2	0	1	0	1	1	224
四　川	161	22	0	0	0	0	1	2	186
河　北	234	26	0	4	0	0	0	4	268
山　西	13	10	0	0	15	31	0	0	69
陕　西	13	3	0	1	1	1	1	1	21
河　南	229	26	1	0	182	1	1	1	441
山　东	146	82	0	1	3	1	0	51	284
湖　北	185	10	7	5	51	1	0	1	260
江　苏	584	35	1	1	2	1	11	1	636
湖　南	27	21	2	0	3	0	0	0	53
江　西	37	16	0	1	0	0	1	0	55
贵　州	25	5	0	0	0	0	0	0	30
浙　江	82	30	3	1	5	0	11	3	135
安　徽	49	7	1	0	1	0	0	0	58
福　建	147	60	1	1	2	0	2	3	216
青　海	21	4	0	0	5	0	1	3	34
广　东	88	59	6	0	4	4	3	1	165
合　计	2883	3726	29	24	279	48	39	73	7101

数据来源：腾讯微博。

从开通官方微博的四类政法机关的地域分布来看，公安类微博最多的是黑龙江（3191个），检察类微博最多的是湖北（12个），法院类微博最多的是河南（183个），司法行政类微博最多的是山东（51个）。从某种程度上说，这一结果与当地政法机关的重视程度是密不可分的，比如湖北省人民检察院和河南省高级人民法院组织带动各自系统内的机关和官员微博问政的效果就非常突出。

（三）政法类微博发展现状分析

正义网络传媒研究院长期观察发现，政法机关是目前所有已开通的党政微博中最充分开发这一自媒体平台政治潜能的机关。在规范与创新微博管理及利用微博公开部门信息、服务民生、公共形象宣传、法律普及、执法办案等方面，政法机关在微博互动中积累了大量宝贵经验，同时也存在一些问题。

1. 制度建设初见成效，内容创新仍需规范

微博问政，制度先行。我们发现，目前已开设官方微博的政法机关大多都已建立起相对规范的微博运营和管理机制，大体由行政管理、信息审核与发布、常态沟通与危机管理、官博管理员培训、网友诉求受理与回馈、直播活动技术保障机制等多个部分组成。除这些制度外，部分政法机关还对官方微博的发布内容进行了创造性的探索。如浙江省海宁市司法局首创"微博公文"制度，这项旨在有效推动政府部门工作作风和文风改进的举措首开全国先河，被业内专家誉为"Web2.0时代的电子政务"。不过，也有舆论担心，微博公文面临内容合法性、格式规范性、制定主体法定性、制发程序性等一系列法律问题。

2. 信息公开力度加大，保密边界有待调整

政法信息公开是保障公众知情权、实现官民互动的前提。近年以来，多家政法机关利用微博扩大政法信息的网上公开内容和监督范围，在信息公开方面树立了典范。如广东省佛山市禅城区永安派出所微博直播民警向社区居民、网民、代表委员述职的举措，深圳市检察院举办微博网友开放日活动，深圳市南山区检察院微博直播案件公开审查过程的尝试等。其中，广东省深圳市中级人民法院优先选取市民关注度较高的重大案件，每月至少组织一次庭审现场的微博直播，这种将司法公开与普法教育相结合的做法，深受当地市民、微博网友和律师的好评。此外，如何把握好微博信息公开与保密的界限，也是舆论关心的重要问题。如佛山、福州、泉州公安机关通过微博直播对犯罪嫌疑人的抓捕、追逃等行动，就遭到部分网友关于是否会因提前泄密造成行动扑空的质疑。

3. 舆情应对可圈可点，公共形象明显提升

作为政法机关的三项重点工作之一，社会矛盾化解成为政法机关微博最受社会关注的内容。地方政法机关在利用微博线索积极调处社会纠纷、平息网络舆情方面的表现可圈可点。如山东省济南市公安局在"女狱警打人"引发群体性事件后及时利用微博公布被打夫妇的受伤情况及对打人狱警的处理情况等案情进展，回应网民质疑，将一起可能演变为重大网络围观的事件成功消解为普通治安事件；江西省德兴市司法局微博呼吁有关部门为车祸逃逸案中上访的受害者家属查明真相、积极转发某农民工讨薪的求助微博；山西省高级人民法院面对某网友关于一起法官徇私枉法、制造冤假错案的多次举报中的偏激言词，耐心地与其交流沟通，向其提供正确的举报途径，并指导其通过法定程序维护自身合法权益；河南省南阳市南召县法院在部分网友质疑醉驾人员逮捕标准问题并出现鼓励大家以身试法的言论时，利用微博有针对性地进行以案说法，并告知网友检察机关正在研讨这一标准并建议上级机关给出明确意见。这些举动不仅化解了社会纠纷，打消了网民的疑虑，也有效提升了政法机关在社会公众心目中的形象。

4. 微博问政要普法要办案，也需考虑社会效果

通过多种形式发布各类警情提示、服务民众日常生活是公安机关微博的主要功能之一。广东省梅州市公安局率先在全国公安系统内首创微博发布"今日警情"栏目，如今其成为其他公安微博效仿、常设的内容。而江苏省南京市白下公安分局根据不同时段的治安形势、发案特点制作的"汤姆猫说防范"系列视频通过微博发布后，尽管有微博年轻网友的支持，但当地市民也提出批评，比如电信诈骗主要针对的是中老年人，这些人对汤姆猫了解有限，也听不清楚防范内容，防范宣传效果会大打折扣。因此，这种将网络流行元素与治安防范密切结合的创新，还需注意最终的社会效果。

普及法律知识、弘扬法治精神，利用微博增强社会公众的法律素质，将微博普法与网络流行文化相结合，也是政法机关微博问政的重要内容之一。如湖北省咸丰县人民检察院借5月20日"网络情人节"之机，利用微博普及《婚姻法》知识；天津市河西区检察院利用微博全程直播该院"青年检察官宣讲团"以网络上收集的醉驾入刑、房屋租赁纠纷等备受关注的法律问题为主题与社区群众共同编排的"法制小剧场"等活动，受到网民和当地群众的好评。

利用微博线索执法办案，并与多种网络流行文化元素相结合，是政法机关微博问政的又一亮点。四川省遂宁市安居区人民检察院、重庆市丰都县人民检察院利用网友通过微博举报的线索，成功侦破了两起职务犯罪案件，"防腐微博抓贪官"成为公众热议的焦点。安徽省阜阳市公安局在"清网行动"中模仿电影《非诚勿扰2》中引用的著名《见与不见》的文体，在微博上发布了敦促在逃人员投案自首的通缉令《逃与不逃》，让众多网友耳目一新，也受到其他公安机关的效仿，该做法还成为今年司法考试的考题。目前，各地公安机关的微博通缉令出现了"凡客体""淘宝体""三国杀版"等多种形式，对部分在逃人员起到了不错的感化效果。广东省中山市公安局微博收到某在逃人员的私信后，为其做了大量的政策解释和思想工作，成功劝服其投案自首，这在全国公安系统"清网行动"中尚属首例。

5. 公共关系建设风生水起　摆脱传统刻板形象

除法律赋予的本职业务工作之外，拉近官民关系、推动良性互动的政法机关公共关系建设，是政法机关微博问政工作中的重要内容。在新媒体平台利用多种传播载体摆脱刻板、严肃的传统形象，地方政法机关积累了丰富的创新经验。云南省红河州公安局在微博发起"微话题·派出所值班那些事"，让民警发表微博叙述自己在派出所值班时的经历和感受，并制作了MTV《有事您找我》，让广大群众第一时间直击派出所值班过程，得到不少网友对派出所工作的支持和理解。元宵节当天，北京市公安局通过其官方微博发布了一段名为《警察街舞迎新春》的视频，前半段是男民警跳迈克尔·杰克逊的经典舞蹈，后半段为女民警跳一度非常流行的韩国性感舞蹈《Nobody》。这些有别于传统宣教模式的"公关"举措，引起国内门户网站、网民和其他公安机关的高度关注。

除了上述典型经验和积极态势外，政法机关的微博问政依然存在冷热不均、更新不勤、管理失范、互动不够、应对不当等问题，这很可能让网民做出"问政沦为作秀"的判断。首先，不同政法机关或因"网络恐惧"，或担忧增加工作压力，或人力不足等情况，对微博问政缺乏足够的热情。据我们观察，与社会公众日常生活密切相关的公安机关是目前对微博使用热情最高、利用微博最为充分的部门。在虚拟社会管理在政治上成为社会管理创新的组成部分后，越来越多的检察院和法院也开始开通微博，但受法治对外界排斥的固有属性影响，而刻意与微博等新兴网络媒体保持距离，因而或者不开微博，或者是开微博后发布的内容较少，甚至出现了许多零发布的"空壳微博"。在我们选取的40个舆情热度高、社会影响力广的政法机关中，日更新微博条数排名前十的机关中，公安机关有7个，检察院、法院和司法局各1个；日发布条数不足两条的机关有13个，占总数的32.5%（见表6）。

表6　政法机关微博日更新条数排名

单位：天，条

机关	开通天数	微博数	日更新数
广东省肇庆市司法局	236	11369	48.2
广东省肇庆市公安局	406	9734	24.0
云南省红河州公安局	252	4856	19.3
广东省肇庆市中级人民法院	236	4230	17.9

续表

机关	开通天数	微博数	日更新数
广东省肇庆市人民检察院	236	3087	13.1
江苏省常州市公安局	340	4446	13.1
山东省济南市公安局	355	3843	10.8
广东省汕尾市公安局	434	4360	10.0
广东省公安厅	480	3903	8.1
广东省梅州市公安局	406	3182	7.8
浙江省温州市公安局	356	2738	7.7
北京市怀柔区人民法院	211	1615	7.7
河南省高级人民法院	217	1333	6.1
江苏省徐州市司法局矛盾纠纷调解指挥中心	77	435	5.6
江苏省宜兴市人民检察院	304	1326	4.4
广东省人民检察院	166	718	4.3
湖北省人民检察院	309	1321	4.3
广东省东莞市第一人民法院	275	1158	4.2
山东省莱阳市人民法院	492	2034	4.1
北京市西城区什刹海街道司法所	273	1077	3.9
宁夏回族自治区银川市司法局法律援助中心	304	1030	3.4
浙江省司法厅	261	835	3.2
广东省深圳市中级人民法院	191	606	3.2
湖北省恩施州中级人民法院	219	598	2.7
河南省南阳市南召县人民检察院	122	331	2.7
浙江省衢州市柯城区司法局	211	454	2.2
安徽省阜阳市公安局	336	722	2.1
江苏省如皋市司法局	212	405	1.9
江西省德兴市司法局	218	356	1.6
山东省菏泽市牡丹区人民法院	810	1296	1.6
河北省公安厅	430	610	1.4
宁夏回族自治区固原市司法局	353	475	1.3
河南省濮阳市范县人民法院	520	675	1.3
浙江省海宁市司法局	729	823	1.1
北京市海淀区人民检察院	241	251	1.0
山西省高级人民法院	219	222	1.0
广东省深圳市人民检察院	273	233	0.9
天津市河西区人民检察院	216	179	0.8
广东省深圳市南山区人民检察院	218	158	0.7
湖北省咸丰县人民检察院	211	135	0.6

　　此外，部分政法机关、官员依然存在对微博客等新媒体工具传播特点有认知缺陷和传统的舆论引导意识陈旧等诸多问题，以至于或因未开通微博而在舆情初发期失语被动，已开通

微博的或因循单向宣传思维而导致微博无人问津，或因缺乏规范管理体制而荒废，或因微博言行失当受到舆论质疑，或因对微博舆情判断失误而陷入二次公信危机。如广州市公安局在开通微博初期曾一度关闭评论功能，失去了互动功能，后在舆论的倒逼下作出修正；辽宁省大连市西岗公安分局开通微博半个月来只关注日本艳星苍井空一人，受到众多网友和媒体的围观、质疑；安徽省阜阳市颍泉区公安分局曾发布一则内容为"暴力抗法者之所以嚣张狂妄，暴露出一些地方行政执法的疲软，公权的萎缩；唯有迎头痛击，方能扶正祛邪，固我江山"的微博，用语生硬，让众多网友惶恐不安。舆论普遍认为，暴力抗法与权力萎缩无必然联系，"迎头痛击"才能保住江山的说法显得过于歇斯底里，血腥味太浓，这表明发布该微博的民警和机关在执法理念上存在偏差。东莞市检察院一位副检察长在微博访谈时，对当地关注度较高的塘厦镇官员违规大建别墅的热点问题含糊带过，被不少网友认为"官腔"味浓。

两年以来，在外界的争议、赞誉和质疑声中，地方政法机关和官员不断提高新媒体素养，及时调整陈旧观念，修正问政策略，创新问政形式，成为国内外媒体瞩目的热点话题。如何充分利用 Web3.0 时代的各种新兴传播工具，抢占网络舆论话语权，全面展示机关、官员的正面形象，实现官民网上良性互动，构建统筹协调、责任明确、功能互补、覆盖广泛、富有效率的舆论引导格局，依然是各级政法机关创新社会管理、提升虚拟社会治理能力的重要课题。

第二部分　政法机关微博影响力排行

（一）政法机关微博网络影响力榜单

正义网络传媒研究院以腾讯微博为主要数据来源，结合公检法司四类政法机关微博的网络热度，从 3200 多个政法机关微博中推选出 40 个网络影响力较高的微博，并以微博（广播）数、粉丝（听众）数、关注（收听）数、日更新条数、互动得分等为统计指标，加权运算后，得出四类政法机关官方微博榜单（见表 7、表 8、表 9、表 10）。

表 7　十大公安机关网络影响力微博

机关名称	微博数（个）	粉丝数（个）	关注数（个）	日更新条数（条）	互动得分（分）	网络热度
山东省济南市公安局	3843	2236000	319	10.8	9	95.23
广东省肇庆市公安局	9734	1934157	1755	24.0	5	94.97
广东省公安厅	3903	4414551	1685	8.1	9	90.07
广东省汕尾市公安局	4360	2170025	297	7.8	5	83.35
广东省梅州市公安局	3182	2185885	297	7.8	5	83.35
浙江省温州市公安局	2738	1032835	536	7.7	5	82.91
云南省红河州公安局	4856	216106	267	19.3	7	82.80
江苏省常州市公安局	4446	1126501	46	13.1	6	79.98
河北省公安厅	610	3756102	758	1.4	4	76.07
安徽省阜阳市公安局	722	657993	49	2.1	6	67.30

表8 十大检察院网络影响力微博

机关名称	微博数（个）	粉丝数（个）	关注数（个）	日更新条数（条）	互动得分（分）	网络热度
湖北省人民检察院	1321	623236	220	4.3	8	82.98
广东省肇庆市人民检察院	3087	610196	152	13.1	5	80.66
江苏省宜兴市人民检察院	1326	14200	1998	4.4	6	73.86
广东省人民检察院	718	335332	133	4.3	6	70.89
河南省南召县人民检察院	331	20543	1374	2.7	4	67.60
广东省深圳市南山区人民检察院	158	779091	82	0.7	3	60.59
天津市河西区人民检察院	179	84938	82	0.8	3	57.08
湖北省咸丰县人民检察院	135	184778	94	0.6	3	57.14
广东省深圳市人民检察院	233	145806	25	0.9	4	56.24
北京市海淀区人民检察院	251	15530	29	1.0	4	52.82

表9 十大法院网络影响力微博

机关名称	微博数（个）	粉丝数（个）	关注数（个）	日更新条数（条）	互动得分（分）	网络热度
河南省高级人民法院	1333	67483	161	6.1	9	83.36
湖北省恩施州中级人民法院	598	212934	431	2.7	9	82.01
广东省肇庆市中级人民法院	4230	611406	612	17.9	6	81.34
北京市怀柔区人民法院	1615	313408	1013	7.7	5	80.57
广东省东莞市第一人民法院	1158	35904	332	4.2	7	70.37
山东省菏泽市牡丹区人民法院	1296	48487	747	1.6	8	70.35
山东省莱阳市人民法院	2034	42674	109	4.1	6	69.50
广东省深圳中级人民法院	606	562216	13	3.2	8	64.29
河南省濮阳市范县人民法院	675	20282	253	1.3	5	63.04
山西省高级人民法院	222	403033	67	1.0	3	61.01

表10 十大司法行政机关网络影响力微博

机关名称	微博数（个）	粉丝数（个）	关注数（个）	日更新条数（条）	互动得分（分）	网络热度
广东省肇庆市司法局	11369	603060	1509	48.2	9	95.03
宁夏银川市司法局法律援助中心	1030	127075	705	3.4	6	73.78
浙江省司法厅	835	182354	371	3.2	6	71.93
浙江省海宁市司法局	823	119980	1062	1.1	5	70.39
江苏省如皋市司法局	405	291339	383	1.9	3	68.94
北京市西城区什刹海街道司法所	1077	16292	373	3.9	5	68.66
江西省德兴市司法局	356	192994	200	1.6	4	65.46
江苏省徐州市司法局矛盾纠纷调解指挥中心	435	17987	133	5.6	8	64.41
宁夏回族自治区固原市司法局	475	55896	131	1.3	2	62.17
浙江省衢州市柯城区司法局	454	15459	165	2.2	3	61.81

综合以上榜单可以看出，政法机关微博网络影响力排行前十的依次是山东省济南市公安局、广东省肇庆市司法局、广东省肇庆市公安局、广东省公安厅、河南省高级人民法院、广

东省汕尾市公安局、广东省梅州市公安局、湖北省人民检察院、浙江省温州市公安局、云南省红河州公安局。其中,公安机关微博共计7家,检察院、法院、司法局各1家。

从地域上看,广东省肇庆市政法机关微博明显领先于其他地方,在公检法司四个榜单中,均位居前列。这显然与当地政法系统对微博的重视是分不开的。4月21日,肇庆市政法委曾专门召开筹备开通肇庆政法微博群的工作会议。会议要求,"五一"前,正式开通肇庆政法微博群,除已开通的市公安局官微博外,市委政法委、市法院、市检察院、市司法局也要开通微博。4月25日,名为"法治肇庆"的全国首个政法微博群正式开通,被网友认为是政法机关体察民情民意、实践微博问政、积极引导舆论的一次大胆尝试。5月5日,广东省委书记汪洋在肇庆专题调研时,充分肯定了肇庆政法部门利用微博开展网络问政的探索,认为"肇庆政法微博群发挥了加强互动、听取民意、化解矛盾、传达信息的积极作用,是新时期改进政法工作的积极探索"。

(二)政法微博年度推荐奖项

正义网络传媒研究院在《政法类微博影响力报告》1.0版的基础上,将2009年以来政法系统微博工作的实践经验与统计数据相结合,经30多位舆情分析师和专家的推介,设定了微博问政先锋奖、政法微博勤政奖、舆情应对先进奖、微博问政亲民奖、微博法制宣传奖、微博问政创新奖、微博公关创意奖、微博执法创意奖、微博信息公开奖、微博问政倡导奖十项年度推荐奖项,旨在为政法机关以后的微博问政工作提供可资借鉴的案例和样本。奖项设置和获奖情况如下。

微博问政先锋奖(最早开通微博、有一定社会影响力的政法机关)

入围机关:山东省菏泽市牡丹区人民法院

推荐理由:开政法微博问政先河　创微博悬赏公告先例

2009年9月27日,牡丹区法院正式开通官方微博,成为全国政法系统第一家官方微博。2010年5月,牡丹区法院在山东省法院系统首创"微博悬赏公告"。该微博不仅发布法院工作信息、典型案例,还通过私信积极回应网友的网络信访。2011年春节前后,网友"锦兖荷"通过微博向法院反映了自己颇为波折的案子,在经过十几次私信沟通以后,牡丹区法院最终为其圆满解决了问题。以牡丹区法院为先导,目前整个菏泽市法院系统都已开通微博。

政法微博勤政奖(微博日更新率、活跃度最高的政法机关)

入围机关:广东省肇庆市司法局

推荐理由:微博管理专业有序　勤政为民政法第一

"@和谐肇庆"微博自2011年4月24日开通以来,发布微博1万多条,日更新微博约48条,位居全国政法系统第一。该微博内容涉及解答法律咨询、普法教育和协助解决民生问题三个方面。严格、规范、专业的管理制度保证了该项工作的落实,成为其脱颖而出的关键。为精心打造微博平台,肇庆司法局专门成立微博工作领导小组和办公室,抽调7人组成"和谐肇庆"微博工作组管理微博日常运作,抽调4名执业律师负责网上解答和普法工作,配备专业技术人员维护网络运营;制订岗位职责、值班员语言规范指引、值班员注意事项等制度;建立答复媒体和网民口径库,规范上线的语言要求,做到"标准化用语和个性化语言相结合";设置时政综合岗、法律解答岗、法制宣传岗、政务公开岗、信息拓宽岗、网络后勤岗。

舆情应对先进奖（微博舆情应对最为得力的政法机关）

入围机关：山东省济南市公安局

推荐理由：微博救人树立公信　回应果决平息舆情

2010年8月12日，济南市公安局正式开通官方微博。此后，该局充分利用微博传播速度快、社会动员能力强的特点，在微博营救"@苏小沫儿"、女狱警打人引发的群体性事件等多起公共事件中，主动出击，及时发布有效信息，有力地证明了自己利用微博应对舆情的能力。此外，作为国内首个举办微博访谈的政法机关、首次举办微博新闻发布会和首创"博警"管理规范的公安机关，该微博在创新问政形式上积极探索，"腾讯公安微博交流QQ群"等多个跨区域合作项目受到公安部的重视。

微博问政亲民奖（微博发布预警提示等民生服务内容走在前列的政法机关）

入围机关：广东省梅州市公安局

推荐理由：首创微博警情提示　全力满足公众知情权

梅州市公安局自2010年2月开通微博以来，目前在腾讯平台已有粉丝2185885人。2010年3月12日，梅州市警方在全国公安系统内首创微博警情提示，在微博上开设了"今日警情"话题，专门播报警情信息，公布梅州城区各类案件的发案情况，最大限度地保障了市民对本地治安状况的知情权，其如今成为其他公安微博效仿、常设的内容。此外，梅州市警方还利用微博线索破获了3宗传销案，解救出15名误陷传销的人员。

微博法制宣传奖（利用微博开展普法工作最为得力的政法机关）

入围机关：天津市河西区人民检察院

推荐理由：微博直播普法联谊　粉丝评检拉近官民关系

2011年2月，天津市河西区检察院开通了官方微博，也成为天津市首个开通微博的检察院。2011年11月，该检察院利用微博全程直播该院"青年检察官宣讲团"以网络上收集的醉驾入刑、房屋租赁纠纷等备受关注的法律问题为主题，与社区群众共同编排的"法制小剧场"活动，形式生动有趣，现场和网络反响热烈。此外，该院还在今年开展的评查检察工作室活动中，利用微博征集意见，并邀请粉丝到社区现场交流，既丰富了"开门评检"的内容，也拉近了检民距离。

微博问政创新奖（创新和规范微博内容走在时代前沿的政法机关）

入围机关：浙江省海宁市司法局

推荐理由：微博创新电子政务　力推转型领亚洲殊荣

2011年4月2日，海宁市政府信息公开网上发布《关于启用微博公文的通知》称，从4月1日起，该市司法系统启用微博公文，并规定了微博公文的格式。海宁市司法局提出四个要求：一文一条；只能由官方微博发布；个人微博可转发；机密公文一律不得在微博公文中发布。为保证微博公文的正常启用，海宁市司法局要求局机关各科室、各司法所、市公证处、各律师事务所和法律服务所全部开通新浪认证官方微博，工作人员也要开通个人微博，以随时接收微博公文。这项旨在有效推动政府部门工作作风和文风改进的举措首开全国先河，被业内专家誉为"2.0时代的电子政务"。2011年10月，"微博公文"项目在由新加坡《未来政府》杂志主办的2011年度峰会亚洲政府年度大奖颁奖晚会上，从来自韩国、澳大利亚、新加坡、中国大陆及中国台湾的五个入围提名项目中脱颖而出，荣获"年度政府转型奖"。

微博公关创意奖（善于利用新媒体手段塑造正面网络公共形象的政法机关）

入围机关：云南省红河州公安局

推荐理由：微博直播警察故事 跨地域警民沟通获赞誉

2011年4月8日，红河州公安局正式开通官方微博。8月4日，该局在微博上发起"派出所值班那些事"的微话题，让民警发表微博叙述自己在派出所值班时的经历和感受，并制作了《有事您找我》的MTV，让广大群众第一时间直击派出所值班过程。至8月9日，5天时间就收到来自全国各地的派出所、派出所民警以及广大网友发布的6万余条微博反馈。据悉，这是全国首个以微话题的形式关注派出所工作的活动。不少网友真切感受到了值班民警的辛苦和劳碌，对派出所工作多了许多支持和理解。云南省公安厅认为，这次活动有效打破了传统媒介的区域局限，让警民沟通更加真诚、自然和亲切。

微博执法创意奖（积极利用多种手段在微博平台执法办案的政法机关）

入围机关：安徽省阜阳市公安局

推荐理由：微博熟谙网民心理 "非诚体"通缉令引领追逃新风

2011年1月30日，安徽省阜阳市公安局开通官方微博以来，围绕"亲民、服务"两大主题，大胆创新，扎实为民，在腾讯平台收获65万余粉丝的同时，其创作的"非诚体微博通缉令"也受到媒体和广大网民的青睐。该局微博管理员认真研究网民心理和网络流行语体，在"清网行动"中模仿电影《非诚勿扰2》中引用的著名《见与不见》的文体在微博上发布了敦促在逃人员投案自首的通缉令——《逃与不逃》，让众多网友耳目一新，受到其他公安机关的效仿，该做法还成为今年司法考试的考题。此外，该局将微博定位为"服务的窗口、交流的平台、沟通的桥梁、发布的渠道"，其有求必应、有问必答、有诉必查的工作态度，受到不少网民的称许。

微博信息公开奖（善于利用微博推行司法、警务信息公开的政法机关）

入围机关：广东省深圳市中级人民法院

推荐理由：庭审过程常态直播 司法透明获律师认可

2011年6月8日，深圳市中级人民法院正式开通官方微博。短短半年时间内，该微博的粉丝即迅速增长至56万余个。除司法解释、便民提醒、法律宣传等常规内容外，该院还优先选取市民关注度较高的重大案件，每月至少组织一次庭审现场的微博直播，这种将司法公开与普法教育相结合的做法，深受当地市民、微博网友和律师的好评。11月14日，该院微博还直播了对一宗案件中的"老赖"进行拘留的强制行动，直播过程从12：57开始到14：20结束，共8篇微博，配以大量的现场图片和简短的文字，获得了网民的广泛好评和律师界的密切关注。

微博问政倡导奖（组织本省政法系统利用微博与民互动的省级政法机关）

入围机关：广东省公安厅、河南省高级人民法院、湖北省人民检察院

推荐理由：组织倡导微博问政 系统联动展示法治新风貌

在微博问政进入公众视野后，省级政法机关的引领带动作用至关重要。广东省公安厅、湖北省人民检察院和河南省高级人民法院组织带动各自系统内的机关和官员微博问政的效果突出，成效卓著。其中，广东省公安厅将全省21个地市公安机关的微博联系起来，形成了全国第一个微博群，引领了一场新信息时代的警务革命；河南省高级人民法院开通微博之时，省辖市法院微博亦同时开通，随时发布河南全省法院发生的重大案件、事件；湖北省人民检察院成立了由党组副书记、常务副检察长徐汉明担任微博平台负责人的高规格的领导小组，并出台了规范的微博管理办法。从我们报告的数据也可以看出，这些地方相关政法部门微博问政的表现都属上乘。

第三部分　政法官员微博影响力排行

（一）政法官员微博网络影响力榜单

正义网络传媒研究院以腾讯微博为主要数据来源，从3800多个政法官员微博中推选出40个网络热度较高的微博，并以微博（广播）数、粉丝（听众）数、关注（收听）数、日更新条数等各项数据为统计指标，加权运算十大政法官员网络影响力微博后，得出四类政法机关官方微博排行榜。具体榜单如下（见表11、表12、表13、表14）。

表11　十大警官网络影响力微博

单位：个，条

姓名	职务	微博数	粉丝数	关注数	日更新条数	网络热度
陈永博	广东省肇庆市公安局警察公共关系科科长	5894	535994	1824	16.3	95.13
马霄	广西百色市公安局禁毒民警	13509	385466	545	25.5	94.63
陈士渠	公安部打拐办主任	1915	1185590	1886	5.2	90.93
姚志宏	云南省昆明市公安局新闻办主任	4301	204524	1028	11.7	89.97
张靖	广东省肇庆市公安局大旺分局副局长	3876	657128	455	11.2	89.93
段兴焱	江西省九江市公安局纪委书记	3242	119217	1506	9.6	88.54
任立新	辽宁省公安厅政治部宣传信息中心副处长	1461	850286	517	4.3	85.46
肖文波	福建省三明市公安局党委委员、政治部主任	2682	574058	62	11.2	83.23
樊同贵	云南省红河州公安局副局长	1971	107010	231	8.4	85.65
彭沛	河南省开封市兰考县公安局宣传科民警	615	478011	219	2.4	76.83

表12　十大检察官网络影响力微博

单位：个，条

姓名	职务	微博数	粉丝数	关注数	日更新条数	网络热度
何文凯	广西防城港市人民检察院副检察长	9276	153601	77	31.1	86.57
袁明	湖北省人民检察院检察官	2776	415296	170	8.0	84.61
霍琳	河北检察官	1738	102688	839	5.3	83.32
杨红平	浙江省海宁市人民检察院检察官	4543	12809	235	17.5	81.02
何重任	广西壮族自治区人民检察院宣传处副处长	767	97292	162	5.5	76.31
梁景明	北京市人民检察院检察官	1500	17008	296	5.4	76.28
朱晓华	湖北省人民检察院干部	978	230772	100	3.4	76.26
杨涛	江西省赣州市人民检察院检察官	915	247768	122	1.7	73.17
贾岩	天津市河西区人民检察院检察官	383	83204	485	1.9	72.23
张国柱	江苏省东台市人民检察院检察官	328	202554	89	2.0	69.69

表 13 十大法官网络影响力微博

单位：个，条

姓名	职务	微博数	粉丝数	关注数	日更新条数	网络热度
刘国峰	湖北省恩施州中级人民法院办公室主任	1703	192449	788	8	85.38
晟 珉	山东省济南市铁路运输中级人民法院党委副书记	3897	9475	1991	6.1	83.47
郑国良	浙江省嘉兴市中级人民法院办公室副主任	4728	3640	1504	6.2	81.37
纪阿林	江苏省泰州市中级人民法院副院长	1354	580273	95	6.3	79.75
厉 莉	北京市房山区人民法院民二庭庭长助理	1074	12410	281	5.8	74.57
李 萍	山西省长治市城区人民法院副院长兼政治处主任	444	140312	278	2.7	74.42
傅松苗	浙江省高级人民法院执行局副局长	956	43403	255	2	72.56
庾向荣	江苏省吴江市人民法院法官	1518	15478	316	2	72.4
冯治国	湖北省孝感市孝南区人民法院书记员	1454	2283	628	1.9	69.55
吴学贤	江西省余干县人民法院副院长	1059	5782	148	3.1	69.34

表 14 十大司法行政机关官员网络影响力微博

单位：个，条

姓名	职务	微博数	粉丝数	关注数	日更新条数	网络热度
金中一	浙江省海宁市司法局局长	8896	735860	1107	11.3	95.24
杨 华	上海市闵行区司法局法制宣传教育科长	7856	3598	1975	42.2	86.82
吴丽跃	江西省上饶市司法局	6681	4755	1996	34.8	86.69
牛兴全	甘肃省司法厅副厅长	2834	35185	1153	9.9	84.84
张 瑞	云南省瑞丽市司法局姐相司法所所长	3770	56953	221	25.3	83.97
李金祥	山东省临清市司法局局长	1357	16959	840	5.5	78.75
刘晓华	云南省昆明市司法局办公室主任	3667	2740	466	15	78.55
林 敏	浙江省苍南县龙港司法分局局长	1927	9714	2000	2.5	78.24
桂漪雯	浙江省司法厅法制宣传处副处长	662	27527	201	2.5	71.05
魏 东	天津市司法局副局长	689	19777	54	2.8	67.47

（二）十大政法官员年度影响力微博

正义网络传媒研究院在《政法类微博影响力报告》1.0 版的基础上，经过30多位舆情分析师和专家对以上40位政法系统官员微博进行语义分析、职务内容比较等主观评估并与微博热度指标加权运算后，最终推选出十个政法官员年度影响力微博，以供更多官员参考借鉴（见表15）。

表 15 十大政法官员年度影响力微博

姓名	职务	职务信息率	公共事件动员力	媒体影响力	公共议题参与度	社会影响力热度	网络影响力热度	综合影响力热度
陈士渠	公安部打拐办主任	8	9	9	8	92.94	90.93	92.14
段兴焱	江西省九江市公安局纪委书记	7	7	9	9	91.38	88.54	90.24
金中一	浙江省海宁市司法局局长	7	5	8	8	85.73	95.24	89.54
刘国峰	湖北省恩施州中级人民法院办公室主任	7	6	8	9	88.65	85.38	87.34

姓名	职务	职务信息率	公共事件动员力	媒体影响力	公共议题参与度	社会影响力热度	网络影响力热度	综合影响力热度
姚志宏	云南省昆明市公安局新闻办主任	7	6	8	6	83.25	89.97	85.94
袁　明	湖北省人民检察院检察官	8	7	7	7	85.73	84.61	85.28
陈永博	广东省肇庆市公安局警察公共关系科科长	8	6	5	6	78.53	95.13	85.17
牛兴全	甘肃省司法厅副厅长	7	8	4	9	83.88	84.84	84.27
何文凯	广西防城港市检察院副检察长	8	6	5	7	80.62	86.57	83.00
何重任	广西壮族自治区人民检察院宣传副处长	8	5	7	1.7	83.25	76.31	80.47

　　数据说明：年度影响力满分为100分，其中，网络影响力权重为40%，社会影响力热度权重为60%；社会影响力热度包括职务信息发布率、公共事件动员力、媒体影响力、公共议题参与度，满分均为10分，权重依次为20%、20%、20%、30%、30%。

人民网舆情监测室·2012 年新浪政务微博报告

前　言

　　经历了 2011 年政务微博元年，2012 年新浪平台上的政务微博除继续保持数量增长外，在覆盖面、微博质量、应用水平、综合影响力等方面呈现不断提升的趋势。目前，新浪微博注册用户突破 4 亿，舆论热度也达到新高，成为目前我国最具传播活力、话题深度、影响力的社交网络平台之一。政务微博作为推动社会管理创新的有效方式，受到越来越多的社会关注，受到政府的支持及公众的认可。

　　2012 年 1 月 18 日，中宣部副部长、中央外宣办、国家互联网信息办公室主任王晨在国新办新闻发布会上明确表示，微博客是信息交流、提供服务的重要平台，对于党政机关开设政务微博持积极支持态度。他还指出政务微博要实实在在为群众提供服务，不要搞形式主义的东西。9 月初，国家互联网信息办公室在深圳召开会议，总结推广有关地区和部门积极运用微博客等社交网络服务社会、联系群众等方面的工作经验。王晨再次发表讲话提出，要积极发展政务微博，利用政务微博在"网民问政"和"政府施政"之间搭起桥梁。

　　2012 年 8 月 30 日，最高人民检察院党组副书记、常务副检察长胡泽君在第十届全国检察长论坛上要求，要高度重视以互联网为代表的新兴媒体的建设和利用，抢占信息发布的"制高点"。9 月 14 日，司法部副部长、全国普法办副主任张苏军在全国运用互联网开展法制宣传教育工作座谈会上指出，要充分认识新形势下运用以互联网为代表的新兴媒体开展法制宣传教育的重要性和紧迫性。

　　各部门高层领导的表态无疑对政务微博的发展起到了巨大的推动作用。《2011 年新浪政务微博报告》显示，截止到 2011 年 10 月底，新浪政务微博数达 18132 个。相比去年同期，今年新浪政务微博数净增 41932 个，增长率达 231%。新浪微博认证的政务微博总数突破 6 万个。更值得一提的是，新浪政务微博的活跃度保持领先。据统计，目前新浪政务微博发博总数为 31894816 条，平均每个政务微博发博数约为 531 条。

　　这一年，基层微博和中央部委微博齐头并进。6 万个覆盖了各地、各部门的基层政府机构和公职人员的微博成为政务微博发展的中流砥柱，通过微博服务公众，在关键时刻能够通过微博发出大声音，显示出巨大的影响力。同时，包括外交部、公安部、卫生部、铁道部、商务部、文化部等在内的 20 个国家部委及其下属部门积极开通微博倾听民意，体现了中央部委对"微博问政"渠道的重视。11 月 9 日，"@国务院公报"微博通过新浪微博认证，该微博是目前全国政务微博中唯一一个以"国务院"开头的官方微博。新浪政务微博成为各地、各部门、各层级政府部门执政为民、行政亲民的有力渠道。新浪微博成为我国各地政府部门首选的最具影响力的政务微博平台。

从 2011 年 11 月 17 日全国首个微博发布厅——"北京微博发布厅"上线至今一年的时间，落户新浪微博平台上政务微博发布厅总数达 135 个，诞生了全国首个交通微博发布厅——"中国铁路微博发布厅"，全国首个卫生系统发布厅——"首都健康微博平台"，全国首个公安微博发布厅——"湖北公安微博服务厅"，全国首个检察机关微博发布厅——"浙江检察微博发布厅"，全国首个司法行政系统微博发布厅——"四川司法微博发布厅"，全国首个法院系统微博发布厅——"豫法阳光微博发布厅"等。这标志着新浪微博成为我国政务微博集群化发展的主要阵地。

据统计，目前全国共有 22 个省级政府开通了新浪官方微博。各省份政务微博数量也创新高。截止到 2012 年 10 月底，江苏省政务微博总数达到 6222 个，占全国政务微博总数的 1/10，成为我国政务微博数量最多的省份，也是全国唯一一个政务微博总数超过 6000 的省份。

与民互动、为民办事，是政务微博的最终发展方向。2012 年，基于 6 万政务微博的数量，新浪微博平台上的政务微博开始进入务实应用的发展阶段。联合万余公安微博举办"派出所的一天"微博直播活动、携手 13 个省份政务微博开办微博办事厅设立"民生服务日"、十八大期间邀请各省份领导发表微博寄语向新浪微博网友表达执政心声、微打造"微政道"沙龙带动政务微博线下交流运营之道……为助推政务微博应用模式的丰富性和实用性，新浪政务微博在产品服务、联动协作、搭建线下交流平台等方面都做出了积极尝试。

政务微博作为政府和民间对话沟通的新平台不断凸显出新的发展特性和社会管理价值。本报告将通过对基础数据的分析、发展概况与特点的总结、应用案例的研究等为大家呈现 2012 年度政务微博发展的新特征，及其中需要注意的问题，并对政务微博的发展趋势进行预测和积极探索。

一 新浪政务微博影响力排行

人民网舆情监测室对新浪微博提供的 60064 个（截止到 2012 年 10 月 31 日认证的）党政机构和公务人员微博数据，特别是排名前 300 位的机构微博和前 300 位的官员微博进行分析计算，得出了党政机构微博和公务人员微博排行榜。

排行榜综合考察的一级指标包括：

1. 微博数：一年内所发微博总数（数据统计时限为 2011 年 11 月 1 日至 2012 年 10 月 31 日，以下数据如无特别说明皆同）；

2. 微博频率：日均所发微博数；

3. 微博原创率：原创性微博占所发全部微博的比例；

4. 微博被转发量：所发微博被转发总量；

5. 微博被转发率：平均每条微博被转发量；

6. 微博被评论量：所发微博被评论总量；

7. 微博被评论率：平均每条微博被评论量；

8. 微博评论数：对其他微博进行评论的总数；

9. 粉丝数：相关微博粉丝总数；

10. 粉丝活跃率：活跃粉丝占所有粉丝的比例；

11. 粉丝的粉丝数：其每一位粉丝的粉丝数之和；

12. 粉丝认证率：获得新浪微博认证的粉丝在所有粉丝中所占比例；

13. 关注数：相关微博关注其他微博总数；

14. 媒体关注度：媒体对该微博进行的报道或评论文章总量。

排行榜综合考察的二级指标包括：

1. 微博政务指数：表征微博内容政务含量的高或低；

2. 微博情感指数：表征微博表达的情感积极或消极，内容正面或负面；

3. 评论倾向指数：表征网友对微博进行评论内容的正面或负面；

4. 媒体倾向指数：表征相关媒体文章对微博进行评论内容的正面或负面。

其中一级指标为客观指标，直接通过数据统计得出；二级指标为主观指标，通过舆情分析师对相关微博进行科学抽样和内容分析后，还原为可统计量最终得出。

政务机构和公务人员微博排行主要依据三个指标：微博活跃度、微博传播力、微博引导力。

微博活跃度表征相关党政机构和公务人员通过微博参与官民互动的活跃程度，活跃度越高表示该微博进行官民互动越频繁。统计微博活跃度时所涉及的参数包括：微博数、微博频率、微博原创率、微博评论数、关注数、微博政务指数。

微博传播力表征党政机构和公务人员微博发布信息的传播能力，传播力越高表示该微博所发布的信息在微博中传播的范围越广、速度越快、影响越大。统计微博传播力时所涉及的参数包括：粉丝数、粉丝活跃率、粉丝的粉丝数、粉丝认证率、微博被转发率、媒体关注度。

微博引导力表征党政机构和公务人员微博发布信息的舆论引导能力，引导力越高表示该微博所发布的信息在网民中的关注度越高、认同度越高。统计微博引导力时所涉及的参数包括：微博被转发量、微博被转发率、微博被评论量、微博被评论率、粉丝数、粉丝活跃度、粉丝的粉丝数、粉丝认证率、媒体关注度、微博政务指数、微博情感指数、评论倾向指数、媒体倾向指数。

人民网舆情监测室对新浪微博中最具影响力和代表性的 300 个党政机构微博和 300 个公务人员微博的一级指标进行统计分析后，分别得到 100 位活跃度较高、影响力较大的知名微博，并对其进行二级指标统计。汇总两次统计结果，得到微博活跃度、微博传播力、微博引导力三项指标结果，对其进行权重叠加最终得到综合排名前 10 的党政机构微博和公务人员微博。表 1 ～表 11 列出了基本信息、微博数、粉丝数以及各指标分值。

（一）影响力排行榜

表 1　十大政务机构微博

单位：个

序号	用户昵称	认证说明	粉丝数	微博数	活跃度	传播力	引导力	总分
1	上海发布	上海市政府新闻办公室官方微博	2267435	7873	99.49	95.54	99.40	96.88
2	平安北京	北京市公安局官方微博	3958537	5200	99.33	95.10	98.90	95.02
3	成都发布	成都市人民政府新闻办公室	4639063	7737	99.19	94.64	98.54	94.73
4	平安中原	河南省公安厅官方微博	2314164	10213	98.94	93.87	97.63	94.14
5	公安部打四黑除四害	公安部治安管理局、"打四黑除四害"专项行动办公室	4321733	3687	99.11	94.15	97.97	93.33

续表

序号	用户昵称	认证说明	粉丝数	微博数	活跃度	传播力	引导力	总分
6	南京发布	南京市委宣传部新闻发布官方微博	1894744	9407	98.75	93.61	97.24	92.59
7	广州公安	广州市公安局官方微博	2487330	9542	98.52	93.35	96.93	92.19
8	警民直通车 - 上海	上海市公安局官方微博	1831820	6891	98.41	93.58	96.89	91.98
9	上海铁警发布	上海铁路公安局官方微博	1787660	7655	98.14	92.80	96.38	91.97
10	外交小灵通	外交部公共外交办公室	3149816	4141	97.82	92.72	95.89	91.92

表2 十大公务人员微博

单位：个

序号	微博ID	认证信息	粉丝数	微博数	活跃度	传播力	引导力	总分
1	陈士渠	公安部打拐办主任陈士渠	2831469	3087	80.98	99.32	80.40	96.39
2	陈里	陕西省公安厅副厅长	3067767	7363	95.61	99.40	92.85	95.97
3	王于京	浙江金华武义公安局民警	928122	4837	85.42	93.92	95.31	92.59
4	甘肃刘维忠	甘肃卫生厅厅长刘维忠	1728890	7022	88.20	91.00	81.34	91.78
5	朱永新	全国人大常委会委员、民进中央副主席	1352068	2678	88.61	85.49	88.50	91.49
6	传说中的女网警	北京市公安局网警高媛	1684977	2965	91.10	79.81	82.70	89.27
7	中一在线	浙江海宁司法局局长金中一	811466	8286	97.79	82.14	88.30	86.28
7	段郎说事	江西九江市公安局民警段兴焱	299761	6821	81.37	79.78	81.30	84.61
9	北京王惠	北京市政府新闻办公室主任王惠	1515017	1104	91.21	92.56	94.01	81.33
10	交警大刘	福建厦门市湖里分局交警大队交管科副科长	508657	3651	83.19	98.70	88.68	80.30

表3 十大新闻发布微博

单位：个

序号	用户昵称	认证说明	粉丝数	微博数	活跃度	传播力	引导力	总分
1	上海发布	上海市政府新闻办公室官方微博	2267435	7873	99.49	95.54	99.40	96.88
2	成都发布	成都市人民政府新闻办公室官方微博	4639063	7737	99.33	95.10	98.90	94.73
3	南京发布	南京市委宣传部新闻发布官方微博	1894744	9407	98.75	93.61	97.24	92.59
4	北京发布	北京市政府新闻办公室官方微博	1812177	4316	96.74	91.40	94.23	91.12
5	微博云南	云南省人民政府新闻办公室官方微博	2765286	1941	92.43	89.57	90.38	89.64
6	中国广州发布	广州市互联网新闻信息中心官方微博	1036855	6484	90.81	89.10	89.41	88.64
7	新疆发布	新疆维吾尔自治区人民政府新闻办公室官方微博	1631175	5712	87.83	87.87	87.25	87.00
8	微博银川	银川市委市政府官方微博	1915760	2460	87.71	87.57	86.88	86.74
9	重庆市人民政府新闻办公室	重庆市人民政府新闻办公室官方微博	1243564	3871	87.00	86.69	85.73	85.81
10	青岛发布	青岛市人民政府新闻办公室官方微博	1143135	2408	86.82	86.28	85.18	85.33

表4　十大公安机关微博

单位：个

序号	用户昵称	认证说明	粉丝数	微博数	活跃度	传播力	引导力	总分
1	平安北京	北京市公安局官方微博	3958537	5200	99.19	94.64	98.54	94.73
2	平安中原	河南省公安厅官方微博	2314164	10213	98.94	93.87	97.97	94.14
3	公安部打四黑除四害	公安部治安管理局、"打四黑除四害"专项行动办公室	4321733	3687	99.11	94.15	97.63	93.33
4	广州公安	广州市公安局官方微博	2487330	9542	98.52	93.35	96.93	92.19
5	警民直通车－上海	上海市公安局官方微博	1831820	6891	98.41	93.58	96.89	91.98
6	上海铁警发布	上海铁路公安局官方微博	1787660	7655	98.14	92.80	96.38	91.97
7	安徽公安在线	安徽省公安厅官方微博	3030086	5918	97.59	92.17	95.19	91.48
8	河北公安网络发言人	河北省公安厅官方微博	3179851	2069	97.54	91.95	94.99	91.17
9	济南公安	济南市公安局官方微博	1610316	11694	97.27	91.82	94.75	91.15
10	平安南粤	广东省公安厅官方微博	3672900	3093	96.83	91.67	94.54	91.12

表5　十大交警机构微博

单位：个

序号	用户昵称	认证说明	粉丝数	微博数	活跃度	传播力	引导力	总分
1	南京路况直播间	南京市公安局交通管理局指挥中心官方微博	562513	22153	97.75	92.41	95.49	91.69
2	深圳交警	广东省深圳市公安局交警支队官方微博	201671	6921	93.56	89.93	91.52	89.91
3	广州交警	广州市公安局交警支队官方微博	171936	7796	86.38	85.46	84.23	84.32
4	潍坊交警	山东省潍坊市公安局交警支队官方微博	671947	6864	86.09	85.33	83.80	83.84
5	湖南高速警察	湖南省公安厅交警总队高速公路管理支队官方微博	497752	4715	85.23	84.93	82.79	83.02
6	山东省公安厅交警总队	山东省交警总队官方微博	1571900	946	84.69	84.58	82.38	82.59
7	湖南省交警总队	湖南省交警总队官方微博	511178	5874	76.79	83.42	80.46	81.25
8	湖北交警	湖北省公安厅交通管理局官方微博	523535	4291	80.20	80.80	75.11	79.38
9	湖北高速交警	湖北省公安厅高速公路警察总队官方微博	524042	3371	79.39	80.54	74.37	79.07
10	重庆交巡警	重庆市公安局交巡警总队官方微博	474424	1746	76.02	80.44	74.02	78.93

表6　十大交通机构微博

单位：个

序号	用户昵称	认证说明	粉丝数	微博数	活跃度	传播力	引导力	总分
1	山东交通出行	山东省交通运输厅公众出行平台	159862	17924	93.22	89.92	91.21	89.75
2	南昌铁路	南昌铁路局官方微博	1866097	4766	88.76	88.12	87.78	87.52
3	交通港航	上海市交通运输和港口管理局官方微博	1136616	2125	86.54	85.55	84.36	84.58

续表

序号	用户昵称	认证说明	粉丝数	微博数	活跃度	传播力	引导力	总分
4	交通北京	北京市交通委员会官方微博	230089	9739	86.23	85.40	84.01	84.02
5	上铁资讯	上海铁路局官方微博	631127	5085	82.84	83.30	80.21	81.09
6	中国铁路	铁道部政治宣传部官方微博	652462	6500	82.46	82.74	79.32	80.83
7	北京铁路	北京铁路局官方微博	1113187	2350	82.41	82.64	79.16	80.78
8	新疆铁路	乌鲁木齐铁路局官方微博	199744	7103	80.02	80.64	74.74	79.24
9	郑州铁路局	郑州铁路局官方微博	441892	4047	79.81	80.61	74.64	79.20
10	西南铁路	成都铁路局官方微博	427065	4665	78.68	80.36	73.76	78.82

表7　十大共青团机构微博

单位：个

序号	用户昵称	认证说明	粉丝数	微博数	活跃度	传播力	引导力	总分
1	陕西青少年公益	陕西省实施希望工程办公室官方微博	151991	27949	94.66	90.21	92.12	90.17
2	广东共青团	共青团广东省委员会官方微博	1024349	7561	90.89	89.26	89.68	88.71
3	河北共青团	共青团河北省委员会官方微博	71129	13270	90.38	88.94	89.01	88.06
4	石家庄共青团	河北省石家庄共青团官方微博	101742	12722	89.19	88.40	88.18	87.63
5	中国青年志愿者	中国青年志愿者官方微博	1217492	1542	82.61	82.81	79.48	85.89
6	共青团重庆市12355	重庆市12355青少年服务台官方微博	264799	5181	80.94	81.38	76.24	79.83
7	成都共青团	共青团成都市委员会官方微博	378930	3144	79.52	80.56	74.46	79.11
8	广州共青团	广东省广州市共青团官方微博	614006	3404	79.05	80.45	74.11	78.96
9	共青团上海市12355	上海共青团12355官方微博	317332	2757	76.74	79.46	71.63	77.93
10	中国少先队－红领巾集结号	团中央未来网红领巾集结号官方微博	202797	1829	76.38	79.30	71.31	77.73

表8　十大旅游机构微博

单位：个

序号	用户昵称	认证说明	粉丝数	微博数	活跃度	传播力	引导力	总分
1	中国旅游	国家旅游局官方微博	2692541	1837	95.49	90.39	92.68	90.43
2	山东省旅游官方微博	山东省旅游局官方微博	637664	8959	94.38	90.10	91.92	90.12
3	广西旅游局	广西旅游局官方微博	348067	11747	87.98	88.03	87.49	87.10
4	浙江省旅游局	浙江省旅游局官方微博	859447	5802	87.26	87.23	86.42	86.41
5	玩转安吉	浙江安吉风景与旅游管理委员会官方微博	236761	3458	86.75	86.17	85.09	85.29
6	济南市旅游局微博	济南市旅游局官方微博	99696	8511	85.43	84.97	82.97	83.04
7	南京市旅游园林局	南京市旅游园林局官方微博	180993	9762	83.73	84.00	81.40	81.71
8	九寨沟管理局	九寨沟风景名胜区管理局官方微博	652700	3204	82.94	83.37	80.38	81.11
9	四川省旅游局	四川省旅游局官方微博	554539	1843	81.97	82.42	78.57	80.58
10	乐游上海	上海市旅游局	512038	3398	81.15	81.44	76.46	79.92

表9 十大气象机构微博

单位：个

序号	用户昵称	认证说明	粉丝数	微博数	活跃度	传播力	引导力	总分
1	广东天气	广东省气象科技服务中心	534362	2380	81.31	81.62	76.80	80.04
2	深圳天气	深圳市气象局官方微博	190628	4169	80.55	81.00	75.51	79.54
3	河北天气	河北省气象局官方微博	252728	2557	78.17	80.14	73.20	78.60
4	广州天气	广州市气象局官方微博	109371	2739	77.95	79.94	72.80	78.45
5	中央气象台	中央气象台官方微博	122054	1829	77.31	79.64	72.13	78.15
6	上海市天气	上海市气象局官方微博	109162	1442	76.20	79.20	71.12	77.64
7	气象北京	北京市气象局官方微博	72406	1341	75.66	78.93	70.57	77.35
8	南京气象	南京市气象局官方微博	29040	4811	74.28	78.46	69.67	76.80
9	苏州气象	苏州气象局官方微博	32954	3214	74.09	78.29	69.39	76.68
10	东莞天气	广东省东莞市气象局官方微博	52181	2374	72.95	77.95	68.64	76.21

（二）政务微博十佳应用

2012年新浪政务微博十佳应用见表10。

表10 2012年新浪政务微博十佳应用

省份	昵称	认证说明	应用亮点
部委	中国青年志愿者	中国青年志愿者官方微博	2012年10月中旬，团中央志工部、中国青年志愿者协会联合策划发起了"走进七彩小屋、体验七彩课堂"志愿者体验日活动。全国31个省级及其下属志愿者相关账号参与了本次活动，北京、武汉、广东惠州、辽宁、上海五大城市展开了线下志愿者招募活动，共招募到50名网友走进七彩小屋，利用微博播报志愿体验活动。政府借助媒体平台，联合企业，共同发起爱心活动，拓宽了公益活动的范围，起到了主导和示范作用，得到社会各界的好评
部委	交通安全微发布	交通安全微博发布厅	在公安部交通管理局"@交通安全微发布"微博带动下,9月26日"交通安全微博发布厅"正式上线，首批共有全国2600余个基层公安交通管理部门政务微博、交通警察个人微博加入发布厅，发布的主要内容包括我国道路交通管理、交通安全政策法规、各地重大活动交通管理措施、重要节假日安全出行提示等服务性、实用性信息。同时，发布厅也带动各地结合典型案例，及时开展交通安全宣传，并汇集互联网上宣传交通安全的视频、音频资料，宣传交通安全知识
河南	豫法阳光	河南省高级人民法院官方微博	2012年10月18日，河南省高级人民法院"@豫法阳光"官方微博通过全省法院"豫法阳光"群开展微直播集中接访当事人活动，全省各分管立案信访的院领导带领微博接访人员全天候候接访，并通过"豫法阳光"官方微博对活动进行了全程微直播。这是全国法院系统第一次微博接访，不仅为百姓办了实事，同时其积极应对的态度也获得了良好的社会反响
四川	东坡区纪委	中国共产党眉山市东坡区纪律检查委员会官方微博	2012年10月6日，四川省眉山市某网友在其微博中称当地某派出所所长酒后打人，并写出了打人者的职务和姓名，引发网友关注。10月7日，"@东坡区纪委"两度发博做出回应，向群众通报调查情况及处理意见。"@东坡区纪委"积极面对网络舆情的做法，对政府了解民意、听取民意、缓解社会矛盾发挥了积极的作用，同时也有利于增强政府的公信力，加深公众对政府的信任，为基层政务微博树立了榜样

续表

省份	昵称	认证说明	应用亮点
广东	广东政法	广东省政法委、省"三打"办、省综治办、省维稳办、省禁毒办官方微博	作为全国唯一一个省级政法综治部分的官方微博，"@广东政法"走在前列，其日常微博标签主要为"反腐""平安广东""司法公开"，其能够通过微博平台回应社会大众及媒体对反腐败、司法公开等敏感话题的关切，及时公布相关信息。2012年11月25日，"@广东政法"发布微博称"微博案源多，鼓励广东各级检察院及其反贪局、反渎局开办官方微博，循线依法反贪反渎"。对此，"@人民日报"积极回应"从网友微博爆料求关注，到政府号召微博找案源，多一些主动作为，少一些被动应对，这就对了！"随后，"@广东政法"回复，"给人民日报一喊，睡意全无！"
部委	中国地震台网速报	国家地震台网官方微博	中国地震台网速报将微博深度植入自己的灾情预报系统，作为自己最主要的灾情发送渠道。为iOS、Android等系统都开发了相应的App。在政务微博中，这种将微博产品与政府服务结合的应用，可以说是首创
河北	善行河北	河北省文明办善行河北官方微博	2012年11月，河北省委宣传部、河北省互联网信息办公室、新浪河北联合举办"经济强省 和谐河北 我的精彩五年——大型网络征文活动"。活动由活动专题、线上征文、微博有奖互动、微访谈、颁奖座谈会、文化体验之旅几部分组成，活动过程中借助微吧等新媒体产品鼓励用户积极参与，取得了良好的宣传效果，同时也为后续微博内容的沉淀、活动成果的展示打下了良好基础，成为政府部门积极运用新媒体执政为民的优秀典型
部委	商务微新闻	中华人民共和国商务部新闻办	"@商务微新闻"2012年6月上线。通过清晰的"商务微发布""发布会微报"等栏目规划，直接表明自身的微新闻模式定位。在面临如"中欧光伏问题""电商大战问题"等焦点事件时，"@商务微新闻"都会及时微博发声，且内容发布速度与官网基本保持同步。并且在下一步运营策略中，"@商务微新闻"准备将微新闻模式进一步深化，微博将作为官方第一时间发布新闻的主要渠道
江苏	建邺播报玄武发布栖霞视点江宁发布浦口发布六合发布高淳发布下关微讯	南京市下属区县宣传部官方微博	2012年9月，新浪微博平台推出了微博办事厅产品，将原有的"单向发布"变为了"单向发布与双向互动"相结合。借助此平台优势，10月至11月，南京市玄武区、建邺区等8个区县官方微博设立了8个政务微博民生服务日，就各类民生热点问题与网友互动交流，共收到近400个网民问题，回复约200个。这种区域政务微博集中的民生互动服务，展现了南京市各区县政府善于利用微博平台倾听民意和为民办事的诚意
海南	海南信访群众之家	中共海南省委群众工作部、海南省信访局官方微博	2012年4月12日，海南省委群众工作部、海南省信访局率先在全国开通了信访政务微博，成了全国首个"信访微博"。日常，该微博积极接受群众诉求，主动介入社会热点问题，树立政府的权威形象。6月中旬，安徽游客姚远向"@海南信访群众之家"微博留言，反映他来海南旅游遭遇旅行社恶劣接待。该微博参与事件处置全过程，并进行微博直播。最终事情得到妥善解决。针对民众关心的焦点话题，该微博第一时间关注督办，并及时发布投诉反馈。该微博体现了群工、信访部门为民服务观念、方式的转变

表11　十大成长最快政务机构微博

单位：个

序号	用户昵称	认证说明	粉丝数	微博数	活跃度	传播力	引导力	进步值
1	北京地铁	北京地铁公司官方微博	415299	2955	190	22	297	493
2	余杭刑警	杭州市公安局余杭区分局刑事侦查大队官方微博	2614	383	154	30	275	459
3	中国地震台网速报	国家地震台网官方微博	527043	1265	136	37	305	456

续表

序号	用户昵称	认证说明	粉丝数	微博数	活跃度	传播力	引导力	进步值
4	广东发布	广东省人民政府新闻办公室官方微博	928541	2243	114	19	275	408
5	商务微新闻	中华人民共和国商务部新闻办	11422780	897	75	16	259	350
6	岚山警方	山东日照市公安局岚山分局	154360	865	80	11	250	341
7	广州网警	广州市公安局公共信息网络安全监察分局官方微博	15319	936	115	17	200	332
8	平安余杭	杭州市公安局余杭区公安分局官方微博	58277	5885	194	31	289	323
9	千岛湖旅游	淳安县千岛湖风景旅游委员会官方微博	177194	3774	133	28	348	320
10	海安发布	江苏海安县委宣传部官方微博	80061	4718	130	19	270	303

注：本表引用新浪微博数据中心统计资料。

二　新浪政务微博发展概况

（一）地区分布

截至 2012 年 10 月 31 日，人民网舆情监测室分别对新浪微博中 34539 个党政机构和 25525 个公务人员微博进行分析，得出中央部委和各个省级区划内所有党政和公务人员微博的分布情况，再分别对新浪微博中 300 个最具影响力和代表性的党政机构和公务人员微博账户进行统计，得出各个省级区划内这些最具影响力的党政机构和公务人员微博的分布情况（见图 1～图 4）。总体来看，新浪微博舆论热度在 2012 年达到新高，成为我国互联网舆论场

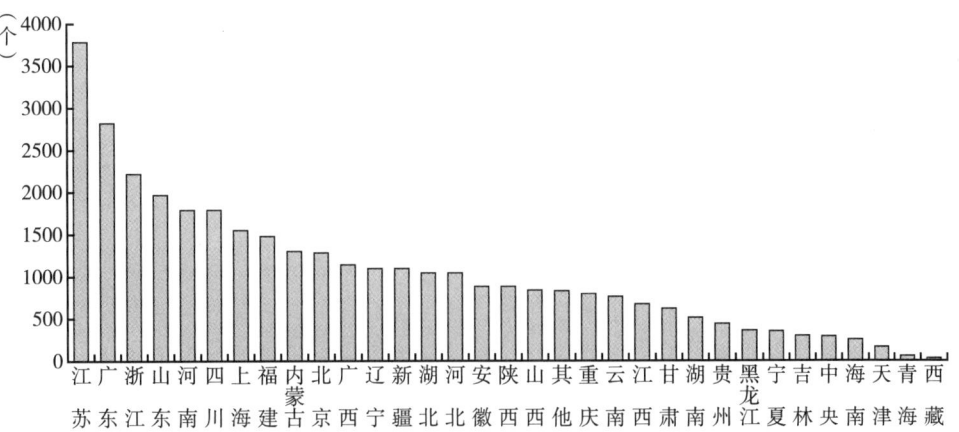

图 1　全国党政机构微博地域分布

中最具传播活力和话题深度的平台之一，随着大量政务微博的兴起，微博平台将对我国社会舆论格局的发展产生深远的影响。

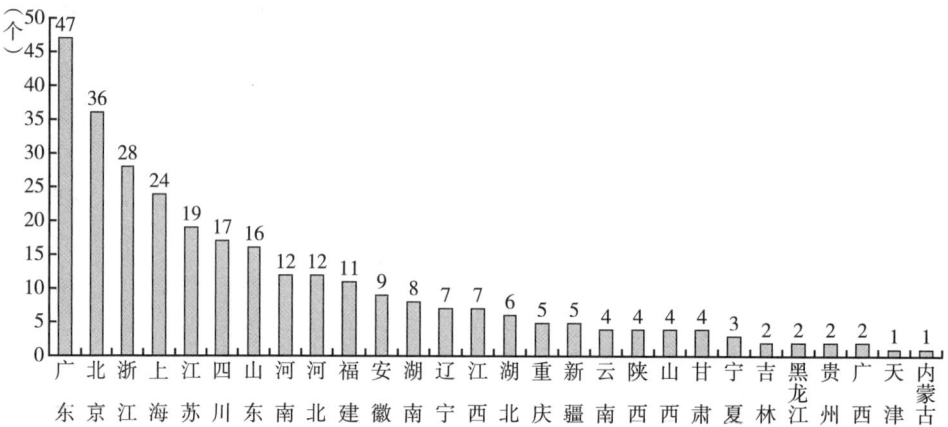

图2　党政机构微博影响力"TOP300"地域分布

2012年全国各地党政机构微博数量在各地都有较大涨幅，相较于上半年而言，总体来说前10名变化不大，江苏、广东、浙江、山东4省党政机构微博数量仍处于前4位，河南、北京、福建、内蒙古、上海、辽宁名次微调。党政机构微博影响力"TOP300"地域分布方面，江苏省由上半年的第7位跃升至第5位，涨幅为53%。其中涨幅最大者为上海（70.8%），其次为四川（58.8%）、北京（44.4%）、广东（42.6%）、浙江（32.1%），新浪政务微博即将进入东部与中西部广大地区共同繁荣时期。

公务人员微博地域分布中，相较于上半年，总体分布情况差异不大，江苏跃至第1位，超过北京、河南，广东跌落山东、陕西之后。公务人员微博影响力"TOP300"微博地域分布上，广东（59.1%）涨幅最大。其次为山东（46.2%）、浙江（31.0%），福建仍与上半年数据持平（见图3~图4）。

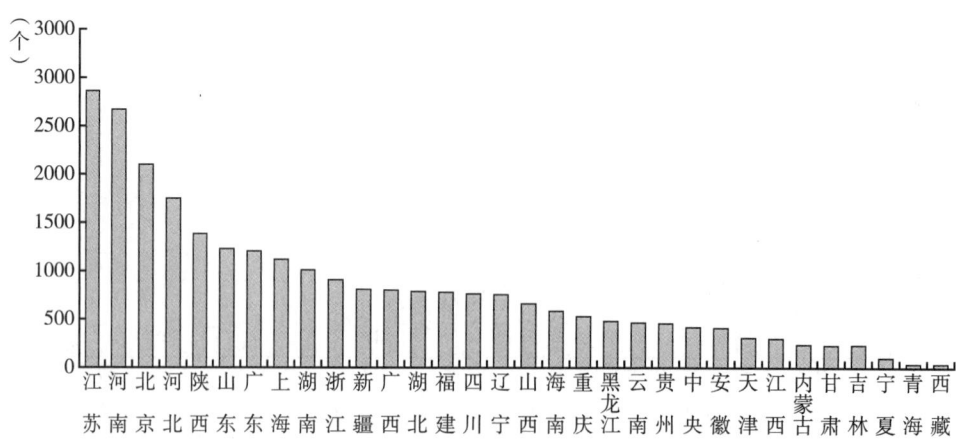

图3　全国公务人员微博地域分布

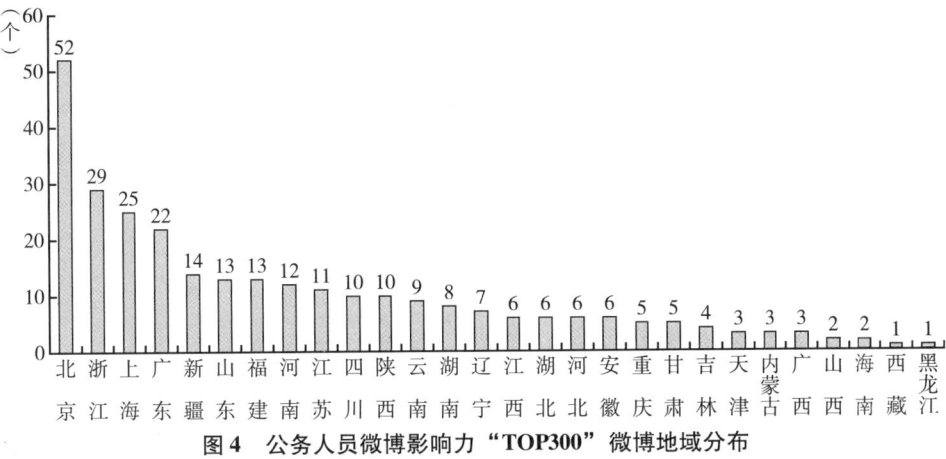

图4 公务人员微博影响力"TOP300"微博地域分布

（二）部门分布

截止到2012年11月19日，人民网舆情监测室分别对新浪微博中34539个党政机构和25525个公务人员微博进行分析，得出所有党政机构和公务人员微博部门分布情况；再分别对新浪微博中300个最具影响力和代表性的党政机构和公务人员微博账户进行统计，得出这些最具影响力的党政机构和公务人员微博部门分布情况（见图5~图8）。

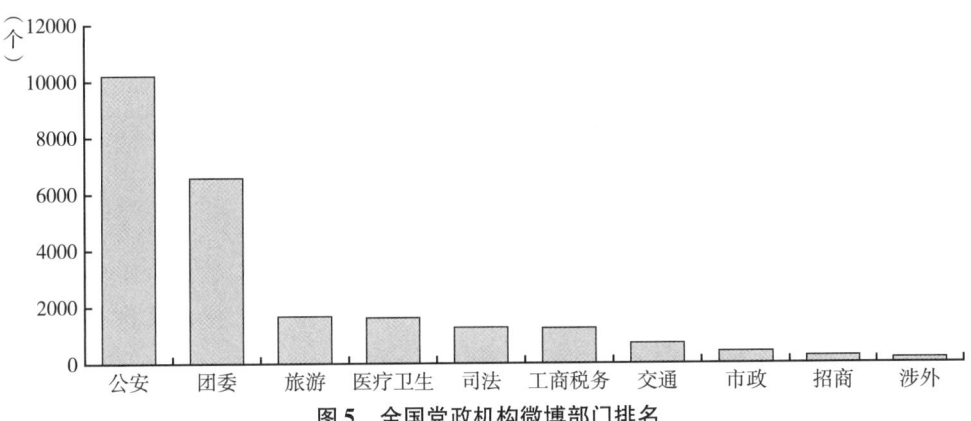

图5 全国党政机构微博部门排名

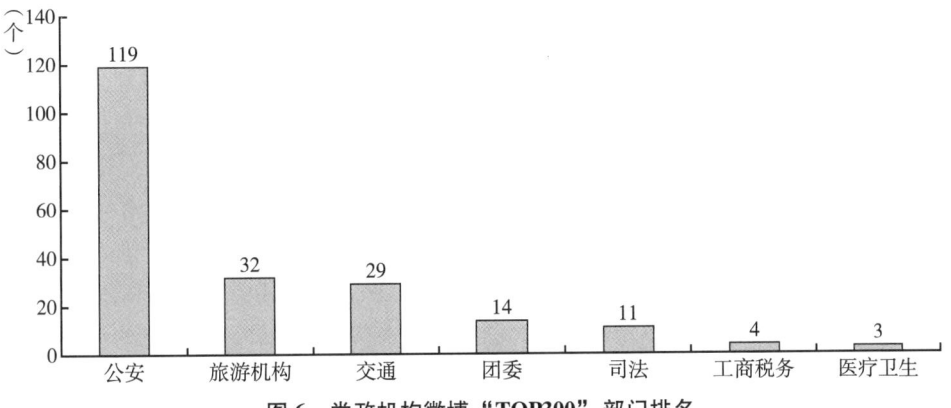

图6 党政机构微博"TOP300"部门排名

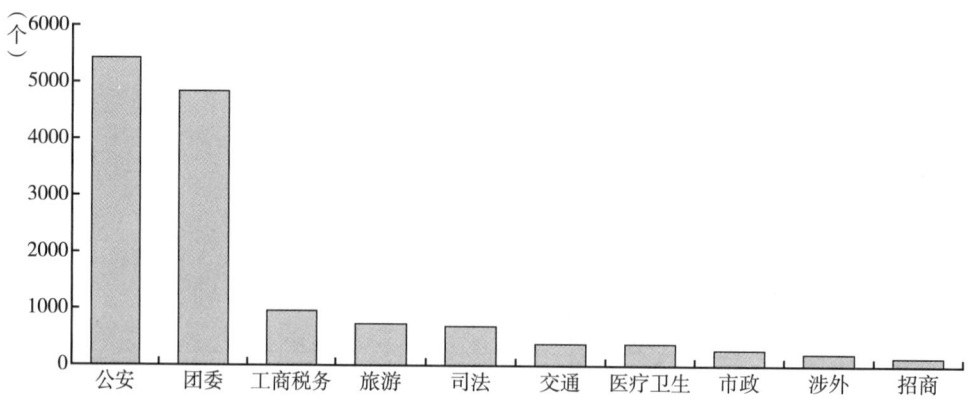

图7　公务人员微博部门分布

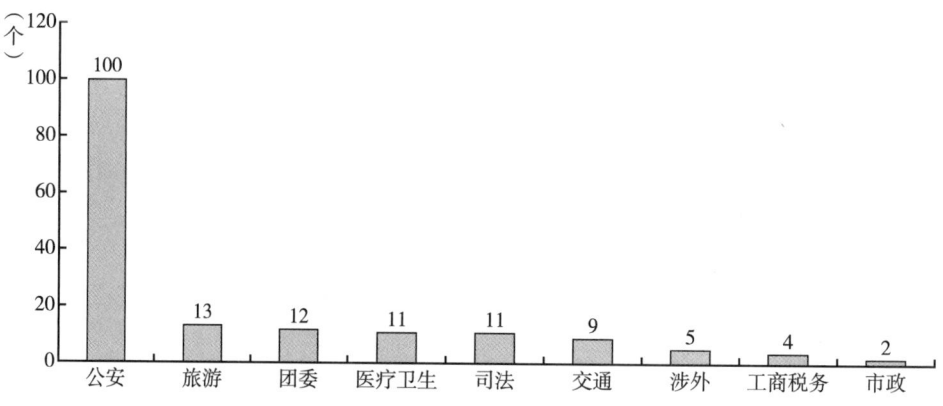

图8　公务人员微博"TOP300"部门排名

从统计情况看，我国政务微博仍持续全面发展，各部门微博绝对数量均有较多增长，在政务微博"TOP300"的行业分布中，司法类（54.5%）增长最快，其次为工商税务（50%）、交通（34.5%）、旅游（31.3%）、团委（28.6%）。

（三）行政级别分布

截止到2012年11月19日，人民网舆情监测室分别对新浪微博中34539个党政机构和25525个公务人员微博进行分析，得出所有党政机构和公务人员微博行政级别分布情况；再分别对新浪微博中300个最具影响力和代表性的党政机构和公务人员微博账户进行统计，得出这些最具影响力的党政机构和公务人员微博的行政级别分布情况（见图9~图10）。

目前，我国政务微博正处于省部级微博良好发展，厅局级、县处级微博持续发展的阶段。以基层区县、乡镇、村委和街道为例，县处级以下政务微博在2012年进入蓬勃发展时期，新浪大量政务微博深入民间，扎根群众之中，服务于老百姓，非常有利于"接地气"，他们以具有亲和力的工作态度不断得到广大群众和网民认可。另外，党政机构与公务人员微博的良好运营，不仅有利于为广大群众提供公共信息与电子政务服务，还有利于扩大信息公开，促进网民行使知情权、表达权、监督权和参与权，从而更好地深入基层为人民服务。

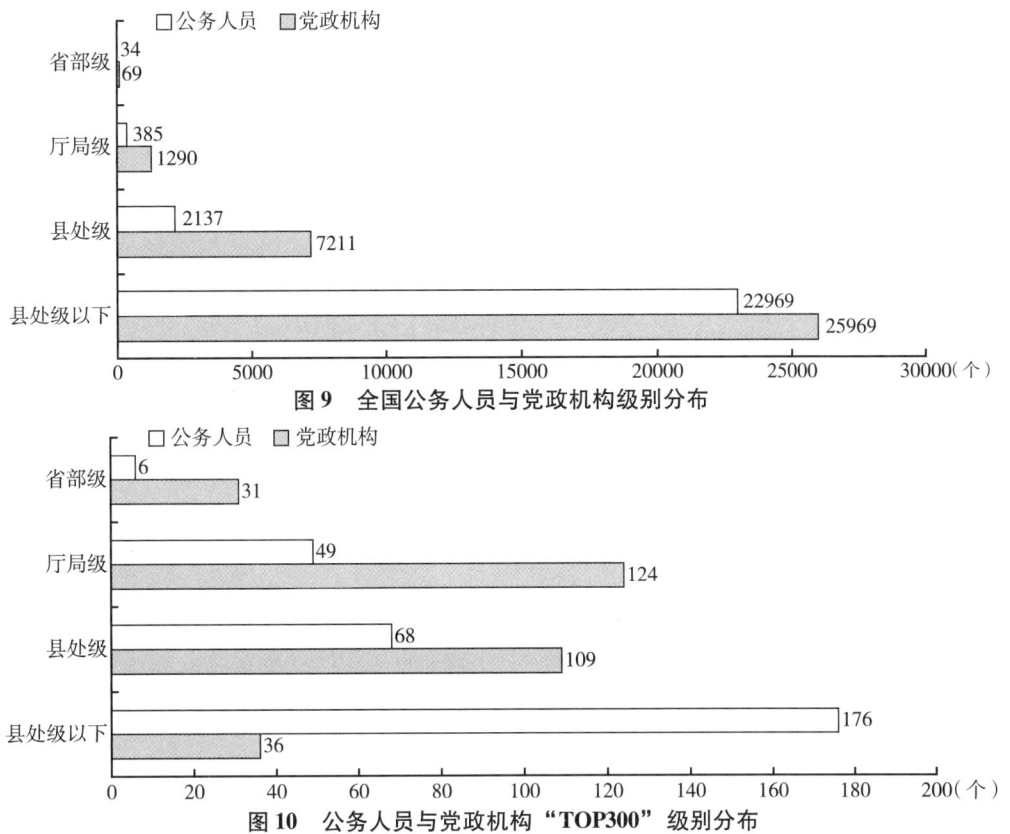

图9　全国公务人员与党政机构级别分布

图10　公务人员与党政机构"TOP300"级别分布

（四）粉丝特征分布

通过抽样分析可看出，关注政务微博的粉丝中，男性约占61.4%，女性约占38.6%，政务微博的男粉丝数远远高于女粉丝数（见图11～图12）。政务微博的认证粉丝约占总粉丝的12.07%，非认证粉丝占87.93%，约是认证粉丝的7.3倍，可见其庞大的网民基础，有助于政民强监督、强互动，更好地为民办实事。

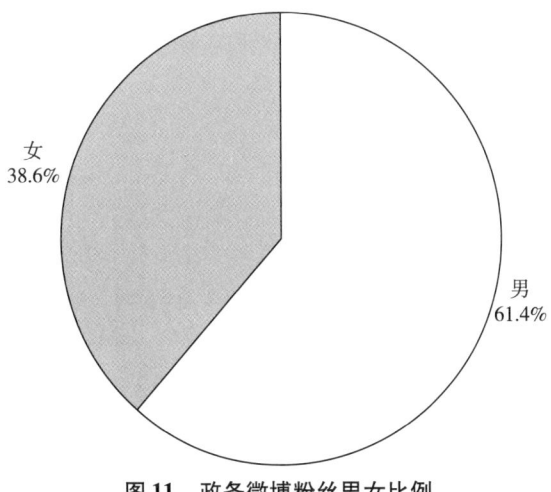

图11　政务微博粉丝男女比例

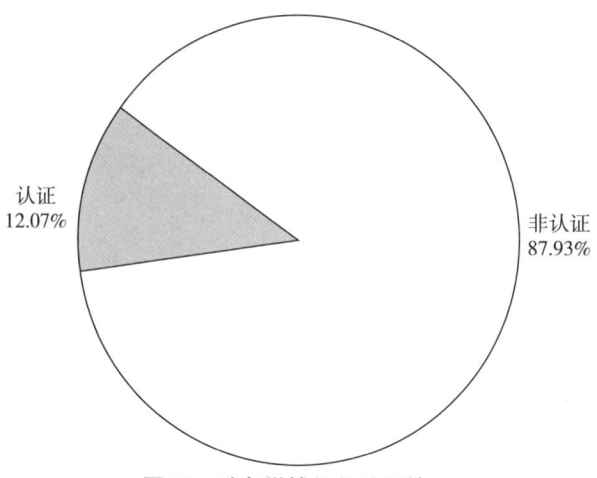

图 12　政务微博粉丝认证情况

（五）政务微博发展曲线

2012 年政务微博数量平稳快速增长，政务机构开博数量每月平均增加 2181 个，公务人员开博数量每月平均增加 1422 个。2011 年 12 月发布的《2011 年新浪政务微博报告》显示，截止到 2011 年 10 月底，新浪政务微博总数 18132 个。相比去年同期，新浪政务微博数净增 41932 个，增长率达 231%（见图 13～图 14）。

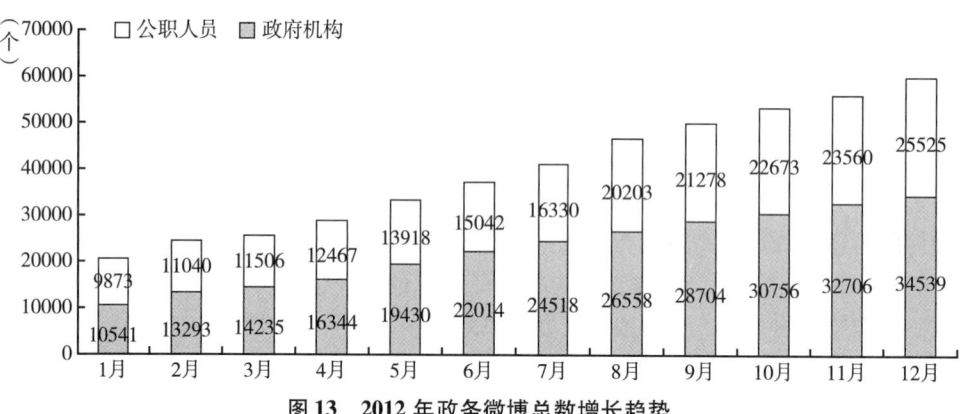

图 13　2012 年政务微博总数增长趋势

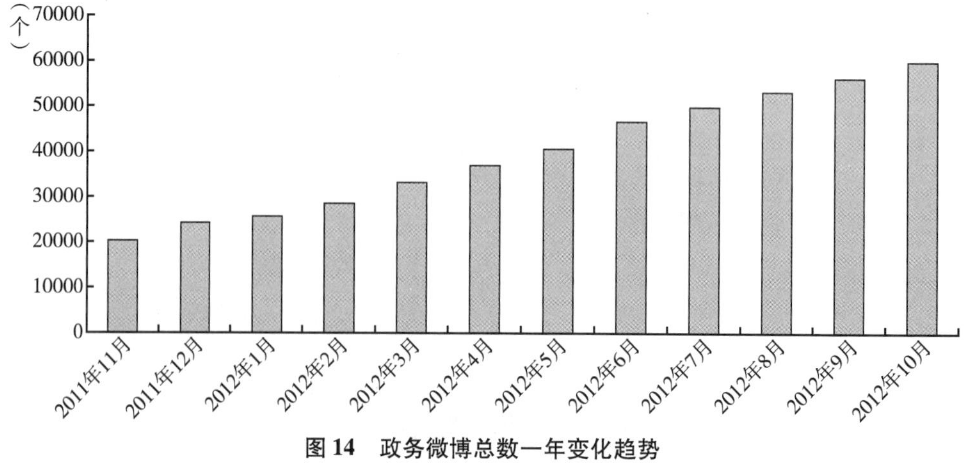

图 14　政务微博总数一年变化趋势

三 政务机构微博趋于"全覆盖"

（一）中央部委微博进入发展期

1. 部委微博概况

政务微博经过短短两年发展时间，目前总数已突破6万个，其中有20个部委（含下属司局）及部委级组织落户新浪微博，包括外交部、商务部、卫生部、国家发改委等国务院下属组成部门，国家林业局、国家旅游局等国务院直属机构。在这20个部委中，开通官方微博总数已经达到46个。其中，外交部共开通11个官方微博，公安部7个，卫生部5个。部委微博在2011年10月后，开始呈快速增长趋势。

2012年11月9日，"@国务院公报"以实名认证的方式在新浪开设官方微博，9日上午11时08分发布消息说，"国务院公报微博10日将正式上线，将秉承'传达政令、宣传政策、指导工作、服务社会'的办刊宗旨，及时准确地公布国家的重大方针政策"。这标志着我国中央政府正式开始运用微博发布政务信息。其一上线就引发舆论关注，不到一天就有13万粉丝，截至11月25日，粉丝超过50.8万。

2012年8月下旬，新浪发布全国首份部委微博报告《部委微博运营发展模式》，为部委微博的建立和发展提供参考。据分析，我国中央部委微博呈现六种主要运营模式群，包括群管理模式、微互动模式、微新闻模式、微活动模式、微快报模式、微应对模式。同时，我国中央部委政务微博运营发展有以下四个重点。（1）功能定位与发展方向：凸显微博助政，具备部委视角。（2）运营组织与团队架构：行政级别更高，团队纳入本领域权威专家。（3）目标指向与内容设定：锁定专业人士，体现政策把控。（4）沟通姿态与语言风格：平等对话，不宜过度卖萌等。有专家指出，地方政务微博更多体现"微博办事"，更多涉及具体业务，而部委微博更多体现"微博助政"，部委微博应该具备部委视角，内容发布更为专业，更为权威。

2. "@中国旅游"

（1）微博介绍

"@中国旅游"是国家旅游局开设的微博，旨在"联合各省、市、自治区旅游局，共同打造一个官方旅游资讯发布平台，服务广大游客，宣传中国旅游"。2011年4月2日，"@中国旅游"成为新浪微博认证用户，截至2012年11月25日，其共有粉丝2925139名，累计发布微博数4433条，日均发博7.6条。在最新的新浪微博"政府人气榜"中，"@中国旅游"位列第10位（见表12）。

"@中国旅游"所发微博原创比例极高，内容多为食、住、行、游的相关攻略，且所发微博均有配图，符合旅游信息的传播特点，更具吸引力。所推荐的攻略或图片通常来自网友，与网友互动率很高。2011年底，由中国信息化研究与促进网、中国优秀政府网站推荐及综合影响力评估组、中国优秀政务微博推荐评估组共同组织的"2011优秀政府网站推荐及综合影响力评估结果"发布。其中，"2011年度中国最具影响力政务微博"系列中，国家旅游局微博"@中国旅游"位列第2位。国家旅游局信息中心主任侯振刚在接受采访时表示，旅游微博要与旅游局的资讯网站以及其他网络媒体和传统线下媒体紧密结合，使旅游信息传播效果最大化。

（2）微博分析

表12 "@中国旅游"新浪微博粉丝相关数据（截至2012年11月25日）

单位：个，%

昵称	粉丝数	粉丝认证数	粉丝认证率	粉丝活跃程度
中国旅游	2925139	14245	0.49	69907

由中国国家旅游局管理的"@中国旅游"，其发博时间集中在下午14时至16时。截至2012年11月25日，其累计发布微博数4433条，日均发博7.6条（见图15）。

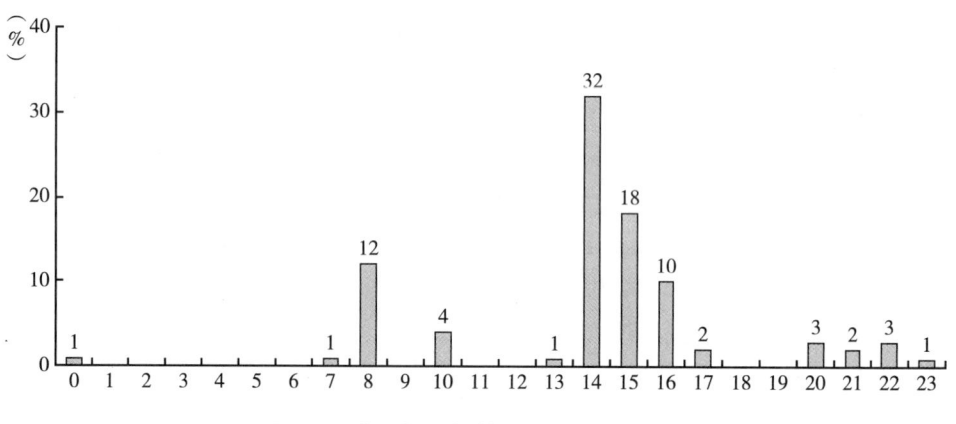

图15 "@中国旅游"发博时间段分布

"@中国旅游"所发微博超八成是原创，其转发的微博最多的属于线上活动，既有中国旅游局自身发起的，也有地方旅游局发起的抢票活动（见图16～图18）。

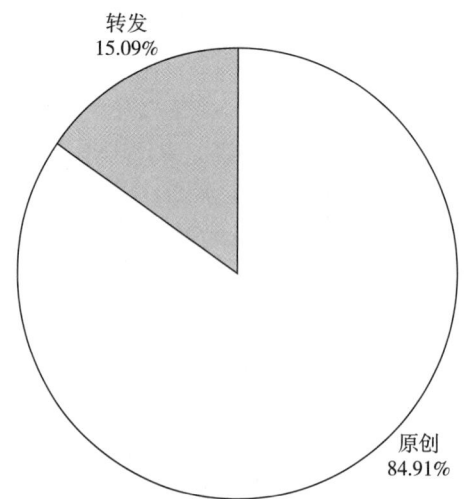

图16 "@中国旅游"微博原创、转发比例分布

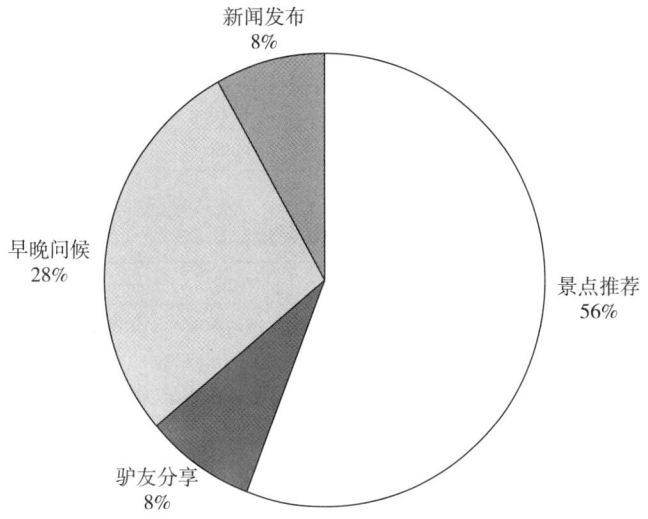

图17　"@中国旅游"原创微博内容分析（样本量：100条）

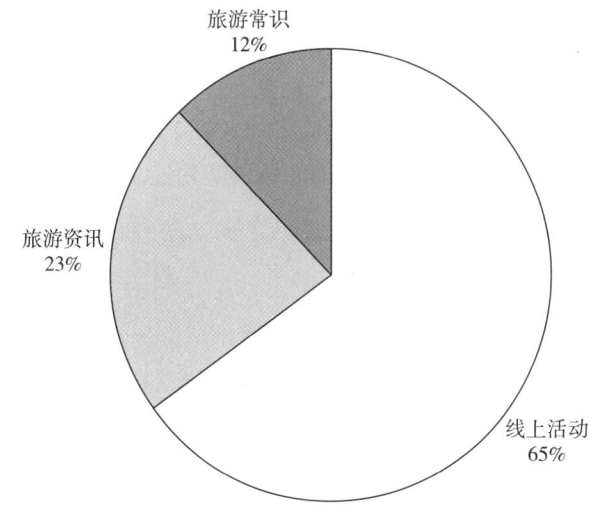

图18　"@中国旅游"转发微博内容分析（样本量：100条）

"@中国旅游"的原创微博中，景点推荐占了半数以上，景点推荐既有景点介绍也有旅行线路的推荐，且多以某个主题为中心，推荐多个景点，如"夏日恋歌　爱上美丽小岛""神州何处好避暑　高山深处凉意浓""静坐听海　幽静海岛推荐""桃花朵朵开　12星座艳遇胜地"等，带有一定的季节倾向性。驴友分享会选取驴友的图片和文字，图文并茂地介绍旅行目的地，同时还会"@"该网友，形成一种互动，也是为了图片版权考虑。

（3）媒体与网友评价

媒体对"@中国旅游"的评价及其他相关内容可参见表13、表14。

表13　"@中国旅游"微博传播相关数据（截至11月25日）

单位：个

昵称	微博数	总转发数	总评论数	平均转发数	平均评论数
中国旅游	4433	252681	44330	57	10

表14　媒体认可度分析

日期	媒体	标题	倾向性
2011年11月13日	新京报	全国十大政务机构微博　国家旅游局官方微博上榜	正面
2012年1月1日	中国网	国家旅游局微博荣登年度中国最具影响力政务微博	正面
2012年4月6日	经济日报	国家旅游局信息中心主任谈旅游微博能做什么	中性

"@中国旅游"的微博互动性强，不仅仅是和网友互动，也还跟地方旅游局，其他部委的微博进行互动，比如"@山东省旅游局官方微博""@外交小灵通"等。所提供的信息多为旅游所涉及的美食、住宿、交通、景点攻略，几乎每条原创微博都会配图片，吸引眼球。

（4）综合评价

由中国国家旅游局管理的"@中国旅游"官方微博，至今已运行一年有余，在旅游资讯的分享上根据时节，以主题的形式将景点串联起来，在向网友传递信息的同时又带有趣味性，契合了旅游能给人带来放松休闲的特点。在互动方面，转发地方旅游局的线上活动和旅游资讯，并经常选择网友的图文进行发布，拉近与地方相关部门和网友的距离。另外，涉及旅行签证、国外旅游地最新动向等信息，具有很强的实用性。

3. "@商务微新闻"

（1）微博介绍

商务部官方微博"@商务微新闻"于2012年6月26日开通。上线3天后即迎来"猫叔事件"。面临突发情况，商务部微博工作人员并没有选择联系平台运营商删除相关内容，而是较好地运用"转堵为疏"策略，成功应对此次舆情，顺利完成上线后的第一次考试。

（2）微博分析

"@商务微新闻"的相关数据信息可参见表15。

表15　"@商务微新闻"新浪微博粉丝相关数据（截至2012年11月25日）

单位：个，%

昵称	粉丝数	粉丝认证数	粉丝认证率	粉丝活跃程度
商务微新闻	1142430	551	0.1	11424

由中华人民共和国商务部新闻办管理的"@商务微新闻"，其发博时间集中在上午7时至11时和15时至17时。截至2012年11月25日，其累计发布微博数897条，日均发博5.7条，原创率高达100%（见图19）。

（3）媒体与网友评价

长江时评作者张洪泉认为：商务部"猫叔事件"不妨将错就错。"如果因为此次'猫叔'配图让商务部网站火起来，并能继续放下架子，搞更多贴近公众的东西，弄不巧就成

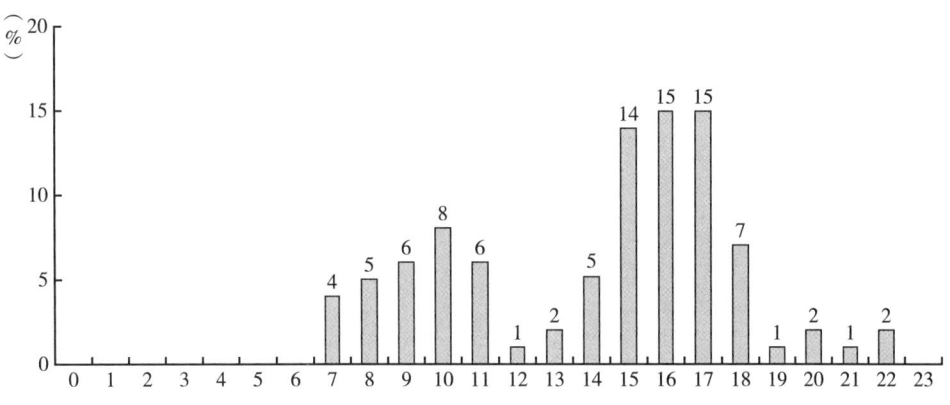

图19 "@商务微新闻"发博时间段分布

为政府网站'严肃活泼'的一个样板，也未尝不是一件好事。"

网民的留言显示，九成以上的网民立马原谅了这一无心之失。

网友"@我是璇子"说："这配图很不错啊，消息是好消息，这猫的表情是陶醉的，很贴近。"

网友"@请叫我帅气的花哥"大度表示："就爱看官博卖萌，没关系。"

可以说，商务部形象不仅未受到丝毫损害，反而拉近了和普通民众的距离，甚至为新开的微博拉来了众多的"粉丝"。

（4）综合评价

商务部官方微博值班人员迅速上报情况给新闻办领导，在经过舆情研判后，由商务部新闻发言人沈丹阳亲自制定应对策略，体现了部委领导对微博的重视。由商务部新闻发言人沈丹阳亲自撰写应对文案"两只大猫爬上网"，幽默的语言配上害羞的表情，以轻松姿态应对社会批评的同时赢得了网民的理解与认同。

4. "@中国铁路"

（1）微博介绍

2012年2月17日，"@中国铁路"正式亮相新浪微博。"@中国铁路"的前身为2012年1月5日铁路部门在新浪微博开通的"@2012铁路春运"微平台，在为期40天的运营过程中，"@2012铁路春运"及时更新余票信息，讲述铁路一线微故事，发起失物招领，受到网友广泛好评。随后，在"@2012铁路春运"微平台备受赞誉的基础上，铁道部政治部宣传部推出了重新定位的"@中国铁路"官方微博，这一微博是铁路部门提供运输资讯服务、普及铁路常识、推广铁路文化、与网友开展互动活动的重要平台之一。

（2）微博分析

"@中国铁路"的相关信息可参见表16、图20。

表16 "@中国铁路"微博信息一览

微博名称	认证信息	微博发布总量（条）	原创微博率（%）	粉丝数（个）	日均发博数（条）	平均被评论数（条）	平均被转发数（条）
@中国铁路	铁道部政治部宣传部	6896	30	758215	20	3.0	6.5

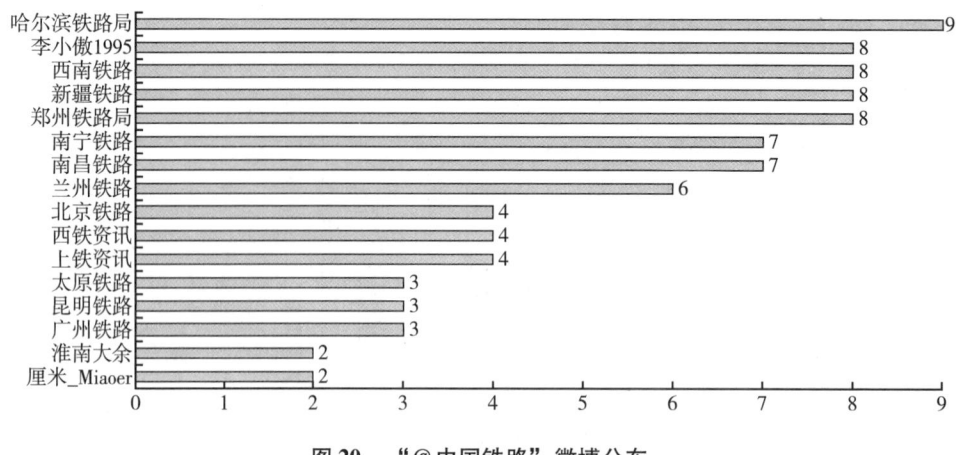

图20　"@中国铁路"微博分布

（3）互动分析

由"@中国铁路"牵头，聚合18个路局官方微博、63个站段官方微博、7个服务品牌微博，以微博发布厅的形式呈现；利用"@"等功能，联动各个路局官方微博进行统一策划、宣传，为民办事；联动各路局官方微博，集体开展微活动。

火车票13小时找到主人。1月16日晚上21：19，"@广州铁路"发布一条旅客丢失火车票的信息，微博称显示名为吴小丽的旅客丢失K1172从广州到湖北十堰的火车票，并通过"#主人，你在哪里？#"活动铁道部官方微博"@2012铁路春运"发布，该微博经新浪微博网友300多条转发后，17日上午10点整，名为"@吴小丽lisa"的网友发布微博称："@广州铁路你好，我是吴小丽，火车票是我的，我都不知道自己什么时候掉的，真的谢谢你们啊！可是我要怎么联系你啊？"36分钟后，"@广州铁路"回复"@吴小丽lisa"说："请联系广州地铁金洲站的工作人员。并随后通过微博发布信息称：'失主找到了，@广州地铁请速联系她吧。谢谢大家的爱心转发！'"找到丢失的车票后，吴小丽通过微博感谢大家的帮助："真是感谢各位的转发，我真是个马大哈！感谢大家的同时我不得不感叹微博的力量。"同时，2012铁路春运服务微平台"@2012铁路春运"也通过新浪微博向大家表示感谢。

（4）综合评价

以活动专项微博角色上线，成功扭转铁道部形象，这一微博是铁路部门提供运输资讯服务、普及铁路常识、推广铁路文化及与网友开展互动活动的重要平台之一。开设"铁路微博群"，将铁路行业各级各类微博整合后进行集中展示。今年发起的三大活动——"主人，你在哪里？"（寻物启事、失物招领）、"铁路人乡音大拜年"、"微播春运！回家路上，你我相伴"——策划重务实应用，把线下服务与线上服务相结合，真正为民办实事，中国铁路微博正发挥越来越强的便民作用，铁路微博"微"而不"薄"。

（二）共青团微博：引导青年社会实践

1. 团中央志工部：志愿者体验日

2012年10月12日至21日，团中央青年志愿者工作部联合全国志工系统在新浪微博发起了"走近七彩小屋，体验七彩课堂"志愿体验日微活动，主要在北京、辽宁、上海、湖北、广东五大区域公开招募体验七彩课堂志愿者，参与七彩课堂教学。在这次活动中，志工系统通过微博实现了引导青年及社会关注农民工子女问题、落实关爱农民工子女工作的目的。

本次活动分三个阶段进行，第一阶段10月12日至10月14日，各省级青年志愿者协会官方微博联合省内青年志愿者协会、志愿者项目专员、志愿者共同发起"七彩课堂"微直播活动，使网友对关爱行动服务内容有所认识。其间，为扩大活动传播效果，中国青年志愿者官方微博还发起了有奖转发活动，超过6000名网友参与了活动。

第二阶段10月14日至10月16日，发起"志愿者招募"活动，在北京、辽宁、上海、湖北、广东五大区域公开招募体验"七彩课堂"志愿者，网友通过微博私信报名。在此期间，各地网友积极报名参与，各地区均收到数百个体验申请。最终每个地区筛选了10名网友实地参与"七彩课堂"的志愿服务体验日活动。

第三阶段10月17日至10月21日，活动进入体验"七彩课堂"阶段。北京等五大区域招募的志愿者实地走进"七彩小屋"、参与课堂教学，第一次近距离看到了农民工子弟学校的真实情况，了解了"七彩小屋"和"七彩课堂"的真实情况。同时，主办方和参与者还在微博中直播"七彩课堂"教学活动，让其他没有参与现场体验的网友了解了"七彩课堂"，进一步增进了网友对共青团关爱农民工子女志愿服务行动的理解。

活动后期，团中央青年志愿者工作部通过官方微博中国青年志愿者创建了共青团系统首本微刊《七彩课堂》，对活动的精彩内容进行了整合展示，对活动做到了很好的二次展示。

另外，在活动期间，中国青年网、南方日报、北京交通广播等30余家媒体进行了关注报道，进一步扩大了活动的影响力。

2. 团委权益部微博：关注青年权益

（1）总体概述

团中央维护青少年权益部于5月21日建立了"@共青团12355"青少年服务台微博发布厅，利用微博将原有覆盖全国的12355青少年维权服务平台同步移植到微博当中，目前，已经有百余家12355服务台开通了新浪微博，并将日常的工作与微博结合。一方面，将热线接到的咨询案例及专家意见一并通过微博发布，为更多青年提供借鉴。另一方面，各地服务台微博直接回答青少年在微博上的咨询，让微博成为除电话之外的另一个维护青少年权益的重要渠道。通过栏目优化、开展活动等方式，"@共青团上海12355""@重庆共青团12355"等均已成为维护青少年权益的明星账号。"@共青团12355"微博发布厅在纳入各地服务台的同时，也注意动员专家资源，将孙云晓、知心姐姐卢勤等一批青少年问题研究专家纳入体系当中，共同在微博中完成对青少年权益的保护工作。

（2）微博概括

"@共青团12355"的基本情况可参见表17、图21。

表17 微博信息一览

微博名称	微博发布总量（条）	原创微博率（%）	粉丝数（个）	关注数（个）	日均发博数（条）	平均被评论数（条）	平均被转发数（条）
@共青团12355	910	70	1190901	151	1.6	0.7	7.7

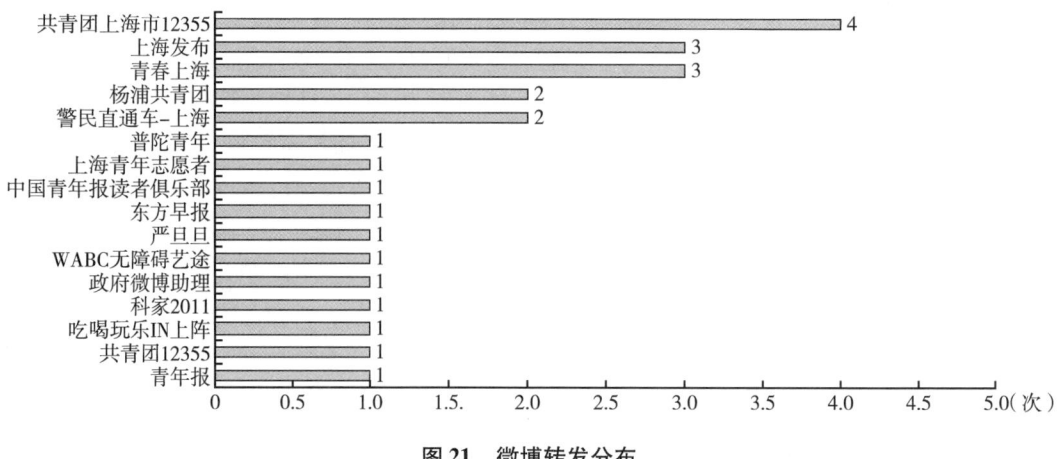

图21　微博转发分布

（3）案例介绍："@共青团上海市12355"

"@共青团上海市12355"是上海团市委青少年公共服务平台的官方微博。自2011年2月12日上线以来，共计发布微博3200余条，粉丝达到318055个。在其微博页面的简介中，这样写道："12355是上海共青团面向广大青少年的综合性、全天候、一站式服务平台，为广大青少年提供心理健康、法律咨询、家庭教育、婚恋交友、青少年权益保护、就业创业、健康医疗等数十类公益服务项目。"体现了其服务青少年、保障青少年权益的宗旨。

"@共青团上海市12355"定期推出"12355家长大讲坛公益讲座"，邀请相关领域知名专家学者传授教育智慧、普及教育常识，如开办"开启智慧的钥匙——注意力的培养""和谐家庭的心理学智慧"等专题讲座，为家长朋友提供丰富、实用的青少年成长教育知识，帮助家长提升家庭教育的质量，促进和谐、友好的青少年成长氛围，助力青少年的健康成长。

同时，"@共青团上海市12355"还开设了一系列特色栏目，产生了良好的互动效果和社会反响。如开设"委员在线法律咨询"专题栏目，解答网友的相关问题；通过"微直播"栏目，向网友及时发布12355相关活动情况；通过"案例分享""自卫小贴士"栏目，宣传青少年保护常识；通过"微调研"发起投票，征集网友对相关问题的看法，起到呼吁、警示的作用。

（4）综合评价

通过贴近家长和青少年的需要，解答网友关心的实际问题，开办丰富多彩的活动，不但畅通了民意表达渠道，服务于民生，将微博问政落到了实处，同时也为数字化共青团的发展提供了宝贵的实践经验。

3. 地方团委微博："@广东共青团"

（1）微博概况

广东共青团于2011年1月开设微博，在新浪微博发布的《2012年度共青团微博发展报告》中，广东共青团位列2012年度全国十大共青团机构微博的第1位。广东共青团自身定位为：爱微博，爱思考，也爱青春；爱时尚，爱旅游，更爱广东。幸福是看到留守儿童和爸妈团聚，感动是帮助农民工圆大学之梦，骄傲是为山区儿童建幸福厨房，这不是非主流，也不是命令发布器，哪里有青年，哪里就有我，我是广东共青团（见表18）。

表18 微博信息一览

微博名称	微博发布总量(条)	原创微博率(%)	微博配图(张)	粉丝数(个)	关注数(个)	日均发博数(条)	平均被评论数(条)	平均被转发数(条)
@广东共青团	8603	40	1826	1019823	1950	11	1.7	10

（2）微博内容分析

"@广东共青团"的基本情况可参见表19~表21及图22。

表19 "@广东共青团"标签与兴趣分析

微博标签	兴趣领域(关注)
共青团 广东 志愿者 服务 圆梦 成长 互动 青少年 公益 生力军	80后 广东 司法 团委 交警 共青团 大学 社会实践 新闻媒体

表20 "@广东共青团"内容关键词分析

	微博内容主要关键词
近期	十八大 美丽中国 青春 爱心 文化 创意 基层
整体	青年文化 广东 大学生 家园 生活 公益 成长 活力

表21 "@广东共青团"内容主要分类栏目

内容归类	自助微博内容主要分栏
活动组织	#青年文化创意市集 #活力在基层 #我在三下乡
社情民意	#南粤青春视点 #我眼中的美丽中国
生活健康	#悠然生活馆 #懂点心理学 #成长123
知识文化	#阅读吧 #创意文化
图文资讯	#视界·世界 #新视界 #五花瓶
职场就业	#求职升学 #为什么创业那么难
信息速递	#早读角
社会公益	#爱心微接力 #文化自觉·青年责任 #幸福广东青春情暖
关注十八大	#聚焦党的十八大 #数说十八大 #青春聚力十八大

（3）微博助推"三下乡"

2012年暑期，由中宣部、中央文明办、教育部、团中央、全国学联共同举办的2012年全国大中专学生志愿者暑期"三下乡"社会实践活动在各地区火热开展。广东共青团借助新媒体促进暑期"三下乡"社会实践活动。"暑期'三下乡'，有你，有我，也有他。用微博记录'三下乡'之旅，以#我在三下乡#为话题，'@广东共青团'与百万粉丝分享暑期'三下乡'活动的点滴吧。"7月5日，广东高校暑假第一天，"@广东共青团"就发布了这

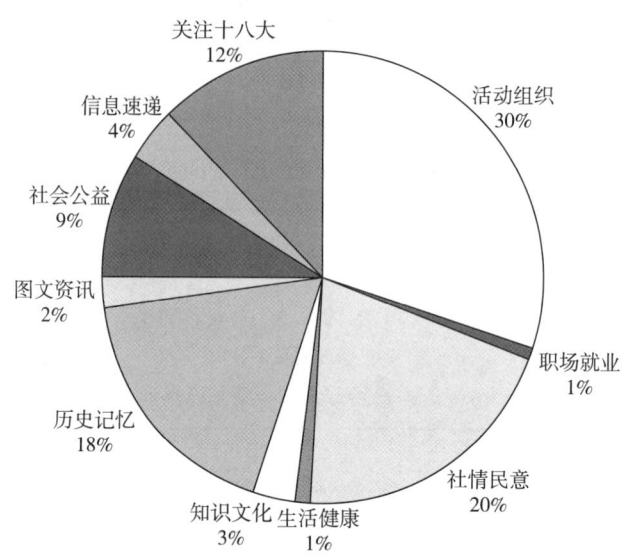

图22 "@广东共青团"微博内容分类（抽样200条）

条热情洋溢的微博。短短10天，在"@广东共青团"搜索栏输入"我在三下乡"关键词，评论及转发数达33.5万条，满屏都是高校学子投身社会实践的身影。广大青年学生通过微博，交流心得体会，展示青春风采。此活动引起网友热议，众多网友特别是广大参与"三下乡"活动的青年，不断在专题页面上发布自身实践活动的精彩场面，引发了许多共鸣。

（4）综合评价

当前，微博对青少年的影响日益广泛和深刻，已经成为青少年聚集的新阵地。广东团组织贯彻落实团中央关于新媒体和文化建设的要求，探索与青少年学习、生活、工作、娱乐、阅读方式相适应的网络引导路径和载体。广东共青团正是基于这样一个理念，在微博网络交流方式刚起步的时候，就积极尝试建立"@广东共青团"微博，以有意思的事情来吸引青年关注，在此基础上，通过将大道理细化并转化为小常识，对青年进行有效影响和引导。"@广东共青团"用有趣的表达和有活力的内容赢得了粉丝的认同，并在微博内容及活动设计上更贴近潮流，采用"静态发布＋动态引领"模式，凸显广东共青团微博的信息发布、倾听民意、数据调查、意见表达功能。"@广东共青团"微博取得的各项成果，在共青团新媒体与文化成果交流展览会上进行了全面展示，得到了各级领导、嘉宾的肯定和认可。

（三）司法、民政微博走基层传爱心

1. 司法微博："@豫法阳光"微直播走基层

（1）微博概况

从2011年11月10日发布第一条微博起，河南省高级人民法院实名认证的政务微博"@豫法阳光"开通至今正满一年。早在2012年9月6日，河南省高级人民法院网络办公室发布消息称，河南省高级人民法院"@豫法阳光"新浪微博显示的粉丝数量为1000490，成为全国法院系统第一个粉丝过百万的法院微博。目前，仅新浪微博粉丝数已突破160万，在最新的新浪微博"政府影响力榜"中位列第17位。

"@豫法阳光"广泛发布法律常识、工作动态、司法新闻等各类信息，内容不仅包括省内信息，还涵盖国内与国外一些经典司法新闻与司法案例，微博内容十分丰富，原创率达到82%（见表22、图23～图24）。

表22 "@豫法阳光"微博信息一览

单位：个，条

微博名称	微博发布总量	原创微博量	粉丝数	关注数	日均发博数	平均被评论数	平均被转发数
豫法阳光	4965	4236	1472039	994	13.0	50.9	139.5

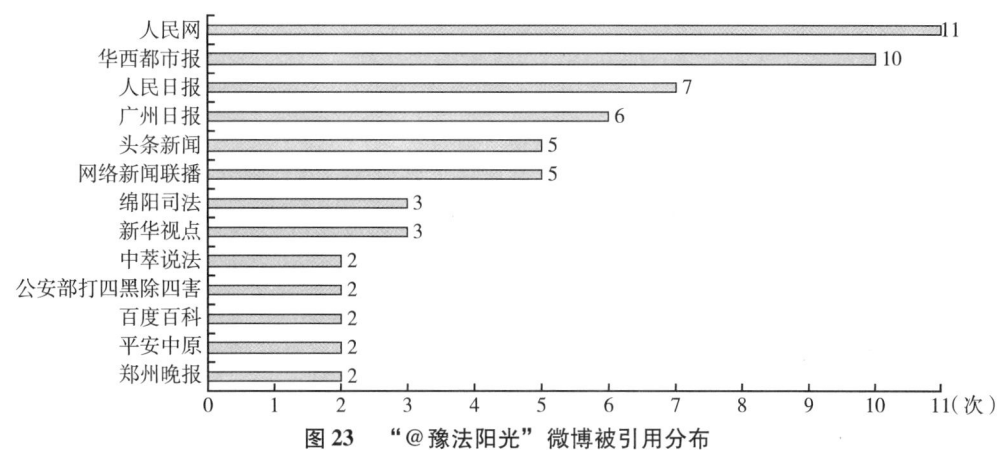

图23 "@豫法阳光"微博被引用分布

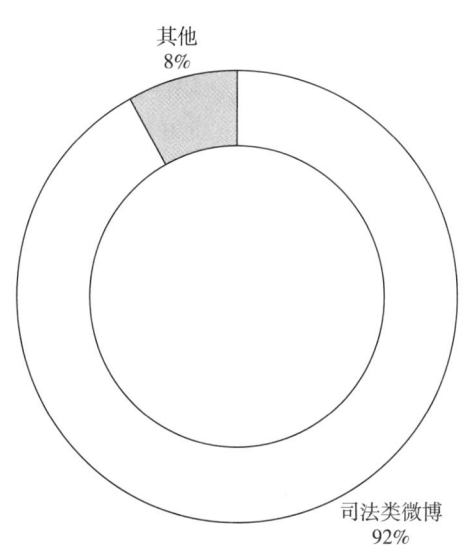

图24 "@豫法阳光"政务微博内容比例（抽样200条）

（2）"微直播"

河南省高级人民法院"@豫法阳光"政务微博，在司法类微博中处于领先水平，得益于其自身采用灵活的方式将原本相对"死板"的司法内容，活生生地展现在社会公众面前。特别是通过开创司法"微直播"方式，极大地提升了自身微博的影响力（见表23）。

表23 "@豫法阳光"微直播情况

时间	"@豫法阳光"新浪认证微博微直播活动
2012年5月	"河南高院'豫法阳光调解室'维护未成年人合法权益、预防未成年人犯罪网上调解活动"
2012年6月	郑州金水区法院法官郑文文一天的工作和生活的微直播。此外还先后直播了新郑法院"女子法庭"、洛阳市涧西区以"不管法官"为主题的法官进社区活动
2012年7月	到永城直播军嫂法官史霞的感人事迹
2012年9月	"@豫法阳光"新浪微博开展走基层进法庭挺进大别山深处的微直播活动，先后走进信阳市浉河区董家河人民法庭、新县法院沙窝人民法庭、商城县法院达权店法庭和固始县法院段集人民法庭等基层司法部门
2012年10月	18日，河南省高级人民法院"@豫法阳光"新浪微博通过全省法院"豫法阳光"群开展微直播集中接访当事人活动，全省各法院分管立案信访的院领导带领微博接访人员全天守候接访，全程微直播

"@豫法阳光"日常借助微直播方式，通过现场图片和文字，向网友们直播基层法庭法官群体忙碌而有序的工作生活，尤其是走入基层，让网友们了解了法官及其家庭的真实状态，让很多人感受到了司法工作者的别样魅力。

每次微直播都受到网友的高度关注，被大量转发和评论，单是挺进大别山微直播活动的转评就达30000余条。"@豫法阳光"微博团队创造性地利用政务微博"微直播"司法活动，使得原本刚硬的司法微博，成功引来社会关注，不失为一大创新。另外，除了"微直播"主动向社会发布自身信息外，"@豫法阳光"还积极发挥微博的互动性作用，公众对案件有什么异议，想和法官交流，以前需要亲自跑到法院，现在在微博上"@"一下就可以了，极大地拉近了与网民的距离，使网络民意沟通无障碍。

（3）"微"经验

河南省高级人民法院通过政务微博的成功运作，对塑造自身的良好口碑起到了重要的促进作用。一直以来，多数网友都感觉司法机关的工作，离自身十分遥远也十分神秘，"@豫法阳光"微博的作用就等同于开设了一个窗口，让社会能够去"浏览"并了解司法工作的信息。众所期待的司法透明度也由此提升，具有良好的社会示范意义。经过随机抽样（200条），"@豫法阳光"发布的内容大致归类如下（见图25）。

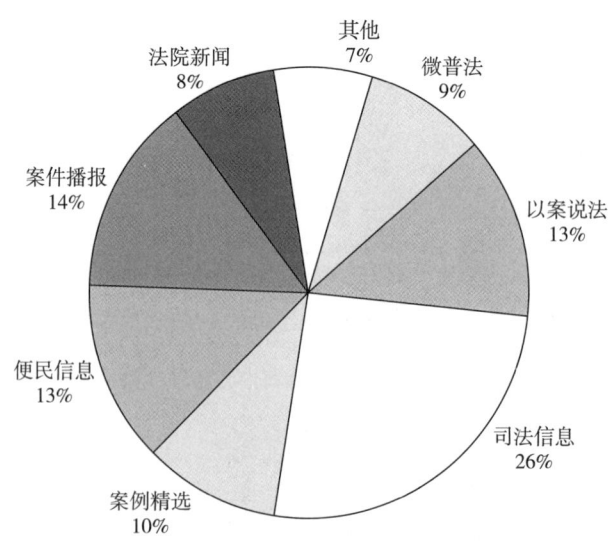

图25 "@豫法阳光"发布内容分布

一是为民服务的理念，将服务百姓生活作为司法信息发布立足点。

"【先付款后验包裹当心骗子钻漏洞】亲，你喜欢货到付款的网购方式吗？你有先付钱后验包裹的习惯吗？如果你回答是的话，你就要当心一点了。近日，河南省郑州市惠济区人民法院审理了一起送假邮包代收货款诈骗案，应该能给喜欢网购的人们带来一点警示。"

"#温馨提示#今年参加司考的同学注意啦，明天就可以查询司考成绩。昨天，司法部国家司法考试办公室发布公告：考生可于 11 月 22 日上午 8 时起，通过司法部网站（http：//t. cn/h0egU）中国普法网（http：//www. legalinfo. gov. cn）和声讯电话查询本人成绩，电信用户请拨打 16899800，联通用户请拨打 11699800。"

二是实现内容形式的多样化，利用长微博、短链接和多媒体形式，使其具有丰富的司法资讯。内容栏目包括"微普法""以案说法""司法信息""便民信息""案件播报"等，选取的内容十分贴近百姓生活，可读性显著。

三是积极调动网友互动积极性，一方面通过设置询问或反问的议题以求讨论；另一方面，对于网友的疑惑积极回应，扮演"答疑解惑"角色。

"@豫法阳光：#案例研讨#犯罪嫌疑人孙某持驾驶证在被害人屈某汽租商行签订租车合同，租赁比亚迪黑色轿车一辆。后被告人孙某驾该车到一赌场将该车抵押给他人，得款两万元用于赌博，钱输完后外逃。观点一：孙某租赁、抵押车辆的行为不构成犯罪，属于一般的合同纠纷；观点二：此案应认定为合同诈骗罪。元芳你怎么看？"

"@豫法阳光：法官们在此提醒各位网友：法院传票一般以直接送达或邮寄送达为主……而采用电话、手机短信、传真或电子邮件等来送达文书的，目前法院还没有这样的方式。目前有利用这种方式进行诈骗的不法行为，小心上当受骗。"

四是善于抓住时机，发布人性化的问候与提示，文风清新亲切，有效地拉近了政府和民众的距离。

"微博：【祝全国新闻工作者节日愉快】喜迎十八大之际，我们迎来了第十三个中国记者节。值此喜庆之日，豫法阳光向全国广大新闻工作者致以节日的祝贺……"

"微博：#感恩母亲节#早安，各位同学们好。今天是母亲节，出门在外的同学们有时间给妈妈发条信息，打个电话；在家的同学多陪陪妈妈……"

五是开展形式多样的微博活动，塑造微博品牌，其"微直播"已成常规化活动，具有十分不错的网络口碑。

（4）综合评价

"@豫法阳光"微博已经发展成司法类政务微博的一大榜样，通过不断的努力，提升了网友对司法类微博的认同与好感。正如其名，"阳光"是司法工作融入民心的根本，河南省高级人民法院正是着力于司法透明，让网友看得见、摸得着，更能用得上，使司法的"阳光"普照寻常百姓家。

2. 民政微博："@武汉民政"微博筑爱"寻家"

（1）微博综述

2012 年 8 月 21 日晚上，武汉市民政局的官方微博"@武汉民政"一连发了十多条微博，公布了一组长期滞留在救助站的流浪儿童的详细信息与照片，呼吁网友们转发，帮助他们尽早回家。

一张张充满稚气的面庞、一段段曲折困厄的命运，吸引了很多网友的关注。救助站还通过媒体和网站，为这些无家可归的孩子们找家。这期间，有些孩子成功地找到了家人，一部分孩子还是无法找到亲人，不得不长期滞留在救助站。在各种努力均告失败后，武汉民政局想到了借助微博平台聚集网民爱心力量的方法。

（2）案例：微博"寻家"

武汉市民政局在微博上发布了14名流浪孩子的信息后，得到了武汉民政政务微博数万多粉丝的积极响应。据统计，这些微博已被转发超过10万次。许多"V"用户诸如"@经视直播官方微博""@湖北省政府门户网站""@艾仕基金""@民警王秀华"等都进行了转发与评论。

网友舆论的"正能量"开始爆发。

①网友"@传说中的女网警"：希望大家和我一起传递你们的爱心，让我们用爱帮助他们回家。

②网友"@热心的彩虹妈妈"：转发一次，多一分希望，祝愿小女孩早日回到自己的家。

③网友"@郑舒帆"：亲爱的朋友们，小妹希望你们大家，能多多帮助这些小孩。

网络热议也引来十几家媒体的关注。

①中国广播网：《武汉民政局微博寻人帮流浪儿回家　十万网友爱心传递》。

②新华网：《武汉民政部门借助微博帮流浪儿童找家》。

③长江日报：《为14个流浪孩子早日回家　武汉市民政局首次"微博寻人"》。

（3）综合评价

随着政务微博的开通，武汉市民政局拥有了一个新的信息平台。微博裂变式的传播能够更快更广地将爱心传递出去，让更多的爱心网友关注他们。数以万计的网友转发的微博汇聚爱心传递，各种信息源源不断反馈到民政局，帮助汇集了前所未有的信息，也许这些爱的信息能够使管理部门找到有用的线索帮助孩子们早日回家。

四　基层政务微博的兴起

（一）公务人员微博

1. 基层民警：王于京

（1）微博概况

浙江民警王于京坚持公平公正公理，为公民服务，他在新浪微博中的认证信息为"浙江金华武义公安局民警，利用微博帮助全国劳模、公安部一级英模王影换肝活动发起人"，人民网评其微博"条条说警事，帖帖关民生"。有关王于京的微博信息可参见表24。

表24　王于京微博信息一览

单位：个，条

微博名称	粉丝数	关注数	微博发布总量	原创微博量	转发微博量	日均发博数	平均被评论数	平均被转发数
王于京	953123	590	3617	3291	326	3.8	153.3	620

注：数据统计截至2012年11月21日16：00（以下如无特别说明均同此）。

从 2011 年 8 月在新浪微博倡导为哈尔滨市公安局民警王影换肝开始，王于京的微博越来越认真、踏实地贴近百姓生活，与广大网友生命财产安全融为一体。

其博文内容多与时事热点贴近，用质朴与平凡温暖人心。现以贵州流浪儿童死亡事件为例分析王于京微博传播特点。

2011 年 11 月 17 日：【贵州 5 流浪儿死于垃圾箱】11 月 16 日，五个流浪儿钻进贵州毕节环东路的垃圾箱避寒，被闷死。据目击者称五人都是男孩，最大的才十三四岁，最小的仅七八岁。此前，孩子们在附近一塑料篷布、水泥砖和三合板的窝棚里住了好几天。有媒体记者现已从当地警方证实了这一消息。（转发数 4058；评论 1096）

该条微博扩散传播中的关键用户包括但斌、微杂志、袁裕来律师等，其粉丝横跨多界。

微博传播中总覆盖人数高达 920809，净覆盖人数高达 14842132，总转发人次为 1000，加 V 转发人数 129，平均转发层级为 2.18，传播效果随时间递增呈现递减趋势，转发第二层级最为密集，3~8 级时人数急速下降（见图 26）。由此，我们可以看出，王于京关于舆情事件类微博容易引起网友共鸣，转发者粉丝人气也较高，易加速传播，扩大范围。

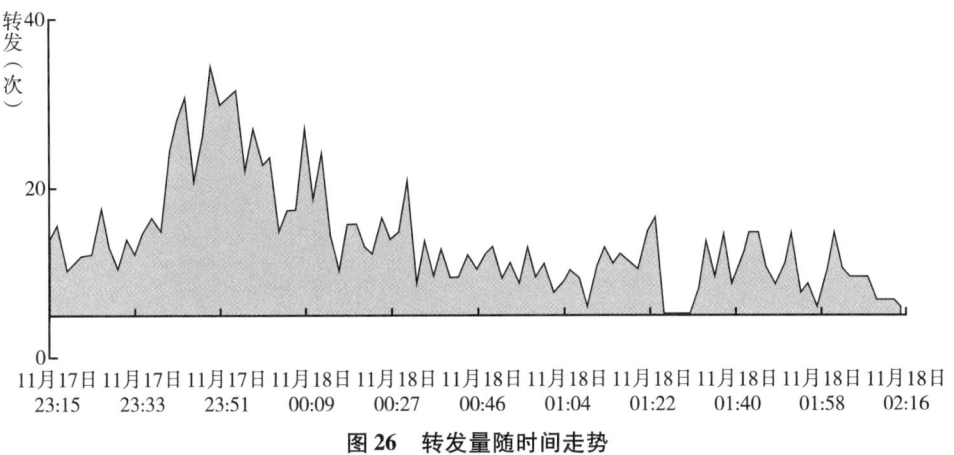

图 26 转发量随时间走势

（2）发博分析

王于京的微博共有粉丝约 95 万，微博发布总量为 3617，平均被评论数为 153.3 条，平均被转发数为 620 条。从发博时间段上来看，从早上 7 时至夜间 23 时，微博分布呈明显的"W"形，两个高点分别出现在上午 9~10 时及夜间 21 时，下午 14~17 时较少，12~13 时午休及下班 18 时微博发布量最少，0~6 时几乎不发微博，只有 0.2% 的微博在 0 时发布。王于京微博的原创率高达 91%，微博内容主要为实时热点事件，内容实用，人情味较浓厚（见表 25、图 27~图 28）。

表 25 "@王于京"微博内容关键词分析

	主要关键词										
近期	调查	微博	新闻	视频	支付宝	微信	新闻晨报	流星雨	平安	元芳	幸福
整体	孩子	手机	女子	警方	女儿	小时	医院	女孩	妈妈		
标签	公安	新闻	警察	媒体	音乐	电影	警民互动	警察公共关系	网络问政		

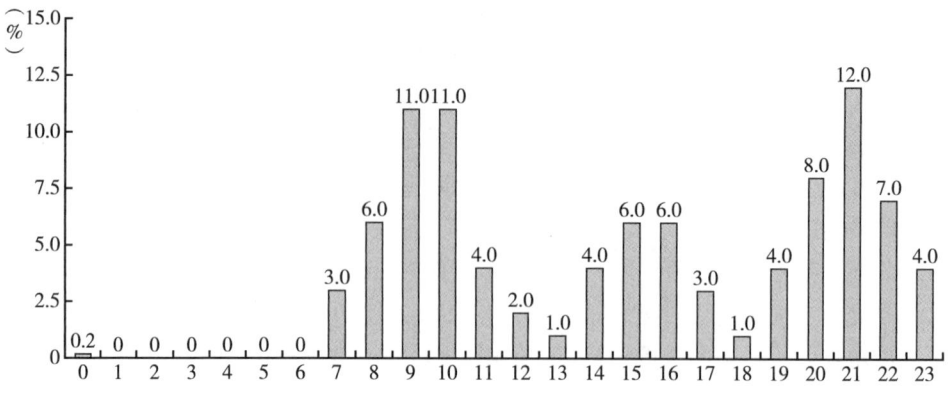

图27 王于京发微博小时分布

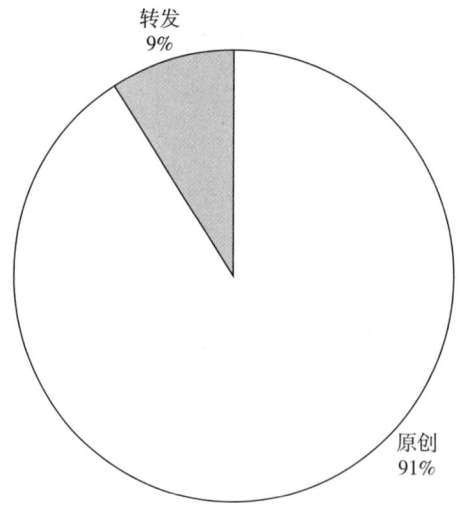

图28 "@王于京"原创与转发微博所占比例

（3）媒体与网友评价

媒体对王于京微博的评价可见表26。

①媒体评价

表26 媒体对王于京微博的评价

报道日期	媒体	标题	内容摘要
2012年 2月1日	人民网	民警王于京微博：条条说警事，帖帖关民生	王文京将警务警情极其自然地融入百姓生活并给出警示，带给人们的是一个个实用的安全知识，传达的是平凡人事的温暖点滴，这种贴身的"零距离感"正是牢牢吸引网民的巨大磁力
2011年 12月23日	中国警察网	你"关注"他们了吗？盘点2011年明星警察微博	王于京是浙江武义县壶山派出所一名普通民警，他发的一条帮助王影"寻肝"的微博引来无数网友关注。王于京说："我希望能借助自己的微博帮助更多的人。"

续表

报道日期	媒体	标题	内容摘要
2011年 9月19日	公安部人事训练局	"织"出47万"粉丝"为平安建设添力	细细浏览他的微博,博文多半记叙与他日常工作相关的内容,有案例,有安全提醒,有救助活动,但是与众多工作博文相比,他的微博没有公文式的枯燥,没有居高临下的口气,有的是贴心与幽默,感觉就像你的朋友、你的兄弟在跟你讲述身边的故事
2011年 9月15日	杭州日报	武义民警王于京帮黑龙江英模警察微博"寻肝"	在全国的民警中,拥有如此众多"粉丝"的,王于京据称是第一人;在新浪微博金华"名人粉丝榜TOP10"上,他已经超越周晓光等名人,排名第1。在近日由武汉大学推出的2011年第二季度网络舆情和微博问政报告中,王于京成功跻身全国政务人员微博十强

②网友评论

"@北京五洲通出国":瞎说两句,排队不要拿胳膊肘顶别人;井盖不能拿来卖废品;与人会车让行不开远光灯,这些在别的国家都是人类的基本常识,在我们国家就是高端道德。要按照古人的说法,现在我们衣食足了,也仓廪实了,怎么就是有不讲廉耻、不讲礼仪的现象呢? 在我们的城市培养一个孩子成才的成本很高,风险很高。

"@孤鸿行空_ 5e5":我有个妄想:如果我们的衣食住行都充满了致癌物,是不是有一天癌症就不会让人们那么恐慌了?

"@新脑壳":其实我一直很纳闷警察为什么不能通过银行账号查到骗子的各种信息然后逮捕他呢。

"@张小北没烟斗儿":北京的事情都由浙江的警察来帮忙说话了,可见北京的警察都在干吗呢? 都还活在为韩国人由抢劫变成误会的喜悦中???

"@八一剑99":又一个教育产业化导致的怪现状。还好交不起秋游费的孩子不少,20多名,如果只有一两个,伤害更大。如果是我,会号召全班的同学都不交了,全部站到后面去做下蹲。

"@正意V":这位警察值得赞扬,但千万不能让民众以为这是警察的本分,警察本来就该如此。碗米恩,斗米仇的道理,同样适用于人民!

"@weiz511":#男童垃圾箱避寒闷死#胡客或过酒食店,悉令邀廷就坐,醉饱而散,不取其直,给之曰:"中国丰饶,酒食例不取直。"胡客皆惊叹。其黠者颇觉之,见以缯帛缠树,曰:"中国亦有贫者,衣不盖形,何如以此物与之,缠树何为?"市人惭不能答。《资治通鉴》第181卷。

(4)总体评价

按照出现次数统计,在王于京的微博中出现频率最高的词有孩子、手机、女子、警方、女儿、医院、女孩、妈妈等,由此也可以看出,王于京关注的领域与内容主要集中在警民互动方面。从王于京转评量较大的微博来看,这些内容多与其警务人员的身份相关,紧抓舆情热点是王于京微博的一大特色,很多公务人员碍于身份很少进行舆情追溯与点评,而王于京却打破了人们的刻板印象,真正做到了及时发声,认真回馈。王于京微博内容贴近百姓生活,语言上幽默亲和不乏流行元素,内容生动主题多样,引导网民走到事件背后,进行思考与讨论。

2. "微博厅长"：罗崇敏

（1）微博概况

罗崇敏，云南江川人，经济学博士，博士生导师，现任中共云南省委高校工委书记、云南省教育厅党组书记、厅长。他具有丰富的基层履职经历，系中国作家协会和书法家协会会员，在新浪微博中的认证信息为"云南省人民政府参事，原云南省教育厅厅长"，被《凤凰周刊》誉为中国改革派官员，被《南方周末》誉为"奇官"，是风靡全国的"三生教育"首倡者，知名新闻人物。相关情况可见表27。

表27　"@罗崇敏"微博信息一览

单位：个，条

微博名称	粉丝数	关注数	微博发布总量	原创微博量	转发微博量	日均发博数	平均被评论数	平均被转发数
罗崇敏	797836	1967	2772	2717	55	6.5	6.7	19.9

注：数据统计截至2012年11月21日16：00（以下如无特别说明均同此）。

罗崇敏十分关注教育问题，今年对网上引发热议的"吊瓶班"评价成为媒体关注的焦点，并且在5月接受媒体采访时提道："初三高三浪费时间，建议取消高考。改革开放以来中国'状元'有137位，至今无一位成为行业领军人物或国际大师。要让学生有自觉学习、思考、独立的成长意识。"现用一条微博分析其对教育问题的重视。

8月29日：#价值主义教育思想#高考前学生集体在教室挂吊瓶，遗憾的是，"吊瓶班"全班50多名学生无一人达到一本线。"吊瓶班"一度引起国际社会高度关注，遭致大面积的批评及嘲讽，外国很不理解这种疯狂落后的教育行为，"教育有病，学生打针""当代范进，可悲可叹"等评价频频见诸报端（转发：28，评论：16）。

此条微博传播中总覆盖人次908051，净覆盖人数908051，平均转发层级1.19，转发微博男性占79.331%，非认证用户占82.76%，僵尸用户仅占3.45%，云南当地粉丝讨论较多。

（2）微博分析

"@罗崇敏"的微博发布情况可见图29、图30。

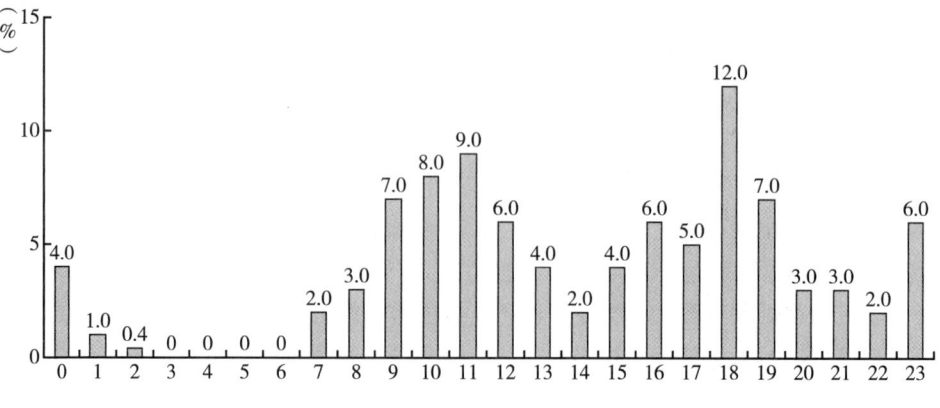

图29　"@罗崇敏"发微博小时分布

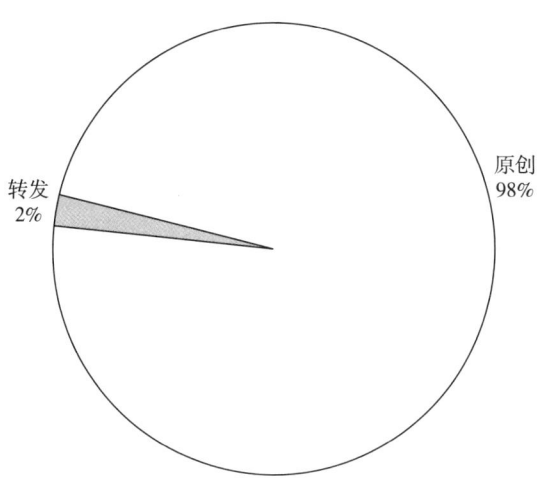

图30　"@罗崇敏"原创与转发微博所占比例

罗崇敏的微博共有粉丝约 80 万,微博发布总量为 2772 条。从发布微博时间段上来看,从早上 7 时至夜间 23 时,微博分布呈现较明显的"双驼峰",下午 6 点发博频率最高,其次为上午 9 ~ 10 点,值得赞叹的是在 23 时至凌晨 2 时罗崇敏仍有微博发出并与网友讨论,微博紧系中国教育,容易引起家长及学界、媒体的共鸣。

(3) 媒体与网友评价

媒体对"@罗崇敏"微博的评价可参见表 28。

①媒体评价

表28　媒体对罗崇敏微博的评价

报道日期	媒体	标题	内容摘要
2012 年 11 月 21 日	新华教育	教育公平从六个方面推进	发展云南的现代教育,应始终坚持教育的人本性、公平性、价值性、能力性、法制性、开放性,着力进行六个方面的建设
2012 年 11 月 15 日	都市时报	云南异地高考方案下月出台	罗崇敏认为"政策早出台早好"。异地高考方案是促进教育公平的重要措施,无论哪个城市、地区都应该统一执行,因为教育资源共享才是正确的。而且随迁子女异地升学不光要针对高考,应该在各教育阶段都执行
2012 年 11 月 12 日	新华网	教育公平须政府重视	十八大报告把公平教育提到了非常重要的战略地位。实现"教育公平"的任务相当繁重,促进教育公平要靠政府的高度重视
2012 年 8 月 25 日	云南网	改革需要不断反省和调查	"就今年看来,虽然平稳过渡,但还没有达到我们的预期目标,特别是一些名校还是用一个分数评判学生。"罗崇敏表示,改革需要不断的反省和调查,并听取意见,最终根据实际进行不断调整

②网友评论

"@若兰草":越是精英越对中国发展没有信心,也许他们早都看透发展趋势了吧,起码说明中国在教育、养老和公民财产保护等方面还差得太远,让大家没有安全感。

"@和而有度"：中国的教育问题，有教育部门的教育制度问题，更有社会价值（唯利是图、急功近利）的严重失衡问题。怎样培养"快乐式教育、兴趣式学习"，需要全社会价值理性回归、教育部门制度调整。

"@沈洁kokoro"：我深深地感觉到我们就是父母手中的橡皮泥……但是最可悲的是当我脱离他们却发觉，事实上对于优秀父母的子女我根本无力抵抗，因为人家是团队作战。

"空谷幽茗"：一个带锁的课桌既能从物理上减轻孩子的负担，也能从心理上减轻家长的负担。希望罗参事能考虑我的建议！为云南学子向您致谢！

（4）总体评价

"微博厅长"名副其实。首先，罗崇敏认为信息带来智慧，微博产生力量，他正是借助微博的力量传播信息智慧，以网问政，以网访民，以网交友，以网养趣，以网正身。在思想方面，他重视微博的传播价值与意义；在实践方面，他与网友进行密切互动，话题讨论范围很广，这也是提高其粉丝忠诚度的一个秘诀。

其次，明确的自身定位。罗崇敏认为，他不仅是一个教育厅厅长，更是一个公民，一个学者，一个履职的公仆。这样明确而踏实的定位更容易获得网友青睐，与广大网友身份地位平等，引导网友正确思考，为人民服务，也是党政干部加强微博修养、学习微博知识、提高微博能力、维护微博尊严的出发点和落脚点。

最后，号召党政微博快速发展。罗崇敏建议党政部门尽快开通政务微博，规范政务微博组织建设。新媒体时代，从这位具有改革意识的官员身上，我们见识了体制内意见领袖的思想、热情与魅力。

（二）基层政务机构微博

在政务微博如火如荼发展的今天，区县微博、乡镇微博乃至街道微博都成为政务微博大军的重要组成部分。与省市级微博相比，区县、乡镇等基层政务微博的影响力相对较弱，虽然吸引的粉丝较少，但并不意味着小微博无法做出大影响。例如"@江宁公安在线"等就是基层政务微博散发出强大影响力的典型。被称为"微博镇长"的知名网友"@百姓大于天"（陕西省延安市宜川县云岩镇人民政府副镇长王涛），借助微博，亲自押车进京去物美超市帮果农卖苹果，一时成为互联网佳话，类似案例在新浪微博平台上大量出现。

1. 南京市"@江宁公安在线"

（1）微博概况

南京市公安局江宁分局官方微博"@江宁公安在线"，在2012年，已经成功地从默默无闻的公安分局微博，慢慢转变为网民皆知的"警察蜀黍"，在近期的新交规解读中颇具亮点（见表29）。而从小"V"变大"V"的过程中，"@江宁公安在线"给网友提供了许多印象深刻的案例。

表29　"@江宁公安在线"微博数据一览

微博名称	微博数（个）	粉丝数（个）	日均发博数（条）	近200条微博平均评论数（条）	近200条微博平均转发数（条）	活跃粉丝率（%）
江宁公安在线	8733	14万	14.2	108.4	428.5	9.8

注：数据统计时间截至2012年10月22日8时。

（2）微博内容分析

"@江宁公安在线"微博内容见表30。

表30 "@江宁公安在线"亮点信息发布一览

发博时间	微博内容	转发量	评论数	网友认可度
10月14日 16:00	网上流传最广的这个什么【不系安全带记3分；副驾不系安全带记1分；行驶途中拨打手机记3分；行驶途中抽烟记1分】……这要把各位开车人误导成什么样啊？赶快来看看警察蜀黍的靠谱解读	34792	5820	3.6
4月20日 19:43	从微博诞生以来，谣言这个东西就如同跗骨之疽一样在微博上生生不息，虽然有无数辟谣志士们前赴后继，但是奈何谣言依然春风吹又生。今天警察蜀黍拼了老命，给大家总结了和公安息息相关的【微博十大长寿谣言】……你不想见识一下吗	34289	4968	4.2
10月30日 13:57	今天的#那些你不知道的警察故事#系列科普知识带来的是不务正业的番外篇2警犬传说之"不靠谱警犬小分队"。之前很多童鞋强烈要求哈士奇、藏獒等加入警队，所以警察蜀黍趁今天休息，用这帖来说明为什么这些狗狗做不了警犬	33581	6243	3.9

注：网友认可度系通过对单条微博网友评论进行抽样，然后将网友言论进行分档赋值，网友言论分"非常不认同""比较不认同""中立""比较认同""非常不认同"五档，依次赋予1分至5分，然后通过计算均值得到单条微博网友认可度。网友评论抽样300条。

（3）案例：辟谣事件

3月底，山东枣庄疑似狼事件引起网络舆论热议，网友对警察击毙的疑似狼是不是哈士奇犬展开讨论。3月28日晚，"@江宁公安在线"发布一则有关哈士奇犬的趣味图文微博向网友道晚安，总结了这篇"史上最2哈士奇的合照帖"，这条微博迅速成为网上热门微博，累计转发1.7万余次，评论1800余条。网友纷纷称赞"@江宁公安在线"可爱、幽默。

借助疑似狼事件，"@江宁公安在线"还推广了自己的微博栏目"那些你不知道的警察故事"，介绍警察队伍中的奇闻逸事。除了发布趣味帖文，"@江宁公安在线"也通过官方微博普及各种犬类常识，讲解《南京市养犬管理条例》等，体现出因时制宜的宣传技巧。

早在山东枣庄疑似狼事件中，"@江宁公安在线"凭借对哈士奇与狼的有趣解析吸引了网友关注。从一个小微博做成人人喜爱的公安分局微博，"@江宁公安在线"以清新的表达方式，关注社会热点信息，做出"靠谱"解读，获得了网友的高认可度。从"@江宁公安在线"转发排名前三的微博来看，服务信息、权威辟谣成为塑造其亲和力、公信力的重要手段。

（4）总体评价

总结"@江宁公安在线"的微博运营，可为诸多小型政务微博提供借鉴。第一，根据自身特定的粉丝，提供有趣的信息服务。第二，针对特殊舆情，做出权威回应，借助热门话题编辑创意微博。第三，协助微博辟谣，传递社会正能量。总体而言，基层微博不如省市一级微博所受约束多，不妨尝试些有益的创新。新媒体时代，基层微博也能产生全国范围的影响。

2. 四川眉山"@东坡区纪委"

（1）微博概况

四川省眉山市东坡区纪委于 2012 年在新浪微博开通政务微博"@东坡区纪委"，基本都是积极宣传反腐倡廉的理念与相关工作信息。截至目前，东坡区纪委 40 名干部职工已是人人用微博。"@东坡区纪委"微博情况见表31、图31～图32。

表31 "@东坡区纪委"微博数据一览

微博名称	微博数(个)	粉丝数(个)	日均发博数（条）	平均评论数（条）	平均转发数（条）	活跃粉丝率（%）
东坡区纪委	178	541	0.6	1.1	0.8	5.6

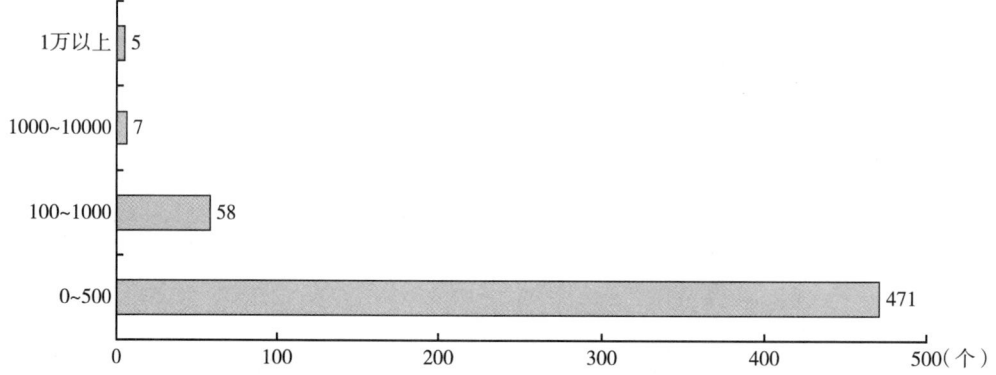

图31 "@东坡区纪委"微博粉丝的粉丝数统计

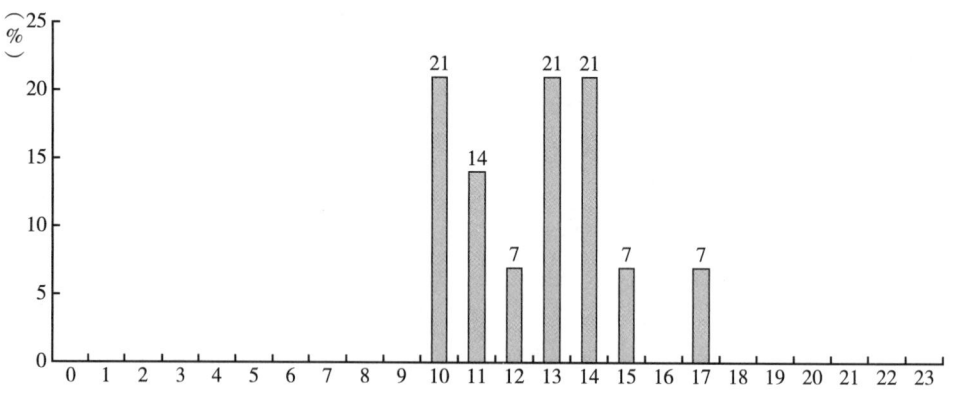

图32 "@东坡区纪委"发微博时间段分布

（2）微博互动内容分析

"@东坡区纪委"微博开通以来，不仅微博"晒"查办的腐败案，还随时随地接收网友"@"的各类信息。对于网友的"@"提示，"@东坡区纪委"会一一回复，与群众"零距离"，对腐败"零容忍"。"@东坡区纪委"与网友日常互动可见表32。

表 32　"@东坡区纪委"日常微博精选

时间	内容
4 月 19 日	【立身不忘做人之本】"政者,正也。"做官先做人,为政先修德。领导干部立身以德为本,从政以民为基,坚守信念防线、道德防线和法纪防线,在任何情况下都稳得住心神、管得住行为、守得住清白
9 月 29 日	东坡区委要求:中秋、国庆期间,一、严禁公车私用,公车驶离眉山境外由单位主要领导向区纪委报告并说明原因;二、严禁使用公款互相吃请。区纪委将组织巡查,一经发现,将按规定严肃处理。区纪委监察局举报电话:38444441

①案例一:回复与处理网友举报

2012 年 3 月 2 日,东坡区纪委官方微博 "@东坡区纪委" 刚开通不久,就接到了网友 "@雪狼" 的举报:"Z5××××是哪个单位的车,挂个警灯,我昨天看到在附小接送小孩喃?"收到情况反映后,东坡区纪委立即会同区委政法委展开调查,确认该车属于某镇卫生院救护车后,责成区卫生局在 5 个工作日内将处理结果上报。

查实后,东坡区纪委迅速将处理结果回复给网友 "@雪狼":"经查,此车系某镇卫生院救护车,3 月 1 日,该车驾驶员董某借到区疾控中心取疫苗之便,到附小接女儿放学。处理如下:由卫生院对董某进行批评教育、写出书面检查、扣发一季度绩效工资、缓聘。同时,对该院院长作如下处理:诫勉谈话、写出书面检查、全区通报、取消本年度评先评优资格、调整职务。"网友 "@雪狼" 看到留言,不禁感叹:"没想到随便一提便有了详尽答复,还具处理意见。致敬!"

②案例二:"6 连发" 微博回应突发舆情

2012 年 11 月 2 日,围绕 "派出所所长酒后打人事件",眉山市东坡区纪委官方微博发布 6 条微博。有网友称这是东坡区纪委开通官方微博以来,168 次 "发声" 中最给力、最受关注的一次。表 33 是该 "6 连发" 微博回应的过程

表 33　眉山市东坡区纪委微博 "6 连发" 微博回应网民举报过程

阶段	时间	微博 ID	内容
发端	10 月 6 日 17:01	一抹秋色 520	2012 年 10 月 5 日晚,眉山市东坡区太和镇派出所所长赵丹酗酒后带领民警暴打老百姓,打成重伤后不顾死活驾车扬长而走! 请大家帮忙转载一下,严惩凶手! 谢谢! 并附上几张头破血流的照片
发酵	10 月 7 日 早晨	热心网友	有事好好说,动什么手嘛! 求真相@东坡区纪委@微博东坡给力眉山
转折点	10 月 7 日 7 点 56 分	@东坡区纪委	各位网友,关于赵丹酒后打人一事,区纪委领导高度重视,现已组织人员进行调查,调查结果将及时向网友公开。敬请关注! 涉事所长赵丹表示,此事系朋友敬酒时发生争执而起,自己并未带领民警打人
发展	10 月 7 日 11:06	@东坡区纪委	目前,已暂停赵丹所长职务,由该所教导员黄蛟主持派出所工作。调查还在进行中,敬请关注
调查	10 月 7 日 11:34	@东坡区纪委	目前,经区纪和区公安分局研究,已暂停赵丹所长职务,由该所教导员黄蛟主持派出所工作。调查还在进行中,敬请关注
高涨	10 月 7 日 11:44	@东坡区纪委	关于 "赵丹酒后打人" 一事,东坡区公安分局高度重视,现已联合区纪委组织人员对事件进行认真调查。目前,赵丹已停止执行职务,调查处理情况将及时向大家予以公布

续表

阶段	时间	微博 ID	内容
回落	10月17日 11:27	@东坡区纪委	经东坡区纪委初步调查核实：10月5日晚，太和派出所所长赵丹在与社会人士胡某等人的冲突中涉嫌违纪。中共眉山市东坡区委决定，先行免去赵丹所长职务，并调离该派出所，由区纪委对该案进一步调查处理
问责	11月2日 11:30	@东坡区纪委	关于对赵丹处理结果的通报。各位网友：经查，2012年10月5日晚，赵丹在其外地朋友与社会人士发生冲突的过程中，应对不当、制止不力，对伤者未及时救助，其行为违反了《中国共产党纪律处分条例》第153条之规定。中共眉山市东坡区委已于10月17日免去其所长职务。11月1日，中共眉山市东坡区纪委研究决定，给予其党内严重警告处分。相关肇事者已被公安机关依法处理

（3）媒体与网友评价

东坡区纪委充分发挥政务微博优势，果断及时化解网络舆情的做法，快速反应和有礼有节的正面回应得到了网友们的表扬。10月8日，《成都商报》对东坡区纪委"微博公关"一事进行了报道，随后，新华网、人民网、荆楚网等媒体纷纷肯定，认为"眉山东坡区纪委高效履职彰显公仆本色""眉山市东坡区纪委如此'给力'""为'@东坡区纪委'微博正面回应舆情叫好"。

网友言论摘要：

网友"@成都律师王玉斌"："这一次政府危机公关处理不错。"

网友"@张镜夜航船"："东坡区纪委能及时公开相关信息值得称赞。"

网友"@记者刘虎"："支持公开透明处理此事。"

（4）总体评价

四川眉山东坡区纪委的新浪认证微博各项指标都很"一般"。但就是这样一个普通的基层微博，却受到了人们的关注和肯定。在微博出现舆情时，东坡区纪委能够迅速通过政务微博账号予以回应，有效缓解了舆情的传播扩散，反映出良好的舆情工作机制与舆情工作素养。更难能可贵的是，"@东坡区纪委"能够长期跟踪事件进展，及时公布真相，在舆情高涨期过后，求真务实地公布后续调查与问责情况，态度诚恳，有始有终。本次舆情事件引起的热议尽管比较有限，但作为一个基层纪委政务微博，做得如此出色，值得借鉴与学习。

新浪政务微博平台上这个典型的基层政务微博案例，展现出政务微博宝贵的责任意识。对于我国广大的基层政务微博和干部认证微博来说，数以万计的粉丝和热度，或许显得遥远而浮华，但数据形式上的鸿沟，对于发挥基层政务微博价值和引导力来说，并不起决定意义。基层政务微博是地区部门职能在虚拟社区的延伸，更重要的是履行部门职能，做好本职工作，解决现实矛盾问题，只有首先发挥本地影响力，才能"以小见大"，彰显出核心价值，赢得舆论支持。

五 政务微博应对突发事件案例

（一）北京微博发布厅应对暴雨灾害

7月21日，北京遭遇自1951年有完整气象记录以来最大的一场暴雨袭击，造成79人遇难，其中51人系溺水身亡，190万人受灾。强降雨造成北京市大部分地区积水，部分地段积水深达6米，并引发了房山等地区山洪和泥石流等灾害。"@北京发布""@北京消防""@平安北京""@交通北京"与16区县政务微博持续不断发布官方信息，合力形成了官方舆论场（见图33）。

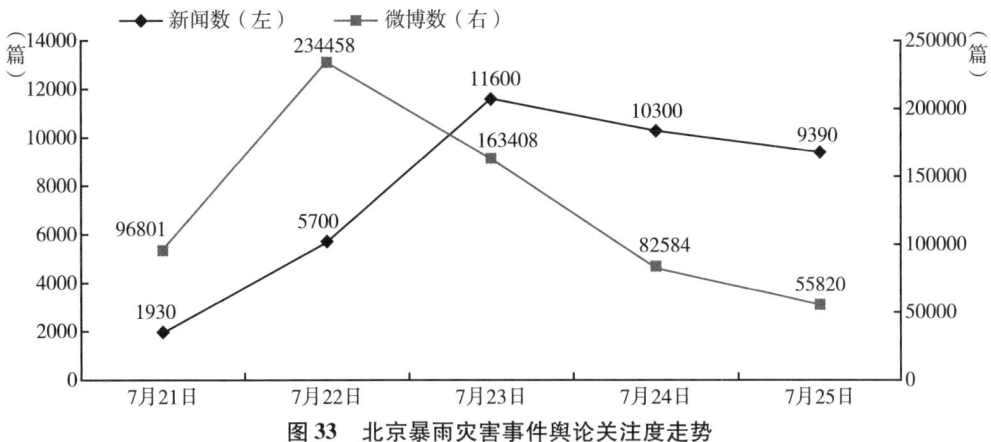

图33　北京暴雨灾害事件舆论关注度走势

北京市政府机关积极通过微博平台了解灾情、公布灾情，网友也纷纷"@"北京市各政府机构开设的微博，报告各处险情，请求救援。自北京市政府新闻办"@北京发布"以下，市和区县两级各部门政务微博更是通宵达旦发微博，及时通报天气情况、路况信息以及救援工作情况。在抗灾过程中，网友借助微博传递求救信息，也谱写了关怀与自助的城市精神。北京市政府的微博群通过与市民互动，合网民之力共同抗击暴雨灾害，取得了良好的口碑。

1. 政务微博概况

北京市政务微博情况可参见表34、表35。

表34　北京部分政务微博数据一览

单位：个，条

微博名称	认证信息	粉丝量	微博数	平均被评论数	平均被转发量
@北京发布	市政府新闻办	1821334	3815	29.1	104.6
@水润京华	市水务局	253628	840	11.7	55.2
@平安北京	市公安局	342329	9405	24.6	54.3
@气象北京	市气象局	62690	952	10.6	55.1
@北京消防	市消防局	1649825	2754	12.4	39.3
@交通北京	市交通局	348653	10012	5.7	14.1

表35　北京"7·21"事件中关注度较高的政务微博

单位：条

发布机构	发布时间	内容	转发量	评论数
@北京发布	7月22日 23:48	【交管局回应雨后贴条】1. 下发通知，雨后以服务疏导为主，对因雨受困车辆联系车主，挪移清拖；2. 对22日协管员擅自粘贴的违法告知单不予录入；3. 对擅自贴条的当事协管员严肃处理、调离工作岗位	14309	4433

续表

发布机构	发布时间	内容	转发量	评论数
@北京发布	7月23日 23:48	【"7·21"暴雨因灾死亡37人】7月21日，本市发生暴雨到大暴雨天气，截至22日17时，在本市境内共因灾死亡37人。其中，溺水死亡25人，房屋倒塌致死6人，雷击致死1人，触电死亡5人。目前，死者已有22人确定身份，其余15人正在确认中	199759	33853
@北京消防	7月21日 20:51	现在，消防官兵已经到达北京房山青龙湖少年军校基地附近，由于道路积水，救援车辆被困无法前行，攻坚组官兵正徒步向被困人员方向前进	3089	737
@平安北京	7月22日 00:40	2012年7月21日，北京遭遇60年以来最大降雨，北京市公安局接到大量群众求助报警。燕山分局向阳路派出所所长李方洪同志从中午开始就带领民警奋战在辖区积水严重的凤凰亭村，先后救起50余名被困群众。17时20分许，当李方洪同志再次冲入水中救助群众时，被一根落入水中的电线击倒，光荣牺牲	503100	87848

2. 微博互动内容分析

北京"7·21"事件微博互动情况可参见表36、图34。

表36　北京"7·21"事件中微博互动内容概况

节点	时间	事件	官方发布/回应
预警	7月21日	暴雨蓝色预警	@水润京华：市气象台于9:30分发布暴雨蓝色预警，预计今天中午前后本市将开始降雨，强降水主要集中在傍晚至夜间。市防汛办于9:35分向全市各防汛指挥部发布汛情戒备预警，要求加强值班，提前布控，主动抢险
	7月21日	暴雨黄色预警	@水润京华：市气象局于7月21日15:40分发布暴雨黄色预警，预计未来3小时我市大部分地区降雨将达到30毫米/小时以上。目前我市大部分地区已出现降雨，局地雨势较大。市防汛办于15:50分将汛情蓝色预警升级为汛情黄色预警，要求全市各防汛指挥部立即启动汛情Ⅲ级应急响应
救人	7月21日	青龙湖少年军校救援	@亘秦：山洪暴发，被困北京房山青龙湖少年军校基地，有上百个小学生，110打不通。求救@北京发布@清琳子@中国国际救援队@薛蛮子 @北京消防：请大家放心，北京消防已调派50人消防攻坚组前往现场救援
	7月21日	救援受困群众	@平安北京：今日19时45分，海淀分局接到家住明光小区居民的紧急求助电话——家中一名孕妇有先兆流产的迹象，但现在找不到救护车，出租车也打不到！北太平庄派出所民警郭晓刚和王玉清接到出警命令，立即赶到现场，接上孕妇一家人迅速赶赴离着最近的人民医院。30分钟后，孕妇被顺利送到医院，经检查，平安无事
风波与质疑	7月22日	受损车辆遭罚单	@王惠：今早，有网友@我说了涉水熄火车辆被贴罚罚单一事，我即向市领导反映了这一情况，市领导对此事高度重视。刚才常务副市长吉林在市应急指挥中心表示，在遭遇突发灾害的情况下，对熄火车辆贴罚单是不对的，所贴罚单作废。吉林已责成市交管局处理此事。感谢网友的监督
	7月23日	敬老院死亡200人	@Funhill房山：房山区政府称，根据房山区民政局核实，房山区内公立民办敬老院共计40家，经一一排查证实，未出现受灾现象，敬老院老人伤亡数为0，并全部处于安全地带
公布损失	7月22日	回应遇难人数	@北京发布：7月21日，本市发生暴雨到大暴雨天气，截至22日17时，在本市内共因灾死亡37人。其中，溺水死亡25人，房屋倒塌致死6人，雷击致死1人，触电死亡5人。目前，死者已有22人确定身份，其余15人正在确认中

　　本次微博亮点在于政务微博发布厅与市民微博协同支持，一方面各职能部门政务微博通过不断发布相关灾情信息，满足市民的迫切需要；另一方面，市民通过微博及时地展示各地段的现场灾情，有效弥补了政府管理机构的灾情盲点，为救援行动和灾情管理评估提供了一线实况。北京市各级政府机关通过政务微博进行了多层次的滚动信息发布，有助于社会各界对北京灾情的认知，及时救助和提供有价值的信息。

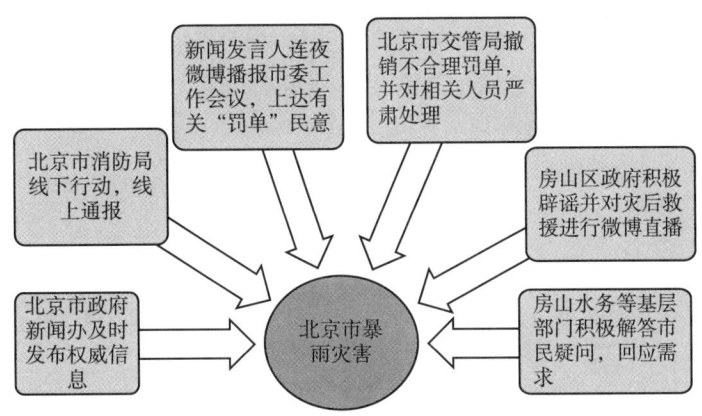

图34　北京政务微博群互动链条

　　"7·21"事件中，我们通过监测新浪微博信息可以看到，政府新闻发布和官民互动频率与效果都有大幅提高。北京市政府此次通过新浪政务微博发布厅对来自网民呼救、质疑、批评和感谢的各种声音迅速作出回应。而市民遇到困难时"@"政务微博，体现了对政府部门的信任和期待。

　　暴雨当晚，自北京市政府新闻办以下，市和区县两级各部门微博在暴雨夜通宵发帖，成为权威信息源。"@北京发布"账号在第一时间发布灾害相关信息，并在次日公布灾害造成的伤亡人数。

　　"@北京消防"在接到网友发布的房山军校求助信息后火速核实出警，在以微博告知救援详情的同时积极联系被困网友，将线上获取信息和线下开展救援有机结合，最终在网民监督下成功完成救援，赢得网民认可。

　　北京市新闻办主任、新闻发言人"@北京王惠"连夜以微博和照片的形式，播报郭金龙书记主持应急工作会议的情况，发布政府救灾动态，并及时上报和解决网友反映的交通罚单等问题。

　　而暴雨时刚刚建立的基层政府部门微博"@房山水务"也临危担起责任，一天之内连发68条暴雨相关微博，积极解答市民有关灾情、供水等一系列问题，回应网民需求。另外，政务微博发布厅也发挥了及时"辟谣"的巨大作用，如"房山敬老院死亡200人"的消息在房山区政府新浪微博的积极回应下只持续了不到一天时间。

　　自北京市政府新闻办以下，多部门政务微博在暴雨中及雨后针对各自职能领域积极发布信息、辟谣，与网友互动，均有可圈可点之处。比如"@北京消防"发出的消息，"@平安北京"会转发以扩散传播；而"@首都机场""@京港地铁"等发布的交通情况，"交通北京"也会予以转发并补充更多信息。

此外，政务微博也为灾害事件中的典型宣传开辟出了新的路径。"@北京发布"在7月22日发布向阳路派出所所长李方洪在救灾中触电牺牲的微博，转发51万余次，评论8万余次，引发网友的关注和追思。

北京市新闻办通过新闻发布会、政务微博和媒体，公布遇难人员名单，承诺并及时发布后续信息。对于政府公布灾难遇难者名单的举措，网友多给予认可。政府转变自身姿态，"坦诚面对问题，俯身倾听批评"成为扭转北京舆情的关键，获得了大量媒体和网民的肯定。

3. 网民与意见领袖观点

北京"7·21"事件中的网友观点等可参见图35。

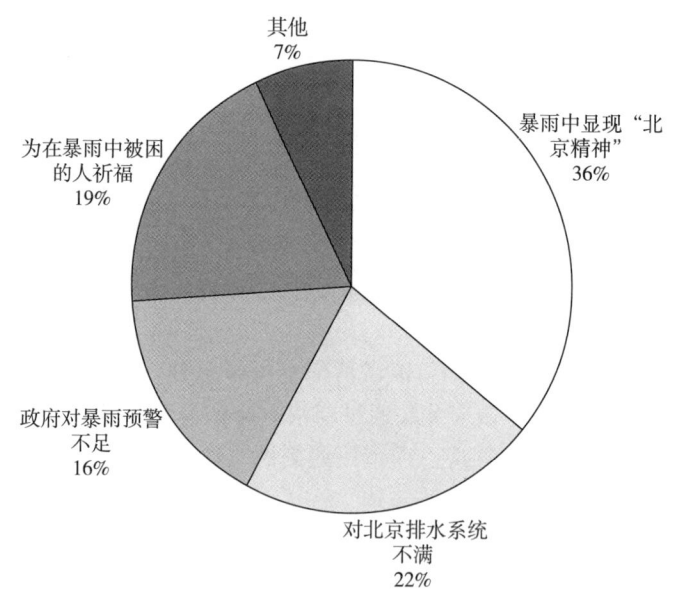

图35　北京"7·21"事件网友观点倾向性分析（抽样条数：324 条）

"@静禅方丈"：60年来最大暴雨让北京精神彰显无遗，北京人内心的那份善良让人感动。

"@曌芷梵"：这么大的雨，是真正考验城市基础建设的时候……不要总忙着建设高楼大厦，老百姓的安危才是最有力的根基。

"@倾城一爱"：如此暴雨，政府连起码的预警短信也不发一条……

"@韩寒"：在北京生活的人们为这个城市在建设中的失误承担了太多次。祝福北京。

"@石述思"：当北京有关部门勇敢地公布了37个遇难者消息，俺除了默默致哀，就是平添了几分对公布者的敬意。一场雨夺命如此多，希望反思和亡羊补牢。面对无价生命，所有辩解都有违人道。

"@王功权"：目前中国最需要做的事情，就是说真话。政府要支持说真话，民众要敢于说真话。

"@胡锡进"：提高政府总体公信力是解决各领域具体质疑之本。而最好突破口恰是政府对灾害的表现。政府必须在提供信息的速度和细节上跟舆论要求赛跑。

4. 综合点评

与《2011 年新浪政务微博报告》突发案例相比较，在一年的时间中，政府在信息发布与官民互动方面的工作改进已显现出充分的成效。北京暴雨灾害当晚，形成了以"京城四大 V"（北京发布、平安北京、北京消防、交通北京）为代表的政务微博互动群，它们彻夜运作，积极回应群众的要求。比如"北京消防"对被困房山的网友"夏芒"一行人的救援等。此次北京暴雨中，政府的舆情应对尝试已使其在网络舆论场中赢得了权威发布的"话语权"。信息及时透明是解决公众质疑和提升政府公信力的最好方式。

（二）南京发布微博 155 分钟化解谣言

1. 微博概况

南京市委宣传部新闻发布官方微博"@南京发布"，以"权威发布，清新服务"为理念，做百姓的好朋友。自"@南京发布"开通以来，其以幽默轻松的语言和网友互动，关注百姓平常生活，点滴的关注和默默的努力付出，形成了和百姓良好的互动关系。"@南京发布"的相关信息见表 37、图 36。

表 37　"@南京发布"微博数据一览

微博名称	微博数（个）	粉丝数（个）	日均发博数（条）	粉丝活跃率（%）
南京发布	2157521	13144	22	1.4

注：数据统计时间截至 2012 年 12 月 2 日 11 时。

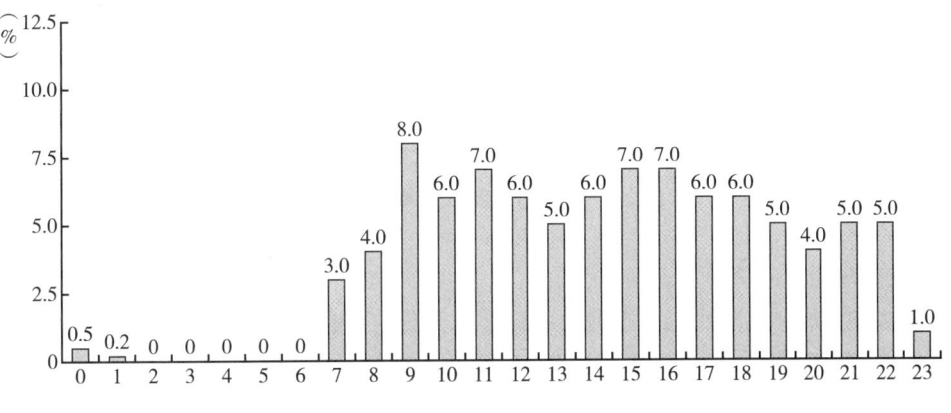

图 36　"@南京发布"发微博时间段分布

2. 微博内容分析

7 月 5 日 13 时 54 分，网民"@精选_微博"发布了这样一条微博："南京共青团路上扫地的九岁孩子，询问得知因没户口无法上学，每天早上九点就起床，晚上也要扫，妈妈正在路对面擦垃圾箱……很机灵可爱的孩子，谁能助他上学？"微博中还配有一张一个孩子在自行车道上扫地的照片，并"@"了"@南京发布""@姚晨"等微博"V"用户及微博名人。因为图片、视频等传播符号很容易获得人们的信任，而且失学儿童一直是社会关注的焦点，所以该博文在发布初期，就快速引起了关注。几分钟内，其他微博大号"@韩雪"等也相继关注和转发了此微博，百万级的粉丝量使得该条微博爆炸式传播。"@南京发布"管理员赵伊汉在账号被提及后几分钟之内发现异常，随即上报。14时22分，"@南京发布"采取相关行动，一场网络谣言消灭站拉开了序幕（见表38、图37）。

表38　"@南京发布"辟谣微博

单位：条

发布时间	微博内容	转发	评论
7月5日16:29	【辟谣】今天下午某营销账号发布微博称共青团路有一九岁孩子因没户口无法上学，只能每天与母亲扫地。雨花台区委宣传部迅速与相关部门、街道核实。我们也与该账号进行沟通核实，该账号承认转载了不实消息，已自行删除。友情提示：网民们在转载此类信息时，注意消息真实性，爱心和社会责任感不要被人利用。	167	80

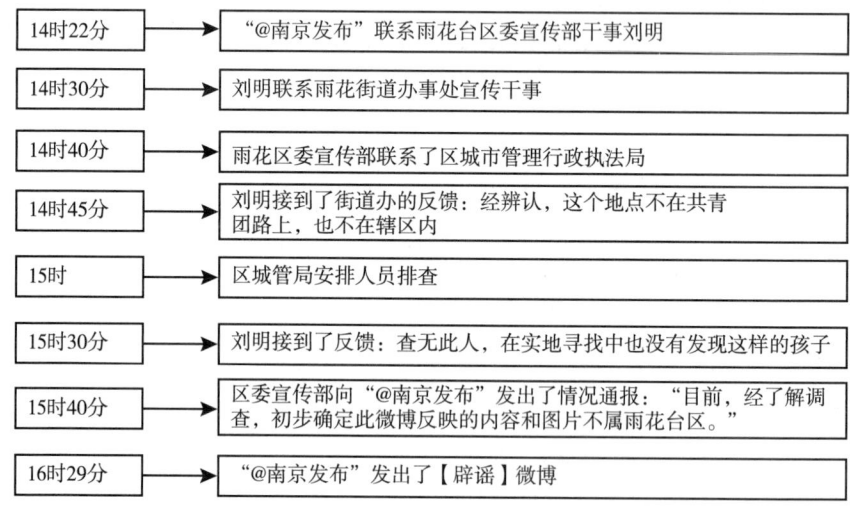

图37　"@南京发布"辟谣过程一览

3. 媒体与网友评价

"@南京发布"此次快速、给力的辟谣，以充分的调查核实将谣言扼杀在萌芽期。"@南京发布"关注舆情、主动应对的态度和实际行动得到了网友的认可。7月6日，《中国青年报》《新华每日电讯》分别以"一场155分钟的网络谣言歼灭战""155分钟歼灭网络谣言值得借鉴"为题进行了报道，对"@南京发布"在此次谣言侦破过程中的表现予以肯定。《新华网每日电讯》指出"地方政府在应对各种信息化挑战中，只要树立高度的信息危机意识，主动应战的思想准备，透明公开的开放心态，积极作为，就能争取主动，转危为机"。

网友言论摘要：

网友"@展翅高飞的苍蝇"：查明真相，第一时间联系落实责任部门，及时回应，为南京发布赞一个。如果我们每个地区每个部门都能有这样重视民情民意的态度，社会矛盾、官民对立将会少得多。

网友"@情场－高手"：不信谣，不传谣，探寻事情真相，营造一个文明上网的网络环境小布给力。

网友"@南京龚剑":体现了政府服务于人民的精神!

网友"@宁连2012":一些人利用网络,利用个人的善心,不做好事,反倒添乱,实在是罪恶啊!

4. 综合评价

南京市委宣传部官方微博"@南京发布"在经过 155 分钟的查询、寻找等核实工作后确认此微博信息不实,经联系,网友自行删除了这条谣言微博。应对网络舆论,除了需要重视官博的平台建设,线下的保障制度也是高效运行中不可缺少的一环,得益于今年 6 月建立的"微博信息联络员制度","@南京发布"打了一场漂亮的谣言歼灭战,抢在这条失实微博发酵前,通过有力澄清,使谣言消弭于无形。

"谣难辟、话难说、事难办"成为政务微博的知名"三难","@南京发布"在面对舆论生态的舆情处突中更加诠释了"快速、透明"的处理理念。从微博管理员发现舆情到街道办落实消息虚假,155 分钟的辟谣时间,是谣言和真相的时差,是虚假与真实的距离。"@南京发布"155 分钟辟谣刷新了政务微博与谣言赛跑的记录。

(三)深圳警方微博化解飙车案舆情

从深圳"5·26"飙车案舆情应对角度看,深圳警方在遭遇"顶包"危机后,听取网络民意,本着信息公开透明的态度,先后召开 3 次新闻发布会积极回应网友质疑,此次事故最大的亮点是深圳警方高度的新媒体技巧,尤其是诚恳化解网友质疑的耐心和态度。事实证明,借助微博平台开展微访谈与网友平等对话,直接交流,有利于舆论危机的最终化解。

1. 微博概况

深圳交警政务微博情况可参见表 39。

表 39 深圳交警政务微博数据一览

单位:个,条

微博	粉丝量	微博数	平均评论数	平均转发量
深圳交警	161555	5089	74.63	58.48

2. 微博内容

深圳"5·26"飙车案中网络微博情况见表 40。

表 40 深圳"5·26"飙车案中网络关注度较高的深圳交警微博

单位:条

发布时间	内容	转发量	评论数	网友认可度
5 月 26 日 11:43	26 日凌晨 3:08 许,1 辆粤 BG077R 红色跑车在滨海大道由东往西行至侨城东路段,与同方向行驶的两辆的士发生碰撞,造成粤 BH1Q78 的士起火,导致车内人当场死亡、3 车损坏的重大交通事故。初步调查,粤 BG077R 红色跑车司机侯某涉嫌超速行驶、酒后驾驶,在超越同方向车辆时与前方同方向车辆发生碰撞	7161	2401	3.75

续表

发布时间	内容	转发量	评论数	网友认可度
5月26日17：04	事故续报：3名死者为粤BH1Q78出租车司机和车内2名女乘客，1名轻伤者为粤BG077R号红色小车内乘客。事故发生后红色小车司机侯某（男）现场弃车逃逸，后于当日上午10时许到福田交警大队自首，交警立即对其进行呼气式酒精测试（结果为104mg/100ml）和血液检测（结果待检测出来后立即公布）	300	381	3.21
5月26日18：16	刚刚获悉，交警以对"5·26"特大交通事故肇事司机侯某办理了刑事拘留	1769	910	3.44
5月27日19：59	"5·26"交通事故，交警经对事故肇事嫌疑人侯某（男，29岁，广西平南县人）血液酒精检测，结果为90.2mg/100ml，属醉酒驾驶。粤BH1Q78出租车上2名死者（乘客）身份也已确认。目前，该事故仍在进一步调查处理中，我们将会严格依法、公正处理	39	11	2.78
5月28日11：16	各位网友：今天下午，我局将召开"5·26"交通事故新闻发布会，就该事故有关问题进行通报。敬请关注	5176	11803	2.75
5月28日17：54	中央、省、市等各级媒体70余名记者参加了"5.26"交通事故情况通报会	578	1368	3.67
5月28日19：11	"5.26"滨河大道交通事故情况通报。一、事故基本情况　2012年05月26日03时08分许，侯某某驾驶粤BG077R号小车（载汪某某、汪某、（详见长微博）…http://t.cn/zOdLoSI	8083	13351	2.66
5月29日22：22	左图为车主许某辉，身上无任何撞击的伤痕，右图为肇事司机侯某左眉弓骨和前胸有明显的撞击痕和安全带的勒痕	2698	3013	2.2
5月29日22：33	"5·26"道路交通事故相关的原始视频与图片，警方在福田交警大队设立了查询室，欢迎媒体与市民经申请批准后可查看	853	6206	3.28
5月30日19：50	我上传了【视频：关于"5·26"监控画面视频出现的光圈】http://t.cn/zOgAI6x	2523	2374	2.4
5月30日20：00	我的微访谈"深圳交警回应跑车肇事案质疑"开始啦！今天我会在微访谈跟大家聊天，访谈时间是20：00～21：00，快来提问吧！访谈地址：http://t.cn/zOgAxU9	107	184	2.35
平均认可度				2.95

3. 互动效果分析

"5·26"飙车案发生后，深圳警方短时间内对肇事者进行拘留。在死者家属质疑肇事者"顶包"后，深圳警方连续3天召开发布会，及时公布视频、DNA验证等相关证据，积极回应网友质疑（见图38）。

新媒体时代，"众声喧哗"已成常态。在证据不充分的情形下，警方急于向公众公布调查不够充分的信息，容易引发猜想，陷入被动。深圳"5·26"飙车案为政务微博应对突发事件积累了重要经验。

首先，事实。积极听取网络民意，针对网友质疑迅速回应，公布更为详细的视频证据、车主照片和DNA验证结果等，用证据说话。

其次，态度。3天3次发布会，满足网友的信息需求，也展现出警方较为积极的处理态度，为危机处理做好铺垫。

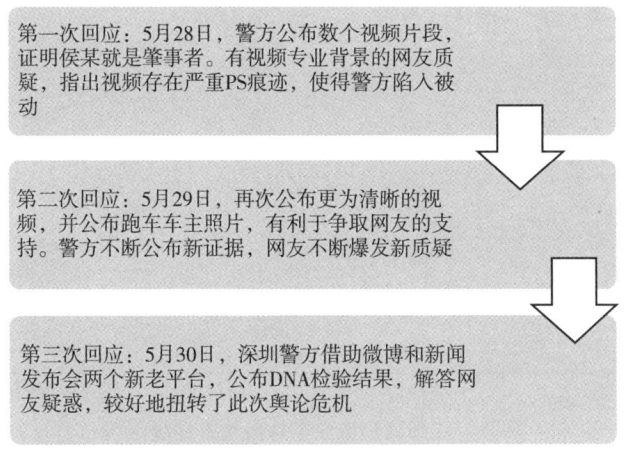

第一次回应：5月28日，警方公布数个视频片段，证明侯某就是肇事者。有视频专业背景的网友质疑，指出视频存在严重PS痕迹，使得警方陷入被动

第二次回应：5月29日，再次公布更为清晰的视频，并公布跑车车主照片，有利于争取网友的支持。警方不断公布新证据，网友不断爆发新质疑

第三次回应：5月30日，深圳警方借助微博和新闻发布会两个新老平台，公布DNA检验结果，解答网友疑惑，较好地扭转了此次舆论危机

图38　深圳警方对"5·26"飙车案的三次回应情况

最后，技巧。召开新闻发布会，不断发布微博，举办微访谈，就网友关注的问题与网友平等对话，一一在线进行解答，获取网友的支持。

4. 总体评价

在面对突发舆情时，深圳警方能理顺步骤、直面危机、调查举证，凭借耐心、责任、技巧和透明，保证了政务微博在突发事件中达到理想的互动效果。同时，此案的重要启示是，政府工作特别是新闻发布还需要注意技巧和细节，面对公众质疑时要诚恳、理性地解释与说明。

（四）"@沈阳发布"回应商铺关门

2012年8月初，网络上盛传辽宁沈阳因"公安打假"致大量店铺关门停业、市面大萧条，微博上甚至有市民直称沈阳已成"空城"。有当地商户表示，之所以出现这样的局面，与一则传闻脱不了干系。传闻称，近期沈阳市多部门开展集中整治活动，被查的商户无论是否证照齐全，最终都被带走，直到家人缴纳巨额罚款才放人。

大量店铺白日关门的照片被沈阳网友上传到网上，引起各界广泛关注。面对不断发酵的网络舆论，8月7日早晨，沈阳市委宣传部官方微博"@沈阳发布"发布消息，否认采取过集中整治行动和高额罚款措施，希望广大业户勿信传言，正常营业。8月7日下午，沈阳市委宣传部就此事再次发布2条微博进行声明。随后沈阳市工商局也表示结束打假行动，希望商户尽快恢复营业。

1. 舆情事件走势

沈阳商户歇业事件的有关微博情况可参见图39~图40。

7月中旬，已有当地居民发觉商铺提前关门，在新浪微博上偶有提及。随着时间的推移，越来越多的当地信息不断出现于网络，很多沈阳市民通过网络表达切身感受到的生活不便。

8月6日，有不少网友开始大规模在微博和论坛上爆料"沈阳大量店铺关门停业"，并附上照片。舆情开始高速发展。各种流言弥漫网络。

这引起辽宁省政协委员庄廷伟（新浪微博用户）的重视，他于6日下午，提交了一份加急提案。"紧急提案：沈阳各个店铺关店，谣言四起，请权威部门赶紧声明，稳定民心……"同时通过微博公布，他希望沈阳有关部门能及时回应市民关切与网络质疑。

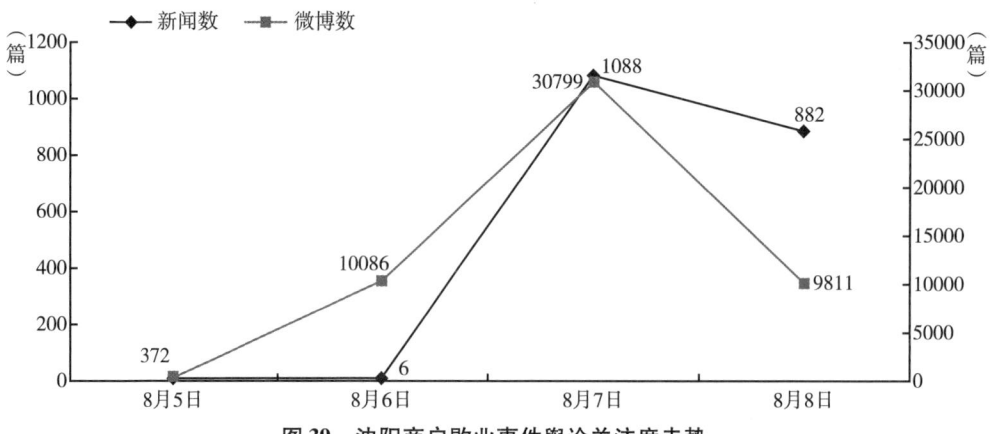

图39　沈阳商户歇业事件舆论关注度走势

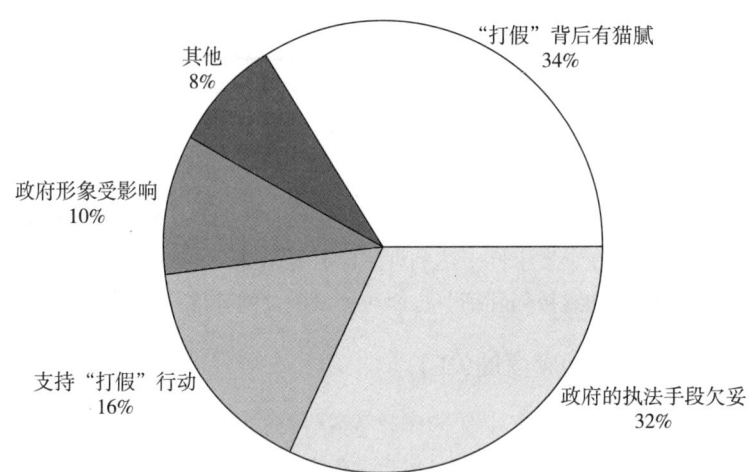

图40　沈阳商户歇业事件网友观点倾向分析（抽样条数：210条）

8月7日事件舆论热度达到峰值，沈阳当地的政务微博辟谣也引来了更广泛的讨论。随着辟谣的全方位展开，政策进一步的解释与调整，商铺重新开张，网友的猜疑也逐渐减少，舆论得以平息。

2. 微博互动内容分析

面对来势凶猛的各种网络传言，沈阳当地政府部门充分利用微博平台"@沈阳发布"，通过疏解网络舆论场，努力化解舆情危机。"@沈阳发布"微博基本情况及关于该事件的微博相关情况，可参见表41～表42。

表41　"@沈阳发布"微博数据一览

微博名称	微博数（个）	粉丝数（个）	日均发博数（条）	近200条微博平均评论数（条）	近200条微博平均转发数（条）	活跃粉丝率（%）
沈阳发布	235	8万	5	180.6	334.4	3.0

注：数据统计时间截至2012年8月13日8时。

针对网络出现的种种猜测，8月7日早晨，沈阳市委宣传部"@沈阳发布"发布"勿信传言正常营业"的微博信息，一方面解释和澄清当地采取集中整治措施的信息，另一方面否认了传言中的"高额罚款吓跑商贩"的说法。作为首条权威信息，这条微博立即引来关注，评论也随即增多。不过由于微博信息有限，加之并未有效说明具体情况，已经拥有众多疑问的网友认同度不高。

7日出版的《辽宁日报》头版、《辽沈晚报》头版等纸媒均以《勿信传言 正常营业》为题刊发相关报道。7日下午，"@沈阳发布"进一步阐释政策："市政府高度重视，将着力保障经营业户合法权益，维护市场经营秩序。"由于当日各类信息相继公布，下午两条微博舆论关注明显降低，经过权威解释后疑虑逐渐化解，信息发布初见成效。同时，当地政府还召开新闻发布会，进行政策解释说明，并公布市政府监督投诉电话96123，以消解社会疑虑。

表42 "@沈阳发布"关于商铺歇业事件信息发布一览

单位：条

时间	微博内容	转发量	评论数
8月7日06:29	【勿信传言 正常营业】近期，一些经营业户因受不实传言影响，关门停业。经了解，相关部门除正常管理工作外，并未采取集中整治行动，更未采取高额罚款措施。希望广大业户勿信传言，正常营业（自《沈阳晚报》）	30598	15796
8月7日18:15	市政府新闻发言人就受社会传言影响，我市一些业户出现歇业观望现象表示：市政府对此高度重视，本着高度负责的态度重申，各级政府必须严格坚持依法行政，保障经营业户合法权益，维护市场经营秩序	317	317
8月7日18:16	对乱检查、滥罚款等违规执法、粗暴执法行为，市民可通过96123市政府监督投诉电话举报，一经查实将依法依纪严肃处理，并追究相关单位和责任人的责任。同时希望经营业户消除顾虑，放心营业	977	1176

3. 综合评价

沈阳商铺关门事件中，虽然当地政府错失了第一时间发布信息的先机，也出现网络信息预警不足，各部门政务微博协调联动、政策解释不太全面等问题，但在网上传言四起的关键时候，"@沈阳发布"能够率先通过自媒体平台及时地发布辟谣信息，有效遏制了谣言的传播，最终实现了"亡羊补牢"的效果。此次沈阳当地的舆情干预措施也是十分明确、果断的，赶在了可能于7日上午发生的舆情高峰前面。另一方面，积极采取全方位多渠道的舆情应对机制，沈阳市新闻办、工商局、公安局等部门皆各自对外发布信息，同时沈阳各大平面媒体也积极参与，市政府监督投诉电话等渠道打通，信息实现了立体化畅通效果。一场声势巨大的舆情风暴在当地的各权威系统的"合力"协作下得到了有效避免。

六 新浪政务微博平台应用新模式

（一）办事厅汇聚微访谈与发布厅优势

1. 政务微博办事厅概况

2012年，微博平台逐渐从单向的网民时事热议、话题分享、生活展示平台，升级为可供官民互动沟通和公共服务的双向通道。政务微博出现了"集群化发展"的趋势。多地政府部门联合建设微博发布厅，促进政务微博集群化发展，使得原本孤立的政务微博得以相互配合、相互监督、相互促进。

2012年9月，新浪微博平台联合上海、重庆、四川、江西、河南、吉林六省市政府机构推出政务微博办事厅之民生主题日系列活动。各地纷纷就交通出行、医疗卫生、消费维权等民生热点问题设置"服务咨询日历"，由"当日值班微博"提供实时咨询解答。目前，北京、新疆、江苏、广西、湖北、湖南与福建也加入政务微博办事厅行列。至此，有13个省（区、市）有了自己的政务微博办事厅。

新浪政务微博办事厅系列活动以省（区、市）为单位，一省一站，每站将推出6~7个民生主题日，每个主题日有对口职能部门的值班微博"上岗执勤"。该活动集中整合了一个地域内的民生服务类政务微博，体现了网络时代政府部门利用新媒体平台问需于民、问计于民、问政于民的创新管理方式，是政务微博务实应用的又一重要举措，预示着"微博集群新模式"的诞生，而政务微博服务民生、务实应用的功能得到进一步升级。

微博办事厅将原有的"单向发布"变为了"单向发布与双向互动"相结合。以值班制运行，每周一个或几个城市值班，需要反映问题、了解问题的网友，可以在值班当天的微访谈页面上向相关工作人员咨询。另外，页面下方整合了当天值班城市所有官博发布的微博，让网友一目了然地看到所关注城市的最新动向。具有微访谈、发布厅的双重优点，弥补了原有的不足。

2. 政务微博办事厅栏目

如下表43格所示，目前有13个省（区、市）开设了地方政务微博办事厅平台，这些平台均设有8个"基础栏目"，分别为今日主题、今日值班微博、民生服务咨询日历、精彩提问/回答、微博推荐、政务微博发布厅、主要政务微博以及政务微博滚动直播。其中，吉林与湖南两省没有"政务微博发布厅"栏目；河南省没有"微博推荐"栏目，取而代之的是"河南简介"。另外，重庆、四川、上海、河南、吉林五省（市）还增设有"政务微博办事厅精华摘要"栏目；上海、河南、湖南三省（市）增设有"友情链接"栏目。

表43　我国各省份开设"政务微博办事厅"的栏目功能状况

地区	今日主题	今日值班微博	民生服务咨询日历	精彩提问/回答	微博推荐	政务微博发布厅	主要政务微博	政务微博滚动直播	政务微博办事厅精华摘要	友情链接
北京	√	√	√	√	√	√	√	√	×	×
江西	√	√	√	√	√	√	√	√	×	×
重庆	√	√	√	√	√	√	√	√	√	×
四川	√	√	√	√	√	√	√	√	√	×
上海	√	√	√	√	√	√	√	√	√	√
河南	√	√	√	√	√	√	√	√	√	√
吉林	√	√	√	√	√	×	√	√	√	×
江苏	√	√	√	√	√	√	√	√	×	×
广西	√	√	√	√	√	√	√	√	×	×
湖北	√	√	√	√	√	√	√	√	×	×
新疆	√	√	√	√	√	√	√	√	×	×
湖南	√	√	√	√	√	×	√	√	×	√
福建	√	√	√	√	√	√	√	√	×	×

3. "民生服务咨询日"

自重庆政务微博办事厅 2012 年 9 月 3 日举办"重庆出租车日"活动开始,13 个省(区、市)总共举办了 62 期民生服务咨询日。其中,江苏政务微博办事厅举办了 8 期民生服务咨询日,排在首位,其次是河南(7 期),上海与广西政务微博办事厅举办了(6 期),四川举办了 5 期,北京、江西、重庆、吉林、湖南、福建举办了 4 期,湖北与新疆各举办过 3 期民生服务咨询日(见图 41)。

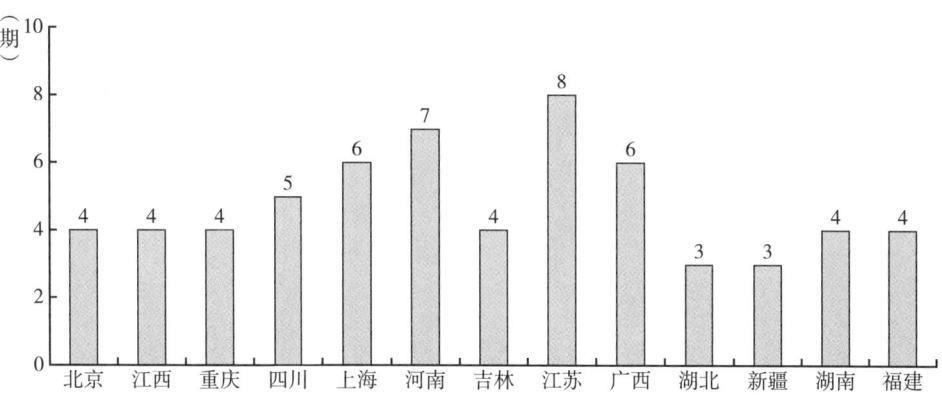

图 41 13 省(区、市)政务微博办事厅"民生服务咨询日"频率

如图 42 所示,在 13 省(区、市)举办的 62 个民生服务咨询日中,各地政务微博办事厅所办活动主要涉及 8 个领域或活动形式。其中,交通领域相关活动的举办频率最高,共举办过 16 期。比如,上海政务微博办事厅 2012 年 10 月 12 日举办的"机动车新规大家谈"活动,广西 10 月 28 日举办的"共创畅通南宁"等活动。其次是对话政府机构(11 期)。比如,重庆 9 月 27 日举办的"重庆统计日"活动,江苏政务微博办事厅 10 月 30 日举办的"南京玄武日"活动。

安全话题(包括公安消防、网络安全、食品安全等)举办过 10 期。如湖北政务微博办事厅10 月 30 日举办的"网络安全日"活动,吉林 11 月 13 日举办的"打拐宣传日"活动。官民互动活动举办了 8 期。比如,福建政务微博办事厅 10 月 15 日举办的"对话平潭检察长"活动,湖南11 月 2 日举办的"对话科技局局长"活动等。此外,还有旅游、法律(包括司法与维权)、医疗教育、市政与住房以及其他话题(环保、文明创建和青年创业)。

4. 网民互动分析

(1)有助于问题集中解决

纵观 13 省(区、市)的 62 期"民生服务咨询日"活动,可以窥见,交通、对话政府机构、安全、官民互动等领域话题或活动形式的网民参与度颇高。比如,四川政务微博办事厅 9 月 14 日举办的"提问成都地铁"活动,就吸引了 221 名网民的提问,9 月 25 日举办的"给成都缓堵支招"活动更是吸引了 324 条提问。此外,各地的多数民生服务咨询日的网民提问都超过 50 条。可见,政务微博办事厅有望成为继政务微博发布厅之后,又一网民意见收集器与矛盾解压阀。

(2)回复率有待提高

虽然网民提问积极性较高,但 62 期活动中,各政府机构微博的回复率却有待提高。无论网民的提问数在 100 条以内,还是 100 条以上,不少政府机构微博的回复数始终保持在 30条之内。比如,四川政务微博办事厅 9 月 25 日举办的"给成都缓堵支招"活动,吸引了

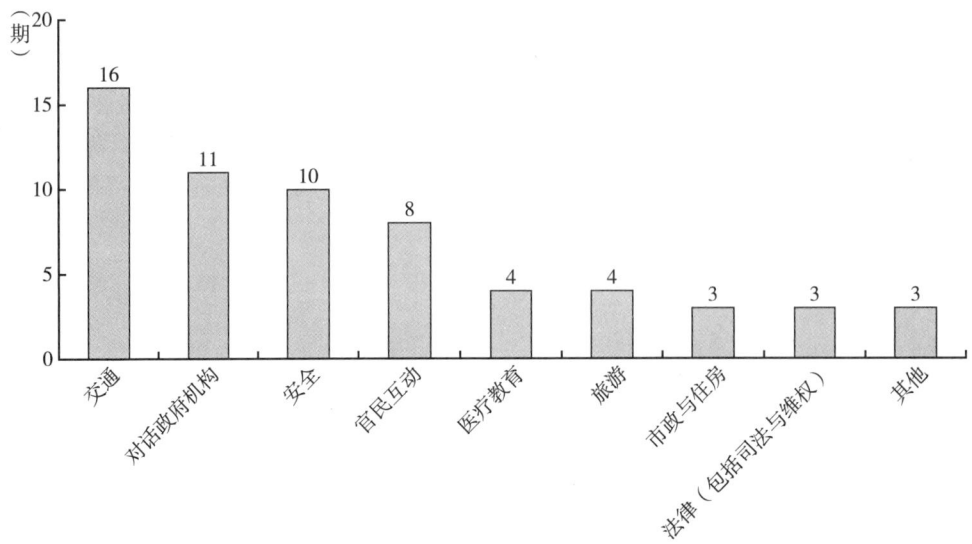

图42 13省（区、市）政务微博办事厅"民生服务咨询日"涉及领域频率

324 条提问，但回复只有 20 条，回复率仅 6.2%。

当然，这与不少民生服务咨询日活动只持续 1 小时有关。而江西政务微博办事厅 10 月 23 日举办的"我奋斗的青春"活动，有 2 名相关人士参与回答网民问题，且该活动持续了 8 个小时，收到 87 条提问，回复数 71 条，回复率达 81.6%。

可见，政务微博办事厅如果希望集中解决网民疑难问题，可以适当提高接待时长，同时安排更多相关人士参与回答提问，这才更有利于提高网民参与积极性，让政务微博办事厅真正起到意见收集器与矛盾解压阀的作用。

（3）部分热点话题逐渐增加

13 省（区、市）的 62 期"民生服务咨询日"中，法律（包括司法与维权）、医疗教育、市政与住房、旅游、环保等活动话题，均未超过 3 个。然而，这些话题的网民参与度并不低。比如，湖南 11 月 8 日举办的"工商维权日"活动，就吸引了 157 个提问，并不比该平台两天前（11 月 6 日）举办的"平安出行日"热度低（该项活动获得 116 个网友提问）。另外，吉林政务微博办事厅 9 月 26 日举办的"出境游咨询日"也不比 10 月 12 日举办的"交通道路安全日"热度低，前者共收到 89 个问题，而后者为 86 个。总之，地方政务微博办事厅要起到了解民情、服务群众、解决民众疑难的作用，就需要进一步提高回复率，拓展服务与交流的话题领域，让民众在话题讨论上有更多的选择权。

（二）政务微博民生服务厅扩展网络问政

目前我国民生服务平台存在几大模式，一是政府门户网站通常会设立百姓生活类专栏，提供地方实时消息、办事指南、相关查询服务、便民专栏等；二是政务微博民生服务厅，通常分为两大部分，主页内容主要是政务微博发布的相关信息，留言板模块为网民设立留言、咨询、投诉、表扬等相应板块；三是手机上网，登录相关服务网站查询公积金、社保、税务、考试等各类政务信息；四是根据政务部门提供的便民电话发送短信、彩信等满足相关诉求（见图43）。现我们主要讨论前三种模式的特点。

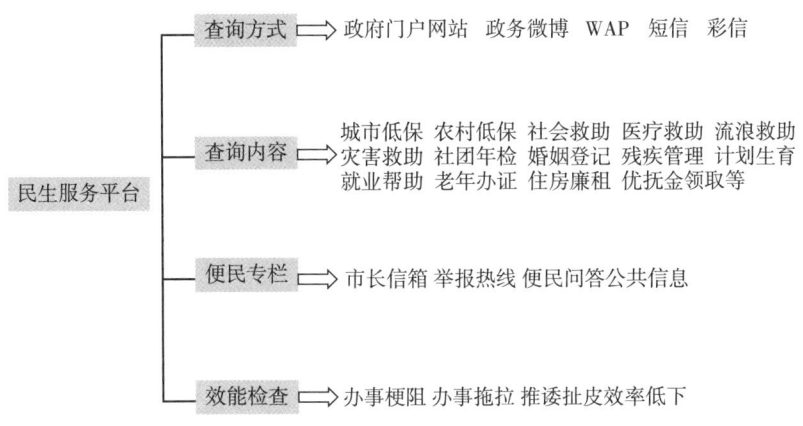

图43　民生服务平台功能

1. 政务网站升级版："民生微博服务厅"

政务门户网站是我国电子政务的重要组成部分，是政府运用信息化手段对社会提供管理和服务的窗口。而新出现的"民生微博服务厅"，综合了政务门户网站的优点，并且互动性更强。

点击中国政府网办事大厅，首入眼帘是一段逼真的动画，画面接到办事厅门口并定格在欢迎词上，列举不同身份的人们进入办事厅，最后画面定格，左侧为人们提供语言选择，右侧分为部门服务、行政许可、主题服务，主题服务中为网友提供了身份的个性化选择，包括公民、企业、外国人，内容与形式让人们耳目一新。

"陕西省人民政府办事大厅"主要以静态明晰板块为网友提供便民链接。其不仅为网友提供行政法规和信息的便捷查询，还为弱势人群设立绿色通道；在线办理板块为网友提供在线申报，线上办事时间大大缩减。湖南省网上政务服务虚拟大厅的一大特色即分类细致明确，"导航"中按地区将湖南省市信息分类，并设置市的二级分类；"按部门办事"板块中显示30个部门以供网友选择，部门分类使得人们更容易找到相关信息；"通知公告""咨询结果公告""投诉结果公告"提供反馈信息；"办件统计"用数字表明累计收件、累计办结、当年收件、当年办结、当月收件、当月办结，可清楚计算一段时间内事件办结率，方便网友对该办事厅进行有效监督。这些细节体现了政府为民办实事的责任心，给"民生微博服务厅"提供了很好的借鉴。

2012年，我国多省份竞相开通WAP民生数字服务业务，与移动社交新媒体实现便捷互动。这有利于市民随时随地通过移动终端便捷地访问政府网站，实现获取信息、在线办事、交流互动的目的，成为除政府门户网站、政务微博外有效的问政手段，打破了问政终端的限制。WAP民生数字服务业务的广泛开展说明，在移动互联网时代，政务微博民生服务功能将在移动终端上实现延伸，也将获得更加便捷和广阔的信息互动空间。

2. 湖北民生微博服务厅：从发布到服务

全国首个省级民生政务微博聚合平台——湖北民生微博服务厅于2011年底正式上线，

并在 2012 年开展了大量的民生服务活动，引起了舆论的关注。湖北服务厅聚合了 400 多个公共民生服务单位的政务微博共同服务网民，以"听民声、体民情、懂民意"为宗旨，全力打造民生服务新平台。

湖北民生微博服务厅由湖北省委外宣办牵头，联合湖北省公安厅、湖北省人民检察院、湖北省旅游局、共青团湖北省委、湖北省消防总队、湖北省气象局、楚天都市报等近百个民生政府部门及主流媒体微博账号，借助新浪强大的微博技术平台，开辟了一个全新的民生政策发布、民生服务的网络平台，开启政府部门集体运用微博为民办实事的先河。

以"#315 在线#维权 2012——安全消费每一天"活动为例，湖北民生微博服务厅利用微博平台推动政务工作，在提升行政效率的同时，有利于拉近政府部门与网友的距离，通过打破传统民政网络沟通方式，不断整合职能部门微博资源，深化并拓展政民网络互动，实现了政务微博由"宣传发布"到"服务民生"的转变。

（三）政务微博"网络监督员"模式

1. "网络监督员"引发关注

近年来，各地不少政务微博出现聘请"网络监督员"的现象，今年在数量上有明显的增加。如河南省高级人民法院"@豫法阳光"、江苏省"无锡发布厅"、云南省红河哈尼族彝族自治州等纷纷建立以本地网民为主的网络监督员制度，并设立"网络批评奖"，获奖者将每年受邀对民情民声进行"巡视"，引发舆论关注（见图 44）。

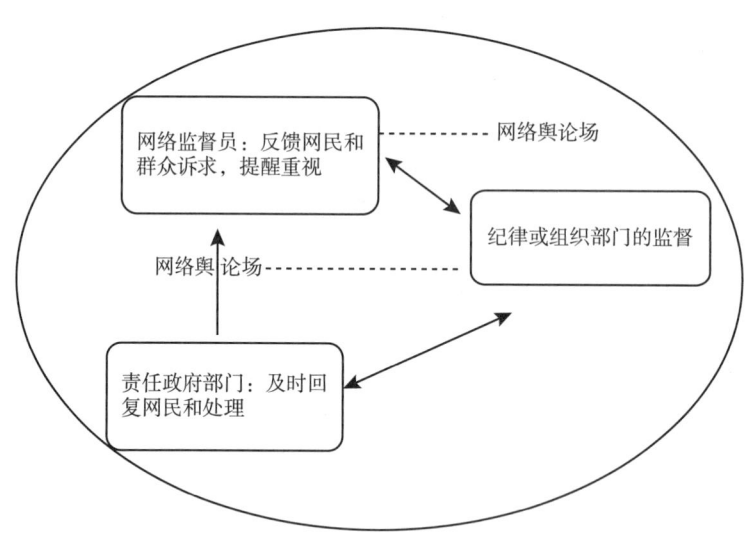

图 44 "网络监督员"制度工作流程

各地政务微博的"网络监督员"，一般是通过网上海选，以本地知名网络人士为主，在报名的近千名网友中产生的。网络监督员通常被要求做到知无不言，言无不尽，履行职责，建言献策，发挥网络监督作用。网络监督员必须敢于监督、善于监督、以法监督，做到让监督从网民中来到网民中去，要协调好自身工作和开展好网络监督的关系，在做好工作的同时密切关注当地网上信息，搜集最新舆情动态，跟踪问责强化监督，及时回应社会热点。

2. "无锡发布厅"网络监督员

2012年10月26日上午，"无锡发布厅"政务微博群正式上线，并进行了现场微博直播。上线仪式上，除了宣布该微博群将由50家与民生关系密切的市级有关部门、35家区县机关、25家公共服务机构、29家本地媒体首批入驻外，还在全省首次聘请了16位"微博名人"入"厅"，他们担当"无锡网络问政监督员"，参与网络问政工作。

这批大多来自无锡本地的"微博名人"，被特聘为"无锡网络问政监督员"，将更多参与网络问政工作，积极参与重大信息发布、舆论引导、城市形象推广等活动。他们作为微博意见领袖，来自媒体、企业、网站、机关等不同行业，微博粉丝量最多的超过25万，对公共舆论将产生很大的影响。微博意见领袖与网民身份接近，容易交流意见，具有独特的微博舆论话语优势。

目前，各地积极探索微博"监督员"的模式已经引起了舆论关注，以监督促进政务微博自律，以鞭策促进政务微博成长，以合作协助网络问政。有专家认为，海选网络监督员监督的方式，在国内属于创新之举，此举应载入我国舆论监督史册。

七 政务微博发展总结和预测

（一）政务微博的集群化与全覆盖

政务微博发展不协调的问题将逐步改观，信息化给我国不同地区各项社会事业的建设注入了新的动力和资源。新浪微博中300个最具影响力和代表性的党政机构和公务人员微博账户统计结果显示，中西部略滞后于东部。另外，政府内部各大系统差异也较大，公安系统长期一枝独秀，其他部门的微博发展较为缓慢，对于政务微博结构性失调问题，"全覆盖"仍将成为2013年政务微博发展的趋势。

2012年，中西部网络问政和微博问政加强，我国共青团、司法、交通等职能部门微博大量崛起，逐步缩小了这种差距。从2012年统计结果来看，新浪政务微博平台上已经形成了公安、宣传、交警、交通、共青团、旅游、司法、气象、工商税务和医疗卫生十大政务微博垂直方阵，其中共青团、司法、交通、医疗卫生系统微博在2012年表现尤其活跃，增速加快，成为拉动政务微博增长的重要力量。尤其是吸引了大量年轻人的团委、青联、高校和志愿者组织微博，在新浪平台上即将实现省市级政务机构微博的全覆盖。

（二）政务微博进入务实、应用阶段

目前，我国政务微博日常运营趋于制度化，形成有规可循的运营模式。制度化有利于规范政务主体各方面协调运作，进入平稳发展、务实应用阶段。同时，越来越多的政务微博由单纯追求粉丝数量，转向重视粉丝质量及微博影响力。

政务微博自媒体意识显著增强，成为突发事件应对的优选渠道，并为在传统媒体时代没有直接媒体资源的大量党政机构提供了发声渠道。一旦网上出现突发舆情事件，党政机构可以通过政务微博第一时间发布权威信息，主动介入突发性公共事件，并针对负面信息和未经验证的传言进行正面引导。

另外，2012年，政务微博更加凸显贴民生、务实事、重应用三大特点。政务微博向基层延伸，县处级以下政务微博几乎占政务微博总数的80%。政务机构、官员微博、媒体和网民在网上相互呼应、联动的效果十分显著。新推出的政务微博办事厅模式助推民生服务，对于网友表达的诉求和爆料，大量党政机构设立值班微博，由专人进行了实时的咨询解答，获得了不少舆论反馈。

（三）政务微博群众工作在基层延伸

从整体来看，数以万计的基层政务微博在2012年发展迅猛，县处级以下政务微博占总数的80%，不少基层党政机构与官员微博都开始频频上榜，尤其是在年终排名前10位的党政公职人员认证微博中，基层公务人员占据4席。

微博的粉丝文化和社交功能，成为天然的"造星"场所。在近年的政务微博问政大潮中，基层党政干部和公务人员的积极性、主动性和创造性都受到鼓舞。一大批试水网络舆论场的体制内意见领袖，都已经纷纷成为网络达人。网络平等交流的特质，也使基层工作人员能够凭借扎实的工作，跨越行业、行政级别和地区限制，成为舆论关注的名人。他们通过政务微博，不仅获得了问政于民、问计于民的强大信息工具，还获得了不断延伸公共服务与社会管理工作的群众工作土壤，非常有利于拉近党群与干群距离，提升公职人员的知名度和亲和力。

（四）从问政平台扩展为办公平台

各级职能部门垂直系统微博和区县基层政务微博沿袭着集群化、融合化的发展趋势，凭着两年多的坚持和摸索，政务微博找到了自己发展的新方向——贴民生、办实事。公众对政务微博的认可度也不断增加。政务微博作为倾听社情民意的初级平台，进一步成长为常规化的网络服务"办公平台"。

从2012年大量新浪微博平台统计数据来看，能为百姓办实事才是政务微博进一步发展的关键。很多政务微博平台正经历着一个由低级往高级、由单一功能往复合功能演变的过程。这一过程，也揭示着整个政务微博功能的提升，由此也将带来公共行政服务方式的转变与改进。

各地借助于新浪政务微博平台，充分结合自身工作特点，努力促进政务微博发挥更大的功效，诚心实心地通过这一网络平台解决百姓所关心的问题，让微博进一步迈入政务实务阶段。2012年以来，已经有不少政务微博通过"网上集中办事"、应用微博"政务办事厅"等方式有效推进了网络办公平台的建设，产生了良好的参考和示范效应。

（五）注重运营规范技巧更接地气

2012年，作为微博平台运营方，新浪微博更加注重对政务微博运营规范、技巧和发展模式的研究。2012年5月14日，新浪微博发布全国首个《政务微博运营规范手册》，公布了政务微博信息发布的诀窍，如"十二要""十二戒"以及官员微博信息"十三忌"等，让政务微博"接地气"有"规"可循，引发了舆论关注。

一些网友称有的政务微博"只是赶时髦、走过场，属于作秀行为"。由此看来，政务微博还存在待解决的问题。微博应用还有相当长的路要走。一是相当多的政务微博依然选择单方传播工作信息，部分语言还是传统的"官话"，导致网友转评数低，也极少有网友前来浏览，很多政微博信息也成了"摆设"。一个显著特点就是"注册积极，运营消极"，发展套路也比较单一，导致内容形式的同质化问题严重，这也大大降低了政务微博的效力。政务微博的互动性还比较缺乏，很多网友通过"@"的形式咨询许多涉及自身的问题，多数难以得到回应。

公共性话题参与性有待提高。公共性话题往往汇聚着大量的人气，在公共聚焦话题上的失语，对于成长中的政务微博来说，错失了许多融入网络群体的机会，也显示了现实中受行政管辖范围的影响，对于自己管辖范围内的事情积极发言，对于管辖范围之外的则相对"矜持"的现象。"政务微博"应正确定位，应赋予更多的人性化的色彩，语言文风和话题选取更具灵活性。随着应用微博的熟悉以及网络环境的变更，近年来不少政务微博变得"有人情味"，不少微博评论也引来大量的关注和好评。

（六）政务新媒体融合化趋势加强

2012年，政务微博的"一站式"服务功能进一步提升。一方面是政务微博本身条块化现象有待进一步整合，机构微博、官员微博相互之间都需进一步提升协同性，这也让网友问题反映渠道拓宽及变得方便。另一方面，微博若能够将散落在门户、论坛、博客、视频网站等各个互联网平台的信息汇聚，进行互动传播，形成新内容，或将这些多终端平台进行新一轮的信息传播，将有助于避免政府机关在整体网络平台上多头注册、多头监控、多头应对等分散化的顾东难顾西的尴尬。这也有助于集中资源，节约成本，提高行政效率。

（七）制度化使政务微博可持续发展

2012年，不少机关的政务微博强化了制度化规范化建设，出台了许多新的政务微博管理规定与考核办法，为本地政务微博的规范发展提供了制度和组织保障。北京市制定了《北京市微博发展管理若干规定》，南京市出台了《关于进一步加强政务微博建设的意见》，新疆颁布了《自治区政府系统政务微博应用管理规定》，海盐县专门出台《海盐县政务微博操作规则（试行）》与《关于加强政务微博运行管理的通知》。武侯区还专门出台了《武侯区政务微博管理办法》，明确要求微博问政限时办结，安排专人值守微博，及时处理网友的诉求。重庆市环保局印发了全国环保系统首个政务微博管理办法——《重庆市环保系统政务微博暂行管理办法》，从管理机构、发布内容、管理机制等方面，对重庆市环保系统政务微博实施规范管理。在微博内容上，该办法也要求"突出主题，服务民生"。

（八）2013年政务微博发展预测

1. 政务微博运营进一步科学化、规范化

当前，各地政务微博形成多种发展模式，各种管理使用规范也处在探索的初级阶段，正朝着制度化、规范化、专业化的方向建设，有助于促进政务微博的长期发展。2013年，各地政府部门将根据国家相关规定，进一步制定政务微博相关管理细则，包括政务微博开通的审核、信息发布审核流程、信息内容规范、网上办事流程等多方面。通过建立健全制度保障，实现政务微博管理科学化、规范化。

2. 政务微博汇聚年轻力量成为朝阳部门

青年人群在新媒体接触方面具有先天优势，日常使用中更具有同龄人的亲和力。政务微博运营需要大量思想先进、思维活跃的青年人的参与，使其成为吸收青年人才的高地，成为

政务传播系统中最具活力的部门之一。微博发布厅和办事厅的页面风格和语言互动风格，也将更加个性化、人性化，具有亲和力。

3. 我国政务微博演变为梯形扁平化格局

2012年，我国政务微博不仅在数量上突破6万家，在中央部委纷纷设立微博的同时，基层政务微博的影响力和活跃度也日趋增大，"微博问政"正在向中央与地方各领域不断深化和扩大。在质量方面，政务微博也将在2013年实现地区、行业和行政级别等方面差距的缩小，使我国政务微博在不同的职能领域，从"三角型"或"纺锤形"结构，进化为"梯形"扁平化结构，或进一步为促进信息公开和加强社会管理创新提供有力的支持。

出品

人民网舆情监测室

主笔

刘鹏飞　主任分析师

课题组主要成员

卢永春　舆情分析师

齐思慧　见习分析师

肖舒楠　特约分析师

罗海力　数据分析师

孙爱林　数据分析师

吴　恋　见习分析师

数据提供

新浪微博数据中心

附：2012年全国百大政务微博

单位：个

序号	用户昵称	认证说明	粉丝数	微博数	活跃度	传播力	引导力	总分
1	上海发布	上海市政府新闻办公室官方微博	2267435	7873	99.49	95.54	99.40	96.88
2	平安北京	北京市公安局官方微博	3958537	5200	99.33	95.10	98.90	95.02
3	成都发布	四川省成都市人民政府新闻办公室官方微博	4639063	7737	99.19	94.64	98.54	94.73
4	平安中原	河南省公安厅官方微博	2314164	10213	99.11	94.15	97.97	94.14
5	公安部打四黑除四害	公安部治安管理局、"打四黑除四害"专项行动办公室	4321733	3687	98.94	93.87	97.63	93.33
6	南京发布	江苏省南京市委宣传部新闻发布官方微博	1894744	9407	98.75	93.61	97.24	92.59

序号	用户昵称	认证说明	粉丝数	微博数	活跃度	传播力	引导力	总分
7	广州公安	广东省广州市公安局官方微博	2487330	9542	98.52	93.35	96.93	92.19
8	警民直通车 - 上海	上海市公安局官方微博	1831820	6891	98.41	93.58	96.89	91.98
9	上海铁警发布	上海铁路公安局官方微博	1787660	7655	98.14	92.80	96.38	91.97
10	外交小灵通	外交部公共外交办公室	3149816	4141	97.82	92.72	95.89	91.92
11	南京路况直播间	江苏省南京市公安局交通管理局指挥中心官方微博	562513	22153	97.75	92.41	95.49	91.69
12	安徽公安在线	安徽省公安厅官方微博	3030086	5918	97.59	92.17	95.19	91.48
13	河北公安网络发言人	河北省公安厅官方微博	3179851	2069	97.54	91.95	94.99	91.17
14	济南公安	山东省济南市公安局官方微博	1610316	11694	97.27	91.82	94.75	91.15
15	平安南粤	广东省公安厅官方微博	3672900	3093	96.83	91.67	94.54	91.12
16	北京发布	北京市政府新闻办公室官方微博	1812177	4316	96.74	91.40	94.23	91.12
17	豫法阳光	河南省高级人民法院官方微博	1256031	5003	96.29	91.34	93.99	91.02
18	平安肇庆	广东省肇庆市公安局网络问政平台	1817792	12320	95.88	91.23	93.78	91.02
19	蚌埠铁路公安在线	安徽省蚌埠铁路公安处官方微博	714223	9804	95.74	91.02	93.46	91.01
20	平安太原	山西省太原市公安局官方微博	2303078	3290	95.67	90.85	93.25	91.00
21	中国维和警察	中国维和警察官方微博	1962030	3378	95.52	90.64	93.00	90.51
22	中国旅游	国家旅游局官方微博	2692541	1837	95.49	90.39	92.68	90.43
23	江宁公安在线	江苏省南京市公安局江宁分局	132526	7761	95.18	90.23	92.64	90.28
24	陕西青少年公益	陕西省实施希望工程办公室官方微博	151991	27949	94.66	90.21	92.12	90.17
25	山东省旅游局官方微博	山东省旅游局官方微博	637664	8959	94.38	90.10	91.92	90.12
26	老戴服务站007	江苏省常州市新北分局罗溪派出所老戴服务站官方微博	1151422	7559	94.24	89.94	91.53	90.00
27	深圳交警	广东省深圳市公安局交警支队官方微博	201671	6921	93.56	89.93	91.52	89.91
28	山东交通出行	山东省交通运输厅公众出行平台官方微博	159862	17924	93.22	89.92	91.21	89.75
29	平安辽宁	辽宁省公安厅官方微博	842671	8896	92.94	89.81	91.04	89.72
30	晋中市公安局	山西省晋中市公安局官方微博	304246	1254	92.46	89.78	90.62	89.69
31	微博云南	云南省人民政府新闻办公室官方微博	2765286	1941	92.43	89.57	90.38	89.64
32	平安铁路	杭州铁路公安处官方微博	358684	10733	92.23	89.51	90.19	89.59
33	常熟颜港派出所	江苏省常熟市公安局颜港派出所官方微博	27224	11362	91.68	89.49	90.08	89.22
34	上海地铁二运	上海地铁第二运营有限公司	19568	17738	91.16	89.48	89.99	89.11
35	深圳公安	广东省深圳市公安局官方微博	1542972	4143	91.05	89.35	89.84	88.84

续表

序号	用户昵称	认证说明	粉丝数	微博数	活跃度	传播力	引导力	总分
36	广东共青团	共青团广东省委员会官方微博	1024349	7561	90.89	89.26	89.68	88.71
37	中国广州发布	广东省广州市互联网新闻信息中心官方微博	1036855	6484	90.81	89.10	89.41	88.64
38	龙岩公安博警在线	福建省龙岩市公安局官方微博	1872588	6063	90.63	88.97	89.24	88.62
39	河北共青团	共青团河北省委员会官方微博	71129	13270	90.38	88.94	89.01	88.06
40	甘肃省卫生厅	甘肃省卫生厅官方微博	1795954	6891	90.22	88.78	88.72	88.01
41	平安荆楚	湖北省公安厅官方微博	2490873	1776	90.19	88.60	88.52	87.95
42	泉州公安	福建省泉州市公安局官方微博	1602536	3104	90.09	88.49	88.40	87.93
43	南京市公安局白下分局	江苏省南京市公安局白下区分局	54499	6130	89.55	88.43	88.32	87.77
44	石家庄共青团	河北省石家庄共青团官方微博	101742	12722	89.19	88.40	88.18	87.63
45	平安常州	江苏省常州市公安局官方微博	1194564	4086	88.87	88.29	88.04	87.53
46	南昌铁路	南昌铁路局官方微博	1866097	4766	88.76	88.12	87.78	87.52
47	蚌埠公安在线	蚌埠市公安局官方微博	52683	8233	88.27	88.09	87.67	87.22
48	广西旅游局	广西壮族自治区旅游局官方微博	348067	11747	87.98	88.03	87.49	87.10
49	新疆发布	新疆维吾尔自治区人民政府新闻办公室官方微博	1631175	5712	87.83	87.87	87.25	87.00
50	平安江苏	江苏省公安厅官方微博	2207531	2495	87.78	87.72	87.07	86.86
51	微博银川	宁夏回族自治区银川市委市政府官方微博	1915760	2460	87.71	87.57	86.88	86.74
52	汉唐网	陕西省文物局官方微博	108697	9372	87.40	87.51	86.81	86.69
53	北京消防	北京市公安局消防局官方微博	1739252	2435	87.35	87.34	86.58	86.64
54	浙江省旅游局	浙江省旅游局官方微博	859447	5802	87.26	87.23	86.42	86.41
55	中国国际救援队	中国国际救援队官方微博	2014841	1776	87.22	87.09	86.29	86.13
56	和谐肇庆	广东省肇庆市司法局官方微博	575770	17826	87.14	86.96	86.03	85.93
57	中国青年志愿者	中国青年志愿者官方微博	1217492	1542	84.61	85.81	87.48	85.89
58	重庆市人民政府新闻办公室	重庆市人民政府新闻办公室官方微博	1243564	3871	87.00	86.69	85.73	85.81
59	福州市公安局	福州市公安局官方微博	1121781	3223	86.88	86.60	85.64	85.66
60	山东公安	山东省公安厅官方微博	1560783	3062	86.83	86.45	85.38	85.46
61	青岛发布	青岛市人民政府新闻办公室官方微博	1143135	2408	86.82	86.28	85.18	85.33
62	玩转安吉	浙江省安吉风景与旅游管理委员会官方微博	236761	3458	86.75	86.17	85.09	85.29
63	厦门警方在线	福建省厦门市公安局官方微博	1432307	3270	86.66	86.05	84.97	85.28
64	天府微博聚焦四川	四川省人民政府新闻办公室官方微博	2270974	1032	86.62	85.90	84.76	85.08

序号	用户昵称	认证说明	粉丝数	微博数	活跃度	传播力	引导力	总分
65	石家庄公安网络发言人	河北省石家庄市公安局官方微博	1694795	682	86.60	85.78	84.65	85.02
66	山西公安	山西省公安厅官方微博	1898109	1428	86.57	85.66	84.54	84.94
67	交通港航	上海市交通运输和港口管理局官方微博	1136616	2125	86.54	85.55	84.36	84.58
68	广州交警	广东省广州市公安局交警支队	171936	7796	86.38	85.46	84.23	84.32
69	交通北京	北京市交通委员会官方微博	230089	9739	86.23	85.40	84.01	84.02
70	潍坊交警	山东省潍坊市公安局交警支队官方微博	671947	6864	86.09	85.33	83.80	83.84
71	微博甘肃	甘肃省外宣办官方微博	1777020	1585	85.88	85.28	83.63	83.83
72	国家博物馆	中国国家博物馆官方微博	1248436	2731	85.81	85.16	83.49	83.72
73	凤城之声	广东省佛山市顺德区大良街道党工委办公室官方微博	69403	6276	85.69	85.13	83.35	83.13
74	欢乐长安	广东省东莞市长安镇人民政府官方微博	173428	10353	85.66	85.00	83.16	83.04
75	济南市旅游局微博	山东省济南市旅游局官方微博	99696	8511	85.43	84.97	82.97	83.04
76	湖南高速警察	湖南省公安厅交警总队高速公路管理支队	497752	4715	85.23	84.93	82.79	83.02
77	广东政法	广东省政法委、省三打办、省综治办、省维稳办、省禁毒办官方微博	624956	1835	81.32	83.11	83.99	82.94
78	沈阳市公安局	辽宁省沈阳市公安局官方微博	1392783	3845	85.13	84.83	82.67	82.82
79	公安主持人	广东省佛山市公安局官方网络发言人	406908	7079	84.90	84.78	82.59	82.79
80	平安哈尔滨	黑龙江省哈尔滨市公安局官方微博	1557277	590	84.88	84.65	82.49	82.67
81	山东省公安厅交警总队	山东省交警总队官方微博	1571900	946	84.69	84.58	82.38	82.59
82	微成都	微成都官方微博	215556	5103	84.61	84.52	82.25	82.56
83	宁波发布	浙江省宁波市政府新闻办公室官方微博	507465	3329	84.56	84.40	82.12	82.52
84	寿光公安	山东省寿光公安局官方微博	202257	7198	84.39	84.35	81.97	82.38
85	常熟公安	常熟市公安局官方微博	29203	6712	84.07	84.32	81.89	82.21
86	西安公安	陕西省西安市公安局官方微博	1345123	1612	84.04	84.21	81.79	82.03
87	平安南京	江苏省南京市公安局官方微博	1559428	1067	84.01	84.10	81.68	81.93
88	莞香花开	广东省东莞市人民政府新闻办公室官方微博	700636	3849	83.93	84.02	81.57	81.88
89	南京市旅游园林局	江苏省南京市旅游园林局	180993	9762	83.73	84.00	81.40	81.71
90	微博河北	河北外宣官方微博	1558841	1668	83.70	83.88	81.24	81.63

序号	用户昵称	认证说明	粉丝数	微博数	活跃度	传播力	引导力	总分
91	人文甘肃	甘肃省政府新闻办官方微博	1291552	2328	83.66	83.77	81.08	81.62
92	河北发布	河北省人民政府新闻办公室官方微博	1003258	3998	83.60	83.66	80.87	81.49
93	平安洛阳	河南省洛阳市公安局官方微博	331853	5677	83.44	83.62	80.76	81.39
94	厦门海警在线	福建厦门市海警三支队官方微博	123154	3328	83.31	83.59	80.69	81.29
95	平安余杭	浙江省杭州余杭区公安分局官方微博	56723	5403	83.05	83.54	80.59	81.28
96	湖南省交警总队	湖南省交警总队官方微博	523535	4291	76.79	83.42	80.46	81.25
97	九寨沟管理局	九寨沟风景名胜区管理局	652700	3204	82.94	83.37	80.38	81.11
98	上铁资讯	上海铁路局官方微博	631127	5085	82.84	83.30	80.21	81.09
99	平安郑州	河南省郑州市公安局官方微博	1364814	1560	82.80	83.19	80.08	81.06
100	平安无锡	江苏省无锡市公安局官方微博	1014715	1738	82.77	83.12	79.99	80.99

正义网·2012 年政法类微博影响力报告 3.0

前　言

　　进入 2012 年，我国微博用户增长速度已逐渐回落，微博用户规模已经从数量扩张期进入平稳增长期。根据中国互联网络信息中心（CNNIC）最新统计数据，截至 2012 年 6 月底，我国微博用户数已达到 2.74 亿，较 2011 年底增长 9.5%，网民使用率为 50.9%，比 2011 年底增加 2.2 个百分点。微博在手机网民中的使用率从去年同期的 34% 上升至 43.8%，成为使用率增幅最大的手机应用。利用微博来获取信息，关注突发公共事件，已经成为微博用户的重要习惯。统计显示，在具体应用中，有 93.5% 的微博用户利用微博搜索信息。其中，热点新闻事件的搜索比例最高，为 70.4%。

　　在全社会对司法公正的诉求不断提升和网民维权意识逐步增强的背景下，微博以其信息聚合便捷、意见传播多元等独特优势，逐渐成为普通公民在法治类问题上行使知情权、参与权、表达权、监督权的重要平台。微博反腐、微博维权、微博打拐、微博公益、微博救援等民间自发行为在网上风生水起，为我国处于转型变革期的社会肌体注入了新鲜的活力。

　　与此同时，由于处于群体焦虑期的微博用户在知识构成、法律素养、价值判断、语言表达习惯方面与大多数公职人员存在固有隔阂，面对政法类公共事件中纷繁庞杂、真伪难辨的网络传言，能否以及时的信息公开、科学的议程设置、良性的线上互动、有效的线下化解来察民情、听民声、缓民怨、解民忧、暖民心，掌握舆论的主动权，打通官民舆论场，与不同阶层的网民形成理性的情感共振，凝聚多元共识，也成为微博时代各级政法机关创新社会管理和提振司法公信力所面临的重要议题。

　　在党中央和国务院对网络问政和舆论引导工作的高度重视下，地方政法机关业已成为方兴未艾的微博问政热潮中的中坚力量。"利用微博客等网络新兴媒介进行司法信息公开，通过微博互动建立网络民意表达和民意调查机制"等内容也已作为政法机关的重要成就，载入我国新近发布的首部司法改革白皮书中。根据正义网络传媒研究院最新统计数据，截至 2012 年 11 月 20 日，全国公安、检察、法院、司法行政四类政法机关和公职人员已经在各大微博平台上实名开通了 18038 个官方微博，共发布微博 13986329 条，共拥有粉丝（未排重）338332395 个。从平均活跃程度来看，每个政法微博平均发布 775 条信息；从平均传播范围来看，每个政法微博平均拥有粉丝约 18757 个。

　　然而，部分政法机关、官员在如何认识微博、管理微博、运营微博、维护和提升官微公信力等方面依然存在理念误区和意见分歧。有的将微博单纯视为"负面舆情的集散地"而避之不及，有的则因缺乏健全的管理机制和具有新媒体素养的管理团队而导致微博在开通后或置之不理，或发表一些与自身职能无关的信息，或沦为"空壳微博"，或因发言失当而成为网民调侃、批评的对象。在运营技巧方面，舆论引导意识滞后、宣传思维因循守旧等问题依然突出，这也使得其他官方微博的公信力受到殃及。在微博的功能定位问题上，尤其是在是否应该将其作为网民反映贪污腐败等犯罪行为的举报受理平台的问题上，政法机关内部仍未达成一致。

如何处理与微博运营商的关系，怎样善待、善管、善用新兴媒体，也是摆在地方政法机关面前的一道难题。受金钱至上原则驱使，部分微博运营商只是把政法机关当作推广其微博资源以谋取最大利益的工具，"空壳微博"（即微博发布条数为10条以下的）账号共计2544个，占政法微博总数的14.10%。有的则在微博账号管理技术上存在安全漏洞，致使多家政法机关的微博账号被盗，继而引发舆情危机。

总之，推动官方微博成为政法机关向全社会传递法治正能量、回应公众诉求、普及法理念、展示政法队伍正面形象的窗口，通过运用法治思维和法治方式在微博平台构建和衷共济的"法律共同体"，积极营造理性有序的公共舆论场，仍然是各级政法机关提升虚拟社会治理能力的当务之急。

第一部分　政法类微博数据分析

（一）政法类微博部门分布

据正义网络传媒研究院统计，截至2012年11月20日，公安、检察、法院、司法行政四类政法机关和官员在腾讯、新浪平台开通官方微博的总数为18038个，共发布微博13986329条，共拥有粉丝（未排重）338332395个。其中，政法机关微博共计12606个，共发布微博9945156条，拥有粉丝（未排重）269857494个；政法机关公职人员微博共计5432个，共发布微博4041173条，拥有粉丝（未排重）68474901个（见表1）。

表1　政法类微博部门分布数据

单位：个

机关单位	微博个数		微博数		粉丝数	
	机关	个人	机关	个人	机关	个人
公安	11045	4698	9208236	3445116	240784303	60191366
检察	364	403	158251	205130	9075416	3577729
法院	619	175	259718	152611	12975965	1843485
司法行政	578	156	318951	238316	7021810	2862321
合　计	12606	5432	9945156	4041173	269857494	68474901
总　计	18038		13986329		338332395	

数据来源：正义网微博监测系统。

从微博个数和发布微博的数量来看，公安类微博最多，共计15743个，发布微博12653352条；法院类微博排名第二，共计794个，发布微博412329条；检察类微博排名第三，共计767个微博，发布微博363381条；司法行政类微博排名第四，共计734个，发布微博557267条。

从微博粉丝数量来看，公安类微博粉丝数最多，共计300975669个；法院类微博排名第二，共计14819450个；检察类微博排名第三，共计12653145个，司法行政类微博排名第四，共计9884131个。

此外，以上述数据为基础，正义网络传媒研究院还计算出四类政法机关的微博平均活跃程度和传播范围。从微博平均活跃程度来看，公安类微博位列第一，每个微博平均发布微博约804条；司法行政类微博位列第二，每个微博平均发布微博约759条；法院类微博位列第三，每个微博平均发布微博约519条；检察类微博位列第四，每个微博平均发布微博约474条（见图1、图2）。

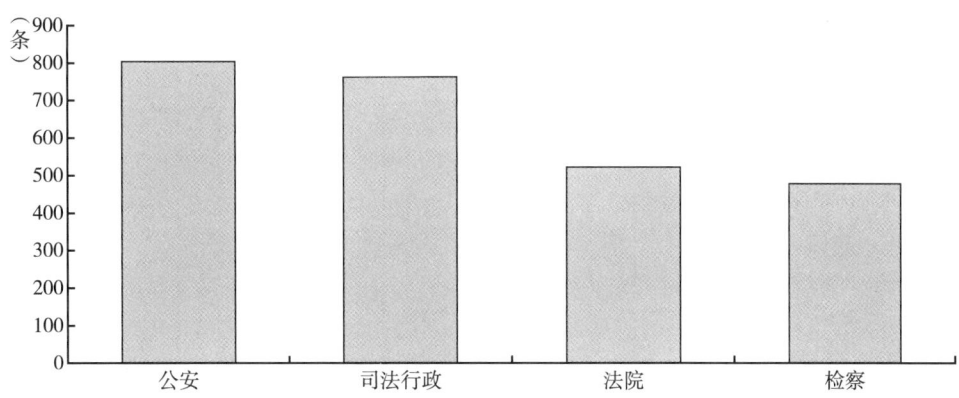

图1 政法类微博平均活跃程度

数据来源：正义网微博监测系统。

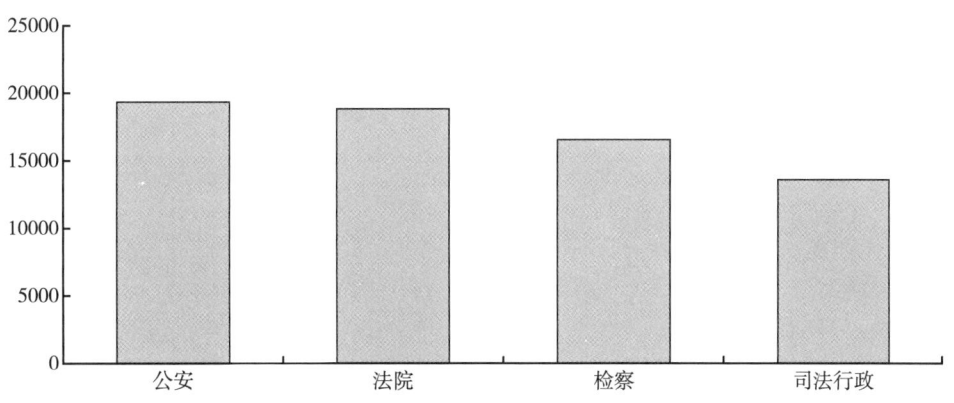

图2 政法类微博平均传播范围

综上所述，无论是从微博个数、发布微博总数和拥有的粉丝数上，还是在平均活跃程度和传播范围方面，与其他三类政法机关相比，公安机关都具有明显的规模优势。

（二）政法类微博地域分布

正义网络传媒研究院根据正义网舆情监测系统提取的数据，对政法类微博数量的地域分布进行了统计。结果显示，在所有开通政法类微博的省份中，排名前十的分别为：江苏（2107个）、河南（1648个）、黑龙江（1632个）、山东（1583个）、福建（934个）、浙江（885个）、云南（820个）、广东（710个）、山西（621个）、四川（583个）（见表2）。值得一提的是，目前全国已有31个省份政法机关开通官方微博，西藏自治区更是实现了零的突破。政法类微博地域分布TOP10可参见图3～图7。

表2　政法类微博数量地域分布

省份	公安		检察		法院		司法行政		总计
	机关	官员	机关	官员	机关	官员	机关	官员	
北　京	21	67	10	283	2	7	10	6	406
天　津	30	22	2	7	0	0	5	0	66
上　海	179	161	5	10	10	1	41	25	432
重　庆	99	16	5	1	6	1	7	2	137
黑龙江	122	1494	3	5	0	2	2	4	1632
吉　林	277	58	1	2	1	2	2	0	343
辽　宁	359	71	6	7	14	8	8	6	479
内蒙古	403	57	2	4	4	0	3	1	474
新　疆	226	59	17	1	5	4	13	2	327
西　藏	3	4	0	0	0	0	0	0	7
广　西	330	37	12	3	3	4	1	2	392
宁　夏	95	12	8	1	1	1	7	0	125
甘　肃	337	115	3	0	4	6	9	2	476
海　南	16	8	0	2	1	1	1	0	29
云　南	479	248	71	9	3	2	4	4	820
四　川	306	97	17	6	6	5	145	1	583
河　北	362	71	3	6	3	3	8	2	458
山　西	549	46	0	0	11	12	3	0	621
陕　西	337	34	3	0	12	2	13	1	402
河　南	483	706	21	2	362	66	7	1	1648
山　东	1168	274	14	6	21	10	62	28	1583
湖　北	318	41	41	10	37	7	6	2	462
江　苏	1732	259	29	12	22	6	44	3	2107
湖　南	134	91	5	11	14	8	3	2	268
江　西	429	69	4	0	3	1	5	2	513
贵　州	125	44	1	0	1	3	3	1	178
浙　江	551	134	33	5	12	3	97	50	885
安　徽	347	123	5	3	7	3	9	2	499
福　建	777	126	6	4	8	1	11	1	934
青　海	18	18	3	0	0	0	3	1	42
广　东	433	136	34	3	46	6	47	5	710
合　计	11045	4698	364	403	619	175	578	156	18038

　　数据来源：正义网微博监测系统。

从四类政法机关及个人开通官方微博的地域分布来看，公安类微博最多的是江苏（1991个），检察类微博最多的是北京（293个），法院类微博最多的是河南（428个），司法行政类微博最多的是浙江（147个）。

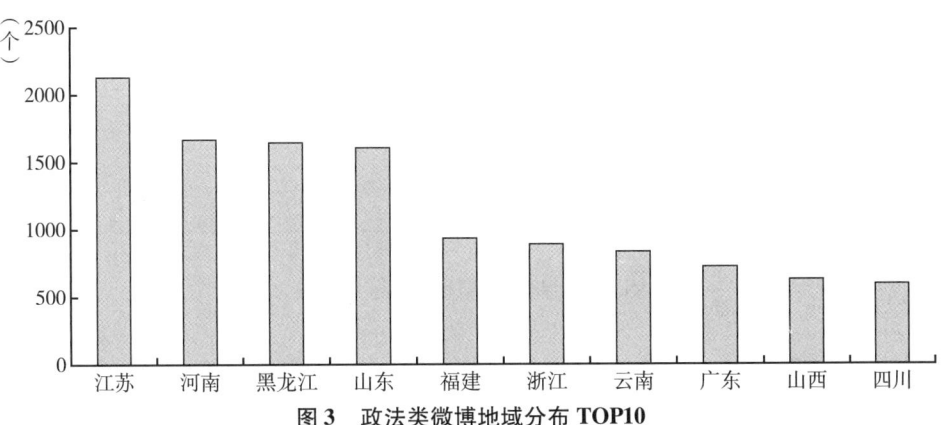

图3 政法类微博地域分布TOP10

数据来源：正义网微博监测系统。

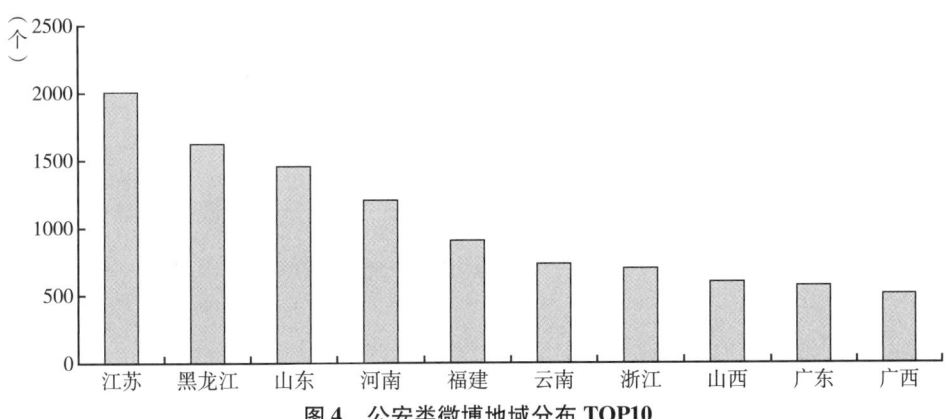

图4 公安类微博地域分布TOP10

数据来源：正义网微博监测系统。

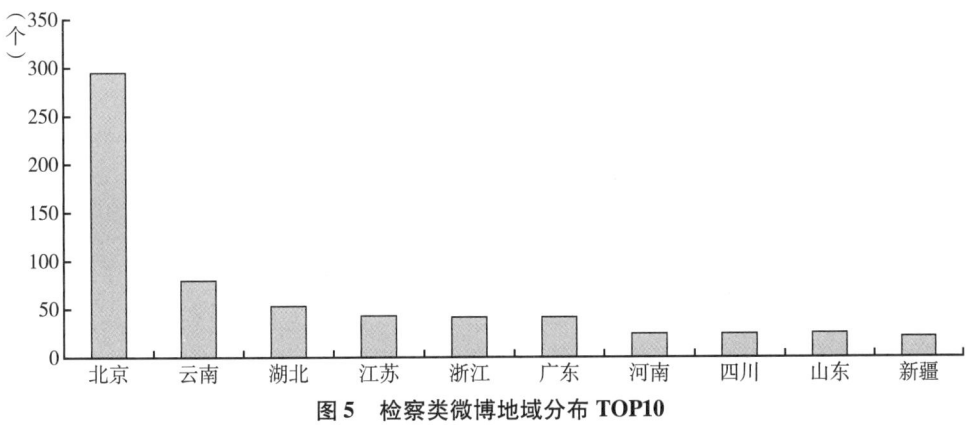

图5 检察类微博地域分布TOP10

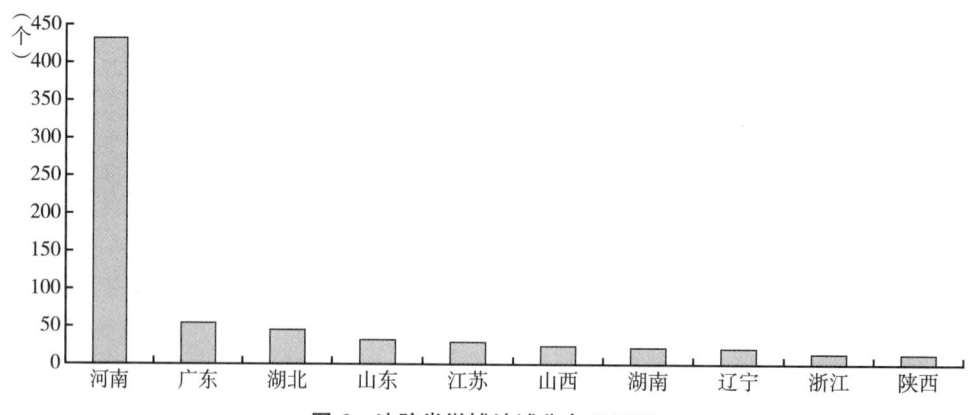

图6　法院类微博地域分布 TOP10

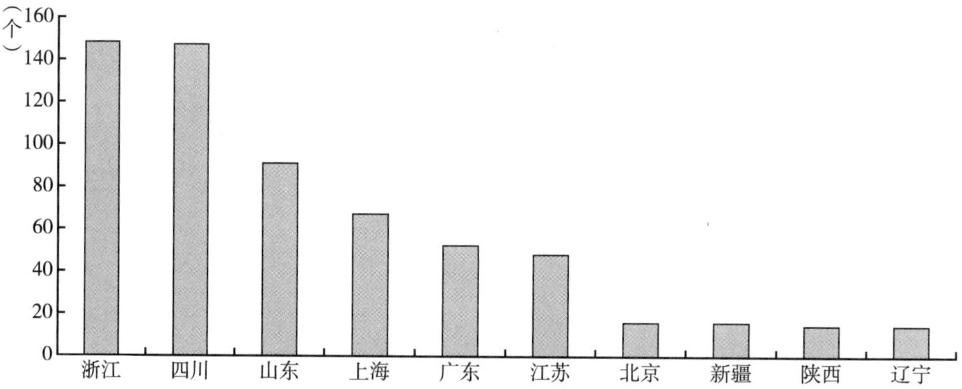

图7　司法行政类微博地域分布 TOP10

（三）政法类"空壳微博"部门分布

为引起地方各级政法机关对微博管理和日常更新维护的重视、审慎对待部分微博运营商的粉丝营销行为，正义网络传媒研究院在数据采集过程中，专门针对发布数量极少的官微进行了统计，并将微博发布条数低于 10 条的粗略定义为"空壳微博"。结果显示，在公、检、法、司四个系统开设的实名认证微博中，"空壳微博"账号共计 2544 个，占政法微博总数的 14.10%。其中，机关"空壳微博"共计 1394 个，个人"空壳微博"共计 1150 个（见表3、图8~图10）。

表3　政法类"空壳微博"统计

单位：个

	机关	个人	合计
公安	1187	1037	2224
检察	41	69	110
法院	37	33	70
司法行政	129	11	140
合计	1394	1150	2544

数据来源：正义网微博监测系统。

从部门分布来看，由于微博基数较大，公安机关和个人的"空壳微博"数量都是最多的，其中，机关 1187 个，个人 1037 个，共计 2224 个。其余从高到低依次为司法行政 140 个，检察 110 个，法院 70 个。

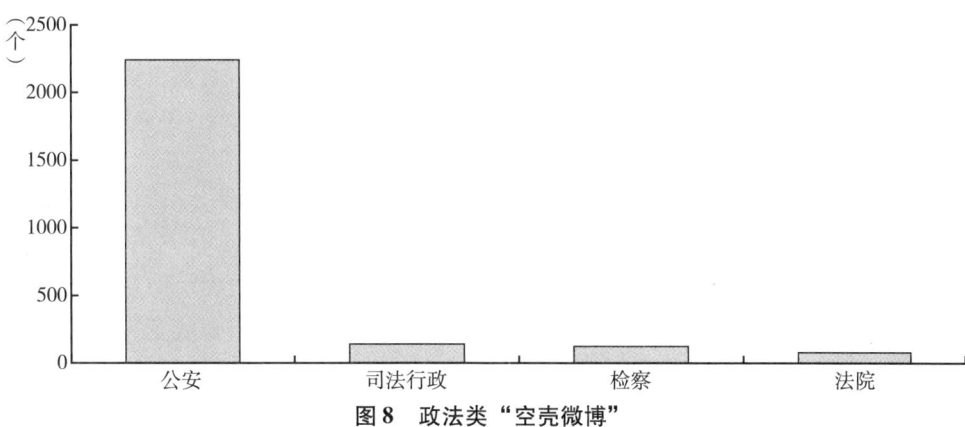

图 8　政法类"空壳微博"

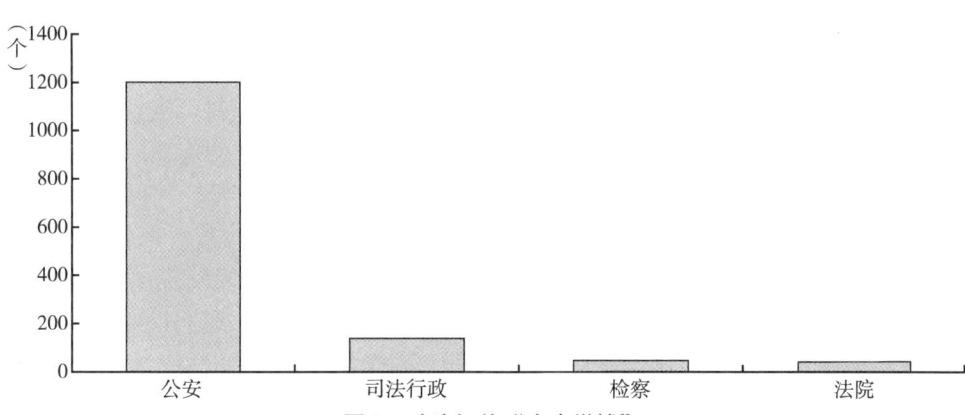

图 9　政法机关"空壳微博"

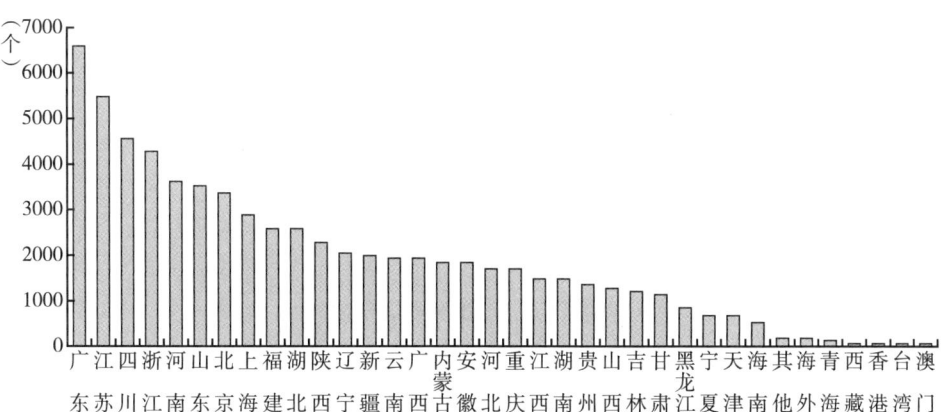

图 10　政法机关公职人员"空壳微博"

数据来源：正义网微博监测系统。

第二部分　政法类微博现状分析

正义网络传媒研究院通过对2012年政法类微博的观察和研究发现，政法机关是目前所有政务微博中最充分利用微博问政功能的机关。在规范与创新微博管理、利用微博公开部门信息、服务民生、宣传法制、执法办案以及应对舆情等方面，政法机关都积累了大量宝贵的经验，同时也存在一些问题。

一　公安机关微博问政的经验与问题

（一）经验篇

在政法机关中，公安类微博开通时间最长，数量最多，粉丝群最大。许多公安微博经过长期经营，已积累出一套与职能相关的运营与管理经验，如通过发布权威务实的警情与警务信息，确保公众知情权；在舆情事件中，善于引导舆论走向，主动回应网民关切；提供贴心的日常服务，积极开展救助，主动为民解忧；用微博发现破案线索，联合网民一起破案；打造专业的运营团队，在规范的制度中进行微博管理创新；在微博的表现形式与自身的公关宣传上求新求变等。

1. 信息发布权威务实　公众知情权有保障

微博的出现让公安机关找到了发布信息的最佳"播报员"，它不仅可以直播、连播，还可以24小时滚动播报。公安机关发布的微博都是与其职能密切相关的信息，较少有私人的信息。如上海市公安局通过其官方微博"@警民直通车－上海"在台风"海葵"期间24小时滚动发布预警信息；浙江省公安厅通过官方微博"@浙江公安"通缉百名逃犯；中秋、国庆长假期间，广东省深圳市公安局交警支队官方微博"@深圳交警"高密度直播路况信息……这些通过公安政务微博发布的警情信息，既确保了公众在第一时间得到预警提示、了解重大案情的进展情况，又利于遏制谣言的扩散，对于保障社会治安稳定起到了至关重要的作用。

2012年7月初，媒体报道称，《新白发魔女传》剧组中两位内地女演员被奸杀，随后，微博发布消息"近日，网上传闻横店港剧女演员遭奸杀，经公安机关调查，相关报道系谣传，横店没有发生女演员被奸杀案件，也没有其他女性失踪案件。目前，横店社会治安总体平稳"。紧接着，包括东阳市公安局横店派出所官方微博、金华市公安局网警支队官方微博在内的微博均转发了该条微博予以辟谣。及时的辟谣不仅保障了公众知情权，还安抚了民心。2012年8月11日，为提高自己的微博知名度，新浪微博网友"@许大马棍"发布"界首公安局发生恶性爆炸"的信息。该微博一经发布便引发广泛关注。随后，安徽省公安厅、阜阳市公安局、界首市公安局分别在各自的官方微博上迅速进行辟谣。省市公安机关微博联动，及时果决地澄清谣言，最终避免了以讹传讹的情况出现。

警务公开、公安机关通过微博主动接受群众监督，是公安微博在保障公众知情权上的一个重要体现。2012年6月15日至17日，全国1.3万个公安微博联合发起大型微博直播活动"派出所的一天"，向社会各界展示了公安基层派出所的日常工作，真真切切地让群众了解到了基层民警的工作状态。10月31日，广东省江门市江海区公安分局官方微博"@江海公安"向广大网友现场直播了江海区社区民警黄展辉向社区群众汇报2012年以来的社区警务工作的情况。目前，公安干警通过微博述职已日渐常态化。

2. 舆情应对及时给力　善用微博传递正能量

处置舆情事件、化解社会矛盾是公安微博的重要功能之一。地方公安机关在积极利用微博发布权威信息，及时快速平息网民质疑，主动引导舆论走向上的表现值得肯定。如在浙江温岭幼师虐童案中，温岭市公安局微博"@温岭公安"反应迅速，积极介入，连续发布微博通报案件进展，"@温岭公安"也细心地做了解释。"@温岭公安"微博直面舆情热点、积极主动沟通回应的态度为公安形象加分不少。

深圳"5·26"飙车案中，面对肇事者是否被"顶包"等疑云，深圳市交警部门有效地运用官方微博"@深圳交警"进行访谈答疑，力求捕捉每一条舆情信息，并给予最完整、最全面的回应，引导舆论逐步认清并接受事件的真相。广州涉日抗议活动中，广州市公安局通过其官方微博"@广州公安"，不间断发布正面引导网民理性爱国的信息，实时向群众发布现场交通、治安情况，及时通报广州警方依法处理非法煽动者的信息，对个别网民发布的一些虚假信息及时进行辟谣，呼吁网友不要传谣、信谣，首次将"@广州公安"微博投影在指挥大厅的大屏幕上，作为指挥处置工作的重要工具，借以引导群众，并及时了解网民的反映。"@广州公安"微博发布的权威信息，在网民中传递着理性爱国的正能量。

上述公安机关在利用微博应对舆情、引导舆论的过程中，有效推动了官方信息和正面舆论在网络中的传播，迅速打通了官方与民间两个舆论场，及时地打消了舆论的质疑，较好地维护了政法机关的公信力。

3. 服务贴心有亲和力　微博救助为民排忧

服务民众日常生活是公安政务微博的另一项重要功能。耐心解答网民疑惑、精心发布与群众日常生活息息相关的实用信息与安全提示是其日常服务的重要内容。广东省肇庆市公安局官方微博"@平安肇庆"在这方面做得异常出色。"@平安肇庆"官方微博专门开辟了"彭SIR支招"这一小栏目，肇庆市公安局警察公共关系科民警彭家祥会定期为网民发布一些诸如《服兵役、出国人员如何更换驾驶证》《如何办理港澳通行证》等小帖文，并对网友提出的疑问耐心地进行解答。"彭SIR支招"已成了"@平安肇庆"的"万事通"。《如何成为人民警察》《如何申请台湾游》《如何办理新车入户》《被小偷跟踪怎办》等系列帖文，包涵了防范知识、公安业务、温馨提醒等，掀起了"@平安肇庆"公安微博为民服务的高潮。

在便民利民的日常服务中，公安机关通过微博获知网友求助信息，帮助网友解决困难的案例屡见不鲜。如辽宁省铁岭市公安局微博顺利帮助一名白血病患者找到骨髓捐献者，在一天内架起了生命的桥梁；广东省佛山市顺德区伦教派出所官方微博收到网友求助信息，成功帮助网友摘除了屋外窗檐下的蜂窝；安徽省阜阳市公安局与六安市公安局微博联动，帮助流浪女孩寻亲；济南市公安局微博发起为流浪狗找家活动获网友支持；青岛市公安局官方微博成功帮助一求助网友解决了驾考档案丢失的问题……在这些数不胜数的小事例中，公安微博为民服务的精神体现得淋漓尽致。

4. 警民联动风生水起　微博办案效果显著

查案办案是公安机关的主要工作内容，微博的出现明显提高了公安机关的办案效率。7月5日，贵州省贵阳市公安局通过官方微博注意到贵阳一市民发出手机被抢的消息。贵阳市公安局及时作出回复，"请及时到派出所报案，也请云岩公安关注网友反映的情况"。随后，该网友将被抢劫的过程发上微博，并联系了贵阳市公安局和云岩公安局官微。仅仅三天犯罪嫌疑人就被抓获。"贵阳市公安局威武"是网民给出的最多的评论。

2012年6月25日，广东省江门市公安局收到网友微博举报称，一辆轿车在市区长堤撞倒两人后逃逸。江门市公安局紧急联系市公安交管局了解情况，并及时用微博回应，"案发后三小时，交警已将肇事车辆查扣，肇事司机将被拘留"。江门市公安局官方微博的快速反应受到了网友的一致肯定。警方在利用微博线索办案的过程中，网民往往会根据案件发展的情况不间断地提供破案线索，警民联动破案在公安微博上得到了最突出的展现。7月4日，湖南省长沙市交警支队官方微博接到一名粉丝对一辆从常德桃源开往广东江门的大客车严重超载的举报，随后，该粉丝连续提供超载客车的实时位置与行驶方向，最终，在警民微博联动下，警方一举拦截了该辆超载大客车。

用"微通缉"发动网友追逃，是公安机关利用微博办案的一个重要典型。许多公安机关在这方面都有所尝试，并且成绩突出。2012年6月25日，浙江省公安厅在其官方微博"@浙江公安"上专门开设一个集中展示逃犯信息的"百人通缉"栏目，并随时更新。涉嫌的犯罪类型包括故意杀人、抢劫、盗窃、诈骗、贪污等，其中多数涉嫌命案。通缉令的最高悬赏金额是3万元，最低是500元。苍南人王某成为首个自首的逃犯。通过微博发布"微通缉"，往往能将嫌犯的信息以最快的速度传播到全国的各个角落，与网友一起追逃，不仅让嫌犯缺少藏身之地，还能通过舆论的压力给嫌犯施压，使其主动投案自首的概率大大增加。

5. 管理规范制度到位　团队专业运营有序

许多表现突出的公安政务微博的背后，都有着一套规范的管理机制和专业的运维团队。北京市公安局官方微博"@平安北京"的操作流程相当规范。"@平安北京"共安排8名专职民警值守，实行24小时值守机制。每天早晨，微博的值班民警会搜集一些群众关心的热点新闻，在"@平安北京"上第一时间发布权威消息辟谣。

在管理创新方面，济南市公安局官方微博"@济南公安"的做法显得尤为突出。2012年，"@济南公安"首次引入第三方力量，成立了全国第一个政务微博运维的专家和顾问团队，并从比较活跃的粉丝中聘请了两名热心公益事业的专业律师担任"@济南公安"微博的法律顾问，在微博上开展普法教育与法律援助。此外，"@济南公安"还是首个取得了腾讯微博委托认证拓展业务的全国试点。凡属于济南市公安局系统内的微博，只要向济南市公安局微博管理员提供个人基本资料就可以进行认证，不需要通过腾讯官方系统。

6. 内容专业形式多样　求新求变创意无限

将专业的内容以纷繁多样的形式表现出来，是许多公安政务微博的显著特点。如南京市公安局江宁分局官方微博"@江宁公安在线"曾发布一则"游戏闯关指南"版夏季安全提醒，包含了"信号灯达人""反诈骗高手"等7个关卡，套用游戏中常见的名词来普及安全知识，有网友称赞："这么卖萌的安全提醒真贴心！"昆山市公安局官方微博"@昆山公安"曾发布一部由该局自拍的以文明规范交通为主题的微电影《畅行昆山》，该片风格清新、元素时尚，富有感染力，巧妙地将闯黄灯、强行右转、违章停车、酒后驾驶机动车等交通违法、不文明行为串联在一起追女孩的故事情节之中，通过片中人物之口，批评了交通违法行为，有力弘扬了规范交通、文明出行的理念，取得了良好的教育宣传效果。"@济南公安"微博曾以视频方式播报110警情，视频中还配有多幅漫画，为广大市民应对各类突发事件支招。为防止溺水事故的发生，增强学生的安全意识，浙江省嘉兴市海盐县官方微博"@海盐公安"专门改编了一首防溺水安全教育歌曲《伤不起》，广受网友好评。

公安政务微博不仅在安全知识的普及、警情信息的发布等表现形式上有所创新，在宣传自身形象方面也是新颖得体，创意无限。6月，新疆伊犁哈萨克自治州公安局新浪官方微博"@平安伊犁"正式启用"伊伊"和"丽丽"两个警察卡通形象，这在全疆政务微博中尚属首例。9月12日，徐州市公安局分别在其新浪微博和腾讯微博上发布"这绝对称得上是公安放下身段的用心之作"。

（二）问题篇

相比2011年，2012年全国范围内的公安政务微博虽然已取得长足进展，但在微博数量增长的前提下，相关服务仍有待提高。究其原因，既因为部分公安机构在利用微博进行舆情应对时，要么应对不及时，要么措辞不严谨，甚至言之无物，从而引发次生舆情。也因为公安机关利用微博进行的创新管理或跳出其职能范围，或有违常规，从而遭受舆论诟病。总之，各地公安机关对政务微博的利用应该建立在尊重民意的基础上，通过微博拓宽信息公开的渠道，而不应仅局限于以"卖萌"等方式招来更多粉丝。

1. 微博回应不及时　易诱发次生舆情

在传统媒体中，传播者与受众相互分离，相对于此，微博等新媒体则因其双向互动性的特质日益彰显出强大的传播力和影响力。面对涉警负面舆情事件，当网络舆论快速聚积并产生不可遏制的舆论导向时，如果公安部门研判不当，不能及时做出应对，必然导致次生舆情的出现。如在央视发出苏湘渝系列持枪抢劫杀人案嫌犯周克华被击毙的消息后，网友"@陈子河"发文称"死者非周克华"瞬时引爆网络，在其博文不断被转发的过程中，舆论甚至以讹传讹曝出"死者系便衣警察"的谣言，而重庆市公安局除了于8月14日就击毙周克华一事召开新闻发布会外，在谣言出现后的数日内未作出任何回应或辟谣，致使谣言呈裂变式传播。

无独有偶，10月8日，微博网友"@杭州in芸陌"发消息指称河南温县公安局副书记李世轩在出警追捕一偷窃犯罪嫌疑人时"蓄谋开枪"，但李及相关部门没有及时回应，错过了舆情应对的黄金时间，刺激了次生舆情的发酵，而且随着媒体对李世轩"神枪手"技艺及出警多次开枪记录的披露，网友对其是否"蓄谋开枪"的质疑进一步加剧。

2. 舆情应对显"短板"　言之无物遭诟病

警务微博作为高效的社会信息平台，本应在公开信息、寻找真相方面发挥巨大作用，使公众的知情权、参与权、表达权和监督权得到充分保障。但今年以来，多地公安机关在通过官方微博回应舆论关注的热点事件时，或言之无物，让网民不明就里，或避重就轻，对舆论质疑的焦点问题避而不谈，均没有起到澄清真相的作用。如9月4日，湖南省永州市公安局在回应"唐慧案"时，竟然在其官方微博发布了一条仅有"幼女"二字的微博，又连续删除其发布的12条"就唐慧被执行劳动教养回复网民"的长微博，如此拙劣行为引发舆论强烈谴责。

2012年9月4日，四川省成都市交警五分局在处理民警彭玉麟暴力执法事件时，竟然通过其官微回应称，"当事人以各种理由回避警方登门调查了解情况的要求"，在遭到当事人严厉反驳后，引发了舆论对"警察执法公正性"的强烈质疑。此外，10月27日，针对律师胡益华"少年因脚踩公务员被劳教"的爆料，河北省承德市公安局虽通过官微及时回应，称此事不属实，并称该少年系因故意挑衅、辱骂、攻击政府工作人员等寻衅滋事行为被劳教，但由于警方回应与被劳教者家属表述完全相反且不能对此提供证据支持，而对后续曝出的该少年被劳教系刑拘任务所致亦未作回应，承德警方深陷舆论漩涡不能自拔。

3. 微博措辞不严谨　于法无据有损公信力

公安政务微博已逐渐成为活跃在社交网络中的一个全新的警务服务窗口。在这个集结了各类网民，容易牵一发而动全身的巨大网络舆论场，公安政务微博发出的每一个字、每一句话都必须是深思熟虑的，必须条理清晰、有理有据，决不能含糊其词或玩文字游戏，否则，不仅会遭舆论质疑，更会因其于法无据而影响整个公安机关的形象，损害执法机关公信力。如10月26日，浙江省杭州市公安局余杭公安分局通过其官微"@平安余杭"发布"劝诫酒驾"微博即被指用词不严谨，不仅混淆了"酒驾"和"醉驾"的界限，更于法无据。

2012年8月11日，江苏省靖江市公安局在回应该局副政委陆胜民之子砍人事件的微博中用"戳伤"替代"砍伤"，被指玩文字游戏，旨在为"官二代"开脱，有欲盖弥彰、避重就轻之嫌。尽管在舆论强大的压力下靖江市公安局随后把"戳伤"改为"持刀参与打斗"，但一起并不复杂的邻里纠纷案件几近演变成一场新的影响警方形象的舆论风暴，仍然令人深思。与此类似的是，7月上旬，云南省红河州个旧市公安局副局长张松曾在其实名认证的个人微博中称"有一半是常访的精神病人"，随即引发强烈争议。尽管张松迅速删帖并致歉，但伤害已然造成。更重要的是，舆论矛头指向的不仅是张松本人，更是其公安局副局长的社会身份，甚至对整个公安系统的形象都会产生负面影响。因此，公安机关必须正视微博强大的影响力，在维护舆论清明的同时，重视对微博内容的把关审查，从语言上"律己"。

4. 微博活动跳出职能范畴　功能性错位暴露价值扭曲

公安政务微博的开通和快速增长，显示出公安机关与舆论沟通的意愿，但其能否真正发挥作用，并不是由数量或简单的活跃度决定的，而是与其定位和姿态息息相关，如是否起到官民有效沟通的桥梁作用，是否真正做到放低姿态、耐心倾听、平等沟通等。公安机关利用微博，将线下活动或执法行动拓展到微博平台，虽然体现了政务管理创新的一面，但各式活动的开展亦不能跳出执法机关的职能范畴，更不能简单地"为创新而创新"，从而扭曲了其本来的价值。

以2月2日，四川省成都市公安局武侯分局官微推出的"解救单身警察计划"和8月上旬浙江省衢州市公安局柯山分局官微举办的"借助微博给民警一个温暖的家"活动为例，有网友认为这种在工作时间通过官微为单身民警征婚系不务正业，浪费纳税人的钱。而以"卖萌"为大家所熟知的江苏省南京市公安局白下公安分局更被部分网友狂批"微博卖萌发嗲让人肉麻"，特别是11月27日其通过官微发布的"警车 style"微博，虽然在短短两小时内转发量即超过3万，有评论4000多条，但有专家随即评论称，执法部门尝试网络语言固然可以起到更亲民、更人性化的宣传效果，但同时也要考虑受众，要把握好司法公文和网络宣传品的区别，在"卖萌"的同时亦不能失去执法机关的严肃性和法律性。

5. 微博执法有违常规　公权滥用有损公平

随着公安政务微博建设如火如荼地展开，微博逐渐成为公安机关通报案情的主要平台。一方面，警务微博建设体现了社会舆情环境与民意表达方式的变化，成为政法公文或法律法规宣传和警务公开的重要渠道；另一方面，在这种全民监督的执法环境下，执法机关更不能随意违背常规，敷衍了事或选择性执法，而应确保执法有据，公平正义，全力维护公民的法律权益。

"@平安武汉"发微博称"抽调精干刑侦力量"为日本游客寻车，并发动网民为寻车出谋划策、提供线索，在自行车被找到的同时，武汉警方也因被指"选择性执法"被推上舆论的风口浪尖。舆论认为，武汉警方对涉外人士特案特办，其表现出的不平等执法态度，严重损害了普通公民的权益。而5月3日，浙江省衢州市公安局交通警察支队通过其官方微博"@衢州交警在线"曝光酒驾名单，及上海轨道交通警方8月在其官微发布"乞讨排行榜"等案例，更被舆论认为是以一种"示众式羞辱"的方式侵犯人权，暴露出警方微博执法的简单粗暴。

对于近年来出现的警方鼓励市民微博举报违法行为的做法，舆论亦认为，警方微博执法可取，但不管是曝光违法者还是鼓励微博举报违法行为，都应于法有据，而不是肆意曝光或者每有举报必罚，警方对曝光者应该表现出应有的同情，对被举报者进行调查时亦不能忽视必要的沟通。

二　检察机关微博问政的经验与问题

2012年以来，地方各级检察院及检察官们为了更好地履行职责，纷纷开通官方微博，充分利用网络新媒体简单便捷和互动性强的特点，积极开展检务公开、法制宣传及微博问政等工作，成效显著，使检察机关运用与管理微博的能力得到了一定提升。检察官们通过微博与网民亲切互动，热情答疑，以身说法，拉近了群众与检察机关的心理距离，打破了群众对检察机构"刻板、严肃、神秘"的固有印象。在大量与检察机关有关的案件成为舆论焦点的背景下，各级检察机关通过微博发布官方信息，及时回应社会关切，受到舆论好评。相比公安微博和法院微博，检察微博虽起步较晚，却不甘落后，日益活跃，且不断推陈出新，特别是在不少极具特色且深受网民喜爱的检察官的带领下，检察微博方兴未艾，继续前行。

（一）经验篇

1. 检察官微博

（1）检察官争相开通微博　检务公开值得推广

正义网络传媒研究院的统计结果显示，截至2012年11月，法院系统共有175名法官开通实名认证的个人微博，司法行政系统有156名司法人员开通，检察系统则有403名检察官通过微博平台认证，虽然不能和公安系统的微博数量相媲美，但检察官开通个人微博的数量远远超过法官和司法行政人员。特别是北京市检察院，目前已有三个区县近200名检察官开通了实名微博。不过，目前尚有部分检察官以匿名的形式活跃于微博上。对此，有专家建议，检察院等政务微博一定要认证，而检察官等个人微博则根据自己情况考虑，"不认证怎么算得上官方微博？不认证怎能取信于网民？不认证你的信息谈何权威性？"

检察官在微博上公开检务工作，探讨在办案过程中出现的问题，并将自己对检察工作的感受与思考展示在网络上，使更多的网民了解检察机关的相关工作，此举顺应时代发展要求，值得肯定与推广。

（2）个性鲜明易受追捧　微博互动提升执法公信

一些个性鲜明的检察官微博深受网民追捧。比如发布"微案例"吸引12万粉丝的北京市检察院一分院检察官赵鹏和巧用微博接待信访者、擅长打开群众心结的上海市杨浦区检察院控申科科长葛海英。"80后"检察官、个性鲜明的赵鹏在2011年12月便开通了个人实名微博，在微博上发布了数十个改编自他办理过的、曾经有过争议但已经有确定结果的二审案件或指导案件的案例，赵鹏没有直接把微案例变成微缩的案例，而是将案情概括后提出几种不同的处理方式供网民讨论。年近耳顺、荣誉等身的葛海英今年5月在东方网以实名开通微博，"虽然以前从未用过微博，但我挺喜欢'悄悄话'这种接访方式的。我也会努力学习，让自己适应新环境下的信访工作"。在她眼中，"微博不是年轻人的专属。我从事的检察控告申诉工作更多的是同社会大众打交道，用好微博这个平台，检察官的执法公信就会慢慢深入百姓的内心"。这样个性十足的检察官还有许多。个性鲜明的微博有利于检察文化、理念的传播，而微博的互动功能又能够让检察官了解社会心理，以检验工作成果、反思工作方式，完善职业形象。

（3）发表良心宣言维护正义 亲近网民热情互动

由于检察院的职能是行使法律监督权，维护公平正义的理念经常贯穿于检察官的微博中。许多检察官在办案过程中体会到法律效果和社会效果的双实现并非易事，但即使如此也应努力尝试，不少检察官也在微博上发表良心宣言，宣传公平和正义的理念。比如浙江温岭市检察院检察官王奔就在微博中称，"无论是罪犯，还是被害人，在法律允许范围内，多站在他们角度去思考，这样才能让罪犯真心知错服法，让被害人得到补偿慰藉。这才是检察官的公平正义"。湖南省长沙市检察院检委会委员、民事行政检察处处长周礼文在微博上表示，"如何回应人民群众的司法诉求？关键还是办好每一起个案。只有将一个个案件办好了，实现个案的公正，才能赢得民众的信任"。

检察官微博从一开始单纯发布信息，已发展到主动与网友互动，热情为网友提供法律援助和服务上来。北京市怀柔区检察院检察长蓝向东称，他在今年1月开通了微博，但刚开始一直"潜水"，1个多月后才开始跟网民互动，"微博拉近了我与网民的距离，不少网民咨询法律问题，还利用私信进行举报。这是了解民意的一个重要载体，如果不会用就落伍了"。

此外，检察官们发布微博的内容也日趋实质化，并擅长运用网络流行语言，形式灵活。正如广州市黄埔区检察院科长李东翁所言，"政务微博不在于你发布什么信息，而在于你用什么样的心态发信息。我们现在要做的，就是要消除群众认为是在跟政府机关对话的隔阂心理，要让他觉得是在跟一位朋友对话"。检察官们放低姿态，亲切与网民沟通交流，既可以通过私密的方式获悉举报信息，也可以在一定程度上保护举报人的安全，还能在互动过程中向更多的网友普及更多的法律知识，可谓一举多得。

（4）关注未成年人案件 微博帮教警醒世人

随着检察业务的平稳推进，检察院除了批准逮捕各类犯罪案件和提起公诉外，不少检察院成立未成年人刑事案件检察处（简称"未检处"），积极探索社会调查、合适成年人到场、考察帮教等工作机制。在这样的背景下，检察微博中涌现出一批未检处检察官或关注未成年人犯罪的检察官，他们以真实的案例，告诫网民特别是未成年人要遵守法律法规。比如北京市顺义区检察院任巍巍在微博上表示，"顺义检察院首次委托相关机构为未成年被害人开展义务心理咨询，咨询效果很好"。有的检察官劝导家长不能实施家庭暴力，比如北京市密云县检察院郭桂英在微博上表示，"在侦监处承办未成年人案件，发现很多失足少年走上违法犯罪道路的原因在于父母的暴力管教。希望父母们耐心教育，让孩子远离家庭暴力，远离犯罪"。

同时，检察官也警醒人们，要提高警惕，以防上当受骗，走上犯罪道路。比如北京市检察院一分院崔可成发表微博称，"从事检察工作以来看过很多一步错步步错的鲜活例子：喜欢钻空子、打擦边球，一个不小心就把自己陷了进去。特别提醒，无论如何不能沾染毒品，在法律面前，蝇头小利以及朋友面子什么的都是浮云！"另外，部分检察官教育在服刑的罪犯"好好改造，争取减刑，早日回归社会"，并鼓励他们"只要有希望，就不轻易放弃"。正是这些年轻检察官的极力规劝，才使得一些迷失的未成年人回归正途，同时也化解了一定的社会矛盾。

2. 检察机关微博

（1）微博管理日趋专业　相关培训蓬勃开展

专业高效的微博管理是微博问政得以良性化、常态化进行的前提。面对纷繁复杂、瞬息万变的网络世界，各地检察机关均在努力尝试，以期建设一支专业的微博管理团队，提升团队成员的技术水平、新闻素养以及舆情应对能力。其中，江苏省无锡市宜兴市检察院在"网络为民、全警用网"理念的指导下，专设两名微博管理员，并在13个职能科室各设1名信息联络员，负责该院微博的管理维护和发文回帖工作。而广东省广州市黄埔区检察院则从全院各部门抽调出11名干警组成微博团队，并全天候值班，以保证该团队熟悉检察业务，及时回复网民申诉与咨询。上述两种独立的、专业化的微博团队配备值得其他检察机关学习与借鉴。

此外，各地检察机关在微博管理方面的相关培训亦在积极开展中。湖北省武汉市检察院组织举办新闻采编与舆论引导能力建设培训班，培训内容涵盖微博问政时代网络舆情的特征及其应对方法、如何写好检察新闻、如何办好检察微博等；随州市检察院举办培训班，对微博管理员进行理论辅导和实际操作培训；云南省昆明市检察院则邀请云南省检察院宣传处微博管理运用的专业人员，对全市14个基层检察院分管宣传工作的领导和微博管理员进行专题培训。培训重点讲解了在管理、运用微博的过程中如何展现检察机关的亲民情怀，怎样与网民进行互动，以及在应对微博舆情时应该重视和注意的一些实用技巧和方法。

（2）微博运用日趋多元　普法载体异彩纷呈

"微故事""微活动""微电影"等异军突起，微博运用日趋多样。如云南省检察院官方微博开通后，即在全国检察系统中首次尝试用"微直播"的方式，进行各种会议以及竞争上岗、结业典礼等活动的现场直播。这种图文并茂的发布形式，使得原本略显枯燥、受众较少的官方会议或活动更显亲民，更接地气。而在举报宣传周期间，上海市检察院邀请基层检察院的负责人担任嘉宾，在该院的微博平台上，就多个与法制密切相关的民生话题进行"微访谈"，与网友互动。福建省福州市平潭县检察院更是定期组织开展检察长"微访谈"活动。此种"面对面"的互动交流形式，不仅有助于防止官民之间话语体系的断裂，也有助于检察机关获悉社情民意，从而促使矛盾解决。此外，广州市黄埔区检察院通过官方微博"小明微故事"专题，发布了一系列诙谐有趣的普法小故事，并配上"检察官点评"来阐明其中涉及的法律关系和司法程序等，促进了法制宣传工作的开展。该院还策划了"庭审直播""检察官的一天"等"微活动"，使群众能更为直观地了解检察官的生活和工作情况，从而改变了部分群众心目中检察官固有的刻板形象，拉近了群众与检察官的心理距离。另外，有些检察机关则选择采用"微电影"这种群众更为喜闻乐见的普法新载体来进行法制宣传教育工作。诸如江苏省无锡市北塘区检察院的"微电影"《凋落的花样年华》、天津市河西区检察院的"微电影"《坠网》等，多是根据真实案例改编而来，通过直接在社区、校园等地播放，并借力微博平台的传播，起到了较好的警示和教育作用。

（3）应对启动联动机制　多方合力消解危机

在网络舆情应对工作中，检察机关的突出表现在于与其他政法机关启动了微博联动机制，多管齐下，从不同角度化解社会矛盾、调解社会纠纷。如深圳市"5·26"飙车案，警方通报称不存在司机顶包后，遭到死者家属及媒体质疑，深圳市检察院在其官方微博发布消息称，该院的侦查监督部门已介入事故侦查活动中，要求侦查部门核实肇事司机身份，查明案件事实，合理排除全部疑点，并对案件准确定性。相较于身处事故现场第一线的警方而言，检察机关在此类事件中的地位更为中立，其本身所具有的侦查监督职能更能确保调查结果以及发布信息的可靠性和准确度，其作为发布通告的主体显然更易为公众所接受。

无独有偶，2011年12月27日，深圳罗湖汽车站发生一起特大交通事故。两个小时后，深圳市公安局在其官方微博上介绍了此次事故和处理措施，随后，深圳市检察院在其官方微博上公布了检方介入案件侦查活动的新动向。警、检两个机构先后发布声明，一方面体现了政法机关对此事的重视，另一方面保障了政法机关在此事调查及处理结果上的公平公正。而最终舆情如愿得以消解，受益的是整个地方政府。

（4）微博问政转向微博施政　对接机制初试锋芒

检察机关利用微博平台，开辟出了反腐倡廉、预防职务犯罪等新战线，且正在由"微博问政"，逐步转向"微博施政"。例如宁夏检察院在其官方微博页面的显著位置特设公告栏，公开全区检察机关的举报电话、查询电话等，鼓励网友检举、揭发；云南省检察院对于网友提供的投诉、举报信息以及意见建议等，均给予足够重视，除主动应对、处理外，还及时向网友反馈；而针对网友在微博上的相关爆料及质疑，宁夏检察院皆在第一时间予以答复，并及时向涉事检察院下发网络信息处理通知书，要求涉事检察院予以核实并上报。这些借助微博积极、主动问政的行为，值得肯定。

此外，一些检察机关对各种形式的网络问政平台进行整合、对接，搜集信息不再局限于单一渠道。例如湖北省检察院在其官方微博的显要位置链接了其自身的门户网站、网上受理中心、12309举报热线电话等，以微博为平台对接各种形式的问政渠道，在更大程度、更大范围上推进反腐、维权工作。这方面较为显著的实例出现于广州市检察院中。该院通过接收与审阅奥一网网络问政平台抄送给其的博文信息，并与该网管理人员进行直接对话，获悉到"徐芬被失踪"一案或有他情，随即督促当地警方核查事实。在该院直接干预下，广州市花都区警方加大侦破力度，在两周内抓获犯罪嫌疑人，使案情大白。有网友感叹道，如果体制内不具备问政对接机制，无论问政平台如何热闹，一切都等于零。媒体认为，"徐芬被失踪案"的成功在于广州市检察院将对问政内容的处理纳入了日常工作，而不拘泥于表达形式。这与某些政府部门将网络问政视为徒有虚名的"群众意见箱"全无对接、跟进机制有显著差别。

（5）创建特色检察文化　推进检察队伍建设

党的十八大报告不仅提出了"推进社会主义文化强国建设"的思想和目标，而且对文化在整个社会发展中的地位与作用有了更为全面的认识，把文化建设推向了一个新的高度。检察文化建设亦是社会主义文化建设的题中之义。除传统的宣传、培训学习等方式外，不少检察机关利用微博这一新媒体平台，更为便捷地弘扬检察文化，推进检察队伍建设。如辽宁省盘锦市检察院于2010年组建了国学研习班，为给学员提供一个探讨平台和交流空间，该院于2012年2月推出"国学微博"。"国学微博"为盘锦检察文化的发展提供了新的载体，并促进了盘锦检察工作的开展，很快受到该市检察干警的热捧。江苏省苏州市检察院则组织举办了历时一年的"法制微博小说"大赛，这是全国首次由检察机关发起组织的"微博小说"大赛。此次活动收到来自全国各地的检察干警、职业作家和自由职业者的来稿2248件，受到了网民的极大关注。

（二）问题篇

1. 单向发布信息　后续舆情甚少跟进

微博的出现，为突发事件的处置开辟了一个新的渠道。的确，在对突发事件进行舆论引导的过程中，对不当言论、谣言、误读和误解等的澄清可以有效避免和防止其发酵和蔓延。但是，舆情的消解并不会因一次官方通告或一篇博文就自然消解，舆情从酝酿、爆发到消亡，有一个自然的过程，这就决定了应对舆情危机需要进行较长时间地、有针对性地并持续不间断地引导和跟进。

有些检察院在应对突发舆情时，往往习惯于举办一场新闻通告会或发布一篇微博声明了事。他们非但没有意识到通告或声明后问题可能仍然存在，更没有预料到其通告或发布的信息可能会将其带入第二波舆论质疑之中，反而沾沾自喜，自以为工作到位，应对"及时"且"得当"。而浙江省绍兴市诸暨市检察院在应对"小奥林事件"时的举措，为这种错误想法提供了一个可供正面学习与借鉴的案例。在网曝该院一位检察官的狗咬伤幼童并拒赔一事后，舆情鼎沸。该院根据事态发展，及时应对，并采取四步走策略：舆情发端期，迅速查清事实，暂时保持沉默；舆情爆发期，予以正面回应，实事求是说明真相；舆情分化期，正面持续回应和侧面网评员引导相结合；舆情收尾期，不再主动发布消息，静待事件自然冷却，从而反"败"为"胜"，完美地消解了一场舆情危机。可以说，这是一个极为成功的应对涉检网络舆情的尝试。

2. 信息整合尚欠火候　微博反腐缺少规范

检察微博承担着收集举报线索的功能，但微博反腐尚存问题。虽然检察机关、检察官们纷纷开通微博，但对网民在微博中提供的反腐线索，一是不够重视，并未建立起一个统一的整合平台；二是实践应用不足，由线索到真正实现立案侦查的案件依旧较少。检察机关在利用微博进行反腐的时候，尚未建立起一个规范的反腐流程。

目前，仅有少数几家检察院聘用专人对微博上的检举、揭发信息进行整合，更不用说核实其真实性后及时上报。而与微博反腐相关的其他保障性举措也尚未通过立法确立。例如，群众通过微博提供反腐线索，一方面容易"打草惊蛇"，另一方面可能威胁自己的人身安全。检察机关在收集、采用群众举报信息的同时，应该做好保密工作，保障检举揭发人的人身及财产安全。然而，现实中，检察院虽在保护检举人信息安全一事上有所行动，但对其职能部门的某些工作人员面对微博线索时，不当行使"自由裁量权"的做法规避不足；对某些群众滥用微博举报功能实施个体性质的打击报复或散发不实传言等行为，尚未制定出相应的惩治措施。

3. 公众关注度偏低　微博影响力有限

粉丝数、转发量以及评论量是评价微博影响力的重要指标。而决定转发量、评论量的直接因素，是公众对微博发布内容的关注热情。目前，检察微博普遍存在的一个突出问题，就是对其自身定位失准，依旧在用传统媒体的生产方式来从事微博这种网络新媒体的运营，只做单纯的"信息发布工具"，漠视民意民需，摆高姿态，拒绝与民众做平等的对话交流。部分检察微博虽在开通初期想方设法地吸引了大批粉丝，却因之后博文内容缺乏新意、诚意，而丧失了对公众的吸引力，致使粉丝活跃度持续走低，博文受转发、评论较少，甚至一篇博文发出得不到任何回应，影响力极为有限。

综上所述，检察微博既要把握网络特点，又要立足检察职能；既不能不顾身份随便说话，又要避免严肃有余活泼不足。此外，还要有变"发布"为"交流"的勇气，真正实现通过微博"问政于民、问需于民、问计于民"的终极目的，将检务微博不仅打造成信息发布平台，还要打造成政务公开、意见交流的平台。

三　法院微博问政的经验与问题

（一）经验篇

2009年9月27日，山东省菏泽市牡丹区法院作为第一家开通官方微博的法院，开了法院微博的先河。此后，法院系统依据自身工作的特性探索着微博问政的道路。在过去的一年里，法院微博的快速发展令人欣喜：更多的法院选择开通微博倾听民意，法院系统微博的数量从2011年的327个增长到了如今的794个，不少省份更是建立了集群化的微博服务平台，其中以省市县三级法院联动为特色的河南法院微博系统格外引人注目。广东省高院、河南省高院等省级法院微博也为全国各级法院起到了良好的示范作用。多个法院积极运用微博服务民众，除了开展通报本院日常工作、为民众提供法律咨询、法制宣传等工作外，不少法院更是在司法公开、拓宽工作渠道、树立亲民形象等方面下足了功夫，获得了民众的肯定。

1. 司法公开借助新平台　直播庭审渐成常态

微博已经成为各地法院推进司法公开的一个重要载体，庭审直播不仅是对民众知情权、监督权要求日益高涨的回应，也将法院工作置于了广大人民群众的监督下，这既能堵住徇私枉法和腐败渠道，也可以督促法官提高法律素质，做出更加公正准确的裁判。

2012年2月29日，备受全球舆论关注的美国苹果公司与深圳唯冠公司的iPad商标权属纠纷案在广东省高院开庭，面对多家境内外媒体提出的旁听申请，广东省高级人民法院通过其官方腾讯微博"@法耀岭南"对庭审进行了全程图文直播，吸引了众多网友的参与互动和多家媒体的积极报道。此后，广东省高院应民众要求，陆续对广之旅商业贿赂窝案、南方医科大学博导卿三华被杀案、云浮"9·08"雇凶杀人案等一系列社会高度关注的案件进行了庭审直播，受到了舆论的广泛关注和高度肯定。目前，广东省高级人民法院、深圳市中级人民法院等均要求定期对社会关注度较高的重大案件进行微博庭审直播，以增加司法的透明度，打造阳光司法。

2012年10月9日，国务院新闻办公室发表的《中国的司法改革》白皮书，指出"公开载体从传统的公示栏、报刊、宣传册等，拓展到网站、博客、微博客、即时通信工具等网络新兴媒介"。微博直播庭审，正是利用信息传播新手段来提高司法公开性的有益尝试，既打破了法庭判案的神秘性，能够进一步推进司法公开，接受公众监督，以保证法律的公平与公正，依法惩恶扬善，最大化地保护当事人利益和权益，又具有普法与教育意义，促使人们遵纪守法。

2. 微博曝光抓"老赖"　拓宽执行工作渠道

被执行人难找、被执行财产难查的"执行难"问题，是当前法院执行工作面临的重大难题，也是长期以来影响司法公信力的矛盾焦点，日益成为影响社会稳定的重要因素。过去，法院执行时遇到的阻力较大，一些"老赖"经常采取长期下落不明、故意转移隐匿财产等消极对抗的行为。法院通过电台、电视台、报刊等平台发布公告，但因受地域和受众人数的局限，效果不太明显。在这种背景下，为了拓宽执行渠道、增强执行的灵活性，不少法院开始尝试利用微博曝光"老赖"信息，最大范围地查询被执行人的下落与财产，用悬赏的方式调动知情公众的举报积极性。微博曝光、悬赏抓"老赖"，不仅在于收集线索让长期赖债者为其妨害执行的行为付出沉重的代价，还致力于引起人们的警惕，让大众产生对该企业或个人的信用和履约能力的怀疑与防范，由此达到预防和减少新一轮社会风险的目的。今年以来，广东深圳、东莞，安徽蚌埠，福建厦门等地法院在这方面均做出了积极探索，也取得了比较理想的效果。

厦门市思明区法院为了解决"执行难"的问题，于2012年5月7日开创性地在新浪微博开通了全国首个"老赖"微博曝光台——"@思鸣法槌"，引导公众持续关注被执行人，提高被执行人主动履行意愿。网络曝光对重视身份、具有履行能力的"老赖"有很好的催促效果。6月，厦门某网络技术公司拖欠其员工张某工资22750元。思明区法院在执行时，发现该公司已不在原地办公，执行工作一度陷入困境。"@思鸣法槌"曝光了这一"老赖"，"老赖"唐某看到微博后，主动联系承办法官，但此时张某已经不在厦门。为了洗刷自己"老赖"的恶名，唐某于4天后专程坐飞机到北京与张某见面，支付了欠款。微博曝光台运行近6个月以来，得到了网友的热切回应，也提高了民众诚实守信和遵纪守法的意识。

继去年试水悬赏执行并成功执行到位后，东莞市第一法院从2012年开始全面推广"微博悬赏"的执行新机制。即为找到被执行人的下落或财产线索，法院通过微博曝光"老赖"信息，在征求申请执行人同意后，按比例给提供线索者报酬。4月27日，东莞市第一法院在其新浪微博挂出悬赏公告，就4宗案件的执行向广大博友征集老赖的人身下落、财产线索。经申请执行人同意，法院将按执行到位款的5%～10%不等对提供线索的人给予奖励。目前，该法院共对外发布悬赏公告5份，涉及执行金额824.53万元，以全部执行到位计算，悬赏奖励金额共计43.62万元。

微博曝光、悬赏抓"老赖"，通过构建透明的信息网络、调动知情者的举报积极性，有效地拓宽了执行渠道，让被执行人无处藏身、被执行财产无处藏匿，是治理规避执行行为的有效尝试。以微博曝光台为核心的网络公开曝光机制和悬赏分红的方式有效地动员了社会力量参与法院执行工作，切实维护了申请执行人的合法权益，维护了法律权威和尊严，亦推进了社会诚信体系的建设。

3. 微博集中接访 打造信访零距离

信访是人民群众表达愿望和诉求的方式，是人民法院密切联系群众的重要纽带和桥梁，如何创新信访机制，方便群众来访是司法工作的一大重点。而法院微博集中接访是创新接访形式，践行司法为民、便民、利民理念的新举措。微博集中接访的意义不仅在于形式新颖，让信访变得更加便捷，而且体现出政府部门服务意识的不断增强，让百姓看到了法院亲民的一面。

2011年，河南省183家三级法院就全部开通了微博。2012年10月18日，河南全省法院通过微博群"@豫法阳光"开展集中接访，当事人坐在电脑前就能表达诉求、反映问题。"@豫法阳光"还对接访过程全程微博直播，并在相关页面予以展示，方便网友即时提出诉求。河南省高院规定任何接访法院不得删除当事人的评论和诉求，对当事人通过微博反映的问题，能解答的在微博中回复，不能及时解答的"预回复"，告诉当事人走什么程序，事情会如何处理，帮助当事人走出长期上访的困惑。落实情况将由"@豫法阳光"分批公布。对于当事人反映的问题，所在法院不回复、不解释的，当事人可以发微博批评，也可以"@豫法阳光"实名举报。当天，全省各法院分管立案信访的院领导带领654名法官全天守候，共受理网民反映问题的微博490条，回复490条，其中反映案件的微博204条，参与话题讨论的微博6000多条。微博接访成了当天的网络热词，获得众多网友高度评价。通过微博集中接访，现场解决来访群众反映的涉诉信访案件，不仅畅通了群众的上访渠道，而且降低了来访群众的上访费用，有助于纾解社会矛盾，构建社会主义和谐社会。

4. 积极开展普法教育 形式新颖备受好评

近年来，随着人民法院受理的各类诉讼案件大幅增加，案多人少的矛盾也越来越突出，法院及法官多忙于审判业务工作而无暇顾及自身应当承担的法制宣传和教育职能。为此，许多法院运用微博，开展了形式多样、生动活泼的法制教育活动。

2012年3月，上海市长宁区法院少年庭通过"双微博"开展法制教育：官方微博"@菁菁法苑"权威普法，少年庭法官顾薛磊个人微博"小顾法官在线"主打亲和风，双管齐下，为青少年及家长答疑解惑。"双微博"每日通过法官工作札记、法制小故事、法制照片、未成年人保护知识等多个栏目开展普法宣传，受到了青少年及家长的好评。10月，上海市普陀区法院"@校园天平"微博开展了"看电影·知法理"法治微评活动，通过微博平台，引导广大网民观看法治电影并记录电影观后感，以提高青少年的法制意识，这也得到了社会各界的高度评价。

除了这些专项的普法活动外，法院微博直播庭审也是一种生动、直观的普法教育活动。许多网友在观看庭审直播的过程中，就法律专业问题及时主动地向法院微博发问。同时，也有不少法院会根据直播中涉及的法律专业名词进行微博释法。如广东省佛山市中级人民法院官方微博"@佛山市中级人民法院"对"贩卖毒品罪"等法律专业名词进行了解释说明，使网友了解到了更多的法律知识。

5. 微博直播基层法官工作 树立法院公正亲民形象

微博不仅为老百姓提供了一个方便、快捷地向法院反映问题、诉求的途径，也为法院提供了一个展示自身形象，让民众更多了解法院的窗口。

2012年9月3日至6日，河南省高级人民法院微博启动"豫法阳光走基层进法庭挺进大别山微直播活动"，通过现场图片和文字向网友们直播人民法庭法官的工作过程，展示基层法官们的真实工作和生活状态。让人民群众了解法官的日常工作生活状态，感受法官在审判工作中的酸甜苦辣，监督法官在审判、执行中公正司法。网友纷纷跟帖对这种微博直播法官工作、生活的方式给予积极评价。许多网友称赞基层法官们不仅有法庭上威严的一面，更有生活中善良、亲切、富有爱心的一面；也有网友真切感受到了基层法官的辛苦和劳碌，对他们的工作多了一份支持和理解。

基层人民法庭处在维护稳定的第一线和化解矛盾纠纷的最前沿，基层人民法庭的法官肩负着化解社会矛盾纠纷、维护社会有序运转的重要职能。微博直播基层法官的一天，通过对法官接访、审判、执行、调解案件等工作现场的报道，真实地展示了一线法官的平凡工作，拉近了法官与群众的距离，彰显了一线法官公正司法的良好形象。

（二）问题篇

2012年，越来越多的法院机构注册了官方微博并且在微博上发出了更多客观、公正的声音。法院微博正以理性的姿态，在众声喧哗中为大家提供一种理性视角，但同时法院微博也面临着一些亟待解决的问题。

1. 地域分布不均　个别省份零开通

正义网络传媒研究院监测数据显示，有的省份法院机构开通的官方微博多而集中，有的省份则属于零开通。其中河南省总共开通的法院官方微博多达 362 个，占据了全国法院微博的半壁江山；而排在第二名、第三名的广东省和湖北省，分别开通官方微博 46 个和 37 个，与河南省的法院微博数量相差甚远；宁夏、吉林、海南、贵州等省份仅有一个法院官方微博；而黑龙江、青海、天津、西藏等省份的法院没有开通任何官方微博。

另外，法官开通微博的地域分布也很不均匀。例如天津、陕西、北京等地的法官开通微博相对较多，分别是 66 个、12 个、10 个，尤其是天津法官的微博，超过了全国法官开通官方微博的三分之一；也有一些省份法官微博是零开通，如广西、浙江、海南、贵州等地。可见，无论是法院机构的官方微博还是法官个人的微博，都存在严重的地域分布不均衡现象。

2. 官微数量偏少　微博发声不给力

相对于公安系统微博的大阵势，法院类微博不是很多，尤其是法院公职人员开通的微博数少之又少。正义网络传媒研究院监测数据显示，目前，全国法院系统开通官方微博的有 619 个，法官开通微博的有 175 个。在已开通的 619 个法院官方微博中，仅有 63 个法院官方微博活跃度相对较高。在 63 个认证的活跃微博中，从发微博数量、粉丝总量、关注度、热度等综合来看，广东省肇庆市中级人民法院的官方微博"@公正肇庆"和河南省高级人民法院官方微博"@豫法阳光"都遥遥领先，紧随其后的是北京市怀柔区人民法院、湖北省恩施州中级人民法院、山东省菏泽市中级人民法院、广东省高级人民法院、安徽省蚌埠市龙子湖区人民法院、山东省菏泽市牡丹区人民法院等官方微博。在相对活跃的 63 个法院官方微博中，发微博数超过 1000 条的有 26 个，不足 500 条的有 5 个，分别是河南省开封市中级人民法院、上海市闸北区人民法院、河南省安阳市中级人民法院、河南省信阳市中级人民法院以及江苏省常州市（高新）新北区人民法院。其余 32 家法院官方微博的发微博条数为 500～1000 条。而从加权结果来看，郑州管城区人民法院官微无论从微博数、粉丝数还是热度上都较弱。除这 63 个相对活跃外，有很多法院开通官方微博以后，不认真管理，任其摆在那里，多日不发言，有事也不回应，甚至出现了许多零发布的"空壳微博"；有的即使发声也官腔十足；也有的刻意与微博等新兴网络媒体保持距离，直接不开微博。

3. 舆情应对不及时　危机处理显被动

较之公安系统的微博，法院微博阵势小，而且热度也不高。与之相反的是，法院工作受到的关注度却很高。相比之下，法院在微博上的话语权和影响力严重不足，甚至在很多公共舆论事件上应对乏力，处于"处理难""应对难"的尴尬境地，对法院而言，微博这一对司法形象树立极为重要的公共舆论阵地基本处于被动状态。

目前，法院系统在应对网络舆情、化解社会矛盾方面，更多的是依赖传统媒体，却忽视了微博这一新媒体平台。在法院系统中，尤其是在一些诉讼案件中，微博应对没有及时跟进，才使得舆情有了抬头的可能，进而不断发酵。在利用微博应对网络舆情方面做得比较好的是武汉市中院。2012 年 8 月 15 日晚 8 时 25 分，人民网一条新闻引爆网络，网友"武汉白加黑"在微博上称"市中院强制执法遭持枪威胁致执行失败"。8 月 16 日晚 8 时，武汉市中级人民院首次在其官方微博澄清事实，作出相关解释。这是其首次运用网络回应网友举报，值得其他法院机构借鉴。

4. 微博语言略显刻板　原创信息发布不足

部分法院系统的官方微博存在缺乏原创内容和语言灵动性、互动不足等问题。比如，在山西省长治市城区人民法院从11月22日到11月29日所发的43条微博中，除了一条是关于该市领导调研方面的自有信息外，其余42条全部是转发。法院对微博的功能定位应当明确，不能在微博上一味地转发，或者发表一些无关痛痒的抒情文字，说一些空话、大话、套话。在自媒体发展迅猛的今天，法院系统应该充分利用微博这种载体发布原创信息，使用鲜活的语言，逐步摆脱刻板、严肃的传统形象。

四　司法行政机关微博问政的经验与问题

（一）经验篇

2012年以来，各级司法行政机关、官员积极探索微博问政的新思路，在管理创新、政民互动、提升社会影响力等方面表现突出，积累了许多可资借鉴的宝贵经验。

1. 微博出现"圈子化"特点

从传统的"单兵作战"到打造微博联盟，各地司法行政机关在微博管理方面不断创新，探索出了一条更有利于普法宣传及加强政民互动的新途径——微博联盟（圈）。如四川省司法厅整合全省所有司法行政微博打造的四川司法政务微博发布厅、四川达州市建成的全国首个法律援助微博圈、上海市闵行区的"闵行区法宣微博联盟"等等，微博联盟（圈）的优越性在于将原先零星分布的微博问政网络虚拟结构凝聚成一个集中合力整体推进的团队结构，网民登录微博联盟（圈）页面，即可访问到该微博联盟（圈）所有成员单位的微博及更新情况，通过这一形式，使司法行政机关的微博问政水平提升到一个新阶段。

2. 法制宣传另辟蹊径　积极推进"微普法"活动

与传统普法活动平台相比，微博平台具有不受场地、天气限制和参与活动对象广泛等优势。不少地方司法行政机关充分利用微博平台的特点，采取多项措施推广"微普法"，取得了一定成效。如宁波市江东区借助"@江东普法"微博开展在线活动，吸引青年人、上班族在线参与，与传统普法活动优势互补，形成全天候、全覆盖的普法活动平台。"@江东普法"微博累计组织知识竞答、在线转发等活动8次，吸引8000余人次在线参与。同时，还将线上活动与线下活动有机结合，先后结合金融法、刑事诉讼法知识竞赛和税法宣传活动，开展线上活动3次，有效扩大了影响，"@江东普法"累计发布微博1600余条，固定粉丝数超过1万人，成为全国司法系统中颇具影响力的微博之一。

3. 法律援助中心大量开通微博　打造便民服务新平台

2011年，各地法律援助中心开设的微博尚处于试水阶段，2012年，法律援助中心新开通微博的数量出现了明显增长。山东等地更是将开通法律援助微博当作扩大法律援助覆盖面、推进法律援助工作的重要手段；四川达州市法律援助中心则率先建成了全国首个法律援助微博圈，该微博圈由全市8个法律援助中心及部分乡镇工作站开通的法律援助新浪官方微博组成，通过网络实现与群众零距离交流和互动。网民如有法律方面的问题，只需登录微博，以留言形式提出问题，即可很快得到法律援助工作人员详尽的解答。各地法律援助中心开通的微博，不仅为网民提供了一个便捷的咨询法律援助、了解法律援助的平台，也为司法行政工作提供了一个了解民意的快速通道。

4. 关注社会热点话题 多措并举全面提升微博影响力

各地司法行政机关开通的微博，在发布内容、风格等方面尚未有明确规范，一些地方司法行政机关在微博问政实践中逐渐探索，形成了自己的特色。如四川省绵阳市司法局自微博开通以来，先后就社会热点、城市焦点等群众关注的问题进行报道，同时积极与网友互动，为网友答疑解惑。在司法考试报名和资格核审期间，绵阳市司法局先后通过官方微博发出考试时间、资格核审时间、寻找未核审人等通知。绵阳市司法局的官方微博从网民关注的角度出发，并采取多种措施与网民互动，受到了网民的欢迎，大大提升了其官方微博的热度，为绵阳市司法行政系统网络问政工作打下了良好的基础。在微博语言风格方面，针对网络上流行的淘宝体、卖萌体等微博语言，四川省司法厅独树一帜，其官方微博称"作为省级政法部门，我们认为应该与非政府机关的微博有所差异，保持它的严肃性，崇尚法律的权威"。这一风格得到网民的认可，其微博的粉丝数目前已达 26 万。

5. 上级机关全面推进 基层单位信息化建设成效显著

截至目前，全国司法行政机关共有 578 家单位开设官方微博，其中，四川省就有 145 家，机构微博的数量在全国遥遥领先，浙江省有 97 家，位列第二。从这两个省份的微博问政实践中我们发现，上级机关在推动基层单位微博问政方面发挥了重要作用。如四川省遂宁市司法局全面推进基层司法所信息化建设，全市 20 个精品司法所全部开通微博，在精品所的带动下，全市 50 个司法所均已开通微博并陆续通过官方认证，遂宁市也成为四川省首个全面开通基层司法所微博的市（州）。正是在上级机关的推动下，遂宁市司法系统基层单位的信息化建设取得了长足的进步。从某种程度上而言，上级推动是基层信息化发展的一个重要因素。提到浙江，不能不提浙江海宁市司法局，在海宁市司法局的推动下，海宁市司法行政系统已经形成了自己的微博军团，在全国范围内都颇具影响力。

6. 微博发展先进地区对欠发达地区的带动作用明显

在推广运用微博方面，不同地区之间存在明显的地区差距。在司法行政系统，浙江省海宁市司法局在微博问政领域先行一步，逐渐成为其他地区效仿的榜样，不仅如此，海宁市司法局还充分发挥带动效应，对微博发展欠发达地区实行网络援助计划。援助计划将贯穿整个"六五"普法规划，自 2011 年起至 2015 年止，海宁市司法局每年都提出一个年度方案，制定资金投入计划，通过各级政府部门出资和企业赞助等形式完成五年援建计划。海宁市司法局对口欠发达地区司法行政部门实行网络援助工作的内容，涉及建设普法网站、开通普法微博等一揽子计划。10 月 29 日，在浙江省海宁市司法局的援助下，湖南省韶山市司法局官方微博正式开通。对此，司法部法制宣传司网络处处长尹雪梅予以高度评价，"县级普法网站共建活动在全国尚属首例，对于帮助条件还比较落后的中西部地区利用互联网做好网络普法工作意义重大"。

7. 微博领袖作用突显 推动建立超豪华"微博军团"

2012 年年初，被誉为"浙江政务微博第一人"的海宁市司法局局长金中一，已经被媒体列入微博界中国最具影响力官员 20 强。在金中一的带领下，海宁市司法局下属的司法所、法律援助中心、公证处都有实名微博，司法所所长、司法助理员等也建立了自己的个人微博，相当于打造了一支"微博军团"。据统计，海宁市司法行政系统现已建立 31 个官方微博，官员个人微博34个；仅海宁市司法局官方微博就有粉丝近12万，海宁市司法局局长金中一的个人微博粉丝数已经超过80万。如此超豪华的微博团队和"海量"粉丝，奠定了海宁市司法行政系统微博问政的坚实基础，也使金中一提出的"微博问政走网上群众路线"的理念得以践行。海宁市司法系统微博军团的建立，显示出微博领袖的巨大推动作用。

（二）问题篇

截至2012年底，全国开设官方微博的司法行政机构已近600家，系统内的个人微博开设也有100余个。但在微博数量增长的前提下，相关的服务质量却并没有得到大幅度的提升。究其原因在于，部分省级司法部门依靠行政力量在省内强行推进官方微博的开设，但相应的政务微博运作培训工作并未及时跟上，这就导致了部分微博逐渐变为"休眠微博"，或所发内容与工作毫不相关等情况。欲改变这种现象，应减少司法微博开设的行政化色彩，增强各地司法局通过微博进行普法宣传活动的主动性，并进一步加大信息公开、官民互动的力度。

1. 微博开设地域性特征明显

据正义网络传媒研究院统计，在全国开设司法行政机构官方微博的省份中，除四川省在2012年大力推进司法行政机构官方微博建设工作，相关机构官方微博145家位居榜首外，其余官方微博开设较多的省份多集中在沿海地区，如浙江、广东、上海、江苏、山东等地，官方微博开设数量均在50家左右。剩余省份与上述相比，存在较大差距，开设官方微博的数量多在10家以下。可见，仅就司法微博领域而言，一些经济发达的沿海地区已经走在了部分内陆省份之前。

其实，作为法制宣传教育的主要部门，司法局在微博平台上应该是大有可为的，不应因地域的不同而有所区别。出现这种情况的原因可能在于，沿海地区的媒体发达程度更高，网民的参与热情更高，司法部门与舆论接触的机会也较多，因此它们更早地意识到了开通官方微博带来的好处。相信随着政府部门对网络传播认识的不断深入，官方微博开设的地域性区别将会逐渐缩小，如今年四川省司法厅的做法，就为其他内陆省份做出了很好的表率。

2. 政务微博"休眠"现象凸现

四川省司法行政机关率先试水政务微博发布厅的做法，是2012年司法微博领域的一大亮点，在省司法行政机关的带动下，四川省开设官方微博的司法行政机构达145家。但在官微遍布各级司法行政机构的背景下，也衍生出一些问题。据正义网络传媒研究院统计，145家官方微博中，微博发布数量在10条以下或超过两个月未更新的"休眠"官微有67家，占全省微博总数的46%。在其余几个官方微博开设较多的省份，也存在类似问题，其中山东省"休眠"微博比例达30%，而广东、浙江、上海等地的政务微博运营情况则较为良好，基本能够杜绝"休眠"微博现象。

通过对"休眠"微博进行分析可以发现，大部分的"休眠"微博以基层司法所为主，这或许与基层司法所辖区范围有限、可供更新资料不多、人员紧张、维护微博人手不足有关。但大量仅发布个位数微博官方微博的存在，确实反映出基层司法所开设官微的目的并非打造法制宣传的网络平台，更可能是满足上级单位开设官方微博的硬性要求。

3. 部分微博所发内容与工作无关

2012年，有两家司法行政机构官微发布与工作内容无关的事件被媒体曝光。4月13日

17 时 17 分，山东省临清市司法局魏湾司法所官方微博"@魏湾－司法"发布微博"#新浪玩玩#来玩玩床上调戏美女小游戏，挺有意思的"。虽然事后魏湾司法所迅速删除了该条微博，新浪工作人员也作出回应称，该条微博的发布因"被盗号"所致，但仍难以服众。舆论普遍认为，即使该微博是在被盗号的情况下发布，魏湾司法所及临清市司法局仍难逃疏于管理之责，政务微博所代表的司法形象与业务素养可见一斑。

另一起类似事件发生在 2012 年 8 月 7 日，据《南方都市报》报道，当日上午 11 时许，有网民发现，江西省德兴市司法局在腾讯开设的官方微博上，47 分钟内连发 30 余条带有广告性质的网购产品展示，这些微博都分享自一个购物网站，内容涵盖帆布鞋、手表、棒球棒、包、太阳镜等。有网友戏称其是"卖鞋司法局，最牛司法局"。

这一举动引来网民围观，截至微博被删前，已被转发上百次。14 时 49 分，德兴市司法局微博管理员发布声明称，"上午本人未登录官微，具体发布广告的原因还在进一步核实中"，声明还希望网民"请勿加以传播，给不法分子推波助澜"。18 时 27 分，微博管理员称发布微博的为来局里办事的社会人员，在等待期间利用工作人员不在间隙，登录了蘑菇街网站，而蘑菇街设置的分享和官博串了起来。声明还称，领导对此事非常重视，"对相关人员作了严肃处理并责令加强管理，杜绝此类事情再发生"。据此，有专家建议称，官方微博的管理应该注重制度化和人性化，无论重视与否，既然开通了就应该按照制度严格管理好。

由此可见，"休眠"微博和无关微博的出现，都在提醒相关省级司法行政机构，在建立类似的微博发布体系时，不仅要考虑官方微博的数量，也要对微博建立后的维护更新工作予以监督，完善考核机制，实行奖惩措施，保证官方微博的有效运作。同时，更重要的是，应减少官方微博建设过程中的强行摊派色彩，着力提高基层司法人员运用微博进行法制宣传的主动性和积极性，使微博平台能够在司法行政机构的日常工作中发挥切实有效的作用，亦符合官方微博建设的初衷。

4. 官民互动能力仍需进一步提高

2011 年 12 月 19 日，以广州市互联网新闻信息中心官方微博"@中国广州发布"为首的广州政务微博群上线，2012 年 8 月 20 日，《新快报》报道称，该群里 29 个政务微博中仍有 10 家未开通私信功能。经点名曝光后，10 家"杜绝私信"官方微博有 4 个松口改正，开通私信功能。

对于这一现象，中山大学政治与公共事务管理学院副教授陈天祥认为，政务微博在促进互动、提升社会管理水平方面有着诸多作用，广州多个政府部门集体开通微博，是一件很好的事，是一种社会管理的机制创新。但从实施情况来看，仍存在一定的欠缺。其中最突出的就是与民沟通互动的习惯尚未形成。官方微博不开通私信，便是不愿与民互动的一个明显表现，不回复或是不开通私信功能，政务微博的作用就会大打折扣，这样一来，官方微博极有可能"自说自话"，很难做到有的放矢。陈天祥还表示，此事归根结底还是观念问题，如果政府部门能把回复私信、与民互动看作如接待上级视察领导一样重要的事，那么便不会出现这种问题了。

5. 应对负面舆情事件经验尚显不足

与公安、法院这种常年处于舆论关注风口浪尖的系统相比，司法系统发生负面舆情事件、直面舆论质疑的机会确实要相对少一些。但处于如今这个自媒体时代，谁也不能独善其身。2012年以来，涉及司法行政机构的负面舆情事件不多，但仍然暴露出相关工作人员在应对负面舆情事件时的经验不足。

2012年4月，广州市民夏女士在送三岁女儿上幼儿园的途中，女儿突然要上厕所。由于找不到公厕，夏女士便向附近的天河区法律服务大厅工作人员借用厕所，结果遭到百般拒绝。随后夏女士将自己的遭遇发上微博，广州市司法局官方微博迅速做出回应称，那是办公区域，不是公共厕所，若每个人借厕所用，就存在重大安全隐患，这一回应迅速引起网友围观，虽然广州市司法局官方微博随后马上删帖，并表示道歉。但仍引起网友不满，有媒体评论称，一名三岁女童的如厕问题竟然能上升到重大的安全隐患，危言耸听的反常逻辑背后，折射的其实是服务意识的缺失和淡薄。

分析由该事件引发的舆情不难发现，媒体观点多以对广州市司法局回应的质疑为主，可以说，该事件舆情的二次发酵，正是由于广州市司法局回应时的不当言辞所致。在负面舆情事件发生后，一味地推脱责任本就是应对中的大忌，而将女童上厕所与"安全隐患"联系在一起，更为网友提供了谈资，招致舆论更多的谴责，这些均体现出相关司法行政机构的工作人员缺少处理类似事件的训练和经验。因此，在通过微博行使普法宣传职责的同时，尽快提高司法行政机构工作人员的媒介素养，增强其应对负面舆情事件的能力，也是当务之急。

第三部分　政法机关微博影响力排行

（一）全国十佳政法机关影响力微博榜单

正义网络传媒研究院以正义网舆情监测系统为主要数据来源，结合公、检、法、司四类政法机关微博的网络热度，从12606个政法机关微博中推选出40个网络影响力较高的微博，并以微博数、粉丝数、关注数等数据为统计指标，加权运算后，得出全国十佳政法机关影响力微博榜单（见表4~表7）。

表4　全国十佳公安机关影响力微博

单位：个

机关名称	微博数	粉丝数	关注数	热度
广西壮族自治区百色市公安局禁毒支队	58164	3620403	1888	95.38
安徽省公安厅	7511	3163803	7511	93.69
广东省肇庆市公安局	27815	1865603	1955	90.87
河南省公安厅	11891	2412351	2000	87.62
广西壮族自治区百色市公安局	28086	589769	705	86.38
北京市公安局	10814	4005252	811	86.16
广东省公安厅	5838	3845519	1912	85.25
辽宁省公安厅	9623	1028323	1939	84.94
山西省太原市公安局	6479	2369917	1996	84.87
广东省深圳市公安局	7942	1614197	1710	84.68

表5　全国十佳检察院影响力微博

单位：个

机关名称	微博数	粉丝数	关注数	热度
广东省肇庆市人民检察院	8683	577866	215	89.49
陕西省西安市未央区人民检察院	2812	101829	1006	83.95
上海市人民检察院	1802	181622	1058	83.11
广东省人民检察院	1644	720347	192	81.24
江苏省宜兴市人民检察院	2256	20004	2002	81.02
广东省深圳市宝安区人民检察院	1810	86478	700	80.41
广东省珠海市人民检察院	4395	7986	639	79.39
云南省曲靖市人民检察院	2149	18770	752	78.08
云南省文山州人民检察院	2178	59612	259	77.92
江苏省南京市江宁区人民检察院	2691	12922	526	77.46

表6　全国十佳法院影响力微博

单位：个

机关名称	微博数	粉丝数	关注数	热度
广东省肇庆市中级人民法院	8146	579866	745	95.06
北京市怀柔区人民法院	4209	158604	1794	90.97
湖北省恩施州中级人民法院	3395	95693	1206	87.68
山东省菏泽市中级人民法院	2747	116910	564	84.95
安徽省蚌埠市龙子湖区人民法院	1061	70872	1534	81.26
陕西省安康市汉滨区人民法院法院	620	138263	2000	80.41
广东省东莞市第一人民法院	1876	39150	480	80.10
江苏省响水县人民法院民一庭	1172	278320	111	77.84
上海市高级人民法院	1767	151165	75	77.78
山东省莱阳市人民法院	2319	44415	79	76.82

表7　全国十佳司法行政机关影响力微博

单位：个

机关名称	微博数	粉丝数	关注数	热度
广东省肇庆市司法局	25732	574577	1818	99.55
宁夏银川市司法局	2453	148552	1436	84.32
浙江省司法厅、浙江省普法办	2095	292079	682	83.10
山东省济南市司法局148协调指挥中心	8791	4808	1342	82.71
浙江省海宁市司法局	1571	116790	1378	81.47
四川省绵阳市司法局	7566	33047	169	80.85
江苏省徐州市司法局矛盾纠纷调解指挥中心	5219	8353	593	79.24
江苏省如皋市司法局	823	394268	399	77.77
江西省德兴市司法局	798	184972	477	76.38
北京市司法局	1154	170092	257	76.38

（二）政法微博年度推荐奖项

正义网络传媒研究院在《政法类微博影响力报告》2.0版的基础上，将2012年以来政法系统微博工作的实践经验与统计数据相结合，经30多位舆情分析师和专家的推介，设定了微博问政领军奖、微博管理创新奖、微博信息公开奖、微博亲民创意奖、微博官民互动奖、微博问政新锐奖、微博法制宣传奖和舆情应对先进奖八项年度推荐奖项，旨在为政法机关日后的微博问政工作提供可资借鉴的案例和样本。

微博问政领军奖

入围机关：四川省司法厅

推荐理由：政务发布全省联动　拒绝卖萌专注普法

2012年2月2日，四川省司法厅在新浪开通了官方微博"@四川司法"，目前已发布微博5000余条，有粉丝近26万。在四川省司法厅的带动下，阿坝州、成都市等15个州市局及部分区县局先后开通官方微博。截至10月底，整个四川司法行政系统开通微博的单位已有145家。在微博开设之初，四川省司法厅即对各级司法政务微博的内容和风格做出规定，要求微博内容要体现新闻性、趣味性、实用性，以正式、原创微博为主，尽量少用"淘宝体"之类的微博语言卖萌。同时，出台微博管理的相关制度，对网友提问回复时间、博文内容和字数等作出规定，要求信息发布迅速及时，对于网友的问题也要及时引导处理。此外，为了进一步发挥司法行政微博的作用，2012年10月，四川省司法厅联合新浪整合全省所有的司法行政微博，打造了四川司法政务微博发布厅，发布消息更全面，回复网民更及时，网民登录后，便可查询到四川所有司法微博及其更新情况。这在全国司法行政系统尚属首例，也为全国司法微博的发展树立了又一标杆。

入围机关：云南省人民检察院

推荐理由：多种方式推进检务公开　地方争相效仿堪称典范

2011年12月28日，云南省人民检察院开通官方微博，成为全国第二家开通微博的省级检察机关。随后，在该院的支持鼓励下，云南各地陆续有68家检察院开博"发微"。除发布检察宣传的常规内容外，云南省人民检察院在全国检察系统中首次尝试用"微直播"的方式，对全省检察长会议、省检察机关五分钟述职等会议做现场直播。在其影响下，2012年4月24日，云南省文山州检察院亦开始微博直播全州纪检政工会议。此外，该院积极听取网友的批评和不同的声音，不回避敏感问题。对利用微博收集到的相关投诉、举报信息均及时加以整理，向网友反馈，并连同云南省多家检察机关官方微博，构建了预防职务犯罪的集合群。在其引导下，云南省昆明市检察院亦在举报宣传活动中尝试使用"微访谈"。云南省人民检察院的微博管理人员还曾受邀对昆明市、保定市等多个检察院的微博管理人员进行了专题培训。云南省人民检察院在新媒体运用方面的探索，也在云南省政法机关中起到了示范引导作用。在云南省委政法委召开的省级政法部门微博运用推进上，云南省人民检察院曾被推举做经验交流发言。

入围机关：河南省高级人民法院

推荐理由：微博直播组走基层进法庭　领军微博问政广受好评

河南省高院官方微博"@豫法阳光"以"确保阳光司法，促进司法公开，加强民意沟通"为宗旨，精心管理微博。截至2012年11月21日，"@豫法阳光"的粉丝已超过148

万，发表微博 4992 条，收到并处理网民建言 2 万余条。数据表明，在河南省 1500 个政务微博中，"@豫法阳光"无论覆盖面还是影响力都名列前茅。河南省高院还成立"豫法阳光走基层进法庭"微博直播组，先后奔赴大别山、太行山、新县、信阳市浉河区等基层，开展一系列活动，通过现场图片和文字向网友们直播人民法庭法官的工作过程，真实展示一线法官的平凡工作，拉近司法与群众的距离；为群众解决实际问题，展示人民法院"为大局服务，为人民司法"的良好形象和自觉践行核心价值观的行动。这一活动使"@豫法阳光"备受网友关注，成为法院和群众之间沟通的重要桥梁和纽带。此外，为广泛接受社会各界监督，河南省高院还通过网络海选，聘请了 20 位网友担任"河南法院网络监督员"，对其进行监督、挑毛病。"@豫法阳光"的这一主动寻求监督的做法，广受舆论好评。有专家认为，海选网络监督员监督法院的方式，在国内属于创新之举，此举应载入我国舆论监督的史册。

入围机关：广东省政法委

推荐理由：鼓励反贪部门介入微博反腐 主动作为受到网民褒奖

广东省政法委官方微博"@广东政法"自 2011 年 6 月开通至今，其粉丝数已超过 70 万，共发布微博 2000 多条。作为全国首个省级政法委官方微博，"@广东政法"一直努力与网民保持良性沟通，认真吸取网络民意，及时反馈民生诉求，最大限度获取案源线索，灵活应对网舆热点，全面宣传法治理念，极大地提升了政法机关的良好形象，在全省政法机构微博中树立了好的榜样。2011 年 10 月，针对震惊全国的"小悦悦"事件，"@广东政法"连发数条微博介入该事件，同时问计于民，征求救济机制、奖惩机制等方面的意见与建议。2012 年 11 月 25 日，"@广东政法"发布微博，鼓励广东省各级检察院及反贪局、反渎局开办官方微博，主动从微博中寻找案源，循线依法反贪反渎。从积极介入舆情事件，到主动号召各级机关微博找案源，这种勇于承担、主动作为的态度，受到了广大网友的支持与赞扬。

微博管理创新奖

入围机关：上海市司法局

推荐理由：制定政务微博实施意见 规范工作人员发布准则

2012 年 2 月 1 日，上海市司法局分别在新浪网、腾讯网、东方网及新民网开设"@上海司法行政发布"政务微博平台，并制定下发了《关于上海司法行政系统政务微博工作的实施意见》，从推进政务微博的目的意义、组织架构、主要任务、工作流程、实施步骤及责任要求等方面逐一予以明确。同时，为了确保上海司法行政政务微博发布的社会效果，增强政务微博信息发布的及时性、准确性和实效性，上海市司法局专门组织所属各成员单位的分管领导、部门负责人及信息员进行业务培训，就政务微博发布如何准确定位、如何主动关注并及时回应群众需求、如何运用微博语言与网友互动、如何把握政务微博发布的黄金时间及团队化运作等技能，邀请专家授课。通过培训，参训人员进一步掌握了政务微博运作规则及利用政务微博做好法律服务宣传工作的能力水平。从"@上海司法行政发布"平台运行近一年的情况来看，各成员单位紧扣社会管理创新、便民利民、服务社会等方面的内容及时组织发布，运作规范有序，实际效果良好。

入围机关：湖北省人民检察院

推荐理由：栏目创建与应用培训双管齐下 微博管理日臻完善

在首届"政法微博与社会管理创新"峰会上，湖北省检察院曾获"微博问政倡导奖"，其官方微博入选"全国十大政法机关影响力微博"。步入2012年后，该院在微博管理和维护上并未止步不前，而是依旧走在全国前列。其相继开设了"反腐倡廉""法律监督""检察队伍建设""图说检察""鄂检视频"等多个稳定更新的成熟栏目，以文字、图像、视频等多种形式全方位地展现检察工作；设有诸如"民生为本""开微茶座""喜迎十八大""学习十八大"等时事栏目，保证了信息的时效性及关注的广泛性。

2012年1月20日，该院连同湖北省400多个民生部门，开通了全国首个省级民生政务微博聚合平台——湖北民生微博服务厅。该院亦曾组织全省市、州、县检察院的130余名新闻宣传干部、网络评论员参加为期一周的湖北省检察新闻宣传暨网络舆论引导培训班，以提升全省检察机关的微博管理运用能力及网络舆情应对能力。截至10月中旬，该院官方微博共发布微新闻2000余条，被转发或评论14000余次，获上百万网友关注。

入围机关：山东省济南市公安局

推荐理由：微博管理开先河　聘请"粉丝"当顾问

2010年8月12日，山东省济南市公安局在新浪网和腾讯网分别注册并认证了山东省第一家公安微博——"@济南公安"。截至目前，"@济南公安"共发布微博16000余条，粉丝已超过200万。近年来，在"@济南公安"的带动下，济南市公安系统逐渐建立起了由济南市局、分县（市）局和主要警种、基层科所队、普通民警组成的四级金字塔架构，成功打造了济南公安博警在线，实现了"百花齐放"的崭新局面。在微博管理方面，"@济南公安"微博有着自己独特的经验。2012年，"@济南公安"微博聘任了"微博顾问"，并在全国首次引入"第三方力量"，即成立全国第一个政务微博运维的专家和顾问团队，为"@济南公安"微博健康发展提供智力和理论支持。济南市公安局从比较活跃的粉丝中，聘请了两名热心公益事业的专业律师担任"@济南公安"的法律顾问，与微博运营人员一起，在微博上开展普法教育，对一些案例进行专业的法律点评。同时，他们还对网友的法律咨询进行专业解答，开展法律援助。政务微博引入法律顾问，借助专业机构和民间力量壮大微博运维团队，这在全国尚属首次。如今，"@济南公安"已成为一个展示形象的窗口、服务群众的平台、密切警民的纽带和警务创新的载体。

微博信息公开奖

入围机关：广东省高级人民法院

推荐理由：重案要案庭审直播　纤毫毕现诚意十足

广东省高级人民法院官方腾讯微博"@法耀岭南"自2011年12月7日开通以来，已拥有粉丝近40万，其微博内容中尤以对重大案件的庭审直播最为引人注目。广东省高级人民法院明确要求，该院每个合议庭每年至少要对一起社会影响较大案件的庭审进行微博直播，接受民众咨询监督。2012年2月29日，"@法耀岭南"先后发布160余条微博，对美国苹果公司与深圳唯冠公司iPad商标权属纠纷案进行了全程图文直播，有2000余名粉丝参与"收听"、评论庭审过程。对于广之旅商业贿赂窝案、南方医科大学博导卿三华被杀案等社会高度关注的案件，广东省高院均对庭审进行了微博直播。9月4日，广东省高院又在微博上同步直播了"云浮9·08雇凶杀人案"。广东省高院对庭审细节毫无保留的公开，显示了法院接受监督的诚意，也获得了舆论的高度认可。目前，广东省高级人民法院已经制定下发了《微博管理办法（试行）》，进一步规范全省法院微博工作，最大限度地推进司法公开。

入围机关：上海市静安区人民检察院

推荐理由：内部会议试水"微直播"检务信息公开很给力

2012 年 11 月 7 日，上海检察机关参与网络虚拟社会管理工作研讨会在静安区召开。静安区人民检察院通过其在新浪和腾讯开设的"@静安检察"官方微博对此次会议进行了文字直播，并在会议召开前两天先行告知网友。在三个小时的会议中，"@静安检察"发布了62 条图文并茂的微博，被网友转发 50 余次，累计收到评论 30 条，有网友留言称："虽未有幸亲临现场，但微博直播很及时很给力！"利用官方微博对研讨会进行全程直播，是该院服务民生、贴近群众的一次有益尝试，此举既搭建了检民沟通平台，又锻炼了检察官们运用新兴媒体与网友沟通的能力，实现了交流、互动和监督。2011 年 3 月 28 日，静安区检察院在上海市率先开通了官方微博，经过 1 年多的运行，已累计发布信息 1500 余条，拥有粉丝 6万余名，被网友转发和评论共计 3000 余次，在线回答、解决各类问题 20 余件。

入围机关：广东省深圳市南山区人民检察院

推荐理由：微博直播促进检务公开　倒逼检察工作更趋规范

深圳市南山区人民检察院自 2010 年底开通官方微博以来，一直秉持着"公正执法、亲近百姓"的理念，努力推进检务公开。该院成立"互联网检务中心"，专职负责官方微博的日常维护工作；对于一些重大案件或重大事项，均及时发布相关信息；对多起舆论关注度较高、争议较大的案件主动召开公开审查会，并通过微博进行网络直播，使更多的公众得以及时了解案情，给网民提供了一个发表意见、参与案件讨论的互动平台，从而既增强了案件审查会的影响力度，达到了预设的普法目的，又保障了案件审查的公平、公正，获得了舆论的一致好评。此外，该院在微博上公开其组织举办的各项重大活动，包括检察长接访、主题座谈会、检察开放日等，主动向群众展现其工作流程和工作进展，以尽可能地增强群众对检察工作的了解，此举在便利群众监督的同时，又起到了倒逼各项检察工作更加规范的作用。各项重大活动都将在微博上发布，使得相关科室对待任何工作都不敢马虎随意，都严格按照法律法规及相关程序办理，从而促进了该院各项工作的依法有序开展。此外，在举办检察开放日活动时，该院亦曾特邀微博网友参与其中，增进了相互间的了解。

微博亲民创意奖

入围机关：云南省公安厅

推荐理由：抗旱抗震微博传情　警民携手共渡难关

2009 年以来，云南已经连续三年出现严重干旱。2012 年 2 月 17 日，民政部启动国家四级救灾应急响应。在这场抗旱保民生的行动中，云南省公安厅在率领公安干警积极参加抗旱的同时，也通过其官方微博"@云南警方"向广大网友发出抗旱救灾的倡议，用这种亲切委婉的方式号召警民携手共渡难关。云南省公安厅与全省公安警务微博联动，共同发起了"抗旱，我们在行动"等微话题，制作了"今天你节水了吗""警方支招""直击抗旱"等栏目，与网友一起展开讨论、建言献策，分享各种节水妙招，并鼓励网友说出身边的感人故事，共同携手渡过缺水难关。截至 3 月 29 日，"@云南警方"与全省公安警务微博累计发出8000 条微博，由"@云南警方"倡导发起的"今天你节水了吗"等话题累计吸引了 41 万网友参与互动。在 2012 年 9 月，云南昭通彝良县发生地震期间，云南警方也通过官方微博进行了微访谈"云南公安抗震救灾访谈"，并发起微话题"9·07 彝良地震昭通公安抗震救灾在一线""救援在行动"等，用一条条微博诠释了"患难见真情，警民一家亲"的真正含义。

入围机关：江苏省南京市公安局江宁分局

推荐理由：微博提醒体贴入微　形式多变善解人意

截至 2012 年 12 月，"@江宁公安在线"作为一个区县级公安机关官方微博，粉丝数量已超过 14 万人，位居江苏省公安机关前列。"@江宁公安在线"将自身定位为服务型微博，作为网络问政、网管进社区的一部分，旨在以轻松、幽默、诙谐的语言方式全心全意为百姓服务，向公众传递安全信息。如"三八"节的"女生救命守则"、新学期伊始的"江宁高校新生入住指南""冬天骑车，有讲究""电信诈骗七宗罪""那些你不知道的警察故事"，以"游戏体"警示安全，以"调侃体"介绍哈士奇，对"新交规"的详细解读等。"@江宁公安在线"摒弃了冷冰冰、公事公办的服务风格，力求做到应时应景，以灵活生动的语言、相得益彰的图文搭配深入浅出地解析各种严肃、权威的警情通报、安全警示、防范知识等，以清风化雨的方式传递着枯燥晦涩的工作内容，打破了公安机关惯有的工作态度，与此同时，其亲民的工作方式拉近了与百姓的距离，对改善警民关系、保持警民良性互动、维护社会稳定具有重要意义。

入围机关：上海市公安局

推荐理由：微博滚动播报灾情预警　警民携手抗灾尽显亲民

2011 年 11 月 28 日，上海市公安局新浪官方微博"@警民直通车－上海"正式上线。截至目前，该微博已发布微博 6000 余条，粉丝达 180 余万名。该微博一直秉承"警民同心，携手共铸平安上海"的理念，在提供资讯服务、发布权威信息、与网民互动交流时所体现出来的亲民作风赢得了舆论的一致好评。2012 年 8 月，台风"海葵"来袭，突发事件频发，为配合民警在第一线的救援，上海市公安局指挥中心通过"@警民直通－上海"24 小时不间断发布预警信息，提醒广大市民注意防范台风灾害，这是上海市公安微博首次集中、大规模、滚动发布防汛信息。针对网友发出的求助信息，该微博第一时间给予关注，帮助网友排除险情。针对黄浦江轮渡停航影响市民过江的问题，"@警民直通车－上海"及时发布路况信息微博，引导市民安全过江。连日来，在上海市公安局官方微博这一平台上，警民携手，奏响了一曲曲抗击强台风"海葵"的战歌。

微博官民互动奖

入围机关：江西省公安厅

推荐理由："微访谈"系民情连民心　"微力量"融共建促和谐

2012 年 3 月 10 日 15 时，江西省委常委、省政法委书记、公安厅厅长舒晓琴登录江西公安在线交流平台，开始了其第 43 次与网友的网上互动交流，这次交流在原有的平台基础上同步开展了腾讯微博微访谈，首次实现与微博网友的交流互动，开辟了网络问政的新渠道。自 2008 年 7 月第一次开通网上交流以来，江西省公安厅领导与网友在线交流已走过四年多的历程。2012 年以来，江西省公安厅进一步加大了警民互动的力度，从每月 10 日的 1 小时网上交流，到现在网上警务全天候服务，从厅机关带头创新，到全省各级公安机关全警参与，不管是向网友及时播报电信诈骗案，还是与网民共话十八大，江西省公安厅充分利用"江西公安效能在线"微博群等网络互动平台，积极主动倾听民意，借助网络延伸服务，通过网络促进和谐，利用微博方便快捷的特点，及时发布图文并茂，语言生动的警情信息，指导安全防范，接受民众监督，引导网络舆论，使网友"微距离"接触公安工作，公安机关"微距离"贴近群众、服务群众，全方位、深层次地将"微力量"融入警民的生活和工作中，在江西全省乃至全国打造了多个深入民心的公安微博"品牌"。

入围机关：福建省福州市平潭县人民检察院

推荐理由：检察长定期"微访谈"平等对话促发展

福建省福州市平潭县人民检察院自 2011 年起，于每月中旬定期在其官方微博上开展检察长"微访谈"活动，与网友进行微博互动。至 2012 年 11 月中旬，该活动已进行了 18 期，每期主题多依据当地民众所关心的与检察工作密切相关的热点、焦点问题而定。如国务院新闻办召开"平潭综合实验区总体发展规划暨人才招聘计划"新闻发布会后，平潭涉民生及涉台法律事务成为舆论热议的话题。2012 年 2 月 15 日，该院遂以"2012，关注民生"为主题开展此次检察长"微访谈"活动，与网友共同探讨如何服务平潭综合实验区民生发展问题。3 月 14 日，我国刑事诉讼法修正草案表决通过。次日，该院检察长施建清主持的检察长"微访谈"活动即以"聚焦刑事诉讼法修正案"为主题，向网友解读刑事诉讼法修正案的精神，并分析修正后刑事诉讼法对检察工作的影响。该院又先后以"巡回检察工作""政法干警核心价值观""惩防并举，保障民生""强化对监管活动的法律监督"等为主题开展检察长"微访谈"活动，与网友就检察工作和检察队伍建设进行沟通、交流。这种平等对话网络新模式的产生和持续，获得了媒体及网民的一致赞誉。

入围机关：广东省中山市人民检察院

推荐理由："最勤奋官微"每帖必回 与网友积极互动深得民心

2012 年 3 月 28 日，广东省中山市人民检察院开通"@正义中山"新浪官方微博，利用互联网平台服务群众。在不到 9 个月的运营时间里，"@正义中山"已经发布微博 3300 多条，平均每日发布 18 条左右。此外，他们还积极与网友互动，无论是法律咨询还是生活琐事等问题，微博值班管理员都会认真回复。每天早上八点多，"@正义中山"会向你问安；晚上十点左右，"@正义中山"会跟你道别。哪怕没有网友评论回复，"@正义中山"依然会热情地与你打招呼。有报道表示："中山市各级机关单位，没有哪个微博会像'@正义中山'这样准时，勤奋到有评论必回复的地步。另一方面'@正义中山'由最初的严肃逐渐变得温柔体贴，很人性化。下班时间外面下起雨来，'@正义中山'会提醒大家带把伞……"《南方都市报》的报道称，中山市检察院官方微博为"最勤奋的官微"。中山市检察院利用"@正义中山"官方微博，建立起与网民有效沟通的桥梁，有助于进一步提高检察工作的透明度和公信力。

微博问政新锐奖

入围机关：宁夏回族自治区人民检察院

推荐理由：畅通群众诉求渠道 积极开展微博问政

宁夏回族自治区人民检察院自 2012 年 3 月 5 日开通官方微博以来，在"有呼必应，有问必答"的宗旨指导下，加大检务公开力度，除履行检察机关官方微博常规职能外，还创办了"检察新闻""检察故事""案件聚焦""以案说法""法律法规""今日法谚""青少年维权""忏悔录"等品牌栏目，内容涵盖检察工作的方方面面。此外，该院在微博页面的显著位置特设公告栏，公开全区检察机关举报电话、反贪局长联系电话、行贿档案查询电话等，鼓励网友检举、揭发。对于网友提供的举报线索、意见建议等，该院皆积极核实，及时回复。如针对网友对征地补偿款发放的质疑，该院第一时间予以答复，并就此问题向涉事的基层检察院下发网络信息处理通知书；针对网曝银川市西夏区检察院肇事车主态度蛮横一事，该院发现后，即回帖表明态度，并迅速告知西夏区检察院，且要求其将核实结果上报，当事车主后被要求向对方车主赔礼道歉，并被调离岗位停职反省。该院借力微博积极问政的行为，获得了网友及媒体的赞许。

入围机关：浙江省人民检察院

推荐理由：首开检察机关微博发布厅　集中发布检察工作信息

2012年7月18日，浙江省人民检察院开通官方微博，并联合杭州、宁波、温州、绍兴等23个检察院的官方微博，构建了全国检察机关第一个微博发布厅——浙江检察微博发布厅。网友可一键关注以上多个地区的检察院官方微博，全面了解浙江检察机关的工作情况。作为浙江省检察机关集中发布权威信息的重要平台，该发布厅主要发布浙江检察工作的重要信息，答复网友的咨询，宣传法律和检察职能知识，并逐渐形成了"检察动态""案件快讯""检察风采""检察文化""检察知识""法规政策"等多个固定栏目。此外，该院在保证其官方微博发布信息的权威性、专业性及精准度的同时，为顺应微博活泼生动的特点，努力提升所发微博内容的可读性和娱乐性，受到了网友的一致好评。

入围机关：云南省红河州检察院

推荐理由：两级微博集群遥相呼应　后起之秀捍卫公平正义

2012年2月，云南省红河州人民检察院正式开通名为"@正义红河"的官方微博，其下属的13个基层检察院也相继开通了以"正义"为名的官方微博，形成了州县两级检察院遥相呼应的微博集群。截至2012年11月，红河州检察机关"正义"微博粉丝人数已达9.5万余人。作为红河政法微博的主力军，"@正义红河"在推进公正司法、文明司法、加强网络法制建设、提升检察机关自我公信力、推动社会管理创新等方面发挥着举足轻重的作用。从开通微博至今，红河州检察院及各县市检察院每个工作日均安排微博管理员对微博进行维护，更新检察资讯，对本院案件公开审查以及群众接访日等重大活动进行微博直播。其中，红河州人民检察院运用微博报道"全国模范检察官杨进昌先进事迹"，被省院和各县市微博积极转发，引起众多网友的热切关注并获得好评。"@正义红河"群微还实时发布或转发最新的法制新闻、维权动态、法律动态、新法解释等，运用网络强大的传播力量进行法制宣传教育，让网民知法、守法、用法。不到一年的时间里，红河州"正义"群微利用微博察民情、解民忧，与公众良性互动，交流信息，树立起良好的社会形象，拉近了检民距离。

微博法制宣传奖

入围机关：上海市闵行区法制宣传教育领导小组办公室

推荐理由：创新微博普法方式受欢迎　搭建微博联盟凝聚合力

上海市闵行区法制宣传教育领导小组办公室（简称上海市闵行区法宣办）通过建立"@闵行法宣零距离"微博并开展了一系列网上法制宣传教育活动，带动区内各司法所也纷纷开设法宣微博，使法宣微博成为闵行区网络普法工作的前哨，营造了良好的网络法治氛围。为进一步增强网络法制宣传教育工作的针对性和有效性，"@闵行法宣零距离"推出以闵行法宣吉祥物"闵晓法"为主人公的"普法微四格"系列漫画，以"闵晓法"的生活、工作经历来讲述一则则带有法宣提示的法律小故事，并用相关法律法规解读漫画，让读者从漫画中体会法治理念，达到普及法律知识、传递法治理念的效果，受到广大网友的喜爱。闵行区还搭建了以"@闵行法宣零距离"官方微博为主、区内单位及个人共同参与的微博联盟，受到了广大网友的关注。"闵行法宣微博联盟服务厅"由闵行区法宣办官博"@闵行法宣零距离"和13家司法所、闵行公证处、闵行区法律援助中心官博,以及以金海民局长为首的实名认证的法宣志愿者个人微博构成,是以法宣为民服务为宗旨的法宣微博服务体系,旨在立足微博平台服务群众,引导舆论,凝聚共识。其优越之处在于将原先单打独斗零星分布的法制宣传网络虚拟结构凝聚成一个集中力量整体推进的团队结构,这也标志着该区网络普法工作进入了一个新阶段。

入围机关:广东省广州市黄埔区人民检察院

推荐理由:微博普法新思路赢赞誉 检察官以案说法很亲民

2012年9月1日,广东省广州市黄埔区人民检察院正式开通广州市首个检察院官方微博"@黄埔检察",在新浪和腾讯两大微博平台同时上线。黄埔区人民检察院将官方微博定位成为群众服务的网络窗口,从全院各部门抽调11名干警组成微博团队,全天候值班,保证了微博团队对检察业务的熟悉,及时回答群众申诉咨询。为了推动检务公开和方便群众办理相关业务,黄埔区检察院还与微博平台官方合作开发微博应用模块,让微博成为检察业务的窗口,切实做到便民利民。"@黄埔检察"还开设了"小明微故事""检察官看法"和"检察官日记"等特色栏目。其中,"小明微故事"深受网友好评,"小明微故事"经常发布一系列诙谐有趣、亦庄亦谐的普法小故事,让网友在听检察官讲故事的过程中,了解相关的法律知识。黄埔区检察院还策划了"庭审直播""检察官的一天"等"微活动",让群众更为直观地了解检察官的生活和工作情况,改变部分群众心中检察官"刻板、严肃、神秘"的单一形象,拉近群众与检察机关的心理距离。"@黄埔检察"特色化、专业化和亲民化的运营,获得网友和专家的一致好评。

入围机关:天津市河西区人民检察院

推荐理由:推进法制宣传进社区 聚焦青少年法制教育

2011年2月,天津市河西区人民检察院开通天津检察系统首个官方微博。该院通过发布最新法律法规、检察相关新闻、普法案例、检察文化等内容,向广大网民宣传检察工作,普及法律知识。为推进法制宣传进社区,该院主动与各社区联系,搭建微博服务平台,挑选社区青年干部进行日常维护,并及时互动;该院的"法制小剧场"活动亦多次走进社区,"青年检察官宣讲团"常以备受关注的法律问题为主题,与社区群众共同编演剧目,并进行"微直播"。而针对微博用户年龄普遍偏小的特征,该院微博特设"青少年与法"栏目,适时发布青少年自我保护常识、青少年法制新闻及维权动态,并结合实际案件进行案例分析,以案释法。同时,该院联合团区委开展"互访、互助"活动,共同解答青少年法律维权问题。如2012年3月,二者联合举办"青少年法制教育面对面座谈会",就未成年人法律援助、"宽严相济"刑事政策对失足青少年的实际适用效果等问题进行探讨,并全程"微直播",且与网友互动。此外,该院鼓励微博粉丝群中的律师、教师、心理医生等参与到未成年人社区矫正帮教中,在微博中提供意见或进行疏导;还通过拍摄及播放"微电影",以更为直观、形象的方式加强青少年法制教育,受到社会各界一致好评。

舆情应对先进奖

入围机关:广东省广州市公安局

推荐理由:首创公安"微指挥"模式 应对舆情得力树榜样

2010年4月29日,广州市公安局新浪官方微博"@广州公安"开始运行。此后,广州市公安局利用微博平台短、平、快的特点,及时向广大群众进行法制宣传和舆论引导。2012

年9月16日上午，针对"日本购买钓鱼岛"事件，广州市烈士陵园、花园酒店等地出现群众聚集情况。"@广州公安"积极应对，按照要求，以每隔10分钟发布一次的频率，不间断地发布正面引导网民理性爱国的信息，实时向群众发布现场交通、治安情况，数十次发出路况提醒，及时通报警方依法处理非法煽动者的信息，警示乘机抢掠、趁火打劫的违法犯罪分子，对个别网民发布的一些虚假信息进行及时辟谣，并呼吁网友不要传谣、信谣。"@广州公安"发布的权威信息受到网友的高度关注，在网民中形成了"要爱国，非暴力"的共识。在处置此次反日游行事件中，广州市公安局将微博信息投影在指挥大厅的大屏幕上，作为指挥处置工作的重要工具，借以引导群众，并及时了解微博上群众的反应。据报道，这也是中国公安历史上第一次将微博作为指挥处置的重要工具，为各地应对舆情树立了良好的榜样。

入围机关：广东省深圳市人民检察院

推荐理由：微博发声及时回应果决　重案应对得当反响极好

2012年5月26日，深圳"5·26"飙车案引发全国媒体和社会公众的广泛关注。网上质疑肇事司机"顶包"的声音不绝于耳，并因此引发了有关执法机关公信力、深圳城市形象以及公正、诚信等话题的大讨论。深圳市检察院及时介入了对该案的侦查，对公安机关的取证及整个办案程序提前进行监督，最终证实公安机关的侦查结论正确，不存在"顶包"现象，并在第一时间通过官方微博发声，告知公众。该微博在发出10小时内即被转发和评论超过15000条。有网友表示，深圳市检察院的微博发布"使原本失控的民愤重新回到轨道"。不仅是深圳跑车肇事案，在深圳市盐田区多座人行天桥翻修工程案和备受关注的深圳医疗反腐风暴等重案要案办理过程中，深圳市检察院均通过其官方微博第一时间发布消息，并及时通过微博澄清网上相关质疑，使得一些怀疑检察机关办理人情案的谣言不攻自破。这种透明的、主动接受监督的方式，促使检察机关和检察人员廉洁公正执法的意识树立得更加牢固。

入围机关：江苏省常州市公安局

推荐理由：微博火速平息谣言　舆情应对可圈可点

2010年8月16日，江苏省常州市公安局新浪官方微博"@平安常州"正式开通。截至目前，该微博的粉丝已超过100万，发布微博8000余条。一直以来，常州市公安局在利用微博应对舆情方面成绩斐然。2010年11月30日，"@平安常州"曾通过微博直播发生在常州市天宁区朝阳三村一起劫持人质案件的处置情况，该做法得到了时任公安部部长孟建柱的充分肯定。2012年3月13日18时59分，"@江苏广电总台新闻中心"新浪官方微博发布消息称，常州市发生一起持刀抢劫银行事件，有3人被砍伤。4分钟后，该微博被《现代快报》新浪官方微博转发，微博迅速被转评500余次。该消息一度在网络上引起恐慌。公安机关核查后发现，这是一起发生在银行门口的故意伤害案件，并非持刀抢劫案件。随后，常州市公安局立即通过"@平安常州"发布微博辟谣，并启动微博联动预案，要求各辖市（区）局、分局和派出所官方微博进行转发，同时，提请江苏省公安厅组织全省公安微博跨区域联动，报请市委宣传部主管的"@微常州"微博群组织跨部门联动，最大限度地将事实扩散，挤压谣言的传播空间，消除负面影响。之后，这则谣言很快被平息。网友对常州警方利用微博火速澄清事实、引导舆论的做法给予了高度评价。

第四部分　政法机关公职人员微博影响力排行

正义网络传媒研究院以腾讯微博和新浪微博为主要数据来源，从 5432 个政法机关公职人员微博中，推选出 10 个在全国范围内最具影响力的官员微博和 40 个网络热度较高的微博，并以微博数、粉丝数、关注数等数据为统计指标，加权运算后，得出"全国十佳政法官员年度影响力微博"和"全国十佳政法机关公职人员影响力微博"榜单。具体榜单见表 8～表 12。

表 8　全国十佳政法官员年度影响力微博

单位：个

姓名	单位及职务	微博数	粉丝数	关注数	热度
陈　里	陕西省公安厅副厅长	8634	3184969	1629	90.27
金中一	浙江省海宁市司法局局长	14270	806275	1586	89.77
陈士渠	公安部打拐办主任	4654	2968623	1969	87.75
陈永博	广东省肇庆市公安局警察公共关系科科长	10927	522037	1442	87.43
牛兴全	甘肃省司法厅副厅长	7345	1282847	1397	87.32
段兴炎	江西省九江市公安局纪委副书记	5592	300994	1768	83.75
蒋阳兵	广东省湛江市中级人民法院行政庭副庭长	10295	45933	2211	83.36
袁　明	湖北省人民检察院检察官	5397	452436	1011	83.00
刘国锋	湖北省恩施州利川市法院副院长	3524	272959	1163	80.38
何文凯	广西防城港市检察院副检察长	14244	157516	135	80.34

表 9　全国十佳警官影响力微博

单位：个

姓名	单位及职务	微博数	粉丝数	关注数	热度
马　霄	广西百色市公安局禁毒民警	46171	355903	1994	94.29
刘志文	山东省济南市公安局历城区分局民警	50643	245777	927	92.04
孙　健	山东省济南市公安局民警	27100	378834	1935	91.88
王中明	四川省遂宁市交警支队直属一大队二中队长	15263	361648	1945	89.15
刘　毅	福建省厦门市湖里区交警大队交管科副科长	7540	508692	2751	87.45
高　媛	北京市公安局网警	4958	1690955	1613	86.58
陶清廉	河南省公安厅政治部干部	8313	313612	2000	86.13
任立新	辽宁省公安厅民警	5115	926007	1987	86.04
姚志宏	云南省昆明市公安局民警	13670	49479	1284	83.61
刘贵德	云南省玉溪市易门县公安局政工监督室副主任	9679	79621	1311	83.02

表 10　全国十佳检察官影响力微博

单位：个

姓名	单位及职务	微博数	粉丝数	关注数	热度
梁景明	北京市检察院检察官	9250	37235	367	86.48
霍　琳	河北省大名县检察院检察官	2919	101812	1365	86.08
杨红平	浙江省海宁市检察院检察官	8860	16730	414	84.72
李　敏	湖北省武汉市洪山区检察院检察官	3147	23732	768	81.68

续表

姓名	单位及职务	微博数	粉丝数	关注数	热度
贾 岩	天津市河西区检察院检委会委员	3538	6946	1861	81.67
朱晓华	湖北省检察院干部	1936	221740	152	80.26
何重任	广西壮族自治区检察院宣传处副处长	2287	95013	230	80.21
陈 鉴	四川省阆中市检察院检察官	1227	30594	1959	79.71
王 俊	广东省检察院检察官	3453	6348	907	79.54
赵 鹏	北京市检察院第一分院二审监督处处长助理	1380	126507	385	79.53

表11 全国十佳法官影响力微博

单位：个

姓名	单位及职务	微博数	粉丝数	关注数	热度
朱洪涛	新疆石河子市法院立案庭庭长	7109	128320	815	90.52
王黎明	江苏省淮安市中院审委会委员	6375	50016	629	87.15
任保军	新疆乌鲁木齐垦区法院院长	4654	37140	1246	86.56
纪阿林	江苏省泰州市中院党组副书记、副院长	4053	23998	2000	86.04
袁硕望	湖南省临湘市法院	12764	21678	2448	83.10
李 萍	山西省长治市城区法院副院长兼政治处主任	1538	136524	581	81.72
庾向荣	江苏省吴江市法院法官	2854	18372	448	79.78
赵耀彤	山东省聊城市东昌府区法院党组成员、副院长	2584	5372	647	77.40
吴继刚	山东省高级法院审监二庭正科级助理审判员	2062	2325	1700	76.77
张 昊	吉林市丰满区法院刑事审判庭法官助理	1438	10798	258	73.55

表12 全国十佳司法行政人员影响力微博

单位：个

姓名	单位及职务	微博数	粉丝数	关注数	热度
杨 华	上海市闵行区司法局法制宣传教育科科长	22696	8569	1986	88.56
卞志强	山东省济南市司法局148协调指挥中心科员	10034	6532	1691	83.51
方泉敏	浙江省海宁市司法局副局长	8153	13722	806	82.18
林 敏	浙江省苍南县龙港司法分局局长	4279	12838	1869	80.96
许新峰	浙江省海宁市司法局司法所长	4786	12734	1057	80.05
沈兴龙	浙江省德清县司法局基层工作管理科科长	4498	7464	1835	80.01
李金祥	山东省临清市司法局局长、党组书记	2720	43345	996	79.70
盛 民	山东省日照市岚山区司法局局长	4045	22669	695	79.38
李 博	北京市东城区司法局法制宣传科干部	2975	17749	840	77.81
高 军	内蒙古根河市司法局敖鲁古雅司法所所长	2261	6008	1998	76.34

人民网舆情监测室·2013 年新浪政务微博报告

前 言

截至 2013 年底，中国网民数量超过 6 亿，互联网普及率超过 45%，手机即时通信网民规模超过 5 亿人。移动互联网在一些突发事件和公众议题上成为信息源。党的十八大曾提出了"坚持正确导向，提高引导能力""唱响网上主旋律"。刚刚结束的党的十八届三中全会，对于运用互联网做好政务信息公开工作，具有巨大而深远的指导意义。全会有多处涉及互联网管理、舆论引导等方面的工作。

2013 年 10 月 15 日，国务院办公厅发布《关于进一步加强政府信息公开回应社会关切提升政府公信力的意见》（以下简称《意见》），其中多处提及政务微博，规定定期开好新闻发布会，主动做好重要政策法规解读，妥善回应公众质疑，及时澄清不实传言，发布重大突发事件权威信息等。《意见》还明确指出，各地区各部门应积极探索利用政务微博等新媒体，及时发布各类权威政务信息，尤其是涉及公众重大关切的公共事件和政策法规方面的信息，着力建设基于新媒体的政务信息发布和与公众互动交流新渠道。

据统计，截至 2013 年 11 月底，新浪平台上的政务微博有 100151 家，其中包括机构微博 66830 家，干部个人微博 33321 位。相比去年同期增长 4 万余个，增长率超过 60%，保持了较高的发展速度。10 万余个政务微博账号中包含了 24270 个政法微博账号，其中包括 17279 个政法机构微博以及 6991 个政法官员微博。从微博总量上看，目前政务机构微博影响力"TOP1000"和官员微博影响力"TOP1000"本年度共发微博 8609428 条，平均每个官员账号发博 3657 条，平均每个机构账号发博 5553 条。另外，我们通过对 2013 年新浪政务微博数据进行回归分析，预测新浪政务微博可能在 2014 年底达到 97259 个，约为 2013 年同期的 1.5 倍；公职人员微博将可能达到 39985 个，约是 2013 年同期的 1.2 倍。

值得关注的是，2013 年是我国中央部委微博大发展的一年。据统计，截至 2013 年 12 月，共有 76 家中央部门或其直属机构在新浪开通政务微博。6 月，国家地震局、国土资源部、民政部开通微博。10 月以来，中国政府网、中国人民银行、国资委、证监会、健康中国等一批"国"字头官方微博陆续开通。尤其是我国各级法院政务微博进入快速发展期。

2013 年 11 月 21 日，"@最高人民法院"官方微博在新浪网开通。与此同时，"全国法院微博发布厅"也独家上线，实现了整体性的推进。最高人民法院、31 个省级法院及 150 余个地方中院全部开通官方微博。有评论称："依托现代信息技术，打造阳光司法工程，是传统司法公开制度的一次巨大革命。"12 月 18 日，国务院办公厅政府信息公开办公室在新浪开通"@中国政府网"政务微博，引发舆论关注。上述国家级微博的开通，成为 2013 年政务新媒体发展的最大亮点。部委微博运营良好能起到政府信息公开的表率作用，为基层政务微博提供经验借鉴。

据观察，政务微博在覆盖地域和层级上实现突破性发展，在形式创新和公共服务模式上不断变革更显多样化。我国政务微博不断创新发展模式，各地党政部门积极主动运用新媒体平台，与人民群众加强沟通，促进信息公开，为进一步提升党政机关形象和公信力，不断进行新的探索。党政部门通过政务微博第一时间通报权威信息，往往成为新闻信源和事态演变的重要变量，发挥巨大的舆论影响力。比如，济南市中院官方微博直播薄熙来案审理，庭审当天新浪微博平台"@济南中院"的粉丝从早上8：00的4.7万迅猛增加到17：00的30万，截至当天18：00共发微博65条，微博转发总量达228573条，微博热议达155697。微博直播成为网民与媒体获得事件最新进展的重要消息来源。

在应对突发事件、热点舆情时，政务微博能够发布权威信息，迅速澄清事实，遏制谣言传播，有效安抚民众情绪。4月20日8点02分，四川雅安芦山发生7.0级大地震。在此次芦山地震中，政务微博展现出巨大的传播力和引导力，多角度、多层级构筑起抗震救灾信息的"绿色救援通道"。"@国家地震台网"成为首家播报震情讯息的政务微博；"@中国国际救援队"时刻关注微博上的求助信息；成都军区开通"@雅安芦山抗震救灾"官方微博发布救援直播；"@雅安市政务服务中心"普及地震救生常识，澄清了各种不实传言等，发挥了重要作用。

此次，我们抽样新浪平台影响力排名前1000位、粉丝总量前1000位的政务微博，进行了深入的数据统计和互动案例分析，深入观察政务微博阶段性发展脉络、模式、问题和对策，供有关部门和人士参考。

一　政务微博人文地图

截至2013年11月30日，新浪微博平台认证的政务微博已经达到100151个，较2012年底增加40087个，其中包含66830个党政机构微博和33321个公务人员微博。人民网舆情监测室通过对这些政务微博数据进行分析，得出全国政务微博地域分布特征、部门分布特征、行政级别分布特征、开通时间分布特征和发展曲线，在此基础上再分别对新浪微博中200个最具影响力和代表性的党政机构和公职人员微博进行统计，得出各个省级区域内这些最具影响力的党政机构和公职人员微博的分布情况。

（一）政务微博地域分布

根据统计数据，2013年我国政务机构微博和公职人员微博地域分布情况如图1~图4所示。

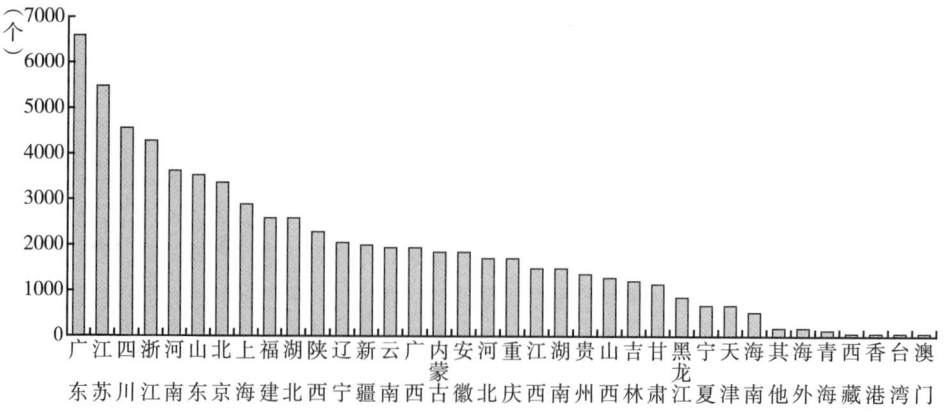

图1　党政机构微博地域分布

2013年党政机构微博与2012年底相比总体增幅为93%，在前10名中，湖北政务微博总数增长较快排进了前10名，其他排进前10名的政务微博次序变化较大，依次为广东、江苏、四川、浙江、河南、山东、北京、上海、福建、湖北,其中广东、四川和北京的排名均较 2012 年有所上升。在"TOP200"党政微博方面,北京拥有 48 个微博排名第 1,较 2012 年增长了 31%;而广东机构微博较去年减少了 41%,这与其他省份的微博在过去的一年里加强了自身的建设有较大的关系。

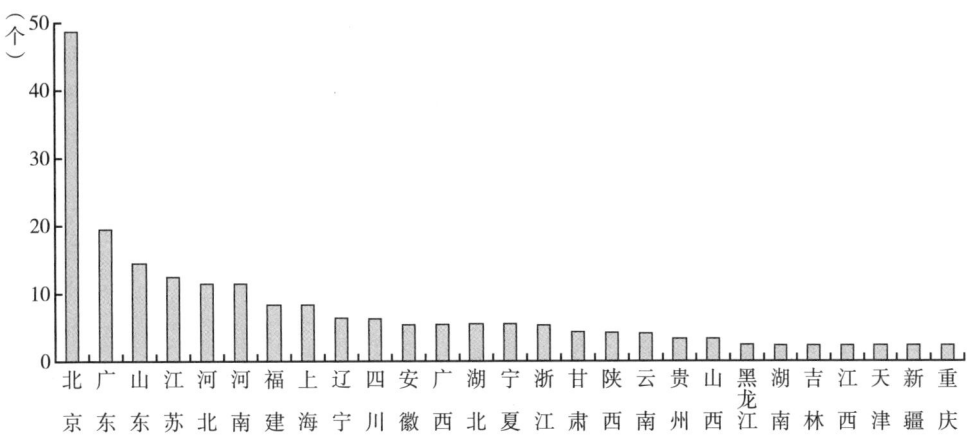

图 2 党政机构微博影响力"TOP200"地域分布

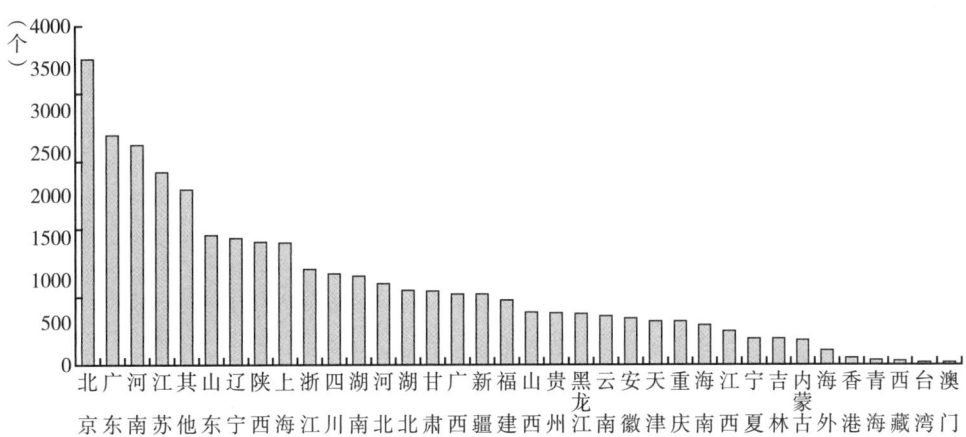

图 3 公职人员微博地域分布

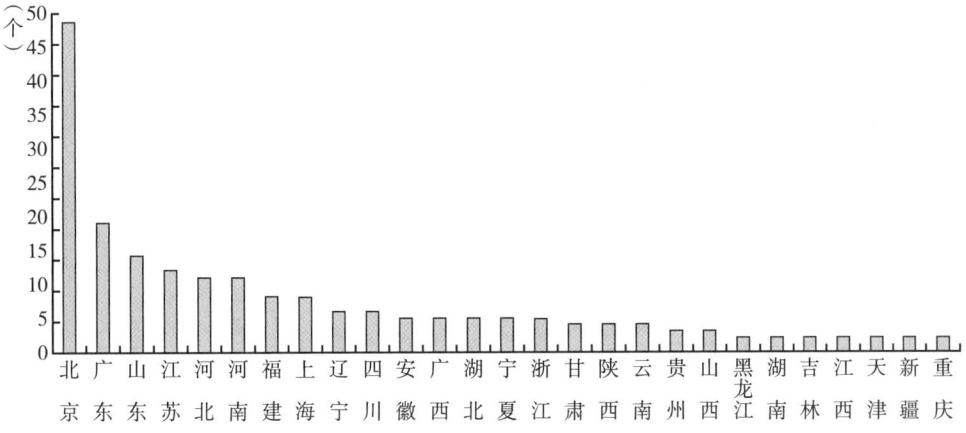

图 4 公职人员微博影响力"TOP200"地域分布

公职人员微博较2012年总体增幅为23.4%，相比机构微博增速较缓，其中北京公职人员总数为3581，超过了江苏和河南上升为第1名；四川与辽宁公职人员微博数量增长速度较快，排进全国前10；广东公职人员微博总数增幅最大，为71.4%。公职人员微博影响力"TOP200"排名情况为北京、广东、山东、江苏、河北分列前5名，其中山东、江苏、河北增长速度较快。

根据政务微博的数量分级，我国政务微博数量在8000个以上的有广东省，在6000~8000个的有北京、江苏、河南，整体发展呈现东高西低的分布状态，与2012年相比，我国政务微博区域发展更加平衡，有东部地区向西部地区扩散的趋势。

（二）政务微博部门分布

根据新浪微博提供的2013年我国政务微博部门情况，对我国政务微博部门进行统计如图5~图6所示。

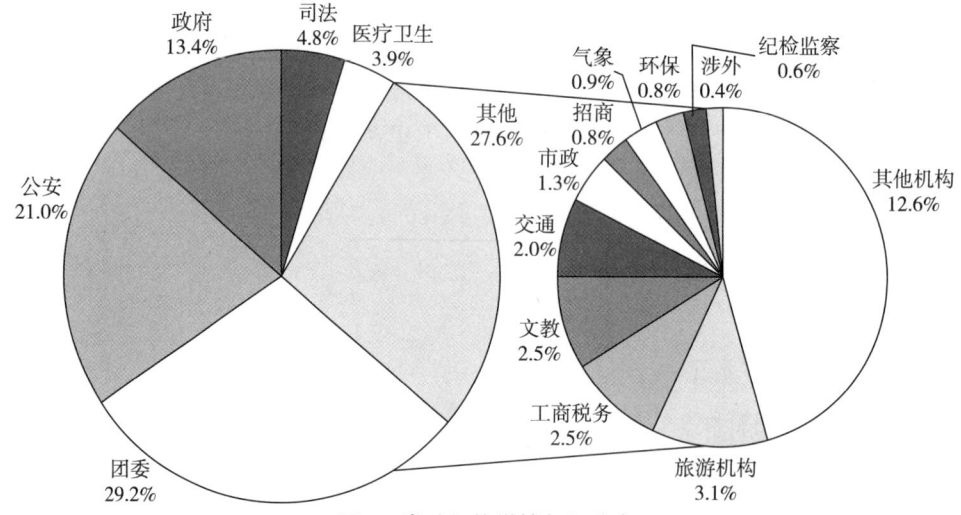

图5　党政机构微博部门分布

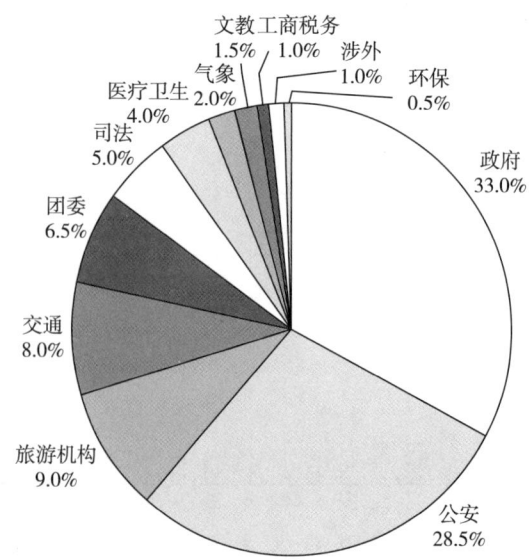

图6　党政机构微博影响力"TOP200"部门分布

从统计结果来看，全国党政机构微博部门分布中，团委微博所占比例较2012年有较大提升，已经超过公安系统成为党政机构中占比最高的部门，比例为29.2%，其次为公安部门，所占比为21%，政府微博占13.4%，名列第3；在"TOP200"中，政府部门所占比例为33%，超过公安部门的28.5%，名列第1；而团委微博只占6.5%，名列第5，落后其所在的全国党政机构微博部门，表明我国团委微博虽然开通的数量较多，但其影响力还有待提高。

从图7和图8可以看出，我国公职人员政务微博机构较分布复杂，其他机构占到总数的34.8%，而"TOP200"中其他机构也占到了24%；我国公务人员主要来源于团委、公安和政府部门，这三个部门的总数占到52.7%，而"TOP200"方面我国公务人员主要来自公安、政府、司法和团委，占到总数的61.5%，说明我国公务人员的来源集中度较高，公安和政府部门具有一定优势。

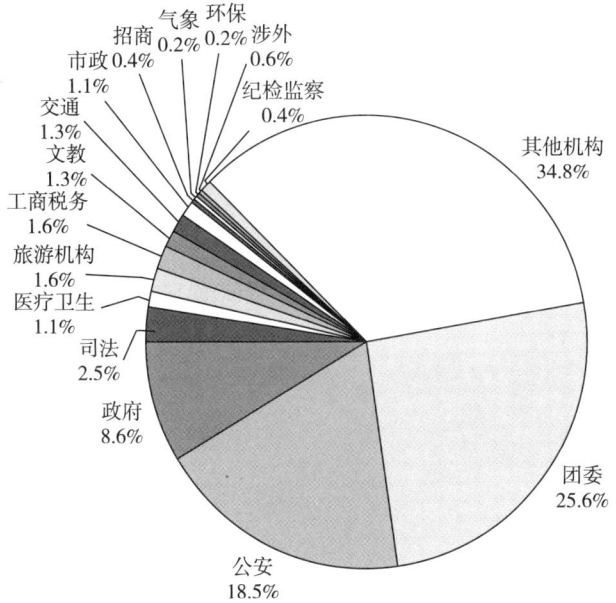

图7　公职人员微博部门分布

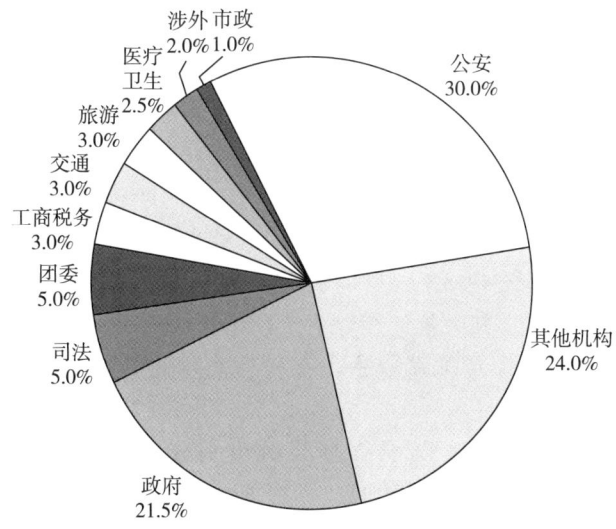

图8　公职人员微博影响力"TOP200"部门分布

（三）政务微博行政级别分布

通过对新浪微博的党政机构微博和公务人员微博进行分析，得出行政级别分布情况，再对200个最具影响力和代表性的党政机构和公务人员微博进行统计，得出行政级别分布情况，如图9～图12所示。

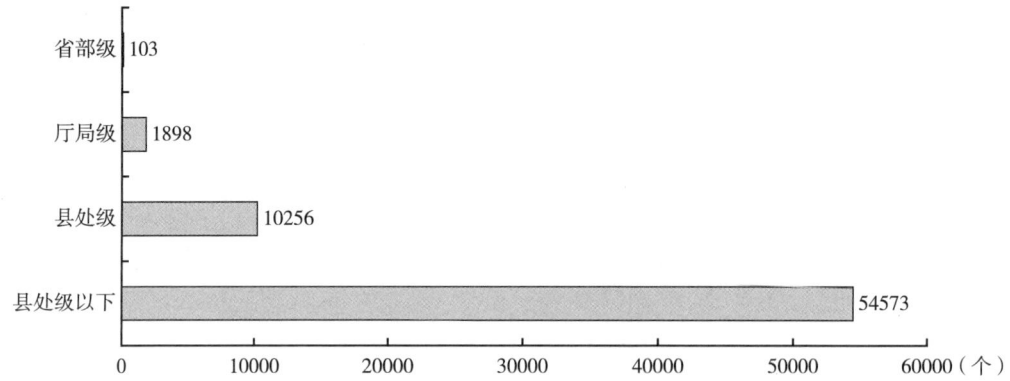

图9　全国党政机构微博行政级别分布

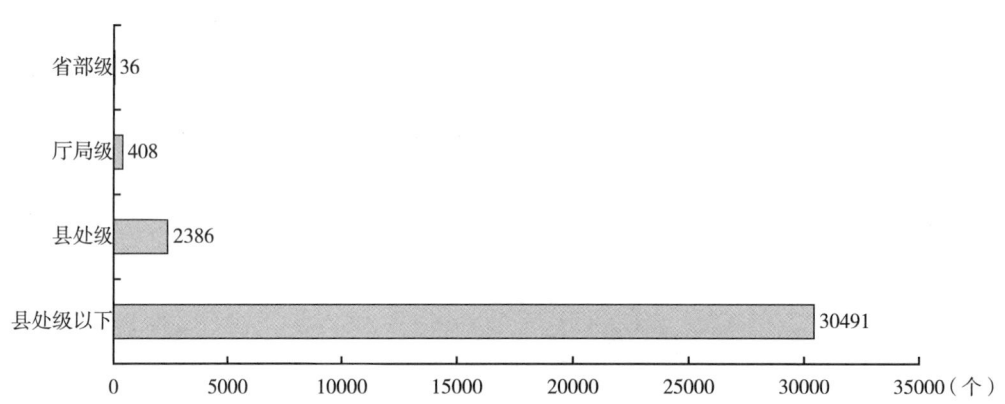

图10　全国公职人员微博行政级别分布

目前，我国政务微博正处于省部级、厅局级、县处级以下级别持续发展阶段，各个级别机构微博增长速度为：省部级49.3%，厅局级47.1%，县处级29.7%，县处级以下机构微博总数较2012年增长110%。其中县处级以下级别增长幅度最大，这与该行政级别基层微博与民众接触最多，与民众生活联系较密，有利于政务微博公共服务功能的增强有重要关系。

新浪"TOP200"机构和公职人员微博行政级别分布与总体分布差别较大，在机构中所占比重最大的为厅局级机构微博，而公职人员中所占比重最大的仍然为县处级以下，但是厅局级与县处级所占比重也达到了27.5%和28%，这说明虽然基层微

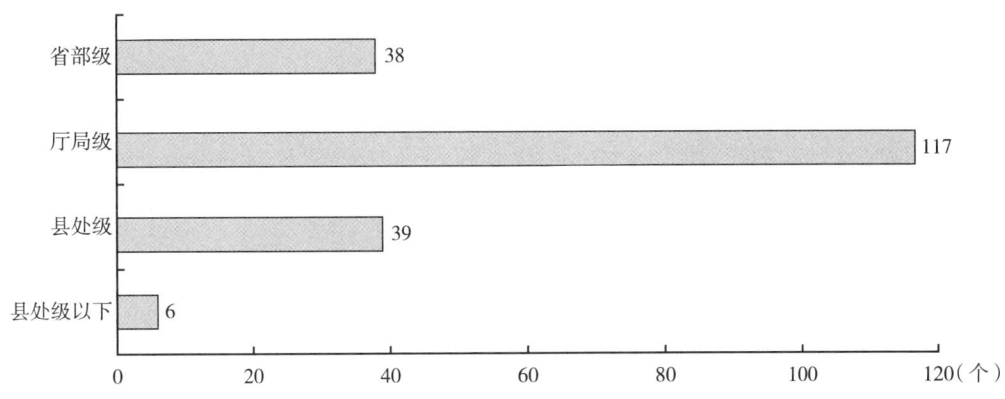

图11　党政机构微博影响力"TOP200"行政级别分布

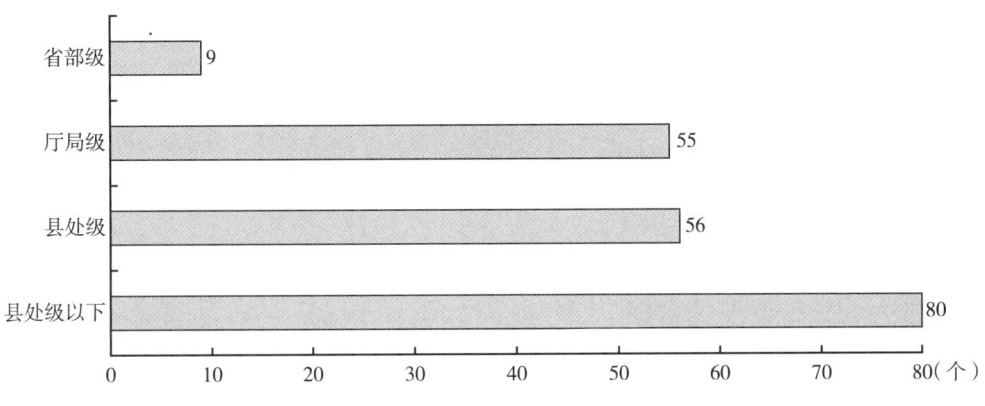

图12　公职人员微博影响力"TOP200"行政级别分布

博的数量较大，但是由于其所覆盖的范围有限，因此对其影响力排名有一定的影响，从而也说明公职人员的个人微博更能超越地域的限制，引起网民对公职人员个人的关注。

（四）政务微博开通时间分布

通过对新浪政务微博影响力"TOP1000"的党政机构微博和公职人员微博开通时间进行统计，得到我国政务微博开通时间的分布图，如图13～图14所示。

我国党政机构微博和公职人员微博开通数量从2009年起逐年增加，在2011年达到顶峰，随后开始回落。2013年党政机构微博开通数量较2012年减少71%，公职人员减少56%，由此可以看出，我国政务微博的发展已经趋向稳定，在近几年内仍然会持续增长，但增长速度会持续放缓，因此各个省份对各自政务微博的建设应该更加强调质量和内容的建设，减少重复低效的建设，才能够在数量一定的情况下，增强自身影响力。

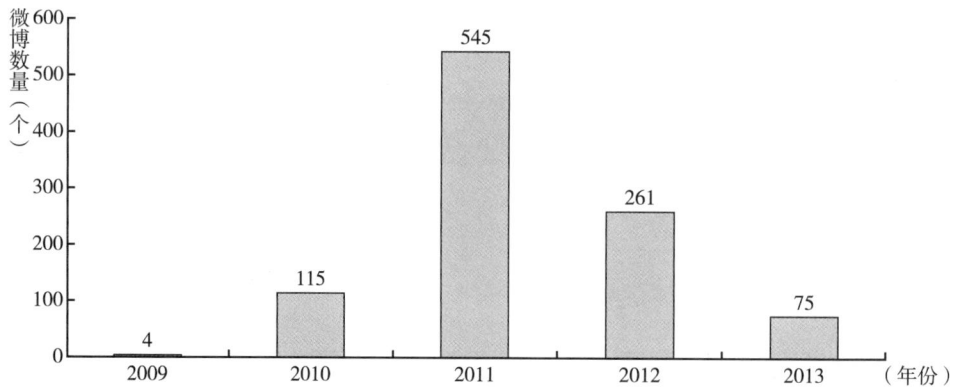

图13　党政机构新浪微博开通时间分布

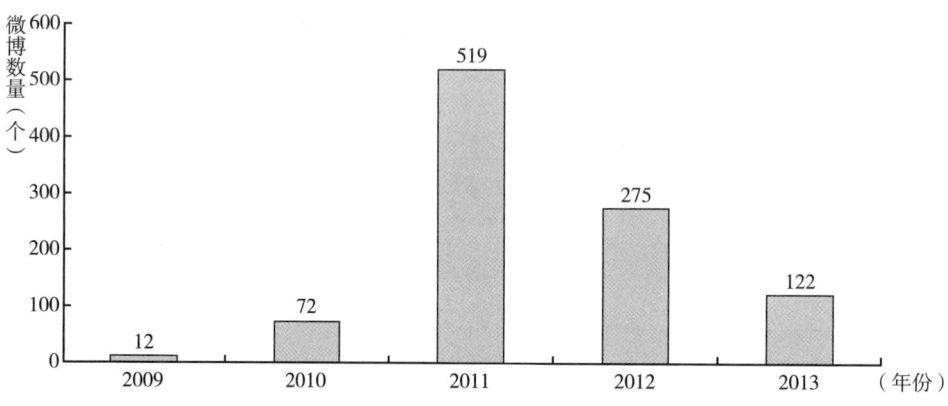

图14　公职人员新浪微博开通时间分布

（五）政务微博发展曲线

根据新浪微博提供的2013年我国政务微博各个季度数量情况，对我国党政机构微博和公职人员个人微博进行趋势描绘，如图15所示。

我国政务微博无论是党政机构微博还是公职人员微博在2013年整体仍然处于上升趋势，但党政机构微博的上涨速度超过了公职人员微博，其中党政机构微博涨幅为58%，而公职人员微博的涨幅为21%，相较2012年，新浪党政机构政务微博净增32291个，公职人员微博净增7796个，增长率分别为93%和31%。

将2013年新浪党政机构和公职人员微博数量进行回归分析得到线性模型为：$y_1 = 33320.5 + 7992.3 x_1$ 和 $y_2 = 26331 + 1824.3 x_2$。[①] 由此可以预测新浪党政机构微博在2014年底将会达到97259个，是2013年同期的1.5倍；公职人员微博将会达到40925个，是2013年同期的1.2倍。

总体来看，2013年新浪微博依然是舆论场的焦点，也是我国互联网舆论场中最具传播

---

① y_1 和 y_2 分别指新浪政党微博数量和公职人员微博数量，x_1 和 x_2 指时间序列。

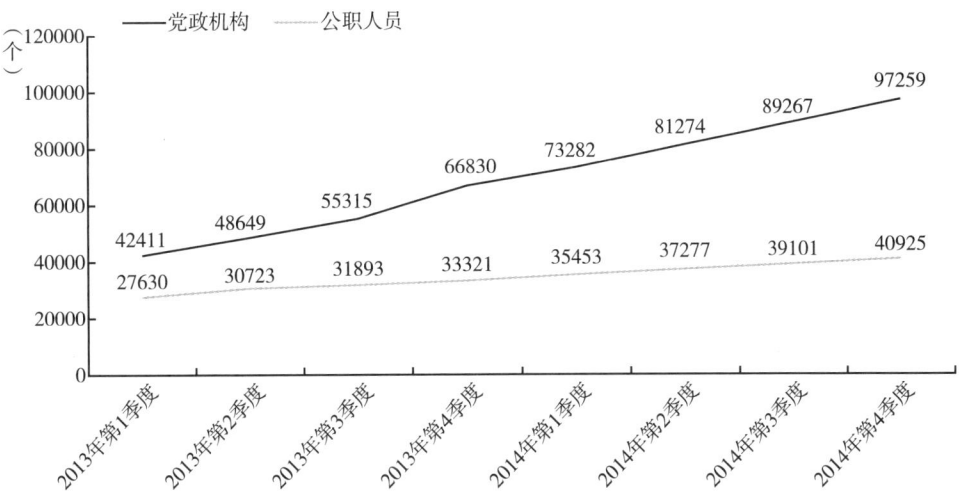

图 15　2013 年新浪党政机构和公职人员微博发展趋势

活力和话题深度的平台之一，随着大量政务微博加强自身影响力和品牌的建设，微博平台将对我国社会舆论格局的发展产生深远的影响。

二　新浪政务微博影响力排行榜

人民网舆情监测室分析了 66830 个新浪政务机构官方微博与 33321 个新浪公务人员微博，并重点对排名前 1000 位的政务机构微博与前 1000 位的公务人员微博进行量化统计，得出政务机构与公务人员微博综合影响力排行榜。

排行榜综合考察的一级指标包括：

（1）微博数：截至 2013 年 10 月政务微博所发的微博总数（本排行计算所用数据均截止到 2013 年 10 月 31 日，如无特殊说明，以下指标均以此日期为准）；

（2）微博频率：日均所发微博数；

（3）微博原创率：原创性微博占所发所有微博的比例；

（4）微博被转发量：所发微博被转发总量；

（5）微博被转发率：平均每条微博被转发量；

（6）微博被评论量：所发微博被评论总量；

（7）微博被评论率：平均每条微博被评论量；

（8）微博评论数：对其他微博进行评论的总数；

（9）粉丝数：相关微博粉丝总数；

（10）粉丝活跃率：活跃粉丝占所有粉丝的比例；

（11）粉丝的粉丝数：其每一位粉丝的粉丝数之和；

（12）粉丝认证率：获得新浪微博认证的粉丝在所有粉丝中所占比例；

（13）关注数：相关微博关注其他微博总数；

（14）媒体关注度：媒体对该微博进行的报道或评论文章总量；

（15）收私信数：政务微博接受私信的总量；

（16）发私信数：政务微博发出私信的总量。

排行榜综合考察的二级指标包括：

（1）微博政务指数：表征微博内容政务含量的高或低；

（2）微博情感指数：表征微博表达的情感积极或消极，内容正面或负面；

（3）评论倾向指数：表征网友对微博进行评论内容的正面或负面；

（4）媒体倾向指数：表征相关媒体文章对微博进行评论内容的正面或负面。

其中一级指标为客观指标，直接通过数据统计得出；二级指标为主观指标，通过人民网舆情分析师对相关微博进行科学抽样和内容分析后，还原为可统计量最终得出。政务机构官方微博和公务人员微博排行主要依据三个指标：微博活跃度、微博传播力、微博引导力。

（1）微博活跃度

表征相关政务机构和公务人员通过微博参与官民互动的活跃程度，活跃度越高表示该微博进行官民互动越频繁。统计微博活跃度时所涉及的参数包括：微博数、微博频率、微博原创率、微博评论数、关注数、微博政务指数。

（2）微博传播力

表征政务机构和公务人员微博发布信息的传播能力，传播力越高表示该微博所发布的信息在微博中传播的范围越广、速度越快、影响越大。统计微博传播力时所涉及的参数包括：粉丝数、粉丝活跃率、粉丝的粉丝数、粉丝认证率、微博被转发率、媒体关注度。

（3）微博引导力

表征政务机构和公务人员微博发布信息的舆论引导能力，引导力越高表示该微博所发布的信息在网民中的关注度越高、认同度越高。统计微博引导力时所涉及的参数包括：微博被转发量、微博被转发率、微博被评论量、微博被评论率、粉丝数、粉丝活跃度、粉丝的粉丝数、粉丝认证率、媒体关注度、收发私信数、微博政务指数、微博情感指数、评论倾向指数、媒体倾向指数。

人民网舆情监测室对新浪微博中最具影响力和代表性的1000个政务微博和1000个公务人员微博的一级指标进行统计分析后，各得到500位活跃度较高影响力较大的知名微博，并对其进行二级指标统计。汇总两次统计结果，得到微博活跃度、微博传播力、微博引导力三项指标，对其进行权重叠加最终得到综合排名前10的政务机构微博、公务人员微博、部委微博、新闻发布微博、公安机关微博、交通机构微博、司法微博、共青团机构微博、旅游机构微博、医药卫生微博、气象微博、环保微博。以下表1～表12列出了基本信息、微博数、粉丝数以及各指标分值。

表1　十大政务机构微博

单位：个

排行	昵称	认证信息	省份	粉丝数	微博数	活跃度	传播力	引导力	总分
1	上海发布	上海市政府新闻办公室官方微博	上海	4047380	9645	0.1617	0.6516	0.0214	0.1299
2	成都发布	成都市人民政府新闻办公室	四川	5758048	10947	0.1715	0.5254	0.0117	0.1120
3	中国地震台网速报	国家地震台网官方微博	北京	3650447	3617	0.0436	0.6727	0.0205	0.1103

续表

排行	昵称	认证信息	省份	粉丝数	微博数	活跃度	传播力	引导力	总分
4	外交小灵通	外交部公共外交办公室	北京	5242098	3514	0.0578	0.6236	0.0194	0.1097
5	公安部打四黑除四害	公安部治安管理局、公安部"打四黑除四害"专项行动办公室官方微博	北京	6360077	6718	0.0944	0.5109	0.0082	0.1039
6	平安北京	北京市公安局官方微博	北京	6024520	5944	0.0820	0.4965	0.0157	0.0852
7	中国旅游	国家旅游局官方微博	北京	4729382	1095	0.0172	0.6616	0.0119	0.0823
8	平安中原	河南省公安厅官方微博	河南	3890268	17229	0.2041	0.2431	0.0032	0.0784
9	北京发布	北京市政府新闻办公室官方微博	北京	3982464	8179	0.1286	0.4051	0.0190	0.0761
10	微博云南	云南省人民政府新闻办公室官方微博	云南	4134199	10153	0.1571	0.3744	0.0187	0.0747

表2 十大公务人员微博

单位：个

排行	昵称	认证信息	省份	粉丝数	微博数	活跃度	传播力	引导力	总分
1	陈士渠	公安部打拐办主任陈士渠	部委	5013159	10596	0.0522	0.1797	0.0762	0.1487
2	中一在线	海宁司法局局长金中一	浙江	1282965	18989	0.0716	0.0730	0.1231	0.1138
3	北京鲁戈	外交官,清华大学当代国际关系研究院高级研究员鲁世巍博士	北京	1744070	19867	0.0908	0.0767	0.0410	0.0664
4	甘肃刘维忠	甘肃卫生厅厅长刘维忠	甘肃	2946918	8037	0.0430	0.0623	0.0751	0.0632
5	北京王惠	北京市政府新闻办公室主任王惠	北京	3626807	2609	0.0132	0.0802	0.0194	0.0591
6	传说中的女网警	北京市公安局网警高媛	北京	2180771	10136	0.0503	0.0393	0.1072	0.0562
7	陈鸣明	中共十八大代表、贵州省人民政府副省长	贵州	513871	5431	0.0326	0.0505	0.0034	0.0528
8	牛兴全	甘肃省司法厅副厅长牛兴全	甘肃	2199791	14518	0.0685	0.0481	0.0222	0.0507
9	一叶知秋微直播	湖北省公安交通管理局宣传民警	湖北	567432	12431	0.0601	0.0323	0.0682	0.0409
10	潍坊公安马江涛	潍坊市公安局民警马江涛	山东	1027493	7838	0.0415	0.0141	0.0257	0.0336

表3 十大部委微博

单位：个

排行	昵称	认证信息	粉丝数	微博数	活跃度	传播力	引导力	总分
1	中国地震台网速报	国家地震台网官方微博	3650447	3617	0.0436	0.6727	0.0205	0.1103
2	外交小灵通	外交部公共外交办公室	5242098	3514	0.0578	0.6236	0.0194	0.1097

续表

排行	昵称	认证信息	粉丝数	微博数	活跃度	传播力	引导力	总分
3	公安部打四黑除四害	公安部治安管理局、公安部"打四黑除四害"专项行动办公室官方微博	6360077	6718	0.0944	0.5109	0.0082	0.1039
4	中国旅游	国家旅游局官方微博	4729382	1095	0.0172	0.6616	0.0119	0.0823
5	商务微新闻	中华人民共和国商务部新闻办	3515920	3110	0.0477	0.3639	0.0107	0.0600
6	中国维和警察	中国维和警察官方微博	3880247	3687	0.0525	0.3141	0.0037	0.0438
7	微言教育	教育部新闻办公室官方微博	2648373	2424	0.0377	0.3318	0.0055	0.0436
8	中国食品药品监管	国家食品药品监督管理总局微博	2703086	827	0.0060	0.5133	0.0072	0.0435
9	中国国际救援队	中国国际救援队官方微博	4031763	3019	0.0250	0.3413	0.0030	0.0380
10	全国卫生12320	全国12320卫生公益热线官方微博	2951206	5317	0.0769	0.2455	0.0062	0.0350

表4 十大新闻发布微博

单位：个

排行	昵称	认证信息	省份	粉丝数	微博数	活跃度	传播力	引导力	总分
1	上海发布	上海市政府新闻办公室官方微博	上海	4047380	9645	0.1617	0.6516	0.0214	0.1299
2	成都发布	成都市人民政府新闻办公室	四川	5758048	10947	0.1715	0.5254	0.0117	0.1120
3	北京发布	北京市政府新闻办公室官方微博	北京	3982464	8179	0.1286	0.4051	0.0190	0.0761
4	微博云南	云南省人民政府新闻办公室官方微博	云南	4134199	10153	0.1571	0.3744	0.0187	0.0747
5	南京发布	南京市委宣传部新闻发布官方微博	江苏	2732183	9068	0.1155	0.2713	0.0119	0.0642
6	新疆发布	新疆维吾尔自治区人民政府新闻办公室官方微博	新疆	3471146	6035	0.0569	0.3711	0.0141	0.0615
7	微博甘肃	甘肃外宣办官方微博	甘肃	3261436	2285	0.0239	0.3651	0.0086	0.0558
8	河北发布	河北省人民政府新闻办公室官方微博	河北	2534402	7859	0.1201	0.2399	0.0081	0.0527
9	青岛发布	青岛市人民政府新闻办公室官方微博	山东	2764056	4915	0.0836	0.2901	0.0113	0.0516
10	中国广州发布	广州市互联网新闻信息中心官方微博	广东	1977804	9822	0.1677	0.2146	0.0106	0.0499

表5　十大公安机关微博

单位：个

排行	昵称	认证信息	省份	粉丝数	微博数	活跃度	传播力	引导力	总分
1	公安部打四黑除四害	公安部治安管理局、公安部"打四黑除四害"专项行动办公室官方微博	北京	6360077	6718	0.0944	0.5109	0.0082	0.1039
2	平安北京	北京市公安局官方微博	北京	6024520	5944	0.0820	0.4965	0.0157	0.0852
3	平安中原	河南省公安厅官方微博	河南	3890268	17229	0.2041	0.2431	0.0032	0.0784
4	上海铁警发布	上海铁路公安局官方微博	上海	3638122	10955	0.1759	0.3619	0.0176	0.0732
5	江宁公安在线	南京市公安局江宁分局	江苏	389979	5382	0.0302	0.4965	0.0122	0.0689
6	警民直通车－上海	上海市公安局官方微博	上海	3246635	7678	0.1016	0.2932	0.0136	0.0670
7	平安南粤	广东省公安厅官方微博	广东	5395846	4946	0.0393	0.3910	0.0176	0.0649
8	安徽公安在线	安徽省公安厅官方微博	安徽	4938997	4579	0.0578	0.3515	0.0104	0.0521
9	北京消防	北京市公安局消防局官方微博	北京	3689301	2820	0.0354	0.3440	0.0100	0.0483
10	深圳交警	广东省深圳市公安局交警支队官方微博	广东	412094	28655	0.3803	0.0082	0.0008	0.0468

表6　十大司法微博

单位：个

排行	昵称	认证信息	省份	粉丝数	微博数	活跃度	传播力	引导力	总分
1	豫法阳光	河南省高级人民法院官方微博	河南	3699113	9917	0.1263	0.3288	0.0097	0.0723
2	北京普法	北京市法制宣传教育领导小组办公室	北京	372339	310	0.0039	0.3908	0.0025	0.0421
3	济南中院	山东省济南市中级人民法院官方微博	山东	535328	288	0.0043	0.3651	0.0041	0.0371
4	四川司法	四川省司法厅官方微博	四川	1025206	12069	0.1605	0.0589	0.0004	0.0229
5	闵行法宣零距离	上海市闵行区司法局、上海市闵行区法宣办官方微博	上海	167591	2933	0.0204	0.1129	0.0024	0.0211
6	法治成都	成都市司法局官方微博	四川	212443	1732	0.0155	0.1739	0.0017	0.0180
7	和谐肇庆	肇庆市司法局官方微博	广东	559320	16392	0.1998	0.0169	0.0024	0.0157
8	正义广东	广东省人民检察院官方微博	广东	1348887	794	0.0095	0.1538	0.0008	0.0137
9	奉贤普法	上海市奉贤区司法局官方微博	上海	284477	3116	0.0393	0.0621	0.0014	0.0124
10	佛山司法	佛山市司法局官方微博	广东	352827	410	0.0021	0.1153	0.0001	0.0120

表7 十大交通机构微博

单位：个

排行	昵称	认证信息	省份	粉丝数	微博数	活跃度	传播力	引导力	总分
1	上海地铁 shmetro	上海申通地铁集团运营管理部官方微博	上海	4803831	10892	0.1447	0.2498	0.0071	0.0576
2	南昌铁路	南昌铁路局官方微博	江西	3261801	13427	0.1692	0.2471	0.0104	0.0570
3	郑州铁路局	郑州铁路局官方微博	河南	2167595	13685	0.2131	0.1904	0.0031	0.0528
4	北京铁路	北京铁路局官方微博	北京	2206980	6087	0.0750	0.2910	0.0091	0.0447
5	交通北京	北京市交通委员会官方微博	北京	2141763	13917	0.1981	0.1536	0.0021	0.0433
6	上铁资讯	上海铁路局官方微博	上海	1249989	16760	0.2752	0.1511	0.0002	0.0397
7	中国铁路	中国铁路总公司官方微博	北京	1257857	7266	0.0778	0.2108	0.0032	0.0311
8	交通港航	上海市交通运输和港口管理局官方微博	上海	1217761	3338	0.0473	0.2108	0.0071	0.0296
9	沈阳铁路	沈阳铁路局官方微博	辽宁	395483	22052	0.3726	0.0067	0.0001	0.0261
10	西铁资讯	西安铁路局官方微博	陕西	488149	10611	0.0527	0.0831	0.0021	0.0156

表8 十大共青团机构微博

单位：个

排行	昵称	认证信息	省份	粉丝数	微博数	活跃度	传播力	引导力	总分
1	石家庄共青团	河北省石家庄共青团官方微博	河北	1117769	9928	0.1266	0.1792	0.0011	0.0439
2	山东共青团	共青团山东省委员会官方微博	山东	1983892	3761	0.0473	0.1780	0.0015	0.0246
3	共青团12355	团中央权益部12355青少年服务台	北京	1933340	1465	0.0177	0.2168	0.0062	0.0234
4	北京青联	北京市青年联合会官方微博	北京	1631100	3032	0.0287	0.1483	0.0006	0.0229
5	吉林共青团	共青团吉林省委员会官方微博	吉林	1830525	3745	0.0292	0.1283	0.0007	0.0223
6	广东共青团	共青团广东省委员会官方微博	广东	1081655	21691	0.2209	0.0416	0.0002	0.0198
7	广州共青团	广东省广州市共青团官方微博	广东	815745	16061	0.2009	0.0503	0.0007	0.0195
8	河北共青团	共青团河北省委员会官方微博	河北	323696	13011	0.1832	0.0218	0.0009	0.0193
9	共青团贵州省委	共青团贵州省委官方微博	贵州	1417487	2534	0.0325	0.0744	0.0015	0.0159
10	辽宁共青团	共青团辽宁省委员会官方微博	辽宁	1145486	4503	0.0691	0.0089	0.0013	0.0151

表9　十大旅游机构微博

单位：个

排行	昵称	认证信息	省份	粉丝数	微博数	活跃度	传播力	引导力	总分
1	中国旅游	国家旅游局官方微博	北京	4729382	1095	0.0172	0.6616	0.0119	0.0823
2	广西旅游局	广西旅游局官方微博	广西	3148732	8109	0.0874	0.2097	0.0084	0.0483
3	青岛市旅游局官方微博	青岛市旅游局官方微博	山东	2873701	6276	0.0945	0.2039	0.0064	0.0476
4	山东省旅游局官方微博	山东省旅游局	山东	1593796	10104	0.1675	0.1914	0.0076	0.0457
5	福建省旅游局	福建省旅游局官方微博	福建	1759598	5352	0.0788	0.2570	0.0031	0.0381
6	浙江省旅游局	浙江省旅游局官方微博	浙江	1496470	4974	0.0708	0.1677	0.0052	0.0276
7	河南省旅游局官方微博	河南省旅游局官方微博	河南	864480	5702	0.0823	0.1430	0.0008	0.0266
8	河北省旅游局	河北省旅游局官方微博	河北	2002313	3523	0.0562	0.1752	0.0049	0.0258
9	烟台市旅游局官方微博	烟台市旅游局	山东	1363299	3480	0.0537	0.1533	0.0037	0.0254
10	V游福建	福建省旅游宣传中心品牌景区营销中心官方微博	福建	1944832	2753	0.0304	0.1455	0.0033	0.0236

表10　十大医药卫生微博

单位：个

排行	昵称	认证信息	省份	粉丝数	微博数	活跃度	传播力	引导力	总分
1	中国食品药品监管	国家食品药品监督管理总局微博	北京	2703086	827	0.0060	0.5133	0.0072	0.0435
2	全国卫生12320	全国12320卫生公益热线官方微博	北京	2951206	5317	0.0769	0.2455	0.0062	0.0350
3	首都健康	北京市卫生局官方微博	北京	2963893	2489	0.0285	0.3220	0.0027	0.0348
4	中国结核病防治	中国疾控中心结核病预防控制中心官方微博	北京	2910052	187	0.0032	0.3495	0.0082	0.0336
5	甘肃省卫生厅	甘肃省卫生厅官方微博	甘肃	2798321	1547	0.0238	0.3104	0.0093	0.0327
6	北京12320在聆听	北京市公共卫生热线(12320)服务中心官方微博	北京	1549159	2340	0.0174	0.1791	0.0009	0.0189

续表

排行	昵称	认证信息	省份	粉丝数	微博数	活跃度	传播力	引导力	总分
7	北京卫生监督	北京市卫生监督官方微博	北京	1169950	1165	0.0125	0.1556	0.0004	0.0141
8	首都儿科研究所	首都儿科研究所官方微博	北京	1513752	3084	0.0272	0.0663	0.0014	0.0127
9	我在120上班	北京急救中心	北京	1431793	1446	0.0138	0.1127	0.0012	0.0118
10	健康中国	国家卫生和计划生育委员会官方微博	北京	790084	1024	0.0149	0.1068	0.0004	0.0101

表11 十大气象微博

单位：个

排行	昵称	认证信息	省份	粉丝数	微博数	活跃度	传播力	引导力	总分
1	天津气象	天津市气象局官方微博	天津	1426802	1552	0.0263	0.1021	0.0053	0.0173
2	河北天气	河北省气象局官方微博	河北	1009126	6096	0.0878	0.0171	0.0002	0.0155
3	广东天气	广东省气象服务中心	广东	771261	3298	0.0469	0.0533	0.0010	0.0119
4	山西省气象局	山西省气象局官方微博	山西	514742	3015	0.0524	0.0325	0.0001	0.0085
5	天津天气	天津市气象服务中心官方微博	天津	425416	3268	0.0477	0.0185	0.0014	0.0063
6	深圳天气	深圳市气象局官方微博	广东	294307	5261	0.0772	0.0031	0.0007	0.0049
7	重庆市气象局	重庆市气象局官方微博	重庆	186260	6271	0.1059	0.0027	0.0012	0.0049
8	甘肃气象	甘肃省气象局官方微博	甘肃	325545	1437	0.0231	0.0075	0.0006	0.0046
9	陕西气象	陕西省气象局官方微博	陕西	312682	1946	0.0331	0.0066	0.0002	0.0044
10	中央气象台	中央气象台官方微博	北京	302449	1896	0.0362	0.0032	0.0001	0.0041

表12 十大环保微博

单位：个

排行	昵称	认证信息	省份	粉丝数	微博数	活跃度	传播力	引导力	总分
1	江苏环保	江苏省环保厅官方微博	江苏	1661483	6298	0.1010	0.0442	0.0008	0.0216
2	北京环保宣传	北京环保宣传中心官方微博	北京	783637	953	0.0106	0.1161	0.0003	0.0122

续表

排行	昵称	认证信息	省份	粉丝数	微博数	活跃度	传播力	引导力	总分
3	重庆环保	重庆市环境保护局官方微博	重庆	379556	2471	0.0407	0.0210	0.0007	0.0057
4	环保北京	北京市环境保护局官方微博	北京	173701	1099	0.0148	0.0277	0.0007	0.0026
5	上海环境	上海市环境保护局官方微博	上海	115977	3636	0.0505	0.0091	0.0001	0.0025
6	山东环境	山东省环境保护厅官方微博	山东	107389	1230	0.0112	0.0148	0.0012	0.0019
7	南京环保	南京市环境保护局官方微博	江苏	75570	3874	0.0293	0.0036	0.0010	0.0016
8	绿色郑州	郑州市环保局官方微博	河南	102663	5511	0.0301	0.0039	0.0003	0.0015
9	南粤绿声	广东省环境保护宣传教育中心官方微博	广东	110999	1266	0.0170	0.0055	0.0002	0.0013
10	广州环保	广州市环境保护局官方微博	广东	68163	2381	0.0188	0.0052	0.0001	0.0012

三 政务微博案例

（一）机构微博案例

1. "@最高人民法院"

（1）微博介绍

"@最高人民法院"是最高人民法院官方微博，于2013年11月21日正式上线后，迅速吸引了28万粉丝关注。作为我国首个国家级官方微博，"@最高人民法院"主要用于发布人民法院的重大审判信息、重要司法解释、重要新闻信息等内容，旨在推进司法公开，拓宽人民群众了解司法、参与司法、监督司法的渠道。

截至2013年12月14日9：00，"@最高人民法院"共发87条微博，日均发博3条（见表13）。

表13 "@最高人民法院"基础数据

微博昵称	微博原创率（%）	微博总数（个）	粉丝数（个）	关注数（个）	单条微博平均被转发数（条）	单条微博平均被评论数（条）
最高人民法院	98	87	289854	43	1109	175

注：以上统计数据截至2013年12月14日9：00。

（2）微博分析

"@最高人民法院"的微博原创率高达98%，其内容与司法紧密相关，具有专业性同时兼备常识性（见图16）。

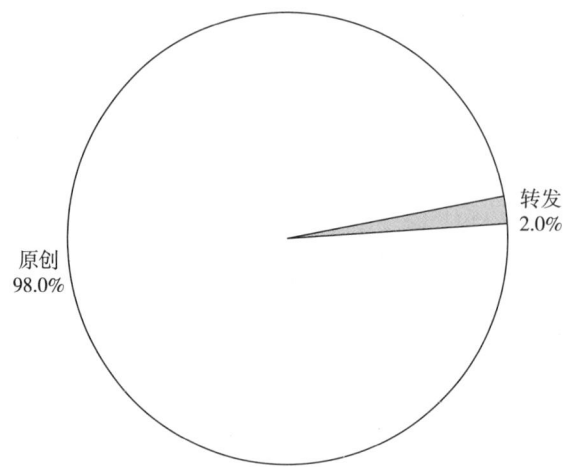

图16　"@最高人民法院"原创与转发情况

12月4日，最高人民法院举办公众开放日活动。这是自2009年以来，国家最高审判机关连续五年在法制宣传日当天举办公众开放日活动。今年最高人民法院公众开放日的主题是"庭审零距离"。一系列关于"12·4庭审'零'距离"的微博，吸引了众多网友关注。

（3）媒体与网友评价

媒体对"@最高人民法院"与评价可见表14。

表14　"@最高人民法院"媒体评价

媒体	日期	标题	内容
第一财经日报	2013年11月22日	最高法官方微博、微信首秀迈出司法公开一小步	从页面设置与功能架构看，最高法官方微博的主页、微信与最高人民法院官方网站开设的"院长信箱""代表委员建言""失信被执行人名单查询"、裁判文书公开、庭审视频直播等栏目联动，与最高人民法院政务官网建构新媒体集群
羊城晚报	2013年11月25日	狂粉最高法"官方微博"是对"透明司法"的渴望	最高法开设官方微博，不仅展示了国家最高审判机关借助新媒体推进司法公开的开放姿态，也是十分"接地气"、主动接受民众监督的举措。对此，网友们也多给予了积极的评价和肯定
法制日报	2013年11月30日	最高法官方微博开9天粉丝21万微博析曾成杰死刑原因	最高法的这一系列举动，传递出司法公开、倾听民意、回应群众期待、增强公信力的强烈信号

网友"@Abraham责任"："开通是第一步，关键是能运营好、多听听基层声音。"

网友"@记者法说"："迈出这一步也是进步，中纪委、最高检何时能上微博，期待中！"

网友"@陈有西"："欢迎法院开博。司法的生命力来源于公开化。"

（4）综合评价

①全国法院微博发布厅：层次鲜明集信息与服务为一体

"@最高人民法院"开设全国法院微博发布厅，内有高级法院微博群、中级法院微博群以及基层法院微博群三个层级，满足不同的信息需求。不仅如此，在整个发布厅跳转后的页面里，既有与司法相关的图片、文字以及视频新闻，满足网友的新闻信息需求；又有涵盖"院长信箱"、"代表委员建言"、"裁判文书公开"、"庭审视频直播"、"失信被执行人查询"以及"中国法院网"6大板块的网上办事厅，为司法服务的落实提供了便利。

②积极的媒体互动信息公开与司法解释同步

最高法官方微博开通以来，内容涵盖法院系统在近期的重要信息，以原创为主转发为辅，以法院系统为主国内重大事件为辅，以最高法新闻为主地方法院信息为辅。微博形式则有文字搭配图片、案件播报、案例介绍、答记者问等。

《关于建立健全防范刑事冤假错案工作机制的意见》及答记者问、"长春杀婴案"罪犯被执行死刑的消息、第五批指导性案例的具体案件情形、最高法院院长周强在一些重要活动中的讲话、曾成杰案的判决结果与答记者问等均成为网友关注"@最高人民法院"微博的焦点。

其中关于曾成杰案的刑事裁定书被转评超过7000次，而就曾成杰案连续9条"答记者问"的微博同样也备受关注，实现了与媒体以及网友间的积极互动，将信息公开与司法解释同步进行。有网友评论说："曾成杰案体现出我国法院严厉打击严重侵犯公民财产权犯罪的决心和信心，把裁判文书公开也是彰显司法公信的好方法""公正公开的判决，能堵住那些质疑了"。

2. "@中国食品药品监管"

（1）微博介绍

"@中国食品药品监管"系国家食品药品监督管理总局微博，主要为网友介绍食品药品监管的有关政策，发布"四品一械"（食品、药品、医疗器械、保健食品、化妆品）质量安全预警信息，解答网友所关心的食品药品安全问题。

截至2013年12月14日9：00，"@中国食品药品监管"共收获粉丝超过286万（见表15）。

表15　"@中国食品药品监管"基础数据

微博昵称	微博原创率(%)	微博总数(个)	粉丝数(个)	关注数(个)	单条微博平均被转发数(条)	单条微博平均被评论数(条)
中国食品药品监管	15	1149	2864815	134	22	3.5

注：以上统计数据截至2013年12月14日9：00。

（2）微博分析

"@中国食品药品监管"的微博原创率为15%（见图17），其转发的微博主要来自三个方面：对网友提问转发后并予以解答、转发有关食品药品监管类新闻与常识、对地方性药品监管部门官方微博发布内容的转载。

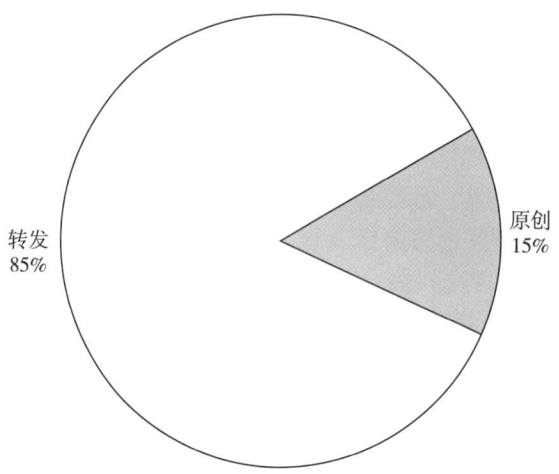

图17 "@中国食品药品监管"原创与转发情况

"@中国食品药品监管"除了通过直接回答网友疑问，还联合其他官方微博举办"网络知识竞赛"，从2013年9月1日开始的竞赛共持续了2个月。获得众多网友关注与参与，"寓教于乐"的同时也提升了微博的知名度。截至9月15日，根据后台数据统计，竞赛网页点击率为622097次，为第一周184041次的3.38倍；共有128999人次参与答题，为第一周24383人次的5.29倍。根据活动规则，参与幸运奖为每个工作日由软件随机抽取。截至9月15日，竞赛网站中奖人数为375人次，中奖率0.29%。

（3）网友评价

网友"@中国龙壹号"：发挥好这个平台作用，为全国老百姓服好务！

网友"@植株产业"：药监局开微博，走在了国家部委的前列，值得肯定。打9分。

网友"@吃土豆的大白兔"：不管怎样，支持开微博，方便围观，哈哈！

网友"@姓名被占由"：最关心的就是数据查询要及时更新，去年成立的公司，到现在还查不到，不方便。

网友"@阳光甘草儿"：期待说真话，与大众诚意交流！

（4）综合评价

①一手的食品药品资讯"新鲜"送达

"@中国食品药品监管"作为国家食品药品监督管理总局的官方微博，有关食品特别是药品的相关资讯总会在第一时间传播至公众，因其具有高度的权威性而备受同类微博以及专业人士的关注。

②贴心的健康提示无微不至

除了发布一些专业信息，"@中国食品药品监管"也经常会发布或者是转载一些有关健康的小提示，正因为如今互联网上有关健康的各种所谓"常识"层出不穷，科学性难以保障，所以凡是经过"@中国食品药品监管"转发的微博，其科学性以及权威性也大大增强，受到网友的普遍认可。

从"@中国食品药品监管"转发微博的来源来看，既有诸如"@江阴药监""@首都食药"以及"@深圳药监"这样的食品药品监管部门的官方微博,又有"@科学松鼠会"这样的民间科普机构官方微博,还有一些媒体大"V"的官方微博,如"@人民网"以及"@人民日报"等。丰富的转发来源,也使得微博层次各异。

3. "@国资小新"

(1)微博介绍

"@国资小新"系国务院国资委新闻中心官方微博,主要发布国资委及其下属的国有企业动态,是国资委试水新媒体、创新政务和新闻发布的重要举措。在这里,不仅可以看到国资监管部门的政策发布和央企公开招标等信息公开内容,还可以方便地找到113户中央企业和地方重点国有企业的网站或官方微博,其还提供网上办事服务等项目。作为国资系统信息公开的重要平台,其宗旨是"践行群众路线,共建阳光央企",提供更多服务,实现更多沟通。

截至2013年12月15日19:30,"@国资小新"共收获粉丝超过116万(见表16)。

表16 "@国资小新"基础数据

微博昵称	微博原创率(%)	微博总数(个)	粉丝数(个)	关注数(个)	单条微博平均被转发数(条)	单条微博平均被评论数(条)
国资小新	80	5271	1169849	210	12	4.4

注:以上统计数据截至2013年12月15日19:30。

(2)微博分析

"@国资小新"的微博原创率高达80%(见图18),围绕网上新闻发言人、国企形象代言人和微公益活动发起人的定位,发挥"微发布""微互动"和"微公益"三大功能,经过自己的摸索、试水和认证,已经成长为一个有明确定位、成熟运营模式以及良好粉丝基础的政务微博账号。

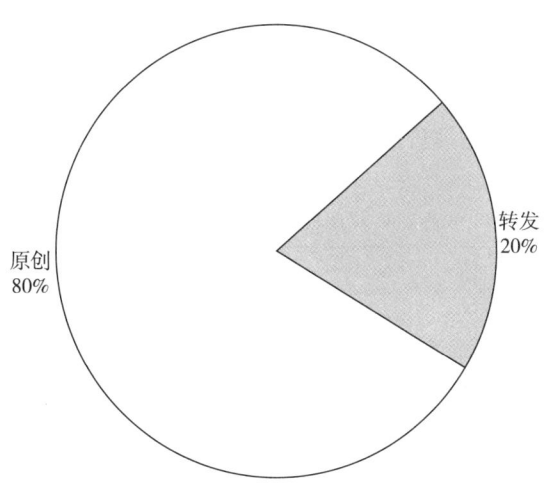

图18 "@国资小新"原创与转发情况

　　由"@国资小新"统筹的国资微博发布厅设有众多板块，总体来看可以分为4种类型：直播；信息公开与监管；便民利民；统筹企业与媒体。其中，特设有"@国资小新微博直播"板块，在整个"发布厅"的显要位置同步发布"@国资小新"主页的微博内容；而在页面最下方的"微博直播间"板块内，时时滚动"@国资小新"及其所携31家中央企业和数省级国资委官方微博的最新微博内容，将国资新闻"一网打尽"（见图19）。

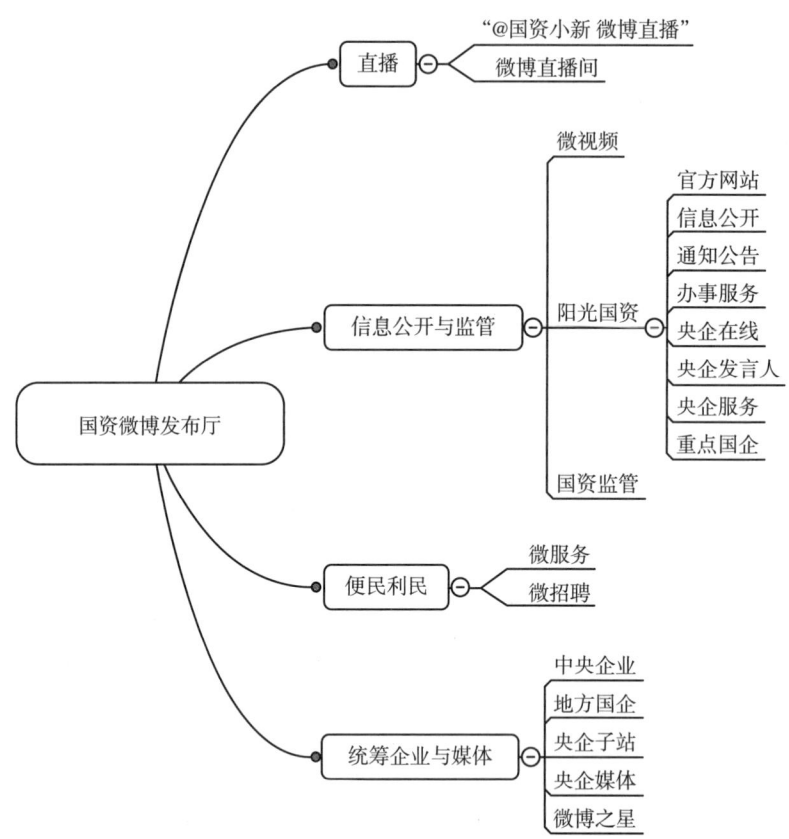

图19　"@国资小新"国资微博发布厅板块构成情况

　　（3）媒体与网友评价

　　媒体对"@国资小新"的评价可参见表17。

表17　"@国资小新"媒体评价

媒体	日期	标题	内容
新华社	2013年11月29日	"国资微博发布厅"上线	清华大学国情研究院院长胡鞍钢评论说，"国资微博发布厅"将为国资系统和国有企业提供与社会沟通的平台和信息发布的平台，也将是展现国有企业技术人员、管理人员不断进行技术创新、制度创新、理念创新的平台
新浪财经	2013年11月28日	国资微博发布厅正式上线共建阳光国企	新浪网副总编辑邓庆旭指出：包括"@国资小新"在内的政务微博作为被各界广泛关注的微博群体，正从发布型到互动型、服务型、问政型过渡，展现了中国政府管理方式的变革，以服务理念推动着中国社会的良性发展

续表

媒体	日期	标题	内容
中国新闻网	2013年11月28日	"国资微博发布厅"上线 集纳百余户大国企官方微博	国资委官方微博"@国资小新"建立一年余,围绕网上新闻发言人、国企形象代言人和微公益活动发起人的定位,发挥"微发布""微互动"和"微公益"三大功能,经过初期的摸索、试水和认证,已经成长为一个有明确定位、较为成熟运营模式和良好粉丝基础的政务微博账号

网友"@马路仔":"在这里,了解国企发展;在这里,读懂国企改革。"

网友"@在云杉街":"我一直好奇这种账号的小编是哪儿找的,按说国企这种地方,怎么迈开'招一个小清新文风的少男少女做主编'这种第一步的。"

网友"@染缸洗白布":"这名起得也忒低调了,不能换个高端、大气、上档次的么?"

（4）综合评价

①一个微博账号一个发布中心

"@国资小新"的微博内容丰富,从某种程度上说,其已经形成了一个较为完善的发布中心。从温馨的寄语到国企各类政策的发布,从"最美一线工人"到"责任央企",从央企微电影再到"创新央企",层次鲜明,深度报道与短新闻速报结合,政策类讯息与新媒体形式融合。

②风格独特把准官方微博"定位之脉"

不同于传统意义上的官方微博,"@国资小新"风格独特,被网友亲切地称为"小清新"。与此同时,其微博的定位也十分准确,通过对"国资监督与管理"等信息内容的公开,将"国企改革与发展"视为关注重点,每一条微博都与国资相关。例如,"@国资小新"在发布"2014年放假安排"时,向在节假日依然坚守岗位的"国企最美一线工人"致敬,既向网友传递了放假安排的信息,又与国资企业联系,而非与其他新闻类官方微博账号趋同,可以说,"@国资小新"已经把准了官方微博"定位之脉"。

4."@全国卫生12320"

（1）微博介绍

"@全国卫生12320"系全国12320卫生公益热线官方微博,其致力于发布公众关注的热点健康信息和卫生政策信息。其微博内容包括"12320健康""12320问候""12320播报"以及各种转发扩散等。

截至2013年12月16日10:00,"@全国卫生12320"共收获粉丝311万（见表18）。

表18　"@全国卫生12320"基础数据

微博昵称	微博原创率(%)	微博总数(个)	粉丝数(个)	关注数(个)	单条微博平均被转发数(条)	单条微博平均被评论数(条)
全国卫生12320	75	8714	3119885	191	18	4.1

注：以上统计数据截至2013年12月16日10:00。

（2）微博分析

"@全国卫生12320"的微博原创率为75%，其中仅有的25%转发微博也大多与卫生或健康话题相关（见图20）。

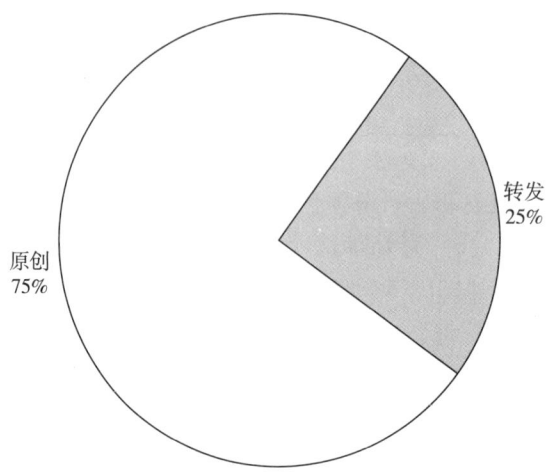

图20　"@全国卫生12320"原创与转发情况

"@全国卫生12320"的微博原创内容主要来源于三个栏目："12320健康"、"12320问候"以及"12320播报"。其中"12320健康"所占微博条数最多，也是其主打内容。例如，一条关于"不要强迫孩子'改手'"的微博，引来众多网友关注并转发（见图21）。

"12320健康" ＞ "12320问候" ＞ "12320播报"

2013年12月11日15:05：
【哮喘病人推荐每天吸入800微克以内的激素】病友门在治疗哮喘过程中吸入大剂量激素会有一定的副作用，比如成年人一天超过1000微克，儿童超过800微克的剂量叫大剂量，一般医生推荐的剂量不会那么大，哮喘病人一般推荐每天吸入800微克以内

2013年12月10日10:05：
事业成功的说压力大，工作清闲的人说没前途，没有结婚的说怎么还遇不到合适自己，结婚的却说遇到的人不适合自己。幸福像皮球一样被踢来踢去，烦恼却像宝贝谁都不肯撒手。我们往往以为通过外界的满足才能使自己快乐，其实，真正的快乐是需要通过内心来寻找的

2013年12月11日15:18：
为保证合理用药知识的科学性和权威性，减少虚假、错误信息误导公众，结合公众在合理用药方面的主要误区，国家计生委联合相关部门，组织药学、临床医学、健康教育等领域权威专家，制定了合理用药核心信息。主要有以下十点。
（亲们赶紧戳图关注哦~~）

图21　"@全国卫生12320"原创微博内容栏目及举例

（3）媒体评价

媒体对"@全国卫生12320"的评价可参见表19。

表19　"@全国卫生12320"媒体评价

媒体	日期	标题	内容
京华时报	2013年3月26日	微博草根大号假科普真营销:报价从几百到上万	一些官方机构的努力则让微博健康知识传播多了几份权威的力量。3月21日,全国12320管理中心副主任崔颖在接受记者采访时表示,"@全国卫生12320"之所以微博粉丝暴涨,与其专业化的运营和有质量保证的内容有关。其官方微博内容主要来源于"全国12320健康信息资源库"、中国疾病预防控制中心和定期邀请的各方面专家
中国网	2013年4月8日	12320卫生热线积极做好人感染H7N9禽流感疫情咨询	利用官方微博开展宣传、微直播和调查活动。自3月31日至4月6日14:00,"@全国卫生12320"官方微博发布了H7N9禽流感相关知识原创微博215条,转发其他微博64条,被转发和评论万余次,阅读量135万次

（4）综合评价

①启动舆情日报机制，做好禽流感疫情咨询

自2013年3月31日国家卫生和计划生育委员会通报上海、安徽两地发生3例禽流感病例后，3月31日至4月6日14：00，"@全国卫生12320"官方微博发布了H7N9禽流感相关知识原创微博215条，转发其他微博64条，被转发和评论万余次，阅读量135万次。

除了常规的信息公开，"@全国卫生12320"还于4月3日晚19时对国家卫生和计划生育委员会组织专家答记者问进行了现场微直播，及时发布了权威信息；4月4日18时起发起微博调查，开放式征求网友对人感染H7N9禽流感最想了解的内容和希望获取信息的渠道的相关建议。不仅如此，"@全国卫生12320"针对网友的健康知识需求发布人感染H7N9禽流感的相关知识，还针对2起网络谣言，及时辟谣，第一时间公布真相，实现了很好的传播效果。

②官方机构推进，为健康传播提供更多力量

2013年3月，《京华时报》发表了一篇题为《微博草根大号假科普真营销：报价从几百到上万》的报道，揭露了一些所谓的"草根大号"在微博中传播的"健康信息的可信度并非百分百"，"网络传播时代，健康科普知识的传播则乱象丛生，亟待净化"。

以"@全国卫生12320"为代表的官方机构的努力则让微博健康知识传播多了几分权威的力量。而"@全国卫生12320"之所以微博粉丝暴涨，与其专业化的运营和有质量保证的内容有关。其官方微博内容主要来源于"全国12320健康信息资源库"、中国疾病预防控制中心和定期邀请的各方面专家，为微博内容的权威性提供保障。

5."@中国地震台网速报"

（1）微博介绍

"@中国地震台网速报"系国家地震台网官方微博，其宗旨是"24小时监测全球地震活动，第一时间权威发布国内外最新地震消息，更有速报私信瞬间送达。领先科技，洞察纤毫"。4月20日8点02分，四川雅安芦山发生7.0级大地震，"@中国地震台网速报"成为最早发布震情讯息的微博，"中国地震台网自动测定：04月20日08时02分在四川省雅安市雨城区附近（北纬30.1度，东经103.0度）发生5.9级左右地震，最终结果以正式速报为准"。8 点 14 分，"@ 中国地震台网速报"发布正式测定的地震级别和震源深度，正式测定信息在四小时内即转发超过 10 万余条。

截至 2013 年 12 月 17 日 9：00，"@ 中国地震台网速报"共收获粉丝超过 426 万（见表20）。

表20　"@ 中国地震台网速报"基础数据

微博昵称	微博原创率(%)	微博总数(个)	粉丝数(个)	关注数(个)	单条微博平均被转发数(条)	单条微博平均被评论数(条)
中国地震台网速报	57	4985	4261361	406	308	250

注：以上统计数据截至 2013 年 12 月 17 日 9：00。

（2）微博分析

"@ 中国地震台网速报"的微博原创率为 57%，其原创微博类型主要涵盖了地震速报、震情统计以及地震科普等内容；而 43% 的转发内容，相当大的一部分是与网友的互动（见图22）。

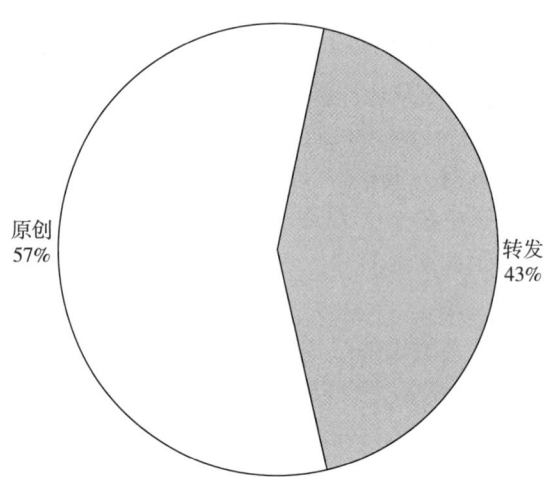

图22　"@ 中国地震台网速报"原创与转发情况

"@ 中国地震台网速报"因其定位的特殊性，所以微博内容大多与地震相关，或是知识性的地震科普内容，或是各地突发的地震震级播报，权威而又及时。特别是其在 2013 年四川雅安芦山地震中的表现，可圈可点。《人民日报》还就此发表评论称："芦山地震中，新媒体尤其是微博成为最大信息集散地，速度之快为传统媒体不及。地震发生后仅一分钟，中国地震台网速报的官方微博凭借自动测定功能，发出了地震消息。随后在微博上，求救的消息大幅散播开来。而此时，传统媒体如电视台正在播放抗战电视剧，纸媒只能坐等次日付梓。"

（3）媒体与网友评价

媒体对"@ 中国地震台网速报"的评价见表21。

表 21 "@中国地震台网速报"媒体评价

媒体	日期	标题	内容
城市快报	2013年4月26日	社交网络成赈灾特殊平台	在这次突发的灾害中,社交网络发挥了重要的作用。新浪官方微博提供给记者的一份资料显示,在地震发生当天的8点03分,"@中国地震台网速报"就通过微博第一时间发布了地震信息;8点16分,"@头条新闻"发出了播报地震的微博;十几分钟后,芦山地震的消息被置顶至新浪微博发布栏;上午,芦山地震成为新浪微博热门话题第一位,相关讨论微博达到数千万条
人民日报(海外版)	2013年4月26日	新媒体,抗震救灾新神器	芦山地震中,新媒体尤其是微博成为最大信息集散地,速度之快为传统媒体不及。地震发生后仅一分钟,中国地震台网速报的官方微博凭借自动测定功能,发出了地震消息。随后在微博上,求救的消息大幅散播开来。而此时,传统媒体如电视台正在播放抗战电视剧,纸媒只能坐等次日付梓
科技日报	2013年4月25日	自动地震速报2分钟内第一报芦山地震震级虽有误差但为启动应急预案"抢出"5~10分钟	几天前芦山发生7.0级地震后,地震速报系统也是在2分钟内通过短信、网站、微博等自动发布了信息,为中国地震局应急预案启动"抢出"了5~10分钟。这是该系统今年4月1日启用以来遇到的最大一次地震
21世纪经济报道	2013年4月24日	社交网络"裂变式"传播:救灾中的信息巨流与纠错机制	社交媒体的裂变式传播,使其成为雅安地震的重要信息发布平台。"中国国际救援队"在灾难发生的半小时内即对灾情进行了播报。国家地震网的官方微博"@中国地震台网速报"还通过私信的形式向微博用户发送灾情信息
广州日报	2013年4月23日	地震救援10大进步	过去5年间,互联网改变了信息传达的方式,并深刻地影响了灾时的救援和寻亲,社交网站表现尤为显眼。汶川地震7分钟后,有网友在百度贴吧发出简短的地震消息;而此番雅安地震发生1分钟后,国家地震台网官方微博"@中国地震台网速报"就发布了雅安地震的通报。网友们通过社交平台发布灾区路况、求助信息等,为救灾工作提供了许多有价值的信息

网友"@老榕":"严肃地说,@中国地震台网速报在微博上做了很伟大的事情。注意他是速报不是预报。你想想汶川大地震时,我们过了很久才知道到底哪里地震了,就知道他的工作是很有意义的。地震波的传递可能比微博慢,你早20秒知道若干公里外的强震,可能会救你全家一命。@中国地震台网速报,加油。"

网友"@柏式羽成":"其实已经很及时了,大家要求太苛刻了,你当地震局是先知啊,也是要靠科技手段侦测啊!"

网友"@cold_ wildwolf_宗哥":"天佑四川,祈祷!依然是一分钟以内实现自动速报,进步很大,继续支持官方微博公布的安卓程序,安卓可以装上用起来,希望中国的地震预警早日实现惠及全国国民……"

(4)综合评价

①巧借力化解舆论争议

即便"@中国地震台网速报"在遇到网友质疑地震局为何不能提前"预测"地震时,不断重复技术问题以及本微博职责内容,仍有网友满怀疑惑,甚至恶语相向。为了避免进一步的冲突,"@中国地震台网速报"在4月26日转发了"@人民日报"一条主题为"求证:

地震能不能准确预测？答案：不能"的微博，其中还提到被媒体和网友广泛热议的民间预测问题："日本、中国台湾及内地专家普遍认为地震无法准确预测。日本气象厅人员表示，关于云和动物的异常与地震的关系尚未找到科学证据。台湾规定，民间人士不可对外发布预测结果，以免造成民众恐慌。若违反，会罚款20万至100万元新台币。"

②微博快速权威成媒体信息源

在"@中国地震台网速报"被传统媒体报道和评论的所有优点中，其速度快成为舆论赞许的核心。例如《新闻晨报》就认为：尽管地震发生后2分钟内，"@中国地震台网速报"的信息随后被修订，但这是雅安地震后发出的第一条相关信息。"微传播"第一时间传递灾情。

无论是传统媒体还是网络媒体，很多媒体在雅安地震期间都对"@中国地震台网速报"予以高度关注。一方面，由于"@中国地震台网速报"在播报地震的各种消息时，就已经"@"了一批党报、党台、党网以及其他具有网络影响力的媒体，所以这些媒体天然地便对"@中国地震台网速报"形成了一种关注，将其视作权威而便捷的消息来源，可以在第一时间拿到有关余震的各种消息；另一方面，即便是那些没有被"@中国地震台网速报""@"过的媒体，因为有了第一轮的媒体报道将其视为消息源，所以这些其余媒体也自然会被新闻引导，将"@中国地震台网速报"视为播报余震信息的第一手信息来源。

6. "@中央气象台"

（1）微博介绍

"@中央气象台"系中央气象台官方微博，权威发布全国第一手预报信息。幽默生动的语言，配以活泼鲜明的图片，微博的内容涵盖暴雨、台风、寒潮、雷电、干旱、高温等多种气象灾害的预警知识和防御措施，这样的开放式沟通让中央气象台微博"走红"。

截至2013年12月17日，"@中央气象台"共收获粉丝过万（见表22）。

表22 "@中央气象台"基础数据

微博昵称	微博原创率(%)	微博总数(个)	粉丝数(个)	关注数(个)	单条微博平均被转发数(条)	单条微博平均被评论数(条)
中央气象台	42	5174	197025	283	39	17

注：以上统计数据截至2013年12月17日10：00。

（2）微博分析

"@中央气象台"的微博原创率为42%，多为天气情况的预告与极端天气的预警，同时有少量问候类的微博（见图23）。进入2013年以来，"雾霾"成为公众关心的天气情况的重点，而"@中央气象台"关于雾霾的相关微博也备受追捧。

（3）网友评价

网友"@小灰生家的宝贝"："辛苦了！希望不要看到一个负面的回复而忘了其余九个正能量回复。"

网友"@海淳0601"："必须转，向气象人致敬！"

网友"@陈xiao贱jian"："为人民服务，你的预报为我们提供了指南……"

网友"@Uncle_路"："这个官V倒不太说套话，推荐一下。"

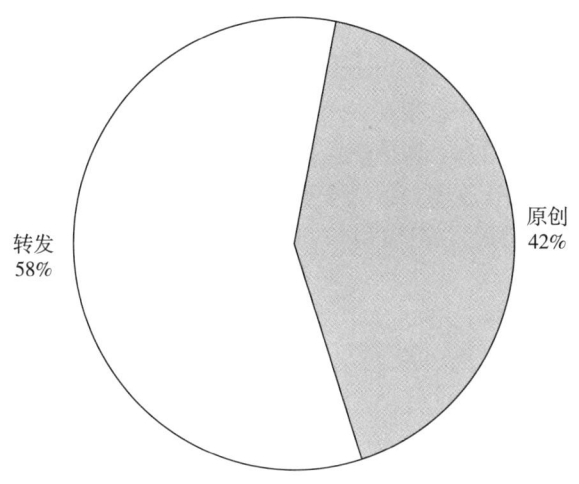

图23 "@中央气象台"原创与转发情况

网友"@Felix-GSTI-BFSU":"好实用啊!"

(4)综合评价

①提供各类极端天气情况预警,聚焦公众关心的天气话题

"@中央气象台"为网友提供包括大风、降温、降雪以及台风等极端天气在内的预警,除此之外,其还会针对当前公众最关心的天气话题跟踪播报。例如,"雾霾"近年来成为影响我国天气情况的重要现象,从"@中央气象台"开博至今,共有170条微博与"雾霾"有关,从对"雾霾"的知识科普开始,到最新情况的监测及预防,层次多样,角度各异,覆盖全面。

②扩散实用贴将服务进行到底

除了基本的天气情况预报外,"@中央气象台"还会对互联网中的一些与天气相关的小窍门或者是实用贴进行积极扩散,服务性强。例如,针对雾霾严重的情况,河北一小学号召学生一起做"防霾"健身操,"@中央气象台"对此转播并扩散。

7."@央行微播"

(1)微博介绍

"@央行微播"是中国人民银行办公厅的官方微博,其宗旨在于"传递权威资讯,解读央行政策,服务广大网友"。微博于2013年12月1日正式开通运营,恰逢中国人民银行成立65周年。当天上午"@央行微播"发布微博称:"愿以此为窗,拉近你我的距离,让我们携手同行,共同成长!"

截至2013年12月16日,"@央行微播"发布微博24条,共收获粉丝超过22万(见表23)。

表23 "@央行微播"基础数据

微播昵称	原创率(%)	微博总数(个)	粉丝数(个)	关注数(个)	互动率※	平均被转发数(条)	平均被评论数(条)
央行微播	100	24	22.3万	30	0.37%	501	86

注:※互动率是指每天给该账号微博发评论和转发的人数占全部粉丝数的比例。

（2）微博分析

"@央行微播"关注的话题、发布的微博有现实针对性，并且很接地气，引起网友广泛关注，微博的转发数和评论数一直很高。正式成立运营半个月来，坚持以原创为主，提供大量新鲜、重要的经济、金融信息，回应热点话题。不少微博非常实用，如"如何兑换残缺、污损人民币""如何查询信用记录"等，进一步增强了微博的存在感、实用性和美誉度。

根据"@央行微播"最近发布的微博，其每天发布情况和关键词标签云分别如图24、图25。

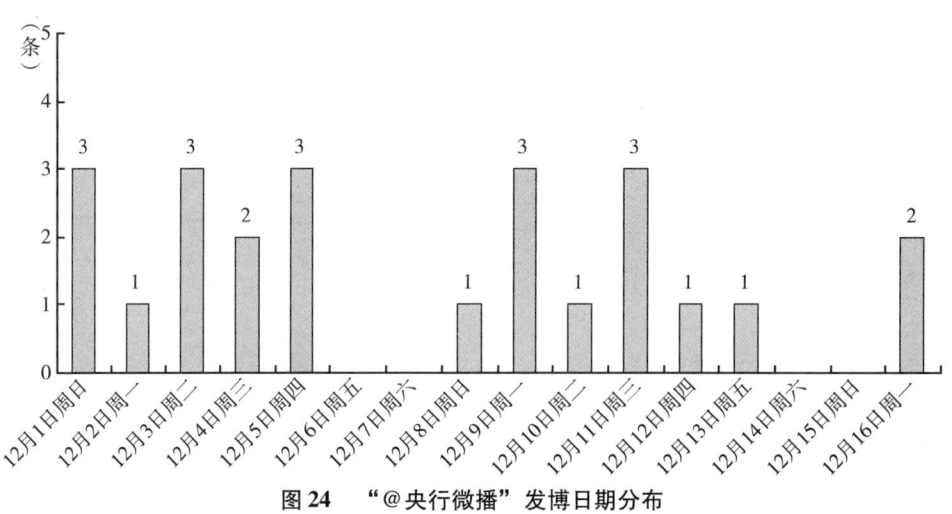

图24 "@央行微播"发博日期分布

图25 "@央行微播"关键词

以转评数最高的关于比特币的微博为例。12月5日15：40，"@央行微播"发布一条长微博"人民银行等五部委发布《关于防范比特币风险的通知》"，详见网址：http：//www. dwz. cn/cskmM。该微博，截至2013年12月6日，总转发人次3642，净转发人数3497人，加"V"转发人数为247人，最终总覆盖人次接近6400万，净覆盖人数超过6293万。

根据图26分析，网友的转评情感以中性为主，占81.66%，褒义情感占6.95%，贬义情感占11.39%。转发者的基本信息如图27，可见转发者粉丝数量大多集中为200~499个，以普通网友居多；超过1万粉丝的转发者数量为36人，转发者所在地区以北上广和江浙地带为主。

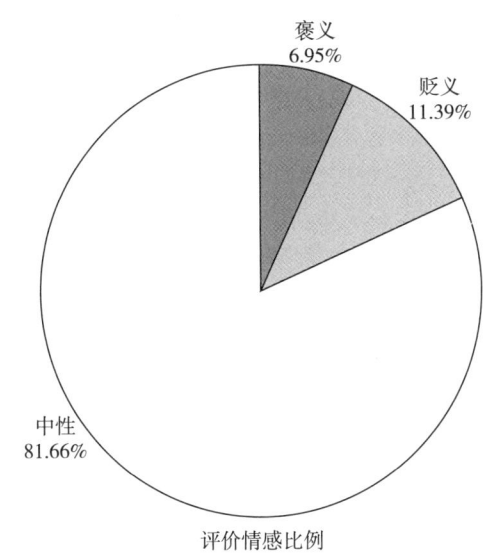

评价情感比例

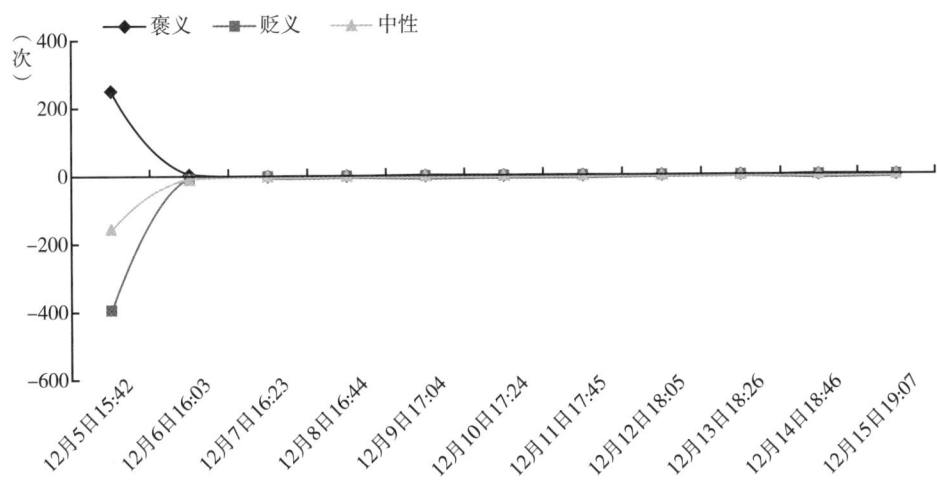

舆情走势
正负面评价随时间变化

图26 "@央行微播"被转评情况

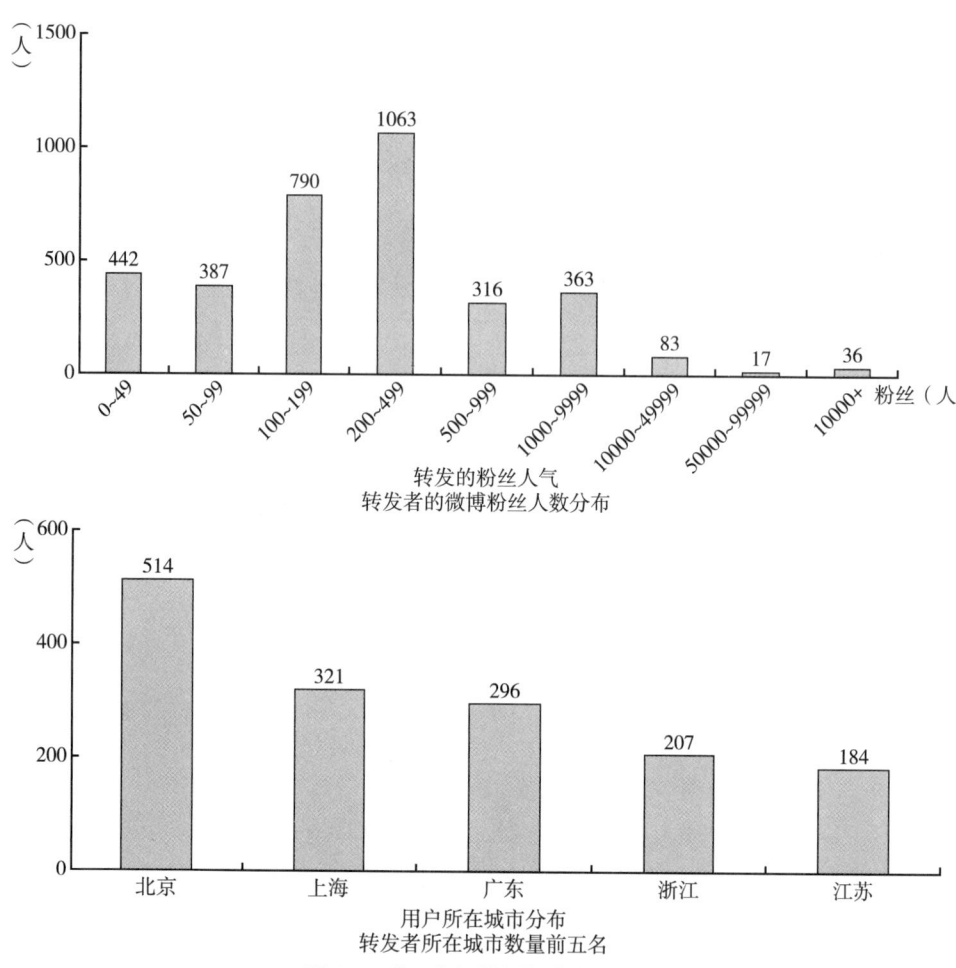

图27 "@央行微播"转发者情况

（3）媒体与网友评价

媒体对"@央行微播"的评价见表24。

表24 "@央行微播"媒体评论

刊发媒体	发布日期	标题	内容摘要
北京青年报、新华网等	2013年12月2日	央行昨日开通官方微博粉丝数量超100万	央行选择在65岁生日的时候在新浪和腾讯同时开通官方微博。这是继中国证券监督管理委员会之后，又一个重要的财经部门开通官方微博，标志着我国的经济、金融主管部门在政务公开方面进一步开放
证券日报	2013年12月2日	央行开通官方微博	在中国人民银行成立65年之际，其新浪官方微博"@央行微播"也于12月1日上线，央行微博设计主色调为蓝色，搭配央行标志性的总部大楼。"央行微播与你同行"的微博口号极具亲和力
和讯网	2013年12月1日	央行开微博证监会开官方微信政务公开再进一步	"@央行微播"是由中国人民银行办公厅主办的，是中国人民银行信息发布、舆论引导、了解网意和形象展示的新媒体平台。作为与公众直接沟通的渠道，"@央行微播"将第一时间发布该行的重要信息。报道称这是我国的经济、金融主管部门的进一步开放，在信息公开透明方面再次迈出重要一步

续表

刊发媒体	发布日期	标题	内容摘要
北京晚报、网易新闻等	2013年12月2日	央行开通官方微博首日粉丝6.5万人	新上线的"@央行微播"发布了三条消息。第一条宣布"@央行微播"诞生。第二条追述了央行65年前在石家庄成立时的情景，照片配以央行最早的办公楼的照片。第三条是服务信息。从网友们的评论来看，大多数对这一政务公开的做法表示肯定

针对"@央行微播"2013年12月1日发布的第一条微博，见网址：http：//www.dwz.cn/csnXe，进行分析后结果如下（见图28~图29）。

截至2013年12月6日，该条微博共被转发3260次，净转发人数为3067人，加V转发人数272人，被评论672次。总覆盖人次超过8100万，净覆盖人数超过7920万。图28是转发评论的关键词和话题走势。

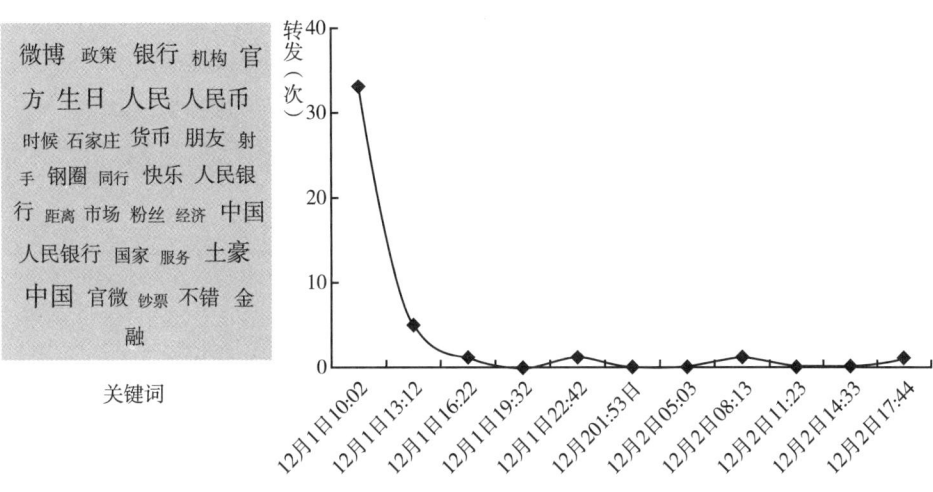

关键词

话题走势
话题提及量随时间变化趋势

图28 "@央行微播"第一条微博相关信息

在转发中通过对网友转评情感倾向的分析，可以发现，转评的情感以中性为主，但褒义占近12%，贬义的比例在7.34%左右。

（4）综合评价

"@央行微播"开博半个月，目前来看网络反馈效果较好，其成功之处显然是多方面的，但以下几点尤为重要。

首先，从社会背景上看，央行作为我国最权威的经济金融部门，在当今中国其重要性与影响力显而易见。继证监会之后，央行涉足微博领域，本身也是回应关切、顺势而为的做法，受到网友的关注也在意料之中。

其次，与所有政务微博一样，存在感如何转化为影响力、好感度是更有挑战性的问题。"@央行微播"抓住了三点：第一是微博内容的权威性、实用性，比如对政策的发布、解释，对经济金融知识的介绍、普及；第二是微博话语的接地气、互动性，比如对央行历史的介绍显得自然而真诚，对比特币事件表态，用"你知道，比特币有哪些风险吗？"对话性跃然纸上，不再是冷冰冰的告知，仿

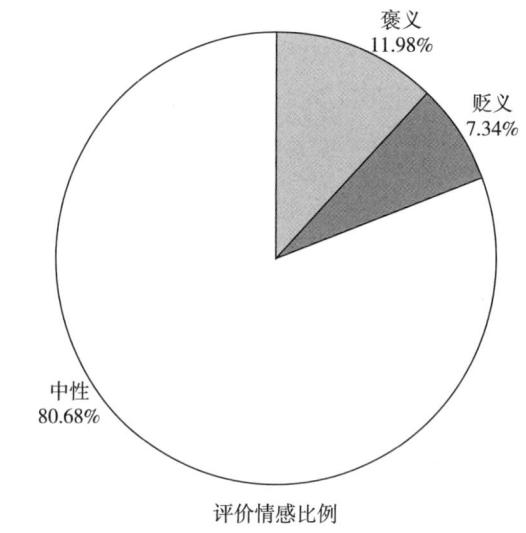

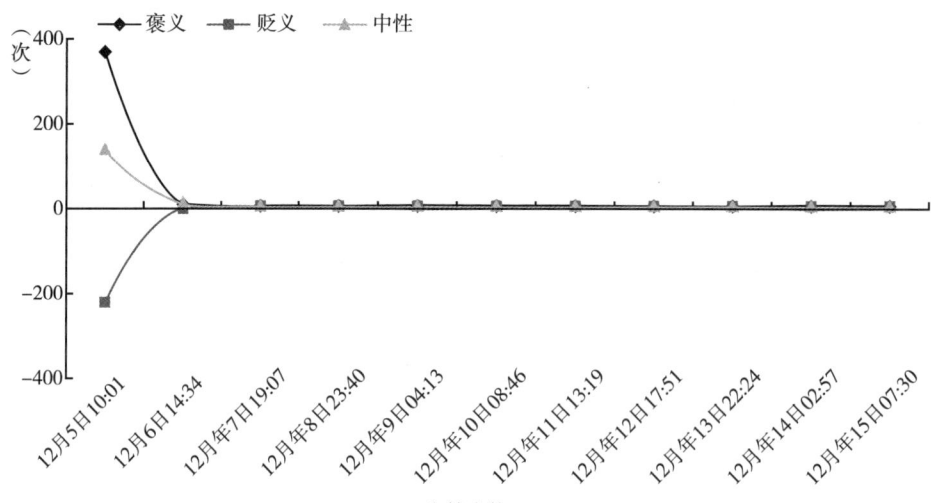

舆情走势
正负面评价随时间变化

图29　"@央行微播"第一条微博被转评情况

佛面对面交流；第三是对社会热点的把握、回应，征信系统、个人隐私、比特币风险、兑换人民币等，表明"@央行微播"准确把握了社会脉搏，只有这样才能更好地与网友互动，提升美誉度。

最后，从"@央行微播"这半个月的表现来看，可以说开局精彩，值得期待。央行微博的运营是我国经济、金融主管部门在政务公开方面的又一次进步，网友期待的是能够通过央行微博快速、便捷获取权威信息，共享中国经济发展的果实。

8．"@健康中国"

（1）微博介绍

"@健康中国"是国家卫生和计划生育委员会的官方微博，于2012年6月28日正式上线。其微博说明显示为："传递政务资讯，播报行业信息，关注您的关注，聆听您的声音。在通往健康幸福的道路上，我们与您同行。"截至2013年12月16日，"@健康中国"共发布微博数量为1241条，粉丝数量接近80万（见表25）。

表 25 "@健康中国"基础数据

微博昵称	原创率(%)	微博总数(个)	粉丝数(个)	关注数(个)	互动率(%)	平均被转发数(条)	平均被评论数(条)
健康中国	85	1241	79.3万	224	0.006	16	5.8

（2）微博分析

近期"@健康中国"发布的微博情况如图30，我们可以发现，微博发布的数量每天差异较大，存在极端情况，说明微博的运营还存在一定的进步空间，可以进一步规范化。

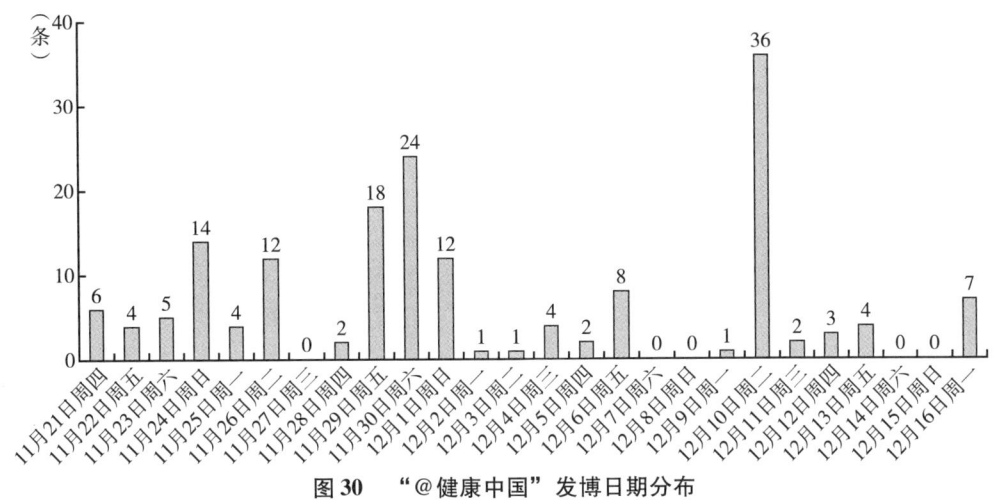

图 30 "@健康中国"发博日期分布

从微博内容上看，"@健康中国"有不少专题推出，如例行发布会、政策解读、新闻播报、健康知识等。图31是根据"@健康中国"最近发布的微博制作的关键词标签云，其中健康、卫生、艾滋病、计划生育、流动人口等都成为微博关注的对象。

图 31 "@健康中国"关键词

以热点话题"单独二胎"为例，11月16日"@健康中国"做了政策解读，称"调整完善生育政策不等于放松计划生育工作"。可参见网址 http://www.dwz.cn/csyEQ，该条微博总覆盖人次近82万，净覆盖人数达819883人，净转发人数35人，加"V"转发人数为8人，评论总数为86次。此条微博的转评中，80%为中性，但褒义只有5.71%，贬义达到14.29%（见图32）。

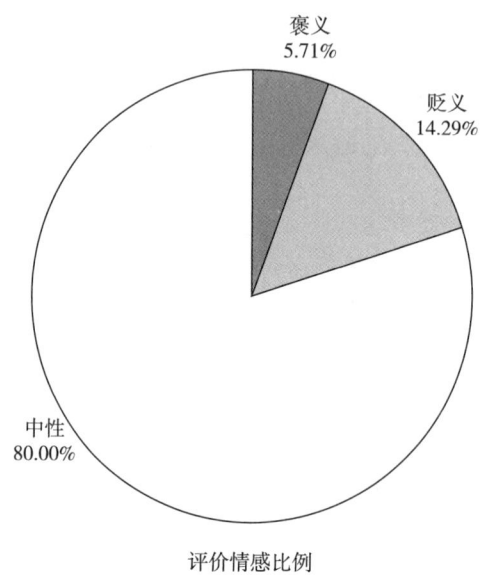

图 32 "@健康中国"被转评情况

（3）网友评价

由于一些现实原因，网友对"@健康中国"微博有一些负面情绪，不少网友也通过微博评论转发表达了不满。

网友"@健康传播斯"：开它干嘛？十几天不说话。

网友"@肥肠粉大爷"：都不让人评论哇？听不进意见和建议哦。

网友"@草根wei"：现实的医生与歌颂的医生差别太大了，不觉得有讽刺意义吗？

网友"@奔奔笨笨兔"：先把谁负责调查、采样搞清楚，到时候职责推来推去又推到疾控了。

（4）综合评价

国家卫生计生委的新网站、新的沟通渠道搭建是进一步推进政务公开的重要举措，发言人介绍这些平台主要发布国家卫生计生委重点工作的相关信息、热点新闻、健康知识及展示行业人物风采，还将根据社会热点创建微话题、组织微访谈，与广大网友进行互动交流。

①·主动搭台，建构官民互通桥梁

国家卫生计生委宣传司司长毛群安说，国家卫生计生委的工作与老百姓的生活密切相关，需要主动搭建一方平台与老百姓近距离地沟通交流，使政策更好地服务于百姓："我们的职能到底应该如何进行转变？更好地满足老百姓的需求，我们也希望借助这样一个平台，更多地听到来自公众的意见和建议。"

②·多样信息，助力健康中国

微博突出健康主题，随时关注与健康相关话题，如秋冬防治感冒，冬季如何防心梗等健康知识，重要且实用。除了生活贴士还有一些用药注意事项，如抗生素的实用介绍普及等，应该说微博目的明确，针对性强。

③·敢于直播，直面社会热点话题

"@健康中国"微博经常将在线访谈的内容全部贴出，并且直播新闻发布会内容，将大量新鲜信息送达网友。另外，针对社会的热点话题，尽管讨论不深入，但诸如"单独二胎"等均有涉及，包括对张艺谋"超生"事件也有积极回应。

④·百尺竿头，仍需拓展进步

国家卫生计生委因为一些既有政策问题等，一直以来受到网友的关注甚至是不满，网友的舆情负面占比较大。同时其对于热点问题虽有回应，但交流讨论的层次深度远远不够，与网友期待形成反差，互动性上也有待提高，因此任重道远。

9. "@证监会发布"

（1）微博介绍

"@证监会发布"由证监会办公厅新闻办主办，是证监会信息发布、舆论引导、了解网意、形象展示、为民服务的平台。"@证监会发布"微博的背景图采用证监会的三公 logo，并标注"维护市场公开、公平、公正，维护投资者特别是中小投资者合法权益，促进资本市场健康发展"。该微博账号于 2013 年 10 月 15 日正式开通运营，截至 2013 年 12 月 16 日，共发布微博 278 条，粉丝数量超过 123 万（见表 26）。

表 26 "@证监会发布"基础数据

微播昵称	原创率（%）	微博总数（个）	粉丝数（个）	关注数（个）	互动率（%）	平均被转发数（条）	平均被评论数（条）
证监会发布	100	278	123.2 万	30	0.031	92	28

（2）微博分析

从微博内容上看，证监会形成四大块内容，证监会新闻发布会、证监会回应、证监会微访谈、证监会微讲堂等。证监会"新闻发布会"是证监会形成的一套信息发布的机制，开博以来已经进行了多次；"证监会回应"主要是针对网友的留言、疑问进行统一解答；11 月 20 日，"@证监会发布"进行了一次微访谈，一共发布 32 条微博；"证监会微讲堂"主要介绍一些与证券投资等相关的信息。

从图 33 微博分布能够看出，当"@证监会发布"遇到上述四大板块时，当天发布的微博数量远远超过常态发布；如果没有上述活动，则每天发布 1~2 条，甚至不发布，如 11 月 22 日起，将近一周没有更新微博。这种做法一方面可以通过大量实用信息的供给赢得好感，但存在两种可能，一个是粉丝被"刷屏"，另一个是没有持续的存在感，更深层次就是运营机制不健全，没有形成常态化。

图 34 是"@证监会发布"近期发布微博的关键词，我们也能发现发布会、访谈、新闻等占据了较大比重。整体上其内容还是紧紧围绕证监会日常工作和职责，尽管有不足但还是很称职。

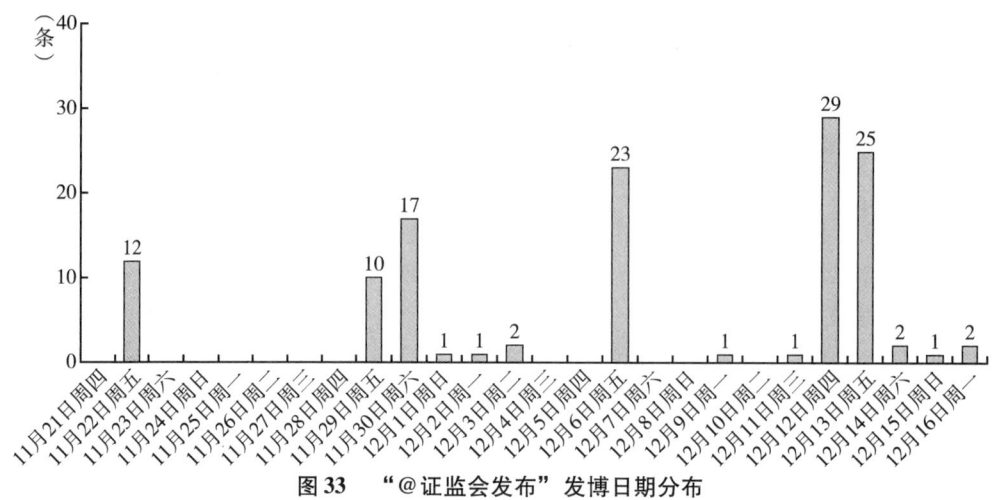

图 33 "@证监会发布"发博日期分布

图 34 "@证监会发布"关键词

（3）媒体与网友评价

媒体对"@证监会发布"微博的评价见表27。

表 27 "@证监会发布"媒体评价

刊发媒体	发布日期	标题	内容摘要
东方财富网	2013年10月16日	证监会追潮流开微博股民蜂拥吐槽凑热闹	证监会微博开通后，随即发送了5条微博，表示官方微博旨在第一时间发布权威信息、加强与网民互动交流、服务广大投资者。证监会还承诺，未来要以微博平台为窗口，努力建设让社会、市场和群众满意的监管机构，同时还发布了一份上海、深圳和香港股市的每日市场交易数据简版。该微博在短时间内就吸引了大量的网民关注
成都商报、网易新闻等	2013年10月16日	证监会开微博	"证监会开通微博对于维持市场秩序稳定有十分积极的作用，对市场是一个大好消息。通过微博可以更快、更广、更有效发布消息，对于保持信息渠道的畅通，消除市场谣言十分有利，可以有效减少谣言对市场正常运作的干扰，更加方便了投资者的交流，是由点到面的飞跃，表明证监会越来越公开、透明的态度和决心。"

续表

刊发媒体	发布日期	标题	内容摘要
新华网	2013年10月15日	证监会开通官方微博增进与投资者交流	作为又一个在新闻、门户网站开设官方微博的国务院直属单位，证监会将把微博作为一个发布信息、增进与广大投资者沟通与交流的重要平台。微博是当下最受网民喜欢，也最为活跃的新型网络媒体。此次，证监会充分利用微博便捷、快速、直接、影响力大的特点，积极开通官方微博，让民众第一时间看到其发布的资源，及时了解证券市场发生的重大事件
凤凰网	2013年10月16日	证监会正式开通官方微博	股民也对证监会的官方微博寄予厚望。名为"@中国三十年"的微博网友评论道，"又多了一个信息公开的渠道，希望重大事件能实时动态更新。"而股民"大漠轻舟001"发表评论称，"希望你们能在主力利用谣言打压跳水时第一时间出来辟谣，真正保护投资者利益"。还有股民调侃表示，"以后亏钱了可以来这里投诉" 有股民开玩笑地质问，"领导下基层，你们不问点关键的，我6000点套上的股票什么时候能解套？"一股民甚至表示，第一条微博千万别是IPO重启。另有多位股民呼吁实施"T+0"

对于"@证监会发布"的第一条微博"证监会官方微博今日正式开通啦！欢迎大家关注！"可参见网址：http：//www.dwz.cn/csD7D，网友的转评情况见图35。

微博总转发人次3248，加"V"转发人数303人，评论数量2359条，另有482人点赞，总覆盖人次超过1.6亿，净覆盖人数超过9200万。

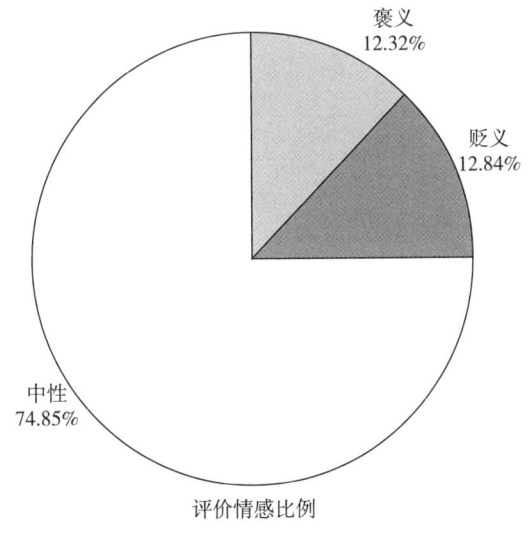

图35　"@证监会发布"微博被转评情况

从情感上看，贬义和褒义的人数相近，均在12.5%左右，从图35可以看出，两个极端情绪比较明显，说明其一方面受到欢迎，另一方面也有不少网友表示抵触。不少网友的情绪偏向极端，但也有不少网友提出了一些建设性的建议。

（4）综合评价

证监会在微博中表示，中国证监会作为证券期货市场监管部门，致力于维护市场公开、公平、公正，维护投资者特别是中小投资者合法权益，促进资本市场健康发展。证监会官方微博旨在第一时间发布权威信息，加强与网民互动交流，服务广大投资者。未来，证监会要以微博平台为窗口，努力建设让社会、市场和群众满意的监管机构。

对于"@证监会发布"，有如下几点总结。

①迎难而上，多元声音中做好本职工作

作为争议较大的官方机构，证监会的微博之旅也是褒贬不一。有热烈欢迎"土豪我们做朋友吧"，也有冷嘲热讽"史上最拉仇恨的微博"，不管怎么说，证监会还是在微博平台站住了脚跟，并且时刻不忘本职工作，信息发布充足，解答疑问，精神可贵。

②海量信息，做最权威的证券信息发布

"@证监会发布"虽然微博每天发布的信息数量差异较大，但就其主体设置、发布频率等来看，应该说信息质量高、信息总量大。比如新闻发布会、微访谈等，每次都能提供大量有用的参考信息，同时不少网友在微博下讨论交流，可以说是微博上最权威的证券信息集散地。

③互动性强，贴心实在看得见

"@证券会发布"互动性非常强，这是其突出特点。目前形成了微访谈和证监会回应等板块，专门就网友疑问做出解答。微博账号的其他日常微博针对性强、主题鲜明、实用性强等，成为证监会信息发布和形象塑造的有效平台。

（二）官员微博案例

1. "@盘锦周恩义"

（1）微博介绍

"@盘锦周恩义"是原辽宁省盘锦市兴隆台区委常委、宣传部部长周恩义的个人认证微博，他笑谈玩微博要坚持"六股劲"：韧劲，忠诚坚守；拼劲，忘我投入；钻劲，刻苦学习；巧劲，善于创造；实劲，服务百姓；正劲：讲正义，说真话。正是真诚、个性、负责的微博形象，开博一年多以来，周恩义发布了2000多条微博，有了近150万的粉丝（见表27）。

表27　"@盘锦周恩义"微博基础数据

微播昵称	原创率（％）	微博总数（个）	粉丝数（个）	关注数（个）	互动率（％）	平均被转发数（条）	平均被评论数（条）
盘锦周恩义	75	2205	146.5万	145	0.044	128	32

（2）微博分析

"@盘锦周恩义"是官员政务微博中运营得较好、比较有特点的微博之一，一年多以来其坚持群众路线，所发内容关注民生，与百姓生活息息相关，并上对国家大事下对人情冷暖进行评析，受到网友的鼓励和支持，有力地发出了正能量、好声音。经分析发现，"@盘锦周恩义"日均发布微博3.7条，频率不算高，但转评指数较大，可见粉丝活跃度和忠诚度较高（见图36）。

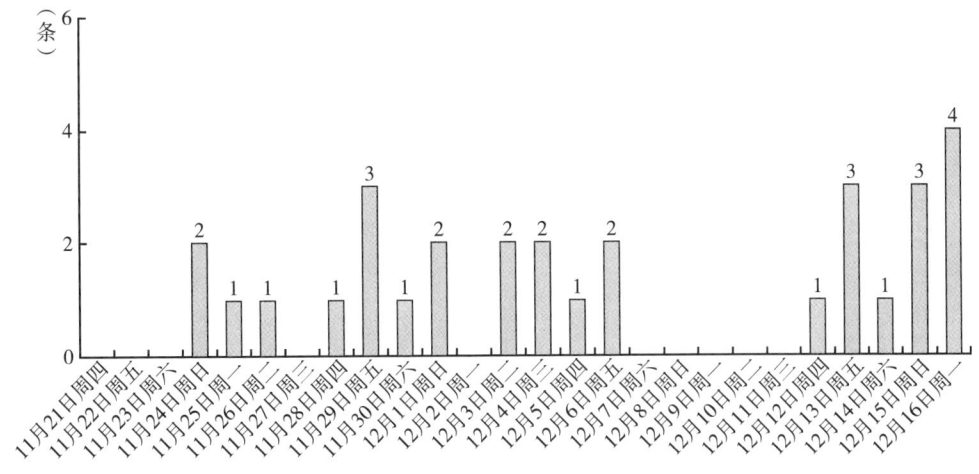

图36　"@盘锦周恩义"发博日期分布

图37　"@盘锦周恩义"微博关键词

根据其最新发布的微博,整理出高频关键词如图37所示。可见其微博关注的话题范围广,涉及各个领域,其中道德、感动、教育、法律等关键词让人对周恩义其人肃然起敬。作为一个"老政工",确实让人尊重。尤其周恩义微博发布的关于关注艾滋病、志愿者、环保等的呼吁,都得到网友的呼应,形成一道官民互动一心的生动局面。

(3) 网友评价

以呼吁预防艾滋病的微博为例,网友纷纷加入支持,粉丝转评情况如图38,转发者以普通用户为主,用户集中在山东、辽宁等地,与之前的账号不同,个人账号带有较强的地域特点,由于接近性等原因,当地网友关注度更高。

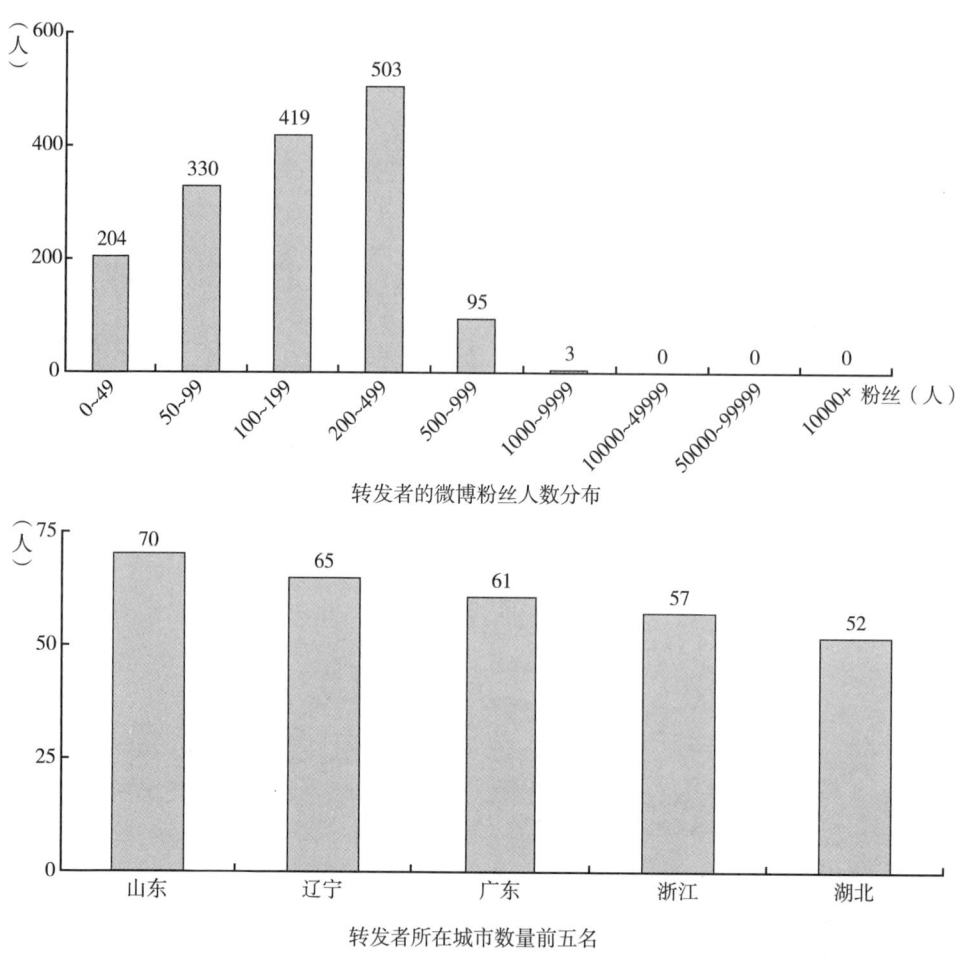

转发者的微博粉丝人数分布

转发者所在城市数量前五名

图38　"@盘锦周恩义"微博转发者情况

"@盘锦周恩义"的微博也受到了一些记者的关注，采编了部分稿件，如下所示。

中国文明网转盘锦日报的报道《盘锦周恩义开微博粉丝超过18万》，周恩义说："咱是老政工，得进入新阵地，传递正能量。我每天坚持发博，上到国家大事，下到民生热点，都是反映的内容。时间长了，就习惯了。一天不写，就好像没完成作业似的。"

周恩义2012年4月发布的第一条微博受到网友43次转发和39次评论，评论全部为正向情绪，主要是赞赏博主精神和表态要向博主学习。

网友"@悄悄说二句"：欢迎又一位模范走进微博，听说过您的先进事迹，向您致敬！

网友"@orange99"：从事这么多年宣传思想工作，还一如既往地做些力所能及之事，钦佩、敬佩！

网友"@不会说哥"：看到了你的故事，真是一个全心全意为人民服务的好官员。

（4）综合评价

个人微博与机构微博相比，权威性相对较低，但在自由度和个性化等方面有着独特的优势。"@盘锦周恩义"就是公务人员政务微博中的典型代表。

①敢说话，用真诚赢得支持

一直以来，如何打通官民舆论场是很多官员头疼的事情，周恩义就很好地解决了这一问题，关键就在于想办法让人听到你的声音，同时你用心真诚地与他人交流沟通。为了听到声音，周恩义加入了微博圈，"老政工"找到了"新阵地"；其次是说话起作用，有影响，周恩义将写微博当成必修课，用心真诚来运营，人格魅力赢得网友支持。

②说真话，实事求是赢得尊重

不少官员微博对于热点话题避而不谈，转而发布一些不痛不痒的微博，其实没有尽到应有义务，既然选择微博平台，就应敢说真话，实事求是，不回避矛盾，不无视问题，才能继续前进。周恩义的不少微博关注、追问诸如反腐问题、官员失德、社会问题等，粉丝读罢感觉实在、有说服力、愿意相信，这样也更容易舒缓情绪，引导舆论，同时赢得网友尊重。

③话语亲和，平易近人拉近官民距离

"@盘锦周恩义"的微博娓娓道来，没有居高临下，没有高高在上，相反，接地气，听民意，让网友感觉就在身边。如公开向网友"@小强2713"表达感谢；对于车祸的细心提醒等，让人感觉亲切贴心，自然提升好感度。

一言以蔽之，个人微博应当用真心、细心、贴心来赢得好感，用使命感、责任感来赢得尊重。

2. "@褚峰"

（1）微博介绍

"@褚峰"系共青团中央组织部副部长褚峰开设的认证官员微博，开设微博以来，目前已发布微博5924条，粉丝数量超过199万（见表28）。褚峰在获得粉丝围观的同时，注意了对其他微博用户的关注。目前其共关注其他微博用户1077名，其中以加"V"认证的用户居多，大部分用户在北京。褚峰利用微博积极与网友就热点问题互动，产生良好的社会反响。

表 28　"@褚峰"微博基础数据

微博昵称	原创率(%)	微博总数(个)	粉丝数(个)	关注数(个)	互动率(%)	单条微博平均被转发数（条）	单条微博平均被评论数（条）
褚峰	5	5924	199.1万	1077	0.004	17	2.6

（2）微博分析

"@褚峰"开微博时间长，活跃度相对较高，据统计，其日均发布微博数量4.2条，但原创微博比例较低，只占所发微博总数的5%（见图39）。

新浪微博总结褚峰的微博特点时认为，褚峰在微博发布上，注意了利用热门时段，主要是在下班以后到睡觉之前的时间发布微博与网友互动。从内容上看，微博重点聚焦了青少年成长、共青团工作、重大国内外新闻事件、家庭和子女教育等方面的问题（见图40）。将生活和工作内容有机结合，让微博显得更加生动，贴近网友。其中，关于钓鱼岛等时事的微博均引发了较为广泛的关注，其也从团干部角度对网友进行了舆论引导。总体来说，褚峰的微

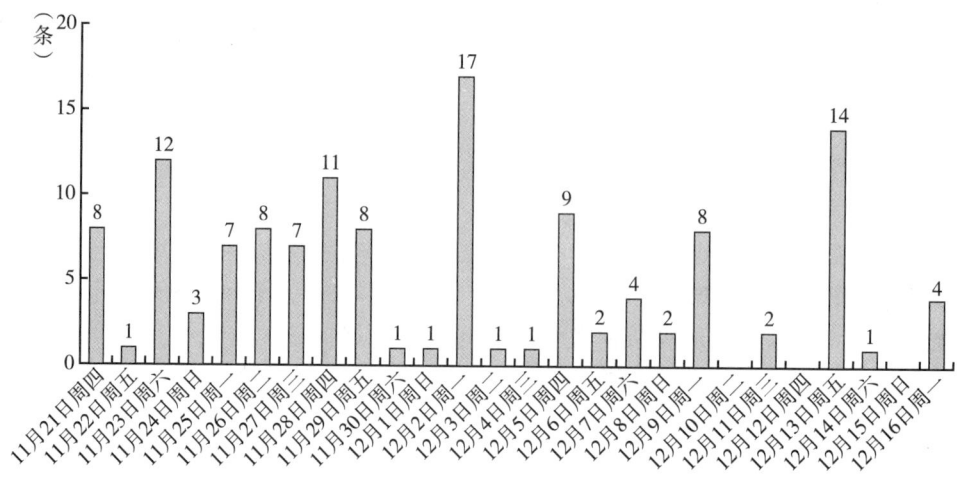

图39 "@褚峰"微博发博日期分布

博注意了角色的把控，将生活、共青团工作、青少年问题研究等相关内容有机结合，有意识地与系统内外账号互动，增强了影响力。

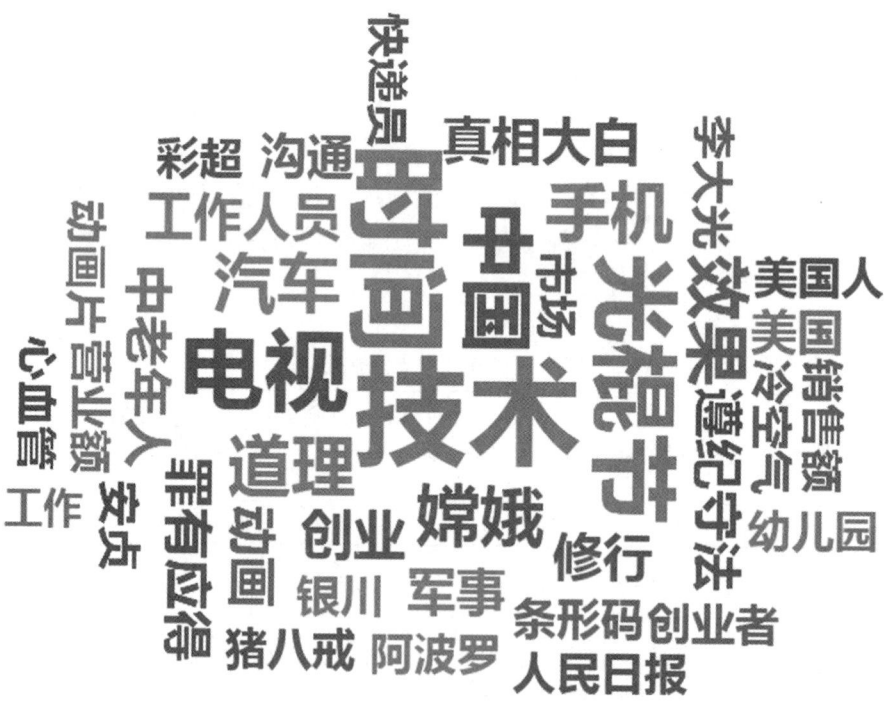

图40 "@褚峰"微博关键词

"@褚峰"的关注话题比较分散，其中不少是热点问题，但也有一些冷门话题、专业话题。这和褚峰关注的网友数量、风格有一定关系，且褚峰95%的微博属于转发，自然具有话题分散多元的特征。

（3）网友评价

"@褚峰"发布的不少贴近民众的微博受到大家的关注和好评，也体现出官民沟通的必要和技巧。比如在新近转发的一条"男子下火车忘拿包邻座旅客提前下车送还"的微博，网友"@明王昊烁"评论：人间自有真情在！网友"@北山男水相思寒"评论：善良的人还是多数的。不少网友也竖起了大拇指称赞正能量。

再如转发的一条"感冒不一定非得去医院"的微博，"@褚峰"提醒大家：冬天到了留着备用吧。网友"@杨孟同学"评论：非常感谢！好用。其他网友纷纷转发并"@"亲朋好友，微博覆盖面、传播力大大增加。

12月14日，嫦娥三号实现月面软着陆，褚峰转发央视新闻微博并祝贺，表示振奋和对航天人致敬。该微博两天以来总覆盖人次达2391355，净覆盖人数达2211849。但是该微博网友情绪差异较大，既有支持的，也有不少反对的声音，这主要是对于同一事件认识视角和认知层次的不同造成的，如何在信息不对称和刻板心理先行的环境中突围赢得尊重赞誉是个挑战。

（4）综合评价

官民通过微博互动有方便快捷的好处，同时也会存在一些不理性因素以及因为信息不对等而产生误解的情况，上面提到的关于嫦娥三号成功登月就是一个案例。尽管不少网友言语极端，但"@褚峰"还是秉持原则，不关评论，不删除留言，体现出豁达、自信的一面。在具体操作和影响方面，"@褚峰"微博有不少可圈可点之处。

①主动开微博，高活跃度增强存在感

褚峰的微博开设时间非常早，开设微博以来其基本保持较高的活跃度，高峰时段每天发布的微博超过十条。作为部级干部，能够主动使用微博，善用微博，本身就是一个积极信号。同时保持较高活跃度，一方面给网友留下好印象，另一方面也推动了整个共青团微博系统的发展壮大。

②多元化引导，不同话题均不缺席

正如上文分析的，褚峰的微博内容包罗万象，有共青团工作的解释推广，有心灵鸡汤的感悟，有生活实用信息的推荐提醒，也有对社会热点问题的关切。从不同的话题中都能看到褚峰的话语，不缺席本身就是胜利。更重要的是，褚峰秉承多元化引导的原则，尊重信息传播规律，相信微博的自净能力并辅以积极引导，产生了较好的社会反响。

3. "@法医秦明"

（1）微博介绍

"@法医秦明"有着不同的身份，他是安徽省公安厅物证鉴定管理处主检法医师，同时也是果壳医药领域达人。更让人熟悉的是他是几部畅销小说的《鬼手佛心》《尸语者》等的作者。他的头像和微博页面设置仿佛预告了这个微博有点萌，当然，也很重口味。

（2）微博分析

"@法医秦明"开博以来发布了7600条微博，日均发布微博7.8条，不过近期发布微博的频率略有下降；粉丝数量虽然仅十万出头，但粉丝互动率非常高，"铁杆粉丝"不少，平均每条微博的转发数为125条，评论数接近100（见表29、图41）。

表29 "@法医秦明" 基础数据

微博昵称	原创率(%)	微博总数(个)	粉丝数(个)	关注数(个)	互动率(%)	平均被转发数(条)	平均被评论数(条)
法医秦明	50	7600	10.3万	2052	1.2	125	98

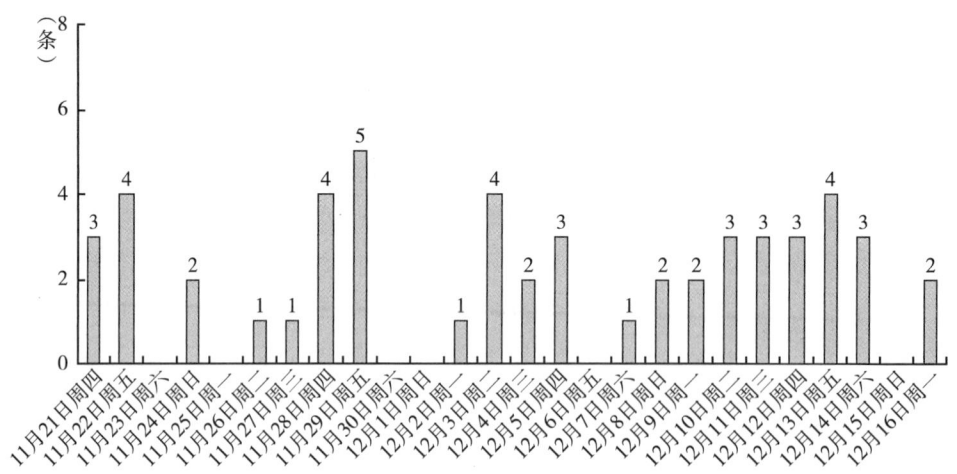

图41 "@法医秦明"发博日期分布

根据最近发布的微博，分析其关键词如图42。

图42 "@法医秦明"微博关键词

不难发现，"@法医秦明"发布的微博绝大部分与自己的法医工作相关，乍一看似乎这个微博很恐怖，重口味，甚至怀疑博主心理阴暗，但实际上这个微博很有趣。

比如有网友杀了一只鸡，发现鸡身体表面有淤血，遂发布微博"@法医秦明"，"@法医秦明"煞有介事地从专业角度进行分析，引发网友竖大拇指称赞。还有在吃西餐时，"@法医秦明"发微博开玩笑说西餐餐具少了手术刀，又是引发网友集体围观，并笑称"请不要太卖萌"。

当然，除了轻松娱乐的话题，"@法医秦明"也会发布一些认真严肃的信息，比如介绍推荐自己的新书，帮助网友解答一些医学方面的问题，开辟"法医每天"话题等。可以说它卖得了萌，板复明起脸，静如处子，动如脱兔。

（3）媒体、网友评价

媒体对"@法医秦明"的评价可参见表30。

表30 "@法医秦明"媒体评价

刊发媒体	发布日期	标题	内容摘要
中安在线、网易新闻等	2012年2月23日	小说精彩因为作者是法医	1981年出生的秦明性格开朗，谈到自己的小说更是谦虚一笑，说那只是为了记录自己这些年的工作经历，也为了以通俗的语言告诉大家，法医并不神秘，距离每个人都很近。之所以给小说取名"鬼手佛心"，是因为秦明觉得法医这个行业应兼具精湛刀术和慈悲胸怀。作者"法医秦明"，真实身份是省公安厅物证鉴定中心法医病理损伤检验科副科长、主检法医师
新浪读书	2013年1月8日	《尸语者》出版:法医秦明披露惊悚案细节	法医这个职业逐渐被普通人了解并越发尊重。但是，法医还是离我们很远，他们依然是冷酷的不苟言笑的形象，然而秦明完全打破了大家对法医固有的印象，他不但活泼风趣，还是个文艺青年，他把法医技术破案的故事写成了连载，结集成书《尸语者》出版，并在中国移动手机阅读领域同步首发，以飨读者
法制网	2013年5月10日	专业解读热点事件科学揭谎语言幽默"卖萌"不遗余力法医秦明微博正视听讲良心	秦明没有想到，网友会对一名法医的微博如此关注。他开始思考，如何向公众介绍法医的工作，让更多人了解这一行业;同时，运用专业知识，为大家答疑解惑。于是，"@法医秦明"慢慢有了自己的固定栏目:法医每天、提问时间、科学揭穿谎言……"@法医秦明"完全颠覆了网友之前对法医的印象。他一点儿也不神秘，有问必答，也乐于拿出自己的照片与大家分享;他很少一本正经，说话幽默风趣，"卖萌"不遗余力;他的生活不仅仅是解剖台，他享受朋友聚会之乐，也抱怨加班加点之苦

网友对"@法医秦明"的评价压倒性的正面，一般是表示对博主的追捧羡慕，对法医职业的好奇，对秦明作品的赞美和交流。一些网友评论如下。

网友"@乐阅轩主人的乐阅轩"：先转一个，不明觉厉嘀说!

网友"@甜甜的sugar糖"：每星期涨知识。

网友"@岩鸣杨子"：每天睡前一篇《尸语者》小故事，睡觉睡得香～现在已经看到第二部啦～

网友"@Corda菡"：秦叔自己做的好呢!没去念法医好难过。

网友"@磨家军"：有实力有魅力。

（4）综合评价

活泼、自然、专业、有个性、有责任感，这是"@法医秦明"最鲜明的特点。总体来说，"@法医秦明"的特点主要有以下几点。

①专业的思维，大众的表达

尽管近来有不少影视作品中有所涉及，但法医职业对于一般人来说还是比较陌生的，尤其是一些专业领域的知识，一般民众很难有恰当的认知。这种情况下，"@法医秦明"充分发挥自己的专业所长，通过微博普及知识，回应疑问，将一个陌生专业的领域介绍得深入浅出，人气颇高。

②活泼的语言，充分的互动

"@法医秦明"微博语言轻松活泼，让人禁不住想去看，这一点从他的微博互动率就能看出来。"拿头撞墙可以每小时消耗150卡路里？"有网友玩笑式地向秦明求证。"@法医秦明"回复："轻则消耗150ml甘露醇注射液，重则消耗150元火化费。"另外，对于网友的提问，如上文提到的杀鸡问题、淤青如何去除问题以及其自己组织的互动送书活动等，让他与网友打成一片，也收获叫好声一片。

③相信科学，实事求是

比如不少网友扒出一些诸如男子穿女性衣服吊死等古怪死亡案例，传言有灵异事件。他连发多条微博，通过图文解读性窒息这一现象，以正视听。

伦敦奥运会期间，中国羽毛球女子运动员汪鑫在比赛中受伤退赛。中方教练指责裁判未允许汪鑫擦地板导致其滑倒受伤。一些网友却对此表示质疑。"看不过去了"的秦明进行了损伤机制分析。他表明验伤、损伤程度评定和损伤机制分析是法医的工作职责，然后通过专业的表述指出：导致汪鑫损伤就是场地的原因。

④深深的社会责任感

法医这个职业需要强烈的社会责任感，尤其是将一些案例拿出来公开表达。秦明有自己的原则：对死者尊重，不刊发死者以及解剖时的图片，不透露死者信息；对网友负责，不刊发重口味的图片，需要配图的用手绘图，以免引起网友反感，造成心理阴影。

"干法医，最重要的是对得起良心、对得起逝者、对得起事实、对得起科学，其次才是业务水平的精进。水平差可以学，出来害人就不对了，因为外界因素而影响科学论断，就不配当个法医。"这是秦明对自己的严格要求。

四　政务微博互动案例分析

（一）应对突发事件回应社会关切

2013年4月20日8时02分，四川省雅安市芦山县发生7.0级地震。震源深度13公里，震中距成都约100公里。随后，成都军区第一时间启动抗震救灾应急机制，并开设了官方救灾微博发布救援信息，认证信息为"成都军区雅安芦山抗震救灾微博"是继"@成都军区盈江救援"后军方设立的第二个救灾微博。该微博于震后4小时的12：21分发布了第一条微博报告地震消息和军区的救灾行动，之后3个小时即发博25条，其中涉及军队救援行动21条。6月8号发布最后一条博文，称"部队救援任务顺利完成，微博使命已至"，停博致敬，50天共计发布微博558条。开博期间，"@雅安芦山抗震救灾"传递信息迅速高效，与民众互动交流，有效协助了救灾行动。此外，其还进行了针对"雅安又一辆救灾军车坠崖"这一谣言的辟谣活动（见表31）。

表31　"@雅安芦山抗震救灾"微博基础数据

微博名称	微博总数(个)	粉丝总数(个)	日均微博数(个)	微博原创率	平均评论数(条)	平均转发数(条)
雅安芦山抗震救灾	558	186512	2.3	0.001	55	281

应对点评

"@雅安芦山抗震救灾"在震后4小时即开通，发布救援信息快速高效，有效促进了部队和需救助群众的对接，对公开灾情、普及自救知识、组织救援起到了重要作用。对救灾过程中产生的谣言快速辟谣，有理有据，体现了良好的舆论应对能力。后期的微博则以灾后救助自救为主，如心理咨询等，务实的文字也汇聚各界爱心、正能量，透露出人文关怀（见图43）。

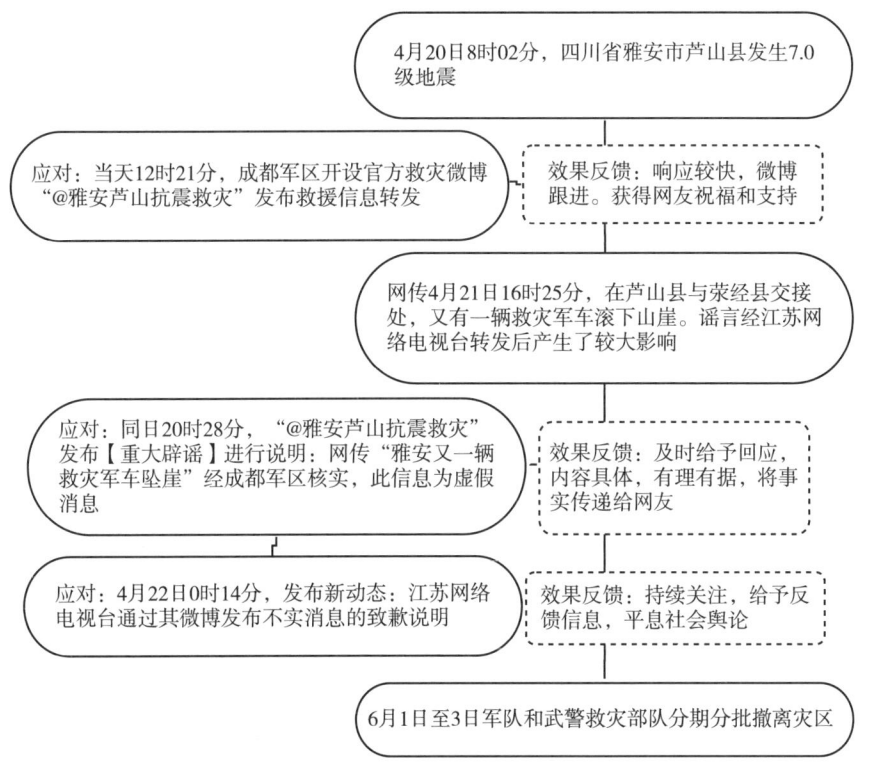

图43　"@雅安芦山抗震救灾"应对流程

（二）政务微博便民服务接地气

为倡导廉洁从政的廉政文化为宗旨，南京市纪委监察局官方微博"@钟山清风"与

"@人民网"联合举办发起了"钟山清风"杯全国廉政微博大赛，大赛于3月14日开赛，设立多种奖项，其中多项以微博为依托，并以图片、文字等方式展示优秀作品。"@钟山清风"非常重视微博的平台作用，从最初的转发送礼扩大影响力，到以后的坚持每天转发投稿作品，充分吸引了网友关注，鼓励了创作参与者，有效地扩大了廉政微博的影响力（见表32）。

表32　"@钟山清风"微博基础数据

微博名称	微博总数（个）	粉丝总数（个）	日均微博数（条）	微博原创率	平均评论数（条）	平均转发数（条）
钟山清风	5230	995486	2.3	0.752	50	53

应对点评

"@钟山清风"借助微博平台，与人民网等单位合作，举办廉政微博比赛来促进网友助推廉政，并以转发送礼和每天发布投稿作品的坚持来提高和保持舆论关注，体现了较高的新媒介素养。大赛时间长、作品形式多样都有效促进了廉政文化的传播，增强了网友们的廉政反腐意识。廉政微博比赛活动可参见图44。

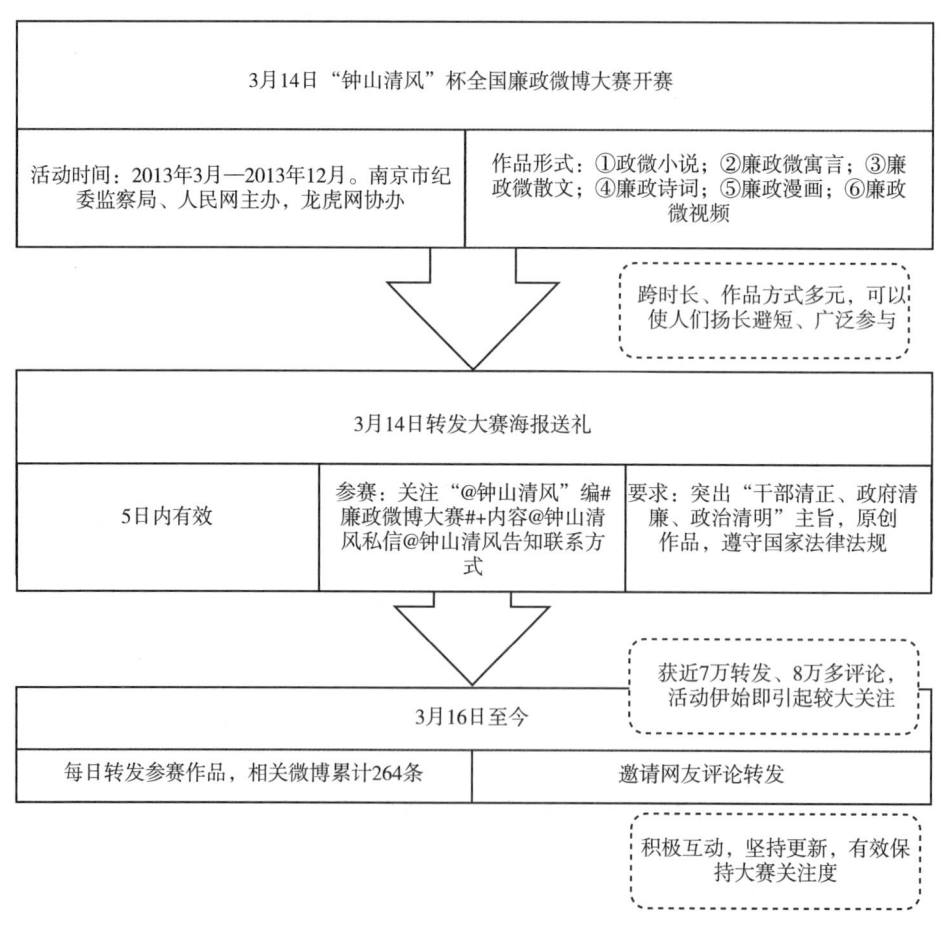

图44　"@钟山清风"廉政微博比赛活动

（三）主动设置议题，拉近政民关系

"@警民携手同行"以警民沟通、警民互动的大舞台为定位，与网友分享公共安全等相关信息。2012年1月10日上线，粉丝数超过371万。其微博原创率较高，达76.9%，经常发起各种各样的原创新话题。最近30天内热度最高的一条原创微博是"'警界保尔'陈冰"，讲述重庆市北部新区公安分局的一名刑事技术民警失去右臂后重回岗位勤奋工作的故事。网友评论说"无愧公安民警的称号"，并表示支持和祝福，为陈冰加油打气。类似这样的警察故事，不仅让网友对他们的工作了解得更加深入，也对警察更加理解，温暖平实的讲述和评论成为联接警民的纽带（见表33~表34）。

表33　"@警民携手同行"基础数据

	微博总数(个)	粉丝总数(个)	日均微博数(条)	微博原创率	平均评论数(条)	平均转发数(条)
警民携手同行	2725	3711247	3.8	0.769	3	14

表34　"@警民携手同行"转评数据

单位：条，个

转发数	评论数	总曝光量	净曝光量	短链点击量	参与用户数
48	10	7102408	7102125	72	35

此外，2013年10月18日至11月1日，公安部"公安文化基层行"文艺小分队深入河北、陕西、江西三省公安机关进行基层慰问演出，演出地点多安排在地处偏远、条件艰苦的市县广场、社区和公安基层所队。小分队为广大人民群众表演节目，使民众倍感亲切，"@警民携手同行"也在微博上进行了持续报道，热情互动，使政民关系更进一步。

应对点评

"@警民携手同行"借助微博与网友互动，以较高的微博原创率和多元的微博内容进行议程设置，内容或体贴实用或温暖心灵，引发网友转帖评论。安全知识和警察故事的共享有效促进了警民互动沟通、增进相互理解，对打破警察刻板印象、拉近警民关系起到了积极作用。

（四）司法微博大发展，庭审微博直播

"@京法网事"是北京法院网官方微博，2013年6月26日上线，粉丝数超过82万。"@京法网事"用微博直播北京法院最新案件审理动态。以"让人民群众在每一个司法案件中都感受到公平正义"为工作目标，坚持司法为民，公正司法。并通过新闻通报会和微直播网络访谈等方式回应网友，对于受社会关注的案件，针对网友疑问进行解释，有效推进了司法透明。最近其微博热度最高的为"李某某等五人强奸案终审宣判"的原创微博，这也是舆论关注度持续较高的一个案件。"@京法网事"自该案7月8日立案审查起就进行持续的微博直播，相关动态微博有87条（见表35、图45）。

表35 "@京法网事"基础数据

微博名称	微博总数	粉丝总数	日均微博数	微博原创率	平均评论数	平均转发数
京法网事	12024	825578	6.9	0.523	58	99

7月8日
- 立案审查
- 持续报告庭前会议等动态

8月28日
- 依法不公开开庭审理
- 29日新闻通报会报告庭审情况

9月26日
- 一审宣判
- 微直播新闻通报会现场
- 网络访谈直播回应网友疑问

10月11日
- 北京市第一中级人民法院接受上诉

11月19日
- 二审开庭

11月27日
- 二审判决，维持原判
- 接受采访回应焦点问题

图45 "@京法网事"李某某案流程

应对点评

"@京法网事"通过微博直播的方式对李某某案进行动态直播，并结合新闻通报会和网络访谈多种方式回应网友提问，阐明了为何不接受该案公开审理、李某某是否未成年、被告人家庭背景、是否受"舆论审判"等网友关注的焦点问题，满足了公众对司法公开的强烈需求，满足了公民的知情权，提高了公信力。案发最初，社会各界舆论风起云涌，在全国范围内引起极大关注，微博公开直播后的舆情相对归于理性化。网友评论的多样性则促使人们对该案件深入思考，对清除舆论审判压力、增强司法独立起到了一定作用。

（五）察民意集民智，传递温暖正能量

"@闽姐姐"是福建省妇联的官方微博，自2011年8月22日开播，粉丝超过277万，其中不乏奥运冠军何雯娜等名人。其微博关注妇女儿童工作，以新的联系方式满足

当代妇女多元化、多样化的需求，包括及时的政策传递和温暖的心灵鸡汤，实用有效促进思考的"亲子课堂"，保护自我的"维权行动"，以女性名人名言励志的"读女性"等内容。1月25日发布微博救助因被羽毛球拍打到眼角而眼球破裂的小建萍而引起网友极大关注。随后，在海峡都市报等媒体支持下，福州市民和相关公益组织介入关注并发起募捐。1月31日，"@闽姐姐"微博通报小建萍平安出院，以及善款收支使用信息公开（见表36）。

表36　"@闽姐姐"微博基础数据

单位：个，条

	微博总数	粉丝总数	日均微博数	微博原创率	平均评论数	平均转发数
闽姐姐	7816	2773688	10.4	0.937	1	4

应对点评

"@闽姐姐"在实地调研中发现救助对象，再结合微博汇集社会各界力量进行有效帮助，充分运用了微博传播范围广、即时性等特征，最终使得13岁的朱建萍得到救治并顺利出院。通过微博得到关怀和帮助的，小建萍并非个例，妇联通过实际调研救助了很多需要帮助的妇女儿童，更以"@闽姐姐"微博这个新平台拉近了妇联和群众的现实距离。微博引用专家知识、名人励志故事，对当代女性发展起到了一定的引导作用，其秉承服务、公益、温暖的信念，以新的宣传和社会管理方式提高妇联工作在新媒体中的作用。

（六）化解社会矛盾疏导公众情绪

"@正义广东"是广东省人民检察院的官方微博，于2011年7月1日发布第一条微博，以"听民声、聚民智、解民忧"为开博宗旨，目前粉丝超过137万。其原创微博且近日热度较高的微博之一为"案例播报：茂名茂港一鞋厂老板恶意欠薪被批捕"，肖某从2012年开始拖欠工人薪资，后来不但拒不支付，更将厂房关闭、转移生产设备，切断联系方式外逃，员工只好上访求助。后茂港公安分局立案侦查，并于2013年9月将肖某抓获归案（见表37）。

表37　"@正义广东"基础数据

微博名称	微博总数	粉丝总数	日均微博数	微博原创率	平均评论数	平均转发数
正义广东	2548	1373566	2.8	0.731	5	11

应对点评

"@正义广东"通过微博播报案件引起网友较大关注，"@深圳宝安区人民检察院"转发时对"拒不支付劳动报酬罪"的说明增加了公众对拖欠薪资的法律理解。该案件有效打击了恶意欠薪行为，使被拖欠工资员工的权利得到了保障，也让公众看到了法律对恶意欠薪刑事案件的惩罚，有效保护了基层人民权益，同时减少了社会矛盾，降低了民众对立情绪。

五 新浪政务微博发展总结

（一）部委微博起到政府信息公开表率作用

2013 年，在新浪微博平台开通政务微博的级别呈现高而多的趋势。其中，外交部、教育部、商务部等部级微博位居全国政务微博影响力排行前列，部委以及部委级组织设立的官方微博数高达 76 个。

2013 年 10 月 15 日，《国务院办公厅关于进一步加强政府信息公开回应社会关切提升政府公信力的意见》发布，其中 7 处提到政务微博，并明确指出各地区各部门应积极探索利用政务微博、微信等新媒体，及时发布各类权威政务信息，尤其是涉及公众重大关切的公共事件和政策法规方面的信息，并充分利用新媒体的互动功能与公众进行交流。

在国办意见的指导下，国务院办公厅政府信息公开办公室"@中国政府网"、中国证监会办公厅新闻办官方微博"@证监会发布"、中国人民银行办公厅官方微博"@央行微播"等部级微博均正式开博发声。

值得一提的是，2013 年 11 月 21 日，中华人民共和国最高人民法院的官方微博"@最高人民法院"正式上线，成为我国首个国家级官方微博。这不仅推动了司法信息公开，还拓宽了人民群众了解司法、参与司法、监督司法的渠道。

政务微博在社会管理创新、政府信息公开、网络舆论引导、倾听社情民意、接受网民监督、树立政府形象等方面起到了积极的作用。部委微博往往掌握重要的信息资源，能够收获更多网友的关注，形成全国范围的影响。部委微博运营良好能起到政府信息公开的表率作用，为基层政务微博提供经验借鉴，给平时忽视新媒体运用的地域敲钟提醒。

（二）政务微博迈向"覆盖式"发展道路

2013 年，政务微博实现"合纵连横"，既有以政府新闻办为主导的"城市政务微博发布厅"，也有以具体职能部门联合起来的"部门微博发布厅"。

11 月 19 日 17 时，共青团西藏委员会官方微博"@西藏共青团"发布认证消息。随着"@西藏共青团"的正式亮相，全国（除港澳台地区）31 个省级团委在新浪微博等平台上实现了大"团聚"。共青团成为我国首个完成省级机构全面开博的垂直系统，形成了覆盖团中央、省、市、县四级的微博青年工作体系。

11 月 21 日，最高人民法院官方微博"@最高人民法院"独家入驻新浪，这是全国首个国家级官方微博。与此同时，"全国法院微博发布厅"在新浪微博平台独家上线，这是目前首个上至国家级别下涵全国 31 个省级机构的微博发布厅。

微博已经成为政府与民间直接互动的窗口，政务微博迈向"覆盖式"发展道路，敞开了信息公开的门窗，给公众开辟了反映问题的新路径。更有价值的是，在微博这个"观点广场"上，公众对政务微博的围观，政府对网络热点的回应，本身就是政务公开、服务意识的培育过程。

"覆盖式""集群化"将会是政务微博未来发展的一个趋势。"集群化"使得原本孤立的政务微博得以相互配合、相互监督、相互促进。像北京、上海等地的政务微博"发布厅"

模式已被多地复制应用，也被公安、法院、团委等多个部门借鉴。微博发布厅可以让便民服务信息更加多元；同时也让网友问题反映渠道拓宽，避免网友有问题"摸不着门"。

微博"集群化"发展也有利于政务微博共同应对热点舆情，联合设置议程，在微博平台同鸣共振、声气相求，共同遏止谣言传播，有效引导舆论走向。政务微博迈向"覆盖式"发展道路能够不断增强微博影响力，增强扩大信息传播力、覆盖面。

（三）政务微博与媒体微博联播互动加强

2013 年，政务微博已成政府新闻发布和突发事件处置的重要平台。党政部门通过政务微博第一时间通报权威信息，成为新闻信源和事态演变的重要变量。主流媒体微博以"@人民日报"一马当先，诠释主流立场、回应网民关切，促进政府和民众之间的相互理解和包容，有了较高的黏合度。仅"@人民日报""@新华视点""@央视新闻"三大媒体法人微博在新浪平台就收获超过 3000 万粉丝。

政务微博、主流媒体法人微博组成了一支微博"国家队"，成为议程设置的主力军。许多媒体微博甚至会在节假日、纪念日联合政务微博，共同发布一些"微倡议""微活动"。媒体微博将政务微博作为重要信源之一，政务微博依托媒体微博进行信息扩散，双方的互动联播机制正不断加强。

2013 年 11 月 30 日，来自中央部委、国家机关和地方政府的政务微博，以及众多主流媒体法人微博齐聚成都，围绕"改善网络舆论生态"展开研讨。40 多支微博"国家队"携手发布"成都共识"，倡导新的话语表达机制和传播方式，加强政务微博与媒体微博协作，打造交流对话平台。

会上，包括"@外交小灵通""@公安部打四黑除四害""@国资小新""@人民日报""@央视新闻"等 40 多支微博"国家队"达成 8 条"成都共识"。根据"成都共识"，政务微博和主流媒体微博将关注民生，形成新的话语表达机制和传播方式；做恪守互联网"七条底线"的表率；形成微博传播绩效的合理评价体系；搭建微博运营交流平台；积极传播政务微博信息；相互支撑提高议程设置能力；联手扶持专家型中"V"。

互联网上的"国家队"虽然迅速崛起，但距中央的要求、民众的期待，还有不小距离。对于引领公共舆论变革的新媒体来说，如何创新社会对话形式，如何推进不同意见融合，如何推动主流声音的传递，成为必须回答的问题。其中，政务微博和主流媒体微博更是责任重大，理应先行先试，也有条件先行先试。

为建设一个为民、文明、诚信、法治、安全、创新的网络空间，政务微博和媒体微博需要相互扶持，相互鼓励。人民网舆情监测室倡议政务微博和媒体微博应建立起线上线下的交流平台，加强沟通联络，在尊重版权的前提下，实现创意互动、信息共享、评论交流和人才往来，同时避免内容同质化。

（四）政务微博渐成应对公共突发事件"标配"

在应对突发事件、热点舆情时，政务微博能够发布权威信息，迅速澄清事实，遏制谣言传播，有效安抚民众情绪。政务微博渐成应对公共突发事件的"标配"。

2013 年 4 月 20 日 8 点 02 分，四川雅安芦山发生 7.0 级大地震。在此次芦山地震中，政务微博展现出巨大的传播力和引导力，多角度、多层级构筑起抗震救灾信息的"绿色救援通道"。"@国家地震台网速报"成为首家播报震情讯息的政务微博；"@中国国际救援队"时刻关注微博上的求助信息；成都军区开通"@雅安芦山抗震救灾"官方微博发布救援直播；"@雅安市政务服务中心"普及地震救灾常识……

6月7日18时30分左右，厦门一BRT公车发生爆炸，造成47人死亡，引发各界广泛关注。作为厦门市公安局官方微博"@厦门警方在线"在公交爆炸发生后，立即通过"播报路况"的方式介入事件讨论，发布了"今晚无眠，厦门之痛""坚强厦门，爱厦门，共努力"等充满哀思的微博，体现出深刻的人文关怀。

8月16日晚以来，因今年最强台风"尤特"带来的持续强降雨，京广铁路广东段间歇性中断。"@广州铁路"联合"@中国铁路""@武汉铁路局""@北京铁路"等多地交通系统微博发布列车晚点信息，疏导网民情绪。

11月22日凌晨3时许，中石化黄潍输油管线一输油管道发生破裂事故，造成原油泄漏。青岛管道爆燃事故发生后，"@青岛发布"连续发布多条微博通报相关情况，积极进行辟谣，让网友在第一时间了解事故原因。

微博已经成为突发事件舆情发酵与传播的一个重要工具，对于现实生活中各类关系国计民生的重要政务信息和公共信息，特别是涉及老百姓切身利益的自然灾害、社会治安、群体性事件等突发公共事件，政务微博务必把握好"黄金4小时"，利用微博特性迅速发布权威信息。另外，对于比较复杂的源于网民举报和媒体曝光引发的各类突发事件，也要坚持"速报事实，慎报原因，再报进展"原则，防止信息不透明造成网上流言四起，给政府部门形象带来重大损害。

（五）基层政务微博折射整体政务服务水平

2013年以来，基层政务微博保持了高速的发展，并形成了庞大的基层微博群。基层微博的发展有力地推动了国内网络问政的进步，对完善政务微博"垂直"体系、构建"梯次合理"的政务微博体系具有重大意义。

目前，我国政务微博正处于省部级、厅局级持续发展，基层微博蓬勃兴起的时期。政务微博发展也呈现"金字塔"形，微博层级越高，开博数量越少，而基层政务微博则是"底座"和"基石"，基层政务微博运营水平如何，直接体现政务服务整体水平。基层政务微博在实际工作中，直接面向群众，直接涉及人民群众具体利益，而深化政务公开、加强政务服务的重点在基层，难点在基层。

基层政务微博数量庞大、服务更有针对性，一方面为广大群众提供了最务实的咨询与帮助，塑造了基层工作者的良好形象，使官民关系更和谐融洽；另一方面也激发了群众网络问政的热情，为我国信息公开、电子政务的发展提供了助力。同时也要注意到，基层政务微博受众较为集中，在运营过程中可能遭遇粉丝少、互动少等情况，或会因为人气不足而使这一政务平台沦为"空架子"。

一般而言，基层微博因覆盖人群少、内容受限、功能单一而导致自身先天的影响力远远不足，若是再加上运营理念与方法的缺失，政务微博开设后很可能不甚理想，这反过来又会挫伤政府本身运营微博的积极性。政务微博建设特别是基层微博，可能需要长时间的人气积攒，开博初始缺乏人气，也属于正常，切不可觉得"没意思"而弃之。基层政务微博不妨结合区域特点、塑造具有自身特色的微博栏目，提升微博的内涵。同时，社会各界特别是微博网民，应多给予基层微博更多的关怀与信心。

（六）法院微博成为政务微博发展一大亮点

作为政务微博生力军，目前我国政法微博总数已达 2.4 万，其中，公安微博的总数最多，达 20195 个；其次是司法行政微博和法院微博，总数分别为 2119 个和 1120 个。

2013 年以来，各地法院开通官方微博，直播案件庭审已成为趋势。最高法要求全国各级人民法院加强新媒体建设，积极主动运用新媒体平台，与人民群众加强沟通，促进公开、公正司法，为人民法院进一步提升司法形象，提升司法公信力，不断进行新探索，做出新贡献。法院微博无疑成为 2013 年政务微博发展的一大亮点。

自 2013 年以来有关微博直播庭审的报道已经达到 9 万多条，并且从今年 6 月开始持续走高。这与从 6 月开始法院对一些民众关注的热点案件进行公开审理是分不开的。6 月和 7 月，王书金强奸杀人案在河北省邯郸市中院两次开庭审理，河北省高院通过官方微博进行了庭审直播，诸多媒体微博以"@河北省高级人民法院"所发信息为权威信源，对案件审理进行了报道。

2013 年法院"庭审微博"直播开始遍地开花。6 月上线的北京法院网官方微博"@京法网事"在 9 月对冀中星案、北京大兴摔童案、丁书苗案、李天一等人强奸案 4 个社会热点案件都进行了庭审微博播报。2013 年 8 月，济南市中院对薄熙来案的审理情况进行了微博直播，一举引发国内外舆论轰动。8 月 22 日起，"@济南中院"通过新浪官方微博发布了 150 多条微博、近 16 万字的图文，"直播"海内外高度关注的薄熙来案审理过程，数亿人得以"围观"庭审实况。政务微博首次成为大案要案审理中唯一的消息来源。

法院开通官方微博，直播案件庭审已成为趋势。而最高人民法院官方微博的开通，更是标志着我国最高审判机关自觉、主动地适应时代需求，开始整体布局新媒体、全媒体，利用微博平台回应社会公众期盼、满足公众日益增长的司法知情权需求。法院微博的良性发展，既能推动我国司法信息公开的进程，也能为公众普及司法常识，提升司法公信。

出品

人民网舆情监测室

课题组主要成员

刘鹏飞　人民网舆情监测室副秘书长

齐思慧　人民网舆情监测室舆情分析师

陈　宁　人民网舆情监测室舆情分析师

邱若辰　人民网舆情监测室助理舆情分析师

冷　雪　人民网舆情监测室见习舆情分析师

邓志英　人民网舆情监测室见习舆情分析师

周亚琼　人民网舆情监测室特约舆情分析师

周培源　人民网舆情监测室特约舆情分析师

数据支持

新浪微博

新浪网数据中心

附：百大政务微博

排行	昵称	认证信息	省份	粉丝数	微博数	活跃度	传播力	引导力	总分
1	上海发布	上海市政府新闻办公室官方微博	上海	4047380	9645	0.1617	0.6516	0.0214	0.1299
2	成都发布	四川省成都市人民政府新闻办公室	四川	5758048	10947	0.1715	0.5254	0.0117	0.1120
3	中国地震台网速报	国家地震台网官方微博	北京	3650447	3617	0.0436	0.6727	0.0205	0.1103
4	外交小灵通	外交部公共外交办公室官方微博	北京	5242098	3514	0.0578	0.6236	0.0194	0.1097
5	公安部打四黑除四害	公安部治安管理局、公安部"打四黑除四害"专项行动办公室官方微博	北京	6360077	6718	0.0944	0.5109	0.0082	0.1039
6	平安北京	北京市公安局官方微博	北京	6024520	5944	0.0820	0.4965	0.0157	0.0852
7	中国旅游	国家旅游局官方微博	北京	4729382	1095	0.0172	0.6616	0.0119	0.0823
8	平安中原	河南省公安厅官方微博	河南	3890268	17229	0.2041	0.2431	0.0032	0.0784
9	北京发布	北京市政府新闻办公室官方微博	北京	3982464	8179	0.1286	0.4051	0.0190	0.0761
10	微博云南	云南省人民政府新闻办公室官方微博	云南	4134199	10153	0.1571	0.3744	0.0187	0.0747
11	上海铁警发布	上海铁路公安局官方微博	上海	3638122	10955	0.1759	0.3619	0.0176	0.0732
12	豫法阳光	河南省高级人民法院官方微博	河南	3699113	9917	0.1263	0.3288	0.0097	0.0723
13	江宁公安在线	江苏省南京市公安局江宁分局官方微博	江苏	389979	5382	0.0302	0.4965	0.0122	0.0689
14	警民直通车－上海	上海市公安局官方微博	上海	3246635	7678	0.1016	0.2932	0.0136	0.0670
15	平安南粤	广东省公安厅官方微博	广东	5395846	4946	0.0393	0.3910	0.0176	0.0649
16	南京发布	江苏省南京市委宣传部新闻发布官方微博	江苏	2732183	9068	0.1155	0.2713	0.0119	0.0642
17	新疆发布	新疆维吾尔自治区人民政府新闻办公室官方微博	新疆	3471146	6035	0.0569	0.3711	0.0141	0.0615

续表

排行	昵称	认证信息	省份	粉丝数	微博数	活跃度	传播力	引导力	总分
18	商务微新闻	中华人民共和国商务部新闻办官方微博	北京	3515920	3110	0.0477	0.3639	0.0107	0.0600
19	上海地铁shmetro	上海申通地铁集团运营管理部官方微博	上海	4803831	10892	0.1447	0.2498	0.0071	0.0576
20	南昌铁路	南昌铁路局官方微博	江西	3261801	13427	0.1692	0.2471	0.0104	0.0570
21	微博甘肃	甘肃外宣办官方微博	甘肃	3261436	2285	0.0239	0.3651	0.0086	0.0558
22	郑州铁路局	郑州铁路局官方微博	河南	2167595	13685	0.2131	0.1904	0.0031	0.0528
23	河北发布	河北省人民政府新闻办公室官方微博	河北	2534402	7859	0.1201	0.2399	0.0081	0.0527
24	安徽公安在线	安徽省公安厅官方微博	安徽	4938997	4579	0.0578	0.3515	0.0104	0.0521
25	青岛发布	山东省青岛市人民政府新闻办公室官方微博	山东	2764056	4915	0.0836	0.2901	0.0113	0.0516
26	中国广州发布	广州市互联网新闻信息中心官方微博	广东	1977804	9822	0.1677	0.2146	0.0106	0.0499
27	宿迁之声	江苏省宿迁市人民政府官方微博	江苏	1273921	5652	0.0870	0.2134	0.0093	0.0484
28	北京消防	北京市公安局消防局官方微博	北京	3689301	2820	0.0354	0.3440	0.0100	0.0483
29	广西旅游局	广西旅游局官方微博	广西	3148732	8109	0.0874	0.2097	0.0084	0.0483
30	四川发布	四川省人民政府新闻办公室	四川	4733064	5283	0.0880	0.2051	0.0080	0.0479
31	青岛市旅游局官方微博	青岛市旅游局官方微博	山东	2873701	6276	0.0945	0.2039	0.0064	0.0476
32	广东发布	广东省人民政府新闻办公室官方微博	广东	2732063	6852	0.1114	0.2008	0.0057	0.0469
33	深圳交警	广东省深圳市公安局交警支队官方微博	广东	412094	28655	0.3803	0.0082	0.0008	0.0468
34	广州公安	广州市公安局官方微博	广东	4179209	12219	0.1683	0.1957	0.0032	0.0460
35	山东省旅游局官方微博	山东省旅游局	山东	1593796	10104	0.1675	0.1914	0.0076	0.0457
36	北京铁路	北京铁路局官方微博	北京	2206980	6087	0.0750	0.2910	0.0091	0.0447
37	微博江苏	江苏省人民政府新闻办公室官方微博	江苏	2507661	5511	0.0904	0.1900	0.0064	0.0442
38	甘肃发布	甘肃省政府新闻办官方微博	甘肃	2679865	3854	0.0592	0.3222	0.0042	0.0442
39	石家庄共青团	河北省石家庄共青团官方微博	河北	1117769	9928	0.1266	0.1792	0.0011	0.0439
40	中国维和警察	中国维和警察官方微博	北京	3880247	3687	0.0525	0.3141	0.0037	0.0438

续表

排行	昵称	认证信息	省份	粉丝数	微博数	活跃度	传播力	引导力	总分
41	微言教育	教育部新闻办公室官方微博	北京	2648373	2424	0.0377	0.3318	0.0055	0.0436
42	中国食品药品监管	国家食品药品监督管理总局微博	北京	2703086	827	0.0060	0.5133	0.0072	0.0435
43	交通北京	北京市交通委员会官方微博	北京	2141763	13917	0.1981	0.1536	0.0021	0.0433
44	北京普法	北京市法制宣传教育领导小组办公室官方微博	北京	372339	310	0.0039	0.3908	0.0025	0.0421
45	吉林公安	吉林省公安厅官方微博	吉林	1056819	2917	0.0374	0.3249	0.0033	0.0416
46	上铁资讯	上海铁路局官方微博	上海	1249989	16760	0.2752	0.1511	0.0002	0.0397
47	福建省旅游局	福建省旅游局官方微博	福建	1759598	5352	0.0788	0.2570	0.0031	0.0381
48	中国国际救援队	中国国际救援队官方微博	北京	4031763	3019	0.0250	0.3413	0.0030	0.0380
49	济南中院	山东省济南市中级人民法院官方微博	山东	535328	288	0.0043	0.3651	0.0041	0.0371
50	河北公安网络发言人	河北省公安厅官方微博	河北	3555503	3715	0.0389	0.3049	0.0027	0.0358
51	全国卫生12320	全国12320卫生公益热线官方微博	北京	2951206	5317	0.0769	0.2455	0.0062	0.0350
52	首都健康	北京市卫生局官方微博	北京	2963893	2489	0.0285	0.3220	0.0027	0.0348
53	平安荆楚	湖北省公安厅官方微博	湖北	3781328	2639	0.0315	0.2991	0.0024	0.0344
54	平安辽宁	辽宁省公安厅官方微博	辽宁	2538353	12077	0.0732	0.2219	0.0062	0.0344
55	安徽省教育厅	安徽省教育厅官方微博	安徽	1270818	1184	0.0180	0.3507	0.0071	0.0343
56	中国结核病防治	中国疾控中心结核病预防控制中心官方微博	北京	2910052	187	0.0032	0.3495	0.0082	0.0336
57	闽姐姐	福建省妇联官方微博	福建	2774669	5177	0.0842	0.1250	0.0091	0.0335
58	平安洛阳	河南省洛阳市公安局官方微博	河南	1748094	10307	0.1203	0.1181	0.0053	0.0334
59	甘肃省卫生厅	甘肃省卫生厅官方微博	甘肃	2798321	1547	0.0238	0.3104	0.0093	0.0327
60	微博河北	河北外宣官方微博	河北	2072689	2031	0.0242	0.2995	0.0041	0.0324
61	微博银川	银川市委市政府官方微博	宁夏	2658652	2460	0.0313	0.2512	0.0048	0.0322

排行	昵称	认证信息	省份	粉丝数	微博数	活跃度	传播力	引导力	总分
62	蚌埠铁路公安在线	安徽省蚌埠铁路公安处官方微博	安徽	840618	19305	0.1771	0.1138	0.0017	0.0320
63	深圳公安	广东省深圳市公安局官方微博	广东	2364628	6347	0.0821	0.1125	0.0021	0.0316
64	中国铁路	中国铁路总公司官方微博	北京	1257857	7266	0.0778	0.2108	0.0032	0.0311
65	警民携手同行	公安部宣传局、公安部"和谐警民关系建设"官方微博	北京	3541004	933	0.0133	0.2750	0.0039	0.0311
66	青岛公安	山东省青岛市公安局官方微博	山东	726298	14374	0.1791	0.1102	0.0015	0.0307
67	国家林业局	国家林业局官方微博	北京	1789177	3422	0.0486	0.2325	0.0002	0.0297
68	交通港航	上海市交通运输和港口管理局官方微博	上海	1217761	3338	0.0473	0.2108	0.0071	0.0296
69	宁夏发布	宁夏回族自治区人民政府新闻办公室官方微博	宁夏	1848731	694	0.0116	0.2517	0.0054	0.0294
70	鼓楼微讯	中共南京市鼓楼区委宣传部官方微博	江苏	1702327	5877	0.0848	0.1093	0.0031	0.0293
71	中欧信使	外交部欧洲司官方微博	北京	1703807	3101	0.0525	0.1991	0.0041	0.0285
72	直通阿非利加	中华人民共和国外交部非洲司官方微博	北京	2296790	2499	0.0403	0.2040	0.0033	0.0280
73	平安江苏	江苏省公安厅官方微博	江苏	2636522	4969	0.0780	0.1785	0.0008	0.0280
74	山东公安	山东省公安厅官方微博	山东	3172326	1845	0.0246	0.2324	0.0014	0.0277
75	浙江省旅游局	浙江省旅游局官方微博	浙江	1496470	4974	0.0708	0.1677	0.0052	0.0276
76	重庆市人民政府新闻办公室	重庆市人民政府新闻办公室官方微博	重庆	1270881	5757	0.0918	0.0932	0.0074	0.0267
77	河南省旅游局官方微博	河南省旅游局官方微博	河南	864480	5702	0.0823	0.1430	0.0008	0.0266
78	沈阳铁路	沈阳铁路局官方微博	辽宁	395483	22052	0.3726	0.0067	0.0001	0.0261
79	沈阳发布	中共沈阳市委宣传部官方微博	辽宁	1541187	9104	0.1592	0.0914	0.0021	0.0259
80	河北省旅游局	河北省旅游局官方微博	河北	2002313	3523	0.0562	0.1752	0.0049	0.0258
81	烟台市旅游局官方微博	烟台市旅游局	山东	1363299	3480	0.0537	0.1533	0.0037	0.0254
82	虎门服装	东莞市虎门镇人民政府经济贸易办公室官方微博	广东	2376510	2774	0.0238	0.2104	0.0024	0.0253

续表

排行	昵称	认证信息	省份	粉丝数	微博数	活跃度	传播力	引导力	总分
83	浦口发布	中共南京市浦口区委宣传部官方微博	江苏	625012	4199	0.0566	0.1471	0.0031	0.0251
84	济南公安	济南市公安局官方微博	山东	1648729	9390	0.1308	0.0820	0.0009	0.0247
85	山东共青团	共青团山东省委员会官方微博	山东	1983892	3761	0.0473	0.1780	0.0015	0.0246
86	天津发布	天津市人民政府新闻办公室官方微博	天津	1183474	8010	0.1275	0.0789	0.0006	0.0244
87	北京地税	北京市地方税务局官方微博	北京	1940539	2197	0.0230	0.1919	0.0021	0.0236
88	V游福建	福建省旅游宣传中心品牌景区营销中心官方微博	福建	1944832	2753	0.0304	0.1455	0.0033	0.0236
89	共青团12355	团中央权益部12355青少年服务台	北京	1933340	1465	0.0177	0.2168	0.0062	0.0234
90	北京经信委	北京市经济和信息化委员会官方微博	北京	1954054	870	0.0061	0.2512	0.0081	0.0233
91	新都资讯	成都市新都区人民政府新闻办公室官方微博	四川	600799	5093	0.0647	0.1392	0.0017	0.0232
92	沈阳市公安局	辽宁省沈阳市公安局官方微博	辽宁	2159351	4066	0.0269	0.1742	0.0019	0.0231
93	平安宁夏	宁夏回族自治区公安厅官方微博	宁夏	2899896	1762	0.0231	0.1591	0.0011	0.0230
94	北京青联	北京市青年联合会官方微博	北京	1631100	3032	0.0287	0.1483	0.0006	0.0229
95	四川司法	四川省司法厅官方微博	四川	1025206	12069	0.1605	0.0589	0.0004	0.0229
96	山东省公安厅交警总队	山东省交警总队官方微博	山东	2538995	3295	0.0354	0.1151	0.0013	0.0228
97	北海发布	北海市人民政府新闻办公室官方微博	广西	1831081	3333	0.0470	0.1049	0.0010	0.0226
98	山西公安	山西省公安厅官方微博	山西	2657074	2622	0.0308	0.1123	0.0008	0.0224
99	平安铁路	杭州铁路公安处官方微博	云南	418594	20698	0.2461	0.0507	0.0003	0.0224
100	吉林共青团	共青团吉林省委员会官方微博	吉林	1830525	3745	0.0292	0.1283	0.0007	0.0223

正义网·2013年政法类微博影响力
研究报告4.0

前　言

　　2013年，我国微博用户规模继续增长，但随着微信等新兴网络媒体对微博用户群的分流，其增长速度放缓，进入低速增长期。中国互联网络信息中心（CNNIC）最新统计数据显示，截至2013年6月底，我国微博用户规模为3.31亿，较2012年底增长了2216万，增长率为7.2%，增速比去年同期降低了2.3个百分点。但总体而言，微博依然是广大网民爆料与传播各类信息、交流与辩论不同意见、监督和举报各种社会问题的重要舆论平台。

　　党中央高度重视新时期的网络舆论工作。面对微博、微信等新兴互联网技术和应用飞速发展的新形势，现行管理体制存在的多头管理、职能交叉、权责不一、效率不高等明显弊端，以及新媒体舆论场存在的传谣造谣、网络暴力等种种问题，习近平总书记在十八届三中全会决定的说明中指出："如何加强网络法制建设和舆论引导，确保网络信息传播秩序和国家安全、社会稳定，已经成为摆在我们面前的现实突出问题。"决定专门提出，"健全坚持正确舆论导向的体制机制。健全基础管理、内容管理、行业管理以及网络违法犯罪防范和打击等工作联动机制，健全网络突发事件处置机制，形成正面引导和依法管理相结合的网络舆论工作格局"。

　　对于肩负着捍卫宪法和法律权威、维护社会稳定和公平正义重要责任的政法机关而言，如何建设和用好微博微信等新媒体，利用这些平台增强工作的透明度和公信力，用法治思维和法治方式向全社会普及法治常识、传递法治正能量，同样是一个严峻的挑战。中央政治局委员、中央政法委书记孟建柱在全国政法宣传工作会议上就做好新形势下政法宣传工作问题时提出，政法机关要主动适应新媒体时代信息传播格局、社会舆论生态环境和公众参与方式的深刻变化，与时俱进地提升理念、创新机制，全面提升新媒体时代社会的沟通能力，以开放自信的态度，更加积极主动回应人民群众对政法工作的期待和关切。此次会议期间还套开了政法微博建设应用工作座谈会，对推动政法微博建设应用工作进行了研究部署。

　　在中央的重视和推动下，各级政法机关纷纷将官方微博、微信等新媒体建设和应用提上议事日程。一方面，政法机关开通微博的数量出现大幅增长。据正义网络传媒研究院统计，截至2013年12月20日，全国公安、检察、法院、司法行政四类政法机关及其公职人员在各大微博平台开通的微博总计3.75万个（未作排重处理，下同），比2012年同期翻了一番；共发布微博1.02亿条，共拥有粉丝4.49亿个，与2012年同期相比均有显著增长。另一方面，政法微博集群化趋势继续凸显，其中尤以法院系统最为突出。6月28日，最高人民法院院长周强在对全国法院微博群建设推进会做出的批示中强调，各级人民法院主要领导要亲自关心和过问法院微博建设工作，把法院网站和官方微博建设列入重要议事日程，切实加强组织领导，建立健全考核机制，全面落实人员、设备、经费等保障措施，为网站和微博的开通与维护、发展与壮大创造良好的条件。11月21日，最高人民法院官方微博的开通，在开国家级机关微博问政先河的同时，还搭建了上至国家下涵全国31个省级高院40个中级人民法院的微博发布联动系统。此外，政法微博在大案要案信息发布的应用方面也做出了开拓性的尝试。山东省济南市中院在其官方微博直播薄熙来案庭审记录的举动有力地彰显了我国司法机关积极利用新媒体推动"阳光司法"的决心和信心。

一 政法类微博数据分析

（一）机构微博案例

据正义网络传媒研究院统计，截至2013年12月20日，公安、检察、法院、司法行政四类政法机关及其公职人员在各大微博平台开通微博的总数为37500个，共发布微博101972625条，共拥有粉丝449492382个。其中，政法机构微博共计30154个，共发布微博89703980条，拥有粉丝393390022个；政法机关公职人员微博共计7346个，共发布微博12268645条，拥有粉丝56102360个（见表1）。

表1 政法类微博部门分布数据

机构	微博账号数量（个）		微博数量（条）		粉丝数量（人）	
	机构	个人	机构	个人	机构	个人
公安	25839	6270	83057067	10459072	337033658	49315537
法院	1677	261	2342621	563314	27848876	1510390
检察	858	547	1427402	622756	19197054	2931279
司法行政	1780	268	2876890	623503	9310434	2345134
合计	30154	7346	89703980	12268645	393390022	56102360
总计	37500		101972625		449492382	

资料来源：腾讯、新浪、人民、法律微博。

从微博个数和发布微博的数量来看，公安类微博账号最多，共计32109个，发布微博93516139条；司法行政机关微博账号排名第二，共计2048个，发布微博3500393条；法院类微博账号排名第三，共计1938个，发布微博2905935条；检察类微博排名第四，共计1405个，发布微博2050158条。

从微博粉丝数量来看，公安类微博粉丝数最多，共计386349215个；法院类微博排名第二，共计29359266个；检察类微博排名第三，共计22128333个；司法行政机关微博排名第四，共计11655568个。

此外，以上述数据为基础，正义网络传媒研究院还计算出四类政法机关的微博平均活跃程度。从微博平均活跃程度来看，公安类微博位列第一，每个微博账号平均发布微博约710条，平均每日发布约2.3条；法院类微博位列第二，每个微博账号平均发布微博约629条，平均每日发布约2.0条；检察类微博位列第三，每个微博账号平均发布微博约364条，平均每日发布约 1.4 条；司法行政类微博位列第四，每个微博账号平均发布微博约 168 条，平均每日发布约 0.7 条（见图 1）。

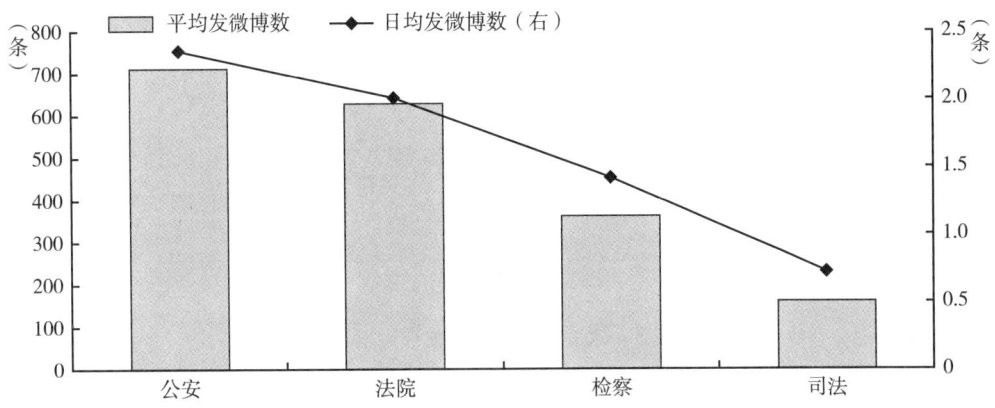

图 1　政法类微博平均活跃程度

资料来源：腾讯、新浪、人民、法律微博。

从微博平均被转发的次数来看，公安类微博排名第一，每个账号微博平均被转发 21323 次，平均每条微博被转发 4.76 次；检察类微博排名第二，每个账号微博平均被转发 5917 次，平均每条微博被转发 2.63 次；法院类微博排名第三，每个账号微博平均被转发 3913 次，平均每条微博被转发 1.23 次；司法行政类微博排名第四，每个账号微博平均被转发 1547 次，平均每条微博被转发 1.44 次（见图 2）。

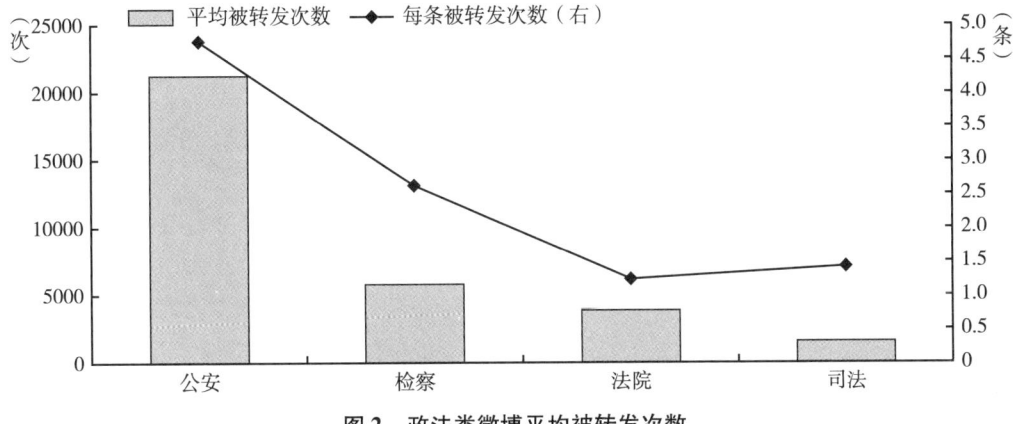

图 2　政法类微博平均被转发次数

资料来源：腾讯、新浪、人民、法律微博。

从微博平均被评论的次数来看，公安类微博排名第一，每个账号微博平均被评论 7460 次；平均每条微博被评论 4.35 次；检察类微博排名第二，每个账号微博平均被评论 5359 次，平均每条微博被评论 6.45 次；司法行政类微博排名第三，每个账号微博平均被评论 2620 次，平均每条微博被评论 2.47 次；法院类微博排名第四，每个账号微博平均被评论 1573 次，平均每条微博被评论 2.32 次（见图 3）。

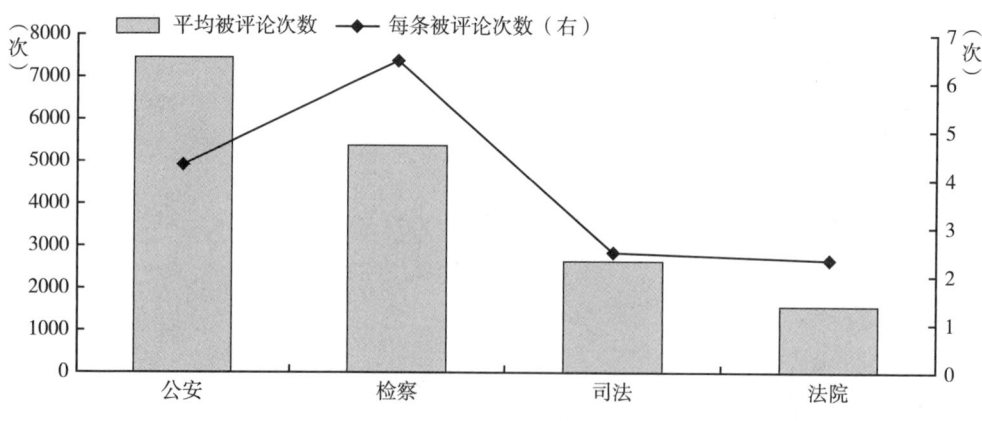

图3 政法类微博平均被评论次数

资料来源：腾讯、新浪、人民、法律微博。

从微博平均被"@"次数来看，公安类微博排名第一，平均被"@"36711.56次；法院类微博排名第二，平均被"@"15816.97次；检察类微博排名第三，平均被"@"14477.81次；司法行政类微博排名第四，平均被"@"13117.44次（见图4）。

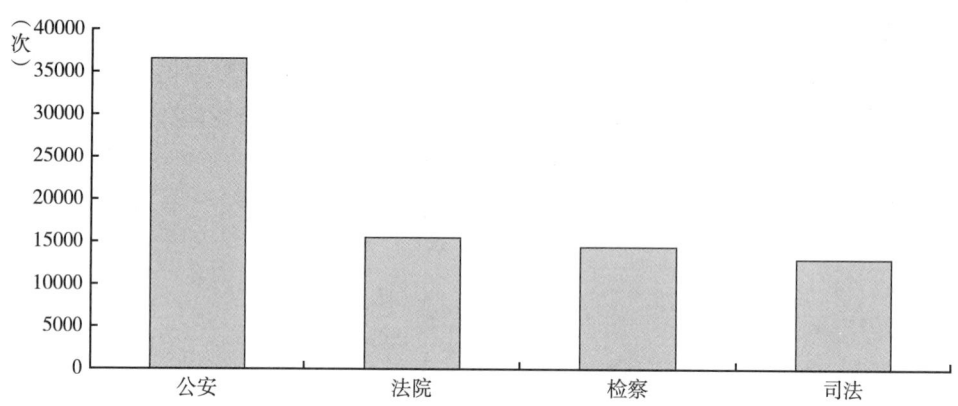

图4 政法类微博平均被"@"次数

资料来源：腾讯、新浪、人民、法律微博。

综上所述，公安类的微博个数、拥有的粉丝数、发布微博总数以及平均活跃程度均高于其他三类政法机关。

（二）政法类微博地域分布

正义网络传媒研究院根据正义网舆情监测系统提取的数据，对政法类微博数量的地域分布进行了统计。结果显示，在所有开通政法类微博的内地省份，排名前十的分别为：河南（4424个）、江苏（3749个）、黑龙江（3224个）、山东（2552个）、云南（1734个）、山西（1718个）、福建（1617个）、浙江（1522个）、甘肃（1277个）、四川（1244个）（见表2、图5）。

表2 政法类微博数量地域分布

单位：个

省份	公安		检察		法院		司法行政		总计
	机构	个人	机构	个人	机构	个人	机构	个人	
北　京	465	72	29	301	6	16	12	7	908
上　海	522	164	24	27	34	4	84	37	896
天　津	111	28	5	8	7	5	11	2	177
河　北	777	76	6	9	29	3	11	2	913
山　西	1471	48	6	1	162	21	6	3	1718
吉　林	827	58	3	3	5	3	3	1	903
辽　宁	918	74	8	8	27	8	10	6	1059
黑龙江	2176	1016	5	6	10	3	3	5	3224
陕　西	664	38	6	2	127	2	75	23	937
甘　肃	1064	117	15	3	54	6	14	4	1277
青　海	96	18	6	3	10	0	5	2	140
山　东	2049	294	22	7	29	12	87	52	2552
福　建	1435	134	9	5	14	3	14	3	1617
浙　江	1138	144	37	7	24	12	106	54	1522
河　南	2142	1722	52	73	343	76	15	1	4424
湖　北	631	42	101	10	68	7	21	2	882
湖　南	380	96	7	13	18	8	5	3	530
江　西	638	70	6	3	41	2	11	2	773
江　苏	2483	875	106	17	139	17	109	3	3749
安　徽	627	128	15	4	20	3	78	2	877
广　东	746	240	58	7	93	8	71	16	1239
海　南	49	9	0	2	23	3	2	0	88
重　庆	320	19	7	1	44	6	18	2	417
四　川	564	202	35	8	40	14	362	19	1244
贵　州	499	45	2	0	32	5	152	1	736
云　南	702	361	219	9	10	2	425	6	1734
内蒙古	902	61	7	2	11	0	14	1	998
新　疆	550	61	21	2	35	4	30	2	705
广　西	702	41	12	4	214	4	13	2	992
宁　夏	183	13	28	1	5	2	11	1	244
西　藏	8	4	1	3	3	2	2	4	25
合　计	32109		1405		1938		2048		37500

资料来源：腾讯、新浪、人民、法律微博。

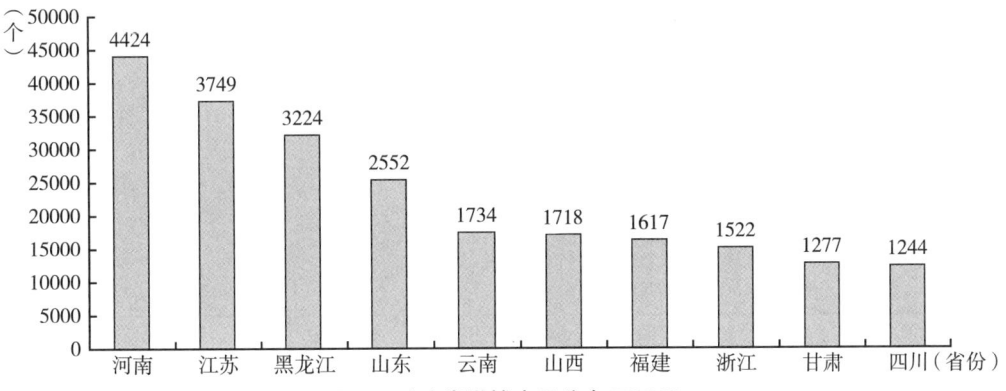

图5 政法类微博省区分布TOP10

资料来源：腾讯、新浪、人民、法律微博。

从四类政法机关及个人开通官方微博的地域分布来看，公安类微博最多的是河南（3864个），检察类微博最多的是北京（330个），法院类微博最多的是河南（419个），司法行政类微博最多的是云南（431个）（见图6、图7、图8、图9）。

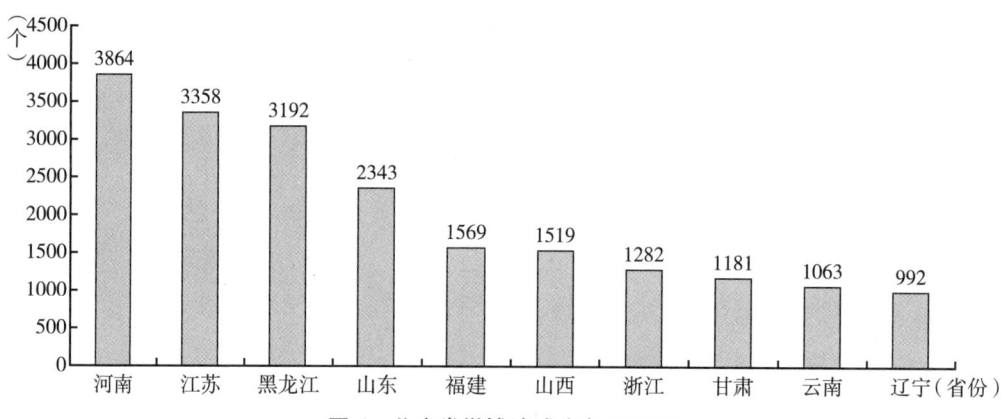

图6　公安类微博地域分布TOP10

资料来源：腾讯、新浪、人民、法律微博。

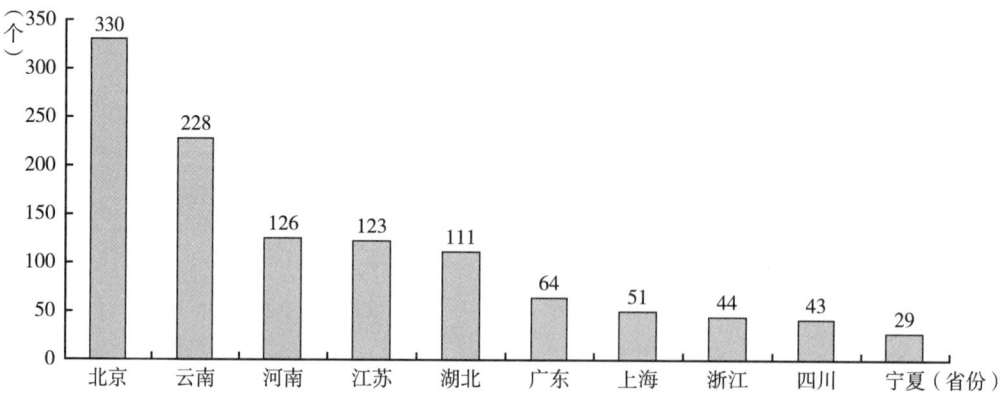

图7　检察类微博地域分布TOP10

资料来源：腾讯、新浪、人民、法律微博。

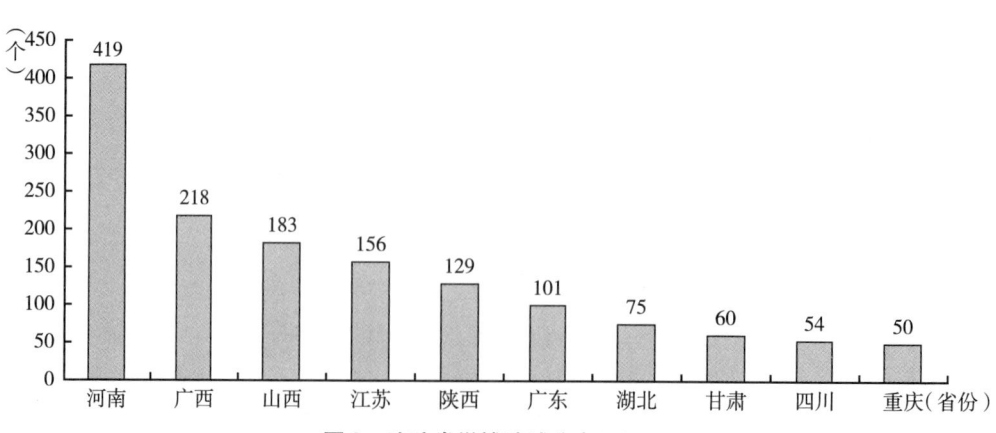

图8　法院类微博地域分布TOP10

资料来源：腾讯、新浪、人民、法律微博。

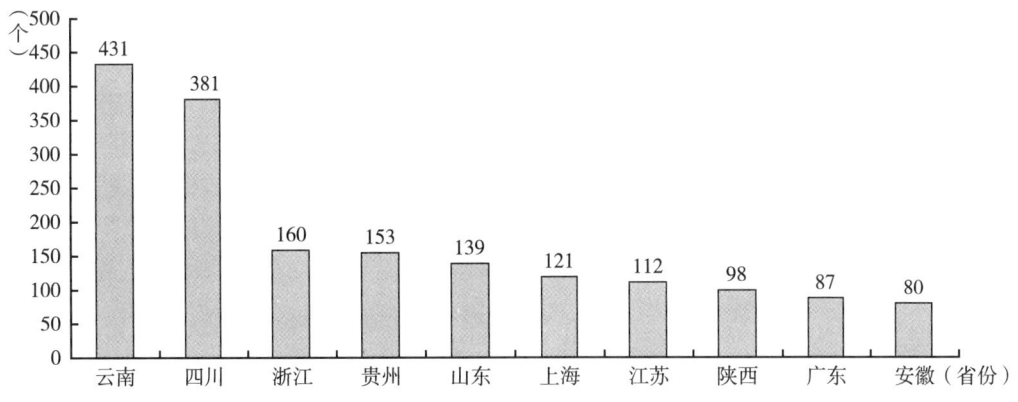

图9　司法行政类微博地域分布 TOP10

资料来源：腾讯、新浪、人民、法律微博。

（三）政法类"空壳微博"部门分布

除上述内容外，正义网络传媒研究院在数据采集过程中，专门针对发布数量极少的官方微博进行了统计，并将微博发布条数低于 10 的粗略定义为"空壳微博"，旨在引起地方各级政法机关对微博日常更新维护工作的重视。结果显示，在公、检、法、司四个系统开设的实名认证微博中，"空壳微博"账号共计 3853 个，占政法微博总数的 10.27%。其中，机构共计 2480 个，个人共计 1373 个（见表3）。

表3　政法类"空壳微博"统计

单位：个

	机构	个人	共计
公安	1985	1128	3113
检察	94	65	159
法院	165	46	211
司法	236	134	370
合计	2480	1373	3853

资料来源：腾讯、新浪、人民、法律微博。

从部门分布来看，由于微博基数较大，公安机关和个人的"空壳微博"数量均最多。其中，机构 1985 个，个人 1128 个，共计 3113 个。其余三类政法机关"空壳微博"数量从高到低依次为：司法行政 370 个，法院 211 个，检察 159 个。此外，转发量与评论均为 0 的微博、公安机关约 1255 个、检察机关 115 个、法院约 30 个、司法机关约 169 个。

二　政法类微博现状分析

2013 年，各级政法机关在微博应用方面继续前行，发展势头良好。据正义网络传媒研究院统计，截至 2013 年 12 月 20 日，全国公安、检察、法院、司法行政四类政法机关和公职人员在各大微博平台开通的官方微博总计 37500 个，公安类微博排名第一，共开通微博 32109 个。其中，最高人民法院官方微博的开通被视为本年度政法微博界最具标志性意义的事件，作为首个国家级官方微博，它的开通必将对其他政法机关产生积极的推动作用。

与此同时，在微博运营的实践过程中，部分政法机关仍存在一些理念误区和实际问题。如某些政法机关"跟风"开通微博，却在后期运营中出现内容匮乏的状况，有些甚至成为"僵尸微博"，遭到网民诟病。有的政法微博职能定位不准确，发布的信息与自身身份属性不符，有损政法机关形象。因此，如何把政法微博真正建设成回应群众呼声、落实司法公开、展现政法机关形象、提升司法公信力的重要舆论阵地，依旧是各级政法机关微博管理部门努力的方向。

（一）政法类微博问政的现状与问题

1. 特征篇

（1）政法微博阵营蓬勃发展最高法官方微博开通成标杆

2013 年，各级政法机关在运用微博等新媒体工具宣传政法工作、推进司法信息公开、拓宽民众监督渠道等方面取得了长足的进步。其中，最高人民法院官方微博的开通被认为具有标志性意义，截至目前，法院系统中从最高法到 31 个省级高院已全部开通官方微博。微博"国家队"的形成，必将对其他政法机关产生推动作用，政法机关微博应用或将迎来一个新的发展高峰期。

（2）微博问政进入务实阶段从信息发布转向官民互动

在政务微博中，政法系统微博开通早、覆盖广、重民意、求实效，在微博问政和为民服务方面走在其他部门前列。进入 2013 年以后，各级政法机关微博在实践中不断探索，开始从单纯的"信息发布"走向系统的"微博问政"，然后逐步向"微博办公"转变。各级政法机关通过微博收集网络民意、回应公众诉求、受理信访举报的情况越来越多，微博职能在得到大幅度扩展和延伸的同时，展现出更加务实亲民的特点。

（3）微博直播庭审发展迅猛司法公开新模式成常态

2013 年，微博直播庭审这一司法信息公开的新模式异军突起，发展势头强劲。"@济南中院"和"@京法网事"对李某某等人强奸案、北京大兴摔童案等公众关注度高的案件进行庭审直播，极大地满足了公众的知情权和监督权，赢得舆论广泛好评。微博直播庭审已成为法院系统推进司法信息公开的重要举措。据统计，目前全国半数以上的省份出现微博直播庭审的案例。这一司法公开的新模式已经逐渐成为常态。

（4）微博发展呈现不同模式亲民便民型微博受热捧

根据不同的职能定位，各级政法机关在微博发展过程中呈现出多元化发展的特点。亲民、创意、实用、普法宣传等，各有所长，其中尤以亲民、便民型微博最受网民欢迎。比如在春节期间，陕西省公安厅官方微博博"@陕西公安"每天实时发布全省道路通行情况、旅游景点治安动态和燃放烟花爆竹安全提示等信息，并发动网民一起跟帖，实时播报路况信息，受到网友广泛好评；为了让广大女性保护好自己，青岛公安局崂山分局微博团队的几位80 后民警自拍自导自演女性防范系列微电影，专门教授女性朋友们一招制敌术，受到了广大网友的追捧；针对福建、江西、山东等地网络谣言频现，造成社会恐慌的情况，各地警方迅速核实信息，并及时在微博上予以回应，消除不良影响，获得网民一致肯定。

（5）微博集群建设风生水起信息共享实现优势互补

在经历了各自为政的微博发展初期之后，各级政法机关纷纷将微博集群建设提上议事日程，通过建立"微博方阵"共享信息、互通有无，实现优势互补。2013年2月1日，全国第一家省级政法微博发布厅"广东政法微博发布厅"正式上线，该平台由广东省政法委官方微博"@广东政法"牵头，涵盖了广东省的公安、法院、检察院、司法行政等多类政法微博，同时还整合了法官、检察官、警察、律师等政法界人士的个人微博。首批共有336个微博加入"发布厅"，通过"发布厅"与网友沟通互动；2013年11月22日，在最高人民法院官方微博上线的同时，"全国法院微博发布厅"也一并开通，这一"发布厅"涵盖最高法官方微博、31个省级高院官方微博、40个中级人民法院官方微博和40个基层法院官方微博，所有呈现在政务微博群中的微博账号都可以被网友一键关注。微博集群建设成为政法微博发展的一个新趋势。

（6）"双微"发展势头强劲新媒体平台建设初见成效

2013年以来，不少政法机关在微博之外，还开通了微信这一新媒体工具，通过微博、微信"双微"发展，抢占舆论制高点。云南检察机关"双微"的发展势头后来居上，短期内走在了全国政务微博的前列；湖北省检察院将整合资源与创新发展相结合，网络宣传模式由"单一作战"向"总体统筹"转变，打造了"检察门户网站、检察博客、检察微博、检察微信、检察服务（新闻）手机客户端"五位一体的"鄂检网阵"新格局，新媒体运用上了一个新的台阶。

2. 问题篇

（1）前期跟风开微博后期管理跟不上

在实践中，各级政法机关在微博运营中也存在一些现实问题。有的政法机关出于跟风赶时髦或是应上级要求被动开通微博，在后期管理中，出现了内容长期不更新或者更新缓慢、原创少转发多等内容匮乏的状况，有些甚至成为"僵尸微博"，遭到网民诟病。比如郑州市政法委的官方微博，开通后仅在2012年3月9日发布过一条微博，此后一年多未更新信息。还有的政法微博频繁使用"皮皮时光机"等定时微博工具发布心灵鸡汤等与工作相关性弱的信息，每逢整点跳一条出来，缺乏与网民互动，将发微博当成任务，被动应付的痕迹过于明显。

（2）职能定位不准确　微博内容纰漏多

有些政法机关微博在发布信息的审核制度方面也存在诸多不足。有的发布信息中存在"低级错误"，如陕西省榆林市公安局官方微博"@榆林公安"在微博上发布的一条"尸源寻找"公告，文中竟称尸体操"陕北口音，自称榆林吴堡人"，引来网友围观吐槽。有的发布与自身身份属性不符的信息，如深圳市公安局南山分局官方微博"@深圳南山公安"发布了一条用胡萝卜汁擦洗身体可以预防和治疗妇科病的晚安帖，大部分网友认为这条微博内容不符合公安微博的身份属性。还有些政法机关公开对另一家单位"吐槽"，如针对郑州警方索要运尸费一事，安徽省宁国市公安局官方微博"@宁国公安在线"发帖称："河南的一些警察，实在对你们无语，是不是穷疯了？"两地公安机关如此"针锋相对"，实在有损自身形象。

（3）影响范围不够广　圈内自说自话多

"互粉"是微博的特色，抛开僵尸粉不谈，拥有粉丝数的多少也是衡量微博影响力的重要指标。但不少政法机关开设微博后，仍然没有放下架子，很少主动关注他人。即使关注、

"互粉"，也多在内部圈子中进行，导致微博发布的信息只在圈子内传播，影响范围有限。另外，某些政法机关开设的微博，很多网友也不愿去关注，究其原因，或是内容更新慢、缺乏吸引力，或是与网友的互动少、对网友诉求反馈不及时。

（4）舆情应对效果差失语妄语遭质疑

突发政法事件中的舆情应对，是考验各级政法机关舆论引导能力的关键节点。在热点事件的舆情应对中，某些政法机关官方微博依然存在失语、妄语的问题，导致自身公信力受损。在湖南湘西非法集资案主犯曾成杰被长沙市中级人民法院执行死刑后，其女儿连发微博称执行死刑当天自己没有接到通知，也没有见到父亲最后一面，长沙中院官方微博发出一条"法律没有明文规定，对犯人执行死刑时，犯人必须跟亲人见面"的"冰冷"回应，遭到网友强烈质疑。最后，长沙中院发微博道歉，称是微博管理人员对刑事法律学习钻研不够，已提出严厉批评。在"南昌两女童爬进洗衣机被绞死"事件发生后，网上言论四起，南昌市公安局官方微博及时回应舆论关切，发布警方调查最新进展，在一定程度上遏制了网上不实言论的传播。然而，就在网民一片"坐等真相"的声音中，"南昌公安"却突然失语，没有再针对此事发布任何信息，使得舆论逐渐转向对警方不公布调查结果的不满，不仅使初期的应对效果大打折扣，亦折损了公安部门自身的公信力。

（5）安全漏洞仍存在技术水平待提升

部分政法机关在微博的技术应用方面，仍然存在一些不足，导致官方微博存在安全隐患。2013年7月2日8时50分，广东佛山市顺德区政法委官方微博"@顺德政法"突然发出一条购物广告："我刚刚参加了××网的同款LV提包抽奖，大家都来碰碰运气吧。"微博一经发出便被细心的网友发现，并质疑微博工作人员上班时不务正业。当日18时，"@顺德政法"紧急发出澄清帖："近日出现的在'顺德政法'官方微博发布广告信息一事，经与区相关部门联合核查，初步分析可能是因账号密码被盗用或客户端系统出现问题而造成的。目前我们正联系技术部门采取措施进行解决，也欢迎大家为我们提供解决的办法。谢谢粉丝们的关注。"出现问题还要向粉丝"求助"，微博管理人员的技术水准可见一斑.

（6）个人微博不严谨内容发布少规范

经过实名认证的政法干警微博，也被网民视为官方的代言人，其言论应符合其身份。2013年4月，一个名为"@police李sir"的微博因发布"成都市约炮男人勿扰"等不雅言论引发围观，该微博实名认证信息为"成都市公安局交通管理局一大队民警"，不少网友对此表示质疑。后经证实，"@police李sir"系一名协警，其注册微博后，未经单位同意，私自用身份证、工作牌等申请了实名认证，并发出了不当言论。作为一名政法机关工作人员，在微博发布这样的不雅言论，伤害的是政法干警的整体形象。此外，还有些政法干警在实名认证的个人微博上大谈风花雪月、生活感悟，而对工作职能范围的事情却很少涉及，也让网民对其产生"不务正业"之感。

3. 建议篇

（1）高度重视政法机关官方微博建设工作

建议未开通官方微博的全国各级政法机关尽快开通微博，主动占据舆论引导的制高点。已开通官方微博的各级政法机关领导应亲自关心和过问微博建设工作，把官方微博建设列入重要议事日程，切实加强组织领导，建立健全考核机制，全面落实人员、设备、经费等保障措施，为微博的发展与壮大创造良好的条件。

（2）建立全国政法机关微博一体联动机制

建议树立"全国一盘棋"的思想，大力加强政法微博集群化建设，包括公安、检察、法院、司法部门内的微博集群建设以及整个政法机关的微博集群建设。在重要司法信息公开、重大司法改革宣传、政法舆情事件引导中，确立能够带动本部门、本系统形成战斗合力的核心微博，建立全国政法微博一体联动机制，统一宣传基调和引导口径，鼓励宣传方式和引导手段的创新，努力把政法微博建设成回应群众呼声、落实司法公开、展现政法机关形象、推进严格执法、公正司法，提升执法司法公信力的新的重要舆论阵地。

（3）明确政法机关官方微博的职能定位

建议各级政法机关明确官方微博的职能定位，保证官方微博真正发挥政法宣传和社会沟通的作用。除了公开部门信息、提供公共服务、受理信访事宜、宣传政法工作、普及法制常识、引导公共舆论等基本功能外，各级政法机关应结合本地实际、部门职能和群众关切，在充分评估宣传效果和舆情风险的前提下，积极探索、拓展官方微博的其他更具特色的公共职能。

（4）加强政法机关官方微博的影响力建设

建议各级政法机关通过对官方微博进行量化考核，推动微博及时更新、高效更新，加强议题设置与舆论引导能力，提升政法微博的活跃度。通过推进司法信息公开、回应群众关切，增强网民对政法机关微博的信任度；通过在引发舆论关注的重大政法事件中理性发声，积极引导舆论，提升政法机关微博在网民中的影响力。同时，在实际操作中限定微博管理人员的自由裁量事项及范围，除重大宣传和突发舆情引导任务统一部署外，各级政法机关应给予微博管理人员明确、适度的言论空间，保证及时回答网民的常识性问题，提升机关微博的公信力和亲和力。

（5）将实际成效作为官方微博的第一要务

建议各级政法机关统筹把握政法工作规律和现代新闻传播规律，注重微博影响力与微博实际工作效果的结合，主动与"粉丝崇拜"和"数据政绩"划清界限，将利用微博在政法宣传、公共服务等领域做出实际成效作为官方微博的第一要务。妥善处理社会影响力与工作实效的关系，既要防止为了提升粉丝数量将"亲民"简单地定义为"卖萌"，只注意语言的网络化，在自身职能范围内却无所事事；又要避免过度迎合网民心理，为满足部分公众需求而突破法制底线、损害司法权威；还要注意在回应专业性较强的敏感案事件时，针对舆论场中存在的"跨省抓捕""未审先抓"等习惯性误读，做好基本法治常识的普及工作，涵养全社会的法治思维。

（6）建立健全规范的微博运营管理机制

建议各级政法机关建立健全规范的微博运营管理机制，保证官方微博的安全、有序、高效运行。各级政法机关在开通微博前，应对日常值班、信息发布、评论回复、办事服务、安全维护、保密纪律、监督考核、对外协调等方面做出统一规定；开通微博后，应注意结合网民提问、评论的实际情况，建立回答网民提问的口径库，内容包括各业务部门的主要职能、热点敏感事件回应、业务流程指引、便民信息提供等方面，以弥补值班人员在知识、业务上的不足，提高微博运行效率。

（7）对官方微博管理人员加强技能培训

建议各级政法机关加强对微博管理人员在法律知识、部门业务、保密纪律、媒介素养、新媒体使用能力等方面的培训，提升微博管理人员在与网民日常互动中的释法说理水平。定期组织微博管理人员参加由权威机构组织的针对性强的培训班，除知识普及和技巧培训外，积极开展微博宣传和舆论引导的实战演练。定期安排微博管理人员参加知名政法微博经验交流会，在不断总结自身微博管理经验的同时，积极借鉴其他在全国范围内影响力较大的知名政法微博的先进经验。

（8）对实名认证的个人微博进行集中管理

建议各级政法机关以实际工作需求为原则，不向个人强制摊派"开通微博"的任务指标。对于已经实名认证的政法干警微博由所属机关登记备案，并对其微博进行分类管理：对在重大舆情事件中，积极普及法律常识、主动进行正面议题设置、释放政法机关正能量、有效引导舆论风向的个人微博，应给予适当表彰；对过多讲个人生活、很少谈政法工作的个人微博，其取消身份认证。

（二）公安机关微博问政的经验与问题

1. 经验篇

作为政法微博中的"领跑者"，公安类微博开通时间最长，数量最多，粉丝群最大。以新浪微博为例，目前我国公安系统有26个省级公安机关开通微博，公安类微博的总数高达20195个，占政法微博总数的57%，遥遥领先于检察、法院和司法行政等部门。各地公安政务微博经过多年经营，已经形成省市县三级优势互补、机构微博和民警微博相互补充的格局，甚至不少基层公安微博也体现出了很强的影响力。

在实际运营过程中，公安政务微博积累了一套自己的管理经验，比如在重案要案和社会热点事件中注重权威发声、充分保障群众知情权；舆情的核实、调查与处置变得更加高效；爱民亲民便民，与网友积极互动；多元化宣传、创意式执法；建立公安系统的整体联动机制，加强政务微博与政务微信的双重配合等。公安政务微博在保证追求务实、贴近民生等优势的同时，也在不断推陈出新，突破自我。许多优秀的公安机关公职人员的个人微博也表现出色，他们不仅拥有超高的人气关注，也在警务公开、法律释疑和便民利民等方面卓有成绩，为公安机关树立了极佳的正面形象。

2. 机构篇

（1）权威信息公开为先保障知情权服务为本

微博是公安机关发布信息的最佳"播报员"。公安机关发布的微博主要以预防、制止和侦查违法犯罪活动；防范、打击恐怖活动，维护社会治安秩序；管理交通、消防、危险物品为主。特别是重大案件和突发事件发生时，公安机关总是第一时间发布权威信息，公开政情，主动传播"政能量"，积极引导舆论，较好地维护了社会治安秩序。

以2013年6月22日深夜发生的上海宝山枪击案和11月6日早晨发生的山西太原连环爆炸案为例，这两起事件分别造成了6人被杀害和1人死亡1人重伤7人轻伤的严重后果，在一定程度上使当地民众产生恐慌。事件发生后，山西省公安厅官方微博迅速介入，在爆炸案发生一个多小时后立刻发声，随后每隔一两个小时就发布即时的交通信息和伤亡情况。上海市公安局官方微博"@上海警民直通车-上海"在6月23日凌晨4时许发布案件通告，17时发布通告后续，公布犯罪嫌疑人身份和犯罪动机等信息。正是公安政务微博及时发布的警情信息，使公众在第一时间得到预警提示、了解案情进展情况，有力地遏制了谣言的扩散，对于维护社会治安稳定起到了至关重要的作用。

在曾轰动全国的"长春盗车杀婴案"中，吉林省公安厅官方微博"@吉林公安"持续发布微博，通告事件进展，引发无数民众也加入其中协助寻找，不幸的是小皓博最终遇害。但多数网友和评论仍认为，公安微博在此案过程中的引导和动员作用不可忽视，众多网友大力支持并提供线索起到积极作用，使得案件迅速侦破。

在重大自然灾害发生时，公安机关除了抢险救灾外，还不忘发布微博信息，及时引导并救助群众。如在宁波抗击"菲特"台风特大洪涝灾害的过程中，宁波公安微博群向外界传递出了正能量。10月17日下午，宁波市公安局官方微博"@宁波公安"发布了一则灾后服务提示："由于山洪夹杂泥沙冲进水库，鄞州区鄞江镇的不少村落的生活用水受到污染。当地消防中队每天用消防车将干净用水送至相邻各村，请村民互相转告。"简短的话语，图文并茂，使这则服务信息快速传递开来。这是台风灾害期间，宁波公安微博群所发布的2000多条微博的其中一条。在这次灾害中，全市各级公安微博、民警个人微博积极行动，形成微博矩阵合力，第一时间播报警方抢险救灾情况，传递各方救助讯息，发布防范预警，告知即时路况，在风雨中传递温情力量，充分发挥了政务微博的作用。

（2）舆情核查处置高效率积极互动有亲和力

公安机关一向重视网络舆情，在接到微博举报或监测到相关舆情时，都会认真核查事件真实性，分析舆情发展态势，及时处置舆情事件，化解社会矛盾。以"广东首办微博举报超员案"为例，2013年2月16日12时许，广东省公安厅官方微博"@平安南粤"收到群众举报，一辆粤K号牌大客车超员，正在广东茂名信宜市辖区行驶。广东省公安厅交管局快速反应，立即指示茂名市公安局交警支队按照该车行驶路线缉查布控。

关于公安机关公职人员遭到举报的案件，警方除了公正处理外，也会通过官方微博公布相关处理情况，并对舆论进行有效引导。2013年4月15日凌晨，重庆市巫山县公安局龙溪镇派出所所长黄龙灯、法制科民警黄某驾驶私车到大坪与朋友杨开友、孙某吃夜宵后，杨开友与一名出租车司机发生争执，冲突中杨开友及孙某将司机打伤，致使路过的出租车和附近群众陆续聚集，围观人员将黄龙灯的汽车掀翻后，在车内发现了警服和警官证。随后，"警察打人"的消息在网络上不胫而走，网友群情激愤。面对即将失控的网络暴戾情绪，重庆警方借助微博和论坛两大网络问政平台，先后4月15日6时、21时和17时三次回应公众关切，及时公布调查进展，极大地缓解了舆情危机。而黄龙灯因酒驾被免去所长职务、两名民警被禁闭以及相关打人者被行政拘留等一系列后续处置结果被赞公平公正，获舆论肯定，就此，一场舆论风暴被迅速平息。与之类似的还有深圳交警微博通报"警花"开车超速处罚结果等事件。

对于群众的紧急救助信息，公安机关积极与网民线上沟通，线下联系，互动过后，给予及时有效的帮助与鼓励，使警民鱼水情更深厚。典型案例有："@济南公安"微博3年解疑问6.6万条，微博救助直播自杀网友已经累计13名；孩子高烧休克，送医路上又遇堵车，父亲微博救助，"@崂山公安"用警车开道仅10分钟将其送医；"@南昌公安"微博帮忙寻找被拐走的5岁男童章俊宇，网友通过微博提供线索成功将男童解救，其间南昌公安微博直播案件进展，网友纷纷称赞南昌警方"给力"。

不仅如此，公安政务微博在舆情处置方面反应迅速，最大限度地压缩了谣言传播的空间，变被动为主动，及时平息网民质疑，确保更准、更快、更好地引导舆论。如河南省三门峡市公安局通过官方微博"@平安三门峡"辟谣"村支书性侵妇女"报道、济南警方证实央视"市民哄抢菊花"微博不实以及"@平安北京"通报"老外撞人事件"，否认"大妈讹老外"之说等。同时，涉及公安机关自身的不当执法行为时，公安微博也会坦诚地承认错误。有网友因发布关于车祸的伤亡人数不准确的微博，被安徽省砀山县公安局官方微博"@宿州砀山公安在线"定性为"造谣、传谣，处以拘5日"，结果引发众多网友不满，质疑公安部门处罚不当，"数字不准确属于有'错'，不属于无事生非造'谣'，提醒当事人删帖或更正数字即可。"很快，"宿州砀山公安在线"再发微博承认该处罚不妥，现已撤销，并对其本人及网民表示歉意。之后，公安微博及时认错并改正的举措也获得了舆论的肯定。

（3）多元化宣传创意式执法务实便民节假无休

如果说一两年前的公安政务微博主要以"卖萌"和"耍酷"等形式发布信息讨网友欢心，那么2013年以来，公安微博已经开始"转变文风"，微博内容显得更加务实，也更便民。在宣传方式上，公安微博不再局限于文字和图片，而是趋于多元化，漫画、微电影、微访谈、微视、焦点大图、精选微刊等，并且还有推送订阅等栏目内容。

在宣传创意上，表现较突出的有：宁夏交警改变宣传方式引发网友追捧，自制交通安全暴走漫画蹿红微博；"@广州公安"微博"泰囧"版交通安全篇乐翻网友；"网警拜大年网民享平安"有奖竞猜；"@阜阳公安在线"制作的《西游降魔酒驾版微博剧》成功入围安徽首届微电影创意节；"@南京市白下公安分局"发布全国首个警察热血"陈欧体""女警带盐"微视频。在执法创意上，"@常熟公安"发布温情版微博通缉令，"@渝中公安"在微博公布公安分局局长手机号码，"@沈阳铁西公安"推出准妈妈服务等举措受到网友大力支持，也确实有一定成效。

除了正常工作日的服务外，公安政务微博在周末和国家法定节假日也加班加点为群众办实事，比如直播路况：湖北高速警察微博直播雾天路况，实时通报交通管制路段及间断放行措施引导司机；陕西警方"十一"直升机巡航，航拍路况微博播报。比如微博传授"防骗秘籍"：春节长假期间，"@广州公安"微博的编辑结合节日特点，每天给网友提供公共安全防范类的提醒博文；南京江宁公安分局的官方微博对一些新骗局进行逐一揭秘，受到网友热捧。比如微博预约服务：内蒙古自治区宁城县公民节假日申领护照可微博预约上门办理，在公安微博预约办理时间后，节假日等非工作时间照常受理护照申领事项，并提供上门办证、送证上门服务。这些便民措施深受群众欢迎。此外，在一些特殊时期，公安微博也会发布一些应景的提示与帮助，比如张家口公安微博发"开学安全攻略"帮学生防性侵、辽宁公安微博发布全运会安全提示和石家庄民警微博发布"寻人宝典"，这些微博内容十分实用，既方便群众，也赢得网友的追捧。

更值得肯定的是，公安政务微博擅于利用互联网技术，更快速、准确地为群众提供服务。2013年4月20日21时30分，公安部治安管理局、公安部"打四黑除四害"专项行动办公室官方微博公布了寻找雅安地震中失散亲人的三个网络平台。其中，包括搜狐寻人平台、谷歌寻人平台以及360搜索寻人平台。公安部希望通过这一信息平台，更多人可以找到失散的亲人，得到亲人平安的信息，这一举措获得舆论充分肯定。

（4）规范微博管理制度建立网络舆情反馈机制

关于公安政务微博的运行、维护和管理，不少团队的管理机制已经日益规范，日趋专业，且逐步建立起一套适合自己的舆情反馈机制，一些地方公安机关甚至还规定了微博舆情引导方面的领导问责制度。2013 年 9 月，河南省公安厅下发通知，要求全省各级公安机关健全完善涉警舆情引导处置领导责任制，牢固树立"舆情即警情"理念，各级公安机关一把手是第一责任人，对本辖区发生的涉警舆情组织、指导、协调、处置不到位的，严肃追究问责。

在微博管理制度方面，广东省肇庆市公安局官方微博"@平安肇庆"的做法值得各地公安机关学习。"@平安肇庆"从严管理、建章立制、规范运营，主要体现在以下三个方面的制度中。一是建立网络发言人制度、"网络问政口径库"和"微博专家团"，实行轮流值班、实名上岗制度，突破了中国网络问政中瓶颈式的问题，确保了网络问政回复信息的准确性、权威性。二是建立了问政管理制度、QQ 群联络制度、问政邮箱制度，明确各警种、所辖县（市、区）公安机关在微博问政中的责任以及网民信息处理的限时办结期限，确保各警种部门能够做到"真办事、办实事"。三是落实督导工作，定期通报。对于没有及时处理网络问政信息的部门、地区，每周在公安内网上面通报一次，每月总结一次。同时建立网络问政奖励制度，在年底开展评优活动，表彰网络问政工作突出的先进集体和个人。

在舆情反馈机制方面，表现突出的还有：南昌市公安局建立了微博发布审核制度、微博舆情处置制度、网友提问 24 小时回复制度等配套管理运行制度，确保公安政务微博良性运行；为提高服务群众工作效率，以"@平安荆楚"为代表的湖北公安，专班建立起微博受理群众诉求工作机制，实现了"微博受理、微博流转、网下办理、微博反馈"；阜阳市公安系统开辟了包括公安在线、交警在线等在内的多个官方微博平台，建立起了一套畅通的网络舆情快速反馈制度，由指定单位统一协调，各部门予以支持和配合，针对网络所反映的疑问、建议和意见等问题，微博管理员调查实情后予以及时回复。

值得一提的是，2013 年 2 月，济南市公安局出台《民警个人认证微博管理办法》，对民警和公安机关工作人员实名开微博进行了规范。严禁民警个人认证微博参与商业性、营利性活动，严禁民警个人认证微博在网上爆粗口、与网友对骂，对于个别网友不理智的行为可以采取灵活措施进行应对。这个管理办法，对当地民警的个人认证微博进行了规范管理，值得其他公安政务微博学习和借鉴。

（5）加强系统和跨区域合作健全整体联动机制

2013 年，公安微博加强了公安系统内部的合作，多警联动，形成合力，合作不只局限于公安系统，一些地方还推出政法整体联动机制，强化破案和打击力度。一个非常典型的案例是："@平安荆楚""@湖北高速交警"微博合力救助重症病人。"一名 83 岁的老人被救护车送往医院抢救却遇到堵车，眼看呼吸机氧气即将耗尽……"2013 年 1 月 31 日，一条求救微博引起了湖北省公安厅和湖北省高速交警总队官方微博的关注，紧急救援行动随即展开。3 个多小时后，在高速交警的帮助下，老人被顺利送抵医院开展救治。"@平安荆楚""@湖北高速交警"微博直播了交警救助全程，得到众多网友的关注和称赞。

2013 年 2 月，河北一大学生到山西省晋中市找工作，不料被骗入传销组织，其通过微博向山西省公安厅和晋中市公安局官方微博讲述了自己的遭遇。随后，两级公安微博私信通知他，"2 月 21 日上午，公安将会采取行动进行解救"。最终，公安机关借此打掉了一个涉及百余人的传销团伙。

在报警方面，"@北京消防"更为先进。自 2013 年 6 月 28 日起，北京消防部门启动微博、微信 119 报警系统警务联动机制，搭建全方位报警和隐患举报平台，北京市民可以通过

"@北京消防"微博、微信向消防部门紧急求助、举报消防安全隐患。

谈及系统合作和跨区域的合作，不得不提公安系统的微博发布厅。以苏州公安为例，2013年10月9日下午，"苏州公安新浪微博服务厅"上线仪式在苏州市公安局举行。该微博服务厅整合了苏州公安485个新浪政务微博，通过以大带小、以强带弱方式，推动苏州公安四级政务微博全面发展，进一步提升苏州公安政务微博的影响力。为更好发挥网络互动、即时传播的优势，新推出的"苏州公安微博服务厅"实现了四级微博一网浏览、重要信息瞬时分享的快捷服务。一键式查询的功能性，将可以充分利用"苏州公安新浪微博服务厅"的后台系统，对所有公安微博的运营数据进行实时统计、分析，通过关键词对私信进行分类检索，更快地回应广大市民的诉求、解决大家的需求。2013年6月，湖南省禁毒委还建立了全国首个公安禁毒系统微博发布厅，省内14个市州及下属县级行政区的近100个禁毒办也均开通政府官方微博，建立了庞大的微博矩阵，开全国公安禁毒系统网络问政的先河。总之，"公安微博服务厅"搭建了统一的对外展示平台和互动通道，加强了公安微博间的互动与联系，也为网友了解该省、该市或该类别的公安信息提供了更快捷的服务。展望未来，为保证公安政务微博问政的效果，建立健全整体联动机制尤为必要：加强公安政务微博系统内部的互动与协作，加强公安微博与民警个人微博两类微博之间的互动，使两者的微博运作相得益彰；同一地域范围、同一职能范围乃至跨地域、跨行业的公安微博要形成合力；与其他传播渠道如官方网站、传统媒体等进行有效互动，最大限度发挥整合传播效果。

3. 个人篇

（1）名人微博表现抢眼树立警察良好形象

公安系统里的微博名人不少，最有名的当数公安部打拐办主任陈士渠，这位有着"微博最具影响力公务员"美誉的打拐办主任，有近500万粉丝，其微博全部与其本职工作息息相关，在全国公职人员实名认证微博中，影响力位居前列。他发布的几乎都是走失寻人的微博和相关政策的咨询。陈士渠把发微博当成一项工作，一有时间就更新，微博上的评论和转发他几乎条条必看，收到紧急线索，他会迅速打电话通知当地公安，并定期听取侦办工作汇报。至今，他的微博共搜集线索数千条，有的线索甚至牵出多个案子。

除了陈士渠，帮忙寻找孩子的人气王"@王于京"（浙江金华武义公安局民警）以及我国首个实名认证的女网警、专揭各种骗局的"@传说中的女网警"（北京市公安局网警高媛）等人都是公安微博中最闪亮的"明星"。这些公安微博中的大V，身着警服、头顶警徽、心怀忠诚，在警务公开、法律释疑、便民利民和树立警察良好形象及搭建和谐警民关系等方面，以自身的辛勤耕作收获着微博影响力的硕果，又以自身的影响力回馈着百姓对公安工作和警察形象提升的期待。

（2）回应质疑有理有据主动辟谣频获肯定

在一些突发事件中，公安系统里的个人认证微博，用自己的专业知识和事实说话，积极回应舆论质疑，主动辟谣，对网友进行认真引导，也引导着舆论健康发展。比如2013年10月10日9时许，北京律师朱孝顶通过其微博发布"大庆强拆：女拆迁户被一大帮光膀子拿酒瓶的男人强行抬走"的视频，并"@"黑龙江省大庆市委常委、市长，公安局党委书记、局长曹力伟的实名微博。曹力伟遂于当日发布多条微博予以回应。除了向被强拆者提出如何维护权益的建议，他还向朱孝顶提出七点质疑，认为其公布的视频不符合事实真相、不按照法定程序受理案件，是以"保护当事人合法权益"的名义，施践踏法律的行为。曹力伟的质疑有理有据，引发网友一致好评，更有网友呼吁更多像曹力伟这样"贴地气儿"的领导干部在微博"扎根"。

（3）巧用微博破案宣传安全常识

不少公安民警通过微博这个平台，展现警察有血有肉的一面，让更多人了解警察这个职业，同时通过微博帮助答疑解难，拉近与网友之间的距离。福建省平潭市综合实验区公安局夫妻警察陈必巍和周娇娇就是这样的民警，这对警察夫妻在新浪微博实名认证微博"巍哥娇姐夫妻警务在线"，记录自己的工作和生活，并帮助网友解决各种难题，受到网友的热捧。

一些民警巧妙运用微博，为网友传播安全常识和法律知识，浙江省台州市公安局黄岩分局澄江派出所民警浦俊就是他们中的先进代表。2013年春节过后，这位民警在其微博"@黄岩晓警察"中，将刘德华、梁朝伟、李连杰等众多明星"支使"得团团转，让他们纷纷"变身"安全防范代言人。通过"电影桥段防范系列""防范微提醒""防范三字经系列""110－我们在路上"等一系列栏目传授安全知识。此外，他还用《西游降魔篇》宣传防盗抢常识，又推出《笑傲江湖之禁赌篇》《门徒之禁毒篇》《盗梦空间防骗版》。对此，网友们十分欢迎，纷纷表示用这种方式宣传安全知识，很有意思。

还有更厉害的公安局局长通过微博私信获得案情，后来经过民警连续侦查缉拿到元凶。2013年8月8日，在处理一宗强迫他人卖淫的案件时，从事公安工作多年的广东省河源市公安局党委委员、源城区副区长、公安分局局长赖昌彬，利用个人微博"@hy空警一号"与事主取得联系，希望事主能到当地派出所报案，为民警提供有价值线索。在事主认为"报案没用"、不相信警方的情况下，赖昌彬多次用私信与事主沟通，终于取得了当事人的信任。8月10日，事主王某从广州赶到该源源西派出所报案。广东河源市源城公安分局根据赖昌彬的个人微博掌握到的线索，成功抓获犯罪嫌疑人李某顺。

4. 问题篇

与2012年相比，2013年全国范围内的公安政务微博数量大幅度增长，粉丝数量剧增，微博服务质量也得到进一步的提高。在广大群众享受公安微博带来高效快捷的政务服务时，公安微博的工作任务也在不断加大。在这个过程，难免出现一些"忙中出错"的情况，具体体现在公安政务微博的内容发布、微博回复和舆情应对等方面的不足。还有，个人认证微博也频频出现一些负面问题，导致公安系统的整体形象受损。这就需要各地公安机关对政务微博的管理再作进一步规范，及时堵住微博信息审核机制的漏洞，对微博管理者进行相关培训并对公安政务微博进行更有效、更规范的管理。

（1）微博内容不严谨信息审核有漏洞

公安政务微博作为一个新的警务服务窗口，其所发布的字句必须准确清晰、有理有据，措辞应严谨，配图需考虑适用与否，不宜发布与公安职能相悖或不相关的信息，否则不仅会遭到舆论的质疑，还会影响公安机关的形象，损害执法机关公信力。正义网络传媒研究院整理出2013年公安微博几类发布信息不严谨的案例，供公安机关改进工作参考。

一是发布与公安机关职能不相关或不合适的微博内容。4月7日晚，深圳市公安局南山分局官方微博"@深圳南山公安"发布了一条胡萝卜汁擦洗身体可以预防和治疗妇科病的晚安帖，并配发了一张性感美女照片。微博发出后，引发网友的强烈争议。好在"@深圳南山公安"2个小时后便删除该条微博，并于次日一早发微博道歉。

二是所发微博内容与配图不搭，或图片不具时效性。8月31日，"@平安北京"微博发布昌平分局8月23日打击东三旗村拉客招嫖违法活动相关信息时，后面附的图片却是来自2006年打击卖淫嫖娼的一张旧照片。眼尖的网友发现了这一"穿越"情况，"@平安北京"即刻便陷入舆论的风口浪尖。随后，"@平安北京"删除原发微博，新发的微博配图则已改用电视新闻报道的截屏，并郑重致歉，接受网友批评，感谢公众监督。

三是微博内容逻辑不通，表述不清，出现低级错误。11月6日，陕西省榆林市公安局官方微博"@榆林公安"发布的一条"寻尸"微博引发网友关注，微博正文详细描述了该死者的大致年龄、衣着特征，在后面的介绍中，有"经民警调查了解，此人为陕北口音，自称榆林吴堡人"的文字。该微博发出后，"陕北口音女尸"立刻成了网络热词，并引起不少网友关注、转发。有网友吐槽：尸体也会说话？更有网友强调，公安政务微博代表着公信力，写作要客观严谨，这样搞笑的微博，实在不该。11月11日，有媒体记者调查发现，该条微博的首发者是延安市洛川县凤栖派出所，并拨通了凤栖派出所的值班电话，一名工作人员明白原委后表示，这可能和民警疏忽大意有关，并表示会尽快予以更正，消除不良影响。11月12日，榆林公安就此事在微博上道歉。

四是官方微博管理人员擅自发布信息或不当言论。6月15日上午，因郑州警方索要运尸费引来宁国市公安官方微博"发飙"，微博称："河南的一些警察，实在对你们无语，是不是穷疯了？"引起不少网友的关注，有网友调侃道，"宁国公安居然在微博上'骂'河南同行"。对此，宁国市公安局6月16日解释，是该局管理官方微博的工作人员失误，将准备发到个人空间的内容误发到了官方微博上。无独有偶，10月1日8时许，京藏高速宁夏吴忠关马湖段发生重大交通事故，至少34辆车相撞，具体伤亡人数不详。13时许，宁夏公安厅高速公路交警支队腾讯官方微博转发"@新华社发布"关于报道事故情况的微博，质疑新华社"造谣"，引发网友围观。10月2日16时54分，"@宁夏高速交警"做出回应称，"新华社关于'34车连环相撞'的博文不存在造谣，宁夏高速交警的评论属微管员擅自发布"，并称已经对相关责任人做出行政处分。

五是与网友私信互动过程中，没有掌握好沟通尺度。除了微博内容，在私信沟通中，部分公安微博也没有很好地掌握沟通尺度，没有高效为网友答疑解惑。12月15日凌晨，有网友在天涯论坛发帖称，因为不明白交通违章的处理依据，遂向广西玉林市博白县交警的官方微博咨询，结果被对方通过私信回复"你个白痴"，引发网友广泛关注。12月16日，博白交警回应称，私信由代岗民警擅自发布，已对当事民警通报批评，并向当事网友真诚致歉。

六是在转发其他微博内容时没有二次核查。除了原创微博，转发微博也要仔细甄别，否则容易引发误解或造成其他不良影响。1月17日11时许，衢州开发区公安分局官方微博转发了一条微博，内容为提醒在云南边境地区旅游或当地人注意，不要被缅甸西瓜做的迷魂药迷惑，谨防被劫财劫色，高价出售器官。1月18日上午，衢州开发区公安分局有关负责人发现该条微博引起网民关注和质疑。网友"@云信潘林虎"称："之前类似这种谣言很多，但没有见过警方未经调查就发出来的。"在向云南警方联系得到"无此类案件发生"的回复后，衢州开发区公安分局10时许将此条微博删除。当天下午，衢州经济开发区公安分局迅速达成3条意见：向网民及云南警方真诚致歉；正视信息发布审核制度执行上存在的不足和漏洞，承诺进一步完善制度建设，加强执行力度；对发布该微博的管理员及主管负责人提出严肃批评，停止其微博管理工作，并责令做出深刻检讨。

（2）微博回复内容不妥当官方微博成推卸责任的工具

公安微博在公开权威信息和寻找事件真相等方面发挥着重要作用。但2013年以来，一些公安机关在通过官方微博回应热点事件时，存在表达模棱两可，回应避重就轻，找托词、推卸责任等问题。1月，兰州一辆警车停放自行车道被网友"吐槽"，"@兰州安宁公安"微博回复称，"没有占用，欢迎网友实地查看"。仅十分钟后，该微博再次配图称："如果占道，也是为了出警方便停在派出所门口。"为何第一条微博是直接否认占道，第二条微博却用"如果"来表达模棱两可之意。于是，有评论质问："什么时候官方微博成了推脱批评的'自留地'？"

在舆情应对过程中，公安机关若对舆论质疑的焦点问题避而不谈，不仅起不到澄清真相的作用，反而会使公安机关的公信力受到损害。特别是有警务人员涉案的事件，警方切不能利用官方微博来"脱责"。5月30日，有网友爆料辽宁鞍山警察协会向理事发特权牌照，鞍山市公安局微博回应称牌照属实，并表示鞍山市警察协会发放牌照未经市公安局批准，该局在网友曝光后已责令协会收回牌照。但经记者查证，鞍山市警协主席为鞍山市公安局现任党委副书记、副局长徐启滨，当地多名警界要员作为协会理事，舆论因此质疑鞍山市公安局称"对此事并不知情"只是托词，实难服众。舆论重压之下，6月1日，鞍山市公安局官方微博再度发布通报称，相关责任人因违反警察协会工作章程和有关法律，已被责令引咎辞职。然而，舆情并未因此消退，认为警方处理决定系"丢卒保车""敷衍了事"，呼吁彻查之声不断。

与此同时，公安机关必须确保在通过官方微博回应舆情事件时的用词经得起事实和法律的双重推敲，否则将引发次生舆情。2013年5月，在安徽女子在京坠亡事件中，"@平安北京"曾通报称该女子系"自主高坠死亡"，该说法受尽嘲讽。6月，在浙江一网吧上网的云南镇雄籍打工者陈绍雄等3人被浙江永康警方在未说明任何理由的情况下抓走。之后，陈绍雄死亡，而同时被抓的另外两人称他们遭到"刑讯逼供"，引发社会关注。永康公安局遂通过微博回应称，陈绍雄在接受询问期间，警员发现其身体不适，在采取刮痧等治疗措施无果后，迅即将其送医抢救，并表示"这是一起犯罪嫌疑人非正常死亡事件"。"中暑说""刮痧死"等说法再次引发众怒。

（3）舆情回应迟缓后期应对疲软

在一些重大舆情事件发生后，公安机关应及时介入，并通过微博积极发声。信息时代，如何"又快又准"发布事件信息和回应舆论质疑，既考验公安机关的办案能力，也考验公安微博舆情应对的能力。在引发全国关注的复旦大学投毒案中，复旦大学硕士研究生黄洋4月1日便入院就诊，警方也随即介入调查，但直到4月19日，上海市公安局才通过官方微博首次对外发布案情通告，引发舆论强烈不满。公安机关未能抓住时机，对突发舆情事件迅速响应和表达，也就未能在后期很好地引导民众情绪。

而在"江西两女童被洗衣机绞死"案中，南昌市公安局官方微博"@南昌公安"前期回应与后期回应形成鲜明对比。事件曝光之初（9月21日）网上言论四起，"@南昌公安"及时回应，将最新进展在微博上通报。网民一方面对警方调查结果表示期待，另一方面表示要给真相一点时间，"大家不要主观臆断"的呼吁之声渐起。但在网民一片"坐等真相"的声音中，"@南昌公安"迟迟没有发布此事件的后续信息，舆论态度逐渐转向对警方不公布调查结果的不满，直到20多天后的10月16日傍晚，南昌警方才公布了该事件的调查结果——两女童死亡排除他杀，但有网友认为，舆论倒逼式的处理路径无法赢得公众好感。此案例说明，公安微博应对公众关注的案件信息予以及时且持续的公布，对于相关民意诉求，应主动发现、积极回应。对有关案件的侦查有了调查结果之后应主动公布，若无结果可动态更新相关进展。"沉默以对"不仅不符合公安微博信息公开的特点，而且容易给群众一种"冷漠感"。

当然，回应舆情不仅要及时，还要精准，否则"只有速度"也是不够的。6月7日18时许，厦门一BRT公交车在行驶过程中突然起火，共造成47人死亡、34人因伤住院。事发不到两小时，"@厦门警方在线"即发布消息称事故原因是轮胎起火引发油箱燃烧而引起爆炸。单从迅速来看，"@厦门警方在线"的回应确实很及时，这一结论却遭到网友质疑。随即，该微删除该条微博的行为也间接说明其结论"站不住脚"。最终，警方的调查结果为"犯罪嫌疑人陈水总恶意纵火而致公交车爆炸"，这个结论也推翻了此前"@厦门警方在线"发布的事故结论，公安机关的形象和公信力都严重受损。

（4）个人微博负面问题频发公安系统形象连带受损

公安个人认证的实名微博中，有着像陈士渠和王于京等一批微博名人，引领着公安微博健康发展。但也确实存在一些警务人员个人微博因言论不当造成负面舆情的情况。如2013年4月，一个名为"@police李sir"的微博走红，该微博认证信息为"成都市公安局交通管理局一大队民警"，其微博上的"约炮"措辞引发网友围观。虽然事后成都交警一分局公布博主身份（聘用协警李明蔚）并将其辞退，但"成都民警微博用语不雅"之事已造成了不良社会影响，导致成都警察"躺着中枪"。

如果说"@police李sir"还只是协警身份，那么微博认证消息为湖南祁东县副县长、县公安局局长的"@肖良彪"则是名副其实的局长了。5月19日，有网友在微博爆料称，"湖南祁东县一组由奔驰、别克等豪车组成的奔丧车队，均遮挡车牌上路。在其报警后，多位车主停车将遮挡车牌的白纸扯掉"。对此，作为局长的"@肖良彪"发微博讽刺网友，"生个脑子是需要思考的！"该言论引发网友的不满，也由此引发了次生舆情。作为公安机关的干部，肖局长应正确引导舆论，尽量纾解网友情绪，而不应情急之下"口不择言"。

（5）个别公职人员综合素质低为民服务意识弱

公安政务微博如今已经成为警民沟通和倾听民意的重要桥梁。然而，部分公职人员综合素质较低，对新媒体缺乏足够的认识和了解，难以适应新的网络话语体系，不擅长在网络上洞察民意，倾听民声，与网民进行通畅的沟通。个别公安机关公职人员在通过公安政务微博与网友沟通的过程中，由于自身素质和法律涵养等问题，出现一些与其身份不符的言论，既伤害了民众感情，又损害了警民关系。广西博白县交警官方微博骂网友"白痴"事件就是一个明显的例子。在前述问题分析已经提及"博白交警"官方微博私信发布方面存在问题，现在让我们来探讨一下此事件中公职人员的综合素质问题。

虽然该事件曝光后，博白交警回应称，"白痴"言论系代岗民警擅自发布，对其进行批评后，也对网友表示道歉。然而，此事引起网民对公安机关公职人员的"批判"。网友的观点主要体现在以下三个方面：其一，公职人员又一次创造了"网络新名词"，用"你个白痴"回应网友诉求，"代岗民警"这样的词代替"临时工"，规避责任；其二，公职人员的综合素质需要提高；其三，对涉事交警的处置过轻。因此，为了进一步提高公职人员的新媒体素养，促使政府将网络问政和服务为民落到实处，公职人员还应加强自身的综合素质，包括道德素质和法律素养等方面。公安机关公职人员除了系统性地了解互联网、认识新媒体外，还必须学会与民众沟通的网络技巧，提高为人民服务的水平。

（三）检察机关微博问政的经验与问题

1. 经验篇

2013 年，检察微博在经过三年多的辛勤经营后已经有了长足的发展，从最初的检务宣传窗口，逐渐转化为检务公开、普及法律、信息咨询、解决诉求、处置网络舆情的多元化问检平台，积极打造"网上检察院"。这一年，检察机关在利用微博推进"阳光检务"、宣传检察工作等方面交出了满意的答卷，不仅通过微直播让网民更直接地监督检察工作，还利用微电影、微动漫等多种形式将检察文化传播到全社会的各个角落。这一年，检察机关的微博问检能力有了显著提升，许多网民在微博上提出的诉求都能得到及时的回应。检察机关利用微博处置舆情的能力也有了不小的进步，许多地方检察院在利用微博收集举报线索、化解舆情上，自有一套成功经验。这一年，检察微博的舆论引导作用更加明显。在突发公共舆情事件上，许多检察机关能够立足自身职能，利用微博发声，在舆论场释放出法治正能量。这一年，检察微博集群化建设继续向前推进，多个地方检察微博发布厅正式上线，多个地方检察院的微博管理更加规范、完善。一些优秀检察官个人微博的影响力继续扩大，他们获得较高社会关注的同时，也赢得了舆论的认可。

（1）微直播打造阳光检务创新方式宣传检察文化

宣传检察工作、发布检务信息是检察微博日常运营的重要内容。经过几年的锤炼与打磨，许多检察微博的宣传工作日趋成熟。检察微博日趋成为人民群众了解、监督检察工作的一个主要渠道。许多检察机关在微博上宣传检务工作时，主动摒弃传统的"重发布、无互动"的宣传模式，积极地在线上线下与网民互动，拉近彼此的距离。12 月 6 日，湖北省崇阳县检察院举办以"联系群众，服务群众、自觉接受群众监督"为主题的检察开放日活动，特邀 15 名微博粉丝参观了受理接待中心、办案区、同步录音录像审讯室等，向粉丝展示了检察院真实的办案工作环境。

随着群众行使知情权、参与权、监督权等合法权利的呼声日益高涨，真正让民众参与进来，成为时下检察机关的紧迫任务。云南省检察院在这方面表现较为突出。该院官方微博曾直播副处长岗位竞职陈述，引发网友关注。5 月 28 日 8 时 58 分，云南省检察院官方微博发信息称："#微直播##竞职陈述#今天上午，省检察院机关进行副处长领导岗位的竞争上岗环节中的竞职陈述。28 名符合竞争条件、经过资格审查、笔试合格的检察人员，通过抽签决定了先后陈述顺序，将通过竞职陈述在全院检察人员面前展示自己的风采，接受评委的评判。竞职陈述将在 9 时正式开始，欢迎朋友们围观，拍砖！"在随后两个多小时的直播中，该微博将 28 名检察人员的基本情况、竞职风采一一呈现。对于这场微直播，网友好评如潮，并纷纷在跟帖中发表对岗位竞职的建议。据悉，云南省检察院微博直播竞争上岗陈述已不止一次，早在 2012 年上半年，该院副处长领导干部竞职陈述就曾被微博直播，同样广受好评。

同时，检察机关的各种会议也曾被纳入检察微博的"微直播"范畴。1 月 22 日，浙江省海盐县检察院通过官方微博"@海盐检察"，对该院检察长宋跃在海盐县十四届人大二次会议上的检察工作报告进行了"微直播"，获得舆论好评。这种实时的宣传方式，将检务工作完全置于公众监督之下，拉近了检民之间的距离，推进了"阳光检务"。

除微直播外，微电影、微动漫等颇具创意的宣传方式今年以来也更频繁地用于检察宣传工作中。不同于传统刻板的宣传模式，这些自导自演的微电影和自行创作的微动漫将枯燥的检察工作用生动的方式展示出来，不仅活泼有趣，而且更接地气。如广州市越秀区检察院导演的微电影《理解》，温情讲述了一位平凡检察官一天的工作与生活。广州市黄埔区检察院导演的微电影《埔检哈哈镜之"迷案"背后》，生动讲述检察官们办理一桩受贿案的过程。广州市黄埔区检察院创作的微动漫《女儿的日记》，以一个女儿的视角展示了贪腐犯罪给家庭带来的伤害。这些生动有趣的检察宣传模式运用于检察微博后，既普及了法律知识，又预防了职务犯罪，全面地宣传了检察文化与廉政文化。

（2）重视民情倾听诉求积极应对涉检舆情

随着各地检察机关陆续开通微博，检察微博从起初的检察工作的宣传窗口，逐渐转变成解答诉求、接受举报、提供咨询的办公平台。"有呼必应，有问必答"已成为一些检察微博的服务宗旨。这些微博不仅重视网民诉求，还积极帮助网民解决实际问题。2013年初，有网友反映，银川市兴庆区检察院行贿档案查询证明很不方便，只有周一、周三、周五9时至11时30分可开证明，且查询需要3天才能取。针对网友反映的问题，宁夏回族自治区检察院官方微博"@宁夏检察"迅速将问题整理成《宁夏检察微博网民诉求处理单》，并拟定初步处理意见，处理单当日被转发给自治区检察院预防处、银川市检察院和兴庆区检察院。次日，"@宁夏检察"公布了调查和处理结果，并向网友承诺加大督查通报力度，规范全区检察机关行贿犯罪档案查询工作，基层检察院将争取通过增派查询工作人员（或实行AB岗）、延长接待查询时间等方式解决问题。这一处理结果得到了网友的充分肯定。

互联网时代，网民们习惯于诉诸网络来解决自身难题。面对法律纠纷，或社会不公问题，微博往往成为网民宣泄情绪和解决问题的主要通道。许多地方检察院在利用微博收集举报线索，化解舆情，帮助网友解决法律难题上，自有一套成功经验。如广州市检察院设有专门的舆情监督部门——情报信息处，负责每天搜集网络和媒体信息，整理后送到检察院每一位领导的桌面上。

在利用微博回应诉求方面，湖北省人民检察院成绩斐然。9月2日，该院官方微博接到举报称，湖北省巴东县水布垭镇的新农村建设房屋补贴款将近一年的时间还没到达老百姓的手中，怀疑是被挪用。湖北省人民检察院官方微博当日及时回复表示关注，并转办巴东县检察院。巴东县检察院随即展开了解核实。9月4日，巴东县水布垭镇政府向巴东县人民检察院做出书面回复称，群众举报情况属实，主要原因是相关配套资金没到位。今年加大了工作力度，8月30日，已给建房户兑现50%，余款可望年底付清。4日下午，巴东县人民检察院将相关情况告知湖北省检察院微博后，湖北省人民检察院微博同步向网民做出回复。湖北省人民检察院利用微博听民声、办实事的做法收获了一片赞许声。

无独有偶，2013年初，有微博网友举报，天津某保险公司营业部经理陈某涉嫌贪污数名投保人的保费等问题。河西区人民检察院微博迅速将此事上报，河西区人民检察院举报中心经审查评估该线索后进行了初核，依法移送该院自侦部门立案，仔细调查了陈某的贪污行为，但鉴于数额较小，具有积极退赃等法定情节，该院做出相对不诉处理。陈某由所在单位按规定对其进行处理。而后，该院举报中心及时将案件结果答复举报人，举报人表示满意。

目前，各地检察机关已深刻意识到，回避问题是应对舆情最愚蠢的方式，而直面问题的核心，诚心诚意地解决问题才是正途。2013年春节过后的一天，一位网友发微博称，云南某地检察机关对其父多年的申诉"踢皮球"。云南省人民检察院监测到这一情况后，积极通过私信与该网友沟通，该网友将其父亲的全部申诉材料发给云南省检察院微博，次日一早，这些材料就被整理成涉检舆情上报。第三日晚，该网友发帖称，当地检察机关检察长约见了其父子二人，承诺尽快依法公正调查处理。检民关系就在这"网民提出诉求—微博接受诉求—线下解决诉求"的过程中得以拉近。

（3）主动发声引导舆论正面回应平息质疑

在新媒体时代，政法类舆情事件，尤其是一些大案要案，一经曝出总能引起社会的广泛讨论。在这些讨论声中，仍然存在不少与法治精神相背离的非理性声音，甚至是语言暴力，这些声音传递出来的负面情绪割裂了社会共识，加重了社会仇恨心理，产生了不良的社会影响。检察机关立足自身职能，利用微博积极发声，公布相关信息，不仅能平息网络负面情绪与社会不安心理，正面引导舆论，还能在舆论场中释放出法治正能量。

如针对海南万宁校长带学生开房事件、李某某等强奸案等热点舆情事件，西安市未央区人民检察院官方微博"@未央检察"等检察微博及时向网友解释有关"强奸罪""轮奸"及公安、检察审查案件的内容和程序等方面的法律知识，引导网友理性看待案件处理，不要人云亦云、以讹传讹，应自觉抵制虚假消息和谣言。又如在云南省昭通市镇雄县拘留所在押人员集体脱逃事件发生后，云南省人民检察院官方微博迅速发布了"镇雄县检察院已介入调查，并组成以县公安局纪委为主，县检察院进行监督的事故调查组"的消息，并公布事件的初步调查情况，详细描述了事件的发生经过，同时还指出了问题所在，"该院还发现该所在日常管理和硬件设施上存在安全隐患，已向县公安局提出口头整改建议"。虽然检方的微博回应未能彻底消除人们对事件本身的疑惑，但该微博已充分表达了自己的立场，展示了自己的观点，获得了部分网民的理解。

（4）微博集群建设成效显著检察微博管理日趋规范

2013年，是政法微博集群化突显成效的一年，也是检察微博集群化快速发展的一年。中共中央政治局委员、中央政法委书记孟建柱在做好新形势下政法宣传工作暨长安杂志创刊20周年座谈会上发表讲话时曾强调，要树立政法宣传工作一盘棋思想，提高政法宣传工作的协同性。要加强上下级政法机关、政法各部门之间的协作配合，努力实现力量统筹、协调联动。各地检察机关响应了这一号召，大力加强了检察微博集群化建设。

2013年，宁夏回族自治区人民检察院在不断总结微博运行经验的基础上，出台了《关于加强宁夏检察机关微博暨微博群建设的实施意见》，提出了构建以自治区检察院微博为龙头，各市检察微博为主干，县（区）检察微博为基础的微博群，旨在形成合力，进一步畅通群众向检察机关投诉举报、咨询求助的渠道。

部分地方检察机关已搭建出类似的微博群。继2012年浙江检察微博发布厅上线后，2013年8月1日9时，广东检察微博发布厅在新浪上线，这是全国检察机关第二家微博发布厅。该微博发布厅包括广东省检察院以及广州、深圳等地市级、县区级检察院共等40余个检察官方微博，还包括部分检察官个人微博。8月30日，江苏检察微博发布厅正式上线。该发布厅以江苏省检察院官方微博为龙头，省院直属机构微博、省辖市院官方微博、苏检基层院官方微博为主体，实现了省市县三级优势互补，是目前全国检察机关拥有成员最多的检察微博群之一。检察微博发布厅的建立使检民之间的沟通更加方便快捷，网民可对发布厅中的所有微博一键关注，全面了解所在地的检察工作。而对于检察系统来说，微博的集群化不仅使检察系统内部的上下级联动变得方面快捷，还缩短了跨地域、跨部门协作配合的时间，这大大增强了检察机关的办事效率和应对突发事件的能力。

自2010年深圳市宝安区检察院官方微博开通，到如今3年多过去了，许多检察微博已积累出了各自的微博运营管理经验。为了充分发挥微博平台作用，规范微博管理工作，广东省检察院制定出台了《微博工作管理暂行办法》《微博管理员工作指南》等一系列制度，对信息发布、交流互动、备案登记等内容进行了详细规定；为避免"僵尸微博""空壳微博"、官话套话，云南省人民检察院除举办专门培训班外，还在线对地县两级检察院发布的博文内容进行评判，对互动方式、如何解决网友提出的问题等适时或在评论中直接沟通，或在私信中探讨，促进了该省检察微博总体水平的提高；为规范微博用语，弥补微博管理员在知识、业务上的局限，有效提高微博运行效率，广东省肇庆市人民检察院根据网民提问、评论的实际情况，建立了全市检察机关回答网民提问的规范用语体系，内容包括各业务部门的主要职能、热点敏感案件、业务流程指引、便民信息等；为规范微博管理，北京市怀柔区人民检察院出台了《官方微博管理办法》，规定官方微博由政治处两名检察官负责日常管理，两人轮流值班，同时各处室还要确定一名微博信息员，积极提供微博信息素材。在此基础上，怀柔区人民检察院成立了微博领导小组，定期听取、审阅检察微博工作情况。此外，该院还单独设立"微博智囊团"，由主要业务部门负责人对信息发布、回复提供专业的法律指导，有舆情研究背景的专业人士担任顾问，负责微博运营相关事项及对突发事件提出应对办法。这些成熟的微博管理经验使各地的检察微博运营更加规范和有序。

（5）优秀检察官方微博博影响力扩大官民"互动"出信任

在一批优秀检察官方微博的带动下，检察官个人认证微博的数量不断增加。随着检察官实名认证微博渐成趋势，一些长期活跃在微博舆论场中的检察官大V的影响力不断扩大。如"@检察官阿明"（湖北省人民检察院检察官袁明）腾讯微博听众数已超过40万、"@检察官段军霞"（湖北省人民检察院联络处处长段军霞）腾讯微博听众数已超17万、"@乌云有波"（北京市东城区人民检察院检察官蓝向东）新浪微博粉丝数已突破10万……这些优秀检察官个人实名官方微博的蓬勃发展，带动了整个检察微博的兴旺。

综观这些微博，无论是微博更新频率之勤，还是微博内容之丰富，都显示出检察官们对其微博的良苦用心。如湖北省检察院检察官袁明在其个人微博中，除宣传检察工作外，还会不时转发一些法律格言或人生格言；北京市怀柔区检察院政治处主任赵晓峰在其个人微博"@小丰210"里，设立了"小丰读报""小丰悦读"等栏目，评论时事热点，分享读书心得。不过这些都只是检察官方微博博广受追捧的部分原因，根本原因则在于这些检察官善于运用微博与网民打交道，善于利用微博帮助网民解决实际问题。检察官蓝向东在担任怀柔区检察院检察长期间，曾通过其个人微博帮助一名七旬老人解答困扰其十多年的法律疑惑，最终获得老人的信任；上海市检察院第二分院检察官曹小航曾在其个人微博上发起爱心活动，呼吁帮助在一起抢劫案中身受重伤导致高位截瘫的被害人，受到了网友的广泛响应。2011年10月以后，检察官和网民的爱心捐助一直延续了下来。检察官们利用微博"织"出信任的同时，也较好地维护了检察官这一群体的职业形象。

2. 问题篇

在过去的几年中，检察微博在积极应对突发事件、正面引导社会舆论、及时发布检务信息、主动回应网民关切等方面，发挥了重要作用，但问题也较为突出。与其他系统的政法微博相比，检察微博的数量较少，"空壳微博""僵尸微博"现象依然存在，影响力相对有限。部分检察微博单向发布信息多，与网民沟通交流少，少数检察机构官方微博过多发布与其身份属性无关的信息，信息审核不严谨。虽然检察机关利用微博反腐倡廉有所收获，但尚未形成气候，相关的规范流程亟待建立。

（1）微博数量相对较少薄弱现状亟须改变

自2010年开始，经过几年的运营，政法微博的整体数量和粉丝数量呈递增态势。然而，与公安微博、法院微博和司法行政微博相比，检察微博的整体数量相对较少。以新浪微博为例，目前公安微博总数达20195个，司法行政微博总数为2119个，法院微博的总数为1120个，而检察微博的数量则只有836个。其中，只有12家省级检察院开通了官方微博。除微博数量相对较少外，检察系统官方微博还具有地区分布不平衡的特点。以腾讯微博为例，云南省内检察机关开通微博的数量达到148个，而贵州、青海等地检察机关开通微博的数量却还只是个位数，甚至个别省份如海南至今未开通检察微博。检察官个人微博也存在类似问题。此外，部分微博信息量少，更新率低，少数微博日均发博量还不到1条，检察微博"空壳"现象仍然存在。如郑州市管城区检察院腾讯官方微博从2012年5月开通至今，发布的微博只有3条，且只有1条与工作相关。青海省西宁市城中区人民检察院官方腾讯微博自2012年11月开通至今，也仅发布了3条微博。

转发量、评论量及粉丝数是评价微博影响力大小的重要指标。部分检察院微博因更新慢、少互动、内容缺乏新意导致博文转发量和评论量偏低，粉丝数少，甚至在运营一段时间后不升反降。种种现象表明，检察微博的薄弱现状尚未改变。而要改变这种现状，各地检察机关还需要在微博的应用及管理上多下功夫。

（2）微博重发布少互动信息审核不严谨

互动性是微博这一新媒体的首要特点，也是微博广为普及的重要原因。对官方微博来说，互动尤为重要。没有互动，官方微博就会失去生气，沦为和传统媒介无异的单向传播工具。一些检察院官方微博发布的信息，多为宣传检务工作或检察文化的内容，专业性较强，难以引起普通网友的关注；一些检察院官方微博看似发布的微博数量多，实则大部分是转发信息，甚少原创，其实质与"僵尸微博"无异。此外，仍然有一大批检察院官方微博只注重单向发布信息，而忽略了与网民的互动，导致微博的关注度和影响力不高，难以全面发挥出引导诉求、接受监督、应对舆情、普法教育、法律咨询等方面的功能。检察微博要想获得长足发展，就必须在与网民互动方面多费心思。

在检察微博信息发布方面，除单向信息发布这一问题外，目前仍然有少数检察院官方微博不时发布一些明显与自身职能毫不相关的私人信息，甚至把官方微博当成私人微博来经营。如某地检察院官方微博曾转发关于微店的宣传广告，这一内容显然不应该出现在检察微博上。对微博信息审核不严，少数微博管理员媒介素养不高，是造成这一现象的直接原因。加强信息审核，制定一套包括微博文字、审核程序在内的微博管理制度，对微博管理人员进行专门培训，是杜绝此类现象的有效途径。

（3）微博反腐未成气候相关规范尚未建立

随着网络反腐风头的日益强劲，微博逐渐成为网络反腐的主力军。查处职务犯罪、惩治腐败是检察机关的基本职能。检察机关查办腐败案件需要群众的参与，为其提供腐败线索，而微博正好为检察机关实现反腐职能提供了一条新的途径。检察机关利用微博反腐倡廉是大势所趋。但现阶段，检察机关利用微博反腐还未成气候，许多检察机关对于网友提供的举报腐败线索都能做到快速回应，但仍然有不少检察机关并未设置专门的舆情监测团队，对微博上的腐败线索进行收集整理并上报，即使有监测，也更多的是针对涉检舆情。如宜兴市检察院自主研发网络舆情监控系统软件，对近100个主流门户网站、论坛、微博进行实时扫描，并将收集、跟踪到的涉检舆情汇编形成《网络舆情通报》。

此外，检察机关利用微博进行反腐，尚缺少规范的流程。如果是正式举报，检察机关会对举报信息进行立案核查，但如果是微博爆料，则可能只被当作舆情处理，而不是直接对举报进行调查立案。目前，仅有为数不多的几家检察院聘用专人对微博上的检举、揭发信息进行整合。网络信息有真有假，个别群众滥用微博举报功能，为了打击报复散布不实传言。对于这样的不实信息，检察机关如何甄别，又该如何整治？目前，一些检察机关尚待建立举报线索的审查、过滤，线索评估等一系列规范程序。

（四）法院微博问政的经验与问题

1. 经验篇

虽然整体来说，2013年是政法微博用户增长数量和速度相对平稳的一年，但法院微博异军突起，在这一年中发展最为迅速同时亮点频出。法院系统官方微博总数增长超过一倍，地域分布上实现了全国31个省份全面覆盖。法院官方微博对多起大案要案的庭审直播成为今年政法微博领域最为引人关注的特色，最高法联合全国法院建立微博发布厅更是开创了国家级官方微博领跑法院微博集群化发展的先河。

（1）法院微博"井喷式"增长最高法领跑集群化效应

相对于公安系统微博在数量上的领先优势，2013年法院系统微博仍难出其右。但纵向而言，法院微博在过去一年却以其"井喷式"的发展格外引人注目。正义网络传媒研究院监测数据显示，截至2012年底，全国法院系统共开通官方微博619个。而截至2013年12月20日，该数量飙升至1677个。其中，31个省级法院及150余个地方中院均开通官方微博。而最高法官方微博的开通，更使得各级法院微博大面积上线指日可待。从地域分布来看，青海、西藏等个别省份告别法院系统微博零开通。河南、山西、陕西等省份实现了三级法院官方微博全开通。

11月21日，全国首个国家级官方微博"@最高人民法院"正式入驻新浪微博，成为2013年法院微博发展的一大亮点。首条微博简单寒暄广而告之，随后信息发布直奔主题——发布了最高法刚刚出台的《关于建立健全防范刑事冤假错案工作机制的意见》及答记者问相关内容。之后更是第一时间发布最高法核准"长春杀婴案"罪犯死刑的消息，以及关于"曾成杰案"相关问题解答、庭审直播"3Q大战"等。国家级司法机关的"触网"实实在在，以原创信息发布为主、直面热点案件、力推司法公开的做法受到公众追捧。截至12月20日，"@最高人民法院"累计发布微博113条，粉丝达352211个。

2013年，法院系统微博除了在数量和开通级别上有重大突破以外，各级法院在跨区域、层级方面的互动也值得关注，多省法院微博发布厅上线，实现了省内法院系统联动。以河南省高院官方微博"@豫法阳光"为基础的"豫法阳光微博发布厅"建立于2012年底，2013年又开通了多项便民服务功能。开设"豫法阳光关注务工人员讨薪"的栏目，配合全省法院系统开展集中清理拖欠进城务工人员工资活动；开辟"赖账户曝光区"配合全省法院开展"执行开放月"活动；开通"帮助当事人打官司"绿色通道，为弱势群体解决告状难的问题。2013 年 11 月底，陕西全省法院的官方微博全部开通运行。与此同时，陕西法院微博发布厅上线运行，网友只需轻点"一键关注"，即可实时了解各法院官方微博发布的各类消息。同时，发布厅还设有便民服务栏，通过这里可以实现裁判文书查询、失信被执行人信息查询、法官违法违纪举报等。

同时，各地法院系统微博在 2013 年结束各自为战的局面，迎来"国家级"官方微博领跑集群化发展的新阶段。11 月 21 日，"全国法院微博发布厅"携手最高法官方微博隆重登场，成为首个涵盖 31 省区市机构的国家级微博发布厅。有专家表示，这是法院利用新媒体推进司法公开的新尝试，拓宽了人民群众监督司法的渠道。

（2）重案庭审直播促公开线下答疑解惑防舆情

虽然通过微博直播庭审并非新鲜事物，但对以薄熙来案为代表的一系列大案要案的庭审直播无疑成为 2013 年度法院系统微博最大的亮点。与 2012 年广东省高院、深圳市中院等局部地区试水定期"微直播"相比，今年庭审直播可谓遍地开花，我国有近 20 个省出现微博直播庭审的案例。其中"@济南中院"对薄熙来案的庭审直播更被视为我国司法公开的典范。另外，越来越多的法院不仅直播庭审过程，还通过直播新闻通报会、邀请主审法官参与微访谈等方式对"舆情案件"答疑解惑，获得舆论一致好评。

无数案例已经证明，在微博时代，公众舆论将比传统媒体更为激烈地冲击着司法公开的现有边界。而法院选择通过微博直播的方式传播庭审消息，成为法院推进司法公开和保障独立审判的必然选择。6 月河北省高级人民法院官方微博对王书金案二审的直播，掀开了法院微博直播热点案件庭审的序幕。8 月 22 日至 26 日，济南市中级人民法院官方微博"@济南中院"连续 5 天对薄熙来受贿、贪污、滥用职权案一审庭审过程进行了全景式播报，运用文字、图片、视频、音频等形式，尤其是以长微博形式发布的 30 余份庭审实录公开了控辩双方举证、质证过程及控辩意见等，让社会各界得以及时了解庭审的进程与细节。法院微博首次成为大案要案审理中唯一的消息来源。9 月 22 日，该案一审判决时，"@济南中院"再次采取微博庭审直播加庭审后新闻通报的模式及时公开信息。评论多认为，薄熙来案的公开审理尤其是微博直播不管是在公开的范围、时间还是内容上都堪称典范，为中国法治进程留下了浓墨重彩的一笔。

2013 年下半年，北京法院网官方微博"@京法网事"因直播大兴摔婴案、丁书苗案以及李某某等 5 人强奸案成为今年法院系统微博的另一大亮点。9 月 26 日，北京市海淀区法院对李某某等 5 人强奸一案进行公开宣判。"@京法网事"连发多条微博，在法律规定的范围内直播了宣判过程。宣判后，海淀法院随即召开新闻通报会，该院主管未成年人案件审判工作的领导范君通报相关情况，"@京法网事"就此整理并发布"审理查明的事实""量刑意见""针对本案中社会关注的一些问题的说明"等多条微博。通报会后，范君及该案审判长秦硕等参加微访谈与网友在线交流，逐条回应了舆论对本案的质疑。在主审法院、系统微博线下线上的双向疏导下，舆论始终围绕案件本身以及由此引发的社会问题而展开讨论。

9 月 18 日，南京市中级人民法院通过官方微博直播了"饿死女童案"庭审情况及之后的新闻发布会。11 月 26 日，西安市中级人民法院官方微博直播了西安近年来最大一起黑社会性质组织犯罪案件的宣判。同日，最高人民法院以电视直播、广播连线、微博直播等"全媒体"形式直播了"3Q 大战"二审的庭审过程，获得普遍好评。法院在借助新媒体开展庭审直播工作，最大限度满足公众知情权的同时，也在不断探索如何平衡司法公开与现行法律法规之间的关系。有专家表示，刑诉法规定了证人不得旁听案件审理，全程实时的庭审直播可能导致证人证言之间的相互影响。对此，广东省高级人民法院表示，目前该院也在完善直播机制，如在庭审过程中，将等待上庭的证人安排在与外界隔绝的房间内，既不能上网也不能与外界联系，以保证严格依法审理案件。

（3）接访调解倾听民意释法说理直面争议

2013年，法院系统在运用微博与民互动方面也诚意十足。拥有近400万粉丝的河南省高院官方微博"@豫法阳光"在2013年继续保持了其亲民互动的优良传统，力求做到回复速度快、态度好，帮助网友解决相关法律问题、回应信息公开诉求。据悉，针对网友通过微博所提出的意见和问题，"@豫法阳光"的微博管理员均及时进行收集、归类、登记、存档，确保无一遗漏，对所有信息根据不同情况按照不同方式进行处理。有报道称，"有困难'@'@豫法阳光，有问题'@'@豫法阳光"已逐渐成为一些网友的习惯。2013年"两会"前夕，全国人大代表、河南省高院院长张立勇就通过"@豫法阳光"向网友征集意见，张立勇将网友建议认真筛选、归纳为12个方面进行了集中回复，获得舆论好评。

除了日常维护中加强与网友的交流沟通，越来越多的法院将接访、调解等日常服务类工作与微博对接。小小微博日益成为服务群众、服务审判的大平台。7月8日，广西壮族自治区都安瑶族自治县法院执行法官通过微博促成当事人达成执行和解协议，成功执结一起标的为26万元、涉及三省当事人的交通事故引发的赔偿案。10月23日，中山市第一法院官方微博"@中山中院"更是首次微博图文直播法官夜访小区调解的全过程。据悉，因对物业公司的服务不满，自2008年起，中山市西区创兴广场小区的部分业主开始拖欠物业服务费。2013年10月14日，物业公司将拖欠费用的29户业主起诉至法院。23日，法官对业主进行"家访"，对上述29起纠纷进行诉前联调预立案调解。经过近4小时的调解，部分业主当场同意缴纳拖欠费用，物业公司也承诺提高服务质量。

有时案件引发争议，并非司法机关枉法裁判或适用法律错误，而是法律专业常识与大众认知存在偏差抑或法律本身就存在争议。这种情况下，法院要善用微博做好答疑释法工作，才能化解不必要的舆情，推动相关法律的完善。2013年6月，南海警方查获一起理发店店主雇请多名按摩女提供"波推""打飞机"等色情服务的案件，但由于法律规定此类行为是否属于卖淫行为存在争议，如何处理亦有分歧。6月26日，广东省高级人民法院官方微博对此事做出回复称，提供手淫服务的行为，现行刑法及相关司法解释均未明确规定为犯罪行为，按照罪刑法定原则，此类行为不认定为犯罪。但是此类行为妨害了社会管理秩序，具有一定的社会危害性，是否作为犯罪及如何处理，应由立法机关和司法解释部门予以明确。

（4）微博曝光平台升级阳光执行初显成效

人民法院运用微博平台曝光"老赖"，突破了常规思维，创新了执行工作载体。这一方面有利于解决法院普遍存在的"执行难"问题，也可以让公众及时了解法院为实现当事人的胜诉权益所采取的执行措施，争取群众对法院执行工作的理解，最大程度地挤压利用执行权寻租的空间。5月30日，山东省菏泽市中级人民法院官方微博直击执行现场，以现场直播的形式图文播报了人大代表现场监督一起金融借款纠纷案件的执行过程，满足了社会公众对审判执行工作的知情权、监督权，赢得网友称赞。

2012年5月，福建省厦门市思明区人民法院开通了全国首个"执行微博曝光台"，公开曝光那些赖债不还、转移财产、逃避执行、不讲诚信的被执行人，并邀请网友参与，让社会成为一个执行监督台。曝光台运行一年多以来效果显著，案件的自动履行率和执行化解率均获提升。截至 2013 年 4 月底，"执行微博曝光台"累计曝光"老赖"1815 人次，促成 51 个案件的被执行人主动履行金钱债务近 813 万元；共有 68 个案件的被执行人与权利人达成和解，涉及金额 1509 万元。5 月 22 日，思明区法院原有的执行微博曝光平台升级为 2.0 版本。除新浪微博外，还同步开通腾讯微博，并在原有基础上增加了限制高消费和司法拍卖两大模块。法院将司法拍卖信息发布在微博上，吸引更多潜在竞买人参与司法拍卖，从而提高溢价率，遏制可能存在的围标、串标，有利于提升拍卖执行效果。与不少法院首次尝试微博曝光执行问题不同，广州市中级人民法院在曝光的基础上发布"限制高消费令"来节约申请执行人的成本。1 月 21 日，广州市中级人民法院官方微博公布了首批"限制高消费令"，并"@""@广东政法""@法耀岭南""@广州发布"等政务微博，同时还公布了举报电话，接受网友举报被执行人的高消费行为。据了解，广州市中级人民法院通过微博公布"限高令"，是受之前将"限高令"登报后收效明显的启发，今后将作为一项长期制度实施。

2. 问题篇

（1）舆情应对不及时危机处理显被动

与最高法官方微博的频频发声相比，不少地方法院微博对重大舆情事件的主动回应并不理想。面对突发事件和有争议的司法案件，法院微博在舆情预警、第一时间回应说明、引导网络情绪等方面仍存在很多不足。

2013 年，法院系统关注度最高的负面新闻非上海"法官集体嫖娼"事件莫属。8 月 1 日起，相关视频截图在互联网上被疯狂转载，上海"法官集体嫖娼"瞬间发酵为全国性的舆情事件。8 月 2 日下午，上海高院民一庭工作人员接受媒体电话采访时否认此事。但临近当日下班时间，上海高院官方微博"@浦江天平"公开承认确有此事，并表示高度重视，已组织专人开展调查。虽然随后几日，"@浦江天平"携手上海市纪委官方微博"@廉洁上海"和上海市政府新闻办官方微博"@上海发布"通报事件处理情况。但上海高院官方微博与相关工作人员前后不一且并不及时的回应，未起到及时控制舆情蔓延的效果。

年末，同样陷入"桃色事件"的还有湖北省高级人民法院的法官。而随最高人民法院一同在新浪微博上线的湖北省高级人民法院微博在此事件中的沉默更令人失望。12 月 7 日起，题为《张军叫小姐》《网曝湖北又现法官嫖娼门》带有视频的帖子出现在各大门户网站，矛头直指"湖北省高院院长张军"。9 日凌晨，荆楚网发布官方回应称湖北省高级人民法院院长、副院长均无此人。当晚，荆楚网再发湖北省纪委、湖北高院消息称，经调查网上被曝光人员系湖北省高级人民法院刑事审判三庭庭长张军。其与一名外单位女子长期保持不正当关系已申请免其职务。舆论认为，湖北省高级人民法院早上辟谣"查无此人"，晚上承认"确有其事"，无异于"自打嘴巴"。而湖北省高级人民法院官方微博更是在事件发酵过程中一言不发。11 月 21 日，与最高人民法院组团入驻新浪微博的"@湖北高法"，除了那条疑似卖萌的"亲，我也来了……"外，此后并未发布其他消息，却在短时间内招揽了两万多个粉丝。全国 31 家省级高院全部开通微博的消息固然令人欣喜，但开博容易，管理却不易。那些平日里喋喋不休，关键时刻却沉默不语的法院官方微博固然令人失望，但始终"沉默是金"的官方微博又如何体现当初它设立的初衷？

（2）信息发布欠妥引次生舆情健全发布审核机制刻不容缓

2013 年，越来越多的法院选择运用微博来阐释司法争议、疏导网上负面情绪。不少法院微博及时、权威、恰当的信息发布成为舆情事件得以迅速妥善解决的"灭火器"，但也有的法院微博未能准确传达法律精神，且态度生硬、言语不当，成为事件再度升级的"催化剂"。从这个意义上来说，法院微博管理者在进行信息发布时其权责如何界定，重大舆情事件中，发布的内容是否合乎法律政策的规定、是否违背法治伦理常识规律，遣词造句是否理性精准，发布时机是否恰当合理等，都急需建立健全相关的信息发布审核机制来规范。

2013年7月，湖南长沙中级人民法院官方微博因回应曾成杰案相关舆情时曲解司法解释、不符人文关怀精神，随后又将过错推到微博管理人员身上而深陷舆论旋涡。7月12日上午，原湖南三馆房地产开发集团有限公司总裁曾成杰因集资诈骗罪被长沙市中院执行死刑。当晚，曾成杰之女微博曝其父被执行死刑前家人未获通知引发舆论强烈围观。7月13日17时，长沙中院官方微博以"法律没有明文规定，对犯人执行死刑时，犯人必须跟亲人见面"回应此事。20分钟后，长沙中院意识到上述微博存在法律上的错误迅速删除。但该微博截图已被疯狂转载，舆论吐槽长沙中院既不专业又冷血无情，让人感受不到一丝司法的人性关怀。随后，长沙中院未及时纠错，而是再引相关法律意见规定辩解称，法院在验明正身时告知其有权会见亲属，但曾成杰没有提出此要求。该说法立即招致曾成杰家属的质疑和法律界人士的反驳。20时许，长沙中院更新微博对17时所发的第一条微博道歉，称"由于微博管理人员对刑事法律学习钻研不够，面对网上舆论不淡定，发出了一条错误信息并在领导发现后删除。"在"欢迎网友监督"的同时却关闭了该条微博的评论功能。网友认为长沙市中院面对不断升级的舆情，从法理上解释不通最后只好"弃卒保帅"。至此，长沙中院在曾成杰案舆情应对中虽试图释法解疑、舒缓舆情，却以"完败"告终。

作为拥有司法裁决权的政法机关，法院微博应该说什么，不能说什么，可以说的怎么说，仍需要各法院微博的不断探索、斟酌。在面临重大舆情事件时，官方微博信息发布时要比日常维护更为慎重，不管是回应的态度、关节点，还是具体内容的拟定及发布时机，都应该做到层层审核，由负责人签字确认，争取做到来自法院微博的信息不发则已、发则准确得当。同时，作为法院官方微博，必须清醒地认识到微博等新媒体对司法信息传播带来的影响，官方微博应该学会运用和使用网络语言与网友平等的沟通，要避免空洞说教或高高在上的解疑释法。尤其是面对争议性案件时，措辞用语一方面要保持法律的权威性，也要简单易懂让民众易于接受。如何在恪守司法职守与伦理和满足公众期待间寻找平衡，既决定着法院微博今后的发展，也始终考验着各级、各地法院微博管理人员的智慧。

（3）庭审直播警惕"走过场" 野选择性冶直播备受争议

尽管重案要案的庭审直播成为2013年法院微博乃至政法微博的年度特色，但始于2010年的庭审直播仍面临不少问题。个别法院虽然顺应趋势对有争议或者影响力的案件进行直播，但罗列程序性内容、回避庭审焦点、关注场外花絮的直播非但未能起到司法公开、消弭负面舆情的作用，反而被指责为内容空洞"走过场"。同时，因法院庭审选择性地向媒体开放、庭审前舆情翻涌不予回应等问题导致舆论质疑官方微博选择性直播庭审的情况也时有发生。

唐慧是过去一年司法案件中一个极富争议的人物，7月2日，唐慧起诉永州市劳教委案二审开庭引发舆论强烈关注。当日，湖南省高级人民法院官方微博连发12条微博对该案进行了庭审直播。直播详细介绍了唐慧家属旁听、媒体"长枪短炮"的采访情况、相关人员的入场安检等庭外消息。而关于庭审情况仅仅发布两条微博："8：30准时开庭"与"现在庭审已经结束"，这种缺乏具体过程的直播遭到舆论炮轰。有评论表示，如果把法庭比作一座屋子，湖南省高级人民法院的微博让人们看见了屋外的环境，但对于屋内发生了什么，人们仍然两眼一抹黑。庭审控辩争议焦点、永州劳教委当庭道歉但称"不违法"、唐慧几番情绪失控等庭审细节，最终还是经由媒体报道才引发公众关注。作为该案的主审法院，湖南高院本有司法公开之义务，但进行微直播却空无内容，无异于将信息发布、议程设置的主动权拱手让人。面对重大热点事件，政法机关只有直接发声，才能提升信息传播精准度，压缩不实信息传播空间。然而令人遗憾的是，7月15日，湖南高院官方微博对唐慧案二审第二次开庭庭审直播时又重蹈覆辙，再度跟进庭前安排、围观媒体等消息，最后发出湖南法院网对庭审直播的网址以及二审判决书了事。

此外，法院官方微博直播庭审前的舆情疏导不及时，也直接影响了舆论对直播的接受程度。6月20日，媒体报道称与聂树斌案密切相关的王书金案将于25日二审。同日，河北省高院微博上线并于次日预告开庭消息，舆论普遍认为河北省高院的微博专为该案而开。随后，网上疯传王书金会迫于某种压力当庭翻供，而河北省高院微博除了于24日宣布对该案庭审进行直播外，未对翻供传言进行回应，备受关注的王书金案二审庭未开舆情先起。庭审当日，河北省高院仅允许指定媒体参与旁听，多家媒体被拦在法院外。尽管河北省高院对王书金案二审的控辩焦点、量刑意见等庭审情况进行了较为详细的微博直播，但仍有声音质疑河北省高院垄断信息选择性直播。河北政法机关在谣言四起时的三缄其口和庭前的媒体管制，使得微博直播的效果大打折扣。

（五）司法行政机关微博问政经验与问题

2013年以来，地方各级司法行政机关为适应新形势新任务，更好地履行职责，充分利用微博平台，积极开展普法宣传、政务公开及微博问政，特别是中西部省份司法类微博成长迅速，在很大程度上扭转了以往沿海地区独领风潮的局面。政法微博集群化发展成果显现，官方微博管理工作进一步加强，制度化建设被提到日程上来，建章立制使得官方微博运作更加规范。普法宣传仍为司法行政类微博的重中之重，创新机制、丰富形式借助热点事件和大案要案传播法制正能量，为赢得互联网宣传阵地做出了贡献。其中，中国普法网官方微博上线为网络法宣注入新的活力，贵州监狱等狱政类微博成为年度新亮点，微博法律援助、微博讨薪和"微调解"成为司法行政机关解民忧、办实事的新方式。但同时还应注意到，全国省级司法行政机关官方微博距离实现全覆盖仍有一定差距，基层机构微博"空壳化"现象突出，一些不适应互联网传播需求的低价值信息充斥其中，也影响了司法行政机关微博的健康发展。

1. 经验篇

（1）级别与地域平衡发展集群化结构优势显现

截至2013年底，全国司法行政系统开通的官方微博已达2048个，在政法微博总量上仅次于公安，超过法院和检察院。其中，省级司法行政机关微博11家。2013年6月，中国普法网在腾讯网、新浪网、人民网开通了官方微博，成为司法行政系统首家具有中央级背景的政法微博，截至12月20日，其腾讯微博粉丝数近10万、新浪微博粉丝数已逾90万、人民微博粉丝数逾38.7万，是2013年成长最为迅速的司法行政系统微博。在个人微博方面，"@中一在线""@牛兴全"等系统内官员大V继续保持影响力，发挥领袖带动作用。

从地域分布来看，与公安系统微博相对照，各省级行政区划中公安系统微博数量前五位分别是江苏、河南、山东、福建、浙江，人口和经济大省领先优势明显。而司法行政类微博数量较为领先的则为云南、四川、贵州等省份，这种地域分布特点与省份之间经济发展情况、互联网普及程度等因素并不十分吻合，反映出很多西部省份司法行政机关对微博阵地给予了极大的重视，在一定程度上平衡了沿海省份政务微博大幅领先的局面。

司法行政类微博集群化发展效果显著，省级、地市级司法行政微博联盟初具规模，结构性优势开始显现。江苏省司法厅官方微博"@江苏司法行政在线"虽然上线时间不长，但集群化程度高，发展较为迅速，目前其新浪微博已拥有粉丝逾3万。江苏省司法行政系统各单位开通新浪官方微博已超过120个，其中13个省辖市司法局和42个县（市、区）司法局均已开通官方微博，一大批乡镇司法所、公证处、律师事务所、基层法律服务所、矛盾纠纷调解中心和法律服务机构等官方微博也在陆续开通中，并将法律服务专业微博、名律师微博等纳入司法行政微博群，并尝试与名人微博、网络红人建立互动，将有效扩大司法行政的社会资源。同时，司法行政类微博也积极参与到政法类微博集群整合中来。广东省设立全国首家省级政法类微博发布厅，其中司法行政类微博和律师行业相关微博占有重要比例，四川司法政务微博发布厅、遂宁司法微博发布厅等省、市级司法行政类微博集群也已初具规模。

上海市闵行区司法局积极运用微博平台开展工作，整合资源，逐步形成具有闵行特色的微博法宣工作模式，打造"闵行法宣微博联盟"，形成以闵行区司法局官方微博"@闵行法宣零距离"为龙头，以15个部门官方微博为依托，以该局主要领导为核心的28个实名认证的法宣志愿者微博为触角，以近百人的法律工作者微博团队为补充的"1+15+X闵行法宣微博联盟"。截至目前，"@闵行法宣零距离"新浪微博粉丝数已超过138万，成为司法行政系统机关第一大V，对该微博联盟整体发展的带动作用明显。

（2）探索管理制度建设规范细化工作机制

2013年，各地司法行政机关对于微博发展制度化建设投入了更多力量，建章立制，确保法宣微博工作有章可循成为新的发展目标。北京市司法局将微博列为本年度重点工作。"@北京司法"微博工作领导小组负责人由局长兼任，市局机关发展了40多名微博联络员，每个处室有一至两位；微博上线初期，北京市司法局局长办公会审议通过《官方微博运行维护管理办法（试行）》；陆续出台政务微博信息发布、答复制度和预警机制，为网上问政推动网下具体问题解决奠定制度基础，从信息发布发展到务实应用和为民服务。上海市闵行区司法局积极探索微博工作制度化建设，制定《闵行区法宣微博工作细则（试行）》，从工作内容、工作保障、突发事件应对等方面进行规范，明确第一责任人，每个微博管理员应做到心中有程序、有尺度，严格确保信息发布的质量；建立舆情引导机制，针对区重大事件或微博负面舆情，建立畅通的逐级上报制度，各级微博负责人、微博管理员24小时手机畅通；定期召开法宣微博管理员培训会，搭建交流平台，不断提高微博管理员技术水平。

（3）法宣微博受追捧法制宣传效果佳

法制宣传是司法行政部门的一项重要工作，也是司法行政类微博最大特色之一。由司法部和法制日报社主办的中国普法网官方微博于2013年7月1日在多家微博平台正式开通，"@中国普法"主要栏目法制资讯、法律知识、法规速递等均保持较高的更新频率，11月

18 日以后，其开办的"普法有奖答"栏目以每日一题、有奖答题的形式受到网民欢迎，引起广泛的关注和参与。"@浙江普法""@北京司法"等地方司法行政类微博则继续发挥自身优势，拓展微博普法的新形式。

"@北京司法"微博从早期的以工作动态、信息发布为主，到后来加入普法小漫画、微访谈、微直播等形式，设置一些话题或讨论，就新颁行的或广受关注的法律条款、司法解释进行解读，都对网友了解司法行政工作、获取法律知识有很大帮助。北京市西城区什刹海司法所推出的"@什刹海热线"微博粉丝数量已经有 17000 多人，其推出的"什刹海热线"App，通过多个栏目刊登司法所近况，为开展各类普法宣传活动做预告。同时街道、社区工作人员，公益律师，普法志愿者和社区居民可以通过 QQ、新浪微博、腾讯微博、人人网的账号登录"什刹海热线"发布网帖、发起话题、寻求法律帮助、答复法律问题。

在 12 月 4 日全国法制宣传日前后，各地司法行政类微博制作了大量细致丰富的法制宣传内容，并对线下普法宣传活动进行微博线上营销，显著地放大了宣传活动的影响力，在全国法制宣传日前后掀起了微博普法的一轮热潮。

（4）微博助力农民工讨薪线上线下互动暖民心

"微博讨薪"成为 2013 年司法行政类微博利用新媒体优势解决民众需求，拓宽法律援助工作渠道的重要体现。"广元微博讨薪"成为 2013 年初备受瞩目的事件。四川省广元市法律援助中心官方微博"@广元法援"接到该市多位农民工在山东烟台被欠薪的微博求助后，迅速启动法律援助异地协作机制，致电烟台市法律援助中心，同时发函衔接，当地法律援助机构积极配合，受理农民工法律援助申请。"@广元法援"也在其微博上持续播报事件进展。"@广元法援"开通，先后受理多起广元籍农民工微博讨薪案件，为农民工挽回了大量经济损失。2013 年 12 月，广元市法律援助中心启动"年末岁初为农民工讨薪"专项行动，继续通过微博等多种渠道，及时受理农民工讨薪案件。此外，"@抚顺司法"等司法行政微博也大力开展助农民工讨薪微公益活动，成为维护广大弱势群众利益的有力武器。

除"微博讨薪"外，微博平台在法律援助工作上的应用价值也大为提升，通过微博发布、评论、回复、私信等方式在线受理援助申请、回复法律咨询、邀请律师等专业人员在线值班成为很多司法行政类微博的普遍做法，"@银川法律援助"等较早开通的法律援助类微博，继续提高法律援助服务民生质量，缓解困难群众维权难，促进公平正义，维护社会稳定。

（5）人民调解作用进一步提升"微调解"成化解矛盾利器

人民调解工作是化解社会矛盾、促进社会和谐的重要基础性的工作。2013 年 1 月 1 日正式实施的新民事诉讼法将人民调解协议司法确认制度纳入其中，人民调解工作的重要意义，进一步凸显。各地司法行政机关在利用微博发展人民调解工作也成为新的趋势，除在各地司法行政机关官方微博宣传介绍人民调解工作外，许多地方司法行政机关下属矛盾纠纷调解机构、人民调解委员会等还开通了专门的人民调解微博。

在当前医患矛盾突出的背景下，上海市浦东新区医患纠纷人民调解委员会、广东省"医调委"等开通了专门的医患纠纷调解机构官方微博，发布医学常识、政策法规、介绍医患纠纷调解受理程序、解答医疗投诉、播报突发医患纠纷进展，及时核实网友投诉，避免不实消息造成的不良影响，在人民调解微博宣传工作探索出一条便民服务的新路径。

2013年以来，云南省玉溪市积极推进人民调解实务微博，全市74个乡镇（街道）人民调解委员会全部开通调解实务微博；云南省澜沧县司法局也组织全县20个乡镇人民调解委员会于2013年5月开通调解微博，实现人民调解网络信息化互动。同时，一些司法行政工作人员还将个人微博作为调解工作的延伸。浙江省海宁市马桥街道利众村调解主任夏国良开设微博"马桥老娘舅"，网上成功调解纠纷50余起，在当地赢得良好声望，微博成为维护社会和谐稳定的新渠道。

（6）司法考试服务工作再创新微博直播考试全程受关注

国家司法考试相关工作涉及人数众多，历来备受关注，是司法行政机关的重点工作之一。司法行政类微博依据国家司法考试日程，及时发布报名、考试、成绩查询、领取法律资格证等相关事项安排，已成为惯例。江苏省司法厅为"净化环境、倡导诚信、打击作弊"，通过官方微博"江苏司法行政在线"，首次尝试对国家司法考试现场进行全程直播。从9月14日司法考试第一天发出第一条微博至15日下午考试结束，江苏司法行政在线共发出微博65条，其中图片超100幅，几乎每条微博都被粉丝转发、评论。从给考场贴封条、试卷启封、收卷审核等考试全流程及考场突发事件均第一时间以图文形式发布，直观且及时地让人感受到司法考试背后透露出的浓浓人情味。"@北京司法"微博针对司法考试，专门制作了关注司法考试"微访谈"，为考生答疑解惑，亦颇具特色；贵阳市、连云港市司法局等还开通了专门的司法考试服务官方微博。

（7）狱政大V成为新亮点社区矫正借力"微平台"

监狱管理工作与一般民众生活较为疏离，具有一定的陌生感，自2012年5月四川监狱管理局开通全国首家监狱微博以来，一些司法行政机关监狱管理部门纷纷利用官方微博，使民众有机会了解颇为神秘的狱政管理工作，也改变了一些民众对于狱政机关片面的负面印象，同时也为服刑人员亲属了解服刑人员的改造情况提供了新渠道。"@贵州监狱"于2013年6月7日开通，开设有狱务公开、教育改造、监狱文化、警民亲等10余个栏目。截至12月底，"@贵州监狱"已发微博近1500条，粉丝近28万人，成为全国监狱管理局官方微博中最具影响力的微博；同属西南部地区的"@四川监狱""@重庆市监狱管理局"和"@贵州省第二女子监狱"等也是影响力较广的监狱管理类微博。

相较于入监服刑，社区矫正属于非监禁刑罚，其工作综合性强，涉及部门多，制度设计更需精细，随着劳教制度的废止，社区矫正工作更加受到重视。通过在微博中宣传社区矫正、发布矫正志愿者招募信息，为提高社区矫正工作的社会认知度和营造良好的矫正帮扶氛围，提供了新途径。一些社区矫正机构和社会化安置帮教机构开通的官方微博，依据自身工作性质，对社区矫正和回归帮教工作的宣传，与司法行政机关微博形成合力。山东省临清市司法局下辖的社区矫正机构开设的官方微博"临清社区矫正之家"，为社区矫正机构工作人员和有条件上网的社区服刑人员搭建了一个新的交流平台，让工作人员及时掌握社区矫正的信息及活动情况，采取发私信等方式与社区服刑人员交流，并及时通知司法行政机关注意社区服刑人员动态。

（8）公证和司法鉴定机构微博试水潜力巨大或成新增长点

公证处和司法鉴定机构结合自身业务特点和网友关注议题，通过微博向公众普及相关法规和专业知识，微博参与度日渐提高，成为司法行政相关工作微博应用的新增长点。成都公证处 2013 年 6 月开通官方微博以来，在一个星期内便吸引了 300 多位网友的关注，截至目前粉丝数已逾 13 万，该微博开通以来积极发布公证知识、业务介绍、工作动态等内容，及时对微博网友提出的业务咨询进行回应。除了 "@成都公证处" "@闵行公证" "@律政公证处" 等官方微博在行业内的表现也较为突出。虽然在总体上，公证处和司法鉴定机构类微博尚处于起步阶段，影响力仍比较有限，但随着社会经济的发展，公证业务和司法鉴定业务始终保持较高的年增涨速度，此类微博的后续发展潜力很大。

2. 问题篇

（1）省级官方微博未实现全国覆盖集群化发展催生空壳微博

从全国来看，各地省级司法行政机关在新浪开通的官方微博只有 11 家，数量上落后于公安、法院和检察机关。从各省司法行政机关微博个数看，虽然四川、云南、贵州等地司法行政机关对政务微博给予极大重视，微博数量增长迅速，并造就了一些行业大 V，在一定程度上缓解了地域分布不均的情况，但从整体传播力和影响力来看，东部沿海省份仍处于优势，地域分布仍不平衡。

此外，由于政务微博集群化发展成为新趋势，一些地方以行政手段加速推进基层司法行政单位开通微博，部分机关特别是基层单位微博仓促上马，客观上加剧了 "空壳微博" 的现象，影响了司法行政系统微博整体的良好风貌。政务微博的运营需要一定的资源投入和人力配备，推广政务微博不应使用摊派手段。行政机关对微博有需求、微博对机关工作有助力，应成为政务微博存在和发展的原动力。

（2）发布信息应把握传播价值无关内容和流水账应严控

发布与工作无关的内容，是政务微博发展中的一个常见问题。2013 年，这一情况在司法行政类微博中有了比较明显的改善，发布商业广告、不良信息的情况已不多见。目前，一些司法行政类微博出现了在工作时间发布与政务相关信息，在工作时间之外发布 "心灵鸡汤"、养生保健、生活知识等信息的现象。这类非原创信息对于提高政务微博影响力作用十分有限，却明显地冲淡了政务信息和法制宣传等有效内容的版面，长远来说不利于政务微博的健康发展。

同时还应注意到，一些基层机关微博管理者迫于内容更新的压力，将大量机关琐事发布在微博上，其可读性和传播价值较差，甚至有的政务微博沦为机关内务 "公告栏"。譬如将办公楼整修、开会通知等消息发布在微博上，看似 "政务公开" 实则 "记流水账"，对于政务微博影响力的提升几乎毫无意义。对于此类信息，微博管理者还应秉持 "宁缺毋滥" 的态度；在制定官方微博维护管理制度时，也不应片面地以微博发布数量作为评价标准。

有评论还指出，不少政务微博的更新日期均为工作日，休息日则完全停止更新，这与不间断的网络舆情应对需求不相适应。不仅存在 "双休型" 特征，有的司法行政类微博管理者保有明确的午休和下班时间，如广东省肇庆市司法局官方微博在工作日正午和下班前大都会发布 "午休帖" 和 "下班帖"，在提醒网友 "劳逸结合" 的同时，也显示出了政务微博不同于个人微博的独特之处，并形成了一定的风格和特色。客观地说，类似 "午休帖" 和 "双休型" 的做法，在现阶段并不构成对政务微博发展的严重阻碍，在不涉及紧急、突发舆情应对和信息发布时，政务微博维持正常的作息时间，并不为过；在客观条件尚不具备时，强行要求微博管理者全天候值班，反倒不如要求其在工作时间认真维护微博内容、负责任地回应网友诉求，更为切实有效。

三　政法微博影响力排行

正义网络传媒研究院以腾讯微博、新浪微博、人民微博、法律微博为主要数据来源，结合公检法司四类政法微博的网络热度，从37500个政法微博中各推选出40个网络影响力较高的机构和个人微博，得出全国十佳政法影响力微博榜单。

排行榜综合考察的一级指标如下。

①微博数：该账号2013年所发微博总数（数据统计截至2013年12月20日，以下数据如无特别说明皆同）。

②微博发布频率：日均发布微博数。

③微博原创率：原创性微博占发布微博的比例。

④微博被转发量：所发微博被转发总量。

⑤微博被转发率：平均每条微博被转发量。

⑥微博被评论量：所发微博被评论总量。

⑦微博被评论率：平均每条微博被评论量。

⑧微博评论数：对其他微博进行评论的总数。

⑨粉丝数：相关微博粉丝总数。

⑩粉丝活跃率：活跃粉丝占所有粉丝的比例。

⑪粉丝的粉丝数：每一位粉丝的粉丝数之和。

⑫关注数：该微博关注的其他微博总数。

⑬媒体关注度：媒体对该微博进行的报道或评论文章总量。

⑭被@总数：发布微博被提及总数。

排行榜综合考察的二级指标如下。

①政法内容关联指数：描述微博内容与政法工作相关程度的高低。

②微博正能量指数：描述微博表达的情绪积极或消极，内容正面或负面。

③评论情绪指数：描述网友对微博进行评论内容的正面或负面。

④媒体情绪指数：描述相关媒体文章对微博进行评论内容的正面或负面。

结合以上指标，经加权运算后，从活跃度、传播力、引导力三个维度对政法机关及公职人员微博进行排行（见表4至表11）。

活跃度用以描述政法机构和公务人员通过微博参与官民互动的活跃程度，活跃度越高表示该微博进行官民互动越频繁。统计微博活跃度时所涉及的参数包括：微博数、微博发布频率、微博原创率、微博被评论量、关注数、政法内容关联指数。

传播力用以描述政法机构和公务人员微博发布信息的传播能力，传播力越高表示该微博所发布的信息在微博中传播的范围越广、速度越快、影响越大。统计微博传播力时所涉及的参数包括：粉丝数、粉丝活跃率、粉丝的粉丝数、微博被转发率、媒体关注度。

引导力用以描述政法机构和公务人员微博发布信息的舆论引导能力，引导力越高表示该微博所发布的信息在网民中关注度越高、认同度越高。统计微博引导力时所涉及的参数包括：微博被转发量、微博被转发率、微博被评论量、微博被评论率、粉丝数、粉丝活跃度、粉丝的粉丝数、媒体关注度、政法内容关联指数、评论情绪指数、媒体情绪指数。

表4　全国十佳公安机关影响力微博

排名	机关名称	粉丝数（人）	微博数（条）	活跃度	传播力	引导力	总分
1	北京市公安局	6171200	5909	92.25	96.05	94.62	95.66
2	广东省公安厅	6005706	3249	94.73	98.54	90.62	94.36
3	河南省公安厅	4086985	15891	96.26	91.78	89.26	93.46
4	广东省广州市公安局	4231886	10753	95.72	90.56	88.39	93.41
5	安徽省公安厅	5126399	4128	90.66	94.85	96.07	93.39
6	广东省深圳公安局	3020124	4681	91.71	96.87	87.02	91.66
7	河北省公安厅	3956443	2956	90.38	92.34	90.36	91.05
8	上海市公安局	1601054	2654	90.21	93.76	87.21	88.45
9	辽宁省公安厅	1432286	6779	93.93	89.34	85.02	87.58
10	江苏省常州市公安局	1238761	4461	92.05	89.11	83.75	87.02

表5　全国十佳检察院影响力微博

排名	机关名称	粉丝数（人）	微博数（条）	活跃度	传播力	引导力	总分
1	广东省人民检察院	1375424	763	94.21	91.66	92.16	92.38
2	宁夏回族自治区人民检察院	924097	2504	93.66	90.34	83.46	90.87
3	湖北省人民检察院	707678	1139	92.23	90.33	89.94	90.71
4	云南省人民检察院	474833	17336	93.27	89.32	90.68	90.67
5	广东省肇庆市人民检察院	557839	6510	87.86	86.72	81.32	85.61
6	陕西省西安市未央区人民检察院	151270	4754	88.92	90.12	84.26	85.02
7	上海市人民检察院	255034	2359	88.71	82.63	74.01	82.86
8	广东省深圳市南山区人民检察院	720312	512	78.02	83.89	73.24	77.67
9	浙江省人民检察院	710343	376	69.34	76.58	75.68	74.89
10	广东省深圳市人民检察院	243938	421	67.92	75.02	75.26	74.31

表6　全国十佳法院影响力微博

排名	机关名称	粉丝数（人）	微博数（条）	活跃度	传播力	引导力	总分
1	河南省高级人民法院	3890603	10289	95.26	92.96	91.65	93.83
2	山东省济南市中级人民法院	522954	272	84.02	94.31	95.46	91.26
3	北京市高级人民法院	789559	1229	93.67	90.57	89.44	91.03
4	广东省肇庆市中级人民法院	562316	4927	93.83	85.12	73.32	83.61
5	广东省高级人民法院	387869	1273	89.51	84.18	76.06	82.58
6	湖南省高级人民法院	613462	462	84.16	81.03	71.56	78.26
7	广东省深圳市中级人民法院	676653	339	74.15	84.67	69.97	77.71
8	四川省高级人民法院	580050	473	84.02	81.45	71.31	75.45
9	山东省菏泽市中级人民法院	165048	5344	80.32	73.26	72.23	75.21
10	上海市高级人民法院	160310	2301	83.21	72.69	70.02	75.01

表7 全国十佳司法行政机关影响力微博

排名	机关名称	粉丝数（人）	微博数（条）	活跃度	传播力	引导力	总分
1	四川省司法厅	1034828	10707	92.93	86.64	78.34	85.45
2	上海市奉贤区司法局	1236986	2609	89.98	85.71	78.02	84.47
3	广东省肇庆市司法局	551412	13306	89.67	85.31	75.27	82.26
4	四川省成都市司法局	245823	1758	88.87	86.56	74.98	81.98
5	北京市司法局	373607	414	75.02	74.32	75.12	74.67
6	浙江省司法厅	145814	499	73.67	73.24	77.05	74.04
7	广东省佛山市司法局	353173	439	75.13	73.21	68.34	72.56
8	河北省司法厅	104243	489	74.03	71.54	69.81	71.92
9	山东省司法厅	499569	465	74.56	72.58	68.15	71.86
10	山东省日照市岚山区司法局	56563	2642	88.37	69.51	62.12	70.83

表8 全国十佳警官影响力微博

排名	姓名	职务	粉丝数（人）	微博数（条）	活跃度	传播力	引导力	总分
1	陈士渠	公安部打拐办主任	5008783	5184	95.83	94.42	95.67	95.86
2	王于京	浙江省武义县公安局民警	1366377	10070	97.26	92.76	92.89	95.46
3	高媛	北京市公安网警	2180752	4400	95.04	93.26	93.58	94.87
4	叶万弘	湖北省公安交通管理局民警	567479	12304	97.87	90.12	92.93	94.08
5	马江涛	山东省潍坊市公安局民警	102477	2267	94.12	92.78	92.09	93.15
6	段兴焱	江西省九江市公安局民警	544026	2519	88.41	90.45	85.67	87.23
7	孙健	山东省济南市公安局民警	420374	2225	88.02	84.78	81.65	85.34
8	陈清洲	福建省厦门市公安局集美分局灌口派出所教导员	415697	5099	88.41	58.45	80.67	85.23
9	肖文波	福建省三明市公安局副局长	672733	104	81.91	85.41	81.25	81.51
10	刘志文	山东省济南市公安局历城区分局民警	255629	973	83.41	82.16	80.54	81.43

表9 全国十佳检察官影响力微博

排名	姓名	职务	粉丝数（人）	微博数（条）	活跃度	传播力	引导力	总分
1	袁明	湖北省人民检察院检察官	441332	1671	91.35	92.78	89.67	88.98
2	何文凯	广西壮族自治区防城港市人民检察院副检察长	163726	3932	95.46	89.35	83.56	86.42
3	段军霞	湖北省人民检察院联络处处长	178401	3246	91.45	85.56	83.23	86.02
4	赵鹏	北京市人民检察院第一分院二审监督处处长助理	153646	1329	90.24	85.45	82.46	85.63
5	贾岩	天津市河西区人民检察院办公室主任	222119	2268	90.32	85.43	81.62	83.67
6	蓝向东	北京市东城区人民检察院检察官	101028	1075	83.56	84.38	83.67	83.24
7	霍琳	河北省邯郸市大名县人民检察院检察官	10688	557	85.34	86.56	83.62	83.21
8	梁景明	北京市人民检察院检察官	40951	5416	85.52	80.34	79.32	79.31
9	柳文彬	上海市虹口区人民检察院检察官	12015	7900	89.41	74.65	68.43	76.28
10	杨红平	浙江省海宁市人民检察院检察官	20101	1958	85.67	79.47	67.85	75.66

表 10　全国十佳法官影响力微博

排名	姓名	职务	粉丝数(人)	微博数(条)	活跃度	传播力	引导力	总分
1	纪阿林	江苏省泰州市中级人民法院副院长	597104	1788	90.56	83.26	85.41	87.81
2	栗向东	山西省长治市城区人民法院院长	162609	1778	90.31	85.37	83.21	86.43
3	蒋阳兵	广东省湛江市中级人民法院副庭长	60075	15454	91.91	82.31	82.45	86.31
4	任保军	乌鲁木齐县区人民法院院长	96883	7387	93.26	82.51	79.89	93.56
5	李萍	山东省长治市城区人民法院副院长兼政治处主任	133239	661	81.26	79.98	73.21	75.66
6	王黎明	江苏省淮安市中级人民法院咨询办主任	48426	5914	93.56	76.41	70.32	75.54
7	王茂刚	北京市第一中级人民法院民事第一审判庭法官	95754	571	82.42	79.81	72.02	74.89
8	李军	广东省佛山市中级人民法院审判管理办公室副主任	76156	2185	85.21	75.43	70.65	74.21
9	姜颖	北京市第一中级人民法院法官	70060	165	80.21	75.87	71.26	73.83
10	赵耀彤	山东聊城市东昌府区人民法院副院长	17608	2461	83.61	73.38	70.52	73.79

表 11　全国十佳司法行政人员影响力微博

排名	姓名	职务	粉丝数(人)	微博数(条)	活跃度	传播力	引导力	总分
1	牛兴全	甘肃省司法厅副厅长	2199846	5955	95.58	93.44	89.91	92.85
2	金中一	浙江省海宁市司法局局长	1282935	3970	93.44	91.58	89.24	92.13
3	郭永君	山东省司法厅法制宣传处副处长	335527	4273	92.68	89.91	85.76	88.89
4	杨华	上海市闵行区司法局法制宣传教育科科长	24498	23363	94.32	87.45	80.89	85.67
5	盛民	山东省日照市岚山区司法局局长	49514	3661	91.86	86.37	81.76	85.34
6	李金祥	山东省临清市司法局局长	86770	1085	90.09	88.89	80.43	85.31
7	金海民	上海市闵行区司法局局长	27798	5053	92.02	82.67	80.55	84.73
8	方泉敏	浙江省海宁市司法局副局长	24137	2930	92.58	80.58	76.45	80.52
9	卞志强	山东济南市司法局148协调指挥中心科员	21582	7959	91.67	80.09	78.56	80.47
10	夏国良	浙江省海宁市马桥街道利众村调解主任	19256	2535	90.78	78.45	72.14	75.89

四　政法微博实务探讨

（一）运营管理篇

案例一　云南检察"双微"实践概述

作为云南省级政法机关第一家"双微"单位，云南省人民检察院利用微博、微信及时、便捷传播的优势，创新检察宣传和涉检网络舆情应对新路子，短期内即走在了全国政务新媒体的前列。从 2011 年 12 月 28 日在腾讯上线，到 2013 年 11 月 17 日云检腾讯微博粉丝有 469900 余人，广播 38000 余条。新浪微博于 2013 年 1 月上线，到 11 月 17 日已有粉丝

176000余人。此外，云检还上线了人民微博和法律微博。目前，云南检察系统已形成省地县三级院的微博集群，微博数量达150个，在全国检察系统以省为单位的排名中位居第一。微信方面，至11月17日，云检微信已上线164天，每天一期图文，有粉丝3000余人。虽然上线时间都不算长，但云南检察"双微"在云南省乃至全国都已具有一定的影响力，受到很多媒体、专家及网友的关注和好评。

第一，破除条块分割的模式，云检微博、微信管理员直接对地县两级院的微博微信进行指导。

"检察微博、微信要讲政治、讲法律、守纪律""要坚持信息更新，坚持与网民互动，坚持关注民生解决问题"等，这是云检微博、微信在实践中总结的经验。云检微博、微信坚持在实践中边摸索、边总结、边提高，并加强对下指导。云南省人民检察院宣传处的云检微博微信管理员对地县两级院开微博微信持积极支持态度，凡是申请认证上线的，云检微博管理员都会直接和腾讯政务微博事业部联系，以争取在最短时间内获得认证，并通过电话等方式，对地县两级检察院要上线的微博微信管理员进行培训，对其发布的信息进行转评，通过私信进行交流，及时发现并督促其解决存在的问题，使地县两级检察院的微博微信管理员尽快提高微博微信应用和管理技能。

通过到州市办培训班进行培训。2013年以来，各地级检察院争相举办微博应用管理培训班，请省检察院微博管理员传授方法，交流技巧。省检对怒江、临沧、昭通、曲靖、玉溪以及铁检等地的两级院微博管理员进行了培训，推进了这些院的检察微博上线。

在线指导，手把手帮教。云检微博微信管理员要求地县两级检察院的微博管理员在发布信息时"@云检微博"，使云检微博第一时间能够了解其所发布的微博内容，及时发现和解决存在的问题。曾经有基层院发了条信息，将分案处理的抢劫案写成了一条博文，出现了未成年人犯罪案件公开开庭审理的说法，引起网友质疑。云检微博管理员电话询问案件情况后，要求基层院微博管理员通过评论进行道歉并说明情况，取得了网友的谅解。此类因涉及法律问题发布信息不够严谨的情况有多起，都在云检微博管理员的指导下得到正确处置。

第二，坚持互动，及时关注网友反映的问题，化解涉检舆情危机。

互动是官方微博的生命。如博友"@贵州遵义12355"所言："微博跟传统媒体及博客、论坛等新媒介相比，最大的特点就是它实现了一种真正意义上的双向互动传播。"微博不是单向发布信息的平台，一些官博之所以发布的不少有价值的信息不被网民围观，就是因为只发布少互动。在海量的信息面前，网友选择阅读的机会很多，所以单向的"黑板报"类的官方微博很难引起网友的关注和支持。官博要做好，必须互动；官博要发展，也必须互动。

第三，在互动中及时发现监督检察人员的信息，及时应对。

"检察人员违法违纪你们管不管？"有时我们会在微博上发现这样的信息。对此，我们会首先表明"肯定会管"的态度，接着通过私信了解实情，继而通过邮箱接收情况反映，通过报领导批示对检察人员的违法违纪行为进行查处并反馈。曾有位女博友反映一名基层检察人员多角恋爱，给其造成精神伤害。经领导批示，纪检监察部门对被举报人员进行了查处。这位女博友发私信表示其对处理结果表示满意。还有一位博友反映有检察人员开车将其车刮擦后不赔礼道歉还态度蛮横，将此情况反馈给这位检察人员的单位后，单位领导带着他出面赔礼道歉，并承诺修车。这位博友对检察机关的做法表示满意，并发帖给予肯定。

第四，在互动中发现线索，及时跟进，避免相关负面信息无限放大。

我们的微博刚上线不久，即有一条"公安机关把人强制隔离成精神病负不负法律责任"的博文引起了我们的注意。经过私信了解，原来是某县公安局在"非典"那年将从疫区来的发帖者的父亲强制隔离，导致其父就此患上精神病数年，生活不能自理。了解清楚情况后，我们通过私信向发帖人进行了解释。另外，得知发帖者是在校大学生后，我们便从精神上给予其关爱，从经济上给予其资助。最后，这位大学生成了我们的铁杆粉丝，每天把转、评我们的微博作为其学习生活的一部分。

及时回应重大涉检网络舆情。2013 年 10 月 10 日，一篇题为《云南大关官员强奸幼女案被指"重罪轻判"》的报道引起舆论大哗。我们第一时间将此舆情上报省检察院王田海检察长；省、市两级检察院积极主动应对。

10 月 14 日，云检微博、微信发消息称："#微回应##昭通：抗诉#《云南大关一官员强奸 4 岁幼女获刑 5 年》的案件有了最新进展。从云南省昭通市人民检察院获悉，今天下午，昭通市人民检察院以'量刑明显不当'为由，就大关官员强奸 4 岁幼女获刑 5 年一案，依照审判监督程序向昭通市中级人民法院提出抗诉。"至 2013 年 10 月 17 日，该条微博阅读量达 1947 万，转评达 1 万多人次。

第五，在互动中发现弱势群体的困难，协调帮助解决。

通过与网友的互动交流，无论是公开还是私信，只要是站在网友的角度考虑问题，就会取得网友的信任。一个昭通鲁甸农村的博友发帖说自己当月的流量用完了，有几天发不了微博。经私信交流，得知这位博友是个初中毕业就回家务农的未成年人，在家要下地干活，还要给多病的父母做饭。他有空就上微博，说上微博的目的是学法律知识。后来，我们每月给他充手机话费以示支持。春节来临时，我们出钱让当地检察机关为其购买了新手机，办好有关手续后送到他的家里。现在，这位年轻的农民网友几乎天天抽空上微博、微信关注和支持省检察院"双微"，写了大量的"双微"评论，文字写作水平有了大幅度提高，关注正能量、支持云检"双微"已经成了他日常生活的一部分。

第六，在互动中为博友提供法律咨询服务。

2012 年 11 月 14 日 21 时左右，一位名叫"@陈碧仙"的网友给我们发来微博求助私信，说丈夫和她离婚后，已经 3 个月未给她孩子抚养费，一气之下，她拒绝让丈夫见孩子。得知此情况后，我们用了数十条私信和她交流，从法律角度和人性的角度积极帮其想办法，最终使其较为稳妥地讨要到了孩子的抚养费。"@陈碧仙"只是通过微博得到我们帮助的众多网友中的一个，许多受助于我们微博的网友，均成了我们的"铁杆"粉丝。

2013 年 8 月，有网友在微信上反映，自己被媳妇"诈骗"，媳妇已离家出走，媒人却在当地乱讲，影响了他的名誉，他要通过激烈的方式维护自己的合法权益。云检微信管理员在三天时间内通过数十条私信与其进行沟通，后来又通过电话交流了解情况，做他的思想工作。原来这位网友结婚时并没有进行登记，"结婚"一年后女方便"失踪"，媒人在当地却说其媳妇是因不堪忍受家庭暴力才离家出走，导致这位网友无法再在当地谈对象。就如何正确处理此事，云检微信管理员对这位网友进行了耐心细致的法律讲解，最终这位网友表示知道如何通过法律途径维护自己的合法权益了，不会走极端了。

第七，微博微信宣传不同于传统媒体宣传，把握住基本原则即可。

直到今天，云检微博微信也没有出台过检察微博管理规定，执行的是对"一把手"负责、"讲政治、讲法律、守纪律"的原则要求，对地县两级院的微博微信指导亦是如此。

这样做的好处是，可以推进微博微信上线的速度，可以使"一把手"了解微博微信的应用情况，充分调动微博微信管理员的主动性，强化检察院"一把手"对微博微信管理人员的关注并提供保障，第一时间应对涉检网络舆情。省检察院微博微信管理员对三级院微博微信的总体把关，也有利于检察微博微信纵向了解、横向交流推进，有利于总体水平的提高。

总之，以检察微博微信为代表的检察新媒体，担负着检察宣传、普及法律知识、涉检网络舆情应对、解决群众涉法涉诉问题、举报控告等重任，其低成本、高效率的特点是传统媒体无法比拟的。如何构建立体检察宣传高地，为群众提供及时有效的法律帮助，是我们在党的群众路线教育实践活动中认真思考和谋划的问题。如何让检察微博的短博文和检察微信的长内容实现优势互补、同步发展，也是需要我们进一步研究的问题。

（供稿：云南省人民检察院宣传处作者：赵安金）

案例二 "鄂检网阵"敲响指尖上的群众工作

近年来，湖北省人民检察院认真贯彻中央、高检院部署，注重研究和解决开放、透明、信息化条件下提高执法公信力的问题，积极运用新媒体，打造了以"检察门户网站、检察博客、检察微博、检察微信、检察服务（新闻）手机客户端"五位一体的"鄂检网阵"，着力提升新媒体时代社会沟通能力，做好指尖上的群众工作，受到社会各界广泛关注。

第一，把握规律，顺势而为，布局"鄂检网阵"。

湖北省人民检察院始终坚持研究新媒体环境下信息传播特点和规律，顺势而为，创新发展，实现网络宣传由"单一作战"向"总体统筹"转变，打造"检察门户网站、检察博客、检察微博、检察微信、检察服务（新闻）手机客户端"五位一体的"鄂检网阵"新格局。

一是加强检察门户网站建设，形成网络宣传一张"大网"。湖北省人民检察院党组和敬大力检察长高度重视网络宣传工作，早在2007年，就提出了全省检察门户网站建设"五大平台""九大功能"的要求。2008年，全省检察机关130个检察院全部开了门户网站，形成一张网络"大网"。湖北省检察院荆楚公平正义网自2006年6月建成以来，始终秉承"弘扬法治精神、宣传检察工作、普及法律知识、深化检务公开"的建站理念，加强了检察机关与公众之间的沟通。目前，访问量已达1063万人次，被正义网推荐为全国"优秀检察网站"。

二是开通检察博客，传播先进法治理念。2008年9月，湖北省人民检察院依托新浪网开设官方博客，利用新浪博客的强大功能，以图文、视频等生动活泼的形式，发布检察工作信息、传播先进执法理念、弘扬法治精神，积极与网民互动，带动了汉阳区人民检察院等一批官方博客发展。

三是开通检察微博，架起检民连心桥。2011年初，湖北省人民检察院在全国省级检察院中率先开通了官方微博，通过微博积极与广大网民在线交流，发挥了微博新媒体的宣传检察工作、诉求引导、接受监督、舆情应对、普法教育、法律咨询等功能作用。2012年5月，曹建明检察长来湖北视察时充分肯定了我院检务微博的运行工作。

四是开通检察微信，实现点对点精准服务。2013年1月5日，湖北省人民检察院率先在全国省级人民检察院开通了"鄂检在线"检察微信公众平台，以"传递微信息，汇聚正能量"为服务宗旨，充分利用微信点对点精准传播的特点，每天定时向微友发送湖北检务动态、法治前沿思想等内容，开展在线答疑解惑，成为了精准传播、思想碰撞、汇聚正能量的新平台。目前，"鄂检在线"发布微信330多期，粉丝4000人。随着微信5.0版的推出，2013年11月21日，湖北省人民检察院又率先在全国检察机关开通了定位为"服务号"的微信公众号"湖北检察"，设置有走进检察、便民服务、网上受理三个版块，提供了文件、案件查询、律师预约、身边的检察院、举报、控告、申诉16项检察业务查询与办事功能，为微友提供全方位、多层次、多角度的资讯服务。

五是开发检察服务（新闻）手机客户端，适应阅读方式的变化。随着智能手机的普及，"碎片化"阅读时代到来，用户阅读习惯发生巨大变化。为增加检察信息的受众面和影响力，适应新型阅读方式，湖北省人民检察院自主研发了"湖北检察"网站手机客户端，于2013年3月23日正式上线，是安卓与苹果商店唯一的检察资源。手机客户端实现了与湖北省人民检察院门户网站的无缝对接，新增了多个服务功能，并有分享功能，用户点击文章阅读后即可分享至微信、短信和微博，实现了媒体间的融合发展。以上"五位一体"网络宣传、服务格局，涵盖了主要网络传播方式，布局"鄂检网阵"，打出了一套"阳光检务"组合拳，把信息直接送达群众，为他们了解、监督检察工作，维护自身权益提供了便利。

第二，领导重视，规范管理，提升新媒体时代社会沟通能力。

湖北省人民检察院高度重视新媒体的管理与应用，注重把握新媒体时代受众特点，坚持公开透明、正确引导、积极互动、热情服务的功能定位，回应社会关切，提升新媒体时代社会沟通能力。

一是党组重视。湖北省人民检察院党组和敬大力检察长高度重视新媒体时代网络宣传工作，明确提出要深化、细化、实化做好群众工作举措，做到"动心、动脑、动口、动脚、动手"。其中"动手"就是要以网络为平台，动用键盘、鼠标、触屏，利用网站、博客、微博、微信，开发和利用多种用户终端，做好指尖上的群众工作。2010年3月，为优化职权配置、整合检察资源、理顺工作关系，湖北省人民检察院将政治部宣传处调整为新闻处，内设新闻报道工作室、网络工作室、检务公开工作室。网络工作室负责统筹新媒体建设与管理工作，配备了三名具有媒介素养和文字功底的检察人员，以及"鄂检网阵"正常、高效运转所需的装备和经费。多次派网络管理员参加高检院、省委宣传部组织的业务技能培训班和实战演练，参与"互联网发展应用及危机公关"等课题研究，提高掌握新媒体运用技能。

二是健全制度。湖北省人民检察院制定出台了《湖北省检察机关门户网站管理办法》《湖北省检察机关官方微博管理办法》《湖北省检察机关微信信息发布管理办法》《"鄂检网阵"检务公开宣传手册》等，将新媒体建设与应用工作纳入了全省检察工作目标管理考核范围，对"鄂检网阵"信息发布、重要联动协作、组织保障、效能考核等做出明确规定，避免了"不推不动""只建不管""重建轻管"等现象。目前全省检察机关有101个检察院开通了官方微博，10个检察院开通了官方微信。

三是规范运行。在认真规范做好信息发布的同时，湖北省检察机关还建立起了上下一体、横向协作、总体统筹的联动协作机制，依法及时解决群众的各类诉求。如2013年1月30日晚，有网民在湖北省人民检察院官方微博留言，举报利川市某村党支部书记涉嫌贪污。第二天上午8时，微博管理员回复，会按照工作程序处理。50分钟后，举报线索反馈到恩施土家族苗族自治州检察院。9时30分，恩施州人民检察院反馈，该举报线索已移交利川市人民检察院，并要求及时处理并反馈信息。

多种宣传方式同步，"五位一体"新媒体宣传格局的形成，在网络上刮起一股"鄂检网阵"清风。中国传媒大学媒介与公共事务研究院政务新媒体实验室官方微信"政务微信观察"评论说，"这是一场群众路线的信息革命，阳光检务工作从电脑屏进入触屏时代，'指尖'永远连着'心尖'"。

第三，阳光检务、便民利民，做好"指尖上"的群众工作。

五位一体的"鄂检网阵"全线推出后，成为全国检察机关独树一帜的强大宣传阵容，搭建了阳光检务新平台，赢得了群众一片叫好声。实践证明，加强新媒体建设，在促进阳光检务、加强群众工作方面发挥了"六大平台作用"。

一是便民利民的平台。检察门户网站、检察博客、检察微博、检察微信、检察服务（新闻）手机客户端均在显要位置链接了湖北省人民检察院受理接待中心等便民利民栏目，网民可随时进行举报、投诉、咨询与查询。进入"湖北检察"手机客户端，点击选择"鄂检网阵"，还可查阅全省130个检察院的门户网站信息，实现三级网站的互联互通、案件的快速便捷查询、举报申诉线索的受理和流转等功能。微信"湖北检察"设置了16项检察业务查询与办事功能，我院在官方微博上，也坚持每一个咨询必答，每一封私信必看，积极互动，赢得了众多粉丝。

二是检务公开的平台。为了适应开放、透明、信息化条件下的新要求、新挑战，湖北省人民检察院充分利用"鄂检网阵"新、全、自媒体等平台的优势，及时传递检务信息，接受群众监督，保障人民群众的知情权、参与权、表达权、监督权，确保检察权在阳光下运行。"鄂检网阵"网络平台采取信息发布、微传播、微交流等不同方式，每天向网民介绍湖北检察机关工作亮点、改革创新成果、工作职能介绍等内容，敞开大门，邀请人民群众从网上走进检察机关，有效地增加了检察工作透明度。

三是接受监督的平台。"鄂检网阵"通过网络及时发布检务信息、收集社情民意，主动接受监督，用真诚和说理有效疏导群众情绪，化解隔阂。如一网友针对某检察院没有及时公布检察长接待日时间提出了疑问，当日"鄂检网阵"工作人员迅速将此情况反馈给相关检察院，并将所获检察院信息通过微博向网友说明。一周后，所涉检察院《检察长接待来访日程表》出现在该院门户网站上。

四是解决诉求的平台。对网民通过"鄂检网阵"表达的每一个诉求，湖北省人民检察院都依法依程序办理。"同一个案件公安机关作为诈骗案件办理，而法院作为经济纠纷案件办理，现在我该怎么办？"2013年初，湖北襄阳一位农民网友在为一起所涉及的案件定性纠结着，并"@""@湖北省检察院"。微博管理员经过引导，这位网民马上找到当地检察院提出申诉，通过检察院开展诉讼监督，公安机关撤销了刑事立案。又如2013年9月2日上午，有网友代表100多户农户向"@湖北省人民检察院"举报，称巴东县水布垭镇的新农村建设房屋补贴款将近一年的时间还没到达老百姓的手中，是不是当地干部贪污挪用了。当天下午，微博管理员发现后，及时回复表示关注，并转办巴东县人民检察院。巴东县人民检察院及时了解情况。9月4日，巴东县水布垭镇人民政府向巴东县人民检察院做出了书面回复，说明了情况。同日下午，巴东县人民检察院将了解到的情况向湖北省检察院微博管理部门报告，"湖北省人民检察院"同步向网民做出了回复，网民对此表示感谢。

五是舆论引导的平台。借助"鄂检网阵"各新媒体平台，湖北省检察院关注社会舆论，对可能诱发的涉检网络舆论进行跟踪监测，及时发声，消除炒作和谣传的空间，引导网民理解、支持、认同检察机关各项工作。如2012年9月10日，网民微博发帖反映"80后官二代在武汉、襄阳两地检察院任职，均不上班吃空饷"，迅速引起网民质疑。湖北省检察机关迅速开展调查，并通过微博、网站等阵地，第一时间作出表态性发言，第一时间公开了调查结果，并利用新媒体积极引导网民，仅用3天时间便迅速平息了网络中的负面舆论。2012年至2013年底，湖北省人民检察院共利用网络及时回应、引导，妥善处置网络舆情25起。

六是普法宣传的平台。"鄂检网阵"的工作人员，在积极开展以案说法的同时，努力做到不漏掉网民的每一个咨询与诉求，为网友答疑解惑，积极与网民互动交流，赢得了网民赞许。网友评价说，过去检察机关传统的宣传是印制宣传单或等群众来院咨询、举报，现在这种网上全新的法律咨询形式为我们提供最及时的服务，既减少了人力和时间成本，又提高了效率。2013年，"鄂检网阵"通过网络回答网民相关法律咨询等4000余次。

湖北省人民检察院运用新媒体拓宽阳光检务的做法也引起社会各界广泛关注。《湖北日报》称，省检察院微博问政坚持公开为先、服务为本，尊重群众、顺应民意，成为新时期舆论引导的新平台，微博问政问出了第一影响力。《检察日报》评论道，希望各地检察机关从湖北省检察院的做法中得到启示，坚持与人民群众密切联系，更好地实现检察机关的价值追求。全国人大代表、湖北省统计局副局长叶青给予了这样的评价：近年来，湖北省各级检察机关积极开展"网络问政"，深化阳光检务，把继承和创新检察机关群众工作作为促进社会建设、创新社会管理的重要法宝，在维护社会和谐稳定方面发挥了积极作用。

E时代还在发展，党的十八届三中全会提出，传播快、影响大、覆盖广、社会动员能力强的微博、微信等社交网络和即时通信工具用户在快速增长，我们要坚持积极利用，建立畅通有序的诉求表达、权益保障等机制。解放思想永无止境，实践发展永无止境。湖北省检察机关将进一步加强对新兴媒体传播规律的研究，着力提升新媒体时代社会沟通能力，及时回应社会关切，为实现中国梦汇聚起磅礴力量。

(供稿单位：湖北省人民检察院)

案例三 "@平安肇庆"公安微博运营管理经验

第一，项目发起的背景、主体和动因。

微博，名"微"，实不微。这种新型的网络媒体，从诞生到风靡全球，仅用了短短几年时间。微博用户在我国数以亿计，每日发布的信息量约2亿条，成为中国互联网上更新最活跃的信息源和舆论场，也是人民群众实行"公众参与、社会协同、法治保障"的新平台。2010年1月11日，广东省委常委、政法委书记、省公安厅厅长梁伟发在全省公安局局长座谈会上指出：创新决定平安度，创新决定竞争力，要求全省公安机关全力推进"六项创新"工作。在这种背景下，诞生了全国首个认证的公安微博"@平安肇庆"，拉开了全国公安"微博热潮"的序幕。

公安微博是公安机关在网络环境下创新公共服务和社会管理的新路径，拓展了公安工作在信息化时代主动对接群众服务诉求和安全保障的能力，在警务运作、公安执法、队伍管理、服务群众等方面，开辟了一条崭新的服务管理路径。

其一，发展历程。

2010年2月25日，"@平安肇庆"新浪微博正式开通，中央电视台新闻频道以《首个公安微博——平安肇庆向公众开放》为题作了新闻报道。紧接着人民网、新浪网、新华网等100多个网站和《人民公安报》《法制日报》《广州日报》等众多媒体也作了报道。2010年4月1日，广东省公安厅下发通知，要求全省21个地级市公安机关全部开通新浪微博。肇庆市公安局也下发通知，要求全市9个县（市、区）公安机关开通县级公安微博。当晚，广东省公安机关以强大的整体阵容，在新浪微博中以"@平安某地"或"@某地公安"的形象展示，引起全国媒体的极大关注。

"@平安肇庆"公安微博引起全国关注并产生广泛效应。2011年5月，广东省公安厅在肇庆市召开全省公安机关微博工作交流会，向全省推广"@平安肇庆"公安微博经验。北京、上海等地的公安机关和香港、澳门警方先后专门来肇庆考察微博。随后，全国各地的各级公安机关陆续开通了公安微博，数量达2万多个。

经过三年多的运营，截至发稿前，"@平安肇庆"新浪微博现有粉丝220万个，发表博文3.3万篇；私信联络6000多人，被转发微博37.5万条，收到和回复评论30万条。"@平安肇庆"腾讯微博现有听众230万人次，发表博文2.2万篇；两微博共为民服务3万多件。2013年11月底，在百度中搜索"平安肇庆"，共有报道20多万篇。无论是在官方舆论场，还是在新兴媒体舆论场，"@平安肇庆"微博都赢得了广泛的赞誉。

其二，主要做法。

一是创新沟通互动平台，规范运营。在经受网友"拍砖"和与网民互动中，"@平安肇庆"公安微博摸索出一套独有的运行模式和制度，使微博问政更符合网络条件下的传播规律，获得了对政务微博来说最宝贵的公信力。

建立网络发言人制度、"网络问政口径库"和"微博专家团"，在一定程度上解决了网络问政遇到的准确性和权威性瓶颈。实行博主轮流值班、实名上岗制度，解决了对政务微博来说很关键的"谁在说""代表谁"的问题。建立了微博管理和问政邮箱制度，明确各警种、所辖县市区公安机关在微博问政中的责任以及网民信息处理的限时办结期限，确保"真办事、办实事"的成效。落实督导工作，定期通报。对于没有及时处理网络问政信息的部门、地区，通过公安网进行全市每月一通报。

二是全面专业精确，品牌服务。组建骨干团队。2011年，在肇庆市公安局的支持下和各警种的全力配合下，肇庆市公安局出入境管理、户政、交管、禁毒、经侦、监管、法制、110报警服务台等窗口部门的业务骨干与警察公共关系科共同携手打造了一支由30多名专业人员组成的"微博专家团队"，使"@平安肇庆"微博服务更全面、更专业、更精确、更及时、更权威。扩大网络问政工作服务覆盖面，更好地满足服务群众的要求，进一步加强各警种与网民的互动，提高回复的针对性、准确性、及时性。建立网络问政奖励制度。根据工作态度、质量和网民反馈，每月评出一名"微博之星"，并在年底进行评优活动，表彰工作先进集体和个人。

三是创新优质服务，影响深远。"@平安肇庆"微博充分发挥共产党员的先锋模范作用，与网民平等互动，人性化回复，趣味化写作博文，实行科学应对，积极引导。坚定执行各项制度。坚持每天早晚包括节假日都有民警上线值班，平时注意和网民培养感情、平等沟通，不敷衍网民。以优质服务建公信力。对于网民的咨询、投诉、举报做到件件有回复、有结果，明确态度，勇于纠错。以排忧解难拓展生命力。"@平安肇庆"微博在开通两年多的时间里为民办实事已经超过3万件，是重要的网上服务窗口。与时俱进扩大影响力。"@平安肇庆"微博在全省公安系统率先开通了微信公众版，拓阔了警民沟通桥梁，拓宽了服务范围。微博网民遍及全国，通过直接服务和间接服务，促进了业务创新，积累了运营经验。

第二，项目主要解决的问题。

一是解决公安机关信息难公开的问题。"@平安肇庆"微博对发生在肇庆市范围内的各种警务信息，能迅速予以关注，占领舆论制高点，以正视听，消除公众疑虑，树立了公安机关发布信息的严肃性和权威性。如"@平安肇庆"微博对肇庆市发生的广宁特大交通事故、端州岩前村爆炸案、黄冈火灾等，均第一时间在新浪、腾讯两个微博平台予以公布，并及时向群众公布事件实情和进展状况，化解了各种谣言，维护了社会的稳定。

二是解决公安机关与群众沟通不同步的问题。"@平安肇庆"微博由"居高临下"式的宣传、灌输，变成"平起平坐"的商谈、切磋；由"我说你通、我打你通"式的权威表述，变成了"不分尊卑、双向交流"的心灵深度沟通。解决公安机关服务面窄的问题。由于在微博上值班的民警实行"五真"（真姓名、真照片、真电话、真QQ、真话语），在网上树立了公信力，网友不仅遇到公安业务问题来咨询，遇到恋爱、婚姻、家庭方面的问题也来和民警商量对策。如外省一位网友，其7岁女儿受到学校一名男保安性骚扰，她用私信与值班女警陈海玲探讨应对办法，在陈海玲的耐心劝导下成功报案，违法者被当地公安机关依法处理。一位女网友失恋后要自杀，经值班民警彭家祥积极劝导，放弃了轻生的念头。

三是解决公安机关信息渠道少的问题。"@平安肇庆"微博还接受网友举报违法犯罪线索，共接报赌博、盗窃案、非法传销等违法犯罪线索57条，值班民警收到该类违法犯罪举报线索后，立即转办案部门办理，并及时将结果向网民反馈。肇庆市公安机关通过网友的举报成功破获了一批案件。如2010年肇庆公安机关对"11·26"抢劫强奸案主要嫌疑人黄某通过新浪微博和腾讯"微博七星"开展网络追捕，2011年1月，根据网友举报，公安机关成功将犯罪嫌疑人抓捕归案。

第三，项目的主要成效。

一是有利于提升公安机关服务效能。"@平安肇庆"微博开通不久，他们就敏感地进行了自我更新：从利用微博宣传理念，转换到微博问政的理念；从重在形象宣传，到重在为民办事。在某些方面，还要进一步跨越到微博行政、施政的层面上来。凡是口径库中有答案的，立即进行回复，没有答案的，转给各业务部门，3天必须回复，3天办不完的，15天必须给网民一个说法。顶住不办的，督察队进行现场督察。有这些制度保障，加上值班民警的热情和觉悟，平安肇庆微博使网民享受到了现代警务的高效率服务。

二是有利于提升群众满意度。"@平安肇庆"微博开通以前，每到行风评议或者群众满意度调查时，公安机关总是对群众的意见摸的不很准，当然也很难拿出有针对性的改进措施。有了微博之后，就有了一种"春江水暖微博先知"的感觉，群众对公安机关什么方面有意见，在微博上基本可以反映出来，平时就一一改进了，不用再等集中整改了。所以肇庆各级公安机关的群众满意度节节攀升。

三是有利于促进社会和谐。"@平安肇庆"微博坚持有问有答，有答有办，不办必督。不论省内省外，事事有着落，件件有结果，为民解难，为党委政府分忧，促进了社会和谐。

第四，项目的创新之处。

一是公安机关由单向的网络监督者，变成了官民共建共享格局。在公安微博普遍开通之前，对微博上不断涌现的质疑、谩骂，公安机关要么默默忍受，要么删除博文或关停微博。

公安微博全面进驻后，这个问题迎刃而解：平等沟通，耐心解释，细心商量。发现工作中的差错，及时改进，从而赢得了网民的好评。

二是创建网络问政口径库，破解了政府网络问政发展的瓶颈问题。据广东省政府网络问政的专家反映，省内问政过程中最头痛的就是反复回答群众经常会问到的日常业务和值班人员知识面不宽的问题，经常为了这些问题要向各部门打电话发公函，十分烦琐，信息反馈慢，不能及时便捷解决群众关心的问题。"@平安肇庆"微博创建网络问政口径库的经验为全省网络问政开先河，很好地解决了其技术支撑难题，节约出大量时间处理畅达民意，平等沟通，创建和谐官民关系新机制。一年365天，都有专业警官在微博上与民互动，群众的嬉笑怒骂，基本都呈现出来，民警有针对性地回复，网民也看准了值班民警所负责的业务有选择性地反映问题，在沟通中建立互信。"@平安肇庆"微博团队树立了这样的新理念：在网民的诅咒声中体察民情，在网民的谩骂声中关注民生，在网民的板砖声中树立公信力。

第五，项目取得成功的因素。

一是顺应信息时代的发展要求。随着中国社会网民的成倍增加，群众已经不满足于民警上家门服务，也不止满足于窗口民警的微笑服务，大家期盼足不出户，点点鼠标就能咨询，动动键盘，就能在网上办事。"@平安肇庆"微博的出现，使群众的愿望变成现实，因为这个微博早已和官方网站密切相连，许多服务项目，都可以在网上办理。

二是易于整合行政资源，提升服务能力。随着社会的飞速发展，法律规定的执法事务越来越规范，公安机关内部的警种分工越来越细，群众遇到要办的事情，一定要想方设法打听如何办理。有了微博之后，不用到处找熟人问了，直接找微博和值班民警探讨即可。"@平安肇庆"微博开通后，各警种的咨询电话少了，来信访部门上访的人数少了。

三是成本最低，服务效能最高。只需一台电脑、一根网线，民警就可以在微博上与网民进行同台对话、同步沟通，基本上没有高额投入，却产生了实时互动、实时报警、实时办事的良好社会效果。

（供稿单位：肇庆市公安局）

案例四　塑造新媒体时代检察形象的江宁实践

检察微博是网络信息化背景下，科技赋予检察机关创新管理模式、强化宣传教育、增强印象里的重要平台。自2011年3月14日，南京市江宁区人民检察院在新浪开通"@南京江宁检察"官方微博，发布第一条博文以来，江宁区院就主动顺应历史潮流，不断创新微博管理方式、规范微博交流行为、丰富微博互动内容，努力培养和造就检察系统内的"专业型"意见领袖，为推动新媒体时代舆论管理的法制化进程、打造公民有序参与的网络环境，发挥了应有的作用。截至2013年12月，我院共发布各类信息4802条，被转播及评论35649条，收集、答复网友法律咨询、举报线索、意见建议500余条，吸引全国各地粉丝3万余人。

第一，"@南京江宁检察"微博的发展历程。

2011年2月中旬，南京市江宁区人民检察院根据工作部署安排，酝酿在全市率先设立检察微博，采用微博志愿者服务小组的形式，对微博进行管理和维护。3月初，通过公开招募的形式，从报名干警中筛选了20名有丰富网络经验的年轻干警成立微博小组，按照分组值班制，对微博进行管理维护。2011年10月，我院在微博运行半年后对发布信息和评论情况进行了全面梳理和总结，及时调整了工作思路，对微博进行了改版，将"清新、亲切、亲民"作为我院官博的定位，要求使用个性化而非个人化的语言，严谨而不刻板地进行微博发布。与改版相应，我们对微博小组成员进行了调整，保留了11名适应力强、反应快、政治和业务素质高、且喜爱微博维护工作的干警继续从事微博管理与维护，要求使用趋于一致的语言风格与网友进行互动交流。改版后，我院官博以"小清新"的"检姐"风格与"江宁公安在线"的"卖萌"风格交相辉映，引起网友追捧和热议，在两年多时间内吸引了3万多名粉丝，活跃粉丝数与经常互动的粉丝数占粉丝总数的20%。2011年底，我院微博在全国政法类微博影响力排行榜上一度冲到第17位。2012年7月，在南京市公布的政务微博影响力排行榜上，我院跻身前10。2012年12月25日，最高人民检察院正义网在北京召开的政务微博研讨会上，我院作为为数不多的基层院代表受邀参会，同年12月我院成功入选全国十大有影响力的检察微博。2013年6月，我们在江苏省检察院的统一部署与安排下，作为南京市唯一一家基层院开设了腾讯同名官方微博，实现了两个微博平台的同频共振，进一步扩大了检察机关与群众互动的范围和领域。

第二，"@南京江宁检察"的版面与内容。

南京市江宁区人民检察院微博开设以来，坚持每半年召开一次全体成员会议，除第一次会议对微博使用方法进行集中讲授外，每次会议内容均对半年工作进行盘点和评比，并对微博发布的语言和内容进行明确界定。2011年底，南京市首届政务微博建设与发展座谈会在栖霞召开，我院官博被指名要求参会。会议结束后，我院围绕贯彻落实会议精神，对本院微博重组后的栏目设置组织成员进行了交流讨论，初步确定了案例研讨、案情披露、院情速递、普法宣传、理论研讨、简短时评、法谚汇聚、温馨提示等八个栏目，同时对各类信息发布的方式、如何遵循保密原则、如何回应批评与反对的声音、如何解答粉丝疑问等问题进行了统一部署，提出了每天发布不少于4条，鼓励原创，内容平实丰富，不讲官话、套话和废话，评论12小时以内回复，法律咨询、投诉建议4小时以内回复等具体工作要求。

在实践运行中，南京市江宁区人民检察院微博小组成员发挥了极大的主观能动性，主动将5天的工作时间延长到7天，突破8小时工作时间的概念，做到了每天均有10条以上的信息滚动发布，评论和咨询3小时以内回复，工作时间延长到深夜。除了八个固定栏目外，还结合检察业务工作需要，相继发布了"延伸法律监督触角""保护知识产权""年度检察工作盘点""人大报告解读""骗术集锦"等上百个微话题，受到粉丝们的广泛关注与欢迎。2013年我院发布的微专题包括"十佳检姐的美丽故事""检察院里的老兵们""新刑诉法实施以后"等，受到粉丝们的欢迎与好评。

由于信息发布的权威性和互动沟通的及时性，改版以后我院粉丝群体组成发生了较大变化，大批执业律师、政法系统工作人员、高校法学院教师学生以及省内外知名媒体均成为关注我院微博粉丝的主流人群。粉丝数量和质量的提升，为我院应对网络舆情营造了有利的舆论环境。

第三，"@南京江宁检察"的运维模式。

南京市江宁区人民检察院在微博小组成立初，即制定了微博工作志愿者服务细则，但管理模式相对松散和自由。2013年11月，我院制定出台了《江宁区检察院官方微博运行管理规定》，明确按照组长、专题策划负责人、成员"1＋8＋3"的三级管理模式进行微博的日常维护与管理。微博小组组长由我院新闻发言人担任，负责协调落实微博的运行保障措施，每半年听取微博工作汇报，并对微博的整体运行情况和方向进行调控。8名值班干警来自全院各主要业务部门，分成4个小组，每组2人，负责一周七天的信息发布与回复工作，展开与网民的良性互动。另3名干警担任专题策划负责人，负责督促和跟进日常微博发布，对一段时期内的微专题和微活动进行策划指导，必要时参与微博值班。为方便相互联系，微博小组依托内网飞秋建群，通知发布、情况提醒以及资料共享和技能学习均在飞秋群组织内完成，在全院率先实现了全网络化办公。

2012年6月，南京市江宁区人民检察院秣陵法学社正式成立并开展活动，微博小组作为法学社分支整体并入法学社统一归口管理，微博小组成员也成为全院的信息宣传联络员，承担了大部分的信息宣传报道和任务。按照新的管理规定，微博小组活动相对独立，定期总结，但每年年底应向法学社全体成员述职。

第四，"@南京江宁检察"处理的成功案例。

2012年6月29日，一起故意伤害案的被害人因不满南京市江宁区人民检察院不予批准逮捕的决定，在天涯社区发帖指责检察院包庇歹徒。南京市江宁区人民检察院官方微博一方面与被害人取得联系，积极开展释法说理活动，另一方面主动把握网络话语权，利用微博侧面回应的方式，引导网民理性看待执法行为，短短10分钟内即收到了数十条评论表示理解。

2011年，南京市江宁区人民检察院依托微博管理小组成立了专门的涉检网络舆情监测评论小组，细化了舆情的收集、研判、报告、处置等一系列工作规范，对于出现的涉检网络舆情，要求及时核实相关事实，主动发布权威信息，全程跟踪事态发展，同步监测舆情动向。一方面协调相关部门建立起与群众的对话沟通平台，了解群众诉求，有策略地进行情绪疏导，防止负面情绪通过网络进一步发酵和扩散。另一方面，采用新旧媒体结合的方式，通过适时召开新闻媒体通报会、组织网络跟帖以及检察开放日活动，及时引导社会舆论，修复检察公信力和社会诚信度。2011年以来，我院妥善应对各类"抱怨帖""牢骚帖"，成功化解网络负面情绪百余次，培养了一批理解和支持检察工作的高素质"粉丝"，在出现网络谣言和误解检察工作的言辞时理性对待、主动帮助释法说理。

同时，我院还利用新媒体传播的"靶向性"特点进行定位式的"精准传播"，增强群众对于特定信息的反馈动力，提升虚拟空间与现实世界的互动性。2011年，我院通过网络舆情监测发现了江宁一起涉农贪污案件的举报线索，在迅速查处案件的同时，积极对网民呼声做出回应，及时发布案件办理情况，公开判决时间和结果，收到了良好的社会效果。在奖励举报人时，该案举报人明确表示愿意公开接受奖励，以此促进更大力度的网络反腐。

第五，提升干警网络素养的江宁实践经验。

我院结合新媒体的特点要求，主要从三个方面提升干警的网络素养。

一是强化信息化应用能力建设。牢固树立向信息化要战斗力的理念，通过举办微电影评比、PPT制作大赛等活动，不断提升干警信息化应用的能力。鼓励干警下载安装检务通或飞秋客户端，实现网络点对点文件传输和群体信息内资源共享。在每个派出街道检察室建设远程视频接访系统，最大化利用网络资源为提升执法效能服务。还为每个办公室配备了一台专门的外网电脑，鼓励干警在业余时间多上网，多逛一些舆论热点集中的知名论坛。

二是提升与媒体沟通和引导舆论的能力。利用专家课堂，邀请新闻传播学者和知名的媒体从业人员来院授课，要求干警正确认识媒体，妥善处理与媒体的关系。以秣陵法学社为活动载体，对于年轻干警我们积极吸纳其加入微博维护的志愿者小组，通过定期集中培训的方式要求其掌握一定的网络舆情引导策略，对于年龄偏大的干警，我们采取"反向培养"的方式，由年轻干警帮助和带领他们，从学会"潜水"开始，鼓励他们多发帖，多"拍砖"，在实践中不断熟悉网络。

三是做好网络群众工作能力建设。利用自媒体手段，切实畅通群众诉求、拓展群众渠道，要求干警学习掌握一定的网络语言，学会简单的图片制作与处理技能，网上网下互动互联，高度重视与社会关切的互动和情绪疏导，坚持用网民能够接受的方式化解特殊状态下的对立情绪。

第六，检察微博运作中发现的问题。

尽管南京市江宁区人民检察院微博运作一年多以来，取得了一定的成绩，获得了一定的肯定，但我们在管理和维护微博过程中也发现很多不足，主要表现在三个方面。

一是亟须培育体制内的意见领袖。就目前而言，全国开通检察微博的检察机关虽然多，但无论是数量还是信息质量均无法与公安机关相提并论，从全国范围看，律师群体开设微博的活跃度远远高于检察机关，一向崇尚"司法是被动"的这一理念的法院系统近年来也频频活跃地利用新媒体进行庭审直播宣传。这导致在一些社会和网络上引起较大争议和分歧的刑事案件中，各类法律学者、社会学者、媒体、律师、普通网民纷纷就该案发表看法，而代表国家提起诉讼的检察机关却处于"失语"状态，既不对质疑者做出回应，也不对支持者予以鼓励，少数检察院虽然可以适时地发出声音，但是由于不能掌握网络话语权，在信息飞速传播的微博时代，形成了一种长期沉默或者是"被沉默"的状态，这对检察机关的司法公信力造成了极大伤害。

仅从南京的情况看，江苏的其他机关政务微博大多发起于2011年春，到了2013年则开始出现微信平台。相比之下，检察机关在全省其他政务微博蓬勃发展的状况下，显得格外沉默。2013年7月，江苏省人民检察院率全省市级院和部分基层院全体入驻腾讯微博，这在一定程度上解决了基层院发布微博信息资源较少，影响力范围扩大不易的难题，但也带来如何创造性地拓展检察微博集群化发展的思考，带来如何打造我们体制内的意见领袖的问题。

二是人员精力的限制。以我院为例，南京市江宁区人民检察院官方微博与江宁公安分局的微博几乎是同一时间在新浪开设，但江宁公安微博在短短半年内就发展了11.4万的粉丝。时至今日，江宁公安的微博不仅吸引了42万的粉丝，而且与众多大V形成良性的工作互动，不仅在公安系统的微博中独占鳌头，还在群众中赢得了极佳的口碑，他们利用"卖萌"打通出路，迅速扩大影响，继而转变发展思路，向"谣言粉碎机"的方向成功转型。

之所以这样不仅存在部门职责方面的客观原因，也存在检警双方对微博工作投入的时间和精力不同的因素。江宁公安在线隶属于江宁公安分局网监支队，由1名分管副局长主管该工作，3名民警专职从事微博管理，且各有分工：1人负责信息收集与联络，1人负责图文采编，1人负责网上操作。每年制订宣传工作计划，围绕选题，定期进行文案策划，甚至动用经费聘请高校学生兼职从事图文处理，因此江宁公安的微博质量高、内容新，拥有大量原创的图文类长微博。反观我院，虽然有11名微博成员，但均为兼职，且其中有4名来自刑检部门。在案多人少的巨大压力下，4名刑检的微博成员只能利用午休时间和夜间时间上网发布信息和回复评论。由于精力严重受限，即便拥有较好的创意也无法付诸实践。

三是必须转变观念，投入一定的运维经费。微博发布从上位概念上说属于宣传工作领域，但在实际工作中，往往只将传统媒体作为宣传的阵地。对于在传统媒体上进行宣传往往不遗余力，经费投入相对充裕。事实上，微博作为自媒体时代重要的宣传阵地，其影响力和未来发展的空间已经远远超出传统媒体。可以根据粉丝数量对微博账号的影响力做一个分类：拥有的粉丝数量达到1万，相当于创办一份杂志；粉丝数量达到10万，相当于创办一份都市报；粉丝数量达到100万，就相当于建了一个电视台。

微博的特殊性在于以内容取胜，不存在版面费和时段费，但网页的页面建设和维护，专业图文的制作、微博地址的链接推荐，包括开展一些有奖活动吸引粉丝关注，都需要经济上的投入。南京市旅游园林局的官方微博，创办一年后粉丝数量即多达12.5万，采用的就是定期投放有奖问答的方式。南京发布的界面为手绘的栖霞寺风光，江宁公安在线的原创长微博制作也都投入了相当大的经费和人力。政务微博在经历了井喷式的发展和短时的沉默之后，各家如何走出千篇一律的发展格局，成为在新微博时代吸引眼球的焦点，考验的不仅仅是头脑的风暴，也必然有经济的支撑。

（供稿单位：南京市江宁区人民检察院）

案例五　浅谈基层检察院应用新媒体沟通能力建设

新媒体传播主体的多元化趋向，改变了社会舆论环境，给基层检察机关的法律监督能力、执法公信力、网络舆情处置等方面带来了新的挑战。同时，也为基层检察机关弘扬主旋律、传播正能量、引导社会舆论提供了更加便捷的途径。基层检察院处于检察工作第一线，各项检察工作都是直接地、面对面地与人民群众和各类当事人打交道，通过履行法律监督职责服务地方经济社会发展。因此，提升基层检察机关应用新媒体引导社会舆论、强化社会沟通、弘扬主旋律、传播正能量，已成为我们当前急需因事而谋、应势而动、顺势而为的大事。

第一，富源县检察院的做法。

一是摸清家底，分类培训。我们曾做过一个内部调查，在我院65名干警中，近年来公招进院的年轻干警都能熟练应用电子邮箱、QQ及微博和微信；30～40周岁的干警基本可以应用电子邮箱、QQ和微博，但开通微博的仅占此层次干警的40%；40～50周岁的能熟练应用电子邮箱的占此层次干警的90%，应用QQ的占此层次干警的60%，使用微博的仅占此层次干警的10%，开通微博的仅占此层次干警的5%；50周岁以上的干警会发电子邮件的仅占此层次干警的20%，应用QQ的仅占此层次干警的10%，均不知微信与微博为何物。有很多老同志虽然办案经验很丰富，但仅能浏览一下网页，根本无法利用新媒体表达自己的意愿，甚至因没掌握文字输入法，办案时仍沿袭传统手写的方法制作法律文书，再让年轻干警给打印出来，效率很低。

为了解决这一问题，我们进行了专题研究，并进行了有针对性的专门培训。针对40周岁以上干警，主要开展了电子技术方面的培训，譬如如何运用QQ聊天、如何发电子邮件等业务；而针对年轻干警，在强化电子技术运用的同时，则组织其进行《保密法》《检察官职业道德与纪律》等方面的学习。通过学习培训，现在所有干警均能独立操作计算机，独立收发电子邮件，使用QQ进行交流，并有1/3的干警开通了微博；有一定基础的老干警已经能熟练应用QQ、微博及微信。

二是开通官博，积极沟通。面对新媒体时代群众工作的新形势，我院坚决摒弃畏难情绪，提倡用包容的态度积极应对，变被动为主动，将新媒体变成收集和听取群众诉求、及时发现和化解社会矛盾的重要渠道，变成介绍检察工作的新型窗口、展示干警良好形象的重要平台。2013年3月31日，我院开通了富源县检察院官方微博（即"富源检察"），于4月份正式运行，现有"富检动态""法律格言""青春正能量""微电影推荐""富检普法"等五个栏目。9月份，我院又开通了微信。我院微博、微信始终坚持正确的政治方向，把握正确的舆论导向，积极介绍宣传我院检察队伍建设的新成就，服务群众、维护公平正义的新举措，与网友在线交流我院在查办、预防职务犯罪，开展举报宣传和未成年人维权工作等方面的经验，针对刑诉法、民诉法的修改为群众答疑解惑，结合社会中的热难点案例对广大群众进行法制宣传。我院在腾讯开设的官方微博目前听众数为6671（截至2013年12月20日），在曲靖市区县市中排名第1。

三是加强装备，完善机制。新媒体技术是以电子技术发展作为硬件基础的，电子设备是其必不可少的条件。我院近年来在此方面投入资金近400万元，每科室都配有摄像机和照相机及相关电子移动设备。随着新媒体对检察工作的影响向纵深发展，为了充分利用新媒体加强群众工作，搭建良性的互动平台，我院党组专门召开党组会，听取"富检微博""富检微信"的专题汇报，成立了由6人组成的富源县检察院官方微博微信维护管理小组，在给维护管理行动小组成员1人配备1台外网电脑的基础上，又给小组配置了3台方便携带移动上网的平板电脑。同时，我院于2013年4月先后出台了《富源县检察院官方微博微信维护管理暂行办法》《个人实名微博微信管理暂行办法》，保证周一到周日每天都有1名小组成员值班，业务工作之余负责"富检微博"的日常维护、监测、发布、舆情研判、引导等工作。

针对网络舆情处置，我院出台了《富源县检察院涉检舆情处置实施办法》，对涉检网络舆情实行部门联动，整合全院力量做出快速反应，在对事实进行准确调查的基础上，利用网络、微博微信等新媒体第一时间与群众沟通，公布事实真相，给群众答疑解惑，抢占舆论的制高点，使真实信息占据新媒体和其他各种媒体，争取群众的理解和支持，减少流言、谣言的产生和影响。2013年4月以来，我院及时妥善处理了三起网络舆情事件，其中一起的处理结果得到了云南省院和曲靖市院两级领导的肯定。

第二，运行中存在的问题和困难。

一是观念滞后，认识不足。在运行中我们发现，基层检察院广大干警对新媒体网络舆情的监督普遍缺乏正确认识，有的甚至对新媒体心存恐惧。应对新媒体时代网络舆情的理念滞后、认识错位，没有意识到网络也是民意沟通、疏导情绪的渠道。对网络舆情重视不够，对负面信息的危害估计不足，认识不到网上的小问题也可能引起大风波，认识不到应对舆情、化解矛盾、维护稳定是每个部门和每位干警的责任和义务，更谈不上应用新媒体树立检察机关的良好形象。

二是能力不够，投入不足。在我们基层检察院，干警的观念跟不上新媒体发展环境，对现代信息条件下新媒体沟通工作缺乏认真的学习和了解，存在有的设备还没有人学会应用就已经过时，而有的设备没有及时更新，应用起来又不顺手等诸多问题。近年来虽然加强了检察信息宣传工作，但缺少应对网络舆情的学习培训，有的办公室人员身兼数职，应对起网络舆情来力不从心、顾此失彼，更不用说在基层院建立新闻发言人制度等。不能实现检察机关内部上下级的联动，没有与党委、政法委、宣传、网管等部门形成合力。

三是方法简单，缺乏经验。在我们基层检察院，干警的网络应用技能掌握得不好，没有相应的技术监测手段及时发现网络舆情的苗头，造成遇事反应迟钝、表态不及时、信息不透明，处置手段也只是停留在封、堵、捂、盖、删等简单的方法上。还有的网络舆情收集手段相对落后，应对措施启动滞后，遇有情况往往不愿说、不善说、不屑说、不敢说，而一些好的经验和做法又不知道怎么说。

四是机制不全，执行不力。在我们基层检察院，由于普遍存在重视不够的问题，造成信息宣传、应对网络舆情的工作制度不健全。特别是在应对网络舆情方面，有的只是针对个案的应急预案，没有形成风险评估、舆情监控、应急响应、事件处置等一整套长效工作机制，没有落实检察宣传工作人员的激励和责任追究机制，没有形成人人都是宣传员的工作氛围。

第三，基层检察院应用新媒体沟通能力建设的路径。

其一，提高认识，加强检察人员媒介素养培训。一是要加强对干警新媒体时代社会沟通能力的专题培训，特别是要提高检察干警处理涉检网络舆情突发情况的能力，不断增强面对新媒体传播的应变能力和舆论引导能力。二是要使检察干警掌握新媒体的传播规律。新媒体的互动性和开放性，从根本上改变了传统信息传播单向、封闭、被动的模式，新媒体的大众性特点，又为公民实现话语权和知情权提供了最便捷的条件。检察机关必须认真研究新媒体时代新闻传播的规律，加强对新媒体的使用技能、运作规律的认识，树立新媒体时代舆论引导的新观念，注重在手段、技术、意识上增强"主动性"，掌握新媒体传播的主动权和话语权。三是要客观对待舆论监督，要充分认识到新媒体的信息传播和舆论监督功能，真正把新媒体当作获取信息、了解民意的重要平台，当作推进民主法制建设的重要力量，以更加包容的心态接受和对待网络舆论。

其二，重视细节，强化执法规范化建设。自身硬才能自身净。做好执法规范化建设就能够在出现舆情突发事件时有所准备，胸中有数。我们要以"两法"的实施为契机，完善相关执法规范和配套制度，注重从涉检信访、冤错案件、检察人员违法违纪案件等方面入手，分析自身执法不规范的突出问题，坚持严格公正廉洁执法与理性平和文明规范执法并重。以管理科学化促进执法规范化。全面修正、完善和细化执法办案办事工作基本规范。全面推进案件管理工作制度，修订完善目标绩效考评机制，严格执行职务犯罪案件全程录音录像制度，认真开展网上办案，加强对执法办案活动的全程、实时、动态监管，有效防止、及时纠正执法不规范问题。要坚持源头治理，每位检察人员都要精心办好每起案件，保证案件从实体到程序不出任何瑕疵。落实检务公开，通过信息平台建设，及时公开、公布检察工作情况，让社会各界了解检察工作。

其三，注重形象，切实转变工作作风。要牢固树立"以人为本、执法为民"理念，把严格执法与热情服务有机结合起来，更好地保障人民群众的合法权益。抓好检察队伍作风建设，是提升检察工作社会沟通能力的基础。一是要抓好领导班子建设，提高领导能力，加强对新媒体知识的学习和研判。二是要加强内部监督，加强检察业务的学习，进一步转变执法观念，有效预防因执法不当而造成公众关注的涉检网络舆情事件。三是要狠抓纪律作风和自身反腐败工作，切实改进执法作风，对办理的各类案件根据案件的具体情况，做好案件风险评估预警工作，建立可能的涉检风险评估档案。四是要树立严谨的工作作风。每位检察人员都要注意自身形象，工作中保持良好形象，语言规范、文明，严格遵守检察人员纪律规定，规范、文明、公正执法。

其四，完善制度，建立健全长效机制。一是要建立常态工作机制，健全工作机制和宣传机构，加强运用管理能力，将应对舆情纳入目标绩效考核体系，建立与上级院统一的工作体系和沟通机制。二是要建立应急预警机制，负责网络预警的人员，每天要坚持对"易燃"的网络舆情开展监控工作，发现问题及时报告，制定详细而周密的网络舆情应急预案，及时启动应急预案进行处置。三是要建立舆情研判机制，深入研究新媒体的特点和规律，通过调研加强对检察工作的网络舆情风险评估，准确分析研判网络舆情，对于重大敏感案件，认真执行办案风险评估工作，根据规定明确风险等级，及时制定网络舆情引导工作预案，根据政治形势及社会关注的焦点问题，研究判断网上舆情对检察机关执法办案及队伍建设的评价和反应。评判机构定期向领导机构提供网上舆情监测报告，为领导机构决策和防范网上舆情风暴提供材料和依据。五是要建立信息发布机制。网上舆论并不都是出自理性的认识，不少盲目及武断的观点在网上随处可见。检察机关应对网络舆情要建立正确权威的信息发布平台，建立基层检察新闻发言人制度和信息通报制度，保证公众有顺畅的渠道了解检察机关检务信息和执法办案的工作情况。建立顺畅规范的新闻渠道沟通机制，保证正面信息的流通性，在最短时间内使猜疑和虚构的事实不至于大面积散播，形成虚假的舆论导向，对网络新闻、消息从线索提供、初稿采写，到审稿签发、网上发送的各个环节进行规范，确保网络宣传工作顺利进行、健康发展，无失实、泄密事故发生。

总之，提升基层检察机关应用新媒体进行社会沟通能力建设是一项经常性、长期性的系统工程，基层检察机关要在上级院和当地党委的领导下，认真履行法律监督职责，创新工作，与新媒体以及网民等建立相互信任的互动关系，不断提高应用新媒体沟通的能力，为当地经济社会跨越式发展提供良好的法律服务。

（供稿单位：云南省富源县人民检察院）

（二）舆情应对篇

案例六　打造检察微博集群搭建微博问检平台

近年来，宁夏自治区检察院立足检察职能，把检务微博作为新时期检察宣传和舆论引导工作的重点来抓，在服务社会管理创新、检务信息公开、新闻舆论引导、法制宣传教育、倾听群众呼声、树立检察形象等方面发挥了积极作用。

宁夏检察微博于2012年3月和6月分别在新浪网、腾讯网正式上线运行，以文字、图片、视频等多种形式向社会发布检察新闻，介绍基层动态、办案流程，推送法律法规服务。一年多来，共发布博文近9000条，转发、抄送本博信息近10万条，收发评论、私信各4万余条，收到网友举报投诉、意见建议、法律咨询等信息5000余条并全部给予回复，发现并成功预防或处置网络舆情37起。目前，宁夏检察微博的粉丝数量为100多万。

第一，定制度，促进全区检务微博管理的制度化和规范化

一是找准微博定位明确方向。作为自治区检察院的官方微博，"宁夏检察"的定位是集网络问政、检察宣传、检务公开、法律咨询、网民互动等于一体的综合性政务微博；开博目的是"倾听群众呼声，畅通诉求渠道"；办博宗旨是"有呼必应，有问必答"；采取五项具体措施，定制度、重平等、强互动、快回复、抓落实，开展检务微博工作；宁夏检察微博的栏目设置紧紧围绕检察工作实际，突出检察工作特色，主要有检察要闻、宁检要闻、基层声

音、以案说法、案件博报、微博问检、检察提示、检察故事、反腐倡廉等。

二是建立健全各项管理制度。在运行过程中，我院立足工作实际，结合检察工作特点积极研究创新微博管理办法，逐步建立健全了检察微博管理相关制度，为全区检察微博的健康发展提供了制度保障。先后制定了《宁夏检察官方微博管理办法（试行）》《自治区人民检察院微博管理制度》《微博管理员工作职责》等规章制度，制作了《宁夏检察微博信息发布审批表》《宁夏检察微博网民诉求处理单》《宁夏检察微博网络信息调查处理函》等公文函件，促进了检务微博管理的制度化和规范化。

三是打造宁夏检察微博集群。2013年，我们在不断总结自治区检察院微博工作经验的基础上，出台了《关于加强宁夏检察机关微博暨微博群建设的实施意见》《关于进一步加强全区检察机关微博工作规范化管理的几点要求》，提出了以构建自治区检察院微博为龙头，各市检察微博为主干，县（区）检察微博为基础，区市县三级检察微博优势互补，具有鲜明检察工作特色的检务微博集群。目前，全区30个检察院中已有29个开通检察微博并配备了专兼职管理人员，以宁夏检察为核心的三级联动微博问检体系已初具规模。

第二，重平等，与网友平等对话、平等交流。

宁夏检察微博在回复网民关切、与网民互动时注重强调平等性，减少和避免官气、官话，坚持人民性，突出人性化，增加人情味。

在作风上，改变以往职能部门与民众之间管理与被管理、说教与被说教、强制接受与被强制接受的单向关系。放下架子，坚持与网民平等对话，平等交流，真诚相待，不居高临下，不敷衍了事。在语言上，避免官话、套话、空话，善用会用网络语言，拉近与网民的距离，增进与网民的互信。宁夏检察微博在日常管理与维护中，注重使用网民喜闻乐见的语言形式。例如凡客体、淘宝体、填空体、甄嬛体等网络热点语言，在宁夏检察微博的博文中，都有所尝试和使用。在适度使用网言网语的同时，宁夏检察微博博文坚持口语化，避免刻板的文件性语言和程式化的会议讲话。同时博文信息通常以"文字＋图片＋视频"等图文并茂的形式发布，特别是使用一些轻松活泼的漫画作为博文的配图，既丰富了单纯的文字信息，又增加博文内容的生动性。

为增强检察微博的原创性和趣味性，2013年4月，自治区检察院在全区检察机关开展了以反映宁夏检察工作、展现检察干警文化生活、彰显检察活力与风采等为主题的原创微博征集活动。截至目前，共征集"随手拍""检察官的一天""检察微故事"等栏目博文200余条。通过展示征集作品，直观真实地向网友展示检察新形象、宣传检察工作新成绩。

第三，加强互动，坚持线上线下双向互动。

微博的生命力在于互动。宁夏检察微博在运行中一贯坚持"有呼必应、有问必答"的宗旨，坚持线上线下双向互动。一方面注重"线上互动"，在线与网友进行交流与互动。保持活跃度，坚决杜绝"僵尸微博"和"空壳微博"，坚持每天在线更新。重大事件、重要节日等关键时间节点不越位也不缺位，持续关注、转发报道，传递正能量。

一方面设置话题，策划活动，主动邀请网友积极参与互动。2013年4月，宁夏检察通过微博发起征集微博Logo活动，获得了网友的积极参与，该条微博被转发评论1000余条，收到网友设计作品共计20余件。宁夏检察微博对于网友的每一起合理诉求、质疑、评论甚至每一次抄送，都会认真回复，积极与网友在线交流互动，在互动中增进官民互信。仅在新浪网宁夏检察就收到网友评论11030条，而发出评论11096条。

另一方面是"线下互动",网络之外与网友面对面交流与沟通。网络外,宁夏检察机关特别邀请网友参加检察机关举办的检察开放日、举报宣传周、案件庭审、法制宣传等活动,让网友走近检察机关,零距离的接触和了解检察工作。对于网友举报、投诉等问题,宁夏检察采取实地走访、电话询问等方式与网友进行线下沟通与核实。同时充分利用《宁夏检察微博网民诉求处理单》《宁夏检察微博网络信息调查处理函》加强与各内设机构、基层检察院之间的互动交流,形成联动。

另外,政务微博的互动还有一个很重要但容易被忽视的功能,就是私信。宁夏检察微博自开通以来共受理私信咨询800余人1万余条,其中职务犯罪举报线索5起,实名举报2起。收到的私信中除了涉及检察职能内容外,还经常收到例如工资被拖欠的、不签劳动合同的、租房产生合同纠纷的、被骗的、陷入传销求助的等五花八门的问题。虽然这些问题不涉及检察职能,不归检察院管,但本着"群众利益无小事""有呼必应、有问必答"的宗旨,宁夏检察微博都能耐心细致的予以解答,或者帮助他们寻找其他的解决渠道。同时为网友耐心讲解检察机关的职能、性质等,加大检察职能宣传力度。

2012年6月28日,宁夏检察官方微博收到网友求助私信称自己被朋友从广州骗至银川,陷入传销组织,由于人身已经受到控制,所以不能拨打电话报警,只能以短信或微博私信的方式求救。宁夏检察微博收到求助信息后及时报警,根据网友提供的地址信息,最终将其成功解救出来。当晚,该网友回复私信说:"谢谢宁夏检察,我刚刚被救出来……"

私信,虽然看起来是微不足道的"小事",但如果多多关心这些事关群众利益的"小事",就会积微成著,提升政务微博的亲民形象和执法为民的公信力。

第四、快回复,注重时效性,及时快速回复网友诉求。

对网友一般性提问,宁夏检察官方微博管理员可直接给予答复;对需要调查核实后才能回复的信息,选择分批分次进行回复。对网民提出的问题和质疑,宁夏检察微博公开承诺在工作日1小时内、节假日8小时内给予在线答复。及时把握舆情处置的"黄金时间",第一时间发出官方声音,掌握舆论主导权,为化解矛盾、解决问题赢得时间。

1月31日,网友"银川孤烟"在新浪发微博称:"这会儿是上班时间,这辆车身喷有检察制式警车在良田购物广场是来办案还是来购物的?"质疑检察机关警车公车私用,随即引来了网友的围观和"拍砖"。收到信息后,宁夏检察官方微博迅速回复表明态度,承诺将调查核实并及时回复调查结果。经核实,该车确系金凤区检察院警车,因该院要去慰问定点帮扶对象,所以安排了人员和车辆去良田超市采购慰问品。我们将这一情况向网友进行了公开回复,得到了大多数网友的理解。从网友发微博质疑,到调查核实、公开回复,消除网友误解,仅用了1小时。由于敢于直面网友的质疑,及时快速回复事实真相,得到了网友的理解和信任。

2012年5月5日,有网友发布博文称:"今天是周六,一中年女子开着这辆警车,拖家带口行驶到银川市利群街商城附近时,与一辆私家车发生剐蹭,该女子下车后口气恶劣,气焰嚣张……还有这辆车,车主是谁?公车私用,看到此微博的朋友帮忙转起来……"并附有该车"检察"字样和车牌号的清晰照片。这条微博迅速在网上被转发和评论,引发网友各种猜测和质疑,少数网友发表一些不利于检察机关的言论。在此消息发布1小时内,宁夏检察官方微博第一时间进行了正面回复,承诺将尽快调查核实答复网友。5月7日,经调查核实后,宁夏检察官方微博及时向网民通报了对当事司机的处理结果。该网友也发布微博表示对于文中过激的不文明用语本人虚心接受各位批评并做出道歉，并自行删除了原博文。从舆情发生到妥善处置仅用48小时。该案例的成功处置得到了最高人民检察院曹建明检察长的批示肯定。

第五，抓落实，切实解决网友合理诉求。

微博问政首先是通过"问"老百姓来了解他们的诉求、了解他们所反映的问题，但更重要的在于"行"。问政的最终目的是通过问政去推动和改进检察工作，使群众反映的矛盾和问题得到合理的解决。所以微博问政，行胜于言。日常工作中，宁夏检察官方微博在线上及时快速回复网民诉求的同时，狠抓线下的落实工作。

如网友"半圆缘2011"发微博称："你们向社会公布的反贪局长电话15825308881，打过去人家竟然告诉我打错了？请问这是怎么回事？"收到此微博信息后，宁夏检察官方微博迅速向自治区院反贪局进行了反馈。经核实，由于岗位调整等原因，导致之前公布的部分"两反"局长手机号码确实有更改的情况。自治区检察院及时对全区"两反"局长电话进行了全面细致的核实及更新，重新向社会进行了公布。

网友"最棒的红太阳"和"云里飘雪21"分别发微博吐槽部分基层检察院行贿犯罪档案查询工作不够人性化，甚至部分院只有星期一、三、五办理该业务，很不方便。收到信息后，自治区检察院及时对全区行贿档案查询工作进行了督查，明确要求各级院严格按照高检院有关规定做好服务工作，得到了网友的理解和支持。

2012年7月6日，在某地开发区的商场扩建过程中，因可能存在火灾隐患和涉及自身经济利益等问题，部分商户与施工方发生了冲突，导致部分人员受伤住院。商户发微博称："罗山商城在停车、休闲及紧急避散广场搭建二层钢结构大型商场，商家、业主一次次上访无果，与开发商商议不成，却遭毒打，人住进医院好几天都无人过问……"宁夏检察官方微博收到相关信息后，主动发挥刑事立案监督职能，第一时间要求所在地检察院进行调查核实，并根据调查结果向涉及到的城建、城管等行政执法部门发出了检察建议，最终使得设计方案得以调整，责任方对受损群众进行了赔偿，成功化解了这起可能引发群体性事件的矛盾纠纷。8月6日，网络舆情当事方代表向检察机关赠送了一面写有"心系百姓查舆情，服务发展敢担当"的锦旗，表示对检察院的感谢之情。

正是这种对网友的质疑不回避，敢于直面围观，对网友的意见建议虚心接受、勇于采纳的做法，受到了网友的肯定。截至目前，宁夏检察微博先后收到网友举报投诉、意见建议、法律咨询等上千条，宁夏检察微博全部给予回复和详细解答，办结率达100%。

（供稿单位：宁夏回族自治区人民检察院）

案例七　浅析检察微博与网络舆情应对

在这个微博成为最具人气网络自媒体的信息时代，如何综合利用自己的官方微博，开创网络宣传新阵地、开辟检民联系新渠道，是各地检察机关所面临的新挑战和新课题。本文分析了利用检察微博扩大检务公开的优势，并以中卫市人民检察院官方微博为视角，分析检察微博宣传面临的难点，并提出相关建议意见。

第一，检察微博与网络舆情应对。

微博已成为当今参与人数、互动次数最频繁的网络自媒体。为适应当前网络时代的新变化，各地政府部门、政法机关也纷纷开通了官方微博，作为信息发布、网络问政的平台。我院于2013年3月正式在新浪网实名认证并上线运行官方微博"@中卫检察"，4月初在腾讯网也开通微博。截至目前，共发表微博600多条，被转发、评论200余次，受到2.9万网民关注。通过4个月的维护，笔者认为微博宣传工作与传统的检察宣传工作有很多截然不同的地方。

一是检察宣传注重细节内容。在公文写作中我们经常会编写"某某单位在某地举行某活动"这样的信息，但在微博这个寻求真实与共鸣的群体中是不适用的。因此我们在工作中通过感人细节、真实点滴来展示检察工作，比如，通过一张照片，反映检察干警顶着炎炎夏日为咨询者答疑解惑，来展示检察干警的敬业与执着，在微博上也得到了良好的反映。

二是检察宣传注重互动服务。微博的时效性、草根性、裂变性等特征决定了我们行政机关官方微博要始终注重提高微博的互动性和服务性。我院的检察微博在做到有问必答、有评必回、有求必应的同时，还积极运用微博的私信功能，由检察官为无法现场咨询的网民提供私信咨询服务，进一步提升了我院微博的服务性和互动性。如网友"@强强_99672"是一名犯罪嫌疑人的妻子，其丈夫因故意伤害罪被海原县公安局刑事拘留，"@强强_99672"通过私信讯问案件进展和其丈夫近况，我们联系到海原县检察院和公安局，将案件进展告知她，向她解释司法案件的办理需要遵循一定的时间期限，请她耐心等待，也收获了她的真心谢意。

三是检察宣传注重掌握先机。"@中卫检察"微博每天接到社会信息后，分类上报，确保了舆情第一时间在部门和领导之间流转。5月23日，"@中卫检察"微博收到一条评论："8000万为什么等于1800万"这条看似脑筋急转弯的留言被管理员捕捉到后，在互联网进行检索发现，原来宁夏8000万煤矿被要求1800万转让的消息在社区网站炒的火热，发现此舆情后上报领导，立即引起了高度重视，通过每天定时舆情监测、形成网络舆情报告，有效监控了舆情的发展。

四是检察宣传注重警示教育。检察微博在宣传检察工作，畅通诉求渠道的同时，还注重发布一些警示教育提醒。如5月27日我院官方微博发布"150名领导干部旁听中卫市农牧局原副局长宋某某涉嫌贪污、受贿、滥用职权案法庭审理，接受警示教育"，受到网友的纷纷转发，警示教育效果明显。又如，近来多地不法分子假冒"检察官"通过语音电话，指称受话人涉嫌洗钱，并让其登录假冒的"中华人民共和国最高人民检察院"网站，骗取银行、网银账号及密码。我院针对这种情况，多次编发防许骗长微博，提醒网友在遇到此类情况要增强防范意识，及时核实对方情况，避免受骗。

第二，检察微博宣传的难点。

作为一种新型的交流平台，微博的主要特征是简单、便捷、开放和互动。开通检察微博有助于推动检务公开、密切与群众联系、引导涉检舆论、化解社会矛盾。但微博由于本身字数、形式和时效性等方面的限制，也给检察宣传带来一些困难。在维护微博的实际过程中，有如下几个问题。

一是检察微博影响力有限。我院开办检察微博的积淀时间较短、内容相对狭窄，日常发布的微博以工作动态和案件播报为主，网友转发和评论不多，获得粉丝关注数量也增长缓慢，推广程度非常有限。

二是微博信息发布内容比较单一。微博的生命力来自其活跃程度，不少政府机构和政法机关在初次开设微博时容易陷入盲目追求规模的误区，往往通过参加一两次活动获取大量粉丝，活动之后不再进行日常维护，成为没有实际效果的"空壳"微博。在微博的日常维护中，仅发布工作动态或者案件播报是无法持续性吸引网友注意力的。官方微博宣传要做到有内容、有影响、有时效，以丰富的原创内容和主动参与交流争取网民认可，才能保证微博的可持续发展。

三是微博管理急需规范。运用检察微博首先要明确其功能定位，对于可能在微博中出现的问题给予处理意见，尤其是针对激烈言论、敏感事件，或者网友在微博上的举报、投诉等内容，需要制定应对办法和回答口径，才能使检察微博工作统一规范、有章可循，避免因微博管理员措辞不当或者应对不当引发负面舆情在微博中扩散。

第三，对检察微博建设的几点建议。

信息化建设的不断发展，以微博为代表的新型媒体在引导舆论方面的作用愈加凸显。为了充分发挥检察微博的优势，搭建贴近群众、服务群众的工作平台，同时正面面对所面临的困难，笔者建议从以下几个方面加强管理，切实增强检察微博生命力。

一是以真诚的服务、主动的态度扩大影响力。作为与民沟通交流的平台，检察微博在内容发布及日常管理中应摆脱"高高在上"的强势姿态，树立"贴近群众、关心群众、服务群众"的工作理念，立足服务当地群众，突出地方特色，扩大在本地的影响力。微博管理员对于群众反映的问题，要第一时间细致解答；对于群众提出的建议，积极改进工作；对于群众提供的线索，认真调查核实。还应当积极争取市委、市政府的支持，将微博作为人大代表、政协委员及社会各界了解、监督检察工作的重要途径，提升检察工作水平和检察队伍素质，使群众能够真正理解、信任、依靠检察机关。

二是以丰富的内容吸引人。微博是一个草根化的话语环境，在微博说话要"接地气"。官方微博应该紧跟时代发展步伐，改变传统单一的宣传方式，运用网言网语与网民交流互动，以此赢得网民信任，拓宽交流渠道。同时，要多用生动形象的漫画、图片、视频等网民喜闻乐见的形式来发布内容和表达观点，引发网民关注，提高微博人气。此外还要保证内容更新的连续性，全天候更新、周末节假日也不能放松。要抓住每天9~10点、16~18点、21~24点微博用户的"活跃期"，在这些时段多发布信息，同时遵循适当节奏，每天发布10条左右微博为宜。

三是用完善的管理信服人。官方微博作为"发声筒"，是沟通检察机关与群众的快捷桥梁，是展示检察形象的开放窗口，因此在微博内容上应该加强审核，以避免引起不必要的争议，使自身陷入被动地位。同时定期组织针对微博管理员的培训讲座、经验交流活动，提升专业管理员的业务素质、使用技巧，以及应对舆情的能力。

（供稿单位：宁夏回族自治区中卫市人民检察院）

（三）法宣咨询篇

案例八　用好新媒体，传递正能量

检察机关微博受职能狭窄和定位模糊等限制，容易遇到跟网络脱节、难以融入网民群体等瓶颈，往往关注度不及公安、法院等兄弟部门，不少甚至已沦为"僵尸微博"。广州市黄埔区人民检察院立足自身特色，另辟蹊径，准确定位网络受众，走出自己的"四格"运营管理之道，推动官方微博成为检察机关"明星微博"。

黄埔检察官方微博于2012年2月22日上线运营，目前在新浪、腾讯、正义网三大微博平台同步运营，并开设了官方微信平台，先后荣获腾讯2012上半年"十大检察院影响力机构微博""2012政务微博最佳创新奖""2012十大检察院机构微博"、新浪微博"法制宣传奖"以及中央人民政府网"2012年度中国优秀政务微博（群）"等荣誉。

第一，赋予"人格"，融入社交互动。

区别于大多数官方微博刻板、严肃的面孔，广州市黄埔区人民检察院将官方微博"人格"化，将运营者、管理者的个人感情色彩适度地融入官方微博，使其成为一个有血有肉、平易近人、风趣幽默的"虚拟人"。在发挥原有的法制宣传、检务公开等功效上，注重开展与微博管理组和网民的互动。一是积极参与公益活动，注重回应网友咨询，与不少网民建立了朋友关系，迅速固定了一批铁杆的粉丝群；二是通过结交意见领袖和微博达人，不断扩大向外辐射的影响力，保持粉丝增速；三是借助前期积累的人气与腾讯、新浪政务微博运营组建立良好的合作关系并自荐栏目，获得专题推荐，为后期关注度节节飙升奠定了基础。通过拟人化的互动交流，黄埔区院的官方微博不仅获得了尊重，还获得了喜爱，被网友亲切地称为"黄小明"。

2013年8月，黄埔区院第二届检察文化节隆重开幕，与2012年不同的是，黄埔区院主动通过微博和微信，实现文化传播的立体化，向社会全面展示检察工作，对每一项活动进行全程微博直播，大大提高了网友的关注度和互动率，还现场邀请微博网友到场参加，积极听取网友意见，并将全部活动整理成微信特刊推送，得到了社会各界的一致好评，南方电视台、《广州日报》等多家媒体给予了充分的报道。

第二，丰富体格，服务不同受众。

检察机关受法律性的限制，不可能如同娱乐新闻般满足所有受众，因此我院确立了"兴趣为主，案件为辅"的运营路线。"兴趣为主"指的是对法律、司法机关有兴趣的网民，如律师、法学院师生、公务员等，建立了"小明微故事""检察官日记""检察官看法""小明微播报"等栏目，以生动诙谐的语言普及法律知识，展现检察官内心丰富的一面。"案件为辅"指的是本人或亲友曾经或正在涉及案件司法程序的群体，对法律持有高度兴趣，为此该院开辟了"检察官看法"，对社会上一些热点案例和焦点法律事件进行专业点评，并对我院办理的一些大要案开展简要剖析。至此，我院形成了以"小明微故事"为中枢，"检察官看法"为骨架，"检察官日记"为血肉的丰富体格，并通过有的放矢的运营攻略满足了不同受众的口味，有效避免粉丝流失现象。

其中，微博栏目"小明微故事"深受网友热捧，继被腾讯政务微博组重点推荐和《检察日报》等多家媒体报道后，引起中国检察出版社的关注，希望合作出版该书。黄埔区院将部分"小明微故事"整理、扩写，并加入了法条链接和小彩蛋，进一步提升了故事性和普法效果。实体书《小明微故事之寻法记》上市后，反响热烈，好评如潮。在黄埔区委宣传部组织的"黄埔区机关文化建设创新案例征集评选活动"中，"小明微故事"（检察文化节）获一等奖。中国检察出版社还联系我院，表达了合作出版后续故事的愿望。目前，"小明微故事"系列的第二本、第三本已在积极创作中，不日即可完稿。

官方微博之外，黄埔区检察院还积极试水其他新媒体。2013年3月，我院开通微信公众平台，成为广州市检察系统的首个官方微信，目前，官方微信平台收听数稳步上涨，已突破1000人。尝试制作了2部微电影和1部微动漫，其中微动漫《女儿的日记》还在繁华商圈购物城的大型户外LED正式播出，吸引了众多过往群众观看，实现了良好的宣传效果；微电影《逆转》获得广州市检微电影评选一等奖，并被广东省检作为全国检察机关微电影制作大赛的重点推荐上报最高检。

第三，塑造品格，凝聚检察公信。

进行"人格化"运营的关键在于塑造高尚的品格，积累良好的信用，才能在日新月异的网络中立足。黄埔区检察院官方微博在积极推动自身栏目创新的同时，也高度重视展现社会责任心，打破传统微博"只听不说"或者"听得多说得少"的传统，敢于对被曝光的司法案例、机关作风、行政执法中的偏颇之处做出犀利点评，获得广泛赞誉。另外，对在微博上质疑该院办案不公的尖锐批评，第一时间"给态度"，立即启动负面舆情应对机制，及时向相关业务部门了解情况，在三天之内"给结果"，并后续跟进一个星期，确保舆情妥善解决。"敢责人，能非己"的作风使官方微博积累了强大的社会公信力，为日后处理负面舆情争取了话语权和主动权。

随着民众权利意识的提高和新媒体手段的不断涌现，网络已成为各阶层群众利益表达、情感宣泄、思想碰撞的新渠道。近年来，涉检涉法网络舆情高发，各级政法部门均高度重视网络舆情的甄别和处理。黄埔检察以官方微博、官方微信平台为依托，有效引导涉检舆情，化解舆论危机。一是做到应对专业化。面对微博、微信等网络新媒介即时交互信息的传播特点，有针对性地进行舆情应对培训，通过模拟训练、授课讨论提高管理员应对舆情的能力。二是做到舆情发现快。通过网络管理员16小时轮流值班、关键词筛选、微群巡查等方式，通过市检舆情监测系统与管理员舆情监测相衔接，确保第一时间发现网络舆情，对于各项舆情，均能在10分钟内发现并做出回应。2013年共发现涉检涉区舆情50多件，均通过及时有效沟通以及第一时间反馈给涉事单位的方式，使矛盾得到有效缓解，无一例造成网络事件。三是做到事态平息快。网络舆情往往因情绪发泄或人为炒作等因素而出现非理性声音，即便是群众的一些正常诉求，经过网络无序化的传播后，也可能被歪曲失真。为确保舆情受控，黄埔检察对搜集的重要舆情信息认真进行研判，准确查找舆情信息产生的原因，认真核实舆情反映的问题，对舆情走向做出正确的判断，对不同类型的舆情信息及时分流到相关部门负责解决并要求限时答复，做到涉及职责范围的咨询、投诉、意见和建议均有回应，不属检察机关管辖范围的均有指引。四是回应时保持态度诚恳，信息真实，表述客观，不推诿，不搪塞，诚实作解释，努力化解矛盾，以防止事态扩大化，尽量减少负面效应。如2013年1月，部分网友针对我院"检察官日记"中提到"朋友义气不能凌驾于法律之上"一语大肆做文章，我院以平和语气阐明立场，不作无谓争辩，获得很多网友声援而较好地平息了事件。五是积极后续跟进与互动，反馈最新进展，直至事件了结。我院强调不能因社会舆论焦点转换快速而在事件处理上"虎头蛇尾"，一旦事情处理有了结果，及时反馈网友并研判舆情新动向。

第四，推动升格，坚持平稳发展。

为推动官方微博工作可持续化发展，黄埔区检察院设立了"官方微博、微信办公室"，配备笔记本电脑和智能手机，同时对人员进行轮班制管理，确保日夜有人值班。制定一系列微博管理制度，对微博的发布原则及微博日常运营管理和舆情的发现、判断、上报、处理做出具体的规定，规范微博运营。开设官方微信，推出微刊，延续和深入微博影响力。

目前，黄埔检察官方微博采取专职制和轮值制混合的制度，即安排一名人员专职负责工作日的微博值班，并负责微博数据的统计，休息日及晚间值班则由微博办其他兼职管理员进行轮值，既有利于管理员对微博管理的连贯性，以便管理员更好地掌握微博情况，又保证了兼职微博办管理员的工作时间。通过混合值班制的改革，管理员之间的分工更加明确也更为精细，微博团队更为专业。同时，黄埔检察鼓励管理员开通个人认证微博，形成官方－个人的矩阵体系。在广东检察微博厅上线时，全省检察机关个人实名认证微博仅有6个，而其中黄埔区检察院微博办成员的2个检察官认证微博就占了1/3。目前，微博办成员的检察官认证微博已经达到了3个，其中2名管理员还加入了新浪微博的社区委员会，帮助新浪微博处理部分争议争端。

2014年，黄埔检察官方微博、微信将继续探索新媒体应用，致力于宣传检察正能量，展现检察新形象。我院计划将现有品牌"小明微故事"进一步改编为短剧的形式；尝试在微博上推出"小明大侦探"系列，以真实的刑事、民事案件为基础，进行适当的改编，借鉴推理小说、悬疑小说的写作手法，在故事的关键点请读者进行投票选择，并根据投票选择产生的分支进行进一步的故事发展，最终揭示案件真相，在此过程中，向读者普及涉及的诉讼法和实体法知识，让读者了解检察官日常办案的点点滴滴和追寻真相的艰苦努力；继续推进服务型平台的建设，力争实现管理的"信息化"，让群众可以在网上查询和办事，真正实现"执法为民"的承诺。

（供稿单位：广州市黄埔区人民检察院）

案例九 探讨三"微"举措，发展微博政务

日照市岚山区司法局自2013年3月在山东省司法行政系统率先开展微博普法问政工作以来，以"创新微博普法问政，推动法治岚山建设"为目标，问计于民、问需于民、问政于民，通过探讨三"微"举措，发展政务微博。打造立体化的为民服务平台，为人民群众提供及时便捷的法律服务，实现社会管理创新，取得了明显成效，为全区社会经济发展营造了良好的法治氛围。

第一，开展"微服务"，创建便民通道。

利用新媒体，积极推动"微"普法，探讨"微"调解，启动基层工作"微"访谈等活动，积极创建便民新渠道。

一是开展"微"普法。"@岚山司法"利用微博传播速度快、影响面广的特点，进行法制宣传，积极介绍普法宣传、人民调解、法律援助、公证业务、基层建设、法律服务等方面的内容，及时解答网民的问题，利用微博发布信息、引导舆论、获取反馈，与公众交流。截至目前，"@岚山司法"已被117000余名网民关注，发布微博10000余条，提高了群众对全区司法行政工作的知晓率，有力推动了各项工作的顺利开展。开展"周三法律夜市"活动，组织法律服务人员每周三晚上与网民在线交流，采用多种形式向群众宣传法律知识、解答群众的咨询，共解答网民问题1000余件。不断丰富内容，增强宣传效果，做到定时定点、形式多样、全程服务，拉近服务群众的距离，极大地提高了群众的法律意识。

二是进行"微"调解。我们在做好各专业人民调解室工作的同时，创新了人民调解受

理工作方式，区司法局和区人民调委会官方微博"新港之家"探讨并实施网上人民调解，满足群众对人民调解工作的需求，今年以来在网上共及时化解矛盾纠纷21起。为更好配合网上人民调解工作，"@岚山司法"从2013年4月起建立了周三局长接访日制度，设立局长接访室，班子成员每周轮流值班，与网民进行互动，接受网民的咨询，及时回答问题，解决群众关心的热点和难点问题，活动开展以来共接待受访群众80余人次。9月在全省率先开展领导干部学法讲法活动，各级领导干部都利用开通的官方微博介绍工作，接受咨询，开展人民调解。

三是举行"微"访谈。自媒体时代，要通过官方微博的建立与应用转变执政理念，将自身置于服务者的位置，还要改变执政方式，关注民生、了解民意、倾听民声，回应社会关切。岚山区司法局组织开展了"司法所微访谈"专题活动，将基层司法所工作向网民介绍，回答网民的问题，微访谈中的访谈信息不断被转发、评论，实现了官方微博与网民的有效互动，让网民更加全面地了解司法工作，也让我们更加深入地倾听网民心声，了解民众困难，为民众答疑解难，切实做好维护社会稳定工作。

第二，实施"微"监督，搭建管理平台。

充分发挥微博这一交流沟通平台作用，探讨建立了定期发布、监测通报、监督管理、评估考核等制度，有效实施了用"微"监督来管理法律服务工作。

一是建立定期发布制度。时效性是微博的特点，官方微博要在第一时间发声，传递信息，提高公众的知晓率。涉及全区司法行政系统的重要政策措施、重点工作推进情况和与市民生活密切相关的信息，我们都严格按照规定程序，及时、准确地予以发布。"@岚山司法"各官方微博每天都要发布信息，对微博内容进行更新，将发布情况纳入年终考核。

二是建立监测通报制度。官方微博既是沟通交流的平台，也是工作中发现问题、查找不足的新途径。我们充分利用微博开展信息舆情监测，各成员单位和部门通过主动监测分析微博信息发布后的社会反响、网民评论实况，对有关敏感性问题进行会商，及时发现网上的新问题，有反映村委干部的，也有对法律服务提出建议的，我们针对实际情况对群众进行正面教育引导，拓宽了民意渠道，化解了矛盾纠纷。

三是建立监督管理制度。今年率先在全省法律服务队伍中制定出台了《法律服务微博公开监督管理制度》，要求辖区内律师所、法律服务所都要开通官方微博，律师和法律工作者原则上也要开通个人微博，自觉接受社会对法律服务活动的监督。联合法院、检察院、公安局进行互动，举行岚山区法律服务监督微博公开管理座谈会，广泛接受群众的监督和建议，实现了对法律服务队伍全天候无缝隙的管理模式，有效加强了对法律服务队伍管理和监督。该做法被区纪委列入好制度评选，这一创新举措被岚山区评定为宣传思想文化创新工作案例。

四是建立评估考核制度。我们通过建立一系列制度，切实加强了各官方微博的管理，并将评估考核作为总抓手，做到有要求、有制度、有考核。安排专人负责对微博发布情况进行考核，每月一公布，将政务信息发布及微博互动情况纳入各成员单位和部门年度工作考核内容，定期通报信息发布和微博互动情况，每季度兑现奖惩，年终进行综合考核。

第三，发展"微"联盟，建设和谐网络。

为更好利用团队作用传递正能量，实施局内打造"微"团队建设、区内发展"微"团体建设，区外推动"微"联盟建设，积极推动和谐网络建设。

一是打造内部"微"团队。为更好地推动微博问政，岚山区司法局各科室、所在新浪微博上先后开通了"@新港说法""@岚山区法律援助中心""@岚山公证处""@安东卫司法所"等20多个官方实名微博，建立起了一支岚山区司法行政工作的官方微博团队。每个官方微博安排专人负责，每天更新微博内容，确保微博普法问政工作的顺利开展，有力推动了该项工作的规模化运作。

二是建设区内"微"团体。"@岚山司法"在管好自身微博团队的前提下，不断延伸微博的涉及层面，向全区推介政务微博的作用，在全区建立了以职能部门为主体的区级微博团体，区委党校、法院、公安分局、团区委、区妇联、地税分局、环保分局、药品食品监督局等20余个部门先后开通微博，并定期就开展微博问政工作进行了相互交流、沟通、学习，探讨开展政务微博的新思路，提升了全区政务微博的水平。各部门和单位都要开展探讨以案说法、微博普法等新的普法宣传思路和办法，在普法形式上实现创新和突破。

三是构建省际"微"联盟。我区在与江苏省赣榆县建立和谐边界的基础上，积极创新思路，扎实推动赣榆县与我区联合开展微博普法活动。在推动"@赣榆司法"上线的基础上，今年5月份联合建立了鲁苏和谐边界微博普法联盟，使和谐边界建设由过去的人民调解为主向全方位发展，将和谐建设从地域的合作向网络合作推进，深化了省际和谐边界建设的内容。在今后的工作中，我们将通过微博平台进一步加强宣传，扩大影响，做好司法行政工作，提升司法行政队伍的形象。

（供稿单位：山东省日照市岚山区司法局）

案例十　绵阳市司法局运用微博平台传播正能量

绵阳市司法局运用微博平台，开办了三个微博栏目，积极探索服务群众渠道，为党的群众路线教育实践工作夯实基础。

栏目一

为更加生动地对广大网友进行普法教育，绵阳市司法局组织全市28个直属律师事务所，分别在新浪、央视网开通微博，链接进入"绵阳司法政务微博发布厅"。每天由律所轮流提供真实、办结的典型案例，制作长微博，通过绵阳司法微博账号统一发布。包括案情简述、争议焦点、法院判决、律师解析四个内容，通过以案说法的形式，将法律知识传播出去。栏目于2013年1月5日正式上线，截至11月底，该栏目已办43期，转发、评论1万多人次，阅读量过10万次。

栏目二

绵阳微普法遥为将普法触角进一步延伸，绵阳市司法局组织各县市区司法局、15个园区司法所，分别在新浪、央视网开通微博，链接进入发布厅。每天轮流由一个单位提供内容，制作长微博，通过绵阳司法微博账号统一发布。其中包括法律条款解读、最新法律颁布的亮点、生活常见法律争议的评析等内容，结合漫画图片，通过图文并茂的方式更加生动地展现在网友面前，寓教于乐地宣传法律知识。栏目于2013年3月11日正式上线，截至11月底，该栏目已办32期，转发、评论近万人次，阅读量过8万次。

栏目三

为了让普通老百姓有一个更加便捷、快速的法律咨询渠道，绵阳市司法局携手央视网开办栏目，通过组织全市28个直属律师事务所的资深律师，每周推出一期，在线解答网友提出的各种法律问题。网友提问涉及方方面面，有婚姻纠纷、子女抚养纠纷、医疗事故纠纷、债权债务纠纷、小区停车纠纷、网络购物纠纷等。2013年11月13日，该栏目正式上线，仅栏目访谈的1小时内就被转发、评论800多次。栏目播出4期后即被网友转发、评论4000多次，阅读量达18万多次。

此外，"@绵阳司法"政务微博还通过建立健全各种管理制度来规范政务微博。其中包括《微博运行管理办法》《网络评论员管理制度》《微博发布审批表》《微博咨询处理单》，各级政务微博兼职管理人员66个，网络评论员73个。形成了较为系统化、专业化的管理队伍。

（供稿单位：四川省绵阳市司法局）

（四）观点交流篇

案例十一 打造五大平台做有温度的官方微博

"@京法网事"是北京法院网的官方微博，也是北京市高级人民法院在微世界中的唯一官方发声渠道。自2013年6月26日上线以来，"@京法网事"受到了广泛关注，粉丝已达80万，并在9月26日一度成为当日新浪全国政法类微博影响力排名第一，全国政务类微博影响力排名第二，先后受到《人民日报》《中国日报》《新京报》《法制晚报》等多家媒体的关注和报道。《人民日报》撰文指出："法院微博大号逐步形成，审判信息公开有助于推动社会公平正义的实现。"《成都商报》表示，通过微博把庭审状况告诉大家，也是传递一个信息，法庭并非高高在上，而是有司法温度的。

第一，明确三个定位，形成特色品牌。

最高人民法院院长周强要求，各级法院要把微博建设成回应群众呼声、落实司法公开、推进公正司法、提升司法公信力的重要舆论阵地。做好法院微博，首先要明确它的定位，只有定位准确，才能保证微博的风格统一、运行连贯，在网民心中才能形成清晰、明确的印象，形成品牌。

功能定位上，"@京法网事"作为北京法院网的官方微博，兼有政务微博和媒体微博的双重特点。一方面，与北京法院网形成呼应，发布全市法院审判信息、司法动态，展示北京法院公开、透明的形象。另一方面，以独特视角代表北京法院发出声音，对相关问题进行及时回应，收集、整理群众意见和建议，走好网上群众路线。

内容定位上，突出体现法院审判信息的传播、诉讼服务指导、普法宣传教育和正面引导等内容。目前，"@京法网事"已设立4类共23个栏目板块，以原创为主，发布各类微博1156条，内容既包括网民关注的大案要案的庭审直播，又包括与百姓息息相关的法律法规的权威解读，基本涵盖司法审判工作的方方面面。

语言风格定位上，针对不同的微博内容采用不同的语言表达风格。在发布权威信息时，秉持法院严谨精准的风格，像判决书一样对每个字字斟句酌。在转评热点事件时，保持审慎中立的态度，时刻不忘自己的法院官方身份，观点措辞慎之又慎。在提供诉讼服务或普及法律知识时，则尽可能用平实亲近的语言拉近与人民群众的距离，消除神秘感。

第二，打造五大平台，弘扬司法正能量。

经过近半年的运行，"@京法网事"逐步完善了微博发布和管理制度，建立了辖区法院官方微博和法官个人实名职务微博矩阵，逐步探索出运用新媒体加大司法公开、回应群众关切的方法和规律，逐步打造出审判公开、权威发布、亲民便民、普法宣传以及舆论引导五大平台。

一是将"@京法网事"打造成司法公开的透明平台。审判公开有助于推动社会公平正义的实现，为法院审判工作创造更加良好的舆论氛围。对于社会关注度高的案件进行信息公开，更有助于第一时间传达权威声音，打消公众对司法公正的质疑，掌握舆论主动权，提升司法公信力。为此，"@京法网事"不断探索经验，接连对李某某等人强奸案、大兴摔童案等多起社会关注度高、影响大的案件进行微博直播和播报，取得良好效果。

如在9月16日大兴摔童案庭审现场，"@京法网事"对该案进行微直播，先后发布微博11条，对"法庭调查""举证质证""法庭辩论""播放视听资料""最后陈述"等关键环节进行了实时播报。11条微博共有文字约500字，现场图片5张，另还包含了7条长微博，其文字量达1500余字。11条微博被转发646次，评论218条，累计阅读量367.1万人次。中国政法大学法学院副院长许身健教授就此表示："许多社会关注度高的案件，如果公开不充分，法院容易被动卷入公众质疑的漩涡之中，这也是越来越多法院希望通过司法公开主动与公众交流沟通的直接动因。"

在李某某等5人强奸案中，由于该案涉及未成年人及个人隐私，依法属于不公开审理的案件，但社会普遍对此案非常关注，不发声难以满足社会公众知情权，容易引发对司法公正的质疑。为此，北京法院在依法保护未成年人合法权利不受侵害、保护被害人个人隐私不被泄露的前提下，利用"@京法网事"在依法可公开的范围内，最大限度地公开有关信息，回应社会关切，防止媒体误读和炒作。例如，在该案一审宣判时，为妥善回应舆论关切，"@京法网事"对宣判过程和宣判后召开的新闻通报会、网络访谈进行了全程"组合式"直播，运用新闻图片、长微博、情况播报、设置统一标签等多种形式，立体化及时对外公开发布现场消息47条，受到媒体和网友的广泛关注。经统计，全部微博发出后3个小时内，相关信息共被转发27798次，评论13187条，阅读人数近5000万人次，成为社会公众和新闻媒体获取庭审信息的权威来源，统一了宣传口径，起到了良好的舆论引导效果。《人民日报》评论称："持续引发舆论热潮的'李某某等涉嫌强奸案'宣判，京法网事现场直播……既有运用官方微博等技术工具、适时适当地披露合法、真实信息，也有就相关争议、量刑标准、人文关怀等问题做出说明。这些措施，一方面有利于舆论场的激浊扬清，维护自身公正形象，充分接受社会监督；另一方面，也体现出以参与为核心的司法民主价值，展示了司法的理性说理对于社会正义的建构能力。"

二是将"@京法网事"打造成信息发布的权威平台。话语权决定主导权，引导力决定影响力。为此，"@京法网事"努力做好法院信息的发布工作，及时传递权威声音，有效公开全市法院工作信息和审判信息。截至目前，"@京法网事"在信息发布类栏目中对北京市三中院成立及管辖范围、公开选用司法拍卖机构公告等内容及时发布，从而更好地回应了社会关切，第一时间传递了权威信息，满足了公众知情权。

在李某某等5人强奸案最初发酵之际，7月2日，有网友发微博称："今日快报，京城轮奸案主角李某某被朝阳法院一审判处有期徒刑1年2个月，缓刑一年，各位有何看法？"

我们的管理员发现该条微博后，迅速与朝阳法院核实，确认是一条虚假消息后，于当日中午发布消息："经向朝阳区法院核实，网传'李某某被朝阳法院判刑'一事消息不实。该院无此案。"后该网友认识到错误，发微博称"转了不实消息，俺真诚道歉！"

在北京市二中院审理丁羽心（曾用名丁书苗）行贿、非法经营案件中，网友对丁羽心法庭上戴帽子受审的照片提出质疑，认为是特权的表现。在现场进行直播的微博管理员发现网友的疑问后迅速核实，20分钟后对此进行了回复和解释，表示因丁羽心刚刚做完开颅手术，法庭出于人性化考虑允许她戴上帽子防止受风，一下子就消除了公众的疑虑，同时也避免了第二天媒体对这一庭审细节的炒作。

三是将"@京法网事"打造成亲民便民的服务平台。在不断学习和积累网络沟通技巧的基础上，"@京法网事"通过发布便民服务信息、宣传优秀法官事迹、推出法官文学作品等，让社会公众更直观地获取法院信息，了解法院文化，同时积极与网友沟通互动，答疑解惑，展示法院亲民形象。

如"@京法网事"与基层法院的官方微博和法官个人职务微博联合策划，推出了法院办公地址、乘车路线和导诉电话等便民"微提示"，为打官司的当事人提供诉讼服务。在网友咨询方面，也是在法律许可的范围内尽量提供帮助。前不久，"@京法网事"收到网友"@青柠檬ABC"发来的私信，称自己是一起劳动争议纠纷的申请执行人，因自己案件的承办人相继发生工作变动，一直联系不上执行法官，希望能够尽快执行。"@京法网事"微博管理员在第一时间将私信内容转交给通州法院后，在通州法院的高度重视和积极努力下，使得该案得以顺利执行。当事人拿到案款后，向"@京法网事"发送私信表示感谢。

四是将"@京法网事"打造成传播知识的普法平台。实践中，法院遵循的法律原则和诉讼程序与公众在网络空间表达观点时遵从的道德良知和社会伦理存有差异性，从而导致某些情况下公众对事件的预判有别于司法，从而产生对司法活动的不信任感。为此，在运用报纸、电视、广播等传统媒体进行普法宣传的同时，借助微博、官方网络等平台，进行多元化、立体化的普法宣传非常必要。截至目前，"@京法网事"在普法宣传类栏目中共发布普法类微博228条，内容涉及法律条文解读、合法权益维护、合理预防纠纷、法律适用解析等。

如针对网友质疑李某某等5人强奸案法院不公开审理有暗箱操作之嫌，"@京法网事"通过整理发布有关未成年人案件和涉隐私案件不公开审理的有关法律规定，让更多网友了解法院不公开审理的法律依据。在该案二审宣判时，法庭宣布因本案部分原审被告人的犯罪记录依法应予封存，故未组织人员旁听。很多网友并不了解什么叫犯罪记录封存，"@京法网事"针对这种情况，及时将相关司法解释中有关犯罪记录封存的条文发布在网上，有近10万人通过阅读此条微博理解了法院的做法。网友"@宗焕平"表示："借案件普及法律知识，好！"

此外，根据不同的时间节点，"@京法网事"还有意识地安排策划一些"应时应景"的普法内容，帮助大家学习法律知识，增强维权意识。如2013年十一期间，针对七天长假策划了"十一快乐"之法官提示、法官心语、每日法谚、行走印象等4个专题，引导大家过一个理性、充实和快乐的节日，累计阅读量达103.1万人次。2013年重阳节是我国法定的第一个老人节，"@京法网事"发布了"法官解读赡养三问题""养老院纠纷频发为哪般"等系列长微博，倡导尊老爱老社会美德；在新《消费者权益保护法》即将实施时，发布了"消法新修传递更强保护信号"，帮网友更好地理解法律新规；针对房屋买卖租赁市场火爆，发布了"中介服务不规范二手房交易隐患重重""中介设陷阱租房要当心"等系列长微博，为有买房或租房需求的人提供法律帮助。

五是将"@京法网事"打造成民意沟通的互动平台。通过微博网聚民意、藏智于民，是政务微博的一项重要功能。法院通过微博来关注民生，体察民意，是落实司法为民的重要举措。通过微博，可以倾听网友的评价和建议，更多地了解社会对法院工作的印象和评价，有针对性地修正和改进我们的工作。同时，在微博上及时获知网民的意见和不良情绪，及时发布处理措施，可以将出现的问题化解在萌芽状态，防止负面信息在微博上持续裂变传播。

如2013年7月3日，一名律师网友"@""@京法网事"反映法院强制律师安检的情况，管理员获悉后，及时与该律师进行了私信联系，了解情况。此后，该律师将私信内容公布到微博上，对"@京法网事"10分钟内就给予回应表示公开赞扬。第二天，"@京法网事"一边与他保持私信沟通，一边向有关部门反映律师的意见，得到了有关部门的重视，共同出台了关于简化律师安检程序的相关规定，进一步保障了律师的执业权利。值得一提的是，在与这名律师取得良好沟通后，他还专门在反映问题后的第二天发布了一条微博，对在自己代理的一起案件中北京法官不辞辛苦帮助化解矛盾纠纷的做法表示感谢，从律师的角度帮助我们弘扬了正能量，树立了首都法官的良好形象。

下一步，"@京法网事"将以全面提升新媒体时代首都法院新闻宣传工作水平为目标，加大对微博建设、应用和管理的力度，通过不断探索微博发布规律、研究回复特点、把握沟通方式，切实提高"@京法网事"的传播力和影响力，努力打造政法微博的特色品牌，形成微博网站相辅相成、网上网下互动频繁、全媒交互立体多维的新闻宣传和公共关系格局，切实走好网上群众路线，为维护社会公平正义做出新的更大的贡献。

（供稿单位：北京市高级人民法院）

案例十二　平安常州：打造警民互动新平台

近年来，常州公安机关根据"践行民生警务、促进民生幸福"的工作主线，坚持"传播力决定影响力，时效性决定有效性，话语权决定主导权，透明度决定公信度"的理念，抢抓先机、高点谋划，创新机制、规范运作，努力打造常州公安微博品牌。目前，市局和7个辖市（区）局、分局，交警、治安、消防等13个警种，93个派出所均开通了微博，建成了常州公安微博群，率先开展"网络淘凶"、赃物网领、微博直播等，在推进平安创建、探索管理创新、拓展服务空间、增进警民和谐等方面发挥了积极作用，取得了明显成效。2013年，"@平安常州"官方微博被公安部评为全国成效突出的县级以上公安机关政务微博，被国家行政学院评为"百强党政机构微博"，被腾讯网评为"2013年华东地区优秀政务机构微博"。

我们的主要做法是：突出"三大特点"、规范"四大机制"、提升"四大效能"。

第一，民生引领，抢占"微时代"制高点。

"@平安常州"微博群致力于打造畅通、平等、便捷、开放的警民沟通新平台，根据局党委打造"民生警务"的工作理念，突出"三大特点"。

一是突出服务发展、服务群众。围绕全市"有效投入提升""加快转型升级""创新驱动加速"等发展主题，通过公安微博发布服务企业创新举措80余项，服务发展22项，确保

"好事做实、实事做好"。搭建"常州内保"警企沟通联系新平台，设置"企业直通车"等板块，为企业提供实时、高效、快速、优质服务。开通"阳光双语警务驿站"微博，提供涉外警务咨询，受到外籍人士欢迎。做强社区民警微博，设置在线咨询、民工地带、微博服务台、寻亲频道等微博主题，"@老戴服务站"等一批社区民警微博受到追捧。截至目前，"@平安常州"微博群累计接受咨询6300余次，帮助网友、企业解决实际困难2100余次，为网友找到失散亲人18名。

二是突出有效预警、有效打击。根据警情特点，发布防盗抢、防诈骗、防火灾、防事故、防病毒等"微提示"。利用微博鼓励群众举报违法犯罪，拓宽情报线索来源，提升打处效能，累计破获案件480余起，收缴赌博游戏机310余台，追缴摩托车、电动自行车330余辆，有效防范各类案件930起。"@平安常州"发出的"微博通缉令"引起中央电视台一线《栏目》关注和深度报道，专案组在网友提供的海量线索中成功将命案嫌疑人谭某抓获归案。

三是突出宣传引导、趋利避害。围绕和谐安民、畅通便民、消防护民、服务惠民、执法为民"五民工程"，开展了"老小区安防攻略""不堵常州""消防护民队"等专题宣传，使民生警务的公众认可度进一步提高。为了增强公安工作的亲和力，开设"微博拜年""除夕夜保平安""今天我值班""春节我在岗"等一系列宣传专题，全面反映公安民警坚守岗位、服务群众、疏导交通等场景，受到粉丝围观好评。把微博作为权威发布、辟除谣言的重要平台，2012年3月，"@平安常州"通过微博辟谣、微博联动，快速平息江苏一省级媒体官方微博关于常州发生持刀抢劫银行案件的不实谣言。

第二，规范运作，构建"微警务"新机制。

按照"谁建设、谁管理；谁发布、谁负责"的原则，对警务微博报备认证、内容发布、流程运转、受理反馈、值守培训、应急联动、名博培育等进行了严格规定，制定了一系列工作规范，重点是规范"四大机制"。

一是规范交办督办机制。按照"核查事实、快速反应、分级负责、正确引导、妥善处置"的原则，制定《网络舆情处置反馈工作规范》，明确各单位工作职责和要求，细化工作流程和任务。通过《网络舆情交办单》直接交办红、橙、蓝三色指令630余起，公开回应网民呼声，妥善处理网民意见和建议。

二是规范应急联动机制。在应对突发事件时集聚合力，第一时间联动发布，迅速抢占舆论阵地，变"被动应对"为"主动作为"。2012年3月28日，"90后男孩殴打老人"的视频被疯传，优酷点播307万次，相关微博1.5万余条。事发后，"微常州""平安常州"微博群连夜联动转发，表明公安、教育、司法等机关的立场态度，消除误解，平息事态。

三是规范考核奖惩机制。研究制定了"警务微博考核办法"，重点考核微博内容、回复网民情况、解决实际问题情况。将微博建设情况纳入全市公安机关年度重点工作，采取外网抽查、每月考评、每季度巡查等方式，实行序时化推进，落实工作责任，严格责任追究，使考核工作正规化、常态化。

四是规范名博培育机制。按照"抢抓机遇、借力发挥、团队经营、重点推介、以点到面、扩大影响"的整体思路，结合各自特点，积极培育选树了以"@平安常州"为龙头、"@天清地宁""@早沐朝阳""@老戴服务站007"为代表的公安"名博"。在发布反映公安工作的"硬帖"之外，注重发布网民偏爱的"软帖"，吸引眼球，争取粉丝。其中，"@

早沐朝阳"博主亲手绘制防范警示漫画，点击超过 2 万次。

第三，提升效能，扩大"微时空"影响力

"@平安常州"微博群开通以来，在推进平安创建、和谐警民关系、创新社会管理和提升自身形象等方面起到了积极作用，提升了"四大效能"。

一是提高平安建设新水平。以公安微博为阵地，及时通报交通运行指数，发布城市道路交通运行信息，减少人为交通拥堵和各类交通事故。2013 年以来，全市各级公安微博配合春季攻势、"亮剑""打四黑除四害"等专项行动，开展"常安"系列、"龙城虎啸""创建文明城"、查娼禁赌等微博直播 30 余场。

二是拓展群众工作新平台。充分发挥公安微博在联系沟通群众方面的桥梁纽带作用，创新微博"三解三促""三访三评"，深化大走访活动，建立了常州公安与群众在网上"面对面""键对键"的沟通交流渠道。

三是探索管理创新新途径。主动适应互联网无中心、无行政区域界限的特性，按照"稳步推进、有序扩展"的原则，依托环太湖、苏皖八市等警务协作平台，建立公安微博联动协作机制，做到以我为主，相互策应。

四是提升公安队伍新形象。利用微博平台积极宣传以一级英模陆立才、二级英模"民心警察"刘祖明、"中国青年五四奖章"获得者李峥、"全国优秀人民警察"关荣坤、"全国巾帼建功标兵"庄菊艳为龙头的典型群体。组织开展"十佳女民警""十大爱民警察""社区警务之星""百件实事好事"评选等活动，打造常州公安"群英谱"。"微时代"下的公安工作面临着新挑战、新机遇。我们将进一步深化公安微博建设，为推动公安工作和公安队伍建设、促进社会和谐稳定做出新的努力。

（供稿单位：江苏省常州市公安局）

案例十三　检察微博拓宽司法参与平台直播宣传塑造公正阳光形象

广东省深圳市南山区人民检察院于 2010 年 12 月在腾讯和新浪分别开通官方微博，经过 3 年的精心维护和管理，目前已发微博 2728 条，微博的粉丝量达 70 余万。南山区检察院是深圳市检察系统内社会关注度相对较高的检察微博，微博的功能定位，从最初单纯的检察工作宣传已逐步拓展到促进检务公开，提高办案透明度，扩大司法参与度，化解涉检舆情等方面，应用层面在不断深化，内容和形式也愈加丰富。2011 年和 2012 年在最高人民检察院正义网举办的"政法微博与社会管理创新峰会"上，我院还先后被评为全国"十大检察院网络影响力微博"和"微博信息公开奖"。主要经验如下。

一是直播案件公开审查会，提高办案透明度。将微博作为网民参与司法的重要平台，通过微博直播社会关注度高、影响重大的疑难复杂案件公开审查会，将整个公开审查会的进程实时直播，完整地将案件各方当事人的观点呈现出来，大大提高了办案的透明度，树立了公开透明敢于接受监督的检务形象。自开通微博以来，已对约 10 次案件公开审查会进行微博直播，如 2011 年 6 月直播备受媒体关注的"5·13"危险驾驶案的公开审查会，该案犯罪嫌疑人孔某在道路上酒后驾驶机动车造成交通事故致 2 人轻伤并逃逸，造成其归案后已无法再检测其驾驶机动车造成交通事故时的血液酒精含量，如何定罪量刑，法律没有明文规定。还有如 2012 年 1 月直播首例利用 QQ 群非法获取公民个人信息案公开审查，该案同样争议很大，包括 QQ 群信息是否能被认定为公民个人信息，犯罪嫌疑人孙某是否具备非法获取公民信息罪的主体资格，行为是否达到该罪名所要求的情节严重，都是《刑法修正案（七）》增设非法获取公民个人信息罪后遇到的新型疑难复杂案件。

在微博直播公开审查会过程中，案件双方当事人及各自律师、侦查机关代表、见证人、鉴定专家以及人大代表、廉政执法监督员、特约检察员、法学代表、新闻媒体等参加了会议，从法律专业和普通民意的角度各自发表了对案件处理的看法和意见，通过现场的微博直播，可以让更多公众特别是网民及时了解案情、发表意见参与讨论，得到了与会的人大代表、法学专家、新闻媒体的高度赞誉。

二是及时发布案件信息有效化解涉检舆情。微博不仅是宣传日常检察工作的平台，还是发布重要信息的渠道。在应对涉检舆情时，微博因其与生俱来的及时性、公开性和便捷性，日益成为我院发布社会关注度大的案件信息的首选平台，通过微博这个"发声器"，第一时间告知社会公众特别是相关利益当事人案件处理的进度和其他信息，包括当事人相应的诉讼权利和救济途径，在保障当事人知情权的同时，还能及时澄清谣言还原事实，化解潜在的涉检舆情。如 2013 年 5 月，我院办理了一宗非法吸收公众存款案，陆续收到自称为宝矿网会员的信访材料多份，短短一个月，共接到自称为宝矿网会员的来电有数十个，辽宁、山东、湖南、江西、贵州、韶关等省市的来信也有二十几封，来访两人次。来电、来信、来访的大部分内容为主张宝矿公司为合法企业，要求释放羁押的犯罪嫌疑人，且形式雷同，因涉及案件当事人数百人，规模较大，存在演化成为群体性事件的可能。为有效化解涉检舆情事件，我们充分利用微博网站平台，通过微博和门户网站公示相关的诉讼权利义务告知书，并在法律框架内适度性告知案件事实和办理进度，平息了大部分案件当事人的情绪，满足了知情权，确保案件平稳办理。

又如 11 月，我院在侦办一宗看守所副中队长伙同律师共同犯罪案件时，因社会关注度高，在媒体先行报道后，为避免产生社会杂音和不必要的揣测，也通过微博及时披露部分案件信息，澄清事实以正视听，避免产生不必要的案外干扰因素和后果。

三是常态直播重大活动撩开神秘面纱。不仅案件公开审查可以进行微博直播，我院其他的重大活动如检察长接访、半年和全年工作总结汇报、校园普法教育活动等检察开放日活动，都采取微博直播的方式，微博直播的层面和范围在不断地拓宽。2013 年 12 月，直播了由深圳市检察院与深圳大学法学会、腾讯公司联合举办的"互联网刑事法制高峰论坛"会议。国内高校的著名刑事法律专家学者，最高人民检察院、最高人民法院、公安部以及全国多个省的公检法工作人员，以及腾讯、搜狐等知名企业人士近 200 人参加活动，共同探讨网络时代的刑法理念与刑事立法，整个活动共编发了 200 余条微博，4000 余名粉丝对微博进行了转发阅读。

2013 年 2 月微博直播"第一季度直通车暨检察长接访"活动，共发出了 51 条微博，有 300 多名网友关注转发微博，从法律理性和普通民众情感角度，对接访案件和接访活动本身发表了看法。参与接访活动的人大代表和人民监督员认为，将微博的优势与检务公开的需要有效契合起来，充分利用微博不断扩大司法参与度，是检察机关践行阳光检务、公正司法理念的重要表现。

2012 年 4 月，微博直播市检察院知识产权刑事法律保护研究中心、市高新技术产业园区管委会和我院联合举办"保护知识产权、促进'三打两建'"系列活动，发布微博近 100

条，得到网友的高度评价，广东省院的微博还给予关注，并向网友推荐。

四是刊发典型案例以案说法预防犯罪。基于目前新浪和腾讯官方微博粉丝数量相对较大的特点，为了充分利用微博这一宣传平台，我院挑选日常办案过程中出现的典型案例，编辑成新闻稿件，概括犯罪事实，总结犯罪特点，提出犯罪预防措施，通过长微博形式对微博粉丝以及广大网民进行以案说法，提高犯罪预防意识。不间断地在微博上刊发典型案例，已成为日常微博内容更新的主要组成部分，自开通微博以来，已刊发了约85宗典型案例宣传，受到了微博粉丝的广泛关注，大多数微博案例被粉丝转发阅读，宣传辐射面不断扩大，办案的社会效果通过微博宣传得以不断优化。

五是解答法律专业问题与网民保持良性互动。微博实行规范化管理，由专门工作人员负责日常的更新和维护，微博更新频率为每日2.5条，杜绝出现"僵尸微博"，对于网民提出的法律专业问题，由工作人员予以及时解答回复，注重与网民粉丝保持良性的互动交流，努力树立务实高效的检务形象。

（供稿单位：深圳市南山区人民检察院）

案例十四 全力打造"@济南公安"微博精品栏目

2010年8月，济南市公安局顺应时代需要，依托新浪和腾讯两大平台，成功打造了"@济南公安"微博这一平台，在全国范围内形成一定影响。截至目前，累计发布各类信息4.9万余条，拥有粉丝430余万，网友转发和评论78.2万次，回复、解答疑难问题7.4万余条，帮助网友解决实际困难8600余次。在全国率先推出了"济南公安博警在线"，"博警"被百度百科辞典收录。"@济南公安"微博先后17次获得"全国十大政务机构微博"等荣誉称号，在"首届政法微博与社会管理创新峰会"上位居全国"十大公安机关影响力微博"榜首。主要经验如下。

第一，创新求变、意识超前，将公安微博打造成为济南公安的旗帜和标杆。

微博虽然是新生事物，但在3年多的时间内实现了爆炸性增长，已经一跃成为继新闻之后的中国互联网第二大舆情源。如何及时占领这一舆论阵地，抢占话语权，成为公安机关需要解决的首要问题。为此，济南市公安局在做好网评员队伍建设、进驻论坛博客等工作的同时，及时调整思路，加大保障力度，完善规章制度，将微博作为宣传工作的延伸和创新，全力以赴加强"@济南公安"微博建设，努力打造有号召力、影响力的自媒体平台。一是紧跟时代步伐。济南市公安局主要领导敏锐地捕捉到这一发展方向和难得机遇，迅速安排有关人员在新浪网、腾讯网实名注册"@济南公安"微博，并通过官方认证，成为济南公安对外宣传的另一重要平台。二是切实加强保障。济南市公安局专门印发了《关于加强警察公共关系建设的意见》（济公〔2011〕64号），从提高思想认识、加强沟通交流、服务保障民生、强化组织领导等方面，对做好警察公共关系建设工作进行了界定。市局向编办申请成立了公关科，投入资金精心打造了警察公共关系办公室，配齐配强计算机、摄像机、照相机等硬件设备，并开展全局微博管理员轮值轮训工作，全力以赴保障各项工作的顺利开展。三是完善规章制度。研究制定了《官方微博管理办法》，建立健全了微博保密制度、发布审批制度、开通审批制度、督办和考核等制度，从根本上保证"有问有答，有答有办，有办有督，有督有果"，确保各个环节高效衔接。

第二，加强管理、不断创新，全力确保公安微博的良性长远发展。

微博的基础在于管理维护。我局按照信息公开的要求，将日常警务信息、服务类信息、防范类信息、国家重大方针政策、应对突发事件、微博重大活动等确定为日常微博维护内容，力求全方位、多层次地宣传报道我市公安工作。一是强化发布功能。先后开设了泉城警讯、警方提示、警情通报、清网行动、警方通缉、打防管控等系列栏目，进一步拓宽服务领域，提高服务水平，为群众提供更加快速、便捷、优质的服务，并根据季节特点和案发规律，有针对性地及时发布治安预警信息，做好防盗防抢防骗等宣传工作，努力将微博建设成公安警务公开新平台。截至目前，通过微博先后发布"110警情通报""安全防范提示"等各类信息1500余条，发布《微博通缉令》35期，协助抓获犯罪嫌疑人15名。二是开展网上救助。坚持"宁可做了没有结果，不可不做造成后果"的理念，将网上信息作为现实警情处置。通过"微寻人"先后成功救助12名网上直播自杀或者离家出走的网友，受到网民和群众的一致好评。三是开展新媒体问政。新媒体问政活动共安排20个警种和单位，周一到周五轮流上线，每四周为一个活动周期。其间，各上线单位结合自身实际，发布相关信息，回答网友咨询问题，宣传处负责后台保障和应急突发事件处置；晚班、周末和节假日则由宣传处独立完成。通过轮值上线，加强了微博普及和练兵活动。同时，总结推广了济南公安微博运维的公交模式、长清模式，以及网络评论工作的经侦模式，为促进全局警察公共关系建设奠定了坚实基础。

第三，转变作风、听取民意，以真心换取网民对各项公安工作的支持和参与。

一是耐心解答群众咨询求助。针对网民提出的业务咨询、困难求助，均予以详细解答，以客观、公正的态度解释疑惑，让网友感受到公安机关的真诚。到目前为止，"@济南公安"微博共计发布各类资讯信息2.5万余条，回复网友咨询7.4万余次。二是自觉接受群众监督评议。主动把公安工作置于广大网民的监督评议之下，以平等、包容的心态对待网民、群众批评，诚恳接受。利用"微访谈"等形式，主动邀请网友对公安工作情况、公安队伍形象和社会治安状况进行评议，不断推动公安队伍建设，有效提升公安工作水平。同时，借助周年庆祝的契机，邀请意见领袖、热心网友走进警营，通过召开座谈会、实地参观等形式，提出宝贵意见，为下一步发展提供方向。三是积极关注网络热点问题。对网上涉及民生的热点话题重点关注，用准确、权威、透明的信息及时回应，以认真负责的精神解决群众切身利益问题，为群众排忧解难。当发生重大警情、涉警舆情时，第一时间通过官方微博进行发布，使官方微博成为警方的网上新闻发言人，让广大群众从中获取权威的官方信息，特别是对网络不实案、事件的信息，及时核实，快速回应，消除影响。11月28日上午，我们在工作中发现"@央视新闻"微博以及新浪等网站在显著位置刊发了关于"济南市民哄抢菊花"的不实消息，经过多方调查核实，迅速通过微博予以回应澄清，有效杜绝了传言的进一步扩散和传播，"@央视新闻"微博史无前例地首次通过微博公开致歉。

第四，快速发现、迅速反应，不断提高涉警舆情应对处置工作的水平和能力。

对突发性网络舆情，坚持"网上获取信息，网下查证落实，第一时间公开，微博权威发布"，将舆情引导置于与现场处置同等重要的地位，以微博应对微博、以网络应对网络，确保事件得到有序引导和有效化解。一是确保重点涉警舆情"快处置"。2012年8月27日，央视著名足球评论员陶伟在济南猝死事件发生后，公关办民警迅速赶赴现场，了解实际情况，撰写对外通讯稿，及时公布真相，有效缓解了舆论压力。截至目前，共应对处置网上涉警负面舆情110余起，编发《涉警舆情工作动态》58期。二是积极探索微博合作"新形式"。注重加强与草根名博的交流沟通，及时地将警方开展的工作和取得的效果告诉他们，赢得他们的支持，进而达到化解涉警舆情、做好引导工作的目的。3月1日晚，济南草根微博"@济南零距离"转发博友微博，称其在交警查处违章行为时受到不公正待遇引起网友的围观转发。发现该舆情后，我们立即与博主"@济南零距离"取得联系，将交警处置的实际情况与其进行沟通，并表示感谢他对公安工作的理解和监督。该博主对我们的态度表示了认可，同时积极配合我们的工作，及时删除了相关微博。同时，我们还和驻济媒体开展"@合作"，即一旦发生突发事件、重大案件，由"@济南公安"发布信息，其他驻济媒体官方微博一起转发，最大限度地扩大覆盖面和影响力。三是注重探索实施"微策划"。分析受众的心理需求和关注点，开展有针对性的微策划。即从我局推出的便民服务举措、基层民警平凡而感人的日常工作中寻求和捕捉可以触动受众心灵的细节和瞬间，然后把这些小事件、小细节作为新闻话题，先期通过引导性评论，进而逐步形成网络热点，最终产生轰动效应。

（供稿单位：山东省济南市公安局）

@人民日报 · 2014 年政务指数微博发展报告

前 言

近年来，随着互联网技术的迅猛发展和信息传播方式的深刻变革，尤其是随着移动互联网的普及，社会公众对政府工作知情、参与和监督的意识不断增强，也对各级行政机关依法公开政府信息、及时回应公众关切、有效提供政务服务，提出了新的要求和新的机遇。目前，各地区、各部门都在积极探索利用微博、微信、客户端、网站等手段，建设基于网络的政务信息发布新平台、公众互动交流新渠道、在线政务服务新通道。

2014 年，我国政务微博保持稳定发展。截至 2014 年 12 月 31 日，新浪微博平台认证的政务微博达到 130103 个，较 2013 年底增加近 3 万个。其中党政机构官方微博 94164 个，公务人员微博 35939 个。人民日报发布的《2014 年度政务指数报告》，推出 2014 年度政务指数排行百强榜等 10 多项政务指数榜单。这是一个考量 10 多万家党政机构网络政务实际绩效和影响力的综合性榜单，旨在推动国内网络政务评价体系的科学化、规范化，激励党政机构通过良性竞争，更好地发挥政务新媒体在促进政府信息公开、提高政府服务水平方面的作用，推动各级党政机构政务传播力、互动力和服务力的有效提升。

2014 年，我们看到各级政务机构利用微博进行政务公开。"@最高人民法院"利用新媒体推进司法公开工作，全国四级法院微博开通率达到了 90% 以上；"公安部打四黑除四害"成为首个粉丝突破千万的政务微博；基层政务微博成为全国政务微博发展基石，把许多基层矛盾化解在源头，真正做到了"线上沟通、线上解决"。

2014 年，我们看到各级政务机构利用微博做好政务服务。"微言教育"将教育咨询做在指尖，交通系统微博将路况信息、出行提示实时播报，气象系统微博提供及时的天气预报服务。

现阶段，我国政务微博发展已经步入务实运营的阶段，政务微博需要坚持以服务民众为宗旨，充分利用微博打造移动服务窗口，形成覆盖全面、功能完备的政务公众信息服务体系，实现透明务实、高效便民的政务服务。

一 政务指数影响力排行榜

人民日报发布"2014 年度政务指数影响力排行榜"，排行榜由人民网舆情监测室制作，新浪微博提供数据支持，评价对象包括全国 94164 个新浪政务机构官方微博和 35939 个公务人员微博，评价体系包括三个维度：传播力、互动力和服务力。

（一）传播力指标

"传播力"表征政务微博发布信息的传播情况，传播力指标越高说明政务微博的内容被越多的网民看到。该项指标依据微博阅读数、发博总数和原创发博数来计算。

1. 微博阅读数：政务微博用户在 2014 年所发微博截止到 2014 年 12 月 31 日所获得的阅读数的总和。

2. 发博总数：政务微博用户在 2014 年所发微博总数。

三是原创发博数：政务微博用户在 2014 年所发原创微博总数。

（二）服务力指标

"服务力"表征政务微博一对一服务网民、为民办事的情况，服务力指标越高说明政务机构通过微博平台服务了越多的网民。该项指标依据主动评论数和私信数来计算。

1. 主动评论数：2014 年该政务微博用户主动回复评论的数量（包括在该政务微博用户所发微博及其他用户所发微博中的所有评论）。

2. 私信次数：2014 年该政务微博发给其他用户的私信数（包括主动发私信及通过关键词自动回复网友私信）。

3. 私信人数：2014 年该政务微博发送私信的用户人数（包括主动发私信及通过关键词自动回复网友私信）。

（三）互动力指标

1. 被转发：政务微博用户在 2014 年所发全部微博截至 2014 年 12 月 31 日发生的被转发次数（仅统计可信用户），同一个账号对同一个用户进行多次转发，一天只计一次。

2. 被评论：政务微博用户在 2014 年所发全部微博截至 2014 年 12 月 31 日发生的被评论数（仅统计可信用户），同一个账号对同一个用户进行多次评论，一天只计一次。

3. 被赞：政务微博用户在 2014 年所发全部微博截至 2014 年 12 月 31 日发生的被赞数（仅统计可信用户），同一个账号对同一个用户进行多次赞，一天只计一次。

"政务指数影响力排行榜"旨在促进网络政务信息传播力的全面提升。粉丝数是构成传播力的重要前提，但是，粉丝越多并不意味着影响力越大。此榜单更注重考察政务机构的"活跃粉丝""可信粉丝"。政务机构发布的信息能被多少"可信粉丝"阅读，才体现出政务信息传达的实际传播力。

"政务指数影响力排行榜"旨在促进政务机构服务力的提升，也就是利用新媒体平台，回应公众关切、为民解忧排难办实事的能力。"政务指数影响力排行榜"后续还将接入人民日报新闻客户端"政务发布厅数据"、腾讯政务微信数据，将所关联政府机构在移动平台回应网民的次数纳入考察体系，鼓励更多的政务机构通过这种方式，切实服务公众、服务社会。

"政务指数影响力排行榜"旨在促进网络政务互动力的提升。网络政务不应当是单纯的信息发布、自说自话的网络平台，更应当成为政府解疑释惑、回应关切的渠道，成为政府和公众互动交流的桥梁。此榜单的评价体系中，对互动力的考量，既包括"被动互动"，也就是政务发布带来的评论、点赞，更注重考量政务机构主动回复、双向互动的能力（见表 1 至表 19）。

表1　全国二十大政务机构微博

排行	昵称	认证信息	总粉丝数（人）	发博数（条）	传播力	服务力	互动力	总分
1	公安部打四黑除四害	公安部治安管理局暨打四黑除四害专项行动办公室官方微博	13634093	8833	100.00	87.03	98.07	96.64
2	上海发布	上海市政府新闻办公室官方微博	5302101	8922	99.33	89.66	89.52	93.47
3	平安北京	北京市公安局官方微博	9070723	13303	98.10	96.97	87.00	93.44
4	江宁公安在线	江苏省南京市公安局江宁分局	857714	4501	98.79	65.40	100.00	92.59
5	中国地震台网速报	国家地震台网官方微博	4824593	3330	94.67	75.39	90.76	89.25
6	广州公安	广州市公安局官方微博	5003947	10977	91.52	93.63	82.52	88.34
7	深圳交警	广东省深圳市公安局交警支队官方微博	876272	27413	95.04	79.23	84.64	87.72
8	成都发布	成都市人民政府新闻办公室	6055146	11942	93.79	73.48	85.51	86.41
9	南京发布	南京市委宣传部新闻发布官方微博	3149784	8664	92.01	75.43	85.42	86.06
10	深圳公安	深圳市公安局官方微博	3010706	9117	88.59	96.29	75.68	84.97
11	北京地铁	北京地铁公司官方微博	1811624	6334	87.93	100.00	72.20	84.05
12	警民直通车-上海	上海市公安局官方微博	3783463	7316	88.56	90.34	74.58	83.32
13	共青团中央	共青团中央官方微博	2600426	4286	88.99	60.60	84.77	81.62
14	上海地铁shmetro	上海申通地铁集团运营管理部官方微博	5693456	8280	91.02	81.48	71.23	81.20
15	无锡发布	无锡市人民政府新闻办官方微博	883933	20235	85.68	77.79	77.61	80.87
16	广州交警	广东省广州市公安局交警支队	1075005	16754	89.79	86.36	68.89	80.75
17	北京发布	北京市政府新闻办公室官方微博	5848794	10422	93.81	68.77	72.45	80.26
18	平安武汉	湖北省武汉市公安局官方微博	1193205	11879	88.31	77.50	73.37	80.17
19	平安中原	河南省公安厅官方微博	5675826	8994	87.44	80.80	72.50	80.14
20	山东省旅游局官方微博	山东省旅游局官方微博	4802419	8448	88.46	73.39	75.02	80.07

表2　全国二十大公务人员微博

排行	昵称	认证信息	总粉丝数（人）	发博数（条）	传播力	服务力	互动力	总分
1	陈里	三农、社会学学者	24997482	5886	99.97	99.95	97.56	99.48
2	陈士渠	公安部打拐办主任陈士渠	6547230	6901	95.92	97.99	94.75	96.51
3	甘肃刘维忠	甘肃卫生厅厅长刘维忠	2954985	3138	90.90	93.78	89.98	91.87
4	刘五一	郑州供销社主任化学博士	1255345	4126	84.50	89.44	94.48	88.48
5	赵云龙	河南省文明办副主任	218309	9088	80.43	90.20	100.00	88.25
6	北京王惠	北京市政府新闻办公室主任王惠	5690935	799	92.78	90.29	67.12	86.65
7	一叶知秋微直播	湖北省公安交管局宣教中心主任	1126334	20315	80.22	87.67	93.80	85.92

续表

排行	昵称	认证信息	总粉丝数（人）	发博数（条）	传播力	服务力	互动力	总分
8	巴松狼王	绿色中国年度人物杜少中	4754526	884	87.83	86.57	79.88	85.73
9	叶青	全国人大代表、湖北省统计局副局长	182331	6590	81.81	89.69	85.59	85.71
10	罗崇敏	国家督学云南省人民政府参事原云南省教育厅厅长	3806618	4635	86.51	90.34	71.82	85.10
11	中一在线	海宁司法局局长金中一	1305816	6209	77.87	86.08	93.52	84.29
12	御史在途	湖南省纪委预防腐败室副主任陆群	220293	1206	80.30	90.98	77.98	84.11
13	鞍钢郭明义	全国优秀共产党员、五一奖章获得者,感动中国人物、"雷锋传人"	21850832	1892	86.33	87.63	70.93	83.77
14	牛兴全	甘肃省司法厅副厅长牛兴全	2198094	5225	85.09	85.62	76.44	83.57
15	昆明市长	昆明市长微博	918433	292	90.22	92.84	48.56	82.94
16	滕章贵	原湖南省公安厅禁毒总队总队长滕章贵	119200	5167	77.51	84.30	90.84	82.89
17	盘锦周恩义	盘锦市兴隆台区原区委常委、宣传部部长	10611399	1808	84.04	82.17	73.55	81.19
18	许小峰 xiaofeng	气象工作者	151490	1033	81.70	83.96	71.25	80.51
19	陈鸣明	中共十八大代表、贵州省人民政府副省长	611663	142	87.64	89.87	46.54	80.31
20	赴汤蹈火的老兵	北京市公安消防总队原副总队长李进	110525	1969	77.72	85.50	74.71	80.23

表3　全国十大中央机构微博

排行	昵称	认证信息	总粉丝数（人）	发博数（条）	传播力	服务力	互动力	总分
1	公安部打四黑除四害	公安部治安管理局暨打四黑除四害专项行动办公室官方微博	13634093	8833	100.00	87.03	98.07	96.64
2	中国地震台网速报	国家地震台网官方微博	4824593	3330	94.67	75.39	90.76	89.25
3	共青团中央	共青团中央官方微博	2600426	4286	88.99	60.60	84.77	81.62
4	最高人民法院	最高人民法院官方微博	9964955	3312	92.91	43.71	75.79	76.22
5	微言教育	教育部新闻办公室官方微博	5858597	3000	89.30	55.66	68.40	74.21
6	中国国际救援队	中国国际救援队官方微博	6009577	4450	84.23	60.00	69.29	73.41
7	中国政府网	国务院办公厅政府信息公开办公室	9803724	5143	92.65	50.47	63.30	72.48
8	公安部刑侦局	公安部刑事侦查局官方微博	3096491	2528	84.64	45.35	73.05	72.15
9	最高人民检察院	最高人民检察院微博	4290564	3637	87.97	50.69	66.05	71.75
10	外交小灵通	外交部公共外交办公室	7591647	2148	89.24	47.18	62.82	70.26

表4　全国十大党政新闻发布微博

排行	昵称	认证信息	总粉丝数（人）	发博数（条）	传播力	服务力	互动力	总分
1	上海发布	上海市政府新闻办公室官方微博	5302101	8922	99.33	89.66	89.52	93.47
2	成都发布	成都市人民政府新闻办公室	6055146	11942	93.79	73.48	85.51	86.41
3	南京发布	南京市委宣传部新闻发布官方微博	3149784	8664	92.01	75.43	85.42	86.06
4	无锡发布	无锡市人民政府新闻办公室官方微博	883933	20235	85.68	77.79	77.61	80.87
5	北京发布	北京市政府新闻办公室官方微博	5848794	10422	93.81	68.77	72.45	80.26
6	中国广州发布	广州市互联网信息办公室官方微博	4075221	8953	89.06	70.96	73.49	79.21
7	深圳微博发布厅	深圳市互联网信息办公室官方微博	1461503	14576	87.82	74.28	71.41	78.55
8	四川发布	四川省人民政府新闻办公室	4842205	9656	86.52	73.31	69.40	77.03
9	青岛发布	青岛市人民政府新闻办公室官方微博	3289360	4603	87.04	59.22	70.60	74.90
10	苏州发布	苏州市人民政府新闻办公室官方微博	455138	12313	82.31	76.81	66.12	74.73

表5　全国十大司法系统微博

排行	昵称	认证信息	总粉丝数（人）	发博数（条）	传播力	服务力	互动力	总分
1	最高人民法院	最高人民法院官方微博	9964955	3312	92.91	43.71	75.79	76.22
2	最高人民检察院	最高人民检察院官方微博	4290564	3637	87.97	50.69	66.05	71.75
3	菏泽中院	山东省菏泽市中级人民法院官方微博	232833	11354	75.27	85.60	55.09	69.26
4	中国普法	中国普法网官方微博	1544543	3993	75.48	59.63	61.66	66.79
5	豫法阳光	河南省高级人民法院官方微博	4856944	10551	79.60	66.30	52.44	66.08
6	江苏司法行政在线	江苏省司法厅官方微博	107319	3048	70.56	64.06	59.06	64.66
7	绵阳司法	绵阳市司法局官方微博	121349	6741	67.12	92.76	48.08	64.63
8	京法网事	北京法院网官方微博	2638427	2021	83.00	45.18	54.56	64.06
9	陕西高院	陕西省高级人民法院官方微博	403486	4681	76.88	58.51	53.85	63.99
10	八桂法苑	广西壮族自治区高级人民法院官方微博	2751182	3564	81.66	47.99	53.79	63.78

表6　全国十大公安系统微博

排行	昵称	认证信息	总粉丝数（人）	发博数（条）	传播力	服务力	互动力	总分
1	公安部打四黑除四害	公安部治安管理局暨打四黑除四害专项行动办公室官方微博	13634093	8833	100.00	87.03	98.07	96.64
2	平安北京	北京市公安局官方微博	9070723	13303	98.10	96.97	87.00	93.44
3	江宁公安在线	南京市公安局江宁分局	857714	4501	98.79	65.40	100.00	92.59
4	广州公安	广州市公安局官方微博	5003947	10977	91.52	93.63	82.52	88.34
5	深圳交警	广东省深圳市公安局交警支队官方微博	876272	27413	95.04	79.23	84.64	87.72
6	深圳公安	深圳市公安局官方微博	3010706	9117	88.59	96.29	75.68	84.97
7	警民直通车 - 上海	上海市公安局官方微博	3783463	7316	88.56	90.34	74.58	83.32
8	广州交警	广州市公安局交警支队	1075005	16754	89.79	86.36	68.89	80.75
9	平安武汉	武汉市公安局官方微博	1193205	11879	88.31	77.50	73.37	80.17
10	平安中原	河南省公安厅官方微博	5675826	8994	87.44	80.80	72.50	80.14

表7　全国十大旅游机构微博

排行	昵称	认证信息	总粉丝数（人）	发博数（条）	传播力	服务力	互动力	总分
1	山东省旅游局官方微博	山东省旅游局官方微博	4802419	8448	88.46	73.39	75.02	80.07
2	青岛市旅游局官方微博	青岛市旅游局官方微博	3892428	7446	78.51	94.18	64.72	76.13
3	河北省旅游局	河北省旅游局官方微博	5325977	5143	81.81	81.01	62.53	73.94
4	乐游上海	上海市旅游局官方微博	1574781	5883	84.67	65.90	64.07	72.67
5	广西旅游发展委员会	广西壮族自治区旅游发展委员会官方微博	4412184	5977	82.82	72.59	62.57	72.67
6	福建省旅游局	福建省旅游局官方微博	3068584	5905	81.34	63.97	63.91	70.89
7	济南市旅游局微博	济南市旅游局官方微博	862831	9851	76.53	87.01	57.15	70.88
8	南京市旅游委员会	南京市旅游委员会官方微博	431660	8577	77.19	69.17	59.34	68.45
9	浙江省旅游局	浙江省旅游局官方微博	2825920	4076	81.66	51.26	62.55	67.93
10	河南省旅游局官方微博	河南省旅游局官方微博	2398964	6075	79.21	63.05	58.66	67.76

表8　全国十大交通机构微博

排行	昵称	认证信息	总粉丝数（人）	发博数（条）	传播力	服务力	互动力	总分
1	北京地铁	北京地铁公司官方微博	1811624	6334	87.93	100.00	72.20	84.05
2	上海地铁 shmetro	上海申通地铁集团运营管理部官方微博	5693456	8280	91.02	81.48	71.23	81.20
3	交通北京	北京市交通委员会官方微博	2947488	14956	90.39	69.72	67.76	77.21
4	广州地铁	广州地铁官方微博	576585	7759	84.20	83.99	65.16	76.54
5	南京地铁	南京地铁集团有限公司官方微博	268199	5152	80.02	94.38	63.44	76.26

续表

排行	昵称	认证信息	总粉丝数(人)	发博数(条)	传播力	服务力	互动力	总分
6	京港地铁	京港地铁公司官方微博	723709	9469	79.97	89.01	64.26	75.49
7	南昌铁路	南昌铁路局官方微博	3453427	10510	82.12	76.69	60.10	72.23
8	西南铁路	成都铁路局官方微博	681742	5523	77.55	89.43	57.55	71.93
9	中国铁路	中国铁路总公司官方微博	1491836	3962	85.24	47.00	64.03	69.11
10	长沙地铁	长沙地铁官方微博	181401	1901	73.48	76.05	61.17	69.07

表9　全国十大团委系统机构微博

排行	昵称	认证信息	总粉丝数(人)	发博数(条)	传播力	服务力	互动力	总分
1	共青团中央	共青团中央官方微博	2600426	4286	88.99	60.60	84.77	81.62
2	四川共青团	共青团四川省委官方微博	390667	6553	79.64	98.42	66.57	78.17
3	成都共青团	共青团成都市委员会官方微博	1300143	6533	78.78	88.30	61.59	73.81
4	中国青年志愿者	中国青年志愿者协会官方微博	4747754	3386	79.09	71.31	69.07	73.53
5	广东共青团	共青团广东省委员会官方微博	1108113	14205	81.64	65.52	63.69	71.23
6	青春南京	共青团南京市委员会官方微博	238125	7677	72.95	77.56	60.67	68.96
7	石家庄共青团	河北省石家庄共青团官方微博	2030982	8128	76.41	69.42	58.30	67.77
8	广州共青团	广东省广州市共青团官方微博	1099836	13634	77.91	66.64	55.52	66.70
9	青春湖北	共青团湖北省委员会官方微博	530296	8441	74.85	65.14	56.50	65.57
10	共青团中央学校部	共青团中央学校部官方微博	738851	1447	78.83	28.19	68.38	64.52

表10　全国十大气象系统微博

排行	昵称	认证信息	总粉丝数(人)	发博数(条)	传播力	服务力	互动力	总分
1	深圳天气	深圳市气象局官方微博	705459	6148	88.04	81.17	68.74	78.95
2	气象北京	北京市气象局官方微博	398462	6208	86.32	59.56	62.58	71.47
3	江苏气象	江苏省气象局官方微博	191997	7520	78.91	82.29	56.72	70.71
4	中国天气	中国天气网	308382	4016	85.23	54.73	61.20	69.52
5	南京气象	南京市气象局官方微博	192470	8242	79.85	71.62	55.38	68.41
6	广州天气	广州市气象局官方微博	419428	4996	82.73	56.15	59.35	68.06
7	广东天气	广东省气象服务中心	961151	3327	82.74	49.28	61.89	67.71
8	河北天气	河北省气象局官方微博	1082090	7541	75.29	73.05	53.85	66.26
9	中央气象台	中央气象台官方微博	510803	2556	80.16	49.57	60.42	66.15
10	重庆市气象局	重庆市气象局官方微博	305352	5791	76.76	64.78	56.07	66.09

表 11　全国十大环保系统微博

排行	昵称	认证信息	总粉丝数（人）	发博数（条）	传播力	服务力	互动力	总分
1	山东环境	山东省环境保护厅官方微博	227724	5068	74.11	70.81	50.89	64.17
2	青岛环保	山东省青岛市环境保护局官方微博	92359	8564	70.15	73.95	46.30	61.37
3	武汉环保	武汉市环境保护局官方微博	361625	6862	72.98	61.86	46.78	60.28
4	江苏环保	江苏省环保厅官方微博	2182553	3189	70.39	58.14	44.55	57.60
5	重庆环保	重庆市环境保护局官方微博	432957	4303	72.33	57.82	42.66	57.56
6	临沂环境	临沂市环境保护局官方微博	118411	3285	62.63	77.85	40.87	56.97
7	绿色郑州	郑州市环保局官方微博	156835	5111	67.75	60.96	39.59	55.13
8	上海环境	上海市环境保护局官方微博	187996	4013	71.61	46.31	36.16	52.37
9	环保北京	北京市环境保护局官方微博	310633	1477	69.54	30.79	39.07	49.60
10	南京环保	南京市环境保护局官方微博	137872	2216	68.57	36.34	35.39	48.85

表 12　全国十大医疗卫生系统微博

排行	昵称	认证信息	总粉丝数（人）	发博数（条）	传播力	服务力	互动力	总分
1	全国卫生 12320	全国 12320 卫生公益热线官方微博	3497797	4589	76.58	64.37	53.21	64.79
2	健康上海 12320	上海市卫生局官方微博	94783	2112	65.17	36.48	35.05	47.39
3	北京 12320 在聆听	北京市公共卫生热线（12320）服务中心官方微博	1858334	2578	68.19	37.95	30.68	47.14
4	宁波卫生	宁波市卫生局官方微博	16942	1828	67.88	25.40	33.67	45.70
5	健康中国	国家卫生和计划生育委员会官方微博	1475960	1202	65.23	22.71	34.43	44.41
6	成都卫生	四川省成都市卫生局官方微博	22866	2721	56.08	42.42	31.81	43.64
7	首都健康	北京市卫生局官方微博	3511920	1972	66.52	29.34	27.05	43.30
8	青岛卫生计生官方微博	青岛市卫生和计划生育委员会官方微博	3240	5501	54.03	56.02	25.46	43.00
9	南海卫生计生	南海区卫生和计划生育局	131324	3893	56.39	47.03	25.39	42.12
10	北京健康教育	北京市疾病预防控制中心健康教育所官方微博	1348270	2015	61.15	29.53	29.17	42.03

表 13　全国十大基层机构微博

排行	昵称	认证信息	总粉丝数（人）	发博数（条）	传播力	服务力	互动力	总分
1	江宁公安在线	江苏省南京市公安局江宁分局官方微博	857714	4501	98.79	65.40	100.00	92.59
2	平安渝中	重庆市公安局渝中区分局官方微博	723350	7426	75.86	99.55	52.41	71.22
3	余杭公安	浙江省杭州市公安局余杭区公安分局官方微博	81932	7209	74.31	88.32	55.90	69.75

续表

排行	昵称	认证信息	总粉丝数（人）	发博数（条）	传播力	服务力	互动力	总分
4	十堰市公安局东岳分局	湖北省十堰市公安局东岳分局官方微博	10329	5379	68.34	96.23	53.32	67.91
5	城阳交警流亭中队	山东省青岛城阳交警流亭中队官方微博	14470	34023	76.68	70.08	56.62	67.34
6	湖北高速交警钟祥大队	湖北省公安厅高速公路警察总队三十大队官方微博	15267	11949	70.11	96.78	48.03	66.61
7	成都高新	四川省成都高新技术产业开发区官方微博	582085	6804	74.37	70.97	56.35	66.48
8	鼓楼微讯	中共江苏省南京市鼓楼区委宣传部官方微博	4575553	7381	76.16	66.98	56.33	66.39
9	翠苑派出所	浙江省杭州市公安局西湖区分局翠苑派出所官方微博	57784	1685	66.85	76.86	54.21	63.79
10	武侯发布	中共四川省成都市武侯区委宣传部官方微博	149465	6099	70.44	74.39	51.28	63.56

注：基层机构微博仅考量新浪微博平台中区县（不含县级市）及以下政府机构开设的微博。

表14　全国十大基层公务人员微博

排行	昵称	认证信息	总粉丝数（人）	发博数（条）	传播力	服务力	互动力	总分
1	王于京	浙江金华武义公安局民警	1537823	21545	81.85	95.41	91.05	89.11
2	段郎说事	江西省九江市公安局民警段兴焱	673842	8051	77.03	90.94	91.88	85.56
3	交警陈清洲	福建省厦门市公安局集美分局灌口派出所教导员（原交警中队长）	612224	10326	75.33	90.06	94.43	85.04
4	寻人总动员鸣警	江苏省泗洪县公安局副大队长秦咏鸣	357666	9316	72.28	88.73	93.30	83.06
5	传说中的女网警	北京市公安局网警高嫒	2274739	5313	74.72	84.73	90.14	81.81
6	z小明童鞋z	湖北省武汉市公安局政治部宣传处民警	279258	5695	68.65	84.76	92.76	79.92
7	法医秦明	《尸语者》系列小说作者	265347	1098	70.45	86.88	77.24	78.38
8	法官爱民	陕西省富平县人民法院副院长	519284	5031	67.58	81.04	89.00	77.25
9	民警刘会永	河南省新乡市公安局耿黄分局民警	149895	4635	66.68	83.28	81.08	76.20
10	小孙警官	新疆民警	409661	1917	68.73	81.53	78.59	75.82

表 15　全国十大影响力飞跃微博

省份（部委）	昵称	认证说明	上榜理由
部委	工信微报	工业和信息化部信息中心	"@工信微报"作为工业和信息化部官方微博，及时发布工业和信息化领域的权威信息，解读重大政策，为粉丝提供大量的实用知识和服务。微博影响力的累积不仅在于平常，更在于特殊时期。11 月四川康定地震，"@工信微报"以"关注康定地震通信业在行动"为话题发布多条震区通信应急保障微博，为各界提供最新通信情况；针对媒体报道的牡丹江移动违规事件，"@工信微报"及时发博回应，公开处理结果
部委	国家版权局	国家版权局官方微博	"@国家版权局"于 2014 年 9 月正式上线，上线后 3 天国家新闻出版广电总局（国家版权局）副局长阎晓宏就做客微访谈，和网友共同探讨"版权保护"问题，受到粉丝关注和好评。国家版权局微博主要发布有关版权方面的政务信息、政策法规、执法动态、案件公开等权威内容，既为业内人士提供一手资讯，又提升了普通网民的版权保护意识，微博影响力也在短时期内显著提升
部委	铁道政言	国家铁路局官方微博	"@铁道政言"是国家铁路局的官方微博，于 2014 年 3 月开通，该微博主要发布铁路政务信息和各类铁路资讯，提供出行服务，科普铁路知识，逐渐成为网友了解铁路的窗口。国家铁路局微博目前已经吸引超过百万粉丝，成为交通部门中影响力较强的政务微博之一
浙江	浙江发布	浙江省人民政府新闻办公室官方微博	关心民生。"@浙江发布"一上线即积极关注民生话题，在杭州"7·5"公交纵火案中发动全省账号主动发声，体现了官方微博贴近民生的特色引领话题。在世界互联网大会期间，"@浙江发布"主持相关话题，吸引全国 30 多个省市联动，话题阅读量超 8 亿次 网络问政。"@浙江发布"发起"征集 2015 年为民办实事项目意见"活动，为省政府收集民意并列入政府工作报告，跨出了微博问政的一大步
浙江	杭州发布	浙江省杭州市人民政府新闻办公室官方微博	"@杭州发布"自 8 月 19 日上线以来，短短 4 个月时间，其影响力便一度蹿升至浙江省外宣类发布账号第一名，粉丝突破 120 万，平台发布信息得到杭城网友高度参与和关注，专门设立了"1+100+1000"的发布矩阵，1 代表杭州发布主平台，100 是一级子平台，1000 是指各个区县下属单位，如此规模的矩阵，为"@杭州发布"提供了坚实的后盾。大力开展推广"杭州发布走进校园"系列活动得到了杭州各大、中、小学学生的支持。"@杭州发布"运营团队以优质的采编内容，创新的活动方式，认真的态度，努力做好每一条内容
河南	河南网信	河南省互联网信息办公室官方微博	河南省互联网信息办公室官方微博"@河南网信"自上线以来，通过这个平台与广大网友沟通和交流，和大家一起营造网络文明环境，共创网络清朗空间。经过半年的发展，依托政府网络发布的专业性和政府独家功能，通过线上宣传、线下拓展，涵盖公共管理各领域及政府组织各层级，微博影响力迅速提升，在微博质量、产品服务、联动协作等方面呈现出不断提升的趋势，服务政府和社会的功能愈加凸显，受到越来越多政府机构的高度关注，已逐渐成为政务信息发布、官民互动、网络问政的新平台
四川	四川省旅游局	四川省旅游局官方微博	"@四川省旅游局"官方微博协调各市州旅游局、景区参与新媒体、社交互动推广、智慧旅游等多重渠道宣传工作，构建包含微博、网站、视频、名人等介质的全媒体互动，围绕四川省旅游资源创新推广宣传。对突发事件迅速反应，跟进时事热点，原创精编微博引发网友热评，根据不同时令推出的四川最美观景点、四川最美秋色等话题屡登热门话题榜单。围绕四川冬季旅游资源推出的#冬韵天府川游不息#单条微博阅读量突破 20 万次

续表

省份	昵称	认证说明	上榜理由
吉林	吉林发布	吉林省人民政府新闻办公室官方微博	"@吉林发布"主打亲民牌，集权威信息发布、政策咨询、投诉建议、社会管理创新、新闻舆论引导等于一体，累计发布微博1.1万余条。它以"权威发布、全心服务"为特色，在短时间内赢得了超过150万微博网友的关注，微博影响力与日俱增。2014年，"@吉林发布"在全国率先启动了省级政务微博"粉丝节"活动。在一周时间里，10名受邀微博达人先后走进交通指挥中心、政务大厅、街道社区、陆路口岸等地，感受吉林风采，宣传美好吉林。其间，微博达人共发布原创微博600余篇，吉林发布粉丝节话题跻身热门微博榜，网友参与讨论量超过1.7万次
陕西	西安市旅游局	陕西省西安市旅游局官方微博	"@西安市旅游局"官方微博自2011年开通以来，扮演着政务微博和旅游信息平台两个角色。每日不仅发布与旅游相关的政务信息、便民措施等各类民生信息，还推出西安旅游攻略，西安景点推荐，西安美食等一系列吃、住、行、游、购、娱等西安旅游信息资讯，有效地扩大了西安旅游的影响力。长安名人，西安历史等专题性质的文化主题信息也将古城旅游的内涵发挥得淋漓尽致，不仅树立了政府形象，也树立了西安旅游的形象
江西	新余发布	中共江西省新余市委宣传部、市政府新闻办官方微博	"@新余发布"紧紧围绕"重民生、接地气、有温情"的定位，始终坚持以人为本，积极回应群众关切，将为民办实事放在首位。截至目前，共为市民解决1000余件实事，打造出"全城吃粉救患儿""帮小骏俊圆警察梦""全城救助献血英雄"等一批经典案例，产生了全国影响，延伸了服务民生的触角，创新了政务微博务实为民的举措

表16 全国十佳创新应用微博

省份（部委）	昵称	认证说明	应用亮点
部委	国资小新	国务院国资委新闻中心	"@国资小新"，一直在创新！我们都是小新"，在这里，读国企改革，在这里，共享国企服务。2014，"@国资小新"创新发展模式，整合资源，开展微发布，48家央企6省国资组成国资微博发布厅，集群发展，权威发布国资监管、国企改革独家原创信息；创新微博内容，聚合服务，独家披露央企招标招聘、人事调整信息，集中提供航旅通信等在线信息服务；创新运营模式，融合转型，在部委新媒体中率先上线两款游戏与粉丝同乐，举办五期国资微沙龙与"大V"互动，带领小石头小化小宝小贝等一众央企官方微博，与公众交流，引发媒体聚焦"国资小新现象"，牵头发起"小新益起来"微公益行动，独创微博"小新体"，一起清新，一起创新，一起用心沟通
部委	商务微新闻	中华人民共和国商务部新闻办	作为商务部官方微博，"@商务微新闻"日常通过"微发布""微数据""微新闻""微讲堂""微提示"等多个栏目发布官方权威信息并服务网民。2014年5月17至18日，APEC贸易部长会议在青岛举行，会议开幕前"@商务微新闻"发布"3分钟看懂贸易部长会议"视频，以生动有趣通俗易懂的形式全面系统地介绍APEC及贸易部长会议背景。会议期间，"@商务微新闻"启动微博图文直播，通过"跟着小编闯会场""微发布"等话题对会议进行全程播报为粉丝带来一手资讯，获得好评

续表

省份（部委）	昵称	认证说明	应用亮点
北京	北京第一中级人民法院	北京市第一中级人民法院官方微博	"@北京市第一中级人民法院"在通过官方微博进行大要案信息发布、微博主题宣传活动、微访谈以及微博形式创新等多方面取得了突出成绩。如在百度诉360违反Robots协议不正当竞争案宣判中，北京一中院官方微博对案件结果和宣判现场情况第一时间进行发布。在一些重要的时间节点，还多次推出"法官方微博访谈"，加强与网友的互动交流，既服务了网民，也提升法院官方微博的亲和力
陕西	西铁资讯	西安铁路局官方微博	从形式上，"@西铁资讯"依托政务微官网平台，整合全局所有机构站段微博，打造塔式微博体系。实现铁路信息集群联播，便于网民获得全方位的资讯服务。从运营上，"@西铁资讯"积极策划线上线下相结合的主题活动扩大微博影响力。6月，太原至西安客运线开通，发起"秦晋之好·大西相牵"活动，征集情侣或夫妻恩爱幸福照片及故事，并成功开展线下体验活动。9月，组织"走进大秦岭感知宝成线——探寻中国电气化铁路起点"活动，包括"@花总丢了金箍棒"等约20位知名网友参加，促进铁路系统与网络"大V"的互动交流
四川	成都服务	四川省成都市人民政府政务服务中心官方微博	"@成都服务"开通两年来，积极推进"微政服务"理念，协调全市各级单位及其相关政务微博为成都市民及外地游客提供各类问题的咨询解答服务、投诉的转办督促，落实执行网友投诉"一小时回应、八小时处理"机制。据统计，2014年全年接受微博网友投诉咨询近7000件，办结率达99%，网友对于投诉咨询的处理的满意度达89%。"@成都服务"不仅注重网友诉求也主动参与网友互动，整个2014年联合新浪定期举办微访谈达6次，主动搭建民民互动交流平台，主题涉及户籍证办、旅游咨询、工商注册、入学就业等方面，每次两小时，现场解答网友问题都超过40个
江苏	江苏微旅游	江苏省旅游局官方微博	"@江苏微旅游"积极尝试并指导下属各地市旅游局、景区参与到新媒体、社交互动推广、智慧旅游、移动媒体推广等多重渠道宣传工作中。积极开展智慧旅游培训计划，于2014年7月开展了智慧旅游培训会，为全省行业内单位做出工作上的支持和指导 "@江苏微旅游"构建包含微博、网站、视频、自媒体达人等介质的全媒体互动，围绕江苏省旅游资源开发创新模式的旅游资源推广宣传，于2014年10月开展"畅游江苏乐享秋韵——江苏寻味之旅"活动，此项目邀请并在微博上征集台湾旅行观察家，及国内知名旅游达人参与到线下落地活动，同步在微博上实时发布线下行程活动，并从寻找江苏特产美食的角度，拍摄旅游影片，创造多维度的传播方式。此项目上线至今话题阅读量为6461万次，话题讨论量1.4万次，让广大热爱江苏旅游的网友受益匪浅

续表

省份 （部委）	昵称	认证说明	应用亮点
吉林	长春发布	吉林省长春市委宣传部官方微博	长春市委宣传部官方微博"@长春发布"自2013年4月8日开通以来，开辟了资讯长春、健康长春、安全长春、幸福长春等板块，通过微博及时向公众发布权威政策、便民措施、服务信息，积极回应社会关切，让群众第一时间了解及时准确的信息，并与公众形成良性互动 同时，"@长春发布"通过微博平台了解民意、汇集民智，及早发现问题、处置问题，基本构建起一个广泛参与、有序互动的微博舆论新环境，使微博成为当地党群关系的"润滑剂" 在一年多的发展时间里，"@长春发布"不断释放"政"能量的创新服务，基本实现由"宣传发布"到"服务民生"的转变，从倾听社情民意的问政平台，成长为常规化、制度化的网络"办公平台"
海南	海南政务服务	海南省人民政府政务服务中心官方微博	2014年，海南省政务服务中心顺应移动互联网发展趋势，建设海南政务服务微博大厅，通过微博新媒体平台将线下的服务大厅搬上网，不仅通过微博平台进行政务信息公开，还让网友可以随时利用微博粉丝服务平台在线咨询、办事。海南政务服务中心探索将政务新媒体作为联系群众、服务群众的新平台和新抓手，值得点赞和鼓励
江西	南昌发布	江西省南昌市人民政府新闻办官方微博	微发布服务民生，微倡议亲民为民，微公益凝心聚力……"@南昌发布"组织全市107家党政机关和企事业单位共建"微博矩阵"，致力于发布权威消息、回应社会关切、强化舆论引导，在更广范围、更深程度上践行"执政为民"理念 2014年8月22日，新浪政务新媒体学院南昌分院成立，这也是新浪在全国第四个政务新媒体分院。学院的第一堂课上，邀请学院专家侯锷、金中一老师为全市107家政务微博管理员分享"政务微博的新闻发布与舆论引导""脚板+指尖走网上群众路线"等课程，为基层工作人员传递微博"政"能量 2014年12月26日，"@南昌发布"联合新浪公益的杨帆计划组织社会各界爱心人士积极开展关爱留守儿童活动，为南昌县竹山小学学生送去爱心礼物。据统计，"@南昌发布"举办的微爱留守活动，共吸引媒体报道468篇，微博阅读人数达1204.2万次，话题讨论10.2万次，引发了广大网友和社会各界爱心人士的高度关注和积极参与
广东	佛山发布	广东省佛山市委市政府官方微博	在佛山，"微博办事"已成为政府单位的工作潮流。2014年，政府机构更加重视政务微博的平台，无论从思维还是工作方式上，整个佛山市的行政单位都要求在微博上做到务实工作。这对城市治理现代化有着非常重要的意义，很多工作都可以通过微访谈来进行调研。 2014年，佛山市委书记、市长、各区各委办局负责人、街道负责人等各级官员都曾做客"@佛山发布"的微访谈，与网民集中交流，听取意见。用微访谈这个平台沟通官民，成为佛山发布一个很有特色的新媒体应用，赢得专家好评。仅书记、市长2人每场"微访谈"就吸引了超过200万人次网友"围观"，解决回应网民问题近2000个。

表17　全国十佳快速响应微博

省份	昵称	认证说明	上榜理由
江苏	昆山发布	昆山市政府新闻办公室官方微博	在昆山"8·2"爆炸事故发生后,"@昆山发布"第一时间发布微博快讯,并于3小时之内连发2条长微博,及时公布造成事故的初步原因、事故现场伤亡情况、抢救情况,让公众及时了解事情的进展,缓解了群众的恐慌心理。接着,"@昆山发布"极力配合事故救援工作,微博直播救援过程,随时通报新的伤亡、救治情况,安排召开新闻发布会,号召群众献血,传播救援过程中的各种正能量。因为政府官方微博对相关信息的第一时间公布,整个救援过程公开、透明,杜绝了谣言滋生
浙江	温州发布	浙江省温州市政府新闻办公室官方微博	"@温州发布"通过特定机制做到快速响应。"1+10+100+1000"组团搭建模式:主账号(1),122家(100)市直部门,11个县(市)区(10)以及下属超过1000家县级部门;"3+3+3"人员保障模式:领导小组、协调小组和办公室三个层级,分管领导、处室负责人和联络员三级责任,编辑、审发和技术三个团队;"编、审、推"环环相扣:建有信息直报系统,实行"领导小组–事发单位领导–市委市政府领导"三级审核制度;发布后,通过平台矩阵进行二轮传播
湖北	湖北交警	湖北省公安厅交通管理局官方微博	"@湖北交警"微博在各种重大节庆及车流高峰时段快速应对,各地交警、高警总是积极通过微博联动播报路况及突发情况,为微博网友提供准确有效的出行指南,用微博服务千万行路人,用140字编织平安回家路
河南	清风中原	河南省纪委监察厅官方微博	开通"@清风中原"是运用新媒体推进河南党风廉政建设和反腐败工作的重要举措,是河南省开门反腐的"新窗口"、联系群众的"新桥梁"。它以公开纪检监察政务信息、解读党纪政纪法规、弘扬廉政文化为职能定位,密切关注反腐倡廉热点、及时回应社会各界关切,营造风清气正的政治生态,充分发挥网络在传播信息、沟通服务等方面的优势,进一步加强党风廉政建设和反腐败网络信息工作,发出"最强音",弘扬"正能量"
天津	平安天津	天津市公安局官方微博	2014年12月17日上午8时40分许,天津市白堤路上一家肯德基店发生人质劫持事件。案发后,天津警方迅速赶到现场,于10时52分成功擒获嫌犯,安全解救人质。"@平安天津"官方微博在12时许即发布警情通报,快速发布案情进展,及时回击了"劫持不止一人"等谣言,有力扼制了不实消息的扩散,化解了群众的恐慌心理,传递了"平安"声音。微博网友对该条微博的累计点评赞数达658次
云南	昆明发布	云南省昆明党务政务信息公开平台官方微博	"@昆明发布"是云南省昆明党务政务信息公开平台官方微博。面对地震、暴恐等突发事件持续关注、发布消息;面对网友评论、私信第一时间响应,态度像"职业客服";面对运营初期困难,积极改进,将运维情况纳入考核机制。"@昆明发布"的微博内容不仅在地区内具有较强的覆盖力,而且信息传播覆盖全国范围,特别是当地区性的重大事件发生后,能够快速响应,成为权威信息的来源
广西	北海发布	北海市人民政府新闻办公室官方微博	"@北海发布"是北海市人民政府新闻办公室的官方微博。官方微博日常信息发布贴近民生,发百姓想了解的、百姓所关心的。在"威马逊"台风期间,保持了高度的微博更新率,大到应对台风政策导向,小到小区停水停电,无微不至地为市民提供应对台风的生活信息,保证了台风期间的信息畅通、灾情透明

续表

省份	昵称	认证说明	上榜理由
山东	烟台发布	山东省烟台市人民政府新闻办公室官方微博	在招远"5·28"杀人案、龙口公交车爆炸、蓬莱车祸、莱州车祸等舆情问题爆发时，"@烟台发布"第一时间快速发声，将最权威信息向社会公布，保障了公众的知情权
河北	石家庄发布	河北省石家庄市人民政府新闻办公室官方微博	"@石家庄发布"在"石家庄行政区划调整"事件中，第一时间发布权威消息，并对网上谣言进行澄清，对由于区划调整给市民带来的不便，及时通报相关部门协调解决；在"8·28"暴雨袭城事件中，提前发布大雨预报，及时发布路况信息，协调解决市民困难；在"APEC期间机动车单双号限行"中，及时发布政府限行通告和限行期间公交免费等缓解交通措施，限行解禁后第一时间发布解禁公告
海南	三亚旅游官方网	三亚旅游官方网	12月14日，网友"@歌手王芳"称在三亚买水果被调包，"@三亚旅游官方网"获知消息后，积极表明态度，第一时间协调工商等部门对事件进行调查，调查进展及时通过微博、网媒等渠道向社会发布。"@歌手王芳"多次发微博对三亚政府表示感谢，政府在本次事件中的做法也获得了很多网友的认可

表18　全国十佳惠民公职人员

省份	昵称	认证说明	上榜理由
陕西	陕西魏延安	共青团陕西省委农工部部长	"@陕西魏延安"是共青团陕西省委农工部长，长期从事农村工作，关注三农，热爱三农。常怀感恩之心，不失农家本色。身为共青团干部，他不忘农民之本，忧农民之所困，为滞销农产品奔走呐喊。他借助新媒体和电商，指点农民创业，带着乡党发家致富
陕西	赵大胜	共青团陕西省委组织部部长	"@赵大胜"长期参与我为陕西特产代言活动，代言过的产品包括陕西苹果，凤翔泥塑十二生肖、马勺脸谱、凤翔大葱等。当他获知安康汉滨老人王兴志家万斤柑橘滞销，2个儿子几年前因车祸去世后，立即发微博呼吁大家一起传递帮老人卖柑子。他的微博很有号召力，网友积极响应购买
河北	片警吕建江	河北首家网上警务室创办者、石家庄市安建桥警务站主任吕建江	"@片警吕建江"把工作搬到网上，用微博发布民警提示，讲述防范知识，发布失物招领信息，解答市民涉及警方的问题，接收案件线索，为破案提供信息，用微博为病危群众导航，用微博劝住欲自杀的山西少女。他的微话题"老吕叨叨"，已经叨叨到网友心里，被网友称为"网上雷锋"
江苏	南京地铁公安施sir	南京市公安局地铁分局宣传民警施大江	施Sir是南京市公安局地铁分局宣传民警施大江，他的微博一直致力于地铁信息发布，发布的信息内容非常丰富，从介绍站点情况，到倡导地铁文明，不仅为网友提供地铁便捷信息，而且努力弘扬社会正能量
河南	杨华民	河南省人大代表、郑州市花园路农业路交通示范标准岗岗长	"@杨华民"是一个交通民警，他利用个人微博的影响力，传播正确的交通出行理念。从最初的随时发布路况信息，到现在的固定发布交通知识、停车信息、事故分析、文明倡导，并成功利用微博为被烧伤的小孩求助、送迷失的老人返家
福建	大道为德	光泽县人民政府县长，微博区域专家团特约研究员	"@大道为德"是福建省南平市光泽县县长赵明正。他一直想把光泽县的绿色农产品推向全国，连续两年参加我为家乡年货代言和中国好年货等微博活动。赵县长不仅在微博上"代言"，还主动跟一些微博农人、名人互动，向他们"吆喝"自家的产品

续表

省份	昵称	认证说明	上榜理由
广西	红水河龙滩天峨_梁昌旺	广西河池市天峨县人民政府副县长	梁昌旺副县长连续参加两季"我为家乡特产代言"微博活动,主持微博话题广西的香格里拉,阅读量高达488万次;积极参与全国微博话题全国最佳洗肺地活动,利用微博为天峨代言。通过"@红水河龙滩天峨_梁昌旺",人们认识了美丽、富饶又充满魅力的广西天峨
甘肃	成县李祥	甘肃省成县县委书记李祥	县委书记"@成县李祥"通过成功的微博营销,将地处欠发达地区的成县核桃一下子传播到大江南北,几乎家喻户晓,成为知名的区域农产品品牌。李祥书记被网友亲切地称为"核桃书记"
湖南	四级警长	湘潭市公安局民警、新浪政务微博学院湖南分院讲师	"@四级警长"是湘潭市公安局民警禹亚钢,他致力于把湘潭公安官方微博打造成一个专业为民生服务的平台。他精心维护的警长提示,每日向民众宣传法律常识与各类安全防范知识,通过微博服务平台与百姓密切沟通,听取意见,提供服务。他通过微博成功实施了"寻人、打拐"等多项活动
安徽	水南华哥	安徽黄山风景区管委会党委委员、政治处主任	"@水南华哥"是安徽黄山风景区管委会党委委员、政治处主任。作为黄山景区的一名管理者,他把自己的微博做成了营销黄山旅游资源的一个有用平台。他发的微博图文并茂,并善用新媒体形式,从各个角度展现黄山之美,吸引了众多网友关注

表19 2014年度政务机构微博百强榜

排行	昵称	认证信息	总粉丝数(人)	发博数(条)	传播力	服务力	互动力	总分
1	公安部打四黑除四害	公安部治安管理局暨打四黑除四害专项行动办公室官方微博	13634093	8833	100.00	87.03	98.07	96.64
2	上海发布	上海市政府新闻办公室官方微博	5302101	8922	99.33	89.66	89.52	93.47
3	平安北京	北京市公安局官方微博	9070723	13303	98.10	96.97	87.00	93.44
4	江宁公安在线	南京市公安局江宁分局官方微博	857714	4501	98.79	65.40	100.00	92.59
5	中国地震台网速报	国家地震台网官方微博	4824593	3330	94.67	75.39	90.76	89.25
6	广州公安	广东省广州市公安局官方微博	5003947	10977	91.52	93.63	82.52	88.34
7	深圳交警	广东省深圳市公安局交警支队官方微博	876272	27413	95.04	79.23	84.64	87.72
8	成都发布	四川省成都市人民政府新闻办公室官方微博	6055146	11942	93.79	73.48	85.51	86.41
9	南京发布	江苏省南京市委宣传部新闻发布官方微博	3149784	8664	92.01	75.43	85.42	86.06
10	深圳公安	广东省深圳市公安局官方微博	3010706	9117	88.59	96.29	75.68	84.97
11	北京地铁	北京地铁公司官方微博	1811624	6334	87.93	100.00	72.20	84.05
12	警民直通车-上海	上海市公安局官方微博	3783463	7316	88.56	90.34	74.58	83.32
13	共青团中央	共青团中央官方微博	2600426	4286	88.99	60.60	84.77	81.62
14	上海地铁shmetro	上海申通地铁集团运营管理部官方微博	5693456	8280	91.02	81.48	71.23	81.20

续表

排行	昵称	认证信息	总粉丝数（人）	发博数（条）	传播力	服务力	互动力	总分
15	无锡发布	江苏省无锡市人民政府新闻办公室官方微博	883933	20235	85.68	77.79	77.61	80.87
16	广州交警	广东省广州市公安局交警支队官方微博	1075005	16754	89.79	86.36	68.89	80.75
17	北京发布	北京市人民政府新闻办公室官方微博	5848794	10422	93.81	68.77	72.45	80.26
18	平安武汉	湖北省武汉市公安局官方微博	1193205	11879	88.31	77.50	73.37	80.17
19	平安中原	河南省公安厅官方微博	5675826	8994	87.44	80.80	72.50	80.14
20	山东省旅游局官方微博	山东省旅游局官方微博	4802419	8448	88.46	73.39	75.02	80.07
21	中国广州发布	广东省广州市互联网信息办公室官方微博	4075221	8953	89.06	70.96	73.49	79.21
22	深圳天气	广东省深圳市气象局官方微博	705459	6148	88.04	81.17	68.74	78.95
23	深圳微博发布厅	广东省深圳市互联网信息办公室官方微博	1461503	14576	87.82	74.28	71.41	78.55
24	四川共青团	共青团四川省委官方微博	390667	6553	79.64	98.42	66.57	78.17
25	青岛公安	山东省青岛市公安局官方微博	1352884	10783	81.64	91.01	66.62	77.51
26	交通北京	北京市交通委员会官方微博	2947488	14956	90.39	69.72	67.76	77.21
27	北京交警	北京市公安局公安交通管理局官方微博	2434559	10659	83.47	97.67	60.29	77.04
28	四川发布	四川省人民政府新闻办公室官方微博	4842205	9656	86.52	73.31	69.40	77.03
29	平安洛阳	河南省洛阳市公安局官方微博	3239299	9388	80.36	97.41	62.82	76.75
30	广州地铁	广州地铁官方微博	576585	7759	84.20	83.99	65.16	76.54
31	安徽公安在线	安徽省公安厅官方微博	6461241	5787	85.20	82.84	64.50	76.45
32	南京地铁	南京地铁集团有限公司官方微博	268199	5152	80.02	94.38	63.44	76.26
33	最高人民法院	最高人民法院官方微博	9964955	3312	92.91	43.71	75.79	76.22
34	青岛市旅游局官方微博	山东省青岛市旅游局官方微博	3892428	7446	78.51	94.18	64.72	76.13
35	青岛交警	山东省青岛市公安局交警支队官方微博	754851	15304	82.62	83.57	65.74	76.06
36	潍坊交警	山东省潍坊市公安局交警支队官方微博	1122689	46275	85.99	74.27	66.13	75.70
37	南京交警	江苏省南京市公安局交通管理局官方微博	279215	9543	81.92	88.36	62.82	75.56
38	京港地铁	京港地铁公司官方微博	723709	9469	79.97	89.01	64.26	75.49
39	中科院之声	中国科学院官方微博	851727	5052	85.83	63.86	70.76	75.41
40	青岛发布	山东省青岛市人民政府新闻办公室官方微博	3289360	4603	87.04	59.22	70.60	74.90
41	苏州发布	江苏省苏州市人民政府新闻办公室官方微博	455138	12313	82.31	76.81	66.12	74.73
42	微成都	微成都官方微博	736971	8248	80.08	69.31	71.16	74.36
43	平安温州	浙江省温州市公安局官方微博	602564	4797	80.23	86.07	62.49	74.30

排行	昵称	认证信息	总粉丝数（人）	发博数（条）	传播力	服务力	互动力	总分
44	微言教育	教育部新闻办公室官方微博	5858597	3000	89.30	55.66	68.40	74.21
45	思想火炬	国家文化安全与意识形态建设研究中心官方微博	619398	4193	81.90	63.53	71.79	74.18
46	湖南高速警察	湖南省公安厅交警总队高速公路管理支队官方微博	1967091	7112	77.24	98.56	58.44	73.98
47	河北省旅游局	河北省旅游局官方微博	5325977	5143	81.81	81.01	62.53	73.94
48	清风中原	河南省纪委监察厅官方微博	3095508	5882	82.34	74.28	65.30	73.91
49	成都共青团	共青团成都市委员会官方微博	1300143	6533	78.78	88.30	61.59	73.81
50	山东交警	山东省公安厅交通管理局官方微博	2661524	7694	82.11	74.98	64.33	73.57
51	马鞍山发布	安徽省马鞍山市委宣传部新闻发布官方微博	88307	11578	76.27	88.09	63.54	73.54
52	中国青年志愿者	中国青年志愿者协会官方微博	4747754	3386	79.09	71.31	69.07	73.53
53	中国国际救援队	中国国际救援队官方微博	6009577	4450	84.23	60.00	69.29	73.41
54	乐清发布	浙江省乐清市政府新闻办公室官方微博	37064	14442	78.00	94.15	57.50	73.03
55	清风漯河	河南省漯河市纪委监察局官方微博	2545919	6312	76.97	92.11	58.84	72.74
56	重庆交巡警	重庆市公安局交巡警总队官方微博	722406	8739	80.75	67.20	67.46	72.73
57	乐游上海	上海市旅游局官方微博	1574781	5883	84.67	65.90	64.07	72.67
58	广西旅游发展委员会	广西壮族自治区旅游发展委员会官方微博	4412184	5977	82.82	72.59	62.57	72.67
59	南昌发布	江西省南昌市人民政府新闻办官方微博	898732	11422	80.51	69.38	66.46	72.67
60	中国政府网	国务院办公厅政府信息公开办公室官方微博	9803724	5143	92.65	50.47	63.30	72.48
61	成都服务	四川省成都市人民政府政务服务中心官方微博	379465	8961	77.44	89.10	58.74	72.29
62	南昌铁路	南昌铁路局官方微博	3453427	10510	82.12	76.69	60.10	72.23
63	公安部刑侦局	公安部刑事侦查局官方微博	3096491	2528	84.64	45.35	73.05	72.15
64	平安成都	四川省成都市公安局官方微博	611783	2793	79.32	57.32	72.09	72.03
65	平安南粤	广东省公安厅官方微博	5987999	4074	84.72	65.14	62.71	72.00
66	西南铁路	成都铁路局官方微博	681742	5523	77.55	89.43	57.55	71.93
67	故宫博物院	故宫博物院官方微博	1430119	1181	83.72	44.20	73.78	71.84
68	宿迁之声	江苏省宿迁市人民政府官方微博	2056662	7970	72.99	93.54	59.78	71.82
69	最高人民检察院	最高人民检察院官方微博	4290564	3637	87.97	50.69	66.05	71.75

排行	昵称	认证信息	总粉丝数（人）	发博数（条）	传播力	服务力	互动力	总分
70	幸福大丰	江苏省大丰市人民政府办公室官方微博	1485997	14115	74.74	98.90	54.75	71.57
71	气象北京	北京市气象局官方微博	398462	6208	86.32	59.56	62.58	71.47
72	微博云南	云南省人民政府新闻办公室官方微博	4165216	6552	85.45	58.43	63.80	71.38
73	天津发布	天津市人民政府新闻办公室官方微博	1482700	7111	82.78	68.94	61.00	71.30
74	广东共青团	共青团广东省委员会官方微博	1108113	14205	81.64	65.52	63.69	71.23
75	平安渝中	重庆市公安局渝中区分局官方微博	723350	7426	75.86	99.55	52.41	71.22
76	福建省旅游局	福建省旅游局官方微博	3068584	5905	81.34	63.97	63.91	70.89
77	济南市旅游局微博	山东省济南市旅游局官方微博	862831	9851	76.53	87.01	57.15	70.88
78	哈密发布	新疆哈密地委外宣办、哈密地区行署新闻办官方微博	69110	8767	86.73	64.18	58.35	70.86
79	上海静安	上海市静安区官方微博	88521	13354	75.96	83.33	59.54	70.86
80	杭州发布	浙江省杭州市人民政府新闻办公室官方微博	1149932	3776	80.24	71.32	60.89	70.72
81	江苏气象	江苏省气象局官方微博	191997	7520	78.91	82.29	56.72	70.71
82	寿光公安	山东省寿光公安局官方微博	880286	16481	74.18	91.81	56.48	70.63
83	平安商丘	河南省商丘市公安局官方微博	1988738	12390	77.05	85.05	56.70	70.51
84	新余发布	中共江西省新余市委宣传部、市政府新闻办官方微博	1568242	8254	74.22	86.82	58.36	70.40
85	陕西发布	陕西省人民政府门户网站官方微博	1067660	4385	77.17	76.08	60.55	70.30
86	外交小灵通	外交部公共外交办公室官方微博	7591647	2148	89.24	47.18	62.82	70.26
87	上海宝山发布	上海市宝山区人民政府官方微博	368156	9887	78.82	70.78	61.32	70.21
88	中国消防	公安部消防局官方微博	2208674	4824	78.68	66.41	63.38	70.10
89	重庆微发布	重庆市人民政府新闻办公室官方微博	1358781	6217	82.50	53.47	65.76	70.00
90	余杭公安	浙江省杭州市公安局余杭区公安分局官方微博	81932	7209	74.31	88.32	55.90	69.75
91	中国天气	中国天气网官方微博	308382	4016	85.23	54.73	61.20	69.52
92	汕头市政府应急办	广东省汕头市政府应急管理办公室官方微博	158709	11220	82.04	56.67	63.31	69.47
93	菏泽中院	山东省菏泽市中级人民法院官方微博	232833	11354	75.27	85.60	55.09	69.26
94	中国铁路	中国铁路总公司官方微博	1491836	3962	85.24	47.00	64.03	69.11
95	长沙地铁	长沙地铁官方微博	181401	1901	73.48	76.05	61.17	69.07
96	武汉发布	湖北省武汉市人民政府新闻办公室官方微博	1528899	8512	79.85	64.96	60.20	69.01

续表

排行	昵称	认证信息	总粉丝数（人）	发博数（条）	传播力	服务力	互动力	总分
97	重庆轨道交通	重庆市轨道交通（集团）有限公司官方微博	364169	5683	75.82	81.64	55.81	68.98
98	青春南京	共青团南京市委员会官方微博	238125	7677	72.95	77.56	60.67	68.96
99	北京消防	北京市公安局消防局官方微博	5815830	3368	79.70	64.51	60.40	68.94
100	西安发布	陕西省西安市互联网信息办公室官方微博	371054	9292	77.53	71.62	58.84	68.87

二　政务微博人文地图

截至2014年12月31日，新浪微博平台认证的政务微博达到130103个，较2013年底增加29952个，其中政务机构官方微博94164个，公务人员微博35939个。通过对这些微博数据的统计，人民网舆情监测室得出了全国政务微博地域分布特征、部门分布特征、行政级别分布特征及发展曲线。

（一）地域分布

2014年新浪政务微博开设数量地域分布情况见图1。

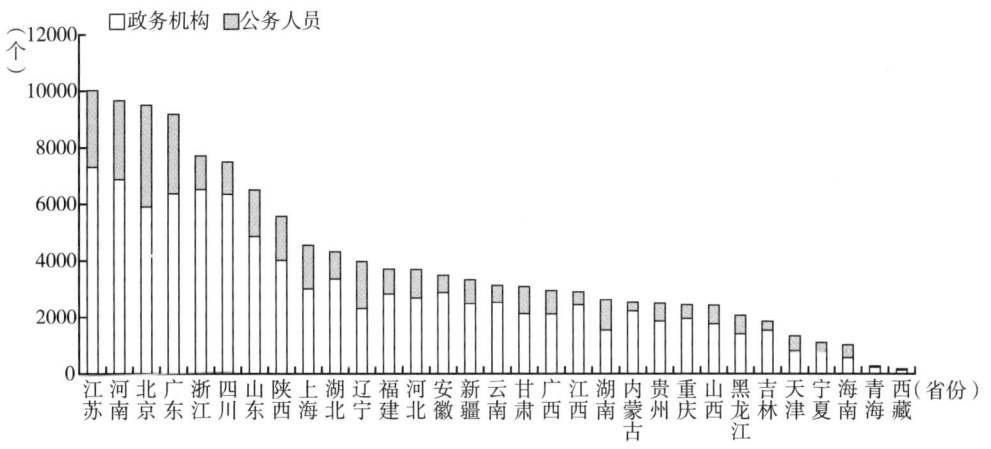

图1　2014年新浪政务微博开设数量地域分布情况

截至2014年底，全国34个省级行政区划的党政机构微博和公职人员微博分布情况如下：江苏省政务微博总量位居全国首位，达到10025个；河南省政务微博总量位居次席，有9665个；北京市政务微博数量为9506个，位列第三。政务微博总量排行前十的省份中，仅江苏省政务微博过万，河南、北京、广东、浙江、四川、山东、陕西7个省份政务微博总数超5000个，上海、湖北两地政务微博均超过4000个，分列开博总量的九、十位。西藏、青海两省政务微博总数位列倒数第一、第二，政务微博均未超过千位数，仍有较大的发展空间。

在我国94164个政务机构微博地域分布方面，江苏省以7313个政务微博高居第一，排行第二至第五的省份为河南、浙江、广东、四川，排行前五的省份在开博总量上均超过6000个。北京、山东、陕西、湖北、上海五地开博总量超过3000个但不足6000个，分列第六至第十位。政务机构开博总量倒数第一至第五分别是西藏、青海、海南、宁夏、天津，它们开博总量均未达到千位数，仍具有较大的发展潜力（见图2）。

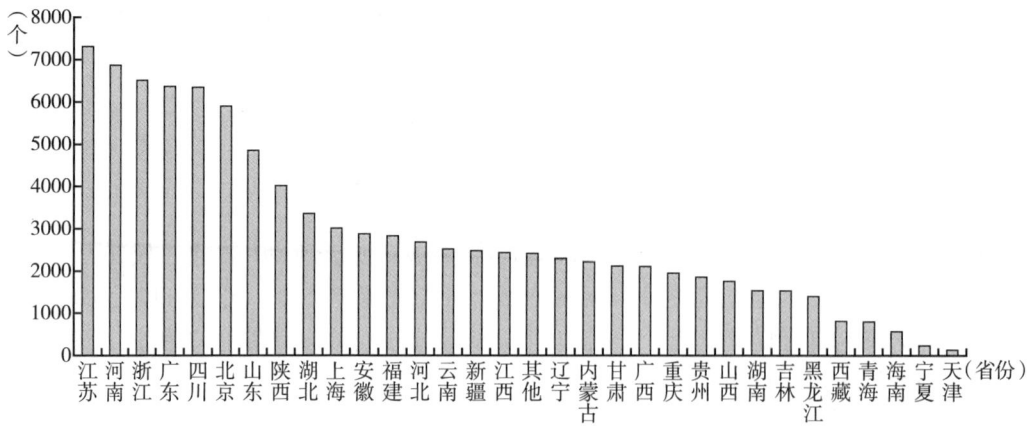

图2　2014年新浪政务机构微博开设数量地域分布情况

在我国35939个公务人员微博地域分布方面，北京市以3603个政务微博高居第一，广东省以2813个政务微博位列第二，河南省以2795个政务微博居于第三。青海、西藏、宁夏则位列公务人员开博总量倒数前三（见图3）。

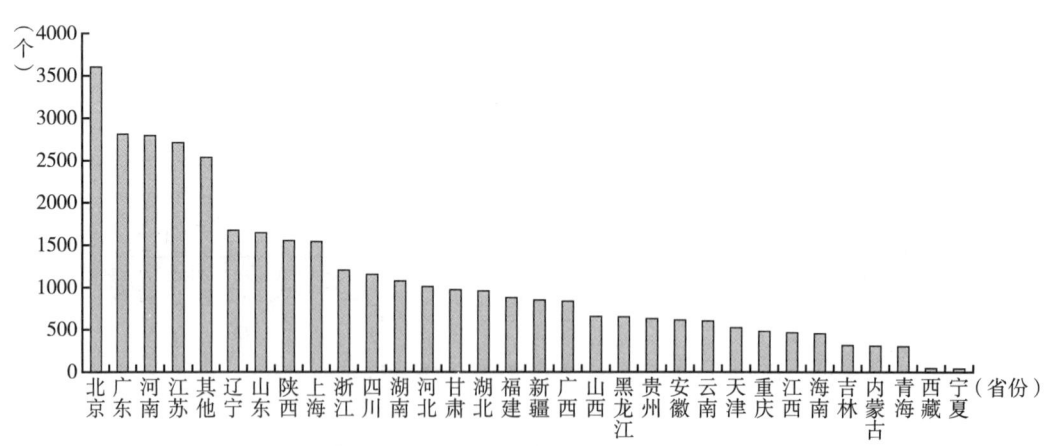

图3　2014年新浪公务人员微博开设数量地域分布情况

（二）行政级别分布

截至2014年底，我国省部级及以上的新浪政务微博数量达到191个，约占全国政务微博总量的 0.15%，其中政务机构微博 143 个，公务人员微博 48 个。作为国家级的政务微博，"@最高人民法院""@最高人民检察院"在 2014 年表现抢眼，"@最高人民法院"收获近千万粉丝关注，"@最高人民检察院"收获 420 多万粉丝关注。

我国厅局级的新浪政务微博总量达到 3014 个，约占全国政务微博总量的 2.32%，其中政务机构微博 2493 个，公务人员微博 521 个。我国县处级的新浪政务微博总数已发展到 15155 个，约占全国政务微博总量的 11.65%。

经过多年发展，我国基层政务微博依旧是"生力军"，县处级以下微博总量达到 111743 个，约占全国政务微博总量的 85.59%，其中政务机构微博 78448 个，公务人员微博 33295 个，这充分说明，基层政务微博是支撑全国政务微博发展的基石，是政务微博生态良性发展的重要组成部分（见图 4）。

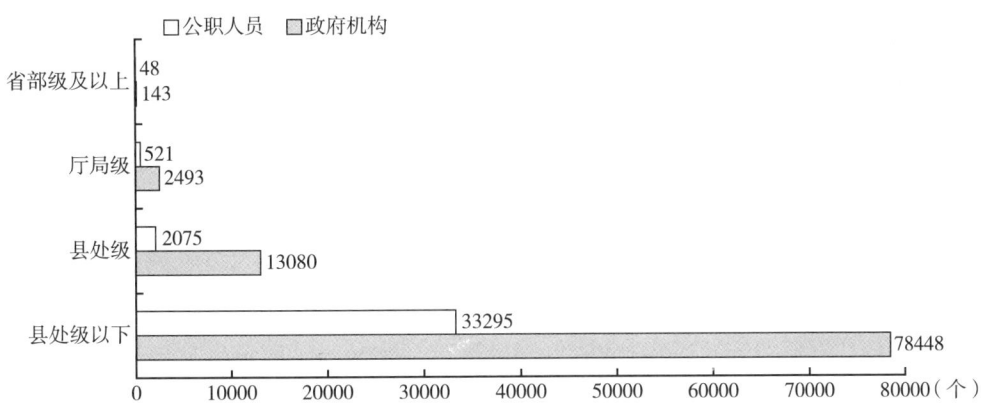

图 4　新浪政务微博开设数量行政级别分布

（三）部门分布

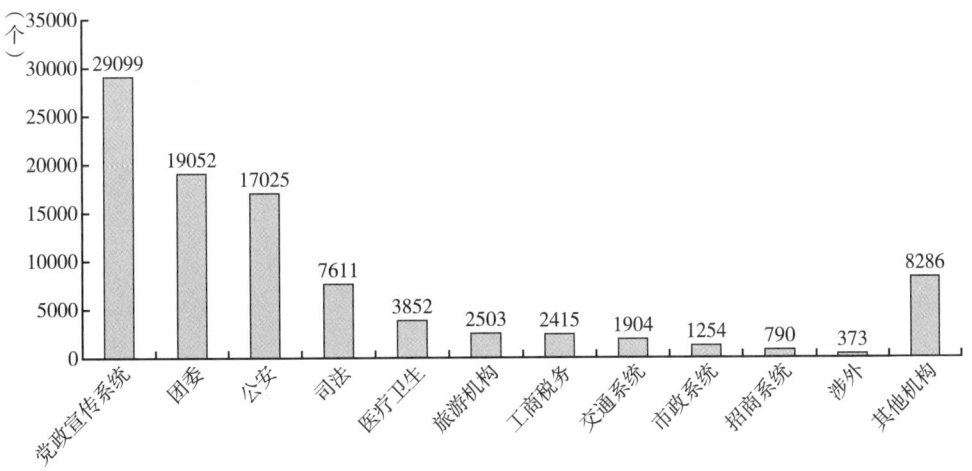

图 5　新浪政务机构微博开设数量部门分布

人民网舆情监测室对全国94164个新浪政务机构官方微博的部门分布进行分析后发现，党政宣传系统微博数量高居第一，团委系统微博紧随其后，公安系统微博位列第三，以上三个系统的政务微博总量均已过万，而司法系统微博总量达到7611个，成为政务微博中的"第一梯队"。政务微博开博总量排行前十的部门分布是：党政宣传系统、团委、公安、司法、医疗卫生、旅游机构、工商税务、交通系统、市政系统、招商系统。

三 部委微博运营案例分析

（一）"@最高人民法院"：利用新媒体推进司法公开

2013年11月21日，"@最高人民法院"开通官方微博，旨在推进司法公开，"拓宽人民群众了解司法、参与司法、监督司法的渠道"。"@最高人民法院"官方微博开通曾引来各界关注和好评，被视为法院系统全面开始实施新媒体战略的标志。截至2014年12月31日，"@最高人民法院"运营一年多来共发布微博3000多条，粉丝数近千万。

1. "@最高人民法院"微博运营现状分析

（1）互动用户结构分析

通过对"@最高人民法院"微博互动用户数据进行分析，发现：关注"@最高人民法院"的男性用户（65.9%）远多于女性（34.1%）（见图6）。"@最高人民法院"的互动用户地域分布较为平均，北京最多，达到12.7%，广东、山东的互动用户也不少，超过7%（见图7）。"@最高人民法院"吸引了44个粉丝超百万的微博"大V"与其互动交流，而粉丝数超过十万的互动用户更是高达325个（见图8）。关注"@最高人民法院"的微博认证比例罗高，约占19.4%（见图9）。

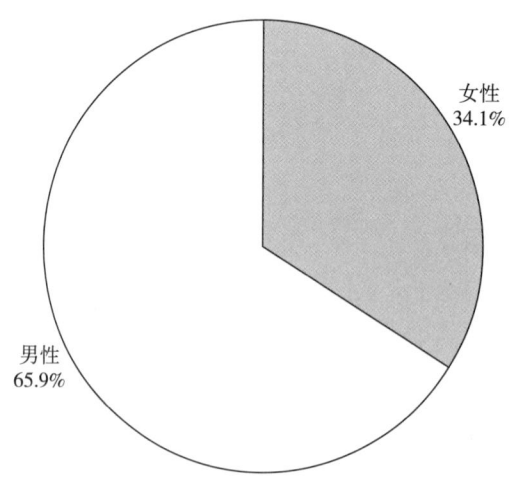

图6 "@最高人民法院"微博互动用户性别比例

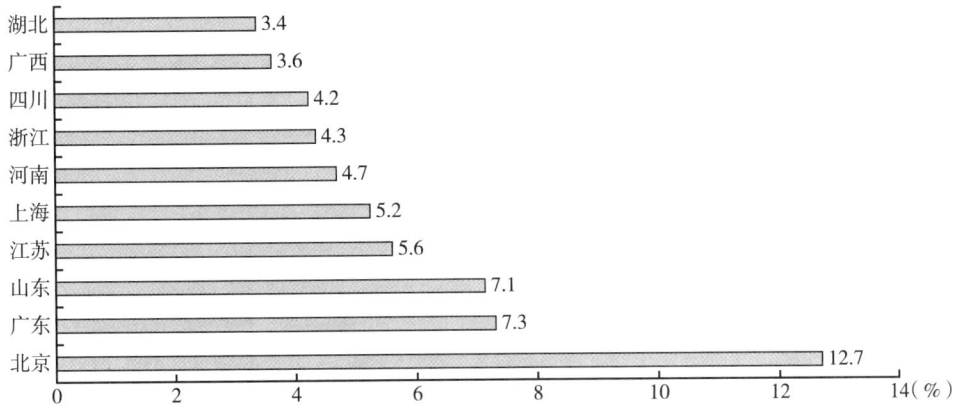

图7　"@最高人民法院"微博互动用户地域分布

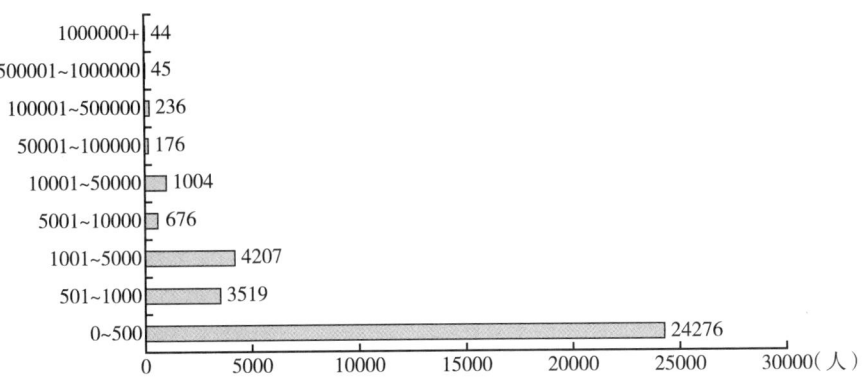

图8　"@最高人民法院"微博互动用户的粉丝数分布

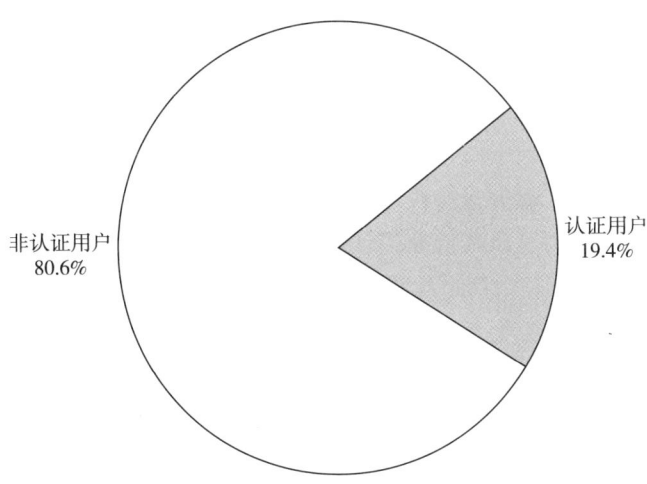

图9　"@最高人民法院"微博认证互动用户比例

②微博内容分析

"@最高人民法院"所发微博内容紧扣司法主题，"人民法院""法院""法律""司法""案件""案例"成为出现频率最高的热点词。"阳光""发布会"等词表现出"@最高人民法院"通过运用新媒体进行司法公开的努力，而"改革""法治""制度"等词也体现出"@最高人民法院"推进司法改革的决心（见图10）。

图10　"@最高人民法院"的微博关键词

（2）影响力分析

"@最高人民法院"虽然日均发博数不高，但微博原创率接近100%，而且每条微博都会收到较好的互动效果（见表20）。

表20　2014年微博运营数据一览（数据截至2014年12月31日）

微博	原创率（%）	关注数（个）	粉丝数（个）	发博总数（条）	日均发博数（条）	平均转发数（次）	平均评论数（条）
最高人民法院	99	64	9964955	3488	4.7	321	32

2. "@最高人民法院"微博运营特色

（1）带动地方法院开博，法院微时代到来

公检法司等政法机关中，全国最高机构开通微博，法院走在了最前面。"@最高人民法院"2013年11月率先开通微博，"@最高人民检察院"也于2014年3月开通官方微博。伴随最高人民法院官方微博上线的，还有不少省级高院官方微博。最终"@最高人民法院"、31个省级高院微博及地方中院、基层法院微博共同组建"全国法院微博发布厅"。当前，全国90%的法院均已开通新浪微博，全国四级法院体系建成，法院微时代到来。

（2）立足法院工作，创新微博应用

"@最高人民法院"微博开通后，不仅仅是形式上的开通微博，而是真正把微博作为推进法院工作的一个崭新平台，运用互联网思维不断尝试、探索、创新内容形式，利用新媒体进一步推进司法公开不断深入。

从2014年3月起，"@最高人民法院"联合多地法院发起"法官时间去哪儿了""带着微博去执行""法庭印象"等微直播，实时呈现基层法官一天的生活、工作全貌，让公众了解法官个体、树立司法威信；真实记录法庭在执行过程中的困难和艰辛，体现了执行法官的智慧和风采；对准基层人民法庭群体，力求增加法院工作的透明度，拓宽网友监督法院工作的渠道。据数据显示，"法庭印象"话题微博的讨论量为9.9万次，阅读量为2.1亿次；"带着微博去执行"的微博讨论量为9.7万次，阅读量为1.7亿次。

（3）重视网络民意，主动回应负面舆情

2014年4月9日，微博用户"@大头妹小呜呜"发博称，一与其发生纠纷且态度蛮横的女子声称自己是法院的人，身份证住址是北京市东交民巷27号（该地址是最高人民法院所在地）。该微博在网上被多次转发引起社会高度关注。该名网友也在微博中"@""@最高人民法院"。4月11日0：33分，最高人民法院发布微博予以回应，称得知此事后"最高人民法院新闻发言人表示，我院对此高度重视，立即予以调查。经对'@大头妹小呜呜'博提供的涉事女子照片及各种信息比对，我院工作人员中，没有该名女子"。

面对微博上的网友质疑，"@最高人民法院"微博并没有高高在上、置若罔闻，而是及时核实、主动回应，充分体现了"@最高人民法院"对网络民意的重视，也维护了司法的权威、公平、公正。

（4）用互联网思维提升服务意识，促成法院微博发展创新

2014年6月，"@最高人民法院"官方微博还率先开通了新浪微博粉丝服务平台。在其私信对话底部菜单中，整合了各类法院公开信息查看渠道、法院媒体资讯、沟通服务功能，方便为微博粉丝提供一站式的服务。

2014年6月27日"@最高人民法院"的一条微博写道："'用互联网思维升级司法服务'最高人民法院院长周强提出，要以问题和需求为导向，全面推进最高人民法院和全国各级法院的信息化建设，运用互联网思维，努力建设公正、高效、廉洁、为民的现代化法院。互联网思维在法院建设中的作用引起广泛关注。"如此互联网思维，值得称赞，也值得其他政府部门学习。也正是这种思维和意识，能够促成法院微博的快速发展和持续创新。

（二）"@公安部打四黑除四害"：首个突破千万粉丝的政务微博

2014年8月28日，在"@公安部打四黑除四害"官方微博创办三周年之际，中共中央政治局委员、中央政法委书记孟建柱就"@公安部打四黑除四害"做出批示强调，"@公安部打四黑除四害"官方微博创办三周年，成为全国首个吸引千万"粉丝"的新浪政务机构微博，实属不易，可喜可贺。这一成绩，充分表明了人民群众对打击食品、药品和环境安全等违法犯罪工作的关注和支持，也体现了公安机关与公众沟通能力的新提升，这是政法机关运用新媒体的一个成功范例。实践证明，政法机关运用新媒体大有可为。国务委员、公安部部长郭声琨致辞感谢广大网友。

"@公安部打四黑除四害"作为公安部治安管理局、公安部"打四黑除四害"专项行动办公室官方微博，自2011年8月28日开通以来，持续得到网友关注和积极互动。开博三年以来，"@公安部打四黑除四害"传播力、影响力不断提升，成为国内最具影响力的政务微

博之一，粉丝总数在国内政务微博当中遥遥领先。

1."@公安部打四黑除四害"运营现状分析

"@公安部打四黑除四害"运营三年来，一直保持高活跃度，重视与网民沟通，致力于打通官方与民间两个舆论场，粉丝数不断增加，传播力不断扩大，影响力不断提升。作为国内最具影响力的政务微博之一，"@公安部打四黑除四害"所发布的许多信息直接被传统媒体、网络媒体当作权威信源引用，其媒体热度一直保持高位。

（1）互动用户结构分析

政务微博的互动用户是指对该政务微博最近发布的1000条微博进行过转发、评论、赞的微博用户。政务微博互动用户的数量和质量，可以较为真实准确地反映出政务微博的影响力和舆论引导情况。

通过对"@公安部打四黑除四害"微博互动用户进行分析，可以发现关注"@公安部打四黑除四害"的男性互动用户（51.9%）略多于女性（48.1%）（见图11）。"@公安部打四黑除四害"的互动用户地域分布前三位是广东、北京、江苏，这三地互动用户数约占其总量的1/4（见图12）。关注"@公安部打四黑除四害"的微博网友，其自身的粉丝数多

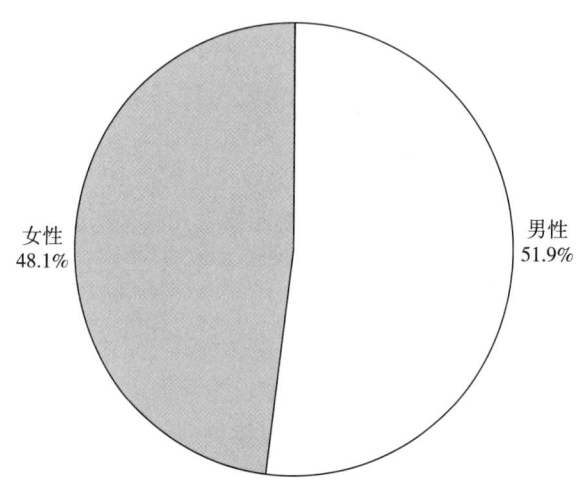

图11　"@公安部打四黑除四害"微博互动用户性别比例

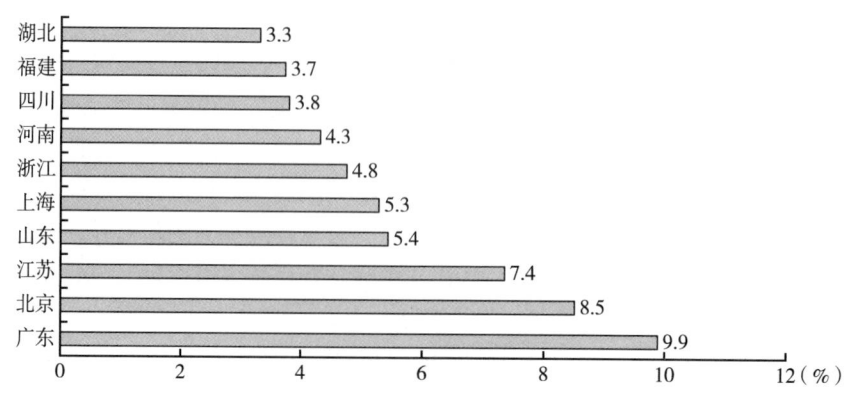

图12　"@公安部打四黑除四害"微博互动用户地域分布

在 500 个以内，这说明集聚了大量的"草根网友"，此外，"@公安部打四黑除四害"还吸引了 149 个粉丝超百万的微博"大 V"关注互动（见图 13）。关注"@公安部打四黑除四害"的认证互动用户比例约占 10.5%（见图 14）。

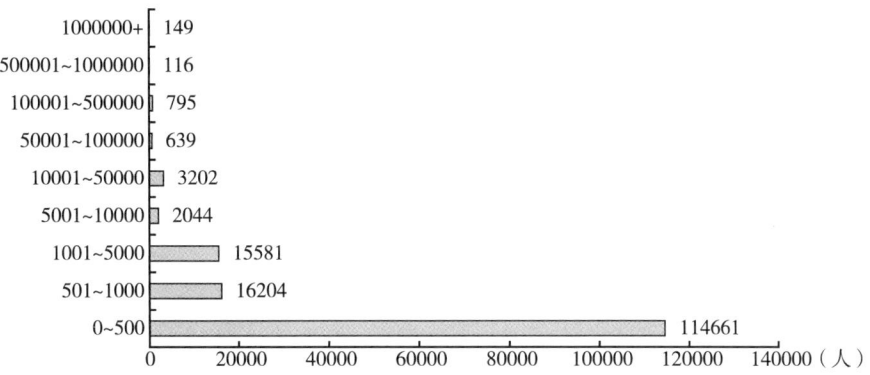

图 13　"@公安部打四黑除四害"微博互动用户的粉丝数分布

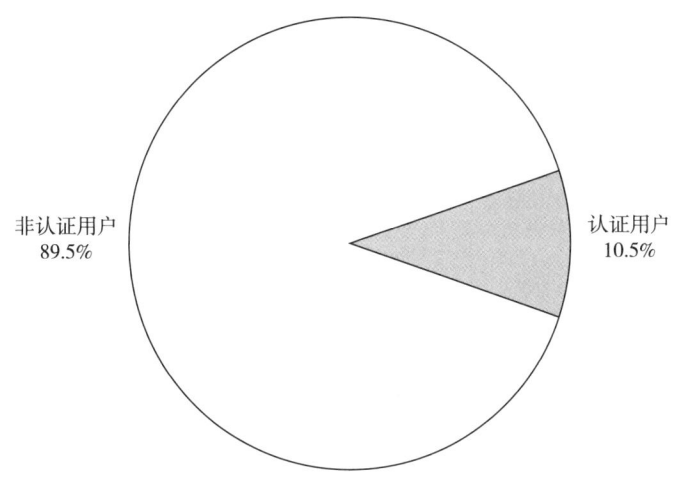

图 14　"@公安部打四黑除四害"微博认证互动用户比例

（2）微博内容分析

通过统计"@公安部打四黑除四害"的微博关键词词频，我们发现"@公安部打四黑除四害"发布内容紧扣警务主题，"警方""特警""民警""公安机关""派出所""公安局"等词频频出现在微博内容中。此外"@公安部打四黑除四害"也对弱势群体给予重点关注，时刻不忘对"老人""孩子""女子""儿童"等人群的保护（见图 15）。

（3）影响力分析：

"@公安部打四黑除四害"日均发博量 16 条，微博原创率高达 92%，微博政务含量高，是政务微博运营的典范。"@公安部打四黑除四害"每一条微博平均都能收获上百条转发与评论，可见网民对"@公安部打四黑除四害"微博关注度很高（见表 21）。此外，"@公安部打四黑除四害"经常参与辟谣工作，发布权威实用信息，网民评论倾向较为正面。由此

图 15　"@公安部打四黑除四害"的微博关键词

可见，"@公安部打四黑除四害"已经成为改善网络舆情生态的主力军，是微博舆论场的"正能量"。

表 21　2014 年微博运营数据一览（数据截至 2014 年 12 月 31 日）

微博	原创率（%）	关注数（个）	粉丝数（个）	发博总数（条）	日均发博数（条）	平均转发数（次）	平均评论数（条）
公安部打四黑除四害	92%	250	13725033	19280	16	413	120

2. "@公安部打四黑除四害"微博运营特色

"@公安部打四黑除四害"运营三年，成为政务微博运营的典范，许多优秀经验值得各级政务微博学习推广。人民网舆情监测室通过总结"@公安部打四黑除四害"参与的热点话题讨论，总结出其微博运营的几大特征：

（1）警民互动，亲民爱民

加强警民联动、广泛发动群众是"@公安部打四黑除四害"微博的一项重要功能。2011 年 9 月 19 日，开通不久的"@公安部打四黑除四害"发微博向网民征集口号："亲们，为进一步加强警民联动，向全社会大力宣传'打四黑除四害'专项行动，我们专项办现面向广大博友，征集'打四黑除四害'行动口号。"网民踊跃回复，转发评论总数不断上升，"@公安部打四黑除四害"被广大网民所认识，其积极开展微博互动的举措也被众多网民称赞，影响力初步形成。

（2）形象亲民接地气

"@公安部打四黑除四害"就是借助新媒体平台，将一线民警真实的工作情况介绍给网民，在网上塑造公安亲民、勤恳的工作形象。

2012 年 6 月 15 日至 17 日，公安部新闻中心联合新浪微博共同主办"派出所的一天"

微博直播活动，"@公安部打四黑除四害"微博一马当先，在15日一大早就发布了活动预告海报，号召各地公安参与"派出所的一天"微博直播，多地公安微博也积极转发"@公安部打四黑除四害"的号召。活动期间，"@公安部打四黑除四害"发布多条微博介绍派出所的性质、职责、来历、设置、岗位配置等，为网友认识和了解派出所提供了专业知识。

2014年5月25日，"@公安部打四黑除四害"发布了一组反恐维稳一线民警们蹲地吃盒饭、席地而睡的照片，引起网友的热烈讨论，许多网民为此动容，"向一线反恐维稳人民警察致敬"。

（3）坚守法治，震暴祛邪

2014年5月28日21时许，山东省招远市一麦当劳快餐店内发生一起命案，行凶人员为邪教成员。对此，"@公安部打四黑除四害"表示："邪教通过制造散布迷信邪说发展、控制成员，残害人们肉体，不择手段敛取钱财。他们往往打着拯救人类的幌子，但无论如何掩盖不了其反人类、反社会的狰狞面目。当今社会，邪教仍有其生存土壤，全世界邪教组织数以万计。中国警方将一如既往依法严厉打击邪教违法犯罪活动，绝不手软！"这一表态得到网民高度赞同。

2014年4月，多地发生枪支走火事件，"@公安部打四黑除四害"发布微博称，针对此事，公安部已要求当地进一步查明原因，深刻吸取教训，严防再次发生类似事件，但不会因为此次意外而降低武装巡逻防控的力度。

（4）突发事件迅速发声，取信于民

"@公安部打四黑除四害"在重大事件当中不失声、不失语，体现出一个公安微博的责任和担当。

"@公安部打四黑除四害"自开博以来，就一直与谣言做斗争，努力为网民普及常识，积极进行辟谣工作。2014年8月3日，云南鲁甸发生6.5级地震，广大网民心系灾区，但谣言也在微博、微信上滋生。"@公安部打四黑除四害"梳理了网友举报的诈骗手段，总结出虚假短信、假冒公益网站、虚假电话、网络帖文、网络回复等5种诈骗方式，提醒公众注意。其中，最常见的是发送"求助"短信息。例如"众志成城，抗震救灾，某某红十字会号召广大人民伸出援助之手，为受害群众重建家园基金募捐受捐账号是……"，还有"爸妈：云南鲁甸地震了，我因地震在医院接受治疗，急需医药费，速汇款到某银行卡上"等。8月6日16时30分许，"@公安部打四黑除四害"发微博提醒称：朋友圈"为地震祈福"或会泄露个人信息，目前该链接已被腾讯云安全屏蔽。

（5）借助新媒体平台创新问政服务

2014年春节期间，为切实加强警民联动，严厉打击拦路抢劫抢夺、聚众赌博、制售有毒有害食品等违法犯罪活动，及时整治涉及烟花爆竹、大型活动、交通消防等重大安全隐患，保障广大人民群众度过一个平安祥和的春节，"@公安部打四黑除四害"官方微博接受网友私信举报。对所有举报线索，公安部将逐一认真组织核查，一经查实将依法处理。

可以说，公安部治安管理局利用这一信息平台，多次公布举报方式，发动民众提供案件线索。通过微博网友的举报，公安部门的信息收集工作也卓有成效。

（三）"@微言教育"：把教育做上指尖

2012年4月26日，教育部新闻办官方微博"@微言教育"进驻新浪微博，正式掀起了一场指尖上的教育服务浪潮。"@微言教育"以发布教育资讯为主，注重互动服务，截至

2014年底，共发布6000余条微博，受到近600万粉丝的追捧。2013年1月，"@微言教育"联合各级教育单位组建教育系统官方微博联盟，以教育部新闻办官方微博为核心，目前联盟成员单位已达100家，包括14家省级教育部门、12家地市教育部门、54所部属高校、12所省属高校和8个教育部直属单位。2014年3月8日上午10时，教育部部长袁贵仁通过"@微言教育"进行微访谈，围绕"教育领域综合改革"这一主题回答网友的问题，"@微言教育"成为关注焦点，成为百姓了解教育信息、提问教育政策的又一有益途径。

1. "@微言教育"运营现状分析

（1）互动用户结构分析：

通过对"@微言教育"微博互动用户数据分析发现：关注"@微言教育"的女性微博用户（52.4%）略多于男性（47.6%）（见图16）。"@微言教育"的互动用户地域分布前三位是北京、河南、江苏，这三地的互动用户数量占其互动用户总量的22.4%（见图17）。"@微言教育"吸引了44个粉丝超百万的微博"大V"与其互动交流（见图18）。关注"@微言教育"的认证微博网友比例约占11%（见图19）。

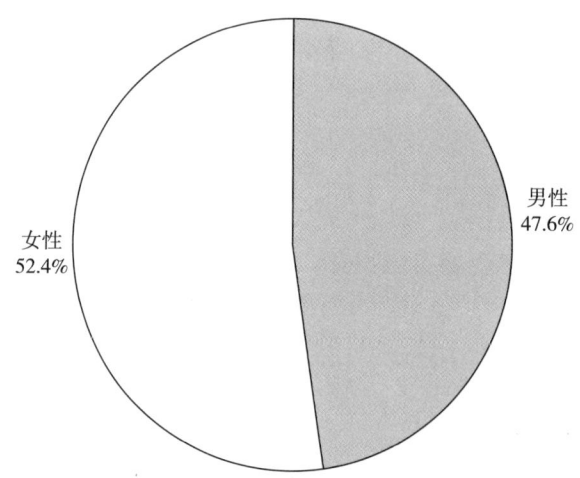

图16　"@微言教育"微博互动用户性别比例

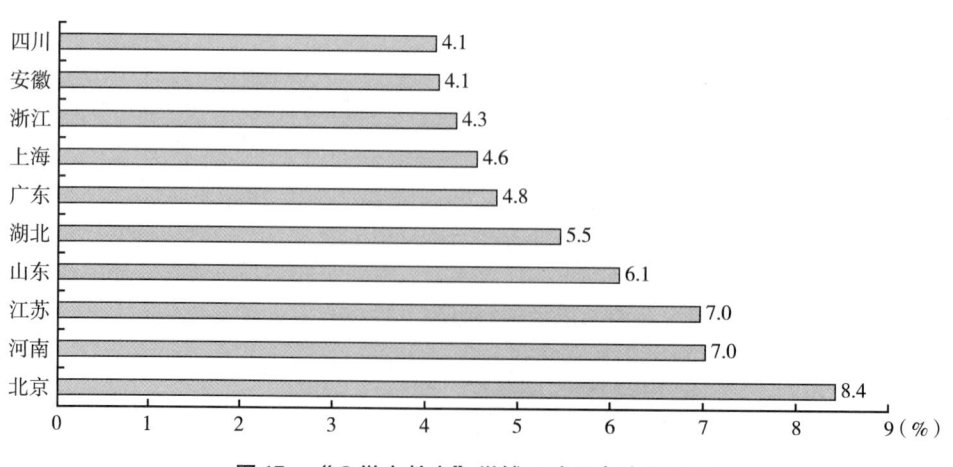

图17　"@微言教育"微博互动用户地域分布

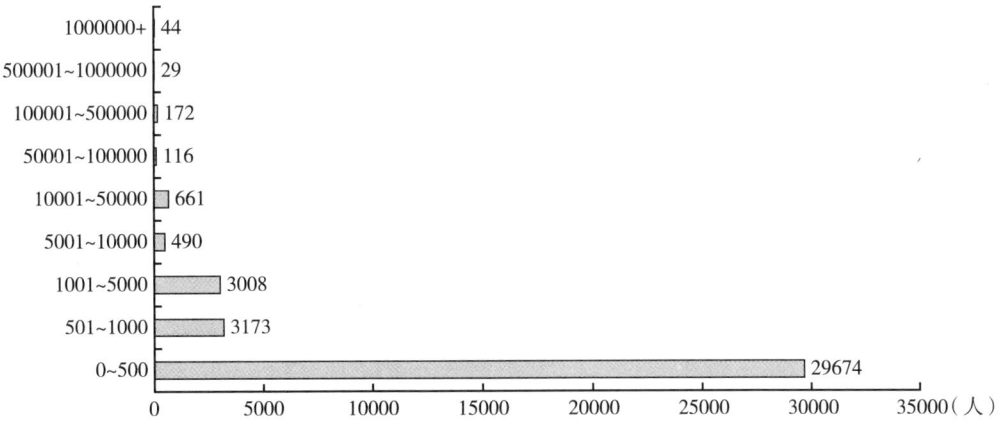

图18　"@微言教育"微博互动用户的粉丝数分布

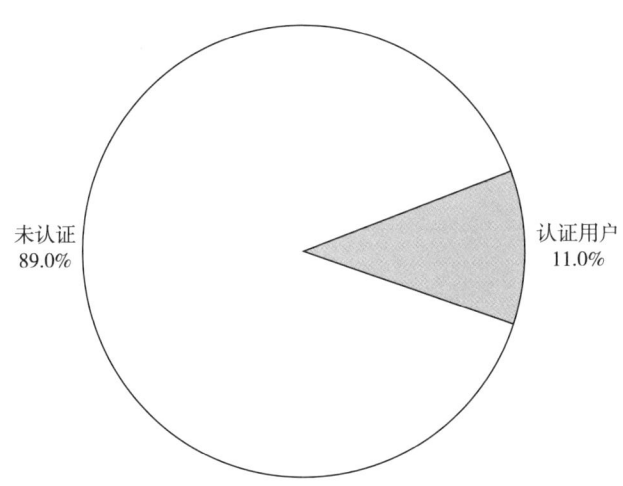

图19　"@微言教育"微博认证互动用户比例

（2）微博内容分析

在对"@微言教育"进行内容分析的时候，我们发现该账号牢牢把握教育这一主题，辐射相关领域，提供了包括就业、安全、考试等在内的相关重要信息。其中"心理学""考试""校园文化""学校安全""教师""创业"等成为重点词（见图20）。不难看出，"@微言教育"一改百姓传统认识上的"苦读教育"形象，更加人性化和注重实用性、长远性。不仅关注考试，也提供就业创新信息；不仅关注学校的教育，也注重校园文化、校园安全的维护这充分显示了教育大局观。

（3）影响力分析

"@微言教育"拥有第一手权威信息资料，在微博原创率等方面遥遥领先，加上内容贴近生活，注重服务，加强互动，在平均转发和评论数量上也在同类政务微博中成为佼佼者（见表22）。

图20 "@微言教育"的微博关键词

表22 2014年微博运营数据一览（数据截至2014年12月31日）

微博	原创率 （%）	关注数 （个）	粉丝数 （个）	发博总数 （条）	日均发博数 （条）	平均转发数 （次）	平均评论数 （条）
微言教育	98	206	5920770	6458	6.5	65	7.9

2. "@微言教育"微博运营特色

（1）强化官方微博优势，布局宏观教育

"@微言教育"依托教育部新闻办，拥有一手权威资料，在微博发布的过程中也是强化专业权威的意识，从入学到考试，从就业到创业，从安全到文化，各个相关领域均有涉及，将教育事业打造成一个完整的链条和有机的整体。

2013年教育系统官方微博联盟成立以后，规模不断扩大，"@微言教育"利用自身优势，组建政务微博群，形成教育系统的大传播格局，在微博运营中相互支持，在重要事件上彼此关注，引发了规模效应，进一步强化了"指尖教育"的影响力。

除了扩大规模，"@微言教育"也深化影响，在2014年两会期间，教育部部长袁贵仁就通过"@微言教育"同微博网友进行微访谈，话题涉及教育综合改革等，回应百姓关切。2014年12月，就考试招生制度改革配套政策，"@微言教育"也专门进行了访谈和解读，权威回答了高考、自主招生等问题，全面提升了官方微博的传播效力。

（2）纠偏短视教育，注重文化传递

教育问题涉及千家万户，也是社会发展国家进步的基础问题之一，中国教育近些年一直在摸索和改革，但同时也受到不少批评，其中功利性的短视教育成为批评的重要对象。"@微言教育"显然注意到这一问题，并且在日常微博发布中注意纠偏这一倾向，注重长远的文化传承，得到网友支持点赞。

每天早晨"@微言教育"以一篇"校园早广播"的微博向网友问好，内容主要涉及中国的传统文化，长微博形式古典清新，解说词富有文化内涵，内容积极进取，收获到的转发数和点赞数较高。

年末的"2014教育盘点"专题中，"@微言教育"毫不回避问题，谈教育新政，谈未来展望，其中配图精准，以图说话，立体传播，收获好评。

（3）第一时间发布，做足服务工作

第一时间提供服务信息，做足教育服务工作是"@微言教育"的一大亮点，同时也令其成为提供教育服务最重要、最权威的平台而受到各方关注。

以考研话题为例，"@微言教育"策划了多条服务型微博，如《考研就业必知名词大盘点》《考研初试有几种类型？》《考研报名有哪些条件要求？》等，为广大准备考研的网友充分解疑释惑。

除了考试之外，"@微言教育"的服务工作还做到了教育的方方面面。在"关注·就业"栏目中，"@微言教育"特别提示就业创业的各种注意事项，为即将走向职场的学生提供扎实有用的信息。每当寒暑假来临，"@微言教育"还会充当起"安全卫士"的角色，提示学校学生安全，防止意外事故发生，同时提供学生寒暑假在家的学习娱乐小贴士。正是这种摆脱功利性的教育大局观，使得"@微言教育"收获网友好评："这不是大家眼中那个'应试教育'的传声筒，而是身边人性化的教育好伙伴。"

四　基层微博运营案例分析

（一）"@江宁公安在线"：基层政务微博造就全国影响

"@江宁公安在线"是南京市公安局江宁分局的官方微博，于2011年2月25日起试运行，并于同年3月4日正式上线，旨在面对群众需求，发布治安、交通、协查等公安信息，宣传公共安全知识。"@江宁公安在线"以其贴近网民生活的微博内容和富有亲和力的语言风格著称，在短短一年的时间里，成功从默默无闻的公安分局微博，转变为网民皆知的"警察蜀黍"。而从"小V"变"大V"的过程中，"@江宁公安在线"给网友提供了许多印象深刻的案例，被网友称为"史上最萌警察蜀黍""江宁婆婆"，并被媒体评价为"宣传因时制宜""内容突显亲和度"的政务微博。

1. "@江宁公安在线"运营现状分析

（1）互动用户结构分析

通过对"@江宁公安在线"微博互动用户数据分析发现："@江宁公安在线"颇受女性粉丝的青睐，其女性互动用户（66.1%）远多于男性（33.9%）（见图21）。作为南京市公安局江宁分局的官方微博，"@江宁公安在线"不仅吸引了大量江苏本地网友的关注互动，全国范围乃至海外都遍布着它的粉丝（见图22）。"@江宁公安在线"吸引了147个粉丝超百万的微博"大V"与其互动，"大V"粉丝关注度与"@公安部打四黑除四害"不相上下（见图23）。关注"@江宁公安在线"的认证互动用户比例不高，约占3.4%，这说明它在普通网民中之人气颇高（见图24）。

（2）微博内容分析

时刻不忘向网友"卖萌"的"@江宁公安在线"的微博热门关键词中当然少不了"警察蜀黍"等词。作为新浪微博社区委员会专家成员，积极参与辟谣活动的"@江宁公

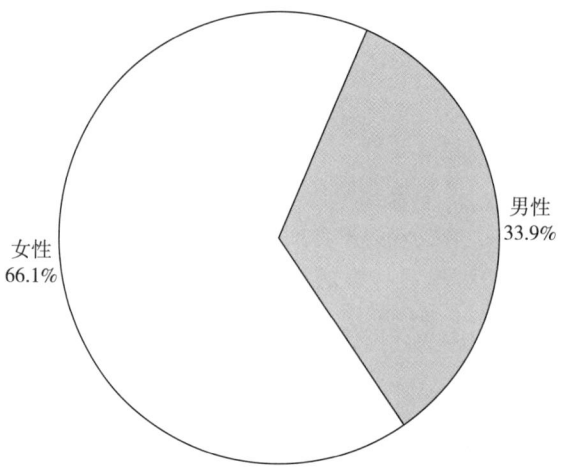

图21 "@江宁公安在线"微博互动用户性别比例

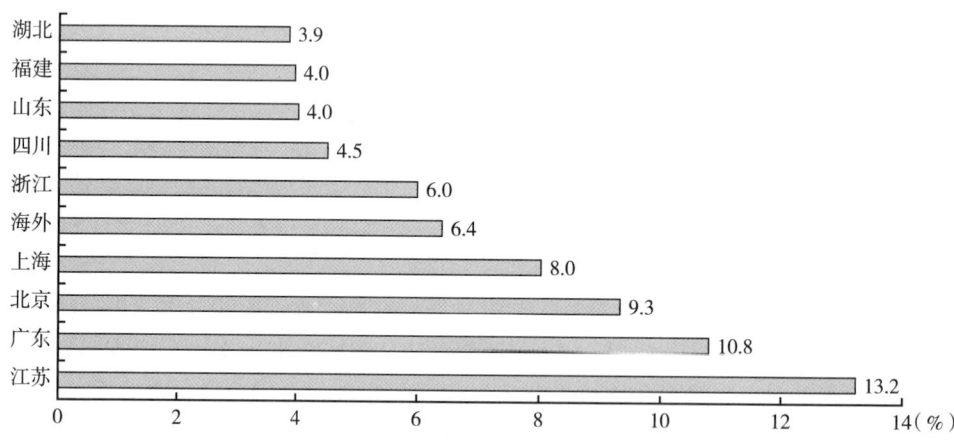

图22 "@江宁公安在线"微博互动用户地域分布

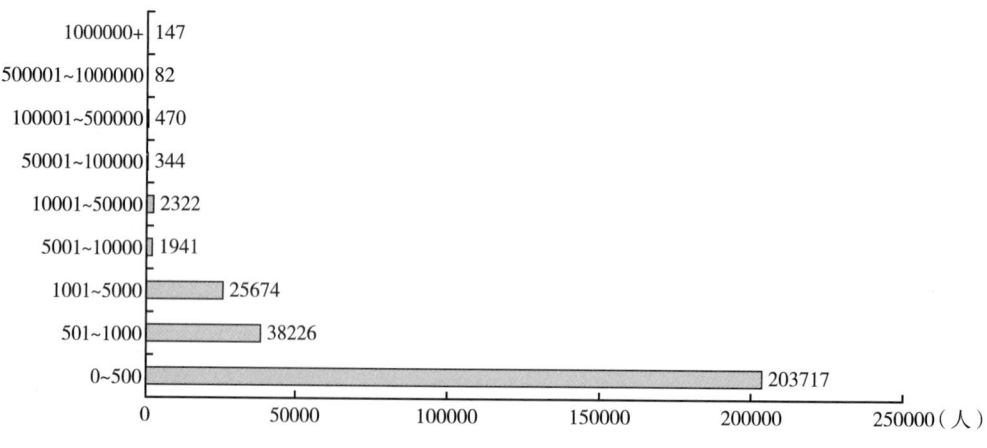

图23 "@江宁公安在线"微博互动用户的粉丝数分布

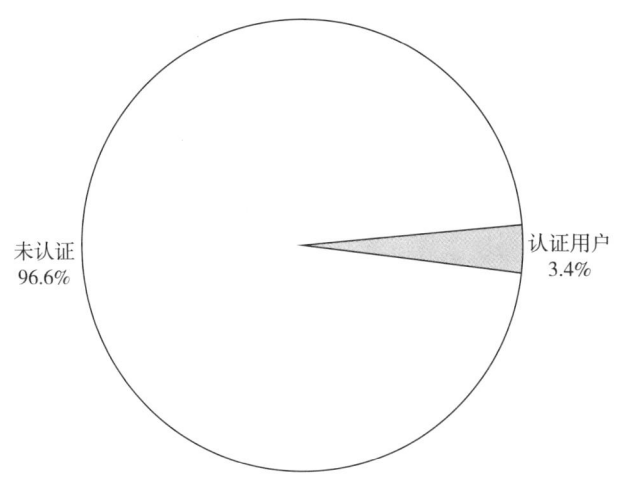

图24 "@江宁公安在线"微博认证互动用户比例

未认证
96.6%

认证用户
3.4%

安在线"也时常向网友"科普"那些关于迷魂喷雾、短信诈骗等谣言的真相。此外，"@江宁公安在线"也注重发布南京本地信息，服务本地网友是基层政务微博的重要职责（见图25）。

图25 "@江宁公安在线"的微博关键词

（3）影响力分析

"@江宁公安在线"微博发博时间主要集中在上午9时至11时，下午3时至4时，和非常规工作时间的晚上8时至11时。从原创比例来看，"@江宁公安在线"较为注重网友互动，经常以转发的形式解答普通网友提问，还经常转发媒体微博的趣味信息（见表23）。

表23　2014年微博运营数据一览（数据截至2014年12月31日）

微博	原创率（％）	关注数（个）	粉丝数（个）	发博总数（条）	日均发博数（条）	平均转发数（次）	平均评论数（条）
江宁公安在线	36	1310	876472	18918	13	1257	419

2. "@江宁公安在线"微博运营特色

（1）定位精准，主打"卖萌"

"@江宁公安在线"的页面完全是90后的QQ空间装饰风格，色彩缤纷，字体各异，充斥各种网络流行语，主打娱乐性，内容并非完全是以警务内容为主，有时候甚至完全以娱乐为主。官方微博发布的内容应当是阳春白雪，还是通俗易懂让网友喜闻乐见，见仁见智，但是毫无疑问，"接地气"很重要。

分析"@江宁公安在线"走红的原因，有媒体认为，言必称"蜀黍"，"潮语"满天飞，一提起"@江宁公安在线"不少网友的第一反应就是太"萌"了，卖萌是它的一块招牌。网民中绝大多数是年轻人，上微博的也以这个群体为主，年轻人都喜欢轻松、诙谐、幽默的语言方式，特别表现在喜欢"萌"的语言风格。虽然曾有人对此提出质疑，认为作为政务微博应该有其严肃性，但是网友用"@"投票表达了对"萌警"的认可。

（2）结合热点设计微博，扩大传播力度

"@江宁公安在线"时常结合当天最新热点来设计新的微博，有意识地创作一些"创意引爆"的微博，精心策划一些那种出来就会得到几千转发和评论的内容，并不断摸索其中内在的规律，不断改进。

"其实'六一圣光棍节'什么的，本来和警察蜀黍们没啥关系的，不过鉴于每年的这个时候总有一些侵财、伤害类案件发生，警察蜀黍觉得有必要给各位憧憬光棍节的男男女女们提个醒：安全，随时都不能忘。今天特别制作了《你一定要知道的4个光棍节安全知识》，尤其是姑娘们，得空咱看一看，安全第一啊。"这是"@江宁公安在线"11月11日"光棍节"期间发布的一条微博，利用"光棍节"热点巧传播，在提醒单身男女注意节日安全的同时，可爱的"卖萌"语气跃然纸上，令惯于在网上交流沟通的年轻人一见之下心生亲近之感，获得大量转评。

（3）互动频繁，注重服务

"@江宁公安在线"还有相当大一部分微博内容是和粉丝的互动。新华日报对@江宁公安在线的报道称，都知道微博与网民的互动是零距离的、即时的，但是，怎样服务才到位、才叫好是个技术活。

家常式的态度，清新活泼的风格，大量网络语言的使用，让"@江宁公安在线"被广大网友戏称为公安网络第一"萌警"。除了指导网友如何补办身份证，如何换驾照，"@江宁公安在线"还不时会介绍各种可以公开的"警察"内部故事，奇闻逸事让不少网友了解到警察威严背后的另一面。

此外，"@江宁公安在线"的一项重要工作是辟谣——尤其是针对那些有关人身伤害、财产安全，被广泛转载的微博。它发布的辟谣微博包括"香港国际机场迷魂药疑云全程直播辟谣""二代证并无消磁一说""周克华系列""向100860发送短信不会被诈骗"等。以至有不少网友在微博上一看到什么惊人的消息，都会"@""@江宁公安在线"让其来辟谣。

（4）做"三观"端正的政务微博

"@江宁公安在线"微博运营的一条原则是：发布的内容要保证"三观"端正。政务微博首先是微博，这就要求发布的信息要有创意、有意思、有节操。有创意是微博能否有生存力的关键指数；有意思就要重视原创，一再复制别人的东西就没意思了；有节操就是发布的内容要有底线。此外，政务微博还应该有特点、会说话、能报道，只有这样才能让政务微博在发声的同时被大家转发，扩大影响。

（二）"@武侯发布"：基层微博需要"接地气"

"@武侯发布"与传统政务微博"大V"相比，在各类硬件指标上存在弱势，但作为一个基层官方微博，"@武侯发布"却能充分利用地方资源，一方面以接地气的服务信息为主打，另一方面通过微博正能量的传播托起自己的强势品牌。以"@武侯发布"为代表的地方政务微博，信息发布数量大，紧贴区域时事，因而获得了地方受众较大关注，并且能够立足当地，辐射全国，形成了相对成熟的官方微博运营之道。

1. "@武侯发布"运营现状分析

（1）互动用户结构分析

通过对"@武侯发布"微博互动用户数据分析发现：关注"@武侯发布"的男性互动用户（50.4%）与女性（49.6%）比例大致相当（见图26）。作为成都市武侯区委宣传部官方微博，"@武侯发布"的互动用户以四川本地粉丝为主，占比高达64.7%（见图27）。"@武侯发布"主要吸引的是"草根网友"的互动，仅有1位粉丝过百万的"大V"与其互动交流（见图28）。"@武侯发布"认证互动用户的比例超过1/4，这些认证用户多为当地政务微博，可见微博已成为基层政务机构之间相互沟通联动的重要平台（见图29）。

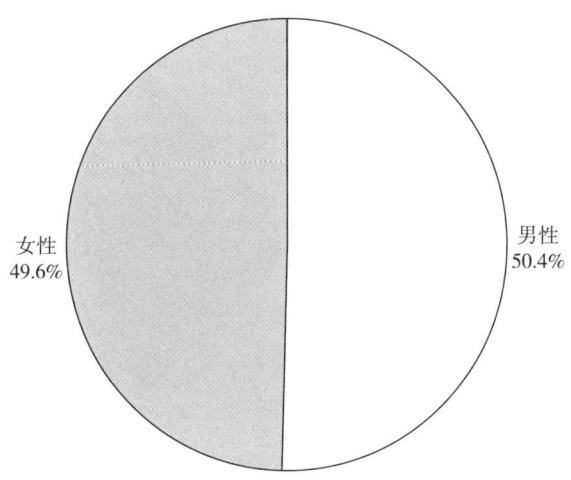

图26　"@武侯发布"微博互动用户性别比例

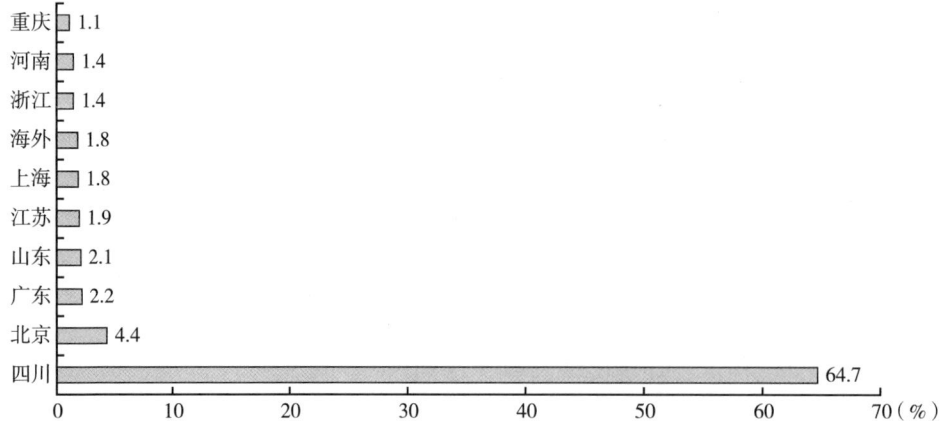

图 27 "@武侯发布"微博互动用户地域分布

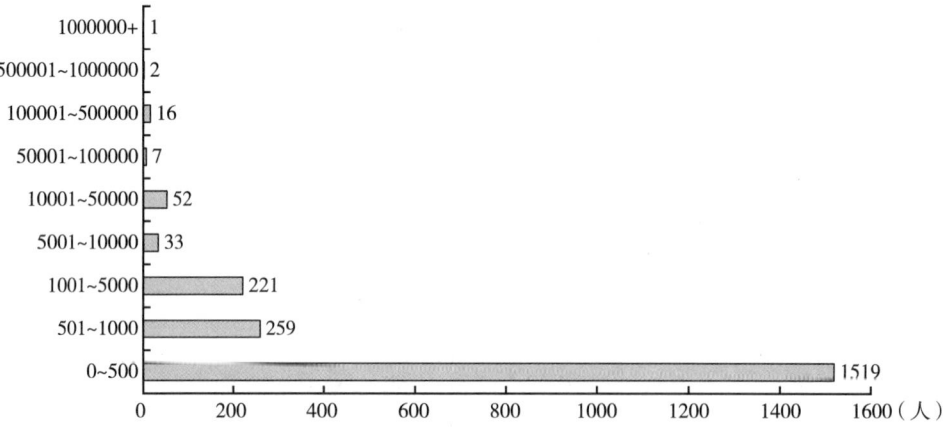

图 28 "@武侯发布"微博互动用户的粉丝数分布

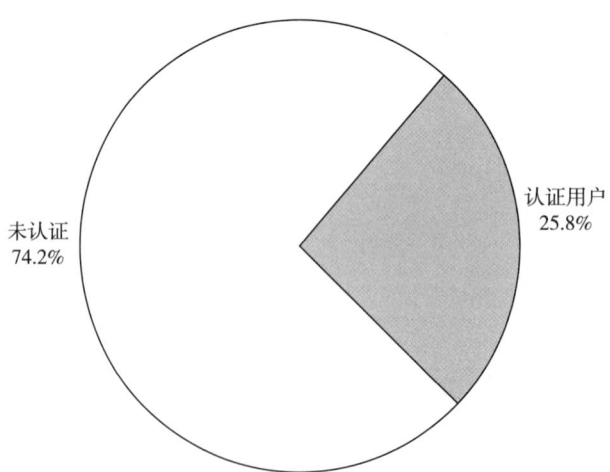

图 29 "@武侯发布"微博认证互动用户比例

（2）微博内容分析

"成都"是"@武侯发布"所发微博中出现次数最多的关键词，这体现出了基层政务微博的本地化视角。"生活""旅游""旅行""温馨""气温"等词反映了"@武侯发布"注重在衣、食、住、行等生活领域与网友沟通交流，而"经济""工程""投资""计划""项目""交通"等词，又体现出"@武侯发布"关注城市的发展和建设（见图30）。

图30　"@武侯发布"的微博关键词

（3）影响力分析

"@武侯发布"作为区县级别的政务微博，尽管从宏观数据上看，与一流的政务微博尚存距离，但作为地方特色的官方微博，亦有可圈可点之处。在关注数上，广泛的关注可以获得大量鲜活资讯；日均发布微博达12条，有效提升了传播力。但"@武侯发布"在转评数量指标上，尚需着力，一方面要加强互动，另一方面也要平衡因为庞大的发博基数带来的数据统计冲击（见表24）。

表24　2014年微博运营数据一览（数据截至2014年12月31日）

微博	原创率（%）	关注数（个）	粉丝数（个）	发博总数（条）	日均发博数（条）	平均转发数（次）	平均评论数（条）
武侯发布	88	1318	149589	17760	12	3.9	1.5

2. "@武侯发布"微博运营特色

（1）信息发布：讲究亲近实用接地气

作为区县级政务微博，"@武侯发布"的信息发布一直秉承接近性、实用性，以此作为政务微博运营的切入点。如通报成都2.5环正式命名为"中环路"这一事件，就引起了粉丝讨论热评，设置议程，增加了粉丝黏性。再如实用信息的提供上，一条"'顿车族'注意哦"的消息，将新政策解读到位，落到实处，充分体现了官方微博"织博为民"的价值取向。

除了接地气，"@武侯发布"也充满人情味。每天的最后一篇"晚安武侯"给忙碌一天的粉丝以安慰；一大早"@武侯发布"也是准时送上早安问候，满满的鼓励和活力，彰显了"@武侯发布"的亲民风。

（2）官方微博职责：传播网络"正能量"

2014年8月，"@武侯发布"发起了"感动武侯"十大人物网络投票，以往各地在做感动人物评选时，最容易出现的问题就是脱离群众、不接地气，此次"@武侯发布"通过微博征集选票，充分深入群众，体现出普通网民的心声。网友纷纷做出响应，表示"为正能量投上一票!"此后，"@武侯发布"还陆续发布各类感动人物的事迹，均获得了网友的关注，起到了良好的弘扬"正能量"的效果。

2014年9月，"@武侯发布"的一条成都新闻："网站20条"还网络空间一缕清新，引发网友转评肯定。博文称成都市互联网信息办公室正式发布《成都市属地网站信息服务管理办法（试行）》，从三大方面将网络社会的舆论监管纳入法治轨道，形成常态化监管机制。由此"@武侯发布"发出微倡议：愿我们一道努力，还网络空间一缕清新。从网友的评论情感倾向来看，此倡议受到了大家的支持。

（3）综合盘点：专题信息全景提示

综观以"@武侯发布"为代表的区县类政务微博，他们的信息发布数量大，紧贴地方时事，因而也获得较大关注度，运营也相对成熟。在具体操作上，往往会选择综合盘点的形式，能够引发集中的关注。

2014年1月，"@武侯发布"推出了"盘点2013民生工程"话题，发布了十几条微博，一方面，我们发现此类微博的转评数量都远远高于平均的转评数，表面上看起来传播力较强；但另一方面，仔细查看得知，几乎全部是其他政务微博进行的转发和评论，粉丝评论和转发屈指可数。这就引发一个讨论，专题信息的综合盘点因为话题的针对性和重要性，往往能够得到关注，同类官方微博的转评也说明了这一点，并且二次转发带来的阅读数和覆盖人群也有量级的增长。但专题信息的发布还应多与网民互动，要获得网名认可，必须注重沟通表达技巧，尊重微博舆论场传播规律，积极互动发现问题，从而解决网民实际问题，增进理解，才能最终达成共识。

五　政务公开运营案例分析

（一）"@昆明发布"：鲁甸地震连夜发消息互动不力将整改

面对地震、暴恐等突发事件第一时间持续关注、发布消息；面对网友评论、私信第一时间响应，态度像"职业客服"；面对运营初期困难，积极改进，将运维情况纳入考核机制……这些都是"@昆明发布"在微博运营上的认真劲儿和创新劲儿。

1. "@昆明发布"运营现状分析

（1）互动用户结构分析

通过对"@昆明发布"微博互动用户数据分析发现：关注"@昆明发布"的男性互动用户（62.1%）远多于女性（37.9%）（见图31）。"@昆明发布"2/3的互动用户为云南省内网友（见图32）。"@昆明发布"吸引了4位粉丝超百万的微博"大V"与其互动交流（见图33）。关注"@昆明发布"的认证微博网友比例约占24.4%（见图34）。

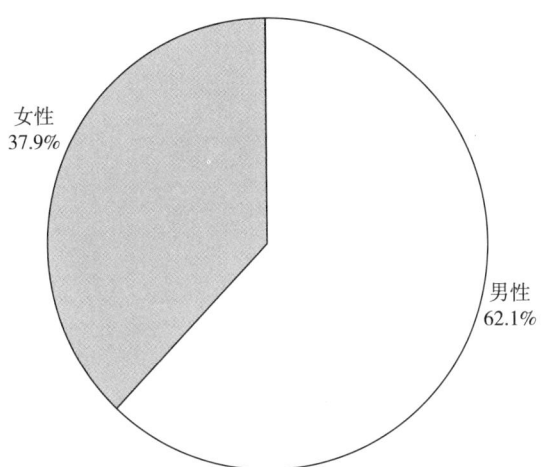

图31　"@昆明发布"微博互动用户性别比例

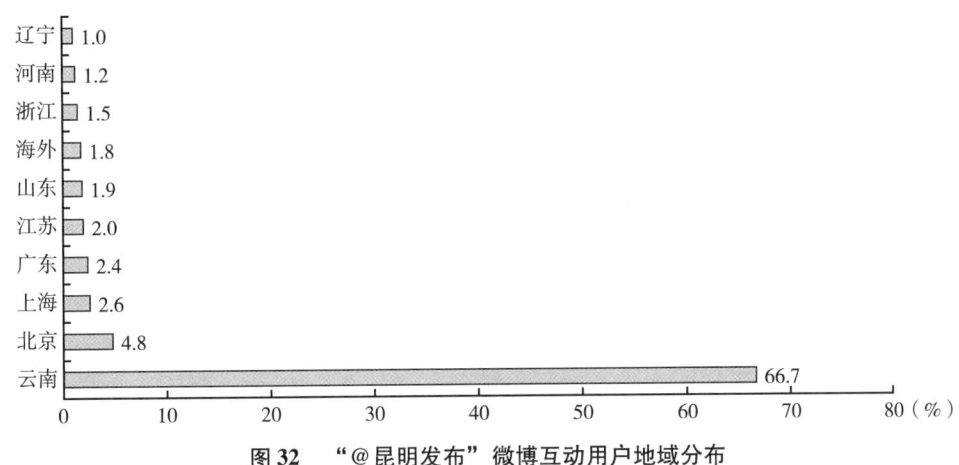

图32　"@昆明发布"微博互动用户地域分布

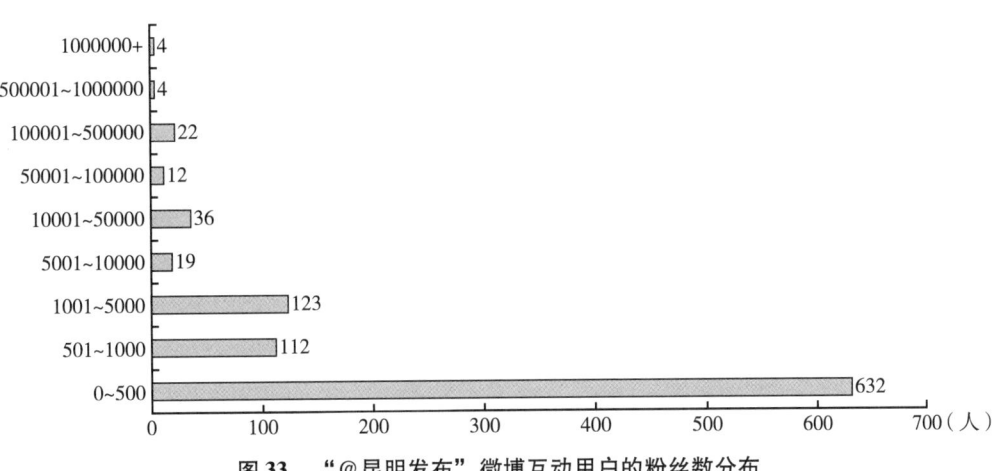

图33　"@昆明发布"微博互动用户的粉丝数分布

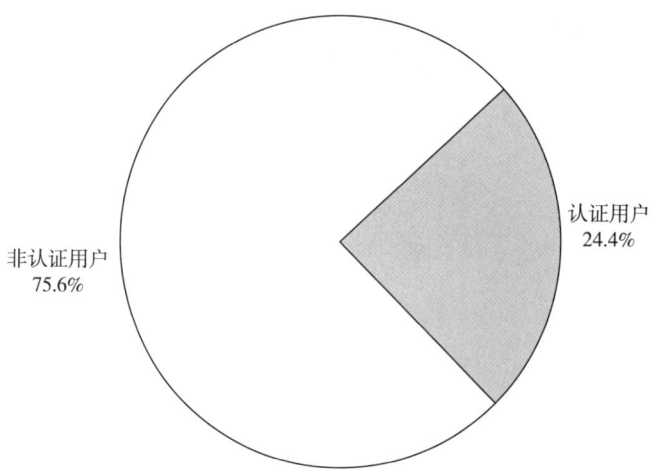

图 34 "@昆明发布"微博认证互动用户比例

（2）微博内容分析

云南省昆明党务政务信息公开平台官方微博"@昆明发布"的微博内容关键词包括"昆明""新闻""城市""历史""管理""市民""市委""工作""旅游""经济""投资""文化""天气""建筑"以及"网友"等，涵盖了政府以及网友等不同主体，包括了政务、经济以及文化旅游等多个领域（见图 35）。

图 35 "@昆明发布"的微博关键词

（3）影响力分析

"@昆明发布"的微博内容不仅在地区内具有较强的覆盖力，而且信息传播能覆盖全国范围，特别是当地区性的重大事件发生后，能够快速响应，成为权威信息的来源（见表25）。

表25　2014年微博运营数据一览（数据截至2014年12月31日）

微博	原创率（%）	关注数（个）	粉丝数（个）	发博总数（条）	日均发博数（条）	平均转发数（次）	平均评论数（条）
昆明发布	76	162	432045	8288	18	1.7	0.4

2. "@昆明发布"微博运营特色

（1）地震、暴恐等突发事件形成专业应对机制

2014年8月3日下午，云南鲁甸发生6.5级地震的消息，牵动着全国人民的心。为第一时间发布灾情信息，"@昆明发布"采编团队专门抽调经验丰富的采编人员，对事件进展进行全程持续关注，从地震发生到次日凌晨，共分标签分类发布地震灾情、救援信息、理性救援倡议、辟谣不实消息等权威信息40余条。

同时，"@昆明发布"还与"@微博云南""@昆宣发布""@微昭通"等兄弟政务微博一起，及时更新物资等情况，保持对灾情的实时更新，最大化地将信息公开。

在处置突发事件的微博发布上，"@昆明发布"早已形成一套机制：在日常工作中，"@昆明发布"每天都安排值班人员对微博舆情进行巡检，一旦发现突发事件，会在第一时间向主管部门上报，再按照指示和程序进行快速回应、理性发声、消除谣言。例如，在2014年的"3·01"昆明火车站暴恐事件中，当天值班人员获得信息后，立即向主管部门上报，同时"@昆明发布"整个运维团队全部进入工作状态、部署分工，在市党务政务信息公开工作领导小组的直接领导下，按程序将事件信息在微博上进行发布。

"@昆明发布"如今处置突发事件已经形成一套原则：发声，及时公开信息；针对网上出现的不实信息和谣传，迅速予以澄清辟谣；针对网友集中关注的问题，进行详细的解读回复。

（2）第一时间响应网友采编团队像职业客服

除了突发事件，"@昆明发布"会有意侧重于发布一些与百姓生活密切相关的民生类信息，并按照信息内容进行话题设置，如"天气提醒""交通提示""便民提醒"等，同时，关注社会热点问题，及时推出教育、医疗、社保等话题。

另外，"@昆明发布"还积极与网友进行互动，为网友在线解决实际问题。他们不仅要求在网友互动方面"第一时间响应"，回应网友也有一套程序：网友提出问题时，必须及时将网友问题在线转交"@"至相关职能部门进行办理，并向网友进行初步回应。如职能部门及时做出反馈，则"@昆明发布"将及时向网友告知问题的办理进展，并反馈最终办理结果。如职能部门未能及时进行回应，"@昆明发布"将通过线下督促的方式，督促其尽快对网友问题进行办理，并向网友反馈进展及结果。

不论是网友的批评指责还是建议意见，"@昆明发布"要求主页君们都必须绝对尊重网友，并客观地将网友反映的情况进行整理分类，及时反馈到相关部门办理。也正是这些举措，让"@昆明发布"的主页君们更加专业。从某种层面来看，"@昆明发布"采编团队也是一个职业的客服团队。

（3）运维互动纳入考核互动不力将整改

其实，这个"职业客服团队"共有15名专职的采编人员每天12小时对"@昆明发布"进行维护，包括周末及节假日。内容上，党务政务类信息基本保持在发布总量的40%，服务资讯类信息也基本为40%，生活类信息在20%左右。

"@昆明发布"以"推进全市党政信息公开，搭建政民互动桥梁"为初衷。通过建立政务微博在线工作群，建立政务微博运维情况监督考核、报告机制和开办新媒体业务培训班等措施，在很大程度上提升了"中国昆明发布厅"微博群为民服务、为网友解决更多的实际问题的能力。

另外，目前昆明市各党务政务微博对网友问题的回馈办理情况，也已纳入微博运维考核机制。昆明市将每月对各党政机关政务微博的运维情况进行巡检，并形成监测报告，由主管部门督促运维不力的单位进行整改，并纳入当年全市目标责任考核中。

"@昆明发布"将用科学的方法统计归纳网友关切的问题；在信息公开工作上紧密联系全市各党政机关，建立起高效畅通的信息报送渠道，让"@昆明发布"公开的信息范围更广、更及时、实用性更强。

（二）法院微博：大案要案直播彰显司法公开决心

司法类政务微博已经成为目前政务微博"国家队"中的一支重要力量，这不仅与我国推进法治中国的战略相互协调，也是十八届四中全会以来对依法治国的强调与落实。2011年1月17日，上海市高级人民法院公布《上海法院着力推进司法公开的实施意见》，明确表示，法院将"办好法院微博，增强法院与社会公众的网上互动"。2013年8月22日，"@济南中院"微博庭审直播了薄熙来受贿、贪污、滥用职权一案的全过程，"微博直播庭审"一时成为舆论亮点。此后法院微博全国"开花"，并逐步形成稳定的发布机制。

2014年，"@北疆法声"在呼格吉勒图案中发声，"@河北高院"对聂树斌案件的持续关注，"@河北廊坊中院"微博报道刘铁男案件……诸多法院微博的集中发力，彰显了我国推进司法公开，捍卫司法公正的决心。

1. 法院政务微博的运营现状分析

（1）"@北疆法声"互动用户结构分析

通过对"@北疆法声"微博互动用户数据进行分析，可以发现：关注"@北疆法声"的男性互动用户（53.1%）略高于女性（46.9%）（见图36）。"@北疆法声"的互动用户地域分布较为平均，前三位是北京、广东、江苏，这三地互动用户约占其总量的22%，而微博所在地内蒙古的互动用户仅占3.8%，这是由于"@北疆法声"互动量主要产生于其报道呼格吉勒图案期间，而

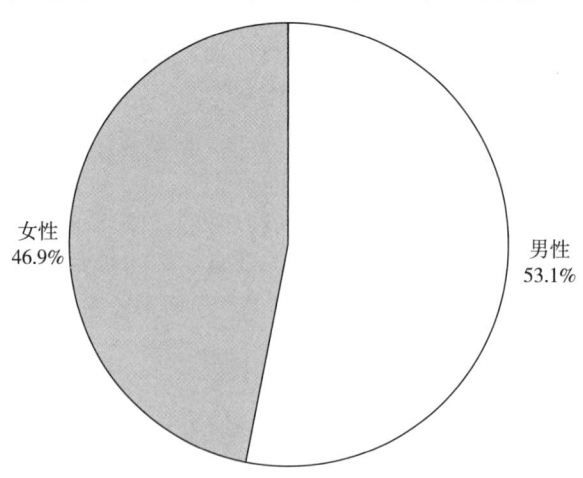

图36 "@北疆法声"微博互动用户性别比例

关注该事件的网友遍布全国（见图37）。"@北疆法声"吸引了16个粉丝超百万的微博"大V"与其互动交流（见图38）。关注"@北疆法声"的认证微博网友比例约占11.7%（见图39）。

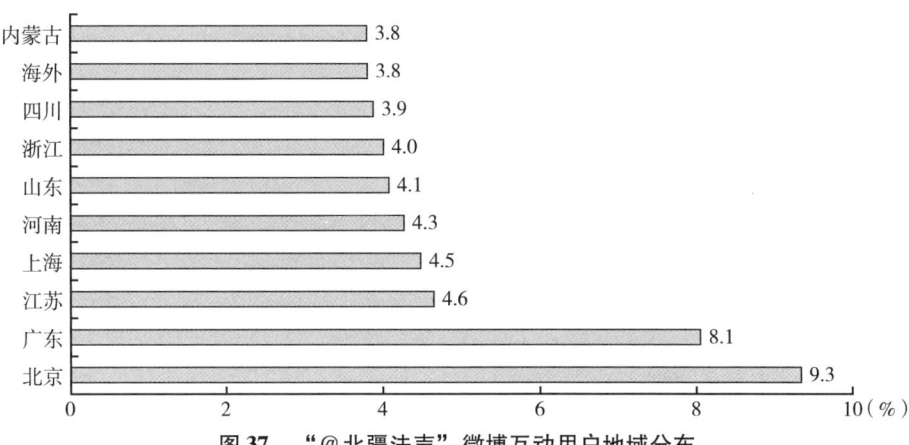

图37 "@北疆法声"微博互动用户地域分布

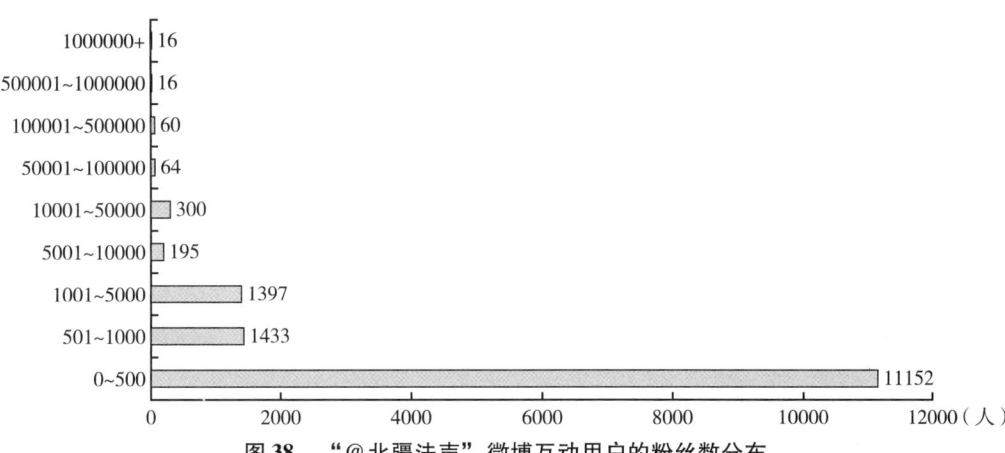

图38 "@北疆法声"微博互动用户的粉丝数分布

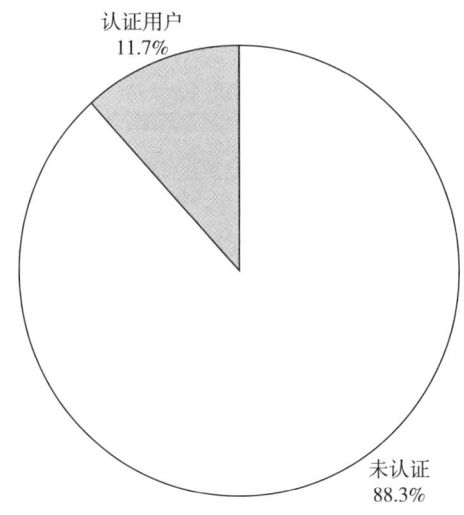

图39 "@北疆法声"微博认证互动用户比例

（2）"@河北高院"互动用户结构分析

通过对"@河北高院"微博互动用户数据进行分析，可以发现：关注"@河北高院"的男性粉丝（63.9%）远多于女性粉丝（36.1%）（见图40）。"@河北高院"的互动粉丝地域分布前三位是河北、北京、山东，这三地粉丝数占其粉丝总量近30%（见图41）。"@河北高院"吸引了8个粉丝超百万的微博"大V"关注（见图42）。"@河北高院"的认证互动用户比例约19.2%（见图43）。

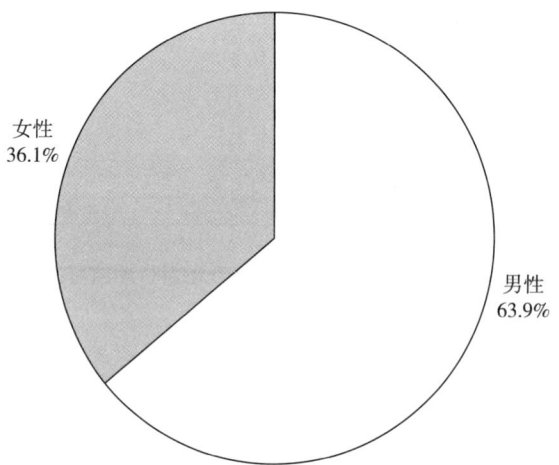

图40　"@河北高院"微博互动用户性别比例

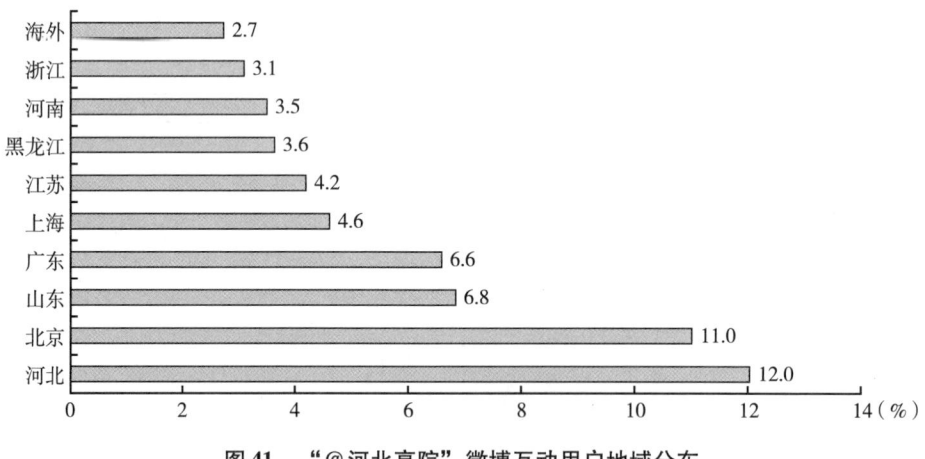

图41　"@河北高院"微博互动用户地域分布

（3）"@河北廊坊中院"互动用户结构分析

通过对"@河北廊坊中院"微博互动用户数据进行分析，可以发现：关注"@河北廊坊中院"的互动用户近七成为男性（见图44）。"@河北廊坊中院"互动用户地域分布前三位是北京、广西、上海，河北本地互动用户总量位列第四（见图45）。"@河北廊坊中院"吸引了18个粉丝超百万的微博"大V"互动（见图46）。"@河北廊坊中院"的认证互动用户比例约23.2%（见图47）。

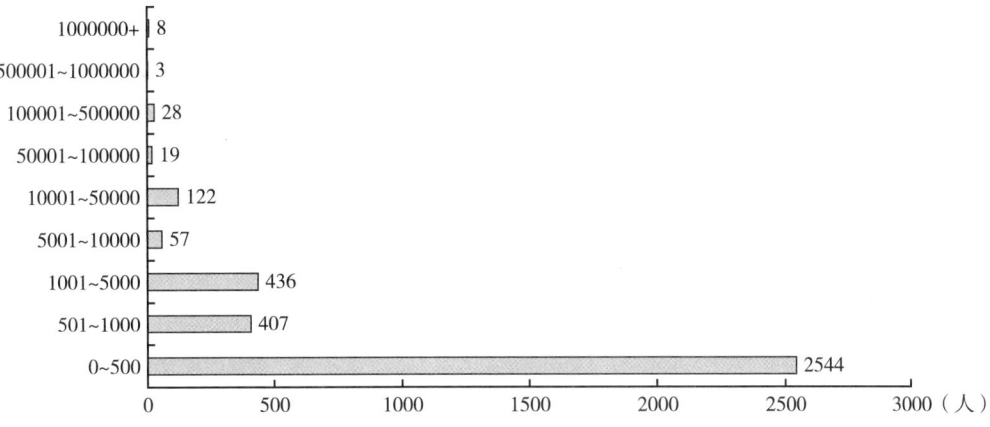

图42　"@河北高院"微博互动用户的粉丝数分布

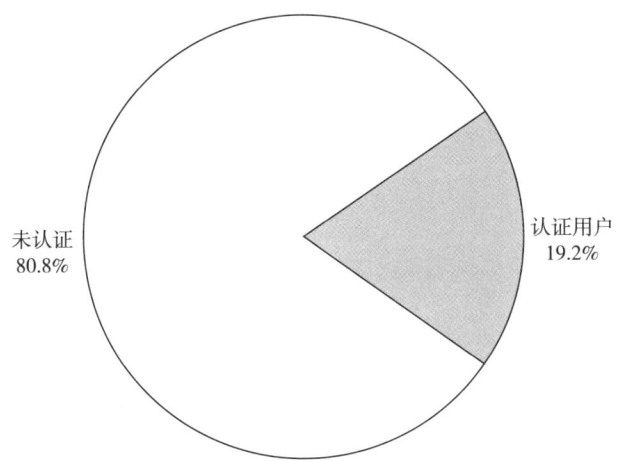

图43　"@河北高院"微博认证互动用户比例

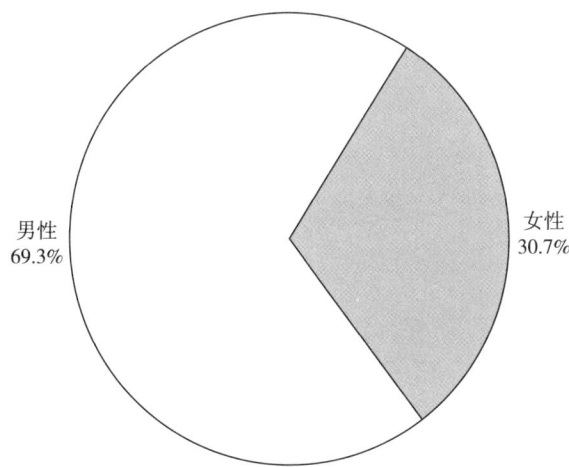

图44　"@河北廊坊中院"微博互动用户性别比例

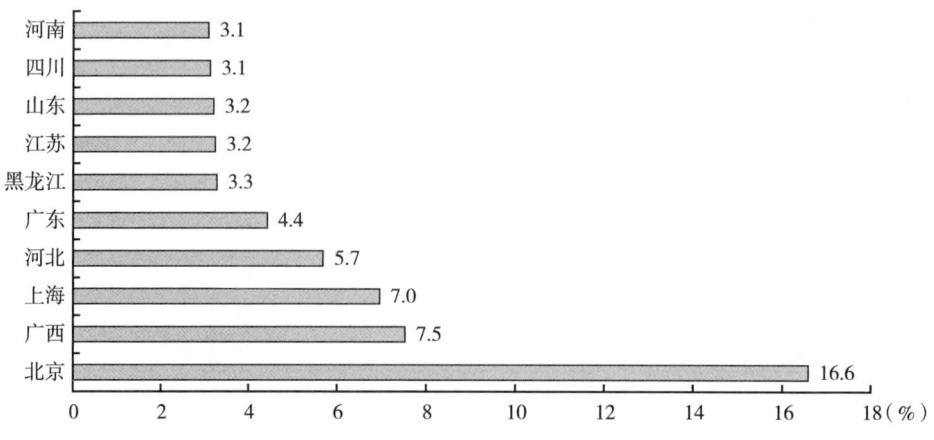

图 45　"@河北廊坊中院"微博互动用户地域分布

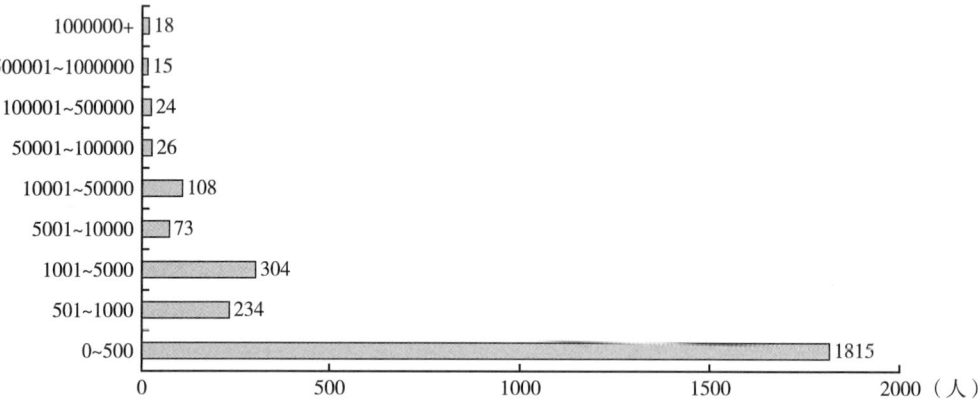

图 46　"@河北廊坊中院"微博互动用户的粉丝数分布

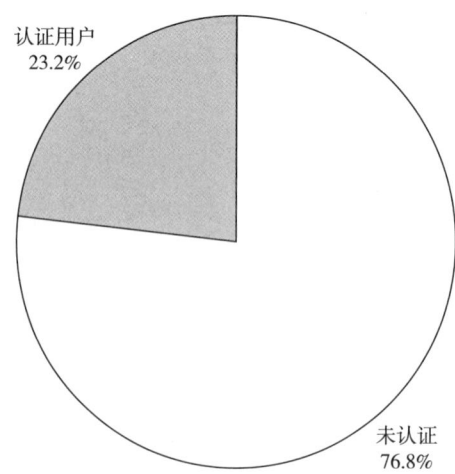

图 47　"@河北廊坊中院"微博认证互动用户比例

（4）微博内容分析

"@北疆法声""@河北高院"和"@河北廊坊中院"三家政务微博都因为报道社会关注度高的司法案件而受到舆论关注，从三家微博微博词频可以看出，法院政务微博时刻以"法"为前提，专业性强、紧追社会热点，不仅在三起典型的司法案件中表现突出，日常的微博运营也是可圈可点（见图48至图50）。

图48　"@北疆法声"的微博关键词

图49　"@河北高院"的微博关键词

图50 "@河北廊坊中院"的微博关键词

（5）影响力分析

"@北疆法声""@河北高院"和"@河北廊坊中院"三家法院微博的直播中，传播力最强的属"@北疆法声"对呼格吉勒图案的报道（见表26、表27）。

表26 "@北疆法声"对呼格吉勒图案的报道情况（数据截至2014年12月31日）

微博	报道案件	发博时间	发博数量(条)	转发数(次)	评论数(次)	点赞数(次)
北疆法声	呼格吉勒图案	2014年11月20日	29	10837	12757	5501

表27 2014年微博运营数据一览（数据截至2014年12月31日）

微博	原创率(%)	关注数(个)	粉丝数(人)	发博总数(条)	日均发博数(条)	平均转发数(次)	平均评论数(次)
北疆法声	26	102	61336	2330	5.6	2.5	0.5
河北高院	28	535	1065650	3235	5.6	3.4	0.7
河北廊坊中院	93	322	4886	512	1.3	54	30

对比日常运营数据可以看出，"@北疆法声"在报道呼格吉勒图案时，其微博关注度显著增强，转发和评论数也达到历史最高值，平均每条微博收获近190个"赞"。

2. 法院政务微博的运营特色

（1）图文结合，及时准确披露庭审信息

在"@河北廊坊中院"直播刘铁男案件时，多幅现场照片披露庭审真实画面。

除了现场照片，法院微博还结合长微博等形式，将一些重要信息全部发出，包括判决书摘要、宣判词等，便于媒体引用，增强了微博的公信力、传播力。

除了图文结合，微博内容也呈现长短相间的特点。一方面，直播庭审需要将最新消息及时传播出去，因此短消息的"干货"更加重要；另一方面，法律文书与一般文体又有不同，需要仔细严谨，后续的长微博以定稿形式准确、客观、全面陈述，既补充了更多的信息，又能体现法院微博的权威公正。

（2）不怕质疑，各方观点均有体现

在"@北疆法声"报道呼格吉勒图案时，不少网友情绪激动，微博的评论留言中存在很多偏激言论甚至是谩骂的情况，如"#新闻发布会直播#李生晨：第三，因为本案原审被告人呼格吉勒图已经死亡，根据刑事诉讼法司法解释384条第三款规定，我们经过研究决定，此案不开庭审理。"这一微博发布后，不少网友误解其意，留言质疑，甚至有网友称"看到这么多人在骂，我也欣慰了"。

针对这一事实，法院微博还是做到了宽宏大量，没有删除相关言论，体现了法院微博的自信。同时我们也能看到部分网友熟悉法律程序，指出此举没有任何问题，多方声音都有发表，这种不怕质疑的精神值得鼓励。

但从另一个角度讲，此举尚有值得改进之处。2013年9月24日，丁书苗案在北京市第二中级人民法院开庭审理，微博直播时有网友质疑其戴着帽子接受审判，疑有"特权"，后官方微博回应，因其"两次开颅手术，头部怕冷，法庭允许其戴上帽子"。化解了舆论质疑。如果"@北疆法声"面对类似质疑能够直接回应，消除误解，则引导力会更强。

（3）权威信源，中国司法公正的推动者

社会各界均有共识，即促进司法公开最基本的方式就是向媒体和公众开放庭审，并且这方面也早已有了制度的安排，一般公开开庭审理的案件，都允许媒体旁听和采访报道。但实际中，由于场地的限制、对于媒体的选择等制约了公开的广度和深度，媒体报道不足，民众不能接收完整可靠信息，心生质疑在所难免，甚至网络流言谣言风行，对我国的司法建设有害无利。

因此，微博直播成为推动司法公开公正的最佳平台，一方面民众可以通过官方微博获得权威信息，避免了"小道消息满天飞"的情况；另一方面，民众的关注引发一种心理参与感，更倾向于相信庭审结果，认同法院判罚；此外，媒体也能根据披露的大量信息进一步整合深挖，满足百姓的知情权。

在上述案例中，不仅消息来源权威，而且现场"有图有真相"，甚至做到了全面传播、实时传播，提振了司法系统的权威公正形象，也让百姓有了盼头，不少人微博留言称，支持司法公正，期待法治中国！

（三）"@平安北京"：重大事件的权威发布

"@平安北京"是北京市公安局的官方微博，而安全问题也一直是百姓关心的重要问题。从开设时间上看，"@平安北京"2010年7月就已上线，据统计，截至2014年底，"@平安北京"发布的各类资讯达3万余条，收到网友评论61万余条，解决网友反映的突出问题和实际困难500余件。2014年，"@平安北京"更是通报多起备受关注的涉黄涉毒案件，成为公安信息发布的最主要窗口，成为媒体引用频率最高的政务微博之一。

2014年8月，"@平安北京"首次推出形象宣传海报，发布了一组风格"炫酷"的女警宣传海报，展现了不同场景中女警的工作状态，让很多网友大赞"有范"，再次说明"@平安北京"美好形象已经深入人心。

1. "@平安北京"运营现状分析

（1）互动用户结构分析

通过对"@平安北京"微博互动用户数据分析发现：关注"@平安北京"的男性互动用户（50.9%）与女性（49.1%）大致相当（见图51）。与"@平安北京"经常互动的多为北京本地网友，约占 39.5%（见图 52）。"@平安北京"吸引了 68 个粉丝超百万的微博"大 V"与其互动（见图 53）。"@平安北京"的认证互动用户比例约为 12.4%（见图 54）。

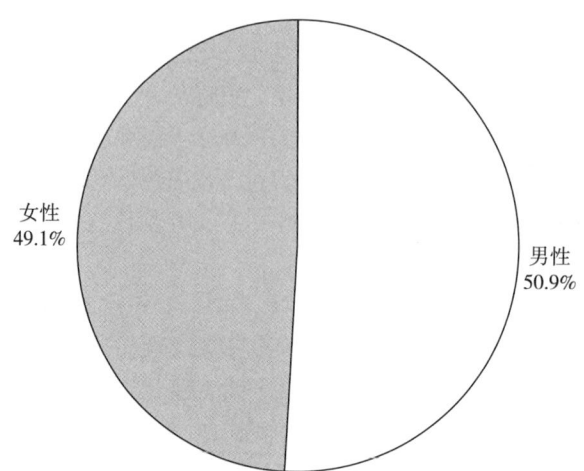

图 51 "@平安北京"微博互动用户性别比例

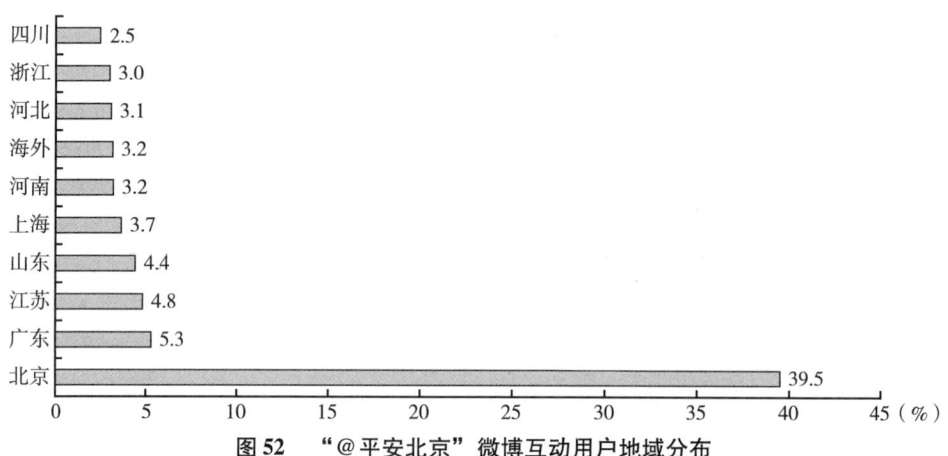

图 52 "@平安北京"微博互动用户地域分布

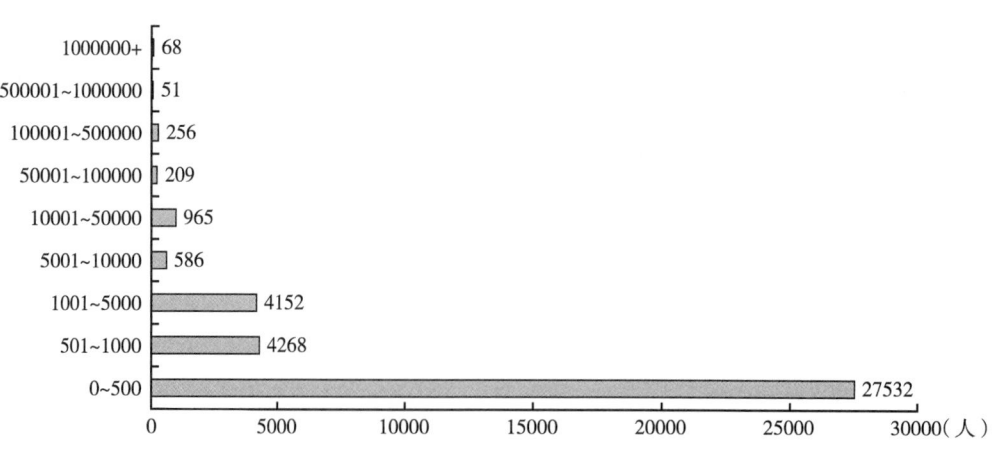

图 53 "@平安北京"微博互动用户的粉丝数分布

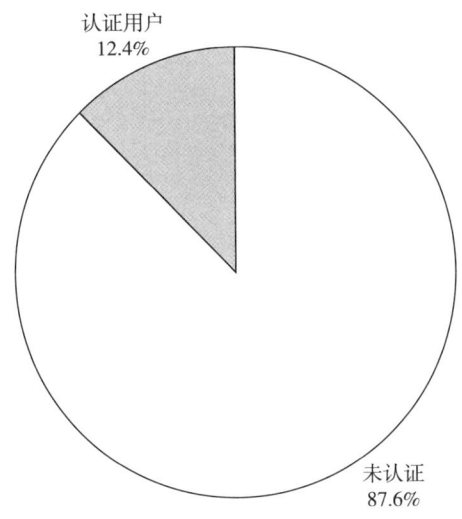

图54 "@平安北京"微博认证互动用户比例

（2）微博内容分析

"@平安北京"的微博关键词突出一个"安全"，核心词"孩子""交通""旅行""犯罪""骗局""手机"等表明"@平安北京"微博发布覆盖了百姓生活的方方面面，对于手机防盗、诈骗、儿童安全等问题上多有提示，说明了官方微博接地气，够实用，是安全生活的好帮手（见图55）。

图55 "@平安北京"的微博关键词

（3）影响力分析

"@平安北京"微博原创率较高，达到96%，其9000多万的粉丝量保证了每一条原创微博都能有数万人阅读浏览。"@平安北京"服务人群巨大，作为不少热点案件的重要新闻源，"@平安北京"在全国范围内都具有极高的影响力（见表28）。

表28　2014年微博运营数据一览（数据截至2014年12月31日）

微博昵称	微博原创率(%)	关注数(个)	粉丝数(人)	发博总数(条)	日均发博数(条)	平均转发数(次)	平均评论数(次)
平安北京	96	1094	9092840	30882	19	27	11

2. "@平安北京"微博运营特色

（1）话语亲民，搞笑卖萌赢人气

"@平安北京"一类的微博自身定位明确，发布的信息不走"政务风"，而是落实"实用性"。因此纵观"@平安北京"的微博文本，我们不难发现，同样一件事，在别的官方微博平台就字正腔圆，中规中矩，而在"@平安北京"嘴里就轻松搞笑，寓教于乐，粉丝既学到了有用的信息，又能有个好心情，还能转发扩散给亲朋好友，可谓一举多得。

比如提示大家警惕电信诈骗，"@平安北京"不是呆板地提示大家什么该做什么不能做，而是通过一段视频，用讲故事的形式把电话诈骗的各个环节剖析清楚，避免大家上当受骗。同时，文案搞笑，"警察蜀黍""什么仇什么怨"等网络用语，结合时事热点，增加了可看性和传播力，不经意之间就将"@平安北京"的良好形象传播开去。

（2）不只卖萌：重大事件权威发布

当然，"@平安北京"不是只会卖萌，关键问题上官方微博义正词严，及时准确披露权威信息，给粉丝足够的安全感。2014年以来，"@平安北京"先后发布包括国贸地铁站出现人流混乱、多起明星涉毒案等突发敏感案事件的权威信息20余次，在突发事件处置中不失声、不缺位，增强了微博粉丝的安全感，也维护了首都社会秩序的稳定。

不过，鉴于"@平安北京"一贯的风格，当重大突发事件发生时，粉丝觉得信息披露还是略显拘谨，纷纷留言希望能够进一步公开更多信息。这也是"@平安北京"在发言尺度和粉丝诉求、民众知情权之间需要权衡的重要问题。

（3）贴心实用：政务微博归根到底是服务

政务微博自2011年风生水起以来，已经在各类事件中彰显了重要力量，成为中国老百姓日常生活中不可缺少的组成部分。各类政务微博也根据自身特点形成了适合自己的微博传播路径，有权威路线、有搞笑轻松、有深度信息、有实用提醒等。而以"@平安北京"为代表的政务微博由于直接面对庞大的百姓群体，面临的也多是生活化的问题，因此渐渐形成了贴心实用的特点，归根到底还是落在为人民服务之上。

"@平安北京"在运营之中，密切关注社会热点，最大限度地提供人性化的资讯服务，每日信息发布保持在20条以上的水平，原创率保持在90%以上。同时，按照"件件有回复、事事有回音"的要求，及时解答网民的咨询提问，仅2014年来就解答网民咨询提问2万余次。

（4）微博联盟：筑起百姓的平安"防火墙"

为了加强环北京与西北地区公安微博合作力度，全面提升为群众服务的综合能力和工作水平，2014年8月6日，北京、天津、河北、山西、内蒙古、辽宁、山东、河南、安徽、甘肃、陕西、青海、宁夏、新疆等省、自治区、直辖市公安厅、局官方微博共同建立了"环首都与西北地区公安微博联盟"。目前该话题的总阅读量已经超过290万次，引发了社会的强烈关注。

除了微博平台，"@平安北京"还结合自身特长，推出了集微博、微信、微视、博客、新闻客户端等10个子平台于一体的移动新媒体服务平台，同步推出了防范电信诈骗宣传网，加上上述"环首都与西北地区公安微博联盟"，已经形成了立体的平安保卫联盟，宣传手段更为多样，服务功能更为强大。

六　政务服务运营案例分析

（一）"@太原铁路"：铁路微博，"微"而不"薄"

"人民铁路为人民"是铁路的根本宗旨。为人民群众提供优质服务是铁路部门永不停止的追求。"@太原铁路"自上线以来，一直致力于向广大网友普及铁路知识，通过微博平台发布铁路资讯。通过铁路"微平台"，看铁路微博如何"微"而不"薄"。

1. "@太原铁路"运营现状分析

（1）互动用户结构分析

通过对"@太原铁路"微博互动用户数据分析发现：关注"@太原铁路"的男性互动用户（69.6%）远远多于女性（30.4%）。"@太原铁路"近六成互动用户为山西本地网友，说明其主打本地服务，具备较强的省内粉丝吸附能力。"@太原铁路"未能吸引粉丝超百万的微博"大V"与其互动交流。关注"@太原铁路"的认证微博网友比例约占11%（见图56至图59）。

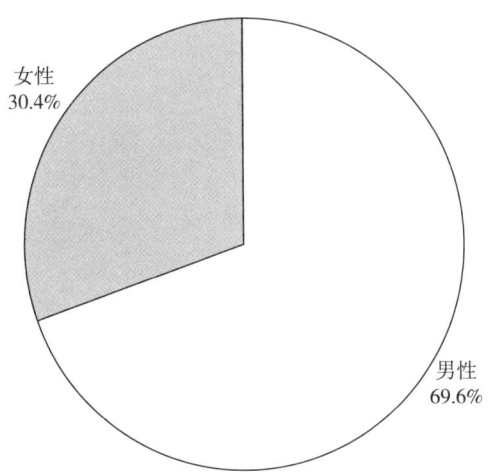

女性
30.4%

男性
69.6%

图56　"@太原铁路"微博互动用户性别比例

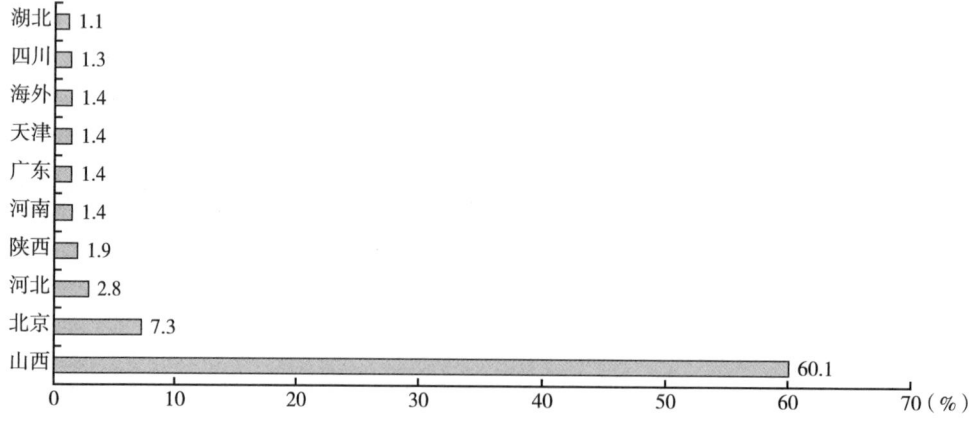

图57　"@太原铁路"微博互动用户地域分布

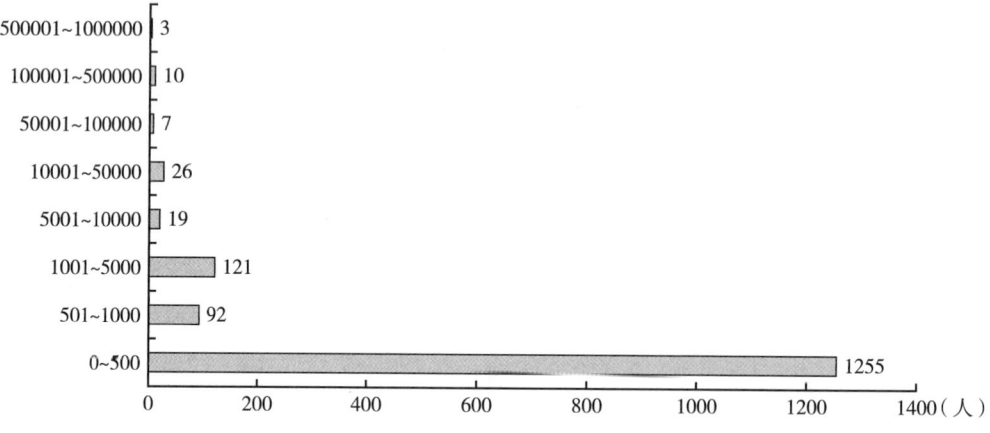

图58　"@太原铁路"微博互动用户的粉丝数分布

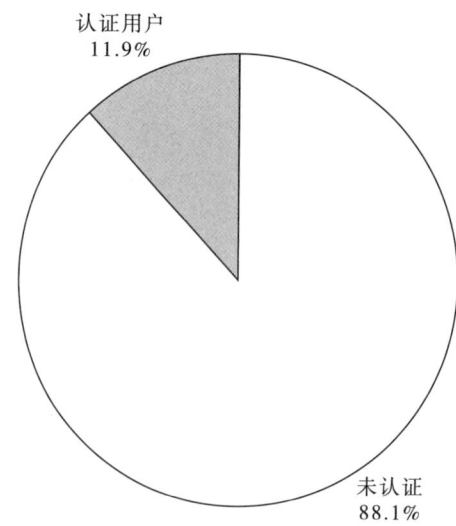

图59　"@太原铁路"微博认证互动用户比例

（2）微博内容分析

太原铁路局官方微博"@太原铁路"的微博内容关键词包括"车票""地区""温馨""铁路""太原""网络""事件""资讯""旅客""时间""全省""铁路""电力""南站""火车票"以及"客运"等，以铁路运输为中心，信息从全省到全国均有覆盖（见图60）。

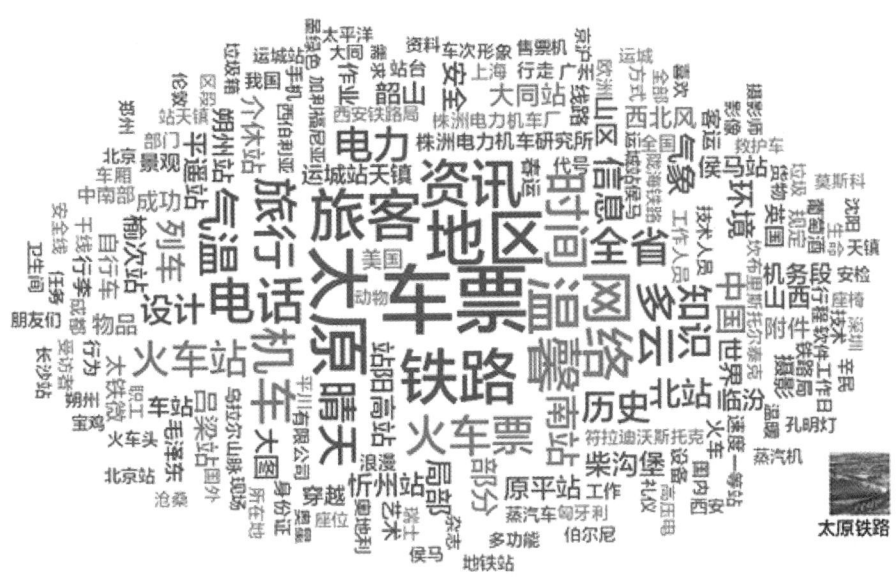

图 60　@太原铁路的微博关键词

（3）影响力分析

"@太原铁路"微博原创率高达90%，内容贴近本地，每日发博信息量大，特别是各种节假日期间，随时发布铁路信息，方便市民出行（见表29）。

表 29　2014 年微博运营数据一览（数据截至 2014 年 12 月 31 日）

微博	原创率（%）	关注数（个）	粉丝数（人）	发博总数（条）	日均发博数（条）	平均转发数（次）	平均评论数（次）
太原铁路	90	283	742363	22835	16	37	0.9

2. "@太原铁路"微博运营特色

（1）"独家秘籍"：信息权威交流及时

"@太原铁路"隶属于"@中国铁路"微博群，是铁路板块政务微博。"@太原铁路"最大的特色就是铁路信息发布的及时和权威，全天24小时值班制度，工作日由微博主编负责，其他时间段由值班人员负责，保证与网民交流的及时性。打开"@太原铁路"会发现，其在回应网友问题方面既迅速又细致，为此得到了众多网友的点赞支持。"@太原铁路"真诚地把每一位互动的网民当成朋友，千方百计帮朋友把事情办好。

（2）深度加工，才能满足网民胃口

运营初期，"@太原铁路"遇到了不同的问题和困难，如何把铁路热点信息传播最大化？如何能让官方微博更亲民、更"接地气"？经过不断摸索发现，铁路热点信息要经过深度加工，才能满足网友们的胃口，网友们才能看得舒服，才会产生共鸣。

"@太原铁路"全天24小时有专职人员进行值班。工作流程主要有以下几个环节：微博内容采编、审核、发布，与网友交流互动，开展铁路特色活动。在内容上，设立了"太铁资讯""太铁温馨提示""太铁一线""太铁微知识""太铁微看点"等五个日常版块，同时，每周至少推出一个特色活动版块；以原创微博内容为主，转发的微博内容有网民关心的问题、铁路最新的资讯、国内大事等。

（3）想旅客之所想，急旅客之所急

"@太原铁路"开通至今，受到了越来越多的网友关注，也真真切切地为网民们解决了很多问题。官方微博开通的初衷就是为网民服务，为旅客服务，为货主服务。在这个"微平台"上，"@太原铁路"可以倾听到最真实的声音，可以及时了解到自身的不足，不断地完善改进。

"@太原铁路"针对春运进行了答疑解惑。2015年春运预售期提前，铁路互联网售票、电话订票的预售期将由目前的20天逐步延长至60天。"@太原铁路"认为铁路延长预售期至60天，可以让旅客提前做好出行计划，安排好行程。"@太原铁路"表示将及时发布消息，与网民互动交流，回复调整预售期带来的变化等问题，让网民了解到最新信息。关于春运，"@太原铁路"还送给广大网友三条提示：一是随时关注车票预售期，提前做好行程安排；二是节日期间购票乘车的旅客较多，乘车的旅客要预留足够购票、进站安检的时间，网购车票的旅客朋友要提前换取纸质车票或预留足够的换票时间，以免耽误行程；三是不要携带危险品乘车，以免带来麻烦影响出行。

（二）旅游局微博：城市形象代言，"微"旅游说走就走

"一生应该经历两件事：一次说走就走的旅行，一次奋不顾身的爱情。"这种狂热而又浪漫的表达，是否让你想来一次"微"旅游？"@重庆市旅游局"自上线以来，一直为网友提供重庆吃喝玩乐购各种信息，介绍山城的独好风景，引领我们一起带着微博去旅行，让休闲说走就走。

2011年6月2日起试运行的"@安徽省旅游局"通过创意漫画等生动幽默的表现形式，向网友们推介安徽省的景区、酒店、美食、民俗、人文等方方面面。账号资讯发布及时、均衡南北资源；受众明确，针对自驾游、骑行、徒步人群分别推荐；线上活动频繁，粉丝互动活跃。

1. 旅游局政务微博的运营现状分析

（1）"@重庆市旅游局"互动用户结构分析

通过对"@重庆市旅游局"微博互动用户数据分析发现：关注"@重庆市旅游局"的女性互动用户（60.2%）高于男性（39.8%）。"@重庆市旅游局"的互动粉丝地域分布前三位是重庆、广东、北京，这三地互动用户数约占其互动用户总量的55.5%。"@重庆市旅游局"吸引了12个粉丝超百万的微博"大V"与其互动交流。关注"@重庆市旅游局"的认证微博网友比例约占9.8%（见图61至图64）。

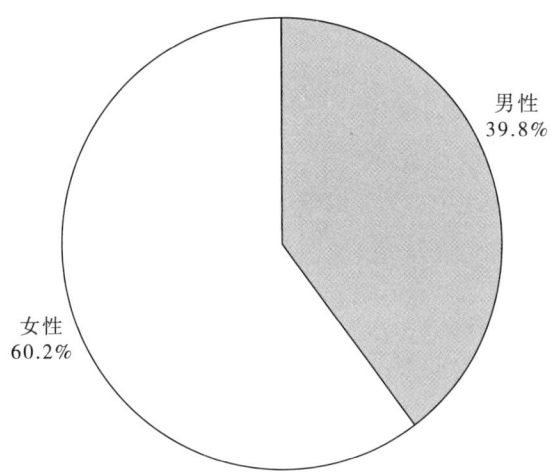

图61　"@重庆市旅游局"微博互动用户性别比例

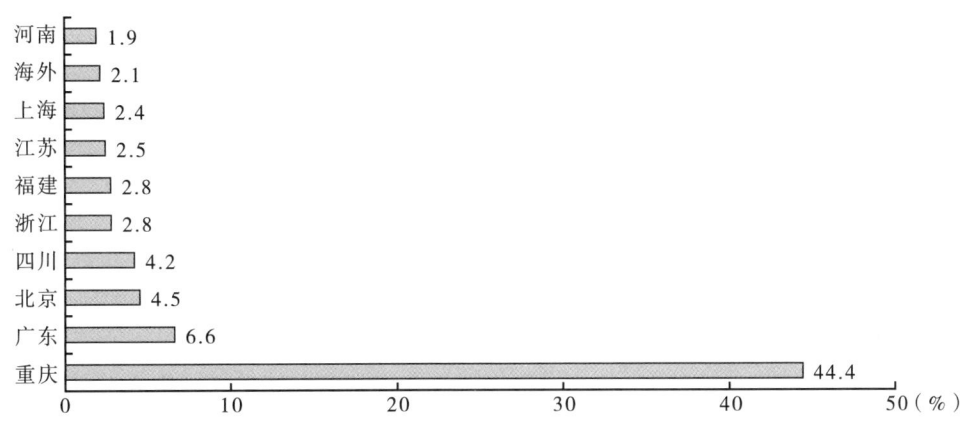

图62　"@重庆市旅游局"微博互动用户地域分布

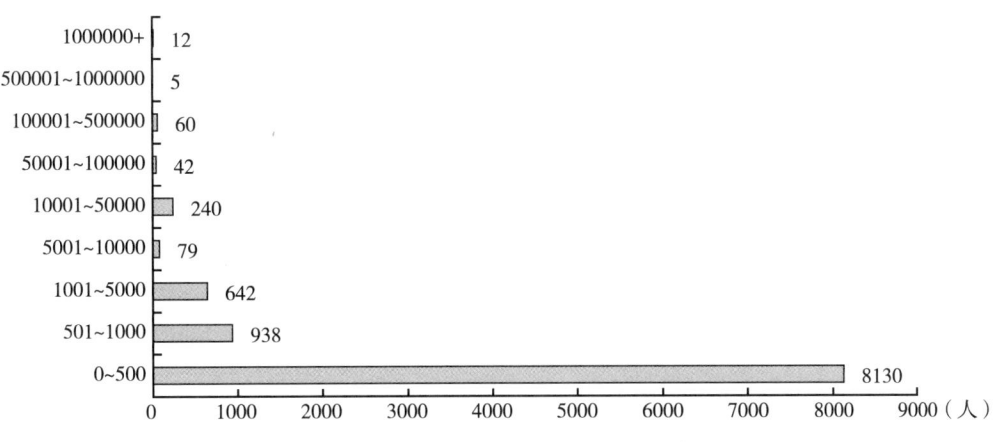

图63　"@重庆市旅游局"微博互动用户的粉丝数分布

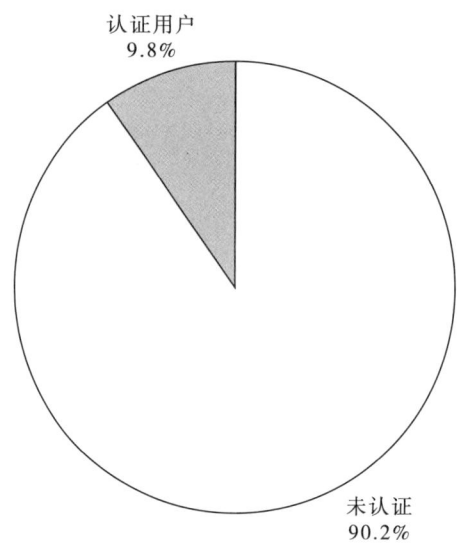

图64 "@重庆市旅游局"微博认证互动用户比例

（2）"@安徽省旅游局"互动用户结构分析

通过对"@安徽省旅游局"微博互动用户数据分析发现：关注"@安徽省旅游局"的男性互动用户（51.5%）略高于女性（48.5%）。"@安徽省旅游局"的安徽省本地互动粉丝比例非常高，达到四成以上，其余地区如广东（6.6%）、江苏（5.4%）和北京（5.2%）也有一定数量互动用户。"@安徽省旅游局"吸引了7个粉丝超百万的微博"大V"与其互动交流。关注"@安徽省旅游局"的认证微博网友比例约占10.1%（见图65至图68）。

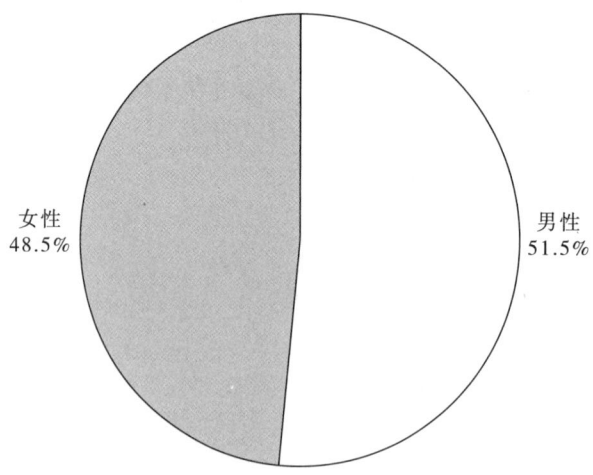

图65 "@安徽省旅游局"微博互动用户性别比例

（3）微博内容分析

"@重庆市旅游局"和"@安徽省旅游局"都非常关注旅游相关话题，"旅游""旅行""景区"都是它们微博内容中的高频词。此外，两家政务微博都善于宣传本地的历史与文

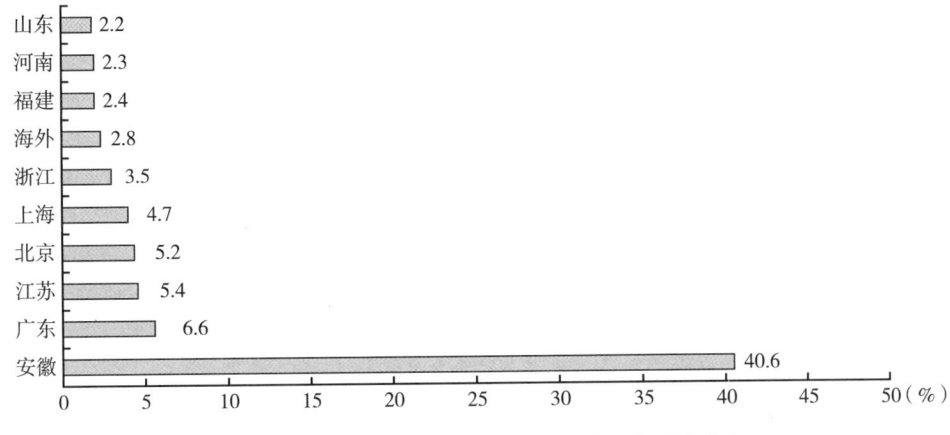

图66　"@安徽省旅游局"微博互动用户地域分布

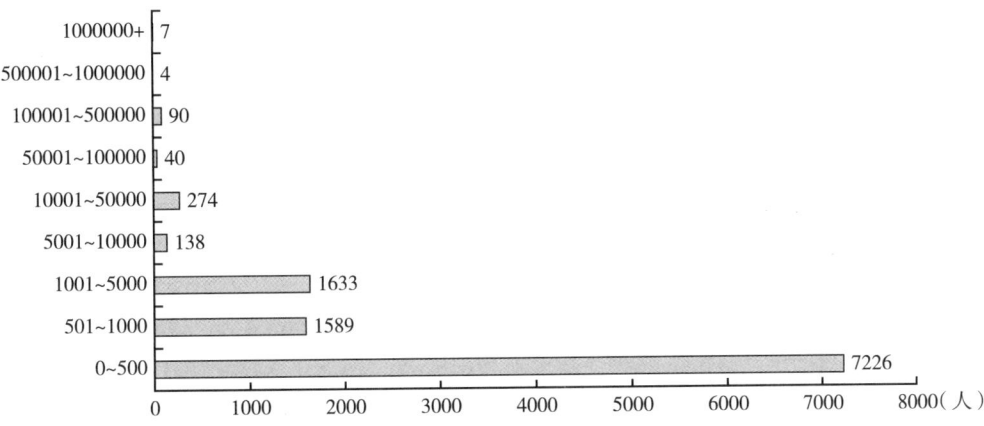

图67　"@安徽省旅游局"微博互动用户的粉丝数分布

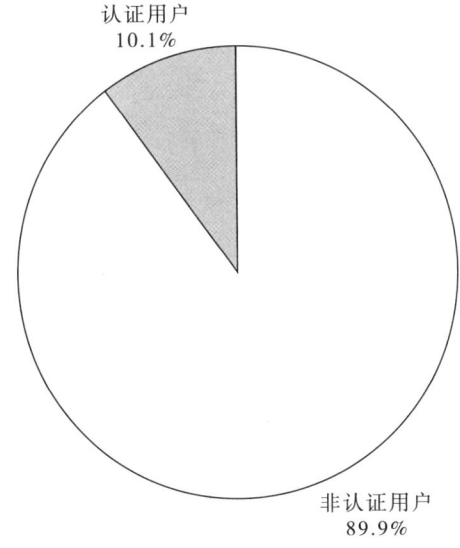

图68　"@安徽省旅游局"微博认证互动用户比例

化，"历史""建筑""美食""传统""文化""博物馆"成为它们的微博关键词（见图69、图70）。

图69 "@重庆市旅游局"的微博关键词

图70 "@安徽省旅游局"的微博关键词

（4）影响力分析

为保证微博内容的质量和原创率，"@重庆市旅游局"每天发布的78%的微博为原创，以服务旅游类为主，景区的实时动态消息、景区攻略等信息也是发布的主要内容。同时表示将扩大与各区县旅游局、景区的合作，策划网友喜闻乐见的微博话题、微博互动活动，为网友提供更为丰富的信息，在微博上营造更为浓郁的旅游氛围。"@安徽省旅游局"的原创率高达96%，粉丝20余万，虽然发博数量不多，但是每条微博都有一定的互动量（见表30）。

表30 2014年微博运营数据一览（数据截至2014年12月31日）

微博	原创率（%）	关注数（个）	粉丝数（人）	发博总数（条）	日均发博数（条）	平均转发数（次）	平均评论数（次）
重庆市旅游局	78	403	919265	10570	7.9	12	4.5
安徽省旅游局	96	576	213133	2561	3.0	12	4

2. 旅游局政务微博的运营特色

（1）独家秘籍：营造"悦"读感受令网友仿佛身临其境

提起山城重庆，大家一定会想到吊脚楼、码头、火锅……作为重庆市旅游局官方信息发送平台，"@重庆市旅游局"一直致力于为网友提供权威、有趣、实用的重庆旅游信息，内容相对轻松、活泼、带有美感。"@重庆市旅游局"发布信息的标准之一就是站在网友需求的角度，化身为一名游客，发布对他们有用的信息。

"@安徽省旅游局"长期坚持具有安徽旅游特色的原创图文内容，透析互联网热点传播规律，赋予内容生动有趣的阅读享受以及长效性的传播时效。《大别山名称的由来》博文登《江淮晨报》头版，后被多家线上、线下媒体刊登转载报道。之后陆续推出《徐霞客的微博》《假如安徽名山都用QQ》《王致和》等徽文化漫画作品，串联省内风景名胜、历史人文、美食字号，推广良好、反响热烈。

（2）栏目创新：应季策划"寻找"美景

打开"@重庆市旅游局"的官方微博，出现次数最多的要数"寻找重庆最美秋色""寻找重庆经典老建筑""寻找重庆最美避暑地"等策划标签。"@重庆市旅游局"重点推出"寻找"系列栏目，将重庆最美的，甚至一些冷门被大家遗忘的风光一网打尽，展示到网友面前。此外，"@重庆市旅游局"还设置了一些常规项目，比如"游重庆""食在重庆""资讯"等。我们发现，在中秋、国庆等节假日期间，"@重庆市旅游局"还会发布"黄金周景区播报""国庆去哪儿""实时路况"等应季策划，真正做到快速、有效、权威、有趣地为广大微博网友进行微博报道。

精美的图片往往是提高一条微博质量的重要因素，因此"@重庆市旅游局"在选用景区图片时很细致负责，通过多种途径收集各类精美图片：区县旅游局、景区供图；媒体图片；网友图片。最关键的一点是清楚完整的标明了图片来源，特别是网友投稿的图片，完整的署名能增加他们的参与积极性，形成与网友们的良性互动。

"@安徽省旅游局"以原创贴近网民生活的微博内容和呈现优秀的摄影作品著称，发布内容涵盖时效性强的旅游资讯及政务要闻；专业性强的行程攻略、微访谈；覆盖面广的国内、国际线路信息；具有延续性的二十四节气、节日、假期的专题策划；大众喜闻乐见的主题创意创作；富有感染力的美景美图。"@安徽省旅游局"具有专业的摄影作品采集平台，账号所发布的相关图片均经过深度加工和视觉包装，涉及安徽旅游相关风光、人文、民俗、美食，题材广泛。

（3）官方微博联动：形成差异资源互补

和很多政务微博一样，"@重庆市旅游局"在运营期间也遇到了一定的困难：每天发布的内容有重复，网友关注热情降低。后来通过一段时间的探索和学习，@重庆市旅游局形成了一套有特色、规范的模式。编辑尽量打开思路，策划不同主题、话题，将同样的资源以不同的角度呈现，增加网友新鲜感；扩宽选稿广度，策划活动，邀请、鼓励网友参与其中，提供素材，不仅增加互动，内容上也更加丰富。

为了让官方微博在发展的道路上走得更好更远，"@重庆市旅游局"与其他政务微博形成一种差异、资源互补的联合互动关系，形成重庆旅游系统微博群，全面展示重庆旅游形象。

（4）联动"大V"：深度互动贯彻线下执行

"@安徽省旅游局"结合时下热点、节气假日、不同人群等角度，精心策划邀约旅游达人、微博"大V"以及具备本地影响力和独家推介能力的微博账号，联动推介安徽优质旅游资源。"@安徽省旅游局"线上与专业摄影师互动频繁、对接密切，账号长期供稿征稿或定向邀约摄影作品，在实现更好获取影像资料的同时，也促进摄影师作品通过账号平台更好地传播，形成长期良好的互动模式。

"@安徽省旅游局"线上主持多个话题，线下策划相关落地活动，成功策划"秀孤单、赢神棍""吃货承包自助餐"等多次营销激励活动，关联省内景区、酒店、自助餐等线下可体验旅游项目，充分调动粉丝积极性、热情度，贯彻活动执行，推广安徽旅游。

（三）"@深圳天气"：高大上＋接地气，气象服务"知冷暖"

深圳暴雨期间，"@深圳天气"以10分钟更新一条微博的高频运转"服务"无数市民；高温来袭时，"@深圳天气"专业防暑提示知识又"俘获"大批粉丝。

1. "@深圳天气"运营现状分析

（1）互动用户结构分析

通过对"@深圳天气"微博互动用户数据分析发现：关注"@深圳天气"的女性互动用户（61.2%）远高于男性（38.8%），这体现出女性网友更关注天气冷暖。在"@深圳天气"互动用户地域分布中，广东省遥遥领先，高达80%以上，彰显了气象服务类微博的本地化特色。"@深圳天气"吸引了12个粉丝超百万的微博"大V"与其互动交流。关注"@深圳天气"的认证微博网友比例较低，仅有5.4%，可见"@深圳天气"的服务对象以普通民众为主（见图71至图71）。

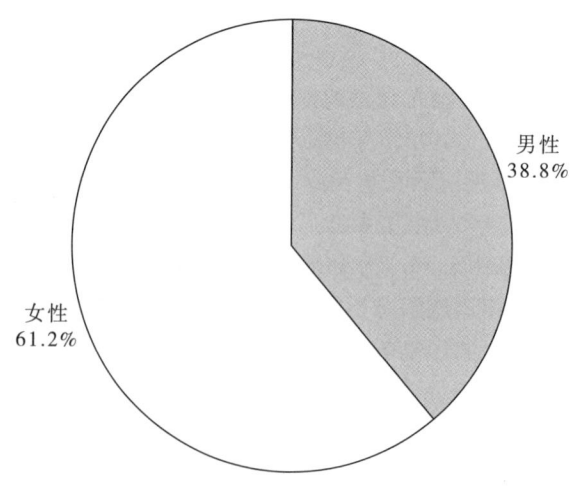

图71　"@深圳天气"微博互动用户性别比例

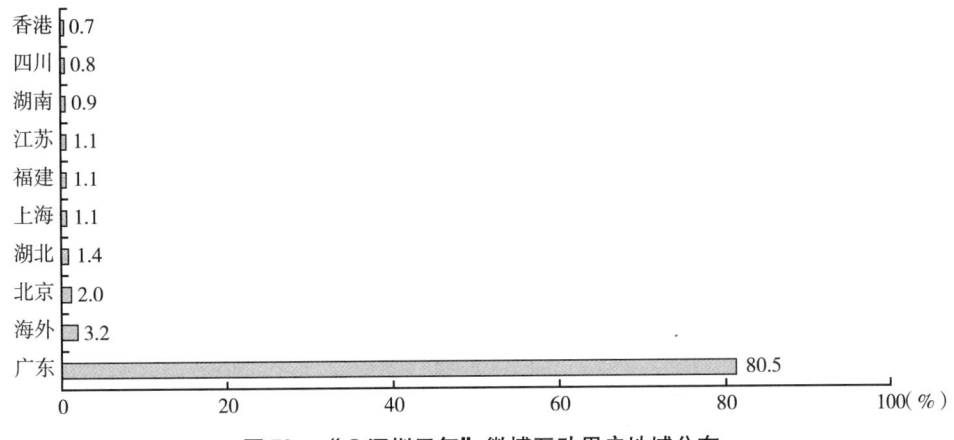

图72　"@深圳天气"微博互动用户地域分布

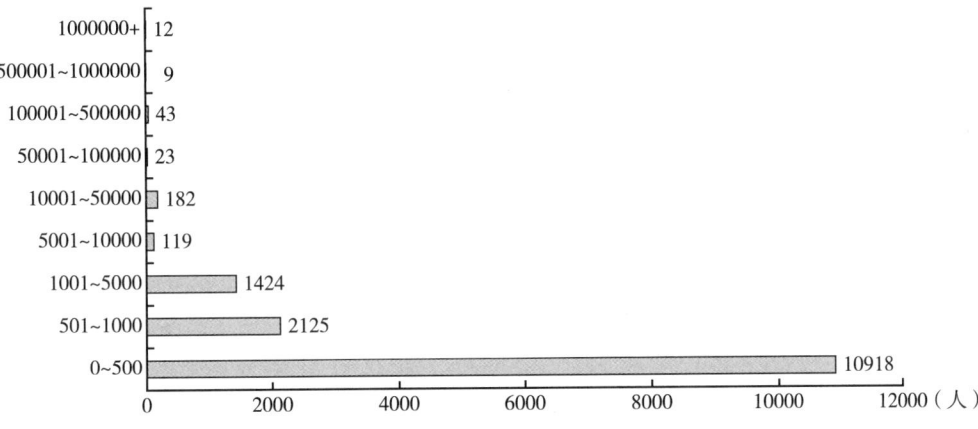

图73　"@深圳天气"微博互动用户的粉丝数分布

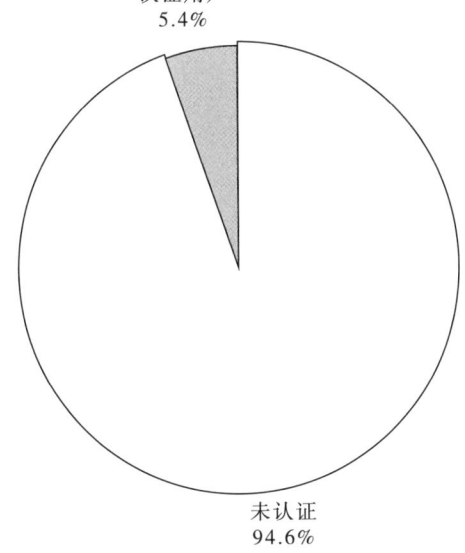

图74　"@深圳天气"微博认证互动用户比例

（2）微博内容分析

深圳市气象局官方微博"@深圳天气"的微博内容关键词包括"天气""气温""能见度""相对湿度""旅行""冷空气""多云""深圳""晴天""阴天""小雨"以及"东风"等（见图75）。

图75　"@重庆市旅游局"的微博关键词

（3）影响力分析

"@深圳大气"的微博内容几乎均与天气相关，并尤以本地天气情况播报最为频繁，也因其发博时机与内容准确，所以获得网友的积极转评（见表31）。

表31　2014年微博运营数据一览（数据截至2014年12月31日）

微博昵称	微博原创率（%）	关注数（个）	粉丝数（人）	发博总数（条）	日均发博数（条）	平均转发数（次）	平均评论数（次）
深圳天气	64	307	713931	17203	11	68	28

2. "@深圳天气"微博运营特色

（1）应对突发：未雨绸缪树立主动服务意识

5月11日，深圳遭暴雨袭城，"@深圳天气"每10分钟更新一条，发布各类气象信息和安全防范小贴士。这些为深圳市民"量身定制"的微博信息一经发布就引得网友纷纷点赞。深圳夏季暴雨高发，几乎每一次突降暴雨，"@深圳天气"都能立即启动"应急模式"。

"@深圳天气"运营团队24小时跟踪天气，所以在突发事件应对方面都是早有准备，比如"3·30"和"5·11"暴雨，早在暴雨降临之前，"@深圳天气"就已安排好服务岗工作部署，一旦天气状况达到发布暴雨黄色预警信号的标准，服务岗就自动到岗保证微博信息的更新。

"换位思考，想市民所想，主动服务"是"@深圳天气"的运营宗旨，在这一理念的指引下，"@深圳天气"在服务民生层面上并不止步于发布气象信息，在深圳"5·11"暴雨期间，一条求助微博引起了"@深圳天气"的注意："外公外婆两个老人家在观澜樟坑径被困，水已经淹进1楼，老人家在2楼，外公摔倒! 我们没办法过去，110打不进去! 怎么办!"发现该微博后，"@深圳天气"立即转发网友的求助信息，并"@"深圳当地警务机构，最终老人平安脱险，"@深圳天气"尽力帮助网友解决实际问题的行为也让网友大赞"暖心"。

（2）微言天气：内核"高大上"形式"接地气"

"阵雨，你又要来闹吗""高温预警高高挂"等诙谐有趣的话语风格为"@深圳天气"吸引了不少网友的注意力。微博中发布的气象信息都配有雷达或卫星图及其解读，在内容选取上涉及天气学原理、卫星和雷达气象学等多种专业知识，用诙谐的语言，化晦涩为通俗，让网友在了解气象信息的同时，学习气象知识。

当然，"萌言萌语"只是表象，为确保气象信息的准确性，"@深圳天气"背后有一系列"高大上"的专业性知识做后盾，除了天气预报员根据天气情况负责图文和发布第一手预告资料，还会参照一些专业书，如天气学原理、卫星和雷达气象学等参考书和网上的专业论坛，来挖掘更多更好的专业微博内容。

有了这么多好内容，如何为让他们直达民众是个问题。为此，"@深圳天气"挖掘出微信、手机App等多元化的发布渠道。除了在微信平台上发力，还开发了"我的都市天气""深圳天气手机客户端"等App，以便网友随时随地了解天气实况。此外，每逢高级别预警发布，还利用户外LED屏进行信息扩散，让深圳市民得以及时采取有效措施进行应对。

（3）求变之路：注新鲜血液互动到极致

"@深圳天气"早期微博的形式和内容比较单一，一天1~2条微博，内容主要是气象科普和预报释疑、气象资讯分享。而且初期微博只有一人运营，开通三四个月粉丝也不过500人。

在"寻路"微博的过程中，"@深圳天气"逐渐认识到微博可以作为气象服务的一个主渠道，开始着力培养"服务型预报员"，并做出了一系列改变。

首先，在运营团队上广招80后、90后，新鲜血液的注入改变了"@深圳天气"的话语风格，"有趣""亲民"的口碑渐渐被竖立起来。其次，在网友互动方面发力，答疑解惑的同时搜集市民气象服务需求，形成信息双向反馈的氛围。此外，还从深圳市民拍摄到的各种天气现象照片中寻找科普话题素材。同时对网友的每一条留言都给予真诚的答复，常有粉丝"@""@深圳天气"询问一些气象知识，小编们总是知无不言，言无不尽，将自媒体的互动性发挥到极致。

（四）"@宿迁之声"：创新全媒体互动，打造指尖上的微政务

"@宿迁之声"是宿迁市人民政府官方微博，2011年11月24日上线运行。上线以来，坚持"及时权威发布，竭诚服务民生"的基本宗旨，努力做到"每天都把政务讲、真诚沟通是桥梁、重大事件我在场、应用创新在路上"。特别是2014年起，每月一期常态性参与"全媒体政民互动"活动，与"@网上宿迁""@12345热线""@宿迁电视台""@宿迁电台"等互动联动，解决市民网民诉求，实现政民互动新常态，被赞为"最亲民政务微博"。

1. "@宿迁之声"运营现状分析

（1）互动用户结构分析

通过对"@宿迁之声"微博互动用户数据分析发现："@宿迁之声"男性互动用户数量（51.1%）与女性（48.9%）大致相当。作为宿迁市政府官方微博，"@宿迁之声"主要服务对象在江苏省本地，互动用户比例占60.5%，北京、上海、广东等经济发达地区也有一

定覆盖度，同时，"@宿迁之声"还吸引了少量微博"大V"与其互动，关注"@宿迁之声"的认证互动用户比例约占10.6%（见图76至图79）。

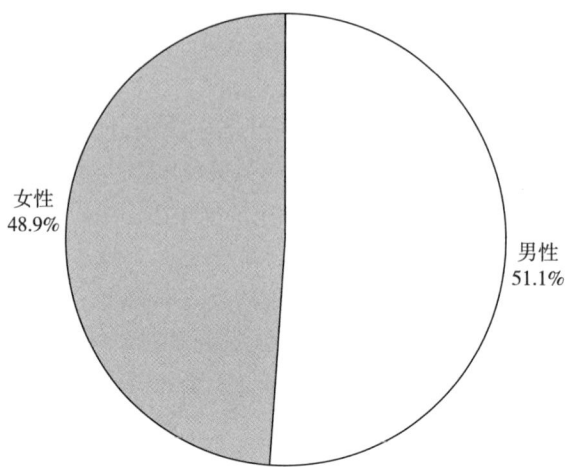

图76　"@宿迁之声"微博互动用户性别比例

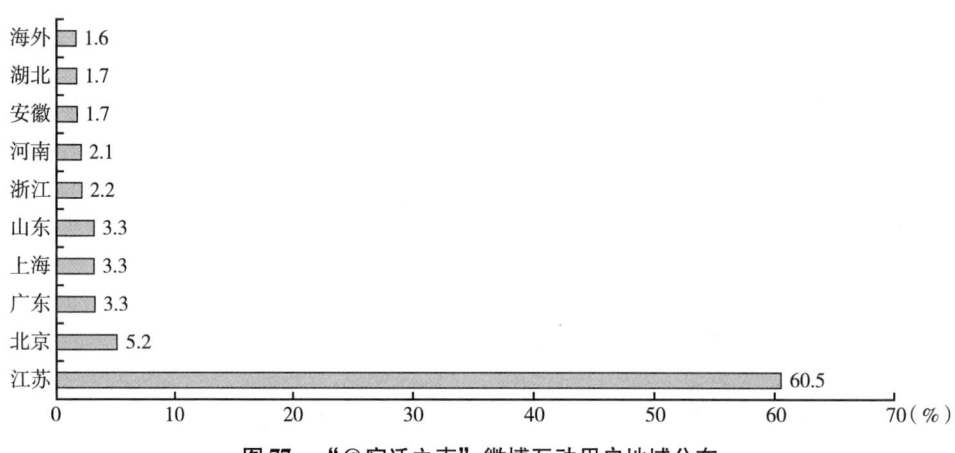

图77　"@宿迁之声"微博互动用户地域分布

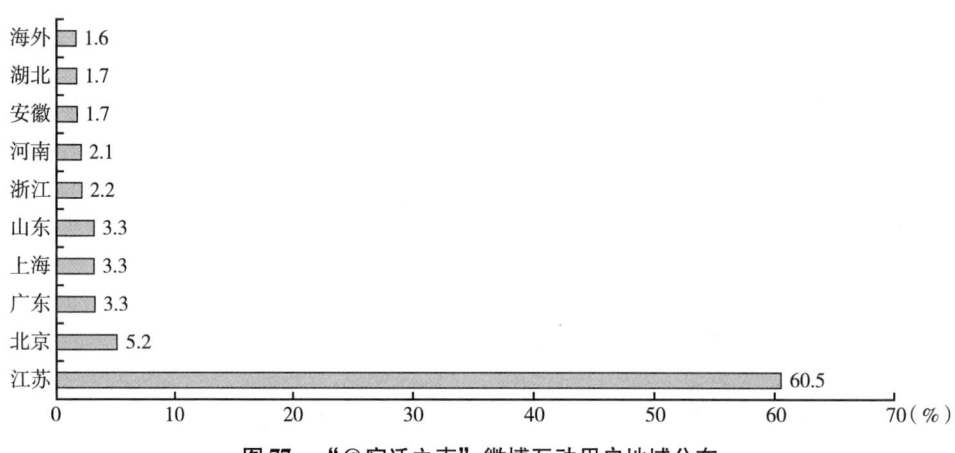

图78　"@宿迁之声"微博互动用户的粉丝数分布

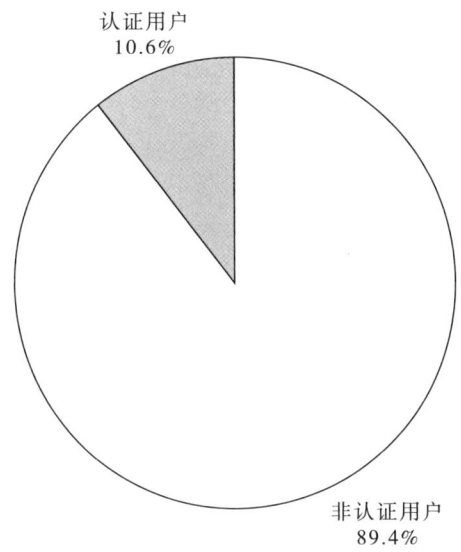

认证用户
10.6%

非认证用户
89.4%

图79 "@宿迁之声"微博认证互动用户比例

（2）微博内容分析

通过分析"@宿迁之声"所发微博，发现其微博的关键词有："建设""创业""环境""生活""管理""景区""交通""文明""文化"等。说明"@宿迁之声"多关注经济社会发展及交通、环境、旅游等民生问题，体现了其"及时权威发布，竭诚服务民生"的宗旨（见图80）。

图80 "@宿迁之声"的微博关键词

（3）影响力分析

"@宿迁之声"微博发博时间主要集中在上午6时至12时，下午2时至4时，和非常规工作时间的晚上6时至10时。从原创比例来看，"@宿迁之声"原创率达到87%。同时，

"@宿迁之声"也非常注重与网友互动，对粉丝反应的问题基本做到有问必复，同类诉求较多的问题和需要网友周知的问题，还会在微博上进行发布（见表32）。

表32　2014年微博运营数据一览（数据截至2014年12月31日）

微博昵称	微博原创率(%)	关注数(个)	粉丝数(人)	发博总数(条)	日均发博数(条)	平均转发数(次)	平均评论数(次)
宿迁之声	87	1270	2056662	16867	16	106	75

2. "@宿迁之声"微博运营特色

（1）每天都把政务讲

政务微博要务"政"业。"@宿迁之声"认为，政务微博要以发布政务信息为主，心灵鸡汤式的内容只能是点心和锦上添花，而不是主食和全部家当。因此，"宿迁之声"在运维中坚持其政务属性，多说"政事"，多务"政"业，政务性微博的数量在全部微博中占比超过60%。在具体的运维中，"@宿迁之声"坚持发布形式上有图有文有真相，发布内容上有意义与有意思相结合，微博语言上该权威时要权威、可卖萌时也卖萌，发布时间上把握时间点、注重频和度。

（2）真诚沟通是桥梁

"@宿迁之声"认为，微博的生命在于互动，动起来的微博才是有生命力、有影响力的微博。让微博动起来，必须与粉丝真诚沟通。"@宿迁之声"不做"隐身人"，与宿迁地区三县七区和市直60多家政务微博互动联动，2014年全年解决粉丝诉求1万多件。同时，为了实现官方微博、公微、民微的良性互动，"@宿迁之声"主导下，成立了粉丝自己的组织——千张俱乐部，并常态性开展微活动，先后开展了"为尿毒症大学生卓利元捐款""微眼看新宿""我为市区物业管理献一策""市政府工作报告意见征集座谈会"等系列活动，得到媒体和社会各界的好评。

（3）重大事件我在场

无论是信息发布，还是危机应对，"@宿迁之声"都不缺席，努力做到重要活动有我的身影，重要事件有我的声音。"@宿迁之声"成立以来，坚持对"宿迁两会"、市委扩大会等市内重要政务活动进行微直播。2014年更把网络直播写入了市政府常务会议的议事规则，明确规定，除了涉密或不宜公开的议题，会议全程进行网络直播，2014年全年开展微直播20多次。对于负面舆情，"@宿迁之声"的态度是：不逃避，不退缩，善于解释，敢于面对，勇于担当，懂技巧性发声，会策略性回应。在义乌商贸城小孩被拐卖谣言、司东亮户籍问题等面前，都能做到快速权威发声。

（4）应用创新在路上

"@宿迁之声"一直在努力，做一个诚实的微博，一个负责的微博，一个有特点、有生命、会呼吸的微博，首创宣传推广城市的微营销模式，构建助推经济社会发展的微政务模式，打造"三网归一"的微问政模式，创新政民互动的全媒体模式。

2014年，"@宿迁之声"在延续发布功能的基础上，更加注重对服务功能的开发，在微博由发布向服务的转变中做出了积极的探索和尝试：每月一期常态性参与"全媒体政民互动"活动，每期一名市领导，每月一个主题，围绕市委市政府中心工作和市民网民关注的热点难点问题,与"@网上宿迁""@12345热线""@宿迁电视台""@宿迁电台"等微博互动联动,全方位解决百姓诉求,11期主题活动累计接听热线700多通,收到网友提问3000多个,现已全部回复;开通微博粉丝服务平台,设置"微宿迁""微服务""微查询"栏目,为粉丝提供医院、学校、景区、问政查询、违章查询等多项服务功能;与"宿迁英才计划""宿迁12333"等联合举办了第二届和第三届"宿迁英才计划·网络招聘会"等等,在服务经济社会发展和粉丝需求方面发挥了重要作用。

七 2015年政务微博发展展望

2014年是中国全功能接入国际互联网20周年。近半的中国人生活在互联网上。目前,中国的网民超过6亿,手机用户接近13亿,智能手机上网用户突破5个亿,微博热议时事、表达观点、互动社交成为众多网民生活常态。政务微博的蓬勃发展则助推政府主动公开信息,创新政务服务。

2014年11月22日,四川省甘孜藏族自治州康定县发生6.3级地震。"@中国地震台网速报"第一时间发出问询"四川康定有震感吗"并随后发出地震通报。新媒体平台的政务发布打破了传统的以24小时为舆论周期的传播方式。在新媒体时代,文字、图片、图表、视频等发布方式各尽其用,便于用户短时间内浏览。

2014年11月21日,"@江西发布"发出了一条求助消息,呼吁网友购买上饶县滞销的红薯。简短的一条微博,引发了网民、媒体和其他政务账号的接力转发。

2014年11月20日,《上海市消费者权益保护条例》修改方案最终落定。同日,"@上海发布"发布了对条例的图文解读,回答了包括"哪些商品可以七日退货""退货商品需保持'完好'是什么意思""受到欺诈该如何获赔"等网友关心的问题。

如果说,权威消息的发布迈出了官民互动的"最初一公里",帮助群众解决实际问题,则是打通了网络问政的"最后一公里"。2015年,我国政务微博运营将朝着"信息发布+政务服务"的路径不断前进。

(一) 政务微博将成重要信息发布源头

2014年2月27日,中央网络安全和信息化领导小组成立,召开第一次会议。中共中央总书记、国家主席、中央军委主席习近平亲自担任组长,李克强、刘云山任副组长。这是中国网络安全和信息化国家战略迈出的重要一步,展示中央关于信息化发展的决心和战略部署。

2014年4月1日,《国务院办公厅关于印发2014年政府信息公开工作要点的通知》,明确要求"加强新闻发言人制度和政府网站、政务微博微信等信息公开平台建设,充分发挥广播电视、报刊、新闻网站、商业网站等媒体的作用,使主流声音和权威准确的政务信息在网络领域和公共信息传播体系中广泛传播"。政务微博等互联网应用在促进信息公开,为公众提供服务,引导社会舆论等方面起到重要作用。在此背景下,全国各地政务微博发展突飞猛进。

2014年,政务微博成为重要信息发布源头,许多"重磅"消息、权威声音均由政务微博率先发布。政务微博为党政机构提供了全新的信息发布窗口,不仅有利于信息公开、服务群众，也为政府增加了一条处理突发事件的渠道。

7月31日晚，"@平安北京"微博通报张默等3名演艺界人士吸毒被抓。12月10日，"@河北廊坊中院"针对刘铁男受贿案一审宣判进行微博播报。12月14日，内蒙古高级人民法院官方微博"@北疆法声"连发32条微博通报呼格吉勒图案复查进展情况。

从政务微博的发展可以看出，信息公开的力度开始加大，官方与网民互动属性增强，在重大与突发舆情前，政务微博信息公开越来越迅速，逐步成为事件通报的第一信源。及时、主动的发声，使得政务微博逐步获取话语权的主动性，影响网络舆论走势。

（二）政务微博发布厅将持续为民服务

2011年11月，首批北京市政府部门和6个新闻发言人共同组建成全国首个微博发布厅——北京微博发布厅，此举为全国政务微博的集群化发展揭幕。2014年2月底，北京市新闻办又促成百位新闻发言人集体加入北京微博发布厅，积极探索政府机构和新闻发言人微博的有效融合，为政府信息公开与服务体系建设提供双向通道。"北京微博发布厅"以极强的微博动员能力、组织号召能力，探索政务微博发布模式，实现了微博问政、微博政务公开的创新，增进网民对政务机构的"亲切感""认同度"。"@北京发布"则在发布厅中充当"领头羊"，不断起到沟通协调、督促善政的职责。

2014年3月10日，第十二届全国人民代表大会第二次会议中，最高人民法院院长周强作最高人民法院工作报告，回顾2013年主要工作时指出，"最高人民法院创新司法公开形式"，这里的"创新"即包含建成的"全国法院微博发布厅"，及时向社会发布、公开审判执行信息，方便群众通过新媒体了解法院工作，并在发布厅中开展主题开放日，邀请人大代表、政协委员、基层群众、未成年人等走进法院、走近法官，零距离感受法院工作，成为政务微博发布厅创新典范。

自2011年政务微博元年以来，各地政务微博层出不穷，在经历了最初的爆炸式增长与随后的持续稳步增长之后，各地也在逐渐探索政务微博管理运营的新型模式。经过近几年的探索，有人将诸多管理模式按照地域归纳为三类：侧重信息发布与提供服务的"微博发布厅"模式；整合信息发布、加强对信息的审核及分类管理的"@上海发布"模式；进一步增加解决问题功能，并将微博工作纳入绩效考核的政务微博集群"银川模式"。由此可见，自2011年底以来出现的微博发布厅一类政务微博集群模式逐渐成为政务微博管理最有效的模式之一，"合唱"正逐渐取代"独唱"，在微博场域话语权中发挥更大效应。

"集群化"运营已成为政务微博发展的核心模式之一。然而，一个良好发布厅的构建，显然并非将职能委办微博"拉进入伙"了事，对于网络传播受众，其所关心的是能否在发布厅的平台上取得更优的信息获取效率和更好的政务信息服务；而对于开通发布厅的地方政府和职能部门，如何借力发布厅开展政府职能委办合作、应急响应联动的探索，如何以"开放倒逼改革"，如何使其能联合成群、资源重构、集体发声，是应当关注的问题。

（三）基层政务微博将保持良性发展态势

2014年10月16日晚，甘肃省礼县副县长潘喆通过认证微博"@陇南礼县潘喆"发出信息，披露该县九图村花牛苹果因遭灾卖相不好而滞销。一石激起千层浪，众多电商、媒体、政务微博和普通网友参与其中，转发，订购，大量订单纷至沓来，最终25万斤苹果一举卖光。

2014 年我国基层政务微博遍地开花，发展趋势良好。基层政务微博是发现舆情、化解官民矛盾、为民提供服务的第一线。随着政务微博运营日趋成熟，仅有日常信息发布已不能满足受众的信息需求，对突发热点事件的回应反馈以及通过政务平台为老百姓解决实事，已成为基层政务微博运营水平的重要考量标准。但基层政务微博对回应及事件的推进，离不开主管领导自身对网络舆情和服务的理解支持和深入了解。除信息发布及服务外，基层政务微博还应该加强网络形象建设，通过微博立体化呈现政府形象，成为基层政府机构及民众沟通的桥梁。

但是，基层政务机构网上事件处置数量的日趋增长和日趋紧迫，与运营水平的不足和应急机制的相对缺乏，是目前基层政务微博所面临的矛盾。目前县级的政务微博运营者多为县办或县委宣传部门，另有一批县处级职能部门和公共服务单位微博由宣传公关部门负责。在此架构之下，做到管理层级合理的"一把手"工程，是为首位，政务微博尤其是基层微博能够甩开膀子迈开步子，离不开主管领导自身对网络舆情和服务的理解支持和深入了解。既要解决信息来源，亦要表达艺术到位，对于基层政务微博的运营，的确并非易事。

随着政务微博运营成熟，仅发布日常信息显然不能满足受众的信息需求。基层政务微博往往处于网络事件处理的一线，在突发事件和热点事件中及时回应，应成为基层政务微博运营水平考量的重要标准。基层政务微博要加强发布职能和服务职能，"上面千条线，基层一针穿"，目前，已有一部分基层职能"窗口"行业在通过微博大胆创新服务模式，实现服务职能的升级。同时，基层政务微博还应加强网络形象建设，建设"亲民政府"是本届政府的重要目标，微博则成为基层政府机构和民众沟通的重要通道。

（四）政务微博将与媒体微博"同频共振"

2014 年，政务微博和媒体微博相互支撑提高议程设置能力。政务微博对当地网民具有广泛的影响力，媒体法人微博善于设置议题，双方合作，定期推出"微博联播"话题，有助放大社会正能量，共同为建设一个为民、文明、诚信、法治、安全、创新的网络空间相互扶持与鼓励。

2014 年 12 月 13 日，首个南京大屠杀死难者国家公祭仪式举行。南京本地政务微博、媒体微博对"国家公祭日"话题格外关注，在微博舆论场带动网友参与祭奠哀思。南京本地的政务微博、媒体微博在国家公祭日当天纷纷将微博头像改为灰色，以此表明政府态度、媒体态度，令众多网友动容。

在新媒体语境下，政务微博需要逐渐形成新的话语表达机制和传播方式。坚持说真话，坚决不说假话，努力少说空话；多说有营养的话，实心实意地说老百姓的贴心话；代表主流说权威的话。做恪守互联网"七条底线"的表率。保证信息真实，加强对互动内容的核实，抵制恶意炒作，切断谣言的传播链条；提倡理性表达，倡导文明用语，采用规范的信息来源，努力带头营造健康向上的网络舆论生态。

但就现实而言，单个政务微博信息采集渠道单一，影响力和覆盖面有限，遇到突发事件时，仍需要借助媒体微博的力量扩散第一手权威信息，扩大信息传播的数量级。未来，政务微博和媒体微博联合设置议程、"同频共振"的趋势将更加明显。政务微博和媒体微博可以不断实现创意互动、信息共享、评论交流，同时避免内容同质化。

（五）政务微博将与网络名人构建对话通道

2014年，越来越多地方政务微博开始邀请知名网友地方行，构建起政务微博与网络名博的对话通道。

2014年6月9日，中共重庆市委宣传部、重庆市人民政府新闻办公室和重庆市互联信息办公室面向全国政务微博运营官发起"重庆行"的邀请，最终26家政务微博在重庆完成为期4天的走访活动。总计超过7800万粉丝的政务微博向网民传达重庆现阶段建设发展新风貌。6月27日，由河南省网信办主办，河南省政府新闻办协办的"第十二届网上看河南——网络名博走进美丽河南"启动，"@精彩河南"邀请了18个网络"大V"和北京、河北、山西、山东、江苏、安徽、湖北、湖南、广东等省份网信办领导深入郑州、开封、洛阳实地采风，并举行了首届新媒体传播正能量论坛。此外，2014年由"@广东发布"组织的"粤来粤好"网友行来到广东东莞，对于央视揭露东莞色情业后的形象修复，起到了积极作用。

网络名人地方行的舆论传播效果是显而易见的，这属于宣传"游击战"的一种新策略、新手段。党报和国家电视台作为宣传战线的"阵地战"代表，起到地方治理政绩评估的作用，权威性强；但社交媒体的宣传"游击战"，诉诸大众，尤其是互联网上的国民新生代，开辟了官民互动的"直通车"。

（六）政务微博微信谋求"双微联动"

2014年，政务微博保持稳定发展，政务微信方兴未艾。国家互联网信息办公室于2014年9月10日下发通知，要求全国各地网信部门推动党政机关、企事业单位和人民团体积极运用即时通信工具开展政务信息服务工作。通知透露出以下几个要点：第一，力争今年底政务公众账号达到6万个；第二，区分政务公众账号与政务微博功能定位；第三，2015年底，争取形成覆盖全面功能完备的即时通信工具服务体系。在中央通知的号召下，我国政务微博微信必将在2015年谋求实现"双微联动"。

作为首个打通微博微信的中央级部委，公安部交管局将在全国推行其服务模版。它的微信政务平台中，汇聚了全国交管系统的微博，形成很好的上下协作与联动，这里面既有微博的交管资讯、安全宣传，又有微信菜单里的交管服务，如违法查询、违法通知，真正"双微"联合，把新闻宣传与便民服务融合。

最高人民法院同样重视"双微"运营，把最高法院官方微博、法院微博矩阵等嵌入微信中，实现更好的矩阵式管理。

微博作为信息平台具有强媒体属性，一直是政府信息公开的重要平台，而微信是服务平台，侧重服务属性，为政府便民服务提供了广阔空间。信息公开与便民服务融合，能够增加用户黏性。这两大产品在功能上的打通互补使政府部门可以在信息公开和便民服务两大核心工作中并驾齐驱，实现真正的融合开展。在让政务公开实现信息有效触达的同时提升公共服务能力，打造公众服务的全新理念，并最快发现舆情，处理网民需求，将危机化解在萌芽之中。

政务微博与政务微信齐头并进，能为公众提供问政新渠道，会显著降低公众咨询、投诉和建议的成本，有助于提升政府的行政效能。政务微博与微信实现"双微联动"，能进一步提升党政机构的互动、服务水平。

（七）政务微博考评机制将更加成熟

当前，舆情研究机构、高校舆情研究所等多用排行榜来衡量政务微博的影响力，通过设计政务微博指标体系，将微博数、新增粉丝数、原创微博数、被转发数、被评论数、收发私信数等指标加权计算，得出相应排行。政务微博排行客观评价政务微博现状，鼓励政务微博继续创新工作方式，提高为民办事效率。2014 年 3 月，南京市推出首期政务微博运行维护情况报告，通报了一批更新不力的政务微博，让部分更新不力的微博在公众面前曝光，督促政务微博切实转变工作作风。

全国政务微博的基数不断扩大，但仍需注重服务质量，使数量增长与服务质量处于相对平衡的状态。就目前情况来看，政务微博群里仍存在不少"僵尸微博"，更有政务微博为了让数字"好看"，不惜"刷粉""刷评论""刷转发"，但着实是让自己"蒙羞"，政务微博在加强自身建设时要重数量、重质量，但应以客观真实为前提。在自身考核方面，应将制定重大行政决策、程序制度、执行情况等纳入考量体系，并将考核落实到日均发博数、粉丝增长量、办事数量等，建立合理的政务微博绩效考核体系，赏罚分明。此外，相应主管部门还应定期举办政务微博管理培训会，由专业人士为微博管理人员讲解政务微博基本运维规范，并适当邀请业界、学界舆情专家为学习人员讲解新媒体运营，让其了解如何做好新媒体语境下的政务信息公开工作，进一步提升官博运维能力和与网民互动沟通的能力。

正义网·2014年政法新媒体报告

一 榜单江湖：政法新媒体究竟哪家强

导语： 什么是符合中央要求、政法机关职能定位、人民群众喜闻乐见的政法新媒体？自政法新媒体诞生以来，如何评价哪家强哪家弱，就成了一个问题。2011年以来，以榜单为评价标准的模式日渐盛行，然而，随着榜单的泛滥以及对榜单评价标准的质疑，这种评价体系遭遇严峻挑战。有人说榜单都是浮云，有人说榜单是推广的利器，还有人说榜单是量化考核的工具。争论过后，接下来的路应该怎么走？现在，是思考这个问题的时候了。

（一）初露峥嵘

时间拉回到五年前。

2009年9月27日，山东省菏泽市牡丹区人民法院用一句如今已然泛滥的微博用语"欢迎大家关注我哦"，宣告了一个时代的来临。彼时，后来如日中天的新浪微博刚刚开放一个月，全国尚无任何一家政法机关试水微博，以至菏泽牡丹区人民法院开通微博的消息传来，众多政法圈内的网友奔走相告，惊喜之情溢于言表。

之后两年，微博的发展呈现爆炸式增长的态势。尤其是2010年底，新浪微博开始将开拓重点转向政府部门及官员上来，政务微博进入一个发展高峰期。尽管其最初目的是防范微博随时可能被关闭的风险，越多的官员入驻，意味着新浪微博越安全，却在客观上推动了政务微博的迅速成长。

更加值得关注的是，开设政务微博得到了中央的明确支持。2011年10月，中宣部副部长、国家互联网信息办公室主任王晨在积极运用微博客服务社会经验交流会上明确表示，"希望党政机关、领导干部以更加开放自信的态度开设微博客、用好微博客"。

之后，政务微博应用迅速进入一个成长繁荣期。越来越多的公安、检察、法院、司法行政机构和官员也乘势而为，投入微博问政的行列中来。数据显示，截至2011年10月30日，仅腾讯微博平台就有7100多个政法机关、官员通过实名认证，政法微博几乎占据了政府各部门开设的政务微博平台的一半，成为党政机关微博问政的主力军。其中，公安微博的发展势头最为迅猛。

但是，政法微博究竟哪家强？需要一个客观的评判标准。在此背景下，对各级政法机关微博应用现状进行排名的首份榜单应运而生。2011年，正义网传媒研究院推出了《政法类微博影响力报告1.0版》，报告的核心部分即由"政法机关微博问政推荐榜""政法机关微博问政热度排行榜"和"政法官员微博问政热度排行榜"三个榜单组成。由此，开启了政法微博评价体系由"榜单"一统江湖的局面。

（二）众声喧哗

纵向来看，从 2011 年首份榜单出炉至今，政法微博的榜单之路主要经历了三个阶段：早期的榜单主要由媒体机构推出，如人民网、正义网等媒体旗下的舆情机构；中期，研究机构和微博运营商开始加入，彼时，微博运营商尚无独立操作能力，选择和媒体机构合作推出榜单；后期，各类媒体、研究机构、运营商、企业等纷纷推出各自的榜单，地方推出的榜单更是多如牛毛，陷入榜单林立、参差不齐的局面。一家机构在多处上榜已是寻常事，去哪领奖反倒成了问题。

客观而言，早期的政法微博榜单无论在研究视角的客观中立还是在推选案例的实用价值等方面都颇具特色，同时注意到少数政法微博为求政绩而"刷粉"等问题的存在，在排名时综合考虑数据和具体做法的优势，得出的榜单更具公信力。然而，随着更多机构尤其是微博运营商的加入，单纯以数据为标准的排行榜一度盛行，得出的榜单也由于缺乏公信力而遭到舆论诟病。

其中，不乏研究机构推出的榜单。

2012 年 2 月，国家行政学院电子政务研究中心推出《党政机构微博客综合排名》，江苏省昆山市公安局新镇派出所榜上有名。随后，香港文汇报北京新闻中心执行总编辑凯雷发微博指出，该派出所的微博"开设至今只有 7 天，原创 50 条（多条谈痔疮、牙疼），转发 7 万条（1 天能转 1 万条，震撼！）"，并点评"做事当有基本门槛和人格！"一时间，对该榜单质疑、批评者众。

榜单云集，尤其是缺乏专业性的榜单云集，最终将榜单推入了泥潭。

（三）争端四起

一份榜单的出炉，大致需要经历以下几道工序：数据—生产榜单—发布榜单。在榜单产生的各个环节，都存在富有争议性的问题。

先来看第一个环节：数据是否可靠。从现状来看，以数据为依托是目前各类榜单指标评价体系的核心。林林总总的内容指数、传播指数、受众指数等，都离不开数据这个范畴。数据代表着指标的科学性、客观性、准确性，这一点毋庸置疑。然而，一个不容忽视的问题是：这些数据本身可靠吗。

数据造假，早已经不是传说。从政务微博发展之初，为了扩大业务，运营商不遗余力地游说，邀请政府机构开通官方微博，而尚未做好新媒体应用准备的机构匆忙开通微博后却无力维护，造就了一批"僵尸微博"的诞生。而运营商的"送粉营销"策略则直接催生了大批量的"僵尸粉"。

一个更为严重的问题是，数据造假已然发展成为一门生意。榜单指标体系中的微博粉丝数、转发数、评论数，微信粉丝数、点赞数等，统统可以由营销机构的"水军"代劳，或软件或手动，价码不一，效果各异。用户只要付钱到位，数据可以"要多少有多少"。

某论坛上的一则招聘刷粉代理的广告帖是这么写的："为了让大家更清晰地理解这项业务，下面大概说一下概况。什么是刷粉？所谓的刷粉就是有偿的给他人微博、微信添加粉丝，这个过程要通过刷粉平台系统才能实现的。现在主要流行的刷粉平台有：范范、古代、联众……目前以范范平台为主流，其优势在于粉丝价格低廉，可以赚取更大的差价。"

2013 年底，一款名叫"一找照妖镜"的应用软件横空出世，宣誓要在微博上发起一场大战"僵尸粉"的行动。在该应用中输入微博用户名，就能查询到该用户的"真粉率"。用这款软件进行测评的结果显示，新浪大 V 的真粉率极少超过 50%，如某明星的真粉率只有25%。

政法微博中有没有"僵尸粉"？答案不言而喻。于是，才有了上海市静安区检察院主动清理"僵尸粉"与"粉丝崇拜"划清界限的做法。

再来看第二个环节，生成榜单的指标体系设计是否合理。即便数据是完全可靠的，那么榜单的指标体系有没有问题。以新华网发布的《2014 年中央国家机关政务新媒体综合影响力排行榜》为例，其排名依据互动指数、受众指数、传播指数、成长指数、内容指数、集群指数这六个单项指数综合加权后得出。而人民网发布的《2014 政务新媒体推荐榜》则由传播力、服务力、互动力这三项指数加权后得出。各家机构指标设定的依据在哪里？各项指标的权重又是如何确定的？在一个看起来科学的指标架构下，是否有科学的指标设定依据？这些都值得仔细推敲。

第三个环节，发布者有没有经过去伪存真的筛选。

刷粉是一门生意，生产榜单也是一门生意。自从 2014 年 7 月底微信公开阅读数和点赞数之后，《新媒体排行榜》横空出世，开始批量生产榜单，逐渐将其发展成为一门新的生意。

前不久，自称"生意人"的徐达内这样介绍自己的"买卖"："凭借新媒体排行榜在国内公认最早最权威的地位，我们也已经与新浪微博、今日头条、搜狐新闻客户端、凤凰新闻客户端等主要平台达成独家首发的合作关系，最终是希望形成一个综合评估移动互联网渠道的价值标准体系。《人民日报》、人民网也选择我们作为合作对象，共同推出了政务系列榜单，成为政务新媒体考核的主要依据。"在这里，《新媒体排行榜》被定义为"一个持续性经营项目"。

与类似的榜单制造商合作推出榜单，作为榜单发布者的媒体或研究机构有没有经过仔细的筛选，是"拿来主义"还是"二次加工"，我们不得而知，但也足以让人对其公信力打了一个问号。

但话说回来，如果数据不可靠，又有什么指标能够毫无瑕疵地保证"客观公正"？如果榜单不可信，又有什么样的评价体系能够取而代之？

这些都是需要认真思考的问题。

（四）路在何方

展望未来，政法新媒体将去向何方？没有一个标准答案，但有些共识已经逐渐形成。

首先，应该摒弃以榜单为导向的目标，将精力集中到内容建设上来。当下，以数据为基础的榜单屡遭质疑，再加上榜单林立导致其含金量日益下降，各级政法机关应当摒弃以上榜为目标的政绩观，将精力集中到新媒体的内容建设上来。从微博到微信再到客户端，新媒体技术的发展瞬息万变，"内容为王"的实质却从未改变。做好政法新媒体的内容建设，是政法机关的当务之急。

其次，应该摒弃虚假繁荣的推广方式，用真材实料来扩大影响力。对于运营商的"送粉营销"应当有清醒的认识，僵尸粉的存在只会造成表面的虚假繁荣，事实上与扩大自身影响力并无实质关联。某些政法机关热衷榜单，还有一个原因，就是通过"上榜—媒体报道—增加知名度—增加粉丝"的路径来扩大自身的影响力，然而，如果缺乏真正有吸引力的内容，粉丝来了又去了，恐怕会成为必然。

最后，应该摒弃上榜为标准的考核体系，树立更为科学的政绩观。追根溯源，不少政法机关的新媒体部门追逐榜单，与上级部门对其的考核方式密切相关。新媒体工作人员由于运营的官方微博、微信上榜而获得个人升迁的应该不在少数，上榜业已成为考核评价其工作的一个重要指标。如果这种评价方式不改变，以上榜为目标的思路也难以根本转变。目前，最高人民法院决定，取消对全国各高级人民法院的考核排名，此举意味着法院考核走出了以排名为导向的数字陷阱。政法新媒体的考核能否走出类似的排名陷阱，仍然有待观察。

可以预见的是，在一段时间内，围绕政法新媒体的榜单现象不会消亡，甚至还有可能继续增多。在数据之外，通过增加其他维度的指标来进一步完善评价体系，都可能使榜单显得更为公正而继续存在下去。但同样可以预见的是，无论是哪一种量化的排名，都可能因排名导向而出现数字造假等种种弊端，唯有从根本上摒弃"考核出政绩，排名见荣誉"的行政陋习，将精力都集中到求真务实上来，才是纠偏扶正的开始。

二　舆论阵地：从集群建设到媒体融合

2009 年，微博等新媒体的兴起使得民意表达方式发生了翻天覆地的变化，网络舆情的多发催生政法机关选择微博问政。然而官民舆论场的隔阂使得单一的政法机关在舆情应对中被动尽显，地方政法机关微博开始探索以集群化方式应对舆论形势的转变。从地方政法机关自发探索各政法系统纵向聚合、不同政法机关横向打通，到公安部和"两高"有意识、有计划地推动政法系统舆论阵地的建设，政法微博不仅实行了数量、规模上的增长，且集群建设初具规模。然而，就在这场声势浩大的舆论阵地建设运动中，一些基层政法机关被"拉扯"着开启了微博运营。上级强行摊派等问题催生了不少"空壳"微博，管理跟不上、人员素质偏低等问题也使得一些政法官方微博舆情事件频发。

（一）集群建设的地方试点

由于网络民意与政法机关本身在话语体系和法律理念上存在一定的鸿沟，单一司法机关无法招架汹涌的舆论浪潮，容易陷于被动。在这种情况下，政法微博相互协作，建构网络共同体的做法就显得非常必要。盘点地方政法机关微博为抱团取暖、营造集群效应进行的尝试，不管是在法院系统中独占鳌头的河南省，还是在公安系统及横向整合中敢为天下先的广东省，更多的是对新媒体崛起下社会舆情变化的自发性回应。作为舆情大省的广东、河南在公共事件、负面司法案件的频发中主动求变，浙江率先建立起检察微博发布厅甚至直接与一起涉检舆情事件的处置密切相关。在此过程中，相关领导的个人意志、重视程度也在一定意义上影响了当地微博集群化的发展程度。

（二）垂直打通：舆情多发催生集群尝试

在被业界定义为微博"元年"的 2010 年，当多数政法机关还在对是否开通微博进行观望时，舆情大省、走在改革创新前沿的广东省已经在规划将其下辖的公安机关微博整合、形成舆论集群。那年2月，广东省公安厅召开正处级以上领导干部务虚会议，会议以省公安厅厅长梁伟发推荐的一本名为《正在爆发的互联网革命》的书为切入点对创新管理展开了讨论，并最终决定要利用新媒体时代的互动媒体，开通公安微博乃至构建广东省的公安系统的舆论集群。同月，广东肇庆、佛山两市公安局在全国公安机关中率先试水开通微博。5月，广东省厅及21个地级以上市公安局的微博以"广东公安微博群"正式亮相新浪微博，成为全国第一个公安微博群。

而随着广东省各级公安微博的陆续上线，"一点发布、多点响应"的集群联动效应越发突出。这不仅体现在信息发布、服务民生等日常工作中，在重大舆情事件应对中也成绩斐然。广东公安微博群发布过如抓获揭阳"7·5"枪杀交警犯罪嫌疑人等重要警情通报，也直播过春运、亚运等重大节日活动的安保工作，更成功处置"广州番禺大石禁止流动人口亚运期间拨打110"等多起舆情事件。"微博群"联动"发力"，达到了"1+1＞2"的传播效果和办事成果。今天，公安机关微博群、微博发布厅早已遍地开花，但广东省公安厅在利用新媒体创新管理尤其是构建舆论集群的思路时至今日仍是政法机关新媒体问政的大势所趋。广东公安微博群的建设在当年也被新华社誉为在全国成功掀起一轮公安微博"冲击波"。

事实上，这轮"冲击波"并未止于公安领域。尽管法院系统自2009年山东菏泽区人民法院开通微博就开启了微博问政之路，但类似集群化动作却于2011年首次出现在河南法院系统。2010年，经历了赵作海案、平顶山"9·8"矿难案等一系列具有全国性影响力的司法案件，河南法院系统更加认识司法公开、联动合作的重要性。

2011年，在河南省高院院长张立勇及时任网络办主任陈海发等人的大力推动下，河南省三级183家法院全部开通腾讯、人民、新浪官方微博。与此同时，河南省高院集聚三级法院微博，开通了"@豫法阳光"腾讯微博群、人民微博群和新浪微博群，还在省高院政务网站上设置了"豫法阳光"栏目，将全省183家法院微博整合在一个平台上，使三大微博并网运行，形成了合力。河南全省法院通过"豫法阳光"微博群集中接访受舆论热捧，更在重案要案信息公开、舆情案件应对中联动合作集群效果显著。2012年11月，"豫法阳光微博发布厅"在新浪微博正式上线，全省183家法院发布的各类微博内容都即时滚动在发布厅的主页面。"豫法阳光微博发布厅"开设"关注务工人员讨薪""帮助当事人打官司"绿色通道等整合全省法院力量解决执行难、告状难等问题赢得如潮好评。河南高院对法院微博集群化的探索不仅使群众对其满意度大大提高也受到最高法的肯定，甚至为最高法日后推动建立全国法院系统的微博发布平台、构建法院舆论阵地提供了良好样本。

检察机关的微博的集群化举措比法院系统来得还要晚一些。2012年2月，云南省红河州检察院开通名为"@正义红河"的官方微博，其下属的13个基层检察院也相继开通微博，形成了州县两级检察院遥相呼应的微博集群。2012年7月，浙江省检察院官方微博联合杭州、宁波等23个检察院的官方微博，构建了全国检察机关第一个微博发布厅——浙江检察微博发布厅。网友可一键关注以上多个地区的检察院官方微博，全面了解浙江检察机关的工作情况。浙江省检察机关下定决心做好检察微博，得从一起"传三龄童被绍兴诸暨一检察官的狗咬伤主人拒赔"的涉检舆情说起。面对存有误解的网友们爆炸式的转发，手握事实真相的浙江省人民检察院在发现舆情的当晚就把"@浙江检察网"更名为"@浙江检察"，并进行了实名认证，连夜以浙江人民检察院官方微博的方式进行及时回应。从对这起重大涉检舆情的应对引导中，浙江检察机关体会到各级联动、协助的重要性。相较于公安、法院微博的突飞猛进，检察微博不管是在开通微博还是在集群化建设方面都起步较晚。但在检察系统联动发布权威信息、回应舆论关切方面独具特色。以北京市检察院为例，2012 年三个区县近 200 名检察官开通实名微博，一批备受网友追捧的检察官方微博博与机关微博的互动助力检务公开、舆情应对。

（三）横向联动："广东模式"独领风骚

如果说"广东公安微博群"的亮相开启了政法机关各系统官方微博纵向联动合作、集群化建设的先河，那么广东肇庆政法委微博群的上线则标志着政法系统横向上聚合互动的开始。2011 年 4 月，"@法治肇庆"（中共肇庆市委政法委官方微博）与"@公正肇庆"（肇庆市中级人民法院官方微博）、"@正义肇庆"（肇庆市人民检察院官方微博）、"@和谐肇庆"（肇庆市司法局官方微博）以及"@平安肇庆"一起连接成为"法治肇庆"政法微博群，成为全国首个政法微博群。同年，时任广东省委书记的汪洋在肇庆专题调研时，充分肯定了肇庆政法部门利用微博开展网络问政的探索，认为"肇庆政法微博群发挥了加强互动、听取民意、化解矛盾、传达信息的积极作用，是新时期改进政法工作的积极探索"。肇庆政法部门通过沟通协调，资源共享，"@法治肇庆"的微博功能也由最初的信息发布拓展到直接为民办事、引导舆情以及执法办案、政务公开等更为具体的层面。据悉，通过联席会议制度、QQ 群议事制度、口径库制度、市县政法微博轮值制度、总结交流制度等规范性制度，"@法治肇庆"将相对独立的政法委、公、检、法、司几个部门密切联系在一起，提高了服务水平。

国内首家政法类微博发布厅也是由"敢吃第一口螃蟹"的广东省建立。2013 年 2 月，"广东政法微博发布厅"正式上线新浪微博，在广东省政法委官方微博"@广东政法"账号的带动下，首批共有 336 个微博加入"发布厅"，通过"发布厅"与网友沟通互动。同年 8 月，公安部部署集中打击网络有组织制造传播谣言等违法犯罪专项行动，全国各地陆续批捕"网络造谣大 V"。8 月 31 日，广州市公安局官方微博"@广州公安"发布微博，呼吁严防谣言打击扩大化引发舆论热议："子产不毁乡校。打击造谣要防扩大化，若人人噤若寒蝉，道路以目，显然是噩梦。"有声音指出，该条微博指向本地越秀区公安局办理的一宗谣言案。随后"@广州公安"删除微博引发舆论进一步猜测。9 月 2 日，广东省高级人民法院官方微博详细阐释了"子产不毁乡校"的典故，呼吁"开网纳谏"。"@广东政法"也随后转发上述解释说明，呼吁政法机关严防谣言打击扩大化。通过政法微博发布厅，广东省各政法机关联动发声及时控制舆情发展演进方向，不仅使给公众留下恪守法律、文明开放的良好印象，也给各级政法机关处理谣言案件树立了良好的榜样。

2013 年 6 月，中共北京市委政法委、首都综治办对外宣传网站——首都政法综治网暨中国长安网北京频道正式开通。网站增建"首都政法微博发布厅"，整合了市政法系统当时已开通的 35 家政法微博，方便信息集中发布。2013 年底，广东东莞市 11 个市直政法单位全部开通政务微博，并相互链接组成东莞政法微博群。与公检法司各系统纵向微博集群化的遍地开花相比，各地对横向建立政法类微博群、发布厅显得谨小慎微。

（四）"国家队"领跑舆论阵地构建

相较地方政法机关在自媒体发展初期的相对茫然的抱团"自救"，以公安部、最高法、最高检等为领跑者的政法舆论阵地的构建显得有章可循、游刃有余。这一方面得益于各地对政法微博集群化的探索，更重要的是中央及政法机关高层日益明晰的建设新闻宣传和舆论引导阵地的构想。

1. 公安部率先试水全国性微博联动

在政法微博领域无论是覆盖面还是影响力上都一枝独秀的公安微博率先试水全国性公安微博联动。2011年1月，公安部首次组织全国公安微博统一开展的主题直播活动。800余家公安微博联动直播报道春运安保工作并发布大量安全提示和出行信息，引起了网民强烈反响。

2011年8月，公安部"打四黑除四害"专项行动办公室在新浪微博、腾讯微博同步开通官方微博。这是公安部开通的首个官方微博，公安微博进入"国家队"成员领跑时代。同年9月，公安部首次召开专题研讨会，公安部副部长黄明要求，积极构建以省级公安政务微博为龙头、以地市公安政务微博为主干，省市县三级公安政务微博优势互补，政务微博与民警个人工作微博相互补充，具有鲜明公安工作特色的"微博群"。

在此背景下，2012年3月，湖北公安微博服务厅作为全国首个省级公安系统微博服务平台正式上线。该服务厅以湖北省公安厅官方微博"@平安荆楚"为龙头，全面聚合省内200余个公安微博账号，涵盖省公安厅、市州公安局、部门警种、县市区公安局、基层所队、民警个人工作微博6个层级类别。微博服务厅进一步发挥集群和聚合效应，实现由"一群微博"向"微博集群"的转变。之后，从早期甘肃、浙江、河北等省级公安微博平台陆续开通到后来近两年来上线的吉林、安徽、陕西等地省级公安微博平台，公安微博的集群化建设实现了从各地微博群的零星尝试到省市级微博发布厅的多地覆盖。

2014年1月，以公安部交管局官方微博"@交通安全微发布"为引领的全国公安交管微博发布厅在腾讯网上线运行，发布厅汇集了全国2800余个公安交管部门官方账号和民警身份验证的个人账号。两个月后，公安部交管局微信公众平台上线，公安部交管局开启了"双微服务"，着力推动公安交管服务群众的新模式集群化、矩阵化。8月，迎来开通三周年的"@公安部打四黑除四害"成首个超千万粉丝政务微博。中央政法委书记孟建柱就其创办三周年做出批语强调，"政法各部门要认真借鉴'公安部打四黑除四害'官方微博的成功做法""打造一批有影响的政法微博、微信品牌"。公安机关微博、微信集群化发展规模效应凸显，中央政法委对公安系统舆论阵地的建设的要求也经历了从"有"到"精"的变化。

2. 最高人民法院先进经验助力集群建设

2013年6月28日，最高人民法院召开全国法院微博群建设推进会，要求各地法院网站和官方微博要树立"全国一盘棋"的思想，以中国法院网和人民法院报官方微博为中心，加强沟通和协调，努力把法院网和官方微博建设成回应群众呼声、落实司法公开、展现法院形象、推进公正司法、提升司法公信力的新的重要舆论阵地。最高人民法院院长周强在对该会议的批示中要求，"各级人民法院主要领导要亲自关心和过问法院微博建设工作，把法院网站和官方微博建设列入重要议事日程，切实加强组织领导，建立健全考核机制，全面落实人员、设备、经费等保障措施，为网站和微博的开通与维护、发展与壮大创造良好的条件"。尽管最高法舆论阵地意识较强、要求各级法院重视微博，但由于自身未开通微博，在一定程度上影响了各地法院的积极性。

2013年11月，曾一手打造"@豫法阳光"的河南省高级人民法院网络办主任陈海发调任最高法。11月22日，最高人民法院官方微博、微信同步开通，在首开国家级机关微博问政先河的同时，也搭建了上至国家级别、下涵全国31个省级高院、40个中级人民法院的微博发布联动系统。12月26日，最高人民法院网入驻搜狐新闻客户端，"最高人民法院网"官方账号正式上线。据悉，最高法院院长周强还在担任湖南省委书记时，就注意到了河南省高院的官方微博"@豫法阳光"。周强任最高法院院长后经常提及"@豫法阳光"，河南省高院网络办的团队多次被最高法邀请为其进行活动直播。最高人民法院官方微博通过发布最高法和地方法院的重大审判信息、重要司法解释、重点工作情况等信息迅速涨粉丝，而其与地方法院微博在重要舆情案件中的联动合作有效缓解了司法机关的舆情压力。最高检院省级检察"双微"将实现全覆盖在2013年最高法官方微博及微博联动体系上线之时，要求最高检开通微博的声音的此起彼伏。事实上，早在2013年1月，最高人民检察院检察长曹建明在全国检察长会议上就曾明确表示，检察机关要积极推进门户网站、检察微博建设。8月19日，习近平在全国宣传思想工作会议上发表重要讲话时表示，"很多人特别是年轻人基本不看主流媒体，大部分信息都从网上获取。必须正视这个事实，加大力量投入，尽快掌握这个舆论战场上的主动权，不能被边缘化了"。11月，中共十八届三中全会通过的《中共中央关于全面深化改革若干重大问题的决定》专门提出，"健全坚持正确舆论导向的体制机制。健全基础管理、内容管理、行业管理以及网络违法犯罪防范和打击等工作联动机制，健全网络突发事件处置机制，形成正面引导和依法管理相结合的网络舆论工作格局"。

习近平总书记的"8·19"讲话精神及十八届三中全会决定对网络舆论工作格局建设的正式提出，成为全国政法舆论阵地建设的指导思想。在此背景下，2014年3月3日，最高人民检察院官方微博"@最高人民检察院"在新浪微博、腾讯微博、正义网法律微博三个平台同步上线。4月15日，最高检正式开通官方微信（公众号：最高人民检察院）及搜狐新闻客户端。此外，最高检官方微博还同时入驻人民微博、新华微博。至此，最高人民检察院"两微一端"已全线开通。最高人民检察院发文要求各省级检察院和条件成熟的地市级检察院，要在2014年底前开通官方微博。在此背景下，全国各级检察机关新闻宣传和舆论阵地建设工作面临新的要求。最高检分别召开中央主流新闻媒体负责人座谈会和部分中央新闻网站、商业网站负责人座谈会，曹建明检察长均出席座谈会，听取大家对做好检察新闻宣传工作的意见建议。2014年7月份，曹建明检察长在全国大检察官研讨班上指出，要加强"两微一端"等新媒体传播平台建设，各省级院和条件成熟的地市级院要在2014年底以前开通官方微博、微信。

（五）"大跃进"中的政法新媒体

从最初对新媒体的置若罔闻到各地政法机关陆续放低身段，从地方政法机关尝试聚集联合到中央国家机关领跑舆论阵地建设，实际上是政法机关新媒体时代的艰难转型。可喜的是，政法微博在数量、集群规模上的暴风成长使政法机关在充满质疑与隔阂的官民舆论场中渐渐站稳了脚跟。同时，政法微博"又快又好"地力求发挥聚合效果、抢占舆论阵地的发展路径也衍生出许多问题。在上级的示范甚至强行推进下，一些政法机关在不了解也未做准备的情况下走进了舆论场，运营管理制度跟不上、管理人员培训不到位、技术安全隐患丛生等问题随之凸显。

在这场轰轰烈烈的政法官方微博的"大跃进"运动中，如果政法机关没有专业、务实的服务又乏俯身倾听的诚意，那么热闹过后只会留下一批批的"空壳微博"以及一个个的舆情隐患。

（六）强力推进催生"空壳微博"

从各地政法机关自发试点微博集群建设到如今中央政法机关有意识、有规划地推动政法新闻宣传和舆论阵地的建设，不仅集群效应显著，也造成政法机关微博数量上的激增。但个别机关盲目追求规模效应，不以实际需求为原则，不切实际地给下辖机构和人员下达"开通微博"的任务指标。失当的行政强制力也让微博问政变味儿走样，催生了一批"空壳微博"。

2012年，正义网的《政法类微博影响力报告3.0版》曾盘点过政法机关的"空壳微博"现象：正义网络传媒研究院统计数据显示，在公、检、法、司四个系统开设的实名认证微博中，"空壳微博"（即微博发布条数为10条以下的）账号共计2544个，占政法微博总数的14.10%（2012年）。尽管"空壳"微博的产生与早期不少政法机关盲目跟风开博、定位模糊及缺乏健全的管理机制有关。但不得不承认，在地方政法机关试点"联合作战"、未考虑各地实际情况强行推动集群建设也是其中的重要原因。如2011年2月，广西公安厅就曾要求县以上公安机关在半年内全部开通微博。而河南郑州市政法委的官方微博，开通后仅在2012年3月9日发布过1条微博，至今未更新信息。还有的政法微博频繁使用"皮皮时光机"等定时微博工具发布心灵鸡汤等与工作相关性弱的信息，每逢整点跳1条出来，与网民缺乏互动，将发微博当成任务，被动应付的痕迹过于明显。

类似的问题到了"国家队"领跑集群化建设的阶段依旧存在。以法院系统为例，2013年底，尽管从"国家队"到"地方队"的法院微博体系已经建立，但是多数地方法院系统仍选择谨慎保守的策略，能够做到主动回应社会关切的并不多。2013年12月7日，继"上海法官集体嫖娼"事件后，"湖北省高院院长张军"再陷嫖娼门。9日，湖北首次回应查无此人，晚上再发消息称涉事人员系省高院刑三庭庭长且已被停职。法官桃色事件加上官方前后矛盾的回应使得湖北司法公信力遭疑。而其间，于11月22日同最高法官方微博一同入住微博的"@湖北高法"，除了那条疑似卖萌的"亲，我也来了……"外未发布其他消息。不少地方法院微博在上线时就"自带"近万名粉丝，作为某种推广任务，地方法院的工作人员实际要动员亲朋好友关注该法院微博，使其粉丝数量要"看得过去"。

"空壳"或"休眠"微博以及无关微博的出现，都在提醒相关政法机关，在建立类似的微博管理体系时，不仅要考虑官方微博的数量，也要对微博建立后的维护更新工作予以监督，完善考核机制，保证官方微博的有效运作。而更重要的是，应减少官方微博建设过程中的强行摊派色彩，着力于提高基层政法机关运用微博的主动性和积极性。

（七）管理滞后埋下舆情隐患

"空壳微博"的成批出现与其指责涉事的政法机关懒政，不如说其对于微博问政并在制度保障、人员培训、技术安全等方面都没有准备好。这种"微博先行、制度在后"的建设模式，在某种程度上为政法机关埋下了舆情隐患。

广东省的政法微博集群化建设一直在全国政法系统中遥遥领先，且在运营管理、人员培训等方面出台相应的制度规范。但技术应用上的漏洞使一些政法官方微博存在安全隐患，进而卷入舆情风波。2013 年 7 月 2 日，广东佛山市顺德区政法委官方微博"@顺德政法"突然发出一条购物广告："我刚刚参加了××网的同款 LV 提包抽奖，大家都来碰碰运气吧。"网友发现后质疑微博管理人员上班时不务正业。当日 18 时，"顺德政法"紧急发出澄清帖："经与区相关部门联合核查，初步分析可能是账号密码被盗用或客户端系统出现问题而造成的。目前我们正联系技术部门采取措施进行解决，也欢迎大家为我们提供解决的办法。谢谢粉丝们的关注。"出现问题还要向粉丝"求助"，微博管理人员的技术水准可见一斑。

2014 年初，因为"装个毛线"一夜成名的青岛市南区法院官方微博，从某种意义上来说是一个舆论阵地建设的产物。针对律师对其限制人身自由的追问，市南区法院官方微博不仅未及时回应说明，还以调侃的语气让当事人多一点娱乐精神，甚至为逃避舆论指责两度更换官方微博名称。面对网友持续吐槽，该官方微博还戏称，收获平生最多评论。虽然市南区法院官方微博以"微博管理员个人行为"对此舆情事件归因，但实质上反映了该法院微博管理制度的不健全。舆论阵地搭建的过程中，数量、规模上的立竿见影与随时可能爆发的舆情隐患共存。

在这场声势浩荡的政法微博"大跃进"运动中，前期准备工作充足的顺势而为融入其中，为政法机关舆论阵地建设添砖加瓦。但也有不少基层的政法机关更像是在大势所趋的"拉扯"之下匆匆忙忙地涉足微博运营。或许，只有将"又快又好"的发展路径转变为"又好又快"的发展思路，才能实现中央提出的"打造一批有影响的政法微博、微信品牌"的目标。

（八）从阵地林立到媒体融合

以 2009 年法院系统开启微博问政算起，政法微博如今已经迎来了第 7 个年头，其间经历过数量上的爆炸性增长，也启动了"系统联动"的集群化建设。尽管有媒体以"暮年"定义了 2014 年的微博，但不可否认的是，作为新媒体重要平台的微博依旧是政法机关新闻宣传、舆论引导的重要阵地。2013 年起，以微信、新闻客户端、百度直达号、头条号等为代表的新兴媒体工具也相继迎来政法机关的入驻，日渐成为政法机关传递声音、扩大影响的重要平台。面对媒体乃至舆论格局的新变化，中央做出推动传统媒体和新兴媒体融合发展，巩固宣传思想文化阵地、壮大主流思想舆论的重大战略部署。

2014 年 8 月 18 日，中央全面深化改革领导小组第四次会议审议通过了《关于推动传统媒体和新兴媒体融合发展的指导意见》（下称《意见》）。《意见》指出，通过推动媒体融合发展，积极开拓媒体发展领域，是巩固壮大思想文化阵地的一项紧迫任务。推动媒体融合发展，不断提供舆论引导能力和水平，对于进一步做好新形势下的意识形态工作，推进国家治理体系和治理能力现代化，完善和发展中国特色社会主义制度都具有十分重要的意义。而10 月 20—23 日，十八届四中全会审议通过了《中共中央关于全面推进依法治国若干重大问题的决定》。其中，在第五部分"增强全民法治观念，推进法治社会建设"中，要求加强新媒体新技术在普法中的运用，提高普法实效。

上述两个文件对于政法机关如何在互联网时代占领宣传思想主阵地、如何加强舆论引导能力和水平提出了更高的要求，同时也带来了前所未有的发展机遇。《意见》提出，传统媒体和新兴媒体在内容、渠道、平台、经营、管理等方面的深度融合。事实上，尽管这种媒体融合战略是中央的新提法，但回望政法微博集群化的发展道路，从早期地方试点中的政法不同机关内部的纵向矩阵建设和横向的集群联动到后期以公安部、"两高"为领跑者对公检法系统各自舆论阵地的建设本身就是对政法微博的资源融合。

而自 2013 年起，政法机关新媒体问政进入"双微"时代，特别是政法微信平台可通过二次开发方式叠加整合各类应用，能够实现行政办事等便民服务功能，以政法微博为发布平台，政法微信为应用平台，政府网站、政务 App 相互促进，"双微"融合丰富了政法新媒体功能。而以政法新媒体为平台对区域内各类资源整合也标志着深度融合的某种尝试。如 2014 年 5 月，河南省高院以互联网为平台，整合现有资源，建成了功能齐全的"豫法阳光"新媒体工作室。最高人民法院院长周强在考察时指出，"@豫法阳光"微博为全国法院新媒体建设做出了表率。

尽管政法机关在新媒体与传统媒体的融合进行了一些有益探索，但打通政法机关在新旧媒体以及各新媒体阵地之间的内容、平台、运营、管理、渠道壁垒依旧任重道远。《意见》公布后，以最高法为代表的中央政法机关切实跟进自身职能定位及工作特点展开学习、讨论，为政法新媒体未来的发展积极地探索、布局。9 月，最高人民法院媒体融合发展工作座谈会在宁夏银川召开，最高法院院长周强表示："人民法院报是人民法院弘扬主旋律、推进司法公开、加强舆论引导的主渠道、主阵地，要遵循新闻传播规律和新兴媒体发展规律，强化互联网思维，以用户需求为导向，坚持传统媒体和新兴媒体优势互补、一体发展，坚持先进技术为支撑、内容建设为根本，推动人民法院的传统媒体和新兴媒体在内容、渠道、平台、经营、管理等方面的深度融合。"

总之，实现中央的政治期许，有赖于各级政法机关深刻反思早期"集群化建设"中的诸多教训，以深谋远虑的战略部署、高屋建瓴的顶层设计和破旧立新的改革魄力，严格遵循政法工作规律和现代新闻传播规律，切实推动政法新媒体从新旧林立到融合一体。

三　卖萌秀场："小清新"路线还能走多久

五年来，在数以亿计的网友的围观、拍砖和期望中，政务官方微博经历了井喷式发展的政务微博元年，也经历了微信等新兴网络媒体对微博用户群的分流，走过了人人唱衰微博的 2014 年。政法官方微博坚持"务实与卖萌齐飞，专业共亲民一色"在网络江湖占据一席之地，同时不务专业、不合时宜的卖萌也使政法机关深陷舆论争议。现在问题来了，未来卖萌路线还能走多远？如果"小清新"是官方微博的选择之一，那么如何把握萌的尺度、谁又该远离卖萌都值得政法机关思考。

"昨天给大家说了牺牲的五名消防战士（2015 年 1 月 2 日哈尔滨火灾）的抚恤金的事情以后，今天我们很多媒体也跟进详细澄清所谓'2 万元抚恤金'系误读，但是一些权威媒体的解读依然有误。警察蜀黍也没想到这个事儿居然还要来解释第二次，恳请咱们的一些媒体，查阅资料的时候稍微长点心，可乎？"2015 年 1 月 6 日，南京市公安局江宁分局官方微博"江宁公安在线"在卖萌科普中开启了新的一天。事实上，自 2009 年山东省菏泽市牡丹区法院开通官方微博开启政法机关微博问政开始，卖萌这一看似跟政法机关严肃形象相去甚远的表达方式，与政法官方微博紧紧联系在了一起。

（一）那些年政法官方微博卖过的萌

怎样在专业性与个性化、权威性与亲和力之间保持平衡，如何将冰冷的法条、严肃的司法转化为公众易于理解接受的形式，政法官方微博卖过萌、耍过酷，画过漫画也讲过故事。回顾政法官方微博的"萌萌哒"亲民之路，既与政务官方微博服务公众、放下身段的亲民大趋势息息相关，又受政法机关的职能定位所限呈现出独特的景象。

1. 卖萌进化史：从撒娇求粉到 hold 住舆情

以微博为代表的自媒体的兴起，使整个舆情环境与民意表达方式都发生了根本的变化。政府机构注意到上述变化，以积极的姿态参与其中，从沉默的观望者、信息的管控者变成积极的参与者、议程的设置者。尽管此举改了官方在舆论场的被动地位，但如何在有限篇幅内完成信息发布、服务咨询、政策解答等任务，以民众易于接受的方式发出最权威的声音依旧考验着政务官方微博。在此背景下，卖萌成为不少政务官方微博表现亲民态度、吸引粉丝的重要手段。其中，一批政务官方微博靠卖萌迅速上位。上海市政府新闻办公室官方微博"@上海发布"通过创造"萌"词汇、使用网络文体发布贴近民生的消息迅速赢得好评。外交部公共外交办公室官方微博"外交小灵通"也以幽默诙谐的亲民风格受到网友热捧。伴随着与政务官方微博爆炸式的发展，不少官方微博通过卖萌实现了从端着架子到放下身段的转变。

政法官方微博试图掌握舆论的主动权、打通官民舆论场的努力也是从卖萌求粉开始的。2011 年，安徽省阜阳市公安局官方微博"@阜阳公安在线"模仿《见与不见》的文体，发布了敦促在逃人员投案自首的通缉令《逃与不逃》，让众多网友耳目一新，也屡被其他公安机关效仿。云南省红河州公安局官方微博"@平安红河"发起《微话题·派出所值班那些事》，让民警发表微博叙述自己在派出所值班时的经历和感受并制作了 MTV《有事您找我》，让广大群众第一时间直击派出所值班过程，得到不少网友的支持和理解。各地政法机关开始在新媒体平台利用多种传播载体摆脱刻板、严肃的传统形象。

如果说前几年的官方微博主要以"卖萌"等形式发布信息讨网友欢心，那么从 2013 年以来，政务微博已经开始"转变文风"，微博内容显得更加务实便民。宣传方式上也趋于多元化，如漫画、微电影、微访谈、微视等。官方微博"卖萌"之外，更需内外兼修。"公众不仅看重以话语体系为代表的'面子'，更关注以服务理念和施政效果为内涵的'里子'。"在此阶段，政务官方微博的卖萌更加专业、务实，也有不少"萌""缓和了尴尬的局面"，甚至有效遏制了负面舆情蔓延。如 2014 年"两会"，有人大代表提议撤销地震局。国家地震台网官方微博"@中国地震台网速报"撒娇回应："表（不要）撤我啊"引起大量网友围观，官方微博趁机普及相关知识、减少公众对地震局的误解。

顺应上述变化，政法官方微博也从最初的卖萌吸引目光逐步走向了专业服务、化解涉法类舆情事件的阶段。如何将法律语言转化为群众语言以达到普法、消解舆情的效果考验着政法官方微博。2014 年 4 月 17 日，河南宝丰被曝一退休官员碎尸矿井内，警方排除他杀引发巨大争议，网民指摘警方有枉法嫌疑，直斥警方挑战网民智商底线。当晚"@平安宝丰"进行了简要说明未能消除质疑。次日，实名认证为法医的网友"@法医秦明"对自杀碎尸的可能进行解释，由于专业性强仍有不少网友存疑。同日，南京市公安局江宁分局官方微博"@江宁公安在线"以《非他杀，没你想的那么简单》为题，以简化图、尸检图等为说明依据，并援引国内外案例，梳理这一事件的前后发展，指出矿井深度340米，坠落中难免磕碰，碎尸也是正常现象。该官方微博用网民语言为网民答疑解惑，加上"@法医秦明"的学理说明护航，一举扭转网络民意，舆情迅速消解。总的来说，同政务官方微博的卖萌发展路径类似，政法官方微博在经历前期的卖萌求关注、撒娇要粉丝的盲目跟风卖萌后，逐步走向"会卖萌、有态度、干实事"的理性卖萌阶段。而这一转变即得益于公众对政务微博不断提出的内外兼具的务实要求，也源于政法官方微博对自身定位的准确认知。

2. 职能决定论：公安萌点多法检重宣传

如果说，卖不卖萌更多地与官方微博的亲民理念相契合，那么怎么卖萌则取决于不同政法机关的职能定位。有观点认为公安机关作为国家行政机关的组成部分，其基本特点是要对社会进行主动管理，它与司法审判被要求不予主动干预社会是不同的。而这一区别也在根本上决定了公安与法检、司法行政机关在官方微博运营、维护上的不同。公安机关对社会的主动管理及其法律程序上的靠前、职权范围的宽泛使其成为政法官方微博的"领跑者"，这不仅仅表现在数量、舆情应对等问题的异军突起，其卖萌亲民功力也当仁不让。而与之相较，不管是作为法律监督机关的检察机关还是作为审判机关的人民法院其职权都更注重对犯罪行为的事后惩罚，因此无论是从司法的严肃性还是对社会管理的被动性来说，法检官方微博不仅在数量上难与公安官方微博抗衡，在卖萌范围及形式花样上也难免有所掣肘。细数那些年政法官方微博卖过的萌，公安机关立足自身职权，以萌点多、形式纷繁多样独领风骚，而法检机关亦准确定位，善从预防犯罪的释疑解法、宣传引导上发现"萌点"。而本身致力于法制宣传工作的司法行政机关更是将官方微博的"萌点"紧扣普法宣传工作。

"从生死瞬间力挽狂澜救人于危难之际到家长里短鸡毛蒜皮的大事小情"，公安机关始终冲在第一线。公安机关官方微博在权威信息发布、回应舆论诉求等方面收获公众信任，在民生、法宣等领域追求多元化、创意性，萌点频频亦引发网友追捧。说到公安官方微博的卖萌高手，不得不提南京市公安局江宁分局官方微博"@江宁公安在线"。定位于发布"各项公安信息、安全须知等与民众息息相关的信息"的"@江宁公安在线"秉承着"大事正经说、小事卖卖萌"的原则迅速在诸多公安官方微博中脱颖而出。卖萌科普、辟谣几乎成为"江宁公安在线"的撒手锏：有新闻称某地警方疑将哈士奇误当成狼击毙，警察蜀黍立即调动警犬专业知识，为网友科普哈士奇与狼的区别；多地出现女生坐黑车遇害的新闻，小编立即推出"给姑娘们的一封信"提醒女生独自出行注意安全；有明星在国外综艺节目中提及家人在机场遭遇迷药喷雾引舆论热议，官方微博再度贴出过往辟谣截图称"放过迷魂药吧，让它安静地做一个都市传说就好了"……而正是这样一个看起来不怎么正经的官方微博，在其他政法机关深陷舆情旋涡时，敢于仗义执言普及案件侦办常识；也会在昆明发生暴力恐怖事件后第一时间呼吁"大号大V不要盲目转发未经官方证实的消息"避免信息混乱、谣言充斥舆论场。不少公安官方微博同"@江宁公安在线"一样纷纷选择摒弃了冷冰冰的服务风格，力求以公众喜好的语言形式深入浅出地解析各种严肃、权威的警情通报、安全警示等。不仅使晦涩难懂的法律常识得以普及，更打破了公安机关过往的死板形象。

法检官方微博从职权定位出发，多致力于检务公开、阳光司法。而出于审判独立性及司法严肃性的考量，法检官方微博无论是日常舆情案件应对还是热点案件庭审，文风多以严谨、专业著称。

至于卖萌亲民举措一般选择通过法制宣传等栏目进行体现。2012年上线的广州市黄埔区检察院"@黄埔检察"将其官方微博"人格"化，通过"小明微故事""检察官日记"等栏目，以生动诙谐的语言和有趣形象的情节设置，通过寓教于乐的方式进行法制宣传积累了大量人气。而开通于2013年底的"@北京房山法院"虽然系政法官方微博中的新生力量，但通过"法官说法""公益司法讲堂"等卖萌栏目迅速吸粉30多万。当法检机关仍在以自制故事"萌萌哒"普法的时候，专注法制宣传数十年的司法行政机关已经将目光转向了热播偶像剧。江苏省司法厅官方"@江苏司法行政在线"的"小司追剧普法"栏目，从《宫锁连城》到《离婚律师》再到《古剑奇谭》，把偶像剧打造成普法剧。同样隶属江苏的扬州司法局"@扬州司法行政"也选择《步步惊情》等热播剧集进行法律知识普及，引来网友转发、围观。

（二）网络有风险卖萌需谨慎

但亲民之路，道阻且长。高举亲民大旗的政法官方微博，有的定位准确，插科打诨中传递权威信息、吐槽调侃也能科普辟谣。盲目跟风的，跳出政法机关职能范畴的"心灵鸡汤""雷言萌语"不仅沦为网友笑谈，更暴露官方微博功能的错位、价值的扭曲。更有甚者，不合时宜的卖萌惹出舆情，不经意间就将背后的政法机关推至舆论的风口浪尖。

1. 官方微博疾进：不务正业的萌遭遇"退市"

2011年，包括政法官方微博在内的政务微博迎来"爆炸性增长"，那些率先放下身段的卖萌的政法官方微博在一定程度上颠覆了公众对其的刻板印象。如2011年元宵节，以及时披露权威信息、回应重大舆情事件声名鹊起的"@平安北京"发布民警大跳MJ及热门舞曲《Nobody》的视频收获了可爱亲民的评价。但类似与机构职能无关的卖萌市场并不广阔，随着公众对政法微博的认知愈发清晰、要求更为明确逐渐被多数官方微博摒弃。但遗憾的是，仍有不少政法官方微博沉迷于卖萌发嗲，对追随网络流行趋势和点击率的过分追逐使其遭遇信任的"滑铁卢"。

《人民日报》曾经以"创新的萌小白"评价"@南京市公安局白下分局"（现已合并为"@秦淮警方"），白下分局确实也曾因"专业＋萌"备受关注。但其发布的与公安机关毫无关联的"警车Style"却是掌声与板砖齐飞。2012年，"@南京市公安局白下分局"推出了一段"警车Style"：先跳上一段骑马舞，然后来个"航母Style"的姿势，这时一辆警车如豹子般蹿出。"警车Style"立即引来众多网友围观，瞬间转发过万。有网友赞"这是全国最萌的警察了"，但舆论更多的追问是该视频与警方工作神马关联。而同样遭此质问的还有四川省成都市公安局武侯分局和浙江省衢州市公安局柯山分局，上述公安机关官方微博曾先后推出的"解救单身警察计划""借助微博给民警一个温暖的家"活动，虽然有声音认为帮助单身民警无可厚非，但多数网友认为此举系公器私用。也是在那一年，靠卖萌积累了不少人气的成都武侯区"@跳伞塔派出所"与成都一部门在微博上"卖萌"的互动也遭到了网民的炮轰："你骗人！你骗人！你骗人！才不是因为尔康不是你的菜呢！因为伦家尔康是真真正正地喜欢五阿哥的呀……"整条微博就是打情骂俏，与政务公开无关，也没有任何有效信息。"这种不干正事的'萌萌哒'，最终只能招致'猛猛打'。"

2. 节操已碎：不合时宜的萌惹祸上身

事实上，比起脱离政法职权范畴的"无害"卖萌，更令人担忧的是一些政法官方微博在错误的时间、错误的地方"萌"出舆情。尤其是政法机关工作涉及打击违法犯罪、维护公共安全，司法审判等相对严肃、审慎的内容，官方微博不合时宜的卖萌不仅可能使得背后机关承受更大的舆情压力，甚至可能将舆论对其他政务机关的愤怒转移到自己身上。

卖萌通缉令在网络江湖并不算新鲜事物，早年"@阜阳公安在线"和"@南京市公安局白下分局"曾凭此声名大噪。但2014年，江苏扬州"@仪征公安局城北派出所"的一则卖萌通缉令惹来争议："还在为钱发愁吗？还在想一夜暴富吗？在美丽的新疆阿克苏，散落着这样七颗龙珠，若能集齐，定可召唤神龙换取财富，最高可达350万元，而且不用缴税哦……"舆论认为官方微博称通缉犯为龙珠显然失当，将打击暴恐犯罪与一夜暴富联系也过于玩笑。无独有偶，深陷上海外滩踩踏事件舆情的上海市公安局也因事发一小时前那则提醒公共安全的卖萌微博再遭舆论痛批。"今晚魔都惊悚大片《血洗久光》《决战港汇》《田子坊飞车》……以及@虹口特种机动队参演的《龙之梦惊魂夜》将于22点准点上映！弱弱问一句，你看哪场。"网友吐槽警方有时间发这样的卖萌提醒，不如事前做好应急预案。

公共安全容不得玩笑。为悼念遇难者，"警民直通车-上海"早已换上了黑白头像，但那条一语成谶的卖萌提醒依旧刺眼地躺在官方微博里。

政法官方微博的卖萌经历从撒娇求粉到hold住舆情的变化，不少政法一句撒娇或一个卖萌回应成功化解了舆情争议。但问题是卖萌有风险，撒娇也是个技术活，这不就有官方微博卖萌未遂反惹了祸。2014年1月，山东"@青岛市市南区人民法院"因一句"装个毛线"登上微博热搜榜。事件源起知名律师袁裕来微博称在该院被诬袭警且遭限制人身自由，随后官方微博回应称，"世界已如此悲剧了，你们有点娱乐精神行不行？现在的人，装个毛线！"这个试图以卖萌化解质疑的回应遭网友数天吐槽，也引来法律界人士、媒体的一再批评。而遗憾的是，"@青岛市市南区人民法院"并不是第一个画虎不成反类犬的政法官方微博。2011年，徐州市公安局官方微博"@平安徐州"在江苏丰县校车侧翻事故（15名学生死亡，11人受伤）的通报中的开头使用"回复亲们关注的话题……"也意外地将徐州警方扯入这起交通事故舆情中。哆声哆气应对悲剧性事件，这种不分场合的卖萌，被斥是"为高涨的舆情添乱"。网络江湖从来都不平静，而政法微博的出现更是让网络江湖欲停而难止。如果说放低姿态、平等对话是政法官方微博行走网络江湖的通关秘籍，那卖萌真心只是这本秘籍的一个小招式而已。在职权范围内合理修炼有时不仅可以化险为夷还能自成一派，但不分场合"任性""放肆"的卖萌终难立足江湖。

3. 政法官方微博的"自我修养"

让我们回归"萌"定义和政法官方微博自身定位来讨论官方微博卖萌的问题。与政法官方微博立足于提供专业公共服务、应对引导舆情相对，卖萌始终作为方式、手段为之服务。在此语义下，数年来围绕政法官方微博是否应该卖萌的争议转化为如何适度卖萌的讨论。在基层政法机关忙于为卖萌建立某种规则的时候，高层政法官方微博是该一同混迹江湖还是只做个安静的美男子就好了呢？

（1）手段 VS 目的

"萌"字的用法来自日本流行的次文化，有幼小、无害、可爱之意。在语用学上，卖萌类似于撒娇，目的在于建构一种无威胁的情境，让对方放松并宽容自己的某些过失。学者认为，从"萌"的语义出发，政法官方微博的卖萌更多的是通过类似方法来软化形象，在某种程度上消解民众的对抗性解读。而探讨一个政法官方微博的"自我修养"，尽管民生服务、法治宣传不可或缺，但其最大的价值仍在于第一时间介入突发政法类舆情事件回应公众诉求，引导舆论和公众情绪，与小道消息、谣言赛跑。也就是说，作为一个政法官方微博，不管你多么放低身段、怎样灵活使用网言网语与广大网友"打成一片"，重大舆情事件中沉默失语其公信力都将丧失殆尽。从这个意义上来说，卖萌对政法官方微博定位正如手段之于目的。任何时候手段都不能凌驾于目的至上。回望政法官方微博的卖萌路，有的热衷于眼球效应终是难逃昙花一现的宿命；日常卖萌无度、关键时刻掉链子的官方微博也被无情淘汰。大浪淘沙，真正在卖萌路上走的长远的，不过是让"萌"时刻服务于政法机关定位的官方微博。在各类政务机构微博排行榜屡屡上榜"@江宁公安在线"不止一次地表示其并非仅仅靠萌赢得荣誉，萌的背后是过硬的服务。"如果只靠卖萌，不给网友们一些有意义的'干货'，迟早会沦为娱乐微博，这一直是我们竭力避免的。我们那些原创的高质量长微博其实才是吸引粉丝的关键。""@江宁公安在线"官方微博管理员王警官如是说。"@金华公安"微博管理员之一的民警陈俊也表示："卖萌不是本意，提醒市民、保护市民，才是我们的最终目的。"

从高高在上到微博卖萌，政法机关语态、文风的转变值得肯定，但绝对不能顾此失彼、忽视政法机关本身的职能。实际上，作为一种修辞策略，卖萌只停留于外在的表达层面，这种表达只有通过政法机关的职能照进现实，才能最终打通官民舆论场、实质改善官民关系。

（2）萌的尺度

在认同卖萌作为政法官方微博的手段而非目的后，当我们讨论政法官方微博该不该卖萌时，我们其实是在讨论它该怎么卖萌。从这个意义上来说，该不该卖萌是个伪命题，重点实际是卖萌的尺度问题。在此逻辑下，再看各方对政法官方微博卖萌的争论，看似各执一词互不相让，本质上却有基本共识：卖萌要适度。而细数政法官方微博的卖萌风险，如果说那些不务正业的卖萌是源于对政法官方微博定位的模糊和对卖萌的手段性的错误认知，那么那些卖错的萌更多是越过了萌的尺度。时至今日，仍有许多政法微博都在亲切卖萌与严肃认真的风格上来回摇摆，找不到合适的平衡点。

关于什么是"适度"卖萌或说卖萌的尺度，一些共识也在各地政法机关之间悄然达成。湖北省人民检察院新闻处副处长袁明就认为用网言网语、善于卖萌也是微博管理员的一种能力。政法官方微博在发布重大消息时会注意运用法言法语，但是在与网民交流时则会运用网言网语，不时卖个萌。卖萌卖出名声的"@江宁公安在线"一向遵从的原则就是"大事正经说、小事卖卖萌"。而"@平安肇庆"的小编总结其准则是"平时培养感情，关键时回应舆情"，提倡卖萌，不能过度卖萌，一定要掌握尺度。政府的一些政策法律，案件真相，事故责任等，许多不可以卖萌。尽管随着各地政务微博的发展，各地对官方微博的运营管理相继出台了相关的规范章程，但政法官方微博的卖萌尺度更像个乡规民约。所谓萌的尺度或者说标准，靠各地政法机关在官方微博运营过程中逐渐摸索出来的，也需要不同层级、领域的政法机关互相"取经"。

4. 让高层官方微博做回安静的美男子

政法官方微博的萌不是想卖就能卖，尺度之外，还有层级问题。事实上，卖萌面前并非人人平等。卖萌基本上是从基层兴起的，省级、国家级别的机关就算偶有卖萌迹象，总体而言也正经严肃的多。这种"不平等"是由不同层级的工作范畴和民众对其不同诉求共同作用下形成的。基层政法工作直接面对民众，其卖萌不仅更具可操作性，且这种形式风格上的变化更易促成工作作风的转变，进而改变政法机关与公众的关系。而层级较高的政法机构，相较于亲民形象更需要树立权威，依靠事实判断、司法裁决而非感情渲染等来树立公信力。另外，公众希望基层政法机关提供方便亲切的公共服务、具体问题的解决，而更多地要求层级高的政法机关公开、及时、准确地传达权威信息、态度。

可见，无论从高层政法机关的职能定位来看还是出于公众对其的期待考量，高层政法机关官方微博都应珍视权威、远离卖萌。"两高"的官方微博依靠在重大司法案件中的权威发声及对争议类案件的解惑答疑迅速赢得公众信任。"@公安部打四黑除四害""@公安部刑侦局"等公安类高层官方微博也以在重大刑事案件、公共安全问题舆情事件中引导舆论讨论、疏导公众情绪为首任。很少卖萌的政法"国家队"官方微博以其专业严谨、权威公正在网络江湖独领风骚。

卖萌的小清新路线还能走多远并没有标准答案，但较为明确的是，政法机关应该始终坚持卖萌作为手段、外在表达形式存在，官方微博提供专业的公共服务、回应舆论诉求的内核不应被遗忘。政法官方微博及公众都认可适度的卖萌有助于改进官民关系，尽管卖萌的尺度依旧模糊，但各地政法机关及专家学者正在努力为之构建基本的框架。至于谁更适合卖萌的问题，我们认为应把卖萌的机会更多地留给基层政法官方微博，就让高层官方微博做回个安静的美男子吧。

四　身份围城：那些属于官员的微博故事

五年多来，高速成长的政法类微博为推动我国舆论场法治化进程，贡献了巨大的正能量。政法官员个人微博作为政法机关微博的补充和延伸，以其强大的生命力，为政法舆论引导工作提供强有力的支撑。与政法机关微博相比，政法官员个人微博更加有温度、有态度、有思想、有活力。走过五年的风雨历程，舆论场中沉淀了许多属于政法官员的微博故事。这些故事应当被真实地记录下来，作为一个伟大时代的缩影凝固于此。在未来，政法官员个人微博还有很长的路要走，梳理过往的记忆，也必将照见前行。

（一）"V字"争夺战

通过微博"V字"认证可以在很大程度上增加个人微博的公信力，同时也意味着博主愿意为自己的微博言行负有更多责任，"V字"认证也是成为网络"大V"的必备条件。许多政法公职人员个人微博都在认证信息中明确注明博主姓名、职务和单位等，并进行加"V"认证；也有不少司法官员虽然开设了个人微博，却有意识地隐去了公职身份信息，不申请加"V"。2010年至今，也出现多起政法官员大"V"面临所谓的"压力"而去"V"的事件，引发舆论关注。从这一个小小的"V字"，可以窥见公职人员开设个人微博引来的期待和争议。

（二）去"V"存真

"@段郎说事"一个为很多网友所熟知的知名微博，注册于2010年9月6日，并于2011年1月进行实名认证，现有粉丝数67.4万，现在的认证信息为"九江市公安局民警段兴焱"，而这位"段郎"更加准确的身份应为"九江市公安局纪委副书记"。

2011年底，"@段郎说事"被媒体机构评为"全国十大公务人员微博"第四名、"十大政法官员有影响力微博"第二名、"中国警察个人微博一百强"第一名。然而，就在2012年7月，当时已拥有20余万粉丝的"@段郎说事"微博经历了一场"去V风波"，引发了舆论和媒体的高度关切。

2012年7月7日，"@段郎说事"发微博称："准备去V了"，这短短几个字成为该微博开办以来转发、评论数量最高的消息。随后即有媒体报道称，当地公安局有领导认为，"@段郎说事"微博"不够阳光"、存在"个人主义"，其微博之所以能火，主要在于其职业的特殊性，而"段郎"却"喧宾夺主"，大有取代官方微博之势。

与此形成对比的是，2011年曾有媒体报道称，作为段兴焱上级领导的九江市委常委、政法委书记、公安局局长叶国兵公开表示："段郎把自己定位为一个警察网民，而不是警方的发言人，这样能真正获得网民们的信任和拥护。"

面对去"V"风波，"段郎"发微博道出更多原委："去V只是这次喝茶要求之一，最要命的他们居然说我微博有点阴暗，好在我的微博基本保全在这儿，到底是阴暗还是阳光除非是白痴不难一目了然，说我微博有个人主义，有取代官方之势。我的微博是个人不假，但上不了主义，更何况个人主义总得有个目的，比如升官发财之类的，我有吗？至于所谓取代官方发言之说，更是无稽之谈，我不知有哪位网友会把我的微博当官方发言了，也真难为一些人了，居然为我微博专门研讨，又居然研讨出一二三四，并提出要监控我的微博，其实，无数网友不是天天在监督我吗?! 你们不是说人民群众的眼睛是雪亮的吗？用得着你们专门辛苦？"

"你提升了人民警察队伍的整体形象，但降低了组织的威信"，这是湖南省纪委预防腐败室副主任陆群通过其个人微博"@御史在途"对"段郎"的评价。网络意见领袖自然也不会缺席这样的风波，"@李开复"为"段郎"打气："如果加V代表一个人的单位对他的认可，那么有时去V反而让一个人更值得信任和尊重。"许多媒体持续报道此事，并撰文支持"段郎"。

面对蜂拥而至的舆论关注，"段郎"选择暂不接受媒体采访，但对于媒体报道内容"不肯定也不否认"，而在去V风波的争议中，"@段郎说事"粉丝数意外猛增，用"段郎"自己的话说："去V存真，甚合我意，正如我看到现实中的真实与虚假有如鸡蛋与石头，更需守护。"

在经历了多天的波折和短暂的去V之后，2012年7月11日，"段郎"发声："刚与领导进行了一次从网络到现实较长时间的交流，非常开心。交流结果按通稿的说法，就是达成了广泛共识。俺的微博将得以一如既往！"随后，"@段郎说事"恢复了V字认证，但是认证信息中的"纪委副书记段兴焱"修改成了"民警段兴焱"，这一改动维持至今。其后的两年多时间里，"@段郎说事"在各大机构评选的政法微博奖项中几乎从未缺席，其"只要不违法，知无不言"的作风亦维持至今。

也许，网友的一则评价可以为"@段郎说事"的存在价值做最好的注脚："段郎的微博保持本色，给网民以极大信心。个别人说政府在打击舆论，段郎是警官，他仍发微博，极大地稳定了网民情绪，减少了心理恐慌。"

（三）先行者的去意与彷徨

湖北恩施州中级人民法院办公室主任刘国峰，网名"倾城"，其个人微博"@倾城"注册于2009年8月28日，现有粉丝数不足25000，也没有了V字认证，个人信息中除"公司"一栏为"中级法院"外，再无任何官员色彩。就粉丝数而言，"@倾城"或许算不上大V，然而博主刘国峰的确称得上政法微博实践的先行者。

刘国峰所供职的湖北恩施州中院官方微博有着一个响亮的头衔——"全国首个认证法院微博"，实名认证时间为2010年1月18日。刘国峰正是这个"法院首家认证官方微博"的缔造者。法院开微博，在当时看来还有些摩登，而刘国峰的解释却很平实，"作为法院办公室主任，宣传是分内的工作"。2011年4月，恩施中院新浪官方微博粉丝超过72000，已是当时全国法院官方微博中名副其实的"人气王"。曾有媒体记者报道称，该院官方微博所发博文内容十分丰富，每日更新，语言生动，对网友评论的反馈也十分及时，且全部博文几乎没有一条是该院领导日常活动。博主刘国峰运用"微语言"的实力可见一斑。刘国峰对这一杰作也颇为满意，他曾对媒体说："实践证明，这种投入小、收效快、反响好的即时互动宣传方式，有利于人民法院重塑司法形象，可以变刚性为柔性。"而刘国峰的个人微博"@倾城"作为他的另一个"马甲"，时常被用来对公共事件表达意见，抑或略抒情怀。

多年来，恩施州中院官方微博和"@倾城"始终携手走在微博问政的前列，风评甚佳。然而2013年9月的一场风波，让刘国峰成为舆论焦点。

2013年9月5日7时11分，恩施州中院官方微博发布早安帖，内容出自20世纪美国大法官勒尼德·汉德，"言论只有在直接煽动叛乱、反抗等行为时，才构成犯罪，如果把合法的政治言论当作调唆煽动，就是驱逐了民主政治的守护神，是最大的不宽容……"稍后，7时18分，该官方微博再次发帖，内容援引自美国大法官约翰·哈伦，"宪法保护的表达自由权利，在这个人口众多、日趋多元的社会里，无疑是一剂良药……容许空气中充满不和谐的声音，不是软弱的表现，而是力量的象征"。

其实，这两则经典法谚般的话语，在网络上可以轻易地搜索得之，既非奇谈怪论，也从未有人将其划为"大毒草"。然而，结合2013年当时的背景，人民法院官方微博发表上述言论，迅速引起围观。虽然这两条微博不久后即被删除，仍旧难以避免众多网友的"过度解读"。作为官方微博管理者的刘国峰，感到了史无前例的压力。

9月5日晚，"@倾城"发布博文："离开法院，我相信依然有饭吃，各位保重！"包括众多法律界人士在内的超过300位微博网友在此条下留言，或询详情，或致敬意；"精英当在最危难处"，有位友人如此慰留。次日，"@倾城"发文："这是一次压力测试，对人亦对己。走或留，都正常，类似遭遇并非头次。""@八品法曹"推心置腹地言道："我没有为体制挽英才的高度，我只是心疼，心疼一位年近四十的弟兄，将要重新走一种颠沛的人生。"9月10日，"@倾城"正式申请去掉已经存在多年的V字，刘国峰则获准休假。随后，他再次发布微博："无论在中院还是利川期间，领导、师友都待我很好，彼此信任有加，即便在这次风波中，亦并无任何院领导要求我辞职，去留都纯属个人意愿和选择。我已获批休假，职务目前尚在。"

"职务目前尚在"，正是这场风波的结局，而去V之后的"@倾城"继续承载着这位政法微博先行者的理想和现实。

（四）不为V名所累

拒绝加V，而做个纯粹的个人微博，似乎被更多公职人员所接受。随着微博生态的演变，大 V 崇拜或者粉丝数崇拜的现象日渐褪色，加之机关单位对于公务员开设个人微博，特别是实名认证微博的管理日趋严格，越来越多的公职人员选择以淡化职务身份的方式开设微博。不实名、不加 V，似乎成为公务员个人微博的新趋势。

在法官、检察官中间，这样的例子有许多。"@法前小卒""@法律人杨斌""@假装是检察官的小丸子""@最低法院小法官""@隐于庭的小法官""@宝庆府来的老廖""@最深的林""@刻意的温柔"等不胜枚举。他们多数会在个人简介中声明"个人言论与单位无关"或者"文责自负"。这样的"免责声明"在多大程度上有效，存在许多争议，但这类官员个人微博总会有意无意地与其单位和职务保持距离。

"@法律人_ 小张"在其个人简介中明白地写道："小法官一个。实名要在上级公司备案，嫌麻烦果断取消了。"所谓的"上级公司"意指上级法院，而在微博上最高法和最高检被法官、检察官们惯称"总公司"，有时还被唤作"总舵"。

"@刻意的温柔"更是对加 V 嗤之以鼻："法官实名微博这种闹剧何时休？个人认证微博对工作有啥好处？除了增添了粉丝数和微博约饭以外。"在北京工作的"@汉德法官"如此表示："别说加 V 了，实名都不敢，单位里能说的，无人实名，实名的基本是'温吞水'。""@宝庆府来的老廖"曾用名"@检察院的老廖"，虽然不曾加 V，但因为一场与多位律师的微博口水战，"为避免引发舆情事件，波及所在行业"，而改用现名，并强调，"文责自负，勿作联想"。

司法官员开设非认证微博并刻意淡化职务色彩，是为了争取所谓更加宽松的言论空间吗？这种说法恐怕既无确证，也不公允。在微博这一强媒体属性的舆论平台中，信息的交互性或互动性完全有能力打破任何言论尺度上的"双重标准"。拒绝加 V，不意味着改变底线。相反，网民可以在这些官员微博中找到法律人的专业论述，找到基层公务员的平实作风，找到年轻人的励志和活力……微博舆论场中颇为活跃的官员小 V 们，在官与民、大 V 与网友、智识阶层与草根民众之间，似乎已经找到了真正属于他们的定位。

（五）政法官员的微博坚守

相较于是否实名认证的纠结，发布内容的选择更加考验着每一个官员微博。政法官员微博一旦陷入官方单位和网民舆论的"夹心层"之中，往往处境艰难，甚至动辄得咎、难以周全。然而，正是官方、民间两个舆论场间的裂痕和分歧，为那些善于发言、敢于发言的官员们留下了巨大的施展空间。面对复杂多变的舆论环境，官员应该在微博上说什么话，这个从来就没有一致答案的问题，依旧困扰着不少官员博主。好在，庞大舆论场中从来不缺乏范例。

1. 官员微博"官方微博范儿"

"@陈里""@陈士渠""@王于京""@中一在线""@传说中的女网警""@交警陈清洲""@陈永博"，这些大 V 无疑是政法系统个人微博界佼佼者。他们的微博有个共同的特点——"官方微博范儿"。如果去掉他们微博中少量的带有个人特色的内容，多数网友几乎无法将它们与那些政法机关官方微博区别开来。个人微博俨然成为他们工作空间的完美延展。对于本系统、本领域、本区域发生的突发情况和热点事件，他们从不失语，总是及时地发出正能量满满、含金量十足的信息；评人论事也一贯导向精准，稳重持中，堪称法治微博舆论场中最坚定、最可靠的力量。

当然，大 V 们在坚守本职的同时，也有各自的特色。"@陈里"，多年来已打造成为各类政法权威资讯、涉法涉警事件、社会求助信息、网络舆情研究、民生三农调研的重要微博信息集散地。面对复杂棘手的舆情事件或是尖锐苛刻的网友意见，"@陈里"每每都能给出行礼如仪、令人信服的回应，观之使人难忘。2014 年 4 月，"@陈里"发起"待用快餐"公益活动，倡导"待用公益"的全新爱心理念，更是引来大批参与者和追随者。

"@传说中的女网警"除发布警务信息外，还长期关注消费安全领域，每日坚持发布大量的民生类和消费类信息，内容更新频率极高，风格轻松活泼，美图萌宠不断，深受网友喜爱，成为北京公安的一张生动的网络名片。

2. "亮剑"为了心中的正义

不是每个人都生得浓眉大眼，也不是每个官员微博都那么高大光鲜，这或许正是舆论场多元魅力所在。从总量而言，坚持以实名开微博的政法官员仍属少数。官员与网民的双重身份，让官员仍旧很难轻松走上微博问政之路，面对来自庙堂之上或同人之间的压力，"畅所欲言"仍是奢望。而如果官员开微博却不关注民生时事，刻意回避社会热点话题，无疑又将会将全部的舆论阵地拱手相让。

在实名认证官员微博群体中间，总有些人面对所谓舆论"负能量"，坚持正面斗争，坚守自己的理念与价值，以勇气和毅力闯出了一片舆论新天。即便被视作"异类"，他们也从不退缩，从不怀疑。熟悉微博圈的人大概不会否定，"@侠骨柔情的杨华"正是其中的代表。现任上海闵行区司法局法制宣传教育科科长的杨华，1992 年进入闵行区司法局工作，两次被评为全国法制宣传先进工作者，是法宣战线上的一员老兵。2011 年 6 月 14 日，杨华开了个人微博，起名"@侠骨柔情的杨华"。他说："这个名字概括了我的个性，生性爱打抱不平，看不得别人受苦。"

2013 年 6 月，上海一位居民发了一条长微博，指责当地偷盗现象严重，治安混乱，并批评派出所不作为。杨华看到微博，在了解情况后发声，"也不能全怪公安局，郊区警力严重不足，警察既辛苦又危险啊"，随即引来 200 多条评论，网友观点严重对立。事后，面对媒体，杨华谈及这次经历："我一个人对付 200 多人，忙了一天，也没人帮我说话。哪怕有位警察在微博上支援我一下也好啊，也有警察私信我，说不便开口说话，只能在私底下支持我。"

"多管闲事"引发的争议，在杨华微博问政的经历中上十分常见。而老杨与许多知名网友之间长期存在的泛意识形态斗争，更是日趋激烈。多年来，"@侠骨柔情的杨华"与部分"公知"网友之间因在微博上"骚扰他人"或是"违规信息举报"等问题，相互诉诸"新浪微博社区委员会"判定的情况，屡见不鲜，双方互有胜负，总是不欢而散。

2014 年底，杨华以侵犯名誉为由对网友"@老榕"提起民事诉讼，闵行区法院受理该案，目前尚未宣判。有观察人士撰文认为，"@老榕"造谣诋毁杨华的"事迹"十分明显，理应承担法律后果；至于"@老榕"称将反诉杨华，或许只是"自我安慰"罢了。当事双方的矛盾是否会进一步激化，引发刑事自诉案件，也受到部分网友的关注。网友看待类似口水官司的态度，则明显以"意识形态"划界，支持者与反对者几近鸡同鸭讲，难以调和。

"政法微博要敢于亮剑"，杨华多年来始终旗帜鲜明地坚持这样的观点，"面对普通百姓辱骂，我一笑了之，面对大 V 辱骂，我必反击"。即便是在官员群体中，杨华这样的做法也未必受到完全认可：将"@侠骨柔情的杨华"拉黑的人中，甚至不乏一些十分著名的官员大V。"我在微博过程中碰到最大的痛苦是：在我向谣言甚至恶意反党反政府言论'亮剑'而被围攻时，很少有体制内的党员领导干部旗帜鲜明地站出来支持我。但令我开心的是，在关键时刻，却有众多的普通博友站在我这一边与我一同'亮剑'。"杨华曾这样阐述自己的微博经历。

（六）我的清白谁做主

有关反腐倡廉的议题，或许是官方与民间两个舆论场共识程度最高的领域之一。公职人员在反腐舆情中必然处于被动挨打的"原罪"状态吗？活跃于微博舆论场的官员们，显然不这样认为。

1. 财产公开："我愿意"

赵耀彤，山东聊城东昌府区人民法院副院长，微博网名"@八品法曹"，也是最早一批实名认证的法官方微博博。"若真反腐，制度唯一的途径就是财产公开"，这话出自"@八品法曹"，时间是2011年11月。当时有人调侃赵耀彤，"此心得上交给纪检组就行。"而他的回答倒颇有些山东人的豪爽："交到中纪委也还是这样！"

2012年2月25日，"@八品法曹"发表微博："我对财产公开的三点看法：财产不公开，则反腐不可能；财产不公开，则清廉无意义；先易后难，放下老虎，先打苍蝇，首先制订厅局级或县处级以下干部的财产申报制度！"法律学者"@徐昕"等大V纷纷撰文响应，一时间有关官员财产公开的舆情迅速升温。

同年4月，赵耀彤在《南方周末》上发表短文《财产公开，证明你我清廉》提出："基层干部权力有限，寻租敛财的手段往往特别恶劣，让基层干部先清廉起来，你我有法子证明自己的清廉，也就无须再为自己的'体制内'身份跟贪官一样承担恶名！"这样的论调即便在今天看起来，仍旧有些火药味。在当年，赵耀彤的这篇短文更是收获了不少掌声。

2013年2月，《南方周末》一篇题为《官员财产申报与公示：我愿意》的报道中提到，赵耀彤的妻子单位福利颇厚，并向他放言"你公开，就离婚"。而"@八品法曹"对此的说明是："我妻子不反对公开财产，她反对的是我当出头鸟，不让我率先公开，她说等上面让公开的时候咱们再公开。"几年来，"@八品法曹"对于官员财产公开的呼吁始终没有放弃过。

2. 求求你"人肉"我

何文凯，广西防城港市人民检察院副检察长，他的腾讯实名微博拥有20余万粉丝，自2011年起连续三年获选"全国十佳检察官影响力微博"，被称为"防城港最会玩微博的官员"。

2014年7月，有网民假借香港著名作家、节目主持人梁文道的名义，在网络上"悬赏20万元征处级以上清官"。这种被很多人看起来带有明显恶搞和宣泄意味的事情，却让何文凯"当了真"。他说，"以戏说之名黑所有公职人员，心理不健康，目的不地道"，"明明不值得当真，但你要是真的不当真，反而会贻人口实"。面对"悬赏征清官"的挑衅，何文凯率先出来应战。

随后，何文凯发布微博："我缺钱，我对20万感兴趣，请楼主组织人扒我，然后帮我讨要20万！"短短几个小时，该条微博阅读量就超过百万，引发舆论的广泛关注，被媒体和民众贴上"官员求人肉"的标签。

面对蜂拥而至的点赞、围观和非议，何文凯没有犹豫，他干脆把自己的财产状况公布到网上：月收入 5872 元，爱人月收入 9000 元；名下两套房产，一套集资建房，一套商品房，均在防城港市；一辆汽车。"晒财产"的博文在他的微博上被置顶显示，包括《人民日报》官方微博在内的许多媒体官方微博纷纷转发。何文凯还声称，自己算不得清官，八项规定出来以前，也曾接受并赠送过土特产。"@人民日报"发表微评称，"何检慨然应战，想必是基于坦荡，更是基于底气……应战者岂能止于何检？别让何检孤军奋战"。

事实上，从 2010 年 6 月何文凯开立微博以来，这已经不是他第一次公布个人财产。当然，何文凯无法拿到所谓的 20 万元悬赏，但不能否认，从个人的角度，他赢得了这场"秀"。他接受采访时表示，"我是完全支持并呼吁官员个人财产公开，它有利于官员队伍走向清廉"。但是，多年从事检察工作的何文凯也十分清楚，个人财产公开，可以作为一种手段，"但不是我们反腐倡廉的最后希望和唯一手段"。

针对这场"求人肉"的舆论风暴，《羊城晚报》这样评论：检察长自证清廉已经很难，但更难的是，他还犯了官场的忌讳；尽管何文凯在争议中得到许多网友的点赞，但估计难以得到正统思想观念的认可。而何文凯做客正义网微访谈时却表示，"我的同事很理解我，他们甚至在不同场合以不同方式鼓励我，当然也不乏许多善意的提醒。很感谢他们！"

3. 曾经的官员微博

近两年，公务员考试降温已是不争的事实，但究竟是否存在所谓的公务员"辞职潮"始终是个莫衷一是的命题。而司法机关公职人员大多具备较强专业性素质，转换职业轨道的阻力相对较小，常常被作为观察公务员离职现象的指标性群体。"@ Ash_ of_ Time""@ 深客法缘""@ 法官老蒋""@ 刘仕毕"，四位博主曾经都是法官。2014 年，辞职是他们的共同经历，而这仅仅是司法官员转身的一个缩影。有网友戏言，玩微博的法官玩着玩着就辞职了。

4. "真不是钱的事儿"

张伟，北京某基层法院法官，39 岁，微博网名"@ Ash_ of_ Time"。2014 年 6 月 24 日，已在法院工作 16 年的他，在辞职前夕发微博晒出自己在法院领到的最后一期工资条：实发 5555.8 元。这条微博被广泛转发和评论，甚至还有法官在此留言晒出了 3000 多元的工资。"北京法官嫌工资低离职"成为舆论的普遍解读。舆论热炒让张伟感到有些意外，但他始终强调，"真不是钱的事儿"。他接受北青报采访时的一句"加薪能保证法官不挨骂吗"，无疑显示出除了经济收入，法律人对于职业荣誉有多么看重。

"@ 深客法缘"在辞去法官工作前，也表达了他对公务员工资的看法："虽说'一切不以涨工资为目的的改革都是耍流氓'这一说法有几分戏谑和调侃，但毋庸置疑的是，司法改革中如何突破职业供给和职业保障上的瓶颈制约是改革成败的重要一环，因其关乎司法职业的尊荣，也与实现司法的独立和法官的中立不无关系。"

5. 舆论场中的职业共同体

蒋阳兵，原为广东湛江市中级人民法院行政庭副庭长，虽然微博网名叫做"@ 法官老蒋"，却是个 80 后。2014 年 9 月 4 日，"@ 法官老蒋"发布博文《我心依旧——致青春的华彩》写道，"职业理想之故，个人家庭之因，深思熟虑罢，我毅然辞职……不忘初心，仍怀法治理想，仍存正义之念。"这样的消息引发不少法律界人士的热议。机关一定留不住人才吗？"@ 隐于庭的小法官"在祝福老蒋的同时，逗趣地说："不要辞职一个就各种刷逆淘汰好吗？搞得不走的都是'战五渣'的样子。"

辞职后的"@法官老蒋"更名为"@法律人老蒋"，依旧是在微博上和学者、律师探讨热门法律争议和社会话题的活跃人物。在他看来，过去几年，由于立场、工作性质的不同，庭审时，司法人员、律师之间频发冲突，这并不正常。这位曾经的法官，也不认为自己已经和体制势成水火。"做律师能丰富我的职业体验，使业务能力、理论水平、综合素养有更高的提升，"蒋阳兵接受《北京青年报》采访时这样说，"如果环境允许，还要'杀'回去，做个更好的法官、检察官。"

2014年7月，律师易胜华在微博发表《一位律师写给辞职法官的信》，其中写道，"法检新鲜血液的大量涌入……总体来说，律师队伍的实力将大大增强，地位也许会随之提升，检、法、律师这三家的联系更为紧密。这是司改引起的一系列变化，不一定全是坏事"。

正如这位律师所言，这些前司法官员们的微博言论，没有因职业的转换而变得"愤世嫉俗"。相反，深知司法职业之难的他们，时常对曾经供职的机关表示感恩，对曾经付出的青春感到不悔。他们离开了司法机关岗位，但没有离开法律职业共同体。在舆论场中，他们选择为国家法治的进步而继续呐喊。

6. 官员微博的前路

如今，微博已成为重要的舆论阵地。官员们五味杂陈的微博故事，为时代留下浓墨重彩的一笔。政法官员个人微博作为政法机关微博的补充和延伸，在舆论场中必将会有更加广阔的舞台。政法官员个人微博成功经验，为照见前路点亮明灯。

一是坚守底线，正面引导。坚持团结稳定鼓劲、正面宣传为主，是宣传思想工作必须遵循的重要方针。政法官员参与到公共舆论中来，更应率先垂范，牢固树立底线思维，建构正确的舆论导向观念，主动为在新形势下做好舆论引导工作添砖加瓦。

二是依托本职，公私有别。政法官员个人微博发布内容和关注领域，仍应与职务领域、所在地域、周边行业保持密切联系，努力保障微博发布内容的权威性、准确性。有个性、有特色、有态度的微博表达，会为个人微博带来与众不同的吸引力，对于影响力的持续提高具有关键意义。把握本职领域，及时而不缺位；评点热门话题，公允而不偏颇；关注本地事务，亲近而不高冷；探究学术问题，通俗而不虚浮。

三是形成合力，避免内耗。近年来，政法微博集群化发展趋势越发成熟。官员微博与本机关和行业、地方官方微博形成舆论合力，相互带动、相互弥补，发挥比较优势，防止自身局限，已成为政法微博发展的新常态。而官员博主之间建构起牢固的"微友谊"，对于进一步加强舆论引导合力，也有着独特意义。

五 政法新媒体建设应用案例

（一）信息公开

如今伴随信息技术的快速发展，网络成为公众意见表达的重要渠道，微博、微信、App等新媒体的快速发展，更使得网络舆论平台大大延伸。面对舆论环境的新变化，政法机关开始从以往的被动传播，转为新媒体时代的主动发布，其神秘面纱正在逐渐揭开。

1. "@济南中院"微博直播薄熙来案

2013年8月22—26日，薄熙来贪污、受贿、滥用职权案在济南中级人民法院审理。在此期间，"@济南中院"共发布了152条微博，平均一天发布30条，数亿人通过微博"围观"了薄案庭审实况，该案由此成为我国首起微博直播的高官贪腐案，引发国内外舆论轰动。网友纷纷为薄案庭审直播点赞，"庭审直播让公平正义以看得见的方式实现"。2014年全国"两会"上，最高人民法院院长周强在回顾2013年工作时指出，济南中院通过微博全程直播薄熙来案庭审情况，取得良好效果。

"@济南中院"近16万字的图文微博，将庭审的全过程呈现在网友面前。其中，最引人注目的是以长微博的形式发布的30余份庭审实录，公开了控辩双方举证、质证过程及控辩意见等内容，让社会各界对庭审的进程与细节有了全面的认知与了解。

据济南中院副院长兼新闻发言人刘延杰介绍，接到微博庭审直播薄熙来案的任务后，他抽调了30多名业务骨干组成微博直播团队，分组后分别进行针对性的新媒体培训。此外，网络断线、信号中断及有图像没声音等意外情况亦被考虑在内，几乎所有设备都预设了第二套方案。开庭过程中，所有以长微博形式发布的微博均经过三层审核校对，确保内容准确无误。

2. "@豫法阳光"四大微博群开展微直播

2011年7月7日，河南省法院官方微博"@豫法阳光"在腾讯网正式注册开通，随后"@豫法阳光"新浪微博及"@豫法阳光"人民微博也相继开通。"@豫法阳光"一经开通，就在社会上引起强烈反响。"@豫法阳光"利用微博的即时性、互动性、覆盖面大等特点，每天向网友发布法院系统的最新工作动态，把法院工作完整地呈现在大家眼前，深受广大网友的喜爱。

在此基础上，"@豫法阳光"利用已开通的微博平台，集聚河南三级法院微博，开通了"豫法阳光"腾讯微博群、新浪微博群、人民微博群和新华微博群。开通以来，共开展微直播活动90余次。如2012年6月，河南法院系统"豫法阳光微博群"通过直播"法官的一天""女子法庭""走进大别山区人民法庭"等"走基层进法庭"活动，晒出了法官日常工作的酸甜苦辣；再如，2014年以来，河南法院还微直播了被舆论称之为"房妹"案的郑州市二七区房管局原局长翟振锋职务犯罪案、林州警察摔婴案等多起热点案件，让案件的庭审信息第一时间抵达受众。微直播像司法公开的一个浓缩窗口，从不同角度、不同方面展示了人民法院司法为民的大形象。

此外，该院还在省高院政务网站上设定了"豫法阳光"栏目，将全省法院微博整合在一个平台上，形成了合力。

※相关案例※

江苏镇江检察"5V"式检务公开发布平台凝聚微效应

2014年以来，江苏镇江市检察院借助微信、微博、手机报、二维码查询等载体，创新建立集"微空间、微新闻、微动态、微直播、微代码"于一体的"5V"式新型检务公开发布平台，打造阳光检务。当年3月，该院开辟了与人民监督员、特约检察员、专家咨询委员等"三大员"、代表委员沟通的微信群，通过"微空间"发布检务信息达20余次。

浙江杭州市检察院门口张贴微信微博二维码助力检务公开

2014年10月28日，浙江省杭州市检察院门口张贴的一组二维码，引来不少市民驻足。

市民用手机扫一扫二维码，就可直接进入"杭州检察"微信、微博、门户网站等，轻松获取最新反腐案件信息及检察工作动态。经相关认证后，还可查询案件进展、预约申请辩护与代理等。这样的检务公开方式在全国检察系统中尚属首次。

（二）业务办理

新媒体具有快捷高效、可网状传输等特点，不少政法机关将其升级成为民服务的平台，把为民办事的业务工作纳入其中，为广大群众解决实际问题，做到足不出户就能把事情办成、办好。及时解答民情诉求，有效纾解热点疑难，控制负能量，释放正能量。

2014 年 8 月 6 日，北京市公安局"平安北京"移动新媒体服务平台正式上线，旨在充分利用各种新媒体平台的优势，提供更全面的服务。该平台集成了微博、微信、博客、微视、新闻客户端等 5 种新媒体应用，今后网友可通过"私信"自助查询北京警方人口、交通、出入境管理等公安业务办事指南和各单位便民服务电话等。

2010 年 8 月 1 日，北京市公安局官方微博"@平安北京"正式上线。4 年间，北京市公安局全面加强警察公共关系建设，不断拓展警民沟通交流渠道，在开通之初仅有的微博、博客的基础上，陆续纳入微信、微视、新闻客户端等网友使用度较高的新媒体类型，主动介绍首都公安警务动态和最新安全防范提示，耐心倾听网上群众意见建议，努力解决网友反映的突出问题和实际困难。

市公安局相关负责人表示，下一步市公安局将继续坚持群众工作路线，以"民意主导警务"为指导，以群众利益为根本出发点，以群众需求为工作立足点，根据"平安北京"移动新媒体便民服务平台各个子平台的不同特点，结合网友粉丝的意见和建议，不断开发和拓展平台服务功能，增强平台的办事功能，为市民提供更加优质的网上服务。

截至 2014 年 12 月，"@平安北京"平台粉丝数突破 1100 万，共发布各类资讯 6.3 万余件，收到网友评论 101 万余件，解决网友反映的问题和困难 1000 余件。

湖北检察"双微"平台提供多项办事功能

自 2011 年 2 月 11 日开通全国第一个省级检察机关官方微博以来，湖北省检察院深入研究新媒体环境下信息传播的特点和规律，将整合资源与创新发展相结合，实现网络宣传由"单一作战"向"总体统筹"转变，涵盖主要网络传播方式，集自媒体、全媒体、新媒体之合力，打造门户网站、博客、微博、微信、手机客户端五位一体的"鄂检网阵"新格局，打出一套"便民利民、阳光检务"组合拳。

截至 2014 年 7 月，该院的官方微博共有粉丝 160 多万，累计发布信息 1 万余条，为网民提供法律咨询、解决相关诉求 12700 余次。官方微信"鄂检在线"听众 5100 多人，发布 520 多期，微信"湖北检察"听众已突破 6000 人。

※相关案例※

山东日照市公安局首推"微信自助移车"便民利民

2014 年 5 月，山东日照市公安局开通了警务微信平台，首次推出"微信自助移车"功能，车主只需微信联系"日照市公安局"上传车辆照片即可，照片要准确显示对方的车牌号，还要清楚地表明车主车辆确实被堵。民警接到求助后，会马上核实情况是否属实。如属实，民警利用照片上的车牌号，找到对方车主的联系方式，联系对方将车辆移开，整个过程仅需一两分钟。

北京市二中院劳动争议案件微信调解平台正式启用

2014年7月8日，北京市二中院劳动争议案件微信调解平台正式启用，今后有调解意愿的劳动争议案件当事人将可在该院法官的主持下通过微信方式在线调解。据介绍，微信调解平台实际上是劳动争议案件承办法官建立的专门微信账号。诉讼案件中，法官根据具体情况，将同意使用微信调解平台的劳动争议案件双方当事人加为微信好友，邀请他们加入由法官主持的微信聊天室开展调解工作。

（三）线索采集

近年来，微博逐渐成为民众反腐举报的重要途径，如"表哥杨达才"贪污受贿案和罗昌平微博实名举报刘铁男事件。基于此，越来越多的政法机关开始注重从新媒体中发现案件线索，甚至主动出击，运用这一平台直接向广大网友征集线索，取得了良好成效。

1. "@深圳市人民检察院"微博办案记

2014年7月，一名微博网友在深圳市人民检察院官方微博"@深圳市人民检察院"发表评论："为啥深圳捷甬达实业有限公司前老总，周某能两次被判缓刑？"就是这样一行并不起眼的评论，引起了市检察院官方微博管理人员的关注，"网友所言是否属实，案件是否存在问题"，也引起众多网友追问。经查询，市检察院发现该市确有一宗案件与该网友评论中所反映的情况基本一致：2013年11月，龙岗区人民法院对一宗单位行贿案的被告人周某做出了有期徒刑三年缓刑五年的判决，而该案的被告人周某，此时正处在之前被判缓刑的考察期内。另外，根据网友的微博评论，市检察院在案件核查中，又有新的发现：2014年8月，龙岗区人民法院原副院长黄某荣因涉嫌受贿一案侦查终结，黄某荣涉嫌的多宗犯罪事实中，有一宗与周某第二次被判缓刑密切相关。

办案检察官认为，该案除量刑明显不当外，法院副院长收受贿赂要求主审法官判缓刑，审判程序严重违法。按照相关法律规定，该市检察机关对该案启动了审判监督程序，10月13日，该市检察院已依法提出抗诉。

利用检察微博、微信等新媒体回应社会关注，是检察机关推行阳光检务、接受社会监督的重要途径之一。深圳市检察院对网友在其官方微博的一条简短评论展开案件核查，值得各地检察机关学习借鉴。

2. "@南京市白下分局"三国杀通缉逃犯

2011年12月8日18时39分，南京市公安局白下分局在其官方微博"@南京市公安局白下分局"上发布了一则"三国杀"版的通缉令，通缉六位逃犯，同时附有办案警官的联系方式。

"三国杀"通缉令发布两天后，迫于网络、媒体、社会的压力，12月10日中午，已外逃7年的犯罪嫌疑人王宁强向白下警方自首。12月10日晚，在逃11年的犯罪嫌疑人王华春向白下警方自首。12月11日中午，与王华春同案，同样在逃11年的王身军向白下警方自首。警方表示，他们仍希望加大舆论力量，敦促其余逃犯自首，还受害人家属一个公道。

"三国杀"版的通缉令影响范围持续扩大，12月12日，有微博网友发帖提供通缉令中一名逃犯的相关线索，该局对比网友所发照片后发现该逃犯容貌与以前相比有所改变，便重新制作了汤作鹏的三国杀通缉令，同时@"@新安晚报""@安徽商报"，发动媒体的力量帮助该通缉令进一步扩散。

※相关案例※

微博曝一女孩在公厕遭围殴珠海警方介入调查

2014年2月7日，新浪微博网友"@我爱平沙"在微博上发布的一组图片显示，广东省珠海市平沙镇一女孩在公厕遭到多名女生围殴。微博公布后，迅速引起了珠海市公安局的高度关注。由于受害人没有报案，珠海市高栏港公安分局立即抽调警员、治安员到平沙镇各大公厕调查，后根据网友提供的照片，到学校找到老师比对照片，从而锁定施暴方和挨打者。

浙江湖州市警方发布"微信通缉令"粉丝合力擒贼

2014年7月10日，浙江湖州织里镇一网吧老板报案称，店里一电脑主机被盗。民警调阅视频监控发现，是一名绿衣男子作案。7月13日，民警将"绿衣男"的作案视频及情况编辑成"微通缉"发布到了"织里老蔡驿站"的微信上。"微通缉"发出后，引起不少微信粉丝关注。几日后，当地市民在一网吧内将"绿衣男"控制，并移交给了织南派出所民警。

（四）舆情导控

政法工作事关群众切身利益和社会公平正义，常常处于舆论的风口浪尖，如果对舆论引导不当就会处于被动，司法个案就会成为舆论热点。在新媒体时代，政法机关舆论引导工作面临新形势、新问题、新挑战。如何提升新媒体时代舆论引导能力，是每一个政法机关面临的重要课题。

1. 热衷回应的"@广东政法"

2011年5月，广东省政法委官方微博"@广东政法"正式上线。据时任广东省委政法委研究室副主任、宣传信息处负责人应立敏介绍，广东政法微博运营一年多来，及时回应了500多起网络舆情，回复网友问题上千个。随着该微博影响力的扩大，越来越多的网友在遇到问题时，都会在网上向广东政法委官方微博求助和呼吁。对此，有媒体评论称，作为全国唯一的省级政法委微博，"@广东政法"始终坚持接地气、讲真话、办实事，推进社会管理创新。

应立敏认为：第一，表示关注，这是一个态度；第二，提供申诉渠道、办法，一般不做表态；第三，对负面舆情，必须加上"如属实"再回复，第二天再办公文，经批示后交办核查。最后核查情况一般由当地官方微博发布；第四，@其他单位，比如涉及检察院的就可以@广东政法委官方微博。

此外，应立敏还提示，及时回复非常重要。大部分舆情都是出现在晚饭后，如果不及时回复，大量萌芽状态的舆情就可能恶化升级。

"@广东政法"之所以逐步赢得了大众的良好口碑，原因就在于坚持8个字：真诚、平等、服务、互动。政法机关须知，只有平等与人沟通，真诚为民服务，实现良性互动，把服务的功夫做到家，真正让公众反映的问题都有回音、都能落实，才是化解舆情的万能钥匙。

2. "@台州公安"全程引导"斯文贼"事件

2014年12月15日上午，浙江台州一位78岁老汉仅有的用于治疗肿瘤的3860元救命钱在公交车上被一名戴眼镜的小偷偷走，同车的一位女孩拍摄下了其作案的全过程。接到报案后，台州警方在其微博上引发了"全城抓贼"的话题，并公布了犯罪嫌疑人的视频截图。同时，该微博还动态通报案件进展，使广大网友及时获知该案的最新情况。在网友的围观扩散和警方的全力搜索下，12月20日，被网友称为"斯文贼"的犯罪嫌疑人万某某被成功抓获。

在这场全城抓贼中，"@台州公安"利用新媒体主动征集办案线索、动态通报案件进展、温馨提示见义勇为、及时澄清网络谣言，舆情引导工作贯穿事件始终，可谓新媒体时代舆论引导的典型案例。

※相关案例※

网传路灯编号可定位报警武汉警方回应系谣传

2014年1月8日，一条微博在网上传开：小孩如果走丢，可看路边路灯杆上的编号报警，警方可以依此定位找到孩子。经查，武汉街头的多处路灯杆上面确实有一串数字编号，而有的却没有。对此，武汉警方"@平安武汉"表示，路灯上的数字只是路灯局方便维修的编号，警方并不能依此定位。

曝四川资阳两交警马路上耍"杂技"警方及时回应获赞

2014年3月26日，一则题为《如此交警，如此文明驾驶?》的微博在网络疯传。微博称，在四川资阳市雁江区车城大道上看见两名交警违章驾驶摩托车。3月28日，资阳市公安局官方微博"@资阳警方"回应称，该二人为资阳市公安局交警队民警，对于二人的违章驾驶行为给予罚款150元，扣4分的顶格处罚，并记入年度考核。

（五）法制宣传

新媒体对现实社会影响越来越大，善于运用新媒体开展法制宣传教育，是普法工作保持生机活力的关键。如何紧跟时代步伐，因势利导，以广大网友喜闻乐见的形式开展普法宣传教育工作，成为这个时代给各级政法机关提出的新课题。

广州市黄埔区检察院"双微"谐趣普法。广州市黄埔区检察院官方微博"@黄埔检察"通过拟人化的互动交流不仅积累了超高人气，还在法制宣传上做出了自己的特色，形成了以"小明微故事"为中枢，"检察官看法"为骨架，"检察官日记"为血肉的丰富体格，深受粉丝的喜爱。"@黄埔检察"注重以生动诙谐的语言和有趣形象的情节设置，通过寓教于乐的方式进行法制宣传，反映出检察官内心丰富的另一面。

有了微博发展的成功经验，结合微信独有的特征，黄埔区检察院也形成了自己独有的"谐趣普法，亲切为民"的运营风格，开辟了"小明微故事"和"小明的不靠谱大猜想"等微信普法栏目。具体来说，该院微信栏目的运营，主要体现在三个"新"上：语言新，强调"新、潮、微"，尽可能使用网络语言来表述法律问题，尽可能使法律问题浅显化，以朋友间交流的语言习惯与微友沟通，力求拉近彼此的心理距离；栏目新，根据微信独有的"关键词回复"，开辟了"小明的不靠谱大猜想"栏目，将日常生活中容易碰到的法律问题，用幽默风趣的故事进行串联，最后以问题的形式向微友推送，微友可以通过回复关键字来查看自己的回答是否正确；内容新，推送内容具有较强的实效性，能贴近当下的社会热点问题，从法律的角度对这些问题进行分析。

浙江全面运用新媒体提升普法新实效数字时代，新媒体已经成为普法的重要阵地。近年来，浙江省司法厅在运用主流媒体、发挥传统宣传手段作用的同时，积极创设学法用法新载体。针对不同对象的特点，运用"浙江法治在线"门户网站、"@浙江普法"官方微博、浙江普法网群、浙江普法手机报和微信公众号"浙江普法"等富有吸引力和感染力的新载体开展法制宣传教育，使得普法工作面貌焕然一新。

2011 年 3 月，浙江省司法厅、浙江省普法办官方微博"@浙江普法"在新浪开通，并举行了微博讨论会，得到了广大博友的力挺。2014 年 12 月 4 日，推出微信公众号"浙江普法"，旨在打造权威、专业的司法行政资讯传播平台，亲民、活泼的法治宣传平台，便捷、畅通的法律服务平台。据悉，"浙江普法"除推送"司法行政""以案说法""法律常识""新法速递""各地动态"等常规栏目外，更会根据实际情况增减栏目，以更好地贴近受众需求。

※相关案例※

天津市和平区检察院开通未检微信平台讲案释法

为适应未成年人对信息关注方式的变化，创新未成年人法制教育方式，天津市和平区检察院在全市率先开通"和平未检"微信公众平台。2014 年 1 月 7 日，"和平未检"在微信平台上发布信息，借未成年人犯罪的典型案例宣传相关法律常识。每个案例下都有检察官对案例的剖析和相关法律知识的解释。此外，"和平未检"微信平台将结合线上线下活动，辅以图文、视频等多种展现形式，吸引未成年人学法、知法、守法、用法，增强自我保护意识和维权意识。

迎接首个宪法日四川成都法院"微信墙"送法进工地

2014 年 12 月 3 日，为迎接全国首个宪法日，成都市多个基层法院举行送宪法进社区和工地活动，向群众宣传宪法和相关法律知识。其中，成都市高新区法院为更好地普法，特别在现场架起了投影仪，以时下最流行的"微信墙"形式开展场上场下互动。不少建筑工人拿出手机扫描宣传海报上的活动官方微信二维码。大家所提的问题实时在屏幕上公开显示，由法官回答。

（六）管理运营

十八大以来，全国政法机关坚持一手抓法定职责履行、一手抓新媒体时代社会沟通能力提升。在使用新媒体、管理新媒体的过程中，各地政法机关积累了不少经验，或制定管理和运行制度，或根据自身情况量身定做相关方案，确保为网民提供及时有效的服务，增强政法舆论的正能量。

1. "@平安肇庆"冶建章立制从严管理

2010 年 2 月 25 日，广东省肇庆市公安机关开通全国首个认证的公安微博"@平安肇庆"，拉开了全国公安"微博热潮"的序幕；2012 年 9 月 6 日，与时俱进的肇庆市公安机关开通首家公安微信公众平台"平安肇庆"。长期以来，肇庆公安机关在微博管理创新方面的表现十分突出，网络问政工作实现了制度、人员、设备三到位，"平安肇庆"的品牌服务也愈加专业、精确、及时。

近年来，肇庆公安机关建立了一系列严格的管理制度，对该市公安政务微博的运营进行规范。第一，建立网络发言人制度、"网络问政口径库"和"微博专家团"，在一定程度上解决了网络问政遇到的准确性和权威性瓶颈；第二，实行轮流值班、实名上岗制度，解决了"谁在说""代表谁"的问题；第三，建立了问政管理制度、QQ 群联络制度、问政邮箱制度，明确各警种、所辖县（市、区）公安机关在微博问政中的责任以及网民信息处理的限时办结期限，确保各警种部门能够做到"真办事、办实事"；第四，落实督导工作，定期通报，对于没有及时处理网络问政信息的部门、地区，每周在公安内网上通报一次，每月总结一次。同时，建立网络问政奖励制度，根据工作态度、质量和网民反馈，每季度推荐一名博警参与"警队之星"评选，并在年底进行评优活动，表彰工作先进集体和个人。

2. "@宁夏检察"立足实际管理运营

2012年3月，宁夏回族自治区人民检察院官方微博"@宁夏检察"正式开通运行。经过一段时间的总结和探索，该院向全区检察机关印发《关于加强宁夏检察机关微博暨微博群建设的实施意见》，提出建立宁夏检察微博集群和以"@宁夏检察"为核心的三级联动微博问检体系。

2014年9月，"@宁夏检察"携该区5个市级院和24个基层院，以"检察微博发布厅"的形式入驻新浪微博，实现了宁夏检察机关官方微博全覆盖。为加强对"检察微博发布厅"入驻成员的管理，自治区检察院先后制定出台《宁夏检察官方微博管理办法》《微博管理员工作职责》《政务微博运营规范手册》《关于进一步加强全区检察机关微博工作规范化管理的几点要求》等规范性文件。从官方微博的注册、命名、认证、定位、管理等诸多细节入手，实现对全区检察微博管理的规范化、科学化和精细化。

此外，该院还立足工作实际，制作了《宁夏检察微博网民诉求处理单》《宁夏检察微博网络信息调查处理函》等公文函件，借此加强与各内设机构、基层检察院之间的联动。

※相关案例※

山东省首个政府机关工作人员个人微博管理办法出台

2013年1月，山东省济南市公安局出台了《民警个人认证微博管理办法》，系山东省首个政府机关对工作人员个人实名微博的管理规定。该办法从认证管理、发布审核、考核奖惩等多个运维的方面进行了规定，对民警今后的网上发布微博进行了进一步的规范。此外，该办法还建立了长效机制，以防民警个人微博建设"一阵风"。

重庆市涪陵法院加强官方微信管理拓宽司法公开平台

2014年6月12日，重庆市涪陵区人民法院网发布消息称，该院在腾讯网开通微信公众订阅号后，出台配套制度《微信服务诉讼工作管理办法（试行）》。办法要求，各部门按负责栏目及发布信息范围，统一向办公室报送需要通过官方微信发布的信息，由办公室安排专人负责统一发布；对拟发布信息实行三级审核制度；同时，将微信服务诉讼工作纳入本院年终部门绩效考核。

自从地方各级政法机关开通微博以来，由于微博管理员个人疏忽或者是后台操作管理方面的技术问题导致的乌龙事件频发。一些通过微博发布的不当内容及言论甚至成为被调侃嘲讽的对象，严重影响了政法机关的公共形象。

3. "@德兴司法"："司法局卖鞋"风波

2012年8月8日11时许，江西德兴市司法局在其实名认证的官方微博"@德兴司法"上连发多条"网购选货"配图微博，内容涵盖帆布鞋、手表、棒球棒、包、太阳镜等。据统计，共发布有37条网购信息。由于事发时正值上班时间，引发网友强烈关注，相关微博也被转发上百次。

有网友戏称这是"卖鞋司法局，最牛司法局"。质疑之余，也有网民表示，"翻了下之前的微博，发布的都是职务范围内的东西，现在突然改发网购信息，难道是被盗号了？"

14时许，该微博管理员开始删除网购产品的微博，并发布第一条声明，"上午本人未登录官方微博,具体发布广告的原因还在进一步核实中",声明还希望网民"请勿加以传播,给不法分子推波助澜"。

15 时许,该微博管理员第二次发布声明,强调称"本人是德兴市司法局官方微博的唯一管理员,上午并未登录账号,更未发布带有广告性质的微博,可确认的是这些微博不是我局工作人员发布。现正联系腾讯微博有关人员核实具体情况"。

18 时许,德兴市司法局微博管理员再次发布声明,解释了网购帖出现的原因"为来局里办事的社会人员,在等待期间利用工作人员不在,登录了蘑菇街网站,而蘑菇街设置的分享和官博串了起来"。声明还称,领导对此事非常重视,"对相关人员作了严肃处理并责令加强管理,杜绝此类事情再发生"。

启示

素养缺失。由于微博与一些网站有自动绑定并转发的功能,不少微博管理员在浏览网页时会不经意将浏览的内容及链接转发至微博,引起围观。更有甚者将一些涉及色情暴力等不良信息的内容转发至微博。微博管理员在发布微博时一定要注意自动转发的情况,更应避免在操作微博内容时将官方微博与个人微博混淆。

4. "@西岗公安""关注国际友人"事件

2011 年 1 月,1 条"有图有真相"的帖子在微博以及豆瓣等众多论坛传开,帖子内容称,写着"经实名认证的大连公安局西岗分局微博仅仅关注了一个人:苍井空老师"。随文附上了截屏图一张。经证实,"@西岗公安"官方微博粉丝人数超过 5000 人,而关注栏仅苍井空 1 人,发微博数为 3 条。该微博开通后,仅在 2010 年 12 月 30 日连发了 3 条微博,表示加入了微博大家庭,提醒大家新年注意安全,随后便再无更新。

"@西岗公安"的表现,让不少网友大跌眼镜,直呼西岗分局"关心国际友人""痴心一片"。

随后,该局工作人员回应称其官方微博被盗号,并已经向新浪提交了申诉,但还没有找回密码。随后,"@大连公安"也发言称:"因为是新生事物,在推广过程中容易出现这样或那样的问题,但我们的目的就是通过这个平台,更好地为大家做好服务,希望大家能理解,并继续关注和支持公安微博,关心呵护它的成长。"在"@大连公安"表态后,"@西岗公安"微博也恢复正常,取消对"苍井空"的关注,并更新了微博内容。

启示

作为暴露政法机关官方微博开通初期运营管理漏洞的标志性事件,该案例也提醒刚开通微博的政法机关,没有健全规范的管理制度,缺乏对值班管理人员的新媒体素养培训,微博随时有可能转化为"危博"。

※相关案例※

"@张掖政法委"曝自家官员作风不正

2014 年 11 月 9 日晚,甘肃省张掖市委政法委官方微博"@张掖政法委"自曝张掖市委政法委宣传部副科长王兴河与多名女性保持不正当关系一事,引发舆论关注。10 日中午至 11 日晚,"@张掖政法委"针对此事五 5 次发微博回应,证实爆料微博系微博管理员王兴河妻子因婚姻矛盾赌气,盗用该官方微博密码所发,但发布内容完全失实。同时,"@张掖政法委"发布了对王兴河免职调岗决定,并诚恳向公众道歉。

"@广西政法"："有本事别报警"

2014年11月29日晚间，东莞市公安局官方微博"@平安东莞"通报称，石碣分局石碣派出所民警何某辉在派出所宿舍内死亡，警方初步认定为自杀。随即，部分网友对其死因进行诸多猜测。11月30日晨，刚上线两天的广西壮族自治区政法委微博"@广西政法"对此评论称："那些站着讲话不腰疼的乱喷分子，有本事别报警。"多数网友认为，政法机关官方微博发表此种言论，实属不妥。12月1日，"@广西政法"就此道歉。

（七）执法不当

政法微博开通后，除了日常的信息公开，还可用利用私信功能回应群众咨询，并利用其消息发布及时、传播范围广的特点帮助群众处理一些日常事务。在办理这些业务的过程中，由于官方微博回应言辞不当，或是在处理问题过程中有所偏向，易引发舆情事件。

1. "@博白交警"：回应咨询骂网友"白痴"

2013年12月，网民"猫猫懒懒"在天涯、广西红豆社区等多个论坛发帖称，自己因"逆向停车"被交警开了罚单，作为新手的他有点不理解，于是到广西博白县公安局交通管理大队官方微博"@博白交警"进行咨询，"可谁曾想等来的却是对方的一句'你个白痴'"。根据网帖所附的照片，"@博白交警"在私信一栏里，回复称"请你查看一下《中华人民共和国道路交通安全法实施条例》第六十三条第五款规定：路边停车应当紧靠道路右侧。你个白痴"。

该消息经扩散后引发网友强烈不满，广西玉林市公安局交通警察支队随即组织调查工作，并通过网络进行回应称，玉林市博白县公安局交管大队政务微博管理民警当日因公出差没有在岗，该条微博私信回复内容是由代岗民警庞某未经领导许可擅自发布。玉林市公安局交通警察支队已对本次事件的当事民警通报批评，同时向网民"@猫猫懒懒"和社会各界朋友真诚地道歉。并认真吸取本次事件教训，在全市范围内开展对思想、素质、工作、作风和纪律方面存在的问题进行集中排查、剖析和整改工作。

但是该回应并未获得网友的谅解，有网友反问"就这么巧吗？当网友是白痴吗？"还有网友指出警方处理太过草率，没有真正重视问题"处理得太简单了吧，你们的回复简直是在找骂，什么代岗的，你们安排人代岗首先考虑什么？有没有素质，具备不具备代表你们的形象及能不能正确回复网友的各种问题等等。这样的处理起不到作用，也是一种应付，本身就没有一个正确的认识"。

启示

私信尽管是微博沟通相对私密的渠道，但在互联网时代，受到不当对待的网民只需随手截图，就可将管理员的欠妥言论公之于众。官民互动不是私下聊天，文明上网不是只说给人民群众听的社会公德，值班人员不想给单位抹黑，当从修身立德起，主动提升媒介素养。

2. "@平安武汉"：精干警力帮日本游客找车

2012年2月17日晚，武汉市武昌公安分局东亭派出所接到一名日本游客的报警，称其自行车停放在沙湖附近街边被盗。2月20日，武汉市公安局官方微博"@平安武汉"发布消息称："20日，武汉市公安局抽调精干刑侦力量，参与侦查日本来华旅游的河源启一郎自行车被盗一案。武昌警方表示，将为河源启一郎提供一辆自行车，以方便其继续武汉之旅。"

该消息发布后，网民纷纷投入了寻找自行车的行列中来。不少网民认为，此事事关重大，关系到武汉的城市形象、国家形象和国民素质问题。20 日晚，丢失的自行车被警方追回，舆情却已反转。网上开始出现对警方"选择性执法"的质疑。网友"@ 新闻小兵曹文艺"感叹：日本人在中国丢了辆单车，一夜找到了。中国人在中国丢了个小孩，找一辈子都找不着。

启示

为失主寻找被盗财物本就是公安机关的职责所在，无可非议。如果能在微博业务受理中，认真对待每一项群众的报案诉求，如果能在日常信息发布中多一些业务办理的鲜活案例，少一些空洞抽象的数字政绩展示，或许不会有如此强烈的舆情反转。

※相关案例※

四川尧浙江公安"微博征婚"

2012 年 2 月，四川省成都市公安局武侯分局官方微博推出"解救单身警察计划"，2012 年 8 月，浙江省衢州市公安局柯山分局官方微博举办"借助微博给民警一个温暖的家"活动，均引发较大争议，网友认为这种在工作时间通过官方微博为单身民警征婚行为系"不务正业，浪费纳税人的钱"。

河南南阳交警称网友建议是"螳臂当车"

2011 年 7 月 1 日，网友"热心市民"留言反映河南南阳交警面对交通堵塞，不忙疏导忙罚款。南阳公安局回复："你的想法也好、呼吁也好，完全是逆潮流而动，是螳臂当车。公安机关将对你听其言、观其行、观后效，密切关注你的煽动性言论是否造成不良社会影响再视情处置。"网友慨叹："网络留言板成了警方单方面的宣传工具，根本没从群众角度出发解决问题。"

（八）业务不专

政法官方微博利用微博进行普法宣传，成本小效果好，是值得推广的良方。但一些官方微博在发布普法宣传信息时，出现一些法律常识性的错误，被指业务不专，结果适得其反。还有官方微博为达到宣传目的，采用一些群众难以接受的方式，给人留下"不近人情"之感。

1."@ 平安余杭"：劝诫酒驾混淆法律概念

2012 年 12 月，杭州公安局余杭区公安分局"@ 平安余杭"（现已更名为"@ 余杭公安"）发布了一条劝诫酒驾的微博称，"如果不远离酒驾，出国签证没戏，出交通事故保险不赔，不能考公务员，不能当律师，不能当兵，开公司领不了营业执照"。该微博发布后，立即在微博中疯传。

随后，有专业人士指出，余杭公安所发布的微博中，有些说法并不严谨，甚至于法无据。

2011 年全国人大常委会修订了《刑法》，将醉驾定为刑事犯罪。虽然口语中"酒驾"和"醉驾"区别不大，但法律上这是罪与非罪的区别。按有关规定，血液中的酒精含量大于等于 80mg/100ml，规定为"醉驾"；小于前数，但大于等于 20mg/100ml，为"酒驾"。而醉驾是犯罪，酒驾则是违法的行为。醉驾者除刑罚外，还将承担其他法定的不利后果。比如《律师法》明确规定，因故意犯罪受过刑事处罚不能担任律师。《公务员法》也规定受过刑事处罚的不能报考公务员，而且如果是公务员醉驾，受到刑事处罚之后，还将被开除公职；党员将被开除党籍。但这是针对醉驾犯罪的处理，并不是酒驾的违法行为。显然，余杭警方官方微博混淆了酒驾与醉驾的法律界限。

作为公安机关的官方微博，在发布信息过程中出现如此不专业的错误，着实令人无法接受，公安机关普法、劝诫酒驾，应建立在法治原则之上。有媒体指出：如果真像余杭公安微博所说因为酒驾就办不出营业执照的，那是"法外施刑"了。

启示

微博普法本是创新举措，过硬的法律素养也应是政法干警的安身立命之本。然而，如果不对普法的微博文本进行法律上的严格审核，放任值班人员随意解读法律条文，向公众传递错误的法律常识，不仅有损政法机关的司法执法权威，也背离了"在全社会形成学法、用法、守法的良好氛围"这一普法宣传的基本要义。

2. "@轨交警花"：发布"乞讨排行榜"挨批

2012年8月，上海轨道交通警方官方微博"@轨交警花"发布了一则"乞讨排行榜"。登上该排行榜的都是经常在上海地铁里乞讨的人，其中排名第一的何姓乞丐4年被抓了309次，至今仍在地铁线内乞讨。来自安徽凤阳88岁的陈老太以302次暂列第二。轨道交警称公布这个排行榜的目的是向地铁乞讨说不，却迅速引起了广泛争议。

对上海轨道交通警方此举，有人表示赞同，因为有些乞讨者故意弄出很浓重的体味，乘客若是不给钱，他就长时间站在旁边，直到乘客受不了。也有人认为，这种做法不太人道，缺乏对弱势群体应有的善心。乞讨者的出现确实让"文明人"感到不爽，但所有的"影响"也就止于此了。乞讨者只是以这种卑微的方式让自己生存下来，即使有警方所言的"有的月收入一万多"，那也只是极少数，何苦以这种方式为难他们。这样的乞讨排行榜，这样的"示众"，羞辱的不是乞讨者，而是执法者自己，向公众示出了自己的冷漠。《新华每日电讯》的评论甚至直言，希望"'乞讨排行榜'最好是个冷笑话"。面对真实复杂的社会现实，如此简单局部"创新"或许对警方的管理工作有所帮助，但对于社会良心的伤害却远超出某一部门能预料和控制的范畴。

启示

警方发布"乞讨排行榜"的初衷是呼吁群众遵纪守法，抵制地铁乞讨的行为，值得肯定。但公布乞讨者名单的方式令不少网友表示难以接受。普法宣传内容重要，方式同样重要，选择群众喜闻乐见的方式，才能达到良好的宣传效果。

※相关案例※

"@衢州开发区公安"：转发谣言

2013年1月，衢州开发区公安分局在其官方微博"@衢州开发区公安"转发了一条微博，内容为提醒在云南边境地区旅游或当地人注意，不要被缅甸西瓜做的迷魂药迷惑，谨防被劫财劫色，高价出售器官。随后被网友指出，"之前类似这种谣言很多，但没有见过警方未经调查就发出来的"。在向云南警方联系得到"无此类案件发生"的回复后，衢州开发区公安分局将此条微博删除，并向网民及云南警方致歉。

（九）回应不当

对一些重大舆情案件，利用新媒体平台发布官方回应已经成为舆情导控的重要手段。妥善运用新媒体及时准确的回应舆论关切，有利于平息争议，保证司法公开。有些政法机关在运用新媒体手段进行导控时表现被动，甚至会因为回应不当引发次生舆情。

1. "@南昌公安"：未说明案件调查迟缓原因

2013年9月，江西省南昌市新建县樵舍镇一对年幼的女童在家里玩时，不幸爬进了洗衣机被活活绞死，该报道在网络上引起巨大的反响。

针对这起惨剧网友们在表示哀悼的同时也发出了质疑：孩子是怎么进去的？洗衣机盖子是如何关上的？并将矛头指向了女童的父母，关于"重男轻女""骗领保险""谋杀"的猜测此起彼伏。海尔公司第一时间对此事做出回应，称两女童加起来重约60斤，洗衣机在报道陈述条件下是不可能转动的。同时，南昌市公安局官方微博"@南昌公安"也回应称，随时将最新进展在微博上通报，回应舆论关切。网民一方面对警方的调查结果表示期待，另一方面表示要给真相一点时间，"大家不要主观臆断"的呼声渐起。网友甚至自发展开实验，把自己孩子放进洗衣机以验证事实的可能性。但在网民一片"坐等真相"的声音中，"@南昌公安"迟迟没有发布此事件的后续信息，舆论态度从对真相的猜测逐渐转向对警方不公布调查结果的不满。

直至10月16日傍晚，事发已20多天，南昌警方才发布了该事件的调查结果——经过南昌市"9·21"专案组与公安部、江西省公安厅的调查，确定两女童死亡排除他杀，符合在洗衣机桶内高速旋转状态下受体位和旋转加速度作用致胸廓运动与心肺功能障碍而死亡的情况。但该回应并未得到广大网友的认可，仍有不少网友认为该结论与海尔的声明存在矛盾，难以服众，并质疑警方拖延办案如此之久，背后或存猫腻。

启示

政法微博回应社会关切，切忌"断头烂尾"，也应谨防"虎头蛇尾"。案发后不久，当地警方就通过微博做出随时公布案件最新进展的表态，值得称道，也提升了公众对案件侦破的心理预期。或许，案件调查确需20多天，在二次回应时如能对进展迟缓做出合理解释，就不会让群众有"办事不力"之感。

2. "@长沙市中级人民法院"：回应被指冷血

2013年7月12日上午，湖南湘西非法集资案曾成杰被湖南省长沙市中级人民法院依法执行死刑。而后，其女儿称，执行死刑当天没有接到通知，"最后一面没见到！一句遗言也没有！甚至连正式通知也没有！希望官方发布正式消息，尽人道主义给家属一个交代"。网友多认为，基于对生命的敬畏，临刑之前让死刑犯见上家属最后一面，是司法应有的人道精神，并纷纷谴责该院剥夺死刑犯刑前与其家人会面的权利。

7月13日17时许，"@长沙市中级人民法院"发博称，"法律没有明文规定，对犯人执行死刑时，犯人必须跟亲人见面"。26分钟后，该条微博被删除。凤凰网官方微博仍将这条微博的截图发到网上并附评论，"2013年年度微博已经产生，自删也没用"。

20时许，长沙市中院微博道歉称，"因微博管理人员对刑事法律学习钻研不够，想当然办事，面对网上舆论不淡定，导致发出了一条错误信息并在领导发现后删除。特此向网友和公众道歉"，并随即关闭了微博的评论功能。

启示

政法机关为微博管理员的法律素养缺失公开致歉，是负责任的做法，应予肯定。不淡定的涉事人员也会恶补法律常识，但关闭评论功能还是不自信的表现。

※相关案例※

"@平安济源"：公开交通肇事者家属信息

2013年5月27日，河南济源女司机毕娇撞人后扬言"钱多后台硬"引起了社会广泛关注。26日，济源市公安局通过官方微博"@平安济源"对毕娇的家庭状况和社会关系进行了公布，显示其家人均为普通工人。有媒体人指出，"@平安济源"将毕娇的直系亲属的个人信息全部公布在网上的行为欠妥，侵犯了他人的隐私，存在过度迎合网络民意而忽视法律边界的问题。

"@平安宁陵"：秒删"警队之星"照片

2014年12月12日，河南宁陵县公安局官方微博"@平安宁陵"赞扬该局刑警大队大队长胡明，并配发一张胡明疑似开会中时的照片。有微博网友发现，照片中的胡明"抽的是软中华香烟，用万宝龙钢笔，穿巴宝莉衬衫，拿纬图限量版手机，能看见的都是老百姓用不起的奢侈品"，并呼吁纪委介入调查。事发后，"@平安宁陵"迅速删除了相关微博，并展开调查。不少网友认为，涉事单位自查难有说服力，并认为"秒删"微博表明官方未正面对待质疑。

（十）公开失当

通过新媒体对政法机关的案件办理信息进行公开，已经成为司法公开的一种新型手段，特别是在"微博直播庭审"这一方式在大案要案的审理中被广泛应用之后，网友对政法机关的信息公开有了新的期待和更高要求，公开方式失当、公开不充分等情况常常遭到网友诟病。

1. "@山东检察"：微博预告"十点见"引闹剧

2014年9月2日凌晨，山东省人民检察院官方微博"@山东检察"（现已更名为"@山东省人民检察院"）发布消息称，"9月2日上午10点整，山东检察官方微博将有重要案件信息发布，敬请关注"。时值周永康案被推至风口浪尖之际，该微博发布后迅速引起众多网友的关注和遐想。不少网友猜测周案或将在山东审理，或是有与周同级的"大老虎"落马，并称"睡意全无"。至2日上午10时，"@山东检察"官方微博疯涨30多万粉丝，被网友疯狂"竞猜"的答案也终于揭晓：山东省国贸集团原副总裁陈瑞斋（副厅级）涉嫌受贿、贪污犯罪被立案侦查，烟台市原副市长王国群（副厅级）涉嫌受贿犯罪被立案侦查，齐鲁工业大学原党委书记徐同文（正厅级）涉嫌受贿犯罪被立案侦查。

等了几个小时的新闻原来就是3个厅级官员落马，"@山东检察"卖的这个"关子"让诸多网友深感失望。不少网友认为此举是在"骗粉"，并戏称"裤子都脱了，你就给我看这个？"甚至连"同行"合肥人民检察院官方微博也调侃称："一夜之间涨粉40万，只等来了一个正厅，两个副厅，先喝杯茶压压惊。"而后，"@山东检察"的微博管理员表示，发微博预告并非刻意为之。事实上，"@山东检察"并非第一次发布预告，只是此次引发的关注有些始料未及。

启示

如何处理好恪守部门职责和树立用户思维之间的关系，把握好信息发布的时度效，是政法机关新媒体建设应用过程中面临的难题。

检察官方微博发布大案预告并无不妥，但如果涉事机关能够站在网民的角度上换位思考，应该能够明白"打虎"关键时期舆论对"重要案件信息"这一表述的特殊理解和心理预期，信息发布尽量避免一些"吊胃口"的举动，让网友陷入无端猜测。

此外，异地检察机关的官方微博对此事进行主观倾向明显的调侃，有失庄重，也与机构微博的职能定位相去甚远。"涨粉"与"骗粉"的说法，也反映了部分政法微博运营者利用"特殊信息红利"扩大粉丝规模的政绩冲动。

2. "@湖南高院"：有始终无过程的微博直播

2013 年 7 月 2 日，唐慧起诉永州市劳教委案二审开庭引发舆论强烈关注。当日，湖南省高院官方微博"@湖南高院"连发 12 条微博对该案进行了庭审直播，详细介绍了唐慧家属旁听、媒体"长枪短炮"的采访情况、相关人员的入场安检等庭外消息，而关于庭审情况仅仅发布 2 条微博："8：30 准时开庭"与"现在庭审已经结束"。这种缺乏具体过程的直播遭到舆论质疑。有评论表示，如果把法庭比作一座屋子，湖南高院的微博让人们看见了屋外的环境，但对于屋内发生了什么，人们仍然两眼一抹黑。亦有媒体评论认为，湖南高院在二审时进行微博播报，是一种进步，但这种进步仍滞后于公众对信息公开的期待。

庭审控辩争议焦点、永州劳教委当庭道歉但称"不违法"、唐慧几番情绪失控等庭审细节最终还是经由媒体报道才引发公众关注。作为该案的主审法院，湖南高院本有司法公开之义务，但进行微直播空无内容，无异于将信息发布、议程设置的主动权拱手让人。

然而令人遗憾的是，7 月 15 日，湖南高院官方微博对唐慧案二审第二次开庭庭审直播时又重蹈覆辙，再度跟进庭前安排、围观媒体等消息，最后发出湖南法院网对庭审直播的网址以及二审判决书了事。

启示

面对重大案件，政法机关微博发声只是第一步，只有结合政法工作规律和现代新闻传播规律的要求，提升有效信息的传播价值和精准度，才能真正把握舆论引导的主动权，挤压不实信息和偏激言论的网络空间。

※相关案例※

"@平安北京"：微博配图穿越

2013 年 8 月 31 日，"@平安北京"微博发布昌平分局 8 月 23 日打击东三旗村拉客招嫖违法活动相关信息时，后面附的图片却是来自 2006 年打击卖淫嫖娼的一张旧照片。眼尖的网友发现了这一"穿越"情况，"@平安北京"即刻便陷入舆论争议。随后，"@平安北京"删除原发微博，新发的微博配图则已改用电视新闻报道的截屏，并郑重致歉，感谢公众监督。

（十一）用语不当

利用新媒体平台征集案件线索已经成为一种传播面广、群众参与度高的高效手段。但在线索征集过程中，因为语言表达错误出现令人哭笑不得的局面，同时也应把握适当的"度"，避免一些逃犯因舆论压力而铤而走险。

1. "@榆林公安"发"陕北口音女尸"吓坏网友

2013 年 11 月，"@榆林公安"发布了一条"尸源寻找"的微博称："10 月 18 日，延安市洛川县一废弃房屋内发现一无名女尸，年龄约四十岁，上身穿深红色绒料长裙，下着肉色丝袜，脚穿黑色高跟鞋，头发稍黄戴白色雕花发卡，脖子戴白色珍珠项链一条，左手戴一白色手镯，陕北口音，自称榆林吴堡人。请知情人或家属速与洛川县公安局凤栖派出所联系。"女尸"陕北口音，自称榆林吴堡人"的描述迅速引发围观。

诸多网友看到此消息后纷纷表示"被惊呆了""被警察蜀黍吓尿了"，"陕北口音女尸"也迅速攀至新浪微博热门话题，讨论量高达1.1万次。多数网友认为公安微博代表公信力，写作要客观谨慎，类似"陕北口音女尸"的搞笑微博实在不应出现。而后，"@榆林公安"道歉称，发布消息时不小心将"提供线索的知情群众"写漏了，并重新撰写了一则表述准确的"尸源寻找"公告，"@"多家主流媒体求扩散。但此说仍然无法平息网友的热议。网友"@名叫尼玛的骑士"调侃道：女尸都陕北口音了，还自称榆林吴堡人了，为什么不问问叫什么呢？甚至有网友无情批评"警方这是闹了天大的笑话！""就这模样还破案呢！"东方网评论指出，"女尸说话"无涉规范只关严谨，猜测该微博的操作发布者，可能并非没有"补白"意识，而是虽然其隐隐觉察了这种文字组织上的"不妥"，却过于自信于公众"看得懂"微博所要表达的意思，于是也就马马虎虎地发上网络交差了事了。

启示

警方在发布征集线索信息时，要注意描述的准确性和严肃性。能够准确描述出案件基本情况、现有线索以及所需线索都是对信息发布者的基本要求，不要因为一些言语上的失误而贻笑大方。毕竟一个"话都说不清楚"的机关，如何让群众相信它能够破案呢？

2. "吉林公安"：微博征集盗车贼线索

2013年3月4日早7时20分左右，长春市民许先生仅两个月大的孩子随车被盗。许先生随即报警并向媒体求助，当日，长春全警出动，10时30分"@吉林公安"发布微博征集线索。微博称：3月4日7点20分许，一辆银灰色RAV4车在长春市西环城路与隆化路交会处被盗，车牌号码为吉AMM102，四个轮胎绑有红绳，车内有一名两个月大男婴，用粉白色相间毯子包裹，内穿红色、黄色衣服。公安机关正在全力查寻。请广大网友协助查找，发现线索请直接拨打110或@"吉林公安"。

3月5日中午"@央视新闻"发布微博公开喊话："我们只要孩子安全"，"善待孩子"，"不能错上加错"。5日晚8时许，吉林警方发布消息称，盗车嫌疑人已经落网，孩子不幸身亡。据警方介绍，犯罪嫌疑人周喜军于5日下午5时许到公安机关投案自首。据其交代，4日早上盗车后，途中发现车内有孩子哭闹，当车辆行驶到公主岭市怀德镇至永发乡公路旁时，周喜军将婴儿掐死埋于雪中。3月7日，周喜军被检察机关依法批准逮捕。

此事最初的舆论发酵地是微博，随后迅速传遍网络，再加上重要媒体的线上线下跟进，当地警方与媒体的联动传播，使得事件的影响力逐步过大，甚至在公交广播上都听到寻找小皓博的消息。但也有网友对媒体的这种过度介入效果表示质疑，认为正是这种铺天盖地的关注加大了嫌犯的压力，导致婴儿死亡。网友"@有只懒猫1982"称，全城3000多警察追你，全城几百万市民追你，犯罪者，承受了多大的压力。他盲目地没有选择地走上了绝路。本来秘密调查，不这么大张旗鼓地搞，也许孩子还能多存活十几个小时。媒体和公众你们手上也有血，盲目介入也是暴力。"@黛云远澹"也认为，媒体介入过早，舆论把本就精神极度紧张的人逼迫到了失去理智和恻隐之心。

启示

　　长春"3·4"案件中，警方通过广播和微博公开征集线索的行为饱受争议。不少网友认为这种宣传和喊话，让罪犯心生忌惮，客观上增加了婴儿被害的概率。犯罪嫌疑人迅速自首是舆论压力产生的积极效应，但婴儿被害的悲剧也应引起警方对新媒体征集线索这一举措的深刻反思。

@人民日报·2015 年政务指数微博影响力报告

前　言

2016 年 1 月 11 日，在习近平总书记的主持下，中央全面深化改革领导小组第二十次会议审议通过了《关于全面推进政务公开工作的意见》。会议指出，政务公开是建设法治政府的一项重要制度。要依法依规明确政务公开内容、标准、方式，要创新公开方式，扩大政务公开参与，注重公开实效，让群众看得懂、听得懂、能监督、好参与。

作为政务公开的创新方式，政务微博越发受到重视，成为众多行业、众多地区政务建设的"标准配置"。自 2009 年上线以来，微博作为"互联网＋政务"的典范，应用新的社交媒体方式，推动了政务公开，使阳光政府、服务型政务得以被指数化考核。在公众知情权、参与权、表达权和监督权的保障中，微博成为中国社会整体进步的核心发动机。即使过去一年微信与客户端发展迅猛，但微博作为社会各界就公共事务展开讨论的广场式平台，依然保有强势活力，政务微博依旧是政务公开、官民互动的首选媒介。

2015 年是全面深化改革的关键之年，是全面推进依法治国的开局之年。面对复杂多变的互联网舆论场发展，各级政府部门紧紧围绕党和政府中心工作以及公众关切，大力推进重点领域信息公开，加强信息发布、解读和回应工作。截至 2015 年 12 月 31 日，微博平台认证的政务微博达到 152390 个，较 2014 年底增加 22287 个，其中政务机构官方微博 114706 个，公务人员微博 37684 个。相比 2014 年，政务微博矩阵覆盖范围进一步扩大，政务微博发展更显成熟。数据显示，2015 年政务微博总发博约 2.5 亿条，原创发博总数近 1 亿条，所发微博的总阅读量超过 1117 亿次。这些活跃于微博平台的政务新媒体在社会管理创新、政府信息公开、网络舆论引导、倾听民众呼声、树立政府形象、群众政治参与等方面起到了积极的作用，使得微博平台的舆论环境逐渐向良性化、秩序化方向发展。

在 2015 年政务机构微博百强榜中，共有 14 个中央机构微博入围，它们以稳定、均衡、高效的表现受到广泛认可。它们紧跟热点话题亲民互动，充分利用平台优势，及时回应网民关切，对政务微博的发展起到了积极的示范作用，在一定程度上带动了政务微博整体发展。处于政务微博发展前列的公安系统微博，在网络谣言的处理、社会热点关注、回应百姓关切等方面无不体现出专业性。政务微博在政务公开领域不断深入，以"视频＋微博"庭审直播体系的建立为代表，政法系统微博让普通大众感受到司法公开所体现出的社会公平、公正，这种全新的形式推动了审判公开进入新阶段，并成为十八届四中全会以来，落实"依法治国"政策最具象而清晰的措施。

此外，政务微博不断强化服务意识，并将此转化为微博互动的具体措施。政务机构已经开始提供线上便民服务，包括在线咨询、服务预约和业务办理等职能，积极探索政务服务的新道路，融入"智慧服务"元素，以期更好地利用指尖办公为群众提供便捷服务。

纵观 2015 年，作为互联网舆论场的重要一极，各政务微博围绕"互联网＋政务"涌现出众多思考和探索，并在一系列公共热点话题中彰显出巨大的舆论影响力。优秀的政务账号注重提升自身在突发热点事件中的反应速度，以及通过政务平台为老百姓解决实事的能力，如"@北京环保宣传"抓住"北京蓝"热点积极引导舆论引发共鸣，"@天津消防"在天津滨海新区爆炸事故发生后的 3 小时之内，对该事故原因进行初步核实，并发布情况通报，及时消解网络谣言，回应网民关切。

政务微博作为与百姓沟通的"连心桥"，不断适应网络话语体系，通过各类网络热点事件与网民进行良性互动，拟人化、个性化、亲民化语言和图文的使用是政务官方微博突出自身特色和吸引粉丝关注的方法之一。"@江宁公安在线""@南京发布""@深圳交警"等一批政务微博，既能耍宝卖萌与粉丝互动，也能严肃解答网民疑问，在诸多社会议题上积极引导网络舆论走向，大大提升了网络舆论情绪宣泄后的可修正性，发挥了理性精神的持中守正作用。

本报告第一部分通过数据模型计算出政务微博影响力排行，客观评判这一年政务微博发展现状；第二部分以地域为维度，计算全国省级、地市级行政区划的政务微博竞争力排行榜，综合评估各区域政务微博的整体发展水平；第三部分通过数据分析的形式，展现出各地区、各部门与各行政级别政务微博的分布情况；第四部分通过案例分析的形式，介绍今年几大热点事件中政务微博矩阵应对的情况；报告第五部分，对政务微博发展状况进行总结，并展望其未来的发展趋势。

一　2015年政务微博影响力排行榜

（一）政务机构微博总榜 TOP100

政务机构微博总榜见表1。

表 1　政务机构微博总榜 TOP 100

排名	微博	认证信息	传播力	服务力	互动力	总分
1	公安部打四黑除四害	公安部治安管理局暨打四黑除四害专项行动办公室官方微博	99.84	88.22	97.77	96.70
2	江宁公安在线	南京市公安局江宁分局	100.00	57.06	100.00	91.41
3	平安北京	北京市公安局官方微博	94.02	96.65	80.47	89.13
4	上海发布	上海市政府新闻办公室官方微博	96.74	76.66	83.99	87.62
5	中国地震台网速报	国家地震台网官方微博	94.92	67.79	89.68	87.40
6	深圳交警	广东省深圳市公安局交警支队官方微博	92.56	75.63	81.39	84.70
7	广州公安	广州市公安局官方微博	88.43	88.47	76.62	83.71
8	南京发布	南京市委宣传部新闻发布官方微博	89.58	75.30	81.63	83.54
9	成都发布	成都市人民政府新闻办公室	90.15	76.69	80.22	83.49
10	北京地铁	北京地铁公司官方微博	86.67	99.53	70.05	82.59
11	共青团中央	共青团中央官方微博	89.65	63.10	84.54	82.30
12	深圳公安	深圳市公安局官方微博	86.12	91.08	71.96	81.45

续表

排名	微博	认证信息	传播力	服务力	互动力	总分
13	深圳天气	深圳市气象局官方微博	87.51	87.30	68.08	79.70
14	无锡发布	无锡市人民政府新闻办公室官方微博	83.68	79.29	75.15	79.39
15	警民直通车－上海	上海市公安局官方微博	86.69	81.96	70.66	79.33
16	上海地铁shmetro	上海申通地铁集团运营管理部官方微博	87.13	89.64	66.06	79.21
17	平安武汉	武汉市公安局官方微博	85.82	77.75	72.57	78.90
18	微成都	微成都官方微博	84.51	75.48	73.45	78.28
19	平安中原	河南省公安厅官方微博	85.61	80.31	68.51	77.71
20	安徽公安在线	安徽省公安厅官方微博	83.94	91.47	64.08	77.50
21	中国政府网	国务院办公厅政府信息公开办公室	91.80	59.18	71.76	77.26
22	山东省旅游局官方微博	山东省旅游局	84.90	76.27	69.74	77.11
23	青岛市旅游局官方微博	青岛市旅游局官方微博	80.82	89.12	67.31	77.08
24	天津交警	天津市公安交通管理局官方微博	81.91	98.85	61.26	77.04
25	南京地铁	南京地铁集团有限公司官方微博	80.82	87.45	66.64	76.47
26	天津发布	天津市人民政府新闻办公室官方微博	83.70	84.38	65.06	76.38
27	北京交警	北京市公安局公安交通管理局官方微博	82.91	93.41	60.32	75.97
28	平安洛阳	河南省洛阳市公安局官方微博	80.01	93.13	63.32	75.96
29	中国广州发布	广州市互联网信息办公室官方微博	86.12	68.87	69.28	75.93
30	北京发布	北京市政府新闻办公室官方微博	88.37	64.69	69.08	75.92
31	故宫博物院	故宫博物院官方微博	87.83	33.82	83.77	75.40
32	青岛交警	青岛市公安局交警支队官方微博	80.57	91.73	61.93	75.35
33	四川共青团	共青团四川省委官方微博	77.90	89.96	64.98	75.14
34	平安天津	天津市公安局官方微博	83.64	75.85	66.11	75.07
35	青岛公安	青岛市公安局官方微博	78.82	83.71	66.88	75.02
36	公安部刑侦局	公安部刑事侦查局官方微博	86.43	50.83	75.15	74.80
37	广州交警	广州市公安局交警支队	84.65	87.86	58.35	74.77
38	四川发布	四川省人民政府新闻办公室	83.32	74.72	65.72	74.56
39	深圳微博发布厅	深圳市互联网信息办公室官方微博	84.75	68.73	67.28	74.55
40	山东高法	山东省高级人民法院官方微博	79.31	96.32	58.73	74.48
41	广州地铁	广州地铁官方微博	81.30	85.51	62.08	74.46
42	马鞍山发布	安徽省马鞍山市委宣传部新闻发布官方微博	76.66	88.88	64.71	74.32
43	中科院之声	中国科学院官方微博	84.39	64.45	69.00	74.24
44	宿迁之声	宿迁市人民政府官方微博	76.57	86.93	65.47	74.20
45	南京交警	南京市公安局交通管理局官方微博	81.44	79.25	64.28	74.14
46	苏州发布	苏州市人民政府新闻办公室官方微博	82.08	70.19	67.50	73.87
47	广州天气	广州市气象局官方微博	83.55	78.98	61.45	73.80
48	江苏气象	江苏省气象局官方微博	78.92	83.86	63.26	73.64
49	交通北京	北京市交通委员会官方微博	85.56	74.47	60.38	73.27
50	京港地铁	京港地铁公司官方微博	77.37	88.31	60.91	72.98

排名	微博	认证信息	传播力	服务力	互动力	总分
51	成都共青团	共青团成都市委员会官方微博	76.62	90.99	59.72	72.73
52	十堰市公安局东岳分局	十堰市公安局东岳分局官方微博	75.82	88.88	61.24	72.60
53	潍坊交警	山东省潍坊市公安局交警支队官方微博	80.16	76.57	62.97	72.56
54	杭州发布	杭州市人民政府新闻办公室官方微博	82.18	67.42	65.43	72.53
55	乐游上海	上海市旅游局	83.94	65.13	64.67	72.47
56	南昌铁路	南昌铁路局官方微博	80.89	85.77	57.20	72.39
57	平安成都	成都市公安局官方微博	82.50	52.97	71.19	72.07
58	最高人民法院	最高人民法院官方微博	87.76	47.34	67.70	71.65
59	成都服务	四川省成都市人民政府政务服务中心官方微博	74.81	93.46	57.54	71.63
60	中国国际救援队	中国国际救援队官方微博	82.96	58.26	66.85	71.57
61	石家庄共青团	河北省石家庄共青团官方微博	72.56	79.92	66.31	71.53
62	中国消防	公安部消防局官方微博	83.88	52.50	68.54	71.47
63	哈密发布	新疆哈密地委外宣办哈密地区行署新闻办官方微博	97.17	60.09	51.35	71.43
64	南京市公安局地铁分局	南京市公安局地铁分局官方微博	77.05	81.61	60.33	71.27
65	南昌发布	南昌市人民政府新闻办官方微博	80.33	65.96	64.24	71.02
66	浙江公安	浙江省公安厅官方微博	80.59	70.97	61.28	70.94
67	西安发布	西安市互联网信息办公室官方微博	79.33	71.57	61.90	70.81
68	气象北京	北京市气象局官方微博	84.35	67.42	58.76	70.73
69	寿光公安	山东省寿光公安局官方微博	72.79	100.00	53.41	70.48
70	汕头市政府应急办	汕头市政府应急管理办公室官方微博	80.31	70.43	60.10	70.25
71	汉唐网	陕西省文物局官方微博	81.54	45.17	71.23	70.14
72	中央气象台	中央气象台官方微博	83.25	54.49	64.72	70.08
73	山东交警	山东省公安厅交通管理局官方微博	79.47	71.75	59.33	69.87
74	湖南高速警察	湖南省高速公路交通警察局	75.53	89.42	54.41	69.86
75	河北省旅游局	河北省旅游局官方微博	78.94	82.06	54.07	69.62
76	平安商丘	商丘市公安局官方微博	75.25	89.95	53.58	69.52
77	马鞍山公安在线	安徽省马鞍山市公安局官方微博	74.39	75.28	61.71	69.49
78	最高人民检察院	最高人民检察院微博	83.77	53.36	63.26	69.48
79	平安辽宁	辽宁省公安厅官方微博	81.27	77.66	53.53	69.45
80	中国维和警察	中国维和警察官方微博	79.16	42.52	73.19	69.44
81	山东环境	山东省环境保护厅官方微博	77.48	82.40	54.87	69.42
82	证监会发布	中国证监会办公厅新闻办官方微博	90.87	18.81	72.29	69.02
83	安徽发布	安徽省互联网信息办公室官方微博	76.44	76.38	57.00	68.65
84	徐州发布	徐州市人民政府新闻办公室官方微博	76.36	75.11	57.70	68.65
85	成都高新	成都高新技术产业开发区官方微博	73.96	85.57	54.86	68.64
86	长沙地铁	长沙地铁官方微博	74.73	67.75	62.84	68.58
87	重庆微发布	重庆市人民政府新闻办公室官方微博	79.74	62.07	60.55	68.53

续表

排名	微博	认证信息	传播力	服务力	互动力	总分
88	武汉发布	武汉市人民政府新闻办公室	78.47	68.74	58.28	68.45
89	济南市旅游局微博	济南市旅游局官方微博	73.34	83.53	55.74	68.34
90	平安荆楚	湖北省公安厅官方微博	79.13	79.49	51.87	68.30
91	上铁资讯	上海铁路局官方微博	79.89	71.85	54.70	68.21
92	重庆轨道交通	重庆市轨道交通（集团）有限公司	77.16	84.01	51.29	68.18
93	滨海发布	天津市滨海新区政府官方微博	79.75	68.21	56.58	68.17
94	文明河南	河南省文明办官方微博	75.94	67.16	60.91	68.17
95	南京气象	南京市气象局官方微博	80.68	73.91	52.64	68.11
96	北京公交集团	北京公交集团官方微博	78.22	73.15	55.46	68.11
97	平安南粤	广东省公安厅官方微博	81.86	64.09	56.27	68.07
98	武汉交警	武汉市公安局交通管理局	79.52	70.53	55.38	68.07
99	淄博警方	山东省淄博市公安局	73.92	88.25	52.06	68.04
100	湘潭公安	湖南省湘潭市公安局官方微博	72.65	87.74	53.48	68.00

《人民日报》发布《2015年度政务微博影响力排行榜》，排行榜由人民网舆情监测室制作，微博提供数据支持，评价对象包括全国所有通过微博认证的政务微博，评价体系包括三个维度：传播力、互动力和服务力。数据统计周期为2015年1月1日至2015年11月30日。

排行榜综合考察的指标如下。

1. 传播力指标

"传播力"表征政务微博发布信息的传播情况，传播力指标越高说明政务微博的内容被越多的网民看到。该项指标依据微博阅读数来计算。

微博阅读数：政务微博用户在统计周期内所发微博被阅读数量的总和。

2. 服务力指标

"服务力"表征政务微博一对一服务网民、为民办事的情况，服务力指标越高说明政务机构通过微博平台服务了越多的网民。该项指标依据主动评论数、私信次数、私信人数、发博总数和原创发博数来计算。

一是主动评论数：统计周期内该政务微博用户主动回复评论的数量（包括在该政务微博用户所发微博及其他用户所发微博中的所有评论）。

二是私信次数：统计周期内该政务微博发给其他用户的私信数（包括主动发私信及通过关键词自动回复网友私信）。

三是私信人数：统计周期内该政务微博发送私信的用户人数（包括主动发私信及通过关键词自动回复网友私信）。

四是发博总数：政务微博用户在统计周期内所发微博总数。

五是原创发博数：政务微博用户在统计周期内所发原创微博总数。

3. 互动力指标

"互动力"表征政务微博发布信息的影响情况，互动力指标越高说明政务微博的内容引发了越多的网民响应。该项指标依据微博被转发数、被评论数和被赞数来计算。

一是被转发数：政务微博用户在统计周期内所发微博的被转发数（仅统计可信用户），

同一个账号对同一个用户进行多次转发，一天只计一次。

二是被评论数：政务微博用户在统计周期内所发微博的被评论数（仅统计可信用户），同一个账号对同一个用户进行多次评论，一天只计一次。

三是被赞数：政务微博用户在统计周期内所发微博的被赞数（仅统计可信用户），同一个账号对同一个用户进行多次赞，一天只计一次。

"政务微博影响力排行榜"旨在促进网络政务信息传播力的全面提升。粉丝数是构成传播力的重要前提，但是，粉丝越多，并不意味着影响力越大。此榜单更注重考察政务机构的"活跃粉丝""可信粉丝"。政务机构发布的信息能被多少"可信粉丝"阅读，才体现出政务信息传达的实际传播力。

"政务微博影响力排行榜"旨在促进政务机构服务力的提升，也就是利用新媒体平台，回应公众关切、为民解忧排难办实事的能力。榜单鼓励更多的政务机构通过这种方式，切实服务公众、服务社会。

"政务微博影响力排行榜"旨在促进网络政务互动力的提升。网络政务不应当是单纯的信息发布、自说自话的网络平台，更应当成为政府解疑释惑、回应关切的渠道，成为政府和公众互动交流的桥梁。此榜单的评价体系中，对互动力的考量，既包括"被动互动"，也就是政务发布带来的评论、点赞，更注重考量政务机构主动回复、双向互动的能力。

（二）全国十大党政官员微博

如今，互联网填平了现实生活中身份、地位的差别，党政官员纷纷利用网络行使自己的权利、履行自己的义务，党政官员微博的综合影响力与日俱增，参与评定的因素也越来越多，如微博粉丝数、发言条数、单条平均转发数和网友认可度等。"全国十大党政官员微博"充分体现了目前党政机关和官员微博的现状，推动了政府微博的建设，在构建官民良性互动的和谐网络环境方面做出了重大贡献（见表2）。

表 2　全国十大党政官员微博

排名	微博	认证信息	传播力	服务力	互动力	总分
1	陈里	三农、社会学学者,管理学博士	97.97	94.61	94.91	96.07
2	陈士渠	公安部打拐办主任陈士渠	98.99	75.65	92.75	91.83
3	甘肃刘维忠	甘肃卫生厅厅长刘维忠	94.05	85.84	80.32	86.92
4	赵云龙	河南省文明办副主任,微博区域专家团特约研究员	82.03	98.33	75.93	82.85
5	北京王惠	北京市政府新闻办公室主任王惠	94.49	70.27	77.28	82.76
6	一叶知秋微直播	湖北省公安交管局宣教中心主任	83.62	97.54	74.08	82.59
7	刘五一	化学博士,郑州供销社主任,具茨山岩画中心主任,曾任新郑副市长	84.08	92.26	75.20	82.16
8	陕西魏延安	共青团陕西省委农工部部长	80.81	96.88	72.17	80.57
9	叶青	全国人大代表、湖北省统计局副局长	91.76	68.57	74.81	80.34
10	巴松狼王	绿色中国年度人物杜少中	92.45	64.35	74.47	79.64

（三）全国十大中央机构微博

2015年，中央机构政务微博继续发力，共14个中央机构政务微博入围百强榜。中央机构各系统政务微博的发展总体均衡，其中公安系统政务微博表现最为突出，"@公安部打四黑除四害""@公安部刑侦局""@中国消防"均进入中央机构政务微博榜前10名，"@公安部打黑除四害"更是以突出的表现稳居总榜首位（见表3）。

表3　全国十大中央机构微博

排名	微博	认证信息	传播力	服务力	互动力	总分
1	公安部打四黑除四害	公安部治安管理局暨打四黑除四害专项行动办公室官方微博	99.84	88.22	97.77	96.70
2	中国地震台网速报	国家地震台网官方微博	94.92	67.79	89.68	87.40
3	共青团中央	共青团中央官方微博	89.65	63.10	84.54	82.30
4	中国政府网	国务院办公厅政府信息公开办公室	91.80	59.18	71.76	77.26
5	故宫博物院	故宫博物院官方微博	87.83	33.82	83.77	75.40
6	公安部刑侦局	公安部刑事侦查局官方微博	86.43	50.83	75.15	74.80
7	中科院之声	中国科学院官方微博	84.39	64.45	69.00	74.24
8	最高人民法院	最高人民法院官方微博	87.76	47.34	67.70	71.65
9	中国国际救援队	中国国际救援队官方微博	82.96	58.26	66.85	71.57
10	中国消防	公安部消防局官方微博	83.88	52.50	68.54	71.47

在2015年新开通的中央机构政务微博中，"@国家发改委""@文化部""@微言环保""@国防部发布"等都在短短几个月内迅速成长，关注热点舆情事件，积极回应网民关切，短时间内积累了数十万的"铁粉"。"@国家发改委"开通当日即利用微博直播形式解读政府工作，听取民生，搜集民意；"@文化部"开通之际也表示将继续以不删帖的态度把微博越做越好，回归了权力谦抑的本位，也体现了自信和底气；"@国防部发布""@空军发布"的开通，也成为中国军队近年来不断加大公共外交、增加军队在民众间的亲和力和认知度的最新体现……

作为整个政务微博的"排头兵"，中央机构政务微博以稳定、均衡、高效的表现受到广泛认可。其良好的运营状况为其他的政务微博起到了示范作用，并在一定程度上带动了政务微博整体的发展，为新一年的发展打下了坚实的基础。

2015年中央机构政务微博运营亮点总结如下。

1. 突发事件及时发声，回应网友关切

2015年4月25日，尼泊尔加德满都附近发生里氏8.1级地震，"@中国地震台网速报"发动500万粉丝提供地震灾区现场照片，经筛选后及时向公众发布，这些照片不仅为救援提供了有效信息，更被多家媒体引用。"@中国国际救援队"及时发布、转载各官方消息，参与"尼泊尔8.1级地震"等系列话题，微博公布救援进展，获得网友称赞。

2015年，A股持续动荡，中国证监会办公厅新闻办官方微博"@证监会发布"多次以"新闻发言人张晓军答记者问"的形式微博首发官方表态，稳定市场。6月，A股市场持续下跌，6月29日，"@证监会发布"发长微博安抚市场。7月20日早，"证监会正在研究维稳资金退出方案"的消息迅速扩散，引发股指期货跳水，大盘下跌，一时间人心惶惶，当天中午12时15分，"@证监会发布"发布新闻发言人答记者问辟谣，称"证监会将继续把稳定市场、稳定人心、防范系统性风险作为工作目标"，转发和评论各3000多条，维护了大盘的平稳，A股午后纷纷反弹。

2015年12月20日，深圳光明新区发生楼房坍塌，国土资源部启动应急响应，"@国土之声"及时跟进，5个小时内先发布四级应急响应，随后提升至三级。12月25日再次发布消息，称经调查此次滑坡系一起生产安全事故。此次发布将事故定性为"人祸"，让网民看到了党政机关积极发声和勇于承担责任的意识，避免了次生舆情灾害的形成，更多真实感人的故事和救援细节的发布获得了网民的认可，外媒评价称"中国政府舆情应对能力日显娴熟"。

2. 充分利用平台优势，通过微访谈增强网民互动

"@中国气象局""@国家版权局"等部委微博的系列微访谈也带动了与网民的高频互动，展现专业素养的同时提升了自身的影响力。

2015年6月16日上午，国家新闻出版广电总局副局长阎晓宏围绕"'剑网2015'专项行动"这一主题，通过"@国家版权局"做客微访谈与网友进行交流，回答"网络版权保护的制度保障方面有哪些成果""微信的版权如何保护"等问题并在官方微博中进行直播。

2015年9月7日下午，针对网友质疑的阅兵万里晴空是人为控制的吗？中国气象局副局长许小峰通过"@中国气象局"做客微访谈，他表示阅兵蓝是大自然的正常变化，不是人工影响天气的结果。

2015年9月29日，国庆前夕，中国气象局官方微博"@中国气象局"联手国家旅游局官方微博"@中国旅游"，力邀权威专家，通过微访谈的形式开展"十一"期间旅游及气象服务，在线为网友出谋划策，解答假期天气信息，提示出行胜地及旅游安全。此次微访谈通过在线直播、专家答疑、实时互动的形式，与社会公众面对面、零距离交流，让气象工作更接地气。

"@国家发改委"于2015年9月15日开通。开通当日，"@国家发改委"便利用微直播对《关于在部分区域系统推进全面创新改革试验的总体方案》进行解读。通过微博的直面性、广泛性让大家都能够参与到政府工作中，表达出市民的意愿，互动量近万人次。

3. 紧跟热点话题，亲民互动传播正能量

适应网络话语体系，紧扣热点与网民进行良性互动，在中央机构政务微博中已逐渐普遍化、常态化。外交部欧洲司官方微博"@中欧信使"则在默克尔访华期间，开设"默克尔第8次访华"专栏，并对其进行图文实况直播。"@故宫博物院"凭借清新脱俗的语言风格获得网民的喜爱，11月接连发布多条故宫雪后美景图片和视频，并创建"紫禁城的瑞雪"话题，立即引发网民几十万次的转发。"@共青团中央"发起微话题"我们是共产主义接班人"引发热议，网民积极抒发爱国主义情怀，阅读量超过4600万次，讨论量超过17万次。

（四）全国十大党政新闻发布微博

作为群众与政府之间的线上桥梁，党政新闻发布微博亦处于政务微博矩阵的核心位置。党政新闻不断更新自己的微博运营理念，积极探索政务微博的运营方法，并凭此实现更好地服务群众。"@上海发布"以其较为突出的传播力、互动力与87.62的总分在党政新闻发布微博榜中夺魁；"@南京发布""@成都发布"紧随其后，分列2、3位。整体来看，党政新闻发布微博榜的传播力、服务力、互动力以及总分等都较为均衡，但仍存在上升空间（见表4）。

表4　全国十大党政新闻发布微博

排名	微博	认证信息	传播力	服务力	互动力	总分
1	上海发布	上海市政府新闻办公室官方微博	96.74	76.66	83.99	87.62
2	南京发布	南京市委宣传部新闻发布官方微博	89.58	75.30	81.63	83.54
3	成都发布	成都市人民政府新闻办公室	90.15	76.69	80.22	83.49
4	无锡发布	无锡市人民政府新闻办公室官方微博	83.68	79.29	75.15	79.39
5	中国政府网	国务院办公厅政府信息公开办公室	91.80	59.18	71.76	77.26
6	天津发布	天津市人民政府新闻办公室官方微博	83.70	84.38	65.06	76.38
7	中国广州发布	广州市互联网信息办公室官方微博	86.12	68.87	69.28	75.93
8	北京发布	北京市政府新闻办公室官方微博	88.37	64.69	69.08	75.92
9	四川发布	四川省人民政府新闻办公室	83.32	74.72	65.72	74.56
10	深圳微博发布厅	深圳市互联网信息办公室官方微博	84.75	68.73	67.28	74.55

2015年党政新闻政务微博运营亮点总结如下。

1. 积极创新发布方式

采取形象直观、行之有效的发布方式一直是政新闻发布微博的特色，党政新闻发布微博积极创新，力争走在时代的前沿。"@广东发布"举行了"粤创粤新"广东创新驱动发展主题大型网络采风活动，取得了广泛的影响力；吉林省人民政府新闻办公室官方微博"@吉林发布"旨在发布吉林省新鲜资讯、热点话题、生活冷暖等各方面新闻，传播正能量；"@海珠发布"发起了"靓海珠，齐参与"的微话题，实现了政府部门与市民的有效沟通；"@宁夏发布"发起了"中阿网上丝绸之路"微话题，让更多关注丝绸之路的网友参与进来；"@微博济南"联合济南水务集团对合口作业工程进行现场直播后，又联合济南网络电视台制作"两会专题"系列政务网络访谈；"@温州发布"通过建立政务微博工作领导小组，联动全市130家政务矩阵成员单位，累计发布政务权威消息、便民资讯信息7800余篇，其中1000余篇是从矩阵成员单位的1.6万篇投稿中筛选出来的。

2. 反应灵敏应对快速

面对突发事件，党政新闻发布微博一直保持着敏感性，并以较快的反应速度见长。西安市未央区委区政府官方微博"@长乐未央"通过设置"未央舆情反馈"微博话题，针对网友反馈问题给予及时回复，并通报处理结果。"@长乐未央"从监控信息到最终反馈处理结果，都严格遵守"黄金四小时"舆情处理原则，充分利用微博平台的优势，切实提高了自身服务水平。

2015年5月，"@河北发布"发现一条"沧州暴发鼠疫"的疑似谣言后，立即跟相关单位核实，第一时间发布辟谣消息，相关微博内容被人民网作为第一信息来源，发布《河北官方辟谣"沧州乡村发生鼠疫"》新闻，随后新华、腾讯、网易、搜狐等多家媒体也相继转载该信息，及时阻止了谣言的进一步传播。

同月，南昌一单位公交特约车由于避让一小车，冲破地铁施工围挡发生侧翻事故。"@

"南昌发布"第一时间会同公安、公交、地铁等部门，发布通告的同时，及时收集传播舆论情况，滚动式分析研判，辟谣"公交侧翻致 4 人死亡"等不实信息，制止谣言传播。

"@石家庄发布"则充分发挥政务微博平台权威发布、便捷发布的优势，在第一时间发布市政府关于重污染天气预警、机动车限行解限等重要信息，并组织其他政务微博跟进转载、推广扩散，及时提醒市民调整室外活动、变换出行方式等，为广大市民的生产生活带来了便利。

3. 主动引导网络舆论

发挥自身的传播优势，积极引导网络舆情，针对民众关注的雾霾问题，"@北京发布"在新浪微博中举办了"创建无烟北京"的主题微访谈，通过利用新媒体与网友的积极互动，及时收集了民众意见，收获了良性成果。

2016 年，G20 峰会将在杭州举办。"@杭州发布"利用杭州 G20 峰会给杭州带来的发展机遇，通过内容生产、专题制作、话题炒作、网友征集等多种手段发起、运作"杭州到底哪里好"、"杭州 G20 峰会"微话题，实现了双话题高度融合，为 G20 与杭州在以新浪微代表的新媒体平台上提高了曝光度。

4. 关注环保公益事业

公益事业的发达程度是一个社会文明进步的重要标志。党政新闻发布微博在致力于发布党政新闻的同时，对于与社会公众福祉和利益紧密相关的公益事业亦是格外用心。

年初，广州市丽新出租车公司司机陈春景女儿小美静被确诊为重型再生障碍性贫血，治疗需骨髓移植及大量资金。"@中国广州发布"与"@广州交通"同伸援手，在微博上发起救助小美静爱心捐款活动。2015 年 6 月 29 日，广州市政府常务会议审议并原则通过了《关于推进以低值可回收物资源化利用带动社区垃圾分类的工作方案》，"@中国广州发布"及时并大力宣传，更"对话市政府"，推广社区分类回收 App，为居民回收垃圾提供了方便。7月，"@中国广州发布"又联合"@广州城管委"举办了垃圾分类宣传活动，邀请网友到试点街道参观，了解垃圾分类的新方法。

（五）全国十大公安系统微博

公安系统政务微博起步时间早、发展速度快、服务能力强，而且规模庞大、形式多样，一直走在政务微博发展的前列。通观本年度公安系统微博榜，"@公安部打四黑除四害"以总分 96.70 的绝对优势独占鳌头。"@公安部打四黑除四害"曾多次在月榜、季榜中占据榜首之位，积极探索、长期经营使其成为最大的赢家。"@江宁公安在线"则以其传播力与互动力的双满分稳居第 2 位。"@平安北京""@深圳公安"和"@安徽公安在线"服务力均表现抢眼，分列榜单第 3、第 6、第 10 位（见表 5）。

表 5　全国十大公安系统微博

排名	微博	认证信息	传播力	服务力	互动力	总分
1	公安部打四黑除四害	公安部治安管理局暨打四黑除四害专项行动办公室官方微博	99.84	88.22	97.77	96.70
2	江宁公安在线	南京市公安局江宁分局	100.00	57.06	100.00	91.41
3	平安北京	北京市公安局官方微博	94.02	96.65	80.47	89.13
4	深圳交警	广东省深圳市公安局交警支队官方微博	92.56	75.63	81.39	84.70

续表

排名	微博	认证信息	传播力	服务力	互动力	总分
5	广州公安	广州市公安局官方微博	88.43	88.47	76.62	83.71
6	深圳公安	深圳市公安局官方微博	86.12	91.08	71.96	81.45
7	警民直通车－上海	上海市公安局官方微博	86.69	81.96	70.66	79.33
8	平安武汉	武汉市公安局官方微博	85.82	77.75	72.57	78.90
9	平安中原	河南省公安厅官方微博	85.61	80.31	68.51	77.71
10	安徽公安在线	安徽省公安厅官方微博	83.94	91.47	64.08	77.50

2015年公安系统政务微博运营亮点总结如下。

1. 妥善处理网络谣言

网络在为我们提供便利的同时，也给我们带来了很多困扰，例如谣言。对于谣言，一定要妥善处理，在这方面，公安系统微博一直努力做到最好。

2015年4月16日，"@江苏网警"开始推出《网上谣言Top10》栏目，截至年末共发布了25期，共获得6200余次的转发和评论。"@江苏网警"不仅注重内容质量，精选一周谣言案例，还十分注重版式设计，前两期以长微博形式展现，后改版为9图形式，每期均精心设计不同版式，深受网民喜爱。

"@江宁公安在线"边卖萌边实干，致力于传播真相粉碎谣言，被网友亲切地称为"江宁婆婆"，而其"警察蜀黍作品"系列辟谣长微博，紧扣社会事实热点，揭露谣言和伪科学的真相，语言幽默搞笑，形式符合移动终端的阅读特点，更是深得网友喜爱。

"@平安商丘"充分利用微博遏制谣言传播，澄清不实信息。4月，一则名为《信阳救助站13岁小孩活活饿死，尸体成"干尸"》的帖子在网上风行，对此，"@平安商丘"通过微博及时公布调查结果，排除孩子受虐待致死嫌疑；5月，"@平安商丘"通报了"多位学生被偷走"谣言；6月，"@平安商丘"通报了"又一大波儿丢孩子"谣言和"振华玻璃厂逃跑了12名重刑犯"谣言。这些一次次的辟谣活动都成为谣言治理的典型案例。

2015年10月12日，"@警民直通车－上海"接到网民私信，求证一条"松江大学城附近发生有人以孩子偷钱包名义抢孩子"的信息。市局官方微博将此信息转交松江公安分局调查核实。经查，所谓"抢小孩"原来是一个误会。虽然后来因为校方的疏忽，"松江大学城有人抢小孩"的言论出现爆炸性扩散的趋势，但是"@警民直通车－上海"在快速核查事件真实情况的基础上，指令松江公安分局官方微博、微信，第一时间发布调查核实情况，并以"长微博"的形式，解剖谣言形成的全过程，获得了网友们的一致认同。而博文经"@警民直通车－上海"转发后，又被公安部、松江区官方微博等相继转发，阅读数超过200万次，平息了谣言。

2. 坚持关注社会热点

对于社会热点，公安系统微博一直坚持不懈地关注着。"@平安北京"在微博上开设了针对当前热点安全问题进行及时回应的"安全课"栏目。7月，河南洛阳警察出警时遭2名男子围攻后开枪，"@平安洛阳"发布通报，通过图文长微博还原"洛阳枪击事件"的真相，提醒公众遇到问题要保持冷静和克制，依法理性表达诉求。"@公安部打四黑除四害"在微博上发布中共中央政治局委员、中央政法委书记孟建柱，以及国务委员、公安部部长郭声琨在全国律师工作会议上的讲话概要，让全国律师工作会议一度成为热度最高的主题。

3. 突发事件中矩阵传播

2015 年 6 月 2 日，客船"东方之星"在湖北监利段倾覆，湖北省公安厅官方微博"@平安荆楚"及省内公安系统微博心系群众，对沉船事件高度重视，通过微博及时播报救援进展。"@平安荆楚"有效统筹在一线奋战的"@湖北消防""@平安监利"等，围绕救援和善后处置两大主题，借助微博平台发布一线救援信息，传递官方最新权威讯息，地市公安微博积极响应，围绕事件推出遇险自救等相关主题帖。整个事故发生及救援期间，以"@平安荆楚"为核心的公安微博矩阵紧密配合，发布相关沉船事件讯息微博 300 余条，累计曝光量突破千万次。

4. 积极与网友互动

2015 年 5 月，有网友通过微博私信向"@湖北高速交警"举报父亲开车打电话，官方微博及时回复网友并且正面引导，向网友表示："你真是一个懂事理爱父亲的好女儿，你的'大义灭亲'，实则救父生命，为你点赞。""@湖北高速交警"为了向更多的网民宣传文明交通，将聊天记录截图通过微博发布，由此引发媒体聚焦，网友热议，一度上头条微博热门话题。更值得一提的是，一个月后，该事例选入了语文高考新课标全国一卷的作文材料中，"@湖北高速交警"再次"上了头条"。

2015 年 9 月 3 日，中国人民抗日战争暨世界反法西斯战争胜利 70 周年纪念大会在北京举行，政务官方账号纷纷借"阅兵"话题"大显身手"。其中，"@江宁公安在线"适应网络语境，用幽默的方式就阅兵与网友互动。并截图阅兵直播视频中拍摄到坦克的画面，点评道："史上最强自拍杆，不服憋着。"引来近 10 万网友转发点赞。"@平安北京"拍摄了一组站岗安保公安背对阅兵队伍的照片，让我们看到了阅兵的而另一面，称我们"也很想转过身去看看，但此刻使命令我高于一切，请替我们看看阅兵的精彩！"同时，"@中国维和警察"转发网友"@周顾北的周"以周恩来总理为配图的微博，并说道："开国大典的时候飞机不够，您说飞两遍……当年送你的十里长安街，如今已是十里繁荣。"引起了网友强烈共鸣。

2015 年 12 月中旬，第十四届上合组织首脑会议在郑州召开。"@平安中原"携手平安系列微博矩阵，迅速启动"上合安保"微话题，组织全省公安宣传部门、网络媒体、公益组织、网络大 V、知名人士等，开展了网络宣传和舆论引导工作。"@平安中原"还创作发布了《郑州警察的一封家书》等一大批精品内容，官方微博矩阵推送，媒体积极跟进，公益组织、网络大 V 互动跟评，共同发力引导，取得了良好的宣传效果。8 日至 15 日，"@平安中原"和平安系列微博"上合安保"话题共发布 1600 余条，阅读量超过 1000 万次，转发量将近 170 万次，评论量直逼 100 万次，另外，公益组织和网络大 V 发布、跟评转帖总量也高达 1.3 万条。

5. 城市服务扩大了微博延伸

今年以来，深圳交警研发了全国首个智能交通违法举报平台，目前这个名为"深圳交警随手拍举报平台"已经开通供市民使用，除了传统的电话、短信之外，还包括更为便捷的微博、微信等方式，鼓励网民举报交通违法，安排专门警力进行查处，配发"随手拍举报交通违法"和"微博查违法"等话题进行微博直播。2015 年，"@深圳交警"查处违法案件 1.8 万宗，网民的参与热情高涨。此举也将带动更多的市民、企业参与到城市交通管理中来，是实施社会共治的一个创新举措。

"@平安武汉"的微博警务地图在1月上线，使得"@平安武汉"成为全国首个为微博粉丝提供自助报警服务的政务微博。该功能可通过手机登录移动终端定位，查询距离网民最近的警务服务站、派出所、政务中心的地址、服务电话和路线图，方便大家紧急求助。类似城市服务是"互联网＋政务"战略落地的典范，加速升级政府服务能力的同时也体现了源源不断的人文关怀。

（六）全国十大司法系统微博

司法系统的政务微博主要包括法院、检察院、司法局、政法委等司法机构开设的官方微博。2015年，共有7个法院机构微博进入十大司法系统，分别是"@山东高法""@最高人民法院""@菏泽中院""@济南中院""@京法网事""@豫法阳光"和"@菏泽巨野县法院"，并包揽了前2名，其中4家为山东省的法院机构，可见山东法院机构在电子政务方面有一定优势，发展状况良好。而检察院机构仅有"@最高人民检察院"进入司法微博前10，位居第3名。"@法治西安"凭借亲民幽默的话语风格进步飞速，位列第4名（见表6）。

表6 全国十大司法系统微博

排名	微博	认证信息	传播力	服务力	互动力	总分
1	山东高法	山东省高级人民法院官方微博	79.31	96.32	58.73	74.48
2	最高人民法院	最高人民法院官方微博	87.76	47.34	67.70	71.65
3	最高人民检察院	最高人民检察院微博	83.77	53.36	63.26	69.48
4	法治西安	陕西省西安市司法局官方微博	70.64	84.52	56.88	67.91
5	菏泽中院	山东省菏泽市中级人民法院官方微博	71.97	84.61	50.25	65.81
6	济南中院	山东省济南市中级人民法院官方微博	77.95	66.30	48.77	63.95
7	京法网事	北京法院网官方微博	78.41	52.89	53.82	63.47
8	豫法阳光	河南省高级人民法院官方微博	76.46	68.80	46.83	63.08
9	中国普法	司法部法制宣传司	75.07	48.62	53.42	61.12
10	菏泽巨野县法院	山东省巨野县人民法院官方微博	69.28	64.18	48.29	59.86

2015年司法系统政务微博运营亮点总结如下。

1. 创新普法方式

"@山东高法"创办的"鲁法E周刊"是其独家法律专栏，每周一针对上周的法律热点、新出台的政策法规或法律条文进行专业解读。"鲁法E周刊"固定栏目包括"实务参考""法律讲堂""鲁法资讯""新规解读""法官说法"等。自"出版"至今已被多家媒体转载。"@山东高法"创新司法普法方式，使得阳光司法普法走向常态化。

"@江苏司法行政在线"结合热点进行策划，将话题栏目化运营，且结合粉丝需求，选取不同角度推广政务账号品牌。"@江苏司法行政在线"主持的"小司追剧普法"微话题，把枯燥的司法与当下热播剧集相结合，提升网友阅读体验，让网友在追星看剧中轻松掌握法律知识，成为法律达人。栏目一经上线就受到网友追捧，好评如潮，带动大量网友积极评论。

2. 注重平台互动性

利用微博平台对庭审、工作会议等进行视频或文字直播已成为司法机构宣传自身工作、增强与民众互动的重要方式。

2015 年 7 月 3 日，最高人民检察院在京召开"互联网＋检察工作"座谈会，7 月 4 日一早，"@最高人民检察院"发布长图文微博，对座谈会进行报道，并将参会专家、学者、律师及公检法司部门人员的热烈讨论转播到了微博上，便于网友参与其中。

除裁判文书上网、直播新闻发布会、公众开放日等活动外，"@豫法阳光""@天津二中院"等官方微博还积极开辟网络司法拍卖平台，实时发布和更新法院拍卖的信息，扩大了受众范围，增加了竞拍人，有利于维护当事人合法权益。

司法机构政务微博互动性的提高，不仅使得普法工作更加易于开展，司法信息更加通畅，更为民众法治生活提供了切实的便利。

3. 及时回应关切 应对突发舆情

"优衣库视频事件"爆发后，广州市黄埔区人民检察院在其官方微博"@黄埔检察"发布原创文章《如何正确使用试衣间拍拍》，用调侃幽默的方式，深入浅出地对该事件进行了专业的法律分析，得到网友一致好评。

2015 年国家司法考试成绩发布后，有网民发表质疑卷四评分的长微博。11 月 25 日，"@中国普法"官博发布辟谣，并提醒广大考生可依据公告提出书面申请，国家司法考试办公室会及时给予回复，此举得到网友支持。

（七）全国十大旅游局微博

旅游类政务微博作为联系游客与政府部门的一座桥梁，旨在推广本地的旅游产业，为游客提供实用、方便的旅游服务信息，提高旅游部门的服务能力与工作效率。在政务指数榜单中，共计有 5 个旅游类政务微博入围前 100 名。其中旅游类政务微博前两名"@山东省旅游局官方微博"与"@青岛市旅游局官方微博"在总榜中居于 22、23 位，第 3 名"@乐游上海"则排至第 55 位。从 2015 年的表现来看，旅游类政务微博仍有较大上升空间（见表 7）。

表 7　全国十大旅游局微博

排名	微博	认证信息	传播力	服务力	互动力	总分
1	山东省旅游局官方微博	山东省旅游局	84.90	76.27	69.74	77.11
2	青岛市旅游局官方微博	青岛市旅游局官方微博	80.82	89.12	67.31	77.08
3	乐游上海	上海市旅游局	83.94	65.13	64.67	72.47
4	河北省旅游局	河北省旅游局官方微博	78.94	82.06	54.07	69.62
5	济南市旅游局微博	济南市旅游局官方微博	73.34	83.53	55.74	68.34
6	广西旅游发展委员会	广西壮族自治区旅游发展委员会官方微博	79.15	64.69	57.43	67.57
7	南京市旅游委员会	南京市旅游委员会官方微博	74.16	75.64	53.26	66.10
8	河南省旅游局官方微博	河南省旅游局官方微博	77.74	58.38	57.25	65.67
9	西安市旅游局	西安市旅游局官方微博	73.71	67.16	55.56	65.14
10	福建省旅游局	福建省旅游局官方微博	76.77	56.56	54.11	63.67

2015年，旅游部门纷纷利用微博平台开展线上线下联动的营销与宣传，积极推动当地旅游资源的开发与旅游业的发展。同时针对景区乱收费等负面事件，旅游部门也积极利用微博平台及时回应关切，化解网络舆情。整体而言，旅游类政务微博对于各地宣传其旅游资源、推动旅游业发展起了积极的促进作用。

2015年旅游类政务微博的运营亮点总结如下。

1. 线上线下联动　部门之间联动

奉节白帝城因李白而闻名于世，2015年李白诞辰1314周年，奉节抓住这一节点发起互动传播。2015年3月，"@奉节旅游"联动"@重庆旅游"等，结合互联网传播调性，充分利用新媒体平台进行网络话题互动。宣传中充分利用了线上宣传与线下互动的结合，展开了系列事件营销，将奉节旅游与李白进行品牌挂钩。其中，线下策划了"李白惊现观音桥""李白携红颜畅游奉节"等活动，线上发起《早发白帝城》网络朗诵汇"的网络互动，通过策划"跟着李白穿越奉节"系列话题，为奉节重要景区包装出特色旅游线路。"@奉节旅游"的系列策划、营销以及良好的联动情况使得奉节旅游业得到良好的宣传。

2015年6月，永川黄瓜山的葡萄种植户和香梨种植户在采果季到来之时，向永川旅游局提出了推广协助请求。"@永川旅游"联动"@重庆旅游"，联合果农一同进行品牌推广，通过互动和线下接触推广永川旅游的水果品牌，推动乡村采摘游。"@永川旅游"携手果农，立足成熟水果品牌进行宣传，让更多人了解到永川水果，收获了良好的宣传效果。

2. 紧跟热点创新话题

2015年6月，"@西安市旅游局"主动联合海上丝绸之路起点城市泉州，与"@泉州市旅游局"共同发起"丝路起点对话""海丝起点对话路丝起点"等话题，探讨如何抓住"一带一路"大背景、大机遇，开展丝绸之路起点旅游。并邀请西安的微博达人和泉州的微博达人开展线下对话活动。"丝路起点对话"话题引发2056万次的微博阅读量，微博讨论量1.3万次，"海丝起点对话路丝起点"微博话题讨论数则突破2400万次。该活动因其产生的良好宣传效应，得到多家媒体的报道。

2015年7月15日，"@山东省旅游局官方微博"发起微博运营官招募活动，以"@新浪山东"为传播核心，联动全国百余个政务、媒体、景区、企业、校园、达人等各行微博集体造势，全民参与，活动微博及话题阅读量突破1550万次，报名人数达5000。

3. 及时回应负面舆情

2015年5月2日，"华山景区山顶宾馆米饭卖15元"的消息引发网友热议，"@渭南市旅游局"于5月3日12：09发出相关回应，《关于游客反映华山景区主峰区餐饮价格高有关问题的说明》，该回应也立即引起各媒体和网友的关注，相关话题"1碗米饭15元""华山一碗饭"等话题也引出网友对华山上的饭到底贵不贵，华山挑山工等话题的热烈讨论。"@渭南市旅游局"官方微博迅速反映、积极回应解释问题，在一定程度上扭转了舆论倾向。

（八）全国十大团委系统微博

近年来，全国政务微博集群化发展十分突出，共青团微博在数量上有较大的飞跃，2015年新增微博账号661个。在全国团组织微博遍地开花的同时，还有大量团组织工作人员活跃在微博平台上（见表8）。

与其他政务部门不同，共青团系统的工作更多地集中在关注青少年发展、思想教育、公益活动方面。开通微博初期，存在定位不清晰、找不准受众等问题，团系统的微博被指流于表面，服务性弱。随着团中央及各级团委总结调研，团系统形成了以活动带微博、以公益为依托的微博运营模式。从最初简单的信息发布，到后期形成了主动利用微博策划活动，联动政府、企业等多方力量的格局。其中也涌现出了一些有意义的活动。

表8　全国十大团委系统微博

排名	微博	认证信息	传播力	服务力	互动力	总分
1	共青团中央	共青团中央官方微博	89.65	63.10	84.54	82.30
2	四川共青团	共青团四川省委官方微博	77.90	89.96	64.98	75.14
3	成都共青团	共青团成都市委员会官方微博	76.62	90.99	59.72	72.73
4	石家庄共青团	河北省石家庄共青团官方微博	72.56	79.92	66.31	71.53
5	共青团福建省委	共青团福建省委员会官方微博	75.06	65.03	59.84	66.96
6	中国共青网	中国共青团网官方微博	75.87	56.56	62.63	66.71
7	青春南京	共青团南京市委员会官方微博	72.19	71.37	57.83	66.28
8	云南共青团	共青团云南省委官方微博	71.33	76.20	55.57	66.00
9	山东共青团	共青团山东省委员会官方微博	73.05	72.89	54.46	65.58
10	青春湖北	共青团湖北省委员会官方微博	73.29	72.48	51.98	64.60

2015年六一节，"@共青团中央"发起"我和红领巾"微博话题，明星大V如"@蔡国庆""@阿丘""@郝云"等纷纷参与，与网友们分享自己第一次戴红领巾的故事，与此同时，"@共青团中央"还放出了明星小时候"很红领巾很少先队"的照片与网友玩起了猜图游戏，吸引了许多网友和地方共青团的关注。

为纪念七七事变77周年，"@海南省共青团"在微博和微信上同时推出《烧脑党史国史题》H5互动答题小游戏，希望大家铭记历史勿忘国耻。H5内容包括了10道与党史国史相关的题目，参与者答完分享便能知道自己的得分，网友直呼"长知识了！"

随着团系统微博应用的逐渐深入，接下来将会继续深耕体系建设，将团组织微博体系向县处级团委延伸，联动各力量，更好地深入青少年、服务青少年、引导青少年。为青年群体营造良好的社会氛围，促进青少年的成长。

（九）全国十大交通系统微博

交通出行贴近日常生活，是广大人民群众最为关注的方面之一。在2015年度全国政务微博排行榜中，有多个交通系统政务微博进入TOP100，其中"@北京地铁"进入总榜十强。而在2015年全国十大交通系统微博中，各大城市的轨道交通官方微博占据七席，这些官方微博充分利用城铁与群众日常生活关联性，调动起网民互动的积极性（见表9）。

表9　全国十大交通系统微博

排名	微博	认证信息	传播力	服务力	互动力	总分
1	北京地铁	北京地铁公司官方微博	86.67	99.53	70.05	82.59
2	上海地铁 shmetro	上海申通地铁集团运营管理部官方微博	87.13	89.64	66.06	79.21
3	南京地铁	南京地铁集团有限公司官方微博	80.82	87.45	66.64	76.47
4	广州地铁	广州地铁官方微博	81.30	85.51	62.08	74.46

续表

排名	微博	认证信息	传播力	服务力	互动力	总分
5	交通北京	北京市交通委员会官方微博	85.56	74.47	60.38	73.27
6	京港地铁	京港地铁公司官方微博	77.37	88.31	60.91	72.98
7	南昌铁路	南昌铁路局官方微博	80.89	85.77	57.20	72.39
8	长沙地铁	长沙地铁官方微博	74.73	67.75	62.84	68.58
9	上铁资讯	上海铁路局官方微博	79.89	71.85	54.70	68.21
10	重庆轨道交通	重庆市轨道交通(集团)有限公司	77.16	84.01	51.29	68.18

面对市民对交通出行信息服务的迫切需求，凭借微博具有的即时性和互动性等特点，交通类政务微博除了实时更新如线路调整、时刻表等交通信息外，2015年9月，"@交通北京"还在微博、支付宝双平台率先开通十类"城市服务"功能，实现"一站式"查询，成为北京市首个上线双平台城市服务的委办局。这十类服务功能涵盖小客车指标、出租车辆、备案停车场等查询功能，以及实时路况、公交地铁换乘、公共自行车等交通出行指南。

（十）全国十大气象系统微博

作为一个高人气的社交网络平台，微博与气象行业相结合，深刻地改变了气象服务的方式。近年来，气象微博如雨后春笋般涌现，各大微博以通俗的语言、新颖的形式第一时间发布权威气象信息（天气实况、天气预报、气象科普、图说天气、生活咨询等），并与粉丝积极互动，不仅有效地拓宽了气象信息的发布渠道，而且提升了部门形象。

"@深圳天气"位于本年度全国气象类政务微博第1名，其微博内容几乎均与天气相关，尤以本地天气情况播报最为频繁，因其发博内容有用有趣，时机恰到好处，获得网友的积极转评。深圳暴雨期间，"@深圳天气"以10分钟更新一条的频次服务无数市民。无论是高温还是寒潮，"@深圳天气"融合专业气象知识和亲民语言风格的微博均俘获了大批粉丝（见表10）。

表10 全国十大气象系统微博

排名	微博	认证信息	传播力	服务力	互动力	总分
1	深圳天气	深圳市气象局官方微博	87.51	87.30	68.08	79.70
2	广州天气	广州市气象局官方微博	83.55	78.98	61.45	73.80
3	江苏气象	江苏省气象局官方微博	78.92	83.86	63.26	73.64
4	气象北京	北京市气象局官方微博	84.35	67.42	58.76	70.73
5	中央气象台	中央气象台官方微博	83.25	54.49	64.72	70.08
6	南京气象	南京市气象局官方微博	80.68	73.91	52.64	68.11
7	广东天气	广东省气象服务中心	81.63	56.81	57.69	67.09
8	重庆天气	重庆市气象局官方微博	75.99	71.42	55.32	66.81
9	中国天气	中国天气网	80.21	54.04	53.62	64.34
10	天津天气	天津市气象服务中心官方微博	72.94	78.93	45.95	63.34

"卖萌"是不少气象系统微博招揽人气的法宝。"@中央气象台"经常进行"卖萌"式的天气预报，被网友亲昵地称为"萌台"。自7月4日以来，"@中央气象台"发布多条微

博，"三台风海上混战，预报员表示预报难度有点大""为了搞台风，下班下得有点晚，临走说一句，一直喊热少雨的甚工地区，明天有雨，不客气""#三台争霸赛#你们最爱的卫星云图动图来了——三个台风一字排开，最左二弟'莲花'、中间大哥'灿鸿'、右边三弟'浪卡'，这张图再现了大哥重组的过程，那是相当的牛～（哔）～"，趣语播报台风最新资讯，获得广大网友粉丝的积极转评。

由于天气变化具有区域性特点，气象系统微博十分重视地区矩阵联动建设。12月25日，以"@江苏气象"为核心的"江苏气象微博发布厅"正式上线，共有1个省级、13个地市级以及62个县级气象服务微博共76家微博入驻，形成了全省气象微博的集群化发布平台，标志着江苏省已形成了全省气象微博三级联动矩阵，省气象微博进入了系统规划建设的阶段。"江苏气象微博发布厅"整合全省气象微博资源，一方面集中全省宣传资源，进一步推动了全省各级气象微博交流互动，解决以往各级气象网站、气象微博之间互不往来的弊端，形成省内气象微博的合力和"集团效益"；另一方面发挥优秀气象微博的榜样作用，带动基层气象微博丰富服务信息、转变服务风格、加强与粉丝互动，提高微博气象服务水平，提高全省气象微博的整体知名度和综合影响力。

（十一）全国十大环保系统微博

环保工作与千家万户密切相连，具有极大的公共属性。在环境问题日趋严峻、全球互联网高度发展的今天，利用信息化手段建立环境信息服务平台、推动环境管理，是一项重要的任务。

目前，全国政务新媒体发展势头良好，其中，公安、法院、团系统，交通、旅游等领域的政务新媒体普及率高，而环保类政务微博的建设略显薄弱和松散，尚未形成合力。比较而言，山东省环保厅表现良好，在本年度全国十大环保系统微博中，山东省占近一半，且均排名前列。上海市环保局、重庆市环保局、江苏省环保厅等单位也在应对雾霾、地下水污染等问题上积极发声，与网民和"意见领袖"形成联动，在新媒体环境下的环境宣传和舆情处置方面积累了不少经验（见表11）。

表11　全国十大环保系统微博

排名	微博	认证信息	传播力	服务力	互动力	总分
1	山东环境	山东省环境保护厅官方微博	77.48	82.40	54.87	69.42
2	临沂环境	临沂市环境保护局官方微博	71.20	86.26	50.77	66.04
3	青岛环保	山东省青岛市环境保护局官方微博	72.27	70.98	46.85	61.84
4	日照环境	日照市环境保护局官方微博	68.57	71.33	45.23	59.79
5	武汉环保	武汉市环境保护局官方微博	70.43	68.59	41.87	58.64
6	上海环境	上海市环境保护局官方微博	72.72	60.15	37.43	56.09
7	重庆环保	重庆市环境保护局官方微博	70.13	51.84	41.57	55.05
8	江苏环保	江苏省环保厅官方微博	68.83	56.12	38.56	54.18
9	沈阳环保	沈阳市环保局官方微博	67.20	57.97	39.12	54.12
10	绿色郑州	郑州市环保局官方微博	66.16	60.89	36.92	53.41

8月22日，位于桓台县果里镇东付村的山东润兴化工厂发生爆炸后引发火灾。当日22时37分，"@山东环保"转发"@央视新闻"相关微博，提醒淄博市环保局"@淄

博环保"对此事进行关注，并指出"淄博市环保部门已经到达现场开展应急监测，省厅应急分队正在连夜赶赴现场，有关信息将会及时发布"。淄博市环保局得知情况后，立即启动应急措施，派遣应急检测等人员及时赶到现场，开展环境应急处置工作，其官方微博"@淄博环保"第一时间对此事进行官方回应、发布环境监测报告、实时公布环境处置相关情况。

11月，进入供暖季一周后，辽宁省省会沈阳市迎来持续的空气严重污染。"@沈阳环保"第一时间发布预警，及时直播环保局的环境监察应急工作，并主动搭建政务微博及当地媒体微博矩阵，邀请网友关注"沈阳环境空气质量"话题和"@沈阳环保"官方微博，"@沈阳环保"抓住热点积极引导舆论引起共鸣，截至12月底该话题阅读量突破千万次。

（十二）全国十大医疗卫生系统微博

"生老病死"是一个老生常谈的话题，现代社会医院成了我们完成这四个人生状态的主阵地。随着国家富强，人民生活水平提高，医疗设施和服务体系的健全，"看病难"却成为当今时代中国百姓的主题。如何通过新媒体平台，缓解医患矛盾、提升医疗卫生系统形象、推进医疗改革，都值得我们积极探索和实践。医疗卫生政务微博在发布政务信息、回应公众咨询、化解网络舆情、传播健康知识等方面可以起到重要作用，但总体来说，我国医疗卫生系统微博目前的发展还较为缓慢，综合影响力相较其他行业政务微博还有待提高。与上半年相比，全国政务微博影响力TOP100总榜中，医疗卫生系统政务微博仍未上榜（见表12）。

表12 全国十大医疗卫生系统微博

排名	微博	认证信息	传播力	服务力	互动力	总分
1	全国卫生12320	全国12320卫生公益热线官方微博	74.84	58.13	50.26	61.66
2	首都健康	北京市卫生和计划生育委员会官方微博	72.18	46.47	36.50	52.77
3	北京12320在聆听	北京市公共卫生热线（12320）服务中心官方微博	69.75	46.93	33.56	50.71
4	济南献血	济南市血液供保中心官方微博	59.26	70.51	31.71	50.49
5	健康中国	国家卫生和计划生育委员会官方微博	69.49	29.13	40.27	49.73
6	健康上海12320	上海市卫生局官方微博	64.56	38.87	32.24	46.49
7	健康成都官方微博	成都市卫生和计划生育委员会官方微博	57.01	53.53	27.70	44.59
8	北京市疾病预防控制中心	北京疾病预防控制中心官方微博	66.12	26.61	31.93	44.54
9	南海卫生计生	南海区卫生和计划生育局	56.75	48.74	27.87	43.60
10	青岛卫生计生官方微博	青岛市卫生和计划生育委员会官方微博	54.79	61.54	23.10	43.46

单从医疗卫生行业看，"@全国卫生12320"一直表现良好。2015年，"@全国卫生12320"共发布微博3868条，内容上定期为网友普及医药知识，构建医药启蒙教育，通过"12320健康""12320播报""12320问候"以及特殊节日的话题发布，为广大网友传授健康知识，提供防护信息。截至2015年12月，"@全国卫生12320"官方微博的粉丝总数已增至约341万人。

医疗卫生系统政务微博虽然在日常互动力表现上稍有欠缺，但面临突发事件时，其传播力和服务力不容小觑。8月13日凌晨，天津港特别重大火灾爆炸事故发生后约3个小时，天津市血液中心的官方微博"@津城献血"发布消息，表示针对目前滨海新区发生的爆炸事件，天津市血液中心已做好抢救伤员所需应急血液的准备工作，请市民放心。同时发布天津全市各献血车、献血点最新区域及位置参考图，并发出提醒："想参加献血的爱心市民，可于今早8时来市血液中心或9时后去离您最近的献血点献血。您的一小份爱心，挽救一大家幸福！""@津城献血"在当日如实地同步记录下了市民连夜排队献血的感人画面，见证了每一份小小的善举，融在一起就会凝聚成无限的大爱。

（十三）全国十大教育系统微博

为进一步拓宽教育系统政务信息公开渠道、准确发布权威信息、展示教育风采、沟通民意、引导舆情、服务广大群众，各大教育部门纷纷开通微博，发布各地教育工作的重大部署、政策和工作动态、招生考试、学生资助、教育收费、教师招聘等便民信息，同时利用"为您解答""粉丝服务平台"等服务为广大群众师生答疑解惑。

2015年6月17日，四川省教育厅官方微博"@四川教育"在微博上发布消息称："为方便广大考生查询2015年普通高考成绩和录取情况，17日，'@四川教育'正式开通'高考成绩查询'及'高考录取查询'功能，22日晚，广大考生及家长可以通过关注'@四川教育'政务微博，查询考生高考成绩情况。"这一高考成绩查询新方式，为广大考生提供多渠道多平台的便利服务，短短半月涨粉4万。

在与网友互动方面，"@陕西省教育厅"表现不凡。针对网友的问题，微博小编会通过私信或者回复评论的方式即时解答；不能确定的问题，及时向相关业务处室了解政策或请示领导后予以答复，或是引导网友按照管理职责权限向相关责任机关反映。网友提出的投诉举报类问题，编辑会引导其登录陕西省教育厅的门户网站"公众信息服务平台"提问留言。这样热情、负责的工作态度，使得"@陕西省教育厅"在年度榜单中斩获第1名（见表13）。

表13　全国十大教育系统微博

排名	微博	认证信息	传播力	服务力	互动力	总分
1	陕西省教育厅	陕西省教育厅官方微博	73.34	76.98	53.33	66.07
2	微言教育	教育部新闻办公室官方微博	81.44	50.26	56.32	65.15
3	深圳教育	深圳市教育局官方微博	71.04	72.70	45.88	61.31
4	四川教育	四川省教育厅官方微博	73.61	55.12	51.71	61.15

续表

排名	微博	认证信息	传播力	服务力	互动力	总分
5	安徽省教育厅	安徽省教育厅官方微博	73.67	56.15	49.33	60.43
6	河南教育	河南省教育厅官方微博	71.12	55.17	50.36	59.63
7	江苏教育发布	江苏省教育厅官方微博	73.08	50.16	50.45	59.44
8	上海教育	上海市教育委员会官方微博	74.33	53.10	46.40	58.91
9	安阳市教育局	河南省安阳市教育局官方微博	62.55	60.57	42.48	54.13
10	郑州市教育局	郑州市教育局官方微博	63.07	62.21	34.32	51.40

（十四）全国十大基层政务机构微博

在政务微博大力发展的今天，市区微博、乡镇微博乃至街道微博都成为政务微博大军的重要组成部分。基层政务机构部门除了数量庞大，更有服务本地化、专业化、针对性等特点。在本年度的基层政务机构微博排行榜中，"@江宁公安在线"继续领跑，以91.41的高分位居榜首。"@江宁公安在线"与网友积极互动，语言亲民，留下了许多令人印象深刻的案例。

7月，湖北荆州商场电梯"吃人"事件在网上掀起了不小的舆论风波，网络上也出现了乘坐电梯的不少"攻略"和各种夸张的"正确姿势"，让网民们惊呼"高难度！""加了特效！"一时间网络舆论场中人心惶惶，"@江宁公安在线"就此进行回应："类似的手扶电梯吞人事故绝大多数都是电梯故障或维护不善导致的，何况这种事故本属于极小概率事件。"该微博得到3万多名网友转发，较好地平息了微博中的负面情绪。8月23日上午，纪念中国人民抗日战争暨世界反法西斯战争胜利70周年阅兵式在天安门地区及长安街沿线成功预演。"@江宁公安在线"截出预演秒拍视频中观看群众同时举起手机拍摄的图片，调侃道"比队列更整齐的是什么"。网友被"@江宁公安在线"逗乐，评论道："现在的官博之类的都这么萌么？"此举还让网友脑洞大开，为该图片配上了各种有趣的解说词。这些幽默的评论被二次转发，大大提升了"@江宁公安在线"的传播力。

除此之外，"@十堰市公安局东岳分局""@成都高新""@浦口发布"也着力发挥政务微博等新媒体优势，为广大网民搭起了"网上反映—网下处理—网上反馈"多部门的联动解决机制，排名均有所提升（见表14）。

表14　全国十大基层政务机构微博

排名	微博	认证信息	传播力	服务力	互动力	总分
1	江宁公安在线	南京市公安局江宁分局	100.00	57.06	100.00	91.41
2	十堰市公安局东岳分局	十堰市公安局东岳分局官方微博	75.82	88.88	61.24	72.60
3	成都高新	成都高新技术产业开发区官方微博	73.96	85.57	54.86	68.64
4	浦口发布	中共南京市浦口区委宣传部官方微博	72.33	75.36	58.04	67.22

续表

排名	微博	认证信息	传播力	服务力	互动力	总分
5	幸福大丰	江苏省盐城市大丰区人民政府办公室官方微博	70.09	95.78	48.68	66.66
6	鼓楼微讯	中共南京市鼓楼区委宣传部官方微博	73.84	67.15	58.91	66.53
7	快速路交警	乌鲁木齐市城市快速路交警大队官方微博	69.38	78.63	57.15	66.34
8	武侯发布	中共成都市武侯区委宣传部官方微博	69.69	81.16	50.12	64.15
9	凤城之声	佛山市顺德区大良街道党工委办公室官方微博	67.46	75.95	54.28	63.89
10	余杭公安	杭州市公安局余杭区公安分局官方微博	72.58	72.02	49.87	63.38

注：基层机构微博仅考量微博平台中区县（不含县级市）及以下政府机构开设的微博。

（十五）全国十大影响力飞跃微博

通过长期的品牌积累，许多微博账号凝聚了一大批受众，影响力也不断上升。本报告通过比较各微博账号在 2014 年和 2015 年政务微博总榜中排名的上升情况，计算得出每个政务微博的飞跃指数，进而评选出 2015 年全国十大影响力飞跃微博。在计算时，本报告给不同区间的名次变化赋予不同的权重，当上升的名次越靠前列，在飞跃指数中的权重越大。对于 2014 年总榜排名低于 10000 名的账号，考虑到其在 2014 年活跃度较低，不参与此次影响力飞跃榜的评选。

受天津港爆炸事故影响，天津市的许多政务账号本年度排名均得到显著提升，"@ 天津交警"和"@ 天津消防"分别位列十大影响力飞跃榜中的第 1 和第 8 位。而消防系统微博也受到网友普遍关注，天津港爆炸事故、"10·10"芜湖爆炸事故两起特大事故发生后，"@ 安徽消防"立足自身定位，发出多条微博，引发网友及媒体极大关注，同时安徽消防在日常运用中，及时发博，消防知识与新闻集合、趣味图文相结合，注重热点，勤互动，积极回复网友。

9 月 16 日，南京地铁三号线"微笑列车"上线，南京市公安局地铁分局官方账号"@南京市公安局地铁分局"在微博中晒出了"萌萌哒专线"的照片，而车厢红加绿的配色却引来了众多网友吐槽，纷纷表示"亮瞎眼"。"@ 江宁公安在线""@ 南京发布""@ 鼓楼微讯"等一批政务账号也纷纷赶来加入行列，搭建起了"吐槽"矩阵。"主题地铁"虽然引发争议，但也让"@ 南京市公安局地铁分局"借机火了一把。官方微博抓住机遇，借势让自身影响力持续飙升，位列全国十大影响力飞跃微博第 3 名（见表 15）。

表 15　全国十大影响力飞跃微博

排名	微博	认证信息	传播力	服务力	互动力	总分	名次变化	飞跃指数
1	天津交警	天津市公安交通管理局官方微博	81.91	98.85	61.26	77.04	444→24	2.92
2	山东高法	山东省高级人民法院官方微博	79.31	96.32	58.73	74.48	697→40	2.86
3	南京市公安局地铁分局	南京市公安局地铁分局官方微博	77.05	81.61	60.33	71.27	1470→64	2.80
4	快速路交警	乌鲁木齐市城市快速路交警大队官方微博	69.38	78.63	57.15	66.34	3627→124	2.35

续表

排名	微博	认证信息	传播力	服务力	互动力	总分	名次变化	飞跃指数
5	安徽消防	安徽省消防总队官方微博	71.87	83.18	50.66	65.65	3678→135	2.27
6	中国维和警察	中国维和警察官方微博	79.16	42.52	73.19	69.44	544→80	1.92
7	证监会发布	中国证监会办公厅新闻办官方微博	90.87	18.81	72.29	69.02	551→82	1.91
8	天津消防	天津市公安局消防局官方微博	79.33	40.36	57.06	62.63	3532→198	1.87
9	法治西安	陕西省西安市司法局官方微博	70.64	84.52	56.88	67.91	566→102	1.71
10	甘肃公安交警	甘肃省公安厅交通警察总队	70.72	78.32	45.13	62.01	1898→204	1.68

（十六）全国十佳创新应用微博

全国十佳创新应用微博见表16。

表16　全国十佳创新应用微博

省份（部委）	昵称	认证说明	应用亮点
部委	国资小新	国务院国资委新闻中心	"@国资小新"充分运用新媒体宣传了新国企的成就及其为国家建设做出的贡献，展示了新国企的形象。它策划组织的"一粒米的前世今生""探秘通航试飞员"等一系列"网络名人走进新国企"的微博话题迄今为止已获得超过1.9亿次的阅读量。"@国资小新"之所以选择发展微博等新媒体，就是要去掉贴在央企身上的各种标签，向公众展示真正的央企，它的定位是"我们都是小新"，让公众产生代入感——央企就在我们身边，为公众提供服务
部委	扫黄打非	全国"扫黄打非"办公室官方微博	今年，全国"扫黄打非"办公室在全国范围内开展"扫黄打非·护苗2015"专项行动，于4月开通"@扫黄打非"官方微博，及时通过官方微博解读政策法规、展示扫黄打非工作成果。10月9日，全国"扫黄打非"办公室专职副主任、国家新闻出版广电总局反非法和违禁出版物司司长薛松岩通过"@扫黄打非"微博进行微访谈，与网友交流"护苗2015"专项行动。同时，该微博还接受网友举报，线上接受线下处理，借助社会力量对违法不良信息进行处理处置
广东	广东发布	广东省人民政府新闻办公室官方微博	"@广东发布"在今年开通了粉丝服务平台，为粉丝们提供方便的网上办事平台，新闻的精细化推送阅读和互动服务：粉丝在"微办事"栏目中可以通过网上平台办理出入境、高考查分和交管等业务；在"微发布"栏目中可以更方便地看到发生在自己身边的大事小事，更全面地了解到发生在广东的新闻信息；在"微活动"栏目中可以了解到"@广东发布"举办的各类活动。7月举办的"'粤创粤新'广东创新驱动发展主题大型网络采风活动"微博活动获得了广泛的影响力，堪称城市创新宣传的经典案例
云南	昆明发布	云南省昆明党务政务信息公开平台官方微博	9月1日至10月15日，昆明市首次利用微博平台开展"十三五"规划建言献策征集活动。活动总阅读量破200万次，共收到网民意见建议430余条，其中120余条被提供给昆明市"十三五"规划编制起草小组进行分析研究并合理吸纳。"@昆明发布"主持微话题"昆明市首次微博征集十三五规划活动访谈"开展微访谈，与网友直接面对面互动。利用微博平台的开放性，征集民意，听取民声，通过微博为民众搭建平台，让民众真正当家作主
天津	平安天津	天津市公安局官方微博	"警察"二字，在很多人眼里充满了神秘感。当人们遇到纠纷、案件、事故、救助等情况时，都会先想到警察。天津市公安局"@平安天津"与"@新浪天津"联合主办"我要是警察"警营体验日系列活动。邀请多位嘉宾走进警营，体验不同警种的工作、宣传各警种的特点及艰辛，增加广大市民对不同警种工作及其职责的认识，使他们深刻理解警察工作的不易

续表

省份(部委)	昵称	认证说明	应用亮点
湖南	湖南公安在线	湖南省公安厅官方发布微博	10月至11月间,湖南全省14个市州公安局双微和139个县级公安(分)局双微全部开通,标志着湖南公安完成了省市县三级双微矩阵的组建。此双微矩阵不仅涵盖了省市县三级公安机关,还包括业务警种、现役消防等。"带着微博下基层"湖南公安走出机关,到到基层,发布一则则生动活泼的蹲点微博。这成为这次下基层活动的一大亮点,引起众多网民的回应与共鸣
重庆	重庆司法	重庆市司法局官方微博	2015年,重庆市司法局和新浪重庆联合打造的中国首档娱乐辩论微视频普法栏目《随辩》,以娱乐化的形式,层层剖析热点事件背后的法律问题,在寓教于乐中普及法律知识、传播法治精神。《随辩》栏目在网络新媒体全面推送,影响力和传播力与日俱增。节目上线起至年底,6期节目话题阅读总量超过1300+万次,微博话题#最随辩的节目#阅读量200+万次,主动带话题#最随辩的节目#参与讨论人数1744人
北京	北京丰台	北京市丰台区政府官方微博	11月12日至11月27日,由北京市丰台区委宣传部主办、新浪政务新媒体学院承办的"雏鹰展翅行动——丰台计划"完成了为期15天的培训和交流。此次培训旨在为丰台区各职能机构培养出一批合格的政务新媒体运营人员,带着大家一起认识微博、走进微博,了解微博。至此,丰台微博矩阵初步形成,其以"互联网+政务"为背景,提升了微博运营人员业务水平,建立了"集群化"微博矩阵,形成了以统领外宣账号为主阵地,下属账号为重要保障的微博体系
部委	中国气象局	中国气象局官方微博	"@中国气象局"作为一个服务型账号,每个月阅读量达到上千万次,同时也为微博push通道气象类及时提供重要的信息来源。9月,"热门景区介绍"在其微博主页上线,很受网友欢迎,每天都有上千网友点击,查询自己关注的景区介绍
福建	泉州市旅游局	泉州市旅游局	福建省泉州市旅游局官方微博"@泉州市旅游局"旨在发布泉州旅游最新资讯,向网友推荐泉州旅游线路及景点攻略,集合网友旅游体验在微博宣传泉州旅游形象。今年第二至三季度,"@泉州市旅游局"与"@西安市旅游局"首创"互联网+海丝旅游"事件营销,打造海丝起点泉州与陆丝起点西安,双城旅游文化大V大型对话体验活动。"海丝起点对话陆丝起点"微博话题讨论数突破2400万次

（十七）全国十佳快速响应微博

全国十佳快速响应微博见表17。

表17　全国十佳快速响应微博

省份(部委)	昵称	认证说明	应用亮点
部委	中国环境宣传教育	环境保护部宣传教育司主管,环境保护部宣传教育中心主办	近年来,环境问题已经成为社会广泛关注的重要问题。环保部今年先后开通"@微言环保""@中国环境宣传教育""@中国环境新闻"等部委级官方微博,从上而下建立全国环保微博矩阵。在冬季雾霾频发期间,"@中国环境宣传教育"联动多地环保官方微博通过#抗霾保卫战#齐发声,第一时间发布环保部门治污政策、环境违法查处通报、污染预警等内容,引导社会关注治污,加入抗霾行动。1月内话题阅读量已接近4000万次

续表

省份（部委）	昵称	认证说明	应用亮点
广东	广州番禺发布	广州市番禺区政府新闻办公室官方微博	"微博"热点，分享资讯。"@广州番禺发布"传递真实权威的政府声音，共享番禺发展的每一份喜悦。10月初，台风"彩虹"强势袭粤，致使广州海珠、番禺大范围停电。"@广州番禺发布"连续发布长微博详细报道救灾情况，并"请市民保持镇定"。事后，"@广州番禺发布"对本区抢险救灾、灾后重建以及在救灾过程中涌现出的典型人物和事迹进行报道，确保了灾后舆情的整体平稳、正面
广西	我爱柳州	柳州市委宣传部官方微博	9月30日，广西壮族自治区柳州市柳城县陆续发生爆炸事件，导致多人伤亡，极易引起公众的恐慌情绪。从18时22分起，"@我爱柳州"及时发布官方信息，澄清流言，并持续播报案件进展直到告破，体现了较高的危机处理意识和开放意识。而且，"@我爱柳州"通过新媒体及时处理，保证了案件的透明及时公开，在敏感时期对公众情绪的安抚起到非常重要的作用
江西	九江发布	江西省九江市人民政府新闻办官方微博	"@九江发布"始终坚持关注民生，及时回应社会关切。4月9日，网传在长沙公交车上有一精神病女子带着一手脚都拖着铁链的女孩，是九江永修人。"@九江发布"及时联系"@平安九江"发动微博寻人。该女孩在48小时内被找回，九江市公安局将其送往老家妥善安置。8月10日，六名游客在庐山因山洪暴发归路被阻，"@九江发布"联系公安部门，线上线下共同实施救援，游客在六小时后成功脱险
浙江	丽水发布	浙江省丽水市人民政府官方微博	11月14日，在滑坡事件发生近5小时后，"@丽水发布"启动地质灾害特别重大Ⅰ级响应预案。官方微博在山体滑坡事件中拿捏得体，从凌晨开始，一直播报事件进展和救援情况，态度严肃，文字简练。在此次直播中，"@丽水发布"全力开展搜救工作、医疗救治以及防止次生灾害发生；确保救援人员安全，全力做好善后工作，加强应急保障
四川	四川省旅游局	四川省旅游局官方微博	4月25日，尼泊尔发生8.1级地震，重烈度区从震中向东延伸，中国西藏、印度、孟加拉国、不丹等地均出现人员伤亡。此事引起"@四川省旅游局"的高度重视，全天不间断播报现场图片、遇难人数、救援进展、发布通告公布四川在尼泊尔人数等。对尼泊尔8.1级地震进行跟踪发声，"@四川省旅游局"做到快速响应，发布权威信息，真正发挥政务微博平台价值
江苏	南京交警	南京市公安局交通管理局官方微博	9月6日，"@南京交警"通报"6·20"宝马飞车撞死2人案件犯罪嫌疑人的司法鉴定意见，指出"犯罪嫌疑人王季进作案时患急性短暂性精神障碍，有限制刑事责任能力"，该鉴定意见一出便引来一片质疑。次日，"@南京交警"发布1条"肇事司机被鉴定为'急性短暂性精神障碍'？丁香医生为你解读……"微博，引来网友的积极讨论，互动量近千次。"@南京交警"正面回应并说明事件发生过程，抛出案件鉴定书，获得网民点赞
四川	平安成都	成都市公安局官方微博	11月26日下午，成都市民反映听到巨响。"@平安成都"微博进行回应：截至目前，公安机关未接到发生爆炸案（事）件的报警及人员伤亡的报告。晚八点左右，"@平安成都"转发"@成都发布"发布的详细情况。"@平安成都"能够做到主动搜索网络信息，及时回应市民反映情况，阻断一切不实信息，让网友在第一时间了解事情真相

续表

省份(部委)	昵称	认证说明	应用亮点
湖北	荆州发布	湖北省荆州市人民政府新闻办公室官方微博	6月1日,"东方之星"客轮在湖北长江石首段倾覆,这起事故牵动着全国人民的心。"@荆州发布"作为事故发生的外宣类政务微博,十余天发布相关微博80余条,将现场救援情况微博直播给全国网友,展现了多方力量积极参与救援,同时也为乘客家属做好服务的全貌,得到了网民的一致好评
河南	平安洛阳	河南省洛阳市公安局官方微博	11月4日,开元大道与龙门大道交叉口发生一起恶性袭警案,犯罪嫌疑人邓某某最后被警方和群众合力擒获。"@洛阳日报"与"@平安洛阳"共同还原了案件经过。事发后"@平安洛阳"第一时间进行了情况通报,并及时向网民说明事件原貌。做到了及时、公开全面报道事件。"平安洛阳"微博、微信发布简要情况通报后,组织开展舆论引导工作,扩大主流声音,驳斥负面言论

（十八）全国十佳惠民公职人员

全国十佳惠民公职人员见表18。

表18　全国十佳惠民公职人员

省份	昵称	认证说明	应用亮点
云南	昆明市长	昆明市长微博	"@昆明市长"微博于2013年5月正式开通,是全国第一个以省会城市市长名义开通的官方微博。今年11月14日,"@昆明市长"微博发布最新消息:"网民朋友们,大家好,我是昆明市代理市长王喜良。省委决定李文荣市长到曲靖市工作,今后'@昆明市长'将由我继续与大家相互交流,谢谢大家的支持!"该条微博发布后,网友纷纷为代理市长王喜良接棒"@昆明市长"微博点赞
广东	樵山潮人	暨南大学产业经济研究院教授、经济学博士	"@樵山潮人"是江门市市长个人微博,为江门市民公开更多政务动态、提供咨询服务,并且在微博上发布履职报告,让网友从更多渠道了解政府的工作。清明前后,由于不少街坊在祭扫时燃放烟花爆竹、焚烧纸钱,江门全市各地接连发生山火。江门市长邓伟根密切关注,半夜还发布微博向市民做出"温馨提示"。除此之外,"@樵山潮人"还会从微博上了解民意,向网友纳言
广东	陈永博	广东省肇庆市公安局新闻发言人办公室主任,副处级侦察员,全国政法系统公务人员微博年度影响力第八名	陈永博在理论学习和工作实践中总结出来许多著名观点,被多个专家学者和理论专著引用,他在涉警负面舆情分析研判中的特点是:从公安实际出发,让政治侦察学、治安管理学、刑事侦查学、犯罪心理学、社会管理学、交通管理学等多学科发挥综合整体效用,善于透过"潜规则"的迷雾,提出破解的方法。因此,"@陈永博"受到广泛关注
陕西	赵大胜	共青团陕西省委组织部部长	赵大胜长期参与"我为陕西特产代言"活动,代言过的产品包括陕西苹果、凤翔泥塑十二生肖、马勺脸谱、凤翔大葱等。当他获知陕西安康汉滨老人王兴志家万斤柑子滞销,两个儿子几年前因车祸去世,立即发微博呼吁大家行动起来,一起帮老人卖柑子。同时他还致力于公益,主持"公益一起来"帮助需要帮助的人,献出一份力

续表

省份	昵称	认证说明	应用亮点
北京	北京便衣反扒－电话13810237160	北京市公安局便衣反扒民警老李	"我是便衣警察，和其他警种不同的是把警服穿在了心里，这不是少了约束，而是多了责任。"这是"@北京便衣反扒－电话13810237160"发布的一条微博。这位战斗在一线的反扒民警，通过微博向公众发布便衣抓捕小偷的过程和反扒提示，以及偷窃犯罪嫌疑人信息等内容，同时公布电话接受网友提供的线索，深受网友喜爱
广西	小梁县长	广西河池市天峨县人民政府副县长	会利用新媒体的官员本就不多，懂得利用新媒体宣传推广农特产品的官员更是凤毛麟角。作为广西河池市天峨县人民政府副县长，"@小梁县长"经常发微博介绍田间地头的农作物特产、各种各样的天峨特产，他不断与全国各地的农产品专家、官员和新农人互动，看着当地特产滞销、价格低廉，发誓做一个电商精准助农平台！"@小梁县长"此举受到了网民的热烈呼应
江苏	寻人总动员鸣警	泗洪县公安局副大队长秦咏鸣	从2012年开始，秦咏鸣就组建了包括全国各地2600余名志愿者在内的"警民寻人总动员志愿者"团队，共同开展网络寻人这项公益事业。"@寻人总动员鸣警"每天至少发布一条寻人微博，三年来已经发布了1000余条寻人微博，找回了800余人，挽救了试图自杀者57人，未成年人出走找回率高达90%。他主持的"寻人""紧急寻人""警民寻人总动员"等话题阅读量总和已超过14.8亿次
湖南	四级警长	2014年度全国十佳惠民公职人员，新浪政务新媒体学院讲师	"@湖南公安在线"微博微信工作负责人禹亚钢"@四级警长"是优秀政务新媒体"@湘潭公安""@湖南公安在线"主要创建人，曾创造"微博17分钟擒贼""微博求助43分钟解困"等经典案例。其主持"警长说事""警长提示""警长手记"等一系列记录生活、安全防范、评论思考等微话题，帮助网民学习安全防范、远离诈骗。这些话题不仅受到网民追捧，且各大官方微博争相转发，话题阅读量均千万次以上
安徽	法医秦明	《尸语者》系列小说作者，主检法医师秦明，果壳医药领域达人	秦明从2012年开始写作，先后出版了《尸语者》《无声的证词》《第十一根手指》《清道夫》等网络小说，统称为"法医秦明"系列，它们使人们逐渐了解了法医群体。秦明经常在个人微博上回答网友提出的专业问题，给出自己对于热点案件的看法，通过微博平台引导网友学法、知法、懂法、用法、守法
河北	老吕叨叨	河北首家网上警务室创办者、石家庄市安建桥警务站主任吕建江	吕建江坚持在微博上与网友互动，解答或转办网友提出的警务问题，受到网友欢迎。10月22日，网友"@幸福收获2013"向"@老吕叨叨"求助，反映自己急用的邯郸居住证因空本用完无法办理。此微博经"@老吕叨叨"转发后，得到了河北省公安厅"@河北公安网络发言人"的关注，省厅了解情况后给出回复：当地会尽快领取空本为大家办证

二 政务微博地区竞争力排行榜

地区政务微博竞争力旨在评估各地区对新媒体的综合应用能力和应用效果，着重于考核各地政务微博矩阵的传播力、服务力和互动力。数据统计周期为2015年1月1日至2015年11月30日。具体评价维度如下。

其一，排名对象。

各省排行榜的排名对象包括除港澳台以外的所有省级行政区。

城市排行榜排名对象包括各省份下辖的所有地级行政区。

其二，计分规则。

城市政务微博竞争力评估维度包括：传播力、服务力和互动力。

总分由各分项指标标准化后加权计算得出。

其三，指标说明。

一是传播力指标。

微博阅读数：地区内所有政务微博在统计周期内所发微博被阅读数总和（注：中央和国家直属机构的政务微博不参与地区间排行的统计，省直属机构的政务微博不参与城市排行的统计，以下指标皆同）。

总发博数：地区内所有政务微博在统计周期内所发微博数总和。

原创发博数：地区内所有政务微博在统计周期内所发原创微博数总和。

活跃账号数：该地区在统计周期内平均每月发博数量超过 1 条的账号数量。

活跃账号率：该地区在统计周期内平均每月发博数量超过 1 条的账号数量与地区政务账号总量的比值；

二是服务力指标。

主动评论数：统计周期内该地区内所有政务微博用户主动回复评论的总量（包括在该政务微博用户所发微博及其他用户所发微博中的所有评论）。

被"@"回复数：统计周期内该地区内所有政务微博用户回复网友"@"的总数。

被"@"回复率：统计周期内该地区内所有政务微博用户回复网友"@"的总数与被网友"@"数的比值。

发私信数：统计周期内该地区内所有政务微博发给用户的私信总数（包括手动私信次数、手动私信人数、关键词命中的人数三类指标）。

私信回复率：统计周期内该地区内所有政务微博发给用户的私信总数与收到的私信总数的比值。

三是互动力指标。

可信用户转发数：地区所有政务微博在统计周期内所发全部微博的被转发数总和，排除垃圾用户，同一个账号对同一个用户进行多次转发，一天只计一次。

可信用户评论数：地区所有政务微博在统计周期内所发全部微博的被评论数，排除垃圾用户，同一个账号对同一个用户进行多次评论，一天只计一次。

可信用户赞数：地区所有政务微博在统计周期内所发全部微博的被赞数，排除垃圾用户，同一个账号对同一个用户进行多次赞，一天只计一次。

点赞率：地区所有政务微博在统计周期内所发全部微博的被赞数与阅读总数的比值。

（一）省份政务微博竞争力排行榜

从各省 2015 年度政务微博竞争力排名可以看出，排名靠前地区的政务微博发展水平与其人口规模具有较强的相关性，榜单中前五名的省份恰好也是人口数量前五名的省份，这说明全国范围内政务微博的发展已经日趋成熟，服务覆盖率达到较高的水准，各党政部门无论层级高低，官方微博俨然已经成为标配，许多以往需要群众跑很多路、打很多电话才能解决的问题，如今只需轻敲手机"@"所在地的相关职能部门，就会轻松得到答复。此外，四个直辖市的政务微博发展水平也很高，北京、上海、天津、重庆分列第榜单8、10、13、16位。相较而言东北地区的政务微博竞争力水平普遍较低，有着很大的上升空间（见表19）。

表19 省份政务微博竞争力排行榜

排名	地区	传播力	服务力	互动力	竞争力指数
1	江 苏	86.20	82.14	99.45	89.42
2	山 东	74.03	91.31	78.09	81.50
3	四 川	76.78	72.00	85.08	78.01
4	河 南	74.28	82.08	70.88	75.82
5	广 东	77.30	66.59	79.54	74.34
6	浙 江	73.81	75.76	72.39	74.00
7	安 徽	61.79	78.96	70.11	70.71
8	北 京	77.33	60.75	71.83	69.60
9	陕 西	62.74	68.47	72.30	68.09
10	上 海	77.87	57.82	68.94	67.73
11	湖 北	56.91	62.70	62.41	60.86
12	福 建	55.47	59.58	59.29	58.25
13	天 津	63.34	49.21	54.97	55.46
14	广 西	55.71	55.60	46.50	52.45
15	河 北	54.44	45.39	56.37	51.95
16	重 庆	64.57	40.25	51.92	51.63
17	甘 肃	56.36	50.48	48.05	51.39
18	江 西	49.78	42.28	52.87	48.24
19	云 南	59.01	45.90	40.82	48.05
20	湖 南	38.93	48.20	54.78	47.72
21	辽 宁	53.74	43.41	43.49	46.54
22	新 疆	58.80	40.55	34.50	43.91
23	山 西	46.47	32.95	37.63	38.65
24	宁 夏	30.73	54.81	28.58	38.41
25	贵 州	39.75	37.11	38.38	38.35
26	黑龙江	41.80	30.47	30.93	34.03
27	吉 林	42.98	26.59	27.58	31.85
28	内蒙古	42.03	25.27	28.80	31.54
29	海 南	21.70	5.47	19.01	15.08
30	青 海	14.04	6.58	22.50	14.39
31	西 藏	1.15	7.24	16.13	8.53

从各个省内优秀账号来看，江苏省、广东省、山东省各有11个账号入围账号总榜100名，同时江苏省和山东省位列省份竞争力排行前3，可以从中看出省内优秀账号数量与省间

竞争力排名有正相关性。河南省、浙江省虽然省内优秀账号数量并不突出，但得益于其下辖各市活跃账号数量较多，且整体政务微博实力较为均衡，它们的地区竞争力也名列前茅（见图1、图2）。

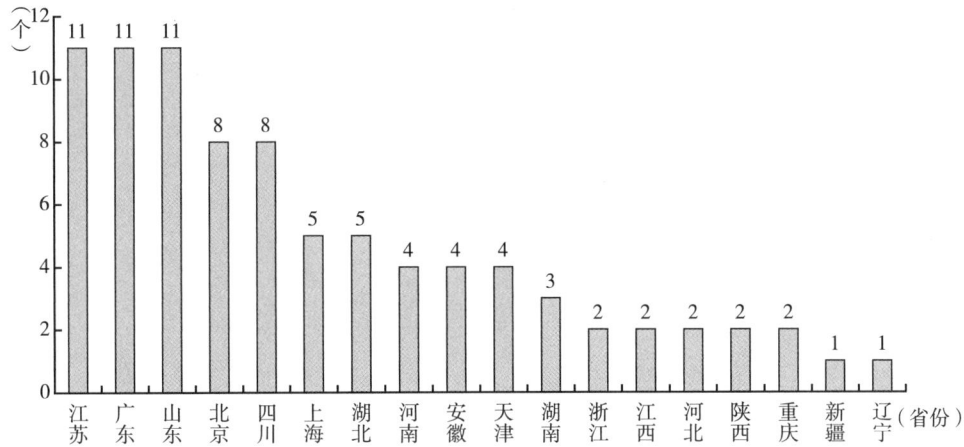

图1　各省份拥有百强账号的数量

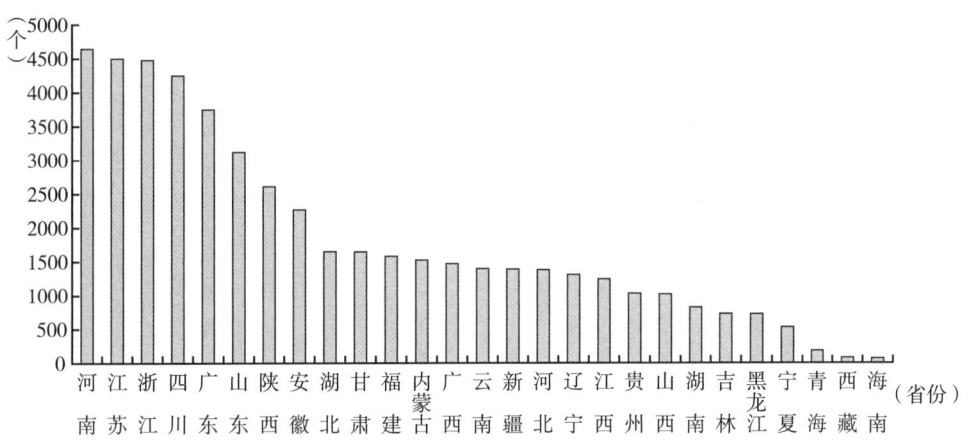

图2　各省份拥有活跃账号的数量

注：平均每月发博数量超过1的账号为活跃账号。

（二）城市政务微博竞争力排行榜

本年度城市政务微博竞争力排行榜的第1名是有"六朝古都"之美誉的南京，而省份政务微博竞争力排行榜的第1名则被江苏收入囊中，可见江苏省新媒体水平较高，获得省份、城市双榜第1。四川省成都市、山东省青岛市、广东省深圳市和陕西省西安市紧随南京之后。城市百强中，山东省的城市最多，高达13个，其次是安徽省12个，江苏省11个，河南省、浙江省各8个，而内蒙古、海南、青海、西藏四个地区无一个城市上榜（见表20）。

表 20　城市政务微博竞争力排行榜

排名	城市	传播力	服务力	互动力	竞争力指数
1	南京	91.85	83.57	94.68	89.94
2	成都	94.21	85.22	86.31	88.30
3	青岛	80.04	79.52	75.95	78.42
4	深圳	80.67	70.97	78.67	76.58
5	西安	76.30	75.86	74.20	75.41
6	广州	81.13	68.18	77.43	75.30
7	郑州	81.17	77.36	66.66	74.76
8	杭州	81.69	71.08	70.65	74.11
9	苏州	83.20	69.99	68.85	73.55
10	潍坊	71.21	82.29	64.00	72.56
11	宁波	81.98	68.69	67.04	72.10
12	武汉	73.53	68.27	71.19	70.87
13	徐州	72.54	75.43	61.33	69.63
14	马鞍山	72.29	68.76	68.11	69.59
15	佛山	76.17	68.59	63.60	69.12
16	南通	76.14	69.40	62.22	68.91
17	陇南	85.16	63.72	59.46	68.66
18	洛阳	74.95	67.10	64.30	68.48
19	泉州	73.03	69.65	62.04	68.00
20	济南	70.08	70.44	63.45	67.89
21	银川	70.08	72.54	58.37	66.84
22	无锡	74.61	54.76	72.21	66.82
23	菏泽	68.05	76.33	54.83	66.32
24	温州	76.02	63.37	60.29	66.09
25	宿州	69.03	68.07	60.27	65.63
26	漯河	72.51	73.65	51.19	65.45
27	嘉兴	71.65	60.89	64.52	65.39
28	南昌	75.03	57.34	65.18	65.39
29	南宁	71.92	61.31	56.94	62.96
30	昆明	80.58	54.24	56.28	62.86
31	宜昌	68.59	59.23	60.10	62.34
32	石家庄	67.02	52.29	67.70	62.10
33	福州	69.11	57.51	59.95	61.84
34	常州	70.47	58.64	56.17	61.32
35	商丘	64.89	62.00	57.35	61.24
36	蚌埠	67.31	68.49	47.97	60.95
37	济宁	67.35	63.05	53.31	60.93
38	兰州	69.08	51.47	62.17	60.50

排名	城市	传播力	服务力	互动力	竞争力指数
39	合肥	64.92	53.65	62.82	60.24
40	威海	68.84	51.29	61.26	60.04
41	临沂	66.03	56.66	56.82	59.53
42	厦门	68.70	51.36	58.88	59.19
43	十堰	64.26	54.25	59.73	59.17
44	长沙	62.01	49.44	64.98	58.65
45	乌鲁木齐	65.16	51.65	59.85	58.57
46	绍兴	67.40	49.58	59.29	58.33
47	沈阳	68.88	49.39	57.10	57.94
48	镇江	63.05	58.67	52.53	57.84
49	湖州	73.96	44.75	56.92	57.77
50	哈尔滨	71.43	45.46	57.82	57.58
51	宿迁	65.13	45.88	62.71	57.55
52	晋中	67.55	53.65	51.07	56.91
53	新乡	67.67	50.79	53.72	56.88
54	台州	68.71	44.96	57.32	56.41
55	宝鸡	64.39	49.21	56.27	56.23
56	榆林	69.73	44.99	55.63	56.14
57	扬州	65.12	47.04	57.01	55.96
58	烟台	65.25	48.77	54.38	55.68
59	日照	62.68	49.35	55.76	55.60
60	安庆	61.66	53.89	52.07	55.58
61	芜湖	65.44	51.24	51.27	55.51
62	贵阳	64.34	49.03	54.42	55.51
63	东莞	68.60	45.75	53.92	55.46
64	伊犁	70.68	44.97	52.67	55.38
65	黄山	63.97	52.57	49.47	54.90
66	盐城	62.41	51.33	51.00	54.54
67	惠州	68.55	44.08	52.66	54.42
68	咸阳	64.70	46.21	53.78	54.41
69	大连	65.08	45.01	53.71	54.08
70	安阳	63.06	50.19	50.14	54.04
71	渭南	62.87	47.29	52.99	53.96
72	金华	66.80	43.30	53.53	53.93
73	宜宾	60.46	49.96	52.29	53.92
74	开封	66.89	52.42	44.19	53.88
75	淄博	65.86	45.59	51.76	53.83
76	德阳	61.92	50.06	50.36	53.72
77	柳州	63.83	46.07	51.60	53.33

续表

排名	城市	传播力	服务力	互动力	竞争力指数
78	保定	65.42	44.16	51.62	53.15
79	六安	61.58	47.87	50.11	52.77
80	太原	65.13	39.33	54.06	52.23
81	湘潭	52.97	50.44	53.07	52.12
82	南阳	65.83	43.89	48.43	52.06
83	南平	62.10	40.14	54.26	51.67
84	德州	64.28	46.02	46.30	51.60
85	滁州	61.15	43.70	49.52	50.97
86	大理	57.14	47.31	48.98	50.84
87	枣庄	58.14	51.11	44.14	50.78
88	宣城	58.35	49.14	45.05	50.47
89	亳州	59.04	43.93	48.88	50.20
90	池州	58.44	49.27	43.90	50.14
91	泰安	57.54	47.23	46.71	50.14
92	南充	58.83	40.58	51.79	49.98
93	长春	62.31	42.03	46.27	49.60
94	鞍山	62.46	38.81	47.74	49.03
95	淮安	62.47	31.85	54.63	49.01
96	新余	57.97	39.34	50.71	48.91
97	江门	63.24	35.67	49.52	48.79
98	绵阳	56.42	41.15	49.88	48.79
99	抚顺	66.94	37.04	44.59	48.65
100	肇庆	60.17	43.90	43.23	48.55

从各个城市优秀账号来看，南京、成都、广州各有 5 个以上的账号入围账号总榜 100 名；从活跃度来看，成都、宁波、南京、陇南、苏州、杭州、郑州等城市则分别有 500 个以上账号保持活跃；成都在全年的表现尤其突出，活跃账号数量达到 2000 个以上。结合优秀度和活跃度可以发现，南京、成都等城市在政务微博上既有深度——推出个别的优秀账号成为明星官方微博，又有广度——在全市范围内各账号保持文章的定期更新（见图 3、图 4）。

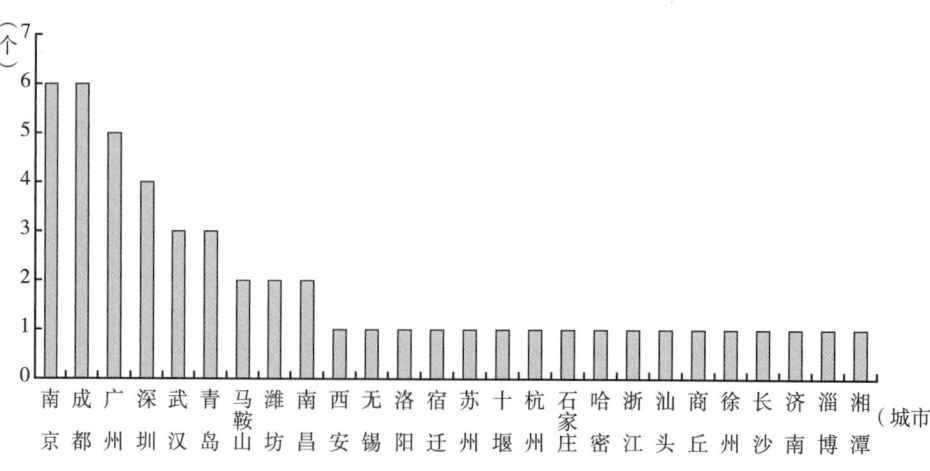

图 3　各城市拥有百强账号的数量

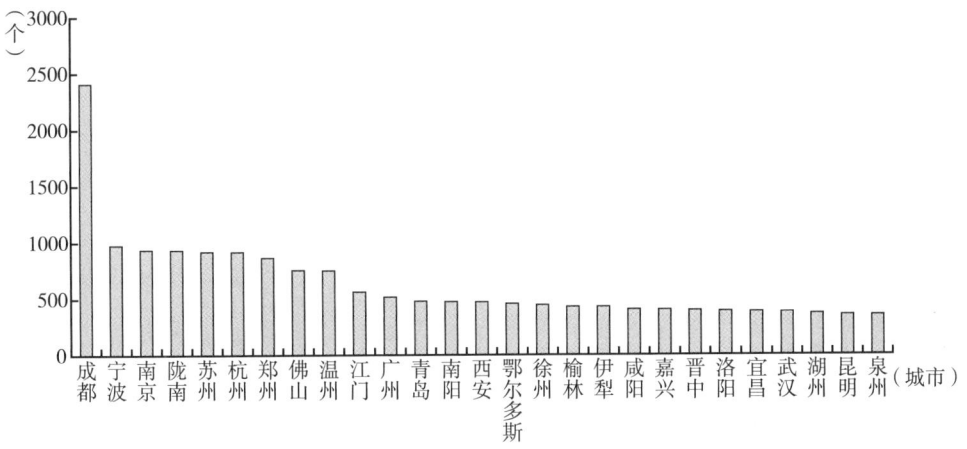

图4　各城市拥有活跃账号的数量

注：平均每月发博数量超过1的账号为活跃账号。

三　政务微博人文地图

截至2015年12月31日，微博平台认证的政务微博达到152390个，较2014年底增加22287个，其中政务机构官方微博114706个，公务人员微博37684个。

（一）地域分布

截至2015年底，全国34个省级行政区划的党政机构微博和公职人员微博分布情况分别如下：广东省政务微博总量位居全国首位，达到12240个；河南省政务微博总量位居次席，有11761个；江苏省政务微博数量为11220个，位列第三。政务微博总量排行前十的省份中，广东省、河南省、江苏省政务微博过万个，北京、四川、浙江、山东、陕西、湖北、上海7个省份政务微博总数超5000个。西藏、青海两省政务微博总数与2014年相比，数量变化不大，仍然位列倒数第一、第二，政务微博均未超过500个，还有较大的发展空间（见图5）。

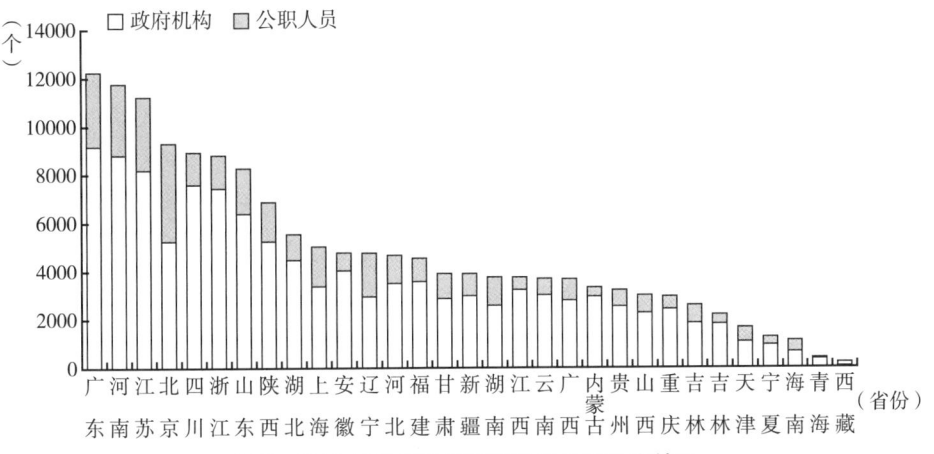

图5　2015年政务微博开设数量地域分布情况

在我国114706个政务机构微博地域分布方面，广东省以9163个政务微博高居第1，排行第2~5的省份为河南、江苏、四川、浙江，排行前五的省份在开博总量上均超过6000个。山东、北京、陕西、湖北、安徽五地开博总量与2014年相比，小幅增长，超过4000个，分列第6~10位。政务机构开博总量倒数第1至第5分别是西藏、青海、海南、宁夏、天津，它们开博总量均未达到千位数，仍具有较大的发展潜力（见图6）。

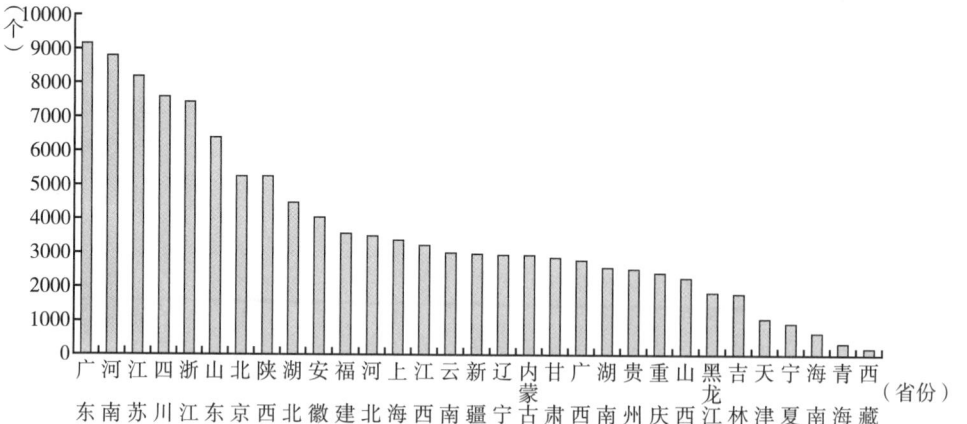

图6　2015年政务机构微博开设数量地域分布情况

在我国37684个公务人员微博地域分布方面，北京市以4044个政务微博高居第1，广东省以3077个政务微博位列第2，江苏省以3036个政务微博居于第3。西藏、青海、宁夏则位列公务人员开博总量倒数前3（见图7）。

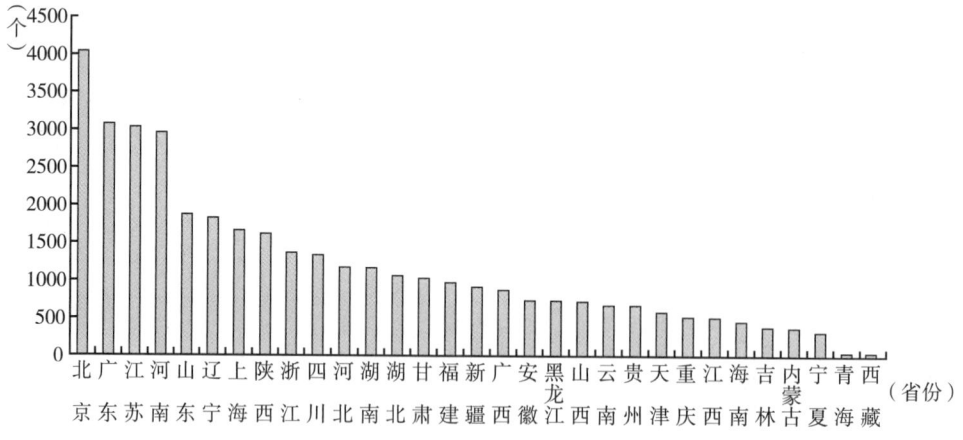

图7　2015年公务人员微博开设数量地域分布情况

（二）行政级别分布

截至2015年底，我国省部级及以上的政务微博数量达到201个，约占全国政务微博总量的0.13%，其中政务机构微博144个，公务人员微博57个。

我国厅局级的政务微博总量达到2811，约占全国政务微博总量的1.85%，其中政务机构微博2282个，公务人员微博529个。我国县处级的政务微博总数发展到13661个，约占全国政务微博总量的9%。

经过多年发展，我国基层政务微博依旧是"生力军"，县处级以下微博总量达到135717个，约占全国政务微博总量的89.1%。其中，政务机构微博100701个，与2014年相比增幅显著；公务人员微博35016个。这充分说明，基层政务微博是支撑全国政务微博发展的基石，是政务微博生态良性发展的重要组成部分（见图8）。

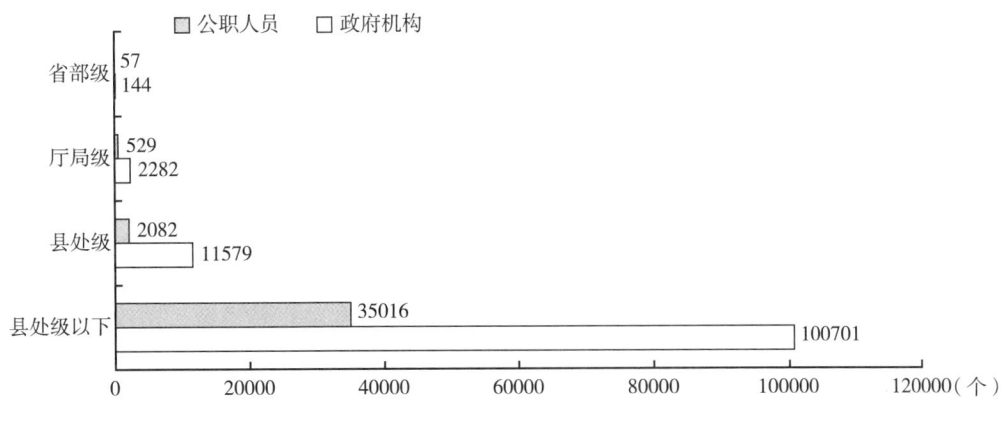

图8　政务微博开设数量行政级别分布

在政务机构微博TOP10%账号中，行政级别分布呈现金字塔形，与总体政务账号行政级别分布没有太大出入，但县处级以下的账号比例有了较大幅度的缩减（见图9）。

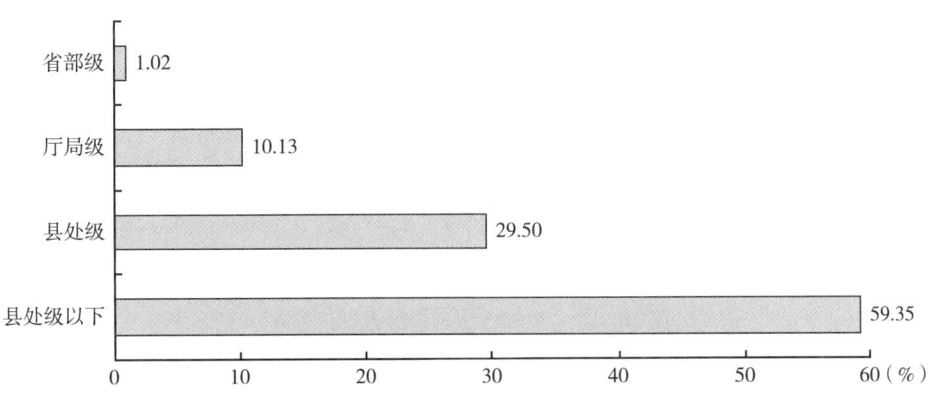

图9　政务机构微博TOP10%账号开设数量行政级别分布

政务机构微博TOP10%中，各级机构发博数量相差不大，省部级机构平均每天发布8.68条微博，位居第1；其次是县处级以下机构，一天发布8.17条微博；厅局级以每天7.56条微博屈居第3；县处级排在第4。

阅读数和可信用户转评赞方面，省部级机构都以显著的优势高居第1。同时，阅读数和转评赞数量与行政级别存在一定的关系，级别越高，两者数据越大。

主动评论和私信方面，厅局级机构表现优异，重视与民众、其他机构之间的互动（见表21）。

表21 政务机构微博TOP10%账号相关指标数据

机构	平均发博数（条）	阅读数/发博数（次）	转评赞/发博数（次）	主动评论数（次）	平均私信数（次）
省部级	8.68	15737.68	19.52	1.00	0.47
厅局级	7.56	5543.01	6.38	1.77	9.80
县处级	6.07	1917.32	2.98	0.97	1.58
县处级以下	8.17	342.08	0.55	1.18	1.13

（三）部门分布

人民网舆情监测室对全国114706个政务机构官方微博的部门分布进行分析发现，党政宣传系统微博数量高居第1，团委系统微博紧随其后，公安系统微博位列第3，以上三个系统的政务微博总量均已过万个，司法系统微博数量达到9592个，它们成为政务微博中的"第一梯队"。政务微博开博总量排行前十的部门分布是：党政宣传系统、团委、公安、司法、医疗卫生、旅游机构、工商税务、交通系统、市政系统、招商系统微博，整体顺序与2014年相比没有变化（见图10）。

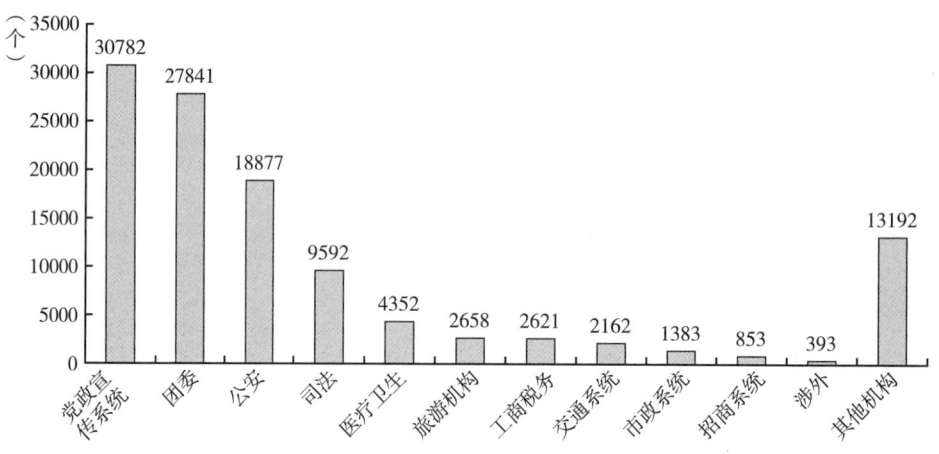

图10 政务机构微博开设数量部门分布

在政务机构微博TOP10%账号中，公安系统数量高居第一，党政宣传系统紧随其后，两者占据1/2，带领政务机构微博往优质方向发展（见图11）。

政务机构微博TOP10中，司法系统发博量最高，平均一个账号一天发博9.37条；党政宣传系统、环保系统和交通系统紧随其后。

阅读数方面，旅游系统微博和气象系统微博的相对覆盖面积较广，平均一条微博的阅读数均超过3000次；交通系统、教育系统、公安系统和党政宣传系统表现亦不容小觑。

可信用户转评赞方面，旅游系统平均一条微博的转发评论点赞数量可达到5.34次，与其他部门相比遥遥领先。

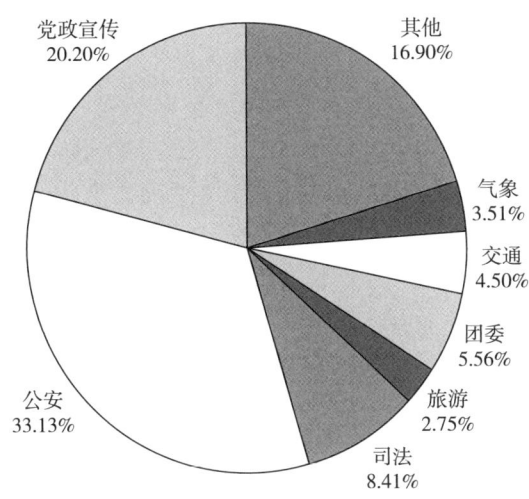

图 11　政务机构微博 TOP10 账号开设数量部门分布

主动评论方面，各大部门之间差距不大。司法系统相对较好，平均一个账号一天回复 1.69 条微博。

私信方面，交通系统异军突起，平均一个账号一天发出 12.31 条私信，令其他部门望尘莫及（见表 22）。

表 22　政务机构微博 TOP10 账号相关指标数据

机构	平均发博数（条）	阅读数/发博数（次）	转评赞/发博数（次）	主动评论数（次）	平均私信数（次）
党政宣传系统	8.99	1418.75	1.84	0.96	0.26
公安	6.95	1691.97	2.55	1.13	2.48
司法	9.37	526.65	0.65	1.69	4.54
旅游	4.28	3416.80	5.34	0.96	0.44
团委	6.62	944.58	2.67	1.31	0.38
交通	8.50	1888.20	1.80	1.02	12.31
气象	4.98	3377.99	2.76	0.90	0.11
环保	8.71	698.86	0.79	1.59	0.31
医疗卫生	7.55	512.55	0.70	0.76	0.31
教育	5.75	1752.31	2.50	0.66	0.72

四　2015年度政务微博矩阵案例

（一）举国同庆各显神通——"9·3"阅兵中的官方微博表现

1. 事件概况

2015 年是世界反法西斯战争胜利 70 周年，也是中国人民抗日战争胜利 70 周年。9 月 3 日上午，纪念中国人民抗日战争暨世界反法西斯战争胜利 70 周年大会在北京天安门广场隆重举行，以盛大阅兵仪式，同世界人民一道纪念这个伟大的日子，中共中央总书记、国家主席、中央军委主席习近平发表重要讲话并检阅部队。

2. 政务微博应对矩阵分析

铭记历史，缅怀先烈，珍爱和平，开创未来，在这个举国同庆的日子里，各大政务微博各显神通，于不同时间、从各种角度、在多个方面对此重大事件进行了发布。

（1）中央矩阵致敬老兵弘扬正能量

@公安部打四黑除四害：《此刻，你愿意转发微博致敬老兵吗？》网友："知道为什么今年反法西斯70周年要搞得这么隆重吗，因为可能下一个十周年就没有抗战老兵了……看到这句话突然不想开玩笑了。"转，一起向老兵致敬！

@最高人民法院：《纪念中国人民抗日战争暨世界反法西斯战争胜利70周年大会在京隆重举行》昨天上午，纪念中国人民抗日战争暨世界反法西斯战争胜利70周年大会在北京天安门广场隆重举行，以盛大阅兵仪式，同世界人民一道纪念这个伟大的日子。中共中央总书记、国家主席、中央军委主席习近平发表重要讲话并检阅受阅部队。

@共青团中央："中国，我爱你"当国旗升起，当礼炮鸣响，你我或许不在现场，未着军装，但那颗为祖国祝福的心，都在接受共同的检阅。"指尖护卫大阅兵"，无论你在哪里，这一刻，我们一起，为阅兵喝彩，为中国点赞。

（2）地方微博以小见大为阅兵喝彩

@平安湖州：在大阅兵这样历史性的时刻，湖州有三位来自警察蜀黍，受邀到达观礼现场。其中，全国公安一级英模、湖州市月河派出所副所长王法金，全国公安二级英模、湖州市龙溪派出所民警马长林是受邀观礼，湖州市公安局刑侦支队警犬基地民警盛建和他的功勋犬则是参加阅兵式的安保工作。

@江宁发布：《纪念抗战胜利70周年》《七旬老人唱红歌讲述抗战记忆》"大刀向鬼子们的头上砍去！全国爱国的同胞们！抗战的一天来到了……"一曲《大刀进行曲》拉开了一场特别的红歌演奏会。日前，秣陵街道几十名抗战胜利前后出生的老人齐聚一堂，用歌声和音乐讲述自己的抗战记忆。

@中国广州发布：《加油，中国！》明早9点，抗战胜利70周年大阅兵，将在天安门广场举行。这是国人的荣耀，也是全世界爱好和平者的纪念。当国旗升起，当礼炮鸣响，你我或许不在现场，未着军装，但那颗为祖国祝福的心，都在接受共同的检阅。"指尖护卫大阅兵"，无论你在哪里，这一刻，我们一起，为阅兵喝彩，为中国点赞！

（3）评价

回想2009年的国庆阅兵，彼时微博还处于成长期，许多身临现场的普通网友开始借助新兴的智能手机来记录阅兵盛况，社交平台开始成为用户在传统媒体之外获取信息的一种补充形式，但大多数网友的信息来源仍是传统媒体和网站。整个媒体环境在经历6年的发展后，主流社交平台用户数经历了一轮暴涨，微博、微信等社交平台迅速崛起为举足轻重的信息传播阵地，同时众多新涌现的社交平台在垂直领域吸引了数量可观的用户。许多传统媒体开始主动吸纳拥抱这股新力量，积极参与到新社交平台内容的传播和建构中。

智能手机解决了拍摄工具问题，近年来网络通信资费的降低解决了分享成本问题，拍摄短视频对于普通用户的门槛极大地降低了。与全程直播的长视频不同，秒拍的短视频产品时间简短、消耗的流量低、信息密度高，非常适合对阅兵中的精彩片段进行碎片化和精细化传播。观察微博的热搜榜可以发现，今年以来，视频内容的比例明显上升。如"@爱上成都"发布的震撼视频——《1984 年有一个四川人在天安门用四川话检阅三军》。通过短视频新闻这种形式，信息传播则更为直观，能让重要新闻的报道更加严谨。

（二）突发事件实情速递——天津市滨海新区爆炸事故中的官方微博反应

1. 事件概况

2015 年 8 月 12 日 23：30 左右，位于天津滨海新区塘沽开发区的天津东疆保税港区瑞海国际物流有限公司所属危险品仓库发生爆炸。国家主席习近平和国务院总理李克强均立即做出重要指示，要求尽快控制消除火情，全力救治伤员，确保人民生命财产安全，切实把各项安全生产措施落到实处。截至 2015 年 9 月 11 日下午 3 点，天津滨海新区爆炸事故共发现遇难者总人数升至 165 人，仍有 8 人失联。

2. 政务微博应对矩阵分析

天津港"8·12"爆炸事件的发生，在社会上引起不小的轰动。政务微博集中发力，积极关注事态发展，及时准确发布信息，做出警方安全提示，宣传英雄动人故事。与此同时，多家政务微博坚守网络舆论的阵地，坚决阻止谣言的滋生蔓延。

（1）时时关注快速发布

爆炸发生后，"@中国地震台网速报"尽管尚未了解发生了何事，但是仍快速编发了网友对震感的反馈，侧面证实了爆炸的真实性。"@天津消防"在事故发生后的 3 小时之内，对该事故原因进行初步核实，并发布情况通报。"@中国消防"和"@中国政府网"也马上通报了情况。

（2）把握舆论环境传播正能量

"@天津日报"根据"@津城献血"的消息，发文感谢一位名叫杨凯的献血志愿者，并称赞道："这就是我们身边的英雄！"同时发布微博号召全体市民积极配合抢险救灾现场和政府相关部门工作，做好交通、献血、志愿服务、医疗等多个方面的工作。

（3）随时随地发布信息提出警示抵制谣言

交通方面，"@天津轨道交通"发布津滨轻轨 9 号线将于 2015 年 8 月 13 日停止运营的信息，并对因此受影响的乘客表示歉意。服务方面，"@天津气象"公布天津滨海新区爆炸事故现场具体天气预报。面对网络中的不实信息，而"@平安天津"果断予以辟谣，指出一自称父亲在天津港"8·12"爆炸事故中死亡的消息为不实，警方已立案侦查。

（4）保持亲民作风坚持严谨态度

截至 8 月 16 日，"@天津港公安局跃进路派出所"仅仅发布了 2 条微博，平时很活跃的它在事发之后久久未更新，而且，"@天津市公安局跃进路"派出所距离爆炸点仅有 234 米，网友们担心起来纷纷隔空喊话让其更新。"@天津市公安局跃进路派出所"终于发出办公室被炸毁后的第一条微博："'在'的能还在吗？'不在'的不能不存在。"以此回应网友关心。据统计，截至 16 日 34 时该微博的转评量接近 9 万条。这也反映出在新媒体时代，人们对政务新媒体的关注成为一种习惯。

3. 综合评价

天津港"8·12"爆炸事件后，社会舆论一片哗然，正负两方面的信息强势来袭。想要人民群众得到正确的信息，想要负面谣言不攻自破，第一时间权威发布实情，无疑是重中之重，这方面政务微博有着义不容辞的责任。

"@天津消防""@中国地震台网速报""@中国消防""@中国政府网"在这次事件中表现得尤为突出。"@天津消防"在事故发生后的3小时之内，对该事故原因进行初步核实，并发布情况通报，是反应最快的政务账号。

从2015年8月12日23点50分开始，"@天津发布"被网友刷屏，希望证实并了解塘沽爆炸详情，"@天津发布"获悉网友情况后，没有及时发布信息，反而等待相关部门情况处理情况，尽管态度负责，但跟"@中国地震台网速报"等官方微博相比，却稍显反应不足。微博作为政府的亲民窗口，需及时回应群众需求，不仅在于是否专业，更在于是否关心。

（三）密集发布扭转形象——旅游负面舆情的官方微博应对

1. 事件概况

2015年10月4日，南京的朱先生和四川的肖先生在青岛一家名为善德烧烤用餐时，各自点了一份虾，点餐时菜单上标价38元，结账时，店老板却按每只虾38元的价格收费，经过多方协商后，最后两人分别给了烧烤店老板2000元和800元的餐费后离开。事后，青岛市及市北区两级物价部门在检查发现，该烧烤店提供的菜品虽已明码标价，但是极不规范，涉嫌误导消费者。鉴于此，将根据《价格法》有关规定，责令其退还非法所得，并按照涉嫌价格欺诈、违反明码标价及侵害消费者权益的规定，依法进行立案查处。

2. 政务微博应对矩阵分析

（1）首发应对不当引来此生舆情

10月5日，有网友微博爆料，自己在青岛市一烧烤店吃饭时遇到宰客，原来38元/份大虾在结账时变成38元/只。10月5日9时45分，"@青岛交通广播FM897"在第一时间进行了曝光。"@青岛市旅游局官方微博"也进行了及时应对，但网友并不买账。10月7日，"@青岛市旅游局官方微博"一条以"吃在青岛"为主题的图文美食微博被官方微博、大V和网友转载调侃。截至10月8日17时，该微博转评量超过2万次。

（2）受到媒体关注青岛旅游矩阵集体回应

"@财经网""@法制晚报"相继转载"@青岛交通广播FM897"微博，一时间"天价大虾"引网友热议。事后，青岛市政务微博密集发声，10月6日，"@青岛市北发布""@青岛物价""@青岛公安""@青岛发布""@青岛工商"在双微中进行回应。

（3）线上线下出台措施扭转负面形象

10月7日，"@青岛发布"在官方微博中发布由青岛市旅游局、青岛市工商行政管理局、青岛市物价局和青岛市公安局的《关于进一步治理规范旅游市场秩序的通告》，以此进行回应。同日，"@青岛发布"又发布了《关于维护消费者合法权益的声明》，称青岛市旅游局、工商局、物价局、公安局等将联合在全市范围内开展拉网式市场秩序大检查、大整顿。

3. 综合评价

从该事件的舆情特征上来看，每逢"五一""十一"以及春节等旅游黄金周，与旅游城市以及景点相关的舆情便会频频发生成为特定时间的"舆情类型化"事件。只是此次青岛事件的发生恰逢移动互联网发展兴盛之际，加之互联网文化独特的"消解式"表达，"宰客"事件成为网友消解的对象，各种娱乐化表达聚拢了舆论。

近年来，因投诉无门把人逼上微博，再回头让微博倒逼着将事件严肃处理，这样的场景在不少热点事件中都有上演。对于青岛大虾事件，"@青岛交通广播FM897"在第一时间进行了曝光，"@青岛市北发布""@青岛物价""@青岛公安""@青岛发布""@青岛工商"紧随其后，"@财经网""@法制晚报"积极响应，"@青岛发布"进一步助推，传递了人民大众的声音。事件发生后，青岛市北区物价局市场监督管理局和旅游局等部门，对涉事烧烤店下达了罚款9万元，责令停业整顿并吊销营业执照的行政处罚告知。

（四）危及时刻心系群众——重大极端天气搭建微博矩阵

1. 事件概况

气象类微博的影响力受天气变化的影响较大，在出现极端天气时，其网民关注度往往会出现小高峰。与此同时，气象信息的发布往往也能引发其他政务微博矩阵的联动。7月，"莲花""灿鸿"双台风齐齐来袭，分别登陆我国广东、浙江等沿海地区，多地政务微博、微信纷纷发布预警和灾害信息，气象、公安、宣传各个系统微博联动，帮助群众防抗台风。

2. 政务微博应对矩阵分析

在强台风"莲花""灿鸿"来袭之际，广东、浙江、上海等受台风影响的地区涌现出了大量直击抗台第一线，为群众提供气象、道路、出行等信息服务的优秀基层政务微博。气象、公安、宣传各个系统微博相互联动，发布预警和灾害信息，帮助群众防抗台风。据统计，在当期政务指数百强周榜中，台风波及地区的账号就占到1/3以上，其中仅广东省内气象系统微博就有7个："@广东天气""@广州天气""@深圳天气""@汕头天气""@汕尾天气""@惠州发布""@潮州天气""@揭阳天气"。凭借在灾害中的优异表现，这些账号的名次都得到了显著提升。

（1）沿海各地政务微博及时通报，稳定民心

@拱墅发布："剪！路树'瘦身'防伤人"台风来袭，大关街道防风防台应急预案从前日就开始启动，不定时广播提醒居民，还安排专人巡逻检查，排除一切安全隐患。今天上午巡查中发现小区边有两棵大树存在安全隐患，联合绿化公司，对小区主干道路上的大树进行修枝，确保台风来袭时不会出现掉落树枝伤人的事件。

@象山民政："台风预警"大家在台风期间不要外出，注意自身安全，并做好防御措施：加固或者拆除易被风吹动的建筑物，人员应该待在防风安全的地方，当台风中心经过时风力会减小或者静止一段时间，切记强风将会突然吹袭，应当继续留在安全处避风；相应地区应当注意防范强降水可能引发的山洪、地质灾害。

（2）相关部门通过微博即时获悉、安全处置，回馈群众

@平安临安："抗击台风我们在行动"横畈派出所民警在巡查过程中发现在大王岭往横畈的路上有大树被刮倒。民警随即设卡引导，并联系路政部门。凌晨1点多，民警与交警、路政部门工作人员一起将倒伏的大树清理出路面，排除道路交通安全隐患。

@南京鼓楼城管："城管动态"7月11日下午，区城管阅江楼执法中队在巡查中发现，黄土山路边有一个大树根部已经被蛀空，因台风过境，可能会造成大树倒伏，存在安全隐患，现场巡查人员检查后立即联系市政养护平台。

（3）各地政务微博充分发挥信息服务和安全预警功能，确保群众在台风期间的生活质量

@乐游上海："崇明三岛轮渡全部停航，长江大桥限速40公里/小时""防汛防台"希望往返崇明的筒子注意，@上海崇明发布，受台风"灿鸿"影响，目前崇明三岛轮渡全部停航，长江大桥限速40公里/小时，申崇线仍在运营。今天，崇明所有景区（点）闭园。

@宁波客管："迎战台风'灿鸿'"鄞州公交部分线路恢复。截至7月11日17时，鄞州区共196条公交线路，已恢复运营11条（121、130支线、176、177、281、282、622、628、637、908、291），其余公交线路暂停运营。

@上海海事发布："疏港进行时"今晨上海中心气象台解除台风预警信号，上海港水域风力明显减小，上海海事局降低防台应急响应至Ⅳ级。目前，辖区共停靠船舶2764多艘，正全力组织疏港。为确保安全、有序、高效完成疏港任务，请各船舶保持高频有效守听，配合辖区内交管中心及现场巡逻艇的交通组织和现场疏导，少安毋躁喔！

（4）妥善处置遇险群众，保证灾民安全，并运用微博寻找失踪人口、进行助农工作

@平安龙湾："抗击特强台风浙江警方在行动""抗台下的众生相"灿鸿即将来临，昨晚，龙湾各救灾安置点老百姓怡然自得，大家玩手机、搓麻将、看电影、睡大觉，形态各异。然这一切的背后，是一批可爱警察蜀黍的默默付出！@平安龙湾民警忙转移、忙宣传、忙抓人、忙守卫，台风没来就忙成这样，要是来了，会成超人吗？

@台州公安："抗击特强台风浙江警方在行动"台风肆虐，风雨交加，突接报警：在温岭大溪殿下村部前面200米左右，一个八岁的男孩走失，男孩身着红色上衣与牛仔短裤。蜀黍立即出动，冒雨搜索，终于找回走失男童。台风天，可要看管好你家的熊孩子啊！万一被风刮跑了就不好了！

3. 综合点评

面对"灿鸿"来袭，沿海各地政务微博之所以能够形成微博矩阵，实时发布各类信息，其核心理念是，一切从群众需求出发。尽管政务微博日常较多发布各类通知和政务宣传信息，但由于互动性、及时性、广泛性等特点，正在被越来越多地应用于服务群众生活方面。而针对此次台风的政务微博实时发布，既能够有效发布信息，保证群众生命、财产安全，又能够突出政府工作重点，塑造政府公信力，同时让人民在危急时刻吃下一颗定心丸。

五　政务微博发展趋势及建议

（一）政务微博构成渐趋合理　公职人员潜力巨大

2015年，"@国家发改委""@国防部发布""@文化部"等中央部委相继开通微博，使得微博平台上的政务矩阵布局逐步实现各部委、全系统覆盖，大大提升了微博舆论场中权威理性声音的占比。

政务微博整体上影响力不断扩展，但从区域和行政级别来看，政务微博发展仍不均衡。就区域而言，沿海发达地区人口稠密、网民绝对数量庞大加上较为先进的运营模式与较大的资源投入，优秀政务微博数量明显多于中西部地区；就行政层级而言，中央部委以及省级层面的政务微博辐射力、影响力高于基层微博几个数量级，如"@公安部打四黑除四害""@平安北京""@上海发布""@中国地震台网速报"等作为整个政务微博的"排头兵"，多

年以稳定、均衡、高效的表现受到广泛认可，其良好的运营状况为其他政务微博起到了示范作用。

值得一提的是，虽然政务微博已实现机构政务微博全面开花，却呈现出机构微博与官员微博严重失衡的问题。目前，各级公职人员开博数量仅为 37684 个，相比于我国庞大的公务员基数，显然还有较大的拓展空间。此外，开博官员行政级别普遍不高，更多、更高层级的公务员开设微博，直面网络问政，应该成为未来的发展方向。

（二）政务微博制度化建设成标配　网络化表达受欢迎

政务微博的信息生产、传播方式较以往的政府信息发布有天壤之别，这对主管领导和运营人员提出了更高要求，专业微博人员做专业运营事宜已成政府内部共识，政务微博制度化运营已成各级政府标配。

从 2015 年政务微博运营的整体现状来看，为数不少的政务微博建立了较为规范的运营机制以及舆情回应流程，有效规避了经验不足等原因造成的衍生舆情。政务微信、客户端等还在创新阵痛期，政务微博已转入常态运营期。政务微博与"@人民日报""@央视新闻""@新华视点"等主流媒体微博也已实现联动协作，组成了当下网络舆论场最为强势的"舆论集团"，在澎湃的舆情声浪中掌握着主动权。

政务微博诞生于新媒体土壤，先天基因要求政务微博放下身段，以通俗的方式传达比较正式、官方、专业的信息，传递出"自然人"的人情味。政务微博作为政府的"传声筒"，需要在发布政务信息及应对突发事件中做好新闻发布、针对民众切身利益问题释疑解惑、树立敢担当的公权力形象，但这并不意味着一定要扮一个身穿长袍马褂的严肃管家形象，"现代社会中，政务微博有时也不妨着'休闲装'，与网友唠唠家常，给人一个知冷知热的大哥大姐形象，毕竟，建设一个与民亲善的服务型政府，也是我们的目标"。

随着政务微博运营的成熟，"拟人化"风格更加符合网络话语体系。首先，政府在新媒体业务上的发展更加细化，越来越多的政府部门设置了专门的新媒体运营人员，他们大多是年轻的、熟悉网络语言的 80 后 90 后，为官方微博的文字、配图、议程设置等注入了更多新生代色彩。其次，网络流行表达的渗透性，特定的网络流行语往往已经具有符号化的含义，利用它们在表达上可以起到"搭便车"的效果，使政务官方微博的发声能被网民更好地理解、接受。

（三）政务微博搭建服务矩阵　推进社会治理创新

"十三五"时期，中国将大力实施网络强国战略、国家大数据战略、"互联网＋"行动计划，让互联网发展成果惠及 13 亿多中国人民，而通过互联网平台建立信息化政民互动沟通机制，已成为让民众分享互联网红利、构建服务型政府的重要途径。政务微博的发展，拓展了政民沟通互动交流对话的渠道，各城市纷纷通过搭建网络问政平台，了解社情民意，促进民生问题解决。

通过"互联网＋政务"的方式构建服务型政府，多部门联动才能更为有效。银川市以"@问政银川"账号为核心，将各级各类 514 个账号组成了有机的服务矩阵，通过建立相应管理考核制度，促进部门沟通与协同服务，理顺了管理体系，使各类问题得以尽快交办处理，以达到优化政务服务，打造智慧城市的目的。群众只要登录一个公共平台，就可以向各个部门直接表达诉求、提出问题和意见。正是凭借"微博矩阵＋集群管理＋绩效考核"的高效机制，"@问政银川"才有底气向网民郑重承诺，对网友"@"的问题在工作时间1小时内、节假日休息时间8小时内，有呼必应。2015年1月至10月，经"@问政银川"转办事项总计27576件，办结26430件，办结率95.8%，极大地减少了信访总量。

微博服务矩阵的搭建，能够提高政府行政效率，增加政务的透明度与公正性，矩阵之下，各职能政务微博分工合作、城市组织动员、社会协同参与，才能构建社会治理格局。政务微博深入参与社会治理，能够为政治经济的运行和社会的创新管理提供有效的方法手段，这是转变政府职能的切实选择，也是推进国家治理智能化、精细化、高效化的重要途径。

（四）政务微博打通民生数据通道 让服务智慧化

随着网络与政务结合的深化，网民对政务部门新媒体平台的服务能力的要求也越来越"苛刻"，日常的政务信息发布与碎片化政务互动服务越来越难以满足公众日趋庞大的个性化需求，优秀政务账号要更加注重提升自身为老百姓解决实事的能力，而在穿戴设备使用愈发普及的当下，政府应着力于借助微博平台提供全天候、全方位服务。

在互联网新技术的强大聚合作用与网民个性化、移动化定制服务的双重驱动下，长期"条块分割，各自为战"分散在各个政府部门的海量数据，有了逐步实现数据协同共享和规模效用的契机，通过搭建起一体化电子政务新数据库（如包含个人户籍、教育、就业、医疗等领域的人口信息库，包括地理路况信息、天气信息的空间地理信息库等），有效克服政务部门之间的"信息孤岛"以及各政务部门与公众个体多元化需求的"服务孤岛"，从而使政府服务更具针对性，更加智能化。

政务微博为"智能服务"的开展提供了良好的载体。目前，北京、上海、广州、深圳、杭州、武汉、成都等地的许多政务微博已相继开通完善服务专题页面，开始提供线上便民服务，包括在线咨询、服务预约和业务办理等职能，积极探索政务服务的新途径。如"@成都高新"在2015年初开通了地震预警信息发布功能；"@上海发布"推出的"粉丝服务菜单"可实现"公交实时到站""电子监控违法""出入境办证""个税查询""结婚登记预约"等十多项在线服务功能；"@广东发布"在今年开通了粉丝服务平台，为粉丝们提供方便的网上办事平台，实现新闻的精细化推送；"@平安武汉"的微博警务地图可以为微博粉丝提供自助报警服务，查询距离网民最近的警务服务站、派出所、政务中心的地址、服务电话和路线图；"@交通北京"在微博、支付宝双平台开通十类"城市服务"功能，实现"一站式"查询。

移动互联网方兴未艾，政务微博未来走向智慧化服务的前景可期，通过与地图、支付等互联网第三方应用平台相结合，政务微博将不断增强在线服务功能，为市民提供全方位、随时随地的"掌上政府服务"。

（五）基层政务微博崛起 改良公共治理神经末梢

在"@公安部打四黑除四害""@平安北京""@上海发布"等省部和厅局级微博积累起数百万乃至上千万的粉丝，在公共议题中掌握话语权权之时，一批基层政务微博也逐渐崛起，展示着基层干部的新形象。据统计，县处级以下微博总量135717个，约占全国政务微博总量的89.1%，其中，政务机构微博100701个，与前一年相比增幅显著。

市区微博、乡镇微博乃至街道微博以其特有的方式，在微博舆论场中占据一席之地。或凭借亲民的话语风格深受网友喜爱，如"@江宁公安在线""@十堰市公安局东岳分局"通过机智的"段子"积极引导舆论化解谣言；或深耕基层服务，据统计，在2015年政务微博影响力榜服务力指数最高的十个账号中，县处级以下的基层政务微博就占据五席，基层微博往往能够在网络问政过程中放下"架子"，与网民亲切平等沟通，成为政府与民众之间的"连心桥"，同时一些基层助农微博搭建渠道，让本地产品"走出去"，让实用农牧信息"走进来"；或在突发事件中一跃而起，构建矩阵密集发声，如在抵御台风等救灾场合，广东、浙江、上海等地涌现出大量优秀基层微博，为群众提供气象、道路、出行等信息服务。

不得不承认，在部分基层政务微博逐渐摸索出自身的发展模式的同时，基层政务微博的"空壳化"现象仍然普遍：日常维护乏力，与网友互动贫乏，粉丝活跃度下降。更彰显目前活跃在微博平台的基层政务微博的价值，它们是党和政府声音、主流价值观在基层辛勤耕耘的"播种机"。如何以点带面，让数量可观的基层政务微博群体得到充分激活，将成为塑造未来政务新媒体发展格局的重要机枢。

（六）凝聚网络正能量　推动良性生态舆论建设

网络空间治理的好坏对现实社会有一定的影响，政务微博要有意识地、主动地采集粉丝的意见，想网民所想、急网民所急，共同滋养网络空间、修复网络生态，着力推动形成最大的网络共识。

针对"东方之星长江沉船事故""6月股市暴跌""天津港"8·12"特大爆炸事故""纪念中国人民抗日战争暨世界反法西斯战争胜利70周年大阅兵"等2015年重大公共话题事件进行分析，微博平台仍呈现出强势的舆论场集聚效应，与此同时，微博平台上的舆论自净、自律趋势更加明显，呈现出一种良性的生态化发展趋势，此趋势将有利于微博平台的健康、稳定、长远发展，微博平台的正能量扩展必然会反哺现实社会，从而促使全社会舆论生态得以极大改善。

习近平总书记曾明确提出："做好舆论引导工作，一定要把握好时、度、效。""宣传思想工作创新，重点要抓好理念创新、手段创新、基层工作创新。"网上舆论引导须讲究说服力、感染力。摆事实，讲道理，用事实说话，倡导平等交流对话，通过讨论和辩论，用真理消除谬误。因此，进一步提升网评的专业门槛，与网友知识同构、情感共振，展示科学理性的内在逻辑力量就显得尤为重要。政务微博在组织和引导年轻人在网上理性发声的同时也应鼓励他们在现实生活中帮助弱势群体，发展互联网公益，树立青年敬业爱国和万众创新的典型。

附录：各省、自治区、直辖市政务微博影响力

1. 江苏政务指数微博影响力榜

（1）江苏政务微博城市竞争力指数

排名	地区	传播力	服务力	互动力	竞争力指数
1	南　京	91.85	83.57	94.68	89.94
2	苏　州	83.20	69.99	68.85	73.55
3	徐　州	72.54	75.43	61.33	69.63
4	南　通	76.14	69.40	62.22	68.91

续表

排名	地区	传播力	服务力	互动力	竞争力指数
5	无 锡	74.61	54.76	72.21	66.82
6	常 州	70.47	58.64	56.17	61.32
7	镇 江	63.05	58.67	52.53	57.84
8	宿 迁	65.13	45.88	62.71	57.55
9	扬 州	65.12	47.04	57.01	55.96
10	盐 城	62.41	51.33	51.00	54.54
11	淮 安	62.47	31.85	54.63	49.01
12	泰 州	61.43	37.00	47.90	48.14
13	连云港	55.76	30.32	45.58	43.29

（2）江苏十大政务机构微博

排名	微博	认证信息	传播力	服务力	互动力	总分
1	江宁公安在线	南京市公安局江宁分局	100.00	57.06	100.00	91.41
2	南京发布	南京市委宣传部新闻发布官方微博	89.58	75.30	81.63	83.54
3	无锡发布	无锡市人民政府新闻办公室官方微博	83.68	79.29	75.15	79.39
4	南京地铁	南京地铁集团有限公司官方微博	80.82	87.45	66.64	76.47
5	宿迁之声	宿迁市人民政府官方微博	76.57	86.93	65.47	74.20
6	南京交警	南京市公安局交通管理局官方微博	81.44	79.25	64.28	74.14
7	苏州发布	苏州市人民政府新闻办公室官方微博	82.08	70.19	67.50	73.87
8	江苏气象	江苏省气象局官方微博	78.92	83.86	63.26	73.64
9	南京市公安局地铁分局	南京市公安局地铁分局官方微博	77.05	81.61	60.33	71.27
10	徐州发布	徐州市人民政府新闻办公室官方微博	76.36	75.11	57.70	68.65

（3）江苏十大党政新闻发布微博

排名	微博	认证信息	传播力	服务力	互动力	总分
1	南京发布	南京市委宣传部新闻发布官方微博	89.58	75.30	81.63	83.54
2	无锡发布	无锡市人民政府新闻办公室官方微博	83.68	79.29	75.15	79.39
3	宿迁之声	宿迁市人民政府官方微博	76.57	86.93	65.47	74.20
4	苏州发布	苏州市人民政府新闻办公室官方微博	82.08	70.19	67.50	73.87
5	徐州发布	徐州市人民政府新闻办公室官方微博	76.36	75.11	57.70	68.65
6	浦口发布	中共南京市浦口区委宣传部官方微博	72.33	75.36	58.04	67.22
7	淮安发布	中共淮安市委宣传部官方微博	73.28	72.86	57.34	66.82
8	幸福大丰	江苏省盐城市大丰区人民政府办公室官方微博	70.09	95.78	48.68	66.66
9	鼓微讯楼	中共南京市鼓楼区委宣传部官方微博	73.84	67.15	58.91	66.53
10	秦淮发布	南京市秦淮区委宣传部官方微博	71.59	71.64	49.65	62.83

（4）江苏十大公安系统微博

排名	微博	认证信息	传播力	服务力	互动力	总分
1	江宁公安在线	南京市公安局江宁分局	100.00	57.06	100.00	91.41
2	南京交警	南京市公安局交通管理局官方微博	81.44	79.25	64.28	74.14
3	南京市公安局地铁分局	南京市公安局地铁分局官方微博	77.05	81.61	60.33	71.27
4	南京路况直播间	南京市公安局交通管理局指挥中心	80.76	64.58	50.46	65.41
5	平安常州	江苏常州市公安局官方微博	75.91	69.50	51.35	64.81
6	平安江苏	江苏省公安厅官方微博	79.38	50.12	56.41	64.34
7	南通公安	江苏省南通市公安局官方微博	74.06	66.77	49.41	62.74
8	苏州公安	苏州市公安局官方微博	73.22	68.33	46.97	61.74
9	平安南京	江苏省南京市公安局官方微博	77.03	42.81	51.26	59.88
10	江苏网警	江苏省公安厅网络安全保卫总队官方微博	75.56	45.56	51.30	59.86

（5）江苏十大司法系统微博

排名	微博	认证信息	传播力	服务力	互动力	总分
1	江苏司法行政在线	江苏省司法厅官方微博	66.19	43.27	50.03	55.14
2	溧阳检察	溧阳市人民检察院官方微博	61.80	64.95	41.87	54.46
3	镇江检察在线	镇江市人民检察院官方微博	60.54	76.09	37.07	54.26
4	丰县司法	徐州市丰县司法局官方微博	58.70	83.42	31.43	52.74
5	徐州 12348	徐州市司法局 12348 指挥中心	64.27	55.79	39.49	52.66
6	徐州鼓楼司法	徐州市鼓楼区司法局官方微博	60.42	72.83	34.49	52.53
7	常州武进检察	常州市武进区人民检察院官方微博	54.91	71.06	33.13	49.43
8	海安司法	南通市海安县司法局官方微博	54.77	74.02	29.45	48.49
9	南京鼓楼司法在线	南京市鼓楼区司法局官方微博	56.35	58.72	28.86	45.83
10	徐州铜山司法	徐州市铜山区司法局官方微博	56.84	64.11	25.19	45.63

（6）江苏十大旅游局微博

排名	微博	认证信息	传播力	服务力	互动力	总分
1	南京市旅游委员会	南京市旅游委员会官方微博	74.16	75.64	53.26	66.10
2	无锡市旅游局	无锡市旅游局官方微博	70.57	64.99	46.36	59.77
3	苏州市旅游局	苏州市旅游局官方微博	69.49	51.49	49.88	58.05
4	六合旅游	南京市六合区旅游局官方微博	63.51	57.11	38.90	52.39
5	常州旅游	常州市旅游局官方微博	63.86	53.26	34.23	49.89
6	江苏微旅游	江苏省旅游局官方微博	65.48	42.52	36.59	49.33
7	如皋旅游	如皋市旅游局	54.54	43.62	32.44	43.52
8	吴中旅游	苏州市吴中区旅游局	59.87	40.25	26.42	42.57
9	玩转昆山	昆山市旅游局官方微博	57.35	37.74	28.24	41.78
10	常熟旅游	常熟市旅游局官方微博	55.30	24.97	22.12	35.96

（7）江苏十大团委系统微博

排名	微博	认证信息	传播力	服务力	互动力	总分
1	青春南京	共青团南京市委员会官方微博	72.19	71.37	57.83	66.28
2	江苏共青团	共青团江苏省委员会官方微博	65.53	43.64	43.26	52.24
3	六合青年	共青团南京市六合区委官方微博	56.35	47.42	27.12	42.87
4	共青团扬州市委	共青团扬州市委官方微博	57.63	27.88	24.15	38.29
5	南通大学共青团	南通大学团委官方微博	49.39	34.45	19.76	34.55
6	高淳团区委	南京市高淳团区委官方微博	47.63	33.70	15.45	31.97
7	团聚无锡	共青团无锡市委员会官方微博	49.28	32.76	11.36	30.81
8	百舸-南京财经大学团委	共青团南京财经大学委员会官方微博	45.16	31.34	13.32	29.66
9	鼓楼青年	南京市鼓楼区团区委官方微博	47.17	23.39	12.11	28.39
10	青春泰州	共青团泰州市委员会官方微博	44.47	27.92	8.02	26.58

（8）江苏十大交通系统微博

排名	微博	认证信息	传播力	服务力	互动力	总分
1	南京地铁	南京地铁集团有限公司官方微博	80.82	87.45	66.64	76.47
2	无锡地铁	无锡市轨道交通规划建设领导小组（指挥部）办公室官方微博	70.22	64.85	50.55	61.28
3	苏南硕放国际机场	无锡苏南国际机场集团有限公司官方微博	67.87	63.76	39.27	55.61
4	铁路南京站	南京火车站、京沪高铁南京南站官方微博	63.98	47.37	30.74	47.36
5	铁路徐州站	上海铁路局徐州火车站官方微博	63.11	40.49	25.55	43.56
6	苏州公路信息中心	江苏省苏州市公路管理处公路信息中心	64.14	50.80	16.52	42.42
7	南京公交	南京公共交通（集团）有限公司官方微博	57.98	32.33	28.47	41.04
8	上铁南京站158雷锋服务站	上海铁路局南京站158雷锋服务站官方微博	60.13	52.99	14.67	40.52
9	南京交通发布	江苏省南京市交通运输局官方微博	58.93	17.14	22.58	36.03
10	南京南站地区综管办	江苏省南京市铁路南京南站地区综合管理办公室官方微博	51.56	46.07	14.89	35.79

2. 山东政务指数微博影响力榜

（1）山东政务微博城市竞争力指数

排名	地区	传播力	服务力	互动力	竞争力指数
1	青岛	80.04	79.52	75.95	78.42
2	潍坊	71.21	82.29	64.00	72.56
3	济南	70.08	70.44	63.45	67.89
4	菏泽	68.05	76.33	54.83	66.32
5	济宁	67.35	63.05	53.31	60.93
6	威海	68.84	51.29	61.26	60.04
7	临沂	66.03	56.66	56.82	59.53

续表

排名	地区	传播力	服务力	互动力	竞争力指数
8	烟台	65.25	48.77	54.38	55.68
9	日照	62.68	49.35	55.76	55.60
10	淄博	65.86	45.59	51.76	53.83
11	德州	64.28	46.02	46.30	51.60
12	枣庄	58.14	51.11	44.14	50.78
13	泰安	57.54	47.23	46.71	50.14
14	东营	53.22	37.89	41.37	43.71
15	滨州	55.45	30.64	36.45	40.12
16	聊城	50.26	26.53	34.17	36.32
17	莱芜	43.17	17.33	25.33	27.88

（2）山东十大政务机构微博

排名	微博	认证信息	传播力	服务力	互动力	总分
1	山东省旅游局官方微博	山东省旅游局	84.90	76.27	69.74	77.11
2	青岛市旅游局官方微博	青岛市旅游局官方微博	80.82	89.12	67.31	77.08
3	青岛交警	青岛市公安局交警支队官方微博	80.57	91.73	61.93	75.35
4	青岛公安	青岛市公安局官方微博	78.82	83.71	66.88	75.02
5	山东高法	山东省高级人民法院官方微博	79.31	96.32	58.73	74.48
6	潍坊交警	山东省潍坊市公安局交警支队官方微博	80.16	76.57	62.97	72.56
7	寿光公安	山东省寿光公安局官方微博	72.79	100.00	53.41	70.48
8	山东交警	山东省公安厅交通管理局官方微博	79.47	71.75	59.33	69.87
9	山东环境	山东省环境保护厅官方微博	77.48	82.40	54.87	69.42
10	济南市旅游局微博	济南市旅游局官方微博	73.34	83.53	55.74	68.34

（3）山东十大党政新闻发布微博

排名	微博	认证信息	传播力	服务力	互动力	总分
1	青岛发布	青岛市人民政府新闻办公室官方微博	79.66	55.59	59.59	66.82
2	威海发布	威海市人民政府新闻办公室官方微博	73.54	70.77	55.87	65.91
3	山东发布	山东省人民政府新闻办公室官方微博	75.53	59.59	47.24	61.03
4	潍坊发布	山东省潍坊市人民政府新闻办公室官方微博	70.75	53.51	49.92	58.97
5	微博济南	济南市政务发布平台官方微博	71.19	59.45	42.82	57.49
6	青岛市北发布	青岛市市北区人民政府新闻办公室官方微博	64.89	61.96	37.06	53.17

续表

排名	微博	认证信息	传播力	服务力	互动力	总分
7	青岛市市南区发布	青岛市市南区人民政府新闻办公室官方微博	66.15	57.88	36.81	52.76
8	日照发布	山东省日照市人民政府新闻办公室	65.72	53.98	38.68	52.55
9	即墨发布	山东省青岛市即墨市新闻中心官方微博	64.22	63.85	34.43	52.23
10	青岛城阳发布	青岛市城阳区人民政府新闻办公室官方微博	64.42	60.14	35.70	52.08

（4）山东十大公安系统微博

排名	微博	认证信息	传播力	服务力	互动力	总分
1	青岛交警	青岛市公安局交警支队官方微博	80.57	91.73	61.93	75.35
2	青岛公安	青岛市公安局官方微博	78.82	83.71	66.88	75.02
3	潍坊交警	山东省潍坊市公安局交警支队官方微博	80.16	76.57	62.97	72.56
4	寿光公安	山东省寿光公安局官方微博	72.79	100.00	53.41	70.48
5	山东交警	山东省公安厅交通管理局官方微博	79.47	71.75	59.33	69.87
6	淄博警方	山东省淄博市公安局	73.92	88.25	52.06	68.04
7	潍坊公安	山东省潍坊市公安局官方微博	73.93	85.31	49.11	66.28
8	济南公安	济南市公安局官方微博	76.92	61.80	53.02	64.33
9	城阳交警流亭中队	青岛城阳交警流亭中队官方微博	73.70	60.64	53.72	63.10
10	济南交警	济南市公安局交警支队官方微博	72.64	83.02	43.35	63.00

（5）山东十大司法系统微博

排名	微博	认证信息	传播力	服务力	互动力	总分
1	山东高法	山东省高级人民法院官方微博	79.31	96.32	58.73	74.48
2	菏泽中院	山东省菏泽市中级人民法院官方微博	71.97	84.61	50.25	65.81
3	济南中院	山东省济南市中级人民法院官方微博	77.95	66.30	48.77	63.95
4	菏泽巨野县法院	山东省巨野县人民法院官方微博	69.28	64.18	48.29	59.86
5	高密普法	山东省高密市全民普法依法治市工作领导小组办公室官方微博	57.88	72.98	36.16	52.21
6	菏泽开发区法院	山东省菏泽市开发区人民法院官方微博	60.62	69.92	32.13	51.08
7	菏泽曹县法院	山东省菏泽市曹县人民法院官方微博	60.00	64.92	34.05	50.60
8	菏泽牡丹区法院	山东省菏泽市牡丹区人民法院官方微博	63.17	61.00	26.88	48.22
9	菏泽单县法院	山东省单县法院官方微博	55.36	68.67	27.45	46.86
10	菏泽成武县法院	山东省菏泽市成武县人民法院官方微博	56.79	59.77	28.23	45.96

（6）山东十大旅游局微博

排名	微博	认证信息	传播力	服务力	互动力	总分
1	山东省旅游局官方微博	山东省旅游局	84.90	76.27	69.74	77.11
2	青岛市旅游局官方微博	青岛市旅游局官方微博	80.82	89.12	67.31	77.08

续表

排名	微博	认证信息	传播力	服务力	互动力	总分
3	济南市旅游局微博	济南市旅游局官方微博	73.34	83.53	55.74	68.34
4	威海市旅游局官方微博	威海市旅游局官方微博	68.61	61.95	48.17	59.10
5	烟台市旅游局官方微博	烟台市旅游局	70.76	61.56	46.18	59.09
6	游在市南	青岛市市南区旅游局	60.01	47.83	31.91	46.33
7	日照市旅游局官方微博	日照市旅游局官方微博	60.03	34.39	34.81	44.82
8	青岛城阳旅游	青岛市城阳区旅游局官方微博	56.54	47.57	25.82	42.46
9	临沂市旅游局官方微博	临沂市旅游局官方微博	56.89	33.50	26.22	39.95
10	济宁市旅游局官方微博	山东省济宁市旅游局	59.08	29.19	24.37	39.22

（7）山东十大团委系统微博

排名	微博	认证信息	传播力	服务力	互动力	总分
1	山东共青团	共青团山东省委员会官方微博	73.05	72.89	54.46	65.58
2	青岛市市北区团委	共青团青岛市市北区委官方微博	65.19	67.69	40.75	55.91
3	东营区共青团	共青团东营市东营区委官方微博	62.01	52.48	35.26	49.40
4	共青团青岛市委	共青团青岛市委员会官方微博	58.78	57.10	31.16	47.40
5	青春济南	共青团济南市委员会官方微博	59.40	50.57	32.14	46.73
6	青岛市市南区团委	共青团青岛市市南区委官方微博	56.09	55.65	32.42	46.54
7	山东大学威海团委	共青团山东大学(威海)委员会官方微博	53.19	33.16	28.09	39.14
8	山东理工大学团委	共青团山东理工大学委员会官方微博	50.76	34.90	29.27	38.99
9	荟萃石工	中石大石油工程学院团委官方微博	49.43	47.28	19.60	37.07
10	李沧青年集结号	共青团青岛市李沧区委官方微博	50.67	41.59	17.62	35.63

（8）山东十大交通系统微博

排名	微博	认证信息	传播力	服务力	互动力	总分
1	山东海事	中华人民共和国山东海事局官方微博	64.10	65.20	35.45	52.86
2	山东交通出行	山东省交通运输厅公众出行平台	72.09	61.50	26.25	51.64
3	烟台海事微政务	烟台海事局官方微博	62.09	65.45	33.54	51.34
4	济南铁路	济南铁路局官方微博	68.03	54.82	31.30	50.70
5	济南西站	济南西站官方微博	67.12	56.86	30.30	50.34
6	青岛交通运输	青岛市交通运输委官方微博	60.09	66.25	25.57	47.51
7	青岛高速出行服务平台	青岛市高速公路管理处信息中心官方微博	67.75	52.38	20.23	45.67
8	京沪高铁泰安站	京沪高铁泰安站官方微博	60.44	40.46	25.66	42.53
9	京沪高铁枣庄站	京沪高铁枣庄站官方微博	58.20	37.77	16.31	37.36
10	潍坊火车站	潍坊火车站官方微博	51.51	39.23	17.92	35.62

3. 四川政务指数微博影响力榜

（1）四川政务微博城市竞争力指数

排名	地区	传播力	服务力	互动力	竞争力指数
1	成都	94.21	85.22	86.31	88.30
2	宜宾	60.46	49.96	52.29	53.92
3	德阳	61.92	50.06	50.36	53.72
4	南充	58.83	40.58	51.79	49.98
5	绵阳	56.42	41.15	49.88	48.79
6	广元	60.32	38.73	44.94	47.38
7	乐山	59.86	35.05	46.48	46.50
8	遂宁	53.88	35.37	50.41	46.18
9	内江	49.63	37.18	47.86	44.65
10	达州	53.64	33.17	47.97	44.49
11	阿坝	52.49	31.37	49.05	43.89
12	泸州	56.23	29.30	47.58	43.78
13	广安	52.88	33.72	43.57	42.92
14	眉山	52.61	32.51	40.35	41.28
15	巴中	48.33	33.66	40.97	40.62
16	雅安	51.24	29.44	39.24	39.41
17	甘孜	45.95	34.40	38.77	39.40
18	自贡	48.86	25.12	36.90	36.37
19	攀枝花	49.65	18.58	39.01	35.05
20	资阳	50.71	22.55	33.45	34.82
21	凉山	49.25	18.39	38.55	34.71

（2）四川十大政务机构微博

排名	微博	认证信息	传播力	服务力	互动力	总分
1	成都发布	成都市人民政府新闻办公室	90.15	76.69	80.22	83.49
2	微成都	微成都官方微博	84.51	75.48	73.45	78.28
3	四川共青团	共青团四川省委官方微博	77.90	89.96	64.98	75.14
4	四川发布	四川省人民政府新闻办公室	83.32	74.72	65.72	74.56
5	成都共青团	共青团成都市委员会官方微博	76.62	90.99	59.72	72.73
6	平安成都	成都市公安局官方微博	82.50	52.97	71.19	72.07
7	成都服务	四川省成都市人民政府政务服务中心官方微博	74.81	93.46	57.54	71.63
8	成都高新	成都高新技术产业开发区官方微博	73.96	85.57	54.86	68.64
9	成都地铁	成都地铁有限责任公司官方微博	74.78	71.97	57.65	67.37
10	四川公安	四川省公安厅官方微博	79.05	57.27	59.41	66.84

（3）四川十大党政新闻发布微博

排名	微博	认证信息	传播力	服务力	互动力	总分
1	成都发布	成都市人民政府新闻办公室	90.15	76.69	80.22	83.49
2	四川发布	四川省人民政府新闻办公室	83.32	74.72	65.72	74.56
3	成都高新	成都高新技术产业开发区官方微博	73.96	85.57	54.86	68.64
4	武侯发布	中共成都市武侯区委宣传部官方微博	69.69	81.16	50.12	64.15
5	宜宾发布	宜宾市人民政府新闻办公室	69.32	74.56	47.87	61.79
6	微内江	中共内江市委宣传部官方微博	67.36	66.79	48.48	59.70
7	金温江	成都市温江区人民政府新闻办公室官方微博	68.26	60.74	46.28	57.96
8	南充播报	中共四川省南充市委、南充市人民政府官方微博	69.34	59.80	45.55	57.92
9	山水金堂	四川省中共金堂县委宣传部	65.19	63.47	47.64	57.83
10	达州发布	四川省达州市互联网信息办公室官方微博	63.69	63.65	48.63	57.66

（4）四川十大公安系统微博

排名	微博	认证信息	传播力	服务力	互动力	总分
1	平安成都	成都市公安局官方微博	82.50	52.97	71.19	72.07
2	四川公安	四川省公安厅官方微博	79.05	57.27	59.41	66.84
3	成都交警	成都交管信息官方微博	78.42	60.99	40.51	59.77
4	南充交警	四川省南充市公安局交警支队	67.44	62.85	44.79	57.46
5	遂宁公安	四川省遂宁市公安局官方微博	66.19	56.65	49.14	57.46
6	平安广元	四川省广元市公安局官方微博	72.04	44.42	40.31	53.82
7	内江公安	内江市公安局官方微博	62.24	54.22	41.21	52.23
8	平安邛崃	四川省邛崃市公安局官方微博	65.81	47.43	39.80	51.73
9	四川消防	四川省公安消防总队官方微博	65.00	45.67	39.75	51.03
10	西南铁警	成都铁路公安局官方微博	61.37	53.61	33.83	48.80

（5）四川十大司法系统微博

排名	微博	认证信息	传播力	服务力	互动力	总分
1	绵阳司法	绵阳市司法局官方微博	62.89	68.66	39.23	54.58
2	四川司法	四川省司法厅官方微博	71.23	46.39	35.89	52.13
3	高县法院	四川省宜宾市高县人民法院官方微博	54.14	82.36	32.00	50.93
4	法治成都	成都市司法局官方微博	64.17	50.84	34.40	49.60
5	成都市中级人民法院	四川省成都市中级人民法院官方微博	53.24	32.12	20.90	36.08
6	成都检察	成都市人民检察院官方微博	52.77	42.38	13.66	35.05
7	锦江法院	成都市锦江区人民法院官方微博	54.36	22.82	20.46	34.50
8	四川高院	四川省高级人民法院官方微博	56.61	11.68	20.90	33.34
9	武侯检察	成都市武侯区人民检察院官方微博	45.17	48.75	9.85	31.76
10	眉山检察	四川省眉山市人民检察院官方微博	49.63	23.39	16.88	31.28

（6）四川十大旅游局微博

排名	微博	认证信息	传播力	服务力	互动力	总分
1	四川省旅游局	四川省旅游局官方微博	75.07	48.24	57.22	62.57
2	成都旅游微博	成都市旅游局官方微博	65.85	37.23	45.41	51.95
3	阿坝旅游	阿坝藏族羌族自治州旅游官方微博	57.84	36.16	44.34	48.11
4	阳光旅游攀枝花	攀枝花市旅游局官方微博	57.41	37.93	35.29	44.66
5	广元旅游	广元市旅游发展委员会官方微博	58.99	40.14	29.55	43.44
6	双流文旅广新体	成都市双流县文化旅游局官方微博	52.06	54.51	21.29	40.24
7	甘孜州旅游局	甘孜藏族自治州旅游局官方微博	54.98	24.19	31.12	39.28
8	泸州旅游官方微博	四川省泸州市外事侨务旅游局官方微博	51.18	36.44	17.49	34.76
9	绵阳市旅游局	四川省绵阳市旅游局官方微博	49.82	13.82	26.46	33.28
10	广安旅游官方资讯	四川省广安市旅游局官方微博	50.48	22.21	20.15	32.69

（7）四川十大团委系统微博

排名	微博	认证信息	传播力	服务力	互动力	总分
1	四川共青团	共青团四川省委官方微博	77.90	89.96	64.98	75.14
2	成都共青团	共青团成都市委员会官方微博	76.62	90.99	59.72	72.73
3	青羊共青团	共青团成都市青羊区委官方微博	62.66	96.74	44.05	62.03
4	青春龙泉驿	成都市龙泉驿区团委官方微博	60.14	89.12	37.08	56.71
5	共青团广安市委	共青团广安市委员会官方微博	60.95	74.40	41.68	55.93
6	共青团江安县委	共青团宜宾市江安县委官方微博	53.71	73.78	32.90	49.40
7	成大青年	成都大学校团委官方微博	57.97	50.38	34.32	46.99
8	青春广安	共青团广安市广安区委官方微博	55.89	57.89	29.68	45.81
9	青春广元	四川省广元市团委官方微博	55.95	57.32	29.89	45.80
10	西南科大共青团	西南科大学校团委官方微博	55.93	44.29	35.02	45.24

（8）四川十大交通系统微博

排名	微博	认证信息	传播力	服务力	互动力	总分
1	成都地铁	成都地铁有限责任公司官方微博	74.78	71.97	57.65	67.37
2	西南铁路	成都铁路局官方微博	75.69	65.10	50.37	63.45
3	西南铁路_黄琴热线	成都铁路局客户服务中心官方微博	70.02	76.84	41.64	60.03
4	成都交通运输	成都市交通运输委员会官方微博	68.72	63.31	43.16	57.42
5	四川交通	四川省交通运输厅官方微博	66.32	32.14	29.48	44.75
6	双流交通	成都市双流县交通运输局官方微博	51.09	65.15	19.02	41.07
7	广元火车站	成都铁路局广元车务段官方微博	52.40	32.92	15.84	33.88
8	天府之星列车	成都客运段天府之星列车官方微博	51.53	25.99	20.04	33.83
9	成都火车站	成都铁路局成都火车站官方微博	56.15	15.51	19.40	33.32
10	龙泉交通	成都市龙泉驿区交通运输局	49.70	27.21	16.59	31.96

4. 河南政务指数微博影响力榜

（1）河南政务微博城市竞争力指数

排名	地区	传播力	服务力	互动力	竞争力指数
1	郑　州	81.17	77.36	66.66	74.76
2	洛　阳	74.95	67.10	64.30	68.48
3	漯　河	72.51	73.65	51.19	65.45
4	商　丘	64.89	62.00	57.35	61.24
5	新　乡	67.67	50.79	53.72	56.88
6	安　阳	63.06	50.19	50.14	54.04
7	开　封	66.89	52.42	44.19	53.88
8	南　阳	65.83	43.89	48.43	52.06
9	许　昌	63.12	37.30	46.95	48.42
10	焦　作	61.71	39.60	43.93	47.75
11	信　阳	58.81	38.29	47.07	47.52
12	鹤　壁	64.02	31.36	40.59	44.39
13	平顶山	57.88	36.99	39.76	44.23
14	驻马店	63.51	33.82	37.24	43.92
15	濮　阳	57.25	36.37	38.76	43.47
16	三门峡	56.67	30.33	39.96	41.60
17	周　口	55.08	28.09	39.80	40.28

（2）河南十大政务机构微博

排名	微博	认证信息	传播力	服务力	互动力	总分
1	平安中原	河南省公安厅官方微博	85.61	80.31	68.51	77.71
2	平安洛阳	河南省洛阳市公安局官方微博	80.01	93.13	63.32	75.96
3	平安商丘	商丘市公安局官方微博	75.25	89.95	53.58	69.52
4	文明河南	河南省文明办官方微博	75.94	67.16	60.91	68.17
5	清风中原	河南省纪委监察厅官方微博	78.37	59.13	58.18	66.45
6	河南省旅游局官方微博	河南省旅游局官方微博	77.74	58.38	57.25	65.67
7	河南高速公安	河南省公安厅高速公路公安局官方微博	78.83	72.38	46.28	64.52
8	微博洛阳	洛阳市互联网宣传官方微博	74.72	65.88	52.80	64.18
9	豫法阳光	河南省高级人民法院官方微博	76.46	68.80	46.83	63.08
10	精彩河南	河南省人民政府新闻办公室官方微博	75.95	53.68	54.67	62.98

（3）河南十大党政新闻发布微博

排名	微博	认证信息	传播力	服务力	互动力	总分
1	微博洛阳	洛阳市互联网宣传官方微博	74.72	65.88	52.80	64.18
2	精彩河南	河南省人民政府新闻办公室官方微博	75.95	53.68	54.67	62.98
3	微博商丘	河南商丘市委宣传部官方微博	69.56	70.31	47.92	61.05
4	梨乡宁陵	河南省商丘市宁陵县宣传部官方微博	59.00	77.93	35.50	53.39

续表

排名	微博	认证信息	传播力	服务力	互动力	总分
5	郑州市门户网站	郑州市政府网站官方微博	65.50	50.47	33.15	49.55
6	周口发布	中共周口市委宣传部官方微博	60.63	54.15	33.13	48.33
7	郑州发布	郑州市委宣传部官方微博	65.34	35.48	29.47	45.02
8	社旗发布	河南省南阳市社旗县网络中心官方微博	56.09	64.13	23.70	44.74
9	微博驻马店	河南省驻马店市委宣传部官方微博	60.86	38.01	27.40	42.91
10	河南网信	河南省互联网信息办公室官方微博	60.81	39.21	26.50	42.77

（4）河南十大公安系统微博

排名	微博	认证信息	传播力	服务力	互动力	总分
1	平安中原	河南省公安厅官方微博	85.61	80.31	68.51	77.71
2	平安洛阳	河南省洛阳市公安局官方微博	80.01	93.13	63.32	75.96
3	平安商丘	商丘市公安局官方微博	75.25	89.95	53.58	69.52
4	河南高速公安	河南省公安厅高速公路公安局官方微博	78.83	72.38	46.28	64.52
5	平安郑州	郑州市公安局官方微博	75.17	46.08	47.81	58.41
6	新乡警方在线	新乡市公安局官方微博	69.04	60.32	41.26	56.18
7	郑州交巡警	郑州市公安局交通巡逻警察支队官方微博	70.12	63.67	34.48	54.57
8	平安安阳	河南省安阳市公安局官方微博	68.75	51.33	41.84	54.50
9	南阳交警	南阳市公安交警支队官方微博	66.24	66.97	34.74	53.79
10	河南消防	河南省消防总队官方微博	69.52	43.82	38.22	51.86

（5）河南十大司法系统微博

排名	微博	认证信息	传播力	服务力	互动力	总分
1	豫法阳光	河南省高级人民法院官方微博	76.46	68.80	46.83	63.08
2	郑州中院	郑州市中级人民法院官方微博	56.34	45.66	37.63	46.72
3	河南检察	河南省人民检察院官方微博	60.45	46.24	25.67	43.69
4	河南司法行政在线	河南省司法厅官方微博	58.17	37.58	28.17	42.05
5	舞阳司法行政	漯河市舞阳县司法局官方微博	45.84	65.11	11.81	36.08
6	鹤壁司法行政在线	河南省鹤壁市司法局官方微博	49.26	39.35	20.61	35.82
7	文明狱苑	河南省焦作监狱官方微博	45.45	56.16	14.10	35.05
8	长垣司法行政在线	河南省新乡市长垣县司法局官方微博	46.95	43.59	17.64	34.56
9	天平南阳	南阳市中级人民法院官方微博	51.86	38.23	9.61	32.23
10	安阳中院	安阳市中级人民法院官方微博	49.38	42.47	9.48	32.04

（6）河南十大旅游局微博

排名	微博	认证信息	传播力	服务力	互动力	总分
1	河南省旅游局官方微博	河南省旅游局官方微博	77.74	58.38	57.25	65.67
2	郑州旅游局	郑州市旅游局官方微博	57.77	37.74	22.45	39.64
3	开封市旅游局	开封市旅游局官方微博	55.13	35.56	24.61	39.01

续表

排名	微博	认证信息	传播力	服务力	互动力	总分
4	洛阳市旅发委	洛阳市旅游局官方微博	56.98	19.16	26.60	37.26
5	焦作市旅游局	焦作市旅游局官方微博	55.41	17.03	27.66	36.63
6	源汇文化旅游在线	漯河市源汇区文化旅游局官方微博	45.02	59.40	4.37	31.63
7	河南省焦作市修武县旅游局	河南省修武县旅游局官方微博	47.71	31.13	12.07	30.14
8	清风浚县文物旅游	河南省鹤壁市浚县文物旅游局官方微博	43.03	47.26	6.90	29.42
9	河南济源旅游	河南省济源市旅游局官方微博	43.81	18.92	12.16	26.17
10	5A嵩县	嵩县旅游局官方微博	42.98	12.02	10.35	23.74

（7）河南十大团委系统微博

排名	微博	认证信息	传播力	服务力	互动力	总分
1	河南财经政法大学团委	共青团河南财经政法大学委员会官方微博	66.04	65.61	50.36	59.68
2	河南共青团	共青团河南省委官方微博	70.37	39.92	54.03	57.75
3	河南师范大学团委	共青团河南师范大学委员会官方微博	57.92	32.97	38.51	45.17
4	洛阳共青团	共青团洛阳市委宣传部官方微博	58.16	50.42	29.29	45.06
5	共青团河南省委学校部	共青团河南省委员会学校部官方微博	60.41	20.95	41.28	44.87
6	河南农业大学机电工程学院	河南农大机电工程学院团委官方微博	50.05	41.56	27.42	39.30
7	郑州市少工委	共青团郑州市委少年部官方微博	45.35	54.50	19.06	36.66
8	郑州大学旅游管理学院团委	郑州大学旅游管理学院团委学生会官方微博	50.00	23.66	29.53	36.54
9	郑州共青团	共青团郑州市委官方微博	51.66	31.09	23.94	36.45
10	新乡团市委	共青团新乡市委员会官方微博	49.52	35.98	16.33	33.54

（8）河南十大交通系统微博

排名	微博	认证信息	传播力	服务力	互动力	总分
1	郑州铁路局	郑州铁路局官方微博	74.47	55.96	43.19	58.25
2	郑州地铁	郑州市轨道交通有限公司运营分公司	65.52	51.99	42.22	53.49
3	郑州交通	郑州市交通运输委员会官方微博	68.00	42.76	32.79	48.87
4	洛阳交通局	洛阳市交通局	58.22	46.08	18.45	39.88
5	南阳车务段	郑州铁路局南阳车务段官方微博	56.47	34.06	24.00	39.00
6	郑州东高铁站	郑州铁路局火车东站官方微博	57.86	34.96	18.00	37.34
7	郑局洛阳火车站	郑州铁路局洛阳火车站官方微博	54.90	31.70	18.49	35.69
8	洛阳供电段	郑州铁路局洛阳供电段官方微博	47.26	45.74	15.38	34.20
9	郑州快速公交BRT	郑州市公共交通总公司快速公交公司官方微博	52.98	26.26	19.16	34.11
10	郑州火车站宣	郑州铁路局郑州火车站官方微博	52.33	23.12	15.38	31.71

5. 广东政务指数微博影响力榜

（1）广东政务微博城市竞争力指数

排名	地区	传播力	服务力	互动力	竞争力指数
1	深圳	80.67	70.97	78.67	76.58
2	广州	81.13	68.18	77.43	75.30
3	佛山	76.17	68.59	63.60	69.12
4	东莞	68.60	45.75	53.92	55.46
5	惠州	68.55	44.08	52.66	54.42
6	江门	63.24	35.67	49.52	48.79
7	肇庆	60.17	43.90	43.23	48.55
8	汕头	61.54	27.48	55.29	47.43
9	珠海	60.30	33.41	44.31	45.29
10	中山	60.38	30.42	46.63	45.08
11	清远	59.27	24.71	39.56	40.28
12	河源	48.95	20.37	38.10	35.15
13	汕尾	51.94	16.86	34.92	33.70
14	韶关	52.20	20.08	30.12	33.23
15	湛江	48.20	15.54	36.86	32.80
16	潮州	49.63	17.83	32.93	32.65
17	梅州	53.63	14.54	32.41	32.52
18	茂名	49.83	17.31	32.89	32.52
19	揭阳	47.07	14.53	28.87	29.31
20	阳江	41.11	11.40	23.11	24.41
21	云浮	44.01	8.44	18.96	22.79

（2）广东十大政务机构微博

排名	微博	认证信息	传播力	服务力	互动力	总分
1	深圳交警	广东省深圳市公安局交警支队官方微博	92.56	75.63	81.39	84.70
2	广州公安	广州市公安局官方微博	88.43	88.47	76.62	83.71
3	深圳公安	深圳市公安局官方微博	86.12	91.08	71.96	81.45
4	深圳天气	深圳市气象局官方微博	87.51	87.30	68.08	79.70
5	中国广州发布	广州市互联网信息办公室官方微博	86.12	68.87	69.28	75.93
6	广州交警	广州市公安局交警支队	84.65	87.86	58.35	74.77
7	深圳微博发布厅	深圳市互联网信息办公室官方微博	84.75	68.73	67.28	74.55
8	广州地铁	广州地铁官方微博	81.30	85.51	62.08	74.46
9	广州天气	广州市气象局官方微博	83.55	78.98	61.45	73.80
10	汕头市政府应急办	汕头市政府应急管理办公室官方微博	80.31	70.43	60.10	70.25

（3）广东十大党政新闻发布微博

排名	微博	认证信息	传播力	服务力	互动力	总分
1	中国广州发布	广州市互联网信息办公室官方微博	86.12	68.87	69.28	75.93
2	深圳微博发布厅	深圳市互联网信息办公室官方微博	84.75	68.73	67.28	74.55
3	惠州发布	惠州市人民政府新闻办公室官方微博	78.29	72.80	53.70	67.36
4	广东发布	广东省人民政府新闻办公室官方微博	77.45	55.65	51.78	62.82
5	佛山发布	佛山市互联网宣传管理领导小组办公室	74.65	64.96	48.49	62.25
6	南海发布	广东省佛山市南海区人民政府新闻办公室	72.89	66.55	46.43	61.04
7	虎门太平	东莞市虎门镇人民政府官方微博	67.88	58.04	39.43	54.53
8	禅城发布	佛山市禅城区人民政府新闻办公室官方微博	66.45	65.22	35.56	53.85
9	广州市政府新闻办	广州市政府新闻办官方微博	69.82	39.45	42.86	52.96
10	美丽肇庆	中共肇庆市委宣传部官方微博	66.34	64.81	33.08	52.73

（4）广东十大公安系统微博

排名	微博	认证信息	传播力	服务力	互动力	总分
1	深圳交警	广东省深圳市公安局交警支队官方微博	92.56	75.63	81.39	84.70
2	广州公安	广州市公安局官方微博	88.43	88.47	76.62	83.71
3	深圳公安	深圳市公安局官方微博	86.12	91.08	71.96	81.45
4	广州交警	广州市公安局交警支队	84.65	87.86	58.35	74.77
5	平安南粤	广东省公安厅官方微博	81.86	64.09	56.27	68.07
6	深圳龙岗交警	深圳交警龙岗大队官方微博	71.82	73.50	42.95	60.61
7	广铁警方在线	广州铁路公安局官方微博	67.13	80.89	38.75	58.53
8	顺德警察	佛山市顺德区公安局官方微博	68.55	66.20	42.57	57.69
9	平安肇庆	广东省肇庆市公安局网络问政平台	71.44	59.15	38.80	55.92
10	公安主持人	"公安主持人"，佛山市公安局官方网络发言人。	69.92	52.23	42.22	55.30

（5）广东十大司法系统微博

排名	微博	认证信息	传播力	服务力	互动力	总分
1	正义肇庆	肇庆市人民检察院官方微博	67.32	68.96	29.72	52.61
2	广东政法	广东省政法委、省平安办、省综治办、省维稳办官方微博	68.67	28.05	34.70	46.96
3	公正肇庆	肇庆市中级人民法院官方微博	66.77	54.42	23.36	46.94
4	广东省高级人民法院	广东省高级人民法院官方微博	65.23	23.37	35.49	44.96
5	和谐肇庆	肇庆市司法局官方微博	62.18	36.23	21.53	40.73
6	广东检察	广东省人民检察院官方微博	65.59	21.64	25.01	40.57
7	中山市司法局	中山市司法局官方微博	52.25	25.88	30.15	38.13
8	黄埔检察	广州市黄埔区人民检察院官方微博	54.85	22.31	26.19	36.88
9	湛江检察	广东省湛江市人民检察院官方微博	57.41	35.11	16.38	36.54
10	广州检察	广州市人民检察院官方微博	53.84	34.38	20.17	36.48

（6）广东十大旅游局微博

排名	微博	认证信息	传播力	服务力	互动力	总分
1	广州旅游	广州市旅游局官方微博	69.90	42.63	46.78	55.20
2	活力广东	广东省旅游局官方微博	59.49	37.29	27.68	42.33
3	南海旅游	广东省佛山市南海区旅游协会官方微博	58.37	47.07	23.25	42.06
4	佛山－旅游	佛山市旅游局官方微博	58.05	45.43	21.44	40.88
5	东莞旅游局	广东省东莞市旅游局官方微博	60.83	24.33	26.65	39.86
6	韶关旅游	韶关市旅游局主导的旅游类综合信息网站:韶关旅游资讯网官方微博	53.55	42.06	20.70	38.11
7	清远旅游	广东省清远市旅游局官方微博	55.22	44.17	17.33	37.85
8	最美惠州	广东省惠州市旅游局官方微博	56.93	21.72	23.60	36.55
9	汕头旅游网	汕头市旅游局官方微博	55.68	29.12	20.86	36.44
10	肇庆市旅游局	肇庆市旅游发展局官方微博	53.23	33.87	20.26	36.17

（7）广东十大团委系统微博

排名	微博	认证信息	传播力	服务力	互动力	总分
1	广东共青团	共青团广东省委员会官方微博	70.60	65.45	43.14	58.59
2	广州共青团	广东省广州市共青团官方微博	64.86	51.86	35.09	50.35
3	南海共青团	佛山市南海区团委	49.57	24.93	28.10	36.05
4	志愿时	共青团广州市委员会志愿时项目官方微博	53.93	25.78	21.69	35.40
5	东莞共青团	共青团广东省东莞市委员会官方微博	53.80	35.35	14.52	34.40
6	海珠共青团	广州市海珠区共青团官方微博	46.28	37.74	11.65	30.72
7	越秀青年	广东省广州市越秀区团委官方微博	46.42	27.48	14.79	29.98
8	广轻团委	共青团广东轻工职业技术学院委员会官方微博	47.28	16.65	15.88	28.59
9	阳江团市委	共青团阳江市委员会官方微博	46.11	32.63	6.43	27.54
10	顺德共青团	共青团广东省佛山市顺德区委官方微博	48.25	21.99	9.47	27.49

（8）广东十大交通系统微博

排名	微博	认证信息	传播力	服务力	互动力	总分
1	广州地铁	广州地铁官方微博	81.30	85.51	62.08	74.46
2	广州交通	广州市交通委员会官方微博	75.27	70.63	40.45	60.42
3	广州铁路	广州铁路(集团)公司官方微博	75.14	40.43	45.99	56.54
4	深圳市交通运输委员会	深圳市交通运输委员会官方微博	69.76	53.64	34.40	52.39
5	港铁深圳	港铁轨道交通(深圳)有限公司	64.27	40.05	36.89	48.47
6	虎门交通	东莞市交通运输局虎门分局官方微博	59.73	56.79	22.17	44.12
7	惠州交通	广东省惠州市交通运输局官方微博	55.65	24.71	19.48	35.00
8	交通畅	广东省佛山市南海区交通局官方微博	47.97	33.84	12.57	30.99
9	畅行莞邑	东莞市交通运输局官方微博	53.37	14.86	16.61	30.97
10	深圳地铁集团	深圳地铁集团官方微博	52.32	8.20	18.93	30.14

（9）广东十佳创新运营政务微博

排名	昵称	认证说明	粉丝数（人）	发博数（条）	应用亮点
1	佛山发布	佛山市互联网宣传管理领导小组办公室	1640401	20171	"@佛山发布"设置#佛山记忆#、#佛山要闻#、#焦点关注#等栏目，归类明晰，一目了然，自成体系。另外，首届中国（广东）"互联网＋"国际博览会9月10日在佛山新城开幕，"@佛山发布"作为支持方之一，在微博上对"互联网＋"博览会进行前期宣传，并在博览会期间进行微博直播，让广大网友从线上感受"互联网＋"博览会，并通过线上线下联动，打造永不落幕的博览会
2	惠州发布	惠州市人民政府新闻办公室官方微博	25万	23392	"@惠州发布"善于发掘惠州好人好事，弘扬社会正能量，在民警救起惠阳跳河轻生女子、乘客突发重病司机护送就医、公交司机龚景辉突发脑溢血坚持确保乘客安全等事件上做到精准发布，正面引导，引发大量转发
3	深圳微博发布厅	深圳市互联网信息办公室官方微博	173万	43464	在2015年的深圳滑坡事件中，"@深圳微博发布厅"在救援、事发地概况、医疗救治等方面进行了原发及整理转发。在"@深圳微博发布厅"的转发带动下，对"@深圳消防铁军""@深圳公安""@深圳交警""@光明发布""@健康深圳""@深圳市民政局"等政务账号的相关内容又进行了二次传播，各个政务微博形成有效的矩阵联动
4	活力广东	广东省旅游局官方微博	6万	2875	在2015年旅博会期间，"@活力广东"作为博览会承办方，充分利用微博平台对博览会进行宣传，发掘各展馆创意精彩亮点，点明旅博会意义——厘清广东旅游产业未来发展的体系构建和着力点，同时与多账号联动，与网友互动，为旅博会充分造势
5	佛山－旅游	佛山市旅游局官方微博	14万	3003	"@佛山－旅游"立足佛山，辐射全球。微博发布不局限佛山美食美景，持续关注全球宜人景区，如荷兰羊角村欧洲小镇、伊斯坦布尔古老集市，带领网友线上#游世界#
6	东莞旅游局	广东省东莞市旅游局官方微博	17万	5054	双十一期间，"@东莞旅游局"摸准网友心理，剑走偏锋，以提醒单身网友避开几个恋爱圣地为由，变相推荐公园、旅游区、小镇等景点，为#悠游东莞#话题增加讨论量
7	广州海珠发布	广州市海珠区新闻中心官方微博	14万	6812	为进一步提高城区文明程度，促进城市管理工作常态化，打造靓丽、干净整洁海珠，2016年"@海珠发布"设置#靓海珠，齐参与#的微话题活动，在微博上发动网友曝光区内环境卫生、城市管理、公共设施等存在问题，并督促相关部门解决回复。"@海珠发布"的此项活动旨在通过网络微话题方式，实现了政府部门与市民的有效沟通，既可以发现并解决"脏乱差"顽疾，又可以调动老百姓参与文明创建的积极性

续表

排名	昵称	认证说明	粉丝数（人）	发博数（条）	应用亮点
8	虎门太平	东莞市虎门镇人民政府官方微博	142万	18749	#虎门早晨#栏目尤其热门，"@虎门太平"与"@影像虎门"联动，美景搭配暖心鸡汤，迎接清新早晨，引网友热转
9	南海发布	广东省佛山市南海区人民政府新闻办公室	101万	37293	"@南海发布"图文并茂，擅制精品配图、长微博，重原创。打通双微内容，二次传播，扩大影响力。为进一步宣传南海形象，推出《逛南海，挖宝箱》线上游戏，植入南海数个景区，在微博端进行推广，吸引网友进入游戏，赢取大奖的同时感受南海风土人情
10	南网50Hz	中国南方电网有限责任公司	11万	1370	线下大V#海南环岛行#，从海口出发，环岛而行，一路寻访海南清洁能源电力工程，感受南方电网公司在清洁能源领域做出的贡献。"@南网50Hz"全程跟踪报道，汇报进度、制造话题、引发讨论，网友互动，面面俱到。#海南环岛行#话题因此收获158.3万次阅读量

6. 浙江政务指数微博影响力榜

（1）浙江政务微博城市竞争力指数

排名	地区	传播力	服务力	互动力	竞争力指数
1	杭州	81.69	71.08	70.65	74.11
2	宁波	81.98	68.69	67.04	72.10
3	温州	76.02	63.37	60.29	66.09
4	嘉兴	71.65	60.89	64.52	65.39
5	绍兴	67.40	49.58	59.29	58.33
6	湖州	73.96	44.75	56.92	57.77
7	台州	68.71	44.96	57.32	56.41
8	金华	66.80	43.30	53.53	53.93
9	舟山	58.35	36.76	50.40	48.01
10	衢州	57.36	30.54	43.08	42.98
11	丽水	53.18	27.12	38.67	38.98

（2）浙江十大政务机构微博

排名	微博	认证信息	传播力	服务力	互动力	总分
1	杭州发布	杭州市人民政府新闻办公室官方微博	82.18	67.42	65.43	72.53
2	浙江公安	浙江省公安厅官方微博	80.59	70.97	61.28	70.94
3	宁波发布	宁波市政府新闻办公室官方微博	79.87	66.58	56.80	67.98
4	浙江发布	浙江省人民政府新闻办公室官方微博	77.03	62.58	51.24	63.82
5	余杭公安	杭州市公安局余杭区公安分局官方微博	72.58	72.02	49.87	63.38
6	宁波市公安局交通警察局	宁波市公安局交通警察局官方微博	74.24	81.28	43.14	63.21

续表

排名	微博	认证信息	传播力	服务力	互动力	总分
7	乐清发布	乐清市政府新闻办公室官方微博	71.61	79.28	46.04	62.92
8	平安温州	温州市公安局	75.96	56.09	53.25	62.90
9	温州高速交警	浙江省公安厅高速公路交通警察总队温州支队、温州市公安局高速公路交警支队官方微博	73.87	76.54	42.29	61.77
10	宁波海事局	宁波海事局官方微博	67.72	82.42	42.74	60.67

（3）浙江十大党政新闻发布微博

排名	微博	认证信息	传播力	服务力	互动力	总分
1	杭州发布	杭州市人民政府新闻办公室官方微博	82.18	67.42	65.43	72.53
2	宁波发布	宁波市政府新闻办公室官方微博	79.87	66.58	56.80	67.98
3	浙江发布	浙江省人民政府新闻办公室官方微博	77.03	62.58	51.24	63.82
4	乐清发布	乐清市政府新闻办公室官方微博	71.61	79.28	46.04	62.92
5	安吉发布	浙江省安吉县政府新闻办官方微博	64.93	61.64	51.64	58.96
6	江干发布	浙江省杭州市江干区政府新闻办官方微博	66.12	73.44	43.51	58.54
7	北仑发布	宁波市北仑区人民政府新闻办官方微博	68.00	72.62	40.89	58.08
8	余姚发布	余姚市政府新闻办公室官方微博	68.39	66.23	41.96	57.38
9	建德发布	浙江省建德市人民政府新闻办公室官方微博	63.69	71.47	41.61	56.41
10	温州发布	浙江省温州市政府新闻办公室官方微博	68.32	62.84	39.48	55.69

（4）浙江十大公安系统微博

排名	微博	认证信息	传播力	服务力	互动力	总分
1	浙江公安	浙江省公安厅官方微博	80.59	70.97	61.28	70.94
2	余杭公安	杭州市公安局余杭区公安分局官方微博	72.58	72.02	49.87	63.38
3	宁波市公安局交通警察局	宁波市公安局交通警察局官方微博	74.24	81.28	43.14	63.21
4	平安温州	温州市公安局	75.96	56.09	53.25	62.90
5	温州高速交警	浙江省公安厅高速公路交通警察总队温州支队、温州市公安局高速公路交警支队官方微博	73.87	76.54	42.29	61.77
6	宁波公安	宁波市公安局官方微博	70.30	56.68	41.35	56.00
7	余杭交警	杭州市公安局余杭区分局交通警察大队官方微博	65.83	70.17	37.04	55.18
8	平安铁路	杭州铁路公安处官方微博	71.30	53.60	36.34	53.77
9	台州公安	浙江台州公安	68.75	43.51	40.27	52.31
10	平安杭州铁路	杭州铁路警方官方微博	66.21	70.37	28.97	52.15

（5）浙江十大司法系统微博

排名	微博	认证信息	传播力	服务力	互动力	总分
1	上城政法	浙江省杭州市上城区委政法委员会官方微博	52.09	51.89	29.74	43.11
2	尖山司法所	浙江省海宁市司法局尖山司法所官方微博	57.05	43.73	27.37	42.51
3	温州法院	浙江省温州市中级人民法院官方微博	59.02	20.43	27.37	38.64
4	浙江普法	浙江省司法厅、浙江省普法办官方微博	58.58	22.10	21.55	36.47
5	浙江检察	浙江省人民检察院官方微博	56.21	28.48	18.07	35.41
6	温州司法在线	温州市司法局官方微博	48.40	19.04	26.85	33.91
7	江北检察	宁波市江北区人民检察院官方微博	48.70	47.08	11.26	33.40
8	海宁司法	浙江省海宁市司法局官方微博	56.83	18.39	15.78	32.72
9	安吉普法	浙江省湖州市安吉县司法局官方微博	48.80	34.76	11.14	30.93
10	温州检察	浙江省温州市人民检察院官方微博	52.07	18.46	15.64	30.78

（6）浙江十大旅游局微博

排名	微博	认证信息	传播力	服务力	互动力	总分
1	舟山市旅游委员会	浙江省舟山市旅游局官方微博	70.75	64.09	48.40	60.48
2	杭州市旅游委员会	杭州市旅游委员会官方微博	73.46	56.16	48.00	59.82
3	浙江省旅游局	浙江省旅游局官方微博	74.94	41.13	49.73	58.10
4	宁波旅游局	宁波旅游局官方微博	67.17	42.71	37.18	50.28
5	千岛湖旅游	淳安县千岛湖风景旅游委员会官方微博	62.12	66.33	28.74	49.61
6	温州旅游官方微博	温州市旅游局官方微博	65.87	35.28	34.52	47.21
7	浦江县旅游	浙江金华浦江县风景旅游管理局官方微博	61.51	51.04	27.70	45.89
8	悠游湖州	浙江省湖州市旅游局官方微博	61.87	54.71	24.85	45.63
9	萧山旅游	杭州市萧山区旅游局官方微博	59.08	51.86	27.55	45.03
10	玩转安吉	浙江安吉风景与旅游管理委员会官方微博	59.03	26.18	39.11	44.49

（7）浙江十大团委系统微博

排名	微博	认证信息	传播力	服务力	互动力	总分
1	浙江团省委	共青团浙江省委员会官方微博	67.63	60.23	48.57	58.53
2	共青团鄞州区委	宁波市鄞州区共青团官方微博	50.06	33.12	14.94	32.62
3	舟山青年	共青团舟山市委员会官方微博	45.34	19.80	20.65	30.36
4	海宁共青团	共青团海宁市委员会官方微博	46.60	18.47	16.51	28.94
5	青春镇海炼化	共青团中国石化镇海炼化分公司官方微博	43.48	29.67	10.53	27.54
6	龙湾共青团	共青团温州市龙湾区委官方微博	45.21	23.29	11.23	27.23
7	青春江干	共青团杭州市江干区委官方微博	43.71	31.15	8.39	27.07
8	安吉共青团	共青团安吉县委员会官方微博	42.25	29.90	7.92	26.05
9	慈溪城管	共青团浙江省慈溪市城市管理行政执法局委员会官方微博	46.71	15.11	10.35	25.85
10	共青团奉化市委	共青团浙江省奉化市委员会官方微博	43.62	19.62	6.95	24.15

（8）浙江十大交通系统微博

排名	微博	认证信息	传播力	服务力	互动力	总分
1	宁波海事局	宁波海事局官方微博	67.72	82.42	42.74	60.67
2	温州机场彩虹服务	温州机场地面服务公司服务部官方微博	67.20	63.44	24.38	49.32
3	铁路杭州站	上海铁路局杭州站官方微博	59.56	50.28	20.48	42.07
4	北仑海事	中华人民共和国宁波北仑海事处官方微博	54.45	42.25	25.69	40.51
5	宁波VTS	宁波海事局船舶交通管理中心	59.91	45.19	15.91	39.37
6	宁波轨道交通	宁波轨道交通官方微博	56.99	11.35	30.15	37.13
7	上铁江山火车站	上海铁路局金华车务段江山火车站官方微博	54.69	44.15	14.26	36.41
8	上铁金华车务段	上海铁路局金华车务段官方微博	56.65	45.35	10.05	35.75
9	湖州市公路管理局	浙江省湖州市公路管理处官方微博	57.51	38.72	11.02	35.16
10	浙江海事	中华人民共和国浙江海事局官方微博	52.93	35.53	16.09	34.71

7. 安徽政务指数微博影响力榜

（1）安徽政务微博城市竞争力指数

排名	地区	传播力	服务力	互动力	竞争力指数
1	马鞍山	72.29	68.76	68.11	69.59
2	宿　州	69.03	68.07	60.27	65.63
3	蚌　埠	67.31	68.49	47.97	60.95
4	合　肥	64.92	53.65	62.82	60.24
5	安　庆	61.66	53.89	52.07	55.58
6	芜　湖	65.44	51.24	51.27	55.51
7	黄　山	63.97	52.57	49.47	54.90
8	六　安	61.58	47.87	50.11	52.77
9	滁　州	61.15	43.70	49.52	50.97
10	宣　城	58.35	49.14	45.05	50.47
11	亳　州	59.04	43.93	48.88	50.20
12	池　州	58.44	49.27	43.90	50.14
13	阜　阳	56.77	38.50	45.46	46.41
14	淮　北	58.11	36.48	39.17	43.91
15	淮　南	56.65	38.26	38.40	43.82
16	铜　陵	54.57	27.76	35.61	38.55

（2）安徽十大政务机构微博

排名	微博	认证信息	传播力	服务力	互动力	总分
1	安徽公安在线	安徽省公安厅官方微博	83.94	91.47	64.08	77.50
2	马鞍山发布	安徽省马鞍山市委宣传部新闻发布官方微博	76.66	88.88	64.71	74.32
3	马鞍山公安在线	安徽省马鞍山市公安局官方微博	74.39	75.28	61.71	69.49

续表

排名	微博	认证信息	传播力	服务力	互动力	总分
4	安徽发布	安徽省互联网信息办公室官方微博	76.44	76.38	57.00	68.65
5	安徽消防	安徽省消防总队官方微博	71.87	83.18	50.66	65.65
6	宿州发布	安徽省宿州市人民政府办公室官方微博	69.16	82.77	48.49	63.61
7	江淮气象	安徽省气象局公共服务中心官方微博	70.93	81.64	45.93	63.07
8	蚌埠铁路公安在线	安徽省蚌埠铁路公安处官方微博	69.19	93.08	41.84	63.03
9	安徽公安交警在线	安徽省公安厅交警总队官方微博	74.03	62.72	47.41	61.12
10	安徽省教育厅	安徽省教育厅官方微博	73.67	56.15	49.33	60.43

（3）安徽十大党政新闻发布微博

排名	微博	认证信息	传播力	服务力	互动力	总分
1	马鞍山发布	安徽省马鞍山市委宣传部新闻发布官方微博	76.66	88.88	64.71	74.32
2	安徽发布	安徽省互联网信息办公室官方微博	76.44	76.38	57.00	68.65
3	宿州发布	安徽省宿州市人民政府办公室官方微博	69.16	82.77	48.49	63.61
4	亳州发布	亳州市互联网信息办公室官方微博	65.27	73.10	43.59	58.17
5	美好滁州	安徽滁州市委宣传部官方微博	65.22	62.17	47.06	57.34
6	安庆发布	中共安庆市委宣传部互联网宣传管理办公室官方微博	66.78	52.20	44.54	54.97
7	黄山发布	安徽省黄山市委市政府信息办公室、黄山市互联网宣传管理办公室	63.11	60.93	39.31	53.16
8	六安发布	中共安徽省六安市委、六安市人民政府官方微博	65.51	50.00	35.45	50.38
9	芜湖发布	安徽省芜湖市互联网宣传管理办公室官方微博	64.50	48.12	34.50	49.22
10	灵璧发布	安徽省灵璧县互联网宣传管理办公室官方微博	57.99	68.61	27.08	47.75

（4）安徽十大公安系统微博

排名	微博	认证信息	传播力	服务力	互动力	总分
1	安徽公安在线	安徽省公安厅官方微博	83.94	91.47	64.08	77.50
2	马鞍山公安在线	安徽省马鞍山市公安局官方微博	74.39	75.28	61.71	69.49
3	安徽消防	安徽省消防总队官方微博	71.87	83.18	50.66	65.65
4	蚌埠铁路公安在线	安徽省蚌埠铁路公安处官方微博	69.19	93.08	41.84	63.03
5	安徽公安交警在线	安徽省公安厅交警总队官方微博	74.03	62.72	47.41	61.12
6	宿州公安在线	安徽省宿州市公安局官方微博	68.14	69.12	45.29	59.20
7	亳州公安在线	安徽省亳州市公安局	66.94	76.38	42.79	59.17
8	平安芜湖	安徽省芜湖市公安局官方微博	70.05	67.77	43.44	58.95
9	蚌埠公安在线	蚌埠市公安局官方微博	67.93	76.61	40.94	58.87
10	宿州埇桥公安在线	宿州市公安局埇桥分局官方微博	64.64	77.71	42.78	58.51

（5）安徽十大司法系统微博

排名	微博	认证信息	传播力	服务力	互动力	总分
1	含山法宣零距离	安徽省马鞍山市含山县司法局官方微博	65.27	69.48	47.45	58.98
2	安徽检察	安徽省人民检察院官方微博	60.43	44.37	32.49	46.04
3	安徽司法	安徽省司法厅官方微博	54.56	35.97	34.68	42.89
4	环峰司法所	安徽省马鞍山市含山县司法局环峰司法所官方微博	46.71	47.94	22.28	37.19
5	陶厂司法所	安徽省马鞍山市含山县陶厂司法所官方微博	48.78	39.82	23.26	36.78
6	安徽普法	安徽省依法治省领导小组办公室官方微博	50.78	28.77	25.17	36.13
7	雨山检察	安徽省马鞍山市雨山区人民检察院官方微博	43.63	44.34	18.97	33.91
8	安徽高院	安徽省高级人民法院官方微博	53.16	23.62	18.02	33.20
9	固镇普法	安徽省蚌埠市固镇县普法办官方微博	43.33	56.98	10.46	32.91
10	功桥司法所	安徽省马鞍山市和县司法局功桥司法所官方微博	43.98	40.49	17.53	32.70

（6）安徽十大旅游局微博

排名	微博	认证信息	传播力	服务力	互动力	总分
1	安徽省旅游局	安徽省旅游局官方微博	70.43	51.39	48.29	57.76
2	六安市旅游	六安市旅游局官方微博	53.58	19.39	20.47	33.50
3	池州旅游微博	安徽省池州市旅游委员会官方微博	51.29	14.44	20.58	31.63
4	黟县旅游委员会	安徽省黄山市黟县旅游委员会官方微博	49.20	20.28	18.96	31.32
5	亳州市文化旅游局	亳州市文化旅游局官方微博	49.67	16.39	15.42	29.31
6	黄山区微旅游	安徽省黄山市黄山区旅游委员会官方微博	48.23	14.83	14.25	27.96
7	金寨县旅游委	安徽省六安市金寨县旅游局官方微博	44.74	9.81	11.29	24.37
8	阜阳市旅游局	安徽省阜阳市旅游局官方微博	42.38	13.57	10.16	23.73
9	歙县微旅游	歙县旅游委员会官方微博	42.18	13.66	9.93	23.58
10	六安金安旅游	安徽省六安市金安区旅游局官方微博	41.90	18.67	6.43	23.06

（7）安徽十大团委系统微博

排名	微博	认证信息	传播力	服务力	互动力	总分
1	安徽共青团	共青团安徽省委员会官方微博	64.01	57.40	42.30	54.00
2	青春弋江	共青团芜湖市弋江区委官方微博	57.32	72.00	39.60	53.17
3	滁州共青团	共青团安徽省滁州市委员会官方微博	58.22	58.07	30.66	47.17
4	五河青春	共青团安徽省蚌埠市五河县委官方微博	57.48	57.11	31.27	46.92
5	徽州区团委	共青团安徽省黄山市徽州区委官方微博	52.70	57.05	27.91	43.65
6	金安区团委	共青团六安市金安区委官方微博	48.78	66.50	21.09	41.25
7	蚌埠共青团	共青团安徽省蚌埠市委员会官方微博	55.95	44.92	24.08	41.00

续表

排名	微博	认证信息	传播力	服务力	互动力	总分
8	叶集团区委	共青团六安市叶集改革发展试验区管理委员会官方微博	49.83	54.20	25.41	40.94
9	祁门团委	共青团安徽省黄山市祁门县委官方微博	48.57	55.24	24.23	40.17
10	共青团黟县	共青团黄山市黟县委员会官方微博	45.47	55.29	20.12	37.30

（8）安徽十大交通系统微博

排名	微博	认证信息	传播力	服务力	互动力	总分
1	安徽高速	安徽交通运输联网管理中心	66.68	55.02	26.55	48.30
2	马鞍山公交服务	安徽省马鞍山市公共交通集团有限责任公司官方微博	57.57	58.76	32.38	47.73
3	铁路合肥站	上海铁路局合肥火车站官方微博	61.06	24.65	22.58	38.39
4	上铁合肥客运段官方微博	上海铁路局合肥客运段官方微博	52.62	43.57	21.23	38.25
5	阜阳市公交总公司	阜阳市公交总公司官方微博	52.88	20.11	24.00	34.78
6	阜阳火车站微博	上海铁路局阜阳火车站官方微博	55.43	25.34	18.09	34.48
7	安徽交通运输	安徽省交通运输厅官方微博	52.37	35.11	11.51	32.57
8	芜湖市交通运输局	安徽省芜湖市交通运输局官方微博	51.08	28.31	13.34	31.43
9	上铁蚌埠站	上海铁路局蚌埠站官方微博	52.31	25.12	11.10	30.39
10	黄山爱情邮局	安徽黄山风景区翡翠谷爱情邮局官方微博	41.44	8.52	10.58	22.51
10	西铁延安火车站	西安铁路局延安火车站官方微博	45.48	10.08	8.94	23.78

8. 北京政务指数微博影响力榜

（1）北京十大政务机构微博

排名	微博	认证信息	传播力	服务力	互动力	总分
1	平安北京	北京市公安局官方微博	94.02	96.65	80.47	89.13
2	北京地铁	北京地铁公司官方微博	86.67	99.53	70.05	82.59
3	北京交警	北京市公安局公安交通管理局官方微博	82.91	93.41	60.32	75.97
4	北京发布	北京市政府新闻办公室官方微博	88.37	64.69	69.08	75.92
5	交通北京	北京市交通委员会官方微博	85.56	74.47	60.38	73.27
6	京港地铁	京港地铁公司官方微博	77.37	88.31	60.91	72.98
7	气象北京	北京市气象局官方微博	84.35	67.42	58.76	70.73
8	北京公交集团	北京公交集团官方微博	78.22	73.15	55.46	68.11
9	首都网警	首都网警	79.24	58.24	53.99	64.94
10	北京昌平	北京市昌平区官方政务微博	71.82	86.04	47.37	64.88

（2）北京十大党政新闻发布微博

排名	微博	认证信息	传播力	服务力	互动力	总分
1	北京发布	北京市政府新闻办公室官方微博	88.37	64.69	69.08	75.92
2	北京昌平	北京市昌平区官方政务微博	71.82	86.04	47.37	64.88
3	北京丰台	北京市丰台区政府官方微博	72.72	77.04	43.09	61.73
4	北京西城	北京市西城区人民政府新闻办公室官方微博	71.38	60.57	43.16	57.93
5	北京市东城	北京市东城区官方微博	67.77	57.47	40.78	54.91
6	海淀在线	北京市海淀区政府官方微博	67.74	55.67	35.17	52.30
7	山水怀柔	北京市怀柔区官方政务微博	64.40	55.61	35.46	51.07
8	Funhill 房山	北京市房山区政府官方微博	65.42	44.38	35.14	49.10
9	北京朝阳	北京市朝阳区政府官方微博	65.83	48.84	29.47	47.89
10	北京市石景山	北京市石景山区政府官方微博	63.33	57.36	23.94	46.38

（3）北京十大公安系统微博

排名	微博	认证信息	传播力	服务力	互动力	总分
1	平安北京	北京市公安局官方微博	94.02	96.65	80.47	89.13
2	北京交警	北京市公安局公安交通管理局官方微博	82.91	93.41	60.32	75.97
3	首都网警	首都网警	79.24	58.24	53.99	64.94
4	北京消防	北京市公安局消防局官方微博	77.12	36.20	50.34	58.22
5	北京公安出入境	北京市公安局出入境管理局官方微博	69.05	74.12	38.91	58.01
6	北京边检	北京出入境边防检查总站官方微博	71.41	35.27	54.00	57.22
7	北京首都国际机场警犬队	北京首都国际机场公安分局特警支队警犬队官方微博	67.32	33.64	54.48	55.45
8	丰台警事	丰台公安分局官方认证微博	67.23	55.65	39.84	53.96
9	海淀公安分局	海淀公安分局官方微博	68.96	40.26	43.37	52.98
10	平安昌平	北京市公安局昌平分局官方微博	68.44	60.66	30.19	51.59

（4）北京十大司法系统微博

排名	微博	认证信息	传播力	服务力	互动力	总分
1	京法网事	北京法院网官方微博	78.41	52.89	53.82	63.47
2	北京海淀法院	北京市海淀区人民法院官方微博	82.04	28.89	43.52	56.00
3	北京普法	北京市法制宣传教育领导小组办公室	62.99	35.89	39.21	48.06
4	北京朝阳法院	北京市朝阳区人民法院官方微博	66.18	30.25	37.11	47.37
5	北京东城法院	北京市东城区人民法院官方微博	65.10	20.71	41.76	46.89
6	北京政法	首都政法综治网官方微博	62.49	49.40	29.15	46.53
7	北京市第一中级人民法院	北京市第一中级人民法院官方微博	65.53	30.99	32.89	45.56
8	北京三中院	北京市第三中级人民法院官方微博	57.55	32.81	18.49	36.98
9	北京市第四中级人民法院	北京市第四中级人民法院官方微博	52.90	38.02	16.95	35.54
10	北京西城法院	北京市西城区人民法院官方微博	53.86	30.12	18.23	34.86

（5）北京十大旅游局微博

排名	微博	认证信息	传播力	服务力	互动力	总分
1	北京市旅游发展委员会	北京市旅游发展委员会	69.67	38.30	43.13	52.78
2	海淀旅游	北京市海淀区旅游发展委员会官方微博	61.63	50.26	37.86	49.85
3	爱上昌平	昌平区旅游局官方微博	57.02	51.85	31.07	45.61
4	东城旅游	北京市东城区旅游发展委员会	58.83	36.57	26.39	41.40
5	发现新丰台	北京市丰台区旅游发展委员会官方微博	53.23	37.86	24.21	38.55
6	北京旅游网官方微博	北京旅游网官方微博	55.67	32.83	22.68	37.90
7	怀柔区旅游发展委员会	北京市怀柔区旅游发展委员会	52.13	25.91	13.61	31.48
8	门头沟区旅游委	门头沟旅游局官方微博	49.95	18.67	15.53	29.93
9	畅游西城	北京市西城区旅游局官方微博	50.47	23.26	9.67	28.71
10	房山旅游	北京市房山区旅游发展委员会官方微博	44.21	14.89	9.16	24.33

（6）北京十大团委系统微博

排名	微博	认证信息	传播力	服务力	互动力	总分
1	青年说	共青团北京市委员会官方微博	67.15	33.09	33.62	46.93
2	e-北科大青年	共青团北京科技大学委员会官方微博	52.53	30.53	21.84	35.86
3	北京青联	北京市青年联合会官方微博	60.42	8.43	19.76	33.76
4	北邮青年	北京邮电大学团委官方微博	49.09	14.62	15.09	28.60
5	京铁共青团	共青团北京铁路局委员会	44.76	17.34	9.99	25.37
6	青春朝阳YOUNG	共青团北京市朝阳区委官方微博	34.68	13.69	3.48	18.00
7	北服青年资讯	北京服装学院团委宣传部官方微博	33.53	4.87	5.24	16.48
8	青春西城	共青团北京市西城区委官方微博	35.64	4.27	1.26	15.61
9	丰台青年	共青团北京市丰台区委官方微博	31.25	6.88	2.58	14.91
10	共青团北京市12355	北京市12355青少年服务台官方微博	34.99	1.19	0.80	14.55

（7）北京十大交通系统微博

排名	微博	认证信息	传播力	服务力	互动力	总分
1	北京地铁	北京地铁公司官方微博	86.67	99.53	70.05	82.59
2	交通北京	北京市交通委员会官方微博	85.56	74.47	60.38	73.27
3	京港地铁	京港地铁公司官方微博	77.37	88.31	60.91	72.98
4	北京公交集团	北京公交集团官方微博	78.22	73.15	55.46	68.11
5	北京铁路	北京铁路局官方微博	79.22	63.12	48.54	63.72
6	北京南站官方微博	北京铁路局北京南站官方微博	66.57	59.26	30.36	50.62
7	北京西站官方微博	北京西站官方微博	65.71	57.39	27.28	48.67
8	北京站官方微博	北京火车站官方微博	66.42	49.48	25.87	46.81
9	北京客运段微博	北京铁路局北京客运段官方微博	55.19	36.61	17.37	36.35
10	北京地铁运营二分公司	北京地铁运营二分公司	53.48	40.85	15.00	35.56

9. 陕西政务指数微博影响力榜

（1）陕西政务微博城市竞争力指数

排名	地区	传播力	服务力	互动力	竞争力指数
1	西安	76.30	75.86	74.20	75.41
2	宝鸡	64.39	49.21	56.27	56.23
3	榆林	69.73	44.99	55.63	56.14
4	咸阳	64.70	46.21	53.78	54.41
5	渭南	62.87	47.29	52.99	53.96
6	汉中	55.83	41.77	48.38	48.30
7	安康	60.14	44.77	41.01	48.06
8	商洛	61.05	39.21	44.27	47.53
9	延安	58.64	36.72	42.78	45.42
10	铜川	52.44	24.74	40.77	38.66

（2）陕西十大政务机构微博

排名	微博	认证信息	传播力	服务力	互动力	总分
1	西安发布	西安市互联网信息办公室官方微博	79.33	71.57	61.90	70.81
2	汉唐网	陕西省文物局官方微博	81.54	45.17	71.23	70.14
3	法治西安	陕西省西安市司法局官方微博	70.64	84.52	56.88	67.91
4	西安公安	陕西省西安市公安局官方微博	79.02	55.57	60.49	66.92
5	陕西省教育厅	陕西省教育厅官方微博	73.34	76.98	53.33	66.07
6	陕西发布	陕西省人民政府门户网站官方微博	76.26	66.38	54.64	65.64
7	西安市旅游局	西安市旅游局官方微博	73.71	67.16	55.56	65.14
8	陕西公安	陕西省公安厅官方微博	73.71	67.11	52.79	64.02
9	西铁资讯	西安铁路局官方微博	71.14	81.13	42.24	61.58
10	三秦青年	共青团陕西省委官方微博	71.27	60.14	50.71	60.82

（3）陕西十大党政新闻发布微博

排名	微博	认证信息	传播力	服务力	互动力	总分
1	西安发布	西安市互联网信息办公室官方微博	79.33	71.57	61.90	70.81
2	陕西发布	陕西省人民政府门户网站官方微博	76.26	66.38	54.64	65.64
3	铜川发布	陕西省铜川市人民政府官方微博	63.56	60.61	38.16	52.81
4	榆林宣传	中共榆林市委宣传部官方微博	62.52	48.16	39.03	50.25
5	渭城宣传	中共咸阳市渭城区委宣传部官方微博	55.20	66.76	32.60	48.47
6	商洛发布	陕西省商洛市人民政府官方微博	57.67	60.27	26.79	45.84
7	子洲宣传	陕西省榆林市子洲县委宣传部官方微博	60.53	43.94	30.98	45.39
8	渭南发布	渭南市人民政府办公室	61.00	39.84	31.53	44.98
9	周至宣传	中共陕西省西安市周至县委宣传部官方微博	56.21	50.32	29.83	44.48
10	浐灞生态区	西安浐灞生态区管理委员会官方微博	60.07	47.63	26.91	44.32

（4）陕西十大公安系统微博

排名	微博	认证信息	传播力	服务力	互动力	总分
1	西安公安	陕西省西安市公安局官方微博	79.02	55.57	60.49	66.92
2	陕西公安	陕西省公安厅官方微博	73.71	67.11	52.79	64.02
3	陕西消防	陕西省公安消防总队官方微博	72.58	50.48	53.41	60.49
4	畅通西安	西安市公安局交警支队官方微博	69.43	56.70	42.13	55.96
5	陕西治安	陕西省公安厅治安管理局官方微博	62.72	63.68	33.90	51.38
6	榆林交警二大队	陕西省榆林市公安局交警支队二大队	61.68	53.23	37.40	50.28
7	西安交警莲湖大队	陕西省西安市交警支队莲湖大队官方微博	62.52	56.27	34.55	50.08
8	西安铁路公安局	西安铁路公安局官方微博	61.73	53.71	34.06	49.06
9	榆林公安	陕西省榆林市公安局官方微博	63.27	44.91	36.39	48.85
10	榆林交警	榆林市公安局交警支队官方微博	63.52	46.53	35.24	48.81

（5）陕西十大司法系统微博

排名	微博	认证信息	传播力	服务力	互动力	总分
1	法治西安	陕西省西安市司法局官方微博	70.64	84.52	56.88	67.91
2	陕西高院	陕西省高级人民法院官方微博	67.96	56.21	44.92	56.39
3	商南县人民法院	陕西省商南县人民法院官方微博	57.70	54.55	29.97	45.98
4	富平法院	陕西省渭南市富平人民法院官方微博	56.55	55.71	29.30	45.48
5	法治三秦	陕西省司法厅官方微博	56.02	46.48	22.31	40.63
6	西安中院	西安市中级人民法院官方微博	57.29	29.51	27.43	39.79
7	潼關法院	陕西省渭南市潼关县人民法院官方微博	50.94	41.26	23.39	37.98
8	渭南中院	渭南市中级人民法院官方微博	50.68	46.84	18.63	37.09
9	未央检察	西安市未央区人民检察院官方微博	51.27	47.42	17.37	36.94
10	阎良法院	陕西省西安市阎良区人民法院官方微博	48.37	42.67	17.57	34.91

（6）陕西十大旅游局微博

排名	微博	认证信息	传播力	服务力	互动力	总分
1	西安市旅游局	西安市旅游局官方微博	73.71	67.16	55.56	65.14
2	陕西省旅游局	陕西省旅游局官方微博	69.05	45.25	44.29	54.39
3	渭南市旅游局	陕西省渭南市文物旅游局官方微博	58.77	58.12	30.96	47.52
4	咸阳文物旅游局微博	咸阳市文物旅游局官方微博	56.38	48.59	28.27	43.58
5	延安市旅游局	延安市旅游局	58.79	39.09	27.24	42.23
6	宝鸡文物旅游	宝鸡市文物旅游局官方微博	54.54	23.43	24.82	36.43
7	留坝县文物旅游局	陕西省留坝县文物旅游局官方微博	50.72	30.07	21.94	35.08
8	汉中文物旅游	陕西省汉中市文物旅游局官方微博	46.88	22.99	15.42	29.52
9	白水县文物旅游	陕西省渭南市白水县文物旅游局官方微博	47.48	11.14	12.31	26.14
10	凤县文物旅游	陕西省宝鸡市凤县文物旅游局官方微博	40.49	13.72	17.52	25.95

（7）陕西十大团委系统微博

排名	微博	认证信息	传播力	服务力	互动力	总分
1	三秦青年	共青团陕西省委官方微博	71.27	60.14	50.71	60.82
2	西安青年聚	共青团西安市委官方微博	63.96	69.73	41.98	56.32
3	长安大学团委	共青团长安大学委员会官方微博	62.60	60.73	39.53	53.00
4	榆林团市委	榆林团市委官方微博	58.76	70.78	31.45	50.24
5	宝鸡团市委	共青团宝鸡市委员会官方微博	59.83	47.88	37.54	48.52
6	青春_安康	共青团安康市委员会官方微博	58.12	58.70	30.76	47.29
7	天汉青年－汉中共青团	共青团汉中市委员会官方微博	58.17	58.46	29.95	46.94
8	青春户县	共青团西安市户县团委官方微博	55.59	59.20	31.74	46.77
9	渭南青年网 v	共青团渭南市委员会官方微博	57.70	56.64	27.69	45.48
10	宝鸡文理学院团委	共青团宝鸡文理学院委员会官方微博	55.41	52.65	29.10	44.34

（8）陕西十大交通系统微博

排名	微博	认证信息	传播力	服务力	互动力	总分
1	西铁资讯	西安铁路局官方微博	71.14	81.13	42.24	61.58
2	西铁客服在线	西安铁路局客户服务中心官方微博	69.07	68.72	32.15	54.23
3	陕西交通 12122	陕西省高速公路收费管理中心官方微博	66.93	62.34	20.61	47.48
4	西安地铁	西安市地下铁道有限责任公司	62.24	21.92	38.51	44.69
5	西安地铁运营分公司	西安地铁运营分公司官方微博	60.00	27.12	32.54	42.44
6	西安咸阳国际机场	西安咸阳国际机场官方微博	61.10	22.80	26.33	39.53
7	西铁西安客运段	西安铁路局西安客运段官方微博	48.73	29.11	11.50	29.91
8	西铁安康火车站	西安铁路局安康车站官方微博	50.67	20.74	10.34	28.55
9	西铁西安北火车站	西安铁路局西安北站官方微博	48.72	13.94	14.43	28.05

10. 上海政务指数微博影响力榜

（1）上海十大政务机构微博

排名	微博	认证信息	传播力	服务力	互动力	总分
1	上海发布	上海市政府新闻办公室官方微博	96.74	76.66	83.99	87.62
2	警民直通车－上海	上海市公安局官方微博	86.69	81.96	70.66	79.33
3	上海地铁 shmetro	上海申通地铁集团运营管理部官方微博	87.13	89.64	66.06	79.21
4	乐游上海	上海市旅游局	83.94	65.13	64.67	72.47
5	上铁资讯	上海铁路局官方微博	79.89	71.85	54.70	68.21
6	上海宝山发布	上海市宝山区人民政府官方微博	77.13	65.69	57.34	66.93
7	上海静安	静安区微博	73.49	77.63	54.87	66.87
8	上海杨浦	上海市杨浦区政府	73.33	63.74	52.74	63.18
9	航旅直通车－上海机场	上海机场集团官方微博,浦东机场、虹桥机场航旅资讯平台	74.59	73.87	46.16	63.07
10	青春上海	共青团上海市委员会官方微博	71.38	64.64	51.55	62.10

（2）上海十大党政新闻发布微博

排名	微博	认证信息	传播力	服务力	互动力	总分
1	上海发布	上海市政府新闻办公室官方微博	96.74	76.66	83.99	87.62
2	上海宝山发布	上海市宝山区人民政府官方微博	77.13	65.69	57.34	66.93
3	上海静安	静安区微博	73.49	77.63	54.87	66.87
4	上海杨浦	上海市杨浦区政府	73.33	63.74	52.74	63.18
5	浦东发布	上海市浦东新区人民政府新闻办公室官方微博	72.49	49.52	48.55	58.32
6	金山传播	上海市金山区人民政府新闻办公室	68.61	67.20	40.55	57.10
7	上海奉贤发布	上海市奉贤区人民政府新闻办公室官方微博	67.47	71.20	39.21	56.91
8	今日张江	上海市浦东新区张江镇人民政府官方微博	62.57	69.62	44.22	56.64
9	上海松江发布	上海市松江区人民政府官方微博	69.20	65.68	37.31	55.74
10	上海崇明	上海市崇明县人民政府新闻办公室官方微博	69.02	54.41	40.33	54.62

（3）上海十大公安系统微博

排名	微博	认证信息	传播力	服务力	互动力	总分
1	警民直通车–上海	上海市公安局官方微博	86.69	81.96	70.66	79.33
2	上海铁警发布	上海铁路公安官方微博	76.00	56.48	50.62	61.94
3	警民直通车–松江	上海市公安局松江分局官方微博	71.57	61.46	51.87	61.66
4	警民直通车–徐汇站	上海市公安局徐汇分局官方微博	67.48	44.30	40.46	52.03
5	上海消防	上海市消防局官方微博	67.01	44.33	39.23	51.36
6	上海边检	上海出入境边防检查总站官方微博	68.99	45.61	34.05	50.34
7	警民直通车–浦东	上海市公安局浦东分局官方微博	67.26	45.50	34.82	49.93
8	警民直通车–上海机场	上海市公安局国际机场分局官方微博	64.13	48.81	31.91	48.18
9	嘉定公安	上海市公安局嘉定分局	66.30	30.11	36.04	46.96
10	青浦特警	上海市公安局青浦分局特警支队	62.22	28.74	39.07	46.26

（4）上海十大司法系统微博

排名	微博	认证信息	传播力	服务力	互动力	总分
1	青村法宣	上海市奉贤区司法局青村司法所官方微博	56.32	63.65	29.45	47.04
2	南桥法宣	上海市奉贤区司法局南桥司法所官方微博	56.75	46.59	28.95	43.60
3	浦江天平	上海市高级人民法院官方微博	63.06	32.07	29.79	43.55
4	奉城法宣	上海市奉贤区奉城镇司法所官方微博	53.43	42.99	26.29	40.48
5	金汇法宣	上海市奉贤区司法局金汇司法所官方微博	53.86	61.36	16.30	40.34
6	海港司法	上海市奉贤区司法局海港综合经济开发区司法所官方微博	49.00	52.53	23.87	39.65

排名	微博	认证信息	传播力	服务力	互动力	总分
7	庄行法宣	上海市奉贤区司法局庄行司法所官方微博	48.74	45.20	24.55	38.36
8	海湾法宣	上海市奉贤区司法局海湾司法所官方微博	50.81	49.49	19.47	38.01
9	上海检察	上海市人民检察院官方微博	56.50	27.55	21.61	36.76
10	校园天平	上海市普陀区青少年法制教育活动基地	45.43	6.80	42.87	36.68

（5）上海十大旅游局微博

排名	微博	认证信息	传播力	服务力	互动力	总分
1	乐游上海	上海市旅游局	83.94	65.13	64.67	72.47
2	金山旅游	上海市金山区旅游局	58.78	37.58	25.18	41.10
3	徐汇旅游	上海市徐汇区旅游局	53.59	39.14	15.76	35.57
4	白相到闵行	上海市闵行区旅游局官方微博	52.56	32.15	15.17	33.52
5	浦东旅游会展	上海市浦东新区旅游局官方微博	34.97	8.46	4.67	17.55
6	崇明旅游－官方微博	上海崇明县旅游局	30.56	2.71	1.47	13.35
7	想休闲到奉贤	上海市奉贤区旅游局官方微博	28.69	6.35	1.16	13.21
8	嘉定旅游	上海市嘉定区旅游局官方微博	20.58	0.31	0.71	8.58
9	上海市旅游培训中心	上海市旅游培训中心官方微博	17.85	2.76	0.19	7.77
10	长宁旅游	上海市长宁区旅游局官方微博	8.87	0.25	0.03	3.61

（6）上海十大团委系统微博

排名	微博	认证信息	传播力	服务力	互动力	总分
1	青春上海	共青团上海市委员会官方微博	71.38	64.64	51.55	62.10
2	华政青年	共青团华东政法大学委员会官方微博	60.84	45.12	37.42	48.33
3	普陀青年	共青团上海市普陀区委官方微博	50.73	47.46	17.97	36.97
4	青春东华	共青团东华大学委员会官方微博	48.91	23.66	21.45	32.88
5	上财青年	共青团上海财经大学委员会官方微博	46.76	16.65	15.80	28.35
6	上大团委	共青团上海大学委员会官方微博	44.78	14.60	16.95	27.61
7	上海海洋大学团委	共青团上海海洋大学委员会官方微博	42.39	11.55	16.16	25.73
8	浦东青年	共青团上海市浦东新区委官方微博	41.88	20.53	10.70	25.14
9	浦东12355	共青团浦东12355青少年服务平台官方微博	43.95	25.35	4.26	24.35
10	上海市建设交通团工委	共青团上海市城乡建设和交通工作委员会官方微博	46.55	16.86	5.83	24.32

（7）上海十大交通系统微博

排名	微博	认证信息	传播力	服务力	互动力	总分
1	上海地铁 shmetro	上海申通地铁集团运营管理部官方微博	87.13	89.64	66.06	79.21
2	上铁资讯	上海铁路局官方微博	79.89	71.85	54.70	68.21
3	航旅直通车－上海机场	上海机场集团官方微博,浦东机场、虹桥机场航旅资讯平台	74.59	73.87	46.16	63.07
4	铁路上海站	铁路上海站官方微博	72.52	49.20	37.36	53.79
5	上海海事局船员处	上海海事局船员管理处官方微博	63.98	62.56	37.38	53.05
6	航旅直通车－虹桥机场运行中心	上海虹桥国际机场运行中心	61.36	77.94	27.28	51.05
7	上海海事发布	中华人民共和国上海海事局官方微博	65.99	52.35	31.60	49.50
8	上海交通	上海市交通委员会官方微博	64.24	39.01	25.63	43.75
9	上海建设交通	上海市城乡建设和交通委员会官方微博	61.43	41.89	25.02	42.96
10	路线－途	上海市公路管理处官方微博	64.15	47.55	18.23	42.46

11. 湖北政务指数微博影响力榜

（1）湖北政务微博城市竞争力指数

排名	地区	传播力	服务力	互动力	竞争力指数
1	武汉	73.53	68.27	71.19	70.87
2	宜昌	68.59	59.23	60.10	62.34
3	十堰	64.26	54.25	59.73	59.17
4	荆州	56.02	43.40	44.23	47.48
5	荆门	48.80	45.69	43.40	45.82
6	恩施	54.46	31.31	41.51	41.83
7	襄阳	53.62	32.05	41.42	41.80
8	黄冈	49.04	30.29	41.87	39.97
9	黄石	48.55	36.38	32.84	38.79
10	咸宁	47.18	25.83	31.91	34.36
11	孝感	48.51	24.87	30.39	33.89
12	鄂州	43.68	17.46	21.85	26.86
13	随州	41.01	15.90	21.32	25.33

（2）湖北十大政务机构微博

排名	微博	认证信息	传播力	服务力	互动力	总分
1	平安武汉	武汉市公安局官方微博	85.82	77.75	72.57	78.90
2	十堰市公安局东岳分局	十堰市公安局东岳分局官方微博	75.82	88.88	61.24	72.60
3	武汉发布	武汉市人民政府新闻办公室	78.47	68.74	58.28	68.45
4	平安荆楚	湖北省公安厅官方微博	79.13	79.49	51.87	68.30

续表

排名	微博	认证信息	传播力	服务力	互动力	总分
5	武汉交警	武汉市公安局交通管理局	79.52	70.53	55.38	68.07
6	宜昌发布	宜昌市人民政府官方微博	70.28	83.57	49.61	64.67
7	青春湖北	共青团湖北省委员会官方微博	73.29	72.48	51.98	64.60
8	湖北高速交警钟祥大队	湖北省公安厅高速公路警察总队三十大队	67.41	91.42	44.14	62.90
9	武汉铁路局	武汉铁路局官方微博	72.08	75.56	41.75	60.64
10	平安宜昌	湖北省宜昌市公安局官方微博	70.02	72.11	44.94	60.41

（3）湖北十大党政新闻发布微博

排名	微博	认证信息	传播力	服务力	互动力	总分
1	武汉发布	武汉市人民政府新闻办公室	78.47	68.74	58.28	68.45
2	宜昌发布	宜昌市人民政府官方微博	70.28	83.57	49.61	64.67
3	湖北发布	湖北省人民政府新闻办公室官方微博	69.14	49.32	30.85	49.86
4	湖北省政府门户网站	湖北省人民政府门户网站官方微博	67.44	46.84	28.87	47.89
5	三峡秭归在线	中共秭归县委宣传部官方微博	55.36	70.32	28.10	47.45
6	荆州发布	湖北省荆州市人民政府新闻办公室官方微博	60.83	47.82	28.70	45.38
7	知音汉阳	武汉市汉阳区委宣传部官方微博	55.96	51.36	16.03	39.07
8	硚口发布	武汉市硚口区委宣传部官方微博	54.44	56.70	13.60	38.56
9	十堰政府网	十堰政府网官方微博	55.05	30.91	25.40	38.37
10	东西湖发布	武汉市东西湖区人民政府官方微博	53.70	43.90	19.18	37.93

（4）湖北十大公安系统微博

排名	微博	认证信息	传播力	服务力	互动力	总分
1	平安武汉	武汉市公安局官方微博	85.82	77.75	72.57	78.90
2	十堰市公安局东岳分局	十堰市公安局东岳分局官方微博	75.82	88.88	61.24	72.60
3	平安荆楚	湖北省公安厅官方微博	79.13	79.49	51.87	68.30
4	武汉交警	武汉市公安局交通管理局	79.52	70.53	55.38	68.07
5	湖北高速交警钟祥大队	湖北省公安厅高速公路警察总队三十大队	67.41	91.42	44.14	62.90
6	平安宜昌	湖北省宜昌市公安局官方微博	70.02	72.11	44.94	60.41
7	湖北交警	湖北省公安厅交通管理局官方微博	73.52	60.07	41.72	58.11
8	宜昌消防	湖北省宜昌市公安消防支队官方微博	66.55	67.28	39.35	55.82
9	荆州交警一大队	湖北省荆州市公安交通管理局一大队官方微博	63.93	68.30	34.70	53.11
10	湖北高速交警	湖北省公安厅高速公路警察总队	71.03	37.61	39.56	51.76

（5）湖北十大司法系统微博

排名	微博	认证信息	传播力	服务力	互动力	总分
1	湖北省人民检察院	湖北省人民检察院官方微博	64.21	38.39	28.57	44.79
2	湖北普法	湖北省普法依法治理工作领导小组办公室	54.82	27.42	36.22	41.90
3	黄石法律援助	湖北省黄石市法律援助中心（黄石市司法局直属行政机构）官方微博	53.95	58.50	14.08	38.91
4	茅箭法院	湖北省十堰市茅箭区人民法院官方微博	57.54	0.46	37.40	38.07
5	湖北高院	湖北省高级人民法院官方微博	54.10	40.77	18.98	37.39
6	襄阳市襄州区法院	湖北省襄阳市襄州区人民法院官方微博	51.50	41.86	16.30	35.49
7	巴东县人民检察院	湖北省巴东县人民检察院官方微博	47.72	47.76	11.58	33.27
8	湖北省十堰市司法局	湖北省十堰市司法局官方微博	54.02	30.35	9.95	31.66
9	宜恩县人民检察院	湖北省恩施土家族苗族自治州宣恩县人民检察院官方微博	44.58	48.26	10.06	31.51
10	宜昌中院	湖北省宜昌市中级人民法院官方微博	47.28	34.76	10.77	30.17

（6）湖北十大旅游局微博

排名	微博	认证信息	传播力	服务力	互动力	总分
1	武当山旅游局	武当山特区旅游局官方微博	63.42	34.82	37.10	47.17
2	湖北省旅游局官方微博	湖北省旅游局官方微博	66.75	31.40	33.34	46.32
3	南漳旅游	湖北省南漳县旅游局官方微博	54.03	49.37	32.03	44.30
4	咸宁市旅游局官方微博	咸宁旅游局官方微博	58.53	44.77	29.41	44.13
5	襄阳市旅游局	襄阳市旅游局官方微博	57.53	44.36	28.90	43.44
6	巴东县旅游局	湖北省巴东县旅游局官方微博	51.29	47.69	21.31	38.58
7	神农架旅游委员会	神农架林区旅游委员会官方微博	57.50	16.26	20.92	34.62
8	宜昌市旅游局官方微博	宜昌旅游局官方微博	54.98	11.39	24.42	34.04
9	麻城旅游局	湖北省麻城市旅游局官方微博	51.04	18.81	22.79	33.29
10	英山旅游	湖北省英山县旅游局官方微博	49.88	18.39	21.21	32.11

（7）湖北十大团委系统微博

排名	微博	认证信息	传播力	服务力	互动力	总分
1	青春湖北	共青团湖北省委员会官方微博	73.29	72.48	51.98	64.60
2	武汉理工大学团委	武汉理工大学团委官方微博	61.57	45.21	45.47	51.86
3	青春东风汽车公司	东风汽车公司团委官方微博	51.88	40.34	30.56	41.05
4	湖北省委学校部	共青团湖北省委员会学校部官方微博	56.50	33.52	28.11	40.55
5	青春十堰	共青团十堰市委官方微博	53.52	39.78	26.00	39.76
6	青春宜昌	共青团宜昌市委员会官方微博	57.02	27.21	26.84	38.99

排名	微博	认证信息	传播力	服务力	互动力	总分
7	分乡青年	共青团分乡镇委员会官方网微博	45.27	30.15	21.14	32.59
8	青春黄石	共青团黄石市委员会官方微博	48.32	24.41	17.21	31.10
9	青春襄阳	共青团湖北省襄阳市委员会官方微博	48.73	21.55	15.70	30.08
10	武汉软件工程职业学院团委	武汉软件工程职业学院团委官方微博	42.00	14.95	24.31	29.52

（8）湖北十大交通系统微博

排名	微博	认证信息	传播力	服务力	互动力	总分
1	武汉铁路局	武汉铁路局官方微博	72.08	75.56	41.75	60.64
2	武汉公交集团	武汉市公共交通集团有限责任公司官方微博	62.16	58.49	35.12	50.61
3	武汉市交委	武汉市交通运输委员会官方微博	58.97	30.51	27.64	40.75
4	武铁武昌火车站	武昌火车站官方微博	50.47	19.48	10.38	28.24
5	武铁武汉火车站	武汉火车站官方微博	47.61	13.17	6.24	24.18
6	武铁武汉客运段	武汉铁路局武汉客运段官方微博	47.00	10.97	7.88	24.15
7	武铁汉口火车站	汉口火车站官方微博	46.22	10.53	8.78	24.11
8	武汉火车站地区综合管理办公室	武汉市洪山区武汉火车站地区综合管理办公室官方微博	42.86	23.51	5.44	24.02
9	湖北汉十高速	湖北省交通运输厅汉十高速公路管理处官方微博	42.69	24.01	5.05	23.90
10	武铁宜昌东火车站	宜昌东火车站官方微博	44.41	12.70	4.95	22.29

12. 福建政务指数微博影响力榜

（1）福建政务微博城市竞争力指数

排名	地区	传播力	服务力	互动力	竞争力指数
1	泉州	73.03	69.65	62.04	68.00
2	福州	69.11	57.51	59.95	61.84
3	厦门	68.70	51.36	58.88	59.19
4	南平	62.10	40.14	54.26	51.67
5	漳州	57.70	36.25	49.57	47.34
6	三明	62.69	35.92	44.82	47.07
7	龙岩	55.72	39.88	44.68	46.31
8	宁德	54.73	29.79	39.44	40.65
9	莆田	49.48	24.68	34.87	35.69

（2）福建十大政务机构微博

排名	微博	认证信息	传播力	服务力	互动力	总分
1	共青团福建省委	共青团福建省委员会官方微博	75.06	65.03	59.84	66.96
2	V游福建	福建省品牌景区推广中心官方微博	71.30	74.28	51.60	64.02
3	福建省旅游局	福建省旅游局官方微博	76.77	56.56	54.11	63.67
4	厦门警方在线	福建省厦门市公安局官方微博	77.31	58.97	52.03	63.53
5	泉州公安	福建省泉州市公安局官方微博	75.49	56.84	49.24	61.26
6	厦门市旅游局	厦门旅游网官方微博	73.18	53.58	51.77	60.70
7	福建厦门火车站	南昌铁路局厦门火车站官方微博	70.96	72.64	41.08	59.34
8	南平团市委	共青团南平市委员会官方微博	71.63	39.33	54.33	58.25
9	福建消防	福建省公安消防总队宣传处官方微博	69.67	64.22	41.43	57.28
10	福州气象	福州市气象局官方微博	72.23	64.83	37.76	56.97

（3）福建十大党政新闻发布微博

排名	微博	认证信息	传播力	服务力	互动力	总分
1	福州发布	福州市政务微博群管理办公室官方微博	71.27	55.23	40.09	55.59
2	中国平潭	中国平潭网官方微博	60.88	57.48	29.86	47.79
3	三明网微博	三明市广电互联网宣传中心官方微博	59.93	41.76	29.51	44.13
4	美丽光泽	福建省南平市光泽县人民政府办公室官方微博	56.36	45.13	26.64	42.22
5	海沧发布	福建省厦门市海沧区委宣传部官方微博	61.25	38.10	23.89	41.68
6	清新福建	福建省政府新闻办官方微博	58.89	31.57	23.04	39.09
7	福安新闻网	福安新闻网官方微博	56.91	23.00	27.19	38.24
8	武夷山	武夷山市人民政府官方微博	55.52	34.33	21.96	37.86
9	福建武平网	武平县官方新闻网站。发布梁野大地发生的各类新闻事件。	51.17	45.93	19.35	37.39
10	古韵临江	福建省泉州市鲤城区临江街道办事处官方微博	49.85	48.10	17.52	36.57

（4）福建十大公安系统微博

排名	微博	认证信息	传播力	服务力	互动力	总分
1	厦门警方在线	福建省厦门市公安局官方微博	77.31	58.97	52.03	63.53
2	泉州公安	福建省泉州市公安局官方微博	75.49	56.84	49.24	61.26
3	福建消防	福建省公安消防总队宣传处官方微博	69.67	64.22	41.43	57.28
4	泉州交警	泉州交警	69.69	73.24	34.49	56.32
5	晋江公安	福建省晋江市公安局官方微博	70.31	42.42	48.68	56.08
6	福州消防支队	福州市公安消防支队官方微博	65.10	68.09	39.50	55.46
7	石狮公安	福建省石狮市公安局官方微博	68.88	60.04	39.64	55.41
8	福建交警	福建省公安厅交警总队官方微博	67.55	49.44	36.54	51.52
9	厦门交警	厦门市公安交通管理局官方微博	68.82	58.52	28.35	50.57
10	漳州消防	福建省消防总队漳州支队官方微博	67.03	22.65	44.20	49.02

（5）福建十大司法系统微博

排名	微博	认证信息	传播力	服务力	互动力	总分
1	福建高院	福建省高级人民法院官方微博	64.14	34.20	34.46	46.28
2	法治翔安	福建省厦门市翔安区依法治区领导小组办公室官方微博	56.25	29.15	32.63	41.38
3	三明中院	三明市中级人民法院官方微博	55.19	40.12	22.19	38.98
4	无讼永安	永安市人民法院官方微博	48.32	70.54	13.53	38.85
5	福建检察	福建省人民检察院官方微博	55.63	37.16	18.65	37.14
6	龙岩检察	福建省龙岩市人民检察院官方微博	50.93	44.05	15.25	35.28
7	三明市沙县法院	沙县人民法院官方微博	45.01	56.82	9.28	33.08
8	清流法院	清流县人民法院官方微博	44.48	53.85	9.11	32.20
9	明溪法院	福建省三明市明溪县人民法院官方微博	47.45	40.26	12.45	32.02
10	石狮法院	福建省石狮市人民法院官方微博	47.83	42.16	10.43	31.74

（6）福建十大旅游局微博

排名	微博	认证信息	传播力	服务力	互动力	总分
1	福建省旅游局	福建省旅游局官方微博	76.77	56.56	54.11	63.67
2	厦门市旅游局	厦门旅游网官方微博	73.18	53.58	51.77	60.70
3	福州市旅游局	福州市旅游局	72.30	41.94	42.58	54.34
4	龙岩市旅游局	龙岩市旅游局	60.26	52.66	33.00	47.83
5	i游连城	冠豸山国家级风景名胜区管委会，连城县旅游局对外官方微博	58.03	40.06	34.95	45.20
6	泉州市旅游局	泉州市旅游局	60.07	16.97	34.90	41.38
7	同安区旅游局	厦门市同安区旅游局	51.66	35.49	23.04	36.98
8	东山县旅游局	东山县旅游局	54.43	21.43	20.92	34.43
9	漳州市旅游局	漳州市旅游局	50.12	7.68	22.35	30.53
10	泰宁世界自然遗产	福建泰宁县旅游局官方微博	50.44	15.97	17.42	30.34

（7）福建十大团委系统微博

排名	微博	认证信息	传播力	服务力	互动力	总分
1	共青团福建省委	共青团福建省委员会官方微博	75.06	65.03	59.84	66.96
2	南平团市委	共青团南平市委员会官方微博	71.63	39.33	54.33	58.25
3	洛江青年	共青团福建省泉州市洛江区委官方微博	61.76	52.84	39.31	51.00
4	龙岩学院团委	共青团龙岩学院委员会	55.12	59.67	29.18	45.65
5	共青团漳州市委	共青团漳州市委员会官方微博	59.00	43.08	32.29	45.13
6	集美大学团委	共青团集美大学委员会	57.70	32.46	37.43	44.54
7	闽南师大团委	共青团闽南师范大学委员会	57.02	30.19	36.04	43.26
8	福建农林大学团委	共青团福建农林大学委员会	57.92	35.25	31.51	42.82
9	三明学院团委	共青团三明学院委员会官方微博	55.25	28.37	29.83	39.70
10	青春福大	福州大学共青团	54.23	31.86	25.50	38.26

（8）福建十大交通系统微博

排名	微博	认证信息	传播力	服务力	互动力	总分
1	福建厦门火车站	南昌铁路局厦门火车站官方微博	70.96	72.64	41.08	59.34
2	福建省福州火车站	南昌铁路局福州火车站官方微博	69.49	61.98	38.11	55.44
3	福州客运段	南昌铁路局福州客运段官方微博	56.61	50.84	19.56	40.64
4	福州交通	福州市交通运输委员会官方微博	56.94	16.43	23.57	35.49
5	永安车辆段	南昌铁路局永安车辆段官方微博	51.43	49.11	9.91	34.36
6	南平车务段官方微博	南昌铁路局南平车务段官方微博	51.29	35.68	14.01	33.25
7	南铁漳州车务段	南昌铁路局漳州车务段官方微博	52.12	32.92	13.66	32.90
8	泉州公交车	泉州公交发展有限公司官方微博	50.75	21.46	20.10	32.63
9	小白鹭服务台	南昌铁路局厦门火车站小白鹭服务台官方微博	50.17	43.50	9.45	32.55
10	福州公交集团在线	福州公交集团官方微博	51.98	13.65	18.57	30.95

13. 天津政务指数微博影响力榜

（1）天津十大政务机构微博

排名	微博	认证信息	传播力	服务力	互动力	总分
1	天津交警	天津市公安交通管理局官方微博	81.91	98.85	61.26	77.04
2	天津发布	天津市人民政府新闻办公室官方微博	83.70	84.38	65.06	76.38
3	平安天津	天津市公安局官方微博	83.64	75.85	66.11	75.07
4	滨海发布	天津市滨海新区政府官方微博	79.75	68.21	56.58	68.17
5	天津天气	天津市气象服务中心官方微博	72.94	78.93	45.95	63.34
6	天津消防	天津市公安局消防局官方微博	79.33	40.36	57.06	62.63
7	津彩青春	共青团天津市委员会官方微博	68.77	68.78	46.37	59.81
8	天津港公安局跃进路派出所	天津港公安局跃进路派出所官方微博	75.98	11.13	64.25	58.32
9	天津高速公路	天津市高速公路管理处官方微博	71.59	71.16	36.33	57.40
10	天津8890	天津便民服务专线平台官方微博	62.67	87.13	35.34	56.63

（2）天津十大党政新闻发布微博

排名	微博	认证信息	传播力	服务力	互动力	总分
1	天津发布	天津市人民政府新闻办公室官方微博	83.70	84.38	65.06	76.38
2	滨海发布	天津市滨海新区政府官方微博	79.75	68.21	56.58	68.17
3	宝坻发布	天津市宝坻区人民政府官方微博	63.30	64.73	33.86	51.81
4	南开发布	天津市南开区政府官方微博	61.17	59.96	25.72	46.75
5	津南发布	天津市津南区人民政府官方微博	59.03	62.38	22.78	45.20
6	天津和平	天津市和平区人民政府官方微博	60.55	61.46	20.52	44.72
7	蓟县发布	天津市蓟县人民政府官方微博	59.93	59.87	21.82	44.68
8	红桥发布	天津市红桥区政府官方微博	60.24	63.58	18.77	44.32
9	武清发布	天津市武清区人民政府官方微博	58.50	62.72	18.88	43.50
10	讲习所	天津市宝坻区委宣传部官方微博	52.52	41.38	35.04	43.30

（3）天津十大公安系统微博

排名	微博	认证信息	传播力	服务力	互动力	总分
1	天津交警	天津市公安交通管理局官方微博	81.91	98.85	61.26	77.04
2	平安天津	天津市公安局官方微博	83.64	75.85	66.11	75.07
3	天津消防	天津市公安局消防局官方微博	79.33	40.36	57.06	62.63
4	天津港公安局跃进路派出所	天津港公安局跃进路派出所官方微博	75.98	11.13	64.25	58.32
5	平安航务	天津市公安局航务治安分局官方微博	63.46	69.79	38.86	54.88
6	平安宝坻	天津市公安局宝坻分局	58.31	61.14	35.32	49.68
7	天津港公安局保税港区派出所	天津港公安局东疆分局保税港区派出所官方微博	71.26	6.52	45.78	48.12
8	天津出入境	天津市公安局出入境管理局官方微博	61.79	50.09	26.49	45.33
9	天津港公安局	天津市天津港公安局官方微博	63.88	13.92	39.48	44.13
10	天津港公安局交警支队	天津港公安局交警支队官方微博	63.86	6.01	41.90	43.51

（4）天津十大司法系统微博

排名	微博	认证信息	传播力	服务力	互动力	总分
1	津法之声	天津市高级人民法院官方微博	61.22	43.00	22.89	42.25
2	天津二中院	天津市第二中级人民法院官方微博	57.81	42.86	12.78	36.81
3	蓟县法院	天津市蓟县人民法院官方微博	43.80	38.69	11.46	29.84
4	塘沽检察	天津市滨海新区塘沽人民检察院官方微博	50.21	3.95	21.43	29.45
5	天津市人民检察院	天津市人民检察院官方微博	45.82	20.36	8.87	25.95
6	天津河西检察官	天津市河西区人民检察院官方微博	48.95	10.99	8.89	25.33
7	天津市和平区人民法院	天津市和平区人民法院官方微博	45.90	8.29	9.57	23.84
8	天津一中院	天津市第一中级人民法院官方微博	45.78	8.44	6.58	22.63
9	天津市南开区人民法院	天津市南开区人民法院官方微博	45.36	15.35	1.33	21.75
10	天津市西青区人民法院	天津市西青人民法院官方微博	44.84	15.24	1.27	21.49

（5）天津十大旅游局微博

排名	微博	认证信息	传播力	服务力	互动力	总分
1	天津旅游	天津市旅游局官方微博	60.95	50.85	20.83	42.88
2	天津市旅游信息咨询中心	天津市旅游局官方微博	58.31	49.12	13.15	38.41
3	东丽旅游发布_	天津市东丽区旅游局官方微博	35.95	20.28	2.34	19.37
4	天津蓟县旅游局	天津蓟县旅游局官方微博	33.52	7.02	2.97	16.00
5	武清旅游啦	天津市武清区旅游局官方微博	24.74	3.86	0.41	10.83

排名	微博	认证信息	传播力	服务力	互动力	总分
6	天津河东文化旅游	天津市河东区文化和旅游局官方微博	20.62	0.99	0.25	8.55
7	天津市西青区旅游局	天津市西青区旅游局官方微博	17.49	0.67	0.22	7.22
8	培训中心_tjtour	天津市旅游局培训中心	5.10	0.41	0.13	2.17
9	天津 lvyouju 执法大队	天津市旅游局执法处微博	1.78	0.07	0.00	0.73
10	质管处_tjtour	天津市旅游局质管处官方微博	0.00	0.00	0.00	0.00

（6）天津十大团委系统微博

排名	微博	认证信息	传播力	服务力	互动力	总分
1	津彩青春	共青团天津市委员会官方微博	68.77	68.78	46.37	59.81
2	河北工业大学团委	河北工业大学团委官方微博	52.89	32.53	30.58	39.90
3	天津大学团委	天津大学团委官方微博	51.77	23.99	18.47	32.90
4	南开中学团委	共青团天津市南开中学委员会官方微博	44.96	13.85	24.14	30.41
5	青春热电行	天津石化热电部团委官方微博	41.36	24.39	11.82	26.15
6	烯烃那些青春事	天津石化烯烃部团委官方微博	37.22	25.71	9.40	23.79
7	青春炼油	天津石化炼油部团委官方微博	35.83	20.59	12.73	23.54
8	河北工业大学建筑与艺术学院团委	河北工业大学建筑与艺术学院团委	39.93	12.18	12.48	23.40
9	青春水务	天津石化水务部团委官方微博	34.95	23.57	9.68	22.57
10	青春的铁道线	天津石化运输部团委官方微博	32.85	18.63	12.29	21.78

（7）天津十大交通系统微博

排名	微博	认证信息	传播力	服务力	互动力	总分
1	天津高速公路	天津市高速公路管理处官方微博	71.59	71.16	36.33	57.40
2	天津地铁运营	天津市地下铁道运营有限公司官方微博	69.95	62.36	38.23	55.74
3	天津交通	天津市交通运输委员会	61.93	41.87	32.11	45.99
4	天津海事发布	中华人民共和国天津海事局官方微博	58.28	43.43	27.79	43.11
5	天津站官方微博	天津火车站官方微博	62.37	43.70	21.32	42.22
6	天津公交天天服务	天津市公交集团官方微博	60.40	30.60	25.61	40.53
7	天津轨道交通	天津轨道交通集团有限公司官方微博	61.42	19.76	29.12	40.17
8	高铁天津西站	天津西站官方微博	54.66	46.27	13.37	36.46
9	天津客运段	北京铁路局天津客运段官方微博	52.51	35.41	12.26	32.99
10	天津车务段微博	北京铁路局天津车务段官方微博	45.75	30.07	4.35	26.05

14. 广西政务指数微博影响力榜

（1）广西政务微博城市竞争力指数

排名	地区	传播力	服务力	互动力	竞争力指数
1	南 宁	71.92	61.31	56.94	62.96
2	柳 州	63.83	46.07	51.60	53.33
3	河 池	66.33	38.52	38.76	46.95
4	桂 林	59.49	37.60	43.97	46.40
5	玉 林	62.57	39.13	38.64	45.99
6	北 海	60.46	37.99	38.71	44.98
7	防城港	55.51	34.86	44.70	44.50
8	梧 州	57.31	36.26	35.49	42.31
9	百 色	58.99	30.89	39.29	42.26
10	贵 港	56.38	35.43	35.64	41.79
11	贺 州	55.62	31.75	37.92	41.07
12	钦 州	58.69	23.51	35.88	38.39
13	崇 左	53.32	23.97	31.02	35.25
14	来 宾	56.14	20.22	24.82	32.61

（2）广西十大政务机构微博

排名	微博	认证信息	传播力	服务力	互动力	总分
1	广西旅游发展委员会	广西壮族自治区旅游发展委员会官方微博	79.15	64.69	57.43	67.57
2	柳州公安	广西柳州市公安局官方微博	74.97	58.05	49.46	61.38
3	南宁路况	广西南宁市公安局交警支队指挥中心官方微博	77.87	58.50	42.09	59.68
4	南宁发布	南宁市委宣传部官方微博	70.68	66.21	40.75	57.81
5	八桂法苑	广西壮族自治区高级人民法院官方微博	71.35	50.06	47.39	57.51
6	北海发布	北海市人民政府新闻办公室官方微博	69.94	71.32	36.33	56.77
7	防城港发布	广西壮族自治区防城港市人民政府新闻办公室官方微博	62.99	71.82	39.65	55.42
8	南宁市旅游发展委员会	南宁市旅游发展委员会	67.99	52.32	42.76	54.77
9	我爱柳州	柳州市委宣传部官方微博	68.79	40.24	47.63	54.62
10	广西气象	广西壮族自治区气象服务中心官方微博	69.58	51.98	36.98	53.02

（3）广西十大党政新闻发布微博

排名	微博	认证信息	传播力	服务力	互动力	总分
1	南宁发布	南宁市委宣传部官方微博	70.68	66.21	40.75	57.81
2	北海发布	北海市人民政府新闻办公室官方微博	69.94	71.32	36.33	56.77
3	防城港发布	广西壮族自治区防城港市人民政府新闻办公室官方微博	62.99	71.82	39.65	55.42
4	我爱柳州	柳州市委宣传部官方微博	68.79	40.24	47.63	54.62

续表

排名	微博	认证信息	传播力	服务力	互动力	总分
5	钦州发布	钦州宣传部	58.17	41.62	21.31	40.12
6	玉林发布	玉林市人民政府新闻办公室官方微博	53.72	48.32	21.93	39.92
7	武鸣发布	南宁市武鸣县委宣传部官方微博	43.19	31.60	17.29	30.51
8	青秀发布	广西壮族自治区南宁市青秀区宣传部官方微博	43.71	45.96	9.28	30.39
9	热土铁山港	北海市铁山港区宣传部官方微博	43.23	35.13	10.39	28.47
10	我爱融安	中国共产党融安县委宣传部官方微博	42.70	24.06	13.28	27.20

（4）广西十大公安系统微博

排名	微博	认证信息	传播力	服务力	互动力	总分
1	柳州公安	广西柳州市公安局官方微博	74.97	58.05	49.46	61.38
2	南宁路况	广西南宁市公安局交警支队指挥中心官方微博	77.87	58.50	42.09	59.68
3	百色公安	广西百色市公安局官方微博	62.26	65.12	31.42	50.49
4	贺州警方	贺州市公安局官方微博	63.82	54.47	33.95	50.00
5	广西河池公安	河池市公安局官方微博	63.84	56.86	30.76	49.21
6	柳州交警	广西壮族自治区柳州市公安局交警支队	63.29	55.86	30.98	48.88
7	玉林公安	广西壮族自治区玉林市公安局官方微博	61.91	52.53	28.58	46.70
8	防城港市公安局	广西壮族自治区防城港市公安局官方微博	63.53	36.54	34.04	46.34
9	南宁交警十三大队	南宁交警十三大队官方微博	66.51	56.83	20.65	46.23
10	广西公安	广西壮族自治区公安厅官方微博	64.92	29.54	33.11	45.12

（5）广西十大司法系统微博

排名	微博	认证信息	传播力	服务力	互动力	总分
1	八桂法苑	广西壮族自治区高级人民法院官方微博	71.35	50.06	47.39	57.51
2	南宁市中级人民法院	广西壮族自治区南宁市中级人民法院官方微博	57.84	43.14	26.72	42.45
3	西江天平	广西壮族自治区梧州市中级人民法院官方微博	54.07	50.70	21.88	40.52
4	广西玉林市中级人民法院	广西壮族自治区玉林市中级人民法院官方微博	52.30	63.94	15.41	39.87
5	柳州中级人民法院	广西壮族自治区柳州市中级人民法院官方微博	57.32	28.72	26.77	39.38
6	防城港市中级人民法院	广西防城港市中级人民法院官方微博	52.86	41.30	19.70	37.29
7	北海市中级人民法院	北海市中级人民法院官方微博	53.40	38.75	18.38	36.46
8	广西容县法院	广西壮族自治区容县人民法院官方微博	51.46	42.76	17.69	36.21
9	兴宁区法院	广西壮族自治区南宁市兴宁区人民法院官方微博	47.65	60.55	9.82	35.10
10	宾阳法院	广西壮族自治区宾阳县人民法院官方微博	48.88	36.75	16.02	33.31

（6）广西十大旅游局微博

排名	微博	认证信息	传播力	服务力	互动力	总分
1	广西旅游发展委员会	广西壮族自治区旅游发展委员会官方微博	79.15	64.69	57.43	67.57
2	南宁市旅游发展委员会	南宁市旅游发展委员会	67.99	52.32	42.76	54.77
3	桂林市旅游发展委员会	桂林市旅游发展委员会	57.17	21.60	27.56	38.21
4	柳州市旅游发展委员会	柳州旅游局官方微博	55.87	23.44	24.53	36.85
5	北海市旅游发展委员会	北海市旅游发展委员会官方微博	54.65	30.94	19.28	35.76
6	阳朔县旅游局	阳朔县旅游局官方微博	47.04	20.62	12.84	28.08
7	靖西县旅游发展委员会	靖西县旅游局官方微博	39.99	17.43	12.37	24.43
8	上林旅游	广西上林旅游局官方微博	39.68	14.38	9.23	22.44
9	桂平市旅游发展委员会	广西桂平市旅游发展委员会官方微博	36.57	21.83	6.54	21.61
10	贺州市旅游发展委员会	广西壮族自治区贺州旅游局官方微博	39.25	11.39	3.61	19.42

（7）广西十大团委系统微博

排名	微博	认证信息	传播力	服务力	互动力	总分
1	广西共青团	共青团广西壮族自治区委官方微博	57.85	20.50	25.53	37.45
2	右江民族医学院团委	共青团右江民族医学院委员会官方微博	41.78	20.10	20.54	28.95
3	广西师范大学政行学院分团委	广西师范大学政治与行政学院分团委	43.44	23.09	15.21	28.08
4	南宁三中团委	南宁市第三中学团委官方微博	42.44	11.54	20.64	27.54
5	百色共青团	共青团百色市委员会官方微博	42.51	18.55	14.79	26.63
6	梧州共青团	共青团梧州市委员会官方微博	44.53	31.20	5.62	26.30
7	百色学院团委	百色市右江区百色学院校团委官方微博	39.25	9.35	21.49	26.17
8	万秀区共青团	共青团万秀区委官方微博	38.06	42.38	5.15	25.76
9	贺州学院团委	贺州学院团委官方微博	39.69	21.70	10.58	24.45
10	广西水利电力职业技术学院团委	广西水利电力职业技术学院团委官方微博	39.74	13.06	13.37	23.86

（8）广西十大交通系统微博

排名	微博	认证信息	传播力	服务力	互动力	总分
1	南宁铁路	南宁铁路局官方微博	69.69	32.68	42.90	51.58
2	南宁火车站	南宁铁路局南宁火车站官方微博	60.95	26.41	27.50	40.66
3	广西海事局	中华人民共和国广西海事局官方微博	51.04	49.06	11.02	34.64
4	南宁交通运输	广西南宁市交通运输局官方微博	49.76	26.99	18.34	32.64

续表

排名	微博	认证信息	传播力	服务力	互动力	总分
5	宁局柳州火车站	广西柳州宁局柳州火车站官方微博	54.25	20.47	14.72	31.68
6	南宁客运段	南宁铁路局南宁客运段官方微博	48.08	22.01	12.52	28.64
7	南宁电务段	南宁铁路局南宁电务段官方微博	47.80	26.50	10.40	28.58
8	宁局桂林车务段	南宁铁路局桂林车务段官方微博	48.19	29.85	7.39	28.20
9	桂林高铁工务段	广西南宁铁路局桂林高铁工务段官方微博	43.00	29.12	6.07	25.45
10	柳南站	南宁铁路局柳州南站官方微博	43.36	29.60	5.37	25.41

15. 河北政务指数微博影响力榜

（1）河北政务微博城市竞争力指数

排名	地区	传播力	服务力	互动力	竞争力指数
1	石家庄	67.02	52.29	67.70	62.10
2	保定	65.42	44.16	51.62	53.15
3	邯郸	62.65	36.34	42.12	46.26
4	秦皇岛	55.72	37.81	43.19	45.07
5	邢台	59.47	26.26	45.57	42.98
6	唐山	55.53	31.43	39.21	41.38
7	张家口	54.75	29.28	39.63	40.54
8	承德	53.43	25.10	38.95	38.45
9	廊坊	50.89	24.32	37.80	37.01
10	沧州	50.28	21.00	32.03	33.64
11	衡水	51.00	16.44	33.32	32.72

（2）河北十大政务机构微博

排名	微博	认证信息	传播力	服务力	互动力	总分
1	石家庄共青团	河北省石家庄共青团官方微博	72.56	79.92	66.31	71.53
2	河北省旅游局	河北省旅游局官方微博	78.94	82.06	54.07	69.62
3	河北发布	河北省人民政府新闻办公室官方微博	77.63	65.88	58.78	67.74
4	河北公安网络发言人	河北省公安厅官方微博	77.23	51.42	49.25	60.88
5	微博保定	河北省保定市政府官方微博	71.24	64.69	46.53	60.05
6	河北天气	河北省气象局官方微博	72.76	66.53	43.11	59.65
7	河北公安交管网	河北公安交管网官方微博	69.21	70.81	41.14	58.30
8	河北高速交警	河北高速交警总队官方微博	68.11	70.19	41.21	57.77
9	河北高速交警路况播报	河北高速交警总队指挥中心官方微博	71.61	68.75	36.94	57.17
10	石家庄发布	河北省石家庄市人民政府新闻办公室官方微博	71.03	33.69	52.56	56.18

（3）河北十大党政新闻发布微博

排名	微博	认证信息	传播力	服务力	互动力	总分
1	河北发布	河北省人民政府新闻办公室官方微博	77.63	65.88	58.78	67.74
2	微博保定	河北省保定市政府官方微博	71.24	64.69	46.53	60.05
3	石家庄发布	河北省石家庄市人民政府新闻办公室官方微博	71.03	33.69	52.56	56.18
4	微博河北	河北外宣官方微博	70.16	46.31	39.07	52.96
5	邢台发布	河北省邢台市委对外宣传办公室官方微博	65.92	49.73	38.73	51.81
6	秦皇岛发布	河北省秦皇岛市委宣传部互联网信息办公室官方微博	60.98	25.32	34.82	43.38
7	大好河山张家口	中共张家口市委宣传部官方微博	61.11	29.13	32.61	43.31
8	保定发布	河北保定互联网信息办公室官方微博	62.67	30.43	29.86	43.10
9	廊坊发布	河北省廊坊市人民政府新闻办公室官方微博	58.85	43.46	25.57	42.46
10	巨鹿发布	中共巨鹿县委员会宣传部官方微博	53.35	45.05	27.77	41.46

（4）河北十大公安系统微博

排名	微博	认证信息	传播力	服务力	互动力	总分
1	河北公安网络发言人	河北省公安厅官方微博	77.23	51.42	49.25	60.88
2	河北公安交管网	河北公安交管网官方微博	69.21	70.81	41.14	58.30
3	河北高速交警	河北高速交警总队官方微博	68.11	70.19	41.21	57.77
4	河北高速交警路况播报	河北高速交警总队指挥中心官方微博	71.61	68.75	36.94	57.17
5	河北消防	河北省公安消防总队官方微博	72.68	44.64	43.89	55.56
6	保定公安网络发言人	河北保定市公安局官方微博	66.25	50.89	38.11	51.92
7	河北公安网	河北省公安厅官网河北公安网关联微博	67.29	32.07	38.74	48.83
8	邯郸公安网络发言人	河北邯郸市公安局官方微博	64.88	41.27	35.41	48.37
9	河北高速交警石家庄支队	河北高速交警总队石家庄支队官方微博	63.92	48.54	31.46	47.86
10	河北高速交警廊坊支队	河北高速交警总队廊坊支队官方微博	60.71	52.86	27.99	46.05

（5）河北十大司法系统微博

排名	微博	认证信息	传播力	服务力	互动力	总分
1	河北高院	河北省高级人民法院官方微博	67.47	64.24	35.57	54.06
2	河北检察	河北省人民检察院官方微博	57.02	56.07	30.48	46.21
3	唐山检察	河北省唐山市人民检察院官方微博	48.67	63.37	16.35	38.68
4	黄骅司法	河北省黄骅市司法局官方微博	47.50	44.50	16.96	34.68

续表

排名	微博	认证信息	传播力	服务力	互动力	总分
5	涞源检察	河北省保定市涞源县人民检察院官方微博	48.06	46.01	11.89	33.18
6	邯山法院	河北省邯郸市邯山区人民法院官方微博	45.65	54.25	6.12	31.56
7	河北承德检察	河北省承德市人民检察院官方微博	47.03	44.25	9.24	31.36
8	尚义检察	河北省尚义县人民检察院官方微博	42.86	48.03	10.66	31.01
9	蠡县检察	河北省保定市蠡县人民检察院官方微博	40.48	59.58	6.50	30.71
10	石家庄普法办公室	河北省石家庄市普法办公室官方微博	51.59	27.98	8.85	29.77

（6）河北十大旅游局微博

排名	微博	认证信息	传播力	服务力	互动力	总分
1	河北省旅游局	河北省旅游局官方微博	78.94	82.06	54.07	69.62
2	承德旅游	承德市旅游局官方微博	61.59	46.57	29.40	45.71
3	张家口市旅游局官方微博	张家口市旅游局官方微博	56.66	30.04	26.87	39.42
4	石家庄旅游局	河北省石家庄市旅游局官方微博	57.31	18.10	30.95	38.92
5	秦皇岛市旅游局	河北省秦皇岛市旅游局官方微博	56.92	20.28	28.90	38.38
6	中国野三坡	涞水县旅游局	51.55	28.15	27.57	37.28
7	保定市旅游局	河北省保定市旅游局官方微博	51.58	21.85	14.45	30.78
8	河北兴隆旅游	河北省承德市兴隆县旅游和商务局官方微博	51.00	26.30	12.58	30.69
9	北戴河旅游局	河北省秦皇岛市北戴河区旅游局官方微博	42.12	9.13	5.15	20.73
10	临城县旅游局	河北省邢台市临城县旅游局官方微博	39.83	9.61	4.64	19.71

（7）河北十大团委系统微博

排名	微博	认证信息	传播力	服务力	互动力	总分
1	石家庄共青团	河北省石家庄共青团官方微博	72.56	79.92	66.31	71.53
2	河北共青团	共青团河北省委员会官方微博	64.27	51.24	36.68	50.63
3	石家庄学院外语系共青团	石家庄学院外语系共青团官方微博	58.25	57.10	36.50	49.32
4	石家庄学院共青团	共青团石家庄学院委员会官方微博	59.94	41.33	40.16	48.31
5	石家庄学院计算机系共青团	石家庄学院计算机系共青团官方微博	52.45	35.31	27.69	39.12
6	石家庄学院化工学院共青团	石家庄学院化工学院共青团官方微博	49.53	33.99	29.77	38.52
7	河北学联	共青团河北省委学校部官方微博	53.26	32.30	23.40	37.12
8	河北师大共青团	共青团河北师范大学委员会官方微博	50.22	31.13	26.16	36.78
9	石家庄学院经管系共青团	石家庄学院经管系共青团官方微博	46.72	26.26	26.61	34.58
10	石家庄学院文学与传媒共青团	石家庄学院文学与传媒共青团官方微博	45.53	27.85	23.95	33.36

（8）河北十大交通系统微博

排名	微博	认证信息	传播力	服务力	互动力	总分
1	河北高速96122	河北高速96122官方微博	75.18	51.17	30.41	52.47
2	石家庄火车站	石家庄火车站官方微博	65.32	50.21	30.13	48.22
3	京秦高速路况	河北省高速公路管理局京秦管理处调度指挥中心	56.25	40.78	11.84	35.39
4	保定市公交	河北省保定市公共交通总公司官方微博	52.04	32.61	15.50	33.54
5	沈铁山海关站	沈阳铁路局山海关站官方微博	42.74	63.93	3.21	31.17
6	沧州车务段	北京铁路局沧州车务段官方微博	48.31	48.70	4.87	31.01
7	石家庄客运段	北京铁路局石家庄客运段官方微博	50.22	31.99	8.52	29.89
8	唐山交通应急指挥中心	唐山市交通运输局应急指挥调度中心官方微博	52.49	17.00	12.44	29.37
9	山海关工务段微博	沈阳铁路局山海关工务段官方微博	40.04	55.71	0.86	27.50
10	秦皇岛车务段	北京铁路局秦皇岛车务段官方微博	46.59	32.21	4.34	26.81

16. 重庆政务指数微博影响力榜

（1）重庆十大政务机构微博

排名	微博	认证信息	传播力	服务力	互动力	总分
1	重庆微发布	重庆市人民政府新闻办公室官方微博	79.74	62.07	60.55	68.53
2	重庆轨道交通	重庆市轨道交通(集团)有限公司	77.16	84.01	51.29	68.18
3	平安渝中	重庆市公安局渝中区分局官方微博	75.45	88.03	50.22	67.87
4	重庆天气	重庆市气象局官方微博	75.99	71.42	55.32	66.81
5	重庆共青团	共青团重庆市委官方微博	66.97	68.89	52.49	61.56
6	重庆交通	重庆市交通委员会官方微博	72.76	79.32	40.07	61.00
7	重庆交巡警	重庆市公安局交巡警总队官方微博	74.93	54.41	48.93	60.43
8	平安重庆	重庆市公安局官方微博	73.26	50.85	47.35	58.42
9	重庆市旅游局	重庆市旅游局官方微博	71.49	41.53	48.43	56.27
10	重庆高速12122	重庆高速公路12122客户服务中心官方微博	78.91	47.96	35.34	55.29

（2）重庆十大党政新闻发布微博

排名	微博	认证信息	传播力	服务力	互动力	总分
1	重庆微发布	重庆市人民政府新闻办公室官方微博	79.74	62.07	60.55	68.53
2	今日合川	重庆市合川区委宣传部官方微博	63.20	58.47	40.64	53.23
3	涪陵微博	中共重庆市涪陵区委宣传部官方微博	63.20	65.41	34.70	52.24
4	微播彭水	重庆市彭水苗族土家族自治县官方微博	60.17	61.38	35.11	50.39
5	永川网络发言人	永川网络发言人官方微博	58.68	59.56	30.47	47.57
6	微播南川	中共重庆市南川区委宣传部官方微博	60.90	51.61	32.03	47.49

续表

排名	微博	认证信息	传播力	服务力	互动力	总分
7	万州发布	重庆市万州区委外宣办、区政府新闻办、区互联网信息管理办公室	60.55	49.80	30.39	46.34
8	重庆云阳微发布	云阳县人民政府新闻办公室官方微博	59.72	46.69	31.48	45.82
9	重庆丰都	丰都县人民政府新闻办官方微博	59.43	43.07	32.25	45.29
10	璧山之声	重庆市璧山区人民政府官方微博	58.87	53.91	24.43	44.10

（3）重庆十大公安系统微博

排名	微博	认证信息	传播力	服务力	互动力	总分
1	平安渝中	重庆市公安局渝中区分局官方微博	75.45	88.03	50.22	67.87
2	重庆交巡警	重庆市公安局交巡警总队官方微博	74.93	54.41	48.93	60.43
3	平安重庆	重庆市公安局官方微博	73.26	50.85	47.35	58.42
4	重庆公安特警总队	重庆市公安局特警总队官方微博	63.37	41.14	41.39	50.13
5	重庆公安出入境	重庆市公安局出入境管理局官方微博	62.23	58.81	31.67	49.32
6	重庆网警	重庆市公安局网安总队官方微博	64.54	32.03	39.94	48.20
7	渝中区交巡警支队	重庆市公安局渝中区分局交巡警支队官方微博	56.81	60.39	26.49	45.40
8	平安綦江	重庆市綦江县公安局官方微博	72.55	34.52	21.75	44.62
9	重庆消防	重庆市公安消防总队官方微博	58.27	31.60	35.89	43.99
10	重庆铁警	重庆铁路公安处官方微博	61.65	27.65	29.75	42.09

（4）重庆十大司法系统微博

排名	微博	认证信息	传播力	服务力	互动力	总分
1	重庆高院	重庆市高级人民法院官方微博	50.92	26.63	15.44	31.87
2	重庆司法	重庆市司法局官方微博	52.80	13.79	14.52	29.68
3	重庆一中法院	重庆市第一中级人民法院官方微博	45.41	22.32	8.24	25.92
4	云阳县人民法院	云阳县人民法院官方微博	40.74	25.81	7.90	24.62
5	铜梁法院	重庆市铜梁区人民法院官方微博	36.94	21.74	3.15	20.38
6	重庆二中法院	重庆市第二中级人民法院官方微博	37.13	18.50	3.67	20.02
7	重庆酉阳县法院	重庆市酉阳土家族苗族自治县人民法院官方微博	37.59	19.80	1.88	19.75
8	重庆九龙坡法院	重庆市九龙坡区人民法院官方微博	35.64	19.04	1.90	18.82
9	重庆渝中法院	重庆市渝中区人民法院官方微博	35.22	18.38	2.20	18.65
10	重庆万州法院	重庆市万州区人民法院官方微博	35.41	13.57	4.33	18.61

（5）重庆十大旅游局微博

排名	微博	认证信息	传播力	服务力	互动力	总分
1	重庆市旅游局	重庆市旅游局官方微博	71.49	41.53	48.43	56.27
2	南岸旅游	重庆市南岸区旅游局官方微博	63.16	49.74	42.98	52.40
3	永川旅游	重庆市永川区旅游局官方微博	60.80	43.56	41.83	49.76
4	微游渝中	重庆市渝中区旅游局官方微博	64.76	45.21	36.64	49.60

续表

排名	微博	认证信息	传播力	服务力	互动力	总分
5	福临涪陵	重庆市涪陵区旅游局官方微博	54.67	40.75	29.45	41.79
6	奉节旅游	重庆市奉节县旅游局官方微博	50.30	38.01	23.59	37.16
7	忠县旅游	忠县旅游局官方微博	47.23	37.52	19.03	34.01
8	九龙休闲汇	重庆市九龙坡区旅游局官方微博	48.29	26.07	15.76	30.84
9	沙坪坝旅游	重庆市沙坪坝旅游局官方微博	50.75	22.00	15.10	30.74
10	石柱旅游	重庆市石柱土家族自治县旅游局官方微博	43.22	16.28	13.88	26.09

（6）重庆十大团委系统微博

排名	微博	认证信息	传播力	服务力	互动力	总分
1	重庆共青团	共青团重庆市委官方微博	66.97	68.89	52.49	61.56
2	共青团重庆市12355	重庆市12355青少年服务台官方微博	58.89	59.60	26.49	46.07
3	重庆人文科技学院校团委	重庆人文科技学院校团委官方微博	54.09	28.58	34.87	41.30
4	青春城科	重庆大学城市科技学院团委官方微博	51.11	39.68	24.22	38.07
5	重庆科技学院团委	重庆科技学院团委官方微博	48.18	22.31	20.70	32.01
6	重庆共青团－学载青春梦	共青团重庆市委学校部官方微博	48.75	28.86	15.65	31.53
7	共青团重庆大学委员会	共青团重庆大学委员会	49.03	21.06	16.17	30.29
8	共青团巴南区委	共青团重庆市巴南区委官方微博	42.19	25.68	9.58	25.84
9	南岸共青团	重庆市南岸区团委官方微博	43.45	22.83	8.54	25.36
10	江北城街道团工委	江北城街道团工委	38.31	42.44	1.29	24.33

（7）重庆十大交通系统微博

排名	微博	认证信息	传播力	服务力	互动力	总分
1	重庆轨道交通	重庆市轨道交通（集团）有限公司	77.16	84.01	51.29	68.18
2	重庆交通	重庆市交通委员会官方微博	72.76	79.32	40.07	61.00
3	重庆高速12122	重庆高速公路12122客户服务中心官方微博	78.91	47.96	35.34	55.29
4	成渝动车组微博	成都铁路局重庆客运段成渝动车组官方微博	57.63	47.91	25.03	42.64
5	重庆市运管局	重庆市道路运输管理局官方微博	56.53	34.06	18.36	36.77
6	重庆客运段	成都铁路局重庆客运段官方微博	55.22	28.43	22.19	36.65
7	涪陵火车站为您服务	成都铁路局涪陵车务段涪陵火车站官方微博	51.65	45.82	11.11	34.26
8	重庆火车站	重庆火车站官方微博	52.02	23.65	15.36	31.68
9	重庆交通执法直属支队	重庆交通执法直属支队官方微博	52.26	34.55	8.57	31.24
10	涪陵车务段	成都铁路局涪陵车务段官方微博	42.90	48.11	1.76	27.48

17. 甘肃政务指数微博影响力榜

（1）甘肃政务微博城市竞争力指数

排名	地区	传播力	服务力	互动力	竞争力指数
1	陇　南	85.16	63.72	59.46	68.66
2	兰　州	69.08	51.47	62.17	60.50
3	天　水	53.87	20.19	30.90	34.04
4	酒　泉	49.93	21.20	32.57	33.80
5	白　银	46.97	20.99	28.93	31.57
6	张　掖	46.49	17.70	30.99	30.99
7	平　凉	53.60	11.08	28.74	30.02
8	定　西	50.33	15.09	26.61	29.69
9	武　威	49.37	15.70	24.01	28.71
10	庆　阳	47.34	14.78	19.12	26.07
11	金　昌	41.95	17.11	20.85	25.87
12	临　夏	39.75	13.52	24.03	25.07
13	嘉峪关	43.35	10.93	15.83	22.37
14	甘　南	40.15	10.14	12.87	20.10

（2）甘肃十大政务机构微博

排名	微博	认证信息	传播力	服务力	互动力	总分
1	甘肃发布	甘肃省政府新闻办官方微博	76.51	66.25	52.51	64.86
2	甘肃公安交警	甘肃省公安厅交通警察总队	70.72	78.32	45.13	62.01
3	陇南发布	甘肃省陇南市外宣办官方微博	71.66	63.03	47.86	60.41
4	兰州铁路	兰州铁路局官方微博	72.68	58.91	43.33	58.19
5	兰州公安	兰州市公安局官方微博	68.53	57.40	39.43	54.67
6	微博兰州	甘肃省兰州互联网新闻中心官方微博	65.86	53.76	41.45	53.68
7	甘肃共青团	共青团甘肃省委员会官方微博	64.37	42.62	42.10	51.11
8	甘肃省教育厅	甘肃省教育厅官方微博	67.46	36.57	41.96	51.08
9	陇南武都发布	中共陇南市武都区委宣传部官方微博	62.90	62.33	32.65	50.69
10	陇南礼县发布	中共甘肃省陇南市礼县委对外宣传办公室官方微博	62.18	70.38	28.46	50.33

（3）甘肃十大党政新闻发布微博

排名	微博	认证信息	传播力	服务力	互动力	总分
1	甘肃发布	甘肃省政府新闻办官方微博	76.51	66.25	52.51	64.86
2	陇南发布	甘肃省陇南市外宣办官方微博	71.66	63.03	47.86	60.41
3	微博兰州	甘肃省兰州互联网新闻中心官方微博	65.86	53.76	41.45	53.68
4	陇南武都发布	中共陇南市武都区委宣传部官方微博	62.90	62.33	32.65	50.69

排名	微博	认证信息	传播力	服务力	互动力	总分
5	陇南礼县发布	中共甘肃省陇南市礼县委对外宣传办公室官方微博	62.18	70.38	28.46	50.33
6	陇南成县发布	中共甘肃省成县委宣传部官方微博	64.50	53.26	34.16	50.12
7	陇南文县发布	甘肃省陇南市文县县委宣传部官方微博	61.55	67.67	29.48	49.94
8	微博甘肃	甘肃外宣办官方微博	66.90	32.92	35.92	47.72
9	陇南西和发布	甘肃省西和县委外宣办官方微博	61.98	53.03	28.89	46.96
10	陇南宕昌发布	中共宕昌县委对外宣传办公室官方微博	58.36	58.56	27.28	45.97

（4）甘肃十大公安系统微博

排名	微博	认证信息	传播力	服务力	互动力	总分
1	甘肃公安交警	甘肃省公安厅交通警察总队	70.72	78.32	45.13	62.01
2	兰州公安	兰州市公安局官方微博	68.53	57.40	39.43	54.67
3	甘肃公安	甘肃省公安厅官方微博	66.62	44.14	33.98	49.07
4	天水公安	甘肃省天水市公安局官方微博	58.64	53.71	21.76	42.90
5	武威公安	甘肃省武威市公安局官方微博	55.77	60.42	17.93	41.56
6	东岗交警五中队	兰州市公安局交警支队东岗大队五中队官方微博	55.42	49.90	20.55	40.37
7	平安文县	甘肃省陇南市文县公安局官方微博	49.90	59.64	17.54	38.90
8	文峰高速交警	甘肃省公安厅交通警察总队高速公路第四支队文峰大队官方微博	52.66	51.57	18.75	38.88
9	嘉峪关公安	甘肃省嘉峪关市公安局官方微博	55.27	50.42	14.77	38.10
10	白银公安	甘肃省白银市公安局官方微博	53.91	50.22	15.04	37.62

（5）甘肃十大司法系统微博

排名	微博	认证信息	传播力	服务力	互动力	总分
1	陇南综治	中共陇南市委政法委员会官方微博	47.98	74.37	16.78	40.78
2	城关司法	兰州市城关区司法局官方微博	53.04	38.51	20.34	37.05
3	陇南成县司法	甘肃省陇南市成县司法局官方微博	49.30	49.47	13.55	35.03
4	陇南成县抛沙司法所	甘肃省成县司法局抛沙司法所官方微博	43.89	60.62	11.31	34.20
5	甘肃高院	甘肃省高级人民法院官方微博	52.04	36.40	14.24	33.79
6	陇南中院	甘肃省陇南市中级人民法院官方微博	45.31	49.72	10.28	32.18
7	陇南武都司法	甘肃省陇南市武都区司法局官方微博	38.52	64.98	8.84	31.94
8	甘肃检察	甘肃省人民检察院官方微博	51.67	26.55	14.01	31.58
9	陇南成县检察院	甘肃省陇南市成县人民检察院官方微博	48.56	32.99	12.97	31.21
10	陇南市成县政法委	中共成县委政法委员会官方微博	44.47	44.07	10.56	30.83

（6）甘肃十大旅游局微博

排名	微博	认证信息	传播力	服务力	互动力	总分
1	中国敦煌旅游	敦煌市旅游局官方微博	57.97	41.45	29.78	43.39
2	陇南成县旅游	甘肃省陇南市成县旅游局官方微博	44.96	43.96	13.45	32.15
3	陇南徽县旅游	徽县旅游局官方微博	44.15	47.68	7.05	30.02
4	陇南旅游	甘肃省陇南市旅游局官方微博	44.36	30.17	6.78	26.49
5	陇南西和旅游	甘肃省陇南市西和县旅游局官方微博	39.00	45.65	4.09	26.37
6	畅游甘州	甘肃省张掖市甘州区旅游局官方微博	40.25	14.73	10.38	23.20
7	甘肃省旅游局	甘肃省旅游信息中心官方微博	38.18	27.89	2.19	21.73
8	城关旅游	兰州市城关区旅游局官方微博	32.95	16.50	2.19	17.35
9	陇南宕昌旅游	宕昌县旅游局官方微博	32.73	12.21	4.38	17.29
10	甘肃卓尼－中国洮砚之乡	甘肃省甘南藏族自治州卓尼县旅游局官方微博	30.57	6.52	2.83	14.66

（7）甘肃十大团委系统微博

排名	微博	认证信息	传播力	服务力	互动力	总分
1	甘肃共青团	共青团甘肃省委员会官方微博	64.37	42.62	42.10	51.11
2	陇南成县共青团	共青团成县委员会官方微博	48.14	54.40	15.60	36.38
3	共青团徽县委	共青团徽县委员会官方微博	50.14	32.68	13.90	32.15
4	陇南青年	共青团陇南市委员会官方微博	42.86	58.60	7.33	31.80
5	陇南西和团委	共青团甘肃省西和县委官方微博	43.68	46.94	9.19	30.54
6	共青团武威市委	共青团武威市委员会官方微博	46.49	22.67	16.04	29.54
7	西北师大教育技术学院团委学生会	西北师范大学教育技术学院团委学生会官方微博	41.86	28.68	16.96	29.26
8	共青团甘肃省委学校部	共青团甘肃省委学校部官方微博	43.37	5.88	18.51	25.93
9	甘肃政法学院校团委	共青团甘肃政法学院委员会官方微博	42.90	18.72	11.82	25.63
10	陇南康县共青团	共青团康县委员会官方微博	37.62	44.55	2.69	25.03

（8）甘肃十大交通系统微博

排名	微博	认证信息	传播力	服务力	互动力	总分
1	兰州铁路	兰州铁路局官方微博	72.68	58.91	43.33	58.19
2	兰州火车站008亲情服务台	兰州火车站亲情服务台官方微博	55.02	58.36	21.51	42.28
3	陇南成县交通	甘肃省陇南市成县交通运输局官方微博	47.98	48.60	12.01	33.72
4	陇南交通运输	甘肃省陇南市交通运输局官方微博	43.07	43.36	4.11	27.54
5	兰铁嘉峪关火车站服务之窗	兰州铁路局嘉峪关火车站服务之窗	49.04	22.13	2.67	25.11
6	陇南康县交通	康县交通局官方微博	36.09	44.68	3.50	24.77

续表

排名	微博	认证信息	传播力	服务力	互动力	总分
7	陇南礼县交通局	甘肃省陇南市礼县交通运输局官方微博	34.81	45.79	2.89	24.24
8	陇南徽县运管局	甘肃省陇南市徽县道路运输管理局官方微博	31.95	44.84	1.96	22.53
9	兰铁天水火车站旅途之友	兰州铁路局天水火车站官方微博	43.42	18.29	3.27	22.33
10	陇南公路	甘肃省陇南公路管理局官方微博	34.90	32.01	1.85	21.10

18. 江西政务指数微博影响力榜

（1）江西政务微博城市竞争力指数

排名	地区	传播力	服务力	互动力	竞争力指数
1	南昌	75.03	57.34	65.18	65.39
2	新余	57.97	39.34	50.71	48.91
3	赣州	56.93	37.87	50.20	47.90
4	九江	57.05	39.82	45.02	46.81
5	萍乡	52.04	39.36	41.12	43.78
6	吉安	50.31	26.63	39.32	38.18
7	上饶	46.46	28.52	38.77	37.49
8	宜春	51.06	19.24	37.37	35.13
9	鹰潭	44.84	20.69	34.46	32.75
10	抚州	49.05	18.08	23.85	29.39
11	景德镇	44.09	14.78	27.47	28.02

（2）江西十大政务机构微博

排名	微博	认证信息	传播力	服务力	互动力	总分
1	南昌铁路	南昌铁路局官方微博	80.89	85.77	57.20	72.39
2	南昌发布	南昌市人民政府新闻办官方微博	80.33	65.96	64.24	71.02
3	新余发布	中共江西省新余市委宣传部、市政府新闻办官方微博	72.64	80.92	53.49	66.63
4	江西发布	江西省互联网信息办公室官方微博	73.62	69.66	53.38	64.73
5	江西南昌火车站	南昌铁路局南昌火车站官方微博	71.70	69.86	41.92	59.42
6	九江发布	江西省九江市人民政府新闻办官方微博	68.43	74.31	41.81	58.96
7	萍乡发布	中共萍乡市委宣传部、萍乡市人民政府新闻办公室	66.56	71.99	42.36	57.96
8	江西风景独好	江西省旅游发展委员会官方微博	69.69	63.53	41.59	57.22
9	赣州发布	江西省赣州市互联网信息办公室官方微博	67.05	61.64	42.59	56.18
10	江西交通	江西省交通运输厅应急指挥中心官方微博	71.99	65.03	33.58	55.24

（3）江西十大党政新闻发布微博

排名	微博	认证信息	传播力	服务力	互动力	总分
1	南昌发布	南昌市人民政府新闻办官方微博	80.33	65.96	64.24	71.02
2	新余发布	中共江西省新余市委宣传部、市政府新闻办官方微博	72.64	80.92	53.49	66.63
3	江西发布	江西省互联网信息办公室官方微博	73.62	69.66	53.38	64.73
4	九江发布	江西省九江市人民政府新闻办官方微博	68.43	74.31	41.81	58.96
5	萍乡发布	中共萍乡市委宣传部、萍乡市人民政府新闻办公室	66.56	71.99	42.36	57.96
6	赣州发布	江西省赣州市互联网信息办公室官方微博	67.05	61.64	42.59	56.18
7	南昌湾里	江西省南昌市湾里区官方微博	61.69	73.44	37.66	54.43
8	宜春发布	中共宜春市委外宣办、宜春市政府新闻办官方微博	65.95	63.71	36.36	53.67
9	南昌进贤发布	江西省南昌市进贤县官方微博	60.51	66.58	32.13	50.37
10	景德镇发布	欢迎关注中共景德镇市委外宣办、市政府新闻办官方微博	61.32	63.46	26.22	47.71

（4）江西十大公安系统微博

排名	微博	认证信息	传播力	服务力	互动力	总分
1	江西公安	江西省公安厅官方微博	68.07	58.63	39.36	54.70
2	乐行南昌	江西省南昌市公安局交通管理局官方微博	67.57	52.34	32.87	50.65
3	江西消防	江西省公安消防总队	62.20	44.53	32.37	46.74
4	南昌铁路公安局	南昌铁路公安局官方微博	58.27	52.05	31.10	46.16
5	南昌公安	江西省南昌市公安局官方微博	63.33	40.57	31.55	46.07
6	赣州公安	江西省赣州市公安局官方微博	60.83	39.07	32.52	45.16
7	赣州铁路公安处发布	南昌铁路公安局赣州公安处官方微博	53.64	40.47	27.56	40.57
8	江西省公安厅交通管理局	江西省公安厅交警总队官方微博	64.26	33.59	19.10	40.06
9	新余公安	新余市公安局官方微博	55.24	41.12	22.26	39.23
10	九江特巡警	江西省九江市公安局特巡警支队	52.30	31.91	27.59	38.34

（5）江西十大司法系统微博

排名	微博	认证信息	传播力	服务力	互动力	总分
1	红色天平	江西省高级人民法院官方微博	57.22	44.73	22.44	40.81
2	新余普法	江西新余市依法治市领导小组办公室官方微博	50.17	34.47	17.01	33.76
3	遂川县委政法委微博	中共遂川县委政法委员会官方微博	38.07	25.00	6.37	22.78

续表

排名	微博	认证信息	传播力	服务力	互动力	总分
4	江西省乐安县人民法院	江西省抚州市乐安人民法院官方微博	36.54	31.20	0.38	21.01
5	江西检察	江西省人民检察院官方微博	39.93	9.23	7.25	20.72
6	南昌东湖检察	江西南昌市东湖区人民检察院官方微博	34.01	26.18	2.76	19.94
7	吉安政法	中共吉安市委政法委员会官方微博	37.78	15.08	4.36	19.87
8	广昌县法院	江西省抚州市广昌县人民法院官方微博	35.51	24.58	0.65	19.38
9	南昌中院	江西省南昌市法院官方微博	41.28	7.19	1.24	18.45
10	共青法院	江西省共青城人民法院官方微博	33.71	19.92	1.32	18.00

（6）江西十大旅游局微博

排名	微博	认证信息	传播力	服务力	互动力	总分
1	江西风景独好	江西省旅游发展委员会官方微博	69.69	63.53	41.59	57.22
2	江西赣州旅游	赣州市旅游局官方微博	66.20	33.01	35.20	47.16
3	宜春多胜游	宜春市旅游局官方微博	50.00	10.16	12.12	26.88
4	南昌市旅游局	南昌市旅游局官方微博	48.23	15.68	6.06	24.85
5	寻梦婺源	江西省婺源县旅游局官方微博	42.01	6.46	9.32	21.83
6	都昌旅游	江西省都昌旅游局官方微博	39.59	8.70	9.66	21.44
7	石城旅游	江西省石城旅游局官方微博	40.18	6.62	6.61	20.04
8	九江星子旅游局官方微博	江西省九江市星子县旅游局官方微博	40.77	7.63	4.30	19.55
9	上犹旅游	江西省上犹县旅游局官方微博	39.05	4.37	6.53	19.11
10	庐山旅游	江西省庐山管理局旅游局官方微博	36.36	7.34	7.49	19.01

（7）江西十大团委系统微博

排名	微博	认证信息	传播力	服务力	互动力	总分
1	共青团赣州市委	共青团赣州市委官方微博	65.67	39.03	44.39	51.83
2	江西共青团	共青团江西省委员会官方微博	64.11	42.84	41.07	50.64
3	赣青团学	共青团江西省委学校部官方微博	61.19	36.64	42.12	48.65
4	团中央井冈山教育基地	全国青少年井冈山革命传统教育基地官方微博	58.62	36.89	31.46	43.41
5	南昌共青团	共青团南昌市委官方微博	55.85	38.37	21.92	38.78
6	萍乡市共青团	共青团萍乡市委员会官方微博	47.13	23.11	16.71	30.16
7	江西南昌湾里幸福团总支	南昌市湾里区幸福街道办事处团总支官方微博	37.25	52.15	5.80	27.65
8	九江市共青团	共青团九江市委员会官方微博	43.97	16.17	12.33	25.75
9	共青团安远县委	江西省赣州市安远县团委官方微博	34.20	38.46	4.92	23.34
10	共青团南康区委	江西省赣州市南康区团委官方微博	41.65	15.53	7.86	22.91

（8）江西十大交通系统微博

排名	微博	认证信息	传播力	服务力	互动力	总分
1	南昌铁路	南昌铁路局官方微博	80.89	85.77	57.20	72.39
2	江西南昌火车站	南昌铁路局南昌火车站官方微博	71.70	69.86	41.92	59.42
3	江西交通	江西省交通运输厅应急指挥中心官方微博	71.99	65.03	33.58	55.24
4	南昌客运段	南昌铁路局南昌客运段官方微博	60.66	53.19	30.12	46.95
5	江西交通12328	江西交通12328运输服务监督电话	62.03	63.27	16.42	44.03
6	南铁南昌工务段	南昌铁路局南昌工务段官方微博	53.84	36.74	20.57	37.12
7	江西高速赣州中心	江西省高速公路赣州管理中心官方微博	59.44	30.64	14.33	35.63
8	南昌局向塘机务段	南昌铁路局向塘机务段官方微博	46.75	56.66	6.02	32.44
9	南昌火车站红土情服务台	南昌铁路局南昌火车站红土情服务台官方微博	46.29	52.96	6.01	31.51
10	南铁宜春车务段	南昌铁路局宜春车务段官方微博	48.11	27.08	16.91	31.42

19. 云南政务指数微博影响力榜

（1）云南政务微博城市竞争力指数

排名	地区	传播力	服务力	互动力	竞争力指数
1	昆明	80.58	54.24	56.28	62.86
2	大理	57.14	47.31	48.98	50.84
3	曲靖	56.75	38.96	46.35	46.89
4	红河	53.01	33.62	43.48	42.89
5	玉溪	54.16	34.77	34.19	40.38
6	昭通	50.76	30.69	36.13	38.61
7	德宏	51.48	25.69	38.70	37.98
8	保山	54.05	29.52	30.66	37.28
9	西双版纳	44.91	20.78	42.02	35.45
10	普洱	50.52	21.53	35.34	35.06
11	丽江	46.95	19.24	33.58	32.57
12	临沧	49.09	16.99	31.40	31.66
13	楚雄	47.07	17.67	29.11	30.49
14	文山	44.71	20.63	25.95	29.71
15	怒江	43.49	17.49	29.90	29.63
16	迪庆	32.25	10.53	18.86	19.96

（2）云南十大政务机构微博

排名	微博	认证信息	传播力	服务力	互动力	总分
1	云南共青团	共青团云南省委官方微博	71.33	76.20	55.57	66.00
2	云南警方	云南省公安厅官方微博	71.68	78.73	46.84	63.15
3	昆明发布	云南省昆明党务政务信息公开平台官方微博	72.24	69.92	46.58	61.51
4	昆宣发布	昆明市委宣传部官方微博	72.95	64.85	48.13	61.40

排名	微博	认证信息	传播力	服务力	互动力	总分
5	昆明12345市长热线	昆明12345市长热线官方微博	94.31	59.11	28.82	61.07
6	昆明五华发布	云南省昆明市五华区委、区政府官方微博	69.94	60.80	40.20	56.22
7	微博云南	云南省人民政府新闻办公室官方微博	70.83	40.26	40.14	52.44
8	昆明机场	昆明机场官方微博	69.56	46.97	36.27	51.73
9	昆明铁路	昆明铁路局官方微博	67.94	50.92	34.31	51.09
10	昆明轨道交通集团有限公司	昆明轨道交通集团有限公司	63.98	54.03	32.81	49.52

（3）云南十大党政新闻发布微博

排名	微博	认证信息	传播力	服务力	互动力	总分
1	昆明发布	云南省昆明党务政务信息公开平台官方微博	72.24	69.92	46.58	61.51
2	昆宣发布	昆明市委宣传部官方微博	72.95	64.85	48.13	61.40
3	昆明五华发布	云南省昆明市五华区委、区政府官方微博	69.94	60.80	40.20	56.22
4	微博云南	云南省人民政府新闻办公室官方微博	70.83	40.26	40.14	52.44
5	美丽德宏	中共德宏州委宣传部官方微博	60.99	53.75	34.57	48.97
6	大怒江在线	中共怒江州委宣传部官方微博	59.01	55.13	32.87	47.78
7	微博曲靖	曲靖市人民政府新闻办公室	62.87	38.63	36.21	47.36
8	普洱发布	普洱市人民政府新闻办公室官方微博	59.21	54.61	29.91	46.57
9	昆明市委办公厅	云南省昆明市委办公厅官方微博	58.74	55.97	29.69	46.56
10	世界腾冲___天下和顺	腾冲县委宣传部官方微博	58.20	53.07	25.76	44.20

（4）云南十大公安系统微博

排名	微博	认证信息	传播力	服务力	互动力	总分
1	云南警方	云南省公安厅官方微博	71.68	78.73	46.84	63.15
2	大理交警	云南省大理州公安局交警支队	64.32	50.80	30.79	48.20
3	昆明警方	昆明市公安局官方微博	67.00	34.24	30.75	45.95
4	云南平安高速	云南省公安厅交通警察总队高速公路交巡警支队官方微博	67.47	48.93	22.79	45.89
5	平安德宏	云南省德宏州公安局官方微博	57.72	55.54	27.63	45.25
6	玉溪警方	云南省玉溪市公安局官方微博	64.33	34.31	31.65	45.25
7	平安红河	云南省红河州公安局官方微博	61.28	43.69	27.08	44.08
8	云岭森警	云南省森林公安局官方微博	58.42	47.61	26.01	43.29
9	大理公安在线	云南省大理州公安局官方微博	58.66	33.22	26.15	40.57
10	云南消防	云南省公安消防总队官方微博	57.43	27.62	28.50	39.90

（5）云南十大司法系统微博

排名	微博	认证信息	传播力	服务力	互动力	总分
1	云南省人民检察院	云南省人民检察院官方微博	61.11	56.46	31.33	48.26
2	呈贡检察	云南省昆明市呈贡区人民检察院官方微博	47.86	53.02	19.57	37.58
3	昆明市中级人民法院	云南省昆明市中级人民法院官方微博	55.69	31.82	13.74	34.13
4	云南省高级人民法院	云南省高级人民法院官方微博	49.64	33.33	18.09	33.76
5	曲靖检察	云南省曲靖市人民检察院官方微博	45.23	32.80	20.39	32.81
6	文山州人民检察院	云南省文山州人民检察院官方微博	48.27	38.95	9.97	31.08
7	昆明市委政法委	中共昆明市委政法委官方微博	47.06	39.00	10.33	30.75
8	呈贡法院	云南省昆明市呈贡区人民法院官方微博	43.09	46.79	9.71	30.48
9	永善司法行政	云南省昭通市永善县司法局官方微博	40.56	31.32	12.44	27.46
10	大理宾川法院	云南省大理宾川县人民法院官方微博	42.47	16.61	15.51	26.51

（6）云南十大旅游局微博

排名	微博	认证信息	传播力	服务力	互动力	总分
1	云南丽江旅游	丽江市旅游发展委员会官方微博	61.77	33.50	32.50	44.41
2	旅游红河	红河哈尼族彝族自治州旅游发展委员会	57.21	23.94	27.03	38.48
3	大理旅游发布厅	大理白族自治州旅游发展管理委员会官方微博	52.83	15.31	21.40	32.75
4	云南旅游发布厅	云南省旅游发展委员会	53.00	11.87	19.86	31.52
5	昆明市旅游发展委员会	昆明市旅游发展委员会官方微博	49.38	39.01	8.52	30.96
6	曲靖旅游1988	曲靖市旅游局官方微博	47.50	20.25	14.61	28.89
7	腾冲旅游微博	腾冲县旅游局官方微博	45.15	23.17	12.84	27.83
8	元阳_旅游	云南省红河州元阳县旅游局官方微博	42.54	14.82	17.06	26.80
9	会泽旅游	云南省曲靖市会泽县旅游局官方微博	41.32	28.88	10.05	26.33
10	洱源旅游	云南省大理州洱源县旅游局官方微博	38.30	7.13	23.22	26.03

（7）云南十大团委系统微博

排名	微博	认证信息	传播力	服务力	互动力	总分
1	云南共青团	共青团云南省委官方微博	71.33	76.20	55.57	66.00
2	石林团县委	共青团石林县委官方微博	53.58	46.87	25.61	41.05
3	云南团省委学校部	云南团省委学校部官方微博	48.27	14.41	22.03	31.00
4	共青团昆明市委	共青团昆明市委官方微博	46.15	25.66	16.82	30.32
5	共青团大关县委	共青团云南省昭通市大关县委官方微博	45.80	30.52	8.30	27.74
6	共青团宣威市委	共青团宣威市委官方微博	37.60	25.99	9.95	24.22
7	红河共青团	共青团红河州委员会官方微博	41.14	19.65	7.90	23.55
8	德宏芒市团委	共青团芒市委官方微博	39.53	22.68	7.57	23.38
9	呈贡团区委	共青团昆明市呈贡区委官方微博	38.53	21.86	7.65	22.84
10	南华共青团	共青团南华县委官方微博	37.48	25.09	6.76	22.71

（8）云南十大交通系统微博

排名	微博	认证信息	传播力	服务力	互动力	总分
1	昆明机场	昆明机场官方微博	69.56	46.97	36.27	51.73
2	昆明铁路	昆明铁路局官方微博	67.94	50.92	34.31	51.09
3	昆明轨道交通集团有限公司	昆明轨道交通集团有限公司	63.98	54.03	32.81	49.52
4	昆明市交通运输局	云南省昆明市交通运输局官方微博	56.19	36.02	22.35	38.62
5	腾冲驼峰机场	云南腾冲驼峰机场开发管理有限公司官方微博	63.36	42.57	11.25	38.36
6	昆明火车站	昆明铁路局昆明站官方微博	49.37	31.79	12.96	31.29
7	昆明邮政	云南省昆明市邮政局官方微博	41.24	31.72	3.12	24.09
8	大理交通运输	云南省大理白族自治州交通运输局官方微博	42.33	11.31	9.16	22.86
9	云南交通微博	云南省交通运输厅官方微博	44.12	9.93	2.77	20.74
10	昆明市道路运输管理局	云南省昆明市道路运输管理局官方微博	39.28	19.58	2.65	20.69

20. 湖南政务指数微博影响力榜

（1）湖南政务微博城市竞争力指数

排名	城市	传播力	服务力	互动力	竞争力指数
1	长　沙	62.01	49.44	64.98	58.65
2	湘　潭	52.97	50.44	53.07	52.12
3	衡　阳	53.88	37.16	49.26	46.41
4	株　洲	48.56	28.40	38.10	37.84
5	永　州	49.12	26.08	39.39	37.65
6	怀　化	48.22	25.35	30.09	33.87
7	郴　州	47.22	17.12	39.06	33.83
8	岳　阳	50.82	18.42	32.79	33.17
9	常　德	46.49	17.63	29.99	30.61
10	邵　阳	43.60	11.95	26.14	26.42
11	张家界	35.88	14.78	25.89	25.00
12	娄　底	36.94	15.18	22.09	24.13
13	益　阳	34.97	11.77	19.56	21.46
14	湘　西	33.67	10.25	15.94	19.27

（2）湖南十大政务机构微博

排名	微博	认证信息	传播力	服务力	互动力	总分
1	湖南高速警察	湖南省高速公路交通警察局	75.53	89.42	54.41	69.86
2	长沙地铁	长沙地铁官方微博	74.73	67.75	62.84	68.58
3	湘潭公安	湖南省湘潭市公安局官方微博	72.65	87.74	53.48	68.00
4	衡阳发布	衡阳市人民政府新闻办官方微博	69.19	69.79	46.73	60.33

续表

排名	微博	认证信息	传播力	服务力	互动力	总分
5	长沙警事	长沙市公安局官方微博	74.40	32.77	59.50	60.11
6	湖南省交警总队	湖南省交警总队官方微博	69.60	41.73	48.25	55.49
7	湖南微政务	湖南省互联网信息办公室	68.36	51.42	44.13	55.28
8	长沙发布	长沙市委网宣办、网信办官方微博	67.87	39.84	46.58	53.75
9	长沙交警官方微博	湖南省长沙市交警支队官方微博	70.12	53.54	36.79	53.47
10	株洲发布	中共株洲市委宣传部官方微博	60.34	69.05	37.24	52.84

（3）湖南十大党政新闻发布微博

排名	微博	认证信息	传播力	服务力	互动力	总分
1	衡阳发布	衡阳市人民政府新闻办官方微博	69.19	69.79	46.73	60.33
2	湖南微政务	湖南省互联网信息办公室	68.36	51.42	44.13	55.28
3	长沙发布	长沙市委网宣办、网信办官方微博	67.87	39.84	46.58	53.75
4	株洲发布	中共株洲市委宣传部官方微博	60.34	69.05	37.24	52.84
5	岳阳政务微博	岳阳市网络文化建设管理中心官方微博	64.26	27.17	30.36	43.28
6	湖南省政府门户网站	湖南省人民政府门户网站官方微博	65.78	35.61	23.28	42.75
7	永州发布	中共永州市委宣传部官方微博	55.30	27.76	35.59	41.90
8	岳阳市政府门户网站	岳阳市政府门户网站官方微博	61.36	43.18	18.13	40.43
9	邵阳发布	中共邵阳市委网络文化建设和管理办公室	52.89	32.83	22.16	36.59
10	常德市人民政府	湖南省常德市人民政府官方微博	57.46	31.52	17.08	36.12

（4）湖南十大公安系统微博

排名	微博	认证信息	传播力	服务力	互动力	总分
1	湖南高速警察	湖南省高速公路交通警察局	75.53	89.42	54.41	69.86
2	湘潭公安	湖南省湘潭市公安局官方微博	72.65	87.74	53.48	68.00
3	长沙警事	长沙市公安局官方微博	74.40	32.77	59.50	60.11
4	湖南省交警总队	湖南省交警总队官方微博	69.60	41.73	48.25	55.49
5	长沙交警官方微博	湖南省长沙市交警支队官方微博	70.12	53.54	36.79	53.47
6	湖南消防	湖南省公安消防总队官方微博	64.62	42.51	34.45	48.13
7	湖南公安宣传	湖南省公安厅宣传处官方微博	58.18	53.29	31.87	46.68
8	永州警事	湖南省永州市公安局官方微博	58.09	41.43	30.42	43.69
9	怀化交警	湖南省怀化市公安局交警支队	59.26	41.88	24.11	41.72
10	湖南公安	湖南省公安厅官方微博	53.63	41.84	29.68	41.69

（5）湖南十大司法系统微博

排名	微博	认证信息	传播力	服务力	互动力	总分
1	湖南高院	湖南省高级人民法院官方微博	58.50	20.12	29.05	39.04
2	湖南检察	湖南省人民检察院官方微博	56.39	24.46	21.09	35.88
3	法治郴州	湖南省郴州市司法局官方微博	49.26	31.15	7.57	28.96
4	邵阳中院	湖南省邵阳市中级人民法院官方微博	45.88	14.94	12.76	26.44
5	衡阳中级人民法院	湖南省衡阳市中级人民法院官方微博	48.61	8.27	12.07	25.92
6	邵阳市新邵县法院	湖南省邵阳市新邵县人民法院官方微博	39.82	33.72	2.64	23.73
7	长沙检察	湖南省长沙市人民检察院官方微博	41.72	10.86	9.25	22.56
8	长沙市中级人民法院	湖南省长沙市中级人民法院官方微博	45.11	5.64	7.68	22.24
9	娄底市中级人民法院	湖南省娄底市中级人民法院官方微博	44.15	14.87	3.16	21.90
10	桂阳法院	湖南省郴州市桂阳县人民法院官方微博	37.77	27.15	3.21	21.82

（6）湖南十大旅游局微博

排名	微博	认证信息	传播力	服务力	互动力	总分
1	湖南省旅游局官方	湖南省旅游局官方微博	69.27	40.39	37.58	50.82
2	张家界旅游	张家界武陵源区旅游局官方微博	59.26	26.20	23.49	38.34
3	长沙市旅游局	长沙市旅游局官方微博	61.14	17.12	26.15	38.34
4	常德市旅游外侨局	常德市旅游外侨局官方微博	54.78	22.35	25.77	36.69
5	南岳旅游	衡阳市南岳区旅游局官方微博	52.12	18.51	19.46	32.34
6	张家界旅游局	世界自然遗产、世界地质公园、中国国家森林公园_张家界旅游官方	47.71	10.03	16.40	27.65
7	湘潭市旅游局	湘潭市旅游局官方微博	42.16	7.46	7.02	21.16
8	乐游津城	湖南省津市市旅游局官方微博	35.60	16.72	3.41	18.95
9	株洲市旅游局官方	株洲市旅游局官方微博	36.68	5.20	2.03	16.53
10	郴州市旅游局官方	湖南省郴州市旅游局官方微博	31.70	2.23	2.54	14.15

（7）湖南十大团委系统微博

排名	微博	认证信息	传播力	服务力	互动力	总分
1	湖南省西瓜甜瓜研究所团支部	湖南省西瓜甜瓜研究所团支部官方微博	55.77	66.50	33.01	48.81
2	共青湖南	共青团湖南省委员会官方微博	64.25	15.80	37.37	43.81
3	湘南学院团委	共青团湘南学院委员会	50.03	33.53	27.22	37.61
4	共青团湖南商务职业技术学院	共青团湖南商务职院委员会官方微博	40.47	24.19	21.02	29.44
5	长沙共青团	共青团长沙市委员会官方微博	44.72	16.15	11.96	25.90
6	用心关爱留守儿童	共青团怀化市委员会"关爱留守儿童活动"官方微博	48.54	5.16	11.25	24.95

续表

排名	微博	认证信息	传播力	服务力	互动力	总分
7	湖南团省委学校部	湖南团省委学校部官方微博	41.04	12.34	13.35	24.22
8	衡阳共青团	共青团湖南省衡阳市委员会官方微博	40.83	15.87	6.26	22.01
9	共青团郴州市委	共青团郴州市委员会官方微博	43.53	10.91	3.25	20.90
10	共青团湘潭市委	共青团湘潭市委员会官方微博	38.33	11.53	7.27	20.55

（8）湖南十大交通系统微博

排名	微博	认证信息	传播力	服务力	互动力	总分
1	长沙地铁	长沙地铁官方微博	74.73	67.75	62.84	68.58
2	湖南高速公路	湖南省高速公路管理局官方微博	61.49	34.76	11.38	36.10
3	广铁集团公司长沙车站	广铁集团公司长沙火车站官方微博	56.62	13.18	13.76	30.79
4	广铁集团怀化火车站	广州铁路（集团）公司怀化车务段怀化火车站官方微博	53.46	13.11	13.79	29.52
5	衡阳车务段	广铁集团衡阳车务段官方微博	48.83	14.58	6.94	25.22
6	广铁长沙客运段	广铁集团长沙客运段官方微博	46.36	5.84	4.30	21.43
7	广铁集团张家界车务段	广州铁路（集团）公司张家界车务段官方微博	44.17	10.99	2.91	21.03
8	广铁集团株洲火车站	广铁集团株洲火车站官方微博官方微博	45.05	6.57	3.91	20.90
9	永州交通	湖南省永州市交通运输局官方微博	25.52	12.51	0.90	13.07
10	湘潭市城市客运管理局	湖南省湘潭市城市客运管理局官方微博	23.86	1.65	0.75	10.17

21. 辽宁政务指数微博影响力榜

（1）辽宁政务微博城市竞争力指数

排名	地区	传播力	服务力	互动力	竞争力指数
1	沈　阳	68.88	49.39	57.10	57.94
2	大　连	65.08	45.01	53.71	54.08
3	鞍　山	62.46	38.81	47.74	49.03
4	抚　顺	66.94	37.04	44.59	48.65
5	丹　东	51.99	24.71	35.58	36.70
6	锦　州	56.72	21.94	34.16	36.65
7	本　溪	51.20	25.29	35.16	36.52
8	营　口	52.08	24.93	30.63	35.07
9	阜　新	51.46	20.06	25.05	31.22
10	朝　阳	51.48	15.95	26.26	30.22
11	铁　岭	49.88	15.26	26.28	29.50
12	盘　锦	45.62	15.99	26.44	28.54
13	辽　阳	48.88	12.00	25.41	27.76
14	葫芦岛	47.78	9.99	24.18	26.29

（2）辽宁十大政务机构微博

排名	微博	认证信息	传播力	服务力	互动力	总分
1	平安辽宁	辽宁省公安厅官方微博	81.27	77.66	53.53	69.45
2	沈阳发布	中共沈阳市委宣传部官方微博	79.86	61.91	56.36	66.87
3	辽宁交通	辽宁省交通厅官方微博	74.36	74.75	47.39	63.65
4	沈阳铁路	沈阳铁路局官方微博	75.52	71.79	41.34	61.10
5	鞍山发布	鞍山市委宣传部官方微博	70.76	60.16	45.16	58.40
6	大连公安	大连市公安局官方微博	72.52	48.51	42.68	55.78
7	沈阳环保	沈阳市环保局官方微博	67.20	57.97	39.12	54.12
8	沈阳市公安局	辽宁省沈阳市公安局官方微博	72.82	41.02	40.84	53.67
9	抚顺宣传	中共抚顺市委宣传部官方微博	63.84	59.79	39.57	53.32
10	辽宁共青团	共青团辽宁省委员会官方微博	64.72	53.44	39.44	52.35

（3）辽宁十大党政新闻发布微博

排名	微博	认证信息	传播力	服务力	互动力	总分
1	沈阳发布	中共沈阳市委宣传部官方微博	79.86	61.91	56.36	66.87
2	鞍山发布	鞍山市委宣传部官方微博	70.76	60.16	45.16	58.40
3	抚顺宣传	中共抚顺市委宣传部官方微博	63.84	59.79	39.57	53.32
4	辽宁发布	辽宁省政府门户网站官方微博	63.16	47.53	37.31	49.69
5	本溪发布厅	本溪市人民政府官方微博	62.36	50.86	35.75	49.42
6	新民故事	辽宁省新民市人民政府官方微博	61.22	42.46	36.36	47.52
7	立山之声	中共鞍山市立山区委宣传部官方微博	56.96	59.25	23.58	44.07
8	铁东公开	辽宁省鞍山市铁东区人民政府办公室官方微博	55.27	59.42	19.82	41.92
9	抚顺发布	辽宁省抚顺市政府新闻办公室官方微博	56.29	37.52	22.79	39.14
10	铁西视窗	鞍山市铁西区委宣传部官方微博	56.44	37.58	16.27	36.60

（4）辽宁十大公安系统微博

排名	微博	认证信息	传播力	服务力	互动力	总分
1	平安辽宁	辽宁省公安厅官方微博	81.27	77.66	53.53	69.45
2	大连公安	大连市公安局官方微博	72.52	48.51	42.68	55.78
3	沈阳市公安局	辽宁省沈阳市公安局官方微博	72.82	41.02	40.84	53.67
4	沈阳铁西公安	沈阳市公安局铁西分局官方微博	63.12	53.69	40.65	52.25
5	平安钢都	辽宁省鞍山市公安局官方微博	65.91	61.81	30.21	50.81
6	抚顺市公安局官方微博	辽宁省抚顺市公安局官方微博	61.72	49.10	26.58	45.14
7	盘锦市公安局	辽宁省盘锦市公安局官方微博	62.00	50.67	25.23	45.03
8	辽宁消防	辽宁省消防总队官方微博	65.40	31.04	31.04	44.78
9	丹东公安	辽宁省丹东市公安局官方微博	61.08	49.12	24.73	44.15
10	辽阳市公安局	辽宁省辽阳市公安局官方微博	60.12	46.41	21.26	41.83

（5）辽宁十大司法系统微博

排名	微博	认证信息	传播力	服务力	互动力	总分
1	大连沙河口区法院	辽宁省大连市沙河河口区人民法院官方微博	48.80	53.71	17.61	37.31
2	辽宁高院	辽宁省高级人民法院官方微博	51.94	31.46	23.32	36.40
3	大连市中级人民法院	大连市中级人民法院官方微博	51.18	29.91	13.14	31.71
4	抚顺法院	抚顺中级人民法院官方微博	47.69	48.08	7.46	31.68
5	旅顺铁山司法所	辽宁省旅顺铁山司法所官方微博	42.68	34.84	13.30	29.36
6	大连市西岗法院	辽宁省大连市西岗区人民法院官方微博	42.82	39.91	8.36	28.45
7	瓦房店市法院	辽宁省大连市瓦房店市人民法院官方微博	41.87	44.72	6.51	28.30
8	大连旅顺法院	辽宁省大连市旅顺口区人民法院官方微博	42.45	34.23	8.54	27.24
9	铁岭中院	铁岭市中级人民法院官方微博	41.40	35.19	5.15	25.66
10	大连开发区法院	辽宁省大连经济技术开发区人民法院官方微博	42.71	26.08	7.80	25.42

（6）辽宁十大旅游局微博

排名	微博	认证信息	传播力	服务力	互动力	总分
1	辽宁省凤城市旅游局	辽宁省凤城市旅游局官方微博	52.17	40.83	28.55	40.45
2	抚顺市旅游委	抚顺市旅游局官方微博	52.13	38.15	25.61	38.73
3	金州新区旅游	大连金州新区旅游局官方微博	53.86	18.59	30.74	37.56
4	大连市旅游局	大连市旅游局官方微博	56.23	22.54	23.22	36.29
5	旅顺口区旅游发展局	辽宁省大连市旅顺口区旅游发展局官方微博	48.15	28.42	14.63	30.79
6	辽宁省旅游局	辽宁省旅游局官方微博	51.99	16.27	16.52	30.66
7	长海旅游攻略	辽宁省大连市长海县旅游局官方微博	41.09	30.95	9.01	26.23
8	苏区旅游	辽宁省沈阳市苏家屯旅游局官方微博	40.62	15.94	6.29	21.95
9	清原旅游	辽宁省抚顺市清原满族自治县旅游局官方微博	35.71	27.09	5.54	21.92
10	新宾满族自治县旅游局	辽宁省抚顺市新宾满族自治县旅游局官方微博	38.18	13.69	2.29	18.93

（7）辽宁十大团委系统微博

排名	微博	认证信息	传播力	服务力	互动力	总分
1	辽宁共青团	共青团辽宁省委员会官方微博	64.72	53.44	39.44	52.35
2	辽宁科技大学团委	辽宁科技大学团委官方微博	58.09	45.99	36.68	47.10
3	共青团抚顺市委	共青团抚顺市委官方微博	50.08	39.64	13.93	33.53
4	共青团昌图县委	共青团辽宁省昌图县委官方微博	44.02	38.80	10.15	29.42

续表

排名	微博	认证信息	传播力	服务力	互动力	总分
5	共青团沈阳市委	共青团沈阳市委官方微博	43.92	16.40	9.48	24.64
6	沈阳青年新媒体应用联盟	共青团沈阳市委员会学校部官方微博	37.03	36.42	5.06	24.12
7	青春葫芦岛	共青团葫芦岛市委官方微博	42.93	15.45	9.16	23.92
8	本溪共青团	共青团本溪市委官方微博	41.64	18.83	8.74	23.92
9	青春炫钢城	共青团鞍山市委官方微博	45.27	10.62	9.12	23.88
10	共青团鞍山市12355	共青团鞍山市委权益部12355青少年服务台	39.08	29.31	1.96	22.28

（8）辽宁十大交通系统微博

排名	微博	认证信息	传播力	服务力	互动力	总分
1	辽宁交通	辽宁省交通厅官方微博	74.36	74.75	47.39	63.65
2	沈阳铁路	沈阳铁路局官方微博	75.52	71.79	41.34	61.10
3	大连火车站	沈阳铁路局大连站官方微博	65.17	67.71	24.06	49.23
4	沈阳地铁运营	沈阳地铁集团有限公司官方微博	63.50	50.24	32.69	48.52
5	营口海事－墩台在线	中华人民共和国营口海事局官方微博	50.58	38.92	19.41	35.78
6	辽宁省机场管理集团_丹东机场	辽宁省机场管理集团丹东机场官方微博	57.23	42.78	10.79	35.76
7	沈铁锦州站	沈阳铁路局锦州站官方微博	44.54	66.73	2.96	32.35
8	辽宁高速	辽宁省高速公路管理局官方微博	55.86	16.53	14.80	31.57
9	沈阳火车站	沈阳铁路局沈阳站官方微博	46.99	52.38	5.60	31.51
10	沈阳车辆段	辽宁省沈阳铁路局沈阳车辆段官方微博	41.42	63.29	2.72	30.32

22. 新疆政务指数微博影响力榜

（1）新疆政务微博城市竞争力指数

排名	地区	传播力	服务力	互动力	竞争力指数
1	乌鲁木齐	65.16	51.65	59.85	58.57
2	伊犁	70.68	44.97	52.67	55.38
3	哈密	69.90	27.93	40.42	44.89
4	博尔塔拉	48.82	34.32	43.36	41.83
5	阿勒泰	49.26	20.46	48.05	38.75
6	昌吉	46.74	23.67	34.38	34.34
7	巴音郭楞	49.70	20.88	27.81	31.95
8	克拉玛依	43.98	18.24	33.26	31.22
9	塔城	45.99	21.01	27.90	30.92
10	喀什	44.35	15.30	26.84	28.06

排名	地区	传播力	服务力	互动力	竞争力指数
11	阿克苏	35.96	19.00	18.25	23.82
12	吐鲁番	37.60	11.54	17.61	21.48
13	克孜勒苏	37.11	11.81	15.82	20.81
14	和田	35.59	10.76	17.41	20.54

（2）新疆十大政务机构微博

排名	微博	认证信息	传播力	服务力	互动力	总分
1	哈密发布	新疆哈密地委外宣办哈密地区行署新闻办官方微博	97.17	60.09	51.35	71.43
2	快速路交警	乌鲁木齐市城市快速路交警大队官方微博	69.38	78.63	57.15	66.34
3	新疆铁路	乌鲁木齐铁路局官方微博	75.43	66.90	50.56	63.78
4	平安石河子	新疆石河子市公安局官方微博	65.32	78.16	42.76	58.86
5	平安伊犁	新疆维吾尔自治区伊犁哈萨克自治州公安局官方微博	68.80	58.16	44.50	56.95
6	阿勒泰公安在线	新疆维吾尔自治区阿勒泰地区公安局官方微博	70.19	35.55	51.79	55.90
7	博州发布	新疆博尔塔拉蒙古自治州人民政府新闻办官方微博	62.88	55.93	41.08	52.77
8	新疆政府网	新疆维吾尔自治区政府门户网站官方微博	66.34	56.19	28.09	49.01
9	克拉玛依发布	新疆克拉玛依市人民政府新闻办官方微博	62.43	41.19	34.89	47.17
10	伊犁政府网	新疆伊犁哈萨克自治州政府门户网站官方微博	59.01	55.92	28.53	46.20

（3）新疆十大党政新闻发布微博

排名	微博	认证信息	传播力	服务力	互动力	总分
1	哈密发布	新疆哈密地委外宣办哈密地区行署新闻办官方微博	97.17	60.09	51.35	71.43
2	博州发布	新疆博尔塔拉蒙古自治州人民政府新闻办官方微博	62.88	55.93	41.08	52.77
3	新疆政府网	新疆维吾尔自治区政府门户网站官方微博	66.34	56.19	28.09	49.01
4	克拉玛依发布	新疆克拉玛依市人民政府新闻办官方微博	62.43	41.19	34.89	47.17
5	伊犁政府网	新疆伊犁哈萨克自治州政府门户网站官方微博	59.01	55.92	28.53	46.20
6	新疆发布	新疆维吾尔自治区人民政府新闻办公室官方微博	65.40	18.36	38.30	45.15

续表

排名	微博	认证信息	传播力	服务力	互动力	总分
7	伊犁发布	新疆伊犁哈萨克自治州人民政府新闻办官方微博	58.55	33.76	31.61	42.82
8	乌鲁木齐发布	乌鲁木齐市互联网信息管理中心官方微博	62.27	28.38	29.65	42.44
9	伊宁县发布	新疆伊犁州伊宁县人民政府新闻办公室官方微博	51.56	42.10	22.18	37.92
10	民生新疆维吾尔文平台	新疆维吾尔自治区人民政府新闻办公室民生频道官方微博	51.66	23.10	29.24	36.98

（4）新疆十大公安系统微博

排名	微博	认证信息	传播力	服务力	互动力	总分
1	快速路交警	乌鲁木齐市城市快速路交警大队官方微博	69.38	78.63	57.15	66.34
2	平安石河子	新疆石河子市公安局官方微博	65.32	78.16	42.76	58.86
3	平安伊犁	新疆维吾尔自治区伊犁哈萨克自治州公安局官方微博	68.80	58.16	44.50	56.95
4	阿勒泰公安在线	新疆维吾尔自治区阿勒泰地区公安局官方微博	70.19	35.55	51.79	55.90
5	平安天山	新疆维吾尔自治区公安厅官方微博	62.49	27.05	30.38	42.55
6	新疆消防	新疆消防总队官方微博	57.41	36.50	23.53	39.67
7	奎屯公安	新疆伊犁哈萨克自治州奎屯市公安局官方微博	52.53	51.96	18.12	38.65
8	乌鲁木齐市公安局	新疆乌鲁木齐市公安局官方微博	59.03	24.63	24.67	38.41
9	昌吉公安	新疆昌吉回族自治州公安局官方微博	55.42	33.33	20.29	36.95
10	平安哈密	新疆哈密地区公安局官方微博	56.53	30.87	17.01	35.59

（5）新疆十大司法系统微博

排名	微博	认证信息	传播力	服务力	互动力	总分
1	西域天平	新疆维吾尔自治区高级人民法院官方微博	59.70	40.25	31.54	44.55
2	新疆检察	新疆维吾尔自治区人民检察院官方微博	58.39	24.03	20.35	36.30
3	阿勒泰政法	新疆阿勒泰地委政法委官方微博	49.68	29.82	22.08	34.67
4	兵团司法行政发布	新疆生产建设兵团司法局官方微博	46.25	48.60	11.83	32.95
5	新疆于田县法院	新疆维吾尔自治区于田县人民法院官方微博	46.17	41.98	11.49	31.46
6	新疆柯坪县法院	新疆柯坪县人民法院官方微博	39.58	60.06	5.85	30.18
7	新疆和田县法院	新疆和田市和田县人民法院官方微博	41.87	46.75	4.71	27.98
8	新疆民丰县法院	新疆维吾尔自治区和田地区民丰县人民法院官方微博	39.28	48.26	4.99	27.36
9	乌什法院	新疆阿克苏乌什县人民法院官方微博	40.03	36.84	8.53	26.79
10	木垒县法院	新疆木垒哈萨克自治县人民法院官方微博	38.28	39.27	6.88	25.92

（6）新疆十大旅游局微博

排名	微博	认证信息	传播力	服务力	互动力	总分
1	大美新疆	新疆维吾尔自治区旅游局官方微博	53.95	21.32	20.98	34.24
2	昌吉州旅游	新疆昌吉回族自治州旅游局官方微博	43.07	17.52	10.05	24.75
3	神遇吐鲁番	新疆吐鲁番地区旅游局官方微博	41.13	6.48	6.60	20.38
4	塔城市旅游局官方微博	新疆塔城市旅游局官方微博	37.84	7.15	6.90	19.32
5	悠游伊宁	新疆伊宁市旅游局官方微博	34.91	7.45	6.78	18.17
6	阿拉尔旅游	新疆维吾尔自治区阿拉尔市旅游局官方微博	25.00	11.42	1.19	12.76
7	乌鲁木齐市旅游局	新疆乌鲁木齐市旅游局官方微博	26.69	2.74	0.23	11.32
8	伊犁国际旅游谷	新疆维吾尔自治区伊犁哈萨克自治州旅游局官方微博	23.09	4.82	1.39	10.76
9	克拉玛依市旅游局官方微博	新疆克拉玛依市旅游局官方微博	22.62	0.24	0.56	9.32
10	克州旅游局	新疆克孜勒苏柯尔克孜自治州旅游局官方微博	19.51	0.99	0.70	8.28

（7）新疆十大团委系统微博

排名	微博	认证信息	传播力	服务力	互动力	总分
1	新疆共青团	新疆维吾尔自治区团委	58.38	32.51	27.86	41.00
2	博州团委	共青团博尔塔拉蒙古自治州委员会官方微博	50.41	32.04	21.23	35.07
3	新疆大学团委	新疆大学团委官方微博	50.66	22.29	19.93	32.69
4	青春新财大	新疆财经大学团委官方微博	45.31	24.16	23.85	32.50
5	昌吉学院团委	新疆昌吉学院团委官方微博	46.61	26.64	20.43	32.14
6	青春兵团	共青团新疆生产建设兵团委员会官方微博	48.91	20.48	16.72	30.35
7	青春克拉玛依	共青团克拉玛依市委员会官方微博	46.59	14.80	11.81	26.32
8	石河子大学医学院团委	新疆维吾尔自治区石河子大学医学院委员会官方微博	37.05	21.42	16.47	25.69
9	共青团哈密地区12355	新疆哈密地区团委官方微博	53.37	7.09	6.54	25.38
10	青春克州	共青团克孜勒苏柯尔克孜自治州委员会官方微博	46.84	18.31	5.94	24.77

（8）新疆十大交通系统微博

排名	微博	认证信息	传播力	服务力	互动力	总分
1	新疆铁路	乌鲁木齐铁路局官方微博	75.43	66.90	50.56	63.78
2	乌鲁木齐火车站	乌鲁木齐铁路局乌鲁木齐火车站官方微博	54.00	18.29	15.50	31.46
3	乌鲁木齐市交通局	新疆乌鲁木齐市城市交通局官方微博	49.75	15.20	10.58	27.17
4	乌鲁木齐市公交集团	乌鲁木齐市公交集团官方微博	47.66	21.87	8.71	26.92

排名	微博	认证信息	传播力	服务力	互动力	总分
5	巴里坤交通	新疆哈密地区巴里坤哈萨克自治县交通局官方微博	47.38	0.96	0.41	19.31
6	乌鲁木齐市城市快速路管理中心	乌鲁木齐市城市快速路管理中心官方微博	35.28	14.63	1.30	17.56
7	昌吉市交通运输局	新疆昌吉市交通运输局官方微博	35.83	6.21	3.06	16.80
8	伊宁县交通运输局	新疆维吾尔自治区伊宁县交通运输局官方微博	28.28	18.50	2.99	16.21
9	哈密地区运管局	新疆哈密地区运管局官方微博	32.66	10.18	1.38	15.65
10	乌鲁木齐市客运统管办	新疆乌鲁木齐市客运统管办官方微博	31.60	4.59	2.67	14.63

23. 山西政务指数微博影响力榜

(1) 山西政务微博城市竞争力指数

排名	地区	传播力	服务力	互动力	竞争力指数
1	晋中	67.55	53.65	51.07	56.91
2	太原	65.13	39.33	54.06	52.23
3	晋城	57.85	25.82	44.41	41.94
4	运城	59.41	23.30	32.70	37.42
5	大同	54.81	22.63	33.76	36.18
6	忻州	55.04	25.48	29.52	35.76
7	长治	51.79	19.03	28.49	32.17
8	阳泉	51.92	18.28	27.23	31.50
9	吕梁	51.39	14.40	31.46	31.47
10	临汾	50.90	12.74	27.51	29.36
11	朔州	44.23	7.67	19.40	22.75

(2) 山西十大政务机构微博

排名	微博	认证信息	传播力	服务力	互动力	总分
1	山西皇城相府景区	山西皇城相府景区官方微博	71.45	65.56	46.18	60.16
2	平安太原	太原市公安局官方微博	74.61	55.72	46.98	59.78
3	山西共青团	共青团山西省委官方微博	72.10	55.39	48.73	59.41
4	晋中公安	山西省晋中市公安局官方微博,该局政治部承办	70.81	66.85	40.47	57.88
5	山西交警	山西省公安厅交警总队官方微博	68.75	67.27	36.43	55.52
6	晋中发布	山西省晋中市委新闻中心官方微博	67.19	69.25	36.35	55.27
7	山西公安	山西省公安厅官方微博	69.61	41.75	37.78	51.30
8	太原铁路	太原铁路局官方微博	70.08	42.75	35.39	50.74
9	晋城发布	晋城市人民政府新闻办公室官方微博	63.55	57.62	29.22	48.63
10	平遥古城	山西省平遥县委宣传部	60.83	40.19	36.43	46.95

（3）山西十大党政新闻发布微博

排名	微博	认证信息	传播力	服务力	互动力	总分
1	晋中发布	山西省晋中市委新闻中心官方微博	67.19	69.25	36.35	55.27
2	晋城发布	晋城市人民政府新闻办公室官方微博	63.55	57.62	29.22	48.63
3	平遥古城	山西省平遥县委宣传部	60.83	40.19	36.43	46.95
4	灵石发布	山西省晋中市灵石县委宣传部官方微博	58.24	57.55	23.54	44.22
5	平遥发布	山西省晋中市平遥县委县政府信息化中心官方微博	59.44	39.48	31.20	44.15
6	孝义发布	孝义市人民政府新闻办公室官方微博	53.99	31.93	25.24	38.08
7	榆次发布	山西省晋中市榆次区委新闻中心官方微博	52.76	38.62	18.90	36.38
8	祁县发布	山西省晋中市祁县县委宣传部官方微博	51.66	33.15	19.72	35.18
9	介休发布	中共介休市委宣传部官方微博	52.13	27.49	20.35	34.49
10	吕梁发布	山西省吕梁市新闻办公室官方微博	55.21	19.93	20.92	34.44

（4）山西十大公安系统微博

排名	微博	认证信息	传播力	服务力	互动力	总分
1	平安太原	太原市公安局官方微博	74.61	55.72	46.98	59.78
2	晋中公安	山西省晋中市公安局官方微博,该局政治部承办	70.81	66.85	40.47	57.88
3	山西交警	山西省公安厅交警总队官方微博	68.75	67.27	36.43	55.52
4	山西公安	山西省公安厅官方微博	69.61	41.75	37.78	51.30
5	山西公安交警网	山西公安交警网官方微博	61.96	52.33	28.39	46.61
6	太原消防	太原市公安局消防支队官方微博	62.22	41.22	28.89	44.69
7	太原交警	太原市公安局交警支队官方微博	65.56	34.93	27.68	44.28
8	畅通临汾	临汾市公安局交警支队官方微博	61.12	59.40	19.39	44.08
9	阳泉市公安局交警支队	山西省阳泉市公安局交通警察支队官方微博	57.49	60.77	19.93	43.12
10	山西运城交警	运城市公安局交通警察支队官方微博	60.91	49.30	17.86	41.37

（5）山西十大司法系统微博

排名	微博	认证信息	传播力	服务力	互动力	总分
1	晋法之声	山西省高级人民法院官方微博	64.13	38.43	27.57	44.37
2	阳泉城区法院	山西省阳泉市城区人民法院官方微博	48.10	43.01	12.80	32.96
3	朔州朔城区法院	山西省朔州市朔城区人民法院官方微博	48.67	48.60	9.37	32.94
4	长治市城区法院	山西省长治市城区人民法院官方微博	49.36	42.36	11.74	32.91
5	魅力壶检	山西省长治市壶关县人民检察院官方微博	51.87	26.37	9.42	29.79
6	孝义法院	山西省孝义市人民法院官方微博	40.55	47.55	6.09	28.16
7	长治郊区法院	山西省长治市郊区人民法院官方微博	41.05	44.79	5.25	27.48
8	山西检察	山西省人民检察院官方微博	42.13	29.81	9.62	26.66
9	山西朔州中院	山西省朔州市中级人民法院官方微博	44.83	34.34	4.51	26.60
10	屯留法院	山西省长治市屯留县人民法院官方微博	35.96	45.18	6.73	26.11

（6）山西十大旅游局微博

排名	微博	认证信息	传播力	服务力	互动力	总分
1	山西省旅游局官方微博	山西省旅游局官方微博	57.57	24.36	21.02	36.31
2	清凉寿阳旅游微博	山西省寿阳县旅游局官方微博	43.74	40.50	8.25	28.89
3	晋中旅游微博	山西省晋中市旅游局官方微博	33.27	1.79	1.33	14.20
4	永济市旅游局	山西省永济市旅游局官方微博	27.97	5.15	4.15	13.88
5	忻州旅游	山西省忻州市旅游局官方微博	24.70	9.69	0.26	11.92
6	忻州旅游局	山西省忻州市旅游局官方微博	26.96	1.81	0.63	11.40
7	太谷文物旅游	山西省晋中市太谷县文物旅游局官方微博	24.80	4.03	0.71	11.01
8	山西运城旅游	运城市外事侨务和文物旅游局官方微博	23.07	2.40	1.18	10.18
9	榆次旅游	山西省晋中市榆次区文物旅游局官方微博	10.89	2.18	0.22	4.88
10	灵石文旅	山西省晋中市灵石县文物旅游局官方微博	1.75	0.06	0.00	0.71

（7）山西十大团委系统微博

排名	微博	认证信息	传播力	服务力	互动力	总分
1	山西共青团	共青团山西省委官方微博	72.10	55.39	48.73	59.41
2	中北大学青年新媒体中心	中北大学共青团官方微博	57.82	43.31	33.75	45.29
3	大同共青团	共青团大同市委员会官方微博	55.04	16.55	27.45	36.30
4	长治共青团	共青团长治市委员会官方微博	45.46	27.42	15.30	29.79
5	共青团山西省12355	山西省青少年维权中心	50.56	25.93	7.23	28.30
6	太原共青团	共青团太原市委官方微博	46.19	23.28	11.86	27.87
7	朔州共青团	共青团朔州市委员会官方微博	41.14	33.22	10.90	27.46
8	大同矿区共青团	共青团大同矿区委官方微博	39.74	17.31	12.22	24.25
9	太原迎泽共青团	共青团太原市迎泽区委官方微博	36.05	28.72	7.34	23.10
10	吕梁共青团	共青团吕梁市委员会官方微博	40.31	16.64	8.61	22.90

（8）山西十大交通系统微博

排名	微博	认证信息	传播力	服务力	互动力	总分
1	太原铁路	太原铁路局官方微博	70.08	42.75	35.39	50.74
2	铁路太原站	太原铁路局太原站官方微博	66.00	51.04	24.78	46.52
3	太铁太原客运段	太原客运段官方微博	44.94	53.72	7.08	31.55
4	太铁侯马车务段	侯马车务段官方微博	44.58	56.58	4.51	30.95
5	太铁大同车务段	大同车务段官方微博	47.96	48.71	4.33	30.66
6	大秦铁路大同站	大秦铁路大同站官方微博	45.63	44.89	8.50	30.63
7	太原南站2014	太原南站官方微博	44.41	49.53	6.20	30.15
8	太铁介休车务段	介休车务段官方微博	42.66	48.99	4.92	28.83
9	太原局12306	山西省太原铁路局客户服中心官方微博	46.86	27.30	9.18	27.88
10	dq 太原车务段	太原车务段官方微博	38.46	49.95	3.63	26.83

24. 宁夏政务指数微博影响力榜

（1）宁夏政务微博城市竞争力指数

排名	地区	传播力	服务力	互动力	竞争力指数
1	银　川	70.08	72.54	58.37	66.84
2	石嘴山	58.08	38.18	38.77	44.36
3	吴　忠	44.65	19.29	21.26	27.59
4	中　卫	39.48	20.61	23.78	27.38
5	固　原	38.91	20.01	23.22	26.80

（2）宁夏十大政务机构微博

排名	微博	认证信息	传播力	服务力	互动力	总分
1	问政银川	中共银川市委办公厅、市政府办公厅官方微博	71.91	64.17	50.03	61.61
2	微博银川	银川市委市政府官方微博	71.42	45.17	46.84	56.34
3	平安银川	银川市公安局官方微博	69.45	59.48	38.97	55.26
4	银川交警	银川市公安局交通警察支队	67.45	61.61	38.37	54.65
5	银川发布	银川市委外宣办、市政府新闻办官方微博	68.21	47.68	42.31	53.74
6	石嘴山交警	宁夏石嘴山市公安局交警支队官方微博	70.70	48.77	37.19	52.91
7	银川火车站丝路驿站服务岛	银川火车站向阳花服务之窗官方微博	61.52	58.32	23.38	45.63
8	宁夏检察	宁夏回族自治区人民检察院官方微博	63.81	28.40	33.96	44.79
9	平安兴庆	银川市公安局兴庆分局官方微博	58.82	55.35	25.33	44.73
10	平安经济开发	银川市公安局开发区分局官方微博	55.82	50.67	28.55	43.88

（3）宁夏十大党政新闻发布微博

排名	微博	认证信息	传播力	服务力	互动力	总分
1	问政银川	中共银川市委办公厅、市政府办公厅官方微博	71.91	64.17	50.03	61.61
2	微博银川	银川市委市政府官方微博	71.42	45.17	46.84	56.34
3	银川发布	银川市委外宣办、市政府新闻办官方微博	68.21	47.68	42.31	53.74
4	永宁微博	宁夏永宁县委、县人民政府官方微博	56.41	42.55	22.62	40.12
5	宁夏发布	宁夏回族自治区人民政府新闻办公室官方微博	59.78	27.03	22.11	38.16
6	石嘴山发布	宁夏石嘴山市委外宣办、市政府新闻办官方微博	44.94	54.01	16.36	35.32
7	宁夏大武口发布	宁夏石嘴山市大武口区委宣传部官方微博	50.78	41.61	15.46	34.82
8	宁夏政务发布	宁夏回族自治区人民政府官方微博	49.84	37.10	5.66	29.62
9	灵武微博	银川灵武市委市人民政府官方微博	46.07	22.29	12.90	28.05
10	兴庆微博	银川兴庆区党委、政府官方微博	45.67	22.84	8.04	26.05

（4）宁夏十大公安系统微博

排名	微博	认证信息	传播力	服务力	互动力	总分
1	平安银川	银川市公安局官方微博	69.45	59.48	38.97	55.26
2	银川交警	银川市公安局交通警察支队	67.45	61.61	38.37	54.65
3	石嘴山交警	宁夏石嘴山市公安局交警支队官方微博	70.70	48.77	37.19	52.91
4	平安兴庆	银川市公安局兴庆分局官方微博	58.82	55.35	25.33	44.73
5	平安经济开发	银川市公安局开发区分局官方微博	55.82	50.67	28.55	43.88
6	宁夏消防	宁夏回族自治区公安厅消防总队官方微博	58.30	41.65	23.57	41.07
7	银川市交警分局指挥中心	宁夏银川市交警队指挥中心	55.01	54.15	18.03	40.04
8	石嘴山车管	石嘴山市公安局交管局车管所官方微博	52.17	57.96	17.34	39.40
9	银川交警秩序科	宁夏银川市公安局交警支队秩序科官方微博	52.71	48.48	20.43	38.95
10	兴庆交警一大队	宁夏银川市交警队兴庆一大队	54.10	50.05	18.22	38.94

（5）宁夏十大司法系统微博

排名	微博	认证信息	传播力	服务力	互动力	总分
1	宁夏检察	宁夏回族自治区人民检察院官方微博	63.81	28.40	33.96	44.79
2	吴忠检察	吴忠市人民检察院官方微博	61.11	47.24	16.33	40.43
3	固原检察	宁夏回族自治区固原市人民检察院官方微博	52.99	43.38	19.56	37.70
4	银川刑事执行检察	银川市上前城地区人民检察院官方微博	49.10	46.13	11.81	33.59
5	石嘴山检察	宁夏回族自治区石嘴山市人民检察院官方微博	54.19	35.42	10.58	32.99
6	平罗检察	宁夏石嘴山平罗县人民检察院官方微博	47.07	51.96	8.73	32.71
7	惠农检察	宁夏石嘴山市惠农人民检察院官方微博	47.40	36.02	7.56	29.19
8	西夏检察	宁夏回族自治区银川市西夏区人民检察院	44.83	35.90	7.85	28.25
9	灵武检察	灵武市人民检察院官方微博	45.11	29.12	8.37	27.21
10	中卫检察	宁夏回族自治区中卫市人民检察院官方微博	47.96	17.95	9.38	26.53

（6）宁夏十大旅游局微博

排名	微博	认证信息	传播力	服务力	互动力	总分
1	沙坡头	中卫市旅游局	39.89	11.65	11.55	22.90
2	银川体育旅游	银川市体育旅游局官方微博	42.51	7.82	7.67	21.63
3	宁夏旅游	宁夏旅游局	37.89	3.91	3.56	17.36
4	永宁文化	宁夏永宁县文化旅游广播电视局官方微博	23.44	1.13	0.56	9.83
5	灵武文化旅游广电局	灵武市文化旅游广电局政工室官方微博	21.70	2.20	1.01	9.52
6	兴庆文体	银川市兴庆区文化体育旅游局微博	16.79	1.36	0.50	7.19

续表

排名	微博	认证信息	传播力	服务力	互动力	总分
7	西夏文体	银川市西夏区文化体育旅游局官方微博	12.80	0.24	0.22	5.26
8	金凤文体	银川市金凤区文化体育旅游局官方微博	7.33	0.76	0.06	3.11
9	中卫旅游公众微博	宁夏中卫市旅游局官方微博	4.98	0.43	0.13	2.13
10	古峡文体	宁夏青铜峡市文化旅游广播电视局官方微博	4.99	0.51	0.03	2.11

（7）宁夏十大团委系统微博

排名	微博	认证信息	传播力	服务力	互动力	总分
1	宁夏共青团	共青团宁夏回族自治区委官方微博	54.78	24.38	36.59	41.42
2	青春银川	共青团银川市委员会官方微博	46.43	14.66	11.92	26.27
3	青春石嘴山	共青团宁夏回族自治区石嘴山市委员会官方微博	41.86	16.89	10.99	24.52
4	青春兴庆	银川市兴庆区团委官方微博	40.87	17.56	1.57	20.49
5	中色东方集团团委	共青团中色（宁夏）东方集团有限公司委员会官方微博	34.42	15.73	7.03	19.73
6	青春西夏	银川市西夏区团委官方微博	36.74	10.94	3.58	18.32
7	青春隆德	共青团宁夏隆德县委官方微博	33.25	15.84	2.72	17.56
8	银川市第一医院团委	银川市第一医院团委官方微博	38.21	6.77	2.09	17.47
9	青春惠农	共青团石嘴山市惠农区委官方微博	32.48	10.22	4.58	16.87
10	青春金凤	银川市金凤区团委官方微博	34.54	5.29	3.28	16.19

（8）宁夏十大交通系统微博

排名	微博	认证信息	传播力	服务力	互动力	总分
1	银川火车站丝路驿站服务岛	银川火车站向阳花服务之窗官方微博	61.52	58.32	23.38	45.63
2	银川市城客处	银川市城市客运交通管理处官方微博	57.05	28.88	24.60	38.43
3	兰铁银川客运段塞上风情服务之窗	兰州铁路局银川客运段塞上风情服务之窗	45.18	48.04	3.73	29.17
4	银川交通	银川市交通运输局官方微博	46.11	12.10	9.54	24.68
5	大武口城建局	宁夏石嘴山市大武口区城乡建设交通局官方微博	42.05	21.68	8.15	24.42
6	兰铁银车段凤鸣塞上服务窗口	兰州铁路局银车段凤鸣塞上服务窗口	38.86	22.73	1.35	20.63
7	兰铁固原车务段情满六盘服务站	兰铁固原车务段情满六盘服务站	31.07	5.21	0.60	13.71
8	宁夏机场有限公司	西部机场集团宁夏机场有限公司官方微博	27.29	2.16	1.57	11.98
9	中卫交通	宁夏中卫市交通运输局官方微博	24.42	5.57	0.16	10.94
10	宁夏交通运输厅	宁夏交通运输厅官方微博	21.68	3.87	0.62	9.69

25. 贵州政务指数微博影响力榜

（1）贵州政务微博城市竞争力指数

排名	地区	传播力	服务力	互动力	竞争力指数
1	贵 阳	64.34	49.03	54.42	55.51
2	遵 义	55.73	33.12	39.28	42.06
3	安 顺	53.72	29.10	40.34	40.42
4	黔 南	55.10	21.97	35.22	36.55
5	铜 仁	50.32	27.47	32.91	36.23
6	黔东南	48.09	28.40	30.07	34.89
7	毕 节	50.22	22.42	31.31	33.87
8	六盘水	51.98	19.42	30.44	33.04
9	黔西南	48.88	15.68	27.97	29.94

（2）贵州十大政务机构微博

排名	微博	认证信息	传播力	服务力	互动力	总分
1	微博贵州	贵州省政府新闻办官方微博	74.20	63.23	53.42	63.70
2	微博贵阳	贵阳市委宣传部	65.49	60.58	35.52	52.52
3	贵州省旅游局	贵州旅游局	68.44	36.57	40.63	50.94
4	共青团贵州省委	共青团贵州省委官方微博	63.24	47.35	35.15	48.82
5	贵州监狱	贵州省监狱管理局官方微博	62.52	53.10	32.75	48.73
6	贵州高院	贵州省高级人民法院官方微博	62.05	53.94	32.56	48.63
7	贵州省公安厅交警总队	贵州省公安厅交警总队官方微博	65.25	49.88	30.05	48.09
8	六盘水公安	贵州省六盘水市公安局官方微博	66.86	42.36	31.34	47.75
9	贵阳交警	贵阳市公安局交警支队	64.78	47.56	29.34	47.16
10	铜仁消防	贵州省铜仁市公安消防支队、中国人民武装警察部队铜仁消防支队	58.30	47.25	30.56	44.99

（3）贵州十大党政新闻发布微博

排名	微博	认证信息	传播力	服务力	互动力	总分
1	微博贵州	贵州省政府新闻办官方微博	74.20	63.23	53.42	63.70
2	微博贵阳	贵阳市委宣传部	65.49	60.58	35.52	52.52
3	黔办之声	贵州省人民政府办公厅官方微博	61.46	47.48	22.12	42.92
4	黔中平坝	贵州省平坝县人民政府官方微博	54.56	60.63	18.49	41.34
5	黔西南发布	黔西南州人民政府新闻办公室官方微博	56.17	39.43	22.08	39.19
6	中共毕节市委宣传部	中共毕节市委宣传部官方微博	53.86	47.62	12.32	36.00
7	兴义市新闻中心	贵州省兴义市新闻中心官方微博	52.37	47.35	10.48	34.61
8	黔中秘境生态乌当	中共贵阳市乌当区委宣传部官方微博	50.41	35.15	17.36	34.14
9	荷谐安龙	中共安龙县委宣传部官方微博	42.65	31.02	12.89	28.42
10	六盘水政务微博	贵州省六盘水市政务官方微博	47.57	19.04	12.01	27.64

（4）贵州十大公安系统微博

排名	微博	认证信息	传播力	服务力	互动力	总分
1	贵州省公安厅交警总队	贵州省公安厅交警总队官方微博	65.25	49.88	30.05	48.09
2	六盘水公安	贵州省六盘水市公安局官方微博	66.86	42.36	31.34	47.75
3	贵阳交警	贵阳市公安局交警支队	64.78	47.56	29.34	47.16
4	铜仁消防	贵州省铜仁市公安消防支队、中国人民武装警察部队铜仁消防支队	58.30	47.25	30.56	44.99
5	遵义老城交警	贵州省遵义市公安局交警支队红花岗大队四中队官方微博	54.18	47.96	27.32	42.19
6	贵阳公安出入境	贵州省贵阳市公安局出入境管理分局	59.49	38.20	24.07	41.06
7	安顺公安	贵州省安顺市公安局官方微博	57.55	25.28	32.21	40.96
8	贵州消防	贵州省公安消防总队官方微博	57.51	40.07	24.55	40.84
9	贵州公安	贵州省公安厅官方微博	62.05	22.81	27.81	40.51
10	遵义交警支队	遵义市公安局交警支队官方微博	56.73	32.69	20.07	37.26

（5）贵州十大司法系统微博

排名	微博	认证信息	传播力	服务力	互动力	总分
1	贵州监狱	贵州省监狱管理局官方微博	62.52	53.10	32.75	48.73
2	贵州高院	贵州省高级人民法院官方微博	62.05	53.94	32.56	48.63
3	贵州省鱼洞监狱	贵州省鱼洞监狱官方微博	53.95	65.14	22.78	43.72
4	贵州省兴义监狱	贵州省兴义监狱官方微博	51.22	48.89	21.55	38.89
5	贵州省第一女子监狱	贵州省第一女子监狱官方微博	52.09	35.87	20.43	36.18
6	六盘水中院	贵州省六盘水市中级人民法院官方微博	55.62	44.29	11.25	35.61
7	贵州省人民检察院	贵州省人民检察院新浪官方微博	50.50	34.73	18.39	34.50
8	阳光平坝	贵州省安顺市平坝区人民法院	52.15	29.82	19.08	34.46
9	贵州省大硐喇监狱	贵州省大硐喇监狱官方微博	51.36	27.81	19.23	33.80
10	贵州省太平监狱	贵州省太平监狱官方微博	48.93	34.10	17.82	33.52

（6）贵州十大旅游局微博

排名	微博	认证信息	传播力	服务力	互动力	总分
1	贵州省旅游局	贵州旅游局	68.44	36.57	40.63	50.94
2	从江旅游官方微博	贵州省从江县旅游局官方微博	49.74	28.74	18.82	33.17
3	安顺微旅游	安顺市旅游局官方微博	49.60	16.70	18.66	30.65
4	贵州遵义旅游	遵义市旅游发展委员会官方微博	49.78	17.89	17.47	30.48
5	荔波旅游	贵州省荔波县旅游局官方微博	49.32	19.70	16.81	30.39
6	铜仁市旅游发展委员会	铜仁市旅游局官方微博	43.21	10.94	6.36	22.02
7	贵阳旅游官方微博	贵阳市旅游产业发展委员会	41.87	5.72	7.31	20.81
8	毕节市旅游局	贵州省毕节市旅游局官方微博	38.38	10.83	5.18	19.59
9	金州旅游	贵州省黔西南州旅游局官方微博	36.92	8.12	3.48	17.78
10	贵州省遵义县旅游	贵州省遵义县旅游产业发展办公室官方微博	37.49	6.23	3.60	17.68

（7）贵州十大团委系统微博

排名	微博	认证信息	传播力	服务力	互动力	总分
1	共青团贵州省委	共青团贵州省委官方微博	63.24	47.35	35.15	48.82
2	贵州大学团委	贵州大学团委官方微博	49.10	32.82	24.60	36.04
3	贵州师范大学团委	贵州师范大学团委官方微博	49.18	28.48	17.02	32.17
4	共青团毕节市委	共青团毕节市委官方微博	46.27	38.80	12.14	31.12
5	共青团贵阳市委	共青团贵阳市委官方微博	40.44	13.92	9.55	22.78
6	共青团七星关区委	共青团七星关区委官方微博	37.99	19.01	5.30	21.11
7	共青团威宁县委	贵州省毕节市威宁县团委	38.09	10.65	5.79	19.68
8	_百_里_杜_鹃	共青团贵州百里杜鹃风景名胜区工作委员会官方微博	35.86	18.99	1.07	18.57
9	共青团平坝区委	共青团贵州省平坝县委员会	34.58	12.18	5.74	18.56
10	共青团遵义市委	共青团贵州省遵义市委官方微博	36.62	8.92	5.31	18.55

（8）贵州十大交通系统微博

排名	微博	认证信息	传播力	服务力	互动力	总分
1	贵阳地铁	贵阳市城市轨道交通有限公司官方微博	53.80	28.01	22.15	35.98
2	成铁贵阳火车站	贵阳火车站官方微博	53.70	33.00	14.95	34.06
3	铁路贵阳列车	成都铁路局贵阳客运段官方微博	47.28	43.59	6.96	30.41
4	遵义道路运输	贵州省遵义市道路运输管理局官方微博	44.30	26.99	10.38	27.27
5	凉都铁路	成都铁路局六盘水车务段官方微博	43.91	27.72	1.46	23.70
6	铁路贵阳工务段	成都铁路局贵阳工务段官方微博	38.68	30.78	1.71	22.32
7	凯工段苗岭彩虹	成都铁路局凯里工务段官方微博	37.54	28.90	0.10	20.83
8	贵阳车辆段	成都铁路局贵阳车辆段官方微博	31.46	32.48	0.35	19.22
9	宁局南昆货运中心	南宁铁路局南昆货运中心官方认证	33.71	20.84	2.13	18.50
10	凯里车务段	成都铁路局凯里车务段官方微博	35.38	15.96	2.29	18.26

26. 黑龙江政务指数微博影响力榜

（1）黑龙江政务微博城市竞争力指数

排名	地区	传播力	服务力	互动力	竞争力指数
1	哈尔滨	71.43	45.46	57.82	57.58
2	大庆	53.39	21.89	29.60	34.04
3	鸡西	53.77	18.85	31.52	33.76
4	齐齐哈尔	49.86	19.28	29.45	32.01
5	黑河	44.13	24.30	25.76	30.76
6	牡丹江	49.79	20.36	23.10	30.15
7	佳木斯	47.53	16.63	20.94	27.41
8	伊春	41.91	16.38	24.39	26.84
9	绥化	43.81	13.69	23.22	26.06

续表

排名	地区	传播力	服务力	互动力	竞争力指数
10	鹤岗	36.70	13.64	19.52	22.62
11	双鸭山	39.50	12.71	15.54	21.74
12	七台河	39.61	9.27	17.22	21.15
13	大兴安岭	32.43	10.33	10.62	17.06

（2）黑龙江十大政务机构微博

排名	微博	认证信息	传播力	服务力	互动力	总分
1	平安哈尔滨	黑龙江省哈尔滨市公安局官方微博	75.96	50.67	56.44	63.09
2	哈尔滨发布	中共哈尔滨市委宣传部官方微博	79.11	52.74	48.25	61.49
3	哈尔滨铁路局	哈尔滨铁路局官方微博	72.53	76.63	40.20	60.42
4	龙江气象	黑龙江省气象服务中心官方微博	68.96	86.10	38.47	60.19
5	黑龙江省高级人民法院	黑龙江省高级人民法院官方微博	68.66	61.69	37.64	54.86
6	中国大庆发布	中共大庆市委宣传部官方微博	61.36	62.19	29.74	48.88
7	哈尔滨气象	哈尔滨市气象科技服务中心官方微博	66.13	53.31	26.11	47.56
8	黑龙江共青团	共青团黑龙江省委员会官方微博	62.46	45.26	32.05	46.86
9	黑龙江省公安网安总队	黑龙江省公安厅网络安全保卫总队	64.56	49.93	26.48	46.40
10	国家电网黑龙江95598	国家电网黑龙江95598官方微博	62.34	50.46	27.92	46.20

（3）黑龙江十大党政新闻发布微博

排名	微博	认证信息	传播力	服务力	互动力	总分
1	哈尔滨发布	中共哈尔滨市委宣传部官方微博	79.11	52.74	48.25	61.49
2	中国大庆发布	中共大庆市委宣传部官方微博	61.36	62.19	29.74	48.88
3	鸡西新闻网	黑龙江省鸡西新闻网官方微博	57.81	58.94	21.42	43.48
4	鹤城政务	黑龙江省齐齐哈尔市人民政府办公厅官方微博	59.78	40.68	25.50	42.25
5	道外发布	中共哈尔滨市道外区委宣传部	52.96	68.74	17.82	42.06
6	依兰发布	中共哈尔滨市依兰县委宣传部	54.75	64.79	12.43	39.83
7	香坊宣传	中共哈尔滨香坊区委宣传部	52.90	62.24	11.11	38.05
8	道里发布	中共哈尔滨市道里区委宣传部	52.10	63.64	10.82	37.89
9	密山发布	中共密山市委宣传部官方微博	55.24	41.81	17.70	37.54
10	南岗发布	中共哈尔滨市南岗区委宣传部	51.04	65.92	9.80	37.52

（4）黑龙江十大公安系统微博

排名	微博	认证信息	传播力	服务力	互动力	总分
1	平安哈尔滨	黑龙江省哈尔滨市公安局官方微博	75.96	50.67	56.44	63.09
2	黑龙江省公安网安总队	黑龙江省公安厅网络安全保卫总队	64.56	49.93	26.48	46.40
3	龙江消防	黑龙江省公安消防总队官方微博	61.36	34.26	29.16	43.06
4	牡丹江消防	黑龙江省牡丹江市公安消防支队官方微博	51.87	50.54	11.15	35.32
5	龙警微博	黑龙江省公安厅官方微博	54.55	27.13	18.00	34.44
6	哈尔滨出入境在线	黑龙江省哈尔滨市公安局出入境官方微博	47.16	27.96	15.25	30.56
7	佳木斯消防	黑龙江省佳木斯消防支队官方微博	50.52	37.86	6.37	30.33
8	鹤城公安	齐齐哈尔公安局官方微博	52.58	8.02	12.46	27.62
9	平安道里	黑龙江省哈尔滨市公安局道里分局官方微博	40.28	25.80	10.00	25.27
10	鸡西网警	黑龙江省鸡西市公安局网络安全保卫支队官方微博	47.17	20.96	5.43	25.23

（5）黑龙江十大司法系统微博

排名	微博	认证信息	传播力	服务力	互动力	总分
1	黑龙江省高级人民法院	黑龙江省高级人民法院官方微博	68.66	61.69	37.64	54.86
2	龙江检察	黑龙江省人民检察院官方微博	57.41	36.29	21.51	38.83
3	伊春中院	黑龙江省伊春中院官方微博	53.62	48.96	17.00	38.04
4	鸡西市中级人民法院	黑龙江省鸡西市中级人民法院官方微博	52.86	51.81	11.92	36.27
5	哈尔滨仲裁委	哈尔滨仲裁委员会官方微博	48.86	65.64	5.29	34.78
6	黑河法院	黑龙江省黑河中级人民法院官方微博	55.35	36.07	10.90	33.72
7	鸡冠法院	鸡西市鸡冠区人民法院官方微博	49.07	42.62	9.68	32.02
8	伊春市新青区人民检察院	黑龙江省伊春市新青区人民检察院官方微博	41.23	60.69	6.65	31.29
9	齐齐哈尔中院	黑龙江省齐齐哈尔市中级人民法院官方微博	48.01	32.95	7.55	28.81
10	东宁法苑	东宁县人民法院官方微博	44.72	40.75	5.80	28.36

（6）黑龙江十大旅游局微博

排名	微博	认证信息	传播力	服务力	互动力	总分
1	黑龙江省旅游局	黑龙江省旅游局官方微博	61.49	29.33	24.74	40.36
2	哈尔滨市旅游局	黑龙江省哈尔滨市旅游局官方微博	52.80	10.09	25.97	33.53
3	大庆市旅游局	大庆市旅游局官方微博	49.50	14.42	7.72	25.77
4	魅力五大连池	黑龙省五大连池风景区旅游局官方微博	44.03	21.61	9.44	25.71
5	萝北县旅游局	萝北县旅游局	40.43	23.37	4.96	22.83
6	黑河旅游	黑河市旅游局官方微博	38.92	17.58	4.29	20.80

续表

排名	微博	认证信息	传播力	服务力	互动力	总分
7	杜尔伯特县旅游局	黑龙江省杜尔伯特蒙古自治县旅游局官方微博	36.47	14.97	3.28	18.89
8	齐齐哈尔旅游	黑龙江省齐齐哈尔市旅游局官方微博	36.40	5.75	2.99	16.91
9	绥芬河旅游局	黑龙江省绥芬河市旅游局官方微博	28.43	5.87	0.47	12.73
10	尚志市旅游局	黑龙江省尚志市旅游局官方微博	23.81	3.84	0.71	10.57

（7）黑龙江十大团委系统微博

排名	微博	认证信息	传播力	服务力	互动力	总分
1	黑龙江共青团	共青团黑龙江省委员会官方微博	62.46	45.26	32.05	46.86
2	哈尔滨共青团	共青团哈尔滨市委员会官方微博	44.65	26.92	5.06	25.27
3	黑龙江工程学院校团委	黑龙江工程学院校团委官方微博	38.35	12.56	8.53	21.26
4	绥化青冈县团委	共青团黑龙江省绥化市青冈县委官方微博	40.04	16.13	0.98	19.63
5	东宁团县委	黑龙江省牡丹江市东宁团县委官方微博	29.98	30.97	2.62	19.23
6	伊春共青团	共青团伊春市委员会官方微博	36.75	14.52	4.05	19.22
7	黑龙江农垦科技职业学院团委	黑龙江农垦科技职业学院院团委官方微博	31.04	17.09	8.02	19.04
8	齐齐哈尔共青团	共青团黑龙江省齐齐哈尔市官方微博	33.42	3.80	10.17	18.19
9	双鸭山共青团	共青团双鸭山市委员会官方微博	38.37	6.73	1.60	17.33
10	黑河共青团	共青团黑河市委官方微博	34.88	11.34	2.03	17.03

（8）黑龙江十大交通系统微博

排名	微博	认证信息	传播力	服务力	互动力	总分
1	哈尔滨铁路局	哈尔滨铁路局官方微博	72.53	76.63	40.20	60.42
2	哈铁哈尔滨火车站	哈尔滨铁路局哈尔滨站官方微博	61.55	44.98	25.45	43.80
3	哈铁齐齐哈尔站	哈尔滨铁路局齐齐哈尔站官方微博	50.28	19.15	14.52	29.75
4	哈铁大庆车务段	哈尔滨铁路局大庆车务段官方微博	52.01	26.73	8.28	29.46
5	牡丹江客运段	哈铁牡丹江客运段官方微博	50.25	25.08	10.78	29.43
6	哈铁牡丹江火车站	哈尔滨铁路局牡丹江火车站官方微博	50.32	24.00	11.03	29.34
7	齐齐哈尔机务段	齐齐哈尔机务段官方微博	46.17	24.25	8.23	26.61
8	哈铁哈尔滨东站	哈尔滨铁路局哈尔滨东站官方微博	45.04	29.64	6.66	26.61
9	哈铁哈尔滨客运段	哈尔滨铁路局哈尔滨客运段官方微博	44.29	22.45	9.95	26.18
10	哈铁绥化车务段	哈尔滨铁路局绥化车务段官方微博	47.47	21.25	6.67	25.91

27. 吉林政务指数微博影响力榜

（1）吉林政务微博城市竞争力指数

排名	地区	传播力	服务力	互动力	竞争力指数
1	长春	62.31	42.03	46.27	49.60
2	吉林	59.59	23.76	37.80	39.42
3	松原	55.18	24.18	36.29	37.72
4	延边	58.02	18.00	34.85	35.90
5	通化	54.63	17.26	29.34	32.70
6	四平	52.36	9.52	26.90	28.46
7	白山	52.42	8.46	22.57	26.58
8	辽源	39.94	7.05	15.85	20.00
9	白城	31.63	12.79	13.87	18.82

（2）吉林十大政务机构微博

排名	微博	认证信息	传播力	服务力	互动力	总分
1	吉林发布	吉林省人民政府新闻办公室官方微博	76.86	63.53	51.20	63.93
2	长春交警	吉林省长春市公安局交警支队官方微博	74.02	78.33	45.46	63.46
3	长春发布	长春市委宣传部官方微博	71.97	46.71	41.88	54.88
4	松原发布	松原市人民政府新闻中心官方微博	66.33	65.58	36.85	54.38
5	吉林省旅游局	吉林省旅游局官方微博	64.66	67.81	33.19	52.70
6	吉林公安	吉林省公安厅官方微博	70.00	38.61	40.12	51.77
7	吉林气象	吉林省气象服务中心官方微博	64.80	61.71	31.41	50.83
8	延边发布	延边朝鲜族自治州人民政府新闻办公室官方微博	63.38	52.83	36.57	50.55
9	长白山发布	吉林省长白山保护开发区管理委员会官方微博	59.80	52.30	37.22	49.27
10	梅河口发布	吉林省梅河口市人民政府新闻中心官方微博	59.80	63.42	28.42	47.97

（3）吉林十大党政新闻发布微博

排名	微博	认证信息	传播力	服务力	互动力	总分
1	吉林发布	吉林省人民政府新闻办公室官方微博	76.86	63.53	51.20	63.93
2	长春发布	长春市委宣传部官方微博	71.97	46.71	41.88	54.88
3	松原发布	松原市人民政府新闻中心官方微博	66.33	65.58	36.85	54.38
4	延边发布	延边朝鲜族自治州人民政府新闻办公室官方微博	63.38	52.83	36.57	50.55
5	长白山发布	吉林省长白山保护开发区管理委员会官方微博	59.80	52.30	37.22	49.27
6	梅河口发布	吉林省梅河口市人民政府新闻中心官方微博	59.80	63.42	28.42	47.97

续表

排名	微博	认证信息	传播力	服务力	互动力	总分
7	吉林市发布	吉林市政府新闻办公室官方微博	64.41	47.98	30.98	47.75
8	四平发布	吉林省四平市人民政府新闻中心官方微博	62.48	54.60	24.75	45.81
9	公主岭发布	吉林省公主岭市人民政府新闻中心官方微博	52.47	56.76	18.12	39.59
10	辽源发布	辽源市互联网信息中心官方微博	56.71	44.73	16.24	38.13

（4）吉林十大公安系统微博

排名	微博	认证信息	传播力	服务力	互动力	总分
1	长春交警	吉林省长春市公安局交警支队官方微博	74.02	78.33	45.46	63.46
2	吉林公安	吉林省公安厅官方微博	70.00	38.61	40.12	51.77
3	吉林省交警总队	吉林省公安厅交通警察总队官方微博	63.13	56.67	25.28	46.70
4	通化市公安局	通化市公安局官方微博	66.80	49.92	24.71	46.59
5	吉林高速交警	吉林省公安厅交通警察总队高速公路支队官方微博	63.41	45.68	27.04	45.32
6	长岭公安	吉林省松原市长岭县公安局官方微博	57.73	57.29	21.81	43.27
7	四平出入境	吉林省四平市公安局出入境管理局官方微博	55.39	46.44	15.72	37.73
8	吉林市公安局	吉林市公安局官方微博	56.68	18.56	26.88	37.14
9	吉林消防	吉林省公安消防总队官方微博	56.30	26.58	19.35	35.58
10	吉林出入境	吉林省公安厅出入境管理局官方微博	55.40	25.53	14.12	32.91

（5）吉林十大司法系统微博

排名	微博	认证信息	传播力	服务力	互动力	总分
1	吉林检察	吉林省人民检察院官方微博	56.00	23.38	16.84	33.82
2	吉林高法	吉林省高级人民法院官方微博	47.16	16.56	9.50	25.98
3	长岭司法	吉林省松原市长岭县司法局官方微博	38.95	36.21	7.12	25.67
4	辉发清风	吉林省通化市辉南县监察局官方微博	38.32	39.61	5.02	25.26
5	蛟河市检察院的微博	吉林省蛟河市人民检察院官方微博	35.94	41.18	4.58	24.44
6	吉林司法行政	吉林省司法厅官方微博	40.42	26.58	3.23	22.78
7	长春市朝阳区法院	吉林省长春市朝阳区人民法院官方微博	37.12	31.73	1.91	21.96
8	松原中院	吉林省松原市中级人民法院官方微博	35.65	28.04	0.83	20.20
9	吉林长白法院	吉林省长白朝鲜族自治县人民法院官方微博	31.00	31.87	1.69	19.45
10	舒兰检察	吉林省舒兰市人民检察院官方微博	33.98	23.24	0.62	18.49

（6）吉林十大旅游局微博

排名	微博	认证信息	传播力	服务力	互动力	总分
1	吉林省旅游局	吉林省旅游局官方微博	64.66	67.81	33.19	52.70
2	长春市旅游局	长春市旅游局官方微博	49.65	28.63	14.69	31.46
3	醉美蛟河	吉林省蛟河市旅游产业发展办公室官方微博	41.50	9.63	24.94	28.50
4	山水吉林雾凇江城	吉林市旅游局官方微博	34.02	5.46	4.70	16.58
5	松原旅游	吉林省松原市旅游局官方微博	29.01	7.18	1.07	13.47
6	长春市双阳区旅游局	吉林省长春市双阳区旅游局官方微博	20.61	9.06	0.25	10.16
7	和龙市旅游局	吉林省和龙市旅游局官方微博	21.77	2.83	0.44	9.45
8	通榆县旅游局	吉林省通榆县旅游局	19.59	0.57	0.13	8.00
9	延边安图旅游局官方微博	安图县外事旅游局官方微博	18.90	0.89	0.25	7.84
10	白城旅游微博	吉林省白城市旅游局官方微博	17.24	0.84	0.03	7.08

（7）吉林十大团委系统微博

排名	微博	认证信息	传播力	服务力	互动力	总分
1	吉林共青团	共青团吉林省委员会官方微博	60.76	34.75	31.39	43.81
2	长春共青团	共青团长春市委员会官方微博	55.90	51.49	19.43	40.43
3	临江团委 V	共青团吉林省临江市委官方微博	52.81	40.93	11.56	33.93
4	吉林市团委	共青团吉林市委员会官方微博	45.88	33.64	14.66	30.94
5	舒兰团委	共青团舒兰市委员会官方微博	40.27	56.36	4.13	29.03
6	共青团九台团委	共青团九台市委员会官方微博	42.98	48.84	4.81	28.88
7	东昌团区委	通化市东昌团区委官方微博	38.42	58.62	1.24	27.59
8	四平市铁西区共青团委	共青团四平市铁西区委官方微博	37.92	48.81	5.21	27.02
9	农安团县委	共青团农安县委员会官方微博	38.91	45.88	2.96	25.92
10	长岭共青团	共青团长岭县委员会官方微博	37.28	36.48	8.70	25.69

（8）吉林十大交通系统微博

排名	微博	认证信息	传播力	服务力	互动力	总分
1	沈铁长春站	沈阳铁路局长春站官方微博	60.39	62.24	11.60	41.24
2	吉林市交通管理支队	吉林市交通管理支队	55.89	41.00	15.43	36.73
3	吉林高速路况12122	吉林省高速公路管理局官方微博	56.82	27.62	10.81	32.58
4	长春客运段	沈阳铁路局长春客运段官方微博	43.19	59.05	1.37	29.64
5	沈铁吉林供电段	沈阳铁路局吉林供电段官方微博	38.78	65.03	1.60	29.16
6	吉林交通	吉林省交通运输厅官方微博	52.46	27.27	6.43	29.01

续表

排名	微博	认证信息	传播力	服务力	互动力	总分
7	图们工务段	沈阳铁路局图们工务段官方微博	40.32	61.14	0.25	28.45
8	长春房产段	沈阳铁路局长春房产段官方微博	39.40	60.93	0.95	28.32
9	沈铁吉林车辆段	沈阳铁路局吉林车辆段官方微博	41.01	50.76	1.73	27.25
10	延吉货运中心	辽宁省沈阳铁路局延吉货运中心官方微博	36.91	62.22	0.04	27.22

28. 内蒙古政务指数微博影响力榜

（1）内蒙古政务微博城市竞争力指数

排名	地区	传播力	服务力	互动力	竞争力指数
1	呼和浩特	62.49	33.14	46.04	46.46
2	鄂尔多斯	67.50	31.19	43.49	46.39
3	赤峰	62.08	31.25	37.96	42.85
4	包头	58.10	25.75	46.71	42.79
5	呼伦贝尔	57.81	20.09	32.21	35.65
6	巴彦淖尔	50.24	24.31	24.11	32.02
7	通辽	50.78	18.26	25.48	30.54
8	锡林郭勒	48.37	15.70	24.24	28.49
9	乌兰察布	44.86	13.48	22.87	26.18
10	乌海	40.45	10.44	21.31	23.25
11	兴安	41.69	12.84	16.70	22.85
12	阿拉善	37.15	8.55	19.10	20.82

（2）内蒙古十大政务机构微博

排名	微博	认证信息	传播力	服务力	互动力	总分
1	草原铁路	呼和浩特铁路局官方微博	70.01	71.60	39.97	58.31
2	包头交警	内蒙古包头市公安局交通警察支队	68.15	62.72	43.69	57.28
3	包头发布	包头市政府新闻办官方微博	64.14	63.69	40.83	54.73
4	内蒙古自治区地震局	内蒙古自治区地震局官方微博	65.79	59.03	38.16	53.39
5	赤峰市公安局官方微博	内蒙古赤峰市公安局官方微博	65.76	53.24	35.51	51.16
6	活力内蒙古	内蒙古自治区互联网信息办公室官方微博	66.24	41.80	37.51	49.86
7	呼伦贝尔发布	内蒙古呼伦贝尔市委宣传部官方微博	72.58	37.01	30.47	48.62
8	鄂尔多斯发布	内蒙古鄂尔多斯市官方微博	64.66	43.30	33.36	47.87
9	呼和浩特发布	内蒙古呼和浩特市人民政府新闻办公室官方微博	59.23	56.51	30.84	47.33
10	北疆理论风景线	中共内蒙古自治区委宣传部理论教育处微博	66.64	37.98	32.64	47.31

（3）内蒙古十大党政新闻发布微博

排名	微博	认证信息	传播力	服务力	互动力	总分
1	包头发布	包头市政府新闻办官方微博	64.14	63.69	40.83	54.73
2	活力内蒙古	内蒙古自治区互联网信息办公室官方微博	66.24	41.80	37.51	49.86
3	呼伦贝尔发布	内蒙古呼伦贝尔市委宣传部官方微博	72.58	37.01	30.47	48.62
4	鄂尔多斯发布	内蒙古鄂尔多斯市官方微博	64.66	43.30	33.36	47.87
5	呼和浩特发布	内蒙古呼和浩特市人民政府新闻办公室官方微博	59.23	56.51	30.84	47.33
6	北疆理论风景线	中共内蒙古自治区委宣传部理论教育处微博	66.64	37.98	32.64	47.31
7	活力呼和浩特	中共呼和浩特市委宣传部官方微博	62.00	37.32	29.35	44.00
8	赤峰之窗	内蒙古赤峰第一门户网	59.84	41.88	27.81	43.43
9	康巴什新区发布	鄂尔多斯市康巴什新区官方微博	56.56	41.71	24.83	40.90
10	魅力满洲里	内蒙古满洲里市委宣传部官方微博	56.43	45.41	22.64	40.71

（4）内蒙古十大公安系统微博

排名	微博	认证信息	传播力	服务力	互动力	总分
1	包头交警	内蒙古包头市公安局交警支队	68.15	62.72	43.69	57.28
2	赤峰市公安局官方微博	内蒙古赤峰市公安局官方微博	65.76	53.24	35.51	51.16
3	呼和浩特交警	内蒙古呼和浩特市公安局交警支队	62.14	36.03	29.26	43.77
4	平安内蒙古	内蒙古公安厅官方微博	61.09	44.76	22.86	42.53
5	平安包头	包头市公安局官方微博	59.72	36.65	20.60	39.46
6	赤峰市交警支队	赤峰市公安局交警支队官方微博	57.60	39.44	18.83	38.46
7	康巴什青春山派出所	鄂尔多斯市公安局康巴什分局青春山派出所	53.46	60.66	10.90	37.88
8	乌海公安	乌海市公安局官方微博	54.14	42.93	16.52	36.85
9	通辽消防支队	通辽市消防支队官方微博	55.55	41.69	13.19	35.84
10	鄂尔多斯交管支队	鄂尔多斯市公安局交通管理支队官方微博	55.40	34.18	16.40	35.56

（5）内蒙古十大司法系统微博

排名	微博	认证信息	传播力	服务力	互动力	总分
1	北疆法声	内蒙古自治区高级人民法院官方微博	58.04	35.43	24.77	40.21
2	内蒙古检察	内蒙古自治区人民检察院官方微博	54.36	31.79	18.01	35.31
3	集宁检察	内蒙古自治区乌兰察布市集宁区检察院官方微博	47.40	46.05	10.10	32.21
4	乌兰察布市人民检察院	内蒙古乌兰察布市人民检察院官方微博	47.29	37.88	12.47	31.48
5	包头中院	内蒙古包头市中级人民法院官方微博	45.69	41.56	10.37	30.73
6	青城天平	内蒙古呼和浩特市中级人民法院官方微博	53.05	14.81	10.51	28.39

续表

排名	微博	认证信息	传播力	服务力	互动力	总分
7	凉城县检察院	内蒙古乌兰察布市凉城县人民检察院官方微博	43.54	32.82	8.56	27.40
8	正镶白旗审判	内蒙古锡林郭勒盟正镶白旗人民法院官方微博	42.80	31.82	2.58	24.52
9	镶黄旗法院	内蒙古锡林郭勒盟镶黄旗人民法院官方微博	44.22	31.89	1.10	24.50
10	临河区法院	内蒙古巴彦淖尔市临河区法院官方微博	39.24	26.89	6.01	23.48

（6）内蒙古十大旅游局微博

排名	微博	认证信息	传播力	服务力	互动力	总分
1	鄂尔多斯旅游局	内蒙古鄂尔多斯市旅游局官方微博	54.56	24.80	15.11	32.83
2	康巴什新区旅游	内蒙古鄂尔多斯康巴什新区旅游局官方微博	38.52	20.76	8.68	23.03
3	包头旅游官方资讯	内蒙古包头市旅游局官方微博	40.53	5.56	9.13	20.97
4	青城旅游发布	内蒙古呼和浩特市旅游局官方微博	34.31	19.72	3.58	19.10
5	呼伦贝尔扎兰屯旅游	内蒙古呼伦贝尔市扎兰屯旅游局	33.24	7.86	5.21	16.95
6	赤峰旅游局	内蒙古赤峰市旅游局官方微博	34.27	4.81	5.28	16.78
7	满洲里市旅游局	内蒙古呼伦贝尔满洲里市旅游局官方微博	35.66	5.44	1.85	16.09
8	额济纳之旅	内蒙古额济纳旗旅游局官方微博	31.30	4.82	4.52	15.29
9	东胜区旅游局	鄂尔多斯东胜区旅游局	28.65	5.89	0.60	12.88
10	兴安盟旅游资讯	内蒙古兴安盟旅游局官方微博	27.32	6.03	1.82	12.86

（7）内蒙古十大团委系统微博

排名	微博	认证信息	传播力	服务力	互动力	总分
1	内蒙古自治区团委	共青团内蒙古自治区委官方微博	58.64	29.09	25.16	39.34
2	内蒙古科技大学团委	内蒙古科技大学团委官方微博	50.08	26.70	27.53	36.38
3	鄂尔多斯市共青团	内蒙古自治区鄂尔多斯市团委官方微博	46.92	42.32	11.40	31.79
4	呼伦贝尔共青团	呼伦贝尔市共青团官方微博	45.98	42.42	3.75	28.38
5	奈曼旗共青团	奈曼旗共青团官方微博	41.61	48.59	1.76	27.07
6	内蒙古团委学校部	内蒙古团委学校部官方微博	42.53	8.05	20.88	26.98
7	回民区共青团	回民区共青团官方微博	35.07	46.13	2.08	24.09
8	包钢共青团微博	内蒙古自治区包钢(集团)公司委员会官方微博	38.75	29.69	6.42	24.01
9	乌拉特前旗团委	共青团乌拉特前旗委员会官方微博	32.44	52.03	1.05	23.80
10	共青团包头市东河区委员会	共青团包头市东河区委官方微博	36.55	36.57	3.88	23.49

（8）内蒙古十大交通系统微博

排名	微博	认证信息	传播力	服务力	互动力	总分
1	草原铁路	呼和浩特铁路局官方微博	70.01	71.60	39.97	58.31
2	集通铁路	内蒙古集通铁路集团公司官方微博	53.56	40.23	11.76	34.17
3	呼和浩特火车站发布	呼和浩特火车站官方微博	50.17	20.48	12.23	29.05
4	赤峰工务段	沈阳铁路局赤峰工务段官方微博	39.04	62.64	2.01	28.95
5	哈铁海拉尔车务段	哈尔滨铁路局海拉尔车务段官方微博	48.12	25.58	6.17	26.83
6	赤峰车务段 cfcwd	沈阳铁路局赤峰车务段官方微博	40.12	48.17	1.49	26.28
7	通辽电务段	沈阳铁路局通辽电务段官方微博	36.46	57.26	0.35	26.18
8	白音胡硕车务段	沈阳铁路局白音胡硕车务段官方微博	36.96	50.79	0.19	25.02
9	呼铁局集宁车辆段	呼铁局集宁车辆段官方微博	40.42	39.27	2.03	24.83
10	通辽供电段	沈阳铁路局通辽供电段官方微博	38.00	42.13	1.52	24.23

29. 海南政务指数微博影响力榜

（1）海南政务微博城市竞争力指数

排名	地区	传播力	服务力	互动力	竞争力指数
1	三亚	55.23	24.60	45.57	41.13
2	海口	51.38	25.61	41.75	38.99
3	三沙	10.85	8.60	0.09	6.29

（2）海南十大政务机构微博

排名	微博	认证信息	传播力	服务力	互动力	总分
1	三亚发布	三亚市委宣传部新闻发布官方微博	68.32	66.96	45.13	58.77
2	海南共青团	共青团海南省委官方微博	61.84	49.18	40.48	50.76
3	海南高院	海南省高级人民法院官方微博	64.25	52.57	30.38	48.36
4	海口市气象台	海南省海口市气象台官方微博	64.62	38.60	33.80	47.08
5	三亚交通路况	海南省三亚市公安局交警支队官方微博	59.85	54.51	23.58	44.27
6	海南省交警总队	海南省交警总队官方微博	61.99	40.00	26.70	43.48
7	海南省旅游委	海南省旅游发展委员会官方微博	58.38	39.46	29.94	43.22
8	海南省消防	海南省公安消防总队官方微博	57.29	35.64	27.61	41.09
9	三亚政务	三亚市人民政府办公室	54.82	54.18	19.60	40.60
10	海南大学人文传播学院	海南大学人文传播学院团委	48.63	40.94	23.37	36.99

（3）海南十大党政新闻发布微博

排名	微博	认证信息	传播力	服务力	互动力	总分
1	三亚发布	三亚市委宣传部新闻发布官方微博	68.32	66.96	45.13	58.77
2	三亚政务	三亚市人民政府办公室	54.82	54.18	19.60	40.60
3	海口市文明办	海口市委宣传部文明办新闻发布官方微博	52.04	32.14	21.60	35.89
4	万宁发布	中共海南省万宁市委宣传部官方微博	50.55	13.73	20.12	31.01

排名	微博	认证信息	传播力	服务力	互动力	总分
5	海南省人民政府网站	海南省人民政府网站运行管理中心官方微博	45.03	50.47	6.00	30.51
6	海棠政务	海南省三亚市海棠区人民政府官方微博	38.20	19.69	8.44	22.60
7	珍珠海岸－美丽陵水	海南省陵水黎族自治县县委县政府工作部门官方微博	36.33	14.88	6.45	20.09
8	文昌政府网站	海南省文昌市政府网站官方微博	36.98	20.56	2.92	20.07
9	三亚崖州	海南省三亚市崖州区人民政府官方微博	33.19	9.85	5.80	17.56
10	文明琼海官博	中共琼海市委宣传部官方微博	23.46	9.96	3.74	12.87

（4）海南十大公安系统微博

排名	微博	认证信息	传播力	服务力	互动力	总分
1	三亚交通路况	海南省三亚市公安局交警支队官方微博	59.85	54.51	23.58	44.27
2	海南省交警总队	海南省交警总队官方微博	61.99	40.00	26.70	43.48
3	海南省消防	海南省公安消防总队官方微博	57.29	35.64	27.61	41.09
4	海口市公安消防支队	海口市公安消防支队官方微博	56.59	29.03	12.63	33.49
5	三亚市消防支队	海南省三亚市公安消防支队官方微博	50.00	36.44	11.42	31.86
6	海口铁路公安处	广州铁路公安局海口铁路公安处	44.94	30.43	8.21	27.34
7	文昌消防在线	海南省文昌市公安消防支队官方微博	44.82	25.84	9.25	26.79
8	澄迈消防	海南澄迈县公安消防大队官方微博	45.28	25.77	5.50	25.47
9	琼海消防在线	海南省琼海市公安消防支队官方微博	40.26	11.19	5.20	20.42
10	海南儋州消防	海南省儋州市公安消防支队官方微博	36.14	24.83	1.21	19.91

（5）海南十大司法系统微博

排名	微博	认证信息	传播力	服务力	互动力	总分
1	海南高院	海南省高级人民法院官方微博	64.25	52.57	30.38	48.36
2	临高县人民法院	海南省临高县人民法院官方微博	49.58	58.83	8.95	35.17
3	海南一中院	海南省第一中级人民法院官方微博	51.28	48.83	6.64	32.93
4	海口中院	海口市中级人民法院官方微博	49.10	45.24	9.34	32.42
5	琼山法院	海南省海口市琼山区人民法院官方微博	43.37	41.67	5.79	27.99
6	秀英法院	海口市秀英区人民法院官方微博	43.85	44.62	1.72	27.15
7	海南省第二中级人民法院	海南省第二中级人民法院官方微博	46.23	33.20	3.33	26.46
8	琼中县法院	海南省琼中黎族苗族自治县人民法院官方微博	39.62	44.60	1.93	25.54
9	三亚中院	海南省三亚市中级人民法院官方微博	45.77	28.71	2.70	25.13
10	陵水法院	海南省陵水黎族自治县人民法院官方微博	39.97	37.20	3.47	24.82

（6）海南十大旅游局微博

排名	微博	认证信息	传播力	服务力	互动力	总分
1	海南省旅游委	海南省旅游发展委员会官方微博	58.38	39.46	29.94	43.22
2	海南保亭旅游局	海南省保亭黎族苗族自治县旅游局官方微博	46.18	11.41	6.50	23.35
3	琼北旅游	琼北旅游合作组织工作办公室官方微博	40.75	10.32	8.63	21.82
4	定安旅游	定安县旅游发展委员会官方微博	38.07	8.96	4.18	18.69
5	万宁旅游官方微博	万宁市旅游局官方微博	36.91	5.98	5.23	18.05
6	儋州旅游	海南省儋州市旅游局官方微博	29.95	2.95	2.61	13.61
7	海南琼海旅游	海南省琼海市旅游发展委员会官方微博	25.97	2.18	1.59	11.46
8	五指山市旅游发展局	海南省五指山市旅游发展局官方微博	23.93	1.27	0.47	10.01
9	白沙县旅游	海南省白沙黎族自治县旅游局官方微博	19.52	2.65	0.06	8.36
10	文昌旅游委微博	文昌市旅游发展委员会官方微博	11.89	0.73	0.19	4.98

（7）海南十大团委系统微博

排名	微博	认证信息	传播力	服务力	互动力	总分
1	海南共青团	共青团海南省委官方微博	61.84	49.18	40.48	50.76
2	海南大学人文传播学院	海南大学人文传播学院团委	48.63	40.94	23.37	36.99
3	三亚共青团	共青团三亚市委员会、青联秘书处官方微博	53.40	26.09	19.27	34.29
4	海南大学团委	海南大学团委官方微博	48.57	19.76	21.39	31.94
5	三亚学院校团委	共青团三亚学院委员会官方微博	45.60	21.03	16.16	28.91
6	琼台师专团委	共青团琼台师范高等专科学院委员会官方微博	43.01	29.22	14.60	28.89
7	共青团美兰区委	共青团海口市美兰区委官方微博	41.85	18.51	9.88	24.40
8	海南师范大学经济与管理学院团委	海南师范大学经济与管理学院团委官方微博	39.37	15.07	12.38	23.71
9	万宁青年在线	共青团万宁市委官方微博	37.12	9.93	16.76	23.54
10	海南大学环植学院团委学生会	海南大学环境与植物保护学院团委官方微博	37.11	22.09	7.02	22.07

（8）海南十大交通系统微博

排名	微博	认证信息	传播力	服务力	互动力	总分
1	粤海铁路	粤海铁路官方微博	48.14	5.98	9.00	24.05
2	海口海事局	中华人民共和国海口海事指挥中心官方微博	27.80	3.97	2.15	12.78
3	八所海事局	中华人民共和国八所海事局官方微博	3.43	0.07	0.00	1.39
4	海口新海海事处	中华人民共和国海口新海海事处官方微博	0.00	0.00	0.00	0.00

30. 青海政务指数微博影响力榜

（1）青海政务微博城市竞争力指数

排名	地区	传播力	服务力	互动力	竞争力指数
1	海南	39.74	7.39	42.78	29.48
2	西宁	57.88	36.28	43.02	45.12
3	海东	53.24	15.29	31.41	32.32
4	海西	38.57	15.35	14.56	22.04
5	玉树	32.73	9.60	19.51	20.01
6	黄南	34.23	7.79	16.23	18.68
7	海北	34.32	6.60	11.44	16.61
8	果洛	27.87	7.88	13.61	15.88

（2）青海十大政务机构微博

排名	微博	认证信息	传播力	服务力	互动力	总分
1	夏都西宁	中共西宁市委外宣办官方微博	63.81	56.21	38.05	51.99
2	青海高速交警一大队	青海省公安厅交通警察总队高速公路支队一大队官方微博	61.17	55.33	32.50	48.53
3	青海共青团	共青团青海省委员会官方微博	58.49	38.89	28.14	42.43
4	青海高速交警六大队	青海高速交警六大队官方微博	55.87	53.60	21.58	41.70
5	青海高速交警	青海省公安交通警察总队高速公路支队官方微博	60.71	40.60	22.31	41.33
6	青海气象	青海省气象局官方微博	59.20	49.41	17.16	40.43
7	青藏铁路	青藏铁路公司官方微博	58.62	33.47	24.29	39.86
8	青海发布	青海省人民政府新闻办公室官方微博	59.33	39.40	17.53	38.62
9	西宁网警	青海省西宁市公安局网络安全保卫支队官方微博	56.01	26.56	24.40	37.48
10	青海高速交警二大队	青海高速交警二大队官方微博	54.35	40.14	18.12	37.02

（3）青海十大党政新闻发布微博

排名	微博	认证信息	传播力	服务力	互动力	总分
1	夏都西宁	中共西宁市委外宣办官方微博	63.81	56.21	38.05	51.99
2	青海发布	青海省人民政府新闻办公室官方微博	59.33	39.40	17.53	38.62
3	青海政务	青海省人民政府办公厅官方微博	53.54	39.17	9.87	33.20
4	新－玉－树	玉树州委宣传部官方微博	50.34	15.85	12.00	28.11
5	大通宣传	青海大通回族土族自治县委宣传部官方微博	41.21	9.52	10.31	22.51
6	魅力西区	中共城西区委宣传部官方微博	39.58	8.60	7.80	20.67

续表

排名	微博	认证信息	传播力	服务力	互动力	总分
7	城北之声	中共西宁市城北区委宣传部官方微博	38.32	12.36	7.05	20.62
8	中国柴达木	青海省海西蒙古族藏族自治州人民政府官方微博	36.22	17.69	0.35	18.16
9	青岛镇江路街道办事处	青岛市市北区镇江路街道办事处官方微博	30.83	19.59	1.80	16.97
10	话说祁连	中共祁连县委宣传部官方微博	22.76	14.06	1.58	12.55

（4）青海十大公安系统微博

排名	微博	认证信息	传播力	服务力	互动力	总分
1	青海高速交警一大队	青海省公安厅交通警察总队高速公路支队一大队官方微博	61.17	55.33	32.50	48.53
2	青海高速交警六大队	青海高速交警六大队官方微博	55.87	53.60	21.58	41.70
3	青海高速交警	青海省公安交通警察总队高速公路支队官方微博	60.71	40.60	22.31	41.33
4	西宁网警	青海省西宁市公安局网络安全保卫支队官方微博	56.01	26.56	24.40	37.48
5	青海高速交警二大队	青海高速交警二大队官方微博	54.35	40.14	18.12	37.02
6	青海高速交警五大队	青海高速交警五大队官方微博	52.55	33.20	17.36	34.61
7	青海高速交警四大队	青海高速交警四大队官方微博	51.39	35.46	15.15	33.71
8	青海高速交警三大队	青海高速交警三大队官方微博	52.61	31.08	15.92	33.63
9	昆仑消防卫士	青海省格尔木市公安消防支队官方微博	49.02	41.25	14.29	33.58
10	西宁治安	青海省西宁市公安局治安警察支队官方微博	47.53	32.58	19.39	33.28

（5）青海十大司法系统微博

排名	微博	认证信息	传播力	服务力	互动力	总分
1	青海高院	青海省高级人民法院官方微博	51.57	43.15	13.49	34.65
2	青海政法	青海省委政法委员会官方微博	44.30	56.12	9.65	32.80
3	青海省西宁市湟中法院	青海省湟中县人民法院官方微博	42.20	47.60	9.96	30.38
4	河南县法院	青海省黄南州河南蒙古族自治县人民法院官方微博	41.72	36.43	11.23	28.47
5	西宁中法	青海省西宁市中级人民法院官方微博	44.71	38.74	6.40	28.19

续表

排名	微博	认证信息	传播力	服务力	互动力	总分
6	海南州法院	青海省海南藏族自治州中级人民法院官方微博	40.07	47.87	3.61	27.05
7	西宁市城北区法院	青海省西宁市城北区人民法院官方微博	38.08	40.07	2.17	24.11
8	祁连法院	青海省海北州祁连县人民法院官方微博	34.55	45.41	2.47	23.89
9	湟源法院	青海省西宁市湟源县人民法院官方微博	36.52	41.93	1.68	23.67
10	青海玉树检察院	青海省玉树藏族自治州人民检察院官方微博	39.85	26.47	6.00	23.64

（6）青海十大旅游局微博

排名	微博	认证信息	传播力	服务力	互动力	总分
1	青海省旅游局	青海省旅游局官方微博	36.23	10.21	8.05	19.75
2	夏都西宁旅游	青海省西宁市旅游局官方微博	36.57	11.82	4.38	18.74
3	阿尼玛卿旅游	青海省果洛州玛沁县旅游局官方微博	22.22	1.56	1.63	9.85
4	雪域果洛	青海果洛藏族自治州旅游局官方微博	12.18	2.03	0.34	5.41
5	天上玛多	青海省果洛藏族自治州玛多县旅游局官方微博	7.36	0.61	0.06	3.09
6	青海海南旅游官博	青海省海南藏族自治州旅游局官方微博	7.43	0.37	0.06	3.07
7	玉树藏族自治州旅游局	青海省玉树州玉树藏族自治州旅游局官方微博	2.37	0.44	0.00	1.04
8	天境祁连东方瑞士	青海省祁连县旅游局官方微博	0.00	0.00	0.00	0.00
9	乐都旅游	青海省海东市乐都区旅游局官方微博	0.00	0.00	0.00	0.00

（7）青海十大团委系统微博

排名	微博	认证信息	传播力	服务力	互动力	总分
1	青海共青团	共青团青海省委员会官方微博	58.49	38.89	28.14	42.43
2	青海海北共青团	共青团海北藏族自治州委员会官方微博	39.09	17.68	3.01	20.38
3	青海海东共青团	共青团青海省海东市委员会官方微博	38.94	11.99	5.66	20.24
4	共青团海东市蒲台乡	共青团海东市乐都区蒲台乡委员会官方微博	34.93	19.79	3.59	19.37
5	青海海西共青团	青海省海西州团委官方微博	36.85	17.98	1.90	19.09
6	青海格尔木市共青团	共青团格尔木市委官方微博	34.51	14.05	0.89	16.97
7	青海西宁共青团	共青团西宁市委员会官方微博	35.20	5.55	3.71	16.67
8	果洛共青团0975	共青团果洛藏族自治州委员会官方微博	37.65	2.25	1.46	16.10
9	青海西宁城中团委	共青团青海省西宁市城中区委官方微博	32.54	7.83	2.26	15.49
10	共青团乌兰县委	青海省乌兰县团委官方微博	27.76	18.81	0.44	15.04

（8）青海十大交通系统微博

排名	微博	认证信息	传播力	服务力	互动力	总分
1	青藏铁路	青藏铁路公司官方微博	58.62	33.47	24.29	39.86
2	西宁高等级公路路政执法支队	西宁高等级公路路政执法支队官方微博	49.13	25.69	7.53	27.80
3	西宁火车站	青藏铁路公司西宁火车站	47.33	11.29	7.45	24.17
4	大通高速路政执法大队	青海省大通高等级公路路政执法大队官方微博	37.44	11.23	3.82	18.75
5	韵家口高速公路路政执法大队	青海省韵家口高等级公路路政执法大队官方微博	37.19	6.00	4.91	18.04
6	湟源高等级公路路政执法大队	青海省湟源高等级公路路政执法大队官方微博	9.19	6.52	0.06	5.01
7	西宁交通运输	青海省西宁市交通局官方微博	6.08	0.91	0.04	2.63
8	青藏铁路公司团委	共青团青藏铁路公司委员会官方微博	2.17	0.31	0.07	0.96
9	青海省交通运输厅	青海省交通运输厅官方微博	0.00	0.00	0.00	0.00
10	湟中高等级公路路政执法大队	青海省南宁湟中高等级公路路政执法大队官方微博	0.00	0.00	0.00	0.00

31. 西藏政务指数微博影响力榜

（1）西藏政务微博城市竞争力指数

排名	地区	传播力	服务力	互动力	竞争力指数
1	拉萨	39.85	18.33	31.07	29.25
2	林芝	33.41	20.50	33.49	28.92
3	昌都	34.79	8.83	18.56	20.03
4	山南	26.39	8.42	20.72	18.11
5	日喀则	33.37	8.31	13.01	17.47
6	阿里	26.98	6.71	7.90	13.21
7	那曲	15.72	0.04	7.36	7.31

（2）西藏十大政务机构微博

排名	微博	认证信息	传播力	服务力	互动力	总分
1	西藏共青团	共青团西藏自治区委官方微博	67.57	65.93	47.85	59.35
2	西藏发布	西藏发布官方微博	66.61	70.42	43.94	58.30
3	雅鲁藏布大峡谷	雅鲁藏布大峡谷景区官方微博	63.90	45.93	36.35	49.29
4	林芝旅游局	西藏林芝地区旅游局	63.55	40.67	37.35	48.49
5	平安拉萨	西藏拉萨市公安局官方微博	60.15	50.67	27.45	45.17
6	拉萨发布	西藏自治区拉萨市委宣传部官方微博	60.82	37.15	30.66	44.02
7	西藏米林旅游	西藏米林县旅游局官方微博	57.07	46.13	29.60	43.89
8	西藏昌都地区旅游局	西藏昌都地区旅游局官方微博	63.66	31.54	24.45	41.55
9	西藏山南旅游	西藏自治区山南地区旅游局官方微博	52.32	14.58	21.03	32.26
10	西藏消防	西藏自治区公安消防总队官方微博	48.92	26.33	10.04	28.85

（3）西藏十大党政新闻发布微博

排名	微博	认证信息	传播力	服务力	互动力	总分
1	西藏发布	西藏发布官方微博	66.61	70.42	43.94	58.30
2	拉萨发布	西藏自治区拉萨市委宣传部官方微博	60.82	37.15	30.66	44.02
3	日喀则发布	西藏日喀则地区互联网信息办公室官方微博	44.41	21.97	7.73	25.25
4	桑珠孜区发布	西藏自治区日喀则市桑珠孜区人民政府官方微博	39.10	31.02	1.60	22.49
5	萨嘎县发布	西藏萨嘎县委员会宣传部官方微博	32.82	24.60	1.30	18.57
6	昂仁县发布	西藏日喀则中共昂仁县委宣传部官方微博	30.84	11.58	1.74	15.35
7	西藏林芝波密县政府网	西藏林芝地区波密县人民政府网官方微博	30.78	4.43	4.68	15.07
8	白朗县发布	西藏白朗县互联网信息办公室官方微博	25.70	14.93	0.41	13.43
9	谢通门县发布	西藏日喀则地区谢通门县委宣传部官方微博	23.87	14.79	0.56	12.73
10	岗巴县发布	西藏日喀则岗巴县官方微博	25.82	7.76	0.10	11.92

（4）西藏十大公安系统微博

排名	微博	认证信息	传播力	服务力	互动力	总分
1	平安拉萨	西藏拉萨市公安局官方微博	60.15	50.67	27.45	45.17
2	西藏消防	西藏自治区公安消防总队官方微博	48.92	26.33	10.04	28.85
3	西藏阿里消防	西藏自治区阿里地区公安消防支队官方微博	45.40	25.57	1.27	23.78
4	西藏那曲消防	西藏自治区那曲地区公安消防支队官方微博	35.28	30.47	2.81	21.33
5	西藏网警巡查执法	西藏自治区公安厅网安总队	35.42	3.75	2.44	15.89
6	西藏昌都消防	西藏昌都市公安消防支队官方微博	28.13	6.36	1.61	13.17
7	西藏山南消防	西藏自治区山南地区公安消防支队官方微博	26.03	5.59	1.21	12.01
8	西藏日喀则消防	西藏自治区日喀则市公安消防支队官方微博	25.54	6.60	0.46	11.72
9	和谐日喀则	西藏日喀则地区公安处官方微博	24.21	4.29	0.29	10.66
10	西藏-林芝消防	西藏林芝公安消防支队官方微博	15.35	2.11	0.06	6.59

（5）西藏十大司法系统微博

排名	微博	认证信息	传播力	服务力	互动力	总分
1	西藏高法	西藏自治区高级人民法院官方微博	45.19	17.45	7.89	24.72
2	西藏检察	西藏自治区人民检察院官方微博	48.01	12.92	5.29	23.91
3	阿里检察	西藏自治区人民检察院阿里分院官方微博	41.30	8.52	4.09	19.86
4	林芝中院	西藏林芝地区中级人民法院官方微博	39.20	10.36	1.32	18.28

续表

排名	微博	认证信息	传播力	服务力	互动力	总分
5	西藏昌都中法	西藏自治区昌都市中级人民法院官方微博	37.47	14.03	0.81	18.11
6	札达检察	西藏自治区阿里地区札达县人民检察院官方微博	24.74	6.49	0.13	11.24
7	噶尔检察	西藏噶尔县人民检察院官方微博	22.02	4.87	0.53	9.99
8	普兰检察	西藏自治区普兰县人民检察院官方微博	20.25	3.33	0.47	8.95
9	林芝检察	西藏自治区人民检察院林芝分院官方微博	16.28	2.95	0.39	7.26
10	日喀则中院	西藏日喀则地区中级人民法院官方微博	15.80	4.61	0.00	7.24

（6）西藏十大旅游局微博

排名	微博	认证信息	传播力	服务力	互动力	总分
1	林芝旅游局	西藏林芝地区旅游局	63.55	40.67	37.35	48.49
2	西藏米林旅游	西藏米林县旅游局官方微博	57.07	46.13	29.60	43.89
3	西藏昌都地区旅游局	西藏昌都地区旅游局官方微博	63.66	31.54	24.45	41.55
4	西藏山南旅游	西藏自治区山南地区旅游局官方微博	52.32	14.58	21.03	32.26
5	西藏日喀则旅游	西藏自治区日喀则地区旅游局官方微博	37.16	5.76	3.39	17.37
6	醉美林芝	西藏自治区林芝县旅游局"醉美林芝"活动官方微博	36.16	5.57	4.32	17.31
7	墨脱旅游局	西藏林芝地区墨脱县旅游局官方微博	37.21	3.43	4.07	17.20
8	西藏林芝地区察隅县旅游局	西藏林芝地区察隅县旅游局官方微博	29.79	6.40	4.84	15.13
9	西藏阿里旅游	西藏自治区阿里地区旅游局官方微博	28.40	0.78	1.18	11.99
10	西藏那曲旅游	西藏自治区那曲地区旅游局官方微博	21.12	0.49	0.53	8.76

（7）西藏十大团委系统微博

排名	微博	认证信息	传播力	服务力	互动力	总分
1	西藏共青团	共青团西藏自治区委官方微博	67.57	65.93	47.85	59.35
2	日喀则共青团	共青团日喀则市委员会官方微博	33.78	5.26	1.96	15.35
3	青春昌都	共青团昌都市委员会官方微博	28.44	7.11	2.24	13.70
4	林芝共青团	共青团西藏自治区林芝地区委官方微博	27.40	3.76	1.55	12.33
5	青春雅砻	共青团西藏山南地区委官方微博	16.58	7.43	0.68	8.39
6	西藏贡嘎团县委	共青团西藏贡嘎县委员会官方微博	19.23	2.11	0.53	8.33
7	藏大微青年	共青团西藏大学委员会官方微博	14.14	3.42	0.74	6.64
8	西藏藏医学院团委	西藏藏医学院团委官方微博	14.69	2.54	0.59	6.62
9	共青团加查县委	西藏自治区山南地区加查县团委官方微博	4.29	0.53	0.00	1.82
10	琼结县加麻乡团委	西藏自治区山南地区琼结县加麻乡人民政府团委官方微博	0.61	0.25	0.00	0.30

（8）西藏十大交通系统微博

排名	微博	认证信息	传播力	服务力	互动力	总分
1	拉萨火车站	青藏铁路公司拉萨火车站	44.57	11.24	5.09	22.11
2	日喀则地区交通运输局	西藏日喀则地区交通运输局官方微博	5.27	1.14	0.03	2.35

正义网·2015年"互联网＋检察工作"研究报告

一 检察工作进入"互联网＋"时代

"互联网＋检察"是影响深远的检察工作方式和管理方式的革新，对于更好地提升检察工作效能、深化司法公开、维护网络安全、增强司法公信力具有十分重要的意义。在2015年7月3日举办的"互联网＋检察工作"座谈会上，最高人民检察院曹建明检察长对"互联网＋检察工作"提出要求：既要充分运用信息网络技术，提升检察工作现代化水平，又要充分履行职能，维护网络信息安全；既要善于利用互联网推动科技强检，又要依托互联网打造阳光检务；既要自觉接受网络媒体的舆论监督，又要紧紧依靠网络媒体凝聚检察工作正能量。

（一）概念界定

1. 什么是"互联网＋检察工作"

"互联网＋检察工作"是指检察机关积极贯彻党中央关于"互联网＋"的重要战略部署，主动顺应"互联网＋"的发展趋势，以合法、安全为前提，在职能范围内灵活运用互联网思维，充分利用大数据、云计算、物联网等现代信息技术，在司法办案、检务公开、便民服务等方面激发创新智慧与创造活力，通过检察业务的流程再造，推动检察工作创新发展，构建互联网时代的检察工作新模式。

"互联网＋检察工作"主要涵盖以下几个方面。

"互联网思维＋检察工作"是指开展各项检察工作都要有互联网思维。没有互联网思维，检察机关就无法真正融入互联网时代。

"互联网信息＋检察工作"主要强调互联网信息辅助检察决策的作用，在检察重大决策和日常工作中善于利用网上民意和各种信息情报来改进检察工作。

"互联网技术＋检察工作"就是充分利用现代信息技术提高检察效能和各项工作的信息化水平、服务群众的水平。

"互联网治理＋检察工作"是指检察机关在做好自身安全管理工作和互联网建设的同时，依法参与并融入网络犯罪打击和网络空间治理工作中去。

2. "互联网＋检察工作"≠"检察工作＋互联网"

"互联网＋察工作"，不是将互联网视为工具将其与检察工作简单机械叠加，而是将互联网的技术和思维作为推动检察机关工作方式变革的重要力量，以信息化来引领检察工作的现代化。

"互联网＋检察工作"是信息化和检察机关工作深度融合的成果和标志，是推动检察工作向更高水平、更高层次发展的具有高度战略意义和实践价值的行动计划。

（二）"互联网＋检察工作"的产生背景

1. 政策背景："十三五"将大力实施"互联网＋"行动计划

李克强总理在2015年的政府工作报告中第一次明确提出"制定'互联网＋'行动计划"。6月25日，李克强总理主持召开国务院常务会议，部署推进"互联网＋"行动。国务院常务会议通过了《国务院关于积极推进"互联网＋"行动的指导意见》，明确未来三年以及十年的"互联网＋"发展目标。到2018年，"互联网＋"的目标是深化互联网与经济社会各领域的融合；到2025年，基本完善网络化、智能化、服务化、协同化的"互联网＋"产业生态体系。届时，"互联网＋"将成为经济社会创新发展的重要驱动力量。

11月4日对外发布的"十三五"规划建议提出，"十三五"时期我国将实施"互联网＋"行动计划，发展物联网技术和应用，发展分享经济，促进互联网和经济社会融合发展。实施国家大数据战略，推进数据资源开放共享。完善电信普遍服务机制，开展网络提速降费行动，超前布局下一代互联网。推进产业组织、商业模式、供应链、物流链创新，支持基于互联网的各类创新。这充分表明，未来五年"互联网＋"行动计划将成为国民经济和社会发展的一个重点。

2. 社会背景：群众对检察机关借助互联网技术与时俱进改进工作充满期待

当下的经济发展和社会生活，越来越被势不可挡的互联网所改变，人们的衣食住行、企业商家的经营活动，都在大规模地由线下向线上迁移或者实现线上线下的融合。人们在越来越多地体会到互联网便利的同时，也开始对检察机关与时俱进改进工作提出了更高要求、产生了更多期待。

可以想象，手持智能手机时刻联网的群众，对检察机关在线化办公提供服务便利、借助现代信息通信技术优化工作流程提高工作效率一定有所期盼。另外，互联网技术的大幅进步，更唤起了群众对司法公权力的监督热情，同时也提高了群众的监督能力。而这就是检察机关主动拥抱"互联网＋"，推行"互联网＋检察工作"战略所面对的一个基本的社会背景。

3. 技术背景：大数据、云计算等作为"互联网＋检察工作"的技术推动力已然成熟

综合业界观点，我们认为，"互联网＋检察工作"的技术推动力主要来自"大数据、云计算、移动互联网、物联网"四个方面。

其一，大数据引领我们进入"互联网＋"发展的新时代，"大数据应用"促进信息技术与各行业深度融合，而"互联网＋检察工作"即是检察工作与互联网的有机融合。

其二，云计算将计算任务分布在大量计算机构成的资源池上，使各种应用系统能够根据需要获取计算力、存储空间和信息服务。云计算就像互联网大脑的中枢神经系统，是互联网的核心硬件层，为"互联网＋检察工作"提供了基础设施保障。

其三，移动互联网极大拓展了联网设备的数量与应用范围，改变了信息的获取与连接方式，加速了信息（数据）要素在各部门中的渗透，任何组织或机构都可以将移动互联网作为提高生产力的工具，如果说互联网让"互联网＋检察工作"站在了"风口"，那么，移动互联网无疑让"互联网＋检察工作"站上了"风口浪尖"。

其四，如果说云计算是互联网大脑的中枢神经系统，那么物联网就是互联网大脑的感觉神经系统，因为物联网重点突出了传感器感知的概念。物联网使人与人、人与物、物与物之间的交流变成可能，最终将使人类社会、信息空间和物理世界（人机物）融为一体，因此，可以说物联网将极大拓展"互联网＋检察工作"的战略空间。

目前，大数据、云计算、移动互联网、物联网等技术日趋成熟，并获得广泛应用。"互联网＋"发展趋势已不可阻挡，各行各业都在通过"互联网＋"实现创新型发展。新理念、新思维、新做法层出不穷。因此，检察机关推进"互联网＋检察工作"的技术环境已基本成熟。

（三）"互联网＋"对检察工作的影响

"互联网＋"时代，检察工作机遇与挑战并存。最高人民检察院检察长曹建明在"互联网＋检察工作"会议上明确指出，"互联网＋"对检察工作的影响是全方位的。的确，新兴信息通信技术的推广与运用，对检察工作产生了深远影响，同时也对新时期的检察工作提出了新要求，带来了新挑战。

1. 现代信息化技术助推工作提档升级

"互联网＋"时代，纸质卷宗变身电子卷宗、电子日志痕迹化管理、网络生成规范的各项检察业务表格……互联网技术的创新正在一步步引领检察机关信息化建设前进的脚步，硬件建设、软件部署、信息化应用三者的有机结合将不断促进检察工作科学发展、全面提升。曹建明检察长表示，"日新月异的互联网信息技术是检察机关加强司法管理、提升司法效能的重要支撑"。随着"大数据""云计算""物联网""万联网""智慧地球"等现代信息技术的不断发展，检察信息化建设技术的门槛不断提升，同时也对检察信息化建设提出了更高要求。目前，检察机关对"大数据""云计算""物联网"的开发和探索工作处于起步阶段，对万联网、智慧地球等其他现代信息技术的研究比较浅显。

2. 大数据的挖掘利用成为推动决策科学化的重要力量

互联网时代，检察信息化建设对信息资源整合、交换、共享需求日趋强烈。如何对检察大数据进行深度挖掘，如何存储、分析、处理大数据是"互联网＋"时代检察机关面临的一大挑战。努力构建检察大数据平台，将原本分散存储在不同部门、类型的检察数据作为整体进行统一管理、整合共享，已是检察机关工作内容中重要的新增项目。目前，不少检察机关循着"互联网＋检察工作"战略推进方向，已经着手相关工作。

3. 即时通信技术打破了传统的时空限制

现代信息通信技术的飞速发展使得检察机关有了令自身工作在一定程度上突破时空限制的能力。比如，随着移动互联网逐步走向主流，南京市鼓楼区人民检察院开发了"移动检务通"系统，具备"通知公告""综合管理""辅助办案""学习培训""信息查询""意见征集"等功能。通过该系统，鼓楼区检察院实现了办案、办公、学习、培训、宣传等工作的移动在线化，这些以往受到时间、场域限制的工作几乎时时可进行。

4. 技术变革拓展了检务公开的广度和深度

互联网技术的不断进步，使得检察机关与群众的距离被拉近，检务公开工作随之有了新要求。

而社会化媒体平台的日趋完善，更直接引发了检察机关检务公开工作在理念、方式、内容等方面的革新。比如，随着"互联网＋"时代的来临，群众对检务公开的期待增强、要求提高。检察机关应顺应形势，不断深化检务公开：一是从内容公开角度，努力实现从检察职能公开向检察权运行公开、从政务事务公开向诉讼运行公开、从执法结果的静态公开向执法过程的动态公开等实质性转变；二是从公开程度角度，按照"能公开的一律公开"的原则，努力实现全方位、全透明式公开；三是从公开的过程角度，与群众加强沟通互动，并在互动过程中实现检务宣传，在双向信息交流过程中实现数据采集等工作。

5. 工作方式和管理方式革新的技术基础日趋坚实

检察机关信息化建设过程伴随着检察工作流程的重组和再造。检察机关紧紧围绕检察职能，以信息技术为指引，以业务需求为导向，将检察业务工作和管理工作流程中的多数环节都纳入信息化管理，对检察机关原有组织机构、服务流程进行适当的重组和再造，目前已初步形成检察机关决策、宣传、办案、办公、管理、保障和监督等的有机联系和互动，组织绩效显著提高。

6. 检察机关在网络空间治理和网络安全管理方面有了新挑战

"互联网＋"时代，网络安全问题已渗透到社会、网络和应用等多个层面。信息安全面临着技术安全和政策法律安全的多重挑战，探索网络空间的治理之道也任重而道远。一方面，利用网络进行互联网违法犯罪的行为日益猖獗，世界范围内侵害个人隐私、侵犯知识产权、网络犯罪等时有发生，网络监听、网络攻击、网络恐怖主义活动等成为全球公害，而随着互联网技术的不断发展以及互联网犯罪存在的跨国性和隐匿性等特点，检察机关打击互联网犯罪的难度不断加大。另一方面，检察机关在运用互联网时，应高度重视安全保密工作，建立全面覆盖网络和应用系统的检察信息化安全保密保障体系，不断提升信息安全防护能力。

二 "互联网＋检察"的探索与成效

近年来，检察机关顺势而为，主动融入互联网，以开放包容的姿态探索构建"互联网＋检察"工作的新模式，在检察大数据生产、数据标准化建设、综合应用系统研发、网络安全建设和参与网络空间治理等方面取得了明显成效。

（一）地方检察机关的数据生产和采集渐成规模

数据资源是大数据发展的原动力，数据积累是数据应用的前提。中央政法委书记孟建柱同志指出："要善于运用大数据，提高维护稳定工作现代化水平。谁率先拥有、善于利用大数据，谁就能掌握主动、赢得未来。"

对于检察机关而言，大数据是"互联网＋检察工作"的基础能源。按照数据来源分类，检察大数据可以分为：内部数据、外部数据以及内外部信息交互过程中产生的数据。其中，内部数据主要是指检察机关各业务职能部门基于内部管理需求产生的行政类数据，按照法律监督职能产生的司法业务类数据，通过各类检察自有媒体生产的新闻信息类数据；外部数据是指其他媒体、社会各界和广大网友通过公共平台发表的针对检察机关的评论、报道和爆料等意见线索类数据；交互式数据是指人民群众通过线上和线下的各种检察对外业务窗口与检察机关互动时产生的咨询受理类数据，也包括检察职能部门从自身需求出发面向互联网主动采集的线索预警类数据。

近年来，海量的检察机关内部数据、检察媒体新闻数据、检民互动交互数据，随着检察信息化的深入推进、检察媒体平台的规模增长和检民互动频率的急速增加，而源源不断地生产出来。以新媒体为例，截至 2015 年 11 月，全国检察机关就已经拥有官方微博、微信和新闻客户端 8000 多个，至今已自产新媒体信息 300 余万条，拥有可生产交互数据的潜在用户达 8000 余万。

（二）检察数据的标准化建设、存储和运算能力正在逐步提升

在数据日渐充盈的情况下，数据的标准化程度、挖掘使用程度和安全存储水平就成为衡量检察机关大数据驾驭能力的重要标准。

数据标准化就是按照预定规程对共享数据实施规范化管理的过程，统一业务中含义、用法不一致的术语、概念等，建立包括术语标准、数据元标准、信息分类编码标准、数据模型标准、数据交换标准在内的数据标准体系，为业务运作和信息化建设提供所需要的技术基础。长期以来，检察数据类型多样、来源不同、结构各异，原始数据非标准化或多标准化所导致的信息资源整合效率低、交换共享成本高等问题日益突出。2013 年底，全国各地检察机关根据最高人民检察院统一部署，推进使用统一业务应用系统，以前各省份自行开发的业务系统不再使用。检察机关内部业务数据标准不统一、数据不兼容、归集不规范等问题开始得到改善。

在检察内部数据标准化起步的同时，全国各地也开始通过提升大数据的存储和运算能力，深度挖掘数据的决策辅助价值，促进大数据的应用。2014 年，最高检检察技术信息研究中心建设了检察机关电子数据云平台，用大数据思维服务侦查办案，实现远程办案协助，数据资源积累，平台资源共享。2015 年 12 月，河南省人民检察院申报的检察诉讼档案资源大数据和云计算应用系统，被列入国家档案局 2015 年度科研项目计划。该项目以全省检察机关数字化检察诉讼档案为核心，以统一的数据标准，整合包括数字化检察外卷、最高人民检察院统一业务应用系统元数据、中国法律法规数据库、中国裁判文书网裁判和判决书、最高人民法院和最高人民检察院指导性判例、检察业务工作理论文章、最高人民检察院和河南省人民检察院各项规定等在内的数据资源，建设检察档案诉讼资源大数据。通过建立云计算应用中心，运用语义分析、人工智能、机器学习、知识图谱等大数据技术，从海量资源中分析潜在的数据价值，将检察档案管理的传统业务转向数据分析、数据挖掘、关系洞察、趋势预测等，以实现案情智能分析预测等司法辅助功能。

安全存储是数据使用的重中之重。以检察机关数据容灾备份机制为例，近年来，各地检察机关异地灾备数据中心纷纷建成，不仅完善数据本地保护方案，还对防止各类突发性大规模灾害、保证检察院信息化系统的平稳有序运行起到了积极作用。

（三）检察机关基于海量数据的应用研发能力日趋专业化

近年来，检察机关适时转变思维，围绕"互联网＋检察工作"部署，借助科技力量，有意识提高未来检察业务场景画像能力，积极进行应用研发和平台建设，并不断优化检察业务流程，在提升办案水平、打造阳光检务等方面积累了一些实践经验。

1. 应用建设，统一规范与地方创新共存

检察应用的建设发展不仅出现了从职能到用户、从功能到场景的"质"的飞跃，也经历了统一规划、地方探索、重点创新等"量"的汇聚。目前，随着"统一业务应用系统"

部署成功和"案件信息公开网"上线，特别是电子检务工程的全面推进，初步形成了最高检统一规范、地方机关积极创新进行应用研发和平台建设的局面。以"统一业务应用系统"为基础，对内以"电子检务工程"为龙头，对外以检察便民利民综合服务平台为核心，最终实现"智慧检务"的建设思路初具雏形。

以湖北、山东等为代表的地方检察机关在应用平台建设过程中则以大胆创新、勇于拓展表现抢眼。最高人民检察院曹建明检察长关于"互联网＋检察工作"的讲话发布后，湖北省人民检察院便成立了互联网检务办公室推进检务公开，对该院检察服务资源整合，宣布拟建立"检察服务中心"。山东省则制定了信息化建设的远景规划，计划打造山东检察"信息航母"和"信息超市"。目前，山东省检察机关研发了"全视通"、"检视通"、同录中心、律师预约、电子阅卷等一大批办案软件系统，率先建成全省三级检察院互联互通的远程网上办案系统。如果说最高检牵头的研发推广的应用为地方建设出具了规范与标准的话，那么地方的开拓创新则为统一建设的应用提供了新的思路与参考。

检察机关也十分重视应用系统的优化完善。2015年12月，为适应《刑法修正案（九）》实施后给检察机关司法办案活动带来的新变化，全国检察机关统一业务应用系统已升级至251版，该系统上线至今已经进行了九次较大规模的升级，新增了系统应用功能、特赦检察业务流程及电子卷宗子系统。

2. 研发思维由"职能导向"向"用户导向"转变

"互联网＋"时代，用户思维逐渐成为应用研发的首要原则，从"最大限度地方便群众、最大程度地降低成本"的角度，构建面向用户的网上检务服务体系，实现由检务"端菜"到让用户"点菜"的实质性转变。应用研发应借助大数据的技术手段和分析工具，更深入地了解普通公众、案件当事人、检察人员等用户，进而形成对上述用户全面、详细、精准的认知，并在认知的基础上将用户的需求与检察职能进行精准的对接。检察应用研发也从原来的基于检察职能业务逐渐向以精准的用户为导向转变。

应用研发更关注用户需求。近年来，基于司法办案、案件管理、检务保障、新闻宣传与舆论引导等检察业务的应用系统如雨后春笋，但上述以检察职能为出发点的应用更重视检察机关能够提供哪些检察服务，较少关注到对相关检察数据的深度分析与再加工，对用户需求的考虑不足。以早期的案件管理系统为例，不少应用实现了各项检察业务网上流转，可以对案件办理情况进行实时跟踪、预警、查询统计。但对于使用该系统的检察人员或案件当事人有哪些进一步的需求与期待，欠缺考量与开发。随着"互联网＋检察工作"理念的深入人心，重视用户需求与感受、个性化与实用性并存的应用与平台层出不穷。北京市人民检察院的"检立方"信息化综合平台以检察官、律师、案件当事人等用户需要为依据，打破了职能部门的界限以及部门间的信息壁垒，实现了检察官网上办案、管理、监督、考核等的工作需求，满足了律师、当事人的网上业务办理与案件查询等服务需求。曾获得百度轻应用大赛"最佳创意奖"的"51平安——远离犯罪侵害"也是典型的面向用户的检察应用，它基于检察机关刑事案件的大数据资源，通过标注案发地理位置，综合案发时间等信息进行计算，向用户推送人身和财产方面的安全提醒。

只有对用户需求精准定位，应用系统与平台才能实现从承担职能业务的信息发布载体到实现检民互动的功能性平台的转变。上线于2014年10月的全国统一的案件信息公开系统"人民检察院案件信息公开网"，通过四大平台将检察案件信息公开的用户区分为普通群众、案件相关人（当事人及近亲属、辩护与代理人）等；重要案件信息发布平台和法律文书公开平台面向所有公众开放；案件程序性信息查询为案件当事人及近亲属提供程序查询服务；辩护与代理预约服平台则为辩护人、诉讼代理人提供线上业务办理服务。通过对服务用户的精准划分，人民检察院案件信息公开网从"信息平台"演化成为"服务平台"。

3. 业务场景画像水平不断提高

在互联网＋检察的背景下，场景成为虚实交互融合的核心，它使碎片化的检察业务、服务的需求与应用能够尽快实现对接匹配。在用户某个工作环节与服务需求（即场景）中，适时提供其可能需要的以及关联的检察产品或服务（即产品），以求获得效率与服务的最大值。在此意义上，力求以精准用户为中心的检察应用建设，不是盲目跟风进行系统 APP 的研发，而是重新对检察业务场景进行描摹与画像。通过对场景清晰深刻的描摹构建，最大限度地实现用户的需求与期待。目前，检察应用从早期检察职能的搬运工进化到对用户进行业务精细和检务服务并开始步入"场景化"时代。检察应用研发场景意识逐渐觉醒，但检察业务场景画像能力仍待提升。

为满足用户需求，互联网检察平台需要创造尽可能多的场景。以检察微信为例，权威信息发布、整合新闻宣传资源等是订阅号的核心能力，它主要为用户提供权威检察信息获取的场景。而越来越多的服务号在此基础上，增设了案件信息公开和检务服务的功能，为用户构建了获取自身相关信息与服务的场景。如"龙文检察"将律师阅卷、行贿档案查询、控告接访、举报申诉等统一规划至用户预约的场景中；"湖北检察"选择将举报、控告、申诉、投诉、申请、查询、约见等用户需求放在业务办理的场景中。创造或开发新的场景就是：应用的功能属性（Inside）＋连接属性（Plus）＝新的场景体验。明确应用独特标签的定义能力，并通过场景找到应用的 Plus 方向，毫无疑问是检察应用不断升级的重要方法和工具。

检察业务场景的清晰化与关联性，逐渐成为检察应用的核心竞争力。山东淄博市人民检察院研发的"检信通"电子阅卷系统，构建的就是典型的阅卷场景。系统生成的电子卷宗可实现多名律师和承办人同时阅卷、打印、复制；自动组卷、纠错、法定期限到期提醒等多项功能使得应用系统对阅卷场景的定义更为清晰，使律师阅卷场景下可能面临的问题得以避免或及时解决；而"检信通"与政法网的有效连接，也使阅卷场景与其他检察乃至司法业务场景进行有意识的关联。

4. 成熟应用对业务流程再造的倒逼作用开始显现

基于用户需求的检察应用系统的研发与使用，不仅仅是引入某一套现代化的管理软件，实现检察服务与检察工作的自动化，更是对原有的检察业务流程的冲击与再造，使其更加精细化、合理化、科学化，从而大幅度提高检务工作的效能、改善检察服务的质量。网络信息技术的工具属性一方面决定了检察业务流程再造可以独立或先验于相关应用系统的使用，而另一方面信息技术特别是应用系统的使用会对检察业务流程优化再造起到倒逼或催化作用。

应用系统倒逼检察业务流程优化，最典型的例子是全国检察机关统一业务应用系统的使用对于办案流程的统一规范化。统一业务应用系统的使用实现了网上办案，特别是对每个办案环节设置明确的流程指引和预警功能，使得业务流程逐步统一规范。同样，"两法"衔接工作流程的改造也遵循了上述路径：最高检会同有关部门发布了《关于在行政执法中及时移送涉嫌犯罪案件的意见》，各级检察机关陆续将与地方行政执法机关共享信息的"两法衔接"工程提上议程，"两法衔接信息平台"遍地开花。在应用平台的推动下，不少地方检察机关重统筹协作，建立协作机制，针对案情重大或者群众反映比较突出的案件，准确定位适时提前介入。对两法衔接的工作流程适时调整与改造，提升了监督效果作用。

应用系统促进检察业务流深度再造。不少应用系统是在检察机关意识到且决心优化相关业务流程的前提下，按计划主动研发并投入使用的。这类应用在相关制度规章、管理办法的指导下，整合了不同检察职能部门和人员承担的多种程序，进行整体流程的优化，实现检察服务与工作的协同化和系统化。检察案件信息公开流程的再造就是个中翘楚。最高人民检察院根据中央司法体制改革有关文件的要求，制定下发了《人民检察院案件信息公开工作规定（试行）》（下称《规定》），并投入使用，不仅使检察机关在案件信息公开的内容、方法、工作开展等方面有章可循，也使检务公开的相关流程得以重塑。

（四）检察机关自身网络安全建设的技术基础逐渐稳固

在维护检察机关自身网络安全建设方面，各地通过建立完备的制度规范、成立领导小组、开展培训讲座、强化软硬件设施建设、开展各类检查、举办应急演练等措施，增强了检察机关门户网站及其他信息化软硬件设施的网络攻击防御能力。

任何工作的有序进行都离不开制度保障，检察系统内网络信息安全工作也不例外。如安徽省蚌埠市人民检察院制定了《网络信息安全责任追究制度》《涉密磁介质管理制度》等各项制度及应急预案；江西省于都县人民检察院出台了《网络安全保密制度》《计算机保密管理制度》《涉密人员岗位责任制》等文件。

为更好地保障网络安全，做好信息保密工作，各地检察机关纷纷加强组织领导，或是成立领导小组，或是强化原有小组力量。河南省襄城县人民检察院、江苏省吴起县人民检察院则分别成立了保密工作领导小组、检察专网分级保护工作领导小组。此外，湖南常宁市人民检察院从强化认识入手，进一步完善了以检察长为组长，以分管技术工作的院领导为副组长，以各科室负责人为成员的办公网络安全领导小组，按照"谁使用，谁负责"的对口管理模式，责任严格落实到人。

网络空间瞬息万变，只有及时了解最新动态，才能更好地为检察系统内网络信息安全保驾护航。山西省临汾市人民检察院邀请山西省信息安全研究院总工程师郝江教授为市、县两级检察干警做网络信息安全专题讲座。贵州省七星关区人民检察院组织全体干警进行涉密信息系统安全保密培训，就如何做好信息化形势下的涉密检务信息保密、涉密检务信息安全做出详细的讲解。此外，江西省德兴市人民检察院联合德兴市保密局举办了保密常识教育图片展，展示内容包括手机使用安全须知、计算机及办公自动化设备管理保密须知、互联网计算机使用安全保密须知和泄密案例警示等方面。

安全可靠的软硬件设施是保障网络信息安全的重要基础，海南省万宁市人民检察院对信息化的软硬件进行登记造册，做到底数清、情况明，制定并完善相关制度规范。陕西省凤翔县人民检察院对全部接入内网的电脑进行分级保护并设置密码，安排专人对网络安全、涉密计算机、移动存储介质、统一业务应用系统等进行检查，对所有计算机的名称、硬盘序列号、IP 地址逐一登记，严禁使用 U 盘等存储工具，防止泄密事件发生；要求所有电脑安装杀毒软件，及时上传更新病毒数据库，彻底查杀病毒。

要确保检察工作安全，定期的检查工作必不可少。湖南省新邵县人民检察院组织开展了互联网门户网站和邮件系统的安全检查工作，通过自查和抽查相结合的方式，分别从网络安全管理情况、互联网应用管理情况、互联网站安全情况等方面进行检查。江西省南康区人民检察院开展的保密检查"回头看"活动，就该院此前开展的密码保密工作安全检查整改效果进行了督察，清除安全隐患，为检察办案提供了坚固的"防护墙"。

除上述常态化措施外，为切实提升检察机关信息网络安全故障处置能力，湖南省新邵县人民检察院组织开展了一次针对信息网络安全突发事件的应急演练，演练内容为模拟该院网站被黑客攻击和检察专网网络设备突发故障等。河南省襄城县人民检察院技术部门利用机房改造的契机，模拟了 UPS 机房断电、精密空调故障、服务器故障等多个事故场景，并进行应急演练，提升了对突发事件的应急反应能力，有效提高了该院信息网络的安全水平。

（五）适应网络空间治理法治化要求，检察履职水平和协同治理力度不断加强

依法惩治网络犯罪，协同参与网络乱象治理，维护网络安全和国家的网络空间主权，检察机关责无旁贷。多年来，全国各地在这方面做出了不少有益的探索。

1. 明确发展战略，电子数据检验鉴定队伍壮大

2009 年以来，最高检检察技术信息研究中心确立了电子数据、司法会计等优先发展的战略。经过几年的发展，全国检察机关从事电子数据检验鉴定的队伍已达千人规模。人员、设备、技术资源形成了一定的规模储备。近几年来，在日益多发的网络犯罪中，犯罪模式、证据形态、操作方法等方面，都对检察官提出了严峻的考验，而检察技术队伍的存在，坚定了批准逮捕、审查起诉检察官的信心。

在 2015 互联网刑事法制高峰论坛上，最高检检察技术信息研究中心主任赵志刚在接受《人民日报》记者采访时表示，在打击网络犯罪的过程中，检察机关还可以推动建立网络犯罪电子证据规则。2013 年修改后的刑诉法实施后，电子数据作为证据种类予以确认，但从司法实践来看，并未形成合理的电子证据取证、鉴定、质证体系。检察机关处于刑事诉讼的中间环节，既能掌握侦查工作的情况，也能了解审判工作的情况，在推动建立更具操作性的电子数据证据规则方面有着得天独厚的条件。目前，中心正在积极推进这项工作。

2. 研究与实践并举，打击新型网络犯罪有法有效

2015 年 7 月 1 日，《国家安全法》表决通过，首次明确了"网络空间主权"。维护网络安全是检察机关的一项重要任务，2014 年，最高检检察技术信息研究中心主要关注了"伪基站"案件。在充分研究的基础上，制定出检验方法、证据审查方法，有效指导全国检察机关办案。2015 年 11 月 6 日，中心在厦门举办了全国检察机关"伪基站"案件电子数据检验培训班。广西壮族自治区某基层人民检察院宣判了一起"伪基站"犯罪案件，律师对案件做无罪辩护。中心组织得力人手，从查封扣押、检验鉴定、出庭支持公诉等方面，全程参与指导办理，最终案件顺利起诉、顺利判决，维护了司法公正。

目前，网络诈骗、利用网络衍生的职务犯罪案件，也已纳入技术信息研究中心的关注视线，下一步最高检检察技术信息研究中心将逐步推动这方面的工作。同时，中心还与人民大学、腾讯公司长期合作，积极鼓励和支持各地检察机关（特别是技术部门）开展对网络入侵、网络窃密、制造传播谣言、传播淫秽信息、诈骗、网络赌博、窃取公民个人信息、侵犯个人隐私、侵犯知识产权等专题的研究。通过实践和研究，向有关机构和部门发出检察建议，督促其建章立制，加强网络依法管控，充分发挥检察机关的积极和独特作用。

此外，针对互联网毒品犯罪，最高检将进一步加强调查研究，会同最高人民法院、公安

部适时研究制定相关司法解释或规范性文件，解决工作中突出的法律适用问题；对于金融领域出现的新的犯罪形式，检察机关也将加强互联网金融犯罪个案研究和类案分析，对于涉及新产品和新业态的违法犯罪行为，加强法律适用和刑事政策把握，通过对新类型案件的准确指控定罪，发挥其对同类案件的参考指导作用。

3. 加强沟通衔接，跨部门协调配合事半功倍

2015年9月，最高检公诉厅副厅长聂建华在查办金融领域刑事犯罪新闻发布会上做出表态，7月，中国人民银行、工业和信息化部十个部委联合发布了关于促进互联网金融健康发展的指导意见，对鼓励互联网金融创新、维护网络安全、防范金融犯罪提出了明确具体的指导意见。最高检也将和相关的金融监管部门加强沟通和配合，为防范和打击金融犯罪做好基础性工作。上海市人民检察院副检察长周永年进一步表示，将加强金融检察与行政监管部门的衔接，经常通报当前互联网金融犯罪发展趋势，提示行政监管部门和金融机构、互联网金融企业相关业务风险，建议行政监管部门和自律组织完善风险管理、运作规程、信息披露的操作规则，加强风险防控，减少犯罪分子的可乘之机。

此外，司法系统内的部门间合作亦有亮点。大连市人民检察院制定出台并与大连市公安局、大连市中级人民法院会签《电子数据的侦查和审查工作规范》，确立了大连地区网络犯罪案件电子数据的侦查、审查、审判标准。再如江西省上犹县人民检察院与公安、法院等部门建立协作配合工作机制，及时进行信息沟通，对网络投资诈骗犯罪案件进行合力打击，形成快速反应机制，从重从快打击网络投资诈骗犯罪行为。

4. 成立专业化队伍，精准打击各类网络犯罪

针对网络犯罪专业性强的特点，各地检察机关采取了专业化打击和预防策略。如北京市东城、海淀、石景山等区检察院，均成立了网络犯罪案件专业化处室或办案组，一批典型案件被以"团队作战"的方式成功办理；辽宁省大连市人民检察院网络犯罪检察监督处自2012年成立以来，已办理此类案件49件涉及90人。

东城区人民检察院网络和电信犯罪检察处（下称"网检处"）是北京市检察系统唯一一个专门办理网络电信领域犯罪的专业化办案机构，成立于2012年3月。网检处共有5名检察官，成立以来已办理案件240余件涉及370余人，不仅包括利用互联网实施的盗窃、敲诈勒索、诈骗等传统罪名案件，还包括利用互联网传播淫秽物品、开设赌场、破坏计算机信息系统、破坏公用电信设施等新型犯罪。大连市人民检察院网络犯罪检察监督处则专门负责网络犯罪案件的立案监督、侦查活动监督、审查批捕和审判监督工作，是全国检察系统首个专门从事网络犯罪检察监督的部门。

5. 创新法制宣传方法，从源头预防网络犯罪

为了从源头遏制网络犯罪发生，各地检察机关开展了内容丰富、形式多样的法制宣传活动。如广西壮族自治区宾阳县人民检察院干警与当地派出所民警在村干部的带领下，分组进到各户开展排查工作，与村民签订宾阳县辖区居民参与打击治理网络违法犯罪工作承诺书，宣传网络违法犯罪的危害。江西省定南县人民检察院组织干警签订"自觉抵制网络暴力"承诺书，承诺在网络虚拟空间自觉遵守文明上网公约，不使用污言秽语、不捏造事实、不使用人肉搜索、不公布知晓的当事人身份及家庭信息等，自觉守住言论自由底线。同时充当文明上网监督员，发现恶意进行人身攻击的不良行为，及时向公安和网络不良信息处理中心举报。

值得关注的还有，辽宁省大连市人民检察院于 8 月 17 日开通的"网检在线"栏目借助互联网打击网络犯罪。"网检在线"设置网检职能、网络犯罪案件范围、法律咨询、监督线索受理和以案释法等栏目，以文字、图片、语音和视频信息等形式向网民展示网络犯罪检察工作职能和特色，解读重要法律法规，解答网民咨询，开展网络犯罪预防宣传，并推送典型案例。

三　"互联网＋检察"的问题分析

"互联网＋"是党中央、国务院对互联网与经济社会融合发展做出的重大战略部署。习近平总书记、李克强总理对"互联网＋"战略多次做出重要论述，并提出了明确要求。近些年，检察机关积极践行"互联网＋"战略，取得明显成效。但伴随移动新媒体的高速演变、形态分化和受众注意力的动态迁移，"互联网＋检察工作"也显露出一些问题。

（一）对"互联网＋"认识不足，主动运用"互联网＋"仍存主观障碍

概而言之，"互联网＋检察"就是检察机关基于互联网思维，在（移动）互联网、大数据、云计算、物联网、万联网等科技不断发展的背景下，对自身工作进行重新审视，进而运用互联网技术和应用不断改善检察工作。可以说，互联网思维是实施"互联网＋"的一个先决条件。但目前，一些检察机关工作人员互联网思维仍然欠缺，对互联网特别是移动互联网对检务生态的影响在认识上还存有不足。另外，个别检察机关在主动运用"互联网＋"方面还存在信心不足、决心不够的问题，成为"互联网＋检察工作"整体推进的阻力。

1. 缺乏对"互联网＋检察"的正确认识

一些检察机关认为开通微博、微信、客户端，积极在网上发声、与网友互动、提供在线服务、在线解决问题，即是"互联网＋检察"。而事实上，这体现的仍是一种工具思维，没有分清"检察＋互联网"与"互联网＋检察"的区别。真正的"互联网＋检察"要达到的效果是，检察机关能够通过网络驱动、用户驱动、数据驱动，形成更加人本、更有效率、更趋公平、更为透明的检务生态，切实提升工作绩效。真正践行"互联网＋检察"，首先要建立起互联网思维，树立用户思维，形成生态思维。然后，在互联网思维下，重新审视检察工作，运用现代信息通信技术对检务业务进行改造升级。

2. "不犯错"思维阻碍变革及创新

"互联网＋检察"是一场互联网思维下的检务变革，是对检察工作模式的颠覆再造及重构创新。而变革在某种意义上讲是一个不断试错的过程，创新就难免犯错。在积极探索"互联网＋检察工作"的过程中，不少检察机关体现出了勇气与智慧，获得了一定成功。但也有个别检察机关思维相对保守，对"互联网＋"抱观望心态，不相信"互联网＋"具有巨大力量和积极作用，甚至视"互联网＋"为洪水猛兽，担心"互联网＋"成为自身的颠覆性力量，工作中怕失误、怕犯错，对互联网明迎暗拒，怠于创新，不肯变革，影响了"互联网＋检察"战略的整体推进。

（二）数据生产管理能力和应用开发能力有待提高

数据已经成为"互联网＋"时代的新生产要素。数据是信息化的财富，谁手中的数据

多，谁就将拥有更丰富的资源。检察机关推进"互联网＋检察工作"深入开展，核心就是要有数据，要有丰富的数据做支撑，否则一切都谈不上。曹建明检察长在"互联网＋检察工作"座谈会上特别强调，要把全国检察机关的电子检务工程打造成"智慧检务工程"，而智慧检务的智慧就源自"数据"。因此，检察机关首先要解决好数据供应问题，包括数据的生产、数据标准化、数据共享，然后是数据的开发利用。目前，在数据标准化、数据共享方面的问题比较突出，相关工作还需进一步完善。

1. 数据标准化程度不高

由于数据的来源、结构各异，数据本身的非标准化或多标准化所致的信息资源整合效率低、交换共享成本高的问题日益显现，目前已成为"互联网＋检察"从全面建设向深度应用阶段过渡的一个突出障碍。而要清除这个障碍，打造大数据生态，关键在于数据标准化。具体做法方面，检察机关可以借鉴公安机关的一些成功经验，首先制定一个"数据元"标准，然后再逐步构建以数据元标准为核心，数据项、数据代码、限定词、数据交换格式为辅助的数据标准技术体系；通过建立数据元动态管理信息系统、检察机关机构代码管理系统，构建数据标准的技术支撑体系；依托数据元动态管理系统，逐步搭建多层级的数据服务体系，形成各级检察机关共同参与的数据标准核查体系。

当各类信息系统数据库中的数据字段都使用标准数据元时，在不同数据库中的相同数据的名称、标识、类型、格式、值域等都将趋于一致，也就从根本上解决了数据多样性的问题，可以有效减少系统间数据转换接口，实现系统和数据的高效融合，同时为架构高层次的信息系统应用，支持高效数据处理、深层数据分析及信息资源共享，打造坚实的数据环境基础。

2. 数据共享与互通"瓶颈"犹在

互联网精神的本质就是互联与分享，没有数据的共享、信息的互联互通，"互联网＋检察"就名不副实。由于缺乏全局观念和共享意识，检察系统内数字资源系统自成体系，相互独立和封闭，甚至很多检务数据仍散落在各机关、各部门当中，阻碍了彼此间的信息流通、更新和共享。建立一个可以汇聚检务数据资源系统的平台，是打破信息壁垒、解决信息共享的关键所在。另外，检察机关为做好大数据整合，积极进行体制机制创新，积累了一些成功经验，但信息孤岛情况仍不同程度存在，因此，对于一些检察机关而言，相关工作还需进一步加强。再有，为使数据交换更加规范有序，主管部门还需制定相关的管理办法。

3. 数据的开发利用欠缺战略考量

检察机关在整合数据的过程中，还应注意加大数据价值的挖掘力度。目前，各地检察机关在"互联网＋检察"战略指引下，基于现实业务搭建应用平台的成功经验较多。这类业务应用平台已初步具备数据的收集、分析、共享等功能，在提升司法效能、深化检务公开、优化检察决策等方面起到十分积极的作用。不过，也要指出，放在"互联网＋检察"这个大背景下，这类平台的战略功能及意义体现得还不够充分。检察机关进行互联网平台建设，目前多从实际业务出发，对数据的开发利用在战略层面的考量还不够充分。

仔细观察，我们就能发现，一些与当前业务并不直接相关却对未来打造智慧检务有着长远意义的数据，极少纳入目前的业务应用平台当中。这说明一些检察机关对未来检察互联网业务场景画像能力尚有待提高，战略视野还停留在"检察＋互联网"层面。智慧检务的达成，以及"互联网＋检察"的无限可能性，在某种程度上取决于数据的多样化、丰富性，依赖于对各类相关数据的整合、分析、共享，并在此基础上不断创新。检察机关基于当前业务对自身工作进行互联网改造值得肯定，也是必要的，但以数据生产以及价值挖掘作为"互联网＋检察"战略推进的逻辑起点，才是真正的互联网思维。因此，检察机关积极对接互联网过程中，还应注意建立一个汇聚各类数据资源的系统平台，而这个平台将成为战略创新的孵化器。

不过，需要特别指出的是，检察机关在结合"互联网＋"不断丰富数据资源的过程中，也要注意数据清洗问题，对于那些既无助于当前检察业务，也不在"互联网＋检察"大战略考量之内的无价值冗余数据，要及时清除。

（三）基础设施部署升级的标准和流程有待统一

基础设施的部署安装是"互联网＋检察工作"得以落实的基本前提。目前，各地积极推进"互联网＋检察工作"，但在基础设施的部署安装过程中多少还存在标准不一致、流程不规范等问题。

1. 基础设施部署安装缺乏整体规划

互联网技术更新换代非常快，这给检察机关部署安装基础设施带来困扰。比如，在进行装备采购时是应一步到位，还是应以满足当前需求为准？"一步到位"盲目建设往往直接造成财政的浪费。

而仅从当前需求出发进行基础设施部署安装，又常常与互联网时代迭代升级思维相背。其实，分析这个矛盾的产生根源，还出在一些单位对"互联网＋检察工作"缺乏全局性把握，对互联网发展规律认知不足。没有全局性把握，基础设施部署安装就难以形成合理规划；没有对互联网发展的规律性认知，基础设施部署安装就没有前瞻性。因此，检察机关首先要对"互联网＋检察工作"的整体推进路径和目标有一个明晰的认识，对互联网发展趋势有一个基本把握，然后，在此基础上形成顶层设计规划，安排好基础设施安装部署工作流程，并完善相应管理制度。

2. 基础设施建设标准不一

"互联网＋检察工作"要求具有高度的协同性、全局性、系统性，而由于各地检察机关基础设施建设标准不一，目前这个目标尚难以达成。目前来看，这种客观障碍亟须打破。如上所言，检察机关除了要做好整体规划外，还有一些现实问题需要解决，比如，各地经济水平发展不一造成的财政差距问题，各地信息通信技术发展情况不一导致的外部技术大环境差距问题，等等。

3. 技术装备配用存在论证不充分的情况

检察机关不断将科技融入执法办案等工作中，在提高司法效能同时，也增强了司法公信力。不过，在一些检察机关配用各类技术装备的过程中，也出现了因思虑不周、论证不充分而引发舆论争议的情况。一般而言，应用某项技术或使用某种技术装备，除了事先要进行可行性论证外，更要一个合法性论证的过程。检察机关应用某项技术或装备一是要于法有据，二是要与自身工作基本规律相适应。这两方面都不能有模糊地带，否则极易引发舆论的质疑甚至批评。

（四）协同共享的要求与当前部门间存在的信息壁垒的矛盾日益凸显

"互联网＋检察"的价值实现，取决于三点：一是新信息基础设施的形成；二是大数据整合与价值挖掘；三是基于前两方面而引发的分工形态变革。目前，在技术改造方面检察机关态度比较积极，基础设施部署安装、应用开发、平台建设等方面已有一定积累。在业务形态创新方面，进展稍显缓慢，影响到工作流程的优化及人员的科学配置。

1. 业务形态创新乏力影响流程再造

按照"互联网＋检察"的工作要求，检察机关应整合相应的部门、人员和其他资源，以单一界面为公众提供"无缝隙服务"。这里，"无缝隙"是在横向部门、纵向层级之间消除"缝隙"。为此，要在前台服务内容、展示方式等整合的基础上，全面、深度地整合后台的电子检务系统。只有这样，"无缝隙服务"才能切实做到由内而外，形成一个整体性的网上检察工作。目前，因业务形态创新力度不够，传统分工协同模式仍是主导，检察业务的流程再造难以切实推动，以局部的调整优化为主。

在一些检察机关，不同部门间的信息壁垒尚难以真正打破，工作不能形成快速有效对接，在一定程度上影响了线上服务质量。

2. 人员配置科学化水平较低

在"互联网＋检察"迈向深度融合的过程中，需要既懂互联网信息通信技术又懂检察业务的复合型人才。而目前，包括检察干部在内，全体党员干部的"本领恐慌"问题依然存在。真正适应新形势新要求的跨界融合创新型人才仍不能满足需求。人员配置科学化水平有待提高，主要体现在两方面。一是人才结构不合理。熟悉检察业务的人多，熟悉互联网的人少，技术研发和经营管理人才缺乏。二是人才引进难。与社会企业尤其是大互联网企业相比，缺乏有竞争力的薪酬体系和激励政策，难以引进技术性、创新型人才。

3. 缺少统筹协调机制致工作难形成闭环

目前，各地检察机关针对具体服务项目积极建立对应的工作机制，推动各项工作与互联网进行融合。但在落实过程中，有些部门对检察服务特别是网络服务的认识不一、重视程度不一，使得一些工作的"最后一公里"难以真正推动，无法形成完整的"工作闭环"。即便那些在"互联网＋检察"战略推动方面工作做得比较好的检察院来说也存在一定困扰。为解决此类问题，建立统筹协调机制是必要之举。目前，一些检察机关已经开始进行这方面的探索，比如，湖北省人民检察院通过成立"互联网检务办公室"，将各项检察资源进行集中统一管理，统筹协调各项具体工作，已初具成效。目前，部分检察机关还未将建立统筹协调机制提上日程，相应工作还需落实完善。

4. 激励机制与责任机制不能与时与势俱进

"互联网＋检察"是一个不断创新的过程，创新则依赖于每个人发挥自身的能动性。所以，建立并不断完善激励机制以及与之配套的责任机制，是必要之举。检察机关当然有内部奖惩机制，但在检察业务逐渐融入互联网的过程中，流程的优化改造以及新分工协同的建立，必然带来具体职责的改变，相应的激励机制和责任机制也需同步做出调整。显然，一些检察机关这方面的意识还需要加强，相关工作的改进空间还很大。

（五）网络安全意识，管理运维能力和技术防范水平依然需要增强

网络安全无小事，它关系到"互联网＋"时代生态圈的健康发展，关系到国家安全、关键信息基础设施安全、社会公共安全和公民个人信息安全。2015年12月16日上午，习近平总书记在世界互联网大会上就特别强调保障网络安全，促进有序发展。具体到检察机关，

安全问题同样时刻不能忽视，这不仅是因为检察机关在维护网络安全、打击网络犯罪方面承担着责任，更是因为检察机关在推进"互联网＋检察工作"过程中自身也有可能成为风险损害对象。检察机关在维护网络安全、打击网络犯罪方面积极履职，同时也应重视自身安全管理。

1. 对于"互联网＋检察"面临的新安全风险缺少认识

互联网世界的安全风险在不同时代有着不同的表现。"互联网＋"时代，一些新的安全问题已经摆在人们面前，比如，信息世界与物理世界融合所带来的安全风险、云计算系统的安全风险、智能硬件的安全风险、无线通信网络的安全风险、大数据的安全风险等。这些已经成为当下互联网安全企业着力公关的现实课题。对于检察机关而言，虽不可能凭自身能力找到整体解决方案，但对这些新的安全风险也要有基本认识，并在此基础上形成风险辨别力，不断升级安全意识。

2. 安全管理工作不能与时俱进

在检察机关推动自身工作逐步互联网化的过程中，受到互联网攻击的可能性大幅增加，而且攻击手段不断变化升级，再加上目前业界针对"互联网＋"时代新的安全风险在技术层面还拿不出比较成熟的整体解决方案，这无疑加大了检察机关安全管理工作的难度。要知道，"互联网＋"时代的安全管理工作必须与时俱进，若技术层面升级空间有限，那么在其他方面就要拿出办法。而目前，部分检察机关的安全管理工作还存在应变力不足、跟不上情势变化的情况。

3. 日常运维工作存在安全漏洞

检察机关积极推进"互联网＋检察工作"的过程中，在互联网设备采购、应用平台建设使用等方面，存在一些管理漏洞亟待填补解决：第一，一些检察机关在系统平台建设运营等方面可能会选择与一些外部企事业单位合作，而在合作过程中风险管理意识还比较薄弱，应当增强；第二，新信息设备的使用者大部分其实并非专业技术人员，普遍缺乏互联网安全知识，在应用新技术新设备过程中因操作不当或风险意识不足而引发信息安全事故的概率比较大，由此衍生出一些管理问题尚需认真研究应对。

四　"互联网＋检察"的推进建议

各级人民检察院要充分认识到检务工作融入互联网是未来趋势，要准确把握"十三五"规划对人民检察院信息化建设提出的新任务以及曹建明检察长对"互联网＋检察工作"提出的总要求，认真总结以往经验与不足，以更加积极的态度、更加有力的措施，进一步加快信息化建设步伐，推动"互联网＋检察工作"不断升级。

（一）继续丰富检察大数据，助推检察职能升级

随着检察大数据的不断丰富完善，检察机关要尝试建立更广泛的数据网络，将各行各业的数据都纳入数据分析池中，并基于充足的数据库建立起标准化的法律监督体系及法律监督预警机制，助力于业务部门及时、有效地开展法律监督。此外，还可以通过互联网数据整合，建立反腐败情报数据库，大力发展数据画像技术，用数据助推反腐工作。

（二）升级数据灾备存贮设施，实现数据标准化

检察工作效率的提升、检察工作模式的创新，都依赖于对大数据的运用能力。完善并升级"检务云"等数据存储基础设施，促进数据存储模式的更新，实现数据标准化，方便数据的筛选和查询，大幅度提升大数据的利用率，方便数据管理，提高工作效率，为业务部门办理案件，以及检务信息公开查询提供高效、便捷、低成本之路。

（三）坚持建用并举、以用促建，加强应用系统建设

随着手机用户数的急剧增加，除占据新媒体平台外，检察机关还应当充分重视应用平台的开发建设。加大应用平台开发力度，通过深度挖掘查询、预约、举报等功能，在核心业务领域搭建覆盖全局的应用软件平台，更加便捷快速全面地实现检察业务的办理。

（四）重视移动智能终端，研发创建物联网平台

在移动智能设备的普及和应用软件服务的助力下，以智能终端为代表的用户设备，正成为检务信息公开的重要源头和检察服务提供的重要界面。除 PC 端、移动设备外，可进一步探索可穿戴设备、传感器与检察工作的应用结合，通过智能感知、识别技术与普适计算等通信感知技术，连接物联网，随时随地收集数据，打造全新的检民互动平台。

（五）建立数据安全保护机制，实现专网专用

随着网络技术的发展，物联网涉及的接口安全、标识资源安全、数据安全、隐私安全等存在的严重隐患急需彻底解决。从技术上，推进检察系统专网对检察院的全面覆盖，同步建立全网络的监控系统，确保专网的安全可控性，同时搭建内网与外网的数据传输安全系统。检察干警所使用的移动设备也应实现定制化实名化，防止信息外泄。

（六）信息化向基层覆盖，形成多级互通网络

受人力、资金和技术等条件限制，大多数基层检察院信息化建设还处于初级阶段，基础设施覆盖率低，网站功能单一，网上办事和检民互动功能有待加强。要实现互联网与检察工作的深度融合，必须鼓励基层检察院大力开展信息化、网络化工作，利用现代互联网技术开展信息公开、在线服务和检民互动等工作，形成中央、省、市、县多级互通的电子检务发展体系。

（七）提升按需服务能力，丰富便民服务体系

互联网与检察工作的深度融合，不仅依赖于信息化的全面覆盖，也需要不断提升服务的专向性和精确度，提高按需服务能力。检察工作要结合用户后台进行数据分析，对用户的需求进行多维度、多层次细分，为人民群众提供更精准、更个性化的服务。

（八）拓展信息共享渠道，提高业务协同能力

在线化的数据流动性增强，不会像以往一样仅仅封闭在某个部门或业务。在线数据随时可以在不同部门间以最低的成本流动和交换，数据只有流动起来，其价值才得以最大限度地

发挥出来。因此，检察系统要实现互联互通，打造覆盖各级检察系统及各个部门的信息共享平台，满足与其他部门信息共享和业务协同需要。

（注：2015年7月3日，最高人民检察院在京召开"互联网＋检察工作"座谈会。最高人民检察院检察长曹建明强调，"互联网＋"时代检察工作机遇与挑战并存。各级检察机关要积极探索构建"互联网＋检察工作"的工作模式，与互联网主动融入、主动互动、相向而行，做好互联网时代检察工作的"＋"法）

@ 人民日报 · 2016 年政务指数微博影响力报告

前　言

　　这一年，政务微博持续创新，用多元而人性化的传播打造了特色鲜明的品牌，在舆论场中去杂降噪、维护清朗。从善于卖萌的"@ 江宁公安在线""@ 中央气象台"到一身正气的"@ 最高人民法院""@ 最高人民检察院"，从持续创新的"@ 深圳交警""@ 上海发布"到深情满满的"@ 中国广州发布""@ 南京发布"，从穿越厚重古老的"@ 故宫博物院""@ 汉唐网"到致力于现代科普的"@ 中科院之声""@ 中国地震台网速报"……一大批个性鲜明的政务微博，摆脱了"千微一面"的格局，成了有立场、有价值观、有感召力的"意见领袖"。在 3 月的"山东疫苗案"期间，医疗卫生官方微博进行健康传播、缩小信息鸿沟，发挥了维稳民心、维护民众健康的核心作用；在南方暴雨期间，各地外宣、公安类微博及时发布气象和救援信息，有力减少了谣言传播；在"国家公祭日"，"@ 南京发布"诉说了它和普通人的联系……

　　这一年，政务微博联动响应，为法制社会的构建与完善贡献新的力量。从"快播涉黄"案到"和颐女生遇袭"案，从"雷洋"案到"徐玉玉"案，从北京"老虎伤人事件"到"罗一笑事件"……政务微博每一次针对案件进展与审理的通报、每一次针对复杂舆情的引导、每一次针对相关法律和条例的解释与说明，都推动了司法知识的普及与法制社会的进步。在"快播涉黄"案中，北京海淀法院在网上进行了视频直播和微博直播，推进了司法的公开、公平、公正；在"徐玉玉"案中，"@ 公安部刑侦局"发布 A 级通缉令，全国公安系统大力配合、联动转载，六名嫌疑人快速落网；在"罗一笑事件"发生后，"@ 深圳市儿童医院"发布了"关于深圳罗某笑小朋友医疗救治的情况通报"，详细说明了孩子的病情和治疗费用报销情况，平息了舆论猜测。

　　这一年，政务微博向纵深迈进，把单一模块化的服务提供升级为集成聚合化的平台建设。从"微博打拐"到"互联网 + 反拐"，从"微博庭审直播"到"庭审直播网"的搭建，从"微博模块服务"到"微博政务大厅"……对于政务服务的提供，政务微博也不再局限于提供服务本身，而是有了大数据思维，让政务数据焕发新价值。2016 年 5 月 15 日，"@ 公安部儿童失踪信息紧急发布平台"上线，相关话题#儿童失踪紧急发布#获得了 6.8 亿的阅读量，作为公安部"团圆"系统的一部分，该平台还连入了高德地图、支付宝、手机淘宝、滴滴出行等 App，基本实现了全国移动用户完全覆盖；7 月，中国法院网与新浪网合作建设庭审公开网，并宣布自 7 月 1 日起，最高人民法院所有公开开庭的庭审活动原则上均通过互联网直播，以对全国法院起到引领和示范作用，而全国法院大量案件上线直播所形成的庭审数据库，也将成为法官办案的参谋和助手，成为研究中国审判制度的第一手资料，成为法治中国建设的宝贵资源。

　　2016 年以来，中办、国办多次下发文件，对各政府机关重大舆情回应做出要求。2 月，中办、国办印发《关于全面推进政务公开工作的意见》，提出："在应对重大突发事件及社会热点事件时不失声、不缺位。"11月，国办印发《〈关于全面推进政务公开工作的意见〉实施细则》，对重大舆情回应的时间要求，从24小时内举行新闻发布会，提速到5小时内发声。政务微博正胜任这种突发舆情中的"灭火员"角色，从快速发声、披露信息，到表明态度、安定人心，不少党政机关已经总结出一整套通过官方微博进行突发事件信息公开和舆论引导的技巧，而相关的优秀案例也不胜枚举。2016年12月7日，国务院总理李克强主持召开国务院常务会议，通过《"十三五"国家信息化规划》，明确未来将实施"互联网＋政务服务"等信息惠民工程。作为"互联网＋政务服务"的先行者，政务微博经过几年的发展，已经成为亿万群众的"方便之门"。从以前民众需要跑腿办理的"现场政务"，到需要联网的"上网政务"，再到如今打开手机就可以获得的"移动政务"，政务服务发生了质的变革。未来，政务微博应致力于讲"政"事、走"政"道、务"政"业，善用传播规律提升宣传水平、加强聚合效应、提高精准服务，让群众在移动端充分体验"获得感"。

截至2016年12月31日，新浪微博平台认证的政务微博达到164522个，比2015年底增加12132个，其中政务机构官方微博125098个，公务人员微博39424个。政务微博已然进入3.0时代，既成为政府日常工作的重要组成部分，也成为互联网上一支重要的力量。随着"@海关发布"和"@环保部发布"等账号的加入，部委微博的矩阵建设更加完整。部委微博不仅在舆情事件的引导中起到楷模作用，更能推进矩阵联动，形成更大范围的信息和服务共享，为网民提供更加具体化、立体化的服务。政务新媒体仍在建设发展中，政府部门和公职人员需要继续提高自身的新媒体素养，从容应对重大突发事件，在实践中接受挑战。

从系统分布上看，相较于2015年末，2016年末政务机构的微博增加了约9%，公职人员微博增加了约5%，其中工商税务机构和司法部门公职人员的微博增加最多，分别为11%和42%。总体而言，司法和工商发力较猛，市政和医疗卫生机构紧随其后。从行政级别分布上看，县处级以下政府机构是增长极，县处级公职人员的增加比例最高，达33%。从地域分布上看，西部地区正迎头而上，西藏、青海和宁夏的增长率均在24%以上，其中西藏、宁夏和青海政务机构的增长率分别为32%、30%、27%，天津、青海和内蒙古的公职人员增长率分别为21%、20%、13%。

本报告以2016年互联网舆论生态为分析蓝本，第一部分至第三部分将通过数据模型计算出政务微博影响力排行，客观评判这一年政务微博的发展现状，并对部分排名靠前的账号进行点评；第四部分采用案例分析的形式，从传播力、引导力、服务力这三个主要方面入手，选取全年全国政务微博在传播、服务上的典型做法，论述工作特点，介绍运营特色；第五部分，将对政务微博发展状况进行总结与展望，试图在"大众麦克风时代"为政务微博的宣传创新、舆论引导与平台建设提供新的思考角度。

一　2016年年度政务微博影响力总榜

（一）政务微博榜单指标说明

《人民日报》发布"2016年年度政务微博影响力排行榜"，排行榜由人民网舆情监测室制作，微博提供数据支持，评价对象包括全国所有通过微博认证的政府机构官方微博，评价体系包括三个维度：传播力、服务力和互动力。数据统计周期为 2015 年 12 月 1 日至 2016 年 11 月 30 日。

排行榜综合考察的指标有：

1. 传播力指标

"传播力"表征政务微博发布信息的传播情况，传播力指标越高，说明政务微博的内容被越多的网民看到。该项指标依据微博阅读数来计算。

微博阅读数：政务微博用户在统计周期内所发微博被阅读数量的总和。

2. 服务力指标

"服务力"表征政务微博一对一服务网民、为民办事的情况，服务力指标越高，说明政务机构通过微博平台服务了越多的网民。该项指标依据主动评论数、私信数、发博总数和原创发博数来计算。

（1）主动评论数：统计周期内该政务微博用户主动回复评论的数量（包括在该政务微博用户所发微博及其他用户所发微博中的所有评论）。

（2）私信次数：统计周期内该政务微博发给其他用户的私信数（包括主动发私信及通过关键词自动回复网友私信）。

（3）私信人数：统计周期内该政务微博发送私信的用户人数（包括主动发私信及通过关键词自动回复网友私信）。

（4）发博总数：政务微博用户在统计周期内所发微博总数。

（5）原创发博数：政务微博用户在统计周期内所发原创微博总数。

3. 互动力指标

"互动力"表征政务微博发布信息的影响情况，互动力指标越高，说明政务微博的内容引发了越多的网民响应。该项指标依据微博被转发数、被评论数和被赞数来计算。

（1）被转发：政务微博用户在统计周期内所发微博的被转发数（仅统计可信用户），同一个账号对同一个用户进行多次转发，一天只计一次。

（2）被评论：政务微博用户在统计周期内所发微博的被评论数（仅统计可信用户），同一个账号对同一个用户进行多次评论，一天只计一次。

（3）被赞：政务微博用户在统计周期内所发微博的被赞数（仅统计可信用户），同一个账号对同一个用户多次点赞，一天只计一次。

"政务微博影响力排行榜"旨在促进网络政务信息传播力的全面提升。粉丝数是构成传播力的重要前提，但是，并不是粉丝越多，影响力越大。此榜单更注重考察政务机构的"活跃粉丝""可信粉丝"。政务机构发布的信息被"可信粉丝"阅读，才体现出政务信息传达的实际传播力。

"政务微博影响力排行榜"旨在促进政务机构服务力的提升，也就是利用新媒体平台，回应公众关切、为民排忧解难办实事的能力。榜单鼓励更多的政务机构通过这种方式，切实服务公众、服务社会。

"政务微博影响力排行榜"旨在促进网络政务互动力的提升。网络政务不应是单纯的信息发布、自说自话的网络平台，更应当成为政府答疑解惑、回应关切的渠道，成为政府和公众互动交流的桥梁。此榜单的评价体系中，对互动力的考量，既包括"被动互动"，也就是政务发布带来的评论、点赞，更注重考量政务机构主动回复、双向互动的能力。

（二）2016 年年度政务微博总榜 TOP100

2016 年年度微博总榜 TOP100 见表 1。

表 1　2016 年年度政务微博总榜 TOP100

排名	微博	认证信息	传播力	服务力	互动力	总分
1	公安部打四黑除四害	公安部治安管理局暨打四黑除四害专项行动办公室官方微博	98.00	95.76	98.86	97.90
2	平安北京	北京市公安局官方微博	95.99	97.11	94.48	95.61
3	共青团中央	共青团中央官方微博	98.82	76.05	99.59	94.57
4	江宁公安在线	南京市公安局江宁分局	98.87	71.04	98.76	93.26
5	深圳交警	广东省深圳市公安局交警支队官方微博	92.98	83.15	96.49	92.42
6	上海发布	上海市政府新闻办公室官方微博	95.35	80.27	91.74	90.89
7	深圳公安	深圳市公安局官方微博	88.05	94.86	89.01	89.80
8	深圳天气	深圳市气象局官方微博	90.15	96.30	85.20	89.40
9	天津交警	天津市公安交通管理局官方微博	88.14	98.46	86.07	89.38
10	南京发布	南京市委宣传部新闻发布官方微博	89.78	81.83	92.55	89.30
11	成都发布	成都市人民政府新闻办公室	89.69	80.97	92.07	88.90
12	中国大学生在线	教育部中国大学生在线官方微博	86.29	94.16	88.81	88.87
13	警民直通车－上海	上海市公安局官方微博	89.00	93.37	86.13	88.73
14	广州公安	广州市公安局官方微博	90.04	90.30	86.48	88.67
15	平安中原	河南省公安厅官方微博	91.93	87.07	84.78	88.10
16	中国地震台网速报	国家地震台网官方微博	95.91	58.55	94.77	87.98
17	平安洛阳	河南省洛阳市公安局官方微博	89.66	96.50	81.77	87.87
18	北京地铁	北京地铁公司官方微博	88.15	98.75	81.14	87.46
19	德州运河公安分局	德州市公安局运河经济开发区分局官方微博	84.00	95.03	87.09	87.44
20	平安武汉	武汉市公安局官方微博	83.63	95.14	85.97	86.87
21	快速路交警	乌鲁木齐市城市快速路交警大队官方微博	89.91	86.36	83.87	86.79
22	成都共青团	共青团成都市委员会官方微博	85.48	97.36	81.68	86.33
23	无锡发布	无锡市人民政府新闻办公室官方微博	84.70	86.83	86.61	85.89
24	柳州公安	广西柳州市公安局官方微博	91.74	88.41	77.77	85.48
25	龙江气象	黑龙江省气象服务中心官方微博	83.46	92.44	83.06	85.10
26	六安公安在线	安徽省六安市公安局官方微博	88.27	87.09	80.78	85.04
27	微成都	微成都官方微博	86.90	80.83	84.64	84.78
28	南宁特警	广西南宁市公安局特警支队官方微博	87.14	95.68	76.51	84.60
29	上海地铁 shmetro	上海申通地铁集团运营管理部官方微博	87.81	95.40	75.81	84.53
30	中国广州发布	广州市互联网信息办公室官方微博	84.91	89.29	81.24	84.32
31	中科院之声	中国科学院官方微博	88.46	77.81	83.28	84.26
32	共青湖南	共青团湖南省委员会官方微博	80.48	90.27	84.92	84.22
33	广州天气	广州市气象局官方微博	86.64	90.18	78.44	84.07
34	天津发布	天津市人民政府新闻办公室官方微博	82.67	91.02	80.53	83.48
35	西安公安	陕西省西安市公安局官方微博	84.50	89.84	78.79	83.28

续表

排名	微博	认证信息	传播力	服务力	互动力	总分
36	马鞍山公安在线	安徽省马鞍山市公安局官方微博	88.06	82.64	78.36	83.10
37	成都地铁	成都地铁有限责任公司官方微博	81.27	91.16	80.55	82.96
38	中国消防	公安部消防局官方微博	85.23	80.65	81.42	82.79
39	安徽公安在线	安徽省公安厅官方微博	85.35	88.54	76.26	82.35
40	气象北京	北京市气象局官方微博	87.08	87.50	74.19	82.01
41	湖南高速警察	湖南省高速公路交通警察局	81.43	97.59	74.67	81.96
42	汉唐网	陕西省文物局官方微博	85.18	75.02	82.07	81.91
43	济南中院	山东省济南市中级人民法院官方微博	85.14	91.43	73.68	81.82
44	共青团中央学校部	共青团中央学校部官方微博	84.16	80.07	80.34	81.81
45	马鞍山发布	安徽省马鞍山市委宣传部新闻发布官方微博	78.68	94.67	77.72	81.49
46	四川共青团	共青团四川省委官方微博	79.01	93.62	77.59	81.36
47	杭州发布	杭州市人民政府新闻办公室官方微博	83.67	86.17	76.49	81.30
48	故宫博物院	故宫博物院官方微博	90.50	41.66	91.84	81.27
49	山东共青团	共青团山东省委员会官方微博	83.16	90.51	74.11	81.01
50	湖南公安	湖南省公安厅官方微博	77.91	95.89	76.57	80.97
51	平安天津	天津市公安局官方微博	83.03	91.33	73.60	80.92
52	广州地铁	广州地铁官方微博	82.63	89.10	74.84	80.81
53	北京发布	北京市政府新闻办公室官方微博	87.19	74.01	76.94	80.45
54	青岛发布	青岛市人民政府新闻办公室官方微博	84.05	74.15	79.91	80.42
55	中国政府网	国务院办公厅中国政府网运行中心	92.29	55.97	80.76	80.41
56	中国气象局	中国气象局官方微博	83.72	85.66	74.24	80.31
57	乐游上海	上海市旅游局	86.09	67.74	80.30	80.10
58	山东省旅游发展委员会	山东省旅游发展委员会官方微博	82.80	88.21	73.21	80.04
59	江苏气象	江苏省气象局官方微博	79.25	90.80	75.41	80.02
60	济南交警	济南市公安局交通警察支队官方微博	77.87	96.52	73.87	80.00
61	广西公安	广西壮族自治区公安厅官方微博	86.87	90.63	67.75	79.97
62	南京地铁	南京地铁集团有限公司官方微博	82.89	83.14	75.32	79.91
63	交通北京	北京市交通委员会官方微博	85.39	87.13	69.82	79.51
64	青岛交警	青岛市公安局交警支队官方微博	79.10	94.64	72.32	79.50
65	青羊共青团	共青团成都市青羊区委官方微博	72.08	99.88	76.65	79.47
66	山东高法	山东省高级人民法院官方微博	80.44	96.00	69.83	79.31
67	京港地铁	京港地铁公司官方微博	78.50	96.28	71.55	79.27
68	公安部刑侦局	公安部刑事侦查局官方微博	87.70	55.22	82.15	78.98
69	长沙地铁	长沙地铁官方微博	79.35	89.10	73.44	78.93
70	四川发布	四川省人民政府新闻办公室	83.28	81.04	73.19	78.79
71	青春龙泉驿	成都市龙泉驿区团委官方微博	74.12	97.26	74.14	78.76
72	北京交警	北京市公安局公安交通管理局官方微博	83.72	83.05	71.49	78.69
73	广州交警	广州市公安局交警支队	82.66	88.49	69.67	78.63
74	中欧信使	外交部欧洲司官方微博	82.94	70.96	77.81	78.49
75	中央气象台	中央气象台官方微博	86.70	69.19	74.87	78.47
76	十堰市公安局东岳分局	十堰市公安局东岳分局官方微博	79.06	88.43	72.85	78.45
77	公安部交通安全微发布	公安部交通管理局官方微博	86.00	69.53	75.14	78.36
78	广东天气	广东省气象服务中心	84.30	85.51	68.67	78.29
79	南京交警	南京市公安局交通管理局官方微博	80.13	88.91	70.67	78.10
80	国家博物馆	中国国家博物馆官方微博	85.52	67.18	75.35	77.79

续表

排名	微博	认证信息	传播力	服务力	互动力	总分
81	青岛公安	青岛市公安局官方微博	79.33	86.91	71.67	77.78
82	安徽消防	安徽省消防总队官方微博	75.21	96.67	70.58	77.65
83	南京气象	南京市气象局官方微博	82.98	89.58	66.08	77.54
84	青岛市旅游局官方微博	青岛市旅游局官方微博	79.51	88.33	69.99	77.46
85	湖南消防	湖南省公安消防总队官方微博	74.00	99.11	70.02	77.43
86	深圳微博发布厅	深圳市互联网信息办公室官方微博	83.36	66.41	76.63	77.28
87	宿迁之声	宿迁市人民政府官方微博	76.12	90.66	71.72	77.27
88	公安部儿童失踪信息紧急发布平台	公安部儿童失踪信息紧急发布平台官方微博	85.98	38.53	87.89	77.26
89	苏州发布	苏州市人民政府新闻办公室官方微博	81.09	73.41	75.13	77.17
90	西安发布	西安市互联网信息办公室官方微博	80.15	73.57	75.64	77.03
91	南昌铁路	南昌铁路局官方微博	80.85	88.55	67.37	77.00
92	四川旅游	四川省旅游发展委员会	82.01	80.81	69.96	76.95
93	济南公安	济南市公安局官方微博	82.34	81.32	69.21	76.89
94	长沙警事	长沙市公安局官方微博	80.83	86.54	67.80	76.76
95	四川教育	四川省教育厅官方微博	79.60	85.35	69.61	76.76
96	最高人民法院	最高人民法院官方微博	88.74	49.20	78.38	76.69
97	汕头市政府应急办	汕头市政府应急管理办公室官方微博	79.03	85.77	68.76	76.27
98	成都服务	四川省成都市人民政府政务服务中心官方微博	77.43	89.93	68.19	76.23
99	九江特巡警	江西省九江市公安局特巡警支队	83.06	84.22	65.34	76.20
100	国资小新	国务院国资委新闻中心	83.66	74.83	68.82	75.96

二　2016年年度政务微博影响力分榜

（一）全国二十大中央机构微博

全国二十大中央机构微博见表2。

表2　全国二十大中央机构微博

排名	微博	认证信息	传播力	服务力	互动力	总分
1	公安部打四黑除四害	公安部治安管理局暨打四黑除四害专项行动办公室官方微博	98.00	95.76	98.86	97.90
2	共青团中央	共青团中央官方微博	98.82	76.05	99.59	94.57
3	中国大学生在线	教育部中国大学生在线官方微博	86.29	94.16	88.81	88.87
4	中国地震台网速报	国家地震台网官方微博	95.91	58.55	94.77	87.98
5	中科院之声	中国科学院官方微博	88.46	77.81	83.28	84.26

续表

排名	微博	认证信息	传播力	服务力	互动力	总分
6	中国消防	公安部消防局官方微博	85.23	80.65	81.42	82.79
7	共青团中央学校部	共青团中央学校部官方微博	84.16	80.07	80.34	81.81
8	故宫博物院	故宫博物院官方微博	90.50	41.66	91.84	81.27
9	中国政府网	国务院办公厅中国政府网运行中心	92.29	55.97	80.76	80.41
10	中国气象局	中国气象局官方微博	83.72	85.66	74.24	80.31
11	公安部刑侦局	公安部刑事侦查局官方微博	87.70	55.22	82.15	78.98
12	中欧信使	外交部欧洲司官方微博	82.94	70.96	77.81	78.49
13	中央气象台	中央气象台官方微博	86.70	69.19	74.87	78.47
14	公安部交通安全微发布	公安部交通管理局官方微博	86.00	69.53	75.14	78.36
15	国家博物馆	中国国家博物馆官方微博	85.52	67.18	75.35	77.79
16	公安部儿童失踪信息紧急发布平台	公安部儿童失踪信息紧急发布平台官方微博	85.98	38.53	87.89	77.26
17	最高人民法院	最高人民法院官方微博	88.74	49.20	78.38	76.69
18	国资小新	国务院国资委新闻中心	83.66	74.83	68.82	75.96
19	微言教育	教育部新闻办公室官方微博	84.98	76.13	66.82	75.95
20	最高人民检察院	最高人民检察院微博	87.12	54.04	74.68	75.53

在中央机构年度榜单中，"@公安部打四黑除四害""@共青团中央"和"@中国大学生在线"位居前三。整体来看，中央机构微博在2016年表现出色，共有18个账号跻身政务微博百强行列，而"@公安部打四黑除四害"与"@共青团中央"更是位居总榜前二，具有极强的影响力。

"@公安部儿童失踪信息紧急发布平台"：新成员发挥大用途

当前，寻找失踪儿童的信息往往牵动公众敏感的神经，而网络上关于失踪儿童的消息繁杂又真假难辨，为了把权威、规范、统一的儿童失踪信息快速推送给公众，新浪微博与公安部合作，于2016年5月11日，开通"@公安部儿童失踪信息紧急发布平台"微博账号，当晚发布第一条#儿童失踪紧急发布#微博，拉开了官方层面"互联网＋反拐"的大幕。此平台不仅能发布儿童失踪信息，同时也将信息精准地推送给儿童失踪地周边的相关用户，让更多群众了解信息，协助公安机关快速破案，帮助失踪儿童家庭实现"团圆"梦想。11月16日，"儿童失踪信息紧急发布平台"二期上线，新接入支付宝、UC等新媒体和移动应用，进一步扩大了平台信息发布渠道和范围。

截至2016年底，该平台已发布信息1200余条，吸引44万粉丝关注，由其主持的微博话题#儿童失踪紧急发布#也收获了6.8亿次阅读与62.7万次讨论。截至2016年12月15日，共找回儿童533名，儿童找回率为93%：其中解救被拐儿童21名、离家出走儿童325名、迷路走失儿童65名、不幸溺亡40名、不幸遇害23名，其他到同学家、朋友家玩耍未告知家长、债务纠纷、家庭纠纷等原因59名，未找回儿童39名。

"@中科院之声"：引导网友用科学的眼光看世界

在2016年中央机构微博排行榜中，"@中科院之声"排名第五，并位居百强榜第31位。2016年上半年，"@中科院之声"因美国科学家探测到引力波的存在和AlphaGo大战李世石等热点事件频繁进入公众视线，获得舆论高度关注。

2 月 11 日，美国科学家宣布第一次直接探测到引力波的存在。"@ 中科院之声"自 2 月 6 日起接连发布十余条微博论述这一重大发现，《从"看见"引力波的"眼睛"，到民间科学家》《王贻芳：我们为什么错过引力波》等文章转评赞数量较高，网友讨论欲望强烈。

3 月初，"@ 中科院之声"密切关注#AlphaGo 大战李世石#，将人工智能的话题推到公众面前，引领网友以科学的视角理性客观地看待人工智能的现状和未来。其发布的系列科普文章《谭铁牛：人工智能，天使还是魔鬼》《"阿尔法狗"刚赢李世石一场，下一代人工智能技术又出现了》引发网友讨论，网友理性评论指出，"人工智能只能是为人类服务的外延工具，底线是不能有是非判断的逻辑思维和爱恨情仇的情感思维"。

"@ 公安部刑侦局"：以个案公正入手，推动社会法治进步

2016 年 8 月，山东临沂学生徐玉玉，因被诈骗电话骗走上大学的费用 9900 元，郁结于心，最终导致心脏骤停，虽经医院全力抢救，但仍不幸离世。徐玉玉案引发舆论高度关注。案件发生后，公安部立即组织山东、福建、江西、广东等地公安机关开展侦查。8 月 26 日，"@ 公安部刑侦局"发布公安部 A 级通缉令，获得全网高度关注，截至 8 月 30 日，该文在微博平台的阅读数超过 350 万次，转评赞总量约为 5 万次。8 月 28 日，在公安部 A 级通缉令威慑之下，六名犯罪嫌疑人全部落网。徐玉玉案给社会敲响了警钟，媒体评论期望"徐玉玉案能够成为清除电信诈骗的新契机"，网友评论则大力呼吁"掐断信息泄露的源头"。

（二）全国二十大党政新闻发布微博

全国二十大党政新闻发布微博见表 3。

表 3　全国二十大党政新闻发布微博

排名	微博	认证信息	传播力	服务力	互动力	总分
1	上海发布	上海市政府新闻办公室官方微博	95.35	80.27	91.74	90.89
2	南京发布	南京市委宣传部新闻发布官方微博	89.78	81.83	92.55	89.30
3	成都发布	成都市人民政府新闻办公室	89.69	80.97	92.07	88.90
4	无锡发布	无锡市人民政府新闻办公室官方微博	84.70	86.83	86.61	85.89
5	中国广州发布	广州市互联网信息办公室官方微博	84.91	89.29	81.24	84.32
6	天津发布	天津市人民政府新闻办公室官方微博	82.67	91.02	80.53	83.48
7	马鞍山发布	安徽省马鞍山市委宣传部新闻发布官方微博	78.68	94.67	77.72	81.49
8	杭州发布	杭州市人民政府新闻办公室官方微博	83.67	86.17	76.49	81.30
9	北京发布	北京市政府新闻办公室官方微博	87.19	74.01	76.94	80.45
10	青岛发布	青岛市人民政府新闻办公室官方微博	84.05	74.15	79.91	80.42
11	中国政府网	国务院办公厅中国政府网运行中心	92.29	55.97	80.76	80.41
12	四川发布	四川省人民政府新闻办公室	83.28	81.04	73.19	78.79
13	深圳微博发布厅	深圳市互联网信息办公室官方微博	83.36	66.41	76.63	77.28
14	宿迁之声	宿迁市人民政府官方微博	76.12	90.66	71.72	77.27
15	苏州发布	苏州市人民政府新闻办公室官方微博	81.09	73.41	75.13	77.17
16	西安发布	西安市互联网信息办公室官方微博	80.15	73.57	75.64	77.03

续表

排名	微博	认证信息	传播力	服务力	互动力	总分
17	鼓楼微讯	中共南京市鼓楼区委宣传部官方微博	75.60	90.03	68.38	75.59
18	武汉发布	武汉市互联网信息办公室	79.77	77.71	69.95	75.43
19	成都高新	成都高新技术产业开发区官方微博	77.56	90.40	63.54	74.52
20	新余发布	中共江西省新余市委宣传部、市政府新闻办官方微博	77.94	91.98	61.68	74.24

"@浙江发布"：描绘浙江印象　释放网络智慧

2016年，G20杭州峰会和第三届世界互联网大会的成功召开，让浙江广受世界瞩目。两次大会期间，"@浙江发布"在宣传工作方面准备充分，从策划到创新，全方位综合利用新媒体形式，传递了浙江好故事、唱响了浙江好声音。

G20峰会期间，"@浙江发布"共计发布会议相关消息350余条，利用九宫格、图片、视频和长微博等展现形式，将浙江的灵动与魅力展露无遗。其主持的新浪微博话题#G20杭州峰会#，共计产生阅读量1.1亿和讨论量2.6万，影响深远。第三届世界互联网大会期间，"@浙江发布"肩负责任，积极做好外宣工作，吸引了全社会共同关注。通过文章《很快，你的朋友圈会被这个关键词刷屏，赶紧提前了解》，聚焦会前利好政策；发布微博图文直播和多篇长图文及时向网民传递大会信号，共享思想盛宴；制作如"10个片段回顾乌镇峰会"等多组九宫格内容，同网民一起展望互联网未来的智慧之光；其主持的微话题#第三届世界互联网大会#，共计产生阅读量3556.7万和讨论量1万余次。

"@北京发布"：大开"微访谈"　对话"一把手"

2016年，"@北京发布"通过"一把手微访谈"栏目，实现了网民与重要职能部门"一把手"之间的在线沟通、直接交流；通过对信息公开和民意的重视，使政务服务达到最大化，政务工作走向高速化；通过工作方式改进和沟通平台畅通，在微博上构建起了"便民桥梁"，打造出了可以对话的城市。

"@北京发布"的4场"一把手微访谈"，先后邀请了市发改委主任卢彦、市经信委主任张伯旭、东城区区长李先忠和朝阳区长王灏出席，与网友在线对话、解读政策，使网民的需求得到回应，网民的诉求得到答复。其间，北京电视台等媒体对微访谈活动突出报道，访谈内容被人民网、新华社、搜狐、腾讯和网易等全国及地方100余家媒体转载，舆论引导效果显著。此外，新浪话题#一把手微访谈#当日阅读量均超过300万，总覆盖近1.8亿人次，单条阅读量超过60万。

"@中国广州发布"：抒写"情话广州"　开启网民与城市的爱恋

2015年已有不俗表现、位居榜单第7名的"@中国广州发布"，在2016年排名又有所上升。这与其互动力的显著提高密不可分，尤其是它主持的微博话题"情话广州"（如图1），截至2016年12月15日，阅读量达2210万，相关微博讨论达1132条，吸引了广州各区政务官方微博的联动参与，大大拓展了话题的传播广度与深度。

2016年7月，在广州首届网友文化节"三行情书"大赛中，有网友根据参赛的情书画了一幅生动有趣的漫画。8月30日，"@中国广州发布"借此创建话题#情话广州#，并在接下来的四个月里围绕这一话题持续发起多种形式互动。由其直发的"情话广州"漫画贴合

"二次元"的世界，通过漫画勾起网友对广州深深的喜爱。"@中国广州发布"的互动微博"不来广州，你怎么会懂这些梗！"采用填空和投票的形式，介绍广州的特色景点和美食，传播城市文化符号，激发网友兴趣，吸引网友参与讨论，从而增加用户黏性，提升账号影响力。教师节当天，"@中国广州发布"发布的创意秒拍短片"老师！我想对您说"，紧贴热点，借助师生情怀吸引粉丝互动，讲出自己对老师的"情话"，讲述自己在广州学习时与老师经历的点滴。本次策划在微博上成功掀起了一场"情书"狂欢。

中国广州发布 V
11月20日 22:30 来自 微博 weibo.com
#晚安广州#
你说，买菜的时候可以顺便买花，
买花的时候可以顺便买菜，
这是你离不开广州的理由。

有时候，爱就是这么简单，
只是因为刚好你在，所以不舍得离开，
这也是小布想对你说的#情话广州#，晚安！ 收起全文 ∧

☆ 收藏　　　　⌇ 14　　　　💬 12　　　　👍 54

图1　"@中国广州发布"的"情话广州"活动

（三）全国二十大公安系统微博

公安系统政务微博起步早、发展速度快、服务能力强，而且规模庞大、形式多样，一直走在政务微博发展的前列（见表4）。通观2016年年度公安系统微博榜，"@公安部打四黑除四害"以总分97.90的绝对优势独占鳌头。"@公安部打四黑除四害"曾多次在月榜、季榜中占据榜首，积极探索、长期经营使其成为最大的赢家。"@平安北京"超过"@江宁公安在线"跃居第2名，"@天津交警"在服务力方面表现抢眼，位列榜单第6位。

表4　全国二十大公安系统微博

排名	微博	认证信息	传播力	服务力	互动力	总分
1	公安部打四黑除四害	公安部治安管理局暨打四黑除四害专项行动办公室官方微博	98.00	95.76	98.86	97.90
2	平安北京	北京市公安局官方微博	95.99	97.11	94.48	95.61
3	江宁公安在线	南京市公安局江宁分局	98.87	71.04	98.76	93.26

续表

排名	微博	认证信息	传播力	服务力	互动力	总分
4	深圳交警	广东省深圳市公安局交警支队官方微博	92.98	83.15	96.49	92.42
5	深圳公安	深圳市公安局官方微博	88.05	94.86	89.01	89.80
6	天津交警	天津市公安交通管理局官方微博	88.14	98.46	86.07	89.38
7	警民直通车-上海	上海市公安局官方微博	89.00	93.37	86.13	88.73
8	广州公安	广州市公安局官方微博	90.04	90.30	86.48	88.67
9	平安中原	河南省公安厅官方微博	91.93	87.07	84.78	88.10
10	平安洛阳	河南省洛阳市公安局官方微博	89.66	96.50	81.77	87.87
11	德州运河公安分局	德州市公安局运河经济开发区分局官方微博	84.00	95.03	87.09	87.44
12	平安武汉	武汉市公安局官方微博	83.63	95.14	85.97	86.87
13	快速路交警	乌鲁木齐市城市快速路交警大队官方微博	89.91	86.36	83.87	86.79
14	柳州公安	广西柳州市公安局官方微博	91.74	88.41	77.77	85.48
15	六安公安在线	安徽省六安市公安局官方微博	88.27	87.09	80.78	85.04
16	南宁特警	广西南宁市公安局特警支队官方微博	87.14	95.68	76.51	84.60
17	西安公安	陕西省西安市公安局官方微博	84.50	89.84	78.79	83.28
18	马鞍山公安在线	安徽省马鞍山市公安局官方微博	88.06	82.64	78.36	83.10
19	中国消防	公安部消防局官方微博	85.23	80.65	81.42	82.79
20	安徽公安在线	安徽省公安厅官方微博	85.35	88.54	76.26	82.35

鉴于2016年公安系统政务微博的出色表现，将其运营亮点总结如下：

"@江宁公安在线"：发布翔实视频图片　有效平息出租车司机聚集谣言

2016年6月7日晚，在微博和微信朋友圈中出现了"江宁出租车司机与快车司机打群架""军队镇压"等谣言，并迅速扩散至其他平台，成为热点话题。仅一个多小时后，"@江苏网警""@江宁发布""@南京发布""@江宁公安在线"等本地政务微博就进行辟谣，告知广大网民事实真相。

根据当地警方经验，仅凭这些辟谣内容和警方几十个字的否认式通报，很难让网友信服。于是，8日上午，"@江宁公安在线"发布了"史上最长"的警方通报（见图2），用缜密的分析和翔实的视频图片资料来证实所谓的街头斗殴、人员死伤都是谣言，而网传照片实际是广西桂平拍摄电影时的场景。该微博因为回应及时、内容有理有据、语言生动活泼而得到好评，短短1天时间就收获了1.3万转评，安抚了网民群众情绪，避免了谣言的二次传播。8日下午两点左右，"@江宁公安在线"又发布最新通报："6月6日，江宁万达门口发生一起快车司机与出租车司机纠纷案件，造成一名出租车司机软组织挫伤。随后，朱某某（男，30岁，江宁横溪人）在其微信群发出'江宁万达快车撞死了出租车司机'谣言。目前朱某某已被警方行政拘留，相关案件正在进一步调查中。警方严正警告：编造谣言扰乱社会秩序必将受到法律的制裁。"把铁证放在阳光下、让事实说话，是回击谣言、自证清白的最有效的方式，也是广大民众转而为南京警方点赞的关键原因。

下面为摄像头A监控画面。从当晚19时50分开始每隔10分钟一张截图。

图2　"@江宁公安在线"发布"史上最长"的警方通报

"@深圳交警"：大放直播狠招　创新"绿椅子"体验式执法

2016年以来，各项政务工作开展进一步透明化、公开化，"移动直播＋执法"逐渐成为政务官博们的"标配"。以交警系统为例，6月20日起"@潍坊交警"直播查处酒驾，成为全国首个用微博视频直播执法现场的政务微博；7月13日，"@深圳交警"联动15个辖区交警微博组成强大的执法直播矩阵，在开展代号为"生命线01"的专项整治行动中，移动直播在政务工作中得到进一步应用，共计30余万人在线观看，最高同时在线人数2万余人；11月1日，"@深圳交警"再放狠招，创新"绿椅子"体验式执法，受到了众多网民关注。微博"今晚整治乱开远光灯，查到就坐上这把'绿椅子'好好体验一分钟！"一经发出，转评赞瞬间突破数十万。当晚，"@深圳交警"借助网络平台同步直播整治过程，带领广大网民前往执法最前沿，起到了极强的传播效果，直播观看量307万余次。据统计，11日晚"@深圳交警"共计教育处罚乱用远光灯违法932宗。对于"@深圳交警"此次将教育与处罚相结合的创新执法形式，广大网民纷纷点赞，并表示"支持深圳交警，希望全国推广，相信经过这样体验的车主，将不会再乱开远光灯了！"

"@平安中原"：持之以恒发布安全提醒　始终保持创新态势

2016年，"@平安中原"举办微活动9次，开展河南公安执法直播11次，发布原创微视频、动漫作品10多部，通过新媒体平台查询办理个人事项2120万次。多元化的策划内容进一步提升了"@平安中原"新媒体平台的亲和力与互动力，完善了警务服务，塑造了警务形象。"@平安中原"还积极参与热点，在11月21日河南普降大雪期间，深夜发布商丘交警雪中执勤的图片，让"雪警"这一支正能量队伍在各大新媒体平台、电视新闻中广泛传播，广受好评。

"@平安中原"作为中部地区重要的警务新媒体平台，以其丰富的专业资源，持之以恒发布安全提醒、防范技能，其所主持的#象警官说事#、#象警官播报#、#象警官提醒#等热门话题累计阅读量突破 20 亿。此外，"@平安中原"还通过接入河南公安互联网便民服务平台，为网友提供便民、简洁、有效的服务通道。

（四）全国二十大司法系统微博

全国二十大司法系统微博见表 5。

表 5　全国二十大司法系统微博

排名	微博	认证信息	传播力	服务力	互动力	总分
1	济南中院	山东省济南市中级人民法院官方微博	85.14	91.43	73.68	81.82
2	山东高法	山东省高级人民法院官方微博	80.44	96.00	69.83	79.31
3	最高人民法院	最高人民法院官方微博	88.74	49.20	78.38	76.69
4	法治西安	陕西省西安市司法局官方微博	77.24	83.67	70.39	75.79
5	最高人民检察院	最高人民检察院微博	87.12	54.04	74.68	75.53
6	菏泽中院	山东省菏泽市中级人民法院官方微博	77.95	90.21	59.05	72.84
7	河北检察	河北省人民检察院官方微博	80.46	62.73	63.01	69.94
8	京法网事	北京法院网官方微博	80.81	63.13	57.58	67.99
9	菏泽巨野县法院	山东省巨野县人民法院官方微博	66.84	86.20	56.94	66.75
10	中国普法	司法部法制宣传司	78.62	49.36	63.12	66.57
11	八桂法苑	广西壮族自治区高级人民法院官方微博	78.01	62.82	54.02	65.38
12	北京朝阳法院	北京市朝阳区人民法院官方微博	77.87	36.15	67.19	65.25
13	高密普法	山东省高密市全民普法依法治市工作领导小组办公室官方微博	63.83	87.61	54.04	64.67
14	青岛市中级人民法院	山东省青岛市中级人民法院官方微博	67.83	88.35	46.68	63.47
15	豫法阳光	河南省高级人民法院官方微博	74.69	62.51	49.96	62.36
16	黄骅司法	河北省黄骅市司法局官方微博	64.82	88.84	46.20	62.18
17	河南检察	河南省人民检察院官方微博	65.69	68.56	55.30	62.11
18	河北高院	河北省高级人民法院官方微博	69.47	83.97	42.95	61.76
19	高县法院	四川省宜宾市高县人民法院官方微博	64.06	90.35	44.34	61.43
20	北京海淀法院	北京市海淀区人民法院官方微博	75.57	34.40	59.94	61.08

"@最高人民法院"：携手电视媒体　共推普法进程

近年来，以最高人民法院为代表，政法系统频频通过媒体发声，通过庭审直播、案件介绍等方式，有效推进普法进程，帮助民众知法、懂法、守法。2016 年 10 月 24 日，"@最高人民法院"发布微博，宣布全新一季《2016·执行正在进行》将在央视播出（见图 3）。作为中央电视台经济频道与最高人民法院办公厅合办的法制专题节目，新一季的《2016·执行正在进行》将视角聚焦执行问题，结合与人民群众切身利益相关的事实案例，从全新的视角呈现执行难的种种表现，探索在新形势下如何更好地转变作风，改进司法实践。

"@中国长安网"：联动全国微博　缉拿袭警凶手

2016 年 10 月 29 日中午 11 时许，江西省九江市永修县一名民警在当地一小区外遇害身亡，犯罪嫌疑人作案后逃离现场。永修警方当晚发布悬赏通告称，将对"提供重要线索直接抓获嫌疑人"者给予重奖。29 日晚，"@中国长安网"迅速聚焦此案，发博"民警被刺

最高人民法院 V

10月24日 16:59 来自 微博 weibo.com

【全新一季"2016执行正在进行"将在央视播出】最高人民法院新闻局与中央电视台联合制作推出全新一季的"2016执行正在进行"系列节目将于10月24日——10月27日，10月31日在央视经济频道播出，敬请收看。

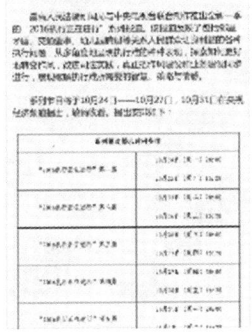

图3　"@最高人民法院"微博截图

身亡　全国通缉杀警嫌犯"，贴出嫌疑人肖像照，恳请网民看见该嫌疑人后立即报警。同时，该条微博也迅速得到"@淮南治安在线""@广西政法"和"@大庆检察"等众多政法微博账号的全力关注与联动转发，共同发力、号召警民协作。30日下午，"@中国长安网"发布独家消息，表示"29日杀害永修县公安局民警黄某的嫌疑人熊某于30日下午在江西新建抓获，目前案件正在进一步审讯中"。永修县刺伤民警嫌疑人，在历经31小时后终被成功抓获，再一次力证了在法治社会的当下，行凶者终将受到法律严惩。未来，政法委系统还将通过运用新媒体等技术手段，进一步创新法治治理，充分发挥司法职能，参与社会治安综合治理，加强平安中国的建设，进一步增强人民群众安全感。

"@黑龙江省高级人民法院"：打击失信违法行为　每秒都是进行时

10月13日上午10时，黑龙江省高级人民法院在新媒体工作室举行"全省法院打击失信违法行为暨典型案例新闻发布会"，新浪法院频道及"@黑龙江省高级人民法院"对发布会全程进行了视频直播。10月13日上午8时，"@黑龙江省高级人民法院"首先发布预告微博（见图4），对本场直播活动进行预热。直播过程中，"@黑龙江省高级人民法院"共计带话题#黑龙江高院新闻发布会#推送32条微博内容，向广大网民通报2013年以来省法院所建立的对失信被执行人联合信用惩戒机制的10起典型案例，并就现场媒体记者有关"如何平衡社会公布失信被执行人身份信息与公民个人信息隐私保护这两种利益诉求"等问题给予了答复。截至目前，新浪话题#黑龙江高院新闻发布会#已产生讨论量2万余条，阅读量共计500万余次。

"@黑龙江省高级人民法院"适时召开发布会，定期公布执行动态，促进了法院执行工作的有效开展，凸显司法透明，倍受社会关注。据悉，2016年1至8月以来，黑龙江全省法院共受理各类执行案件91514件，同比上升33%，执结48944件，上升53.3%，"基本解决执行难"工作进展顺利，发展态势良好。有网友评："打击失信违法行为，时刻都是进行时！发布会真材实料，为高院点个赞！"

全部　🔥热门　更多 ∨

 黑龙江省高级人民法院 V ∨
10月13日 08:11 来自 阳光法院
#黑龙江高院新闻发布会#【预告】10月13日上午10时，黑龙江省高级人民法院将在新媒体工作室举行"全省法院打击失信违法行为暨典型案例新闻发布会"。届时，新浪法院频道及 @黑龙江省高级人民法院 官方微博将全程进行视频直播，欢迎广大网友扫描下方二维码进行观看。

图4　"@黑龙江省高级人民法院"新闻发布会截图

（五）全国二十大旅游局微博

2016年全国二十大旅游局微博榜单（见表6）中，"@乐游上海""@山东省旅游发展委员会"和"@青岛市旅游局官方微博"领跑前三。与2015年相比，"@乐游上海"上升2个名次，夺得冠军，"四川旅游"进步较快，上升7个名次，位列第4。此外，"福建省旅游局""杭州市旅游委员会""威海市旅游发展委员会""烟台旅游官方微博"也有不俗表现。但与政务其他类微博相比，旅游类微博仍处在影响力较弱的尴尬境地，在2016年度TOP100的政务账号中，旅游类微博仅占四席，仅"@乐游上海""@山东省旅游发展委员会""@青岛市旅游局官方微博"与"@四川旅游"榜上有名。

表6　全国二十大旅游局微博

排名	微博	认证信息	传播力	服务力	互动力	总分
1	乐游上海	上海市旅游局	86.09	67.74	80.30	80.10
2	山东省旅游发展委员会	山东省旅游发展委员会官方微博	82.80	88.21	73.21	80.04
3	青岛市旅游局官方微博	青岛市旅游局官方微博	79.51	88.33	69.99	77.46
4	四川旅游	四川省旅游发展委员会	82.01	80.81	69.96	76.95
5	河北省旅游发展委员会	河北省旅游发展委员会官方微博	78.59	88.92	62.76	74.32
6	福建省旅游局	福建省旅游局官方微博	78.90	81.45	64.58	73.68
7	南京市旅游委员会	南京市旅游委员会官方微博	76.52	80.27	65.98	73.06

排名	微博	认证信息	传播力	服务力	互动力	总分
8	济南市旅游发展委员会	济南市旅游发展委员会官方微博	75.23	87.41	63.69	73.05
9	广西旅游发展委员会	广西壮族自治区旅游发展委员会官方微博	80.62	62.45	67.38	71.69
10	杭州市旅游委员会	杭州市旅游委员会官方微博	80.39	59.47	66.77	70.76
11	威海市旅游发展委员会	威海市旅游发展委员会官方微博	73.80	79.34	60.85	69.73
12	烟台旅游官方微博	烟台市旅游发展委员会官方微博	73.49	79.81	59.10	69.00
13	河南省旅游局官方微博	河南省旅游局官方微博	79.10	61.42	61.77	68.63
14	安徽省旅游局	安徽省旅游局官方微博	78.62	64.00	60.01	68.25
15	西安市旅游局	西安市旅游局官方微博	76.42	56.62	64.04	67.51
16	无锡市旅游局	无锡市旅游局官方微博	73.98	78.11	55.56	67.44
17	厦门市旅游局	厦门旅游网官方微博	76.89	56.66	61.97	66.88
18	南岸旅游	重庆市南岸区旅游局官方微博	71.46	73.38	58.65	66.72
19	苏州市旅游局	苏州市旅游局官方微博	76.09	53.77	63.34	66.53
20	湖南省旅游局官方	湖南省旅游局官方微博	74.99	59.59	53.59	63.35

"@乐游上海"：抓住迪斯尼开园机遇　以服务融入网民生活

"@乐游上海" 2016 年以来因为迪士尼的开园受到持续的高关注，之后便以细致的服务渗入网友生活。"乐游上海"每天早上 8 点以【早安·心语】等心灵鸡汤准时开启一天的工作，涉猎十分广泛，从吃货推荐到旅游攻略，从演出信息到义工招聘，从天气提醒到养生贴士，深入关注旅游及生活的方方面面，具有良好的"网感"，能准确把握用户的兴趣和关注点。如"乐游上海"12 月最热门的微博来自 13 日推荐的"【不容错过的沪上暖冬下午茶】"，通过特色实惠的 9 家下午茶推荐便轻松收获 460 多条转发，找准网友在"魔都"寻求咖啡甜品店的"痛点"，收获不俗的传播效果。在传播手段上，它也洋气地玩起了 MV，8 月，"@乐游上海"发布了首部 VR&4K 城市旅游形象宣传 MV《我们的上海》（见图 5），覆盖上海近 80 处风景，胡歌作为上海旅游宣传的形象大使参与演出，迅速火爆本地网络。

"@四川旅游"：深耕本土文化　强化巴蜀特色

"@四川旅游" 2016 年度上升态势强劲，顺利进入 2016 年度旅游局微博 TOP5。对于地方旅游局来说，打造地域名片也是其发展的重要职责之一，"@四川旅游"在运营中深耕本土文化，善于利用微话题聚拢网友，拉近与网友之间的距离，由其主持的#冬游四川不将就#、#熊猫走世界#均取得不俗的传播效果。另外，其主持的#带着微博去四川#，从摄影、美食、攻略等角度对四川旅游进行聚合，吸引了"@浪迹四川""@背包客 nic"等自媒体大 V 的关注和参与，形成二次传播，扩大了影响力，截至目前，该微话题阅读量已超过 2 亿，讨论 14.9 万。

此外，"@四川旅游"在地域微博联动方面做得也较为突出，通过推广景区旅游及美食宣传，与各大景区和当地自媒体形成很好的互动关系，"@峨眉山景区""@乐山大佛景区管委会""@九寨沟管理局""@四川美食搜索"都成为其微博中的常客。联动的形式使其实现了四川旅游品牌的全面覆盖，将四川的旅游资源最大限度地传播至目标人群，对提升目的地的知名度、深化地域特色、强势组合助推四川旅游起到了良好的传播效果。

乐游上海 V

10月14日 15:00 来自 微博 weibo.com

【《我们的上海》唱响澳大利亚】10月12日至10月18日，全新上海城市旅游形象推广MV《我们的上海》亮相悉尼世界广场购物中心，并在此播放一周。MV由上海旅游形象大使、著名演员胡歌以及上海新崛起的流行美声歌唱组合"力量之声"担纲演出，全方位立体化地展示了精彩魅力的上海。

☆ 收藏　　　🔗 479　　　💬 182　　　👍 946

图5　"@乐游上海"推出城市形象宣传MV《我们的上海》

"@安徽省旅游局"：以场景转换带动信息流动　以细腻文字打动人心

"@安徽旅游局"从用户角度出发，以生活场景为切入点，以场景转换带动信息流动，用细腻的文字打动人心。其12月4日发布的微博"若要问远在异乡的安庆人最想念的家乡菜是什么，十有八九回答是'山粉圆子烧肉'。山粉圆子烧肉，在无数安庆人的心中，已经不再是一道简单的家乡菜，而是上升成为关于乡情的具体意象"。细微处的描写，触及了安徽人内心最柔软的地方。

现今，民俗旅游越来越受到民众热捧，而安徽省具有得天独厚的民俗文化资源，"@安徽旅游局"主持的微话题#美丽安徽行#，对风景、民俗文化，都做了细致的宣传和集中的展现。此外，安徽省旅游局还主办了"2016安徽旅游互联网大会暨网络旅游论坛"，与安徽省内旅游局及各大旅游机构、自媒体等形成联盟，线上线下进行联动，共同开创安徽旅游在"互联网＋"下的营销之道。

（六）全国二十大团委系统微博

全国二十大团委系统微博见表7。

表7　全国二十大团委系统微博

排名	微博	认证信息	传播力	服务力	互动力	总分
1	共青团中央	共青团中央官方微博	98.82	76.05	99.59	94.57
2	成都共青团	共青团成都市委员会官方微博	85.48	97.36	81.68	86.33
3	共青湖南	共青团湖南省委员会官方微博	80.48	90.27	84.92	84.22
4	共青团中央学校部	共青团中央学校部官方微博	84.16	80.07	80.34	81.81
5	四川共青团	共青团四川省委官方微博	79.01	93.62	77.59	81.36
6	山东共青团	共青团山东省委员会官方微博	83.16	90.51	74.11	81.01

续表

排名	微博	认证信息	传播力	服务力	互动力	总分
7	青羊共青团	共青团成都市青羊区委官方微博	72.08	99.88	76.65	79.47
8	青春龙泉驿	成都市龙泉驿区团委官方微博	74.12	97.26	74.14	78.76
9	青春湖北	共青团湖北省委员会官方微博	78.31	87.81	66.79	75.60
10	共青团广安市委	共青团广安市委员会官方微博	73.47	91.68	69.00	75.32
11	江西共青团	共青团江西省委员会官方微博	76.81	83.71	69.60	75.31
12	石家庄共青团	河北省石家庄共青团官方微博	73.42	85.84	69.46	74.32
13	中国共青团网	中国共青团网官方微博	78.24	72.51	71.20	74.28
14	云南共青团	共青团云南省委官方微博	74.33	83.49	69.62	74.28
15	河南共青团	共青团河南省委官方微博	77.55	75.86	68.22	73.48
16	共青团福建省委	共青团福建省委员会官方微博	75.83	78.66	65.74	72.36
17	山西共青团	共青团山西省委官方微博	78.48	80.25	60.67	71.71
18	安徽共青团	共青团安徽省委员会官方微博	74.46	85.96	60.42	71.14
19	青春贡井	共青团自贡市贡井区委官方微博	73.90	83.22	58.77	69.71
20	广东共青团－青年之声	共青团广东省委员会官方微博	81.11	60.88	61.80	69.34

近年来，各地共青团官方微博发展迅猛，"互联网＋共青团"在工作中进行了一系列实践与创新，承担了凝聚青年、引导青年、服务青年的任务，新媒体工作模式和策略值得关注。

"@共青湖南"：借力优质偶像 凝聚青年力量

2016年度榜单中，"@共青湖南"取得32名，它善于用优质偶像凝聚青年网民，于7月8日聘任青年偶像张艺兴为湖南省共青团宣传工作推广大使（如图6）。张艺兴表示，将积极参与到共青团的宣传工作中去，致力于传播青春正能量，并领唱国歌呼吁做公益。微博上，"@共青湖南"本年度发布的微博中，约150条与张艺兴相关，善用#张艺兴担任共青湖南宣传大使#、#湖南青年之声#等微话题与青年网民讨论爱国、梦想、情感、学业和成长等问题，借助偶像的力量让湖南共青团的"好声音"直达数十万青年。

2016年校园暴力案件频发，引发社会舆论高度关注。"@共青湖南"对此类案件也保持了一定关注，并积极介入本地校园暴力事件的跟进和处理。8月22日，"@共青湖南"微博称"注意到岳阳某大V近日上传的一段校园暴力视频，目前警方已介入调查，'@岳阳共青团'也将跟进，切实维护受害人的合法权益"。同时，"@共青湖南"指出，谴责擅自发布任何未经技术处理的未成年人暴力视频的行为。此条微博获得"@共青团郴州市委""@共青团娄底""@青年之声""@岳阳共青团"等团委系统微博的矩阵转发，促使网民响应"@共青湖南"的号召，避免对受害者带来二次伤害。

"@四川共青团"：普及网络知识 助力公益活动

截至2016年底，"@四川共青团"的微博粉丝总量已达61万，本年度约发布微博9400条，日均约发布26条微博，更新频率较高。2016年12月，"@四川共青团"获得2016年新浪四川微政道"政务微博互动先锋"的荣誉称号，也体现了网民对"@四川共青团"成长的认可。

9月24日是四川省2016年国家网络安全宣传周青少年日，"@四川共青团"在此期间

被团宠是种什么样的体验？

 共青湖南 V　　作者：为你水煮娱　　2016-11-10 15:32:39　　举报　　　　　　　　阅读数：31万+

说到团宠，你会想起谁呢？小编呢，首先想到的是极限挑战，没错，小编最喜欢的综艺，有爱的男人帮是我最喜欢的团队，六个男人太有魅力，其实他们每个人之间都可以说是团宠，但相比较而言，团宠更偏向最小的张艺兴，当然不只因为这个大男孩年龄小，更主要的是张艺兴人品性格都招其他几位哥哥的喜欢，而且节目组也是极力满足这个游戏少年的中二病，哈哈所以说，实力团宠，非张艺兴莫属啊！

图6　"@共青湖南"热门微博

内共发布约40条微博，包括图片、视频等多种媒体形式，用以向青少年宣传网络安全知识，保护自身网络隐私。截至目前，微话题#网络安全宣传周#的阅读量已超过3600万，总讨论量超过1.8万次，话题关注度较高，网民为改线上、线下活动点赞。

在助力精准扶贫方面，"@四川共青团"也一直在行动中，积极响应国家号召。本年度"@四川共青团"共发布40余条扶贫相关微博，如发布微话题#凉山精准扶贫之驻村书记日志#等，大力开展思想、产业、形象、社会、智力和定点六大专项扶贫行动，用青春力量服务贫困地区脱贫奔康工作，并在细微中引导青少年网民用行动带来改变，为脱贫攻坚贡献青年智慧和力量。

（七）全国二十大交通系统微博

全国二十大交通系统微博见表8。

表8　全国二十大交通系统微博

排名	微博	认证信息	传播力	服务力	互动力	总分
1	北京地铁	北京地铁公司官方微博	88.15	98.75	81.14	87.46
2	上海地铁 shmetro	上海申通地铁集团运营管理部官方微博	87.81	95.40	75.81	84.53
3	成都地铁	成都地铁有限责任公司官方微博	81.27	91.16	80.55	82.96
4	广州地铁	广州地铁官方微博	82.63	89.10	74.84	80.81
5	南京地铁	南京地铁集团有限公司官方微博	82.89	83.14	75.32	79.91
6	交通北京	北京市交通委员会官方微博	85.39	87.13	69.82	79.51

续表

排名	微博	认证信息	传播力	服务力	互动力	总分
7	京港地铁	京港地铁公司官方微博	78.50	96.28	71.55	79.27
8	长沙地铁	长沙地铁官方微博	79.35	89.10	73.44	78.93
9	南昌铁路	南昌铁路局官方微博	80.85	88.55	67.37	77.00
10	北京公交集团	北京公交集团官方微博	80.72	82.12	65.60	74.95
11	重庆轨道交通	重庆市轨道交通(集团)有限公司	78.88	85.86	64.67	74.59
12	昆明公交集团有限责任公司	昆明公交集团有限责任公司	75.47	57.60	82.03	74.52
13	上铁资讯	上海铁路局官方微博	81.25	72.02	68.18	74.17
14	成都地铁运营	成都地铁运营有限公司	80.21	59.87	71.33	72.59
15	中国铁路	中国铁路总公司官方微博	82.47	61.35	67.51	72.26
16	武汉铁路局	武汉铁路局官方微博	77.49	86.75	53.96	69.93
17	天津高速公路	天津市高速公路管理处官方微博	77.95	90.09	50.38	69.35
18	西南铁路	成都铁路局官方微博	78.27	75.78	56.63	69.12
19	武汉地铁运营	武汉地铁运营有限公司	79.17	51.72	65.15	68.07
20	武汉公交集团	武汉市公共交通集团有限责任公司官方微博	70.71	86.04	54.43	67.26

"@广州地铁":玩转微博话题 打造特色活动

"@广州地铁"以"及时、真诚、亲切"为定位,通过轻松活泼的风格、多样化的线上线下活动不断加强与粉丝的互动,成为市民日常出行发布、突发应急权威信息、收集社情民意的重要平台。2016年,围绕节假日和特色活动,"@广州地铁"通过微博平台推出了"地铁花儿别样红""我带爸爸看地铁""吉祥物嘉年华""地铁马拉松""寻找羊角百万粉"等话题和活动,其中,"地铁抗风行动"和"V探羊角新线"两个话题受到网友的高度关注。

面对广州史上首次发布防台风防汛全民动员令的台风"妮妲",8月1日傍晚至8月2日白天,"@广州地铁"以话题#地铁抗风行动#全方位实时发布抗风信息,及时向市民呈现线路停运和恢复的信息。相关微博信息累计30条,有效地为市民出行解疑释惑、正确引导。同时,通过图文并茂宣传地铁人众志成城、抗洪抢险的感人故事,有力地展现了广州地铁为民服务的良好形象。根据微博后台数据显示,8月2日的官博整体阅读量、互动量均出现井喷式增长,《广州日报》《南方日报》《羊城晚报》《南方都市报》《新快报》等广州本地多家媒体均对此进行了报道。

为了拉近广州地铁与市民的距离,提升广州地铁的品牌形象和人文价值,11月11日至16日,"@广州地铁"联合"@新浪广东",结合新媒体的互动传播,邀请网络大V探秘地铁新线,让网友跟随大V的角度"重新"认识地铁社会责任工作,并对其产生认同感。活动围绕#V探羊角新线#话题,首先以任务海报剪影发布制造悬念进行预热;活动当天,"@广州地铁"和大V分别发布参观现场微博,提升话题讨论度;次日发布回顾微博,通过活动余温再次引起网友关注。同时,活动全程共分三次进行直播,平均每次时长5分钟,这也是"@广州地铁"首次推出网络音视频直播。该微话题发起后迅速吸引网友关注,截至12月15日阅读量高达851.7万,相关微博讨论逾2900条,直播在短短15分钟内共收获在线观众5万人,达到几何式扩散影响力的效果。

"@南京地铁"：开放日直播和公祭日互动　实现流量口碑双丰收

2016年，"@南京地铁"凭借出色的互动力和传播力在全年交通系统微博排行榜中排名第五。"@南京地铁"每年一期的"地铁开放日"在被称为"移动视频直播元年"的2016年玩出了新花样。11月18日，"@南京地铁"首次采用现场直播的方式，与6000余名在线网友互动，以第一视角带领网友"夜探地下铁"，感受地铁运营人员夜间坚守的奉献，为观众带来无可比拟的现场感。这次活动的视频点击量达到了13万余次，相关话题阅读量达到377万余次，堪称交通系统政务微博的一次突破。

为纪念南京大屠杀遇难同胞，自2016年12月1日起，南京地铁新街口站、鸡鸣寺站和云锦路站树立了约3米高的巨幅"南京大屠杀死难者国家公祭日和平许愿墙"，过往市民郑重写下对和平的祈愿。"@南京地铁"从12月初起持续发布多条图文微博为"许愿墙"活动预热，公祭日当天又发布微博与网友互动——"没能到场的同学们直接微博留言吧"，凭借"国家公祭日"话题的热度，该微博转发、评论、点赞数均过千，活动获得了较好的传播效果，为官方微博的互动力与传播力带来提升，网友纷纷为南京地铁的文化底蕴和历史传承点赞。

"@交通北京"：创主题征集活动　发挥双向互动优势

"@交通北京"重视与网民交流互动，主动与网民沟通对话，为民众解决实际问题，赢得了舆论好感。此外，"@交通北京"多次发挥创意、举办特色活动，最大限度地发挥了微博平台的双向互动优势。

11月14日起，"@交通北京"开展主题微博征集活动，邀请广大网民参与讲述"我和北京交通这五年"的小故事、共同分享点滴趣闻，并给予奖品奖励。通过有奖征集的方式主动引导民众参与，请网民提意见，既体现了政务官博自身的影响力与互动力，更展现了"@交通北京"听纳民意、为民服务的"织博"宗旨。截至目前，由"@交通北京"主持的新浪话题#我和北京交通这五年#已产生阅读量86.8万和讨论量近4000条。

（八）全国二十大气象系统微博

全国二十大气象系统微博见表9。

表9　全国二十大气象系统微博

排名	微博	认证信息	传播力	服务力	互动力	总分
1	深圳天气	深圳市气象局官方微博	90.15	96.30	85.20	89.40
2	龙江气象	黑龙江省气象服务中心官方微博	83.46	92.44	83.06	85.10
3	广州天气	广州市气象局官方微博	86.64	90.18	78.44	84.07
4	气象北京	北京市气象局官方微博	87.08	87.50	74.19	82.01
5	中国气象局	中国气象局官方微博	83.72	85.66	74.24	80.31
6	江苏气象	江苏省气象局官方微博	79.25	90.80	75.41	80.02
7	中央气象台	中央气象台官方微博	86.70	69.19	74.87	78.47
8	广东天气	广东省气象服务中心	84.30	85.51	68.67	78.29
9	南京气象	南京市气象局官方微博	82.98	89.58	66.08	77.54
10	中国气象科普网	中国气象科普网 http://www.qxkp.net/官方微博	75.64	95.47	63.22	74.64

续表

排名	微博	认证信息	传播力	服务力	互动力	总分
11	中国天气	中国天气网	82.58	77.52	63.48	73.93
12	重庆天气	重庆市气象局官方微博	78.03	81.01	62.83	72.55
13	江淮气象	安徽省气象局公共服务中心官方微博	73.10	90.73	60.34	71.52
14	河北天气	河北省气象局官方微博	76.14	89.22	54.49	70.10
15	上海市天气	上海市气象局官方微博	83.00	53.26	60.85	68.19
16	天津天气	天津市气象服务中心官方微博	75.94	82.59	51.00	67.29
17	惠州天气	广东省惠州市气象局官方微博	74.21	87.35	49.28	66.87
18	东莞天气	广东省东莞市气象局官方微博	79.23	69.91	52.32	66.60
19	南昌天气	南昌市气象局官方微博	72.90	82.56	51.83	66.41
20	苏州气象	苏州气象局官方微博	78.49	72.35	50.44	66.04

"@深圳天气"：内容实用有趣　语言幽默诙谐

气象服务与生活密切相关，但由于其涉及较专业的知识，往往被不少网民认为"高冷""枯燥"。近年来，气象微博如雨后春笋般涌现，它以通俗的语言、新颖的形式第一时间发布权威气象信息（天气实况、天气预报、气象科普、图说天气、生活咨询等），并与粉丝积极互动，有效拓宽了气象信息的发布渠道、改善了本系统在网民心中的认知形象。

"@深圳天气"位于本年度全国气象类政务微博第一名，活跃度在系统内首屈一指，年度发博7000余条，其中原创内容占比约为75%。"@深圳天气"的内容主要围绕本地天气情况展开，文字内容实用有趣，发布时机恰到好处，语言风格幽默诙谐，有时，它还发几张萌宠的照片"博疼爱"。2016年春节期间，"@深圳天气"创造性地发起了新浪话题#2016春运探路#，让网民分享沿途天气，为网友提供贴心服务，共收获369万阅读量。

"@中央气象台"：趣语调侃雾霾　收获"萌台"称号

"@中央气象台"经常进行"卖萌"式的天气预报（如图7），擅长与网民打成一片，被网友亲昵地称为"萌台"。12月以来，雾霾天气接连出现，"@中央气象台"发布多条微博，如"众里寻他千百度，佳人却在暮霭沉沉处""南霾进京！！！北方雾霾里的憋住气！南方暖阳里的请深呼吸""预警连续发布第四天，蓝天消失第三天，有点想她""明天依然是艰苦的一天，请各位霾伏区的朋友注意防护""加持候鸟属性，人家避寒，我们避霾"。趣语调侃全国多地雾霾预警，获得广大网友粉丝的积极转评。虽然笼罩在城市上空的雾霾难以散去，但"@中央气象台"的乐观姿态和真诚沟通，让网友心中的雾霾逐渐消散。

"@中国天气"：主持多样话题　关注气象变化

"@中国天气"作为中国天气网的官方微博，是国内气象系统首个官方微博。2016年"@中国天气"参与主持#应对气候变化记录中国#、#北京第一场雪#、#冷空气来了#和#高温来袭#等多个话题，吸引了大批粉丝的关注。

总体来看，"@中国天气"在运营方面，以第一时间发布气象预报预警信息、全面运用微博分享功能、及时进行线上微访谈、不断进行微博互动沟通作为四个基本点，在进一步调动全国气象部门资源、构建全国性气象微博的互动和共享机制上，做出了有益的尝试。

中央气象台 V ⑳
12月22日 10:56 来自 微博 weibo.com

好吧，好吧，此条微博专供南方人民发泄情绪。的确，冷空气光复了华北，但下游地区免不了遭殃。。。目前，安徽、江苏的污染明显上升，不过明天开始会有所好转。

☆ 收藏   ⤴ 52   💬 169   👍 98

图7   "@中央气象台"调侃雾霾

（九）全国二十大环保系统微博

环保工作与千家万户密切相连，具有极大的公共属性。在环境问题日趋严峻、全球互联网高度发展的今天，利用信息化手段建立环境信息服务平台、推动环境管理，是一项重要的任务。比起公安、司法、交通等系统，环保系统政务微博的建设略显薄弱和松散，传播力与影响力尚有不足。全国二十大环保系统微博见表10。

表10   全国二十大环保系统微博

排名	微博	认证信息	传播力	服务力	互动力	总分
1	山东环境	山东省环境保护厅官方微博	75.83	85.61	65.44	73.63
2	临沂环境	临沂市环境保护局官方微博	72.97	86.25	59.56	70.26
3	京环之声	北京环保宣传中心官方微博	76.21	80.83	55.45	68.83
4	沈阳环保	沈阳市环保局官方微博	72.27	81.64	50.77	65.54
5	日照环境	日照市环境保护局官方微博	68.17	84.19	51.45	64.68
6	青岛环保	山东省青岛市环境保护局官方微博	70.18	85.60	48.66	64.66
7	重庆环保	重庆市环境保护局官方微博	72.63	78.41	49.05	64.35
8	济南环保	济南市环境保护局官方微博	68.19	85.19	50.03	64.33
9	北京环境监测	北京市环境保护监测中心官方微博	77.87	50.32	50.41	61.37
10	南京环保	南京市环境保护局官方微博	70.46	81.63	41.57	61.14
11	武汉环保	武汉市环境保护局官方微博	71.56	73.55	44.51	61.14
12	德州环境	山东省德州市环境保护局官方微博	66.08	82.41	41.79	59.63
13	上海环境	上海市环境保护局官方微博	73.65	64.96	42.82	59.58
14	环保北京	北京市环境保护局官方微博	73.69	40.17	48.55	56.93
15	青岛环境监测	山东省青岛市环境监测中心站官方微博	65.02	81.71	34.77	56.26
16	绿色郑州	郑州市环保局官方微博	66.91	69.56	38.91	56.24
17	泰安环境	泰安市环境保护局官方微博	66.09	72.01	38.12	56.09
18	枣庄环保	枣庄市环境保护局官方微博	66.01	74.15	36.42	55.80
19	中国环境宣传教育	环境保护部宣传教育司主管，环境保护宣传教育中心主办	70.47	51.20	42.93	55.60
20	烟台环境	山东省烟台市环境保护局官方微博	66.52	61.96	40.63	55.25

山东环保系统：#每日能见度#排名　让环保成效清晰可见

整体看来，山东环保系统的官方微博建设在全国表现亮眼，在 2016 年度全国二十大环保系统微博中，山东占据半壁江山，其中"@山东环境""@临沂环境"位居第 1、2 名。山东省 17 市环保局联合搭建微博矩阵，"@山东环境"创立了话题#每日能见度#（见图 8），每天 8~9 点期间均会在该话题下发布【山东十七城市能见度排名】，公布各城市能见度范围和排名，公开网民最为关注的空气质量问题，并对落后地区造成压力。各市和区县环保官方微博，则会对其进行转发。目前，该话题已有 1 亿阅读量。

山东环境 V
1月8日 08:23
#每日能见度#【山东十七城市能见度排名】2017年01月08日8时：威海 18.2km，烟台 17.1km，枣庄 10.5km，临沂 9.2km，东营 8.4km，青岛 8.1km，泰安 7.3km，日照 6.4km，莱芜 3.6km，济宁 3.4km，潍坊 3.1km，淄博 2.5km，菏泽 2.4km，德州 2.3km，济南 2.3km，滨州 1.5km，聊城 0.1km

☆ 收藏　　　　　⤴ 60　　　　　💬 15　　　　　👍 9

图 8　"@山东环境"#每日能见度#排名

"@京环之声"：统筹规划活动　汇聚公益力量

北京也有两家环保政务官方微博"@京环之声""@北京环境监测"入围 TOP10。其中"@京环之声"结合线上线下活动进行统一规划，2016 年以来，先后开展了环保音乐征集、绿色驾驶、"做个植株侠"、"同赞晨共环保"、北京环境文化周和征集北京环境 1 字表情等 20 多次微博活动。

3 月 28 日，知名演员李晨获聘担任北京环保公益大使，其间"@京环之声"微博开展了"同赞晨共环保"活动，设立#同赞晨共环保#话题，邀请粉丝和北京环保公益形象大使李晨一起加入环保，为"晨"点赞，也为关心环保的你点赞！该活动话题阅读量累计达到 3392 万，9103 人次参与讨论。"@京环之声"通过此次活动，吸引了更多网民加入公益环保的行列中来，一同为公益环保汇聚力量。

"@沈阳环保"：抓住热点　联合网友寻找雾霾"真凶"

12 月，沈阳遭遇持续的空气严重污染。"@沈阳环保"第一时间发布预警，及时公布沈阳市重污染天气过程环境空气质量信息，并接连发起微博讨论，转载热门文章"又到了一年一度欺负汽车季""正面怼：要在雾霾问题上'吊打'我的汽车达人"等，主动邀请网友关注#沈阳环境空气质量#话题并"@沈阳环保"官方微博，共同寻找雾霾严重的原因与解决途径。"@沈阳环保"及时抓住热点，积极引导舆论引起共鸣，传播效果良好。

此外，"@重庆环保""@南京环保"也在应对雾霾、地下水污染等问题上，积极发声，与网民和"意见领袖"形成联动。

（十）全国二十大医疗卫生系统微博

全国二十大医疗卫生系统微博见表11。

表11　全国二十大医疗卫生系统微博

排名	微博	认证信息	传播力	服务力	互动力	总分
1	健康中国	国家卫生和计划生育委员会官方微博	79.35	55.74	67.26	69.79
2	全国卫生12320	全国12320卫生公益热线官方微博	78.05	59.15	58.55	66.47
3	首都健康	北京市卫生和计划生育委员会官方微博	81.80	61.82	53.02	66.29
4	北京12320在聆听	北京市公共卫生热线（12320）服务中心官方微博	71.70	54.90	43.47	57.05
5	济南献血者之家	济南市血液供保中心官方微博	59.35	80.40	41.53	56.43
6	卫生计生委控烟传播活动	国家卫生计生委"中国烟草控制大众传播活动"官方微博	75.83	22.35	49.51	54.61
7	健康八桂	广西壮族自治区卫生和计划生育委员会	63.35	55.96	39.18	52.20
8	健康上海12320	上海市卫生和计划生育委员会官方微博	68.31	49.42	36.56	51.83
9	中国健康教育官方微博	中国健康教育中心、卫生部新闻宣传中心官方微博	63.73	50.72	34.17	49.30
10	健康成都官方微博	成都市卫生和计划生育委员会官方微博	63.98	55.62	31.39	49.27
11	青岛卫生计生官方微博	青岛市卫生和计划生育委员会官方微博	60.95	64.46	29.72	49.16
12	健康双流	成都市双流区卫生和计划生育局官方微博	54.90	73.15	27.65	47.65
13	北京市疾病预防控制中心	北京疾病预防控制中心官方微博	66.34	34.83	32.82	46.63
14	首都献血	北京市红十字血液中心官方微博	56.15	54.04	31.79	45.99
15	北京西城健康教育	北京市西城区疾病预防控制中心健康教育所官方微博	55.03	77.81	20.88	45.93
16	中华骨髓库	中国造血干细胞捐献者资料库（管理中心）官方微博	57.26	51.75	31.27	45.76
17	健康-广东	广东省卫生和计划生育委员会官方微博	63.97	45.38	24.29	44.38
18	祁县卫计	晋中市祁县卫生和计划生育局	52.37	84.08	14.40	43.53
19	天津健康	天津市卫生和计划生育委员会官方微博	60.60	55.46	20.06	43.36
20	健康深圳	深圳市卫生和计划生育委员会官方微博	62.50	37.60	26.38	43.07

"@健康中国"：展示和谐医患关系　做正能量的"主持人"

作为国家卫生和计划生育委员会官方微博，"@健康中国"一直在医疗卫生领域有巨大影响力，在2016年医疗卫生系统排行榜中，"@健康中国"排名第一，截至2016年12月，"@健康中国"发布微博5000余篇，粉丝量达172万。"@健康中国"传递医疗卫生政务资讯，播报行业信息，每天高频发布医疗科普知识，具有较强的服务意识。同时，"@健康中国"举办多次活动，发起多个话题，并在微博中记录医疗工作者辛勤劳动的点点滴滴，针对近年来医患纠纷事件层出不穷的情况，"@健康中国"通过微博频频发声，展示和谐的医患关系，消弭社会戾气，传递生活正能量。

2016年两会期间，"@健康中国"邀请国家卫计委医政医管局副局长等做客参加微访谈，就两会热议问题与网友进行了热情互动，当天访谈共收到1500余个网友提问，嘉宾回复 14 个，涉及"互联网＋医疗"、大病救助机制、医疗资源合理分配等问题。

2016 年，"@健康中国"还联合"@全国卫生 12320""@世界卫生组织""@健康双流"等医疗系统账号发起话题#医改那些事儿#，针对广大人民群众广为关心的医改问题通过专题进行汇总。作为话题主持人，"@健康中国"对热点话题或热点政策进行持续报道，对全国各省市医改政策进行发布与解读，并结合长图文、微视频、Flash 动画等形式进行多媒体传播。2016 年 8 月 26 日，#医改那点事儿#发布微博"得了感冒怎么办？来社区医院快速就医。小病到社区、大病到医院、康复回社区，省时省力还省钱"转发青海省健康教育所制作的 Flash 短片，用清新活泼的方式向网友做医疗科普，得到了网友的好评，有网友评论："建立分诊制度，看病省时、省力、省心、省钱。"截至 2016 年底，#医改那点事儿#，阅读量达 216.4 万，取得了良好的传播效果。

"@全国卫生 12320"：深耕本职医药业务 普及医药启蒙教育

作为全国 12320 卫生公益热线官方微博，"@全国卫生 12320"一直致力于发布公众关注的热点健康信息和卫生政策信息，是国内医疗卫生系统中服务性最好的微博之一。"@全国卫生 12320"连续两年位居医疗卫生系统微博榜单前三，其粉丝量突破 300 万，微博数量达 2.1 万，两项指标均在上榜微博中排名第一。

在内容上，"@全国卫生 12320"定期为网友普及医药知识，构建医药启蒙教育，并频繁利用长图文、指示图等形式增强传播效果，2016 年 5 月，卫计委开展控烟传播活动，"@全国卫生 12320"积极参与并配合，在 5 月 31 日世界无烟日当天，"@全国卫生 12320"发布多条长图文及漫画，历数吸烟危害，鼓励民众控烟禁烟，并结合微信平台开展"12320 卫生热线免费戒烟活动"，取得了良好的传播效果。

（十一）全国二十大教育系统微博

全国二十大教育系统微博见表 12。

表 12　全国二十大教育系统微博

排名	微博	认证信息	传播力	服务力	互动力	总分
1	中国大学生在线	教育部中国大学生在线官方微博	86.29	94.16	88.81	88.87
2	四川教育	四川省教育厅官方微博	79.60	85.35	69.61	76.76
3	微言教育	教育部新闻办公室官方微博	84.98	76.13	66.82	75.95
4	陕西省教育厅	陕西省教育厅官方微博	78.30	85.95	66.86	75.25
5	河南教育	河南省教育厅官方微博	75.88	74.37	57.83	68.36
6	深圳教育	深圳市教育局官方微博	73.04	77.55	55.08	66.76
7	安阳市教育局	河南省安阳市教育局官方微博	69.33	81.37	53.50	65.40
8	安徽省教育厅	安徽省教育厅官方微博	73.20	74.71	51.15	64.68
9	甘肃省教育厅	甘肃省教育厅官方微博	73.06	59.23	57.96	64.25
10	江苏教育发布	江苏省教育厅官方微博	75.93	51.90	56.01	63.16

排名	微博	认证信息	传播力	服务力	互动力	总分
11	北京市教委	北京市教育委员会官方微博	74.50	42.94	60.59	62.62
12	上海教育	上海市教育委员会官方微博	75.36	54.92	51.73	61.82
13	诸暨教育	诸暨市教育局官方微博	65.75	48.21	59.47	59.73
14	郑州市教育局	郑州市教育局官方微博	67.28	72.85	42.48	58.48
15	陕西考试招生	陕西省考试管理中心新浪官方微博	66.25	51.07	45.92	55.08
16	三门峡市教育局	河南省三门峡市教育局官方微博	63.65	63.70	35.61	52.44
17	天津教育	天津市教育委员会官方微博	63.50	59.18	36.05	51.66
18	山东省教育厅	山东省教育厅官方微博	65.97	44.48	34.49	49.08
19	上海金山教育	上海市金山区教育局官方微博	62.28	81.19	18.96	48.73
20	教育之江	浙江省教育厅官方微博	65.45	38.72	35.12	47.97

"@微言教育"：以服务关怀成长　用互动传播力量

"@微言教育"是教育部新闻办公室的官方微博，于2012年4月26日加入微博，在2016年全年取得教育排行榜第三名。作为教育微博的"老大哥"，"@微言教育"关注教育信息的方方面面。2016年两会期间，微博联合教育部连续推出3场高端系列微访谈活动，分别邀请教育部副部长刘利民、林蕙青、郝平参加并解答网友关于教育的相关热点问题，3次访谈共收集问题6779个，访谈嘉宾共回复43个，访谈相关话题阅读量共计2500万。

"@微言教育"主持的#关注·就业#话题关注大学生就业问题，其内容不仅涵盖政策信息，还包括各类原创实用策划，如【2016大学生毕业必备一张图，这些常识得知道】、【你真的懂了吗？破解面试中面试官的"潜台词"】等，内容为王的同时又注重美观设计，增强实用信息的可读性。

#一天一门精品课#是"@微言教育"打造的另一个精品栏目，通过这一微话题发布在线学习资源，共享优秀教育资源，同时推荐"中国大学精品开放课程"网站，获得网友的热捧，截至目前，该话题的阅读总量约为260万次。

此外，包括#校园正能量#、#互联网＋创新创业大赛#、#校园的春#等在内的青春主题的话题微博，都颇受大学生群体的关注，较好的话题策划能力、熟稔新媒体运营等优秀品质，均是"@微言教育"取得好成绩的必备要素。

"@甘肃省教育厅"：主动应对负面舆情　及时回应缓解矛盾

与2015年相比，2016年"@甘肃省教育厅"的影响力排名有了大幅上升，跻身教育系统微博TOP10。2016年下半年，校园负面舆情事件屡屡见诸报端，同时引爆网络舆论场，面对这类负面舆情，很多缺乏经验的教育系统官方微博显得有些手足无措。"@甘肃省教育厅"对本地校园负面舆情的主动回应与积极应对，无疑对地方教育官方微博有一定的借鉴意义。

12月8日22时，微博橙V用户"@张掖身边事"曝光河西学院一老师要求迟到学生互扇耳光还动手打学生一事，激起近千名网友的愤慨，相关话题登上新浪微博热门话题榜。当晚23时，"@甘肃省教育厅"第一时间做出回复："@张掖身边事　你好，你反映的问题我们已关注，并已责成河西学院立即调查核实。如果情况属实，一定严肃处理！"并在评论中安抚过激网友。9日凌晨3时，"@甘肃省教育厅"发布河西学院的处理结果，解聘涉侮辱殴打学生的教师，责成其向受害学生公开赔礼道歉。在这起事件中，"@甘肃省教育厅"的及时应对与雷厉风行的处置，有效缓和了负面舆情在舆论场的扩散及发酵，网友评论"为甘肃省教育厅点赞"。政务机构应当强化舆情素养，提高舆情应对能力，在舆情事件中通过微博平台及时发声，直击矛盾冲突点，在舆情的平息与网络负面情绪的缓解方面发挥重要作用。

"@北京市教委"：中关村二小霸凌事件及时回应

12月9日，一篇题为《每对母子都是生死之交，我要陪他向校园霸凌说NO》的刷屏文章将"中关村二小霸凌事件"曝光于大众之下，顷刻引发网友的关注和争议。12月11日，"@北京市教委"发微博回应："首都教育系统将认真贯彻落实教育部等九部门印发《关于防治中小学生欺凌和暴力的指导意见》，从一切为了孩子身心健康出发的角度，高度重视，主动工作。发现问题，严肃对待，妥善处理。同时呼吁每一位关心孩子身心健康的成年人，关注事件中每一个孩子的健康，特别是心理健康的疏导，教育好身边的孩子，不做有害他人的事情，懂礼貌、讲文明，为每一个孩子的健康成长共同努力。""@北京市教委"对"中关村二小霸凌事件"的回应体现了政务机构在移动互联网时代舆情意识的增强。对这一回应，不少网友表示认可，但也有部分网友表示希望看到更为明确、掷地有声的处理结果，期待有关部门拿出解决校园暴力更为切实的方案。这启示政务微博在舆情回应时还要注意方式方法，对舆情事件的核心不能含糊带过或"打太极"，要通过调查对网友最想了解的核心事实真相给出明确答复，以免引起次生舆情灾害。

（十二）全国三十大基层政务机构微博

表13　全国三十大基层政务机构微博

排名	微博	认证信息	传播力	服务力	互动力	总分
1	江宁公安在线	南京市公安局江宁分局	98.87	71.04	98.76	93.26
2	德州运河公安分局	德州市公安局运河经济开发区分局官方微博	84.00	95.03	87.09	87.44
3	青羊共青团	共青团成都市青羊区委官方微博	72.08	99.88	76.65	79.47
4	十堰市公安局东岳分局	十堰市公安局东岳分局官方微博	79.06	88.43	72.85	78.45
5	鼓楼微讯	中共南京市鼓楼区委宣传部官方微博	75.60	90.03	68.38	75.59
6	旌德治安在线	安徽省宣城市旌德县公安局治安管理大队官方微博	82.11	89.78	60.30	74.92
7	成都高新	成都高新技术产业开发区官方微博	77.56	90.40	63.54	74.52
8	幸福大丰	江苏省盐城市大丰区人民政府办公室官方微博	70.56	96.08	56.13	69.89
9	高淳发布	中共南京市高淳区委宣传部官方微博	72.25	87.21	58.83	69.87
10	陈埭派出所	福建省泉州市陈埭派出所官方微博	69.05	88.83	60.83	69.72
11	青春贡井	共青团自贡市贡井区委官方微博	73.90	83.22	58.77	69.71

续表

排名	微博	认证信息	传播力	服务力	互动力	总分
12	天府龙泉	龙泉驿区委宣传部	72.17	90.39	56.33	69.48
13	城阳交警流亭中队	青岛城阳交警流亭中队官方微博	70.48	82.35	59.51	68.47
14	寿光公安	山东省寿光公安局官方微博	70.68	87.87	53.94	67.42
15	东石派出所	福建省晋江市东石派出所官方微博	79.84	80.24	48.41	67.35
16	吴堡公安	陕西省榆林市吴堡县公安局官方微博	72.66	87.45	51.85	67.30
17	菏泽巨野县法院	山东省巨野县人民法院官方微博	66.84	86.20	56.94	66.75
18	余杭公安	杭州市公安局余杭区公安分局官方微博	73.23	80.10	51.93	66.09
19	宿州埇桥公安在线	宿州市公安局埇桥分局官方微博	69.38	87.20	51.45	65.77
20	浦口发布	中共南京市浦口区委宣传部官方微博	72.38	66.82	58.51	65.72
21	秦淮发布	南京市秦淮区委宣传部官方微博	70.73	80.54	53.21	65.68
22	武侯发布	中共成都市武侯区委宣传部官方微博	72.43	69.63	55.67	65.17
23	东至公安在线	安徽省池州市东至县公安局官方微博	64.90	85.94	54.80	65.07
24	淮北濉溪公安在线	安徽省淮北市濉溪县公安局官方微博	66.29	86.60	52.14	64.69
25	龙泉警方	四川省成都市公安局龙泉驿分局官方微博	71.29	71.72	54.18	64.53
26	凤城之声	佛山市顺德区大良街道党工委办公室官方微博	68.97	83.81	48.43	63.72
27	海安县公安局	海安县公安局官方微博	69.63	77.57	50.84	63.70
28	北仑发布	宁波市北仑区人民政府新闻办官方微博	70.14	81.71	48.15	63.65
29	今日张江	上海市浦东新区张江镇人民政府官方微博	68.52	81.40	48.63	63.14
30	绩溪县金沙派出所	安徽省绩溪县公安局金沙派出所官方微博	66.72	83.05	48.73	62.79

（十三）全国三十大影响力飞跃微博

表14　全国三十大影响力飞跃微博

排名	微博	认证信息	传播力	服务力	互动力	总分	名次变化	飞跃指数
1	德州运河公安分局	德州市公安局运河经济开发区分局官方微博	84.00	95.03	87.09	87.44	708→19	3.62
2	南宁特警	广西南宁市公安局特警支队官方微博	87.14	95.68	76.51	84.60	1304→28	3.58
3	共青湖南	共青团湖南省委员会官方微博	80.48	90.27	84.92	84.22	1423→32	3.45
4	湖南公安	湖南省公安厅官方微博	77.91	95.89	76.57	80.97	1736→50	3.00
5	广西公安	广西壮族自治区公安厅官方微博	86.87	90.63	67.75	79.97	1266→60	2.82
6	中国大学生在线	教育部中国大学生在线官方微博	86.29	94.16	88.81	88.87	177→12	2.69
7	六安公安在线	安徽省六安市公安局官方微博	88.27	87.09	80.78	85.04	356→26	2.62
8	湖南消防	湖南省公安消防总队官方微博	74.00	99.11	70.02	77.43	956→85	2.42
9	龙江气象	黑龙江省气象服务中心官方微博	83.46	92.44	83.06	85.10	260→25	2.34
10	九江特巡警	江西省九江市公安特巡警支队	83.06	84.22	65.34	76.20	2328→99	2.33
11	四川巴中消防	四川巴中市公安消防支队官方微博	78.10	86.29	68.26	75.80	5938→103	2.32
12	柳州公安	广西柳州市公安局官方微博	91.74	88.41	77.77	85.48	227→24	2.25
13	广东消防	广东省公安消防总队官方微博	77.19	83.17	66.69	74.18	1407→131	2.04
14	湖南公安在线	湖南省公安厅官方发布微博	73.14	93.44	64.45	73.72	1104→136	2.00

续表

排名	微博	认证信息	传播力	服务力	互动力	总分	名次变化	飞跃指数
15	成都关工委	四川省成都市关心下一代工作委员会官方微博	73.04	91.85	65.99	73.98	918→133	1.93
16	西安交警经开大队	西安市公安局交警支队经开大队官方微博	78.75	89.52	57.04	72.22	8356→161	1.90
17	江西共青团	共青团江西省委员会官方微博	76.81	83.71	69.60	75.31	728→114	1.85
18	成都科技	成都市科学技术局官方微博	75.71	89.00	60.05	72.10	2589→164	1.82
19	柳州消防	柳州市公安消防支队	70.33	79.36	69.97	71.99	1768→167	1.80
20	快速路交警	乌鲁木齐市城市快速路交警大队官方微博	89.91	86.36	83.87	86.79	124→21	1.78
21	兰州发布	中共兰州市委宣传部、兰州互联网新闻中心	74.98	82.34	61.07	70.89	1815→178	1.73
22	青春龙泉驿	成都市龙泉驿区团委官方微博	74.12	97.26	74.14	78.76	391→71	1.71
23	河北检察	河北省人民检察院官方微博	80.46	62.73	63.01	69.94	1144→198	1.62
24	新都资讯	成都市新都区人民政府新闻办公室官方微博	75.26	86.04	56.59	69.95	989→197	1.61
25	陈埭派出所	福建省泉州市陈埭派出所官方微博	69.05	88.83	60.83	69.72	3786→207	1.60
26	西双版纳热带植物园	中国科学院西双版纳热带植物园官方微博	79.27	51.29	73.72	71.45	824→174	1.56
27	共青团中央学校部	共青团中央学校部官方微博	84.16	80.07	80.34	81.81	208→44	1.55
28	武汉消防	武汉市公安消防局官方微博	71.69	74.43	63.04	68.78	3016→232	1.48
29	京环之声	北京环保宣传中心官方微博	76.21	80.83	55.45	68.83	1287→229	1.48
30	万州发布	重庆市万州区委外宣办、区政府新闻办、区互联网信息管理办公室	69.83	93.26	55.02	68.59	1134→235	1.45

（十四）全国二十大党政公务人员微博

表15　全国二十大党政公务员微博

排名	微博	认证信息	传播力	服务力	互动力	总分
1	陈士渠	公安部刑事侦查局副巡视员陈士渠	94.09	93.06	88.11	91.49
2	陈里	三农、社会学学者,管理学博士　微博签约自媒体	91.98	95.74	87.03	90.75
3	江宁婆婆	果壳达人　微博签约自媒体	84.06	81.91	95.98	88.40
4	交警陈清洲	厦门市公安局集美分局民警,全国十大基层公务人员微博	84.14	88.79	91.86	88.16
5	交通安全蜀黍	绍兴市上虞区公安局　交通安全技术高级工程师　微博签约自媒体	82.23	89.45	90.67	87.05
6	传说中的女网警	北京市公安局网警高媛	86.99	90.36	83.70	86.35
7	刘五一	化学博士,郑州供销社主任,具茨山岩画中心主任,曾任新郑副市长	86.48	83.74	76.78	82.05
8	甘肃刘维忠	甘肃卫生厅厅长刘维忠	92.90	68.82	77.00	81.72

续表

排名	微博	认证信息	传播力	服务力	互动力	总分
9	赵云龙	中共河南省委党的生活杂志社总编辑、微博区域专家团特约研究员	81.33	86.72	75.77	80.19
10	陕西魏延安	共青团陕西省委农工部部长	85.54	86.76	71.17	80.04
11	段郎说事	九江市公安局民警段兴焱 微博签约自媒体	72.09	79.03	87.07	79.47
12	法医秦明	《尸语者》系列小说作者，主检法医师秦明 果壳医药领域达人	73.47	71.81	86.77	78.46
13	吃斋的猫2011	外交官	87.17	57.75	80.04	78.44
14	小孙警官	广东公安民警	75.88	76.16	80.20	77.66
15	叶青	全国人大代表、湖北省统计局副局长	88.83	66.58	71.73	77.54
16	北京便衣反扒 - 电话13810237160	北京市公安局便衣反扒民警老李	81.49	69.06	77.00	77.21
17	北京鲁戈	清华大学国际关系研究院高级研究员鲁世巍博士	87.51	53.68	78.17	77.01
18	巴松狼王	绿色中国年度人物 杜少中	87.74	69.89	68.61	76.52
19	龙川警花戴华	江苏扬州市江都区公安局龙川派出所民警戴华	74.11	79.52	77.36	76.49
20	朱永新	新教育实验发起人 中国教育学会副会长 苏州大学教授 博士生导师	95.05	46.01	72.13	76.07

（十五）2016年年度创新应用微博

表16 2016年年度创新应用微博

省份（部委）	昵称	认证说明	应用亮点
部委	公安部儿童失踪信息紧急发布平台	公安部儿童失踪信息紧急发布平台官方微博	为有效帮助更多失踪儿童回家，5月15日，"@公安部儿童失踪信息紧急发布平台"官方微博正式上线，利用微博平台传播特性，第一时间发布儿童失踪信息，并创新应用，利用微博LBS技术，利用庞大的在线用户群和大数据用户定位策略，能够确保将儿童丢失信息自动推送到儿童失踪区域范围内的微博用户手机上。平台的建立有利于群众从官方渠道及时获取权威、准确的信息，以及举报相关线索。平台上线以来截止到12月15日共找回儿童533名，找回率达到93%
部委	中欧信使	外交部欧洲司官方微博	外交部欧洲司官方微博"@中欧信使"通过将微话题结合短视频与图文直播的形式，创新了对国家领导人出访宣传的内容视角与宣传方式。他们主持的微话题#和习大大伉俪一起看塞波#，于2016年6月习近平主席夫妇共同出访塞尔维亚与波兰期间，系统全面且实时地宣传了此次习近平主席夫妇一行出访的目的、行程以及访问成果，近距离多视角地向微博网友们展示了习主席夫妇一行此次出访的各项行程内容。其中习近平主席出席欢迎仪式、前往我国驻南联盟被炸使馆遗址凭吊牺牲烈士等微博内容均获得了大量网友的评论转发。最终，该话题累计获得了3078万阅读以及6700余条讨论。在广大网友对我国外交工作进一步了解的同时，也促进了我国与出访国之间的文化交流

续表

省份(部委)	昵称	认证说明	应用亮点
江西	南昌发布	南昌市人民政府新闻办官方微博	"@南昌发布"为打通两个舆论场,讲好南昌故事,打造南昌城市品牌,提升城市形象,于2016年9月策划制作了《壹城》系列温情微视频,以南昌特色瓦罐汤、地铁探伤工、艾溪湖养鸟人、公交独行侠等话题在微博推出了具有网络感觉的城市宣传作品,收获广大网友赞誉。《壹城》系列微视频策划有"道",精准宣传获认同,展示内容丰富且有内涵,符合主旋律,以情动人,有温度,不仅好看,而且极具感染力,有别于一般传统说教的宣传模式,引导网友热爱生活,发现城市之美,引发内心共鸣,深受网友喜爱
天津	平安天津	天津市公安局官方微博	9月23日,"我要是警察"第二季——"向平安致敬·做自己的首席安全官"成功举办,以落地宣传活动配合线上推广,扫码或点击链接参与游戏#我要是警察#,上传自己敬礼照片,看看自己具有几分警察气质,小游戏上线后,后台收集到了几千张敬礼照片的投稿。网友与奥运冠军、影视明星、知名主持人等平安大使一起#向平安致敬#,#我要是警察#闭幕式活动上,一幅巨型千人敬礼海报惊艳亮相,千人敬礼海报墙亮相天津文化中心地标建筑,立足天津,辐射全国,微博话题吸引政务大V传播全国,累计阅读量2800万,"@人民网""@新华网""@中国警察网"等全媒体持续报道线上引爆宣传,用互联网+的方式引导全民增强安全意识,带动正能量
江苏	南京消防	江苏省南京市公安消防局官方微博	南京消防的战士沈鹏退伍在即,向上级提交申请,希望可以带走陪伴他近8年的"战友"——搜救犬沈虎,陪它度过晚年,可这在消防部门没有先例,沈鹏正在等申请批复。"@南京发布""@南京消防"在微博策划投票,让网友投票退役官兵是否可带走消防犬,结局温暖美好。此次事件的策划将暖心正能量融入宣传工作中,最大化的引发了网友的情感共鸣,"@南京消防"人性化举措赢得网友一片赞誉,是一次"走心"的宣传。无论普通网友还是橙V、蓝V用户均积极参与互动,最后的结果完全符合网友期许,也让网友们感受到了南京的博爱暖心,无形中宣传了南京的美好城市形象
吉林	长春发布	长春市委宣传部官方微博	2016年4月8日,"@长春发布"在新浪微博上发布了#直播春天#微拍、微散文网络有奖征集大赛,以此推动长春市上下更好地适应、把握和引领经济发展新常态,深入贯彻落实"创新、协调、绿色、开放、共享"的发展理念。截至2017年1月10日,话题量4565.3万,引发网友讨论3.6万条。"@新浪吉林""@新浪吉林旅游""@长春交警第一"时间参与转发,引领市民迎接春天,感受春天的美好希望,营造"抢抓机遇、创新发展"解放思想大讨论的良好氛围,微博平台助力推动长春市经济发展新春天模式
浙江	义乌发布	义乌市人民政府新闻办公室官方微博	2016年,义乌市委宣传部推陈出新,在微博上开了#义乌小商品环球之旅#话题,获得千万阅读量,在海外网友中也引起广泛共鸣。直播采用天眼和一直播两种直播形式,进行英语直播,对义乌当地情况进行全网传播;同时借势里约奥运、G20峰会以及苹果7耳机等热点,对义乌品牌进行输出;另外还制作独家动画视频,以有趣新颖的形式,向网友展现义乌的正面形象,打造义乌良好的城市品牌

省份（部委）	昵称	认证说明	应用亮点
部委	走近中国消防	公安部消防局主办、重庆卫视栏目	为了让更多的网友了解消防、关注消防，学习消防技能，提高公众的消防安全素质和消防形象，"@走近中国消防"一直用第一视角直击救援现场、揭秘事件真相，用活泼亲民的方式和富含网络调性的风格积极参与和讨论热点话题，#消防运动会#将严肃的消防知识以有趣的方式传播给网友，并积极与网友互动，传播消防知识和第一手最新消防信息，贴近消防官兵，全面解读消防生活，带网友看到消防官兵的英勇和专业背后不为人知的故事
山东	淄博发布	淄博市人民政府新闻办公室官方微博	"@淄博发布"勇于站在移动互联网风口，主动尝试新媒体传播策略和传播手段，并取得极佳的传播效果。在融媒体大潮来临之际，探索出一条政务宣传新模式。在"淄博陶博会"活动中，使用2016年最受网友关注的视频网络直播，紧跟互联网传播规律，实现传播时间的最大化传播；#淄博陶博会#话题传播影响力巨大，引发上千万次浏览，关注度过亿，转发、评论均过万，提升了淄博在全国的影响力；将陶瓷等城市名片包装为新"网红"，协助政府进一步擦亮自身城市名片，同时利用无人机拍摄高清摄影照片制成全景VR，新技术的使用为活动传播助力添彩
北京	北京丰台	北京市丰台区政府官方微博	"@北京丰台"使用微博视频直播手段，打造#走进百姓家聊聊新鲜事#微博视频栏目。2个月时间里，连续开展6期直播，获得单场直播最高在线观看人数超4万人的成绩。不仅创新了政务微博常态内容发布形式，而且有效提升了单条微博的阅读量和互动量
天津	滨海发布	天津市滨海新区政府官方微博	天津市滨海新区打造蓝V+黄V双矩阵模式，其中包括打造以"@滨海发布"为核心的滨海新区政务矩阵，包含区内全部委办局及功能区，实现服务转办督办机制，以及宣传联动机制；打造以滨海新区宣传部部长"@孙大海"为代表的滨海新区宣传公职人员黄V矩阵，实现政务宣传网评员层级管理矩阵。双矩阵的建立，旨在打造天津滨海新区全国政务示范基地，打造服务型政府，建设新媒体新传播模式
江苏	徐州发布	徐州市人民政府新闻办公室官方微博	#寻找十二城#活动是在全国寻找十二座城市，根据城市特点，定制文化、环保、创新、智慧、简政、助农等主题视角，邀请各界微博大V组成"寻城体验团"，采用不断创新的线下玩法调动大V积极性+最受欢迎的线上手段吸引网友注意力，助力城市宣传升级。#寻找十二城#第一站落在江苏徐州，"@徐州发布"主打"人文"概念，组织"寻城体验团"，在活动的预热阶段，#寻找十二城#、#探访人文徐州#在运营层面充分调动了网友对活动的关注度，分别从环保、历史、文化、美食、旅游经济等角度，用最火爆的微博视频直播方式，#探访人文徐州#3天时间，话题阅读量破亿，"大咖直播中国"模式从"@徐州发布"开启

（十六）2016 年年度快速响应微博

表 17　2016 年年度快速响应微博

省份（部委）	昵称	认证说明	应用亮点
部委	健康中国	国家卫生和计划生育委员会官方微博	2016 年 5 月 10 日,重庆市石柱土家族自治县中医院、江西省人民医院发生暴力伤医事件,此事发生在敏感时期。5 月 5 日,广东省人民医院陈仲伟医生被砍伤致死,全国医生处于悲痛与愤怒之中。为了平稳舆情、回应关切,国家卫计委第一时间发布微博表明态度,公布处理进度,重申对暴力伤医"零容忍"
部委	国家林业局	国家林业局官方微博	国家林业局官方微博"@国家林业局"于 2012 年 11 月在新浪网正式上线,运营至今粉丝量已接近 400 万,其中《生态视点》《林业电视新闻》等精品栏目深受粉丝喜爱。2016 年全年,通过与网友私信互动 3000 余人次,甄别重要线索近 100 条,迅速处置"内蒙古正蓝旗小天鹅被毒杀""云南洱海水源林被破坏""网友'@冯森的生活'网上炫猎"等事件,查获有关案件 30 余次,有效震慑和打击了生态领域的违法犯罪活动,在传播生态文明理念、营造全社会共同保护生态资源环境方面发挥了重要作用
浙江	丽水发布	浙江省丽水市人民政府官方微博	受台风#鲇鱼来袭#影响,2016 年 9 月 28 日 17 时,浙江丽水遂昌县北界镇苏村发生山体滑坡灾害,一些民房被冲毁。遂昌当地已成立抢险救援、医疗救护等专项工作组,全力以赴开展救援抢险工作,当地政务微博火速反应,第一时间播报救援进展,丽水山体滑坡在微博上也引起了数以万计的网友关注讨论。"@丽水发布"以每十分钟一条微博的速度持续高强度关注救援工作,持续关注灾区救援及灾后灾区重建、寻找失踪人员及参与公益募捐等,誓将充分发挥政务微博力量,助灾区人民共渡难关
山东	青岛环保	山东省青岛市环境保护局官方微博	"@青岛环保"建立了覆盖全市的区市环保政务微博工作体系,将微博投诉、政务咨询与网格化监管、环境信访无缝衔接,落实投诉执法查处反馈机制,将网友反映问题与一线执法监管人员直接对接,线上线下密切呼应,快办、快查、快回应,快速查处反映问题,积极回应社会关切,对投诉的问题,做到 1 小时内回应,办理过程中密切与网友沟通、接受监督,查处结果及时反馈、答疑释惑,复杂案件 2 天内查结并最终回复,网民对"@青岛环保"的办事效率给予高度评价,青岛环保为环保部门树立了办真事、真办事、敢担当、负责任的形象
云南	昆明交警	云南省昆明市公安局交警支队	12 月 5 日,微博网友"@冰－狗狗"发文控诉春城骑警"不近人情",执法态度恶劣。不过本来想要博得舆论同情的微博却引发了网友一边倒的声讨。12 月 6 日下午,昆明交警专门召开了新闻通报会,并向媒体公布民警执法记录仪视频,同时"@昆明交警"先后三次发布微博回应。随着相关执法部门工作的一步步规范,政府机构对微博的熟练掌握与应用及网友整体法制素养的提升,当不恰当的控诉发出后,网友已经可以通过自身的观察与理智思考,对事件的是非曲直做出正确的判断。而在此事件中,"@昆明交警"的回复合情合理,有理有力,既交代了事情的关键脉络,也号召了全体市民热爱这座城市,共同遵守交通规范,是政务官方微博积极回应热门舆情事件的优秀案例

续表

省份（部委）	昵称	认证说明	应用亮点
北京	北京市疾病预防控制中心	北京疾病预防控制中心官方微博	山东未冷藏疫苗案破获后，"@北京市疾病控制中心"2016年3月19日在官方微博第一时间转发了北京市卫生计生委《关于北京市疫苗采购流通管理的说明》，还发布《全市联网的预防接种门诊目录》《热点问题解答》等内容，阅读量达80万次，作为政务微博做到第一时间发声、第一时间回应，平息舆情成功抢占了舆论的高地，平息舆情，解除了对保障健康第一道防线的恐慌及担忧，充分维护了良好的医疗秩序
吉林	吉林发布	吉林省人民政府新闻办公室官方微博	作为吉林省人民政府新闻办公室官方微博，"@吉林发布"新鲜资讯有速度、热点话题有态度、冷暖生活有温度。2016年5月16日，针对微信朋友圈流传的一条消息：吉林省2016年高校招生"减招"，跨省招生名额增加，会影响省内本科招生总量，"@吉林发布"做出迅速回应，发文辟谣，以免考生家长被社会不实传闻误导。
湖南	湖南高速警察 汨罗发布	湖南省高速公路交通警察局 中共汨罗市委宣传部官方微博	2016年3月19日晚20时40分许，京港澳高速岳阳段一辆汽车发生爆炸，一时间，网络上出现类似"死伤人数200""整个岳阳都混乱了"等谣言。事件发生后，"@汨罗发布"2小时内联动新浪湖南站发布现场图，半小时后，"@湖南高速警察"发布了更进一步的信息；次日早晨，"@汨罗发布"公布了相关部门的初步调查结果。至此，关于京港澳高速岳阳段爆炸事故的相关谣言基本止步，由于"@汨罗发布""@湖南高速警察"持续发声，该事件后续未形成任何舆情问题
湖北	武汉发布	武汉市互联网信息办公室	2016年6月底到7月初，武汉连降特大暴雨，一周之内降雨量超过560毫米，是武汉有气象记录以来周持续降水量的最大值，给市民生活带来极大不便。面对暴雨以及暴雨带来的内涝，"@武汉发布"与市气象局、市交委、市公安局、市公安交管局、地铁运营公司、市水务局、市城管委等相关职能部门的政务微博联动，一方面及时发布天气情况、渍水情况以及对交通造成的影响，引导市民顺利出行、解决市民遇到的渍水问题；另一方面，在此后相当一段时间里，还澄清了网上流传的诸多谣言，并邀请网络名人通过自己的亲身感受对武汉遭遇暴雨时的真实情况进行报道和传播，消除各种不实传闻，效果明显
安徽	安徽公安在线	安徽省公安厅官方微博	"@安徽公安在线"借助官方微博这个最实时、最畅通的警民互动平台，零距离与民沟通交流，不做"花瓶"做实事，真正做到了警务工作公正、公开、透明，赢得公众信任。2016年，一名被骗学费的农村女大学生一时冲动，发私信"@安徽公安在线"表示欲轻生，官方快速回应，通过私信劝导，最终解救受害人
辽宁	辽宁交通	辽宁省交通厅政务微博	"@辽宁交通"政务微博仅有一名小编，从早晨5点到晚上11点，365天不间断发布出行信息，快速公开受理社会的咨询、建议和投诉，把微博变成了全省交通运输行业服务社会的"办事大厅"，一年里受理百姓投诉1426件，满意率达90%以上，回复网友最快仅几十秒，是辽宁省内处理交通运输行业接受社会投诉的重要平台之一，已成为百姓出行的必读平台和知心的朋友

续表

省份(部委)	昵称	认证说明	应用亮点
福建	海沧发布	福建省厦门市海沧区委宣传部官方微博	"@海沧发布"是厦门唯一的政务微博发布厅,是本地民生、政治、旅游文化的新媒体窗口,2016年台风莫兰迪给闽南带来了极大的破坏,海沧发布在台风来临及应对过程中,发布台风实时信息以及如何应对台风等注意事项;在台风过后实时发布灾后情况,并用秒拍等形式进行实时动态播报;灾后重建工作中,结合新浪天眼直播走进学校、感恩社会、感恩人民子弟兵,得到极大反响

(十七) 2016年年度惠民公职人员

表18　2016年年度惠民公职人员

省份	昵称	认证说明	应用亮点
福建	交警陈清洲	厦门市公安局集美分局民警,全国十大基层公务人员微博	陈清洲是全国特级优秀人民警察、政法系统优秀党员;一等功臣。在新浪第三季度微博报告中,"@交警陈清洲"在全国公职人员微博中排名第11位。身为交警,陈清洲总是利用微博宣传交通安全知识,分享交通安全心得;作为一名派出所教导员,陈清洲善于利用微博实时关注辖区动态,小到一个污水管道,大到辖区警务,他都倾注心力,用心经营。他时而义正词严,时而诙谐幽默,他用自己的坚持,传播民警正能量
河北	老吕叨叨	河北首家网上警务室创办者、石家庄市安建桥警务站主任吕建江	吕建江,男,现任石家庄市公安局桥西分局安建桥综合警务服务站主任。微博"@老吕叨叨"曾连续5年被新浪授予"河北十大公职人员微博",连续两年被授予"全国十大惠民公职人员"。他被网友媒体称为"叨叨哥""网上雷锋""不下班的民警"。吕建江注册微博以来坚持发布民警提示、失物招领信息、讲述社会正能量、解读公安政策,传递社会正能量,努力实现让信息多跑腿让百姓少跑路,实现警务工作的O2O,让网民享受到网络的便利和实惠,"@老吕叨叨"以一颗人民公仆的心坚守在微博上服务群众、惠及百姓,传递政务服务正能量
天津	孙大海	天津滨海新区区委常委、宣传部部长	"@孙大海"于2011年注册,2016年调任滨海新区宣传部部长后,他利用个人微博,带领并推动滨海新区600余蓝V及黄V微博账号矩阵的建立。通过一系列努力,进一步拓展惠民渠道,对搞好滨海新区区域宣传、实现网评员层级管理、扩大全国范围内的宣传声量起到了重要作用
吉林	长春于玲	前吉林省长春市公安局交警支队副主任科员	于玲是吉林省长春市公安局交警支队副主任科员,经常发布便民、普及交通安全法等有益于服务人民的微博。2016年12月23日,"@长春于玲"发布大雪过后清雪人员和清雪作业的车辆辛苦的工作,并肯请过往车辆主动避让,让微博网友体会到了公职人员的暖心体贴。"@长春于玲"发布微博如春风化雨,于无声处促进警民和谐,传递公职人员爱民情感

续表

省份(部委)	昵称	认证说明	应用亮点
甘肃	成县陈东平	甘肃省陇南市成县县委宣传部干部陈东平	陈东平,甘肃成县县委宣传部科员,2010年开通微博后,立足岗位,发挥"微薄之力",通过图文并茂的形式,开展"微宣传""微助农""微助残""微慈善"等活动,大力宣传推荐成县旅游资源、特色农产品、帮助弱势群体,为全县经济社会发展发挥积极作用。他经常利用工作之余,发布或转发"微博助农"和农产品销售信息,评论互动积极,曾推荐成县土蜂蜜和富锌富硒核桃等全国多地优质农特产品,为惠农助农做出贡献
江苏	龙川警花戴华	江苏扬州市江都区公安局龙川派出所民警戴华	龙川警花戴华,江苏省扬州市江都区公安局龙川中心派出所东苑社区民警。戴华利用业余时间建立"@龙川警花戴华"实名制微博,打造了社区、移动、网络相结合的"3D警务室",全时空服务社区。在扬州首创了警务微博、空中巡逻网、空中警务室信息化等新型警务模式。在虚拟世界,戴华借助网络平台开展网上市民学校进行普法宣传教育,充分利用网络平台发动群众、依靠群众、服务群众,获取案件线索、化解矛盾和招募治安志愿者,并利用开通爱心微博、微信、加入爱心网站、建立爱心团队,使用公益网站等方法深度拓展警方公共关系,搭建起高效率的网上民生服务平台,提升了警方公信力
河南	杨华民	河南省人大代表、郑州市花园路农业路交通示范标准岗岗长杨华民	"@杨华民",全国交警最早开通微博第一人,开通微博后推出"微路况""微停车""微博交通小常识",接着发力"微寻人""微助人""微救人","微助人"帮助"@西瓜哥哥常赞"卖瓜救妻被中央电视台连续专题报道,"微救人"救助烧伤的孩子的微博被郑州市公安局拍摄成宣传片《人民警察杨华民》,并在中组部"群众路线教育实践活动中"中央政法委门户网站和公安部推送。他于2015年发起"义务交通疏导"活动,2016年组建"@义务交通疏导队",目前义务交通疏导人员遍布郑州市大街小巷,积极协助警方社会协同治理,引起媒体和社会广泛关注和支持,目前他已成为河南警界历久弥新的网红
江苏	何春银微想	南京微博名人汇理事长、"1831"大数据创始人	何春银,"1831"环保大数据创始人,他结合环保工作倡导"心灵环保",并通过微博互动带动更多的博友宣传环保、践行环保。他与云计算专家共同创建可以终生免费使用的"环境云""万物云",形成"1831"大数据库,免费提供"我的PM2.5""同声译"App服务,用户有100多万人,他用环保大数据与环保医生,解决环保疑难杂症,任何人在网络上咨询环保大数据的问题,他都会耐心地回复,与博友在微博上开展环保公益活动
江苏	寻人总动员鸣警	泗洪县公安局副大队长秦咏鸣	"@寻人总动员鸣警"是网警秦咏鸣的微博,2010年以来,他通过网络救助,先后挽救69条生命。2012年以来,累计协助全国各地找回走失人员1300多名,未成年人出走找回率90%以上,其事迹被央视、《人民日报》等主流媒体报道,先后荣获2014年"全国十大基层公务人员微博奖",2015年"全国十佳惠民公职人员"、中央网信办"全国百名正能量榜样""江苏好人"等荣誉称号。他主持的微博寻人三大话题"寻人""紧急寻人""警民寻人总动员",总阅读数已逾20.4亿次。2016年,他通过接受微博私信求助,带领寻人总动员志愿者服务队网上志愿者帮助陕西汉中失散18年的母女团圆,实现安徽肥西72岁老人去世前遗愿,找到其失散32年的儿子;他带伤(锁骨骨折)帮助找回走失数月的本地一名即将临盆生产的孕妇。这些事迹感动千万网友,他被列为"中国好人"10月份选人

续表

省份(部委)	昵称	认证说明	应用亮点
广西	小梁县长	广西河池市天峨县人民政府副县长	"@小梁县长"是广西河池市天峨县人民政府副县长的个人微博,他在平凡的工作、生活环境中发现亮点,在微博上宣传本地特色物产,在新媒体上表达民生、表现基层,体现出一种开放、自由的当代政府官员形象。2016年,他发布微博1000多条,主打天峨县原生态形象,助推电商、扶贫、助农,他平易近人,与网友、行业大V积极互动,让更多网友了解关注、向往、喜欢天峨

（十八）2016 年年度影响力话题

表 19　2016 年年度影响力话题

省份(部委)	话题	账号	应用亮点
部委	#中国制造日#	共青团中央、国资小新	2016年12月26日是毛泽东同志123周年诞辰,"@共青团中央"与"@国资小新"在微博发起#中国制造日#活动,以此表达对伟大领袖毛主席的纪念,以及对他亲手缔造的中国制造业所取得巨大成就的骄傲和自豪。当日上午8时发布第一条微博后,#中国制造日#迅速成为微博热词,排名微博政务榜第一,众多企业、组织机构和网友纷纷转发、点赞、留言。截止到1月10日,该话题已取得1.9亿阅读量,引发网友讨论24万条,其中"@共青团中央"的首发微博,覆盖人次即达5亿,话题激发微博网友积极表达对中国本土品牌的民族自豪感和荣誉感
部委	#围剿电信诈骗#	公安部刑侦局	电信网络诈骗犯罪是严重影响人民群众合法权益、破坏社会和谐稳定的社会公害,为提高网友安全意识,"@公安部刑侦局"于2015年发起了#围剿电信诈骗#话题,并直播254名犯罪嫌疑人分别从印尼、柬埔寨被押解回国的全过程,后续又持续利用该话题进行安全科普,引发网友关注。截止到12月话题阅读量达到1.7亿次,讨论达到10.2万条。通过揭示诈骗手法,押解犯罪嫌疑人等"吸引眼球"的方式引起社会关注,从而切实提高公众的反诈骗意识,实现减少电信网络诈骗犯罪的目的
部委	#发现最美铁路#	中国铁路	2016年4月,"@中国铁路"以生态文明为切入口,策划组织#发现最美铁路#活动,利用微博视频、图文直播,带领网友足不出户领略中国铁路风光,展示铁路与生态环境的和谐共存。2016年,我们共组织了4期#发现最美铁路#活动,分别前往大别山区发现合武高铁穿越杜鹃花海,前往贵州山区发现沪昆高铁、贵广高铁齐头并进,前往二连浩特中蒙边境发现国际列车穿越国门,前往川黔线重走长征路,每期活动都充分调动微博网友的参与热情,取得非常好的宣传效果
部委	#聚焦公安正能量#	警民携手同行	公安部和国家网信办共同主办的"#V聚正能量#——2015年度公安网络正能量精品征集评选活动揭晓仪式"5月10日在京举行,截至2016年5月12日,话题#聚集公安正能量#的阅读量达1.3亿次,参与讨论账号数达6.2万,话题主持人"@警民携手同行"共发布218条话题微博,吸引了1386名话题粉丝。活动前期持续铺垫,进行"五个十佳"作品展播,随后精心策划的"警察蜀黍十宗最"系列海报和"我和警察蜀黍的日常",唤起网友共鸣,大会临近,发布正能量海报与视频接力,H5策划"原来你是这样的蜀黍",最后会议期间直播发力,将话题推至高潮。活动策划精心且持续力强,是一场与众不同的公安新媒体大会

续表

省份（部委）	话题	账号	应用亮点
部委	#执法直播台#	公安部交通安全微发布	2016 年 8 月 9 日至 9 月 9 日公安部交管局官方微博"@公安部交通安全微发布"发起了#全国交警直播月#活动，通过官博视频直播一线民警执法过程，并对现场执法依据、执法环节、执法流程等进行专业解读，与民众互动。全国共有 100 多个城市参与直播，其中主要直播场次达到 29 场，总观看量达到 1255 万，点赞量达到 1042 万。其活动主话题词#执法直播台#截止到 12 月份，阅读量达到 2.3 亿、讨论量达到 2.3 万
部委	#约会博物馆#	中国文博	国家文物局主持的线上话题活动#约会博物馆#，自 2016 年 7 月起，已累计获得 6 亿次阅读、35 万条讨论、在国家文物局官方微博"@中国文博"的带领下，自活动开始以来，线上累计近 150 家海内外文博单位、媒体、大 V 等机构或个人共同参加了活动，更有大量网友积极参与了话题的互动讨论。话题中的博物馆直播月、人气文物榜、潮流文创季等内容均获得专业人士与网友的一致好评。该话题在为网友普及大量文物历史知识的同时也进一步弘扬了我国悠久灿烂的历史文化
部委	#我走你的长征路#	中国文明网	中国文明网作为中宣部、中央文明办的官方网站，一直致力于弘扬网络正能量，唱响主流好声音。2016 年夏天，"@中国文明网"微博开展#我走你的长征路#活动，到红军长征途径地、老红军家中、重点会议和战役纪念馆，在全网首创用直播的方式宣传长征精神，讲述红军故事。活动共开展直播 13 场，活动视频累计播放量达 100 万余次，微博话题阅读量达 3000 多万次，被网友点赞 200 余万次，在炎炎夏日为网友送上了一道清新有味的正能量网络大餐，传递温暖和爱意，引领网络文明新风尚
部委	#我向总理说句话#	中国政府网	2016 年，"@中国政府网"继续启动#我向总理说句话#建言献策活动，网民可以通过微博平台说出对政府工作的看法和建议。活动自开展以来，受到微博不同领域、不同城市、不同学历、不同年龄的网友广泛关注和积极回应，其中，"办事少跑腿""老有所养""病有所医""生态环境"等日常生活中频繁接触的内容最受民众关注，网民们借助微博发声将自己最关心的问题发送给总理。中国政府网启动的#我向总理说句话#活动，无疑为民众参与转型时期的社会发展提供了一个良好、便捷、高效的沟通途径，为构建服务型政府打好了良好的网络舆论基础，赢得网民好评
上海	#执法实录#	警民直通车－上海	#执法实录#是由"@警民直通车－上海"运营，基于"执法"，重在"实录"的微话题，该话题没有华丽的套话，没有刻意的摆拍，只有监控探头拍到的抓捕瞬间、办案中不为人知的艰难困苦、接警途中的奇葩事件等，用接地气的语言和素材反映公安干警的正能量。为了保证话题内容的鲜活，上海公安在全局搭建了由市局到基层科所队全覆盖的素材收集管理平台，确保第一时间发现、审核基层一线第一手素材。话题受到广大网民和基层民警的支持和好评，不少案例被网民评论为"比电影大片还精彩""原来真实的抓捕那么艰苦，被电视剧蒙了好多年，警察蜀黍辛苦了"

续表

省份（部委）	话题	账号	应用亮点
安徽	#抗洪一线#	安徽发布	7月初，全国多地遭受强降雨侵袭，安徽多处受灾。7月4日，安徽发布向受灾地区派出前方记者，在微博开设并主持话题#抗洪一线#，联合新浪总部、湖北、江苏、江西等多家省、市、县政务微博齐联动，第一时间发声。以图文、视频以及直播等多种表现形式，展示出广大官兵、民警、人民群众、党员干部等全身心投入防汛救灾的场景。该话题从创建当天开始，连续多天排在新浪全国政务话题微博榜首位，总阅读量近3亿次，讨论8万余条，粉丝2300余人
甘肃	#精准扶贫看甘肃#	甘肃发布	"@甘肃发布"集权威信息发布、政策咨询、舆论引导等于一体，粉丝已突破280万。2016年，"@甘肃发布"紧紧围绕全省"1236"扶贫攻坚行动，设置"精准扶贫看甘肃"话题，以文字、图片、视频等不同形式，展示了全省各地各部门精准扶贫、精准脱贫的进展情况及取得的成效，表现出甘肃稳扎稳打向全面建成小康社会目标迈进的决心，受到了全国各地网友的广泛关注和好评，阅读量达2412万
广东	#经济活力看广东#	广东	1月4日，"经济活力看广东·供给侧结构性改革"主题网络采风活动正式启动。活动组织中央和广东省主要媒体、主要商业网站、知名自媒体、行业媒体等30多家媒体和经济专家50余人深入广州、佛山、中山、江门四市进行采访报道，在网上引起热烈讨论。活动期间，包括"@中国广州发布""@佛山发布""@中山发布""@中国侨都－蓬江发布"等政务微博，郭凡礼、胡刚等政经类专家学者也纷纷在微博上参与到供给侧结构性改革广东范本的讨论。截至1月11日，由"@广东发布"担任主持人的活动微博话题#经济活力看广东#阅读人数达4030万，一度登上微博全国政务话题榜第2位

三　政务微博地区竞争力排行榜

（一）政务微博地区榜单指标说明

地区政务微博竞争力旨在评估各地区对新媒体的综合应用能力和应用效果，着重考核各地政务微博矩阵的传播力、服务力和互动力，数据统计周期为2015年12月1日至2016年11月30日。具体评价维度如下：

1. 排名对象：

各省排行榜的排名对象包括除港澳台以外的所有省级行政区；

城市排行榜排名对象包括各省或自治区下辖的所有地级行政区。

2. 计分规则：

城市政务微博竞争力评估维度包括：传播力、服务力和互动力；

总分由各分项指标标准化后加权计算得出。

3. 指标说明：

（1）传播力指标：

微博阅读数：地区内所有政务微博在统计周期内所发微博阅读数总和（注：中央和国

家直属机构的政务微博不参与地区间排行的统计，省直属机构的政务微博不参与城市排行的统计，以下指标皆同）；

活跃账号数：在统计周期内有更新行为的地区政务账号数量；

活跃账号率：在统计周期内有更新行为的地区政务账号数量与地区政务账号总量的比值。

（2）服务力指标：

主动评论数：统计周期内该地区内所有政务微博用户主动回复评论的总量（包括在该政务微博用户所发微博及其他用户所发微博中的所有评论）；

总发博数：地区内所有政务微博在统计周期内所发微博数总和；

原创发博数：地区内所有政务微博在统计周期内所发原创微博数总和；

被"@"回复数：统计周期内该地区内所有政务微博用户回复网友"@"的总数；

被"@"回复率：统计周期内该地区内所有政务微博用户回复网友"@"的总数与被网友"@"数的比值；

发私信数：统计周期内该地区内所有政务微博发给用户的私信总数（包括手动私信次数、手动私信人数、关键词命中的人数三类指标）；

私信回复率：统计周期内该地区内所有政务微博发给用户的私信总数与收到的私信总数的比值。

（3）互动力指标：

可信用户转发数：地区所有政务微博在统计周期内所发全部微博的被转发数总和，排除垃圾用户，同一个账号对同一个用户进行多次转发，一天只计一次；

可信用户评论数：地区所有政务微博在统计周期内所发全部微博的被评论数，排除垃圾用户，同一个账号对同一个用户进行多次评论，一天只计一次；

可信用户赞数：地区所有政务微博在统计周期内所发全部微博的被赞数，排除垃圾用户，同一个账号对同一个用户进行多次赞，一天只计一次；

点赞率：地区所有政务微博在统计周期内所发全部微博的被赞数与阅读总数的比值。

（二）省份政务微博竞争力排行榜

在各省2016年年度政务微博竞争力排行榜（见表20）中，取得前三名的省份分别是江苏、四川和广东，山东与安徽紧随其后，河南、浙江、陕西、湖北、北京位列第六到十名。综合来看，各地微博除了与经济发展水平和人口基数呈现一定的正相关性，与各地的网民规模也有一定的关系。根据第37次《中国互联网络发展状况统计报告》，互联网普及率超过全国平均水平的省份已经达14个，北京、上海、广东、福建、浙江、江苏、四川等省份均榜上有名，一定程度上也反映了互联网普及率及发展水平越高的地区，政务微博运营水平越强。

表20　省份政务微博竞争力排行榜

排名	地区	传播力	服务力	互动力	竞争力指数
1	江　苏	94.44	80.66	92.60	88.97
2	四　川	96.36	85.96	84.67	88.63
3	广　东	82.58	89.01	81.95	84.61
4	山　东	86.55	81.65	78.35	81.96

排名	地区	传播力	服务力	互动力	竞争力指数
5	安 徽	85.70	83.57	71.03	79.82
6	河 南	82.12	77.29	76.00	78.29
7	浙 江	84.60	83.14	65.54	77.42
8	陕 西	73.84	71.89	70.13	71.86
9	湖 北	65.27	80.03	63.56	69.84
10	北 京	73.71	34.99	91.52	66.39
11	福 建	65.29	66.76	55.55	62.40
12	湖 南	57.25	61.73	66.65	62.11
13	江 西	54.45	71.68	56.35	61.14
14	甘 肃	65.77	69.18	47.83	60.69
15	辽 宁	58.62	69.87	52.00	60.24
16	广 西	72.50	38.12	66.81	58.48
17	河 北	61.58	59.84	52.60	57.83
18	云 南	64.27	57.12	45.31	55.13
19	上 海	63.22	26.57	75.90	54.83
20	贵 州	46.01	68.53	34.70	49.93
21	黑龙江	45.61	48.62	52.00	48.90
22	新 疆	48.13	35.08	62.46	48.58
23	重 庆	59.41	33.71	53.13	48.22
24	天 津	51.93	34.49	58.01	47.95
25	山 西	48.53	58.38	33.76	46.81
26	宁 夏	43.90	32.52	36.65	37.38
27	内蒙古	49.74	26.70	35.04	36.53
28	吉 林	37.08	16.82	30.45	27.67
29	海 南	16.18	8.86	24.79	16.63
30	青 海	18.71	7.68	5.66	10.28
31	西 藏	2.68	2.72	7.56	4.40

从各省份政务微博开设的数量与竞争力水平（见图9）来看，政务微博竞争力指数排名前10的省份基本涵盖了开设政务微博数量最多的几个省份，一定程度上也反映了开设政务微博越多的省份，对政务微博运营的重视程度越高，微博运营优秀的可能性也就越大。但需要注意的是，政务微博的开设数量与竞争力水平之间并不存在必然的线性关系，湖南、广西虽然拥有相对较低的政务微博数量，却跻身竞争力排行榜前20，彰显了政务微博运营的不俗效果。

从各省份政务微博账号数量的增长率（见图10）来看，西藏、青海、云南等西部地区增长速度最为迅猛，安徽、湖南、湖北等中部地区的增长速度也较快，中西部地区对政务微博的重视程度逐渐开始增强。随着2016年各地政务微博建设的加强，与2015年各省份的"僵尸微博"数量相比，2016年均出现大幅下降，不论从数量还是质量上来看，微博运营的悬殊水平都得到一定的改善，2016年各省份政务微博呈现"稳中有进"的发展态势。

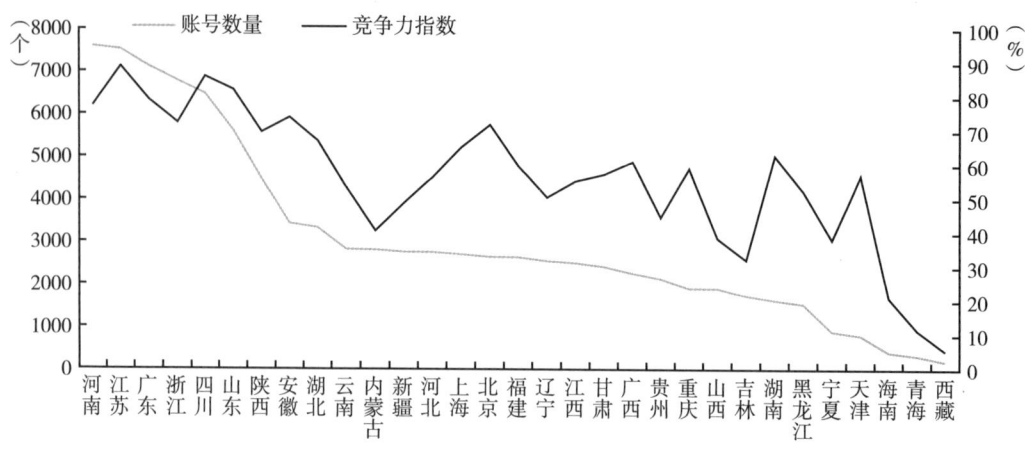

图9　各省份账号数量与竞争力水平

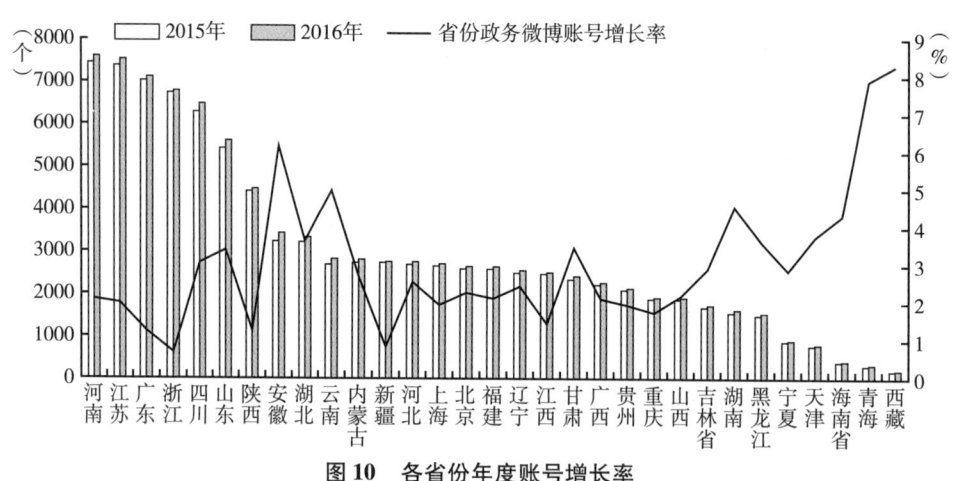

图10　各省份年度账号增长率

从各省份政务微博在2016年度发布的视频微博数量和竞争力指数（见图11）来看，推送短视频数量最多的江苏、山东、河南等地在竞争力上同样不俗。总体来看，发布视频微博

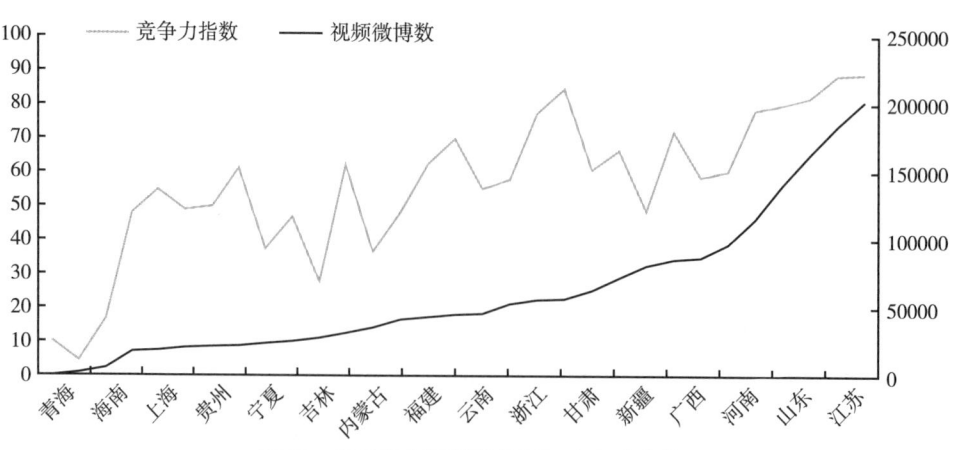

图11　各省份视频微博数量与竞争力指数

越多的省份，在竞争力上越有机会占有领先优势。据微博财报，微博在三季度的视频日均播放量同比增长740％，随着短视频火爆2016年微博市场，视频与直播也逐渐成为政务微博的主阵地。

（三）城市政务微博竞争力排行榜TOP100

在各城市政务微博竞争力排行榜（见表21）中，成都、南京、深圳排名前3，西安紧随其后，青岛较去年下降3个名次，位列第5，广州、宜昌、郑州、济南、杭州位列第6到10名。从各城市年度进步的飞跃态势来看，部分三线城市及四五线城市上升幅度最为明显，在年度政务微博竞争力TOP100城市中，铜仁、淮北、赤峰、乐山、巴中、雅安、阜阳、九江、柳州等城市进步显著，年度飞跃名次均在60名以上，政务微博的飞跃态势开设由三四线城市向四五线城市转移，四五线城市的政务微博运营意识进一步觉醒。

表21　城市政务微博竞争力排行榜TOP100

排名	城市	传播力	服务力	互动力	竞争力指数
1	成都	96.48	80.01	87.17	87.46
2	南京	92.57	73.84	94.31	86.62
3	深圳	82.69	73.44	81.99	79.21
4	西安	80.91	67.15	79.06	75.45
5	青岛	83.04	70.24	73.41	75.19
6	广州	82.90	59.34	81.76	74.25
7	宜昌	76.72	83.55	60.19	73.33
8	郑州	83.63	72.37	65.19	73.24
9	济南	77.52	71.04	71.43	73.12
10	杭州	85.35	58.77	71.33	71.14
11	佛山	76.71	78.49	57.41	70.58
12	柳州	70.06	70.88	70.35	70.45
13	洛阳	79.17	60.44	70.85	69.70
14	苏州	82.52	58.38	69.94	69.67
15	南通	79.80	62.66	67.57	69.52
16	宁波	81.61	59.97	66.15	68.62
17	泉州	79.81	58.74	67.71	68.20
18	乌鲁木齐	67.78	58.36	76.87	67.66
19	武汉	76.67	53.19	74.29	67.62
20	无锡	76.08	60.67	66.94	67.49
21	南宁	80.01	51.63	71.35	67.04
22	银川	77.74	60.14	63.55	66.62
23	兰州	72.15	63.73	64.48	66.52
24	嘉兴	72.45	77.15	49.38	66.02
25	马鞍山	78.51	50.56	70.50	65.92
26	陇南	84.39	55.51	59.16	65.45
27	伊犁	74.99	69.08	52.77	65.15
28	沈阳	69.84	64.34	60.13	64.52

续表

排名	城市	传播力	服务力	互动力	竞争力指数
29	乐山	67.58	61.90	62.47	63.81
30	东莞	69.36	71.46	51.13	63.71
31	宿州	76.50	51.49	63.61	63.24
32	南昌	75.35	46.25	67.71	62.49
33	潍坊	72.98	52.18	63.58	62.41
34	德州	73.87	49.17	63.89	61.73
35	昆明	78.19	50.79	57.68	61.42
36	漯河	76.28	58.82	49.10	60.66
37	福州	72.49	55.45	55.42	60.55
38	长沙	70.79	50.71	61.46	60.50
39	大连	69.36	61.49	51.54	60.37
40	温州	75.84	48.52	58.85	60.33
41	徐州	73.92	51.09	57.12	60.05
42	芜湖	73.35	61.65	46.49	59.85
43	临沂	72.38	47.67	58.95	59.03
44	阜阳	68.45	65.42	43.79	58.76
45	厦门	72.07	50.18	55.88	58.74
46	绍兴	74.83	46.56	56.61	58.56
47	威海	72.93	44.40	58.74	57.98
48	九江	67.50	41.86	65.46	57.81
49	十堰	70.05	49.39	55.41	57.70
50	淮北	64.56	60.86	48.56	57.66
51	商丘	68.53	45.76	60.01	57.58
52	咸阳	72.53	50.76	51.17	57.43
53	蚌埠	69.94	55.40	48.58	57.38
54	石家庄	71.19	47.11	55.73	57.35
55	济宁	65.88	59.65	47.64	57.32
56	黄山	70.11	53.35	49.73	57.12
57	哈尔滨	71.22	44.85	56.48	56.83
58	宿迁	67.85	48.46	55.66	56.80
59	六安	72.60	39.85	60.04	56.74
60	湖州	78.35	40.86	53.55	56.55
61	绵阳	66.78	56.24	45.66	55.70
62	烟台	70.51	40.81	56.89	55.35
63	赤峰	64.10	57.23	45.80	55.29
64	宣城	68.73	37.27	61.04	55.03
65	淄博	71.07	36.15	59.97	54.96
66	榆林	71.68	45.11	49.94	54.77
67	常州	70.28	44.16	52.03	54.75
68	太原	68.68	44.66	52.42	54.58
69	新乡	70.50	41.04	53.82	54.35

续表

排名	城市	传播力	服务力	互动力	竞争力指数
70	宝鸡	70.47	45.46	49.41	54.35
71	合肥	70.30	46.57	48.30	54.30
72	德阳	69.15	40.89	54.74	54.21
73	菏泽	69.46	38.24	56.27	53.92
74	惠州	70.28	41.77	51.96	53.89
75	日照	65.74	46.14	51.38	53.86
76	盐城	65.53	42.95	54.44	53.74
77	金华	70.39	43.30	48.92	53.39
78	保定	69.44	44.12	48.34	53.19
79	南阳	66.48	45.65	49.25	53.16
80	赣州	65.14	52.01	43.50	52.97
81	铜仁	58.99	55.00	45.60	52.91
82	安庆	73.23	37.59	50.49	52.80
83	江门	69.13	46.37	45.04	52.73
84	扬州	69.71	40.61	50.01	52.63
85	抚顺	72.00	41.21	46.55	52.32
86	遂宁	66.62	42.18	49.87	52.20
87	宜宾	67.88	38.65	52.28	52.19
88	亳州	67.57	37.25	53.04	51.87
89	安阳	67.21	43.37	47.20	51.86
90	渭南	67.33	40.10	48.58	51.24
91	巴中	66.08	33.21	56.33	51.16
92	长春	67.62	36.99	51.01	51.08
93	广安	63.76	37.47	53.44	50.95
94	台州	69.77	41.80	43.86	50.91
95	镇江	66.07	41.95	46.56	50.80
96	晋中	68.34	41.57	43.96	50.44
97	荆州	61.49	48.11	42.25	50.07
98	淮安	67.50	33.50	51.13	49.87
99	漳州	62.58	45.70	43.11	49.86
100	雅安	59.49	53.91	37.32	49.77

随着"互联网＋政务"的推进，政务微博在低线城市的渗透上得到进一步的增强，这一点与微博用户地域的"下沉"趋势相吻合。据微博相关数据，目前微博用户中有70%来自低线城市，三四线城市比例达到44%，与三年前50%以上的用户是一线城市出现显著区别。据摩根士丹利预计，这种向低线城市渗透的趋势，到2018年将给微博带来9900万月活跃用户人数。

从2016年度TOP100城市的政务活跃账号与政务账号总量的占比来看，年度活跃度最高的十大城市（见图12）中，漯河、湖州、陇南位列前三名，除成都、芜湖两个二三线城市外，其余均被四五线城市包揽。四五线城市的政务账号不仅在数量上出现增长，在运营上也呈现日趋活跃的进步态势。

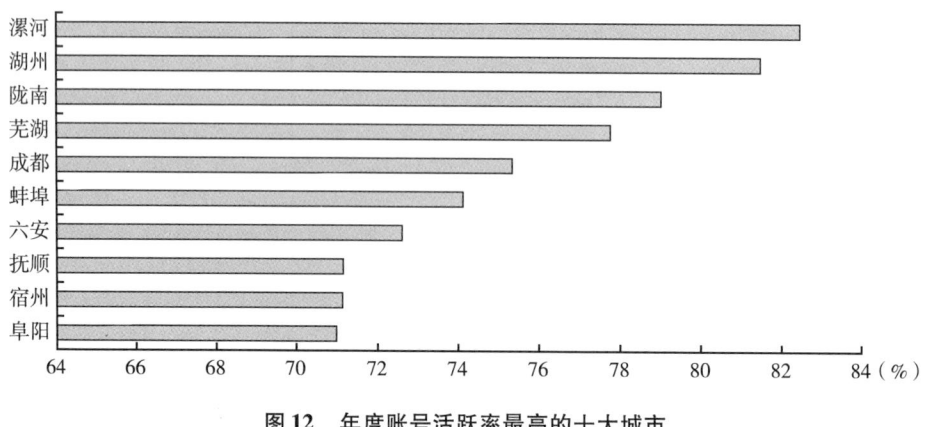

图12　年度账号活跃率最高的十大城市

微博最新财报显示，截至第三季度，微博月活跃用户达2.97亿，同比增长34%，创下2016年最大增幅。而微博整体活跃用户日趋低龄化的趋势也给"下沉"中的政务微博带来不小的挑战，如何在政务微博运营过程中调动这部分人的活跃性，满足低线城市的政务服务需求，成为亟待解决的问题。

四　2016年度政务微博运营亮点

（一）着力信息发布，自我监督唤醒"僵尸微博"

信息发布与政务公开是政务微博的重要功能。2016年，各大政府部门都明显加强了对微博"窗口"的重视与建设，将信息发布与新媒体传播规律结合，与重要工作动态的具体实践相结合，不断与时俱进、融合创新，将政务微博所蕴含的力量充分释放。3月，网络上爆发了"饿了么"与"非法疫苗"两起全国性食品药品安全事件，舆情发酵迅速、扩散广泛。敏感时期，"@南京发布"从3月21日开始至23日，48小时内发布、转发10条与疫苗相关的微博，缓解南京民众对本地相关食药安全的担心。并根据南京市民的热点提问，有针对性地进行政务发布，回应网民质疑和社会关切的热点。相关内容被转发共计两千多次，评论相继破千。同时，"@南京食品药品监管"等南京政务微博先后应援。以"@南京食品药品监管"为例，通过及时制作长微博对疫苗知识进行科普，安抚市民情绪；开设#疫苗知多少#微博话题发布权威信息，使阅读量瞬间逼近3万。

而当部分政务微博失去了信息传播的时效，沦为"僵尸"，其他政务微博则充当了监督人。2016年8月30日，"@马鞍山发布"主动曝光当地僵尸微博，#曝光台#【晒一晒"僵尸微博"】通过@"@马鞍山市物价局政务微博""@马鞍山经信委"和"@马鞍山市食品药品监督管理局"等多个马鞍山地区的"僵尸"官博。以"叫醒"服务让马鞍山地区的政务微博动起来，加强与网民的联系。

"@马鞍山发布"作为外宣部门的政务微博，带头监督本地官博，督促政务运营"活"起来，让沉睡的政务微博恢复活力，促进地方政府公信力的建立与提高。对此，网民赞誉不断。有评论称"腻害敢担当敢公开敢晒的小布！""干得漂亮！""都醒醒啦，老师要检查暑假作业了！"然而，经过提醒后仍有部分政务微博"装睡"或更新非常少，如"@马鞍山教育""@马鞍山市物价局"，则被网民批为"永远无法叫醒一个装睡的微博"。

（二）联手去浊扬清，提高舆论正面引导力量

作为公共舆论的"广场"，在突发事件和热点话题中，微博总是混杂了各个阶层、背景、群体网民的声音，甚至包括很多杂音和质疑。政务微博需要在不断摸索中创造出一套完善的舆论引导机制：迎难而上，正面回击不当言论争夺话语权；主动发布，紧抓热点，掌握舆论引导关键节点；日常引导，潜移默化凝聚民众力量。

舆论背后是社会的变革、价值观的更迭和民意的涌动，这需要深度研究，挖掘出舆论海洋之下藏匿的"暗礁"。2016年以来，政务微博的舆论引导逐渐从简单的、具象的话语权掌控，转变为对更为抽象的心理、情感和社会机制进行分层、立体、全方位的把握。政务微博履好职、尽好职，用担当和行动诠释了对人民的责任。8月，关于电信诈骗"徐玉玉"案，网络激起了猛烈的声讨与追问，#围剿电信诈骗#等多个新浪微博话题，阅读量过亿。各部委高度重视、迅速回应："@中国大学生在线"以"防骗指南""拆招妙计"，普及防骗意识；"@公安部刑侦局"发布A级通缉令公开通缉10名特大电信网络诈骗犯罪嫌疑人，联合央行、工信等六大部门发布通告、通知等，"快准狠"的处理举措得到了网民的肯定。

2016年，不少系统的政务微博都已逐渐形成了结构严密的地域矩阵和领域矩阵，共同发展、协调发声，探索出了一套较为理想的舆论引导模式，打磨出了一套较为理想的"互联网+政务工作"机制。6月，盐城阜宁市遭遇强冰雹和龙卷风的双重灾害。"@盐城交警"积极投入抗灾工作，3日内连发微博91条，关注抗灾动态，关注路况信息。在抗灾过程中，"@盐城交警"还采取【微话题】与【实时直播】的形式滚动播报灾害信息，以"盐城交警微提醒""阜宁！加油！""盐城路况""盐城交警市区路况直播间"等微话题形式促进互动，并与"@平安盐城""@盐城消防OnLine"等官方微博形成矩阵，微博联动合力抗灾。盐城系列政务官方微博展现了地方政务新媒体在自然灾害中的应急和报道能力。7月，南方多省暴雨，成为舆情热点，一时出现了关于气象灾害、撤离情况、官兵救援餐不到位等谣言，各地政务微博纷纷将辟谣和"致敬"官兵作为信息发布的主要内容，及时正本清源。以南京政务新媒体为例，"@高淳发布"与"@桠溪发布""@高淳交通""@高淳区团委"等本地政务官方微博积极互动，齐齐走上"抗洪前线"，整合"最权威的气象灾害预警信号公众发布渠道"，为网民明确了官方信息源，形成了政务新媒体的传播合力。

此外，随着媒介近用权的下放，广大老百姓从信息接收者变为意见表达的发布者和传递者。网络允许"噪音"的出现，但也应制定出相应的规制章程，控制噪音在合理的区间内影响与蔓延。无视、隐瞒、高压只会为聒噪谣言的产生和传播提供空间，更为网络舆情的失控埋下隐患。为此，我们需要妥善处理网络谣言，尤其是高度重视与"人身伤害、财产安全"有关的微博。在这方面，公安系统微博在2016年度的表现颇为亮眼：

"@公安部打黑除四害""@深圳公安""@平安洛阳"等政务微博均开设#微博辟谣#固定栏目，及时厘清谣言，如"@江苏网警"坚持每周总结谣言TOP10，总结谣言的特点与传播规律。

（三）打造品牌服务，吸引粉丝主动投怀送抱

政务微博需要反映公众诉求，落实民生服务；需要加强及时沟通，实现信息高度互动；需要跟进时代步伐，搭乘"网络快车"，在互联网思维的引领下走出陈旧运作模式的窠臼，最高效地实现对民意的征询与汇集。比如"@南昌发布"安排了专人流转解决网民反映的问题和诉求，2016年全年，共解决问题和诉求1600余件，内容涉及交通、卫生、教育、民政、气象、社保、供水、供电、市容等各个方面，基本做到了"事事有答复，件件有回音"，实现了"受理一体化、处置快速化、服务优质化"的目标。

在公安系统排行榜TOP20中，"@天津交警"服务力指标得分最高，其开设的"网罗天下"栏目，直击网民关注焦点，多次在运营过程中展现出高度的职能感与使命感，引发广大网民的舆论共鸣，获得大量好评。此外，"@天津交警"努力提升公安平台的综合服务力，致力于提供切实有用的服务信息，在微博主页开通"粉丝服务菜单"，下设服务指南和自助查询两大板块，为天津市民的出行与生活提供便利。类似的还有"@广州公安""@平安中原"和"@上海发布"等，也都积极开设"粉丝服务菜单"与"市政大厅"平台，为广大市民提供诸如出入境业务办理、公积金查询和个税查询等服务事项。"微平台"让服务进一步、让信息多跑路、让群众少跑腿，实现了信息的高速互通，解决了百姓的生活难题，满足了民生的服务诉求。

更为高明的服务创新模式则如"@成都共青团"，积极主动为网民排忧解难、提供帮助。它坚持每天搜索关键词如"迷茫""好烦""想不开"等，通过主动评论、私信的方式，与网友交流。"@成都共青团"向网民承诺：每天晚上，只要在凌晨2点前发私信，都能第一时间得到回复；微博管理员手机号码在自动回复中，24小时开机。很多青年网民都会在迷茫、伤心时找"@成都共青团"进行咨询，"@成都共青团"平均每年处理私信都达上万封，每周深夜陪聊（到凌晨三四点）2~3次。"@成都共青团"会在微博中以"生日+成都"的方式搜索本地过生日的青年并送上祝福，当青年网友收到祝福后，感到很"惊奇"，并表示"会爱党爱国"，潜移默化中进行了价值的传递。"@成都共青团"也常以"寻物+成都"的搜索方式，主动向网友提供寻人寻物的服务，长期以来形成了品牌效应，本地网民有相关需求后，会主动向其寻求帮助。正是由于这种良好的互动，"@成都共青团"在青年群体甚至本地网民中都拥有超高人气。

（四）玩转视频直播，挖掘新型有效流量入口

2016年是"移动视频直播元年"，网络直播成为当下互联网最吸引眼球的"风口"，也是当下最新型、最大的流量入口之一。政务微博对直播有选择、恰当地运用，不仅能发挥政务"面对面"的真实性和立体化效能，还能获得有效的受众流量，从而将其转化为真正的粉丝。

"@青岛发布"2016年在全国党政新闻发布微博影响力榜单中名次上升最快，提高了

82 名，跻身全年 TOP20。这都要归功于"@青岛发布"在服务、互动新形态等方面的大胆尝试。9 月 1 日，为期 3 个月的黄渤海伏季休渔正式结束，"@青岛发布"小编化身"网红小布"，在南姜码头直播开海第一鲜上岸，受到各路"吃货"粉丝围观。并且，"网红小布"还在直播过程中为网友提供购买建议，让不少网友直呼"贴心"。

同样的例子还有："@成都发布"开展#双创看成都#邀请名人大 V + 网红当主播，两天 11 场直播，观看人数高达 400 万；"@广州地铁"探秘地铁新线，首推网络音视频直播，15 分钟内共计得到 5 万人在线关注；"@深圳交警"11 月开展"绿椅子"体验式执法，仅整治第一天晚上的直播观看量就高达 307 万余次；"@中国气象局"6 次利用直播开展视频科普，最高一次视频直播《寒潮来袭　中东部进入速冻模式》观看量高达 12 万；"@秦淮发布"在 10 月南京马拉松赛事期间 5 次利用视频直播，全程播报秦淮路段的马拉松赛事，单条直播视频播放量高达 2 万，成功跻身全国基层政务微博前列；"@天津高速公路"以"路况直播第一家"为口号，把自身工作与"直播"相结合，开设全新话题#路况直播室#，坚持每天 11：30 固定进行半小时路况直播，截至目前累计直播超 100 小时，成为名副其实的路况直播 NO.1。

合理利用直播形式，不仅能满足群众对政务公开的需求，更能提升自身的业务规范。近年来，法院系统异常重视庭审直播在政务微博中的运用，从尝试在微博上对多起案件进行庭审视频直播，到深入推进司法公开、着力打造第四大司法公开平台——中国庭审公开网，逐渐实现了全国各级人民法院庭审视频的统一汇聚和权威发布，满足人民群众对司法公开的多元需求，更让庭审透明力度得到显著提升，为重要司法舆情的引导、司法队伍的形象宣传打好了基石，为日常较为紧张的网民与司法人员的关系起到了弥合作用。

五　政务微博发展趋势及建议

（一）政务公开出口更多样，政务微博依然是首选

近年来，各类政务新媒体平台层出不穷。2016 年 11 月国办 80 号文件《〈关于全面推进政务公开工作的意见〉实施细则》，提出"全媒体"政务公开的理念，包括：政府网站、中央与地方主要新闻媒体，都市类、专业类媒体，新闻网站、商业网站、国际主流媒体、新兴媒体等。各平台在传播性质、受众群体特征、网民阅读心理、信息推送技术、内容发布规则等方面存在显著差异。一些单位开设多个账户，但人手、编制及相关制度不足，在多个平台间疲于应对。

从近几年的政务公开实践来看，政务微博展示了在日常信息发布和突发事件处置中不可替代的作用。政务微博具有得天独厚的优势：发展最早，粉丝众多，影响力最大，是政务公开的通衢大道，舆情回应的主力兵团。有人感慨："遇到重大事件，网民第一时间看的是在微博上的信息。"政务微博最适合在突发事件中发声，披露信息、表明态度、安定人心。2016 年 6 月 12 日 14 时许，浦东机场 T2 航站楼发生爆炸，"@警民直通车 - 上海"进行了 3 次通报，18 时许公布案件起因及现场人员受伤情况，21 时许澄清"网传 58 秒救治伤者视频与浦东机场爆燃案无关"，次日公布了案件调查的详细情况。机场运行正常，没有发生恐慌失序。

（二）政务微博宣传手法更加丰富，感染力日益增强

现今政务微博发布方式不仅仅是 140 字的纯文本，更需要灵活运用多种传播手段提升宣传效果。一些优秀账号得心应手地玩转了漫画、动画、沙画、短视频、互动游戏、移动直播、VR 等技法，提升了政务账号的感染力。

短视频这一直观生动的表现形式，随着移动互联网的普及，也愈发受到热捧，政务微博同样加以利用。"@哈尔滨铁路局"发布的系列视频#铁姐来了#，以诙谐幽默的语言介绍乘坐高铁的相关规定，讲述铁路员工不为人知的一面，受到了众多网友的喜爱。

2016 年被称为网络直播元年，直播行业正在成为一个庞大市场。在部分网络直播平台上，一些封建迷信、色情和低俗内容沉渣泛起。政务微博加入网络直播行列，为直播平台带来了正能量。迄今使用网络直播最为出色的政务微博账号，分别来自交警、检察、外宣、环保、交通等系统。2016 年 7 月，"@深圳交警"开创了国内首次政务微博的矩阵式视频直播，"@深圳交警"以及 16 个辖区微博小编，通过微博直播"千骑千警安全带"执法行动，累计收获网友围观点赞逾 30 万次；10 月"@深圳交警"直播"应对台风海马"，累计时长3 小时，视频点击播放量逾 200 多万次，高峰期时近 10 万人同时在线观看。除执法直播外，政务直播还可以带领网友体验特殊场景，如国资委官方微博"@国资小新"带网友#探秘蛟龙号#，感受科技创新力量；"@沈阳环保"直播环境数据监测过程，为蓝天助力。比起既有的图片和文字直播，视频直播让执法过程更具"现场感"，让公众零距离地体验公共治理的专业性和复杂性。它不仅仅是发布了政务公开的结果，更是公开了执法、审判、宣传教育等行政的程序，有助于建设阳光政府、提供透明服务，促进政府和老百姓之间的顺畅沟通和良性互动。

（三）政务微博回归政务核心价值，追求亲民娱乐元素时勿忘初心

政务微博不一定要扮成一个身穿长袍马褂的严肃管家，有时也不妨着"休闲装"，与网友唠唠家常，给人一个知冷知热的大哥大姐形象。但在近年实践中，也出现了一些政务账号发布内容轻量化，热衷于蹭热点，挖掘转发社会趣闻，照着微博热搜发帖，把自己变成"段子手"，"卖萌""撩粉""表情包"过于浮夸，信息同质化严重，而基本的政务发布和服务却不到位。

政务账号要与民亲善，但公众的期待，主要还是公权力的权威，真相的权威，执法的权威，不能舍本逐末。

（四）客观评价粉丝价值，政务微博社交资产"红利"诱人

近年来人们在谈论政务微博避免"粉丝至上"，但一味靠卖萌、搞活动"吸粉"是难以长久的，粉丝不是追来的，是靠内在的气质吸引过来的。优秀的政务微博，拥有个性化的资讯、温暖的人文关怀和实实在在的政务服务。比如"@江宁公安在线"的"辟谣＋鉴定＋卖萌"的路线，不仅吸引眼球而且十分靠谱；"@故宫博物院"老树新枝，把传统文化 IP玩得游刃有余。优秀账号逐步摆脱了"千微一面"的单调面孔，成为网民眼中有血有肉、有情感有立场的权威话语者。

当一些政务微博还在思考如何"涨粉"时，优秀账号则已享受起了网民主动提供信息、

线索、UGC 等"粉丝红利"。比如不少网民发现疑似虚假、诈骗信息时，会主动"@""@江宁公安在线"，发现北京治安问题时会"@""@平安北京"求科普或进行举报；一有察觉到地震，网民就会"@""@中国地震台网速报"进行核实和辟谣等。经过几年的探索，不少政务微博形成了自己特定的风格和品牌影响力，塑造了自己在网民眼中专属的"形象"和"标签"，将粉丝的数量变成了关注的流量，而与此同时，这些建立在价值认同基础上的高质量粉丝，也逐渐从"吃瓜群众"演变为新闻和民意的"线人"、相声表演中逗哏的"乙"、官民之间穿针引线的"红娘"。

在众多新平台不断涌现的今天，基于优质粉丝的社交资产依然是新媒体业争夺的核心。维持老粉丝的黏性、吸引新粉丝的关注，依然是未来政务新媒体运营者面临的主要问题，而只有通过个性化品牌的打造，成为粉丝眼中独一无二的"小微""小布"或"蜀黍"，才能奠定扎实的群众基础和民意支撑，使自身长久立于不败之地。

（五）政务微博凸显"所在地"属性，民生关切是赢得粉丝的根本

政务微博作为政务新媒体中的"老兵"，第一位的价值是政务，而不是媒体。它的着力点、聚焦点应该在本地居民、网民关切的民生问题，凸显所在地属性、服务属性。这是政务微博的立身之本。除此之外，找到有趣的话题，学会卖萌，都是附着在本地民生服务之上的。皮之不存毛将焉附。

生动的形式搭配本土元素，最能激发网民对本地文化的热爱和乡土情谊，吸引网民主动转发。正月十五，恰逢南京第 30 届秦淮灯会，"@秦淮发布"发起的#秦淮花灯甲天下#微话题，阅读量达到了 100 余万次。

"@乐游上海"用 MV 发掘和放大本土文化元素，2016 年 8 月发布了首部 VR&4K 城市旅游形象宣传 MV《我们的上海》。该片走遍了上海近 80 处风景进行拍摄，加上胡歌作为上海旅游宣传的形象大使的明星效应，对上海市民和外地游客都极具吸引力，瞬间掀起了热议。

"@四川发布"代言四川的全球推介活动，邀请网友参与"当一天四川人"H5 游戏；拍摄外国友人对四川的"示爱视频"；开展"把美丽四川寄出去"活动，联合中国邮政集团开发"川味明信片"，鼓励粉丝邮寄。借助新媒体，让巴蜀风光走向全世界，为地方形象营销添砖加瓦。

（六）政务微博的考核越来越规范

政务微博发展初期，微博"小编"上岗前缺乏必要的培训，对微博运营的绩效也缺乏规范的评价标准和奖励机制。人民网舆情监测室与微博平台合作，长期致力于研发政务微博运行绩效的指标体系，作为党政机关运用政务新媒体的第三方参照系。各地党委宣传部、网信办和政务新闻办也逐渐形成了科学的考评机制，"互联网＋政务"的建设、管理、考核等方面制度日益完善。越来越多的政府部门对本系统或本地区政务微博开设的层级、数量，每日发布的时间、条数，回应网民的频率、用语都做出了明确的要求。

比如在开设要求上，南京市鼓楼区要求：区里 119 个社区全开通微博，每季度都要对区内的政务微博进行评分，前 60 名给予表扬和一定的流量补贴。在发布数量上，"@四川发

布"规定每天要发 25 条；在发布时间上，安徽省要求"对涉及本地区本部门的重大政策信息、重要政务舆情以及重大突发事件等，省政府微博微信要及时发布，各市、县政府及省政府各部门政务微博力争 1 小时内转载"。在与民互动上，"@重庆轨道交通集团"对网民的留言实行值班式回复，工作 8 小时内由值班员回复，8 小时外由热线人员值班，且对解决问题做出了时间限制，小问题立刻解决，困难的则在 5 天内解决；"@南京旅游"则对网民留言有固定的回复格式，开始必提"您好，对不起，让您添堵了……"在本地考核管理上，南京市网信办每月都会编写政务微博运营报告，集合优秀案例供本市相关人员阅读，有些地方则直接将政务新媒体的运营作为领导年度考核的一项指标，这些都不是个案，本地《政务新媒体建设办法》《政务微博发布要求》《政务新媒体考核机制》等制度文件已越来越多地出现在地方政务微博工作人员办公台上。

（七）政务微博矩阵效应凸显

政务微博经过 7 年的发展，已经拥有 16 万成员，"矩阵"概念也被频繁提及。然而到底什么是矩阵，是开的账号多就是矩阵吗。纵观微博矩阵发展，能够清晰看到目前存在三种矩阵运营形态。一是正能量传播形态，多表现在垂直行业内部账号通过主动策划传播，联动形成传播巨大声量。二是突发公共事件中政务微博多职能多层级跨区域积极应对形态。以北京暴雨为例，积极应对、主动发声，告知事实，消灭谣言，安抚民众情绪，这也是一种主动服务的精神，值得肯定。三是社会治理形态。政务微博参与日常社会治理，将举报、宣传、执法、转办、督办诸多政府线下工作在微博上进行，使工作流程具有公开化、透明化的特点。

政务微博既要以矩阵式组织管理模式加强内部的协同联动运行，又要遵循习近平总书记关于网上群众路线的重要指导思想，沟通社会、服务社会，直接联系群众，与民意诉求积极互动，依法行政，保护人民群众合法权益，协调化解社会矛盾。这是更值得鼓励、肯定的政务微博矩阵发展的方向和趋势，也是各级政府能够真正通过政务微博深度参与社会治理的最高境界。近年来，宁夏、云南等地通过实践创新，形成了由各级、各职能部门组成的政务微博矩阵管理模式，他们通过科学、系统、完善的顶层设计（包括矩阵组织管理体系、矩阵协同联动体系、矩阵督导服务体系和矩阵绩效管理体系），并以规范性文件作为机制运行保障，确保了各党政部门信息畅通、耳聪目明，面对突发事件反应敏捷，形成"联合舰队"的集群优势。这样的政务微博矩阵，不仅打破了体制内的部门和层级间的壁垒，优化了政府行政流程，提高了行政效率，节约了行政成本，更从源头疏解了社会舆论风险，把舆情应对的末端处置和源头治理结合起来，增强了体制的弹性和张力。只有这样的矩阵，才能真正发挥与其行政职能相匹配的协同治理作用。

从政务职能系统看，中央机构、党政新闻、公安、司法、团委、教育等部门微博矩阵式发展较为迅速，能够针对多样化诉求，通过矩阵统一调配、协调工作。尤其是公安部、团中央等中央级机关对各自下属单位的政务微博都有统一布局，各地省市级公安、团委部门也对地方的下属单位有明确要求。从地区上看，各地各系统普遍建立了舆情与新媒体工作机制，在重大宣传时联合互推。比如安徽省要求 2017 年底前，建成以"安徽省人民政府发布"为龙头，市、县两级政府及省政府各部门微博微信为支撑，反应灵敏、响应迅速的全省政务微博微信矩阵；"@马鞍山发布"接连曝光当地"僵尸微博"，为安徽政务微博矩阵"活血化瘀"，起到了良好的自净效果。

矩阵式发布并不局限在本地、本系统，更有高明者打通了政府、媒体，打通了多个省份。比如"@四川发布"发起"长江经济带"新媒体大联动，以走出四川联动全国的大视野，在沿线11家省市政务新媒体上就四川经济、长江上游生态保护等内容"合唱"发声，覆盖网友超过1亿，被网友称赞"有气魄、大视野"。

（八）加强体制内的协同，是政务微博跃升的关键

政务信息的公开和共享程度是政务微博发展的一个瓶颈。目前我国信息数据资源80%以上掌握在各级政府部门手里，且公开性相对有限，"深藏闺中"是极大浪费。这方面需要进一步解放思想，推动体制协同创新。

体制内协同，需要打通"政务新媒体编辑部"和"政务信息与服务供给体系"。一方面，内容供给链条向行政体系纵深不断延伸；另一方面，借助政务新媒体发现公共治理存在的问题，及时做出回应和修复，建立畅通的线上线下O2O政务服务体系。如南昌市一个桥洞下发现男子养弃婴7年，"@南昌发布"发现后第一时间联系弃婴所在的青云谱区，由区委副书记牵头，公安、政法、民政、教育、街道、宣传等部门一起坐下来，协调解决弃婴上户口、就近入学、居住、生活保障等问题，妥善化解了一起负面舆情。

此外，政务微博还需要和微信、客户端协同，如微博多用于突发事件和敏感议题上的官方发声和舆论引导，而微信平台更侧重服务，App更强调整合。一些政府部门把"两微一端"进行了整合，是一盘棋的下法，联合发起活动，效果较好。只有在多终端、多平台的整合中，才能凸显和释放政务微博的独特功效和巨大潜力。

附录　各省、自治区、直辖市政务微博影响力榜

1. 江苏政务指数微博影响力榜

（1）江苏政务微博城市竞争力指数

排名	地区	传播力	服务力	互动力	竞争力指数
1	南　京	92.57	73.84	94.31	86.62
2	苏　州	82.52	58.38	69.94	69.67
3	南　通	79.80	62.66	67.57	69.52
4	无　锡	76.08	60.67	66.94	67.49
5	徐　州	73.92	51.09	57.12	60.05
6	宿　迁	67.85	48.46	55.66	56.80
7	常　州	70.28	44.16	52.03	54.75
8	盐　城	65.53	42.95	54.44	53.74
9	扬　州	69.71	40.61	50.01	52.63
10	镇　江	66.07	41.95	46.56	50.80
11	淮　安	67.50	33.50	51.13	49.87
12	泰　州	65.80	39.19	43.42	48.65
13	连云港	65.95	30.48	48.90	47.57

（2）江苏十大政务机构微博

排名	微博	认证信息	传播力	服务力	互动力	总分
1	江宁公安在线	南京市公安局江宁分局	98.87	71.04	98.76	93.26
2	南京发布	南京市委宣传部新闻发布官方微博	89.78	81.83	92.55	89.30
3	无锡发布	无锡市人民政府新闻办公室官方微博	84.70	86.83	86.61	85.89
4	江苏气象	江苏省气象局官方微博	79.25	90.80	75.41	80.02
5	南京地铁	南京地铁集团有限公司官方微博	82.89	83.14	75.32	79.91
6	南京交警	南京市公安局交通管理局官方微博	80.13	88.91	70.67	78.10
7	南京气象	南京市气象局官方微博	82.98	89.58	66.08	77.54
8	宿迁之声	宿迁市人民政府官方微博	76.12	90.66	71.72	77.27
9	苏州发布	苏州市人民政府新闻办公室官方微博	81.09	73.41	75.13	77.17
10	南京市公安局地铁分局	南京市公安局地铁分局官方微博	77.28	89.64	67.65	75.90

（3）江苏十大党政新闻发布微博

排名	微博	认证信息	传播力	服务力	互动力	总分
1	南京发布	南京市委宣传部新闻发布官方微博	89.78	81.83	92.55	89.30
2	无锡发布	无锡市人民政府新闻办公室官方微博	84.70	86.83	86.61	85.89
3	宿迁之声	宿迁市人民政府官方微博	76.12	90.66	71.72	77.27
4	苏州发布	苏州市人民政府新闻办公室官方微博	81.09	73.41	75.13	77.17
5	鼓楼微讯	中共南京市鼓楼区委宣传部官方微博	75.60	90.03	68.38	75.59
6	徐州发布	徐州市人民政府新闻办公室官方微博	76.75	82.18	66.77	73.85
7	淮安发布	中共淮安市委宣传部官方微博	75.60	73.48	63.78	70.45
8	幸福大丰	江苏省盐城市大丰区人民政府办公室官方微博	70.56	96.08	56.13	69.89
9	高淳发布	中共南京市高淳区委宣传部官方微博	72.25	87.21	58.83	69.87
10	如皋发布	中共如皋市委宣传部官方微博	71.59	85.36	55.30	67.83

（4）江苏十大公安系统微博

排名	微博	认证信息	传播力	服务力	互动力	总分
1	江宁公安在线	南京市公安局江宁分局	98.87	71.04	98.76	93.26
2	南京交警	南京市公安局交通管理局官方微博	80.13	88.91	70.67	78.10
3	南京市公安局地铁分局	南京市公安局地铁分局官方微博	77.28	89.64	67.65	75.90
4	江苏网警	江苏省公安厅网络安全保卫总队官方微博	83.17	68.11	71.16	75.35
5	常熟公安	常熟市公安局官方微博	75.01	82.03	60.39	70.57
6	平安江苏	江苏省公安厅官方微博	81.31	59.33	63.37	69.74
7	南通公安	江苏省南通市公安局官方微博	76.26	75.03	59.70	69.39
8	平安徐州	江苏省徐州市公安局官方微博	75.28	73.79	57.39	67.83
9	苏州公安	苏州市公安局官方微博	75.92	66.47	54.09	65.30
10	盐城交警	盐城市公安局交通巡逻警察支队官方微博	70.16	82.83	51.65	65.29

（5）江苏十大司法系统微博

排名	微博	认证信息	传播力	服务力	互动力	总分
1	江苏司法行政在线	江苏省司法厅官方微博	66.24	56.21	51.96	58.52
2	溧阳检察	江苏省溧阳市人民检察院官方微博	60.88	72.79	45.75	57.21
3	镇江检察在线	江苏省镇江市人民检察院官方微博	64.11	85.52	34.87	56.70
4	南京鼓楼司法在线	江苏省南京市鼓楼区司法局官方微博	65.29	50.88	39.57	52.12
5	南京普法	南京市法治宣传教育领导小组办公室	57.94	83.94	28.04	51.18
6	常州武进检察	江苏省常州市武进区人民检察院官方微博	54.37	80.66	33.09	51.12
7	丰县司法	江苏省徐州市丰县司法局官方微博	61.07	87.83	22.74	51.09
8	徐州12348	江苏省徐州市司法局12348指挥中心	63.23	53.74	37.09	50.87
9	海安司法	江苏省南通市海安县司法局官方微博	58.97	75.92	30.03	50.78
10	南京司法	江苏省南京市司法局官方微博	56.06	83.83	23.27	48.50

（6）江苏十大旅游局微博

排名	微博	认证信息	传播力	服务力	互动力	总分
1	南京市旅游委员会	南京市旅游委员会官方微博	76.52	80.27	65.98	73.06
2	无锡市旅游局	无锡市旅游局官方微博	73.98	78.11	55.56	67.44
3	苏州市旅游局	苏州市旅游局官方微博	76.09	53.77	63.34	66.53
4	江苏微旅游	江苏省旅游局官方微博	68.64	55.28	41.58	55.15
5	如皋旅游	如皋市旅游局	57.65	52.93	37.35	48.58
6	六合旅游	江苏省南京市六合区旅游局官方微博	61.22	58.37	31.01	48.56
7	秦淮旅游官方微博	南京市秦淮区旅游局官方微博	58.61	64.78	29.83	48.33
8	南京旅游志愿者	南京市旅游委宣教处	62.42	30.65	28.87	42.65
9	常州旅游	常州市旅游局官方微博	61.43	29.96	28.74	42.06
10	吴中旅游	苏州市吴中区旅游局	58.75	33.99	28.25	41.60

（7）江苏十大团委系统微博

排名	微博	认证信息	传播力	服务力	互动力	总分
1	青春南京	共青团南京市委员会官方微博	72.20	71.10	60.57	67.33
2	江苏共青团	共青团江苏省委员会官方微博	67.50	45.64	42.68	53.20
3	六合青年	共青团南京市六合区委官方微博	59.27	68.27	33.30	50.68
4	高淳团区委	南京市高淳团区委官方微博	52.79	56.04	21.93	41.10
5	江南大学团委	江南大学团委官方微博	55.18	33.99	25.66	39.14
6	鼓楼青年	南京市鼓楼区团区委官方微博	54.73	40.93	22.56	39.10
7	青春泰州	共青团泰州市委员会官方微博	51.44	45.01	12.34	34.52
8	盐城共青团	共青团江苏盐城市委员会官方微博	54.60	28.87	17.02	34.42
9	苏州共青团	共青团苏州市委官方微博	48.13	29.68	20.13	33.24
10	徐州共青团	徐州团市委	52.76	27.33	15.57	32.80

（8）江苏十大交通系统微博

排名	微博	认证信息	传播力	服务力	互动力	总分
1	南京地铁	南京地铁集团有限公司官方微博	82.89	83.14	75.32	79.91
2	无锡地铁	无锡市轨道交通规划建设领导小组（指挥部）办公室官方微博	73.13	71.19	54.19	65.16
3	苏州轨道交通 szrailtransit	苏州市轨道交通集团有限公司运营分公司	70.60	48.69	44.97	55.97
4	苏南硕放国际机场	无锡苏南国际机场集团有限公司官方微博	67.58	60.21	36.30	53.59
5	扬子公交	南京扬子公交客运有限公司	66.91	52.90	39.70	53.23
6	铁路南京站	南京火车站、京沪高铁南京南站官方微博	68.21	50.90	34.36	51.21
7	苏州公路信息中心	江苏省苏州市公路管理处公路信息中心	69.27	59.67	24.30	49.36
8	南京南站地区综管办	江苏省南京市铁路南京南站地区综合管理办公室官方微博	63.06	58.32	21.88	45.64
9	铁路徐州站	上海铁路局徐州火车站官方微博	66.19	39.19	27.38	45.27
10	南京禄口国际机场官方微博	南京禄口国际机场有限公司	63.96	31.05	31.90	44.55

2. 四川政务指数微博影响力榜

（1）四川政务微博城市竞争力指数

排名	地区	传播力	服务力	互动力	竞争力指数
1	成 都	96.48	80.01	87.17	87.46
2	乐 山	67.58	61.90	62.47	63.81
3	绵 阳	66.78	56.24	45.66	55.70
4	德 阳	69.15	40.89	54.74	54.21
5	遂 宁	66.62	42.18	49.87	52.20
6	宜 宾	67.88	38.65	52.28	52.19
7	巴 中	66.08	33.21	56.33	51.16
8	广 安	63.76	37.47	53.44	50.95
9	雅 安	59.49	53.91	37.32	49.77
10	广 元	65.85	33.31	51.36	49.39
11	凉 山	62.40	47.00	35.66	47.65
12	自 贡	64.70	31.12	48.27	47.20
13	南 充	66.61	34.26	42.82	46.96
14	内 江	63.49	29.83	49.33	46.75
15	泸 州	64.06	37.28	37.66	45.44
16	达 州	60.62	32.16	42.24	44.22
17	阿 坝	57.66	34.02	40.01	43.21
18	甘 孜	51.81	43.07	31.92	41.79
19	眉 山	63.73	29.73	34.02	41.43
20	资 阳	63.39	24.09	31.81	38.58
21	攀枝花	61.45	27.43	29.80	38.46

（2）四川十大政务机构微博

排名	微博	认证信息	传播力	服务力	互动力	总分
1	成都发布	成都市人民政府新闻办公室	89.69	80.97	92.07	88.90
2	成都共青团	共青团成都市委员会官方微博	85.48	97.36	81.68	86.33
3	微成都	微成都官方微博	86.90	80.83	84.64	84.78
4	成都地铁	成都地铁有限责任公司官方微博	81.27	91.16	80.55	82.96
5	四川共青团	共青团四川省委官方微博	79.01	93.62	77.59	81.36
6	青羊共青团	共青团成都市青羊区委官方微博	72.08	99.88	76.65	79.47
7	四川发布	四川省人民政府新闻办公室	83.28	81.04	73.19	78.79
8	青春龙泉驿	成都市龙泉驿区团委官方微博	74.12	97.26	74.14	78.76
9	四川旅游	四川省旅游发展委员会	82.01	80.81	69.96	76.95
10	四川教育	四川省教育厅官方微博	79.60	85.35	69.61	76.76

（3）四川十大党政新闻发布微博

排名	微博	认证信息	传播力	服务力	互动力	总分
1	成都发布	成都市人民政府新闻办公室	89.69	80.97	92.07	88.90
2	四川发布	四川省人民政府新闻办公室	83.28	81.04	73.19	78.79
3	成都高新	成都高新技术产业开发区官方微博	77.56	90.40	63.54	74.52
4	新都资讯	成都市新都区人民政府新闻办公室官方微博	75.26	86.04	56.59	69.95
5	天府龙泉	龙泉驿区委宣传部	72.17	90.39	56.33	69.48
6	宜宾发布	宜宾市人民政府新闻办公室	72.28	87.39	53.76	67.90
7	微内江	中共内江市委宣传部官方微博	72.52	75.55	53.73	65.61
8	武侯发布	中共成都市武侯区委宣传部官方微博	72.43	69.63	55.67	65.17
9	金温江	成都市温江区人民政府新闻办公室官方微博	71.78	75.69	53.23	65.14
10	给力都江堰	四川省都江堰市宣传部官方微博	68.71	81.86	50.00	63.85

（4）四川十大公安系统微博

排名	微博	认证信息	传播力	服务力	互动力	总分
1	四川巴中消防	四川巴中市公安消防支队官方微博	78.10	86.29	68.26	75.80
2	平安成都	成都市公安局官方微博	81.51	53.74	72.96	72.54
3	四川公安	四川省公安厅官方微博	78.79	72.26	65.60	72.21
4	四川消防	四川省公安消防总队官方微博	73.49	84.73	63.40	71.70
5	遂宁消防支队	四川省遂宁市公安消防支队官方微博	69.17	84.55	55.15	66.64
6	遂宁公安	四川省遂宁市公安局官方微博	70.48	76.63	55.73	65.81
7	龙泉警方	四川省成都市公安局龙泉驿区分局官方微博	71.29	71.72	54.18	64.53
8	平安泸州	泸州市公安局官方微博	69.37	83.00	50.09	64.38
9	内江公安	内江市公安局官方微博	69.62	77.58	52.33	64.30
10	平安邛崃	四川成都邛崃市公安局官方微博	68.30	77.71	52.62	63.91

（5）四川十大司法系统微博

排名	微博	认证信息	传播力	服务力	互动力	总分
1	高县法院	四川省宜宾市高县人民法院官方微博	64.06	90.35	44.34	61.43
2	绵阳司法	绵阳市司法局官方微博	68.44	64.67	39.67	56.18
3	四川司法	四川省司法厅官方微博	67.03	59.59	42.49	55.72
4	法治成都	成都市司法局官方微博	69.74	54.69	41.44	55.41
5	成都检察	成都市人民检察院官方微博	62.53	51.31	26.03	45.69
6	金牛法院	成都市金牛区人民法院	54.29	40.93	23.84	39.44
7	龙泉司法	四川省成都市龙泉驿区司法局官方微博	54.72	60.11	13.17	39.18
8	锦江检察	成都市锦江区人民检察院	59.21	53.98	11.38	39.03
9	双流检察	成都市双流区人民检察院官方微博	54.26	61.27	9.65	37.82
10	新津检察	新津县人民检察院官方微博	55.98	55.89	8.64	37.03

（6）四川十大旅游局微博

排名	微博	认证信息	传播力	服务力	互动力	总分
1	四川旅游	四川省旅游发展委员会	82.01	80.81	69.96	76.95
2	成都旅游官方微博	成都市旅游局官方微博	69.66	62.09	47.49	59.28
3	阿坝旅游	阿坝藏族羌族自治州旅游官方微博	64.34	59.24	37.50	52.58
4	广元旅游	广元市旅游发展委员会官方微博	59.01	60.26	30.51	47.86
5	甘孜州旅游局	甘孜藏族自治州旅游局官方微博	59.32	44.87	34.69	46.58
6	阳光旅游攀枝花	攀枝花市旅游局官方微博	59.72	34.43	34.38	44.52
7	遂宁旅游	四川省遂宁市旅游局官方微博	56.89	41.31	19.51	38.83
8	成华文旅体局	成都市成华区文化广电新闻旅游体育局官方微博	52.37	62.04	11.97	38.15
9	武侯文体旅游	成都市武侯区文化体育旅游局官方微博	50.89	60.51	10.94	36.83
10	双流文旅广新体	成都市双流区文化旅游和广电新闻出版局（体育）局	57.74	39.14	13.81	36.45

（7）四川十大团委系统微博

排名	微博	认证信息	传播力	服务力	互动力	总分
1	成都共青团	共青团成都市委员会官方微博	85.48	97.36	81.68	86.33
2	四川共青团	共青团四川省委官方微博	79.01	93.62	77.59	81.36
3	青羊共青团	共青团成都市青羊区委官方微博	72.08	99.88	76.65	79.47
4	青春龙泉驿	成都市龙泉驿区团委官方微博	74.12	97.26	74.14	78.76
5	共青团广安市委	共青团广安市委员会官方微博	73.47	91.68	69.00	75.32
6	青春贡井	共青团自贡市贡井区委官方微博	73.90	83.22	58.77	69.71
7	青春广元	四川省广元市团委官方微博	63.30	81.38	42.25	58.50
8	青春巴中	共青团巴中市委官方微博	59.76	75.24	47.31	57.87
9	西南科大共青团	西南科大学校团委官方微博	70.11	56.80	43.52	56.81
10	自贡共青团	中国共青团自贡市委员会官方微博	59.99	81.58	40.01	56.32

（8）四川十大交通系统微博

排名	微博	认证信息	传播力	服务力	互动力	总分
1	成都地铁	成都地铁有限责任公司官方微博	81.27	91.16	80.55	82.96
2	成都地铁运营	成都地铁运营有限公司	80.21	59.87	71.33	72.59
3	西南铁路	成都铁路局官方微博	78.27	75.78	56.63	69.12
4	成都铁路12306	成都铁路局客户服务中心官方微博	71.09	78.32	41.49	60.70
5	成都交通运输	成都市交通运输委员会官方微博	71.90	72.13	42.06	60.01
6	成都公交	成都市公共交通集团公司	68.72	40.09	46.85	54.25
7	双流交通	成都市双流区交通运输局官方微博	58.57	83.40	24.46	49.89
8	四川交通	四川省交通运输厅官方微博	70.83	36.42	35.19	49.69
9	四川高速	四川省交通运输厅高速公路管理局官方微博	65.92	59.65	22.54	47.31
10	广元火车站	成都铁路局广元车务段官方微博	61.41	46.03	24.53	43.58

3. 广东政务指数微博影响力榜

（1）广东政务微博城市竞争力指数

排名	地区	传播力	服务力	互动力	竞争力指数
1	深圳	82.69	73.44	81.99	79.21
2	广州	82.90	59.34	81.76	74.25
3	佛山	76.71	78.49	57.41	70.58
4	东莞	69.36	71.46	51.13	63.71
5	惠州	70.28	41.77	51.96	53.89
6	江门	69.13	46.37	45.04	52.73
7	汕头	63.70	33.71	53.83	49.75
8	中山	63.56	36.56	43.82	47.20
9	清远	62.60	30.14	45.99	45.43
10	肇庆	63.24	32.13	42.90	45.23
11	珠海	62.72	34.15	38.73	44.33
12	茂名	58.24	34.77	39.43	43.44
13	河源	58.24	42.64	29.66	42.78
14	汕尾	54.52	29.27	40.63	40.82
15	韶关	58.52	31.32	33.60	40.28
16	梅州	58.13	27.90	36.57	40.00
17	湛江	55.07	34.94	31.74	39.86
18	揭阳	56.17	29.63	30.48	37.89
19	潮州	52.66	24.41	36.69	37.18
20	云浮	50.90	17.73	13.12	26.07
21	阳江	44.84	18.16	16.84	25.70

（2）广东十大政务机构微博

排名	微博	认证信息	传播力	服务力	互动力	总分
1	深圳交警	广东省深圳市公安局交警支队官方微博	92.98	83.15	96.49	92.42
2	深圳公安	深圳市公安局官方微博	88.05	94.86	89.01	89.80
3	深圳天气	深圳市气象局官方微博	90.15	96.30	85.20	89.40
4	广州公安	广州市公安局官方微博	90.04	90.30	86.48	88.67
5	中国广州发布	广州市互联网信息办公室官方微博	84.91	89.29	81.24	84.32
6	广州天气	广州市气象局官方微博	86.64	90.18	78.44	84.07
7	广州地铁	广州地铁官方微博	82.63	89.10	74.84	80.81
8	广州交警	广州市公安局交警支队	82.66	88.49	69.67	78.63
9	广东天气	广东省气象服务中心	84.30	85.51	68.67	78.29
10	深圳微博发布厅	深圳市互联网信息办公室官方微博	83.36	66.41	76.63	77.28

（3）广东十大党政新闻发布微博

排名	微博	认证信息	传播力	服务力	互动力	总分
1	中国广州发布	广州市互联网信息办公室官方微博	84.91	89.29	81.24	84.32
2	深圳微博发布厅	深圳市互联网信息办公室官方微博	83.36	66.41	76.63	77.28
3	惠州发布	惠州市人民政府新闻办公室官方微博	75.63	69.33	57.85	67.26
4	广东发布	广东省人民政府新闻办公室官方微博	78.76	52.07	55.05	63.94
5	佛山发布	佛山市互联网宣传管理领导小组办公室	75.06	56.99	52.42	62.39
6	南海发布	广东省佛山市南海区人民政府新闻办公室	72.30	67.29	47.28	61.29
7	禅城发布	佛山市禅城区人民政府新闻办公室官方微博	69.36	68.75	40.63	57.74
8	中山发布	广东省中山市人民政府新闻办公室官方微博	72.05	47.74	47.16	57.23
9	虎门太平	东莞市虎门镇人民政府官方微博	70.07	55.30	43.04	56.30
10	清远发布	清远市人民政府新闻办公室官方微博	70.03	59.56	40.71	56.21

（4）广东十大公安系统微博

排名	微博	认证信息	传播力	服务力	互动力	总分
1	深圳交警	广东省深圳市公安局交警支队官方微博	92.98	83.15	96.49	92.42
2	深圳公安	深圳市公安局官方微博	88.05	94.86	89.01	89.80
3	广州公安	广州市公安局官方微博	90.04	90.30	86.48	88.67
4	广州交警	广州市公安局交警支队	82.66	88.49	69.67	78.63
5	平安南粤	广东省公安厅官方微博	83.85	80.59	63.97	75.25
6	广东消防	广东省公安消防总队官方微博	77.19	83.17	66.69	74.18
7	深圳龙岗交警	深圳交警龙岗大队官方微博	75.27	79.80	56.83	68.80
8	深圳刑侦局－深圳CID	广东省深圳市公安局刑事警察支队官方微博	70.84	76.30	46.06	62.02
9	深圳交警机动训练大队	深圳交警机动大队官方微博	68.52	82.21	43.08	61.08
10	平安肇庆	广东省肇庆市公安局网络问政平台	72.58	72.98	42.26	60.53

（5）广东十大司法系统微博

排名	微博	认证信息	传播力	服务力	互动力	总分
1	正义肇庆	肇庆市人民检察院官方微博	67.23	75.01	29.36	53.64
2	广东政法	广东省政法委、省平安办、省综治办、省维稳办官方微博	69.52	30.70	37.23	48.84
3	公正肇庆	肇庆市中级人民法院官方微博	66.82	51.54	20.26	45.14
4	和谐肇庆	肇庆市司法局官方微博	63.84	43.59	21.82	42.98
5	湛江检察	广东省湛江市人民检察院官方微博	60.45	32.97	17.11	37.62
6	长安普法	广东省东莞市长安司法分局官方微博	58.28	26.62	22.30	37.56
7	广州海珠司法	广东省广州市海珠区司法局官方微博	48.71	43.93	16.80	34.99
8	五邑法苑	广东省江门市中级人民法院官方微博	56.06	43.56	9.56	34.96
9	深圳罗湖区法院	深圳市罗湖区人民法院官方微博	58.48	30.50	11.72	34.18
10	广东检察	广东省人民检察院官方微博	60.11	11.43	17.03	33.14

（6）广东十大旅游局微博

排名	微博	认证信息	传播力	服务力	互动力	总分
1	广州旅游	广州市旅游局官方微博	71.91	53.95	46.83	58.28
2	佛山－旅游	佛山市旅游局官方微博	67.17	53.12	34.86	51.44
3	活力广东	广东省旅游局官方微博	65.53	51.25	32.94	49.64
4	肇庆市旅游局	广东省肇庆市旅游局官方微博	61.96	51.86	31.83	47.89
5	南海旅游	广东省佛山市南海区旅游协会官方微博	64.46	50.76	27.57	46.96
6	韶关旅游	韶关市旅游局官方微博	60.13	51.49	23.80	43.87
7	梅州市旅游局	广东省梅州市旅游局官方微博	61.38	36.44	29.23	43.53
8	最美惠州	广东省惠州市旅游局官方微博	60.24	53.45	21.26	43.29
9	三水旅游	佛山市三水区文体旅游局官方微博	57.37	37.31	20.92	38.78
10	中山旅游局	广东省中山市旅游局官方微博	56.71	36.18	13.11	35.16

（7）广东十大团委系统微博

排名	微博	认证信息	传播力	服务力	互动力	总分
1	广东共青团－青年之声	共青团广东省委员会官方微博	81.11	60.88	61.80	69.34
2	广州共青团	广东省广州市共青团官方微博	71.12	59.44	48.50	59.74
3	广轻团委	共青团广东轻工职业技术学院委员会官方微博	65.46	26.68	56.21	54.00
4	惠州共青团	共青团惠州市委员会官方微博	60.17	47.25	15.28	39.63
5	东莞共青团	共青团广东省东莞市委员会官方微博	54.66	32.00	16.10	34.71
6	海珠共青团	广州市海珠区共青团官方微博	55.44	35.84	8.41	32.71
7	佛山共青团	共青团广东省佛山市委员会官方微博	53.19	23.93	12.83	31.20
8	江门共青团	共青团江门市委员会官方微博	51.95	19.89	11.75	29.46
9	南海少工委	少先队佛山市南海区工作委员会官方微博	56.78	19.85	5.60	28.92
10	潮汕学院共青团－追求卓越	共青团潮汕职业技术学院委员会官方微博	44.88	2.86	24.72	28.41

（8）广东十大交通系统微博

排名	微博	认证信息	传播力	服务力	互动力	总分
1	广州地铁	广州地铁官方微博	82.63	89.10	74.84	80.81
2	深圳地铁运营	深圳市地铁集团有限公司运营总部	76.48	44.61	63.59	64.95
3	广州交通	广州市交通委员会官方微博	73.78	81.00	47.98	64.91
4	广州铁路	广州铁路(集团)公司官方微博	77.58	55.65	51.05	62.58
5	港铁深圳	港铁轨道交通(深圳)有限公司	68.00	59.02	42.89	56.16
6	深圳市交通运输委员会	深圳市交通运输委员会官方微博	71.16	53.60	40.74	55.48
7	珠海公交巴士官方微博	珠海公交巴士有限公司官方微博	66.75	26.52	37.82	47.13
8	虎门交通	东莞市交通运输局虎门分局官方微博	64.34	52.97	22.64	45.39
9	深圳机场	深圳市机场集团有限公司官方微博	68.31	11.02	36.14	43.98
10	惠州交通	广东省惠州市交通运输局官方微博	61.03	39.28	19.90	40.23

4. 山东政务指数微博影响力榜

（1）山东政务微博城市竞争力指数

排名	地区	传播力	服务力	互动力	竞争力指数
1	青岛	83.04	70.24	73.41	75.19
2	济南	77.52	71.04	71.43	73.12
3	潍坊	72.98	52.18	63.58	62.41
4	德州	73.87	49.17	63.89	61.73
5	临沂	72.38	47.67	58.95	59.03
6	威海	72.93	44.40	58.74	57.98
7	济宁	65.88	59.65	47.64	57.32
8	烟台	70.51	40.81	56.89	55.35
9	淄博	71.07	36.15	59.97	54.96
10	菏泽	69.46	38.24	56.27	53.92
11	日照	65.74	46.14	51.38	53.86
12	泰安	65.74	39.70	43.17	48.73
13	枣庄	63.89	36.79	38.62	45.56
14	滨州	63.61	39.96	32.19	44.34
15	东营	60.99	33.75	40.23	44.19
16	聊城	56.58	28.02	25.21	35.61
17	莱芜	51.89	25.25	26.35	33.63

（2）山东十大政务机构微博

排名	微博	认证信息	传播力	服务力	互动力	总分
1	德州运河公安分局	德州市公安局运河经济开发区分局官方微博	84.00	95.03	87.09	87.44
2	济南中院	山东省济南市中级人民法院官方微博	85.14	91.43	73.68	81.82
3	山东共青团	共青团山东省委员会官方微博	83.16	90.51	74.11	81.01
4	青岛发布	青岛市人民政府新闻办公室官方微博	84.05	74.15	79.91	80.42

续表

排名	微博	认证信息	传播力	服务力	互动力	总分
5	山东省旅游发展委员会	山东省旅游发展委员会官方微博	82.80	88.21	73.21	80.04
6	济南交警	济南市公安局交警支队官方微博	77.87	96.52	73.87	80.00
7	青岛交警	青岛市公安局交警支队官方微博	79.10	94.64	72.32	79.50
8	山东高法	山东省高级人民法院官方微博	80.44	96.00	69.83	79.31
9	青岛公安	青岛市公安局官方微博	79.33	86.91	71.67	77.78
10	青岛市旅游局官方微博	青岛市旅游局官方微博	79.51	88.33	69.99	77.46

（3）山东十大党政新闻发布微博

排名	微博	认证信息	传播力	服务力	互动力	总分
1	青岛发布	青岛市人民政府新闻办公室官方微博	84.05	74.15	79.91	80.42
2	威海发布	威海市人民政府新闻办公室官方微博	75.61	78.43	61.64	70.59
3	潍坊发布	山东省潍坊市人民政府新闻办公室官方微博	73.75	66.95	60.62	67.14
4	荣成发布	山东省荣成市人民政府新闻办公室官方微博	67.27	92.13	44.57	63.16
5	山东发布	山东省人民政府新闻办公室官方微博	76.41	57.65	52.41	63.06
6	微博济南	济南市政务发布平台官方微博	73.96	56.66	47.92	60.09
7	临沂发布	山东省临沂市人民政府新闻办公室官方微博	74.02	36.52	54.96	58.90
8	环翠发布	山东省威海市环翠区人民政府新闻办公室官方微博	62.96	82.07	42.80	58.72
9	淄博发布	淄博市人民政府新闻办公室官方微博	71.11	53.59	45.89	57.52
10	青岛城阳发布	青岛市城阳区人民政府新闻办公室官方微博	65.72	71.52	36.70	55.27

（4）山东十大公安系统微博

排名	微博	认证信息	传播力	服务力	互动力	总分
1	德州运河公安分局	德州市公安局运河经济开发区分局官方微博	84.00	95.03	87.09	87.44
2	济南交警	济南市公安局交警支队官方微博	77.87	96.52	73.87	80.00
3	青岛交警	青岛市公安局交警支队官方微博	79.10	94.64	72.32	79.50
4	青岛公安	青岛市公安局官方微博	79.33	86.91	71.67	77.78
5	济南公安	济南市公安局官方微博	82.34	81.32	69.21	76.89
6	潍坊交警	山东省潍坊市公安局交警支队官方微博	76.11	83.95	70.82	75.56
7	淄博警方	山东省淄博市公安局	74.82	94.60	64.33	74.58
8	禹城公安110在线	山东省禹城公安局110报警服务台官方微博	82.23	81.16	61.22	73.61
9	山东交警	山东省公安厅交通管理局官方微博	78.80	67.11	68.14	72.20
10	潍坊公安	山东省潍坊市公安局官方微博	74.27	85.24	61.66	71.42

（5）山东十大司法系统微博

排名	微博	认证信息	传播力	服务力	互动力	总分
1	济南中院	山东省济南市中级人民法院官方微博	85.14	91.43	73.68	81.82
2	山东高法	山东省高级人民法院官方微博	80.44	96.00	69.83	79.31
3	菏泽中院	山东省菏泽市中级人民法院官方微博	77.95	90.21	59.05	72.84
4	菏泽巨野县法院	山东省巨野县人民法院官方微博	66.84	86.20	56.94	66.75
5	高密普法	山东省高密市全民普法依法治市工作领导小组办公室官方微博	63.83	87.61	54.04	64.67
6	青岛市中级人民法院	山东省青岛市中级人民法院官方微博	67.83	88.35	46.68	63.47
7	博山法院崮山法庭	山东省淄博市博山区人民法院崮山法庭官方微博	65.36	83.89	44.96	60.91
8	淄博法院在线	山东省淄博市中级人民法院官方微博	64.69	87.41	42.63	60.41
9	济南市商河法院	山东省济南市商河县人民法院官方微博	68.42	86.65	35.53	58.91
10	菏泽牡丹区法院	山东省菏泽市牡丹区人民法院官方微博	66.11	71.12	40.85	57.01

（6）山东十大旅游局微博

排名	微博	认证信息	传播力	服务力	互动力	总分
1	山东省旅游发展委员会	山东省旅游发展委员会官方微博	82.80	88.21	73.21	80.04
2	青岛市旅游发展委员会官方微博	青岛市旅游发展委员会官方微博	79.51	88.33	69.99	77.46
3	济南市旅游发展委员会	济南市旅游发展委员会官方微博	75.23	87.41	63.69	73.05
4	威海市旅游发展委员会	威海市旅游发展委员会官方微博	73.80	79.34	60.85	69.73
5	烟台旅游官方微博	烟台市旅游发展委员会官方微博	73.49	79.81	59.10	69.00
6	日照市旅游发展委员会微博	日照市旅游发展委员会微博	65.93	50.47	42.51	53.47
7	山东省旅游信息中心	山东省旅游信息中心	70.23	39.92	38.86	51.62
8	淄博市旅游局官方微博	淄博市旅游局官方微博	61.72	45.95	35.47	48.06
9	济宁市旅游发展委员会	济宁市旅游发展委员会官方微博	61.72	38.36	30.87	44.71
10	临沂市旅游发展委员会官方微博	临沂市旅游发展委员会	60.22	40.09	30.25	44.21

（7）山东十大团委系统微博

排名	微博	认证信息	传播力	服务力	互动力	总分
1	山东共青团	共青团山东省委员会官方微博	83.16	90.51	74.11	81.01
2	青春济南	共青团济南市委员会官方微博	64.78	80.93	43.74	59.59
3	山东师范大学团委	山东师范大学团委官方微博	65.10	57.88	46.45	56.20
4	济宁医学院团委	山东省济宁医学院团委官方微博	62.47	52.30	43.31	52.77
5	共青团青岛市委	共青团青岛市委员会官方微博	62.64	54.93	40.60	52.28

续表

排名	微博	认证信息	传播力	服务力	互动力	总分
6	山东大学威海团委	共青团山东大学（威海）委员会官方微博	58.65	52.24	44.07	51.53
7	荟萃石工	中石大石油工程学院团委官方微博	63.31	51.30	31.13	48.04
8	东营区共青团	共青团东营市东营区委官方微博	61.60	40.06	35.20	46.73
9	山东理工大学团委	共青团山东理工大学委员会官方微博	57.07	45.19	36.33	46.40
10	青岛市市北区团委	共青团青岛市市北区委官方微博	59.34	53.23	24.24	44.08

（8）山东十大交通系统微博

排名	微博	认证信息	传播力	服务力	互动力	总分
1	济南铁路	济南铁路局官方微博	71.76	67.28	40.52	58.37
2	山东交通出行	山东省交通运输厅公众出行平台	72.20	61.74	32.03	54.04
3	山东海事	中华人民共和国山东海事局官方微博	64.98	69.50	34.95	53.87
4	济南西站	济南西站官方微博	69.18	61.06	31.83	52.62
5	青岛高速出行服务平台	青岛市高速公路管理处信息中心官方微博	74.75	57.89	27.82	52.60
6	青岛交通运输	青岛市交通运输委官方微博	65.86	69.17	29.20	51.86
7	威海公路在线	山东省威海市公路管理局官方微博	62.25	55.56	28.93	47.58
8	京沪高铁泰安站	京沪高铁泰安站官方微博	63.79	50.93	28.50	47.10
9	烟台海事微政务	烟台海事局官方微博	61.08	54.44	25.64	45.58
10	京沪高铁枣庄站	京沪高铁枣庄站官方微博	63.51	47.23	25.87	45.20

5. 安徽政务指数微博影响力榜

（1）安徽政务微博城市竞争力指数

排名	地区	传播力	服务力	互动力	竞争力指数
1	马鞍山	78.51	50.56	70.50	65.92
2	宿　州	76.50	51.49	63.61	63.24
3	芜　湖	73.35	61.65	46.49	59.85
4	阜　阳	68.45	65.42	43.79	58.76
5	淮　北	64.56	60.86	48.56	57.66
6	蚌　埠	69.94	55.40	48.58	57.38
7	黄　山	70.11	53.35	49.73	57.12
8	六　安	72.60	39.85	60.04	56.74
9	宣　城	68.73	37.27	61.04	55.03
10	合　肥	70.30	46.57	48.30	54.30
11	安　庆	73.23	37.59	50.49	52.80
12	亳　州	67.57	37.25	53.04	51.87
13	滁　州	66.12	34.50	48.11	48.75
14	淮　南	65.63	33.09	48.52	48.25
15	池　州	67.31	32.31	47.01	47.95
16	铜　陵	63.25	30.97	36.63	42.63

（2）安徽十大政务机构微博

排名	微博	认证信息	传播力	服务力	互动力	总分
1	六安公安在线	安徽省六安市公安局官方微博	88.27	87.09	80.78	85.04
2	马鞍山公安在线	安徽省马鞍山市公安局官方微博	88.06	82.64	78.36	83.10
3	安徽公安在线	安徽省公安厅官方微博	85.35	88.54	76.26	82.35
4	马鞍山发布	安徽省马鞍山市委宣传部新闻发布官方微博	78.68	94.67	77.72	81.49
5	安徽消防	安徽省消防总队官方微博	75.21	96.67	70.58	77.65
6	旌德治安在线	安徽省宣城市旌德县公安局治安管理大队官方微博	82.11	89.78	60.30	74.92
7	江淮气象	安徽省气象局公共服务中心官方微博	73.10	90.73	60.34	71.52
8	安徽共青团	共青团安徽省委员会官方微博	74.46	85.96	60.42	71.14
9	宿州发布	安徽省宿州市人民政府办公室官方微博	72.19	89.45	59.95	70.75
10	平安芜湖	安徽省芜湖市公安局官方微博	75.56	81.77	59.04	70.19

（3）安徽十大党政新闻发布微博

排名	微博	认证信息	传播力	服务力	互动力	总分
1	马鞍山发布	安徽省马鞍山市委宣传部新闻发布官方微博	78.68	94.67	77.72	81.49
2	宿州发布	安徽省宿州市人民政府办公室官方微博	72.19	89.45	59.95	70.75
3	安徽发布	安徽省互联网信息办公室官方微博	75.88	78.72	59.93	70.07
4	安庆发布	安庆市人民政府暨安庆市委宣传部新闻发布	72.28	71.94	57.13	66.16
5	亳州发布	亳州市互联网信息办公室官方微博	68.67	81.35	52.14	64.59
6	美好滁州	安徽滁州市委宣传部官方微博	71.54	71.57	52.01	63.74
7	黄山发布	黄山市人民政府官方微博	69.25	58.09	49.72	59.21
8	铜陵发布	安徽省铜陵市人民政府官方微博	69.09	66.17	43.45	58.25
9	安徽省人民政府发布	安徽省人民政府官方微博	70.67	56.04	46.08	57.91
10	泗县发布	中共泗县县委宣传部官方微博	62.17	84.41	38.22	57.04

（4）安徽十大公安系统微博

排名	微博	认证信息	传播力	服务力	互动力	总分
1	六安公安在线	安徽省六安市公安局官方微博	88.27	87.09	80.78	85.04
2	马鞍山公安在线	安徽省马鞍山市公安局官方微博	88.06	82.64	78.36	83.10
3	安徽公安在线	安徽省公安厅官方微博	85.35	88.54	76.26	82.35
4	安徽消防	安徽省消防总队官方微博	75.21	96.67	70.58	77.65
5	旌德治安在线	安徽省宣城市旌德县公安局治安管理大队官方微博	82.11	89.78	60.30	74.92
6	平安芜湖	安徽省芜湖市公安局官方微博	75.56	81.77	59.04	70.19
7	宿州公安在线	安徽省宿州市公安局官方微博	74.25	80.53	60.24	69.90
8	淮南治安在线	安徽省淮南市公安局治安管理支队官方微博	74.92	83.91	54.39	68.51
9	亳州公安在线	安徽省亳州市公安局	71.38	85.30	54.60	67.45
10	安徽公安交警在线	安徽省公安厅交警总队官方微博	76.56	65.96	55.49	66.01

（5）安徽十大司法系统微博

排名	微博	认证信息	传播力	服务力	互动力	总分
1	含山法宣零距离	安徽省马鞍山市含山县司法局官方微博	62.55	75.04	47.15	58.89
2	法治当涂	安徽省马鞍山市当涂县依法治县领导小组办公室官方微博	52.72	82.37	38.47	52.95
3	环峰司法所	安徽省马鞍山市含山县司法局环峰司法所官方微博	57.63	71.71	33.31	50.72
4	安徽检察	安徽省人民检察院官方微博	62.91	41.55	35.15	47.53
5	功桥司法所	安徽省马鞍山市和县司法局功桥司法所官方微博	54.92	67.36	26.38	45.99
6	安徽普法	安徽省法治宣传教育领导小组办公室官方微博	53.46	43.62	25.69	40.38
7	小马普法	安徽省马鞍山市依法治市领导小组办公室官方微博	54.51	38.20	24.41	39.21
8	铜陵中院	安徽省铜陵中院官方微博	50.06	60.08	16.85	38.78
9	六安裕安检察	安徽省六安市裕安区人民检察院官方微博	56.74	50.00	14.84	38.63
10	蚌埠中院	安徽省蚌埠市中级人民法院官方微博	60.75	40.16	8.91	35.90

（6）安徽十大旅游局微博

排名	微博	认证信息	传播力	服务力	互动力	总分
1	安徽省旅游局	安徽省旅游局官方微博	78.62	64.00	60.01	68.25
2	滁州市旅游局	安徽省滁州市旅游局官方微博	57.83	39.50	21.30	39.55
3	池州旅游微博	安徽省池州市旅游委员会官方微博	57.52	31.49	21.53	37.92
4	六安市旅游委发布	六安市旅游局官方微博	56.85	26.66	20.46	36.26
5	黟县旅游委员会	黟县旅游委员会官方微博	49.03	17.81	17.91	30.34
6	宿州市旅游局	宿州市旅游局官方微博	49.62	18.94	13.62	29.09
7	安徽广德县旅游局	安徽省宣城市广德县旅游局官方微博	49.71	23.63	9.85	28.55
8	金寨县旅游委	安徽省六安市金寨县旅游委官方微博	48.31	17.85	13.91	28.46
9	蚌埠文化旅游局	安徽省蚌埠市旅游局官方微博	47.16	34.44	4.82	27.68
10	亳州市文化旅游局	亳州市文化旅游局官方微博	49.12	12.54	10.45	26.34

（7）安徽十大团委系统微博

排名	微博	认证信息	传播力	服务力	互动力	总分
1	安徽共青团	共青团安徽省委员会官方微博	74.46	85.96	60.42	71.14
2	五河青春	共青团安徽省蚌埠市五河县委官方微博	59.34	58.78	39.12	51.14
3	安徽农业大学经济技术学院团委	安徽农业大学经济技术学院团委官方微博	55.31	60.97	35.61	48.56
4	青春弋江	共青团芜湖市弋江区委官方微博	54.15	47.70	21.54	39.82
5	芜湖镜湖区团委	共青团芜湖市镜湖区委官方微博	53.57	31.47	24.30	37.44
6	蚌埠共青团	共青团安徽省蚌埠市委员会官方微博	54.38	35.24	19.99	36.80

续表

排名	微博	认证信息	传播力	服务力	互动力	总分
7	蒙城县团县委	安徽省亳州市蒙城县团委官方微博	48.90	53.76	15.79	36.63
8	叶集团区委	共青团六安市叶集区委官方微博	51.82	39.65	18.25	35.96
9	黄山市共青团	共青团安徽省黄山市委员会官方微博	60.34	31.93	13.52	35.93
10	安徽中医药大学校团委	安徽中医药大学校团委官方微博	50.77	23.86	25.91	35.45

（8）安徽十大交通系统微博

排名	微博	认证信息	传播力	服务力	互动力	总分
1	安徽高速	安徽交通运输联网管理中心	70.38	65.77	34.83	55.24
2	上铁合肥客运段官方微博	上海铁路局合肥客运段官方微博	55.47	61.54	22.41	43.46
3	安徽交通运输	安徽省交通运输厅官方微博	62.92	49.05	20.71	43.26
4	阜阳火车站微博	上海铁路局阜阳火车站官方微博	59.61	28.69	21.14	38.04
5	池州九华山机场	安徽民航机场集团有限公司池州九华山机场分公司	55.95	29.23	20.36	36.37
6	阜阳市公交总公司	阜阳市公交总公司官方微博	53.45	27.87	21.68	35.63
7	马鞍山公交服务	安徽省马鞍山市公共交通集团有限责任公司官方微博	53.09	32.47	19.50	35.53
8	阜阳交通	安徽省阜阳市交通运输局官方微博	52.89	37.12	16.60	35.22
9	铁路合肥站	上海铁路局合肥火车站官方微博	59.22	17.28	14.67	33.01
10	上铁蚌埠站	上海铁路局蚌埠站官方微博	52.54	25.84	13.18	31.45

6. 河南政务指数微博影响力榜

（1）河南政务微博城市竞争力指数

排名	地区	传播力	服务力	互动力	竞争力指数
1	郑　州	83.63	72.37	65.19	73.24
2	洛　阳	79.17	60.44	70.85	69.70
3	漯　河	76.28	58.82	49.10	60.66
4	商　丘	68.53	45.76	60.01	57.58
5	新　乡	70.50	41.04	53.82	54.35
6	南　阳	66.48	45.65	49.25	53.16
7	安　阳	67.21	43.37	47.20	51.86
8	开　封	67.58	38.74	39.95	47.81
9	信　阳	64.32	37.07	42.94	47.30
10	驻马店	62.83	40.46	36.47	45.78
11	许　昌	65.61	34.76	36.58	44.65
12	平顶山	62.29	31.99	40.07	43.91
13	鹤　壁	62.46	27.23	40.90	42.58
14	三门峡	58.80	33.99	37.14	42.54
15	焦　作	63.81	29.29	37.43	42.50
16	周　口	62.19	27.28	38.48	41.68
17	濮　阳	58.15	37.34	29.95	41.00

（2）河南十大政务机构微博

排名	微博	认证信息	传播力	服务力	互动力	总分
1	平安中原	河南省公安厅官方微博	91.93	87.07	84.78	88.10
2	平安洛阳	河南省洛阳市公安局官方微博	89.66	96.50	81.77	87.87
3	平安商丘	商丘市公安局官方微博	76.78	95.69	64.42	75.62
4	河南共青团	共青团河南省委官方微博	77.55	75.86	68.22	73.48
5	平安郑州	郑州市公安局官方微博	79.80	81.63	62.93	73.42
6	微博商丘	河南商丘市委宣传部官方微博	74.47	81.34	58.87	69.60
7	微博洛阳	洛阳市互联网宣传官方微博	77.03	65.90	63.12	69.24
8	河南省旅游局官方微博	河南省旅游局官方微博	79.10	61.42	61.77	68.63
9	河南高速公安	河南省公安厅高速公路公安局官方微博	77.53	79.16	54.33	68.58
10	河南教育	河南省教育厅官方微博	75.88	74.37	57.83	68.36

（3）河南十大党政新闻发布微博

排名	微博	认证信息	传播力	服务力	互动力	总分
1	微博商丘	河南商丘市委宣传部官方微博	74.47	81.34	58.87	69.60
2	微博洛阳	洛阳市互联网宣传官方微博	77.03	65.90	63.12	69.24
3	梨乡宁陵	河南省商丘市宁陵县宣传部官方微博	63.90	87.91	38.87	58.69
4	精彩河南	河南省人民政府新闻办公室官方微博	73.21	46.53	47.20	57.47
5	精彩许昌	中共许昌市委宣传部官方微博	66.85	53.90	40.55	53.74
6	郑州市门户网站	郑州市政府网站官方微博	64.14	50.58	31.70	48.45
7	河南网信	河南省互联网信息办公室官方微博	63.97	36.13	34.06	46.44
8	精彩巩义	巩义市政府新闻办官方微博	63.25	54.95	24.10	45.93
9	焦作发布	焦作市人民政府新闻办公室官方微博	58.38	67.88	20.70	45.21
10	孟津发布	洛阳市孟津县官方微博	60.28	55.82	24.51	45.08

（4）河南十大公安系统微博

排名	微博	认证信息	传播力	服务力	互动力	总分
1	平安中原	河南省公安厅官方微博	91.93	87.07	84.78	88.10
2	平安洛阳	河南省洛阳市公安局官方微博	89.66	96.50	81.77	87.87
3	平安商丘	商丘市公安局官方微博	76.78	95.69	64.42	75.62
4	平安郑州	郑州市公安局官方微博	79.80	81.63	62.93	73.42
5	河南高速公安	河南省公安厅高速公路公安局官方微博	77.53	79.16	54.33	68.58
6	新乡警方在线	新乡市公安局官方微博	74.77	76.30	51.16	65.63
7	洛阳交警	洛阳市公安局交警支队官方微博	70.39	70.64	46.01	60.69
8	郑州交巡警	郑州市公安局交通巡逻警察支队官方微博	73.27	63.99	42.32	59.03
9	河南消防	河南省消防总队官方微博	71.82	54.73	46.33	58.21
10	南阳交警	南阳市公安交警支队官方微博	68.54	69.67	41.94	58.13

（5）河南十大司法系统微博

排名	微博	认证信息	传播力	服务力	互动力	总分
1	豫法阳光	河南省高级人民法院官方微博	74.69	62.51	49.96	62.36
2	河南检察	河南省人民检察院官方微博	65.69	68.56	55.30	62.11
3	郑州中院	郑州市中级人民法院官方微博	60.38	40.58	28.59	43.71
4	新乡中院	新乡市中级人民法院官方微博	55.07	36.71	34.45	43.15
5	河南司法行政在线	河南省司法厅官方微博	60.30	31.56	27.02	41.24
6	长垣司法行政在线	河南省新乡市长垣县司法局官方微博	53.73	57.89	18.39	40.43
7	鹤壁司法行政在线	河南省鹤壁市司法局官方微博	55.22	48.44	16.06	38.20
8	二七法院	河南省郑州市二七区法院官方微博	46.85	73.05	6.87	36.10
9	安阳中院	安阳市中级人民法院官方微博	56.89	45.11	10.77	36.08
10	鼓楼法院	河南省开封市鼓楼区法院官方微博	57.91	2.22	30.78	35.92

（6）河南十大旅游局微博

排名	微博	认证信息	传播力	服务力	互动力	总分
1	河南省旅游局官方微博	河南省旅游局官方微博	79.10	61.42	61.77	68.63
2	郑州旅游局	郑州市旅游局官方微博	62.71	38.23	27.14	43.58
3	洛阳市旅发委	洛阳市旅游局官方微博	61.08	24.87	30.10	41.44
4	焦作市旅游局	焦作市旅游局官方微博	59.68	11.10	34.72	39.98
5	新乡旅游微博	河南省新乡市旅游局官方微博	50.88	56.55	18.34	39.00
6	河南省焦作市修武县旅游局	河南省修武县旅游局官方微博	53.01	43.96	13.40	35.36
7	源汇文化旅游在线	漯河市源汇区文化旅游局官方微博	50.19	65.67	1.68	33.88
8	栾川旅游微博	河南省洛阳市栾川旅游工作委员会官方微博	49.09	22.99	19.99	32.23
9	舞阳广电	河南省漯河市舞阳县文化广电旅游局官方微博	46.29	59.25	1.65	31.03
10	开封市旅游局	开封市旅游局官方微博	47.31	8.45	14.74	26.51

（7）河南十大团委系统微博

排名	微博	认证信息	传播力	服务力	互动力	总分
1	河南共青团	共青团河南省委官方微博	77.55	75.86	68.22	73.48
2	河南财经政法大学团委	共青团河南财经政法大学委员会官方微博	68.45	58.12	53.29	60.32
3	河南农业大学机电工程学院	河南农大机电工程学院团委官方微博	61.34	62.87	40.23	53.20
4	河南农业大学团委	河南省农业大学团委官方微博	59.19	55.92	45.73	53.15
5	河南师范大学团委	共青团河南师范大学委员会官方微博	61.45	46.22	42.24	50.72
6	洛阳共青团	共青团洛阳市委宣传部官方微博	62.40	61.31	30.68	49.49
7	河南农大园艺学院团委	河南农大园艺学院团委官方微博	60.37	51.18	37.33	49.32

续表

排名	微博	认证信息	传播力	服务力	互动力	总分
8	三门峡青年	共青团三门峡市委官方微博	60.86	49.34	36.29	48.73
9	郑州大学旅游管理学院团委	郑州大学旅游管理学院团委学生会官方微博	59.95	46.65	36.45	47.89
10	河南农业大学外语团委	河南农业大学外语学院团委官方微博	57.52	50.87	34.28	46.90

（8）河南十大交通系统微博

排名	微博	认证信息	传播力	服务力	互动力	总分
1	郑州地铁	郑州市轨道交通有限公司运营分公司	72.62	78.70	49.55	64.61
2	郑州铁路局	郑州铁路局官方微博	75.59	54.83	44.48	59.00
3	南阳车务段	郑州铁路局南阳车务段官方微博	65.96	75.22	41.79	58.14
4	洛阳公交集团	洛阳市公共交通集团有限公司	65.47	50.28	44.90	54.20
5	郑州交通	郑州市交通运输委员会官方微博	69.26	53.27	37.35	53.30
6	洛阳机务段	郑州铁路局洛阳机务段官方微博	58.14	80.46	34.31	53.07
7	洛阳交通局	洛阳市交通局	63.84	46.70	22.54	43.89
8	郑州东高铁站	郑州铁路局火车东站官方微博	62.48	39.74	23.58	42.37
9	舞阳交通	漯河市舞阳县交通运输局官方微博	49.62	82.59	4.91	38.33
10	郑局洛阳火车站	郑州铁路局洛阳火车站官方微博	58.67	28.75	22.67	38.29

7. 浙江政务指数微博影响力榜

（1）浙江政务微博城市竞争力指数

排名	地区	传播力	服务力	互动力	竞争力指数
1	杭州	85.35	58.77	71.33	71.14
2	宁波	81.61	59.97	66.15	68.62
3	嘉兴	72.45	77.15	49.38	66.02
4	温州	75.84	48.52	58.85	60.33
5	绍兴	74.83	46.56	56.61	58.56
6	湖州	78.35	40.86	53.55	56.55
7	金华	70.39	43.30	48.92	53.39
8	台州	69.77	41.80	43.86	50.91
9	舟山	61.22	36.06	39.26	44.73
10	丽水	56.74	42.17	32.90	43.30
11	衢州	59.69	29.03	33.51	39.79

（2）浙江十大政务机构微博

排名	微博	认证信息	传播力	服务力	互动力	总分
1	杭州发布	杭州市人民政府新闻办公室官方微博	83.67	86.17	76.49	81.30
2	宁波发布	宁波市政府新闻办公室官方微博	80.44	74.77	65.27	73.24
3	杭州市旅游委员会	杭州市旅游委员会官方微博	80.39	59.47	66.77	70.76
4	浙江公安	浙江省公安厅官方微博	78.92	66.47	62.90	70.02

续表

排名	微博	认证信息	传播力	服务力	互动力	总分
5	宁波交警	宁波市公安局交通警察局官方微博	75.52	87.63	50.81	68.05
6	浙江团省委	共青团浙江省委员会官方微博	74.14	75.36	57.62	67.78
7	安吉发布	浙江省安吉县政府新闻办官方微博	74.83	60.75	64.18	67.75
8	温州高速交警	浙江省公安厅高速公路交通警察总队温州支队、温州市公安局高速公路交警支队官方微博	75.50	86.15	48.81	66.95
9	江干发布	浙江省杭州市江干区政府新闻办官方微博	71.12	80.65	55.69	66.85
10	浙江发布	浙江省人民政府新闻办公室官方微博	78.12	59.81	57.31	66.14

（3）浙江十大党政新闻发布微博

排名	微博	认证信息	传播力	服务力	互动力	总分
1	杭州发布	杭州市人民政府新闻办公室官方微博	83.67	86.17	76.49	81.30
2	宁波发布	宁波市政府新闻办公室官方微博	80.44	74.77	65.27	73.24
3	安吉发布	浙江省安吉县政府新闻办官方微博	74.83	60.75	64.18	67.75
4	江干发布	浙江省杭州市江干区政府新闻办官方微博	71.12	80.65	55.69	66.85
5	浙江发布	浙江省人民政府新闻办公室官方微博	78.12	59.81	57.31	66.14
6	北仑发布	宁波市北仑区人民政府新闻办官方微博	70.14	81.71	48.15	63.65
7	乐清发布	乐清市政府新闻办公室官方微博	69.17	85.36	46.78	63.45
8	上城发布	浙江省杭州市上城区政府新闻办公室官方微博	64.93	79.21	49.66	61.68
9	建德发布	浙江省建德市人民政府新闻办公室官方微博	68.89	79.82	44.59	61.36
10	临安发布	浙江省临安市人民政府新闻办公室官方微博	67.04	76.97	44.03	59.82

（4）浙江十大公安系统微博

排名	微博	认证信息	传播力	服务力	互动力	总分
1	浙江公安	浙江省公安厅官方微博	78.92	66.47	62.90	70.02
2	宁波交警	宁波市公安局交通警察局官方微博	75.52	87.63	50.81	68.05
3	温州高速交警	浙江省公安厅高速公路交通警察总队温州支队、温州市公安局高速公路交警支队官方微博	75.50	86.15	48.81	66.95
4	余杭公安	杭州市公安局余杭区公安分局官方微博	73.23	80.10	51.93	66.09
5	平安杭州	杭州市公安局官方微博	76.78	65.31	55.37	65.92
6	浙江消防	浙江省公安消防总队官方微博	72.10	60.81	55.96	63.38
7	平安温州	温州市公安局	74.29	56.30	52.46	61.96
8	高速交警宁波支队	浙江省公安厅高速公路交警总队宁波支队	73.15	62.01	37.76	56.77
9	宁波公安	宁波市公安局官方微博	71.40	53.73	43.27	56.61
10	平安铁路	杭州铁路公安处官方微博	70.95	61.10	39.82	56.53

（5）浙江十大司法系统微博

排名	微博	认证信息	传播力	服务力	互动力	总分
1	上城政法	浙江省杭州市上城区委政法委员会官方微博	52.82	70.73	33.24	48.57
2	宁海检察	浙江省宁海县人民检察院官方微博	66.35	69.84	11.59	45.14
3	浙江检察	浙江省人民检察院官方微博	60.11	50.34	24.35	43.85
4	浙江普法	浙江省司法厅、浙江省普法办官方微博	61.50	21.72	31.32	41.47
5	马桥司法所	浙江省海宁市司法局马桥司法所官方微博	56.39	37.16	19.11	37.63
6	江北检察	宁波市江北区人民检察院官方微博	59.16	46.51	9.50	36.77
7	温州法院	浙江省温州市中级人民法院官方微博	56.02	22.46	23.86	36.44
8	杭州司法	浙江省杭州市司法局官方微博	49.73	67.05	7.16	36.17
9	安吉普法	浙江省湖州市安吉县司法局官方微博	57.00	42.55	11.21	35.79
10	嘉兴中院	浙江省嘉兴市中级人民法院官方微博	56.75	33.43	8.39	32.74

（6）浙江十大旅游局微博

排名	微博	认证信息	传播力	服务力	互动力	总分
1	杭州市旅游委员会	杭州市旅游委员会官方微博	80.39	59.47	66.77	70.76
2	舟山市旅游委员会	浙江省舟山市旅游局官方微博	72.46	67.64	49.02	62.12
3	宁波旅游局	宁波旅游局官方微博	70.87	47.18	43.30	55.10
4	千岛湖旅游	淳安县千岛湖风景旅游委员会官方微博	65.95	70.63	32.70	53.58
5	17度建德新安江	建德市旅游商务局官方微博	69.88	47.84	38.56	52.94
6	温州旅游官方微博	温州市旅游局官方微博	68.50	38.20	40.65	51.30
7	绍兴市旅游委员会	绍兴市旅游委员会官方微博	65.41	40.49	40.81	50.58
8	玩转安吉	浙江安吉风景与旅游管理委员会官方微博	60.77	50.16	39.57	50.17
9	浙江省旅游局	浙江省旅游局官方微博	70.05	27.00	40.92	49.79
10	悠游湖州	浙江省湖州市旅游局官方微博	65.05	50.67	29.59	47.99

（7）浙江十大团委系统微博

排名	微博	认证信息	传播力	服务力	互动力	总分
1	浙江团省委	共青团浙江省委员会官方微博	74.14	75.36	57.62	67.78
2	安吉共青团	共青团安吉县委员会官方微博	52.25	57.34	9.19	36.04
3	凤鸣高中团委学生会	共青团桐乡市凤鸣高级中学委员会官方微博	47.73	21.55	27.89	34.56
4	上城共青团	共青团杭州市上城区委官方微博	53.32	40.76	2.72	30.57
5	湖州团市委	湖州团市委官方微博	52.08	24.16	7.85	28.80
6	青春江干	共青团杭州市江干区委官方微博	46.14	37.11	5.44	28.05
7	庆元团县委	共青团庆元县委员会官方微博	61.27	5.62	3.61	27.08
8	共青团鄞州区委	宁波市鄞州区共青团官方微博	49.59	20.47	7.85	27.07
9	拱墅青年	共青团杭州市拱墅区委官方微博	41.22	50.55	0.38	26.75
10	青春镇海炼化	共青团中国石化镇海炼化分公司官方微博。	45.64	23.37	5.52	25.14

（8）浙江十大交通系统微博

排名	微博	认证信息	传播力	服务力	互动力	总分
1	宁波海事局	宁波海事局官方微博	68.25	71.36	44.56	59.40
2	宁波机场阳光服务	宁波栎社国际机场阳光服务品牌	74.51	57.62	43.89	58.88
3	杭州公交	杭州市公共交通集团有限公司官方微博	70.06	54.67	42.14	55.81
4	杭州地铁官方	杭州市地铁集团有限责任公司	71.73	34.45	48.51	54.99
5	温州机场彩虹服务	温州机场地面服务公司服务部官方微博	69.63	61.19	31.41	52.66
6	温州公路	温州市公路管理局官方微博	66.96	46.80	20.66	44.41
7	宁波轨道交通	宁波轨道交通官方微博	60.04	17.37	41.33	44.03
8	铁路杭州站	上海铁路局杭州站官方微博	61.39	52.05	19.24	42.66
9	杭州萧山国际机场	杭州萧山国际机场官方微博	67.08	25.98	25.87	42.38
10	杭港地铁官方微博	杭州杭港地铁有限公司	62.91	30.53	26.24	41.77

8. 陕西政务指数微博影响力榜

（1）陕西政务微博城市竞争力指数

排名	地区	传播力	服务力	互动力	竞争力指数
1	西安	80.91	67.15	79.06	75.45
2	咸阳	72.53	50.76	51.17	57.43
3	榆林	71.68	45.11	49.94	54.77
4	宝鸡	70.47	45.46	49.41	54.35
5	渭南	67.33	40.10	48.58	51.24
6	铜川	60.27	47.63	32.87	46.26
7	商洛	64.15	34.75	41.08	45.78
8	安康	65.23	37.71	37.18	45.78
9	汉中	63.12	37.26	36.18	44.64
10	延安	63.93	28.64	36.11	41.84

（2）陕西十大政务机构微博

排名	微博	认证信息	传播力	服务力	互动力	总分
1	西安公安	陕西省西安市公安局官方微博	84.50	89.84	78.79	83.28
2	汉唐网	陕西省文物局官方微博	85.18	75.02	82.07	81.91
3	西安发布	西安市互联网信息办公室官方微博	80.15	73.57	75.64	77.03
4	法治西安	陕西省西安市司法局官方微博	77.24	83.67	70.39	75.79
5	陕西省教育厅	陕西省教育厅官方微博	78.30	85.95	66.86	75.25
6	陕西消防	陕西省公安消防总队官方微博	77.99	83.69	68.25	75.24
7	西安交警经开大队	西安市公安局交警支队经开大队官方微博	78.75	89.52	57.04	72.22
8	陕西发布	陕西省人民政府门户网站官方微博	77.96	79.58	61.21	71.59
9	畅通西安	西安市公安局交警支队官方微博	75.78	79.40	60.92	70.56
10	西安市旅游局	西安市旅游局官方微博	76.42	56.62	64.04	67.51

（3）陕西十大党政新闻发布微博

排名	微博	认证信息	传播力	服务力	互动力	总分
1	西安发布	西安市互联网信息办公室官方微博	80.15	73.57	75.64	77.03
2	陕西发布	陕西省人民政府门户网站官方微博	77.96	79.58	61.21	71.59
3	曲江新区	西安曲江新区管理委员会官方微博	67.22	66.30	50.02	60.16
4	铜川发布	陕西省铜川市人民政府官方微博	66.83	68.03	44.01	57.94
5	榆林宣传	中共榆林市委宣传部官方微博	66.15	51.27	42.25	53.61
6	浐灞生态区	西安浐灞生态区管理委员会官方微博	63.79	66.85	35.36	53.03
7	渭城宣传	中共咸阳市渭城区委宣传部官方微博	60.00	80.02	32.30	52.92
8	汉中发布	陕西省汉中市委、市政府官方微博	66.91	24.82	51.76	52.43
9	商洛发布	陕西省商洛市人民政府官方微博	64.93	63.48	33.23	51.96
10	中国乾县	陕西省咸阳市乾县信息中心官方微博	59.54	65.08	35.40	50.99

（4）陕西十大公安系统微博

排名	微博	认证信息	传播力	服务力	互动力	总分
1	西安公安	陕西省西安市公安局官方微博	84.50	89.84	78.79	83.28
2	陕西消防	陕西省公安消防总队官方微博	77.99	83.69	68.25	75.24
3	西安交警经开大队	西安市公安局交警支队经开大队官方微博	78.75	89.52	57.04	72.22
4	畅通西安	西安市公安局交警支队官方微博	75.78	79.40	60.92	70.56
5	吴堡公安	陕西省榆林市吴堡县公安局官方微博	72.66	87.45	51.85	67.30
6	西安交警灞桥大队	西安市公安局交警支队灞桥大队官方微博	68.33	91.68	51.21	66.15
7	陕西公安	陕西省公安厅官方微博	73.94	63.11	54.52	64.01
8	榆林交警	榆林市公安局交警支队官方微博	69.43	81.98	47.53	63.18
9	西安交警莲湖大队	陕西省西安市交警支队莲湖大队官方微博	68.21	78.94	46.60	61.71
10	西安站前东所	陕西省西安市公安局站前分局东广场派出所官方微博	66.82	79.04	45.39	60.69

（5）陕西十大司法系统微博

排名	微博	认证信息	传播力	服务力	互动力	总分
1	法治西安	陕西省西安市司法局官方微博	77.24	83.67	70.39	75.79
2	陕西检察	陕西省人民检察院官方微博	63.53	83.65	40.82	58.47
3	商南县人民法院	陕西省商南县人民法院官方微博	67.18	76.25	37.99	57.32
4	陕西高院	陕西省高级人民法院官方微博	69.42	52.23	46.70	56.89
5	法治莲湖	陕西省西安市莲湖区司法局官方微博	59.21	83.29	34.70	54.22
6	阎良检察	陕西省西安市阎良区人民检察院官方微博	62.49	73.71	33.84	53.27
7	富平法院	陕西省渭南市富平人民法院官方微博	58.32	74.94	29.89	50.27
8	西安中院	西安市中级人民法院官方微博	64.47	56.76	29.33	48.87
9	法治三秦	陕西省司法厅官方微博	57.63	66.34	28.76	47.83
10	潼关法院	陕西省渭南市潼关县人民法院官方微博	51.47	76.75	29.30	47.66

（6）陕西十大旅游局微博

排名	微博	认证信息	传播力	服务力	互动力	总分
1	西安市旅游局	西安市旅游局官方微博	76.42	56.62	64.04	67.51
2	陕西省旅游局	陕西省旅游局官方微博	71.01	53.50	49.09	58.74
3	咸阳文物旅游局微博	咸阳市文物旅游局官方微博	67.25	68.19	42.45	57.51
4	宝鸡文物旅游	宝鸡市文物旅游局官方微博	60.12	50.38	34.75	48.02
5	渭南市旅游局	陕西省渭南市文物旅游局官方微博	58.83	56.41	29.72	46.70
6	延安市旅游局	延安市旅游局	60.05	33.01	25.37	40.77
7	汉中文物旅游	陕西省汉中市文物旅游局官方微博	55.49	39.37	24.10	39.71
8	泾河旅游	陕西西咸新区泾河新城管委会旅游官方微博	52.86	22.68	20.96	34.06
9	榆林旅游	榆林市旅游外事（侨务）官方微博	52.74	23.78	15.87	32.20
10	西安碑林旅游	陕西省西安市碑林区旅游局官方微博	55.79	26.03	9.01	31.12

（7）陕西十大团委系统微博

排名	微博	认证信息	传播力	服务力	互动力	总分
1	三秦青年	共青团陕西省委官方微博	72.99	72.17	51.95	64.41
2	西安青年聚	共青团西安市委官方微博	64.47	76.47	45.38	59.23
3	宝鸡团市委	共青团宝鸡市委员会官方微博	64.42	67.52	45.41	57.44
4	长安大学团委	共青团长安大学委员会官方微博	64.69	61.73	46.48	56.81
5	榆林团市委	榆林团市委官方微博	59.49	82.81	29.33	52.09
6	凤县团委	共青团凤县委员会官方微博	57.64	62.57	34.54	49.38
7	延安青年	共青团延安市委员会官方微博	62.71	56.59	27.83	47.53
8	商洛团市委	共青团商洛委员会官方微博	61.36	50.69	31.63	47.34
9	宝鸡文理学院团委	共青团宝鸡文理学院委员会官方微博	58.00	43.75	36.64	46.60
10	天汉青年－汉中共青团	共青团汉中市委员会官方微博	59.46	69.03	22.04	46.40

（8）陕西十大交通系统微博

排名	微博	认证信息	传播力	服务力	互动力	总分
1	西铁资讯	西安铁路局官方微博	71.00	91.59	49.72	66.61
2	陕西交通12122	陕西省高速公路收费管理中心官方微博	71.59	80.38	31.94	57.49
3	西铁客服在线	西安铁路局客户服务中心官方微博	70.21	72.57	35.95	56.98
4	西安地铁	西安市地下铁道有限责任公司	67.77	31.40	48.23	52.68
5	西安地铁运营分公司	西安地铁运营分公司官方微博	65.74	32.97	43.25	50.19
6	西安咸阳国际机场	西安咸阳国际机场官方微博	59.67	21.98	24.23	37.96
7	西铁安康火车站	西安铁路局安康车站官方微博	57.45	21.71	17.13	34.17
8	西铁延安火车站	西安铁路局延安火车站官方微博	55.14	17.01	14.44	31.24
9	西铁宝鸡机车检修厂	西安铁路局宝鸡机车检修厂官方微博	46.35	33.04	8.73	28.64
10	西安站亲情服务台	陕西省西安铁路局西安车站官方微博	51.90	10.58	14.26	28.58

9. 湖北政务指数微博影响力榜

(1) 湖北政务微博城市竞争力指数

排名	地区	传播力	服务力	互动力	竞争力指数
1	宜昌	76.72	83.55	60.19	73.33
2	武汉	76.67	53.19	74.29	67.62
3	十堰	70.05	49.39	55.41	57.70
4	荆州	61.49	48.11	42.25	50.07
5	襄阳	60.80	31.41	40.69	43.47
6	恩施	58.63	35.70	32.17	41.34
7	黄石	54.68	26.41	43.08	40.72
8	黄冈	54.30	33.44	31.47	39.01
9	荆门	53.38	33.11	28.21	37.48
10	孝感	55.58	27.43	27.28	35.82
11	咸宁	52.91	24.01	32.28	35.57
12	鄂州	48.71	26.90	19.45	30.83
13	随州	47.88	23.08	19.60	29.30

(2) 湖北十大政务机构微博

排名	微博	认证信息	传播力	服务力	互动力	总分
1	平安武汉	武汉市公安局官方微博	83.63	95.14	85.97	86.87
2	十堰市公安局东岳分局	十堰市公安局东岳分局官方微博	79.06	88.43	72.85	78.45
3	青春湖北	共青团湖北省委员会官方微博	78.31	87.81	66.79	75.60
4	武汉发布	武汉市互联网信息办公室	79.77	77.71	69.95	75.43
5	平安荆楚	湖北省公安厅官方微博	80.66	81.90	61.72	73.33
6	宜昌发布	宜昌市人民政府官方微博	72.60	89.32	60.37	71.05
7	武汉交警	武汉市公安局交通管理局	76.46	84.50	58.11	70.73
8	武汉铁路局	武汉铁路局官方微博	77.49	86.75	53.96	69.93
9	武汉消防	武汉市公安消防局官方微博	71.69	74.43	63.04	68.78
10	武汉地铁运营	武汉地铁运营有限公司	79.17	51.72	65.15	68.07

(3) 湖北十大党政新闻发布微博

排名	微博	认证信息	传播力	服务力	互动力	总分
1	武汉发布	武汉市互联网信息办公室	79.77	77.71	69.95	75.43
2	宜昌发布	宜昌市人民政府官方微博	72.60	89.32	60.37	71.05
3	湖北发布	湖北省人民政府新闻办公室官方微博	72.03	56.62	43.53	57.55
4	湖北省政府门户网站	湖北省人民政府门户网站官方微博,http://www.hubei.gov.cn/	70.01	55.38	38.10	54.32

续表

排名	微博	认证信息	传播力	服务力	互动力	总分
5	荆州发布	湖北省荆州市人民政府新闻办公室官方微博	65.59	60.58	31.92	51.12
6	十堰政府网	十堰政府网官方微博	64.11	52.37	33.85	49.66
7	孝感发布	孝感市人民政府新闻办公室官方微博	67.63	53.70	28.60	49.24
8	咸宁发布	咸宁市人民政府新闻办公室官方微博	62.39	58.37	25.79	46.94
9	黄石发布	湖北省黄石市人民政府新闻办公室官方微博	61.88	55.03	25.18	45.83
10	长阳发布	湖北省长阳土家族自治县人民政府新闻办公室官方微博	56.90	65.35	24.42	45.60

（4）湖北十大公安系统微博

排名	微博	认证信息	传播力	服务力	互动力	总分
1	平安武汉	武汉市公安局官方微博	83.63	95.14	85.97	86.87
2	十堰市公安局东岳分局	十堰市公安局东岳分局官方微博	79.06	88.43	72.85	78.45
3	平安荆楚	湖北省公安厅官方微博	80.66	81.90	61.72	73.33
4	武汉交警	武汉市公安局交通管理局	76.46	84.50	58.11	70.73
5	武汉消防	武汉市公安消防局官方微博	71.69	74.43	63.04	68.78
6	宜昌消防	湖北省宜昌市公安消防支队官方微博	69.09	86.81	53.38	66.35
7	平安宜昌	湖北省宜昌市公安局官方微博	72.13	80.46	50.51	65.15
8	十堰车管	湖北省十堰市公安交通管理局车辆管理所官方微博	65.52	78.74	51.30	62.47
9	湖北交警	湖北省公安厅交通管理局官方微博	73.33	74.79	44.95	62.27
10	湖北宜昌交警	湖北省宜昌市公安局交通管理局	69.49	74.46	45.53	60.90

（5）湖北十大司法系统微博

排名	微博	认证信息	传播力	服务力	互动力	总分
1	湖北省人民检察院	湖北省人民检察院官方微博	68.19	68.43	41.23	57.46
2	黄石法律援助	湖北省黄石市法律援助中心（黄石市司法局直属行政机构）官方微博	61.28	68.42	17.36	45.14
3	湖北高院	湖北省高级人民法院官方微博	60.33	52.96	18.26	42.03
4	湖北普法	湖北省普法依法治理工作领导小组办公室	56.21	24.72	30.65	39.69
5	巴东县人民检察院	湖北省巴东县人民检察院官方微博	51.88	57.21	16.17	38.66
6	恩施市人民检察院	湖北省恩施市人民检察院官方微博	53.66	51.57	11.65	36.44
7	利川市人民检察院	湖北省利川市人民检察院官方微博	48.10	50.97	14.04	35.05
8	恩施州中级人民法院	湖北省恩施州中级人民法院官方微博	57.58	27.97	12.85	33.77
9	来凤县人民检察院	湖北省恩施州来凤县人民检察院官方微博	50.65	50.03	8.54	33.68
10	宜昌中院	湖北省宜昌市中级人民法院官方微博	54.83	33.67	10.80	32.99

（6）湖北十大旅游局微博

排名	微博	认证信息	传播力	服务力	互动力	总分
1	湖北省旅游发展委员会	湖北省旅游局官方微博	64.54	39.50	39.44	49.49
2	咸宁市旅游局官方微博	咸宁旅游局官方微博	62.01	56.04	31.70	48.69
3	武当山旅游局	武当山特区旅游局官方微博	60.67	29.57	33.01	43.39
4	宜昌市旅游局官方微博	宜昌旅游局官方微博	63.02	22.84	32.68	42.85
5	巴东县旅游局	湖北省巴东县旅游局官方微博	54.14	54.48	22.70	41.63
6	五峰旅游局官方微博	五峰土家族自治县旅游局官方微博	52.92	33.22	26.65	38.47
7	神农架旅游委员会	神农架林区旅游委员会官方微博	60.00	15.50	19.12	34.75
8	三峡大坝－屈原秭归	湖北省秭归县文化旅游局官方微博	50.37	33.99	18.93	34.52
9	随州旅游官方微博	湖北省随州市外事侨务旅游局官方微博	54.91	31.72	13.88	33.86
10	襄阳市旅游局	襄阳市旅游局官方微博	53.80	20.61	19.19	33.32

（7）湖北十大团委系统微博

排名	微博	认证信息	传播力	服务力	互动力	总分
1	青春湖北	共青团湖北省委员会官方微博	78.31	87.81	66.79	75.60
2	青春宜昌	共青团宜昌市委员会官方微博	70.73	62.07	41.61	57.35
3	武汉理工大学团委	武汉理工大学团委官方微博	64.73	51.64	45.96	54.61
4	青春十堰	共青团十堰市委官方微博	63.40	72.41	31.78	52.56
5	湖北省团委学校部	共青团湖北省委员会学校部官方微博	63.90	48.80	33.80	48.84
6	武汉软件工程职业学院团委	武汉软件工程职业学院团委官方微博	56.06	32.73	28.70	40.45
7	华中农业大学团委	武汉华中农业大学团委	51.57	31.07	21.88	35.60
8	分乡青年	共青团分乡镇委员会官方网微博	49.67	40.62	18.51	35.40
9	武汉理工大学自动化学院团委	武汉理工大学自动化学院团委官方微博	51.57	28.17	17.35	33.20
10	武汉理工大学管院团委	武汉理工大学管理学院团委官方微博	48.40	25.86	18.58	31.97

（8）湖北十大交通系统微博

排名	微博	认证信息	传播力	服务力	互动力	总分
1	武汉铁路局	武汉铁路局官方微博	77.49	86.75	53.96	69.93
2	武汉地铁运营	武汉地铁运营有限公司	79.17	51.72	65.15	68.07
3	武汉公交集团	武汉市公共交通集团有限责任公司官方微博	70.71	86.04	54.43	67.26
4	武汉机场楚天情	武汉天河机场有限责任公司	69.33	31.88	43.28	51.42
5	宜昌三峡机场	宜昌三峡机场有限责任公司官方微博	68.28	55.06	22.81	47.45
6	武汉市交委	武汉市交通运输委员会官方微博	59.11	19.62	18.33	34.90
7	武铁汉口火车站	汉口火车站官方微博	55.82	13.76	23.09	34.31
8	武铁武昌火车站	武昌火车站官方微博	57.30	18.27	18.77	34.08
9	武铁宜昌东火车站	宜昌东火车站官方微博	55.20	25.38	13.89	32.71
10	湖北汉十高速	湖北省交通运输厅汉十高速公路管理处官方微博	55.50	30.12	4.38	29.98

10. 北京政务指数微博影响力榜

（1）北京十大政务机构微博

排名	微博	认证信息	传播力	服务力	互动力	总分
1	平安北京	北京市公安局官方微博	95.99	97.11	94.48	95.61
2	北京地铁	北京地铁公司官方微博	88.15	98.75	81.14	87.46
3	气象北京	北京市气象局官方微博	87.08	87.50	74.19	82.01
4	北京发布	北京市政府新闻办公室官方微博	87.19	74.01	76.94	80.45
5	交通北京	北京市交通委员会官方微博	85.39	87.13	69.82	79.51
6	京港地铁	京港地铁公司官方微博	78.50	96.28	71.55	79.27
7	北京交警	北京市公安局公安交通管理局官方微博	83.72	83.05	71.49	78.69
8	北京公交集团	北京公交集团官方微博	80.72	82.12	65.60	74.95
9	首都网警	首都网警	79.93	62.11	65.78	70.70
10	北京丰台	北京市丰台区政府官方微博	75.67	80.74	57.70	69.50

（2）北京十大党政新闻发布微博

排名	微博	认证信息	传播力	服务力	互动力	总分
1	北京发布	北京市政府新闻办公室官方微博	87.19	74.01	76.94	80.45
2	北京丰台	北京市丰台区政府官方微博	75.67	80.74	57.70	69.50
3	北京昌平	北京市昌平区官方政务微博	72.37	85.83	57.03	68.93
4	海淀在线	北京市海淀区政府官方微博	71.32	64.11	50.02	61.36
5	北京西城	北京市西城区人民政府新闻办公室官方微博	73.38	56.10	50.55	60.79
6	北京市东城	北京市东城区官方微博	70.85	61.02	46.68	59.22
7	王府井	北京市王府井地区建设管理办公室官方微博	61.01	84.77	38.97	56.95
8	北京亦庄	北京经济技术开发区官方微博	66.83	51.12	45.73	55.25
9	Funhill 房山	北京市房山区政府官方微博	69.80	45.79	42.80	54.20
10	北京朝阳	北京市朝阳区政府官方微博	68.44	55.37	33.13	51.70

（3）北京十大公安系统微博

排名	微博	认证信息	传播力	服务力	互动力	总分
1	平安北京	北京市公安局官方微博	95.99	97.11	94.48	95.61
2	北京交警	北京市公安局公安交通管理局官方微博	83.72	83.05	71.49	78.69
3	首都网警	首都网警	79.93	62.11	65.78	70.70
4	北京消防	北京市公安局消防局官方微博	79.54	55.28	64.15	68.53
5	平安昌平	北京市公安局昌平分局官方微博	74.72	38.44	59.41	61.34
6	丰台警事	丰台公安分局官方认证微博	73.34	64.53	44.82	60.17
7	北京首都国际机场警犬队	北京首都国际机场公安分局特警支队警犬队官方微博	69.08	31.76	60.67	58.25
8	北京公安出入境	北京市公安局出入境管理局官方微博	68.34	79.21	34.81	57.10
9	海淀公安分局	海淀公安分局官方微博	72.26	42.88	42.42	54.45
10	顺义警方	北京市公安局顺义分局官方微博	68.18	35.70	36.54	49.03

（4）北京十大司法系统微博

排名	微博	认证信息	传播力	服务力	互动力	总分
1	京法网事	北京法院网官方微博	80.81	63.13	57.58	67.99
2	北京朝阳法院	北京市朝阳区人民法院官方微博	77.87	36.15	67.19	65.25
3	北京海淀法院	北京市海淀区人民法院官方微博	75.57	34.40	59.94	61.08
4	北京检察	北京市人民检察院官方微博	72.55	36.63	52.91	57.51
5	北京政法	首都政法综治网官方微博	68.08	52.03	32.09	50.48
6	北京市第一中级人民法院	北京市第一中级人民法院官方微博	67.08	38.97	36.54	49.24
7	北京普法	北京市法制宣传教育领导小组办公室	63.62	41.21	34.63	47.54
8	北京三中院	北京市第三中级人民法院官方微博	60.71	36.67	22.11	40.46
9	北京石景山法院	北京市石景山区人民法院官方微博	57.84	48.60	18.08	40.09
10	昌平法院	北京市昌平区人民法院官方微博	58.84	24.04	25.98	38.74

（5）北京十大旅游局微博

排名	微博	认证信息	传播力	服务力	互动力	总分
1	北京市旅游发展委员会	北京市旅游发展委员会	73.26	57.74	48.52	60.26
2	东城旅游	北京市东城区旅游发展委员会	59.83	55.68	29.02	46.68
3	海淀旅游	北京市海淀区旅游发展委员会官方微博	61.07	45.30	30.89	45.85
4	北京旅游网官方微博	北京旅游网官方微博	59.01	39.45	24.18	41.17
5	顺义旅游委	北京市顺义区旅游发展委员会官方微博	51.30	30.61	27.45	37.62
6	发现新丰台	北京市丰台区旅游发展委员会官方微博	51.00	29.24	18.58	33.68
7	爱上昌平	昌平区旅游局官方微博	49.87	15.89	16.82	29.86
8	文化旅游区	北京通州文化旅游区管理委员会官方微博	50.79	25.01	6.07	27.75
9	怀柔区旅游发展委员会	北京市怀柔区旅游发展委员会	50.02	18.13	9.73	27.53
10	畅游西城	北京市西城区旅游局官方微博	47.50	15.43	6.51	24.69

（6）北京十大团委系统微博

排名	微博	认证信息	传播力	服务力	互动力	总分
1	青年说	共青团北京市委员会官方微博	71.32	54.73	47.69	58.55
2	e-北科大青年	共青团北京科技大学委员会官方微博	58.17	36.77	23.91	40.19
3	北邮青年	北京邮电大学团委官方微博	55.56	22.44	25.31	36.84
4	京铁共青团	共青团北京铁路局委员会	50.27	27.26	13.50	30.96
5	昌平团区委	共青团昌平团区委官方微博	59.06	8.79	4.38	27.13
6	北京青年压力管理中心	北京市团市委下属机构	46.36	35.80	1.23	26.20
7	丰台青年	共青团北京市丰台区委官方微博	41.73	10.75	4.74	20.74
8	青春朝阳YOUNG	共青团北京市朝阳区委官方微博	40.78	10.46	4.44	20.18
9	青春石景山	共青团北京市石景山区委官方微博	35.54	19.87	2.05	19.01
10	共青团北京市12355	北京市12355青少年服务台官方微博	40.61	2.21	3.39	18.04

（7）北京十大交通系统微博

排名	微博	认证信息	传播力	服务力	互动力	总分
1	北京地铁	北京地铁公司官方微博	88.15	98.75	81.14	87.46
2	交通北京	北京市交通委员会官方微博	85.39	87.13	69.82	79.51
3	京港地铁	京港地铁公司官方微博	78.50	96.28	71.55	79.27
4	北京公交集团	北京公交集团官方微博	80.72	82.12	65.60	74.95
5	北京铁路	北京铁路局官方微博	78.78	55.88	54.10	64.33
6	北京南站官方微博	北京铁路局北京南站官方微博	68.77	72.26	34.98	55.95
7	首都机场	北京首都国际机场官方微博	75.29	35.45	46.70	55.88
8	北京站官方微博	北京火车站官方微博	70.66	53.64	36.93	53.77
9	北京西站官方微博	北京西站官方微博	67.75	58.33	33.18	52.04
10	北京车务段	北京铁路局北京车务段官方微博	50.41	68.01	9.90	37.73

11. 福建政务指数微博影响力榜

（1）福建政务微博城市竞争力指数

排名	地区	传播力	服务力	互动力	竞争力指数
1	泉州	79.81	58.74	67.71	68.20
2	福州	72.49	55.45	55.42	60.55
3	厦门	72.07	50.18	55.88	58.74
4	漳州	62.58	45.70	43.11	49.86
5	三明	66.10	40.36	42.99	49.01
6	南平	62.77	37.19	41.51	46.38
7	龙岩	59.14	36.01	43.01	45.40
8	宁德	58.41	28.82	27.33	37.17
9	莆田	56.48	27.12	26.24	35.62

（2）福建十大政务机构微博

排名	微博	认证信息	传播力	服务力	互动力	总分
1	福建省旅游局	福建省旅游局官方微博	78.90	81.45	64.58	73.68
2	共青团福建省委	共青团福建省委员会官方微博	75.83	78.66	65.74	72.36
3	陈埭派出所	福建省泉州市陈埭派出所官方微博	69.05	88.83	60.83	69.72
4	厦门警方在线	福建省厦门市公安局官方微博	80.92	58.48	63.83	69.60
5	V游福建	福建省品牌景区推广中心官方微博	73.02	82.34	55.86	68.02
6	东石派出所	福建省晋江市东石派出所官方微博	79.84	80.24	48.41	67.35
7	福州消防支队	福州市公安消防支队官方微博	70.98	86.34	53.16	66.93
8	厦门市旅游局	厦门旅游网官方微博	76.89	56.66	61.97	66.88
9	泉州公安	福建省泉州市公安局官方微博	75.96	69.41	56.27	66.77
10	石狮公安	福建省石狮市公安局官方微博	78.49	80.66	47.10	66.37

（3）福建十大党政新闻发布微博

排名	微博	认证信息	传播力	服务力	互动力	总分
1	福州发布	福州市政务微博群管理办公室官方微博	74.96	63.11	44.57	60.44
2	鲤城浮桥笋江月色	福建省泉州市鲤城区浮桥街道办事处官方微博	62.35	84.21	30.12	53.83
3	中国平潭	平潭互联网中心	70.07	47.35	28.76	49.00
4	三明网微博	三明市广电互联网宣传中心官方微博	64.45	43.84	32.11	47.39
5	海沧发布	福建省厦门市海沧区委宣传部官方微博	62.78	42.40	25.52	43.80
6	美丽光泽	福建省南平市光泽县人民政府办公室官方微博	57.14	38.77	21.09	39.04
7	清新福建	福建省政府新闻办官方微博	59.73	34.86	17.64	37.92
8	厦门思明	厦门市思明区人民政府官方微博	59.97	34.10	15.42	36.98
9	今日屏南	中共屏南县委宣传部官方微博	54.57	40.01	17.52	36.84
10	中国石狮网	中国石狮网官方微博	55.67	46.44	7.60	34.60

（4）福建十大公安系统微博

排名	微博	认证信息	传播力	服务力	互动力	总分
1	陈埭派出所	福建省泉州市陈埭派出所官方微博	69.05	88.83	60.83	69.72
2	厦门警方在线	福建省厦门市公安局官方微博	80.92	58.48	63.83	69.60
3	东石派出所	福建省晋江市东石派出所官方微博	79.84	80.24	48.41	67.35
4	福州消防支队	福州市公安消防支队官方微博	70.98	86.34	53.16	66.93
5	泉州公安	福建省泉州市公安局官方微博	75.96	69.41	56.27	66.77
6	石狮公安	福建省石狮市公安局官方微博	78.49	80.66	47.10	66.37
7	福州公安	福州市公安局官方微博	77.27	63.31	56.20	66.05
8	福建消防	福建省公安消防总队宣传处官方微博	69.85	83.19	51.14	65.03
9	泉州交警	泉州交警	72.93	83.59	45.49	64.09
10	泉州网警巡查执法	泉州市公安局公共信息网络安全监察支队官方微博	73.46	71.20	45.51	61.83

（5）福建十大司法系统微博

排名	微博	认证信息	传播力	服务力	互动力	总分
1	三明中院	三明市中级人民法院官方微博	59.10	82.47	35.86	54.48
2	福建高院	福建省高级人民法院官方微博	65.53	33.90	41.99	49.78
3	福建检察	福建省人民检察院官方微博	62.41	60.57	29.35	48.82
4	无讼永安	永安市人民法院官方微博	53.65	80.55	25.07	47.60
5	三明市沙县法院	沙县人民法院官方微博	52.65	75.79	12.14	41.08
6	龙岩法苑	福建省龙岩市中级人民法院官方微博	52.89	57.19	18.05	39.81
7	明溪法院	福建省三明市明溪县人民法院官方微博	49.83	64.82	12.52	37.91
8	平安三明	中国共产党三明市委员会政法委员会官方微博	46.99	79.03	6.78	37.31
9	尤溪法院	尤溪县人民法院官方微博	50.90	79.57	1.76	36.98
10	石狮法院	福建省石狮市人民法院官方微博	57.63	57.92	5.02	36.65

（6）福建十大旅游局微博

排名	微博	认证信息	传播力	服务力	互动力	总分
1	福建省旅游局	福建省旅游局官方微博	78.90	81.45	64.58	73.68
2	厦门市旅游局	厦门旅游网官方微博	76.89	56.66	61.97	66.88
3	福州市旅游局	福州市旅游局	69.53	48.23	47.30	56.38
4	i游连城	冠豸山国家级风景名胜区管委会,连城县旅游局对外官方微博	59.85	50.18	41.34	50.51
5	泉州市旅游局	泉州市旅游局	64.46	25.28	44.59	48.68
6	泰宁世界自然遗产	福建泰宁县旅游局官方微博	56.66	22.43	20.73	35.44
7	漳州市旅游局	漳州市旅游局	54.88	17.18	24.07	35.01
8	莆田市旅游局	莆田市旅游局	50.90	26.10	11.88	30.33
9	德化县旅游局	福建省德化县旅游局	44.18	14.06	11.11	24.93
10	东山县旅游局	东山县旅游局	43.88	8.96	12.02	24.15

（7）福建十大团委系统微博

排名	微博	认证信息	传播力	服务力	互动力	总分
1	共青团福建省委	共青团福建省委员会官方微博	75.83	78.66	65.74	72.36
2	闽南师大团委	共青团闽南师范大学委员会	68.85	37.36	59.27	58.72
3	福建农林大学团委	共青团福建农林大学委员会	67.92	56.25	44.15	56.08
4	洛江青年	共青团福建省泉州市洛江区委官方微博	63.40	57.61	43.45	54.26
5	三明学院团委	共青团三明学院委员会官方微博	70.10	40.64	41.32	52.70
6	南平团市委	共青团南平市委员会官方微博	66.74	36.56	43.41	51.37
7	龙岩学院团委	共青团龙岩学院委员会	60.57	64.82	35.32	51.32
8	青春福大	福州大学共青团	62.74	52.69	34.93	49.61
9	集美大学团委	共青团集美大学委员会	56.22	29.39	30.15	40.43
10	莆田共青团	共青团莆田市委官方微博	52.96	28.45	30.80	39.19

（8）福建十大交通系统微博

排名	微博	认证信息	传播力	服务力	互动力	总分
1	福建厦门火车站	南昌铁路局厦门火车站官方微博	72.82	73.44	41.18	60.29
2	福建省福州火车站	南昌铁路局福州火车站官方微博	71.07	66.29	38.71	57.17
3	泉州公交车	泉州公交发展有限公司官方微博	55.97	50.59	28.67	43.97
4	福州地铁运营分公司	福州城市地铁有限责任公司运营分公司	61.62	13.61	37.95	42.55
5	南平车务段官方微博	南昌铁路局南平车务段官方微博	56.84	66.57	14.36	41.80
6	南铁福州供电段	南昌铁路局福州供电段官方微博	50.08	82.89	8.56	40.03
7	福州交通	福州市交通运输委员会官方微博	58.72	21.76	25.91	38.21
8	厦门公交集团	厦门公交集团官方微博	61.38	13.65	24.71	37.16
9	南铁漳州车务段	南昌铁路局漳州车务段官方微博	52.14	64.67	6.18	36.26
10	南昌铁路厦门供电段	南昌铁路局厦门供电段官方微博	53.43	48.41	9.98	35.05

12. 湖南政务指数微博影响力榜

（1）湖南政务微博城市竞争力指数

排名	城市	传播力	服务力	互动力	竞争力指数
1	长沙	70.79	50.71	61.46	60.50
2	永州	64.30	42.46	42.22	48.93
3	株洲	63.50	38.87	44.24	48.14
4	衡阳	62.41	34.11	49.60	48.02
5	湘潭	60.80	43.30	39.69	47.29
6	娄底	51.01	35.40	35.80	40.22
7	怀化	60.16	23.87	34.32	38.41
8	郴州	54.83	23.26	37.88	37.84
9	益阳	52.57	24.50	35.10	36.63
10	岳阳	55.55	22.51	29.77	34.96
11	常德	53.74	25.80	25.42	34.05
12	邵阳	52.02	20.18	19.90	29.64
13	张家界	47.63	23.07	17.07	28.34
14	湘西	45.77	23.23	16.03	27.47

（2）湖南十大政务机构微博

排名	微博	认证信息	传播力	服务力	互动力	总分
1	共青湖南	共青团湖南省委员会官方微博	80.48	90.27	84.92	84.22
2	湖南高速警察	湖南省高速公路交通警察局	81.43	97.59	74.67	81.96
3	湖南公安	湖南省公安厅官方微博	77.91	95.89	76.57	80.97
4	长沙地铁	长沙地铁官方微博	79.35	89.10	73.44	78.93
5	湖南消防	湖南省公安消防总队官方微博	74.00	99.11	70.02	77.43
6	长沙警事	长沙市公安局官方微博	80.83	86.54	67.80	76.76
7	湖南公安在线	湖南省公安厅官方发布微博	73.14	93.44	64.45	73.72
8	株洲发布	中共株洲市委宣传部官方微博	74.14	86.21	62.83	72.03
9	湘潭公安	湖南省湘潭市公安局官方微博	72.54	92.51	58.37	70.86
10	湖南省交警总队	湖南省交警总队官方微博	75.59	82.05	60.40	70.80

（3）湖南十大党政新闻发布微博

排名	微博	认证信息	传播力	服务力	互动力	总分
1	株洲发布	中共株洲市委宣传部官方微博	74.14	86.21	62.83	72.03
2	衡阳发布	衡阳市人民政府新闻办官方微博	72.95	75.32	52.33	65.17
3	长沙发布	长沙市委网宣办、网信办官方微博	69.32	39.27	47.40	54.54
4	湖南微政务	湖南省互联网信息办公室	66.45	43.76	34.00	48.93
5	中国永州新闻网	永州新闻网官方微博	63.67	59.22	27.98	48.50
6	岳阳微政务	岳阳市网络文化建设管理中心官方微博	64.29	43.14	31.27	46.85

续表

排名	微博	认证信息	传播力	服务力	互动力	总分
7	湖南省政府门户网站	湖南省人民政府门户网站官方微博	68.67	39.04	28.81	46.80
8	永州发布	中共永州市委宣传部官方微博	60.92	39.24	36.24	46.71
9	岳阳市政府门户网站	岳阳市政府门户网站官方微博	63.62	43.31	20.32	42.24
10	长沙县发布	湖南省长沙县网络宣传管理办公室官方微博	54.99	45.18	27.41	41.99

（4）湖南十大公安系统微博

排名	微博	认证信息	传播力	服务力	互动力	总分
1	湖南高速警察	湖南省高速公路交通警察局	81.43	97.59	74.67	81.96
2	湖南公安	湖南省公安厅官方微博	77.91	95.89	76.57	80.97
3	湖南消防	湖南省公安消防总队官方微博	74.00	99.11	70.02	77.43
4	长沙警事	长沙市公安局官方微博	80.83	86.54	67.80	76.76
5	湖南公安在线	湖南省公安厅官方发布微博	73.14	93.44	64.45	73.72
6	湘潭公安	湖南省湘潭市公安局官方微博	72.54	92.51	58.37	70.86
7	湖南省交警总队	湖南省交警总队官方微博	75.59	82.05	60.40	70.80
8	永州警事	湖南省永州市公安局官方微博	68.40	86.08	51.54	65.19
9	娄底消防	湖南省娄底市公安消防支队官方微博	66.58	82.71	51.26	63.68
10	辰溪交通警察	湖南省怀化市辰溪县公安局交通警察大队官方微博	58.62	77.98	52.68	60.12

（5）湖南十大司法系统微博

排名	微博	认证信息	传播力	服务力	互动力	总分
1	湖南高院	湖南省高级人民法院官方微博	61.48	29.38	31.97	43.26
2	湖南检察	湖南省人民检察院官方微博	56.20	27.44	17.55	34.99
3	桂阳法院	湖南省郴州市桂阳县人民法院官方微博	48.15	41.84	16.43	34.20
4	法治郴州	湖南省郴州市司法局官方微博	51.78	21.57	4.20	26.71
5	邵阳中院	湖南省邵阳市中级人民法院官方微博	46.76	21.60	9.19	26.70
6	湖南岳阳云溪区法院	湖南省岳阳市云溪区人民法院官方微博	46.51	29.76	1.84	25.29
7	长沙检察	湖南省长沙市人民检察院官方微博	44.76	14.88	10.07	24.91
8	张家界市法院	湖南省张家界市中级人民法院官方微博	42.52	15.00	9.86	23.95
9	邵阳市新邵县法院	湖南省邵阳市新邵县人民法院官方微博	45.22	24.86	1.50	23.66
10	岳阳市中级人民法院	湖南省岳阳市中级人民法院官方微博	42.69	13.96	9.11	23.51

（6）湖南十大旅游局微博

排名	微博	认证信息	传播力	服务力	互动力	总分
1	湖南省旅游局官方	湖南省旅游局官方微博	74.99	59.59	53.59	63.35
2	张家界旅游	张家界武陵源区旅游局官方微博	57.03	17.31	25.68	36.55
3	南岳旅游	衡阳市南岳区旅游局官方微博	49.37	13.03	17.44	29.33
4	常德市旅游外侨局	常德市旅游外侨局官方微博	48.71	11.67	17.91	28.98

续表

排名	微博	认证信息	传播力	服务力	互动力	总分
5	张家界慈利旅游	湖南省张家界市慈利旅游局官方微博	56.68	4.82	9.69	27.51
6	永州旅游	湖南省永州市旅游外事侨务局官方微博	45.39	17.53	5.49	23.86
7	长沙市旅游局	长沙市旅游局官方微博	43.17	2.09	5.94	20.06
8	郴州市旅游局官方	湖南省郴州市旅游局官方微博	41.80	6.26	4.94	19.95
9	张家界旅游局	世界自然遗产、世界地质公园、中国国家森林公园_张家界旅游官方	37.58	1.36	9.31	19.03
10	炎陵县旅游局官方	湖南省株洲市炎陵县旅游局官方微博	37.75	4.07	1.95	16.69

（7）湖南十大团委系统微博

排名	微博	认证信息	传播力	服务力	互动力	总分
1	共青湖南	共青团湖南省委员会官方微博	80.48	90.27	84.92	84.22
2	湖南省西瓜甜瓜研究所团支部	湖南省西瓜甜瓜研究所团支部官方微博	59.26	82.86	43.56	57.70
3	湘南学院团委	共青团湘南学院委员会	59.15	62.82	35.08	50.26
4	长沙共青团	共青团长沙市委员会官方微博	66.14	36.69	37.50	48.79
5	共青团湖南商务职业技术学院	共青团湖南商务职院委员会官方微博	59.24	44.22	24.16	42.20
6	益阳共青团	共青团益阳市委官方微博	55.72	38.00	30.45	42.07
7	常德共青团的微博	湖南省常德市团委官方微博	53.69	18.31	38.11	40.38
8	岳阳共青团	湖南省岳阳市团委官方微博	50.90	45.88	24.59	39.37
9	共青团宁乡市委员会	共青团宁乡市委员会官方微博	49.54	37.73	21.61	36.00
10	共青团湘潭县委员会	共青团湖南省湘潭县委官方微博	51.33	17.03	29.33	35.67

（8）湖南十大交通系统微博

排名	微博	认证信息	传播力	服务力	互动力	总分
1	长沙地铁	长沙地铁官方微博	79.35	89.10	73.44	78.93
2	湖南高速公路	湖南省高速公路管理局官方微博	59.71	25.41	13.85	34.51
3	广铁集团公司长沙站	广铁集团公司长沙火车站官方微博	52.54	10.91	16.00	29.60
4	广铁集团张家界车务段	广州铁路(集团)公司张家界车务段官方微博	52.03	17.96	8.09	27.64
5	衡阳车务段	广铁集团衡阳车务段官方微博	52.09	15.23	4.56	25.71
6	广铁集团怀化火车站	广州铁路(集团)公司怀化车务段怀化火车站官方微博	46.38	5.98	5.94	22.13
7	永州交通	湖南省永州市交通运输局官方微博	41.78	10.16	1.53	19.36
8	广铁集团株洲火车站	广铁集团株洲火车站官方微博官方微博	42.22	7.52	2.30	19.31
9	广铁集团长沙南车站	广州铁路(集团)公司长沙南车站官方微博	42.89	2.50	2.96	18.84
10	湖南公众出行	湖南省交通运输厅公众出行官方微博	35.99	12.04	0.00	16.81

13. 江西政务指数微博影响力榜

（1）江西政务微博城市竞争力指数

排名	地区	传播力	服务力	互动力	竞争力指数
1	南 昌	75.35	46.25	67.71	62.49
2	九 江	67.50	41.86	65.46	57.81
3	赣 州	65.14	52.01	43.50	52.97
4	新 余	62.55	38.23	47.29	48.70
5	抚 州	49.48	56.72	23.81	43.03
6	萍 乡	56.94	30.67	34.87	40.02
7	吉 安	56.97	27.26	34.94	38.86
8	鹰 潭	52.41	24.19	36.03	36.80
9	景德镇	51.31	22.18	38.22	36.53
10	上 饶	54.09	30.69	27.12	36.46
11	宜 春	51.48	27.65	29.17	35.33

（2）江西十大政务机构微博

排名	微博	认证信息	传播力	服务力	互动力	总分
1	南昌铁路	南昌铁路局官方微博	80.85	88.55	67.37	77.00
2	九江特巡警	江西省九江市公安局特巡警支队	83.06	84.22	65.34	76.20
3	江西共青团	共青团江西省委员会官方微博	76.81	83.71	69.60	75.31
4	新余发布	中共江西省新余市委宣传部、市政府新闻办官方微博	77.94	91.98	61.68	74.24
5	南昌发布	南昌市人民政府新闻办官方微博	79.70	65.82	70.60	73.29
6	九江特警反恐防暴大队	江西省九江市公安局特巡警支队反恐防暴大队官方微博	85.22	77.45	50.22	69.67
7	共青团赣州市委	共青团赣州市委官方微博	69.49	86.45	60.13	69.14
8	九江特警二大队	江西省九江市公安局特巡警支队特警二大队官方微博	80.45	77.29	50.55	67.86
9	南昌天气	南昌市气象局官方微博	72.90	82.56	51.83	66.41
10	江西发布	江西省互联网信息办公室官方微博	72.38	65.83	52.63	63.17

（3）江西十大党政新闻发布微博

排名	微博	认证信息	传播力	服务力	互动力	总分
1	新余发布	中共江西省新余市委宣传部、市政府新闻办官方微博	77.94	91.98	61.68	74.24
2	南昌发布	南昌市人民政府新闻办官方微博	79.70	65.82	70.60	73.29
3	江西发布	江西省互联网信息办公室官方微博	72.38	65.83	52.63	63.17
4	景德镇发布	欢迎关注中共景德镇市委外宣办、市政府新闻办官方微博	68.88	79.66	48.93	63.06

续表

排名	微博	认证信息	传播力	服务力	互动力	总分
5	萍乡发布	中共萍乡市委宣传部、萍乡市人民政府新闻办公室	70.56	69.66	48.07	61.38
6	九江发布	江西省九江市人民政府新闻办官方微博	70.19	65.69	44.04	58.83
7	赣州发布	江西省赣州市互联网信息办公室官方微博	68.90	66.02	42.66	57.83
8	宜春发布	中共宜春市委外宣办、宜春市政府新闻办官方微博	65.94	63.34	36.58	53.68
9	南昌进贤发布	江西省南昌市进贤县官方微博	66.60	57.50	37.97	53.33
10	南昌湾里	江西省南昌市湾里区官方微博	67.98	58.98	31.90	51.75

（4）江西十大公安系统微博

排名	微博	认证信息	传播力	服务力	互动力	总分
1	九江特巡警	江西省九江市公安局特巡警支队	83.06	84.22	65.34	76.20
2	九江特警反恐防暴大队	江西省九江市公安局特巡警支队反恐防暴大队官方微博	85.22	77.45	50.22	69.67
3	九江特警二大队	江西省九江市公安局特巡警支队特警二大队官方微博	80.45	77.29	50.55	67.86
4	江西公安	江西省公安厅官方微博	69.45	59.32	44.37	57.39
5	江西消防	江西省公安消防总队	66.37	64.22	40.33	55.52
6	九江巡警第四大队	江西省九江市公安局巡逻警察支队第四大队官方微博	70.81	53.38	40.15	55.06
7	乐行南昌	江西省南昌市公安局交通管理局官方微博	69.69	50.95	34.97	52.05
8	南昌公安	江西省南昌市公安局官方微博	68.15	44.96	37.03	51.06
9	南昌铁路公安局	南昌铁路公安局官方微博	61.78	52.88	30.21	47.37
10	赣州铁路公安处	南昌铁路公安局赣州铁路公安处官方微博	61.07	50.87	29.01	46.21

（5）江西十大司法系统微博

排名	微博	认证信息	传播力	服务力	互动力	总分
1	遂川政法	中共遂川县委政法委员会官方微博	56.54	74.49	19.11	45.16
2	吉安市中级法院	江西省吉安市中级人民法院官方微博	61.56	25.47	30.09	41.75
3	红色天平	江西省高级人民法院官方微博	56.57	41.73	14.30	36.70
4	南昌检察发布	江西省南昌市检察院官方微博	47.21	11.72	31.20	33.71
5	德兴市法院	江西省德兴市人民法院官方微博	53.85	27.57	0.38	27.21
6	仙女湖普法	江西省新余市仙女湖区司法局官方微博	37.70	56.90	1.72	27.15
7	萍乡市安源区法院	江西省萍乡市安源区人民法院官方微博	44.84	20.43	7.11	24.87
8	吉安政法	中共吉安市委政法委员会官方微博	45.24	16.32	7.82	24.49
9	江西检察	江西省人民检察院官方微博	45.30	14.52	7.71	24.11
10	南昌中院	江西省南昌市法院官方微博	47.16	16.42	3.09	23.39

（6）江西十大旅游局微博

排名	微博	认证信息	传播力	服务力	互动力	总分
1	江西风景独好	江西省旅游发展委员会官方微博	67.73	56.78	40.25	54.54
2	江西赣州旅游	赣州市旅游局官方微博	65.53	41.80	44.76	52.48
3	江西吉安旅游	吉安市旅游发展委员会官方微博	61.80	28.61	14.31	36.17
4	九江旅游官方微博	九江市旅游局官方微博	58.13	8.76	20.20	33.08
5	鄱阳旅游官方微博	鄱阳县旅游发展委员会	45.56	18.12	12.42	26.82
6	南昌市旅发委	南昌市旅发委	49.36	12.53	6.48	24.84
7	宜春多胜游	宜春市旅游局官方微博	47.80	6.83	8.89	24.04
8	上犹旅游	江西省上犹县旅游局官方微博	40.99	3.94	4.50	18.99
9	庐山旅游	江西省庐山管理局旅游局官方微博	38.85	6.38	5.41	18.98
10	石城旅游	江西省石城县旅游局官方微博	35.75	5.13	5.05	17.35

（7）江西十大团委系统微博

排名	微博	认证信息	传播力	服务力	互动力	总分
1	江西共青团	共青团江西省委员会官方微博	76.81	83.71	69.60	75.31
2	共青团赣州市委	共青团赣州市委官方微博	69.49	86.45	60.13	69.14
3	赣青团学	共青团江西省委学校部官方微博	58.26	24.18	38.81	43.66
4	南昌共青团	共青团南昌市委官方微博	60.77	37.39	29.04	43.40
5	团中央井冈山教育基地	全国青少年井冈山革命传统教育基地官方微博	52.98	25.95	27.63	37.43
6	青春吉安	共青团吉安市委官方微博	49.62	50.66	14.63	35.83
7	九江市共青团	共青团九江市委员会官方微博	49.12	39.91	15.95	34.01
8	上饶市共青团	共青团上饶市委员会官方微博	45.35	6.45	26.58	30.06
9	萍乡市共青团	共青团萍乡市委员会官方微博	48.28	14.07	13.72	27.61
10	共青团安远县委	江西省赣州市安远县委官方微博	41.03	41.55	7.18	27.60

（8）江西十大交通系统微博

排名	微博	认证信息	传播力	服务力	互动力	总分
1	南昌铁路	南昌铁路局官方微博	80.85	88.55	67.37	77.00
2	江西南昌火车站	南昌铁路局南昌火车站官方微博	70.61	85.88	43.50	62.82
3	江西交通	江西省交通运输厅应急指挥中心官方微博	72.66	66.61	41.57	59.02
4	江西交通12328	江西交通12328运输服务监督电话	65.43	72.37	24.76	50.55
5	南昌客运段	南昌铁路局南昌客运段官方微博	58.25	69.61	25.35	47.36
6	江西高速赣州中心	江西省高速公路赣州管理中心官方微博	66.84	54.39	23.88	47.17
7	南昌公交发布	南昌市公共交通总公司官方微博	63.42	30.84	33.64	44.99
8	南铁南昌工务段	南昌铁路局南昌工务段官方微博	54.21	74.80	18.29	43.96
9	南昌地铁	南昌轨道交通集团有限公司	58.15	15.42	35.51	40.55
10	南昌火车站红土情服务台	南昌铁路局南昌火车站红土情服务台官方微博	52.18	79.11	5.97	39.08

14. 甘肃政务指数微博影响力榜

（1）甘肃政务微博城市竞争力指数

排名	地区	传播力	服务力	互动力	竞争力指数
1	兰　州	72. 15	63. 73	64. 48	66. 52
2	陇　南	84. 39	55. 51	59. 16	65. 45
3	天　水	61. 00	33. 52	38. 03	43. 34
4	白　银	56. 86	31. 10	32. 89	39. 45
5	庆　阳	51. 09	44. 77	21. 62	38. 57
6	酒　泉	57. 84	21. 71	27. 12	34. 44
7	定　西	54. 27	23. 21	28. 33	34. 32
8	武　威	54. 52	22. 21	28. 43	34. 08
9	张　掖	49. 47	29. 74	23. 70	33. 54
10	平　凉	54. 53	19. 71	25. 17	32. 07
11	金　昌	51. 15	22. 40	20. 04	30. 20
12	临　夏	48. 17	18. 55	17. 97	27. 23
13	嘉峪关	45. 26	14. 20	19. 93	25. 52
14	甘　南	46. 20	13. 02	19. 87	25. 37

（2）甘肃十大政务机构微博

排名	微博	认证信息	传播力	服务力	互动力	总分
1	兰州发布	中共兰州市委宣传部、兰州互联网新闻中心	74. 98	82. 34	61. 07	70. 89
2	甘肃公安交警	甘肃省公安厅交通警察总队	73. 51	78. 82	59. 57	69. 00
3	陇南发布	甘肃省陇南市外宣办官方微博	73. 89	79. 75	57. 89	68. 66
4	甘肃发布	甘肃省政府新闻办官方微博	75. 89	72. 67	57. 49	67. 89
5	微博兰州	甘肃省兰州互联网新闻中心官方微博	75. 28	78. 74	53. 31	67. 18
6	甘肃消防	甘肃省公安消防总队官方微博	68. 72	85. 51	54. 69	66. 47
7	甘肃省教育厅	甘肃省教育厅官方微博	73. 06	59. 23	57. 96	64. 25
8	兰州公安	兰州市公安局官方微博	71. 75	77. 56	49. 19	63. 89
9	甘肃公安	甘肃省公安厅官方微博	72. 33	66. 45	52. 70	63. 30
10	天水发布	甘肃省天水市外宣办官方微博	67. 34	81. 95	46. 68	62. 00

（3）甘肃十大党政新闻发布微博

排名	微博	认证信息	传播力	服务力	互动力	总分
1	兰州发布	中共兰州市委宣传部、兰州互联网新闻中心	74. 98	82. 34	61. 07	70. 89
2	陇南发布	甘肃省陇南市外宣办官方微博	73. 89	79. 75	57. 89	68. 66
3	甘肃发布	甘肃省政府新闻办官方微博	75. 89	72. 67	57. 49	67. 89
4	微博兰州	甘肃省兰州互联网新闻中心官方微博	75. 28	78. 74	53. 31	67. 18
5	天水发布	甘肃省天水市外宣办官方微博	67. 34	81. 95	46. 68	62. 00

续表

排名	微博	认证信息	传播力	服务力	互动力	总分
6	陇南康县发布	陇南康县委外宣办官方微博	64.82	86.89	44.83	61.24
7	陇南武都发布	中共陇南市武都区委宣传部官方微博	63.45	70.66	39.20	55.19
8	陇南文县发布	甘肃省陇南市文县县委宣传部官方微博	62.33	67.97	35.33	52.66
9	陇南礼县发布	中共甘肃省陇南市礼县委对外宣传办公室官方微博	58.44	81.26	29.76	51.53
10	微博甘肃	甘肃外宣办官方微博	66.53	44.57	35.66	49.79

（4）甘肃十大公安系统微博

排名	微博	认证信息	传播力	服务力	互动力	总分
1	甘肃公安交警	甘肃省公安厅交通警察总队	73.51	78.82	59.57	69.00
2	甘肃消防	甘肃省公安消防总队官方微博	68.72	85.51	54.69	66.47
3	兰州公安	兰州市公安局官方微博	71.75	77.56	49.19	63.89
4	甘肃公安	甘肃省公安厅官方微博	72.33	66.45	52.70	63.30
5	龚家湾公安交警	甘肃省兰州市公安局交警支队龚家湾大队官方微博	64.61	79.03	42.60	58.69
6	兰州公安交警	甘肃省兰州市公安局交警支队官方微博	72.83	56.57	44.31	58.17
7	东岗交警五中队	兰州市公安局交警支队东岗大队五中队官方微博	65.69	80.50	39.03	57.99
8	武威公安	甘肃省武威市公安局官方微博	66.48	66.45	30.57	52.11
9	兰州交警微路况	甘肃省兰州市公安局交警支队交通指挥中心官方微博	64.62	63.91	28.69	50.11
10	兰州榆中公安	甘肃省兰州市榆中县公安局官方微博	63.08	19.05	51.41	49.61

（5）甘肃十大司法系统微博

排名	微博	认证信息	传播力	服务力	互动力	总分
1	陇南成县司法	甘肃省陇南市成县司法局官方微博	67.35	82.09	34.95	57.34
2	陇南司法	甘肃省陇南市司法局官方微博	61.49	84.28	32.52	54.46
3	陇南综治	中共陇南市委政法委员会官方微博	59.25	84.16	25.61	50.78
4	陇南成县抛沙司法所	甘肃省成县司法局抛沙司法所官方微博	53.64	86.32	24.93	48.69
5	陇南武都司法	甘肃省陇南市武都区司法局官方微博	49.02	82.72	19.06	43.78
6	甘肃检察	甘肃省人民检察院官方微博	61.55	31.76	25.69	41.25
7	城关司法	兰州市城关区司法局官方微博	52.51	52.68	20.06	39.56
8	陇南西和司法	甘肃省陇南市西和县司法局官方微博	49.93	70.77	12.08	38.96
9	麦积政法综治	甘肃省天水市麦积区社会治安综合治理委员会办公室官方微博	52.40	49.84	18.69	38.40
10	宁县检察	甘肃省庆阳市宁县人民检察院官方微博	56.57	46.28	11.72	36.57

（6）甘肃十大旅游局微博

排名	微博	认证信息	传播力	服务力	互动力	总分
1	陇南旅游	甘肃省陇南市旅游局官方微博	62.56	76.98	34.28	54.13
2	中国敦煌旅游	敦煌市旅游局官方微博	60.73	50.36	35.74	48.66
3	陇南成县旅游	甘肃省陇南市成县旅游局官方微博	48.41	50.36	18.65	36.90
4	陇南文县旅游	甘肃省陇南市文县旅游局官方微博	46.77	62.07	11.54	35.74
5	陇南徽县旅游	徽县旅游局官方微博	45.45	51.26	9.31	32.15
6	陇南宕昌旅游	宕昌县旅游局官方微博	47.20	43.05	10.59	31.72
7	甘肃省旅游发展委员会	甘肃省旅游发展委员会官方微博	53.38	39.72	3.90	30.85
8	陇南两当旅游	甘肃省陇南市两当县旅游局官方微博	46.21	49.26	4.53	30.15
9	陇南西和旅游	甘肃省陇南市西和县旅游局官方微博	41.63	45.74	6.73	28.49
10	陇南礼县旅游	甘肃省陇南市礼县旅游局官方微博	39.03	22.82	3.55	21.60

（7）甘肃十大团委系统微博

排名	微博	认证信息	传播力	服务力	互动力	总分
1	甘肃共青团	共青团甘肃省委员会官方微博	64.55	44.54	38.68	50.20
2	陇南康县共青团	共青团康县委员会官方微博	42.95	80.69	15.00	39.32
3	陇南青年	共青团陇南市委员会官方微博	48.26	61.56	12.88	36.77
4	甘肃政法学院校团委	共青团甘肃政法学院委员会官方微博	51.33	34.43	19.09	35.05
5	陇南武都团委	共青团陇南市武都区委官方微博	43.82	67.19	8.39	34.32
6	共青团酒泉市委员会	共青团甘肃省酒泉市委员会官方微博	49.82	48.97	10.40	33.88
7	共青团武威市委	共青团武威市委员会官方微博	52.79	34.68	14.33	33.78
8	陇南西和团委	共青团甘肃省西和县委官方微博	43.48	51.14	11.38	32.17
9	兰州青年	共青团兰州市委官方微博	52.96	23.36	11.42	30.42
10	共青团徽县委	共青团徽县委员会官方微博	45.89	41.81	8.66	30.18

（8）甘肃十大交通系统微博

排名	微博	认证信息	传播力	服务力	互动力	总分
1	兰州铁路	兰州铁路局官方微博	74.15	58.99	49.55	61.28
2	兰州火车站008亲情服务台	兰州火车站亲情服务台官方微博	60.24	70.41	23.77	47.69
3	甘肃省民航机场集团	甘肃省民航机场集团有限公司	58.92	25.71	30.12	40.76
4	陇南交通运输	甘肃省陇南市交通运输局官方微博	50.60	48.14	8.41	33.23
5	陇南康县交通	康县交通局官方微博	40.08	50.07	10.03	30.06
6	兰铁天水火车站旅途之友	兰州铁路局天水火车站官方微博	50.21	19.05	8.97	27.48
7	陇南公路	甘肃省陇南公路管理局官方微博	47.26	35.07	3.68	27.39
8	陇南成县运政	甘肃省陇南成县运管局官方微博	40.12	42.75	4.91	26.56
9	天水羲通公交旅游集团	天水羲通公共交通(集团)有限责任公司	45.93	5.65	12.40	24.46
10	庆阳机场微博	甘肃省民航机场集团有限公司庆阳机场分公司	46.71	1.83	11.96	23.83

15. 辽宁政务指数微博影响力榜

（1）辽宁政务微博城市竞争力指数

排名	地区	传播力	服务力	互动力	竞争力指数
1	沈　阳	69.84	64.34	60.13	64.52
2	大　连	69.36	61.49	51.54	60.37
3	抚　顺	72.00	41.21	46.55	52.32
4	鞍　山	62.81	33.43	42.50	45.42
5	葫芦岛	51.72	40.09	33.94	41.43
6	锦　州	63.32	26.89	31.90	39.57
7	丹　东	57.51	27.47	35.36	39.24
8	铁　岭	55.63	34.26	28.41	38.62
9	营　口	57.19	23.48	34.17	37.33
10	朝　阳	58.12	23.63	28.40	35.65
11	阜　新	54.81	19.53	34.86	35.48
12	本　溪	55.07	18.95	31.74	34.26
13	盘　锦	53.04	18.43	31.24	33.30
14	辽　阳	52.35	27.04	23.10	33.25

（2）辽宁十大政务机构微博

排名	微博	认证信息	传播力	服务力	互动力	总分
1	平安辽宁	辽宁省公安厅官方微博	80.46	85.39	64.59	75.10
2	沈阳发布	中共沈阳市委宣传部官方微博	79.36	59.87	66.31	70.24
3	辽宁交通	辽宁省交通厅政务微博	73.72	82.25	53.30	67.26
4	大连公安	大连市公安局官方微博	75.62	76.10	53.02	66.67
5	沈阳环保	沈阳市环保局官方微博	72.27	81.64	50.77	65.54
6	沈阳铁路	沈阳铁路局官方微博	74.74	72.81	50.21	64.54
7	大连气象	大连市气象局官方微博	73.09	90.62	42.47	64.35
8	抚顺宣传	中共抚顺市委宣传部官方微博	68.35	82.42	50.98	64.22
9	鞍山发布	鞍山市委宣传部官方微博	72.96	59.92	53.20	62.45
10	大连户口身份证	辽宁省大连市公安局治安管理支队户籍管理大队官方微博	67.29	94.88	41.02	62.30

（3）辽宁十大党政新闻发布微博

排名	微博	认证信息	传播力	服务力	互动力	总分
1	沈阳发布	中共沈阳市委宣传部官方微博	79.36	59.87	66.31	70.24
2	抚顺宣传	中共抚顺市委宣传部官方微博	68.35	82.42	50.98	64.22
3	鞍山发布	鞍山市委宣传部官方微博	72.96	59.92	53.20	62.45
4	锦州官方微博	辽宁省锦州市人民政府官方微博	62.99	62.49	33.52	51.10

续表

排名	微博	认证信息	传播力	服务力	互动力	总分
5	丹东发布	辽宁省丹东市人民政府新闻办官方微博	63.54	36.59	36.90	47.49
6	铁东公开	辽宁省鞍山市铁东区人民政府办公室官方微博	60.37	56.71	27.83	46.62
7	新宾宣传	中共新宾满族自治县委宣传部官方微博	54.09	69.36	25.27	45.62
8	本溪发布厅	本溪市人民政府官方微博	62.69	38.63	22.82	41.93
9	辽宁发布	辽宁省政府门户网站官方微博	62.13	49.29	17.53	41.72
10	抚顺发布	辽宁省抚顺市政府新闻办公室官方微博	57.62	37.62	22.32	39.50

（4）辽宁十大公安系统微博

排名	微博	认证信息	传播力	服务力	互动力	总分
1	平安辽宁	辽宁省公安厅官方微博	80.46	85.39	64.59	75.10
2	大连公安	大连市公安局官方微博	75.62	76.10	53.02	66.67
3	大连户口身份证	辽宁省大连市公安局治安管理支队户籍管理大队官方微博	67.29	94.88	41.02	62.30
4	沈阳市公安局	辽宁省沈阳市公安局官方微博	73.78	56.22	44.74	58.65
5	沈阳铁西公安	沈阳市公安局铁西分局官方微博	66.99	65.46	41.92	56.66
6	辽宁消防	辽宁省消防总队官方微博	70.54	47.41	47.30	56.62
7	平安钢都	辽宁省鞍山市公安局官方微博	66.36	81.67	32.83	56.01
8	沈阳网警巡查执法	辽宁省沈阳市公安局网络安全保卫支队	68.68	58.69	39.06	54.83
9	盘锦市公安局	辽宁省盘锦市公安局官方微博	63.99	76.01	30.76	53.10
10	锦州公安	辽宁省锦州市公安局官方微博	65.38	69.76	32.24	53.00

（5）辽宁十大司法系统微博

排名	微博	认证信息	传播力	服务力	互动力	总分
1	抚顺法院	抚顺市中级人民法院官方微博	51.77	57.32	17.44	39.15
2	大连沙河口区法院	辽宁省大连市沙河河口区人民法院官方微博	53.77	42.64	12.14	34.89
3	清原司法局	辽宁省抚顺市清原县司法局官方微博	58.12	38.74	6.07	33.43
4	铁岭中院	铁岭市中级人民法院官方微博	48.71	50.46	8.73	33.07
5	葫芦岛市中级人民法院	辽宁省葫芦岛市中级人民法院官方微博	54.08	32.35	5.68	30.38
6	瓦房店市法院	辽宁省大连市瓦房店市人民法院官方微博	50.54	35.09	4.94	29.21
7	顺城司法	辽宁省抚顺市顺城区司法局官方微博	56.05	23.46	2.96	28.30
8	大连旅顺法院	辽宁省大连市旅顺口区人民法院官方微博	51.83	26.76	5.22	28.17
9	辽宁高院	辽宁省高级人民法院官方微博	48.74	16.35	11.99	27.56
10	大石桥市法院	辽宁省大石桥市人民法院官方微博	44.12	38.20	4.29	27.01

（6）辽宁十大旅游局微博

排名	微博	认证信息	传播力	服务力	互动力	总分
1	辽宁省凤城市旅游局	辽宁省凤城市旅游发展委员会	53.06	35.22	18.17	35.54
2	大连市旅游局	大连市旅游局官方微博	57.52	19.95	17.94	34.18
3	抚顺市旅游委	抚顺市旅游局官方微博	52.68	31.73	15.05	33.44
4	清原旅游	辽宁省抚顺市清原满族自治县旅游局官方微博	49.49	30.98	16.49	32.59
5	丹东市旅游局	丹东市旅游局官方微博	45.80	2.84	31.44	31.46
6	辽宁省旅游局	辽宁省旅游局官方微博	54.33	15.05	15.73	31.03
7	新宾满族自治县旅游局	辽宁省抚顺市新宾满族自治县旅游局官方微博	48.52	36.89	10.56	31.01
8	金普旅游	大连金普新区旅游官方微博	52.89	10.08	11.64	27.83
9	抚顺县旅游	辽宁省抚顺市抚顺县旅游局官方微博	46.37	14.13	9.90	25.33
10	长海旅游攻略	辽宁省大连市长海县旅游局官方微博	44.09	20.68	8.22	25.06

（7）辽宁十大团委系统微博

排名	微博	认证信息	传播力	服务力	互动力	总分
1	阜新共青团	共青团阜新市委官方微博	63.97	54.54	40.42	52.66
2	辽宁共青团	共青团辽宁省委员会官方微博	65.04	48.74	29.16	47.43
3	共青团抚顺市委	共青团抚顺市委官方微博	52.61	35.39	10.75	32.42
4	共青团鞍山市12355	共青团鞍山市委权益部12355青少年服务台	57.97	27.40	4.96	30.66
5	大石化供排水车间团支部	大连市石化公司供排水车间团支部官方微博	40.15	8.72	31.24	30.30
6	共青团大连市委	共青团大连市委官方微博	44.63	10.70	20.52	28.20
7	共青团清原县委	共青团清原县委	45.79	25.53	3.80	24.94
8	青春龙王塘	共青团大连高新区龙王塘街道工作委员会	43.33	16.98	3.29	22.05
9	沈阳北站团委	沈阳铁路局沈阳北站团委官方微博	41.42	14.26	0.79	19.74
10	大连金融青年	辽宁省大连市金融团工委官方微博	40.93	11.90	0.46	18.94

（8）辽宁十大交通系统微博

排名	微博	认证信息	传播力	服务力	互动力	总分
1	辽宁交通	辽宁省交通厅政务微博	73.72	82.25	53.30	67.26
2	沈阳铁路	沈阳铁路局官方微博	74.74	72.81	50.21	64.54
3	沈阳地铁运营	沈阳地铁集团有限公司官方微博	69.58	56.99	43.33	56.56
4	大连火车站	沈阳铁路局大连站官方微博	69.43	66.64	32.98	54.29
5	辽宁省机场管理集团_丹东机场	辽宁省机场管理集团丹东机场官方微博	64.12	48.51	18.35	42.69
6	大连国际机场	大连国际机场集团有限公司	63.38	16.54	31.90	41.42
7	沈铁锦州站	沈阳铁路局锦州站官方微博	51.18	84.42	4.94	39.33
8	营口海事－墩台在线	中华人民共和国营口海事局官方微博	53.41	55.51	15.93	38.84
9	沈阳车辆段	辽宁省沈阳铁路局沈阳车辆段官方微博	50.09	82.85	3.16	37.87
10	沈铁金州站	沈阳铁路局金州站官方微博	48.66	82.14	1.15	36.35

16. 广西政务指数微博影响力榜

（1）广西政务微博城市竞争力指数

排名	地区	传播力	服务力	互动力	竞争力指数
1	柳 州	70.06	70.88	70.35	70.45
2	南 宁	80.01	51.63	71.35	67.04
3	玉 林	67.53	42.51	40.10	49.17
4	梧 州	65.53	37.38	44.03	48.15
5	河 池	65.97	40.17	40.85	48.15
6	桂 林	65.58	35.12	45.20	47.79
7	百 色	65.40	33.22	45.11	47.04
8	钦 州	66.30	27.98	42.56	44.58
9	北 海	64.73	27.22	43.74	44.26
10	来 宾	66.21	30.29	38.48	43.93
11	防城港	61.82	26.45	45.58	43.76
12	崇 左	63.09	31.84	38.51	43.55
13	贵 港	63.41	31.73	33.95	42.01
14	贺 州	61.19	28.21	37.26	41.27

（2）广西十大政务机构微博

排名	微博	认证信息	传播力	服务力	互动力	总分
1	柳州公安	广西柳州市公安局官方微博	91.74	88.41	77.77	85.48
2	南宁特警	广西南宁市公安局特警支队官方微博	87.14	95.68	76.51	84.60
3	广西公安	广西壮族自治区公安厅官方微博	86.87	90.63	67.75	79.97
4	柳州消防	柳州市公安消防支队	70.33	79.36	69.97	71.99
5	广西旅游发展委员会	广西壮族自治区旅游发展委员会官方微博	80.62	62.45	67.38	71.69
6	南宁路况	广西南宁市公安局交警支队指挥中心官方微博	74.75	77.37	59.68	69.25
7	八桂法苑	广西壮族自治区高级人民法院官方微博	78.01	62.82	54.02	65.38
8	桂林消防119	广西壮族自治区桂林市公安消防支队官方微博	67.07	87.07	51.07	64.67
9	广西消防	广西消防总队	68.04	68.95	55.42	63.17
10	南宁消防	南宁市公安消防支队官方微博	70.23	74.17	50.27	63.04

（3）广西十大党政新闻发布微博

排名	微博	认证信息	传播力	服务力	互动力	总分
1	南宁发布	南宁市委宣传部官方微博	73.10	63.40	43.82	59.45
2	防城港发布	广西壮族自治区防城港市人民政府新闻办公室官方微博	66.90	69.38	44.80	58.55
3	北海发布	北海市人民政府新闻办公室官方微博	70.56	70.32	40.62	58.54
4	我爱柳州	柳州市委宣传部官方微博	69.92	40.99	53.93	57.74
5	长寿贺州	贺州市人民政府新闻办公室官方微博	60.31	52.74	26.12	45.12

续表

排名	微博	认证信息	传播力	服务力	互动力	总分
6	钦州发布	中共钦州市委宣传部	62.58	39.42	26.70	43.60
7	梧州发布	梧州市委宣传部	61.44	43.82	25.45	43.52
8	玉林发布	玉林市人民政府新闻办公室官方微博	60.48	52.11	20.26	42.72
9	横县发布	广西南宁市横县县委宣传部官方微博	56.49	28.22	16.77	34.95
10	青秀发布	广西壮族自治区南宁市青秀区宣传部官方微博	54.65	47.94	7.58	34.48

（4）广西十大公安系统微博

排名	微博	认证信息	传播力	服务力	互动力	总分
1	柳州公安	广西柳州市公安局官方微博	91.74	88.41	77.77	85.48
2	南宁特警	广西南宁市公安局特警支队官方微博	87.14	95.68	76.51	84.60
3	广西公安	广西壮族自治区公安厅官方微博	86.87	90.63	67.75	79.97
4	柳州消防	柳州市公安消防支队	70.33	79.36	69.97	71.99
5	南宁路况	广西南宁市公安局交警支队指挥中心官方微博	74.75	77.37	59.68	69.25
6	桂林消防119	广西壮族自治区桂林市公安消防支队官方微博	67.07	87.07	51.07	64.67
7	广西消防	广西消防总队	68.04	68.95	55.42	63.17
8	南宁消防	南宁市公安消防支队官方微博	70.23	74.17	50.27	63.04
9	来宾公安	广西来宾市公安局官方微博	68.61	83.90	45.88	62.57
10	南宁公安在线	南宁市公安局官方微博	71.26	64.31	45.12	59.41

（5）广西十大司法系统微博

排名	微博	认证信息	传播力	服务力	互动力	总分
1	八桂法苑	广西壮族自治区高级人民法院官方微博	78.01	62.82	54.02	65.38
2	南宁市中级法院	广西壮族自治区南宁市中级人民法院官方微博	66.07	74.26	36.86	56.03
3	青秀法院	南宁市青秀区人民法院官方微博	63.75	82.52	29.87	53.95
4	梧州市中级人民法院	广西壮族自治区梧州市中级人民法院官方微博	61.64	80.08	33.06	53.89
5	广西玉林市中级法院	广西壮族自治区玉林市中级人民法院官方微博	64.76	82.41	27.23	53.27
6	柳州中级法院	广西壮族自治区柳州市中级人民法院官方微博	65.07	62.88	34.64	52.46
7	山水天平	广西壮族自治区桂林市中级人民法院官方微博	63.97	72.07	26.27	50.51
8	北海市中级法院	北海市中级人民法院官方微博	62.88	74.55	23.53	49.47
9	防城港市中级法院	广西防城港市中级人民法院官方微博	62.89	68.94	26.23	49.44
10	崇法之疆	广西壮族自治区崇左市中级人民法院官方微博	62.22	74.44	19.19	47.45

（6）广西十大旅游局微博

排名	微博	认证信息	传播力	服务力	互动力	总分
1	广西旅游发展委员会	广西壮族自治区旅游发展委员会官方微博	80.62	62.45	67.38	71.69
2	南宁市旅游发展委员会	南宁市旅游发展委员会	70.95	60.91	46.45	59.14
3	柳州市旅游发展委员会	柳州旅游局官方微博	61.01	33.20	39.21	46.73
4	桂林市旅游发展委员会	桂林市旅游发展委员会	59.42	27.67	27.89	40.46
5	北海市旅游发展委员会	北海市旅游发展委员会官方微博	57.53	35.10	17.86	37.18
6	钦州旅游局	广西钦州旅游局	47.11	20.52	5.25	25.05
7	阳朔县旅游局	阳朔县旅游局官方微博	44.30	13.30	9.31	24.10
8	靖西市旅发委	靖西县旅游局官方微博	41.06	8.72	6.43	20.74
9	崇左市旅游发展委员会	崇左市旅游发展委员会官方微博	37.53	12.60	3.96	19.11
10	贺州市旅游发展委员会	广西壮族自治区贺州旅游局官方微博	35.27	8.00	1.38	16.26

（7）广西十大团委系统微博

排名	微博	认证信息	传播力	服务力	互动力	总分
1	广西共青团	共青团广西壮族自治区委官方微博	63.59	53.18	33.79	49.59
2	梧州共青团	共青团梧州市委员会官方微博	51.22	55.26	17.14	38.39
3	百色共青团	共青团百色市委员会官方微博	55.90	35.33	19.82	37.35
4	万秀区共青团	共青团万秀区委官方微博	43.34	33.20	5.44	26.15
5	广西师大马克思主义学院分团委	广西师范大学政治与行政学院分团委	44.74	19.45	10.87	26.13
6	南宁三中团委	南宁市第三中学团委官方微博	44.19	10.58	15.78	26.10
7	右江民族医学院团委	共青团右江民族医学院委员会官方微博	43.10	11.35	13.01	24.71
8	广西水利电力职业技术学院团委	广西水利电力职业技术学院团委官方微博	42.93	12.38	11.52	24.26
9	柳州共青团	共青团柳州市委员会官方微博	46.37	14.69	5.49	23.68
10	百色学院团委	百色市右江区百色学院校团委官方微博	40.33	7.24	14.09	23.22

（8）广西十大交通系统微博

排名	微博	认证信息	传播力	服务力	互动力	总分
1	南宁铁路	南宁铁路局官方微博	71.03	42.59	49.80	56.85
2	广西海事局	中华人民共和国广西海事局官方微博	63.34	46.52	11.28	39.15
3	南宁交通运输	广西南宁市交通运输局官方微博	52.87	36.38	18.79	35.94
4	南宁火车站	南宁铁路局南宁火车站官方微博	57.42	13.42	20.02	33.66
5	南宁电务段	南宁铁路局南宁电务段官方微博	48.88	26.91	8.85	28.47
6	南宁局柳州机务段	南宁铁路局柳州机务段官方微博	50.57	17.22	11.56	28.30
7	宁局柳州火车站	广西柳州宁局柳州火车站官方微博	51.77	14.20	11.75	28.25
8	柳南站	南宁铁路局柳南站官方微博	49.16	28.53	5.52	27.58
9	柳州工务机械段	南宁铁路局柳州工务机械段官方微博	47.02	24.87	8.64	27.24
10	南宁客运段	南宁铁路局南宁客运段官方微博	48.36	16.62	10.71	26.95

17. 河北政务指数微博影响力榜

（1）河北政务微博城市竞争力指数

排名	地区	传播力	服务力	互动力	竞争力指数
1	石家庄	71.19	47.11	55.73	57.35
2	保定	69.44	44.12	48.34	53.19
3	邢台	65.31	36.90	46.42	48.76
4	邯郸	66.39	33.67	45.36	47.58
5	唐山	60.35	30.63	45.27	44.67
6	沧州	63.98	32.98	39.26	44.48
7	秦皇岛	62.08	32.56	38.93	43.64
8	张家口	59.04	32.75	36.75	42.04
9	承德	59.34	29.51	32.97	39.67
10	廊坊	57.31	27.03	36.75	39.51
11	衡水	54.43	23.40	37.13	37.51

（2）河北十大政务机构微博

排名	微博	认证信息	传播力	服务力	互动力	总分
1	河北省旅游发展委员会	河北省旅游发展委员会官方微博	78.59	88.92	62.76	74.32
2	石家庄共青团	河北省石家庄共青团官方微博	73.42	85.84	69.46	74.32
3	河北发布	河北省人民政府新闻办公室官方微博	79.22	71.49	69.14	73.64
4	河北公安网络发言人	河北省公安厅官方微博	80.80	63.73	63.69	70.54
5	河北天气	河北省气象局官方微博	76.14	89.22	54.49	70.10
6	河北检察	河北省人民检察院官方微博	80.46	62.73	63.01	69.94
7	河北消防	河北省公安消防总队官方微博	73.79	78.45	57.81	68.33
8	河北高速交警	河北高速交警总队官方微博	71.85	80.74	48.65	64.35
9	微博保定	河北省保定市政府官方微博	73.59	67.33	50.56	63.13
10	黄骅司法	河北省黄骅市司法局官方微博	64.82	88.84	46.20	62.18

（3）河北十大党政新闻发布微博

排名	微博	认证信息	传播力	服务力	互动力	总分
1	河北发布	河北省人民政府新闻办公室官方微博	79.22	71.49	69.14	73.64
2	微博保定	河北省保定市政府官方微博	73.59	67.33	50.56	63.13
3	石家庄发布	河北省石家庄市人民政府新闻办公室官方微博	74.54	44.42	58.29	62.02
4	邢台发布	河北省邢台市委对外宣传办公室官方微博	71.92	50.63	51.13	59.34
5	微博河北	河北外宣官方微博	71.24	51.66	40.28	54.94
6	唐山发布	唐山市人民政府新闻办公室官方微博	68.42	51.17	43.12	54.85

续表

排名	微博	认证信息	传播力	服务力	互动力	总分
7	秦皇岛发布	河北省秦皇岛市委宣传部互联网信息办公室官方微博	66.12	48.17	44.04	53.70
8	廊坊发布	河北省廊坊市人民政府新闻办公室官方微博	69.02	55.70	35.38	52.90
9	大好河山张家口	中共张家口市委宣传部官方微博	66.36	51.29	39.56	52.63
10	微博定兴	河北省保定市定兴县人民政府官方微博	57.98	64.72	27.10	46.98

（4）河北十大公安系统微博

排名	微博	认证信息	传播力	服务力	互动力	总分
1	河北公安网络发言人	河北省公安厅官方微博	80.80	63.73	63.69	70.54
2	河北消防	河北省公安消防总队官方微博	73.79	78.45	57.81	68.33
3	河北高速交警	河北高速交警总队官方微博	71.85	80.74	48.65	64.35
4	河北公安交管网	河北公安交管网官方微博	71.05	67.36	49.85	61.83
5	邯郸公安网络发言人	河北邯郸市公安局官方微博	73.23	54.13	53.50	61.52
6	河北公安网	河北省公安厅官网河北公安网关联微博	71.44	56.88	53.05	61.17
7	河北高速交警路况播报	河北高速交警总队指挥中心官方微博	75.11	74.17	39.61	60.72
8	保定公安网络发言人	河北保定市公安局官方微博	70.24	69.36	46.63	60.62
9	河北高速交警廊坊支队	河北高速交警总队廊坊支队官方微博	69.13	76.67	43.84	60.52
10	石家庄公安网络发言人	河北石家庄市公安局官方微博	73.19	41.16	46.07	55.94

（5）河北十大司法系统微博

排名	微博	认证信息	传播力	服务力	互动力	总分
1	河北检察	河北省人民检察院官方微博	80.46	62.73	63.01	69.94
2	黄骅司法	河北省黄骅市司法局官方微博	64.82	88.84	46.20	62.18
3	河北高院	河北省高级人民法院官方微博	69.47	83.97	42.95	61.76
4	中捷司法	河北省沧州渤海新区中捷产业园区司法局官方微博	57.62	85.06	35.86	54.40
5	沧州普法办公室	河北省沧州市普法办公室官方微博	63.36	71.41	32.79	52.74
6	东光司法	河北省沧州市东光县司法局官方微博	57.05	75.24	28.90	49.43
7	保定检察2014	河北省保定市人民检察院官方微博	59.02	62.25	25.64	46.31
8	石家庄高新检察院	河北省石家庄高新技术产业开发区人民检察院官方微博	58.87	52.42	28.98	45.62
9	清风普法	河北省邢台市桥东区司法局官方微博	59.44	61.06	24.04	45.60
10	唐山检察	河北省唐山市人民检察院官方微博	58.16	60.89	17.78	42.56

（6）河北十大旅游局微博

排名	微博	认证信息	传播力	服务力	互动力	总分
1	河北省旅游发展委员会	河北省旅游发展委员会官方微博	78.59	88.92	62.76	74.32
2	承德旅游	承德市旅游局官方微博	63.63	55.12	31.78	49.19
3	秦皇岛市旅游委员会	河北省秦皇岛市旅游委员会官方微博	60.19	26.12	37.02	44.11
4	山海关区旅游发展委员会	河北省秦皇岛市山海关区旅游发展委员会	60.12	35.59	29.55	42.98

续表

排名	微博	认证信息	传播力	服务力	互动力	总分
5	石家庄旅游局	河北省石家庄市旅游局官方微博	61.72	25.34	32.09	42.59
6	张家口市旅游委	张家口市旅游局官方微博	55.72	18.20	20.67	34.20
7	河北省首届旅游发展大会2016保定	2016河北（保定）首届旅游业发展大会官方微博	57.91	21.04	11.28	31.88
8	保定市旅游发展委员会	保定市旅游发展委员会	53.06	25.99	12.63	31.47
9	中国野三坡	涞水县旅游局	43.23	2.00	20.35	25.83
10	衡水市旅游局	河北省衡水市旅游局官方微博	47.35	16.43	7.76	25.33

（7）河北十大团委系统微博

排名	微博	认证信息	传播力	服务力	互动力	总分
1	石家庄共青团	河北省石家庄共青团官方微博	73.42	85.84	69.46	74.32
2	石家庄学院共青团	共青团石家庄学院委员会官方微博	65.76	72.97	53.14	62.16
3	河北共青团	共青团河北省委员会官方微博	69.07	58.96	48.47	58.81
4	河北科技大学校团委	河北科技大学共青团委员会官方微博	62.43	69.03	42.88	55.93
5	石家庄学院外语系共青团	石家庄学院外语系共青团官方微博	60.74	59.53	44.89	54.16
6	河北师大共青团	共青团河北师范大学委员会官方微博	61.82	57.87	42.42	53.27
7	河北学联	共青团河北省委学校部官方微博	61.56	55.79	33.00	48.98
8	石家庄学院计算机系共青团	石家庄学院计算机系共青团官方微博	59.60	59.70	31.20	48.26
9	石家庄学院经管系共青团	石家庄学院经管系共青团官方微博	61.25	50.06	31.55	47.13
10	河北工业大学团委	河北工业大学团委	59.28	37.37	33.24	44.48

（8）河北十大交通系统微博

排名	微博	认证信息	传播力	服务力	互动力	总分
1	河北高速96122	河北高速96122官方微博	72.24	62.84	38.56	56.89
2	石家庄火车站	石家庄火车站官方微博	68.44	50.73	31.46	50.11
3	石家庄国际机场	河北机场管理集团有限公司	67.74	30.44	38.49	48.58
4	保定市公交	河北省保定市公共交通总公司官方微博	58.21	51.54	20.47	41.78
5	京秦高速路况	河北省高速公路管理局京秦管理处调度指挥中心	63.56	47.04	16.85	41.57
6	石家庄客运段	北京铁路局石家庄客运段官方微博	58.01	41.71	15.50	37.74
7	邯郸公交网	邯郸市公共交通总公司	56.92	16.05	28.73	37.47
8	沈铁山海关站	沈阳铁路局山海关站官方微博	50.11	69.38	1.65	34.58
9	唐山交通应急指挥中心	唐山市交通运输局应急指挥调度中心官方微博	57.05	21.81	14.71	33.06
10	沧州车务段	北京铁路局沧州车务段官方微博	47.70	50.83	7.94	32.42

18. 云南政务指数微博影响力榜

(1) 云南政务微博城市竞争力指数

排名	地区	传播力	服务力	互动力	竞争力指数
1	昆明	78.19	50.79	57.68	61.42
2	大理	66.42	39.94	40.88	48.21
3	曲靖	66.64	35.51	41.48	46.94
4	西双版纳	58.06	26.88	49.85	44.27
5	红河	61.63	34.04	39.27	44.15
6	德宏	60.45	31.89	36.89	42.21
7	昭通	61.18	34.86	32.44	41.91
8	普洱	60.40	27.56	33.25	39.40
9	楚雄	59.92	26.29	31.77	38.30
10	玉溪	59.30	29.17	27.07	37.47
11	丽江	58.32	27.65	28.57	37.17
12	保山	55.34	22.99	35.73	37.15
13	临沧	59.21	19.35	30.77	35.30
14	文山	54.91	25.25	27.23	34.84
15	怒江	52.02	19.81	26.87	31.95
16	迪庆	43.20	16.53	18.08	25.08

(2) 云南十大政务机构微博

排名	微博	认证信息	传播力	服务力	互动力	总分
1	昆明公交集团有限责任公司	昆明公交集团有限责任公司	75.47	57.60	82.03	74.52
2	云南共青团	共青团云南省委官方微博	74.33	83.49	69.62	74.28
3	云南警方	云南省公安厅官方微博	75.59	87.14	59.96	71.65
4	西双版纳热带植物园	中国科学院西双版纳热带植物园官方微博	79.27	51.29	73.72	71.45
5	昆明发布	云南省昆明党务政务信息公开平台官方微博	71.22	78.26	53.58	65.57
6	昆宣发布	昆明市委宣传部官方微博	73.23	62.93	55.67	64.15
7	云南消防	云南省公安消防总队官方微博	71.59	54.26	60.72	63.78
8	昆明12345市长热线	昆明12345市长热线官方微博	77.11	75.58	36.20	60.44
9	云南省人民检察院	云南省人民检察院官方微博	65.30	81.10	43.16	59.60
10	云南平安高速	云南省公安厅交通警察总队高速公路交巡警支队官方微博	73.73	72.97	36.91	58.85

（3）云南十大党政新闻发布微博

排名	微博	认证信息	传播力	服务力	互动力	总分
1	昆明发布	云南省昆明党务政务信息公开平台官方微博	71.22	78.26	53.58	65.57
2	昆宣发布	昆明市委宣传部官方微博	73.23	62.93	55.67	64.15
3	美丽德宏	中共德宏州委宣传部官方微博	69.65	62.61	44.87	58.33
4	昆明五华发布	云南省昆明市五华区委、区政府官方微博	67.79	64.54	42.85	57.16
5	大怒江在线	中共怒江州委宣传部官方微博	64.17	64.25	34.38	52.27
6	世界腾冲___天下和顺	腾冲市委宣传部官方微博	64.29	69.05	30.19	51.60
7	普洱发布	普洱市人民政府新闻办公室官方微博	65.17	54.23	34.90	50.88
8	红河宣传	中共红河哈尼族彝族自治州委员会宣传部官方微博	59.57	54.63	37.22	49.64
9	微博云南	云南省人民政府新闻办公室官方微博	71.18	33.78	35.15	49.29
10	微博曲靖	曲靖市人民政府新闻办公室	65.10	39.97	37.16	48.90

（4）云南十大公安系统微博

排名	微博	认证信息	传播力	服务力	互动力	总分
1	云南警方	云南省公安厅官方微博	75.59	87.14	59.96	71.65
2	云南消防	云南省公安消防总队官方微博	71.59	54.26	60.72	63.78
3	云南平安高速	云南省公安厅交通警察总队高速公路交巡警支队官方微博	73.73	72.97	36.91	58.85
4	平安红河	云南省红河州公安局官方微博	67.28	58.43	36.24	53.09
5	大理交警	云南省大理州公安局交警支队	68.40	55.49	34.12	52.11
6	昭通消防	云南省昭通市公安消防支队官方微博	61.47	56.55	35.89	50.25
7	玉溪消防支队	云南省玉溪市公安消防支队官方微博	62.68	65.28	30.22	50.22
8	昆明交警	云南省昆明市公安局交警支队	66.21	43.07	35.86	49.44
9	云岭森警	云南省森林公安局官方微博	64.06	55.07	30.75	48.94
10	昆明市公安消防支队	云南省昆明市公安消防支队官方微博	60.51	54.55	33.60	48.56

（5）云南十大司法系统微博

排名	微博	认证信息	传播力	服务力	互动力	总分
1	云南省人民检察院	云南省人民检察院官方微博	65.30	81.10	43.16	59.60
2	瑞丽检察	云南省瑞丽市人民检察院官方微博	52.60	82.66	28.65	49.03
3	曲靖检察	云南省曲靖市人民检察院官方微博	57.84	72.98	26.13	48.19
4	呈贡检察	云南省昆明市呈贡区人民检察院官方微博	52.27	59.90	26.19	43.37
5	昆明市委政法委	中共昆明市委政法委官方微博	54.77	41.06	7.39	33.08
6	昆明司法行政	云南省昆明市司法局官方微博	54.51	35.69	5.35	31.08
7	云南省高级人民法院	云南省高级人民法院官方微博	51.32	23.33	14.25	30.89
8	曲靖市法院	云南省曲靖市中级人民法院官方微博	50.61	27.41	11.39	30.28
9	文山州人民检察院	云南省文山州人民检察院官方微博	52.42	28.56	8.26	29.99
10	五华司法行政	云南省昆明市五华区司法局官方微博	50.76	29.15	7.18	29.01

（6）云南十大旅游局微博

排名	微博	认证信息	传播力	服务力	互动力	总分
1	云南丽江旅游	丽江市旅游发展委员会官方微博	66.50	50.67	39.76	52.64
2	旅游腾冲官博	腾冲市旅游局官方微博	55.33	34.75	25.59	39.32
3	昆明市旅游发展委员会	昆明市旅游发展委员会官方微博	57.67	44.97	14.12	37.71
4	旅游红河	红河哈尼族彝族自治州旅游发展委员会	55.23	20.80	26.93	37.02
5	保山旅游	云南省保山市旅游局官方微博	54.31	29.86	20.45	35.88
6	曲靖旅游1988	曲靖市旅游局官方微博	53.41	28.51	20.09	35.10
7	建水旅游微博	云南省建水县旅游局官方微博	47.90	23.73	12.40	28.87
8	元阳_旅游	云南省红河州元阳县旅游局官方微博	36.23	4.79	32.32	28.38
9	云南旅游发布厅	云南省旅游发展委员会	49.38	8.04	17.28	28.27
10	大理旅游发布厅	大理白族自治州旅游发展管理委员会官方微博	47.30	10.64	12.43	26.02

（7）云南十大团委系统微博

排名	微博	认证信息	传播力	服务力	互动力	总分
1	云南共青团	共青团云南省委官方微博	74.33	83.49	69.62	74.28
2	石林团县委	共青团石林县委官方微博	54.78	54.40	27.58	43.82
3	共青团昆明市呈贡区委	共青团昆明市呈贡区委官方微博	52.44	55.49	15.49	38.27
4	云南团省委学校部	云南团省委学校部官方微博	50.87	16.77	21.28	32.21
5	共青团昆明市委	共青团昆明市委官方微博	48.73	23.14	16.27	30.63
6	共青团五华区委	共青团昆明市五华区委官方微博	52.15	30.48	8.89	30.51
7	彝网青心	共青团楚雄州委员会官方微博	48.42	31.54	6.60	28.32
8	共青团宜良县委	云南省昆明市宜良县团委官方微博	38.03	37.87	6.78	25.50
9	共青团德宏州委	共青团德宏州委	44.18	22.19	6.63	24.76
10	德宏芒市团委	共青团芒市委官方微博	43.65	20.41	6.30	24.06

（8）云南十大交通系统微博

排名	微博	认证信息	传播力	服务力	互动力	总分
1	昆明公交集团有限责任公司	昆明公交集团有限责任公司	75.47	57.60	82.03	74.52
2	昆明轨道交通集团有限公司	昆明轨道交通集团有限公司	68.76	68.35	44.07	58.80
3	昆明铁路	昆明铁路局官方微博	71.31	55.35	42.99	56.79
4	昆明机场	昆明机场官方微博	71.42	44.20	41.27	53.92
5	昆明公交第四分公司	昆明公交第四分公司官方微博	53.04	42.78	47.32	48.70
6	昆明公交集团第五公司	昆明公交集团有限责任公司第五分公司	56.24	41.28	31.32	43.28
7	腾冲驼峰机场	云南腾冲驼峰机场开发管理有限公司官方微博	59.47	48.89	13.81	39.09
8	德宏芒市机场	云南机场集团有限责任公司德宏芒市机场	64.33	46.78	8.99	38.68
9	昆明公交第七公司	昆明公交集团有限责任公司第七分公司	54.05	36.07	23.17	38.10
10	昆明市交通运输局	云南省昆明市交通运输局官方微博	58.46	35.83	17.68	37.62

19. 上海政务指数微博影响力榜

（1）上海十大政务机构微博

排名	微博	认证信息	传播力	服务力	互动力	总分
1	上海发布	上海市政府新闻办公室官方微博	95.35	80.27	91.74	90.89
2	警民直通车－上海	上海市公安局官方微博	89.00	93.37	86.13	88.73
3	上海地铁shmetro	上海申通地铁集团运营管理部官方微博	87.81	95.40	75.81	84.53
4	乐游上海	上海市旅游局	86.09	67.74	80.30	80.10
5	上铁资讯	上海铁路局官方微博	81.25	72.02	68.18	74.17
6	上海宝山发布	上海市宝山区人民政府官方微博	75.82	70.20	63.79	69.88
7	上海静安	静安区微博	71.60	83.89	60.44	69.59
8	上海市天气	上海市气象局官方微博	83.00	53.26	60.85	68.19
9	青春上海	共青团上海市委员会官方微博	73.88	68.75	60.77	67.61
10	上海铁警发布	上海铁路公安局官方微博	76.40	67.82	54.68	66.00

（2）上海十大党政新闻发布微博

排名	微博	认证信息	传播力	服务力	互动力	总分
1	上海发布	上海市政府新闻办公室官方微博	95.35	80.27	91.74	90.89
2	上海宝山发布	上海市宝山区人民政府官方微博	75.82	70.20	63.79	69.88
3	上海静安	静安区微博	71.60	83.89	60.44	69.59
4	今日张江	上海市浦东新区张江镇人民政府官方微博	68.52	81.40	48.63	63.14
5	上海松江发布	上海市松江区人民政府官方微博	72.01	79.04	43.43	61.98
6	上海徐汇发布	上海市徐汇区新闻办公室	71.54	64.56	50.09	61.56
7	上海杨浦	上海市杨浦区政府	72.76	58.54	51.68	61.48
8	上海奉贤发布	上海市奉贤区人民政府新闻办公室官方微博	70.62	68.41	42.21	58.81
9	上海长宁	上海长宁区政府新闻办	69.79	72.81	40.27	58.59
10	金山传播	上海市金山区人民政府新闻办公室	69.13	71.87	40.30	58.15

（3）上海十大公安系统微博

排名	微博	认证信息	传播力	服务力	互动力	总分
1	警民直通车－上海	上海市公安局官方微博	89.00	93.37	86.13	88.73
2	上海铁警发布	上海铁路公安局官方微博	76.40	67.82	54.68	66.00
3	金山消防	上海市金山区公安消防支队官方微博	66.02	78.89	46.71	60.87
4	上海消防	上海市消防局官方微博	70.26	62.23	49.84	60.49
5	青浦特警	上海市公安局青浦分局特警支队	71.23	55.29	52.01	60.35
6	警民直通车－浦东	上海市公安局浦东分局官方微博	70.53	61.20	39.93	56.42
7	上海边检	上海出入境边防检查总站官方微博	70.26	48.19	43.77	55.25
8	警民直通车－松江	上海市公安局松江分局官方微博	69.37	51.95	41.78	54.85
9	虹口公安分局	上海市公安局虹口分局官方微博	69.71	30.75	45.89	52.39
10	警民直通车－徐汇站	上海市公安局徐汇分局官方微博	68.20	49.90	37.53	52.27

（4）上海十大司法系统微博

排名	微博	认证信息	传播力	服务力	互动力	总分
1	青村法宣	上海市奉贤区司法局青村司法所官方微博	61.11	71.67	20.77	47.09
2	浦江天平	上海市高级人民法院官方微博	65.21	33.68	34.50	46.62
3	上海松江法院	上海市松江区人民法院官方微博	57.50	10.90	32.02	37.99
4	金汇法宣	上海市奉贤区司法局金汇司法所官方微博	54.63	42.54	18.12	37.61
5	海湾法宣	上海市奉贤区司法局海湾司法所官方微博	51.66	58.51	12.86	37.51
6	闵行法宣零距离	上海市闵行区司法局、上海市闵行区法宣办官方微博	58.48	17.91	24.97	36.96
7	金虹桥法宣	上海市闵行区司法局虹桥司法所官方微博	55.73	24.94	23.97	36.87
8	南桥法宣	上海市奉贤区司法局南桥司法所官方微博	61.34	40.49	9.83	36.57
9	上海闵行法院	上海市闵行区人民法院官方微博	53.27	22.91	26.00	36.29
10	吴泾法宣	上海市闵行区司法局吴泾司法所官方微博	46.61	56.05	14.50	35.66

（5）上海十大旅游局微博

排名	微博	认证信息	传播力	服务力	互动力	总分
1	乐游上海	上海市旅游局	86.09	67.74	80.30	80.10
2	崇明旅游－官微	上海崇明区旅游局	55.48	52.53	12.61	37.74
3	徐汇旅游	上海市徐汇区旅游局	57.88	33.48	14.94	35.83
4	白相到闵行	上海市闵行区旅游局官方微博	56.17	33.39	13.81	34.67
5	金山旅游	上海市金山区旅游局	49.23	11.65	10.47	26.21
6	想休闲到奉贤	上海市奉贤区旅游局官方微博	43.45	15.86	3.36	21.89
7	浦东旅游会展	上海市浦东新区旅游局官方微博	33.01	1.70	0.55	13.76
8	嘉定旅游	上海市嘉定区旅游局官方微博	27.41	0.53	0.83	11.40
9	上海市旅游培训中心	上海市旅游培训中心官方微博	25.13	0.48	0.00	10.15
10	乐游虹口	上海市虹口区旅游局官方微博	0.00	0.00	0.00	0.00

（6）上海十大团委系统微博

排名	微博	认证信息	传播力	服务力	互动力	总分
1	青春上海	共青团上海市委员会官方微博	73.88	68.75	60.77	67.61
2	华政青年	共青团华东政法大学委员会官方微博	63.45	47.95	44.00	52.57
3	青春护航－上海机场	共青团上海机场集团有限公司委员会官方微博	51.71	22.58	18.74	32.70
4	上海石化公用事业团委	中国石化上海石油化工股份有限公司公事业部团委官方微博	45.50	47.95	2.20	28.67
5	青春东华	共青团东华大学委员会官方微博	46.98	16.24	16.56	28.66

续表

排名	微博	认证信息	传播力	服务力	互动力	总分
6	上海市普陀区中心医院团委	共青团上海市普陀区中心医院委员会官方微博	52.11	14.39	7.30	26.64
7	上外学联	上海外国语大学团委学生会官方微博	45.90	1.20	19.00	26.20
8	浦东12355	共青团浦东12355青少年服务平台官方微博	54.18	13.93	2.48	25.45
9	上海市建设交通团工委	共青团上海市城乡建设和交通工作委员会官方微博	48.92	10.91	4.30	23.47
10	普陀交警团总支	上海市公安局普陀分局交警支队团总支	46.69	7.61	6.90	22.96

（7）上海十大交通系统微博

排名	微博	认证信息	传播力	服务力	互动力	总分
1	上海地铁shmetro	上海申通地铁集团运营管理部官方微博	87.81	95.40	75.81	84.53
2	上铁资讯	上海铁路局官方微博	81.25	72.02	68.18	74.17
3	航旅直通车–上海机场	上海机场集团官方微博，浦东机场、虹桥机场航旅资讯平台	74.89	70.29	50.12	64.06
4	铁路上海站	铁路上海站官方微博	76.89	52.58	44.10	58.91
5	航旅直通车–浦东机场运行中心	上海国际机场股份有限公司	71.13	57.26	42.82	57.03
6	上海海事发布	中华人民共和国上海海事局官方微博	69.82	52.90	36.41	53.07
7	上海交通	上海市交通委员会官方微博	69.76	39.30	36.09	50.20
8	航旅直通车–虹桥机场运行中心	上海虹桥国际机场运行中心	62.55	76.05	24.50	50.03
9	上海海事局船员处	上海海事局船员管理处官方微博	61.11	41.97	31.79	45.55
10	路线–途	上海市公路管理处官方微博	67.74	52.00	19.11	45.14

20. 贵州政务指数微博影响力榜

（1）贵州政务微博城市竞争力指数

排名	地区	传播力	服务力	互动力	竞争力指数
1	铜仁	58.99	55.00	45.60	52.91
2	贵阳	67.15	41.08	41.76	49.14
3	遵义	62.64	31.21	35.57	42.16
4	黔东南	56.08	28.83	32.61	38.33
5	安顺	61.73	24.76	29.55	37.53
6	毕节	56.68	29.52	27.82	37.07
7	黔南	60.01	22.89	30.56	36.71
8	六盘水	53.40	23.92	32.41	35.74
9	黔西南	51.76	24.26	24.06	32.44

（2）贵州十大政务机构微博

排名	微博	认证信息	传播力	服务力	互动力	总分
1	铜仁消防	贵州省铜仁市公安消防支队、中国人民武装警察部队铜仁消防支队	69.47	90.28	53.25	67.14
2	微博贵州	贵州省互联网信息办公室	75.01	56.47	56.34	63.83
3	共青团贵州省委	共青团贵州省委官方微博	68.44	69.10	50.52	61.40
4	遵义老城交警	贵州省遵义市公安局交警支队红花岗大队四中队官方微博	66.45	81.51	40.17	58.95
5	贵州省凯里监狱	贵州省凯里监狱官方微博	63.59	83.30	41.07	58.53
6	贵州省旅游发展委员会	贵州省旅游发展委员会官方微博	70.46	38.19	47.44	54.80
7	贵州消防	贵州省公安消防总队官方微博	65.20	59.33	39.53	53.76
8	贵州监狱	贵州省监狱管理局官方微博	64.42	64.98	37.30	53.68
9	贵阳交警	贵阳市公安局交警支队	66.50	57.29	35.52	52.27
10	黔气象	贵州省气象局官方微博	67.00	50.57	31.99	49.71

（3）贵州十大党政新闻发布微博

排名	微博	认证信息	传播力	服务力	互动力	总分
1	微博贵州	贵州省互联网信息办公室	75.01	56.47	56.34	63.83
2	黔中平坝	贵州省安顺市平坝区人民政府	60.93	76.31	24.98	49.63
3	贵阳发布	贵阳市委宣传部	64.53	53.62	26.93	47.31
4	中共毕节市委宣传部	中共毕节市委宣传部官方微博	64.11	60.53	19.83	45.68
5	黔办之声	贵州省人民政府办公厅官方微博	62.92	45.85	20.63	42.59
6	黔中秘境生态乌当	中共贵阳市乌当区委宣传部官方微博	58.78	49.86	18.20	40.76
7	黔西南发布	黔西南州人民政府新闻办公室官方微博	58.02	37.09	22.37	39.57
8	中国黔南	贵州省黔南布依族苗族自治州人民政府官方微博	55.60	32.46	14.97	34.72
9	榕江在线	贵州省黔东南榕江县委宣传部官方微博	56.53	23.55	16.54	33.94
10	兴义市新闻中心	贵州省兴义市新闻中心官方微博	55.40	37.99	6.28	32.27

（4）贵州十大公安系统微博

排名	微博	认证信息	传播力	服务力	互动力	总分
1	铜仁消防	贵州省铜仁市公安消防支队、中国人民武装警察部队铜仁消防支队	69.47	90.28	53.25	67.14
2	遵义老城交警	贵州省遵义市公安局交警支队红花岗大队四中队官方微博	66.45	81.51	40.17	58.95
3	贵州消防	贵州省公安消防总队官方微博	65.20	59.33	39.53	53.76
4	贵阳交警	贵阳市公安局交警支队	66.50	57.29	35.52	52.27
5	贵州公安	贵州省公安厅官方微博	66.08	27.12	35.46	46.04

续表

排名	微博	认证信息	传播力	服务力	互动力	总分
6	遵义交警支队	遵义市公安局交警支队官方微博	60.85	36.66	26.34	42.21
7	贵州省公安厅交警总队	贵州省公安厅交警总队官方微博	63.44	28.46	26.98	41.86
8	铜仁市交警支队	贵州省铜仁市公安局交警支队官方微博	62.72	48.22	17.15	41.59
9	黔南交警	贵州省黔南布依族苗族自治州公安局交警支队	58.83	43.59	23.29	41.57
10	播州交警	贵州省遵义县公安局交警大队官方微博	56.16	50.35	21.82	41.26

（5）贵州十大司法系统微博

排名	微博	认证信息	传播力	服务力	互动力	总分
1	贵州省凯里监狱	贵州省凯里监狱官方微博	63.59	83.30	41.07	58.53
2	贵州监狱	贵州省监狱管理局官方微博	64.42	64.98	37.30	53.68
3	贵州省兴义监狱	贵州省兴义监狱官方微博	58.39	77.18	26.66	49.46
4	贵州省太平监狱	贵州省太平监狱官方微博	55.80	71.46	26.71	47.30
5	贵州省未成年犯管教所	贵州省未成年犯管教所官方微博	54.93	61.11	30.78	46.51
6	贵州省鱼洞监狱	贵州省鱼洞监狱官方微博	54.28	71.43	25.34	46.13
7	贵州省宁谷监狱	贵州省宁谷监狱官方微博	54.38	61.95	27.42	45.11
8	贵州省福泉监狱	贵州省福泉监狱官方微博	52.94	59.63	28.55	44.52
9	贵州省北斗山监狱	贵州省北斗山监狱官方微博	50.26	60.75	23.59	41.69
10	贵州省第二女子监狱	贵州省第二女子监狱官方微博	52.36	51.87	23.35	40.66

（6）贵州十大旅游局微博

排名	微博	认证信息	传播力	服务力	互动力	总分
1	贵州省旅游发展委员会	贵州省旅游发展委员会官方微博	70.46	38.19	47.44	54.80
2	从江旅游官方微博	贵州省从江县旅游局官方微博	54.90	54.36	21.54	41.45
3	安顺微旅游	安顺市旅游局官方微博	54.76	33.96	20.61	36.94
4	贵州遵义旅游	遵义市旅游发展委员会官方微博	56.28	21.63	21.10	35.28
5	铜仁市旅游发展委员会	铜仁市旅游局官方微博	51.41	16.90	16.19	30.42
6	毕节市旅游局	贵州省毕节市旅游局官方微博	51.54	27.93	10.42	30.37
7	贵阳旅游官方微博	贵阳市旅游产业发展委员会	50.65	11.26	13.68	27.98
8	播州旅游	贵州省遵义县旅游产业发展办公室官方微博	48.76	14.38	11.18	26.85
9	荔波旅游	贵州省荔波县旅游局官方微博	45.15	11.11	8.49	23.68
10	高原明珠浪漫花溪	贵阳市花溪区旅游局官方微博	41.13	26.50	3.55	23.17

（7）贵州十大团委系统微博

排名	微博	认证信息	传播力	服务力	互动力	总分
1	共青团贵州省委	共青团贵州省委官方微博	68.44	69.10	50.52	61.40
2	贵州大学团委	贵州大学团委官方微博	59.66	38.48	34.12	45.21
3	贵州师范大学团委	贵州师范大学团委官方微博	54.44	43.94	24.36	40.31
4	共青团毕节市委	共青团毕节市委官方微博	57.83	41.45	15.30	37.55

排名	微博	认证信息	传播力	服务力	互动力	总分
5	共青团七星关区委	共青团七星关区委官方微博	52.91	34.45	14.25	33.75
6	共青团桐梓县委	共青团桐梓县委官方微博	50.23	40.61	6.00	30.61
7	共青团思南县委	共青团思南县委官方微博	43.36	14.84	10.66	24.58
8	贵州师范学院团委	贵州师范学院团委官方微博	40.73	10.03	15.23	24.39
9	共青团遵义市委	共青团贵州省遵义市委官方微博	45.52	13.10	5.92	23.20
10	共青团铜仁地委	共青团铜仁市委	44.37	19.29	3.71	23.09

（8）贵州十大交通系统微博

排名	微博	认证信息	传播力	服务力	互动力	总分
1	贵阳地铁	贵阳市城市轨道交通有限公司官方微博	59.83	41.73	24.97	42.27
2	成铁贵阳火车站	贵阳火车站官方微博	57.14	43.98	14.49	37.45
3	铁路贵阳列车	成都铁路局贵阳客运段官方微博	52.72	47.22	7.67	33.60
4	贵阳车辆段	成都铁路局贵阳车辆段官方微博	42.15	50.92	3.13	28.29
5	遵义道路运输	贵州省遵义市道路运输管理局官方微博	48.00	15.51	5.38	24.45
6	月照机场公司	六盘水月照机场有限责任公司	47.02	12.67	6.97	24.13
7	贵阳车务段	中共成都铁路局贵阳车务段委员会官方微博	37.92	38.95	2.41	23.92
8	遵义机场	遵义机场有限责任公司	47.44	2.03	10.70	23.66
9	凯里车务段	成都铁路局凯里车务段官方微博	41.70	26.76	2.79	23.15
10	六盘水市交通运输局	贵州省六盘水市交通运输局官方微博	46.95	17.28	1.57	22.87

21. 黑龙江政务指数微博影响力榜

（1）黑龙江政务微博城市竞争力指数

排名	地区	传播力	服务力	互动力	竞争力指数
1	哈尔滨	71.22	44.85	56.48	56.83
2	大庆	57.97	27.72	28.68	37.13
3	齐齐哈尔	56.65	25.91	24.30	34.57
4	鸡西	57.82	25.29	22.41	34.04
5	伊春	50.18	20.98	30.16	32.96
6	黑河	55.22	14.76	28.10	31.57
7	牡丹江	56.92	16.71	23.43	31.12
8	佳木斯	51.98	19.04	24.59	30.86
9	七台河	49.81	24.73	17.42	29.69
10	大兴安岭	46.11	22.02	12.95	26.07
11	绥化	46.29	16.17	16.80	25.42
12	双鸭山	44.60	16.51	15.72	24.66
13	鹤岗	42.01	14.16	13.25	22.20

（2）黑龙江十大政务机构微博

排名	微博	认证信息	传播力	服务力	互动力	总分
1	龙江气象	黑龙江省气象服务中心官方微博	83.46	92.44	83.06	85.10
2	平安哈尔滨	黑龙江省哈尔滨市公安局官方微博	81.47	68.50	57.37	69.24
3	哈尔滨发布	中共哈尔滨市委宣传部官方微博	79.80	52.43	61.48	66.99
4	哈尔滨铁路局	哈尔滨铁路局官方微博	72.09	71.02	48.17	62.31
5	龙江检察	黑龙江省人民检察院官方微博	64.57	77.28	46.06	59.71
6	黑龙江省高级人民法院	黑龙江省高级人民法院官方微博	69.56	64.73	45.94	59.15
7	哈尔滨气象	哈尔滨市气象科技服务中心官方微博	72.36	69.15	36.76	57.47
8	黑龙江省旅游发展委员会	黑龙江省旅游发展委员会官方微博	69.32	38.05	44.67	53.20
9	黑龙江共青团	共青团黑龙江省委员会官方微博	68.34	46.89	40.31	52.84
10	伊春发布	中共伊春市委宣传部官方微博	60.33	65.85	37.30	52.22

（3）黑龙江十大党政新闻发布微博

排名	微博	认证信息	传播力	服务力	互动力	总分
1	哈尔滨发布	中共哈尔滨市委宣传部官方微博	79.80	52.43	61.48	66.99
2	伊春发布	中共伊春市委宣传部官方微博	60.33	65.85	37.30	52.22
3	爱辉发布	黑河市爱辉区人民政府官方微博	63.48	61.82	33.84	51.29
4	中国大庆发布	中共大庆市委宣传部官方微博	64.38	63.35	30.01	50.43
5	鸡西新闻网	黑龙江省鸡西新闻网官方微博	64.43	57.04	29.68	49.05
6	香坊宣传	中共哈尔滨香坊区委宣传部	64.56	80.01	15.96	48.21
7	道外发布	中共哈尔滨市道外区委宣传部	56.22	80.67	14.87	44.57
8	道里发布	中共哈尔滨市道里区委宣传部	55.99	80.40	14.45	44.26
9	依兰发布	中共哈尔滨市依兰县委宣传部	60.91	72.84	11.06	43.36
10	南岗发布	中共哈尔滨市南岗区委宣传部	56.90	79.82	9.29	42.44

（4）黑龙江十大公安系统微博

排名	微博	认证信息	传播力	服务力	互动力	总分
1	平安哈尔滨	黑龙江省哈尔滨市公安局官方微博	81.47	68.50	57.37	69.24
2	黑龙江省公安网安总队	黑龙江省公安厅网络安全保卫总队	70.36	53.70	22.77	47.99
3	龙江消防	黑龙江省公安消防总队官方微博	60.53	41.16	31.63	45.10
4	牡丹江消防	黑龙江省牡丹江市公安消防支队官方微博	55.54	69.94	14.20	41.88
5	佳木斯消防	黑龙江省佳木斯消防支队官方微博	58.67	50.00	16.42	40.04
6	龙警微博	黑龙江省公安厅官方微博	55.96	31.97	16.60	35.42
7	齐齐哈尔消防	黑龙江省齐齐哈尔消防支队官方微博	54.61	30.81	14.82	33.93
8	黑河消防	黑龙江省黑河市公安消防支队官方微博	43.75	54.27	8.85	31.89
9	平安大庆	大庆市公安局官方微博	49.80	28.32	10.78	29.90
10	鹤岗消防	黑龙江省鹤岗市公安消防支队官方微博	49.18	33.23	7.62	29.37

（5）黑龙江十大司法系统微博

排名	微博	认证信息	传播力	服务力	互动力	总分
1	龙江检察	黑龙江省人民检察院官方微博	64.57	77.28	46.06	59.71
2	黑龙江省高级人民法院	黑龙江省高级人民法院官方微博	69.56	64.73	45.94	59.15
3	伊春中院	黑龙江省伊春中院官方微博	57.72	72.31	18.21	44.83
4	哈尔滨铁路运输中级法院	黑龙江省哈尔滨铁路运输中级法院官方微博	61.45	58.58	15.34	42.43
5	大庆检察	黑龙江省大庆市人民检察院官方微博	53.29	61.53	15.12	39.67
6	勃利县检察院	黑龙江省七台河市勃利县人民检察院官方微博	45.92	58.07	21.28	38.49
7	牡丹江铁路运输法院	黑龙江省牡丹江铁路运输法院官方微博	59.14	55.84	8.85	38.36
8	鸡西市中级法院	黑龙江省鸡西市中级人民法院官方微博	56.68	50.70	11.39	37.37
9	法治北大荒	黑龙江省农垦总局司法局官方微博	48.89	10.94	37.68	36.81
10	黑河市检察院	黑龙江省黑河市人民检察院官方微博	52.21	50.93	11.94	35.85

（6）黑龙江十大旅游局微博

排名	微博	认证信息	传播力	服务力	互动力	总分
1	黑龙江省旅游发展委员	黑龙江省旅游发展委员会官方微博	69.32	38.05	44.67	53.20
2	哈尔滨市旅游局	黑龙江省哈尔滨市旅游局官方微博	61.31	26.67	38.71	45.34
3	齐齐哈尔旅游	黑龙江省齐齐哈尔市旅游局官方微博	52.28	22.94	22.34	34.44
4	五大连池旅游	黑龙江省五大连池风景区旅游局官方微博	50.79	42.17	13.92	34.32
5	黑龙江省大兴安岭旅游	黑龙江省大兴安岭地区行政公署旅游局官方微博	46.13	20.36	27.80	33.64
6	大庆市旅游局	大庆市旅游局官方微博	55.16	9.26	12.17	28.79
7	中国漠河旅游	漠河县旅游局官方微博	43.23	16.43	14.40	26.34
8	塔河旅游	黑龙江省大兴安岭地区塔河县旅游局官方微博	43.41	14.24	8.62	23.66
9	黑河旅游	黑河市旅游局官方微博	44.61	18.78	3.49	22.99
10	杜尔伯特县旅游局	黑龙江省杜尔伯特蒙古自治县旅游局官方微博	37.77	9.57	5.89	19.38

（7）黑龙江十大团委系统微博

排名	微博	认证信息	传播力	服务力	互动力	总分
1	黑龙江共青团	共青团黑龙江省委员会官方微博	68.34	46.89	40.31	52.84
2	哈尔滨共青团	共青团哈尔滨市委员会官方微博	46.24	34.75	11.39	30.00
3	共青团饶河县委	共青团饶河县委官方微博	44.86	22.98	7.62	25.59
4	鸡西共青团	共青团鸡西市委员会官方微博	54.18	9.21	2.27	24.42
5	黑龙江工程学院校团委	黑龙江工程学院校团委官方微博	44.08	12.69	8.68	23.64
6	共青团大兴安岭地委	共青团大兴安岭地区委官方微博	45.79	16.80	4.32	23.40
7	双鸭山共青团	共青团双鸭山市委员会官方微博	45.21	15.59	3.32	22.53
8	爱辉区团委	黑龙江省黑河市爱辉区团委官方微博	40.48	13.40	1.30	19.39
9	伊春共青团	共青团伊春市委员会官方微博	39.80	10.05	2.66	18.99
10	黑河共青团	共青团黑河市委官方微博	38.60	9.34	2.76	18.41

（8）黑龙江十大交通系统微博

排名	微博	认证信息	传播力	服务力	互动力	总分
1	哈尔滨铁路局	哈尔滨铁路局官方微博	72.09	71.02	48.17	62.31
2	哈铁哈尔滨火车站	哈尔滨铁路局哈尔滨站官方微博	65.31	48.07	30.95	48.12
3	哈铁哈尔滨客运段	哈尔滨铁路局哈尔滨客运段官方微博	57.85	34.90	22.30	39.04
4	哈尔滨机场	黑龙江省机场管理集团有限公司的企业微博	60.24	13.63	22.68	35.89
5	哈铁牡丹江火车站	哈尔滨铁路局牡丹江火车站官方微博	55.10	26.21	17.60	34.32
6	牡丹江客运段	哈铁牡丹江客运段官方微博	55.30	28.22	14.56	33.59
7	哈铁齐齐哈尔客运段	哈尔滨铁路局齐齐哈尔客运段官方微博	54.98	27.41	14.21	33.16
8	哈铁大庆车务段	哈尔滨铁路局大庆车务段官方微博	55.90	31.08	7.67	31.64
9	哈铁局佳木斯机务段	哈铁佳木斯机务段官方微博	48.20	28.27	15.94	31.31
10	哈铁齐齐哈尔站	哈尔滨铁路局齐齐哈尔站官方微博	52.40	21.15	13.21	30.47

22. 新疆政务指数微博影响力榜

（1）新疆政务微博城市竞争力指数

排名	地区	传播力	服务力	互动力	竞争力指数
1	乌鲁木齐	67.78	58.36	76.87	67.66
2	伊犁	74.99	69.08	52.77	65.15
3	哈密	54.65	21.53	37.95	37.21
4	博尔塔拉	53.73	25.23	33.47	36.67
5	阿勒泰	52.42	28.75	29.47	36.10
6	昌吉	53.14	21.23	22.08	31.10
7	喀什	51.95	20.15	20.18	29.70
8	巴音郭楞	52.63	18.67	20.19	29.39
9	克拉玛依	45.75	17.84	24.68	28.61
10	阿克苏	45.21	18.69	23.83	28.45
11	塔城	47.88	21.53	18.61	28.41
12	克孜勒苏	42.22	35.44	9.28	28.32
13	和田	41.81	16.37	12.34	22.59
14	吐鲁番	40.35	9.16	13.94	20.19

（2）新疆十大政务机构微博

排名	微博	认证信息	传播力	服务力	互动力	总分
1	快速路交警	乌鲁木齐市城市快速路交警大队官方微博	89.91	86.36	83.87	86.79
2	平安伊犁	新疆维吾尔自治区伊犁哈萨克自治州公安局官方微博	77.25	76.13	55.02	68.13
3	平安石河子	新疆石河子市公安局官方微博	64.20	89.21	49.74	63.42
4	新疆铁路	乌鲁木齐铁路局官方微博	72.54	77.83	46.81	63.30

排名	微博	认证信息	传播力	服务力	互动力	总分
5	哈密发布	新疆哈密地委外宣办、哈密地区行署新闻办官方微博	76.52	54.30	49.04	61.09
6	博州发布	新疆博尔塔拉蒙古自治州人民政府新闻办官方微博	67.99	69.98	47.64	60.25
7	阿勒泰公安在线	新疆维吾尔自治区阿勒泰地区公安局官方微博	73.15	34.76	59.76	60.12
8	新疆消防	新疆消防总队官方微博	65.87	71.39	44.33	58.36
9	新疆地震局	新疆地震局官方微博	69.88	59.76	41.15	56.36
10	伊犁发布	新疆伊犁哈萨克自治州人民政府新闻办官方微博	65.23	47.86	42.18	52.54

（3）新疆十大党政新闻发布微博

排名	微博	认证信息	传播力	服务力	互动力	总分
1	哈密发布	新疆哈密地委外宣办、哈密地区行署新闻办官方微博	76.52	54.30	49.04	61.09
2	博州发布	新疆博尔塔拉蒙古自治州人民政府新闻办官方微博	67.99	69.98	47.64	60.25
3	伊犁发布	新疆伊犁哈萨克自治州人民政府新闻办官方微博	65.23	47.86	42.18	52.54
4	新疆发布	新疆维吾尔自治区人民政府新闻办公室官方微博	68.01	35.58	38.75	49.82
5	新疆政府网	新疆维吾尔自治区政府门户网站官方微博	63.64	50.63	26.32	46.11
6	克拉玛依发布	新疆克拉玛依市人民政府新闻办官方微博	63.01	39.39	30.37	45.23
7	伊犁政府网	新疆伊犁哈萨克自治州政府门户网站官方微博	61.61	46.04	27.76	44.96
8	乌鲁木齐发布	乌鲁木齐市互联网信息管理中心官方微博	63.38	34.17	27.07	43.02
9	最后一公里	新疆维吾尔自治区20万干部下基层官方微博	57.70	47.60	25.17	42.67
10	微政巴州	新疆巴音郭楞蒙古自治州人民政府门户网站官方微博	61.39	46.10	14.38	39.53

（4）新疆十大公安系统微博

排名	微博	认证信息	传播力	服务力	互动力	总分
1	快速路交警	乌鲁木齐市城市快速路交警大队官方微博	89.91	86.36	83.87	86.79
2	平安伊犁	新疆维吾尔自治区伊犁哈萨克自治州公安局官方微博	77.25	76.13	55.02	68.13
3	平安石河子	新疆石河子市公安局官方微博	64.20	89.21	49.74	63.42
4	阿勒泰公安在线	新疆维吾尔自治区阿勒泰地区公安局官方微博	73.15	34.76	59.76	60.12
5	新疆消防	新疆消防总队官方微博	65.87	71.39	44.33	58.36

续表

排名	微博	认证信息	传播力	服务力	互动力	总分
6	昌吉消防支队	新疆昌吉州公安消防支队官方微博	61.35	75.88	31.34	52.25
7	奎屯公安	新疆伊犁哈萨克自治州奎屯市公安局官方微博	66.69	58.82	31.65	51.10
8	新疆网警巡查执法	新疆维吾尔自治区公安厅网络安全保卫总队官方微博	59.73	56.42	27.23	46.07
9	阿克苏消防支队	新疆阿克苏地区公安消防支队官方微博	55.85	55.40	25.81	43.75
10	昌吉公安	新疆昌吉回族自治州公安局官方微博	59.16	37.92	30.44	43.42

（5）新疆十大司法系统微博

排名	微博	认证信息	传播力	服务力	互动力	总分
1	新疆检察	新疆维吾尔自治区人民检察院官方微博	64.52	42.35	37.60	49.32
2	西域天平	新疆维吾尔自治区高级人民法院官方微博	61.49	32.74	30.10	43.19
3	兵团司法行政发布	新疆生产建设兵团司法局官方微博	56.46	54.56	13.96	39.08
4	阿勒泰政法	新疆阿勒泰地委政法委官方微博	51.31	44.10	19.47	37.13
5	莎车法院	新疆维吾尔自治区喀什地区莎车县人民法院官方微博	50.97	57.84	4.59	33.79
6	新疆柯坪县法院	新疆柯坪县人民法院官方微博	44.30	60.78	2.55	30.90
7	兵团普法	新疆生产建设兵团普法依法治理领导小组办公室官方微博	56.38	14.83	5.00	27.52
8	喀什地区中级法院	新疆喀什地区中级人民法院官方微博	47.18	29.91	5.94	27.23
9	巴楚县法院	新疆巴楚县人民法院官方微博	38.26	48.85	5.14	27.13
10	天山检察	新疆乌鲁木齐市天山区人民检察院官方微博	47.60	14.18	12.63	26.92

（6）新疆十大旅游局微博

排名	微博	认证信息	传播力	服务力	互动力	总分
1	大美新疆	新疆维吾尔自治区旅游局官方微博	64.99	51.42	38.16	51.54
2	昌吉州旅游	新疆昌吉回族自治州旅游局官方微博	58.03	34.46	20.33	38.23
3	伊犁国际旅游谷	新疆维吾尔自治区伊犁哈萨克自治州旅游局官方微博	45.81	9.10	10.01	24.15
4	悠游伊宁	新疆伊宁市旅游局官方微博	44.25	9.53	8.97	23.19
5	喀什市旅游局官方微博	新疆喀什市旅游局官方微博	40.87	4.80	6.73	20.00
6	塔城市旅游局官方微博	新疆塔城市旅游局官方微博	40.07	5.84	6.31	19.72
7	乌鲁木齐市旅游局	新疆乌鲁木齐市旅游局官方微博	38.98	8.16	3.23	18.52
8	奎屯旅游	伊犁州奎屯市旅游局官方微博	27.98	1.53	0.30	11.61
9	阿拉尔旅游	新疆维吾尔自治区阿拉尔市旅游局官方微博	22.96	3.98	0.17	10.05
10	克州旅游局	新疆克孜勒苏柯尔克孜自治州旅游局官方微博	22.83	1.41	1.27	9.92

（7）新疆十大团委系统微博

排名	微博	认证信息	传播力	服务力	互动力	总分
1	新疆共青团	新疆维吾尔自治区团委	60.28	51.58	32.99	47.62
2	青春新财大	新疆财经大学团委官方微博	48.43	26.18	24.11	34.25
3	新疆大学团委	新疆大学团委官方微博	51.84	22.35	17.05	32.03
4	青春克拉玛依	共青团克拉玛依市委员会官方微博	49.59	16.86	13.11	28.45
5	青春克州	共青团克孜勒苏柯尔克孜自治州委员会官方微博	49.79	19.62	9.13	27.49
6	昌吉学院团委	新疆昌吉学院团委官方微博	44.55	19.00	11.85	26.36
7	新疆团区委学校部	新疆维吾尔自治区团委学校工作部官方微博	46.58	21.77	7.69	26.06
8	青春兵团	共青团新疆生产建设兵团委员会官方微博	47.84	14.82	9.60	25.94
9	石河子大学医学院团委	新疆维吾尔自治区石河子大学医学院委员会官方微博	41.47	16.05	15.10	25.84
10	博州团委	共青团博尔塔拉蒙古自治州委员会官方微博	43.49	20.58	6.78	24.22

（8）新疆十大交通系统微博

排名	微博	认证信息	传播力	服务力	互动力	总分
1	新疆铁路	乌鲁木齐铁路局官方微博	72.54	77.83	46.81	63.30
2	乌鲁木齐市公交集团	乌鲁木齐市公交集团官方微博	53.74	40.69	13.83	35.16
3	乌鲁木齐火车站	乌鲁木齐铁路局乌鲁木齐火车站官方微博	53.38	13.50	15.18	30.12
4	乌鲁木齐市交通局	新疆乌鲁木齐市城市交通局官方微博	55.21	17.14	10.29	29.63
5	新疆机场集团有限责任公司	新疆机场（集团）有限责任公司	48.95	3.68	8.83	23.85
6	乌鲁木齐市城市快速路管理中心	乌鲁木齐市城市快速路管理中心官方微博	49.14	15.69	1.57	23.42
7	乌鲁木齐公交珍宝巴士	乌鲁木齐市公交珍宝巴士有限公司	41.20	3.99	5.84	19.61
8	哈密交通运输局	新疆哈密地区交通运输局官方微博	40.83	9.02	0.30	18.25
9	哈密地区运管局	新疆哈密地区运管局官方微博	39.50	5.56	0.00	16.91
10	乌鲁木齐市客运统管办	新疆乌鲁木齐市客运统管办官方微博	37.65	3.63	1.34	16.32

23. 重庆政务指数微博影响力榜

（1）重庆十大政务机构微博

排名	微博	认证信息	传播力	服务力	互动力	总分
1	重庆轨道交通	重庆市轨道交通（集团）有限公司	78.88	85.86	64.67	74.59
2	平安渝中	重庆市公安局渝中区分局官方微博	73.64	89.70	65.39	73.55
3	重庆微发布	重庆市人民政府新闻办公室官方微博	82.50	60.23	69.53	72.86
4	重庆天气	重庆市气象局官方微博	78.03	81.01	62.83	72.55

续表

排名	微博	认证信息	传播力	服务力	互动力	总分
5	万州发布	重庆市万州区委外宣办、区政府新闻办、区互联网信息管理办公室	69.83	93.26	55.02	68.59
6	重庆共青团	共青团重庆市委官方微博	73.84	69.88	62.37	68.46
7	平安重庆	重庆市公安局官方微博	79.13	59.37	61.62	68.17
8	重庆消防	重庆市公安消防总队官方微博	69.71	88.89	56.12	68.11
9	南岸旅游	重庆市南岸区旅游局官方微博	71.46	73.38	58.65	66.72
10	重庆交通	重庆市交通委员会官方微博	74.29	84.12	47.84	65.68

（2）重庆十大党政新闻发布微博

排名	微博	认证信息	传播力	服务力	互动力	总分
1	重庆微发布	重庆市人民政府新闻办公室官方微博	82.50	60.23	69.53	72.86
2	万州发布	重庆市万州区委外宣办、区政府新闻办、区互联网信息管理办公室	69.83	93.26	55.02	68.59
3	涪陵微博	中共重庆市涪陵区委宣传部官方微博	65.30	72.71	39.96	56.65
4	今日合川	重庆市合川区委宣传部官方微博	67.00	62.92	39.92	55.35
5	微播彭水	重庆市彭水苗族土家族自治县官方微博	65.06	64.75	38.44	54.35
6	微播南川	中共重庆市南川区委宣传部官方微博	64.21	67.68	34.34	52.95
7	重庆云阳微发布	云阳县人民政府新闻办公室官方微博	67.76	55.20	31.41	50.71
8	重庆丰都	丰都县人民政府新闻办官方微博	63.51	53.30	34.54	49.88
9	巫山县人民政府	巫山县人民政府官方微博	69.61	56.22	24.99	49.08
10	黔江微博	重庆市黔江区人民政府官方微博	63.10	57.76	30.09	48.83

（3）重庆十大公安系统微博

排名	微博	认证信息	传播力	服务力	互动力	总分
1	平安渝中	重庆市公安局渝中区分局官方微博	73.64	89.70	65.39	73.55
2	平安重庆	重庆市公安局官方微博	79.13	59.37	61.62	68.17
3	重庆消防	重庆市公安消防总队官方微博	69.71	88.89	56.12	68.11
4	重庆交巡警	重庆市公安局交巡警总队官方微博	77.11	64.98	54.16	65.50
5	重庆网警	重庆市公安局网安总队官方微博	68.61	67.72	41.43	57.56
6	重庆公安出入境	重庆市公安局出入境管理局官方微博	64.91	60.41	33.87	51.59
7	渝中区交巡警支队	重庆市公安局渝中区分局交巡警支队官方微博	59.96	69.48	28.77	49.39
8	重庆公安特警总队	重庆市公安局特警总队官方微博	62.73	34.35	42.17	48.83
9	重庆市大足区消防支队	重庆市大足区公安消防支队官方微博	57.70	77.55	23.71	48.07
10	江北交巡警	重庆市公安局江北区分局交警支队官方微博	60.30	60.15	29.03	47.76

（4）重庆十大司法系统微博

排名	微博	认证信息	传播力	服务力	互动力	总分
1	重庆司法	重庆市司法局官方微博	60.47	41.06	26.64	43.06
2	重庆高院	重庆市高级人民法院官方微博	55.07	25.39	18.58	34.54
3	重庆检察	重庆市人民检察院官方微博	53.80	32.10	11.21	32.42
4	重庆一中法院	重庆市第一中级人民法院官方微博	49.40	23.15	7.93	27.57
5	重庆二中法院	重庆市第二中级人民法院官方微博	51.11	22.47	4.42	26.71
6	重庆巴南法院	重庆市巴南区人民法院官方微博	46.11	31.46	3.55	26.16
7	铜梁法院	重庆市铜梁区人民法院官方微博	43.95	34.56	4.14	26.15
8	渝北检察	重庆市渝北区人民检察院官方微博	50.73	20.36	2.93	25.53
9	合川法院	重庆市合川区人民法院官方微博	46.76	25.09	1.76	24.43
10	云阳县人民法院	云阳县人民法院官方微博	45.51	19.40	5.30	24.20

（5）重庆十大旅游局微博

排名	微博	认证信息	传播力	服务力	互动力	总分
1	南岸旅游	重庆市南岸区旅游局官方微博	71.46	73.38	58.65	66.72
2	重庆市旅游局	重庆市旅游局官方微博	74.28	47.03	57.74	62.21
3	永川旅游	重庆市永川区旅游局官方微博	56.94	37.78	30.77	42.64
4	微游渝中	重庆市渝中区旅游局官方微博	61.60	30.99	25.59	41.08
5	九龙休闲汇	重庆市九龙坡区旅游局官方微博	55.82	33.92	17.17	35.98
6	忠县旅游	忠县旅游局官方微博	53.98	32.74	15.69	34.42
7	奉节旅游	重庆市奉节县旅游局官方微博	49.09	24.33	20.26	32.61
8	福临涪陵	重庆市涪陵区旅游局官方微博	50.07	17.95	17.12	30.47
9	綦江区旅游局	重庆市綦江区旅游局官方微博	54.72	12.84	12.05	29.28
10	今日合川旅游	重庆市合川区旅游局官方微博	43.12	13.12	9.33	23.60

（6）重庆十大团委系统微博

排名	微博	认证信息	传播力	服务力	互动力	总分
1	重庆共青团	共青团重庆市委官方微博	73.84	69.88	62.37	68.46
2	青春城科	重庆大学城市科技学院团委官方微博	60.15	42.64	34.98	46.58
3	重庆人文科技学院校团委	重庆人文科技学院校团委官方微博	56.08	23.07	42.41	44.01
4	青春江津	共青团重庆市江津区委官方微博	60.94	11.21	24.64	36.47
5	重庆科技学院团委	重庆科技学院团委官方微博	51.34	26.58	24.59	35.68
6	重师大教科院团总支学生会	重师教科院团总支学生会官方微博	44.21	17.00	36.50	35.68
7	共青团巴南区委	共青团重庆市巴南区委官方微博	54.12	35.05	11.33	33.19
8	南岸共青团	重庆市南岸区团委官方微博	53.66	30.68	12.75	32.70
9	共青团江北区委	重庆江北共青团官方微博	46.32	24.28	20.48	31.58
10	共青团重庆大学委员会	共青团重庆大学委员会	53.89	15.05	16.34	31.10

（7）重庆十大交通系统微博

排名	微博	认证信息	传播力	服务力	互动力	总分
1	重庆轨道交通	重庆市轨道交通（集团）有限公司	78.88	85.86	64.67	74.59
2	重庆交通	重庆市交通委员会官方微博	74.29	84.12	47.84	65.68
3	重庆高速12122	重庆高速公路12122客户服务中心官方微博	74.74	73.99	44.54	62.51
4	成渝高铁动车组	成都铁路局重庆客段成渝动车组官方微博	64.95	76.97	42.08	58.21
5	重庆机场官方微博	重庆机场集团有限公司	69.28	25.56	40.61	49.07
6	重庆客运段	成都铁路局重庆客运段官方微博	60.46	45.77	31.02	45.75
7	重庆客运段京渝之桥	成都铁路局重庆客运段官方微博	55.25	40.29	19.86	38.10
8	重庆火车站	重庆火车站官方微博	56.87	33.09	20.79	37.68
9	涪陵火车站为您服务	成都铁路局涪陵车务段涪陵火车站官方微博	52.75	48.87	7.04	33.69
10	重庆交通执法直属支队	重庆交通执法直属支队官方微博	55.77	38.22	5.16	32.02

24. 天津政务指数微博影响力榜

（1）天津十大政务机构微博

排名	微博	认证信息	传播力	服务力	互动力	总分
1	天津交警	天津市公安交通管理局官方微博	88.14	98.46	86.07	89.38
2	天津发布	天津市人民政府新闻办公室官方微博	82.67	91.02	80.53	83.48
3	平安天津	天津市公安局官方微博	83.03	91.33	73.60	80.92
4	滨海发布	天津市滨海新区政府官方微博	77.17	79.60	65.53	73.00
5	天津高速公路	天津市高速公路管理处官方微博	77.95	90.09	50.38	69.35
6	天津8890	天津便民服务专线平台官方微博	69.44	95.49	53.11	68.12
7	天津天气	天津市气象服务中心官方微博	75.94	82.59	51.00	67.29
8	津彩青春	共青团天津市委员会官方微博	69.49	73.50	55.43	64.67
9	天津气象	天津市气象局官方微博	76.05	84.07	42.48	64.22
10	天津地铁运营	天津市地下铁道运营有限公司官方微博	73.55	70.13	46.59	62.08

（2）天津十大党政新闻发布微博

排名	微博	认证信息	传播力	服务力	互动力	总分
1	天津发布	天津市人民政府新闻办公室官方微博	82.67	91.02	80.53	83.48
2	滨海发布	天津市滨海新区政府官方微博	77.17	79.60	65.53	73.00
3	宝坻发布	天津市宝坻区人民政府官方微博	64.76	59.65	41.83	54.57
4	东丽发布	天津市东丽区人民政府官方微博	65.69	61.31	38.80	54.06
5	津南发布	天津市津南区人民政府官方微博	64.28	57.96	37.74	52.40
6	天津西青	天津市西青区政府官方微博	63.98	76.49	26.88	51.64
7	北辰发布	天津市北辰区人民政府官方微博	61.29	82.07	25.64	51.18
8	静海发布	天津市静海区人民政府官方微博	62.03	81.90	24.88	51.15
9	武清发布	天津市武清区人民政府官方微博	65.10	65.82	29.40	50.97
10	天津和平	天津市和平区人民政府官方微博	63.52	60.74	31.45	50.14

（3）天津十大公安系统微博

排名	微博	认证信息	传播力	服务力	互动力	总分
1	天津交警	天津市公安交通管理局官方微博	88.14	98.46	86.07	89.38
2	平安天津	天津市公安局官方微博	83.03	91.33	73.60	80.92
3	天津出入境	天津市公安局出入境管理局官方微博	68.16	82.23	44.96	61.69
4	天津消防	天津市公安局消防局官方微博	68.98	60.14	42.58	56.65
5	平安和平	天津市公安局和平分局官方微博	61.66	71.85	29.16	50.70
6	平安塘沽	天津市滨海新区公安局塘沽分局官方微博	61.86	50.09	27.40	45.72
7	平安宝坻	天津市公安局宝坻分局	53.68	54.07	26.77	42.99
8	平安南开	天津市公安局南开分局官方微博	58.74	46.11	21.81	41.44
9	平安河东	天津市公安局河东分局官方微博	59.85	45.92	20.28	41.24
10	天津消防开发支队	天津市公安局消防开发支队官方微博	57.97	43.72	20.54	40.15

（4）天津十大司法系统微博

排名	微博	认证信息	传播力	服务力	互动力	总分
1	天津二中院	天津市第二中级人民法院官方微博	66.39	37.59	23.66	43.54
2	津法之声	天津市高级人民法院官方微博	62.01	38.92	24.50	42.39
3	天津司法	天津市司法局官方微博	58.94	41.29	24.59	41.67
4	蓟州法院	天津市蓟州区人民法院官方微博	51.85	48.41	12.36	35.36
5	东丽司法	天津市东丽区司法局官方微博	42.73	81.50	0.79	33.71
6	天津市人民检察院	天津市人民检察院官方微博	51.70	26.76	18.95	33.61
7	津检二分院	天津市人民检察院第二分院官方微博	54.49	15.31	15.49	31.05
8	宁河法院	天津市宁河区人民法院官方微博	46.90	32.02	11.34	29.70
9	天津政法	中共天津市委政法委员会宣传处官方微博	46.11	22.55	4.68	24.83
10	天津市和平区人民法院	天津市和平区人民法院官方微博	46.88	12.38	7.55	24.25

（5）天津十大旅游局微博

排名	微博	认证信息	传播力	服务力	互动力	总分
1	天津旅游	天津市旅游局官方微博	66.52	64.62	39.89	55.49
2	天津市旅游信息咨询中心	天津市旅游局官方微博	63.66	61.53	31.21	50.26
3	东丽旅游发布_	天津市东丽区旅游局官方微博	49.68	83.12	3.16	37.76
4	武清旅游啦	天津市武清区旅游局官方微博	34.10	4.19	2.09	15.32
5	天津河东文化旅游	天津市河东区文化和旅游局官方微博	31.86	3.53	0.51	13.65
6	天津市西青区旅游局	天津市西青区旅游局官方微博	24.76	0.18	0.30	10.06
7	天津蓟县旅游局	天津蓟县旅游局官方微博	22.08	0.48	0.04	8.94
8	办公室_tjtour	天津市旅游局办公室	0.00	0.00	0.00	0.00
9	法规处_tjtour	天津旅游局法规处官方微博	0.00	0.00	0.00	0.00
10	旅游协会_tjtour	天津市旅游局旅游协会	0.00	0.00	0.00	0.00

（6）天津十大团委系统微博

排名	微博	认证信息	传播力	服务力	互动力	总分
1	津彩青春	共青团天津市委员会官方微博	69.49	73.50	55.43	64.67
2	活力河西青年	共青团天津市河西区委官方微博	61.51	71.34	28.38	50.22
3	天津大学团委	天津大学团委官方微博	54.30	21.34	20.40	34.15
4	南开中学团委	天津市南开中学团委官方微博	47.08	10.91	23.50	30.41
5	研路风光	天津石化研究院团总支官方微博	44.70	31.37	0.83	24.49
6	共青团青春东丽	共青团天津市东丽区委官方微博	44.96	13.81	6.31	23.27
7	天津市红桥区团委	共青团天津市红桥区委官方微博	44.47	13.81	3.45	21.93
8	青春热电行	天津石化热电部团委官方微博	42.20	15.47	1.87	20.72
9	河东共青团	共青团天津市河东区委官方微博	37.91	14.94	3.16	19.42
10	清青之声	共青团天津市武清区委官方微博	39.67	9.67	3.39	19.16

（7）天津十大交通系统微博

排名	微博	认证信息	传播力	服务力	互动力	总分
1	天津高速公路	天津市高速公路管理处官方微博	77.95	90.09	50.38	69.35
2	天津地铁运营	天津市地下铁道运营有限公司官方微博	73.55	70.13	46.59	62.08
3	天津交通	天津市交通运输委员会	68.52	66.43	28.87	52.24
4	天津轨道交通	天津轨道交通集团有限公司官方微博	66.75	44.96	36.34	50.23
5	天津公交天天服务	天津市公交集团官方微博	63.80	45.23	30.81	46.89
6	天津站官方微博	天津火车站官方微博	64.98	42.48	20.75	42.79
7	高铁天津西站	天津西站官方微博	56.01	55.98	12.98	38.79
8	天津海事发布	中华人民共和国天津海事局官方微博	57.52	31.55	19.16	36.98
9	天津客运段	北京铁路局天津客运段官方微博	59.04	40.58	12.45	36.71
10	天津路政	天津市公路路政总队官方微博	53.62	25.89	5.68	28.90

25. 山西政务指数微博影响力榜

（1）山西政务微博城市竞争力指数

排名	地区	传播力	服务力	互动力	竞争力指数
1	太原	68.68	44.66	52.42	54.58
2	晋中	68.34	41.57	43.96	50.44
3	忻州	59.03	48.33	33.82	46.46
4	晋城	59.64	27.72	36.59	40.40
5	大同	58.23	33.33	31.97	40.33
6	吕梁	54.38	31.99	30.31	38.12
7	运城	58.90	28.94	29.18	38.01
8	临汾	52.12	26.75	27.58	34.65
9	长治	53.16	28.25	20.39	32.97
10	阳泉	53.98	19.94	21.75	30.79
11	朔州	51.47	14.72	18.12	26.93

（2）山西十大政务机构微博

排名	微博	认证信息	传播力	服务力	互动力	总分
1	山西共青团	共青团山西省委官方微博	78.48	80.25	60.67	71.71
2	平安太原	太原市公安局官方微博	77.26	75.03	51.63	66.56
3	中北大学青年新媒体中心	中北大学共青团官方微博	69.24	79.48	48.97	63.18
4	山西公安	山西省公安厅官方微博	75.32	53.00	50.34	60.86
5	晋中发布	山西省晋中市委新闻中心官方微博	73.34	67.85	44.38	60.66
6	山西消防	山西公安消防总队	69.70	71.97	44.17	59.94
7	太原交警	太原市公安局交警支队官方微博	72.33	69.28	41.61	59.43
8	晋中公安	山西省晋中市公安局官方微博,该局政治部承办	68.77	69.86	42.98	58.67
9	山西交警	山西省公安厅交警总队官方微博	72.01	56.02	39.48	55.80
10	山西公安交警网	山西公安交警网官方微博	67.89	66.44	38.00	55.64

（3）山西十大党政新闻发布微博

排名	微博	认证信息	传播力	服务力	互动力	总分
1	晋中发布	山西省晋中市委新闻中心官方微博	73.34	67.85	44.38	60.66
2	晋城发布	晋城市人民政府新闻办公室官方微博	68.18	56.71	32.97	51.80
3	平遥发布	山西省晋中市平遥县委县政府信息化中心官方微博	58.04	61.26	27.88	46.62
4	介休发布	中共介休市委宣传部官方微博	61.78	53.04	25.41	45.48
5	孝义发布	孝义市人民政府新闻办公室官方微博	59.67	42.32	29.00	43.93
6	神池发布	山西省忻州市神池县人民政府官方微博	56.64	67.55	10.45	40.35
7	小店发布	山西省太原市小店区人民政府办公室官方微博	55.85	61.96	13.80	40.25
8	灵石发布	山西省晋中市灵石县委宣传部官方微博	57.02	50.29	17.68	39.94
9	运城发布	山西省运城市新闻中心官方微博	57.07	34.90	22.44	38.79
10	忻州发布	山西省忻州市人民政府官方微博	57.75	50.52	13.72	38.69

（4）山西十大公安系统微博

排名	微博	认证信息	传播力	服务力	互动力	总分
1	平安太原	太原市公安局官方微博	77.26	75.03	51.63	66.56
2	山西公安	山西省公安厅官方微博	75.32	53.00	50.34	60.86
3	山西消防	山西公安消防总队	69.70	71.97	44.17	59.94
4	太原交警	太原市公安局交警支队官方微博	72.33	69.28	41.61	59.43
5	晋中公安	山西省晋中市公安局官方微博,该局政治部承办	68.77	69.86	42.98	58.67
6	山西交警	山西省公安厅交警总队官方微博	72.01	56.02	39.48	55.80
7	山西公安交警网	山西公安交警网官方微博	67.89	66.44	38.00	55.64
8	太原消防	太原市公安局消防支队官方微博	66.74	44.89	38.23	50.96
9	临汾交通警察支队	山西省临汾市公安局交警支队官方微博	64.13	60.02	29.64	49.51
10	平安离石	山西省吕梁市离石区公安局官方微博	58.68	43.94	33.29	45.58

（5）山西十大司法系统微博

排名	微博	认证信息	传播力	服务力	互动力	总分
1	晋法之声	山西省高级人民法院官方微博	59.91	52.60	27.48	45.48
2	朔州朔城区法院	山西省朔州市朔城区人民法院官方微博	50.32	78.77	19.60	43.72
3	阳泉城区法院	山西省阳泉市城区人民法院官方微博	50.61	38.47	12.78	33.05
4	吕梁中院	山西省吕梁市中级人民法院官方微博	52.15	48.92	4.76	32.55
5	长治市城区法院	山西省长治市城区人民法院官方微博	52.63	31.51	11.28	31.86
6	山西朔州中院	山西省朔州市中级人民法院官方微博	48.95	42.80	9.01	31.74
7	长治郊区法院	山西省长治市郊区人民法院官方微博	46.78	47.81	7.14	31.13
8	寿阳政法	山西省晋中市寿阳县委政法委官方微博	44.33	49.52	4.82	29.57
9	忻州中院	山西省忻州市中级人民法院官方微博	47.04	28.90	5.89	26.95
10	河津法院	山西省河津市人民法院官方微博	43.55	35.27	4.38	26.23

（6）山西十大旅游局微博

排名	微博	认证信息	传播力	服务力	互动力	总分
1	山西省旅游局官方微博	山西省旅游局官方微博	63.95	50.40	30.13	47.72
2	平遥古城旅游官网	平遥县旅游局官方微博	57.75	47.48	25.88	42.95
3	清凉寿阳旅游微博	山西省寿阳县旅游局官方微博	51.43	28.50	7.39	29.23
4	沁源旅游	沁源县旅游局	30.45	6.80	0.09	13.58
5	悠然阳城－旅游	山西省晋城市阳城县旅游局官方微博	30.00	3.05	0.63	12.86
6	忻州旅游局	山西省忻州市旅游局官方微博	21.06	0.49	0.21	8.61
7	晋中旅游微博	山西省晋中市旅游局官方微博	17.84	0.09	0.00	7.16
8	和顺消夏旅游	山西省晋中市和顺县旅游局官方微博	14.78	0.06	0.00	5.92
9	永济市旅游局	山西省永济市旅游局官方微博	10.57	0.18	0.21	4.35
10	大美陵川	山西省晋城市陵川县旅游局官方微博	0.00	0.00	0.00	0.00

（7）山西十大团委系统微博

排名	微博	认证信息	传播力	服务力	互动力	总分
1	山西共青团	共青团山西省委官方微博	78.48	80.25	60.67	71.71
2	中北大学青年新媒体中心	中北大学共青团官方微博	69.24	79.48	48.97	63.18
3	山西团省委学校部	共青团山西省委会学校部官方微博	60.61	46.05	33.91	47.02
4	大同共青团	共青团大同市委员会官方微博	59.20	35.34	24.18	40.42
5	太原共青团	共青团太原市委官方微博	55.05	42.29	12.94	35.65
6	吕梁共青团	共青团吕梁市委员会官方微博	54.50	11.84	5.89	26.53
7	朔州共青团	共青团朔州市委员会官方微博	41.90	29.74	4.38	24.46
8	晋煤青客	共青团山西晋城无烟煤矿业集团有限责任公司委员会官方微博	43.45	10.56	11.97	24.28
9	晋城共青团	共青团晋城市委官方微博	40.45	27.38	6.20	24.14
10	大同县共青团	共青团大同市大同县委官方微博	41.17	20.16	6.80	23.22

（8）山西十大交通系统微博

排名	微博	认证信息	传播力	服务力	互动力	总分
1	太原铁路	太原铁路局官方微博	71.53	44.78	43.79	55.08
2	铁路太原站	太原铁路局太原站官方微博	67.81	52.02	26.31	48.05
3	太铁侯马车务段	侯马车务段官方微博	56.53	56.94	13.35	39.34
4	太铁太原客运段	太原客运段官方微博	51.63	51.90	15.24	37.13
5	太铁介休车务段	介休车务段官方微博	55.17	53.85	9.21	36.52
6	dq 太原车务段	太原车务段官方微博	53.02	53.31	6.31	34.39
7	太原南站2014	太原南站官方微博	53.62	39.85	10.45	33.60
8	太铁大同车务段	大同车务段官方微博	52.49	50.57	4.23	32.80
9	太原局12306	山西省太原铁路局客户服中心官方微博	53.12	26.38	14.85	32.47
10	大秦铁路大同站	大秦铁路大同站官方微博	52.29	37.00	6.65	30.98

26. 宁夏政务指数微博影响力榜

（1）宁夏政务微博城市竞争力指数

排名	地区	传播力	服务力	互动力	竞争力指数
1	银 川	77.74	60.14	63.55	66.62
2	中 卫	47.66	54.65	23.32	41.59
3	石嘴山	62.16	30.11	33.97	41.08
4	固 原	51.24	22.18	23.91	31.50
5	吴 忠	49.99	23.27	18.45	29.60

（2）宁夏十大政务机构微博

排名	微博	认证信息	传播力	服务力	互动力	总分
1	问政银川	中共银川市委办公厅、市政府办公厅官方微博	71.97	83.54	47.62	64.54
2	银川发布	银川市委外宣办、市政府新闻办官方微博	73.65	58.69	54.57	63.03
3	微博银川	银川市委市政府官方微博	72.66	65.39	50.35	62.28
4	银川交警	银川市公安局交通警察支队	70.21	81.42	43.81	61.89
5	平安银川	银川市公安局官方微博	70.52	75.22	41.57	59.88
6	石嘴山交警	宁夏石嘴山市公安局交警支队官方微博	66.37	57.79	40.09	54.14
7	平安兴庆	银川市公安局兴庆分局官方微博	64.07	70.34	32.33	52.63
8	兴庆交警一大队	宁夏银川市交警队兴庆一大队	60.52	78.67	30.86	52.29
9	银川市交警分局指挥中心	宁夏银川市交警队指挥中心	64.94	79.80	25.23	52.03
10	固原发布	宁夏固原市网络安全与信息化办公室官方微博	59.48	66.55	31.20	49.59

（3）宁夏十大党政新闻发布微博

排名	微博	认证信息	传播力	服务力	互动力	总分
1	问政银川	中共银川市委办公厅、市政府办公厅官方微博	71.97	83.54	47.62	64.54
2	银川发布	银川市委外宣办、市政府新闻办官方微博	73.65	58.69	54.57	63.03
3	微博银川	银川市委市政府官方微博	72.66	65.39	50.35	62.28
4	固原发布	宁夏固原市网络安全与信息化办公室官方微博	59.48	66.55	31.20	49.59
5	宁夏发布	宁夏回族自治区人民政府新闻办公室官方微博	61.94	24.28	25.13	39.69
6	宁夏政务发布	宁夏回族自治区人民政府官方微博	61.07	48.43	12.28	39.03
7	石嘴山发布	宁夏石嘴山市委外宣办、市政府新闻办官方微博	53.47	34.81	12.17	33.22
8	宁夏大武口发布	宁夏石嘴山市大武口区委宣传部官方微博	54.04	33.95	10.29	32.52
9	兴庆微博	银川兴庆区党委、政府官方微博	42.35	48.75	4.62	28.54
10	中卫发布	中共宁夏回族自治区中卫市委宣传部官方微博	52.07	19.06	9.07	28.27

（4）宁夏十大公安系统微博

排名	微博	认证信息	传播力	服务力	互动力	总分
1	银川交警	银川市公安局交通警察支队	70.21	81.42	43.81	61.89
2	平安银川	银川市公安局官方微博	70.52	75.22	41.57	59.88
3	石嘴山交警	宁夏石嘴山市公安局交警支队官方微博	66.37	57.79	40.09	54.14
4	平安兴庆	银川市公安局兴庆分局官方微博	64.07	70.34	32.33	52.63
5	兴庆交警一大队	宁夏银川市交警队兴庆一大队	60.52	78.67	30.86	52.29
6	银川市交警分局指挥中心	宁夏银川市交警队指挥中心	64.94	79.80	25.23	52.03
7	宁夏消防	宁夏回族自治区公安厅消防总队官方微博	64.06	53.67	31.77	49.06
8	银川交警秩序科	宁夏银川市公安局交通警察支队秩序科官方微博	54.39	61.03	29.65	45.82
9	银川消防	银川市公安消防支队官方微博	61.46	55.99	23.62	45.23
10	宁夏交警	宁夏回族自治区公安厅交通管理局	59.77	49.71	27.83	44.98

（5）宁夏十大司法系统微博

排名	微博	认证信息	传播力	服务力	互动力	总分
1	吴忠检察	吴忠市人民检察院官方微博	58.96	51.02	18.44	41.17
2	宁夏检察	宁夏回族自治区人民检察院官方微博	58.42	33.72	22.82	39.24
3	固原检察	宁夏回族自治区固原市人民检察院官方微博	54.12	47.22	16.05	37.51
4	石嘴山检察	宁夏回族自治区石嘴山市人民检察院官方微博	53.34	50.75	10.31	35.61

续表

排名	微博	认证信息	传播力	服务力	互动力	总分
5	银川检察	银川市人民检察院官方微博	53.22	34.11	11.65	32.77
6	惠农检察	宁夏石嘴山市惠农区人民检察院官方微博	50.77	44.33	7.09	32.01
7	灵武检察	灵武市人民检察院官方微博	48.31	40.46	6.15	29.88
8	西夏检察	宁夏回族自治区银川市西夏区人民检察院	45.84	44.08	5.63	29.40
9	大武口检察	宁夏回族自治区石嘴山市大武口区人民检察院官方微博	48.35	37.91	5.49	29.12
10	银川刑事执行检察	银川市上前城地区人民检察院官方微博	45.92	41.94	4.71	28.64

（6）宁夏十大旅游局微博

排名	微博	认证信息	传播力	服务力	互动力	总分
1	沙坡头	中卫市旅游局	50.14	30.88	27.71	37.32
2	宁夏旅游	宁夏旅游局	55.60	24.17	17.16	33.94
3	银川体育旅游	银川市体育旅游局官方微博	53.65	28.45	16.48	33.74
4	宁夏固原旅游	宁夏固原市旅游局官方微博	46.37	25.07	6.41	26.12
5	古峡文体	宁夏青铜峡市文化旅游广播电视局官方微博	34.62	4.26	0.87	15.05
6	永宁文化	宁夏永宁县文化旅游广播电视局官方微博	29.42	1.17	0.42	12.17
7	金凤文体	银川市金凤区文化体育旅游局官方微博	27.89	1.73	0.34	11.64
8	兴庆文体	银川市兴庆区文化体育旅游局微博	25.49	0.72	0.30	10.46
9	永宁旅游	银川市永宁县文化旅游广播电视局官方微博	11.09	0.35	0.13	4.56
10	灵武文化旅游广电局	灵武市文化旅游广电局政工室官方微博	3.23	0.08	0.00	1.31

（7）宁夏十大团委系统微博

排名	微博	认证信息	传播力	服务力	互动力	总分
1	宁夏共青团	共青团宁夏回族自治区委官方微博	67.82	38.53	36.69	49.51
2	青春石嘴山	共青团宁夏回族自治区石嘴山市委员会官方微博	46.04	23.60	9.90	27.10
3	青春金凤	银川市金凤区团委官方微博	45.78	30.14	6.80	27.06
4	平罗团委	共青团宁夏回族自治区石嘴山市平罗县委员会官方微博	43.69	23.79	5.44	24.41
5	共青团固原市原州区委	共青团固原市原州区委	44.43	14.22	5.30	22.74
6	青春兴庆	银川市兴庆区团委官方微博	43.08	14.57	2.20	21.03
7	宁夏中卫市团委	共青团宁夏中卫市委员会官方微博	40.49	12.52	5.25	20.80
8	青春惠农	共青团石嘴山市惠农区委官方微博	39.81	16.09	3.36	20.49
9	国电电力石电团委	共青团国电石嘴山发电公司委员会	34.39	22.32	0.87	18.57
10	青春隆德	共青团宁夏隆德县委官方微博	39.88	8.60	1.95	18.45

（8）宁夏十大交通系统微博

排名	微博	认证信息	传播力	服务力	互动力	总分
1	银川火车站丝路驿站服务岛	银川火车站向阳花服务之窗官方微博	65.39	54.03	27.26	47.87
2	银川市城客处	银川市城市客运交通管理处官方微博	59.67	46.30	31.01	45.53
3	银川公交	银川市公共交通有限公司官方微博	51.54	4.89	20.06	29.62
4	银川市公路管理处	宁夏银川市公路管理处官方微博	49.75	23.30	7.91	27.72
5	银川交通	银川市交通运输局官方微博	47.49	23.69	8.04	26.95
6	兰铁银川客运段塞上风情服务之窗	兰州铁路局银川客运段塞上风情服务之窗	45.36	39.57	1.72	26.75
7	灵武运管所	灵武运管所官方微博	41.12	20.12	0.59	20.71
8	大武口城建局	宁夏石嘴山市大武口区城乡建设交通局官方微博	38.35	16.61	3.86	20.21
9	兰铁银车段凤鸣塞上服务窗口	兰州铁路局银车段凤鸣塞上服务窗口	41.05	9.29	2.05	19.10
10	兰铁固原车务段情满六盘服务站	兰铁固原车务段情满六盘服务站	36.17	11.82	1.23	17.32

27. 内蒙古政务指数微博影响力榜

（1）内蒙古政务微博城市竞争力指数

排名	地区	传播力	服务力	互动力	竞争力指数
1	赤峰	64.10	57.23	45.80	55.29
2	鄂尔多斯	69.99	40.86	40.85	49.60
3	呼和浩特	70.13	36.85	43.17	49.05
4	包头	63.01	26.91	43.04	43.39
5	通辽	53.69	25.44	50.46	42.67
6	呼伦贝尔	60.04	30.72	35.17	41.08
7	巴彦淖尔	55.58	27.73	25.25	35.22
8	锡林郭勒	53.24	21.50	23.34	31.66
9	乌兰察布	50.51	24.14	21.63	31.17
10	乌海	49.14	18.90	20.89	28.67
11	兴安	47.37	15.55	16.88	25.56
12	阿拉善	39.17	18.39	13.46	22.90

（2）内蒙古十大政务机构微博

排名	微博	认证信息	传播力	服务力	互动力	总分
1	包头交警	内蒙古包头市公安局交通管理支队官方微博	72.52	80.32	52.35	66.01
2	内蒙古自治区团委	共青团内蒙古自治区委官方微博	74.84	69.44	50.83	64.16
3	草原铁路	呼和浩特铁路局官方微博	70.31	68.20	48.18	61.04
4	赤峰之窗	赤峰面向世界的窗口！	67.67	81.13	44.08	60.93

排名	微博	认证信息	传播力	服务力	互动力	总分
5	赤峰市公安局官方微博	内蒙古赤峰市公安局官方微博	71.57	65.93	42.59	58.85
6	包头发布	包头市政府新闻办官方微博	66.45	71.70	43.71	58.40
7	活力内蒙古	内蒙古自治区互联网信息办公室官方微博	70.03	56.00	45.70	57.49
8	内蒙古旅游局	内蒙古自治区旅游局官方微博	67.59	62.15	43.62	56.91
9	呼和浩特交警	内蒙古呼和浩特市公安局交通警察支队	70.21	50.55	40.93	54.56
10	呼和浩特火车站发布	呼和浩特火车站官方微博	68.32	62.95	36.23	54.41

（3）内蒙古十大党政新闻发布微博

排名	微博	认证信息	传播力	服务力	互动力	总分
1	赤峰之窗	赤峰面向世界的窗口！	67.67	81.13	44.08	60.93
2	包头发布	包头市政府新闻办官方微博	66.45	71.70	43.71	58.40
3	活力内蒙古	内蒙古自治区互联网信息办公室官方微博	70.03	56.00	45.70	57.49
4	呼和浩特发布	内蒙古呼和浩特市人民政府新闻办公室官方微博	64.54	57.83	34.34	51.12
5	鄂尔多斯发布	内蒙古鄂尔多斯市官方微博	68.48	49.08	33.28	50.52
6	魅力满洲里	内蒙古满洲里市委宣传部官方微博	63.59	59.04	28.38	48.60
7	活力呼和浩特	中共呼和浩特市委宣传部官方微博	65.22	42.79	34.02	48.25
8	鄂托克前旗发布	内蒙古鄂尔多斯鄂托克前旗宣传部官方微博	59.79	63.95	25.89	47.07
9	北疆理论风景线	中共内蒙古自治区委宣传部理论教育处微博	65.01	36.31	29.80	45.19
10	康巴什新区发布	鄂尔多斯市康巴什新区官方微博	61.02	45.96	28.18	44.87

（4）内蒙古十大公安系统微博

排名	微博	认证信息	传播力	服务力	互动力	总分
1	包头交警	内蒙古包头市公安局交通管理支队官方微博	72.52	80.32	52.35	66.01
2	赤峰市公安局官方微博	内蒙古赤峰市公安局官方微博	71.57	65.93	42.59	58.85
3	呼和浩特交警	内蒙古呼和浩特市公安局交警支队	70.21	50.55	40.93	54.56
4	平安内蒙古	内蒙古公安厅官方微博	65.14	50.95	35.11	50.29
5	青城公安	内蒙古自治区呼和浩特市公安局官方微博	58.32	55.85	27.35	45.44
6	康巴什青春山派出所	鄂尔多斯市公安局康巴什分局青春山派出所	57.52	51.98	25.33	43.54
7	内蒙古消防	内蒙古消防总队官方微博	62.08	32.81	28.62	42.84
8	通辽消防支队	通辽市消防支队官方微博	64.03	49.65	15.44	41.72
9	通辽交管支队	内蒙古自治区通辽市交警支队官方微博	60.60	37.92	22.40	40.78
10	巴彦淖尔消防支队	巴彦淖尔市消防支队官方微博	54.63	50.76	18.96	39.59

（5）内蒙古十大司法系统微博

排名	微博	认证信息	传播力	服务力	互动力	总分
1	北疆法声	内蒙古自治区高级人民法院官方微博	58.31	33.29	21.04	38.40
2	内蒙古检察	内蒙古自治区人民检察院官方微博	56.53	33.24	19.74	37.16
3	法治巴彦淖尔	内蒙古巴彦淖尔市中级人民法院官方微博	50.15	55.80	14.13	36.87
4	临河区法院	内蒙古巴彦淖尔市临河区法院官方微博	54.93	49.67	7.07	34.73
5	包头中院	内蒙古包头市中级人民法院官方微博	48.78	53.65	4.85	32.18
6	青城天平	内蒙古呼和浩特市中级人民法院官方微博	51.45	36.88	10.31	32.08
7	集宁检察	内蒙古自治区乌兰察布市集宁区检察院官方微博	47.30	50.28	6.25	31.48
8	新检在线	内蒙古自治区呼和浩特市新城区人民检察院官方微博	47.94	33.91	12.16	30.82
9	乌兰察布市人民检察院	内蒙古乌兰察布市人民检察院官方微博	52.08	30.19	9.68	30.74
10	法润达拉特	内蒙古鄂尔多斯达拉特旗司法局官方微博	55.83	33.24	1.19	29.46

（6）内蒙古十大旅游局微博

排名	微博	认证信息	传播力	服务力	互动力	总分
1	内蒙古旅游局	内蒙古自治区旅游局官方微博	67.59	62.15	43.62	56.91
2	鄂尔多斯旅游局	内蒙古鄂尔多斯市旅游局官方微博	58.07	34.43	20.29	38.23
3	康巴什新区旅游	内蒙古鄂尔多斯康巴什新区旅游局官方微博	52.76	21.15	8.93	28.90
4	呼和浩特旅游	内蒙古呼和浩特市旅游局官方微博	48.31	18.15	3.55	24.37
5	包头旅游官方资讯	内蒙古包头市旅游局官方微博	44.94	8.75	9.35	23.47
6	呼伦贝尔新右旗旅游	内蒙古新巴尔虎右旗旅游局微博	37.86	27.41	4.02	22.24
7	额济纳之旅	内蒙古额济纳旗旅游局官方微博	39.81	12.29	5.86	20.73
8	鄂前旗文化旅游广电局	内蒙古鄂托克前旗文化旅游广电局官方微博	35.07	14.54	2.96	18.12
9	乌拉盖旅游	内蒙古乌拉盖管理区文化体育广电旅游局官方微博	37.60	11.40	1.95	18.10
10	呼和浩特市旅游服务中心	内蒙古呼和浩特市旅游服务中心官方微博	38.24	12.56	0.67	18.08

（7）内蒙古十大团委系统微博

排名	微博	认证信息	传播力	服务力	互动力	总分
1	内蒙古自治区团委	共青团内蒙古自治区委官方微博	74.84	69.44	50.83	64.16
2	通辽市团委	通辽市共青团官方微博	57.57	49.24	22.69	41.95
3	呼伦贝尔市共青团	呼伦贝尔市共青团官方微博	50.45	55.96	13.47	36.76
4	鄂尔多斯市共青团	内蒙古自治区鄂尔多斯市团委官方微博	51.06	31.25	20.17	34.74
5	内蒙古科技大学团委	内蒙古科技大学团委官方微博	55.28	19.05	21.64	34.58
6	呼和浩特共青团	呼和浩特市团委官方微博	53.91	19.87	13.19	30.81
7	锡林郭勒盟团委	共青团锡林郭勒盟委员会官方微博	46.54	27.29	12.27	28.98
8	阿拉善盟共青团	内蒙古自治区阿拉善盟团委官方微博	47.48	24.31	11.88	28.60
9	乌海市团委	内蒙古乌海市团委	42.46	30.12	11.99	27.80
10	奈曼青年之声	奈曼旗共青团官方微博	46.73	28.94	3.06	25.70

（8）　内蒙古十大交通系统微博

排名	微博	认证信息	传播力	服务力	互动力	总分
1	草原铁路	呼和浩特铁路局官方微博	70.31	68.20	48.18	61.04
2	呼和浩特火车站发布	呼和浩特火车站官方微博	68.32	62.95	36.23	54.41
3	呼和浩特白塔国际机场	内蒙古呼和浩特白塔国际机场有限责任公司	62.08	38.78	32.25	45.49
4	呼市公交	呼和浩特市公共交通总公司	61.26	30.76	26.06	41.08
5	集通铁路	内蒙古集通铁路集团公司官方微博	56.48	38.34	17.33	37.19
6	通辽工务段	沈阳铁路局通辽工务段官方微博	46.32	61.53	2.27	31.74
7	赤峰车务段 cfcwd	沈阳铁路局赤峰车务段官方微博	49.23	56.14	1.98	31.72
8	赤峰工务段	沈阳铁路局赤峰工务段官方微博	43.95	66.74	1.72	31.62
9	通辽车务段	沈阳铁路局通辽车务段官方微博	47.00	56.93	0.95	30.57
10	白音胡硕车务段	沈阳铁路局白音胡硕车务段官方微博	41.43	68.29	0.47	30.42

28. 吉林政务指数微博影响力榜

（1）　吉林政务微博城市竞争力指数

排名	地区	传播力	服务力	互动力	竞争力指数
1	长春	67.62	36.99	51.01	51.08
2	吉林	58.90	28.51	32.61	39.06
3	松原	54.10	22.88	36.07	36.86
4	延边	56.54	23.79	31.36	36.27
5	通化	56.27	19.63	28.43	33.70
6	四平	55.18	17.66	27.15	32.24
7	白山	50.44	22.49	24.09	31.43
8	辽源	44.40	25.24	15.07	27.43
9	白城	41.03	15.16	11.38	21.60

（2）　吉林十大政务机构微博

排名	微博	认证信息	传播力	服务力	互动力	总分
1	长春交警	吉林省长春市公安局交警支队官方微博	76.29	88.76	63.13	73.52
2	长春发布	长春市委宣传部官方微博	75.17	64.67	59.39	66.76
3	吉林发布	吉林省人民政府新闻办公室官方微博	75.47	62.01	56.36	65.14
4	吉林省旅游局	吉林省旅游局官方微博	70.46	81.56	43.81	62.02
5	吉林气象	吉林省气象服务中心官方微博	67.91	79.03	44.32	60.70
6	吉林高速交警	吉林省公安厅交通警察总队高速公路支队官方微博	71.14	66.40	44.75	59.63
7	吉林公安	吉林省公安厅官方微博	73.29	52.91	48.45	59.28
8	松原发布	松原市人民政府新闻中心官方微博	68.11	60.93	44.75	57.33
9	延边发布	延边朝鲜族自治州人民政府新闻办公室官方微博	69.87	54.17	43.29	56.10
10	吉林消防	吉林省公安消防总队官方微博	66.40	69.86	37.37	55.48

（3）吉林十大党政新闻发布微博

排名	微博	认证信息	传播力	服务力	互动力	总分
1	长春发布	长春市委宣传部官方微博	75.17	64.67	59.39	66.76
2	吉林发布	吉林省人民政府新闻办公室官方微博	75.47	62.01	56.36	65.14
3	松原发布	松原市人民政府新闻中心官方微博	68.11	60.93	44.75	57.33
4	延边发布	延边朝鲜族自治州人民政府新闻办公室官方微博	69.87	54.17	43.29	56.10
5	吉林市发布	吉林市政府新闻办公室官方微博	71.03	50.61	33.48	51.93
6	四平发布	吉林省四平市人民政府新闻中心官方微博	66.66	50.11	27.95	47.86
7	梅河口发布	吉林省梅河口市人民政府新闻中心官方微博	64.40	55.16	24.74	46.68
8	白山发布	吉林省白山市人民政府新闻办公室官方微博	61.56	51.65	23.87	44.50
9	长白山发布	吉林省长白山保护开发区管理委员会官方微博	57.52	52.29	23.23	42.76
10	公主岭发布	吉林省公主岭市人民政府新闻中心官方微博	58.17	44.93	14.76	38.16

（4）吉林十大公安系统微博

排名	微博	认证信息	传播力	服务力	互动力	总分
1	长春交警	吉林省长春市公安局交警支队官方微博	76.29	88.76	63.13	73.52
2	吉林高速交警	吉林省公安厅交通警察总队高速公路支队官方微博	71.14	66.40	44.75	59.63
3	吉林公安	吉林省公安厅官方微博	73.29	52.91	48.45	59.28
4	吉林消防	吉林省公安消防总队官方微博	66.40	69.86	37.37	55.48
5	吉林省交警总队	吉林省公安厅交通警察总队官方微博	68.66	60.24	38.65	54.97
6	吉林高速交警延吉大队	吉林省高速交警延吉大队官方微博	57.23	71.66	22.09	46.06
7	通化市公安局	通化市公安局官方微博	63.68	46.07	25.52	44.89
8	吉林高速交警长平大队	吉林省公安厅交警总队高速公路支队长平大队官方微博	60.56	52.75	21.29	43.29
9	吉林出入境	吉林省公安厅出入境管理局官方微博	60.27	53.83	19.50	42.67
10	吉林高速交警长吉大队	吉林省公安厅交警总队高速公路支队长吉大队官方微博	61.96	35.91	21.85	40.71

（5）吉林十大司法系统微博

排名	微博	认证信息	传播力	服务力	互动力	总分
1	吉林检察	吉林省人民检察院官方微博	63.28	61.56	16.76	44.33
2	吉林司法行政	吉林省司法厅官方微博	53.77	30.30	6.61	30.21
3	长岭司法	吉林省松原市长岭县司法局官方微博	51.41	35.82	5.63	29.98
4	长春市朝阳区法院	吉林省长春市朝阳区人民法院官方微博	42.77	51.78	2.59	28.50
5	辉发清风	吉林省通化市辉南县监察局官方微博	49.83	34.99	3.61	28.37

续表

排名	微博	认证信息	传播力	服务力	互动力	总分
6	蛟河市检察院的微博	吉林省蛟河市人民检察院官方微博	44.20	37.73	4.88	27.18
7	长岭法院	吉林省松原市长岭县人民法院官方微博	42.05	42.66	0.54	25.57
8	吉林高法	吉林省高级人民法院官方微博	48.82	12.41	7.25	24.91
9	吉林长白法院	吉林省长白朝鲜族自治县人民法院官方微博	42.87	35.40	0.95	24.61
10	松原中院	吉林省松原市中级人民法院官方微博	40.28	28.48	0.46	21.99

（6）吉林十大旅游局微博

排名	微博	认证信息	传播力	服务力	互动力	总分
1	吉林省旅游局	吉林省旅游局官方微博	70.46	81.56	43.81	62.02
2	长春市旅游局	长春市旅游局官方微博	58.93	25.15	17.84	35.74
3	山水吉林雾凇江城	吉林市旅游局官方微博	42.94	7.15	5.16	20.67
4	长春市双阳区旅游局	吉林省长春市双阳区旅游局官方微博	40.62	10.87	1.07	18.85
5	松原旅游	吉林省松原市旅游局官方微博	37.58	7.81	1.19	17.07
6	龙井旅游1106	吉林省龙井市旅游局官方微博	29.17	1.92	0.04	12.07
7	醉美蛟河	吉林省蛟河市旅游产业发展办公室官方微博	26.66	1.61	1.27	11.49
8	延边安图旅游局官方微博	安图县外事旅游局官方微博	20.60	0.72	0.21	8.47
9	敦化市旅游局	吉林省敦化市旅游局官方微博	14.09	0.12	0.00	5.66
10	珲春旅游微博	珲春市旅游局官方微博	12.25	0.12	0.00	4.92

（7）吉林十大团委系统微博

排名	微博	认证信息	传播力	服务力	互动力	总分
1	吉林共青团	共青团吉林省委员会官方微博	66.93	58.47	41.88	55.22
2	长春共青团	共青团长春市委员会官方微博	45.66	20.65	8.58	25.83
3	共青团南关区委	共青团长春市南关区委官方微博	35.71	31.24	10.54	24.75
4	东昌团区委	通化市东昌区委官方微博	40.69	37.06	2.34	24.63
5	青春辽源	吉林省辽源团市委官方微博	46.75	15.59	2.59	22.85
6	吉林市团委	共青团吉林市委员会官方微博	42.84	13.89	7.25	22.81
7	共青团梅河口	共青团梅河口市委官方微博	37.82	33.88	2.20	22.78
8	临江团委V	共青团吉林省临江市委官方微博	42.56	22.70	1.38	22.12
9	四平市铁西区共青团委	共青团四平市铁西区委官方微博	37.08	20.93	4.91	20.98
10	长岭共青团	共青团长岭县委官方微博	36.70	23.14	1.98	20.10

（8）吉林十大交通系统微博

排名	微博	认证信息	传播力	服务力	互动力	总分
1	沈铁长春站	沈阳铁路局长春站官方微博	64.48	57.45	17.98	44.48
2	吉林高速路况12122	吉林省高速公路管理局官方微博	64.98	40.86	20.81	42.49
3	吉林市交通管理支队	吉林市交通管理支队	59.93	35.05	18.63	38.44
4	沈铁吉林供电段	沈阳铁路局吉林供电段官方微博	46.84	82.55	0.87	35.59
5	长春客运段	沈阳铁路局长春客运段官方微博	50.37	67.59	2.20	34.54

续表

排名	微博	认证信息	传播力	服务力	互动力	总分
6	吉林交通	吉林省交通运输厅官方微博	57.77	30.28	11.02	33.57
7	长春龙嘉机场	长春龙嘉机场官方微博	53.38	17.63	20.42	33.05
8	沈铁通化铁路货运中心	吉林省通化市通化货运中心官方微博	41.97	80.28	0.17	32.91
9	长春轨道客车股份有限公司	长春轨道客车股份有限公司	54.16	5.26	22.23	31.61
10	图们工务段	沈阳铁路局图们工务段官方微博	50.55	47.79	2.59	30.81

29. 海南政务指数微博影响力榜

（1）海南政务微博城市竞争力指数

排名	地区	传播力	服务力	互动力	竞争力指数
1	海口	60.49	35.32	47.21	47.03
2	三亚	56.23	34.41	50.70	46.66
3	三沙	16.22	4.66	0.00	6.50

（2）海南十大政务机构微博

排名	微博	认证信息	传播力	服务力	互动力	总分
1	三亚发布	三亚市委宣传部新闻发布官方微博	72.75	88.39	55.88	69.13
2	海口市气象台	海南省海口市气象台官方微博	72.55	81.28	49.23	64.96
3	海南共青团	共青团海南省委官方微博	71.46	67.23	51.01	62.43
4	海口发布	海南省海口市人民政府新闻办公室官方微博	66.39	75.65	49.24	61.38
5	海南省旅游委	海南省旅游发展委员会官方微博	62.61	55.15	31.89	48.83
6	三亚交警	海南省三亚市公安局交警支队官方微博	65.12	53.00	29.35	48.39
7	海南高院	海南省高级人民法院官方微博	65.70	50.18	29.01	47.92
8	海口市文明办	海口市委宣传部文明办新闻发布官方微博	57.97	42.73	35.22	45.82
9	海南大学人文传播学院	海南大学人文传播学院团委	60.46	51.70	27.05	45.34
10	三亚政务	三亚市人民政府办公室	62.67	54.44	22.50	44.96

（3）海南十大党政新闻发布微博

排名	微博	认证信息	传播力	服务力	互动力	总分
1	三亚发布	三亚市委宣传部新闻发布官方微博	72.75	88.39	55.88	69.13
2	海口发布	海南省海口市人民政府新闻办公室官方微博	66.39	75.65	49.24	61.38
3	海口市文明办	海口市委宣传部文明办新闻发布官方微博	57.97	42.73	35.22	45.82
4	三亚政务	三亚市人民政府办公室	62.67	54.44	22.50	44.96
5	海南省人民政府网站	海南省人民政府网站运行管理中心官方微博	60.52	51.72	14.17	40.22
6	文明琼海官博	中共琼海市委宣传部官方微博	44.15	19.96	14.03	27.26
7	文昌政府网站	海南省文昌市政府网站官方微博	48.43	22.70	4.91	25.88
8	文昌发布	中共文昌市委宣传部官方微博	45.69	8.73	8.37	23.37
9	万宁发布	中共海南省万宁市委宣传部官方微博	44.27	7.08	7.98	22.31
10	儋州政务微博	儋州市人民政府官方微博	38.84	11.51	0.13	17.89

（4）海南十大公安系统微博

排名	微博	认证信息	传播力	服务力	互动力	总分
1	三亚交警	海南省三亚市公安局交警支队官方微博	65.12	53.00	29.35	48.39
2	海南省交警总队	海南省交警总队官方微博	62.30	38.26	25.91	42.94
3	海南省消防	海南省公安消防总队官方微博	56.01	29.55	22.93	37.49
4	三亚市消防支队	海南省三亚市公安消防支队官方微博	54.17	34.71	15.45	34.79
5	海口市公安消防支队	海口市公安消防支队官方微博	57.06	20.80	16.04	33.40
6	海口铁路公安处	广州铁路公安局海口铁路公安处	54.79	35.92	8.66	32.56
7	文昌消防在线	海南省文昌市公安消防支队官方微博	46.35	31.38	12.30	29.73
8	海南儋州消防	海南省儋州市公安消防支队官方微博	44.30	43.40	5.84	28.74
9	澄迈消防	海南澄迈县公安消防大队官方微博	45.83	21.55	5.89	25.00
10	longhuaxf	海南省海口市公安消防支队龙华区消防大队官方微博	38.42	37.36	1.57	23.47

（5）海南十大司法系统微博

排名	微博	认证信息	传播力	服务力	互动力	总分
1	海南高院	海南省高级人民法院官方微博	65.70	50.18	29.01	47.92
2	临高县人民法院	海南省临高县人民法院官方微博	59.42	50.86	9.41	37.70
3	海南一中院	海南省第一中级人民法院官方微博	55.84	51.94	8.24	36.02
4	三亚中院	海南省三亚市中级人民法院官方微博	49.19	33.78	4.08	28.06
5	秀英法院	海口市秀英区人民法院官方微博	45.81	37.83	2.69	26.96
6	海口中院	海口市中级人民法院官方微博	49.36	21.91	4.47	25.92
7	海南省第二中级法院	海南省第二中级人民法院官方微博	48.89	23.21	2.93	25.37
8	琼中县法院	海南省琼中黎族苗族自治县人民法院官方微博	41.65	41.14	0.67	25.16
9	洋浦法院	海南省洋浦经济开发区人民法院官方微博	43.63	35.72	0.38	24.75
10	海口美兰法院	海南省海口市美兰区人民法院官方微博	43.48	32.78	1.98	24.74

（6）海南十大旅游局微博

排名	微博	认证信息	传播力	服务力	互动力	总分
1	海南省旅游委	海南省旅游发展委员会官方微博	62.61	55.15	31.89	48.83
2	海南琼海旅游	海南省琼海市旅游发展委员会官方微博	52.10	8.57	5.63	24.81
3	白沙县旅游	海南省白沙黎族自治县旅游局官方微博	42.93	20.07	1.80	21.90
4	琼北旅游	琼北旅游合作组织工作办公室官方微博	39.27	5.92	4.85	18.83
5	定安旅游	定安县旅游发展委员会官方微博	36.38	4.72	1.98	16.29
6	万宁旅游官方微博	万宁市旅游局官方微博	32.79	2.13	2.02	14.35
7	五指山市旅游发展局	海南省五指山市旅游发展局官方微博	32.37	1.57	0.87	13.61
8	儋州旅游	海南省儋州市旅游局官方微博	31.15	2.16	0.92	13.26
9	三亚市民游客中心	海南省三亚市旅游质量监督管理局官方微博	19.53	2.45	0.51	8.51
10	海南琼中旅游	海南省琼中县旅游局官方微博	0.00	0.00	0.00	0.00

（7）海南十大团委系统微博

排名	微博	认证信息	传播力	服务力	互动力	总分
1	海南共青团	共青团海南省委官方微博	71.46	67.23	51.01	62.43
2	海南大学人文传播学院	海南大学人文传播学院团委	60.46	51.70	27.05	45.34
3	海南大学团委	海南大学团委官方微博	49.47	29.85	24.63	35.61
4	琼台师范学院团委	共青团琼台师范高等专科学院委员会官方微博	48.11	28.25	18.97	32.48
5	三亚共青团	共青团三亚市委员会、青联秘书处官方微博	53.53	21.62	15.40	31.89
6	三亚学院校团委	共青团三亚学院委员会官方微博	49.87	19.87	18.33	31.25
7	海南师范大学经济与管理学院团委	海南师范大学经济与管理学院团委官方微博	48.97	23.14	15.01	30.22
8	万宁青年在线	共青团万宁市委官方微博	43.11	13.98	14.42	25.81
9	海南大学环植学院团委学生会	海南大学环境与植物保护学院团委官方微博	42.15	20.67	9.15	24.65
10	共青团琼海市委	共青团海南省琼海市委官方微博	45.56	16.33	3.10	22.73

（8）海南十大交通系统微博

排名	微博	认证信息	传播力	服务力	互动力	总分
1	海口美兰国际机场官方微博	海航基础股份有限公司官方微博	62.86	16.51	31.31	40.97
2	三亚凤凰国际机场官方微博	三亚凤凰国际机场有限责任公司官方微博	60.64	21.92	27.03	39.45
3	粤海铁路	粤海铁路官方微博	57.88	12.02	15.97	31.94
4	海航机场集团官方微博	海航机场集团有限公司	43.28	3.77	3.61	19.51
5	海口海事局	中华人民共和国海口海事局指挥中心官方微博	39.35	4.41	4.94	18.60
6	海口公交集团	海口市公共交通集团有限公司	0.00	0.00	0.63	0.25
7	新华空港机场服务有限公司	新华空港机场服务有限公司官方微博	0.00	0.00	0.09	0.03
8	海口新海海事处	中华人民共和国海口新海海事处官方微博	0.00	0.00	0.00	0.00
9	八所海事局	中华人民共和国八所海事局官方微博	0.00	0.00	0.00	0.00

（注：该省份该行业账号不足10个，榜单已经显示全部账号）

30. 青海政务指数微博影响力榜

（1）青海政务微博城市竞争力指数

排名	地区	传播力	服务力	互动力	竞争力指数
1	西宁	64.10	30.86	34.26	42.02
2	海东	46.58	5.36	36.44	28.61
3	黄南	43.72	21.63	15.85	26.23
4	海西	43.85	11.46	9.91	20.64

续表

排名	地区	传播力	服务力	互动力	竞争力指数
5	海北	36.58	19.58	6.74	20.19
6	玉树	39.17	12.02	7.57	18.61
7	海南	39.95	14.19	4.72	18.60
8	果洛	34.71	15.20	6.67	18.06

（2）青海十大政务机构微博

排名	微博	认证信息	传播力	服务力	互动力	总分
1	青海共青团	共青团青海省委员会官方微博	62.03	62.77	42.56	54.39
2	夏都西宁	中共西宁市委外宣办官方微博	66.19	58.27	30.89	50.49
3	青藏铁路	青藏铁路公司官方微博	62.78	41.35	40.63	49.63
4	青海发布	青海省人民政府新闻办公室官方微博	67.22	50.52	25.46	47.17
5	青海气象	青海省气象局官方微博	63.98	60.80	22.28	46.66
6	西宁治安	青海省西宁市公安局治安警察支队官方微博	54.90	55.03	26.64	43.62
7	青海消防	青海省公安消防总队官方微博	57.35	47.35	27.82	43.54
8	青海高速交警六大队	青海高速交警六大队官方微博	55.81	45.46	25.92	41.78
9	青海政法	青海省委政法委员会官方微博	60.43	55.93	12.92	40.53
10	西宁网警巡查执法	青海省西宁市公安局网络安全保卫支队官方微博	57.69	22.45	28.88	39.12

（3）青海十大党政新闻发布微博

排名	微博	认证信息	传播力	服务力	互动力	总分
1	夏都西宁	中共西宁市委外宣办官方微博	66.19	58.27	30.89	50.49
2	青海发布	青海省人民政府新闻办公室官方微博	67.22	50.52	25.46	47.17
3	青海政务	青海省人民政府办公厅官方微博	60.47	38.60	12.78	37.02
4	魅力西区	中共西宁市城西区委宣传部官方微博	49.22	28.16	11.14	29.78
5	玉树发布	玉树州委宣传部官方微博	44.89	11.40	6.85	22.97
6	城北之声	中共西宁市城北区委宣传部官方微博	41.31	12.50	7.60	22.06
7	青岛镇江路街道办事处	青岛市市北区镇江路街道办事处官方微博	41.66	18.46	4.14	22.01
8	大通宣传	青海大通回族土族自治县委宣传部官方微博	41.08	8.30	7.80	21.21
9	微湟源	中共湟源县委宣传部官方微博	41.50	14.07	3.93	20.99
10	中国柴达木	青海省海西蒙古族藏族自治州人民政府官方微博	42.55	11.51	0.87	19.67

（4）青海十大公安系统微博

排名	微博	认证信息	传播力	服务力	互动力	总分
1	西宁治安	青海省西宁市公安局治安警察支队官方微博	54.90	55.03	26.64	43.62
2	青海消防	青海省公安消防总队官方微博	57.35	47.35	27.82	43.54
3	青海高速交警六大队	青海高速交警六大队官方微博	55.81	45.46	25.92	41.78
4	西宁网警巡查执法	青海省西宁市公安局网络安全保卫支队官方微博	57.69	22.45	28.88	39.12
5	昆仑消防卫士	青海省格尔木市公安消防支队官方微博	55.41	46.50	17.37	38.41
6	青海高速交警一大队	青海省公安厅交通警察总队高速公路支队一大队官方微博	57.73	48.85	13.43	38.23
7	青海高速交警二大队	青海高速交警二大队官方微博	57.88	42.36	14.16	37.29
8	海东消防	青海省海东地区公安消防支队官方微博	57.23	33.31	18.54	36.97
9	青海高速交警	青海省公安交通警察总队高速公路支队官方微博	58.90	26.46	18.67	36.32
10	青海省海南州公安消防支队	青海省海南州公安消防支队官方微博	54.21	50.04	11.33	36.22

（5）青海十大司法系统微博

排名	微博	认证信息	传播力	服务力	互动力	总分
1	青海政法	青海省委政法委员会官方微博	60.43	55.93	12.92	40.53
2	河南县法院	青海省黄南州河南蒙古族自治县人民法院官方微博	51.41	40.19	15.92	34.97
3	西宁中法	青海省西宁市中级人民法院官方微博	55.45	39.99	6.43	32.75
4	青海省人民检察院	青海省人民检察院官方微博	54.28	42.74	4.35	32.00
5	青海高院	青海省高级人民法院官方微博	52.71	31.44	9.77	31.28
6	青海省西宁市湟中法院	青海省湟中县人民法院官方微博	42.89	39.31	8.49	28.42
7	青海省互助县法院	青海省海东市互助土族自治县人民法院官方微博	49.43	32.87	1.27	26.85
8	西宁市城北区法院	青海省西宁市城北区人民法院官方微博	39.55	31.25	1.34	22.61
9	玉树州杂多县法院	青海省玉树州杂多县人民法院官方微博	39.97	18.12	3.90	21.17
10	黄南州法院	青海省黄南州法院官方微博	42.52	16.40	1.27	20.80

（6）青海十大旅游局微博

排名	微博	认证信息	传播力	服务力	互动力	总分
1	夏都西宁旅游	青海省西宁市旅游局官方微博	49.55	35.71	9.35	30.70
2	玉树藏族自治州旅游局	青海省玉树州玉树藏族自治州旅游局官方微博	49.48	5.16	9.88	24.78
3	青海省旅游局	青海省旅游局官方微博	42.36	7.74	8.52	21.90
4	阿尼玛卿旅游	青海省果洛州玛沁县旅游局官方微博	29.96	4.01	1.15	13.25
5	尖扎文体旅游	青海省黄南藏族自治州尖扎县文体广电旅游局官方微博	27.96	2.93	0.26	11.87

续表

排名	微博	认证信息	传播力	服务力	互动力	总分
6	天上玛多	青海省果洛藏族自治州玛多县旅游局官方微博	25.61	1.24	0.04	10.51
7	天境祁连东方瑞士	青海省祁连县旅游局官方微博	16.72	0.30	0.34	6.88
8	青海海南旅游官博	青海省海南藏族自治州旅游局官方微博	0.00	0.00	0.00	0.00
9	乐都旅游	青海省海东市乐都区旅游局官方微博	0.00	0.00	0.00	0.00
10	雪域果洛	青海果洛藏族自治州旅游局官方微博	0.00	0.00	0.00	0.00

（7）青海十大团委系统微博

排名	微博	认证信息	传播力	服务力	互动力	总分
1	青海共青团	共青团青海省委员会官方微博	62.03	62.77	42.56	54.39
2	青海省直机关团工委	共青团青海省直属机关工作委员会官方微博	45.60	53.29	6.33	31.43
3	青海同仁县共青团	青海省黄南藏族自治州同仁县团委官方微博	45.34	43.61	9.90	30.82
4	青海省地震局团委	共青团青海省地震局青年工作委员会官方微博	46.44	27.11	4.50	25.80
5	青海西宁城中团委	共青团青海省西宁市城中区委官方微博	51.72	13.52	4.85	25.33
6	青海海东共青团	共青团青海省海东市委员会官方微博	44.74	20.43	5.19	24.06
7	青海西宁共青团	共青团西宁市委员会官方微博	44.51	13.01	8.60	23.84
8	共青团乌兰县委	青海省乌兰县团委官方微博	41.19	17.54	2.83	21.11
9	青海海北共青团	共青团海北藏族自治州委员会官方微博	42.10	13.25	3.46	20.87
10	青海共和共青团	青海省共和县团委官方微博	42.62	13.52	2.09	20.59

（8）青海十大交通系统微博

排名	微博	认证信息	传播力	服务力	互动力	总分
1	青藏铁路	青藏铁路公司官方微博	62.78	41.35	40.63	49.63
2	西宁高等级公路路政执法支队	西宁高等级公路路政执法支队官方微博	51.36	17.13	2.41	24.93
3	西宁火车站	青藏铁路公司西宁火车站	45.22	6.94	7.11	22.32
4	大通高速路政执法大队	青海省大通高等级公路路政执法大队官方微博	43.48	5.46	4.65	20.34
5	青海省交通运输厅	青海省交通运输厅官方微博	40.20	18.82	0.54	20.06
6	西宁市交通运输局	青海省西宁市交通局官方微博	29.59	2.93	1.46	13.01
7	湟源高等级公路路政执法大队	青海省湟源高等级公路路政执法大队官方微博	29.75	2.97	0.71	12.78
8	格尔木高等级公路路政执法支队	青海省格尔木高等级公路路政执法支队官方微博	25.07	1.53	0.04	10.35
9	湟中高等级公路路政执法大队	青海省南宁湟中高等级公路路政执法大队官方微博	7.39	0.30	0.00	3.02
10	韵家口高速公路路政执法大队	青海省韵家口高等级公路路政执法大队官方微博	0.00	0.00	0.00	0.00

31. 西藏政务指数微博影响力榜

（1）西藏政务微博城市竞争力指数

排名	地区	传播力	服务力	互动力	竞争力指数
1	拉萨	45.16	28.43	22.39	31.33
2	林芝	47.58	11.94	14.67	23.59
3	日喀则	39.64	14.11	14.61	21.94
4	山南	33.29	12.74	11.28	18.39
5	阿里	36.75	10.71	7.97	17.56
6	昌都	33.02	8.50	7.24	15.42
7	那曲	22.40	7.65	7.07	11.87

（2）西藏十大政务机构微博

排名	微博	认证信息	传播力	服务力	互动力	总分
1	西藏共青团	共青团西藏自治区委官方微博	74.91	69.91	62.14	68.80
2	西藏发布	西藏发布官方微博	65.13	55.48	34.30	50.87
3	林芝旅游局	西藏林芝地区旅游局	63.77	34.30	42.94	49.54
4	西藏米林旅游	西藏米林县旅游局官方微博	63.40	44.12	33.49	47.58
5	雅鲁藏布大峡谷	雅鲁藏布大峡谷景区官方微博	61.16	35.09	30.51	43.68
6	平安拉萨	西藏拉萨市公安局官方微博	59.90	34.09	26.01	41.18
7	拉萨发布	西藏自治区拉萨市委宣传部官方微博	61.15	29.03	26.94	41.04
8	西藏消防	西藏自治区公安消防总队官方微博	54.34	31.44	17.13	34.87
9	西藏山南旅游	西藏自治区山南市旅游发展委员会官方微博	54.72	23.12	20.89	34.87
10	中国西藏旅游	西藏自治区旅游发展委员会	54.78	18.59	22.37	34.58

（3）西藏十大党政新闻发布微博

排名	微博	认证信息	传播力	服务力	互动力	总分
1	西藏发布	西藏发布官方微博	65.13	55.48	34.30	50.87
2	拉萨发布	西藏自治区拉萨市委宣传部官方微博	61.15	29.03	26.94	41.04
3	白朗县发布	西藏白朗县互联网信息办公室官方微博	52.85	36.48	1.46	29.02
4	萨嘎县发布	西藏萨嘎县委员会宣传部官方微博	44.37	18.45	0.91	21.80
5	桑珠孜区发布	西藏自治区日喀则市桑珠孜区人民政府官方微博	43.44	17.72	0.42	21.09
6	日喀则发布	西藏日喀则地区互联网信息办公室官方微博	45.45	7.19	3.55	21.04
7	拉孜县发布	西藏拉孜县委宣传部官方微博	38.13	7.60	0.17	16.84
8	定日县发布	中共定日县委宣传部官方微博	36.60	9.94	0.17	16.70
9	西藏林芝波密县政府网	西藏林芝地区波密县人民政府网官方微博	36.34	2.59	2.96	16.24
10	岗巴发布	西藏日喀则岗巴县官方微博	37.04	5.18	0.30	15.97

（4）西藏十大公安系统微博

排名	微博	认证信息	传播力	服务力	互动力	总分
1	平安拉萨	西藏拉萨市公安局官方微博	59.90	34.09	26.01	41.18
2	西藏消防	西藏自治区公安消防总队官方微博	54.34	31.44	17.13	34.87
3	西藏网警巡查执法	西藏自治区公安厅网安总队	50.23	17.84	9.70	27.54
4	西藏阿里消防	西藏自治区阿里地区公安消防支队官方微博	44.99	22.42	5.08	24.51
5	西藏那曲消防	西藏自治区那曲地区公安消防支队官方微博	39.89	21.54	2.58	21.30
6	西藏山南消防	西藏自治区山南地区公安消防支队官方微博	40.98	19.94	2.23	21.27
7	西藏昌都消防	西藏昌都市公安消防支队官方微博	37.81	13.05	4.14	19.39
8	山南网警巡查执法	西藏山南市公安局网络安全保卫支队官方微博	37.93	10.81	3.99	18.93
9	西藏日喀则消防	西藏自治区日喀则市公安消防支队官方微博	35.40	18.29	2.09	18.66
10	林芝网警巡查执法	林芝市公安局网络安全保卫支队官方微博	38.84	10.97	1.76	18.43

（5）西藏十大司法系统微博

排名	微博	认证信息	传播力	服务力	互动力	总分
1	西藏检察	西藏自治区人民检察院官方微博	52.53	22.62	6.35	28.08
2	西藏昌都中法	西藏自治区昌都市中级人民法院官方微博	40.80	12.26	1.65	19.43
3	阿里检察	西藏自治区人民检察院阿里分院官方微博	35.87	11.51	1.57	17.28
4	札达检察	西藏自治区阿里地区札达县人民检察院官方微博	36.07	5.72	0.51	15.77
5	林芝检察	西藏自治区林芝市人民检察院官方微博	34.89	6.02	0.51	15.36
6	墨脱检察	西藏自治区林芝市墨脱县人民检察院官方微博	34.28	7.29	0.13	15.22
7	改则检察	西藏阿里地区改则县人民检察院微博	32.57	7.02	0.87	14.78
8	米林县检察院	西藏林芝米林县人民检察院官方微博	29.89	5.54	0.38	13.22
9	拉孜检察	西藏日喀则市拉孜县人民检察院官方微博	27.98	9.85	0.09	13.20
10	江达检察	西藏自治区昌都市江达县人民检察院官方微博	26.56	11.37	0.26	13.00

（6）西藏十大旅游局微博

排名	微博	认证信息	传播力	服务力	互动力	总分
1	林芝旅游局	西藏林芝地区旅游局	63.77	34.30	42.94	49.54
2	西藏米林旅游	西藏米林县旅游局官方微博	63.40	44.12	33.49	47.58
3	西藏山南旅游	西藏自治区山南市旅游发展委员会的官方微博	54.72	23.12	20.89	34.87
4	中国西藏旅游	西藏自治区旅游发展委员会	54.78	18.59	22.37	34.58
5	西藏日喀则旅游	西藏自治区日喀则地区旅游局官方微博	52.64	21.53	18.95	32.94

续表

排名	微博	认证信息	传播力	服务力	互动力	总分
6	西藏阿里旅游	西藏自治区阿里地区旅游局官方微博	52.54	16.70	20.68	32.63
7	波密县旅游局	西藏林芝市波密县旅游局官方微博	44.41	11.14	7.32	22.92
8	墨脱旅游局	西藏林芝地区墨脱县旅游局官方微博	38.53	7.13	4.85	18.78
9	西藏昌都地区旅游局	西藏昌都地区旅游局官方微博	37.79	4.60	5.57	18.26
10	西藏林芝地区察隅县旅游局	西藏林芝地区察隅县旅游局官方微博	35.84	3.91	3.55	16.54

（7）西藏十大团委系统微博

排名	微博	认证信息	传播力	服务力	互动力	总分
1	西藏共青团	共青团西藏自治区委官方微博	74.91	69.91	62.14	68.80
2	青春昌都	共青团昌都市委员会官方微博	41.43	11.78	3.87	20.47
3	西藏藏医学院团委	西藏藏医学院团委官方微博	36.72	7.90	1.15	16.73
4	林芝共青团	共青团西藏自治区林芝地区委官方微博	32.01	9.07	2.16	15.48
5	共青团城关区委	西藏自治区拉萨市城关区人民政府团委官方微博	27.33	2.74	0.75	11.78
6	日喀则共青团	共青团日喀则市委员会官方微博	25.33	0.49	0.13	10.28
7	墨竹团委	共青团西藏墨竹工卡县委官方微博	24.37	1.08	0.26	10.07
8	西藏贡嘎团县委	共青团西藏贡嘎县委官方微博	21.98	0.72	0.26	9.04
9	青春雅砻	共青团西藏山南地区委官方微博	16.96	1.88	0.04	7.18
10	藏大微青年	共青团西藏大学委员会官方微博	7.37	0.08	0.04	2.98

（7）西藏十大交通系统微博

排名	微博	认证信息	传播力	服务力	互动力	总分
1	拉萨火车站	青藏铁路公司拉萨火车站	40.25	6.15	3.16	18.59
2	日喀则地区交通运输局	西藏日喀则地区交通运输局官方微博	0.00	0.00	0.00	0.00

（注：该省份该行业账号不足10个，榜单已经显示全部账号）

2016年中国政务微博矩阵发展报告*

侯 锷

摘 要 2016年，随着"网络强国"国家战略的纵深推进，新媒体在推动国家创新和国家治理体系与治理能力现代化中的意义和作用越来越凸现，"治网理政"已经成为"中国道路""治国理政"在新媒体领域的现实延伸，以习近平同志为核心的党中央对互联网治理与社会治理的顶层设计和宏观指导思想已完成连贯性和系统性阐述。新形势、新要求、新策略，政务微博亟待变革理念，联动协同，激活组织动力，突破当前创新乏力、民意认同度低等巨大瓶颈，积极践行习近平"以人民为中心"的发展思想，以政务微博矩阵管理模式，持续创新"互联网＋社会治理"的新格局。

关键词 新媒体 政务微博 政务微博矩阵 互联网治理 社会治理

在互联网空间，微博作为全球最大的中文社交媒体，已成为中国新媒体族群中"不可替代的典型公共社交应用"[1]，既是中国社会重大新闻的"首发平台"[2]，也是"中国网民重要且首选的舆论参与平台、网民可信任的公开舆论场"[3] 和"中国第一大社会公共舆论场"。[4] 据新浪微博最新统计数据（见图1），截至2016年第三季度，微博日活跃用户1.32亿、月活跃用户2.97亿，其中移动端微博用户占比93%。[5] 自诞生之日起，微博即与中国的社会、政治、经济、文化等宏大叙事与公共事务发展议程紧密地结合在了一起，摧枯拉朽式的传播力、人尽可参与表达的开放型媒介机制，不仅革命性地颠覆了媒体的传播秩序，更将一个又一个由网下现实社会治理的盲区投射于微博，进而由网络"围观"演绎为舆论狂潮。因此，一方面，网络社会舆论的民意表达映射着我国社会的现实政治文明，而另一方面，网络社会舆论也深刻影响并改变着我们的现实社会，网络社会与现实社会构成了一个互相独立又相互影响的高度结合的社会舆论"共生态"。[6]

---

* 侯锷：《2016年中国政务微博矩阵发展报告》，载唐绪军主编《新媒体蓝皮书：中国新媒体发展报告 No. 8 (2017)》，社会科学文献出版社，2017。

[1] 柳斌杰主编《公共关系蓝皮书：中国公共关系发展报告（2016）》，社会科学文献出版社，2016。

[2] 王俊秀、杨宜音主编《社会心态蓝皮书：中国社会心态研究报告（2015）》，社会科学文献出版社，2015。

[3] 中国互联网信息中心（CNNIC）《2015年中国社交应用用户行为研究报告》，2015。

[4] 唐绪军主编《新媒体蓝皮书：中国新媒体发展报告 No. 5 (2014)》，社会科学文献出版社，2015。

[5] 新浪科技：微博活跃用户连续10季度增长超30%，2016年11月22日，http://tech.sina.com.cn/i/2016 - 11 - 22/doc - ifxxwrwh4894696.shtml。

[6] 侯锷：《中国公共关系舆论环境研究报告》，载柳斌杰主编《公共关系蓝皮书：中国公共关系发展报告（2016）》，社会科学文献出版社，2016。

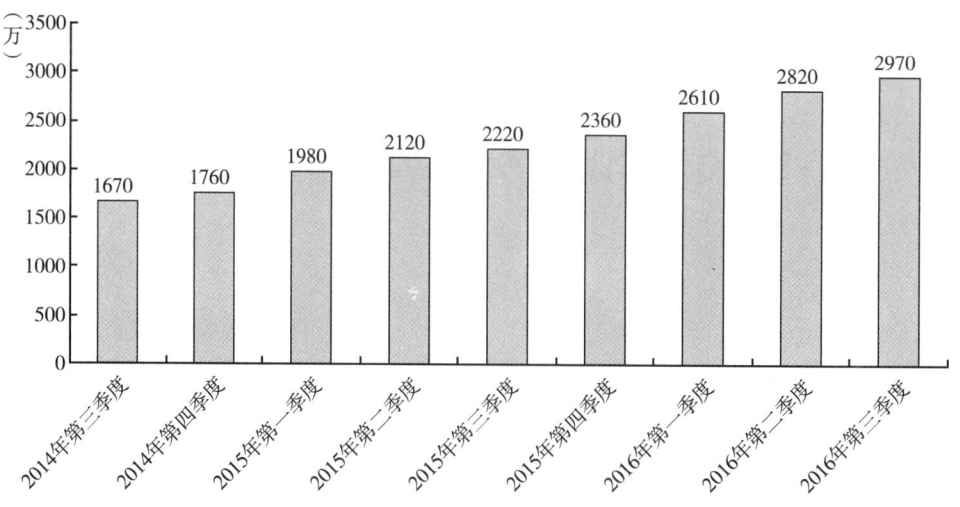

图1　微博月活跃用户数

资料来源：微博 2016 年第三季度财报，2016 年 11 月 22 日发布。

一　政务微博发展的宏观气候分析

（一）互联网空间治理与社会治理实现"并轨"，中央顶层设计与宏观指导思想完成系统阐述

开放、平等、协作、分享的互联网通过"技术赋权""关系赋权"使公民的知情权、参与权、表达权和监督权得到了前所未有的扩大和满足，社会话语力量不断碾压政治话语权力的樊篱，而基于开放式表达和社会化传播的微博更进一步地强化了这种由"社会公民"转身成为"网络网民"后所形成的网络社群政治参与意识（见图2）。互联网改变了变革与转型期中国社会的舆论格局，乃至于"党和国家"在网络社会舆论中处于弱势地位，政府既面临控制网络群体性事件舆论的考验，网络舆论生态治理也越来越成为治国理政的重要内容、领域与影响变量。[①]

2013 年 8 月 19 日，习近平总书记在全国宣传思想工作会议上的重要讲话中指出，"宣传思想工作一定要把围绕中心、服务大局作为基本职责，胸怀大局、把握大势、着眼大事，找准工作切入点和着力点"，"创新的重点要抓好理念创新、手段创新、基层工作创新，把创新的重心放在基层一线"，"党性与人民性的高度统一"，并强调"经济建设是党的中心工作，意识形态工作是党的一项极端重要的工作"。2016 年 2 月 19 日，习近平在党的新闻舆论工作座谈会上再次强调，要"及时把人民群众创造的经验和面临的实际情况反映出来"。2016 年 4 月 19 日，习近平进一步强调，"网民来自老百姓，老百姓上了网，民意也就上了网。群众在哪儿，我们的领导干部就要到哪儿去。各级党政机关和领导干部要学会通过网络

[①]　侯锷：《中国公共关系舆论环境研究报告》，载柳斌杰主编《公共关系蓝皮书：中国公共关系发展报告（2016）》，社会科学文献出版社，2016。

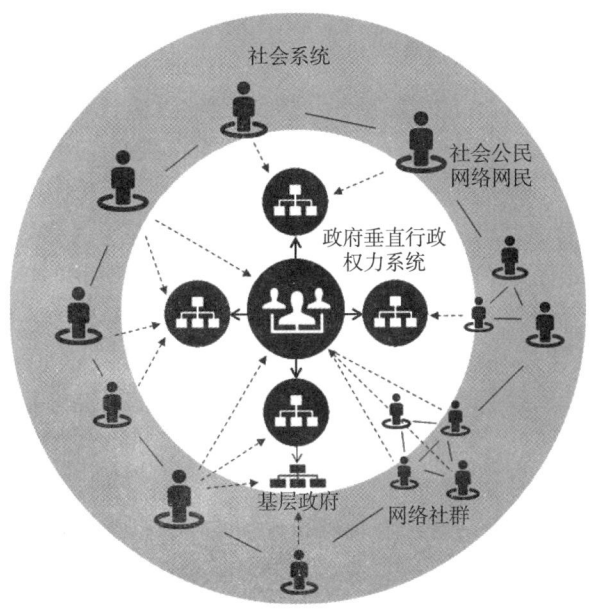

图 2　网络技术赋权、关系赋权下的新媒体政治参与

走群众路线，经常上网看看，了解群众所思所愿，收集好想法好建议，积极回应网民关切、解疑释惑"。2016 年 10 月 9 日下午，习近平在主持中共中央政治局实施网络强国战略第 36 次集体学习时更进一步地强调，"随着互联网特别是移动互联网发展，社会治理模式正在从单向管理转向双向互动，从线下转向线上线下融合，从单纯的政府监管向更加注重社会协同治理转变。要强化互联网思维，利用互联网扁平化、交互式、快捷性优势，推进政府决策科学化、社会治理精准化、公共服务高效化，用信息化手段更好感知社会态势、畅通沟通渠道、辅助决策施政"。

2016 年 8 月 12 日，国务院办公厅发布了《关于在政务公开工作中进一步做好政务舆情回应的通知》（国办发〔2016〕61 号，以下简称"61 号文件"），强调并重申"各地区各部门要适应传播对象化、分众化趋势，进一步提高政务微博、微信和客户端的开通率，充分利用新兴媒体平等交流、互动传播的特点和政府网站的互动功能，提升回应信息的到达率"。

本报告认为，在继往与"舆情"相关的"网络舆情""社会舆情"之后，"61 号文件"首次创新命名并使用"政务舆情"一词，透视出国家治理对来自网络空间"舆情观"的重大理念升级。即赋予了"舆情"在社会治理层面的紧密关联性：网络中有民意，舆情中有政务；民意是舆情的依据和始源，舆情是民意的表达与映像；"网民"的现实主体是"公民、市民"，"舆情"的背后有现实民生；民心向背和民意褒贬映射着党风政风，而网络舆情关联着现实的政务服务和社会治理，从而贯通了从"舆情"到"政务"的政府主导责任和主动担当意识。

综合透析党的十八大以来习近平总书记上述关于互联网治理与新闻舆论工作的四次系列重要讲话，以及对近年来中办、国办及时跟进出台的相关新政解读，本报告认为，当前，以习近平同志为核心的党中央就中国互联网应用发展与网络安全、信息化建设及互联网舆论治理工作，已经完整完成并阐述了系统性、连贯性的宏观指导思想体系和顶层设计。即：

1. 互联网治理同样必须坚持习近平"以人民为中心"的核心发展思想，要将互联网意识形态工作、创新新闻舆论传播工作，与网上群众路线的社会舆论引导、政务舆情治理和社会化政务服务相结合全面布局，同步进行，并行不悖，并重并举，坚持依法治理、系统治理、源头治理和根本治理，利用新媒体这一距离人民群众最亲近的社交媒介，及时协调社会关系，化解社会矛盾。

2. 既要坚持网络意识形态领域的舆论斗争，传播正能量，占领舆论制高点，更要积极正视社会舆论诉愿中那些具体的、客观的、现实存在的基于民生利益诉求的民生舆情。[①] 民心是最大的政治，要始终坚持习近平指出的"我们任何时候都必须把人民利益放在第一位"，将民怨诉求通过党务政务新媒体的及时协调跟进和积极稳妥处置，逆转回归为我党牢牢践行"全心全意为人民服务"根本宗旨的正能量见证，保持党同人民群众的血肉联系，始终与人民心连心、同呼吸、共命运。

3. 互联网空间治理与社会治理必须实现"并轨"，相融相嵌，敬畏民意、尊重民意、顺应民意，民意永远是执政的唯一合法性基础。政务微博等新媒体的"媒介执政"功能，已然超越了其本身的"媒介传播"属性，综合发展、综合应用，从立足当前侧重于创新传播的"取悦于民"，向以实际行动"取信于民"的终极目标升级。正如习近平所说，金杯银杯不如老百姓的口碑，领导干部好不好不是我们自己说了算，而是老百姓说了算。同理，政务微博管理和运行得好不好，也不是政务微博自己说算了，依然是网民说算了。

（二）近年来政务微博的创新发展及凸现出的新问题

据新浪微博最新统计数据（见图3），截至 2016 年 12 月 31 日，新浪微博平台认证的政务微博已达到 164522 个，较 2015 年底增加 12132 个，其中政务机构官方微博 125098 个，公务人员微博 39424 个。

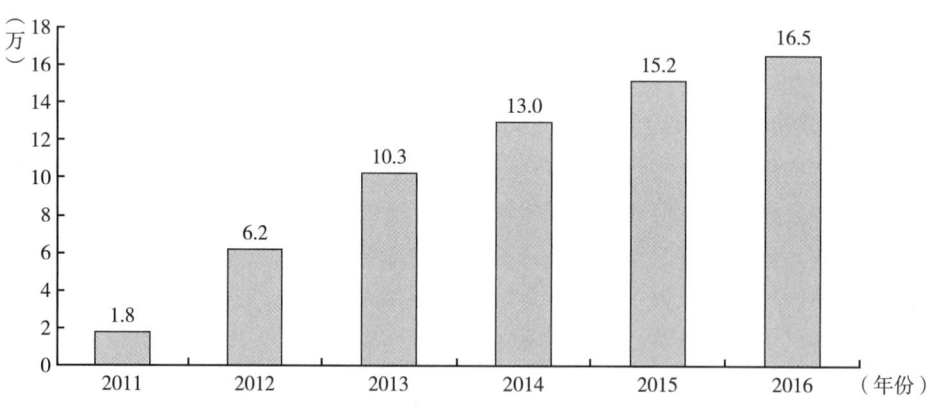

图3　中国政务微博发展历年数据（2011—2016）

人民群众在哪里，政务微博便发展和延伸到了哪里。面对微博空间日益增多的民意诉求表达，全国党政机关越来越多地借力政务微博从"红墙大院"的后端，"零距离""屏对屏"

---

① 侯锷：《中国公共关系舆论环境研究报告》，载柳斌杰主编《公共关系蓝皮书：中国公共关系发展报告（2016）》，社会科学文献出版社，2016。

"键对键"地走到了直接触摸民情、面对民意的"服务前台",政务微博已经成为治国理政重要的"听诊器",和政民互动最直接的"接诊台"。近年来,政务微博已经成为互联网治理与社会治理两大时代命题"同频共振"的重要载体①,借此,微博也由初始的社交功能和媒介属性,演绎并拓展为"互联网+社会治理"的政务平台和工具属性,政民联动构建起了线上线下"一体化"的新型社会治理格局,政府施政环境发生深刻变化。

在全国政务微博取得大发展的显性过程中,政务微博普遍性的管理运行表现和水准,又日益凸现出与互联网对政府治理的要求、与人民群众的期待相比,所反映出的一些新情况、新问题和新趋势。主要表现在以下四个方面:

1. 依然存在"门难找"

——网友通过微博依然找不到身边的政府。

2013年10月1日,国务院办公厅发布了《关于进一步加强政府信息公开回应社会关切提升政府公信力的意见》(国办发〔2013〕100号,以下简称"100号文件")。全文多达7处明确提及"微博",强调各级政府要"积极探索利用政务微博等新媒体的互动功能,以及时、便捷的方式与公众进行互动交流"。从学术层面来解读,"100号文件"的发布对新媒体时代的中国政治传播与政府治理意义深远:这是我国政府第一次以规范化文件的方式,在继政府新闻发言人制度、政府网站之后,将"政务微博"正式确立为第三大政务信息公开与新闻舆论官方平台,也是在新媒体平台上正式确认的第一批"政务新媒体"。

"100号文件"颁布实施已经3年多,但是在全国不少基层党委和政府机构依然存在由"惧怕"到"拒绝",许多地方基层政务微博至今依然未开通。致使社会公众在突发性公共事件及社会热点事件面前,出现网民"我想听""我要问",而"你(政府)不在"的尴尬局面,从而导致党政部门权威、准确、公信的声音严重缺位失语,也导致涉事区域的党政部门因为缺乏开放交互的社交媒体,而不能预先感知、及时收集和准确掌握民意诉求和舆论态势,因而屡屡在社会矛盾激化升级为舆论危机状态时处于"后知后觉"的被动状态,甚至深陷"沉默的螺旋"和"塔西佗陷阱"。

2. 依然存在"事难办"

——政务微博缺乏内部协同联动的运行机制保障,民意诉求无人受理。

如果说互联网推倒了阻隔党委政府与人民群众在传统距离意义上的那堵"墙",那么微博则更进一步地推开了党务政务机构沟通社会、服务人民的那扇"窗"。在当前已经开通的政务微博中,总体较多的依然是党委宣传系统的政务微博,而距离百姓民生更近的基层政府职能微博、公共服务窗口业务类的政务微博依然较少。与此同时,某些政务微博在互联网新媒体传播环境下,惯以传统媒体时代"你听我说"的"宣灌式"思维方式,将政务微博仅仅视作单向宣传的"大喇叭",不愿甚或不屑与民众互动。当面对网民所反映的问题和诉求时,一些政务微博或漠视不理,或在互动中直接公开回应网民称"政务微博不受理民意诉求",甚至出现政务微博以"我们党委管不了政府的事务"的荒诞理由来搪塞推诿。这种缺乏政务微博内部协同联动机制的表现,或是一种无奈和乏力,但是逃避与推诿,愈发让政务微博自我"边缘化",进而脱离群众,最终挫伤的却是党委政府在人民群众心中的公信力。

---

① 《中央网信办姜军再谈"网上舆论压舱石"》,人民网,http://media.people.com.cn/n1/2016/0121/c40606-28074174.html,2016年1月21日。

因此，政务微博的当务之急是完善内部顶层设计、优化基于微博平台的业务流程、升级整体服务理念，从而打通体制内部党政各部门之间职能协同的"最后一公里"，也打通党委政府在政务微博与民意的"最后一公里"。

3. 互联网时代，继续让群众"多跑路"

——不少政务微博依然是"政府本位中心"而不是践行"以人民为中心"的发展思想，在互联网空间偏安一隅，让人民群众继续"多跑路"。

近年来，国务院不断加快推进"互联网＋政务服务"工作，力求"让数据多跑路、群众少跑腿"，以最大限度地方便人民群众。然而，互联网打破了地域疆界时空的"信息壁垒"，当前一些基层政府在受理网民诉求的媒介渠道方面，依然固守于早期政府网站平台开辟的网络问政平台，没有将信息触角和服务渠道延伸到社会化渠道，致使网民反映问题不仅需要搜索"网络割据"的空间地址，更需要专门注册相关专用账号来表达诉求，造成发现不易、查找困难、操作不便、程序烦冗的新困惑。特别是对于旅游观光、外来务工人口等短期或临时驻留的网民表达诉求、寻求帮助而言，其知晓率、使用率和便民性就更低，由此而形成新的治理"盲区"和"死角"。究其本质，这种"互联网＋政务服务"依然是"刻舟求剑""守株待兔"，"让网民多跑路"。

4. 政务微博的"马太效应"持续加剧，创新乏力，民意认同存在差异，已成为政务微博可持续发展的最大瓶颈

自2010年"微博元年"始，我国多地党委政府积极顺应互联网新媒体发展的潮流，顺势而为，主动迎合民意期待并大胆"试水"开通第一批政务微博，从学会"卖萌"亲民，转变话语方式，到现今前沿领域的移动视频直播应用等，政务微博在发展中一路创新。截至当前，已经涌现出诸如"@北京发布""@公安部打四黑除四害""@共青团中央""@江宁公安在线""@南京发布""@深圳交警""@郑州市城市管理局"等广大网民耳熟能详且认同称道的一批优秀政务微博。然而，将这些优秀政务微博置于全国16万政务微博发展的基数和微博网民日活跃用户过亿的需求体量来看，依然可谓"沧海一粟"。优秀却是极少量（以下简称为"优而少"），甚至绝大多数的优秀政务微博在本区域、本领域处于"一枝独秀"地位，然而在以数亿计的微博网民公众面前，民意所期盼的绝不是"物以稀为贵"的"明星政务微博"，而是可以随时随地移动便携、亲民互动、真诚沟通，既获取便捷高效服务又能解决具体实际问题的"民心政务微博"。因此，"优而少"式的政务微博激励发展模式，已难以纵深满足更广大人民群众上网后对"好又多"式政务微博的期待。

从另一个角度来综合分析，这种"优而少"式的政务微博的"优秀"，更反衬并充分暴露出当前中国政务微博发展中众多的局限性和"怪现象"。譬如：

（1）客观上由于领导不同观念不同，"闻道有先后，起步有早晚"，但是当前"优秀政务微博"在全国的行业分布、区域分布、职能分布、层级分布等方面严重失衡，甚至在全国多个省、自治区、市，"优秀政务微博""明星政务微博"一直是空白。

（2）6年来，从国家有关部门到全国各职能、各层级政务微博所对应的政府部门，始终没有出台相应统一的政务微博运营体系标准和考核规范，导致"优秀政务微博"的成功更多倚重于本单位领导的重视程度、政务微博编辑和管理者的责任心、热情，甚至基于个别政务微博编辑"天赋异禀"的"独杀技"，由此亦出现了"我的优秀你无法复制"，"不在这座城市，我的优秀与你无关"的奇趣表现。

（3）不同行业、不同垂直政务职能体系的"优秀政务微博"，实际表现能力和水准参差不齐。

（4）"一枝独秀"式的政务微博因缺乏党政内部的在线协商机制，除在本辖区、本职能权责范围内尚可与网民互动、答疑解惑、解决民意诉求外，一旦超越行政区域、行政级别和党务政务职能的"权力边界"后，再无权力协调和流转民意诉求，无法及时回应社会关切和网民诉求。

（5）不少区域和系统内的政务微博"个体优秀"而"组织不优秀""下级优秀"而"上级不优秀"（反之亦然），有"优秀政务微博"但城市整体的品牌形象不优秀等。

（6）相似甚至雷同的网络民意诉求，在同类政务微博职能的不同行政区域，呈现出迥然不同的运行质量，也由此在网民心目中形成"比较型政府""差异型政府"。然而，依据组织行为学中的"木桶原理"，政务微博运行表现最不给力的那一个，恰恰最终决定并代表了党中央和国务院整体的社会认同与形象认知高度，这种差别表现，对于凝聚社会共识、政治认同，提升和巩固整体政府公信力已然产生了极其不利的损害和破坏性影响。

据第 39 次《中国互联网络发展状况统计报告》[1] 最新统计数据显示，截至 2016 年 12 月，中国网民规模达 7.31 亿，互联网普及率为 53.2%。从发展的眼光来看，随着我国"宽带中国"战略的不断推进和国内市场智能手机性价比的不断提高，中国的移动互联网网民正处于在高速增长期，政务微博也必将并正在迎接持续增长后更为海量的网民诉求到来，而整体中国政务微博在上述"综合准备度"方面的不足表现，或将面临未来更大的社会风险挑战。

二　突破困境的政务微博发展模式：政务微博矩阵

（一）关于矩阵式组织管理模式

"矩阵"最早源自 19 世纪英国数学家凯利提出的一个数学理论名词，是指方程组的系数及常数所交叉构成的组合"方阵"。此后，日裔美国学者威廉·大内将"矩阵"的概念发展到管理学领域，主要研究人与组织、人与工作的最佳关系和最高效匹配模式，即"Z 型组织"，后续演化命名为"矩阵式组织"。政务微博的矩阵式组织管理模式概念[2]，亦由此演变而来。

简单而言，矩阵式组织是"职能型组织与项目型组织的混合体"。即在矩阵组织管理架构中，既有垂直行政层级的领导指挥，又同时存在因同级不同职能合作需求而由多部门、跨职能组合成立的专项团队，类似于专项治理体系中由党政多部门联席组建的"委员会"组织。因此，政务微博矩阵组合的目的，简而言之，就是高效沟通，通力协调，共同参与、各司其职，又好又快地开展团队合作。

以全国最早探索实践并日趋成熟的政务微博矩阵最佳实践——银川政务微博矩阵为例。2011 年至今，银川市由市委督查室牵头负责，先后出台并完善建立了一系列政务微博管理

---

① 中国互联网信息中心（CNNIC）：第 39 次《中国互联网络发展状况统计报告》，2017 年 1 月 22 日发布。

② 侯锷：《问政银川："互联网 + 社会治理"方法论》，国家行政学院出版社，2015。

办法，不断升级政务微博从集群化向矩阵式发展的运营管理机制，并将政务微博工作视作社会工作、群众工作和信访工作，打造成银川各级党委政府加强党的建设、转变政府职能、创新社会治理、维护群众利益的重要"抓手"。银川通过不断扩容和优化政务微博矩阵组织架构和服务体系，业已形成了政务微博内部及其与网民、媒体的高效联动机制。并按照"统一受理、分级负责、归口办理、及时回复"的原则，构建了受理一体化、处理快速化、服务优质化的网民意见反馈机制、转办督办机制、限时受理答复反馈机制、考核奖惩机制和效能问责机制等。

截至当前，银川市以"@问政银川"为政务微博矩阵核心，开通了由各县（市）区、市直各单位整体联动协调，乡镇街道（辖区及下属部门）全面参与，以及水、电、暖、燃气、公交等关系民生的公共服务单位所集成的共513个政务微博，基本形成了规模化、系统化、机制化、专业化运行的三级政务微博矩阵。基于政务微博组织变革发展路径和顶层设计，银川政务微博矩阵在快速受理和反馈民意诉求，积极回应社会关切，协调复杂社会关系，系统化解社会矛盾等方面，初步实现了对社会舆论的从容引导和驾驭，不仅取得了良好的社会综合治理效益，也赢得了网民群众和社会各界的高度评价（见表1）。

表1　银川市政务微博矩阵服务绩效数据（2012—2016）

年度	受理事项	办结量	办结率(%)	信访总量下降 （较上一年度）
2012	15781	14046	89.01	12%
2013	24769	23324	94.17	14%
2014	21805	20644	94.68	15%
2015	30281	29373	97.00	13%
2016	25196	23936	94.99	总批次下降16.5% 总人数下降25%

资料来源：中共宁夏回族自治区银川市委督查室，2017年2月。

（二）政务微博矩阵组织管理模式的优势

习近平总书记在2016年"4·19"重要讲话中指出，"要适应人民期待和需求，加快信息化服务普及，降低应用成本，为老百姓提供用得上、用得起、用得好的信息服务，让亿万人民在共享互联网发展成果上有更多获得感"。这一重要指示，对当下党政机关利用好、发挥好微博这一日常网民使用的社交媒体，来倾听民意、沟通社会和服务社会具有最为质朴的解读意义，有助于我们重新审视网络泛化社会政治参与的微博网民、微博应用与政府社会治理之间关联逻辑。

一方面，在移动互联网新媒体传播环境下，互联互通、共享参与的互联网理念和网络核心技术，彻底打破了基于传统人际传播方式下公众意见"圈层化"的零散布局，尤其是微博所带给社会话语权力格局的颠覆式革命，使得安装微博应用的每一部移动终端和微博空间的每一个网民，在其本质上都成了整个社会公共信息系统的释放点、采集点、延伸点和链接点；另一方面，当前，微博已不仅仅是网民表达自我、分享生活和交流情感思想的典型社交媒介应用，网民更在日常社交过程中通过微博碎片化的即时传播，参与并完成了对政府社会治理、公共事务和公共服务的评议。从这个意义解读，微博更是一个功能综合、用户众多、信息海量、诉求多元的"融合讯息通道"和社会公共服务应用平台的"超级政务 App"。

结合以上两点分析，在新媒体时代，党委政府应当敏锐洞察政务微博这种社会化传播与社会公共治理空间的优势，以"政府公共社交传播"的新思维和"创新、协同、共治"的治理理念，主动介入、积极导入并吸纳民意诉求，并将其高效对接到现实行政服务和社会治理系统，访民情、顺民意、聚民力、解民忧、惠民生、暖民心。

同时，习近平在"4·19"重要讲话中强调，"网民大多数是普通群众，来自四面八方，各自经历不同，观点和想法肯定是五花八门的，不能要求他们对所有问题都看得那么准、说得那么对，要多一些包容和耐心"。特别是在面对和回应社会关切与网民诉求时，习近平给出了"6个及时"的总体指导原则："对建设性意见要及时吸纳，对困难要及时帮助，对不了解情况的要及时宣介，对模糊认识要及时廓清，对怨气怨言要及时化解，对错误看法要及时引导和纠正"。这些重要论述和政民互动理念，对政务微博的深化发展具有现实可行、可操作的指导价值和意义。

然而，政务微博如何才能做到"6个及时"？当前，绝大多数政务微博的运营方式是基于传统直线职能型的组织管理结构，这必然导致在"一枝独秀"式的政务微博激励发展方式下，呈现出"一盘散沙"、各自为政甚至"不务政业"的失序发展状态。因此，政务微博亟待变革创新，激发组织活力，提高政务服务效能，避免出现既低效运转又浪费资源，继而在开放的网络舆论空间、在网民身边，显而易见地以敷衍的姿态甚至不作为的"新网络官僚主义"作风销蚀政府的公众形象和公信力的状态。

政务微博矩阵模式可以解决以下发展中的困顿现状：

1. 垂直沟通，督导督查，及时回应政务舆情，提高舆论引导水平，政务微博不再"装死装睡"。

网民@政务微博反映问题，职责归属明确，但是该政务微博就是不搭理、不回应——通过上级政务微博的及时督导催促，策略指导，能够推进问题快速回应解决，并随时掌握基层民意和政务微博线上线下政风效能的综合表现。

2. 政务微博内部快速响应协同，准确定位，落实舆情回应责任主体，及时疏导化解民意，不扯皮，不推诿。

网民有困难但不清楚向哪一个政务微博反映诉求，而被@的政务微博尽管回应了却说"此诉求不属于本职能范围"，或不理不睬。通过矩阵联动，可以快速分流指派具体职能对应的政务微博，被@的政务微博立即在本职责内互动回应，线上线下协调处置。

3. 上下联动，横向协同，多层级多职能协同参与，不积压政务舆情。

面对网民@本政务微博的诉求，与本政务微博业务虽有关联，但是需要跨职能、跨区域的其他政务微博配合参与、共同处理——被@的政务微博再次@共同上级职能的政务微博，上级政务微博在线@指派并提醒相关业务政务微博立即参与，共同参与，积极应对。

4. 应急协调，指导督导，积极担当，高效稳健。

网民诉求中@了多个级别的政务微博，上级政务微博直接出面回应，却出现失当表现，一下子被网络舆论逼至"墙角"而无路可退——按照政务微博矩阵架构的属地管理、分级负责、谁主管谁负责的原则，自上而下批转督办，将问题迅速锁定并落实到相关基层政务微博；再自下而上反馈，如果出现回应不当的责任事故问题，则为上级政务微博及时监督矫正、补救舆论留下缓冲空间，从而避免基层政务微博无所事事，而上级政务微博越俎代庖的角色错位与越位的尴尬。

（三）当前中国政务微博矩阵在实践中表现出的三种矩阵形态

"政务微博"是一个互联网新媒体领域的组织概念，而不仅仅是一个简单的以主体为划分标准的新媒体业态。线下的党委政府主导线上的政务微博运营，而线上的政务微博表现又反映出现实党委政府的媒介执政能力和社会治理水平。自2011年以来，中国政务微博在实践中积极探索矩阵式管理模式，并客观存在三种政务微博矩阵运行形态：

1. 正能量传播矩阵形态。以共青团、国资委、中国铁路总公司等政务微博表现突出，多账号在垂直职能或行业内部，主动策划传播、上下联动形成矩阵式的响应和呼应，产生正能量传播的巨大声量。

2. 突发公共事件新闻舆论引导矩阵形态。在突发公共事件及社会热点事件中，政务微博呈现出多职能、多层级、跨区域和纵横交错式的积极应对形态。譬如全国多地政务微博在夏季城市暴雨或洪涝灾害面前，集群参与、主动发声，告知事实、澄清谣言、还原真相，及时安抚民众情绪，有力地维护了理性的公共舆论秩序，过程中更彰示出一种主动服务的精神。

3. 以人民为中心和以问题为导向的社会治理矩阵形态。譬如近年来以银川、固原、德阳等地为代表的政务微博矩阵模式，他们收集倾听民意，服务领导决策，正视民意诉求，积极解决问题，以求从根本和源头上协调社会关系、化解社会矛盾。

2016年上半年，宁夏回族自治区固原市政务微博矩阵起步，开始即以"矩阵"思维谋划全局发展，仅半年多的时间即组建了由282个政务微博组成的三级矩阵，这也是截至当前全国唯一的一家由地市级网信办主导和牵头，通过顶层规划设计而建立的优秀政务微博矩阵，并在"2017政务V影响力峰会"上独立荣膺"政务微博矩阵突破变革奖"。与此同时，四川省德阳市纪检监察政务微博矩阵亦在此次评选中脱颖而出，荣获"政务微博矩阵协同共治奖"，这也是全国首个以纪检监察单位为核心账号主导运行并获奖的优秀政务微博矩阵。他们立足党政职能的主要业务，将"主业"延伸到微博空间，将互联网新媒体领域的意识形态斗争、新闻舆论引导和社会化政务服务有机衔接、互为动力、相互支撑。

政务微博已经成为互联网治理与社会治理两大时代命题"同频共振"的重要载体。[1] 社会治理型的政务微博矩阵所体现出的核心路径：政务微博既要以矩阵式组织管理模式加强内部的垂直沟通联动，同时又要注重与横向合作职能单位的业务协同。在此基础上，更要扎实践行习近平关于网上群众路线的重要论述，利用政务微博直接联系群众，积极与民意诉求互动，严格依法行政，以协调和保护人民群众的根本合法权益，从根本上化解社会矛盾并赢得民心、巩固公信力。同时，社会治理型矩阵产生的综合良好的社会效应，又"釜底抽薪"式地依靠群众、团结群众并发动群众，创造中国好故事，传播网络正能量，最终打赢一场意识形态领域的"人民战争"。

---

[1] 《中央网信办姜军再谈"网上舆论压舱石"》，人民网，http://media.people.com.cn/n1/2016/0121/c40606-28074174.html，2016年1月21日。

　　概而言之，社会治理型政务微博矩阵以民意认同促进政治认同，以社会认同实现舆论认同，并最终高度体现"党性与人民性的统一"的执政理念和服务宗旨，积极捍卫了意识形态安全和社会主义核心价值观。

　　基于上述三类政务微博矩阵形态的综合表现和比较分析，本报告认为：意识形态是上层建筑的核心，而经济基础和民意基础决定上层建筑（见图4）。社会治理型政务微博矩阵管理模式，系统地兼容吸纳了其他两类矩阵的表现形式，也是各级党委政府能够真正通过政务微博组织化、机制化、常态化地纵深参与社会治理的最高境界，更值得鼓励并确立为当前及未来中国政务微博矩阵发展的主流趋势和基准模式。

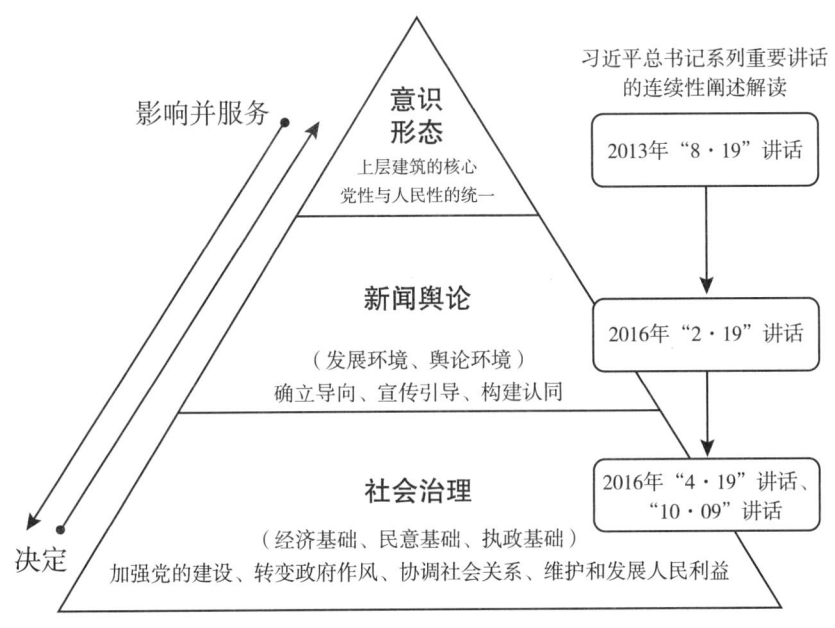

图4　以习近平总书记系列重要讲话精神解构政务微博矩阵模式

三　政务微博矩阵标准体系

（一）政务微博矩阵管理模式对当前舆论治理和政务舆情回应的现实意义

1. 回归人民群众，破解"最大变量"

　　当网络空间不断清朗，网络参与秩序不断回归，民意表达不断理性，"水落石现"之后，事关人民群众利益和社会公共利益的相关舆论引导和政务舆情回应就显得愈发迫切和重要。群众在网络公共社交空间所接触、感知和评判的"服务型政府"，首先也必须是一个"服务型的政务微博"。

2. 从传播向治理升级，回应社会关切，加强媒介执政

　　借力政务微博矩阵发展，开展社会化的网络政务响应协同，不断提高和发展社会舆论治理能力体系的现代化，推动网上网下协同治理，建立健全有效化解分歧、缓释矛盾、整合意

见的常态化、程序化制度机制，已成为各级党委政府在新媒体环境媒介下执政的重要策略之一。

3. 从严治党，党要管党，首先要从公众视野的政务微博管起

党的十八届六中全会，习近平围绕全面"从严治党"进一步强调，"全党必须贯彻党的群众路线，为群众办实事、解难事，当好人民公仆。坚持问政于民、问需于民、问计于民"，把坚持全心全意为人民服务的根本宗旨、保持党同人民群众的血肉联系作为加强和规范党内政治生活的根本要求。如果说政府官方网站是党委政府的"内阁门户"，那么现如今一个个政务微博就是在社会公众身边随时可以进出参观和互动交流的公共窗口。"依法治国，从严治党"，更应当在"政府公共社交传播"的社交空间，最直接地联系群众、传承党的优秀传统，展示并维护良好公众形象。

（二）政务微博矩阵评价体系及维度

本报告以习近平总书记在2016年"4·19"重要讲话中所提出的"6个及时"为宏观指导原则，参照2016年"61号文件"中对政务舆情回应工作做出的五点明确要求，即"明确回应责任""把握回应标准""提高回应实效""加强督查培训"和"建立激励约束机制"，并基于作者六年多来对全国政务微博矩阵先行者的成功实践实证研究，规划出以下政务微博矩阵式效能化发展运营的顶层设计与评估体系（见图5）。

1. 政务微博矩阵组织管理体系

"矩阵组织管理"表征政务微博内部管理运维的组织化发展的水准和程度。政务微博开的账号多但是呈"散兵游勇"、各行其是状态，组织并不掌握情况，或者在政务微博操作中"有组织无纪律"，都不是标准意义上的政务微博矩阵。该体系的考量指标包括：

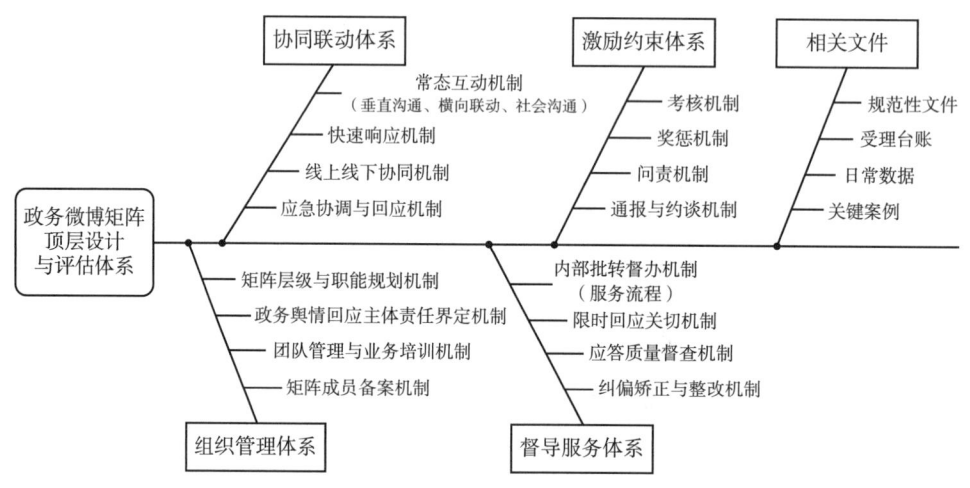

图5　政务微博矩阵标准体系构架

（1）矩阵层级与职能规划机制。譬如，已建设开通的政务微博存在的依据是什么，开通哪些职能、开通到哪一职级，建设开通的客观评估标准是什么，政务舆情的回应机制、回应效果和标准是什么，等等。

（2）政务舆情回应主体的责任界定机制。譬如，是否建立健全了政务舆情的监测、研判、回应机制，落实回应责任。涉及不同领域、不同区域、不同级别和不同性质的政务舆情，谁是回应的第一责任主体。多部门参与的组织协调工作如何分工实施。

（3）团队管理与业务培训机制。譬如，对矩阵成员单位、岗位和人员的日常沟通机制、巡查督查和业务培训机制是如何制度化安排的。

（4）矩阵成员备案机制。

2. 政务微博矩阵协同联动体系

"矩阵协同联动"表征政务微博在面对突发公共事件、涉政热点舆论事件和民意利益诉求时，对矩阵内部成员之间垂直、横向、内外的沟通机制和协作能力方面的考量。主要包括：

（1）常态互动机制。分为三类，垂直业务部门的指导指挥、横向跨职能的联动合作和政务微博面向社会民众的互动交流，并且这三种表现是常态化、日常化、经常化的一致性表现。

（2）快速响应机制。侧重于对政务舆情介入和回应时效性的规范要求。

（3）线上线下协同机制。网上公开受理回应沟通——网下核查处置解决实际问题——网上再公示处置动态和结果，形成"O2O（Online to Offline）"式的治理闭循环。

（4）应急协调与回应机制。在紧急、突发状态下，如何展开矩阵多层级、多职能的有序回应和快速响应。

3. 政务微博矩阵督导服务体系

"矩阵督导服务"表征在政务微博矩阵内部，从组织层面所设置的业务分流指派、监测督导指导和效能督办督查等组织服务驱动方面的考量。主要包括：

（1）内部批转督办机制。

（2）限时回应关切机制。

（3）应答质量督查机制。

（4）纠偏矫正与整改机制。

4. 政务微博矩阵激励约束体系

"矩阵激励约束"表征在政务微博矩阵内部，领导牵头部门和主导单位对矩阵成员账号回应政务舆情的情况不定期随机巡视和定期纳入绩效考核，并在考核后实施发现问题、总结经验、服务决策——明确培训需求——实施业务培训——整顿提升业务能力等一系列系统性的操作流程和管理规范。对先进典型以适当方式推广交流，发挥好示范引导作用，对工作落实好的单位和个人，按照有关规定进行表彰。建立政务舆情回应通报批评和约谈制度，对情节较重的责任单位负责人，会同监察机关依法依规严肃追究责任的机制性考量。主要包括：

（1）考核机制。

（2）奖惩机制。

（3）问责机制。

（4）通报与约谈机制。

5. 政务微博矩阵管理相关文件

"矩阵管理相关文件"侧面表征在政务微博矩阵管理运营过程中，对应前述四大体系在后台可供过程追溯和交叉验证的文件资料、规章制度、档案记录等文献记录。主要包括：

（1）正式出台的规范性文件。

（2）政务舆情和网民诉求受理处置的台账。

（3）日常表现数据。

（4）典型、关键案例总结性材料。

习近平说，"要发挥网络传播互动、体验、分享的优势，听民意、惠民生、解民忧，凝聚社会共识。网上网下要同心聚力、齐抓共管，形成共同防范社会风险、共同构筑同心圆的良好局面"。自2013年以来，政府主导、上下联动、行业监管、横向联合、应激强制、随机干预、依法治理，一个多元主体协作共治的中国互联网治理体系和模式正在形成。与此同时，中国政务微博经历了6年多的发展，从大胆试水、积极参与和主动作为，到基于政务微博的"发布—解读—回应—服务"衔接配套的政务公开工作格局基本形成。政务微博矩阵不仅创新了"政府公共社交传播"的新模式，促进了公共治理和公共服务的社会化，更构建起了多元、对话、协商的开明政治格局。

以人民为中心，不忘初心。基于政务微博矩阵的一种广泛的、有序的、富有组织活力的"互联网＋社会治理"创新发展格局已经到来。

@人民日报·2017 年政务指数微博影响力报告

前　言

2017 年，党中央、国务院对"互联网＋政务"和政务信息公开高度重视、精心部署，多次下发文件，对相关工作提出新要求。1 月，中办、国办印发了《关于促进移动互联网健康有序发展的意见》，提出要推动各级党政机关积极运用移动新媒体发布政务信息，提高信息公开、公共服务和社会治理水平。3 月，国务院办公厅又发布《2017 年政务公开工作要点》，首次对政务新媒体提出包括做好在政府网站集中发布、利用新媒体主动推送、加强政策宣讲等工作要求，指出要积极通过网络、新媒体直播等向社会公开，要用好管好政务新媒体，明确开办主体责任，健全内容发布审核机制，强化互动和服务功能，切实解决更新慢、"雷人雷语"、无序发声、敷衍了事等问题。5 月，国务院办公厅政府信息与政务公开办公室发出了《关于进一步做好政务新媒体工作的通知》，要求各个政务新媒体要继续加强平台建设、做好内容发布、强化引导回应、加强审核管理、建立协同机制、完善考核监督，健全政务新媒体考核评价体系。几份文件充分体现出国务院办公厅对政务新媒体工作系统、规范和科学的管理思想，对促进政务新媒体提升"互动与服务"功能起到了制度性、技术性和纲领性的指导作用。

2017 年 10 月，习近平总书记在十九大报告中提出要打造共建共治共享的社会治理格局，要加强社会治理制度建设，完善党委领导、政府负责、社会协同、公众参与、法治保障的社会治理体制，提高社会治理社会化、法治化、智能化、专业化水平，要加强社区治理体系建设，推动社会治理重心向基层下移，发挥社会组织作用，实现政府治理和社会调节、居民自治良性互动。2017 年，已是政务微博走过的第八个年头，作为政务新媒体中起步最早、发展最成熟、氛围最开放的平台，政务微博对政府政务公开、公共管理工作发挥了重要作用。在这八年中，政务微博保持初心、不忘使命，坚持把服务和互动作为最根本的核心价值，在成长中不断巩固自身在社会治理中的重要地位。2017 年，政务微博更是秉持开放心态、革故鼎新，在提高响应速度、拓宽良性互动、创新策划运营等方面都迈了更广阔的步伐，为打造共建共治共享的社会治理格局发挥了关键性的作用。

信息公开方面，政务微博的姿态从与网民平等对话进一步向前发展，不管是在面对重大突发事件还是回应常规舆情时，其态度都变得更加主动、公开、坦诚、谦抑。对网民的尊重和对政务新媒体角色的自省不仅巩固了自身的公信力，也换来了政务机构与网民间更多的良性共振。在全民关注的"山东于欢案"二审庭审中，"@山东高法"吸取之前办案及审讯流程不够透明的教训，通过文字、图片、视频等方式对庭审现场进行全程微博直播，将案件细节和审判流程全面向公众呈现，用公开促进公正，维护了自身的公信力和权威性；5 月，面对网友指出的微博配图错误，"@国防部发布"毫不回避，主动向公众道歉，以雷厉风行的作风体现了中国军队的风采，以正视错误、勇于担当的态度赢得了网民的好评；9月，"上海警察粗暴执法"事件引起高度关注，"@警民直通车－上海"发布通告表示当事民警"粗暴执法，行为错误"，这种不闪不躲、正视事实、坦诚认错的态度，让涉事警方在舆论旋涡中保持了公信力。另外，政务微博对突发事件的响应速度进一步提高，在重大社会事件发生时，越来越多的政务微博能够及时、清晰地澄清事实真相，重拳出击狙击谣言，安抚民众情绪，有效防止过激和不理性言论带来的舆论失衡。在宁波动物园老虎伤人事件、西安地铁问题电缆事件、南京站猥亵女童事件、双十一某快递公司暴力分拣事件中，"@宁波东钱湖旅游度假区管委会""@西安发布""@南京铁路公安处南京南所"和"@国家邮政局"等相关官方微博都做到了反应迅速、立场坚决、处理果断，以主动公开、积极回应的姿态赢得了网友的普遍点赞。

政务服务方面，政务微博继续积极发挥矩阵效应，推进线上线下联动，其服务范围得到全面升级、效率得以大幅提高。"@马鞍山发布"为群众修电梯、修水管、修不平之路，晒"僵尸微博"、晒"慵懒散"，晒服务之心，真诚、及时的服务得到了网友的广泛称赞，充分体现了官方微博矩阵协同的重要意义；农业政务微博"@西瓜办"为瓜农提供服务，让市民和瓜农可以直接通过网络平台咨询与沟通，借助微博进行农业产销，构建产销顺畅、服务和谐的西瓜销售网络体系。在政务O2O服务方面，"@湖南公安在线"通过微博联动10次解决跨境求助事件、5次解救传销被困人员，"@新疆检察"与"@塔城检察分院""@和丰检察院"三级联动，2.5小时内帮助网友解决经营受阻问题。以上这些例子表明，越来越多的政务微博不仅着眼于"大事"，更努力充当随时响应网民的"贴身助手"，利用自身平台和联动资源，及时连接求助者与具体职能部门，为群众提供高效率、多种类、个性化的帮助。

运营能力方面，政务微博的策划运营能力持续提高，在内容、形式和技术上多重创新，积极借力各类新媒体形式占领宣传阵地，宣传载体从单一的图文视频拓展到全媒体、融媒体、浸媒体，打破了以往政府信息公开工作的沉闷套路，实现了有声有影有形、入耳入脑入心。《中国诗词大会》热播之际，"@中国大学生在线"和"@微言教育"推出线上"飞花令"，激发了网络"最文艺互动"；"@中央气象台"开展"我给台风起名字"活动，引发了全民的热情参与，网友纷纷大开脑洞，热情为台风命名；十九大期间，"@环保部发布""@中国气象局""@国资小新""@健康中国"等各部委官方微博与系统内各层级官方微博、其他行业官方微博、媒体、企业进行全方位、立体化的联动，全行业共襄盛举，在政务微博舞台上造就了异彩纷呈的"十九大"报道盛况。2017年，政务微博进一步玩转短视频，在发挥各项职能的过程中，不管是宣传、回应还是解读，都可以看到短视频的身影。"@最高人民检察院"拍摄微视频，邀请检察官现身说法，揭开司法改革的神秘面纱；"@天津交警"自制科普系列视频"津警说"，通过女交警进行场景扮演来讲解各类交通安全知识；"@张家口市张北县公安局"在张北草原碰瓷事件中用执法记录仪视频为当事农民正名洗冤；"@四川公安"在九寨沟地震后发布安置点实拍视频，用最直观的画面回应全国网友的关切；"@中国政府网"配合两会宣传，发布航拍视频"起飞了2017！航拍总理报告将如何改变你我生活"，视频俯瞰高山、田野、城市、大海、跨江桥梁等全国多处美景，以动态数据解读《政府工作报告》关键目标，向网友呈现最全面、最清晰的展望和解读。

截至2017年12月31日，经过微博平台认证的政务微博达到173569个，较2016年底增加 9047 个。其中政务机构官方微博 134827 个，公务人员微博 38742 个。政务微博不仅在庞大的基数上继续稳定扩张规模，还发力朝纵深化、精细化、专业化、垂直化发展。2017 年，新加入政务微博阵营的"@司法部"让中国政法系统"公检法司"四大部委进入官方微博全覆盖时代，全流程的司法公正、阳光司法站在网络社会的前沿，形成线上线下社会协同法治格局；2017 年，环保部积极部署全国各级环保新媒体工作，6 月底全国省级环保部门官方微博上线，12 月底全国 338 个地级市环保官方微博全部开通，初步形成了以"@环保部"发布为龙头，覆盖中央、省、市三级的全国环保微博矩阵；3 月 14 日，"@国家粮食局"开通官方微博，发布国家粮食安全、粮食流通重大政策、粮食流通价格等；为增加未成年人司法意识而专门开设的"@未成年人检察"强化了各地未成年人检察部门与社会之间的互动和交流，在网络空间为未成年人撑起了专门的法律保护伞；作为澳门特别行政区开通的首个政务微博，"@澳门特区发布"让政务微博的地域覆盖范围更加宽广，成为"一国两制"下倾听澳门故事、见证澳门发展的最佳平台。

本报告第一部分至第二部分将通过数据模型计算出政务微博影响力排行，客观评判这一年来政务微博的发展现状，并对部分排名靠前的账号进行点评；第三部分采用案例分析的形式，从传播力、服务力、互动力、认同度这四个主要方面入手，选取全年全国政务微博在传播、服务上的典型代表，论述工作特点，介绍运营特色；报告第四部分，我们将对政务微博发展状况进行总结与展望，对于如何在打造共建共治共享的社会治理格局的过程中将政务微博的作用最大化的问题，本部分将提供有益的思考。

一　政务微博榜单指标说明

《人民日报》发布"2017 年度政务微博影响力排行榜"，排行榜由人民网舆情监测室制作，微博提供数据支持，评价对象包括全国所有通过微博认证的机构官方微博，评价体系包括四个维度：传播力、服务力、互动力和认同度。数据统计周期为 2016 年 12 月 1 日至 2017 年 11 月 30 日。

排行榜综合考察的指标有：

（一）传播力指标

"传播力"表征政务微博发布信息的传播情况，传播力指标越高，说明政务微博的内容被越多的网民看到。该项指标依据微博阅读数和视频播放量来计算。

微博阅读数：政务微博用户在统计周期内所发微博被阅读数量的总和。

视频播放量：政务微博用户在统计周期内所发原创视频被播放数量的总和。

（二）服务力指标

"服务力"表征政务微博一对一服务网民、为民办事的情况，服务力指标越高，说明政务机构通过微博平台服务了越多的网民。该项指标依据发博总数、原创发博数、视频发博数、专业发博数、主动评论数、主动转发数、私信数来计算。

1. 发博总数：政务微博用户在统计周期内所发微博总数。

2. 原创发博数：政务微博用户在统计周期内所发原创微博总数。

3. 视频发博数：政务微博用户在统计周期内所发视频微博总数。

4. 专业发博数：政务微博用户在统计周期内所发微博内容与专业性相关的微博数量。

5. 主动评论数：统计周期内该政务微博用户主动回复评论的数量（包括在该政务微博用户所发微博及其他用户所发微博中的所有评论）。

6. 主动转发数：统计周期内该政务微博用户主动转发普通用户微博的数量，同一个账号对同一个用户进行多次转发，一天只计一次。

7. 私信次数：统计周期内该政务微博发给其他用户的私信数（包括主动发私信及通过关键词自动回复网友私信）。

8. 私信人数：统计周期内该政务微博发送私信的用户人数（包括主动发私信及通过关键词自动回复网友私信）。

（三）互动力指标

"互动力"表征政务微博发布信息的影响情况，互动力指标越高，说明政务微博的内容引发了越多的网民响应。该项指标依据微博被转发数、被评论数、被@数、收私信数计算。

1. 被转发：政务微博用户在统计周期内所发微博的被转发数（仅统计可信用户），同一个账号对同一个用户进行多次转发，一天只计一次。

2. 被评论：政务微博用户在统计周期内所发微博的被评论数（仅统计可信用户），同一个账号对同一个用户进行多次评论，一天只计一次。

3. 被@：政务微博用户在统计周期内的被@次数（仅统计可信用户），同一个账号对同一个用户进行多次@，一天只计一次。

4. 收私信数：统计周期内该政务微博用户收到的私信数量（仅统计可信用户），同一个账号收到同一个用户的多条私信，一天最多计三次。

（四）认同度指标

"认同度"表征网民对政务微博发布信息的认同情况，得分越高，说明网民对该政务微博发布信息的认同度越高。该项指标依据微博被赞数和微博阅读数计算。

被赞：政务微博用户在统计周期内所发微博的被赞数（仅统计可信用户），同一个账号对同一个用户进行多次赞，一天最多三次。

"政务微博影响力排行榜"旨在促进网络政务信息传播力的全面提升。粉丝数是构成传播力的重要前提，但是，粉丝越多，并不意味着影响力越大。此榜单更注重考察政务机构的"活跃粉丝""可信粉丝"。政务机构发布的信息能被多少"可信粉丝"阅读，才体现出政务信息的实际传播力。

"政务微博影响力排行榜"旨在促进政务机构服务力的提升，也就是利用新媒体平台，回应公众关切、为民排忧解难办实事的能力。榜单鼓励更多的政务机构通过这种方式，切实服务公众、服务社会。

"政务微博影响力排行榜"旨在促进网络政务互动力的提升。网络政务不应当是单纯的信息发布、自说自话的网络平台，更应当成为政府解疑释惑、回应关切的渠道，成为政府和公众互动交流的桥梁。此榜单的评价体系中，对互动力的考量，除了"被动互动"，即政务发布带来的评论、点赞外，更注重考量政务机构主动回复、双向互动的能力。

二　2017年度政务微博影响力分榜

2017年度政务微博影响力分榜见表1~表78。

1. 全国十大中央机构微博

表1　全国十大中央机构微博

排名	微博	认证信息	传播力	服务力	互动力	认同度	总分
1	公安部打四黑除四害	公安部治安管理局暨打四黑除四害专项行动办公室官方微博	94.87	95.68	90.42	87.55	92.97
2	共青团中央	共青团中央官方微博	97.47	88.43	89.50	90.74	92.60
3	中国长安网	中国长安网官方微博	82.61	95.55	86.45	76.95	85.78
4	中国消防	公安部消防局官方微博	86.16	83.87	86.38	81.92	85.34
5	中国地震台网速报	国家地震台网官方微博	88.01	65.54	89.77	87.27	83.97
6	中国反邪教	中国反邪教官方微博	85.57	84.96	83.85	75.46	83.92
7	公安部交通安全微发布	公安部交通管理局官方微博	86.07	74.21	86.73	66.02	81.89
8	中国气象局	中国气象局官方微博	76.60	86.90	83.19	73.46	80.32
9	中国政府网	国务院办公厅中国政府网运行中心	82.71	56.97	94.24	74.62	80.21
10	最高人民检察院	最高人民检察院微博	77.20	58.79	94.35	80.70	79.02

@ 中国政府网：原创短视频讲述政府工作

2017年3月5日，第十二届全国人民代表大会第五次会议在北京人民大会堂开幕。该周"@中国政府网"以《政府工作报告》为焦点进行了全方位的策划，力求向网友呈现最全面、最清晰的政府工作展望和解读。最有意思的策划是3月5日晚上，"@中国政府网"推出"起飞了2017！航拍总理报告将如何改变你我生活"，两分钟的短片内，从俯瞰高山、田野、城市、大海、跨江桥梁等全国各地多处美景的角度，以动态数据解读《政府工作报告》的关键目标，展现了新一年的工作目标，表示"我们一定要直面挑战、敢于担当、全力以赴做好政府工作，不辱历史使命，不负人民重托"。让网友在感受祖国美好风光的同时，深深体会到了政府的实干精神。其活泼又不失稳重、新颖又饱含深意的做法，让网民纷纷表示"厉害了我的国"。

两会期间，"@中国政府网"发布的《总理发话后的"部长通道"首日，这些部长回应你我关切》《独家｜总理明天就作政府工作报告啦，先来听听他们的"最"期待》《外国网友也关注咱们的政府工作报告，他们的期待是…》和《微视频｜我向总理说句话，总理会听到吗？》等一系列原创短视频，也受到了广泛欢迎。除此之外，@中国政府网在2017年全面发力通过原创短视频讲述中国故事传递政府声音，内容涵盖税收改革、创新创业、异地医保结算、利比亚撤侨、国歌法实施、食品药品安全等诸多方面。

@ 最高人民检察院：于"情理法"之处寻找平衡

2017年3月24日，一则"因母亲被暴力催债，儿子刺死辱母者被判无期徒刑"的新闻引爆网络，社会各界围绕本事件中"情、理、法"的权衡与处理展开了激烈的讨论。3月26日上午，"@最高人民检察院"发博称，最高人民检察院已派员赴山东阅卷并听取山东省检察机关汇报，正在对案件事实、证据进行全面审查。随后，"@山东省人民检察院"也发布长微博通报表示，山东省人民检察院已在第一时间抽调公诉精干力量全面审查案件，在该案二审程序中依法履行出庭和监督职责；将成立由反渎、公诉等相关部门人员组成的调查组，对媒体反映的警察在此案执法过程中存在的失职渎职行为等问题，依法调查处理。相关微博内容总计获得网友10万余次转发、10万余次评论以及40余万次点赞。在"@最高人民检察院"的积极带动下，各个层级、各个系统的官方微博相继对此案进行通报回应，及时缓和了激愤情绪，平息了负面舆论，让网民的声音从对涉事机构愤怒的"指责"逐渐转向对案情本身理性的"探讨"。

@国家邮政局：三天平息"顺丰菜鸟之争"

2017年6月1日凌晨，顺丰关闭旗下自提柜数据信息回传，下午又进一步关闭整个淘宝平台物流信息回传；菜鸟网络当天下午回击，建议商家暂时停止使用顺丰发货，一场物流界的"江湖大战"一触即发。顺丰、菜鸟之争让很多商家和消费者都受到了影响，网上抱怨不绝于耳。面对争议，"@国家邮政局"反应迅速，6月1日晚连夜发文，表示将对此事保持高度关注，希望冲突各方"要讲政治、顾大局，寻求解决问题的最大公约数，切实维护市场秩序和消费者合法权益，决不能因企业间的纠纷产生严重的社会影响和负面效应"。6月3日凌晨3：52，"@国家邮政局"再度发博，表示通过积极协调，冲突双方已同意从6月3日12时起全面恢复业务合作和数据传输。两大巨头从"剑拔弩张"到"握手言和"只用了三天时间，这离不开"@国家邮政局"的线上主动介入和线下积极协调，相关微博获得3万余次点赞。近年来，我国电商和物流行业共同发展，态势良好。面对偶发争端，"@国家邮政局"及时出面主持大局，有效稳定了市场情绪，保护了消费者利益，有利于促进事件各方继续携手合作，推动行业持续健康发展。

@国防部发布：微博配图出错　坦诚道歉不删帖

2017年4月23日是我国海军节，"@国防部发布"当天发布一条祝海军生日快乐的微博，被网友指出配图错用为美国军舰和俄罗斯飞机。27日，国防部举行例行记者会，时任国防部新闻局局长杨宇军大校就此次配图错误向公众道歉，表示"疏忽在小编，责任领导担。在此我代表小编团队，向所有关注、关心和支持我们的粉丝表示诚挚歉意和衷心感谢"。并且，发生错误之后，"@国防部发布"并没有迅速删帖或关闭评论，而是把图和网友评论留在那里，表示"对于我们这是一种警示，时刻提醒我们，只有继续努力，不断改进本领，才能更好地为粉丝们服务"。这种正视错误、勇于担当的态度迅速赢得了大批网友的称赞，网友纷纷留言表示，"军人的微博就是不一样！通过军人的微博看到了人民军队的优秀作风和文化！"与部分政务机构遇到问题"甩锅"给"临时工""实习生"的处理方式对比，"@国防部发布"不掩饰、不回避，主动承认错误与不足，雷厉风行的作风体现了中国军队的风采，值得所有政务官方微博学习。

@中国维和警察：现实版"战狼"引发爱国热潮

2017年8月，电影《战狼2》在全国热映，贯穿全片的战争和英雄元素瞬间点燃了国人心中热切的爱国主义情怀和强烈的民族自豪感。电影上映后在中国驻海外维和警队也引起了巨大反响，影片中肆虐的病毒、社会的动荡正是维和战士们每天要面对的真实生活。8月8日，"@中国维和警察"发博向电影导演吴京喊话，表示正在非洲利比里亚执行任务的中国维和警察防暴队的战士们非常渴望能够看到这部电影，但由于当地条件艰苦《战狼2》无法上映，希望吴京能够从中协调满足战士们的愿望。片方高度重视此事，导演"@吴京"迅速回复了该条微博，表示正在积极联络，希望能以最快的速度与战士们分享电影。"@中国维和警察"收到回复后动情表示，"请祖国人民放心，有你们在身后，前方就交给我们了，我们一定牢记使命，为维护世界和平，守护同胞安全做出新的更大的贡献"。作为近年来少有的优秀国产片，《战狼2》凝聚着浓烈的爱国主义情怀；作为守护世界和平的"中国身影"，"@中国维和警察"在枪林弹雨中肩负重任，值得所有国人尊敬。双方的互动无形中更加强化了影片中蕴含的正能量，这种感动与自豪感染了网络舆论场，网友纷纷评论"就喜欢这样的硬汉形象，树立了青少年的正确价值取向！"，"我们英俊帅气的维和军人背负着祖国交付的光荣使命，在遥远的非洲，为中国的强大，为世界的和平努力着，同时也为我们祖国的同胞负责着，为他们点赞！希望他们平安！"

2. 全国十大安监微博

表2　全国十大安监微博

排名	微博	认证信息	传播力	服务力	互动力	认同度	总分
1	杭州安监	浙江省杭州市安全生产监督管理局官方微博	39.52	57.81	74.84	57.28	59.21
2	天津安监	天津市安全生产监督管理局官方微博	45.08	68.31	46.53	35.93	53.89
3	东城安全监管局	北京市东城区安监局官方微博	35.24	65.22	60.65	25.05	53.84
4	秦淮安监	江苏省南京市秦淮区安全生产监督管理局官方微博	33.72	62.61	60.70	35.60	53.56
5	双流安监	成都市双流区安监局官方微博	38.30	71.27	47.58	24.31	52.87
6	四川安监煤监	四川省安全监管局　四川煤监局官方微博	38.14	59.40	51.28	52.40	52.01
7	成都安监发布	成都市安全生产监督管理局官方微博	40.46	60.99	58.00	21.04	51.99
8	国家安全监管总局	国家安全生产监督管理总局官方微博	48.60	37.64	68.26	37.70	51.22
9	中国安全生产网	中国安全生产网 www.aqsc.cn 的官方网站	45.10	58.00	53.28	29.88	51.19
10	成华安监	成都市成华区安全生产监督管理局官方微博	35.27	69.84	44.05	20.40	50.24

@国家安全监管总局：通报历次重大安全事故　科普安全生产知识

2017年，"@国家安全监管总局"密切关注全国安全生产状况，除持续公布各项安全抽查、专项整治等行动的结果，还发布了国务院安委会办公室、国家安全监管总局办公厅以及各地安监局对山东日科化学股份有限公司"12·19"爆燃事故、中化江西三美化工有限公司"1·24"中毒事故、陕西省安康市特别重大道路交通事故的等备受关注的重大事故的情况通报。"@国家安全监管总局"对历次重大事故的关注和通报有利于各生产单位深刻吸取近期事故教训，清醒认识到当前安全生产形势的严峻性、复杂性，确保安全生产形势稳定。此外，"@国家安全监管总局"在日常运营中还积极制作《事故警示录：历史上的这个月》《化学危险品最容易出事故，这些管理要求千万别大意》《出门在外，这些安全知识你必须知道》等系列图解，为网友科普安全生产的相关知识，受到了网友的广泛关注。

3. 全国十大财政微博

表3　全国十大财政微博

排名	微博	认证信息	传播力	服务力	互动力	认同度	总分
1	秦淮财政	江苏省南京市秦淮区财政局官方微博	34.23	67.46	46.08	32.31	50.89
2	博州财政局	新疆博尔塔拉蒙古自治州财政局	28.95	62.38	53.79	32.44	50.12
3	天津财税	天津市财政局（地方税务局）官方微博	42.71	50.44	57.35	33.23	49.25
4	高淳区财政局	江苏省南京市高淳区财政局官方微博	33.75	69.74	30.78	27.24	46.60
5	陇南礼县财政局	甘肃省陇南市礼县财政局官方微博	31.29	62.11	41.85	24.98	46.15
6	安吉财税	浙江省湖州市安吉县财政地税局官方微博	38.44	29.36	68.63	58.12	45.83
7	清风中原财政局	河南省郑州市中原区财政局纪检组官方微博	35.48	57.31	44.32	19.49	45.27
8	成华财政	成都市成华区财政局官方微博	37.42	61.45	35.96	20.07	44.86
9	崇州市财政局	崇州市财政局官方微博	31.11	62.28	35.13	21.73	43.84
10	上城财政	浙江省杭州市上城区财政局官方微博	33.19	57.73	36.24	29.37	43.54

4. 全国十大残联微博

表4　全国十大残联微博

排名	微博	认证信息	传播力	服务力	互动力	认同度	总分
1	眉山残联	眉山市残疾人联合会官方微博	54.05	83.33	44.38	39.99	61.46
2	中国残联	中国残疾人联合会官方微博	52.70	53.39	68.05	51.69	57.34
3	双流残联	成都市双流区残联官方微博	40.70	80.86	37.32	28.62	54.54
4	南京残联	江苏省南京市残疾人联合会官方微博	47.89	64.44	49.04	42.32	54.30
5	青羊残联	四川省成都市青羊区残疾人联合会官方微博	38.96	61.42	45.39	33.81	49.36
6	成都残联	成都市残疾人联合会官方微博	45.76	54.52	46.88	30.36	48.06
7	北京残联	北京市残疾人联合会官方微博	49.14	33.93	68.48	38.56	47.80
8	成都市武侯区残联	成都市武侯区残联官方微博	36.99	62.82	41.00	22.97	47.12
9	成华残联	成都市成华区残疾人联合会官方微博	36.27	60.50	43.12	22.28	46.62
10	成都市蒲江县残联	成都市蒲江县残联官方微博	34.91	64.31	35.75	21.74	45.60

5. 全国十大城管微博

表5　全国十大城管微博

排名	微博	认证信息	传播力	服务力	互动力	认同度	总分
1	杭州城管	杭州市城市管理委员会官方微博	46.29	78.11	84.71	58.62	71.77
2	南京城管	南京市城市管理局官方微博	63.37	66.48	73.68	47.15	66.08
3	郑州市城市管理局	郑州市城市管理局官方微博	55.79	70.28	66.41	54.73	64.66
4	深圳市城市管理局	深圳市城市管理局官方微博	51.59	72.21	59.96	45.59	61.75
5	成都城市管理	四川省成都市城市管理委员会官方微博	52.97	63.46	61.47	37.77	58.20
6	安徽宿州城管	安徽省宿州市城市管理局官方微博	46.40	76.83	47.79	38.18	58.17
7	安吉城管	浙江省湖州市安吉县城市管理行政执法局官方微博	38.61	56.75	69.22	50.15	56.20
8	哈尔滨城管局	哈尔滨市城管局官方微博	37.62	84.19	41.31	25.79	56.17
9	永州市城管执法局	湖南省永州市城管执法局官方微博	39.81	41.95	80.17	69.04	55.70
10	罗湖城事	深圳市罗湖区城市管理局官方微博	52.35	62.23	53.42	43.05	55.70

@郑州市城市管理局：处理多起网友投诉城市管理问题

在郑州城管微博的平台上，每天收到最多的就是网友反映路不平灯不亮地不净的事，这些事虽不大，但每一件都关乎民生利害！五年多来，"@郑州市城市管理局"正是凭着快速办理一件件看似不起眼的小事，慢慢赢得了郑州市民网友的支持与好评。进入2017年，"@郑州市城市管理局"继续用"诚心服务一座城"的理念，践行立足本职不忘初心，扎根基层服务一方百姓的诺言，努力办好郑州市民网友反映给我们的每一件大情小事。而当网友把"城管好大妈""有困难找城管""万能城管微博"这些亲切而又温暖的名号送给官方微博的时候，这说明"@郑州市城市管理局"终于在市民网友心中实现了"城管"的逆袭。

6. 全国十大地震微博

表6　全国十大地震微博

排名	微博	认证信息	传播力	服务力	互动力	认同度	总分
1	中国地震台网速报	国家地震台网官方微博	88.01	65.54	89.77	87.27	83.97
2	新疆地震局	新疆地震局官方微博	78.70	83.36	72.55	72.41	78.09
3	四川省地震局	四川省地震局官方微博	65.36	73.43	69.82	65.25	69.92
4	河北省地震局	河北省地震局官方微博	56.69	63.29	57.24	44.24	58.25
5	陕西省地震局	陕西省地震局官方微博	62.07	57.51	56.97	41.88	56.70
6	北京市地震局	北京市地震局官方微博	54.78	50.58	50.56	40.70	50.43

续表

排名	微博	认证信息	传播力	服务力	互动力	认同度	总分
7	鲁震快讯	山东省地震局官方微博	50.40	44.70	53.78	42.22	48.32
8	晋阳震事	山西省太原市防震减灾局官方微博	46.10	54.80	38.85	33.45	46.14
9	内蒙古自治区地震局	内蒙古自治区地震局官方微博	42.16	46.08	48.39	41.53	45.54
10	福建省地震局	福建省地震局官方微博	49.09	45.78	46.86	33.03	45.49

@中国地震台网速报　单条 1 亿次阅读

2017 年 8 月 8 日 21 时 19 分，四川九寨沟县附近发生地震。19 分钟后，中国地震台网测定确认该地发生 7.0 级地震，并及时通过 "@中国地震台网速报" 发布速报参数。截至 8 月 15 日，该条微博互动超过 100 万次，阅读量超过 1 亿次，创造了单条政务微博的最高纪录；与此同时，由 "@中国地震台网速报" 主持的微博话题 "地震快讯" 阅读数也突破 100 亿次。2013 年，"@中国地震台网速报" 开始使用地震速报机器人，直接在微博上发布地震消息。2017 年 8 月 8 日九寨沟地震后，机器人用 25 秒写就 585 字速报，同时向微博、微信、新闻客户端等多平台发布，一分钟覆盖上亿人群。截止到 8 月 15 日，"@中国地震台网速报" 的正式测定微博评论达 10.6 万条，阅读量过亿；而通过 87.2 万次的转发，这条微博的覆盖人次已高达 22 亿人次。地震速报本是一项枯燥的工作，很难想象除机械的数字之外还能做些什么。然而，"@中国地震台网速报" 通过五年来不断的努力与尝试，在地震速报、互联网技术应用和自媒体平台发布之间闯出了一条新路。

@新疆地震局：持续关注新疆精河 6.6 级地震

2017 年 8 月 9 日 7 时 27 分新疆博尔塔拉自治州精河县发生 6.6 级地震。震后，救援活动的进展状况牵动亿万网民的心。"@新疆地震局" 转载 "@中国地震台网速报" 的正式测定，并于此后持续发布地震灾害损害报告，公布受伤人数。在接下来的几日，"@新疆地震局" 一直密切地关注地震现场的动向，及时向社会各界公开地震伤亡人数和救援现场最新情况，并提供专门为灾区定制的地震服务专报，内容涵盖了气象、余震情况、科普知识、震区注意事项等，同时也积极与新疆各部门官方微博信息互联、携手抗震。在灾难面前，"@新疆地震局" 及时发布权威信息，切实发挥自身作为政务新媒体在信息公开和舆论引导方面的重要作用，展示公信力，凝聚民心，让民众更坚强地面对挑战。

7. 全国十大发改委微博

表 7　全国十大发改委微博

排名	微博	认证信息	传播力	服务力	互动力	认同度	总分
1	南京价格监测	南京市物价局官方微博	44.05	82.19	62.89	40.32	64.59
2	秦淮价格监测	南京市秦淮区物价局官方微博	39.57	82.17	67.96	26.32	63.80
3	建邺物价	南京市建邺区物价局官方微博	39.96	74.16	63.03	21.65	58.73
4	小马发改	安徽省马鞍山市发展和改革委员会（物价局）官方微博	44.47	74.49	49.61	43.40	57.91

续表

排名	微博	认证信息	传播力	服务力	互动力	认同度	总分
5	国家发改委	国家发展和改革委员会政策研究室官方微博	48.76	50.06	72.77	48.69	56.21
6	浦口粮食	江苏省南京市浦口区粮食局官方微博	28.15	57.23	71.70	23.05	52.34
7	南京鼓楼物价	南京市鼓楼区物价局官方微博	33.43	69.28	51.47	17.01	51.54
8	陇南礼县发改局	甘肃省陇南市礼县发展和改革局官方微博	30.96	65.47	50.91	28.14	50.47
9	雨花价格监测	江苏省南京市雨花台区物价局官方微博	34.56	60.96	48.68	28.30	48.73
10	陇南康县粮食	甘肃省陇南市康县粮食局官方微博	31.22	62.09	48.12	29.36	48.45

8. 全国十大法院微博

表8 全国十大法院微博

排名	微博	认证信息	传播力	服务力	互动力	认同度	总分
1	山东高法	山东省高级人民法院官方微博	78.00	89.93	87.98	74.18	85.38
2	济南中院	山东省济南市中级人民法院官方微博	65.97	88.70	83.15	68.84	80.50
3	菏泽中院	山东省菏泽市中级人民法院官方微博	61.50	89.86	80.75	55.53	78.02
4	最高人民法院	最高人民法院官方微博	79.09	54.32	93.13	69.63	77.40
5	河北高院	河北省高级人民法院官方微博	49.82	85.07	91.80	52.74	76.81
6	济阳法院	山东省济南市济阳县人民法院官方微博	44.71	97.78	70.75	52.83	74.56
7	豫法阳光	河南省高级人民法院官方微博	62.47	69.29	92.68	48.76	72.89
8	八桂法苑	广西壮族自治区高级人民法院官方微博	60.64	68.83	93.44	48.57	72.55
9	海南高院	海南省高级人民法院官方微博	52.36	87.37	78.40	32.96	72.24
10	京法网事	北京法院网官方微博	59.76	71.21	86.53	57.86	72.18

@最高人民法院：微博上线四周年转发抽奖活动

11月21日，"@最高人民法院"发起微博上线四周年的转发抽奖活动，并公布了粉丝的大数据画像。网友先是惊讶"没有想到最高法会抽奖"，而后积极参与转发，表示"这是自己抽过的最专业的奖"。为了回馈粉丝，"@最高人民法院"专门为此次活动定制了带有"最高人民法院"字样的法槌及钥匙扣等，虽然简单朴实，却十分精致，且极具纪念意义，微博一经发出就获得了超过8万人次网友的转发参与。许多网友都留言"想抽到一等奖的法槌套装"，表达了对司法公正的向往。据悉，此次线上活动是"@最高人民法院"第一次尝试采用转发抽奖这一形式，这种互动方式带来的意义和影响是多维度的。借此机会，"@最高人民法院"不仅打破了以往的"高冷"形象，表达了对大家过去关注支持的珍惜和感谢，拉近了与网民的距离，增进了与民众的情谊，还收获了大量新粉丝的热情关注和点赞，扩大了活动的触达范围，提高了自身的互动力和影响力。

@山东高法：135条微博直播"于欢案"审理

2017年5月27日，备受关注的"于欢案"在山东省高级人民法院二审公开开庭。"@

"山东高法"力践司法公开，从早晨8：30到晚上11：00，共计发布135条相关内容，以文字、图片、视频方式，进行全程直播，视频播放量达到千万级。"@山东高法"通过直播对庭审全程公开，将案件细节和审判流程全面向公众呈现，用公开促进公正，有力驳斥了部分人对审判"暗箱操作"的质疑，维护了自身的公信力。"互联网＋政务"的发展下，庭审直播打通了一扇透明窗口，有力地回应了社会关切，让群众在案件中感受到公平正义。公正，可以提升审判质效；公开，可以消弭社会质疑。在司法领域，公开是最好的防腐剂，也是最好的稳压器。

@唐山中院：回应老赖案　捍卫司法公正

网友"@认真的赵先森"微博控诉"教科书式耍赖"，引发公众关注，"@人民法院报""@唐山中院"及时回应。2017年11月23日，"@人民法院报"发博回应，称已第一时间联系"@唐山中院"，将持续关注该案进展。12月1日，"@唐山中院"发详细情况通报，表示对黄淑芬的财产及黄是否存有转移财产情形进行深入调查，真诚欢迎社会各界的监督和批评。法院官方微博的及时介入调查，有效平息了舆论，再一次捍卫了司法的公开公正。

9. 全国十大反邪教微博

表9　全国十大反邪教微博

排名	微博	认证信息	传播力	服务力	互动力	认同度	总分
1	中国反邪教	中国反邪教官方微博	85.57	84.96	83.85	75.46	83.92
2	上海反邪教	"海尚网"官方微博	74.01	82.24	73.02	67.29	74.69
3	山西反邪教	山西反邪教协会官方微博	64.72	87.72	67.54	50.60	68.75
4	河南反邪教	河南省反邪教协会	67.51	84.45	59.12	52.85	66.91
5	内蒙古反邪教	内蒙古自治区反邪教协会	50.71	89.18	74.46	60.18	66.48
6	安徽反邪教	安徽省委政法委员会防范和处理邪教办公室官方微博	60.16	84.13	59.55	53.99	64.16
7	河北反邪教	河北省反邪教协会官方微博	57.77	83.94	55.14	58.87	62.33
8	新疆反邪教	新疆维吾尔自治区防范处理邪教领导小组办公室官方微博	50.09	56.56	70.56	57.35	58.32
9	大理反邪	大理白族自治州反邪教协会官方微博	46.36	66.37	66.14	49.15	56.57
10	江苏反邪教	江苏反邪教协会	48.78	74.89	56.82	41.29	55.67

@中国反邪教：幽默短视频创新反邪教宣传

2017年4月22日，"@中国反邪教"发布了《扒一扒法轮功这些年造过的奇葩谣》的短视频，盘点了近年来"法轮功"组织为抹黑国家和政府而制造的各类谣言，并搜集了大量的证据进行辟谣。这则视频剪辑精妙、语言幽默、风格轻松，以吐槽的诙谐形式向网友剖析了谣言的荒谬和造谣者的叵测居心，警示广大网友珍爱生命，远离邪教，收获接近5万人次的转评赞。"@中国反邪教"积极探索实践反邪教宣传的新方法和新机制，创新反邪教宣传载体，用流行的短视频形式，结合时事热点精准打击、强力辟谣，有效增强网络上的反邪教力量，提高了群众的法治观念，为维护国家安全、社会安定、人民安宁做出了有益贡献。

10. 全国十大妇联微博

表 10　全国十大妇联微博

排名	微博	认证信息	传播力	服务力	互动力	认同度	总分
1	龙泉妇联	四川省成都市龙泉驿区妇女联合会官方微博	57.36	96.73	67.07	58.65	76.15
2	女性之声	中华全国妇女联合会官方微博	58.21	57.44	77.36	61.40	64.12
3	南京妇联	南京市妇女联合会官方微博	41.17	81.89	49.61	30.66	58.94
4	双流区妇女联合会	成都市双流区妇女联合会官方微博	40.65	80.05	50.27	34.87	58.72
5	上海女性shwomen	上海市妇女联合会官方微博	54.86	51.15	71.18	51.67	57.95
6	广元女儿美	四川省广元市妇女联合会官方微博	48.03	76.51	46.86	35.63	57.83
7	北京女性	北京市妇女联合会官方微博	56.21	50.21	67.82	60.82	57.75
8	燕赵女性	河北省妇女联合会官方微博	42.18	53.94	69.48	48.06	55.67
9	青岛经济技术开发区妇女联合会	青岛经济技术开发区妇女联合会官方微博	45.40	46.44	70.90	50.97	54.03
10	蒲江妇女之家	成都市蒲江县妇联官方微博	36.81	84.82	35.20	17.39	53.59

11. 全国十大服务中心微博

表 11　全国十大服务中心微博

排名	微博	认证信息	传播力	服务力	互动力	认同度	总分
1	天津8890	天津便民服务专线平台官方微博	61.70	95.62	77.95	60.49	80.02
2	成都服务	四川省成都市人民政府政务服务中心官方微博	60.72	94.82	76.44	60.83	79.09
3	北京12345	北京市人民政府便民电话中心、北京市非紧急救助服务中心官方微博	63.26	83.03	82.62	52.52	75.91
4	启东市12345公共服务热线	启东市12345公共服务热线（启东市机关效能建设领导组办公室）	45.34	94.62	66.59	37.09	70.60
5	郫都服务	四川省成都市郫都区人民政府政务服务中心官方微博	48.00	83.88	63.57	41.01	66.33
6	天府服务	四川省成都市天府新区政务服务中心官方微博	46.44	87.84	57.22	40.77	65.67
7	昆明12345市长热线	昆明12345市长热线官方微博	46.15	80.56	65.64	38.97	65.04
8	双流服务	四川省成都市双流区人民政府政务服务中心官方微博	44.37	74.57	69.05	39.16	63.33
9	新津服务	新津县人民政府政务服务中心官方微博	41.82	84.67	58.34	33.74	63.11
10	问政银川	中共银川市委办公厅、市政府办公厅官方微博	43.91	61.16	77.49	43.03	60.80

@成都服务：56分钟回应宽窄巷子福寿螺事件

2017年8月4日下午，"@成都服务"监测到一条热门微博，有网友称7月22号在成都著名景点宽窄巷子买到了疑似福寿螺的小吃，这一情况在得到大V"@博物杂志"的确认后，这条微博转评赞数很快超过了3万条。"@成都服务"在当日下午4点57分发现后，随即在"@成都食药监"公开转发，并进行了情况说明和相关沟通，建议市食药监局公开回复。"@成都食药监"在当日下午5点公开回复称"向各区（市）县食药监局进行了风险提示，要求相关从业单位加工食物时一定要严格按照操作规定执行。待调查清楚后，将联合媒体开展执法查处行动，同时将邀请水产专家对大家进行科普"。"@成都服务"第一时间转发该条微博，并号召矩阵成员集体转发。从发现到回应用时69分钟，成都速度体现出的成都态度让舆情得以扭转。大多数网友纷纷点赞，一时间成都服务成了网友口中"别人家的政府"。当晚"@成都食药监"再次发布微博就福寿螺进行了相关科普，"@成都服务"政务新媒体矩阵随即跟进转发，呼吁民众科学看待福寿螺的安全风险。

@北京12345：快速转办敬老院供暖问题　确保老人温暖过冬

2017年12月16日，新浪微博网友"吴所谓的有所谓"向"@北京12345"反映，去通州区宋庄镇敬老院给姥姥送饺子时，发现屋里两组暖气只有一组是热的，楼道暖气也是凉的。17日一大早，通州区收到"@北京12345"的交办件后，区民政局和宋庄镇政府负责人、新城热力公司经理和供热站的负责人以及工程技术人员立即到宋庄镇敬老院察看供暖问题。经查，敬老院现有100个房间住着老人，其中有8个房间室内温度较低，在16度到17度之间，经分析，主要原因是供暖的热力管道使用了近20年，老化严重，2016年对地上部分进行了改造，现在地下部分管道出现问题，造成供热不均。现场会上提出了增加电暖气、对供热不均会诊调试、每日巡查监测各房间室温等措施，发现问题及时解决，杜绝出现类似问题，确保老人平安过冬。

12. 全国十大公安微博

表12　全国十大公安微博

排名	微博	认证信息	传播力	服务力	互动力	认同度	总分
1	公安部打四黑除四害	公安部治安管理局暨打四黑除四害专项行动办公室官方微博	94.87	95.68	90.42	87.55	92.97
2	深圳交警	广东省深圳市公安局交警支队官方微博	88.56	95.77	86.29	80.27	89.93
3	平安北京	北京市公安局官方微博	87.16	94.85	87.90	81.71	89.91
4	平安武汉	武汉市公安局官方微博	83.44	96.70	83.26	79.49	88.30
5	安徽消防	安徽省消防总队官方微博	82.69	95.23	86.93	74.91	88.20
6	平安洛阳	河南省洛阳市公安局官方微博	83.38	96.45	85.40	72.12	88.09
7	天津交警	天津市公安交通管理局官方微博	84.90	96.75	83.81	71.28	87.95
8	济南交警	济南市公安局交警支队官方微博	81.36	96.99	83.20	71.29	87.16
9	江宁公安在线	南京市公安局江宁分局	91.96	78.08	94.18	92.06	87.09
10	深圳公安	深圳市公安局官方微博	78.45	97.20	82.61	74.10	86.76

@湖南公安在线：政企联动解救被困群众

2017 年 10 月 19 日，"@湖南公安在线"发布微博文章，当天上午与包括"@益阳市公安局""@益阳市公安局朝阳分局"在内的湖南省公安矩阵微博以及"@中国联通客服"的联动，成功解救两名被困益阳朝阳区一传销窝点的群众。从收到求助到解救成功，仅仅不到 3 个小时，湖南省、益阳市、朝阳区三级公安微博矩阵回应网友、发布指令、响应指令、公布进程、通报结果，全程实时公开，高效透明。此前，"@湖南公安在线"就曾创造过"微博助力破命案""湖南公安在线十次跨国救助"等被网友称赞的案例。2017 年，"@湖南公安在线"更是通过微博 5 次解救误陷传销者、10 次救助跨国受困网友等。此次营救，"@湖南公安在线"充分展示了湖南省公安机关通过新媒体服务群众的意识与健全的矩阵机制，同时也首开湖南省公安微博矩阵与央企官方微博联动解救的先河。

@兰州公安：及时发声除争议，视频证据促反转

2017 年 9 月 14 日，网上出现短视频《大货车被交警认定装翻牌器扣 12 分，司机：我不服，出厂就这样》，视频缘于 4 月发生的一起交通处罚，当时交警认为视频中车辆有翻牌器，但车主不服，坚称"出厂就这样"，并录此视频为证。该视频随后被多家媒体转发，"交警处罚是否不当"的问题引发网友热议。就在网民情绪持续发酵时，"@兰州公安"于 9 月 16 日晚接连发布"情况说明"和现场执法视频进行辟谣，引发网民强烈反响，该则视频的播放量已累计突破一千万人次。兰州警方在通报中详细列举出涉案车主当时违反的法律条款及案件审议流程，更以执法记录仪中的录像还原 4 月案件真相，澄清当时并没有执法不公的现象，有效地回应了公众质疑。"@兰州公安"的及时回应，成功让舆论风向在短短两日内反转，许多网友为自己早前的不恰当言论留言致歉。这种戏剧性的反转不仅体现出兰州警方较强的舆情应对能力，更说明面对争议，唯有完整、明晰的事实证据和开放传播的平台才是击溃谣言并让舆论回归理性轨道的最佳武器。

@南京铁路公安处南京南所：快速抓捕猥亵女童嫌疑人

2017 年 8 月 13 日，有网友微博曝光南京站一男子疑似猥亵女童，消息发出后照片中男子的恶劣行为引发舆论声讨。"@南京铁路公安处南京南所"在收到网友举报后，表示高度关注，并已展开相关调查。15 日上午 11 时，"@南京铁路公安处南京南所"发布微博称：嫌疑人段某某（男，18 岁）已于 8 月 14 日在河南滑县被抓获，并以涉嫌猥亵儿童罪对其依法刑事拘留，希望广大网友保护未成年人的隐私和合法权益，不要扩散相关人员和案件细节，防止二次伤害。信息时代，面对重大突发事件，及时的信息发布是政府迅速回应群众的需要。此次事件中，"@南京铁路公安处南京南所"对网民举报快速响应、案件调查后展开持续追踪与通报，通过及时的信息公布，增进了公众对公安机关工作的了解和理解。此外，公安机关从立案到对犯罪嫌疑人的千里追捕，仅耗时两天，即将嫌疑人抓捕归案，快速介入及高效行动获得网民认可，网友纷纷留言"南京南站警方行动迅速，处置有力"，为警方的高效回复与极速破案点赞。

@平安洛阳：10 分钟快速响应　矩阵联动处理两起非法种植毒品案

2017 年 5 月 2 日，有网友微博举报两处违法种植罂粟，"@平安洛阳"微博 10 分钟快速响应，利用矩阵优势，在线督导"@平安偃师""@平安孟津"，6 小时将两地罂粟依法铲除销毁。发博网友忍不住点赞："从早晨 8 点半反映问题，到'@平安孟津'9 时许到达

现场处理，'@平安偃师'也是上午就办妥，这种快速反应的效率无可挑剔！"中国传媒大学媒介与公共事务研究院政务新媒体实验室官方微博"@政务微博观察"以《洛阳公安微博矩阵：民有所呼、我必有应，警民联手、矩阵出击，洛阳公安6小时捣毁两地非法种植毒品案》为题，点赞洛阳警方："基于微博，洛阳公安打了一个漂亮的警民联手、群防群治的扫毒战争。"洛阳公安微博的此次市县二级微博矩阵垂直联动，体现出多层级、跨区域、线上线下同步处置舆情的矩阵优势，行动快、舆论评价好，进一步巩固了上下一致、内外联动、警民协作的公共治理格局。

@安徽消防：独创短视频品牌　讲述救援故事

"@安徽消防"秉承"有用、有料、有热点、有情怀"的原则，担当"发布权威知识，逆行进入一线，讲述消防故事，服务答疑解惑"的职责。"明者因时而变，知者随事而制。"2017年，"@安徽消防"与时俱进，抓好理念创新和手段创新，运用短视频形式，抢占先机，独创品牌栏目，开启政务微博发展新局面。

2017年3月29日，"@安徽消防"发布短视频《暖心！落难金毛一把扑进救命消防员怀里》，金毛狗知晓感恩之情与消防员亲密的互动，铁血柔情和萌宠的契合让人深受触动，是一起富有人情味的救援，也因此吸引了英国《每日邮报》的采访报道。网友们纷纷评论"每一个生命都值得被温柔对待"；4月26日，"@安徽消防"发布短视频《消防员火场"发飙"："老早你不讲一下！"》，让人明白消防员真实的感受：后怕！火场的危险性远超人们的想象。视频播放量达495万次；6月26日，"@安徽消防"发布短视频《贪吃萨摩耶两度入坑　消防员也很无奈啊》，救援过程逗趣，情景对话滑稽，网友们纷纷感叹消防员万能、辛苦、可爱。视频播放量达187万次；6月19日至22日，中部地区跨区域地震救援拉动演练在合肥市举行，9省（市）766名消防官兵参加演练。"@安徽消防"运用短视频和视频直播的形式，全程播报，广受社会关注。讲解地震救援演练科目，既科学详尽，又浅显易懂，同时为网友答疑解惑，提升自防自救能力。

一线救援故事、消防大比武、合肥地铁消防专列开通、洪灾与雪灾救助等，"@安徽消防"短视频栏目从未缺席！利用具象画面感、文字难以企及的视听体验，还原事件，通过警示案例，引导公众学习和掌握必备的消防安全常识，提升全社会消防安全意识和防灾救灾能力。以消防部门的使命感和责任感，为社会平安和谐做服务和贡献。

@大渡口消防支队：推出全国首批消防文创手机壳

2017年10月，"@大渡口消防支队"联合"@刘春田画画"和"@新浪重庆"推出了全国首批消防文创产品，包括神兽螭吻、曲突徙薪、消防Rapper、安全出口等四个主题的手机壳。作为消防安全和艺术理念的结合体，四款手机壳一经推出便因其创意十足的设计和宣传消防的理念受到了广泛的关注和好评。

在谈及推出此系列产品的意图时，"@大渡口消防支队"表示，"比起当救火英雄，我们更愿意用尽一切方法让你们远离灾难。哪怕只多一个人提高消防安全意识，多记住一个消防安全知识点，努力就没有白费。""@大渡口消防支队"创新宣传形式，选择消防手机壳这种人手可及的日常物品作为科普载体，让人眼前一亮。另一方面，在以往的宣传方式下，消防安全意识常常被人们忽略；而以消防手机壳为载体，消防安全意识被融入生活场景之中，可以自然地在潜移默化间深入人心。此前，通过推出文创产品让自身形象焕然一新的最好范例是"@故宫博物院"。如果说故宫推出文创产品为其带来了经济和形象的双重"增长点"，那么"@大渡口消防支队"则赋予了政务类文创产品更加重要、也更为实际的意义。

今后，希望"@大渡口消防支队"能发扬创新精神，积极发起跨界合作，不断推出美观、新颖的文创产品，为消防安全理念的宣传继续增加载体、扩展渠道。

（1）全国十大公安局微博

表 13　全国十大公安局微博

排名	微博	认证信息	传播力	服务力	互动力	认同度	总分
1	平安北京	北京市公安局官方微博	87.16	94.85	87.90	81.71	89.91
2	平安武汉	武汉市公安局官方微博	83.44	96.70	83.26	79.49	88.30
3	平安洛阳	河南省洛阳市公安局官方微博	83.38	96.45	85.40	72.12	88.09
4	江宁公安在线	南京市公安局江宁分局	91.96	78.08	94.18	92.06	87.09
5	深圳公安	深圳市公安局官方微博	78.45	97.20	82.61	74.10	86.76
6	德州运河公安分局	德州市公安局运河经济开发区分局官方微博	77.55	95.02	81.08	74.62	85.31
7	警民直通车－上海	上海市公安局官方微博	82.81	87.89	86.30	74.56	85.06
8	平安中原	河南省公安厅官方微博	84.35	83.16	88.27	74.30	84.04
9	安徽公安在线	安徽省公安厅官方微博	80.55	86.21	86.59	68.93	83.46
10	广州公安	广州市公安局官方微博	77.94	91.90	78.29	72.66	83.10

（2）全国十大刑侦经侦微博

表 14　全国十大刑侦经侦微博

排名	微博	认证信息	传播力	服务力	互动力	认同度	总分
1	公安部刑侦局	公安部刑事侦查局官方微博	78.17	58.55	90.82	75.37	77.76
2	公安部儿童失踪信息紧急发布平台	公安部儿童失踪信息紧急发布平台官方微博	58.14	76.02	88.96	71.31	72.28
3	新乡刑警	河南省新乡市公安局犯罪侦查支队官方微博	51.14	75.75	62.80	59.77	65.35
4	深圳刑侦局－深圳CID	广东省深圳市公安局刑事警察支队官方微博	61.09	70.70	61.26	45.46	63.42
5	海安刑警大队	海安县公安局刑事警察大队官方微博	34.27	77.86	45.39	28.90	54.50
6	奎屯刑警	新疆奎屯市公安局刑警大队官方微博	35.22	79.80	43.05	22.34	54.11
7	察县公安局刑警大队	新疆伊犁州察布查尔县公安局刑警大队官方微博	30.67	74.91	43.42	24.00	51.52
8	黄山区刑侦大队在线	黄山市黄山区公安分局刑侦大队	32.71	71.38	42.42	25.87	50.41
9	海安经侦大队	江苏南通海安县经侦大队官方微博	34.15	69.16	43.85	21.93	49.84
10	伊犁经侦	新疆伊犁州公安局经济犯罪侦查支队官方微博	33.61	62.40	52.28	21.94	49.56

（3）全国十大治安管理微博

表15　全国十大治安管理微博

排名	微博	认证信息	传播力	服务力	互动力	认同度	总分
1	公安部打四黑除四害	公安部治安管理局暨打四黑除四害专项行动办公室官方微博	94.87	95.68	90.42	87.55	92.97
2	淮南治安在线	安徽省淮南市公安局治安管理支队官方微博	71.06	88.48	79.87	65.36	80.10
3	绩溪县金沙派出所	安徽省绩溪县公安局金沙派出所官方微博	71.34	89.61	76.39	66.80	79.71
4	大连户口身份证	辽宁省大连市公安局治安管理支队户籍管理大队官方微博	56.25	98.00	75.65	50.83	78.23
5	安庆望江公安华阳派出所	安徽省望江县公安局华阳派出所	43.99	88.25	83.58	66.89	75.86
6	安徽治安在线	安徽省公安厅"打四黑除四害"专项行动办公室官方微博	50.25	92.42	74.51	50.73	74.44
7	宿州三里湾派出所	宿州市公安局埇桥分局三里派出所官方微博	53.45	87.49	75.29	60.59	74.33
8	旌德治安在线	安徽省宣城市旌德县公安局治安管理大队官方微博	65.12	85.05	67.80	63.24	73.71
9	常熟谢桥派出所	常熟市公安局谢桥派出所官方微博	60.08	66.23	84.36	76.31	71.45
10	平安洛阳－伊滨派出所	河南省洛阳市公安局伊洛派出所官方微博	46.14	88.92	68.55	53.86	70.75

（4）全国十大交警微博

表16　全国十大交警微博

排名	微博	认证信息	传播力	服务力	互动力	认同度	总分
1	深圳交警	广东省深圳市公安局交警支队官方微博	88.56	95.77	86.29	80.27	89.93
2	天津交警	天津市公安交通管理局官方微博	84.90	96.75	83.81	71.28	87.95
3	济南交警	济南市公安局交警支队官方微博	81.36	96.99	83.20	71.29	87.16
4	湖南高速警察	湖南省高速公路交通警察局	82.91	95.69	81.62	72.14	86.56
5	南京交警	南京市公安局交通管理局官方微博	74.75	94.35	83.73	64.28	84.24
6	青岛交警	青岛市公安局交警支队官方微博	71.11	94.94	83.35	60.92	83.30
7	北京交警	北京市公安局公安交通管理局官方微博	72.75	92.41	80.22	65.69	82.15
8	公安部交通安全微发布	公安部交通管理局官方微博	86.07	74.21	86.73	66.02	81.89
9	潍坊交警	山东省潍坊市公安局交警支队官方微博	78.31	84.32	82.97	59.78	80.26
10	快速路交警	乌鲁木齐市城市快速路交警大队官方微博	82.83	87.83	72.43	66.90	80.12

（5）全国十大网警微博

表17　全国十大网警微博

排名	微博	认证信息	传播力	服务力	互动力	认同度	总分
1	深圳网警	深圳市公安局公共信息网络安全监察分局官方微博	65.79	85.51	78.57	48.90	75.82
2	首都网警	首都网警	62.82	71.65	88.64	67.46	74.56
3	江苏网警	江苏省公安厅网络安全保卫总队官方微博	76.78	69.64	81.61	68.62	74.56
4	黄冈网警巡查执法	黄冈网警巡查执法官方微博	52.74	93.09	73.12	48.29	74.55
5	石家庄网警巡查执法	石家庄市公安局网络安全保卫支队	51.91	72.89	87.55	73.71	73.17
6	大连网警巡查执法	辽宁省大连市公安局网络安全保卫支队	62.41	80.63	74.42	49.71	72.03
7	湖南网警巡查执法	湖南省公安厅网络安全保卫与技术侦察总队	56.29	87.93	67.01	47.61	71.29
8	长沙网警巡查执法	长沙市公安局网络安全保卫与技术侦察支队	48.30	90.83	61.65	48.87	69.38
9	泉州网警巡查执法	泉州市公安局公共信息网络安全监察支队官方微博	66.57	79.62	62.14	51.37	68.94
10	永州网警巡查执法	湖南省永州网警巡查执法官方微博	52.66	87.33	57.95	44.40	67.29

（6）全国十大禁毒微博

表18　全国十大禁毒微博

排名	微博	认证信息	传播力	服务力	互动力	认同度	总分
1	禁毒法治	广西百色市禁毒办官方微博	43.10	75.74	63.50	42.05	62.17
2	杏乡缉毒	新疆伊宁县公安局禁毒大队官方微博	31.38	69.59	41.19	19.69	48.44
3	伊宁市禁毒大队	新疆伊犁州伊宁市公安局禁毒大队	29.74	56.44	49.89	30.08	46.50
4	福建禁毒	福建省禁毒委员会办公室官方微博	40.53	56.82	40.37	30.03	45.95
5	陕西省禁毒	陕西省禁毒委员会办公室官方微博	39.33	37.59	40.86	32.30	38.39
6	中国禁毒	国家禁毒委员会办公室官方微博	33.93	9.38	55.56	27.66	34.88
7	陈巴尔虎旗禁毒在线	内蒙古呼伦贝尔陈巴尔虎旗禁毒委员会办公室官方微博	29.67	32.54	35.87	25.53	32.26
8	禁毒626	北京市门头沟区禁毒委员会办公室	37.23	18.82	46.10	31.75	31.98
9	马鞍山开发区禁毒在线	安徽省马鞍山市公安局开发区分局禁毒大队官方微博	28.53	32.53	32.99	27.31	31.34
10	石狮公安禁毒大队	石狮市公安局禁毒大队官方微博	27.46	28.36	36.62	22.52	30.08

（7）全国十大消防微博

表19　全国十大消防微博

排名	微博	认证信息	传播力	服务力	互动力	认同度	总分
1	安徽消防	安徽省消防总队官方微博	82.69	95.23	86.93	74.91	88.20
2	中国消防	公安部消防局官方微博	86.16	83.87	86.38	81.92	85.34
3	四川遂宁消防	四川省遂宁市公安消防支队官方微博	69.36	96.24	85.05	73.25	85.21
4	陕西消防	陕西省公安消防总队官方微博	85.08	84.51	86.79	73.37	84.20
5	重庆消防	重庆市公安消防总队官方微博	63.19	91.36	87.77	67.77	82.29
6	湖南消防	湖南省公安消防总队官方微博	61.57	96.78	78.99	64.57	81.18
7	江西消防	江西省公安消防总队	76.85	86.47	78.24	70.07	80.44
8	四川巴中消防	四川巴中市公安消防支队官方微博	71.64	88.46	78.57	69.99	80.28
9	四川消防	四川省公安消防总队官方微博	71.53	85.85	82.12	62.59	79.54
10	甘肃消防	甘肃省公安消防总队官方微博	68.78	90.22	74.07	61.29	78.19

13. 全国十大工会微博

表20　全国十大工会微博

排名	微博	认证信息	传播力	服务力	互动力	认同度	总分
1	成都市武侯区总工会	四川省成都市武侯区总工会官方微博	37.63	81.33	49.88	30.57	58.08
2	双流区总工会	成都市双流区总工会官方微博	38.00	61.35	67.87	48.29	57.33
3	宿州工会	安徽省宿州市总工会官方微博	39.31	81.10	42.47	31.80	56.22
4	贵州省总工会	贵州省总工会新浪官方微博	42.54	71.57	46.65	33.01	54.43
5	成华工会	成都市成华区总工会官方微博	36.32	73.70	45.20	23.06	52.61
6	陇南康县工会	甘肃省陇南市康县总工会官方微博	32.07	68.10	44.65	33.39	50.39
7	陇南工会	甘肃省陇南市总工会官方微博	32.11	60.71	52.19	27.16	49.08
8	成都工会	成都市总工会官方微博	40.72	54.60	53.07	29.18	48.82
9	陇南西和工会	甘肃省陇南市西和县总工会官方微博	33.11	59.58	51.64	25.51	48.50
10	广东工会	广东省总工会官方微博	42.14	51.89	51.31	32.87	47.86

14. 全国十大工商管理微博

表21　全国十大工商管理微博

排名	微博	认证信息	传播力	服务力	互动力	认同度	总分
1	上海工商	上海市工商行政管理局	50.89	61.07	86.23	35.91	64.07
2	天津市场和质量监管	天津市市场和质量监督管理委员会官方微博	46.18	65.54	64.53	57.58	60.57
3	首都工商	北京市工商行政管理局官方微博	54.90	48.00	75.24	52.03	57.95
4	青羊区市场和质量监督管理局	四川省成都市青羊区市场监督管理局官方微博	37.94	80.20	45.55	34.11	56.74

排名	微博	认证信息	传播力	服务力	互动力	认同度	总分
5	顺德市场监督管理	佛山市顺德区市场监督管理局官方微博	44.78	62.96	59.26	40.01	55.92
6	陇南武都工商	甘肃省陇南市工商局武都分局官方微博	36.73	72.35	53.17	33.75	55.61
7	闵行市场监管	上海市闵行区市场监督管理局	39.72	68.59	58.87	22.65	55.31
8	昌乐县市场监管局	昌乐县市场监督管理局官方微博	36.20	75.23	46.34	31.12	54.34
9	杭州市市场监督管理局	杭州市市场监督管理局官方微博	37.85	66.44	56.05	25.50	53.51
10	江干区市场监督管理局	杭州市江干区市场监督管理局官方微博	34.56	77.95	42.62	21.47	53.03

15. 全国十大供销微博

表22 全国十大供销微博

排名	微博	认证信息	传播力	服务力	互动力	认同度	总分
1	郑州供销	郑州市供销合作社官方微博	41.57	78.10	68.77	48.28	65.01
2	青白江供销联社	成都市青白江区供销合作社联合社官方微博	36.02	76.03	39.65	25.24	52.04
3	新密供销	河南省新密市供销合作社联合社官方微博	39.22	52.34	47.54	32.60	46.30
4	荥阳供销	河南省荥阳市供销合作社联合社官方微博	29.44	48.76	55.17	37.67	45.71
5	登封供销	河南省登封市供销合作社联合社官方微博	29.01	42.67	57.02	38.39	43.81
6	舞阳县供销社	河南省漯河市舞阳县供销合作社联合社官方微博	35.39	57.04	39.02	17.28	43.33
7	白沙供销	中牟县白沙供销社官方微博	26.18	48.68	42.58	38.00	41.28
8	新会供销社政务	广东省江门市新会区供销合作联社官方微博	28.76	52.70	37.65	16.74	39.80
9	清风商城供销	河南省信阳市商城县供销合作社联合社官方微博	28.28	53.80	31.38	31.12	39.70
10	陇南市供销合作社	甘肃省陇南市供销合作社官方微博	31.25	41.83	42.42	23.10	38.02

16. 全国十大工信微博

表23 全国十大工信微博

排名	微博	认证信息	传播力	服务力	互动力	认同度	总分
1	工信微报	工业和信息化部信息中心	52.19	44.31	64.64	49.89	54.12
2	昆明市工信委	云南省昆明市工业和信息化委员会官方微博	37.08	74.83	41.80	29.89	52.88
3	天津工业和信息化	天津市工业和信息化委员会官方微博	47.36	62.89	43.78	47.92	52.55

续表

排名	微博	认证信息	传播力	服务力	互动力	认同度	总分
4	邛崃经科局	邛崃市经济和信息化局官方微博	34.90	63.28	45.06	21.49	47.96
5	高淳区经信局	江苏省南京市高淳区工业和信息化局官方微博	31.87	66.00	39.35	30.26	47.60
6	陇南康县工信	甘肃省陇南市康县工业和信息化局官方微博	30.65	58.65	43.35	34.23	46.02
7	成都市蒲江县经科信局	蒲江县经济科技和信息化局官方微博	33.67	63.42	38.54	20.58	45.72
8	上城发改	浙江省杭州市上城区发展改革和经济信息化局官方微博	32.99	60.46	40.86	22.28	45.27
9	经济和信息化在线 - 上海	上海市经济和信息化委员官方微博	43.91	49.41	43.73	23.28	43.99
10	中国信息通信研究院	中国信息通信研究院（工业和信息化部电信研究院）官方微博	42.92	45.98	44.68	34.98	43.26

17. 全国十大广电新闻出版微博

表 24　全国十大广电新闻出版微博

排名	微博	认证信息	传播力	服务力	互动力	认同度	总分
1	高淳文广	江苏省南京市高淳区文化广电局官方微博	44.88	75.71	66.40	47.17	63.90
2	吴兴广电	浙江省湖州市吴兴区广电中心官方微博	37.46	80.63	55.92	51.85	61.70
3	文化上海	上海市文化广播影视管理局官方微博	44.82	67.80	64.30	47.35	60.11
4	书香江苏在线	江苏省新闻出版广电局官方微博	51.97	56.26	70.51	42.82	58.33
5	书香上海	上海市新闻出版局官方微博	52.56	61.02	60.86	50.34	58.21
6	青羊文体旅局	成都市青羊区文化体育广播电视和旅游局官方微博	43.04	79.12	44.95	30.18	56.76
7	悦读中国	国家新闻出版广电总局门户网站视听阅读频道官方微博	43.93	42.40	64.01	56.02	50.86
8	广州天河发布	广州市天河区有线电视中心官方微博	46.96	48.62	57.20	46.48	50.65
9	国家版权局	国家版权局官方微博	49.12	9.88	75.01	45.01	48.63
10	神农架文体新广局	湖北省神农架林区文体新广局官方微博	36.14	60.75	44.20	37.85	48.57

18. 全国十大国土微博

表 25　全国十大国土微博

排名	微博	认证信息	传播力	服务力	互动力	认同度	总分
1	天津国土房管发布	天津国土房管局官方微博	45.06	62.84	56.37	52.57	56.32
2	蒲江国土	成都市蒲江县国土局官方微博	34.32	84.17	42.59	22.96	55.61
3	南京市国土资源局	江苏省南京市国土资源局官方微博	45.20	62.57	49.64	33.82	52.34
4	成都国土	成都市国土资源局官方微博	39.75	55.55	57.42	31.54	50.55
5	国家海洋预报台	国家海洋预报台官方微博	54.58	55.53	46.85	34.54	50.44
6	双流国土	成都市双流区国土资源局官方微博	37.66	68.77	42.39	24.57	50.21
7	天津海洋	天津市海洋局官方微博	42.32	66.09	35.23	45.25	49.99
8	安吉国土	浙江省湖州市安吉县国土局官方微博	32.74	48.65	62.43	51.02	49.84
9	国土之声	国土资源部官方微博	51.01	27.92	56.61	39.69	46.94
10	宿州国土	安徽省宿州市国土资源局官方微博	41.33	46.53	49.56	36.43	45.39

19. 全国十大国资委微博

表 26　全国十大国资委微博

排名	微博	认证信息	传播力	服务力	互动力	认同度	总分
1	国资小新	国务院国资委新闻中心	72.00	73.76	74.54	65.70	72.49
2	内蒙古国资	内蒙古自治区人民政府国有资产监督管理委员会官方微博	36.87	43.26	50.83	39.54	43.88
3	文明开封国资	河南省开封市人民政府国有资产监督管理委员会官方微博	31.98	51.97	43.56	21.12	42.36
4	杭州国资	浙江省杭州市国有资产监督管理委员会官方微博	35.33	54.58	35.93	26.79	42.35
5	昆明国资	云南省昆明市人民政府国有资产监督管理委员会官方微博	39.18	50.73	36.61	27.87	41.90
6	石油精神	中国石油天然气集团公司新闻办新闻处	43.30	31.87	50.46	35.24	40.07
7	清风鹤壁物资	鹤壁市物资集团官方微博	29.38	29.77	58.55	28.36	38.19
8	中关村发展集团	中关村发展集团官方微博	40.06	28.92	38.45	35.44	34.66
9	大邑县国资办	四川省成都市大邑县国有资产监督管理办公室官方微博	32.68	36.87	34.19	22.87	33.83
10	徐州国资	徐州市人民政府国有资产监督管理委员会官方微博	34.53	27.06	41.33	34.52	33.58

20. 全国十大海关微博

表 27　全国十大海关微博

排名	微博	认证信息	传播力	服务力	互动力	认同度	总分
1	海关发布	海关总署办公厅官方微博	63.27	55.71	68.11	58.84	62.77
2	12360 海关热线	12360 全国海关 24 小时通关服务热线官方微博	55.68	54.10	64.38	45.79	56.98
3	上海海关 12360 服务热线	上海海关 12360 服务热线官方微博	46.53	49.23	59.45	31.55	49.99
4	南京海关 12360 服务热线	南京海关 12360 服务热线官方微博	45.07	43.66	49.60	25.41	43.90
5	广州海关 12360	广州海关 12360 热线	43.66	30.75	54.98	31.91	40.72
6	黄埔海关 12360	黄埔海关 12360 热线官方微博	45.71	31.93	44.22	28.20	38.00
7	福州海关 12360	福州海关 12360 综合服务平台	36.38	23.22	53.66	23.25	34.99
8	海关信息网	www.haiguan.info 官方微博	36.13	26.78	43.89	25.14	33.62
9	江门海关 12360	中华人民共和国江门海关 12360 服务热线官方微博	39.62	24.16	34.69	22.80	30.27
10	成都海关办公室	中华人民共和国成都海关官方微博	37.46	18.05	41.69	30.05	30.22

21. 全国十大环保微博

表 28　全国十大环保微博

排名	微博	认证信息	传播力	服务力	互动力	认同度	总分
1	山东环境	山东省环境保护厅官方微博	72.90	87.69	91.75	68.40	84.02
2	济南环保	济南市环境保护局官方微博	63.22	86.97	89.64	71.71	81.49
3	重庆环保	重庆市环境保护局官方微博	68.56	86.85	80.80	55.30	78.22
4	武汉环保	武汉市环境保护局官方微博	65.42	90.72	73.73	52.65	76.76
5	京环之声	北京环保宣传中心官方微博	65.06	85.36	77.01	64.82	76.74
6	哈尔滨环保	哈尔滨市环保局官方微博	58.02	88.31	77.33	58.50	75.97
7	环保部发布	环境保护部宣传教育司官方微博	76.21	61.23	86.28	65.56	75.17
8	南京环保	南京市环境保护局官方微博	64.82	86.56	73.07	54.49	74.96
9	绿色郑州	郑州市环保局官方微博	55.98	92.93	69.66	54.14	74.68
10	临沂环境	临沂市环境保护局官方微博	61.44	79.48	80.08	64.48	74.55

　　2017 年度，环保分榜前五强账号分别是 "@ 山东环境""@ 济南环保""@ 重庆环保""@ 武汉环保" 和 "@ 京环之声"。山东省环保系统官方微博也延续一贯的优势，不仅 "@ 山东环境""@ 济南环保" 分别荣获冠亚军，而且 "@ 临沂环境" 也跻身榜单十强。

　　@ 环保部发布：回应"渗坑"事件　公布举报途径

　　2017 年 4 月 18 日，一篇题为《华北地区发现 170000 平方米超级工业污水渗坑》的图文报道引起舆论恐慌与猜疑，报道称河北省廊坊市大城县及天津静海区存在多处"超级"工业污水渗坑，面积最大一处达17万平方米。"@环保部发布"迅速反应，于4月19日14点36分，发博表示"环境保护部会同河北省政府联合调查污水渗坑问题，有关调查情况将及时向社会公开"。当晚21：30，"@环保部发布"发博表示环境保护部和天津市政府联合调查组对渗坑污染问题进行现场调查，并发布初步调查结果，渗坑问题基本属实，已要求相关部门立即加快治理进度，同时做好信息发布工作，及时公开环境监测和污染治理信息。"@环保部发布"通过公开权威信息，及时回应公众质疑，从而掌握了舆论主导权，防止负面舆情进一步扩散。与此同时，涉事地河北和天津的环境保护局官方微博"@河北省环保厅"和"@天津环保发布"均转发了这几条微博。2017年4月23日，"@环保部发布"公布了天津市继续彻查"渗坑污染"的5条措施以及公众举报的5个途径，表明相关部门正采取强有力的处置措施解决问题，体现其积极鼓励公众参与的态度。"@环保部发布"及时应对"渗坑"事件舆情，并公布后续相关处置措施，避免了舆情应对陷入"只回应不解决"的尴尬处境，有利于消解公众疑虑，赢得公众信任。

@哈尔滨环保：回应孙艺洲微博质疑 呼吁市民携手解决环境问题

2017年11月，演员孙艺洲、佟大为连续在微博发文称哈尔滨秸秆焚烧致空气污染严重，呼吁有关部门能积极管控。对此，哈尔滨环保局官方做出了一连串的回应。先是感谢孙艺洲关注当地环保问题，也对部分网友言辞过激的行为寻求谅解，表示会尽早解决因秸秆焚烧带来的污染，呼吁当地市民一起努力驱散雾霾。而后，"@哈尔滨环保"又发布了长文"聊一聊环境容量和秸秆焚烧"，科普秸秆焚烧问题的由来及危害，解答网友的疑问。与此同时，哈尔滨、大庆、绥化三地签订重要协议，以线下实际行动治理秸秆焚烧。在空气问题得到初步缓解之后，"@哈尔滨环保"又发布微博"孙艺洲在与不在你和我就在这里"，呼吁大众在尊重对社会议题发声的演员的同时，也恳请市民携手努力共同解决环境问题，为建设美丽的冰城做出自己的贡献。环境问题事关人民群众的身体健康和社会的可持续发展，需要我们拿出胆略，积极行动。"@哈尔滨环保"直面网络质疑，快速、持续的发声不仅平息了本地市民和质疑者之间的矛盾，也表现出积极解决城市环境顽疾的决心。

@昆明市环保局：上下级矩阵联动 处理"黑作坊排放刺激性毒烟"问题

2017年8月29日，一位网友向"@昆明市环保局"反映，"长水机场附近好几个黑作坊24小时排放刺激性毒烟"，引发环保NGO组织"绿色昆明"转发及持续关注，评论及转发迅速发酵达数十篇。"@昆明市环保局"迅速发声，邀请投诉人参与现场调查，并连发三条微博公布调查进展，还与"@昆明发布""@昆明12345市长热线"等官方微博公布三家涉嫌违法的处理结果，避免了事件的进一步发酵。

22. 全国十大基层社区微博

表29 全国十大基层社区微博

排名	微博	认证信息	传播力	服务力	互动力	认同度	总分
1	龙潭街道	北京市东城区龙潭街道官方微博	42.72	78.68	83.58	26.92	67.78
2	勒流发布	佛山市顺德区勒流街道办事处官方微博	41.54	87.60	58.76	36.94	64.67
3	幸福夫子庙	江苏省南京市秦淮区夫子庙街道办事处官方微博	37.08	70.36	81.19	46.51	64.57

续表

排名	微博	认证信息	传播力	服务力	互动力	认同度	总分
4	宜居伦教	佛山市顺德区伦教街道办事处官方微博	41.79	87.82	58.41	35.02	64.51
5	傅厚岗社区	江苏省南京市傅厚岗社区官方微博	41.08	85.22	56.91	43.43	63.72
6	光华路在线	江苏省南京市秦淮区人民政府光华路办事处官方微博	35.89	69.93	80.83	38.72	63.27
7	古风新韵安定门	北京市东城区安定门街道官方微博	35.45	87.62	58.18	35.85	63.18
8	簇桥街道	成都市武侯区簇桥街道办事处官方微博	41.90	65.49	79.14	48.54	63.17
9	幕府山北崮山社区	江苏省南京市鼓楼区幕府山街道北崮山社区官方微博	34.34	81.34	67.51	34.51	63.11
10	挹江门街道回龙桥社区	南京市鼓楼区挹江门街道回龙桥社区官方微博	34.81	81.98	69.64	23.28	62.97

23. 全国十大纪委微博

表30　全国十大纪委微博

排名	微博	认证信息	传播力	服务力	互动力	认同度	总分
1	清风中原	河南省纪委监察厅官方微博	56.79	48.76	90.15	50.97	64.61
2	清风二七	郑州市二七区纪委监察局官方微博	46.71	76.04	88.92	38.99	64.47
3	清风郑州	郑州市纪委监察局预防腐败局官方微博	50.75	46.88	91.76	45.45	61.75
4	廉洁上海	上海市纪委市监察局官方微博	52.80	61.94	77.09	48.42	61.48
5	钟山清风	南京市纪委监察局官方微博	46.00	59.22	79.84	47.00	58.90
6	廉洁广州	广州市纪委官方微博	43.65	62.86	72.06	37.51	55.40
7	宿州市政民连线	中共宿州市委、宿州市政府主办,宿州市纪委承办的政民互动平台	44.26	69.79	62.25	42.35	54.57
8	廉洁江西	江西省纪委省监察厅官方微博	51.13	33.29	74.39	40.79	53.51
9	清风漯河	漯河市纪委监察局官方微博	46.15	44.31	74.44	37.22	53.38
10	清风莲城	河南省许昌市纪委监察局官方微博	43.17	54.45	68.34	47.16	53.38

24. 全国十大检察院微博

表31　全国十大检察院微博

排名	微博	认证信息	传播力	服务力	互动力	认同度	总分
1	最高人民检察院	最高人民检察院微博	77.20	58.79	94.35	80.70	79.02
2	河南检察	河南省人民检察院官方微博	54.45	62.79	96.59	90.95	74.08
3	河北检察	河北省人民检察院官方微博	53.11	75.54	80.84	66.55	71.75
4	云南省人民检察院	云南省人民检察院官方微博	42.04	76.58	89.53	45.74	70.47

排名	微博	认证信息	传播力	服务力	互动力	认同度	总分
5	重庆检察	重庆市人民检察院官方微博	64.11	81.42	64.85	51.75	70.02
6	龙江检察	黑龙江省人民检察院官方微博	45.51	82.89	73.59	49.22	69.26
7	吉林检察	吉林省人民检察院官方微博	52.10	82.31	68.90	39.91	68.01
8	福建检察	福建省人民检察院官方微博	50.66	64.09	91.09	46.72	67.77
9	陕西检察	陕西省人民检察院官方微博	58.65	73.79	71.21	49.99	67.61
10	新疆检察	新疆维吾尔自治区人民检察院官方微博	62.60	63.41	75.20	56.66	66.11

@最高人民检察院：探索新媒体呈现形式　展示司法改革成绩单

2017年11月1日下午，时任最高人民检察院检察长曹建明在第十二届全国人大常委会第三十次会议上报告了人民检察院全面深化司法改革的情况。同日，"@最高人民检察院"连发三条微博，运用不同的新媒体形式，展示这些年以来检察机关司法改革的成绩单。首先，"数读"检察机关近几年在改革领域中取得的进展，并为满足移动端受众的阅读需求，将"数读"内容制作成为图片和H5。在一个个醒目的数字中，公众更能体会到司法改革的成效之大。其次，为了让公众对"司法改革是什么，检察改革又是什么"有更为切身的感受，"@最高人民检察院"还制作微视频，邀请检察官现身说法，揭开司法改革的神秘面纱，把近些年司法改革的措施和成效凝聚到一个个具体可感的事例中，起到了良好的宣传效果。

@新疆检察：矩阵联动　2.5小时解决问题

春节前，新疆地区发布安全整改通知。2017年1月16日下午，某网友留言反馈安全检查后迟迟不见通知结果，导致自己不敢营业。"@新疆检察"收到网友反映问题后，立即转办给"@塔城检察分院""@和丰检察院"，三级联动帮助网友解决实际问题。最终只花费2.5小时，问题就得到妥善处理，效率惊人。这也在一定程度上印证了，当前政务微博矩阵已经从单纯的信息发布的初级阶段，迈进线上线下联动服务的高级阶段，打通了社会治理的微循环。

@上海长宁检察：提前介入携程亲子园虐童案件

2017年11月，上海携程亲子园被爆出存在虐童行为。因涉及未成年人安全的社会痛点，事件一经曝光便迅速引爆网络，愤怒的网友纷纷呼吁有关部门尽快查清事实并严肃处理相关涉事人员。"@上海长宁检察"在"@警民直通车_长宁"发布对犯罪嫌疑人刑事拘留的公告之后的数小时，迅速跟进响应，发布《长宁区人民检察院提前介入携程亲子园虐待被看护人案》，表示长宁区人民检察院已于第一时间指派未成年人刑事检察部门提前介入该案，将在调查过程中引导公安调查取证，依法维护未成年人合法权益。"@上海长宁检察"的行动得到了大批网友的点赞，有媒体评论"司法紧跟社会舆论积极作为，就能够传递自信并传播法治的公平正义"。"@上海长宁检察"面对舆论风暴及时、积极介入，用司法的力量为大众"镇痛"，不仅有效安抚了激愤的舆情，也让大众对该事件能够得到公正公开的处理充满信心。

25. 全国十大交通运输微博

表32　全国十大交通运输微博

排名	微博	认证信息	传播力	服务力	互动力	认同度	总分
1	南昌铁路	南昌铁路局官方微博	78.11	91.42	87.22	77.57	86.12
2	上铁资讯	上海铁路局官方微博	72.20	87.64	96.28	76.65	86.05
3	成都地铁	成都轨道交通集团有限公司	76.08	90.16	84.77	83.96	85.11
4	北京地铁	北京地铁公司官方微博	76.85	95.17	81.98	69.46	84.98
5	京港地铁	京港地铁公司官方微博	71.61	93.66	78.02	73.01	82.49
6	西铁资讯	西安铁路局官方微博	67.05	95.30	76.14	59.96	80.37
7	广州地铁	广州地铁官方微博	70.72	87.36	78.08	67.97	79.31
8	成都交通运输	成都市交通运输委员会官方微博	81.40	87.33	70.48	64.24	78.78
9	上海地铁shmetro	上海申通地铁集团运营管理部官方微博	73.24	86.50	75.91	62.59	78.28
10	交通北京	北京市交通委员会官方微博	73.95	87.77	73.02	61.27	77.93

2017年度，"@南昌铁路"荣登交通分榜榜首，"@上铁资讯"以微小差距获得亚军，"@成都地铁""@北京地铁"和"@京港地铁"分别位列第3~5名。从数量上看，地铁微博仍占据明显优势，在十强账号中占据5个席位。

@北京地铁：及时回应2号线意外事故　遏制谣言传播

2017年8月3日，地铁2号线东直门站一男子跳入地铁轨道，被乘客合力救起，该事件引发网络谣言传播。在该站已启用站台门的前提下，"挤下""跌落""意外"等敏感词汇仍然被大量传播，引起网友对地铁运营安全的高度关注。"@北京地铁"及时通报，对事件发生经过认真核实，后又将录像内容公开发布，还原事实真相，并与政务微博协调联动，共同抵制谣言的传播。2017年，"@北京地铁"一直以服务乘客出行为己任，持续发布地铁重大新闻及便民举措，网友称赞道"出门坐地铁，必看北京地铁微博"。此外，"@北京地铁"以短视频、图文等多种形式为网友科普解读#刷手机出行#、#北京地铁移动支付#、#站台门更新改造#等地铁出行热点问题，受到社会媒体及网友普遍关注。

@上海地铁shmetro：突发火情后快速发布通报受网友好评

2017年11月27日中午，有市民拍摄到上海轨交3号线漕溪路站发生火情，视频中可以看到明火从建筑内部燃烧出来，现场冒起浓浓白烟。下午14时，"@上海地铁shmetro"发布通报，表示发生火情后车站立即拨打119，同时先期开展处置工作：一方面，紧急启动车站排烟装置，加大站内排烟力度；另一方面，车站加强现场广播和客流引导，确保通行安全。11时46分，消防车辆到达后将火情扑灭，烟雾散尽。其间，该站点的列车运行和客流通行没有受到影响，现场也没有人员受伤。地铁管理方高度重视，第一时间赶至现场，协助灭火并配合查找起火原因。同时，地铁管理方当天召开现场工作会议以及消防安全紧急会议，连夜开展全网络消防安全隐患排查与整治工作，要求引以为戒、认真吸取教训，并追究相关单位和人员责任，进一步加强安全管控，确保地铁网络安全。面对突发火情，"@上海地铁shmetro"第一时间发布通报，既有对基本情况的描述，又有对处置方式的说明，更有对下一步工作举措的公布，可谓是一个简洁明了而又结构完整的舆情通报，在网络上获得了广泛好评。

@西铁资讯：玩转花式宣传　迎接西成高铁开通

2017年12月6日，中国首条穿越秦岭的高速铁路——西成高铁全线开通。西成高铁全长643公里，自北向南穿越关中平原、秦岭山脉、汉中平原、巴山山脉进入四川盆地，与成绵乐城际铁路相连，最终止于成都。线路开通运营将成都至西安的旅行时间大幅缩短，促进西部区域经济社会发展，提高人民群众出行质量，使陕川两省形成一日经济圈。为迎接西成高铁的开通，"@西铁资讯"在微博上发起了一系列丰富多彩的宣传推广活动。首先，"@西铁资讯"与"@西铁西安机务段"联动，一同回顾央视《焦点访谈》栏目拍摄制作的西成高铁专题节目，为网友揭秘西安机务段为西成高铁顺利开通运营所做的工作，展示辛苦付出所带来的成效；在列车开通后的首个周末，"@西铁资讯"积极转发"@陕西广播电视台官方微博"等媒体微博，向旅客实时播报列车的售票情况，方便游客提前规划旅程；为了能与网友分享与列车有关的经历，"@西铁资讯"还专门发起了介绍西成高铁的#最穿越的中国高铁#、征集美食图文的#巴适成都忒色西安#、征集扶贫故事的#爱满秦巴情贯西成#等微话题，邀请网友秀沿途美景、晒两地美食，吸引了游客的热情参与。目前，相关话题的阅读总量已经接近5000万人次，宣传效果显著。

@成都地铁："暖男"汇聚城市正能量

2017年6月27日，"@成都地铁"发布了一张一个坐地铁的男生用一手一脚帮残疾人固定轮椅的照片，并配文"#成都地铁正能量#【伸出一只手一只脚，就多了一份安稳的保护】地铁里这个男生一直在玩游戏。当一位轮椅乘客进来的时候，他很自然地搭了手，拉住晃动的轮椅，又把一只脚卡在轮子下，把轮椅固定住，整个动作一气呵成。几个站过去了，一直没放手"。该微博获得10000多次转发和20万次点赞，网友称该男生为"游戏暖男""男友力爆棚"，也表示成都是个"暖心""善良"的城市。除此之外，上半年成都地铁还有不少暖心照片在网络刷屏，有网友总结："这个月见证了成都地铁上的：给妈妈们拎包小暖男、给老婆系凉鞋老暖男、给孕妇送药路人暖男，现在又来了扶轮椅的游戏暖男，集齐了，没毛病。""@成都地铁"敏锐捕捉生活中小而美的善良，积极引导社会正能量，为成都的城市形象增温添彩。

@西南铁路：应对突发地震　持续发布震后信息

2017年9月30日，青川县附近发生里氏5.4级地震，"@西南铁路"1分钟内发布了地震通知，20分钟内对外发布了地震影响区段及列车信息。持续跟进震后巡检情况，动态发布图文、视频等信息18条，完成网友留言处置2000余条，回复私信700余条，及时让广大网友了解线路排查进度，缓解焦虑情绪，赢得网友的广泛理解和点赞。

@深圳地铁：快速应对11号线故障　凸显政务微博服务效能

2017年12月6日，因非地铁工程施工单位未经申报擅自打桩施工，桩头击穿深圳地铁11号线红树湾南－后海下行盾构隧道结构，致使11号线高速行驶的列车撞断桩头，列车严重受损，相关地铁设备不同程度损伤，导致行车被迫中断。事故发生后，"@深圳地铁运营"及时发布提醒市民，并全天候滚动通报最新抢修进展、延误信息、疏散通知、换乘建议，还贴心为乘客提供证明开取等服务，快速的应对和持续的跟进凸显了政务微博的服务优势和效能。

（1）全国十大交通局微博

表33　全国十大交通局微博

排名	微博	认证信息	传播力	服务力	互动力	认同度	总分
1	成都交通运输	成都市交通运输委员会官方微博	81.40	87.33	70.48	64.24	78.78
2	交通北京	北京市交通委员会官方微博	73.95	87.77	73.02	61.27	77.93
3	辽宁交通	辽宁省交通运输厅官方微博	60.94	85.00	62.22	49.75	69.83
4	重庆交通	重庆市交通委员会官方微博	60.01	81.23	65.97	47.98	69.08
5	广州交通	广州市交通委员会官方微博	63.22	81.54	60.51	51.74	68.59
6	天津高速公路	天津市高速公路管理处官方微博	60.12	76.78	65.67	47.39	67.17
7	青岛交通运输	青岛市交通运输委员会官方微博	50.66	79.05	61.95	40.36	64.37
8	江西交通	江西省交通运输厅应急指挥中心官方微博	47.70	77.94	58.89	40.90	62.47
9	四川高速	四川省交通运输厅高速公路管理局官方微博	57.66	71.47	53.65	42.32	60.45
10	山东交通出行	山东省交通运输厅公众出行平台	47.61	73.48	50.67	37.04	57.82

（2）全国十大公交微博

表34　全国十大交通局微博

排名	微博	认证信息	传播力	服务力	互动力	认同度	总分
1	北京公交集团	北京公交集团官方微博	66.96	81.90	74.12	60.47	74.43
2	武汉公交集团	武汉市公共交通集团有限责任公司官方微博	60.66	81.85	64.01	55.27	69.60
3	洛阳公交集团	洛阳市公共交通集团有限公司	41.12	78.56	63.63	46.48	63.39
4	昆明公交集团有限责任公司	昆明公交集团有限责任公司	48.22	52.06	87.15	63.55	62.97
5	杭州公交	杭州市公共交通集团有限公司官方微博	54.51	71.85	53.10	43.13	59.88
6	昆明公交第四分公司	昆明公交第四分公司官方微博	35.29	78.62	56.55	42.03	59.67
7	扬子公交	南京扬子公交客运有限公司	42.53	70.53	57.37	39.83	57.91
8	成都公交	成都市公共交通集团公司	49.61	48.70	57.53	49.60	51.62
9	珠海公交巴士官方微博	珠海公交巴士有限公司官方微博	41.78	48.52	57.85	43.79	49.50
10	昆明公交三公司	昆明公交集团三公司官方微博	36.83	46.74	65.20	25.39	48.16

（3）全国十大地铁微博

表 35　全国十大地铁微博

排名	微博	认证信息	传播力	服务力	互动力	认同度	总分
1	成都地铁	成都轨道交通集团有限公司	76.08	90.16	84.77	83.96	85.11
2	北京地铁	北京地铁公司官方微博	76.85	95.17	81.98	69.46	84.98
3	京港地铁	京港地铁公司官方微博	71.61	93.66	78.02	73.01	82.49
4	广州地铁	广州地铁官方微博	70.72	87.36	78.08	67.97	79.31
5	上海地铁 shmetro	上海申通地铁集团运营管理部官方微博	73.24	86.50	75.91	62.59	78.28
6	成都地铁运营	成都地铁运营有限公司	68.07	87.76	74.03	67.72	77.70
7	南京地铁	南京地铁集团有限公司官方微博	67.90	76.88	78.20	71.69	74.96
8	深圳地铁运营	深圳市地铁集团有限公司运营总部	73.00	81.96	71.46	59.72	74.80
9	武汉地铁运营	武汉地铁运营有限公司	75.17	71.35	71.32	68.74	71.84
10	长沙地铁	长沙地铁官方微博	59.96	79.44	70.45	65.03	71.41

（4）全国十大铁路微博

表 36　全国十大铁路微博

排名	微博	认证信息	传播力	服务力	互动力	认同度	总分
1	南昌铁路	南昌铁路局官方微博	78.11	91.42	87.22	77.57	86.12
2	上铁资讯	上海铁路局官方微博	72.20	87.64	96.28	76.65	86.05
3	西铁资讯	西安铁路局官方微博	67.05	95.30	76.14	59.96	80.37
4	沈阳铁路	沈阳铁路局官方微博	69.43	77.11	88.96	63.09	77.73
5	北京铁路	北京铁路局官方微博	69.48	80.20	82.07	52.09	75.81
6	武汉铁路局	武汉铁路局官方微博	70.74	85.46	72.07	57.02	75.66
7	西南铁路	成都铁路局官方微博	66.71	78.88	81.53	55.32	74.88
8	中国铁路	中国铁路总公司官方微博	73.99	65.30	86.10	63.71	74.86
9	郑州铁路局	郑州铁路局官方微博	70.61	80.21	70.23	56.98	72.97
10	太原铁路	太原铁路局官方微博	62.71	68.74	87.23	57.74	71.98

（6）全国十大航运微博

表 37　全国十大航运微博

排名	微博	认证信息	传播力	服务力	互动力	认同度	总分
1	山东海事	中华人民共和国山东海事局官方微博	51.33	55.28	60.97	34.38	54.11
2	营口海事－墩台在线	中华人民共和国营口海事局官方微博	36.08	52.52	73.58	33.00	53.60
3	上海海事发布	中华人民共和国上海海事局官方微博	44.50	50.73	57.18	40.67	50.41
4	天津海事发布	中华人民共和国天津海事局官方微博	37.93	58.66	48.29	28.72	48.41
5	宁波海事局	宁波海事局官方微博	44.00	51.69	46.27	32.73	46.63

续表

排名	微博	认证信息	传播力	服务力	互动力	认同度	总分
6	广西海事局	中华人民共和国广西海事局官方微博	39.24	56.25	41.31	23.12	45.05
7	南京海事局	江苏省南京海事局官方微博	39.40	51.64	44.42	30.08	44.87
8	浙江海事	中华人民共和国浙江海事局官方微博	34.97	41.66	38.27	25.19	37.66
9	东海航保	交通运输部东海航海保障中心官方微博	36.54	33.45	42.01	26.65	35.96
10	长江航运	交通运输部长江航务管理局官方微博	30.96	29.14	46.26	20.74	33.80

（7）全国十大航空微博

表38　全国十大航空微博

排名	微博	认证信息	传播力	服务力	互动力	认同度	总分
1	甘肃省民航机场集团	甘肃省民航机场集团有限公司	68.49	74.35	81.70	66.78	74.63
2	航旅直通车－上海机场	上海机场集团官方微博,浦东机场、虹桥机场航旅资讯平台	57.35	71.87	65.85	45.68	64.54
3	呼和浩特白塔国际机场	内蒙古呼和浩特白塔国际机场有限责任公司	41.49	79.17	56.08	39.73	60.76
4	武汉机场楚天情	武汉天河机场有限责任公司	46.14	55.34	80.38	50.55	60.53
5	宁波机场阳光服务	宁波栎社国际机场阳光服务品牌	45.57	73.75	54.40	44.71	59.41
6	苏南硕放国际机场	无锡苏南国际机场集团有限公司官方微博	51.51	68.10	55.13	50.58	59.14
7	温州机场彩虹服务	温州机场地面服务公司服务部官方微博	46.18	73.03	49.26	39.63	57.19
8	三亚凤凰国际机场官方微博	三亚凤凰国际机场有限责任公司官方微博	49.46	51.12	66.06	47.84	54.94
9	天津机场便捷飞	天津滨海国际机场市场营销部官方微博	50.57	54.94	60.86	44.65	54.81
10	海口美兰国际机场官方微博	海航基础股份有限公司官方微博	55.58	50.40	61.10	49.35	54.54

（8）全国十大邮政微博

表39　全国十大邮政微博

排名	微博	认证信息	传播力	服务力	互动力	认同度	总分
1	国家邮政局	国家邮政局官方微博	61.98	56.05	75.36	64.26	65.04
2	榆林市邮政管理局	陕西省榆林市邮政管理局官方微博	30.62	32.27	42.41	24.03	34.16
3	昆明邮政	云南省昆明市邮政局官方微博	30.81	20.98	37.94	18.98	27.84
4	巴中邮管局	四川省巴中市邮政管理局官方微博	25.04	19.71	34.95	27.07	26.08

续表

排名	微博	认证信息	传播力	服务力	互动力	认同度	总分
5	保定邮政管理	河北省保定市邮政管理局官方微博	24.04	20.82	31.48	22.55	24.84
6	东营市邮政管理局	山东省东营市邮政管理局官方微博	25.79	9.76	40.02	27.70	23.84
7	徐州邮管局	徐州市邮政管理局官方微博	27.69	10.55	37.33	21.16	23.07
8	青海省海西州邮政管理	青海省海西蒙古族藏族自治州邮政管理局官方微博	25.40	9.92	35.55	29.53	22.67
9	新疆邮管	新疆邮政管理局官方微博	20.45	1.27	50.90	22.56	22.12
10	博州邮管局	新疆博尔塔拉蒙古自治州邮政管理局官方微博	24.77	13.53	27.43	24.71	21.07

26. 全国十大教育微博

表 40　全国十大教育微博

排名	微博	认证信息	传播力	服务力	互动力	认同度	总分
1	郑州市教育局	郑州市教育局官方微博	66.35	90.95	84.64	74.20	82.46
2	中国大学生在线	教育部中国大学生在线官方微博	72.89	87.37	82.19	74.95	78.78
3	陕西省教育厅	陕西省教育厅官方微博	63.29	83.31	81.92	68.16	77.37
4	安阳市教育局	河南省安阳市教育局官方微博	56.81	87.06	77.94	64.83	76.05
5	河南教育	河南省教育厅官方微博	60.96	83.47	75.49	64.96	74.73
6	四川教育	四川省教育厅官方微博	50.74	81.29	74.39	68.84	71.87
7	微言教育	教育部新闻办公室官方微博	72.41	65.36	76.34	61.83	71.12
8	北京市教委	北京市教育委员会官方微博	53.70	60.21	85.93	67.17	67.32
9	江苏教育发布	江苏省教育厅官方微博	58.69	69.98	71.90	58.60	67.16
10	埇桥教育	安徽省宿州市埇桥区教育体育局官方微博	48.02	69.52	74.82	68.37	66.70

@ 微言教育：在线"飞花令"激发最文艺互动

2017 年春节期间，《中国诗词大会》在央视综合频道播出，在全国范围内掀起了一股"诗词热"，节目中的经典环节"飞花令"更是引来无数热爱诗词的朋友竞相尝试。受此启发，"@微言教育"和"@中国大学生在线"联合推出了#微言教育网络诗词大会#活动，发起#在线飞花令#的号召：每天，两个官方微博分别给出一个汉字，并@一所高校，以点名的方式邀请大学官方微博对接诗词，号召大家积极参与。并且，"@中国大学生在线"还对每日一字进行了图文设计，增强了活动形式上的美感。自活动上线以来，很多高校及教育系统官方微博纷纷响应参与，官方微博小编们使出了浑身解数，在给出诗词对句的同时，以九图的形式将校园风貌与诗词有机融合，用古典诗词将校园特有的风貌展现得淋漓尽致。在给出对句后，高校官方微博还@其他兄弟高校官方微博，继续"飞花"，延续高校读诗学诗词的热潮。另外，不少学校拿出了自己的校训作为飞花令的关键词，比如"@四川农业大学"发文：川农百年校训，"追求真理，造福社会，自强不息。"枣子今日飞花行"求"令。还有些学校的"飞花令"既说出历史渊源，又展示了专业特色，比如"@江南大学"接力：此次飞花令以"江南"作为关键词，占诗词与江南相遇，你能答出多少？顺便以"江南无所有，聊赠一枝春"@"苏州大学"继续。目前，"@微言教育"主持的话题#微言教育网络诗词大会#已收获850万阅读量。

@中国大学生在线：为海外留学生上"安全课"

近年来，我国的海外留学生数量正呈现快速增长趋势，仅2016年出国留学人员总数就已达54.45万人。最近，访问学者章莹颖被绑架事件引发了全社会对留学生安全问题的关心。7月15日"@中国大学生在线"借用"@人民日报"九宫格图文微博【牢记！海外留学先补"安全课"！】，提醒海外留学生在日常生活中多留意自己的人身财产安全，引发网友关注。网友纷纷留言"已收藏""电话已记下"来表示对该提示的重视。学生群体多是与社会接触较少的青年，安全意识偏低，"@中国大学生在线"通过主持#平安校园#话题，传播安全教育知识，并通过各类科普小贴士寓教于乐，已累计获得超过6000万的阅读量和超过3万人次的讨论，取得不俗的传播效果。人身安全无小事，政务微博通过打造服务栏目，关注校园安全，科普实用型自我安全防卫知识，提高了广大学生的安全意识和防卫技能，起到了良好的宣传和教育作用，提醒广大学子在海外安全学习、满载而归。

@郑州市教育局：发布防范"蓝鲸死亡游戏"预警通知

2017年5月，一种名叫"蓝鲸死亡游戏"（Blue Whale）出现在中国互联网平台上，通过社交平台诱导青少年自残轻生。"@郑州市教育局"关注"蓝鲸死亡游戏"在青年学生群体中传播的现象，特别发布紧急通知，提醒老师和家长近期严密防范，加强与孩子的沟通、疏导，警惕孩子的不正常行为，坚决防止青少年参与该游戏而引发不良后果。6月，各高校学子陆续迎来暑假时光。暑假是中小学生期待的快乐假期，但也是各类安全事故高发时段。"@郑州市教育局"主持#暑期话安全#，开展在线访谈，邀请市教育局党组成员与网友聊一聊暑期安全那些事儿，谈一谈安全问题的注意事项，祈愿孩子们享受一个安全的假期，1小时在线访谈，收到网民提问百余项。

27. 全国十大景区微博

表41　全国十大景区微博

排名	微博	认证信息	传播力	服务力	互动力	认同度	总分
1	峨眉山景区	峨眉山旅游风景区	64.66	88.39	72.15	54.13	75.35
2	会稽山景区	浙江省会稽山旅游度假区景区管理处官方微博	40.84	88.86	80.56	57.72	73.65
3	绍兴兰亭景区	浙江省绍兴市兰亭风景区管理处官方微博	45.43	80.02	93.39	40.82	73.19

续表

排名	微博	认证信息	传播力	服务力	互动力	认同度	总分
4	乌镇旅游	乌镇旅游官方围脖	75.55	62.69	66.58	62.61	66.42
5	绍兴东湖景区	绍兴市东湖景区管理处官方微博	44.57	66.20	79.33	61.61	65.36
6	华山风景名胜区	国家AAAAA级景区,奇险天下第一山,西岳华山。	58.64	66.83	70.72	53.93	65.07
7	威海刘公岛景区	威海刘公岛管理委员会官方微博	55.05	73.48	59.71	49.98	63.31
8	崂山风景区官方微博	青岛崂山风景区官方微博	48.93	69.99	68.65	46.81	63.06
9	V游福建	福建省品牌景区推广中心官方微博	53.68	59.51	68.90	53.96	60.61
10	陕西韩城旅游	韩城市旅游发展委员会官方微博	52.12	58.56	60.04	49.73	56.83

28. 全国十大科技局微博

表42　全国十大科技局微博

排名	微博	认证信息	传播力	服务力	互动力	认同度	总分
1	中科院之声	中国科学院官方微博	71.40	68.03	80.12	73.26	73.53
2	成都科技	成都市科学技术局官方微博	59.61	87.92	67.49	58.83	73.22
3	天津科技	天津市科学技术委员会官方微博	56.60	70.44	45.90	32.14	56.48
4	高淳科技	南京市高淳区科技局官方微博	37.87	58.10	47.84	34.12	48.58
5	创新杭州	杭州市科学技术委员会官方微博。	37.13	63.32	38.63	24.50	46.79
6	成华区经科局	成都市成华区经济和科学技术局官方微博	35.57	61.43	38.51	20.67	45.30
7	陇南康县科技局	甘肃省陇南市康县科学技术局官方微博	30.80	57.92	40.58	29.27	44.43
8	威海科技	山东省威海市科学技术局官方微博	39.63	59.29	34.01	25.19	44.36
9	锐科技	中华人民共和国科学技术部官方微博	47.15	32.08	50.26	38.00	44.15
10	上海科技	上海市科学技术委员会官方微博	46.67	38.43	46.29	33.58	41.95

29. 全国十大科协微博

表43　全国十大科协微博

排名	微博	认证信息	传播力	服务力	互动力	认同度	总分
1	科普中国	中国科协官方微博	69.33	66.58	75.80	62.12	70.00
2	漾濞科素	云南省漾濞彝族自治县全民科学素质工作领导小组办公室官方微博	49.21	85.64	65.87	49.64	68.82
3	科普大理	大理州科学技术协会官方微博	50.82	70.62	72.41	51.96	65.33
4	科普巍山	巍山彝族回族自治县科学技术协会官方微博	38.52	67.17	62.36	43.02	57.58
5	科普宾川	宾川县科学技术协会官方微博	35.07	57.41	54.37	43.68	50.66

排名	微博	认证信息	传播力	服务力	互动力	认同度	总分
6	科普漾濞	漾濞彝族自治县科学技术协会官方微博	34.66	48.31	64.30	45.73	50.12
7	成都科协	成都市科学技术协会官方微博	47.19	57.69	46.35	32.74	49.70
8	大理市科普	大理市科学技术协会官方微博	38.67	41.52	67.46	50.95	49.67
9	余姚科普	余姚市科学技术协会官方微博	34.35	70.11	37.83	23.40	48.60
10	新沂市科协	江苏省新沂市科学技术协会官方微博	31.58	70.77	32.65	26.27	47.05

30. 全国十大林业微博

表44　全国十大林业微博

排名	微博	认证信息	传播力	服务力	互动力	认同度	总分
1	国家林业局	国家林业局官方微博	71.58	72.01	85.20	65.38	75.13
2	四川省林业厅	四川省林业厅官方微博	41.66	57.72	62.88	41.46	54.43
3	西溪国家湿地公园	西溪国家湿地公园官方微博	38.57	59.95	63.50	30.63	53.81
4	陇南文县林业	甘肃省陇南市文县林业局官方微博	34.02	65.60	52.43	37.07	52.48
5	埇桥区林业	安徽省宿州市埇桥区林业局官方微博	28.96	69.45	37.81	36.99	48.61
6	曲靖林业	云南省曲靖市林业局	37.94	59.45	41.17	38.78	47.60
7	成都林业园林	四川省成都市林业和园林管理局官方微博	42.36	47.03	45.59	43.53	45.32
8	淳安林业	浙江省杭州市淳安县林业局官方微博	31.83	43.37	56.02	46.37	45.16
9	新疆林业政务微博	新疆维吾尔自治区林业厅官方微博	35.02	57.95	41.44	25.23	45.14
10	建德林业	浙江省建德市林业局官方微博	31.35	62.50	35.09	23.48	44.15

31. 全国十大旅游局微博

表45　全国十大旅游局微博

排名	微博	认证信息	传播力	服务力	互动力	认同度	总分
1	乐游上海	上海市旅游局	73.45	76.50	92.30	69.30	79.91
2	福建省旅游发展委员会	福建省旅游发展委员会	64.52	86.27	80.10	61.31	77.57
3	江苏微旅游	江苏省旅游局旅游信息中心官方微博	69.79	82.56	72.81	58.11	74.64
4	南京市旅游委员会	南京市旅游委员会官方微博	62.47	84.19	74.26	59.05	74.35
5	济南市旅游发展委员会	济南市旅游发展委员会官方微博	76.67	75.76	73.72	64.26	74.18
6	山东省旅游发展委员会	山东省旅游发展委员会官方微博	67.57	74.64	79.47	65.26	73.74

续表

排名	微博	认证信息	传播力	服务力	互动力	认同度	总分
7	福州市旅游发展委员会	福州市旅游发展委员会官方微博	48.87	73.73	89.96	68.71	73.13
8	河北省旅游发展委员会	河北省旅游发展委员会官方微博	62.10	80.87	72.11	57.46	72.15
9	青岛市旅游发展委员会官方微博	青岛市旅游发展委员会官方微博	63.58	77.26	73.78	62.82	72.03
10	无锡市旅游局	无锡市旅游局官方微博	55.26	83.91	71.34	59.20	71.93

@中国旅游：开通词汇栏目　科普旅游知识

"@中国旅游"作为国家旅游局官方微博，一直是公众了解旅游知识的窗口。为了创新科普形式，适应微博传播特点，自2017年8月16日起，"@中国旅游"开通了"全域旅游大词汇"栏目，每日详解两个旅游相关专业词语。从形式上来看，词汇栏目图文并茂、言简意赅，迎合公众阅读体验，把枯燥沉闷的科普知识变得易于接受；从内容上来看，词汇栏目针对旅游相关专业词汇，帮助公众全面了解中国旅游，符合账号定位，内容实用性强。且在专业词汇选择上，还结合时事热点为公众释疑，从而增强传播效果。此外"@中国旅游"通过"全域旅游大词汇"这类常态化的栏目设置，也能凸显账号特色，增强用户黏性。

@福建省旅游发展委员会：手写"清新福建"传递温暖情意

2017年3月，"@福建省旅游发展委员会"发起了"清新福建明信片赠送推广"活动。网友通过与官方微博留言互动，即可获得由官方微博寄出的手写明信片。据统计，本次活动明信片的收信地址来自全国24个省区市，最远寄至黑龙江省、新疆维吾尔自治区、西藏自治区。一张张手写的明信片，就是一封封从福建发出的邀请函，一笔一画饱含"清新福建"的诚挚邀约。不少粉丝收到明信片后，也纷纷在微博中晒出。5月，"@福建省旅游发展委员会"又举办了"秀出你的字　送清新福建全套明信片"活动，网民秀出手写的"清新福建　旅游让生活更幸福"12个字的照片，带图评论或@官方微博，就有机会被选中成为"2位字最好看的、2位最走心的、2位投票时票数最高的"，并于5·19中国旅游日获得清新福建手绘明信片1套。一场活动，赢得了粉丝的数次参与，也使"清新福建"的名片更加深入人心。

@四川旅游：突出协同联动　打击不实谣言

2017年9月，有部分网民在微信朋友圈中传播"由于四川泸沽湖景区暂时关闭，即日起取消四川泸沽湖走婚桥草海行程，请各旅行社提前改变行程安排，谢谢各位的合作。开放时间另行通知！"的不实谣言。对此，四川泸沽湖景区官方微博"@泸沽湖景区"很快发布辟谣消息，有力地打击了不实谣言。此外，"@四川旅游"也于第一时间转发了该条微博，并表示"泸沽湖景区目前正在正常营业中"，从而扩大了该条微博的传播范围，避免"@泸沽湖景区"在辟谣时陷入孤军作战的弱势地位。在网络谣言日益猖獗的当下，政务微博在辟谣时应该形成上下联动的层级网络，使官方声音传播的范围更广，能辐射更多的公众，从而挤占谣言的生存空间和土壤。只有这样才能起到更好的传播效果。在应对此次关于泸沽湖景区的谣言中，"@四川旅游"和"@泸沽湖景区"突出协同联动，避免谣言进一步扩散，有效保护了旅游景区的利益。

@桂林市旅游发展委员会：1天内处理负面旅情

2017年3月8日，网友发布了一段乌鲁木齐游客在桂林游玩期间，因拒绝下车购物而遭导游恐吓的视频。视频一经发布，立刻引起了网友的关注，舆论充满谴责的声音。桂林市旅游发展委员对此高度重视，当天晚上即开展调查。3月8日晚，桂林市旅发委了解相关情况后，第一时间要求市旅游质监执法队伍严肃查处。3月9日一早，市旅发委联合市公安、工商、交通等部门对事件开展调查，并与游客李女士取得联系了解相关情况。3月9日下午3点，"@桂林市旅游发展委员会"发布微博，告知网友市旅发委联合市公安、工商等部门已对事件开展调查，官方微博会及时向网友公布事件核查情况及处理结果。两个小时后，"@桂林市旅游发展委员会"通报此事处理结果：一是对涉事导游秦海燕吊销导游证；二是将其列入旅游失信"黑名单"；三是责成涉事旅行社向游客赔礼道歉。如今网络舆论已经向秒速传播发展，对于触及网民痛点的社会事件基本呈现"发布即传播"的特点。如果无法做到及时安抚，势必会导致消极、过激、不理性的舆论出现。这种情况下，政务微博的响应速度必须进一步提高，对事件的通报也应更加清晰翔实。"@桂林市旅游发展委员会"从事发开始，合理利用微博政务平台，在不到一天的时间里，快速对线上举报进行线下处理，反应及时，处理果断，赢得了网友点赞。

32. 全国十大民政微博

表46　全国十大民政微博

排名	微博	认证信息	传播力	服务力	互动力	认同度	总分
1	民政微语	民政部新闻办官方微博	61.93	40.19	70.08	46.29	58.46
2	上城民政	浙江省杭州市上城区民政局官方微博	34.61	69.05	52.69	20.08	52.36
3	成都民政	成都市民政局官方微博	41.51	56.18	56.52	39.86	51.71
4	河北体彩	河北省体育彩票管理中心官方微博	39.73	58.79	47.53	43.73	50.10
5	新都民政	成都市新都区民政局官方微博	33.08	65.31	45.18	27.40	49.03
6	开封市烈士陵园管理处	开封市烈士陵园管理处官方微博	34.55	58.34	48.25	25.48	47.27
7	广州海珠民政	广东省广州市海珠区民政局官方微博	34.94	59.46	43.32	29.68	46.73
8	栖霞民政	江苏省南京市栖霞区民政局官方微博	35.93	62.98	37.33	26.93	46.27
9	大邑民政	成都市大邑县民政局官方微博	32.87	55.97	45.50	23.29	44.94
10	舞阳民政在线	漯河市舞阳县民政局官方微博	33.18	62.95	36.31	19.11	44.62

33. 全国十大农业微博

表47　全国十大农业微博

排名	微博	认证信息	传播力	服务力	互动力	认同度	总分
1	陇南康县农牧	甘肃省陇南市康县农牧局官方微博	33.09	84.15	51.97	31.36	59.00
2	成都农业	四川省成都市农业委员会官方微博	46.75	67.92	60.96	40.99	58.90
3	蒲江农林	成都市蒲江县农发局官方微博	36.35	79.22	39.32	23.13	53.07
4	陇南成县委农办	甘肃省陇南市成县县委农村工作办公室官方微博	37.00	82.24	61.14	30.96	52.69

续表

排名	微博	认证信息	传播力	服务力	互动力	认同度	总分
5	惠州农业	惠州市农业局官方微博	42.08	65.35	45.45	34.43	51.64
6	陇南农牧	甘肃省陇南市农牧局官方微博	38.09	61.42	52.83	28.82	50.91
7	西瓜办	河南省郑州市西瓜办官方微博	38.38	53.36	57.56	40.75	50.36
8	江干农业	浙江省杭州市江干区农业局官方微博	32.90	70.69	34.91	21.85	47.51
9	陇南康县农机	甘肃省陇南市康县农机管理局官方微博	28.56	58.45	50.04	29.77	47.08
10	昆明市农业局	云南省昆明市农业局官方微博	42.87	50.02	50.08	28.98	46.50

34. 全国十大气象微博

表48 全国十大气象微博

排名	微博	认证信息	传播力	服务力	互动力	认同度	总分
1	深圳天气	深圳市气象局官方微博	80.36	93.74	81.83	73.21	85.44
2	气象北京	北京市气象局官方微博	76.43	93.20	76.80	63.29	81.93
3	中国气象局	中国气象局官方微博	76.60	86.90	83.19	73.46	80.32
4	广州天气	广州市气象局官方微博	77.42	85.45	78.41	66.87	79.88
5	龙江气象	黑龙江省气象服务中心官方微博	69.80	85.77	78.24	75.71	79.31
6	江苏气象	江苏省气象局官方微博	66.88	87.17	79.63	69.64	79.10
7	中国天气	中国天气网	78.89	81.49	79.69	70.44	78.80
8	江淮气象	安徽省气象局公共服务中心官方微博	66.09	90.89	73.00	72.07	78.68
9	中央气象台	中央气象台官方微博	76.34	69.88	87.06	75.14	78.14
10	广东天气	广东省气象服务中心	74.43	86.27	73.45	61.74	77.60

@中央气象台："我给台风起名字"引爆粉丝互动

2017年8月13日，"@中央气象台"在微博平台正式开展"我给台风起名字"活动，网友只需关注并转发微博就有机会获得台风命名权，并获得台风命名证书。这是中央气象台首次利用新媒体平台举办台风命名活动，也是第一次明确将台风命名权归属公众个人。该活动一经发起立即引发全民参与热情，转评赞在数日内已累计超16万次，网友纷纷大开脑洞。在"给台风起名字"成为话题热点后，"@中央气象台"积极发布"台风小档案""起名字背后的那些事儿"科普文章，为网友们讲述相关气象知识。"@中央气象台"通过在粉丝圈发福利，在炒热"我给台风起名字"活动的同时，也很可观地增加了与粉丝的互动量，提高了政务微博的活跃度和知名度；而通过转发和@好友的抽奖方式，"@中央气象台"也在无形中促进了更多公众关注台风，提升了公众对台风的认知和预防能力，有效地普及了防灾减灾知识，取得了良好的科普宣传效果。

@江淮气象：展示大学生自制晚礼服 捕捉"季节之美"

2017年10月20日，"@江淮气象"发布微博，展示了合肥师范学院生命科学学院4名大二学生利用校园中的广玉兰树叶与桂花树叶，耗时6个月，用了近6000片树叶，最终制作出以范冰冰龙袍装为原型的晚礼服。微博发出后引起热议，网友纷纷为大学生们的脑洞和动手能力点赞，"妥妥的手工高定！""金灿灿的裙子充满了秋天的气息""这就是传说中的绿色出行"。评论区中，"@江淮气象"还主动为好奇的网友科普，讲解制作黄叶的方法。

截至目前，该条微博已获得了接近15万人次的转评赞。政务微博除服务市民、为市民提供资讯外，还要善于结合自身职能挖掘潜在的网络热点。一直以来，气象类政务微博都十分擅长从网友拍摄到的各种天气现象照片中寻找话题素材；此次"@江淮气象"敏锐捕捉生活中的"季节之美"，在取材于生活的基础上拓宽议题设置范围，更为气象官方微博做出了示范，值得点赞。

35. 全国十大人大微博

表49　全国十大人大微博

排名	微博	认证信息	传播力	服务力	互动力	认同度	总分
1	南京人大	江苏省南京市人大常委会官方微博	48.68	76.83	92.12	77.12	70.19
2	秦淮人大	江苏省南京市秦淮区人民代表大会常务委员会官方微博	36.46	64.08	59.66	38.16	49.11
3	顺德人大	佛山市顺德区人民代表大会常务委员会办公室官方微博	38.39	59.64	61.78	29.93	48.81
4	哈尔滨人大官方微博	哈尔滨市人大常委会官方微博	35.47	50.61	72.40	23.27	48.35
5	陇南成县人大办	甘肃省陇南市成县人民代表大会常务委员会办公室官方微博	34.18	65.50	57.28	30.57	47.01
6	河南人大	河南省人民代表大会常务委员会官方微博	37.68	31.36	71.22	36.56	46.37
7	高淳人大	江苏省南京市高淳区人民代表大会常务委员会官方微博	30.28	58.82	43.55	17.04	38.64
8	陇南康县人大	甘肃省陇南市康县人民代表大会常务委员会办公室官方微博	30.01	47.41	47.51	29.02	38.64
9	陇南礼县人大	甘肃省礼县人民代表大会常务委员会官方微博	29.53	50.17	46.44	25.17	38.29
10	浦口人大	江苏省南京市浦口区人大常委会官方微博	32.18	50.54	39.60	31.61	38.02

36. 全国十大人力资源和社会保障微博

表50　全国十大人力资源和社会保障微博

排名	微博	认证信息	传播力	服务力	互动力	认同度	总分
1	北京12333	北京市人力资源和社会保障局官方微博	58.29	57.31	69.70	40.36	59.53
2	双流人社	成都市双流区人力资源和社会保障局官方微博	51.93	75.19	44.28	28.11	56.56
3	宜昌市社保征稽局	湖北省宜昌市社会保险基金征收稽查局官方微博	42.86	72.13	46.90	37.40	55.23

续表

排名	微博	认证信息	传播力	服务力	互动力	认同度	总分
4	安吉人力社保	浙江省湖州市安吉人力社保局官方微博	36.24	54.74	67.15	56.05	54.90
5	秦淮人社	江苏省南京市秦淮区人力资源和社会保障局官方微博	32.19	59.92	63.69	26.18	52.13
6	陇南康县人社局	甘肃省陇南市康县人力资源和社会保障局官方微博	32.85	67.88	50.18	33.11	52.09
7	武侯人社局	成都市武侯区人力资源和社会保障局官方微博	35.00	55.40	59.75	42.58	51.35
8	天津人力社保	天津市人力资源和社会保障局官方微博	45.75	52.00	59.02	36.06	51.26
9	郫都人社	四川省成都市郫都区人力资源和社会保障局官方微博	34.57	74.28	39.88	23.25	50.91
10	陇南成县劳务工作办公室	甘肃省陇南市成县人民政府劳务工作办公室官方微博	36.16	74.46	36.73	22.75	50.31

37. 全国十大商务微博

表 51　全国十大商务微博

排名	微博	认证信息	传播力	服务力	互动力	认同度	总分
1	东城区商务委 at 北京	北京市东城区商务委员会	45.10	80.41	58.28	37.07	62.38
2	商务微新闻	中华人民共和国商务部新闻办	62.98	51.58	67.15	51.62	60.81
3	高淳商务	江苏省南京市高淳区商务局官方微博	31.83	81.00	39.73	20.39	52.72
4	天津商务信息	天津市商务委官方微博	40.07	52.57	61.09	24.68	49.84
5	江干商务旅游	浙江省杭州市江干区商务局(旅游局)官方微博	35.68	70.75	37.86	29.94	49.79
6	武侯商务	四川省成都市武侯区商务局官方微博	36.15	63.70	40.71	44.17	49.34
7	陇南康县招商	甘肃省陇南市康县招商引资局官方微博	31.86	58.30	52.53	30.53	48.51
8	陇南礼县商务	甘肃省礼县商务局官方微博	31.30	64.46	45.98	25.50	48.39
9	陇南文县招商	甘肃省陇南市文县招商引资局官方微博	34.40	61.83	45.14	24.46	47.60
10	宿州埇桥招商	安徽省宿州市埇桥区招商引资局官方微博	38.16	69.27	28.05	20.74	45.83

38. 全国十大审计微博

表 52　全国十大审计微博

排名	微博	认证信息	传播力	服务力	互动力	认同度	总分
1	陇南康县审计	甘肃省陇南市康县审计局官方微博	36.06	83.56	47.78	32.26	58.20
2	昆明市审计局	云南省昆明市审计局官方微博	42.17	62.65	39.31	26.34	47.92
3	成华审计	四川省成都市成华区审计局官方微博	35.36	58.45	37.79	17.21	43.51
4	李沧审计	山东省青岛市李沧区审计局官方微博	26.89	57.94	33.68	23.68	41.03

续表

排名	微博	认证信息	传播力	服务力	互动力	认同度	总分
5	上蔡县审计局	河南省驻马店上蔡审计局官方微博	29.87	53.50	34.70	21.92	39.98
6	上城审计	浙江省杭州市上城区审计局官方微博	32.29	55.14	26.45	16.59	38.11
7	泗县审计局	安徽省宿州市泗县审计局官方微博	26.93	43.32	36.70	32.56	36.98
8	宿迁审计	江苏省宿迁审计局官方微博	29.64	38.80	43.47	20.32	36.52
9	尉氏审计局	开封市尉氏县审计局	33.00	44.36	33.49	18.65	36.26
10	祥符区审计局	河南省开封市祥符区审计局官方微博	29.25	48.01	30.60	17.20	35.95

39. 全国十大食药监微博

表53　全国十大食药监微博

排名	微博	认证信息	传播力	服务力	互动力	认同度	总分
1	中国食品药品监管	国家食品药品监督管理总局微博	63.00	36.25	71.19	46.61	58.47
2	广食药监	四川省广元市食品药品监督管理局官方微博	45.46	74.41	47.38	33.22	56.39
3	南京食品药品监管	江苏省南京市食品药品监督管理局官方微博	44.15	64.27	57.57	35.17	55.33
4	成都食药监	四川省成都市食品药品监督管理局官方微博	50.63	53.44	57.25	37.74	52.45
5	首都食药	北京市食品药品监督管理局官方微博	44.88	56.59	56.74	33.46	51.98
6	泸州食药监	四川省泸州市食品药品监督管理局官方微博	39.78	62.27	46.16	30.23	49.74
7	双流区市场和质量监管局	双流区食品药品监督管理局	36.07	64.33	44.97	24.50	48.89
8	昆明食品药品监管	云南省昆明市食品药品监督管理局官方微博	40.08	60.35	45.85	24.19	48.33
9	成华市场和质量监管	成都市成华区食品药品监督管理局官方微博	36.15	59.91	42.56	22.34	46.20
10	抚顺食药监	抚顺市食品药品监督管理局官方微博	31.96	63.69	36.97	24.97	45.46

40. 全国十大水利微博

表54　全国十大水利微博

排名	微博	认证信息	传播力	服务力	互动力	认同度	总分
1	南京市供水节水管理处	南京市供水节水管理处官方微博	54.69	56.17	60.51	62.01	57.76
2	双流水务	成都市双流区水务局官方微博	40.01	75.97	44.46	24.47	54.18
3	水润京华	北京市水务局官方微博	59.55	51.87	54.59	40.15	53.05
4	文明开封第二河务局	河南省开封黄河河务局第二河务局官方微博	31.72	64.43	60.66	18.35	52.15

排名	微博	认证信息	传播力	服务力	互动力	认同度	总分
5	蒲江_水务	四川省成都市蒲江县水务局官方微博	39.12	67.89	38.29	27.60	49.23
6	楚风淅川	南水北调中线渠首和核心水源地淅川县官方微博	34.39	53.27	48.36	23.70	45.06
7	浦口水务	江苏省南京市浦口区水利局官方微博	31.95	59.85	38.84	20.85	44.07
8	邛崃市水务局	邛崃市水务局官方微博	33.99	57.82	38.45	17.04	43.16
9	灵璧水利	灵璧县水利局官方微博	25.40	53.09	45.13	28.79	42.74
10	宜昌水利	湖北省宜昌市水利水电局官方微博	37.38	52.00	36.82	29.83	42.30

41. 全国十大税务微博

表55　全国十大税务微博

排名	微博	认证信息	传播力	服务力	互动力	认同度	总分
1	上海税务	上海市国家税务局、上海市地方税务局官方微博	44.66	61.44	73.50	61.22	61.68
2	南京地税发布	江苏省南京地方税务局官方微博	45.78	54.63	80.68	63.12	61.53
3	广州国税	广州市国税局官方微博	43.08	61.44	68.46	53.44	59.08
4	国家税务总局	国家税务总局新闻宣传办公室	51.23	42.27	80.63	47.97	57.93
5	广州地税	广州市地方税务局官方微博	50.47	60.83	58.60	33.69	55.37
6	辽宁地税	辽宁省地方税务局官方微博	39.30	56.80	61.21	22.06	51.15
7	北京地税	北京市地方税务局官方微博	51.46	39.16	72.05	32.76	50.85
8	昆明地税	云南省昆明市地方税务局官方微博	38.89	61.43	46.23	24.09	48.63
9	温江国税	四川省成都市温江区国家税务局官方微博	33.23	68.09	38.16	25.86	47.92
10	青羊地税	成都市青羊区地方税务局官方微博	35.06	61.79	41.18	23.04	46.38

42. 全国十大司法行政微博

表56　全国十大司法行政微博

排名	微博	认证信息	传播力	服务力	互动力	认同度	总分
1	黄骅司法	河北省黄骅市司法局官方微博	57.14	87.16	84.32	70.92	78.68
2	高密普法	山东省高密市全民普法依法治市工作领导小组办公室官方微博	48.90	88.93	81.26	61.50	75.88
3	陇南成县司法	甘肃省陇南市成县司法局官方微博	52.10	86.79	78.62	65.03	75.22
4	法治当涂	安徽省马鞍山市当涂县法治宣传教育工作领导小组办公室官方微博	55.28	82.22	75.35	59.26	72.48
5	贵州省凯里监狱	贵州省凯里监狱官方微博	52.22	87.03	69.44	57.10	71.80
6	法治西安	陕西省西安市司法局官方微博	66.06	72.55	75.28	67.26	71.54

续表

排名	微博	认证信息	传播力	服务力	互动力	认同度	总分
7	六合司法	江苏省南京市六合区司法局官方微博	45.16	84.72	70.00	60.68	69.99
8	贵州省未成年犯管教所	贵州省未成年犯管教所官方微博	45.29	86.60	68.46	53.68	69.60
9	中国普法	全国普法办公室	69.23	50.46	85.15	54.99	68.83
10	海安司法	江苏省南通市海安县司法局官方微博	49.73	84.97	68.01	40.19	68.36

43. 全国十大体育微博

表57　全国十大体育微博

排名	微博	认证信息	传播力	服务力	互动力	认同度	总分
1	广西体育	广西壮族自治区体育局官方微博	55.73	55.67	73.44	45.05	59.95
2	顺义体育	北京市顺义区体育局官方微博	32.55	60.24	63.85	27.94	52.55
3	天津体育	天津市体育局官方微博	54.42	51.80	54.38	42.66	52.19
4	青岛体育	青岛市体育局官方微博	40.20	47.61	57.18	46.70	48.91
5	四川体育	四川省体育局官方微博	51.93	40.54	52.90	48.32	47.31
6	温江体育	成都市温江区体育局官方微博	39.33	48.58	50.03	34.68	45.77
7	山东体育	山东省体育局官方微博	47.23	38.37	52.83	44.00	45.04
8	北京2022年冬奥会	北京2022年冬奥会和冬残奥会组织委员会官方微博	50.99	30.93	57.23	52.73	45.01
9	海淀体育	北京市海淀区体育局官方微博	40.38	45.03	45.49	32.84	43.02
10	浙江省体育局	浙江省体育局官方微博	42.92	31.54	57.05	46.09	42.92

44. 全国十大统战部微博

表58　全国十大统战部微博

排名	微博	认证信息	传播力	服务力	互动力	认同度	总分
1	陇南统战	中共陇南市委统战部官方微博	31.39	50.52	50.31	25.02	40.25
2	上城统一战线	中国共产党杭州市上城区委统一战线工作部官方微博	29.93	70.80	35.45	19.30	38.70
3	陇南成县县委统战部	中共成县委统战部官方微博	30.58	51.65	43.69	22.68	37.94
4	昆明统战	中共昆明市委统战部官方微博	34.15	33.96	42.63	31.04	36.35
5	崇州统战	中共崇州市委统战部官方微博	31.66	42.62	42.79	18.52	35.88
6	抚顺统战_6825	中共抚顺市委统一战线工作部官方微博	35.52	37.68	37.82	19.16	35.01
7	江干统战	浙江省杭州市江干区委统战部官方微博	31.78	51.60	31.04	26.06	34.95
8	瑞安统战	浙江省瑞安市委统战部官方微博	28.61	32.26	45.14	17.59	33.20
9	高淳统战	江苏省南京市高淳区统战部官方微博	29.12	35.75	39.51	20.30	32.68
10	陇南西和统战	中共西和县委统一战线工作部官方微博	25.67	37.09	42.94	20.52	32.62

45. 全国十大团委微博

表59 全国十大团委微博

排名	微博	认证信息	传播力	服务力	互动力	认同度	总分
1	共青团中央	共青团中央官方微博	97.47	88.43	89.50	90.74	92.60
2	成都共青团	共青团成都市委员会官方微博	83.32	97.45	84.00	81.05	86.12
3	云南共青团	共青团云南省委官方微博	79.16	87.98	84.24	78.23	82.36
4	成都关工委	四川省成都市关心下一代工作委员会官方微博	82.19	94.44	76.93	70.15	81.86
5	山东共青团	共青团山东省委员会官方微博	80.99	89.67	80.40	71.68	81.62
6	四川共青团	共青团四川省委官方微博	73.28	97.13	84.87	72.71	81.47
7	共青团广安市委	共青团广安市委员会官方微博	75.34	95.66	82.15	75.12	81.43
8	共青湖南	共青团湖南省委员会官方微博	70.81	86.62	90.45	83.25	81.11
9	广东共青团	共青团广东省委员会官方微博	77.54	87.00	80.63	74.90	80.10
10	共青团中央学校部	共青团中央学校部官方微博	73.23	83.70	83.38	78.20	78.87

@重庆共青团：直播六一网络晚会 收获近百万流量

"@重庆共青团"于2017年5月31日儿童节前夜进行网络晚会微博直播，在庆祝儿童节的同时，向社会各界传递来自青年儿童积极向上的正能量和践行"中国梦，少年强"的决心。截至目前，晚会收获97万次观看，微博转评赞超过三万余次。网络晚会持续时间超2小时，亮点频出，两位从重庆本土走出去的青年榜样王俊凯和王源通过网络晚会直播还发表了对青春的看法，王俊凯谈道："青春是用来奋斗的！"而王源则借用习近平总书记的鼓励，"小朋友从小就要立志向，有梦想，爱学习，爱劳动，爱祖国"。通过网络直播的新形式，"@重庆共青团"不仅将青少年、儿童的精神面貌展现给全社会，也激励着更多的年轻网友。对此，广大网友纷纷点赞，不少网友观看后表示："加油支持！我们是共产主义接班人！"

@共青团大邑县委：征集"微心愿"助梦儿童成长

2017年10月，"@共青团大邑县委"发起了"情暖童心·圆梦'微心愿'"的志愿服务活动。在收到阿坝州松潘县部分儿童的微心愿统计表后，多名志愿者带着这些微心愿来到了松潘，帮助孩子们圆梦。"@共青团大邑县委"全程视频记录，并于10月28日公布了活动纪实视频。每一个微心愿都是一个梦，视频中孩子们脸上的笑容让人动容。视频一经公布就获得了极好的反馈，扩大了此次志愿活动的影响范围。许多网友积极通过"@共青团大邑县委"来认领"微心愿"，帮助孩子们实现心愿，快乐成长。2016年，共青团大邑县委创意推出包括线上语音、线下沙龙和"青年之家"服务站三大内容的"青声代"品牌，不断延伸团委的工作手臂，切实服务青年生活、学习、成长等现实需求，搭建"身边团组织"式的线上＋线下综合服务平台。2017年8月28日七夕节，"青声代"通过街头采访，推出首期视频节目"在你眼中，爱情是什么？"此后，"青声代"又陆续推出了多起内容新颖、制作精良的视频，不仅为自己树立了品牌，也通过视频向青年传播了正确的世界观、人生观、价值观。

46. 全国十大外宣微博

表60　全国十大外宣微博

排名	微博	认证信息	传播力	服务力	互动力	认同度	总分
1	成都发布	成都市人民政府新闻办公室	83.00	91.72	87.54	82.57	86.06
2	南京发布	南京市委宣传部新闻发布官方微博	83.35	82.78	88.85	78.19	84.37
3	上海发布	上海市政府新闻办公室官方微博	81.47	84.22	85.08	71.53	82.11
4	四川发布	四川省人民政府新闻办公室	81.48	82.64	83.49	78.47	82.01
5	滨海发布	天津市滨海新区政府官方微博	73.94	75.40	93.92	88.30	81.66
6	武汉发布	武汉市互联网信息办公室	76.76	89.17	82.70	77.48	81.10
7	成都高新	成都高新技术产业开发区官方微博	69.90	93.48	91.73	67.51	80.92
8	中国政府网	国务院办公厅中国政府网运行中心	82.71	56.97	94.24	74.62	80.21
9	中国广州发布	广州市互联网信息办公室官方微博	76.26	84.41	85.15	72.35	80.17
10	北京发布	北京市政府新闻办公室官方微博	79.86	79.82	85.94	64.68	80.16

在2017年度外宣分榜中，位列前三名的分别是"@成都发布""@南京发布"和"@上海发布"。在十强账号中，四川省延续优势，除了"@成都发布"夺冠外，"@四川发布""@成都高新"也分别上榜，值得一提的是，"@成都高新"是区县级外宣账号中唯一入围十强的账号。此外，省会城市外宣账号占据4席，接近一半。

@南京发布：国家公祭日悼念南京大屠杀死难者

2017年12月13日是第四个南京大屠杀死难者国家公祭日，也是南京大屠杀惨案发生80周年纪念日。"@南京发布"和"@侵华日军南京大屠杀遇难同胞纪念馆"除全程直播国家公祭仪式外，还记录了官方发起或网友自发组织的多个纪念活动，以不同的方式缅怀在80年前的灾难中逝去的同胞。从公布万众瞩目的《南京大屠杀史实展》到转发中美合拍纪录片《南京之殇》，从直播"悼念南京大屠杀死难者12·13烛光祭"仪式到转播海外侨社团同步公祭，从制作80年来的南京地标对比动图到拍摄警报拉响时的市民集体默哀，不同的纪念形式都代表了全国人民共同的心愿——铭记历史、不忘国耻、缅怀先烈、珍爱和平。硝烟虽已远去，国耻民殇不应忘记，"@南京发布"和"@侵华日军南京大屠杀遇难同胞纪念馆"在国家公祭日与网友共同寄托哀思，在祭奠中传递爱国情感，凝聚了强大正能量。

@昆明发布：微博巧回应　危机变转机

2017年5月21日中午，一则"中国留学生毕业演讲"视频刷爆网络，演讲者所谓"（美国）这里的空气是甜的""在家乡出门不戴口罩可能生病"等言论引起了大量网友的反感，并被曝出演讲者的故乡为昆明。针对演讲中对昆明空气质量的诋毁，"@昆明发布"22日以轻松诙谐的语言发文轻"怼"："这个锅我们不背"，并用数据说话，向网友介绍本地良好的空气质量，"借势"对昆明青山绿水的旅游环境进行了一次宣传。这次机智回应让"@昆明发布"获得了大量的关注和支持，该条微博获得转评赞过万，网友纷纷怒赞"这个舆情应对给满分！""@昆明发布"在热点事件爆发时，利用政务微博从容对网络舆论进行合理引导，将危机化解的同时，也巧妙地为自己进行了宣传推介，可谓"一举两得"。

@西安发布：抽丝剥茧回应问题电缆　拒绝舆情烂尾

2017年3月15日，有网友发帖称西安地铁三号线存在安全隐患，线路所用电缆偷工减料，各项生产指标不符合地铁施工标准。该篇帖文一经发出，网民围绕"出行安全"发出的质疑和指责声音在网络上不断蔓延，舆情发酵加快。"@西安发布"迅速反应，于3月16日晚连夜回应群众关切，表示市委、市政府已责成联合调查组对地铁材料抽样并送至国家指定权威机构监测，一旦发现违法违纪和利益输送问题，一定严惩不贷，绝不姑息，表明了西安市政府就三号线电缆事件的处理立场。3月17日、18日，"@西安发布"还相继发布了《市政府新闻办召开发布会：乘坐西安地铁是安全的，请广大市民放心》和《市委常委会听取地铁三号线调查处置工作汇报》两条微博，向网友通报事件处理的最新进展，并表示将持续关注调查情况。针对网民质疑地铁三号线电缆质量问题，3月20日，"@西安发布"编发微博《确保运营安全，西安地铁每天逐站排查运营设施隐患》，表示西安地铁公司组织100多名专业检验检测人员，从3月15日起每天逐站对地铁运营设施设备展开拉网式隐患排查，进一步打消公众对三号线乘坐安全的顾虑。3月20日晚，"@西安发布"微博通报调查结论，涉事的奥凯公司相关人员被原发控制。3月21日@西安发布微博发布《奥凯公司法人代表王志伟承认供应不合格电缆向全市人民悔罪道歉》。"@西安发布"对于此次重大事件的通报，完整翔实、抽丝剥茧，彰显了西安市委、市政府维护市民安全、严查安监质检问题的态度和决心。政务微博只有拒绝"断头新闻"、舆情"烂尾"，才能维护自身的公信力。

@微茂县：被赞"应急发布做得最好的官方微博"

2017年6月24日，四川省阿坝州茂县叠溪镇新磨村新村组富贵山山体突发高位垮塌。事发后，救援活动的进展状况一直是各方关注的焦点。作为四川省阿坝州茂县县委宣传部的官方微博，"@微茂县"全程跟进，用文字、图片、视频、航拍等多种形式，第一时间向社会各界公开救援现场的最新情况。这些微博获得网友大量关注，其相关微博累计阅读量超过4700万人次。除发布救援进展外，"@微茂县"还在评论中耐心解答网友们的疑问，提醒网友不要擅自前往灾区救援；面对"救灾军车被强收费""救援水平落后"等质疑，"@微茂县"迅速发博辟除谣言，政务机构的及时发声不仅让谣言不攻自破，也有效地促进灾难面前凝聚人心。"@微茂县"在这次应急发布中的专业与高效获得大量网友的赞许："一个县级宣传部账号能把突发事件新媒体报道做得这么好很少见"，"这是我见过应急发布做得最好的官方微博"，等等。"@微茂县"密切关注救援与安置活动的进展、及时发布权威信息、辟除谣言，在灾难面前切实发挥了政务微博在信息公开和舆论引导方面的重要作用。

47. 全国十大卫计微博

表61 全国十大卫计微博

排名	微博	认证信息	传播力	服务力	互动力	认同度	总分
1	健康中国	国家卫生和计划生育委员会官方微博	71.21	59.10	79.98	57.09	70.01
2	北京12320在聆听	北京市卫生计生热线(12320)服务中心官方微博	65.98	67.57	76.91	61.95	69.49
3	首都健康	北京市卫生和计划生育委员会官方微博	60.86	76.84	72.56	46.13	69.29
4	首都献血	北京市红十字血液中心官方微博	43.03	77.21	67.86	57.72	65.62
5	宜昌市第一人民医院	湖北省宜昌市第一人民医院官方微博	51.83	77.23	60.17	46.48	63.96

排名	微博	认证信息	传播力	服务力	互动力	认同度	总分
6	全国卫生12320	全国12320卫生公益热线官方微博	56.30	59.24	78.33	52.67	63.13
7	四川大学华西医院	四川大学华西医院官方微博	63.99	53.13	72.71	61.19	61.99
8	健康成都官方微博	成都市卫生和计划生育委员会官方微博	57.07	61.12	67.16	49.83	60.99
9	中国健康教育官方微博	中国健康教育中心、卫生部新闻宣传中心官方微博	62.17	56.29	65.96	45.33	60.45
10	健康八桂	广西壮族自治区卫生和计划生育委员会	51.80	63.99	61.14	49.24	59.22

2017年度，"@健康中国""@北京12320在聆听"和"@首都健康"夺得卫计分榜前三名。整体而言，卫计微博影响力指数有所提升，但与其他行业相比仍有差距，传播力水平与2016年基本持平，认同度仍嫌不足。在十强榜单中，中央部委、省厅级、地市级卫计委机构以及各地医院均有账号上榜。

@健康中国：医护版《成都》温暖医患关系

2017年初，民谣歌手赵雷的一首《成都》火遍大江南北，很多网友纷纷自己填词翻唱，抒发内心情怀。2月20日，"@健康中国"发布了一条医护版《成都》视频，借用原版的旋律，重新填词。歌词以医护工作者的视角展开，讲述了医护人员在工作中的心路历程。"看你淹没痛苦中，我必全力医就。看你期盼的眼眸，我愿为你守候。""让我搀扶你走过，人生昏暗时候。让你一见心安的，是我白色衣袖。让你敞开心扉的，是我感同身受。""救死扶伤这份坚守，是我一生不变追求。"字字句句体现出医护人员对患者的关心、挂念以及愿意为患者驱除伤痛带来新生的决心。视频画面全部由医护人员日常为患者诊断、治疗以及照顾、鼓励患者时的影像资料剪辑而成，以小细节、小人物叙事的手法，代替了传统宏大话语式的宣传，如一剂暖心的催化剂，缓和了医护工作者与患者之间的关系。阅后网友表示，对医护人员的工作多了一份理解和尊重，少了一份责备和误解。

@北京12320在聆听：网红专家直播医疗科普

医疗卫生问题与人们的生活息息相关，受众广泛，然而网络信息过载，谣言泛滥，网民往往难以找到获取此类信息的权威渠道。2017年，"@北京12320在聆听"开始利用直播的形式，邀请医疗卫生方面的专家与广大网友互动。3月18日，推出了#儿童营养专家说#主题活动，邀请北京市卫生计生委健康科普方面的专家向广大家长讲授如何在春季加强儿童营养，直播推出后广受欢迎，同时在线观看量达1万余人次。3月25日，推出#教你春季畅快呼吸#的直播，社会反响强烈。医疗卫生类政务微博以直播或其他形式与网友直接互动，在普及医疗健康知识的同时，扩大自身影响力和服务力，树立起权威专业的形象。

@宜宾卫生：回应舆论热议　追责医务人员

2017年3月，"四川宜宾孕妇产检HIV阳性未获告知致新生儿感染"一事引发舆论热议。3月27日晚，"@宜宾卫生"发布《宜宾市卫生和计划生育委员会关于王某投诉市妇幼保健院侵权事件的情况说明》。通报还原了事件的完整情况，指出市妇幼保健院妇产科门诊医务人员责任心严重缺失、工作不细致以致孕妇多次就诊都无医务人员认真按照孕期保健相关要求开展工作、没有认真核实信息导致没有实施干预措施等问题，卫生执法监督支队已对涉案机构和相关人员进行立案，正依照相关法律按程序进行调查，并承诺待相关处理结果出来后，会及时进行通报。"@宜宾卫生"面对质疑回应迅速，向网友展示了事件的全貌，明确了事件各方的过失和责任，缓和了负面舆论，避免了次生舆情。不足之处是，"@宜宾卫生"在发布这则通报后并没有再对该事件进行后续的跟进，建议发布普及产检知识、呼吁医务人员增加责任感、督促医院加强管理等相关内容，以加强监督、树立权威。

（1）全国十大卫计委微博

表62　全国十大卫计委微博

排名	微博	认证信息	传播力	服务力	互动力	认同度	总分
1	健康中国	国家卫生和计划生育委员会官方微博	71.21	59.10	79.98	57.09	70.01
2	首都健康	北京市卫生和计划生育委员会官方微博	60.86	76.84	72.56	46.13	69.29
3	健康成都官方微博	成都市卫生和计划生育委员会官方微博	57.07	61.12	67.16	49.83	60.99
4	健康八桂	广西壮族自治区卫生和计划生育委员会	51.80	63.99	61.14	49.24	59.22
5	青羊卫计	四川省成都市青羊区卫生局官方微博	36.18	74.04	59.35	40.97	58.75
6	健康深圳	深圳市卫生和计划生育委员会官方微博	53.64	63.51	54.09	40.54	56.41
7	健康双流	成都市双流区卫生和计划生育局官方微博	46.57	64.71	60.12	25.61	55.80
8	青岛卫生计生官方微博	青岛市卫生和计划生育委员会官方微博	42.36	63.06	57.02	30.78	53.88
9	健康河北官方微博	河北省卫生和计划生育委员会官方微博	49.96	60.55	52.84	35.93	53.66
10	泗县卫计委	泗县卫生和计划生育委员会官方微博	38.40	70.69	43.60	34.93	52.53

（2）全国十大疾控应急微博

表63　全国十大疾控应急微博

排名	微博	认证信息	传播力	服务力	互动力	认同度	总分
1	北京西城健康教育	北京市西城区疾病预防控制中心健康教育所官方微博	37.50	78.27	55.04	29.49	58.27
2	北京朝阳健康教育	北京市朝阳区疾病预防控制中心健康教育科官方微博	45.51	62.41	60.20	30.19	55.15
3	北京房山健康教育	北京市房山区疾病预防控制中心健康教育所官方微博	38.22	69.41	56.61	25.51	54.94

续表

排名	微博	认证信息	传播力	服务力	互动力	认同度	总分
4	东坡微健康	四川省眉山市东坡区疾病预防控制中心官方微博	50.16	64.58	47.80	38.36	54.04
5	北京健康教育	北京市疾病预防控制中心健康教育所官方微博	45.33	40.18	67.20	35.56	48.85
6	北京通州健康教育	北京市通州区疾病预防控制中心健康教育所官方微博	39.90	55.46	54.03	21.76	48.55
7	北京大兴健康教育	北京市大兴区疾病预防控制中心健康教育科官方微博	35.77	52.94	54.28	31.94	47.81
8	北京延庆健康教育	北京市延庆区疾病预防控制中心健康教育科官方微博	32.65	58.35	46.41	25.71	46.36
9	北京市疾病预防控制中心	北京疾病预防控制中心官方微博	42.39	36.87	57.24	40.66	44.46
10	北京市大兴区疾病预防控制中心	北京市大兴区疾病预防控制中心官方微博	33.71	53.36	42.89	23.81	43.33

（3）全国十大卫生监督微博

表64　全国十大卫生监督微博

排名	微博	认证信息	传播力	服务力	互动力	认同度	总分
1	北京卫生监督	北京市卫生监督官方微博	41.31	52.45	53.24	28.94	48.11
2	青岛卫生计生综合监督	山东省青岛市卫生局卫生监督局官方微博	33.62	27.94	40.21	23.78	32.34
3	九江卫生监督	佛山市九江镇卫生监督所官方微博	34.97	17.44	52.11	21.86	31.79
4	北京通州卫生监督	北京市通州区卫生局卫生监督所官方微博	36.76	21.70	41.56	26.76	31.17
5	北京东城卫生和计划生育监督所	北京市东城区卫生和计划生育监督所	33.94	22.17	41.43	28.75	30.96
6	上海卫生计生监督所	上海市卫生局卫生监督所官方微博	36.68	18.56	46.29	20.75	30.72
7	北京石景山卫生监督	北京市石景山区卫生和计划生育监督所	31.98	21.28	37.54	23.28	28.50
8	北京延庆卫生监督	北京市延庆区卫生和计划生育监督所官方微博	34.54	16.98	31.82	31.57	26.40
9	南海卫生监督	广东省佛山市南海区卫生监督所官方微博	30.68	14.72	39.64	22.85	26.20
10	北京怀柔卫生监督	北京市怀柔卫生监督所官方微博	33.15	16.86	35.90	18.96	26.04

（4）全国十大医院微博

表 65　全国十大医院微博

排名	微博	认证信息	传播力	服务力	互动力	认同度	总分
1	宜昌市第一人民医院	湖北省宜昌市第一人民医院官方微博	51.83	77.23	60.17	46.48	63.96
2	四川大学华西医院	四川大学华西医院官方微博	63.99	53.13	72.71	61.19	61.99
3	福医附一康复	福建医科大学附属第一医院康复医学科官方微博	35.32	52.21	77.53	44.12	55.62
4	青岛市妇女儿童医院	山东省青岛市妇女儿童医院官方微博	48.42	57.80	55.18	38.08	53.16
5	北京协和医院	北京协和医院官方微博	52.12	38.27	67.86	55.73	51.67
6	青岛经济技术开发区第一人民医院	青岛经济技术开发区第一人民医院官方微博	40.19	56.69	56.24	33.73	50.96
7	北京大兴榆垡健康教育	北京市大兴区榆垡镇中心卫生院官方微博	36.63	60.03	54.16	28.30	50.41
8	临汾市第三人民医院	临汾市第三人民医院官方微博	36.99	57.43	52.59	38.10	49.96
9	采育卫生院	北京市大兴区采育镇中心卫生院官方微博	33.74	59.87	44.64	25.21	46.61
10	小儿传染病预防保健	太原市第三人民医院官方微博	40.66	51.36	47.87	33.41	46.38

（5）全国十大献血机构微博

表 66　全国十大献血机构微博

排名	微博	认证信息	传播力	服务力	互动力	认同度	总分
1	首都献血	北京市红十字血液中心官方微博	43.03	77.21	67.86	57.72	65.62
2	中华骨髓库	中国造血干细胞捐献者资料库（管理中心）官方微博	46.44	50.97	56.73	45.57	50.35
3	成都献血	成都市血液中心官方微博	36.06	42.16	45.79	32.50	41.07
4	河北省血液中心 HEBBC	河北省血液中心官方微博	46.13	23.07	43.87	35.90	35.21
5	青岛市中心血站	山东省青岛市中心血站官方微博	40.03	24.77	45.54	31.67	34.74
6	济南献血	济南市血液供保中心官方微博	31.85	23.07	49.01	26.71	32.97
7	江苏献血	江苏省血液中心官方微博	34.38	25.42	39.77	27.45	31.72
8	山东省脐带血造血干细胞库	山东省脐带血造血干细胞库官方微博	31.26	17.07	46.40	31.87	30.19
9	甘肃省血液中心	甘肃省红十字血液中心官方微博	34.40	18.08	42.66	23.51	29.26
10	南昌市血站	南昌市血站官方微博	28.96	17.15	43.20	26.22	28.23

48. 全国十大文化微博

表67 全国十大文化微博

排名	微博	认证信息	传播力	服务力	互动力	认同度	总分
1	故宫博物院	故宫博物院官方微博	81.29	48.03	88.14	85.71	77.14
2	西安半坡博物馆志愿者队	西安半坡博物馆	66.48	84.26	71.96	60.96	74.69
3	侵华日军南京大屠杀遇难同胞纪念馆	侵华日军南京大屠杀遇难同胞纪念馆官方微博	68.01	67.34	74.74	72.38	70.33
4	天津大剧院	天津驱动文化传媒有限公司天津大剧院官方微博	61.87	85.38	62.79	49.62	70.32
5	汉唐网	陕西省文物局官方微博	61.00	63.75	84.59	64.59	69.54
6	山东时代美术	山东时代美术馆	73.93	87.89	43.38	46.58	67.61
7	国家博物馆	中国国家博物馆官方微博	67.34	51.18	74.21	67.61	66.20
8	浙江绍兴鲁迅纪念馆	绍兴鲁迅纪念馆官方微博	47.23	61.21	90.65	48.18	65.94
9	中国文物网	中国文物网官方微博	50.48	57.54	78.23	67.56	63.34
10	四川广汉三星堆博物馆	三星堆博物馆官方微博	65.52	52.42	74.50	67.39	63.16

（1）全国十大文化管理微博

表68 全国十大文化管理微博

排名	微博	认证信息	传播力	服务力	互动力	认同度	总分
1	汉唐网	陕西省文物局官方微博	61.00	63.75	84.59	64.59	69.54
2	河南考古	河南省文物考古研究院官方微博	63.47	52.19	70.61	67.32	61.48
3	文化山东	山东省文化厅官方微博	50.63	63.35	68.18	51.61	61.08
4	中国文博	国家文物局官方微博	58.53	48.46	69.67	56.98	59.70
5	海昏侯	南昌汉代海昏侯国遗址管理局官方微博	57.60	45.83	72.49	60.62	57.66
6	文化部	文化部官方微博	50.64	16.94	90.40	52.31	56.00
7	秦淮文化微博	江苏省南京市秦淮区文化局官方微博	37.21	65.79	58.37	33.17	54.59
8	四川文化	四川省文化厅官方微博	43.44	63.15	53.61	39.89	54.02
9	邛崃文旅	四川省邛崃市文体广电新闻出版和旅游局	28.73	54.78	68.48	24.49	50.65
10	丰台文创	北京市丰台区文化创意产业促进中心官方微博	42.72	63.08	42.75	36.83	50.28

（2）全国十大博物馆微博

表69　全国十大博物馆微博

排名	微博	认证信息	传播力	服务力	互动力	认同度	总分
1	故宫博物院	故宫博物院官方微博	81.29	48.03	88.14	85.71	77.14
2	西安半坡博物馆志愿者队	西安半坡博物馆	66.48	84.26	71.96	60.96	74.69
3	侵华日军南京大屠杀遇难同胞纪念馆	侵华日军南京大屠杀遇难同胞纪念馆官方微博	68.01	67.34	74.74	72.38	70.33
4	国家博物馆	中国国家博物馆官方微博	67.34	51.18	74.21	67.61	66.20
5	浙江绍兴鲁迅纪念馆	绍兴鲁迅纪念馆官方微博	47.23	61.21	90.65	48.18	65.94
6	四川广汉三星堆博物馆	三星堆博物馆官方微博	65.52	52.42	74.50	67.39	63.16
7	成都杜甫草堂博物馆	成都杜甫草堂博物馆	43.63	56.67	52.67	44.75	51.67
8	山西博物院	山西博物院官方微博	59.70	38.94	60.40	48.75	50.51
9	南京六朝博物馆	江苏省南京市六朝博物馆官方微博	52.30	39.16	61.34	48.89	49.41
10	中国金融博物馆书院	中国金融博物馆书院官方微博	65.19	38.51	54.73	43.76	49.24

（3）全国十大图书馆微博

表70　全国十大图书馆微博

排名	微博	认证信息	传播力	服务力	互动力	认同度	总分
1	广州图书馆	广州图书馆	59.25	66.68	61.38	52.72	62.21
2	杭州图书馆	杭州图书馆官方微博	43.94	66.84	63.86	46.05	59.29
3	国家图书馆	国家图书馆官方微博	47.37	59.67	60.57	53.40	54.39
4	深圳图书馆	深圳图书馆官方微博	57.06	53.50	53.62	46.42	53.54
5	青岛市图书馆	青岛市图书馆	47.65	54.26	50.79	46.31	51.10
6	重庆图书馆	重庆图书馆官方微博	48.20	54.62	48.24	37.86	49.75
7	山东省图书馆官方微博	山东省图书馆官方微博	38.92	53.66	53.62	40.38	49.37
8	四川省图书馆	四川省图书馆（四川省古籍保护中心）	50.10	44.11	54.76	48.06	48.90
9	临沂市图书馆	临沂市图书馆	38.17	56.62	46.63	44.48	48.72
10	淄博市图书馆	山东省淄博市图书馆官方微博	46.13	50.09	46.62	47.71	48.02

49. 全国十大文明办微博

表 71　全国十大文明办微博

排名	微博	认证信息	传播力	服务力	互动力	认同度	总分
1	中国文明网	中国文明网官方微博	78.26	50.82	95.75	70.02	77.19
2	文明河南	河南省文明办官方微博	54.44	61.06	90.32	59.95	67.08
3	文明北京	首都文明办官方微博	50.45	54.83	77.55	42.25	58.63
4	文明成都	成都市精神文明建设办公室官方微博	51.31	42.94	74.63	30.34	54.54
5	青岛文明网	青岛市精神文明建设委员会办公室官方微博	48.19	39.05	77.17	41.68	54.40
6	厦门文明网	厦门文明网官方微博	42.20	50.19	79.22	35.27	54.21
7	南京文明网	江苏省南京市精神文明建设指导委员会办公室官方微博	42.02	52.93	75.35	33.61	53.36
8	文明焦作	河南省焦作市文明办官方微博	46.61	63.18	59.23	42.25	53.27
9	文明萧县	安徽省萧县文明办官方微博	45.39	86.19	46.40	36.74	52.99
10	文明昆明	云南省昆明市精神文明建设指导委员会办公室官方微博	40.15	42.96	78.69	43.06	52.57

@ 中国文明网：报道精神文明表彰大会　引发社会广泛关注

2017 年 11 月 17 日，全国精神文明建设表彰大会在北京举行。大会期间，中国文明网在微博开设了#全国精神文明表彰大会#话题，集中报道，获得了广大网友的高度关注。11 月 19 日，该话题热度升至微博话题社会榜第二名。截至目前，话题阅读量达到 2579 万，讨论量达 1.3 万，大量网友参与讨论，表达对此次表彰大会和精神文明建设工作的关注。值得一提的是，在微博图文报道大会现场的同时，"@ 中国文明网"还通过短视频、头条文章等形式对代表们的感人事迹进行生动报道。其中为祖国核潜艇事业三十年未曾回家的黄旭华院士获得了网友高度关注，中国文明网独家采访的单条微博，阅读量超过 1340 万次，视频播放量达到 414 万次，获得网友点赞近 3.6 万次，转发评论超过 1 万次，获得了多层次、多群体的广泛传播。广大网友被黄院士的事迹所打动，纷纷表达对黄院士的敬意，也有网友为中国文明网记者全程俯身采访黄院士的举动所打动，称赞记者专业、暖心。本次大会通过微博传播获得广大年轻网友的关注，传递了温暖的力量、感人的瞬间的同时，也传递出党中央对精神文明建设工作的高度重视，是新时代媒体融合工作的一次成功探索。

@ 文明成都：直播记录好人好事　传递"看得见的温暖"

2017 年 10 月 31 日，由中央文明办主办，中国文明网、中共四川省文明办、中共成都市委、成都市人民政府承办，中共成都市委宣传部、中共成都市委文明办、成都电视台协办的 10 月中国好人榜发布仪式暨全国道德模范与身边好人（四川·成都）现场交流活动在成都高新区 Icon·云端剧场举行。"@ 文明成都"在微博平台全程直播了这场活动，网友在直播中体会到了浓浓的正能量，纷纷踊跃参与留言互动，表示"这是看得见的美好和温暖。"日常运营中，"@ 文明成都"也积极利用直播的形式，展示成都市精神文明建设相关的内容信息，比如道德模范成都好人、文明创建取得的成果、"我们的节日"相关习俗主题活动等。基层文化建设关系到民心凝聚、人心向背，关系到人民群众的精气神和幸福感，"@ 文明成都"通过直播传扬社会正能量，满足了人民群众的精神文化需求，让更多市民感受到了成都的文化自信。

50. 全国十大信访微博

表72　全国十大信访微博

排名	微博	认证信息	传播力	服务力	互动力	认同度	总分
1	南京信访	江苏省南京市信访局官方微博	36.19	76.54	51.44	37.18	57.01
2	天津信访	天津市人民政府信访办公室官方微博	42.40	37.30	61.17	27.33	44.49
3	上城信访	杭州市上城区区长公开电话受理中心官方微博	32.39	59.65	36.80	20.96	43.48
4	昆明市信访局	云南省昆明市人民政府信访局官方微博	33.82	48.07	44.61	27.03	42.08
5	洛阳信访	洛阳市信访局	32.04	39.08	52.59	24.45	40.26
6	陇南信访	甘肃省陇南市信访局官方微博	29.95	39.38	46.79	24.55	38.23
7	光山县群工部	中共河南省光山县委群众信访工作部官方微博	22.53	50.76	34.78	25.65	37.81
8	平度市群众工作部	山东省平度市委群众工作部官方微博	25.73	48.00	36.31	22.67	37.50
9	东营区 xinfangju	山东省东营市东营区信访局官方微博	18.19	46.87	32.52	24.15	34.55
10	清风潢川群工部	中共潢川县委群工部、潢川县人民政府信访局官方微博	28.49	41.09	32.17	23.95	34.18

51. 全国十大园林环卫微博

表73　全国十大园林环卫微博

排名	微博	认证信息	传播力	服务力	互动力	认同度	总分
1	上海辰山植物园	上海辰山植物园官方微博	61.89	53.24	71.20	63.23	61.36
2	南京市绿化园林局	江苏省南京市绿化园林局官方微博	42.33	65.91	60.64	41.19	57.14
3	绿色上海	上海市绿化和市容管理局官方微博	46.58	47.74	72.13	44.11	54.46
4	首都园林绿化	北京市园林绿化局官方微博	54.28	47.55	62.95	49.82	53.74
5	苏州园林绿化	苏州市园林和绿化管理局官方微博	38.93	54.91	49.30	41.06	48.64
6	美丽天津	天津市市容和园林管理委员会官方微博	41.25	46.58	48.57	26.07	44.06
7	松江绿化市容	上海市松江区绿化和市容管理局官方微博	37.16	47.92	45.55	33.48	43.62
8	泉州环卫	福建省泉州市环境卫生管理处官方微博	37.80	33.92	56.79	33.86	41.55
9	泉州园林	福建省泉州市园林管理局官方微博	34.31	28.70	52.47	35.19	37.60
10	惠阳区环卫局	广东省惠州市惠阳区市容环境卫生管理局官方微博	29.15	42.81	38.68	22.88	36.84

52. 全国十大政法委微博

表74　全国十大政法委微博

排名	微博	认证信息	传播力	服务力	互动力	认同度	总分
1	中国长安网	中国长安网官方微博	82.61	95.55	86.45	76.95	85.78
2	陕西政法	中共陕西省委政法委员会官方微博	57.14	84.08	61.95	53.86	63.65
3	青海政法	青海省委政法委员会官方微博	54.54	84.53	55.51	39.19	59.29
4	天津政法	中共天津市委政法委员会宣传处官方微博	58.30	87.91	48.78	32.07	58.75
5	广东政法	广东省政法委、省平安办、省综治办、省维稳办官方微博	44.06	53.23	86.46	42.84	58.49
6	遂川政法	中共遂川县委政法委员会官方微博	51.75	72.06	61.89	46.59	58.34
7	柳州政法	广西柳州市委政法委员会官方微博	44.30	81.64	61.47	48.71	57.36
8	北京政法	首都政法综治网官方微博	43.20	72.35	71.52	38.52	57.06
9	陇南政法	中共陇南市委政法委员会官方微博	42.82	86.69	60.60	39.09	56.56
10	中原盾	中共河南省委政法委员会官方微博	41.57	86.83	52.47	38.07	53.54

@中国长安网：持续关注并解析江歌案庭审动向

自2017年12月11日上午江歌案开庭审理，"@中国长安网"持续数日与公众一同实时关注庭审情况的最新进展，对每日庭审情况及时进行汇总直播。在庭审期间，有关此案的舆论沸点又一次燃起，"@中国长安网"所主持的#江歌案东京开庭#的话题获得近2亿人次的阅读量以及近5万人次的讨论量。"@中国长安网"对本案及时跟进，并且邀请法律专家为网友解惑，普及日本法庭审判常识，多条微博获得网友数以十万计的点赞认同，坚持对案件的理性审视，让这起牵动公众情绪的复杂案件的案情更加清晰。

53. 全国十大政协微博

表75　全国十大政协微博

排名	微博	认证信息	传播力	服务力	互动力	认同度	总分
1	议政金陵	政协南京市委员会官方微博	43.01	82.48	58.51	35.97	54.85
2	秦淮政协	江苏省南京市秦淮区政协官方微博	35.15	78.98	60.15	49.50	52.85
3	曲靖政协	曲靖市政协官方微博	33.83	29.36	51.48	31.13	37.96
4	陇南武都政协	甘肃省陇南市武都区政协官方微博	29.35	53.52	40.78	26.18	37.29
5	文县政协办公室	甘肃省陇南市文县政协官方微博	29.88	35.15	47.62	22.79	35.55
6	陇南礼县政协	甘肃省陇南市政协礼县委员会官方微博	27.29	49.72	40.98	20.47	35.20
7	陇南政协	甘肃省陇南市政协官方微博	32.15	24.68	48.06	26.98	34.91
8	哈尔滨政协	中国人民政治协商会议黑龙江省哈尔滨市委员会官方微博	35.15	19.66	40.31	16.83	31.77
9	顺德政协	佛山市顺德区政协办公室官方微博	30.71	20.16	42.08	24.96	31.44
10	成都高新政协	成都高新区政协工作联络处官方微博	30.24	39.07	32.06	18.02	31.33

54. 全国十大质监微博

表76　全国十大质监微博

排名	微博	认证信息	传播力	服务力	互动力	认同度	总分
1	上海质监发布	上海市质量技术监督局新闻宣传中心官方微博	49.30	56.76	59.54	36.31	54.05
2	珠海市技术性贸易壁垒预警平台	广东省珠海市质量技术监督标准与编码所官方微博	36.42	70.79	45.28	24.93	51.68
3	广州质监	广州市质量技术监督局官方微博	42.69	54.68	56.88	36.33	51.11
4	质量无锡	无锡市质量技术监督局官方微博	44.59	58.13	50.53	33.51	50.68
5	山东质监	山东省质量技术监督局官方微博	39.93	64.48	47.15	25.19	50.44
6	宿州质监	安徽省宿州市质监局官方微博	33.22	69.00	41.91	27.10	49.53
7	北京质监	北京市质监局官方微博	57.44	43.28	47.31	36.56	46.65
8	德州市质量技术监督局	山东省德州市质量技术监督局官方微博	26.89	58.22	43.12	31.05	44.71
9	昆明市质量技术监督局	昆明市质量技术监督局官方微博	37.77	58.34	35.11	26.75	44.10
10	广西质监发布	广西壮族自治区质监局官方微博	41.27	46.58	45.43	32.54	43.77

@北京质监：多维宣传　提供生动实用的质量知识信息服务

2017年9月，@北京质监紧抓#北京质量月#契机，综合运用视频海报、长图文、联动转发、线上互动，特别是短视频形式，相继发布"电梯投诉记""有机认证那些事""工业产品风险提示""图形标识漫游记"等系列微博，将质监业务与百姓生活紧密联系，为网友提供生动实用的质量知识信息服务。不少网友留言评论，"经常在地铁上看到微博中的电梯动画""图形标识涨姿势了"。截至目前，#北京质量月#话题总阅读量突破七千万，获得良好的线上线下传播效果。

55. 全国十大住建规划微博

表77　全国十大住建规划微博

排名	微博	认证信息	传播力	服务力	互动力	认同度	总分
1	天津市住房公积金发布	天津市住房公积金管理中心官方微博	50.68	64.29	60.09	45.22	58.40
2	成都高-新文明汇	成都高新区发展策划局官方微博	39.52	68.68	64.25	34.29	58.08
3	郫都区房管局	四川省成都市郫都区房产管理局	36.82	84.84	40.62	25.40	56.03
4	青白江建设	成都市青白江区建设局官方微博	39.07	79.41	44.63	28.81	55.85
5	天津12319	天津市12319城建热线服务中心官方微博	45.83	66.35	55.30	34.42	55.74
6	南京规划	江苏省南京市规划局官方微博	44.51	61.57	57.74	42.34	55.09
7	双流房管局	成都市双流区房产管理局官方微博	40.85	74.85	45.53	27.32	54.50

续表

排名	微博	认证信息	传播力	服务力	互动力	认同度	总分
8	望江新城建设	浙江省杭州市望江地区改造建设指挥部官方微博	30.75	71.79	51.52	21.23	52.44
9	青羊统筹	四川省成都市青羊区统筹城乡工作局官方微博	33.83	59.06	58.98	41.03	52.19
10	陇南康县住建	甘肃省陇南市康县住房和城乡建设局官方微博	33.04	67.42	48.70	35.24	51.71

56. 全国十大组织部微博

表78　全国十大组织部微博

排名	微博	认证信息	传播力	服务力	互动力	认同度	总分
1	永川组工	中共重庆市永川区委组织部官方微博	38.04	46.28	70.22	60.64	51.60
2	活力陇南	中共陇南市委组织部官方微博	36.52	38.86	61.40	40.10	44.81
3	中共官渡区委组织部	中国共产党昆明市官渡区委组织部官方微博	30.81	42.25	68.53	28.05	44.14
4	昆明市委组织部	中共昆明市委组织部官方微博	41.09	38.75	51.72	40.90	43.79
5	陕西党建网	中共陕西省委组织部陕西党建网官方微博	37.72	45.40	51.47	30.00	42.61
6	北海先锋	北海市委组织部官方微博	44.36	44.27	42.02	28.06	42.01
7	上城先锋	中共杭州市上城区委组织部官方微博	35.72	57.61	38.31	27.72	40.08
8	魅力西和	甘肃省陇南市西和县委组织部官方微博	31.46	50.20	48.55	28.44	40.03
9	德宏组工	云南省德宏州委组织部官方微博	42.21	29.92	42.10	42.67	39.76
10	陇南康县组工	中共康县委组织部官方微博	28.47	34.08	51.87	27.27	36.49

三　政务微博地区竞争力排行榜

（一）政务微博地区榜单指标说明

地区政务微博竞争力旨在评估各地区对新媒体的综合应用能力和应用效果，着重考核各地政务微博矩阵的传播力、服务力和互动力，数据统计周期为 2016 年 12 月 1 日至 2017 年 11 月 30 日。具体评价维度如下：

1. 排名对象：

各省排行榜的排名对象包括除港澳台以外的所有省级行政区；

城市排行榜排名对象包括各省或自治区下辖的所有地级行政区。

2. 计分规则：

城市政务微博竞争力评估维度包括：传播力、服务力和互动力；

总分由各分项指标标准化后加权计算得出。

3. 指标说明：

（1）传播力指标：

微博阅读数：地区内所有政务微博在统计周期内所发微博阅读数总和（注：中央和国家直属机构的政务微博不参与地区间排行的统计，省直属机构的政务微博不参与城市排行的统计，以下指标皆同）；

活跃账号数：在统计周期内有更新行为的地区政务账号数量；

活跃账号率：在统计周期内有更新行为的地区政务账号数量与地区政务账号总量的比值。

（2）服务力指标：

主动评论数：统计周期内该地区内所有政务微博用户主动回复评论的总量（包括在该政务微博用户所发微博及其他用户所发微博中的所有评论）；

总发博数：地区内所有政务微博在统计周期内所发微博数总和；

原创发博数：地区内所有政务微博在统计周期内所发原创微博数总和；

"被@"回复数：统计周期内该地区内所有政务微博用户回复网友"@"的总数；

"被@"回复率：统计周期内该地区内所有政务微博用户回复网友"@"的总数与被网友"@"数的比值；

发私信数：统计周期内该地区内所有政务微博发给用户的私信总数（包括手动私信次数、手动私信人数、关键词命中的人数三类指标）；

私信回复率：统计周期内该地区内所有政务微博发给用户的私信总数与收到的私信总数的比值。

（3）互动力指标：

可信用户转发数：地区所有政务微博在统计周期内所发全部微博的被转发数总和，排除垃圾用户，同一个账号对同一个用户进行多次转发，一天只计1次；

可信用户评论数：地区所有政务微博在统计周期内所发全部微博的被评论数总和，排除垃圾用户，同一个账号对同一个用户进行多次评论，一天只计1次；

可信用户赞数：地区所有政务微博在统计周期内所发全部微博的被赞数总和，排除垃圾用户，同一个账号对同一个用户进行多次赞，一天只计1次；

点赞率：地区所有政务微博在统计周期内所发全部微博的被赞数与阅读总数的比值。

（二）省份政务微博竞争力排行榜

省份政务微博竞争力排行榜见表79。

表79 省份政务微博竞争力排行榜

排名	省份	传播力	服务力	互动力	竞争力指数
1	四 川	98.33	82.98	88.01	89.34
2	江 苏	91.35	77.68	89.67	85.98
3	山 东	82.41	81.04	81.02	81.44
4	河 南	80.26	71.61	79.40	76.93

续表

排名	省份	传播力	服务力	互动力	竞争力指数
5	安　徽	82.34	74.89	73.11	76.50
6	广　东	81.16	59.59	69.29	69.45
7	浙　江	79.82	59.78	70.05	69.39
8	陕　西	71.93	62.82	64.05	65.98
9	河　北	62.33	57.21	71.17	63.63
10	天　津	56.85	57.32	75.17	63.43
11	北　京	66.81	52.76	68.49	62.48
12	湖　北	64.08	49.42	63.92	58.89
13	云　南	64.63	52.90	59.51	58.73
14	甘　肃	66.54	52.58	57.22	58.39
15	江　西	59.93	46.98	68.38	58.36
16	广　西	63.37	55.69	52.69	56.94
17	上　海	57.69	34.68	72.41	54.79
18	福　建	59.60	49.99	54.49	54.45
19	湖　南	57.36	43.80	61.33	54.00
20	辽　宁	57.07	55.87	46.94	53.10
21	重　庆	58.36	46.64	52.06	52.05
22	新　疆	50.49	42.38	52.57	48.38
23	内蒙古	57.18	47.65	40.57	48.03
24	宁　夏	42.32	72.68	24.13	46.58
25	黑龙江	51.73	37.29	43.54	43.81
26	山　西	50.67	39.24	39.64	42.81
27	贵　州	47.52	39.05	28.81	38.01
28	吉　林	42.13	24.72	30.86	32.09
29	青　海	21.84	22.57	5.08	16.23
30	西　藏	6.03	10.74	16.22	11.25
31	海　南	16.24	6.63	10.87	11.00

（三）城市政务微博竞争力排行榜TOP100

城市政务微博竞争力排行榜TOP100见表80。

表80　城市政务微博竞争力排行榜TOP100

排名	城市	传播力	服务力	互动力	竞争力指数
1	成　都	97.94	80.15	87.39	88.02
2	南　京	94.37	72.16	88.06	84.39
3	郑　州	82.80	59.33	75.19	71.92
4	青　岛	82.46	64.22	69.37	71.49
5	银　川	76.06	82.35	56.42	71.39
6	济　南	77.00	60.83	72.83	69.88

排名	地区	传播力	服务力	互动力	竞争力指数
7	杭　州	84.69	52.31	73.61	69.48
8	陇　南	84.72	55.20	69.97	69.22
9	苏　州	83.00	56.85	68.16	68.65
10	西　安	80.06	55.27	71.86	68.51
11	洛　阳	78.96	55.56	67.14	66.63
12	深　圳	81.40	47.04	73.18	66.50
13	马鞍山	77.09	60.35	62.40	66.09
14	临　沂	74.79	52.82	71.37	65.91
15	广　州	81.01	47.93	70.06	65.60
16	宿　州	74.49	54.74	68.03	65.32
17	南　昌	77.18	46.74	72.78	64.99
18	南　通	78.03	48.95	66.39	63.78
19	武　汉	77.38	44.50	71.31	63.75
20	宁　波	80.53	49.20	60.44	62.53
21	昆　明	80.85	44.37	63.97	62.17
22	泉　州	74.00	51.09	62.74	62.04
23	保　定	68.81	51.66	64.92	61.44
24	潍　坊	74.08	51.49	60.47	61.41
25	湖　州	76.04	42.86	67.01	61.27
26	伊　犁	75.54	46.24	63.70	61.14
27	石家庄	72.64	40.92	70.56	60.81
28	威　海	72.92	49.61	60.27	60.34
29	宿　迁	70.77	45.36	65.61	60.07
30	安　庆	71.15	50.81	59.21	59.86
31	菏　泽	70.96	47.42	62.44	59.74
32	宜　昌	75.61	47.98	57.74	59.69
33	德　州	69.75	47.10	63.47	59.63
34	淄　博	73.05	45.38	62.22	59.58
35	亳　州	70.03	51.49	58.25	59.42
36	哈尔滨	77.34	44.05	58.84	59.21
37	佛　山	75.98	44.64	58.95	59.05
38	沈　阳	71.41	45.41	61.97	59.01
39	抚　顺	73.96	45.30	59.83	58.98
40	兰　州	74.75	41.42	62.26	58.71
41	福　州	72.69	42.40	62.11	58.38
42	绍　兴	70.71	35.34	70.57	58.28
43	榆　林	71.05	46.86	58.58	58.22
44	南　宁	74.68	43.76	58.55	58.21
45	无　锡	74.43	37.47	63.95	57.83
46	商　丘	69.01	49.42	56.41	57.74
47	宣　城	70.65	46.13	57.51	57.47

续表

排名	地区	传播力	服务力	互动力	竞争力指数
48	开 封	72.87	48.24	53.09	57.33
49	徐 州	73.16	44.21	56.37	57.15
50	巴 中	69.30	46.36	56.71	56.87
51	温 州	76.26	39.97	54.87	56.07
52	十 堰	68.23	37.01	63.67	55.71
53	黄 山	69.23	48.48	51.11	55.63
54	宝 鸡	70.77	43.10	55.06	55.59
55	合 肥	71.13	40.96	56.09	55.31
56	烟 台	70.00	45.88	51.78	55.18
57	六 安	71.04	43.27	53.48	55.18
58	滁 州	70.07	43.14	54.01	55.03
59	沧 州	68.01	39.88	58.97	55.00
60	大 连	69.84	44.32	52.95	55.00
61	新 乡	69.65	47.38	48.64	54.50
62	日 照	64.79	45.46	54.69	54.49
63	自 贡	67.17	39.58	58.51	54.48
64	漯 河	69.78	38.77	56.29	54.20
65	柳 州	67.05	42.61	54.75	54.19
66	三 明	71.51	42.15	51.37	54.18
67	保 山	64.86	37.75	61.36	54.15
68	宜 宾	69.18	41.36	53.77	54.05
69	绵 阳	67.97	40.75	55.39	54.04
70	眉 山	70.52	40.57	52.64	53.78
71	遂 宁	64.48	40.01	58.32	53.76
72	百 色	67.48	44.02	51.36	53.63
73	广 安	69.22	33.59	60.04	53.54
74	南 阳	68.83	45.53	48.34	53.50
75	太 原	69.80	37.48	55.12	53.35
76	嘉 兴	71.48	37.71	53.39	53.33
77	江 门	70.96	40.09	51.41	53.32
78	长 春	70.48	39.31	51.98	53.10
79	惠 州	71.40	35.90	54.38	53.01
80	淮 北	65.70	40.97	54.16	53.01
81	渭 南	69.55	40.90	50.84	52.97
82	长 沙	68.67	34.71	57.64	52.92
83	晋 中	68.54	38.45	53.67	52.80
84	德 阳	69.18	39.32	52.25	52.80
85	南 充	67.18	37.55	55.50	52.72
86	赣 州	67.23	40.19	52.81	52.72
87	桂 林	67.30	38.08	54.86	52.72
88	广 元	70.64	41.29	48.73	52.70

续表

排名	地区	传播力	服务力	互动力	竞争力指数
89	厦 门	69.78	35.69	54.91	52.64
90	咸 阳	69.78	41.77	47.63	52.23
91	淮 南	66.21	38.95	53.41	52.19
92	金 华	68.70	35.44	54.77	52.18
93	常 州	69.57	41.14	48.25	52.16
94	池 州	67.03	43.63	47.77	52.10
95	芜 湖	68.93	40.51	48.83	51.95
96	九 江	63.57	33.98	59.52	51.80
97	安 阳	66.09	36.30	54.25	51.52
98	汉 中	66.07	44.45	45.97	51.47
99	阜 阳	67.65	37.72	51.15	51.40
100	台 州	68.70	35.70	52.24	51.39

四 政务微博发展趋势与建议

(一) 应急舆情回应时效缩减 矩阵联动优势明显

2017 年，政务微博的应急和响应能力实现大幅度提高，有些官方微博在舆情回应方面甚至做到了"以分钟为单位回复、以小时为单位解决"。3 月 30 日 13：20，网友"@cyesy16"发微博向"@沈阳环保"举报市区有锅炉冒黑烟污染大气；10 分钟后"@沈阳环保"回应"收到情况"，并"@"下属单位沈阳市环保局和平分局；5 分钟后，"@沈阳和平环保"回复"一定及时反馈"，随后发布执法过程，宣布处理结果；15：56，"@沈阳环保"转发此通报，"感谢网友对环保工作的积极参与"。2 小时 36 分钟，沈阳环保两级环保部门协同，高效完成了环境治理的执法和信息公开。这种应急响应能力的背后，折射出的是政务微博矩阵效能的显现和提升。

此外，在面对重大突发事件时，各层级、各部门政务微博立体联动，不仅能让事件现场更加快速、完整地呈现给民众，联动效应下，信息的触达率也能显著提高。例如，6 月 24 日茂县山体垮塌事件发生后，"@四川发布""@四川公安""@阿坝微博""@微茂县""@茂县警方"等政务微博就立即开始矩阵联动，利用文字、图片、视频、航拍等多种形式，第一时间向社会各界公开救援现场最新情况，高效与专业的信息公开过程获得了网民的普遍赞许；7 月初，我国南方普遍暴雨，在情况比较严重的湖南省，"@共青湖南""@湖南公安""@湖南公安在线""@长沙警事"等湖南各级官方微博组成了"网上抗洪第一线"，及时发布灾情信息，抵制谣言。"@湖南公安"发布微博"网友在飞机上所看到的长沙：'这已经到长沙了吗？不敢想象不敢想象……'。鸟瞰镜头下，星城已成泽国，望积水早日退去"，获得 1.1 万次转发，1.96 万条评论；"@湖南公安在线"发布题为"为爱托举"的微博内容，获得 2065 次转发。此外，以"@益阳市公安局"为代表的益阳市公安系统微博矩阵，和以"@永州发布"为代表的永州微博矩阵，进行了防汛联动发声，成为公众获知本地灾害情况的一手信息来源。

除了对重大事件的应急回应，政务微博的矩阵效应也已开始在服务方面铺开，并将逐渐走向日常化。"@成都服务"矩阵联动协调处理网友反映"吃饭被宰"事件，"@固原发布"启动微博矩阵三级联动机制，及时拆除网友反映没有检验合格证的娱乐设施；"@平安洛阳"10分钟快速响应，矩阵联动处理两起非法种植毒品案；"@昆明发布"组成"昆明发布厅"微博矩阵、"@问政银川"建立了由513个微博组成的政务微博矩阵服务本地百姓民生；"@天津交警"组建微博矩阵，形成以"@天津交警"为中心，各交警支、大队微博联动的警务管理新模式。正如中国传媒大学媒介与公共事务研究院政务新媒体实验室主任侯锷评论所言："面对突发事件，属地政务微博和上级政务微博联动发布的情况越来越多，背后反映的是微博矩阵的逐渐完善和政府各部门间协作的不断畅通，这正是各级党委政府通过政务微博组织化、机制化、常态化地参与社会治理的最高境界。政务微博矩阵体现出的核心路径是：既要以矩阵式组织管理模式加强内部的垂直、沟通、联动，同时又更加注重与横向合作职能单位的协同合作。政务微博工作与行政职能挂钩，产生了强大的政务服务、舆论引导聚合效果。这样的政务微博矩阵优化了政府行政流程，提高了行政效率，节约了行政成本，更从源头疏解了社会舆论风险，凸显了社会治理的综合成效"。

4月21日，全国政务微博矩阵发展学术研讨会发布的《成都共识》表明，政务微博矩阵发展模式有利于贯彻相关政策实施，是构建"网上群众路线"的最佳捷径和公信力建设的"窗口"，通过互动和服务可以构建党委领导、政府主导、社会协同、网民参与、法治保障的新型社会治理体制和格局。随着政务微博矩阵化建设的日益成熟，其在突发事件中的联动也成为常态。由于在日常工作中，政务微博矩阵联动往往出于发布政策信息的需要，职能相对单一；而在突发事件中，矩阵的作用则体现在发布与相互验证信息、联合辟谣、危机应对、即时解决网民线上需求、相互监督等各方面，形成了各级、各系统政务部门相互监督，以及网民参与公共事务管理和监督的形态。在这一过程中，政府部门之间，政府与网民之间不断地互动、调整、完善网络社会管理，最终形成了"互联网＋社会治理"的模式。

（二）多点聚焦特殊群体　舆论引导力与日俱增

随着公众对特殊群体的公共治理关注越来越多，各个政务机构也相应地将目光更频繁地聚焦于大学生、未成年人、农民等特殊群体上。所谓特殊群体，即那些在年龄、阶级、身体状况等方面较为特别的人群，他们普遍拥有区别于多数人的利益诉求，在舆情事件中容易被"标签化"而引发社会热议。

在"大学生李文星误入传销组织溺亡"事件发生后，天津多个政务微博联动发声："@静海发布"和"@平安静海"及时发布通报，公开李文星事件的起因及处理结果；"@平安西青"发布关于"对举报传销予以奖励的通告"，发动群众的力量撬动传销组织，表明政府打击传销违法犯罪行为的信心和决心；"@天津网警巡查执法"发布图解"求职防骗防传销指南"，为大学生定制求职过程中的实用注意事项，为大学生安全求职保驾护航。同样，在"留美大学生章莹颖失踪案"后，"@中国大学生在线"多次转发图解新闻，科普自我安全防卫知识及技巧，提醒海外留学生在日常生活中多留意自己的人身财产安全，起到了良好的宣传和教育作用。

八月中旬，南京站发生了一起猥亵女童事件，因事件涉及未成年人安全保护问题，引发了全社会的广泛关注，嫌疑人也受到群情激愤的声讨。"@南京铁路公安处南京南所"在收到网友举报后，快速展开调查并及时抓获了犯罪嫌疑人。此后一周内，"@郑州网警巡查执法"和"@平安郑州""@江苏网警"和"@淮安网警巡查执法""@平安沙坪坝"分别查处了几起猥亵女童的案件，行动迅速、处置果决，用法律的威严有力地震慑了针对未成年人犯罪的不法分子。风波平息后，"@江宁公安在线"还发文"关于南京南站发生的猥亵儿童案件的相关解读"，为网民讲解该案中的法律知识点，"@武汉发布""@济南中院"等也发布九宫格漫画，建议家长加强对儿童的防卫教育，提升未成年人的自我保护意识。另外，针对未成年人可能会遭遇的校园霸凌问题，除线上宣传外，全国多个政法系统微博也组织了多起线下活动。例如，"@昭检正义"为当地中学组织"拒绝毒品、反校园欺凌"的专场法治讲座；"@上海长宁法院"青年干警自发组成"反校园欺凌"宣讲小分队，先后到十多个学校和社区开展专题宣传，实地加强对学生心理健康的督导，打造阳光校园。

除未成年人外，政务微博也积极协调处理涉及其他特殊群体的舆情事件。"@平安杭州"持续向社会公布"保姆放火案"的调查进程，"@张家口公安网络发言人"借助执法记录仪视频为被冤枉"远程碰瓷"的农民正名，"@青岛交警"经多次调研后将部分道路进行分时段封闭供成员多为"大爷大妈"的"暴走团"活动，等等。在社会影响广泛、重大的事件中，面对各个利益方的多重诉求，政务微博开始以更加审慎的态度处理这类涉及特殊群体的舆情事件。面对争议时，政务微博谨慎调和整体与局部利益的关系，兼顾目的与手段的正义，平衡短期效应与长期目标，以法律为准绳、以事实为依据，及时、公开回应公众关切。在今后的工作中，政务微博也应更加关注这些特殊群体的利益及需求，在公共治理方面快一步出击，包括加强宣传安全保护措施、主动与相关群体沟通并在合法合规的情况下满足其利益诉求等，减少涉事群体的负面社会事件发生，做好信息公开及舆论引导工作，走好涉及特殊群体舆论管理的"先手棋"。

（三）短视频引燃创新传播　信息公开迸发活力

当前，政务微博摒弃了最初的生涩和疏离感，在新媒体环境中显得更加如鱼得水。作为新媒体中的国家队，政务微博抢占先机，积极借力短视频、直播等各类新媒体形式占领宣传阵地。在运用这些新媒体形式时，政务微博愈加灵活，拒绝盲目效仿，并非仅仅将其作为吸引公众注意力的花架子，而是将新媒体形式与宣传内容深度融合，探索与内容最贴切的表达形式，以期取得最好的宣传效果。值得注意的是，2017年以来，运用直播和短视频等新媒体形式不仅成了政务微博的趋势和主流，也已成了考察政务微博运营能力的重要指标。7月28日，2017政务V影响力（滨海）峰会公布了人民日报政务指数影响力指标改版计划，宣布将在"传播力"指标中增加"视频指数"，鼓励政务微博利用视频、直播等方式占据宣传阵地。而统计数据显示，2017年政务微博共上传了超过一百万条原创视频，其中两百多个账号上传视频1000条以上，日均上传视频超过3条。在发布原创视频的账号中，有六十余个账号累计获得超过千万的播放量，排名第一的"@共青团中央"更是一马当先，总播放量接近2亿，成为政务微博中唯一一个原创视频播放量破亿的账号。

2017年，政务微博对短视频和直播的应用主要体现在以下几方面：

一是展示自身形象。政务微博不仅承担着政务公开的职能，也是宣传自身形象与城市风貌的窗口。例如，"@最高人民检察院"制作微视频，邀请检察官以亲身感受解说司改成效，展示了新时代我国检察官热爱国家、忠诚法律的精神风貌，对检察部门起到了良好的宣传效果。二是科普专业知识。对于气象、消防、交通运输、医疗、教育等政务机构来说，科普本领域知识是积极履职的重要表现。政务微博利用短视频的形式来科普专业知识，能告别冗长艰深的文字，也使自己成为深受欢迎的"知识百宝箱"。4月20日，"@中国反邪教"发布一则短视频，以动画讲解的形式告知公众"门徒会"和基督教的区别，成为一份生动直观的防邪教攻略。三是整合UGC内容。相比于政务新媒体的运营团队，UGC内容范围更广、数量更多，借力网民创作，政务新媒体能有效增强内容生产力。同时，征集、整理、上传网民内容也是一种与公众互动的新方式，能显现出政务微博对粉丝的重视，拉近两者心理距离。5月，"@福建省旅游发展委员会"举办了"秀出你的字·送清新福建全套明信片"系列活动，官方微博在收到网友投稿书法后，以视频的形式发布，吸引大批网民投票参与，利用这场线上活动，轻松使"清新福建"的城市形象深入人心。四是解读相关政策与开展主题宣传。9月，"@北京质监"紧抓#北京质量月#契机，运用短视频、视频海报等形式，相继发布"电梯投诉记""有机认证那些事""工业产品风险提示""图形标识漫游记"等系列微博，将质监业务与百姓生活紧密联系，为网友提供生动实用的质量知识信息服务。再比如，2017年五四青年节，"@共青团中央"利用直播为其"网络青晚"赚足了人气。据《中国共青团》杂志数据，#网络青晚#微博话题阅读量超过4574万人次，微博直播171万人次。晚会邀请了青年人气偶像，并在节目策划上颇费心思，直播中晚会吸引网友通过弹幕积极互动，不仅收获极高流量，也给青年人上了一堂生动的教育课。五是还原事件现场。短视频能有效增加受众的"在场感"，政务新媒体通过短视频来还原事件现场，可以满足公众对突发事件的信息需求，在关键时刻还能充当"实锤"，击退各类网络谣言。7月20日，深圳地铁7号线发生乘客慌乱事件，事件一经报道即引发舆论关注，网民对引发乘客慌乱的原因有诸多猜测。"@深圳地铁运营"及时通过微博发布当时的监控视频，还原事件现场，从而有效实现了辟谣。8月，有网友称在张北草原旅游时被骡子"远距离碰瓷"，"@张家口市张北县公安局"第一时间发布情况通报对此进行回应，并在通报中附上二维码，提供现场执法记录仪视频链接，有理有据、令人信服，在还原现场的同时也有力地回击了不实流言。8月8日，四川阿坝州九寨沟县发生7.0级地震，灾区与外界信息沟通不畅让某些谣言在网络空间滋生，引发群众恐慌。"@四川公安"以短视频的形式，及时发布了九寨沟县城临时安置点的情况，安抚了公众的情绪，遏止了谣言的进一步发展。

虽然视频化为政务微博开拓了一条行之有效的"吸粉通道"，但目前政务新媒体在利用移动短视频方面仍然存在一些问题，包括如何定位自身的职责与风格、如何在权威严肃与"接地气"之间找到平衡、基层账号制作视频积极性不够等。最重要的是，当前政务微博对短视频、直播的运用仍处于较粗放阶段，同质性高，精品不足。各级政务微博在今后短视频的运用中，应结合自身职能，打造更多本职化、本地化的特色视频；还可以加强策划，打造系列内容，成立自有视频品牌，形成常态化发展，打造IP效应。此外，今年短视频和网络直播市场的众多垂直领域内，都涌现了一批优秀的PGC创作者。相较于PGC创作者和专业媒体或机构，政务新媒体的创造能力稍显不足，因此两者可以适时合作，联合打造出更多优质的内容。

（四）弘扬正能量 刷新互联网＋爱国主义表达方式

在建设中国特色社会主义的今天，爱国主义作为社会主义核心价值体系的基本内容之一，蕴含了中华民族最为深厚的历史情感，是全国各族人民的精神支柱，是建设中国特色社会主义的巨大动力。政务微博作为正面舆论的引导者，肩负着放大主流声音、传递正确价值观的责任。2017 年，伴随一系列大事件的发生，政务微博也积极介入，不遗余力地宣传爱国事迹、弘扬民族精神，作为正面声音的"放大器"，有力地助推了爱国热潮。

文化领域中，9 月大型政论专题片《大国外交》在各媒体平台播出。在短短六集的节目中，《大国外交》展现了新时期中国外交波澜壮阔的宏伟实践，反映了一系列具有中国特色的外交理念的世界回音。节目播放后在国内引起强烈反响，新浪微博话题#大国外交#总阅读量也超过 1.1 亿。"@ 中国长安网""@ 成都发布""@ 上海发布"等政务微博逐期转载节目视频，在评论区与网友展开互动，分享过去 5 年中国特色大国外交取得的辉煌成就带来的感动与自豪。同样激起爱国热潮的还有现象级主旋律片《战狼 2》，电影上映后在中国驻海外维和警队引起了巨大反响。针对为维和战士们播放电影一事，"@ 中国维和警察"向导演吴京喊话，两者的互动强化了影片中蕴含的正能量，网友对战士辛勤付出的感动与对中国军人对世界和平做出贡献的自豪迅速感染了网络舆论场。同样，在献礼建军 90 周年的历史片《建军大业》上映后，"@ 共青团中央"也积极响应，分享长文为网友普及当年那段激情澎湃的革命历史细节，致敬中国军人和军队。8 月，相继曝光的"抗日纪念馆前身着日军军服拍照"和"《二十二》遭截图制作表情包"事件引发了全民的愤怒和声讨，肆意消费历史的行为不仅伤害了国人的感情，还带来了极其恶劣的社会影响。"@ 警民直通车－上海"积极履责，在一周内先后发布两则通报，依法处理了以上两件亵渎历史事件中的当事人，以实际行动表达了对国家历史的尊重和对社会公序良俗的捍卫，网友们称"大快人心""干得漂亮！"

国家事务方面，"@ 国防部发布"在三季度回应了印度边防部队非法越界进入中国领土、美舰擅自进入中国南沙群岛有关岛礁邻近海域等数起事关领土安全及国家主权的事件，强调"任何国家都不应低估中国军队履行保卫和平之责的信心和能力，都不应低估中国军队维护国家主权、安全、发展利益的决心和意志"，立场坚定、言辞坚决的捍卫中国军队威严，传递维护国家利益的决心，受到了全国网民的点赞。九月开学之际，一名内地女学生在香港中文大学校园撕下"港独"宣传海报，与"港独"学生激辩民主，"@ 公安部打四黑除四害"霸气发言声援，为反"港独"女生打气，体现了我国政府维护"一国两制"、反对"港独"行为的坚定立场。9 月 1 日，《中华人民共和国国歌法》正式出台，"@ 中国普法""@ 司法部""@ 山东高法"等政法官方微博纷纷出马，通过制作图解、发布长文、转发漫画等方式帮助大众了解《国歌法》亮点，提醒违反相关法律的后果，维护国歌威严。

可以看出，政务微博结合自身职能，坚决维护国家主权与威严，积极宣传爱国精神，惩治破坏国家形象的行为，从各方面引导人民树立和坚持正确的历史观、民族观、国家观、文化观，壮大了主流舆论的声量，有效地加强了国民的归属感、认同感、尊严感和荣誉感，树立了新时代下中国昂扬奋进的国家形象，进一步升华了民众的爱国情怀。今后，政务微博还可以进一步探索通过互联网开展爱国主义教育，采用青年人占主流的网络群体乐于接受的形式传递思想价值观；注重开发在线爱国主义交流、互动方式，引导网民结合自身的知识、经验和传播关系，展现身边的爱国主义案例，帮助网民学会理性自觉地传播爱国思想。

（五）加强监督互动　打造共建共治共享的社会治理格局

党的十九大报告对新时代社会治理做了富有深刻内涵的表述，提出要"打造共建共治共享的社会治理格局"，这是对以往"完善党委领导、政府负责、社会协同、公众参与、法治保障的社会治理体制"认识拓展和理念的进一步升华。简洁而凝练的"共建、共治、共享"三词，凝聚了党的十八大以来党和全国人民社会治理探索的集体智慧，既是对过去5年我国社会治理实践探索的总结，也是给未来社会治理的发展和创新提出的新目标和新要求，从根本上体现了以人民为中心的主体定位，蕴含着对全体人民意志的遵从，对全体人民参与权利的肯定，对全体人民利益的敬畏。

打造共建共治共享的社会治理格局是一项系统工程，还需要加强社区治理体系建设，实现政府治理和社会调节、居民自治良性互动，在这一过程中，政务微博大有可为，且其作用不可替代。首先，社区组织和社区居民对政府的公共管理和公共服务行为有依法监督的权利；同时，公共舆论的审视和评判也是互联网时代社会治理的一个重要变量。政务微博以自身特有的开放性、广泛性、亲和力，为居民依法监督提供了良好的平台，有利于推进多元化主体的参与和协作，促进社会成员的广泛参与。这正是打造共建共治共享的应有之义。例如，12月11日，"@山西发布"开设话题#开门办官方微博#，公开向网友征集对"@山西发布"官方微博推送内容、栏目设置、版面编排、制图设计等的意见建议。话题一经发布，立即引发网友积极参与和讨论，"开门办官方微博"单条微博阅读量迅速破30万。同时，"@山西发布"积极回复网友留言，加强互动。官方微博的开放姿态，被众多网友点赞，彰显了开放山西的美好形象，体现了山西省人民政府新闻办公室"传递政声、聚焦民生"的织博理念。再例如，"@问政银川"在微博简介中真诚地表示"我们承诺：对您'@'的问题，本微博在工作时间1小时内、节假日休息时间8小时内，有呼必应"。6年如一日，宁夏银川市通过新浪微博建立了在线应答互动沟通机制，市民网友积极参与，在良性互动中累积互信，在互信中推动城市治理水平提升，将"以人民为中心""全心全意为人民服务"的初心，与"人民群众对美好生活的向往"紧密相连。目前，银川市已经形成了垂直沟通、横向联动、社会互动、回应关切、督办考核等机制，涵盖各级职能部门共513个微博组成的政务微博矩阵，通过制度设计保障矩阵的常态高效运行，优化行政流程，服务百姓民生，本着"事多事少都是事，事大事小都当事，事事落实"的原则，以互联网作为政民沟通的重要渠道，切实抓好网上群众路线工作，从源头化解矛盾，综合社会凸显。2017年1月1日到11月30日，作为转办督办职能的"问政银川"账号，共受理各类事项16670件，办结16245件，办结率97.45%。坚持问题导向、民意导向、依法行政，有事就"@""@问政银川"，一条条"@"背后是信任，一条条答复背后是担当，这些点点滴滴的互动让网友们的建言献策成为网络空间治理社会协同参与的正能量。在新媒体时代，当老百姓上网、民意上网之后，政务微博的服务功能日益凸显，以人民为中心、服务当先也成为衡量其工作成效的重要标准之一。近年来，全国各地积极探索践行网上群众路线，"网友在哪里，服务就到哪里"的理念已广为社会认同，政务微博"银川模式"已遍地开花。政府畅通渠道，网友积极参与，网络空间在政务微博的主力下已经变得更加清朗。

可以看出，政务微博在打造共建共治共享的社会治理格局的进程中，发挥着独特而重要的作用。政府和社区均能既各尽其责，又相互尊重、配合、协作，并相互监督、制约，形成一种良性互动的社会治理和政府治理格局。互联网时代的特点,决定了公共治理决策需要更加开放,整合社会各方智慧;更加谦抑,对权力的边界有清醒认知;更加审慎,对决策风险与实施影响进行更全面的预判与评估。与公共意见的主动、持续、良性互动,无疑是达成这一目标的重要路径。政务微博应当继续加强和推进互联网、人工智能、大数据等现代化社会治理设施的各种硬件、软件建设,使之服务于社会治理,提高社会治理的信息化、智能化水平。

附录 各省、自治区、直辖市政务微博影响力

1. 四川政务指数微博影响力榜

(1) 四川政务微博城市竞争力指数

排名	地区	传播力	服务力	互动力	竞争力指数
1	成 都	97.94	80.15	87.39	88.02
2	巴 中	69.30	46.36	56.71	56.87
3	自 贡	67.17	39.58	58.51	54.48
4	宜 宾	69.18	41.36	53.77	54.05
5	绵 阳	67.97	40.75	55.39	54.04
6	眉 山	70.52	40.57	52.64	53.78
7	遂 宁	64.48	40.01	58.32	53.76
8	广 安	69.22	33.59	60.04	53.54
9	德 阳	69.18	39.32	52.25	52.80
10	南 充	67.18	37.55	55.50	52.72
11	广 元	70.64	41.29	48.73	52.70
12	泸 州	66.56	33.95	53.76	50.66
13	乐 山	67.30	38.51	46.86	50.07
14	内 江	64.11	36.03	49.11	49.03
15	达 州	64.73	38.18	44.78	48.45
16	阿 坝	62.15	28.61	52.39	47.00
17	攀枝花	63.17	35.74	40.89	45.77
18	凉 山	63.00	30.61	45.66	45.59
19	资 阳	63.43	32.36	42.00	45.05
20	雅 安	61.24	36.03	39.21	44.71
21	甘 孜	53.32	24.86	34.25	36.69

(2) 四川十大政务机构微博

排名	微博	认证信息	传播力	服务力	互动力	认同度	总分
1	成都共青团	共青团成都市委员会官方微博	83.32	97.45	84.00	81.05	86.12
2	成都发布	四川省成都市人民政府新闻办公室	83.00	91.72	87.54	82.57	86.06
3	四川遂宁消防	四川省遂宁市公安消防支队官方微博	69.36	96.24	85.05	73.25	85.21
4	成都地铁	成都轨道交通集团有限公司	76.08	90.16	84.77	83.96	85.11
5	四川发布	四川省人民政府新闻办公室	81.48	82.64	83.49	78.47	82.01

续表

排名	微博	认证信息	传播力	服务力	互动力	认同度	总分
6	成都关工委	四川省成都市关心下一代工作委员会官方微博	82.19	94.44	76.93	70.15	81.86
7	四川共青团	共青团四川省委官方微博	73.28	97.13	84.87	72.71	81.47
8	共青团广安市委	共青团广安市委员会官方微博	75.34	95.66	82.15	75.12	81.43
9	成都高新	成都高新技术产业开发区官方微博	69.90	93.48	91.73	67.51	80.92
10	四川巴中消防	四川巴中市公安消防支队官方微博	71.64	88.46	78.57	69.99	80.28

（3）四川十大党政新闻发布微博

排名	微博	认证信息	传播力	服务力	互动力	认同度	总分
1	成都发布	成都市人民政府新闻办公室	83.00	91.72	87.54	82.57	86.06
2	四川发布	四川省人民政府新闻办公室	81.48	82.64	83.49	78.47	82.01
3	成都高新	成都高新技术产业开发区官方微博	69.90	93.48	91.73	67.51	80.92
4	微成都	微成都官方微博	76.44	80.52	86.03	73.58	79.85
5	新都资讯	中共成都市新都区委宣传部官方微博	75.63	95.74	76.26	69.81	79.26
6	天府龙泉	龙泉驿区委宣传部	70.64	92.42	77.10	65.79	76.45
7	醉美邛崃	四川省邛崃市委宣传部官方微博	64.06	80.42	82.49	56.82	72.14
8	武侯发布	中共成都市武侯区委宣传部官方微博	60.55	83.34	79.99	55.54	70.44
9	宜宾发布	宜宾市人民政府新闻办公室	65.47	81.35	66.98	58.28	68.38
10	天府发布	四川省成都天府新区成都片区管理委员会官方微博	63.22	75.52	73.55	58.17	68.27

（4）四川十大公安系统微博

排名	微博	认证信息	传播力	服务力	互动力	认同度	总分
1	四川遂宁消防	四川省遂宁市公安消防支队官方微博	69.36	96.24	85.05	73.25	85.21
2	四川巴中消防	四川巴中市公安消防支队官方微博	71.64	88.46	78.57	69.99	80.28
3	四川消防	四川省公安消防总队官方微博	71.53	85.85	82.12	62.59	79.54
4	四川公安	四川省公安厅官方微博	75.60	67.26	84.46	76.35	75.00
5	江油公安	四川绵阳江油市公安局官方微博	72.01	83.92	65.51	61.21	73.74
6	绵阳交警一大队	绵阳市公安局交警直属一大队官方微博	70.02	81.89	67.03	57.21	72.59
7	南溪公安	四川省宜宾市公安局南溪区分局官方微博	44.72	81.61	73.34	69.38	70.53
8	平安泸州	四川省泸州市公安局官方微博	62.92	70.39	74.86	71.26	70.32
9	成都交警	四川省成都交管信息官方微博	63.64	77.26	69.65	50.42	69.57
10	平安广元	四川省广元市公安局官方微博	58.53	78.06	61.97	54.50	66.97

（5）四川十大司法系统微博

排名	微博	认证信息	传播力	服务力	互动力	认同度	总分
1	南充顺庆检察	四川省南充市顺庆区人民检察院官方微博	45.41	78.49	64.45	57.66	65.58
2	高县法院	四川省宜宾市高县人民法院官方微博	40.93	75.41	70.84	50.27	64.63
3	营山检察	四川省南充市营山县人民检察院官方微博	41.97	60.98	74.56	65.68	61.72
4	正义阆中	四川省阆中市人民检察院官方微博	40.91	61.94	70.99	60.53	60.31
5	法治成都	成都市司法局官方微博	53.82	60.95	63.81	44.78	58.77
6	成都检察	成都市人民检察院官方微博	48.09	64.79	57.69	33.20	56.16
7	龙泉驿检察	成都市龙泉驿区检察院官方微博	39.35	72.45	50.89	40.08	56.12
8	青羊检察	成都市青羊区人民检察院官方微博	40.68	76.54	45.81	34.31	55.93
9	双流检察	成都市双流区人民检察院官方微博	40.52	79.55	42.30	21.27	54.74
10	大邑检察	成都市大邑县检察院官方微博	38.65	75.51	46.11	22.81	54.05

（6）四川十大交通系统微博

排名	微博	认证信息	传播力	服务力	互动力	认同度	总分
1	成都地铁	成都轨道交通集团有限公司	76.08	90.16	84.77	83.96	85.11
2	成都交通运输	成都市交通运输委员会官方微博	81.40	87.33	70.48	64.24	78.78
3	成都地铁运营	成都地铁运营有限公司	68.07	87.76	74.03	67.72	77.70
4	西南铁路	成都铁路局官方微博	66.71	78.88	81.53	55.32	74.88
5	成都铁路12306	成都铁路局客户服务中心官方微博	52.38	71.48	71.09	46.17	65.01
6	四川高速	四川省交通运输厅高速公路管理局官方微博	57.66	71.47	53.65	42.32	60.45
7	双流交通	成都市双流区交通运输局官方微博	39.80	79.43	44.52	27.75	55.87
8	蒲江交通运输	成都市蒲江县交通运输局官方微博	37.04	83.26	41.64	23.09	55.51
9	四川交通	四川省交通运输厅官方微博	59.17	46.65	56.95	44.87	52.07
10	成都公交	成都市公共交通集团公司	49.61	48.70	57.53	49.60	51.62

（7）四川十大环保系统微博

排名	微博	认证信息	传播力	服务力	互动力	认同度	总分
1	生态双流	成都市双流区环境保护局官方微博	37.15	76.68	51.16	27.68	56.22
2	四川环保	四川省环保厅官方微博	48.76	58.61	61.29	38.79	55.46
3	崇州环保	崇州市环境保护局官方微博	34.53	73.46	51.78	21.35	53.96
4	高新城管环保	成都高新区城市管理和环境保护局官方微博	37.23	73.43	46.89	20.20	52.91
5	成都环保	成都市环保局官方微博	48.93	52.68	59.83	35.06	52.31
6	蒲江环保	成都市蒲江县环保局官方微博	33.68	69.95	38.96	27.59	49.16
7	郫都环保	成都市郫都区环境保护局	34.36	65.56	44.17	22.64	48.61
8	龙泉驿环保	成都市龙泉驿区环境保护局官方微博	35.08	59.35	38.24	22.51	44.48
9	达州环保	四川省达州市环境保护局官方微博	38.56	45.68	43.73	38.59	42.96
10	成华环保	成都市成华区环境保护局官方微博	30.49	53.27	42.02	22.74	42.29

（8）四川十大团委系统微博

排名	微博	认证信息	传播力	服务力	互动力	认同度	总分
1	成都共青团	共青团成都市委会官方微博	83.32	97.45	84.00	81.05	86.12
2	成都关工委	四川省成都市关心下一代工作委员会官方微博	82.19	94.44	76.93	70.15	81.86
3	四川共青团	共青团四川省委官方微博	73.28	97.13	84.87	72.71	81.47
4	共青团广安市委	共青团广安市委员会官方微博	75.34	95.66	82.15	75.12	81.43
5	青春龙泉驿	成都市龙泉驿区团委官方微博	75.06	92.68	76.59	68.92	78.43
6	共青团大邑县委	共青团成都市大邑县委官方微博	73.80	92.60	76.92	72.08	78.32
7	青羊共青团	共青团成都市青羊区委官方微博	71.63	91.00	79.41	76.18	78.29
8	温江共青团	共青团成都市温江区委官方微博	69.33	96.79	76.40	71.26	77.13
9	自贡共青团	共青团自贡市委员会官方微博	70.32	83.44	77.77	71.94	75.34
10	青春-眉山	共青团眉山市委员会官方微博	63.24	87.86	70.00	66.32	70.50

（9）四川十大旅游局微博

排名	微博	认证信息	传播力	服务力	互动力	认同度	总分
1	四川旅游	四川省旅游发展委员会	69.11	70.19	76.54	64.43	71.31
2	成都旅游官方微博	成都市旅游局官方微博	47.73	71.13	60.11	54.55	61.49
3	广元旅游	广元市旅游发展委员会官方微博	42.51	65.26	55.68	49.56	56.27
4	阿坝旅游	阿坝藏族羌族自治州旅游官方微博	52.68	41.24	56.61	47.17	48.73
5	甘孜州旅发委	甘孜藏族自治州旅游局官方微博	52.94	32.87	56.65	44.05	45.14
6	龙泉驿区文化旅游	成都市龙泉驿区文体广新和旅游局官方微博	41.49	53.54	38.68	35.14	44.83
7	遂宁旅游	遂宁市旅游发展委员会官方微博	46.10	37.71	46.51	34.32	41.69
8	双流文旅广新体	成都市双流区文化旅游和广电新闻出版局(体育)局	33.87	42.92	40.70	33.49	39.50
9	四川渠县旅游	四川省达州市渠县旅游局官方微博	36.38	40.45	43.57	22.93	38.82
10	乐山市旅游和体育发展委员会	四川省乐山市旅游和体育发展委员会官方微博	38.99	32.58	45.31	32.75	37.70

2. 江苏政务指数微博影响力榜

（1）江苏政务微博城市竞争力指数

排名	地区	传播力	服务力	互动力	竞争力指数
1	南京	94.37	72.16	88.06	84.39
2	苏州	83.00	56.85	68.16	68.65
3	南通	78.03	48.95	66.39	63.78
4	宿迁	70.77	45.36	65.61	60.07
5	无锡	74.43	37.47	63.95	57.83
6	徐州	73.16	44.21	56.37	57.15

续表

排名	地区	传播力	服务力	互动力	竞争力指数
7	常 州	69.57	41.14	48.25	52.16
8	盐 城	66.07	35.71	53.46	51.03
9	淮 安	67.12	34.17	47.75	48.81
10	连云港	63.83	33.61	50.85	48.71
11	扬 州	68.60	30.96	48.11	48.25
12	镇 江	66.05	32.57	42.03	45.92
13	泰 州	65.95	28.31	39.53	43.53

（2）江苏十大政务机构微博

排名	微博	认证信息	传播力	服务力	互动力	认同度	总分
1	江宁公安在线	南京市公安局江宁分局	91.96	78.08	94.18	92.06	87.09
2	南京发布	南京市委宣传部新闻发布官方微博	83.35	82.78	88.85	78.19	84.37
3	南京交警	南京市公安局交通管理局官方微博	74.75	94.35	83.73	64.28	84.24
4	江苏气象	江苏省气象局官方微博	66.88	87.17	79.63	69.64	79.10
5	无锡发布	无锡市人民政府新闻办公室官方微博	69.75	86.57	85.50	74.99	78.36
6	南京交警高速十二大队	南京市交管局高速交警十二大队官方微博	44.44	84.81	90.36	71.49	77.07
7	南京气象	南京市气象局官方微博	73.02	86.67	71.22	58.89	76.53
8	幸福大丰	江苏省盐城市大丰区人民政府办公室官方微博	66.03	96.09	80.53	66.86	76.48
9	南京市公安局地铁分局	南京市公安局地铁分局官方微博	63.81	86.00	75.29	64.41	76.19
10	平安徐州	江苏省徐州市公安局官方微博	68.11	85.60	74.62	57.92	76.04

（3）江苏十大党政新闻发布微博

排名	微博	认证信息	传播力	服务力	互动力	认同度	总分
1	南京发布	南京市委宣传部新闻发布官方微博	83.35	82.78	88.85	78.19	84.37
2	无锡发布	无锡市人民政府新闻办公室官方微博	69.75	86.57	85.50	74.99	78.36
3	幸福大丰	江苏省盐城市大丰区人民政府办公室官方微博	66.03	96.09	80.53	66.86	76.48
4	秦淮发布	南京市秦淮区委宣传部官方微博	57.61	86.98	95.90	64.47	75.66
5	宿迁之声	宿迁市人民政府官方微博	65.07	82.00	85.84	72.06	75.38
6	高淳发布	中共南京市高淳区委宣传部官方微博	65.09	86.19	83.80	58.45	74.26
7	苏州发布	苏州市人民政府新闻办公室官方微博	65.80	79.90	78.08	67.20	72.44
8	鼓楼微讯	中共南京市鼓楼区委宣传部官方微博	56.86	68.03	97.64	66.63	72.30
9	徐州发布	徐州市人民政府新闻办公室官方微博	66.01	80.46	74.16	62.39	70.99
10	建邺播报	中共南京市建邺区委宣传部官方微博	58.59	85.49	80.59	57.74	70.49

（4）江苏十大公安系统微博

排名	微博	认证信息	传播力	服务力	互动力	认同度	总分
1	江宁公安在线	南京市公安局江宁分局	91.96	78.08	94.18	92.06	87.09
2	南京交警	南京市公安局交通管理局官方微博	74.75	94.35	83.73	64.28	84.24
3	南京交警高速十二大队	南京市交管局高速交警十二大队官方微博	44.44	84.81	90.36	71.49	77.07
4	南京市公安局地铁分局	南京市公安局地铁分局官方微博	63.81	86.00	75.29	64.41	76.19
5	平安徐州	江苏省徐州市公安局官方微博	68.11	85.60	74.62	57.92	76.04
6	南京交警高速五大队	南京市公安局交通管理局高速五大队官方微博	57.38	88.02	71.61	69.96	75.16
7	海安县公安局	海安县公安局官方微博	59.98	78.73	84.18	60.76	74.82
8	江苏网警	江苏省公安厅网络安全保卫总队官方微博	76.78	69.64	81.61	68.62	74.56
9	南京交警高速十一大队	江苏省南京市公安局交通管理局高速公路十一大队官方微博	48.36	86.01	75.86	62.75	73.11
10	平安南京	江苏省南京市公安局官方微博	68.45	70.04	83.10	61.60	72.79

（5）江苏十大司法系统微博

排名	微博	认证信息	传播力	服务力	互动力	认同度	总分
1	六合司法	江苏省南京市六合区司法局官方微博	45.16	84.72	70.00	60.68	69.99
2	海安司法	江苏省南通市海安县司法局官方微博	49.73	84.97	68.01	40.19	68.36
3	溧阳检察	江苏省溧阳市人民检察院官方微博	45.25	77.90	68.87	49.81	65.85
4	建邺司法	江苏省南京市建邺区司法局官方微博	44.77	75.64	64.36	52.98	63.82
5	常州武进检察	江苏省常州市武进区人民检察院官方微博	51.10	82.15	53.73	40.25	63.22
6	江苏司法行政在线	江苏省司法厅官方微博	51.05	66.62	70.93	44.34	62.57
7	徐州铜山司法	江苏省徐州市铜山区司法局官方微博	43.06	72.96	73.35	25.85	62.39
8	浦口普法	南京市浦口区司法局官方微博	49.90	77.99	55.38	44.13	62.20
9	秦淮司法	江苏省南京市秦淮区司法局官方微博	44.26	77.47	59.50	44.37	62.13
10	江苏检察在线	江苏省人民检察院官方微博	43.78	64.19	78.78	34.56	61.52

（6）江苏十大交通系统微博

排名	微博	认证信息	传播力	服务力	互动力	认同度	总分
1	江苏省交通运输厅微博	江苏省交通运输厅官方微博	44.50	76.08	50.59	33.07	57.82
2	高淳交通	江苏省南京市高淳区交通运输局官方微博	41.64	74.49	49.53	39.33	56.91
3	徐州交警	徐州市公安局交警支队官方微博	40.20	51.30	55.29	34.56	48.60

续表

排名	微博	认证信息	传播力	服务力	互动力	认同度	总分
4	苏州公路	苏州市公路管理处官方微博	43.45	59.84	40.16	31.85	47.86
5	泰州路网	泰州市公路网管理与应急指挥中心官方微博	39.09	51.79	38.60	24.24	42.54
6	宿豫区交通运输局	宿迁市宿豫区交通运输局官方微博	30.34	51.44	43.73	19.71	41.73
7	泰州交警	泰州市公安局交通巡逻警察支队	47.47	32.94	45.15	32.04	39.42
8	常熟交警董浜中队	江苏省常熟市公安局交巡警大队董浜中队官方微博	27.05	38.91	50.89	20.45	38.29
9	常州交通运输	常州交通运输局官方微博	39.69	37.60	41.06	29.69	38.26
10	扬州路网	江苏省扬州市公路管理处公路网管理与应急指挥中心官方微博	39.67	39.09	41.30	22.29	38.19

（7）江苏十大环保系统微博

排名	微博	认证信息	传播力	服务力	互动力	认同度	总分
1	南京环保	南京市环境保护局官方微博	64.82	86.56	73.07	54.49	74.96
2	宜兴环保	江苏省宜兴市环境保护局官方微博	43.57	80.08	51.95	43.97	60.73
3	江苏环保	江苏省环保厅官方微博	52.48	57.86	61.47	38.13	55.89
4	苏州环保宣教	苏州市环境保护宣传教育中心官方微博	41.04	70.50	49.53	35.38	54.81
5	宿迁-环保	宿迁市环保局官方微博	40.27	56.34	46.55	33.81	47.94
6	无锡环保	无锡市环境保护局官方微博	38.45	47.07	52.59	36.96	45.99
7	扬州环保	江苏省扬州市环境保护局官方微博	41.99	45.32	48.08	33.05	44.26
8	秦淮环保	南京市秦淮区环境保护局官方微博	32.13	43.63	46.09	25.51	40.25
9	徐州环保	徐州市环保局官方微博	35.50	42.25	45.35	24.84	40.09
10	港城环保	连云港市环保局官方微博	36.60	37.60	42.84	21.11	37.33

（8）江苏十大团委系统微博

排名	微博	认证信息	传播力	服务力	互动力	认同度	总分
1	青春南京	共青团南京市委员会官方微博	53.26	76.84	70.16	56.30	63.35
2	江苏共青团	共青团江苏省委员会官方微博	54.90	61.27	73.96	55.50	61.95
3	六合青年	共青团南京市六合区委官方微博	42.61	56.46	54.27	40.85	48.70
4	高淳团区委	南京市高淳团区委官方微博	36.80	56.14	56.79	36.10	46.59
5	徐州共青团	徐州团市委	41.04	56.19	46.43	35.64	45.15
6	秦淮团区委	南京市秦淮团区委官方微博	34.10	63.08	47.43	35.69	44.05
7	江宁青年	共青团南京市江宁区委官方微博	44.24	36.84	45.11	36.35	42.23
8	共青团扬州市委	共青团扬州市委官方微博	41.34	41.40	45.79	32.53	41.80
9	连云港共青团	共青团连云港市委员会官方微博	39.09	30.77	55.59	31.15	41.58
10	我爱迈皋桥	栖霞区迈皋桥办事处官方微博	34.05	55.13	45.60	25.83	40.91

（9）江苏十大旅游局微博

排名	微博	认证信息	传播力	服务力	互动力	认同度	总分
1	江苏微旅游	江苏省旅游局旅游信息中心官方微博	69.79	82.56	72.81	58.11	74.64
2	南京市旅游委员会	南京市旅游委员会官方微博	62.47	84.19	74.26	59.05	74.35
3	无锡市旅游局	无锡市旅游局官方微博	55.26	83.91	71.34	59.20	71.93
4	秦淮旅游官方微博	南京市秦淮区旅游局官方微博	40.69	83.46	64.59	40.54	64.95
5	畅游宿迁	宿迁市旅游局官方微博	40.26	57.72	78.43	70.90	61.76
6	昆山旅游	昆山旅游度假区、昆山市旅游局官方微博	64.52	60.09	56.05	47.94	58.55
7	苏州市旅游局	苏州市旅游局官方微博	47.95	53.50	68.89	63.63	58.02
8	扬州旅游局	扬州旅游局官方微博	53.64	49.72	59.79	47.49	53.30
9	六合旅游	江苏省南京市六合区旅游局官方微博	38.93	53.62	54.66	40.33	49.66
10	如皋旅游	如皋市旅游局	41.76	40.74	67.00	48.03	49.55

3. 山东政务指数微博影响力榜

（1）山东政务微博城市竞争力指数

排名	地区	传播力	服务力	互动力	竞争力指数
1	青岛	82.46	64.22	69.37	71.49
2	济南	77.00	60.83	72.83	69.88
3	临沂	74.79	52.82	71.37	65.91
4	潍坊	74.08	51.49	60.47	61.41
5	威海	72.92	49.61	60.27	60.34
6	菏泽	70.96	47.42	62.44	59.74
7	德州	69.75	47.10	63.47	59.63
8	淄博	73.05	45.38	62.22	59.58
9	烟台	70.00	45.88	51.78	55.18
10	日照	64.79	45.46	54.69	54.49
11	济宁	65.96	37.76	47.52	49.64
12	滨州	63.85	41.03	45.78	49.54
13	泰安	63.25	35.99	43.29	46.72
14	枣庄	61.64	33.82	44.26	45.82
15	东营	59.76	36.32	43.05	45.71
16	聊城	58.45	25.74	46.78	42.92
17	莱芜	52.16	28.19	34.25	37.50

（2）山东十大政务机构微博

排名	微博	认证信息	传播力	服务力	互动力	认同度	总分
1	济南交警	济南市公安局交警支队官方微博	81.36	96.99	83.20	71.29	87.16
2	山东高法	山东省高级人民法院官方微博	78.00	89.93	87.98	74.18	85.38
3	德州运河公安分局	德州市公安局运河经济开发区分局官方微博	77.55	95.02	81.08	74.62	85.31
4	山东环境	山东省环境保护厅官方微博	72.90	87.69	91.75	68.40	84.02
5	青岛交警	青岛市公安局交警支队官方微博	71.11	94.94	83.35	60.92	83.30
6	山东共青团	共青团山东省委员会官方微博	80.99	89.67	80.40	71.68	81.62
7	济南环保	济南市环境保护局官方微博	63.22	86.97	89.64	71.71	81.49
8	济南中院	山东省济南市中级人民法院官方微博	65.97	88.70	83.15	68.84	80.50
9	潍坊交警	山东省潍坊市公安局交警支队官方微博	78.31	84.32	82.97	59.78	80.26
10	青岛公安	青岛市公安局官方微博	64.32	90.05	80.29	63.41	79.31

（3）山东十大党政新闻发布微博

排名	微博	认证信息	传播力	服务力	互动力	认同度	总分
1	青岛发布	青岛市人民政府新闻办公室官方微博	67.61	83.15	79.31	68.25	74.29
2	威海发布	威海市人民政府新闻办公室官方微博	57.25	82.10	72.71	62.56	67.39
3	微博济南	济南市政务发布平台官方微博	59.83	76.90	72.72	54.56	66.58
4	潍坊发布	山东省潍坊市人民政府新闻办公室官方微博	63.90	69.10	70.01	56.86	66.07
5	荣成发布	山东省荣成市人民政府新闻办公室官方微博	51.89	93.89	68.40	55.31	65.58
6	山东发布	山东省人民政府新闻办公室官方微博	49.42	64.13	84.55	47.99	62.76
7	环翠发布	山东省威海市环翠区人民政府新闻办公室官方微博	45.35	72.95	71.74	54.53	59.71
8	淄博发布	淄博市人民政府新闻办公室官方微博	55.17	65.28	59.84	41.04	57.18
9	聊城发布	山东省聊城市人民政府新闻办公室官方微博	46.62	54.89	67.70	62.75	56.21
10	即墨发布	山东省青岛市即墨区新闻中心官方微博	43.25	52.58	78.99	41.95	55.71

（4）山东十大公安系统微博

排名	微博	认证信息	传播力	服务力	互动力	认同度	总分
1	济南交警	济南市公安局交警支队官方微博	81.36	96.99	83.20	71.29	87.16
2	德州运河公安分局	德州市公安局运河经济开发区分局官方微博	77.55	95.02	81.08	74.62	85.31
3	青岛交警	青岛市公安局交警支队官方微博	71.11	94.94	83.35	60.92	83.30
4	潍坊交警	山东省潍坊市公安局交警支队官方微博	78.31	84.32	82.97	59.78	80.26

排名	微博	认证信息	传播力	服务力	互动力	认同度	总分
5	青岛公安	青岛市公安局官方微博	64.32	90.05	80.29	63.41	79.31
6	济南公安	济南市公安局官方微博	70.25	80.66	86.18	68.58	79.03
7	山东交警	山东省公安厅交通管理局官方微博	70.63	82.72	81.36	60.54	77.68
8	淄博警方	山东省淄博市公安局	62.26	89.17	74.26	59.58	76.35
9	城阳交警流亭中队	青岛城阳交警流亭中队官方微博	55.11	87.21	80.13	61.89	76.14
10	潍坊公安	山东省潍坊市公安局官方微博	66.38	87.06	72.58	61.86	76.06

（5）山东十大司法系统微博

排名	微博	认证信息	传播力	服务力	互动力	认同度	总分
1	山东高法	山东省高级人民法院官方微博	78.00	89.93	87.98	74.18	85.38
2	济南中院	山东省济南市中级人民法院官方微博	65.97	88.70	83.15	68.84	80.50
3	菏泽中院	山东省菏泽市中级人民法院官方微博	61.50	89.86	80.75	55.53	78.02
4	高密普法	山东省高密市全民普法依法治市工作领导小组办公室官方微博	48.90	88.93	81.26	61.50	75.88
5	济阳法院	山东省济南市济阳县人民法院官方微博	44.71	97.78	70.75	52.83	74.56
6	菏泽巨野县法院	山东省巨野县人民法院官方微博	59.92	82.00	69.17	57.87	71.32
7	章丘法院	山东省济南市章丘区人民法院官方微博	45.01	89.44	70.02	54.54	71.24
8	菏泽牡丹区法院	山东省菏泽市牡丹区人民法院官方微博	47.73	81.91	75.32	50.84	69.99
9	博山法院崮山法庭	山东省淄博市博山区人民法院崮山法庭官方微博	48.58	83.92	69.24	59.20	69.98
10	菏泽开发区法院	山东省菏泽市开发区人民法院官方微博	41.22	79.32	83.85	39.52	69.08

（6）山东十大交通系统微博

排名	微博	认证信息	传播力	服务力	互动力	认同度	总分
1	青岛交通运输	青岛市交通运输委官方微博	50.66	79.05	61.95	40.36	64.37
2	济南铁路	中国铁路济南局集团有限公司官方微博	64.21	63.57	60.03	43.36	60.62
3	山东交通出行	山东省交通运输厅公众出行平台	47.61	73.48	50.67	37.04	57.82
4	山东海事	中华人民共和国山东海事局官方微博	51.33	55.28	60.97	34.38	54.11
5	京沪高铁枣庄站	京沪高铁枣庄站官方微博	50.15	53.86	55.03	49.03	52.99
6	威海公路在线	山东省威海市公路管理局官方微博	49.31	52.94	56.13	48.80	52.76
7	济南西站	济南西站官方微博	48.73	54.87	55.42	34.59	51.78

续表

排名	微博	认证信息	传播力	服务力	互动力	认同度	总分
8	青岛高速出行服务平台	青岛市高速公路管理处信息中心官方微博	46.94	57.72	52.75	30.24	51.32
9	京沪高铁泰安站	京沪高铁泰安站官方微博	40.69	58.75	50.55	40.03	50.80
10	德州交警直属二大队	山东省德州市公安局交警支队直属二大队官方微博	33.04	50.05	58.22	26.49	46.74

（7）山东十大环保系统微博

排名	微博	认证信息	传播力	服务力	互动力	认同度	总分
1	山东环境	山东省环境保护厅官方微博	72.90	87.69	91.75	68.40	84.02
2	济南环保	济南市环境保护局官方微博	63.22	86.97	89.64	71.71	81.49
3	临沂环境	临沂市环境保护局官方微博	61.44	79.48	80.08	64.48	74.55
4	日照环境	日照市环境保护局政务微博	59.58	81.85	78.50	60.49	74.26
5	山东沂水环境	山东省临沂市沂水县环境保护局官方微博	41.58	84.96	81.74	70.10	73.83
6	临邑环境	山东省临邑县环境保护局官方微博	47.48	79.00	83.97	69.29	73.21
7	费县环境	山东省临沂市费县环境保护局官方微博	41.20	84.40	80.29	67.40	72.83
8	临沂临港环境	山东省临沂市环境保护局临港经济开发区分局官方微博	39.75	86.11	79.13	65.63	72.69
9	德州环境	山东省德州市环境保护局官方微博	49.92	83.80	77.66	57.85	72.59
10	槐荫环保	山东省济南市槐荫区环境保护局官方微博	42.51	86.04	77.63	61.99	72.40

（8）山东十大团委系统微博

排名	微博	认证信息	传播力	服务力	互动力	认同度	总分
1	山东共青团	共青团山东省委员会官方微博	80.99	89.67	80.40	71.68	81.62
2	青春济南	共青团济南市委员会官方微博	44.93	89.35	67.94	55.56	61.78
3	共青团青岛市委	共青团青岛市委员会官方微博	44.50	79.77	66.94	48.36	58.67
4	东营区共青团	共青团东营市东营区委官方微博	48.92	30.08	50.37	37.88	44.48
5	青春临沂	山东省临沂团市委官方微博	41.61	27.03	55.51	37.26	42.43
6	共青团市中委	共青团枣庄市市中区委官方微博	43.80	15.08	52.80	51.78	41.56
7	青岛市市南区团委	共青团青岛市市南区委官方微博	38.85	40.09	49.34	30.00	41.36
8	青岛市市北区团委	共青团青岛市市北区委官方微博	37.67	40.48	48.99	30.41	40.90
9	威海共青团	共青团威海市委官方微博	38.35	39.66	47.10	30.88	40.49
10	共青团枣庄市委	共青团枣庄市委员会官方微博	36.38	34.06	48.54	37.71	39.70

（9）山东十大旅游局微博

排名	微博	认证信息	传播力	服务力	互动力	认同度	总分
1	济南市旅游发展委员会	济南市旅游发展委员会官方微博	76.67	75.76	73.72	64.26	74.18
2	山东省旅游发展委员会	山东省旅游发展委员会官方微博	67.57	74.64	79.47	65.26	73.74
3	青岛市旅游发展委员会官方微博	青岛市旅游发展委员会官方微博	63.58	77.26	73.78	62.82	72.03
4	威海市旅游发展委员会	威海市旅游发展委员会官方微博	57.87	81.32	69.56	59.08	70.88
5	烟台旅游官方微博	烟台市旅游发展委员会官方微博	61.36	76.70	68.16	60.57	69.46
6	临沂市旅游发展委员会官方微博	临沂市旅游发展委员会	51.46	52.99	56.65	47.24	53.21
7	崂山区旅游局官方微博	山东省青岛市崂山区旅游局官方微博	43.11	55.94	56.94	38.07	51.89
8	泰安市旅游发展委员会官方微博	泰安市旅游发展委员会官方微博	45.22	45.60	53.45	43.73	47.69
9	山东省旅游信息中心	山东省旅游数据和信息中心	43.24	38.74	58.34	45.38	46.18
10	青岛城阳旅游	青岛市城阳区旅游局官方微博	40.47	49.39	48.83	30.81	45.58

4. 河南政务指数微博影响力榜

（1）河南政务微博城市竞争力指数

排名	地区	传播力	服务力	互动力	竞争力指数
1	郑州	82.80	59.33	75.19	71.92
2	洛阳	78.96	55.56	67.14	66.63
3	商丘	69.01	49.42	56.41	57.74
4	开封	72.87	48.24	53.09	57.33
5	新乡	69.65	47.38	48.64	54.50
6	漯河	69.78	38.77	56.29	54.20
7	南阳	68.83	45.53	48.34	53.50
8	安阳	66.09	36.30	54.25	51.52
9	信阳	64.92	39.26	50.03	50.73
10	鹤壁	64.81	38.87	45.96	49.14
11	焦作	65.71	35.57	45.81	48.19
12	驻马店	64.44	38.22	38.27	46.10
13	许昌	63.33	30.27	45.88	45.65

续表

排名	地区	传播力	服务力	互动力	竞争力指数
14	周　口	64.74	29.89	44.71	45.53
15	平顶山	63.02	34.54	37.42	44.09
16	三门峡	62.22	30.31	41.71	43.87
17	濮　阳	59.82	28.89	36.55	40.85

（2）河南十大政务机构微博

排名	微博	认证信息	传播力	服务力	互动力	认同度	总分
1	平安洛阳	河南省洛阳市公安局官方微博	83.38	96.45	85.40	72.12	88.09
2	平安中原	河南省公安厅官方微博	84.35	83.16	88.27	74.30	84.04
3	郑州市教育局	郑州市教育局官方微博	66.35	90.95	84.64	74.20	82.46
4	平安商丘	商丘市公安局官方微博	65.70	95.81	78.43	62.60	81.25
5	平安郑州	郑州市公安局官方微博	72.69	85.49	78.99	66.37	79.07
6	河南共青团	共青团河南省委官方微博	69.50	83.93	91.18	67.34	78.68
7	安阳市教育局	河南省安阳市教育局官方微博	56.81	87.06	77.94	64.83	76.05
8	郑州市气象局	郑州市气象局官方微博	72.82	83.19	70.54	65.01	75.50
9	河南教育	河南省教育厅官方微博	60.96	83.47	75.49	64.96	74.73
10	绿色郑州	郑州市环保局官方微博	55.98	92.93	69.66	54.14	74.68

（3）河南十大党政新闻发布微博

排名	微博	认证信息	传播力	服务力	互动力	认同度	总分
1	微博商丘	河南商丘市委宣传部官方微博	64.70	84.04	70.01	63.52	70.04
2	梨乡宁陵	河南省商丘市宁陵县宣传部官方微博	58.05	90.24	62.90	46.79	64.81
3	微博洛阳	洛阳市互联网宣传官方微博	55.66	65.97	69.88	59.14	62.34
4	河南网信	河南省互联网信息办公室官方微博	52.31	55.01	80.11	43.78	60.33
5	河南政府网	河南省人民政府门户网站官方微博	41.26	52.68	78.02	38.07	54.25
6	精彩许昌	中共许昌市委宣传部官方微博	47.17	47.76	60.15	51.58	51.62
7	商丘发布	商丘市人民政府新闻办公室官方微博	39.74	60.27	64.08	39.26	51.10
8	精彩漯河	河南省漯河市人民政府新闻办公室官方微博	39.77	12.07	90.20	38.77	49.26
9	社旗发布	河南省南阳市社旗县网络中心官方微博	47.17	54.37	47.89	47.48	48.86
10	魅力柘城	中共柘城县委宣传部官方微博	45.66	65.11	45.70	36.11	48.61

（4）河南十大公安系统微博

排名	微博	认证信息	传播力	服务力	互动力	认同度	总分
1	平安洛阳	河南省洛阳市公安局官方微博	83.38	96.45	85.40	72.12	88.09
2	平安中原	河南省公安厅官方微博	84.35	83.16	88.27	74.30	84.04
3	平安商丘	商丘市公安局官方微博	65.70	95.81	78.43	62.60	81.25
4	平安郑州	郑州市公安局官方微博	72.69	85.49	78.99	66.37	79.07
5	河南消防	河南省消防总队官方微博	70.45	82.30	71.81	52.20	73.77
6	洛阳交警	洛阳市公安局交警支队官方微博	64.16	81.77	72.99	54.31	72.87
7	平安周口	河南省周口市公安局官方微博	61.85	81.00	69.08	61.22	71.62
8	新乡警方在线	新乡市公安局官方微博	61.53	83.11	69.96	49.85	71.52
9	河南高速公安	河南省公安厅高速公路公安局官方微博	64.64	82.25	68.42	49.90	71.35
10	平安洛阳－伊滨派出所	河南省洛阳市公安局伊洛派出所官方微博	46.14	88.92	68.55	53.86	70.75

（5）河南十大司法系统微博

排名	微博	认证信息	传播力	服务力	互动力	认同度	总分
1	河南检察	河南省人民检察院官方微博	54.45	62.79	96.59	90.95	74.08
2	豫法阳光	河南省高级人民法院官方微博	62.47	69.29	92.68	48.76	72.89
3	洛阳中院	洛阳市中级人民法院官方微博	42.50	39.87	70.57	42.94	49.91
4	郑州检察	河南省郑州市人民检察院官方微博	33.75	41.12	75.02	38.28	49.53
5	开封检察	河南省开封市人民检察院官方微博	34.97	56.02	55.38	34.45	49.46
6	天平南阳	南阳市中级人民法院官方微博	38.86	56.18	46.61	23.75	46.60
7	文明封丘县法院	河南省新乡市封丘法院官方微博	31.49	61.26	45.30	20.72	46.46
8	洛阳检察	洛阳市检察院官方微博	31.54	15.35	86.40	78.27	46.19
9	鲁山县人民法院	河南省平顶山市鲁山县法院官方微博	31.65	61.34	42.57	20.99	45.73
10	二七法院	河南省郑州市二七区法院官方微博	35.65	65.50	32.05	22.89	45.24

（6）河南十大交通系统微博

排名	微博	认证信息	传播力	服务力	互动力	认同度	总分
1	郑州铁路局	郑州铁路局官方微博	70.61	80.21	70.23	56.98	72.97
2	郑州地铁	郑州市轨道交通有限公司运营分公司官方微博	59.70	81.39	67.27	56.86	70.36
3	南阳车务段	郑州铁路局南阳车务段官方微博	56.12	85.10	58.53	52.46	68.07
4	洛阳机务段	郑州铁路局洛阳机务段官方微博	48.01	81.88	59.73	51.55	65.43
5	洛阳公交集团	洛阳市公共交通集团有限公司	41.12	78.56	63.63	46.48	63.39
6	洛阳市运管局	河南省洛阳市运管局官方微博	40.45	60.66	47.45	29.10	49.50
7	南阳交通运输局	河南省南阳市交通运输局官方微博	39.75	52.67	46.79	30.90	46.14
8	洛阳交通局	洛阳市交通局	40.73	51.64	44.24	33.62	45.44
9	舞阳交通	漯河市舞阳县交通运输局官方微博	33.04	63.77	31.88	20.51	43.73
10	郑州东高铁站	郑州铁路局火车东站官方微博	40.24	40.12	52.73	36.10	43.53

（7）河南十大环保系统微博

排名	微博	认证信息	传播力	服务力	互动力	认同度	总分
1	绿色郑州	郑州市环保局官方微博	55.98	92.93	69.66	54.14	74.68
2	临颍环保在线	漯河市临颍县环境保护局官方微博	32.86	58.57	38.97	19.92	43.68
3	清风金水环保	河南省郑州市金水区环境保护局纪检组官方微博	30.36	59.48	34.45	16.69	41.87
4	清风舞环	河南省漯河市舞阳县环境保护局官方微博	35.29	57.38	31.32	16.38	41.04
5	祥符区环保局007	河南省开封市祥符区环境保护局官方微博	25.32	35.33	50.12	17.49	35.98
6	济源市环境保护局	河南省济源市环保局官方微博	34.92	28.82	49.53	23.00	35.67
7	绿色中牟	中牟县环境保护局办公室	31.47	39.36	35.50	17.92	34.48
8	清风惠济环保	河南省郑州市惠济区环保局纪检组官方微博	28.59	38.64	30.68	18.73	32.25
9	商丘环保	河南省商丘市环境保护局官方微博	30.45	18.76	42.95	26.61	29.14
10	源汇城建环保在线	河南省漯河市源汇区城乡建设和环境保护局官方微博	28.93	23.82	39.93	16.17	28.91

（8）河南十大团委系统微博

排名	微博	认证信息	传播力	服务力	互动力	认同度	总分
1	河南共青团	共青团河南省委官方微博	69.50	83.93	91.18	67.34	78.68
2	洛阳共青团	共青团洛阳市委宣传部官方微博	44.66	82.29	55.73	43.16	55.36
3	共青团河南省委学校部	共青团河南省委员会学校部官方微博	35.73	12.34	96.76	42.04	49.99
4	郑州铁院团委	郑州铁路职业技术学院团委	38.45	46.73	63.93	52.43	49.15
5	黄河科技学院团委	"全国五四红旗团委"共青团黄河科技学院委员会	42.38	27.46	73.84	44.59	49.05
6	三门峡青年	共青团三门峡市委官方微博	45.85	59.54	48.86	38.16	48.72
7	共青团南阳市委	河南省南阳市共青团委官方微博	38.90	26.96	77.78	27.18	47.00
8	青年之声－安阳	共青团河南省安阳市委官方微博	39.54	24.52	70.48	34.32	45.30
9	郑州共青团	共青团郑州市委官方微博	35.73	25.41	72.12	28.66	43.88
10	溱洧青年	新密团市委官方微博	38.03	60.68	39.30	29.57	42.09

（9）河南十大旅游局微博

排名	微博	认证信息	传播力	服务力	互动力	认同度	总分
1	河南省旅游局官方微博	河南省旅游局官方微博	62.23	65.95	74.13	64.46	67.51
2	舞阳广电	河南省漯河市舞阳县文化广电旅游局官方微博	33.19	57.16	38.25	18.20	42.79

续表

排名	微博	认证信息	传播力	服务力	互动力	认同度	总分
3	开封市旅游局	开封市旅游局官方微博	37.88	36.93	52.20	39.19	41.92
4	郑州旅游局	郑州市旅游局官方微博	39.79	38.88	46.38	38.46	41.27
5	栾川旅游	河南省洛阳市栾川旅游工作委员会官方微博	45.52	35.41	46.44	35.43	40.74
6	洛阳市旅发委	洛阳市旅游局官方微博	46.39	27.32	53.23	39.70	40.15
7	文明开封黄河大桥管理中心	河南省开封市黄河大桥管理中心官方微博	31.02	42.26	47.23	19.83	39.26
8	新乡旅游微博	河南省新乡市旅游局官方微博	36.02	34.73	42.88	34.40	37.40
9	河南省焦作市修武县旅游局	河南省修武县旅游局官方微博	32.91	33.36	41.72	25.73	35.02
10	信阳市旅游局	信阳市旅游局官方微博	34.92	15.66	47.05	30.21	30.38

5. 安徽政务指数微博影响力榜

（1）安徽政务微博城市竞争力指数

排名	地区	传播力	服务力	互动力	竞争力指数
1	马鞍山	77.09	60.35	62.40	66.09
2	宿州	74.49	54.74	68.03	65.32
3	安庆	71.15	50.81	59.21	59.86
4	亳州	70.03	51.49	58.25	59.42
5	宣城	70.65	46.13	57.51	57.47
6	黄山	69.23	48.48	51.11	55.63
7	合肥	71.13	40.96	56.09	55.31
8	六安	71.04	43.27	53.48	55.18
9	滁州	70.07	43.14	54.01	55.03
10	淮北	65.70	40.97	54.16	53.01
11	淮南	66.21	38.95	53.41	52.19
12	池州	67.03	43.63	47.77	52.10
13	芜湖	68.93	40.51	48.83	51.95
14	阜阳	67.65	37.72	51.15	51.40
15	蚌埠	68.72	36.07	49.38	50.52
16	铜陵	64.15	34.25	44.00	46.63

（2）安徽十大政务机构微博

排名	微博	认证信息	传播力	服务力	互动力	认同度	总分
1	安徽消防	安徽省消防总队官方微博	82.69	95.23	86.93	74.91	88.20
2	安徽公安在线	安徽省公安厅官方微博	80.55	86.21	86.59	68.93	83.46
3	亳州公安在线	安徽省亳州市公安局	75.90	89.35	80.56	57.98	80.89
4	淮南治安在线	安徽省淮南市公安局治安管理支队官方微博	71.06	88.48	79.87	65.36	80.10

续表

排名	微博	认证信息	传播力	服务力	互动力	认同度	总分
5	绩溪县金沙派出所	安徽省绩溪县公安局金沙派出所官方微博	71.34	89.61	76.39	66.80	79.71
6	安庆公安在线	安徽省安庆市公安局官方微博	65.23	92.70	77.21	58.71	79.16
7	江淮气象	安徽省气象局公共服务中心官方微博	66.09	90.89	73.00	72.07	78.68
8	淮北濉溪公安在线	安徽省淮北市濉溪县公安局官方微博	71.07	86.92	75.40	66.82	78.28
9	马鞍山公安在线	安徽省马鞍山市公安局官方微博	76.57	81.60	76.71	67.42	77.71
10	淮北公安交警在线	安徽省淮北市公安局交警支队官方微博	66.38	90.36	73.96	60.11	77.62

（3）安徽十大党政新闻发布微博

排名	微博	认证信息	传播力	服务力	互动力	认同度	总分
1	埇桥发布	安徽省宿州市埇桥区人民政府官方微博	60.94	85.36	91.08	76.83	76.46
2	马鞍山发布	安徽省马鞍山市委宣传部新闻发布官方微博	64.48	95.50	79.55	69.16	75.67
3	安徽发布	安徽省互联网信息办公室官方微博	74.16	76.22	81.27	60.43	75.33
4	宿州发布	安徽省宿州市人民政府办公室官方微博	57.66	87.75	79.05	61.73	70.50
5	灵璧发布	灵璧县人民政府办公室	60.51	91.55	70.68	56.35	69.35
6	泗县发布	中共泗县县委宣传部官方微博	52.38	79.44	84.82	60.56	68.34
7	淮南发布	安徽省淮南市人民政府新闻办公室、外宣办公室官方微博	60.48	82.28	71.79	51.10	67.30
8	明光发布	中共明光市委宣传部官方微博	56.64	82.34	69.72	67.58	66.80
9	铜陵发布	安徽省铜陵市人民政府官方微博	59.66	84.98	60.74	51.19	64.20
10	美好滁州	安徽滁州市委宣传部官方微博	57.44	73.03	68.72	57.16	63.91

（4）安徽十大公安系统微博

排名	微博	认证信息	传播力	服务力	互动力	认同度	总分
1	安徽消防	安徽省消防总队官方微博	82.69	95.23	86.93	74.91	88.20
2	安徽公安在线	安徽省公安厅官方微博	80.55	86.21	86.59	68.93	83.46
3	亳州公安在线	安徽省亳州市公安局	75.90	89.35	80.56	57.98	80.89
4	淮南治安在线	安徽省淮南市公安局治安管理支队官方微博	71.06	88.48	79.87	65.36	80.10
5	绩溪县金沙派出所	安徽省绩溪县公安局金沙派出所官方微博	71.34	89.61	76.39	66.80	79.71
6	安庆公安在线	安徽省安庆市公安局官方微博	65.23	92.70	77.21	58.71	79.16

续表

排名	微博	认证信息	传播力	服务力	互动力	认同度	总分
7	淮北濉溪公安在线	安徽省淮北市濉溪县公安局官方微博	71.07	86.92	75.40	66.82	78.28
8	马鞍山公安在线	安徽省马鞍山市公安局官方微博	76.57	81.60	76.71	67.42	77.71
9	淮北公安交警在线	安徽省淮北市公安局交警支队官方微博	66.38	90.36	73.96	60.11	77.62
10	池州公安在线	安徽省池州市公安局官方微博	66.24	88.99	75.04	55.10	76.87

（5）安徽十大司法系统微博

排名	微博	认证信息	传播力	服务力	互动力	认同度	总分
1	法治当涂	安徽省马鞍山市当涂县法治宣传教育工作领导小组办公室官方微博	55.28	82.22	75.35	59.26	72.48
2	含山法宣零距离	安徽省马鞍山市含山县司法局官方微博	46.19	84.22	67.64	46.22	67.84
3	马鞍山市司法行政	安徽省马鞍山市司法局官方微博	35.87	81.39	63.97	52.57	64.18
4	安徽司法	安徽省司法厅官方微博	51.14	64.67	63.37	50.90	60.20
5	小马普法	安徽省马鞍山市法治宣传教育工作领导小组办公室官方微博	38.64	71.03	63.21	50.07	60.11
6	安徽检察	安徽省人民检察院官方微博	47.86	54.84	80.45	41.72	59.82
7	安徽普法	安徽省法治宣传教育工作领导小组办公室	45.92	55.13	64.93	40.76	54.79
8	铜陵中院	安徽省铜陵中院官方微博	36.83	74.99	47.55	26.61	54.29
9	功桥司法所	安徽省马鞍山市和县司法局功桥司法所官方微博	36.30	55.36	55.57	36.96	49.77
10	义安普法	安徽省铜陵市义安区司法局官方微博	33.44	63.36	46.65	33.03	49.33

（6）安徽十大交通系统微博

排名	微博	认证信息	传播力	服务力	互动力	认同度	总分
1	上铁合肥客运段官方微博	上海铁路局合肥客运段官方微博	46.31	56.88	67.23	41.55	56.34
2	安徽高速	安徽交通运输联网管理中心	43.52	55.69	51.47	34.81	49.90
3	埇桥交通	安徽省宿州市埇桥区交通运输局官方微博	34.13	66.07	44.73	28.52	49.52
4	安徽交通运输	安徽省交通运输厅官方微博	42.17	50.14	49.05	32.77	46.48
5	阜阳交通	安徽省阜阳市交通运输局官方微博	36.43	43.52	52.27	39.61	44.34
6	芜湖市开发区交警大队	安徽省芜湖市公安局交警支队开发区交警大队官方微博	41.37	44.99	48.13	24.16	43.13

续表

排名	微博	认证信息	传播力	服务力	互动力	认同度	总分
7	阜阳火车站微博	上海铁路局阜阳火车站官方微博	38.65	34.33	58.32	35.39	42.50
8	安徽公路	安徽省公路管理局(安徽省公路路政总队)官方微博	38.93	42.35	42.59	27.85	40.29
9	上铁合肥车务段	上海铁路局合肥车务段官方微博	37.07	48.40	29.22	24.95	38.04
10	铁路合肥站	上海铁路局合肥火车站官方微博	38.17	32.38	46.08	28.14	37.22

（7）安徽十大环保系统微博

排名	微博	认证信息	传播力	服务力	互动力	认同度	总分
1	铜陵环保	安徽省铜陵市环保局官方微博	38.94	43.75	51.25	28.32	43.49
2	灵璧县环境保护局	安徽省宿州市灵璧县环境保护局官方微博	29.77	40.26	34.80	25.25	35.03
3	安徽环保	安徽省环境保护厅官方微博	31.60	21.93	47.80	28.49	32.28
4	环保宿州	安徽省宿州市环境保护局官方微博	33.22	22.18	45.36	24.85	31.61
5	生态舒城	安徽省六安市舒城县环境保护局官方微博	27.65	30.43	35.09	31.27	31.36
6	马鞍山市环境保护局	马鞍山市环境保护局官方微博	33.59	20.52	36.99	21.67	28.19
7	阜阳环保	安徽省阜阳市环境保护局官方微博	33.60	18.07	40.70	20.29	28.19
8	六安市环境保护局发布	安徽省六安市环境保护局官方微博	29.18	14.78	39.04	21.52	25.61
9	巢湖环保	安徽省巢湖市环境保护局官方微博	33.19	16.16	34.17	17.17	25.07
10	亳州市环保局	安徽省亳州市环境保护局官方微博	33.87	8.62	40.23	23.97	24.69

（8）安徽十大团委系统微博

排名	微博	认证信息	传播力	服务力	互动力	认同度	总分
1	安徽共青团	共青团安徽省委员会官方微博	58.04	83.72	75.33	61.66	68.72
2	安徽中医药大学校团委	安徽中医药大学校团委官方微博	52.86	59.61	47.67	47.62	52.13
3	五河青春	共青团安徽省蚌埠市五河县委官方微博	37.50	67.10	54.44	38.44	48.59
4	蚌埠共青团	共青团安徽省蚌埠市委员会官方微博	45.01	38.04	48.22	32.26	43.31
5	宿州团市委	共青团安徽省宿州市委员会	35.97	66.28	42.01	29.46	43.19
6	徽州区团委	共青团安徽省黄山市徽州区委官方微博	33.73	56.13	44.47	28.67	40.93
7	滁州共青团	共青团安徽省滁州市委员会官方微博	35.56	43.16	48.78	31.83	40.67
8	黄山市共青团	共青团安徽省黄山市委员会官方微博	38.27	49.22	40.25	28.80	40.11
9	东至县委	共青团东至县委官方微博	32.20	63.70	39.19	26.20	40.00
10	铜陵共青团	共青团安徽省铜陵市委员会官方微博	35.57	24.67	57.15	27.88	39.10

（9）安徽十大旅游局微博

排名	微博	认证信息	传播力	服务力	互动力	认同度	总分
1	安徽省旅游发展委员会	安徽省旅游发展委员会官方微博	63.28	66.78	71.73	55.07	66.40
2	滁州市旅游局	安徽省滁州市旅游局官方微博	39.82	58.77	53.55	42.34	51.77
3	池州市旅发委	安徽省池州市旅游委员会官方微博	44.82	50.40	50.73	37.65	48.11
4	埇桥文旅	安徽省宿州市埇桥区文化广电旅游局官方微博	28.22	55.67	44.75	29.31	44.27
5	宿州市旅游局	宿州市旅游局官方微博	46.70	36.42	47.31	33.43	41.45
6	六安市旅游委发布	六安市旅游委员会官方微博	47.84	33.28	49.62	35.24	41.29
7	文化旅游泗州	安徽省宿州市泗县文化广电新闻出版旅游局	29.68	59.81	29.92	23.07	41.14
8	宣城旅游-	安徽省宣城市旅游发展委员会官方微博	41.19	35.13	48.19	34.72	40.22
9	安徽广德县旅游局	安徽省宣城市广德县旅游局官方微博	37.23	38.16	42.52	35.15	38.98
10	蚌埠文化旅游局	安徽省蚌埠市旅游局官方微博	33.37	25.48	54.84	28.33	36.15

6. 广东政务指数微博影响力榜

（1）广东政务微博城市竞争力指数

排名	地区	传播力	服务力	互动力	竞争力指数
1	深圳	81.40	47.04	73.18	66.50
2	广州	81.01	47.93	70.06	65.60
3	佛山	75.98	44.64	58.95	59.05
4	江门	70.96	40.09	51.41	53.32
5	惠州	71.40	35.90	54.38	53.01
6	珠海	67.85	28.91	57.40	50.56
7	东莞	68.34	33.93	49.61	49.74
8	清远	67.41	37.85	43.74	48.78
9	汕头	65.50	28.95	48.58	46.79
10	肇庆	65.11	35.44	41.03	46.29
11	茂名	63.83	32.09	38.80	43.96
12	中山	62.88	27.46	44.19	43.94
13	汕尾	56.14	34.35	37.88	42.12
14	湛江	60.27	28.74	39.19	41.86
15	韶关	60.29	24.35	35.03	38.87
16	梅州	57.84	23.40	34.50	37.62
17	揭阳	55.92	26.65	31.42	37.10
18	阳江	48.78	32.05	30.54	36.54
19	潮州	56.13	23.77	32.31	36.46
20	河源	58.09	21.52	31.04	35.82
21	云浮	55.05	24.35	23.96	33.43

（2）广东十大政务机构微博

排名	微博	认证信息	传播力	服务力	互动力	认同度	总分
1	深圳交警	广东省深圳市公安局交警支队官方微博	88.56	95.77	86.29	80.27	89.93
2	深圳公安	深圳市公安局官方微博	78.45	97.20	82.61	74.10	86.76
3	深圳天气	深圳市气象局官方微博	80.36	93.74	81.83	73.21	85.44
4	广州公安	广州市公安局官方微博	77.94	91.90	78.29	72.66	83.10
5	中国广州发布	广州市互联网信息办公室官方微博	76.26	84.41	85.15	72.35	80.17
6	广东共青团	共青团广东省委员会官方微博	77.54	87.00	80.63	74.90	80.10
7	广州天气	广州市气象局官方微博	77.42	85.45	78.41	66.87	79.88
8	广州地铁	广州地铁官方微博	70.72	87.36	78.08	67.97	79.31
9	广东天气	广东省气象服务中心	74.43	86.27	73.45	61.74	77.60
10	广州交警	广州市公安局交警支队	68.84	85.11	73.81	60.28	75.98

（3）广东十大党政新闻发布微博

排名	微博	认证信息	传播力	服务力	互动力	认同度	总分
1	中国广州发布	广州市互联网信息办公室官方微博	76.26	84.41	85.15	72.35	80.17
2	深圳微博发布厅	深圳市互联网信息办公室官方微博	71.33	75.15	76.95	71.58	73.80
3	南海发布	广东省佛山市南海区人民政府新闻办公室	66.11	68.96	61.75	49.32	63.69
4	惠州发布	惠州市人民政府新闻办公室官方微博	57.33	74.13	67.81	51.01	63.20
5	广东发布	广东省人民政府新闻办公室官方微博	54.36	52.50	81.84	49.03	61.70
6	禅城发布	佛山市禅城区人民政府新闻办公室官方微博	58.35	74.66	59.21	51.20	61.15
7	仲恺发布	广东省惠州仲恺高新区新闻中心官方微博	43.48	80.22	68.82	56.13	59.69
8	惠阳发布	惠州市惠阳区委宣传部官方微博	47.15	61.69	77.17	50.63	59.41
9	斗门之声	广东省珠海市斗门区人民政府官方微博	47.14	57.26	87.08	28.80	59.31
10	清远发布	清远市人民政府新闻办公室官方微博	55.73	65.27	61.95	52.68	59.20

（4）广东十大公安系统微博

排名	微博	认证信息	传播力	服务力	互动力	认同度	总分
1	深圳交警	广东省深圳市公安局交警支队官方微博	88.56	95.77	86.29	80.27	89.93
2	深圳公安	深圳市公安局官方微博	78.45	97.20	82.61	74.10	86.76
3	广州公安	广州市公安局官方微博	77.94	91.90	78.29	72.66	83.10
4	广州交警	广州市公安局交警支队	68.84	85.11	73.81	60.28	75.98
5	深圳网警	深圳市公安局公共信息网络安全监察分局官方微博	65.79	85.51	78.57	48.90	75.82

续表

排名	微博	认证信息	传播力	服务力	互动力	认同度	总分
6	广东消防	广东省公安消防总队官方微博	75.30	71.75	81.39	65.75	74.75
7	深圳龙岗交警	深圳交警龙岗大队官方微博	67.70	84.33	68.89	59.14	73.85
8	平安南粤	广东省公安厅官方微博	64.34	76.59	79.02	58.86	73.10
9	深圳交警车管所	深圳交警车辆管理处官方微博	57.32	91.66	67.19	41.29	72.41
10	深圳罗湖交警	深圳交警罗湖大队官方微博	51.78	79.29	59.64	47.77	64.74

（5）广东十大司法系统微博

排名	微博	认证信息	传播力	服务力	互动力	认同度	总分
1	正义肇庆	肇庆市人民检察院官方微博	42.88	64.42	49.07	35.07	52.57
2	和谐肇庆	肇庆市司法局官方微博	41.09	58.72	52.63	28.75	50.37
3	广东检察	广东省人民检察院官方微博	50.63	21.99	90.83	39.59	50.13
4	汕头检察	广东省汕头市人民检察院官方微博	37.83	52.79	56.41	22.78	47.88
5	广州政府法制	广州市人民政府法制办公室官方微博	39.71	32.77	76.02	28.70	46.72
6	顺德检察	佛山市顺德区人民检察院官方微博	35.34	52.69	48.21	26.23	45.23
7	公正肇庆	肇庆市中级人民法院官方微博	45.51	51.01	42.19	26.14	44.78
8	开平司法	广东省开平市司法局官方微博	30.70	55.39	44.29	17.70	43.35
9	广东省高级人民法院	广东省高级人民法院官方微博	51.31	17.72	74.49	34.12	43.11
10	五邑法苑	广东省江门市中级人民法院官方微博	36.94	51.69	41.56	23.42	42.88

（6）广东十大交通系统微博

排名	微博	认证信息	传播力	服务力	互动力	认同度	总分
1	广州地铁	广州地铁官方微博	70.72	87.36	78.08	67.97	79.31
2	深圳地铁运营	深圳市地铁集团有限公司运营总部	73.00	81.96	71.46	59.72	74.80
3	广州交通	广州市交通委员会官方微博	63.22	81.54	60.51	51.74	68.59
4	广州铁路	广州铁路(集团)公司官方微博	63.37	60.99	68.12	50.01	62.50
5	港铁深圳	港铁轨道交通(深圳)有限公司	42.56	62.81	51.89	42.33	53.43
6	深圳市交通运输委员会	深圳市交通运输委员会官方微博	53.57	43.88	57.93	42.96	49.94
7	珠海公交巴士官方微博	珠海公交巴士有限公司官方微博	41.78	48.52	57.85	43.79	49.50
8	惠州交通	广东省惠州市交通运输局官方微博	43.30	57.47	38.75	30.78	46.35
9	虎门交通	东莞市交通运输局虎门分局官方微博	40.80	52.58	44.51	28.66	45.41
10	深圳机场	深圳市机场集团有限公司官方微博	43.75	21.19	52.87	45.67	37.65

（7）广东十大环保系统微博

排名	微博	认证信息	传播力	服务力	互动力	认同度	总分
1	广州环保	广州市环境保护局官方微博	51.26	61.81	51.41	33.64	53.77
2	宝安环保水务	深圳市宝安区环境保护和水务局官方微博	38.02	51.47	41.63	22.74	42.95
3	江门环保	广东省江门市环境保护局官方微博	32.97	39.51	48.55	24.06	39.37
4	南粤绿声	广东省环境保护宣传教育中心官方微博	35.71	20.99	52.99	35.53	34.99
5	中国侨都－新会环保	广东省新会区环境保护局官方微博	28.16	37.93	37.95	18.23	34.01
6	绿色梦想－深圳人居委	深圳人居环境委员会官方微博	39.76	27.97	36.50	21.55	32.25
7	清远环保	清远市环境保护局官方微博	34.06	11.44	55.49	39.27	31.96
8	绿色肇庆	肇庆市环境保护局官方微博	34.58	28.39	37.28	21.17	31.57
9	番禺环境保护局	广州市番禺区环境保护局官方微博	34.21	29.14	36.56	18.01	31.27
10	南海环保	广东省佛山市南海区环境运输和城市管理局官方微博	32.68	24.63	38.29	25.95	30.47

（8）广东十大团委系统微博

排名	微博	认证信息	传播力	服务力	互动力	认同度	总分
1	广东共青团	共青团广东省委员会官方微博	77.54	87.00	80.63	74.90	80.10
2	广州共青团	广东省广州市共青团官方微博	52.01	56.39	61.00	43.59	54.74
3	广轻团委	共青团广东轻工职业技术学院委员会官方微博	40.51	30.31	70.37	43.30	47.71
4	东莞共青团	共青团广东省东莞市委员会官方微博	44.95	52.63	43.85	35.64	45.22
5	佛山共青团	共青团广东省佛山市委员会官方微博	37.69	51.05	44.69	36.72	42.37
6	顺德共青团	共青团广东省佛山市顺德区委官方微博	36.87	37.24	51.61	45.55	42.23
7	阳江团市委	共青团阳江市委员会官方微博	35.00	45.01	42.52	35.66	39.32
8	江门共青团	共青团江门市委员会官方微博	36.42	50.44	35.22	27.92	38.01
9	珠海青年	共青团珠海市委员会	39.97	23.97	43.08	42.56	37.96
10	茂名共青团	共青团茂名市委员会官方微博	31.21	48.08	44.58	22.92	37.77

（9）广东十大旅游局微博

排名	微博	认证信息	传播力	服务力	互动力	认同度	总分
1	活力广东	广东省旅游局官方微博	53.84	81.05	66.84	53.85	68.63
2	广州旅游	广州市旅游局官方微博	59.94	58.38	64.38	52.65	59.92
3	肇庆市旅游局	广东省肇庆市旅游局官方微博	50.27	63.74	56.66	46.20	57.17
4	最美惠州	广东省惠州市旅游局官方微博	48.13	57.32	50.74	38.79	51.65

续表

排名	微博	认证信息	传播力	服务力	互动力	认同度	总分
5	佛山－旅游	佛山市旅游局官方微博	41.44	52.78	51.93	47.27	49.70
6	韶关旅游	韶关市旅游局官方微博	45.48	44.35	50.01	37.24	45.56
7	南海旅游	广东省佛山市南海区旅游协会官方微博	39.85	42.83	45.86	40.00	42.86
8	清远旅游	广东省清远市旅游局官方微博	38.36	42.33	47.55	36.43	42.51
9	梅州市旅游局	广东省梅州市旅游局官方微博	40.50	34.79	45.52	43.35	40.01
10	东莞旅游局	广东省东莞市旅游局官方微博	42.67	14.48	60.29	33.38	35.75

7. 浙江政务指数微博影响力榜

（1）浙江政务微博城市竞争力指数

排名	地区	传播力	服务力	互动力	竞争力指数
1	杭州	84.69	52.31	73.61	69.48
2	宁波	80.53	49.20	60.44	62.53
3	湖州	76.04	42.86	67.01	61.27
4	绍兴	70.71	35.34	70.57	58.28
5	温州	76.26	39.97	54.87	56.07
6	嘉兴	71.48	37.71	53.39	53.33
7	金华	68.70	35.44	54.77	52.18
8	台州	68.70	35.70	52.24	51.39
9	衢州	61.05	29.56	45.80	44.69
10	舟山	62.16	28.83	39.99	42.73
11	丽水	58.50	33.01	36.21	41.78

（2）浙江十大政务机构微博

排名	微博	认证信息	传播力	服务力	互动力	认同度	总分
1	杭州发布	杭州市人民政府新闻办公室官方微博	74.86	70.29	86.60	65.78	76.56
2	浙江团省委	共青团浙江省委员会官方微博	72.70	77.84	76.35	69.84	74.54
3	会稽山景区	浙江省会稽山旅游度假区景区管理处官方微博	40.84	88.86	80.56	57.72	73.65
4	余杭公安	杭州市公安局余杭区公安分局官方微博	52.92	81.71	84.68	46.26	73.30
5	绍兴兰亭景区	浙江省绍兴市兰亭风景区管理处官方微博	45.43	80.02	93.39	40.82	73.19
6	杭州城管	杭州市城市管理委员会官方微博	46.29	78.11	84.71	58.62	71.77
7	杭州市旅游委员会	杭州市旅游委员会官方微博	68.31	77.02	70.62	60.91	71.75
8	江干发布	浙江省杭州市江干区政府新闻办官方微博	60.89	80.84	79.96	66.19	71.13
9	宁波交警	宁波市公安局交通警察局官方微博	56.41	86.69	64.51	49.36	70.24
10	温州高速交警	浙江省公安厅高速公路交通警察总队温州支队、温州市公安局高速公路交警支队官方微博	64.50	87.55	59.41	44.96	70.24

（3）浙江十大党政新闻发布微博

排名	微博	认证信息	传播力	服务力	互动力	认同度	总分
1	杭州发布	杭州市人民政府新闻办公室官方微博	74.86	70.29	86.60	65.78	76.56
2	江干发布	浙江省杭州市江干区政府新闻办官方微博	60.89	80.84	79.96	66.19	71.13
3	上城发布	浙江省杭州市上城区政府新闻办公室官方微博	56.84	80.89	82.09	66.70	70.21
4	安吉发布	浙江省安吉县政府新闻办官方微博	60.78	59.28	87.62	74.39	69.89
5	拱墅发布	浙江省杭州市拱墅区人民政府办公室官方微博	56.40	73.70	83.33	67.25	69.02
6	吴兴发布	浙江省湖州市吴兴区官方微博	60.00	63.01	84.11	64.13	68.25
7	建德发布	建德市人民政府新闻办公室	55.08	72.94	75.63	50.95	64.40
8	宁波发布	宁波市政府新闻办公室官方微博	53.95	71.25	74.99	56.96	64.02
9	临安发布	浙江省临安市人民政府新闻办公室官方微博	52.24	73.10	75.13	56.63	63.72
10	浙江发布	浙江省人民政府新闻办公室官方微博	58.46	62.54	73.16	52.16	63.05

（4）浙江十大公安系统微博

排名	微博	认证信息	传播力	服务力	互动力	认同度	总分
1	余杭公安	杭州市公安局余杭区公安分局官方微博	52.92	81.71	84.68	46.26	73.30
2	宁波交警	宁波市公安局交通警察局官方微博	56.41	86.69	64.51	49.36	70.24
3	温州高速交警	浙江省公安厅高速公路交通警察总队温州支队、温州市公安局高速公路交警支队官方微博	64.50	87.55	59.41	44.96	70.24
4	平安杭州	杭州市公安局官方微博	61.93	71.80	78.51	55.57	70.21
5	浙江消防	浙江省公安消防总队官方微博	65.62	69.80	77.37	55.72	69.83
6	浙江公安	浙江省公安厅官方微博	61.28	68.43	80.29	52.97	69.01
7	余杭交警	杭州市公安局余杭区分局交通警察大队官方微博	45.15	83.08	72.59	39.95	68.03
8	宁波网警巡查执法	浙江省宁波市公安局网络警察支队	63.15	78.11	56.08	37.75	64.47
9	温州交警	温州市公安局交警支队官方微博	55.57	70.86	62.53	46.00	62.82
10	宁波公安	宁波市公安局官方微博	55.79	65.67	65.06	44.07	61.35

（5）浙江十大司法系统微博

排名	微博	认证信息	传播力	服务力	互动力	认同度	总分
1	浙江普法	浙江省司法厅、浙江省普法办官方微博	53.18	44.03	77.28	45.79	56.01
2	嘉兴检察	浙江省嘉兴市人民检察院官方微博	35.29	57.85	55.63	50.06	51.89
3	宁海检察	浙江省宁海县人民检察院官方微博	42.25	66.94	39.74	23.24	49.47
4	绍兴检察	浙江省绍兴市人民检察院官方微博	39.72	52.76	51.36	44.31	48.89

续表

排名	微博	认证信息	传播力	服务力	互动力	认同度	总分
5	浙江检察	浙江省人民检察院官方微博	40.53	46.94	56.07	34.70	47.17
6	苍南检察	苍南县人民检察院官方微博	32.33	40.64	58.20	58.37	46.02
7	江北检察	宁波市江北区人民检察院官方微博	40.48	57.66	38.53	25.69	45.29
8	杭州公安戒毒	浙江省杭州市强制隔离戒毒所官方微博	36.23	41.53	57.10	37.67	44.75
9	上城司法行政法律服务中心	杭州市上城区司法行政法律服务中心官方微博	32.68	57.68	38.17	34.51	44.51
10	衢州检察	浙江省衢州市人民检察院官方微博	34.35	39.27	52.51	44.68	42.80

（6）浙江十大交通系统微博

排名	微博	认证信息	传播力	服务力	互动力	认同度	总分
1	杭州公交	杭州市公共交通集团有限公司官方微博	54.51	71.85	53.10	43.13	59.88
2	宁波机场阳光服务	宁波栎社国际机场阳光服务品牌	45.57	73.75	54.40	44.71	59.41
3	杭州地铁官方	杭州市地铁集团有限责任公司	51.16	64.63	57.62	43.04	57.68
4	温州机场彩虹服务	温州机场地面服务公司服务部官方微博	46.18	73.03	49.26	39.63	57.19
5	上铁江山火车站	上海铁路局金华车务段江山火车站官方微博	45.23	48.82	77.25	50.15	56.77
6	上铁金华站	上海铁路局金华火车站官方微博	39.00	65.15	60.70	36.42	55.71
7	铁路杭州站	上海铁路局杭州站官方微博	40.01	60.70	51.71	26.76	50.47
8	上铁乔司站	上海铁路局乔司站官方微博	33.72	67.09	39.05	24.30	47.73
9	宁波海事局	宁波海事局官方微博	44.00	51.69	46.27	32.73	46.63
10	温州公路	温州市公路管理局官方微博	43.13	59.94	36.58	30.52	46.63

（7）浙江十大环保系统微博

排名	微博	认证信息	传播力	服务力	互动力	认同度	总分
1	浙江环保	浙江省环保厅官方微博	42.44	58.95	56.08	33.05	52.20
2	杭州环保	浙江省杭州市环境保护局官方微博	41.79	62.86	49.69	26.45	51.05
3	镇海环保	宁波市镇海区环境保护局官方微博	38.00	69.74	41.73	21.69	50.18
4	建德环保	浙江省建德市环境保护局官方微博	30.67	65.23	41.39	29.02	47.54
5	安吉环保	浙江省湖州市安吉县环境保护局官方微博	34.87	48.81	51.78	42.35	46.27
6	吴兴区环保	浙江省湖州市环境保护局吴兴区分局官方微博	31.67	60.01	40.52	27.90	45.28
7	温州环保	浙江省温州市环境保护局官方微博	39.23	27.29	64.59	30.04	41.14
8	生态江干	浙江省杭州市环境保护局江干环境保护分局官方微博	32.56	55.21	26.41	17.62	38.28
9	绿色乐清	乐清市环境保护局官方微博	39.71	29.03	45.48	29.05	36.11
10	宁波市环境保护局	宁波市环境保护局官方微博	46.27	27.02	42.17	24.64	35.18

（8）浙江十大团委系统微博

排名	微博	认证信息	传播力	服务力	互动力	认同度	总分
1	浙江团省委	共青团浙江省委员会官方微博	72.70	77.84	76.35	69.84	74.54
2	安吉共青团	共青团安吉县委官方微博	35.37	55.98	51.81	40.38	44.92
3	上城住建	杭州市上城区住房和城市建设局官方微博	35.21	62.84	41.68	20.20	41.17
4	上城共青团	共青团杭州市上城区委官方微博	32.92	58.25	41.43	21.78	39.42
5	杭州共青团	共青团杭州市委员会官方微博	33.96	42.97	47.23	24.53	38.80
6	青春江干	共青团杭州市江干区委官方微博	33.25	53.17	35.86	26.94	37.39
7	拱墅青年	共青团杭州市拱墅区委官方微博	29.32	60.71	33.01	24.61	36.23
8	宁波共青团	宁波团市委官方微博	36.09	17.55	52.54	23.89	36.10
9	阳明街道青年	阳明街道共青团官方微博	33.04	19.07	37.67	72.51	35.58
10	共青团德清县委	湖州市德清县团委官方微博	33.57	32.66	35.16	33.38	33.85

（9）浙江十大旅游局微博

排名	微博	认证信息	传播力	服务力	互动力	认同度	总分
1	杭州市旅游委员会	杭州市旅游委员会官方微博	68.31	77.02	70.62	60.91	71.75
2	舟山市旅游委员会	浙江省舟山市旅游局官方微博	48.16	66.68	61.19	48.38	59.49
3	千岛湖旅游	淳安县千岛湖风景旅游委员会官方微博	54.63	62.15	63.80	42.66	59.19
4	浦江县旅游	浙江金华浦江县风景旅游管理局官方微博	53.46	49.00	51.37	40.91	49.79
5	17度建德新安江	建德市旅游商务局官方微博	45.61	54.73	49.72	35.78	49.51
6	宁波旅游局	宁波旅游局官方微博	44.74	42.51	60.80	47.57	48.95
7	生态稽东	浙江省绍兴县稽东镇生态旅游办公室官方微博	38.37	32.17	77.45	29.91	46.77
8	悠游湖州	浙江省湖州市旅游局官方微博	40.59	49.31	49.08	41.73	46.74
9	金华旅游	浙江省金华市旅游局官方微博	48.58	45.57	49.99	37.38	46.68
10	温州旅游官方微博	温州市旅游局官方微博	42.81	41.15	54.35	46.55	45.98

8. 陕西政务指数微博影响力榜

（1）陕西政务微博城市竞争力指数

排名	地区	传播力	服务力	互动力	竞争力指数
1	西安	80.06	55.27	71.86	68.51
2	榆林	71.05	46.86	58.58	58.22
3	宝鸡	70.77	43.10	55.06	55.59
4	渭南	69.55	40.90	50.84	52.97
5	咸阳	69.78	41.77	47.63	52.23

续表

排名	地区	传播力	服务力	互动力	竞争力指数
6	汉中	66.07	44.45	45.97	51.47
7	安康	67.72	42.78	41.60	49.85
8	延安	66.80	38.82	42.41	48.47
9	商洛	67.64	38.78	37.10	46.85
10	铜川	60.76	32.13	38.11	42.81

（2）陕西十大政务机构微博

排名	微博	认证信息	传播力	服务力	互动力	认同度	总分
1	陕西消防	陕西省公安消防总队官方微博	85.08	84.51	86.79	73.37	84.20
2	西铁资讯	西安铁路局官方微博	67.05	95.30	76.14	59.96	80.37
3	陕西省教育厅	陕西省教育厅官方微博	63.29	83.31	81.92	68.16	77.37
4	畅通西安	西安市公安局交警支队官方微博	68.09	87.85	74.22	60.15	77.04
5	西安发布	西安市互联网信息办公室官方微博	68.41	69.53	90.18	67.70	75.10
6	西安半坡博物馆志愿者队	西安半坡博物馆	66.48	84.26	71.96	60.96	74.69
7	陕西发布	陕西省人民政府门户网站官方微博	68.70	81.16	83.03	60.32	74.65
8	吴堡公安	陕西省榆林市吴堡县公安局官方微博	63.64	89.19	64.36	56.24	73.34
9	西安交警经开大队	西安市公安局交警支队经开大队官方微博	60.46	86.27	66.86	61.28	72.79
10	宝鸡团市委	共青团宝鸡市委员会官方微博	69.43	77.15	74.92	69.50	72.63

（3）陕西十大党政新闻发布微博

排名	微博	认证信息	传播力	服务力	互动力	认同度	总分
1	西安发布	西安市互联网信息办公室官方微博	68.41	69.53	90.18	67.70	75.10
2	陕西发布	陕西省人民政府门户网站官方微博	68.70	81.16	83.03	60.32	74.65
3	中国乾县	陕西省咸阳市乾县信息中心官方微博	47.77	78.98	62.20	54.93	59.06
4	浐灞生态区	西安浐灞生态区管理委员会官方微博	55.84	74.61	57.94	43.65	59.01
5	西安国际港务区	陕西省西安国际港务区管委会官方微博	53.90	76.76	53.20	49.51	57.82
6	曲江新区	西安曲江新区管理委员会官方微博	53.34	66.28	61.57	47.14	57.78
7	铜川发布	陕西省铜川市人民政府官方微博	45.89	74.12	64.20	51.39	57.58
8	榆林宣传	中共榆林市委宣传部官方微博	50.89	50.87	73.44	45.52	57.11
9	汉中发布	陕西省汉中市委、市政府官方微博	53.54	55.66	60.39	45.64	55.23
10	西咸新区沣东新城	陕西省西咸新区沣东新城管理委员会官方微博	46.94	58.20	62.72	53.72	54.60

（4）陕西十大公安系统微博

排名	微博	认证信息	传播力	服务力	互动力	认同度	总分
1	陕西消防	陕西省公安消防总队官方微博	85.08	84.51	86.79	73.37	84.20
2	畅通西安	西安市公安局交警支队官方微博	68.09	87.85	74.22	60.15	77.04
3	吴堡公安	陕西省榆林市吴堡县公安局官方微博	63.64	89.19	64.36	56.24	73.34
4	西安交警经开大队	西安市公安局交警支队经开大队官方微博	60.46	86.27	66.86	61.28	72.79
5	西安公安	陕西省西安市公安局官方微博	63.59	77.16	74.65	60.16	71.99
6	定边公安	陕西省榆林市定边县公安局官方微博	51.47	85.24	69.34	52.70	70.46
7	西安交警灞桥大队	西安市公安局交警支队灞桥大队官方微博	63.22	82.47	64.72	51.70	70.22
8	西安交警新城大队	西安市公安局交警支队新城大队官方微博	58.99	85.29	62.75	51.35	69.88
9	陕西公安	陕西省公安厅官方微博	60.56	67.85	83.43	55.76	69.85
10	榆林交警	榆林市公安局交警支队官方微博	55.26	77.29	71.74	49.64	68.46

（5）陕西十大司法系统微博

排名	微博	认证信息	传播力	服务力	互动力	认同度	总分
1	法治西安	陕西省西安市司法局官方微博	66.06	72.55	75.28	67.26	71.54
2	白水法院	陕西省渭南市白水县人民法院官方微博	55.18	81.14	63.29	58.10	68.29
3	陕西检察	陕西省人民检察院官方微博	58.65	73.79	71.21	49.99	67.61
4	洋县法院	陕西省汉中市洋县人民法院官方微博	43.16	73.58	69.94	48.58	63.90
5	阎良检察	陕西省西安市阎良区人民检察院官方微博	40.73	80.46	62.13	41.07	63.07
6	商南县人民法院	陕西省商南县人民法院官方微博	49.14	81.21	54.34	34.25	62.04
7	商洛中院	陕西省商洛市中级人民法院官方微博	50.27	83.82	44.65	44.61	61.44
8	渭南中院	渭南市中级人民法院官方微博	38.75	73.23	67.41	35.53	60.82
9	陕西高院	陕西省高级人民法院官方微博	56.00	54.79	74.89	40.45	59.63
10	略阳法院	略阳县人民法院官方微博	32.00	68.78	63.73	44.86	57.52

（6）陕西十大交通系统微博

排名	微博	认证信息	传播力	服务力	互动力	认同度	总分
1	西铁资讯	西安铁路局官方微博	67.05	95.30	76.14	59.96	80.37
2	西铁客服在线	西安铁路局客户服务中心官方微博	48.98	80.72	57.19	44.06	63.65
3	西安地铁	西安市地下铁道有限责任公司	60.00	44.39	66.79	56.56	55.45
4	陕西交通12122	陕西省高速公路收费管理中心官方微博	47.92	63.47	52.57	40.92	54.83
5	西安地铁运营分公司	西安地铁运营分公司官方微博	61.96	35.21	57.06	55.36	49.13
6	西铁西安客运段	西安铁路局西安客运段官方微博	35.12	43.96	42.58	29.01	40.28

续表

排名	微博	认证信息	传播力	服务力	互动力	认同度	总分
7	西铁西安车务段	西安铁路局西安车务段官方微博	34.23	45.19	41.10	23.66	39.62
8	西铁西安北火车站	西安铁路局西安北站官方微博	37.62	32.52	49.98	26.59	38.19
9	延安新区交警大队	陕西省延安市公安局交警支队新区大队官方微博	34.31	28.63	47.30	31.12	35.61
10	紫阳县交警大队	陕西省安康市紫阳县公安局交警大队官方微博	38.27	29.67	41.59	24.98	34.50

（7）陕西十大环保系统微博

排名	微博	认证信息	传播力	服务力	互动力	认同度	总分
1	陕西环保	陕西省环境保护厅官方微博	53.26	71.97	68.55	46.62	64.67
2	西安环保	陕西省西安市环保局官方微博	36.28	35.06	58.32	47.13	43.49
3	西安市机动车污染防治	陕西省西安市机动车排气污染监督监测中心官方微博	30.83	29.97	32.51	22.68	30.17
4	渭南市环保	陕西省渭南市环保局官方微博	29.82	15.08	46.58	23.39	28.31
5	安康环保举报热线	陕西省安康市环境监察支队官方微博	24.25	6.17	48.22	23.43	24.13
6	商洛环保	陕西省商洛市环境保护局官方微博	27.12	5.63	47.32	19.51	23.82
7	铜川环保	陕西省铜川市环境保护局官方微博	24.82	5.59	47.92	22.21	23.79
8	宝鸡环保	陕西省宝鸡市环境保护局官方微博	25.24	7.34	40.15	24.08	22.44
9	咸阳环境教育基地	陕西省咸阳市环境教育基地官方微博	25.39	1.96	48.26	20.46	22.39
10	陕西环保沙龙	陕西省环境保护宣传教育中心下属办公室官方微博	27.96	2.42	43.68	23.10	21.97

（8）陕西十大团委系统微博

排名	微博	认证信息	传播力	服务力	互动力	认同度	总分
1	宝鸡团市委	共青团宝鸡市委员会官方微博	69.43	77.15	74.92	69.50	72.63
2	三秦青年	共青团陕西省委官方微博	66.78	83.42	74.52	54.75	71.23
3	西安青年聚	共青团西安市委官方微博	52.60	86.98	78.39	64.74	68.43
4	榆林团市委	榆林团市委官方微博	44.60	84.26	70.77	50.02	60.92
5	延安青年	共青团延安市委员会官方微博	50.55	68.98	57.67	44.66	55.78
6	天汉青年－汉中共青团	共青团汉中市委员会官方微博	49.79	64.32	64.16	33.06	55.34
7	咸阳共青团	共青团咸阳市委员会官方微博	41.78	68.21	61.24	49.74	53.70
8	青春_安康	共青团安康市委员会官方微博	43.74	63.14	63.11	37.18	52.77
9	渭南青年网v	共青团渭南市委员会官方微博	46.81	68.43	55.56	35.81	52.66
10	凤县团委	共青团凤县委员会官方微博	38.44	50.94	67.14	46.18	50.32

（9）陕西十大旅游局微博

排名	微博	认证信息	传播力	服务力	互动力	认同度	总分
1	陕西省旅游发展委员会	陕西省旅游发展委员会官方微博	53.88	62.23	73.73	49.08	62.69
2	西安市旅游局	西安市旅游局官方微博	60.08	58.33	68.29	56.93	61.53
3	延安市旅游发展委员会	延安市旅游发展委员会官方微博	48.94	61.12	59.21	43.98	56.40
4	宝鸡文物旅游	宝鸡市文物旅游局官方微博	49.03	44.60	71.93	46.40	53.87
5	咸阳文物旅游局微博	咸阳市文物旅游局官方微博	43.21	55.09	60.12	48.55	53.57
6	临渭区文物旅游局	陕西省渭南市临渭区文物旅游局官方微博	45.17	50.10	52.72	36.48	48.54
7	汉中市旅游发展委员会	陕西省汉中市旅游发展委员会官方微博	41.76	46.53	56.21	45.35	48.36
8	渭南市旅游局	陕西省渭南市文物旅游局官方微博	42.71	37.84	57.91	34.75	44.52
9	泾河旅游	陕西西咸新区泾河新城管委会旅游官方微博	32.68	31.36	54.07	44.15	39.72
10	榆林旅游	榆林市旅游外事(侨务)局官方微博	47.98	24.05	49.87	32.29	37.41

9. 河北政务指数微博影响力榜

（1）河北政务微博城市竞争力指数

排名	地区	传播力	服务力	互动力	竞争力指数
1	保　定	68.81	51.66	64.92	61.44
2	石家庄	72.64	40.92	70.56	60.81
3	沧　州	68.01	39.88	58.97	55.00
4	邯　郸	66.42	35.41	47.40	48.91
5	邢　台	66.68	37.34	42.44	47.93
6	唐　山	63.46	33.99	46.25	47.12
7	张家口	62.94	32.80	42.93	45.39
8	秦皇岛	62.52	32.56	42.18	44.92
9	衡　水	59.35	32.87	36.17	41.97
10	廊　坊	60.00	27.62	39.62	41.53
11	承　德	58.70	26.80	39.53	40.83

（2）河北十大政务机构微博

排名	微博	认证信息	传播力	服务力	互动力	认同度	总分
1	黄骅司法	河北省黄骅市司法局官方微博	57.14	87.16	84.32	70.92	78.68
2	河北发布	河北省人民政府新闻办公室官方微博	71.49	82.99	87.32	71.71	78.56
3	河北高院	河北省高级人民法院官方微博	49.82	85.07	91.80	52.74	76.81
4	河北天气	河北省气象局官方微博	71.34	86.56	70.29	60.35	76.01

续表

排名	微博	认证信息	传播力	服务力	互动力	认同度	总分
5	石家庄交警	石家庄市公安局交通管理局官方微博	65.50	86.69	72.31	60.94	75.56
6	石家庄共青团	河北省石家庄共青团官方微博	57.36	85.54	86.27	65.22	72.46
7	河北省旅游发展委员会	河北省旅游发展委员会官方微博	62.10	80.87	72.11	57.46	72.15
8	河北检察	河北省人民检察院官方微博	53.11	75.54	80.84	66.55	71.75
9	河北共青团	共青团河北省委员会官方微博	57.35	75.96	84.19	52.83	68.67
10	河北公安网络发言人	河北省公安厅官方微博	65.81	68.27	75.27	51.00	68.15

（3）河北十大党政新闻发布微博

排名	微博	认证信息	传播力	服务力	互动力	认同度	总分
1	河北发布	河北省人民政府新闻办公室官方微博	71.49	82.99	87.32	71.71	78.56
2	唐山发布	唐山市人民政府新闻办公室官方微博	64.91	62.28	75.87	55.33	66.72
3	石家庄发布	河北省石家庄市人民政府新闻办公室官方微博	63.99	47.81	70.54	51.93	61.51
4	微博河北	河北外宣官方微博	55.18	55.60	69.34	48.82	58.88
5	微博沧州	河北省沧州市委外宣局官方微博	48.63	46.92	84.18	43.23	58.41
6	廊坊发布	河北省廊坊市人民政府新闻办公室官方微博	52.40	70.25	59.56	46.08	57.49
7	邢台发布	河北省邢台市委对外宣传办公室官方微博	53.97	46.94	68.29	46.90	56.15
8	微博定兴	河北省保定市定兴县人民政府官方微博	52.62	60.31	51.46	46.61	53.21
9	微博保定	河北省保定市政府官方微博	45.53	53.20	62.74	48.49	52.52
10	衡水发布	衡水市委宣传部官方微博	53.09	39.25	56.17	46.26	50.56

（4）河北十大公安系统微博

排名	微博	认证信息	传播力	服务力	互动力	认同度	总分
1	石家庄交警	石家庄市公安局交通管理局官方微博	65.50	86.69	72.31	60.94	75.56
2	河北公安网络发言人	河北省公安厅官方微博	65.81	68.27	75.27	51.00	68.15
3	石家庄公安网络发言人	河北石家庄市公安局官方微博	66.32	69.88	67.99	51.51	66.76
4	河北消防	河北省公安消防总队官方微博	70.61	68.97	66.15	47.45	66.30
5	邯郸公安网络发言人	河北邯郸市公安局官方微博	57.22	65.14	73.38	57.22	65.23
6	河北高速交警廊坊支队	河北高速交警总队廊坊支队官方微博	63.06	71.16	60.58	49.37	64.19

排名	微博	认证信息	传播力	服务力	互动力	认同度	总分
7	石家庄消防	石家庄市公安消防支队官方微博	55.08	77.56	59.50	36.95	63.59
8	河北交警微发布	河北省公安厅交通管理局官方微博	58.10	69.88	65.82	42.39	63.56
9	河北高速交警	河北高速交警总队官方微博	55.38	69.86	62.84	45.41	62.41
10	保定公安网络发言人	河北保定市公安局官方微博	45.27	70.44	66.87	49.24	62.21

（5）河北十大司法系统微博

排名	微博	认证信息	传播力	服务力	互动力	认同度	总分
1	黄骅司法	河北省黄骅市司法局官方微博	57.14	87.16	84.32	70.92	78.68
2	河北高院	河北省高级人民法院官方微博	49.82	85.07	91.80	52.74	76.81
3	河北检察	河北省人民检察院官方微博	53.11	75.54	80.84	66.55	71.75
4	沧州普法办公室	河北省沧州市普法办公室官方微博	49.65	82.42	63.03	52.09	67.02
5	中捷司法	河北省沧州渤海新区中捷产业园区司法局官方微博	48.93	78.79	64.18	51.03	65.66
6	保定检察2014	河北省保定市人民检察院官方微博	46.46	63.36	77.80	62.04	64.18
7	清风普法	河北省邢台市桥东区司法局官方微博	45.66	88.40	52.07	31.00	63.21
8	张家口中院	河北省张家口市中级人民法院微博	37.07	76.79	48.34	25.41	55.18
9	唐山检察	河北省唐山市人民检察院官方微博	41.78	62.93	61.74	29.27	54.98
10	石家庄高新检察院	河北省石家庄高新技术产业开发区人民检察院官方微博	37.66	54.62	61.98	40.41	52.01

（6）河北十大交通系统微博

排名	微博	认证信息	传播力	服务力	互动力	认同度	总分
1	沧州车务段	北京铁路局沧州车务段官方微博	35.57	76.73	55.71	26.61	57.18
2	河北高速96122	河北高速96122官方微博	52.81	66.38	47.96	43.63	55.86
3	石家庄客运段	中国铁路北京局集团有限公司石家庄客运段官方微博	38.44	68.31	49.23	29.66	52.75
4	石家庄国际机场	河北机场管理集团有限公司	48.91	53.73	56.48	43.59	52.58
5	邯车之窗	中国铁路北京局集团有限公司邯郸车务段官方微博	36.61	78.83	33.59	22.31	51.16
6	唐山货运中心	北京铁路局唐山货运中心的官方微博	31.15	67.50	41.87	19.39	47.73
7	石家庄火车站	石家庄火车站官方微博	41.52	51.97	46.63	35.67	46.65
8	张家口车务段	中国铁路北京局集团有限公司张家口车务段官方微博	32.89	59.65	40.01	25.60	45.00
9	山海关工务段微博	沈阳铁路局山海关工务段官方微博	36.39	67.63	26.67	22.35	44.57
10	沈铁山海关站	沈阳铁路局山海关站官方微博	33.95	63.16	32.49	19.81	43.78

（7）河北十大环保系统微博

排名	微博	认证信息	传播力	服务力	互动力	认同度	总分
1	河北省环保厅	河北省环境保护厅官方微博	48.85	59.58	59.37	36.62	55.08
2	张家口环保	河北省张家口市环境保护局官方微博	49.19	53.61	50.53	38.18	50.26
3	保定市环保局微博	河北省保定市环境保护局官方微博	38.16	32.37	48.72	29.05	38.10
4	枣强环保发布	枣强县环境保护局官方微博	24.41	35.21	46.32	30.76	35.94
5	徐水环保	河北省保定市徐水县环境保护局官方微博	24.96	13.73	32.87	17.75	22.12
6	邢台环保局	河北省邢台市环境保护局官方微博	28.28	3.44	42.12	23.91	22.06
7	秦皇岛环境保护局	河北省秦皇岛市环境保护局官方微博	28.25	10.17	32.72	24.24	21.96
8	环保沧州	河北省沧州市环境保护局官方微博	26.60	5.15	41.13	22.20	21.94
9	南宫环保	南宫市环境保护局官方微博	20.42	10.64	35.49	24.68	21.46
10	承德环保发布	河北省承德市环保局官方微博	26.40	9.58	32.52	21.28	21.00

（8）河北十大团委系统微博

排名	微博	认证信息	传播力	服务力	互动力	认同度	总分
1	石家庄共青团	河北省石家庄共青团官方微博	57.36	85.54	86.27	65.22	72.46
2	河北共青团	共青团河北省委员会官方微博	57.35	75.96	84.19	52.83	68.67
3	河北师大共青团	共青团河北师范大学委员会官方微博	50.02	58.75	68.58	57.78	58.11
4	石家庄学院共青团	共青团石家庄学院委员会官方微博	42.24	64.81	63.57	58.51	54.78
5	秦皇岛共青团	共青团秦皇岛市委员会官方微博	55.00	61.27	52.76	43.62	54.44
6	河北经贸大学共青团	共青团河北经贸大学委员会官方微博	38.18	32.73	61.65	42.80	44.59
7	顺平青年	河北省保定市顺平团县委官方微博	36.18	29.06	69.15	0.00	41.03
8	石家庄市住房局团委	石家庄市住房局团委官方微博	35.98	15.35	75.91	0.00	40.23
9	青春桃城	河北省衡水市桃城区团委官方微博	34.30	42.12	49.34	30.59	40.01
10	赤城县青年志愿者	共青团河北省赤城县委官方微博	28.56	35.02	54.72	15.88	36.43

（9）河北十大旅游局微博

排名	微博	认证信息	传播力	服务力	互动力	认同度	总分
1	河北省旅游发展委员会	河北省旅游发展委员会官方微博	62.10	80.87	72.11	57.46	72.15
2	承德旅游发展委员会	承德市旅游发展委员会	41.01	57.59	52.83	35.26	50.61

排名	微博	认证信息	传播力	服务力	互动力	认同度	总分
3	秦皇岛市旅游委员会	河北省秦皇岛市旅游委员会官方微博	40.52	38.30	47.60	43.29	42.03
4	石家庄市旅游	河北省石家庄市旅游局官方微博	39.40	26.73	51.24	38.18	37.76
5	昌黎文化旅游	秦皇岛市昌黎县文化和旅游发展委员会官方微博	36.23	32.34	44.39	31.02	36.60
6	山海关区旅游发展委员会	河北省秦皇岛市山海关区旅游发展委员会	41.00	23.02	43.16	32.53	33.61
7	保定市旅游发展委员会	保定市旅游发展委员会	41.15	24.04	35.52	31.69	31.67
8	廊坊旅游	河北省廊坊市旅游委办公室官方微博	33.04	13.95	37.75	35.40	27.05
9	张家口市旅游委	张家口市旅游局官方微博	33.94	8.13	47.07	28.49	27.01
10	易县旅游	河北易县旅游文物管理局官方微博	37.52	8.70	42.95	28.50	26.72

10. 天津政务指数微博影响力榜

（1）天津十大政务机构微博

排名	微博	认证信息	传播力	服务力	互动力	认同度	总分
1	天津交警	天津市公安交通管理局官方微博	84.90	96.75	83.81	71.28	87.95
2	平安天津	天津市公安局官方微博	79.32	88.86	82.50	68.32	82.99
3	滨海发布	天津市滨海新区政府官方微博	73.94	75.40	93.92	88.30	81.66
4	国网天津电力	天津市电力公司官方微博	58.85	80.66	96.46	85.99	81.57
5	天津8890	天津便民服务专线平台官方微博	61.70	95.62	77.95	60.49	80.02
6	天津发布	天津市人民政府新闻办公室官方微博	75.29	83.07	83.03	70.57	78.69
7	北辰发布	天津市北辰区人民政府官方微博	61.18	82.50	82.75	74.41	73.24
8	津南发布	天津市津南区人民政府官方微博	56.75	67.52	89.93	78.58	71.04
9	天津大剧院	天津驱动文化传媒有限公司天津大剧院官方微博	61.87	85.38	62.79	49.62	70.32
10	天津高速公路	天津市高速公路管理处官方微博	60.12	76.78	65.67	47.39	67.17

（2）天津十大党政新闻发布微博

排名	微博	认证信息	传播力	服务力	互动力	认同度	总分
1	滨海发布	天津市滨海新区政府官方微博	73.94	75.40	93.92	88.30	81.66
2	天津发布	天津市人民政府新闻办公室官方微博	75.29	83.07	83.03	70.57	78.69
3	北辰发布	天津市北辰区人民政府官方微博	61.18	82.50	82.75	74.41	73.24
4	津南发布	天津市津南区人民政府官方微博	56.75	67.52	89.93	78.58	71.04
5	宝坻发布	天津市宝坻区人民政府官方微博	49.36	73.47	83.45	69.82	66.45
6	东丽发布	天津市东丽区人民政府官方微博	48.11	66.07	86.70	72.76	65.75
7	天津和平	天津市和平区人民政府官方微博	50.74	64.00	82.47	67.09	64.55
8	南开发布	天津市南开区政府官方微博	49.47	75.93	75.64	64.94	64.16
9	蓟州发布	天津市蓟州区人民政府官方微博	61.05	72.73	63.90	51.97	63.33
10	河西发布	天津市河西区政府官方微博	44.21	63.42	80.56	54.80	60.02

（3）天津十大公安系统微博

排名	微博	认证信息	传播力	服务力	互动力	认同度	总分
1	天津交警	天津市公安交通管理局官方微博	84.90	96.75	83.81	71.28	87.95
2	平安天津	天津市公安局官方微博	79.32	88.86	82.50	68.32	82.99
3	天津高速交警	天津市公安交通管理局高速支队	50.86	85.90	55.15	41.77	65.26
4	天津出入境	天津市公安局出入境管理局官方微博	50.50	80.79	60.44	40.53	64.60
5	天津车管所	天津市公安交通管理局车辆管理所官方微博	44.32	85.28	53.65	43.66	63.44
6	平安公交	天津市公安局公共交通治安管理总队官方微博	59.56	77.52	53.21	42.25	63.11
7	平安和平	天津市公安局和平分局官方微博	48.70	75.73	56.03	48.44	61.69
8	天津消防	天津市公安局消防局官方微博	57.50	65.37	64.22	45.71	61.49
9	天津公安法制	天津市公安局法制办官方微博	37.54	66.62	69.45	33.22	58.32
10	平安河西	天津市公安局河西分局官方微博	58.45	63.60	55.84	42.61	58.14

（4）天津十大司法系统微博

排名	微博	认证信息	传播力	服务力	互动力	认同度	总分
1	天津司法	天津市司法局官方微博	46.74	59.15	61.59	43.39	55.82
2	津法之声	天津市高级人民法院官方微博	46.09	40.73	71.18	26.87	49.55
3	东丽司法	天津市东丽区司法局官方微博	31.94	65.76	34.70	14.92	44.60
4	天津一中院	天津市第一中级人民法院官方微博	41.67	25.80	58.73	39.30	40.20
5	天津市人民检察院	天津市人民检察院官方微博	44.07	25.88	58.14	31.22	39.73
6	蓟州法院	天津市蓟州区人民法院官方微博	34.59	44.47	39.10	27.59	39.19
7	天津二中院	天津市第二中级人民法院官方微博	41.12	26.01	58.17	29.68	39.05
8	宁河法院	天津市宁河区人民法院官方微博	35.73	37.80	42.93	20.87	37.23
9	津检二分院	天津市人民检察院第二分院官方微博	29.23	34.45	48.27	23.92	36.50
10	天津市西青区人民法院	天津市西青人民法院官方微博	35.29	13.48	69.28	18.69	35.10

（5）天津十大交通系统微博

排名	微博	认证信息	传播力	服务力	互动力	认同度	总分
1	天津高速公路	天津市高速公路管理处官方微博	60.12	76.78	65.67	47.39	67.17
2	天津轨道交通	天津轨道交通集团有限公司官方微博	61.53	77.10	59.00	52.94	66.14
3	天津地铁运营	天津市地下铁道运营有限公司官方微博	60.78	72.70	61.96	49.83	64.81
4	天津机场便捷飞	天津滨海国际机场市场营销部官方微博	50.57	54.94	60.86	44.65	54.81
5	天津交通	天津市交通运输委员会	48.96	64.27	51.23	34.06	54.27

续表

排名	微博	认证信息	传播力	服务力	互动力	认同度	总分
6	天津站官方微博	天津火车站官方微博	41.63	63.83	50.83	33.48	52.45
7	高铁天津西站	天津西站官方微博	37.96	64.68	52.29	30.57	52.21
8	天津海事发布	中华人民共和国天津海事局官方微博	37.93	58.66	48.29	28.72	48.41
9	天津客运段	北京铁路局天津客运段官方微博	40.58	55.03	46.34	33.92	47.42
10	天津车务段微博	中国铁路北京局集团有限公司天津车务段官方微博	34.11	51.36	38.40	21.87	41.07

（6）天津十大环保系统微博

排名	微博	认证信息	传播力	服务力	互动力	认同度	总分
1	天津环保发布	天津市环境保护局官方微博	55.95	73.81	61.18	52.95	64.37
2	河西区环境监察	天津市河西区环境监察支队官方微博	25.25	42.03	31.64	27.20	34.07
3	天津北仓苗圃	天津市花苗木服务中心北仓苗圃官方微博	0.00	0.00	0.00	0.00	0.00

（注：该省份该行业账号不足10个，榜单已经显示全部账号）

（7）天津十大团委系统微博

排名	微博	认证信息	传播力	服务力	互动力	认同度	总分
1	津彩青春	共青团天津市委员会官方微博	64.03	75.06	66.72	55.34	66.17
2	活力河西青年	共青团天津市河西区委官方微博	46.81	59.25	54.02	45.64	51.34
3	天津大学团委	天津大学团委官方微博	43.30	28.07	48.20	38.28	41.22
4	天津市红桥区团委	共青团天津市红桥区委官方微博	32.05	17.34	44.45	25.01	32.12
5	河东共青团	共青团天津市河东区委官方微博	30.07	23.59	37.47	21.35	30.12
6	天津河北青年	共青团天津市河北区委官方微博	26.81	11.93	45.82	20.62	28.92
7	静海青年	共青团天津市静海县委官方微博	24.66	1.44	50.56	15.95	26.91
8	清青之声	共青团天津市武清区委官方微博	25.36	7.56	38.41	25.74	25.76
9	共青团天津市东丽区12355	共青团天津市东丽区委12355青少年服务台官方微博	22.54	1.30	46.97	20.09	25.38
10	青春南开	天津市南开区团委官方微博	27.09	7.07	32.41	23.71	24.34

（8）天津十大旅游局微博

排名	微博	认证信息	传播力	服务力	互动力	认同度	总分
1	天津旅游	天津市旅游局官方微博	62.29	72.37	62.03	53.50	65.37
2	天津市旅游信息咨询中心	天津市旅游局官方微博	40.89	56.26	47.14	36.71	48.50
3	东丽旅游发布_	天津市东丽区旅游局官方微博	33.49	66.40	33.70	17.51	45.12

续表

排名	微博	认证信息	传播力	服务力	互动力	认同度	总分
4	热线服务中心	天津市旅游信息咨询中心官方微博	38.94	55.55	36.46	31.33	44.08
5	武清旅游啦	天津市武清区旅游局官方微博	22.08	1.49	35.78	22.16	17.96
6	天津河东文化旅游	天津市河东区文化和旅游局官方微博	23.24	1.27	28.12	23.12	15.90
7	安监处_tjtour	天津市旅游局安监处官方微博	0.00	0.00	0.00	0.00	0.00
8	财统处_tjtour	天津市旅游局财政处官方微博	0.00	0.00	0.00	0.00	0.00
9	天津 lvyouju 监察室	天津市旅游局纪检办公室	0.00	0.00	0.00	0.00	0.00
10	办公室_tjtour	天津市旅游局办公室	0.00	0.00	0.00	0.00	0.00

11. 北京政务指数微博影响力榜

（1）北京十大政务机构微博

排名	微博	认证信息	传播力	服务力	互动力	认同度	总分
1	平安北京	北京市公安局官方微博	87.16	94.85	87.90	81.71	89.91
2	北京地铁	北京地铁公司官方微博	76.85	95.17	81.98	69.46	84.98
3	京港地铁	京港地铁公司官方微博	71.61	93.66	78.02	73.01	82.49
4	北京交警	北京市公安局公安交通管理局官方微博	72.75	92.41	80.22	65.69	82.15
5	气象北京	北京市气象局官方微博	76.43	93.20	76.80	63.29	81.93
6	北京发布	北京市政府新闻办公室官方微博	79.86	79.82	85.94	64.68	80.16
7	交通北京	北京市交通委员会官方微博	73.95	87.77	73.02	61.27	77.93
8	京环之声	北京环保宣传中心官方微博	65.06	85.36	77.01	64.82	76.74
9	北京 12345	北京市人民政府便民电话中心、北京市非紧急救助服务中心官方微博	63.26	83.03	82.62	52.52	75.91
10	北京铁路	北京铁路局官方微博	69.48	80.20	82.07	52.09	75.81

（2）北京十大党政新闻发布微博

排名	微博	认证信息	传播力	服务力	互动力	认同度	总分
1	北京发布	北京市政府新闻办公室官方微博	79.86	79.82	85.94	64.68	80.16
2	王府井	北京市王府井地区建设管理办公室官方微博	57.82	84.10	75.15	58.38	68.33
3	北京西城	北京市西城区人民政府新闻办公室官方微博	58.58	68.77	77.47	63.86	66.81
4	北京昌平	北京市昌平区官方政务微博	54.12	84.43	69.98	52.08	64.74
5	北京市东城	北京市东城区官方微博	55.42	62.54	80.40	48.33	63.63
6	北京丰台	北京市丰台区政府官方微博	53.92	68.89	73.17	47.53	62.05
7	北京亦庄	北京经济技术开发区官方微博	53.44	54.12	79.07	33.07	59.23
8	海淀在线	北京市海淀区政府官方微博	49.57	57.07	80.34	37.99	59.14
9	山水怀柔	北京市怀柔区官方政务微博	64.72	50.52	54.04	42.38	56.44
10	北京朝阳	北京市朝阳区政府官方微博	43.51	61.84	71.31	36.84	54.85

（3）北京十大公安系统微博

排名	微博	认证信息	传播力	服务力	互动力	认同度	总分
1	平安北京	北京市公安局官方微博	87.16	94.85	87.90	81.71	89.91
2	北京交警	北京市公安局公安交通管理局官方微博	72.75	92.41	80.22	65.69	82.15
3	首都网警	首都网警	62.82	71.65	88.64	67.46	74.56
4	北京消防	北京市公安局消防局官方微博	67.87	62.90	77.90	57.24	67.83
5	丰台警事	丰台公安分局官方认证微博	61.35	66.02	61.77	44.93	61.70
6	海淀公安分局	海淀公安分局官方微博	57.52	54.95	65.95	45.31	57.80
7	平安石景山	北京市公安局石景山分局官方微博	49.96	61.20	51.33	36.07	53.48
8	顺义警方	北京市公安局顺义分局官方微博	49.98	56.49	54.76	31.13	52.13
9	北京公安出入境	北京市公安局出入境管理局官方微博	39.45	49.71	59.56	29.44	48.59
10	房山警方在线	北京市公安局房山分局官方微博	54.67	44.85	52.07	34.03	47.90

（4）北京十大司法系统微博

排名	微博	认证信息	传播力	服务力	互动力	认同度	总分
1	京法网事	北京法院网官方微博	59.76	71.21	86.53	57.86	72.18
2	北京检察	北京市人民检察院官方微博	54.82	61.74	66.60	53.82	61.02
3	北京普法	北京市法治宣传教育领导小组办公室	52.78	40.51	86.80	54.19	58.22
4	北京海淀法院	北京市海淀区人民法院官方微博	57.15	40.24	70.03	51.26	53.66
5	北京石景山法院	北京市石景山区人民法院官方微博	41.36	55.96	50.70	23.99	48.26
6	北京三中院	北京市第三中级人民法院官方微博	45.98	41.82	57.34	47.45	47.87
7	北京市第一中级人民法院	北京市第一中级人民法院官方微博	43.94	33.39	73.04	37.02	47.76
8	北京朝阳法院	北京市朝阳区人民法院官方微博	45.26	36.37	62.13	52.72	47.51
9	北京市顺义区人民法院	北京市顺义区人民法院官方微博	38.90	50.14	51.89	28.34	46.24
10	丰法在线	北京市丰台区人民法院官方微博	40.14	42.83	55.66	26.61	44.52

（5）北京十大交通系统微博

排名	微博	认证信息	传播力	服务力	互动力	认同度	总分
1	北京地铁	北京地铁公司官方微博	76.85	95.17	81.98	69.46	84.98
2	京港地铁	京港地铁公司官方微博	71.61	93.66	78.02	73.01	82.49
3	交通北京	北京市交通委员会官方微博	73.95	87.77	73.02	61.27	77.93
4	北京铁路	北京铁路局官方微博	69.48	80.20	82.07	52.09	75.81
5	北京公交集团	北京公交集团官方微博	66.96	81.90	74.12	60.47	74.43
6	北京南站官方微博	北京铁路局北京南站官方微博	43.23	71.16	56.41	41.30	58.16
7	北京站官方微博	北京火车站官方微博	43.64	58.15	62.08	41.52	54.76
8	北京西站官方微博	北京西站官方微博	42.00	61.64	59.98	35.84	54.63
9	北京客运段微博	北京铁路局北京客运段官方微博	47.61	51.96	54.25	29.64	49.54
10	通州车务段	北京铁路局通州车务段官方微博	33.93	58.88	50.39	28.35	48.29

（6）北京十大环保系统微博

排名	微博	认证信息	传播力	服务力	互动力	认同度	总分
1	京环之声	北京环保宣传中心官方微博	65.06	85.36	77.01	64.82	76.74
2	环保北京	北京市环境保护局官方微博	56.95	52.84	75.77	43.99	59.65
3	北京环境监测	北京市环境保护监测中心官方微博	64.50	54.91	63.01	45.71	58.34
4	丰台96005	北京市丰台区政府96005城市环境热线官方微博	32.95	52.60	53.78	31.99	46.96
5	丰台环保	丰台区环境保护局官方微博	45.18	44.46	49.86	30.26	44.80
6	环保顺义	北京市顺义区环保局官方微博	38.18	38.92	39.53	33.10	38.37
7	环保房山	北京市房山区环境保护局官方微博	27.14	37.58	33.55	23.59	32.88
8	平谷环保	北京市平谷区环境保护局官方微博	32.92	31.32	29.34	22.23	30.14
9	昌平环保	北京市昌平区环保局官方微博	28.30	23.58	43.14	20.87	30.12
10	绿色石景山	北京市石景山区环境保护局官方微博	28.70	18.86	38.54	19.84	26.83

（7）北京十大团委系统微博

排名	微博	认证信息	传播力	服务力	互动力	认同度	总分
1	青年说	共青团北京市委员会官方微博	63.36	63.83	62.50	51.49	62.01
2	三里屯社区青年汇	北京市朝阳区三里屯社区青年汇官方微博	28.81	21.78	54.32	70.24	39.20
3	顺义共青团官方微博	顺义共青团官方微博	32.15	27.13	33.58	34.61	31.82
4	丰台青年	共青团北京市丰台区委官方微博	30.14	5.89	46.24	26.03	29.71
5	青春朝阳YOUNG	共青团北京市朝阳区委官方微博	25.10	5.19	47.18	25.57	27.79
6	中铁大桥局五公司团委	中铁大桥局集团第五工程有限公司团委官方微博	23.36	2.18	50.83	21.88	27.22
7	青春西城	共青团北京市西城区委官方微博	29.19	7.56	38.91	23.46	27.21
8	密云共青团	共青团北京市密云区委官方微博	28.04	11.00	38.82	21.44	27.21
9	青春石景山	共青团北京市石景山区委官方微博	21.01	4.57	48.08	27.71	26.51
10	海淀共青团	共青团北京市海淀区委官方微博	27.99	11.07	34.23	28.12	26.49

（8）北京十大旅游局微博

排名	微博	认证信息	传播力	服务力	互动力	认同度	总分
1	北京市旅游发展委员会	北京市旅游发展委员会	69.93	70.69	73.35	66.01	70.87
2	东城旅游	北京市东城区旅游发展委员会	61.38	54.52	62.54	55.17	58.36
3	发现新丰台	北京市丰台区旅游发展委员会官方微博	43.74	60.04	48.27	30.57	50.30
4	顺义旅游委	北京市顺义区旅游发展委员会官方微博	42.11	39.86	68.14	25.83	47.39
5	海淀旅游	北京市海淀区旅游发展委员会官方微博	42.24	34.48	54.94	32.19	41.94

排名	微博	认证信息	传播力	服务力	互动力	认同度	总分
6	怀柔区旅游发展委员会	北京市怀柔区旅游发展委员会	48.48	36.14	47.61	31.31	41.56
7	爱上昌平	昌平区旅游局官方微博	40.06	33.13	51.54	37.96	40.52
8	畅游公园	北京市公园管理中心官方微博	45.84	26.79	56.95	35.25	40.49
9	文化旅游区	北京通州文化旅游区管理委员会官方微博	30.58	25.98	36.78	28.33	30.37
10	畅游西城	北京市西城区旅游局官方微博	33.87	21.29	39.74	29.23	30.14

12. 湖北政务指数微博影响力榜

（1）湖北政务微博城市竞争力指数

排名	地区	传播力	服务力	互动力	竞争力指数
1	武汉	77.38	44.50	71.31	63.75
2	宜昌	75.61	47.98	57.74	59.69
3	十堰	68.23	37.01	63.67	55.71
4	随州	60.24	43.16	43.49	48.40
5	襄阳	61.69	20.24	62.34	47.41
6	荆州	59.89	25.76	56.63	46.80
7	孝感	56.28	22.93	51.57	42.96
8	黄冈	56.57	29.89	43.76	42.75
9	咸宁	57.05	24.75	34.36	37.81
10	黄石	55.71	25.83	32.93	37.28
11	荆门	55.14	24.64	34.36	37.19
12	恩施	57.14	18.97	36.91	36.70
13	鄂州	53.64	19.03	25.56	31.70

（2）湖北十大政务机构微博

排名	微博	认证信息	传播力	服务力	互动力	认同度	总分
1	平安武汉	武汉市公安局官方微博	83.44	96.70	83.26	79.49	88.30
2	十堰市公安局东岳分局	十堰市公安局东岳分局官方微博	73.34	88.26	81.54	72.71	81.71
3	武汉发布	武汉市互联网信息办公室	76.76	89.17	82.70	77.48	81.10
4	宜昌消防	湖北省宜昌市公安消防支队官方微博	66.57	92.50	72.60	55.60	77.65
5	湖北公安	湖北省公安厅官方微博	73.73	80.67	78.83	61.12	76.78
6	武汉环保	武汉市环境保护局官方微博	65.42	90.72	73.73	52.65	76.76
7	武汉铁路局	中国铁路武汉局集团有限公司官方微博	70.74	85.46	72.07	57.02	75.66
8	平安随州	湖北省随州市公安局官方微博	67.80	89.33	67.90	56.79	75.34
9	黄冈网警巡查执法	黄冈网警巡查执法官方微博	52.74	93.09	73.12	48.29	74.55
10	青春湖北	共青团湖北省委员会官方微博	71.66	85.15	74.13	63.04	74.24

（3）湖北十大党政新闻发布微博

排名	微博	认证信息	传播力	服务力	互动力	认同度	总分
1	武汉发布	武汉市互联网信息办公室	76.76	89.17	82.70	77.48	81.10
2	宜昌发布	宜昌市人民政府官方微博	62.57	89.52	73.17	57.81	70.66
3	孝感发布	孝感市人民政府新闻办公室官方微博	62.94	71.37	56.40	51.03	61.47
4	湖北发布	湖北省人民政府新闻办公室官方微博	45.44	63.58	75.90	43.18	57.98
5	荆州发布	湖北省荆州市人民政府新闻办公室官方微博	54.76	68.30	58.85	45.22	57.74
6	魅力十堰	十堰市政府新闻办公室	72.62	14.06	69.36	47.04	57.37
7	咸宁发布	咸宁市人民政府新闻办公室官方微博	46.02	71.32	57.48	45.39	54.45
8	武昌政务微博	武汉市武昌区官方微博	53.78	54.07	51.52	38.18	51.60
9	湖北省政府门户网站	湖北省人民政府门户网站官方微博，http://www.hubei.gov.cn/	44.40	63.23	51.10	40.05	49.74
10	魅力新五峰	湖北省宜昌市五峰外宣办官方微博	40.83	53.67	55.33	47.06	48.37

（4）湖北十大公安系统微博

排名	微博	认证信息	传播力	服务力	互动力	认同度	总分
1	平安武汉	武汉市公安局官方微博	83.44	96.70	83.26	79.49	88.30
2	十堰市公安局东岳分局	十堰市公安局东岳分局官方微博	73.34	88.26	81.54	72.71	81.71
3	宜昌消防	湖北省宜昌市公安消防支队官方微博	66.57	92.50	72.60	55.60	77.65
4	湖北公安	湖北省公安厅官方微博	73.73	80.67	78.83	61.12	76.78
5	平安随州	湖北省随州市公安局官方微博	67.80	89.33	67.90	56.79	75.34
6	黄冈网警巡查执法	黄冈网警巡查执法官方微博	52.74	93.09	73.12	48.29	74.55
7	湖北随州交警	湖北省随州市公安局交警支队	62.16	87.57	68.00	52.50	73.11
8	武汉交警	武汉市公安局交通管理局	66.57	83.02	66.57	50.61	71.55
9	湖北交警	湖北省公安厅交通管理局官方微博	58.51	81.18	73.78	43.52	70.66
10	平安宜昌	湖北省宜昌市公安局官方微博	57.96	80.69	70.86	50.22	70.15

（5）湖北十大司法系统微博

排名	微博	认证信息	传播力	服务力	互动力	认同度	总分
1	湖北省人民检察院	湖北省人民检察院官方微博	46.83	62.48	81.63	42.48	63.09
2	湖北高院	湖北省高级人民法院官方微博	40.65	54.52	64.73	33.01	52.66
3	十堰市人民检察院	湖北省十堰市检察院官方微博	48.23	66.61	43.89	24.37	51.89
4	黄石法律援助	湖北省黄石市法律援助中心(黄石市司法局直属行政机构)官方微博	40.39	61.31	50.94	28.74	50.76

续表

排名	微博	认证信息	传播力	服务力	互动力	认同度	总分
5	荆门市东宝区人民检察院	湖北省荆门市东宝区人民检察院官方微博	36.19	62.31	37.87	31.36	46.66
6	建始县人民检察院	恩施州建始县检察院官方微博	32.33	54.92	43.73	28.33	44.39
7	来凤县人民检察院	湖北省恩施州来凤县人民检察院官方微博	32.67	51.76	47.86	22.65	43.86
8	恩施市人民检察院	湖北省恩施市人民检察院官方微博	34.62	50.95	43.48	27.99	43.15
9	武汉检察	武汉市人民检察院官方微博	43.19	31.91	62.60	23.79	42.56
10	黄冈检察	湖北省黄冈市人民检察院官方微博	33.53	55.17	35.25	24.01	41.75

（6）湖北十大交通系统微博

排名	微博	认证信息	传播力	服务力	互动力	认同度	总分
1	武汉铁路局	中国铁路武汉局集团有限公司官方微博	70.74	85.46	72.07	57.02	75.66
2	武汉地铁运营	武汉地铁运营有限公司	75.17	71.35	71.32	68.74	71.84
3	武汉公交集团	武汉市公共交通集团有限责任公司官方微博	60.66	81.85	64.01	55.27	69.60
4	武汉机场楚天情	武汉天河机场有限责任公司	46.14	55.34	80.38	50.55	60.53
5	武汉市交委	武汉市交通运输委员会官方微博	43.67	49.38	57.18	40.06	49.65
6	宜昌三峡机场	宜昌三峡机场有限责任公司官方微博	41.42	61.43	41.01	35.63	48.73
7	武铁武昌火车站	武昌火车站官方微博	45.65	31.29	45.69	27.71	38.12
8	武铁武汉火车站	武汉火车站官方微博	39.75	27.42	46.60	24.61	35.36
9	武铁荆门桥工段	武汉铁路局荆门桥工段官方微博	34.04	26.77	46.35	25.08	33.93
10	长江航运	交通运输部长江航务管理局官方微博	30.96	29.14	46.26	20.74	33.80

（7）湖北十大环保系统微博

排名	微博	认证信息	传播力	服务力	互动力	认同度	总分
1	武汉环保	武汉市环境保护局官方微博	65.42	90.72	73.73	52.65	76.76
2	湖北环保	湖北省环境保护厅官方微博	37.13	43.47	46.28	27.33	41.43
3	湖北省环境监测中心站	湖北省环境监测中心站官方微博	30.46	20.80	39.46	23.39	28.59
4	枝江环保	湖北省枝江市环保局官方微博	28.95	16.75	36.80	23.24	25.85
5	荆门环保	湖北省荆门市环境保护局官方微博	26.36	24.72	28.64	19.49	25.70
6	生态黄石	黄石市环境保护局官方微博	31.80	10.65	30.48	22.54	22.02
7	十堰市环境保护局	湖北省十堰市环境保护局官方微博	28.70	12.78	29.75	21.22	21.90

续表

排名	微博	认证信息	传播力	服务力	互动力	认同度	总分
8	咸宁市环境保护局	湖北省咸宁市环境保护局官方微博	26.86	4.93	41.17	19.69	21.66
9	当阳环保	湖北省当阳市环境保护局官方微博	26.17	7.12	38.36	19.91	21.58
10	茅坪建环	湖北省宜昌市秭归县茅坪镇建设环保服务中心官方微博。	11.15	0.41	52.33	25.57	20.65

（8）湖北十大团委系统微博

排名	微博	认证信息	传播力	服务力	互动力	认同度	总分
1	青春湖北	共青团湖北省委员会官方微博	71.66	85.15	74.13	63.04	74.24
2	青春宜昌	共青团宜昌市委员会官方微博	52.26	84.65	68.93	64.59	64.97
3	青春十堰	共青团十堰市委官方微博	47.40	50.41	60.90	43.85	51.70
4	青春黄石	共青团黄石市委员会官方微博	44.57	40.40	46.68	33.77	43.29
5	青春贺家坪	共青团贺家坪镇委员会官方微博	29.24	57.36	56.93	21.76	42.43
6	武汉软件工程职业学院团委	武汉软件工程职业学院团委官方微博	42.53	20.19	53.39	52.02	42.27
7	青春钟祥	共青团钟祥市委员会官方微博	41.51	34.67	44.56	31.88	40.09
8	青春武汉	共青团武汉市委员会官方微博	36.17	41.02	48.41	27.74	39.97
9	青春荆门	共青团荆门市委员会官方微博	43.27	29.18	44.60	34.22	39.95
10	武穴青年说	共青团武穴街道办事处委员会	30.95	38.76	53.45	36.63	39.83

（9）湖北十大旅游局微博

排名	微博	认证信息	传播力	服务力	互动力	认同度	总分
1	湖北省旅游发展委员会	湖北省旅游局官方微博	52.65	48.66	64.71	42.52	53.66
2	咸宁市旅游局官方微博	咸宁市旅游委官方微博	51.11	54.81	51.15	49.85	52.47
3	巴东县旅游局	湖北省巴东县旅游局官方微博	35.83	51.24	48.53	44.57	46.68
4	南漳旅游	湖北省南漳县旅游局官方微博	38.46	15.31	91.66	23.63	43.68
5	襄阳市旅游局	襄阳市旅游局官方微博	48.00	30.89	51.32	40.06	41.36
6	武当山旅游局	武当山特区旅游局官方微博	44.86	16.38	68.56	41.19	40.21
7	宜昌市旅游发展委员会	宜昌市旅游发展委员会官方微博	61.00	19.42	54.16	38.17	40.03
8	五峰旅游局官方微博	五峰土家族自治县旅游局官方微博	45.21	22.80	53.13	41.30	38.23
9	黄陂旅游	湖北省武汉市黄陂区旅游局官方微博	47.93	24.84	47.72	31.80	37.02
10	三峡大坝－屈原秭归	湖北省秭归县文化旅游局官方微博	31.70	19.99	49.30	31.39	32.26

13. 云南政务指数微博影响力榜

（1）云南政务微博城市竞争力指数

排名	地区	传播力	服务力	互动力	竞争力指数
1	昆明	80.85	44.37	63.97	62.17
2	保山	64.86	37.75	61.36	54.15
3	大理	64.68	36.38	50.43	49.79
4	丽江	64.59	29.36	56.60	49.46
5	曲靖	63.35	40.18	41.61	47.63
6	红河	59.71	41.07	40.14	46.34
7	德宏	61.43	36.61	34.54	43.33
8	昭通	56.48	35.52	37.10	42.36
9	玉溪	59.90	35.58	34.05	42.34
10	楚雄	61.59	34.58	33.52	42.31
11	普洱	60.49	29.60	38.17	41.87
12	临沧	57.72	35.81	30.32	40.46
13	西双版纳	53.61	26.33	40.94	39.63
14	文山	57.15	31.94	30.80	39.10
15	怒江	52.33	27.68	29.48	35.71
16	迪庆	42.72	24.07	17.56	27.39

（2）云南十大政务机构微博

排名	微博	认证信息	传播力	服务力	互动力	认同度	总分
1	云南共青团	共青团云南省委官方微博	79.16	87.98	84.24	78.23	82.36
2	云南警方	云南省公安厅官方微博	68.81	79.10	82.88	66.65	76.93
3	云南平安高速	云南省公安厅交通警察总队高速公路交巡警支队官方微博	73.08	85.64	70.90	60.66	76.21
4	保山团市委	共青团保山市委员会官方微博	65.49	76.42	91.77	67.91	75.80
5	云南消防	云南省公安消防总队官方微博	69.25	72.81	86.38	65.31	75.42
6	云南省人民检察院	云南省人民检察院官方微博	42.04	76.58	89.53	45.74	70.47
7	昆明交警	云南省昆明市公安局交警支队	61.00	69.31	76.65	63.39	69.26
8	漾濞科素	云南省漾濞彝族自治县全民科学素质工作领导小组办公室官方微博	49.21	85.64	65.87	49.64	68.82
9	昆明发布	云南省昆明党务政务信息公开平台官方微博	54.69	83.08	77.47	57.00	67.43
10	科普大理	大理州科学技术协会官方微博	50.82	70.62	72.41	51.96	65.33

（3）云南十大党政新闻发布微博

排名	微博	认证信息	传播力	服务力	互动力	认同度	总分
1	昆明发布	云南省昆明党务政务信息公开平台官方微博	54.69	83.08	77.47	57.00	67.43
2	昆明官渡发布	云南省昆明市官渡区政府官方微博	49.55	80.73	65.18	39.50	59.47
3	世界腾冲___天下和顺	腾冲市委宣传部官方微博	52.70	68.11	53.33	52.91	55.99
4	普洱发布	普洱市人民政府新闻办公室官方微博	48.39	61.82	64.24	49.78	55.97
5	昆明五华发布	云南省昆明市五华区委、区政府官方微博	56.76	51.68	56.03	51.39	54.99
6	昆宣发布	昆明市委宣传部官方微博	45.76	56.40	64.53	53.28	54.27
7	昆明市委办公厅	云南省昆明市委办公厅官方微博	42.42	74.47	58.51	40.87	53.50
8	魅力龙陵	云南省龙陵县委宣传部官方微博	48.66	41.69	69.72	40.88	52.81
9	微博云南	云南省人民政府新闻办公室官方微博	44.41	33.41	78.43	44.11	52.38
10	美丽德宏	中共德宏州委宣传部官方微博	52.00	53.60	51.35	52.82	52.21

（4）云南十大公安系统微博

排名	微博	认证信息	传播力	服务力	互动力	认同度	总分
1	云南警方	云南省公安厅官方微博	68.81	79.10	82.88	66.65	76.93
2	云南平安高速	云南省公安厅交通警察总队高速公路交巡警支队官方微博	73.08	85.64	70.90	60.66	76.21
3	云南消防	云南省公安消防总队官方微博	69.25	72.81	86.38	65.31	75.42
4	昆明交警	云南省昆明市公安局交警支队	61.00	69.31	76.65	63.39	69.26
5	云南丽江警方	丽江市公安局官方微博	64.68	47.81	87.42	64.70	64.76
6	大理交警	云南省大理州公安局交警支队	55.86	62.88	62.00	45.56	59.48
7	曲靖消防119	云南省曲靖市公安消防支队官方微博	50.60	63.81	55.07	42.31	56.39
8	云南交通警察	中国省公安厅交通警察总队	50.85	56.80	64.75	32.95	55.61
9	普洱交警	普洱市公安局交警支队官方微博	42.38	65.23	58.25	30.51	55.09
10	普洱警方	云南省普洱市公安局官方微博	46.15	55.22	64.04	43.90	54.92

（5）云南十大司法系统微博

排名	微博	认证信息	传播力	服务力	互动力	认同度	总分
1	云南省人民检察院	云南省人民检察院官方微博	42.04	76.58	89.53	45.74	70.47
2	呈贡检察	云南省昆明市呈贡区人民检察院官方微博	36.43	75.79	56.43	46.34	59.16
3	瑞丽检察	云南省瑞丽市人民检察院官方微博	38.03	68.29	59.84	38.63	56.74
4	玉溪易门绿汁人民调委会	云南省玉溪易门绿汁镇人民调解委员会官方微博	30.49	65.07	49.64	18.75	48.89

续表

排名	微博	认证信息	传播力	服务力	互动力	认同度	总分
5	红河州检察院	云南省红河哈尼族彝族自治州人民检察院官方微博	37.66	50.28	49.01	38.45	46.19
6	昆明市人民政府法制办公室	云南省昆明市政府法制办官方微博	39.21	54.64	41.15	21.07	44.15
7	昆明司法行政	云南省昆明市司法局官方微博	36.59	43.41	48.60	26.32	41.89
8	昆明检察	昆明市人民检察院官方微博	41.42	25.69	63.17	25.46	40.06
9	丽江中院	云南省丽江市中级人民法院官方微博	48.96	19.33	53.18	54.10	38.89
10	永德县检察院	永德县人民检察院官方微博	28.04	36.93	46.28	36.19	37.88

（6）云南十大交通系统微博

排名	微博	认证信息	传播力	服务力	互动力	认同度	总分
1	昆明公交集团有限责任公司	昆明公交集团有限责任公司	48.22	52.06	87.15	63.55	62.97
2	昆明铁路	昆明铁路局官方微博	62.87	58.37	62.55	51.70	59.86
3	昆明公交第四分公司	昆明公交第四分公司官方微博	35.29	78.62	56.55	42.03	59.67
4	昆明轨道交通集团有限公司	昆明轨道交通集团有限公司	51.62	48.73	53.27	48.30	50.63
5	昆明机场	昆明机场官方微博	53.62	38.94	65.54	43.42	50.31
6	腾冲驼峰机场	云南腾冲驼峰机场开发管理有限公司官方微博	43.33	47.82	61.30	28.98	49.08
7	昆明公交三公司	昆明公交集团三公司官方微博	36.83	46.74	65.20	25.39	48.16
8	昆明公交第七公司	昆明公交集团有限责任公司第七分公司	35.01	40.49	63.23	27.03	44.87
9	昆明公交一公司	昆明公交集团有限责任公司第一公司官方微博	35.58	56.53	42.20	24.14	44.80
10	昆明公交二公司	昆明公交集团有限责任公司第二分公司	35.22	48.37	47.76	36.02	44.32

（7）云南十大环保系统微博

排名	微博	认证信息	传播力	服务力	互动力	认同度	总分
1	昆明市环保局	云南省昆明市环境保护局官方微博	46.91	64.88	51.69	32.79	54.12
2	滇池清	昆明市滇池管理局官方微博	38.28	39.72	42.96	32.86	39.72
3	呈贡环保	云南省昆明市呈贡区环境保护局官方微博	29.06	41.44	41.25	30.19	37.78
4	大理环保	大理白族自治州环境保护局官方微博	32.02	11.45	50.01	23.47	28.33
5	云南曲靖环保	云南省曲靖市环保局官方微博	28.37	8.41	45.05	24.57	25.01

续表

排名	微博	认证信息	传播力	服务力	互动力	认同度	总分
6	富民县环境保护局	云南省昆明市富民县环境保护局官方微博	26.14	15.30	32.76	25.72	23.75
7	白马雪山滇金丝猴	云南白马雪山国家级自然保护区管理局维西分局官方微博	26.79	4.12	41.59	33.13	22.80
8	巍山环保	云南大理巍山彝族回族自治县环境保护局官方微博	25.99	13.02	31.39	26.52	22.47
9	昆明市呈贡区环境监测站	云南省昆明市呈贡区环境监测站官方微博	13.77	5.63	49.35	23.64	22.18
10	洱源环保	云南省大理白族自治州洱源县环境保护局官方微博	22.92	2.25	46.77	26.63	22.18

（8）云南十大团委系统微博

排名	微博	认证信息	传播力	服务力	互动力	认同度	总分
1	云南共青团	共青团云南省委官方微博	79.16	87.98	84.24	78.23	82.36
2	保山团市委	共青团保山市委员会官方微博	65.49	76.42	91.77	67.91	75.80
3	丽江团市委	共青团丽江市委员会官方微博	57.94	84.08	55.09	49.38	61.46
4	石林团县委	共青团石林县委官方微博	57.10	75.03	50.23	40.63	56.98
5	共青团昆明市委	共青团昆明市委官方微博	36.90	46.38	52.80	30.57	42.93
6	共青团昆明市呈贡区委	共青团昆明市呈贡区委官方微博	32.52	39.04	59.38	29.01	41.53
7	共青团五华区委	共青团昆明市五华区委官方微博	37.97	52.10	41.80	29.98	41.15
8	文山青年	共青团文山州委员会	34.71	53.74	38.57	40.03	40.21
9	云南团省委学校部	云南团省委学校部官方微博	32.53	32.06	53.36	35.05	38.94
10	共青团宜良县委	云南省昆明市宜良县团委官方微博	29.31	53.95	38.95	27.48	36.95

（9）云南十大旅游局微博

排名	微博	认证信息	传播力	服务力	互动力	认同度	总分
1	腾冲旅游微博	腾冲市旅游局官方微博	52.56	51.59	52.90	50.37	52.05
2	云南丽江旅游	丽江市旅游发展委员会官方微博	56.04	36.44	70.41	47.56	51.66
3	石林风景名胜区	石林风景名胜区管理局官方微博	48.09	38.91	72.25	38.63	50.72
4	旅游红河	红河哈尼族彝族自治州旅游发展委员会	51.87	43.41	54.54	45.20	48.62
5	昆明市旅游发展委员会	昆明市旅游发展委员会官方微博	38.82	50.29	45.99	28.64	44.54
6	保山旅游	云南省保山市旅游局官方微博	36.56	29.74	49.24	36.00	37.58
7	曲靖旅游1988	曲靖市旅游局官方微博	43.23	24.11	48.79	38.87	36.81
8	云南旅游发布厅	云南省旅游发展委员会	37.81	3.79	69.46	34.05	33.32
9	玉溪旅游发布厅	云南省玉溪市旅游发展委员会官方微博	30.30	22.92	44.92	33.45	32.05
10	建水旅游微博	云南省建水县旅游局官方微博	34.63	21.75	42.66	34.78	31.90

14. 甘肃政务指数微博影响力榜

（1）甘肃政务微博城市竞争力指数

排名	地区	传播力	服务力	互动力	竞争力指数
1	陇　南	84.72	55.20	69.97	69.22
2	兰　州	74.75	41.42	62.26	58.71
3	天　水	63.38	33.53	42.05	45.47
4	白　银	57.65	25.87	42.46	41.21
5	酒　泉	60.70	23.65	40.40	40.62
6	庆　阳	57.86	27.49	34.43	39.03
7	定　西	59.04	26.87	32.14	38.37
8	金　昌	56.10	28.94	29.74	37.37
9	平　凉	59.05	21.50	32.90	36.76
10	武　威	56.44	23.99	31.80	36.46
11	张　掖	56.03	24.51	29.87	35.84
12	临　夏	55.39	22.19	27.15	33.89
13	甘　南	54.60	22.39	25.53	33.15
14	嘉峪关	51.58	16.74	25.04	30.09

（2）甘肃十大政务机构微博

排名	微博	认证信息	传播力	服务力	互动力	认同度	总分
1	甘肃消防	甘肃省公安消防总队官方微博	68.78	90.22	74.07	61.29	78.19
2	陇南发布	甘肃省陇南市外宣办官方微博	67.44	79.48	92.48	67.58	77.37
3	兰州公安	兰州市公安局官方微博	73.04	82.92	77.52	57.98	76.83
4	兰州发布	中共兰州市委宣传部、兰州互联网新闻中心	71.66	84.04	78.17	67.85	75.71
5	陇南成县司法	甘肃省陇南市成县司法局官方微博	52.10	86.79	78.62	65.03	75.22
6	甘肃省民航机场集团	甘肃省民航机场集团有限公司	68.49	74.35	81.70	66.78	74.63
7	甘肃公安交警	甘肃省公安厅交通警察总队	62.19	81.52	71.26	51.61	71.58
8	微博兰州	甘肃省兰州互联网新闻中心官方微博	66.33	86.98	69.67	59.57	70.79
9	陇南康县发布	陇南康县委外宣办官方微博	52.14	85.05	84.37	66.08	69.79
10	兰州交警指挥中心	甘肃省兰州市公安局交警支队交通指挥中心官方微博	57.53	85.91	64.14	44.38	69.55

（3）甘肃十大党政新闻发布微博

排名	微博	认证信息	传播力	服务力	互动力	认同度	总分
1	陇南发布	甘肃省陇南市外宣办官方微博	67.44	79.48	92.48	67.58	77.37
2	兰州发布	中共兰州市委宣传部、兰州互联网新闻中心	71.66	84.04	78.17	67.85	75.71
3	微博兰州	甘肃省兰州互联网新闻中心官方微博	66.33	86.98	69.67	59.57	70.79
4	陇南康县发布	陇南康县委外宣办官方微博	52.14	85.05	84.37	66.08	69.79

续表

排名	微博	认证信息	传播力	服务力	互动力	认同度	总分
5	甘肃发布	甘肃省政府新闻办官方微博	66.07	77.80	71.51	57.92	69.23
6	天水发布	甘肃省天水市外宣办官方微博	62.57	81.85	68.54	56.80	67.64
7	陇南武都发布	中共陇南市武都区委宣传部官方微博	53.91	73.23	83.95	61.61	67.56
8	陇南文县发布	甘肃省陇南市文县县委宣传部官方微博	55.46	62.66	78.49	44.21	62.69
9	陇南西和发布	甘肃省西和县委外宣办官方微博	49.13	72.44	81.95	39.33	62.66
10	陇南礼县发布	中共甘肃省陇南市礼县委对外宣传办公室官方微博	51.11	73.91	77.30	42.18	62.63

（4）甘肃十大公安系统微博

排名	微博	认证信息	传播力	服务力	互动力	认同度	总分
1	甘肃消防	甘肃省公安消防总队官方微博	68.78	90.22	74.07	61.29	78.19
2	兰州公安	兰州市公安局官方微博	73.04	82.92	77.52	57.98	76.83
3	甘肃公安交警	甘肃省公安厅交通警察总队	62.19	81.52	71.26	51.61	71.58
4	兰州交警指挥中心	甘肃省兰州市公安局交警支队交通指挥中心官方微博	57.53	85.91	64.14	44.38	69.55
5	甘肃公安	甘肃省公安厅官方微博	46.01	70.52	82.48	54.50	67.61
6	兰州公安交警	兰州市公安局交警支队官方微博	59.68	76.10	67.28	49.09	67.47
7	兰州城关公安交警	兰州市公安局交警支队城关大队	49.47	82.38	55.18	39.82	63.38
8	龚家湾公安交警	甘肃省兰州市公安局交警支队龚家湾大队官方微博	58.35	75.23	58.01	40.19	63.18
9	东岗交警五中队	兰州市公安局交通警察支队东岗大队五中队官方微博	45.53	79.78	57.27	46.06	62.81
10	天水公安	甘肃省天水市公安局官方微博	44.49	74.96	61.87	46.96	62.14

（5）甘肃十大司法系统微博

排名	微博	认证信息	传播力	服务力	互动力	认同度	总分
1	陇南成县司法	甘肃省陇南市成县司法局官方微博	52.10	86.79	78.62	65.03	75.22
2	陇南司法	甘肃省陇南市司法局官方微博	55.30	75.13	69.00	59.67	67.78
3	陇南成县抛沙司法所	甘肃省成县司法局抛沙司法所官方微博	47.41	85.38	51.23	38.40	62.84
4	城关司法	兰州市城关区司法局官方微博	38.55	63.55	83.96	30.32	61.35
5	甘肃检察	甘肃省人民检察院官方微博	44.41	66.04	60.09	42.34	57.56
6	宁县检察	甘肃省庆阳市宁县人民检察院官方微博	43.69	69.00	49.72	43.86	55.64
7	陇南武都司法	甘肃省陇南市武都区司法局官方微博	34.67	63.60	54.99	35.94	52.46
8	白银路司法所V	甘肃省兰州市城关区白银路街道司法所官方微博	30.97	64.50	46.50	34.83	49.43

排名	微博	认证信息	传播力	服务力	互动力	认同度	总分
9	皋兰路司法所	甘肃省兰州市城关区司法局皋兰路司法所官方微博	31.36	64.24	46.43	30.97	48.99
10	陇南两当县法院	甘肃省陇南市两当县人民法院官方微博	38.77	69.03	35.22	30.40	48.97

（6）甘肃十大交通系统微博

排名	微博	认证信息	传播力	服务力	互动力	认同度	总分
1	甘肃省民航机场集团	甘肃省民航机场集团有限公司	68.49	74.35	81.70	66.78	74.63
2	兰州铁路	兰州铁路局官方微博	63.86	63.73	76.52	57.01	66.92
3	陇南武都运管局	甘肃省陇南市武都区道路运输管理局官方微博	31.81	72.56	42.84	25.32	50.77
4	陇南康县交通运输局	康县交通局官方微博	31.63	61.71	46.85	31.77	48.24
5	兰州火车站008亲情服务台	兰州火车站亲情服务台官方微博	36.44	54.12	52.05	33.58	47.91
6	陇南礼县运政	甘肃省陇南市礼县道路运输管理局官方微博	34.53	62.85	41.44	24.88	46.97
7	陇南成县运政	甘肃省陇南成县运管局官方微博	30.32	58.74	39.52	21.83	43.60
8	陇南西和交通	甘肃省陇南市西和县交通运输局官方微博	30.25	53.55	43.28	29.53	43.41
9	陇南成县交通	甘肃省陇南市成县交通运输局官方微博	35.19	50.69	39.42	26.35	41.77
10	陇南西和运管局	甘肃省陇南市西和县道路运输管理局官方微博	25.54	50.25	41.66	27.68	40.48

（7）甘肃十大环保系统微博

排名	微博	认证信息	传播力	服务力	互动力	认同度	总分
1	陇南康县环保	甘肃省陇南市环境保护局官方微博	28.81	43.16	45.54	25.58	39.24
2	陇南成县环境保护局	甘肃省成县环境保护局官方微博	32.27	40.19	38.74	22.13	36.36
3	陇南西和园林局	甘肃省陇南市西和县园林局官方微博	28.97	39.05	36.59	25.00	34.89
4	兰州市环境保护局	甘肃省兰州市环境保护局官方微博	29.90	21.08	43.26	25.95	29.99
5	陇南文县环境保护局	甘肃省陇南市文县环境保护局官方微博	27.55	23.36	36.14	24.86	28.18

续表

排名	微博	认证信息	传播力	服务力	互动力	认同度	总分
6	陇南环保	甘肃省陇南市环境保护局官方微博	28.11	19.67	38.17	23.54	27.29
7	陇南礼县环保	甘肃省陇南市礼县环境保护局官方微博	21.62	5.64	50.95	16.08	23.48
8	兰州市城关区环境保护局	兰州市城关区环境保护局	23.17	1.67	38.92	16.99	18.68
9	天水环保	甘肃省天水市环境保护局官方微博	18.35	1.14	39.74	21.55	18.20
10	微观太子山	甘肃太子山国家级自然保护区管理局官方微博	11.56	1.36	36.37	32.15	16.98

（8）甘肃十大团委系统微博

排名	微博	认证信息	传播力	服务力	互动力	认同度	总分
1	甘肃共青团	共青团甘肃省委员会官方微博	53.33	67.14	66.02	55.90	60.16
2	陇南西和团委	共青团甘肃省西和县委官方微博	33.61	75.10	51.64	29.36	46.89
3	兰州青年	共青团兰州市委官方微博	36.80	56.54	55.69	34.26	46.16
4	共青团武威市委	共青团武威市委员会官方微博	42.43	54.75	45.90	43.82	46.07
5	陇南武都团委	共青团陇南市武都区委官方微博	34.42	64.96	48.12	27.10	43.90
6	共青团徽县委	共青团徽县委官方微博	33.13	64.73	47.74	27.69	43.29
7	青春临夏	共青团临夏州委员会官方微博	38.84	24.45	48.88	37.62	38.85
8	陇南康县共青团	共青团康县委员会官方微博	30.05	45.76	48.56	27.09	38.45
9	共青团甘肃政法学院委员会	共青团甘肃政法学院委员会官方微博	37.82	30.27	43.94	38.25	38.19
10	陇南成县共青团	共青团成县委员会官方微博	31.88	46.98	43.33	26.37	37.78

（9）甘肃十大旅游局微博

排名	微博	认证信息	传播力	服务力	互动力	认同度	总分
1	陇南旅游	甘肃省陇南市旅游局官方微博	47.92	72.66	74.21	51.78	66.09
2	陇南两当旅游	甘肃省陇南市两当县旅游局官方微博	34.43	73.53	51.02	29.49	54.55
3	陇南徽县旅游	徽县旅游局官方微博	34.27	68.76	49.63	28.83	52.13
4	陇南宕昌旅游	宕昌县旅游局官方微博	33.15	62.10	49.92	29.02	49.35
5	陇南成县旅游	甘肃省陇南市成县旅游局官方微博	33.33	59.07	50.19	26.63	48.01
6	陇南文县旅游	甘肃省陇南市文县旅游局官方微博	37.52	51.04	49.65	31.14	45.93
7	陇南西和旅游	甘肃省陇南市西和县旅游局官方微博	34.18	47.62	47.61	30.39	43.20
8	甘肃省旅游发展委员会	甘肃省旅游发展委员会官方微博	34.60	35.51	50.26	27.24	38.93
9	陇南礼县旅游	甘肃省陇南市礼县旅游局官方微博	30.32	39.75	44.67	26.15	37.98
10	陇南武都旅游	陇南市武都区旅游局官方微博	31.73	39.84	44.07	24.40	37.94

15. 江西政务指数微博影响力榜

(1) 江西政务微博城市竞争力指数

排名	地区	传播力	服务力	互动力	竞争力指数
1	南　昌	77.18	46.74	72.78	64.99
2	赣　州	67.23	40.19	52.81	52.72
3	九　江	63.57	33.98	59.52	51.80
4	新　余	62.81	39.28	49.24	49.83
5	鹰　潭	59.65	33.14	53.52	48.23
6	吉　安	63.91	32.78	42.05	45.36
7	抚　州	62.38	26.39	45.85	44.00
8	景德镇	58.36	29.37	39.46	41.60
9	上　饶	57.32	29.00	37.50	40.47
10	萍　乡	59.96	27.84	35.44	40.14
11	宜　春	60.44	24.36	38.35	40.08

(2) 江西十大政务机构微博

排名	微博	认证信息	传播力	服务力	互动力	认同度	总分
1	南昌铁路	南昌铁路局官方微博	78.11	91.42	87.22	77.57	86.12
2	江西消防	江西省公安消防总队	76.85	86.47	78.24	70.07	80.44
3	南昌发布	南昌市人民政府新闻办官方微博	71.75	78.30	84.61	65.91	76.33
4	共青团赣州市委	共青团赣州市委官方微博	72.69	89.57	70.17	64.12	74.46
5	新余发布	中共江西省新余市委宣传部、市政府新闻办官方微博	67.96	88.72	74.52	62.95	73.58
6	江西共青团	共青团江西省委员会官方微博	54.07	84.86	91.27	69.11	72.89
7	南昌天气	南昌市气象局官方微博	62.93	82.26	69.12	61.59	72.39
8	赣青团学	共青团江西省委学校部官方微博	59.16	80.71	86.35	57.33	71.44
9	青春鹰潭	共青团鹰潭市委官博	63.23	74.29	77.06	68.35	70.10
10	江西南昌火车站	南昌铁路局南昌火车站官方微博	56.14	88.99	58.43	46.24	68.98

(3) 江西十大党政新闻发布微博

排名	微博	认证信息	传播力	服务力	互动力	认同度	总分
1	南昌发布	南昌市人民政府新闻办官方微博	71.75	78.30	84.61	65.91	76.33
2	新余发布	中共江西省新余市委宣传部、市政府新闻办官方微博	67.96	88.72	74.52	62.95	73.58
3	赣州发布	江西省赣州市互联网信息办公室官方微博	61.04	79.47	71.83	54.31	67.29
4	江西发布	江西省互联网信息办公室官方微博	60.93	72.57	77.44	50.71	67.19
5	南昌东湖区发布	江西省南昌市东湖区官方微博	48.31	75.90	84.73	69.27	66.85
6	南昌湾里	江西省南昌市湾里区官方微博	58.95	81.74	69.37	50.99	65.84

续表

排名	微博	认证信息	传播力	服务力	互动力	认同度	总分
7	景德镇发布	中共景德镇市委外宣办、市政府新闻办官方微博	59.39	78.41	66.93	58.31	65.35
8	南昌新建发布	江西省南昌新建区官方微博	42.63	70.55	82.33	57.84	61.65
9	抚州南城发布	中共南城县委宣传部官方微博	48.18	65.38	78.32	53.07	61.15
10	宜春发布	中共宜春市委网信办、宜春市互联网信息办公室官方微博	55.61	74.25	60.23	53.65	60.53

（4）江西十大公安系统微博

排名	微博	认证信息	传播力	服务力	互动力	认同度	总分
1	江西消防	江西省公安消防总队	76.85	86.47	78.24	70.07	80.44
2	江西公安	江西省公安厅官方微博	44.11	68.46	69.58	46.66	61.75
3	九江特巡警	江西省九江市公安局特巡警支队	66.29	55.47	64.89	60.81	60.99
4	萍乡市消防支队	江西省萍乡市公安消防支队官方微博	53.82	79.19	42.28	29.81	58.10
5	南昌市消防支队	江西省南昌市公安消防支队官方微博	57.93	71.79	47.37	33.76	57.89
6	乐行南昌	江西省南昌市公安局交通管理局官方微博	56.49	53.91	57.45	43.95	54.49
7	上饶消防在线	江西省上饶市公安消防支队官方微博	48.86	73.56	40.84	30.17	54.46
8	赣州消防支队	江西省赣州市公安消防支队官方微博	45.31	64.54	49.05	28.67	52.46
9	新余网警巡查执法	新余网警巡查执法官方微博	46.64	60.38	49.92	32.86	51.75
10	宜春消防在线	江西省宜春市公安消防支队官方微博	46.36	59.26	47.96	28.18	50.18

（5）江西十大司法系统微博

排名	微博	认证信息	传播力	服务力	互动力	认同度	总分
1	正义南康	赣州市南康区人民检察院官方微博	40.90	48.22	46.09	36.42	44.94
2	仙女湖普法	江西省新余市仙女湖区司法局官方微博	30.15	43.30	42.63	17.39	37.88
3	红色天平	江西省高级人民法院官方微博	36.86	13.97	71.31	30.06	37.36
4	江西检察	江西省人民检察院官方微博	33.58	12.95	72.62	24.83	36.17
5	法治鹰潭网	江西省鹰潭市法治鹰潭建设领导小组办公室官方微博	42.94	30.11	37.95	30.67	35.08
6	江西省乐安县人民法院	江西省抚州市乐安县人民法院官方微博	29.86	42.26	25.11	28.25	33.23
7	南昌检察发布	江西省南昌市检察院官方微博	34.22	9.85	68.61	17.13	33.08
8	南城县法院	江西省抚州市南城县人民法院官方微博	28.47	39.97	27.12	18.57	31.68
9	南城检察	江西省抚州市南城县人民检察院官方微博	28.51	30.83	37.61	20.73	31.39
10	峡江司法	江西省吉安市峡江县司法局官方微博	25.95	27.52	41.90	20.81	30.85

（6）江西十大交通系统微博

排名	微博	认证信息	传播力	服务力	互动力	认同度	总分
1	南昌铁路	南昌铁路局官方微博	78.11	91.42	87.22	77.57	86.12
2	江西南昌火车站	南昌铁路局南昌火车站官方微博	56.14	88.99	58.43	46.24	68.98
3	南昌客运段	南昌铁路局南昌客运段官方微博	47.42	82.44	63.95	38.62	65.50
4	江西交通	江西省交通运输厅应急指挥中心官方微博	47.70	77.94	58.89	40.90	62.47
5	江西交通12328	江西交通12328运输服务监督电话	44.49	72.02	52.50	36.55	57.11
6	江西高速赣州中心	江西省高速公路赣州管理中心官方微博	44.43	71.88	49.99	36.10	56.25
7	南昌火车站红土情服务台	南昌铁路局南昌火车站红土情服务台官方微博	34.13	76.97	44.96	23.79	53.48
8	南铁南昌工务段	南昌铁路局南昌工务段官方微博	42.40	69.75	47.42	27.81	53.39
9	南铁九江车务段	南铁九江车务段官方微博	41.17	67.10	37.95	31.67	49.63
10	江西高速-公路开发公司	江西公路开发总公司官方微博	37.73	71.24	38.16	15.75	49.07

（7）江西十大环保系统微博

排名	微博	认证信息	传播力	服务力	互动力	认同度	总分
1	江西环保	江西省环境保护厅官方微博	31.33	13.73	53.16	22.56	29.96
2	赣州市环境保护局	江西省赣州市环境保护局官方微博	30.72	15.72	47.09	25.59	29.12
3	南昌环境保护局发布	江西省南昌市环保局官方微博	30.70	14.69	48.03	23.69	28.79
4	萍乡市环境保护局	江西省萍乡市环境保护局官方微博	30.49	13.31	42.15	21.87	26.25
5	新余市环保	新余市环境保护局	26.96	12.80	42.22	20.89	25.27
6	瓷都环保	江西省景德镇市环境保护局官方微博	25.97	14.15	31.92	24.32	22.86
7	吉安市环境保护局	江西省吉安市环保局官方微博	25.18	5.85	41.54	20.87	21.93
8	仙女湖环保	江西省新余市环境保护局仙女湖分局官方微博	24.43	9.46	35.80	20.52	21.46
9	南昌东湖环保	江西南昌东湖区环保局官方微博	23.89	6.57	32.85	22.25	19.49
10	全南县环境保护局	江西省赣州市全南县环境保护局官方微博	23.49	5.99	40.70	0.00	19.30

（8）江西十大团委系统微博

排名	微博	认证信息	传播力	服务力	互动力	认同度	总分
1	共青团赣州市委	共青团赣州市委官方微博	72.69	89.57	70.17	64.12	74.46
2	江西共青团	共青团江西省委员会官方微博	54.07	84.86	91.27	69.11	72.89
3	青春鹰潭	共青团鹰潭市委官博	63.23	74.29	77.06	68.35	70.10
4	南昌共青团	共青团南昌市委官方微博	51.11	73.64	58.13	43.03	56.92

续表

排名	微博	认证信息	传播力	服务力	互动力	认同度	总分
5	萍乡市共青团	共青团萍乡市委员会官方微博	47.21	36.70	82.09	43.76	55.22
6	九江市共青团	共青团九江市委员会官方微博	43.29	69.03	62.64	45.61	54.47
7	青春吉安	共青团吉安市委官方微博	41.06	80.94	51.89	40.91	52.27
8	共青团兴国县委	共青团兴国县委员会官方微博	34.01	70.25	54.54	44.76	48.49
9	上饶市共青团	共青团上饶市委员会官方微博	30.93	4.71	78.38	43.96	41.22
10	共青团全南县委	共青团赣州市全南县委官方微博	33.56	40.93	44.77	34.99	38.54

（9）江西十大旅游局微博

排名	微博	认证信息	传播力	服务力	互动力	认同度	总分
1	江西风景独好	江西省旅游发展委员会官方微博	60.82	73.06	69.06	58.62	67.97
2	南昌旅游一卡通	南昌都市圈国民旅游休闲年票官方微博	39.42	37.84	55.39	45.79	44.22
3	江西赣州旅游	赣州市旅游局官方微博	38.83	32.48	58.91	42.92	42.72
4	江西吉安旅游	吉安市旅游发展委员会官方微博	42.99	29.46	41.78	28.88	35.80
5	江西南丰旅游	江西省南丰县旅游局官方微博	25.22	33.89	29.48	22.44	29.69
6	南昌市旅发委	南昌市旅发委	32.81	18.60	39.53	25.51	28.41
7	石城旅游	江西省石城县旅游局官方微博	29.50	9.12	51.43	24.27	27.40
8	宜春多胜游	宜春市旅游发展委员会官方微博	32.00	6.65	44.24	29.44	25.28
9	庐山财政	江西省庐山风景名胜区管理局财政处官方微博	28.47	9.45	45.69	15.30	24.71
10	庐山旅游	江西省庐山管理局旅游局官方微博	32.18	8.42	39.66	26.42	24.35

16. 广西政务指数微博影响力榜

（1）广西政务微博城市竞争力指数

排名	地区	传播力	服务力	互动力	竞争力指数
1	南宁	74.68	43.76	58.55	58.21
2	柳州	67.05	42.61	54.75	54.19
3	百色	67.48	44.02	51.36	53.63
4	桂林	67.30	38.08	54.86	52.72
5	崇左	62.40	44.03	46.38	50.36
6	来宾	63.27	36.36	50.65	49.43
7	玉林	64.42	39.20	43.99	48.44
8	北海	62.77	35.47	48.68	48.29
9	河池	64.79	39.59	42.06	48.01
10	梧州	62.83	34.70	45.63	46.96
11	钦州	65.10	33.08	40.50	45.28
12	贺州	59.95	33.20	38.12	42.95
13	贵港	62.95	29.79	37.85	42.56
14	防城港	57.91	28.81	35.95	40.04

（2）广西十大政务机构微博

排名	微博	认证信息	传播力	服务力	互动力	认同度	总分
1	百色公安	广西百色市公安局官方微博	57.41	93.55	82.57	55.18	79.19
2	南宁特警	广西南宁市公安局特警支队官方微博	77.18	85.29	72.39	68.14	78.09
3	桂林消防119	桂林市公安消防支队官方微博	62.39	88.62	76.85	69.50	77.93
4	广西消防	广西壮族自治区公安消防总队官方微博	70.15	87.84	72.13	63.49	77.15
5	广西公安	广西壮族自治区公安厅官方微博	69.56	86.03	73.33	61.79	76.50
6	柳州公安	广西柳州市公安局官方微博	65.37	83.33	77.23	68.60	76.43
7	来宾公安	广西来宾市公安局官方微博	63.35	85.25	69.19	58.81	73.41
8	广西崇左消防	广西崇左市消防支队官方微博	61.07	85.89	66.90	62.55	72.89
9	八桂法苑	广西壮族自治区高级人民法院官方微博	60.64	68.83	93.44	48.57	72.55
10	南宁路况	南宁市公安局交警支队指挥中心官方微博	53.45	83.31	65.88	59.69	69.75

（3）广西十大党政新闻发布微博

排名	微博	认证信息	传播力	服务力	互动力	认同度	总分
1	南宁发布	南宁市委宣传部官方微博	60.39	70.75	63.46	54.54	62.80
2	北海发布	北海市人民政府新闻办公室官方微博	58.60	73.20	58.04	50.68	60.56
3	青秀发布	广西壮族自治区南宁市青秀区宣传部官方微博	50.08	57.33	55.88	46.44	52.91
4	防城港发布	广西壮族自治区防城港市人民政府新闻办公室官方微博	49.54	55.80	55.94	49.14	52.67
5	长寿贺州	贺州市人民政府新闻办公室官方微博	44.78	62.60	54.09	50.79	51.74
6	广西农业信息网	广西农业厅官方微博	46.89	64.20	50.75	42.00	51.02
7	我爱柳州	柳州市委宣传部官方微博	58.15	22.18	55.84	48.71	49.32
8	梧州发布	梧州市委宣传部	44.98	51.09	51.11	33.41	46.89
9	钦州发布	中共钦州市委宣传部	42.33	50.38	48.70	43.74	45.99
10	横县发布	广西南宁市横县县委宣传部官方微博	38.40	34.24	59.75	38.36	43.97

（4）广西十大公安系统微博

排名	微博	认证信息	传播力	服务力	互动力	认同度	总分
1	百色公安	广西百色市公安局官方微博	57.41	93.55	82.57	55.18	79.19
2	南宁特警	广西南宁市公安局特警支队官方微博	77.18	85.29	72.39	68.14	78.09
3	桂林消防119	桂林市公安消防支队官方微博	62.39	88.62	76.85	69.50	77.93
4	广西消防	广西壮族自治区公安消防总队官方微博	70.15	87.84	72.13	63.49	77.15
5	广西公安	广西壮族自治区公安厅官方微博	69.56	86.03	73.33	61.79	76.50
6	柳州公安	广西柳州市公安局官方微博	65.37	83.33	77.23	68.60	76.43
7	来宾公安	广西来宾市公安局官方微博	63.35	85.25	69.19	58.81	73.41
8	广西崇左消防	广西崇左市消防支队官方微博	61.07	85.89	66.90	62.55	72.89
9	南宁路况	广西南宁市公安局交警支队指挥中心官方微博	53.45	83.31	65.88	59.69	69.75
10	柳州消防	柳州市公安消防支队	53.12	82.36	62.15	57.32	67.95

（5）广西十大司法系统微博

排名	微博	认证信息	传播力	服务力	互动力	认同度	总分
1	八桂法苑	广西壮族自治区高级人民法院官方微博	60.64	68.83	93.44	48.57	72.55
2	长洲法院	广西壮族自治区梧州市长洲区人民法院官方微博	37.23	72.98	70.87	54.73	63.37
3	珠乡天平	广西壮族自治区合浦县人民法院官方微博	35.94	69.40	78.16	21.19	60.51
4	广西玉林市中级法院	广西壮族自治区玉林市中级人民法院官方微博	41.80	72.19	68.38	25.03	60.25
5	北海市银海区法院	广西壮族自治区北海市银海区人民法院官方微博	37.38	69.11	75.13	18.40	59.50
6	北海市中级法院	北海市中级人民法院官方微博	43.38	63.55	76.37	18.97	58.90
7	南宁西乡塘检察	广西南宁市西乡塘检察院官方微博	53.27	78.01	41.64	31.45	57.49
8	梧州市中级人民法院	广西壮族自治区梧州市中级人民法院官方微博	40.48	57.13	71.55	47.44	57.16
9	广西检察	广西壮族自治区人民检察院官方微博	41.23	50.39	77.93	36.37	55.42
10	北海市海城区人民法院	广西壮族自治区北海市海城区人民法院官方微博	34.53	68.54	62.87	22.09	55.39

（6）广西十大交通系统微博

排名	微博	认证信息	传播力	服务力	互动力	认同度	总分
1	南宁铁路	南宁铁路局官方微博	62.51	51.88	67.87	52.16	58.83
2	广西海事局	中华人民共和国广西海事局官方微博	39.24	56.25	41.31	23.12	45.05
3	南宁交通运输	广西南宁市交通运输局官方微博	39.37	29.43	46.58	36.86	37.31
4	南宁客运段	南宁铁路局南宁客运段官方微博	36.93	30.52	43.63	32.45	35.93
5	柳南站	南宁铁路局柳州南站官方微博	46.42	26.89	37.82	27.09	34.09
6	宁局柳州工务段	南宁铁路局柳州工务段官方微博	33.59	33.41	37.45	20.20	33.34
7	玉林交警高管二大队	玉林市公安局交警支队高速公路管理二大队官方微博	35.52	33.89	37.12	14.55	33.25
8	桂林工务段	南宁铁路局桂林工务段官方微博	33.60	33.51	36.94	17.80	32.99
9	玉林交警高管一大队	玉林市公安局交警支队高速公路管理一大队	36.49	31.29	36.93	16.80	32.57
10	南宁车务段	南宁铁路局南宁车务段官方微博	34.70	32.99	33.40	23.34	32.49

（7）广西十大环保系统微博

排名	微博	认证信息	传播力	服务力	互动力	认同度	总分
1	横县环境保护局	广西南宁横县环境保护局官方微博	27.32	24.80	47.36	23.38	31.93
2	北海市环境保护局	北海市环境保护局官方微博	31.11	16.91	30.63	23.55	24.53
3	柳州市环境保护局	柳州市环保局官方微博	25.66	3.63	42.23	21.42	21.40
4	钦州市环境保护局	广西钦州市环境保护局官方微博	22.56	5.48	29.77	17.41	17.38
5	玉林市环境保护局	广西壮族自治区玉林市环境保护局官方微博	0.00	0.00	0.00	0.00	0.00

（注：该省份该行业账号不足10个，榜单已经显示全部账号）

（8）广西十大团委系统微博

排名	微博	认证信息	传播力	服务力	互动力	认同度	总分
1	广西共青团	共青团广西壮族自治区委官方微博	40.20	49.91	59.98	45.51	48.61
2	百色共青团	共青团百色市委员会官方微博	38.32	52.89	47.22	43.74	44.45
3	桂林共青团	共青团桂林市委官方微博	30.53	4.34	75.13	26.19	38.24
4	万秀区共青团	共青团万秀区委官方微博	29.25	36.17	51.16	26.17	36.90
5	广西水电学院自动化工程系团委	广西水电学院自动化系团委官方微博	37.80	25.17	40.69	33.30	35.69
6	南宁共青团	共青团南宁市委官方微博	32.32	25.56	46.28	30.38	34.96
7	南宁二中校团委	广西南宁市第二中学团委官方微博	31.35	4.92	55.89	33.06	33.60
8	右江民族医学院团委	共青团右江民族医学院委员会官方微博	29.93	14.84	44.17	42.02	32.39
9	广西水利电力职业技术学院团委	广西水利电力职业技术学院团委官方微博	31.24	18.19	40.98	39.54	32.38
10	青秀共青团	共青团青秀区委官方微博	32.64	26.49	35.46	25.46	31.53

（9）广西十大旅游局微博

排名	微博	认证信息	传播力	服务力	互动力	认同度	总分
1	广西旅游发展委员会	广西壮族自治区旅游发展委员会官方微博	61.68	66.84	69.14	60.38	65.85
2	南宁市旅游发展委员会	南宁市旅游发展委员会	48.04	57.93	62.61	54.84	57.05
3	柳州市旅游发展委员会	柳州旅游局官方微博	39.60	38.34	55.95	42.79	44.32

排名	微博	认证信息	传播力	服务力	互动力	认同度	总分
4	桂林市旅游发展委员会	桂林市旅游发展委员会	53.74	22.33	57.09	48.74	41.68
5	崇左市旅游发展委员会	崇左市旅游发展委员会官方微博	48.45	34.16	46.86	37.25	41.14
6	阳朔县旅游局	阳朔县旅游局官方微博	35.77	28.93	48.68	34.62	36.79
7	北海市旅游发展委员会	北海市旅游发展委员会官方微博	38.33	27.20	45.43	33.96	35.57
8	钦州旅游局	广西钦州旅游局	31.79	26.21	38.17	27.70	31.06
9	东兴旅游	广西东兴市旅游局官方微博	27.20	17.57	47.29	19.19	28.57
10	桂平市旅游发展委员会	广西桂平市旅游发展委员会官方微博	31.67	8.32	43.32	25.61	25.22

17. 上海政务指数微博影响力榜

（1）上海十大政务机构微博

排名	微博	认证信息	传播力	服务力	互动力	认同度	总分
1	上铁资讯	上海铁路局官方微博	72.20	87.64	96.28	76.65	86.05
2	警民直通车－上海	上海市公安局官方微博	82.81	87.89	86.30	74.56	85.06
3	上海发布	上海市政府新闻办公室官方微博	81.47	84.22	85.08	71.53	82.11
4	乐游上海	上海市旅游局	73.45	76.50	92.30	69.30	79.91
5	上海地铁shmetro	上海申通地铁集团运营管理部官方微博	73.24	86.50	75.91	62.59	78.28
6	金山消防	上海市金山区公安消防支队官方微博	69.51	90.19	74.60	58.28	78.19
7	青春上海	共青团上海市委员会官方微博	74.64	82.86	75.83	67.66	75.95
8	上海反邪教	"海尚网"官方微博	74.01	82.24	73.02	67.29	74.69
9	上海消防	上海市消防局官方微博	71.33	67.62	79.85	66.62	71.93
10	上海市天气	上海市气象局官方微博	71.49	67.80	69.92	58.53	68.25

（2）上海十大党政新闻发布微博

排名	微博	认证信息	传播力	服务力	互动力	认同度	总分
1	上海发布	上海市政府新闻办公室官方微博	81.47	84.22	85.08	71.53	82.11
2	上海静安	静安区微博	56.00	80.04	77.72	54.13	67.14
3	上海宝山发布	上海市宝山区人民政府官方微博	60.40	79.12	69.31	55.02	66.28
4	上海徐汇发布	上海市徐汇区新闻办公室	54.34	80.25	63.27	46.54	61.42
5	今日张江	上海市浦东新区张江镇人民政府官方微博	51.30	50.19	81.75	56.76	60.76
6	上海松江发布	上海市松江区人民政府官方微博	58.88	72.53	59.18	47.00	60.51
7	上海杨浦	上海市杨浦区政府	47.59	73.52	67.79	49.28	59.01

续表

排名	微博	认证信息	传播力	服务力	互动力	认同度	总分
8	上海长宁	上海长宁区政府新闻办	54.24	72.20	58.59	45.97	58.31
9	上海奉贤发布	上海市奉贤区人民政府新闻办公室官方微博	52.27	73.63	56.13	44.16	56.89
10	上海黄浦	上海市黄浦区人民政府新闻办官方微博	48.66	78.00	58.09	40.57	56.55

（3）上海十大公安系统微博

排名	微博	认证信息	传播力	服务力	互动力	认同度	总分
1	警民直通车 - 上海	上海市公安局官方微博	82.81	87.89	86.30	74.56	85.06
2	金山消防	上海市金山区公安消防支队官方微博	69.51	90.19	74.60	58.28	78.19
3	上海消防	上海市消防局官方微博	71.33	67.62	79.85	66.62	71.93
4	警民直通车 - 浦东	上海市公安局浦东分局官方微博	64.55	63.74	67.35	47.41	63.35
5	上海铁警发布	上海铁路公安局官方微博	54.20	60.25	71.29	51.15	61.44
6	警民直通车 - 松江	上海市公安局松江分局官方微博	48.87	46.85	75.76	54.75	56.72
7	上海铁路公安在线	上海铁路公安局上海公安处官方微博	52.29	54.64	68.21	35.61	56.34
8	上海交警	上海市公安局交通警察总队官方微博	44.92	57.80	66.50	39.23	55.98
9	警民直通车 - 徐汇站	上海市公安局徐汇分局官方微博	63.26	44.98	61.73	45.74	53.74
10	上海网警	上海市公安局网络安全保卫总队官方微博	41.58	40.16	77.83	29.59	50.69

（4）上海十大司法系统微博

排名	微博	认证信息	传播力	服务力	互动力	认同度	总分
1	上海检察	上海市人民检察院官方微博	50.84	52.87	73.03	42.70	57.50
2	青村法宣	上海市奉贤区司法局青村司法所官方微博	39.66	66.88	60.51	31.19	55.95
3	上海徐汇法院	上海市徐汇区人民法院官方微博	37.55	60.75	53.34	25.90	50.40
4	上海一中院	上海市第一中级人民法院官方微博	39.77	50.63	59.68	23.26	48.44
5	华泾司法	上海市徐汇区司法局华泾司法所官方微博	42.15	30.78	68.41	25.47	43.81
6	浦江天平	上海市高级人民法院官方微博	47.82	31.16	58.56	34.51	43.05
7	上海司法行政发布	上海市司法局官方微博	41.15	36.95	55.75	30.33	42.77
8	宝山路街道司法所	上海市闸北区宝山路街道司法所官方微博	31.60	50.51	38.10	25.97	40.55

续表

排名	微博	认证信息	传播力	服务力	互动力	认同度	总分
9	金虹桥法宣	上海市闵行区司法局虹桥司法所官方微博	35.58	40.02	50.13	18.67	40.03
10	金汇法宣	上海市奉贤区司法局金汇司法所官方微博	33.95	13.23	67.48	51.48	37.47

（5）上海十大交通系统微博

排名	微博	认证信息	传播力	服务力	互动力	认同度	总分
1	上铁资讯	上海铁路局官方微博	72.20	87.64	96.28	76.65	86.05
2	上海地铁shmetro	上海申通地铁集团运营管理部官方微博	73.24	86.50	75.91	62.59	78.28
3	航旅直通车–上海机场	上海机场集团官方微博,浦东机场、虹桥机场航旅资讯平台	57.35	71.87	65.85	45.68	64.54
4	铁路上海站	铁路上海站官方微博	56.54	67.74	59.86	44.11	60.78
5	上海海事发布	中华人民共和国上海海事局官方微博	44.50	50.73	57.18	40.67	50.41
6	上海动车段	上海铁路局上海动车段官方微博	53.31	52.85	48.73	33.22	49.74
7	上海交通	上海市交通委员会官方微博	45.23	40.18	63.50	46.99	48.87
8	路线–途	上海市公路管理处官方微博	42.02	46.37	36.45	24.43	40.33
9	东海航保	交通运输部东海航海保障中心官方微博	36.54	33.45	42.01	26.65	35.96
10	上海地铁二运	上海地铁第二运营有限公司	37.05	29.21	44.96	27.11	35.29

（6）上海十大环保系统微博

排名	微博	认证信息	传播力	服务力	互动力	认同度	总分
1	上海环境	上海市环境保护局官方微博	55.15	78.96	58.13	43.89	64.44
2	杨浦区绿化市容局	杨浦区绿化市容局	35.13	48.76	38.74	28.18	40.97
3	松江环保	上海市松江区环保局官方微博	36.19	39.26	33.04	12.33	34.09
4	闵行环境	上海市闵行区环境保护局官方微博	31.15	15.77	32.16	17.86	23.97
5	嘉定环保在线	上海市嘉定区环保局官方微博	32.21	14.28	32.12	16.44	23.43
6	上海普陀环保	上海市普陀区环境保护局官方微博	30.97	13.55	28.08	16.56	21.69
7	长宁环保	上海市长宁区环境保护局官方微博	30.69	8.52	28.95	9.81	19.21
8	崇明东滩鸟类国家级自然保护区	上海市崇明东滩鸟类自然保护区管理处官方微博	14.02	0.55	40.47	30.35	18.20
9	浦东环境	上海市浦东新区环境保护与市容卫生管理局（水务局）	26.57	0.22	36.29	14.62	17.75
10	杨浦区环保局	杨浦区环保局	18.56	0.54	35.70	26.60	17.30

（7）上海十大团委系统微博

排名	微博	认证信息	传播力	服务力	互动力	认同度	总分
1	青春上海	共青团上海市委员会官方微博	74.64	82.86	75.83	67.66	75.95
2	华政青年	共青团华东政法大学委员会官方微博	48.34	50.01	55.81	56.02	51.69
3	上铁上海客运段	上海铁路局上海客运段官方微博	34.24	6.68	62.70	32.17	37.06
4	普陀交警团总支	上海市公安局普陀分局交警支队团总支	35.50	9.96	45.16	34.97	33.24
5	中铁二十四局团委	共青团中铁二十四局集团有限公司委员会官方微博	40.88	5.74	42.76	28.45	33.17
6	青春东华	共青团东华大学委员会官方微博	35.23	8.88	46.35	33.38	33.11
7	永丰青年	共青团松江区永丰社区（街道）工作委员会官方微博	32.72	19.79	36.05	47.23	32.58
8	青春松江	共青团上海市松江区委官方微博	36.44	25.70	34.02	26.31	32.55
9	上海石化公用事业团委	中国石化上海石油化工股份有限公司公事业部团委官方微博	27.30	45.91	31.16	21.57	31.61
10	上财青年	共青团上海财经大学委员会官方微博	33.28	4.47	42.36	29.64	29.88

（8）上海十大旅游局微博

排名	微博	认证信息	传播力	服务力	互动力	认同度	总分
1	乐游上海	上海市旅游局	73.45	76.50	92.30	69.30	79.91
2	崇明旅游－官方微博	上海崇明区旅游局	39.49	55.06	46.55	30.85	46.97
3	白相到闵行	上海市闵行区旅游局官方微博	39.74	30.59	38.20	27.98	34.44
4	徐汇旅游	上海市徐汇区旅游局	37.90	29.07	41.40	27.47	34.38
5	想休闲到奉贤	上海市奉贤区旅游局官方微博	17.45	0.13	39.33	28.06	18.15
6	国际康复无障碍生活博览会	上海旅游会展推广中心国际康复无障碍生活博览会官方微博	16.98	0.42	38.65	29.21	18.08
7	浦东旅游会展	上海市浦东新区旅游局官方微博	29.08	2.37	29.14	20.33	17.54
8	嘉定旅游	上海市嘉定区旅游局官方微博	17.15	0.17	37.29	25.29	17.21
9	上海旅游图	上海旅游图官方微博	0.00	0.00	0.00	0.00	0.00
10	金山旅游	上海市金山区旅游局	0.00	0.00	0.00	0.00	0.00

18. 福建政务指数微博影响力榜

（1）福建政务微博城市竞争力指数

排名	地区	传播力	服务力	互动力	竞争力指数
1	泉州	74.00	51.09	62.74	62.04
2	福州	72.69	42.40	62.11	58.38
3	三明	71.51	42.15	51.37	54.18
4	厦门	69.78	35.69	54.91	52.64

续表

排名	地区	传播力	服务力	互动力	竞争力指数
5	漳州	61.38	30.90	59.10	49.91
6	南平	61.18	32.18	35.43	42.02
7	宁德	59.53	37.60	30.76	41.78
8	龙岩	58.13	26.28	38.50	40.11
9	莆田	57.18	26.28	37.62	39.52

（2）福建十大政务机构微博

排名	微博	认证信息	传播力	服务力	互动力	认同度	总分
1	共青团福建省委	共青团福建省委员会官方微博	72.86	80.69	86.48	73.34	78.56
2	福建省旅游发展委员会	福建省旅游发展委员会	64.52	86.27	80.10	61.31	77.57
3	福州市旅游发展委员会	福州市旅游发展委员会官方微博	48.87	73.73	89.96	68.71	73.13
4	福建消防	福建省公安消防总队宣传处官方微博	60.80	83.20	74.62	52.20	73.05
5	福州气象	福州市气象局官方微博	69.07	80.61	64.24	53.26	70.66
6	石狮公安	福建省石狮市公安局官方微博	59.10	80.34	73.63	44.37	70.48
7	福州消防支队	福州市公安消防支队官方微博	63.82	73.92	73.00	54.79	69.71
8	泉州网警巡查执法	泉州市公安局公共信息网络安全监察支队官方微博	66.57	79.62	62.14	51.37	68.94
9	泉州交警	泉州交警	58.97	82.74	62.90	45.38	68.30
10	福建检察	福建省人民检察院官方微博	50.66	64.09	91.09	46.72	67.77

（3）福建十大党政新闻发布微博

排名	微博	认证信息	传播力	服务力	互动力	认同度	总分
1	中国平潭	平潭互联网中心	67.12	57.22	53.01	51.11	59.31
2	福州发布	福州市政务微博群管理办公室官方微博	58.36	59.63	60.62	44.22	57.88
3	厦门思明	厦门市思明区人民政府官方微博	39.96	48.97	85.29	30.55	54.42
4	清新福建	福建省政府新闻办官方微博	51.88	33.83	76.87	33.79	53.96
5	福建自贸试验区	中国（福建）自由贸易试验区官方微博	47.08	48.60	60.42	58.88	52.57
6	三明网微博	三明市广电互联网宣传中心官方微博	45.41	51.06	52.44	42.78	48.39
7	福建漳平新闻网	福建漳平新闻网官方微博	31.47	45.65	72.97	22.12	45.82
8	海沧发布	福建省厦门市海沧区委宣传部官方微博	50.00	35.81	50.85	33.02	45.72
9	福建故事	中共福建省委宣传部社会宣传官方微博	40.09	5.87	82.53	17.31	43.70
10	今日屏南	中共屏南县委宣传部官方微博	43.09	38.29	46.79	29.46	41.88

（4）福建十大公安系统微博

排名	微博	认证信息	传播力	服务力	互动力	认同度	总分
1	福建消防	福建省公安消防总队宣传处官方微博	60.80	83.20	74.62	52.20	73.05
2	石狮公安	福建省石狮市公安局官方微博	59.10	80.34	73.63	44.37	70.48
3	福州消防支队	福州市公安消防支队官方微博	63.82	73.92	73.00	54.79	69.71
4	泉州网警巡查执法	泉州市公安局公共信息网络安全监察支队官方微博	66.57	79.62	62.14	51.37	68.94
5	泉州交警	泉州交警	58.97	82.74	62.90	45.38	68.30
6	厦门警方在线	福建省厦门市公安局官方微博	72.11	61.56	75.53	57.37	67.44
7	厦门交警	厦门市公安交通管理局官方微博	57.52	81.17	63.13	42.44	67.16
8	东石派出所	福建省晋江市东石派出所官方微博	46.14	58.18	83.44	60.83	63.62
9	泉州公安	福建省泉州市公安局官方微博	68.29	54.86	74.69	54.79	63.49
10	福州网警巡查执法	福州市公安局公共信息网络安全监察支队官方微博	52.73	76.38	61.51	33.51	62.90

（5）福建十大司法系统微博

排名	微博	认证信息	传播力	服务力	互动力	认同度	总分
1	福建检察	福建省人民检察院官方微博	50.66	64.09	91.09	46.72	67.77
2	三明中院	三明市中级人民法院官方微博	52.42	69.12	75.77	51.95	66.06
3	石狮法院	福建省石狮市人民法院官方微博	39.47	66.50	78.43	25.20	60.54
4	无讼永安	永安市人民法院官方微博	36.74	86.21	50.11	33.20	60.19
5	三明市沙县法院	沙县人民法院官方微博	39.23	83.56	38.60	21.75	55.03
6	清流法院	清流县人民法院官方微博	37.25	78.10	45.80	23.84	54.81
7	尤溪法院	尤溪县人民法院官方微博	37.36	86.51	32.84	18.30	53.76
8	福建高院	福建省高级人民法院官方微博	45.84	29.06	89.84	36.23	51.37
9	厦门检察	福建省厦门市人民检察院官方微博	33.31	36.92	89.37	26.22	50.86
10	泉州中院	福建省泉州市中级人民法院官方微博	32.10	40.66	81.20	21.30	49.17

（6）福建十大交通系统微博

排名	微博	认证信息	传播力	服务力	互动力	认同度	总分
1	福建厦门火车站	中国铁路南昌局集团有限公司厦门火车站官方微博	44.58	74.42	52.29	38.77	58.25
2	福建省福州火车站	南昌铁路局福州火车站官方微博	44.17	69.12	53.38	35.73	56.07
3	南昌铁路厦门供电段	南昌铁路局厦门供电段官方微博	34.84	69.90	45.22	32.13	51.71
4	福州地铁运营分公司	福州城市地铁有限责任公司运营分公司	53.57	45.28	60.64	43.79	51.40
5	南铁福州供电段	南昌铁路局福州供电段官方微博	35.14	67.98	45.07	24.89	50.23

续表

排名	微博	认证信息	传播力	服务力	互动力	认同度	总分
6	南平车务段官方微博	南昌铁路局南平车务段官方微博	35.75	62.07	43.25	24.96	47.45
7	南铁_福州工务段	南昌铁路局福州工务段官方微博	40.76	58.73	36.55	22.76	44.88
8	海峡情王威服务台	南昌铁路局福州车站王威服务台官方微博	36.56	59.00	37.20	20.59	44.13
9	福州车务段	南昌铁路局福州车务段官方微博	44.01	50.26	39.25	22.06	42.89
10	南铁漳州车务段	中国铁路南昌局集团有限公司漳州车务段官方微博	35.35	46.16	39.74	20.64	39.52

（7）福建十大环保系统微博

排名	微博	认证信息	传播力	服务力	互动力	认同度	总分
1	宁德环保	福建省宁德市环境保护局官方微博	24.07	3.57	33.48	18.37	18.12
2	光泽县环境保护局	福建省南平市光泽县环保局官方微博	16.10	0.30	36.03	0.00	14.15
3	福建省固化中心	福建省固体废物及化学品环境管理技术中心官方微博	13.35	0.43	33.08	0.00	12.77
4	环境保护达人	福建省三明市宁化县环境保护局官方微博	0.00	0.00	0.00	0.00	0.00
5	沙县环境保护局	福建省三明市沙县环境保护局官方微博	0.00	0.00	0.00	0.00	0.00
6	福州环保	福州市环保局官方微博	0.00	0.00	0.00	0.00	0.00
7	福建环境应急	福建省环境应急与事故调查中心官方微博	0.00	0.00	0.00	0.00	0.00
8	福建节能监察监测中心	福建省节能监察（监测）中心官方微博	0.00	0.00	0.00	0.00	0.00

（注：该省份该行业账号不足10个，榜单已经显示全部账号）

（8）福建十大团委系统微博

排名	微博	认证信息	传播力	服务力	互动力	认同度	总分
1	共青团福建省委	共青团福建省委员会官方微博	72.86	80.69	86.48	73.34	78.56
2	闽南师大团委	共青团闽南师范大学委员会	58.26	43.56	93.79	56.54	65.81
3	福建农林大学团委	共青团福建农林大学委员会	59.74	56.90	66.89	49.01	60.24
4	龙岩学院团委	共青团龙岩学院委员会	50.19	60.65	57.85	55.22	55.08
5	南平团市委	共青团南平市委员会官方微博	58.78	46.50	59.76	42.10	54.95
6	厦门共青团	共青团厦门市委员会官方微博	56.29	17.91	79.06	38.23	53.64
7	青春福大	福州大学共青团	44.28	56.68	63.15	50.72	53.06

续表

排名	微博	认证信息	传播力	服务力	互动力	认同度	总分
8	集美大学团委	共青团集美大学委员会	41.31	42.88	55.39	40.78	45.79
9	青春莆田	共青团莆田市委官方微博	36.52	40.02	55.51	41.37	43.40
10	青春福建	共青团福建省委青少年事业发展中心官方微博	32.03	5.77	83.79	28.93	41.99

（9）福建十大旅游局微博

排名	微博	认证信息	传播力	服务力	互动力	认同度	总分
1	福建省旅游发展委员会	福建省旅游发展委员会	64.52	86.27	80.10	61.31	77.57
2	福州市旅游发展委员会	福州市旅游发展委员会官方微博	48.87	73.73	89.96	68.71	73.13
3	厦门旅发委	厦门市旅游发展委员会官方微博	61.07	62.02	70.90	61.24	64.42
4	莆田市旅游局	莆田市旅游局	39.34	47.93	49.80	41.30	46.11
5	泉州市旅游局	泉州市旅游局	52.64	23.09	59.23	46.12	42.15
6	i游连城	冠豸山国家级风景名胜区管委会,连城县旅游局对外官方微博	43.63	19.58	51.80	39.49	36.05
7	三明市旅游局	三明市旅游局	34.86	26.55	50.36	30.29	35.73
8	东山县旅游局	东山县旅游局	46.08	16.32	45.82	30.87	32.58
9	漳州市旅游发展委员会	漳州市旅游发展委员会官方微博	34.91	16.24	50.51	34.82	32.11
10	漳州开发区文化旅游发展局	福建省漳州开发区文化旅游局官方微博	31.80	29.23	35.44	23.75	31.06

19. 湖南政务指数微博影响力榜

（1）湖南政务微博城市竞争力指数

排名	城市	传播力	服务力	互动力	竞争力指数
1	长沙	68.67	34.71	57.64	52.92
2	永州	67.87	33.25	55.04	51.26
3	株洲	64.02	34.74	48.38	48.29
4	衡阳	61.58	32.00	47.25	46.21
5	怀化	60.54	34.68	41.07	44.67
6	湘潭	58.28	32.84	43.99	44.38
7	郴州	58.25	28.00	45.91	43.34
8	娄底	53.32	32.67	43.52	42.66
9	常德	52.76	32.33	43.07	42.22
10	益阳	56.59	32.69	38.48	41.89
11	邵阳	55.69	33.56	37.86	41.70
12	岳阳	59.05	24.66	39.84	40.29
13	张家界	54.06	28.09	40.24	40.13
14	湘西	51.78	16.12	23.33	29.34

（2）湖南十大政务机构微博

排名	微博	认证信息	传播力	服务力	互动力	认同度	总分
1	湖南高速警察	湖南省高速公路交通警察局	82.91	95.69	81.62	72.14	86.56
2	湖南消防	湖南省公安消防总队官方微博	61.57	96.78	78.99	64.57	81.18
3	共青湖南	共青团湖南省委员会官方微博	70.81	86.62	90.45	83.25	81.11
4	湖南公安在线	湖南省公安厅官方发布微博	74.58	89.35	79.02	65.45	80.91
5	湖南公安	湖南省公安厅官方微博	69.85	88.18	81.26	70.06	80.63
6	长沙警事	长沙市公安局官方微博	70.67	88.88	76.34	69.57	79.54
7	娄底消防	湖南省娄底市公安消防支队官方微博	61.85	87.50	73.74	64.33	75.93
8	湘潭公安	湖南省湘潭市公安局官方微博	71.63	87.13	67.56	58.96	75.34
9	湖南省交警总队	湖南省交警总队官方微博	70.51	83.65	73.23	55.93	75.13
10	衡阳消防	湖南省衡阳市公安消防支队官方微博	65.48	86.55	69.41	60.70	74.61

（3）湖南十大党政新闻发布微博

排名	微博	认证信息	传播力	服务力	互动力	认同度	总分
1	株洲发布	中共株洲市委宣传部官方微博	71.51	83.56	68.42	62.37	72.08
2	衡阳发布	衡阳市网络新闻宣传管理办公室/衡阳市互联网信息办公室官方微博	57.23	64.02	66.47	56.48	61.29
3	湖南省政府门户网站	湖南省人民政府门户网站官方微博	42.12	56.46	81.94	38.18	56.54
4	湖南微政务	湖南省互联网信息办公室	47.52	45.73	68.91	36.89	52.52
5	永州发布	中共永州市委宣传部官方微博	50.93	40.42	62.42	52.04	52.39
6	中国永州新闻网	永州新闻网官方微博	49.03	55.59	55.07	48.92	52.15
7	长沙发布	长沙市委网宣办、网信办官方微博	49.53	33.37	68.35	48.92	51.89
8	中国–长沙	长沙市人民政府门户网站官方微博，www.changsha.gov.cn	39.99	59.18	60.86	30.39	49.12
9	常德市人民政府	湖南省常德市人民政府官方微博	39.47	39.93	63.40	35.03	46.29
10	长沙县发布	湖南省长沙县网络宣传管理办公室官方微博	38.23	34.02	67.21	36.82	45.94

（4）湖南十大公安系统微博

排名	微博	认证信息	传播力	服务力	互动力	认同度	总分
1	湖南高速警察	湖南省高速公路交通警察局	82.91	95.69	81.62	72.14	86.56
2	湖南消防	湖南省公安消防总队官方微博	61.57	96.78	78.99	64.57	81.18
3	湖南公安在线	湖南省公安厅官方发布微博	74.58	89.35	79.02	65.45	80.91
4	湖南公安	湖南省公安厅官方微博	69.85	88.18	81.26	70.06	80.63
5	长沙警事	长沙市公安局官方微博	70.67	88.88	76.34	69.57	79.54
6	娄底消防	湖南省娄底市公安消防支队官方微博	61.85	87.50	73.74	64.33	75.93

排名	微博	认证信息	传播力	服务力	互动力	认同度	总分
7	湘潭公安	湖南省湘潭市公安局官方微博	71.63	87.13	67.56	58.96	75.34
8	湖南省交警总队	湖南省交警总队官方微博	70.51	83.65	73.23	55.93	75.13
9	衡阳消防	湖南省衡阳市公安消防支队官方微博	65.48	86.55	69.41	60.70	74.61
10	永州消防119	湖南省永州市公安消防支队官方微博	46.60	87.89	70.71	62.12	71.90

（5）湖南十大司法系统微博

排名	微博	认证信息	传播力	服务力	互动力	认同度	总分
1	湖南高院	湖南省高级人民法院官方微博	48.65	47.48	76.75	29.49	54.70
2	湖南检察	湖南省人民检察院官方微博	41.59	27.90	77.27	39.11	46.57
3	岳阳市中级人民法院	湖南省岳阳市中级人民法院官方微博	60.05	11.56	60.93	37.81	38.69
4	长沙市中级人民法院	湖南省长沙市中级人民法院官方微博	56.60	3.22	73.59	38.57	38.54
5	桂阳法院	湖南省郴州市桂阳县人民法院官方微博	33.45	33.50	50.29	25.49	37.72
6	湖南岳阳云溪区法院	湖南省岳阳市云溪区人民法院官方微博	32.85	43.33	32.45	18.96	35.53
7	长沙检察	湖南省长沙市人民检察院官方微博	32.79	11.77	66.12	24.89	33.59
8	邵阳市新邵县法院	湖南省邵阳市新邵县人民法院官方微博	32.13	38.17	29.65	20.02	32.59
9	花垣检察	湖南省湘西花垣县人民检察院官方微博	28.68	35.77	31.54	24.18	31.93
10	衡阳市南岳区法院	湖南省衡阳市南岳区人民法院官方微博	29.45	35.16	30.32	17.01	30.75

（6）湖南十大交通系统微博

排名	微博	认证信息	传播力	服务力	互动力	认同度	总分
1	长沙地铁	长沙地铁官方微博	59.96	79.44	70.45	65.03	71.41
2	湖南高速公路	湖南省高速公路管理局官方微博	49.73	55.86	46.89	30.76	49.43
3	广铁集团株洲火车站	广铁集团株洲火车站官方微博官方微博	38.72	28.72	43.17	26.22	34.80
4	广铁集团长沙火车站	广铁集团公司长沙火车站官方微博	51.51	10.08	44.92	26.70	30.48
5	广铁集团长沙南车站	广州铁路(集团)公司长沙南车站官方微博	38.17	16.28	45.48	24.12	30.20
6	广铁集团怀化火车站	广州铁路(集团)公司怀化车务段怀化火车站官方微博	35.57	15.29	42.47	21.84	28.16
7	衡阳车务段	广铁集团衡阳车务段官方微博	32.33	13.14	44.74	26.52	27.79

续表

排名	微博	认证信息	传播力	服务力	互动力	认同度	总分
8	广铁集团张家界车务段	广州铁路(集团)公司张家界车务段官方微博	35.75	19.06	34.27	21.15	27.17
9	湖南公众出行	湖南省交通运输厅公众出行官方微博	36.87	28.00	22.77	15.96	27.00
10	永州交通	湖南省永州市交通运输局官方微博	28.84	8.98	47.93	28.26	26.57

（7）湖南十大环保系统微博

排名	微博	认证信息	传播力	服务力	互动力	认同度	总分
1	湖南省环境保护厅	湖南省环境保护厅官方微博	40.79	33.88	57.84	28.75	41.94
2	株洲市环境保护局	湖南省株洲市环境保护局官方微博	35.15	12.25	50.26	29.54	29.96
3	湖南省嘉禾县环境保护局	湖南省嘉禾县环境保护局官方微博	25.80	23.61	42.13	24.52	29.70
4	株洲市垃圾处置监督管理处	湖南省株洲市垃圾处置监督管理处官方微博	24.18	32.94	30.16	19.48	29.01
5	永州市环境保护局	湖南省永州市环境保护局官方微博	26.83	6.91	52.57	22.17	26.12
6	湘潭市环境保护局	湖南省湘潭市环境保护局官方微博	25.57	1.43	47.84	18.51	21.89
7	桂阳环保	湖南省郴州市桂阳县环境保护局官方微博	16.28	1.31	47.02	27.38	20.63
8	雨湖环保	湘潭市雨湖区环保局官方微博,作为公益宣传	26.22	1.35	40.81	18.51	19.88
9	汝城环保	湖南省郴州市汝城县环境保护局官方微博	24.44	18.66	24.26	0.00	19.63
10	蓝山县环境保护局	湖南省永州市蓝山县环境保护局官方微博	15.75	0.63	42.48	24.23	18.57

（8）湖南十大团委系统微博

排名	微博	认证信息	传播力	服务力	互动力	认同度	总分
1	共青湖南	共青团湖南省委员会官方微博	70.81	86.62	90.45	83.25	81.11
2	湖南团省委学校部	湖南团省委学校部官方微博	58.76	67.42	68.59	57.52	63.32
3	长沙共青团	共青团长沙市委员会官方微博	56.06	49.98	69.16	54.66	58.63
4	常德共青团的微博	湖南省常德市团委官方微博	52.03	54.84	56.56	44.49	53.20

续表

排名	微博	认证信息	传播力	服务力	互动力	认同度	总分
5	共青团宁乡市委员会	共青团宁乡市委员会官方微博	49.42	50.10	55.85	49.90	51.53
6	共青团怀化市委	共青团怀化市委员会官方微博	37.16	55.04	61.69	53.75	49.75
7	共青团永州	共青团永州市委官方微博	41.19	52.85	52.85	39.85	46.88
8	岳阳共青团	湖南省岳阳市团委官方微博	39.49	55.70	49.30	43.01	46.03
9	湘南学院团委	共青团湘南学院委员会	39.63	38.21	52.05	48.10	43.92
10	益阳共青团	共青团益阳市委官方微博	34.15	54.75	49.80	39.91	43.54

（9）湖南十大旅游局微博

排名	微博	认证信息	传播力	服务力	互动力	认同度	总分
1	湖南省旅游发展委员会	湖南省旅游发展委员会官方微博	58.93	80.08	60.26	55.23	67.42
2	张家界旅游	张家界武陵源区旅游局官方微博	52.81	15.66	57.25	39.87	37.99
3	永州旅游	湖南省永州市旅游外事侨务局官方微博	40.35	31.19	44.28	35.01	37.33
4	南岳旅游	衡阳市南岳区旅游局官方微博	45.99	13.03	45.86	33.29	31.50
5	常德市旅游外侨局	常德市旅游外侨局官方微博	38.94	3.93	45.13	30.19	25.92
6	衡阳县旅游	湖南省衡阳市衡阳县旅游服务中心衡阳县旅游服务中心官方微博	26.30	4.54	48.33	34.93	25.07
7	郴州市旅游局官方	湖南省郴州市旅游局官方微博	37.95	4.25	38.62	28.01	23.67
8	长沙市旅游局	长沙市旅游局官方微博	22.26	0.17	53.10	29.19	23.37
9	张家界市旅外委	世界自然遗产、世界地质公园、中国国家森林公园_张家界旅游官方	20.69	0.22	52.09	28.59	22.71
10	湖南桂东旅游	湖南省郴州市桂东县旅游局官方微博	16.77	1.19	49.47	29.49	21.62

20. 辽宁政务指数微博影响力榜

（1）辽宁政务微博城市竞争力指数

排名	地区	传播力	服务力	互动力	竞争力指数
1	沈 阳	71.41	45.41	61.97	59.01
2	抚 顺	73.96	45.30	59.83	58.98
3	大 连	69.84	44.32	52.95	55.00
4	鞍 山	63.66	32.06	51.35	48.29
5	锦 州	63.14	43.21	38.26	47.46
6	丹 东	60.15	35.20	39.30	44.12
7	营 口	57.44	35.72	36.43	42.49
8	本 溪	57.11	37.04	34.68	42.24

续表

排名	地区	传播力	服务力	互动力	竞争力指数
9	阜新	57.91	36.58	34.03	42.09
10	铁岭	58.35	32.96	35.85	41.59
11	朝阳	57.10	33.36	33.45	40.51
12	盘锦	54.52	36.85	31.58	40.31
13	葫芦岛	56.70	29.05	29.69	37.57
14	辽阳	53.73	30.56	30.34	37.43

（2）辽宁十大政务机构微博

排名	微博	认证信息	传播力	服务力	互动力	认同度	总分
1	平安辽宁	辽宁省公安厅官方微博	51.40	92.64	87.22	53.84	78.89
2	大连户口身份证	辽宁省大连市公安局治安管理支队户籍管理大队官方微博	56.25	98.00	75.65	50.83	78.23
3	沈阳铁路	沈阳铁路局官方微博	69.43	77.11	88.96	63.09	77.73
4	平安抚顺	辽宁省抚顺市公安局官方微博	53.27	80.45	89.97	73.14	77.14
5	大连公安	大连市公安局官方微博	64.85	83.70	75.66	56.38	74.79
6	大连网警巡查执法	辽宁省大连市公安局网络安全保卫支队	62.41	80.63	74.42	49.71	72.03
7	沈阳市公安局	辽宁省沈阳市公安局官方微博	55.91	80.50	77.72	52.40	71.94
8	辽宁交通	辽宁省交通运输厅官方微博	60.94	85.00	62.22	49.75	69.83
9	大连气象	大连市气象局官方微博	58.25	85.42	54.70	49.96	67.22
10	抚顺法院	抚顺市中级人民法院官方微博	48.80	87.76	60.74	39.64	67.05

（3）辽宁十大党政新闻发布微博

排名	微博	认证信息	传播力	服务力	互动力	认同度	总分
1	沈阳发布	中共沈阳市委宣传部官方微博	50.36	60.91	80.47	58.63	62.33
2	鞍山发布	鞍山市委宣传部官方微博	56.57	64.24	69.62	52.83	61.65
3	抚顺宣传	中共抚顺市委宣传部官方微博	55.05	71.81	65.91	47.91	60.95
4	新宾宣传	中共新宾满族自治县委员会宣传部官方微博	53.39	63.59	63.68	54.27	58.60
5	辽宁发布	辽宁省政府门户网站官方微博	39.98	65.77	84.74	24.76	57.04
6	立山之声	中共鞍山市立山区委宣传部官方微博	42.71	82.71	61.39	47.77	56.82
7	铁东公开	辽宁省鞍山市铁东区人民政府办公室官方微博	40.73	53.26	87.15	35.67	56.65
8	锦州官方微博	辽宁省锦州市人民政府官方微博	51.82	56.10	58.56	40.72	53.59
9	苏家屯发布	沈阳市苏家屯区委宣传部官方微博	41.02	51.48	63.80	41.15	49.96
10	英额门镇宣传	辽宁省抚顺市英额门镇人民政府官方微博	36.09	63.46	61.68	42.22	49.85

（4）辽宁十大公安系统微博

排名	微博	认证信息	传播力	服务力	互动力	认同度	总分
1	平安辽宁	辽宁省公安厅官方微博	51.40	92.64	87.22	53.84	78.89
2	大连户口身份证	辽宁省大连市公安局治安管理支队户籍管理大队官方微博	56.25	98.00	75.65	50.83	78.23
3	平安抚顺	辽宁省抚顺市公安局官方微博	53.27	80.45	89.97	73.14	77.14
4	大连公安	大连市公安局官方微博	64.85	83.70	75.66	56.38	74.79
5	大连网警巡查执法	辽宁省大连市公安局网络安全保卫支队	62.41	80.63	74.42	49.71	72.03
6	沈阳市公安局	辽宁省沈阳市公安局官方微博	55.91	80.50	77.72	52.40	71.94
7	锦州公安	辽宁省锦州市公安局官方微博	51.21	81.09	65.76	45.81	66.99
8	丹东公安交警支队	丹东市公安交警支队官方微博	55.14	83.73	57.16	48.63	66.53
9	沈阳东陵浑南公安	沈阳市公安局东陵区(浑南新区)分局	43.65	86.61	60.84	44.75	66.10
10	丹东公安	辽宁省丹东市公安局官方微博	52.28	78.91	65.42	44.32	66.08

（5）辽宁十大司法系统微博

排名	微博	认证信息	传播力	服务力	互动力	认同度	总分
1	抚顺法院	抚顺市中级人民法院官方微博	48.80	87.76	60.74	39.64	67.05
2	铁岭中院	铁岭市中级人民法院官方微博	33.56	62.00	42.23	35.54	47.74
3	辽宁检察	辽宁省人民检察院官方微博	36.28	23.66	84.49	36.31	45.69
4	本溪中院	辽宁省本溪市中级人民法院官方微博	28.98	39.56	66.05	20.26	43.46
5	营口中院	辽宁省营口市中级人民法院官方微博	33.53	37.74	57.84	41.95	43.35
6	大连市西岗法院	辽宁省大连市西岗区人民法院官方微博	60.48	15.25	67.11	38.54	42.18
7	阜新市中级法院	辽宁省阜新市中级人民法院官方微博	31.27	42.69	49.21	24.28	40.52
8	辽宁高院	辽宁省高级人民法院官方微博	36.55	12.07	83.98	27.58	40.09
9	抚顺司法	抚顺市司法局官方微博	32.44	39.41	49.37	22.67	39.33
10	葫芦岛市中级人民法院	辽宁省葫芦岛市中级人民法院官方微博	40.56	45.74	37.21	15.72	39.14

（6）辽宁十大交通系统微博

排名	微博	认证信息	传播力	服务力	互动力	认同度	总分
1	沈阳铁路	沈阳铁路局官方微博	69.43	77.11	88.96	63.09	77.73
2	辽宁交通	辽宁省交通运输厅官方微博	60.94	85.00	62.22	49.75	69.83
3	大连火车站	沈阳铁路局大连站官方微博	49.02	70.95	51.04	42.46	57.74
4	沈铁锦州站	沈阳铁路局锦州站官方微博	35.84	83.63	38.42	23.10	54.46
5	锦州房产段	沈阳铁路局锦州房产段官方微博	34.49	83.88	39.92	17.91	54.22
6	营口海事-墩台在线	中华人民共和国营口海事局官方微博	36.08	52.52	73.58	33.00	53.60

续表

排名	微博	认证信息	传播力	服务力	互动力	认同度	总分
7	沈局锦州机务段	沈阳铁路局锦州机务段官方微博	35.33	84.62	32.11	28.78	53.42
8	锦州供电段	沈阳铁路局锦州供电段官方微博	35.71	81.47	37.85	22.35	53.32
9	沈阳火车站	沈阳铁路局沈阳站官方微博	39.79	74.54	39.83	26.33	52.36
10	沈铁金州站	沈阳铁路局金州站官方微博	35.18	82.49	28.92	18.52	50.56

（7）辽宁十大环保系统微博

排名	微博	认证信息	传播力	服务力	互动力	认同度	总分
1	沈阳环保	沈阳市环保局官方微博	48.92	70.34	63.53	47.16	61.70
2	辽宁环保	辽宁省环境保护厅官方微博	37.16	39.02	51.66	26.25	41.16
3	抚顺市环保局	抚顺市环境保护局官方微博	33.81	23.19	46.62	24.27	32.45
4	清原满族自治县环境保护局	辽宁省沈阳市清原满族自治县环境保护局官方微博	30.56	27.41	35.83	20.04	29.83
5	沈阳苏家屯环保	辽宁省沈阳市环境保护局苏家屯分局官方微博	24.88	21.08	42.15	19.45	28.00
6	沈阳和平环保	辽宁省沈阳市环境保护局和平分局官方微博	31.26	11.00	48.25	26.24	27.75
7	环保营口	辽宁省营口市环境保护局官方微博	28.19	11.35	48.26	26.27	27.28
8	沈阳浑南环保	辽宁省沈阳市浑南区环保分局官方微博	22.07	7.93	50.40	26.60	25.37
9	沈阳环境监测	辽宁省沈阳市环境监测中心站官方微博	30.56	8.34	42.64	24.89	24.73
10	抚顺市望花区环境保护局	辽宁省抚顺市望花区环境保护局官方微博	24.10	5.54	49.18	14.35	23.22

（8）辽宁十大团委系统微博

排名	微博	认证信息	传播力	服务力	互动力	认同度	总分
1	阜新共青团	共青团阜新市委官方微博	53.34	54.50	53.21	50.31	53.23
2	辽宁共青团	共青团辽宁省委员会官方微博	46.74	53.69	59.83	43.52	51.74
3	共青团抚顺市委	共青团抚顺市委官方微博	35.49	41.21	36.80	24.28	35.91
4	辽宁省大连市旅顺经济开发区团委	共青团旅顺经济开发区委官方微博	19.31	31.90	63.30	24.99	35.59
5	共青团大连市委	共青团大连市委官方微博	31.91	19.58	46.42	36.67	34.27
6	辽阳共青团	共青团辽阳市委官方微博	35.22	20.20	42.76	27.82	33.74
7	共青团沈阳市委	共青团沈阳市委官方微博	33.69	16.01	43.03	27.28	32.32
8	青春葫芦岛	共青团葫芦岛市委官方微博	30.18	2.50	50.10	34.54	31.06
9	宏伟区长征街道团工委	辽阳市宏伟区长征街道办事处团委官方微博	26.49	37.15	36.25	21.38	31.04
10	共青团盘锦市委	共青团盘锦市委官方微博	31.84	9.16	42.49	25.19	29.84

（9）辽宁十大旅游局微博

排名	微博	认证信息	传播力	服务力	互动力	认同度	总分
1	新宾满族自治县旅游局	辽宁省抚顺市新宾满族自治县旅游局官方微博	33.29	54.78	42.69	27.18	44.10
2	辽宁省凤城市旅游局	辽宁省凤城市旅游发展委员会	45.18	34.21	44.24	35.19	39.51
3	长海旅游攻略	辽宁省大连市长海县旅游局官方微博	47.49	34.31	41.14	29.36	38.50
4	清原旅游	辽宁省抚顺市清原满族自治县旅游局官方微博	31.93	36.42	43.12	26.77	36.57
5	抚顺市旅游委	抚顺市旅游局官方微博	35.07	28.20	50.19	29.30	36.28
6	大连市旅游培训中心	大连市旅游培训中心官方微博	27.81	39.53	40.77	11.78	34.78
7	辽宁省旅游发展委员会	辽宁省旅游发展委员会官方微博	34.12	8.91	59.51	38.25	32.07
8	大连市旅游发展委员会	大连市旅游发展委员会官方微博	37.29	14.75	45.55	29.26	29.95
9	顺城旅游	辽宁省抚顺市顺城区旅游局官方微博	27.85	16.70	48.34	21.58	28.91
10	金普旅游	大连金普新区旅游官方微博	35.85	7.28	44.25	27.58	26.12

21. 重庆政务指数微博影响力榜

（1）重庆十大政务机构微博

排名	微博	认证信息	传播力	服务力	互动力	认同度	总分
1	重庆消防	重庆市公安消防总队官方微博	63.19	91.36	87.77	67.77	82.29
2	重庆环保	重庆市环境保护局官方微博	68.56	86.85	80.80	55.30	78.22
3	平安渝中	重庆市公安局渝中区分局官方微博	66.01	84.45	80.92	52.30	76.49
4	重庆天气	重庆市气象局官方微博	68.76	83.48	69.25	60.33	73.95
5	平安重庆	重庆市公安局官方微博	74.37	68.56	80.79	67.47	73.28
6	重庆客运段京渝之桥	成都铁路局重庆客运段官方微博	47.64	87.90	70.54	59.48	71.79
7	重庆交巡警	重庆市公安局交巡警总队官方微博	68.58	74.91	74.65	55.53	71.63
8	重庆共青团	共青团重庆市委官方微博	66.99	82.13	71.22	67.69	71.36
9	走近中国消防	重庆市公安消防总队官方微博	83.01	57.41	78.88	77.38	70.97
10	重庆检察	重庆市人民检察院官方微博	64.11	81.42	64.85	51.75	70.02

（2）重庆十大党政新闻发布微博

排名	微博	认证信息	传播力	服务力	互动力	认同度	总分
1	重庆发布	重庆市人民政府新闻办公室官方微博	68.40	67.68	74.97	61.22	69.51
2	万州发布	重庆市万州区委外宣办、区政府新闻办、区互联网信息管理办公室	65.01	81.39	68.05	63.14	69.01
3	沙坪坝微政务	中国共产党重庆市沙坪坝区委宣传部官方微博	49.93	58.98	70.65	42.60	57.22

续表

排名	微博	认证信息	传播力	服务力	互动力	认同度	总分
4	今日合川	重庆市合川区委宣传部官方微博	55.87	64.69	54.72	48.26	56.53
5	涪陵微博	中共重庆市涪陵区委宣传部官方微博	48.32	73.33	54.89	56.89	56.15
6	微播南川	中共重庆市南川区委宣传部官方微博	54.23	64.51	54.86	44.89	55.54
7	微播梁平	中共重庆市梁平区委宣传部官方微博	50.16	69.51	51.73	46.33	54.12
8	微播酉阳	重庆市酉阳县人民政府新闻办官方微博	51.95	70.31	47.41	41.46	53.21
9	南岸政务	重庆市南岸区委宣传部官方微博	50.05	65.42	51.18	37.77	52.24
10	重庆丰都	丰都县人民政府新闻办官方微博	46.00	65.83	52.67	44.31	51.80

（3）重庆十大公安系统微博

排名	微博	认证信息	传播力	服务力	互动力	认同度	总分
1	重庆消防	重庆市公安消防总队官方微博	63.19	91.36	87.77	67.77	82.29
2	平安渝中	重庆市公安局渝中区分局官方微博	66.01	84.45	80.92	52.30	76.49
3	平安重庆	重庆市公安局官方微博	74.37	68.56	80.79	67.47	73.28
4	重庆交巡警	重庆市公安局交巡警总队官方微博	68.58	74.91	74.65	55.53	71.63
5	走近中国消防	重庆市公安消防总队官方微博	83.01	57.41	78.88	77.38	70.97
6	平安万州	重庆市公安局万州区分局官方微博	64.82	68.64	62.81	65.01	65.76
7	重庆网警	重庆市公安局网安总队官方微博	60.07	65.03	72.39	49.88	64.73
8	江北交巡警	重庆市公安局江北区分局交警支队官方微博	48.11	79.67	51.58	35.95	60.56
9	渝中区交巡警支队	重庆市公安局渝中区分局交巡警支队官方微博	48.83	78.39	51.62	31.20	59.73
10	沙坪坝交巡警	重庆市沙坪坝区公安分局交巡警支队官方微博	48.47	80.23	48.79	31.50	59.57

（4）重庆十大司法系统微博

排名	微博	认证信息	传播力	服务力	互动力	认同度	总分
1	重庆检察	重庆市人民检察院官方微博	64.11	81.42	64.85	51.75	70.02
2	长寿检察	重庆市长寿区人民检察院官方微博	40.59	71.53	61.25	42.74	59.38
3	重庆检察五分院	重庆市人民检察院第五分院官方微博	31.81	57.74	34.37	24.44	42.21
4	重庆高院	重庆市高级人民法院官方微博	39.78	28.84	56.54	29.75	39.43
5	渝北检察	重庆市渝北区人民检察院官方微博	37.41	42.44	33.92	27.43	37.38
6	重庆一中法院	重庆市第一中级人民法院官方微博	34.79	30.54	52.98	20.68	37.14
7	重庆司法	重庆市司法局官方微博	40.60	30.84	45.58	25.91	36.72
8	重庆二中法院	重庆市第二中级人民法院官方微博	34.86	29.84	37.70	21.94	32.41
9	重庆检察一分院	重庆市检察院一分院官方微博	23.94	14.53	61.41	24.88	31.51
10	彭水县法院	重庆市彭水苗族土家族自治县人民法院官方微博	31.36	24.86	42.36	24.09	31.33

（5）重庆十大交通系统微博

排名	微博	认证信息	传播力	服务力	互动力	认同度	总分
1	重庆客运段京渝之桥	成都铁路局重庆客运段官方微博	47.64	87.90	70.54	59.48	71.79
2	重庆交通	重庆市交通委员会官方微博	60.01	81.23	65.97	47.98	69.08
3	重庆轨道交通	重庆市轨道交通(集团)有限公司	62.40	71.27	67.17	62.04	67.34
4	成渝高铁动车组	成都铁路局重庆客运段成渝动车组官方微博	56.56	74.65	64.85	55.04	66.13
5	重庆高速12122	重庆高速公路12122客户服务中心官方微博	60.24	63.64	50.12	44.77	57.02
6	重庆客运段	成都铁路局重庆客运段官方微博	41.31	55.26	66.39	44.33	54.72
7	重庆火车站	重庆火车站官方微博	47.70	46.84	48.67	34.52	46.33
8	重庆机场官方微博	重庆机场集团有限公司	54.03	31.82	55.42	45.19	44.68
9	兴隆场车站	成都铁路局重庆西车站官方微博	33.50	54.54	25.76	24.03	38.65
10	涪陵车务段	成都铁路局涪陵车务段官方微博	32.72	50.74	31.71	21.48	38.50

（6）重庆十大环保系统微博

排名	微博	认证信息	传播力	服务力	互动力	认同度	总分
1	重庆环保	重庆市环境保护局官方微博	68.56	86.85	80.80	55.30	78.22
2	忠县环保	重庆市忠县环保局	36.50	73.32	74.55	20.46	61.04
3	彭水环保	重庆市彭水县环保局	36.91	75.34	59.07	46.17	59.86
4	重庆万州环保	重庆市万州区环保局官方微博	40.71	77.80	45.73	34.05	56.38
5	荣昌环保	重庆市荣昌区环境保护局官方微博	38.72	80.84	36.07	29.44	53.84
6	重庆巫溪环保	重庆市巫溪县环境保护局官方微博	37.85	77.80	41.48	24.61	53.60
7	北碚环保	重庆北碚区环保局官方微博	36.30	75.76	42.37	28.10	53.09
8	潼南环保	重庆市潼南区环境保护局	34.02	69.39	46.85	29.40	51.56
9	巴南环保	重庆市巴南区环境保护局	36.19	69.15	46.09	23.47	51.07
10	渝中环保	重庆市渝中区环境保护局	35.52	75.07	37.83	21.52	50.63

（7）重庆十大团委系统微博

排名	微博	认证信息	传播力	服务力	互动力	认同度	总分
1	重庆共青团	共青团重庆市委官方微博	66.99	82.13	71.22	67.69	71.36
2	重庆人文科技学院校团委	重庆人文科技学院校团委官方微博	46.96	23.59	64.00	55.38	48.24
3	重庆科技学院团委	重庆科技学院团委官方微博	41.10	48.62	51.59	47.27	46.37
4	共青团涪陵区委	共青团重庆市涪陵区委官方微博	35.22	40.00	56.23	46.54	43.61
5	酉阳县南腰界乡团委	重庆市酉阳县南腰界乡团委官方微博	28.59	71.06	52.43	21.30	43.51

续表

排名	微博	认证信息	传播力	服务力	互动力	认同度	总分
6	开州区团委	共青团重庆市开州区委官方微博	45.00	43.41	39.25	39.41	42.40
7	青春大渡口	共青团重庆市大渡口区委官方微博	34.44	54.14	46.55	27.91	41.36
8	共青团巴南区委	共青团重庆市巴南区委官方微博	35.38	43.14	45.52	27.59	39.19
9	共青团云阳县委	共青团云阳县委员会官方微博	30.88	29.74	53.77	45.88	39.02
10	青春铜梁	共青团重庆市铜梁区委官方微博	33.17	26.93	45.87	34.57	35.87

（8）重庆十大旅游局微博

排名	微博	认证信息	传播力	服务力	互动力	认同度	总分
1	南岸旅游	重庆市南岸区旅游局官方微博	53.76	43.42	55.94	53.16	50.22
2	重庆市旅游局	重庆市旅游局官方微博	45.18	25.15	67.62	48.60	44.24
3	忠县旅游	忠县旅游局官方微博	38.42	31.20	42.19	36.11	36.43
4	渝中最重庆	重庆市渝中区旅游局官方微博	38.29	21.48	46.20	36.02	33.71
5	九龙休闲汇	重庆市九龙坡区旅游局官方微博	35.67	23.18	45.10	30.94	33.03
6	石柱旅游	重庆市石柱土家族自治县旅游局官方微博	35.09	24.73	40.84	31.21	32.29
7	永川旅游	重庆市永川区旅游局官方微博	39.75	15.72	46.18	34.82	31.57
8	巫溪县旅游局	重庆市巫溪县旅游局官方微博	30.00	22.80	40.30	29.49	30.16
9	奉节旅游	重庆市奉节县旅游局官方微博	33.33	12.09	49.87	34.57	29.92
10	边城秀山旅游	重庆市秀山县旅游局官方微博	30.86	17.03	47.51	25.60	29.80

22. 新疆政务指数微博影响力榜

（1）新疆政务微博城市竞争力指数

排名	地区	传播力	服务力	互动力	竞争力指数
1	伊犁	75.54	46.24	63.70	61.14
2	乌鲁木齐	68.23	31.50	51.64	49.57
3	阿勒泰	53.74	23.81	55.75	43.97
4	博尔塔拉	56.05	29.12	43.24	42.14
5	喀什	50.87	23.54	40.48	37.67
6	昌吉	53.58	26.01	35.11	37.47
7	阿克苏	49.51	25.89	37.02	36.87
8	克拉玛依	52.18	20.94	34.20	34.95
9	哈密	53.45	18.56	34.18	34.49
10	巴音郭楞	54.69	19.94	31.12	34.28
11	和田	49.05	22.63	32.30	33.94
12	塔城	50.18	21.76	29.08	32.85
13	吐鲁番	43.89	21.58	25.80	29.75
14	克孜勒苏	44.93	21.85	23.62	29.39

（2）新疆十大政务机构微博

排名	微博	认证信息	传播力	服务力	互动力	认同度	总分
1	快速路交警	乌鲁木齐市城市快速路交警大队官方微博	82.83	87.83	72.43	66.90	80.12
2	新疆地震局	新疆地震局官方微博	78.70	83.36	72.55	72.41	78.09
3	平安石河子	新疆石河子市公安局官方微博	61.44	95.15	67.79	65.18	77.20
4	平安伊犁	新疆维吾尔自治区伊犁哈萨克自治州公安局官方微博	60.14	68.48	89.04	50.79	71.21
5	新疆消防	新疆消防总队官方微博	72.77	73.21	68.96	54.36	69.96
6	阿勒泰公安在线	新疆维吾尔自治区阿勒泰地区公安局官方微博	70.45	55.15	83.85	75.26	68.83
7	新疆检察	新疆维吾尔自治区人民检察院官方微博	62.60	63.41	75.20	56.66	66.11
8	和田网警巡查执法	新疆和田地区公安局网络安全保卫支队官方微博	50.23	90.15	53.13	26.15	64.66
9	博州发布	新疆博尔塔拉蒙古自治州人民政府新闻办官方微博	58.32	62.89	70.15	58.49	62.80
10	杏乡交警	新疆伊犁伊宁县公安局交通管理大队官方微博	37.79	81.24	66.53	27.06	62.72

（3）新疆十大党政新闻发布微博

排名	微博	认证信息	传播力	服务力	互动力	认同度	总分
1	博州发布	新疆博尔塔拉蒙古自治州人民政府新闻办官方微博	58.32	62.89	70.15	58.49	62.80
2	哈密发布	新疆哈密地委外宣办　哈密地区行署新闻办　官方微博	52.87	37.56	63.64	47.47	52.50
3	克拉玛依发布	新疆克拉玛依市人民政府新闻办官方微博	47.31	45.90	59.06	45.72	50.39
4	乌鲁木齐发布	乌鲁木齐市互联网信息管理中心官方微博	53.41	45.86	52.96	35.70	49.99
5	新疆发布	新疆维吾尔自治区人民政府新闻办公室官方微博	51.32	17.18	68.92	43.40	48.98
6	博州政府网	新疆博尔塔拉蒙古自治州电子政务办官方微博	41.42	46.21	63.72	37.72	48.70
7	巴里坤发布	新疆哈密地区巴里坤县委宣传部官方微博	46.10	30.39	57.28	37.22	45.43
8	微政巴州	新疆巴音郭楞蒙古自治州人民政府门户网站官方微博	40.34	53.21	48.10	29.17	44.13
9	伊犁发布	新疆伊犁哈萨克自治州人民政府新闻办官方微博	39.16	28.96	58.13	40.15	42.91
10	昌吉发布	新疆昌吉回族自治州人民政府新闻办官方微博	42.97	43.66	42.40	27.36	41.37

（4）新疆十大公安系统微博

排名	微博	认证信息	传播力	服务力	互动力	认同度	总分
1	快速路交警	乌鲁木齐市城市快速路交警大队官方微博	82.83	87.83	72.43	66.90	80.12
2	平安石河子	新疆石河子市公安局官方微博	61.44	95.15	67.79	65.18	77.20
3	平安伊犁	新疆维吾尔自治区伊犁哈萨克自治州公安局官方微博	60.14	68.48	89.04	50.79	71.21
4	新疆消防	新疆消防总队官方微博	72.77	73.21	68.96	54.36	69.96
5	阿勒泰公安在线	新疆维吾尔自治区阿勒泰地区公安局官方微博	70.45	55.15	83.85	75.26	68.83
6	和田网警巡查执法	新疆和田地区公安局网络安全保卫支队官方微博	50.23	90.15	53.13	26.15	64.66
7	杏乡交警	新疆伊犁伊宁县公安局交通管理大队官方微博	37.79	81.24	66.53	27.06	62.72
8	奎屯公安	新疆伊犁哈萨克自治州奎屯市公安局官方微博	41.27	71.78	71.09	43.44	62.64
9	尼勒克县公安局 -	新疆伊犁州尼勒克县公安局官方微博	39.69	82.34	54.58	27.91	60.04
10	_平安惠远	新疆伊犁霍城县公安局惠远派出所官方微博	35.36	77.61	60.04	26.67	58.79

（5）新疆十大司法系统微博

排名	微博	认证信息	传播力	服务力	互动力	认同度	总分
1	新疆检察	新疆维吾尔自治区人民检察院官方微博	62.60	63.41	75.20	56.66	66.11
2	阜康检察	新疆阜康检察	32.38	59.19	52.91	40.72	50.10
3	奎屯检察	新疆伊犁奎屯市人民检察院官方微博	32.93	57.01	53.95	40.80	49.65
4	克拉玛依区检察	新疆克拉玛依区人民检察院官方微博	43.96	48.13	55.11	37.71	48.35
5	西域天平	新疆维吾尔自治区高级人民法院官方微博	44.97	45.27	57.43	27.74	47.11
6	伊犁戒毒	新疆伊犁州戒毒康复中心官方微博	30.93	58.19	46.63	19.67	45.41
7	莎车检察	新疆喀什地区莎车县人民检察院官方微博	34.41	47.94	48.01	36.24	44.08
8	木垒县法院	新疆木垒哈萨克自治县人民法院官方微博	33.39	46.90	41.86	23.69	40.36
9	沙依巴克天平	新疆乌鲁木齐市沙依巴克区人民法院官方微博	30.81	35.57	57.88	20.38	39.79
10	富蕴检察	新疆阿勒泰富蕴县人民检察院官方微博	27.51	39.80	47.16	35.83	39.15

（6）新疆十大交通系统微博

排名	微博	认证信息	传播力	服务力	互动力	认同度	总分
1	新疆铁路	乌鲁木齐铁路局官方微博	57.26	65.91	63.78	50.09	61.96
2	乌鲁木齐市公交集团	乌鲁木齐市公交集团官方微博	35.59	16.25	45.71	27.17	30.05
3	乌鲁木齐市交通局	新疆乌鲁木齐市城市交通局官方微博	36.95	19.66	38.28	26.21	29.36
4	乌鲁木齐火车站	乌鲁木齐铁路局乌鲁木齐火车站官方微博	34.47	5.99	40.03	23.72	23.67
5	乌鲁木齐市城市快速路管理中心	乌鲁木齐市城市快速路管理中心官方微博	33.51	13.20	31.21	18.60	23.20
6	博尔塔拉路政海事局	新疆博尔塔拉路政海事局官方微博	31.89	6.01	42.96	14.11	23.08
7	哈密交通运输局	新疆哈密地区交通运输局官方微博	27.47	2.67	47.63	17.18	22.57
8	新疆邮管	新疆邮政管理局官方微博	20.45	1.27	50.90	22.56	22.12
9	博州邮管局	新疆博尔塔拉蒙古自治州邮政管理局官方微博	24.77	13.53	27.43	24.71	21.07
10	乌鲁木齐公交珍宝巴士	乌鲁木齐市公交珍宝巴士有限公司	24.67	4.09	40.50	22.98	21.02

（7）新疆十大环保系统微博

排名	微博	认证信息	传播力	服务力	互动力	认同度	总分
1	新疆环境保护厅	新疆维吾尔自治区环境保护厅官方微博	34.19	20.72	39.30	20.28	28.94
2	伊宁县环保	新疆伊犁伊宁县环境保护局官方微博	30.02	26.70	28.06	21.58	27.26
3	伊犁环保	新疆伊犁哈萨克自治州环境保护局官方微博	29.62	14.06	40.81	22.26	26.02
4	新疆环境宣传	新疆维吾尔自治区环境保护宣传教育中心官方微博	28.64	16.20	32.56	20.05	23.98
5	阿尔金山国家级自然保护区	新疆巴州阿尔金山国家级自然保护区管理局官方微博	24.12	11.14	26.20	26.18	19.76
6	乌鲁木齐市环保局	新疆乌鲁木齐市环境保护局官方微博	24.08	1.33	37.30	22.53	18.79
7	奎屯市环境保护局	新疆奎屯市环境保护局官方微博	26.28	2.23	34.90	17.48	18.37
8	克州环境保护局	新疆克孜勒苏柯尔克孜自治州环境保护局官方微博	23.79	6.46	28.43	20.61	17.93
9	巴州环保	新疆巴州环保局官方微博	20.27	5.74	29.60	21.69	17.40
10	博州环境保护局	新疆博州环境保护局官方微博	21.37	6.24	26.93	22.31	17.08

（8）新疆十大团委系统微博

排名	微博	认证信息	传播力	服务力	互动力	认同度	总分
1	新疆共青团	新疆维吾尔自治区团委	40.28	36.73	70.42	43.01	48.88
2	温泉县团委世界	共青团温泉县委员会官方微博	31.87	67.27	42.41	27.64	41.69
3	巴州团委	共青团巴音郭楞蒙古自治州委员会官方微博	29.91	13.58	49.44	23.67	31.88
4	新疆大学团委	新疆大学团委官方微博	34.41	11.42	41.52	29.37	31.44
5	青春特克斯	共青团特克斯县委员会官方微博	26.97	5.29	51.38	24.41	29.70
6	青春克拉玛依	共青团克拉玛依市委员会官方微博	30.68	7.09	43.23	28.35	29.49
7	青春霍尔斯市	新疆伊犁州霍尔果斯市团委官方微博	24.65	11.24	49.86	21.71	29.24
8	乌鲁木齐团委	乌鲁木齐团市委官方微博	27.15	1.19	51.55	24.50	29.01
9	西部计划服务新疆专项	西部计划新疆项目办官方微博	30.47	4.48	42.67	31.10	28.99
10	青春克州	共青团克孜勒苏柯尔克孜自治州委员会官方微博	28.06	6.57	44.88	23.79	28.38

（9）新疆十大旅游局微博

排名	微博	认证信息	传播力	服务力	互动力	认同度	总分
1	新疆是个好地方V	新疆维吾尔自治区旅游发展委员会官方微博	38.48	36.14	53.64	40.04	42.25
2	昌吉州旅游	新疆昌吉回族自治州旅游局官方微博	41.97	37.28	43.41	33.72	39.70
3	克拉玛依市旅游局官方微博	新疆克拉玛依市旅游局官方微博	31.29	20.91	46.33	38.28	32.35
4	悠游伊宁	新疆伊宁市旅游局官方微博	28.71	3.80	42.94	27.78	22.92
5	伊犁国际旅游谷	新疆维吾尔自治区伊犁哈萨克自治州旅游局官方微博	28.66	5.01	41.64	26.11	22.84
6	阿克苏地区旅游	新疆阿克苏地区旅游局官方微博	25.03	1.90	42.07	26.65	21.05
7	喀什市旅游局官方微博	新疆喀什市旅游局官方微博	26.48	0.76	41.36	27.92	20.80
8	塔城市旅游局官方微博	新疆塔城市旅游局官方微博	13.42	0.06	41.18	32.12	18.28
9	乌鲁木齐市旅游局	新疆乌鲁木齐市旅游局官方微博	26.61	2.41	32.41	22.19	18.23
10	霍城旅游	新疆维吾尔自治区霍城县旅游局官方微博	23.30	0.93	36.02	22.43	18.08

23. 内蒙古政务指数微博影响力榜

（1）内蒙古政务微博城市竞争力指数

排名	地区	传播力	服务力	互动力	竞争力指数
1	鄂尔多斯	71.78	37.36	47.87	51.36
2	赤峰	66.77	42.69	46.58	51.27
3	呼和浩特	71.01	35.04	49.01	50.72
4	包头	63.19	38.80	49.80	49.97
5	呼伦贝尔	65.43	41.36	37.01	47.06
6	通辽	60.75	34.17	38.70	43.73
7	兴安盟	55.35	39.23	31.25	41.27
8	巴彦淖尔	59.66	25.24	38.48	40.20
9	锡林郭勒	59.23	24.56	33.22	37.99
10	乌兰察布	56.42	15.79	28.95	32.58
11	乌海	50.12	20.17	24.28	30.59
12	阿拉善	51.91	14.48	26.29	29.85

（2）内蒙古十大政务机构微博

排名	微博	认证信息	传播力	服务力	互动力	认同度	总分
1	内蒙古团委	共青团内蒙古自治区委官方微博	73.66	85.75	83.07	73.17	78.85
2	包头交警	内蒙古包头市公安局交通管理支队官方微博	58.47	92.87	78.25	56.83	78.00
3	活力内蒙古	内蒙古自治区互联网信息办公室官方微博	71.86	81.14	76.60	54.46	73.40
4	呼和浩特交警	内蒙古呼和浩特市公安局交警支队	59.07	80.20	63.06	51.15	67.93
5	草原铁路	呼和浩特铁路局官方微博	63.77	74.39	64.91	48.63	66.84
6	内蒙古反邪教	内蒙古自治区反邪教协会	50.71	89.18	74.46	60.18	66.48
7	赤峰市团委	内蒙古赤峰市共青团官方微博	63.66	89.64	57.99	54.59	66.25
8	赤峰之窗	赤峰面向世界的窗口！	63.09	83.71	61.84	54.91	66.02
9	赤峰市公安局官方微博	内蒙古赤峰市公安局官方微博	55.70	75.26	62.28	51.29	65.06
10	呼和浩特火车站发布	呼和浩特火车站官方微博	53.03	78.71	58.45	53.72	65.00

（3）内蒙古十大党政新闻发布微博

排名	微博	认证信息	传播力	服务力	互动力	认同度	总分
1	活力内蒙古	内蒙古自治区互联网信息办公室官方微博	71.86	81.14	76.60	54.46	73.40
2	赤峰之窗	赤峰面向世界的窗口！	63.09	83.71	61.84	54.91	66.02
3	鄂尔多斯发布	内蒙古鄂尔多斯市官方微博	55.09	62.65	68.05	45.08	59.49
4	包头发布	包头市政府新闻办官方微博	52.15	62.57	62.23	46.89	56.73

排名	微博	认证信息	传播力	服务力	互动力	认同度	总分
5	鄂托克前旗发布	内蒙古鄂尔多斯鄂托克前旗宣传部官方微博	44.10	66.01	74.05	36.69	56.73
6	呼和浩特回民区发布	内蒙古呼和浩特回民区委宣传部官方微博	49.78	52.90	60.35	42.24	52.82
7	活力呼和浩特	中共呼和浩特市委宣传部官方微博	43.98	54.92	64.99	40.91	52.17
8	新赛罕V	内蒙古呼和浩特赛罕区委宣传部官方微博	49.02	48.88	62.92	34.26	51.69
9	康巴什发布	鄂尔多斯市康巴什区官方微博	46.01	51.78	64.78	32.47	51.44
10	魅力满洲里	内蒙古满洲里市委宣传部官方微博	47.89	59.09	51.90	40.71	50.61

（4）内蒙古十大公安系统微博

排名	微博	认证信息	传播力	服务力	互动力	认同度	总分
1	包头交警	内蒙古包头市公安局交通管理支队官方微博	58.47	92.87	78.25	56.83	78.00
2	呼和浩特交警	内蒙古呼和浩特市公安局交警支队	59.07	80.20	63.06	51.15	67.93
3	赤峰市公安局官方微博	内蒙古赤峰市公安局官方微博	55.70	75.26	62.28	51.29	65.06
4	内蒙古交警	内蒙古公安厅交管总队官方微博	57.90	68.75	68.16	41.65	63.69
5	平安内蒙古	内蒙古公安厅官方微博	45.74	66.02	69.30	37.97	60.14
6	内蒙古消防	内蒙古消防总队官方微博	40.64	67.66	57.29	32.83	55.66
7	昆都仑交警	内蒙古包头市交警支队昆都仑交警大队	33.35	69.99	52.98	42.12	54.77
8	通辽交管支队	内蒙古自治区通辽市交警支队官方微博	47.48	65.29	49.33	37.86	54.20
9	赤峰市交警支队	赤峰市公安局交警支队官方微博	46.62	67.60	45.40	37.01	53.68
10	康巴什滨河路派出所	鄂尔多斯康巴什滨河路派出所官方微博	38.55	70.88	47.75	29.41	53.33

（5）内蒙古十大司法系统微博

排名	微博	认证信息	传播力	服务力	互动力	认同度	总分
1	内蒙古检察	内蒙古自治区人民检察院官方微博	45.12	41.71	72.16	31.25	50.48
2	奈曼检察	奈曼旗人民检察院官方微博	32.61	76.52	35.62	24.23	50.24
3	呼和浩特市检察院	内蒙古自治区呼和浩特市人民检察院官方微博	33.94	50.82	43.18	27.30	42.80
4	北疆法声	内蒙古自治区高级人民法院官方微博	39.43	31.49	60.46	26.87	41.31
5	赛罕检察	内蒙古呼和浩特市赛罕区人民检察院官方微博	29.83	56.13	32.15	26.89	40.75
6	青城天平	内蒙古呼和浩特市中级人民法院官方微博	35.72	42.03	45.96	28.34	40.58
7	达茂旗检察院	内蒙古包头市达茂旗检察院官方微博	28.57	50.77	36.35	25.47	39.48

续表

排名	微博	认证信息	传播力	服务力	互动力	认同度	总分
8	五原法院微博	内蒙古巴彦淖尔市五原县人民法院官方微博	36.66	33.51	49.41	34.95	39.06
9	乌兰察布市人民检察院	内蒙古乌兰察布市人民检察院官方微博	33.94	33.39	53.33	24.52	38.59
10	鄂伦春旗法院	内蒙古鄂伦春旗法院官方微博	30.46	52.81	29.55	23.28	38.41

(6) 内蒙古十大交通系统微博

排名	微博	认证信息	传播力	服务力	互动力	认同度	总分
1	草原铁路	呼和浩特铁路局官方微博	63.77	74.39	64.91	48.63	66.84
2	呼和浩特火车站发布	呼和浩特火车站官方微博	53.03	78.71	58.45	53.72	65.00
3	集通铁路大板工务段	集通铁路大板工务段官方微博	37.78	76.43	55.24	63.53	61.05
4	呼和浩特白塔国际机场	内蒙古呼和浩特白塔国际机场有限责任公司	41.49	79.17	56.08	39.73	60.76
5	呼铁局包头客运段	呼和浩特铁路局包头客运段官方微博	36.14	63.62	52.96	30.51	51.62
6	通辽工务段	沈阳铁路局通辽工务段官方微博	36.42	84.23	27.81	20.39	51.36
7	白音胡硕车务段	沈阳铁路局白音胡硕车务段官方微博	35.76	83.54	28.06	18.44	50.83
8	集通铁路	内蒙古集通铁路集团公司官方微博	51.88	48.73	56.27	38.91	50.64
9	赤峰车务段cfcwd	沈阳铁路局赤峰车务段官方微博	35.04	75.70	35.58	23.02	50.27
10	集通铁路化德站	集通铁路化德车站官方微博	33.41	57.06	55.34	39.68	50.08

(7) 内蒙古十大环保系统微博

排名	微博	认证信息	传播力	服务力	互动力	认同度	总分
1	呼和浩特市环保	内蒙古呼和浩特市环境保护局官方微博	33.17	37.85	50.14	27.04	39.52
2	赛罕区环境保护局	内蒙古呼和浩特市赛罕区环境保护局官方微博	30.58	34.07	29.29	19.28	30.46
3	鄂托克前旗环境保护局	内蒙古鄂尔多斯市鄂托克前旗环境保护局官方微博	25.23	24.67	30.76	26.48	26.79
4	内蒙古环保	内蒙古自治区环境保护厅官方微博	28.01	7.35	46.75	27.63	25.33
5	阿荣旗环境保护局	内蒙古自治区呼伦贝尔市阿荣旗环境保护局官方微博	24.04	26.10	25.90	22.75	25.29
6	康巴什区环境保护局	内蒙古自治区鄂尔多斯市康巴什新区环境保护局官方微博	25.96	16.39	32.26	21.22	23.55

续表

排名	微博	认证信息	传播力	服务力	互动力	认同度	总分
7	达旗环保	达拉特旗环境保护局官方微博	26.06	18.22	29.86	18.62	23.32
8	内蒙古空气质量	内蒙古自治区环境监测中心站官方微博	23.20	13.98	33.07	14.97	21.65
9	包头环保	内蒙古包头市环境保护局官方微博	23.83	2.95	41.08	24.74	20.74
10	准格尔旗环境保护局	内蒙古鄂尔多斯市准格尔旗环境保护局官方微博	18.72	1.10	47.02	18.11	20.10

（8）内蒙古十大团委系统微博

排名	微博	认证信息	传播力	服务力	互动力	认同度	总分
1	内蒙古团委	共青团内蒙古自治区委官方微博	73.66	85.75	83.07	73.17	78.85
2	赤峰市团委	内蒙古赤峰市共青团官方微博	63.66	89.64	57.99	54.59	66.25
3	通辽市团委	通辽市共青团官方微博	47.13	85.67	65.77	38.23	59.54
4	共青团包头市委员会	共青团包头市委员会官方微博	39.70	83.83	47.77	32.79	50.26
5	锡林郭勒盟团委	共青团锡林郭勒盟委员会官方微博	41.74	66.12	48.98	38.30	48.45
6	鄂尔多斯市共青团	内蒙古自治区鄂尔多斯市团委官方微博	38.28	53.61	59.80	36.91	47.67
7	鄂托克前旗共青团	共青团鄂托克前旗委员会官方微博	33.32	55.16	47.86	38.76	42.60
8	镶黄旗团委办公室	内蒙古自治区镶黄旗委员会官方微博	28.68	48.94	52.63	36.78	40.73
9	共青团托克托县委员会	托克托县共青团官方微博	29.48	60.64	46.20	26.17	40.39
10	巴彦淖尔市共青团	共青团内蒙古巴彦淖尔市委员会	36.40	24.58	49.76	33.63	37.77

（9）内蒙古十大旅游局微博

排名	微博	认证信息	传播力	服务力	互动力	认同度	总分
1	内蒙古旅发委	内蒙古自治区旅游发展委员会官方微博	58.30	65.36	73.43	50.71	64.90
2	鄂尔多斯市旅发委	鄂尔多斯市旅游发展委员会官方微博	46.96	37.72	49.15	39.07	43.13
3	呼和浩特旅游	内蒙古呼和浩特市旅游局官方微博	33.53	38.53	51.20	23.94	39.87
4	阿拉善右旗官博	内蒙古阿拉善右旗宣传部官方微博	36.44	29.14	45.06	23.02	34.77
5	伊金霍洛旅游	内蒙古鄂尔多斯市伊金霍洛旗旅游事业管理局官方微博	35.19	24.46	43.19	36.63	33.44

排名	微博	认证信息	传播力	服务力	互动力	认同度	总分
6	巴彦淖尔旅游 Bayannur	内蒙古巴彦淖尔市旅游局官方微博	38.44	19.30	44.71	29.80	31.80
7	包头市旅发委	包头市旅游发展委员会官方微博	34.88	16.52	45.08	32.02	30.31
8	额济纳之旅	内蒙古额济纳旗旅游局官方微博	36.31	12.06	45.51	30.98	28.84
9	周末内蒙古	内蒙古自治区旅游产业研究开发中心官方微博	34.19	12.33	47.54	26.85	28.72
10	赤峰旅游局	内蒙古赤峰市旅游局官方微博	30.24	5.29	54.82	26.31	27.24

24. 宁夏政务指数微博影响力榜

（1）宁夏政务微博城市竞争力指数

排名	地区	传播力	服务力	互动力	竞争力指数
1	银　川	76.06	82.35	56.42	71.39
2	石嘴山	63.82	40.99	45.76	49.51
3	固　原	59.83	41.57	40.84	46.79
4	吴　忠	56.34	23.91	29.88	35.73
5	中　卫	50.70	11.40	27.31	28.76

（2）宁夏十大政务机构微博

排名	微博	认证信息	传播力	服务力	互动力	认同度	总分
1	石嘴山交警	宁夏石嘴山市公安局交警支队官方微博	50.29	68.61	76.73	56.20	66.14
2	兴庆交警一大队	宁夏银川市交警队兴庆一大队	43.49	85.19	62.34	36.35	65.11
3	银川交警	银川市公安局交通警察支队	48.42	75.76	65.39	47.01	64.31
4	平安兴庆	银川市公安局兴庆分局官方微博	46.56	82.45	60.39	33.04	63.71
5	兴庆交警二大队	宁夏银川市交警队兴庆二大队	40.74	84.40	60.20	33.62	63.33
6	西夏交警一大队	宁夏银川市公安局交通警察分局西夏区交警一大队官方微博	47.96	84.99	52.12	32.93	62.52
7	银川发布	银川市委外宣办、市政府新闻办官方微博	63.28	66.16	60.99	53.43	62.18
8	银川交警秩序科	宁夏银川市公安局交警支队秩序科官方微博	39.24	83.01	58.36	32.00	61.76
9	平安银川	银川市公安局官方微博	53.18	66.15	66.00	42.76	61.17
10	固原发布	宁夏固原市网络安全与信息化办公室官方微博	52.86	72.29	70.23	44.37	61.11

（3）宁夏十大党政新闻发布微博

排名	微博	认证信息	传播力	服务力	互动力	认同度	总分
1	银川发布	银川市委外宣办、市政府新闻办官方微博	63.28	66.16	60.99	53.43	62.18
2	固原发布	宁夏固原市网络安全与信息化办公室官方微博	52.86	72.29	70.23	44.37	61.11
3	微博银川	银川市委市政府官方微博	44.65	51.88	64.18	47.88	52.28
4	宁夏政务发布	宁夏回族自治区人民政府官方微博	40.37	64.83	54.49	28.10	48.27
5	宁夏发布	宁夏回族自治区人民政府新闻办公室官方微博	41.95	22.96	71.13	28.17	45.53
6	兴庆微博	银川兴庆区党委、政府官方微博	35.91	50.45	57.02	24.43	44.00
7	宁夏自治区宁东基地管委会	宁夏自治区宁东能源化工基地管理委员会官方微博	34.82	23.03	71.50	28.45	42.83
8	永宁微博	宁夏永宁县委、县人民政府官方微博	38.86	30.19	50.99	21.42	39.02
9	石嘴山发布	宁夏石嘴山市委外宣办、市政府新闻办官方微博	35.40	36.47	46.31	25.87	37.93
10	百强平罗	宁夏石嘴山市平罗县政府官方微博	33.27	35.94	46.87	27.03	37.26

（4）宁夏十大公安系统微博

排名	微博	认证信息	传播力	服务力	互动力	认同度	总分
1	石嘴山交警	宁夏石嘴山市公安局交警支队官方微博	50.29	68.61	76.73	56.20	66.14
2	兴庆交警一大队	宁夏银川市交警队兴庆一大队	43.49	85.19	62.34	36.35	65.11
3	银川交警	银川市公安局交通警察支队	48.42	75.76	65.39	47.01	64.31
4	平安兴庆	银川市公安局兴庆分局官方微博	46.56	82.45	60.39	33.04	63.71
5	兴庆交警二大队	宁夏银川市交警队兴庆二大队	40.74	84.40	60.20	33.62	63.33
6	西夏交警一大队	宁夏银川市公安局交通警察分局西夏区交警一大队官方微博	47.96	84.99	52.12	32.93	62.52
7	银川交警秩序科	宁夏银川市公安局交警支队秩序科官方微博	39.24	83.01	58.36	32.00	61.76
8	平安银川	银川市公安局官方微博	53.18	66.15	66.00	42.76	61.17
9	银川市交警分局指挥中心	宁夏银川市交警队指挥中心	44.47	82.20	54.89	27.04	60.95
10	机动车管理所	宁夏银川市交警队车辆管理所	39.87	83.43	53.28	32.54	60.58

（5）宁夏十大司法系统微博

排名	微博	认证信息	传播力	服务力	互动力	认同度	总分
1	固原检察	宁夏回族自治区固原市人民检察院官方微博	38.78	54.75	57.31	36.67	50.52
2	吴忠检察	吴忠市人民检察院官方微博	37.87	62.15	47.51	29.13	49.60
3	银川检察	银川市人民检察院官方微博	36.29	61.03	49.29	23.29	48.79
4	原州检察	宁夏回族自治区固原市原州区人民检察院官方微博	33.99	61.10	44.33	30.01	47.54
5	石嘴山检察	宁夏回族自治区石嘴山市人民检察院官方微博	37.09	55.86	43.03	27.18	45.39
6	西夏检察	宁夏回族自治区银川市西夏区人民检察院	32.01	54.19	48.52	25.20	45.16
7	银川市上前城检察院	银川市上前城地区人民检察院官方微博	34.06	56.62	38.89	21.63	43.29
8	宁夏检察	宁夏回族自治区人民检察院官方微博	42.57	29.18	60.93	30.85	41.55
9	惠农检察	宁夏石嘴山市惠农区人民检察院官方微博	35.70	50.48	36.84	20.19	40.40
10	永宁检察	宁夏回族自治区银川市永宁县人民检察院官方微博	31.10	51.19	31.98	19.65	38.26

（6）宁夏十大交通系统微博

排名	微博	认证信息	传播力	服务力	互动力	认同度	总分
1	银川市城客处	银川市城市客运交通管理处官方微博	39.79	50.98	60.51	51.89	51.69
2	银川火车站丝路驿站服务岛	银川火车站向阳花服务之窗官方微博	40.91	57.25	45.20	39.20	48.56
3	兰铁银川客运段塞上风情服务之窗	兰州铁路局银川客运段塞上风情服务之窗	34.28	53.30	40.65	26.22	42.99
4	银川公交	银川市公共交通有限公司官方微博	36.58	13.96	51.81	31.02	31.55
5	兰铁固原车务段情满六盘服务站	兰铁固原车务段情满六盘服务站	31.59	12.82	44.04	19.43	26.60
6	银川交通	银川市交通运输局官方微博	34.26	12.27	41.96	21.76	26.53
7	灵武运管所	灵武运管所官方微博	28.65	21.14	30.19	22.78	25.52
8	宁夏交通运输厅	宁夏交通运输厅官方微博	31.17	10.13	37.27	20.51	23.51
9	平罗县交通运输局	宁夏石嘴山市平罗交通局官方微博	26.20	16.03	30.09	18.53	22.53
10	兰铁银车段凤鸣塞上服务窗口	兰州铁路局银车段凤鸣塞上服务窗口	33.39	8.30	33.94	21.71	22.35

（7）宁夏十大环保系统微博

排名	微博	认证信息	传播力	服务力	互动力	认同度	总分
1	银川环保	银川市环境保护局官方微博	39.24	35.38	54.23	36.19	41.89
2	银川环境监察	银川市环境监察支队官方微博	34.42	25.42	48.64	25.45	34.19
3	永宁环保	银川市永宁县环保局官方微博	30.27	17.56	37.04	24.42	26.63
4	中卫市环保	宁夏中卫市环境保护局官方微博	26.60	13.80	37.16	17.79	23.77
5	平罗县环境保护局	宁夏石嘴山市平罗县环境保护局官方微博	25.04	10.65	37.42	19.34	22.43
6	固原市环境保护局	宁夏固原市环境保护局官方微博	21.76	1.79	45.19	26.41	21.27
7	贺兰环保	银川市贺兰县环境保护局官方微博	17.57	2.60	38.15	18.93	17.89
8	银西林管处	银西生态防护林管理处官方微博	15.54	2.13	33.64	20.37	16.09
9	青铜峡市环境保护局	宁夏青铜峡市环境保护局官方微博	0.00	0.00	0.00	0.00	0.00

（注：该省份该行业账号不足10个，榜单已经显示全部账号）

（8）宁夏十大团委系统微博

排名	微博	认证信息	传播力	服务力	互动力	认同度	总分
1	宁夏共青团	共青团宁夏回族自治区委官方微博	42.01	46.14	63.94	45.03	49.72
2	青春银川	共青团银川市委员会官方微博	35.77	10.87	58.36	44.02	38.39
3	青春石嘴山	共青团宁夏回族自治区石嘴山市委员会官方微博	36.87	14.89	46.03	27.19	34.25
4	平罗团委	共青团宁夏回族自治区石嘴山市平罗县委员会官方微博	29.63	24.13	41.86	21.49	31.39
5	青春金凤	银川市金凤区团委官方微博	31.65	29.73	30.25	36.99	31.38
6	青春中宁	共青团宁夏中宁县委官方微博	27.85	19.97	42.69	23.01	30.24
7	青春红寺堡	共青团吴忠市红寺堡区委官方微博	29.80	17.38	41.27	22.91	30.07
8	共青团同心县委	共青团宁夏同心县委员会官方微博	27.32	17.42	40.12	32.54	29.70
9	青春惠农	共青团石嘴山市惠农区委官方微博	28.37	22.73	37.16	21.34	29.17
10	团在你身边 - 灵武	银川市灵武市团委官方微博	27.92	24.71	37.05	17.74	29.00

（9）宁夏十大旅游局微博

排名	微博	认证信息	传播力	服务力	互动力	认同度	总分
1	银川体育旅游	银川市体育旅游局官方微博	39.64	16.11	56.05	38.25	35.02
2	宁夏旅游	宁夏旅游局	43.70	15.77	54.59	30.32	34.46
3	沙坡头	中卫市旅游局	38.87	11.14	54.25	46.32	33.14
4	宁夏固原旅游	宁夏固原市旅游局官方微博	33.50	26.28	43.24	26.02	32.79
5	永宁旅游	银川市永宁县旅游产业发展服务局	28.78	10.70	25.98	18.83	19.71

续表

排名	微博	认证信息	传播力	服务力	互动力	认同度	总分
6	金凤林业	银川市金凤区园林管理局官方微博	17.52	2.31	36.95	18.96	17.41
7	古峡文体	宁夏青铜峡市文化旅游广播电视局官方微博	19.71	1.87	32.91	24.71	17.03
8	宁夏青铜峡旅游	宁夏青铜峡市旅游局官方微博	20.44	0.67	27.30	16.91	14.23
9	盐池文广局	宁夏吴忠盐池县文化旅游广播电视局官方微博	0.00	0.00	0.00	0.00	0.00
10	中卫旅游公众微博	宁夏中卫市旅游局官方微博	0.00	0.00	0.00	0.00	0.00

25. 黑龙江政务指数微博影响力榜

（1）黑龙江政务微博城市竞争力指数

排名	地区	传播力	服务力	互动力	竞争力指数
1	哈尔滨	77.34	44.05	58.84	59.21
2	鸡西	64.42	31.43	36.99	43.27
3	大庆	64.23	23.81	42.34	42.42
4	牡丹江	60.55	28.22	29.60	38.40
5	黑河	57.18	27.11	32.12	37.89
6	齐齐哈尔	60.08	20.90	34.89	37.55
7	伊春	55.15	24.04	31.54	36.00
8	佳木斯	58.93	20.10	30.08	35.24
9	大兴安岭	53.46	18.50	33.10	34.10
10	绥化	51.51	18.39	25.58	30.84
11	七台河	50.50	16.73	24.32	29.52
12	双鸭山	51.21	16.68	19.04	27.87
13	鹤岗	48.42	17.96	16.67	26.65

（2）黑龙江十大政务机构微博

排名	微博	认证信息	传播力	服务力	互动力	认同度	总分
1	龙江气象	黑龙江省气象服务中心官方微博	69.80	85.77	78.24	75.71	79.31
2	哈尔滨环保	哈尔滨市环保局官方微博	58.02	88.31	77.33	58.50	75.97
3	哈尔滨铁路局	哈尔滨铁路局官方微博	65.86	69.91	83.32	51.73	71.31
4	龙江检察	黑龙江省人民检察院官方微博	45.51	82.89	73.59	49.22	69.26
5	平安哈尔滨	黑龙江省哈尔滨市公安局官方微博	66.82	57.34	77.62	58.96	65.48
6	哈尔滨气象	哈尔滨市气象科技服务中心官方微博	60.57	77.71	52.73	49.83	64.00
7	黑龙江省高级人民法院	黑龙江省高级人民法院官方微博	52.45	55.46	85.19	50.87	63.32
8	黑龙江共青团	共青团黑龙江省委员会官方微博	52.35	77.62	66.49	56.41	62.05
9	哈尔滨发布	中共哈尔滨市委宣传部官方微博	50.15	58.11	81.07	51.24	61.13
10	尚志环保	黑龙江省尚志市环境保护局官方微博	35.76	82.98	49.62	51.53	60.38

（3）黑龙江十大党政新闻发布微博

排名	微博	认证信息	传播力	服务力	互动力	认同度	总分
1	哈尔滨发布	中共哈尔滨市委宣传部官方微博	50.15	58.11	81.07	51.24	61.13
2	伊春发布	中共伊春市委宣传部官方微博	49.65	67.00	68.97	46.97	58.65
3	鸡西微生活	黑龙江省鸡西市微生活官方微博	57.15	77.97	48.77	42.20	57.30
4	道里发布	中共哈尔滨市道里区委宣传部	40.30	75.35	66.69	29.91	54.19
5	鸡西新闻网	黑龙江省鸡西新闻网官方微博	47.31	73.90	50.74	36.70	52.60
6	网信鸡西市	黑龙江省鸡西市互联网信息办公室官方微博	54.18	34.01	56.42	56.13	51.01
7	依兰发布	中共哈尔滨市依兰县委宣传部	40.08	73.41	58.55	26.79	50.96
8	爱辉发布	黑河市爱辉区人民政府官方微博	50.49	49.36	51.58	49.26	50.47
9	中国大庆发布	中共大庆市委宣传部官方微博	42.39	57.34	59.35	36.08	49.84
10	七台河发布	黑龙江省七台河市互联网信息管理办公室官方微博	49.30	47.69	50.42	40.01	48.39

（4）黑龙江十大公安系统微博

排名	微博	认证信息	传播力	服务力	互动力	认同度	总分
1	平安哈尔滨	黑龙江省哈尔滨市公安局官方微博	66.82	57.34	77.62	58.96	65.48
2	平安大庆	大庆市公安局官方微博	57.98	50.81	64.93	65.75	57.98
3	龙警微博	黑龙江省公安厅官方微博	52.40	57.41	64.31	43.06	57.04
4	龙江消防	黑龙江省公安消防总队官方微博	54.69	53.48	65.24	33.79	55.28
5	牡丹江消防	黑龙江省牡丹江市公安消防支队官方微博	43.20	66.06	46.53	30.67	52.09
6	佳木斯消防	黑龙江省佳木斯消防支队官方微博	49.62	60.25	46.91	31.33	51.23
7	黑龙江省公安网安总队	黑龙江省公安厅网络安全保卫总队	43.35	51.74	60.50	35.82	51.10
8	佳木斯交警	黑龙江省佳木斯市公安局交警支队官方微博	43.51	52.26	48.95	37.88	48.08
9	冰城消防119	黑龙江省哈尔滨市公安消防支队官方微博	37.52	58.42	41.82	28.74	46.29
10	哈尔滨网警巡查执法	黑龙江省哈尔滨市公安局网络安全保卫支队	33.84	52.17	50.93	29.57	45.87

（5）黑龙江十大司法系统微博

排名	微博	认证信息	传播力	服务力	互动力	认同度	总分
1	龙江检察	黑龙江省人民检察院官方微博	45.51	82.89	73.59	49.22	69.26
2	黑龙江省高级人民法院	黑龙江省高级人民法院官方微博	52.45	55.46	85.19	50.87	63.32
3	哈尔滨铁路运输中级法院	黑龙江省哈尔滨铁路运输中级法院官方微博	42.32	75.43	46.77	34.47	56.12

排名	微博	认证信息	传播力	服务力	互动力	认同度	总分
4	伊春中院	黑龙江省伊春中院官方微博	45.53	66.38	53.05	45.35	56.11
5	大庆市中级人民法院	黑龙江省大庆市中级人民法院官方微博	38.65	74.66	52.17	22.24	55.47
6	黑河法院	黑龙江省黑河市中级人民法院官方微博	38.90	72.72	52.11	25.76	55.08
7	牡丹江市中级法院	黑龙江省牡丹江市中级人民法院官方微博	36.48	75.15	43.49	46.07	55.01
8	爱辉法院	黑龙江省黑河市爱辉区人民法院官方微博	39.61	64.42	61.64	26.58	54.84
9	鸡西市中级法院	黑龙江省鸡西市中级人民法院官方微博	38.33	66.15	59.47	27.54	54.72
10	哈尔滨市中级人民法院	黑龙江省哈尔滨市中级人民法院官方微博	37.79	54.48	76.28	21.65	54.40

(6) 黑龙江十大交通系统微博

排名	微博	认证信息	传播力	服务力	互动力	认同度	总分
1	哈尔滨铁路局	中国铁路哈尔滨局集团有限公司官方微博	65.86	69.91	83.32	51.73	71.31
2	哈铁哈尔滨火车站	哈尔滨铁路局哈尔滨站官方微博	42.35	51.95	50.52	42.79	48.68
3	哈铁哈尔滨客运段	哈尔滨铁路局哈尔滨客运段官方微博	44.66	29.54	56.24	37.16	41.34
4	哈铁大庆车务段	哈尔滨铁路局大庆车务段官方微博	38.43	48.66	34.93	30.09	40.64
5	哈铁哈尔滨电务段	哈铁哈尔滨电务段官方微博	41.31	42.11	42.19	22.40	40.00
6	哈铁齐齐哈尔客运段	哈尔滨铁路局齐齐哈尔客运段官方微博	48.65	31.86	43.87	35.81	39.22
7	哈铁局佳木斯机务段	哈铁佳木斯机务段官方微博	34.56	32.35	44.17	39.68	37.07
8	哈铁齐齐哈尔车务段	哈尔滨铁路局齐齐哈尔车务段官方微博	34.43	23.41	58.18	28.02	36.51
9	哈铁哈尔滨东站	哈尔滨铁路局哈尔滨东站官方微博	34.70	31.72	42.80	25.44	35.01
10	哈铁七台河火车站	哈尔滨铁路局七台河火车站官方微博	36.16	30.50	40.01	31.09	34.54

（7）黑龙江十大环保系统微博

排名	微博	认证信息	传播力	服务力	互动力	认同度	总分
1	哈尔滨环保	哈尔滨市环保局官方微博	58.02	88.31	77.33	58.50	75.97
2	尚志市环境保护局	黑龙江省尚志市环境保护局官方微博	35.76	82.98	49.62	51.53	60.38
3	五常环保	五常市环保局官方微博	29.39	66.43	50.93	34.70	51.20
4	延寿县环境保护局	黑龙江省哈尔滨市延寿县环境保护局官方微博	29.16	65.97	37.87	32.55	46.84
5	宾县环保	宾县环境保护局官方微博	31.64	68.02	31.30	24.69	45.39
6	双城环保	黑龙江省哈尔滨市双城区环境保护局官方微博	32.41	64.90	26.97	26.62	43.20
7	龙江环保	黑龙江省环境保护厅官方微博	37.13	43.50	44.23	22.44	40.34
8	阿城环保	黑龙江省哈尔滨市阿城区环境保护局官方微博	26.73	56.71	29.90	27.82	39.78
9	大庆环境	黑龙江省大庆市环境保护局官方微博	35.43	23.53	42.30	21.46	31.34
10	绥化市环境保护局	黑龙江省绥化市环境保护局官方微博	23.57	27.50	40.20	27.07	30.48

（8）黑龙江十大团委系统微博

排名	微博	认证信息	传播力	服务力	互动力	认同度	总分
1	黑龙江共青团	共青团黑龙江省委员会官方微博	52.35	77.62	66.49	56.41	62.05
2	哈尔滨共青团	共青团哈尔滨市委员会官方微博	35.16	34.40	39.97	22.32	35.17
3	共青团饶河县委	共青团饶河县委官方微博	34.89	24.88	42.59	31.16	34.82
4	共青团大兴安岭地委	共青团大兴安岭地区委官方微博	34.24	33.93	36.66	28.05	34.28
5	伊春共青团	共青团伊春市委员会官方微博	29.54	14.47	46.37	35.14	32.14
6	双鸭山共青团	共青团双鸭山市委员会官方微博	31.23	18.54	43.15	22.54	31.40
7	黑龙江省农垦总局团委	共青团黑龙江省农垦总局委员会官方微博	24.67	4.01	54.68	34.86	30.56
8	鸡西共青团	共青团鸡西市委员会官方微博	31.78	12.25	35.32	29.93	28.75
9	黑龙江工程学院校团委	黑龙江工程学院校团委官方微博	26.21	10.57	40.00	29.93	27.59
10	富拉尔基团区委	黑龙江齐齐哈尔市富拉尔基区团委官方微博	24.78	10.69	42.74	26.01	27.48

（9）黑龙江十大旅游局微博

排名	微博	认证信息	传播力	服务力	互动力	认同度	总分
1	黑龙江省旅游发展委员会	黑龙江省旅游发展委员会官方微博	64.00	40.53	80.13	52.88	58.34
2	五大连池旅游	黑龙江省五大连池风景区旅游局官方微博	41.81	56.23	56.87	37.73	51.69
3	阿城发布	中共哈尔滨市阿城区委宣传部	36.41	71.24	36.19	30.93	49.73

排名	微博	认证信息	传播力	服务力	互动力	认同度	总分
4	哈尔滨市旅游局	黑龙江省哈尔滨市旅游局官方微博	47.60	34.48	64.21	52.09	47.78
5	黑龙江省大兴安岭旅游	黑龙江省大兴安岭地区行政公署旅游局官方微博	40.15	34.04	68.98	29.77	45.31
6	中国漠河旅游	漠河县旅游局官方微博	46.67	34.33	60.33	40.08	45.17
7	黑河旅游	黑河市旅游局官方微博	41.26	28.64	66.21	25.62	42.13
8	伊春旅游微门户	伊春市旅游发展委员会官方微博	39.08	42.18	40.29	32.65	40.04
9	大兴安岭新林旅游	黑龙江省大兴安岭新林区人民政府旅游局官方微博	31.55	28.72	60.85	34.83	39.53
10	齐齐哈尔旅游	黑龙江省齐齐哈尔市旅游局官方微博	46.37	26.95	54.58	30.82	39.51

26. 山西政务指数微博影响力榜

（1）山西政务微博城市竞争力指数

排名	地区	传播力	服务力	互动力	竞争力指数
1	太原	69.80	37.48	55.12	53.35
2	晋中	68.54	38.45	53.67	52.80
3	临汾	60.92	32.79	36.63	42.57
4	忻州	63.58	30.60	33.94	41.66
5	大同	62.63	27.59	37.55	41.59
6	运城	64.92	28.76	34.25	41.53
7	晋城	61.35	25.81	34.53	39.52
8	阳泉	56.98	27.65	29.17	36.98
9	长治	57.00	23.03	33.65	36.94
10	吕梁	57.58	21.64	32.43	36.20
11	朔州	53.17	22.67	27.49	33.51

（2）山西十大政务机构微博

排名	微博	认证信息	传播力	服务力	互动力	认同度	总分
1	山西共青团	共青团山西省委官方微博	67.92	82.22	77.27	64.70	73.26
2	太原铁路	太原铁路局官方微博	62.71	68.74	87.23	57.74	71.98
3	山西反邪教	山西反邪教协会官方微博	64.72	87.72	67.54	50.60	68.75
4	山西消防	山西公安消防总队	61.30	82.59	60.53	48.19	68.27
5	太原交警	太原市公安局交警支队官方微博	66.10	74.26	60.97	49.82	66.19
6	平安太原	太原市公安局官方微博	64.92	68.20	62.36	47.44	63.71
7	太铁太原客运段	太原客运段官方微博	35.39	72.97	74.39	36.27	62.21
8	山西交警	山西省公安厅交警总队官方微博	60.25	66.23	64.45	40.92	61.97
9	中北大学青年媒体中心	中北大学共青团官方微博	64.91	55.93	59.31	56.00	60.54
10	晋中公安	山西省晋中市公安局官方微博,该局政治部承办	43.89	73.92	57.67	45.27	60.17

（3）山西十大党政新闻发布微博

排名	微博	认证信息	传播力	服务力	互动力	认同度	总分
1	晋中发布	山西省晋中市委新闻中心官方微博	44.41	56.73	64.54	44.30	52.90
2	晋城发布	晋城市人民政府新闻办公室官方微博	42.10	64.49	60.14	37.77	51.56
3	山西发布	山西省人民政府新闻办公室官方微博	39.73	28.05	86.66	38.24	51.32
4	小店发布	山西省太原市小店区人民政府办公室官方微博	38.56	69.07	62.24	28.67	50.78
5	神池发布	山西省忻州市神池县人民政府官方微博	38.09	80.38	54.43	26.54	50.30
6	吕梁发布	山西省吕梁市新闻办公室官方微博	40.35	32.49	74.52	38.51	48.84
7	祁县发布	山西省晋中市祁县县委宣传部官方微博	49.06	44.88	49.00	37.56	47.06
8	运城发布	山西省运城市新闻中心官方微博	43.14	24.85	67.01	33.44	45.67
9	忻州发布	山西省忻州市人民政府官方微博	38.16	54.96	51.76	30.02	44.79
10	灵石发布	山西省晋中市灵石县委宣传部官方微博	40.74	49.19	44.71	30.40	42.59

（4）山西十大公安系统微博

排名	微博	认证信息	传播力	服务力	互动力	认同度	总分
1	山西消防	山西公安消防总队	61.30	82.59	60.53	48.19	68.27
2	太原交警	太原市公安局交警支队官方微博	66.10	74.26	60.97	49.82	66.19
3	平安太原	太原市公安局官方微博	64.92	68.20	62.36	47.44	63.71
4	山西交警	山西省公安厅交警总队官方微博	60.25	66.23	64.45	40.92	61.97
5	晋中公安	山西省晋中市公安局官方微博，该局政治部承办	43.89	73.92	57.67	45.27	60.17
6	阳泉市公安局交警支队	山西省阳泉市公安局交警支队官方微博	40.63	80.41	51.41	33.46	59.06
7	山西忻州交警	忻州市公安局交警支队官方微博	53.57	74.07	48.17	38.72	58.67
8	忻州网警巡查执法	忻州网警巡查执法官方微博	58.55	69.20	50.43	32.21	57.74
9	临汾交通警察支队	山西省临汾市公安局交通警察支队官方微博	54.43	64.70	53.10	43.70	57.07
10	山西大同交警	大同市公安局交警支队官方微博	42.09	71.89	50.14	42.13	56.43

（5）山西十大司法系统微博

排名	微博	认证信息	传播力	服务力	互动力	认同度	总分
1	晋法之声	山西省高级人民法院官方微博	39.72	36.82	69.01	38.83	47.26
2	晋城市中级人民法院	山西省晋城市中级人民法院官方微博	41.44	55.57	31.76	23.77	42.42
3	长治郊区法院	山西省长治市郊区人民法院官方微博	33.03	34.17	56.53	20.24	39.26

续表

排名	微博	认证信息	传播力	服务力	互动力	认同度	总分
4	阳泉城区法院	山西省阳泉市城区人民法院官方微博	35.48	45.51	39.39	21.09	39.23
5	长治市城区法院	山西省长治市城区人民法院官方微博	34.48	44.40	40.64	22.56	39.11
6	忻州中院	山西省忻州市中级人民法院官方微博	33.06	43.52	43.53	15.36	38.62
7	山西省绛县人民检察院	山西省运城市绛县人民检察院官方微博	30.51	46.94	36.22	20.29	37.77
8	阳泉中级法院	山西省阳泉市中级人民法院官方微博	33.73	45.96	33.61	20.03	37.22
9	朔州朔城区法院	山西省朔州市朔城区人民法院官方微博	34.17	41.56	35.12	24.85	36.48
10	山西省大同市人民检察院	山西省大同市人民检察院官方微博	25.19	41.11	42.73	21.11	36.41

（6）山西十大交通系统微博

排名	微博	认证信息	传播力	服务力	互动力	认同度	总分
1	太原铁路	太原铁路局官方微博	62.71	68.74	87.23	57.74	71.98
2	太铁太原客运段	太原客运段官方微博	35.39	72.97	74.39	36.27	62.21
3	太铁大同车务段	大同车务段官方微博	34.73	68.18	67.02	19.33	56.26
4	大秦铁路大同站	大秦铁路大同站官方微博	39.72	52.95	60.18	23.70	49.55
5	太铁介休车务段	介休车务段官方微博	33.70	55.10	57.57	21.60	48.21
6	太原南站2014	太原南站官方微博	41.85	51.76	42.39	29.26	44.72
7	铁路太原站	太原铁路局太原站官方微博	41.61	46.38	46.22	33.70	44.11
8	太铁侯马车务段	侯马车务段官方微博	32.89	36.60	66.75	26.05	43.85
9	dq太原车务段	太原车务段官方微博	32.97	47.72	45.65	18.98	41.27
10	高速三支队高陵大队	山西省公安厅交通警察总队高速三支队七大队官方微博	35.68	40.08	42.31	14.44	37.30

（7）山西十大环保系统微博

排名	微博	认证信息	传播力	服务力	互动力	认同度	总分
1	太谷环保	山西省晋中市太谷县环境保护局官方微博	30.52	12.41	51.43	30.00	29.50
2	山西省环境保护厅	山西省环境保护厅官方微博	28.73	13.97	35.81	22.31	24.31
3	灵石县环境保护局	山西省晋中灵石县环保局官方微博	19.62	1.14	52.54	26.37	22.78
4	忻州环保	山西省忻州市环境保护局官方微博	29.79	13.13	30.48	20.09	22.36
5	榆次区环保分局	山西省晋中市环保局榆次区分局官方微博	19.15	0.84	45.44	26.37	20.43
6	晋中环保	山西省晋中市环境保护局官方微博	20.26	0.29	44.92	25.92	20.24

续表

排名	微博	认证信息	传播力	服务力	互动力	认同度	总分
7	晋城环保	晋城市环境保护局官方微博	28.08	4.28	32.86	18.77	19.06
8	左权环保	左权县环境保护局	13.69	0.17	43.81	0.00	15.95
9	和顺环保	山西省晋中市和顺县环境保护局官方微博	13.48	0.14	33.06	0.00	12.67
10	介休环保	介休市环境保护局官方微博	0.00	0.00	0.00	0.00	0.00

（8）山西十大团委系统微博

排名	微博	认证信息	传播力	服务力	互动力	认同度	总分
1	山西共青团	共青团山西省委官方微博	67.92	82.22	77.27	64.70	73.26
2	大同共青团	共青团大同市委员会官方微博	47.74	76.98	54.89	47.33	55.69
3	山西团省委学校部	共青团山西省委员会学校部官方微博	53.22	68.74	49.59	50.14	54.92
4	太原共青团	共青团太原市委官方微博	43.15	68.95	49.65	38.63	49.81
5	临汾共青团	共青团临汾市委官方微博	47.42	44.65	47.56	37.94	45.96
6	朔州共青团	共青团朔州市委员会官方微博	31.00	31.42	59.31	50.16	41.49
7	晋城共青团	共青团晋城市委官方微博	33.47	29.35	54.44	41.34	39.72
8	长治壶关共青团	共青团壶关县委员会官方微博	31.29	41.36	46.70	22.06	37.01
9	青春运城	共青团运城市委员会官方微博	34.26	14.34	51.11	44.36	36.34
10	长治共青团	共青团长治市委员会官方微博	31.77	20.71	54.34	28.04	35.96

（9）山西十大旅游局微博

排名	微博	认证信息	传播力	服务力	互动力	认同度	总分
1	平遥古城旅游官网	平遥县旅游局官方微博	49.23	43.89	57.83	44.17	49.17
2	山西省旅游发展委员会	山西省旅游发展委员会	40.47	33.40	59.71	41.25	43.49
3	沁源旅游	沁源县旅游局	31.02	19.82	64.02	21.12	35.45
4	山西运城旅游	运城市外事侨务和文物旅游局官方微博	41.14	8.98	45.43	26.41	28.09
5	阳泉市旅发委	阳泉市旅发委官方微博	30.20	11.61	45.64	32.15	27.59
6	清凉寿阳旅游微博	山西省寿阳县旅游局官方微博	28.30	9.27	41.51	24.90	24.31
7	榆次区文物旅游2016	山西省晋中市榆次区文物旅游局官方微博	22.03	1.44	49.90	19.80	21.93
8	来忻州旅游	山西省忻州市旅游局官方微博	18.56	1.92	48.31	27.27	21.70
9	悠然阳城－旅游	山西省晋城市阳城县旅游局官方微博	19.60	0.77	37.06	24.23	17.77
10	和顺消夏旅游	山西省晋中市和顺县旅游局官方微博	0.00	0.00	0.00	0.00	0.00

27. 贵州政务指数微博影响力榜

(1) 贵州政务微博城市竞争力指数

排名	地区	传播力	服务力	互动力	竞争力指数
1	安顺	65.23	39.62	44.80	49.12
2	贵阳	67.60	35.00	45.41	48.43
3	铜仁	61.68	35.54	45.16	46.75
4	遵义	62.92	35.01	39.97	45.12
5	黔南	64.85	31.62	33.86	42.37
6	毕节	60.16	25.28	37.81	40.13
7	黔东南	56.48	33.27	28.95	38.72
8	黔西南	59.17	26.93	30.12	37.72
9	六盘水	58.45	20.97	36.21	37.55

(2) 贵州十大政务机构微博

排名	微博	认证信息	传播力	服务力	互动力	认同度	总分
1	铜仁消防	贵州省铜仁市公安消防支队、中国人民武装警察部队铜仁消防支队	56.07	85.59	70.56	64.94	73.11
2	贵州省凯里监狱	贵州省凯里监狱官方微博	52.22	87.03	69.44	57.10	71.80
3	贵州省未成年犯管教所	贵州省未成年犯管教所官方微博	45.29	86.60	68.46	53.68	69.60
4	黔中平坝	贵州省安顺市平坝区人民政府	63.97	84.59	69.23	54.93	68.77
5	贵州省福泉监狱	贵州省福泉监狱官方微博	41.88	86.53	65.71	49.64	67.66
6	贵州省轿子山监狱	贵州省轿子山监狱官方微博	46.18	74.81	63.25	52.39	63.37
7	微博贵州	贵州省互联网信息办公室	60.32	66.63	63.16	59.97	62.40
8	遵义交警支队	遵义市公安局交警支队官方微博	52.19	67.75	60.91	45.55	60.37
9	贵州监狱	贵州省监狱管理局官方微博	45.75	61.44	72.39	48.59	60.31
10	遵义老城交警	贵州省遵义市公安局交警支队红花岗大队四中队官方微博	57.17	69.18	51.43	45.16	59.05

(3) 贵州十大党政新闻发布微博

排名	微博	认证信息	传播力	服务力	互动力	认同度	总分
1	黔中平坝	贵州省安顺市平坝区人民政府	63.97	84.59	69.23	54.93	68.77
2	微博贵州	贵州省互联网信息办公室	60.32	66.63	63.16	59.97	62.40
3	黔北明珠红花岗	中共贵州省遵义市红花岗区委宣传部官方微博	52.02	74.88	49.02	39.49	54.44
4	中共毕节市委宣传部	中共毕节市委宣传部官方微博	52.41	66.21	43.79	43.78	51.72

续表

排名	微博	认证信息	传播力	服务力	互动力	认同度	总分
5	遵义发布	中共遵义市委宣传部官方微博	41.94	71.13	54.44	41.81	51.51
6	贵阳发布	贵阳市委宣传部	46.59	50.83	54.08	36.46	48.67
7	黔西南发布	黔西南州人民政府新闻办公室官方微博	51.68	40.53	49.61	35.89	47.25
8	思南网宣	贵州省铜仁市思南县互联网信息办公室官方微博	41.91	32.25	62.85	32.40	45.31
9	黔办之声	贵州省人民政府办公厅官方微博	40.66	45.92	48.41	31.31	43.10
10	兴义市新闻中心	贵州省兴义市新闻中心官方微博	41.13	49.67	41.02	30.83	41.78

（4）贵州十大公安系统微博

排名	微博	认证信息	传播力	服务力	互动力	认同度	总分
1	铜仁消防	贵州省铜仁市公安消防支队、中国人民武装警察部队铜仁消防支队	56.07	85.59	70.56	64.94	73.11
2	遵义交警支队	遵义市公安局交警支队官方微博	52.19	67.75	60.91	45.55	60.37
3	遵义老城交警	贵州省遵义市公安局交警支队红花岗大队四中队官方微博	57.17	69.18	51.43	45.16	59.05
4	贵州消防	贵州省公安消防总队官方微博	57.06	55.09	67.84	44.62	58.26
5	黔西南州交警支队	黔西南州公安局交警支队官方微博	49.56	75.75	48.83	33.23	58.18
6	毕节消防	贵州省毕节市公安消防支队官方微博	50.63	68.12	48.82	41.47	56.17
7	黔南消防119	黔南州公安消防支队官方微博	48.16	70.75	46.53	40.85	55.98
8	黔东南交警	贵州省黔东南州公安局交警支队官方微博	51.21	64.00	54.50	34.01	55.59
9	黔东南网警巡查执法	黔东南网警官方微博	39.15	75.00	46.72	33.23	55.17
10	贵阳市消防	贵州省贵阳市公安消防支队官方微博	42.80	67.28	48.93	38.47	54.00

（5）贵州十大司法系统微博

排名	微博	认证信息	传播力	服务力	互动力	认同度	总分
1	贵州省凯里监狱	贵州省凯里监狱官方微博	52.22	87.03	69.44	57.10	71.80
2	贵州省未成年犯管教所	贵州省未成年犯管教所官方微博	45.29	86.60	68.46	53.68	69.60
3	贵州省福泉监狱	贵州省福泉监狱官方微博	41.88	86.53	65.71	49.64	67.66
4	贵州省轿子山监狱	贵州省轿子山监狱官方微博	46.18	74.81	63.25	52.39	63.37
5	贵州监狱	贵州省监狱管理局官方微博	45.75	61.44	72.39	48.59	60.31
6	贵州省宁谷监狱	贵州省宁谷监狱官方微博	39.48	66.48	58.21	44.91	56.44

排名	微博	认证信息	传播力	服务力	互动力	认同度	总分
7	贵州省太平监狱	贵州省太平监狱官方微博	40.83	65.66	56.47	44.97	55.87
8	贵州省人民检察院	贵州省人民检察院新浪官方微博	39.66	50.65	62.38	44.15	51.32
9	贵州省司法警察医院	贵州省司法警察医院官方微博	35.56	54.27	55.72	42.32	49.76
10	贵州省兴义监狱	贵州省兴义监狱官方微博	36.42	55.10	54.15	41.61	49.73

（6）贵州十大交通系统微博

排名	微博	认证信息	传播力	服务力	互动力	认同度	总分
1	铁路贵阳列车	成都铁路局贵阳客运段官方微博	39.20	63.52	59.38	27.90	53.85
2	贵阳车辆段	成都铁路局贵阳车辆段官方微博	33.39	61.82	33.05	16.57	42.98
3	贵阳地铁	贵阳市城市轨道交通有限公司官方微博	49.03	35.12	49.11	41.38	42.72
4	成铁贵阳火车站	贵阳火车站官方微博	37.93	50.63	40.41	26.94	42.65
5	凯里车务段	成都铁路局凯里车务段官方微博	34.47	53.52	36.18	24.56	41.61
6	黄果树交警	贵州省安顺市公安局交警支队直属三大队官方微博	39.37	38.94	33.33	29.97	36.45
7	贵电三色花	成都铁路局贵阳电务段官方微博	27.68	46.48	25.09	22.94	33.95
8	凯工段苗岭彩虹	成都铁路局凯里工务段官方微博	22.40	35.20	36.93	28.58	32.50
9	贵阳车务段	中共成都铁路局贵阳车务段委员会官方微博	28.17	24.67	43.32	22.83	30.78
10	贵阳供电段	成都铁路局贵阳供电段官方微博	32.70	27.74	34.64	20.40	30.07

（7）贵州十大环保系统微博

排名	微博	认证信息	传播力	服务力	互动力	认同度	总分
1	贵州环保365	贵州省环境保护厅官方微博	31.07	9.81	45.73	20.30	25.89
2	纳雍县环境保护局	贵州省毕节市纳雍县环境保护局官方微博	19.42	2.98	30.30	23.28	16.49
3	BSLT 碧水蓝天1990	贵州省黔西南州普安县环境保护局官方微博	16.36	0.50	32.07	26.81	15.77
4	松桃苗族自治县环境保护局	贵州省铜仁市松桃苗族自治县环境保护局官方微博	17.27	0.82	31.55	23.80	15.63
5	铜仁环保	贵州省铜仁市环保局官方微博	17.93	0.45	32.32	0.00	13.46
6	黔东南州环境保护局	贵州省黔东南州环境保护局官方微博	13.64	0.37	35.03	0.00	13.38
7	金州－环保	黔西南州环境保护局官方微博	18.04	0.90	31.31	0.00	13.36

续表

排名	微博	认证信息	传播力	服务力	互动力	认同度	总分
8	息烽县生态文明	贵州省贵阳市息烽县生态文明建设局官方微博	13.22	0.92	31.60	0.00	12.49
9	绿色遵义	贵州省遵义市环保局官方微博	0.00	0.00	0.00	0.00	0.00
10	天柱县环境保护局	贵州省黔东南天柱县环境保护局官方微博	0.00	0.00	0.00	0.00	0.00

（8）贵州十大团委系统微博

排名	微博	认证信息	传播力	服务力	互动力	认同度	总分
1	共青团贵州省委	共青团贵州省委官方微博	57.03	61.79	60.67	48.10	58.18
2	共青团七星关区委	共青团七星关区委官方微博	42.97	71.34	52.77	52.26	52.51
3	共青团毕节市委	共青团毕节市委官方微博	37.73	51.49	46.45	31.84	42.51
4	共青团贵阳市委	共青团贵阳市委官方微博	34.29	28.52	44.06	25.65	35.20
5	凯里学院团委	共青团凯里学院委员会官方微博	26.40	9.79	63.81	31.85	34.84
6	青春红花岗	共青团遵义市红花岗区委官方微博	30.43	23.47	44.39	29.99	33.18
7	同民镇团委	贵州省习水县同民镇团委	15.73	43.24	48.87	25.44	32.15
8	共青团平坝区委	共青团贵州省平坝县委员会	28.08	20.05	46.95	26.99	32.03
9	共青团威宁县委	贵州省毕节市威宁县团委	29.47	16.64	45.58	28.00	31.59
10	贵州师范学院团委	贵州师范学院团委官方微博	29.73	21.40	36.66	41.09	31.28

（9）贵州十大旅游局微博

排名	微博	认证信息	传播力	服务力	互动力	认同度	总分
1	安顺微旅游	安顺市旅游局官方微博	54.02	60.37	55.58	41.49	55.77
2	贵州省旅游发展委员会	贵州省旅游发展委员会官方微博	48.46	34.64	61.24	46.78	46.60
3	贵州遵义旅游	遵义市旅游发展委员会官方微博	36.48	18.47	47.58	33.97	32.36
4	魅力钟山旅游微博	六盘水市钟山区旅游外事局官方微博	37.53	18.92	40.76	37.23	31.02
5	铜仁市旅游发展委员会	铜仁市旅游发展委员会官方微博	34.44	10.53	45.68	38.54	28.66
6	盘州旅游	贵州省盘州市旅游局官方微博	44.70	13.15	38.37	28.16	28.52
7	播州旅游	贵州省遵义县旅游产业发展办公室官方微博	40.82	11.64	42.02	27.03	28.13
8	从江旅游官方微博	贵州省从江县旅游局官方微博	31.80	11.35	44.97	34.41	27.83
9	毕节市旅游局	贵州省毕节市旅游局官方微博	30.70	11.95	41.58	26.15	26.01
10	荔波旅游	贵州省荔波县旅游局官方微博	32.03	8.28	44.53	28.33	25.91

28. 吉林政务指数微博影响力榜

（1）吉林政务微博城市竞争力指数

排名	地区	传播力	服务力	互动力	竞争力指数
1	长春	70.48	39.31	51.98	53.10
2	吉林	64.60	35.88	43.00	46.99
3	通化	55.82	29.79	37.00	40.12
4	松原	55.93	28.57	36.62	39.60
5	四平	58.22	31.24	30.45	39.06
6	延边	60.47	22.58	35.05	38.31
7	白山	59.60	26.86	30.11	37.82
8	白城	52.93	25.84	28.22	34.80
9	辽源	48.27	22.82	24.68	31.11

（2）吉林十大政务机构微博

排名	微博	认证信息	传播力	服务力	互动力	认同度	总分
1	长春交警	吉林省长春市公安局交警支队官方微博	62.28	83.73	77.38	58.92	75.05
2	吉林共青团	共青团吉林省委员会官方微博	56.81	75.64	77.10	72.32	68.21
3	吉林检察	吉林省人民检察院官方微博	52.10	82.31	68.90	39.91	68.01
4	吉林省旅游发展委员会	吉林省旅游发展委员会官方微博	58.61	77.07	67.00	51.87	67.84
5	吉林省交警总队	吉林省公安厅交通警察总队官方微博	55.91	75.48	73.27	43.97	67.75
6	吉林发布	吉林省人民政府新闻办公室官方微博	60.73	68.71	75.95	54.72	66.29
7	长春发布	长春市委宣传部官方微博	56.63	73.73	73.34	55.74	64.97
8	高速警事	吉林省公安厅高速公路公安局官方微博	60.12	72.07	62.43	45.79	64.16
9	吉林警事	吉林省公安厅官方微博	60.15	59.78	74.43	55.70	63.84
10	吉林出入境	吉林省公安厅出入境管理局官方微博	49.17	71.22	60.98	44.44	61.06

（3）吉林十大党政新闻发布微博

排名	微博	认证信息	传播力	服务力	互动力	认同度	总分
1	吉林发布	吉林省人民政府新闻办公室官方微博	60.73	68.71	75.95	54.72	66.29
2	长春发布	长春市委宣传部官方微博	56.63	73.73	73.34	55.74	64.97
3	吉林市发布	吉林市政府新闻办公室官方微博	48.24	52.10	69.21	53.28	55.81
4	梅河口发布	吉林省梅河口市人民政府新闻中心官方微博	57.49	35.55	65.14	51.81	54.83
5	延边发布	延边朝鲜族自治州人民政府新闻办公室官方微博	52.69	60.38	54.61	48.80	54.41

续表

排名	微博	认证信息	传播力	服务力	互动力	认同度	总分
6	长白山发布	吉林省长白山保护开发区管理委员会官方微博	44.01	58.48	62.21	44.82	52.44
7	和谐宽城	吉林省长春市宽城区互联网信息中心官方微博	51.47	72.42	45.82	35.02	52.32
8	四平发布	吉林省四平市人民政府新闻中心官方微博	53.89	45.96	50.08	41.75	49.95
9	松原发布	松原市人民政府新闻中心官方微博	42.58	47.48	54.90	42.74	47.27
10	延吉发布	延吉市委对外宣传中心、政府新闻办公室、互联网信息中心官方微博	35.88	50.77	51.85	26.97	42.76

（4）吉林十大公安系统微博

排名	微博	认证信息	传播力	服务力	互动力	认同度	总分
1	长春交警	吉林省长春市公安局交警支队官方微博	62.28	83.73	77.38	58.92	75.05
2	吉林省交警总队	吉林省公安厅交通警察总队官方微博	55.91	75.48	73.27	43.97	67.75
3	高速警事	吉林省公安厅高速公路公安局官方微博	60.12	72.07	62.43	45.79	64.16
4	吉林警事	吉林省公安厅官方微博	60.15	59.78	74.43	55.70	63.84
5	吉林出入境	吉林省公安厅出入境管理局官方微博	49.17	71.22	60.98	44.44	61.06
6	白山交警	白山市公安局交警支队官方微博	41.40	83.12	52.83	29.70	60.35
7	吉林高速交警延吉分局	吉林省公安厅高速公路公安局延吉分局官方微博	52.25	71.92	54.81	41.23	59.79
8	长春交警南关大队	吉林省长春市公安局交警支队南关区大队官方微博	44.03	81.23	43.24	30.58	57.33
9	浑江区交警安全宣传教育	白山市公安局交通警察支队浑江区大队官方微博	37.23	81.61	48.08	23.85	56.90
10	长春交警宽城大队	吉林省长春市公安局交通警察支队宽城区大队官方微博	38.35	81.61	44.56	27.05	56.38

（5）吉林十大司法系统微博

排名	微博	认证信息	传播力	服务力	互动力	认同度	总分
1	吉林检察	吉林省人民检察院官方微博	52.10	82.31	68.90	39.91	68.01
2	正义通化	吉林省通化市人民检察院官方微博	32.88	55.36	51.23	21.97	46.29
3	吉林司法行政	吉林省司法厅官方微博	36.67	50.22	38.58	22.64	41.26
4	松原中院	吉林省松原市中级人民法院官方微博	28.87	41.77	38.40	19.72	35.98
5	蛟河市检察院的微博	吉林省蛟河市人民检察院官方微博	29.98	40.67	39.15	19.11	35.92

续表

排名	微博	认证信息	传播力	服务力	互动力	认同度	总分
6	长岭法院	吉林省松原市长岭县人民法院官方微博	29.29	35.16	41.76	19.08	34.36
7	长春市朝阳区法院	吉林省长春市朝阳区人民法院官方微博	33.93	31.43	40.84	15.84	33.19
8	长岭司法	吉林省松原市长岭县司法局官方微博	33.70	32.98	35.57	24.95	33.10
9	辉发清风	吉林省通化市辉南县监察局官方微博	32.33	24.31	37.04	20.88	29.39
10	长春市宽城区法院	吉林省长春市宽城区人民法院官方微博	27.40	24.47	39.31	22.13	29.27

（6）吉林十大交通系统微博

排名	微博	认证信息	传播力	服务力	互动力	认同度	总分
1	沈铁长春站	沈阳铁路局长春站官方微博	46.47	75.08	46.94	34.09	56.82
2	沈局梅河口机务段	沈阳铁路局梅河口机务段官方微博	32.44	83.36	39.65	31.22	54.85
3	白城机务段	沈阳铁路局白城机务段官方微博	35.80	80.43	37.64	27.74	53.40
4	长春客运段	沈阳铁路局长春客运段官方微博	34.62	83.34	35.58	24.16	53.35
5	吉林房产段	沈阳铁路局吉林房产段官方微博	33.69	79.62	35.93	21.88	51.55
6	沈铁吉林车辆段	沈阳铁路局吉林车辆段官方微博	35.26	76.49	36.81	20.65	50.76
7	通化工务段	沈阳铁路局通化工务段官方微博	41.61	72.64	33.24	21.54	49.51
8	沈铁吉林供电段	沈阳铁路局吉林供电段官方微博	34.72	75.91	33.68	20.25	49.44
9	四平工务段	沈阳铁路局四平工务段官方微博	34.54	75.23	35.24	17.15	49.29
10	吉林客运段plyexy	沈阳铁路局吉林客运段官方微博	35.11	74.61	32.87	22.12	48.94

（7）吉林十大环保系统微博

排名	微博	认证信息	传播力	服务力	互动力	认同度	总分
1	长春市环境保护局	吉林省长春市环境保护局官方微博	35.19	33.14	45.12	25.92	36.42
2	吉林省环境保护厅	吉林省环境保护厅官方微博	33.69	30.87	36.63	21.89	32.26
3	长白山守护者	吉林省长白山自然保护管理中心官方微博	26.11	3.03	31.59	22.27	18.14
4	龙井市环境保护局	吉林省龙井市环境保护局官方微博	22.56	1.43	36.25	17.42	17.70
5	通化县环境监察	吉林省通化县环境保护局环境监察大队官方微博	0.00	0.00	0.00	0.00	0.00

排名	微博	认证信息	传播力	服务力	互动力	认同度	总分
6	松原市环境保护局	吉林省松原市环境保护局官方微博	0.00	0.00	0.00	0.00	0.00
7	前郭环境保护	吉林省松原市前郭县环境保护局官方微博	0.00	0.00	0.00	0.00	0.00

（注：该省份该行业账号不足10个，榜单已经显示全部账号）

（8）吉林十大团委系统微博

排名	微博	认证信息	传播力	服务力	互动力	认同度	总分
1	吉林共青团	共青团吉林省委员会官方微博	56.81	75.64	77.10	72.32	68.21
2	扶余市团委	共青团扶余市委员会官方微博	46.85	47.09	44.04	43.77	45.75
3	长春共青团	共青团长春市委员会官方微博	35.41	29.00	64.35	54.13	44.68
4	共青团前郭县委	共青团前郭尔罗斯蒙古族自治县委员会官方微博	26.78	25.97	52.14	48.72	36.42
5	共青团长春市九台区委	共青团九台市委员会官方微博	30.61	12.27	59.51	20.22	34.57
6	松原市团委	吉林省松原市团委官方微博	25.19	2.44	58.88	57.94	34.02
7	伊通共青团	共青团吉林省伊通县委官方微博	28.42	40.55	37.56	27.98	33.54
8	青春宁江	共青团松原市宁江区委官方微博	26.28	26.51	45.65	21.18	31.63
9	青春辽源	吉林省辽源团市委官方微博	28.88	34.05	32.49	28.87	31.00
10	洮南共青团	洮南共青团官方微博	27.34	24.79	41.87	21.68	30.62

（9）吉林十大旅游局微博

排名	微博	认证信息	传播力	服务力	互动力	认同度	总分
1	吉林省旅游发展委员会	吉林省旅游发展委员会官方微博	58.61	77.07	67.00	51.87	67.84
2	长春市旅游局	长春市旅游局官方微博	36.29	10.83	56.53	26.00	31.15
3	福地通化	吉林省通化市旅游局官方微博	26.78	7.38	46.73	26.05	24.93
4	四平铁东区旅游	吉林省四平市铁东区旅游管理服务中心	24.84	2.67	49.21	23.16	23.12
5	山水吉林雾凇江城	吉林市旅游局官方微博	31.78	5.29	40.62	23.76	23.03
6	长春市双阳区旅游局	吉林省长春市双阳区旅游局官方微博	30.01	7.82	35.23	22.56	21.96
7	松原旅游	吉林省松原市旅游局官方微博	29.64	8.10	29.98	21.84	20.34
8	延边安图旅游局官方微博	安图县外事旅游局官方微博	22.68	2.38	37.28	23.31	19.01
9	敦化市旅游局	吉林省敦化市旅游局官方微博	12.19	0.04	47.16	22.80	18.88
10	醉美蛟河	吉林省蛟河市旅游产业发展办公室官方微博	23.77	1.07	36.32	25.11	18.59

29. 青海政务指数微博影响力榜

（1）青海政务微博城市竞争力指数

排名	地区	传播力	服务力	互动力	竞争力指数
1	西宁	62.77	28.20	38.15	42.05
2	海东	56.91	31.82	35.09	40.49
3	海西	50.39	23.08	25.34	32.07
4	黄南	46.49	19.05	15.92	26.19
5	玉树	41.94	13.67	17.05	23.34
6	海南	39.26	23.18	9.62	23.26
7	海北	40.95	14.79	13.36	22.14
8	果洛	38.45	7.90	8.97	17.44

（2）青海十大政务机构微博

排名	微博	认证信息	传播力	服务力	互动力	认同度	总分
1	化隆消防	青海省海东市化隆回族自治县公安消防大队官方微博	55.20	80.31	59.93	53.79	66.52
2	青海消防	青海省公安消防总队官方微博	60.27	77.14	63.73	44.32	66.46
3	青海共青团	共青团青海省委员会官方微博	56.32	85.00	64.68	51.34	64.06
4	青海政法	青海省委政法委员会官方微博	54.54	84.53	55.51	39.19	59.29
5	青海路网	青海省公路网运行监测与应急处置中心官方微博	41.12	66.73	59.04	37.57	56.38
6	青海高速交警六大队	青海高速交警六大队官方微博	44.80	66.33	58.31	29.38	55.92
7	西宁市公安消防支队	青海省西宁市公安消防支队官方微博	52.20	61.95	51.14	34.41	54.00
8	青海公安	青海省公安厅官方微博	52.63	52.79	56.43	41.22	52.69
9	夏都西宁	中共西宁市委外宣办官方微博	49.06	56.68	57.03	40.77	52.15
10	青海气象	青海省气象局官方微博	52.29	57.88	46.45	39.70	51.52

（3）青海十大党政新闻发布微博

排名	微博	认证信息	传播力	服务力	互动力	认同度	总分
1	夏都西宁	中共西宁市委外宣办官方微博	49.06	56.68	57.03	40.77	52.15
2	青海发布	青海省人民政府新闻办公室官方微博	47.43	44.97	63.70	38.41	50.92
3	玉树发布	玉树州委宣传部官方微博	44.14	33.21	40.08	39.45	40.27
4	青海政务	青海省人民政府办公厅官方微博	38.56	30.01	41.18	26.25	36.40
5	城北之声	中共西宁市城北区委宣传部官方微博	32.16	21.82	38.32	25.64	31.28
6	大通宣传	青海大通回族土族自治县委宣传部官方微博	29.85	8.99	47.31	26.90	30.62
7	魅力西区	中共西宁市城西区委宣传部官方微博	27.78	15.32	44.46	24.05	29.92

续表

排名	微博	认证信息	传播力	服务力	互动力	认同度	总分
8	和谐东区	中共西宁市城东区委宣传部官方微博	29.22	23.34	31.15	27.44	28.44
9	湟中宣传	中共湟中县委宣传部官方微博	24.83	1.38	47.86	21.59	26.73
10	西宁城北	青海省西宁市城北区人民政府官方微博	26.78	7.05	38.87	23.49	26.13

（4）青海十大公安系统微博

排名	微博	认证信息	传播力	服务力	互动力	认同度	总分
1	化隆消防	青海省海东市化隆回族自治县公安消防大队官方微博	55.20	80.31	59.93	53.79	66.52
2	青海消防	青海省公安消防总队官方微博	60.27	77.14	63.73	44.32	66.46
3	青海高速交警六大队	青海高速交警六大队官方微博	44.80	66.33	58.31	29.38	55.92
4	西宁市公安消防支队	青海省西宁市公安消防支队官方微博	52.20	61.95	51.14	34.41	54.00
5	青海公安	青海省公安厅官方微博	52.63	52.79	56.43	41.22	52.69
6	昆仑消防卫士	青海省格尔木市公安消防支队官方微博	36.11	60.69	48.90	29.81	49.15
7	青海高速交警	青海省公安交通警察总队高速公路支队官方微博	53.59	43.74	58.17	32.42	48.91
8	青海省果洛州公安消防支队	青海省果洛藏族自治州公安消防支队官方微博	36.61	54.72	47.26	24.54	45.84
9	青海省海南州公安消防支队	青海省海南州公安消防支队官方微博	43.39	57.63	37.09	25.94	45.45
10	青藏铁警在线	青藏铁路公安局官方微博	37.08	43.39	45.33	40.60	42.43

（5）青海十大司法系统微博

排名	微博	认证信息	传播力	服务力	互动力	认同度	总分
1	青海高院	青海省高级人民法院官方微博	37.53	53.96	48.70	24.90	46.19
2	河南县法院	青海省黄南州河南蒙古族自治县人民法院官方微博	38.12	48.07	49.64	27.69	44.51
3	青海省互助县法院	青海省海东市互助土族自治县人民法院官方微博	35.92	51.49	34.56	19.58	40.11
4	西宁中法	西宁市中级人民法院官方微博	34.03	42.24	38.22	17.38	36.91
5	循化县法院	青海省海东循化撒拉族自治县人民法院官方微博	29.25	39.10	39.66	28.75	36.26
6	青海省西宁市湟中法院	青海省湟中县人民法院官方微博	28.23	31.72	41.69	26.11	33.45
7	青海省人民检察院	青海省人民检察院官方微博	30.79	24.22	42.68	16.07	30.26

排名	微博	认证信息	传播力	服务力	互动力	认同度	总分
8	青海普法	青海省司法厅官方微博	32.79	29.55	31.92	22.64	30.22
9	民和县法院	青海省民和回族土族自治县人民法院官方微博	27.74	34.49	29.18	18.81	29.98
10	大通县法院	青海省大通回族土族自治县人民法院官方微博	28.59	15.84	52.17	22.49	29.95

（6）青海十大交通系统微博

排名	微博	认证信息	传播力	服务力	互动力	认同度	总分
1	青海路网	青海省公路网运行监测与应急处置中心官方微博	41.12	66.73	59.04	37.57	56.38
2	西宁公交	西宁公交集团有限责任公司	46.25	35.96	54.52	38.65	43.85
3	青藏铁路	青藏铁路公司官方微博	50.09	34.12	48.90	37.04	42.04
4	西宁高等级公路路政执法支队	西宁高等级公路路政执法支队官方微博	37.34	24.77	38.07	19.20	30.72
5	西宁火车站	青藏铁路公司西宁火车站	42.34	5.18	48.73	26.23	27.78
6	西宁市交通运输局	青海省西宁市交通局官方微博	27.22	13.92	45.25	26.78	27.27
7	青海省海西州邮政管理	青海省海西蒙古族藏族自治州邮政管理局官方微博	25.40	9.92	35.55	29.53	22.67
8	青海省循化公路路政执法大队	青海省循化公路路政执法大队官方微博	32.92	7.01	31.96	25.23	21.50
9	大通高速路政执法大队	青海省大通高等级公路路政执法大队官方微博	34.08	1.49	35.36	17.35	19.76
10	青海省交通运输厅	青海省交通运输厅官方微博	23.81	5.67	29.53	22.52	18.14

（7）青海十大环保系统微博

排名	微博	认证信息	传播力	服务力	互动力	认同度	总分
1	青海省海西州环境保护局	青海省海西州环境保护局官方微博	32.74	27.28	33.71	22.92	29.87
2	城西区环境保护局	青海省西宁市城西区环境保护局官方微博	19.38	1.00	38.23	22.32	17.98
3	西宁市城北区环境保护局	青海省西宁市城北区环境保护局官方微博	0.00	0.00	0.00	0.00	0.00
4	玉树三江源生态保护工程	青海省玉树州三江自然保护区生态保护和建设总体规划实施领导小组办公室官方微博	0.00	0.00	0.00	0.00	0.00

（注：该省份该行业账号不足10个，榜单已经显示全部账号）

（8）青海十大团委系统微博

排名	微博	认证信息	传播力	服务力	互动力	认同度	总分
1	青海共青团	共青团青海省委员会官方微博	56.32	85.00	64.68	51.34	64.06
2	青海海西共青团	青海省海西州团委官方微博	40.56	61.03	47.88	33.95	46.19
3	青海西宁共青团	共青团西宁市委员会官方微博	37.86	37.67	57.16	31.85	43.01
4	青海海东共青团	共青团青海省海东市委员会官方微博	33.07	19.50	49.66	26.81	34.71
5	青海西宁城中团委	共青团青海省西宁市城中区委官方微博	30.79	29.73	36.47	30.67	32.27
6	共青团乌兰县委	青海省乌兰县团委官方微博	26.38	13.70	48.23	29.28	30.69
7	青海海北共青团	共青团海北藏族自治州委员会官方微博	32.30	15.95	39.51	26.41	30.61
8	青海格尔木市共青团	共青团格尔木市委官方微博	29.52	21.35	36.51	26.83	29.72
9	共青团海东市乐都区委	共青团乐都县委员会官方微博	27.59	14.22	42.95	26.49	29.42
10	青海共和共青团	青海省共和县团委官方微博	29.60	27.63	29.92	30.75	29.42

（9）青海十大旅游局微博

排名	微博	认证信息	传播力	服务力	互动力	认同度	总分
1	夏都西宁旅游	青海省西宁市旅游局官方微博	36.88	43.44	56.21	28.72	44.49
2	青海省旅游发展委员会	青海省旅游发展委员会官方微博	39.84	21.22	54.16	30.46	35.75
3	阿尼玛卿旅游	青海省果洛州玛沁县旅游局官方微博	26.83	5.00	32.66	25.24	19.68
4	尖扎文体旅游	青海省黄南藏族自治州尖扎县文体广电旅游局官方微博	22.26	4.87	34.99	27.85	19.68
5	天上玛多	青海省果洛藏族自治州玛多县旅游局官方微博	16.37	0.37	35.15	21.78	16.15
6	海东市文体广电旅游局	青海省海东市文体广电旅游局官方微博	0.00	0.00	0.00	0.00	0.00
7	天境祁连东方瑞士	青海省祁连县旅游局官方微博	0.00	0.00	0.00	0.00	0.00
8	雪域果洛	青海果洛藏族自治州旅游局官方微博	0.00	0.00	0.00	0.00	0.00
9	玉树藏族自治州旅游局	青海省玉树州玉树藏族自治州旅游局官方微博	0.00	0.00	0.00	0.00	0.00
10	青海海南旅游官博	青海省海南藏族自治州旅游局官方微博	0.00	0.00	0.00	0.00	0.00

30. 西藏政务指数微博影响力榜

(1) 西藏政务微博城市竞争力指数

排名	地区	传播力	服务力	互动力	竞争力指数
1	拉 萨	49.92	15.76	38.34	33.91
2	日喀则	45.58	20.72	22.45	28.78
3	林 芝	43.01	16.84	25.40	27.69
4	山 南	41.62	17.32	19.84	25.49
5	阿 里	41.93	16.09	19.39	25.00
6	那 曲	36.15	18.20	6.58	19.52
7	昌 都	38.96	12.60	8.26	18.99

(2) 西藏十大政务机构微博

排名	微博	认证信息	传播力	服务力	互动力	认同度	总分
1	西藏共青团	共青团西藏自治区委官方微博	68.05	85.14	77.90	70.97	74.71
2	西藏米林旅游	西藏米林县旅游局官方微博	53.15	52.74	55.44	44.63	52.82
3	中国西藏旅游	西藏自治区旅游发展委员会	54.66	53.41	52.09	48.95	52.82
4	平安拉萨	西藏拉萨市公安局官方微博	67.99	31.57	66.01	57.47	51.78
5	山南网警巡查执法	西藏山南市公安局网络安全保卫支队官方微博	48.63	49.82	51.71	43.71	49.54
6	西藏发布	西藏发布官方微博	43.32	37.76	59.26	37.15	46.37
7	那曲网警巡查执法	那曲网警巡查执法官方微博	29.50	59.08	44.23	24.38	45.24
8	西藏消防	西藏自治区公安消防总队官方微博	35.97	51.37	48.55	25.95	44.90
9	西藏日喀则旅游	西藏自治区日喀则地区旅游局官方微博	46.40	41.45	48.72	41.96	44.67
10	拉萨发布	西藏自治区拉萨市委宣传部官方微博	38.75	23.74	64.85	39.93	43.69

(3) 西藏十大党政新闻发布微博

排名	微博	认证信息	传播力	服务力	互动力	认同度	总分
1	西藏发布	西藏发布官方微博	43.32	37.76	59.26	37.15	46.37
2	拉萨发布	西藏自治区拉萨市委宣传部官方微博	38.75	23.74	64.85	39.93	43.69
3	西藏举报	西藏自治区互联网违法和不良信息举报中心官方微博	32.88	46.63	44.12	30.09	38.72
4	萨嘎县发布	西藏萨嘎县委员会宣传部官方微博	29.56	15.70	46.55	22.06	31.13
5	白朗县发布	西藏白朗县互联网信息办公室官方微博	33.04	39.17	26.01	22.19	31.07
6	聂拉木县发布	西藏日喀则地区聂拉木县人民政府官方微博	25.50	7.30	50.56	24.12	29.24
7	昂仁县发布	西藏日喀则中共昂仁县委宣传部官方微博	32.94	9.26	34.55	30.18	28.41

续表

排名	微博	认证信息	传播力	服务力	互动力	认同度	总分
8	桑珠孜区发布	西藏自治区日喀则市桑珠孜区人民政府官方微博	31.05	24.55	28.22	22.71	28.06
9	西藏林芝波密县政府网	西藏林芝地区波密县人民政府网官方微博	32.89	2.95	37.05	23.02	27.16
10	吉隆县发布	中共吉隆县委宣传部官方微博	25.66	6.24	38.26	22.44	25.23

（4）西藏十大公安系统微博

排名	微博	认证信息	传播力	服务力	互动力	认同度	总分
1	平安拉萨	西藏拉萨市公安局官方微博	67.99	31.57	66.01	57.47	51.78
2	山南网警巡查执法	西藏山南市公安局网络安全保卫支队官方微博	48.63	49.82	51.71	43.71	49.54
3	那曲网警巡查执法	那曲网警巡查执法官方微博	29.50	59.08	44.23	24.38	45.24
4	西藏消防	西藏自治区公安消防总队官方微博	35.97	51.37	48.55	25.95	44.90
5	阿里网警巡查执法	阿里网警巡查执法官方微博	27.88	47.22	37.54	24.38	38.17
6	西藏网警巡查执法	西藏自治区公安厅网安总队	39.73	24.87	50.06	30.14	35.92
7	西藏阿里消防	西藏自治区阿里地区公安消防支队官方微博	31.13	42.07	34.78	22.87	35.78
8	西藏那曲消防	西藏自治区那曲地区公安消防支队官方微博	29.50	40.47	33.32	23.84	34.47
9	西藏昌都消防	西藏昌都市公安消防支队官方微博	34.41	31.42	30.80	19.75	30.66
10	西藏日喀则消防	西藏自治区日喀则市公安消防支队官方微博	32.62	21.42	27.54	21.67	25.52

（5）西藏十大司法系统微博

排名	微博	认证信息	传播力	服务力	互动力	认同度	总分
1	西藏司法	西藏自治区司法厅官方微博	36.19	24.69	42.89	37.09	33.69
2	西藏检察	西藏自治区人民检察院官方微博	34.10	26.10	37.92	28.66	31.50
3	西藏昌都中法	西藏自治区昌都市中级人民法院官方微博	32.22	25.26	34.03	21.08	28.86
4	西藏高法	西藏自治区高级人民法院官方微博	34.60	9.16	49.51	25.78	28.02
5	定日检察	西藏定日县人民检察院官方微博	24.60	24.54	36.35	17.99	27.44
6	西藏那曲县检察院	西藏那曲县人民检察院官方微博	27.20	25.77	29.85	25.62	27.26
7	拉孜检察	西藏日喀则市拉孜县人民检察院官方微博	24.26	27.34	26.30	26.59	26.34

排名	微博	认证信息	传播力	服务力	互动力	认同度	总分
8	札达检察	西藏自治区阿里地区札达县人民检察院官方微博	26.64	15.39	41.23	23.94	26.25
9	改则检察	西藏阿里地区改则县人民检察院微博	25.91	12.78	42.80	22.26	25.36
10	普兰检察	西藏自治区普兰县人民检察院官方微博	26.47	21.71	26.26	26.13	24.47

（6）西藏十大交通系统微博

排名	微博	认证信息	传播力	服务力	互动力	认同度	总分
1	拉萨火车站	青藏铁路公司拉萨火车站	33.33	4.21	31.14	16.44	19.33
2	日喀则地区交通运输局	西藏日喀则地区交通运输局官方微博	0.00	0.00	0.00	0.00	0.00

（注：该省份该行业账号不足10个，榜单已经显示全部账号）

（7）西藏十大环保系统微博

排名	微博	认证信息	传播力	服务力	互动力	认同度	总分
1	西藏环保厅	西藏自治区环境保护厅官方微博	19.19	4.75	38.60	23.44	19.66
2	西藏日喀则市环境保护局	西藏日喀则地区环境保护局官方微博	0.00	0.00	0.00	0.00	0.00

（注：该省份该行业账号不足10个，榜单已经显示全部账号）

（8）西藏十大团委系统微博

排名	微博	认证信息	传播力	服务力	互动力	认同度	总分
1	西藏共青团	共青团西藏自治区委官方微博	68.05	85.14	77.90	70.97	74.71
2	拉萨共青团	共青团拉萨市委员会官方微博	37.69	33.80	46.25	36.73	39.38
3	林芝共青团	共青团西藏自治区林芝地区委官方微博	25.19	2.58	43.22	24.11	25.97
4	朝阳扎囊	西藏山南市扎囊县共青团委员会官方微博	19.45	1.05	52.48	19.60	25.69
5	青春昌都	共青团昌都市委员会官方微博	22.37	2.69	38.23	25.29	23.49
6	巴宜区团委	共青团巴宜区委官方微博	14.71	0.42	46.68	20.96	22.07
7	共青团山南市委员会	共青团西藏山南地区委官方微博	15.97	0.38	37.79	22.06	20.01
8	共青团城关区委	西藏自治区拉萨市城关区人民政府团委官方微博	8.95	0.06	48.21	0.00	18.06
9	墨竹团委	共青团西藏墨竹工卡县委员会官方微博	5.33	0.10	40.88	30.34	17.45
10	共青团曲水	共青团曲水县委员会官方微博	0.00	0.00	0.00	0.00	0.00

（9）西藏十大旅游局微博

排名	微博	认证信息	传播力	服务力	互动力	认同度	总分
1	西藏米林旅游	西藏米林县旅游局官方微博	53.15	52.74	55.44	44.63	52.82
2	中国西藏旅游	西藏自治区旅游发展委员会	54.66	53.41	52.09	48.95	52.82
3	西藏日喀则旅游	西藏自治区日喀则地区旅游局官方微博	46.40	41.45	48.72	41.96	44.67
4	西藏阿里旅游	西藏自治区阿里地区旅游局官方微博	44.96	30.44	53.40	43.48	41.54
5	西藏林芝市察隅县旅发委	西藏林芝地区察隅县旅游局官方微博	44.58	35.61	43.71	35.24	39.80
6	林芝旅发委	西藏林芝市旅游发展委员会官方微博	45.06	19.29	56.10	42.14	37.77
7	西藏山南旅游	西藏自治区山南市旅游发展委员会的官方微博	45.42	17.68	43.24	35.88	32.71
8	波密县旅游局	西藏林芝市波密县旅游局官方微博	32.00	21.91	41.17	30.21	30.54
9	墨脱县旅发委	墨脱县旅游发展委员会官方微博	35.42	5.95	42.89	30.65	25.39
10	西藏昌都市旅游局	西藏昌都地区旅游局官方微博	30.58	5.46	44.32	30.24	24.62

31. 海南政务指数微博影响力榜

（1）海南政务微博城市竞争力指数

排名	地区	传播力	服务力	互动力	竞争力指数
1	海口	62.72	28.89	47.87	45.68
2	三亚	55.85	28.35	40.06	40.70
3	三沙	10.59	0.00	15.01	8.43

（2）海南十大政务机构微博

排名	微博	认证信息	传播力	服务力	互动力	认同度	总分
1	海南高院	海南省高级人民法院官方微博	52.36	87.37	78.40	32.96	72.24
2	海口市气象台	海南省海口市气象台官方微博	58.79	67.51	61.36	51.06	62.27
3	三亚发布	三亚市委宣传部新闻发布官方微博	54.65	71.23	61.33	50.66	59.57
4	海口发布	海南省海口市人民政府新闻办公室官方微博	54.19	79.31	57.65	46.84	59.52
5	海南共青团	共青团海南省委官方微博	53.77	65.04	64.80	51.74	59.13
6	三亚交警	三亚市公安局交警支队官方微博	50.63	67.26	51.23	41.54	56.55
7	海南大学团委	海南大学团委官方微博	47.61	62.61	64.89	49.59	56.00
8	海南省交警总队	海南省交警总队官方微博	56.52	54.93	60.10	40.94	55.40
9	三亚凤凰国际机场官方微博	三亚凤凰国际机场有限责任公司官方微博	49.46	51.12	66.06	47.84	54.94
10	海口美兰国际机场官方微博	海航基础股份有限公司官方微博	55.58	50.40	61.10	49.35	54.54

（3）海南十大党政新闻发布微博

排名	微博	认证信息	传播力	服务力	互动力	认同度	总分
1	三亚发布	三亚市委宣传部新闻发布官方微博	54.65	71.23	61.33	50.66	59.57
2	海口发布	海南省海口市人民政府新闻办公室官方微博	54.19	79.31	57.65	46.84	59.52
3	三亚政务	三亚市人民政府办公室	50.29	59.36	53.75	43.64	52.48
4	海南省人民政府网站	海南省人民政府网站运行管理中心官方微博	40.24	54.44	45.47	32.62	43.89
5	文明琼海官博	中共琼海市委宣传部官方微博	33.34	24.30	54.19	30.63	37.51
6	万宁发布	中共海南省万宁市委宣传部官方微博	41.15	28.98	39.32	30.22	37.07
7	文昌政府网站	海南省文昌市政府网站官方微博	34.56	30.42	34.60	19.38	32.23
8	珍珠海岸－美丽陵水	海南省陵水黎族自治县县委县政府工作部门官方微博	29.07	11.27	44.35	28.53	30.04
9	琼海市门户网站	海南省琼海市政府门户网站官方微博	29.06	27.82	33.67	20.48	29.34
10	儋州政务微博	儋州市人民政府官方微博	30.15	18.34	38.38	18.09	29.05

（4）海南十大公安系统微博

排名	微博	认证信息	传播力	服务力	互动力	认同度	总分
1	三亚交警	海南省三亚市公安局交警支队官方微博	50.63	67.26	51.23	41.54	56.55
2	海南省交警总队	海南省交警总队官方微博	56.52	54.93	60.10	40.94	55.40
3	海口网警巡查执法	海口网警巡查执法官方微博	35.57	54.98	62.94	33.42	51.33
4	海南省消防	海南省公安消防总队官方微博	55.38	51.99	53.11	34.51	51.26
5	海口铁路公安处	广州铁路公安局海口铁路公安处	42.46	53.87	42.18	31.02	45.79
6	三亚市消防支队	海南省三亚市公安消防支队官方微博	46.48	53.61	41.15	25.00	45.59
7	longhuaxf	海南省海口市公安消防支队龙华区消防大队官方微博	29.78	60.05	31.60	27.12	42.17
8	洋浦消防支队	海南省洋浦经济开发区公安消防支队官方微博	30.20	47.66	43.98	24.47	40.74
9	文昌消防在线	海南省文昌市公安消防支队官方微博	34.38	46.43	41.50	23.23	40.22
10	琼中消防在线	海南省琼中县公安消防大队官方微博	28.67	48.40	36.19	25.21	38.47

（5）海南十大司法系统微博

排名	微博	认证信息	传播力	服务力	互动力	认同度	总分
1	海南高院	海南省高级人民法院官方微博	52.36	87.37	78.40	32.96	72.24
2	海南一中院	海南省第一中级人民法院官方微博	45.19	62.76	41.83	20.80	48.77
3	临高县人民法院	海南省临高县人民法院官方微博	37.59	50.42	40.00	20.90	41.77
4	三亚中院	海南省三亚市中级人民法院官方微博	33.33	48.37	43.81	25.18	41.67

续表

排名	微博	认证信息	传播力	服务力	互动力	认同度	总分
5	琼中县法院	海南省琼中黎族苗族自治县人民法院官方微博	30.24	52.29	30.38	19.52	38.03
6	白沙法院	海南省白沙黎族自治县人民法院官方微博	29.73	53.76	27.18	19.12	37.52
7	定安法院	海南省定安县人民法院官方微博	29.75	47.24	33.81	19.58	36.95
8	海南省第二中级法院	海南省第二中级人民法院官方微博	35.38	37.56	41.07	17.66	36.19
9	屯昌法院	海南省屯昌县人民法院官方微博	28.89	47.38	27.90	21.31	35.23
10	海口美兰法院	海口市美兰区人民法院官方微博	34.34	34.53	42.23	16.41	34.99

（6）海南十大交通系统微博

排名	微博	认证信息	传播力	服务力	互动力	认同度	总分
1	三亚凤凰国际机场官方微博	三亚凤凰国际机场有限责任公司官方微博	49.46	51.12	66.06	47.84	54.94
2	海口美兰国际机场官方微博	海航基础股份有限公司官方微博	55.58	50.40	61.10	49.35	54.54
3	海航机场集团官方微博	海航机场集团有限公司	43.84	25.49	54.75	32.97	38.69
4	粤海铁路	粤海铁路官方微博	38.69	18.34	43.52	24.63	30.59
5	海口海事局	中华人民共和国海口海事局指挥中心官方微博	24.86	3.27	42.52	22.85	21.32
6	海口新海海事处	中华人民共和国海口新海海事处官方微博	0.00	0.00	0.00	0.00	0.00
7	八所海事局	中华人民共和国八所海事局官方微博	0.00	0.00	0.00	0.00	0.00
8	海口公交集团	海口市公共交通集团有限公司	0.00	0.00	0.00	0.00	0.00
9	新华空港机场服务有限公司	新华空港机场服务有限公司官方微博	0.00	0.00	0.00	0.00	0.00

（注：该省份该行业账号不足10个，榜单已经显示全部账号）

（7）海南十大环保系统微博

排名	微博	认证信息	传播力	服务力	互动力	认同度	总分
1	环保海口	海南省海口市生态环境保护局官方微博	41.17	50.59	44.67	34.24	45.30
2	海南省生态环境保护厅	海南省生态环境保护厅官方微博	32.68	34.04	45.57	28.06	36.63
3	临高环保	海南省临高县生态环境保护局官方微博	15.16	0.77	31.48	0.00	12.79

（注：该省份该行业账号不足10个，榜单已经显示全部账号）

（8）海南十大团委系统微博

排名	微博	认证信息	传播力	服务力	互动力	认同度	总分
1	海南共青团	共青团海南省委官方微博	53.77	65.04	64.80	51.74	59.13
2	海南大学人文传播学院	海南大学人文传播学院团委	40.57	46.44	46.91	43.91	43.98
3	万宁青年在线	共青团万宁市委官方微博	37.23	48.36	41.87	38.12	40.94
4	椰青汇	共青团海口市委员会官方微博	34.23	48.92	38.69	26.32	37.72
5	三亚学院校团委	共青团三亚学院委员会官方微博	36.31	23.30	37.72	38.18	34.32
6	hs_陵水团县委	共青团海南省陵水县委官方微博	30.01	33.28	42.66	27.68	34.23
7	共青团琼海市委	共青团海南省琼海市委官方微博	33.66	28.49	36.50	27.90	32.90
8	共青团东方市	共青团海南省东方市委官方微博	29.70	22.67	43.32	28.94	32.31
9	文昌市团委	共青团海南省文昌市委官方微博	27.40	18.70	45.09	34.77	31.70
10	琼中县团委	共青团琼中县委官方微博	28.06	23.03	41.30	24.88	30.71

（9）海南十大旅游局微博

排名	微博	认证信息	传播力	服务力	互动力	认同度	总分
1	琼海旅游官网	琼海市旅游发展委员会官方微博	39.43	65.84	42.91	34.64	50.56
2	海南省旅游委	海南省旅游发展委员会官方微博	46.87	38.42	61.99	39.92	47.33
3	文昌市旅文委	文昌市旅游和文化广电出版体育委员会官方微博	26.52	9.68	34.85	26.09	22.24
4	三亚市民游客中心	海南省三亚市旅游质量监督管理局官方微博	12.14	3.08	47.09	30.12	20.80
5	定安旅游	定安县旅游发展委员会官方微博	26.93	2.69	31.72	24.78	18.46
6	万宁旅游官方微博	万宁市旅游局官方微博	22.19	0.39	38.49	22.96	18.44
7	儋州旅游	海南省儋州市旅游局官方微博	25.27	1.08	33.01	23.95	17.79
8	陵水县旅游委	陵水黎族自治县旅游发展委员会官方微博	8.91	0.22	38.42	0.00	13.39
9	三亚12301	海南省三亚市旅游质量监督管理局官方微博	0.00	0.00	0.00	0.00	0.00
10	屯昌旅游委	海南省屯昌县旅游发展委员会官方微博	0.00	0.00	0.00	0.00	0.00

报告撰写

人民网舆情数据中心（人民网舆情监测室）

课题组主要成员

人民网舆情数据中心（人民网舆情监测室）主任数据分析师：叶德恒、侯鑫淼

人民网舆情数据中心（人民网舆情监测室）助理舆情分析师：甘怡淳

人民网舆情数据中心（人民网舆情监测室）见习舆情分析师：周文慧

数据支持

新浪微博

新浪数据中心

正义网·2017年政法新媒体影响力报告

问政九年　新媒力量*
前　言

从2009年9月27日，山东省菏泽市牡丹区人民法院开通全国首个政法微博开始，在党中央的领导和推动下，全国各级政法机关搭乘信息技术的快车，在中国互联网上推行阳光司法，传播法治常识，提供便民服务，回应社会关切，初步建成技术先进、功能齐备、覆盖广泛、协调联动的新媒体矩阵。

与九年前相比，我国网民规模有了飞速的发展，移动互联网的主导地位不断强化。据中国互联网络信息中心最新统计，截至2017年6月，中国网民规模达7.51亿，手机网民规模达7.24亿，占比96.3%。其间，从了解政法职能、关注司法信息、学习法律常识、维护个人权益、监督办案执法到凝聚法律共识，广大网民对政法工作的期待不断攀升，参与法治中国建设的热情日益高涨。

九年来，党中央高度重视新兴网络媒体发展，不断推进平安中国、法治中国建设。尤其是党的十八大以来，在全面推进依法治国，全面深化司法体制改革的重大部署中，通过加强微博、微信等新兴舆论阵地建设，综合运用人工智能、大数据等现代信息技术，打造"互联网+法治建设"的新媒体矩阵，开展司法公开、舆论引导、普法宣传、便民服务等工作，不断引领政法新媒体建设砥砺前行。

在2017年度政法新媒体峰会召开之际，为了客观反映九年以来政法新媒体建设的光辉历程，总结和梳理全国各级政法机关的先进经验，研判新时代政法新媒体的繁荣发展的路径导向，正义网传媒研究院特意编写了《问政九年·政法新媒体影响力报告》，以供决策参考。

报告分为政法新媒体矩阵影响力分析、十大政法新媒体影响力案例、政法新媒体繁荣发展共同倡议三部分内容。

第一部分是结合政法新媒体的沿革变迁，以新闻媒体的报道数和移动互联网的文章数为基础指标，对其综合影响力按照公、检、法、司分部门进行数据分析。综合影响力由媒体影响力和网络影响力两项指标加权运算得出。

第二部分是正义网传媒研究院结合历年研究成果，分别选取各级政法机关利用新媒体开展信息公开，征集、发掘案件线索，澄清网络谣言，提供司法援助，回应民意关切等方面最具代表性的十个影响力典型案例。

第三部分则是正义网以党的十九大确立的习近平新时代中国特色社会主义思想为基本遵

---

* 年鉴仅对本报告微博部分内容节选。

循，在中央政法委宣教室和中央网信办移动局的共同指导下，在 2013 年发布《全国政法新媒体健康发展共同倡议》的基础上，联合中央法治新闻网站对未来政法新媒体的发展提出共同期待。

报告不足之处，还请各位领导和专家不吝赐教。

第一部分　政法新媒体矩阵影响力分析

经过九年的实践探索，全国政法新媒体在内容、服务、功能、管理、协同等各方面已经取得飞速的发展。以中央政法委为圆心，由法院、检察、公安、司法行政机关各条线共同组成的政法新媒体矩阵，历经阵地建设、规范管理、信息开放、服务升级、功能优化、智能进化后，已经进入品牌竞合的 2.0 阶段。

在品牌竞合期，政法新媒体矩阵建设的特点有：一是在舆论引导、司法公开、法治普及、便民服务等方面的矩阵建设目标和任务高度一致；二是基于职能、层级、地域和发展差异，同一地域的不同条线之间、同一条线的不同层级之间、同一层级的不同地域之间，在品牌建设、智能改造、用户连接等方面存在一定的竞争关系；三是单一主体组建的微博、微信、头条号、企鹅号、一点号等新媒体网阵内部面临平台融合、差异运营、错位发展、线上线下相统筹的新课题；四是在基本实现阵地纵向到底、横向到边的基础上，仍需加强品牌集群、信息共享、流程互联、行动衔接等立体化改造。

为了侧面反映政法新媒体九年来的运营效果，为品牌竞合期的路径选择提供数据和案例参考，我们结合政法新媒体矩阵的发展现状，对政法、公安、法院、检察、司法行政机关开设的官方微博、微信、头条号被新闻报道量和非媒体网站刊载的次数（以下简称"网页量"）进行统计后，以媒体影响力和网络影响力两项指标，对其分别按照 60%、40% 的权重加权运算，得出其综合影响力分值、年度变化、部门和媒介分布情况。其中，受搜索引擎算法变动、微博运营商架构战略调整、舆情监测系统升级等客观因素限制，2009 年至 2012 年的网页数历史数据无法统计，故在网络影响力统计中将这一时段予以排除。

一　政法新媒体影响力分析

（一）政法新媒体的发展现状

1. 发展特征

第一，先锋示范树立政府网络问政新风。与其他政务新媒体相比，政法新媒体整体起步早、传播范围广、信息影响力大，在新媒体集群建设和矩阵建设上处于领先水平。数据显示，截至 2011 年 10 月 30 日，仅腾讯微博平台就有 7100 多个政法机关、官员通过实名认证，政法微博几乎占据了政府各部门开设的政务微博平台的半壁江山，很早就成为党政机关微博问政的主力军。

第二，舆情响应速度快、回应质量高。十八大以来，党中央高度重视网络舆情工作，舆情处置思想更加开放，政法机关落实中央要求，准确把握舆情预警、舆情回应、舆情研判、舆情处置的时、度、效，响应速度越来越快，回应时间不断提升，处置水平也日渐提高。如在 2016 年的上海浦东机场爆炸案中，上海警方快速通过官方微博回应舆情，两天之内就将舆情平息；2017 年"四川绵阳警察打人"事件，警方两小时内通过官方微博发布情况通报，直面舆情，获得肯定。

第三，新媒体品牌建设进入竞合期。从样本孵化、典型打造、重点培育到品牌竞合，以"长安剑""公安部打四黑除四害""中国反邪教"等为代表的一大批优秀政法新媒体品牌相继进入公众视野，讲述法治故事、传播政法声音，接地气、聚人心、布公道，获得了群众的信任和支持，营造了有利于严格执法、文明执法、公正司法的良好氛围。

2. 现状分析

第一，民本情怀和法治底色不断彰显。肩负着维护社会公平正义、保障人民安居乐业和维护社会大局稳定的重任，政法新媒体始终坚持"司法为民"理念，重点提升引导力和服务力，积极传播法律常识，主动培育法治理性，成为推动全社会尊法、学法、守法、用法的新窗口和提振司法公信力的新平台。

第二，矩阵联动问政效果突出。在新闻宣传与舆情引导应对处置上，政法新媒体多平台、集群化、联动矩阵式的运行特点，扩大了政法信息发布的辐射面积，提升了政法新闻宣传的传播效果，提高了舆情回应的影响力，充分保障了舆论的知情权，搭建起了政法机关与群众沟通交流的桥梁。

第三，"互联网＋政法服务"体系初步形成。政法机关结合自身司法职能，以群众需求为导向，利用互联网新兴技术，加强政法新媒体的服务能力建设，通过政法新媒体践行司法公开、精准服务群众、征集办案线索、引导社会公众、传递法治信息、助力官民沟通，让群众足不出户即可通过手机迅速且快捷地了解权威司法政策信息、查询司法服务信息、办理司法业务、获取法律帮助，构建为民、便民"互联网＋政法服务"的政法新媒体工作体系，既提升了政法机关的服务效能，也提高了群众的参与感、安全感和获得感。

（二）新闻媒体影响力

1. 年度变化

统计显示，2009—2017年，政法新媒体的媒体影响力呈逐年递增趋势。其中，2009年，政法新媒体的媒体影响力指数最低，为20.66；2010年，政法新媒体的媒体影响力指数翻番；2011年以后，政法新媒体的媒体影响力指数稳步攀升；2017年，政法新媒体的媒体影响力指数最高，为99.97（见表1、图1）。

表1　2009—2013年新闻媒体影响力变化情况

单位：篇

年份	媒体报道量	媒体影响力
2009	18	20.66
2010	1632	52.88
2011	24917	72.36
2012	64451	79.16
2013	153662	85.37
2014	276358	89.56
2015	351734	91.29
2016	403030	92.26
2017	1184970	99.97

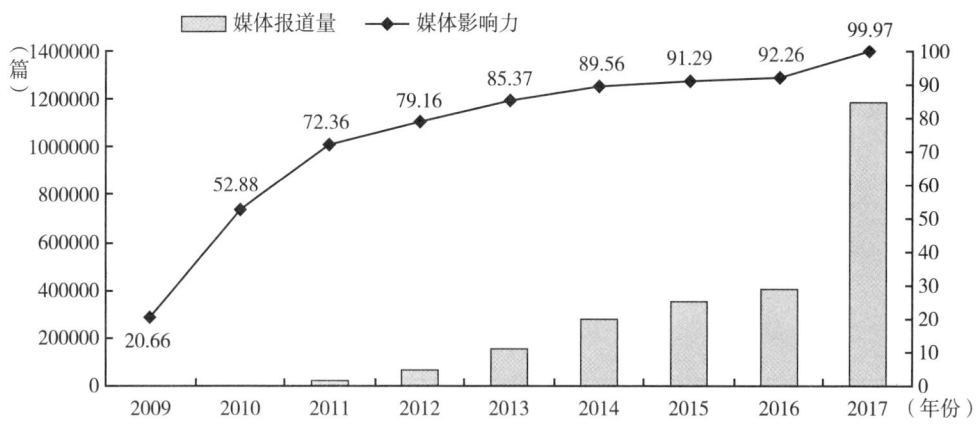

图1　2009—2017年新闻媒体影响力变化情况

2. 媒介分布

统计显示，从媒介分布上看，政法微信的新闻报道量最高，媒体影响力指数为97.04；政法微博的新闻报道量次之，媒体影响力指数为94.57；政法头条号的新闻报道量位列第三，媒体影响力指数85.66（见表2、图2）。

表2　新闻媒体影响力媒介分布

单位：篇

	微博	微信	头条号
新闻报道量	909727	1301309	249718
媒体影响力	94.57	97.04	85.66

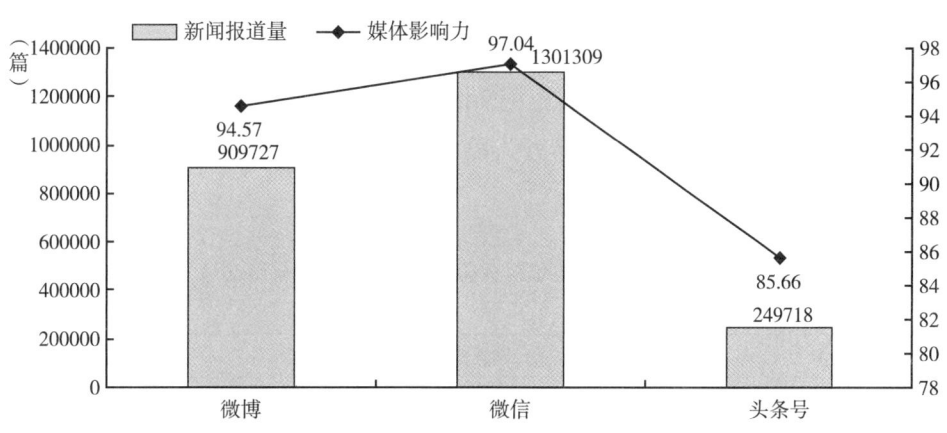

图2　新闻媒体影响力媒介分布

3. 部门分布

统计显示，从部门分布上看，公安新媒体的新闻报道量最高，媒体影响力指数为

99.44；法院新媒体的新闻报道量位居第二，媒体影响力指数为 97.95；检察新媒体的新闻报道量位列第三，媒体影响力指数为 89.13；司法行政新媒体的新闻报道量位列第四，媒体影响力指数为 86.78（见表 3、图 3）。

表 3　新闻媒体影响力部门分布

单位：篇

	公安	法院	检察	司法行政
新闻报道量	1109038	900989	262020	188707
媒体影响力	99.44	97.95	89.13	86.78

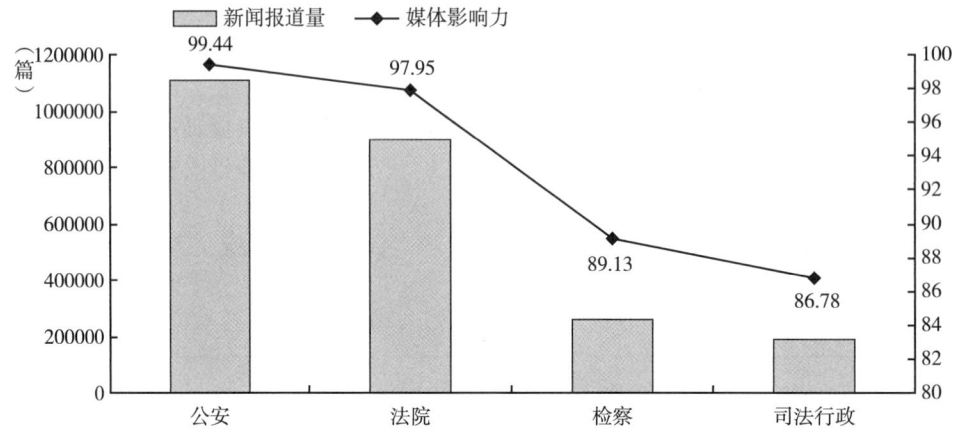

图 3　新闻媒体影响力部门分布

（三）网络影响力

1. 年度变化

统计显示，2013—2015 年，政法新媒体的网络影响力呈逐年递增趋势。2016 年，有关政法新媒体的网页数量明显下降。2017 年，政法新媒体的网络影响力指数最高，为 98.40（见表 4、图 4）。

表 4　2013—2017 年网页量与网络影响力变化情况

单位：次

年份	网页量	网络影响力
2013	1121	68.12
2014	3779	79.90
2015	20949	96.52
2016	7723	86.84
2017	25428	98.40

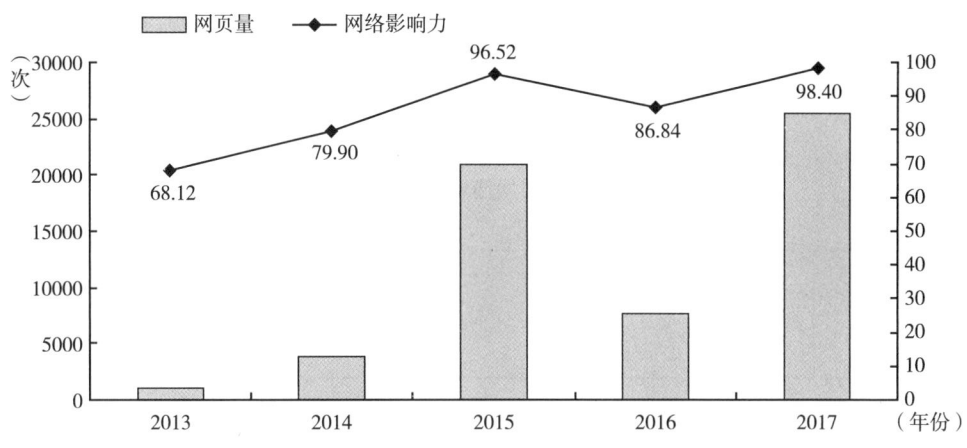

图 4　2013—2017 年网页量与网络影响力变化情况

2. 媒介分布

统计显示，从媒介分布上看，有关政法微信的网页数量最高，网络影响力指数为97.68；有关政法微博的网页数量次之，网络影响力指数为88.30；有关政法头条号的网页数量位列第三，网络影响力指数为80.41（见表5、图5）。

表 5　网页量与网络影响力媒介分布

单位：次

	微博	微信	头条号
网页量	14093	38905	6002
网络影响力	88.30	97.68	80.41

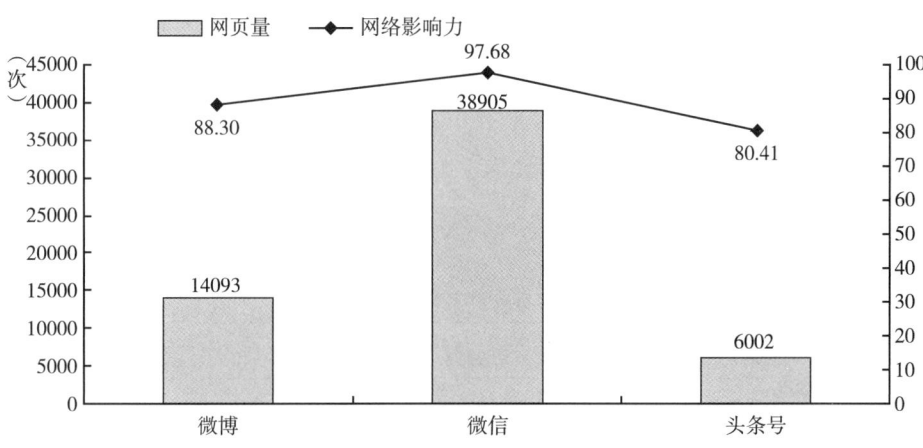

图 5　网页量与网络影响力媒介分布

3. 部门分布

统计显示，从部门分布上看，有关公安新媒体的网页数量最高，网络影响力指数为

97.34；有关法院新媒体的网页数量位居第二，网络影响力指数为87.50；有关检察新媒体的网页数量位列第三，网络影响力指数为86.16；有关司法行政新媒体的网页数量位列第四，网络影响力指数为85.88（见表6、图6）。

表6　网页量与网络影响力部门分布

单位：次

	公安	法院	检察	司法行政
网页量	30172	10641	9231	8956
网络影响力	97.34	87.50	86.16	85.88

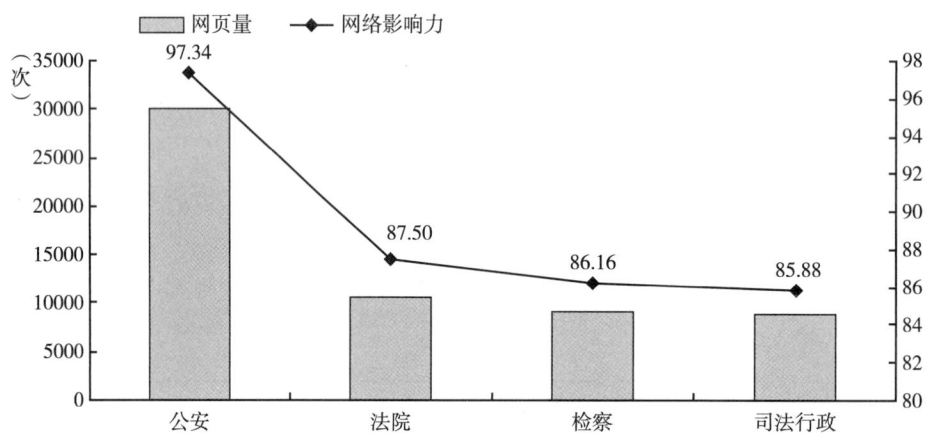

图6　网页量与网络影响力部门分布

（四）综合影响力

1. 年度变化

统计显示，2009—2015年，政法新媒体的综合影响力呈逐年递增趋势。其中，2009年政法新媒体的综合影响力指数最低，为12.40；2010年政法新媒体的综合影响力指数翻番。2016年政法新媒体的综合影响力有小幅回落。2017年政法新媒体的综合影响力指数最高，为99.34（见表7、图7）。

表7　政法新媒体综合影响力年度分布

年份	媒体报道量（篇）	媒体影响力	网页量（次）	网络影响力	综合影响力
2013	153662	85.37	1121	68.12	78.47
2014	276358	89.56	3779	79.90	85.70
2015	351734	91.29	20949	96.52	93.38
2016	403030	92.26	7723	86.84	90.09
2017	1184970	99.97	25428	98.40	99.34

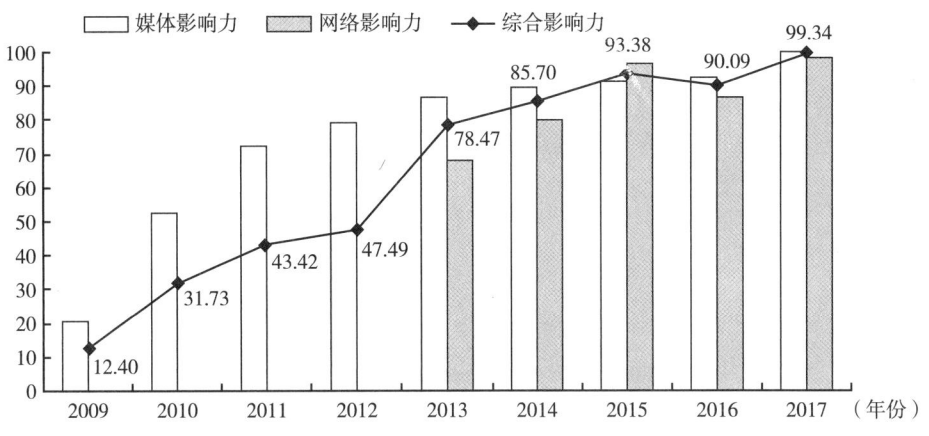

图 7 政法新媒体综合影响力年度变化趋势

2. 媒介分布

统计显示，从媒介分布上看，政法微信的综合影响力指数最高，为 97.30；政法微博的综合影响力指数次之，为 92.06；政法头条号的综合影响力位列第三，为 83.56（见表8、图 8）。

表 8 政法新媒体综合影响力媒介分布

	微博	微信	头条号
媒体影响力	94.57	97.04	85.66
网络影响力	88.30	97.68	80.41
综合影响力	92.06	97.30	83.56

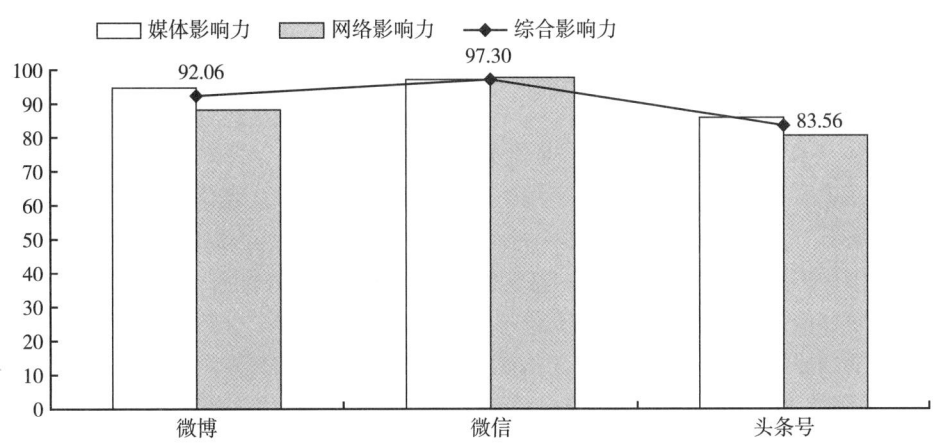

图 8 政法新媒体综合影响力媒介分布

3. 部门分布

统计显示，从部门分布上看，公安新媒体的综合影响力指数最高，为 98.60；法院新媒体的综合影响力位居第二，为93.77；检察新媒体的综合影响力位列第三，为87.94；司法行政新媒体的综合影响力位列第四，为86.42（见表9、图9）。

表9　政法新媒体综合影响力部门分布

	公安	法院	检察	司法行政
媒体影响力	99.44	97.95	89.13	86.78
网络影响力	97.34	87.50	86.16	85.88
综合影响力	98.60	93.77	87.94	86.42

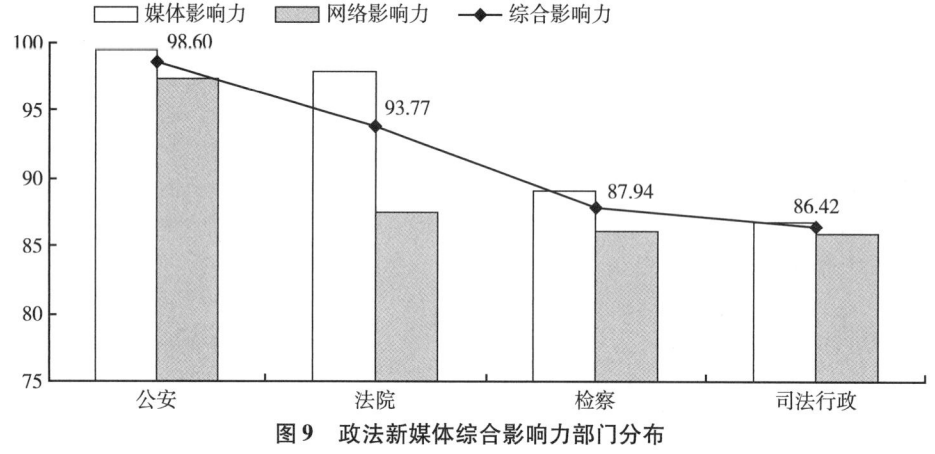

图9　政法新媒体综合影响力部门分布

二　公安新媒体影响力分析

（一）公安新媒体的发展现状

1. 发展特征

第一，建设创新成效领跑全系统。在公安部的支持与推动下，公安机关自利用新媒体问政以来，解放思想，锐意进取，在新媒体平台建设上迈出多个第一步：最早开通省级政法新媒体"@平安南粤"，最早建立政法新媒体微博群"@广东公安微博群"，最早开通政法微信公众号"平安肇庆"，同时，于2012年上线的公安部"@交通安全微博发布厅"也是首个政法微博发布厅。

第二，品牌孵化培育意识超前。经历了多年的发展，公安新媒体中出现了"@公安部打四黑除四害""@江宁公安在线"等一批活跃度高、影响力大的新媒体品牌。他们在许多重大敏感案事件中广泛构筑舆论阵地、科学设置公共议题，借势传播法律常识，有力批驳谬论谣言，构建和谐警民关系，彰显公安新媒体的权威性和影响力。2013年，随着公安新媒体品牌效应的凸显和整体网络影响力的剧增，公安新媒体的综合影响力指数上了一个台阶，分数由2012年的49.69分一跃达到73.95分。

第三，智媒融合引领服务新方向。各级公安机关将新媒体和信息技术与自身业务深度融合，充分运用到便民服务、移动执法、内部移动办公、警民互动等众多场景中。如"深圳出入境"微信公号为公众提供出入境证件预约办证、查询进度、自助续签等服务；"福州治安便民"为公众提供身份证制证进度查询、治安违法线索举报、新生儿取名指引、银行身份核查异常处置指引、搭乘车自主备案等服务。这些新媒体平台对于提高公共服务效能、加快执法速度、警务流程再造、构建和谐警民关系发挥了重要作用。

2. 现状分析

第一，业务服务精细化程度高。公安新媒体业务范围囊括了户籍、消防、刑事、交通、治安、边防、出入境等几乎所有警种。在出入境办证、线上报警、实时路况查询、机动车违章信息查询、交通罚款缴纳、身份证办证进度查询等方面，公安新媒体已成为公安部门与民生之间的强"连接器"，助力公安机关为公众创造全新、便捷的简政体验。

第二，信息传播力、影响力广。公安新媒体日常发布的暴恐犯罪信息、消防安全信息、涉警舆情信息等关乎社会稳定和人民人身财产安全的各类案件信息，因其危害性大、影响范围广、争议性高，极易在短时间内引发全社会围观，成为舆论热议的焦点。

第三，信息化、智能化水平高。随着互联网信息技术的不断发展，腾讯、阿里等互联网企业研发的支付、城市服务等便民功能已嵌入许多公安新媒体平台，让群众足不出户即可享受证件查询、缴纳罚款等便捷服务。

（二）媒体影响力

1. 年度变化

统计显示，2009 年至 2017 年，公安新媒体的媒体影响力呈逐年递增趋势。其中，2009年，公安新媒体的媒体影响力指数最低；2010 年以后，公安新媒体的媒体影响力指数稳步攀升；2017 年，公安新媒体的媒体影响力指数最高，为 98.97。

2. 媒介分布

统计显示，从媒介分布上看，公安微博的新闻报道量最高，媒体影响力指数为 98.67；公安微信的新闻报道量次之，媒体影响力指数为 97.61；公安头条号的新闻报道量位列第三，媒体影响力指数 90.51（见表 10、图 10）。

表 10　公安新媒体媒体影响力的媒介分布

单位：篇

	微博	微信	头条号
新闻报道量	502740	436653	169645
媒体影响力	98.67	97.61	90.51

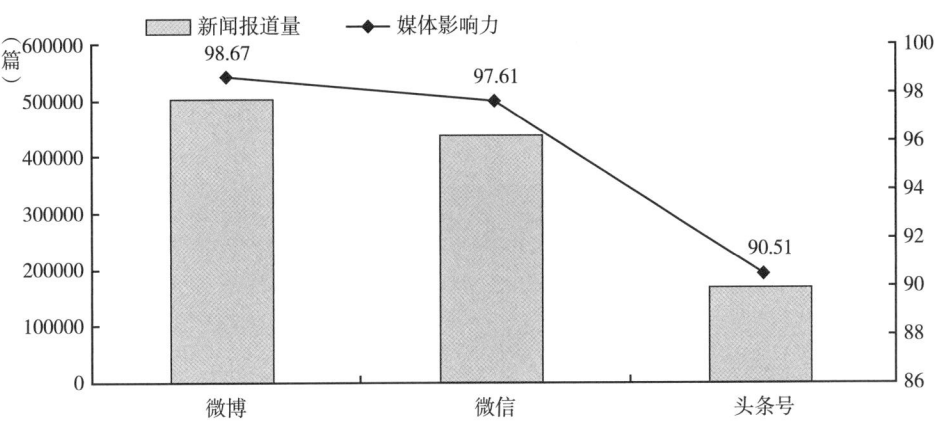

图 10　公安新媒体媒体影响力的媒介分布

（三）网络影响力

1. 年度变化

统计显示，2013—2015 年，公安新媒体的网络影响力呈递增态势。2015 年，公安新媒体的网络影响力达到峰值，为 94.01。2016 年，公安新媒体的网络影响力大幅回落，至 2017 年，该指数有所回升，为 86.97（见图 11）。

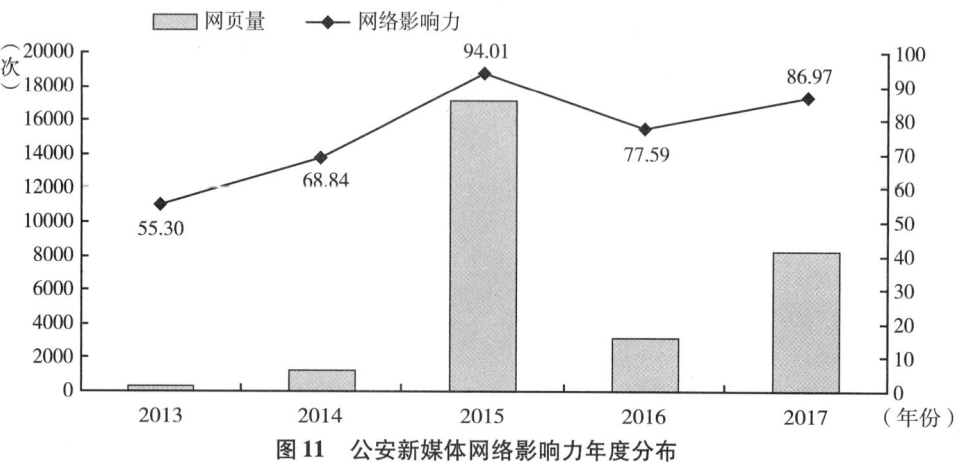

图11 公安新媒体网络影响力年度分布

2. 媒介分布

统计显示，从媒介分布上看，有关公安微信的网页量最高，网络影响力指数为 97.47；有关公安微博的网页量次之，网络影响力指数为 79.56；有关公安头条号的网页量位列第三，网络影响力指数为 71.85（见表 11、图 12）。

表11 公安新媒体网络影响力的媒介分布

单位：次

	微博	微信	头条号
网页量	3841	24605	1726
网络影响力	79.56	97.47	71.85

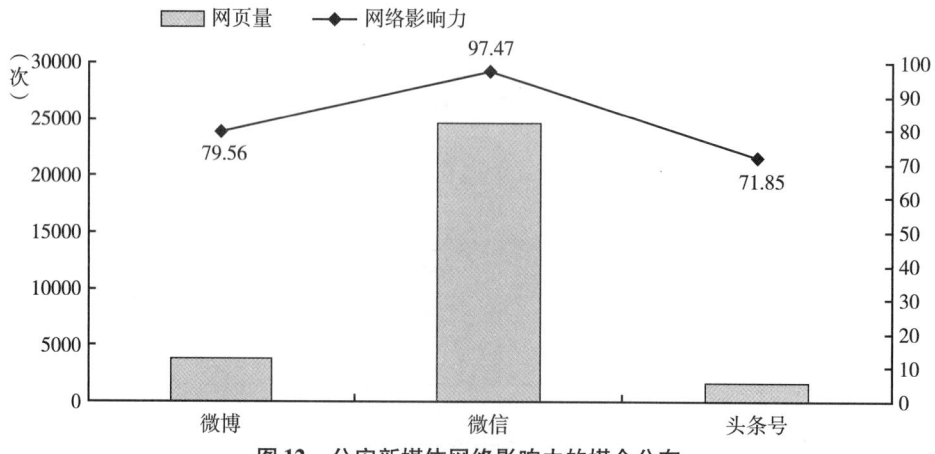

图12 公安新媒体网络影响力的媒介分布

（四）综合影响力

1. 年度变化

统计显示，2013—2015 年，公安新媒体的综合影响力呈逐年递增趋势。2016 年，公安新媒体的综合影响力指数有小幅回落。2017 年，公安新媒体的综合影响力指数最高，为94.17（见表 12、图 13）。

表 12　公安新媒体综合影响力的年度分布

年份	新闻报道量（篇）	媒体影响力	网页量（次）	网络影响力	综合影响力
2013	97964	86.38	310	55.30	73.95
2014	104366	86.85	1263	68.84	79.65
2015	146952	89.43	17190	94.01	91.26
2016	151663	89.66	3129	77.59	84.83
2017	523000	98.97	8280	86.97	94.17

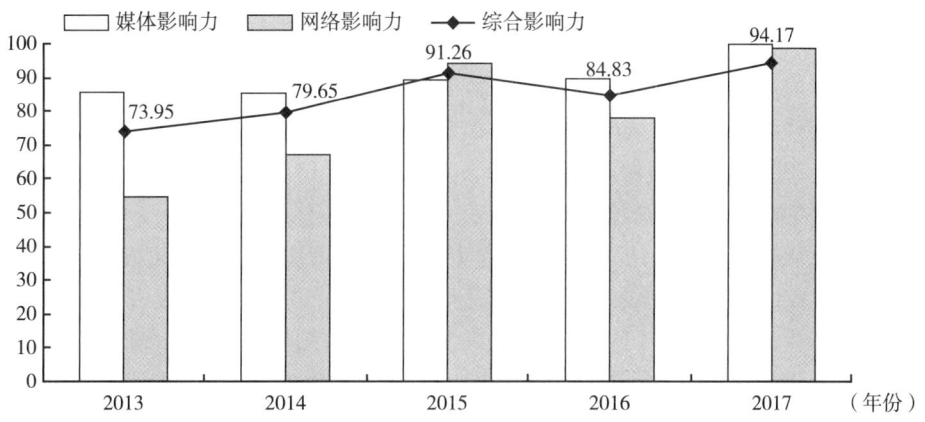

图 13　公安新媒体综合影响力的年度分布

2. 媒介分布

统计显示，从媒介分布上看，公安微信的综合影响力指数最高，为 97.55；公安微博的综合影响力指数次之，为 91.03；公安头条号的综合影响力位列第三，为 83.05（见表 13、图 14）。

表 13　公安新媒体综合影响力的媒介分布

	微博	微信	头条号
媒体影响力	98.67	97.61	90.51
网络影响力	79.56	97.47	71.85
综合影响力	91.03	97.55	83.05

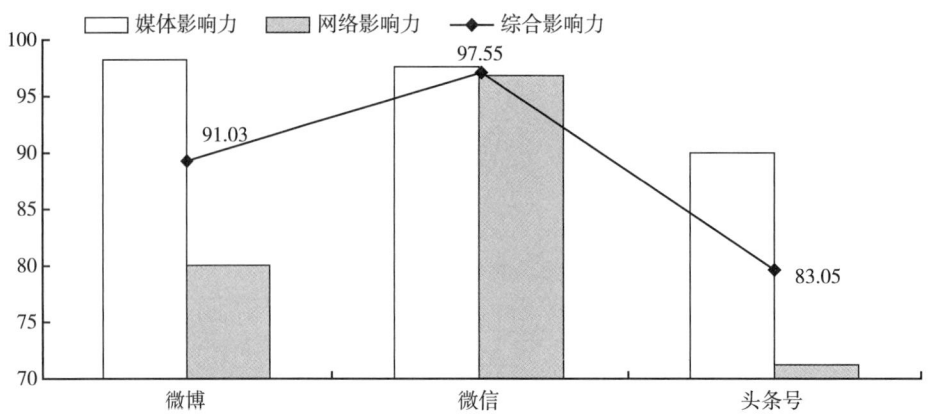

图 14　公安新媒体综合影响力的媒介分布

三　法院新媒体影响力分析

（一）法院新媒体的发展现状

1. 发展特征

第一，首开政法新媒体问政先河。随着新浪微博的正式上线，2009 年 9 月 27 日，山东省菏泽市牡丹区法院率先开通全国首个政法官方微博"@菏泽牡丹区法院"，开创了政法新媒体问政先河。2009 年，关于法院新媒体的新闻报道共计 18 篇。

第二，大要案庭审直播影响深远。2013 年，法院新媒体陆续对王书金强奸杀人案、冀中星案、北京大兴摔童案等一批大案要案庭审进行微博直播。其中，尤以"@济南中院"微博 2013 年 8 月庭审直播薄熙来案最具影响力和关注度。该案直播不仅开创职务犯罪影响力案件庭审直播先河，对探索司法公开路径与方式、促进阳光司法也起到了较好的示范作用。因上述因素影响，2013 年，法院新媒体的综合影响力指数显著提升，从 2012 年的 36 分飙升到 74.93 分。

第三，顶层设计和矩阵规划起步早。全国首个国家级官方微博"@最高人民法院"于 2013 年 11 月开通后，2014 年 1 月，"@最高人民法院"又联合 31 个地方高院微博，建立了微博群，形成了法院微博"国家队"，拓展了传播渠道，在"法庭印象""法官时间去哪儿了"等各类微直播宣传活动中，发挥了重要作用，并取得了极好的宣传效果。

2. 现状分析

第一，审判、执行信息最受舆论关注。随着司法改革的深入推进，公众对审判、执行工作公开的期待值越来越高。近年来，各级法院通过新媒体平台准确发布司法解释和案件审理、执行信息，健全裁判文书公开、审判流程公开、执行信息公开平台。冤假错案等敏感案件审判信息发布备受关注，"微博曝光'老赖'"这一执行模式广受好评。

第二，庭审微直播成为最热门应用。"正义要实现，而且要以看得见的方式实现"。庭审直播近几年备受各级法院青睐。从 2011 年山东莱阳市法院微博直播一起买卖合同纠纷的庭审过程首开端绪，到 2013 年济南中院微博图文直播薄熙来案审理，再到 2016 年北京海淀区法院视频直播"快播案"，新媒体"庭审直播"逐渐成为法院进行司法公开的常态模式。

第三，司法辅助功能用户连接力强。在"互联网 + "兴盛的近几年来，不少法院为有效破解案多人少难题，利用新媒体技术，全方位打造"智慧法院"，在新媒体平台上开通法律咨询、申请立案、了解案件进程、查询文书等功能，将信息化辅助手段渗入审判执行各个环节，大大提升了法院的工作质效，同时也大大节约了案件当事人及律师的时间。

（二）媒体影响力

1. 年度变化

统计显示，2009—2017 年，法院新媒体的媒体影响力呈逐年递增趋势。其中，2009 年法院新媒体的媒体影响力最低，为 22.41 分；2010 年法院新媒体的媒体影响力指数翻番；2011 年以后，法院新媒体的媒体影响力指数稳步攀升，2017 年法院新媒体的媒体影响力最高，为 99.33（见图 15）。

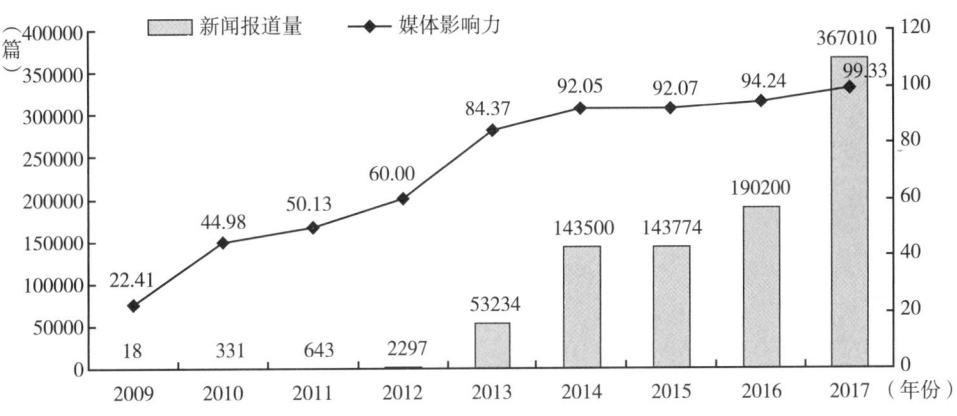

图 15　法院新媒体媒体影响力的年度分布

2. 媒介分布

统计显示，从媒介分布上看，法院微信的新闻报道量最高，媒体影响力指数为 98.76；法院微博的新闻报道量次之，媒体影响力指数为 98.27；法院头条号的新闻报道量位列第三，媒体影响力指数为 85.78（见表 14、图 16）。

表 14　法院新媒体媒体影响力的媒介分布

单位：篇

	微博	微信	头条号
新闻报道量	398492	425129	77368
媒体影响力	98.27	98.76	85.78

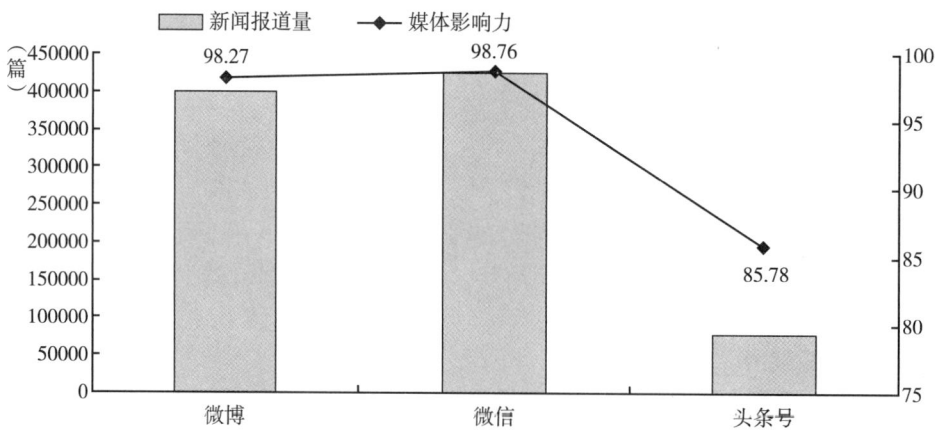

图 16　法院新媒体媒体影响力的媒介分布

（三）网络影响力

1. 年度变化

统计显示，2013—2017 年，法院新媒体网络影响力呈逐年递增趋势。2017 年，法院新媒体网络影响力最高，为 92.01（见图 17）。

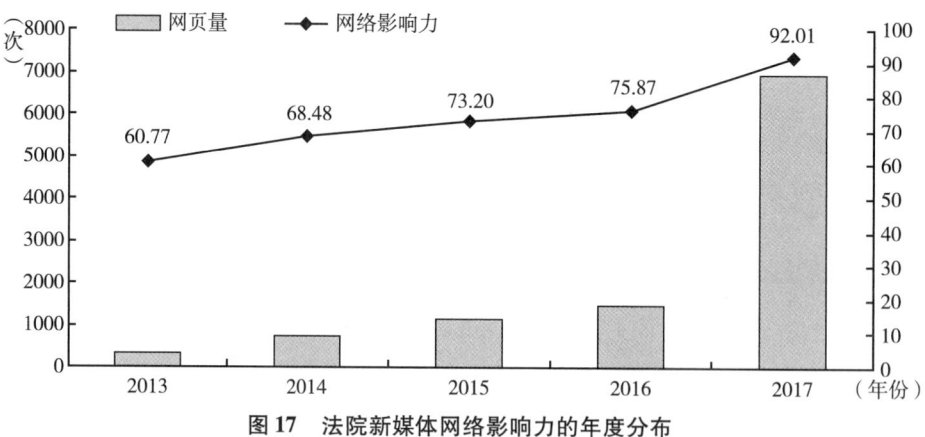

图 17　法院新媒体网络影响力的年度分布

2. 媒介分布

统计显示，从媒介分布上看，有关法院微信的网页量最高，网络影响力指数为 99.13；有关法院微博的网页量次之，网络影响力指数为 95.14；有关法院头条号的网页量位列第三，网络影响力指数为 80.95（见表 15、图 18）。

表 15　法院新媒体网络影响力的媒介分布

单位：次

	微博	微信	头条号
网页量	3932	5565	1144
网络影响力	95.14	99.13	80.95

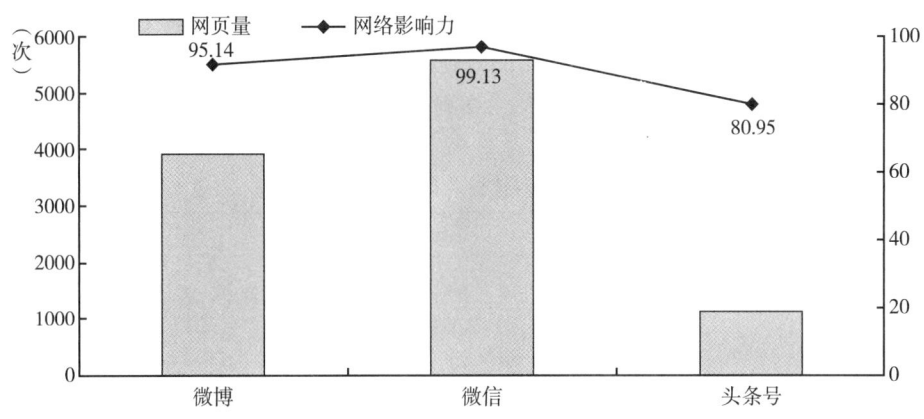

图18 法院新媒体网络影响力的媒介分布

（四）综合影响力

1. 年度变化

统计显示，2013—2017年，法院新媒体的综合影响力呈逐年递增趋势。其中，2013年法院新媒体的综合影响力为74.93；2017年法院新媒体的综合影响力指数最高，为96.40（见表16、图19）。

表16 法院新媒体综合影响力的年度分布

年份	新闻报道量（篇）	媒体影响力	网页量（次）	网络影响力	综合影响力
2013	53234	84.37	345	60.77	74.93
2014	143500	92.05	724	68.48	82.62
2015	143774	92.07	1140	73.20	84.52
2016	190200	94.24	1474	75.87	86.89
2017	367010	99.33	6958	92.01	96.40

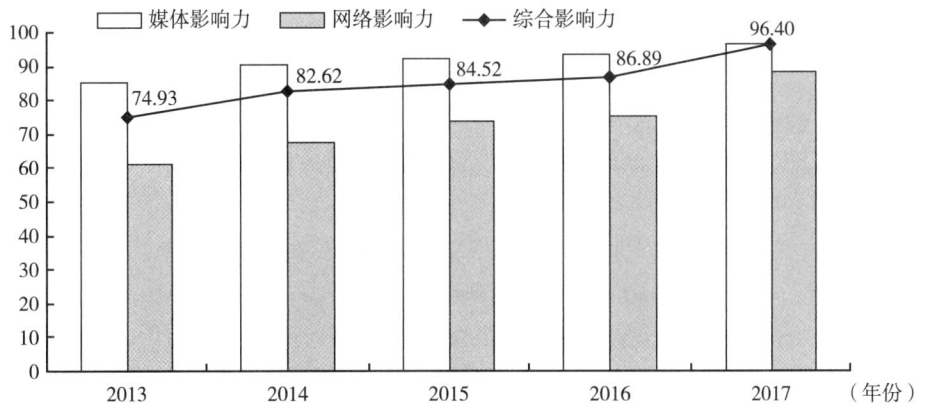

图19 法院新媒体综合影响力的年度分布

2. 媒介分布

统计显示，从媒介分布上看，法院微信的综合影响力指数最高，为98.91；法院微博的综合影响力指数次之，为97.02；法院头条号的综合影响力指数位列第三，为83.85（见表17、图20）。

表17　法院新媒体综合影响力的媒介分布

	微博	微信	头条号
媒体影响力	98.27	98.76	85.78
网络影响力	95.14	99.13	80.95
综合影响力	97.02	98.91	83.85

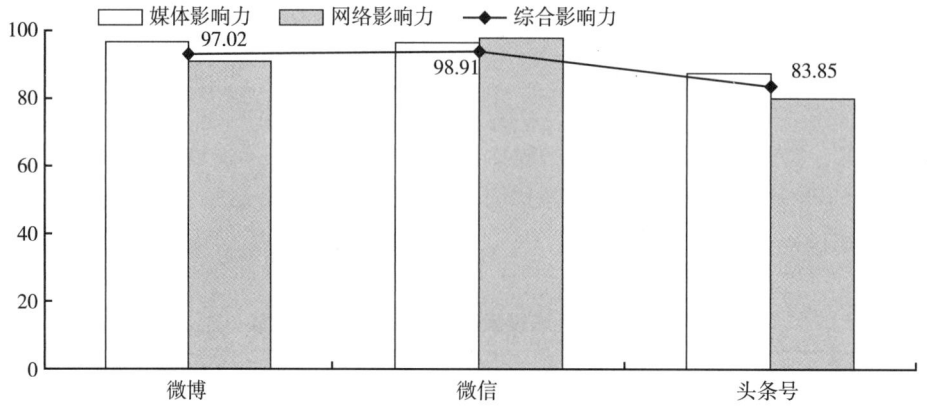

图20　法院新媒体综合影响力的媒介分布

四　检察新媒体影响力分析

（一）检察新媒体的发展现状

1. 发展特征

第一，以网民为中心，平台迁移速度快、效果好。早期检察机关大多入驻腾讯微博。2013年，腾讯微博式微之后，检察微博的阵地迁移工作迅速完成、平稳过渡，最大限度地消除了商业平台战略调整带来的负面影响。

第二，"两微一端"率先覆盖全国。2016年6月全国检察机关实现"两微一端"全覆盖，在全国政法系统中率先建成四级新媒体矩阵。随后，最高检强调加强检察新媒体标准化、规范化建设，培育扶植优秀检察自媒体，努力打造检察新媒体联盟矩阵，新媒体增速提升明显。2017年，检察新媒体影响力指数达到峰值。

第三，精品内容创作成建设运营重点。全国检察新媒体建设运营工作已经由以多平台开通账号为主的阵地建设阶段转向以内容为重点的新阶段。"正点巡检""武检书声""媛贞播报""岩检酱"等新媒体原创精品提升了公众的检察认知，新媒体叙事、创意策划、议题设置能力稳步增强。

2. 现状分析

第一，内容从职务犯罪领域向民生领域倾斜。随着司法改革和监察体制改革工作的不断推进，检察新媒体的内容由职务犯罪领域向民生领域倾斜，更加注重对社会关注度较高的生态环境和资源保护、食品药品安全、未成年人保护、国有资产保护、国有土地使用权出让等领域的信息投放。

第二，检察新媒体工作室初具规模。全国检察机关结合本地检察业务特色，成立专门的新媒体工作室，特别是省级检察院，基本形成了以新媒体工作室为中心，集新媒体制作、网站维护、舆情监测、媒体交流、网民互动等于一体的检察宣传运营平台，切实提升了检察宣传工作水平。

第三，新媒体法治宣传、舆论引导渐成常态。近年来，以"@法律读库""@CU检说法"等为代表的检察自媒体，在全国两会宣传、重大检察部署、涉法舆情事件中，综合运用音频、视频、动漫、表情包等多种手段，讲述法治故事，反映干警心声，主动释法说理，争做法律表率，弘扬网络正气，引领舆论风向，成为检察新媒体贴近群众、服务社会的重要组成部分。

（二）媒体影响力

1. 年度变化

统计显示，2009—2017 年，检察新媒体的媒体影响力呈逐年递增趋势。其中，2009 年的检察新媒体的媒体影响力指数最低；2010 年后，检察新媒体的媒体影响力指数稳步攀升，2015—2017 年，检察新媒体的媒体影响力指数均达 90 以上；2017 年，检察新媒体的媒体影响力指数最高，为 98.68（见图 21）。

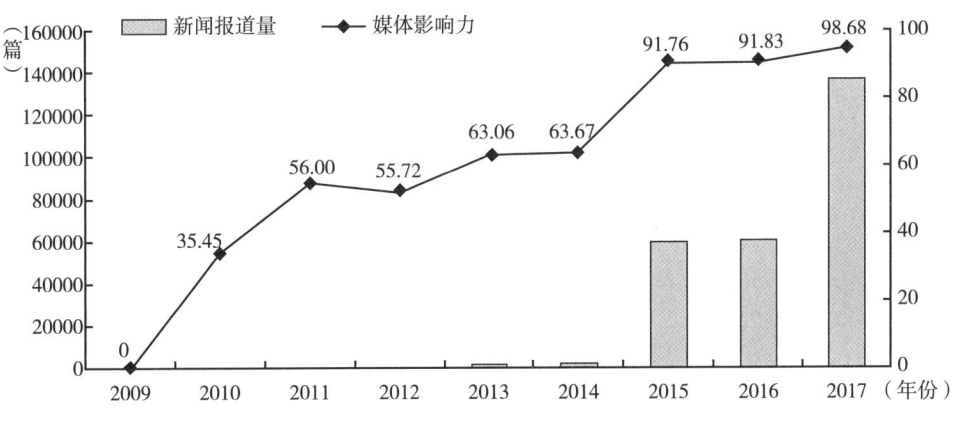

图 21　检查新媒体媒体影响力的年度分布

2. 媒介分布

统计显示，从媒介分布上看，检察微信的新闻报道量最高，媒体影响力指数为 98.70；检察微博的新闻报道量次之，媒体影响力指数为 68.16；检察头条号的新闻报道量位列第三，媒体影响力指数为 60.40（见表 18、图 22）。

表 18　检察新媒体媒体影响力的媒介分布

单位：篇

	微博	微信	头条号
新闻报道量	5411	254577	2032
媒体影响力	68.16	98.70	60.40

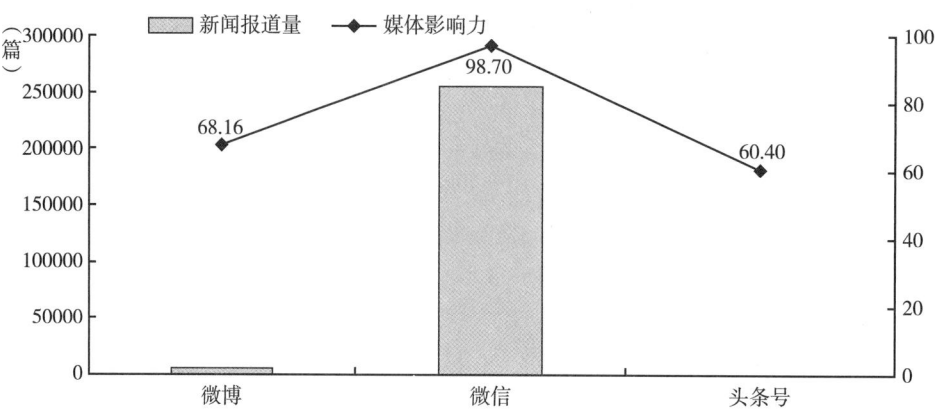

图22　检查新媒体媒体影响力的媒介分布

（三）网络影响力

1. 年度变化

统计显示，2013—2017年，检察新媒体的网络影响力呈逐年递增趋势。2017年，检察新媒体的网络影响力指数最高，为97.04。

2. 媒介分布

统计显示，从媒介分布上看，有关检察微信的网页量最高，网络影响力指数为98.03；有关检察微博的网页量次之，网络影响力指数为89.12；检察头条号的网页量位列第三，网络影响力指数为86.44（见表19、图23）。

表19　检察新媒体网络影响力的媒介分布

单位：次

	微博	微信	头条号
网页量	2329	5057	1845
网络影响力	89.12	98.03	86.44

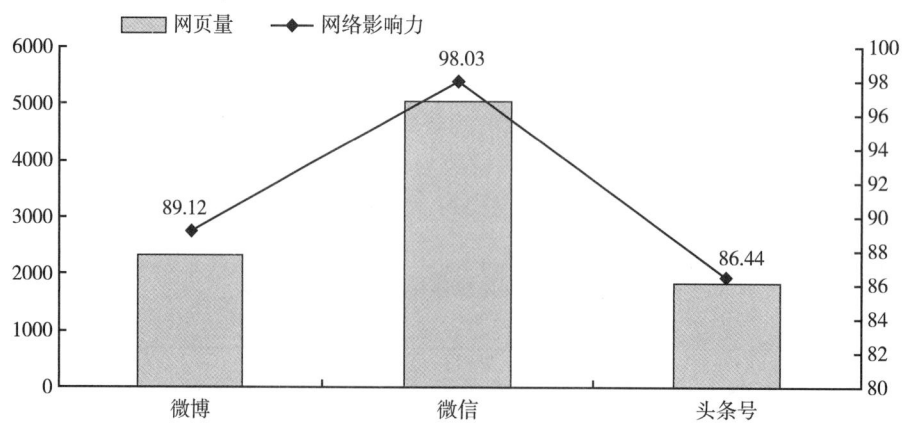

图23　检察新媒体媒体影响力的媒介分布

（四）综合影响力

1. 年度变化

统计显示，2013—2017 年，检察新媒体的综合影响力呈逐年递增趋势。2017 年，检察新媒体的综合影响力指数最高，为 98.02 分。

表20　检查新媒体综合影响力的年度分布

年份	新闻报道量（篇）	媒体影响力	网页量（次）	网络影响力	综合影响力
2013	1912	63.06	199	60.85	62.17
2014	2059	63.67	901	78.21	69.49
2015	59602	91.76	1561	84.52	88.86
2016	60115	91.83	1934	86.99	89.89
2017	136647	98.68	4636	97.04	98.02

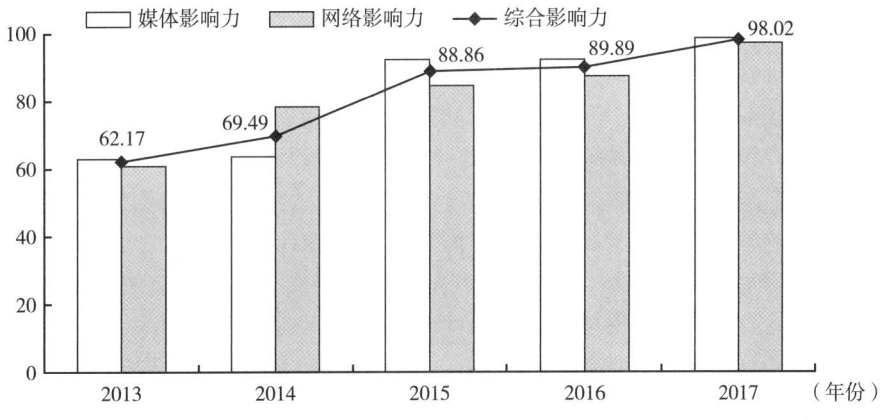

图24　检查新媒体综合影响力的年度分布

2. 媒介分布

统计显示，从媒介分布上看，检察微信的综合影响力指数最高，为 98.43；检察微博的综合影响力指数次之，为 76.55；检察头条号的综合影响力指数位列第三，为 70.81（见表21、图25）。

表21　检查新媒体综合影响力的媒介分布

	微博	微信	头条号
媒体影响力	68.16	98.70	60.40
网络影响力	89.12	98.03	86.44
综合影响力	76.55	98.43	70.81

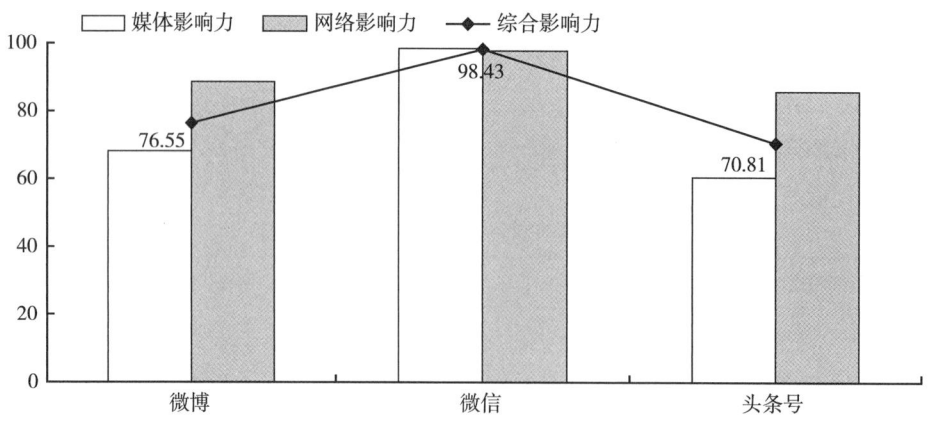

图 25　检查新媒体综合影响力的媒介分布

五　司法行政新媒体影响力分析

（一）司法行政新媒体的发展现状

1. 发展特征

第一，基层探索起步较早，经验积累相对成熟。2009 年底，浙江省海宁市司法局开通全国首个司法行政系统新媒体——"@海宁司法"官方微博，并且创建了全国首个基层司法所微博群。而省级和国家部委的新媒体建设要晚于其他政法部门。

第二，首创全国政府机关微博发公文先例。在微博成为当时老百姓喜欢的新媒体时，浙江海宁市司法局响应中央运用新媒体问政和海宁市政府推行微博公文的号召，于 2011 年 4 月，在其官方微博发出"01 号微博公文"，开全国政府机关微博发公文之先河。舆论认为，此举顺应互联网的发展趋势，也符合老百姓对"司法公开"的民意期待。

第三，传统"老娘舅式"调解方式升级。司法行政机关注重运用现代信息技术，实现矛盾纠纷预判预警预防，开始从早期传统的"老娘舅式"调解向网上调解、视频调解、微信调解、电视调解等转变。

2. 现状分析

第一，开启新时代全民普法新气象。司法行政机关新媒体设置"普法课堂"等话题，通过动漫、H5 和视频等方式，组织引导律师、基层法律服务工作者、志愿者等力量参与"普法""送法"活动，"线上普法"结合"线下普法"，加大全民普法力度，力争实现专业普法、精准普法、合力普法，进一步提升法治宣传教育工作的针对性、实效性。

第二，内容着重体现人性化管理。近年来，司法行政机关不断提高监狱教育管理、社区矫正、法律援助等工作水平。更加突出人文关怀，成为该系统新媒体建设运营的重要特色。比如，司法部"两微"和央视《等着我》栏目组，以及各大媒体展开"帮罪犯寻亲"的报道，最终监狱安排亲人相认，引起社会巨大反响。

第三，资源整合助力公共法律服务体系建设。2017 年，司法部上线运行 12348 中国法网，将微信、移动客户端等新媒体资源有效整合，推动实现法律援助、人民调解、法律咨询的基本职能与律师、公证、司法鉴定、专业调解、司法考试、安置帮教、监所远程视频探视等拓展职能相结合的公共法律服务体系建设，逐步为人民群众提供普惠性、公益性、可选择的公共法律服务。

(二) 媒体影响力

1. 年度变化

统计显示，2009 年的司法行政新媒体的媒体影响力指数最低；2010—2011 年，司法行政新媒体的媒体影响力指数呈上升趋势；2012 年，媒体影响力指数有小幅回落；2013 年再度攀升；2014 年达到一个小高峰，媒体影响力指数为 84.15；紧接着迎来 2015 年和 2016 年连续两年的下跌；2017 年，司法行政新媒体的媒体影响力指数跃至最高，为 98.94（见图 26）。

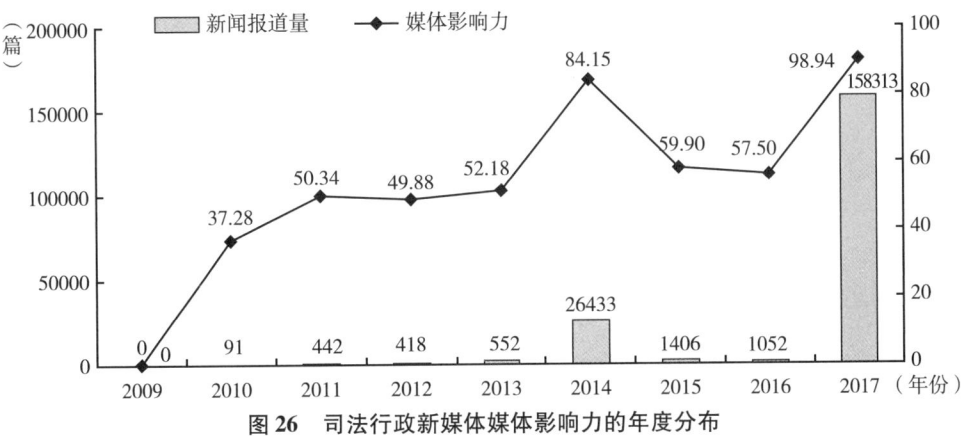

图 26 司法行政新媒体媒体影响力的年度分布

2. 媒介分布

统计显示，从媒介分布上看，司法行政微信的新闻报道量最高，媒体影响力指数为 99.36；司法行政微博的新闻报道量次之，媒体影响力指数为 65.82；司法行政头条号的新闻报道量位列第三，媒体影响力指数为 53.35（见表 22、图 27）。

表 22 司法行政新媒体媒体影响力的媒介分布

单位：篇

	微博	微信	头条号
新闻报道量	3084	184950	673
媒体影响力	65.82	99.36	53.35

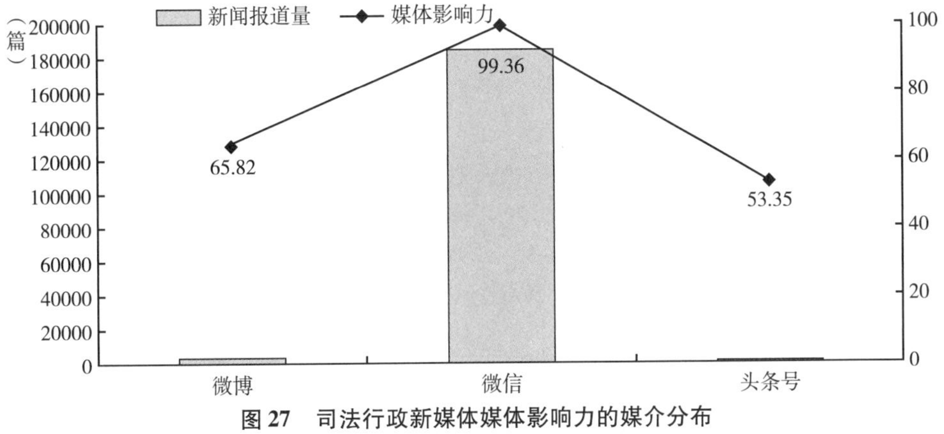

图 27 司法行政新媒体媒体影响力的媒介分布

（三）网络影响力

1. 年度变化

统计显示，2013—2017年，司法行政新媒体的网络影响力呈逐年递增趋势。2017年，司法行政新媒体的网络影响力指数最高，为99.11（见图28）。

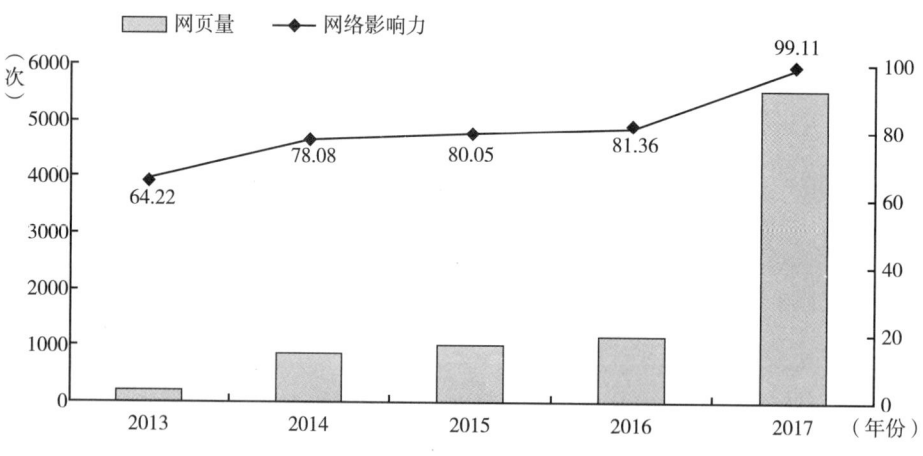

图28 司法行政新媒体网络影响力的年度分布

2. 媒介分布

统计显示，从媒介分布上看，有关司法行政微博的网页量最高，网络影响力指数为98.57；有关司法行政微信的网页量次之，网络影响力指数为97.60；有关司法行政头条号的网页量位列第三，网络影响力指数为85.12（见表23、图29）。

表23 司法行政新媒体网络影响力的媒介分布

单位：次

	微博	微信	头条号
网页量	3991	3678	1287
网络影响力	98.57	97.60	85.12

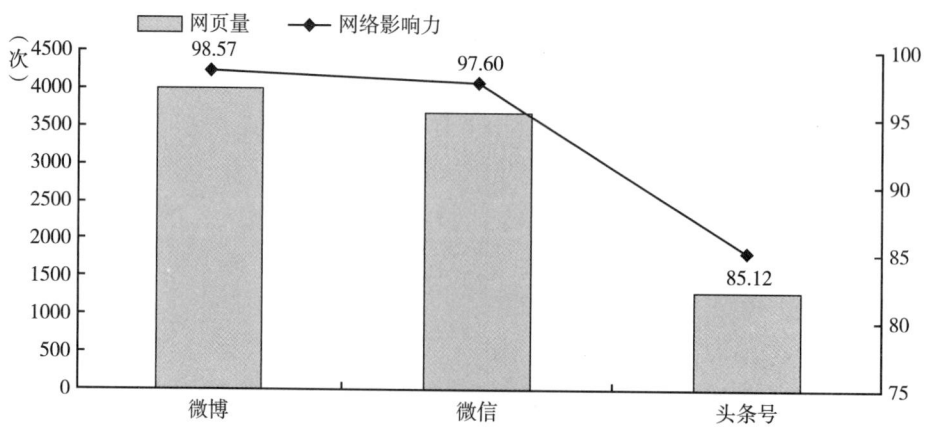

图29 司法行政新媒体网络影响力的媒介分布

（四）综合影响力

1. 年度变化

统计显示，2013—2014 年，司法行政新媒体的综合影响力指数攀升明显，2014 年达到一个小高峰，指数为 81.72；2015 年和 2016 年连续两年跌幅明显；2017 年，司法行政新媒体的综合影响力指数最高，为 99.01（见表 24、图 30）。

表 24　司法行政新媒体综合影响力的年度分布

年份	新闻报道量（篇）	媒体影响力	网页量（次）	网络影响力	综合影响力
2013	552	52.18	267	64.22	56.99
2014	26433	84.15	891	78.08	81.72
2015	1406	59.90	1058	80.05	67.96
2016	1052	57.50	1186	81.36	67.05
2017	158313	98.94	5554	99.11	99.01

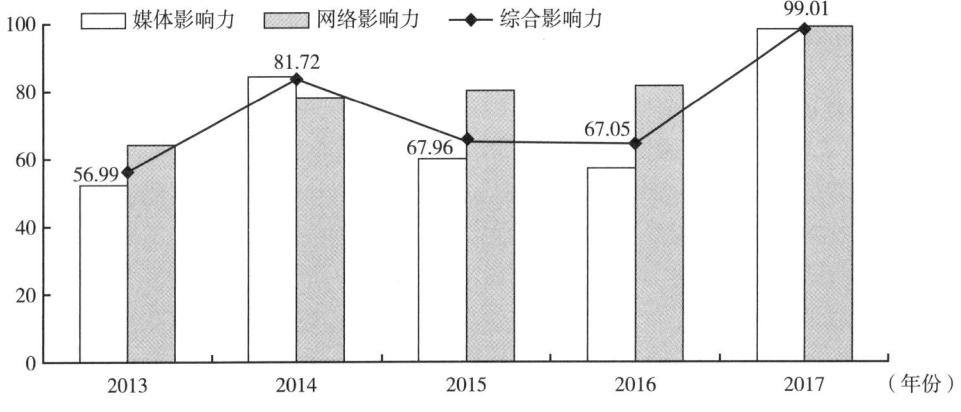

图 30　司法行政新媒体综合影响力的年度分布

2. 媒介分布

统计显示，从媒介分布上看，司法行政微信的综合影响力指数最高，为 98.66；司法行政微博的综合影响力指数次之，为 78.92；司法行政头条号的综合影响力指数位列第三，为 66.06（见表 25）。

表 25　司法行政新媒体综合影响力的媒介分布

	微博	微信	头条号
媒体影响力	65.82	99.36	53.35
网络影响力	98.57	97.60	85.12
综合影响力	78.92	98.66	66.06

第二部分　十大最具影响力政法新媒体案例

一　最高法微博引导聂树斌再审案舆论

被称作中国司法改革试金石的聂树斌案，曾因存在一案两凶、多年申诉悬而未决等问题，十余年来一直是舆论关注的热点话题。聂案案情之复杂疑难，社会关注度之高、影响力之巨，在类案中绝无仅有。可以说，聂树斌案是对当前中国司法错案纠正工作的一个最大考验。2014年12月12日，最高法官方微博发布消息，指令山东高院复查聂树斌案。"主动披露"加"异地复查"的举动准确契合舆论诉求，使得官方在聂树斌案舆情发展演进中占据了主导地位。2016年6月，最高法决定依法提审该案。12月2日，最高人民法院第二巡回法庭改判聂树斌无罪。宣判后，最高人民法院通过官方微博和主流媒体平台等多渠道发声，主动开展判后答疑与舆论引导工作，通过准确的风险预判与充足的信息供给，使公众真切感受到司法机关直面历史遗留案件、勇于纠错的法治担当，展现了维护公平正义、司法保障人权的信心与决心，提振了全社会对司法公正的信心。

二　最高检微信发布于欢案答记者问详情

2017年5月27日，山东省高级人民法院二审开庭审理于欢故意伤害案，未当庭宣判。5月28日，最高人民检察院在微博、微信发布"最高人民检察院公诉厅负责人就于欢故意伤害案有关问题答记者问"。最高检公诉厅负责人就该案起因和经过及具体侵害行为、一审存在的问题、于欢案的定性及对处警民警的调查等焦点问题进行了详细回应，最关键的是将于欢案定性为正当防卫但防卫过当，该文引起舆论广泛热议。最高检的回应既紧扣法律条文规定，又充分吸取了学术界关于正当防卫的有益观点，同时，还充分考虑了伦理道德因素，彰显了司法机关在"国法""天理""人情"上的有机统一。这既为今后检察机关应对类似事件树立了典范，也为社会公众上了一堂有关"法、理、情"关系的"法治公开课"。

三　"@公安部打四黑除四害"权威发声引导招远案

2014年5月28日21时许，张某等六人在山东招远市一麦当劳快餐店内，向就餐的吴某索要电话号码遭拒后，将其残忍殴打致死。一个本来并不复杂的刑事案件，在各种谣言和猜测中，当地警方反复躺枪，一度变成公众信任危机。5月31日，"@公安部打四黑除四害"微博发布通报证实该案6名犯罪嫌疑人系邪教组织成员，并发布多条微博对犯罪嫌疑人涉嫌罪名、"出警延迟"等问题予以澄清，随后，各级公安机关"后来居上"地"以公开换公信"，彻底扭转了对警方不利的舆论走向。招远案强烈的"镜像效应"，造成了一定程度的社会恐慌。在扭转舆论态势之后，公安部借力央视、人民网、新华网等主流媒体，加强信息供给，传播法治常识，揭批邪教危害，成功引导了后期的舆论议题设置。"@公安部打四黑除四害"微博在该案舆情中的应对举措，为政法机关处理类似事件提供了样板。

四　济南中院微博直播薄熙来案庭审

2013年8月22日至26日，薄熙来受贿、贪污、滥用职权犯罪一案，在山东济南市中院第五审判庭公开开庭审理。济南中院通过 170 多条微博、近 16 万字的图文"直播"了这场引起国内外关注的世纪审判，数亿人得以"围观"庭审实况。本次审理中，王立军等几位证人亲自到法庭作证，并接受被告人与律师面对面地质询，与合肥审理谷开来和成都审理王立军相比，这是济南审判的一大亮点。《中国新闻周刊》称，薄熙来案的公开审理成为一个极其重要的节点，这是新媒体时代司法公开的成功尝试。它变成了一种示范与突破，极大地提升了民众对其他普通案件审理过程公开度、透明度的期望值。国家行政学院法学部教授任进认为，薄熙来案是首例高级官员贪腐案件的微博直播，具有标志性意义。这种微博直播方式也对探索司法公开路径与方式、促进阳光司法起到了较好的示范作用。在那之后，中国各地各级法院都纷纷进一步推动司法公开的进程。有评论说，薄熙来案微博直播，让"舆情案件"庭审迎来了全新的微博时代。美国《华尔街日报》的评论则代表了外媒主流舆论的看法，即"薄案公审所展示出的公开性、透明性和程序正义是要写入中国法治史的"。

五　四川司法厅微博援助农民工讨薪事件

2011 年 11 月 28 日，一条名为"百名四川农民工被困内蒙古鄂尔多斯"的实名求助微博出现在网络上。该微博称，崔登明等 70 余人在鄂尔多斯一工地打工，但开发商卷款消失，480 余天讨薪无果，"希望能获得政府帮助"。经多人及广元市法律援助中心微博转发，四川司法厅官方微博"@四川司法"关注此事，从 11 月 28 日至 12 月 15 日，连发十余条微博通报"广元籍民工鄂尔多斯讨薪援助进程"。时任四川省司法厅厅长的李仲彬直接与崔登明联系，表示政府将出面解决并对其进行支持。11 月 28 日当晚，开发商对农民工承诺先兑付工资的 80%。"微博讨薪"已不是新鲜事，但在本次事件中，个人、部门通过微博更加紧密地联动，四川省司法厅第一时间介入关注，对讨薪进展全程"直播"，及时进行信息供给，畅通了微博反映诉求的渠道。官方微博对热点诉求有针对性地回应，线上线下联动，推动了讨薪事件的及时解决，为类似事件的处理提供了积极的范例。

六　云南检察借助新媒体纠正钱仁风冤案

2002 年，云南省昭通市巧家县一幼儿园发生重大投毒案，1 名两岁女童"摄入毒鼠强"身亡，幼儿园保姆钱仁风被认为有重大作案嫌疑，并因此被判处无期徒刑。2012 年 12 月 23 日，云南网友"烟云"以《巧家又现冤案　16 岁花季少女被指投毒　身陷牢狱十年之灾》为题发帖，引发网友关注。云南省检察院新媒体工作人员发现舆情后报院领导做出批示、省检察院刑事申诉检察处启动立案复查程序。2013 年 7 月，云南省检察院调取了该案全部卷宗，正式立案复查。2014 年 5 月 12 日，云南省检察院向云南省高级法院发出《再审检察建议书》。2015 年 9 月 29 日，该案开庭再审，最终获依法改判。通过论坛、微博等新媒体表达诉求已成为十分重要的方式，处理得当不仅会获得舆论的认可，还会提升政法机关公信力。本案中，云南省检察院新媒体人员对舆情进行准确研判，在积极处理舆情的同时推动了冤案的平反，勇于自我纠错，使检察机关成为公平正义的守护者。通过新媒体舆情监控来发现线索，拓宽了冤错案件的信息渠道，增强了检察机关对司法活动监督的针对性和有效性。

七　"@江宁公安在线"发布史上最长警方通报辟谣

2016 年 6 月 7 日晚，一则配有视频、图片，声称南京出租车司机和某网约车司机在江宁万达聚众斗殴的消息在网络上流传。南京市公安局江宁分局官方微博"@江宁公安在线"于8日上午发布了一条"史上最长"的警方通报进行辟谣，通过对大量监控镜头和照片进行分析，对事发地点全方位视频截图，证实街头斗殴系子虚乌有，粉碎了谣言，获得网友的点赞支持。全媒体时代，江宁警方深谙微博运营之道，坚持"有视频、有事实、有真相"，凭借专业、权威、快速的辟谣能力，筑牢了"@江宁公安在线"的公信力基石，凸显了公安政务新媒体的权威性和影响力，为平安中国与和谐警民关系建设做出了贡献。《新华日报》表示，"@江宁公安在线"已从一个单一的宣传平台跃升为集宣传、发布、服务、问政、答疑等多功能于一体的综合网络平台。

八　陕西公安大V微博直播华山游客疏散事件

2012年10月2日晚，有网友在微博发文称陕西华山当夜突发两万多游客滞留事件。时任陕西公安厅副厅长的微博大V陈里为此彻夜不眠，连续发布数十条微博进行直播，为游客安全疏散提供帮助和建议，并与多个官方微博进行联动，"@公安部打四害除四害"转发救援微博并介绍历史上景区拥挤踩踏事故教训，"@华山名胜风景区"推介游客分流指南，大V与官方微博联动为前方游客疏散和后方媒体报道搭起了信息沟通的桥梁。3日上午，因管理不善引发的这起公共安全事件得以化解。在此次救援中，陕西省旅游局未及时做出反应。紧急关头，以陈里为代表的体制内意见领袖积极补位、主动发声，果断设置救援议题，扩大前方救援信息供给，共享救援疏散线索，减缓群体消极心理共振、积极破解前方与后方信息不对称的矛盾，为官方在公共舆情事件中正面引导舆论、有效畅通民意树立了典范。

九　厦门警方微博征集网友线索破获无名女童案

2010年11月14日，福建厦门市一名清洁工在高崎海堤边发现一具女童尸体。女童约3岁，身上有几十处伤痕，警方怀疑其死前曾受到残忍虐待。11月23日晚，厦门市公安局的官方微博"@厦门警方在线"登出启事，悬赏5000元征集破案线索。微博一经发出，立刻引起许多网友和微博名人的强烈关注。"@厦门警方在线"共收到网友评论3000余条，转发10000余条，提供线索100余条，最终一位网友通过女童的面部特征认出其身份，对该案的侦破起到了至关重要的作用。11月29日，警方在江西抓获犯罪嫌疑人。"@厦门警方在线"连发8条消息，对此次追捕行动全程"直播"，并上传了抓捕嫌疑人的现场图片。对于此次微博侦破全记录，厦门警方新闻发言人表示，利用官方微博征集线索破案，作为一次尝试，取得了预期的效果。全社会共同参与案件侦破，一起谴责犯罪行为，起到了良好的舆论引导作用。这是厦门警方首度通过微博破获命案，为其他案件的破案线索采集工作开辟了新的思路。

十　湖北检察院接受微博举报成功查办一起玩忽职守案

2014年2月15日，网友"@阿军"发微博举报湖北省孝感市某村近千亩良田被毁，开发商在未达成任何协议的情况下，强行挖掘农田。该帖很快就被转发700多次，阅读量达到17万人次。在微博上收到举报之后，湖北省人民检察院第一时间将信息转给孝感市人民检察院宣传处，随后孝感市人民检察院反渎局介入后立案侦查。3月19日，当地检察机关以涉嫌玩忽职守罪依法对孝感市孝南区国土资源局魏某等两人立案侦查，以涉嫌非法占用农用地罪对开发商杨某并案侦查。最终，三人受到了法律的应有制裁。案件办结后，当地检察机关及时将查办案件信息在网上予以公开，群众拍手称快、网民纷纷点赞。网友"阿军"给湖北省人民检察院官方微博私信留言："千言万语，道不尽心中的感谢。你们的帮助，让数百农民看到了法治中国的希望。"这起案件的举报和立案查处，是检察机关微博服务为民这一提议落到实处的具体体现，同时也是增强群众对司法公正的获得感、不断提升司法公信力的有益尝试。

第三部分　新时代全国政法新媒体繁荣发展共同倡议
网聚新媒正能量　绘出法治同心圆
——新时代全国政法新媒体繁荣发展倡议书

自 2009 年全国首个政法微博开通以来，新媒体日益成为政法机关开展信息公开、便民服务、业务受理、民意采集、普法宣传、官民互动等工作的重要平台。

面对全面依法治国深入推进、现代信息技术迭代提速、网络舆论生态纷繁复杂的新形势，如何在党的十九大精神指引下，坚守为民初心，激活矩阵合力，讲好法治故事，传播法律常识，续写问政新篇，凝聚法律共识，引领社会风向，迈向繁荣发展的新征程，成为摆在每个政法新媒体面前的崭新考验。

在此，正义网联合法制网、中国法院网、中国警察网、民主与法制网向全国政法新媒体发出如下倡议。

1. 坚持正确导向，恪守阵地职责。以人民为中心，把体现人民利益、反映人民愿望、维护人民权益、增进人民福祉落实到新媒体建设运营全过程，确保政治效果、法律效果、社会效果有机统一，充分供给正向信息，主动抵制有害言论。

2. 坚守法治思维，捍卫司法权威。以法律为遵循，保证信息公开、诉求受理、民意采集、舆论引导、法治宣传等各项工作依法开展，做遵法学法守法用法的表率，在全社会根植法治信仰，不断提振中国司法的公信力。

3. 树立品牌意识，繁荣法治文化。以"三贴近"为原则，提升法治故事讲述水平，创作、生产、传播一批思想精深、艺术精湛、制作精良的新媒体精品力作，发掘、培育、打造一批有较强影响力、公信力的新媒体品牌账号，让人民群众听得见法言、读得懂法语、摸得到公平、看得见正义。

4. 科学设置议题，主动引导预期。以引导力为重点，善于在个案中及时公开信息，还原事实真相，普及法律知识，传递法治追求，最大限度地保障人民群众对司法工作的知情权、参与权、表达权、监督权，培育自尊自信、理性平和、积极向上的社会心态，找到最大公约数，绘出法治同心圆。

5. 优化矩阵结构，提高便民效能。以服务力为支撑，立足法治、规范管理、突出应用、连接群众，推动矩阵均衡、融合发展，让工作流、技术流、信息流高效融通，激活矩阵动能，让数据多跑路，让群众少跑腿。

回顾过往，全国政法新媒体始终奋战在传播法治声音、推动司法进步、记录改革风云、守望公平正义的最前沿。站在新的历史起点，让我们携起手来，不忘为民初心，牢记法治使命，共同推动政法新媒体的繁荣发展，为将其建设成政法宣传舆论工作的主阵地、普法和法治教育的新渠道、业务工作服务群众的新窗口、政法事业接受社会监督的新平台、彰显法治文明的新载体做出积极贡献！

发起单位：正义网　法制网　中国警察网

中国法院网　民主与法制网

2017 年 12 月 29 日

@人民日报·2018 年上半年政务指数微博影响力报告[*]

一　政务微博榜单指标说明

人民日报发布"2018 年上半年政务微博影响力排行榜",排行榜由人民网舆情数据中心制作,微博提供数据支持,评价对象包括全国所有通过微博认证的机构官方微博,评价体系包括四个维度:传播力、服务力、互动力和认同度。数据统计周期为 2018 年 1 月 1 日至 2018 年 6 月 30 日。

排行榜综合考察的指标有以下几个。

(一) 传播力指标

"传播力"表征政务微博发布信息的传播情况,传播力指标越高,说明政务微博的内容被越多的网民看到。该项指标依据微博阅读数和视频播放量来计算。

微博阅读数:政务微博用户在统计周期内所发微博被阅读数量的总和。

视频播放量:政务微博用户在统计周期内所发原创视频被播放数量的总和。

(二) 服务力指标

"服务力"表征政务微博一对一服务网民、为民办事的情况,服务力指标越高,说明政务机构通过微博平台服务了越多的网民。该项指标依据发博总数、原创发博数、视频发博数、专业发博数、主动评论数、主动转发数、私信数来计算。

1. 发博总数:政务微博用户在统计周期内所发微博总数。

2. 原创发博数:政务微博用户在统计周期内所发原创微博总数。

3. 视频发博数:政务微博用户在统计周期内所发视频微博总数。

4. 专业发博数:政务微博用户在统计周期内所发微博内容与专业性相关的微博数量。

5. 主动评论数:统计周期内该政务微博用户主动回复评论的数量(包括在该政务微博用户所发微博及其他用户所发微博中的所有评论)。

6. 主动转发数:统计周期内该政务微博用户主动转发普通用户微博的数量,同一个账号对同一个用户进行多次转发,一天只计一次。

7. 私信次数:统计周期内该政务微博发给其他用户的私信数(包括主动发私信及通过关键词自动回复网友私信)。

---

* 2018 年 8 月 3 日,2018 政务 V 影响力(天津滨海)峰会发布。

8. 私信人数：统计周期内该政务微博发送私信的用户人数（包括主动发私信及通过关键词自动回复网友私信）。

（三）互动力指标

"互动力"表征政务微博发布信息的影响情况，互动力指标越高，说明政务微博的内容引发了越多的网民响应。该项指标依据微博被转发数、被评论数、被"@"数、收私信数计算。

1. 被转发：政务微博用户在统计周期内所发微博的被转发数（仅统计可信用户），同一个账号对同一个用户进行多次转发，一天只计一次。

2. 被评论：政务微博用户在统计周期内所发微博的被评论数（仅统计可信用户），同一个账号对同一个用户进行多次评论，一天只计一次。

3. 被"@"：政务微博用户在统计周期内的被@次数（仅统计可信用户），同一个账号对同一个用户进行多次@，一天只计一次。

4. 收私信数：统计周期内该政务微博用户收到的私信数量（仅统计可信用户），同一个账号收到同一个用户的多条私信，一天只计三次。

（四）认同度指标

"认同度"表征网民对政务微博所发布信息的认同情况，得分越高，说明网民对该政务微博所发布信息的认同度越高。该项指标依据微博被赞数和微博阅读数计算。

被赞：政务微博用户在统计周期内所发微博的被赞数（仅统计可信用户），同一个账号对同一个用户进行多次点赞，一天只计三次。

"政务微博影响力排行榜"旨在促进网络政务信息传播力全面提升。粉丝数是构成传播力的重要前提，但是，粉丝越多，并不意味着影响力越大。此榜单更注重考察政务机构的"活跃粉丝""可信粉丝"。政务机构发布的信息能被多少"可信粉丝"阅读，才体现出政务信息的实际传播力。

"政务微博影响力排行榜"旨在促进政务机构服务力全面提升，服务力即利用新媒体平台，回应公众关切、为民排忧解难办实事的能力。榜单鼓励更多的政务机构通过这种方式，切实服务公众、服务社会。

"政务微博影响力排行榜"旨在促进网络政务互动力全面提升。网络政务不应当是单纯的信息发布、自说自话的网络平台，更应当成为政府解疑释惑、回应关切的渠道，成为政府和公众互动交流的桥梁。此榜单的评价体系中，对互动力的考量，除了"被动互动"，也就是政务发布带来的评论、点赞，更注重考量政务机构主动回复、双向互动的能力。

二 2018年上半年政务微博影响力分榜

2018年上半年政务微博影响力分榜见表1至表79。

1. 全国十大中央机构微博

@商务微新闻：中美贸易战系列微博建构传播话语权

2018年4月4日凌晨，美国政府依据301调查单方认定结果，宣布对原产于中国的1300

表1　全国十大中央机构微博

排名	微博	认证信息	传播力	服务力	互动力	认同度	总分
1	公安部打四黑除四害	公安部治安管理局暨打四黑除四害专项行动办公室官方微博	97.02	90.98	87.19	88.33	91.99
2	共青团中央	共青团中央官方微博	98.26	80.78	87.61	90.65	90.81
3	中国消防	应急管理部消防局官方微博	89.37	82.32	84.68	89.39	86.55
4	中国反邪教	中国反邪教官方微博	95.37	70.11	82.01	82.39	85.01
5	中国长安网	中央政法委新闻网站官方微博	87.59	79.85	84.70	85.59	84.98
6	中国政府网	国务院办公厅中国政府网运行中心	87.99	63.75	85.00	85.29	81.97
7	中央气象台	中央气象台官方微博	81.86	81.18	81.43	79.88	81.40
8	最高人民法院	最高人民法院官方微博	84.98	73.51	81.80	78.02	81.04
9	中国地震台网速报	国家地震台网官方微博	84.92	61.72	86.26	85.30	80.72
10	最高人民检察院	最高人民检察院微博	84.88	67.61	83.80	79.02	80.52

余种进口商品加征25%的关税，涉及500亿美元的中国对美出口额。接着，中国商务部公布了对美加征关税的商品清单，"@商务微新闻"也立即发博，在博文中再次贴出商品名单，规模巨大的中美贸易战正式打响。随后，"@商务微新闻"发表了一系列微博回应中美贸易战的相关问题，强调中方不想打贸易战但不怕打贸易战的坚定立场。在这一系列微博中，"@商务微新闻"借助《商务部回应美301：近日将公布同等力度规模的对等措施》《中国驻WTO大使力批美301：肆虐一时，臭名昭著!》等头条文章，谴责美国单边主义和贸易保护主义的典型做法，强调中方将采取所有必要措施，坚决捍卫自身合法权益；同时转引商务部副部长王受文的官方发声，对中美贸易战是由中方挑起等谣言进行有针对性的辟谣。中美贸易战全球聚焦，"@商务微新闻"及时跟进事件进展，积极传递官方声音，构筑了政务微博的话语权，增强了传播的权威性和影响力，为政务微博就对外事务发声表态树立了良好典型。

@外交小灵通："刚刚体"走红网络　可爱评论带节奏

2018年5月3日，朝鲜劳动党委员长、国务委员会委员长金正恩在党中央总部会见了正在朝鲜访问的国务委员兼外交部长王毅。"@外交小灵通"第一时间发博："刚刚，金正恩会见王毅。"这条短小精练的微博获得了大批网友的喜爱，评论区的基调与以往政务微博评论截然不同。此条微博受到近6万人次转评赞，这种情况在政务微博传播中是相当罕见的。网友评论亮点十足，比如"我怎么觉得这个新闻有点可爱……""感觉这个刚刚体，有可能会火"，有些网友还模仿此语体，评论道："刚刚，我关注了你。"

从本质上来说，政务微博承担着发布信息、引导舆论、集纳民意、官民互动、为民服务等诸多功能，是政府政务发布和形象塑造的重要平台和工具。为了解决缺乏特色、关注度低、影响力差等问题，政务微博应该选择转变语态，做到真正意义上的"接地气"。"@外交小灵通"用轻松幽默的方式发布信息和讨论话题，调整发布信息的角度，运用"萌视角"发布新闻，使自身政务微博形象萌化，提高了微博的亲和力。事实证明，"@外交小灵通"的"萌化"转变令网友耳目一新，深受网友尤其是年轻人的喜爱，到达了"吸睛涨粉"的效果。

@国家税务总局：关注演艺行业"阴阳合同"问题

2018年6月初，关于演艺圈"大小合同"的话题引爆网络，关于某些演员是否采用"大小合同"签约的方式逃税引发了社会的广泛关注。6月3日下午，"@国家税务总局"针对此事快速做出回应，表示："针对近日网上反映有关影视从业人员签订'阴阳合同'中的涉税问题，国家税务总局高度重视，已责成江苏等地税务机关依法开展调查核实。如发现违反税收法律法规的行为，将严格依法处理。另外，国家税务总局将在已经部署开展对部分高收入、高风险影视从业人员依法纳税情况进行评估调查的基础上，进一步强化风险防控分析，加大征管力度，依法查处违法违规行为。"1小时后，"@国家税务总局"再次发博，表明江苏地税落实总局要求，已经依法组织对有关涉税问题开展调查核实。

近年来，明星"天价片酬"等影视行业的各类畸形乱象已经聚焦了大量网友的关注，行业的规范发展亟待广电、审计、税务等部门多管齐下，在市场规律下进行适度、有效的引导和调节。2017年9月，由中国电视剧制作产业协会等机构发布的《关于电视剧网络剧制作成本配置比例的意见》就是对高片酬现象的有效举措；如今，"@国家税务总局"也聚焦高收入、高风险影视从业人员依法纳税问题，希望在各部门的共同发力下，影视行业能重回健康有序的发展轨道。

2. 全国十大安监微博

表2 全国十大安监微博

排名	微博	认证信息	传播力	服务力	互动力	认同度	总分
1	双流安监	成都市双流区安监局官方微博	46.43	76.18	42.82	31.81	55.78
2	成都安监发布	成都市安全生产监督管理局官方微博	47.93	71.72	48.39	27.20	55.51
3	成华安监	成都市成华区安全生产监督管理局官方微博	49.55	76.70	36.17	23.09	53.75
4	杭州安监	浙江省杭州市安全生产监督管理局官方微博	42.33	53.03	45.60	52.44	48.60
5	天津安监	天津市安全生产监督管理局官方微博	50.43	57.22	36.40	25.92	46.48
6	新津安全	成都市新津县安全生产监督管理局官方微博	41.73	55.70	34.97	38.73	44.99
7	江苏安监	江苏省安全生产监督管理局(江苏煤矿安全监察局)官方微博	46.00	47.68	45.72	27.21	44.71
8	秦淮安监	江苏省南京市秦淮区安全生产监督管理局官方微博	37.83	47.27	54.85	17.49	44.68
9	江干安监	浙江省杭州市江干区安全生产监督管理局官方微博	41.68	59.57	31.24	19.73	43.51
10	上城安监	浙江省杭州市上城区安全生产监督管理局官方微博	43.79	55.63	34.21	18.95	43.17

3. 全国十大财政微博

表3 全国十大财政微博

排名	微博	认证信息	传播力	服务力	互动力	认同度	总分
1	宿州财政	安徽省宿州市财政局官方微博	42.33	57.61	28.79	40.23	44.17
2	成华财政	成都市成华区财政局官方微博	40.53	56.84	30.47	19.85	41.97
3	江干财政	浙江省杭州市江干区财政局官方微博	38.46	43.11	36.31	23.19	38.15
4	杭州财税发布	杭州市财政局、浙江省杭州市地方税务局官方微博	35.42	45.16	34.46	24.05	37.89
5	陇南徽县财政局	甘肃省陇南市徽县财政局官方微博	33.44	21.79	61.45	28.99	36.74
6	博州财政局	新疆博尔塔拉蒙古自治州财政局	32.31	44.22	29.34	29.11	35.87
7	漯河舞阳财政局	河南省漯河市舞阳县财政局官方微博	39.88	42.60	28.58	21.28	35.72
8	陇南文县财政局	甘肃省陇南文县财政局官方微博	34.56	33.09	43.33	24.59	35.61
9	新区财政局文明志愿	河南省开封新区财政局文明志愿官方微博	26.00	31.43	50.60	18.33	34.79
10	陇县财政	陕西省宝鸡市陇县财政局官方微博	33.43	29.34	38.25	36.37	33.53

4. 全国十大残联微博

表4 全国十大残联微博

排名	微博	认证信息	传播力	服务力	互动力	认同度	总分
1	眉山残联	四川省眉山市残疾人联合会官方微博	72.14	74.72	56.40	65.52	67.79
2	青羊残联	四川省成都市青羊区残疾人联合会官方微博	60.48	80.43	44.55	40.76	61.71
3	四川残联	四川省残疾人联合会官方微博	53.68	70.45	44.48	42.06	56.47
4	中国残联	中国残疾人联合会官方微博	56.06	55.09	54.41	50.70	54.84
5	成都残联	四川省成都市残疾人联合会官方微博	47.11	59.62	40.67	31.77	48.65
6	双流残联	四川省成都市双流区残联官方微博	54.77	56.62	30.82	28.96	45.74
7	成华残联	四川省成都市成华区残疾人联合会官方微博	43.26	62.77	33.27	19.87	45.73
8	江干残联	浙江省杭州市江干区残疾人联合会官方微博	47.80	54.37	31.28	30.47	43.74
9	成都市武侯区残联	四川省成都市武侯区残联官方微博	38.14	62.74	28.52	20.15	43.30
10	南京残联	江苏省南京市残疾人联合会官方微博	46.45	45.36	36.44	42.04	42.57

5. 全国十大城管微博

表5　全国十大城管微博

排名	微博	认证信息	传播力	服务力	互动力	认同度	总分
1	杭州城管	浙江省杭州市城市管理委员会官方微博	57.16	78.85	62.91	52.48	67.10
2	郑州市城市管理局	河南省郑州市城市管理局官方微博	61.36	68.71	54.67	50.68	61.23
3	北京市城市管理委员会	北京市城市管理委员会官方微博	58.97	66.74	52.17	51.68	59.31
4	南京城管	江苏省南京市城市管理局官方微博	66.30	56.05	61.82	44.82	58.71
5	成都城市管理	四川省成都市城市管理委员会官方微博	53.00	68.05	50.29	45.55	57.46
6	珠海城管行政执法	广东省珠海市城市管理行政执法局官方微博	51.63	70.40	43.88	52.34	56.89
7	深圳市城市管理局	广东省深圳市城市管理局官方微博	54.38	64.34	48.38	42.58	55.38
8	南京六合城管	江苏省南京市六合区城管局官方微博	44.05	66.76	47.39	41.03	53.83
9	罗湖城事	广东省深圳市罗湖区城市管理局官方微博	53.67	64.83	42.46	37.09	53.12
10	双流区城市管理局	四川省成都市双流区城市管理局官方微博	49.39	64.10	43.92	41.03	52.80

6. 全国十大地震微博

表6　全国十大地震微博

排名	微博	认证信息	传播力	服务力	互动力	认同度	总分
1	中国地震台网速报	国家地震台网官方微博	84.92	61.72	86.26	85.30	80.72
2	新疆地震局	新疆地震局官方微博	74.11	74.78	74.02	78.99	74.84
3	四川省地震局	四川省地震局官方微博	66.54	66.42	61.75	63.82	64.78
4	北京市地震局	北京市地震局官方微博	64.24	73.97	57.25	50.84	64.70
5	中国地震台网	中国地震台网中心官方微博	52.14	39.34	81.25	46.93	57.79
6	河北省地震局	河北省地震局官方微博	54.81	60.34	48.00	44.85	53.98
7	辽宁省地震局	辽宁省地震局官方微博	58.27	56.73	48.79	49.82	53.96
8	晋阳震事	山西省太原市防震减灾局官方微博	52.29	55.66	44.12	37.16	49.68
9	云南省地震局	云南省地震局官方微博	53.95	53.43	43.63	43.81	49.63
10	陕西省地震局	陕西省地震局官方微博	52.88	45.33	44.31	36.80	45.68

@云南省地震局：有效应对震后网络舆情事件

地震后往往是人们最为无助和恐惧的时期，官方微博及时发声，将为社会公众带去权威信息和信心。2018年2月9日22时58分，云南省西双版纳州景洪市发生地震。网友在云南省地震局官方微博下留言"我家吊灯在晃动，吓得我赶紧就把一家人叫醒"，"我就住在景洪，震感超强，凳子、电脑都在晃"，希望引起云南省地震局的重视与处置。12分钟后，

"@云南省地震局"根据中国地震台网测定数据发布消息,将地震发生地点及震级(景洪市4.9级地震)告知广大网友。截至10日00时51分,"@云南省地震局"向网友告知了与景洪4.9级地震相关的震情、灾情及应急措施等重要信息。从回应时效来看,"@云南省地震局"在监测到事件影响后随即利用微平台及时处置,保障了公民的知情权,展现了高效、负责的一面,得到了多数网友的点赞。从处置效果来看,此次地震事件应对安抚了广大民众的恐慌情绪,较好地引导了社会舆论。

7. 全国十大发改委微博

表7　全国十大发改委微博

排名	微博	认证信息	传播力	服务力	互动力	认同度	总分
1	国家发改委	国家发展和改革委员会政策研究室官方微博	63.26	39.25	64.04	55.23	57.89
2	秦淮价格监测	南京市秦淮区物价局官方微博	45.35	65.49	49.90	23.45	52.58
3	南京价格监测	南京市物价局官方微博	46.27	54.65	51.69	31.65	49.79
4	发展北京	北京市发展和改革委员会官方微博	49.85	50.53	49.43	42.86	49.30
5	江干区发改局	浙江省杭州市江干区发展改革和经济局官方微博	40.91	70.47	29.84	27.79	48.10
6	秦淮发改	江苏省南京市秦淮区发展和改革局官方微博	36.33	67.46	28.61	17.32	44.56
7	南京鼓楼物价	南京市鼓楼区物价局官方微博	38.83	50.38	44.77	28.05	44.16
8	玄武物价	南京玄武区物价局官方微博	37.98	43.58	55.07	21.05	43.65
9	宿州粮食	安徽省宿州市粮食局官方微博	38.85	56.07	33.96	26.96	43.08
10	蒲江发改	成都市蒲江县发改局官方微博	41.07	62.46	24.89	23.82	43.04

8. 全国十大法院微博

表8　全国十大法院微博

排名	微博	认证信息	传播力	服务力	互动力	认同度	总分
1	最高人民法院	最高人民法院官方微博	84.98	73.51	81.80	78.02	81.04
2	山东高法	山东省高级人民法院官方微博	77.76	87.93	76.19	70.02	80.58
3	济南中院	山东省济南市中级人民法院官方微博	83.33	80.30	76.32	72.59	78.94
4	人民法院报	《人民法院报》微博	76.44	82.62	78.11	68.01	78.57
5	菏泽中院	山东省菏泽市中级人民法院官方微博	72.37	82.20	62.58	55.20	71.65
6	京法网事	北京法院网官方微博	69.78	66.69	68.26	72.85	68.39
7	陕西高院	陕西省高级人民法院官方微博	61.60	75.13	61.77	45.67	65.47
8	北京海淀法院	北京市海淀区人民法院官方微博	57.29	65.58	72.94	53.56	64.93
9	豫法阳光	河南省高级人民法院官方微博	62.03	66.37	62.06	46.45	62.21
10	菏泽巨野县法院	山东省巨野县人民法院官方微博	55.33	70.09	50.67	50.82	59.38

@最高人民法院@山东高法：首期"决胜执行难" 全媒体直播引关注

2018年5月17日上午8~11时，最高人民法院新闻局、最高人民法院执行局、山东省高级人民法院联合举办今年第一期"决战执行难"全媒体直播活动，对一批执行案件、部分实施拘留案件和有关执行活动现场进行全媒体直播。"@最高人民法院""@山东高法"陆续通过微博发布"决胜执行难"直播活动，微博直播播放量超50万人次。直播在山东广播电视台设立主演播室，济南、淄博、德州三城部署执行任务，六路记者直击直播现场。人民日报、新华社、中央广播电视总台、中国法院网、大众日报、山东电视台等50多家媒体参与了直播活动。据统计，截至当日下午14时，此次活动共拘留被执行人17人，拘传被执行人7人，执结案件28件，达成和解协议案件11件，执行到位款220多万元，强制腾房3处，强制清理厂房1处。

"@最高人民法院""@山东高法"通过全媒体直播活动探索解决"执行难"的可能性，集合调度、执行、媒体多方力量，方向明确，攻坚克难，共同推动"决胜执行难"工作。三小时不间断直播，全媒体的覆盖广度，最大限度地让公众看到多地多案的具体执行实施过程，为广大网友奉献了一堂生动的普法公开课。

@白银市中院：审判法院发表头条文章彰显法律正义

2018年3月27日，"@白银市中院"发表名为《白银市中院公开宣判被告人高承勇抢劫、故意杀人、强奸、侮辱尸体一案》的文章，公开了备受社会关注的甘肃、内蒙古"8·05"系列强奸杀人案一审宣判结果。文章表示，甘肃省白银市中级人民法院依法判决被告人高承勇犯抢劫罪、故意杀人罪、强奸罪、侮辱尸体罪，数罪并罚，决定执行死刑，剥夺政治权利终身。高承勇当庭表示不上诉。

白银市连环杀人案由于作案手段极其残忍，极具隐蔽性，造成巨大的社会恐慌，案件的审理备受社会关注。"@白银市中院"作为白银市中级人民法院的官微，在案件审理第一时间权威发布受理法院审判结果，在政府与公众之间起到了良好的桥梁作用，成为政务微博提高公信力的典范。同时，由于案件本身影响力大关注度高，@白银市中院"对案件的通告也向社会传递了法制的威慑力，彰显了法律的正义，维护了社会的公平正义。

9. 全国十大反邪教微博

表9 全国十大反邪教微博

排名	微博	认证信息	传播力	服务力	互动力	认同度	总分
1	内蒙古反邪教	内蒙古自治区反邪教协会	92.77	79.37	78.55	86.03	85.15
2	中国反邪教	中国反邪教官方微博	95.37	70.11	82.01	82.39	85.01
3	河南反邪教	河南省反邪教协会	84.35	82.73	71.65	75.62	79.34
4	安徽反邪教	安徽省委政法委员会防范和处理邪教办公室官方微博	81.53	80.21	61.51	70.58	74.16
5	上海反邪教	"海尚网"官方微博	75.16	73.88	71.47	75.24	73.81
6	黑龙江反邪教	黑龙江省反邪教研究会官方微博	78.80	79.63	62.24	69.03	73.02
7	云南反邪教	云南省人民政府防范和处理邪教问题办公室官方微博	83.65	71.04	59.48	65.47	72.06
8	山西反邪教	山西反邪教协会官方微博	75.29	78.19	56.75	59.58	68.73
9	河北反邪教	河北省反邪教协会官方微博	67.02	85.51	57.82	65.14	67.77
10	郑州反邪教	郑州市反邪教协会	77.04	70.60	53.92	61.89	67.30

10. 全国十大妇联微博

表 10 全国十大妇联微博

排名	微博	认证信息	传播力	服务力	互动力	认同度	总分
1	中国妇女报	《中国妇女报》是全国妇联机关报	83.84	71.65	82.69	80.17	78.25
2	龙泉妇联	四川省成都市龙泉驿区妇女联合会官方微博	77.11	84.77	67.45	65.80	76.15
3	女性之声	中华全国妇女联合会官方微博	66.92	66.41	69.94	61.07	67.14
4	成都妇女	成都市妇女联合会官方微博	60.63	73.44	42.89	42.27	58.60
5	四川女性	四川省妇女联合会官方微博	67.03	65.34	44.48	34.89	56.38
6	贵州省妇女联合会	贵州省妇女联合会官方微博	57.74	55.28	50.18	52.54	53.97
7	燕赵女性	河北省妇女联合会官方微博	47.83	53.03	56.42	50.61	52.77
8	上海女性 shwomen	上海市妇女联合会官方微博	55.27	52.33	48.42	40.44	50.56
9	抚顺妇女	抚顺市妇女联合会官方微博	49.73	51.73	43.59	47.81	48.50
10	温江妇联	成都市温江区妇女联合会官方微博	44.41	61.53	34.88	31.05	47.06

11. 全国十大服务中心微博

表 11 全国十大服务中心微博

排名	微博	认证信息	传播力	服务力	互动力	认同度	总分
1	天津 8890	天津便民服务专线平台官方微博	71.55	93.42	64.75	58.03	76.90
2	北京 12345	北京市人民政府便民电话中心、北京市非紧急救助服务中心官方微博	65.82	88.40	63.33	53.81	72.90
3	成都服务	四川省成都市人民政府政务服务中心官方微博	69.17	85.87	63.93	54.45	72.81
4	问政银川	中共银川市委办公厅、市政府办公厅官方微博	67.51	70.69	74.64	55.24	69.69
5	启东市 12345 公共服务热线	启东市 12345 公共服务热线（启东市机关效能建设领导组办公室）	59.55	93.39	53.59	38.65	69.21
6	天府服务	四川省成都市天府新区政务服务中心官方微博	59.06	88.11	46.79	40.75	65.17
7	郫都服务	四川省成都市郫都区人民政府政务服务中心官方微博	54.95	86.55	48.24	35.12	63.59
8	高新服务	成都高新区政务服务中心官方微博	57.30	83.64	46.55	41.91	63.07
9	彭州服务	彭州市政务服务中心官方微博	53.77	78.55	54.09	43.97	62.80
10	成华服务	四川省成都市成华区人民政府政务服务中心官方微博	53.41	81.88	53.70	32.53	62.80

@成都服务：落实"放管服" 43 分钟留住高学历人才

2018 年 4 月 16 日，"@成都服务"接到一位微博网友反映，一位在麻省理工取得博士学位的何先生在落户时遇到麻烦。因其出国前将户口注销，户口注销证明书是北京警方出具的，抬头不符合当地公安办证中心户籍注销证明要求，这一格式问题导致其现在无法继续办理落户手续。"@成都服务"接到情况反映后，考虑到因格式问题增加市民时间成本，既不符合国务院对"放管服"工作的相关要求，也违背成都市人才引进的战略，为了留住人才，为城市发展积蓄能量，"@成都服务"立即联系"@龙泉服务"，请其在合法合规的前提下与龙泉驿区公安办证中心进行协调，争取节省何先生的户籍办理时间。在各方协调下，仅仅43分钟后何先生就到窗口办妥了落户手续。"@成都服务"善管闲事，细解琐事，巧办难事，面对网友对政务微博的信任和期望，保持一贯快速高效的作风，落实特事特办，利用政务新媒体在现今如火如荼的人才争夺战中抢占先机，成为其他地方政务微博的榜样。

12. 全国十大公安微博

表12 全国十大公安微博

排名	微博	认证信息	传播力	服务力	互动力	认同度	总分
1	公安部打四黑除四害	公安部治安管理局暨打四黑除四害专项行动办公室官方微博	97.02	90.98	87.19	88.33	91.99
2	平安北京	北京市公安局官方微博	91.03	86.47	82.87	85.73	86.23
3	深圳交警	广东省深圳市公安局交警支队官方微博	86.73	85.60	78.69	76.59	82.85
4	深圳公安	深圳市公安局官方微博	81.56	94.49	71.21	72.64	82.73
5	湖南高速警察	湖南省高速公路交通警察局	77.44	92.09	75.59	75.73	82.57
6	天津交警	天津市公安交通管理局官方微博	81.51	92.82	74.38	68.19	82.56
7	平安武汉	武汉市公安局官方微博	83.59	87.70	74.69	78.41	82.05
8	中国警察网	中国警察网官方围脖	82.99	85.56	78.83	79.90	81.95
9	警民直通车—上海	上海市公安局官方微博	83.25	85.98	78.64	72.39	81.87
10	江宁公安在线	南京市公安局江宁分局	88.84	74.88	84.27	86.86	81.69

@平安天津：跨境政务O2O "线上战狼"又添新成员

2018年3月14日上午，"@平安天津"接到一位微博网友发来的私信：其在日本大阪高岛屋捡到天津程女士的护照，希望"@平安天津"帮助联系失主。接到网友私信后，"@平安天津"管理员一边向该网友详细了解情况，一边联系矩阵成员"@天津出入境"和"@天津户政"，核实确认失主身份，获取其联系方式。在连续7次拨打程女士手机后，终于接通电话，通知其取回护照。

线上服务靠线下落实，公安政务微博沟通警民关系不是单纯地发布信息，树立正面形象，而是认真对待网民的诉求，一点一滴，取信于民。2017年至今，"@湖南公安"已完成19次跨国救助，帮助20余名在越南、泰国、韩国、英国、西班牙等国遭遇抢劫、丢失护照、拿错行李的中国旅客远程在线解决困难，并逐步摸索出一套跨国救助的完整流程。如今，这种积极效应已扩散至北京、天津等地。作为政府公共社交化服务的产物，"线上战狼"理应无处不在。其实类似的出入境国民服务时时都有，只是路径、方式不同，服务的知晓程度和传播影响不同。出入境部门每天都在重复做这些业务，也应该善用微博将大量的日常服务工作展现出来，让群众真切感受到国家的强大和政府部门的高效运转。

@平安江苏：通报处理亵渎历史事件　捍卫国家民族尊严

2018年2月20日，有网友在微博曝光"两名男子在南京抗日碉堡遗址前身穿仿制二战日本军服"的照片，引起广大网友的强烈愤慨和严厉谴责。南京警方高度重视，迅速开展调查。23号，所属地警方官微"@南京玄武警方在线"发布通报，表示已于22日晚分别在四川达州、江苏句容将涉案违法行为人唐某、宗某抓获。通报中称，唐某、宗某为寻求刺激，明知邵家山碉堡是抗战遗址，仍身着仿制二战时期日本军服拍照合影，在互联网上传照片，严重亵渎民族感情，造成了恶劣的社会影响，将因构成寻衅滋事被南京市公安局玄武分局依法分别予以行政拘留15日。微博发布后，"@平安江苏"立即转发，凭其省级政务微博的覆盖面和268万粉丝的关注度扩大了通报的影响力和传播范围，用实际行动表达了对国家历史的尊重和对社会公序良俗的捍卫，令网友们纷纷评论"大快人心""干得漂亮！"。网络空间并非法外之地，公安系统政务微博有责任向公民警示，在公共场所和公共网络空间的一切行为都不能逾越法律的底线，要时刻不忘维护国家与民族的尊严。

@安徽铁路公安在线：通报处理女子高铁拦门事件引深思

2018年1月5日，由蚌埠南开往广州南站的G1747次列车在合肥站停站办客时，一名带着孩子的女性旅客罗某以等老公为名，用身体强行阻挡车门关闭，铁路工作人员和乘客多次劝解，该女子仍强行扒阻车门，造成该列车晚点发车。该事件历经4天发酵，在由线下进入微博后，引发了社会广泛热议，很多网友都谴责该女子无视规则、扰乱秩序的行为。1月10日，"@安徽铁路公安在线"发布情况通报表示，该女子的行为涉嫌"非法拦截列车、阻断铁路运输"，扰乱了铁路车站、列车正常秩序，违反了《铁路安全管理条例》第77条规定，依据该条例第95条规定，公安机关责令罗某认错改正，对罗某处以2000元罚款。虽然"@安徽铁路公安在线"及时发布了通报，但通报中公布的处罚结果并没有令网友满意。舆论普遍认为，对于此种恶劣且造成广泛负面影响的违法行为来说，这样的处置力度无疑太轻，无法达到惩治和威慑效果。从应急预案的准备到对违法行为的处置，"@安徽铁路公安在线"需要进行全方位的反思，避免类似事件再次发生。

@平安郑州：及时更新案情进展　遏制网络谣言

2018年5月6日凌晨，21岁的空姐李某珠，在郑州通过滴滴平台搭乘顺风车，不幸被司机杀害。5月11日，"@平安郑州"发博对网上流传的"杀害网约车乘客嫌疑人刘某华已被抓获""嫌疑人仍在使用支付宝"等相关视频图片进行辟谣。5月12日，"@平安郑州"发布案情结果通报，表示警方在郑州市西三环附近一河渠内打捞出一具尸体，经查验，其体表特征和DNA样本分型与嫌疑人基本一致，可初步确认该尸体系杀害滴滴顺风车乘客李某珠的嫌疑人刘某华。

"空姐滴滴打车遇害案"由于案情性质恶劣，引起了网友的广泛关注和讨论，在案情侦破的过程中容易滋生谣言。网络谣言处置不当，不仅会给受害人家属带来极大伤害，还会造成恶劣的社会影响。"@平安郑州"第一时间对谣言进行辟谣，减轻网络谣言对社会和个人造成的伤害程度，对网络谣言的制造者和散布者构成强大的震慑作用。此外，"@平安郑州"持续关注案情并及时发布案情相关动态，在信息公开、引导舆论、把握民意、促进公众良性政治参与等方面起到了示范作用。

（1）全国十大公安局微博

表 13　全国十大公安局微博

排名	微博	认证信息	传播力	服务力	互动力	认同度	总分
1	平安北京	北京市公安局官方微博	91.03	86.47	82.87	85.73	86.23
2	深圳公安	深圳市公安局官方微博	81.56	94.49	71.21	72.64	82.73
3	平安武汉	武汉市公安局官方微博	83.59	87.70	74.69	78.41	82.05
4	警民直通车－上海	上海市公安局官方微博	83.25	85.98	78.64	72.39	81.87
5	江宁公安在线	南京市公安局江宁分局	88.84	74.88	84.27	86.86	81.69
6	平安洛阳	河南省洛阳市公安局官方微博	80.78	90.82	69.80	69.20	80.35
7	广州公安	广州市公安局官方微博	81.92	84.86	73.95	71.36	79.65
8	平安辽宁	辽宁省公安厅官方微博	73.92	89.63	73.50	66.00	79.29
9	平安南京	江苏省南京市公安局官方微博	74.91	84.42	75.03	66.99	77.96
10	安徽公安在线	安徽省公安厅官方微博	81.04	80.48	73.69	68.28	77.34

（2）全国十大刑侦经侦微博

表 14　全国十大刑侦经侦微博

排名	微博	认证信息	传播力	服务力	互动力	认同度	总分
1	公安部刑侦局	公安部刑事侦查局官方微博	77.93	53.89	77.60	73.96	72.62
2	公安部儿童失踪信息紧急发布平台	公安部儿童失踪信息紧急发布平台官方微博	64.25	74.21	83.11	65.86	72.06
3	深圳刑侦局－深圳CID	广东省深圳市公安局刑事警察支队官方微博	52.15	52.23	47.09	40.04	49.45
4	重庆刑侦总队	重庆市公安局刑事警察总队官方微博	39.73	50.82	40.44	32.74	43.68
5	海安市经侦大队	江苏南通海安县经侦大队官方微博	33.86	51.91	42.16	17.64	41.95
6	天津经侦	天津市公安局经济犯罪侦查总队官方微博	47.84	40.84	42.16	30.37	41.59
7	新乡刑警	河南省新乡市公安局犯罪侦查支队官方微博	44.77	35.38	47.31	42.81	41.58
8	海安刑警大队	海安市公安局刑事警察大队官方微博	40.28	46.80	39.96	23.16	41.08
9	天津刑侦	天津市公安刑事侦查局官方微博	49.11	35.53	45.56	32.58	40.96
10	石家庄反电诈中心	河北省石家庄市公安局刑警支队反电诈中心官方微博	48.88	38.21	41.26	33.07	40.75

（3）全国十大治安管理微博

表15 全国十大治安管理微博

排名	微博	认证信息	传播力	服务力	互动力	认同度	总分
1	公安部打四黑除四害	公安部治安管理局暨打四黑除四害专项行动办公室官方微博	97.02	90.98	87.19	88.33	91.99
2	大连户口身份证	辽宁省大连市公安局治安管理支队户籍管理大队官方微博	67.88	96.23	64.37	51.41	76.52
3	淮南治安在线	安徽省淮南市公安局治安管理支队官方微博	60.24	86.47	62.81	60.91	71.57
4	绩溪县金沙派出所	安徽省绩溪县公安局金沙派出所官方微博	71.92	81.88	58.23	56.19	70.22
5	安庆望江公安华阳派出所	安徽省安庆市望江县公安局华阳出所官方微博	60.91	83.71	52.24	53.81	66.72
6	常熟谢桥派出所	常熟市公安局谢桥派出所官方微博	70.23	61.90	63.40	72.41	65.07
7	平安洛阳－车站派出所	河南省洛阳市公安局车站派出所官方微博	58.26	77.04	50.90	44.53	62.19
8	东岳东区所	湖北省十堰市公安局东岳分局东区派出所官方微博	64.70	73.73	49.30	48.10	62.03
9	平安洛阳－瀍河派出所	河南省洛阳市公安局瀍河派出所官方微博	55.57	77.18	47.51	39.38	60.17
10	平安洛阳－龙门派出所	河南省洛阳市公安局龙门派出所官方微博	58.41	81.15	40.78	34.22	59.80

（4）全国十大交警微博

表16 全国十大交警微博

排名	微博	认证信息	传播力	服务力	互动力	认同度	总分
1	深圳交警	广东省深圳市公安局交警支队官方微博	86.73	85.60	78.69	76.59	82.85
2	湖南高速警察	湖南省高速公路交通警察局	77.44	92.09	75.59	75.73	82.57
3	天津交警	天津市公安交通管理局官方微博	81.51	92.82	74.38	68.19	82.56
4	南京交警	南京市公安局交通管理局官方微博	80.33	89.95	73.79	69.77	81.16
5	济南交警	济南市公安局交警支队官方微博	76.98	85.43	74.11	72.85	79.09
6	青岛交警	青岛市公安局交警支队官方微博	77.68	88.61	72.17	64.18	79.05
7	公安部交通安全微发布	公安部交通管理局官方微博	86.09	69.73	79.32	67.00	78.88
8	北京交警	北京市公安局公安交通管理局官方微博	78.10	89.25	67.60	61.41	77.74
9	畅通西安	西安市公安局交警支队官方微博	71.14	91.52	66.11	59.18	76.59
10	石家庄交警	石家庄市公安局交通管理局官方微博	72.36	88.56	67.14	62.19	76.26

（5）全国十大网警微博

表17　全国十大网警微博

排名	微博	认证信息	传播力	服务力	互动力	认同度	总分
1	首都网警	首都网警	73.44	81.66	69.82	62.04	74.50
2	江苏网警	江苏省公安厅网络安全保卫总队官方微博	74.21	62.78	76.52	72.48	70.16
3	湖北网警巡查执法	湖北省公安厅网络安全保卫总队官方微博	78.44	72.53	59.65	58.62	68.46
4	沈阳网警巡查执法	辽宁省沈阳市公安局网络安全保卫支队官方微博	67.76	80.36	57.03	54.33	68.24
5	十堰网警巡查执法	十堰市公安局网络安全保卫支队官方微博	75.66	63.45	68.99	69.18	68.12
6	黄冈网警巡查执法	黄冈网警巡查执法官方微博	70.45	74.79	61.06	48.94	67.22
7	深圳网警	深圳市公安局公共信息网络安全监察分局官方微博	68.05	75.34	60.86	50.47	67.05
8	长沙网警巡查执法	长沙市公安局网络安全保卫与技术侦察支队官方微博	72.92	75.16	55.45	55.90	66.87
9	荆门网警巡查执法	湖北省荆门市公安局网络安全保卫支队官方微博	75.09	80.07	46.02	49.13	65.76
10	石家庄网警巡查执法	石家庄市公安局网络安全保卫支队官方微博	64.66	71.28	58.82	64.52	65.54

（6）全国十大禁毒微博

表18　全国十大禁毒微博

排名	微博	认证信息	传播力	服务力	互动力	认同度	总分
1	禁毒法治	广西百色市禁毒办官方微博	42.94	69.64	50.42	40.51	55.62
2	齐鲁禁毒	山东省禁毒委员会办公室官方微博	50.55	16.98	45.12	40.34	41.19
3	陕西省禁毒	陕西省禁毒委员会办公室官方微博	37.70	40.70	43.95	34.51	40.45
4	重庆禁毒在线	重庆市禁毒委员会办公室官方微博	39.69	50.29	27.46	28.18	39.11
5	禁毒626	北京市门头沟区禁毒委员会办公室	40.97	29.78	39.03	35.87	35.40
6	福建禁毒	福建省禁毒委员会办公室官方微博	39.57	39.83	31.26	18.74	35.10
7	南京市禁毒	江苏省南京市禁毒委员会办公室官方微博	40.55	2.55	44.08	41.37	34.09
8	石狮公安禁毒大队	石狮市公安局禁毒大队官方微博	31.08	39.82	31.59	21.40	33.76
9	中国禁毒	国家禁毒委员会办公室官方微博	29.70	3.45	39.64	32.02	27.66
10	天津禁毒	天津市公安局禁毒总队官方微博	35.67	22.15	29.60	22.21	27.09

13. 全国十大工会微博

表19 全国十大工会微博

排名	微博	认证信息	传播力	服务力	互动力	认同度	总分
1	吴兴工会	浙江省湖州市吴兴区总工会官方微博	40.04	71.43	36.91	49.31	52.58
2	成华工会	成都市成华区总工会官方微博	47.09	71.20	37.79	21.23	51.36
3	贵州省总工会	贵州省总工会新浪官方微博	52.35	58.29	42.92	34.40	50.10
4	广东工会	广东省总工会官方微博	50.04	57.54	43.65	36.64	49.78
5	成都市武侯区总工会	四川省成都市武侯区总工会官方微博	46.67	64.26	36.46	33.15	49.29
6	成都工会	成都市总工会官方微博	47.10	51.46	47.53	32.79	47.54
7	江干区总工会	杭州市江干区总工会官方微博	46.56	62.67	31.94	28.19	46.78
8	赣州职工家园	江西省赣州市总工会官方微博	39.86	43.63	39.07	84.08	45.55
9	上城区总工会	杭州市上城区总工会官方微博	41.23	52.77	37.09	34.47	43.93
10	宿州工会	安徽省宿州市总工会官方微博	41.80	47.13	36.15	24.42	40.50

14. 全国十大供销微博

表20 全国十大供销微博

排名	微博	认证信息	传播力	服务力	互动力	认同度	总分
1	郑州供销	郑州市供销合作社官方微博	50.65	59.61	57.38	47.60	55.95
2	荥阳供销	河南省荥阳市供销合作社联合社官方微博	43.89	49.45	45.65	39.74	46.23
3	八岗供销	中牟县八岗供销社官方微博	35.84	55.11	41.84	39.89	45.75
4	青白江供销联社	成都市青白江区供销合作社联合社官方微博	40.34	56.93	34.18	22.99	43.39
5	中牟供销	河南省郑州市中牟县供销合作社官方微博	33.48	37.20	51.81	38.10	40.93
6	平度供销	山东省平度市供销社官方微博	26.66	43.45	27.87	27.09	33.78
7	白沙供销	中牟县白沙供销社官方微博	34.67	17.47	50.57	37.05	32.80
8	清风召陵供销社	河南省漯河市召陵区供销合作社官方微博	32.67	33.22	37.02	17.36	32.66
9	新密供销	河南省新密市供销合作社联合社官方微博	32.13	22.04	45.87	35.97	32.60
10	陇南市供销合作社	甘肃省陇南市供销合作社官方微博	34.36	27.50	40.66	21.55	32.23

15. 全国十大工信微博

表 21　全国十大工信微博

排名	微博	认证信息	传播力	服务力	互动力	认同度	总分
1	工信微报	工业和信息化部信息中心	70.62	48.67	69.17	69.78	65.71
2	礼泉政务	陕西省咸阳市礼泉县信息化工作办公室官方微博	40.17	55.67	57.76	27.34	50.36
3	中国信息通信研究院	中国信息通信研究院（工业和信息化部电信研究院）官方微博	51.46	52.42	46.01	41.40	49.01
4	高淳区经信局	江苏省南京市高淳区工业和信息化局官方微博	43.30	60.68	34.15	26.77	45.85
5	昆明市工信委	云南省昆明市工业和信息化委员会官方微博	40.33	53.03	41.13	26.78	44.29
6	邛崃经科局	邛崃市经济和信息化局官方微博	42.00	49.76	39.82	27.24	42.98
7	杭州市经信委	浙江省杭州市经济和信息化委员会官方微博	40.42	53.29	27.57	28.90	40.56
8	成都市蒲江县经科信局	蒲江县经济科技和信息化局官方微博	38.80	48.46	31.59	23.39	38.96
9	新都区经信局	成都市新都区经济科技和信息化局官方微博	34.59	50.51	29.39	19.77	37.92
10	天津工业和信息化	天津市工业和信息化委员会官方微博	42.36	39.82	31.32	40.53	37.85

16. 全国十大广电新闻出版微博

表 22　全国十大广电新闻出版微博

排名	微博	认证信息	传播力	服务力	互动力	认同度	总分
1	新余文化	新余市文化广播电影电视新闻出版（版权）局	62.20	83.33	48.72	55.24	65.91
2	高淳文广	江苏省南京市高淳区文化广电局官方微博	45.81	72.93	57.12	42.14	59.68
3	文化上海	上海市文化广播影视管理局官方微博	57.43	61.39	56.83	53.39	58.43
4	国家版权局	国家版权局官方微博	66.34	11.99	72.61	70.18	57.73
5	书香江苏在线	江苏省新闻出版广电局官方微博	56.82	66.57	43.89	38.59	55.02
6	书香上海	上海市新闻出版局官方微博	58.16	60.29	47.71	49.33	54.99
7	广州天河发布	广州市天河区有线电视中心官方微博	62.01	54.40	50.83	50.75	54.49
8	福州广播电视台	福建省福州广电集团官方微博	55.43	56.90	39.84	36.53	49.45
9	悦读中国	国家新闻出版广电总局门户网站视听阅读频道官方微博	54.14	38.04	47.84	53.12	48.93
10	临淄广电	临淄区广播电视局官方微博	51.60	50.86	43.21	36.71	47.30

17. 全国十大国资委微博

表 23 全国十大国资委微博

排名	微博	认证信息	传播力	服务力	互动力	认同度	总分
1	国资小新	国务院国资委新闻中心	72.30	70.15	66.03	64.40	69.20
2	徐州国资	徐州市人民政府国有资产监督管理委员会官方微博	38.57	27.52	40.67	41.09	35.03
3	内蒙古国资	内蒙古自治区人民政府国有资产监督管理委员会官方微博	37.19	22.56	43.84	40.38	33.65
4	杭州国资	浙江省杭州市国有资产监督管理委员会官方微博	38.27	34.37	30.11	27.43	33.18
5	南昌国资	江西省南昌市国有资产监督管理委员会官方微博	28.57	16.99	50.93	30.19	30.81
6	文明开封国资	河南省开封市人民政府国有资产监督管理委员会官方微博	35.28	28.69	30.70	20.72	29.81
7	广州国资	广州市国资委官方微博	36.53	26.98	29.38	23.89	29.30
8	安徽国资	安徽省人民政府国有资产监督管理委员会官方微博	33.81	25.39	25.35	30.63	29.27
9	昆明国资	云南省昆明市人民政府国有资产监督管理委员会官方微博	32.38	26.99	29.77	23.25	28.53
10	云南国资	云南省人民政府国有资产监督管理委员会官方微博	29.43	6.57	39.04	27.45	27.54

18. 全国十大海关微博

表 24 全国十大海关微博

排名	微博	认证信息	传播力	服务力	互动力	认同度	总分
1	海关发布	海关总署办公厅官方微博	73.49	51.01	79.65	73.82	70.88
2	12360 海关热线	12360 全国海关 24 小时通关服务热线官方微博	52.58	30.50	52.25	37.37	46.55
3	上海海关 12360 服务热线	上海海关 12360 服务热线官方微博	44.33	24.42	44.68	27.18	34.76
4	广州海关 12360	广州海关 12360 热线工作室官方微博	40.93	19.15	44.20	30.49	32.16
5	黄埔海关 12360	黄埔海关 12360 热线官方微博	38.00	22.82	40.60	30.69	31.98
6	南京海关 12360 服务热线	南京海关 12360 服务热线官方微博	38.85	20.62	40.39	23.09	30.44
7	福州海关 12360	福州海关 12360 综合服务平台	35.90	15.37	43.10	26.51	28.91
8	厦门海关发布	厦门海关官方微博	43.31	11.01	34.19	36.87	27.01
9	湛江海关 12360 服务热线	湛江海关 12360 服务热线官方微博	34.42	14.59	29.98	27.79	24.49
10	中国国际贸易单一窗口	中国电子口岸数据中心官方微博	24.33	9.74	32.30	30.52	24.42

19. 全国十大基层社区微博

表25　全国十大基层社区微博

排名	微博	认证信息	传播力	服务力	互动力	认同度	总分
1	高淳固城镇	南京市高淳区固城镇官方微博	53.89	84.67	64.69	53.35	69.39
2	勒流发布	佛山市顺德区勒流街道办事处官方微博	61.14	85.56	44.22	39.57	63.67
3	和谐双塘	江苏省南京市秦淮区人民政府双塘办事处官方微博	48.85	68.77	62.04	62.91	62.18
4	宜居伦教	佛山市顺德区伦教街道办事处官方微博	55.09	85.68	45.03	29.41	61.74
5	簇桥街道	成都市武侯区簇桥街道办事处官方微博	57.00	68.92	51.32	51.71	59.54
6	中华门在线	江苏省南京市秦淮区人民政府中华门办事处官方微博	48.91	59.76	62.60	53.74	57.84
7	龙潭街道	北京市东城区龙潭街道官方微博	51.45	75.33	47.20	28.36	57.42
8	热河南路三汊河社区	江苏省南京市鼓楼区热河南路街道三汊河社区	43.21	84.15	42.14	23.58	57.30
9	凤凰街道凤凰街社区	江苏省南京市鼓楼区凤凰街道凤凰街社区微博	44.01	79.44	45.80	23.80	56.70
10	秦虹微讯	江苏省南京市秦淮区人民政府秦虹街道办事处官方微博	47.82	65.23	57.99	35.71	56.62

20. 全国十大纪委监察微博

表26　全国十大纪委监察微博

排名	微博	认证信息	传播力	服务力	互动力	认同度	总分
1	钟山清风	中共南京市纪律检查委员会、南京市监察委员会官方微博	56.66	67.90	65.62	48.57	60.79
2	清风二七	郑州市二七区纪委监察局官方微博	59.88	65.86	60.76	49.25	60.28
3	廉洁上海	上海市纪委市监察委员会官方微博	58.57	70.59	55.83	50.27	59.32
4	安徽纪检监察	中国共产党安徽省纪律检查委员会官方微博	59.17	69.26	51.27	53.15	58.22
5	清风中原	河南省纪委监察厅官方微博	58.13	38.21	65.13	45.03	54.94
6	清风郑州	郑州市纪委监察委官方微博	53.11	47.55	64.36	38.42	53.90
7	西安纪检监察	西安市纪律检查委员会　西安市监察委员会	45.52	40.30	48.46	38.41	44.65
8	清风颍泉	中共阜阳市颍泉区纪律检查委员会官方微博	43.04	57.01	40.23	39.32	44.62
9	清廉蓉城	中国共产党成都市纪律检查委员会官方微博	47.72	33.27	51.19	30.14	44.11
10	廉洁广州	广州市纪委监委官方微博	42.55	48.81	45.73	32.81	43.78

21. 全国十大检察院微博

表 27 全国十大检察院微博

排名	微博	认证信息	传播力	服务力	互动力	认同度	总分
1	最高人民检察院	最高人民检察院微博	84.04	66.94	82.97	78.23	79.72
2	正义网	最高人民检察院主管、检察日报社主办——正义网官方微博	82.48	75.52	76.34	75.03	77.11
3	检察日报	《检察日报》官方微博	72.69	82.59	72.74	63.76	75.77
4	重庆检察	重庆市人民检察院官方微博	68.71	75.57	68.65	64.69	71.03
5	陕西检察	陕西省人民检察院官方微博	66.78	74.46	60.71	51.25	66.48
6	石家庄高新检察院	河北省石家庄高新技术产业开发区人民检察院官方微博	49.60	80.11	56.85	46.69	63.69
7	南充顺庆检察	四川省南充市顺庆区人民检察院官方微博	56.51	69.66	53.36	66.57	61.83
8	山东省人民检察院	山东省人民检察院官方微博	59.40	58.38	67.30	59.00	61.32
9	河北检察	河北省人民检察院官方微博	64.68	62.27	60.21	51.18	61.03
10	福建检察	福建省人民检察院官方微博	56.47	63.22	62.64	54.78	60.85

@最高人民检察院："季检察长邀你通话" H5 创意十足获点赞

2018 年 3 月 8 日，"@最高人民检察院"发布微博邀请网民与《人民的名义》中的季昌明检察长"视频通话"，引发广大网民关注点赞。目前，该微博点赞量已超过 2 万人次。让季检察长与网民沟通的创意极具巧思，不仅成功预告了"@最高人民检察院"次日的工作报告，也为其吸引了一大批的关注者。"视频通话"实际上是"@最高人民检察院"精心制作的 H5 互动内容。该 H5 不但贴合网民视频通话的使用感受，需要网民先点击"接听"按钮接通视频，而且"视频"完成后的"微信对话"也如假包换，语感平实、亲切，加之使用时下流行的微信表情，最大化地增强了网民的参与感。

"@最高人民检察院"此次宣传吸睛十足，不仅是因为借力现象级"爆款"电视剧《人民的名义》的影响力，也得益于其对新媒体、新媒介的创新应用。熟悉的影视面孔让检务工作更加切近生活，全新的创意则引发公众好奇。此次 H5 的发布，是新时代检察机关与网民对话的全新尝试，展现了检察机关自觉接受更广泛民众监督的决心。

@陕西检察：直播公益诉讼的办案现场引发关注

2018 年 6 月 14 日早 8 时起，"@陕西检察"通过#走进一线检察官#的活动主题，发布系列微博图文直播，让公众直击陕西各检察机关公益诉讼的办案现场。陕西检察机关立足地域特点，在全省范围内有针对性地开展秦岭生态保护、黄河湿地保护、土壤污染防治等专项活动。从秦岭北麓生态圈到朱鹮栖息地，从一江清水送北京的陕南水源地到红色革命的发源地黄土高原，从校园周边食品安全到医疗废物的妥善处理，从扶贫领域的防治国有资产流失到濒临灭绝的珍稀野生动物保护……处处都有检察官维护公共利益的身影。《行政诉讼法》第二十五条第四款规定："人民检察院在履行职责中发现生态环境和资源保护、食品药品安全、国有财产保护、国有土地使用权出让等领域负有监督管理职责的行政机关违法行使职权或者不作为，致使国家利益或者社会公共利益受到侵害的，应当向行政机关提出检察建议，督促其依法履行职责。行政机关不依法履行职责的，人民检察院依法向人民法院提起诉讼。"

"@陕西检察"此次微博直播是检察机关积极探索公益保护手段的有益尝试，可以充分发挥检察机关在生态环境保护等方面的监督作用，让公众零距离体验检察官提起公益诉讼的全过程。这种尝试一方面有效督促了行政机关履职，促进了行政执法的规范化；另一方面也维护了社会公众利益，助力了绿水青山的生态面貌的保存与恢复。

@新疆检察：矩阵联动帮助网友拿回欠款

2018年4月13日，重庆网民瑶某某在微博留言称，公司拖欠其父伤残生活费至今，求助检察机关给予帮助。微博求助被新疆检察新媒体矩阵通过"@博州检察"派送至"@博乐检察"，博乐市人民检察院接单后立即进行了安排部署，确定了专人负责跟进落实。经与相关建筑公司负责人沟通、协调，不到三天时间就达成了按月支付协议，瑶某某发微博称："千言万语，道不尽心中的感谢。你们的帮助，让数百农民看到了朗朗青天。"

检察新媒体是检察机关在互联网上的窗口，既要传递检察好故事，唱响检察好声音，也要通过检察新媒体矩阵延伸检察工作，让检察履职在互联网上延伸，最大限度地缩小法律监督盲区，增强网民的法治获得感，这也是对"互联网＋检务"的深度挖掘和探索。

22. 全国十大交通运输微博

表28　全国十大交通运输微博

排名	微博	认证信息	传播力	服务力	互动力	认同度	总分
1	成都地铁	成都轨道交通集团有限公司	82.26	83.33	82.26	82.53	82.72
2	南昌铁路	中国铁路南昌局集团有限公司官方微博	80.28	89.66	74.39	73.33	81.57
3	北京地铁	北京地铁公司官方微博	80.82	91.60	70.97	65.81	80.68
4	上铁资讯	中国铁路上海局集团有限公司官方微博	77.29	82.30	80.95	68.45	79.51
5	上海地铁shmetro	上海申通地铁集团运营管理部官方微博	78.99	87.17	67.80	63.42	77.35
6	京港地铁	京港地铁公司官方微博	75.39	88.40	65.41	65.41	76.60
7	广州地铁	广州地铁官方微博	76.52	83.59	69.47	68.27	76.41
8	西铁资讯	中国铁路西安局集团有限公司官方微博	76.55	84.44	64.62	70.67	75.54
9	成都交通运输	成都市交通运输委员会官方微博	76.93	81.85	67.95	67.70	75.28
10	交通北京	北京市交通委员会官方微博	75.62	89.35	61.98	57.96	75.25

@成都地铁：成都地铁联合人民日报打造"中国很赞"列车

2018 年 3 月 17 日，由人民日报和成都轨道集团共同打造的"中国很赞"主题列车在成都地铁 7 号线上线运营。3 月 20 日，在全国两会闭幕当天，由人民日报和成都轨道集团联合推出的《感动！一群年轻人上演"中国很赞"最燃快闪!》宣传视频，在人民日报官方微博上宣传推广，"@成都地铁"跟进转发。视频内，一群青春活力的青年人在成都地铁 7 号线金沙车站和"中国很赞"的主题列车内，歌唱祖国、祝福祖国，乘客被歌声感染。该视频播放量突破 1000 万人次，使"中国很赞"地铁专列在广大网友和市民中赢得良好口碑，收获良好社会反响。

@哈尔滨铁路局：自创短视频品牌 演绎热门铁路话题

"@哈尔滨铁路局"着力在体现权威发布、普及行业常识、展示铁路形象、回应社会关切的同时，积极探索适应传媒发展、对接社会需求的微博新形式，以视频短片《铁妞来了》为载体，从视频短片的创意、创作入手，以极具个性化的表演方式，演绎社会普遍关注的铁路购票、乘车等话题，服务广大旅客，引导舆论热点，受到了社会的广泛关注，总点击量过千万，现已成为"@哈尔滨铁路局"服务社会的知名品牌。

@南京地铁：还原地铁起火真相 安抚乘客情绪

2018 年 5 月 25 日 11 时 30 分左右，有网友大量转发有关南京地铁三号线林场站失火的视频，引起许多关注。接到舆情后，"@南京地铁"及时与三号线林场站取得联系并了解实际情况。官方微博于 12 时 31 分、13 时 27 分接连发声，主动说明失火地点并非站内，而是位于站外的非机动车停放点。南京发布、龙虎网等权威媒体也及时转发，有效安抚了网友的情绪，还原了事实真相，让谣言不攻自破。

（1）全国十大交通局微博

表 29　全国十大交通局微博

排名	微博	认证信息	传播力	服务力	互动力	认同度	总分
1	成都交通运输	成都市交通运输委员会官方微博	76.93	81.85	67.95	67.70	75.28
2	交通北京	北京市交通委员会官方微博	75.62	89.35	61.98	57.96	75.25
3	辽宁交通	辽宁省交通运输厅官方微博	67.29	82.64	55.65	52.07	68.41
4	青岛交通运输	青岛市交通运输委员会官方微博	59.36	80.98	52.84	43.37	64.46
5	江西交通	江西省交通运输厅应急指挥中心官方微博	57.88	80.46	55.06	36.32	63.91
6	天津高速公路	天津市高速公路管理处官方微博	64.09	77.39	49.37	40.86	62.67
7	威海公路在线	山东省威海市公路管理局官方微博	58.03	64.36	62.50	63.81	62.48
8	高淳交通	江苏省南京市高淳区交通运输局官方微博	54.86	80.48	47.63	45.70	62.02
9	上海交通	上海市交通委员会官方微博	65.83	54.78	65.37	65.62	61.25
10	广州交通	广州市交通委员会官方微博	62.76	72.15	47.91	45.94	60.38

（2）全国十大公交微博

表30　全国十大公交微博

排名	微博	认证信息	传播力	服务力	互动力	认同度	总分
1	北京公交集团	北京公交集团官方微博	68.32	73.58	61.08	58.13	67.23
2	武汉公交集团	武汉市公共交通集团有限责任公司官方微博	60.29	76.85	51.07	49.90	63.11
3	洛阳公交集团	洛阳市公共交通集团有限公司	57.18	71.20	52.64	45.70	60.28
4	杭州公交	杭州市公共交通集团有限公司官方微博	52.31	69.00	44.36	40.42	55.41
5	昆明公交集团有限责任公司	昆明公交集团有限责任公司	53.58	51.52	56.69	46.18	52.95
6	成都公交	成都市公共交通集团公司	53.45	51.45	51.59	49.95	51.74
7	扬子公交	南京扬子公交客运有限公司	45.97	50.81	33.64	34.40	43.05
8	珠海公交巴士官方微博	珠海公交巴士有限公司官方微博	41.13	32.01	44.70	44.63	38.90
9	保定市公交	河北省保定市公共交通总公司官方微博	40.85	31.76	40.65	34.78	36.55
10	泉州公交车	泉州公交发展有限公司官方微博	45.56	24.94	46.28	32.25	36.20

（3）全国十大地铁微博

表31　全国十大地铁微博

排名	微博	认证信息	传播力	服务力	互动力	认同度	总分
1	成都地铁	成都轨道交通集团有限公司	82.26	83.33	82.26	82.53	82.72
2	北京地铁	北京地铁公司官方微博	80.82	91.60	70.97	65.81	80.68
3	上海地铁shmetro	上海申通地铁集团运营管理部官方微博	78.99	87.17	67.80	63.42	77.35
4	京港地铁	京港地铁公司官方微博	75.39	88.40	65.41	65.41	76.60
5	广州地铁	广州地铁官方微博	76.52	83.59	69.47	68.27	76.41
6	深圳地铁运营	深圳市地铁集团有限公司运营总部	73.69	83.79	65.51	63.55	74.26
7	武汉地铁运营	武汉地铁运营有限公司	75.60	75.66	65.02	69.95	71.89
8	成都地铁运营	成都地铁运营有限公司	68.56	82.12	62.03	63.98	71.57
9	重庆轨道交通	重庆市轨道交通（集团）有限公司	71.28	77.27	63.53	65.45	70.77
10	南京地铁	南京地铁集团有限公司官方微博	73.00	73.47	66.71	66.06	70.60

（4）全国十大铁路微博

表32　全国十大铁路微博

排名	微博	认证信息	传播力	服务力	互动力	认同度	总分
1	南昌铁路	中国铁路南昌局集团有限公司官方微博	80.28	89.66	74.39	73.33	81.57
2	上铁资讯	中国铁路上海局集团有限公司官方微博	77.29	82.30	80.95	68.45	79.51
3	西铁资讯	中国铁路西安局集团有限公司官方微博	76.55	84.44	64.62	70.67	75.54
4	中国铁路	中国铁路总公司官方微博	77.29	54.73	77.56	72.76	72.41
5	武汉铁路局	中国铁路武汉局集团有限公司官方微博	72.12	83.47	61.85	57.58	72.12
6	西南铁路	中国铁路成都局集团有限公司官方微博	73.87	78.69	63.82	62.23	71.62
7	沈阳铁路	中国铁路沈阳局集团有限公司官方微博	69.92	77.15	67.44	63.17	71.39
8	郑州铁路局	中国铁路郑州局集团有限公司官方微博	75.64	75.85	61.10	62.65	70.06
9	重庆客运段京渝之桥	成都铁路局重庆客运段官方微博	61.03	80.77	59.12	64.95	68.75
10	北京铁路	中国铁路北京局集团有限公司	71.59	71.84	62.87	57.93	67.71

（5）全国十大航运微博

表33　全国十大航运微博

排名	微博	认证信息	传播力	服务力	互动力	认同度	总分
1	浙江海事	中华人民共和国浙江海事局官方微博	38.95	46.42	37.04	25.99	40.07
2	广西海事局	中华人民共和国广西海事局官方微博	43.57	39.52	41.40	27.67	39.71
3	上海海事发布	中华人民共和国上海海事局官方微博	43.30	32.75	45.80	38.03	39.31
4	宁波海事局	宁波海事局官方微博	45.51	38.54	34.27	34.58	38.26
5	山东海事	中华人民共和国山东海事局官方微博	41.74	28.12	41.86	29.58	35.11
6	长江航运	交通运输部长江航务管理局官方微博	34.34	29.93	39.08	22.28	32.79
7	天津海事发布	中华人民共和国天津海事局官方微博	37.68	19.33	35.56	24.36	28.37
8	长岛海事处	烟台海事局长岛海事处官方微博	32.50	20.38	35.55	24.49	27.77
9	日照海事局	中华人民共和国日照海事局官方微博	34.32	21.35	29.63	30.43	27.34
10	南京海事局	江苏省南京海事局官方微博	34.15	20.71	32.02	25.70	27.29

（6）全国十大航空微博

表34　全国十大航空微博

排名	微博	认证信息	传播力	服务力	互动力	认同度	总分
1	甘肃省民航机场集团	甘肃省民航机场集团有限公司	69.99	64.99	66.31	71.08	66.99
2	航旅直通车－上海机场	上海机场集团官方微博，浦东机场、虹桥机场航旅资讯平台	62.11	66.21	54.60	49.44	60.23
3	呼和浩特白塔国际机场	内蒙古呼和浩特白塔国际机场有限责任公司	45.54	78.21	43.38	38.94	57.30
4	温州机场彩虹服务	温州机场地面服务公司服务部官方微博	54.39	75.52	35.45	35.61	55.28
5	宁波机场阳光服务	宁波栎社国际机场阳光服务品牌	52.31	66.81	42.35	38.12	53.70
6	三亚凤凰国际机场官方微博	三亚凤凰国际机场有限责任公司官方微博	53.58	56.53	51.20	48.50	53.54
7	昆明机场	昆明机场官方微博	57.66	53.85	50.82	50.23	53.34
8	天津机场便捷飞	天津滨海国际机场市场营销部官方微博	52.94	54.02	49.90	42.36	51.40
9	苏南硕放国际机场	无锡苏南国际机场集团有限公司官方微博	51.77	54.36	41.07	45.76	49.00
10	海口美兰国际机场官方微博	海航基础股份有限公司官方微博	53.14	45.65	48.33	46.36	48.02

（7）全国十大邮政微博

表35　全国十大邮政微博

排名	微博	认证信息	传播力	服务力	互动力	认同度	总分
1	国家邮政局	国家邮政局官方微博	61.16	54.41	54.17	50.47	56.64
2	榆林市邮政管理局	陕西省榆林市邮政管理局官方微博	27.01	12.39	41.68	22.89	25.15
3	东营市邮政管理局	山东省东营市邮政管理局官方微博	22.60	4.27	37.65	22.85	19.81
4	宝鸡邮政管理	陕西省宝鸡市邮政管理局官方微博	23.61	8.94	28.81	26.52	19.59
5	徐州邮管局	徐州市邮政管理局官方微博	25.81	9.04	28.57	20.78	19.43
6	辉县市邮政	河南省新乡市辉县市邮政局官方微博	15.87	2.35	39.25	31.01	18.99
7	青海省海西州邮政管理	青海省海西蒙古族藏族自治州邮政管理局官方微博	23.15	7.07	29.40	26.03	18.88
8	呼和浩特市邮政管理局	内蒙古呼和浩特市邮政管理局官方微博	23.29	8.19	28.39	17.48	18.20
9	昆明邮政	云南省昆明市邮政局官方微博	11.48	0.37	41.77	31.11	18.08
10	泗阳邮政	泗阳县邮政局官方微博	11.49	0.53	41.02	25.33	17.35

23. 全国十大教育微博

表36　全国十大教育微博

排名	微博	认证信息	传播力	服务力	互动力	认同度	总分
1	中国大学生在线	教育部中国大学生在线官方微博	82.02	87.47	73.65	76.35	80.03
2	郑州市教育局	郑州市教育局官方微博	73.13	83.59	70.42	71.32	76.32
3	陕西省教育厅	陕西省教育厅官方微博	69.95	82.27	64.83	65.86	72.93
4	微言教育	教育部新闻办公室官方微博	74.51	69.98	71.73	61.57	71.48
5	安阳市教育局	河南省安阳市教育局官方微博	62.75	80.79	60.17	63.94	69.31
6	北京市教委	北京市教育委员会官方微博	71.77	61.78	73.98	73.11	68.57
7	四川教育	四川省教育厅官方微博	64.21	73.61	65.20	64.28	68.27
8	江苏教育发布	江苏省教育厅官方微博	63.17	77.24	59.55	55.67	66.96
9	上海教育	上海市教育委员会官方微博	68.17	68.23	65.65	57.44	66.36
10	河南教育	河南省教育厅官方微博	68.02	64.42	63.31	61.39	64.50

@上海教育：诚恳回应小学教材"外婆"改"姥姥"事件

2018年6月中旬，上海教育出版社出版的小学二年级第二学期语文教科书第24课《打碗碗花》原文的"外婆"被改成了"姥姥"一事引起了网络舆论关注。21日，"@上海教育"用上海教育出版社关于沪教版二年级第二学期语文教材相关表述的说明回应此事，但并未得到评论区及社会各界的认可与谅解。23日，"@上海教育"再次发博，公布上海市教育委员会对此事的处理意见，决定将"姥姥"恢复为原文中的"外婆"。同时，"@上海教育"还代为公开上海市教委教研室、上海教育出版社的致歉信，信中表示在修改课文时未征求作者意见，没有充分意识到地方用语习惯，确实存在不当之处；在今后的教材编写、出版工作中，将进一步加强教材编制的管理与引导，提高教材审读能力，提升教材质量。

随着社会对教育愈发重视，教材的关注者早已不限于校园内的教师和学生。近年来，因为改动教材而引起的社会争议不计其数，因此，任何关于教材的修改都应该更加慎重。"@上海教育"及时回应质疑、认真倾听民意、迅速要求相关单位改正错误，这一系列动作在短时间内平息了争议，较为圆满地解决了此次事件。

24. 全国十大景区微博

表37　全国十大景区微博

排名	微博	认证信息	传播力	服务力	互动力	认同度	总分
1	北京白云观微博	北京白云观官方微博	70.10	72.18	65.39	71.67	69.68
2	峨眉山景区	峨眉山旅游风景区	62.69	81.73	58.90	52.68	68.17
3	乌镇旅游	乌镇旅游官方围脖	69.04	69.73	57.31	64.04	65.30
4	绍兴兰亭景区	浙江省绍兴市兰亭风景区管理处官方微博	50.86	75.66	58.03	39.19	61.77
5	华山风景名胜区	国家AAAAA级景区，奇险天下第一山，西岳华山。	59.34	66.13	56.56	53.17	60.61
6	威海刘公岛景区	威海刘公岛管理委员会官方微博	55.98	67.96	47.52	46.25	57.26
7	泸沽湖景区	四川省凉山彝族自治州泸沽湖旅游景区管理局官方微博	59.64	65.16	45.10	45.19	56.04
8	陕西韩城旅游	韩城市旅游发展委员会官方微博	53.97	57.51	54.00	51.53	55.15
9	北京植物园	北京植物园官方微博	58.79	55.93	49.77	58.27	54.89
10	济源王屋山	济源市王屋山风景管理局官方微博	53.58	73.36	36.98	36.04	54.76

25. 全国十大科学技术微博

表38　全国十大科学技术微博

排名	微博	认证信息	传播力	服务力	互动力	认同度	总分
1	中科院之声	中国科学院官方微博	76.87	76.98	77.09	81.46	77.42
2	成都科技	成都市科学技术局官方微博	69.02	80.90	57.86	55.78	69.10
3	创业天府	四川省成都市天府新区科技创新服务中心官方微博	69.05	80.15	54.59	53.71	65.40
4	长春科技金融服务中心	吉林省长春市科学技术局官方微博	45.65	60.69	43.01	44.92	50.80
5	高淳科技	南京市高淳区科技局官方微博	39.20	64.74	43.36	32.40	49.99
6	天津科技	天津市科学技术委员会官方微博	51.42	55.71	35.34	50.03	48.17
7	杭州市上城区科学技术局	浙江省杭州市上城区科学技术局官方微博	40.48	61.97	29.62	22.72	44.04
8	创新杭州	杭州市科学技术委员会官方微博。	37.75	54.87	32.95	26.29	42.01
9	威海科技	山东省威海市科学技术局官方微博	43.68	49.14	33.84	33.04	41.85
10	上海科技	上海市科学技术委员会官方微博	49.05	39.19	38.34	31.78	40.17

26. 全国十大科协微博

表 39 全国十大科协微博

排名	微博	认证信息	传播力	服务力	互动力	认同度	总分
1	科普中国	中国科协官方微博	81.35	68.31	74.92	74.32	76.11
2	漾濞科素	云南省漾濞彝族自治县全民科学素质工作领导小组办公室官方微博	46.10	76.98	52.95	43.37	60.23
3	科普巍山	巍山彝族回族自治县科学技术协会官方微博	49.05	72.74	45.14	42.20	56.67
4	大理科普月	云南省大理白族自治州州科学技术协会科普科官方微博	47.94	59.61	52.60	51.42	54.35
5	成都科协	成都市科学技术协会官方微博	48.54	61.50	41.20	34.52	50.12
6	余姚科普	余姚市科学技术协会官方微博	43.13	59.87	39.87	26.20	47.16
7	科普鹤庆	鹤庆县科学技术协会官方微博	51.07	38.67	47.03	49.74	44.77
8	科普宾川	宾川县科学技术协会官方微博	39.64	49.63	43.44	38.41	44.65
9	福建科普	福建省科学技术协会官方微博	43.08	50.10	42.80	30.96	44.59
10	科普湖南	湖南省科学技术协会官方微博	37.64	51.55	39.26	31.53	43.08

27. 全国十大林业与草原微博

表 40 全国十大林业与草原微博

排名	微博	认证信息	传播力	服务力	互动力	认同度	总分
1	国家林业和草原局	国家林业和草原局官方微博	66.76	41.28	66.16	62.99	61.11
2	广州动物园	广州动物园官方微博	67.97	27.72	65.60	57.98	58.21
3	陇南文县林业	甘肃省陇南市文县林业局官方微博	42.94	64.85	44.72	49.20	52.86
4	成都林业园林	四川省成都市林业和园林管理局官方微博	60.19	46.49	51.15	46.92	50.67
5	四川省林业厅	四川省林业厅官方微博	47.56	44.79	48.72	39.33	45.98
6	曲靖林业	云南省曲靖市林业局	42.44	58.83	31.31	33.40	44.75
7	中国太白山	太白山国家森林公园官方微博	50.01	37.97	49.57	44.75	44.54
8	西溪国家湿地公园	西溪国家湿地公园官方微博	45.96	47.44	38.77	36.41	43.44
9	甘孜林业	甘孜藏族自治州林业局官方微博	56.48	30.97	34.12	36.39	42.66
10	新疆林业政务微博	新疆维吾尔自治区林业厅官方微博	40.08	51.17	32.62	28.15	41.08

28. 全国十大旅游局微博

表41　全国十大旅游局微博

排名	微博	认证信息	传播力	服务力	互动力	认同度	总分
1	江苏微旅游	江苏省旅游局旅游信息中心官方微博	76.77	87.45	62.33	62.30	75.26
2	福建省旅游发展委员会	福建省旅游发展委员会	68.37	82.81	64.95	57.43	72.03
3	乐游上海	上海市旅游局	75.22	78.82	62.36	62.55	71.53
4	无锡市旅游局	无锡市旅游局官方微博	65.59	85.74	60.22	60.49	71.53
5	济南市旅游发展委员会	济南市旅游发展委员会官方微博	73.74	77.42	62.67	64.83	71.00
6	河北省旅游发展委员会	河北省旅游发展委员会官方微博	68.46	81.27	59.48	68.38	70.88
7	威海市旅游发展委员会	威海市旅游发展委员会官方微博	67.77	82.02	59.71	58.53	70.13
8	南京市旅游委员会	南京市旅游委员会官方微博	69.23	79.76	61.74	58.46	70.12
9	青岛市旅游发展委员会官方微博	青岛市旅游发展委员会官方微博	70.55	77.66	61.44	61.61	69.77
10	西安市旅游发展委员会	西安市旅游发展委员会	70.24	77.92	59.19	61.88	69.16

@重庆旅投：#奔向俄罗斯#趣味射门大赛，政务旅游借势主题联动

结合世界杯热点，重庆旅投集团旗下6大景区借势世界杯主题，开展大型线上线下联动活动#奔向俄罗斯#，一方面通过活动借势聚集景区人气，另一方面在线上进行内容互动，用矩阵的力量为营销造势。活动正式开始前，"@重庆旅投"通过网络率先在市场上做好内容铺垫和品牌曝光，借势世界杯吸引大众注意，有效提高了活动的知名度和影响力。活动过程中，"@重庆旅投"在旗下统景温泉、金佛山、金刀峡、黄金邮轮、乌江画廊、乐和乐都、两江酒店等景区举办世界杯主题射门比赛，不仅通过活动创造旅游热点和景区事件，也打造了营销亮点。截至6月26日，#奔向俄罗斯#微博话题阅读量已达452万人次，端午节小长假期间，乐和乐都及统景温泉的两场射门赛事直播吸引了近270万人次观看。

29. 全国十大民政微博

表42　全国十大民政微博

排名	微博	认证信息	传播力	服务力	互动力	认同度	总分
1	成都民政	成都市民政局官方微博	54.23	64.51	45.86	41.06	54.51
2	广州海珠民政	广东省广州市海珠区民政局官方微博	47.42	64.64	38.10	38.04	50.58
3	双流民政	成都市双流区民政局官方微博	49.89	61.52	33.82	27.89	47.52

续表

排名	微博	认证信息	传播力	服务力	互动力	认同度	总分
4	上城民政	浙江省杭州市上城区民政局官方微博	41.43	52.11	48.75	24.32	46.18
5	江干民政_gov	浙江省杭州市江干区民政局官方微博	38.49	53.34	35.20	26.86	42.28
6	温江民政	成都市温江区民政局官方微博	41.26	50.54	35.43	27.67	41.86
7	新都民政	成都市新都区民政局官方微博	45.03	48.89	35.59	25.82	41.82
8	成华区民政和社会组织局	成都市成华区民政局官方微博	38.22	46.29	39.17	22.34	40.15
9	杭州民政	浙江省杭州市民政局官方微博	36.08	50.59	33.78	24.15	40.00
10	大邑民政	成都市大邑县民政局官方微博	37.30	51.30	31.06	23.01	39.60

30. 全国十大农业微博

表43　全国十大农业微博

排名	微博	认证信息	传播力	服务力	互动力	认同度	总分
1	成都农业	四川省成都市农业委员会官方微博	54.76	63.78	48.54	42.05	55.23
2	陇南康县农牧	甘肃省陇南市康县农牧局官方微博	38.26	60.61	46.01	31.75	48.88
3	西瓜办	河南省郑州市西瓜办官方微博	51.04	46.50	49.75	44.51	48.19
4	高淳农业	江苏省南京市高淳区农业局官方微博	45.78	60.93	38.42	26.78	47.73
5	诸暨农林	诸暨市农业局官方微博	40.17	37.43	60.69	59.90	47.20
6	华中农业大学红色微博	华中农业大学经济管理学院红微工作室官方微博	47.32	58.03	35.38	35.50	46.84
7	蒲江农林	成都市蒲江县农发局官方微博	39.27	59.43	31.92	22.36	43.44
8	北京农业	北京市农业局官方微博	49.26	40.97	42.29	42.58	43.19
9	美丽广西乡村建设	自治区"美丽广西"乡村建设领导小组办公室	47.31	44.19	37.74	38.49	42.31
10	惠州农业	惠州市农业局官方微博	43.83	47.76	35.36	34.78	41.96

31. 全国十大气象微博

@江苏气象：敏锐洞察需求　精心制作赏花攻略

三月，春回大地，草长莺飞，又到了春游赏花的好时节。"@江苏气象"在做好常规的全省天气预报工作的同时，还积极提供各地赏花攻略，方便市民出游踏青赏花。2018年3月16日，"@江苏气象"精心制作数据新闻《2018南京高淳油菜花花期预报》，通过分析历年数据，如高淳油菜花近30年的盛花日、近6年的最佳观赏期，以及高淳近10年来3月份的天气情况，预测今年高淳油菜花最佳观赏期在3月21—30日，并提醒前来赏花的市民要

表44　全国十大气象微博

排名	微博	认证信息	传播力	服务力	互动力	认同度	总分
1	气象北京	北京市气象局官方微博	83.02	94.59	74.84	68.16	83.71
2	中国天气	中国天气网	84.93	81.51	82.69	83.13	83.39
3	深圳天气	深圳市气象局官方微博	82.03	90.17	75.76	73.69	82.57
4	中国气象科普网	中国气象科普网 http://www.qxkp.net/官方微博	84.06	87.45	77.76	77.51	82.19
5	广东天气	广东省气象服务中心	79.93	87.19	76.69	76.63	81.53
6	中央气象台	中央气象台官方微博	81.86	81.18	81.43	79.88	81.40
7	中国气象局	中国气象局官方微博	83.40	85.01	73.95	75.14	80.06
8	广州天气	广州市气象局官方微博	81.29	86.04	73.78	71.82	79.99
9	江苏气象	江苏省气象局官方微博	72.64	85.58	68.86	70.03	76.42
10	重庆天气	重庆市气象局官方微博	70.72	87.06	64.75	63.14	74.71

备好各类厚薄衣物与雨具。3月19日，江苏省迎来樱花盛花期，"@江苏气象"奉上"2018江苏赏樱地图"，总结南京、苏州、无锡等省内7大城市的最佳赏樱点及其樱花节具体时间，以供市民选择合适的地点赏樱。

　　政务微博在做好信息公开、政民互动、舆论引导等方面工作的同时，还应在政务服务方面发挥作用，以发布为基础，以互动为核心，以服务为根本，走好"网上群众路线"。"@江苏气象"不仅提供天气预报等日常服务，而且深挖网民需求，及时有效回应网民关切，积极主动送上各类攻略干货，以满足网民对美好生活更加强烈的向往、对更丰富的精神文化生活的期盼。

32. 全国十大人大微博

表45　全国十大人大微博

排名	微博	认证信息	传播力	服务力	互动力	认同度	总分
1	南京人大	江苏省南京市人大常委会官方微博	56.48	70.12	68.37	59.29	63.05
2	秦淮人大	江苏省南京市秦淮区人民代表大会常务委员会官方微博	46.13	76.78	49.04	35.00	52.02
3	河南人大	河南省人民代表大会常务委员会官方微博	47.43	46.78	38.12	31.24	42.89
4	昆明市人大办公厅	云南省昆明市人大办公厅官方微博	44.89	52.82	37.53	28.83	42.66
5	顺德人大	佛山市顺德区人民代表大会常务委员会办公室官方微博	45.48	51.68	34.60	28.86	41.79
6	浦口人大	江苏省南京市浦口区人大常委会官方微博	34.53	49.79	35.06	49.14	39.20
7	陇南武都人大	甘肃省陇南市武都区人民代表大会常务委员会办公室官方微博	37.05	43.31	37.08	28.43	37.45
8	平昌县人大	四川省巴中市平昌县人大常委会办公室官方微博	27.89	16.91	49.05	76.22	36.88
9	达茂旗人常办	达尔汗茂明安联合旗人大常委会办公室官方微博	34.65	44.08	31.22	21.57	34.20
10	苏州人大	苏州市人民代表大会常务委员会办公室官方微博	35.74	21.62	38.25	26.58	32.75

33. 全国十大人力资源和社会保障微博

表46 全国十大人力资源和社会保障微博

排名	微博	认证信息	传播力	服务力	互动力	认同度	总分
1	北京12333	北京市人力资源和社会保障局官方微博	58.38	57.86	53.23	41.19	54.91
2	江干人社	浙江省杭州市江干区人力资源和社会保障局官方微博	39.81	80.38	30.00	34.45	52.56
3	武侯人社局	成都市武侯区人力资源和社会保障局官方微博	44.29	70.08	34.55	33.37	50.59
4	成都高新党群e家	成都高新技术产业开发区党群工作部官方微博	50.56	61.84	37.31	39.58	50.00
5	天津人力社保	天津市人力资源和社会保障局官方微博	45.93	52.48	47.81	37.40	48.26
6	双流人社	成都市双流区人力资源和社会保障局官方微博	49.08	60.30	36.04	28.81	47.63
7	上海12333	上海市人力资源和社会保障局官方微博	52.54	40.58	52.37	39.16	46.37
8	成都人社局	成都市人力资源和社会保障局官方微博	51.87	40.95	49.54	41.01	45.72
9	六合人社	江苏省南京市六合区人力资源和社会保障局官方微博	39.55	45.02	51.66	31.68	44.58
10	秦淮人社	江苏省南京市秦淮区人力资源和社会保障局官方微博	35.28	50.11	50.10	19.81	44.11

34. 全国十大商务微博

表47 全国十大商务微博

排名	微博	认证信息	传播力	服务力	互动力	认同度	总分
1	商务微新闻	中华人民共和国商务部新闻办	64.57	37.26	73.38	63.53	61.65
2	东城区商务委at北京	北京市东城区商务委员会	50.41	72.99	43.69	38.05	56.19
3	北京市商务委	北京市商务委员会官方微博	53.28	64.22	47.39	39.04	54.46
4	汉中经合	陕西省汉中市经济合作局官方微博	46.21	57.86	41.90	38.62	48.82
5	武侯商务	四川省成都市武侯区商务局官方微博	49.40	59.88	37.74	32.87	48.44
6	武侯区人南推进办	四川省成都市人民南路科技商务区建设推进办公室官方微博	42.67	57.48	38.55	40.91	47.18
7	陇南文县招商	甘肃省陇南市文县招商引资局官方微博	39.98	55.51	42.18	30.92	45.95
8	无锡滨湖旅游	江苏无锡滨湖区商务（旅游）局官方微博	41.85	56.42	36.34	33.22	45.16
9	上城商务	浙江省杭州市上城区商务局官方微博	44.64	54.47	36.83	18.77	43.64
10	青羊商务	四川省成都市青羊区商务局官方微博	43.77	55.07	31.75	23.29	42.64

35. 全国十大审计微博

表48　全国十大审计微博

排名	微博	认证信息	传播力	服务力	互动力	认同度	总分
1	宿州市审计局	安徽省宿州市审计局官方微博	35.81	48.71	36.94	38.82	41.61
2	陇南康县审计	甘肃省陇南市康县审计局官方微博	34.60	42.46	42.10	28.05	39.34
3	上城审计	浙江省杭州市上城区审计局官方微博	36.44	50.94	30.02	22.53	38.93
4	成华审计	四川省成都市成华区审计局官方微博	39.37	48.98	31.57	14.70	38.41
5	曲靖审计	云南省曲靖市审计局官方微博	36.20	27.75	48.06	24.91	35.25
6	浦口审计	江苏省南京市浦口区审计局官方微博	37.19	48.65	23.26	13.14	35.19
7	秦淮审计	江苏省南京市秦淮区审计局官方微博	30.95	39.84	34.23	21.65	34.56
8	泗县审计局	安徽省宿州市泗县审计局官方微博	33.80	40.13	25.68	40.15	34.53
9	昆明市审计局	云南省昆明市审计局官方微博	41.16	34.16	27.77	28.03	33.03
10	尉氏审计局	开封市尉氏县审计局	34.25	40.37	26.44	18.44	32.77

36. 全国十大生态环境微博

表49　全国十大生态环境微博

排名	微博	认证信息	传播力	服务力	互动力	认同度	总分
1	山东环境	山东省环境保护厅官方微博	74.80	83.89	76.79	66.03	78.16
2	生态环境部	生态环境部官方微博	80.95	69.56	80.33	69.90	77.38
3	德州环境	山东省德州市环境保护局官方微博	64.37	85.70	71.25	73.09	75.84
4	济南环保	济南市环境保护局官方微博	61.86	87.93	70.09	71.78	75.75
5	临沂环境	临沂市环境保护局官方微博	67.39	82.04	69.19	64.04	73.46
6	京环之声	北京环保宣传中心官方微博	73.54	82.89	63.02	62.72	73.04
7	南京环保	南京市环境保护局官方微博	66.15	86.93	61.89	53.18	71.89
8	重庆环保	重庆市环境保护局官方微博	70.04	77.11	66.36	59.22	70.68
9	日照环境	日照市环境保护局政务微博	61.69	84.97	58.31	56.18	69.44
10	绿色郑州	郑州市环保局官方微博	61.81	81.20	56.49	58.08	67.60

@江苏环保：建设"美丽江苏"　展现环保工作成效

"六五"世界环境保护日，生态环境部发出主题为"美丽中国·我是行动者"的倡议，"@江苏环保"积极响应，在微博上播出了江苏省暨南京市主题展示活动，将各战线环保人的工作、挑战和成绩展现其中，让观众看到了各行各业环保人打赢污染防治攻坚战的决心和行动力。"@江苏环保"不仅以"直播＋回放"的方式播出此次活动的视频，还将各节目分条发布微博，如发布微电影《在路上》，从江苏省"两减六治三提升"专项行动一组组长的视角，展现"263"专项行动启动一年多来，在减煤、减化方面面临的困难和所做的努力，以及在不断优化产业结构、推进企业转型升级的路上，那份责任在肩、使命在身的担当。历时 2 小时的直播，让万千观众看到了在江苏环保事业骄人成绩的背后是环保一线各行各业环保人的努力和付出。除此之外，"@江苏环保"还为公众科普环保知识，如 AQI、垃圾焚烧发电，披露环保问题和整改工作，如泰州市环境问题等，一方面发挥了政务微博在日常工作中与群众互通的作用，另一面使得环保工作在阳光下进行，确保工作有所作为。

@重庆环保："六五"世界环境日明星联动

2018 年 6 月 5 日，"美丽中国·我是行动者——重庆市加快建设山清水秀美丽之地生态环保宣传活动"在南岸区海棠烟雨广场正式启动。为更好地配合此次活动宣传，"@重庆环保"充分利用微博等新媒体平台联动了包括王源在内的一批明星，围绕#环境日重庆在行动#、#渝小环带你看重庆#等话题开展预热传播，并首次利用新浪微博、新浪新闻等平台的推广渠道对整体活动进行了充分的推广和曝光。活动期间，环保倡议视频的发布在年轻群体间引起了大量的关注和不错的反响，也积极传递了重庆环保正能量，让更多的青年和网友了解环保、关注环保、参与环保，为重庆环保贡献自己的一份力量。活动预热期间，"@重庆环保"通过邀请王源为重庆环保代言，并发布环保倡议视频开展宣传预热，获得了大量网友的关注和转发，其中发布王源的环保倡议视频微博，截至目前共有 7885 次转发、评论 1429 条、点赞 4483 人次、视频播放量 21 万人次，同时内容也得到"@生态环保部"官方微博的积极支持助力。

@沈阳和平环保：及时处理环保问题　积极回复网友爆料

"@沈阳和平环保"的环保工作公开透明，时常在微博图文直播各种环保监测。积极回应网友的提问，就算不是环保部门的问题也会告知网友正确的投诉渠道，真正把百姓的问题放在心上，把解决问题作为自己的责任。各项问题从回应时效来看，主管部门在监测到事件影响后随即利用微平台，处置及时、态度坚决、公开发声阐明调处结果，保障了公民的知情权，得到网民的肯定。

37. 全国十大市场监管微博

表 50　全国十大市场监管微博

排名	微博	认证信息	传播力	服务力	互动力	认同度	总分
1	中国药品监管	国家药品监督管理局微博	65.18	42.62	64.62	58.83	59.87
2	南京食品药品监管	江苏省南京市食品药品监督管理局官方微博	50.43	74.51	46.46	34.94	57.32
3	广食药监	四川省广元市食品药品监督管理局官方微博	57.31	66.51	40.14	39.36	54.04
4	高淳市场监管	南京市高淳区市场监督管理局官方微博	44.58	70.15	41.73	27.22	52.22
5	成都食药监	四川省成都市食品药品监督管理局官方微博	55.96	56.02	48.07	36.23	51.64
6	四川食品药品监管	四川省食品药品监督管理局官方微博	51.80	53.53	51.57	37.91	51.03
7	顺德市场监督管理	佛山市顺德区市场监督管理局官方微博	48.18	61.35	45.83	29.76	50.90
8	中国工商报	中国工商报官方微博	52.28	50.42	54.96	36.60	50.77
9	质量无锡	无锡市质量技术监督局官方微博	43.27	61.28	44.72	38.35	50.42
10	天津市场和质量监管	天津市市场和质量监督管理委员会官方微博	53.57	52.07	43.83	55.86	50.28

@北京质监：为冬奥会闭幕式顺利演出保驾护航

2018年2月25日，平昌冬季奥运会落下帷幕。"北京8分钟"的表演将闭幕式推向高潮，为观众献上了一场浓缩的现代中国与传统相结合的冰上视觉盛宴，也向世界发出了一份"相约北京"的热情邀请。2月28日，"@北京质监"发布博文，揭秘北京市产品质量监督检验院为"北京8分钟"演出装备保驾护航的背后故事。文章介绍，为了保障演出装备——冰屏和移动机器人能在平昌顺利运行，北京市产品质量监督检验院受冬奥组委委托对"冰屏"和"移动机器人"进行实验，测试其在低温环境下的工作可靠性。为了确保此次任务顺利完成，北京质检院工作团队进行了深入讨论，认真检查测试设备的各项技术指标，经过科学有效测试和对出现的问题及时解决修正，确保了冬奥会闭幕式上精彩而顺利的演出。美轮美奂的"北京8分钟"表演融合了中国的高科技技术和悠久的历史与传统文化，简约而不简单地展示了新时代的中国形象，展现了中国的文化自信。这份惊艳世界的精彩背后，离不开"@北京质监"的助力。

（1）全国十大工商管理微博

表51　全国十大工商管理微博

排名	微博	认证信息	传播力	服务力	互动力	认同度	总分
1	高淳市场监管	南京市高淳区市场监督管理局官方微博	44.58	70.15	41.73	27.22	52.22
2	顺德市场监督管理	佛山市顺德区市场监督管理局官方微博	48.18	61.35	45.83	29.76	50.90
3	中国工商报	中国工商报官方微博	52.28	50.42	54.96	36.60	50.77
4	天津市场和质量监管	天津市市场和质量监督管理委员会官方微博	53.57	52.07	43.83	55.86	50.28
5	甘肃省工商局	甘肃省工商局官方微博	57.16	52.12	47.20	35.73	50.01
6	中国市场监管	国家市场监督管理总局官方微博	53.52	9.66	62.12	58.60	47.84
7	昌乐县市场监管局	昌乐县市场监督管理局官方微博	36.38	53.09	51.52	27.31	46.70
8	杭州市市场监督管理局	杭州市市场监督管理局官方微博	41.14	58.86	40.15	25.78	46.40
9	青羊区市场和质量监督管理局	四川省成都市青羊区市场监督管理局官方微博	43.20	62.76	32.91	26.06	46.22
10	深圳市消费者委员会	深圳市消费者委员会办公室官方微博	48.84	46.47	47.14	33.06	45.81

（2）全国十大食药监微博

表52　全国十大食药监微博

排名	微博	认证信息	传播力	服务力	互动力	认同度	总分
1	中国药品监管	国家药品监督管理局微博	65.18	42.62	64.62	58.83	59.87
2	南京食品药品监管	江苏省南京市食品药品监督管理局官方微博	50.43	74.51	46.46	34.94	57.32
3	广食药监	四川省广元市食品药品监督管理局官方微博	57.31	66.51	40.14	39.36	54.04

续表

排名	微博	认证信息	传播力	服务力	互动力	认同度	总分
4	成都食药监	四川省成都市食品药品监督管理局官方微博	55.96	56.02	48.07	36.23	51.64
5	四川食品药品监管	四川省食品药品监督管理局官方微博	51.80	53.53	51.57	37.91	51.03
6	广州 FDA	广州市食品药品监督管理局官方微博	49.11	55.74	40.27	31.41	47.34
7	成华市场和质量监管	成都市成华区食品药品监督管理局官方微博	39.37	58.39	33.71	22.07	43.55
8	首都食药	北京市食品药品监督管理局官方微博	39.77	48.33	43.94	29.23	43.39
9	达州食药监管	四川省达州市食品药品监督管理局官方微博	37.27	52.79	36.57	29.12	42.45
10	双流区市场和质量监管局	双流区食品药品监督管理局	39.48	49.39	38.07	25.72	41.65

（3）全国十大质监微博

表 53　全国十大质监微博

排名	微博	认证信息	传播力	服务力	互动力	认同度	总分
1	质量无锡	无锡市质量技术监督局官方微博	43.27	61.28	44.72	38.35	50.42
2	陇南康县质监	甘肃省康县质量技术监督局官方微博	37.14	64.94	44.95	30.11	49.90
3	北京质监	北京市质监局官方微博	49.89	56.15	42.72	36.58	48.91
4	上海质监发布	上海市质量技术监督局新闻宣传中心官方微博	49.95	54.17	44.33	32.69	48.23
5	广州质监	广州市质量技术监督局官方微博	48.00	54.27	41.82	34.41	47.29
6	德州市质量技术监督局	山东省德州市质量技术监督局官方微博	33.94	47.83	59.22	34.40	47.13
7	广西质监发布	广西壮族自治区质监局官方微博	42.71	50.75	42.95	29.74	44.70
8	珠海市技术性贸易壁垒预警平台	广东省珠海市质量技术监督标准与编码所官方微博	39.53	54.78	40.01	23.88	44.21
9	宿州质监	安徽省宿州市质监局官方微博	38.95	59.00	32.94	24.46	43.72
10	山东质监	山东省质量技术监督局官方微博	41.78	39.82	39.98	28.27	39.11

38. 全国十大水利微博

表54　全国十大水利微博

排名	微博	认证信息	传播力	服务力	互动力	认同度	总分
1	南京市供水节水管理处	南京市供水节水管理处官方微博	71.80	64.86	53.40	57.35	62.06
2	水润京华	北京市水务局官方微博	53.74	53.92	42.14	38.75	48.84
3	运河江干指挥部办公室	杭州运河（江干段）综合整治与保护开发指挥部办公室官方微博	36.84	65.64	27.45	23.13	44.17
4	沭阳县水务局	江苏省宿迁市沭阳县水务局官方微博	33.10	54.55	35.78	24.27	41.60
5	武侯公共节能	武侯公共节能官方微博	37.97	32.48	52.06	36.06	39.81
6	浦口水务	江苏省南京市浦口区水利局官方微博	40.61	46.28	34.98	19.99	39.13
7	昆明市移民开发局	云南省昆明市移民开发局官方微博	41.13	49.56	27.55	25.78	38.90
8	楚风淅川	南水北调中线渠首和核心水源地淅川县官方微博	38.66	37.54	44.13	21.70	38.16
9	蒲江_水务	四川省成都市蒲江县水务局官方微博	38.64	48.34	30.11	19.72	38.07
10	南城县水务局	江西省南城县水务局官方微博	34.53	40.45	35.01	24.59	36.05

39. 全国十大税务微博

表55　全国十大税务微博

排名	微博	认证信息	传播力	服务力	互动力	认同度	总分
1	国家税务总局	国家税务总局新闻宣传办公室	65.29	49.86	71.53	63.07	63.86
2	南京地税发布	江苏省南京地方税务局官方微博	49.41	50.36	57.52	48.49	52.13
3	上海税务	国家税务总局上海市税务局官方微博	53.87	49.35	54.02	51.90	51.91
4	广州地税	广州市地方税务局官方微博	50.78	56.10	48.32	33.02	50.39
5	广州国税	广州市国税局官方微博	48.62	51.11	47.18	36.08	47.93
6	12366青羊国税	成都青羊区国家税务局官方微博	49.02	58.05	37.11	27.68	46.93
7	安徽税务	国家税务总局安徽省税务局官方微博	39.61	50.28	42.17	25.84	43.27
8	河南地税	河南省地方税务局官方微博	42.22	44.00	40.32	30.02	41.14
9	遂平县地方税务局	河南省驻马店市遂平县地方税务局官方微博	40.13	51.00	30.24	33.92	40.89
10	郫都地税	成都市郫都区地税局官方微博	38.20	50.39	36.41	20.88	40.81

40. 全国十大司法行政微博

表56 全国十大司法行政微博

排名	微博	认证信息	传播力	服务力	互动力	认同度	总分
1	贵州省都匀监狱	贵州省都匀监狱官方微博	57.62	85.51	70.51	71.65	74.05
2	高密普法	山东省高密市全民普法依法治市工作领导小组办公室官方微博	70.44	81.09	69.32	65.76	73.90
3	司法部	司法部官方微博	71.45	79.07	74.67	65.53	73.35
4	黄骅司法	河北省黄骅市司法局官方微博	63.56	78.81	69.51	73.33	72.42
5	贵州省未成年犯管教所	贵州省未成年犯管教所官方微博	50.43	83.97	70.39	70.68	71.86
6	中捷司法	河北省沧州渤海新区中捷产业园区司法局官方微博	64.08	86.37	61.17	60.84	71.80
7	温江司法	成都市温江区司法局官方微博	73.91	77.85	63.98	66.14	71.73
8	贵州省凯里监狱	贵州省凯里监狱官方微博	61.44	84.00	62.96	57.32	70.51
9	陇南成县司法	甘肃省陇南市成县司法局官方微博	65.95	79.70	60.94	63.07	69.66
10	陇南司法	甘肃省陇南市司法局官方微博	72.87	80.03	54.84	62.54	69.29

41. 全国十大体育微博

表57 全国十大体育微博

排名	微博	认证信息	传播力	服务力	互动力	认同度	总分
1	北京2022年冬奥会	北京2022年冬奥会和冬残奥会组织委员会官方微博	73.80	58.08	77.99	76.66	69.06
2	天津体育	天津市体育局官方微博	62.56	72.85	44.99	52.77	60.42
3	顺义体育	北京市顺义区体育局官方微博	44.29	85.13	46.60	30.69	59.96
4	广西体育	广西壮族自治区体育局官方微博	58.84	64.66	55.54	47.59	59.05
5	中国足协新闻办	中国足协新闻办官方微博	68.65	13.36	49.57	62.44	51.25
6	山东体育	山东省体育局官方微博	53.70	54.69	45.81	45.44	50.90
7	温江体育	成都市温江区体育局官方微博	46.23	59.69	41.64	38.50	49.46
8	北京健身汇	北京市社会体育管理中心官方微博	45.76	27.38	64.79	59.47	45.49
9	安徽省体育局	安徽省体育局官方微博	47.85	48.56	41.26	37.51	45.13
10	青岛体育	青岛市体育局官方微博	47.45	40.66	45.15	40.65	43.36

42. 全国十大统战部微博

表58　全国十大统战部微博

排名	微博	认证信息	传播力	服务力	互动力	认同度	总分
1	青海统战	中共青海省委统战部官方微博	44.11	46.74	49.60	35.67	45.44
2	陇南文县委统战部	中国共产党文县委员会统一战线工作部官方微博	39.59	36.78	46.33	42.65	41.36
3	高淳统战	江苏省南京市高淳区统战部官方微博	35.32	50.16	35.62	25.16	37.36
4	昆明统战	中共昆明市委统战部官方微博	40.73	29.12	38.35	34.84	37.11
5	陇南成县县委统战部	中共成县委统战部官方微博	34.82	37.00	40.17	34.13	36.79
6	上城统一战线	中国共产党杭州市上城区委统一战线工作部官方微博	35.74	51.43	27.05	22.23	34.92
7	江干统战	浙江省杭州市江干区委统战部官方微博	36.18	53.00	23.54	14.43	33.58
8	同心广元	中国共产党广元市委员会统一战线工作部官方微博	29.33	20.11	37.88	38.80	31.00
9	陇南统战	中共陇南市委统战部官方微博	29.73	11.38	40.65	31.84	29.55
10	抚顺统战_6825	中共抚顺市委统一战线工作部官方微博	30.02	13.51	34.89	21.26	27.30

43. 全国十大团委微博

表59　全国十大团委微博

排名	微博	认证信息	传播力	服务力	互动力	认同度	总分
1	共青团中央	共青团中央官方微博	98.26	80.78	87.61	90.65	90.81
2	成都共青团	共青团成都市委员会官方微博	90.80	92.67	80.47	83.25	87.32
3	云南共青团	共青团云南省委官方微博	89.69	80.85	82.88	85.04	85.41
4	共青团中央学校部	共青团中央学校部官方微博	84.21	80.57	83.28	84.91	83.27
5	共青团广安市委	共青团广安市委员会官方微博	80.82	87.08	80.55	80.42	81.95
6	共青团大邑县委	共青团成都市大邑县委官方微博	78.59	81.45	81.01	80.79	80.11
7	自贡共青团	中国共青团自贡市委员会官方微博	78.07	81.89	79.51	79.62	79.42
8	四川共青团	共青团四川省委官方微博	80.99	90.71	71.66	70.16	79.05
9	中国共青团网	中国共青团网官方微博	78.82	66.12	83.74	83.17	78.19
10	青春上海	共青团上海市委员会官方微博	81.87	72.29	73.05	73.93	76.51

@蚌埠共青团：以明星效应带动精准扶贫成效显著

为贯彻习近平总书记提出的"精准扶贫"和"扶贫先扶智"的指示精神，共青团蚌埠市委员会、蚌埠市青年联合会、蚌埠市学生联合会共同发起"小课桌"精准扶贫助学行动，通过精准捐助小课桌的模式为建档立卡贫困家庭的在学子女改善学习硬件设施条件，搭建青春助力脱贫攻坚公益平台，竭力实现贫苦学生的精准识别、精准施策、精准帮扶。2018年4月5日，"@蚌埠共青团"在系列节目"共青团中央新闻联播"中表示，"小课桌"精准扶贫助学行动启动以来，得到社会关注。"金马影后"、蚌埠青年志愿者形象大使马思纯看到"小课桌"行动的倡议和相关报道后，主动提出要以青年志愿者的身份一次性捐助100张小课桌给贫困家庭的孩子，这也影响着越来越多的人关注和参与到"小课桌"行动中来。

据"@蚌埠共青团"介绍，活动启动仅1个多月，就有28家单位和集体、254名爱心人士捐赠善款152000元，购买760套小课桌，捐助给760名贫困家庭的在学子女，实现了蚌埠怀远县40个重点帮扶村全覆盖，扶贫成效显著。

@云南共青团：青春暖冬行动温暖"冰花男孩"

2018年1月9日，共青团云南省委官方微博"@云南共青团"发布的微博"云南#冰花男孩#冒冰霜上学 网友鼓励：努力读书改变命运"引起社会广泛关注。当天下午，共青团云南省委面向全省各级团组织和广大团员青年及社会各界爱心人士发起了"青春暖冬行动"倡议。1月11日，该事件继续发酵，经过各级部门以及社会各界爱心人士的牵线搭桥，"冰花男孩"王福满父亲第一时间赶回家看望他，王福满也圆了北京梦，另外网络上还掀起了帮助他找妈妈的热潮。纵观"冰花男孩"事件，从点到面，由浅入深，反映了云南留守儿童的现状，同时也把留守儿童问题推向了社会关注的焦点。

@青春南京：表白南京 掀起全城热恋

2018年5月20日，由共青团南京市委员会、南京市委网信办、新浪江苏主办的"520我爱宁——宁聚青春·爱在南京"活动在南京火热举行，掀起一场全城热恋。由"@青春南京"发起的微博话题#520我爱宁#引爆网络，正式上线24小时点击量突破1000万人次，直播观看人数破200万人次，全城表白网络话题接近2000万个，"520我爱宁"也成为当日热门"告白体"。

44. 全国十大外宣微博

表60　全国十大外宣微博

排名	微博	认证信息	传播力	服务力	互动力	认同度	总分
1	成都发布	成都市人民政府新闻办公室	87.91	81.67	81.59	78.80	83.86
2	南京发布	南京市委宣传部新闻发布官方微博	83.68	78.04	82.09	84.80	82.19
3	武汉发布	武汉市互联网信息办公室	91.23	70.43	78.74	79.86	82.18
4	中国政府网	国务院办公厅中国政府网运行中心	87.99	63.75	85.00	85.29	81.97
5	上海发布	上海市政府新闻办公室官方微博	87.09	80.36	79.20	71.12	81.78
6	四川发布	四川省人民政府新闻办公室	79.89	82.44	79.47	79.17	80.20
7	微成都	微成都官方微博	80.38	74.85	84.39	70.80	79.52
8	宿州发布	安徽省宿州市人民政府办公室官方微博	67.92	82.34	88.88	65.25	76.83
9	无锡发布	无锡市人民政府新闻办公室官方微博	78.98	80.06	71.66	71.90	76.29
10	中国广州发布	广州市互联网信息办公室官方微博	79.81	79.00	71.67	69.86	76.21

@无锡发布：聚焦外卖大战　助力维持市场秩序

2018年4月9日，滴滴外卖正式在无锡上线，由此引发包括美团外卖、饿了么等三家外卖平台的补贴大战，锡城外卖之争呈现愈演愈烈之势。在抢占市场份额的过程中，有商户因上线滴滴外卖而被美团外卖和饿了么外卖强制下线；此外还出现了商家拒绝接单、订单被迫取消等现象。面对此现象，11日"@无锡发布"发博称，无锡工商局将召开紧急行政约谈会，约谈美团、滴滴和饿了么三家外卖运营商。约谈中，无锡市工商局表示，无论是传统市场领域还是新兴互联网市场，竞争都应该是自由、平等、充分的，要求三家企业立即停止相关违法行为。约谈结束后，"@无锡发布"迅速公布了滴滴、美团、饿了么负责人于约谈现场表态的独家视频，视频中三大平台承诺将按照要求立即整改。从外卖大战伊始，"@无锡发布"便持续积极跟进事件发展动态，密切关注政府、企业、网友三方态度，及时传递事件中各方的真实声音，为维持良好的市场竞争秩序提供了有效助力。

@淄博发布：合理利用矩阵配合城市形象打造及活动传播

2018年6月7—12日，"@淄博发布"参与"微博传统文化周"活动，以短视频形式将淄博当地的国家非物质文化遗产项目——琉璃烧制技艺和聊斋俚曲展现在网友面前。这些视频在发布后，相继获得"@人民日报""@央视新闻""@中国日报""@头条新闻"等国内几十个媒体、政务账号转发，截至目前，视频播放总量已超过344万人次。6月12日，#淄博陶瓷惊艳上合#上合峰会淄博产品发布会举办，"@淄博发布"官博现场图文直播，第一时间将发布会现场亮点分享给广大网友。作为微博话题主持人，"@淄博发布"主动利用话题聚合优质内容和互动，话题线上热度持续升温。截至当天下午17：30，话题词阅读量突破1500万人次。利用矩阵的力量，由"@淄博发布"主导的这两次活动均产生了巨大的影响，"当代国窑·淄博陶瓷"的城市名片更加深入人心，尤其激发了淄博本地网友的群体自豪感，取得了良好的线上互动效果。

@安庆发布：快速回应化工火情　安抚民众恐慌

6月14日晚上10时30分许，安庆石化炼油一部焦化装置辐射泵入口泄漏起火，消息传出后引发了大量网友对火情的关注。15日1时57分，"@安庆发布"发布通报，表示按照应急预案，市消防支队及石化消防已组织33辆消防车及150余名消防员赴现场紧急救援，至6月15日零时30分，明火已全部扑灭，现场无人员被困、无人员伤亡。经环保部门对现场周边监测，空气质量未见异常，消防废水全部进入应急事故池，事故原因也将继续调查。化工火灾影响重大，每每发生总会引起公众的高度紧张情绪。面对突发的火情，"@安庆发布"快速行动，仅用三个小时便做出要素全面、简洁明了的回应，在第一时间抢占了权威发声阵地，有效地防止了谣言滋生引起民众恐慌，效率和态度值得点赞。

45. 全国十大卫生与健康微博

表61　全国十大卫生与健康微博

排名	微博	认证信息	传播力	服务力	互动力	认同度	总分
1	北京12320在聆听	北京市卫生计生热线（12320）服务中心官方微博	61.33	80.08	67.17	65.20	70.97
2	宜昌市第一人民医院	湖北省宜昌市第一人民医院官方微博	59.07	87.96	57.25	57.56	69.93

续表

排名	微博	认证信息	传播力	服务力	互动力	认同度	总分
3	四川大学华西医院	四川大学华西医院官方微博	69.50	56.25	70.46	64.53	63.99
4	健康成都官微	成都市卫生和计划生育委员会官方微博	63.36	64.06	61.98	58.02	62.69
5	全国卫生12320	全国12320卫生公益热线官方微博	63.22	48.63	68.87	57.57	61.43
6	健康中国	国家卫生健康委员会官方微博	63.86	55.07	64.14	53.60	61.16
7	健康深圳	深圳市卫生和计划生育委员会官方微博	63.79	68.60	51.49	51.02	60.75
8	宜昌市中心人民医院	湖北省宜昌市中心人民医院官方微博	66.66	59.80	56.29	59.21	60.06
9	首都健康	北京市卫生和计划生育委员会官方微博	59.04	55.18	66.64	56.73	59.54
10	健康八桂	广西壮族自治区卫生和计划生育委员会	60.01	69.09	46.80	50.52	58.73

（1）全国十大卫健委微博

表62　全国十大卫健委微博

排名	微博	认证信息	传播力	服务力	互动力	认同度	总分
1	健康成都官微	成都市卫生和计划生育委员会官方微博	63.36	64.06	61.98	58.02	62.69
2	健康中国	国家卫生健康委员会官方微博	63.86	55.07	64.14	53.60	61.16
3	健康深圳	深圳市卫生和计划生育委员会官方微博	63.79	68.60	51.49	51.02	60.75
4	首都健康	北京市卫生和计划生育委员会官方微博	59.04	55.18	66.64	56.73	59.54
5	健康八桂	广西壮族自治区卫生和计划生育委员会	60.01	69.09	46.80	50.52	58.73
6	安吉卫生	浙江省湖州市安吉县卫生局官方微博	49.62	65.15	51.78	52.35	56.75
7	青岛卫生计生官微	青岛市卫生和计划生育委员会官方微博	48.07	66.63	46.55	35.16	53.75
8	青岛市城阳区卫生和计划生育局	城阳区卫生和计划生育局官方微博	42.70	70.13	43.45	35.96	53.22
9	诸暨市卫生和计划生育局	诸暨市卫生和计划生育局官方微博	40.13	40.16	72.22	74.56	53.21
10	都江堰市卫生和计划生育局	都江堰市卫生和计划生育局官方微博	50.33	72.81	31.72	44.19	53.12

（2）全国十大疾控应急微博

表63　全国十大疾控应急微博

排名	微博	认证信息	传播力	服务力	互动力	认同度	总分
1	北京房山健康教育	北京市房山区疾病预防控制中心健康教育所官方微博	43.90	55.72	46.22	25.84	47.52
2	北京西城健康教育	北京市西城区疾病预防控制中心健康教育所官方微博	43.63	53.27	48.21	29.64	47.46
3	北京丰台健康教育	北京市丰台区疾病预防控制中心健康教育所官方微博	42.08	47.83	48.47	34.83	45.57
4	北京市疾病预防控制中心	北京疾病预防控制中心官方微博	56.42	29.91	55.69	38.40	43.80
5	东坡微健康	四川省眉山市东坡区疾病预防控制中心官方微博	52.27	46.19	37.96	27.04	43.02
6	北京东城南健康教育	北京市东城区疾病预防控制中心（南址）健康教育所官方微博	40.36	29.45	44.34	87.63	41.91
7	北京顺义健康教育	北京市顺义区疾病预防控制中心健康教育所官方微博	42.59	36.69	44.84	26.51	39.30
8	开封市疾病预防控制中心	河南省开封市疾病预防控制中心官方微博	36.96	38.39	44.56	27.89	38.90
9	北京健康教育	北京市疾病预防控制中心健康教育所官方微博	43.66	21.04	54.09	28.56	36.23
10	北京海淀健康教育	北京市海淀区疾病预防控制中心健康教育所官方微博	39.42	33.91	40.74	22.00	35.87

（3）全国十大卫生监督微博

表64　全国十大卫生监督微博

排名	微博	认证信息	传播力	服务力	互动力	认同度	总分
1	威海卫生计生监督执法支队	山东省威海市卫生计生委卫生和计划生育监督执法支队	35.57	45.57	36.31	30.17	39.25
2	北京卫生监督	北京市卫生监督官方微博	38.63	25.87	47.12	32.20	35.43
3	成都卫生监督	四川省成都市卫生执法监督支队官方微博	37.73	29.23	35.95	17.08	31.73
4	北京石景山卫生监督	北京市石景山区卫生和计划生育监督所	35.53	19.18	41.56	32.44	30.49
5	北京东城卫生和计划生育监督所	北京市东城区卫生和计划生育监督所	31.79	16.30	39.84	30.65	27.90
6	北京通州卫生监督	北京市通州区卫生局卫生监督所官方微博	30.56	14.01	38.98	33.42	26.75
7	上海卫生计生监督所	上海市卫生局卫生监督所官方微博	32.76	19.25	32.36	24.27	26.39
8	深圳卫生监督	深圳市卫生监督局官方微博	33.81	15.57	35.53	21.89	25.84
9	北京延庆卫生监督	北京市延庆区卫生和计划生育监督所官方微博	32.81	13.74	32.78	37.96	25.69
10	泰安卫生监督	泰安卫生监督	24.72	11.04	35.94	26.12	25.49

（4）全国十大医院微博

表65　全国十大医院微博

排名	微博	认证信息	传播力	服务力	互动力	认同度	总分
1	宜昌市第一人民医院	湖北省宜昌市第一人民医院官方微博	59.07	87.96	57.25	57.56	69.93
2	四川大学华西医院	四川大学华西医院官方微博	69.50	56.25	70.46	64.53	63.99
3	宜昌市中心人民医院	湖北省宜昌市中心人民医院官方微博	66.66	59.80	56.29	59.21	60.06
4	北京协和医院	北京协和医院官方微博	70.88	46.86	64.40	64.86	58.73
5	西安市第四医院1898	西安市第四医院官方微博	50.64	69.26	44.02	49.05	55.94
6	青岛西海岸新区中心医院	青岛西海岸新区中心医院官方微博	50.08	59.94	48.01	37.71	52.17
7	宜昌一医神经内科	宜昌市第一人民医院神经内科官方微博	50.19	57.55	45.80	38.53	50.65
8	青岛市妇女儿童医院	山东省青岛市妇女儿童医院官方微博	47.81	49.09	51.56	36.68	48.34
9	清华大学第一附属医院	清华大学第一附属医院官方微博	45.34	50.79	45.45	52.72	48.29
10	北京大学国际医院	北京大学国际医院官方微博	46.63	45.05	43.03	41.09	44.36

（5）全国十大献血机构微博

表66　全国十大献血机构微博

排名	微博	认证信息	传播力	服务力	互动力	认同度	总分
1	首都献血	北京市红十字血液中心官方微博	53.54	57.30	56.32	55.35	56.06
2	中华骨髓库	中国造血干细胞捐献者资料库（管理中心）官方微博	50.71	51.64	55.24	51.53	52.34
3	成都献血	成都市血液中心官方微博	41.94	39.22	36.78	40.63	39.17
4	文明血站1996	河南省开封市中心血站官方微博	35.24	44.88	34.22	22.21	37.48
5	青岛市中心血站	山东省青岛市中心血站官方微博	44.13	10.94	41.54	37.49	29.41
6	河北省血液中心HEBBC	河北省血液中心官方微博	44.76	15.93	33.55	31.66	28.55
7	长沙血液中心	湖南省长沙血液中心官方微博	35.54	10.24	44.53	29.70	27.53
8	江苏献血	江苏省血液中心官方微博	30.35	15.10	37.66	32.83	26.69
9	济南献血	济南市血液供保中心官方微博	24.06	8.85	49.58	28.71	26.10
10	河南省红十字血液中心	河南省红十字血液中心官方微博	34.07	10.26	39.40	32.06	25.95

46. 全国十大文化微博

表67　全国十大文化微博

排名	微博	认证信息	传播力	服务力	互动力	认同度	总分
1	故宫博物院	故宫博物院官方微博	85.88	59.16	84.03	87.98	80.19
2	西安半坡博物馆志愿者团队	西安半坡博物馆	71.69	87.57	65.93	66.98	75.84
3	侵华日军南京大屠杀遇难同胞纪念馆	侵华日军南京大屠杀遇难同胞纪念馆官方微博	78.41	69.15	74.17	80.99	75.54
4	汉唐网	陕西省文物局官方微博	69.15	71.67	74.37	64.46	71.25
5	海昏侯	南昌汉代海昏侯国遗址管理局官方微博	63.13	64.40	62.91	63.89	63.65
6	杭州图书馆	杭州图书馆官方微博	58.42	69.11	63.28	52.44	63.56
7	国家博物馆	中国国家博物馆官方微博	71.24	44.65	62.52	65.09	62.69
8	陕西青年文博志愿者联合会	陕西历史博物馆陕西青年文博志愿者联合会官方微博	60.57	81.45	56.15	53.08	62.67
9	中国文博	国家文物局官方微博	63.52	61.99	61.38	58.51	62.07
10	四川广汉三星堆博物馆	三星堆博物馆官方微博	69.75	53.76	63.34	64.54	60.91

@侵华日军南京大屠杀遇难同胞纪念馆@浙江省博物馆@成都武侯祠博物馆等：锐意创新　激活文博行业生命力

2018年5月18日，一年一度的国际博物馆日如期而至。自从2017年底大型文博探索节目《国家宝藏》走红以来，大众对藏品和博物馆的认知不断刷新，对博物馆及文博行业逐渐高涨的兴趣也让今年的国际博物馆日备受期待。连日来，多地博物馆围绕"超级连接的博物馆：新方法、新公众"这一主题，准备了大量生动有趣、有颜值更有内涵的文博活动。18日当天，"@侵华日军南京大屠杀遇难同胞纪念馆""@浙江省博物馆""@成都武侯祠博物馆"等20余家博物馆进行了网络联动直播，以不同的主题带网友领略各自博物馆及展品的深刻魅力。在"国际博物馆日之馆长谈"栏目中，"@徐州博物馆微博客""@自贡恐龙博物馆""@湖南省博物馆"等博物馆的馆长也在线畅聊博物馆的"连接"作用，分享关于在移动互联时代，如何加大博物馆联系社会公众的范围，加强博物馆服务社会公众的能力的看法，吸引了众多同行业和公众的关注。长期以来，博物馆产品比较单一、体验略显乏味，客观上养成了"高高在上、可望而不可即"的刻板公众印象。随着"互联网+"的发展，博物馆业与时俱进，发力打造新媒体平台、持续深耕文物IP，让博物馆摆脱了"阳春白雪"般单调而寡淡的公众认知，开始以一种"庄重"和"活泼"并存、"仙气"与"灵气"并重的全新形象走进"寻常百姓家"，全方位、多维度地融入人们的日常生活，用崭新的表达方式使传统文化在古今交响中迸发出前所未有的生命力和吸引力。

（1）全国十大文化管理微博

表68　全国十大文化管理微博

排名	微博	认证信息	传播力	服务力	互动力	认同度	总分
1	文化山东	山东省文化厅官方微博	56.64	68.09	52.42	48.88	59.18
2	文旅之声	文化与旅游部官方微博	48.74	24.03	57.58	54.62	47.04
3	丰台文创	北京市丰台区文化创意产业促进中心官方微博	41.60	46.56	36.15	37.38	41.52
4	四川文化	四川省文化厅官方微博	41.63	31.61	44.26	34.36	37.68
5	微曲江	陕西省西安曲江文化产业发展中心官方微博	43.92	34.91	35.02	43.89	37.64
6	秦淮文化微博	江苏省南京市秦淮区文化局官方微博	40.87	33.58	41.08	29.20	36.85
7	文化北京	北京市文化局官方微博	43.94	26.54	43.99	35.76	36.18
8	赤峰文化网	赤峰文化网官方微博	40.93	32.46	37.98	27.72	35.34
9	北京文博	北京市文物局官方微博	43.00	23.10	39.84	36.04	33.40
10	邛崃文旅	四川省邛崃市文体广电新闻出版和旅游局	33.02	38.52	30.36	21.58	33.28

（2）全国十大博物馆微博

表69　全国十大博物馆微博

排名	微博	认证信息	传播力	服务力	互动力	认同度	总分
1	故宫博物院	故宫博物院官方微博	85.88	59.16	84.03	87.98	80.19
2	西安半坡博物馆志愿者团队	西安半坡博物馆	71.69	87.57	65.93	66.98	75.84
3	侵华日军南京大屠杀遇难同胞纪念馆	侵华日军南京大屠杀遇难同胞纪念馆官方微博	78.41	69.15	74.17	80.99	75.54
4	国家博物馆	中国国家博物馆官方微博	71.24	44.65	62.52	65.09	62.69
5	陕西青年文博志愿者联合会	陕西历史博物馆陕西青年文博志愿者联合会官方微博	60.57	81.45	56.15	53.08	62.67
6	四川广汉三星堆博物馆	三星堆博物馆官方微博	69.75	53.76	63.34	64.54	60.91
7	金沙遗址博物馆	金沙遗址博物馆官方微博	60.22	52.54	57.43	53.56	55.65
8	莫高窟	敦煌研究院莫高窟官方微博	68.45	20.12	75.41	76.35	52.00
9	陕西历史博物馆	陕西历史博物馆	59.81	41.04	54.22	59.04	50.55
10	科举博物馆	江苏省南京中国科举博物馆官方微博	50.77	54.44	45.58	44.21	50.03

（3）全国十大图书馆微博

表70　全国十大图书馆微博

排名	微博	认证信息	传播力	服务力	互动力	认同度	总分
1	杭州图书馆	杭州图书馆官方微博	58.42	69.11	63.28	52.44	63.56
2	长沙图书馆	长沙市图书馆官方微博	58.94	69.80	52.07	52.04	60.53
3	广州图书馆	广州图书馆	57.46	67.16	54.21	50.66	59.69
4	重庆图书馆	重庆图书馆官方微博	53.32	64.90	46.19	47.56	55.24
5	淄博市图书馆	山东省淄博市图书馆官方微博	51.11	64.63	39.12	52.84	53.09
6	国家图书馆	国家图书馆官方微博	48.27	57.05	52.18	54.86	51.86
7	临沂市图书馆	临沂市图书馆	47.07	60.19	41.92	52.05	51.27
8	深圳图书馆	深圳图书馆官方微博	55.71	49.53	44.69	48.04	49.17
9	上海图书馆信使	上海图书馆参考咨询服务	48.59	44.05	49.40	44.57	46.61
10	山东省图书馆官方微博	山东省图书馆官方微博	44.37	48.80	45.77	42.06	46.33

47. 全国十大文明办微博

表71　全国十大文明办微博

排名	微博	认证信息	传播力	服务力	互动力	认同度	总分
1	中国文明网	中国文明网官方微博	69.74	46.65	86.43	62.07	69.37
2	潍坊文明网	潍坊市精神文明建设委员会办公室官方微博	60.08	60.17	61.60	51.63	59.71
3	文明开封	河南省开封市精神文明建设指导委员会办公室官方微博	56.32	54.44	68.72	40.68	58.10
4	四川文明网	四川文明网 www.scwmw.gov.cn 官方微博	56.00	59.77	62.23	41.16	57.14
5	文明卫辉官博	河南省卫辉市文明办官方微博	55.01	57.13	55.27	45.28	54.54
6	文明北京	首都文明办官方微博	56.95	57.06	52.34	43.20	54.21
7	文明河南	河南省文明办官方微博	54.58	27.92	69.94	53.08	53.71
8	青岛文明网	青岛市精神文明建设委员会办公室官方微博	49.57	58.60	54.19	42.71	52.08
9	南京文明网	江苏省南京市精神文明建设指导委员会办公室官方微博	51.29	49.27	57.23	34.39	50.98
10	文明 V 中山	大连市中山区精神文明建设指导委员会办公室主办活动官方微博	53.43	53.18	46.97	42.83	50.38

48. 全国十大消防微博

表 72　全国十大消防微博

排名	微博	认证信息	传播力	服务力	互动力	认同度	总分
1	中国消防	应急管理部消防局官方微博	89.37	82.32	84.68	89.39	86.55
2	安徽消防	安徽省消防总队官方微博	81.46	82.51	73.46	74.06	78.74
3	四川遂宁消防	四川省遂宁市公安消防支队官方微博	66.17	85.94	65.76	61.43	73.48
4	浙江消防	浙江省公安消防总队官方微博	81.10	75.29	68.10	65.84	73.35
5	四川消防	四川省公安消防总队官方微博	70.40	80.75	66.72	56.23	72.02
6	江西消防	江西省公安消防总队	74.96	75.08	65.77	61.03	70.86
7	金山消防	上海市金山区公安消防支队官方微博	64.13	82.03	62.71	55.07	69.96
8	桂林消防119	桂林市公安消防支队官方微博	64.18	84.61	57.77	58.03	69.81
9	广西消防	广西壮族自治区公安消防总队官方微博	64.83	81.37	60.86	53.85	69.16
10	119 – 合肥消防在线	安徽省公安消防总队合肥支队官方微博	67.79	82.96	55.29	57.51	69.08

@重庆消防：创新宣传"双十佳"战士评选活动

"@重庆消防"秉承"互联网＋消防"工作思维，主动打破传统宣传模式，利用社交媒体平台渠道和移动互联网产品的形式，创造全新模式进行人物的宣传和报道，在组织工作中勇开互联网时代消防宣传工作新局面。"@重庆消防"走进重庆各支队"红门"深度采访和挖掘基层带头人和优秀士官的人物故事，发动各获奖支队积极进行系列新闻专访及海报拍摄，制作成H5页面进行传播，在"五四"青年节当天推出的"双十佳"合集更是在全网引发现象级传播效应。"双十佳"系列人物报道除了内容本身重要之外，还在于它通过一体化传播展现出"互联网＋消防"的巨大优势，主要通过以下四个方面来体现：一是打造个人典型，以故事的形式向外展示消防形象；二是对内树立典型，打造个人标杆激发信；三是紧跟"五四"青年节时间热点，进一步树立整体消防年轻化形象；四是新媒体传播技能的创新，引发现象级传播效应。#重庆消防双十佳#微博话题阅读量达到358万人次，覆盖人数达到1000万以上，从重庆所有消防支队账号的传播和平安重庆系统的官方联动，到今年以来首次引发重庆20多个同城微博账号的转发，再到吸引全国官方政务账号的高度关注，其影响范围扩展至全国，并涵盖社会生活的各个层面。

49. 全国十大信访微博

表 73　全国十大信访微博

排名	微博	认证信息	传播力	服务力	互动力	认同度	总分
1	南京信访	江苏省南京市信访局官方微博	41.20	59.92	40.42	30.37	47.37
2	仁和信访	四川省攀枝花市仁和区委群众工作局官方微博	36.82	68.51	26.60	21.42	44.89
3	上城信访	杭州市上城区区长公开电话受理中心官方微博	35.56	56.92	29.65	28.74	41.65

续表

排名	微博	认证信息	传播力	服务力	互动力	认同度	总分
4	昆明市信访局	云南省昆明市人民政府信访局官方微博	40.37	42.71	37.63	25.42	38.99
5	天津信访	天津市人民政府信访办公室官方微博	39.53	30.16	38.52	25.46	34.07
6	杭州信访	浙江省杭州市信访局官方微博	37.74	32.31	36.24	22.61	33.61
7	洛阳信访	洛阳市信访局	36.89	28.54	40.31	26.96	33.58
8	大邑县群工局	四川省成都市大邑县信访和群众工作局官方微博	32.06	30.59	36.28	19.76	31.51
9	鹤岗信访	黑龙江省鹤岗市信访局官方微博	24.54	24.71	43.25	18.43	29.61
10	陇南信访	甘肃省陇南市信访局官方微博	29.23	15.82	45.50	29.31	28.76

50. 全国十大园林环卫微博

表74　全国十大园林环卫微博

排名	微博	认证信息	传播力	服务力	互动力	认同度	总分
1	南京市绿化园林局	江苏省南京市绿化园林局官方微博	52.67	69.52	51.59	46.30	58.45
2	首都园林绿化	北京市园林绿化局官方微博	53.79	52.67	48.56	50.00	51.39
3	绿色上海	上海市绿化和市容管理局官方微博	47.30	42.59	50.10	42.81	45.81
4	上海辰山植物园	辰山植物园以精研植物，爱传大众为使命,是大家的绿色博物馆！	60.01	26.95	54.16	57.19	44.75
5	苏州园林绿化	苏州市园林和绿化管理局官方微博	47.60	42.50	39.42	38.65	42.21
6	中国园林博物馆微博	中国园林博物馆官方微博	41.00	30.61	38.94	35.66	35.69
7	泉州环卫	福建省泉州市环境卫生管理处官方微博	40.55	32.62	37.18	29.66	35.28
8	深圳市公园管理中心	深圳市公园管理中心官方微博	44.83	27.31	37.32	39.80	35.07
9	泰安环卫	山东省泰安市环境卫生管理处官方微博	49.52	21.37	40.12	42.89	34.78
10	美丽天津	天津市市容和园林管理委员会官方微博	40.31	32.60	32.59	30.32	33.91

51. 全国十大政法委微博

@中国长安网：直播为公众打开法医世界的大门

2018年3月29日，"@中国长安网"邀请安徽省公安厅物证鉴定管理处法医病理损伤检验科科长、副主任法医师秦明，北京市公安局刑侦总队法医刘萌妍做客长安直播，向网友科普法医这一神秘职业，直播视频播放量超过140万人次。作为大热电视剧《法医秦明》

表75　全国十大政法委微博

排名	微博	认证信息	传播力	服务力	互动力	认同度	总分
1	中国长安网	中央政法委新闻网站官方微博	89.38	81.48	86.43	87.34	86.71
2	陕西政法	中共陕西省委政法委员会官方微博	62.59	82.44	59.92	51.35	64.63
3	湖南政法综治	湖南省委政法委员会官方微博	57.96	81.57	61.03	50.75	62.88
4	重庆长安网	重庆长安网官方微博	53.10	68.09	72.25	62.07	62.74
5	遂川政法	中共遂川县委政法委员会官方微博	58.95	79.74	56.29	56.71	62.09
6	社旗政法	中共社旗县委政法委官方微博	67.13	74.02	52.24	47.19	62.05
7	青海政法	青海省委政法委员会官方微博	56.51	83.90	55.40	53.79	61.38
8	北京政法	首都政法综治网官方微博	54.97	70.28	64.83	54.98	60.99
9	吉林政法声音	吉林省委政法委官方微博	48.65	84.98	59.99	56.87	60.14
10	中原盾	中共河南省委政法委员会官方微博	51.29	82.33	57.87	48.14	59.16

的原型，秦明本人也是同系列小说作者、果壳医药领域达人，曾获得 CCTV 2016 "年度法治人物" 和 "年度最具网络影响力的法治人物" 称号。刘萌妍曾参与北京卫视《我是演说家》这一大热语言类节目，被网友评为 "最美女法医"。两位直播嘉宾不仅是自己专业领域的佼佼者，还致力于普及法医学的知识，让公众了解法医群体。

"@中国长安网" 充分利用网络直播平台新的传播技术以及实时性、真实性、互动性、场景化等优势，为网友了解法医群体和法医学提供窗口。直播中两位嘉宾讲述了带有神秘色彩的工作经历，风趣幽默的表达打破了人们对法医群体的高冷、炫酷的刻板印象，收获了众多网友的点赞和评论。除此之外，政法系统微博也形成了传播矩阵，"@淮南公安在线""@湖北政法" 等账号纷纷对直播进行转发评论，实现社会引导功能，扩大普法微博的传播效果。

52. 全国十大政协微博

表76　全国十大政协微博

排名	微博	认证信息	传播力	服务力	互动力	认同度	总分
1	议政金陵	政协南京市委员会官方微博	54.04	79.38	43.52	33.04	53.85
2	秦淮政协	江苏省南京市秦淮区政协官方微博	42.29	76.28	41.51	24.58	47.08
3	曲靖政协	云南省曲靖市政协官方微博	33.14	13.88	48.55	30.70	33.67
4	昆明市政协	云南省昆明市政协办公厅官方微博	33.96	21.25	36.71	26.05	31.45
5	南昌政协	江西省南昌市政协机关官方微博	34.10	20.61	38.93	20.14	31.45
6	哈尔滨政协	中国人民政治协商会议黑龙江省哈尔滨市委员会官方微博	34.95	40.43	24.48	17.80	31.19
7	陇南政协	甘肃省陇南市政协官方微博	34.66	11.91	36.68	25.15	29.77
8	陇南武都政协	甘肃省陇南市武都区政协官方微博	32.43	28.72	28.53	22.45	29.52
9	成都高新政协	成都高新区政协工作联络处官方微博	30.23	22.11	29.47	14.52	26.81
10	文明开封－市政协	中国人民政治协商会议河南省开封市委员会官方微博	23.92	19.59	35.83	22.01	26.44

53. 全国十大住建微博

表 77　全国十大住建微博

排名	微博	认证信息	传播力	服务力	互动力	认同度	总分
1	天津12319	天津市12319城建热线服务中心官方微博	55.27	78.96	48.47	40.00	61.18
2	天津市住房公积金发布	天津市住房公积金管理中心官方微博	60.37	73.89	49.57	42.83	60.78
3	临沂市住建局	临沂市住房和城乡建设局	56.86	67.83	38.83	43.81	54.53
4	安居北京	北京市住房和城乡建设委员会官方微博	59.49	49.16	56.91	47.77	53.41
5	成都武侯新城	成都市武侯新城建设管理委员会官方微博	52.50	62.75	41.84	41.98	52.35
6	郫都区房管局	四川省成都市郫都区房产管理局	48.18	73.34	34.23	25.10	51.75
7	住建——德阳	四川省德阳市住房和城乡规划建设局官方微博	50.99	54.90	42.55	36.00	48.52
8	杭州住保房管	杭州市住房保障和房产管理局官方微博	48.44	49.27	50.30	37.18	48.20
9	陇南康县住建	甘肃省陇南市康县住房和城乡建设局官方微博	37.44	59.00	43.58	33.20	47.48
10	成都建设	成都市城乡建设委员会官方微博	45.48	50.47	40.51	32.48	44.68

54. 全国十大自然资源微博

表 78　全国十大自然资源微博

排名	微博	认证信息	传播力	服务力	互动力	认同度	总分
1	国家海洋预报台	国家海洋预报台官方微博	54.40	64.70	44.86	39.14	52.07
2	南京市国土资源局	江苏省南京市国土资源局官方微博	47.73	57.22	41.84	35.48	48.53
3	成都国土	成都市国土资源局官方微博	51.83	53.66	43.56	33.38	48.24
4	沂源国土	沂源县国土资源局官方微博	36.19	58.08	39.53	46.01	46.93
5	蒲江国土	成都市蒲江县国土局官方微博	38.30	65.21	34.29	23.19	46.35
6	南京市国土资源局高淳分局	江苏省南京市高淳区国土资源局官方微博	40.99	51.17	42.39	44.58	45.84
7	天津国土房管发布	天津国土房管局官方微博	41.92	52.64	34.89	46.70	44.58
8	自然资源部	自然资源部官方微博	48.51	22.83	51.87	35.44	43.07
9	双流国土	成都市双流区国土资源局官方微博	41.51	56.23	31.99	21.39	42.53
10	天津海洋	天津市海洋局官方微博	42.75	51.27	30.22	43.41	42.47

55. 全国十大组织部微博

表 79　全国十大组织部微博

排名	微博	认证信息	传播力	服务力	互动力	认同度	总分
1	陇南成县组工	中国共产党成县委员会组织部官方微博	46.60	45.66	31.80	32.51	40.56
2	龙泉组工	中共成都市龙泉驿区委组织部官方微博	42.65	48.02	33.43	25.10	39.20
3	永川组工	中共重庆市永川区委组织部官方微博	35.92	16.19	52.05	59.79	39.20
4	北海先锋	北海市委组织部官方微博	38.27	35.14	34.98	27.68	35.60
5	顺庆组工	中国共产党南充市顺庆区委组织部官方微博	39.95	16.93	35.15	39.04	33.81
6	顺德区委组织部	佛山市顺德区委组织部官方微博	36.39	29.65	32.60	23.63	32.63
7	洛阳组工	中国共产党洛阳市委员会组织部官方微博	32.81	12.42	39.70	38.27	31.35
8	西宁党建	中共西宁市委组织部官方微博	28.09	28.57	39.12	25.70	31.26
9	昆明市委组织部	中共昆明市委组织部官方微博	34.64	29.11	29.90	25.25	31.17
10	文明开封祥符组宣	中共开封市祥符区委组织部办公室官方微博	29.47	31.88	33.35	24.39	30.61

三　政务微博地区竞争力排行榜

1. 政务微博地区榜单指标说明

地区政务微博竞争力旨在评估各地区对新媒体的综合应用能力和应用效果，着重考核各地区政务微博矩阵的传播力、服务力和互动力，数据统计周期为 2018 年 1 月 1 日至 2018 年 6 月 30 日。具体评价维度有以下几个。

（1）排名对象

各省排行榜的排名对象包括除港澳台以外的所有省级行政区；城市排行榜排名对象包括各省或自治区下辖的所有地级行政区。

（2）计分规则

城市政务微博竞争力评估维度包括传播力、服务力和互动力；总分由各分项指标标准化后加权计算得出。

（3）指标说明

第一，传播力指标。

微博阅读数：地区内所有政务微博在统计周期内所发微博阅读数总和（注：中央和国家直属机构的政务微博不参与地区间排行的统计，省直属机构的政务微博不参与城市排行的统计，以下指标皆同）。

活跃账号数：在统计周期内有更新行为的地区政务账号数量。

活跃账号率：在统计周期内有更新行为的地区政务账号数量与地区政务账号总量的比值。

第二，服务力指标。

主动评论数：统计周期内该地区所有政务微博用户主动回复评论的总量（包括在该政务微博用户所发微博及其他用户所发微博中的所有评论）。

总发博数：该地区所有政务微博在统计周期内所发微博数总和。

原创发博数：该地区所有政务微博在统计周期内所发原创微博数总和。

被"@"回复数：统计周期内该地区所有政务微博用户回复网友"@"的总数。

被"@"回复率：统计周期内该地区所有政务微博用户回复网友"@"的总数与被网友"@"数的比值。

发私信数：统计周期内该地区所有政务微博发给用户的私信总数（包括手动私信次数、手动私信人数、关键词命中的人数三类指标）。

私信回复率：统计周期内该地区所有政务微博发给用户的私信总数与收到的私信总数的比值。

第三，互动力指标。

可信用户转发数：地区所有政务微博在统计周期内所发全部微博的被转发数总和，排除垃圾用户，同一个账号对同一个用户进行多次转发，一天只计一次。

可信用户评论数：地区所有政务微博在统计周期内所发全部微博的被评论数总和，排除垃圾用户，同一个账号对同一个用户进行多次评论，一天只计一次。

可信用户点赞数：地区所有政务微博在统计周期内所发全部微博的被点赞数总和，排除垃圾用户，同一个账号对同一个用户进行多次点赞，一天只计一次。

点赞率：地区所有政务微博在统计周期内所发全部微博的被点赞数与阅读总数的比值。

政务微博地区竞争力排行榜见表80至表81。

2. 省份政务微博竞争力排行榜

表80 省份政务微博竞争力排行榜

排名	地区	传播力	服务力	互动力	竞争力指数
1	四 川	97.18	91.15	93.02	93.61
2	江 苏	91.33	89.90	92.08	91.09
3	安 徽	84.63	83.64	76.20	81.34
4	河 南	86.69	83.44	70.88	80.02
5	山 东	80.61	83.52	75.60	79.87
6	浙 江	79.11	84.54	70.04	77.83
7	广 东	79.91	79.87	72.89	77.44
8	陕 西	72.63	78.60	69.19	73.52
9	北 京	65.13	65.95	79.31	70.38
10	云 南	67.08	70.80	65.57	67.85
11	湖 北	68.38	67.03	63.24	66.11
12	湖 南	60.23	64.74	68.80	64.81
13	内蒙古	67.35	68.24	56.72	63.94
14	甘 肃	63.22	68.41	53.42	61.61

排名	地区	传播力	服务力	互动力	竞争力指数
15	上　海	56.96	58.32	66.22	60.68
16	重　庆	56.93	65.26	58.48	60.39
17	河　北	58.01	68.29	53.38	59.99
18	天　津	59.20	58.55	60.66	59.48
19	江　西	58.22	62.95	55.22	58.83
20	辽　宁	55.85	69.34	47.48	57.64
21	广　西	58.27	70.05	42.50	56.88
22	福　建	53.79	65.22	45.66	54.95
23	山　西	55.88	63.16	33.19	50.49
24	贵　州	46.21	59.01	43.39	49.71
25	黑龙江	51.80	57.98	35.81	48.37
26	吉　林	42.42	54.96	45.27	47.80
27	新　疆	22.20	45.35	47.48	39.15
28	宁　夏	39.17	51.43	17.08	35.73
29	海　南	17.41	36.87	12.18	22.39
30	西　藏	7.37	25.47	19.44	17.93
31	青　海	14.22	35.20	3.52	17.82

3. 城市政务微博竞争力排行榜 TOP100

表81　城市政务微博竞争力排行榜 TOP100

排名	城市	传播力	服务力	互动力	竞争力指数
1	成都	98.60	91.75	91.02	93.55
2	南京	95.71	86.89	88.74	90.19
3	杭州	85.59	82.78	73.95	80.53
4	宿州	83.75	73.21	74.68	76.88
5	郑州	82.06	75.34	72.76	76.45
6	苏州	81.72	77.16	70.86	76.32
7	西安	81.28	74.99	72.80	76.11
8	广州	80.49	72.54	74.21	75.51
9	深圳	80.92	69.95	75.74	75.27
10	青岛	81.87	76.34	67.33	74.84
11	武汉	78.42	68.75	75.22	73.92
12	济南	75.39	68.69	73.94	72.53
13	陇南	82.08	75.18	60.09	71.97
14	洛阳	79.03	72.26	65.19	71.82
15	宁波	79.43	74.14	60.94	71.11
16	南昌	77.09	67.03	68.39	70.52
17	马鞍山	78.36	71.86	62.14	70.41
18	昆明	80.53	72.83	58.04	69.97
19	南通	75.81	73.44	61.03	69.81
20	合肥	76.83	65.89	64.40	68.65

排名	城市	传播力	服务力	互动力	竞争力指数
21	开封	78.67	73.44	51.99	67.50
22	潍坊	73.35	67.31	61.90	67.23
23	临沂	74.45	67.12	60.94	67.15
24	无锡	72.98	65.33	63.64	67.03
25	佛山	75.24	69.89	56.34	66.75
26	宜昌	76.01	66.25	59.22	66.72
27	兰州	74.79	65.03	60.46	66.36
28	湖州	75.27	68.54	55.90	66.14
29	榆林	68.58	67.18	62.23	65.87
30	温州	75.96	69.96	53.07	65.85
31	宝鸡	71.42	66.50	60.29	65.80
32	石家庄	70.80	66.72	60.49	65.77
33	银川	77.37	68.57	52.37	65.54
34	哈尔滨	76.24	65.30	56.28	65.43
35	沈阳	69.49	65.21	62.11	65.41
36	绍兴	70.05	64.15	61.94	65.15
37	德州	71.10	65.30	58.96	64.82
38	广安	68.56	56.99	69.15	64.72
39	南宁	74.21	66.23	54.25	64.43
40	抚顺	74.12	66.16	54.40	64.43
41	泉州	72.22	67.73	53.88	64.23
42	威海	71.55	64.88	57.27	64.22
43	滁州	73.68	64.00	56.23	64.19
44	淄博	72.80	67.54	52.80	63.96
45	福州	70.54	65.54	56.51	63.88
46	徐州	70.93	68.76	52.78	63.82
47	长沙	69.74	62.37	59.96	63.74
48	安庆	72.46	66.86	52.88	63.64
49	十堰	67.45	62.09	60.92	63.29
50	宿迁	68.05	63.45	58.35	63.04
51	嘉兴	70.78	66.74	52.62	63.01
52	绵阳	70.40	61.51	58.06	62.97
53	大理	63.79	59.32	65.32	62.76
54	金华	68.77	63.22	57.03	62.72
55	自贡	63.46	56.30	68.41	62.69
56	眉山	70.97	60.11	57.89	62.59
57	六安	70.75	62.09	56.06	62.58
58	渭南	69.37	65.31	53.74	62.48
59	淮南	70.50	61.73	56.19	62.42
60	太原	70.79	61.60	55.35	62.17
61	亳州	71.89	64.09	51.61	62.06

排名	城市	传播力	服务力	互动力	竞争力指数
62	长春	70.42	62.42	54.36	62.00
63	南阳	70.63	64.86	51.71	61.99
64	芜湖	72.17	62.45	52.49	61.88
65	菏泽	68.45	63.79	53.93	61.74
66	新乡	72.15	63.89	50.44	61.66
67	保定	66.18	63.57	55.51	61.53
68	宣城	70.18	62.82	52.60	61.45
69	广元	73.53	65.04	47.37	61.40
70	德阳	70.47	62.30	52.57	61.35
71	柳州	67.01	63.28	54.21	61.22
72	烟台	65.64	61.90	56.61	61.17
73	乐山	67.44	60.70	56.20	61.14
74	常州	66.97	62.98	53.54	60.87
75	商丘	68.56	61.83	53.32	60.87
76	汉中	68.50	65.72	49.44	60.86
77	永州	70.50	60.54	51.93	60.52
78	南充	69.04	60.97	52.55	60.44
79	厦门	68.39	61.04	52.53	60.27
80	泸州	69.51	58.87	53.72	60.26
81	大连	68.34	63.33	50.07	60.19
82	赤峰	70.94	63.40	46.97	59.91
83	贵阳	66.48	61.97	51.78	59.76
84	阜阳	70.57	61.48	48.52	59.67
85	江门	68.99	68.91	42.12	59.56
86	台州	67.65	62.68	48.95	59.36
87	淮安	67.30	60.76	51.13	59.35
88	沧州	66.41	58.31	54.26	59.32
89	包头	65.52	59.59	52.89	59.02
90	鄂尔多斯	71.98	65.46	41.20	58.92
91	黄山	70.82	64.39	43.23	58.92
92	呼和浩特	68.88	63.72	44.79	58.64
93	淮北	67.38	58.47	51.18	58.59
94	晋中	65.56	63.88	46.94	58.46
95	珠海	66.23	57.65	52.59	58.46
96	安顺	69.58	58.96	48.40	58.45
97	咸阳	66.26	66.11	43.89	58.38
98	盐城	65.85	59.23	50.71	58.23
99	清远	70.00	59.71	46.61	58.21
100	宜宾	65.81	59.50	49.86	58.02

四　政务微博发展趋势及建议

2018 年上半年，党中央、国务院对"互联网＋政务"和政务信息公开工作高度重视、精心部署。4 月，国务院办公厅印发了《2018 年政务公开工作要点》，重点从着力加强公开解读回应工作、着力提升政务服务工作实效、着力推进政务公开平台建设、着力推进政务公开制度化规范化四个方面，提出 16 项重点任务，对今年政务公开工作做出安排。《要点》指出，要用好"两微一端"新平台，充分发挥政务微博、微信、移动客户端灵活便捷的优势，做好信息发布、政策解读和办事服务工作，进一步增强公开实效，提升服务水平。

在此背景下，国内政务微博数量持续增加，各级政府部门积极运作，进一步发挥政务微博在信息公开和政务服务等方面的积极作用，贯彻落实《要点》提出的各项安排，政务微博的发展也在上半年呈现新的亮点和趋势。

1. 机构改革引人瞩目　部委官微重装登场

2018 年 3 月，中共中央印发了《深化党和国家机构改革方案》，随机构改革应运而生的新的政务微博获得网友关注。中国海警局官方微博"@中国海警"、国家市场监督管理总局官方微博"@中国市场监管"等新设机构账号纷纷开通，退役军人事务部、国家移民局等部门也将开通微博提上日程。

2018 年 3 月 22 日，原"@环保部发布"正式更名为"@生态环境部"，并发布微博致谢网友，获得上万人次点赞。随后"@生态环境部"在微博实时曝光了中央环保督察回头看第一批行动中涉及 10 个省 53 起环保整改问题，获得大量网友关注和一众媒体的点赞。而由文化部和国家旅游局整合组建的文化和旅游部，在组建后开通新的官方微博方面行动迟缓，直到 5 月底才由原文化部官微"@文化部"改名为"@文旅之声"。作为文化与旅游部官方微博，就粉丝数量和运营情况来看，新的官方微博并没有展现出机构合并之后"1＋1＞2"的效果，更大的势能还有待挖掘。

在政务微博不断发展的趋势面前，各政府机构还需深刻理解不进则退的道理，深入贯彻落实党中央、国务院对政务公开工作，尤其是政务公开平台建设工作的各项安排，做好信息发布、政策解读和办事服务工作。面对机构改革，中央各部委更应迅速反应，对以政务微博为代表的各新媒体平台及时做出调整，并整合宣传和服务力量，进一步增强公开实效，提升服务水平。

2. 行业微博多点发展　运营成效喜忧参半

从行业来看，外宣、公安、气象等传统政务微博佼佼者依旧表现出色，做到了洞悉需求、创新宣传、快速回应、积极落实。"@无锡发布"及时跟进无锡外卖平台恶性竞争事件，密切关注政府、企业、网友三方态度，及时传递各方真实声音，助力维持良好市场竞争秩序；"@平安天津"接到网友在日本拾到中国公民护照的私信后，迅速联系"@天津出入境"和"@天津户政"帮助失主领回护照，认真对待网民诉求，一点一滴，取信于民；2018 年 6 月 17 日的暴雨天气过程中，"@气象北京"24 小时值守，逐时通报天气信息，将防灾减灾信息传递给每一位粉丝，坚持了"以责任心面对网友，以敬畏心面对天气，以平常心面对评论"的一贯理念。

同时也应注意，医疗、教育等行业政务微博，在信息发布、互动和服务等方面相对落后，河北、湖北、湖南、福建、广东、内蒙古、西藏、宁夏等省（自治区）级教育厅，海南、安徽、西藏等省（自治区）级卫健委至今尚未开通官方微博。官方在微博舆论场上的缺位，其结果必然是信息发布不通畅、回应问题不及时。今年 5 月下旬，六安教师集体"维权上访"事件中，警方回应成为引爆点，引发"是否存在暴力执法"的争议，在多方舆论的期盼下，当地政法委、人民政府的陆续回应仍然未能平息舆论，而处于争议中心的教育部门则严重缺位，始终落后于公众期待。

3. 社会治理重心下移　聚焦精细民生服务

2017 年 10 月，习近平总书记在十九大报告中提出要打造共建共治共享的社会治理格局，推动社会治理重心向基层下移，发挥社会组织作用，实现政府治理和社会调节、居民自治良性互动。2018 年上半年，政府及社会组织利用政务微博发布信息、解读政策和办事服务的能力也向基层下移。

2018 年上半年，县级、乡级政府和居委会、村委会等基层群众自治组织"互联网＋政务"的社会治理能力和水平显著提高，涌现了一批优秀的基层政务微博。运城市盐湖区上郭乡路家庄遭遇苹果滞销，村委会官方微博"@ 山西路家庄"及时发布滞销信息，并@ 一批微博名人，获得大量关注。为提升对群众咨询的回复效率，银川市西夏区民政局建立了微博回应机制，安排专人负责官方微博"@ 西夏民政"的答疑解惑工作，对群众咨询的问题由业务主管部门领导回复，分管领导审核，保证回复内容翔实、准确、及时，确保群众知晓相关政策。

同时我们也应该看到，在利用基层微博加强最基本的公共服务和民生保障方面，各职能部门的政务微博分布并未达到预期均衡。据最新统计，全国共有省级行政区划单位 34 个，地级行政区划单位 334 个，县级行政区划单位 2851 个。以开通率较高的公安系统为例，县级开通率为 78%，其中一季度活跃率约为 85.7%；而开通率较低的教育系统，县级开通率仅为 23%，其中一季度活跃率为 46.4%。可见，在民生服务本地化、草根化领域，政务微博仍有较大发展空间。

4. 舆情风险一触即发　基层应对参差不齐

当前，政务新媒体在有效应对舆情事件、引导社会舆论方面发挥着至关重要的作用。其中，政务微博尤甚。基层政务微博对舆情事件的迅速反应和妥善处理可以及时消解处置舆情、遏制谣言扩散。在陕西省榆林市米脂县"4·27"学生遇袭事件中，事发地的众多政务微博与上级官微有效联动，充分发挥了微博矩阵的作用。"@ 米脂发布""@ 米脂公安"第一时间发声并持续公布事件动态；"@ 榆林交警""@ 绥德交警"呼吁司机让开生命通道；"@ 人民日报""@ 陕西发布"呼吁市民为受伤孩子献血；"@ 公安部打四黑除四害""@ 陕西省教育厅"呼吁网民不发布血腥图片，不传播谣言。在灾难和悲剧面前，政务微博矩阵爆发了强大的正能量，不仅做到了政务公开，而且更好地坚持了为人民服务的初心。

但应注意的是，基层政务微博管理不善也可以触发次生舆情。"黑龙江肇东中学生校外打人"事件中，当舆论已经突破微信的圈层化、本土区域化传播，进入公共舆论场之后，肇东、绥化两级党政组织的政务微博官方渠道完全失灵失效。"鸿茅药酒跨省抓人"事件中，面对网友的质疑，直接管辖的基层公安系统政务微博严重缺位，反而是法院、检察院等司法系统微博站出来为事件发声，激发了较为严重的二次舆情。以上种种，无论是官微失声，抑或是发声不当，即使相关单位亡羊补牢，给出官方解释并公开道歉，其引发的负面舆情对政府公信力造成的影响仍是难以估量的。

尽管基层政务微博发展总体向好，进步明显，但仍存在人员、管理、制度、理念上的种种不足。基层政府和社会组织应该继续强化服务意识，明确责任，主动开展相关学习和培训活动；政府部门之间、社会组织之间、政府与社会组织之间应该加强联动，探索建立"事出必行、行之有效"的行动矩阵和反应机制。

5. 多平台时代更应坚持政务新媒体价值路径

经过多年的发展，微博以其独特的开放、动态、协同传播特性，已经成为各级政府响应习总书记所说的"了解群众、贴近群众、为群众排忧解难"的不可或缺的途径，成为践行新媒体时代下群众路线的重要平台。

在用户时间逐渐被社交媒体和视频分流的今天，在社会热点事件越来越频发、政务新媒体也越来越多元化的格局当中，各政府机构更应坚守住政务新媒体的核心价值路径，那就是："倾听—对话—服务。"

早在2015年5月，以"@新疆检察"为首的新疆三级检察机关就实现了检察新媒体的全覆盖，全疆三级检察机关横向到边、纵向到底，建设成"互联网＋检察"政务新媒体矩阵新模式。按照公开诉求公开处理的原则，在收到网民消息或者留言后，"@新疆检察"会按照检察机关新媒体矩阵第一时间逐级向下分配，直至事件所在地的基层检察机关；在问题得到解决后，基层检察机关再通过新媒体矩阵逐级向上反馈，最终反馈至当事人。对此，中国传媒大学媒介与公共事务研究院高级研究员侯锷表示，新疆检察机关利用官方微博积极回应网民诉求，在线解决网民反映的问题，从根本上化解、解决社会矛盾，"是网络空间群众路线的一种体现"。

在2018年政务公开要点中进一步强化了政务新媒体的服务职能。基于此，打破唯数据论、唯粉丝与流量论，结合自身所在部门职能，打造一支训练有素、懂业务、懂互联网、以用户为中心的创新高效的团队，掌握一套切实可行、服务民生的运营方法，才能最大限度地发挥政务新媒体的核心价值——倾听来自群众的声音，平等与群众对话，真诚为民服务。

附录：各省、自治区、直辖市政务微博影响力

1. 四川政务指数微博影响力榜

（1）四川政务微博城市竞争力指数

排名	地区	传播力	服务力	互动力	竞争力指数
1	成 都	98.60	91.75	91.02	93.55
2	广 安	68.56	56.99	69.15	64.72
3	绵 阳	70.40	61.51	58.06	62.97
4	自 贡	63.46	56.30	68.41	62.69
5	眉 山	70.97	60.11	57.89	62.59
6	广 元	73.53	65.04	47.37	61.40
7	德 阳	70.47	62.30	52.57	61.35
8	乐 山	67.44	60.70	56.20	61.14
9	南 充	69.04	60.97	52.55	60.44

续表

排名	地区	传播力	服务力	互动力	竞争力指数
10	泸　州	69.51	58.87	53.72	60.26
11	宜　宾	65.81	59.50	49.86	58.02
12	遂　宁	62.41	58.55	53.13	57.81
13	达　州	64.36	60.42	46.18	56.62
14	内　江	64.90	56.73	47.72	56.03
15	凉　山	65.56	59.02	43.54	55.56
16	巴　中	64.60	56.74	46.38	55.47
17	攀枝花	64.07	55.91	34.92	51.01
18	雅　安	60.29	54.37	38.04	50.43
19	资　阳	64.61	53.06	35.54	50.39
20	阿　坝	63.85	52.98	34.10	49.63
21	甘　孜	56.98	48.24	35.40	46.37

（2）四川十大政务机构微博

排名	微博	认证信息	传播力	服务力	互动力	认同度	总分
1	成都共青团	共青团成都市委员会官方微博	90.80	92.67	80.47	83.25	87.32
2	成都发布	成都市人民政府新闻办公室官方微博	87.91	81.67	81.59	78.80	83.86
3	成都地铁	成都轨道交通集团有限公司官方微博	82.26	83.33	82.26	82.53	82.72
4	共青团广安市委	共青团广安市委员会官方微博	80.82	87.08	80.55	80.42	81.95
5	四川发布	四川省人民政府新闻办公室官方微博	79.89	82.44	79.47	79.17	80.20
6	共青团大邑县委	共青团成都市大邑县委官方微博	78.59	81.45	81.01	80.79	80.11
7	微成都	微成都官方微博	80.38	74.85	84.39	70.80	79.52
8	自贡共青团	中国共青团自贡市委员会官方微博	78.07	81.89	79.51	79.62	79.42
9	四川共青团	共青团四川省委官方微博	80.99	90.71	71.66	70.16	79.05
10	龙泉妇联	四川省成都市龙泉驿区妇女联合会官方微博	77.11	84.77	67.45	65.80	76.15

（3）四川十大党政新闻发布微博

排名	微博	认证信息	传播力	服务力	互动力	认同度	总分
1	成都发布	成都市人民政府新闻办公室	87.91	81.67	81.59	78.80	83.86
2	四川发布	四川省人民政府新闻办公室	79.89	82.44	79.47	79.17	80.20
3	微成都	微成都官方微博	80.38	74.85	84.39	70.80	79.52
4	成都高新	成都高新技术产业开发区官方微博	73.21	86.35	69.92	65.77	74.11
5	新都资讯	中共成都市新都区委宣传部官方微博	75.87	82.59	67.40	64.22	73.51
6	武侯发布	中共成都市武侯区委宣传部官方微博	68.90	76.16	71.13	56.36	69.76
7	醉美邛崃	四川省邛崃市委宣传部官方微博	63.76	78.87	65.63	59.79	66.94
8	金温江	成都市温江区人民政府新闻办公室官方微博	70.49	70.87	61.30	58.83	66.65
9	锦绣青羊	成都市青羊区官方微博	66.75	80.43	60.90	52.90	66.35
10	天府发布	四川省成都天府新区成都片区管理委员会官方微博	65.77	74.48	63.75	59.48	66.28

（4）四川十大公安系统微博

排名	微博	认证信息	传播力	服务力	互动力	认同度	总分
1	江油公安	四川绵阳江油市公安局官方微博	72.49	85.05	58.59	62.12	72.31
2	绵阳交警一大队	绵阳市公安局交警直属一大队官方微博	71.75	85.98	57.32	61.66	72.10
3	四川公安	四川省公安厅官方微博	72.77	72.67	71.25	63.21	71.32
4	平安江阳	四川省泸州市公安局江阳区分局官方微博	75.39	70.06	61.29	64.01	67.89
5	平安纳溪	四川省泸州市公安局纳溪区分局官方微博	66.49	76.28	60.32	59.13	67.82
6	内江公安	内江市公安局官方微博	62.76	79.54	56.77	56.61	67.06
7	涪城公安	四川省绵阳市公安局涪城区分局官方微博	67.19	74.26	57.49	64.09	66.80
8	平安泸州	泸州市公安局官方微博	61.54	79.73	55.62	58.90	66.78
9	南溪公安	四川省宜宾市公安局南溪区分局官方微博	52.27	75.60	55.54	65.80	63.94
10	乐山公安	四川省乐山市公安局官方微博	61.66	54.43	70.98	67.25	62.12

（5）四川十大司法系统微博

排名	微博	认证信息	传播力	服务力	互动力	认同度	总分
1	温江司法	成都市温江区司法局官方微博	73.91	77.85	63.98	66.14	71.73
2	法治成都	成都市司法局官方微博	63.06	75.32	59.48	52.24	65.81
3	南充顺庆检察	四川省南充市顺庆区人民检察院官方微博	56.51	69.66	53.36	66.57	61.83
4	营山检察	四川省南充市营山县人民检察院官方微博	63.62	63.42	53.20	65.02	60.55
5	四川长安网	四川长安网官方微博	52.14	73.83	58.31	59.97	59.11
6	四川反邪教	四川省反邪教协会官方微博	61.40	75.49	47.26	49.44	58.78
7	正义阆中	四川省阆中市人民检察院官方微博	53.70	64.55	52.71	56.72	58.05
8	成都检察	成都市人民检察院官方微博	58.88	64.43	48.00	46.47	56.60
9	高县法院	四川省宜宾市高县人民法院官方微博	44.05	63.19	54.95	41.54	54.72
10	龙泉驿检察	成都市龙泉驿区检察院官方微博	47.24	63.96	44.05	41.29	52.38

（6）四川十大交通系统微博

排名	微博	认证信息	传播力	服务力	互动力	认同度	总分
1	成都地铁	成都轨道交通集团有限公司	82.26	83.33	82.26	82.53	82.72
2	成都交通运输	成都市交通运输委员会官方微博	76.93	81.85	67.95	67.70	75.28
3	西南铁路	中国铁路成都局集团有限公司官方微博	73.87	78.69	63.82	62.23	71.62
4	成都地铁运营	成都地铁运营有限公司	68.56	82.12	62.03	63.98	71.57
5	成都铁路12306	成都铁路局客户服务中心官方微博	62.37	79.47	58.01	49.02	66.57
6	四川高速	四川省交通运输厅高速公路管理局官方微博	58.41	64.81	47.27	43.63	56.15
7	四川交通	四川省交通运输厅官方微博	60.62	53.53	48.43	44.67	52.53
8	成都地铁建设	成都轨道建设管理有限公司官方微博	53.98	54.13	49.24	47.98	52.02
9	成都公交	成都市公共交通集团公司	53.45	51.45	51.59	49.95	51.74
10	双流交通	成都市双流区交通运输局官方微博	48.91	63.04	37.26	31.67	49.35

（7）四川十大生态环境系统微博

排名	微博	认证信息	传播力	服务力	互动力	认同度	总分
1	四川环保	四川省环保厅官方微博	62.15	80.78	55.37	57.01	67.06
2	高新城管环保	成都高新区城市管理和环境保护局官方微博	41.65	60.04	38.39	24.97	46.36
3	达州环保	四川省达州市环境保护局官方微博	43.68	52.75	36.67	37.36	44.57
4	成都环保	成都市环保局官方微博	46.66	41.57	47.58	31.95	43.43
5	郫都环保	成都市郫都区环境保护局	39.76	58.14	32.43	20.30	42.97
6	青白江环保	四川省成都市青白江区环保局官方微博	38.57	46.68	35.46	40.37	41.06
7	龙泉驿环保	成都市龙泉驿区环境保护局官方微博	43.66	47.65	30.50	22.05	39.15
8	生态新都	成都市新都区环保局官方微博	40.50	47.19	31.64	19.32	38.40
9	蒲江环保	成都市蒲江县环保局官方微博	36.88	49.52	29.16	22.40	38.17
10	德阳_环保	德阳市环境保护局官方微博	42.24	34.79	34.83	25.22	35.34

（8）四川十大团委系统微博

排名	微博	认证信息	传播力	服务力	互动力	认同度	总分
1	成都共青团	共青团成都市委员会官方微博	90.80	92.67	80.47	83.25	87.32
2	共青团广安市委	共青团广安市委员会官方微博	80.82	87.08	80.55	80.42	81.95
3	共青团大邑县委	共青团成都市大邑县委官方微博	78.59	81.45	81.01	80.79	80.11
4	自贡共青团	中国共青团自贡市委员会官方微博	78.07	81.89	79.51	79.62	79.42
5	四川共青团	共青团四川省委官方微博	80.99	90.71	71.66	70.16	79.05
6	温江共青团	共青团成都市温江区委官方微博	76.83	84.62	70.28	68.18	75.56
7	青春龙泉驿	成都市龙泉驿区团委官方微博	75.89	82.88	65.32	64.65	72.99
8	青春－眉山	共青团眉山市委员会官方微博	78.26	78.02	63.65	65.90	72.59
9	青羊共青团	共青团成都市青羊区委官方微博	75.60	83.38	58.48	59.30	70.39
10	乐山青年	共青团乐山市委官方微博	68.18	75.18	58.08	61.58	65.89

（9）四川十大旅游局微博

排名	微博	认证信息	传播力	服务力	互动力	认同度	总分
1	成都旅游官微	成都市旅游局官方微博	67.95	76.67	59.84	63.11	68.52
2	四川旅游	四川省旅游发展委员会	64.48	72.35	62.98	56.23	66.35
3	广元旅游	广元市旅游发展委员会官方微博	48.77	52.07	46.32	37.20	48.20
4	阿坝旅游	阿坝藏族羌族自治州旅游官方微博	63.89	36.04	40.51	38.64	43.21
5	遂宁船山旅游	四川省遂宁市船山区旅游局官方微博	36.96	39.49	40.77	28.61	38.28
6	利州旅游	四川省广元市利州区旅游局官方微博	39.62	38.44	38.24	28.08	37.58
7	香巴拉乡城旅游	四川省甘孜藏族自治州乡城县文化旅游和广播影视局官方微博	40.46	35.95	37.39	36.27	37.32
8	汶川县旅游发展局	汶川县旅游发展局官方微博	55.11	15.99	29.76	29.23	37.09
9	龙泉驿区文化旅游	成都市龙泉驿区文体广新和旅游局官方微博	37.12	44.57	31.16	22.65	36.87
10	遂宁旅游	遂宁市旅游发展委员会官方微博	43.05	32.83	35.27	32.78	35.60

2. 江苏政务指数微博影响力榜

（1）江苏政务微博城市竞争力指数

排名	地区	传播力	服务力	互动力	竞争力指数
1	南　京	95.71	86.89	88.74	90.19
2	苏　州	81.72	77.16	70.86	76.32
3	南　通	75.81	73.44	61.03	69.81
4	无　锡	72.98	65.33	63.64	67.03
5	徐　州	70.93	68.76	52.78	63.82
6	宿　迁	68.05	63.45	58.35	63.04
7	常　州	66.97	62.98	53.54	60.87
8	淮　安	67.30	60.76	51.13	59.35
9	盐　城	65.85	59.23	50.71	58.23
10	扬　州	65.55	60.49	45.81	56.87
11	连云港	63.19	54.45	52.94	56.55
12	镇　江	62.47	59.01	43.89	54.76
13	泰　州	64.93	58.48	37.43	53.04

（2）江苏十大政务机构微博

排名	微博	认证信息	传播力	服务力	互动力	认同度	总分
1	南京发布	南京市委宣传部新闻发布官方微博	83.68	78.04	82.09	84.80	82.19
2	江宁公安在线	南京市公安局江宁分局	88.84	74.88	84.27	86.86	81.69
3	南京交警	南京市公安局交通管理局官方微博	80.33	89.95	73.79	69.77	81.16
4	平安南京	江苏省南京市公安局官方微博	74.91	84.42	75.03	66.99	77.96
5	江苏气象	江苏省气象局官方微博	72.64	85.58	68.86	70.03	76.42
6	无锡发布	无锡市人民政府新闻办公室官方微博	78.98	80.06	71.66	71.90	76.29
7	江苏微旅游	江苏省旅游局旅游信息中心官方微博	76.77	87.45	62.33	62.30	75.26
8	苏州公安	苏州市公安局官方微博	75.79	80.49	68.61	65.83	74.52
9	南京气象	南京市气象局官方微博	74.24	84.87	65.78	58.78	74.41
10	鼓楼微讯	中共南京市鼓楼区委宣传部官方微博	72.75	77.17	79.90	58.22	74.33

（3）江苏十大党政新闻发布微博

排名	微博	认证信息	传播力	服务力	互动力	认同度	总分
1	南京发布	南京市委宣传部新闻发布官方微博	83.68	78.04	82.09	84.80	82.19
2	无锡发布	无锡市人民政府新闻办公室官方微博	78.98	80.06	71.66	71.90	76.29
3	鼓楼微讯	中共南京市鼓楼区委宣传部官方微博	72.75	77.17	79.90	58.22	74.33
4	苏州发布	苏州市人民政府新闻办公室官方微博	80.58	71.99	68.97	70.00	74.32
5	幸福大丰	江苏省盐城市大丰区人民政府办公室官方微博	71.95	93.51	65.54	69.20	74.06
6	秦淮发布	中共南京市秦淮区委宣传部	70.55	81.57	73.55	66.46	73.24
7	宿迁之声	宿迁市人民政府官方微博	71.99	79.02	69.42	69.97	72.42
8	高淳发布	中共南京市高淳区委宣传部官方微博	71.98	83.00	66.58	57.79	71.15
9	如皋发布	中共如皋市委宣传部官方微博	69.02	82.37	61.40	61.47	68.65
10	淮安发布	中共淮安市委宣传部官方微博	69.87	80.26	61.31	60.76	68.47

（4）江苏十大公安系统微博

排名	微博	认证信息	传播力	服务力	互动力	认同度	总分
1	江宁公安在线	南京市公安局江宁分局	88.84	74.88	84.27	86.86	81.69
2	南京交警	南京市公安局交通管理局官方微博	80.33	89.95	73.79	69.77	81.16
3	平安南京	江苏省南京市公安局官方微博	74.91	84.42	75.03	66.99	77.96
4	苏州公安	苏州市公安局官方微博	75.79	80.49	68.61	65.83	74.52
5	苏州交警	江苏省苏州市交警支队	71.02	83.50	61.10	57.49	71.68
6	平安江苏	江苏省公安厅官方微博	77.67	69.86	72.01	62.89	71.37
7	江苏网警	江苏省公安厅网络安全保卫总队官方微博	74.21	62.78	76.52	72.48	70.16
8	如皋市公安局	江苏省如皋市公安局	62.27	76.92	61.25	48.50	66.45
9	溧水交警	南京市公安局溧水分局交通警察大队官方微博	59.89	70.66	62.49	70.82	66.07
10	海安市公安局	海安市公安局官方微博	62.45	70.69	64.78	56.09	65.81

（5）江苏十大司法系统微博

排名	微博	认证信息	传播力	服务力	互动力	认同度	总分
1	江苏司法行政在线	江苏省司法厅官方微博	62.00	70.88	57.44	46.56	62.64
2	六合司法	江苏省南京市六合区司法局官方微博	61.00	78.24	45.33	42.72	61.36
3	溧阳检察	江苏省溧阳市人民检察院官方微博	52.08	67.96	60.45	49.20	60.65
4	海安司法	江苏省海安市司法局官方微博	52.13	76.37	47.46	39.32	59.15
5	江苏反邪教	江苏反邪教协会	67.09	72.86	41.63	38.91	57.79
6	高淳普法	江苏省南京市高淳区法宣办官方微博	64.10	65.60	44.23	47.36	57.06
7	江苏检察在线	江苏省人民检察院官方微博	55.92	47.73	66.62	59.24	56.19
8	常州武进检察	江苏省常州市武进区人民检察院官方微博	54.09	65.26	47.34	38.80	55.00
9	南京普法	南京市法治宣传教育领导小组办公室	48.64	62.81	50.35	41.99	54.15
10	南京司法	江苏省南京市司法局官方微博	51.20	63.86	44.72	36.77	52.88

（6）江苏十大交通系统微博

排名	微博	认证信息	传播力	服务力	互动力	认同度	总分
1	南京地铁	南京地铁集团有限公司官方微博	73.00	73.47	66.71	66.06	70.60
2	苏州轨道交通szrailtransit	苏州市轨道交通集团有限公司运营分公司	63.85	83.23	58.26	58.00	69.34
3	高淳交通	江苏省南京市高淳区交通运输局官方微博	54.86	80.48	47.63	45.70	62.02
4	无锡地铁	无锡市轨道交通规划建设领导小组（指挥部）办公室官方微博	60.43	68.46	47.58	53.67	59.11
5	铁路南京站	南京火车站、京沪高铁南京南站官方微博	55.77	71.13	48.41	38.66	58.00
6	上铁_新长车务段	上海铁路局新长车务段官方微博	47.20	56.20	46.96	33.18	49.33
7	苏南硕放国际机场	无锡苏南国际机场集团有限公司官方微博	51.77	54.36	41.07	45.76	49.00
8	上铁南京站158雷锋服务站	上海铁路局南京站158雷锋服务站官方微博	43.07	64.20	38.11	25.26	48.25
9	江苏省交通运输厅微博	江苏省交通运输厅官方微博	49.27	51.64	43.40	38.43	47.37
10	南京交通发布	江苏省南京市交通运输局官方微博	57.11	23.51	63.29	61.26	45.94

（7）江苏十大生态环境系统微博

排名	微博	认证信息	传播力	服务力	互动力	认同度	总分
1	南京环保	南京市环境保护局官方微博	66.15	86.93	61.89	53.18	71.89
2	宜兴环保	江苏省宜兴市环境保护局官方微博	55.29	75.75	41.79	43.49	58.25
3	江苏环保	江苏省环保厅官方微博	54.99	55.29	55.37	38.98	53.62
4	苏州环保宣教	苏州市环境保护宣传教育中心官方微博	46.51	65.64	41.38	30.45	51.02
5	宿迁－环保	宿迁市环保局官方微博	45.49	52.49	38.88	27.36	44.49
6	徐州环保	徐州市环保局官方微博	38.83	46.72	41.26	24.89	41.32
7	无锡环保	无锡市环境保护局官方微博	42.80	35.32	43.22	29.71	38.63
8	扬州环保	江苏省扬州市环境保护局官方微博	41.26	30.08	41.03	27.29	35.32
9	高淳环保	江苏省南京市高淳区环境保护局官方微博	36.41	32.70	40.53	26.64	35.18
10	镇江环保局	镇江市环境保护局官方微博	38.63	34.71	34.29	25.37	34.44

（8）江苏十大团委系统微博

排名	微博	认证信息	传播力	服务力	互动力	认同度	总分
1	青春南京	共青团南京市委员会官方微博	67.15	71.84	81.32	59.02	71.53
2	江苏共青团	共青团江苏省委员会官方微博	64.47	65.10	57.11	56.42	61.58
3	六合青年	共青团南京市六合区委官方微博	63.64	73.10	47.77	47.75	59.18
4	秦淮团区委	南京市秦淮团区委官方微博	46.14	68.27	49.33	44.50	51.36
5	江宁青年	共青团南京市江宁区委官方微博	51.94	62.72	41.70	40.98	49.93
6	高淳团区委	南京市高淳团区委官方微博	40.24	62.59	41.13	27.91	43.74
7	南通青马学院	共青团南通市委官方微博	46.81	13.73	53.39	58.69	43.36
8	六合交通青年	六合区交通运输系统团工委	33.78	43.96	37.95	45.01	38.19
9	我爱迈皋桥	栖霞区迈皋桥办事处官方微博	37.06	32.71	38.80	27.72	35.78
10	徐州共青团	徐州团市委	39.54	26.93	36.91	31.64	35.44

（9）江苏十大旅游局微博

排名	微博	认证信息	传播力	服务力	互动力	认同度	总分
1	江苏微旅游	江苏省旅游局旅游信息中心官方微博	76.77	87.45	62.33	62.30	75.26
2	无锡市旅游局	无锡市旅游局官方微博	65.59	85.74	60.22	60.49	71.53
3	南京市旅游委员会	南京市旅游委员会官方微博	69.23	79.76	61.74	58.46	70.12
4	秦淮旅游官方微博	南京市秦淮区旅游局官方微博	58.20	81.46	54.59	55.36	66.14
5	苏州市旅游局	苏州市旅游局官方微博	63.39	73.87	57.28	61.88	65.60
6	昆山旅游	昆山旅游度假区、昆山市旅游局官方微博	57.28	77.96	51.19	51.79	63.18
7	如皋旅游	如皋市旅游局	52.32	57.14	53.98	51.54	54.67

排名	微博	认证信息	传播力	服务力	互动力	认同度	总分
8	常熟旅游	常熟市旅游局官方微博	48.63	55.80	46.03	47.79	50.63
9	六合旅游	江苏省南京市六合区旅游局官方微博	48.25	59.81	43.72	38.98	50.59
10	畅游宿迁	宿迁市旅游局官方微博	46.24	56.95	45.03	43.81	49.92

3. 安徽政务指数微博影响力榜

（1）安徽政务微博城市竞争力指数

排名	地区	传播力	服务力	互动力	竞争力指数
1	宿　州	83.75	73.21	74.68	76.88
2	马鞍山	78.36	71.86	62.14	70.41
3	合　肥	76.83	65.89	64.40	68.65
4	滁　州	73.68	64.00	56.23	64.19
5	安　庆	72.46	66.86	52.88	63.64
6	六　安	70.75	62.09	56.06	62.58
7	淮　南	70.50	61.73	56.19	62.42
8	亳　州	71.89	64.09	51.61	62.06
9	芜　湖	72.17	62.45	52.49	61.88
10	宣　城	70.18	62.82	52.60	61.45
11	阜　阳	70.57	61.48	48.52	59.67
12	黄　山	70.82	64.39	43.23	58.92
13	淮　北	67.38	58.47	51.18	58.59
14	蚌　埠	68.78	62.25	44.12	57.86
15	池　州	68.61	59.64	41.81	56.09
16	铜　陵	65.40	57.19	40.50	53.81

（2）安徽十大政务机构微博

排名	微博	认证信息	传播力	服务力	互动力	认同度	总分
1	安徽消防	安徽省消防总队官方微博	81.46	82.51	73.46	74.06	78.74
2	安徽公安在线	安徽省公安厅官方微博	81.04	80.48	73.69	68.28	77.34
3	宿州发布	安徽省宿州市人民政府办公室官方微博	67.92	82.34	88.88	65.25	76.83
4	淮南公安在线	安徽省淮南市公安局官方微博	76.91	86.76	65.99	67.28	76.61
5	马鞍山发布	安徽省马鞍山市委宣传部新闻发布官方微博	73.75	89.02	70.69	65.54	75.07
6	江淮气象	安徽省气象局公共服务中心官方微博	70.23	87.60	64.37	62.78	74.67
7	安徽反邪教	安徽省委政法委员会防范和处理邪教办公室官方微博	81.53	80.21	61.51	70.58	74.16
8	平安芜湖	安徽省芜湖市公安局官方微博	70.16	83.25	66.47	59.60	73.23
9	亳州公安在线	安徽省亳州市公安局	70.40	85.17	63.17	60.33	73.13
10	马鞍山公安在线	安徽省马鞍山市公安局官方微博	68.80	82.31	66.55	62.86	72.93

（3）安徽十大党政新闻发布微博

排名	微博	认证信息	传播力	服务力	互动力	认同度	总分
1	宿州发布	安徽省宿州市人民政府办公室官方微博	67.92	82.34	88.88	65.25	76.83
2	马鞍山发布	安徽省马鞍山市委宣传部新闻发布官方微博	73.75	89.02	70.69	65.54	75.07
3	明光发布	中共明光市委宣传部官方微博	74.52	83.35	57.84	71.03	70.94
4	美好滁州	安徽滁州市委宣传部官方微博	68.55	83.83	59.19	57.06	67.65
5	埇桥发布	安徽省宿州市埇桥区人民政府官方微博	54.62	69.59	80.50	57.95	65.71
6	淮南发布	安徽省淮南市人民政府新闻办公室、外宣办公室官方微博	62.56	82.45	58.64	52.78	64.38
7	合肥发布	合肥市网宣办官方微博	65.11	71.75	58.43	58.01	63.72
8	安徽发布	安徽省互联网信息办公室官方微博	62.34	74.85	59.15	55.55	63.21
9	泗县发布	中共泗县县委宣传部官方微博	57.67	65.74	66.49	66.43	62.81
10	灵璧发布	灵璧县人民政府办公室	61.04	82.23	55.87	50.98	62.72

（4）安徽十大公安系统微博

排名	微博	认证信息	传播力	服务力	互动力	认同度	总分
1	安徽公安在线	安徽省公安厅官方微博	81.04	80.48	73.69	68.28	77.34
2	淮南公安在线	安徽省淮南市公安局官方微博	76.91	86.76	65.99	67.28	76.61
3	平安芜湖	安徽省芜湖市公安局官方微博	70.16	83.25	66.47	59.60	73.23
4	亳州公安在线	安徽省亳州市公安局	70.40	85.17	63.17	60.33	73.13
5	马鞍山公安在线	安徽省马鞍山市公安局官方微博	68.80	82.31	66.55	62.86	72.93
6	宣城公安在线	安徽省宣城市公安局	67.93	84.92	61.85	62.85	72.39
7	六安公安在线	安徽省六安市公安局官方微博	76.04	79.05	62.38	61.65	71.71
8	淮南治安在线	安徽省淮南市公安局治安管理支队官方微博	60.24	86.47	62.81	60.91	71.57
9	淮北濉溪公安在线	安徽省淮北市濉溪县公安局官方微博	69.05	81.91	61.52	61.27	71.16
10	淮北公安交警在线	安徽省淮北市公安局交警支队官方微博	65.80	84.62	60.34	60.25	71.13

（5）安徽十大司法系统微博

排名	微博	认证信息	传播力	服务力	互动力	认同度	总分
1	安徽反邪教	安徽省委政法委员会防范和处理邪教办公室官方微博	81.53	80.21	61.51	70.58	74.16
2	法治当涂	安徽省马鞍山市当涂县法治宣传教育工作领导小组办公室官方微博	79.33	67.08	63.69	65.40	68.35
3	马鞍山反邪教	安徽省马鞍山市政府防范和处理邪教问题办公室官方微博	72.43	86.55	50.86	49.27	66.47
4	安徽普法	安徽省法治宣传教育工作领导小组办公室	52.59	70.05	54.02	44.42	59.19
5	安徽司法	安徽省司法厅官方微博	51.97	68.73	54.49	45.54	58.79
6	含山法宣零距离	安徽省马鞍山市含山县司法局官方微博	48.75	75.28	49.04	37.74	58.35
7	安徽检察	安徽省人民检察院官方微博	55.89	57.48	59.74	40.85	56.18
8	芜湖反邪教	中共芜湖市委防范和处理邪教问题领导小组办公室官方微博	65.32	65.16	39.06	42.34	55.11
9	池州反邪教	中共池州市委政法委员会防范和处理邪教问题办公室官方微博	62.01	61.88	43.58	38.46	54.10
10	六安裕安检察	安徽省六安市裕安区人民检察院官方微博	50.66	60.14	43.92	55.05	52.87

（6）安徽十大交通系统微博

排名	微博	认证信息	传播力	服务力	互动力	认同度	总分
1	安徽高速	安徽交通运输联网管理中心	58.35	65.47	43.17	40.55	54.87
2	上铁合肥客运段官微	上海铁路局合肥客运段官方微博	63.00	34.75	63.67	74.22	53.02
3	上铁合肥车务段	上海铁路局合肥车务段官方微博	47.76	64.48	33.78	25.82	48.06
4	安徽交通运输	安徽省交通运输厅官方微博	48.94	48.83	42.07	34.32	45.37
5	铁路合肥站	上海铁路局合肥火车站官方微博	54.20	35.53	52.48	44.49	45.24
6	阜阳火车站微博	上海铁路局阜阳火车站官方微博	45.41	33.10	52.12	34.11	41.37
7	阜阳交通	安徽省阜阳市交通运输局官方微博	41.97	23.09	47.30	37.14	35.53
8	马鞍山公交服务	安徽省马鞍山市公共交通集团有限责任公司官方微博	41.72	24.02	44.42	40.14	35.29
9	安徽公路	安徽省公路管理局（安徽省公路路政总队）官方微博	38.67	36.58	33.78	26.29	35.13
10	上铁蚌埠站	上海铁路局蚌埠站官方微博	38.46	20.65	35.52	27.41	29.35

（7）安徽十大生态环境系统微博

排名	微博	认证信息	传播力	服务力	互动力	认同度	总分
1	安徽环保	安徽省环境保护厅官方微博	41.45	30.67	51.39	32.82	39.26
2	池州市环境保护局	安徽省池州市环境保护局官方微博	45.92	24.02	45.65	27.91	35.28
3	生态舒城	安徽省六安市舒城县环境保护局官方微博	33.64	30.04	34.47	32.62	32.34
4	铜陵环保	安徽省铜陵市环保局官方微博	39.06	21.87	35.72	21.95	29.47
5	六安市环保	安徽省六安市环境保护局官方微博	32.09	18.22	39.26	25.11	27.99
6	淮北环保	淮北市环境保护局官方微博	20.94	13.12	40.33	35.85	26.69
7	灵璧县环境保护局	安徽省宿州市灵璧县环境保护局官方微博	32.58	23.24	27.39	22.08	26.24
8	马鞍山市环境保护局	马鞍山市环境保护局官方微博	37.85	14.16	33.19	18.45	25.03
9	亳州市环保局	安徽省亳州市环境保护局官方微博	34.21	10.29	37.09	29.31	25.01
10	滁州环保	安徽省滁州市环保局官方微博	18.59	7.46	44.07	25.71	24.72

（8）安徽十大团委系统微博

排名	微博	认证信息	传播力	服务力	互动力	认同度	总分
1	安徽共青团	共青团安徽省委员会官方微博	64.00	77.05	55.23	54.22	63.00
2	安徽中医药大学校团委	安徽中医药大学校团委官方微博	71.53	56.21	51.92	54.82	60.91
3	六安共青团	共青团安徽省六安市委员会官方微博	58.87	47.73	49.56	49.24	52.89
4	蚌埠共青团	共青团安徽省蚌埠市委员会官方微博	44.72	50.46	41.59	37.05	44.16
5	青春马鞍山	共青团安徽省马鞍山市委员会官方微博	46.45	56.07	36.80	30.34	43.87
6	宿州市共青团埇桥区委	共青团安徽省宿州市埇桥区委	32.60	22.24	61.14	30.33	38.86
7	宿州团市委	共青团安徽省宿州市委员会	40.19	29.78	44.11	27.35	38.00
8	黄山市共青团	共青团安徽省黄山市委员会官方微博	41.45	31.51	38.52	28.78	37.32
9	金安区团委	共青团六安市金安区委官方微博	45.04	19.32	36.75	26.26	35.53
10	祁门团委	共青团安徽省黄山市祁门县委员会官方微博	35.57	18.35	47.69	24.92	34.70

（9）安徽十大旅游局微博

排名	微博	认证信息	传播力	服务力	互动力	认同度	总分
1	安徽省旅游发展委员会	安徽省旅游发展委员会官方微博	63.44	66.95	52.34	57.13	60.88
2	池州旅游微博	池州市旅游发展委员会官方微博	48.75	52.26	41.70	41.08	47.27
3	滁州市旅游局	安徽省滁州市旅游局官方微博	45.86	42.72	45.93	38.59	43.90
4	安徽广德县旅游局	安徽省宣城市广德县旅游局官方微博	40.03	50.23	35.92	37.09	42.58
5	亳州市文化旅游局	亳州市文化旅游局官方微博	53.91	36.12	39.54	46.44	41.74
6	全椒旅游	全椒县旅游局	34.00	52.92	40.15	30.23	39.25
7	六安市旅游委发布	六安市旅游委员会官方微博	44.80	32.43	41.98	33.26	37.85
8	山水诗都马鞍山	马鞍山市文化和旅游委员会官方微博	41.33	35.26	39.62	31.44	37.40
9	金寨县旅游委	安徽省六安市金寨县旅游委官方微博	39.53	26.34	46.64	44.99	36.93
10	文化旅游泗州	安徽省宿州市泗县文化广电新闻出版旅游局	33.72	47.66	26.74	27.56	36.58

4. 河南政务指数微博影响力榜

（1）河南政务微博城市竞争力指数

排名	地区	传播力	服务力	互动力	竞争力指数
1	郑 州	82.06	75.34	72.76	76.45
2	洛 阳	79.03	72.26	65.19	71.82
3	开 封	78.67	73.44	51.99	67.50
4	南 阳	70.63	64.86	51.71	61.99
5	新 乡	72.15	63.89	50.44	61.66
6	商 丘	68.56	61.83	53.32	60.87
7	驻马店	83.15	59.26	33.92	57.56
8	安 阳	67.15	59.39	46.39	57.17
9	焦 作	72.15	59.42	36.77	55.31
10	漯 河	63.10	58.52	41.02	53.77
11	周 口	66.95	55.61	34.21	51.52
12	平顶山	63.90	57.49	34.80	51.47
13	信 阳	61.15	57.51	36.67	51.31
14	许 昌	61.14	56.58	37.31	51.21
15	三门峡	63.13	54.99	36.87	51.09
16	濮 阳	60.23	53.84	28.98	47.05
17	鹤 壁	58.13	54.61	26.21	45.73

（2）河南十大政务机构微博

排名	微博	认证信息	传播力	服务力	互动力	认同度	总分
1	平安洛阳	河南省洛阳市公安局官方微博	80.78	90.82	69.80	69.20	80.35
2	河南反邪教	河南省反邪教协会	84.35	82.73	71.65	75.62	79.34
3	平安中原	河南省公安厅官方微博	77.34	77.48	75.84	79.19	77.13
4	郑州市教育局	郑州市教育局官方微博	73.13	83.59	70.42	71.32	76.32
5	平安郑州	郑州市公安局官方微博	80.30	71.90	79.16	74.11	75.98
6	平安商丘	商丘市公安局官方微博	68.42	89.05	65.83	61.73	75.22
7	河南气象	河南省气象服务中心官方微博	73.01	82.76	64.27	65.29	73.52
8	河南高速公安	河南省公安厅高速公路公安局官方微博	73.61	77.70	65.32	58.54	71.25
9	郑州市气象局	郑州市气象局官方微博	66.38	79.41	64.11	66.49	70.92
10	郑州地铁	郑州市轨道交通有限公司运营分公司	66.87	81.21	60.13	62.67	70.16

（3）河南十大党政新闻发布微博

排名	微博	认证信息	传播力	服务力	互动力	认同度	总分
1	微博洛阳	洛阳市互联网宣传官方微博	67.11	70.52	54.41	54.44	62.72
2	河南网信	河南省互联网信息办公室官方微博	65.17	68.08	55.06	48.70	61.07
3	社旗发布	河南省南阳市社旗县网络中心官方微博	63.88	72.81	50.56	57.68	61.05
4	孟津发布	洛阳市孟津县官方微博	64.62	50.31	63.01	61.52	60.97
5	微博商丘	河南商丘市委宣传部官方微博	64.23	50.63	54.10	54.39	57.49
6	梨乡宁陵	河南省商丘市宁陵县宣传部官方微博	54.58	71.91	50.70	43.51	55.78
7	河南省教育网	河南省教育网官方微博	55.29	54.61	46.70	45.92	51.64
8	精彩河南	河南省人民政府新闻办公室官方微博	62.55	15.64	56.33	53.86	50.43
9	精彩许昌	中共许昌市委宣传部官方微博	55.65	38.24	46.54	45.54	48.42
10	商丘发布	商丘市人民政府新闻办公室官方微博	44.32	51.61	50.18	37.42	46.84

（4）河南十大公安系统微博

排名	微博	认证信息	传播力	服务力	互动力	认同度	总分
1	平安洛阳	河南省洛阳市公安局官方微博	80.78	90.82	69.80	69.20	80.35
2	平安中原	河南省公安厅官方微博	77.34	77.48	75.84	79.19	77.13
3	平安郑州	郑州市公安局官方微博	80.30	71.90	79.16	74.11	75.98
4	平安商丘	商丘市公安局官方微博	68.42	89.05	65.83	61.73	75.22
5	河南高速公安	河南省公安厅高速公路公安局官方微博	73.61	77.70	65.32	58.54	71.25
6	洛阳交警	洛阳市公安局交警支队官方微博	68.88	83.02	60.07	50.94	70.10
7	平安南阳	河南省南阳市公安局官方微博	63.93	80.50	55.43	54.65	67.08
8	郑州交巡警	郑州市公安局交通巡逻警察支队官方微博	68.57	77.92	54.17	48.11	65.95
9	开封交警	开封市公安局交警支队官方微博	61.50	83.08	50.35	47.99	65.44
10	平安洛宁	河南省洛阳市洛宁县公安局	58.56	84.64	46.86	42.80	63.91

（5）河南十大司法系统微博

排名	微博	认证信息	传播力	服务力	互动力	认同度	总分
1	河南反邪教	河南省反邪教协会	84.35	82.73	71.65	75.62	79.34
2	郑州反邪教	郑州市反邪教协会	77.04	70.60	53.92	61.89	67.30
3	豫法阳光	河南省高级人民法院官方微博	62.03	66.37	62.06	46.45	62.21
4	社旗政法	中共社旗县委政法委官方微博	67.13	74.02	52.24	47.19	62.05
5	中原盾	中共河南省委政法委官方微博	51.29	82.33	57.87	48.14	59.16
6	南阳政法	中共南阳市委政法委官方微博	62.10	68.39	51.82	46.07	58.67
7	河南检察	河南省人民检察院官方微博	54.02	38.88	62.19	57.13	50.73
8	洛邑无邪	河南省洛阳市人民政府防范和处理邪教问题办公室官方微博	54.21	46.24	48.48	47.36	50.21
9	栾川政法	中共洛阳市栾川县委政法委官方微博	42.96	55.33	51.83	45.74	48.37
10	南阳梅溪派出所	河南省南阳市公安局梅溪分局	52.47	21.37	51.09	57.85	46.38

（6）河南十大交通系统微博

排名	微博	认证信息	传播力	服务力	互动力	认同度	总分
1	郑州地铁	郑州市轨道交通有限公司运营分公司	66.87	81.21	60.13	62.67	70.16
2	郑州铁路局	中国铁路郑州局集团有限公司官方微博	75.64	75.85	61.10	62.65	70.06
3	南阳车务段	中国铁路郑州局集团有限公司南阳车务段官方微博	63.92	78.55	48.67	50.70	63.88
4	洛阳公交集团	洛阳市公共交通集团有限公司	57.18	71.20	52.64	45.70	60.28
5	南阳交通运输局	河南省南阳市交通运输局官方微博	49.68	61.62	41.46	37.85	50.81
6	洛阳机务段	郑州铁路局洛阳机务段官方微博	48.66	56.32	45.59	41.87	50.12
7	河南省机场集团	河南省机场集团有限公司官方微博	54.42	36.14	47.16	52.13	44.70
8	郑州东高铁站	中国铁路郑州局集团有限公司郑州东车站官方微博	49.95	39.08	44.87	36.91	42.77
9	洛阳市运管局	河南省洛阳市运管局官方微博	42.35	46.28	34.50	25.38	39.87
10	汝州火车站	汝州火车站官方微博	37.63	41.79	39.22	32.15	39.22

（7）河南十大生态环境系统微博

排名	微博	认证信息	传播力	服务力	互动力	认同度	总分
1	绿色郑州	郑州市环保局官方微博	61.81	81.20	56.49	58.08	67.60
2	河南环境	河南省环境保护厅宣教中心官方微博	46.98	36.98	45.74	25.96	40.51
3	南阳市环境保护局	河南省南阳市环境保护局官方微博	41.32	32.72	30.99	26.33	33.28
4	济源市环境保护局	河南省济源市环保局官方微博	34.04	16.25	47.57	23.17	29.90
5	濮阳环境	濮阳市环境保护局官方微博	24.74	18.95	34.01	23.73	26.26
6	环保漯河epb	河南省漯河市环境保护局官方微博	32.38	17.91	30.92	29.33	25.85
7	淅川环保	河南省南阳市淅川县环境保护局官方微博	20.86	6.10	42.91	29.86	25.42
8	绿色洛阳	洛阳市环保局	30.78	18.62	31.03	24.13	25.32
9	临颍环保在线	漯河市临颍县环境保护局官方微博	28.37	17.09	35.05	20.55	25.08
10	管城环保	河南省郑州市管城回族区环境保护局官方微博	26.23	20.97	27.41	24.91	24.35

（8）河南十大团委系统微博

排名	微博	认证信息	传播力	服务力	互动力	认同度	总分
1	河南共青团	共青团河南省委官方微博	67.72	74.36	58.59	59.21	65.46
2	郑州铁院团委	郑州铁路职业技术学院团委	61.54	57.77	53.46	58.41	58.05
3	洛阳共青团	共青团洛阳市委宣传部官方微博	53.00	79.08	44.62	43.68	54.77
4	黄河科技学院团委	"全国五四红旗团委"共青团黄河科技学院委员会	48.08	31.69	51.68	43.42	45.42

续表

排名	微博	认证信息	传播力	服务力	互动力	认同度	总分
5	信阳共青团	共青团信阳市委员会官方微博	37.40	21.17	34.74	33.43	32.96
6	开封团市委	共青团开封市委官方微博	37.39	27.28	32.45	26.44	32.79
7	河南省青少年发展基金会	河南省青少年发展基金会、河南省希望工程办公室官方微博	31.91	0.54	49.76	47.34	32.53
8	共青团南阳市委	河南省南阳市共青团委官方微博	35.99	19.75	36.43	29.84	32.26
9	铁道警察学院校团委	铁道警官高专团委官方微博	27.29	12.18	45.68	37.84	30.84
10	邓州共青团	共青团邓州市委	30.60	25.55	34.81	28.59	30.65

（9）河南十大旅游局微博

排名	微博	认证信息	传播力	服务力	互动力	认同度	总分
1	河南省旅游局官方微博	河南省旅游局官方微博	70.07	66.08	70.11	68.54	68.33
2	栾川旅游	河南省洛阳市栾川旅游工作委员会官方微博	51.85	32.08	41.17	38.75	39.43
3	开封市旅游局	开封市旅游局官方微博	47.74	32.80	40.41	42.34	39.03
4	舞阳广电	河南省漯河市舞阳县文化广电旅游局官方微博	34.72	49.27	33.77	16.50	38.43
5	郑州旅游局	郑州市旅游局官方微博	49.31	29.25	42.36	34.28	37.70
6	洛阳市旅发委	洛阳市旅游局官方微博	49.93	10.38	40.74	40.49	30.41
7	文明开封黄河大桥管理中心	河南省开封市黄河大桥管理中心官方微博	33.39	25.15	32.91	19.69	28.58
8	焦作市旅游局	焦作市旅游局官方微博	42.90	14.02	34.79	35.58	28.18
9	信阳菜365	河南省信阳市文化旅游规划发展中心、信阳菜推广官方微博	39.91	9.36	40.79	33.08	27.27
10	信阳市旅游局	信阳市旅游局官方微博	35.34	9.72	41.89	34.62	26.99

5. 山东政务指数微博影响力榜
（1）山东政务微博城市竞争力指数

排名	地区	传播力	服务力	互动力	竞争力指数
1	青岛	81.87	76.34	67.33	74.84
2	济南	75.39	68.69	73.94	72.53
3	潍坊	73.35	67.31	61.90	67.23
4	临沂	74.45	67.12	60.94	67.15
5	德州	71.10	65.30	58.96	64.82
6	威海	71.55	64.88	57.27	64.22
7	淄博	72.80	67.54	52.80	63.96
8	菏泽	68.45	63.79	53.93	61.74
9	烟台	65.64	61.90	56.61	61.17

续表

排名	地区	传播力	服务力	互动力	竞争力指数
10	日照	62.35	57.97	46.68	55.33
11	济宁	63.11	57.78	46.15	55.31
12	泰安	63.96	58.23	43.97	54.96
13	滨州	63.01	56.27	41.74	53.21
14	东营	58.99	57.82	38.78	51.50
15	枣庄	60.09	55.69	37.41	50.61
16	聊城	55.32	52.19	44.20	50.33
17	莱芜	49.36	47.27	35.08	43.63

（2）山东十大政务机构微博

排名	微博	认证信息	传播力	服务力	互动力	认同度	总分
1	山东高法	山东省高级人民法院官方微博	77.76	87.93	76.19	70.02	80.58
2	济南交警	济南市公安局交警支队官方微博	76.98	85.43	74.11	72.85	79.09
3	青岛交警	青岛市公安局交警支队官方微博	77.68	88.61	72.17	64.18	79.05
4	济南中院	山东省济南市中级人民法院官方微博	83.33	80.30	76.32	72.59	78.94
5	山东环境	山东省环境保护厅官方微博	74.80	83.89	76.79	66.03	78.16
6	德州运河公安分局	德州市公安局运河经济开发区分局官方微博	78.08	86.82	63.64	65.63	76.00
7	德州环境	山东省德州市环境保护局官方微博	64.37	85.70	71.25	73.09	75.84
8	济南环保	济南市环境保护局官方微博	61.86	87.93	70.09	71.78	75.75
9	高密普法	山东省高密市全民普法依法治市工作领导小组办公室官方微博	70.44	81.09	69.32	65.76	73.90
10	临沂环境	临沂市环境保护局官方微博	67.39	82.04	69.19	64.04	73.46

（3）山东十大党政新闻发布微博

排名	微博	认证信息	传播力	服务力	互动力	认同度	总分
1	青岛发布	青岛市人民政府新闻办公室官方微博	75.55	74.55	66.44	65.07	71.57
2	威海发布	威海市人民政府新闻办公室官方微博	67.22	84.22	63.81	58.46	68.72
3	微博济南	济南市政务发布平台官方微博	67.74	81.82	59.37	54.09	66.68
4	临沂临港发布	山东省临沂临港经济开发区宣传办公室官方微博	68.67	78.23	52.88	50.39	64.02
5	潍坊发布	山东省潍坊市人民政府新闻办公室官方微博	64.71	72.20	57.78	52.60	62.92
6	荣成发布	山东省荣成市人民政府新闻办公室官方微博	59.97	82.35	54.37	54.42	62.21

续表

排名	微博	认证信息	传播力	服务力	互动力	认同度	总分
7	环翠发布	山东省威海市环翠区人民政府新闻办公室官方微博	56.67	69.17	52.88	52.76	57.64
8	山东发布	山东省人民政府新闻办公室官方微博	56.08	64.22	58.04	48.12	57.50
9	淄博发布	淄博市人民政府新闻办公室官方微博	60.35	63.62	49.79	43.69	56.17
10	济宁发布	济宁市人民政府新闻办公室官方微博	59.96	57.47	49.38	50.43	55.33

（4）山东十大公安系统微博

排名	微博	认证信息	传播力	服务力	互动力	认同度	总分
1	济南交警	济南市公安局交警支队官方微博	76.98	85.43	74.11	72.85	79.09
2	青岛交警	青岛市公安局交警支队官方微博	77.68	88.61	72.17	64.18	79.05
3	德州运河公安分局	德州市公安局运河经济开发区分局官方微博	78.08	86.82	63.64	65.63	76.00
4	青岛公安	青岛市公安局官方微博	72.43	76.83	69.06	58.34	71.77
5	山东交警	山东省公安厅交通管理局官方微博	71.24	77.65	66.64	55.19	70.82
6	潍坊公安	山东省潍坊市公安局官方微博	67.99	81.01	59.68	60.94	70.00
7	淄博警方	山东省淄博市公安局	67.41	83.22	57.26	53.49	69.30
8	潍坊交警	山东省潍坊市公安局交警支队官方微博	68.70	76.68	61.74	52.05	68.14
9	德州交警	德州市公安局交警支队官方微博	63.64	72.43	59.99	51.02	64.80
10	城阳交警巡逻中队	青岛城阳交警机动中队官方微博	63.33	75.19	58.01	39.93	64.14

（5）山东十大司法系统微博

排名	微博	认证信息	传播力	服务力	互动力	认同度	总分
1	山东高法	山东省高级人民法院官方微博	77.76	87.93	76.19	70.02	80.58
2	济南中院	山东省济南市中级人民法院官方微博	83.33	80.30	76.32	72.59	78.94
3	高密普法	山东省高密市全民普法依法治市工作领导小组办公室官方微博	70.44	81.09	69.32	65.76	73.90
4	菏泽中院	山东省菏泽市中级人民法院官方微博	72.37	82.20	62.58	55.20	71.65
5	山东省人民检察院	山东省人民检察院官方微博	59.40	58.38	67.30	59.00	61.32
6	菏泽巨野县法院	山东省巨野县人民法院官方微博	55.33	70.09	50.67	50.82	59.38
7	博山法院崮山法庭	山东省淄博市博山区人民法院崮山法庭官方微博	49.40	72.70	50.04	51.89	59.16

续表

排名	微博	认证信息	传播力	服务力	互动力	认同度	总分
8	山东省淄博高新区法院	山东省淄博市高新技术产业开发区人民法院官方微博	54.60	69.65	52.02	47.48	59.14
9	章丘法院	山东省济南市章丘区人民法院官方微博	43.31	86.59	39.73	36.48	58.87
10	菏泽开发区法院	山东省菏泽市开发区人民法院官方微博	50.61	68.67	56.09	41.20	58.54

（6）山东十大交通系统微博

排名	微博	认证信息	传播力	服务力	互动力	认同度	总分
1	青岛交通运输	青岛市交通运输委官方微博	59.36	80.98	52.84	43.37	64.46
2	威海公路在线	山东省威海市公路管理局官方微博	58.03	64.36	62.50	63.81	62.48
3	济南西站	济南西站官方微博	53.58	65.34	50.15	40.18	55.91
4	济南铁路	中国铁路济南局集团有限公司官方微博	57.61	59.52	51.69	37.07	54.54
5	淄博火车站	淄博火车站官方微博	55.69	60.58	41.99	45.83	52.55
6	京沪高铁枣庄站	京沪高铁枣庄站官方微博	50.94	56.36	47.47	47.93	51.77
7	山东交通出行	山东省交通运输厅公众出行平台	60.81	57.44	40.99	40.85	51.52
8	青岛高速出行服务平台	青岛市高速公路管理处信息中心官方微博	47.53	57.10	48.46	32.66	50.15
9	京沪高铁泰安站	京沪高铁泰安站官方微博	49.32	56.53	45.92	31.23	49.38
10	青岛地铁	青岛地铁工程建设指挥部办公室官方微博	56.43	31.48	56.01	56.11	46.29

（7）山东十大生态环境系统微博

排名	微博	认证信息	传播力	服务力	互动力	认同度	总分
1	山东环境	山东省环境保护厅官方微博	74.80	83.89	76.79	66.03	78.16
2	德州环境	山东省德州市环境保护局官方微博	64.37	85.70	71.25	73.09	75.84
3	济南环保	济南市环境保护局官方微博	61.86	87.93	70.09	71.78	75.75
4	临沂环境	临沂市环境保护局官方微博	67.39	82.04	69.19	64.04	73.46
5	日照环境	日照市环境保护局政务微博	61.69	84.97	58.31	56.18	69.44
6	临沂经济区环境	山东省临沂市环境保护局经济技术开发区分局官方微博	56.98	70.14	67.25	65.98	66.22
7	槐荫环保	山东省济南市槐荫区环境保护局官方微博	48.64	85.09	54.78	56.54	65.85
8	郯城环境	山东省临沂市郯城县环境保护局官方微博	50.15	74.80	62.82	64.70	65.27
9	山东沂水环境	山东省临沂市沂水县环境保护局官方微博	53.39	75.76	58.28	65.39	65.00
10	临沂临港环境	山东省临沂市环境保护局临港经济开发区分局官方微博	62.53	72.95	55.93	62.68	64.74

（8）山东十大团委系统微博

排名	微博	认证信息	传播力	服务力	互动力	认同度	总分
1	山东共青团	共青团山东省委员会官方微博	77.24	73.22	66.47	66.13	72.10
2	共青团青岛市委	共青团青岛市委员会官方微博	59.35	59.60	51.24	49.16	55.95
3	东营区共青团	共青团东营市东营区委官方微博	54.75	41.38	46.30	44.65	48.53
4	青春济南	共青团济南市委员会官方微博	49.68	58.96	41.34	33.57	47.42
5	共青团枣庄市委	共青团枣庄市委员会官方微博	49.88	52.74	34.86	42.40	45.20
6	青岛市市南区团委	共青团青岛市市南区委官方微博	44.64	33.22	43.98	34.13	41.11
7	聊城共青团	共青团聊城市委官方微博	44.92	38.82	37.47	32.92	40.27
8	青春临沂	山东省临沂团市委官方微博	46.03	19.03	45.38	36.65	39.49
9	青春菏泽	共青团菏泽市委员会官方微博	42.92	40.47	37.94	28.11	39.46
10	烟台共青团	共青团烟台市委员会官方微博	43.40	41.03	33.58	34.21	39.06

（9）山东十大旅游局微博

排名	微博	认证信息	传播力	服务力	互动力	认同度	总分
1	济南市旅游发展委员会	济南市旅游发展委员会官方微博	73.74	77.42	62.67	64.83	71.00
2	威海市旅游发展委员会	威海市旅游发展委员会官方微博	67.77	82.02	59.71	58.53	70.13
3	青岛市旅游发展委员会官方微博	青岛市旅游发展委员会官方微博	70.55	77.66	61.44	61.61	69.77
4	山东省旅游发展委员会	山东省旅游发展委员会官方微博	70.45	74.38	62.53	62.56	68.86
5	潍坊市旅游发展委员会	潍坊市旅游发展委员会官方微博	67.76	75.01	54.73	60.46	66.02
6	烟台旅游官方微博	烟台市旅游发展委员会官方微博	67.16	75.40	54.33	59.09	65.80
7	临沂市旅游发展委员会官方微博	临沂市旅游发展委员会	57.33	62.66	48.86	51.17	56.31
8	滨州旅游信息	山东省滨州市旅游局官方微博	48.99	59.25	39.40	44.70	49.79
9	泰安市旅游发展委员会官方微博	泰安市旅游发展委员会官方微博	56.54	49.74	41.77	45.09	48.24
10	青岛旅游	青岛市旅游信息中心官方微博	41.74	53.70	34.71	29.01	43.14

6. 浙江政务指数微博影响力榜

（1）浙江政务微博城市竞争力指数

排名	地区	传播力	服务力	互动力	竞争力指数
1	杭州	85.59	82.78	73.95	80.53
2	宁波	79.43	74.14	60.94	71.11
3	湖州	75.27	68.54	55.90	66.14
4	温州	75.96	69.96	53.07	65.85

续表

排名	地区	传播力	服务力	互动力	竞争力指数
5	绍兴	70.05	64.15	61.94	65.15
6	嘉兴	70.78	66.74	52.62	63.01
7	金华	68.77	63.22	57.03	62.72
8	台州	67.65	62.68	48.95	59.36
9	舟山	57.95	55.79	57.21	56.94
10	衢州	58.50	54.29	43.63	51.82
11	丽水	55.98	54.21	31.35	46.74

（2）浙江十大政务机构微博

排名	微博	认证信息	传播力	服务力	互动力	认同度	总分
1	浙江团省委	共青团浙江省委员会官方微博	79.65	69.42	76.52	76.17	76.32
2	杭州发布	杭州市人民政府新闻办公室官方微博	78.63	71.40	73.83	64.35	74.32
3	浙江消防	浙江省公安消防总队官方微博	81.10	75.29	68.10	65.84	73.35
4	宁波发布	宁波市政府新闻办公室官方微博	72.86	79.46	62.89	56.75	69.58
5	宁波交警	宁波市公安局交通警察局官方微博	69.37	84.68	55.96	49.27	69.46
6	江干发布	浙江省杭州市江干区政府新闻办官方微博	67.01	82.94	64.05	65.53	69.16
7	平安杭州	杭州市公安局官方微博	68.57	77.39	62.03	52.48	68.53
8	杭州市旅游委员会	杭州市旅游委员会官方微博	68.67	76.57	60.53	58.74	68.39
9	余杭公安	杭州市公安局余杭区公安分局官方微博	63.25	79.09	62.57	47.60	67.82
10	杭州城管	杭州市城市管理委员会官方微博	57.16	78.85	62.91	52.48	67.10

（3）浙江十大党政新闻发布微博

排名	微博	认证信息	传播力	服务力	互动力	认同度	总分
1	杭州发布	杭州市人民政府新闻办公室官方微博	78.63	71.40	73.83	64.35	74.32
2	宁波发布	宁波市政府新闻办公室官方微博	72.86	79.46	62.89	56.75	69.58
3	江干发布	浙江省杭州市江干区政府新闻办官方微博	67.01	82.94	64.05	65.53	69.16
4	上城发布	浙江省杭州市上城区政府新闻办公室官方微博	65.22	81.00	60.06	65.38	66.84
5	拱墅发布	浙江省杭州市拱墅区人民政府办公室官方微博	59.58	71.04	58.19	62.55	61.75
6	浙江发布	浙江省人民政府新闻办公室官方微博	61.86	71.91	58.05	51.96	61.74
7	北仑发布	宁波市北仑区人民政府新闻办官方微博	62.76	83.27	49.87	48.36	61.55

续表

排名	微博	认证信息	传播力	服务力	互动力	认同度	总分
8	建德发布	浙江省建德市人民政府新闻办公室官方微博	57.76	77.39	58.97	44.01	60.68
9	爱上吴兴	浙江省湖州市吴兴区官方微博	58.45	66.06	58.86	60.17	60.26
10	长兴发布	中共长兴县委对外宣传官方微博	68.56	59.36	50.70	56.63	60.17

（4）浙江十大公安系统微博

排名	微博	认证信息	传播力	服务力	互动力	认同度	总分
1	宁波交警	宁波市公安局交通警察局官方微博	69.37	84.68	55.96	49.27	69.46
2	平安杭州	杭州市公安局官方微博	68.57	77.39	62.03	52.48	68.53
3	余杭公安	杭州市公安局余杭区公安分局官方微博	63.25	79.09	62.57	47.60	67.82
4	温州交警	温州市公安局交警支队官方微博	69.73	75.90	54.78	53.55	66.10
5	宁波公安	宁波市公安局官方微博	67.03	67.67	68.00	50.20	65.90
6	温州高速交警	浙江省公安厅高速公路交通警察总队温州支队、温州市公安局高速公路交警支队官方微博	66.28	84.46	46.66	39.82	65.02
7	浙江公安	浙江省公安厅官方微博	65.82	58.85	59.40	47.85	59.31
8	余杭交警	杭州市公安局余杭区分局交通警察大队官方微博	58.64	71.48	48.66	34.48	58.36
9	金华交警	浙江省金华市公安局交警支队官方微博	61.81	61.31	52.54	46.36	57.28
10	金华公安	金华市公安局官方微博	65.13	45.00	65.62	65.37	57.25

（5）浙江十大司法系统微博

排名	微博	认证信息	传播力	服务力	互动力	认同度	总分
1	杭法观微	浙江省杭州市中级人民法院官方微博	73.58	32.05	78.92	80.65	59.28
2	浙江反邪教	浙江省反邪教协会官方微博	53.63	75.45	46.32	43.96	54.84
3	绍兴检察	浙江省绍兴市人民检察院官方微博	50.97	53.17	51.86	57.79	52.80
4	苍南检察	苍南县人民检察院官方微博	42.86	55.32	46.35	63.39	50.94
5	宁海检察	浙江省宁海县人民检察院官方微博	51.98	63.62	36.73	33.47	50.21
6	金华检察	浙江省金华市人民检察院官方微博	40.35	54.44	42.09	53.83	47.86
7	浙江检察	浙江省人民检察院官方微博	46.98	38.92	54.13	38.15	45.02
8	宁波政法	宁波市委政法委官方微博	41.93	46.28	48.34	42.19	44.75
9	嘉兴检察	浙江省嘉兴市人民检察院官方微博	41.79	38.55	46.78	53.78	43.19
10	婺城检察	浙江省金华市婺城区人民检察院官方微博	39.80	41.33	38.94	49.69	41.15

（6）浙江十大交通系统微博

排名	微博	认证信息	传播力	服务力	互动力	认同度	总分
1	杭州公交	杭州市公共交通集团有限公司官方微博	52.31	69.00	44.36	40.42	55.41
2	温州机场彩虹服务	温州机场地面服务公司服务部官方微博	54.39	75.52	35.45	35.61	55.28
3	杭州地铁官方	杭州市地铁集团有限责任公司	54.89	63.22	46.19	40.60	54.18
4	宁波机场阳光服务	宁波栎社国际机场阳光服务品牌	52.31	66.81	42.35	38.12	53.70
5	上铁江山火车站	上海铁路局金华车务段江山火车站官方微博	49.57	56.03	44.72	50.93	50.84
6	上铁金华站	上海铁路局金华火车站官方微博	45.70	62.96	46.56	24.82	50.77
7	铁路杭州站	上海铁路局杭州站官方微博	50.16	64.28	36.36	24.26	49.08
8	上铁衢州火车站	上海铁路局衢州火车站官方微博	50.26	55.91	33.18	31.15	45.48
9	上铁乔司站	上海铁路局乔司站官方微博	39.72	58.74	33.82	19.55	43.54
10	上铁义乌火车站	上海铁路局义乌火车站官方微博	41.37	49.84	38.25	25.24	42.21

（7）浙江十大生态环境系统微博

排名	微博	认证信息	传播力	服务力	互动力	认同度	总分
1	浙江环保	浙江省环保厅官方微博	47.75	50.51	48.08	37.60	47.94
2	杭州环保	浙江省杭州市环境保护局官方微博	40.06	52.76	35.26	23.44	42.04
3	嘉兴环境保护	浙江省嘉兴市环保局官方微博	41.97	39.30	41.83	26.89	39.35
4	生态江干	浙江省杭州市环境保护局江干环境保护分局官方微博	35.78	51.56	24.37	17.67	36.86
5	镇海环保	宁波市镇海区环境保护局官方微博	37.61	36.93	35.07	24.36	35.25
6	温州环保	浙江省温州市环境保护局官方微博	39.79	21.07	49.32	27.70	33.95
7	建德环保	浙江省建德市环境保护局官方微博	31.62	37.74	35.53	17.14	33.79
8	安吉环保	浙江省湖州市安吉县环境保护局官方微博	33.97	26.35	37.72	30.97	31.75
9	江北环保2012	宁波市环境保护局江北分局官方微博	35.75	31.70	25.30	21.92	29.61
10	吴兴区环保	浙江省湖州市环境保护局吴兴区分局官方微博	38.72	24.87	27.53	18.74	27.82

（8）浙江十大团委系统微博

排名	微博	认证信息	传播力	服务力	互动力	认同度	总分
1	浙江团省委	共青团浙江省委员会官方微博	79.65	69.42	76.52	76.17	76.32
2	杭州共青团	共青团杭州市委员会官方微博	66.52	41.15	50.17	53.20	55.21
3	青春江干	共青团杭州市江干区委官方微博	50.65	57.30	40.22	42.56	48.04
4	安吉共青团	共青团安吉县委员会官方微博	38.30	45.09	37.17	37.75	39.27

续表

排名	微博	认证信息	传播力	服务力	互动力	认同度	总分
5	南湖青年	共青团嘉兴市南湖区委官方微博	46.49	42.11	27.12	34.99	38.65
6	永嘉金融办	浙江省温州市永嘉县金融办官方微博	32.56	21.27	46.87	71.82	38.52
7	上城住建	杭州市上城区住房和城市建设局官方微博	40.41	44.15	35.80	22.95	38.03
8	嘉兴青年	共青团浙江省嘉兴市委员会官方微博	40.25	21.72	35.41	40.32	35.10
9	湖州团市委	湖州团市委官方微博	37.69	31.77	31.61	30.20	33.93
10	嘉善共青团	共青团浙江嘉善县委员会官方微博	39.25	21.12	37.74	20.62	33.31

（9）浙江十大旅游局微博

排名	微博	认证信息	传播力	服务力	互动力	认同度	总分
1	杭州市旅游委员会	杭州市旅游委员会官方微博	68.67	76.57	60.53	58.74	68.39
2	舟山市旅游委员会	浙江省舟山市旅游局官方微博	59.57	71.27	50.32	46.61	60.18
3	千岛湖旅游	淳安县千岛湖风景旅游委员会官方微博	52.67	64.25	41.57	39.16	52.62
4	悠游湖州	浙江省湖州市旅游局官方微博	53.16	44.04	39.82	38.83	44.08
5	温州旅游官方微博	温州市旅游局官方微博	50.79	39.73	42.50	43.84	43.18
6	浙江省旅游局	浙江省旅游局官方微博	57.80	30.09	43.59	44.74	41.15
7	宁波市旅游发展委员会	宁波市旅游发展委员会官方微博	52.59	36.93	39.15	33.38	40.37
8	岱山旅游官网	岱山县风景旅游管理局官方微博	41.98	45.28	33.23	32.45	39.72
9	17度建德新安江	建德市旅游商务局官方微博	40.74	35.10	42.32	33.13	38.20
10	萧山旅游	杭州市萧山区旅游局官方微博	41.89	38.77	37.15	26.10	37.64

7. 广东政务指数微博影响力榜

（1）广东政务微博城市竞争力指数

排名	地区	传播力	服务力	互动力	竞争力指数
1	广州	80.49	72.54	74.21	75.51
2	深圳	80.92	69.95	75.74	75.27
3	佛山	75.24	69.89	56.34	66.75
4	江门	68.99	68.91	42.12	59.56
5	珠海	66.23	57.65	52.59	58.46
6	清远	70.00	59.71	46.61	58.21
7	惠州	67.49	60.26	46.54	57.63
8	东莞	64.81	60.28	44.89	56.25
9	汕头	64.73	52.07	52.30	55.95
10	肇庆	63.24	57.85	44.38	54.75

续表

排名	地区	传播力	服务力	互动力	竞争力指数
11	中山	60.66	54.79	42.14	52.13
12	湛江	61.88	53.76	40.53	51.57
13	茂名	60.85	53.37	39.29	50.68
14	韶关	61.40	52.69	37.94	50.14
15	汕尾	55.35	47.30	34.99	45.41
16	梅州	57.24	50.52	27.99	44.65
17	河源	56.12	49.07	28.32	43.92
18	揭阳	55.46	47.48	28.16	43.11
19	潮州	54.68	44.83	29.90	42.56
20	阳江	47.29	44.71	28.61	39.85
21	云浮	54.35	46.42	13.27	37.20

（2）广东十大政务机构微博

排名	微博	认证信息	传播力	服务力	互动力	认同度	总分
1	深圳交警	广东省深圳市公安局交警支队官方微博	86.73	85.60	78.69	76.59	82.85
2	深圳公安	深圳市公安局官方微博	81.56	94.49	71.21	72.64	82.73
3	深圳天气	深圳市气象局官方微博	82.03	90.17	75.76	73.69	82.57
4	广东天气	广东省气象服务中心	79.93	87.19	76.69	76.63	81.53
5	广州天气	广州市气象局官方微博	81.29	86.04	73.78	71.82	79.99
6	广州公安	广州市公安局官方微博	81.92	84.86	73.95	71.36	79.65
7	广州地铁	广州地铁官方微博	76.52	83.59	69.47	68.27	76.41
8	中国广州发布	广州市互联网信息办公室官方微博	79.81	79.00	71.67	69.86	76.21
9	深圳地铁运营	深圳市地铁集团有限公司运营总部	73.69	83.79	65.51	63.55	74.26
10	惠州天气	广东省惠州市气象局官方微博	67.57	85.38	57.95	58.13	70.86

（3）广东十大党政新闻发布微博

排名	微博	认证信息	传播力	服务力	互动力	认同度	总分
1	中国广州发布	广州市互联网信息办公室官方微博	79.81	79.00	71.67	69.86	76.21
2	深圳微博发布厅	深圳市互联网信息办公室官方微博	75.48	76.80	64.08	60.59	70.83
3	南海发布	广东省佛山市南海区人民政府新闻办公室	75.70	73.55	57.69	55.94	67.89
4	禅城发布	佛山市禅城区人民政府新闻办公室官方微博	67.45	74.72	55.43	56.90	64.24
5	深圳龙华发布	中共深圳市龙华区委宣传部官方微博	67.83	74.84	51.61	55.67	63.15
6	广东发布	广东省人民政府新闻办公室官方微博	65.64	64.50	59.14	56.41	62.54

排名	微博	认证信息	传播力	服务力	互动力	认同度	总分
7	惠州发布	惠州市人民政府新闻办公室官方微博	63.09	80.12	51.52	47.38	61.45
8	水乡杏坛	佛山市顺德区杏坛镇人民政府官方微博	65.21	85.12	44.28	43.95	60.79
9	绿色陈村	广东省佛山市顺德区陈村镇人民政府官方微博	65.05	85.31	42.79	42.21	60.14
10	清远发布	清远市人民政府新闻办公室官方微博	63.79	72.07	50.58	50.05	60.11

（4）广东十大公安系统微博

排名	微博	认证信息	传播力	服务力	互动力	认同度	总分
1	深圳交警	广东省深圳市公安局交警支队官方微博	86.73	85.60	78.69	76.59	82.85
2	深圳公安	深圳市公安局官方微博	81.56	94.49	71.21	72.64	82.73
3	广州公安	广州市公安局官方微博	81.92	84.86	73.95	71.36	79.65
4	广州交警	广州市公安局交警支队	73.07	76.54	59.99	56.99	68.92
5	深圳网警	深圳市公安局公共信息网络安全监察分局官方微博	68.05	75.34	60.86	50.47	67.05
6	深圳龙岗交警	深圳交警龙岗大队官方微博	71.53	75.09	55.83	56.45	66.74
7	深圳交警车管所	深圳交警车辆管理处官方微博	58.45	84.56	55.07	38.32	65.87
8	珠海交警	广东省珠海市公安局交警支队官方微博	65.47	67.61	61.49	71.45	65.30
9	深圳交警机动训练大队	深圳交警机动大队官方微博	61.02	79.29	53.08	45.47	64.39
10	深圳宝安交警	深圳交警宝安大队官方微博	67.89	72.86	52.25	52.37	63.63

（5）广东十大司法系统微博

排名	微博	认证信息	传播力	服务力	互动力	认同度	总分
1	广东政法	广东省政法委、省平安办、省综治办、省维稳办官方微博	57.65	65.61	54.89	51.80	57.83
2	广东检察	广东省人民检察院官方微博	56.66	49.29	67.70	56.31	56.99
3	广东省高级人民法院	广东省高级人民法院官方微博	54.85	50.41	50.03	40.76	50.22
4	广东反邪教	广东省反邪教协会官方微博	48.48	62.34	49.46	29.11	49.61
5	法治福田	深圳市福田区委政法委员会官方微博	51.55	54.32	41.61	41.16	48.08
6	正义肇庆	肇庆市人民检察院官方微博	49.01	51.14	38.75	34.14	45.29
7	汕头反邪	中共汕头市委政法委员会反邪教正面宣传工作官方微博	48.17	46.62	46.00	26.79	45.07

续表

排名	微博	认证信息	传播力	服务力	互动力	认同度	总分
8	茂名检察	广东省茂名市人民检察院官方微博	41.61	51.21	33.64	44.32	43.33
9	汕头检察	广东省汕头市人民检察院官方微博	42.53	55.43	32.05	23.39	42.63
10	广州反邪	广州市人民政府防范和处理邪教问题办公室官方微博	41.89	51.98	38.68	25.25	41.28

（6）广东十大交通系统微博

排名	微博	认证信息	传播力	服务力	互动力	认同度	总分
1	广州地铁	广州地铁官方微博	76.52	83.59	69.47	68.27	76.41
2	深圳地铁运营	深圳市地铁集团有限公司运营总部	73.69	83.79	65.51	63.55	74.26
3	广州交通	广州市交通委员会官方微博	62.76	72.15	47.91	45.94	60.38
4	广州铁路	中国铁路广州局集团有限公司官方微博	67.38	50.85	58.37	55.87	56.91
5	港铁深圳	港铁轨道交通（深圳）有限公司	54.99	65.59	43.85	42.56	54.65
6	深圳市交通运输委员会	深圳市交通运输委员会官方微博	55.87	45.40	46.39	40.67	47.32
7	虎门交通	东莞市交通运输局虎门分局官方微博	48.51	47.62	38.03	31.72	43.33
8	珠海公交巴士官方微博	珠海公交巴士有限公司官方微博	41.13	32.01	44.70	44.63	38.90
9	广铁集团深圳火车站	中国铁路广州局集团有限公司深圳火车站官方微博	43.37	13.04	46.88	25.47	30.50
10	湛江市交通运输局	湛江市交通运输局官方微博	34.29	8.03	35.64	32.16	29.23

（7）广东十大生态环境系统微博

排名	微博	认证信息	传播力	服务力	互动力	认同度	总分
1	广州环保	广州市环境保护局官方微博	50.95	62.67	42.08	31.08	50.99
2	绿色梦想－深圳人居委	深圳人居环境委员会官方微博	45.46	38.58	37.97	23.52	38.27
3	宝安环保水务	深圳市宝安区环境保护和水务局官方微博	44.11	33.82	30.31	19.41	33.39
4	江门环保	广东省江门市环境保护局官方微博	33.10	31.71	33.09	18.20	31.05
5	生态惠州	惠州市环境保护局官方微博	35.49	32.87	27.06	23.71	30.73
6	汕头环保	汕头市环境保护局官方微博	31.41	29.63	29.44	27.24	30.05
7	绿色肇庆	肇庆市环境保护局官方微博	34.10	27.40	30.93	22.80	29.34
8	番禺环境保护局	广州市番禺区环境保护局官方微博	34.57	27.74	25.12	19.63	27.51
9	南粤绿声	广东省环境保护宣传教育中心官方微博	35.40	13.88	38.72	30.82	27.33
10	汕尾市环境保护局	广东省汕尾市环境保护局官方微博	31.15	9.02	29.56	28.82	26.02

（8）广东十大团委系统微博

排名	微博	认证信息	传播力	服务力	互动力	认同度	总分
1	广东共青团	共青团广东省委员会官方微博	56.23	47.65	45.42	47.19	50.37
2	广州共青团	广东省广州市共青团官方微博	52.95	53.92	40.93	36.56	47.90
3	深圳共青团	共青团深圳市委官方微博	46.74	46.28	46.90	46.48	46.67
4	顺德共青团	共青团广东省佛山市顺德区委官方微博	52.05	52.55	35.31	37.34	45.66
5	佛山共青团	共青团广东省佛山市委员会官方微博	46.65	45.73	38.57	35.97	42.97
6	湛江共青团	共青团湛江市委员会官方微博	47.42	42.20	38.95	34.15	42.51
7	广轻团委	共青团广东轻工职业技术学院委员会官方微博	39.87	21.16	62.12	31.15	41.93
8	禅城共青团	共青团佛山市禅城区委官方微博	44.59	48.06	33.84	31.53	40.75
9	东莞共青团	共青团广东省东莞市委员会官方微博	43.57	32.13	42.07	31.64	39.64
10	阳江团市委	共青团阳江市委员会官方微博	39.84	22.88	44.31	28.35	36.64

（9）广东十大旅游局微博

排名	微博	认证信息	传播力	服务力	互动力	认同度	总分
1	肇庆市旅游局	广东省肇庆市旅游局官方微博	62.88	78.40	56.09	55.70	66.33
2	活力广东	广东省旅游局官方微博	58.64	63.64	51.65	53.62	58.04
3	广州旅游	广州市旅游局官方微博	60.89	52.12	49.84	50.92	53.07
4	湛江旅游	广东省湛江市旅游局官方微博	56.33	49.90	41.24	41.53	47.75
5	清远旅游	广东省清远市旅游局官方微博	47.79	52.10	41.15	46.72	47.42
6	韶关旅游	韶关市旅游局官方微博	52.50	41.93	42.10	38.91	43.79
7	佛山－旅游	佛山市旅游局官方微博	51.25	46.55	34.46	39.75	43.18
8	南海旅游	广东省佛山市南海区旅游协会官方微博	48.41	46.01	35.99	32.12	42.09
9	梅州市旅游局	广东省梅州市旅游局官方微博	47.77	35.69	41.99	44.12	40.84
10	江门旅游	广东省江门市旅游局官方微博	39.62	41.14	27.79	22.46	34.96

8. 陕西政务指数微博影响力榜

（1）陕西政务微博城市竞争力指数

排名	地区	传播力	服务力	互动力	竞争力指数
1	西安	81.28	74.99	72.80	76.11
2	榆林	68.58	67.18	62.23	65.87
3	宝鸡	71.42	66.50	60.29	65.80
4	渭南	69.37	65.31	53.74	62.48
5	汉中	68.50	65.72	49.44	60.86

续表

排名	地区	传播力	服务力	互动力	竞争力指数
6	咸阳	66.26	66.11	43.89	58.38
7	延安	69.14	64.13	40.97	57.53
8	安康	70.41	63.88	39.85	57.43
9	商洛	66.77	58.18	36.88	53.30
10	铜川	60.12	56.47	36.06	50.42

（2）陕西十大政务机构微博

排名	微博	认证信息	传播力	服务力	互动力	认同度	总分
1	畅通西安	西安市公安局交警支队官方微博	71.14	91.52	66.11	59.18	76.59
2	西安半坡博物馆志愿者团队	西安半坡博物馆	71.69	87.57	65.93	66.98	75.84
3	西铁资讯	中国铁路西安局集团有限公司官方微博	76.55	84.44	64.62	70.67	75.54
4	西安发布	西安市互联网信息办公室官方微博	78.08	76.04	73.81	69.30	75.51
5	陕西省教育厅	陕西省教育厅官方微博	69.95	82.27	64.83	65.86	72.93
6	陕西气象	陕西省气象局官方微博	65.39	81.14	66.39	68.45	72.30
7	陕西发布	陕西省人民政府门户网站官方微博	72.79	78.24	68.84	66.49	72.07
8	汉唐网	陕西省文物局官方微博	69.15	71.67	74.37	64.46	71.25
9	宝鸡团市委	共青团宝鸡市委员会官方微博	73.65	71.40	64.60	69.90	70.11
10	西安市旅游发展委员会	西安市旅游发展委员会	70.24	77.92	59.19	61.88	69.16

（3）陕西十大党政新闻发布微博

排名	微博	认证信息	传播力	服务力	互动力	认同度	总分
1	西安发布	西安市互联网信息办公室官方微博	78.08	76.04	73.81	69.30	75.51
2	陕西发布	陕西省人民政府门户网站官方微博	72.79	78.24	68.84	66.49	72.07
3	曲江新区	西安曲江新区管理委员会官方微博	63.58	78.07	53.81	50.56	62.25
4	米脂发布	中共米脂县委宣传部官方微博	59.89	44.17	69.14	56.59	59.19
5	浐灞生态区	西安浐灞生态区管理委员会官方微博	61.72	69.57	45.10	46.62	56.79
6	汉中发布	陕西省汉中市委、市政府官方微博	58.39	67.24	51.37	45.69	56.79
7	西安国际港务区	陕西省西安国际港务区管委会官方微博	54.66	72.28	45.65	44.12	54.42
8	中国乾县	陕西省咸阳市乾县信息中心官方微博	49.12	73.22	45.84	53.67	53.41
9	铜川发布	陕西省铜川市人民政府官方微博	51.12	64.72	45.48	42.03	51.24
10	陕西科普 V	陕西省科普宣传教育中心官方微博	53.71	66.71	42.52	35.31	51.11

（4）陕西十大公安系统微博

排名	微博	认证信息	传播力	服务力	互动力	认同度	总分
1	畅通西安	西安市公安局交警支队官方微博	71.14	91.52	66.11	59.18	76.59
2	吴堡公安	陕西省榆林市吴堡县公安局官方微博	66.41	84.56	54.83	52.68	68.82
3	西安公安	陕西省西安市公安局官方微博	70.46	75.93	58.34	56.61	67.63
4	西安交警新城大队	西安市公安局交警支队新城大队官方微博	62.96	77.85	52.88	51.98	64.80
5	陕西公安	陕西省公安厅官方微博	64.57	67.90	58.36	52.91	62.87
6	西安交警经开大队	西安市公安局交警支队经开大队官方微博	57.35	81.25	48.28	44.13	62.86
7	榆林公安	陕西省榆林市公安局官方微博	60.70	72.07	55.91	49.07	62.65
8	西安交警灞桥大队	西安市公安局交警支队灞桥大队官方微博	58.57	70.59	53.41	46.71	60.64
9	定边公安	陕西省榆林市定边县公安局官方微博	57.15	70.84	53.28	46.45	60.40
10	榆林交警	榆林市公安局交警支队官方微博	58.70	66.98	57.83	45.01	60.38

（5）陕西十大司法系统微博

排名	微博	认证信息	传播力	服务力	互动力	认同度	总分
1	法治西安	陕西省西安市司法局官方微博	68.15	72.61	65.89	60.50	68.49
2	陕西反邪教	陕西省人民政府防范和处理邪教问题办公室官方微博	59.76	84.89	69.91	50.38	66.89
3	陕西检察	陕西省人民检察院官方微博	66.78	74.46	60.71	51.25	66.48
4	陕西高院	陕西省高级人民法院官方微博	61.60	75.13	61.77	45.67	65.47
5	陕西政法	中共陕西省委政法委员会官方微博	62.59	82.44	59.92	51.35	64.63
6	铜川反邪	铜川市人民政府防范和处理邪教问题办公室官方微博	50.54	80.46	61.15	46.20	59.27
7	西乡县检察院	陕西省汉中市西乡县人民检察院官方微博	61.74	78.65	32.26	52.44	58.73
8	白水法院	陕西省渭南市白水县人民法院官方微博	56.44	66.48	51.96	51.31	58.60
9	商南县人民法院	陕西省商南县人民法院官方微博	55.48	71.88	46.55	39.20	57.73
10	洋县法院	陕西省汉中市洋县人民法院官方微博	44.47	69.71	52.99	47.27	57.40

（6）陕西十大交通系统微博

排名	微博	认证信息	传播力	服务力	互动力	认同度	总分
1	西铁资讯	中国铁路西安局集团有限公司官方微博	76.55	84.44	64.62	70.67	75.54
2	西铁客服在线	西安铁路客户服务中心官方微博	64.20	79.84	44.16	43.29	62.35
3	西安地铁	西安市地下铁道有限责任公司	64.21	59.04	57.38	57.09	59.38
4	西铁西安北火车站	西安铁路局西安站官方微博	53.14	73.53	49.30	36.23	58.45

续表

排名	微博	认证信息	传播力	服务力	互动力	认同度	总分
5	西安地铁运营分公司	西安地铁运营分公司官方微博	65.16	55.93	54.00	56.73	57.28
6	陕西交通12122	陕西省高速公路收费管理中心官方微博	48.01	59.68	46.45	41.43	51.55
7	西铁西安客运段	中国铁路西安局集团有限公司西安客运段官方微博	48.93	62.19	36.80	34.39	49.14
8	紫阳县交警大队	陕西省安康市紫阳县公安局交警大队官方微博	42.27	51.65	35.92	29.34	42.82
9	西安站亲情服务台	陕西省西安铁路局西安车站官方微博	44.11	40.54	42.36	28.54	40.60
10	西铁安康机务段	西安铁路局安康机务段官方微博	42.06	41.16	37.26	27.25	38.78

（7）陕西十大生态环境系统微博

排名	微博	认证信息	传播力	服务力	互动力	认同度	总分
1	陕西环保	陕西省环境保护厅官方微博	58.84	73.54	56.99	49.63	63.24
2	西安环保	陕西省西安市环保局官方微博	42.87	45.39	43.11	37.75	43.44
3	汉中环保	汉中市环境保护局官方微博	33.10	34.53	30.42	35.96	33.15
4	咸阳环保	陕西省咸阳市环境保护局官方微博	38.08	22.91	39.88	36.39	32.38
5	渭南市环保	陕西省渭南市环保局官方微博	32.47	25.68	30.03	22.80	28.05
6	安康环境	安康市环境保护局官方微博	26.63	24.91	28.93	25.14	26.83
7	榆林市环境保护局	榆林市环境保护局官方微博	25.72	18.39	29.74	35.64	26.45
8	商洛环保	陕西省商洛市环境保护局官方微博	28.30	14.74	40.50	25.98	26.30
9	西安市机动车污染防治	陕西省西安市机动车排气污染监督监测中心官方微博	30.20	19.69	32.23	21.26	25.71
10	府谷环保	府谷县环境保护局官方微博	21.78	12.66	32.52	36.70	24.67

（8）陕西十大团委系统微博

排名	微博	认证信息	传播力	服务力	互动力	认同度	总分
1	宝鸡团市委	共青团宝鸡市委员会官方微博	73.65	71.40	64.60	69.90	70.11
2	西安青年聚	共青团西安市委官方微博	67.29	82.76	58.47	55.84	66.59
3	三秦青年	共青团陕西省委官方微博	65.21	75.67	61.13	54.46	65.00
4	延安青年	共青团延安市委员会官方微博	58.65	74.60	49.60	49.59	58.22
5	渭南青年网v	共青团渭南市委员会官方微博	57.58	64.66	44.17	37.48	52.96
6	咸阳共青团	共青团咸阳市委员会官方微博	52.31	63.91	47.68	45.25	52.53
7	天汉青年-汉中共青团	共青团汉中市委员会官方微博	52.28	66.04	45.71	35.80	51.41
8	黄龙共青团	共青团陕西省延安市黄龙县委官方微博	56.07	59.06	42.28	43.12	51.24
9	榆林团市委	榆林团市委官方微博	50.41	65.66	42.02	45.38	50.44
10	共青团镇安县委	共青团陕西省商洛市镇安县委员会官方微博	51.13	51.75	45.06	42.90	48.61

（9）陕西十大旅游局微博

排名	微博	认证信息	传播力	服务力	互动力	认同度	总分
1	西安市旅游发展委员会	西安市旅游发展委员会	70.24	77.92	59.19	61.88	69.16
2	汉中市旅游发展委员会	陕西省汉中市旅游发展委员会官方微博	54.53	68.05	51.95	49.03	58.62
3	陕西省旅游发展委员会	陕西省旅游发展委员会官方微博	57.29	59.97	52.11	48.87	55.96
4	延安市旅游发展委员会	延安市旅游发展委员会官方微博	49.99	53.37	45.46	34.82	48.47
5	咸阳文物旅游	咸阳市旅游发展和文物保护委员会官方微博	48.40	47.86	47.99	45.47	47.77
6	宝鸡文物旅游	宝鸡市文物旅游局官方微博	51.86	38.90	50.41	42.19	45.27
7	甘泉县文物旅游	陕西省延安市甘泉县旅游局官方微博	36.16	54.50	43.34	31.07	45.14
8	临渭区文物旅游局	陕西省渭南市临渭区文物旅游局官方微博	38.66	43.62	44.55	32.25	41.77
9	佛坪县旅游发展委员会	陕西省汉中市佛坪县文物旅游局官方微博	54.75	31.03	37.25	37.70	38.31
10	西岐文物旅游	陕西省宝鸡市岐山县文物旅游局官方微博	33.39	28.47	48.39	34.26	36.01

9. 北京政务指数微博影响力榜

（1）北京十大政务机构微博

排名	微博	认证信息	传播力	服务力	互动力	认同度	总分
1	平安北京	北京市公安局官方微博	91.03	86.47	82.87	85.73	86.23
2	气象北京	北京市气象局官方微博	83.02	94.59	74.84	68.16	83.71
3	北京地铁	北京地铁公司官方微博	80.82	91.60	70.97	65.81	80.68
4	北京交警	北京市公安局公安交通管理局官方微博	78.10	89.25	67.60	61.41	77.74
5	京港地铁	京港地铁公司官方微博	75.39	88.40	65.41	65.41	76.60
6	交通北京	北京市交通委员会官方微博	75.62	89.35	61.98	57.96	75.25
7	首都网警	首都网警	73.44	81.66	69.82	62.04	74.50
8	京环之声	北京环保宣传中心官方微博	73.54	82.89	63.02	62.72	73.04
9	北京12345	北京市人民政府便民电话中心、北京市非紧急救助服务中心官方微博	65.82	88.40	63.33	53.81	72.90
10	北京发布	北京市政府新闻办公室官方微博	77.11	73.32	70.14	63.32	72.88

（2）北京十大党政新闻发布微博

排名	微博	认证信息	传播力	服务力	互动力	认同度	总分
1	北京发布	北京市政府新闻办公室官方微博	77.11	73.32	70.14	63.32	72.88
2	北京昌平	北京市昌平区官方政务微博	68.14	74.36	57.91	56.63	65.16
3	北京西城	北京市西城区人民政府新闻办公室官方微博	62.09	65.09	58.99	58.10	61.36
4	北京市东城	北京市东城区官方微博	62.39	67.33	57.35	51.81	60.81
5	北京旅游网官方微博	北京旅游网官方微博	58.45	64.09	52.73	51.51	57.17
6	北京大兴	北京大兴区官方微博	59.90	51.27	55.81	45.22	55.48
7	山水怀柔	北京市怀柔区官方政务微博	57.12	66.16	46.80	45.46	54.66
8	王府井	北京市王府井地区建设管理办公室官方微博	52.36	81.45	43.60	39.59	54.27
9	北京丰台	北京市丰台区政府官方微博	56.49	56.38	53.71	41.23	54.11
10	海淀在线	北京市海淀区政府官方微博	52.12	46.97	64.54	39.07	53.51

（3）北京十大公安系统微博

排名	微博	认证信息	传播力	服务力	互动力	认同度	总分
1	平安北京	北京市公安局官方微博	91.03	86.47	82.87	85.73	86.23
2	北京交警	北京市公安局公安交通管理局官方微博	78.10	89.25	67.60	61.41	77.74
3	首都网警	首都网警	73.44	81.66	69.82	62.04	74.50
4	平安朝阳	北京市公安局朝阳分局官方微博	75.52	46.76	71.48	63.67	61.62
5	丰台警事	丰台公安分局官方认证微博	58.47	71.70	51.29	44.56	60.22
6	海淀公安分局	海淀公安分局官方微博	55.87	57.86	52.48	41.94	54.26
7	顺义警方	北京市公安局顺义分局官方微博	48.16	48.40	42.32	30.92	44.78
8	房山警方在线	北京市公安局房山分局官方微博	47.24	44.89	43.23	33.95	43.77
9	通州警方在线	北京市公安局通州分局官方微博	45.39	35.57	41.15	40.49	39.70
10	北京公安出入境	北京市公安局出入境管理局官方微博	41.27	21.81	51.18	46.22	36.96

（4）北京十大司法系统微博

排名	微博	认证信息	传播力	服务力	互动力	认同度	总分
1	京法网事	北京法院网官方微博	69.78	66.69	68.26	72.85	68.39
2	北京海淀法院	北京市海淀区人民法院官方微博	57.29	65.58	72.94	53.56	64.93
3	北京政法	首都政法综治网官方微博	54.97	70.28	64.83	54.98	60.99
4	北京检察	北京市人民检察院官方微博	53.34	54.05	47.33	42.79	50.77
5	北京反邪教	凯风北京 beijing. kaiwind. com	46.48	61.81	41.56	35.30	46.95
6	北京市第一中级人民法院	北京市第一中级人民法院官方微博	50.74	34.14	51.32	39.27	43.13

续表

排名	微博	认证信息	传播力	服务力	互动力	认同度	总分
7	北京市顺义区人民法院	北京市顺义区人民法院官方微博	46.44	41.49	37.59	25.63	39.73
8	北京朝阳法院	北京市朝阳区人民法院官方微博	47.92	27.66	47.34	37.04	38.55
9	北京市第二中级人民法院	北京市第二中级人民法院官方微博	40.86	39.14	37.90	25.82	37.78
10	昌平法院	北京市昌平区人民法院官方微博	46.52	34.75	35.75	29.45	36.87

（5）北京十大交通系统微博

排名	微博	认证信息	传播力	服务力	互动力	认同度	总分
1	北京地铁	北京地铁公司官方微博	80.82	91.60	70.97	65.81	80.68
2	京港地铁	京港地铁公司官方微博	75.39	88.40	65.41	65.41	76.60
3	交通北京	北京市交通委员会官方微博	75.62	89.35	61.98	57.96	75.25
4	北京铁路	中国铁路北京局集团有限公司	71.59	71.84	62.87	57.93	67.71
5	北京公交集团	北京公交集团官方微博	68.32	73.58	61.08	58.13	67.23
6	北京南站官方微博	中国铁路北京局集团有限公司北京南站官方微博	50.57	58.07	43.52	31.26	49.52
7	通州车务段	中国铁路北京局集团有限公司通州车务段	39.94	43.17	34.56	28.36	38.46
8	中国交通报	中国交通报微博	52.47	25.74	43.53	38.98	37.75
9	首都机场	北京首都国际机场官方微博	51.85	28.34	40.50	38.46	37.70
10	北京站官方微博	中国铁路北京局集团有限公司北京站官方微博	48.84	26.11	44.16	34.00	36.86

（6）北京十大生态环境系统微博

排名	微博	认证信息	传播力	服务力	互动力	认同度	总分
1	京环之声	北京环保宣传中心官方微博	73.54	82.89	63.02	62.72	73.04
2	北京环境监测	北京市环境保护监测中心官方微博	60.34	63.99	57.72	49.71	59.95
3	环保北京	北京市环境保护局官方微博	64.48	51.25	58.02	50.47	55.85
4	环保顺义	北京市顺义区环保局官方微博	45.83	58.28	39.25	42.90	48.54
5	北京朝阳环保	北京市朝阳区环境保护局官方微博	32.81	41.44	39.60	32.20	38.24
6	丰台环保	丰台区环境保护局官方微博	45.64	28.13	45.33	28.87	36.87
7	环保房山	北京市房山区环境保护局官方微博	35.17	39.24	30.59	30.02	34.91
8	平谷环保	北京市平谷区环境保护局官方微博	34.08	38.71	30.29	23.34	33.72
9	门头沟环保	北京市门头沟区环境保护局官方微博	31.71	33.48	33.78	22.46	32.12
10	生态怀柔－环保之声	北京市怀柔区环境保护局官方微博	31.10	31.04	32.21	24.91	30.80

（7）北京十大团委系统微博

排名	微博	认证信息	传播力	服务力	互动力	认同度	总分
1	青年说	共青团北京市委员会官方微博	71.03	67.84	73.31	64.04	70.38
2	三里屯社区青年汇	北京市朝阳区三里屯社区青年汇官方微博	31.40	2.57	77.98	47.07	41.17
3	安贞青年	北京安贞医院团委官方微博	30.74	19.82	39.23	23.51	30.38
4	青春朝阳YOUNG	共青团北京市朝阳区委官方微博	35.53	10.35	32.02	26.44	28.53
5	顺义共青团官方微博	顺义共青团官方微博	31.82	14.34	26.36	31.59	26.66
6	青春石景山	共青团北京市石景山区委官方微博	20.90	1.86	46.47	37.93	26.47
7	海淀共青团	共青团北京市海淀区委官方微博	29.03	12.86	29.74	28.51	25.96
8	门头沟共青团	门头沟团区委官方微博	21.09	5.80	33.35	26.41	22.24
9	丰台青年	共青团北京市丰台区委官方微博	8.34	0.18	48.77	29.77	20.98
10	爱北京爱海淀	北京市海淀区海淀街道社区青年汇官方微博	7.81	0.39	47.25	30.20	20.40

（8）北京十大旅游局微博

排名	微博	认证信息	传播力	服务力	互动力	认同度	总分
1	北京市旅游发展委员会	北京市旅游发展委员会	74.57	69.89	61.84	64.44	67.86
2	东城旅游	北京市东城区旅游发展委员会	47.47	55.74	42.78	39.93	48.62
3	发现新丰台	北京市丰台区旅游发展委员会官方微博	43.99	53.76	42.38	30.32	46.05
4	海淀旅游	北京市海淀区旅游发展委员会官方微博	47.64	49.12	41.70	36.22	45.31
5	爱上昌平	昌平区旅游局官方微博	46.76	39.38	41.29	38.12	41.30
6	畅游公园	北京市公园管理中心官方微博	47.64	28.81	45.61	36.61	38.39
7	怀柔区旅游发展委员会	北京市怀柔区旅游发展委员会	47.62	33.75	37.88	32.91	37.68
8	顺义旅游委	北京市顺义区旅游发展委员会官方微博	32.09	20.72	39.07	26.99	29.13
9	通州八大游	北京市通州区旅游发展委员会官方微博	36.71	20.88	32.39	32.65	28.68
10	畅游西城	北京市西城区旅游局官方微博	31.48	12.30	33.37	28.60	24.09

10. 云南政务指数微博影响力榜

（1）云南政务微博城市竞争力指数

排名	地区	传播力	服务力	互动力	竞争力指数
1	昆明	80.53	72.83	58.04	69.97
2	大理	63.79	59.32	65.32	62.76
3	曲靖	63.42	60.57	41.37	54.70
4	楚雄	65.31	58.53	40.76	54.34

排名	地区	传播力	服务力	互动力	竞争力指数
5	红河	61.47	57.85	42.42	53.54
6	保山	59.16	54.01	42.00	51.35
7	德宏	61.52	53.56	38.04	50.51
8	普洱	59.33	58.58	33.49	50.02
9	丽江	61.30	51.67	37.21	49.50
10	临沧	55.87	52.33	39.93	49.05
11	昭通	59.89	49.38	39.01	48.91
12	玉溪	59.30	55.03	32.40	48.39
13	西双版纳	54.06	46.22	44.65	48.02
14	文山	56.60	53.26	31.06	46.49
15	怒江	49.00	44.61	22.74	38.27
16	迪庆	43.36	38.81	15.83	32.13

（2）云南十大政务机构微博

排名	微博	认证信息	传播力	服务力	互动力	认同度	总分
1	云南共青团	共青团云南省委官方微博	89.69	80.85	82.88	85.04	85.41
2	云南反邪教	云南省人民政府防范和处理邪教问题办公室官方微博	83.65	71.04	59.48	65.47	72.06
3	云南消防	云南省公安消防总队官方微博	63.90	74.17	66.80	52.78	67.77
4	云南警方	云南省公安厅官方微博	65.57	71.15	65.83	59.82	67.30
5	云南平安高速	云南省公安厅交通警察总队高速公路交巡警支队官方微博	66.40	76.81	58.95	43.13	66.00
6	昆明发布	云南省昆明党务政务信息公开平台官方微博	62.85	81.22	63.50	55.16	65.95
7	德宏反邪教	德宏州防范和处理邪教问题官方微博	71.89	75.58	47.37	52.35	64.06
8	楚雄反邪教	中共楚雄州委防范和处理邪教问题领导小组办公室官方微博	71.19	72.42	50.41	53.86	63.47
9	昭通反邪教	昭通市反邪教协会官方微博	72.11	80.93	43.17	52.08	63.19
10	云岭政法	中共云南省委政法委员会官方微博	52.86	66.03	64.87	65.61	63.01

（3）云南十大党政新闻发布微博

排名	微博	认证信息	传播力	服务力	互动力	认同度	总分
1	昆明发布	云南省昆明党务政务信息公开平台官方微博	62.85	81.22	63.50	55.16	65.95
2	微博大理	中共大理市委宣传部	64.53	17.77	78.42	81.18	61.01
3	昆明官渡发布	云南省昆明市官渡区政府官方微博	66.20	56.73	48.72	48.99	57.34
4	美丽德宏	中共德宏州委宣传部官方微博	58.86	57.60	49.02	50.83	54.85

排名	微博	认证信息	传播力	服务力	互动力	认同度	总分
5	昆宣发布	昆明市委宣传部官方微博	54.37	58.09	49.68	52.22	53.49
6	昆明五华发布	云南省昆明市五华区委、区政府官方微博	55.09	57.93	48.50	49.59	53.13
7	昆明盘龙发布	云南省昆明市盘龙区政府官方微博	56.71	59.99	46.45	41.61	52.78
8	微博云南	云南省人民政府新闻办公室官方微博	66.12	28.54	53.53	45.23	52.74
9	世界腾冲——天下和顺	腾冲市委宣传部官方微博	54.26	60.54	43.75	46.43	51.58
10	昆明市委办公厅	云南省昆明市委办公厅官方微博	48.25	72.28	43.09	37.31	50.41

（4）云南十大公安系统微博

排名	微博	认证信息	传播力	服务力	互动力	认同度	总分
1	云南警方	云南省公安厅官方微博	65.57	71.15	65.83	59.82	67.30
2	云南平安高速	云南省公安厅交通警察总队高速公路交巡警支队官方微博	66.40	76.81	58.95	43.13	66.00
3	昆明交警	云南省昆明市公安局交警支队	61.23	68.56	50.87	48.85	59.82
4	大理交警	云南省大理州公安局交通警察支队	55.64	60.03	50.23	43.84	54.59
5	文山交警支队	云南省文山壮族苗族自治州公安局交警支队官方微博	53.73	66.50	41.96	42.02	54.14
6	普洱警方	云南省普洱市公安局官方微博	53.49	57.15	44.65	43.20	51.28
7	云南丽江警方	丽江市公安局官方微博	50.94	64.26	35.50	29.94	49.54
8	平安红河	云南省红河州公安局官方微博	52.36	52.67	43.04	43.69	48.82
9	云岭森警	云南省森林公安局官方微博	47.89	50.58	47.64	46.37	48.74
10	大理警方	云南省大理市公安局官方微博	51.10	52.05	43.20	42.76	48.28

（5）云南十大司法系统微博

排名	微博	认证信息	传播力	服务力	互动力	认同度	总分
1	云南反邪教	云南省人民政府防范和处理邪教问题办公室官方微博	83.65	71.04	59.48	65.47	72.06
2	楚雄反邪教	中共楚雄州委防范和处理邪教问题领导小组办公室官方微博	71.19	72.42	50.41	53.86	63.47
3	昭通反邪教	昭通市反邪教协会官方微博	72.11	80.93	43.17	52.08	63.19
4	云岭政法	中共云南省委政法委员会官方微博	52.86	66.03	64.87	65.61	63.01
5	呈贡检察	云南省昆明市呈贡区人民检察院官方微博	48.55	75.88	49.63	50.60	60.01
6	永德县检察院	永德县人民检察院官方微博	42.87	72.29	52.50	61.02	59.34
7	大理反邪教	大理白族自治州人民政府防范和处理邪教问题办公室官方微博	50.26	70.42	51.99	53.24	55.11

续表

排名	微博	认证信息	传播力	服务力	互动力	认同度	总分
8	文山反邪教	文山州防范处理邪教办公室官方微博	61.41	63.41	44.05	43.52	54.81
9	云南省人民检察院	云南省人民检察院官方微博	48.70	55.96	50.50	46.85	51.96
10	昭通市检察院	昭通市人民检察院官方微博	43.47	61.55	43.02	36.80	49.90

（6）云南十大交通系统微博

排名	微博	认证信息	传播力	服务力	互动力	认同度	总分
1	昆明铁路	中国铁路昆明局集团有限公司官方微博	62.39	57.29	52.38	61.77	57.29
2	昆明机场	昆明机场官方微博	57.66	53.85	50.82	50.23	53.34
3	昆明公交集团有限责任公司	昆明公交集团有限责任公司	53.58	51.52	56.69	46.18	52.95
4	腾冲驼峰机场	云南腾冲驼峰机场开发管理有限公司官方微博	40.09	60.35	34.03	26.87	45.06
5	昆明轨道交通集团有限公司	昆明轨道交通集团有限公司	50.74	42.43	44.21	45.54	44.94
6	德宏芒市机场	云南机场集团有限责任公司德宏芒市机场	35.80	50.09	28.11	33.31	38.96
7	丽江机场	云南机场集团有限责任公司丽江机场	37.72	43.71	30.78	23.30	36.59
8	曲靖交运	云南省曲靖市交通运输局官方微博	36.23	35.55	34.36	29.10	34.68
9	保山机场	云南机场集团有限责任公司保山机场	31.73	44.29	23.87	34.55	34.68
10	昆明公交三公司	昆明公交集团三公司官方微博	39.48	16.91	39.76	29.08	29.50

（7）云南十大生态环境系统微博

排名	微博	认证信息	传播力	服务力	互动力	认同度	总分
1	云南省环保厅	云南省环境保护厅官方微博	36.09	32.61	40.08	23.58	34.64
2	滇池清	昆明市滇池管理局官方微博	39.74	34.42	32.19	28.66	34.24
3	昆明市环保局	云南省昆明市环境保护局官方微博	36.75	21.23	38.78	28.24	30.30
4	云南曲靖环保	云南省曲靖市环保局官方微博	31.52	16.32	40.79	30.28	28.10
5	楚雄州环境保护局	楚雄州环境保护局官方微博	24.37	6.75	40.13	19.97	25.13
6	富民县环境保护局	云南省昆明市富民县环境保护局官方微博	30.15	20.05	28.58	24.98	25.12
7	普洱市环境保护局	普洱市环境保护局官方微博	27.19	9.70	32.34	21.55	24.67
8	巍山环保	云南大理巍山彝族回族自治县环境保护局官方微博	29.71	17.28	30.74	21.23	24.20
9	西双版纳环保	西双版纳州环境保护局官方微博	27.23	15.27	26.10	24.00	24.18
10	白马雪山滇金丝猴	云南白马雪山国家级自然保护区管理局维西分局官方微博	25.05	4.97	42.14	39.96	23.64

（8）云南十大团委系统微博

排名	微博	认证信息	传播力	服务力	互动力	认同度	总分
1	云南共青团	共青团云南省委官方微博	89.69	80.85	82.88	85.04	85.41
2	丽江青年之声	共青团丽江市委员会官方微博	65.48	73.34	53.92	53.39	62.38
3	石林团县委	共青团石林县委官方微博	58.62	48.53	37.32	36.48	48.00
4	保山团市委	共青团保山市委员会官方微博	54.26	10.52	57.82	60.94	47.25
5	云南团省委学校部	云南团省委学校部官方微博	39.30	41.67	40.39	34.98	39.67
6	共青团昆明市委	共青团昆明市委官方微博	41.71	27.86	43.14	32.10	38.41
7	共青团安宁市委员会	共青团安宁市委员会	37.47	36.84	32.66	27.09	34.87
8	共青团昆明市呈贡区委	共青团昆明市呈贡区委官方微博	36.12	13.34	45.95	24.37	33.34
9	共青团富源县委	共青团富源县委官方微博	39.67	27.07	29.47	26.81	32.80
10	盘团微语	共青团昆明市盘龙区委官方微博	32.15	28.44	38.45	21.84	32.27

（9）云南十大旅游局微博

排名	微博	认证信息	传播力	服务力	互动力	认同度	总分
1	旅游腾冲官博	腾冲市旅游局官方微博	52.57	64.56	47.42	44.90	55.05
2	旅游红河	红河哈尼族彝族自治州旅游发展委员会	56.95	45.61	47.50	50.72	48.95
3	石林风景名胜区	石林风景名胜区管理局官方微博	47.06	35.17	58.19	35.29	44.47
4	保山旅游	云南省保山市旅游局官方微博	54.10	35.01	42.25	44.67	41.97
5	云南丽江旅游	丽江市旅游发展委员会官方微博	57.03	35.39	41.48	38.23	41.83
6	玉溪旅游发布厅	云南省玉溪市旅游发展委员会官方微博	38.90	34.84	41.36	36.62	37.79
7	昆明市旅游发展委员会	昆明市旅游发展委员会官方微博	38.52	33.16	39.70	24.68	35.35
8	云南省旅游执法总队	云南省旅游质量监察总队	27.27	31.19	39.86	24.02	32.29
9	建水旅游微博	云南省建水县旅游局官方微博	35.58	24.91	33.93	31.31	30.39
10	大理旅游发布厅	大理白族自治州旅游发展管理委员会官方微博	41.29	16.80	38.08	36.01	30.00

11. 湖北政务指数微博影响力榜

（1）湖北政务微博城市竞争力指数

排名	地区	传播力	服务力	互动力	竞争力指数
1	武汉	78.42	68.75	75.22	73.92
2	宜昌	76.01	66.25	59.22	66.72
3	十堰	67.45	62.09	60.92	63.29
4	随州	63.38	52.19	46.98	53.72
5	襄阳	66.74	55.70	40.51	53.70
6	孝感	60.16	49.56	50.67	53.13

续表

排名	地区	传播力	服务力	互动力	竞争力指数
7	荆州	60.14	52.56	46.21	52.61
8	黄冈	58.45	49.49	38.38	48.29
9	荆门	59.95	48.18	33.83	46.69
10	黄石	54.30	50.51	33.99	45.86
11	恩施	52.15	50.13	34.85	45.39
12	咸宁	53.99	47.95	28.33	42.89
13	鄂州	48.51	41.56	32.78	40.57

（2）湖北十大政务机构微博

排名	微博	认证信息	传播力	服务力	互动力	认同度	总分
1	武汉发布	武汉市互联网信息办公室	91.23	70.43	78.74	79.86	82.18
2	平安武汉	武汉市公安局官方微博	83.59	87.70	74.69	78.41	82.05
3	十堰市公安局东岳分局	十堰市公安局东岳分局官方微博	68.43	89.08	62.82	66.09	74.77
4	湖北随州交警	湖北省随州市公安局交通警察支队	67.62	87.23	60.72	56.41	72.27
5	武汉铁路局	中国铁路武汉局集团有限公司官方微博	72.12	83.47	61.85	57.58	72.12
6	武汉地铁运营	武汉地铁运营有限公司	75.60	75.66	65.02	69.95	71.89
7	平安随州	湖北省随州市公安局官方微博	63.00	86.75	62.43	56.95	71.73
8	宜昌市第一人民医院	湖北省宜昌市第一人民医院官方微博	59.07	87.96	57.25	57.56	69.93
9	青春宜昌	共青团宜昌市委员会官方微博	65.32	80.28	67.33	70.63	69.44
10	湖北公安	湖北省公安厅官方微博	70.90	72.06	68.43	58.91	69.42

（3）湖北十大党政新闻发布微博

排名	微博	认证信息	传播力	服务力	互动力	认同度	总分
1	武汉发布	武汉市互联网信息办公室	91.23	70.43	78.74	79.86	82.18
2	宜昌发布	宜昌市人民政府官方微博	67.92	85.33	60.33	55.45	67.88
3	荆州发布	湖北省荆州市人民政府新闻办公室官方微博	65.97	74.27	55.06	55.30	63.29
4	孝感发布	孝感市人民政府新闻办公室官方微博	62.95	69.26	62.07	51.14	62.77
5	湖北发布	湖北省人民政府新闻办公室官方微博	54.67	59.49	50.37	40.05	52.88
6	十堰发布	十堰市人民政府新闻办公室官方微博	53.20	61.86	49.61	41.23	52.66
7	湖北省政府门户网站	湖北省人民政府门户网站官方微博 http://www.hubei.gov.cn/	51.06	57.31	45.29	41.64	49.64

续表

排名	微博	认证信息	传播力	服务力	互动力	认同度	总分
8	石首微博	湖北省荆州石首市人民政府官方微博	52.96	39.83	43.70	46.21	46.88
9	武昌政务微博	武汉市武昌区官方微博	51.38	50.32	40.02	34.08	46.03
10	魅力夷陵	湖北省宜昌市夷陵区新闻中心官方微博	51.24	38.36	43.45	37.59	44.96

（4）湖北十大公安系统微博

排名	微博	认证信息	传播力	服务力	互动力	认同度	总分
1	平安武汉	武汉市公安局官方微博	83.59	87.70	74.69	78.41	82.05
2	十堰市公安局东岳分局	十堰市公安局东岳分局官方微博	68.43	89.08	62.82	66.09	74.77
3	湖北随州交警	湖北省随州市公安局交通警察支队	67.62	87.23	60.72	56.41	72.27
4	平安随州	湖北省随州市公安局官方微博	63.00	86.75	62.43	56.95	71.73
5	湖北公安	湖北省公安厅官方微博	70.90	72.06	68.43	58.91	69.42
6	武汉交警	武汉市公安局交通管理局	66.86	82.12	60.24	50.16	69.31
7	湖北网警巡查执法	湖北省公安厅网络安全保卫总队官方微博	78.44	72.53	59.65	58.62	68.46
8	十堰网警巡查执法	十堰市公安局网络安全保卫支队官方微博	75.66	63.45	68.99	69.18	68.12
9	黄冈网警巡查执法	黄冈网警巡查执法官方微博	70.45	74.79	61.06	48.94	67.22
10	荆门网警巡查执法	湖北省荆门市公安局网络安全保卫支队官方微博	75.09	80.07	46.02	49.13	65.76

（5）湖北十大司法系统微博

排名	微博	认证信息	传播力	服务力	互动力	认同度	总分
1	襄阳反邪	湖北省襄阳市政府防范处理邪教办公室官方微博	57.99	56.35	46.87	40.98	52.62
2	湖北政法	中共湖北省委政法委员会官方微博	40.15	54.22	64.23	54.26	51.60
3	湖北省人民检察院	湖北省人民检察院官方微博	51.99	46.25	52.31	37.27	48.32
4	十堰市人民检察院	湖北省十堰市检察院官方微博	49.88	49.41	42.51	26.90	45.18
5	保康县人民检察院	湖北省保康县人民检察院官方微博	41.97	41.00	49.51	37.25	43.37
6	正义远安	湖北省宜昌市远安县人民检察院官方微博	37.44	44.68	46.21	36.73	42.90
7	正义老河口	湖北省老河口市人民检察院官方微博	44.93	48.19	35.54	18.18	40.74
8	武汉反邪教	湖北省武汉市人民政府防范和处理邪教问题办公室官方微博	43.49	13.32	45.02	61.90	39.76
9	黄石法律援助	湖北省黄石市法律援助中心（黄石市司法局直属行政机构）官方微博	38.75	37.83	43.30	24.40	38.31
10	荆门市东宝区人民检察院	湖北省荆门市东宝区人民检察院官方微博	49.29	36.36	36.66	24.47	37.84

（6）湖北十大交通系统微博

排名	微博	认证信息	传播力	服务力	互动力	认同度	总分
1	武汉铁路局	中国铁路武汉局集团有限公司官方微博	72.12	83.47	61.85	57.58	72.12
2	武汉地铁运营	武汉地铁运营有限公司	75.60	75.66	65.02	69.95	71.89
3	武汉公交集团	武汉市公共交通集团有限责任公司官方微博	60.29	76.85	51.07	49.90	63.11
4	武汉机场楚天情	武汉天河机场有限责任公司	54.20	48.61	44.49	42.87	47.92
5	武汉市交委	武汉市交通运输委员会官方微博	45.91	36.08	50.67	38.03	42.62
6	武铁武昌火车站	武昌火车站官方微博	44.04	31.21	44.94	27.84	37.56
7	湖北高速 ETC	湖北省高速公路联网收费中心官方微博	39.82	42.41	31.11	27.02	36.96
8	襄阳公交	湖北省襄阳市公共交通总公司	41.30	15.44	48.41	39.33	32.89
9	长江航运	交通运输部长江航务管理局官方微博	34.34	29.93	39.08	22.28	32.79
10	武铁武汉火车站	武汉火车站官方微博	38.94	19.77	46.25	24.77	32.05

（7）湖北十大生态环境系统微博

排名	微博	认证信息	传播力	服务力	互动力	认同度	总分
1	武汉环保	武汉市环境保护局官方微博	62.41	84.02	54.75	48.13	67.33
2	湖北环保	湖北省环境保护厅官方微博	41.92	38.14	44.36	31.89	40.14
3	十堰市环境保护局	湖北省十堰市环境保护局官方微博	38.68	35.69	34.09	36.08	35.85
4	湖北宜昌环保	宜昌市环境保护局官方微博	24.83	27.13	37.72	41.61	30.83
5	湖北省环境监测中心站	湖北省环境监测中心站官方微博	30.43	16.18	35.09	22.37	25.32
6	荆州环境保护	荆州市环境信息宣传教育中心官方微博	24.53	21.28	31.57	22.09	25.10
7	枝江环保	湖北省枝江市环保局官方微博	25.96	16.63	35.99	24.49	25.09
8	天门环保	天门市环境保护局官方微博	20.58	13.14	40.14	20.94	23.51
9	生态黄石	黄石市环境保护局官方微博	32.52	16.45	26.44	22.32	23.25
10	恩施州环境保护局	恩施土家族苗族自治州环境保护局官方微博	21.79	7.20	30.30	32.86	22.53

（8）湖北十大团委系统微博

排名	微博	认证信息	传播力	服务力	互动力	认同度	总分
1	青春宜昌	共青团宜昌市委员会官方微博	65.32	80.28	67.33	70.63	69.44
2	青春湖北	共青团湖北省委员会官方微博	67.74	75.06	60.42	62.82	66.52
3	青春武汉	共青团武汉市委员会官方微博	58.89	49.40	45.72	45.23	51.68
4	青春十堰	共青团十堰市委官方微博	45.37	42.52	45.67	39.19	44.27

续表

排名	微博	认证信息	传播力	服务力	互动力	认同度	总分
5	武汉软件工程职业学院团委	武汉软件工程职业学院团委官方微博	49.93	20.77	40.37	43.30	40.57
6	青春黄石	共青团黄石市委员会官方微博	41.67	44.51	36.18	29.39	39.36
7	青春荆门	共青团荆门市委员会官方微博	43.10	45.55	32.01	27.86	38.74
8	青春随州	共青团随州市委员会官方微博	41.43	39.42	37.79	28.31	38.62
9	青春襄阳	共青团湖北省襄阳市委员会官方微博	39.63	34.12	39.48	26.70	37.19
10	青春钟祥	共青团钟祥市委员会官方微博	38.36	34.06	39.05	30.78	36.95

（9）湖北十大旅游局微博

排名	微博	认证信息	传播力	服务力	互动力	认同度	总分
1	咸宁市旅游局官方微博	咸宁市旅游委官方微博	59.04	73.72	42.99	51.31	59.32
2	武汉市旅游委	武汉市旅游发展委员会	67.72	55.20	52.18	49.24	56.20
3	武当山旅游局	武当山特区旅游局官方微博	54.46	41.12	51.52	47.27	47.52
4	襄阳市旅游委	襄阳市旅游局官方微博	52.26	39.69	38.80	40.40	42.01
5	湖北省旅游发展委员会	湖北省旅游发展委员会官方微博	49.16	27.26	47.01	37.49	38.59
6	黄陂旅游	湖北省武汉市黄陂区旅游局官方微博	48.51	33.72	39.22	35.32	38.49
7	宜昌市旅游发展委员会	宜昌市旅游发展委员会官方微博	40.99	17.62	42.72	35.91	31.65
8	三峡大坝－屈原秭归	湖北省秭归县文化旅游局官方微博	50.09	14.22	39.65	36.02	31.20
9	麻城旅游局	湖北省麻城市旅游局官方微博	34.56	15.27	44.08	37.46	29.99
10	五峰旅游	五峰旅游发展委员会官方微博	45.87	10.44	42.20	32.72	29.28

12. 湖南政务指数微博影响力榜

（1）湖南政务微博城市竞争力指数

排名	城市	传播力	服务力	互动力	竞争力指数
1	长沙	69.74	62.37	59.96	63.74
2	永州	70.50	60.54	51.93	60.52
3	邵阳	64.17	53.68	49.01	55.19
4	株洲	65.69	55.18	44.79	54.70
5	常德	64.43	56.37	43.71	54.36
6	湘潭	60.48	52.30	46.51	52.73
7	衡阳	62.57	54.47	42.34	52.66
8	益阳	60.15	52.27	44.98	52.09

续表

排名	城市	传播力	服务力	互动力	竞争力指数
9	怀化	62.14	55.00	39.91	51.86
10	郴州	60.19	53.91	40.24	51.01
11	岳阳	58.59	51.51	29.21	45.83
12	娄底	55.89	48.62	31.14	44.68
13	张家界	57.55	46.97	30.48	44.37
14	湘西	53.19	47.06	27.80	42.16

（2）湖南十大政务机构微博

排名	微博	认证信息	传播力	服务力	互动力	认同度	总分
1	湖南高速警察	湖南省高速公路交通警察局	77.44	92.09	75.59	75.73	82.57
2	湖南公安	湖南省公安厅官方微博	71.86	86.87	68.92	60.89	75.88
3	长沙警事	长沙市公安局官方微博	74.88	80.14	65.49	62.02	72.88
4	邵阳公安	湖南省邵阳市公安局官方微博	75.23	82.77	57.23	71.50	72.47
5	湘潭公安	湖南省湘潭市公安局官方微博	67.64	86.18	59.09	56.27	71.35
6	湖南消防	湖南省公安消防总队官方微博	67.03	82.11	59.26	49.92	69.02
7	赫山公安分局	湖南省益阳市公安局赫山分局	68.48	88.25	49.03	50.13	68.72
8	共青湖南	共青团湖南省委员会官方微博	68.01	52.05	75.27	77.34	67.93
9	永州警事	湖南省永州市公安局官方微博	71.60	79.24	55.04	50.31	67.56
10	湖南省交警总队	湖南省交警总队官方微博	70.88	68.51	62.48	71.03	67.43

（3）湖南十大党政新闻发布微博

排名	微博	认证信息	传播力	服务力	互动力	认同度	总分
1	株洲发布	中共株洲市委宣传部官方微博	71.71	77.82	56.39	61.17	67.28
2	衡阳发布	衡阳市人民政府新闻办官方微博	58.53	60.92	50.49	51.30	55.87
3	常德发布	中共常德市委宣传部官方微博	54.13	46.25	46.18	47.59	49.52
4	长沙县发布	湖南省长沙县网络宣传管理办公室官方微博	54.31	41.99	47.03	39.44	48.17
5	长沙发布	长沙市委网信办官方微博	55.80	33.30	48.71	45.66	48.16
6	永州发布	中共永州市委宣传部官方微博	57.21	29.70	47.27	46.35	47.64
7	湖南微政务	湖南省互联网信息办公室	53.37	51.29	40.80	37.56	47.60
8	雨花发布	中共长沙市雨花区委宣传部官方微博	56.19	28.05	44.67	41.83	45.67
9	中国永州新闻网	永州新闻网官方微博	52.23	29.81	46.01	45.97	45.25
10	郴州市政府门户网站	湖南省郴州市政府门户网站官方微博	48.30	50.65	39.21	39.62	45.17

（4）湖南十大公安系统微博

排名	微博	认证信息	传播力	服务力	互动力	认同度	总分
1	湖南高速警察	湖南省高速公路交通警察局	77.44	92.09	75.59	75.73	82.57
2	湖南公安	湖南省公安厅官方微博	71.86	86.87	68.92	60.89	75.88
3	长沙警事	长沙市公安局官方微博	74.88	80.14	65.49	62.02	72.88
4	邵阳公安	湖南省邵阳市公安局官方微博	75.23	82.77	57.23	71.50	72.47
5	湘潭公安	湖南省湘潭市公安局官方微博	67.64	86.18	59.09	56.27	71.35
6	赫山公安分局	湖南省益阳市公安局赫山分局	68.48	88.25	49.03	50.13	68.72
7	永州警事	湖南省永州市公安局官方微博	71.60	79.24	55.04	50.31	67.56
8	湖南省交警总队	湖南省交警总队官方微博	70.88	68.51	62.48	71.03	67.43
9	益阳市公安局	湖南省益阳市公安局官方微博	59.51	73.85	65.09	58.16	66.78
10	九华公安	湖南省湘潭市公安局九华分局官方微博	55.95	83.18	55.06	49.12	65.89

（5）湖南十大司法系统微博

排名	微博	认证信息	传播力	服务力	互动力	认同度	总分
1	湖南政法综治	湖南省委政法委员会官方微博	57.96	81.57	61.03	50.75	62.88
2	湖南高院	湖南省高级人民法院官方微博	55.75	63.45	48.47	34.19	54.49
3	湖南反邪教	湖南省人民政府防范和处理邪教问题领导小组办公室官方微博	55.25	43.11	44.09	37.31	47.68
4	桂阳法院	湖南省郴州市桂阳县人民法院官方微博	35.11	39.88	35.90	36.77	37.42
5	常德中院	湖南省常德市中级人民法院官方微博	35.41	34.41	34.28	42.26	35.36
6	湖南检察	湖南省人民检察院官方微博	49.80	13.79	48.43	31.21	33.13
7	安乡县法院	湖南省常德市安乡县人民法院官方微博	31.34	29.44	32.77	25.62	30.44
8	永州市中级人民法院	湖南省永州市中级人民法院官方微博	33.33	24.95	37.82	22.15	30.21
9	常德反邪	中共常德市委防范和处理邪教问题领导小组办公室官方微博	28.12	13.24	46.43	22.03	30.03
10	长沙市开福法院	湖南省长沙市开福区人民法院官方微博	33.99	20.23	36.11	33.64	29.09

（6）湖南十大交通系统微博

排名	微博	认证信息	传播力	服务力	互动力	认同度	总分
1	长沙地铁	长沙地铁官方微博	61.52	48.80	49.21	50.54	51.64
2	广铁集团长沙火车站	中国铁路广州局集团有限公司长沙车站官方微博	53.05	59.80	41.65	39.61	50.98
3	湖南高速公路	湖南省高速公路建设开发总公司	50.63	59.99	38.18	34.37	49.01

续表

排名	微博	认证信息	传播力	服务力	互动力	认同度	总分
4	广铁集团株洲火车站	中国铁路广州局集团有限公司株洲车站官方微博	45.29	30.33	40.96	28.68	36.35
5	广铁集团长沙南火车站	中国铁路广州局集团有限公司长沙南火车站官方微博	42.46	14.22	40.67	30.86	29.47
6	衡阳车务段	中国铁路广州局集团有限公司衡阳车务段官方微博	32.29	10.16	45.34	24.24	26.55
7	广铁集团怀化火车站	广州铁路(集团)公司怀化车务段怀化火车站官方微博	35.52	15.14	36.26	24.76	26.51
8	广铁集团张家界车务段	中国铁路广州局集团有限公司张家界车务段	34.78	15.02	30.92	22.30	24.47
9	长沙县交通运输局官博	湖南省长沙县交通运输局官方微博	27.20	5.14	33.45	30.23	20.56
10	广铁长沙客运段	中国铁路广州局集团有限公司长沙客运段官方微博	24.35	2.78	39.67	24.52	20.33

（7）湖南十大生态环境系统微博

排名	微博	认证信息	传播力	服务力	互动力	认同度	总分
1	湖南省环境保护厅	湖南省环境保护厅官方微博	45.48	44.05	44.99	33.22	43.53
2	常德Ｖ环保	常德市环境保护局官方微博	38.57	33.56	32.58	26.25	33.54
3	衡阳市环保	衡阳市环境保护局	30.52	19.84	32.09	28.59	28.66
4	永州市环境保护局	湖南省永州市环境保护局官方微博	30.98	8.71	42.51	24.35	24.87
5	长沙环保	长沙市环境保护局官方微博	18.55	8.40	42.30	27.04	24.49
6	株洲市环境保护局	湖南省株洲市环境保护局官方微博	32.40	8.48	38.93	27.75	24.33
7	湘西自治州环境保护局	湘西土家族苗族自治州环境保护局	19.23	12.93	35.20	30.43	23.88
8	娄底市环境保护局	娄底市环境保护局官方微博	14.86	7.25	35.81	31.04	21.24
9	郴州市环境保护局	湖南省郴州市环境保护局官方微博	27.42	10.29	25.47	22.21	19.46
10	邵阳市环境保护局	邵阳市环境保护局官方微博	12.53	6.18	33.69	26.66	19.02

（8）湖南十大团委系统微博

排名	微博	认证信息	传播力	服务力	互动力	认同度	总分
1	共青湖南	共青团湖南省委员会官方微博	68.01	52.05	75.27	77.34	67.93
2	共青团株洲市委	共青团株洲市委员会官方微博	59.93	58.08	43.27	47.19	53.29
3	长沙共青团	共青团长沙市委员会官方微博	51.18	46.97	50.93	51.58	50.30
4	共青团湘潭市委	共青团湘潭市委员会官方微博	65.92	18.60	46.02	47.70	48.66
5	常德共青团的微博	湖南省常德市团委官方微博	49.57	52.89	44.40	43.02	48.02
6	共青团宁乡市委员会	共青团宁乡市委员会官方微博	50.75	44.15	39.86	36.70	44.76

续表

排名	微博	认证信息	传播力	服务力	互动力	认同度	总分
7	湖南团省委学校部	湖南团省委学校部官方微博	59.31	18.97	40.78	42.86	44.04
8	衡阳共青团	共青团湖南省衡阳市委员会官方微博	46.13	48.22	40.89	30.95	43.46
9	共青团郴州市委	共青团郴州市委员会官方微博	49.47	20.69	45.68	47.55	42.38
10	共青团怀化市委	共青团怀化市委员会官方微博	38.28	18.18	55.18	52.52	40.75

（9）湖南十大旅游局微博

排名	微博	认证信息	传播力	服务力	互动力	认同度	总分
1	湖南省旅游发展委员会	湖南省旅游发展委员会官方微博	61.08	72.33	49.24	47.27	60.65
2	永州旅游	湖南省永州市旅游外事侨务局官方微博	41.32	20.00	34.50	32.76	29.89
3	张家界旅游	张家界武陵源区旅游局官方微博	46.38	8.36	45.20	36.19	29.80
4	南岳旅游	衡阳市南岳区旅游局官方微博	38.17	12.33	41.74	32.95	28.38
5	衡阳县旅游	湖南省衡阳市衡阳县旅游服务中心 衡阳县旅游服务中心官方微博	31.07	4.15	40.01	26.45	22.52
6	苏仙旅游	湖南省郴州市苏仙区旅游外事侨务局	23.78	1.86	30.66	25.70	21.65
7	江永县旅游	湖南省永州市江水县三千文化保护管理处官方微博	18.92	8.16	33.72	29.06	20.07
8	常德市旅游外侨局	常德市旅游外侨局官方微博	24.49	1.23	38.84	28.12	19.86
9	郴州市旅游局官方	湖南省郴州市旅游局官方微博	28.77	3.00	33.21	27.26	19.64
10	炎陵县旅游局官方	湖南省株洲市炎陵县旅游局官方微博	25.67	2.75	35.34	26.06	19.44

13. 内蒙古政务指数微博影响力榜

（1）内蒙古政务微博城市竞争力指数

排名	地区	传播力	服务力	互动力	竞争力指数
1	赤峰	70.94	63.40	46.97	59.91
2	包头	65.52	59.59	52.89	59.02
3	鄂尔多斯	71.98	65.46	41.20	58.92
4	呼和浩特	68.88	63.72	44.79	58.64
5	乌兰察布	62.26	53.92	52.06	55.77
6	通辽	59.67	52.68	43.63	51.61
7	锡林郭勒	64.50	60.29	29.76	50.87
8	巴彦淖尔	61.54	56.50	33.44	49.94
9	兴安盟	63.36	56.78	30.72	49.63
10	呼伦贝尔	61.29	59.09	27.38	48.65
11	乌海	56.68	48.64	24.92	42.75
12	阿拉善	55.84	45.46	18.91	39.28

（2）内蒙古十大政务机构微博

排名	微博	认证信息	传播力	服务力	互动力	认同度	总分
1	内蒙古反邪教	内蒙古自治区反邪教协会	92.77	79.37	78.55	86.03	85.15
2	包头交警	内蒙古包头市公安局交通管理支队官方微博	65.69	87.13	67.71	70.15	75.32
3	呼和浩特交警	呼和浩特市公安局交通警察支队	65.93	79.97	53.25	55.33	66.68
4	赤峰市团委	内蒙古赤峰市共青团官方微博	65.93	78.04	51.67	54.84	62.97
5	赤峰之窗	赤峰面向世界的窗口！	65.17	82.02	49.89	52.02	62.64
6	内蒙古交警	内蒙古公安厅交管总队官方微博	63.44	65.99	61.86	48.80	62.52
7	活力内蒙古	内蒙古自治区互联网信息办公室官方微博	65.56	67.08	56.85	55.49	62.24
8	赤峰市公安局官方微博	内蒙古赤峰市公安局官方微博	60.45	74.76	50.97	48.85	62.17
9	内蒙古检察	内蒙古自治区人民检察院官方微博	53.39	60.15	63.48	47.95	58.58
10	内蒙古团委	共青团内蒙古自治区委官方微博	60.00	63.00	54.92	54.68	58.54

（3）内蒙古十大党政新闻发布微博

排名	微博	认证信息	传播力	服务力	互动力	认同度	总分
1	赤峰之窗	赤峰面向世界的窗口！	65.17	82.02	49.89	52.02	62.64
2	活力内蒙古	内蒙古自治区互联网信息办公室官方微博	65.56	67.08	56.85	55.49	62.24
3	鄂尔多斯发布	内蒙古鄂尔多斯市官方微博	60.98	67.94	50.91	46.63	57.92
4	包头发布	包头市政府新闻办官方微博	53.61	58.53	50.24	43.54	52.58
5	锡林浩特市反邪	中共锡林浩特市委办公室官方微博	62.97	54.95	32.45	36.37	49.55
6	赤峰市观察	内蒙古赤峰市互联网信息办公室官方微博	54.45	58.38	41.68	35.66	49.53
7	新赛罕V	内蒙古呼和浩特赛罕区委宣传部官方微博	50.29	55.17	42.85	31.10	47.12
8	凯风根河	中国共产党根河市委员会办公室官方微博	44.08	46.81	58.75	24.71	47.09
9	活力呼和浩特	中共呼和浩特市委宣传部官方微博	51.61	45.74	42.11	34.76	45.90
10	巴彦淖尔发布	内蒙古巴彦淖尔市委宣传部官方微博	45.48	44.18	45.64	35.80	44.30

（4）内蒙古十大公安系统微博

排名	微博	认证信息	传播力	服务力	互动力	认同度	总分
1	包头交警	内蒙古包头市公安局交通管理支队官方微博	65.69	87.13	67.71	70.15	75.32
2	呼和浩特交警	内蒙古呼和浩特市公安局交警支队	65.93	79.97	53.25	55.33	66.68
3	内蒙古交警	内蒙古公安厅交管总队官方微博	63.44	65.99	61.86	48.80	62.52

续表

排名	微博	认证信息	传播力	服务力	互动力	认同度	总分
4	赤峰市公安局官方微博	内蒙古赤峰市公安局官方微博	60.45	74.76	50.97	48.85	62.17
5	包头交管指挥中心	包头市公安局交通管理支队指挥中心官方微博	57.80	65.50	50.12	48.03	57.60
6	昆都仑交警	内蒙古包头市交警支队昆都仑交警大队	49.11	75.98	43.89	41.77	57.56
7	赤峰市交警支队	赤峰市公安局交警支队官方微博	53.10	70.17	43.07	43.78	55.99
8	康巴什滨河路派出所	鄂尔多斯康巴什滨河路派出所官方微博	46.67	71.74	44.61	35.15	54.93
9	包头交警特勤大队	内蒙古包头市交警支队特勤大队	52.54	60.17	46.50	54.57	53.98
10	伊金霍洛交警	鄂尔多斯市交管支队伊旗大队新浪官方微博	50.70	63.66	45.23	42.68	53.44

（5）内蒙古十大司法系统微博

排名	微博	认证信息	传播力	服务力	互动力	认同度	总分
1	内蒙古反邪教	内蒙古自治区反邪教协会	92.77	79.37	78.55	86.03	85.15
2	内蒙古检察	内蒙古自治区人民检察院官方微博	53.39	60.15	63.48	47.95	58.58
3	突泉风韵	内蒙古兴安盟突泉县反邪教协会官方微博	56.93	64.37	48.32	31.90	53.33
4	锡林郭勒反邪教	内蒙古锡林郭勒盟反邪教协会官方微博	59.33	65.39	40.70	39.32	52.95
5	磴口县反邪教	中共磴口县委员会防范和处理邪教问题领导小组办公室官方微博	51.89	62.73	50.97	30.57	51.65
6	狮城反邪	乌海市海勃湾区反邪教协会官方微博	52.52	61.16	44.58	31.48	51.49
7	白云鄂博矿区反邪教	白云鄂博反邪官方微博	56.60	46.79	58.09	30.47	50.51
8	阿拉善反邪	阿拉善反邪教协会官方微博	58.45	65.91	29.99	30.28	50.08
9	胜利街反邪教	中共乌兰浩特市胜利街工作委员会	42.10	41.63	64.55	49.11	49.44
10	海南反邪	乌海市海南区反邪教协会官方微博	43.73	61.06	42.56	26.27	48.57

（6）内蒙古十大交通系统微博

排名	微博	认证信息	传播力	服务力	互动力	认同度	总分
1	呼和浩特白塔国际机场	内蒙古呼和浩特白塔国际机场有限责任公司	45.54	78.21	43.38	38.94	57.30
2	集通铁路大板综合维修段	集通铁路大板综合维修段官方微博	48.88	56.75	55.30	61.04	55.17
3	草原铁路	中国铁路呼和浩特局集团有限公司官方微博	65.67	54.14	50.69	47.62	54.76

续表

排名	微博	认证信息	传播力	服务力	互动力	认同度	总分
4	集通铁路化德站	集通铁路化德车站官方微博	38.63	37.91	64.32	46.85	46.87
5	呼铁局临策铁路运输管理部	呼和浩特铁路局临策铁路运输管理部官方微博	39.78	60.12	38.56	20.95	45.66
6	通辽房产段 pmbyvh	中国铁路沈阳局集团有限公司通辽房产段官方微博	37.68	52.62	29.49	33.80	40.81
7	赤峰工务段	沈阳铁路局赤峰工务段官方微博	35.88	49.47	33.13	21.79	39.08
8	白音胡硕车务段	中国铁路沈阳局集团有限公司白音胡硕车务段官方微博	37.58	51.89	24.22	15.51	37.09
9	赤峰车务段 cfcwd	中国铁路沈阳局集团有限公司赤峰车务段官方微博	38.84	48.94	24.72	20.00	36.76
10	沈铁通辽站	中国铁路沈阳局集团有限公司通辽站官方微博	44.80	32.60	34.70	28.33	35.24

(7) 内蒙古十大生态环境系统微博

排名	微博	认证信息	传播力	服务力	互动力	认同度	总分
1	呼和浩特市环保	内蒙古呼和浩特市环境保护局官方微博	35.02	24.00	42.70	26.53	32.07
2	锡林郭勒环保	内蒙古锡林郭勒盟环保局官方微博	25.14	42.13	35.53	24.17	31.56
3	内蒙古环保	内蒙古自治区环境保护厅官方微博	31.66	14.28	39.07	23.83	26.15
4	内蒙古空气质量	内蒙古自治区环境监测中心站官方微博	22.32	17.54	38.00	22.34	25.11
5	准格尔旗环境保护局	内蒙古鄂尔多斯市准格尔旗环境保护局官方微博	24.91	10.99	43.13	21.79	24.50
6	康巴什环保	鄂尔多斯市康巴什区环境保护局官方微博	33.63	16.84	28.36	21.66	24.14
7	包头环保	内蒙古包头市环境保护局官方微博	27.94	14.46	34.71	22.05	23.99
8	兴安盟环境保护局微博	兴安盟环境保护局官方微博	23.04	15.12	28.75	27.07	23.58
9	乌兰察布市环境保护局	内蒙古乌兰察布市环境保护局官方微博	20.68	12.58	33.62	19.42	22.82
10	赛罕区环境保护局	内蒙古呼和浩特市赛罕区环境保护局官方微博	30.76	15.51	25.31	21.41	22.09

(8) 内蒙古十大团委系统微博

排名	微博	认证信息	传播力	服务力	互动力	认同度	总分
1	赤峰市团委	内蒙古赤峰市共青团官方微博	65.93	78.04	51.67	54.84	62.97
2	内蒙古团委	共青团内蒙古自治区委官方微博	60.00	63.00	54.92	54.68	58.54
3	鄂尔多斯市共青团	内蒙古自治区鄂尔多斯市团委官方微博	44.38	48.40	34.36	29.90	40.73

续表

排名	微博	认证信息	传播力	服务力	互动力	认同度	总分
4	通辽市团委	通辽市共青团官方微博	46.00	40.27	38.52	26.12	40.62
5	锡林郭勒盟团委	共青团锡林郭勒盟委员会官方微博	44.07	36.05	35.16	29.01	38.29
6	共青团包头市委员会	共青团包头市委员会官方微博	37.43	29.03	33.73	24.94	33.39
7	鄂托克前旗共青团	共青团鄂托克前旗委员会官方微博	32.53	20.82	37.85	37.02	32.23
8	乌兰察布团市委	共青团乌兰察布市委员会官方微博	28.59	10.53	41.91	24.76	28.59
9	西乌旗团委	共青团内蒙古自治区锡林郭勒盟西乌旗委员会官方微博	29.20	16.88	33.05	22.07	27.18
10	巴林右旗团委	共青团内蒙古自治区巴林右旗委员会官方微博	22.95	2.17	48.97	26.05	26.91

（9）内蒙古十大旅游局微博

排名	微博	认证信息	传播力	服务力	互动力	认同度	总分
1	内蒙古旅发委	内蒙古自治区旅游发展委员会官方微博	54.56	64.91	51.20	48.17	57.05
2	鄂尔多斯市旅发委	鄂尔多斯市旅游发展委员会官方微博	49.53	30.94	36.60	35.75	36.84
3	乌海旅游体育	乌海市旅游体育局官方微博	36.51	32.47	42.51	30.56	36.10
4	巴彦淖尔旅游 Bayannur	内蒙古巴彦淖尔市旅游局官方微博	34.63	19.49	42.82	30.23	30.59
5	呼和浩特旅游	内蒙古呼和浩特市旅游局官方微博	35.46	19.95	36.29	22.76	28.24
6	阿拉善右旗官博	内蒙古阿拉善右旗宣传部官方微博	29.94	17.54	35.60	19.72	25.66
7	呼伦贝尔旅发委	呼伦贝尔市旅游发展委员会官方微博	23.82	6.79	39.25	27.92	25.45
8	玉泉旅游	内蒙古自治区呼和浩特市玉泉区旅游局官方微博	25.81	9.31	40.97	28.74	24.05
9	周末内蒙古	内蒙古自治区旅游产业研究开发中心官方微博	22.12	3.92	49.63	28.19	23.70
10	包头市旅发委	包头市旅游发展委员会官方微博	35.65	5.73	38.12	25.49	23.41

14. 甘肃政务指数微博影响力榜

（1）甘肃政务微博城市竞争力指数

排名	地区	传播力	服务力	互动力	竞争力指数
1	陇　南	82.08	75.18	60.09	71.97
2	兰　州	74.79	65.03	60.46	66.36
3	酒　泉	64.50	51.60	58.82	58.00
4	天　水	63.41	55.94	43.19	53.72
5	白　银	57.16	51.56	40.50	49.37
6	庆　阳	58.71	49.61	37.03	47.94

续表

排名	地区	传播力	服务力	互动力	竞争力指数
7	平凉	59.46	51.22	30.56	46.46
8	定西	56.80	51.61	31.74	46.21
9	武威	57.74	49.20	32.04	45.76
10	张掖	54.08	48.92	27.32	42.91
11	金昌	54.24	46.88	26.03	41.79
12	临夏	53.25	43.62	28.40	41.18
13	甘南	52.73	44.40	26.64	40.68
14	嘉峪关	51.82	43.10	22.11	38.37

（2）甘肃十大政务机构微博

排名	微博	认证信息	传播力	服务力	互动力	认同度	总分
1	陇南发布	甘肃省陇南市外宣办官方微博	69.89	77.65	74.91	65.68	72.53
2	兰州发布	中共兰州市委宣传部、兰州互联网新闻中心	77.81	67.40	68.21	63.87	71.46
3	陇南成县司法	甘肃省陇南市成县司法局官方微博	65.95	79.70	60.94	63.07	69.66
4	陇南司法	甘肃省陇南市司法局官方微博	72.87	80.03	54.84	62.54	69.29
5	兰州交警指挥中心	甘肃省兰州市公安局交警支队交通指挥中心官方微博	66.06	82.04	56.21	52.45	68.14
6	兰州铁路	中国铁路兰州局集团有限公司	65.89	76.48	58.06	63.99	67.59
7	甘肃发布	甘肃省政府新闻办官方微博	69.46	59.85	71.05	61.01	67.17
8	甘肃省民航机场集团	甘肃省民航机场集团有限公司	69.99	64.99	66.31	71.08	66.99
9	兰州公安交警	甘肃省兰州市公安局交警支队官方微博	65.98	75.17	58.00	55.41	66.21
10	陇南康县发布	陇南康县委外宣办官方微博	59.72	81.92	63.87	65.81	66.02

（3）甘肃十大党政新闻发布微博

排名	微博	认证信息	传播力	服务力	互动力	认同度	总分
1	陇南发布	甘肃省陇南市外宣办官方微博	69.89	77.65	74.91	65.68	72.53
2	兰州发布	中共兰州市委宣传部、兰州互联网新闻中心	77.81	67.40	68.21	63.87	71.46
3	甘肃发布	甘肃省政府新闻办官方微博	69.46	59.85	71.05	61.01	67.17
4	陇南康县发布	陇南康县委外宣办官方微博	59.72	81.92	63.87	65.81	66.02
5	微博兰州	甘肃省兰州互联网新闻中心官方微博	69.75	70.63	59.48	52.73	65.14
6	天水发布	甘肃省天水市外宣办官方微博	61.98	69.52	63.02	53.66	62.97
7	陇南文县发布	甘肃省陇南市文县县委宣传部官方微博	59.21	52.01	69.04	55.40	60.34
8	陇南礼县发布	中共甘肃省陇南市礼县委员会对外宣传办公室官方微博	51.98	68.22	59.15	49.56	57.14

续表

排名	微博	认证信息	传播力	服务力	互动力	认同度	总分
9	陇南武都发布	中共陇南市武都区委宣传部官方微博	51.37	54.75	59.03	54.96	54.70
10	陇南两当发布	甘肃省陇南市两当县委宣传部官方微博	49.88	81.24	46.96	35.37	53.83

（4）甘肃十大公安系统微博

排名	微博	认证信息	传播力	服务力	互动力	认同度	总分
1	兰州交警指挥中心	甘肃省兰州市公安局交警支队交通指挥中心官方微博	66.06	82.04	56.21	52.45	68.14
2	兰州公安交警	兰州市公安局交警支队官方微博	65.98	75.17	58.00	55.41	66.21
3	兰州公安	兰州市公安局官方微博	63.66	71.14	64.00	52.68	65.66
4	龚家湾公安交警	甘肃省兰州市公安局交警支队龚家湾大队官方微博	60.89	77.17	53.80	42.61	63.45
5	东岗交警五中队	兰州市公安局交通警察支队东岗大队五中队官方微博	56.98	70.53	53.22	46.73	60.24
6	甘肃公安交警	甘肃省公安厅交通警察总队	62.37	63.01	58.96	43.41	59.71
7	甘肃公安	甘肃省公安厅官方微博	56.93	57.38	65.99	49.47	59.08
8	武威公安	甘肃省武威市公安局官方微博	56.52	63.10	47.97	43.74	55.31
9	树屏高速交警	兰州市公安局交通警察支队树屏高速公路大队官方微博	46.04	74.82	39.85	42.10	55.30
10	天水公安	甘肃省天水市公安局官方微博	53.57	61.58	50.05	43.35	54.70

（5）甘肃十大司法系统微博

排名	微博	认证信息	传播力	服务力	互动力	认同度	总分
1	陇南成县司法	陇南市成县司法局官方微博	65.95	79.70	60.94	63.07	69.66
2	陇南司法	甘肃省陇南市司法局官方微博	72.87	80.03	54.84	62.54	69.29
3	宁县检察	庆阳市宁县人民检察院官方微博	59.74	72.99	46.22	47.64	59.77
4	甘肃检察	甘肃省人民检察院官方微博	50.89	62.66	52.95	44.16	55.55
5	酒泉反邪	甘肃省酒泉市人民政府防范和处理邪教办公室官方微博	65.92	48.58	33.59	44.71	50.63
6	陇南成县抛沙司法所	甘肃省成县司法局抛沙司法所官方微博	57.15	56.89	40.17	41.24	50.36
7	陇南政法	中共陇南市委政法委员会官方微博	44.36	67.18	50.91	36.34	50.08
8	甘肃反邪教	甘肃省反邪教协会官方微博	53.79	63.78	41.54	32.57	49.99
9	肃州防邪	酒泉市肃州区人民政府防范和处理邪教问题办公室官方微博	62.52	36.91	39.92	49.25	49.29
10	陇南两当县法院	甘肃省陇南市两当县人民法院官方微博	52.10	62.32	32.48	40.72	49.16

（6）甘肃十大交通系统微博

排名	微博	认证信息	传播力	服务力	互动力	认同度	总分
1	兰州铁路	中国铁路兰州局集团有限公司	65.89	76.48	58.06	63.99	67.59
2	甘肃省民航机场集团	甘肃省民航机场集团有限公司	69.99	64.99	66.31	71.08	66.99
3	甘肃省交通科技通信中心	甘肃省交通科技通信中心官方微博	48.68	71.37	29.38	25.36	45.09
4	陇南礼县运政	甘肃省陇南市礼县道路运输管理局官方微博	46.54	54.14	36.34	28.40	44.70
5	兰州火车站008亲情服务台	兰州火车站亲情服务台官方微博	36.99	34.86	35.05	27.12	34.57
6	甘肃交通	甘肃省交通运输厅官方微博	34.47	5.73	59.29	49.60	31.93
7	陇南公路	甘肃省陇南公路管理局官方微博	33.07	24.52	31.10	22.58	28.01
8	陇南成县运政	甘肃省陇南成县运管局官方微博	27.06	19.49	37.98	26.44	27.25
9	兰铁嘉峪关火车站服务之窗	兰州铁路局嘉峪关火车站服务之窗	32.80	19.46	34.95	20.93	26.92
10	文县交通	甘肃省陇南市文县交通运输局官方微博	28.77	14.66	40.15	25.06	26.17

（7）甘肃十大生态环境系统微博

排名	微博	认证信息	传播力	服务力	互动力	认同度	总分
1	甘肃环保	甘肃省环境保护厅官方微博	32.01	20.81	49.62	25.17	32.13
2	兰州市环境保护局	兰州市环境保护局官方微博	32.43	23.72	37.01	24.08	29.48
3	环保庆阳	庆阳市环境保护局官方微博	22.08	27.21	35.45	24.23	27.33
4	定西环保	定西市环境保护局官方微博	16.12	10.10	49.19	24.22	25.65
5	陇南环保	陇南市环境保护局官方微博	26.60	12.18	37.07	25.13	23.82
6	嘉峪关环境保护	嘉峪关市环境保护局官方微博	23.23	8.43	32.32	30.29	23.70
7	金昌市环境保护局	甘肃省金昌市环境保护局官方微博	23.84	11.88	29.14	22.93	22.94
8	平凉环保工作动态	平凉市环境保护局	15.85	13.21	38.33	24.41	22.92
9	陇南文县环境保护局	甘肃省陇南市文县环境保护局官方微博	22.42	8.62	38.81	30.52	22.63
10	临夏环保	临夏自治州环境保护局官方微博	20.12	12.68	29.78	26.86	22.20

（8）甘肃十大团委系统微博

排名	微博	认证信息	传播力	服务力	互动力	认同度	总分
1	甘肃共青团	共青团甘肃省委员会官方微博	57.68	66.62	50.71	50.74	56.68
2	兰州青年	共青团兰州市委官方微博	53.79	55.30	49.82	36.77	51.20
3	共青团陇西县委	共青团陇西县委员会官方微博	49.32	16.50	41.28	39.12	39.32
4	陇南西和团委	共青团甘肃省西和县委官方微博	33.11	44.37	39.26	20.35	35.93
5	共青团武威市委	共青团武威市委员会官方微博	36.00	28.56	34.06	29.94	33.32

续表

排名	微博	认证信息	传播力	服务力	互动力	认同度	总分
6	共青团徽县委	共青团徽县委员会官方微博	38.55	23.99	35.50	23.88	33.26
7	陇南武都团委	共青团陇南市武都区委官方微博	32.99	23.60	36.40	26.72	31.51
8	陇南文县团委	共青团文县委员会官方微博	27.97	10.51	43.11	27.16	28.94
9	共青团漳县县委	共青团漳县委员会官方微博	29.17	19.20	34.05	30.48	28.77
10	共青团康乐县委	共青团康乐县委员会官方微博	25.67	11.95	42.29	28.26	28.17

（9）甘肃十大旅游局微博

排名	微博	认证信息	传播力	服务力	互动力	认同度	总分
1	陇南旅游	甘肃省陇南市旅游局官方微博	48.05	59.14	63.12	48.04	57.01
2	兰州文化旅游	兰州市文化和旅游局官方微博	55.92	54.78	52.36	32.50	52.05
3	微游甘肃	甘肃省旅游发展委员会官方微博	51.09	51.34	57.95	34.83	51.62
4	陇南徽县旅游	徽县旅游局官方微博	33.79	39.05	38.12	37.78	37.59
5	陇南两当旅游	甘肃省陇南市两当县旅游局官方微博	36.42	37.16	33.91	29.94	35.32
6	陇南文县旅游	甘肃省陇南市文县旅游局官方微博	34.34	27.21	46.44	32.90	34.97
7	天水文化旅游	甘肃省天水市文化和旅游局官方微博	31.62	22.40	47.86	29.22	32.56
8	陇南宕昌旅游	宕昌县旅游局官方微博	32.16	30.16	34.00	27.49	31.45
9	甘肃省旅游发展委员会	甘肃省旅游发展委员会官方微博	32.61	21.57	40.21	29.20	30.13
10	陇南礼县旅游	甘肃省陇南市礼县旅游局官方微博	29.69	17.45	38.61	29.94	27.50

15. 上海政务指数微博影响力榜

（1）上海十大政务机构微博

排名	微博	认证信息	传播力	服务力	互动力	认同度	总分
1	警民直通车-上海	上海市公安局官方微博	83.25	85.98	78.64	72.39	81.87
2	上海发布	上海市政府新闻办公室官方微博	87.09	80.36	79.20	71.12	81.78
3	上铁资讯	中国铁路上海局集团有限公司官方微博	77.29	82.30	80.95	68.45	79.51
4	上海地铁shmetro	上海申通地铁集团运营管理部官方微博	78.99	87.17	67.80	63.42	77.35
5	青春上海	共青团上海市委员会官方微博	81.87	72.29	73.05	73.93	76.51
6	上海反邪教	"海尚网"官方微博	75.16	73.88	71.47	75.24	73.81
7	乐游上海	上海市旅游局	75.22	78.82	62.36	62.55	71.53
8	上海市天气	上海市气象局官方微博	76.29	75.65	63.42	59.70	70.51
9	金山消防	金山区公安消防支队官方微博	64.13	82.03	62.71	55.07	69.96
10	上海宝山发布	上海市宝山区人民政府官方微博	70.48	79.79	61.95	56.84	68.42

（2）上海十大党政新闻发布微博

排名	微博	认证信息	传播力	服务力	互动力	认同度	总分
1	上海发布	上海市政府新闻办公室官方微博	87.09	80.36	79.20	71.12	81.78
2	上海宝山发布	上海市宝山区人民政府官方微博	70.48	79.79	61.95	56.84	68.42
3	上海静安	静安区官方微博	70.14	74.07	58.09	53.58	65.65
4	上海杨浦	上海市杨浦区人民政府官方微博	66.70	72.53	54.53	53.39	62.88
5	上海黄浦	黄浦区人民政府新闻办官方微博	61.44	81.36	51.22	43.79	60.59
6	上海松江发布	上海市松江区人民政府官方微博	62.51	76.92	51.37	45.06	60.30
7	浦东发布	浦东新区政府新闻办官方微博	65.25	63.40	54.69	47.66	59.95
8	上海奉贤发布	奉贤区政府新闻办公室官方微博	63.57	70.13	48.32	44.21	58.37
9	上海长宁	上海长宁区政府新闻办	61.57	72.16	47.20	48.29	58.05
10	上海徐汇发布	上海市徐汇区新闻办公室	59.70	71.09	49.86	44.71	57.53

（3）上海十大公安系统微博

排名	微博	认证信息	传播力	服务力	互动力	认同度	总分
1	警民直通车－上海	上海市公安局官方微博	83.25	85.98	78.64	72.39	81.87
2	警民直通车－浦东	上海市公安局浦东分局官方微博	64.69	69.12	60.71	48.41	63.64
3	警民直通车－徐汇站	上海市公安局徐汇分局官方微博	66.23	43.45	73.59	67.11	59.42
4	上海铁警发布	上海铁路公安局官方微博	60.90	56.88	56.74	49.97	56.95
5	上海交警	上海市公安局交通警察总队官方微博	55.56	64.28	52.13	41.88	56.65
6	警民直通车－杨浦	上海市公安局杨浦分局官方微博	55.78	55.28	52.08	45.25	53.42
7	警民直通车－黄浦	上海市公安局黄浦分局官方微博	70.16	42.21	56.02	54.46	53.17
8	嘉定公安	上海市公安局嘉定分局	60.42	51.88	52.28	42.52	52.77
9	金山警务百事通	上海市公安局金山分局官方微博	57.21	56.81	46.63	42.63	52.42
10	警民直通车－松江	上海市公安局松江分局官方微博	53.43	40.76	60.24	46.64	49.73

（4）上海十大司法系统微博

排名	微博	认证信息	传播力	服务力	互动力	认同度	总分
1	上海反邪教	"海尚网"官方微博	75.16	73.88	71.47	75.24	73.81
2	上海一中院	上海市第一中级人民法院官方微博	62.01	47.35	64.55	52.86	55.99
3	上海检察	上海市人民检察院官方微博	55.08	50.09	57.28	53.47	53.58
4	上海长安网	上海长安网（上海政法综治网）官方微博	48.31	58.53	50.02	42.77	50.31
5	青村法宣	上海市奉贤区司法局青村司法所官方微博	40.35	51.69	46.75	35.90	46.36
6	上海徐汇法院	上海市徐汇区人民法院官方微博	40.22	50.85	29.04	18.32	38.93
7	华泾司法	上海市徐汇区司法局华泾司法所官方微博	38.61	35.38	45.15	24.11	37.83
8	浦江天平	上海市高级人民法院官方微博	47.47	25.07	44.22	27.58	35.55

续表

排名	微博	认证信息	传播力	服务力	互动力	认同度	总分
9	马桥法宣	上海市闵行区司法局马桥司法所官方微博	35.52	33.80	39.51	18.74	34.35
10	浦东检察院	上海市浦东新区人民检察院官方微博	32.34	32.65	37.97	26.20	33.54

（5）上海十大交通系统微博

排名	微博	认证信息	传播力	服务力	互动力	认同度	总分
1	上铁资讯	中国铁路上海局集团有限公司官方微博	77.29	82.30	80.95	68.45	79.51
2	上海地铁shmetro	上海申通地铁集团运营管理部官方微博	78.99	87.17	67.80	63.42	77.35
3	铁路上海站	铁路上海站官方微博	61.70	74.76	51.05	45.09	62.07
4	上海交通	上海市交通委员会官方微博	65.83	54.78	65.37	65.62	61.25
5	航旅直通车－上海机场	上海机场集团官方微博，浦东机场、虹桥机场航旅资讯平台	62.11	66.21	54.60	49.44	60.23
6	上海海事发布	中华人民共和国上海海事局官方微博	43.30	32.75	45.80	38.03	39.31
7	上海动车段	上海铁路局上海动车段官方微博	42.07	36.93	38.26	32.01	37.87
8	路线－途	上海市公路管理处官方微博	41.87	45.61	28.40	23.40	37.48
9	上海地铁二运	上海地铁第二运营有限公司	38.63	15.64	35.09	26.78	27.19
10	东海航保	交通运输部东海航海保障中心官方微博	34.48	19.55	33.09	24.03	27.05

（6）上海十大生态环境系统微博

排名	微博	认证信息	传播力	服务力	互动力	认同度	总分
1	上海环境	上海市环境保护局官方微博	60.49	82.99	51.26	42.23	64.89
2	松江环保	上海市松江区环保局官方微博	30.80	39.68	30.86	17.02	33.00
3	杨浦区绿化市容局	杨浦区绿化市容局	36.08	31.59	29.14	23.80	30.98
4	青浦环境	青浦区环境保护局官方微博	25.05	26.18	31.52	22.82	26.99
5	环保宝山	上海市宝山区环境保护局官方微博	28.34	11.71	30.81	21.43	25.06
6	奉贤环保	上海市奉贤区环境保护局	23.89	13.01	33.79	22.44	24.54
7	闵行环境	上海市闵行区环境保护局官方微博	28.57	19.66	28.88	15.48	23.79
8	黄浦环境	上海市黄浦区环境保护局官方微博	17.22	9.66	40.36	27.20	23.65
9	嘉定环保在线	上海市嘉定区环保局官方微博	31.36	17.53	26.49	18.95	23.13
10	上海普陀环保	上海市普陀区环境保护局官方微博	28.39	17.83	26.41	19.07	22.64

（7）上海十大团委系统微博

排名	微博	认证信息	传播力	服务力	互动力	认同度	总分
1	青春上海	共青团上海市委员会官方微博	81.87	72.29	73.05	73.93	76.51
2	华政青年	共青团华东政法大学委员会官方微博	54.39	55.66	48.69	59.30	53.42
3	永丰青年	共青团松江区永丰社区（街道）工作委员会官方微博	36.31	13.85	67.13	47.58	42.19
4	上海学联	上海市学生联合会官方微博	43.80	38.67	32.62	34.62	38.50
5	上铁上海客运段	上海铁路局上海客运段官方微博	35.02	18.60	43.76	34.37	34.29
6	共青团上海市12355	上海共青团12355官方微博	43.48	21.72	31.48	25.47	33.72
7	青春东华	共青团东华大学委员会官方微博	31.15	2.85	42.52	44.50	30.24
8	普陀交警团总支	上海市公安局普陀分局交警支队团总支	34.87	9.28	36.50	25.33	29.29
9	青春松江	共青团上海市松江区委官方微博	33.36	15.64	31.66	27.92	28.76
10	河南省驻上海团工委	共青团河南省委驻上海工作委员会官方微博	30.15	24.07	27.37	20.06	27.09

（8）上海十大旅游局微博

排名	微博	认证信息	传播力	服务力	互动力	认同度	总分
1	乐游上海	上海市旅游局	75.22	78.82	62.36	62.55	71.53
2	崇明旅游 - 官微	上海崇明区旅游局	46.26	67.37	33.74	34.26	49.75
3	徐汇旅游	上海市徐汇区旅游局	40.80	34.09	33.68	28.65	34.77
4	白相到闵行	上海市闵行区旅游局官方微博	44.36	34.81	27.86	28.40	34.00
5	想休闲到奉贤	上海市奉贤区旅游局官方微博	6.88	0.07	42.64	0.00	14.20
6	国际康复无障碍生活博览会	上海旅游会展推广中心国际康复无障碍生活博览会官方微博	0.00	0.00	0.00	0.00	0.00
7	乐游闸北	上海市闸北区旅游局官方微博	0.00	0.00	0.00	0.00	0.00
8	浦东旅游会展	上海市浦东新区旅游局官方微博	0.00	0.00	0.00	0.00	0.00
9	长宁旅游	上海市长宁区旅游局官方微博	0.00	0.00	0.00	0.00	0.00
10	上海市旅游培训中心	上海市旅游培训中心官方微博	0.00	0.00	0.00	0.00	0.00

16. 重庆政务指数微博影响力榜

（1）重庆十大政务机构微博

排名	微博	认证信息	传播力	服务力	互动力	认同度	总分
1	平安重庆	重庆市公安局官方微博	74.91	82.24	71.55	78.21	77.16
2	重庆共青团	共青团重庆市委官方微博	82.01	69.63	69.93	70.45	74.76
3	重庆天气	重庆市气象局官方微博	70.72	87.06	64.75	63.14	74.71
4	平安渝中	重庆市公安局渝中区分局官方微博	69.96	83.15	70.99	60.57	74.60
5	重庆发布	重庆市人民政府新闻办公室官方微博	74.56	75.39	66.48	65.17	71.37

续表

排名	微博	认证信息	传播力	服务力	互动力	认同度	总分
6	重庆检察	重庆市人民检察院官方微博	68.71	75.57	68.65	64.69	71.03
7	重庆轨道交通	重庆市轨道交通（集团）有限公司	71.28	77.27	63.53	65.45	70.77
8	重庆环保	重庆市环境保护局官方微博	70.04	77.11	66.36	59.22	70.68
9	重庆客运段京渝之桥	成都铁路局重庆客运段官方微博	61.03	80.77	59.12	64.95	68.75
10	重庆消防	重庆市公安消防总队官方微博	62.20	69.56	63.80	63.47	65.75

（2）重庆十大党政新闻发布微博

排名	微博	认证信息	传播力	服务力	互动力	认同度	总分
1	重庆发布	重庆市人民政府新闻办公室官方微博	74.56	75.39	66.48	65.17	71.37
2	万州发布	重庆市万州区委外宣办、区政府新闻办、区互联网信息管理办公室	67.03	72.82	56.92	60.57	64.51
3	沙坪坝微政务	中国共产党重庆市沙坪坝区委宣传部官方微博	54.45	62.68	57.72	46.81	56.31
4	涪陵微博	中共重庆市涪陵区委宣传部官方微博	56.89	61.16	43.63	53.48	53.43
5	今日合川	重庆市合川区委宣传部官方微博	57.00	63.30	43.23	46.68	53.10
6	微播梁平	中共重庆市梁平区委宣传部官方微博	54.76	73.39	39.67	40.44	52.53
7	石柱新闻	重庆市石柱土家族自治县新闻中心官方微博	55.54	71.48	38.21	39.38	51.91
8	大渡口发布	中共重庆市大渡口区委宣传部官方微博	53.34	75.20	40.70	31.26	51.71
9	垫江发布	中共垫江县委对外宣传办公室官方微博	54.59	67.62	40.33	38.64	51.32
10	北碚发布	中共重庆市北碚区委宣传部官方微博	53.50	61.13	39.71	36.42	49.18

（3）重庆十大公安系统微博

排名	微博	认证信息	传播力	服务力	互动力	认同度	总分
1	平安重庆	重庆市公安局官方微博	74.91	82.24	71.55	78.21	77.16
2	平安渝中	重庆市公安局渝中区分局官方微博	69.96	83.15	70.99	60.57	74.60
3	重庆网警	重庆市公安局网安总队官方微博	67.29	72.91	59.73	49.08	65.45
4	重庆交巡警	重庆市公安局交巡警总队官方微博	61.25	68.25	55.28	46.24	60.76
5	平安南岸	重庆市公安局南岸区分局官方微博	55.18	63.21	61.32	57.12	60.43
6	平安巴南	重庆市公安局巴南分局官方微博	54.85	77.43	45.10	35.90	59.06

排名	微博	认证信息	传播力	服务力	互动力	认同度	总分
7	重庆公安出入境	重庆市公安局出入境管理局官方微博	51.10	66.40	58.23	38.19	58.07
8	平安九龙坡	重庆市公安局九龙坡区分局官方微博	57.18	62.03	53.17	48.04	57.00
9	平安渝北	重庆市公安局渝北区分局官方微博	57.22	53.19	56.85	42.95	54.07
10	平安沙坪坝	重庆市公安局沙坪坝区分局官方微博	57.35	62.42	42.52	43.05	53.50

（4）重庆十大司法系统微博

排名	微博	认证信息	传播力	服务力	互动力	认同度	总分
1	重庆检察	重庆市人民检察院官方微博	68.71	75.57	68.65	64.69	71.03
2	重庆长安网	重庆长安网官方微博	53.10	68.09	72.25	62.07	62.74
3	重庆反邪教	重庆反邪教官方微博	62.42	75.97	42.29	42.57	57.11
4	长寿检察	重庆市长寿区人民检察院官方微博	52.19	59.06	51.44	51.48	54.64
5	重庆检察五分院	重庆市人民检察院第五分院官方微博	47.04	56.87	40.26	39.87	48.22
6	渝北检察	重庆市渝北区人民检察院官方微博	47.41	46.69	39.79	44.32	44.53
7	重庆渝中检察	重庆市渝中区人民检察院官方微博	39.52	54.06	36.47	25.50	43.02
8	酉阳检察	重庆酉阳土家族苗族自治县人民检察院官方微博	48.29	51.12	30.57	36.05	42.88
9	重庆检察一分院	重庆市检察院一分院官方微博	48.62	49.48	33.23	27.68	42.25
10	重庆高院	重庆市高级人民法院官方微博	48.53	34.30	50.34	34.19	41.95

（5）重庆十大交通系统微博

排名	微博	认证信息	传播力	服务力	互动力	认同度	总分
1	重庆轨道交通	重庆市轨道交通（集团）有限公司	71.28	77.27	63.53	65.45	70.77
2	重庆客运段京渝之桥	成都铁路局重庆客运官方微博	61.03	80.77	59.12	64.95	68.75
3	成渝高铁动车组	成都铁路局重庆客运段成渝动车组官方微博	61.17	75.90	57.11	57.94	65.52
4	重庆交通	重庆市交通委员会官方微博	59.15	71.81	48.62	42.32	59.37
5	重庆高速12122	重庆高速公路12122客户服务中心官方微博	62.74	65.92	40.26	39.14	54.91
6	重庆客运段	成都铁路局重庆客运段官方微博	47.35	32.01	44.22	39.48	39.49
7	涪陵火车站为您服务	成都铁路局涪陵车务段涪陵火车站官方微博	40.57	40.73	26.94	21.80	34.67
8	重庆市运管局	重庆市道路运输管理局官方微博	40.58	26.83	40.46	28.68	33.85
9	重庆机场官方微博	重庆机场集团有限公司	49.76	14.99	43.21	39.95	32.91
10	重庆火车站	重庆火车站官方微博	42.44	17.34	38.06	32.88	30.13

（6）重庆十大生态环境系统微博

排名	微博	认证信息	传播力	服务力	互动力	认同度	总分
1	重庆环保	重庆市环境保护局官方微博	70.04	77.11	66.36	59.22	70.68
2	彭水环保	重庆市彭水县环保局	41.01	68.92	52.87	47.93	56.42
3	北碚环保	重庆北碚区环保局官方微博	42.86	71.93	40.34	50.14	54.46
4	重庆万州环保	重庆市万州区环保局官方微博	51.63	66.62	40.95	38.04	53.06
5	重庆巫溪环保	重庆市巫溪县环境保护局官方微博	47.18	58.05	43.40	45.96	50.27
6	大足区环境保护局	重庆市大足区环保局	40.69	61.20	40.54	48.65	49.64
7	巴南环保	重庆市巴南区环境保护局	41.66	59.84	42.39	25.94	47.58
8	潼南环保	重庆市潼南区环境保护局	41.35	57.37	42.32	35.02	47.41
9	璧山环保	重庆市璧山区环保局	40.07	61.57	34.62	28.85	45.91
10	南岸环保	重庆市南岸区环境保护局官方微博	40.67	62.54	30.93	28.51	45.28

（7）重庆十大团委系统微博

排名	微博	认证信息	传播力	服务力	互动力	认同度	总分
1	重庆共青团	共青团重庆市委官方微博	82.01	69.63	69.93	70.45	74.76
2	开州区团委	共青团重庆市开州区委官方微博	57.00	41.98	33.88	40.34	45.39
3	重庆科技学院团委	重庆科技学院团委官方微博	43.60	37.55	40.58	47.79	41.90
4	共青团江北区委	重庆江北共青团官方微博	54.26	39.06	29.38	28.51	41.18
5	共青团巴南区委	共青团重庆市巴南区委官方微博	44.54	44.89	38.06	27.79	40.99
6	青春永川	共青团重庆市永川区委官方微博	40.76	1.87	53.50	44.90	37.22
7	重庆人文科技学院校团委	重庆人文科技学院校团委官方微博	39.30	12.69	46.28	49.06	37.05
8	青春大渡口	共青团重庆市大渡口区委官方微博	31.30	22.42	44.68	19.64	32.37
9	红叶行动巫山队团委	共青团巫山红叶行动总支部委员会官方微博	26.85	6.25	51.33	44.33	31.82
10	青春黔城	共青团重庆市黔江区委官方微博	31.62	8.45	40.57	28.46	29.35

（8）重庆十大旅游局微博

排名	微博	认证信息	传播力	服务力	互动力	认同度	总分
1	重庆市旅游发展委	重庆市旅游发展委员会官方微博	66.91	55.63	55.79	57.56	58.13
2	南岸旅游	重庆市南岸区旅游局官方微博	58.80	52.91	47.65	53.06	52.52
3	武隆区旅发委	重庆市武隆区旅游发展委员会官方微博	42.85	28.42	44.99	36.99	37.13
4	奉节旅游	重庆市奉节县旅游局官方微博	38.41	23.34	41.78	31.62	32.72
5	綦江区旅游局	重庆市綦江区旅游局官方微博	58.16	7.83	39.88	47.26	31.45
6	合川旅游微博	重庆市合川区旅游局官方微博	52.41	12.64	38.22	35.21	30.52
7	永川旅游	重庆市永川区旅游局官方微博	33.22	8.65	40.60	33.69	25.65
8	九龙休闲汇	重庆市九龙坡区旅游局官方微博	54.56	3.83	33.46	30.96	25.58
9	重庆市渝北区旅游局	重庆市渝北区旅游局官方微博	28.44	19.01	31.86	23.99	25.25
10	巫溪县旅游局	重庆市巫溪县旅游局官方微博	29.71	10.32	37.42	25.13	23.81

17. 河北政务指数微博影响力榜

（1）河北政务微博城市竞争力指数

排名	地区	传播力	服务力	互动力	竞争力指数
1	石家庄	70.80	66.72	60.49	65.77
2	保定	66.18	63.57	55.51	61.53
3	沧州	66.41	58.31	54.26	59.32
4	唐山	61.46	59.51	46.99	55.71
5	邢台	66.10	58.85	41.55	54.97
6	秦皇岛	59.94	57.59	43.27	53.28
7	邯郸	62.42	59.87	34.30	51.69
8	张家口	61.62	54.58	37.21	50.61
9	廊坊	56.80	52.87	38.96	49.18
10	衡水	58.64	55.48	32.02	48.22
11	承德	56.17	52.90	30.05	45.89

（2）河北十大政务机构微博

排名	微博	认证信息	传播力	服务力	互动力	认同度	总分
1	石家庄交警	石家庄市公安局交通管理局官方微博	72.36	88.56	67.14	62.19	76.26
2	河北天气	河北省气象局官方微博	75.26	83.08	63.25	62.76	73.54
3	黄骅司法	河北省黄骅市司法局官方微博	63.56	78.81	69.51	73.33	72.42
4	中捷司法	河北省沧州渤海新区中捷产业园区司法局官方微博	64.08	86.37	61.17	60.84	71.80
5	河北发布	河北省人民政府新闻办公室官方微博	74.51	74.02	69.09	63.61	71.70
6	河北省旅游发展委员会	河北省旅游发展委员会官方微博	68.46	81.27	59.48	68.38	70.88
7	河北科技大学团委	河北科技大学共青团委员会官方微博	73.57	80.06	59.10	67.94	69.96
8	河北反邪教	河北省反邪教协会官方微博	67.02	85.51	57.82	65.14	67.77
9	河北高速交警	河北高速交警总队官方微博	59.99	78.30	54.58	46.98	64.39
10	河北交警微发布	河北省公安厅交通管理局官方微博	60.42	77.71	56.11	40.42	64.04

（3）河北十大党政新闻发布微博

排名	微博	认证信息	传播力	服务力	互动力	认同度	总分
1	河北发布	河北省人民政府新闻办公室官方微博	74.51	74.02	69.09	63.61	71.70
2	唐山发布	唐山市人民政府新闻办公室官方微博	65.23	65.89	57.42	52.45	61.74

续表

排名	微博	认证信息	传播力	服务力	互动力	认同度	总分
3	雄安发布	河北雄安新区管理委员会官方微博	64.36	53.62	58.98	59.61	60.12
4	廊坊发布	河北省廊坊市人民政府新闻办公室官方微博	63.08	68.72	48.69	52.10	58.79
5	邢台发布	河北省邢台市委对外宣传办公室官方微博	65.27	33.56	61.97	55.04	56.91
6	微博定兴	河北省保定市定兴县人民政府官方微博	61.24	63.45	44.63	50.68	55.64
7	石家庄发布	河北省石家庄市人民政府新闻办公室官方微博	60.49	42.64	56.90	51.42	54.94
8	微博河北	河北外宣官方微博	58.94	56.10	45.84	40.86	52.63
9	秦皇岛发布	河北省秦皇岛市委宣传部互联网信息办公室官方微博	59.35	36.65	51.96	52.55	51.91
10	微博任丘	河北省任丘市外宣办官方微博	48.32	70.57	49.64	33.63	51.70

（4）河北十大公安系统微博

排名	微博	认证信息	传播力	服务力	互动力	认同度	总分
1	石家庄交警	石家庄市公安局交通管理局官方微博	72.36	88.56	67.14	62.19	76.26
2	河北高速交警	河北高速交警总队官方微博	59.99	78.30	54.58	46.98	64.39
3	河北交警微发布	河北省公安厅交通管理局官方微博	60.42	77.71	56.11	40.42	64.04
4	河北公安网络发言人	河北省公安厅官方微博	67.96	64.30	60.42	53.71	62.81
5	唐山交警	河北省唐山市公安交通警察支队官方微博	61.73	65.43	55.27	54.85	60.59
6	石家庄公安网络发言人	河北石家庄市公安局官方微博	62.77	64.75	55.01	52.24	60.18
7	河北高速交警廊坊支队	河北高速交警总队廊坊支队官方微博	62.40	71.85	46.68	43.52	59.57
8	保定公安网络发言人	河北保定市公安局官方微博	58.66	64.98	53.52	49.27	58.71
9	河北高速交警石家庄支队	河北高速交警总队石家庄支队官方微博	57.32	58.74	45.55	39.56	52.58
10	衡水公安网络发言人	河北衡水市公安局官方微博	51.46	64.43	41.24	31.49	51.58

（5）河北十大司法系统微博

排名	微博	认证信息	传播力	服务力	互动力	认同度	总分
1	黄骅司法	河北省黄骅市司法局官方微博	63.56	78.81	69.51	73.33	72.42
2	中捷司法	河北省沧州渤海新区中捷产业园区司法局官方微博	64.08	86.37	61.17	60.84	71.80
3	河北反邪教	河北省反邪教协会官方微博	67.02	85.51	57.82	65.14	67.77

续表

排名	微博	认证信息	传播力	服务力	互动力	认同度	总分
4	石家庄高新检察院	河北省石家庄高新技术产业开发区人民检察院官方微博	49.60	80.11	56.85	46.69	63.69
5	沧州普法办公室	河北省沧州市普法办公室官方微博	54.96	77.12	55.26	48.09	63.23
6	河北检察	河北省人民检察院官方微博	64.68	62.27	60.21	51.18	61.03
7	河北高院	河北省高级人民法院官方微博	58.11	65.05	55.77	46.32	59.00
8	清风普法	河北省邢台市桥东区司法局官方微博	58.32	72.08	42.24	30.04	56.17
9	唐山检察	河北省唐山市人民检察院官方微博	53.35	59.80	57.35	33.14	55.11
10	保定检察2014	河北省保定市人民检察院官方微博	48.94	54.00	55.26	65.57	54.52

（6）河北十大交通系统微博

排名	微博	认证信息	传播力	服务力	互动力	认同度	总分
1	石家庄客运段	中国铁路北京局集团有限公司石家庄客运段官方微博	47.30	72.84	40.11	35.28	54.16
2	河北高速96122	河北高速96122官方微博	61.22	59.40	35.20	41.71	50.74
3	秦皇岛车务段	北京铁路局秦皇岛车务段官方微博	45.66	47.11	34.20	24.08	40.65
4	沈铁山海关站	中国铁路沈阳局集团有限公司山海关站官方微博	39.16	52.68	25.43	25.59	39.09
5	唐山车务段官方微博	中国铁路北京局集团有限公司唐山车务段官方微博	34.35	43.48	36.32	27.73	37.93
6	邯郸高速	邯郸市高速公路管理局官方微博	39.61	42.30	34.19	24.91	37.59
7	张家口车务段	中国铁路北京局集团有限公司张家口车务段官方微博	37.28	47.48	25.82	27.80	36.98
8	保定市公交	河北省保定市公共交通总公司官方微博	40.85	31.76	40.65	34.78	36.55
9	衡车微博	中国铁路北京局集团有限公司衡水车务段官方微博	37.69	28.97	41.21	22.74	33.76
10	唐山货运中心	北京铁路局唐山货运中心的官方微博	37.01	40.97	23.68	22.07	33.10

（7）河北十大生态环境系统微博

排名	微博	认证信息	传播力	服务力	互动力	认同度	总分
1	张家口环保发布	河北省张家口市环境保护局官方微博	46.66	72.18	42.72	31.28	54.15
2	河北环保发布	河北省环境保护厅官方微博	48.93	54.02	53.75	38.63	51.38
3	廊坊市环境保护局	廊坊市环境保护局	44.49	68.09	46.44	38.49	49.19
4	衡水环保发布	衡水市环境保护局官方微博	44.40	57.97	40.69	35.21	47.80
5	秦皇岛环境保护局	河北省秦皇岛市环境保护局官方微博	43.15	62.02	30.35	32.04	45.75

续表

排名	微博	认证信息	传播力	服务力	互动力	认同度	总分
6	保定市环保局微博	河北省保定市环境保护局官方微博	45.39	51.21	42.34	31.93	45.46
7	邯郸市环境保护局	邯郸市环境保护局官方微博	40.79	52.55	37.47	32.56	43.68
8	生态石家庄	石家庄市环境保护宣传教育中心	36.13	45.16	38.58	34.60	38.52
9	承德环保发布	河北省承德市环保局官方微博	40.51	41.69	28.58	30.87	36.44
10	环保沧州	河北省沧州市环境保护局官方微博	39.41	40.59	29.26	29.65	35.86

（8）河北十大团委系统微博

排名	微博	认证信息	传播力	服务力	互动力	认同度	总分
1	石家庄共青团	河北省石家庄共青团官方微博	61.87	74.35	57.59	54.13	62.31
2	河北共青团	共青团河北省委员会官方微博	57.64	67.51	49.35	46.33	56.00
3	石家庄学院共青团	共青团石家庄学院委员会官方微博	52.70	64.68	49.27	56.11	54.41
4	河北师大共青团	共青团河北师范大学委员会官方微博	50.93	51.78	47.03	55.82	50.42
5	秦皇岛共青团	共青团秦皇岛市委员会官方微博	52.52	28.09	43.65	41.55	43.88
6	河北经贸大学共青团	共青团河北经贸大学委员会官方微博	37.42	39.69	43.54	44.06	40.37
7	邢台共青团	共青团河北省邢台市委员会官方微博	40.83	19.84	31.49	23.67	32.12
8	共青团卢龙县委	河北省秦皇岛市共青团卢龙县委官方微博	28.54	17.47	41.45	25.84	29.93
9	共青团晋州市委	共青团晋州市委员会官方微博	27.36	19.85	41.31	22.06	29.52
10	共青团双桥区委	河北省承德市共青团双桥区委官方微博	33.56	15.16	30.22	23.97	27.92

（9）河北十大旅游局微博

排名	微博	认证信息	传播力	服务力	互动力	认同度	总分
1	河北省旅游发展委员会	河北省旅游发展委员会官方微博	68.46	81.27	59.48	68.38	70.88
2	河北张家口旅游	张家口市旅游发展委员会官方微博	54.03	37.09	42.99	45.61	43.10
3	衡水市旅游发展委员会	河北省衡水市旅游发展委员会官方微博	44.85	44.08	42.27	35.86	42.87
4	秦皇岛市旅游委员会	河北省秦皇岛市旅游委员会官方微博	52.12	35.15	44.34	41.86	41.97
5	承德旅游发展委员会	承德市旅游发展委员会	42.95	43.39	36.41	29.90	39.86
6	石家庄市旅游	石家庄市旅游发展委员会官方微博	45.68	34.11	40.14	32.51	38.07
7	廊坊旅游	河北省廊坊市旅游委办公室官方微博	42.84	34.87	35.55	29.98	36.18

续表

排名	微博	认证信息	传播力	服务力	互动力	认同度	总分
8	保定市旅游发展委员会	保定市旅游发展委员会	41.01	22.47	32.64	30.42	30.03
9	渤海新区旅游	沧州渤海新区文化旅游办公室官方微博	23.09	1.75	36.95	22.57	22.93
10	邢台市旅游局微博	河北省邢台市旅游局官方微博	34.80	7.50	33.21	21.67	22.09

18. 天津政务指数微博影响力榜

（1）天津十大政务机构微博

排名	微博	认证信息	传播力	服务力	互动力	认同度	总分
1	天津交警	天津市公安交通管理局官方微博	81.51	92.82	74.38	68.19	82.56
2	天津8890	天津便民服务专线平台官方微博	71.55	93.42	64.75	58.03	76.90
3	滨海发布	天津市滨海新区政府官方微博	76.08	74.14	74.64	81.02	75.75
4	平安天津	天津市公安局官方微博	77.31	83.49	66.47	63.79	75.18
5	天津发布	天津市人民政府新闻办公室官方微博	76.82	74.90	66.72	62.98	72.02
6	国网天津电力	天津市电力公司官方微博	60.57	67.54	68.71	86.62	68.40
7	天津天气	天津市气象服务中心官方微博	67.08	80.69	56.21	52.06	67.76
8	平安公交	天津市公安局公共交通治安管理总队官方微博	61.17	73.55	61.91	61.22	66.35
9	天津环保发布	天津市环境保护局官方微博	62.07	74.96	56.99	55.18	65.01
10	北辰发布	天津市北辰区人民政府官方微博	70.43	60.36	56.80	60.39	63.32

（2）天津十大党政新闻发布微博

排名	微博	认证信息	传播力	服务力	互动力	认同度	总分
1	滨海发布	天津市滨海新区政府官方微博	76.08	74.14	74.64	81.02	75.75
2	天津发布	天津市人民政府新闻办公室官方微博	76.82	74.90	66.72	62.98	72.02
3	北辰发布	天津市北辰区人民政府官方微博	70.43	60.36	56.80	60.39	63.32
4	网信南开	中共天津市南开区委网络安全和信息化领导小组办公室	64.36	68.33	54.60	46.10	61.19
5	天津西青	天津市西青区政府官方微博	55.33	66.90	62.83	67.55	61.12
6	天津有线	天津有线官方微博	63.27	74.89	44.98	50.31	58.81
7	津南发布	天津市津南区人民政府官方微博	59.27	52.79	57.50	69.00	58.42
8	河北区发布	天津市河北区人民政府官方微博	60.16	62.11	49.11	44.00	55.62
9	宝坻发布	天津市宝坻区人民政府官方微博	47.51	55.21	63.37	59.01	54.96
10	东丽发布	天津市东丽区人民政府官方微博	49.43	47.54	60.66	71.89	54.67

（3）天津十大公安系统微博

排名	微博	认证信息	传播力	服务力	互动力	认同度	总分
1	天津交警	天津市公安交通管理局官方微博	81.51	92.82	74.38	68.19	82.56
2	平安天津	天津市公安局官方微博	77.31	83.49	66.47	63.79	75.18
3	平安公交	天津市公安局公共交通治安管理总队官方微博	61.17	73.55	61.91	61.22	66.35
4	天津交警设施处	天津市公安交通管理局设施处官方微博	51.71	79.91	47.09	58.04	62.24
5	天津出入境	天津市公安局出入境管理局官方微博	57.80	77.76	51.63	39.14	62.07
6	平安蓟州	天津市公安局蓟州分局官方微博	60.99	72.75	47.45	42.52	59.79
7	天津蓟州交警	天津市公安局蓟州分局交通警察支队官方微博	56.32	74.56	46.44	45.89	59.61
8	平安和平	天津市公安局和平分局官方微博	57.85	67.97	46.76	50.11	57.80
9	天津高速交警	天津市公安交通管理局高速支队	56.30	70.59	46.91	37.89	57.36
10	平安河西	天津市公安局河西分局官方微博	59.27	61.34	49.94	47.75	56.15

（4）天津十大司法系统微博

排名	微博	认证信息	传播力	服务力	互动力	认同度	总分
1	天津长安网	天津长安网微博	55.65	68.12	53.52	47.79	56.72
2	天津司法	天津市司法局官方微博	49.85	69.77	42.38	42.27	54.82
3	天津政法	中共天津市委政法委员会宣传处官方微博	46.01	60.83	46.07	32.40	47.63
4	宁河法院	天津市宁河区人民法院官方微博	40.26	50.89	39.03	25.17	42.63
5	天津公安法制	天津市公安局法制办官方微博	45.22	50.78	33.69	28.28	42.29
6	天津市人民检察院	天津市人民检察院官方微博	40.54	38.64	46.79	28.74	40.48
7	东丽司法	天津市东丽区司法局官方微博	35.37	52.13	25.83	14.82	37.16
8	天津一中院	天津市第一中级人民法院官方微博	61.44	20.39	35.37	59.43	37.00
9	天津二中院	天津市第二中级人民法院官方微博	43.42	40.42	30.23	22.34	36.15
10	津法之声	天津市高级人民法院官方微博	41.89	30.60	39.70	26.84	35.21

（5）天津十大交通系统微博

排名	微博	认证信息	传播力	服务力	互动力	认同度	总分
1	天津高速公路	天津市高速公路管理处官方微博	64.09	77.39	49.37	40.86	62.67
2	天津轨道交通	天津轨道交通集团有限公司官方微博	64.03	69.82	50.94	50.45	61.06
3	天津机场便捷飞	天津滨海国际机场市场营销部官方微博	52.94	54.02	49.90	42.36	51.40
4	天津站官微	天津火车站官方微博	50.32	52.89	41.90	30.63	46.85
5	天津客运段	北京铁路局天津客运段官方微博	45.67	42.96	43.75	35.71	43.01

续表

排名	微博	认证信息	传播力	服务力	互动力	认同度	总分
6	天津交通	天津市交通运输委员会	54.01	37.46	40.12	33.12	41.13
7	天津地铁运营	天津市地下铁道运营有限公司官方微博	41.97	34.35	50.31	37.24	40.95
8	高铁天津西站	天津西站官方微博	44.76	27.34	46.54	26.68	36.52
9	东丽区公路局	天津市东丽区公路管理局官方微博	30.58	45.81	32.82	18.39	36.13
10	武清公路	天津市武清区交通局官方微博	35.22	40.02	24.08	18.75	32.15

（6）天津十大生态环境系统微博

排名	微博	认证信息	传播力	服务力	互动力	认同度	总分
1	天津环保发布	天津市环境保护局官方微博	62.07	74.96	56.99	55.18	65.01
2	天津蓟州环保	天津市蓟州区环境保护局官方微博	30.39	45.50	29.01	33.20	33.28
3	河西环保	天津市河西区环境保护局官方微博	33.95	45.78	28.31	20.28	33.26
4	津南环保	天津市津南区环境保护局官方微博	23.15	40.15	31.98	20.43	28.93
5	西青环保	天津市西青区环境保护局官方微博	23.44	26.36	32.10	28.93	27.17
6	天津河东环保	天津市河东区环境保护局官方微博	22.37	22.03	37.11	26.01	27.09
7	天津市滨海新区环境局	天津市滨海新区环境局官方微博	21.60	21.39	37.22	24.37	26.52
8	宝坻区环境保护局	天津市宝坻区环境保护局官方微博	26.06	18.06	27.63	25.82	24.91
9	武清环保官博	天津市武清区环境保护局官方微博	21.79	19.24	32.27	24.01	24.64
10	天津市河北区环境保护局	天津市河北区环境保护局官方微博	18.24	18.15	35.66	29.15	24.54

（7）天津十大团委系统微博

排名	微博	认证信息	传播力	服务力	互动力	认同度	总分
1	津彩青春	共青团天津市委员会官方微博	63.74	71.04	48.66	49.53	59.25
2	活力河西青年	共青团天津市河西区委官方微博	58.48	66.27	38.95	40.32	52.36
3	天津大学团委	天津大学团委官方微博	44.38	37.00	40.80	38.18	41.21
4	共青团青春东丽	共青团天津市东丽区委官方微博	33.64	25.20	27.95	22.17	29.10
5	天津河北青年	共青团天津市河北区委官方微博	29.18	10.10	42.31	19.64	28.35
6	清青之声	共青团天津市武清区委官方微博	29.85	14.07	35.95	22.12	27.75
7	河东共青团	共青团天津市河东区委官方微博	27.96	13.38	33.37	25.01	26.37
8	共青团天津市东丽区12355	共青团天津市东丽区委12355青少年服务台官方微博	21.60	6.20	40.59	21.34	24.19
9	宁河预青	天津市宁河县预防青少年违法犯罪办公室官方微博	24.56	10.55	31.02	25.78	23.82
10	青春南开	天津市南开区团委官方微博	22.06	5.59	34.42	25.37	22.80

（8）天津十大旅游局微博

排名	微博	认证信息	传播力	服务力	互动力	认同度	总分
1	天津旅游	天津市旅游局官方微博	59.51	63.64	48.17	49.83	56.79
2	热线服务中心	天津市旅游信息咨询中心官方微博	52.28	44.25	38.52	46.75	44.39
3	天津市旅游信息咨询中心	天津市旅游局官方微博	52.42	45.47	37.08	42.25	44.02
4	东丽旅游发布_	天津市东丽区旅游局官方微博	36.36	60.88	26.94	18.23	41.53
5	天津市蓟州区旅发委	天津市蓟州区旅游发展委员会官方微博	36.78	27.84	55.73	35.08	38.72
6	武清旅游啦	天津市武清区旅游局官方微博	31.72	31.30	29.35	16.33	29.30
7	天津河东文化旅游	天津市河东区文化和旅游局官方微博	5.38	0.12	39.97	0.00	13.11
8	宝坻旅游	天津市宝坻区旅游局官方微博	0.00	0.00	0.00	0.00	0.00
9	滨海旅游区管委会办公室突击队	天津市滨海旅游区管理委员会官方微博	0.00	0.00	0.00	0.00	0.00
10	天津滨海旅游区	天津滨海旅游区经济发展局官方微博	0.00	0.00	0.00	0.00	0.00

19. 江西政务指数微博影响力榜

（1）江西政务微博城市竞争力指数

排名	地区	传播力	服务力	互动力	竞争力指数
1	南 昌	77.09	67.03	68.39	70.52
2	赣 州	64.56	57.98	51.71	57.76
3	新 余	62.10	53.93	49.64	54.88
4	吉 安	62.29	55.56	45.78	54.15
5	抚 州	62.72	57.32	38.57	52.37
6	九 江	61.77	54.76	38.45	51.15
7	上 饶	57.27	50.82	39.34	48.74
8	景德镇	57.40	46.95	41.19	48.07
9	鹰 潭	56.01	49.14	40.13	48.05
10	宜 春	56.90	52.04	33.16	46.89
11	萍 乡	59.17	51.11	31.51	46.67

（2）江西十大政务机构微博

排名	微博	认证信息	传播力	服务力	互动力	认同度	总分
1	南昌铁路	中国铁路南昌局集团有限公司官方微博	80.28	89.66	74.39	73.33	81.57
2	南昌天气	南昌市气象局官方微博	71.33	85.02	62.37	68.75	73.86
3	江西消防	江西省公安消防总队	74.96	75.08	65.77	61.03	70.86

排名	微博	认证信息	传播力	服务力	互动力	认同度	总分
4	江西气象微博	江西省气象局官方微博	69.47	82.24	55.40	61.12	69.52
5	南昌发布	南昌市人民政府新闻办官方微博	72.92	72.32	63.34	61.86	68.82
6	新余发布	中共江西省新余市委宣传部、市政府新闻办官方微博	71.27	75.66	63.05	60.50	68.61
7	大江网	江西大江网官方微博	74.80	74.21	58.45	60.43	68.34
8	新余文化	新余市文化广播电影电视新闻出版（版权）局	62.20	83.33	48.72	55.24	65.91
9	江西南昌火车站	中国铁路南昌局集团有限公司南昌火车站官方微博	63.89	85.89	47.32	44.95	65.83
10	南昌东湖区发布	江西省南昌市东湖区官方微博	67.86	72.26	55.14	67.35	64.87

（3）江西十大党政新闻发布微博

排名	微博	认证信息	传播力	服务力	互动力	认同度	总分
1	南昌发布	南昌市人民政府新闻办官方微博	72.92	72.32	63.34	61.86	68.82
2	新余发布	中共江西省新余市委宣传部、市政府新闻办官方微博	71.27	75.66	63.05	60.50	68.61
3	大江网	江西大江网官方微博	74.80	74.21	58.45	60.43	68.34
4	南昌东湖区发布	江西省南昌市东湖区官方微博	67.86	72.26	55.14	67.35	64.87
5	景德镇发布	中共景德镇市委外宣办、市政府新闻办官方微博	67.64	73.02	55.68	60.00	64.37
6	赣州发布	江西省赣州市互联网信息办公室官方微博	66.28	72.32	54.92	55.70	63.02
7	江西发布	江西省互联网信息办公室官方微博	65.48	72.59	54.09	52.53	62.19
8	南昌新建发布	江西省南昌新建区官方微博	64.67	69.09	51.33	56.18	60.70
9	抚州发布	江西省抚州市人民政府新闻办公室官方微博	63.44	61.06	51.56	49.91	58.05
10	宜春发布	中共宜春市委网信办、宜春市互联网信息办公室官方微博	56.90	72.96	49.68	55.93	57.85

（4）江西十大公安系统微博

排名	微博	认证信息	传播力	服务力	互动力	认同度	总分
1	新余交警	新余市公安局交警支队官方微博	57.88	64.98	48.57	35.53	55.69
2	江西公安	江西省公安厅官方微博	55.26	63.87	50.54	39.16	55.68
3	江西网警巡查执法	江西省公安厅网络安全保卫总队官方微博	62.60	64.33	45.27	33.79	55.21
4	赣州公安	江西省赣州市公安局官方微博	62.45	44.83	52.63	57.48	51.96
5	南昌公安	江西省南昌市公安局官方微博	59.37	48.67	49.01	47.53	50.80
6	南昌交警	江西省南昌市公安局交通管理局官方微博	57.32	44.50	48.39	44.39	48.22

续表

排名	微博	认证信息	传播力	服务力	互动力	认同度	总分
7	鹰潭网警巡查执法	江西省鹰潭市公安局网络安全保卫支队官方微博	43.53	54.51	44.19	31.69	46.93
8	吉安公安	江西省吉安市公安局官方微博	52.91	40.31	42.28	43.68	43.76
9	新余网警巡查执法	新余网警巡查执法官方微博	43.44	40.97	48.35	26.90	42.27
10	萍乡交警	江西省萍乡市公安局交通警察支队官方微博	48.05	39.62	44.39	32.97	42.07

（5）江西十大司法系统微博

排名	微博	认证信息	传播力	服务力	互动力	认同度	总分
1	遂川政法	中共遂川县委政法委员会官方微博	58.95	79.74	56.29	56.71	62.09
2	江西反邪教	赣韵网官方微博	54.00	59.35	49.54	49.39	53.27
3	正义南康	赣州市南康区人民检察院官方微博	46.51	29.70	36.83	36.48	35.88
4	江西检察	江西省人民检察院官方微博	39.82	30.42	40.72	28.06	35.15
5	渝水普法	江西省新余市渝水区司法局官方微博	29.78	10.61	47.39	27.73	27.19
6	红色天平	江西省高级人民法院官方微博	35.37	17.08	34.24	29.84	27.16
7	江西省乐安县人民法院	江西省抚州市乐安县人民法院官方微博	34.08	27.70	23.84	21.08	27.15
8	江西司法行政	江西省司法厅官方微博	29.69	10.68	31.67	27.52	26.27
9	赣州检察	江西省赣州市人民检察院官方微博	28.09	6.62	46.98	25.89	24.95
10	萍乡反邪教	江西省萍乡市委政法委员会官方微博	19.44	13.30	34.36	37.94	24.54

（6）江西十大交通系统微博

排名	微博	认证信息	传播力	服务力	互动力	认同度	总分
1	南昌铁路	中国铁路南昌局集团有限公司官方微博	80.28	89.66	74.39	73.33	81.57
2	江西南昌火车站	中国铁路南昌局集团有限公司南昌火车站官方微博	63.89	85.89	47.32	44.95	65.83
3	江西交通	江西省交通运输厅应急指挥中心官方微博	57.88	80.46	55.06	36.32	63.91
4	江西交通12328	江西交通12328运输服务监督电话	58.41	74.40	39.97	42.24	57.66
5	江西高速赣州中心	江西省高速公路赣州管理中心官方微博	48.26	67.42	39.27	34.65	51.87
6	南昌南车辆段	中国铁路南昌局集团有限公司南昌南车辆段官方微博	60.70	64.52	29.92	36.33	50.56
7	南铁上饶车务段	中国铁路南昌局集团有限公司上饶车务段官方微博	46.59	61.02	35.44	26.51	47.01

排名	微博	认证信息	传播力	服务力	互动力	认同度	总分
8	南铁南昌工务段	中国铁路南昌局集团有限公司南昌工务段官方微博	58.48	50.19	34.49	33.44	45.46
9	南昌客运段	中国铁路南昌局集团有限公司南昌客运段官方微博	50.37	47.75	40.58	33.22	44.67
10	南铁鹰潭供电段	中国铁路南昌局集团有限公司鹰潭供电段官方微博	43.14	58.29	32.66	19.28	43.67

（7）江西十大生态环境系统微博

排名	微博	认证信息	传播力	服务力	互动力	认同度	总分
1	江西环保	江西省环境保护厅官方微博	35.42	25.08	40.39	27.99	32.03
2	新余市环保	新余市环境保护局	32.57	25.79	34.17	20.81	29.16
3	赣州市环境保护局	江西省赣州市环境保护局官方微博	30.61	14.78	45.14	25.06	28.08
4	宜春市环境保护局	宜春市环保局官方微博	28.45	27.17	28.26	23.87	27.42
5	南昌环境保护局发布	江西省南昌市环保局官方微博	32.24	16.55	38.42	20.88	26.68
6	仙女湖环保	江西省新余市环境保护局仙女湖分局官方微博	28.89	20.36	32.27	20.22	25.63
7	丰城环保	丰城市环境保护局官方微博	22.28	12.67	33.42	19.77	23.45
8	萍乡市环境保护局	江西省萍乡市环境保护局官方微博	26.54	10.10	37.32	22.48	22.79
9	鹰潭环境保护局	江西省鹰潭市环境保护局官方微博	29.31	11.52	29.54	28.17	22.15
10	全南县环境保护局	江西省赣州市全南县环境保护局官方微博	27.93	5.78	40.03	20.68	21.97

（8）江西十大团委系统微博

排名	微博	认证信息	传播力	服务力	互动力	认同度	总分
1	江西共青团	共青团江西省委员会官方微博	64.13	63.90	64.33	60.70	63.80
2	共青团赣州市委	共青团赣州市委官方微博	62.47	57.17	49.71	44.95	55.83
3	南昌共青团	共青团南昌市委官方微博	59.77	60.52	44.43	45.48	53.89
4	九江市共青团	共青团九江市委员会官方微博	48.31	71.60	36.67	34.50	48.10
5	青春吉安	共青团吉安市委官方微博	46.15	64.25	38.53	34.55	46.32
6	共青团全南县委	共青团赣州市全南县委官方微博	52.24	49.82	30.35	32.99	43.27
7	青春鹰潭	共青团鹰潭市委官方微博	51.42	6.11	54.09	51.76	43.19
8	萍乡市共青团	共青团萍乡市委员会官方微博	56.83	33.55	29.82	22.90	40.68
9	共青团龙南县委	共青团赣州市龙南县委官方微博	35.70	34.68	48.78	35.54	39.40
10	共青团兴国县委	共青团兴国县委官方微博	42.11	14.70	41.77	31.32	35.44

（9）江西十大旅游局微博

排名	微博	认证信息	传播力	服务力	互动力	认同度	总分
1	江西风景独好	江西省旅游发展委员会官方微博	64.72	65.39	55.06	55.14	61.13
2	江西赣州旅游	赣州市旅游局官方微博	47.86	38.03	46.91	41.11	42.97
3	南昌旅游一卡通	南昌都市圈国民旅游休闲年票官方微博	33.90	20.09	44.01	38.17	31.84
4	南昌市旅发委	南昌市旅发委	34.41	18.58	31.25	26.95	26.38
5	庐山旅游	江西省庐山风景名胜区管理局旅游产业发展处官方微博	29.80	5.50	44.92	29.42	24.58
6	宁都旅游	江西省赣州市宁都县旅游发展委员会官方微博	17.08	3.97	36.98	36.54	22.38
7	章贡旅游	江西省章贡区旅游局官方微博	23.28	5.51	38.74	35.48	22.03
8	山水武宁旅游	武宁县旅游局官方微博	27.06	10.25	31.78	28.35	21.88
9	醉美龙南	江西省龙南县旅游局官方微博	25.40	5.90	37.78	29.38	21.71
10	寻梦婺源	江西省婺源县旅游局官方微博	22.95	3.00	40.48	27.97	20.73

20. 辽宁政务指数微博影响力榜

（1）辽宁政务微博城市竞争力指数

排名	地区	传播力	服务力	互动力	竞争力指数
1	沈阳	69.49	65.21	62.11	65.41
2	抚顺	74.12	66.16	54.40	64.43
3	大连	68.34	63.33	50.07	60.19
4	鞍山	62.31	57.71	46.05	55.01
5	锦州	61.97	57.48	44.18	54.17
6	丹东	59.08	54.01	38.55	50.12
7	铁岭	56.14	55.56	35.79	48.81
8	朝阳	55.48	55.12	31.43	46.94
9	盘锦	56.18	53.09	32.25	46.72
10	阜新	56.58	53.26	31.73	46.72
11	本溪	55.24	54.12	31.23	46.45
12	营口	53.75	52.74	31.66	45.67
13	葫芦岛	51.42	49.23	30.37	43.29
14	辽阳	51.53	53.53	24.75	42.86

（2）辽宁十大政务机构微博

排名	微博	认证信息	传播力	服务力	互动力	认同度	总分
1	平安辽宁	辽宁省公安厅官方微博	73.92	89.63	73.50	66.00	79.29
2	大连户口身份证	辽宁省大连市公安局治安管理支队户籍管理大队官方微博	67.88	96.23	64.37	51.41	76.52
3	沈阳市公安局	辽宁省沈阳市公安局官方微博	69.10	82.55	68.39	61.81	73.54

续表

排名	微博	认证信息	传播力	服务力	互动力	认同度	总分
4	平安抚顺	辽宁省抚顺市公安局官方微博	64.63	82.69	63.89	74.30	72.60
5	沈阳铁路	中国铁路沈阳局集团有限公司官方微博	69.92	77.15	67.44	63.17	71.39
6	沈阳铁西公安	沈阳市公安局铁西分局官方微博	60.05	78.19	68.95	54.77	69.45
7	大连公安	大连市公安局官方微博	67.03	82.46	59.49	51.56	69.39
8	丹东公安交警支队	丹东市公安交通警察支队官方微博	62.96	85.47	56.86	51.72	69.01
9	辽宁交通	辽宁省交通运输厅官方微博	67.29	82.64	55.65	52.07	68.41
10	沈阳网警巡查执法	辽宁省沈阳市公安局网络安全保卫支队	67.76	80.36	57.03	54.33	68.24

（3）辽宁十大党政新闻发布微博

排名	微博	认证信息	传播力	服务力	互动力	认同度	总分
1	沈阳发布	中共沈阳市委宣传部官方微博	63.16	64.71	61.44	57.94	62.43
2	鞍山发布	鞍山市委宣传部官方微博	60.44	59.82	58.33	54.13	59.05
3	抚顺宣传	中共抚顺市委宣传部官方微博	56.87	51.49	54.17	44.22	53.72
4	立山之声	中共鞍山市立山区委宣传部官方微博	47.66	68.51	48.06	53.55	52.54
5	英额门镇宣传	辽宁省抚顺市英额门镇人民政府官方微博	42.92	72.68	51.04	36.59	50.67
6	新宾宣传	中共新宾满族自治县委宣传部官方微博	54.95	39.56	43.59	47.07	47.67
7	苏家屯发布	沈阳市苏家屯区委宣传部官方微博	46.54	58.06	42.43	40.17	46.98
8	抚顺传媒网	抚顺传媒网官方微博	51.60	45.13	43.47	38.18	46.53
9	辽宁发布	辽宁省政府门户网站官方微博	46.27	61.12	38.61	25.10	44.83
10	铁东公开	辽宁省鞍山市铁东区人民政府办公室官方微博	42.06	25.95	57.35	50.08	44.23

（4）辽宁十大公安系统微博

排名	微博	认证信息	传播力	服务力	互动力	认同度	总分
1	平安辽宁	辽宁省公安厅官方微博	73.92	89.63	73.50	66.00	79.29
2	大连户口身份证	辽宁省大连市公安局治安管理支队户籍管理大队官方微博	67.88	96.23	64.37	51.41	76.52
3	沈阳市公安局	辽宁省沈阳市公安局官方微博	69.10	82.55	68.39	61.81	73.54
4	平安抚顺	辽宁省抚顺市公安局官方微博	64.63	82.69	63.89	74.30	72.60
5	沈阳铁西公安	沈阳市公安局铁西分局官方微博	60.05	78.19	68.95	54.77	69.45
6	大连公安	大连市公安局官方微博	67.03	82.46	59.49	51.56	69.39
7	丹东公安交警支队	丹东市公安交通警察支队官方微博	62.96	85.47	56.86	51.72	69.01
8	沈阳网警巡查执法	辽宁省沈阳市公安局网络安全保卫支队	67.76	80.36	57.03	54.33	68.24
9	锦州公安	辽宁省锦州市公安局官方微博	65.24	70.17	61.88	57.03	65.38
10	盘锦市公安局	辽宁省盘锦市公安局官方微博	62.88	76.55	52.70	47.53	63.76

（5）辽宁十大司法系统微博

排名	微博	认证信息	传播力	服务力	互动力	认同度	总分
1	抚顺法院	抚顺市中级人民法院官方微博	52.48	77.45	45.76	32.01	58.40
2	辽宁反邪教	辽宁省反邪教协会	56.38	72.83	48.37	45.70	56.20
3	铁岭中院	铁岭市中级人民法院官方微博	41.59	43.59	37.92	34.56	40.59
4	阜新市中级法院	阜新市中级人民法院官方微博	43.07	42.53	36.50	19.52	38.53
5	抚顺司法	抚顺市司法局官方微博	37.01	35.11	37.83	22.82	35.08
6	朝阳县反邪	辽宁省朝阳市朝阳县维护社会稳定工作领导小组官方微博	34.41	15.23	47.14	30.88	34.04
7	大石桥市法院	辽宁省大石桥市人民法院官方微博	34.91	33.32	35.84	19.01	32.96
8	大连普法	辽宁省大连市司法局法制宣传官方微博	34.52	16.93	40.63	28.15	28.68
9	甘井子普法	辽宁省大连市甘井子区司法局官方微博	34.78	20.97	36.29	20.10	28.24
10	辽宁检察	辽宁省人民检察院官方微博	35.73	19.98	34.13	28.15	28.19

（6）辽宁十大交通系统微博

排名	微博	认证信息	传播力	服务力	互动力	认同度	总分
1	沈阳铁路	中国铁路沈阳局集团有限公司官方微博	69.92	77.15	67.44	63.17	71.39
2	辽宁交通	辽宁省交通运输厅官方微博	67.29	82.64	55.65	52.07	68.41
3	大连火车站	中国铁路沈阳局集团有限公司大连站官方微博	55.94	70.14	35.33	37.70	53.61
4	大连地铁	大连地铁运营有限公司官方微博	51.82	48.62	51.17	45.76	49.74
5	沈阳火车站	中国铁路沈阳局集团有限公司沈阳站官方微博	41.30	61.19	34.17	23.50	45.34
6	沈阳局锦州供电段	中国铁路沈阳局集团有限公司锦州供电段官方微博	42.64	55.26	23.88	23.27	40.12
7	沈铁锦州站	中国铁路沈阳局集团有限公司锦州站	38.53	48.15	33.49	20.66	39.08
8	沈阳局沈阳车务段	中国铁路沈阳局集团公司沈阳车务段	40.41	47.89	29.90	25.96	38.80
9	阜新车务段	中国铁路沈阳局集团有限公司阜新车务段官方微博	45.62	37.10	36.92	36.27	38.67
10	苏家屯机务段	中国铁路沈阳局集团有限公司苏家屯机务段官方微博	36.96	49.44	27.63	22.13	37.67

（7）辽宁十大生态环境系统微博

排名	微博	认证信息	传播力	服务力	互动力	认同度	总分
1	沈阳环保	沈阳市环保局官方微博	51.08	45.52	51.09	38.77	47.63
2	辽宁环保	辽宁省环境保护厅官方微博	48.35	21.78	47.20	26.33	35.17
3	大连环保	大连市环境保护局官方微博	41.24	31.64	38.07	27.29	35.05
4	环保营口	营口市环境保护局官方微博	37.06	17.01	37.38	30.85	28.52

续表

排名	微博	认证信息	传播力	服务力	互动力	认同度	总分
5	抚顺市环保局	抚顺市环境保护局官方微博	32.71	21.09	37.75	20.61	28.36
6	鞍山环保	鞍山市环保局官方微博	31.02	22.26	34.02	23.56	27.67
7	锦州环保	锦州市环境保护局官方微博	25.61	14.67	37.87	23.97	24.75
8	沈阳皇姑环保	沈阳市皇姑区环保分局官方微博	27.36	13.21	33.18	22.54	22.97
9	阜新环保	阜新市环境保护局	24.00	6.80	31.00	25.12	22.77
10	沈阳苏家屯环保	沈阳市环境保护局苏家屯分局官方微博	25.73	10.60	35.12	21.54	22.07

（8）辽宁十大团委系统微博

排名	微博	认证信息	传播力	服务力	互动力	认同度	总分
1	阜新共青团	共青团阜新市委官方微博	55.79	55.29	47.52	47.99	52.43
2	辽宁共青团	共青团辽宁省委员会官方微博	51.62	45.61	47.51	44.88	48.51
3	共青团清原县委	共青团清原县委	50.03	30.30	38.03	28.52	40.33
4	共青团抚顺市委	共青团抚顺市委官方微博	41.84	17.28	32.84	32.73	33.32
5	青春炫钢城	共青团鞍山市委官方微博	33.38	14.70	42.93	30.18	32.19
6	大连金融青年	大连市金融团工委官方微博	28.62	21.99	37.30	23.12	29.35
7	共青团盘锦市委	共青团盘锦市委官方微博	30.11	7.96	41.50	25.44	28.63
8	青春葫芦岛	共青团葫芦岛市委官方微博	22.09	0.90	50.89	34.48	27.73
9	顺城团区委	抚顺市顺成团区委官方微博	27.58	11.17	40.96	21.50	27.70
10	宏伟区长征街道团工委	辽阳市宏伟区长征街道办事处团委官方微博	28.80	21.16	32.65	19.35	27.48

（9）辽宁十大旅游局微博

排名	微博	认证信息	传播力	服务力	互动力	认同度	总分
1	辽宁省凤城市旅游局	辽宁省凤城市旅游发展委员会	47.08	38.93	40.10	41.76	41.19
2	长海旅游攻略	辽宁省大连市长海县旅游局官方微博	42.20	35.88	40.38	34.16	38.32
3	抚顺市旅游委	抚顺市旅游局官方微博	36.18	16.12	35.66	29.50	27.33
4	新宾满族自治县旅游局	辽宁省抚顺市新宾满族自治县旅游局官方微博	32.79	16.13	38.27	26.50	27.14
5	大连市旅游发展委员会	大连市旅游发展委员会官方微博	35.32	9.52	35.84	31.25	24.75
6	清原旅游	辽宁省抚顺市清原满族自治县旅游局官方微博	32.28	12.79	32.45	28.01	24.11
7	辽宁省旅游发展委员会	辽宁省旅游发展委员会官方微博	31.08	4.66	39.81	34.68	23.49
8	金普旅游	大连金普新区旅游官方微博	29.62	5.92	38.98	27.40	22.73
9	辽宁旅游资讯	辽宁省12301旅游服务热线	26.88	9.31	34.66	20.18	21.51
10	辽宁省凤城市旅游局	辽宁省凤城市旅游发展委员会	47.08	38.93	40.10	41.76	41.19

21. 广西政务指数微博影响力榜

（1）广西政务微博城市竞争力指数

排名	地区	传播力	服务力	互动力	竞争力指数
1	南 宁	74.21	66.23	54.25	64.43
2	柳 州	67.01	63.28	54.21	61.22
3	桂 林	65.71	60.11	46.26	56.94
4	百 色	65.19	63.38	41.16	56.15
5	钦 州	64.88	56.61	41.64	53.85
6	贺 州	61.21	54.58	40.61	51.68
7	来 宾	61.33	55.52	35.35	50.20
8	北 海	61.13	53.35	32.86	48.51
9	玉 林	59.30	53.33	33.55	48.20
10	河 池	58.37	55.97	30.72	47.85
11	贵 港	59.54	52.96	31.72	47.50
12	崇 左	55.00	54.97	30.77	46.51
13	梧 州	59.53	54.39	26.51	46.17
14	防城港	54.60	51.19	28.33	44.21

（2）广西十大政务机构微博

排名	微博	认证信息	传播力	服务力	互动力	认同度	总分
1	柳州公安	广西柳州市公安局官方微博	80.24	80.43	64.23	65.45	74.03
2	广西公安	广西壮族自治区公安厅官方微博	67.54	84.17	62.68	59.54	71.93
3	桂林消防119	桂林市公安消防支队官方微博	64.18	84.61	57.77	58.03	69.81
4	广西消防	广西壮族自治区公安消防总队官方微博	64.83	81.37	60.86	53.85	69.16
5	南宁气象	南宁市气象局官方微博	67.71	80.79	56.62	59.52	68.80
6	百色公安	广西百色市公安局官方微博	63.16	78.86	59.99	52.06	67.38
7	广西气象	广西壮族自治区气象服务中心官方微博	64.95	80.52	55.06	54.80	67.20
8	柳州消防	柳州市公安消防支队官方微博	62.85	76.64	59.60	51.43	66.25
9	广西反邪教	桂风网 www.guiwind.com 官方微博	66.10	83.12	55.46	55.11	65.22
10	来宾公安	广西来宾市公安局官方微博	60.08	77.92	55.56	52.53	65.10

（3）广西十大党政新闻发布微博

排名	微博	认证信息	传播力	服务力	互动力	认同度	总分
1	南宁发布	南宁市委宣传部官方微博	62.98	71.32	54.01	56.51	61.31
2	北海发布	北海市人民政府新闻办公室官方微博	61.18	70.74	48.24	46.61	57.75
3	青秀发布	南宁市青秀区宣传部官方微博	58.88	70.41	48.48	45.93	56.77

排名	微博	认证信息	传播力	服务力	互动力	认同度	总分
4	我爱柳州	柳州市委宣传部官方微博	62.19	54.30	50.73	56.78	56.64
5	长寿贺州	贺州市人民政府新闻办公室官方微博	58.57	70.77	44.93	53.06	56.37
6	防城港发布	防城港市人民政府新闻办公室官方微博	53.27	55.50	48.11	50.02	51.84
7	贵港宣传	中共贵港市委宣传部官方微博	53.08	32.91	39.45	53.73	45.02
8	钦州发布	中共钦州市委宣传部	50.90	26.63	41.41	43.61	42.47
9	玉林发布	玉林市人民政府新闻办公室官方微博	47.19	40.15	37.02	41.60	42.17
10	横县发布	广西南宁市横县县委宣传部官方微博	47.39	22.21	48.92	39.09	41.98

（4）广西十大公安系统微博

排名	微博	认证信息	传播力	服务力	互动力	认同度	总分
1	柳州公安	广西柳州市公安局官方微博	80.24	80.43	64.23	65.45	74.03
2	广西公安	广西壮族自治区公安厅官方微博	67.54	84.17	62.68	59.54	71.93
3	百色公安	广西百色市公安局官方微博	63.16	78.86	59.99	52.06	67.38
4	来宾公安	广西来宾市公安局官方微博	60.08	77.92	55.56	52.53	65.10
5	南宁路况	广西南宁市公安局交通警察支队指挥中心官方微博	65.81	76.37	43.31	43.65	61.07
6	钦州交警	钦州交警官方微博	58.90	71.89	46.98	47.83	59.41
7	贺州警方	贺州市公安局官方微博	56.95	66.93	54.60	48.19	59.36
8	禁毒法治	广西百色市禁毒办官方微博	42.94	69.64	50.42	40.51	55.62
9	玉林公安	广西壮族自治区玉林市公安局官方微博	58.49	59.55	46.56	45.85	54.07
10	钦州公安	广西壮族自治区钦州市公安局官方微博	53.49	62.49	45.99	45.07	54.00

（5）广西十大司法系统微博

排名	微博	认证信息	传播力	服务力	互动力	认同度	总分
1	广西反邪教	桂风网 www.guiwind.com	66.10	83.12	55.46	55.11	65.22
2	柳州政法	广西柳州市委政法委员会官方微博	51.91	87.66	50.65	49.87	58.48
3	南宁西乡塘检察	广西南宁市西乡塘检察院官方微博	60.19	56.45	50.00	45.95	54.21
4	广西政法	广西壮族自治区党委政法委官方微博	46.18	52.97	58.41	51.23	51.71
5	八桂法苑	广西壮族自治区高级人民法院官方微博	55.78	47.96	57.29	35.45	51.08

续表

排名	微博	认证信息	传播力	服务力	互动力	认同度	总分
6	桂林反邪	桂林市防范和处理邪教问题领导小组办公室	54.33	69.45	39.81	33.02	50.87
7	柳州反邪	柳州市防范和处理邪教问题领导小组办公室	47.35	72.25	43.13	31.17	49.45
8	贺州反邪	贺州市防范和处理邪教问题领导小组办公室	56.01	69.19	31.08	25.74	48.14
9	河池反邪	河池市防范和处理邪教问题领导小组办公室	49.63	62.13	40.14	33.89	47.71
10	百色反邪	百色市防范和处理邪教问题领导小组办公室	53.13	72.50	29.04	27.57	47.22

（6）广西十大交通系统微博

排名	微博	认证信息	传播力	服务力	互动力	认同度	总分
1	南宁铁路	中国铁路南宁局集团有限公司官方微博	71.95	69.11	56.84	57.48	64.84
2	广西海事局	中华人民共和国广西海事局官方微博	43.57	39.52	41.40	27.67	39.71
3	南宁轨道交通	南宁轨道交通集团有限责任公司运营分公司官方微博	46.48	14.79	43.62	44.21	32.72
4	柳州火车站	中国铁路南宁局集团有限公司柳州火车站官方微博	41.03	23.66	34.62	30.68	31.12
5	南宁交通运输	广西南宁市交通运输局官方微博	35.47	22.36	37.86	34.54	30.85
6	南宁火车站	中国铁路南宁局集团有限公司南宁火车站官方微博	43.19	21.27	35.75	29.13	30.79
7	广西沿海铁路	广西沿海铁路官方微博	40.34	22.79	31.16	30.55	29.59
8	柳南站	中国铁路南宁局集团有限公司柳州南车站官方微博	39.08	25.81	28.97	25.00	29.33
9	宁铁南宁通信段	中国铁路南宁局集团有限公司通信段(公司)官方微博	40.48	22.43	30.47	29.47	29.15
10	南宁电务段	中国铁路南宁局集团有限公司南宁电务段官方微博	37.02	21.67	34.59	23.71	28.82

（7）广西十大生态环境系统微博

排名	微博	认证信息	传播力	服务力	互动力	认同度	总分
1	北海市环境保护局	北海市环境保护局官方微博	31.46	24.12	32.76	22.86	28.05
2	贺州市环境保护局	广西壮族自治区贺州市环境保护局官方微博	25.94	21.23	28.62	20.61	25.27
3	贵港环保	贵港市环境保护局官方微博	23.78	9.17	34.94	23.97	24.23

续表

排名	微博	认证信息	传播力	服务力	互动力	认同度	总分
4	崇左市环境保护局	崇左市环境保护局官方微博	25.32	21.67	25.24	19.22	23.96
5	来宾市环境保护局	来宾市环境保护局官方微博	24.53	18.02	27.20	20.60	23.63
6	防城港环境保护	防城港市环境保护局	22.82	13.17	29.95	22.78	23.02
7	南宁环保宣传	南宁市环境宣传教育中心官方微博	20.23	6.01	36.11	24.57	22.58
8	柳州市环境保护局	柳州市环保局官方微博	29.06	9.95	35.29	21.66	22.55
9	百色环保宣传	百色市环境保护局官方微博	20.65	25.43	30.09	0.00	22.37
10	河池市环境保护局	河池市环境保护局官方微博	22.90	7.28	31.63	18.39	21.95

（8）广西十大团委系统微博

排名	微博	认证信息	传播力	服务力	互动力	认同度	总分
1	广西学联	广西壮族自治区学生联合会官方微博	48.77	55.72	35.51	34.84	44.79
2	广西共青团	共青团广西壮族自治区委官方微博	48.46	35.01	40.46	37.07	42.23
3	柳州城市职业学院团委	广西柳州城市职业学院团委官方微博	41.83	39.04	34.77	50.98	40.07
4	西乡塘区共青团	共青团西乡塘区委官方微博	44.74	32.23	37.71	36.27	39.28
5	广西水利电力职业技术学院团委	广西水利电力职业技术学院团委官方微博	41.85	34.81	35.95	46.79	39.17
6	百色共青团	共青团百色市委员会官方微博	39.63	37.26	39.44	35.75	38.71
7	右江民族医学院团委	共青团右江民族医学院委员会官方微博	36.89	37.20	36.95	37.23	37.00
8	柳州铁道职业技术学院团委	柳州铁道职业技术学院团委官方微博	34.98	13.97	36.18	41.51	31.79
9	良庆区南晓镇团委	良庆区南晓镇团委	30.66	41.41	31.42	13.46	31.32
10	两面针团委	柳州两面针股份有限公司团委官方微博	32.11	32.59	30.53	23.23	30.84

（9）广西十大旅游局微博

排名	微博	认证信息	传播力	服务力	互动力	认同度	总分
1	广西旅游发展委员会	广西壮族自治区旅游发展委员会官方微博	76.24	68.39	55.25	57.72	64.95
2	贺州市旅游发展委员会	广西壮族自治区贺州旅游局官方微博	54.79	69.95	50.19	53.68	59.37
3	南宁市旅游发展委员会	南宁市旅游发展委员会	60.27	65.66	50.71	53.79	58.91
4	桂林市旅游发展委员会	桂林市旅游发展委员会	52.41	37.24	42.10	44.77	42.48
5	北海市旅游发展委员会	北海市旅游发展委员会官方微博	46.37	29.47	42.13	39.23	37.62
6	钦州旅游局	广西钦州旅游局	37.06	30.26	34.87	29.48	32.92

续表

排名	微博	认证信息	传播力	服务力	互动力	认同度	总分
7	百色旅游局	百色旅游局官方微博	39.08	29.99	31.95	27.50	32.15
8	柳州市旅游发展委员会	柳州旅游局官方微博	43.49	16.52	38.95	37.70	30.76
9	崇左市旅游发展委员会	崇左市旅游发展委员会官方微博	35.37	25.16	34.15	28.32	30.21
10	阳朔县旅游局	阳朔县旅游局官方微博	35.49	17.77	40.77	30.97	29.53

22. 福建政务指数微博影响力榜

（1）福建政务微博城市竞争力指数

排名	地区	传播力	服务力	互动力	竞争力指数
1	泉州	72.22	67.73	53.88	64.23
2	福州	70.54	65.54	56.51	63.88
3	厦门	68.39	61.04	52.53	60.27
4	漳州	59.10	55.29	55.64	56.55
5	三明	63.34	58.32	37.15	52.42
6	宁德	58.76	54.08	30.47	47.22
7	南平	58.02	55.10	28.69	46.73
8	龙岩	56.89	54.48	30.28	46.73
9	莆田	54.06	49.90	29.54	44.02

（2）福建十大政务机构微博

排名	微博	认证信息	传播力	服务力	互动力	认同度	总分
1	福建省旅游发展委员会	福建省旅游发展委员会	68.37	82.81	64.95	57.43	72.03
2	共青团福建省委	共青团福建省委员会官方微博	73.03	67.78	68.54	66.96	70.03
3	福州气象	福州市气象局官方微博	70.98	80.26	57.89	56.09	69.28
4	福州消防支队	福州市公安消防支队官方微博	60.74	83.54	58.17	53.34	68.35
5	石狮公安	福建省石狮市公安局官方微博	68.66	80.30	56.17	48.90	67.59
6	福州发布	福州市政务微博群管理办公室官方微博	70.19	73.49	59.23	57.11	66.25
7	厦门天气在线	厦门市气象服务中心官方微博	71.07	77.88	50.80	50.19	65.63
8	闽南师大团委	共青团闽南师范大学委员会	61.77	52.15	79.46	58.89	64.87
9	厦门交警	厦门市公安交通管理局官方微博	59.90	82.07	51.77	41.57	64.49
10	厦门旅发委	厦门市旅游发展委员会官方微博	65.24	69.09	58.59	60.89	64.35

（3）福建十大党政新闻发布微博

排名	微博	认证信息	传播力	服务力	互动力	认同度	总分
1	福州发布	福州市政务微博群管理办公室官方微博	70.19	73.49	59.23	57.11	66.25
2	中国平潭	平潭互联网中心	65.07	62.02	46.57	49.49	57.35
3	海沧发布	福建省厦门市海沧区委宣传部官方微博	52.13	48.56	42.59	37.59	47.10
4	三明网微博	三明市广电互联网宣传中心官方微博	55.38	37.31	43.66	43.69	47.08
5	文创屏南	屏南县传统村落文化创意产业项目指挥部官方微博	58.26	39.66	37.82	39.60	46.54
6	福建漳平新闻网	福建漳平新闻网官方微博	34.53	32.79	68.25	17.66	42.61
7	福清新闻网	福清新闻网官方微博	51.65	33.40	32.71	24.68	39.62
8	福建自贸试验区	中国(福建)自由贸易试验区官方微博	48.20	19.58	40.71	33.67	38.78
9	清新福建	福建省政府新闻办官方微博	46.10	13.29	47.07	31.13	38.33
10	鼓楼发布	福州市鼓楼区政务微博群管理办公室官方微博	45.75	38.73	30.72	26.87	37.95

（4）福建十大公安系统微博

排名	微博	认证信息	传播力	服务力	互动力	认同度	总分
1	石狮公安	福建省石狮市公安局官方微博	68.66	80.30	56.17	48.90	67.59
2	厦门交警	厦门市公安交通管理局官方微博	59.90	82.07	51.77	41.57	64.49
3	泉州网警巡查执法	泉州市公安局网络安全保卫支队官方微博	73.34	71.64	51.91	50.39	63.93
4	厦门警方在线	福建省厦门市公安局官方微博	70.87	64.77	60.04	54.07	63.50
5	泉州交警	泉州交警官方微博	62.81	74.68	49.55	44.01	61.70
6	泉州公安	福建省泉州市公安局官方微博	66.76	56.13	57.44	50.00	58.04
7	泉州高速交警支队	福建省公安厅交警总队泉州高速公路支队	63.08	56.41	48.73	47.93	54.59
8	陈埭派出所	泉州市陈埭派出所官方微博	52.92	60.78	48.45	48.66	54.30
9	晋江公安	福建省晋江市公安局官方微博	58.78	53.10	55.03	46.41	54.15
10	宁德网警巡查执法	宁德网警巡查执法官方微博	57.41	62.07	39.48	37.93	51.95

（5）福建十大司法系统微博

排名	微博	认证信息	传播力	服务力	互动力	认同度	总分
1	福建检察	福建省人民检察院官方微博	56.47	63.22	62.64	54.78	60.85
2	三明中院	三明市中级人民法院官方微博	51.37	51.23	53.59	49.46	51.79
3	福建反邪教	中共福建省委防范和处理邪教问题领导小组办公室官方微博	47.54	61.85	35.69	30.44	45.14

排名	微博	认证信息	传播力	服务力	互动力	认同度	总分
4	无讼永安	永安市人民法院官方微博	35.55	47.53	46.06	31.83	43.12
5	海沧检察	福建省厦门市海沧区人民检察院官方微博	39.08	52.28	32.76	40.85	42.64
6	平安三明	中国共产党三明市委员会政法委员会官方微博	45.06	42.88	38.83	37.29	41.98
7	龙岩检察	福建省龙岩市人民检察院官方微博	38.19	40.00	46.22	29.02	40.41
8	福建高院	福建省高级人民法院官方微博	44.44	23.52	59.66	39.35	40.13
9	泉州市检察院	福建省泉州市人民检察院官方微博	48.31	34.80	39.68	37.80	39.27
10	zfw平安浦城	中共浦城县委政法委员会官方微博	38.55	33.41	43.34	28.77	37.98

（6）福建十大交通系统微博

排名	微博	认证信息	传播力	服务力	互动力	认同度	总分
1	福建厦门火车站	中国铁路南昌局集团有限公司厦门火车站官方微博	60.33	73.86	39.34	40.55	57.47
2	福建省福州火车站	中国铁路南昌局集团有限公司福州火车站官方微博	56.44	71.33	39.58	33.64	55.06
3	海峡情王威服务台	中国铁路南昌局集团有限公司福州车站王威服务台官方微博	44.16	55.09	33.12	17.38	42.55
4	厦门地铁	厦门轨道交通集团有限公司	61.70	23.97	49.07	46.78	41.32
5	南铁南平车务段	中国铁路南昌局集团有限公司南平车务段官方微博	40.20	49.61	34.20	23.07	40.45
6	南铁厦门供电段	中国铁路南昌局集团有限公司厦门供电段官方微博	44.07	42.55	38.97	28.57	40.38
7	南铁福州供电段	中国铁路南昌局集团有限公司福州供电段官方微博	44.57	42.32	38.10	24.64	39.73
8	福州电务段	中国铁路南昌局集团有限公司福州电务段官方微博	40.85	44.09	26.69	27.94	36.61
9	泉州公交车	泉州公交发展有限公司官方微博	45.56	24.94	46.28	32.25	36.20
10	福州地铁运营分公司	福州城市地铁有限责任公司运营分公司	50.89	19.53	45.06	42.06	35.71

（7）福建十大生态环境系统微博

排名	微博	认证信息	传播力	服务力	互动力	认同度	总分
1	厦门环保	厦门市环境保护局官方微博	35.31	36.06	26.34	19.11	31.30
2	泉州环保	泉州市环境保护局官方微博	25.34	18.29	38.69	20.54	27.46
3	漳州市环境保护局	漳州市环境保护局官方微博	19.18	16.66	41.69	25.80	26.09
4	南平市环境保护局	南平市环境保护局官方微博	25.03	16.86	30.07	27.21	23.49
5	福州环保	福州市环保局官方微博	30.30	12.05	31.33	24.88	22.76

续表

排名	微博	认证信息	传播力	服务力	互动力	认同度	总分
6	莆田环境	莆田市环境保护局官方微博	14.76	7.57	44.04	0.00	20.63
7	三明环境保护	三明市环境保护局官方微博	17.58	9.41	31.37	21.13	20.44
8	光泽县环境保护局	福建省南平市光泽县环保局官方微博	17.40	0.76	39.20	21.07	17.65
9	宁德环保	福建省宁德市环境保护局官方微博	23.40	6.27	26.73	16.92	16.90
10	龙岩环境	龙岩市环境保护局官方微博	21.41	7.14	29.01	0.00	15.84

（8）福建十大团委系统微博

排名	微博	认证信息	传播力	服务力	互动力	认同度	总分
1	共青团福建省委	共青团福建省委员会官方微博	73.03	67.78	68.54	66.96	70.03
2	闽南师大团委	共青团闽南师范大学委员会	61.77	52.15	79.46	58.89	64.87
3	龙岩学院团委	共青团龙岩学院委员会	53.87	70.99	46.90	50.43	54.86
4	宁德师范学院学生会	宁德师范学院学生委员会	52.98	61.99	44.55	47.08	51.66
5	厦门大学学生会	厦门大学学生会官方微博	52.75	36.17	44.31	49.67	46.60
6	福建江夏学院学生会	福建江夏学院学生会	49.08	29.23	52.17	46.71	45.80
7	青春福大	福州大学共青团	46.39	43.92	43.26	41.97	44.52
8	宁德青年	共青团宁德市委员会官方微博	51.46	51.42	34.38	30.51	44.23
9	武夷学院学生会	武夷学院学生会	45.61	43.84	39.82	41.92	43.15
10	集美大学团委	共青团集美大学委员会	46.82	42.73	32.88	39.45	41.08

（9）福建十大旅游局微博

排名	微博	认证信息	传播力	服务力	互动力	认同度	总分
1	福建省旅游发展委员会	福建省旅游发展委员会	68.37	82.81	64.95	57.43	72.03
2	厦门旅发委	厦门市旅游发展委员会官方微博	65.24	69.09	58.59	60.89	64.35
3	福州市旅游发展委员会	福州市旅游发展委员会官方微博	61.94	64.45	60.89	55.87	62.02
4	泉州市旅游发展委员会	泉州市旅游发展委员会官方微博	54.22	24.19	43.80	46.19	38.28
5	i游连城	冠豸山国家级风景名胜区管委会，连城县旅游局对外官方微博	40.05	19.63	46.24	40.93	33.83
6	三明市旅游发展委员会	三明市旅游发展委员会	36.07	21.59	40.02	26.54	30.51
7	莆田市旅游局	莆田市旅游局	39.55	21.00	33.97	34.36	29.94
8	翔安旅游	厦门市翔安区风景旅游管理中心官方微博	36.80	22.10	36.51	23.47	29.50
9	漳州开发区文化旅游发展局	福建省漳州开发区文化旅游局官方微博	33.11	19.86	37.43	22.04	28.00
10	大田县旅游局	大田县旅游局	46.96	3.47	33.04	27.27	23.42

23. 山西政务指数微博影响力榜

（1）山西政务微博城市竞争力指数

排名	地区	传播力	服务力	互动力	竞争力指数
1	太原	70.79	61.60	55.35	62.17
2	晋中	65.56	63.88	46.94	58.46
3	忻州	63.74	56.62	37.71	52.14
4	临汾	66.00	55.45	34.28	51.21
5	大同	64.17	55.70	35.48	51.17
6	运城	67.24	59.86	28.02	50.93
7	晋城	60.90	54.51	28.93	47.47
8	长治	56.14	51.92	29.89	45.48
9	吕梁	57.89	50.52	28.77	45.12
10	阳泉	56.60	50.42	25.62	43.59
11	朔州	53.19	46.94	20.55	39.58

（2）山西十大政务机构微博

排名	微博	认证信息	传播力	服务力	互动力	认同度	总分
1	山西反邪教	山西反邪教协会官方微博	75.29	78.19	56.75	59.58	68.73
2	山西共青团	共青团山西省委官方微博	67.39	82.75	61.29	61.23	68.02
3	山西发布	山西省人民政府新闻办官方微博	66.09	72.91	63.02	59.89	65.91
4	山西交警	山西省公安厅交警总队官方微博	63.95	77.08	54.61	44.62	64.47
5	太原铁路	中国铁路太原局集团有限公司官方微博	66.29	68.52	54.09	55.22	62.42
6	太原交警	太原市公安局交警支队官方微博	68.06	68.94	52.85	53.36	62.38
7	中北大学青年媒体中心	中北大学共青团官方微博	59.99	55.88	55.17	59.83	57.71
8	临汾网警巡查执法	山西省临汾市公安局网络警察支队官方微博	53.13	71.62	47.52	31.30	56.66
9	平遥古城	山西省平遥县委宣传部	58.45	61.73	50.49	53.12	56.19
10	山西大同交警	山西省大同市公安局交通警察支队官方微博	59.20	66.43	42.73	42.53	55.49

（3）山西十大党政新闻发布微博

排名	微博	认证信息	传播力	服务力	互动力	认同度	总分
1	山西发布	山西省人民政府新闻办官方微博	66.09	72.91	63.02	59.89	65.91
2	平遥古城	山西省平遥县委宣传部	58.45	61.73	50.49	53.12	56.19
3	山西省人民政府	山西省人民政府官方微博	49.25	63.97	43.06	41.48	49.56
4	晋中发布	中共晋中市委新闻中心官方微博	52.32	53.03	44.93	43.96	49.41
5	晋城发布	晋城市人民政府新闻办官方微博	51.72	59.71	40.27	32.99	48.01

续表

排名	微博	认证信息	传播力	服务力	互动力	认同度	总分
6	太原发布	中共太原市委外宣办太原市人民政府新闻办官方微博	60.36	29.14	45.95	38.40	47.60
7	大美高平	高平市人民政府新闻办公室官方微博	55.60	42.02	39.31	46.21	47.06
8	朔州市政府网	朔州市政府门户网站官方微博	47.75	52.67	39.16	31.97	44.58
9	孝义发布	孝义市人民政府新闻办公室官方微博	49.71	32.77	44.75	46.69	44.53
10	吕梁发布	山西省吕梁市新闻办公室官方微博	48.17	32.85	43.12	35.81	42.35

（4）山西十大公安系统微博

排名	微博	认证信息	传播力	服务力	互动力	认同度	总分
1	山西交警	山西省公安厅交警总队官方微博	63.95	77.08	54.61	44.62	64.47
2	太原交警	太原市公安局交警支队官方微博	68.06	68.94	52.85	53.36	62.38
3	临汾网警巡查执法	山西省临汾市公安局网络警察支队官方微博	53.13	71.62	47.52	31.30	56.66
4	山西大同交警	山西省大同市公安局交通警察支队官方微博	59.20	66.43	42.73	42.53	55.49
5	晋中公安	山西省晋中市公安局官方微博,该局政治部承办	53.21	53.98	57.75	40.94	53.66
6	大同网警巡查执法	山西省大同市公安局网络安全保卫支队官方微博	47.41	59.48	52.06	38.58	52.75
7	山西忻州交警	山西省忻州市公安局交通警察支队官方微博	54.13	60.57	44.74	37.04	52.18
8	垣曲县交通警察大队	山西省垣曲县公安局交通警察大队官方微博	47.32	72.78	35.14	30.32	52.15
9	平安太原	太原市公安局官方微博	58.44	51.30	48.82	40.80	50.93
10	忻州网警巡查执法	忻州网警巡查执法官方微博	51.62	58.65	46.74	31.18	50.92

（5）山西十大司法系统微博

排名	微博	认证信息	传播力	服务力	互动力	认同度	总分
1	山西反邪教	山西反邪教协会官方微博	75.29	78.19	56.75	59.58	68.73
2	黎法天平	山西省长治市黎城县人民法院官方微博	44.06	67.56	49.10	45.69	55.14
3	山西政法	中共山西省委政法委员会官方微博	45.10	61.39	63.29	53.73	54.68
4	山西临汾尧都区反邪教	临汾市尧都区防范和处理邪教问题办公室官方微博	65.15	53.57	41.54	52.32	54.47
5	山西翼城反邪教	翼城县防范和处理邪教问题办公室官方微博	67.65	58.65	29.48	34.20	51.05

续表

排名	微博	认证信息	传播力	服务力	互动力	认同度	总分
6	晋法之声	山西省高级人民法院官方微博	45.38	49.09	52.68	42.75	48.79
7	晋城市中级人民法院	山西省晋城市中级人民法院官方微博	56.39	51.55	35.02	35.51	45.96
8	山西绛县反邪教	绛县防范和处理邪教问题办公室官方微博	49.23	49.50	34.99	35.10	43.60
9	山西闻喜反邪教	山西运城市闻喜县防范和处理邪教问题办公室官方微博	40.32	51.98	42.03	24.60	41.59
10	山西阳泉平定反邪教	山西阳泉市平定县防范和处理邪教问题办公室官方微博	49.39	44.61	31.58	24.73	40.62

（6）山西十大交通系统微博

排名	微博	认证信息	传播力	服务力	互动力	认同度	总分
1	太原铁路	中国铁路太原局集团有限公司官方微博	66.29	68.52	54.09	55.22	62.42
2	大秦铁路大同站	大秦铁路大同站官方微博	48.02	64.20	40.80	32.64	50.79
3	铁路太原站	太原铁路局太原站官方微博	52.08	55.23	32.77	28.23	45.16
4	晋中交通	山西省晋中市交通运输局官方微博	45.84	2.18	60.19	43.63	32.46
5	太原局12306	中国铁路太原局集团有限公司客户服务中心官方微博	36.78	21.71	37.05	26.15	29.77
6	太铁大同车务段	大同车务段官方微博	33.29	19.86	36.17	16.50	27.10
7	朔州车务段	山西省朔州车务段官方微博	31.66	24.60	28.54	21.93	26.93
8	太原南站2014	太原南站官方微博	33.76	15.55	30.56	22.00	24.34
9	寿阳铁护	山西省晋中市寿阳县铁路护路联防办公室官方微博	19.97	0.77	56.77	25.82	23.92
10	太铁侯马车务段	侯马车务段官方微博	28.60	10.09	35.91	26.02	23.13

（7）山西十大生态环境系统微博

排名	微博	认证信息	传播力	服务力	互动力	认同度	总分
1	山西省环境保护厅	山西省环境保护厅官方微博	35.12	31.36	40.34	31.52	34.82
2	山西临汾环保	临汾市环境保护局官方微博	34.47	29.67	36.69	31.74	32.94
3	太谷环保	山西省晋中市太谷县环境保护局官方微博	30.35	16.05	46.28	24.84	28.86
4	吕梁环保	吕梁市环境保护局官方微博	30.88	9.04	35.79	27.15	27.61
5	太原环保官微	山西省太原市环保局官方微博	26.15	14.75	36.00	25.86	24.52
6	运城市环境保护局	运城市环境保护局	18.45	15.07	28.58	30.27	21.99
7	大同环保官微	山西省大同市环境保护局官方微博	30.71	9.28	27.84	33.46	21.56
8	忻州环保	山西省忻州市环境保护局官方微博	28.76	12.32	28.48	21.72	21.39
9	山西省乡宁县环境保护局	山西省乡宁县环境保护局	18.71	4.89	33.15	27.91	21.20
10	晋城环保	晋城市环境保护局官方微博	28.25	8.93	31.87	22.96	21.08

（8）山西十大团委系统微博

排名	微博	认证信息	传播力	服务力	互动力	认同度	总分
1	山西共青团	共青团山西省委官方微博	67.39	82.75	61.29	61.23	68.02
2	大同共青团	共青团大同市委员会官方微博	57.43	70.30	43.87	49.45	55.14
3	山西团省委学校部	共青团山西省委员会学校部官方微博	56.78	31.65	48.29	56.82	49.21
4	临汾共青团	共青团临汾市委官方微博	49.27	51.16	40.50	39.29	46.02
5	太原共青团	共青团太原市委官方微博	41.94	47.55	46.18	46.13	44.75
6	长治共青团	共青团长治市委员会官方微博	40.77	29.86	38.61	31.57	37.02
7	朔州共青团	共青团朔州市委员会官方微博	35.88	37.87	39.79	23.52	36.22
8	吕梁共青团	共青团吕梁市委员会官方微博	27.29	7.10	53.01	25.61	30.80
9	晋城共青团	共青团晋城市委官方微博	34.14	13.83	33.64	36.17	30.13
10	长治壶关共青团	共青团壶关县委官方微博	32.34	17.38	36.09	24.28	29.66

（9）山西十大旅游局微博

排名	微博	认证信息	传播力	服务力	互动力	认同度	总分
1	平遥古城旅游官网	平遥县旅游局官方微博	54.22	44.00	40.74	45.54	45.22
2	五台山管委会网	五台山风景名胜区管理委员会	24.99	23.68	36.28	24.71	27.82
3	山西省旅游发展委员会	山西省旅游发展委员会	39.51	7.51	40.20	29.48	25.92
4	临汾市旅发委	临汾市旅游发展委员会官方微博	24.12	10.16	35.39	31.89	25.49
5	山西运城旅游	运城市外事侨务和文物旅游局官方微博	19.04	0.86	47.86	26.53	21.16
6	沁源旅游	沁源县旅游局	18.36	2.22	44.58	24.21	20.35
7	阳泉市旅发委	阳泉市旅发委官方微博	39.49	3.48	26.02	25.42	19.64
8	来忻州旅游	山西省忻州市旅游局官方微博	15.62	0.95	43.43	27.71	19.30
9	忻州市旅委	山西省忻州市旅游局官方微博	10.12	0.62	38.00	0.00	13.67
10	长治旅游通	长治市旅游发展委员会官方微博	0.00	0.00	0.00	0.00	0.00

24. 贵州政务指数微博影响力榜

（1）贵州政务微博城市竞争力指数

排名	地区	传播力	服务力	互动力	竞争力指数
1	贵阳	66.48	61.97	51.78	59.76
2	安顺	69.58	58.96	48.40	58.45
3	遵义	62.69	59.16	42.58	54.42
4	铜仁	57.94	49.39	48.36	51.59
5	黔南	58.93	53.50	32.10	47.64
6	六盘水	59.62	51.84	33.04	47.59
7	黔西南	57.03	51.83	34.79	47.43
8	毕节	56.96	50.78	30.10	45.40
9	黔东南	54.13	49.87	25.26	42.53

（2）贵州十大政务机构微博

排名	微博	认证信息	传播力	服务力	互动力	认同度	总分
1	贵州省都匀监狱	贵州省都匀监狱官方微博	57.62	85.51	70.51	71.65	74.05
2	贵州省未成年犯管教所	贵州省未成年犯管教所官方微博	50.43	83.97	70.39	70.68	71.86
3	贵州省凯里监狱	贵州省凯里监狱官方微博	61.44	84.00	62.96	57.32	70.51
4	贵州省轿子山监狱	贵州省轿子山监狱官方微博	53.27	77.28	67.59	64.66	68.31
5	黔中平坝	贵州省安顺市平坝区人民政府	67.84	84.41	62.64	50.71	67.88
6	微博贵州	贵州省互联网信息办公室	71.39	73.82	60.03	65.24	67.85
7	铜仁消防	贵州省铜仁市公安消防支队、中国人民武装警察部队铜仁消防支队	61.23	81.74	51.69	59.60	66.41
8	贵州省福泉监狱	贵州省福泉监狱官方微博	51.95	73.62	64.78	53.06	64.58
9	遵义交警支队	遵义市公安局交警支队官方微博	60.23	74.37	59.58	47.79	64.45
10	贵州省公安厅交警总队	贵州省公安厅交警总队官方微博	61.84	66.97	64.28	39.12	62.35

（3）贵州十大党政新闻发布微博

排名	微博	认证信息	传播力	服务力	互动力	认同度	总分
1	黔中平坝	贵州省安顺市平坝区人民政府	67.84	84.41	62.64	50.71	67.88
2	微博贵州	贵州省互联网信息办公室	71.39	73.82	60.03	65.24	67.85
3	遵义发布	中共遵义市委宣传部官方微博	59.07	66.36	58.30	50.98	59.49
4	文明安顺开发区	贵州省安顺经济技术开发区宣传部官方微博	60.80	69.67	50.20	42.22	57.53
5	铜仁发布	铜仁市人民政府新闻办公室官方微博	61.39	42.42	50.68	46.12	52.86
6	关岭发布 V	中共关岭布依族苗族自治县委宣传部官方微博	45.34	73.69	51.87	39.66	52.40
7	普定发布	中共普定县委宣传部官方微博	55.48	63.31	45.51	38.14	52.32
8	黔西南发布	黔西南州人民政府新闻办公室官方微博	48.77	42.69	48.93	43.46	47.07
9	贵阳发布	贵阳市委宣传部	49.82	37.36	46.81	35.44	44.99
10	安顺发布	中共安顺市委宣传部官方微博	44.34	39.12	52.77	30.93	44.49

（4）贵州十大公安系统微博

排名	微博	认证信息	传播力	服务力	互动力	认同度	总分
1	遵义交警支队	遵义市公安局交警支队官方微博	60.23	74.37	59.58	47.79	64.45
2	贵州省公安厅交警总队	贵州省公安厅交警总队官方微博	61.84	66.97	64.28	39.12	62.35
3	铜仁市交警支队	铜仁市公安局交警支队官方微博	48.95	64.21	43.52	38.44	52.37
4	安顺交警	安顺市公安局交警支队官方微博	47.88	67.46	39.16	39.52	52.26

续表

排名	微博	认证信息	传播力	服务力	互动力	认同度	总分
5	黔南交警	贵州省黔南州公安局交警支队	55.99	55.45	46.96	43.24	51.79
6	毕节交警	毕节市公安局交警支队官方微博	49.69	61.28	44.68	38.03	51.66
7	黔西南州交警支队	黔西南州公安局交警支队官方微博	48.70	59.23	46.54	38.65	51.26
8	贵阳交警	贵阳市公安局交警支队	53.37	55.38	47.04	39.36	50.88
9	黔东南网警巡查执法	黔东南网警官方微博	46.27	62.52	42.46	28.56	49.86
10	正安交通警察大队	遵义市公安交通管理局正安县公安局交通警察大队官方微博	46.36	53.78	45.87	35.93	48.14

（5）贵州十大司法系统微博

排名	微博	认证信息	传播力	服务力	互动力	认同度	总分
1	贵州省都匀监狱	贵州省都匀监狱官方微博	57.62	85.51	70.51	71.65	74.05
2	贵州省未成年犯管教所	贵州省未成年犯管教所官方微博	50.43	83.97	70.39	70.68	71.86
3	贵州省凯里监狱	贵州省凯里监狱官方微博	61.44	84.00	62.96	57.32	70.51
4	贵州省轿子山监狱	贵州省轿子山监狱官方微博	53.27	77.28	67.59	64.66	68.31
5	贵州省福泉监狱	贵州省福泉监狱官方微博	51.95	73.62	64.78	53.06	64.58
6	贵州监狱	贵州省监狱管理局官方微博	54.13	58.48	67.47	53.68	59.82
7	贵州省太平监狱	贵州省太平监狱官方微博	43.35	58.39	63.22	45.41	55.54
8	贵州省人民检察院	贵州省人民检察院新浪官方微博	52.93	54.99	54.48	39.76	52.91
9	贵州省宁谷监狱	贵州省宁谷监狱官方微博	38.17	40.62	64.55	43.94	47.64
10	贵州省司法警察医院	贵州省司法警察医院官方微博	36.40	39.12	60.79	40.83	45.25

（6）贵州十大交通系统微博

排名	微博	认证信息	传播力	服务力	互动力	认同度	总分
1	成铁贵阳火车站	贵阳火车站官方微博	43.51	44.45	35.74	23.92	39.60
2	贵阳供电段	成都铁路局贵阳供电段官方微博	37.22	37.40	30.35	20.20	33.53
3	凯里车务段	成都铁路局凯里车务段官方微博	40.93	38.08	26.70	20.45	33.47
4	贵阳地铁	贵阳市城市轨道交通有限公司官方微博	43.29	17.87	43.20	39.59	32.73
5	遵义机场	遵义机场有限责任公司	32.56	12.26	37.21	32.74	25.86
6	遵车之声	成都铁路局遵义车务段官方微博	30.97	6.78	38.71	27.77	23.29
7	宁局南昆货运中心	南宁铁路局南昆货运中心官方认证	26.99	10.17	34.12	23.85	22.09
8	铁路贵阳列车	成都铁路局贵阳客运段官方微博	31.34	6.89	33.36	25.58	21.59
9	盘州交通	贵州省六盘水市盘县交通运输局官方微博	19.84	1.41	46.12	29.53	21.32
10	贵阳车务段	中共成都铁路局贵阳车务段委员会官方微博	22.65	5.01	41.06	21.28	20.98

（7）贵州十大生态环境系统微博

排名	微博	认证信息	传播力	服务力	互动力	认同度	总分
1	贵州环保365	贵州省环境保护厅官方微博	31.95	16.57	42.06	22.93	27.93
2	毕节环保	毕节市环保局官方微博	24.80	14.03	31.12	30.69	25.13
3	安顺市西秀区环境卫生管理处	贵州省安顺市西秀区环境卫生管理处官方微博	20.37	1.01	47.36	23.04	24.86
4	六盘水市环境保护局	贵州省六盘水市环境保护局官方微博	14.11	6.55	43.52	35.23	23.53
5	贵州省安顺市环境保护局	贵州省安顺市环境保护局官方微博	12.87	5.59	33.41	26.37	18.93
6	黔东南州环境保护局	贵州省黔东南州环境保护局官方微博	21.06	4.83	29.76	23.51	17.42
7	黄果树环保分局	安顺市环境保护局黄果树风景名胜区分局官方微博	7.76	0.10	37.48	28.22	17.19
8	纳雍县环境保护局	贵州省毕节市纳雍县环境保护局官方微博	22.66	4.64	27.90	21.77	16.94
9	黔南州环境保护局	贵州省黔南州环境保护局官方微博	16.63	5.47	30.14	0.00	16.79
10	金州－环保	黔西南州环境保护局官方微博	23.02	5.43	27.25	17.18	16.67

（8）贵州十大团委系统微博

排名	微博	认证信息	传播力	服务力	互动力	认同度	总分
1	共青团贵州省委	共青团贵州省委官方微博	60.72	57.46	49.87	54.02	56.14
2	共青团毕节市委	共青团毕节市委官方微博	49.11	39.66	35.18	40.59	42.19
3	共青团七星关区委	共青团七星关区委官方微博	45.63	21.08	39.52	25.35	36.86
4	青春石莲	共青团湄潭县石莲镇委员会	37.43	11.15	43.25	32.15	33.39
5	共青团遵义市委	共青团贵州省遵义市委官方微博	40.03	11.82	35.29	28.19	31.78
6	共青团贵阳市委	共青团贵阳市委官方微博	31.44	9.78	34.91	37.14	28.72
7	共青团桐梓县委	共青团桐梓县委官方微博	26.24	11.28	42.38	24.43	27.91
8	青春盘州	共青团贵州省盘县委官方微博	26.30	18.78	34.27	27.55	27.31
9	共青团大方县委	共青团大方县委官方微博	30.11	6.76	32.98	26.54	25.95
10	青春德－江	德江县共青团官方微博	27.75	7.46	32.92	32.46	25.72

（9）贵州十大旅游局微博

排名	微博	认证信息	传播力	服务力	互动力	认同度	总分
1	安顺微旅游	安顺市旅游局官方微博	52.52	55.19	47.09	38.52	50.56
2	贵州省旅游发展委员会	贵州省旅游发展委员会官方微博	59.26	45.44	50.15	53.14	50.38
3	贵州遵义旅游	遵义市旅游发展委员会官方微博	34.87	13.91	41.51	35.01	28.49

续表

排名	微博	认证信息	传播力	服务力	互动力	认同度	总分
4	道真旅游 -	道真仡佬族苗族自治县旅游局	31.56	18.78	29.43	29.10	28.12
5	魅力钟山旅游微博	六盘水市钟山区旅游外事局官方微博	38.70	12.01	33.33	33.90	25.93
6	播州旅游	遵义县旅游产业发展办公室官方微博	28.95	7.30	39.26	28.41	23.33
7	铜仁市旅游发展委员会	铜仁市旅游发展委员会官方微博	30.56	3.59	39.55	33.57	22.77
8	六盘水野玉海山地旅游度假区	贵州省六盘水野玉海山地旅游度假区管理委员会官方微博	23.88	4.28	43.02	26.46	22.04
9	盘州旅游	贵州省盘州市旅游局官方微博	27.13	9.40	32.13	29.62	21.79
10	高原明珠浪漫花溪	贵阳市花溪区旅游局官方微博	23.47	9.29	37.33	20.62	21.67

25. 黑龙江政务指数微博影响力榜

（1）黑龙江政务微博城市竞争力指数

排名	地区	传播力	服务力	互动力	竞争力指数
1	哈尔滨	76.24	65.30	56.28	65.43
2	黑河	54.50	51.53	43.23	49.52
3	鸡西	61.19	53.31	26.85	46.41
4	伊春	50.80	51.95	34.11	45.36
5	牡丹江	61.14	52.08	24.99	45.32
6	齐齐哈尔	59.62	50.43	27.91	45.31
7	大庆	61.87	50.59	25.80	45.30
8	佳木斯	58.25	49.41	24.22	43.25
9	七台河	54.77	45.32	29.55	42.64
10	绥化	49.01	44.80	19.15	37.09
11	大兴安岭	50.04	41.50	17.53	35.67
12	双鸭山	49.83	44.15	15.01	35.66
13	鹤岗	47.94	42.10	9.18	32.33

（2）黑龙江十大政务机构微博

排名	微博	认证信息	传播力	服务力	互动力	认同度	总分
1	黑龙江反邪教	黑龙江省反邪教研究会官方微博	78.80	79.63	62.24	69.03	73.02
2	龙江气象	黑龙江省气象服务中心官方微博	68.64	80.81	64.42	67.21	72.10
3	哈尔滨气象	哈尔滨市气象科技服务中心官方微博	66.39	89.17	50.41	58.62	69.93
4	哈尔滨环保	哈尔滨市环保局官方微博	57.28	71.17	59.40	62.02	63.95
5	哈尔滨铁路局	中国铁路哈尔滨局集团有限公司官方微博	65.30	71.73	54.07	52.18	63.19

续表

排名	微博	认证信息	传播力	服务力	互动力	认同度	总分
6	平安哈尔滨	哈尔滨市公安局官方微博	69.86	57.97	60.03	70.01	62.17
7	哈尔滨发布	中共哈尔滨市委宣传部官方微博	58.65	66.71	64.24	53.21	61.40
8	七台河气象	七台河市气象局官方微博	52.49	78.75	49.94	43.50	61.33
9	七台河检察	七台河市人民检察院官方微博	47.22	74.86	53.02	38.10	59.10
10	黑龙江共青团	共青团黑龙江省委员会官方微博	59.80	70.60	52.17	49.43	58.64

（3）黑龙江十大党政新闻发布微博

排名	微博	认证信息	传播力	服务力	互动力	认同度	总分
1	哈尔滨发布	中共哈尔滨市委宣传部官方微博	58.65	66.71	64.24	53.21	61.40
2	网信鸡西	鸡西市互联网信息办公室官方微博	56.69	54.50	44.47	42.89	51.20
3	鸡西微生活	黑龙江省鸡西市微生活官方微博	55.75	61.08	42.40	38.27	51.06
4	伊春发布	中共伊春市委宣传部官方微博	50.13	55.18	52.35	42.32	51.03
5	香坊宣传	中共哈尔滨香坊区委宣传部	52.81	63.83	36.88	36.29	48.59
6	爱辉发布	黑河市爱辉区人民政府官方微博	52.07	49.36	41.45	46.21	47.76
7	黑河封面	中共黑河市委宣传部官方微博	48.48	44.27	37.41	37.55	43.22
8	七台河发布	黑龙江省七台河市互联网信息管理办公室官方微博	44.20	26.04	49.77	37.30	41.55
9	道外发布	中共哈尔滨市道外区委宣传部	47.06	30.00	41.17	31.30	40.30
10	南岗发布	中共哈尔滨市南岗区委宣传部	42.59	44.19	32.99	34.40	39.21

（4）黑龙江十大公安系统微博

排名	微博	认证信息	传播力	服务力	互动力	认同度	总分
1	平安哈尔滨	哈尔滨市公安局官方微博	69.86	57.97	60.03	70.01	62.17
2	龙警微博	黑龙江省公安厅官方微博	57.59	60.24	50.03	43.23	54.95
3	佳木斯交警	佳木斯市公安局交警支队官方微博	51.92	57.48	44.52	39.73	50.70
4	大庆网警巡查执法	黑龙江省大庆市公安局网安支队官方微博	45.55	57.08	44.37	31.75	48.43
5	黑河网警巡查执法	黑河网警巡查执法官方微博	57.92	25.46	60.12	66.12	46.42
6	哈尔滨交警微博	哈尔滨市公安交通管理局官方微博	42.32	53.95	40.77	32.42	45.52
7	哈尔滨网警巡查执法	黑龙江省哈尔滨市公安局网络安全保卫支队	38.63	52.36	45.97	30.28	45.49
8	黑龙江省交警总队	黑龙江省交警总队官方微博	43.56	44.96	47.49	24.60	43.13
9	_平安绥芬河_	绥芬河市公安局官方微博	42.55	49.90	32.47	26.89	40.90
10	鸡西交警	鸡西市公安交警支队官方微博	40.52	45.71	39.29	24.46	40.62

（5）黑龙江十大司法系统微博

排名	微博	认证信息	传播力	服务力	互动力	认同度	总分
1	黑龙江反邪教	黑龙江省反邪教研究会官方微博	78.80	79.63	62.24	69.03	73.02
2	七台河检察	七台河市人民检察院官方微博	47.22	74.86	53.02	38.10	59.10
3	黑龙江－平安黑龙江	黑龙江省委政法委员会及省综治办官方微博	57.15	67.69	50.83	49.20	56.57
4	伊春中院	黑龙江省伊春中院官方微博	44.91	61.25	47.06	47.30	52.33
5	勃利县检察院	黑龙江省七台河市勃利县人民检察院官方微博	42.09	52.51	53.43	44.02	49.85
6	大庆市中级人民法院	黑龙江省大庆市中级人民法院官方微博	41.90	54.56	42.14	32.32	46.08
7	七台河市茄子河区人民法院	黑龙江省七台河市茄子河区人民法院官方微博	37.51	51.65	41.84	47.92	45.50
8	黑龙江省高级人民法院	黑龙江省高级人民法院官方微博	55.20	18.50	58.29	59.10	41.84
9	密山法院	黑龙江省密山市法院官方微博	43.84	53.08	30.22	22.91	41.36
10	牡丹江铁路运输法院	黑龙江省牡丹江铁路运输法院官方微博	43.10	49.18	34.35	23.02	40.90

（6）黑龙江十大交通系统微博

排名	微博	认证信息	传播力	服务力	互动力	认同度	总分
1	哈尔滨铁路局	中国铁路哈尔滨局集团有限公司官方微博	65.30	71.73	54.07	52.18	63.19
2	哈铁大庆车务段	哈尔滨铁路局大庆车务段官方微博	46.43	47.57	29.79	24.39	39.69
3	哈铁局佳木斯机务段	哈铁佳木斯机务段官方微博	43.28	40.00	36.11	40.38	39.53
4	哈铁哈尔滨火车站	哈尔滨铁路局哈尔滨站官方微博	45.56	25.63	37.57	34.45	34.08
5	哈铁哈尔滨电务段	哈铁哈尔滨电务段官方微博	38.36	28.06	34.71	25.30	31.84
6	哈铁七台河火车站	哈尔滨铁路局七台河火车站官方微博	35.97	23.36	39.90	28.81	31.39
7	哈铁哈尔滨客运段	哈尔滨铁路局哈尔滨客运段官方微博	38.85	24.55	34.65	33.79	31.36
8	哈铁牡丹江火车站	哈尔滨铁路局牡丹江火车站官方微博	44.49	18.34	37.71	37.47	31.29
9	七台河市交通运输局	黑龙江省七台河市交通运输局官方微博	35.10	24.42	35.89	30.64	30.62
10	哈铁牡丹江电务段	哈铁牡丹江电务段官方微博	36.37	26.66	30.10	29.19	29.89

（7）黑龙江十大生态环境系统微博

排名	微博	认证信息	传播力	服务力	互动力	认同度	总分
1	哈尔滨环保	哈尔滨市环保局官方微博	57.28	71.17	59.40	62.02	63.95
2	尚志环保	尚志市环境保护局官方微博	40.90	70.65	46.45	51.64	55.54
3	五常环保	五常市环保局官方微博	41.01	57.90	57.20	39.25	52.44
4	阿城环保	黑龙江省哈尔滨市阿城区环境保护局官方微博	36.50	50.41	24.90	32.38	38.17
5	牡丹江环保	牡丹江市环境保护局官方微博	35.50	33.02	36.91	30.68	34.45
6	大庆环境	大庆市环境保护局官方微博	32.60	21.44	39.46	26.87	29.62
7	龙江环保	黑龙江省环境保护厅官方微博	35.27	20.52	36.74	21.69	28.45
8	双城环保	黑龙江省哈尔滨市双城区环境保护局官方微博	35.08	19.31	29.34	27.32	26.27
9	延寿县环境保护局	黑龙江省哈尔滨市延寿县环境保护局官方微博	30.88	13.35	32.73	29.74	24.31
10	木兰环保	哈尔滨市木兰县环境保护局官方微博	26.07	6.34	41.46	22.40	22.43

（8）黑龙江十大团委系统微博

排名	微博	认证信息	传播力	服务力	互动力	认同度	总分
1	黑龙江共青团	共青团黑龙江省委员会官方微博	59.80	70.60	52.17	49.43	58.64
2	共青团大兴安岭地委	共青团大兴安岭地区委员会官方微博	35.85	23.31	29.95	25.55	30.54
3	伊春共青团	共青团伊春市委员会官方微博	32.54	22.86	29.76	24.49	28.96
4	共青团饶河县委	共青团饶河县委官方微博	26.67	4.54	46.78	29.76	28.58
5	绥化共青团	绥化市共青团官方微博	30.62	6.44	38.37	30.30	28.08
6	双鸭山共青团	共青团双鸭山市委员会官方微博	27.54	9.24	40.87	25.73	27.70
7	哈尔滨共青团	共青团哈尔滨市委员会官方微博	28.66	8.18	38.22	21.07	26.67
8	共青团带岭区委员会_	共青团带岭区委官方微博	29.38	16.39	29.23	21.43	25.94
9	黑龙江工程学院校团委	黑龙江工程学院校团委官方微博	19.41	3.87	42.12	30.95	24.27
10	鸡西共青团	共青团鸡西市委员会官方微博	21.62	3.90	41.28	23.62	24.17

（9）黑龙江十大旅游局微博

排名	微博	认证信息	传播力	服务力	互动力	认同度	总分
1	黑河旅游	黑河市旅游局官方微博	47.07	48.96	59.01	34.36	50.14
2	黑龙江省旅游发展委员会	黑龙江省旅游发展委员会官方微博	64.99	51.08	41.45	38.63	49.73
3	五大连池旅游	黑龙江省五大连池风景区旅游局官方微博	38.92	37.78	44.75	31.27	39.45
4	伊春旅游微门户	伊春市旅游发展委员会官方微博	39.31	33.16	36.66	28.90	35.02

续表

排名	微博	认证信息	传播力	服务力	互动力	认同度	总分
5	大兴安岭新林旅游	黑龙江省大兴安岭新林区人民政府旅游局官方微博	34.12	20.40	47.39	30.64	32.26
6	哈尔滨市旅游局	黑龙江省哈尔滨市旅游局官方微博	46.46	14.16	41.84	42.28	31.73
7	汤旺河旅游	伊春市汤旺河区旅游管理局	36.91	4.96	55.40	52.19	31.20
8	兴安之源－自在呼玛	黑龙江省大兴安岭地区呼玛县旅游局官方微博	29.12	4.90	46.11	29.72	29.43
9	齐齐哈尔旅游	黑龙江省齐齐哈尔市旅游局官方微博	45.49	16.66	31.49	25.49	27.76
10	中国漠河旅游	漠河县旅游局官方微博	33.06	8.63	48.17	32.40	27.75

26. 吉林政务指数微博影响力榜

（1）吉林政务微博城市竞争力指数

排名	地区	传播力	服务力	互动力	竞争力指数
1	长春	70.42	62.42	54.36	62.00
2	吉林	60.72	56.59	31.95	49.21
3	通化	56.33	53.63	33.70	47.46
4	延边	56.59	52.78	32.08	46.68
5	松原	53.36	49.37	31.93	44.47
6	白山	57.16	49.14	26.72	43.70
7	四平	54.16	45.19	21.75	39.68
8	白城	49.67	46.16	22.31	38.86
9	辽源	44.19	40.48	15.48	32.84

（2）吉林十大政务机构微博

排名	微博	认证信息	传播力	服务力	互动力	认同度	总分
1	吉林发布	吉林省人民政府新闻办官方微博	73.61	73.81	76.49	72.04	74.36
2	吉林共青团	共青团吉林省委员会官方微博	71.79	73.27	75.12	74.79	73.38
3	长春交警	长春市公安局交警支队官方微博	68.73	75.18	61.61	53.53	67.65
4	长春发布	长春市委宣传部官方微博	68.14	74.03	62.19	56.35	66.36
5	和谐宽城	吉林省长春市宽城区互联网信息中心官方微博	62.60	81.03	58.21	59.94	64.70
6	吉林省旅游发展委员会	吉林省旅游发展委员会官方微博	57.49	80.12	49.17	50.73	63.37
7	吉林省交警总队	吉林省公安厅交通警察总队官方微博	63.67	69.57	59.91	43.05	62.84
8	吉林政法声音	吉林省委政法委官方微博	48.65	84.98	59.99	56.87	60.14
9	吉林警事	吉林省公安厅官方微博	59.03	58.79	61.13	45.48	58.21
10	高速警事	吉林省公安厅高速公路公安局官方微博	58.92	64.44	50.30	42.56	56.91

（3）吉林十大党政新闻发布微博

排名	微博	认证信息	传播力	服务力	互动力	认同度	总分
1	吉林发布	吉林省人民政府新闻办官方微博	73.61	73.81	76.49	72.04	74.36
2	长春发布	长春市委宣传部官方微博	68.14	74.03	62.19	56.35	66.36
3	和谐宽城	吉林省长春市宽城区互联网信息中心官方微博	62.60	81.03	58.21	59.94	64.70
4	延边发布	延边朝鲜族自治州人民政府新闻办公室官方微博	60.34	68.40	47.57	47.48	56.84
5	长白山发布	吉林省长白山保护开发区管理委员会官方微博	52.55	53.20	42.21	42.14	48.54
6	梅河口发布	吉林省梅河口市人民政府新闻中心官方微博	52.45	52.09	42.79	41.02	48.34
7	美好双阳	吉林省长春市双阳区互联网信息中心官方微博	48.25	54.35	40.36	41.58	46.44
8	吉林市发布	吉林市政府新闻办公室官方微博	45.43	53.74	42.87	44.04	46.18
9	松原发布	松原市人民政府新闻中心官方微博	47.63	37.55	42.12	37.07	42.90
10	四平发布	四平市人民政府新闻中心官方微博	49.41	33.72	36.79	36.66	41.21

（4）吉林十大公安系统微博

排名	微博	认证信息	传播力	服务力	互动力	认同度	总分
1	长春交警	长春市公安局交警支队官方微博	68.73	75.18	61.61	53.53	67.65
2	吉林省交警总队	吉林省公安厅交通警察总队官方微博	63.67	69.57	59.91	43.05	62.84
3	吉林警事	吉林省公安厅官方微博	59.03	58.79	61.13	45.48	58.21
4	高速警事	吉林省公安厅高速公路公安局官方微博	58.92	64.44	50.30	42.56	56.91
5	吉林高速公安延吉分局	吉林省公安厅高速公路公安局延吉分局官方微博	50.77	66.26	53.04	35.14	56.08
6	吉林出入境	吉林省公安厅出入境管理局官方微博	55.11	61.80	49.50	48.00	55.39
7	白山交警	白山市公安局交警支队官方微博	50.29	64.72	38.25	24.97	49.92
8	长春交警特勤大队	吉林省长春市公安局交警支队特勤大队官方微博	42.56	60.28	45.37	23.58	48.59
9	吉林高速公安长春分局	吉林省公安厅高速公路公安局长春分局官方微博	49.82	54.16	46.05	30.70	48.51
10	通化市公安局	通化市公安局官方微博	53.29	57.01	35.73	34.93	47.67

（5）吉林十大司法系统微博

排名	微博	认证信息	传播力	服务力	互动力	认同度	总分
1	吉林政法声音	吉林省委政法委官方微博	48.65	84.98	59.99	56.87	60.14
2	吉林检察	吉林省人民检察院官方微博	56.89	66.07	43.67	39.74	54.88
3	吉林反邪教	吉林省反邪教宣传教育中心官方微博	57.14	57.97	43.75	37.67	51.34
4	通化政法	通化市委政法委员会官方微博	39.98	65.47	39.19	44.11	45.26
5	正义通化	通化市人民检察院官方微博	38.65	42.81	44.09	21.07	40.19
6	蛟河检察	蛟河市人民检察院官方微博	32.36	42.62	33.70	39.30	37.56
7	长岭法院	松原市长岭县人民法院官方微博	36.54	40.08	37.56	28.79	37.49
8	通化反邪	中共通化市委防范和处理邪教问题领导小组办公室	33.44	39.81	32.16	41.57	35.14
9	吉林市政法在线	中共吉林市委政法委官方微博	28.61	37.68	33.82	35.16	32.64
10	长春反邪在线	吉林省长春市委防范和处理邪教问题领导小组办公室官方微博	24.13	12.35	49.69	44.91	31.52

（6）吉林十大交通系统微博

排名	微博	认证信息	传播力	服务力	互动力	认同度	总分
1	沈铁长春站	中国铁路沈阳局集团有限公司长春火车站	49.90	71.98	35.87	29.04	52.44
2	长春客运段	沈阳铁路局长春客运段官方微博	42.30	68.25	36.78	27.04	49.50
3	沈铁吉林车辆段	沈阳铁路局吉林车辆段官方微博	37.91	69.48	33.57	19.84	47.43
4	吉林交通	吉林省交通运输厅官方微博	45.21	60.88	35.21	20.95	46.05
5	沈局梅河口机务段	沈阳铁路局梅河口机务段官方微博	40.63	49.67	36.64	29.40	41.92
6	吉林高速路况12122	吉林省高速公路管理局官方微博	42.13	38.14	41.96	31.25	39.39
7	沈阳局集团有限公司通化货运中心	中国铁路沈阳局集团有限公司通化货运中心官方微博	39.10	45.28	37.06	20.29	39.08
8	吉林省辉南县交通管理大队	吉林省辉南县公安局交通管理大队官方微博	46.97	24.95	47.37	28.59	36.44
9	四平工务段	中国铁路沈阳局集团有限公司四平工务段官方微博	37.01	44.29	30.95	16.60	36.06
10	白城机务段	中国铁路沈阳局集团有限公司白城机务段	39.22	37.98	34.66	24.33	35.87

（7）吉林十大生态环境系统微博

排名	微博	认证信息	传播力	服务力	互动力	认同度	总分
1	吉林省环境保护厅	吉林省环境保护厅官方微博	36.78	35.99	38.20	19.13	35.13
2	长春市环境保护局	吉林省长春市环境保护局官方微博	39.56	35.29	35.16	24.43	35.02
3	吉林市环境保护局	吉林市环境保护局官方微博	29.94	36.58	30.13	21.68	31.83
4	通化环境保护	通化市环境保护局	21.78	31.81	36.47	22.50	28.26

续表

排名	微博	认证信息	传播力	服务力	互动力	认同度	总分
5	白山市环境保护局	白山市环境保护局官方微博	28.82	29.54	25.04	17.79	26.87
6	梅城环保	梅河口市环境保护局官方微博	17.58	9.64	41.30	22.96	22.06
7	四平环境保护	四平市环境保护局官方微博	24.72	14.02	29.37	0.00	21.50
8	白城市环境保护局	吉林省白城市环境保护局官方微博	21.15	5.09	31.74	18.50	20.85
9	岭城环保	公主岭市环境保护局官方微博	22.20	10.54	22.01	17.75	19.37
10	松原环境保护	松原市环境保护局官网微博	18.78	6.27	26.93	22.31	19.08

（8）吉林十大团委系统微博

排名	微博	认证信息	传播力	服务力	互动力	认同度	总分
1	吉林共青团	共青团吉林省委员会官方微博	71.79	73.27	75.12	74.79	73.38
2	长春共青团	共青团长春市委员会官方微博	51.97	57.59	53.80	55.65	54.01
3	扶余市团委	共青团扶余市委员会官方微博	57.85	56.23	43.52	50.99	52.54
4	共青团前郭县委	共青团前郭尔罗斯蒙古族自治县委官方微博	29.01	20.14	46.49	27.26	32.31
5	共同走过青春岁月的团队	共青团通化市委员会官方微博	26.46	22.95	41.69	24.26	30.11
6	洮南共青团	洮南共青团官方微博	31.17	31.98	34.62	0.00	29.25
7	白城团市委	共青团白城市委官方微博	37.93	24.30	23.70	17.24	28.86
8	青春辽源	吉林省辽源团市委官方微博	34.35	14.80	30.84	25.96	28.55
9	四平共青团	共青团四平市委员会官方微博	29.43	21.36	30.10	31.56	28.23
10	长白团县委	共青团长白朝鲜族自治县委官方微博	22.07	13.49	42.07	29.05	27.05

（9）吉林十大旅游局微博

排名	微博	认证信息	传播力	服务力	互动力	认同度	总分
1	吉林省旅游发展委员会	吉林省旅游发展委员会官方微博	57.49	80.12	49.17	50.73	63.37
2	长春市旅游局	长春市旅游局官方微博	40.09	13.72	38.66	38.46	28.95
3	长春莲花山度假区旅游局	长春莲花山生态旅游度假区旅游局官方微博	27.71	10.75	46.77	33.47	27.22
4	山水吉林雾凇江城	吉林市旅游局官方微博	28.18	6.38	36.80	28.12	22.04
5	醉美珲春	珲春市旅游局官方微博	26.13	3.78	33.15	26.03	19.28
6	四平铁东区旅游	四平市铁东区旅游管理服务中心	20.88	1.52	38.92	25.68	19.03
7	延边安图旅游局官方微博	安图县外事旅游局官方微博	12.55	0.85	43.48	28.77	18.77
8	松原旅游	吉林省松原市旅游局官方微博	21.80	1.83	35.26	20.21	17.69
9	长春市双阳区旅游局	吉林省长春市双阳区旅游局官方微博	20.67	3.68	29.76	20.78	16.61
10	和龙市旅游局	吉林省和龙市旅游局官方微博	8.95	0.42	38.82	27.34	16.34

27. 新疆政务指数微博影响力榜

（1）新疆政务微博城市竞争力指数

排名	地区	传播力	服务力	互动力	竞争力指数
1	乌鲁木齐	57.49	49.85	44.25	50.18
2	阿勒泰	47.13	41.76	54.01	47.66
3	阿克苏	42.82	40.28	42.16	41.70
4	喀什	38.94	34.20	43.43	38.85
5	和田	48.11	42.00	24.66	37.76
6	博尔塔拉	42.96	44.89	25.74	37.61
7	伊犁	44.80	44.08	24.47	37.43
8	昌吉	44.46	42.62	26.17	37.42
9	塔城	44.01	42.98	20.86	35.55
10	克拉玛依	43.37	42.61	18.98	34.57
11	巴音郭楞	44.43	40.57	19.39	34.31
12	哈密	38.44	38.52	14.44	30.07
13	吐鲁番	34.60	35.17	8.64	25.71
14	克孜勒苏	33.79	34.71	6.61	24.60

（2）新疆十大政务机构微博

排名	微博	认证信息	传播力	服务力	互动力	认同度	总分
1	新疆地震局	新疆地震局官方微博	74.11	74.78	74.02	78.99	74.84
2	快速路交警	乌鲁木齐市城市快速路交警大队官方微博	72.75	81.73	58.03	59.14	70.56
3	平安石河子	新疆石河子市公安局官方微博	58.97	86.68	53.83	54.19	68.04
4	新疆铁路	乌鲁木齐铁路局官方微博	63.94	81.00	47.14	51.89	64.52
5	阿勒泰公安在线	新疆维吾尔自治区阿勒泰地区公安局官方微博	65.44	57.62	69.06	70.90	63.95
6	新疆反邪教	新疆维吾尔自治区防范处理邪教领导小组办公室官方微博	62.44	51.90	64.17	60.95	60.70
7	新疆平安网	新疆平安网官方微博	48.29	66.99	57.78	52.21	55.27
8	新疆消防	新疆消防总队官方微博	55.98	60.89	49.51	39.97	54.40
9	和田网警巡查执法	新疆和田地区公安局网络安全保卫支队官方微博	56.68	61.78	48.83	27.95	53.49
10	昌吉消防支队	新疆昌吉州公安消防支队官方微博	55.71	60.03	45.57	43.96	53.22

（3）新疆十大党政新闻发布微博

排名	微博	认证信息	传播力	服务力	互动力	认同度	总分
1	新疆平安网	新疆平安网官方微博	48.29	66.99	57.78	52.21	55.27
2	阿勒泰发布	新疆阿勒泰地区行署新闻办公室官方微博	47.75	53.26	40.24	41.72	46.00
3	阿克苏发布	新疆阿克苏地区行署新闻办官方微博	44.16	4.35	66.11	57.50	44.12
4	博州发布	新疆博尔塔拉蒙古自治州人民政府新闻办官方微博	49.27	28.05	41.94	40.02	41.90
5	克拉玛依发布	新疆克拉玛依市人民政府新闻办官方微博	48.63	37.84	35.50	36.38	41.31
6	巴楚宣传	新疆巴楚县委宣传部官方微博	37.34	6.55	53.10	81.59	40.34
7	伊犁政府网	新疆伊犁哈萨克自治州政府门户网站官方微博	45.39	34.12	37.98	34.95	39.87
8	塔城市政府网	新疆塔城市政府门户网站官方微博	45.71	23.90	31.67	30.28	35.59
9	亚欧枢纽港－阿拉山口市	新疆博尔塔拉蒙古自治州阿拉山口市官方微博	40.34	13.49	40.92	35.05	34.61
10	哈密发布	新疆哈密地委外宣办 哈密地区行署新闻办 官方微博	43.94	8.39	38.48	36.60	34.46

（4）新疆十大公安系统微博

排名	微博	认证信息	传播力	服务力	互动力	认同度	总分
1	快速路交警	乌鲁木齐市城市快速路交警大队官方微博	72.75	81.73	58.03	59.14	70.56
2	平安石河子	新疆石河子市公安局官方微博	58.97	86.68	53.83	54.19	68.04
3	阿勒泰公安在线	新疆维吾尔自治区阿勒泰地区公安局官方微博	65.44	57.62	69.06	70.90	63.95
4	和田网警巡查执法	新疆和田地区公安局网络安全保卫支队官方微博	56.68	61.78	48.83	27.95	53.49
5	伊犁网警巡查执法	伊犁哈萨克自治州公安局网络安全保卫支队官方微博	55.47	48.96	47.00	28.48	47.63
6	平安天山	新疆维吾尔自治区公安厅官方微博	55.32	45.83	42.75	40.36	46.26
7	额敏县交通管理大队	新疆塔城额敏县公安局交通管理大队官方微博	41.11	55.74	33.88	29.94	43.67
8	克州网警巡查执法	新疆克孜勒苏柯尔克孜自治州公安局官方微博	36.42	50.12	42.56	22.01	42.30
9	哈密网警巡查执法	哈密网警巡查执法官方微博	36.97	42.92	42.35	22.11	39.48
10	昌吉公安	新疆昌吉回族自治州公安局官方微博	52.56	28.71	42.50	43.03	39.05

（5）新疆十大司法系统微博

排名	微博	认证信息	传播力	服务力	互动力	认同度	总分
1	新疆反邪教	新疆维吾尔自治区防范处理邪教领导小组办公室官方微博	62.44	51.90	64.17	60.95	60.70
2	新疆检察	新疆维吾尔自治区人民检察院官方微博	51.82	49.80	51.87	43.53	50.20
3	阜康法院	新疆阜康市人民法院官方微博	36.47	35.55	40.78	33.04	37.05
4	木垒县法院	新疆木垒哈萨克自治县人民法院官方微博	37.29	33.91	39.81	22.61	35.23
5	伊吾县反邪	中国共产党伊吾县委政法委员会官方微博	29.06	25.65	49.99	29.61	34.71
6	阜康检察	新疆阜康检察	35.03	24.30	45.78	30.41	33.50
7	克拉玛依反邪	新疆克拉玛依市委防范和处理邪教问题领导小组办公室官方微博	29.82	23.32	44.86	23.83	32.43
8	库车县防范办	新疆维吾尔自治区库车县防范处理邪教领导小组办公室官方微博	29.22	32.65	39.27	22.07	32.21
9	西域天平	新疆维吾尔自治区高级人民法院官方微博	37.40	25.72	38.81	25.05	31.92
10	阿克苏反邪	新疆维吾尔自治区阿克苏地区防范处理邪教领导小组办公室官方微博	28.04	21.99	44.95	26.13	31.71

（6）新疆十大交通系统微博

排名	微博	认证信息	传播力	服务力	互动力	认同度	总分
1	新疆铁路	乌鲁木齐铁路局官方微博	63.94	81.00	47.14	51.89	64.52
2	乌鲁木齐市公交集团	乌鲁木齐市公交集团官方微博	28.58	4.73	33.07	28.46	20.37
3	乌鲁木齐火车站	乌鲁木齐铁路局乌鲁木齐火车站官方微博	17.23	0.70	41.29	24.40	18.55
4	博州邮管局	新疆博尔塔拉蒙古自治州邮政管理局官方微博	23.96	4.14	29.08	21.42	17.31
5	新疆机场集团有限责任公司	新疆机场(集团)有限责任公司	19.90	1.27	33.31	26.92	17.17
6	新疆阜康市交通运输局	阜康市交通局官方微博	20.08	0.12	29.46	29.75	15.88
7	博尔塔拉路政海事局	新疆博尔塔拉路政海事局官方微博	11.73	0.19	33.52	29.22	15.40
8	吐鲁番市交通	新疆吐鲁番市交通运输局官方微博	14.08	0.98	33.88	0.00	13.37
9	哈密县货物运输	新疆哈密地区运管局官方微博	0.09	0.07	0.00	0.00	0.05
10	新疆邮管	新疆邮政管理局官方微博	0.00	0.00	0.00	0.00	0.00

（7）新疆十大生态环境系统微博

排名	微博	认证信息	传播力	服务力	互动力	认同度	总分
1	新疆环境保护厅	新疆维吾尔自治区环境保护厅官方微博	36.44	28.41	31.73	22.87	30.46
2	伊犁环保	新疆伊犁哈萨克自治州环境保护局官方微博	28.32	6.81	40.88	25.91	23.24
3	博州环保	博州环境保护局	25.96	10.11	26.08	22.98	22.53
4	克拉玛依环境守卫者	新疆克拉玛依市环境保护局官方微博	15.63	13.97	33.27	24.37	21.47
5	乌鲁木齐市环保局	新疆乌鲁木齐市环境保护局官方微博	27.25	9.33	29.88	21.39	20.28
6	克州环境保护局	新疆克孜勒苏柯尔克孜自治州环境保护局官方微博	26.69	15.81	21.93	18.68	20.11
7	塔城地区环境保护局	新疆塔城地区环境保护局官方微博	25.91	10.27	25.59	21.53	19.12
8	喀什地区环境保护局	新疆维吾尔自治区喀什地区环境保护局	17.07	14.53	31.02	0.00	19.04
9	阿克苏环境保护	新疆阿克苏地区环境保护局官方微博	16.06	8.75	28.72	22.11	19.00
10	哈密环保	哈密市环境保护局官方微博	25.22	7.65	28.27	19.67	18.55

（8）新疆十大团委系统微博

排名	微博	认证信息	传播力	服务力	互动力	认同度	总分
1	阿勒泰地区团委	共青团阿勒泰地区委官方微博	32.24	4.10	35.30	35.95	27.90
2	青春克拉玛依	共青团克拉玛依市委员会官方微博	29.00	3.91	34.10	27.52	25.36
3	青春霍尔果斯市	新疆伊犁州霍尔果斯市团委官方微博	16.72	1.33	54.28	0.00	23.24
4	新疆大学团委	新疆大学团委官方微博	24.50	2.55	33.64	28.33	23.23
5	新疆共青团	新疆维吾尔自治区团委	13.77	0.17	49.44	28.02	23.18
6	新疆空港青年驿站	新疆机场集团公司团委官方微博	22.17	4.83	36.16	23.94	23.08
7	新疆阿合奇县共青团	新疆维吾尔自治区阿合奇县团委官方微博	22.99	3.73	34.36	26.00	22.85
8	博州团委	共青团博尔塔拉蒙古自治州委员会官方微博	10.90	0.61	46.02	0.00	18.29
9	共青团助就业	新疆维吾尔自治区青年就业服务中心官方微博	17.44	3.95	31.60	0.00	17.24
10	和田地区于田县团委	共青团于田县委官方微博	11.06	0.10	31.17	27.67	16.56

（9）新疆十大旅游局微博

排名	微博	认证信息	传播力	服务力	互动力	认同度	总分
1	新疆是个好地方 V	新疆维吾尔自治区旅游发展委员会官方微博	45.96	35.68	41.60	39.45	39.89
2	克拉玛依市旅游局官方微博	新疆克拉玛依市旅游局官方微博	38.94	28.09	37.65	35.81	33.90
3	乌鲁木齐市旅游局	新疆乌鲁木齐市旅游局官方微博	41.92	25.69	32.67	30.52	31.51
4	昌吉州旅游	新疆昌吉回族自治州旅游局官方微博	29.29	5.57	39.05	27.16	22.52
5	伊犁国际旅游谷	新疆维吾尔自治区伊犁哈萨克自治州旅游局官方微博	26.01	3.12	42.26	26.93	21.82
6	悠游伊宁	新疆伊宁市旅游局官方微博	18.39	0.59	42.45	30.28	19.68
7	新疆巴州旅游	新疆巴音郭楞蒙古自治州旅游局官方微博	5.00	0.07	46.89	0.00	15.09
8	喀纳斯景区管委会 lvyouju	喀纳斯景区管理委员会旅游局官方微博	6.90	0.22	40.14	0.00	13.51
9	伊宁县旅游	伊宁县旅游局官方微博	0.41	0.10	40.48	0.00	12.27
10	博州旅游办公室	博尔塔拉蒙古自治州旅游局官方微博	0.00	0.00	0.00	0.00	0.00

28. 宁夏政务指数微博影响力榜

（1）宁夏政务微博城市竞争力指数

排名	地区	传播力	服务力	互动力	竞争力指数
1	银　川	77.37	68.57	52.37	65.54
2	石嘴山	65.37	54.05	37.73	51.74
3	固　原	55.33	50.26	33.55	45.93
4	吴　忠	59.62	48.22	22.06	42.48
5	中　卫	52.86	44.21	24.13	39.78

（2）宁夏十大政务机构微博

排名	微博	认证信息	传播力	服务力	互动力	认同度	总分
1	问政银川	中共银川市委办公厅、市政府办公厅官方微博	67.51	70.69	74.64	55.24	69.69
2	兴庆交警一大队	银川市交警队兴庆一大队官方微博	60.25	80.44	49.40	37.28	62.77
3	银川交警	银川市公安局交警支队官方微博	58.26	73.92	51.17	41.72	60.74
4	银川发布	银川市委外宣办、市政府新闻办官方微博	61.57	73.23	54.07	50.38	60.53
5	吴忠消防	吴忠市公安消防支队官方微博	52.89	78.16	40.00	30.37	56.88
6	平安银川	银川市公安局官方微博	54.17	64.36	53.01	39.42	56.42

续表

排名	微博	认证信息	传播力	服务力	互动力	认同度	总分
7	兴庆交警二大队	宁夏银川市交警队兴庆二大队	52.45	68.63	50.89	30.06	56.22
8	宁夏反邪教	宁夏回族自治区防范和处理邪教问题领导小组办公室官方微博	55.94	73.53	47.60	45.38	55.90
9	宁夏消防	宁夏回族自治区公安厅消防总队官方微博	53.28	67.17	43.71	36.26	54.26
10	平安兴庆	银川市公安局兴庆分局官方微博	51.65	65.91	47.83	30.69	54.11

（3）宁夏十大党政新闻发布微博

排名	微博	认证信息	传播力	服务力	互动力	认同度	总分
1	银川发布	银川市委外宣办、市政府新闻办官方微博	61.57	73.23	54.07	50.38	60.53
2	固原发布	宁夏固原市网络安全与信息化办公室官方微博	52.10	63.34	50.45	47.94	53.44
3	微博银川	银川市委市政府官方微博	53.62	33.22	51.76	41.77	47.80
4	宁夏政务发布	宁夏回族自治区人民政府官方微博	43.46	46.36	35.57	29.97	40.33
5	平罗发布V	宁夏石嘴山市平罗县政府官方微博	35.48	22.53	45.01	30.17	35.22
6	石嘴山发布	宁夏石嘴山市委外宣办、市政府新闻办官方微博	36.94	18.90	39.77	34.05	33.89
7	永宁微博	宁夏永宁县委、县人民政府官方微博	29.80	12.80	47.22	27.58	31.40
8	兴庆微博	银川兴庆区党委、政府官方微博	31.92	22.18	33.86	22.02	29.56
9	灵武微博	银川灵武市委市人民政府官方微博	30.34	12.43	40.16	27.86	29.46
10	泾源政务	宁夏回族自治区泾源县人民政府官方微博	29.71	2.15	45.96	31.71	29.27

（4）宁夏十大公安系统微博

排名	微博	认证信息	传播力	服务力	互动力	认同度	总分
1	兴庆交警一大队	宁夏银川市交警队兴庆一大队	60.25	80.44	49.40	37.28	62.77
2	银川交警	银川市公安局交警支队	58.26	73.92	51.17	41.72	60.74
3	平安银川	银川市公安局官方微博	54.17	64.36	53.01	39.42	56.42
4	兴庆交警二大队	银川市交警队兴庆二大队官方微博	52.45	68.63	50.89	30.06	56.22
5	平安兴庆	银川市公安局兴庆分局官方微博	51.65	65.91	47.83	30.69	54.11
6	西夏交警一大队	银川市公安局交通警察分局西夏区交警一大队官方微博	52.14	66.41	42.66	29.35	52.72
7	石嘴山交警	石嘴山市公安局交警支队官方微博	53.27	49.50	52.33	51.61	51.31
8	中卫网警巡查执法	中卫市公安局网安支队官方微博	63.65	57.91	37.62	32.28	50.41
9	银川市交警分局指挥中心	宁夏银川市交警队指挥中心	43.11	58.95	47.91	22.58	48.83
10	金凤交警一大队	银川市交警队金凤一大队	51.03	57.68	40.73	33.29	48.83

（5）宁夏十大司法系统微博

排名	微博	认证信息	传播力	服务力	互动力	认同度	总分
1	宁夏反邪教	宁夏回族自治区防范和处理邪教问题领导小组办公室官方微博	55.94	73.53	47.60	45.38	55.90
2	银川检察	银川市人民检察院官方微博	47.75	63.11	39.31	27.38	49.33
3	宁夏检察	宁夏回族自治区人民检察院官方微博	50.28	50.50	49.63	38.24	48.97
4	固原检察	宁夏回族自治区固原市人民检察院官方微博	49.23	50.27	44.54	36.52	46.97
5	大武口检察	宁夏回族自治区石嘴山市大武口区人民检察院官方微博	35.60	53.83	31.76	24.92	40.67
6	吴忠检察	吴忠市人民检察院官方微博	40.44	41.04	36.83	24.50	38.00
7	石嘴山检察	宁夏回族自治区石嘴山市人民检察院官方微博	39.46	36.33	39.95	29.69	37.38
8	银川法院	银川市中级人民法院官方微博	41.12	28.41	35.71	26.56	32.96
9	中宁检察	宁夏回族自治区中宁县人民检察院官方微博	32.69	31.02	31.47	23.25	30.71
10	银川市上前城检察院	银川市上前城地区人民检察院官方微博	30.83	25.72	38.87	22.89	30.40

（6）宁夏十大交通系统微博

排名	微博	认证信息	传播力	服务力	互动力	认同度	总分
1	银川火车站丝路驿站服务岛	银川火车站向阳花服务之窗官方微博	45.72	66.75	34.74	36.25	49.89
2	银川市城客处	银川市城市客运交通管理处官方微博	49.24	43.00	43.09	46.83	44.66
3	兰铁银车段风鸣塞上服务窗口	兰州铁路局银车段风鸣塞上服务窗口	37.85	24.31	28.34	24.06	28.20
4	兰铁银川客运段塞上风情服务之窗	兰州铁路局银川客运段塞上风情服务之窗	32.74	16.13	26.29	15.24	22.41
5	银川公交	银川市公共交通有限公司官方微博	27.12	3.39	39.46	27.83	21.40
6	宁夏交通运输厅	宁夏交通运输厅官方微博	29.42	7.66	30.41	21.85	20.26
7	平罗县交通运输局	宁夏石嘴山市平罗交通局官方微博	26.29	6.50	30.74	26.20	19.70
8	银川交通	银川市交通运输局官方微博	23.12	3.08	38.07	21.21	19.40
9	银川市公路管理处	宁夏银川市公路管理处官方微博	27.18	3.75	32.16	23.59	18.95
10	兰铁固原车务段情满六盘服务站	兰铁固原车务段情满六盘服务站	27.91	7.40	27.15	22.56	18.94

（7）宁夏十大生态环境系统微博

排名	微博	认证信息	传播力	服务力	互动力	认同度	总分
1	银川环保	银川市环境保护局官方微博	44.33	51.34	38.55	33.87	44.36
2	银川环境监察	银川市环境监察支队官方微博	34.79	17.57	33.56	25.84	26.64
3	平罗县环境保护局	宁夏石嘴山市平罗县环境保护局官方微博	24.62	6.95	35.68	23.27	20.73
4	中卫市环保	宁夏中卫市环境保护局官方微博	24.95	7.03	35.71	22.04	20.72
5	固原市环境保护局	宁夏固原市环境保护局官方微博	22.59	3.67	39.71	25.51	20.45
6	永宁环保	银川市永宁县环保局官方微博	24.80	4.43	35.34	24.77	19.81
7	石嘴山市环境保护局	宁夏石嘴山市环境保护局官方微博	13.47	2.38	35.27	0.00	16.44
8	灵武环保	灵武市环境保护局官方微博	6.87	1.21	36.24	0.00	13.86
9	贺兰环保	银川市贺兰县环境保护局官方微博	16.34	1.45	32.47	0.00	13.59
10	红寺堡区建环局	红寺堡区建环局官方微博	0.98	0.23	41.27	0.00	12.82

（8）宁夏十大团委系统微博

排名	微博	认证信息	传播力	服务力	互动力	认同度	总分
1	宁夏共青团	共青团宁夏回族自治区委官方微博	50.23	25.48	49.07	35.76	43.48
2	沙坡头区群团委	沙坡头区群团工作委员会官方微博	45.43	39.04	38.40	30.93	40.59
3	青春惠农	共青团石嘴山市惠农区委官方微博	33.74	26.14	34.90	24.29	31.62
4	青春红寺堡	共青团吴忠市红寺堡区委官方微博	32.53	14.94	40.64	29.84	31.18
5	青春金凤	银川市金凤区团委官方微博	31.81	22.12	26.79	35.66	28.75
6	青春银川	共青团银川市委员会官方微博	27.71	6.40	41.54	38.58	28.68
7	青春隆德	共青团宁夏隆德县委官方微博	30.00	10.93	39.69	25.11	28.60
8	青春吴忠	共青团吴忠市委员会官方微博	32.15	10.25	31.29	31.56	27.45
9	青春石嘴山	共青团石嘴山市委员会官方微博	25.64	7.62	38.67	26.96	26.08
10	利通区团委	共青团吴忠市利通区委官方微博	24.22	10.88	37.75	27.49	25.94

（9）宁夏十大旅游局微博

排名	微博	认证信息	传播力	服务力	互动力	认同度	总分
1	宁夏固原旅游	宁夏固原市旅游局官方微博	49.43	55.68	45.62	38.50	49.69
2	沙坡头	中卫市旅游局	39.89	17.95	44.26	32.89	31.72
3	银川体育旅游	银川市体育旅游局官方微博	37.67	11.10	45.65	39.21	29.59
4	宁夏旅游	宁夏旅游局	36.89	6.57	50.24	36.13	28.69
5	中卫旅游公众微博	宁夏中卫市旅游局官方微博	16.40	1.46	34.29	26.57	16.81
6	古峡文体	宁夏青铜峡市文化旅游广播电视局官方微博	21.89	3.76	27.69	21.11	16.30
7	永宁旅游	银川市永宁县旅游产业发展服务局	19.49	4.32	29.94	0.00	14.61
8	金凤林业	银川市金凤区园林管理局官方微博	14.37	1.87	31.82	0.00	13.17
9	宁夏青铜峡旅游	宁夏青铜峡市旅游局官方微博	6.89	0.28	37.60	0.00	12.77
10	盐池文广局	宁夏吴忠盐池县文化旅游广播电视局官方微博	0.00	0.00	0.00	0.00	0.00

29. 海南政务指数微博影响力榜

（1）海南政务微博城市竞争力指数

排名	地区	传播力	服务力	互动力	竞争力指数
1	海　口	61.15	52.58	45.50	52.67
2	三　亚	54.77	46.75	41.21	47.22
3	三　沙	5.28	1.96	0.00	2.27

（2）海南十大政务机构微博

排名	微博	认证信息	传播力	服务力	互动力	认同度	总分
1	海口市气象台	海南省海口市气象台官方微博	62.05	78.25	55.93	53.43	65.83
2	海口发布	海南省海口市人民政府新闻办公室官方微博	63.65	81.74	54.87	51.76	63.45
3	三亚发布	三亚市委宣传部新闻发布官方微博	63.04	73.57	55.35	51.96	61.73
4	海南长安网	中共海南省委政法委员会官方微博	52.94	83.39	51.00	43.37	57.49
5	三亚旅游官方网	三亚旅游官方网	55.66	67.79	45.58	39.60	55.89
6	海南省旅游委	海南省旅游发展委员会官方微博	58.01	64.12	47.49	42.36	55.73
7	海南共青团	共青团海南省委官方微博	55.76	61.31	52.53	48.51	55.18
8	海南大学微博协会	海南大学微博协会官方微博	56.09	55.89	49.84	58.27	54.35
9	三亚凤凰国际机场官方微博	三亚凤凰国际机场有限责任公司官方微博	53.58	56.53	51.20	48.50	53.54
10	海南大学团委	海南大学团委官方微博	57.30	56.69	45.41	48.85	52.76

（3）海南十大党政新闻发布微博

排名	微博	认证信息	传播力	服务力	互动力	认同度	总分
1	海口发布	海南省海口市人民政府新闻办公室官方微博	63.65	81.74	54.87	51.76	63.45
2	三亚发布	三亚市委宣传部新闻发布官方微博	63.04	73.57	55.35	51.96	61.73
3	三亚政务	三亚市人民政府办公室	53.28	59.27	48.80	45.31	52.34
4	海南省人民政府网站	海南省人民政府网站运行管理中心官方微博	39.18	42.13	37.55	31.98	38.56
5	万宁发布	中共海南省万宁市委宣传部官方微博	42.99	24.42	33.97	29.24	35.20
6	洋浦政务	海南省洋浦经济开发区管理委员会官方微博	33.46	25.17	25.11	26.32	28.58
7	文昌政府网站	海南省文昌市政府网站官方微博	30.42	19.02	28.51	21.23	26.65
8	文昌发布	中共文昌市委宣传部官方微博	28.17	5.83	35.16	28.11	25.79
9	琼海市门户网站	海南省琼海市政府门户网站官方微博	35.57	17.12	19.87	10.42	24.66
10	东方市政府门户网站	海南省东方市人民政府门户网官方微博	21.77	14.13	35.33	23.96	24.53

（4）海南十大公安系统微博

排名	微博	认证信息	传播力	服务力	互动力	认同度	总分
1	海南省交警总队	海南省交警总队官方微博	50.10	44.03	45.77	43.71	45.73
2	海口铁路公安处	广州铁路公安局海口铁路公安处	40.50	62.19	32.46	27.26	45.44
3	海南警方	海南省公安厅官方微博	50.73	42.15	43.32	48.11	44.82
4	椰城交警	海口市公安局交警支队官方微博	44.31	42.12	43.97	37.58	42.66
5	三亚交警	三亚市公安局交警支队官方微博	50.97	34.99	40.49	38.33	40.17
6	海口网警巡查执法	海口网警巡查执法官方微博	38.67	22.32	52.70	26.82	35.15
7	洋浦网警巡查执法	海南省洋浦经济开发区公安局网络警察支队巡查执法官方微博	31.84	30.16	41.77	20.99	33.06
8	琼海交警	海南省琼海市公安局交通管理大队官方微博	34.88	13.30	37.71	28.71	26.48
9	澄迈警方	澄迈县公安局	22.54	7.78	41.61	27.54	25.81
10	三亚网警巡查执法	海南省三亚市公安局网络警察支队官方微博	26.95	9.51	43.38	32.09	25.41

（5）海南十大司法系统微博

排名	微博	认证信息	传播力	服务力	互动力	认同度	总分
1	海南长安网	中共海南省委政法委官方微博	52.94	83.39	51.00	43.37	57.49
2	海南一中院	海南省第一中级人民法院官方微博	58.91	61.81	39.18	34.89	51.75
3	海南反邪教	海南省委防范和处理邪教问题领导小组办公室官方微博	57.63	53.38	34.73	29.88	47.13
4	乐东法院	海南省乐东黎族自治县人民法院官方微博	33.58	38.67	34.59	27.69	35.33
5	屯昌法院	海南省屯昌县人民法院官方微博	32.95	42.39	29.20	23.10	34.62
6	海南高院	海南省高级人民法院官方微博	41.90	21.65	47.13	29.05	34.08
7	临高县人民法院	海南省临高县人民法院官方微博	37.04	37.59	31.34	20.33	33.88
8	琼海法院	海南省琼海市人民法院官方微博	44.83	36.84	25.25	11.31	32.40
9	洋浦法院	海南省洋浦经济开发区人民法院官方微博	30.13	26.06	25.09	22.69	26.25
10	陵水法院	海南省陵水黎族自治县人民法院官方微博	40.95	16.17	28.93	16.84	25.02

（6）海南十大交通系统微博

排名	微博	认证信息	传播力	服务力	互动力	认同度	总分
1	三亚凤凰国际机场官方微博	三亚凤凰国际机场有限责任公司官方微博	53.58	56.53	51.20	48.50	53.54
2	海口美兰国际机场官方微博	海航基础股份有限公司官方微博	53.14	45.65	48.33	46.36	48.02
3	海南铁路	中国铁路广州局集团有限公司海南铁路官方微博	44.65	19.06	43.75	28.87	32.57

续表

排名	微博	认证信息	传播力	服务力	互动力	认同度	总分
4	海航机场集团官方微博	海航机场集团有限公司	38.35	13.21	35.60	31.16	26.75
5	海口海事局	中华人民共和国海口海事局指挥中心官方微博	15.27	0.65	42.91	25.79	18.77
6	保亭公路	海南省公路管理局保亭公路分局官方微博	11.60	0.60	34.59	25.25	17.66
7	海口公交集团	海口市公共交通集团有限公司	0.00	0.00	0.00	0.00	0.00
8	八所海事局	中华人民共和国八所海事局官方微博	0.00	0.00	0.00	0.00	0.00
9	海口新海海事处	中华人民共和国海口新海海事处官方微博	0.00	0.00	0.00	0.00	0.00
10	新华空港机场服务有限公司	新华空港机场服务有限公司官方微博	0.00	0.00	0.00	0.00	0.00

（7）海南十大生态环境系统微博

排名	微博	认证信息	传播力	服务力	互动力	认同度	总分
1	海南省生态环境保护厅	海南省生态环境保护厅官方微博	36.95	33.60	40.96	26.39	35.76
2	环保海口	海口市生态环境保护局官方微博	37.69	25.26	43.50	23.05	33.00
3	环保三亚	三亚市生态环境保护局官方微博	22.87	12.76	37.61	23.99	25.38
4	乐东黎族自治县生态环境保护局	乐东黎族自治县生态环境保护局官方微博	6.06	1.51	36.64	29.69	16.69
5	澄迈环保	澄迈县环保局官方微博	7.17	2.16	38.64	0.00	14.89
6	儋州环保	儋州市生态环境保护局官方微博	8.19	1.04	37.46	0.00	14.72
7	屯昌县生态环境保护局	屯昌县生态环境保护局	3.80	1.15	40.38	0.00	13.86
8	琼海市生态环境保护局	琼海市生态环境保护局官方微博	2.91	1.02	40.62	0.00	13.55
9	三沙环保	三沙市海洋国土资源规划环保局	2.61	0.87	40.96	0.00	13.51
10	文昌市生态环境保护局	文昌市生态环境保护局	1.43	0.39	40.83	0.00	12.90

（8）海南十大团委系统微博

排名	微博	认证信息	传播力	服务力	互动力	认同度	总分
1	海南共青团	共青团海南省委官方微博	55.76	61.31	52.53	48.51	55.18
2	海南大学人文传播学院	海南大学人文传播学院团委	48.67	42.81	42.17	49.72	45.65
3	椰青汇	共青团海口市委员会官方微博	39.75	40.33	34.88	29.28	37.36
4	三亚学院校团委	共青团三亚学院委员会官方微博	38.22	30.79	38.12	32.56	36.14

续表

排名	微博	认证信息	传播力	服务力	互动力	认同度	总分
5	hs_陵水团县委	共青团海南省陵水县委官方微博	34.83	35.96	39.44	23.13	35.27
6	共青团保亭县委	共青团保亭县委官方微博	34.63	34.53	30.67	25.87	32.55
7	共青团琼海市委	共青团海南省琼海市委官方微博	35.20	13.46	34.58	27.67	29.91
8	共青团东方市	共青团海南省东方市委官方微博	24.38	12.32	49.75	24.28	29.57
9	文昌市团委	共青团海南省文昌市委官方微博	26.92	14.83	41.24	23.99	28.50
10	三亚共青团	共青团三亚市委员会、青联秘书处官方微博	33.69	12.56	32.37	27.21	28.42

（9）海南十大旅游局微博

排名	微博	认证信息	传播力	服务力	互动力	认同度	总分
1	三亚旅游官方网	三亚旅游官方网	55.66	67.79	45.58	39.60	55.89
2	海南省旅游委	海南省旅游发展委员会官方微博	58.01	64.12	47.49	42.36	55.73
3	琼海旅游官网	琼海市旅游发展委员会官方微博	43.29	68.50	34.22	34.81	49.81
4	文昌市旅文委	文昌市旅游和文化广电出版体育委员会官方微博	20.67	4.27	33.78	24.06	18.38
5	儋州旅游	海南省儋州市旅游局官方微博	13.01	0.28	39.40	26.23	17.16
6	三亚市民游客中心	海南省三亚市旅游质量监督管理局官方微博	1.20	4.08	0.00	0.00	1.87
7	陵水县旅游委	陵水县旅游发展委员会官方微博	0.00	0.00	0.00	0.00	0.00
8	澄迈旅游委	澄迈县旅游发展委员会官方微博	0.00	0.00	0.00	0.00	0.00
9	白沙县旅游	白沙黎族自治县旅游局官方微博	0.00	0.00	0.00	0.00	0.00
10	三亚12301	三亚市旅游质量监督管理局官方微博	0.00	0.00	0.00	0.00	0.00

30. 西藏政务指数微博影响力榜
（1）西藏政务微博城市竞争力指数

排名	地区	传播力	服务力	互动力	竞争力指数
1	拉萨	51.79	40.29	41.70	44.24
2	林芝	43.08	36.46	39.14	39.38
3	山南	49.44	38.20	27.61	37.86
4	日喀则	40.64	34.85	16.66	30.22
5	阿里	37.54	31.00	20.59	29.32
6	昌都	37.94	30.15	5.84	23.98
7	那曲	35.83	26.78	4.61	21.74

（2）西藏十大政务机构微博

排名	微博	认证信息	传播力	服务力	互动力	认同度	总分
1	西藏共青团	共青团西藏自治区委官方微博	74.11	74.55	65.50	65.82	70.79
2	中国西藏旅游	西藏自治区旅游发展委员会	60.56	75.22	56.39	62.02	65.32
3	魅力乃东	西藏自治区山南市乃东区人民政府外宣微博	54.77	63.88	48.94	45.70	53.93
4	山南网警巡查执法	西藏山南市公安局网络安全保卫支队官方微博	64.87	61.44	41.29	32.31	53.17
5	西藏政法	中共西藏自治区委政法委员会官方微博	40.30	43.72	57.82	53.54	47.56
6	西藏消防	西藏自治区公安消防总队官方微博	43.63	59.63	34.89	27.73	45.82
7	林芝旅发委	西藏林芝市旅游发展委员会官方微博	52.46	32.96	48.35	49.37	43.12
8	西藏米林旅游	西藏米林县旅游局官方微博	49.67	37.03	43.35	44.15	42.16
9	西藏自治区地震局	西藏自治区地震局官方微博	41.73	44.17	41.33	32.81	41.69
10	西藏阿里旅游	西藏自治区阿里地区旅游发展委员会官方微博	44.63	31.66	41.95	46.40	38.82

（3）西藏十大党政新闻发布微博

排名	微博	认证信息	传播力	服务力	互动力	认同度	总分
1	魅力乃东	西藏自治区山南市乃东区人民政府外宣微博	54.77	63.88	48.94	45.70	53.93
2	西藏山南网	西藏山南市委市政府门户网站官方微博	43.18	31.92	37.25	36.18	38.45
3	拉萨发布	西藏自治区拉萨市委宣传部官方微博	46.27	12.14	41.34	49.82	38.32
4	西藏发布	西藏发布官方微博	38.77	21.69	36.45	33.18	34.10
5	西藏举报	西藏自治区互联网违法和不良信息举报中心官方微博	35.19	34.21	34.05	21.88	33.32
6	桑珠孜区发布	西藏自治区日喀则市桑珠孜区人民政府官方微博	34.23	25.20	23.78	21.79	28.05
7	萨嘎县发布	西藏萨嘎县委宣传部官方微博	27.69	9.76	35.58	36.53	27.36
8	日喀则发布	西藏日喀则地区互联网信息办公室官方微博	23.96	3.18	42.63	27.42	25.75
9	善妙芒康	西藏昌都市芒康县互联网信息办公室官方微博	25.85	6.72	32.38	31.96	24.60
10	昂仁县发布	西藏日喀则中共昂仁县委宣传部官方微博	26.49	4.58	30.42	29.75	23.61

（4）西藏十大公安系统微博

排名	微博	认证信息	传播力	服务力	互动力	认同度	总分
1	山南网警巡查执法	西藏山南市公安局网络安全保卫支队官方微博	64.87	61.44	41.29	32.31	53.17
2	平安拉萨	西藏拉萨市公安局官方微博	44.28	23.31	47.37	34.35	35.82
3	西藏交警	西藏自治区公安厅公安交通管理局官方微博	34.29	34.62	38.08	28.56	34.92
4	西藏网警巡查执法	西藏自治区公安厅网安总队	39.62	23.10	44.94	33.13	33.96
5	那曲网警巡查执法	那曲网警巡查执法官方微博	33.18	18.97	41.13	22.67	28.83
6	日喀则市出入境管理支队	西藏日喀则市公安局出入境管理支队官方微博	25.92	11.11	37.22	22.41	23.04
7	阿里网警巡查执法	阿里网警巡查执法官方微博	26.76	13.53	33.07	23.27	23.01
8	巴青网络警察	西藏那曲巴青县公安局官方微博	22.02	1.87	48.26	28.14	22.44
9	林芝网警巡查执法	林芝市公安局网络安全保卫支队官方微博	18.12	2.17	39.48	25.31	18.87
10	——平安林周	西藏自治区拉萨市林周县公安局官方微博	16.76	1.38	31.23	26.82	15.95

（5）西藏十大司法系统微博

排名	微博	认证信息	传播力	服务力	互动力	认同度	总分
1	西藏政法	中共西藏自治区委政法委员会官方微博	40.30	43.72	57.82	53.54	47.56
2	西藏高法	西藏自治区高级人民法院官方微博	37.23	30.74	44.09	28.28	35.79
3	西藏司法	西藏自治区司法厅官方微博	39.11	27.44	37.57	30.92	33.16
4	法治索县	中共西藏索县委政法委员会官方微博	25.29	7.77	42.72	47.13	29.20
5	西藏检察	西藏自治区人民检察院官方微博	31.96	14.50	33.74	28.59	25.17
6	拉萨城关检察	西藏自治区拉萨市城关区人民检察院官方微博	27.92	21.58	27.20	24.64	24.84
7	拉萨市检察院	西藏拉萨市人民检察院官方微博	22.96	16.31	32.18	36.37	24.41
8	定日检察	西藏定日县人民检察院官方微博	26.88	13.81	37.16	23.24	24.37
9	林芝巴法	西藏自治区林芝市巴宜区人民法院	16.52	13.14	41.35	25.76	24.22
10	西藏那曲县检察院	西藏那曲县人民检察院官方微博	29.81	15.72	24.00	23.24	21.77

（6）西藏十大交通系统微博

排名	微博	认证信息	传播力	服务力	互动力	认同度	总分
1	拉萨火车站	青藏铁路公司拉萨火车站	20.15	1.50	31.62	22.58	16.37
2	日喀则地区交通运输局	西藏日喀则地区交通运输局官方微博	0.00	0.00	0.00	0.00	0.00

注：该省份该行业账号不足10个，榜单已经显示全部账号。

（7）西藏十大生态环境系统微博

排名	微博	认证信息	传播力	服务力	互动力	认同度	总分
1	那曲环保	那曲市环境保护局官方微博	18.47	9.54	46.49	27.65	26.01
2	日喀则市环境保护局	日喀则市环境保护局	22.72	13.91	29.99	26.74	23.54
3	西藏环保厅	西藏自治区环境保护厅官方微博	26.44	12.98	32.29	26.05	22.77
4	山南市环境保护局	山南市环境保护局官方微博	20.83	8.33	30.66	22.83	21.48
5	林芝市环境保护局	林芝市环境保护局	18.53	7.27	31.63	20.35	20.39
6	昌都市环境保护局	昌都市环境保护局官方微博	20.18	4.25	27.41	0.00	17.15
7	拉萨市环境保护局	拉萨市环境保护局官方微博	16.09	5.41	31.69	0.00	17.03
8	西藏日喀则市环境保护局	西藏日喀则地区环境保护局官方微博	0.00	0.00	0.00	0.00	0.00

注：该省份该行业账号不足10个，榜单已经显示全部账号。

（8）西藏十大团委系统微博

排名	微博	认证信息	传播力	服务力	互动力	认同度	总分
1	西藏共青团	共青团西藏自治区委官方微博	74.11	74.55	65.50	65.82	70.79
2	拉萨共青团	共青团拉萨市委员会官方微博	28.47	8.01	47.19	27.38	29.89
3	青春昌都	共青团昌都市委员会官方微博	23.48	6.99	33.02	26.63	23.36
4	共青团扎日乡团委	共青团扎日乡委员会官方微博	23.64	9.45	29.82	0.00	20.29
5	朝阳扎囊	西藏山南市扎囊县共青团委员会官方微博	9.73	0.83	52.93	0.00	19.94
6	林芝共青团	共青团西藏自治区林芝地区委官方微博	5.18	0.07	48.52	30.51	19.70
7	青春乃东	共青团乃东区委	13.97	3.03	33.90	28.72	19.24
8	共青团南木林县委	共青团南木林县委官方微博	8.93	0.32	38.87	0.00	15.30
9	巴宜区团委	共青团巴宜区委官方微博	2.09	0.07	0.00	0.00	0.85
10	共青团曲水	共青团曲水县委官方微博	0.00	0.00	0.00	0.00	0.00

（9）西藏十大旅游局微博

排名	微博	认证信息	传播力	服务力	互动力	认同度	总分
1	中国西藏旅游	西藏自治区旅游发展委员会	60.56	75.22	56.39	62.02	65.32
2	林芝旅发委	西藏林芝市旅游发展委员会官方微博	52.46	32.96	48.35	49.37	43.12
3	西藏米林旅游	西藏米林县旅游局官方微博	49.67	37.03	43.35	44.15	42.16
4	西藏阿里旅游	西藏自治区阿里地区旅游发展委员会官方微博	44.63	31.66	41.95	46.40	38.82
5	西藏林芝市察隅县旅发委	西藏林芝地区察隅县旅游局官方微博	43.63	32.83	41.05	38.62	38.03
6	西藏日喀则旅游	西藏自治区日喀则地区旅游局官方微博	41.64	21.72	47.27	43.21	35.52

排名	微博	认证信息	传播力	服务力	互动力	认同度	总分
7	西藏山南旅游	西藏自治区山南市旅游发展委员会的官方微博	44.92	18.18	37.96	43.28	31.97
8	波密县旅游局	西藏林芝市波密县旅游局官方微博	41.83	19.93	37.14	37.82	31.26
9	墨脱县旅发委	墨脱县旅游发展委员会官方微博	14.95	1.11	42.85	30.65	19.36
10	西藏昌都市旅游局	西藏昌都地区旅游局官方微博	17.11	0.70	41.19	29.04	18.96

31. 青海政务指数微博影响力榜

（1）青海政务微博城市竞争力指数

排名	地区	传播力	服务力	互动力	竞争力指数
1	西宁	60.59	52.44	34.72	48.69
2	海东	47.24	40.04	27.64	37.86
3	海西	48.99	45.43	20.41	37.74
4	黄南	41.72	35.14	6.00	26.92
5	海南	37.83	33.25	6.14	25.13
6	果洛	35.53	33.24	5.25	24.13
7	玉树	33.64	27.35	10.45	23.32
8	海北	34.39	29.76	5.40	22.62

（2）青海十大政务机构微博

排名	微博	认证信息	传播力	服务力	互动力	认同度	总分
1	青海共青团	共青团青海省委员会官方微博	67.89	70.14	56.02	54.87	63.47
2	青海政法	青海省委政法委员会官方微博	56.51	83.90	55.40	53.79	61.38
3	青海消防	青海省公安消防总队官方微博	57.74	70.52	48.68	48.79	59.24
4	青海气象	青海省气象局官方微博	54.62	65.79	40.94	40.76	53.60
5	青海路网	青海省公路网运行监测与应急处置中心官方微博	46.43	64.82	40.28	39.34	51.23
6	青海海西共青团	青海省海西州团委官方微博	48.20	57.77	44.49	42.86	48.47
7	海东消防	海东地区公安消防支队官方微博	52.18	44.63	50.67	44.94	47.98
8	青海气象服务中心	青海省气象服务中心官方微博	47.87	59.50	32.69	29.59	46.14
9	青海统战	中共青海省委统战部官方微博	44.11	46.74	49.60	35.67	45.44
10	夏都西宁	中共西宁市委外宣办官方微博	49.41	35.26	46.64	43.47	45.16

（3）青海十大党政新闻发布微博

排名	微博	认证信息	传播力	服务力	互动力	认同度	总分
1	夏都西宁	中共西宁市委外宣办官方微博	49.41	35.26	46.64	43.47	45.16
2	青海发布	青海省人民政府新闻办公室官方微博	42.57	33.96	45.67	34.49	40.97
3	青海政务	青海省人民政府办公厅官方微博	37.80	37.70	32.87	33.42	35.86

排名	微博	认证信息	传播力	服务力	互动力	认同度	总分
4	城北之声	中共西宁市城北区委宣传部官方微博	31.83	17.44	32.18	23.99	28.28
5	大通宣传	青海省大通县委宣传部官方微博	25.16	9.29	44.24	28.64	28.06
6	玉树发布	玉树州委宣传部官方微博	33.59	7.77	31.09	37.32	28.05
7	和谐东区	中共西宁市城东区委宣传部官方微博	30.93	22.89	27.76	24.02	27.68
8	囊谦宣传	玉树市囊谦县委宣传部官方微博	21.04	1.29	46.75	26.35	25.33
9	德令哈宣传	中共德令哈市委宣传部官方微博	21.46	5.80	39.36	29.72	24.52
10	西宁城北	西宁市城北区人民政府官方微博	22.31	3.47	40.70	17.61	23.59

（4）青海十大公安系统微博

排名	微博	认证信息	传播力	服务力	互动力	认同度	总分
1	青海高速交警六大队	青海高速交警六大队官方微博	44.52	26.31	55.66	26.01	38.73
2	青海公安	青海省公安厅官方微博	43.06	29.85	41.98	44.33	37.58
3	青海交警总队	青海省公安厅交通警察总队官方微博	42.78	23.81	45.56	38.81	35.63
4	西宁交警	西宁市公安局交警支队官方微博	45.87	7.74	50.22	44.01	31.74
5	青藏铁警在线	青藏铁路公安局官方微博	37.05	18.75	43.42	32.09	31.14
6	青海高速交警	青海省公安交通警察总队高速公路支队官方微博	42.88	11.67	47.49	29.94	30.48
7	青海高速交警四大队	青海高速交警四大队官方微博	43.84	24.19	30.75	25.51	30.22
8	西宁网警巡查执法	青海省西宁市公安局网络安全保卫支队官方微博	38.01	11.74	47.97	33.88	30.08
9	青海高速交警三大队	青海高速交警三大队官方微博	39.92	17.81	39.42	27.52	29.69
10	同仁网警巡查执法	青海省同仁县公安局网络安全保卫大队官方微博	30.37	18.70	44.85	22.28	29.24

（5）青海十大司法系统微博

排名	微博	认证信息	传播力	服务力	互动力	认同度	总分
1	青海政法	青海省委政法委员会官方微博	56.51	83.90	55.40	53.79	61.38
2	青海高院	青海省高级人民法院官方微博	40.86	43.77	39.49	24.06	39.93
3	西宁中法	青海省西宁市中级人民法院官方微博	37.80	39.67	35.23	26.19	36.62
4	青海普法	青海省司法厅官方微博	35.60	42.39	32.37	24.10	36.20
5	民和县法院	青海省民和回族土族自治县人民法院官方微博	33.43	33.13	29.56	25.88	31.39
6	河南县法院	青海省黄南州河南蒙古族自治县人民法院官方微博	34.38	20.90	39.35	24.53	29.49

续表

排名	微博	认证信息	传播力	服务力	互动力	认同度	总分
7	青海反邪教	青海省人民政府防范和处理邪教问题办公室官方微博	32.99	9.86	36.49	21.58	28.27
8	循化县法院	青海省海东循化撒拉族自治县人民法院官方微博	31.41	20.28	36.94	24.22	27.90
9	大通县法院	青海省大通回族土族自治县人民法院官方微博	32.71	16.03	37.76	24.71	26.75
10	青海省互助县法院	青海省海东市互助土族自治县人民法院官方微博	29.57	12.62	34.03	23.81	23.55

（6）青海十大交通系统微博

排名	微博	认证信息	传播力	服务力	互动力	认同度	总分
1	青海路网	青海省公路网运行监测与应急处置中心官方微博	46.43	64.82	40.28	39.34	51.23
2	西宁公交	西宁公交集团有限责任公司	41.23	26.69	43.92	38.46	35.94
3	青藏铁路	中国铁路青藏集团有限公司官方微博	44.94	17.81	38.37	33.59	30.98
4	青海省交通运输厅	青海省交通运输厅官方微博	26.36	17.57	28.32	22.26	23.02
5	西宁高等级公路路政执法支队	西宁高等级公路路政执法支队官方微博	33.60	10.41	31.79	17.76	22.20
6	西宁市交通运输局	青海省西宁市交通局官方微博	21.42	4.13	40.51	26.10	20.70
7	西宁火车站	青藏铁路公司西宁火车站	26.38	3.03	36.86	29.57	20.50
8	青海省循化公路路政执法大队	青海省循化公路路政执法大队官方微博	25.52	3.31	32.78	28.30	19.09
9	青海省海西州邮政管理	青海省海西蒙古族藏族自治州邮政管理局官方微博	23.15	7.07	29.40	26.03	18.88
10	大通高速路政执法大队	青海省大通高等级公路路政执法大队官方微博	18.52	0.50	39.83	23.49	18.20

（7）青海十大生态环境系统微博

排名	微博	认证信息	传播力	服务力	互动力	认同度	总分
1	青海环保	青海省环境保护厅官方微博	35.47	38.27	32.44	23.93	34.53
2	果洛环保	果洛州环保局官方微博	22.42	8.98	36.36	21.05	23.78
3	环保西宁	西宁市环境保护局官方微博	20.76	2.83	45.32	21.94	21.07
4	青海省海西州环境保护局	青海省海西州环境保护局官方微博	26.77	12.07	25.47	23.41	20.16
5	玉树环保	玉树藏族自治州环境保护局官方微博	18.16	6.25	31.43	20.70	20.01
6	黄南环保	黄南藏族自治州环境保护局	17.67	2.95	29.78	25.72	19.16

续表

排名	微博	认证信息	传播力	服务力	互动力	认同度	总分
7	海南州环保	海南州环境保护局	17.02	5.32	30.01	21.39	19.01
8	海北环保	海北藏族自治州环境保护局	15.56	2.41	30.41	26.44	18.47
9	海东市环境保护局	海东市环境保护局	18.88	2.49	30.53	0.00	17.21
10	城西区环境保护局	青海省西宁市城西区环境保护局官方微博	19.96	2.00	34.21	19.26	16.98

（8）青海十大团委系统微博

排名	微博	认证信息	传播力	服务力	互动力	认同度	总分
1	青海共青团	共青团青海省委员会官方微博	67.89	70.14	56.02	54.87	63.47
2	青海海西共青团	青海省海西州团委官方微博	48.20	57.77	44.49	42.86	48.47
3	青海西宁共青团	共青团西宁市委员会官方微博	38.36	40.65	44.12	28.81	39.59
4	共青团乌兰县委	青海省乌兰县团委官方微博	30.20	22.07	42.22	32.05	32.37
5	青海德令哈共青团	共青团德令哈市委员会官方微博	35.41	15.43	35.10	29.73	30.75
6	青海格尔木市共青团	共青团格尔木市委官方微博	32.76	23.80	31.94	29.96	30.44
7	青海西宁城中团委	共青团青海省西宁市城中区委官方微博	34.34	21.55	26.97	23.97	28.53
8	西宁市城东区团委	共青团西宁市城东区委官方微博	25.35	16.02	39.29	27.59	27.89
9	循化县共青团	共青团循化撒拉族自治县委官方微博	27.62	11.38	36.73	28.45	27.19
10	青海海东共青团	共青团海东市委员会官方微博	24.73	4.53	45.41	25.10	26.93

（9）青海十大旅游局微博

排名	微博	认证信息	传播力	服务力	互动力	认同度	总分
1	循化县文旅局	青海省海东市循化撒拉族自治县文化旅游体育局官方微博	37.85	29.28	42.90	39.19	36.07
2	青海省旅游发展委员会	青海省旅游发展委员会官方微博	33.73	12.43	43.38	33.18	28.05
3	夏都西宁旅游	青海省西宁市旅游局官方微博	24.97	6.27	51.90	26.56	25.73
4	贵德旅游官博	青海省海南藏族自治州贵德县旅游局官方微博	20.90	4.77	36.27	33.59	20.33
5	天上玛多	青海省果洛藏族自治州玛多县旅游局官方微博	14.37	1.17	38.78	31.36	18.11
6	海东市旅游	青海省海东市旅游发展委员会官方微博	10.42	0.63	32.88	35.73	17.73
7	玉树藏族自治州旅游局	青海省玉树藏族自治州旅游局官方微博	13.01	0.42	33.86	29.51	15.88
8	尖扎文体旅游	青海省黄南藏族自治州尖扎县文体广电旅游局官方微博	0.00	0.00	0.00	0.00	0.00
9	海东市文体广电旅游局	青海省海东市文体广电旅游局官方微博	0.00	0.00	0.00	0.00	0.00
10	雪域果洛	青海果洛藏族自治州旅游局官方微博	0.00	0.00	0.00	0.00	0.00

报告撰写

人民网舆情数据中心

课题组主要成员

人民网舆情数据中心主任数据分析师：侯鑫淼、叶德恒

人民网舆情数据中心数据分析师：甘怡淳

人民网舆情数据中心见习数据分析师：王天翊

数据支持

新浪微博

新浪数据中心

致　谢

特别感谢以下单位对本年鉴编纂所提供的文献数据资料等支持：

最高人民法院·人民法院新闻传媒总社（rmfygg. court. gov. cn）

最高人民法院·中国裁判文书网（wenshu. court. gov. cn）

最高人民检察院·检察日报社·正义网（jcrb. com）

人民日报社新媒体中心

人民网舆情数据中心（yuqing. people. com. cn）

正义网传媒研究院（yq. jcrb. com）

人民网舆论与公共政策研究中心

新浪网（sina. cn）

微　博（weibo. com）

特别鸣谢微博（WEIBO）对本年鉴所提供的资助！

本书编者

2019 年 1 月 1 日